하버드- C.H.베크
세계사

하버드
C.H.베크

세계사

A HISTORY OF THE WORLD

1870~1945
하나로 연결되는 세계

책임 편집 에밀리 S. 로젠버그 | 조행복, 이순호 옮김

A World Connecting
Edited by Emily S. Rosenberg

민음사

GESCHICHTE DER WELT, 6 Volumes

Series General Editors: Akira Iriye, Jürgen Osterhammel

Co-published by Verlag C.H.Beck and Harvard University Press

GESCHICHTE DER WELT 1870-1945:

Weltmärkte und Weltkriege

(Volume 5 of GESCHICHTE DER WELT)

edited by Emily S. Rosenberg

차례

한국어판을 출간하며

21세기 세계는 더욱 긴밀해지고 변화는 매우 빠르다. 인간의 삶은 더욱 불명료하고 문명의 방향은 가늠하기 어려워졌다. 동요하는 세계와 당혹스러운 삶에 직면해 고전에서 금빛 지혜를 찾아 되새기는 일이 잦다. 기술 발전에 의거해 문명의 향방을 과단하는 미래학도 성하다. 하지만 표피적 현재 진단과 추상적 개념 논의로 인식하는 세계는 '유리알 유희'에 지나지 않는다.

그동안 '세계사'는 전 세계의 역사를 논한다고 주장했지만, 실제로는 유럽이 중심이었다. 흥망성쇠의 철칙에만 매달려 세계의 일부분만을 담아냈다. 즉 우리는 아직 단일한 세계에 걸맞은 세계사를 갖지 못했다. 국제 역사학계는 시대의 요구에 부응해 역사 서술 방식을 일신했다. 각 지역의 역사 모음이 아닌, 전체를 조망하는 연결의 역사. 그 진지한 반성과 오랜 숙고의 묵중한 성취가 바로 『하버드-C.H.베크 세계사』 시리즈다. 이 시리즈는 지난 20여 년간 진행된 새로운 역사 연구의 결산으로, 발간 당시부터 화제를 모았다. 하버드 대학 출판부와 C.H.베크 출판사라는, 미국과 독일을 대표하는 두 명문 출판사의 만남. 시리즈 전체의 구성을 맡은 두 세계적 석학, 이리에 아키라와 위르겐 오스터함멜. 여기에 더해 연구 관점과 주제 영역을 달리하는 저명한 역사가들의 협업 등이 만들어 낸 역사 서술의 찬연한 성취다. 역사 애호가라면 가슴이 설레고 탄성이 터질 수밖에 없는 세계사 프로젝트다.

선사시대에서 시작해 농경민과 유목민의 교류와 대립, 세계 제국의 등장을 거쳐 현재까지 이어지는 여섯 권의 책은 각각 1000쪽이 넘는 방대함으로 압도한다. 또한 국제 역사학계의 최신 연구 성과가 반영된 다양한 주제와 접근법으로 세계 인식의 새로운 차원을 제시한다. 『하버드-C.H.베크 세계사』 시리즈의 핵심 주제는 '연결'과 '상호작용'이다. 이 시리즈는 세계사를 중심과 주변으로, 또는 선진 지역과 후진 지역으로 위계화하지 않으면서도 국가 간 또는 지역 간의 불균등한 권력관계와 문명 전이의 여러 파괴적 양상과 역설적 결과들을 세밀히 살핀다. 특히 인종과 민족, 종교와 문화, 국민국가와 지역의 경계를 가로질러 연결을 중심으로 다원적이고 상호 의존적인 세계를 다룬다. 따라서 전쟁이나 정치 같은 국가 행위를 중심으로 하는 세계사와는 차원이 다르다. 경제와 문화의 여러 행위 주체와 현상들이 지닌 역동성도 놓치지 않았고, 이주와 젠더, 생태와 세대, 일상과 의식 등의 주제에도 적절한 자리를 마련함으로써 역사 서술이 새로운 단계로 진입했음을 과시한다.

21세기 세계의 혼재 상황과 가변성을 조금이라도 감지한 사람이라면 새로운 역사 인식이 필요함을 잘 알 것이다. 『하버드-C.H.베크 세계사』 시리즈는 단선적인 역사 인식에 기초한 모든 인문학 논의에 맞선 '역사의 응수'다. 이 시리즈는 세계 현실의 복합적 맥락과 근원에 주목하면서 역사적 시간과 문명적 공간의 다차원성과 차이들을 감당하도록 자극한다. 지적 지평을 넓히고 현실의 역사적 근거를 살피려는 독자들에게 진정한 '당대의 세계사'를 내놓는다. 돌이켜 보건대 '새로운 세계'란 항상 세계를 새롭게 인지한 사람들의 것이었다.

시리즈의 옮긴이들을 대신하여

이동기(강원대학교 평화학과 교수)

『하버드-C.H.베크 세계사: 1945 이후』 옮긴이

일러두기

1   이 책의 서문과 1부, 2부, 4부는 조행복이, 3부와 5부는 이순호가 옮겼다.

2   본문의 각주는 모두 옮긴이 주다.

3   인명과 지명 등 고유명사의 외래어 표기는 국립국어원 외래어 표기법을 따랐다.

서문

에밀리 S. 로젠버그

A History of the World
A World Connecting

1870~
1945

1870년에서 1945년에 이르기까지 세계는 좀 더 익숙한 장소가 되는 동시에 더 낯선 장소가 되었다. 쾌속선, 철도, 전신선, 저렴한 간행물, 영화 등 모든 것이 외진 곳까지 이어져 거리의 장벽을 없앴다. 사람과 물자의 교류 속도가 빨라졌고, 타지를 여행하고 묘사하는 매력은 인류의 역사에서 오랫동안 뚜렷했으나 새로운 정점에 도달했다. 쥘 베른Jules Verne이 1873년에 발표한 유명한 책 『80일간의 세계 일주Le tour du monde en quatre-vingts jours』는 새로운 시대를 상상했고, 다른 많은 사람이 이를 따라 해 보았다. 1876년 청나라 관리 이규李圭는 자신의 세계 여행을 설명했고,[1] 1880년 초 하와이의 왕 칼라카우아Kalākaua[2]는 처음으로 세계 여행을 한 통치 군주로 이름을 알렸다. 1889년 미국인 기자 엘리자베스 코크런 시먼Elizabeth Cochrane Seaman(넬리 블라이Nellie Bly)[3]은 가장 빠

_____ 1 1776년 필라델피아 독립선언문 서명 100주년을 기념해 1876년 5월 10일에서 11월 10일까지 필라델피아에서 열린 국제박람회에 청나라는 닝보 세관원 이규를 파견했다.
_____ 2 1836~1891. 하와이 왕국의 왕으로 1874년부터 죽을 때까지 재위했다. 1881년에 샌프란시스코로 건너가 배를 타고 일본과 청나라, 시암, 버마, 인도, 이집트, 유럽 여러 나라를 거쳐 미국으로 돌아왔다. 여행 중에 교황과 각국 군주, 미국 대통령을 만났다.
_____ 3 1864~1922. 넬리 블라이는 필명이다. 1889년 11월에 미국을 떠나 유럽과 아시아를 거쳐 72일 만에 뉴저지로 돌아왔다.

른 세계 일주 기록을 세웠으며, 뱅골의 시인 라빈드라나드 타고르Rabindranath Tagore는 좀 더 신중히 속도를 조절하여 방문지를 돌아 1916년에 태평양을 건너고 1920년대 초에 대서양을 건넜다. 20세기 초 여행객의 수가 급격하게 증가하면서 멀리 떨어진 곳에 관한 설명과 이미지들이 늘어났고, 가장 외진 오지에 사는 주민을 제외하면 거의 모든 세상 사람이 이를 보고 들을 수 있었다. 그러나 익숙함의 가능성 자체는 생소함을 배태하기도 했다. 새로운 연결은 온갖 지역적 차이를 돋보이게 했으며, 차이의 인식은 이해와 소통을 촉진하면서도 한층 쉽게 의심과 거부를 조장할 수 있었다.

이 책은 세계사의 한 시기에 초점을 맞추고 있는데, 그 시기의 특징은 점점 확대되는 전 지구적 연결과 흔히 근대성이라고 부르는 복잡한 혼합에 동반된 흥분과 불안, 희망, 폭력이다. 지난 몇십 년의 역사학이 제시한 해석과 연구법에 의존해 말하면 이 책은 일반 독자나 전공자에게 똑같이 주제에 따른 개관을 제공한다. 이 책의 다섯 개 부는 특정한 주제, 말하자면 근대국가 건설, 제국들의 만남, 이민의 흐름, 상품의 사슬, 초국적인 사회적·문화적 연결망을 중점적으로 다룬다. 이 주제들이 공통으로 탐구하는 대상은 심화되는 전 지구적 연결과 전면적 변화의 영향을 안정되게 하거나 통제하거나 조절하려는 시도 사이의 긴장이다. 이 새로운 시대에는 도도한 흐름과 그 흐름의 귀결을 피하려는 시도가 동반되었다. 다시 말해 옛 질서들이 해체됨과 동시에 새로운 질서를 창출하고 정당화하려는 노력이 경주되었다.

물론 세계사를 포괄적 유형으로 제시하는 방법은 많다. 어떤 역사는 전세계적 전쟁이나 경제 불황 같은 큰 사건들을 중심으로 연대순으로 전개한다. 다른 역사는 세계를 유럽과 아프리카, 아시아, 중동, 라틴아메리카 따위의 지리적 영역으로 나눈다. 이 책의 각 부는 연대기와 지리를 무시하지 않는다. 시간과 공간 둘 다에서 전개되면서도 역사적 환경에 따라 종종 예기치 않게 전개되는 주제들에 초점을 맞춘다. 공통의 연대기적 줄기나 지리적 영역별 접근 방식에서 벗어나면, 이 시대 세계사의 특징이 되고 그 역사에 변동성을 준 힘의 분출과 억제 사이, 다시 말해 도도한 흐름과 그 흐름을 안정시키려는 시도 사이의 전체적 역학이 드러날 것이다.

구체적으로 말하면 이 책의 각 부는 서로 영향을 주고받는 그 시대의 다양한 지역적 네트워크와 전 세계적 네트워크를 모두 조명한다. 근대국가의 출현에 관한 1부, 그리고 제국을 건설하려는 노력과 제국에 맞서려는 노력을 다룬 2부는 지리적 경계성geographical boundedness을 명확하게 설명하고 정리하는 것이 어려움을 강조한다. 근대국가와 제국은 이 시기에 어떠한 형태를 부여했으며 그 결과는 무엇인가? 3부, 4부, 5부는 사람과 물건, 자본, 기술의 초국적 이동과 경계가 분명한 공간들을 뛰어넘는 결연을 탐구한다. 이러한 이동이 사람들의 삶에 점점 큰 영향과 변화를 주는 세계에서 세상사는 상이한 방식으로 분리되기도 하고 결합하기도 한다. 그러므로 이 책에서 여러 주제를 분류한 방식은 끊임없이 변화하는 봉쇄와 침투의 양자 관계를 강조한다. 국민국가와 제국, 인구 유형, 경제적 관계, 문화적 유연성의 역사는 그 중심에 해체와 재통합의 다양한 과정을 갖는다. 그러한 다양한 과정을 제시하는 것이 이 책의 주된 목표다.

이 책은 이 시기의 역동적 긴장을 다루면서 단일한 역사의 동력에 관한 주장을 피한다. 예를 들면 국가가 세계사를 구성하는 기본 단위라거나 경제적 동인이 이 세계에 질서를 부여하는 근본원리라거나 유럽이 역사적 변화의 추동력이라는 가정은 없다. 원인과 결과를 묻는 질문과 시간의 추이에 따른 변화의 설명이 여러 부에서 뚜렷하게 드러나지만 책 전체는 결코 역사의 메타이론을 제안하지 않는다. 대신 최근의 연구 성과를 따라 연속적이면서도 균일하지 않은 것, 일방적인 지배적 힘이 변화를 만든 것이 아니라 교류와 관계성relationality 속에서 만든 것으로 보고 그 점을 강조한다. 이 책의 각 부는 상이한 규모를 지닌 지역적·광역권적·전 지구적 네트워크 간의 상호 교류와 종족과 민족, 국적, 지역, 지리와 환경, 계급, 젠더gender, 종교의 제약을 받는 상이한 위치positionality에서 발생할 수 있는 불규칙성에 세심하게 주의를 기울인다.

시대구분

역사적 시간을 특정 부분으로 분할하는 논거는 일반적으로 찬성만큼이나 반대도 많이 불러일으킨다. 그러므로 이 책은 1870년에서 1945년까지를 뚜렷이 구별되는 시기로 제시하지만, 각 부는 그 시작과 끝, 중대한 전환의 시점에 이의를 제기할 융통성을 부여받는다. 그래서 찰스 마이어Charles S. Maier가 쓴 1부는 1870년 이전의 수십 년, 아니 실로 100년을 돌아본다. 그 목적은 우리 시대에 정점에 이른, 마이어가 본 이른바 근대국가의 일주arc of modern statehood를 명료하게 드러낸다. 비슷하게 디르크 회르더Dirk Hoerder가 쓴 3부도 19세기 마지막 30년간 속도를 더한 대이주의 전조가 된 1870년 이전의 실질적 인구통계 추세와 귀속 정의의 변화에 관한 광범위한 도입부로 시작한다. 마찬가지로 스티븐 C. 토픽Steven C. Topik과 앨런 웰스Allen Wells가 쓴 4부에서도 제2차 산업혁명은 제1차 산업혁명에 의해 형성되고 결정되는 것으로 이해된다. 특정한 주제별 강조는 각각 특유의 연대기적 경로를 제시한다.

나아가 각 부는 주제를 상이한 시대구분 개념 속에 집어넣는다. 특정한 연대기적 이정표와 추세가 특정 주제의 궤적에 다소간 적합할 것이기 때문이다. 예를 들면 3부에서 회르더는 제2차 세계대전이 19세기 말과 20세기 초의 노동과 관련된 대규모 이민에서 세계적 충돌의 이루 헤아릴 수 없는 파괴와 연관된 전쟁 난민의 이주로 이주 유형에 전반적 변동을 가져왔다고 본다. 토니 밸런타인Tony Ballantyne과 앤트와넷 버턴Antoinette Burton이 다른 주제에 관해 쓴 2부는 제2차 세계대전을 '제국' 시대와 '반제국' 시대를 가르는 구분선으로 보는 통상적 방식에 반대한다. 두 저자는 예를 들면 1955년의 반둥 회의에서 표명된 제2차 세계대전 이후의 반제국주의에 대해 제국의 정책과 반제국주의 네트워크가 힘은 비대칭일망정 상호 협력에서 형성된 이전의 역사를 배경으로 이해해야 한다고 주장했다. 내가 쓴 5부는 옛 제국들이 무너지고 공산주의와 파시즘이 등장해 자유주의적 공화국들의 확산에 도전하면서 제1차 세계대전이 19세기 말의 몇몇 국제주의자가 품었던 환상을 박살 냈다는 익숙한 주장을 지지한다. 그러나 5부는 학문과 건강, 오락의 초국적 조직망의 확대와 다양한 특정 단체에 가입하는 행태가 제1차 세계대전 이후에 속도를 더했다는 사실도 보여 준다. 여러 영역에서 제1차 세계대전은 초국적 네트워크 구축의 결정적 후퇴를 불러온 중심 역할을 하지 않았다. 4부에서 토픽과 웰스는 전쟁과 경제적 사건들이 때로 상품의 흐름을 바꾼다고 제시한다. 그러나 새로운 발명과 씨앗 수입, 기후 영향도 마찬가지로 극적인 변화를 낳을 수 있었다. 요컨대 한 가지 주제에 맞는 연대기적 틀은 다른 주제들에 관해서는 바뀔 필요가 있을지도 모른다.

우리의 주제별 편성은 일견 이 시기에 관한 전통적 시대구분에서 세계적으로 중요한 핵심 사건들을 작게 다루는 것처럼 보일 수도 있다. 이를테면 '러일전쟁'이나 '제1차 세계대전', '대공황', '제2차 세계대전' 같은 제목이 붙은 부는 없다. 그러나 각 부를 주의 깊게 읽는 독자라면 세계 전쟁이나 경제 불황 같은 의미 있는 길잡이들을 분명히 발견할 것이다. 그렇지만 이것들은 우리의 다섯 가지 폭넓은 주제와 어떤 관련이 있는가 하는 관점에서 정리되어 있다. 1870년에서 1945년에 이르는 시기의 전체적인 역사는 그러한 전통적 길잡이들이 등장하는 다양한 맥락에서 더 풍부하고 더 복잡하게 나타난다. 어떤 시대구분이나 조직적 개요도 과거를 온전하게 포착할 수 없다. 역사는 복제가 아니라 재현이며, 선택의 필연성은 모든 얼개가 불가피하게 몇몇 요소는 밝혀주고 다른 요소들은 모호하게 하는 결과를 낳는다. 1870년에서 1945년에 이르는 시기로 보면 주제별 편성은 다수의 얼개를 제시하고 그에 따라 세계사 분야에서 이루어진 최근의 다양한 학문적 성과와 방법론을 최대로 이용할 수 있는 융통성을 제공한다.

1870~1945년을 관통하는 특성들

각 부는 흐름과 안정, 융통성 있는 연대기적 변수들 사이에 작용하는 역동적 힘을 강조하면서도 전체적으로 1870년에서 1945년에 이르는 시기를 관통하는 여러 특징을 설명한다. 통신과 교통의 혁명이 가져온 결과인 시간과 공간의 극적인 축소, 이에 동반된 것으로 다양한 종류의 세계적 네트워크가 무성해지면서 속도가 더욱 빨라진 사람과 상품, 사상의 이동, 근대국가와 제국주의 체제에서 서구가 장악한 헤게모니, 세계적인 것과 지역적인 것의 교차와 상호적 구성, 세계적 도시들의 두드러짐이 더욱 뚜렷해지는 현상, 대량생산과 대량 소비 기술의 확산, 민족주의 이데올로기와 종족 차별주의 이데올로기의 힘과 (이에 대한 도전), 새로운 권위주의 형태들과 더 효율적인 살인 수단이 거의 모든 대륙에 가져온 미증유의 폭력 같은 특징이다. 각 부를 수놓은 이러한 특징들과 여타 특징들은 우리의 완전히 다른 주제별 렌즈들을 통해 상세히 설명된다.

여기서 다루는 시기 동안 이주자와 상품, 사상의 세계적 흐름은 속도가 다르고 효과가 다양했지만 전체적으로 더 조밀해졌다. 책의 각 부는 전부 점점 많은 사람을 멀리 떨어진 곳의 다른 사람들과 사사롭게, 아니면 적어도 가상으로 접촉하게 한 시간과 공간의 압축을 강조한다. 따라서 각각의 독특한 역사적 주제들, 그리고 시간 제도의 합리화, 대양 항해와 철도, 전신, 라디오 혁명의 합리화 사이의 상호작용을 강조한다. 역사상 고정된 적이 없고 늘 불확정 상태였던 시간과 공간은 많은 사람에게 급격하게 축소되었다. 물론 이에 따른 변화는 더 고립되고 독립적인 사람들에게 매우 균일하지 않은 방식으로 나타났다. 결과적으로 비교적 잘 연결된 세계와 상대적으로 잘 연결되지 않은 세계의 격차는 더 벌어졌으며, 이는 경제적·문화적·정치적 유형들의 배열에 중대한 의미를 지녔다.

이러한 흐름과 네트워크 들이 '서구'의 통제를 받았을까? 점점 거세지는 서구의 힘은 '세계사'와 거의 동의어처럼 쓰였다. 예를 들면 윌리엄 맥닐William H. McNeill의 『서구의 발흥The Rise of the West』은 널리 퍼져 한 세대 동안 전거로 쓰였다. 좀 더 비판적이고 물질주의적인 기조에서 큰 영향력을 끼친 이매뉴얼 월러스틴Immanuel Wallerstein의 근대 '세계 체제' 분석은 여전히 유럽을 중심에 두고 이에 대해 수동적인 '주변부'를 얘기한다. 이러한 연구들은 세계사 영역을 구축하는 데 도움이 되었지만, 자신들이 중심이라는 서구의 해석을 표준으로 삼는 경우가 많았다. 최근의 연구는 맥닐과 월러스틴의 재해석을 포함하여 미리 결정된 단일한 지리적 중심이라는 관념을 거부했다.[1]

유럽의 중요성, 특히 공식적·비공식적 제국 체제들을 통해 만들어진 유럽의 중요성은 1870년에서 1945년에 이르는 시기에 분명코 중요한 주제였다. 이를테면 케네스 포머랜즈Kenneth Pomeranz의 획기적 연구는 아시아와 유럽 사이의 '거대한 분기great divergence', 즉 19세기에 석탄과 증기, 신세계 자원의 이용으로 서유럽의 공업화가 가속화하면서 극적으로 확대된 차이를 보여 주었다.

영어권 국가들에서 특별히 강했던 '정착민 혁명settler revolution'은 이 분기로 벌어진 간격을 더욱 넓혔다. 영어를 사용하는 정착민들이 지배력을 행사한 지역에서는 이민과 도시화, 기간 시설 건설이 농업혁명의 촉발에 힘을 보탰고, 농업혁명은 이들의 넘치는 생산물을 세계시장에 쏟아부었다. 이 영어권 세계가 호황을 누리면서 새로운 형태의 은행업과 법인, 신용거래, 재산권 보호 장치들이 나타나 국제투자를 촉진했으며, 동시에 자유주의적 이데올로기들은 새로운 기회를 열어 놓는 데 일조했다. 물론 1930년대의 대공황은 유럽 자본주의의 중심을 강타했고, 과거와 현재의 식민지들에 파문을 일으켰으며, 유럽과 아메리카의 자유주의에 맞서는 자들을 강화했다. 그러나 제2차 세계대전도, 세계 도처에서 출현하던 식민지 반대 운동도 분기의 일반적 형세를 뒤집지 못했다.

최근에 학자들은 자유주의와 유럽 제국주의의 연관성을 고찰하면서 진보 담론 안에서 미덕과 이기주의가 화해하는 여러 방식을 탐구했다. 특히 위르겐 오스터함멜Jurgen Osterhammel과 마이클 애더스Michael Adas는 이 시기가 서구의 '문명화 사명'이 강압과 동의를 통해 헤게모니를 쥐게 되는 시기라고 강조했다. 물론 문명화 사명, 다시 말해 서구의 문화적 지위를 보편화하려는 시도의 기원은 몇백 년을 거슬러 올라가지만, 유럽인들은 이 시기에 자신들의 사명을 특별히 더 강하게 확신했다. 오스터함멜은 18세기에 유럽은 종종 자신들을 아시아와 비교했지만 19세기에 와서는 비교 대상이 없다고 생각했다고 썼다. 이 책의 각 부는 이러한 최근의 연구가 점차 강해지는 유럽의 경제적·정치적·문화적 우세를 어떻게 새로운 개념들로 이해하는지 고려한다.[2]

그렇지만 서구의 엘리트들은 새로운 자원을 끌어모으고 자본 조달 장치를 공들여 만들고 미리 결정된 문명화 사명을 선포함으로써 몇몇 네트워크를 장악하게 되었을 때 상호작용의 관계 속에 있었다. 이 책의 각 부는 최근의 연구 성과를 따른다. 세계라는 영역을 하나의 특정 지역에서 방사상으로 퍼지는 곳이 아니라 사람들을 연결한 (아니면 연결하지 못한) 다양한 사회적·문화적·정치적·경제적 교류와 네트워크들을 통해 가장 잘 이해할 수 있는 곳으로 보는 것이다. 실로 이 책은 세계사라는 관념 자체가 연결의 지리를 편들고 일종의 정적인 공간의 지리에는 반대한다고 보는 자들이 모여 썼다. 크리스토퍼 앨런 베일리C. A. Bayly의 유력한 『근대 세계의 탄생The Birth of the Modern World』이 주장하듯이 이 시기의 세계는 "전 세계에 퍼진 동시에 그 안에 내재하는 방대한 힘의 차이를 인정하는 네트워크들이 중첩된 복합체"로 볼 수 있다. 유럽인들은 종종 기존의 네트워크들을 마음대로 굴복시킬 수 있었지만 "유럽에 그러한 힘을 주어 생존 가능한 네트워크들과 열망들을 광범위하게 결합하고 이용할 수 있게 한 것은 서구의 지배와 힘이 지닌 기생적이고 '네트워크로 연결된' 성격이었다." 요컨대 이 시기에 점차 커진 서구의 중요성은 세계적 일치와 지역적 차이를 만든 다양한 상호작용의 네트워크 속에서 가장 잘 이해할 수 있다.[3] 2부에서는 '제국적 세계성'의 조건에 관한 이론을 세워 이 견해를 자세히 설명한다.

이 시기의 세계적 상호작용들은 서구를 강화했을 수 있지만 전부 그곳에서 발생하지 않았음은 분명하며, 전 세계적 연결의 효과는 동질성과 차이를 동시에 가져왔다. 앤서니 제럴드 홉킨스A. G. Hopkins가 강조했듯이 세계적인 것과 지역적인 것, 다시 말해 자칭 보편적인 것과 특수한 것은 종종 서로를 만들어 냈으며 시간과 공간, 환경에 의존하는 혼합체로 공존했다.[4]

지난 몇십 년간 역사 연구가 유럽 중심적 시각에서 벗어나 서로 연결된 다극 중심적 시각으로 이동하는 데 특별히 큰 영향을 미친 이론적 논의가 여럿 있다. 예를 들면 탈식민주의 이론, 젠더 연구, 서발턴 연구는 역사 속의 침묵과 주체성에 관해 중요한 질문을 제기했으며 앞선 연구들이 주변적이고 수동적인 것으로 제시하는 경향을 보인 영역과 민족 들을 뚜렷하게 드러내고 생생하게 보이도록 했다. 게다가 이른바 문화적 전환cultural turn은 현실의 담론적 창조와 위치성, 의미의 다양성을 다루는 방법들을 제시했다. 특히 언어와 상징에 가까이 주목한 결과로 역사가들은 국민과 젠더, 종족, 민족, 종교 등과 관련된 범주들이 구성되는 과정은 물론 진보와 개혁 같은 낱말에도 좀 더 신중하게 질문을 던지게 되었다. 마지막으로 제임스 클리퍼드James Clifford와 아르준 아파두라이Arjun Appadurai 같은 인류학자들은 역사가들에게 문화를 특정한 장소에 고착되거나 통일적이고 폐쇄된 것이 아니라 관계 속에 있는 것으로 보라고 권고했다. 이들의 연구는 본질보다 과정을 강조했으며 근대의 다양한 연결이 동질성과 차이를 동시에 만들어 낸다고 주장했다. 이 책의 각 부는 쉬운 이해를 위해 최근 몇십 년간의 이론적 방향 전환을 폭넓게 다루지는 않지만 그러한 흐름들로 형성된 최근의 연구 성과에 의존한다.

1870년에서 1945년 사이의 다른 중요한 특징은 전 세계적인 도시화의 확산과 상이한 근대성 개념의 출현과 관계 있다. 모든 대륙의 도시들은 전기, 위생 시설, 근대화한 항구와 통행 체계, 영화관, 기타 대량 소비문화의 속성들을 자랑했다.[5] 근대국가는 이러한 변화들을 낳은 배후의 힘이었으며, 기계화와 미디어화mediazation를 동반한 거대한 변화들을 실현하고 합리화하는 데 역할을 했다. 보편적인 국제법과 가치관이 출현하리라는 희망(그리고 두려움)과 더불어 시간과 도량형의 국제적 표준이 확산되었다. 특히 5부에서 강조하듯이 유행과 취향, (상표가 붙은 경우가 많은) 무역상품, 과학과 기술의 온갖 전문지식은 광대한 거리를 뛰어넘어 표면상의 유사성을 드러냈다. 그러나 도시적 근대성이 출현하고 그렇게 눈에 띄는 물질적 속성들에 자주 동반된 수렴 이론들이 나타났어도 역사가들은 근대성의 관행들이 세계적으로 확산될 때에 어떻게 문화적으로 특정한 형태들을 배태했는지 점점 잘 이해했다.

이 책의 각 부는 국가나 제국, 세계 질서를 조직하는 방법들을 촉진한 다양한 미래상이 상이한 역사적·지리적 환경에서 어떻게 등장했는지 보여 준다. 세계관들은 자주, 때로는 매우 불평등하게 서로 충돌했다. 근대성의 열망들은 서로 북돋기도 했지만 정확히 어느 집단이 지배할지를 두고 충돌을 유발했다. 게다가 여전히 전 세계 주민의 대다수는 시골에서 생활을 하고 있었고, 세계주의적 도시들에서 크게 두드러진 연결성에 매우 다양하게 반응했다. 거의 모든 부에서 다 강조하듯이 시골로 점점 넓게 침투한 상업혁명은 국가 형성과 제국 건설, 이주, 상품의 교환에 광범위한 영향을 미쳤다. 그렇지만 이 시대의 표지였던 기술의 근대화와 국가 건설은 문화적으로 다양했고 지극히 불균일한 형성력을 지녔음이 입증되었다. 제임스 스콧James C. Scott이 강조하듯이 '구릉지대'나 다른 비국가적 공간들로 물러나 정치나 시장을 잠식함으로써 "지배당하지 않는 기술"을 연마하는 것이 한 가지 대응 방법이 될 수 있었다.[6]

이 책의 각 부에서는 또한 다가오는 전 세계적 근대 질서라는 보편주의적 관념이 어떻게 종족 민족주의ethno-nationalism와 문화적 본질주의라는 매우 배타적인 이데올로기들에 동반되었는지를 강조한다. 이 시기의 해로운 민족주의 이데올로기들은 시민권에 적용되는 법적 제한 조건부터 특정한 통치 행위자들에 초점을 맞춘 (그리고 이들을 찬미하는) 독단적인 역사적 실천, 민족 정화의 정책까지 온갖 종류의 포함과 배제를 포괄하는 제도적 국가 건설 과정을 보완했다. 1부에서 마이어는 시골을 상품화한 파괴적 힘이라는 배경에서 다양한 형태의 근대국가를 설명하며, 서로 경쟁하는 근대 민족주의들이 어떻게 그 시대에 최고 단계에 이른 제국주의를, 그리고 수많은 지역적 분쟁과 두 차례 세계대전으로 폭발한 경쟁을 추동했는지 보여 준다. 그리고 국가 건설과 제국, 무력 분쟁은 문화적 폐쇄성의 이데올로기들을 강화했다. 게다가 상업과 이주, 제국 확장의 흐름이 세계의 주민들을 더 가깝게 만들수록 '종족'이라는 꼬리표의 차이는 더욱 두드러졌다. 제바스티안 콘라트Sebastian Conrad가 말한 이른바 "국민적인 것의 세계화globalization of the national" 속에서 세기 전환기에 비단 유럽뿐 아니라 다른 곳에서도 많은 국가는 스스로를 문화적 단위로 상상했다. 식민 운동과 반식민 운동 둘 다 종종 단일 문화주의monoculturalism 담론을 포용했다. 그러므로 국가별 분리의 이데올로기를 퍼뜨린 것은 바로 그 시기의 연결성이었다. 아마도 그렇게 이상한 일은 아닐 것이다. 민족주의는 베일리와 콘라트 둘 다 설명했듯이 초국적으로 탄생한다.[7]

세계 주민들이 만나는 새로운 형태의 접촉이 차이를 두드러지게 하며 민족주의적 미래상과 제국적 미래상의 상호작용이 충돌을 유발하기 때문에 이 책에서 다루는 시기는 전례 없는 폭력의 분출로 암울해졌다. 전쟁은 이 책의 각 부를 관통하는 다른 주제다. 이 시기의 기술혁명들이 연결하기보다 죽이기에 더 능했음을 증명했기 때문일 것이다. 과학과 공학은 일찍이 그 분야의 선구자들이 정치적으로 중립적인 영역이라고 치켜세웠지만 제국의 힘과 국민적 자부심, 잠재적 이윤이 걸린 문제가 생겼다고 판단될 때에는 치명적으로 바뀔 수 있었다.

20세기 전반 두 차례 세계대전이 발발하기 전에 민족주의와 제국 건설은 지구상의 여러 주변부와 변경, 식민지에서 수많은 지역 분쟁과 폭력을 촉발했다. 이름을 얻은 분쟁으로 1870~1871년 프로이센-프랑스 전쟁, 1879년 영국-줄루 전쟁, 1894~1895년 청일전쟁, 1899~1902년 남아프리카 전쟁(제2차 보어 전쟁), 1904~1905년 러일전쟁을 꼽을 수 있지만, 폭력은 구별된 '전쟁들'의 목록이 암시하는 것보다 훨씬 폭넓게 벌어졌다. 미국 서부와 오스트레일리아, 독일령 남서아프리카 등지에서 유럽인 정착민들은 학살과 박탈을 통해 탐내던 땅에서 토착민을 체계적으로 제거했다. 자원이 풍부한 보호령이 강압과 죽음을 가장 심하게 겪었다. 19세기 말과 20세기 초에 레오폴 2세Leopold II가 지배하던 콩고에서 죽은 사람은 1000만 명으로 추산된다. 독일은 남서아프리카의 식민지에서 나마족과 헤레로족의 봉기를 진압하면서 종족 학살의 방식을 썼다. 미군은 1899~1903년 필리핀-미국 전쟁에서 수많은 필리핀인 저항 투사들을 죽이고 민간인을 수용소에 가뒀으며 모로 전쟁에서는 더욱 가혹한 전술을 채택해 1913년까지 무슬림이 지배한 민다나오섬의 저항에 맞서 전쟁을 수행했다. 영국·이집트 군대는 1898년 수단에서 우월한 화력을 써서 수만 명의 사상자를 내면서 마흐디파派 정권을 무너뜨렸다. 이러한 사례들이 암시하듯이 식민지 지역은 흔히 군사력을 시험하는 장소로 쓰였다. 세계의 여러 전쟁에 관여한 주요 교전국들은 전부 식민지의 싸움이나 지역적 싸움에서 준비운동을 했다. 마이어는 전쟁이 어떻게 국가 형성의 필수적 중심축이 되었는지 보여 준다.

민족주의와 제국 건설의 이러한 힘은 주요 국민국가들이 서로 공격하자 훨씬 큰 차원의 참극을 낳았다. 유럽에서 벌어진 제1차 세계대전은 바로 이전 몇십 년간 만들어진 세계적 연결 때문에 세계 전쟁이 되었다. 영국과 프랑스에 대한 지원이 널리 확대되어 남북아메리카 대부분과 오스트레일리아, 뉴질랜드, 일본을 포괄했다. 독일의 힘은 이슬람 지역까지 범위를 넓혔고 사하라 사막 이남 아프리카에서 동아프리카 식민지 군대로 하여금 영국과 남아프리카, 프랑스, 벨기에, 포르투갈의 연합국에 맞서게 하는 데 성공했다. 제1차 세계대전은 거의 1000만 명을 죽이고 2100만 명의 부상자를 남겼으며 러시아 제국, 합스부르크 제국, 오스만 제국을 해체했다.

제1차 세계대전은 일시적으로 교역과 금융, 인적 유대를 와해시켰다고는 해도 세계가 빠르게 연결되고 있다는 점을 돋보이게 했다. 예를 들면 모든 나라는 전략적 원료를 입수하고 통신망을 장악할 필요성을 더욱 날카롭게 의식했다. 게다가 수백만 명의 병사가 고향을 떠나 멀리 떨어진 전장으로 이동했다. 생존자들은 대체로 변화된 채(일부는 망가진 채, 일부는 넓은 시각을 갖고) 집으로 돌아갔다.(전후 미국에서 인기 있던 한 노래는, 아프리카계 미국인 재즈 오케스트라들이 특별히 좋아했는데 이렇게 물었다. "파리를 보고 온 이들을 어떻게 농장에 주저앉힐 것인가?") 전쟁 막바지에 세계적으로 유행한 파멸적 인플루엔자는 정치적 국경의 취약함과 세계화한 전쟁의 치명적 성격을 확인했다.

전쟁과 전쟁의 종결이 유럽에 질병과 기아의 망령을 확산시켜 경제적 혼란을 가져오면서 공산주의와 자유주의적 공화주의, 파시즘이라는 경쟁 관계에 있는 이데올로기들이 서로 싸웠다. 이 이데올로기들은 저마다 세상의 새로운 질서를 선도하려고 다투었으며, 그 경쟁이 1920년대부터 1940년대 이후까지 세계사를 지배했다. 서로 다툰 각각의 형태들은 특정 국민국가 안에서 구현되었고 특정 민족주의에 젖었으며 초국적 네트워크를 통해 지지자들을 찾아냈다. 그러므로 제1차 세계대전은 유럽의 옛 질서를 무너뜨리는 데 그치지 않았다. 그 여파는 점점 강력해진 반식민 운동의 배경, 다가올 훨씬 큰 세계 전쟁으로 폭발할 이데올로기적·지정학적 경쟁의 배경이 되었다.

1920년대의 긴장과 1930년대의 경제적 파열을 겪으며 많은 나라의 정체는 여러 진영으로 분리되었고, 이들은 나라 안팎에서 협력자와 적의 네트워크를 구축하며 상징적으로 혹은 실제적으로 서로 맞서 싸웠다. 대공황의 전이, 다시 말해 은행 위기와 통화 평가절하, 실업, 무역의 축소는 세계 경제체제의 세계화된 성격을 확인했고 이에 반대하는 격한 대응을 유발했다. 대다수 나라와 제국 지역에서 금본위제의 포기와 더 강력한 보호무역주의, 지역적 무역 권역의 창설을 요구하는 목소리가 높았다. 전부 경제적 세계화라는 자유주의적 이상에 반대하는 민족주의적 도전이었다. 홀로 떨어져 금본위제에서 벗어나 있던 소련은 경기 하락의 위험에서 다소간 보호를 받았다. 소련 지도자들은 자본주의의 명백한 파산을 축하하고 국가가 주도하는 중앙집권화된 계획의 우월함을 찬양했다. 동시에 독일과 일본의 팽창주의적 정권들이 지녔던 제국의 꿈은 새로이 배태된 세계화를 자신들이 지배하는 매우 다른 미래상으로 그렸다.

세계 최강의 경제였던 미국은 1930년대 초 세계공황이 악화될 때 안으로 돌아서 경제의 안정판 역할을 수행하지 못했으며, 반면 두 대전 사이 금본위제는 국민국가들의 경기조정을 위한 개입에 불리하게 작용했다. 자유민주주의의 제도들이 약화되면서 파시즘 지도자들과 공산주의 지도자들의 매력이 증대하는 동시에 이들 상호 간의 적대도 강화되었다. 19세기 말 확신에 차서 계몽의 사명을 선포한 그 대륙은 적어도 제2차 세계대전 이후까지 에릭 홉스봄Eric Hobsbawm이 말한, 권위주의적 통치가 창궐하고 자유민주주의는 수세에 몰린 이른바 '극단의 시대age of extremes'로 진입했다.[8]

지금 다루는 시기 내내 군사력이 행사될 때마다 살상의 강도는 더 높아졌다. 화력의 기술이 점점 치명적으로 발달했기 때문이다. 예를 들면 공중폭격은 훨씬 정교해져서 전투원에게나 민간인에게나 계속해서 치명적인 효과를 가져왔다. 미국이 니카라과에서, 영국이 이라크에서 수행한 것과 같은 1920년대 식민지 전쟁에서 모반자들을 맹폭한 작은 항공기들로부터 제2차 세계대전의 전략폭격기와 핵폭탄을 운반한 에놀라 게이(B29 슈퍼포트리스)까지 넘어가는 데는 채 20년이 안 걸렸다. 그리고 대량 살상이 연이어 발생하고 그 효율성은 계속 증대되었다. 이를테면 제1차 세계대전 중과 전쟁이 끝난 후 사막으로 끌려가 죽임을 당한 아르메니아인들, 1500만~2000만 명을 죽음으로 몰아넣었을 것으로 추산되는 1930년대 이오시프 스탈린Joseph Stalin의 우크라이나 아사 사건(우크라이나 대기근)과 숙청 기간의 처형, 독일 제3제국의 산업화한 종족 학살을 들 수 있다.[9]

극단적인 현상이 한층 큰 극단적 현상들을 조장했기 때문에 잔혹함은 정상이 될 수 있었다. 티머시 스나이더Timothy Snyder가 말한 '피의 땅', 즉 제국을 세우려는 스탈린과 아돌프 히틀러Adolf Hitler의 경쟁이 가장 격심했던 곳에서 약 1400만 명에 달하는 유대인과 로마니족(집시), 동유럽인들이 죽어 사라졌다. 팽창주의로 제2차 세계대전을 촉발한 나치와 일본의 군국주의자들은 육상 제국의 꿈을 (각각 동유럽과 만주에서) 방해가 될 수 있는 '열등한 인간들'의 제거를 정당화한 이데올로기에 결합했다. 제2차 세계대전은 이 시기의 가장 어둡고 잔인한 충동을 폭로했으며 인류 역사에서 가장 큰 세계적 유혈극이 되었다. 약 4000만~6000만 명에 달했고 대략 그 절반이 민간인이었던 사망자 수는 이전의 지역적 분쟁들은 말할 것도 없고 제1차 세계대전의 사상자 수를 무색하게 했다.[10]

새로운 기술들은 사람들을 연결시켰지만 접촉의 결과는 증오와 공포로 바뀔 수 있었다. 생명을 죽이는 능력(전투원뿐 아니라 민간인도)의 급격한 증대는 그 시대의 연결성에 대립되는 반정립이 아니었다. 그것에 동반된 현상이었다. 이 책의 각 부는 모두, 방식은 다르지만 세계화의 새로운 시대와 1895년 무렵부터 속도를 낸 고조되는 불안정(전쟁들과 혁명들) 사이의 역동적 관계를 드러낸다.

이 시기에 유럽이라는 '어둠의 대륙'이 살상 기술을 퍼뜨리면서 4부에서 토픽과 웰스가 주목하듯이 자연환경에도 기계화의 영향이 찾아왔다. 실제로 19세기 말과 20세기 초에는 종과 자연계를 겨냥한 다른 성격의 전쟁이 대규모로 빠르게 진행되었다. 흔히 문명의 확산을 자랑했던 이들이 대개 지구에 서식하는 다양한 식물과 동물을 약탈할 의도를 지녔기 때문은 아니다. 의도는 결과를 측정하는 좋은 척도가 아니다. 체계적 파괴는 때때로 계획적이었다. 예를 들면 땅에 굶주린 미국인들은 대평원에서 수백만 마리의 들소를 학살했는데, 한편으로는 재미와 수익을 위해 죽였고, 다른 한편으로는 토착민들에게서 백인의 팽창에 저항할 힘을 빼앗기 위한 조치로 죽였다. 그러나 환경 파괴는 자연의 균형에 대한 무지나 자연의 혜택은 고갈되지 않는다는 가정에서 나오는 경우가 더 많았다. 1850년에도 여전히 하늘을 검게 뒤덮던 거대한 철새 떼는 빠르게 줄어들었으며, 아프리카 대륙의 엄청난 동물 무리는 동물 상인들과 이익을 좇는 다른 사람들에게 희생되었다. 동식물을 새로운 환경에 이식하는 이들은 원예학의 촉진이 육종과 적응을 통해 다양성을 제고할 것이라고 생각했지만 인적 없는 곳까지 거의 남기지 않고 찾아다닌 식물 탐색자들은 이국의 다양한 식물을 소개하는 만큼 자주 파괴하기도 했다. 게다가 플랜테이션plantation 농장의 급속한 확산은 이익이 나는 단일경작 작물을 자연의 풍부한 다양성과 맞바꾸었다. 철도와 항구, 댐, 기타 공학을 이용한 변화는 종종 예측할 수 없고 위험한 방식으로 자연계를 바꾸어 놓았다. 땅의 '개간'은 그것에 동반된 향상과 효율성의 담론과 더불어 현 거주자들의 공동체를 무자비하게 타격했다.[11] 문화의 충돌처럼 자연계의 파괴도 이 시대의 새로운 연결성을 유망한 동시에 위험한 것으로 만들었다.

시대의 다섯 가지 핵심 주제

되풀이하지만 이 책의 각 부는 1870년에서 1945년 사이에 형성된 세계를 다섯 가지 주제, 즉 근대국가 건설, 제국적 연결과 반제국주의의 전 세계적 연결성, 주민들의 전 세계적·지역적 이주, 상품 사슬의 팽창과 강화, 변성, 사회문화적 결속과 얽힘의 흐름을 통해 제시한다. 이러한 주제들 안에서 각 부는 변동의 힘과 안정화의 힘의 상호 관계를 강조하며 이 시기에 나타난 평범함과 차별성을 둘 다 중요하게 여긴다. 이 책의 어느 부도 세상의 다양한 지역과 민족을 포괄적으로 '망라'한다고 주장하지 않는다. 각 부는 전 세계를 포괄하기보다 역사적 과정들을 잘 설명하고자 했다. 짧게나마 미리 살펴보면 각 부가 이 시기의 세계사를 구체화하는 데 어떤 기여를 했는지 알게 될 것이다.

1부에서 찰스 마이어는 이 책에서 다루는 시기를 넘어 그가 말하는 이른바 리바이어던 2.0(19세기 중반에서 20세기 중반 사이에 등장한 '근대국가modern statehood')의 흥기를 폭넓은 맥락 속에 둠으로써 책 전체의 뼈대를 세운다. 마이어는 먼저 이전 세기의 불안정, 다시 말해 질주하는 시장과 제국의 팽창, 자유주의 사상, 공화주의의 '권리' 담론이 위기에 처한 전통적 엘리트, 주변부로 밀려난 부문들, 종교적 관료주의와 쇄신 운동, 유토피아적 이상주의, 기타 세계화의 힘에 저항하는 것들에서 나온 반발과 만났을 때 생겨난 충돌을 돌아본다. 마이어는 세계 전역에서 100년에 걸쳐 나타난 정치적 발전을 고찰하면서 이렇게 소란스러운 구질서의 해체가 어떻게 근대국가의 등장 배경이 되었는지 설명한다.

대략 1845년에서 1880년까지 이어진 19세기 중반의 '국가 재건 전쟁들'에서 영토 국가들은 찢어지고 재건되었다. 전 세계적 차원에서 정치적 관할구역과 지도자들의 사회적 기원과 열망이 변했다. 서반구에서는 미국이 재건되었고 캐나다가 재조직되었으며, 멕시코는 통합된 후 프랑스의 침입을 격퇴했고 아르헨티나는 독재를 물리쳤다. 유럽에서는 이탈리아와 독일, 오스트리아-헝가리 제국, 에스파냐, 오스만 제국, 러시아 제국의 지도자들이 전부 혼란을 수습하여 근대국가를 만들려 애썼다. 동아시아에서는 일본의 관료들과 중국의 관료들이 국가 건설이라는 조치를 통해 외국의 침입 효과를 줄이려 했다. 여러 지역에서 근대화와 합리화의 새로운 일정이 토착민의 정치적 자율권의 '마지막 저항'을 알렸다. 마이어는 묻는다. "왜" 이 시기에 "역사가 세계사가 되었는가?" 마이어는 국가 건설 과정이 "전염성이 있었"음을 보여 준다. 국가의 탈바꿈은 경쟁적 세계에서 일어났을 뿐 아니라 누구나, 심지어 신분이 낮은 사람들도 변화의 바람을 느낀 특정한 내부 동력에 대한 대응으로도 발생했던 것이다.

　　1880년 무렵 이후 일신되어 나타난 이 국가들의 지도자는 새로운 방식의 통신과 기록, 토지이용과 소유권, 과세, 기술, 무기, 관료 기구, 법률, 종족 차별을 정당화하는 논거를 이용해 통치성governmentality의 방법에 대한 관심을 드러냈다. 국가와 '사회적인 것'의 관계를 정의하려던 이들은 자신들의 경제력과 전쟁 수행 능력을 확인해 줄 기술의 진보는 물론 노동, 교육, 보건과 위생, 문화적 향상, 그리고 종종 이와 연관된 제국적 사명에 주의를 돌렸다. 다양한 계통의 문화적 민족주의가 결합해 충성심을 만들어 내고 활기를 띠게 했다. 근대화한 국가에 대한 관심은 세기 전환기에 전 세계적으로, 중국과 러시아, 이란, 오스만튀르크 제국, 멕시코에서 혁명의 물결을 가져왔다. 지리적으로 떨어져 있고 각각 고유의 차이를 지녔지만 전부 "국민의 종속과 나아가 굴욕에 공모한" 것으로 여겨진 권위주의적 정권들에 맞선 혁명이었다. 전부 일종의 의회 통치를 확립하려 했고 국가의 긍정적 역할을 명료하게 표현했다. 이 시기의 국가들이 근대화를 포용하면서, 태국과 에티오피아 같은 군주국들도 선례를 따랐다. 그러나 마이어는 국가권력을 과장하지 말라고 경고한다. 제1차 세계대전 이전에는 세입은 적고 실질적 행정력은 제국과 시골에서 공히 지역의 유지나 사사로운 권력자가 행사했거나 그들의 협조를 통해 행사되었다.

민족과 종족, 계급, 젠더의 구분은 근대국가의 대표성representation 문제를 매우 복잡하게 만들었다. 누구를 어떤 조건으로 포함해야 하는가? 국가와 사회의 관계는 어떠해야 하는가? 경제성장은 대표성의 딜레마를 줄이기보다 악화시킬 때가 더 많았다. 그리고 식민지 민족주의의 성장과 식민 제국의 약화도 새로운 긴장을 유발했다. 누가 국가나 제국을 구성할 권리(아니면 능력)를 지녔는가? 근대국가와 제국에서 공적 규율의 구속은 어떤 이들에게는 해방적으로 보일 수 있었지만 다른 이들에게는 배타적이고 파괴적으로 보일 수도 있었다.

제1차 세계대전에 뒤이은 혼란과 1930년대 내내 심화된 경제적 붕괴는 권위주의적 형태의 새로운 국가, 즉 볼셰비키 공산주의와 파시즘에 비옥한 토양이었음이 증명되었다. 소련은 국제주의와 프롤레타리아 집산주의를 구현한 일당 국가를 만들었지만, 이는 공포 위에 수립된 나라였다. 파시즘은 먼저 이탈리아에서, 그렇지만 독일에서 더 악독하게 인간 개조를 위한 전쟁의 사회적 가치라는 시각에서 권위주의를 제시했다. 나치즘은 민족적·종족적으로 규정된 국가라는 미래상에 전쟁 수행을 융합했다. 이 예외적 초국가hyperstate의 중앙집권화된 권력은 양도 불가능한 권리를 지닌 개인이 아니라 의무를 부과하고 민족적 포함과 배제의 구분 원리를 잔인하게 집행한 특별 경찰력에 의존했다. 1930년대 말 도처에서 자유주의적 자본주의가 위기를 겪을 때 역사의 힘은 전쟁을 찬미하고 반대자들을 살해한 '통제된 집합체'를 가리키는 듯했다.

제2차 세계대전이 끝날 무렵 근대국가의 여러 변형이 존재했다. 사회복지와 경제성장을 위해 어느 정도의 국가 계획을 포용한 '복지국가'가 있었고, 소련 모델의 속성들을 채택한 사회주의 일당 국가들이 있었으며, 라틴아메리카와 아시아, 중동의 몇몇 나라에서 우세했던, 근대화하는 군사 기구들이 지배한 정부들이 있었다. 1970년대 이후 이러한 근대국가 형태는 전부 '세계화'에 따르는 변화의 힘, 특히 자유롭게 이동하는 자본과 다양하게 형태를 바꾼 초국적 경제력을 변호하는 논거와 점점 심한 긴장 관계에 들어갔다. 향후 근대

국가의 형세는 점점 불확실해지는 것 같았다.

마이어의 결론은 이렇다. "19세기 중반에서 20세기 중반 사이에 국가는 여러 방식으로 재탄생했다. 국가는 영토의 통합성을 위해 싸우고 중간계급을 징집했으며, 영토를 공고히 하고 '유목민'이나 부족민을 복속시켰고, 전대미문의 전쟁으로 서로 대결했다. 국가는 폭력을 통한 변혁의 전망에 도취된 당원들이 가장 잔인한 지도자를 실질적으로 숭배한 혁명 정당들을 실험했다. 그리고 마지막으로 국가는 정상 상태를 추구하고 지속적으로 강력해지는 경제의 힘과 불안정한 균형을 이루려 했다."

경계를 견고히 하고 통치 방법을 발전시키려 한 근대국가들은 제국 건설에도 경쟁적으로 뛰어들었다. 2부에서 토니 밸런타인과 앤트와넷 버턴은 제국에 대한 지지와 저항을 분석해 제국적 만남들을 더 깊이 고찰한다. 두 사람은 이른바 신제국사new imperial history와 종종 연결되는 여러 연구를 토대로 제국이 유럽의 수도들에서 만들어져 '저쪽에서' 실행된 것이 아니었음을 강조한다. 오히려 제국 체제들은 여러 종족적이고 젠더화하고 경제적인 형태들로 보아 제국의 전 부분에 영향을 미쳤다. 그러므로 2부에서는 '제국적 세계', 다시 말해 세계 전역에 식민지를 건설하면서 채취할 수 있는 자원과 노동력에 대한 통제권을 두고 서로 다투었던 여러 영토 확장 체제를 다룬다.

2부에서는 '제국적 세계'가 통일성을 갖추었거나 모든 것을 망라하는 괴물이 아니라 "단 하나의 공통 동력도 공유하지 않은, 이따금 중단되는 일련의 통합 과정, 접점과 분기점, 욕망과 무관심, 의지와 무기력의 변전을 반영한 과정"으로 매우 불균등했다는 점을 강조한다. 그래서 두 사람은 세계성의 형성에서 제국적 힘이 수행한 역할에 주의를 기울이면서도 제국 권위와 결부된 한계와 불안, 취약성도 강조하며 제국을 주로 그 중심지의 시각에서 보는 것이 아니라 다양한 관점과 공간, 미시 수준에서 고찰한다.

밸런타인과 버턴은 근대 제국들의 공간 논리와 문화적 형태들을 고찰하면서 2부를 시작한다. 두 사람은 제국을 지리적 공간을 영토화하고 재영토화하는 '공간 창조 체제'로 보고 여러 제국 체제에서 사례를 수집해 제국적 상호작용의 핵심 제도들(군대, 선교사, 작업장, 가족)을 분석한다. 이 모든 영역에서 제국의 관리들은 토착민을 관리하려 했지만 기존의 공간적 관행들을 고려해야 했다. 공간의 조직과 이용을 두고 발생한 충돌은 제국의 정치적 위기의 순간에 종종 명백해졌다. 두 저자는 제국의 이러한 사회적 지도 제작법들이 제국의 성격을 형성하는 데 수행한 역할을 이해하는 어려운 과제를 떠맡으면서 "제국에서 생겨난 접촉과 다툼은 물론 제국 권위에 필연적으로 따르는 결과인 자율적 공간과 격리된 공간에서 토착민의 생활 방식이 지닌 지속적 생명력"에도 주목한다. 두 사람은 종족과 젠더, 섹슈얼리티와 관련된 문화와 노동, 사회적 지위의 문제들에 특별히 그리고 지속적으로 주목한다. "젠더와 섹슈얼리티, 종족과 민족, 계급과 신분의 문제들은 제국들이 전개된 방식을 밝히는 데 지극히 유용했다."

2부에서는 뒤이어 제국 건설에 유익했던 통신과 교통, 경제적 유형들의 전 세계적 변화를 바라본다. 두 저자는 서로 매우 다른 세 제국(영국과 일본, 오스만 제국)의 사례에 초점을 맞춰 기술과 산업, 제국 조직 간의 연결 유형을 고찰한다. 이들은 다양한 제국적 연결이 불균등하게나마 시간과 공간의 축소에 이바지했음을 증명한다. 연결성의 증대는 또한 다른 영역들, 말하자면 항구도시들의 생활 방식과 노동 방식부터 다양한 종교적 실천이 도달한 범위와 질병의 확산, 인쇄 문화의 충격까지 여러 영역에 종종 예기치 못한 결과를 가져왔다.

마지막으로 밸런타인과 버턴은 제국의 침투가 어떻게 자주 반대를 유발했는지 많은 사례를 통해 분석한다. 그러한 제국적·반제국적 충돌에 단일한 유형은 없었다. 그러한 충돌이 대체로 일상생활이 펼쳐진 공간인 경작지와 공장, 학교, 감옥에서 이루어졌기 때문이다. 때때로 종속민들은 제국의 힘과 직접 맞서 싸웠지만 도전자들은 흔히 신중을 기하고 경계했다. 그러나 점차 반제국주의자들의 초국적 네트워크가 출현했다. "완전히 성장한 민족주의 운동들은 대체로 제2차 세계대전이 발발할 때에 가서야 목적을 달성하지만 세계적 공간들은 19세기 말에 반식민주의 정서를 조직의 형태로 키워 내는 온상이었다." 2부에서는 종족과 젠더라는 렌즈로 복잡한 제국적·반제국적 추동력을 바라보는 것이 중요함을 지속적으로 강조하는 논의를 통해 제국적 세계

질서가 어떻게 이 시기에 만들어지고 파괴되었는지 조명한다. "이 시기에 식민주의에 반대한 민족주의자들은 전부가 서로 알지도 못하고 의견을 교환하지도 않았을지 모른다. 그러나 운동들 간의 유사점은 제국 체제들 간의 비슷한 점만큼이나 현저하다." 그러므로 2부에서는 제국의 범위와 힘을 과장하지 않은 채 제국의 형식적 작동 원리에 주목한다. 중요한 반제국주의 운동들은 대체로 1890년대에 출현했고 제1차 세계대전 중이나 그 이후에 비옥한 환경을 발견했으며 두 대전 사이에 계속해서 세력을 키웠다.

3~5부에서는 국가와 제국 들이 안정시키려 한 경계를 자주 가로질렀던 흐름과 네트워크 들을 다룬다. 3~5부에서는 주민의 이주와 변화하는 상품 사슬, 다양한 사상과 제휴 관계의 유포에 초점을 맞추어 움직이는 세계를 그린다.

3부에서 디르크 회르더는 이 시기의 대규모 이주를 만들어 낸 주민들의 이동을 고찰한다. 회르더는 아프리카인과 남아시아인, 유럽인, 러시아인의 이주를 발생시킨 이동(그리고 고착)의 배경을 설명하면서 그러한 이주의 세계적 확산으로 글을 시작한다. 이러한 시각에서 회르더는 이 시기 이주 이야기의 중심에서 유럽을 끌어내며 대신 1870년대에서 1910년대까지, 곳에 따라 1930년대까지 대규모 주민 이동을 목도한 거대 지역들macroregion을 전부 고찰한다. 회르더는 새로운 철도와 항구도시, 증기선, 1870년대 이후 지속된 인구 급성장이 어떻게 널리 여행의 속도를 빠르게 했는지 추적한다. 유럽에서는 외부 세계를 향한 대규모 '프롤레타리아 집단 이주'가 속도를 더했고(많은 사람이 돌아오기는 했다.) 인도양 주변 지역과 시간이 조금 더 지난 후에는 동아시아에서 일시적 노예 체제들이 전 세계의 여러 플랜테이션 농장 지대와 광산 지대로 남녀의 대규모 이주를 재촉했다. 아메리카에서 아프리카인의 노예 상태가 대체로 사라진 후(1880년대) 대개 유럽의 식민 국가들과 투자자들이 아프리카인의 이동을 통제하게 되었다. 중국과 인도, 유럽, 북아메리카, 러시아의 유럽 지역, 라틴아메리카의 일부 지역, 식민지 아프리카에서는 사람들이 노동력이 남아도는 곳을 떠나 도시와 광업, 공업이 성장하는 지역들로 몰려들면서 대규모 내부 이주가 발생했다.

회르더는 식민주의와 변화하는 경제적 상호 연결, 종종 매우 제한된 환경에 갇힌 사람들의 열망이 어떻게 인구의 유동을 일으켰는지 강조한다. 회르더는 지역과 제국 내부의 이주, 지역과 제국 사이의 이주가 인구의 혼합을 낳고 계층화의 새로운 범주와 방법 들을 낳았음을 보여 준다. 회르더는 이주의 선택과 경험(그리고 있던 곳에 머문 사람들의 선택과 경험)이 어떻게 고도로 젠더화했고 소득과 종족 명칭, 민족성에 따라 어떻게 달랐는지 세심하게 살핀다.

3부에서는 또한 1930년대 공황과 두 차례 세계대전에 기인한 난민 이주도 설명한다. 이 논의는 식민주의와 인종차별주의에 대한 전 세계적 비판을 부채질한 지식인 이주도 고려하며, 따라서 이후 시기까지 확장될 추방과 이주를 언급한다.

회르더는 소수의 전형적 경험을 설명한다고 이주의 역사를 포착할 수 있는 것은 아니라고 강조한다. 오히려 이주의 이야기들은 매우 복잡하고 사례마다 다르다. 회르더는 이 시기의 전 세계를 역사적으로 개관하면서 개인의 삶을 형성한 이동과 제약을 이해할 수 있는 개념과 범주의 분석 틀을 정교하게 설명한다. 회르더는 자주 이용되지만 지나치게 엄밀한 '자유로운'과 '자유롭지 않은' 같은 범주와 '정체성'과 '동화' 같은 용어 들을 거부한다. 대신 회르더의 해석은 남녀 공히 자신들의 삶을 영위하는 '과정의 구조'를 돋보이게 하며 문화 변용에 관련된 복잡한 변수와 '귀속belonging'이 실현되는 과정들(귀속이 제시되고 보류되고 순응하는 방식)을 강조한다. 이주자들은 이전에 귀중히 여기던 것들을 옹호하면서도 남겨 두고 싶었던 것들을 포기함으로써 새로운 환경에 적응하고 타협했다. 이러한 관점에서 이주는 국가나 문화를 바라보는 '그릇container' 시각에 이의를 제기한다. 이주한 사람들은 "한 가지 이상의 생활 방식에 익숙해"졌기 때문이다. 따라서 회르더가 쓴 3부는 떠남과 지나감, 도착의 다양한 조건을 고려하는 '종합적 접근법systems approach'을 이용함으로써 이 시기에 이루어진 사람들의 이동을 이해하는 데 크게 기여한다.

4부에서는 스티븐 토픽과 앨런 웰스가 상품의 이동에 초점을 맞춘다. 세계적 상업과 금융이 전 세계의 여러 부분을 결합함에 따라 상품 사슬이 생산자와 가공업자, 운송업자, 구매자를 연결했다. 이러한 사슬들을 추적하면 시장의 폭넓은 변동성을 이해하고 서로 연결된 세계 여러 지역의 흥망을 살피는 혁신적인 방법을 얻을 수 있다. 토픽과 웰스는 적절하게도 이 시기의 거대한 농업혁명들을 상품 사슬 이야기의 중심에 가까이 둔다. 농업 생산은 세계무역의 대부분을 차지했기에 세계 전역에서 발생한 무수히 많은 경제적·사회적 변화를 들여다보는 창을 제공한다.

세계무역에서 매우 귀중한 몇몇 상품의 전 세계적 흐름을 추적하면 그 시대의 기술혁신이 어떻게 농업 생산과 공업 생산을 동시에 바꾸었는지 뚜렷하게 드러난다. 더욱 효율적인 교통망 덕분에 놀랍도록 증가한 식량 공급은 성장하는 도시들과 그곳의 노동자들을 부양했다. 마찬가지로 도시 산업사회의 삶은 가깝고 먼 경작지에서 얻을 수 있는 농산물의 수요를 계속 늘렸다.

4부에서는 물질적 변화의 물결을 조명한다. 교통과 금융의 혁명은 새로운 형태의 기업이나 과점 기업들과 더불어 어떻게 공업 부문과 농업 부문의 팽창을 이끌었는가? 철도와 자동차 산업은 석탄과 석유 같은 연료와 강철과 알루미늄, 고무 같은 새로운 주요 상품들의 생산을 촉진한 후방 연쇄효과를 어떻게 추동했는가? 막대한 규모의 밀 무역은 선물 시장과 경영자 자본주의 managerial capitalism, 철도 건설, 농업 기계화, 광고의 발전(전부 경제생활의 다른 모든 영역으로 넘쳐흐른 혁신이다.)과 어떻게 연결되었는가? 곡물의 포장은 인도의 황마 섬유, 필리핀의 마닐라삼, 유카탄반도의 헤네켄 섬유의 재배를 어떻게 촉진했는가? 상품의 흐름은 제국과 복합기업 건설의 상충하는 논리들과 뒤얽혀 어떻게 전쟁에 기여했고 전쟁에 의해 만들어졌는가? 자연의 힘도 상품 사슬에 변화를 주었지만 상품화의 가속화는 어떻게 자연계를 바꾸었나? 광고와 상표 붙이기는 온갖 종류의 상품들을 크래커와 소다수, 즉석커피 같은 새로운 생산품으로 바꾸는 데 어떻게 일조했나?

이 시기의 상품 사슬에 적용되는 단일한 유형은 없었다. 설탕 같은 몇몇 상품은 세계 전역에서 생산되었지만 환경은 크게 달랐고 효과도 다양했다. 커피 같은 다른 상품은 한 지역(브라질 같은 아열대의 거대한 지역)에 더 널리 퍼졌다. 이 시기의 차처럼 일부 상품은 공식 제국이나 비공식적 제국의 진로를 따라갔으며, 커피 같은 다른 상품들은 제국의 경계를 따라가지 않았고 실제로 그 밖에 존재함으로써 이점을 발견했다. 대부분의 상품에서 가격과 시장 점유율을 지배한 사람들과 장소는 시간이 지나면서 바뀌었다. 토픽과 웰스가 입증하듯이 상품 사슬의 양 끝에는 노동자와 소비자가 있었고, 이 두 집단은 서로 거의 볼 수 없었다. 두 집단 모두 대개는 마찬가지로 서로에게 보이지 않던 여러 가지 상이한 돈벌이 고리들에 의해 분리되어 있었다. 예를 들면 브라질의 독립적인 고무나무 수액 채취자들이나 다른 곳에서 고무 작업을 하는 강제 노동자들은 새로운 '필수품'으로 고무 수요를 치솟게 한 자동차 소비자들이 사는 세상을 전혀 알지 못했으며, 두 집단 모두 이 시기에 경제적·사회적으로 지극히 중요해진 중개자들, 즉 중간상인과 운송업자, 제조업자, 광고업자, 소매업자에 관해 많이 알지 못했다.

상품 사슬의 고리들이 전 세계로 확산되면서 점점 많은 재화가 자본이 투자되어 생산된 상표 붙은 상품이 되었고, 이는 공업국들에 더 많은 이익을 가져다주어 공업국들이 이 시기 세계경제의 선두로 도약할 수 있게 했다. 세계적인 무역과 판매의 규모가 급증하여 몇몇 유리한 지역이 번영하면서 유럽 경제와 신유럽 경제가 가장 큰 이익을 보았다. 세계경제의 기간 시설, 즉 점점 많은 자원을 동원할 수 있었던 교통과 통신, 금융을 통제하는 것은 그 체계를 소유하고 관리하는 이들에게 막대한 이익을 가져다주었고 세계 여러 지역과 상이한 계급들 간의 격차를 더욱 빠르게 넓혔다.

4부에서는 상품 사슬을 이용해 이 시기의 쌍방향으로 작용하는 변화들을 설명하는 것이 유용함을 증명한다. 토픽과 웰스는 농산물과 공산품의 세계적 유통이 이 시기에 어떻게 빨라졌고 생산과 소비를 어떻게 다양하게 실현하고 변화시켰는지 강조한다.

5부에서는 1870년에서 1945년에 이르는 시기의 서로 연결된 세계에서 널리 퍼진 초국적인 사회 문화적 흐름(사상, 제휴 관계, 이미지)에 초점을 맞추었다. 나는 이러한 흐름들이 국가나 제국에서 떨어져 고립되어 있지 않고 어떤 통합된 세계화 기획이나 국가와 제국을 넘어선 다른 발전 단계의 시작을 대표하지도 않았음을 강조한다. 오히려 이러한 흐름들은 다른 부의 주제들과 나란히 작용했다. 국가 구조와 제국 구조를 지탱하기도 하고 무너뜨리기도 했으며, 사람들의 이주와 상품의 이동에서 성장하기도 하고 그것을 발생시키는 데 일조하기도 했다.

5부에서는 차별화된 공통성differentiated commonalities이라는 용어를 써서 초국적인 사회적·문화적 흐름의 보편화 측면과 차별화 측면을 둘 다 강조한다. 실로 흐름이라는 관념은 중요한 은유를 제공한다. 흐름은 힘의 교차와 종종 비대칭적이기는 해도 쌍방향으로 작용하는 동력을 암시한다. 5부에서는 초국적 역사에 관한 최근의 연구에서 두드러진 몇몇 세계적 연결성을 시험 삼아 그려 본 지도를 제공하며 다섯 영역(국제적 기준 설정 기구들, 초국적인 사회적 네트워크들과 애착, 세계 박람회와 박물관, 정원 같은 전시 시설, 전문 지식에 토대를 둔 인식론적 연합, 대량으로 판매되는 모험과 미디어, 소비주의의 놀라운 쇄도) 안의 흐름들을 고찰한다. 나는 그러한 흐름에서 이루어진 문화적 전파가 국가 이데올로기들의 충돌과 공식적·비공식적 제국의 형성에 동반된 폭력과 공존한다는 견해를 제시한다.

5부에서 나는 또한 '근대'의 기술혁신이 독특한 방식으로 과학과 경관을 통합했음을 강조한다. 1870년대부터 전 세계에 퍼진 기술들(전신케이블, 철도와 쾌속선, 라디오, 사진기, 비행기 등)은 그 도달 범위를 확대했고 급속하고 극적인 변화를 초래했다. 여러 가지 기술혁신은 기적적인 현세의 왕국을 창조했다. 돌연 전등 빛과 영화에 휩싸인 이 새로운 세계에서 형상들은 눈을 현혹했고, 속도는 놀랍도록 빨랐으며, 조명은 물리적·형이상학적으로 어둠을 휩쓸어 버릴 것만 같았다. 발전의 가능성, 즉 산업 기술과 무역이 미리 알려 주는 것 같았던 풍요의 가능성, 누가 그 용어를 쓰든 그들에게 그 의미가 무엇이든 '근대적'으로 바뀔 가능성, 전쟁에서 궁극의 무기와 승리를 얻을 가능성이 유혹의 손짓을 보냈다.

세계 전역의 다양한 상황에 처한 사람들은 근대의 눈부신 과학과 기술에 관해서도 서로 다른 상황에 놓였지만 그 매력과 파급효과에서 벗어날 수 있는 사람은 거의 없었다. 과학과 기술의 변화라는 서사에 새겨진 장관은 모든 대륙에서 사람들을 현혹했고 많은 사람이 진보의 미래상을 포용하도록 했다. 이 미래상은 단지 서구가 떠맡긴 것이 아니라 상이한 장소들에서 발생한 전 세계적 현상이었다. 동시에 근대의 기술과 장관은 종족적·지리적 불평등의 체제를 견고하게 만듦으로써 말 그대로 사람들의 넋을 빼앗기도 했다. 근대의 세이렌은 자유와 주체성의 노래로 유혹하면서도 바위처럼 단단한 힘의 위계질서를 모호하게 할 수 있었다.

5부에서는 "동질화와 차별화, 세계적인 것과 지역적인 것, 초국가주의 또는 국제주의와 민족주의, 이성과 장관"이 어떻게 전부 한 쌍인지, 대립되는 상대가 아니라 이 초국적 네트워크의 시대에 서로 창조적인 긴장 관계 속에서 작동하는 보완 요소가 되는지 강조한다. 이는 표면적으로는 이원적인 양극단으로 보이지만 근대의 경관을 구성하는 상호 창조적인coproductive 동등한 상대자로 나타난다.

요컨대 이 책은 대략 1870년에서 1945년까지 이어진 변화하는 산업·상업·제국 시대의 변천과 조직적 연결을 다룬다. 이 책은 이 시기 전체에 걸쳐 나타난 공통점과 차이에 똑같이 주목하려 하며, 축소되는 세계의 여러 흐름 속에서 발생한 상호 연결의 전망과 파괴적 증오를 포괄한다. 이 책은 최근의 연구 성과에 큰 빚을 졌다. 주제별로 편제한 각 부는 공간을 뛰어넘는 발전 과정을 강조하며 시간과 시대구분의 속성들을 구조-부수적 요소로 제시한다. 다섯 개 부는 이 시기의 국가 건설과 제국 사업을 강조하는 동시에 이를 흐름과 만남, 망상 연결을 중심으로 조직된 다른 주제들 속에서 고찰한다. 흐름과 이질성은 안정과 억제라는 그 뒷면과 함께 이 시기의 질주하는 근대성의 특징이었다.

리바이어던 2.0: 근대국가의 발명

찰스 S. 마이어

1870~1945

1

머리말

　　150여 년 전 어느 여름날 몬태나 준주 남부의 산기슭에서 시작해 보자. 사실 그리 오래전도 아니다. 나의 할아버지가 동쪽으로 약 8000킬로미터 떨어진 중부 유럽의 인구밀도가 높은 지역에서 태어난 해이니 말이다. 미국 육군은 라코타족과 아라파호족, 샤이엔족 공동체들의 동맹에 맞서 약 700명의 기병대를 배치했다. 이 동맹은 남부 몬태나의 블랙힐스에서 금이 발견되었다는 소문에 끌린 백인 광부들이 1868년 조약에 의해 인디언에게 할당된 땅으로 물밀듯이 몰려든 이후 족장 시팅 불Sitting Bull의 주도로 그 전해에 체결되었다. 1876년 봄에 여러 차례 충돌이 벌어졌고, 미국 정부는 인디언 전사들을 서쪽으로 밀어내려고 몬태나 준주로 세 개 부대를 파견했다. 6월 25일인 그날에 제7기병대를 포함한 남쪽 대열의 병사들은 리틀빅혼강 유역의 인디언 부락을 공격하다가 예상보다 더 많은 적과 맞서고 있음을 뒤늦게 깨닫는다.[1]

　　위험에 빠진 이 병사들이 정녕 그 구릉지와 강 유역을 자신들의 땅이라

_____ **1** 이 사건은 리틀빅혼강 전투Battle of the Little Bighorn다. 커스터의 마지막 저항Custer's Last Stand이라고도 부르는 이 전투는 1876년 6월 25~26일에 몬태나 준주 남부의 리틀빅혼강 인근에서 라코타족과 북샤이엔족, 아라파호족 인디언과 미군 제7기병대가 벌인 싸움으로 인디언의 대승으로 끝났다. 조지 커스터 장군은 이 싸움에서 전사한다.

고 확신했는가? 이러한 주장은 무슨 의미일까? 그것은 라코타족에게는 어떤 상황의 전조였나? 그들의 조부모 세대는 75년 전 탐험가 메리웨더 루이스Meriwether Lewis와 윌리엄 클라크William Clark[2]를 환영했지만 그들은 이제 광부와 목장주, 농가의 끊임없는 침입에 직면해 있었다. 아메리카 원주민은 그 땅에 대해 고유의 경제적 관계를 갖는다. 여기에는 관습으로 인정된 경작은 물론 사냥과 계절에 따른 이동도 포함되는데, 그렇지만 채광과 영농, 목축을 위해 도착한 새로운 정착민들은 분명 이를 인정하지 않았다. 아마도 양쪽 다 상대방이 왜 그렇게 광대한 영역을 자기 소유로 주장하는지 정말로 이해하지 못했을 것이다. 인디언들은 압박을 받자 여러 조약에 서명했다. 비록 줄어들지언정 조약이 보장된 영토를 지켜 줄 것이라고 믿었기 때문이다. 그러나 인디언들은 조약이 일방적으로 수정되고 자신들의 땅이 축소되는 것을 지켜보았다. 적어도 이날만은 그들은 추적자들을 멈추게 할 것이었다. 조지 커스터George Custer 장군은 마침내 자신이 부대를 위험에 빠뜨렸음을 깨닫고 강 유역에 진입한 병력을 세 개 분견대로 나누려 했다. 두 개 분견대는 큰 희생을 치르고 퇴각하다가 공격자들을 저지했지만, 커스터가 직접 지휘한 210명의 병사는 인접한 산꼭대기로 몰려 한 시간도 되지 않아 궤멸되었다. 그날이 끝나 갈 무렵 커스터의 부대는 전멸하고 장비를 빼앗겼으며 대다수 병사의 머리 가죽이 벗겨졌다.[1]

그러나 길게 보면 그날의 승자는 패자가 된다. 원주민 보호 구역은 다시 축소되었다. 더 많은 기병이 들이닥치고 철도가 건설되어 새로운 정착민들이 들어오고, 부족들은 향후 몇 년간 계속해서 황량한 고지대로 밀려나 결국 한 세대 후에는 지도자 중 한 사람이 최후의 항복을 하고 만다. 1876년 여름에 승리를 거둔 족장은 자기 부족에 할당된 땅에서 1913년에 노인이 되어 죽임을 당한다. 그래도 이들 얘기로 시작해 보자. 세계 도처에서 증기와 강철, 고도로 발달한 정부 조직을 이용해 영토 확장을 갈망한 근대국가의 침탈에 저

---

2 1804년 5월에서 1806년 9월까지 루이스 대위와 클라크 소위가 미군 자원자로 구성된 탐험대를 지휘해 미국 서부를 최초로 횡단했다.

항했던 이들 말이다. 이러한 지배 도구에 대면한 공동체들에 자신들의 땅을 스스로 통제할 마지막 기회를 줘 보자. 이들이 보여 주는 장면은 19세기의 소설과 그림에, 주간지가 의뢰한 판화에, 그리고 최후의 패배가 집행된 후에는 정착민과 탐험가, 군인의 부단한 압박에 대면한 '당당한' 전사들과 수심에 잠긴 가족들이 등장하는 잊을 수 없이 침울한 은염 인화지 사진에 포착돼 있어 친숙하다.

우리가 별생각 없이 유목민이나 부족이라는 딱지를 붙이곤 한 공동체들은 (일반적 사례를 몇 가지 들면) 오스만 제국의 변두리에 거주한 사막의 베두인족이든, 차르의 관리들에게 맞선 중앙아시아 고지대나 캅카스 지방의 촌락민이든, 북아메리카 건조 지대의 인디언이든, 아프리카 사바나 초원의 주민이든 서서히 그렇지만 가차 없이 정복되었다. 물론 이들의 길고 힘든 퇴각은 19세기 말이 되기 한참 전부터, 말하자면 유럽인들이 아메리카에 도착했을 때, 포르투갈인과 네덜란드인이 남아프리카의 해안에서 내륙으로 밀고 들어갔을 때, 프랑스와 영국이 북아메리카 오대호를 장악하려 했을 때, 청나라와 로마노프 왕조가 신장新疆과 몽골을 두고 맞붙어 제국의 통제권을 확립했을 때 시작되었다. 20세기가 되면 이 공동체들은 자원을 빼앗긴 집단으로서, 합법적이지만 사실상의 부족 식민지로서, 때로는 제국 내부의 종속 국가로서 살아남았지만 앞선 시기에 존속한 이들의 연합체와 국제적 역할은 기억 속으로 사라졌다. 이들의 정치가 아니라 지역적 관습과 가족 구조를 연구한 후대의 인류학자들에게 소홀한 취급을 당하기 일쑤였고, 승리한 국가들의 온갖 사료에 파묻혀 그 국민의 성공 이야기에만 집중한 역사가들에게 무시당했던 것이다.

그러나 이따금씩 불규칙하게 뻗은 이 땅의 토착민 수호자들이 '문명'이라는 증기 롤러를 멈추게 했다. 1876년 6월 25일 리틀빅혼강에서 벌어진 일이 바로 그것이었다. 3년 뒤 줄루족 전사들이 이산들와나Isandlwana 전투에서 침입해 들어오는 영국군의 숙영지를 파괴했을 때도 마찬가지였다. 1881년에서 1898년 사이에 정화된 이슬람의 이름으로 수행된 수단의 대규모 마흐디파의 봉기는 카이로에 있는 오스만 제국의 이집트 총독들과 임시로 꾸린 군대를 이끈 영국군 지휘관들에게 쓰라린 패배를 안겼다. 1893년 명목상으로는 모로코 국왕의 신민이었던 리프 부족민들은 멜리야에서 에스파냐 군대를 포위하여 무찔렀다. 에티오피아 전사들은 1891년 도갈리Dogali에서, 1896년 아드와Adwa에서는 한층 더 비참하게 이탈리아 분견대를 궤멸했다. 물론 에티오피아는 그저 부족이 지배하는 지역이 아니라 세계에서 가장 오래된 왕국 중 하나였다. 유럽인들은 10~20년간, 이탈리아의 경우 1935~1936년에 에티오피아를 공격할 때까지 후퇴했는데, 자신들의 정복을 늦춘 복잡한 정치적·종교적 체제를 전혀 고려하지 않았다. 유럽인들은 유목민과 부족민이 벌인 일련의 맹렬한 마지막 저항을 목격했다.

실제로 부족이라는 흔히 쓰이는 낱말은 이렇게 일정한 지역에 거주하는 주민들의 정치적 생활을 적절히 요약하지 못한다. 이들에게도 국가나 국가와 유사한 정체가 있었기 때문이다.[2] 부족이란 자신들이 오래전의 창시자나 족장으로부터 이어지는 혈통에 의해 조직되었다고 믿는 공동체를 가리키는데, 이는 결국 오스만튀르크족이나 1644년부터 중국을 다스린 청나라의 이론적 주장이기도 했다. 그러나 부족은 유럽 국가들의 특징이었던 높은 인구밀도와 분화한 관직까지 대체로 갖추지는 못했더라도 때로는 연합체 회의에서 전쟁과 강화를 결정하기도 한 정치적 단위였다. 에스파냐인들은 16세기에 중부 멕시코와 페루에서 정교한 조직을 갖춘 두 개의 부족 제국을 점령했다. 초기 미국은 북아메리카의 인디언 부족 연합들과 북아메리카 공화국의 국경 내에 어느 정도로 통합될 것인가는 물론 영토 지배권을 포함한 부족국가의 제반 측면을 인정한 조약들을 거듭 체결했다.(그리고 일방적으로 수정했다.) 크리크족과 세미놀족, 체로키족, 이로쿼이족, 코만치족, 수족, 아파치족은 때로는 독자적으로, 때로는 경쟁 부족들을 공생 관계로 이용하면서 광대한 영토를 차지했다. 줄루족은 카리스마 넘치는 잔인한 지도자 샤카Shaka의 치세에 강건한 19세기 정체를 만들어서 이웃의 보어인 공화국들과 영국인 침입자들을 상대했다. 몇몇 부족은 대평원에서 그랬듯이 동물 사냥의 편의를 위해서든 고도에 따른 계절적 기후의 차이를 동물 사육에 이용하기 위해서든 해마다 또는 정기적으로 거주지를 옮기는 것이 유리함을 발견했을지도 모른다. 그러나 많은 부족은 한곳에 정주하여 농경 생활을 영위했다. 러시아의 스텝 지역에 살던 수십 개의 부족 연합과 수백 개의 하위 부족은 수천 킬로미터 떨어진 러시아 중앙 권력의 요구를 아주 조금만 인정했다. 이는 히말라야산맥과 아프가니스탄 변경의 지역사회들이 빅토리아Victoria 여왕의 현지 대리인들을 상대로 보인 행태와 똑같다. 미국 서부나 줄루족의 남아프리카와 마찬가지로 투르키스탄 지역의 이슬람 칸국khanate들도 1870년대와 1880년대에 가서야 정치적 단위로서 복속되었다. 아나톨리아 남동부와 이라크 북부의 쿠르드족도 마찬가지로 1880년대와 1890년대에 걸쳐 오스만 제국의 군대에 복속되었다.[3]

이 몇십 년간 토착민은 정치적 자율성을 위한 마지막 투쟁을 수행했다. 이유는 여러 가지였는데 뒤에서 탐구할 것이다. 창과 활, 전투 도끼가 살상 능력을 지녔지만 부족민들은 화력의 이점을 인식하고 라이플총을 획득했다. 그러나 부족들은 좀 더 최신 기술인 철도를 발전시키지 않고 말(아니면 낙타)에 의존했기에 군사적 동원의 규모가 제한되었다. 부족들은 광대한 영역을 자신들의 땅이라고 주장했는지 몰라도 고착된 경계를 설정하지 않았으며 영구 정착지를 건설하려는 노력 없이 여기저기 돌아다녔다. 부족의 정치인들은 협상하여 조약을 맺고 동맹을 체결했지만, 부족들은 수십 년에 걸쳐 때로는 의식이 된 야만적 전투를 벌이며 서로 싸우기도 했다. 그리고 집단적 생존에 치명적이게도 자신들의 땅을 잠식해 들어오는 유럽인들에게 부족 간 전쟁의 균형을 깨도록 도와 달라고 간청하는 경우가 흔했다. 그러나 국가는 그렇게 큰 힘이 있었어도 모든 곳에 침투하지는 못했다. 고지대나 깊은 숲의 넓은 지역은 지배를 받지 않으려고 완강하게 저항한 작은 부족들의 피난처로 남았다. 제임스 스콧의 표현을 빌려 보자. 스콧은 잘 빠져나가는 그들의 능력을 높이 기렸는데, 이는 부분적으로는 그들이 거주한 지역이 접근하기 어려운 성질을 가졌다는 데 돌릴 수 있다.[4]

승자들은 조직력이 뛰어난 유럽인들의 대표자와 아메리카나 아프리카, 아시아로 건너간 이들의 후손들로서 몇백 년간 세상에 없던 매우 효율적인 팽창과 지배의 장치, 다시 말해 근대 국민국가로 발전했다. 근대 국민국가는 영토에 침투하여 그것을 지배하고 정주 농업과 산업 기술을 추구하기 위한 대규모 조직 단위로서, 복잡한 법률제도를 보유한다. 그 법률제도는 가족 재산과 개인 재산의 보존과 양도, 대규모 사적 노동력과 공적 노동력의 고용과 급여 지급, 전신을 통한 상업적 결정과 정책 결정의 신속한 전달, 단체의 기억을 안전하게 지키는 행정 문서고와 기록, 내적 충성을 낳는 경쟁의 이데올로기와 집단적 목적을 허용했다.

200년에 걸쳐 근대국가의 역사적 발전을 추동한 힘을 보면서 나는 세 가지를 강조하겠다. 구체제를 뒤흔드는 데 결정적이었던 것은 비판적 사고였다. 정연한 사상뿐 아니라 불만과 항의를 표현한 극작법까지 기존의 제도에 끊임없이 문제를 제기하고, 1750년 이후 매우 강력하게 작동한 새로운 제도를 상상하는 데 중대한 역할을 수행했다. 기술적 창의성, 다시 말해 물질세계에 적용된 다양한 착상과 사고는 19세기 중반의 변화에 매우 중요했다. 거리와 시간의 제약을 극복한 발명품들 덕분에 전 세계적으로 영토가 재구성되어 19세기 중반의 국가들이 탈바꿈했다. 동시에 이 발명품들은 새로운 형태의 사회계층화를 초래했는데, 이는 지식사회의 불만을 새롭게 했다. 지식사회는 이제 진부하게 현상 유지에 불만을 표시하는 데서 그치지 않았다. 경제적·정치적 변화에 뒤따른 새로운 결과를 참지 못했던 것이다. 18세기와 19세기에 이러한 충격은 유럽과 신세계에 뻗은 작은 유럽들에서 생겨나 바깥으로 퍼져 나가는 경향을 보였다. 그래서 20세기가 되면 아시아의 큰 사회들이 동일한 과정을 밟았다. 세 번째 중요한 힘은 활동 인자라기보다 전 세계적 영토 조직의 조건이었다. 국가가 항상 복수로 존재하여 공공연한 전쟁까지는 아니어도 지속적인 경쟁 속에 있었다는 것은 사실이다. 국가를 다룬 역사라면 좋든 싫든 그 조직과 사회적 구분이 불안정 위에 서 있는 제도를 추적해야 한다. 이 상황이 심지어는 근대사회에서도 내적 위계질서의 유지에 지속적으로 기여했다고 해서 덜 실제적인 것이 되지는 않는다.

* * *

국가는 정의하기가 쉽지 않은 뜻깊은 용어다. 국가는 인간 공동체들이 집단의 삶을 법률로 규제하는 데 강제력이 필요하다고 생각하고 이를 위임한 제도를 가리킨다.[5] 얼마나 많은 힘을 위임할지, 그 힘을 어느 정도로 제한할지, 어떤 목적에 쓸지는 서구에서는 적어도 고대 그리스 이후로 늘 쟁론의 대상이 된 문제였다. 인류 역사는 대부분 국가의 흥망이라는 관점에서 이야기되었다. 물론 국가는 엘리트의 통제를 지속시키고 이들의 통치 요구를 받아들이는 이들에게 안전을 보장하기 위해 계획된 정치적·행정적 의사 결정의 위계 구조로서 유서 깊은 조직이다. 국가는 추상 개념이다. 국가는 종종 통치자의 인격으로 표현되었지만 대개는 공동체로서 의당 갖추어야 할 생존의 이데올로기를 만들어 낸다. 국가는 일반적 법률이나 규범에 따라 활동하겠다고 주장하며(물론 국가는 그 사법권 안에 있는 여러 집단에 상이한 수준의 특권과 자격을 부여할 수 있다.) 이러한 규칙이 그 정통성 주장의 토대다. 다시 말해 단순한 강제력의 행사를 뛰어넘는 다른 근거에서 시민들로부터 충성을, 외국인들로부터 인정을 받아야 한다는 주장의 토대다.

전 역사를 통해 국가가 변함없이 복수로 존재했다는 사실은 각각의 국가가 어느 정도의 최고 권위(보통은 지리적 범위, 즉 영토로 규정된다.)를 주장했음을 의미하며, 이 최고 권위는 이론상 다른 국가들의 명령서를 인정하지 않는데, 이것이 바로 주권이라고 부르는 조건이다. 정치 이론가들은 흔히 주권이 절대적이라고 주장했지만 실제로 주권은 이따금 불완전했으며 제국 체제나 조합적 구조 안에 깃들기도 했다. 때때로 국가는 보호국으로서든 종속국으로서든 자신들의 행동의 자유를 제약하는 상위 국가의 주장을 받아들였으며, 큰 나라들까지도 종종 다른 강국의 특권적 위요지圍繞地나 기능을 허용해야 했다. 국가는 이를테면 오늘날의 유럽연합 같은 공통의 권위에 자국의 경제나 군사, 국경에 관한 기능과 권위를 양도하기로 점차 동의했다. 주권은 주권을 제한하는 조약들의 우선권을 결코 배제하지 않았다.

국가들은 늘 때로는 교역이나 이주, 외교를 통해 평화적으로 때로는 전쟁을 통해 서로 영향을 주고받기 때문에, 국가가 하나씩 차례대로는 물론 하나의 집단으로서도 자주 형태를 바꾸는 것은 매우 자연스럽다. 그러므로 혁신은 파도처럼 다가왔다. 시시때때로 국가는 새로운 원칙에 의거해 재조직되고 재구성되며 새로운 목적을 얻고 새로운 능력을 요구한다. 그렇다고 모든 국가가 혁신에 성공했다는 뜻은 아니다. 몇몇 국가, 특히 중국이나 오스만 제국 같은 오래된 제국 체제는 중대한 노력을 기울였지만 영토의 통합도 내적 '질서'를 보장할 능력도 유지할 수 없었다. 그러나 전 세계 차원의 시각에 따르면 이 책에서 정치적 근대성을 기술하는 의미 있는 표현으로 제시된 '장기 근대국가의 세기'는 대략 1850년에서 1970년대까지 이어졌다. 이 글은 근대국가가 어떻게 출현했고, 어떤 혁신을 이루었으며, 왜 종말을 고했는지에 관한 역사이다.

국가statehood를 지칭하는 근대 서구의 용어는 일반적으로 16세기와 17세기에 통치권의 요구를 당시 옹호되기도 하고 의문시되기도 한 강력한 종교적 권리 주장과 구분하기 위해 근대적 형태를 띠었다고 여겨진다. 퀸틴 스키너Quentin Skinner가 설명하듯이 16세기 말이 되면 국가라는 개념은 "통치자와 피치자가 구분되고, 일정한 경계를 갖는 영토 내에서 최고의 정치적 권위를 구성하는 공권력 형태"로서 "유럽 정치사상에서 가장 중요한 분석 대상"이 되었다.[6] 이 범유럽적 담론은 종교개혁 이후 기독교 권위의 초국적 분열과 인쇄 문화 시대에 나타난 강도 높은 사상의 교류, 대안이 될 만한 비종교적 정통성 원리의 힘겨운 모색을 반영했다. 16세기 말과 17세기의 작가들(1570년대의 장 보댕Jean Bodin과 1640년대와 1650년대의 토머스 홉스Thomas Hobbes 같은 이들)은 그러한 주권이 요구한 절대적 권위에 초점을 맞추었다. 홉스가 『리바이어던Leviathan』에서 주장했듯이 강력한 통치자가 없으면 영토 내의 개인들은 국제적 차원에서 국가들이 보인 모습처럼 불안정하고 폭력에 휩쓸리기 쉬운 '자연 상태'에서 살 것이 분명했다.

국가와 주권의 국제적 속성은 보통 30년전쟁의 종결과 중부 유럽의 그 길고 복잡했던 분쟁을 마침내 끝낸 1648년의 베스트팔렌(뮌스터와 오스나브뤼크) 조약이 가장 결정적으로 규정했다고 여겨진다. 그러므로 주권 개념은 이중의 취지에서 출현했다. 주권은 '대내적으로'는 영토 단위 내에서 행사되는 군주의 최고 통치권으로, 특히 이와 경쟁한 종교적 권위의 권리 주장보다 우월한 권위로 규정되었다. '대외적으로' 국가들의 집합 전체에 대해서는 베스트팔렌 조약으로 확인된 국제적 독립이나 다른 국가들이 더 일반적으로 표명한 승인으로 규정되었다. 국가의 이러한 속성(자국 영토 내에서 가장 우월한 법률적 권위이자 다른 국가들에 대해 완전한 권리를 보유하는 것)이 1648년 이후 계속해서 고도로 복잡한 이론으로 체계화되었다는 바로 그 이유에서 오늘날 우리는 '베스트팔렌' 조약의 질서를 참고하는 경향이 있다.[7]

과도한 일반화에 빠지면 안 된다. 그렇게 절대적이며 통합적인 시각의 국가 주권은 대외적 관계와 대내적 권위에 관해 이 세계 대부분의 지역에서는 공히 생소한 것이었다. 예를 들면 남아시아의 무굴 제국과 그 계승 국가인 영국령 인도는 수백 명의 군주, 즉 라자raja나 술탄의 부분적 주권을 인정하지 않았으며 중세 유럽의 법률에 흔히 종주권이라 규정된 것을 요구했다. 거대하고 당당한 중국 제국이 대륙을 지배한 동아시아에서는 베스트팔렌 조약의 국가 간 평등이라는 패러다임이 자연스러워 보이지 않았을 것이다. 그 거대 국가의 주변에 있는 사회들은 실제적으로 내정이 간섭받는 일은 없으리라고 보았지만 중국의 우위를 인정했다.[8]

마찬가지로 중요했던 것은 중국 국가의 내적 응집력이 신성의 영역과 맺는 특수한 관계에 의존하는 것처럼 보였다는 사실이다. 기독교 세계에서는 종교가 국가와 그 지도자를 후원하기 위한 목적에 쓰였지만, 종교적 영역은 국가가 다루게 된 영역과 여전히 구별될 수 있었다. 적어도 11세기 서임권투쟁 이후로는 교황과 황제는 둘 다 때로 서로 중첩되었어도 구분 가능한 임무를 고집했다. 그 이원성은 17세기에 리바이어던 1.0이 건설되어 종교 관료의 정치적 권리 주장이 세속 통치자에 종속될 때에도 암암리에 재확인되었다. 확실히 성별된 군주가 통치하는 곳에서는 어디서든 그 분리는 결코 절대적이지 않았다. 종교 관료들은 자율적 규범을 갖는 집단의 권위를 종종 주장했으며, 그들의 권리를 보호하는 것은 군주의 임무였다. 로마 가톨릭교회의 관료들은 신성 로마 제국에서 1803년까지, 이탈리아에서는 1870년까지 다양한 영토의 정치적 지배자 역할을 수행했다. 이슬람 세계에서 그 관계는 더할 나위 없이 복잡했다. 이슬람은 원래 신자들의 공동체와 완전히 겹치는 정치적 영역을 구상했지만, 일련의 경쟁적 제국 단위들이 무슬림이 우세한 광대한 영토를 두고 싸우게 되었다. 오스만 제국과 페르시아 제국, 인도 무굴 제국의 통치자들은 보통 대체 숭배를 용인했지만 그러는 과정에서 이슬람의 종교적 권위와 율법이 가진 우월한 역할을 인정했다. 게다가 오스만 제국은 1922년 튀르크인들이 칼리파직과 제국을 폐지할 때까지 이슬람의 정치적 지배와 칼리파직의 임무라는 앞선 시대의 포괄적 관념을 주장하려 했다. 그러나 동아시아에서는 그러한 주장이 달랐다. 일본의 천황은 지난 몇백 년간 많이 약해졌지만 신성한 혈통의 기운을 유지했으며 이는 특별한 의식을 통해 축하되었다. 그리고 1945년까지 근대 민족주의자들은 왕의 신성한 지위를 강화하려 애썼다. 유교의 유산은 아마도 다른 곳에서는 적어도 최근 몇십 년까지도 지속되었던 종교적 권위와 정치적 권위의 이원성을 크게 극복했을 것이다. 에스파냐인들이 파괴한 과거 중앙아메리카 정체들의 경우에서 어느 정도 그랬듯이 중국의 황제는 19세기가 한참 지날 때까지 가족에서 하늘까지 이어지는 조화 속에서 의식의 실행을 통해 사회의 좋은 질서를 보장할 수 있었다. 황제와 그 신하들은 한 해의 작황을 보장하기 위해 베이징의 천단天壇 구내를 행진했다. 이 행진을 따라가 본 관광객이라면 세계 최대의 국가가 자체의 고유한 기운을 지녔음을 알아챌 수 있다.[9]

중국 제국의 기능과 구조를 서구 제도와 비교할 수 없다는 것은 아니다.(분명 비교할 수 있다.) 그러나 서구에서 발달한 언어, 익숙하다는 이유로 지금 이 역사를 풀어내는 수단으로 채택된 언어는 다른 지역들에 널리 퍼진 분위기를 포착하지 못한다. 그러므로 베스트팔렌 조약의 개념들은 그 범위가 제한되었다. 그러나 교역과 외교, 정복을 통해 유럽의 영향력이 확대되면서 국가와 국민이라는 좀 더 절대적인 범주들도 널리 퍼져 나갔다. 19세기 말이 되면 국가는 통치에 전념하기, 관료제의 원활한 작동, 고정된 영토 공간의 통합성, 경쟁의 임무에 대한 믿음 같은 요소들을 어느 정도 확보한다. 전부 전례 없는 일이었다.

그렇지만 이 정점은 부활이자 부분적 변화이기도 했다. 새로운 통신과 교통 기술 덕에 19세기 후반과 20세기 전반에 국가의 야망과 통치권은 의심의 여지 없이 강화되어 컴퓨터 소프트웨어의 뒤에 붙는 숫자, 다시 말해 리바이어던 2.0의 정당성을 입증하기에 충분했다. 그 국가의 근본적 속성, 다시 말해 국내에서 그 법률적 규범이 최고의 권한을 누리고 영토적 기반에 의존하는 것은 동일했다. 그러나 영토적 야심은 일신된 제국주의 시대에 엄청나게 커졌다. 이제 교역권과 위요지에 만족하지 못하고 광대한 해외 영토를 추구했던 것이다.

게다가 자율적인 최고의 법질서와 관료주의적 군주제의 통치권이든 국민주권의 기반 위에 선 통치권이든 법치라는 오래된 이상들도 변했다. 리바이어던 2.0은 초월적이라고 추정되는 그 법률규범이 경제적 이익집단과 정치적 실력자 들과 뒤얽히게 되었음을 인정한 것 같았다. 유럽 대륙의 법률 이론은 법을 상업과 결사의 세계와 구분했지만 확실히 잉글랜드와 스코틀랜드(나중에는 북아메리카도 포함된다.)의 법질서 해석은 정식으로 그렇게 구분한 적이 없었다. 영국에서 이른바 스튜어트 왕가의 절대주의에 맞선 싸움이 끝난 뒤인 18세기에 토리당은 아닐지언정 휘그당의 정치 평론가는 인류의 진보를 법률이 지닌 무결점의 초월성보다는 경제적 진보와 정중한 태도의 발달로 측정했다. 19세기 중반까지도 군주제의 권위를 제한하려고 분투한 대륙의 자유주의 사상가들은 개인의 지배뿐 아니라 이해관계도 '뛰어넘는' 더욱 초월적인 법률 개념을 여전히 유지했다. 그러나 20세기 초가 되면 순결한 국가라는 이상은 유지하기가 어려웠다. 경쟁 체제에서 지배하는 것이든 경쟁자를 관용하지 않고 배타적으로 지배하는 것이든 지배할 권리를 주장하는 법인 단체들과 노동조합들, 정당들의 거미줄처럼 뒤얽힌 실타래를 풀기는 어려웠다. 법치라는 개념이 계몽사상 정치의 이데올로기에서 서서히 멀어지기 시작한 뒤 100년 남짓 지나서야 국가는 정당이나 이익집단의 통치 체제로서 다시 흡수될 것처럼 보였다.[10]

그러한 경향들을 국가 자체의 토대를 흔들지 않고 어느 정도까지 추구할 수 있는지는 정치 행위자들과 (돌이켜 볼 때) 학자들에게 하나의 문제로 남았다. 20세기 말을 보면 단일 정당과 군사정권의 폐해가 너무 끔찍해 정치 행위자들이 자유주의 정부의 이론과 실제를 되살리기를 원할 정도였다. 그러나 초월적 국가와 법질서라는 옛 관념은 이제 현실주의적인 자유주의 피난처를 약속하지 않았다. 대신 이론가와 실천가 들은 공적인 법질서가 혼란스럽게 뒤섞인 조합적 이익집단, 교회, 노동조합, 기업, 대중매체에 말려들었음을 인정하고 때로는 이를 축하했다. 이러한 얽힘은 위협이 되는 것 같기도 하고 이익이 되는 것 같기도 했다. 1970년대처럼 경제적 어려움이 닥쳤을 때 많은 분석가는 민간 부문과 공공 부문의 협상에 의존하리라고 생각했다. 그들은 이를 신협동조합주의라고 불렀다. 1980년대 말과 1990년대에 권위주의 통치가 무너졌을 때 이들은 독재에 저항한 시민사회의 우호 세력을 찬양했다. 어느 경우든 국가와 사회는 분리되기 어려운 것처럼 보였다. 그러나 그 형태들이 영원히 불변할 것 같지는 않다. 20세기 말 많은 평자가 국가를 광범위한 전문 지식의 체제로 보고 이론화를 시도했다. 이들은 이 국가가 조야한 인민주의의 압력에서 벗어나기를 바랐는데 훗날의 역사가들이 이를 리바이어던 3.0이라고 지칭할지도 모를 일이다.

* * *

다시 1870년대로 돌아가면 리틀빅혼강이나 남부 아프리카에서 부족들은 기계와 같은 국민 공동체들에 맞서 일시적으로 승리했지만 실제로는 승산이 없었다. 국가는 우월한 무기(특히 속사포)와 철도, 19세기 말에 크게 개선되어 강을 오갈 수 있는 포함을 지녔다. 국가는 돌아왔다. 국가는 부족들을 서서히 약하게 만들고, 질병으로, 때때로 저항이 지속되면 종족 학살로 무너뜨려 사막으로 내몰았다. 부족들은 그곳에 버려져 갈증과 굶주림으로, 자연에 노출되어 죽어 갔다. 그렇지만 이 부족사회들 중 여럿이 살아남아 증언했다. 몇몇 부족은 험난한 기후 때문에 밀집하여 정착하기 어려운 고지대를 고수했다. 일부 부족은 계속해서 스텝 지역에 살며 해마다 여름 초지에서 험난한 기후를 피하기 더 좋은 겨울 지역으로 가축들을 몰고 다녔다. 몇몇 부족은 1945년 이후 식민지 해방의 결과로 만들어진 국가의 구성 요소로 등장했다. 사막의 베두인족은 허약한 제국의 황량한 변두리라는 위치에서 이득을 얻었다. 미국의 인디언들은 토양이 척박한 보호 구역 안에 정착했는데, 보호 구역의 크기는 지속적으로 줄어들었고, 인디언이 부족의 삶을 존속시키느라 지불한 대가는 대개 경제 침체와 알코올 중독이었다. 보호 구역을 택하지 않은 이들은 동화와 통혼을 선택했다. 이들은 집단적 과거의 기억만 유지한 채 아마도 부흥주의적 신화와 민속을 마음속에 키우고 있을 것이다.

"나의 심장을 운디드니에 묻어 주오."나 투르키스탄의 코칸트, 모로코의 멜리야, 수단의 옴두르만. 저항하는 자들이 가끔 승리하기도 했지만 대체로 패배했던 전투들은 어쨌거나 근대국가가 전 세계적으로 승리를 거두고 근대국가의 대안일 수도 있었던 유목민 생활이 주변으로 밀려나는 과정에서 나타난 일화들이었을 뿐이다. 중앙아시아 같은 일부 지역에서는 부족들이 전통적 생활 방식을 지속하면서 새로 설정된 허약한 국경을 넘나들며 떠돌아다닐 수도 있었다. 아메리카의 부족들은 집단적 재산권과 토지이용권, 자신들이 스스로 개발할 수도 있었던 광물 자원에 대한 권리를 포기했다. 아프리카처럼 유럽인들이 멀리서 온 곳에서는 부족들이 가혹한 통제를 받았고 이는 인종차별적 위계질서의 신조에 의해 더욱 강화되었다. 국가는 승리하고 팽창했으며 이어 서로 간에, 때로는 자국 시민을 살인적 일념으로 공격했다.

1부에서는 근대국가의 등장과 변화에 관해 고찰할 것이다. 1860년대에서 1970년대까지 이 영토 조직의 단위들은 현실적 대안이 될 만한 제도들이 그 승리에 이의를 제기하도록 내버려 두지 않고 번성했다. 이어 국가는 지금 우리가 살고 있는 시대로 진입했다. 이 시대는 국가가 지닌 행동의 자유에, 어쩌면 국가가 강요하는 충성에도 중대한 제약을 가한 것처럼 보인다. 이 발전 궤적에서 국가가 서로에게 행사한 폭력으로 인한 사상자는 규모 면에서 자신들의 변경에 있던 부족들에 입힌 손실을 무색하게 했다.

1   세계는 과거에 싫증을 낸다

이 시구는 영국 시인 퍼시 비시 셸리Percy Bysshe Shelley가 이탈리아에 살던 29세 때 쓴 작품의 일부로 그는 그리스인들이 오스만 제국에 맞서 일으킨 반란의 서막에 도취되었다.

> 이 세계의 위대한 시대가 다시 시작된다,
> 황금기가 되돌아온다,
> 지구는 탈피하는 뱀처럼 새롭게 한다
> 쓸쓸하게 말라비틀어진 잡초를
> 세계는 과거에 싫증을 낸다,
> 오, 어쩌면 과거가 마침내 죽거나 잠들지도!

과거는 마침내 언제 죽었는가? 애석하게도 인내심이 부족한 셸리가 먼저 죽었다. 셸리는 1821년에 이 송시 「헬라스Hellas」를 쓰고 이듬해에 익사했다. 이 글은 국가라는 위상statehood과 공적 제도에 관한 한 과거가 19세기 중엽에 죽었다는 견해를 제시한다. 셸리가 암시했듯이 구질서의 종말과 새로운 질서의 탄생(부활)은 동일한 과정에 속한다. 그러나 나는 1776년에서 1830년까지,

나아가 1848년까지도 포함한 혁명기를 전 세계적 미래를 준비하는 파종기로 제시하지 않는다. 대신 1750년부터 1850년까지 100년의 시간 전체를 제도의 붕괴 시기로 보아야 더 잘 이해하는 것이라고 주장한다. 초기 근대국가의 관념과 실천(토머스 홉스가 1651년에 쓴 현실적인 논문을 따라서 '리바이어던 1.0'이라고 부르자.)이 17세기에 출현하여 18세기 말에 어려움에 봉착했다고 가정하면, 이 국가들은 1850년 이후에 '리바이어던 2.0'으로 재편되었다. 나는 그 재편 과정이 1960년대와 1970년대까지 지속되었다는 견해를 제시하려 한다. 그때 근대국가의 체계가 다시 와해의 도정에 접어들었기 때문이다.

1850년을 분기점으로 구분되는, 대체로 100년에 이르는 두 시기의 중요성을 말하자니 이름을 붙이는 문제가 생긴다. 18세기와 19세기, 20세기라는 더 익숙한 구분에 한 다리씩 걸치고 있기 때문이다.[11] 이러한 구분법은 계몽 시대나 '혁명의 시대', '세계대전의 시대' 같은 통상적 이름의 구분과도 일치하지 않는다. 특히 대다수 역사가는 프랑스 대혁명을 전후한 몇십 년을 매우 근본적인 단절기로 생각하고 (적어도 유럽에서는) 혁명 이전과 혁명 이후로 시대를 나누는 경향을 보였다. 근대 중동 역사에서 역사가들은 나폴레옹 보나파르트Napoleon Boraparte가 이집트를 침공한 1789년을 축으로 '이전'과 '이후'를 결정했다. 중국은 최근까지도 역사가들이 1842년 아편전쟁을 결정적 단절을 가져온 사건으로 보았다. 이와 비슷하게 많은 사람이 제1차 세계대전 발발로 시작해 1989년에서 1991년 사이 러시아와 동유럽 공산주의 체제의 몰락으로 끝나는 이데올로기적·군사적 갈등의 시기인 단기 20세기라는 개념을 받아들였다. 나는 그러한 극적인 순간들이 내가 우리의 도덕적 서사라고 부른 것을 구축한다는 점을 부인하지 않는다. 나는 속도를 달리하며 장기적 과정을 추적할 필요가 있다고 강력하게 주장한다.[12]

그렇지만 여기서 논점은 단순히 1750년에서 1850년까지 제도들이 붕괴되고 뒤이은 장기 세기에는 강력한 지도자들이 다시 통치 능력을 강화했다는 것이 아니다. 첫 번째 시기의 혁명적 위기는 위기를 가져오는 동시에 제도의 형태를 바꾸었다. 정치가 충원의 새로운 원리, 새로운 권리 개념, 종교적 권위 영역의 재규정, 행정의 합리화, 지리적 재구성, 법률 편찬은 1760년대 이후로 미국 영토와 프랑스가 지배한 유럽의 역사적 특징이다. 역으로 유럽의 정치적 폭력은 물론 아시아와 라틴아메리카 곳곳에서 오래 끈 폭력적 혼란은 1850년 이후 국가 형성의 장기 세기에 마침표를 찍었다. 두 번째 장기 세기에도 우리는 긴 위기를 겪었다. 세계대전과 널리 확산된 혁명, 대량 실업, 두 번째 세계대전이 있었고 식민 제국은 소련과 미국의 세력권으로 대체되었다. 각각 100년에 이르는 두 시기는 변화의 시대였으며, 역사가들이 말하는 근대성의 창조에서 긴 삽화였다. 이 장에서는 1750년에서 대략 1850년까지 이어진 시기를 고찰하고 다음 두 장에서 그 이후를 다루겠다. 결론에서는 1970년 이후로 끼어든 추세, 다시 말해 변화하는 세계를 평가하려 한다. 나이 든 독자라면 1850년에 시작된 근대국가의 장기 세기에 형성된 경험과 심성에 깊이 젖어 있을 것이다. 젊은 독자들은 계속 새로운 추세가 나타나고 제도가 빠르게 변화하는 1970년 이후에 성년이 되었을 것이다. 다음의 내용을 두 연령층 모두 이해할 수 있기를 바란다.

전염성 강한 사상

우선 1850년 이후 시기로 돌아가 전 세계적 차원의 역사에서 의당 그러듯 과도한 일반화를 시도해 보자. 19세기 중반처럼 과거 속으로 사라져 가는 몇십 년 동안(당분간 서구 문화와 그 감수성의 영역에 머물기로 하자.) 변화의 옹호자들을 돋보이게 한 특징은 활발하고 열정적이며 때로 이상주의적이고 나아가 광포하기까지 한 열망이었다. 보수적인 반대자들은 자신들이 말하는 유기적 공동체가 마구잡이로 파괴될 것이라는 환상을 불러냈다. 다가올 몇십 년간 더 가혹하고 더 현실적인 계산이 집단의 행위를 지배할 것이었다. 폭력에 호소하는 현상은 줄지 않겠지만 이상주의적 기대보다는 이른바 민족적·국민적 필요성의 요구 조건이라는 것들에 더 많이 지배될 것이었다. 리하르트 바그너Richard Wagner나 알렉산드르 게르첸Alexandr Gertsen 같은 파리의 망명객들이 한 세대 전의 어조를 되풀이했지만, 혁명의 열기는 1850년의 경우처럼 이미 흩어져 없어졌다.(낭만파의 급진주의자 셸리를 한 번 더 불러오자.)

전능해 보이는 권력에 도전하는 것……

변하지 말고 머뭇거리지 말고 후회하지 말고

그대의 영광과 마찬가지로 이 티탄Titan은…… 자유로워질 것이다

이것만이 삶이요, 기쁨이요, 제국이요, 승리다.[13]

    19세기 중엽이면 그러한 정서는 열정이라기보다는 과장된 호언처럼 보인다. 나라별 '청년' 협회들(청년 이탈리아 운동Young Italy, 청년 아메리카 운동Young America)이나 이상주의적 공동체들, 급진주의자들의 사회주의적 평등, 보수주의자들의 매력적인 계급 질서 따위를 향한 열정도 구식이 되었다. 대신 '질서와 진보'에 대한 공리주의적 헌신이라는 다른 정신이 1850년 이후의 사람들을 지배하게 된다. '질서와 진보'는 젊은이들에게 어울리는 혁명적 저작들을 내던지고 권력과 타협한, 다시 말해 군인과 기계, 대포, 연발 소총, 금융, 전기의 권력과 타협한 오귀스트 콩트August Comte식의 금언이었다. 중대한 과업을 떠맡은 1850년 이후 세대는 흰 수염을 덥수룩이 기른 성숙한 시민이 될 것이다. 이들은 위협적인 거리의 반란 가능성에 대비할 것이며 찰스 다윈Charles Darwin의 '적자생존'(강자의 생존으로 오해했다.)과 돌이킬 수 없는 것처럼 보이는 사회 발전의 법칙에 장단을 맞출 것이다. 사실상 1800년대 중반의 그 구분선에 다리를 벌리고 서 있던 세대는, 100년도 더 지나 1960년대의 저항 청년들이 중년의 성인으로서 현실주의적 개혁 프로그램이나 나아가 참회의 반응에 힘을 쏟는 것과 마찬가지로 사는 동안 낭만적 열정에서 확신에 찬 절제로 전환할 것이다.

    사상의 경우 처음에는 낭만주의적 사상이, 그다음에는 현실주의적 사상이 유럽과 유럽인들이 정착한 북아메리카와 남아메리카의 사회들, 유럽의 식민지 행정관들이 지배한 벵골과 바타비아(자카르타) 등지의 사회들을 관통해 흘렀다. 19세기 전반 이러한 사상의 흐름은 이미 오스만 제국에서 동요를 일으킬 정도로 영향력이 강력했다. 오스만 제국의 관리와 지식인 들은 수백 년간 국경 너머와 지중해에서 유럽인들과 대면했기 때문이다. 오스만 제국은 가중되는 군사적 대결의 압력에 굴복했다. 흑해 북쪽 해안의 영토를 러시아에

넘겨야 했으며, 1798년에는 프랑스군의 침공에 큰 재난을 겪었다. 프랑스는 철수해야 했지만 오스만 군대가 아닌 영국 함대의 개입 때문이었다. 그리고 19세기 초에는 그리스에서, 이어 세르비아에서 공공연한 반란이 일어났다.

중동 전역에서 하나의 집단으로서 '울라마ulama'라고 알려진 보수적 판관과 학자의 체제가 대표하는 전통적 이슬람교와 튀르크족의 오스만 왕조에 대한 충성도 더는 이 거대한 영토가 프랑스의 군대와 서적과 함께 온 더 보편적 시민권 관념에 맞설 정통성을 제공하지 못했던 것 같다. 오스만 제국의 조직 원리는 재능 있는 알바니아인과 그리스인, 기타 민족의 유능한 자들을 고위직에 등용하여 종교적·민족적 다양성을 관리하고 무슬림이 아닌 자들에게 공동체 자치권(밀레트millet)을 허용하며 지역 명사들과 폭넓게 후원 관계를 유지하는 것이었다. 이러한 원리는 활력 넘치는 팽창주의적 제국에 큰 도움이 되었지만 가혹한 억압의 시대에 동질적 국민이라는 유럽적 관념이 출현하면서 후진적인 것처럼 보이고 삐걱대는 것 같았다.[14] 오스만 제국의 동쪽과 남쪽, 커다란 호 모양의 남아시아 곳곳에서 이슬람 부흥 사상의 열정이 들끓어 페르시아와 중앙아시아의 칸국들, 무너져 가는 무굴 제국의 통치자들에게 도전했다. 종교학교에서 등장해 비정치적 도덕의 회복에 초점을 맞춘 이슬람 부흥 운동은 그 신조의 바탕이 되는 체제의 근간을 뒤흔드는 경향이 있었고, 반면 서구 사조의 방향은 점점 정치 구조의 개선에 맞춰졌다.

16세기에 유럽의 선교사들이 중국과 일본에 도달했다. 도쿠가와 막부(에도 막부)의 지도자들은 자신들의 영역을 확실하게 지배한 다음 기독교의 침입 이전으로 되돌아가는 데 착수하여 1620년대까지 개종자들을 절멸했다. 예수회와 프란치스코 수도회가 명나라 조정에서 영향력을 확보하려고 경쟁했지만 중국인들의 관심은 주로 서구 사상을 유교의 원리에 흡수하는 데 있는 것 같았다. 훗날 중국의 정책 지식인들이 서구에 심취했다면, 이들은 새뮤얼 스마일스Samuel Smiles의 『자조론Self-Help』 같은 빅토리아 시대의 실용적 저술에 매달렸다. 일본인들은 좀 더 주의 깊게 경청했고, 도쿠가와 막부의 지도자들이 섬을 분할하여 생긴 준*자율적 봉건 영지들 중 몇 곳에서는 서구의 학문을 추구했지만 지적 심취와 수입의 시대는 1800년대 중반 이후에야 온다. 그러나 전 세계에 걸친 다양한 지적 열정의 흐름을 지구 밖의 어느 관찰자가 자세히 살펴보고 평했다면 서구에서 나타난 사상의 충돌이 점점 많은 주목을 받았다고 인정할 수밖에 없었을 것이다. 보통의 성인 남성, 적어도 약간의 재산을 가진 남성이 국가를 구성하고 정책을 심판하는 데 목소리를 낼 수 있다는 시민권 개념, 상속권 개념, 교양 있고 재산을 소유한 중간계급을 핵심적인 정치 행위자로 보고 이들에게 호소한다는 관념, 부자가 되는 것이 타당하다는 관념이 서구에서 출현했다.

이렇게 놀라운 도덕적 궤적이 펼쳐진 물리적 배경과 기존의 환경을 우리는 더 세밀히 고찰해야 할 것이다. 기술적 변화는 이 배경에 뚜렷한 흔적을 남겼다. 산업혁명은 대개 18세기 영국 직물 산업에서 혁신이 축적되고 증기력 이용이 비약적으로 늘어난 데서 시작된 것으로 본다. 그 효과는 나폴레옹 전쟁 이후에 급격하게 확대되었다. 직물 공장들은 새로이 도시화를 초래했다. 런던과 파리, 마드리드, 더블린, 나폴리, 상트페테르부르크, 이스탄불, 에도(도쿄), 광저우, 캘커타(콜카타) 같은 1800년의 대도시들은 행정과 사법의 중심지나 상업항이었다. 증기력과 제철·제강 능력은 철도 부설과 새로운 이민, 원거리 시장을 위한 생산을 가능하게 했다. 전신은 제국과 대국 들이 실시간으로 운영될 수 있음을 뜻했다. 19세기 중반의 전쟁들, 다시 말해 크림 전쟁과 미국 남북전쟁, 독일 통일 전쟁처럼 19세기를 전반과 후반으로 나누는 잔인했던 대규모 충돌은 기술의 발전과 개인의 이동을 더욱 빠르게 했다.

누구나 이러한 변화들의 충격을 볼 수 있었고, 19세기 초의 윌리엄 코빗 William Cobbett[3]처럼 그러한 변화가 풍경에 미친 영향과 그로 인해 가난한 도시 노동자 대중이 형성된 것에 관해 글을 쓸 수 있었다. 때로는 공장에서, 이따금은 소규모 작업장에서 일하거나 되는대로 육체노동을 한 이 도시 노동자들을 한 세대 후의 사회 평론가들은 프랑스 사회운동을 연구한 독일인 역사가 로렌츠 폰 슈타인Lorenz von Stein을 따라서 프롤레타리아라고 부르게 된다. 그렇

_____ 3 1763~1835. 영국의 저술가, 정치인. 곡물법에 반대했고 1832년 선거법 개혁에 기여했으며 가톨릭 해방령을 옹호했다. 말을 타고 잉글랜드를 돌아다니며 농부이자 사회 개혁가로서 보고 느낀 점을 쓴 『농촌 여행Rural Rides』(1830)을 비롯하여 여러 편의 글을 남겼다.

지만 지상의 삶에 찾아온 점진적 변화는 비록 이처럼 확실하게 눈에 띄는 징후를 수반하지는 않았지만 전 세계의 다른 주민들에게도 큰 영향을 미쳤다. 결국 그러한 변화는 전 세계 주민의 압도적 다수에게 영향을 미쳤다. 여기에는 농업이 촌락 구조에서 미리 정해진 방식대로 진행되는 생계 지향적 공동 활동에서 시장 지향적 사업으로 이행하는 과정이 포함된다. 시장 지향적 농업에서는 토지를 매매할 수 있고 농민은 도시로 떠나거나 대양을 건너 다른 대륙으로 이주할 수 있었으며 운이 나쁘면 물려받은 안전한 지위를 상실하고 임금노동자가 되거나 원래 갖고 있던 작은 땅뙈기에 빚이 있는 소작인으로 매일 수 있었다. 영국에서는 확립된 지 오래되었고 농민이 도시에 생산물을 공급할 수 있는 곳이라면 어디라도 어느 정도 확립되어 있던 시장 관계가 농촌 생활의 모든 고착된 방식에 침투하고 있었다.

새로운 것은 토지 시장과 노동시장의 개방성이 증대했다는 사실이었다. 19세기까지 토지와 노동은 신분의 제약과 관습이라는 그물망 속에서 서로 보호하며 시장 관계를 막아 냈다. 그러나 이제 가장 근본적인 변화가 진행되는 가운데 토지와 노동은 그 불변성을 상실했다.[15] 농민 해방, 토지의 시장성, 시장의 불안정이 한꺼번에 찾아와 1850년 이전 75년간의 농촌 봉기와 20세기의 문턱에 새로운 혁명들의 발생에 일조한 근본적 지각변동을 일으켰다.

서로 영향을 주고받는 이 변화들(시골의 성격, 물자와 사람의 이동에 혁신적 결과를 초래한 에너지 기술의 이용, 변화된 심성)의 누적이 관습적으로 19세기로 구분된 시기를 둘로 분할했다. 두 시기 사이에 1800년대 중반의 분수령, 다시 말해 근대라는 시기를 알리는 세대 길이의 충격적 사건들이 놓여 있다. 그 이행기에 들어온 것들이 문화적으로나 종교적으로, 정치와 경제의 관점에서 전부 같은 성격을 지녔다는 말이 아니다. 19세기 후반의 다양한 문화가 1850년 이전의 문화들보다는 서로 훨씬 강하게 연결되기는 하지만 그 이행기에 나온 것들이 전부 동일한 성격을 지녔다는 말도 아니다. 그러나 지리적·문화적으로 구분되는 세계 도처의 거대한 지역들이 전부 긴 휴지기를 지나며 개조되고 형태를 바꾼다. 그리고 정치 생활을 조직한 전 세계의 국가들과 국민들도 마찬가지로 변화되어 나타난다.

지리의 상호작용

국가는 일반적으로 영토와 그 안의 주민에 대한 통제권을 기반으로 수립된 권력이다. 대다수 국가는 국경 안에 거주하는 이들의 행동과 충성, 나아가 신념까지 통제하겠다고 주장했다. 인구밀도가 높은 정주지는 그 기반이 쌀이든 밀이든 옥수수든 카사바나 감자 같은 뿌리 작물이든 안정적이고 생산적인 농업이 필요했다. 그 농업은 일반적으로 고기나 젖, 직물을 얻기 위해 이러한 곡식의 일부를 짐승을 기르는 데 쓰는 생태 환경을 수반했다. 짐승은 다시 비료를 공급하여 곡물 생산에 도움을 주었다. 인구밀도가 높은 지역은 유럽 대부분과 멕시코 분지(16세기에 유럽에서 건너간 파괴적인 질병으로 많은 부락에서 주민이 절멸하기 전까지), 남아시아, 동아시아였다. 짐승을 위해 광활한 땅을 따로 떼어 놓거나 숲 지대를 남겨 놓은 사회들은 보통 인구밀도가 낮았다. 큰 사막지대와 극지방을 제외하면 여전히 수렵과 채집을 기반으로 하는 주민들이 사는 산촌 지역이 인구밀도가 가장 낮은 곳이었다.

역사적 변화에는 때로는 기존의 제국 내부에서, 때로는 새로이 제국의 대열에 합류한 곳에서 '인구가 조밀한' 땅과 '빈' 땅 사이에 작용하는 제국적 힘이 종종 수반되었다. 예전에는 인구밀도가 낮은 지역의 유목민들(정주 농업과 식량 분배가 이루어지는 지역의 주민들보다 결핍의 자극을 더 직접적으로 느꼈을 이들)이 인접한 인구 밀집 지역을 정복했다. 아시아 고지대 주민들은 한나라(220년에 멸망한 왕조)의 팽창에 맞서 싸우고 유라시아 서부에서는 (3세기에서 5세기까지) 로마 제국에 맞선 연합의 결성을 재촉했을 것이다. 7세기에는 이슬람교도 아랍인들이 비잔티움 제국과 페르시아의 중동, 북아프리카, 에스파냐 곳곳에 밀어닥쳤다. 11세기에는 중앙아시아의 몽골인들이 같은 지역과 중국 본토를 정복했다. 티무르 왕조(무시무시한 지도자 티무르Timur의 이름에서 유래한 용어)의 튀르크인들은 16세기에 중국 국경에 붙은 아시아 지역을 복속했으며, 오스만 제국은 아나톨리아와 발칸반도, 시리아, 이집트, 메소포타미아를 차지했다. 이러한 정복은 이 지역들이 전부 말을 기르기에 충분한 초지가 있는 거대한 대륙의 일부였다는 사실 때문에 용이했다.

15세기 말이면 인구밀도가 높은 유럽의 주민들은 먼저 군인 모험가들을,

이어 정착민들을 멀리 떨어진 영토로 보냈다. 때때로 이러한 영토는 비교적 사람이 살지 않는 땅으로 보일 수 있었다. 러시아는 타타르인의 침입을 물리치고 역으로 우랄산맥과 동쪽의 스텝 지대로 팽창했다. 신세계에서는 유럽인들이 도래하면서 인구의 동태가 바뀌었다. 중앙아메리카와 안데스산맥의 에스파냐인 정복자들은 주민들을 빠르게 복속했다. 제국적 연합체로 조직된 지 얼마 되지 않아 불안정했던 주민들은 유럽에서 건너온 질병에 곧 쓰러져 죽었다. 아메리카의 '발견'과 정복은 결국 에스파냐와 프랑스, 영국에 인구밀도가 낮은 광대한 영토를 주었다. 이후 200년 동안 유럽인 정복자들은 많은 군인 모험가와 교회 조직자, 종국에는 정착민을 보내 획득한 자산을 조국을 위해 쓸 수 있게 했다. 그러나 인구밀도가 높은 지역의 주민들이 거센 물살처럼 인구밀도가 낮은 지역으로 빠져나가지는 않았다. 앨프리드 크로즈비Alfred Crosby가 크리스토퍼 콜럼버스Christopher Columbus의 교환을 설명했듯이 유럽인들은 치명적인 병원균을 수출해 수많은 원주민을 죽게 하고 신세계의 작물, 즉 옥수수와 감자를 수입하여 자국 인구의 성장을 가능하게 했다. 이와 관련해 케네스 포머랜즈는 18세기 말 중국 경제가 정체했던 데 반해 영국 경제가 활력을 띤 원인을 영국의 해외 거주민들이 차지할 수 있었던 '그림자 토지shadow acreage'에 돌렸다. 북아메리카는 영국의 농장이 되어 유용한 환금작물이었던 설탕을, 이어 공업 발달의 토대였던 면화를, 그리고 증가하던 자체 노동력을 상업과 공업으로 돌릴 수 있게 한 곡물을 생산했다.[16]

인구 성장의 활력은 토지 자체를 바꾸어 놓았다. 중국의 주민은 2억 명에서 4억 명 이상으로 두 배가 되고 북쪽과 서쪽으로 퍼져 나갔다. 물론 청나라가 몽골이나 신장으로 팽창해 새로이 주민들이 정착한 지역 너머로도 영토가 확대되었다. 서유럽의 인구는 18세기 중반부터 계속 급증했다. 이는 한편으로는 때로 17세기의 소빙하기라고 부르는 상대적으로 추웠던 막간을 끝내고 더 따뜻한 기온을 가져온 기후변동의 결과였다. 흉작이 줄고 기근도 더 적었으며 아이들이 결혼을 하고 가구를 꾸리든 그러지 않든 아이를 낳을 수 있는 연령대에 이르는 경우가 더 많아졌다. 중국에서는 북쪽에서 집중적으로 재배된 마와 옥수수, 콩이 인구 성장에 필요한 탄수화물의 양을 늘렸다. 여기에는 안정을 해치는 요인도 있었는데 뒤에서 논의하겠다. 우리가 농업혁명과 연결시키는 혁신들, 즉 새로운 작물, 토양의 질소 함량을 회복하는 콩과작물의 돌려 짓기, 도랑 파기, 울타리 치기, 인클로저 덕분에 유럽에서는 수확이 더 늘어났다. 감자 재배 옹호자들은 아일랜드와 북부 프랑스, 저지대 국가들에서 단위면적당 칼로리 소출이 급격하게 치솟을 정도로 감자가 확산되는 데 기여했다. 면과 다른 직물들의 전래는 원산업화(다수의 가구가 지역 기업가의 조직에 따라 실 잣기와 직물 짜기를 하는 것)의 확산을 가져왔다. 그 결과 가구들은 더 많은 아이를 기를 수 있었고, 아이들은 다시 이른 나이에 가족을 이루고 차와 설탕을 더 많이 소비하기에 유리한 상황을 맞았으며, 식민지의 정착지와 부가 급증했다.

그러나 이러한 추세는 전 세계의 숲 유보지에 압박을 가했다. 영국은 연료를 석탄으로 전환하고 뉴잉글랜드와 스칸디나비아에서 군함 건조에 쓸 목재를 획득하면서 숲에 나무가 고갈된 채로도 버틸 수 있었다. 중국에서는 숲이 광범위하게 고갈되었다. 산업화의 결과가 아니라 18세기와 19세기에 인구가 증가한 탓이었다. 숲은 "1820년이면 대체로 사라지고 1860년이 되면 거의 전부 없어졌는데, 농사를 지으려고 개간하든 목재와 숯을 만들어 판매하든 주로 농민이 생계를 위해 벌목한 결과였다."[17] 중국의 생태 환경을 연구한 역사가 마크 엘빈Mark Elvin은 삼림 벌채의 물결이 세 차례 있었다고 제시한다. 기원전 5세기 북부 숲 지대에 가해진 충격, 1000년 전 양쯔강 하류와 서부에서 일어난 두 번째 변천, 1700년 무렵부터 상업적 벌목과 만연한 목재 절도로 나타난 심각한 남벌이다. 숲의 고갈은 목재의 부족을 의미할 뿐만 아니라 광대한 영역에서 침식이 일어나고 강에 고운 흙이 퇴적된다는 뜻이었다. 황허강의 강줄기는 1850년대에 급격하게 바뀌었다. 고운 흙의 퇴적은 이미 1820년대 초에 중대한 위기를 야기했다. 황허강과 대운하가 교차하는 곳에서 침식으로 운하가 막히고 그 결과 남부에서 수도로 향하는 쌀 공급이 중단되었기 때문이다. 숲의 파괴는 여러 지역에서 지속되었다. 1851년 후난湖南성 남부의 어느 나무 기둥에는 나무를 더 베면 안 된다는 명령이 새겨졌다. "우리는 산이 황폐해지는 시점에 도달했다. …… 우리 지역은 해체되고 쇠락해 간다."[18] 브라질의 대서양 쪽 열대우림은 여러 요인으로 헐벗게 되었다. 먼저 수출용 커피 재배가 급속히 확대되면서, 나중에는 산업에 인력을 공급하기 위해 데려온 이민자들의 압박에 희생되었다. 브라질의 생태 환경에 대한 오랜 공격을 연구한 역사가는 이렇게 썼다. "커피 농장을 만드는 데 성냥갑보다 손쉬운 도구는 없다."[19]

인구 밀집 지역에서 바깥으로 밀고 나간 이들이 '빈' 땅에 드문드문 자리를 잡은 주민들과 만나는 접촉 지대를 영국계 미국인들은 변경frontier이라고 불렀다. 이 변경은 유럽에서 말하는 변경, 즉 확고히 자리 잡은 국가들 사이의 국경과는 달랐다. 변경은 싸우기 좋아하고 폭력적일 때가 많은 독립적 지도자라는 특징적 '유형'을 낳았다. 그 지도자는 자신이 사는 변경 지대를 영유한 국가가 자신의 획득 욕구를 보호하고 그 외에는 자신의 야심을 방해하지 말아야 한다고 생각했다. 이 인민주의적인 무뢰한은 국민의 자기 이미지의 토대가 되는 가우초gaucho나 카우보이, 자수성가한 군인 정치가 따위의 인물 유형이 되었다. 남부 변경의 호전적인 군인이요, 엘리트주의에 반대한 미국 대통령으로 아메리카 인디언에게 권력을 휘두르고 북동부 금융 세력을 의심했던 앤드루 잭슨Andrew Jackson은 그러한 유형의 화신이었다. 아르헨티나의 정치인이자 작가인 도밍고 파우스티노 사르미엔토Domingo Faustino Sarmiento가 묘사한 아르헨티나의 독재자 후안 마누엘 데 로사스Juan Manuel de Rosas도 또 다른 화신이다. 사르미엔토는 거대한 항구도시 부에노스아이레스의 교육받은 엘리트층과 주변 팜파스 초원의 가우초들의 뚜렷한 차이는 문명과 야만의 차이와 다름없다고 보았다.[20] 로마 제국의 라인강 변경에 살던 교양 있는 주민들, 그리고 11세기에 몽골인들을 상대하고 200년 뒤에는 티무르 왕조의 튀르크족을 상대해야 했던 이스파한[4]의 궁정 시인들도 틀림없이 똑같은 느낌을 받았을 것이다. 변경 유형의 인물을 영화로 묘사하는 일은 20세기 내내 수많은 서부극에서 계속되었다. 서부극은 대중적 서사의 주요 장르 중 하나였다.

인구 밀집 지역에서 해외 교역이 촉진한 인구 증가와 노동 분업은 부를

───── **4** 이란 중부에 있는 도시. 1598년에서 1722년까지 페르시아 제국의 수도였다.

의미했고 때로는 발전을 의미했다. 부와 발전은 똑같지 않았다. 오늘날 이베리아반도나 과거 에스파냐와 포르투갈의 식민지였던 곳을 여행하는 이들은 식민지의 부와 상업이 스스로의 힘으로 경제성장을 이루지 못한 사회들에 줄 수 있었던 놀라운 건축술을 놓칠 수 없다. 멕시코의 도시 오악사카를 벗어나 북쪽의 고지대로 여행하면 안타깝게도 거듭된 지진에 일부 파괴되었지만 인구가 희박한 황량한 땅에 인디오와 에스파냐인 장인들의 공동 작업으로 건설되어 우뚝 솟아 있는 수도원들과 교회들에 놀랄 것이다. 그리고 식민지 본국에 있는 것이든 이전 식민지에 있는 것이든 화려하게 장식된 대성당의 정면에 감탄하게 된다. 인구 밀집 지역이 누릴 수 있었던 공공건물과 대저택의 크기와 규모에 주목해 보라. 그러나 가까스로 생계를 유지하며 고생한 대다수 주민과 이러한 재산을 마음껏 향유한 고관들과 법인들 사이의 엄청난 사회적 거리도 생각해 보라. 그 부의 대부분은 유럽에서든 무굴 제국이나 중국에서든 국내의 축적에 의존했으며, 경작의 꾸준한 개선과 부의 재투자 의지가 이른바 '근면 혁명'을 이루어 냈다.[21] 근대의 군대와 기념물, 음악, 미술을 창조한 잉여는 식민지가 필요하지 않았다. 그렇지만 빈 땅과 인구가 조밀한 땅이 나란히 존재하는 상황은 한편으로는 정복의 기회를, 다른 한편으로는 풍요의 기회를 새롭게 주었다.

제국의 쌍두마차

인구 밀집 지역과 인구 희박 지역이 나란히 존재한다는 사실에서 중요한 지정학적 유형들이 출현했고, 이는 근대국가의 전 시기 동안 국제정치와 국가 간 경쟁을 지배한다. 제국은 인구 밀집 지역과 인구 희박 지역 사이의 상품과 노동력, 문화적 가치관의 흐름을 최적으로 통합한 국가 구조였다. 경제학자들은 이러한 결합이 개별 주권 단위에 따르기 마련인 영토 지배의 처리 비용을 낮추었다고 말하곤 한다. 17세기와 18세기의 서유럽 중상주의 이론이 암암리에 이러한 전제를 내놓았지만, 제국이 그처럼 정교한 동기 위에 건설되었다고 주장하는 것은 아니다. 그 논리가 제국의 팽창을 적당히 '합리적인' 것으로 만들었다는 뜻이다. 결과를 보고 판단하면 제국이 가진 힘의 논리는 단일 제국들이 끊임없이 다툴 때가 아니라 제국들이 결합하거나 두 제국이 제휴할 때 가장 성공적이었다. 국민 제국이 국내 체제를 위해 만들어 낸 특별한 기관들을 비교하는 것은 분명히 아직 도움이 된다. 이를테면 영국이 북아메리카에서 장려한 식민지 의회와 누에바에스파냐와 멕시코의 행정부를 검열한 아우디엔시아스audiencias, 즉 왕국 조사 위원회를 비교할 수 있다.[22] 그러나 전 세계적 경쟁이라는 관점에서 볼 때 세계주의적 엘리트들이 국경선을 무시하고 왕조적 친근성이나 문화적 친근성, 공동의 적을 토대로 제국을 만들려 했던 야심적인 동맹이 결정적이었다고 입증되었다. 그러한 제휴는 실제로 언제든지 서너 개의 제국적 사업을 만들었다. 1800년을 기준으로 말하면 몇 가지는 이미 지난 과거의 사업이었고, 나머지는 아직 오지 않은 미래의 사업이었다.

에스파냐 왕위 계승 전쟁이 끝나고 에스파냐에 부르봉 왕가가 들어서면서 프랑스와 에스파냐의 이해관계는 영국의 야심을 저지하는 것으로 수렴하는 경향을 보였다. 실제로 부르봉 왕가의 식민지 영역과 과제는 영국의 해군력에 맞서 프랑스와 에스파냐의 해외 영토를 지키는 와중에 등장했다. 1714년 위트레흐트 조약과 100년 뒤 라틴아메리카에서 일어난 반란들 사이에 부르봉 왕가의 신세계 제국은 발작하듯 붕괴했다. 이른바 부르봉 왕가의 가족 협정[5]은 친족 관계와 영국의 휘그당 지도자 로버트 월폴Robert Walpole이 1739년에 영향력을 상실하며 재개된 분쟁을 토대로 수립되었는데, 캐나다와 라틴아메리카, 카리브해, 벵골 등 유럽 밖의 멀리 떨어진 주변부에서 그 지역을 둘러싼 일련의 큰 싸움을 유발했다. 18세기 중반에 프랑스와 에스파냐의 식민지 동맹은 캐나다 해안과 세인트로렌스강 유역을 잃었지만, 오대호 지역과 미시시피강의 상당한 구역과 그곳부터 서쪽으로 캘리포니아 해안과 남쪽으로 멕시코와 중앙아메리카, 남아메리카, 카리브해의 절반까지 지배하는 데 여전히 중요한 역할을 했다. 이는 제국적 이해관계와 유럽적 이해관계가 광대한 영역에서 병치된 것으로, 영국과 미국의 결합만큼이나 강력한 힘을 발휘할 가능

_____ 5 프랑스와 에스파냐의 부르봉 왕가 출신 왕들 사이의 협정으로 세 차례 체결되었는데, 여기서는 그중 첫 번째로 1733년 11월 에스파냐의 펠리페 5세Felipe와 프랑스의 루이 15세Louis XV가 체결한 에스코리알 조약을 말한다.

성이 있었다. 19세기 말에 미국 남부의 노예 소유주들은 때때로 잠재적인 공동 참여자로서 관심을 가졌지만, 아메리카 연합에서 이탈하겠다는 이들의 제안은 50년이나 지체되었다. 그때쯤이면 프랑스는 미시시피강 유역의 자산을 상실했고 (앞서 인도와 캐나다에서 그랬듯이) 에스파냐는 라틴아메리카의 크리오요에게 속령을 빼앗기고 이를 되찾을 수단을 갖지 못했기 때문이다. 나폴레옹이 프랑스인 노예 소유주들을 위해 아이티섬의 절반을 다시 정복하려 노력했지만, 이 시도조차 황열병 탓에 실패로 돌아갔고 아프리카 혈통 공동체들의 거센 저항을 촉발했다. 보나파르트는 프랑스가 결국 미국의 서부 팽창에 부딪혀 미시시피강과 뉴올리언스를 지킬 수 없으리라고 계산하고(아마 옳은 판단이었을 것이다.) 1803년에 미시시피강 하류의 광대한 프랑스 식민지를 미국에 매각했다. 게다가 나폴레옹은 에스파냐 왕좌에 자기 가족의 후보자를 앉혀 에스파냐를 영국과 유럽 대륙의 교역 봉쇄에 끌어들이려 했는데, 이 노력은 에스파냐의 크리오요 엘리트들(유럽 집안 출신의 식민지 주민으로 신세계에서 태어난 이들)이 에스파냐의 보나파르트 정권이나 1815년 이후 복귀한 부르봉 왕실에 느꼈던 남은 충성심마저 끊어 버렸다. 1815년 이후 잃어버린 식민지를 되찾겠다는 프랑스와 에스파냐의 꿈은 그러한 움직임을 막으려는 미국과 영국의 암묵적인 협약, 즉 미국 정부가 먼로주의라고 명명한 것 때문에 무산되었다. 이후 프랑스는 미국이 내전에 휩싸였을 때 멕시코를 정복하려 했지만 이 노력도 실패했다.[23]

프랑스와 에스파냐의 신세계 공동 관리가 실패할 운명이었다면 영국과 미국의 공동 제국 영역은 이내 상승 기세를 탔다. 본질적으로 이전 식민지의 해안 지역뿐만 아니라 트랜스애팔래치아(애팔래치아산맥 서쪽 지역)에도 거주하며 영어를 사용한 영국계 미국인 면화 경작자와 밀 경작자들의 대규모 결사는 영국의 금융, 투자, 산업 공동체들과 점점 긴밀하게 맞물렸다. 미국 공화국이 시작할 때부터 북아메리카의 두 통치 집단은 언어와 프로테스탄트 신앙을 공유했다.(부르봉 왕가의 로마 가톨릭교회에 대한 헌신보다 강력했다.) 영국과 미국은 부르봉 왕가의 라틴아메리카 재정복을 방해하는 데 협력했다. 미군이 먼저 미국독립전쟁에서, 이어 1812년 전쟁에서 캐나다를 정복하는 데 실패한 뒤 영국과 미국은 캐나다를 두고 사실상의 타협에 도달한다. 영국은 캐나다의 자치권을 승인하고 미국은 병합을 포기했으며, 캐나다는 마침내(1850년대) 남쪽의 나라와는 연합하지 않고 서쪽으로 진출하기로 결정한다. 그러한 암묵적 협정은 영국과 미국의 엘리트들이 다툼을 극복하고 세계 정치에서 공동으로 지도권을 주장할 수 있다는 의미였다. 갓 형성된 이 추세는 1850년 이전과 이후 100년간 여러 계제에 확인되었다. 1890년대가 되면 영국과 미국의 엘리트 간 결속은 정책 영역뿐만 아니라 사회적 영역에서도 견고해졌다. 미국 이민자의 다수가 여전히 그 특권계급에서 배제되었는데도 그랬다. 두 세력은 라틴아메리카에서 경제적 영향력을 획득하려는 독일의 시도를 모조리 방해했다. 결국 20세기 초부터 영국과 미국은 태평양을 마주하고 효과적으로 협력하여 동아시아를 지배하려는 일본의 노력에 맞서 비틀거리는 중국을 지킨다. 미국은 1945년까지는 인도양에서 어떤 권리도 주장하지 않은 반면 영국은 오세아니아에서 미국의 권리 주장을 방해하지 않았으며 중국의 미래와 관련해 미국의 문호 개방정책Open Door Doctrine을 수용했다. 일본은 사실상 태평양에서 경쟁한 제국 중에서 가장 심하게 고립된 세력으로 러시아, 중국과 충돌했고 최후에는 영국, 미국과도 충돌했다. 일본은 광대한 식민지(타이완과 한국, 1932년에 공식적으로 지배하기 전에도 상당한 존재감을 행사했던 만주)를 획득하고 이를 개발하려고 힘을 쏟았지만 제휴할 상대를 찾지 못했다. 1940년대에 아시아 운동을 이끌어 유럽 식민 국가들에 맞서려던 일본의 노력은 약간의 협력자를 충원했지만 결국 영국·미국과 영국·미국·러시아의 저항을 극복할 수 없었다.

영국과 미국 두 제국의 협력은 해양 전략에 토대를 두었다. 육상 지배에 의거한 대안적 결합의 가능성도 있었는데, 특히 폴란드 국가의 재출현을 방해하면서 오스트리아와 오스만 제국 속령의 점진적 축소에 기댄 독일·러시아의 공동 지배가 가능했다. 독일·러시아의 제국적 연합은 19세기 후반 지정학 교수들이 알아보았듯이 유라시아의 지배를 약속했다. 왕조 간 연결, 러시아 군주가 고용한 수많은 독일인 관료, 동유럽 슬라브족의 독립을 억압해야 할 공통의 이해관계, 19세기 말의 점증하는 경제 교류. 이 모든 것이 1850년에서 1890년 사이 이 동맹에 좋은 조짐이었다. 그러나 독일 정치는 이 전략을 일관되게 추구하기에는 지나치게 변덕스러웠다.(과시적 군사력이 무색하게 실제로 너무 자유로웠다.) 협력의 노력은 서로를 의심하는 성향을 극복할 수 없었고, 그 의심은 결국 20세기에 두 차례 세계대전을 낳았다. 독일이 오스만 제국과 협력하여 중동을 지배하면서 오스트리아 제국의 생존을 유지한다는 대안은 그 협력 상대들이 민족 문제 때문에 내적으로 너무 허약하다는 약점이 있었다. 19세기의 포르투갈과 네덜란드, 이후 시기의 벨기에는 풍요로운 식민지를 착취했지만 앞선 시대의 부르봉 왕가나 영국과 미국, 독일처럼 세계 질서의 큰 역할을 주장하지는 못했다.

아시아에서 러시아·독일이나 러시아·일본, 독일·일본의 안정적 결합은 쉽게 상상할 수 없었다. 독일과 일본은 제2차 세계대전에서 많은 목표를 공유했지만 자신들의 결합, 즉 이른바 추축이 명목상의 의미를 넘어서는 기능을 하도록 만들 수는 없었다. 두 나라는 1937년에서 1945년까지 서로 엄청난 노력을 기울였지만 정복하기에는 너무 많은 비용이 드는 러시아와 중국이라는 두 제국이 놓여 있었다. 그러나 러시아와 중국의 이해관계가 결합할 가능성은 있었다. 실제로 18세기에 아시아 내륙을 지배하기 위해 그러한 연합이 이루어진 적이 있었다. 19세기 중엽이 되면 중국은 오스만 제국처럼 옛 제국의 주역인 동시에 다른 제국들의 점진적(그리고 기능별) 식민지 건설의 대상이었다. 그러나 이는 17세기 말과 18세기 초의 거대한 청 제국 구조에 해당하는 이야기는 아니다. 그때의 청나라는 한족이 아닌 왕조가 통치하는, 다양한 민족이 모인 제국이었다. 17세기가 끝날 때부터 청나라는 러시아와 국경 협정을 체결하여 사실상 제국 간 제휴를 이루었고, 이로써 1750년대 말까지 몽골의 유목민 국가 중가르準喝爾를 진압하고 그 주민을 많이 학살했다. 뒤이어 신장의 '새로운 영토'를 확보하기 위한 서부 팽창 운동으로 거대한 영토를 추가했지만 이 영토는 끊이지 않는 민족적·종교적 저항에 휩싸였다. 러시아는 한 세기 전에 자국의 '유목민'을 진압했지만 허약해진 페르시아와 오스만 제국과 인접한 캅카스 지역에서 지속적으로 저항에 부딪혀야 했다.[24] 전 세계의 제국들은 짝을 지어 움직일 수 있을 때 가장 성공적이었음이 입증되었다.

시골의 상품화

19세기 전반기의 엄청난 격변은 산업혁명의 영향이 필요하지 않았다. 그 발전은 몇몇 사회에서는 큰 역할을 수행했다. 그러나 공장노동자의 집중은 1850년 이전에는 서유럽과 미국 북부를 벗어나면 여전히 드문 현상이었다. 더 큰 불안의 진원지는 토지였다. 전 세계 활동 인구의 약 75퍼센트는 땅에서 일하거나 직접 농사를 짓는 이들을 지원하는 일을 했다. 그 비율은 1800년 영국에서는 인구의 약 3분의 1, 동유럽과 남유럽에서는 70퍼센트 정도였고 아시아와 아프리카에서는 아마 더 높았을 것이다.[25] 농업 사회는 흔히 전통적이고 움직임이 적다고 생각된다. 그러나 세금과 지대, 부역의 부담은 빈번하게 저항을 촉발했다. 이러한 저항은 대부분 한두 마을에 국한되었지만 때로는 무서운 반란이 되어 넓은 지역을 휩쓸었다. 1750년이나 1760년 이후로 한 세기쯤은 시장 관계가 시골에 침투함으로써 더 많은 불안 요인이 추가되었다. 세계 생산의 기본 요소인 토지와 노동은 그때까지 관습이나 법으로 규정된 관계 속에 고착되어 있었지만 훨씬 자유로워져 보통의 상품처럼 사고팔게 된다. 촌락이나 지주에 매여 있던 농민은 다른 촌락이나 도시로 떠날 수 있었다. 몇 세대 동안 일정한 가계나 종교 단체가 통제했던 농촌의 토지를 이제 국가가 강탈하여 새로운 소유주에게 경매로 넘길 수 있었다. 토지는 시장의 도도한 흐름에 휩쓸려야 했고, 그 과정에서 국가와 사회를 거세게 흔들었다.

물론 시장 관계가 유일한 변화 요인은 아니었다. 그렇지만 시장 관계는 전근대 세계의 구조를 침식하고 근대국가라는 새로운 체제를 준비한 세 가지 기본적인 힘 가운데 가장 새로운 것이었다.(그리고 적어도 한동안은 아마 가장 강력했을 것이다.) 장 보댕이 돈을 전쟁의 힘줄이라고 부른 17세기 이후 전쟁, 가혹할 만큼 높은 세금과 군사적 근대화에 대한 끊임없는 욕망은 지속적으로 압력을 행사했다. 이를 상쇄하는 압력으로서 종교적 부흥 운동이 때때로 출현해 에드워드 파머 톰프슨E. P. Thompson이 말하는 이른바 '절망의 천년왕국설chiliasm of despair'로 변화에 맞서는 종교 공동체의 저항을 표현했다.[26] 새로운 종교 운동들이 대안적 변화의 동력을 대표했다고 말하는 편이 아마 더 정확할 것이다. 이 대안적 동력은 시장을 통한 성취를 근본적으로 부정했다. 물론 미국의 후기 성도 교회(모르몬교) 같은 몇몇 경우에는 시장의 기술이 개인주의적 목적이 아니라 종교 공동체의 목적에 부가되기는 했다. 시골의 상품화, 근대 전쟁의 요구 사항을 충족하기 위해 사회에 더 깊이 침투하려 한 국가의 노력, 종교의 전파는 근대국가의 정치로 이행하는 과정에서 서로 영향을 주고받았다.

그러한 과정은 노동 가구가 한편으로, 지주가 다른 한편으로, 국가의 대표자들이 세 번째 요소로 구성하는 삼각 체제 속에서 이루어졌다. 국가의 역할은 다양했다. 농민은 국가의 대리인인 억압적인 징세원이나 무서운 징병관을 대면했을 것이다. 그러나 국가는 탐욕스러운 지주에 맞서 곤궁한 농민을 보호하는 데 관여하기도 했다. 지주의 권리는 여러 원리에서 나왔고, 지주가 거둬들인 소득은 여러 가지 상이한 권리 주장에 근거를 두었다. 지주는 '소유주'나 안정적인 정기 차지농leaseholder으로서, 개인을 기본으로 하든 한 촌락 공동체의 거주민 전체를 대상으로 하든 농민에게 땅을 임대하고 지대를 수취할 수 있었다. 지주는 법률에 규정된 특권 '신분estate'으로서, 다시 말해 일정한 면세 특권, 몇몇 경우에는 귀족의 직함, 군주의 협의에 응하는 지역 의회나 전국 의회의 대표가 될 권리를 갖는 법적으로 규정된 사회계층의 구성원으로서 자신들의 토지를 임차한 소작농들에게서 지대를 청구할 수 있었을 뿐 아니라 법에 명시된 지위의 효력에 의해 보수와 접대를 요구할 수 있었다. 서구의 법률가들은 흔히 이를 봉건제도라고 지칭했다. 때때로 이 지주들은, 소유주가 아니라도 지역의 우두머리로 인정된 이들은 국가를 대신해 보수를 수금할 권리를 부여받았다. 이들은 지역의 징세관(인도 농업의 자민다르zamindar)이나 더 넓은 영역을 담당하는 광역권의 징세 '농민'이 되었다. 이들은 국가에 내야 할 분담액을 할당받았지만 시장이나 관습이 감당할 수 있는 한 얼마든지 세금을 거둘 수 있었다. 영국과 프로이센을 포함하는 몇몇 사회에서 지주는 1870년대까지도 민사사건과 작은 형사사건에서 지역 재판관의 역할을 수행할 권리를 지녔다. 몇몇 경우에 지주는 프로이센 국가에서 1815년까지 부과한 것 같은 군사용 제방 쌓기에 농민을 징발할 의무가 있었다. 직무가 추가될 때마다 명예로운 지위와 '관직', 금전적 보상을 받을 권리가 따라왔다. 몇백 년

이 지나는 동안 소작농이 복종의 몸짓으로 지주에게 표현하는 '존경'도 농촌 생활 구조의 일부로 통합되었다. 곤궁에 처하거나 강력한 평등 관념이 영향력을 발휘할 때면 농사짓는 신민들은 복종을 내던지고 오래도록 참고 지낸 계급제도를 파괴하려는 노력을 숨기지 않았다. 대단히 격렬했던 그러한 반란들은 공포의 시간이었고, 마침내 진압되면 주동자들은 '일벌백계'의 필요성에서 사지가 절단되고 고문을 당하고 처형되었다.

대규모 반란은 그렇게 빈번하지는 않았던 것 같고, 귀족의 직무에 따르는 특권은 야심 많은 부자들을 끌어들이기에 충분히 매력적으로 보였다. 한 가지 큰 매력은 종종 그 특권에 여러 명의 자녀에게 상속할 권리가 따라왔다는 것이다. 토지에, 특히 지주의 역할에 많은 공적 기능을 장기적으로 끼워 넣은 것은 그 체제에 결정적으로 중요했다. 따라서 일하는 농민들과 계급이든 신분이든 멋진 집에서 하인들을 거느리고 호사스럽게 사는 허식에 빠진 지주들, 군사비와 이자 비용, 과시, 공공사업에 세금이 필요했던 국가의 대리인들이 토지 소출에서 몫을 챙기려고 삼자 간에 싸움을 벌였다. 여기에 크고 작은 교회나 수도원의 관리로서, 국가가 용인한 세금(십일세)과 더불어 지주로서 지대를 요구할 권리도 지녔던 종교계 관리들도 종종 끼어들었다. 수도원 조직들은 로마 가톨릭 국가와 러시아 정교회, 동남아시아와 일본, 중국의 불교 사회 들에 많기도 했거니와 강력했다. 오스만 제국의 이슬람 세계에는 농촌 수도원 공동체들이 약간 있었고 도시 지역에도 여러 세대에 걸쳐 경건한 선물, 즉 '와크프waqf(기부금)'로 유지된 종교 공동체들이 있었다.

작은 지역에도 갖가지 변형과 복잡한 일이 엄청나게 많았다. 촌락 공동체나 시골의 상업 관계와 시장 관계에서 이득을 취한 자 들을 혁명가로 만드는 자동적인 상관관계는 없었다. 한 가지 사례에 맞는 설명이 다른 사례에는 적합하지 않기도 하다. 많은 연구가 프랑스의 서로 인접한 지역들이 상이한 정치적 선택을 한 이유를 설명하려 했다. 윌리엄 테일러William Taylor는 멕시코 독립 전쟁에서 오악사카의 인디오들이 무수히 많은 촌락 저항과 봉기에 관여했지만 1840년대 초 남서부에서 농민전쟁이 발생할 때까지는 전면적인 혁명운동을 일으키지 않았음을 발견했다. 이 저항운동은 상업적 농업에 반대한 것으로, 서로 경쟁 관계에 있는 엘리트 지도자들이 이를 이용했다. 그러나 촌락의 유대는 더 느슨해졌고 성직자들이 새로 온 곳인 북쪽의 할리스코주의 농민들은 일찍 독립전쟁에 합류했다.[27]

그렇지만 우리는 농촌의 삶과 노동의 주요 유형들을 분류해 볼 수 있다. 특히 인구가 희박한 고지대나 변경 지역, 부족 연합에서는 감독하는 공동체가 약하거나 존재하지 않았고, 자유 보유농이 생계를 위해 생산하고(생산하거나) 생산물을 직접 시장에 가져가 수익을 챙겼다. 이러한 상황은 서유럽과 북유럽, 북아메리카의 여러 지역에서 볼 수 있었다. 해당 가구들은 지독한 가난속에 살거나 때로는 빚을 지고 살아갈 수도 있었지만 법적인 독립성을 보유했다. 이 법률적 구조의 반대편에서는, 대체로 인구가 조밀한 저지대가 이에 해당되었는데, 지주가 농지에서 떨어진 곳에 모여 있는 오두막에서 사는 농민 노동자(작은 텃밭과 가축을 가둬 기를 터를 보유할 수도 있었다.)를 때로는 소작인으로, 때로는 고용 노동자로(심지어 합법적인 강제 노동자로) 대했다. 이러한 종류의 농업 기업은 흔히 라티푼디아latifundia(대농장, 고대 로마에서 유래한 용어)로 기술되었으며, 북아메리카에서는 플랜테이션으로 알려졌다. 플랜테이션 농장에서는 브라질과 카리브해의 고된 사탕수수 재배든 미국 남부의 면화와 담배 재배든 '집단' 노동이 이로운 작물을 특화했다. 지중해 농업은 공장 같은 농업 기업들을 계속 유지했는데, 이는 19세기 말에 토지 간척 사업과 상업적 농업의 의미가 커지면서 더욱 중요해진다. 네덜란드와 프랑스는 자바섬의 설탕과 베트남의 고무 재배를 위해 그러한 기업들을 설립했다.

이러한 플랜테이션 농장 노동자들은 대체로 신분이 가장 낮다고 여겨졌다. 이러한 대접은 특히 흑인 노예처럼 인종적으로 분리된 경우에 더욱 심했다. 약 200년간 노예는 아프리카 내륙에서 잡혀 해안으로 끌려간 다음, 배에 빽빽하게 태워져 무더위 속에 아프리카에서 아메리카로 강제로 이송되었다. 19세기 중반까지 대략 1000만~1200만 명에 달하는 아프리카인이 끌려가 아이를 낳고 유럽과 아메리카, 아프리카 사이의 경제적 교류에서 필수적인 요소가 되었다. 대양을 건너는 노예무역은 미국에서는 헌법 제정 회의 당시에 마련된 타협 조건에 따라 1808년에 금지되었다. 프랑스에서는 나폴레옹이 되돌리긴 했지만 1794년에 자코뱅당이 프랑스 식민지에서 노예제도를 폐지했다. 영국은 1807년에 세력권 전역에서 노예무역을 폐지하고 노예제 규정 자체는 1832~1833년에 폐지했다. 그렇지만 감금 상태에서 '번식'된 노예들은 미국에서는 1863~1865년까지, 쿠바에서는 1887년까지, 브라질에서는 1889년까지 지위가 유지되었다. 멕시코 정부는 1860년대까지도 포로로 잡은 마야인 반란자 일부를 쿠바에 노예로 팔았다. 노예노동의 상황은 노예제가 공식적으로 폐지된 후로도 오랫동안 벨기에령 콩고와 여타 아프리카 지역의 광산에서, 안데스산맥의 질산염 광산과 구리 광산에서 지속되었다. 노예에게는 법정에서 소유주에게 맞설 법적 권리가 없었다.(무장하거나 통상적 범죄를 저지르지 않았다면 사형에 처할 수 없었던 것으로 추정되기는 한다.) 노예는 (동유럽의 농노처럼) 아무 때나 매를 맞을 수 있었고, 노예의 결혼은 법적 자격을 부여받지 못했으며, 가장 절망스러운 것은 노예의 신분이 세습된다는 사실이었다. 노예 신분은 오로지 법적 해방 증서로만 벗어날 수 있었다. 신세계의 노예는 인종적 특징에 따라 뚜렷이 구분된다는 사실 때문에 특히 더 오명을 얻었고, 미국과 남아프리카에서는 물려받은 법적 구속이 공식적으로 종결된 이후로도 오랫동안 인종적 무자격이 법률에 온존했다.(종속 상태를 유지하는 실질적 제도였다.)

농업 노동에 종사하는 가구는 대부분 독립적인 자유 보유농과 철저한 노예 상태의 중간 신분을 차지했다. 노예제가 인정되지 않은 곳(에스파냐가 엔코미엔다encomienda를, 즉 일정한 크기의 토지를 그 안의 인디오 주민과 더불어 허가한 식민지 멕시코 대부분의 경우)이나 나중에 폐지된 곳(미국)에서 농민은 씨앗과 주택을 지주에게 철저히 의존하여 사실상 채무의 악순환에 매이게 되었다. 유럽에서는 16세기와 17세기에 엘베강 동쪽과 러시아의 농민들이 농노로 전락했고, 이렇게 법적으로 물려받은 예속 상태는 1770~1860년대 여러 시점에 가서야 완화되거나 해소되었다. 농노는 마을을 떠나거나 결혼하려면 영주의 허락을 받아야 했으며, 일주일에 여러 날을 영주의 직영지에서 일해야 했다. 독일 지역에서도 농노는 보통 토지와 함께 양도할 수 있는 부속 재산으로 여겨졌지만, 특히 슬라브족이 거주하는 유럽의 몇몇 지역에서 농노는 매매를 통해서든 채무를 청산하기 위해서든 소유주가 바뀔 수 있었다. 농노는 노예와 달리 더 높은 법적 지위를 보유했다. 여기에는 결혼의 인정이 포함된다. 지주가 가족을 해체할 수 없었던 것이다. 19세기 전반기를 지나면서(몇몇 지역에서는 1850년 이후에) 노예제와 농노제는 폐지된다. 전통주의자 지주들은 해방의 물결에 맞서 치열하게 싸웠지만 고분고분한 노동력을 확보하는 데 필요한 강제 장치의 대부분을 시장의 압력과 신용 대출의 통제가 제공한다는 사실을 깨닫게 된다.[28]

이 '구체제'에 결정적으로 중요했던 것은 지주의 우위만이 아니었다. 촌락 구조와 토지에 대한 권리 주장도 중요했다. 해방이 되었다고 해서 이전의 노예나 농노에게 소유권이 이전되는 경우는 거의 없었다. 미국 남부에서 과거 노예였던 가장들에게 각각 '16헥타르와 노새 한 마리'[6]를 준다는 생각은 결코 법제화되지 않았다. 프로이센의 해방 농민들은 자산이 일정한 수준 이상이어야만 토지를 요구할 수 있었고, 한두 세대 내에 많은 농민이 머슴의 지위로 전락했다. 러시아에서는 촌락 공동체가 토지 지배권을 보유한 반면 지주에게 보상으로 주어진 채권을 상환하기 위해 과거 농노였던 이들에게 세금을 부과했다. 좋든 나쁘든 촌락은 공동체적 생존을 가능하게 했다. 연장자들이 정기적으로 농지를 여러 가구에 재분배할 수 있었고, 촌락은 공동 방목지나 숲의 관리권을 유지했던 것이다. 우리는 현대의 노동조합처럼 촌락이 지대와 봉사를 감내할 정도로 유지하기에 충분한 집단적 힘을 지니고 영주에 대항할 수 있었음을 안다.[29] 일본과 중국을 포함한 다른 곳에서는 촌락의 구조가 보호 기능보다는 징계의 기능을 수행할 때가 더 많았다. 촌락은 의무와 기대의 위계질서에서 일종의 강제 장치였다. 촌락은 토지를 관리하고 노동을 할당하며 복종을 강요할 수 있었다. 그렇지만 토지를 소유하지는 못했다.

그래서 고대 로마법이나 영국의 '자유 보유권freehold', 오늘날 미국의 주택 소유권에서 볼 수 있는 완전한 소유권은 세계 대부분의 지역에서 생소한 개념이었다. 토지는 가구로 조직되었든 촌락으로 조직되었든 사람과 함께 움직

_____ 6 남북전쟁 후 노예제가 폐지되면서 노예 상태를 벗어난 아프리카계 미국인 농민을 위한 농업 개혁의 개념. 셔먼 특별 야전 명령 제15호Sherman's Special Field Orders, No. 15에서 비롯했다.

였다. 러시아에서 토지는 딸린 농민, 즉 '영혼'의 숫자로 등급을 매겼다. 몇몇 사회, 특히 정복 군주나 정식으로 취임한 군주가 최고 통치권을 주장하는 곳에서 소유권은 이론적으로 오스만 제국의 경우처럼 정복 군주가 보유했고 '사용'권(용익권, 즉 배타적 사용권dominoum utile이라는 중세의 옛 개념)만 양도되었다. 때로 전국적인 '환수' 정책으로 이 권리를 다시 제정하려는 시도가 있기는 했지만, 한두 세대가 지나면 실질적인 지배권을 되찾기는 사실상 거의 불가능했다.

군주나 독실한 기증자가 수도원에 인도한 토지는 기관으로 양도되어 쉽게 되찾을 수 없었다. 이는 잉글랜드에서는 16세기 정부에서, 로마 가톨릭 국가들에서는 18세기와 19세기에나 가능했다. 정부가 토지를 징발하거나 최소한 국가에 매각하도록 강제할 수 있다고 암묵적으로 인정되었다. 특허장에 의거한 토지 소유는 위상에 따르는 권리를 부여했지만, 동시에 매각은, 동일한 '고귀한' 자격을 갖춘 소유주들에게 매각하는 것은 종종 제한되었다. 그래서 저당을 잡히거나 융자의 담보물로 쓰기가 어려웠으며, 이는 불리한 조건으로 여겨졌다. 시장성이나 담보 제공에 가해진 그러한 제약은 한사 부동산권이라고 칭했는데, 귀족에게는 보호 장치라기보다는 부담이었다. 그러나 봉건제가 물려준 토지 지배에 관한 특권은 신분제 사회의 수평적 층상 구조와 유럽의 이른바 구체제를 결정했다.

몇몇 부족 사회에는 유럽인이 생각하는 소유권 개념이 실제로 존재하지 않았다. 땅은 많았고, 농업뿐만 아니라 목축과 사냥에 땅을 이용한 경작자는 부족했으며, 배타적 소유(매각하거나 유증할 권리까지 포함)라는 개념은 사용권이 보장된 것으로 보이는 상황에서 역할을 하지 못했다. 그러한 목축 사회적인 심성이나 집단 심성에 원인을 돌릴 때에는 신중해야 한다. 많은 전통 사회가 가족 소유권과 동등한 제도를 세웠으며 부족 관리와 동등한 제도는 더 확실하게 구축했다. 백인 식민지 개척자들은 하찮은 액수로 이러한 잔여 권리를 매입하는 데 나섰고, 오스트레일리아에서 그랬듯이 때로는 그 땅이 주인 없는 땅terra nullius(소유권이 주장된 적이 없는 땅)이며 자신들이 점령하여 취했으니 자신들의 땅이라고 주장했다. 이러한 방식의 강탈은 아메리카와 오스트레일리아, 아프리카, 인도네시아의 정착지에서 파괴적인 영향력을 행사한다. 점유에 찬성한 이들은 공동소유 사회의 빈곤을 지적했다. 존 로크John Locke는 이렇게 썼다. "아메리카의 여러 인디언 종족은 땅은 많고 생활의 편의는 부족하다. …… 노동에 의한 [많은 재료의] 개선이 부족하기 때문에 우리가 누리는 문명의 이기를 100분의 1도 갖추지 못했다. 크고 비옥한 영토를 다스리는 그곳 어느 왕의 의식주는 잉글랜드의 날품팔이만도 못하다."[30] 그러므로 소유와 시장성, 세금의 부담, 노동의 요구는 전부 서로 뒤얽혀 명예적·경제적·정치적 권리 주장의 복잡한 융단으로 바뀌었다. 이 뒤엉킨 실타래를 다시 풀어내는 것은 근대화의 작업, 다시 말해 전 세계의 전통 사회가 근대사회로 바뀌는 법률적·경제적 변화의 거대한 과정이었다. 토지에 대한 가족의 권리 주장이 오래도록 강력하게 남아 있던 중국에서도 18세기가 되면 최종적인 매각이라는 개념이 강해졌고 계약이 중요성을 띠었다.[31]

이 과정은 시골의 결핍 경제에 이미 내재했던 사회적 불안을 엄청나게 키웠다. 농민과 부자, 간접적으로는 통치자와 도시 거주자까지 전부 시골에서 물리적으로 식량을 얻는 데 의존하여 살았다. 인구 증가의 압력, 변화무쌍한 날씨와 수확, 질병이 초래한 참화가 갈등을 유발하는 것은 매우 자연스러웠다. 생계를 겨우 유지하며 살아가는 촌락들은 가혹한 세금 수취와 흉작에 쉽게 자극받을 수 있었고, 이들의 불만은 종교의 대중적 천년왕국설에서 쉽사리 이데올로기적 표현을 얻을 수 있었다. 성공한 농민은 시간이 흐르면서 유연해진 규칙들을 다시 엄하게 강화하려는 노력에 분노할 수 있었다. 가격의 상승은 수확물을 팔려고 내놓은 이들에게 유리하게 작용했다. 농민이 비교적 고정적인 화폐지대를 납부하되 독립적으로 옥수수나 쌀을 시장에 내다 팔 수 있다면 지주와 국가는 인플레이션 시기에는 쪼들릴 것이다. 지주가 현물로 지대를 받는다면 인플레이션 추세로 인해 덕을 볼 것이다. 농민 봉기는 대체로 한 지역에 국한되었지만 이따금 여럿이 결합하여 큰 규모의 저항운동으로 발전했는데, 농촌 생활에서 흔히 볼 수 있는 양념 같은 것이었다.

그러나 1750년에서 1860년까지 이어진 시기에 잠복한 이러한 긴장에 새로운 초국적 충격을 더해 보자. 그것은 시장의 힘이 농촌의 땅과 노동관계에 침투한 것, 다시 말해 시골의 상품화였다. 전 세계의 경작 가능한 토지는 대부분 이러저러한 집단적 관계의 구조 속에서, 아니면 적어도 보유 기간과 고정된 노동과 복종의 조건을 보장하는 장치에 따라 경작되었다. 공권력이 한 가지 역할을 했다. 공권력은 심각한 저항에 직면한 지주들을 보호하고 수확의 수익금에서 몫을 가져갔으며 군사적 용도의 인력을 요구할 수 있었다. 그러나 국가는 돈이 필요했다. 18세기에 전쟁은 비용이 많이 드는 데다 고질적이었다. 유럽의 개혁주의적 철학자들과 정치인들 사이에, 특히 중농주의자를 자처한 이들 사이에 널리 퍼진 생각은 토지 시장과 곡물 시장에 대한 온갖 규제를 없앰으로써 국부를 크게 늘릴 수 있다는 것이었다. 중농주의자들은 토지의 비옥함이 사회의 부나 잉여의 궁극적 원천이라고 주장했다. 주요 중농주의 이론가 중 한 사람인 프랑수아 케네François Quesnay는 생산 주기를 보여 주는 표[7]를 만들었다. 시장으로 간 농업은 농민이 소비하고 중개인이 거래한 것보다 많은 산출을 냈다. 그 잉여를 토대로 지주는 지대를 받고 도시 부문은 도시의 상품과 용역에 대한 대가를 받았다. 농업이 창출한 이 지속적 이익으로 도로와 항구, 대저택이 건설되고 한 사회가 소비한 모든 비농업적 생산물이 나올 수 있었다. 농업이 정부와 군대, 민간 사회의 수입을 댔던 것이다.

이 과정의 핵심은 땅을 소유하고 생산을 확대하기 위해 그 땅에 씨를 뿌리는 사람들을 장려하는 것이었다. 그것은 시장의 유인에 반응할 소유주 겸 기업가라는 폭넓은 계급의 탄생을 의미했다. 수백 년 동안 대중의 소요가 두려워 곡물 가격을 낮게 유지하려는 노력이 경주되었는데, 이와는 대조적으로 높은 가격이 생산자에게 더 많이 생산하려는 유인을 주도록 전통적인 가격 통제를 중단해야 한다는 제안도 나왔다. 물론 작황이 나쁠 수도 있고 수확이 불안정할 수도 있었던 18세기에 높은 가격은 식량의 부족과 인플레이션, 도시의 폭동, 사회적 불안을 초래할 수 있었다. 1764~1765년 프랑스와 에스파냐에서 곡물 가격이 자유화된 결과 그러한 일이 일어났고, 군주들은 손을 뗐

_____ **7** 1758년에 발표한 『경제표*Tableau économique*』.

다. 그렇지만 기본적인 통찰력의 영향력은 놀랍도록 컸다.

미국인들은 중농주의가 농업 공화국이라는 미래상을 지닌 지식인들이 흙에 보인 이상한 아첨이라고 생각한다. 그러나 실제로 그 근저에 깔린 통찰력은 폭넓게 영향을 미쳤다. 영국의 벵골 총독, 이베리아반도 국가들과 라틴아메리카 식민지들의 군주들, 오스트리아가 지배한 북쪽의 롬바르디아든 번창한 토스카나든 부르봉 왕가의 나폴리와 시칠리아든 이탈리아 국가들의 개혁적 장관들은 전부 중요한 개혁의 주요 개요에 의견을 같이했다. 농민을 지주와 사제, 종교 단체에 사로잡혀 짓밟힌 무지한 노동자에서 농업 중간계급으로 바꾸라. 농민을 촌락과 토지 소유주에 얽매는 인적 구속을 제거하라. 농민이 자유롭게 결혼하고 이주하고 계약할 수 있게 하라. 농노제와 노예제라는 세습되는 낙인을 제거하라. 그러면 농민이 강인한 자영농 생산자 계급이 될 것이다. 곡물과 올리브, 포도주, 임산물의 산출을 늘리고, 일본에서는 쌀과 비단, 인도에서는 차의 산출을 늘려라. 운하와 도로, 항구 같은 농업 기반 시설과 경작 기술 향상에 투자하라. 각종 세금을 통합하고 전체적으로 세금이 낮아질 수 있도록 흔히 면세의 혜택을 누리는 지주나 귀족에게도 세금을 부과하라. 곡물 가격을 자유화하여 더 많이 생산하도록 장려하라. 토지의 자유로운 매입과 판매, 저당을 막는 장애물을 제거하고 교회와 대수도원, 촌락 공동체로부터 토지를 빼앗아라.

그러나 그러한 착상은 그리 쉽게 실행되지 않았다. 1760년대 말 로마 가톨릭교회의 제도에 대한 수십 년간의 비판에 뒤이어 에스파냐와 포르투갈의 군주들은 예수회가 이베리아반도와 라틴아메리카에 소유한 광대한 토지를 몰수할 수 있다고 결정했다. 그러한 경매 절차의 경우 대체로 그렇듯이 수혜자는 가난한 농민이 아니라 시장에 참여할 수 있는 재산이 많은 소유주들이었다. 자신들의 보유지에서 잔여 지대와 부역corvée, 여전히 존속하여 이따금 불려 나간 강제 노동(프랑스의 법률가들이 봉건제라고 부른 것)을 제거한 프랑스 혁명 시기의 농민이 아마도 가장 운이 좋았을 것이다. 중부 유럽과 아일랜드, 이베리아반도, 이탈리아, 미국 남부까지 대부분의 지역에서 새로운 소농들은 늘어 가는 채무의 덫에 빠졌다. 영국은 벵골의 무기력한 촌락들을 깨우고 농업 중간계급을 젠트리gentry[8]와 비슷한 농민으로 만들어 간접 통치의 대리인으로 삼는다는 기대를 품었는지도 모른다. 그래서 벵골의 총독들은 농업에 부과하는 세금을 동결하는 '영구적 합의Permanent Settlement'[9]를 제안했다. 그러면 농민은 이로부터 혜택을 볼 것이며 이어 세금 인상을 걱정하지 않고 상업적 영농에 전념할 수 있을 것이다. 그러나 결국 이는 징세 농민(자민다르)의 권력을 강화하고 이들에게 지대와 세금을 납부한 농민(리오트ryot)의 종속과 빈곤을 심화하는 경향을 보였다.

중농주의는 점차 강화되는 토지와 노동의 상품화라는 근저의 추세가 가장 뚜렷하게 형식화한 것일 뿐이었다. 시장 지향적 심성의 침투를 막는 전통적 제약은 종교적 가르침이든 봉건적 특권이든 귀족이나 교회의 명시적 지위든 촌락의 전통적 공유지 관리권이든 전부 압박을 받았다. 인구 증가, 군사적 경쟁과 식민지 경쟁의 비용, 빈곤 해소의 부담은 시골에서 재원과 자금을 얻어 내야 할 필요성을 서서히 높였다. 경제 발전은, 아직 그렇게 부르지는 않았지만 마리아 테레지아Maria Theresia의 오스트리아와 레오폴도Leopoldo 대공의 토스카나, 프리드리히 대왕Friedrich II의 프로이센, 카를로스 3세Carlos III의 에스파냐, 안 로베르 자크 튀르고Anne Robert Jacques Turgot의 프랑스는 물론 중국, 도사 번土佐藩 같은 개혁적 성향의 어느 정도 자율적인 일본의 봉건 영지, 동인도회사EIC의 영역, 오스만 제국 등 전 세계의 국가 체제에서 가장 중요한 관심사가 되었다. 그러나 결과는 농민 사회의 불안이었고, 1773~1775년 러시아의 예멜리얀 푸가초프Yemelyan Pugachev가 일으킨 반란, 같은 시기에 발생한 보헤미아 봉기, 시골까지 확산된 1789년 프랑스의 격변, 그리고 유럽 밖에서는 1780년에 에스파냐령 페루 부왕령에서 투팍 아마루 2세Túpac Amaru II가 이끈 잉카의 봉기, 1796년부터 크게 일어난 중국의 백련교도白蓮敎徒의 난처럼 1770년대와 1780년대에 대규모 농촌 봉기가 줄줄이 이어졌다.[32]

_____ 8 대규모 토지를 보유한 잉글랜드의 지주·귀족. 일반적으로는 사회적 지위가 높은 지주를 말한다.
_____ 9 1793년 영국 동인도회사와 벵골의 지주들 사이에 체결된 협정으로, 토지에서 거두어들이는 세입을 고정했다.

인구가 늘고 시장이 확대되기는 했지만 이렇게 다양한 동란의 원인을 오로지 상품화나 인플레이션 압력에만 돌릴 수는 없다. 많은 봉기가 그해의 수확 상태와 국가의 세금 징수 압박, 궁극적으로는 국가가 불만을 누그러뜨리거나 소요를 진압하기 위해 쓴 전술에 좌우되었다. 18세기 말 서구의 두 가지 거대한 정치적 변화인 미국의 독립 운동 및 입헌 공화국 수립(1775~1787)과 1789~1799년의 프랑스 대혁명의 원인을 농촌의 소란에 돌린다면 확실히 지나친 단순화일 것이다. 자유 시장의 개념이 시골에 침투했을 때에도 인권과 참정권이라는 동반되는 개념들이 귀족과 군주의 정치적 권리 주장을 훼손했기 때문이다. 에드먼드 버크Edmund Burke 같은 이들이 북아메리카 식민지에서 타협해야 한다는 의견을 냈지만 조지 3세George III와 그의 내각은 돈을 모으고 통치에서 식민지의 목소리를 제한할 결정적인 권리를 유지해야 한다고 고집을 부렸으며, 그 결과로 이어진 무력시위와 진압 노력이 강력한 저항을 낳아 식민지의 독립국가 수립 요구를 유발했다. 수입의 규모가 중간인 사회에서 독립국가를 위한 투쟁이 일어나자 계급 분화는 큰 문제가 아니었다. 각 식민지의 내륙에 있는 적당한 규모의 가족농은 더 부유한 해안 지역의 농장주나 도시 상인에게 종종 분노를 느꼈고 남부 내륙에서는 영국군에 협력했을지도 모른다. 그러나 도회지는 비교적 작았고, 노예 소유주를 포함한 지역 여론 선도자들은 독립 운동의 수뇌부를 장악해 자신들의 요구를 영국 입헌주의의 전통적 용어로 썼다. 노예 봉기를 일으키려는 영국의 노력 때문에 미국의 노예제 반대자들은 더 단호하게 행동에 나설 수 없었다.

프랑스어권 사회들은 그다지 면역력이 생기지 않았다. 18세기 말 재정 위기와 법치에 관한 갈등이 이어져 놀랍게도 1780년대 말과 1790년대에 프랑스 군주제가 무너졌고, 유럽의 국가들이 이 대격변에 휘말리면서 아이티의 유색인gen de couleur들과 멕시코와 에스파냐어권 아메리카의 크리오요 엘리트들은 동일한 경로를 밟기로 결정했다. 프랑스 사회의 엄청난 사회적 불평등과 그 사회의 세습 귀족들이 누린 면세 특권, 프랑스 교회가 시골에서 요구한 권리를 감안하면 인구 많은 그 나라(미국은 400만 명이었던 데 비해 2500만 명이었다.)에서 일어난 정치적 격변은 구체제의 신분 구조에서 토지에 축적된 특권을 표적으로 삼을 수밖에 없었다.

큰 혁명들은(때로는 작은 혁명들도) 외부로 큰 변화의 원리를 전파하면서도 외부의 경쟁 권력을 빨아들이는 소용돌이가 되었다. 이는 미국과 프랑스에 해당되는 얘기다. 프랑스 군대(1792년 이후 공화국 군대)는 오스트리아령 네덜란드(벨기에)와 신성 로마 제국의 라인란트 지역, 스위스, 이탈리아의 왕국들에서 비슷한 생각을 지닌 혁명가들의 국제 동맹을 세우려 애썼지만 결국 18세기 말의 신분제 사회들에 자리 잡은 온갖 긴장을 이용했다. 프랑스 군대는 이러한 긴장에 편승해 우격다짐으로 승리를 끌어내 1790년대 말에 자국의 이데올로기에 맞는 협력자들을 권좌에 앉혔다. 그러나 몇몇 사회에서는 새로운 혁명가들이 대불 동맹으로 제휴한 옛 통치자들(영국, 오스트리아, 프로이센과 때에 따라 러시아)의 반대뿐 아니라 앞서 설명한 중농주의적 변화의 불편한 희생자였던 농민 대중의 반대에도 직면했다. 이들은 이탈리아에서 초기의 협력주의적 공화국들을 쓸어 버리는 데 일조했고, 10년 후 보나파르티슴 국면에서는 프랑스의 에스파냐 점령에 맞서 토착민 군대에 합류하기도 했다. 1801년 이후 국외에 단계적으로 혁명을 이식하는 것은 이제 지역 자코뱅당의 잡다한 과격파 인사들의 전유물이 아니라 나폴레옹의 합리화에 따라 일하는 독일과 이탈리아의 쪼개진 영토들의 중간계급이나 귀족 개혁가들의 일이기도 했는데, 더 영속적인 영향을 미쳤다. 이 대의에 모인 자들은 대개 개혁가들로 재정 부담을 합리적으로 개편하고 성직자의 부를 동원하며 법전을 근대화하고 프랑스의 후원을 등에 업고 온갖 하위 관할권을 흡수하여 영토를 재조직하기를 원했다. 이는 프랑스의 황제가 1803년에서 1806년까지 대체로 합스부르크 왕가의 전통주의적 요구를 희생시켜 추진한 정책이었다. 프로이센이 저항했다가 1806년에 재앙 같은 패배를 떠안았을 때, 귀족 관료들은 농노제의 형식적 폐지와 징병제 같은 유사한 개혁을 모방하기로 결정했다.

* * *

그러므로 1810년이 되면 역사가는 유럽과 아메리카 전역에서 다음 세대에 나타나는 사회 세력과 정치 강령 들의 초국적 연대의 윤곽을 식별할 수 있다. 여기에는 우선 재산을 빼앗기고 위험에 직면한 귀족들과 토지를 소유한 교회 관리들의 보수적 무리가 포함되었다. 영국과 오스트리아에서, 그리고 프랑스의 망명 귀족 가운데 여전히 우세했던 이들은 1815년 이후 일시적으로 부분적이나마 권력을 되찾는다. 둘째, 프랑스의 개혁에 공감하고 나폴레옹의 유럽 위성국가들을 기꺼이 관리하려 한 개혁주의적 지도자들은 1815년 이후 왕정복고 시대 정부들을 대신할 더 자유로운 대안으로 자리 잡게 된다. 이들 중 다수는 프랑스가 교회에서 박탈하여 경매에 붙인 교회 재산 매각으로 이득을 보았다. 매각 재산은 야심적인 농민보다는 상업적 태도를 지닌 부르주아에게 더 많이 돌아갔다. 이들은 조합을 결성해 매각 재산을 사들였다.[33] 멕시코의 자산가들도 혁명정부와 뒤이은 정부들이 수도원 재산과 종교재판소의 재산을 매각할 때 정부 융자로 자금을 마련해 유사하게 재산을 취득할 수 있었다.[34] 극좌 진영에서는 자코뱅 공화국을 지지한 공화파 혁명가들의 작은 집단들이 계속 정치적 혼란을 겪었다. 서유럽과 아메리카 전역의 탁월한 문필 지식인들이(영국에서도 몇몇이) 여기에 포함되었다.

마지막으로 농촌 자본주의에 위협을 느끼고 시골에서 가톨릭교회가 공격당하는 데 분개한 농민 대중이 있었다. 결국 교회는 적어도 교구와 수도원이 상징하는 것처럼 시장을 막아 내고 아이들에 세례를 주고 결혼으로 가족을 결합하며 부모를 묻을 때, 그리고 슬프게도 너무 자주 있는 일이었지만 아이들을 묻을 때 위로를 준 훌륭한 제도였다. 종교적으로 충성스러웠던 농민들(물론 많은 농민이 충성스럽지 않았다.)이 점령된 에스파냐나 이탈리아 남부에서 프랑스에 반대하는 게릴라 부대를 뒷받침해 주었으며 부르봉 왕가와 교회를 지지했고 엘리트들의 개혁이라면 프랑스로부터 영향받은 낌새가 조금만 있어도 적대적 태도를 취했다. 에스파냐에 부르봉 왕가가 복위한 뒤 나이 든 화가 프란시스코 고야Francisco Goya는 이들을 미신적이고 무지한 가톨릭 대중으로 묘사한다. 농업 개혁을 옹호한 이들과 전통적 위계질서에서 토지 사회를 해방할 것을 옹호한 이들은 목숨을 걸고 이 농촌 인민주의를 묵살했다. 종교는 20세기에 들어선 지 한참 지난 후에도 농민의 저항과 혁명에서 주된 요소로 남아 에스파냐와 멕시코에서는 가톨릭 게릴라를, 러시아와 중국, 일본에서는 농민 동원을 떠받쳤다.[35]

이 집단들이 어떻게 연합하거나 싸울지, 어떤 집단이 우세할지는 대체로 군사적 결과에 달린 일이었다. 물론 군사적 결과는 혁명적 원리가 일깨운 세력을 반영했다. 프랑스 군대가 정복한 곳에서는 일반적으로 정치조직이 뒤따랐다. 러시아와 영국에는 프랑스 군대의 힘이 미치지 않아서 전통적으로 통치되고 있었다. 전통적 통치란 프랑스에서는 과두 지배 의회의 통치를 의미했다. 나폴레옹 군대가 이탈리아 본토를 장악하고 있을 때 영국이 시칠리아를 점령하고 그곳에 세우려 한 것이 바로 그러한 정권이었다. 혁명 프랑스와 전염성 강한 그 원리가 유발한 25년에 걸친 전쟁과 경제적 혼란이 마침내 끝난 1815년, 혁명적 주장은 패배한 듯했지만 마치 휴화산처럼 왕정복고 시대의 표면 밑에서 여전히 굉음을 내고 있었다. 왕정복고가 승리하지 못한 것은 분명했다. 부르봉 왕가의 군주들이 프랑스로 돌아왔지만(1830년부터 1848년까지 오를레앙 가문의 사촌들이 뒤를 이었다.) 두 경우에 공히 정권은 금융과 산업, 공학, 교육계의 엘리트에게 일정한 역할을 부여했다. 이 새로운 세력은 과거 어느 때보다 중요했다. 1830년대와 1840년대가 되면 기술의 변화가 프랑스와 벨기에, 독일 국가들, 롬바르디아에서 교육받은 계층의 가계와 심성을 눈에 띄게 바꾸어 놓았기 때문이다. 서구의 정치 문제는 시골의 전통과 위계질서가 이 새로운 세력을 제어할 수 있는지였다.

시골의 위계질서 자체가 변화를 가로막는 장벽일 뿐 아니라 변화의 인자였다는 점에서 결말은 더 복잡했다. 프로이센의 농촌 생활을 고찰한 최근의 수정주의 연구에 따르면 "지난 몇백 년 동안 장원과 촌락이라는 두 상대는 마치 전투원처럼 서로 접근해 이득을 취하려고 약점과 기회를 엿보았으며 때로는 휴전을 받아들이고 때로는 휴전을 깨뜨려 법정 집행관의 채찍에서, 파업 전선에서, 재판소라는 싸움터에서 전략적 이점을 추구했다." 그렇지만 그 모든 싸움에서 둘은 변화의 인자로서 함께 움직였다. "장원 소유주와 토지 소유 촌락민은 시장을 겨냥한 생산자들이 19세기와 20세기 초의 기술적·물질적·정치적 기회를 이용할 수 있게 되면서 다시 생각할 필요가 있었다."[36] 그러나 이들은 옛 농촌 질서의 토대를 훼손하기도 했다. 법률적 지위와 존경 표시의 양식, 종교의 가르침 위에 세워진 안정이 무언가에 의해 회복되어야 했다면 그것은 농촌 자본주의의 근간인 지대와 채무, 채권이었을 것이다. 그 회복된 안정은 농촌 질서에 이해관계를 지닌 야심 찬 새로운 소농이 귀족과 나란히 서는 데 일조했다.

역사가들은 나폴레옹 전쟁이 끝난 후 강화 협정을 체결한 빈 회의를 국가들 간의 기본적 협정으로 인정한다. 그러나 빈 회의에 참석한 정치인들은 평화가 지속되려면 혁명적 에너지가 다시 불타지 못하도록 각 나라 내부의 협정이 필요하다고 믿었다. 훗날 우드로 윌슨Woodrow Wilson이 평화는 자유민주주의 체제에 의거해야 한다고 주장하는 것처럼, 빈 회의의 지도자들은 평화가 보수적 사회의 토대 위에 서는 것이 당연하다고 생각했다. 이들은 나폴레옹이 나폴리와 스웨덴에 세운 군주를 기꺼이 받아들이려 했지만 구체제 농촌의 위계질서를 강화하고 시골의 안정을 보장하기를 원했다. 이들은 평화를 위협하는 요소들을 억제할 뿐만 아니라 초국적 협력을 통한 반혁명적 개입을 가능하게 할 정기적 협의 구조, 다시 말해 이른바 빈 체제Congress System를 남겼다. 복귀한 프랑스 부르봉 왕가에 빈 협정은 헌법을 받아들이고 혁명 정부가 실행한 토지 분배를 돌이킬 수 없음을 인정하는 것을 뜻했다. 그러나 빈 회의의 온건한 정책조차 곧 비틀거렸다. 국내적 복고는 1830년대와 1840년대에 붕괴되고 있었다. 국제적 합의는 1850년대와 1860년대에 무너졌다. 영국의 건초 태우기,[10] 아일랜드의 농민 조직, 유럽 대륙에 나타난 농업의 저항, 독일에서 드러난 불만의 전조와 반유대주의적 선동, 유럽 밖에서는 라틴아메리카 전역의 크리오요 혁명, 일본의 농민 항의, 중국의 대규모 반란이 1820년대에서 1850년대까지 이어진 폭풍 같은 수십 년의 특징이 된다. 변화의 수사학은 자유주의적 권리와 평등의 수사학이었다. 그것은 또한 천년왕국설의 종교적 전망을 표현한 것이기도 했다. 각 사회는 상이한 이데올로기적 전통과 위

_____ **10** 1830년 여름 이스트켄트에서 탈곡기 파괴로 시작해 남부 잉글랜드 전역으로 확산된 농업 노동자들의 스윙 폭동Swing Riots. 건초 태우기는 폭동의 한 양상이었다.

계 구조로 이러한 충돌을 일으켰지만, 이 모든 분쟁을 유발한 것은 토지와 토지 위의 노동력이 시장에서 거래됨으로써 생겨난 엄청난 긴장이었다.

그것의 함의는 모순적이었다. 시골의 시장 에너지를 확대하고 부를 창출할 능력을 동원했지만 소요의 발생 가능성을 억누른 것이다. 19세기 초에 농촌의 소요가 그렇게 간간이 발생한 이유가 여기에 있다. 한편으로는 잠식해 들어오는 시장의 원리가 귀족의 패권이라는 옛 권리 주장과 교회와 종교의 신성한 정통성을 훼손했다. 반면 실제의 경제적 결과는 막 등장하던 공업 도시들뿐만 아니라 시골에도 어려운 시절을 가져왔던 것 같다. 결국 중농주의의 장치가 잉여와 부를 촉진했을 수 있지만 그러기까지 수십 년의 고통스러운 이행기가 놓여 있었다. 혼란에 직면한 엘리트층은 엄정한 선택에 직면했다. 이들은 억압과 폭력으로 통치하든지(이는 프랑스 대혁명에 놀란 영국의 토리당이 1790년대 '자코뱅당'으로 추정된 이들에 대한 재판부터 군인들이 맨체스터의 시위대에 발포한 1819년 '피털루 학살'까지 취한 태도였다.) 아니면 시장과 상품화의 승리를 재촉하려 애쓸 수 있었을 것이다. 후자의 과정은 1830년과 1832년 선거 후에 승리한 자유주의 정책의 요소가 되었다. 협소한 영국 정치 계급이 영국 해협 건너편에서 일어난 1830년 혁명의 교훈을 받아들여 1832년 개정 선거법을 통과시켰다. 이 개정 선거법으로 상당한 중간계급이 투표권을 얻었으며 새로운 공업 도시들을 포함하도록 의회 선거구가 조정되었다.

시장, 개혁, 저항

영국 자유주의의 등장이 의미하는 바는 인구 1200만 명이 사는 섬에서 진행된 정치적 이행을 크게 뛰어넘는다. 영국 자유주의의 파생 효과는 세계 도처에서 혁명 프랑스의 원리와 군대보다 훨씬 강력하게 느껴졌다. 결코 혁명의 친구가 아니었던 1820년대 토리당 내각은 그럼에도 프랑스와 에스파냐가 반란을 일으킨 카리브해의 식민지들을 재정복하는 것을 단호히 막으려 했다. 1807년 영국은 자국 선박의 노예 수송을 금지했고, 나폴레옹 전쟁이 끝난 뒤에는 서아프리카 해역을 순찰해 노예 상인들을 차단했다. 미국 남부에서는 영국인이 소유한 면 공장의 탐욕스러운 요구 때문에 노예제가 계속 이득이 되었지만 영국 식민지들에서는 1833년에 노예제가 폐지되었다. 영국의 간섭에는 다른 나라의 채권을 인수할 수 있는 재정 능력도 지속적인 수단이 되었지만 세계적인 해군력이 요구되었다. 장기간 휘그당 소속 외무부 장관으로 일하고 나중에는 총리가 된 파머스턴Palmerston 경(헨리 존 템플Henry John Temple)은 영국 자유주의의 열렬한 대변자였는데, 벨기에가 네덜란드에서 평화롭게 독립하는 데 산파 역할을 했으며, 19세기 중반 오스만 제국의 개혁을 간접적으로 지원했다. 영국은 시장 원리를 고수함으로써, 다시 말해 동인도회사가 중국에서 아편을 판매하고 소란을 피우는 소속 선원들의 법적 권리를 보호할 권리가 있다고 고집함으로써 유교 질서를 훼손했다. 중국은 저항했지만 1842년의 군사적 패배로 참화를 떠안았다.

1846년 곡물 보호관세의 폐지로 이어진 정치적 동원은 이 나라가 공업과 국제금융, 자유무역에 헌신하고 있음을 확인했다. 이른바 곡물법 폐지라는 이 조치는 19세기 초 사회 변화를 법률적으로 확인한 가장 결정적인 조치들 중 하나였다. 곡물법 폐지는 영국의 공업적 사명을 추인했다. 휘그당은 굶주린 노동계급을 위해 밀 가격을 낮추는 것(간접적인 효과로 노동자들이 식비를 지출하는 데 필요한 임금을 낮춘다.)이 직물 산업의 경쟁 제품에 관세를 부과해 공산품의 가격을 높게 유지하는 것보다 낫다고 계산했다. 간단하게 말하면 영국 시장이나 다른 나라의 시장에서 중요한 경쟁자는 없었다. 공업 도시들은 성장했고, 역설적이게도 영국 농촌의 목가적 촌락을 좋아하는 정서적 애착도 커졌다.

영국의 차관은 나폴레옹 전쟁 후 독립한 라틴아메리카 국가들의 1세대 지도자들을 지원했으며, 1810년부터 1825년까지 지속된 독립전쟁들이 멕시코를 비롯한 누에바에스파냐의 재정을 혼란에 빠뜨렸다. 부르봉 왕가의 재정(흔히 주장되는 것보다 훨씬 오래, 18세기 말까지도 효율적이었다.)이 붕괴되고 현지 재원에 대한 의존이 심해지면서 라틴아메리카의 자유주의자들이 지지한 연방주의적 대안이 힘을 얻었지만 동시에 지역 내 분쟁을 촉발했다. 새로운 공화국들과 브라질 제국은 영국의 차관과 투자에 의존했다. 1850년대까지 국제경제의 상대적 취약성이 신생국들을 약하게 만들고 그 국가들 내부의 분쟁과 국가 간의 분쟁을 더욱 악화시켰다. 새로운 차관과 세금, 공무원 급여 삭감, 재정의 현지화 경향은 독립의 문지방을 넘으면 나타나는 특징이었다.[37] 유럽과 아메리카와 아시아 사이의 재정 관계와 시장 관계는 1970년대 평자들이라면 상호 의존이라고, 오늘날의 분석가라면 세계화라고 불렀을 것의 초기 형태로 해석할 수 있다. 가장 중요한 것은, 간접적일지라도 재정과 상업에 나타난 이 초기 흐름이 오스만 제국과 인도, 중국에 미친 충격이었을 것이다. 1792년부터 1815년까지 군대의 개입으로 강화된 프랑스의 시민권 개념이 저항과 굴종의 가혹한 양자택일을 강요했다면, 1815년 이후 영국이 맺은 관계들은 시장과 채권을 씨줄과 날줄 삼아 구조를 만들고 현지 엘리트층에 자유주의적 개혁을 진척시킬지, 무능한 후진성을 감수하며 저항할지를 선택하도록 강요했다.

중동에서는 오스만 제국이 더욱 심각한 위기 속으로 빠져들었다. 오스만 제국의 국가와 사회는 다민족 제국의 유산(북쪽과 서쪽의 유럽 발칸반도 주민들과 남동쪽의 아랍인 사회들, 러시아의 팽창에 위협받는 아나톨리아의 튀르크인 주민들, 주요 도시와 해안 지역의 어느 정도 자치권을 지닌 사회 들로 조직된 종교적·민족적 소수 집단들을 책임져야 했다.)과 포괄적 무슬림 국가의 야심에 기인한 몇 가지 특징을 지녔다. 제국의 변경 지역에서는 현지 유지 세력과 그들의 피보호자들이 통제하기 어려운 장기적인 싸움을 일으켰다. 통치 관행은 결국 제국 내부의 다양한 정체성을 분할하여 지배(보호)하는 데 이르렀다. 국가는 폭력을 확실하게 독점하지 못했으며, 종종 비정규군과 개인의 무력에 의존해 질서를 유지했다.[38] 18세기에는 서쪽으로는 합스부르크 왕가와 베네치아, 동쪽으로는 페르시아, 북쪽으로는 러시아에 맞서 거의 끊임없이 전쟁을 이어 갔고 영토를 빼앗겼다.

1789년부터 1807~1808년에 폐위되고 처형될 때까지 통치한 셀림 3세 Selim III는 러시아의 군사적 위협에 직면하고 유럽이 겉보기에는 총력전 같은 새로운 전쟁에 빠져드는 것을 보고 개혁의 필요성을 이해했다. 장교들을 봉토로 부양하는 국경의 기병대와 수도에 주둔한 술탄의 친위대 예니체리yeniçeri 두 부문으로 나뉜 군대는 이론상 프랑스 대혁명으로 매우 중요해진 시민군 개념과 완전히 충돌했다. 군대와 사회를 결합한 것은 신민의 납세 의무였고, 이 의무의 토대는 술탄이 보장해야 할 정의와 이슬람 율법(샤리아)의 틀 안에서 신민이 누리는 행복이었다. 수백 년 동안 사회 활동의 기본 구조는 도시의 길드든 지역 유지든 와크프든 자신들의 특혜를 지키는 특권 집단들의 집합으로 고착되었다. 셀림 3세는 서구의 제복을 입는 새로운 군대와 더 효율적인 세제를 토대로 '새로운 체제(니잠 제디드nizam-i jedid)'를 구상했지만, 개혁은 한편으로는 이전 몇백 년 동안 시골의 실질적 통치자로 확고히 자리 잡은 준봉건적 귀족(아얀ayan)을, 다른 한편으로는 원래 몇백 년 전 발칸반도의 기독교도 징집 대상 중에서 충원한 수도의 특권 집단 예니체리를 위협했다.[39]

보수적 무슬림 판관들의 지지를 받아 이스탄불에서 반란을 일으킨 예니체리는 술탄을 폐위하고 술탄과 새로운 체제에 공감한 이들을 처형했다. 이에 자극받은 발칸반도의 아얀이 수도로 진격해 약 1000명의 반대파를 학살하고 새로운 술탄 마흐무트 2세Mahmud II를 세웠다.[11] 마흐무트 2세는 자신의 권력과 장관vizier들의 권력을 제한하는 맹약에 서명해야 했다. 이 타협은 오래가지 않았다. 마흐무트 2세는 아얀의 지배권을 제한하는 데 착수했고 1826년 마침내 난폭한 예니체리에 맞서 이들을 집단살해하고 그들의 막사를 불태웠다. 그러나 마흐무트 2세의 정권은 서구 여론의 지지를 받은 그리스의 반란에 직면했고, 이어 1827년에 러시아가 술탄의 흑해 함대를 파괴했으며, 1830년대에는 이집트의 야심적인 개혁 파샤 무함마드 알리Muhammad Ali와 대결했다.

오늘날 그리스 영토에서 오스만 제국에 봉사한 알바니아인의 아들로 태어난 무함마드 알리 파샤는 이집트를 19세기로 인도하려 했다. 그는 맘루크 군사 카스트를 파괴하고 관개수로를 확충했으며 이집트를 주요 면화 재배지로 만들고 재정 제도와 군대를 개혁했다. 무함마드 알리 파샤는 술탄으로부

———— 11 오늘날 불가리아 루세Ruse(오스만튀르크어로 루스추크Rusçuk)의 아얀이었던 알렘다르 무스타파 파샤Alemdar Mustafa Pasha(1765~1808)는 1807년에 예니체리가 셀림 3세를 폐위하고 보수적인 무스타파 4세Mustafa IV를 옹립하자 알바니아인과 보스니아인으로 구성된 군대를 이끌고 이스탄불로 들어와 셀림 3세를 다시 권좌에 복귀시키려 했지만 무스타파 4세의 명령에 따라 셀림 3세가 살해당한 것을 알고 마흐무트 2세를 술탄으로 즉위시키고 그의 총리sadrazam가 되었다.

터 사우드 왕조의 진출을 저지하라는 임무를 받았다. 사우드 왕조는 엄격한 이슬람 운동인 와하비즘Wahabism의 신봉자들로, 아라비아의 내륙을 장악했다. 1803년에 사우드 왕조가 거룩한 도시들을 장악하고 하즈Hajj, 즉 다마스쿠스에서 메카로 이어지는 연례 순례의 도로를 봉쇄하자 이스탄불의 술탄이 정력적인 이집트 총독에게 이들을 격퇴하게 했다. 무함마드 알리 파샤는 오스만 제국에 대한 충성심이 매우 강해 제위를 빼앗기는커녕 제국에 도전할 수도 없는 인물이었지만, 이스탄불의 술탄은 무함마드 알리 파샤에게 그리스 반란 진압을 도와 크레타섬을 제국 영토로 병합할 것을 요청하면서도 그의 권력과 행동의 자유를 경계했다. 이는 당연한 일이었다. 무함마드 알리 파샤와 그의 아들은 시리아와 레바논 산(기독교도가 상당수 거주하는 베이루트 지역)을 점령했고 아나톨리아 변경에서 술탄의 군대를 격퇴했으나 영국에 패하여 그 지역에서 내쫓겼다. 영국이 볼 때 오스만 제국은 비록 허약하여 공격에 취약해도 러시아의 팽창을 막아 줄 유용한 장벽이었다.[40]

그러나 오스만 제국의 구조에 버팀목을 댔다고 그 활력이 돌아오거나 제국을 괴롭힌 많은 도전이 극복된 것은 전혀 아니었다. 발칸반도에서는 유럽이 그리스의 혁명을 지원했고, 흑해에서는 러시아의 압박이 지속되었으며, 프랑스는 레바논의 기독교도를 보호하려 애썼고, 아라비아 내륙에서는 이슬람의 종교적 근본주의가 힘을 얻었으며, 이집트는 야심 차게 근대화 노력을 기울였다. 이 모든 것은 이스탄불이 거의 모든 전선에서 위기에 봉착했다는 의미였다. 문제는 지난 몇백 년 동안 만연한 후견 정치clientelism가 점점 더 심해졌다는 것과 강력한 거부권을 지닌 집단들(수도를 지배한 조합화한 군대는 아닐지 몰라도 군주제의 정당성을 인정하겠다고 주장하는 보수적인 무슬림 권력은 확실했다.)과 지속적으로 다투어야 했던 비틀거리는 거대 제국이 통치의 기초를 바꿀 수 있는가였다.

1820년대의 폭력과 후퇴에서 외부의 위험에 특별히 민감한 개혁 성향의 관료·외교관 집단이 출현해 1830년대에 국가의 근대화에 착수했으며, 1839년부터 1870년대 중반까지 탄지마트Tanzimat(재편)라고 알려진 일련의 개혁에 착수했다. 이들은 정부 분과, 총리, 징세 도급을 대체할 공적 과세, 개혁 위원회를 설치했다. 술탄은 개혁 위원회의 제안을 제도로 만들겠다고 맹세했다. 개혁은 원래 이슬람교 역할의 쇄신을 목표로 삼았다고 정당성을 인정받았고, 시민 생활의 개혁과 정치적 개혁의 옹호자들은 1830년대에 절정에 달한 이슬람 개혁의 거대한 국제적 운동의 협력자가 될 수 있었다.[41] 이 움직임의 하나는 영국의 휘그당에 호소하는 것이었다. 휘그당은 이집트와 러시아가 야기하는 위험에 맞서 오스만 제국을 지원해야 했기 때문이다. 전부 좋았지만 오스만 제국 국가가 시민권과 일반법의 원리를 수입하는 쪽으로 움직일수록 전통적 특권 집단들의 양성은 더욱 어려워졌다. 600년이나 된 제국이 해체되지 않고도 신민이 시민으로 바뀌는 이행이 가능했을까?

중국의 국가와 사회도 가중되는 압박에 시달렸다. 적어도 앞선 세대의 역사가들은 1839~1842년의 아편전쟁을 19세기에 심화된 국가적 위기의 시작으로 보았지만 중국은 그 전쟁 이전에도 압박을 받고 있었다. 현대의 해석은 청나라 질서 내부의 긴장을 18세기의 매우 역동적인 성장에서 고찰하는 경향이 있다. 신세계의 작물, 즉 고구마와 옥수수, 땅콩으로 토머스 로버트 맬서스Thomas Robert Malthus의 제약이 완화되면서 1700년에 3억 명이었던 인구가 1850년에는 약 4억 5000만 명으로 급증했다.[42] 인구 급증과 더불어 남부에서 인구 압박이 증가했고 1644년 명나라를 대체한 만주족과 청나라의 고향으로 추정되는 북부의 성들로 한족이 퍼져 나갔다. 한족 관리들이 점점 큰 역할을 수행하면서 관직을 계속 지배하려던 만주족의 초기 노력은 압력을 받았다. 중국의 엘리트는 유럽의 엘리트와 달랐다. 엘리트를 구성한 중앙과 지방의 '신사紳士'층은 유교 경전을 토대로 한 과거에 순차적으로 합격해야 했지만 그다음에는 관직에 등용되고 국가의 부역과 지방관의 처벌을 면제받았다. 그러나 능력주의를 계층의 특권과 분리하기는 어렵다. 인구가 증가하면서 후견정치와 뇌물, 신사가 되기 위한 과거 시험 준비 학교에 의존하는 일이 확산되자 옛 제도에 대한 압박이 심해졌다.

18세기가 지나면서 만주족 국가는 강희제康熙帝와 그의 손자 건륭제乾隆帝라는 두 명의 탁월한 장수 군주의 치세에 몽골의 서부로 영토를 확장하는 데 큰 군사적 노력을 기울였고 제국의 실질적 영토를 크게 늘렸다. 그러나 남부와 중부의 높은 인구밀도와 남부의 거대한 두 하천계(광저우의 주장강 삼각주와 쓰촨에서 상하이와 해안 도시들까지 동쪽으로 구불구불 흐르는 양쯔강)는 효율적인 통치를 방해하는 큰 난제였다. 활발하게 상업 활동에 종사하던 주민들은 다른 성들에서 온 이주자를 멸시했고, 산적과 밀수꾼, 마피아처럼 부를 강탈한 '삼합회三合會'의 조직망과 '이주민들' 간의 갈등이 유교적 도덕 질서의 가르침에 도전했다. 사회적 유동성과 잘 정리된 상업과 농업의 통로 밖에는 백련교로 알려진 메시아적인 종교적 신조가 널리 퍼졌다. 집회를 막으려는 정부의 노력은 1796년에 타이완과 쓰촨, 광시, 후난, 구이저우에서 대규모 반란을 낳았다. 반란을 진압하는 데는 거의 10년이 걸렸다.[43]

그러나 1800년까지도 중국은 부유한 사회로 볼 수 있었다. 서구와 어떻게 비교할지의 문제가 최근 연구에서 가내공업을 제시하게 했다. 애덤 스미스 Adam Smith는 1776년 『국부론The Wealth of Nations』에서 국가가 번영하는 이유를 밝히는 데는 부의 정도가 아니라 상대적인 성장률이 결정적으로 중요한 문제라고 설명했다. 부유하지만 정체한 국가가 가난하지만 역동적인 국가보다 큰 어려움에 처해 있다는 것이다. "중국 하층민은 유럽에서 가장 빈곤한 나라의 하층민보다 훨씬 가난하다."[44] 토지가 거래되었고, 채무 관계 때문에 많은 사람이 의존 상태에 있었지만 봉건적 토지 보유는 폐지되었으며, 큰 영지도 1제곱킬로미터를 넘는 경우가 드물었다. 아마도 농업 생산량의 3분의 1은 매매되었을 것이고, 그중 일부는 원거리 교역에 포함되었을 것이다. 원산업화 조직이 면직물과 견직물을 대량으로 생산했고, 그중 일부는 수백 개의 베틀을 소유한 이들이 처리했다. 막 출현하던 금융회사가 발행한 신용장이 은괴의 선적을 대신했다. 도자기와 가구 같은 사치품은 서구에서 높은 평가를 받았다.

1800년대 초에 여러 가지 어려움이 반복되고 늘어났다. 공공연한 반란이 멈추어도 국가의 내출혈은 지속되었다. 양쯔강변의 항저우에서 대운하를 따라 북쪽으로 1776킬로미터 떨어진 베이징까지 세곡 운반을 책임 진 세곡 행정은 부패와 과잉 고용, 세 배로 증가한 운송비, 지방관들이 할당량을 맞추기 위해 민간 상인들로부터 쌀을 구매해야 했기에 가속화된 세곡의 상업화로 흔들렸다. 관료제의 알력과 부패, 독점적 노동 관행으로 충분하지 않았다면 황허강의 침적토가 1824~1825년 대운하의 주요 교차점을 가로막았다. 동시에 기득권을 가진 하상 상인들이 해안을 따라 선박으로 수송하는 대안을 거부했다. 운하의 뱃길은 황허강의 물을 끌어들여 수량을 늘림으로써 회복되곤 했지만 1845년에는 바닷길이 채택되어야 했고 1853년에는 태평천국운동의 반란군이 진격하고 황허강의 물길이 바뀌면서(홍수로 대재난이 닥치고 환경 문제가 발생했다.) 운하 뱃길이 중단되었다. 18세기의 물가 상승으로 곡물 가격이 세 배로 인상되었다. 상품세가 은의 수량으로 고정되어(지정은제) 농민은 처음에는 세율이 인상돼도 소득을 보전할 수 있었지만 1830년대가 되면 아편 수입의 급속한 팽창으로 은이 나라 밖으로 유출되고 세금 부담이 실질적으로 증가했다. 당대의 주요 지식인이었던 위원魏源은 아편전쟁 전에 이렇게 한탄했다. "단 한 해도 황허강의 범람을 걱정하지 않은 적이 없고, 단 한 해도 치수 자금을 모을 필요가 없던 적이 없었다. 이는 이전 시대에는 없던 현상이다. 외국의 아편이 나라 곳곳에 퍼졌고, 은이 해외로 유출된다. 그래서 세곡과 소금의 전매가 한층 더 많은 폐해를 낳고 백성의 고초가 더욱 심해진다. …… 현재에 발을 딛고 과거를 돌아보면 마치 흑백의 차이를 보는 것 같다."[45] 『고문경古文經』의 영속적 해석이 엘리트층에 가한 제약에 갇혔던 위원은 거의 2500년이나 된 『시경詩經』을 공익을 위한 지식인 행동주의의 부활과 조정이 지식인 엘리트층을 이용해 나라가 직면한 관료주의적 장애 극복을 호소하는 것으로 재해석했다. 영국의 맥락에서 보면 그러한 접근 방식은 토리당의 개혁이라고 부를 만한 것으로, 개혁이 없는 것보다는 확실히 나았지만 19세기의 경제적·인구적 변화의 흐름을 지배하기에는 결코 충분하지 않았다. 미국에서 이에 상응하는 기능을 수행한 것은 아마도 1790년대 버지니아 민주공화당원들이 표명한, "자연스러운 귀족정치"가 사심 없는 공익을 추구할 수 있다는 신념이었을 것이다. 이러한 환상은 곧 상업의 발달과 선거 민주주의가 가져온 압력 밑으로 가라앉았다.

　　도광제道光帝는 1840년부터 지식인 사회의 부활을 허용했고 해안과 변경의 방비와 관리 같은 실질적 문제들에 전통 학문을 신중히 적용하는 것을 허용했다.[46] 그러나 대외 교역이라는 탐욕스러운 세계의 압력은 점진주의자나 전통주의자가 맞서기에는 너무 빠르게 다가왔다. 아편의 급속한 확산은 당연히 청나라를 재앙에 가까운 군사적 패배에 휘말리게 했다. 1821년에 청나라는 아편을 금지했지만 그럼에도 거래가 지속되었다. 특히 연기를 내며 잎을 태우는 방식이 중독이 심했다. 이 아편은 인도산이었고, 영국 동인도회사가 중국 교역을 담당했다. 인도에서 동인도회사의 통제 밖에 있는 지역의 아편 재배자들이 이 무역에 끼어들려 했지만 동인도회사는 통제권을 넘겨주기는커녕 더 많은 양을 매입해 수출하기로 결정했다. 하지만 동인도회사는 이 수출품을 청나라 상인들에게 넘겼다. 영국이 청나라에 다른 생산품은 팔지 않았기에 아편 판매는 비단과 차의 수입 증대를 상쇄할 확실한 방법이었다. 게다가 동인도회사가 본국에서도 설명했듯이 인도의 독립적 생산자들은 아편 판매로 얻은 수익을 영국의 면제품과 공산품을 더 많이 사는 데 썼다.

청나라의 상인과 밀수꾼, 심지어 무역을 담당한 관리 들까지 공모해 아편을 수입했지만, 영국이 청나라 주민의 아편중독으로부터 이익을 얻기 위해 자유무역의 원칙적 보호를 고집한다는 우려가 커졌다. 1830년대 중반에는 동인도회사가 더는 합법적으로 교역하는 지위를 갖지 못했다. 그러나 영국의 대표들은 광저우의 공식 무역항에 기지를 둔 영국 상인들을 대변했다. 또한 청나라 관리들은 아편 무역이 은 가격 등귀의 원인이며, 따라서 영국이 거둔 수익의 4분의 3이 차와 비단 구매로 청나라에 다시 흘러들기는 했지만 재정 악화의 원인이라고 믿었다. 영국은 청나라가 아편 수입을 합법화하기를 기대했지만, 청나라 정부는 격렬한 토론 끝에 1836년의 금지를 재확인했다. 베이징의 조정은 흠차대신 임칙서林則徐에게 정책 대응을 맡겼다. 임칙서는 아편을 근절하기 위한 싸움의 와중에 광저우의 영국 상인들을 그들의 상관에 가두어 아편 공급을 포기하게 했다. 상인과 영국 시민의 권리, 특히 영국 해군 병사들이 청나라 법의 소추를 받지 않는 면제권을 두고 갈등이 고조되었다. 그러나 영국 당국과 청나라 조정은 양보와 저항의 정책을 논의했고, 전면적인 전쟁은 영국이 일련의 공격과 후퇴를 반복한 뒤에야 이어졌다. 그 시점에 영국이 난징을 향해 상류로 올라갔고, 청나라는 연이어 패배하면서 결국 군사적으로 굴욕을 당했다. 그 결과 청나라는 홍콩을 할양하고 치외법권을 인정

해야 했다.[47]

일본은 겉보기에는 확실히 청나라만큼 취약했다. 그러나 상업적 압박이 낳은 사회 불안은 이름뿐인 통합 제국이 아니라 자율적 봉건 영지의 야심 많은 지도자들을 겨냥한 반란을 낳았다. 이 다이묘大名들이 쇼군의 궁전에 입궁하는 비용은 이들의 공적 지출에서 큰 몫을 차지했다. 공공질서는 청나라보다 훨씬 잘 통제되는 것처럼 보였지만 시장의 힘이 가하는 압력은 일본에서도 강력했다. 1600년 이후 초기의 도쿠가와 막부는 수십 년간 이어진 무정부 상태의 내전에서 벗어나 일본에 안정된 질서를 확립하고 이를 고립적이고 위계적인 유교적 평화와 질서의 피라미드 구조로 고착하려 했다. 이미 진출을 시작한 기독교는 1600~1620년 폭력적으로 억압되었다. 1630년에는 외국인과 접촉이 금지되었다. 그러나 이후 200년이 지나면서 인구가 증가했고 화폐경제가 침투해 인플레이션과 채무가 뒤따랐다. 일부 농민은 도시 시장을 겨냥한 농업에 착수하거나 유채 씨앗이나 누에 같은 작물을 특화했으며, 상인과 수공업자가 급격히 증가했고, 자수성가한 새로운 유형의 인물들이 관직과 직함을 매입하고 사무라이武士는 군사적 장점을 상실했으며, 번藩과 중앙의 행정 관직이 크게 늘었다. 농민은 시장을 염두에 두고 생산했고, 시장 관계 속으로 들어가면서 더 논쟁적으로 바뀌었다. 가신과 영주, 막부까지도 채무의 덫에 더 깊이 빠졌고(몇몇 영지는 한두 해의 기대 수입까지 채무 상환에 써야 했다.) 통화 가치가 주기적으로 하락했으며, 사무라이의 채무는 정기적으로 면제되어야 했다. 반면 1800년 이후로는 이따금 찾아온 흉작과 부당한 세금 갈취, 부패로 사회 불안이 조성되었고 소규모이기는 해도 반란이 빈번히 발생했다. 다이묘의 관리들은 대부를 강요했다가 대여금의 이자율을 낮추는 등 갈피를 잡지 못했다. 대개 미천한 출신의 사무라이였던 일부 관리는 1850년 이전 몇십 년 동안 중앙정부를 위해서든 영지를 위해서든 대담한 개혁을 시도했다. 이들은 때때로 몇몇 상품의 국가 전매를 채택하는 방법에 의존했다. 그러나 개혁가들은 에도의 개혁가든 지역 영지의 개혁가든 보수적 사무라이의 반대에 부딪혀 밀려날 수도 있었다.

1853년 매슈 페리Matthew Perry 제독이 흑선들을 이끌고 도착하기 훨씬 전에도 일본의 구체제는 재정이 어렵고 사회가 불안했다. 물론 대외 전쟁이 위기의 원인은 아니었는데 이는 당연히 내부의 발전이 법적 특권과 지위를 누리는 집단들에 불안정을 초래했음을 암시했다. 새로운 작물, 특히 양잠이 확대된 시장 지향적 영지에서 조세 저항 사건들이 발생한 반면 상업 발달이 더딘 번에서는 사무라이의 통제가 상대적으로 여전히 강했다. 이 차이는 1860년대 도쿠가와 막부 말기에 내전에서 어느 편에 설 것인가를 결정하는 특징이 되었다.[48]

잠깐 멈춰서 회의적인 질문을 해 보자. 1810년에서 1840년대가 지나기까지 세계는 정말 조화로운 이행기를 보냈는가? 역사적 설명에 따르면 세계의 문명은 더 긴밀히, 더 체계적으로 영향을 주고받을 때 나란히 발전했다고 한다. 그러나 의심 많은 독자와 신중한 연구자라면 손쉬운 대비를 선택하려는 노력을 믿지 말아야 한다. 국가와 문화는 제국이라는 가장 거대한 차원에서든, 중간 규모의 국가들과 광역권에서든, 군과 촌락 사이, 기업과 교구들, 세대들 사이의 지역적 차원에서든 연구 대상으로 삼을 수 있는 모든 공동체가 그렇듯이 끈질긴 개별성을 보여 준다. 역사가가 탐구하는 세계는 말하자면 "밑으로 내려가는 내내" 분화된다. 그러나 그 세계는 각각의 수준에서 유사한 압력과 유사한 균열을 발견할 수 있다는 점에서 프랙털[12]이기도 하다. 역사가는 비슷한 것과 다른 것의 상대적 중요성을 결정해야 한다. 그것들이 사회 자체에 새겨진 척도는 아니기 때문이다. 그러나 역사가는 이러한 판단의 논거를 공개리에 설득력 있게 제시해야 한다. 그리고 이는 종국에 비판적인 독자의 검증을 받아야 한다.

우리는 지금까지 근본적이고 포괄적인 이행의 토대에 관해 주장을 내놓았다. 요컨대 다음과 같다. 시골에 대대로 이어진 관계의 100여 년에 걸친 해체, 밀과 쌀, 차, 커피, 해군 군수품(목재, 대마, 송진)을 공급하는 장거리 시장이 번창하면서 상업농의 성장을 보상하기에 충분한 부의 증가, 노동력 대신 석

_____ **12** 임의의 한 부분이 전체의 형태와 닮은 도형. 자연계에서는 구름 모양이나 해안선 등에서 볼 수 있다.

탄과 증기로 에너지를 확대할 수 있게 한 기술의 축적, 투자와 교역을 위한 비용 지불을 연기하거나 멀리 떨어진 저축의 원천에 돌릴 수 있게 한 조밀한 신용 대부 조직망, 토지 자체가 시장의 소용돌이 속으로 점차 내던져진 상황. 세계사를 옹호하는 논거는, 계몽사상의 뒤흔드는 효과를 통해서든 자본을 끌어오고 이전하는 능력과 효율적인 군대를 먼 곳의 해안에 배치할 수 있는 능력을 통해서든 확대일로에 있는 서구의 압력에 있다. 유럽인과 북아메리카인들은 부족사회뿐 아니라 아프리카와 아시아의 오래된 국가들에도 자신들의 요구를 밀어붙였다.(부족사회에 대한 압박은 냉혹하게 지속되었다.) 동아시아의 통치자들에게 교역에 문호를 개방하라고 요구하든 지중해 연안의 이슬람 영토에 기독교도인 자국민을 보호하라고 요청하든 유럽인들은 신세계의 공화국들에 계속해서 군사적으로 개입하거나 남아시아의 넓은 지역을 통제하는 데 나서 한층 심하게 잠식해 들어갔다. 이들은 (1830년 프랑스가 알제리에서 했던 것처럼) 새로운 영토를 직접적으로 넘겨받지 않은 곳에서는 아시아와 아프리카의 통치자들에게 조건부 조약을 강요해 자국민은 오직 자국 법정에서만 재판을 받고 기독교도 국민은 신분을 보호받아야 한다고 역설했다.

그러나 결국 전 지구적 대응을 성립시킨 세계적 반동이 있었다. 그것은 앞에 기술한 경향들에 대한 반작용으로 세계 곳곳에서 나타난 종교적 충성의 동원이었다. 전 세계 구체제의 전통적 구조가 흔들리던 바로 그 순간에 종교적 자극이 출현해 보상의 환상을 제시했다. 서구가 잠식해 들어오고 전통적인 통치자들은 새로운 기술과 사상에 저항할 힘을 보여 주지 못하거나 심지어 이를 모방하기를 원할 때 예언자들과 성자들이 저항하며 나타났다. 종교적 신념이 사회적 불안에 대응한 이데올로기적 반응이라는 말은 아니다. 종교적 신념은 깊은 확신에서 우러난 진정한 신념이었다. 그러나 종교적 신념은 새롭게 위험에 노출된 사회들을 중심으로 융합된 힘을, 경제적 안정과 정치적 안정을 바라는 장기적인 기대만큼이나 강력한 조직력과 포교의 힘을 내뿜었다. 시대의 흐름에 휩싸인 보수적 엘리트들은 전통적 권위와 집회를 이용해 통제권을 유지하려 한 반면 사회의 가장자리를 차지한 부차적 부류로 사회적 혼란에 더 취약하거나 영토상의 자율권 획득에 혈안이 된 이들은 확실한 격려를 주는 신조와 지도자에게 떼 지어 몰려들었다. 그리고 국가가 개조되면서 여성들이 종교 활동과 자선 활동이라는 의미 있는 분야에서 존재감을 드러냄으로써 자신들의 고유한 역사적 역할을 주장했다.

온갖 종류의 종교적 회중은 은연중에 제국의 종교 관료가 없애 버리거나 시장 사회가 해친 정서적 완전성을 회복하겠다고 주장함으로써 새로운 추세와 싸우고 대안이 되는 가치들을 가려내려 했다. 그러므로 종교적 행동주의가 당시 일어나던 세계 사회의 거대한 해빙에서 일정한 역할을 했다. 시골에서 발생한 소요의 한 가지 귀결은 새로운 메시아 숭배 열기의 탄생이었다. 그러나 상품화가 유일한 동인은 아니었다. 제국주의적 압력의 자극도 기여했다. 종교는 18세기 아라비아에서 출현한 와하비즘이든 뉴욕주 서부의 "남김 없이 타 버린 지구"[13]에서 출현한 모르몬교든 정주지의 주변부에서 일어났다. 아메리카 식민지에서 대각성大覺醒으로, 더 일반적으로는 새로운 계시와 믿기 어려운 새로운 예언자(여성도 있고 애욕적인 카리스마를 지닌 남성 설교자도 있었다.)를 갖춘 부흥 운동의 형태로 몇 세대마다 유사한 운동이 출현했다. 이러한 운동들은 공동체의 다른 구성원들에게든 신에게든 감정적 에너지를 토로할 수 있게 한 신앙으로 발전한다.

그러한 운동들의 세속적 기능을 분석한다고 해서 종교적 신조의 내용에 대해 어떤 판단을 내리려는 것은 아니다. 정치 강령들처럼 이러한 종교 운동도 확실히 다양했다. 대부분의 종교는 세속 질서에 순응하고 순종과 가업 승계, 의식이라는 가치 기준으로써 그 종교를 강화하는 데 기여한 이들을 포용할 수 있었다. 다른 시대에도 마찬가지였지만 종교는 사회의 기존 위계질서를 떠받치는 버팀목 역할을 할 수 있었다. 특히 세속 권력과 연결된 종파나 신조는 권위의 재확립 과정에 기여했다. 오스만 제국의 '울라마(율법 학자)'든 보수적 중국 정치 지도자들이 서구와 국내의 반란에 맞서 제국의 방어력을 회복하기 위해 성리학(송명리학宋明理學)에 호소하는 것이든 유럽 궁정들의 이

_____ **13** 찰스 피니Charles Grandison Finney가 1876년에 쓴 『자서전 *Autobiography of Charles G. Finney*』에서 개신교 부흥 운동인 대각성Great Awakening이 일어난 19세기에 뉴욕주 서부와 중부 지역의 복음화가 크게 진척되어 더 탈 연료(개종할 사람)가 남지 않았다는 취지로 쓴 말이다.

른바 왕좌와 제단의 결합과 신성동맹의 보수적 매력이든 군주제의 회복과 제
국의 강화를 위한 정강은 정통 종교 체제나 의식의 옹호자들로부터 지지를
얻었다.

　　그러나 이와 동시에 주변부의 종파나 민중 계급의 종파 들은 신앙과 집단
적 호소를 융합했다. 이들의 예배식은 이따금 케케묵은 신조의 활력을 되살
리겠다고 약속할 때에도 안정을 해치는 것처럼 보였고 위계적 권위를 타파했
다. 이 종파들의 예언자는 기독교도든 하시디즘Hasidism의 유대교도든 수피즘
의 무슬림이든 금욕적인 생활과 정신적 사랑이나 공동체적 사랑을 설교했고,
때로는 강도 높은 엄격함을, 때로는 고루한 규칙과 구조에서 해방될 것을 가
르치면서 두 경우에 공히 단단한 형식주의를 버리라고 주장했다. 그 신자들
은 찬송가를 부르고 춤을 추었으며 회당에 모여들어 때때로 예언자의 군대
에 들어가고 신앙의 내적 확신을 이용해 감정적 에너지와 평등이 훨씬 큰 세
계를 상상했다. 이들은 어디서나 공동체의 완성은 물론 개인적 성취에 대해
서도 대안이 될 수 있는 집단적 전망을 제시했다. 신의 도시는 나중에 가서야
분명해질지 모르지만 그동안 신의 촌락은 19세기의 엄청난 에너지를 끌어모
았다.

　　그렇지만 종교적 헌신의 부활은 소외된 이들의 반응만은 아니었다. 옛 엘
리트층과 지역사회들도 새로워진 신앙에 의지해 성령강림절의 열의가 아니라
청교도주의적이고 지적인 엄격함이나 은밀한 신비주의로 반응했다. 특히 이
슬람교는 요동치는 신앙이었다. 독실한 신자들이 나이지리아에서 아프리카의
북쪽과 동쪽으로, 발칸반도와 중동으로, 이어 중앙아시아와 무굴 제국의 잊
히지 않은 영역을 거쳐 말라야와 보르네오의 술탄 국가로 확산되었다. 오스
만 제국의 중동 속주들이 처한 어려움은 뜻깊은 교차로였다. 이스탄불의 관
료들이 정경분리의 개혁적 탄지마트 법령을 밀어붙이자 과거에 행정을 담당
한 관리였던 변경의 옛 엘리트들은 서로 모순되는 방법들을 택했다. 일부는
유럽 교역에 관련된 새로운 상업 활동에서 이익을 취하고 근대화하는 제국의
지역 유지가 되었다. 다른 이들은 전통적 '울라마'의 추방에 분개했고 이슬람
의 정화를 요구하는 새로운 정책에 당혹했다. 아라비아 내륙에서 시작된 와

하비즘의 추세이든 1830년대와 1840년대에 프랑스의 점령과 침투에 저항한 알제리인 망명객들의 영향이든 옛 학자들이든 이슬람 개혁가들은 쿠란의 신조로 돌아가고 수백 년간 고착된 무슬림 성인과 그 묘지의 숭배, 부적의 사용 따위의 관행을 없애라고 요구했다. 개혁 운동인 살라피즘Salafism은 300년 전 칼뱅주의가 스위스와 프랑스의 도회지 신도들에게 활력을 불어넣었던 것과 비슷하게 다마스쿠스의 식자층에 뿌리내렸다. 살라피즘은 아라비아 헤자즈 지방에서 와하비즘의 이슬람 국가 부활에 불을 댕긴 것 같은 에너지를 쏟아 냈는지도 모르지만 이슬람이 관용을 요구했으며 기독교도와 배움을 주고받을 것을 요구했다고 주장할 수도 있었다. 반면 와하비즘은 종교전쟁과 타락한 무슬림의 학살을 옹호했다.[49] 파키스탄 마드라사madrassa(이슬람 학교)에서 전투적 무슬림을 모집하는 이야기나 함부르크나 버밍엄에서 아시아인 이민자들을 모집하는 이야기를 읽어 본 현대의 독자라면 50년 전의 사람들보다 20세기 초의 이 현상에 더 익숙할 것이다. 1800년대 초에는 과격한 종교 공동체의 열기에 영향을 받지 않은 신앙이 하나도 없었다. 19세기 초의 종교는 활화산 같은 힘을 발휘할 수 있었다.

게다가 국가 간 경쟁이 막 등장하던 민족주의에 불을 지폈듯이 새로운 종교적 에너지도 정신적 공동체의 충성을 얻으려고 경쟁한 다른 신앙들의 반응을 자극하고 도발했다. 영국의 프로테스탄트는 남아시아에서 잠식한 새로운 영토에 자신들의 메시지를 전했으며, 미국의 프로테스탄트는 매우 정력적으로 상인들을 따라 중국으로 진출했다. 동아시아의 제국 정부들은 19세기 말에 운을 되살리려 했는데, 일본에서는 성공적이었고 중국에서는 덜 성공적이었지만 그 과정에서 국가의 전통 종교로 추정되는 신도神道와 성리학을 강화하려 했다. 그러나 이러한 종교적 에너지는 양날의 검이었다. 오스만 제국의 술탄과 인도의 영국인을 비롯한 제국의 통치자들은 자신들의 정통성에 도움이 될 믿을 만한 매개자와 선전자를 찾는 과정에서 종교학교를 후원하고 종교 기관을 보호할 수 있었다. 그러나 이들이 풀어 놓은 에너지는 고유의 추동력을 갖추었고, 그것을 늘 친국가적 일정 안에 가둘 수는 없었다. 예를 들어 이슬람의 영적 부활을 전한 수피즘의 예언자들은 나일강 상류든 북부 나이

지리아든 제국의 주변부에서 자신들만의 준국가를 조직했다.[50] 1989년 이후 미국의 영향력이 그 어느 때보다 커진 오늘날 이슬람교가 강력하게 부활했음을 깊이 생각할 때 19세기 말 지구 전역에서 국가와 제국의 권위 신장이 이슬람교와 다른 종교로부터 유사한 반격을 자극했음을 기억해야 한다. 카이사르에게 바치는 사람들이 신에게 바치고자 하는 이들을 각성시킬 것이다. 때때로 그 형태는 자신들만의 깨끗하게 정화된 국가 권위의 확립이 될 것이다.

준종교적 자극들은 세속의 신조로도 흘러들었다. 지구촌 사회의 변화는 열광하는 이들과 불편함을 느끼는 이들 할 것 없이 참여자들에게 똑같이 열린 매우 흥분되는 전망 없이는 일어날 수 없었다. 일부 사회 비평가가 교역과 상업, 공업과 새로운 기술의 등장이 공동체 생활의 가치를 떨어뜨린다고 두려워할 때에도, 다른 이들은 해방과 우애의 새로운 개념들이 지닌 가능성을 포착했다. 사회주의 이론가들과 '이상주의적' 계획들은 나폴레옹 전쟁 이후 몇십 년간의 특징이었다. 스코틀랜드의 실업가 로버트 오언Robert Owen은 집단주의적 공동체의 가치를 설파했고, 그의 제자들은 스코틀랜드에 뉴라나크New Lanark를 세웠을 뿐 아니라 북아메리카에서도 몇 개의 공동체를 조직했다. 프랑스의 작가 생시몽Saint-Simon 백작 클로드 앙리 드 루브루아Claude Henri de Rouvroy는 공장 소유주들과 투자자들이 공작과 대주교 같은 옛 상류 계층보다 훨씬 중요한 새로운 엘리트층을 이룬다고 주장하며 자신의 이론을 전파하는 운동을 일으켰다. 장식에 불과한 귀족을 제거한다고 해로운 결과가 초래되지는 않고, 생산적인 엘리트(생시몽은 이들을 산업가industriel라고 칭했다.)를 제거하면 사회는 틀림없이 정체할 것이다. 생시몽은 멀리 내다보았다. 19세기 중반에 프랑스뿐 아니라 세계 전역에서 서로 연합해 근대적이라고 이해할 수 있는 제도와 국가를 만들어 낼 주체는 상업의 지도자들과 교육받은 공무원들, 개혁적 지주들의 새로운 융합이었다.

생시몽과 그 추종자들은 때로 공상적 사회주의자utopian socialist라고 불렸다. 도시의 새로운 노동계급이 변변치 않은 공동주택에 빽빽이 들어차 폭주하고 세균에 감염된 공기와 물, 결핵, 콜레라, 장티푸스로 고통당하며 살아간 유럽에서 '사회문제'는 골치 아픈 것이 될 수밖에 없었다. 그 시기에 파리와 런던의 노동자들은 존중받기를 원하는 통제된 노동조합원들이 결코 아니었다. 이들은 일자리, 흔히 육체노동의 일거리를 구하려고 시골에서 올라온 이주민들로, 때때로 범죄와 매춘에 굴복하기도 했다. 사기업의 무질서한 발전은 사회문제를 악화시켰다. (로버트 오언이 생각한) 개혁주의적 기업가에 의한 것이든 (피에르조제프 프루동Pierre-Joseph Proudhon이 주장한) 노동자들의 협동조합을 통해서든 (카를 마르크스Karl Marx가 후에 주장한) 포괄적 노동자 인터내셔널에 의한 것이든 집단적 조직을 위한 더 큰 노력에도 해결책은 없었는가? 샤를 푸리에 Charles Fourier는 '팔랑스테르Phalanstère'의 경계 안에서 가족과 사회적 역할을 재조정하자고 주장했다. 작지만 강력했던 이 운동은 추종자들을 얻으면서 다른 경우였다면 억압당했을 성욕의 충족 요구를 토대로 삼았다.(몇몇 운동의 경우 성욕의 억압을 토대로 삼았다.) 다른 운동들은 더욱 엄격하게 자본주의의 개조를 목표로 삼았다.

정의하기 어려운 혁명

반란rebellion은 때때로 혁명revolution과 동의어로 쓰이지만 약간의 차이가 있다. 혁명은 기존 정권을 제거하고(아니면 그 사법권에서 벗어나고) 나중에 결과가 역전되더라도 다른 정권을 세우는 데 성공한 반란이다. 혁명은 정교한 통치 강령을 위해 수행된다고 추정된다. 반란은 국내외의 통치자에 맞서 싸웠으나 잠시 성공을 맛보았더라도 결국 목적 달성에 실패한 폭동을 일컫는다. 반란은 과격한, 나아가 이상주의적이기까지 한 평등의 강령을 실행에 옮기려 할 수 있으며, 참여자들이 오히려 덜 착취했다고 회상하는 경제적·정치적·사회적 질서로의 복귀를 시도할 수도 있다. 근대사는 전체적으로 크고 작은 혁명과 반란을 목도했다. 유럽과 아메리카에서 1750년 이후 100년은 새로이 발견한 권리와 행복의 담론이 추동한 시기였다. 그 시대 철학자들은 자기실현을 설파했다. 그 시대의 낭만적 감수성은 폭군에 맞서는 인간의 반항을 칭송했다. 이 모든 것이 1840년대에 절정에 달했고 국가 재건의 새로운 국면이 진행되던 1850년대까지 이어졌다.

1760년대에서 1860년대까지 이어진 시기는 두 가지 큰 혁명적 노력과 더불어 끝났다. 하나는 유럽에서 있었고, 다른 하나는 중국에서 있었는데, 1856~1857년의 세포이 항쟁(인도 반란)을 포함시키면 세 가지가 된다. 서구에서 1848~1849년에 일어난 봉기는 여러 해 동안 농촌의 황폐화와 도시의 과밀을 비롯한 어려운 경제 상황이 지속되고 더 큰 정치적 대표성을 원했으나 좌절한 엘리트들이 현상 유지에 점차 인내심을 잃으면서 발발했다. 개혁이 도입되지 않았던 것은 아니다. 영국에서는 관세가 철폐되었고, 프로이센에서는 전국 의회Landtag가 마침내 소집되었으며, 로마의 젊은 새 교황은 민족주의적 비밀결사인 이른바 카르보나리carbonari(숯쟁이들)가 이탈리아반도의 통일을 요구하는데도 개혁에 호의적인 태도를 보였다. 그러나 부분적인 진전은 더 조급한 요구와 선동을 낳을 뿐이었다. 1846년 오스트리아령 폴란드에서는 농민들이 폴란드인 귀족들에 반대하여 무서운 폭동을 일으켰고, 그 전해에 스위스의 프로테스탄트 주와 가톨릭 주 간의 충돌은 거의 내전 직전까지 갔다. 영국의 차티스트 운동은 성인 남성의 보통선거권과 매년 선거 실시, 비밀투표를 요구하는 서명운동을 벌여 마지막으로 활발한 움직임을 보였다. 프랑스의 좌파는 득의양양한 오를레앙 가문의 정권에 반대해 정치적 연회banquet를 조직했다. 혁명은 가장 약한 축에 든 나라였으나 반동적 통치자가 다스린 나라, 즉 부르봉 왕가의 군주들이 복귀한 양 시칠리아 왕국Kingdom of Two Sicilies에서 우연히 촉발되었다. 1812년 영국에 점령당했을 때 부활한 시칠리아 의회는 국민의 선거로 구성된 입법부가 아니라 세습 귀족들의 회의체였다. 1848년 1월 12일 의회는 해협 건너편 본토의 나폴리에 있는 군주에 반대하여 반란을 일으킨다고 선언했다. 혁명은 곧 이탈리아의 다른 국가들로 확산되었고 이어 프랑스와 독일에도 전례 없이 빠른 속도로 전파되었다. 군주들은 속속 퇴위했고 그러지 않은 경우 최소한, 집권 세력이 자신들이 얼마나 불법적인 존재로 여겨지는지 깨달았다는 듯이, 헌법을 인정하고 자유주의적 인사들을 장관직에 앉혔다. 그러나 그 봄철 몇 달간 손쉽게 얻은 승리는 불안정했다. 승리의 토대는 낭만주의적 인민주의의 이상에 젖은 민주주의자들과 1815년 이후 영향력을 획득한 개혁적 성향의 공무원들과 새로운 부르주아의 동맹이었다. 낭만주의적 지식인들은 행동과 화려한 표현법을 제공했고, 좀 더 강한 사람들은 새로운 제도를 세우려 했다. 그러나 1848년에는 도시 프롤레타리아도 출현했다. 이들의 요구와 반복되는 거리 시위는 이들의 도움으로 권좌에 오른 자유주의자들을 소원하게 만들 만큼 무서웠고, 동맹은 깨졌다. 군주제가 무너진 2월이 아니라 노동계급이 방책을 쌓은 6월에 파리의 거리에서 벌어진 사흘간의 시가전은 혁명의 토대를 흔들었다. 1848년 12월로 정해진 대통령 선거에서 나폴레옹의 조카 루이나폴레옹 보나파르트Louis-Napoléon Bonaparte는 급진주의에 깜짝 놀란 도시 중간계급과 마찬가지로 몇 달간 이어진 시위가 끝나기를 원하고 승리와 국민적 자부심의 평판이 여전히 강력한 황제의 이름을 좋아한 농민들의 표를 많이 받았다.

다른 곳에서는 혁명을 뭉개 버리는 데 훨씬 짧은 시간이 걸렸다. 정신이 강인한 호전적인 민간인 조언자들은 프로이센 국왕과 오스트리아의 젊은 새 황제에게 권위를 다시 주장하라고 권고했다. 게다가 온건파가 내세운 국가적 의제가 실패로 돌아갔다. 이탈리아나 북부 독일, 오스트리아 왕령지 어디서든 중간계급 온건파는 오스트리아를 무찔러야 목표를 실현할 수 있었는데, 그렇게 하지 못했다. 이들은 여전히 주로 자신들의 도시를 지키는 데만 관심이 있었고, 다른 혁명 중심지에서 반란을 일으킨 동지들을 지원하지 않았다. 그래서 이들은 장래에 국가의 수도가 될 수도 있었던 밀라노와 프라하, 베네치아, 부다페스트 같은 도시에서 합스부르크 왕가의 장군들에게 연이어 패배했다. 독일의 자유주의자들은 프랑크푸르트에 범독일 입법부를 소집하려 했지만 민족적 요구들 사이에 존재하는 갈등을 어떻게 풀어야 할지 몰랐다. 정력적인 총리인 슈바르첸베르크Schwarzenberg 공 펠릭스Felix와 젊은 새 황제 프란츠 요제프Franz Joseph가 지휘한 합스부르크 왕가의 제국은 1848년 가을에는 용기와 권위를 회복했고, 프랑크푸르트에 모인 자유주의자들에게 오스트리아 제국이 새로운 독일 국가 연방의 일부가 되어야 한다면 군주제가 비독일계 민족인 보헤미아인과 헝가리인과 함께 하나의 구성 단위로 들어가야 한다고 답했다. 프로이센은 폴란드인 신민들을 버릴 생각이 없었다. 프랑크푸르트 국민 회의가 합스부르크 왕가의 제국을 배제한 '소小독일' 대안에 착수했다 해도 그 전에 진압되었을 것이다. 실망한 과격파가 1849년 봄에 다시 폭동을 일으켰다. 가장 심각한 반란은 헝가리인들이 일으켰는데, 헝가리인 민병대가 오스트리아를 격파했다. 그래서 소요를 진압해야 한다고 판단한 러시아가 오스트리아의 승인을 받아 개입했다. 오스트리아로 말하면 사르데냐 국왕(사르데냐 왕국은 공식 명칭과 달리 피에몬테와 사보이아를 근거지로 삼았다.)과 베네치아 공화국의 주도로 되살아난 이탈리아 민족주의의 열망을 없애 버렸고, 프랑스 공화국의 새로운 대통령으로 선출된 루이나폴레옹은 프랑스 가톨릭교도의 비위를 맞추려고 군대를 파견해 교황에게서 권력을 빼앗은 로마 공화국을 쓸어 버렸다. 프로이센 군대의 분견대가 프랑크푸르트 국민의회를 해산하고 드레스덴과 바덴의 왕조 권력을 복귀시켰다. 작곡가 리하르트 바그너와 그의 친구 고트프리트 젬퍼Gottfried Semper(훗날 웅장한 드레스덴 오페라 극장을 설계했다.)는 작센 왕국의 수도 드레스덴의 바리케이드에서 도주했다. 오스트리아의 왕조와 나폴리의 왕조는 패배한 혁명가들에게 자비를 베풀지 않았다. 그들의 총살 집행반은 초과근무를 했다.

1849년에 꺾인 것은 계획 전체가 아니라 낭만적 요소들이었다. 말하자면 그것은 각 민족 집단이 고유의 민족정신Volkgeist, 즉 민족의 특성 위에 선 국가를 발견하고 건설할 수 있다는 믿음이었다. 개인의 자유가 국가 건설의 추동력이 될 수 있다는 주장도 마찬가지다. 몇몇 의회는 억압을 견디고 살아남았다. 1848년 봄 카를로 알베르토Carlo Alberto 국왕이 승인한 피에몬테의 '법령'과 의회는 1860~1861년 이탈리아 왕국의 헌법과 의회가 된다. 1847년 소집된 프로이센 의회는 선거권이 부자들에 유리하게 제한되고 왜곡될망정 살아남았다. 프랑스는 다시는 전통적 왕가가 지배하는 군주제로 복귀하지 않았다. 각국 정부는 의회와 신문으로 대표되는 여론의 힘을 인정하게 되었다. '승자'는 시골에 시장을 끌어들이려는 계획을 지속했다. 피에몬테의 자유주의자들은 1860년대에 광범위한 세속화에 착수했다. 레르도 법Ley Lerdo[14]을 통과시켜 교회 재산뿐 아니라 인디오의 부락 공동체까지 해체한 멕시코의 자유주의자

_____ **14** 멕시코 정치인 미겔 레르도 데 테하다Miguel Lerdo de Tejada가 발의한 농촌과 도시의 재산 한사 상속권 해제법Ley de Desamortización de Fincas Rústicas y Urbanas으로, 로마 가톨릭교회의 재산과 지방정부와 중앙정부의 재산을 강제로 매각하라고 요구했다.

들도 마찬가지였다.

혁명적 소요에 몇 가지 예외가 있었다. 대표 기구가 이미 자리 잡고 있고 공적 토론이 방해받지 않는 곳에서는 좌절한 젊은 중간계급 대중이 거리로 쏟아져 나오는 경향을 보이지 않았다는 것이다. 아메리카는 매우 자유주의적이어서 혁명적 격변이 일어나지 않았다. 미국은 근자에 멕시코로부터 획득한 곳을 흡수하느라 여념이 없었다.[15] 노예 문제는 과격파의 동맹을 불가능하게 했다. 영국의 제도는 매우 자유주의적이어서(선거권은 결코 민주적이지 않았지만) 영국은 인민헌장People's Charter을 위한 대규모 야외 시위를 제외하면 별다른 상처를 입지 않고 지나갔다. 반대편의 극단에서는 러시아가 여전히 자유주의의 공격을 살롱의 한담 차원을 벗어나기 전에 방해하고 저지할 수 있었다. 그러나 서구의 다른 곳에서는 실증주의의 시대, 현실주의의 시대, 진지한 돈벌이와 중간계급의 열망을 위한 시대가 시작되려 했다. 국가들의 지리적 영역은 곧 바뀌게 된다.

그렇지만 아시아에서는 어디에서나 엄청난 격변이 나타났다. 청나라는 1842년 난징 조약의 체결로 약해졌고, 이어 태평천국운동의 거대한 동란이 일어나 2000만~3000만 명이 희생되었다. 이는 결코 자유주의 혁명이 아니었다. 민족 간의 충돌, 지역에 만연한 새로운 도적 떼, 종말론적 저항에서 비롯한 사실상의 내전이었다. 해체된 신사 계층이 양쯔강 지역 안정을 보장할 능력과 자기 검열 사회의 전통은 크게 마모되었다. 청 왕조와 관료들은 다양한 도전에 직면했다. 경제적·법적 특혜를 노리는 유럽인들의 굴욕적 압박이 지속되었고, 인구가 밀집한 빈곤한 주거지의 불안정한 경제 질서가 더욱 침식되었으며, 구원의 희망을 쌓아 놓은 저장고에 기독교의 메시아 신앙이 더해져 빈번히 저항이 초래되었다. 양쯔강 지역은 앞서 백련교도의 난이 발생했을 때에도 그랬듯이 새로운 이주자들과 한족, 비한족 주민 공동체들 간의 갈등, 그리고 1842년에 굴욕을 당한 만주족 지도부에 대한 불만, 점점 더 부족해지는 은화로 세금을 납부해야 하는 압박으로 소란했다. 기독교 선교사들이 전한

_____ **15** 1846~1848년에 벌어진 멕시코-미국 전쟁의 결과였다.

교의는 급진적 사회사상을 최종적인 구원의 약속과 융합하거나 혼동하게 할 수 있었다. 홍수전洪秀全이 지도자로 등장했다. 1814년 이주민 소농 집안에서 태어난 홍수전은 공부를 열심히 했지만 중요한 과거 시험에 합격하지 못했고, 중국의 퇴락과 구원의 필요성이라는 무질서하지만 엄격한 신조를 지닌 중국인 개종자에 의해 천년왕국설을 신봉하는 기독교도로 개종했다. 『권세양언勸世良言』[16]은 흔하게 경고받았던 왕조의 몰락 같은 중국의 고난을 예견했으며 천국이라는 개념(제국의 천국이거나 초자연적인 천국)을 모호하게 남겨 놓았다. 홍수전에게 '양언'은 만주족과 유교가 호소한 청렴과 질서에 대한 거부, 그리고 세 번째 과거 실패 후 중병을 앓는 동안 신을 만나 영적으로는 물론 육체적으로도 변화했다는 개인적 환상과 결합되었다. 홍수전은 자신이 처음으로 개종시킨 자들과 함께 광둥 해안에서 내륙으로 이주해 광시성 남서부의 산골에서 설교했고 동료 하카客家, 즉 남부로 이주한 북부의 한족에게서 받아들일 마음이 있는 청중을 발견했다. 이후 몇 년간 배상제회拜上帝會의 여러 지회가 광시성에 전이되었으며 유능한 군사 지휘관 양수청楊秀淸을 비롯해 새로운 지도자들을 배출했다. 1849~1850년 굶주리는 현지인이나 산적 떼와 분쟁이 있었고, 이는 수천 명 규모의 병력 모집과 1851년 1월 태평천국 선포로 이어졌다. 만주족 군대가 이들을 해산하기 위해 파견되었지만 패배했고 그 장군은 참수되었다.

이후 태평천국 군대는 양쯔강을 따라 상류로 이동하면서 30만 명 이상의 대군으로 세를 불렸고 우창과 안칭을, 1853년 3월에는 난징을 점령했으며 만주족 주민을 전부 살해했다. 홍수전과 나란히 네 명의 왕이 임명되었다. 홍수전은 '천왕天王'과 '신의 둘째 아들'이라는 지위를 주장했고 양수청에게 성령으로 충만한 셋째 아들의 지위를 주장할 수 있도록 허용했다. 난징에서 반포한 태평천국의 천조전무제도天朝田畝制度는 시골을 각각 25가家로 이루어진 양兩으로 나누었다. 술과 아편, 담배가 금지되었고 혼외 성관계도 금지되었는데, 이

_____ **16** '세상에 권하는 좋은 말씀'이라는 뜻. 중국에 파견된 최초의 영국 개신교 선교사 로버트 모리슨Robert Morrison과 알게 되어 기독교도가 된 양발梁發이 쓴 책.

는 이전의 유사한 이상주의적 집단에서 예상할 수 있는 것처럼 계급 질서 내에서 면제와 특권을 배제하지 않았다. 태평천국군은 난징에서 군대를 둘로 나누어 북쪽과 서쪽을 공격했다. 그러나 베이징 원정은 톈진에서 실패했고, 잔당은 1855년 봄에 일소되었다.

이른바 기독교도의 과격한 만행의 물결에 맞서 조직된 질서 세력은 백련교도의 난 이래로 소수민족의 민병대를 모집한 현지 신사 계층 출신의 지휘관들이었다. 유능한 증국번曾國藩이 선두에 섰다. 이들은 엄격한 유교 이데올로기를 옹호했다. 이 이데올로기는 황제를 정점으로 하는 질서 정연한 사회적 계급 질서의 전통적 개념들을 강조했지만 새로운 군사기술의 획득과 중국 군대(만주 군대가 아니다.)의 재조직, 덜 억압적인 세제와 결합했다. 그러나 이들이 즉각적으로 우세를 차지하지는 못했다. 태평천국운동은 우창에서 전장에 이르기까지 약 480킬로미터에 달하는 양쯔강 지역의 광활한 땅을 장악했고 1855~1856년 여러 차례 중요한 승리를 거두었다. 그렇지만 태평천국의 '왕'들은 상충하는 목표와 가차 없는 상호 간의 질시 때문에 분열했고 상대의 가족과 수천 명의 지지자들을 포함해 서로를 차례로 죽였다. 태평천국운동은 학살극을 뒤로하고 조직을 재편했으며 홍인간洪仁玕이라는 뛰어난 군사 지휘관이자 민간 행정관을 찾아냈다. 홍인간은 홍수전의 친척으로 좀 더 정통적인 기독교로 가까이 다가서고 하류 지역 상하이의 상인 세력과 연합하려 했다. 그러나 베이징의 조정이 증국번이 현지에서 보인 주도력과 힘을 불신했는데도, 운동은 더욱 약해졌다. 제국 군대가 태평천국운동이 장악한 곳 위쪽의 양쯔강을 통제했고 승리를 거두었다. 반란군은 자신들의 서쪽에 있는 우한을 차지하는 데 실패했다. 홍인간은 상하이의 영국인들에게 자신이 영국과 싸워 다시 패배한 청나라 조정보다 안정된 행정부를 구성하겠다고 설득하려 했다. 그러나 청나라에 파견된 영국의 전권대사 프레더릭 브루스Frederick Bruce는 태평천국운동은 어떤 형태든 과격하고 신뢰할 수 없으며 상인 계급의 이익에 해롭다고 확신했다. 영국은 프랑스의 지원을 얻어 제국의 군대 병력을 상류로 수송하는 것을 도왔다. 1864년 6월 홍수전이 사망했다. 소문에 따르면 독살되었다고 한다. 그리고 증국번의 동생 증국전曾國荃이 난징을 점령해 주민들을 학살하고 도시를 불태웠다.

내전은 프랑스와 독일을 합친 것과 맞먹는 크기의 땅에서 거의 15년간 사납게 창궐했으며, 100만 명의 반군이 군사행동에 관여했다. 같은 기간에 지구 반 바퀴 건너편 미국에서 벌어진 다른 거대한 내전에서도 반란군이 짓밟히고 있었다. 태평천국운동이 우세를 지켜 만주족의 왕조를 무너뜨릴 수 있었을까? 태평천국운동은 종말론적 계획을 토대로 어마어마한 충성을 끌어모았다. 그렇지만 운동의 공동체들은 시골의 전통 사회 밖에 머물렀다. 이 점에서 태평천국운동은 1830년대 먀오苗족 원주민들의 소수민족 봉기든, 북쪽으로 더 올라간 지역에서 동시에 발생한 것으로서 백련교와 삼합회처럼 사실상 농민의 삶 속에 침투한 염군의 난捻軍起義이든 중국 토착의 혼란을 초래한 다른 세력들과 달랐다. 태평천국운동은 반청 운동이었지만 동시에 한족 사이에서 아웃사이더로 남았다. 게다가 양쯔강 지역의 엘리트들은 청 왕조가 무너지고 사회가 불안해지는 꼴을 볼 준비가 되어 있지 않았다. 이 점에서, 다시 살펴보겠지만 태평천국운동은 유럽 전역과 아메리카, 일본, 오스만 제국에서 새로운 정권을 세워 위로부터 개혁에 나선 질서 세력을 닮았다.[51]

영국이 이 집요한 반란을 진압하는 데 합세하기로 결정한 것은 놀랍지 않았다. 7년 전 영국도 끔찍한 반란, 1857년의 이른바 세포이 항쟁에 맞서 싸웠다. 실제로 세포이 항쟁은 인도에 주둔한 빈약한 영국군을 겨냥한 큰 폭동으로 발전할 것 같았다. 영국은 통치자를 교체하든 통치자에게 영국의 권위를 받아들이게 하든 토착민 제후국들을 연이어 세력권에 편입하면서 북부와 중부 인도에서 점점 많은 영토를 획득했다. 겉으로 보기에 세포이 항쟁은 영국이 그 지역들을 관리하기 위해 모집한 무슬림 병사들의 폭동으로 시작했다. 그러나 크리스토퍼 앨런 베일리가 강조하듯이 무굴 제국의 징세와 이전 몇십 년간 영국 동인도회사의 영토 지배와 금융상의 권리 획득에 강력하게 저항한 오랜 역사가 있었다. "좀 더 유동적인 작은 정체들이 기후나 지형 덕에 상대적으로 약한 무굴 제국의 중앙집권화 압력에서 벗어난 지역에서 반란은 피할 수 없었다."[52] 영국의 존재는 동인도회사의 군대를 지원하고 수출용 곡물을 수탈할 새로운 압력을 의미했다. 영국으로서는 시골에 흩어져 있는 세력보다는 도시의 인도인 엘리트를 같은 편으로 흡수하는 편이 더 쉬웠다. 시골 세력은 종종 개혁적 종교 운동에 의해 활기를 띠기도 했기 때문이다. 그러나 혁명 세력들을 통합한 일정한 사회경제적 배경은 없는 것 같다. 어떤 곳에서는 새로운 세금에 짓눌려 곤궁해진 마을들이기도 했고, 다른 곳에서는 영국이 새로운 충성 계급의 토대로 기대한 새로운 소농들이었다. 농촌의 계급 구분은 1857년 이전이 아니라 이후의 시기에 증가했다. 영국이 밀고 들어오던 앞선 반백 년 동안 잘해 나갔던 권력자들은 반란자들에게 운명을 내걸기를 주저했다. 관리들과 상업에 종사한 인도인들도 마찬가지였다.

그러나 영국의 존재는 광대한 영역에서 수적으로 빈약했기 때문에 봉기가 인도아대륙 전역에서 영국의 지위를 무너뜨릴 가능성이 있었다. 어느 지역 수비대의 영국인 지휘관이 동물 기름을 친 새로운 소총 탄약의 배포를 거부한 병사들을 처벌하면서 폭동이 발생했다. 식민지의 영국인들은 곧 광범위한 지역에서 무서운 폭동에 직면했다. 이들은 델리의 실체 없는 무굴 제국 권력이 폭동을 조장했다고 믿었다. 반란군이 1857년 5월부터 9월까지 델리를 장악하고 11월까지 러크나우를 포위했다. 그러나 영국은 갠지스강 유역과 델리에서 캘커타로 이어지는 간선도로의 통제권을 잃지 않았으며, 벵골의 기지도 빼앗기지 않았다. 영국은 펀자브 지방 시크교도 부대의 충성을 유지했으며 포위된 델리를 향해 동쪽으로 진격할 수 있었다. 영국은 비상 상황을 극복하자 무력으로 무굴 제국의 공식적 종말을 이끌어 냈고, 동인도회사에서 공무원들로 공식적인 권력을 이전함으로써 제국의 지위를 넘겨받았다.

중국에서 영국은 근본적으로 구조가 다름을 알아보고 결국 청 왕조에 운명을 걸었다. 청 왕조는 허약했지만 이 나라는 영국이 지배할 수 있는 제후국들의 하부 구조 위에 세워지지 않았다. 중국은 매우 거대한 문화적·정치적 통일체로, 그 정부는 영국이 원하는 이권을 줄 수 있었다. 1856~1860년 영국은 제2차 아편전쟁에서 홍콩과 추가 통상 권리를 획득했다. 전쟁은 광저우의 관원들이 이전에 영국 선적이었던(당시에는 아니었다.) 아편 선박 애로호의 중국인 선원들을 체포하려 한 사건으로 촉발되었다. 이 일을 빌미로 영국 제독이 광저우를 포격했고, 의회에서 휘그당은 호전적인 대응에 반대하여 총리

파머스턴에게 이의를 제기했으나 새로운 선거에서 패배했다. 나폴레옹 3세 Napoléon III는 프랑스 선교사가 살해된 사건에 대응해 영국과 나란히 군대를 파견했다. 영국과 프랑스는 톈진 해안의 요새들을 공격하고 휴전을 강요해, 북부 해안을 따라 새로운 무역항을 개항하고 선교사들에게 여행할 권리를 허용하게 했으며 마지막으로 아편의 중국 내 판매를 합법화하게 했다. 이는 중국이 1842년 이후 성공리에 막아 낸 조치들이었다. 아편 무역을 이용할 권리는 영국 정부의 장기적 목표였다. 새로이 획득한 이권의 실효성을 확보할 수 없게 되자 파르테논 신전의 프리즈를 영국으로 가져온 엘긴의 아들인 영국군 사령관 엘긴Elgin 경[17]은 베이징을 공격하고 원명원圓明園(일부는 프랑스의 로코코 양식으로 설계되었다.)을 불태웠으며 더 많은 배상금을 뜯어내고 홍콩 주변의 주룽 지구를 획득하고 무역항에 톈진을 추가했다. 결국 청 제국의 재편을 강요한 것은 이 패배와 통치자들의 무능력이었다. 청 제국은 점차 만주족 왕조의 기업이 아니라 중국 국민국가로 바뀌었다. 베이징의 순응을 확보한 영국은 절반쯤 식민지가 된 정권의 공식적인 원천을 지지하는 것이 이 나라가 외국인을 혐오하는 고삐 풀린 과격파에 굴복하는 꼴을 보는 것보다 낫다고 판단했다.[53]

어쨌거나 태평천국운동의 종말은 7년 전 인도 세포이 항쟁의 파멸과 한 해 전인 1863년 폴란드 반란의 패배, 한 해 뒤 미국 남부 연합의 붕괴와 항복, 1868년 일본의 봉건적인 도쿠가와 막부의 몰락처럼 반란은 성공 가능성이 없는 선택이었음을 떠올리게 했다. 근대국가의 장기 세기는 혁명의 잿더미 위에, '아래'로부터 시작된 제도 개혁이 아니라(천년왕국을 건설하려는 농민이나 민족주의적 인민주의자들의 노력에 의한 것이 아니라) 멀리 내다본 보수주의적 정치인들과 1850년대와 1860년대에 영민한 정치인이 되는 1840년대의 열정적인 중간계급이 함께 수행한 근대화와 합리화의 일정에 의한 제도 개혁 위에 서게 된다. 이들의 성취도 폭력이 필요했지만 반란이 아니라 전쟁과 억압이라는 신중히 유도된 폭력이었다.

_____ **17** 제8대 엘긴 백작 제임스 브루스James Bruce(1811-1863). 아버지는 제7대 엘긴 백작인 토머스 브루스Thomas Bruce다.

2   세계적 차원의 재건

1850년에서 1880년까지 이루어진 발전은 세계 전역에서 국가조직에 중대한 변화를 가져왔다. 이 발전은 세계사의 진정한 '계기'가 된다. 영토 국가들이 내부에서 분열했다가 좀 더 응집력 있게 재건되면서 정치적 관할구역도 바뀌었다. 지역의 지도자들은 멀리 떨어져 있는 권위가 자신들의 권력과 재정에 더 큰 발언권을 지닌다는 점을 알게 되었다. 공직과 영향력을 당연한 권리로 요구하는 이들의 사회적 기원은 매우 다양해졌다. 지주 엘리트나 오래된 가문, 군 장교의 계층 밖에서 들어온 신입자들은 전문적 교육 덕분이든 산업적 재산이나 금융 재산 덕분이든 공적인 일에서 한층 큰 발언권을 획득했다. 이들은 결코 이전의 지배 집단을 대체하지 않았고, 보통은 이들의 배제가 국가의 생존이나 안정을 위협할 때 옛 지배 집단과 나란히 일하도록 충원되었다.

원거리 교통과 사람의 이동, 물자의 선적은 속도가 더욱 빨라지고 공간적으로 조밀해졌다. 전 세계의 공간은 이제 신성한 초월성이 아니라 보이지 않는 에너지의 진동으로 채워진 하나의 연속체처럼 보였다. 신속한 교통을 감안하면 역설적이게도 지적 체계는 더 세계주의적이거나 더 관용적으로 바뀌지 않았다. 널리 퍼진 경쟁과 분쟁이라는 관념이 종종 우애의 꿈을 대체했다. 1870년 12월 프로이센이 프랑스에 승리를 거두는 것을 목격한 이탈리아인 평자들은 이렇게 썼다. 전쟁은 "인간 정신의 진보에서 잔인하지만 없어서는 안 될 역할을 한다."[54] 형제애에 대한 호소는 애국자와 시인으로부터 계급의 형제들을 환영하는 프롤레타리아로 옮겨 가는 경향이 있었다.

　이러한 발전은 두 가지 근본적 수수께끼를 제기한다. 첫째, 왜 그렇게 많은 결정적 변화가 그렇게 갑자기 동시에 발생한 것처럼 보이는가? 많은 대규모 현상에서 변화의 속도는 불가사의다. '티핑 포인트tipping points'[18]의 모델을 만들어 많은 분야에 적용할 수 있지만 왜 그때 그렇게 찾아왔는지는 자연과학자와 역사가에게 똑같이 어려운 과제로 남는다. 둘째, 전 세계적으로 왜 그렇게 많은 국가와 사회가 동시에 유사한 변화를 겪었는가? 시간과 공간의 압축은 설명을 어렵게 만든다. 왜 역사는 세계사가 되는가? 분열되었다가 재건된 미국이든 재편된 캐나다 연방이든 북쪽의 이웃 나라에 광대한 영토를 빼앗겼지만 프랑스 침입군을 패퇴시킨 멕시코든 독재를 떨쳐 낸 아르헨티나든 서반구에서 국가의 재건은 피할 수 없는 일이었다. 유럽도 중심부와 주변부에서 헤쳐 모이는 과정을 거쳤다. 이탈리아와 독일의 민족주의자들은 통일을 달성했고, 오스트리아-헝가리 제국은 재협상을 통해 민족 간 세력 균형을 이루었다. 에스파냐의 왕정은 폐지되고 잠시 완전히 분해되었다가 이어 다시 맞춰졌고, 오스만 제국은 조직 원리를 재규정했다. 반면 러시아 제국의 군부와 관료는 이른바 봉건제라는 성가신 장애를 극복하려 했다. 동아시아에서는 야심적인 일본의 사무라이 관리들이 효율적인 근대국가를 만들어 비정상적으로 성장한 막부에 도전하기로 결심했다. 좌절한 중국의 관리들은 유교 원리의 힘을 끌어내 반란과 유혈극, 이국의 간섭이라는 파국적 경험을 되돌리려 노력했다.

　이 과정이 전염성이 있는 것은 분명했다. 국가들은 암묵적 경쟁의 세계 속에 존재한다. 어느 한 나라가 주도적으로 중대한 결정을 내리면 이는 다른 나라에 영향을 미치기 마련이다. 그러나 문제는 확산이나 감염뿐이 아니었다.

_____ 18 집단이 새로운 관행을 채택해 급격하고도 극적이게 행태를 바꾸는 시점, 물체가 하나의 안정된 균형 상태에서 질적으로 다른 새로운 균형 상태로 바뀌는 시점.

변화를 요구하는 압력은 여러 사회에서 동시에 발생했다. 고립된 체제들이 제도를 재건했을지 못 했을지를 시험하기 위해 역사의 과정을 다시 실행할 수는 없다. 1850년 이전에 일본 국가는 외국의 충격에서 가장 잘 차단된 거대 정체였을 것이다. 일본은 외부 세계가 마침내 그 문을 단호하게 밀치는 것처럼 보인 후에야 15년간의 위기와 변화의 시기에 진입했다. 그러나 일본 내부의 계층화된 사회로부터 분명히 많은 압력이 발산되었으며, 이는 광범위한 조정을 불가피하게 했을 것이다. 이러한 압력으로 얼마나 많은 변화가 초래되었을지 우리는 알 수 없다. 게다가 변화는 언제나 '아래'로부터 퍼져 나왔는가? 마르크스가 '생산력', 다시 말해 기술의 수준과 이것이 전면에 내세운 사회 계급들을 법률적·정치적 제도에 새겨진 '생산관계'와 구분한 것은 잘 알려져 있다. 마르크스는 생산력의 압력이 생산관계의 위기와 혁명적 조정으로 이어진다고 보았다. 그러나 대부분의 역사가는 사상의 영역과 경제적 진보 영역의 순환 관계를 떠올릴 때와 마찬가지로 많은 피드백이 동반되는 순환 관계를 설명할 것이다.

또한 일상생활의 여러 측면은 그 시기에 질적으로 변하지 않았거나 큰 혼란을 초래할 정도로 빠르게 변하지는 않았다. 이 특별한 역사는 가족의 생존도 아니고 개인적 충성의 유대도 아닌 정치적 거래의 세계를 추적한다. 여기에 기록된 사건들은 대중에게 판에 박힌 나날의 일상에 영향을 주는 것처럼 보이지 않았다. 일출에서 일몰까지 시끄러운 직물 공장에 갇혀 일하는 노동자, 빨래하고 밥하는 하인, 매일 거리에서 지나치는 젊은 여인에게 홀딱 반한 젊은 남자, 계부에게 무자비하게 매 맞는 어린아이, 기근과 침식작용 때문에 굶주림에 처한 농촌 가족은 나폴리와 피렌체를 다 가진 군주나 새로운 독일 민법전, 오스만 제국 시민권의 새로운 규정, 프랑스와 영국 군인들이 청나라 황제의 여름 별궁을 불태운 일 때문에 자신들의 삶이 바뀌고 있다고 이해하지 못했을 것이다. 전국 의회에 보낼 대표를 선출할 투표 기회가 학대당한 어린아이에게 반격 기회를 주거나 하인을 건방지게 만들거나 세계 여러 곳에서 젊은 여인이 애정 문제에서 자신의 성향을 좇게 하지는 않았다. 그렇지만 국가는 비천한 삶에도 영향을 끼쳐 돌이킬 수 없는 결과를 초래하곤 했다. 국가는 교육의 기회를 확대하고 고용을 촉진하며 유입 이민이나 유출 이민을 장려하거나 방해할 수 있었으며 기존에 예속되었던 이들을 고된 농업 노동이나 장시간의 공장 규율이라는 다른 구속에 집어넣기 위해서라면 앞선 시대에서 물려받은 인신의 속박을 끝내야 한다고 주장할 수 있었다. 국가는 개인적 성취와 가족생활의 가능성을 때로는 확대하고 때로는 제약하기도 했을 것이다. 그러나 수백만 가구에서 나오는 압력이 국가를 기울어지게 하기도 했다.

국가는 강해져야 했지만 대체로 국가 간 경쟁의 세계에서 생존해야 했고 빈곤과 소득 보존 문제는 질서를 유지해야 하는 경우가 아니라면 간접적으로만 다룰 수 있었다. 평자들은 경제적 변화의 사회적 비용을 개인이나 가족이 때로는 빈곤 때문에, 때로는 도덕적 실패 때문에 처한 어려움의 문제로 분석하는 경향이 있었다. 이들은 자선 활동과 자선단체, 교육개혁을 조직했으며 나중에는 금주와 매춘 반대 운동을 조직했다. 특히 진지한 중간계급 여성들은 정치에는 참여할 수 없었지만 체면과 절주를 위해 힘을 쏟을 수 있었다.[55] 서구에서는 19세기 중반이 되기 10~20년 전부터 때로 생색내는 듯했지만 이러한 개혁주의적 태도가 출현했다. 개혁 협회들은 영국과 미국에서는 1830년대에 출발했고 유럽 대륙에서는 프랑스의 생 뱅상 드 폴 협회Society of St Vincent de Paul든 독일의 루터 교회 총회든 그다음 시기에 두드러졌는데, 19세기 사회가 만들어 낸 거대한 조직적 노력의 일부였다. 서구의 도전에 대응한 비서구 사회들의 개혁 협회들에서도 비슷한 진지함이 분명하게 드러났다. 레반트 지역과 이집트의 기독교도·무슬림 지식인 모두 유럽에서 새롭게 이루어진 과학적 발달과 발견을 배울 것을 촉구하고 '동양인들'의 일체감을 더 강하게 주입해 동양 사회를 강하게 할 필요성이 있다고 주장했다.[56] 영국인 저술가 새뮤얼 스마일스의 교훈적인 소책자 『자조론』의 대단한 영향력은 자기 강화 조치가 모색되고 있다는 증거였다. 이 스코틀랜드 출신의 저술가는 성공이나 부의 정당성을 주장하는 밉상스러운 사람이 아니라 정치 개혁가이자 자유방임 경제의 비판자로 출판했다. 일찍이 1886년 카이로와 베이루트에서 여러 판본으로 아랍어 번역본이 출판되었으며, 이후 여러 해에 걸쳐 중국어와 펀자브어, 일본어 번역본이 간행되어 100만 부가 팔렸다.[57]

중간계급의 신앙심을 감상적으로 표현하는 데 뛰어난 재능을 보인 시인 헨리 워즈워스 롱펠로Henry Wadsworth Longfellow는 이렇게 썼다. "삶은 진실하고, 삶은 진지하며, 무덤이 그 목적이 아니다." 특히 19세기 중반은 진지했다. 제도 수립에 그 진지함이 반영되었다. 콜롬비아와 베네수엘라의 '해방자' 시몬 볼리바르Simón Bolívar와 이집트와 중동의 무함마드 알리, 어떤 점에서는 헌법상의 제약을 받았지만 앤드루 잭슨 같은 개혁적이면서 때로는 독재적이기도 했던 뛰어난 장군들이 이끈 1820년대와 1830년대의 인격주의적 정권들은 19세기 중반에는 어울리지 않는 것 같았다. 허영심 강한 멕시코 장군 안토니오 로페스 데 산타안나Antonio López de Santa Anna가 초래한 거듭된 재앙을 보라. 1860년 소규모 원정대로 시칠리아와 남부 이탈리아에 불을 댕긴 주세페 가리발디Giuseppe Garibaldi가 라틴아메리카 모델에 가장 가까웠지만, 가리발디는 이탈리아반도의 중간 지점까지 밀고 올라갔을 때 북쪽의 이탈리아 통일 조직자들에게 자신의 군대를 넘겨주었다. 국가 건설에 흔적을 남긴 지도자들은 진지하고 보수적이었으며 엄숙함과 인내심의 화신이었다. 에이브러햄 링컨Abraham Lincoln이 그랬고 베니토 후아레스Benito Juárez, 오토 폰 비스마르크Otto von Bismarck, 20세기에 들어선 이후에도 메이지 시대 정치에서 활약한 이토 히로부미伊藤博文가 그랬다. 태평천국운동에 맞서 승리를 조직해 내고 이어 중국의 기술과 근대화를 옹호했던 놀라운 인물 증국번도 그러했는데, 중국의 상황은 그렇게 예리한 인물의 권고가 힘을 얻도록 내버려 두지 않았다.

1880년 무렵 등장한 국가들의 세계는 서구는 물론 아시아에서도 한 세대 전의 세계와는 달랐다. 그때쯤이면 국가 조직자들 가운데 몇몇은 주저했을망정 국가는 심각한 사회문제들과 씨름해야 했다. 중부 유럽과 북아메리카 서부에서는 농가의 가난이 문제였고, 독일에서는 공장 규제와 노령까지도 문제였고, 중국에서는 아편 중독과 군사적 후진성이 문제였다. 그 세계는 기획과 일의 세계였다. 기업의 조직, 교육개혁, 대하소설 집필과 대작 교향곡 작곡, 거창한 정책 추진, 유색인 지위 향상과 유색인에게 저임금을 주고 열심히 일하게 하기, 전쟁의 수행 등 모든 것이 그 세계의 일이었다.

철과 피

기술의 변화는 국가의 재건에 결정적으로 중요한 투입 요소였다. 비스마르크는 1862년 프로이센 의회에 당대의 큰 문제는 고귀한 이상과 고결한 연설이 아니라 '철과 피'로써 결정된다고 말했다. 비스마르크가 옳았다. 그러나 철의 역할은 피의 역할보다 새로웠다. 영국은 상업의 패권을 차지하고 더불어 금융을 주도했다. 이는 처음에는 기계화된 면직물 생산(그리고 간접적으로는 노예와 프롤레타리아 노동)을 기반으로 했다. 맨체스터에 이어 프랑스의 릴이나 미국 로드아일랜드의 퍼터킷 같은 새로운 공업 도시에 세워진 면직물 공장은 수력이나 증기력을 이용해 전례 없이 많은 양의 섬유를 직물로 만드는, 독창적이지만 상대적으로 가벼운 기계를 모아 놓은 커다란 헛간이었다. 사회의 조직에 관한 한 이 획기적 혁신은 소유주들이 정한 시간 규율 아래 노동력을 끌어들일 수 있었다. 그 시간 규율은 그때까지 꿈도 꿀 수 없었던 엄청난 무생물 동력을 인간의 노동력에 이용할 수 있게 하는 조건이었다. 직물 공장과 이후에 등장한 철을 녹이는 용광로는 새로운 도시화를 초래했다. 표 1.1의 도시 인구 표본은 그러한 도시화를 암시한다.

이 생산 과정의 변화에 뒤이어 사람과 물자의 운송에서 혁신의 물결이 이어졌다. 그 토대였던 자력 추진 증기기관은 평행 궤도 위에서 돌아가거나 선박에 장착되었다. 제임스 와트James Watt는 일찍이 1730년대에 현대 증기기관을 가능하게 한 결정적 개선을 이루어 냈다. 와트의 설계는 가열된 증기가 피스톤을 움직이는 실린더에서 분리된 응축기에 소비된 증기를 모았기 때문에 피스톤의 왕복운동 사이에 엔진을 식힐 필요가 없었다. 와트는 피스톤의 왕복운동을 바퀴의 유연한 회전운동으로 전환할 수 있는 연결봉의 탈중심 부착 방법을 고안했다. 1803년부터 이 혁신은 외차기선에 장착되어 강 상류로 올라갈 수 있게 했고, 더는 바람의 방향에 의존하지 않고 선박을 추진할 수 있었다. 1830년대가 되면 증기선이 대륙을 오갔다. 증기선은 즉각 범선을 대체하지는 않았지만 실제로 범선 설계자들이 쾌속 범선을 완성하게 해서 중국 무역을 확대했다. 일찍이 1804년에 증기기관은 평행 궤도 위에서 달릴 수 있는 운송 수단에 설비돼 철을 운반했으며, 1807년에는 웨일스에 승객용 증

표 1.1 도시 인구의 사례

도시	1800	1850	1890
런던	959,000	2,362,000	4,212,000
파리	547,000	1,053,000	2,448,000
나폴리	400,000(추정치)	415,000	463,000
뉴욕	63,000	661,000	2,741,000
시카고	—	30,000	1,100,000
맨체스터/샐퍼드	90,000	389,000	704,000
상트페테르부르크	270,000	490,000	1,003,000

출처: Adna Ferrin Weber, *The Growth of Cities in the Nineteenth Century* (Ithaca, NY: Cornell University Press, 1967), p. 450, table 163.

기기관차가 설치되었다. 호기심 차원을 넘어서는 최초의 철도 노선은 1830년 영국과 미국에서 개설되었다. 맨체스터에서 리버풀까지, 워싱턴에서 볼티모어까지, 보스턴(링컨셔)에서 근교, 다시 우스터까지 이어진 노선이 만들어졌고, 1834년 뉘른베르크에서 근교의 퓌르트까지, 1835년 브뤼셀에서 메헬런까지, 여름 별궁의 도읍 차르스코예셀로에서 상트페테르부르크까지, 1815년 인도에서, 1855년 파나마 횡단철도에서, 1857년 아르헨티나에서, 1872년 도쿄에서 요코하마까지 철도가 부설되었다. 1850년대부터는 총연장이 크게 늘어난다. 전 세계에 건설된 철도는 1840년 7500킬로미터에 이르렀고, 1850년 3만 900킬로미터, 1860년 6만 9700킬로미터, 1870년 10만 1900킬로미터, 10년 뒤인 1880년에는 16만 2700킬로미터, 1890년에는 24만 4900킬로미터에 달했다. 1850년 무렵 미국의 철도 연장은 대략 1만 3800킬로미터였는데 1861년에는 북부 3만 3800킬로미터(그중 1만 7700킬로미터는 오하이오주에서 캔자스주, 미주리주, 미네소타주로 이어지는 중서부 주들의 철도였다.)와 남부 1만 5300킬로미터를 포함한 4만 9200킬로미터였다. 19세기가 끝나갈 무렵 세계의 철도 총연장은 약 80만 4500킬로미터에 가까웠는데, 그중 미국의 철도가 29만 7600킬로

미터였고 영국과 독일, 프랑스, 유럽 지역 러시아가 각각 4만~4만 8000킬로 미터 정도였다.[58]

이는 놀라운 발전이었다. 철도는 우선 운하와 유료도로의 통행을 대체했는데, 그보다는 속도를 높이고 기술의 획기적 진전을 자극했다는 점에서 놀라웠다. "바람과 빛, 소나기와 햇빛을 가르며, 멀리 더 멀리, [증기기관차는] 내달리며 포효한다, 맹렬하고 빠르게, 부드럽고 확실하게." "우리는 증기기관차가 땅 위에서는 지금 시대의 가장 귀중한 동인이 되리라고 믿는다. 그레이하운드보다 날쌔고 1000마리 말보다 강력하기 때문이며, 지치지 않고 달리기 때문이고, 아주 많은 용도에 응용할 수 있고 얼마든지 큰 힘을 낼 수 있기 때문이다."[59] 증기기관 기술은 다시 철(나중에는 강철)의 생산과 제품화라는 거대한 팽창을 수반했다. 직물의 경우보다 에너지를 훨씬 집중적으로 투입하는 공정이 필요했고, 이는 엄청난 양의 석탄과 철광석의 채굴을 요구했다.(표 1.2) 영국은 이 중장비 시대와 철을 제련해 강철로 만드는 새로운 기술을 개발한 1860년대 철선鐵船의 시대에 서서히 선두에 섰다. 강철 제조 공정에는 점점 많은 석탄과 코크스가 필요했다. 그러나 영국은 경제적 우위를 점차 독일, 미국과 나누게 된다. 두 나라는 석탄 수요에 이어 강철 수요를 늘렸고, 이는 다시 석탄과 철광을 운반할 철도의 확충을 필요로 했다.

철도를 부설하기 위해 합동 출자가 가능한 투자자들의 모임을 조직해야 했다. 원거리에 걸쳐 철도 노선을 조정하려면 중앙에서 강력하게 감독할 뿐 아니라 권한을 분산해 구간을 관리할 필요도 있었다. 초기의 짧은 철도는 느리게 움직였지만 비틀거리는 역마차보다는 훨씬 빨랐다. 철도가 출현하기 전에는 피츠버그에서 뉴욕까지 610킬로미터를 주파하는 데 거의 한 주가 소요되었지만 1860년에는 하루 여정으로 줄었다. 19세기 중반의 전쟁들, 즉 19세기 전반과 후반을 가르는 경계의 특징으로 잔혹하고 큰 충돌이었던 크림 전쟁과 미국 남북전쟁, 독일의 통일 전쟁은 개인과 대규모 병사 집단, 이들의 장비를 운반하는 기술을 촉진했다. 1860년대 후반이면 링컨의 장례 열차로 쓰여 미국 대중의 의식에 각인된 풀먼Pullman 침대차가 상층 중간계급이 누릴 수 있는 사치가 되었다. 도살한 소와 돼지를 대량으로 운반하기는 매우 어려

표 1.2 석탄과 선철, 강철의 생산량

단위: 100만 톤

	연도	영국	독일	미국
석탄	1830	22.8	1.8	0.8
	1870	112.0	26.4	36.3
	1910	269.0	152+70(갈탄)	473.0
선철	1830	0.69	0.11	0.17
	1870	6.06	1.26	1.69
	1910	10.57	13.17	27.10
강철	1870	0.334	0.13	0.77
	1890	3.64	2.10	4.34
	1910	6.48	13.10	25.71

출처: 영국과 독일의 통계는 B. R. Mitchell, *European Historical Statistics, 1750-1970* (London: Macmillan, 1978), 표 D2, D7, D8. 독일의 수치는 상당한 양이 채굴된 갈탄을 유연탄과 무연탄의 합과 따로 표시했다. 무연탄과 유연탄의 톤당 열량(BTU)은 대략 비슷한 범위에 있지만, 갈탄의 발열량은 등급이 더 높은 두 가지의 30~50퍼센트 사이에 있다. 미국의 통계는 *Historical Statistics of the United States, Earliest Times to the Present: Millennial Edition*, ed. Susan B. Carter, Scott Sigmund Gartner, Michael R. Haines, Alan L. Olmstead, Richard Sutch, and Gavin Wright (New York: Cambridge University Press, 2006). 석탄에 관한 자료는 표 Db67(무연탄), Db60(유연탄)에서 취합했고, 선철에 관한 자료는 표 Db74에서 찾아볼 수 있다. 미국의 석탄과 강철에 관한 원래 수치는 미국톤(2000파운드, 907.2킬로그램)으로 표시되었지만, 비교를 위해 미터톤(2200파운드, 1000킬로그램)으로 환산했다.

운 일이었다. 1880년대에 냉장차가 개발되면서 손질한 고기(손질 자체도 기계화되어 도축한 가축의 몸통이 공중에 매단 사슬에 걸려 이동하면 연이어 부위별로 분류된다.)를 내륙의 광대한 초지와 도축 장소에서 인구가 밀집한 동부 도시들로 철도를 이용해 운반할 수 있었다. 실용적인 압축공기 브레이크가 발명되면서 이제 더 길어진 열차는 기관차에서 나오는 엄청난 추진력을 제어하며 더 빠른 속도로 움직일 수 있게 되었다.

철도는 두 가지 근본적인 방식으로 정치조직에 영향을 미쳤다. 첫째, 집단적 의사 결정의 응집력 있는 장소라는 국민국가의 신뢰성을 강화했으며, 둘째, 국가의 지도력을 장악하려는 역사적 행위자들의 새로운 동맹에 유리하게 작용했다. 훗날 사르데냐 왕국의 총리가 되어 이탈리아 통일에 기여하는 자유주의적 정치인 카보우르Cavour 백작 카밀로 벤소Camillo Benso는 그 영향력을 이해했다. "증기기관의 발견은 그 귀결의 중대성이라는 관점에서 볼 때 인쇄술의 발명, 아니, 아메리카 대륙의 발견에 견줄 수 있다. 철도의 영향은 전 세계로 퍼질 것이다. 높은 수준의 문명을 달성한 나라들에서 철도는 공업에 엄청난 성장을 가져다줄 것이다. 그 경제적 결과는 처음부터 대단할 것이며 사회의 진보 속도를 빠르게 할 것이다. 그러나 정신적 효과는 눈에 보이는 물질적 효과보다 분명히 한층 더 클 것이며 근대인으로 진보하는 과정에서 뒤처진 국민들에게서 특히 두드러질 것이다. 이들에게 철도는 부자가 되는 수단에 그치지 않고 자신들을 산업적으로나 정치적으로 비참한 유아기에 붙들어 두는 장애물을 극복하는 강력한 무기가 될 것이다."[60]

자국이 벨기에 국경에서 러시아 국경까지 평야와 숲으로 펼쳐져 있음을 찬찬히 살핀 프로이센 국가의 관리들도 철도가 내적 통합성이 강하지 않은 지리적 구조를 긴밀하게 결합할 것이라고 이해했다. 그리고 프로이센 군부의 엘리트들은 철도가 한쪽 국경에서 다른 쪽 국경으로 병력을 수송할 수 있게 해 줄 것이라고 이해했다. 1870년이면 프로이센은 간선철도망을 갖추었고, 이로써 막 등장하던 국민적 단위의 더 강한 국가 통합과 잠재적 지도력을 위해 만들어지던 제도들을 보완했다. 이탈리아는 남부의 농민에게 심한 재정적 부담을 안겨 남부 특유의 반란을 촉발하는 데 일조했지만 통일 후 최대한 빠르게 북쪽에서 남쪽으로 이어지는 철도 부설에 착수했다. 캐나다로 말하면 초기의 철도는 실존적 딜레마를 제기했다. 재계와 정치권의 지도자들은 국가가 비용을 떠맡아 서부 정착지를 몬트리올에 이어 뉴욕 철도와 대서양 항구들에 연결하든지 갓 태어난 햇병아리 국가 캐나다가 별개의 단위들로 분리돼 각각 남쪽의 여러 미국 주와 연결되도록 내버려 두든지 선택해야 했다. 영국이 해외 영토에서 들어오는 밀뿐 아니라 원산지를 불문하고 모든 밀에 시장을 개방했기 때문에 판로가 절박했다. 첫 번째 중요한 결정은 1849년에 이루어졌다. 그해 제정된 철도 보장법Railway Guarantee Act은 뉴욕 중앙 철도의 철도 망과 연결하는 철도 건설을 촉진해 캐나다의 곡물이 부동항으로 운반될 수 있게 했다. 몬트리올 보스턴 노선은 2년 뒤에 개통되었다. 하나의 대륙 전체에 걸쳐 있는 미국이나 캐나다, 훗날의 러시아 제국 같은 나라들에서 전국적인 정치적·상업적 목표는 철도에 찬성하는 연합 세력이 동쪽에서 서쪽까지 엄청 난 거리에 궤도를 부설해야 한다고 주장하게 했다.(마찬가지로 아르헨티나와 칠 레는 북에서 남으로 이어지는 철도 건설이 꼭 필요했다.) 미국은 남북전쟁이 끝나자 1869년에 첫 번째 대륙횡단철도를 연결했다. 15년 뒤인 1885년 캐나다 태평 양 철도의 완공은 캐나다 국민의 위대한 서사시로 축하되었다. 이는 미국의 대륙횡단철도 노선에 대한 방어적 대응이었다고 해도 무방하다.[61] 러시아 국 가는 시베리아 횡단철도를 20세기 초에야 부설했지만 이에 필요한 재정의 투 입은 이 사업을 단호하게 추진한 개혁주의적 총리 세르게이 비테Sergei Witte 백 작에 대한 강한 저항을 불러일으켰다. 중국에서는 철도 옹호자들이 그 같은 지지를 얻을 수 없었다. 일찍이 베이징에 건설된 철도는 제거되었고, 1876년 에 영국이 상하이에서 우쑹 인근까지 부설한 철도는 청나라 조정의 주권 관 념을 침해했고 이듬해 파괴되었다. 개혁적 성향의 관리들은 철도에 걸린 이해 관계를 납득했으며 그 귀결을 설명했다. 설복성薛福成은 이렇게 절망적으로 얘 기했다. "유럽의 나라들은 저마다 부와 세력을 두고 서로 경쟁하며 빠르게 번 창하고 있다. 이 나라들이 의존한 수단은 증기선과 철도다. …… 철도망을 쓰 지 않는다면 중국은 결코 부유해지거나 강해질 수 없다." 설복성은 비용에 미 칠 영향을 이해했다. 미국은 경작되지 않은 땅을 개간할 때마다 철도를 놓았 고, 뉴욕에서 샌프란시스코까지 중국의 조건에 비하면 10분의 1의 비용으로 열 배나 되는 속도로 여행할 수 있었다. 그러나 중국이 철도를 받아들인다면 "그때는 멀리 떨어진 지역들이 더 가까워질 것이며, 정체된 것이 흐를 수 있 고, 비용을 절약할 수 있으며, 흩어진 것들이 모일 수 있을 것이다." 그리고 다 른 관리들이 경고했듯이 일본은 이 정책을 공격적 의도를 갖고 추진하고 있 었다.[62]

철도는 개인 투자자들과 통치자들에게 똑같이 매력적이었다. 철도는 특히 국가가 수익을 보장할 때 투자자들에게 큰 매력을 지녔다. 캐나다에서는 1849년부터, 프랑스에서는 파리에서 방사형으로 뻗어 나간 여섯 개 주요 노선의 계약을 체결한 제2제정 시절과 1880년대 제3공화정 시절에 국가가 수익을 보장했다. 철도는 큰 투자 사업이었지만 중앙정부가 세제 혜택이나 채권 이자 보장, 토지 취득 지원의 형태로 간접 보조금을 제공했기 때문에 엄청난 수익을 가져다주었다. 미국과 캐나다도 두 번째 발전 국면에서 철도 부지를 따라 철로 양쪽으로 번갈아 1제곱마일씩 토지를 제공했는데, 종종 귀중한 광물 자원에 대한 권리가 따라왔을 뿐 아니라 정착민을 유인하려는 의도도 숨어 있었다. 영국은 제국 속령의 지배자로서 인도 전역에 개발은 물론 방어의 목적으로도 철도를 건설하려 했다. 뒤늦은 개발자들은 자본과 기술을 수입했다. 오스만 제국의 술탄 압뒬하미트Abdülhamit 2세(재위 1876~1909)와 포르피리오 디아스Porfirio Díaz(압뒬하미트 2세와 거의 같은 시기에 멕시코의 권위주의적 대통령이었다.)는 각각 독일인들과 미국인들과 함께 일했다.

철도 건설로 국내의 정치적 동맹이 형성되었고, 이들은 대의 기구나 증권 거래소를 통해 국가를 지배했다. 국가의 보장이 있었기에 철도 컨소시엄은 금융자본을 지배한 이들과 상품생산의 부를 동원할 수 있었던 농업 엘리트들을 모두 끌어들일 수 있었다. 미국 남북전쟁 이전에도 대강은 드러났다. 일리노이주 민주당 상원 의원 스티븐 더글러스Stephen Douglas의 지원을 받은 강력한 철도업자들이 추가 철도 투자의 전제 조건으로 여겨진 서부의 영토 관리권을 확보하기 위해 남부의 당원들에게 굴복했던 것이다. 더글러스가 후원하고 에이브러햄 링컨이 웅변으로 반대한 1854년 캔자스·네브래스카 법은 앞서 북쪽에서 노예제가 금지되었는데도 지역 유권자들이 자신들의 영토에서 노예제를 합법화할 수 있어야 한다고 규정했다. 더글러스와 철도는 일시적으로 그 문제에서 승리를 거두었지만 결국 노예제를 둘러싼 전국적인 근원적 갈등에 불을 댕겼다. 10년 내에 철도는 시카고와 배후의 농업 지역을 연결했지만 나라는 더욱 분열되었다. 역설적이게도 북부에서 널리 성장한 철도는 링컨이 분리주의를 천명한 남부에 맞서 수행한 큰 전쟁에서 이기는 데 일조했다. 철도 노선 덕분에 북군은 조지아와 테네시, 미시시피강 유역의 중심지로 군대를 들여보내 서서히 남부 연합의 목을 조를 수 있었다. 남부에서 철도의 급격한 확대는 1865년 이후에 시작되었다. 1873년의 위기로 중단되었다가 재개되었을 때 북부의 자본은 훨씬 큰 역할을 수행했다. 특히 일리노이 중앙 철도의 미시시피강 유역 지배에서 역할이 두드러졌다.

농장주 계층은 서서히 교훈을 얻었다. 플랜테이션 농장 소유주들은 북부의 산업 세력과 협력해 이전에 남부 연합에 속했던 주들로 철도를 연장했고 동시에 북부가 약속한 재건의 토대를 흔들고 그 땅의 아프리카계 미국인들을 새로운 양태의 종속에 처하게 했다. 여러 나라에서 그랬듯이 철도 투자 기회는 '옛' 토지 엘리트층과 공업에서 성장한 '새로운 사람들'을 함께 끌어들였다. 유럽과 북아메리카, 남아메리카, 유럽의 식민지에서 그런 일이 있었다. 정치 엘리트들(일부는 선출직이고 일부는 전문 관료였다.)과 지주 부호, 도시의 은행가, 이윤과 기술에 열광해 휩쓸린 수많은 하위 투자자가 새로운 철의 삼각지대를 이루어 정치를 지배했다.[63]

물론 지역 차원에서는 대체로 자산가와 부자가 자신들에게 의존하는 사람들의 노동과 삶의 조건을 통제했다. 세계 곳곳의 촌락에서 주요 지주들은 권력과 복종을 누렸다. 복종이란 소작농이나 촌락 주민 들이 지속적인 강제 없이도 지주들에게 대체로 존경을 표했다는 뜻이다. 알렉시 드 토크빌Alexis de Tocqueville은 어쨌거나 큰 혁명을 한 차례 겪고 작은 혁명을 여러 차례 반복해서 겪은 나라인 1848년의 프랑스에서 자신의 땅에 살던 농민들이 새로이 얻은 투표권을 행사하는 문제에 대해 어떻게 자신에게 조언을 구했는지 얘기한다. 50년 후에 이탈리아의 마르크스주의 이론가 안토니오 그람시Antonio Gramsci는 이데올로기적 '헤게모니'라는 개념을 전개하는데, 경제적 피라미드의 맨 밑에 있는 이들조차 법과 사유재산, 기존 사회구조를 전체적으로 수용한다는 의미였다. 이 헤게모니는 지배의 진정한 접합제, 다시 말해 계급 관계에 적용되는 '부드러운 권력'이었다. 미국의 상황은, 적어도 아프리카계 미국인 노예제라는 강압적 틀을 벗어나면 최소한의 복종도 허용하지 않았을 것이다. 동유럽과 발칸반도, 오스만 제국의 사회들은 더욱 강력히 통합했다. 농민들은 이마에 손을 갖다 대거나 지주의 손끝에 입을 맞추었다. 일본의 농민은 메이지 '유신'에 이르기까지 귀족 사무라이 앞에서 과장되게 머리를 조아려야 했다. 그러지 않으면 혹독한 결과가 뒤따를 수 있었다. 동아시아에서 농민의 정치 참여는 이따금 발생한 동란이나 저항운동에 국한되었다.

　(미국의 주든 프랑스의 도든 독일의 공국이든) 광역 차원과 중앙 차원에서 권력은 전통적 엘리트에게 있었지만 1830년대와 1840년대에는 공업과 상업의 부나 전문직, 관료 등 새로운 자산가들의 도전을 받았다. 유럽의 분석가들은 그때 이후로 이들을 부르주아, 때로는 중간계급이라고 불렀다. 물론 그 명칭은 종종 더 온건한 계층을 가리킬 때도 있었다. 1848년의 혁명들은 이 부류가 권력을 장악하려 애쓰는 것을 보았지만 이들은 내부의 분열로 후퇴했다. 그러나 1850년대와 1860년대의 정치는 새로운 노선에 따른 변형일망정 변형의 성격을 띠게 되었다. 정당이 중요해진 곳에서는 정당의 이데올로기적 통일성이 줄어들었다. 영국의 토리당은 관세라는 근본적 문제로 분열했고, 미국의 휘그당은 노예제 문제로 분열했다. 멕시코든 일본이든 이탈리아든 프로이센이든 정당이 없는 곳에서도 정치 엘리트들은 산업의 근대화와 정치의 중앙화 문제를 두고 분열했다. 이러한 분열은 이후 몇십 년간 사회를 개조하거나 보존하려고 분투한 전 세계적 제휴 관계를 만들어 낸다.

국가 재건의 전쟁들

　국가 재건은 평화로운 과정이 아니었다. 19세기 중반 아프리카에서는 정도가 덜했지만 국가의 재건에는 모든 대륙에서 폭력과 전쟁이 동반되었다. 몇몇 경우에는 세워진 지 오래된 국가들이 다시 무기를 들었다. 중부 유럽에서는 정치적 대중이 정신적 차원에서는 이미 자신들의 나라가 존재한다고 느낀 반면(프란체스코 크리스피Francesco Crispi는 1865년 3월 존경받는 이탈리아 민족주의 전도사 주세페 마치니Giuseppe Mazzini에게 보낸 편지에서 이렇게 썼다. "국가는 개인이 존재하는 것과 동일한 방식으로 존재하며, 그 사실을 선포하기 위해 국민이나 의회가 필요하지 않다.[64]) 라틴아메리카에서는 1820년대에 오랫동안 독립 투쟁이 이어졌지만 군대와 성직자, 농장주, 목축업자가 아직 단합된 공화국을 만들어 내지 못했다. 이 과정은 전쟁에 앞서 나타난 것이 아니라 전쟁으로부터 시작되었다.[65]

1850년대 중반부터 1860년대 중반 사이에 영국은 러시아에서 싸웠고 인도에서 큰 반란을 진압하느라 고투를 벌였으며 중국 해안에서 교전하고 있었고 라틴아메리카에도 이따금 개입했다. 프랑스는 러시아에서 영국과 같은 전쟁을 치르고 중국에서도 같은 군사행동에 관여했으며 이어 멕시코에 대규모 원정대를 파견했다. 앞서 1840년대에 멕시코를 침입했던 미국은 중앙아메리카 전역에 군사 원정대를 보내 우루과이와 아르헨티나에 병력을 상륙시켰고 남북전쟁에서 인력과 에너지를 소비했다. 국가의 건설자들이 외국의 저항을 극복하기 위해서든 국내에서 통합의 정서를 강화하기 위해서든 무력 투쟁을 통해 새로이 획득한 영토를 통합하려 하면서 많은 전쟁이 국가의 전쟁이 되었다. 다른 분쟁들은 내부의 전쟁, 즉 '내전'으로, 타협이 무산된 후에 국내에서 누가 어떤 원리에 따라 통치할지의 중대한 문제를 두고 벌어진 무력 투쟁이었다. 어떤 전쟁들은 두 가지 성격을 다 지녔다. 합스부르크 제국과 오스만 제국 같은 옛 육상 제국은 신민들의 국민국가 건설 열망이 더욱 강렬해지면서 특별히 취약함이 드러났다. 이러한 지정학적 집합체는 반복적으로 분쟁에 휘말렸고, 제국의 중앙 권력에 맞서 싸움을 벌이는 토착 민족들에 외부 국가들이 합류했다. 러시아는 운이 좋았다. 크림 전쟁에서 영국과 프랑스, 사보이아와 싸우면서 처음에는 패배했지만 오스만 제국과 중앙아시아의 칸국들에 희생을 떠넘기며 팽창할 수 있었다.

유럽의 역사가들은 1792년에서 1815년 사이에 프랑스 대혁명과 나폴레옹의 팽창을 비롯한 25년간의 전쟁이나 20세기 전반에 있었던 두 차례 세계대전에 비해 재건 전쟁의 중요성을 때때로 가볍게 본다. 1820년대와 1830년대에 라틴아메리카와 오스만 제국의 유럽 지역에서 독립 투쟁이 새롭게 불타올랐지만 1815년 이후 한 세대 동안 전쟁이 줄어든 것은 사실이다. 유럽의 팽창 전쟁이라고 이름을 붙이면 좋을 무력 분쟁은 1830년 프랑스의 알제리 점령과 1842년 중국 남부 삼각주에서 벌어진 영국과 청나라의 충돌, 즉 아편전쟁으로 이어졌다. 영국은 광저우에서 교역할 권리를 부정하는 청나라의 도전을 받아들이는 동시에 인도 서부의 인더스강 유역으로 밀고 들어갔다. 물론 지역 제후나 라자와 협력 정책을 추구한 것도 무력시위만큼이나 침투에 도움이 됐다. 그렇지만 팽창 정책은 영국을 1846년 제1차 아프가니스탄 전쟁으로 끌어들였다. 아메리카와 아프리카, 중앙아시아의 토착민 연합국에 맞선 유럽인의 팽창 전쟁, 즉 '백인'의 팽창 전쟁은 1860년대와 1870년대에 자국 영토의 수도에서 아주 멀리 떨어진 곳에서 재개된다. 이러한 전쟁들은 과도적 성격의 분쟁을 대표했다. 부분적으로는 침입하는 국가들의 세력 확대를 위한 전쟁이었지만 동시에 20세기에 널리 퍼지는 새로운 유형의 대량 학살 전쟁을 떠올리게 한 군사 활동이었다. 국가 재건 전쟁은 점점 부족 절멸 전쟁이 되어 갔다.

물론 규모와 범위, 참전 병력, 지속 기간은 매우 다양했다. 그러나 이 전쟁들에는 계급과 국민적 단결의 토대와 조직을 바꾸려는 노력이 필연적으로 따라왔다. 18세기 내내 유럽의 분쟁에서 매우 두드러진 왕조의 권리 주장은 1830년대에 에스파냐에서 벌어진 카를로스파 전쟁[19]에서 여전히 중요한 역할을 했고 1870년 프로이센-프랑스 전쟁에서도 하나의 구실이 되었지만 다른 경우에는 쓸모가 없었다. 몇몇 전쟁은 반란이나 분리 독립 시도에서 발생했으며, 다른 전쟁들은 병합 노력에 관련되었거나 영토적 권위의 중앙화를 추구했다. 이 전쟁들이 늘 그러한 관점에서 구상되었다는 말은 아니다. 그러나 이러한 것들이 암묵적으로나 명백하게 드러난 이해관계였다.

비판자들은 이의를 제기할 수 있다. 어떤 의미에서는 모든 전쟁이 국가 재건 전쟁 아닌가? 프랑스 혁명전쟁과 나폴레옹 전쟁이 나폴레옹 위성국가들의 관리에 큰 변화를 가져온 것은 분명하다. 많은 나라가 프랑스의 국민 동원이 준 것처럼 보이는 이점에 대해 알게 되었기 때문이다. 1792년에서 1830년까지 유럽과 아메리카에서 발생한 전쟁들은 교회의 영토 지배권을 대부분 없애버리고 행정부에 교육받은 새로운 엘리트들을 앉혔으며 유능한 지휘관들에게 군 고위직의 문호를 개방하고 영국이 결정적인 해상 패권을 얻을 수 있게 했으며 대군을 동원했다. 그러나 이 전쟁들은 대체로 과격한 혁명적 소요의

_____ **19** 1833년에 에스파냐 국왕 페르난도 7세가 사망한 뒤 네 번째 부인 마리아 크리스티나가 어린 딸을 대신해 섭정할 때 페르난도 7세의 동생 카를로스Carlos와 그 추종자들이 왕위를 요구하며 벌인 전쟁.

——— 국가 통합 전쟁의 절정: 1870년 가을, 파리를 포격하는 독일군을 그린 삽화. 미국 남북전쟁
이후 프랑스-프로이센 전쟁은 19세기 중반의 현저한 특징이었던 국가 건설 전쟁 가운데 가장 큰
전쟁이었다. 독일의 신속한 승리는 세간을 깜짝 놀라게 했고, 승리 덕에 오토 폰 비스마르크는 통
합된 독일제국의 체계를 완성할 수 있었다. 반면에 패배한 프랑스에서는 제2제정이 포위된 제3공
화정으로 대체되었다. (Library of Congress)

결과로, 나중에는 보나파르트의 만족을 모르는 야심의 결과로 여겨졌다. 그
리고 이 전쟁들이 끝나면 18세기 말의 계급적·헌법적 균형과 적당히 땜질한
세력균형을 토대로 한 위계질서를 다시 안정시키려는 노력이 경주된다. 유럽
대륙에서 최종적으로 승리를 거둔 통치자들은 기독교 원리의 강화 위에 세워
진 복고 체제인 신성동맹을 구상하기도 했다. 아메리카에서만 앤드루 잭슨이
나 시몬 볼리바르처럼 인민주의적 공화국을 지지했던 자수성가형 군사 지휘
관들이 농업 질서의 회복이라는 관념을 거부할 수 있었다.

1840년대 말부터 1870년대 말까지 이어진 국가 재건 전쟁들은 이러한 몇
가지 특징을 공유했다. 그러나 그 중심에 장래에 헤게모니를 쥘 황제나 과격
한 이데올로기는 없었다. 이 전쟁들은 잠식해 들어오는 국민국가 질서에, 세
속화 작업을 완수하고 다민족 제국에 도전하려는 노력에 찬성하거나 반대하
는 전쟁이었으며, 국가 재건 전쟁들은 전쟁의 세계, 전쟁하는 국민국가들의

세계에서 살아남으려는 전쟁이었다. 이 전쟁들이 1864년의 적십자 조직처럼 폭력을 완화하기 위한 국제적 노력을 낳은 한 이 전쟁들은 주로 향후 전쟁의 기본 규칙을 제시한 것이다. 이 전쟁들 가운데 일부를 표 1.3에 열거했다.

표 1.3 국가 재건 전쟁들

1845-1847	스위스 국가 통합 전쟁(분리 동맹 전쟁).
1846-1848	멕시코 북부 영토의 통제권을 둘러싼 미국-텍사스-멕시코 전쟁.
1848-1849	북부 이탈리아의 지배를 위한 전쟁: 피에몬테와 의용군 대 오스트리아.
1849	마자르족이 합스부르크 왕가의 통치에 반대해 일으킨 반란을 진압하려 한 오스트리아와 러시아의 전쟁.
1850-1864	양쯔강 유역에서 태평천국의 분리주의 운동가들과 청나라 사이에 벌어진 전쟁.
1853-1855	흑해와 오스만 제국 영역에서 러시아 세력을 제한하려 한 영국과 프랑스, 피에몬테의 크림 전쟁.
1856-1857	영국의 인도 군대 폭동 진압과 식민지 통제 강화.
1856-1860	제2차 아편전쟁: 영국과 프랑스가 청나라로부터 연장된 치외법권 기간을 인정받음.
1858-1860	멕시코 내전('개혁 전쟁').
1858-1860	오스만 제국의 근동 지역 반란과 레바논 산과 베이루트, 다마스쿠스에서 벌어진 종파 투쟁.
1859-1860	오스트리아의 북부 이탈리아 지배를 끝내려는 프랑스와 사보이아 대 오스트리아의 전쟁. 남부 이탈리아를 부르봉 왕가로부터 빼앗으려는 가리발디와 협력해 수행.
1860년대	남부 이탈리아의 '브리간타조(산적(Brigantaggio))': 새로운 이탈리아의 행정과 점령에 반대한 지속적인 게릴라 공격이 신생 왕국의 사나운 보복으로 결국 진압됨. 1862년과 1867년에 로마에 반대한 가리발디의 실패한 군사행동.
1861-1865	남부 연합의 분리를 저지하기 위한 미국의 전쟁.

1863~1866	프랑스 원정군의 멕시코 장악. 멕시코 내전.
1864	슐레스비히의 국적을 둘러싼 독일연방과 덴마크의 전쟁. 중부 유럽에서 독일의 지도권을 차지하기 위한 1866년의 프로이센-오스트리아 전쟁과 베네치아와 알프스 지역에서 오스트리아를 내몰기 위한 프로이센-이탈리아-오스트리아 전쟁으로 이어짐.
1864~1870	삼국동맹 전쟁: 파라과이가 8만 명의 주민, 즉 13~60세 남성 인구의 절반과 영토의 40퍼센트를 브라질과 아르헨티나, 우루과이에 빼앗김.
1866~1869	오스만 제국에 맞선 크레타인(그리스인)들의 실패한 봉기.
1867~1868	일본 내전: 도쿠가와 막부의 지지자들이 메이지 정부의 군대에 패배.
1870~1871	영토를 조정하고 북독일과 남독일을 프로이센의 주도로 통합하려 한 프로이센-프랑스 전쟁.
1875~1878	러시아가 불가리아의 독립 투쟁을 지원해 오스만 제국을 격퇴하고 산스테파노 조약 체결. 이후 베를린 회의에서 포괄적인 범유럽적 조약으로 수정됨.

출처: Brian Holden Reid, *The Civil War and the Wars of the Nineteenth Century* (New York: HarperCollins/ Smithsonian Books, 2006).
주: 이 목록은 완전하지 않다. 에스파냐에서 일어난 것(1873) 같은 몇몇 분리주의 사건이 빠졌다. 그러나 중국이 유럽의 압박에 저항하려 했지만 실패한 노력은 포함되어 있다.

유럽의 분쟁들과 미국 남북전쟁은 전통적인 사회적·정치적 조직을 수호한 세력에 맞서 국가나 제국의 원리를 재구성하고 그 위에 국가를 수립하려는 무력 투쟁을 대표했다. 이 전쟁들은 의도나 동기와 별개로 오늘날 지배적인 것과 매우 유사한 사회적 제도를 낳았다는 점에서 근대화 전쟁이라고 불러도 될 것이다. 이 전쟁들에 뒤이은 몇십 년 동안 19세기 중반에 통합된 바로 그 국민국가들은 끌어모은 힘과 기술적 위용을 '주변부'로 돌린다. 이는 1부의 머리말에서 언급한 대로 백인 정착지 주변부에 살던 유목민 연합의 방어 투쟁을 낳았으며, 1880년대를 지나 19세기 말까지 이어진 다른 대결도 초래했다. 양편에서 공히 만행을 저지른 것이 이 싸움들의 특징이었다. 미주리강 유역을 장악하려는 미국에 맞선 아메리카 인디언의 저항, 1880년대 남서부에서 벌어진 아파치족 전투, 영국이 남아프리카 장악에 반대하는 줄루족 국가를 정복한 전쟁, 러시아의 중앙아시아 스텝 지역과 고지대 장악에 저항한 중앙아시아 칸국들의 허망한 노력, 종족 학살이나 다름없었던 아르헨티나의 파타고니아 점령, 유카탄반도에서 멕시코 국가 당국에 맞서 이따금 저항한 마야족의 싸움이 그러한 사례들이다. 그러나 주변부의 작은 국가들을 겨냥한 정복 전쟁도 있었다. 파라과이와 벌인 삼국동맹 전쟁에는 과격한 전쟁의 요소들이 있었다. 전쟁 이전 인구의 절반가량이 사망해 근대 전쟁에서 최고의 국민 사망률을 기록했을지 모른다. 그럼에도 파라과이는 여전히 외교 대표단을 갖춘 잘 조직된 나라였다.

주변부와 그곳 주민을 정복하는 일이 대체로 완료되면(미국 시민들은 이 결말을 변경의 끝closing of the frontier이라고 부른다.) 서로 경쟁하는 제국주의 국가들 간의 큰 전쟁들(1894~1923)로 20세기가 시작된다. 어떤 나라들은 강성해지고 다른 나라들은 한 세대 전에 그랬듯이 내부의 어려운 위기에 다시 한번 봉착한다.

19세기 중반의 국가 재건 전쟁들은 나폴레옹 전쟁이나 제1차 세계대전보다 동원한 인력이 적고 참여자들에게 강요한 사상률도 낮았지만(태평천국의 난과 미국 남북전쟁은 예외다.) 오래 끌 수 있었고, 종종 진지전과 포위전, 긴 전선이 포함된 전쟁을 수반했다. 비스마르크는 피는 물론 철에 관해서도 옳았다. 이 싸움의 승자들은 후장식 라이플총, 초기 형태의 속사 연발총, 더 치명적인 대포, 철갑선, 하상 전투에서 위력을 발휘한 포함 등 산업혁명으로 획득한 물자에 의존했다. 잠수함의 원형과 초기 어뢰(어뢰는 당시 오스트리아 영토였던 트리에스테에서 영국인 기술자 로버트 화이트헤드Robert Whitehead가 발명했다.)가 등장했다. 가장 중요한 것은 철도의 발달이었다. 철도 덕에 많은 병사가 비교적 빠른 속도로 이동할 수 있었다. 철도는 미국 남북전쟁과 독일 통일 전쟁이 청나라의 대규모 내전이었던 태평천국의 난과 어떻게 달랐는지 보여 주었다. 태평천국의 난은 훨씬 일찍 시작되었지만 1860년대 같은 시기에 결말이 났다. 중국에서 벌어진 싸움에서는 피비린내 나는 대량 학살이 특징이기는 해도 5000~1만

5000명의 부대들이 배에 올라 양쯔강의 동서로 이동한 반면 미국에서 벌어진 전쟁에서는 10만 명이 넘는 군대를 바다와 강의 운송 수단은 물론 철도로도 수송했다.[66]

이 대규모 충돌을 참관하라고 파견되었거나 때로는 싸움을 거들라는 명령을 받은 명민한 무관들은 다른 사실을 발견할 수 있었다. 철도가 더 많은 군대를 더 빠르게 배치하고 근대의 대포가 구식 요새를 무너뜨렸을지는 몰라도 남부 연합의 로버트 E. 리Robert E. Lee 장군이 버지니아에서 그랬듯이 방어군은 줄기차게 땅을 깊이 팔 수 있었다. 1866년 여름 프로이센이 오스트리아에 거둔 눈부신 승리는 어떤 점에서는 오해하기 쉽다. 전쟁에서 프로이센과 독일 국민국가의 우세가 결정적이었지만 모라비아의 사도바(쾨니히그레츠)에서 프로이센이 거둔 승리는 노쇠한 적군에게나 성공적으로 쓸 수 있는 비교적 구식의 횡대형 공격 전술이 가져온 결과였다. 매우 영민한 관찰자인 오스트리아 대공 알브레히트Albrecht가 말했듯이 프로이센은 부대 장교들에게 책임을 위임한 반면 그의 제국 군대 조직은 모든 수준에서 책임을 방해했다.[67] 소규모 부대의 주도적 조치를 장려하는 것은 나폴레옹 시절 프랑스군의 승리부터 1940년 독일군의 승리까지 전장의 성공을 가져오는 비결이었으며, 그러한 접근 방식은 1945년 이후 오랫동안 이스라엘의 정책에 깊은 영향을 미친다.

근대의 전쟁이 종종 전장에서 멀리 떨어진 곳에 있는, 국가의 무력 동원에 필요한 조직들에서 결정된다는 사실도 똑같이 중요한 교훈이었다. 프로이센은 장교들이 모여 중앙 계획 기구이자 전장 투입 부대의 작전 협의 기구 역할을 수행한 군사적 두뇌 집단인 총참모본부를 가장 먼저 설치했다. 고난이 끝도 없이 계속된다는 전쟁의 특징은 (물자를 조달하고 수송과 보급, 군수품 비축을 감독하며 신용과 자금을 준비하고 의료 서비스를 확대하기 위해) 국가기관들을 조직하거나 확대해야 한다는 뜻이었다. 비행 무기에 희생자들이 생기면서 군 병원의 재조직이 이루어졌다. 플로렌스 나이팅게일Florence Nightingale은 크림반도에서 영국군을 위해 일했고, 미국 위생국은 남북전쟁에서 북부 연방 군대의 부상자들을 돌보았다.[68] 그리고 군대는 돌격하는 기병들이나 연줄이 있는 이들뿐 아니라 유능한 조직자들과 공병들도 진급시켜야 했다. 장교단을 충원하는 방식으로 직위의 매입 같은 옛 방식을 고수하던 나라들(영국도 포함된다.)에서는 전문적 훈련과 승인의 단계를 높여야 한다는 깨달음이 있었다.

아마도 가장 중요했던 것은 국가 재건 전쟁이 비무장 시민도 무력 분쟁의 참여자임을 암시하는 관념과 관행을 다시 도입했다는 사실일 것이다. 종전의 전쟁에서는 건물과 항구의 의도적 방화와 적어도 비공식적으로는 약탈과 강간이 없던 적이 없었다. 그리고 1789~1815년의 큰 전쟁들은 민간인 징집병들을 동원했다. 가장 주목할 만한 사례는 1793년 이후 프랑스의 동원이지만 곧이어 프로이센이 1813~1814년에 이를 모방했다. 전쟁은 젊은 남성들에게 조국에 봉사할 의무를 지워야 했다. 영국 밖에서는 그렇게 이해했다. 그러나 이러한 전쟁의 민주화의 한 부분으로서 전쟁을 일으키거나 지속시킨 책임을 민간인이 져야 한다는 관념이 출현했다. 이 경우에도 프랑스 대혁명은 무장한 국민을 불러냈지만 이 논리에 따라 국민을 표적으로 보는 관념은 결코 뚜렷하게 드러나지 않았다. 윌리엄 테쿰세 셔먼William Tecumseh Sherman 장군은 남부 연합의 부유한 요충 지역을 경제적으로 유린하면 적을 무찌르기 위한 북부 연방의 고투가 단축될 것이라고 판단했다. 1870년에 프랑스를 침입한 독일군은 프랑스의 민간인들이 비정규 유격대원franc-tireurs으로서 무기를 들 것이라고 확신했으며 나폴레옹 3세의 정규군이 굴복한 뒤에 적지 않은 게릴라 활동에 맞서 싸웠다.

요컨대 전쟁은 19세기 중반 국가와 국민, 제국의 재건에 중요했다. 영국령 북아메리카(캐나다)가 유일한 예외였을 것이다. 그 나라는 1830년대에 이미 벼랑 끝에 섰다. 1850년대 이후로, 아니면 적어도 1850년대부터 1970년대까지 널리 퍼진 형태의 근대 국민국가는 그것에 동반된 무력의 이용(폭발물, 즉 하늘을 나는 치명적 금속 파편들을 젊은 육신을 불구로 만들고 재산을 파괴하는 데 쓰는 것)을 고려하지 않고는 상상할 수 없다. 장군들(이들도 고통에 마음이 움직이고 낙담할 수 있었다.)은 물론 19세기의 자유주의적 국가 건설자들도 기꺼이 그 대가를 치를 뜻이 있었다. 덜 민감한 다른 이들은 그러한 행위를 인간다운 행위로 적극적으로 환영하는 것 같았다. 전쟁은 제국으로 가는 길인 동시에 국내에서 남성의 젠더 우위를 재확인하려는 투쟁이었다. 남성의 젠더 우위는 적어도 20세기에 많은 관련 분야에 여성을 입대시켜야 했을 때까지 확실히 전쟁의 한 가지 결과였다. 어쨌거나 최소한 국지적 대량 학살 정책이 제국의 유지를 위해 수행한 역할을 고려하지 않을 수 없었던 만큼 폭력의 불가피성도 무시할 수 없었다. 뒤이어 살피겠지만 그러한 의미에서 19세기는 20세기로 흘러들어간다. 그리고 당연하게도 이러한 정책을 주도한 이들은 대부분 대가가 필연적이며 치를 가치가 있다고 믿었다. 이 거래를 이해하려면 20세기 말의 인도주의적 도덕관념을 강요하지 말아야 한다. 오늘날 테러리스트들이 개인의 목숨이 소중하다고 해서 그 때문에 고귀한 원리와 충성심을 저버릴 수는 없다고 여전히 확신하는 것처럼, 19세기 중반에 역사는 점점 더 신의 뜻에 따른 인간의 희생으로 여겨졌다. 역사는 저급한 문화에 승리를 거두어야 하는 문명과 높은 수준의 문화가 쓰는 강압 수단이었던 것이다.

신을 위해서인가, 나라를 위해서인가

이 시기를 1847년 11월에 일어난 한 편의 희가극 같은 3주간의 내전으로 시작해 보자. 그 내전에서 가톨릭이 압도적으로 많은 일곱 개 스위스 주가 자신들만의 분리 동맹, 즉 존더분트Sonderbund를 결성했다가 프로테스탄트 군대의 침입을 받아 패배했다. 승리한 침략군은 사망 60명, 부상 385명의 희생자를 낸 반면에 패배한 가톨릭 주들의 희생은 사망 26명, 부상 114명이었다. 1843년 존더분트 세력은 가톨릭 수도원들을 폐쇄해 그 재산을 세속 정부에 넘기고 스위스 연방의 헌법을 강화하려 한 프로테스탄트 급진당의 기도에 맞서 연합했다. 루체른주가 예수회 수사들을 초청해 교육 센터를 세우려 했을 때 프로테스탄트 비정규군은 무기를 들고 가톨릭은 내부 동맹을 결성해 마침내 4년 뒤에 전쟁이 발발했다. 스위스의 통합과 중립은 1815년 빈에서 유럽의 질서 속에 새겨졌고, 따라서 분리는 결코 대안이 아니었다. 그러나 프로테스탄트의 승리로 연방이 강화되고 세속적 상업 세력도 지위가 높아졌다.

싸움에서 여러 세력의 줄서기는 새로운 것이 아니었다. 성실한 가톨릭교도는 계몽사상과 프랑스 대혁명 이후로 세속화의 길을 걷던 국가에 맞서 수세에 있다고 느꼈다. 에스파냐에서는 1812년 카디스에서 헌법(헌법은 복귀한 부르봉 왕가의 군주 페르난도 7세Fernando VII가 폐지한다.)을 밀어붙였던 자유주의자들이 1833년 왕비 마리아 크리스티나María Cristina가 딸 이사벨 2세Isabel II를 대신하는 섭정에 오르면서 영향력을 회복했다. 이에 피레네산맥에 있는 나바라의 가톨릭교도 전통주의자들이 분노해 작고한 왕의 동생을 위해 무기를 들었다. 그 결과 발생한 카를로스파 전쟁은 6년간 이어졌으며 유럽 외교의 주된 문제가 되었다. 1795년까지 프랑스의 지배를 받다가 1815년에 프로이센의 라인주에 배속된 이전의 가톨릭 대주교구 쾰른의 충성스러운 신도들은 프로이센 정부가 1840년에 고분고분한 대주교를 찾으려 하자 이에 반대해 시위를 벌였다. 분열은 암시하는 바가 컸다. 세속적 정책이나 프로테스탄트 정책을 지지하는 이들은 가톨릭 전통주의자들(알프스 산맥 너머의 종교적 권위에 충성한다는 이유로 '교황권 지상주의자ultra montanist'[20] 라고 불렀다.)의 친교황적 저항을 유발했다.

막 출현하던 국민국가와 가톨릭교회는 각자 제 갈 길을 가야 했는가? 이탈리아의 가장 위대하고 고무적인 민족주의 대변자 마치니는 국민을 종교 제도와 공존할 수 있는 신성한 결사로 보았다. 그러나 이후 두 세대가 지나면서 유럽 대륙의 국민국가, 즉 프로이센의 독일과 프랑스 제3공화정, 사르데냐 왕국(사보이아나 피에몬테), 통합된 이탈리아(1870년에 교황령을 점령했다.)는 점점 근대 자유주의와 국가교육에 반대하는 쪽으로 기준을 정한 교황의 권력을 희생시키며 재건되고 중앙집권화하며 세속화한다. 멕시코에서는 동일한 갈등이 큰 규모로 발생했다. 수도원의 토지는 국가 재무부의 관리들과 훗날 매입자가 될 부르주아에게 이따금 유혹의 손짓을 되풀이했다. 처음에는 1760년대에 이베리아반도와 이베로아메리카에서 그런 일이 있었고, 이어 대혁명 시대에 프랑스, 나폴레옹 점령기에 독일 국가들과 나폴리, 에스파냐, 그리고 1830년대에 다시 에스파냐, 1850년대 카보우르의 자유주의적 후원으로 피에몬테에서 있었다. 그러나 관건은 토지만이 아니었다. 펠리시테 라므네Félicité Lamennais 같은 낭만주의적 인민주의자가 몇몇 있었지만 로마 가톨릭교회의 성직자들은 점점 보수적인 태도 속에 갇혔다. 교황 비오 9세Pius IX(재

_____ **20** 'ultra montan'은 '산 너머 저편'이라는 뜻의 라틴어다.

위 1846~1878) 시절에 특히 심했다. 비오 9세는 1848년 혁명이 발발했을 때 어쩔 수 없이 로마에서 도피했고 교황령(중부 이탈리아에서 위쪽으로 볼로냐와 로마냐 지방까지 뻗어 있었다.)이 새로운 이탈리아 왕국에 조금씩 병합되는 것을 지켜보았다. 1864년 교황이 발표한 '오류에 대한 교서 요목Syllabus Errorum'은 가톨릭교도가 자유주의의 가르침을 받아들이는 것은 잘못이라고 주장한다. 1870~1871년 바티칸 공의회는 신앙과 도덕의 문제에서 교황은 오류가 없다고 주장한다. 교회 내부나 더 넓은 세상에나 민주주의를 위한 여지는 조금도 없었다. 프랑스의 권위주의적 가톨릭교도였던 루이 뵈이요Louis Veuillot는 교회는 교리를 전파하기 위해 표현의 자유를 원한다고 인정했지만 다른 이들에게 그 자유를 주어서는 안 된다고 확신했다. 로마 가톨릭은 19세기 국가의 새로운 세계가 약탈 세력이며(실제로 그런 경우가 흔했다.) 아이들에게 무신론을 주입한다고 보았다. 프로이센이 오스트리아에 맞서 싸우고 이어 비스마르크가 1870년대에 가톨릭교회에 맞서 싸운 것을 볼 때 프로테스탄트 교회도 똑같이 나빴다. 오스트리아는 교황권의 당연한 수호자이나 불행하게도 1857년 이후 이탈리아에서 축출되었고, 비스마르크가 문명을 위한 투쟁(문화투쟁Kulturkampf)이라고 직접 명명한 그 싸움에서는 프로이센의 예수회를 포함하여 수도회들이 해산되고 추방되었다. 이베리아반도에서는 프리메이슨이 세속적 조직망의 비밀 중심지로서 가톨릭교회를 위협했다는 생각이 있었다. 이러한 믿음은 프란시스코 프랑코Francisco Franco의 독재를 지나 1970년대 중반까지도 강력하게 유지되었다.

국가의 관리들과 자유주의자들은 이 웅장한 대결의 이면에서 양심의 자유와 언론의 자유, 근대적 재정 관리를 막으려는 보수적 특별 이권 세력을 보았다. 교육제도는 1870년 이후 싸움터가 된다. 가톨릭교도들은 이탈리아인들이 로마를 수도로 삼은 뒤에 '바티칸에 갇힌 포로'로서 고초를 겪고 같은 해 제3공화정이 수립된 후 가톨릭 왕당파의 쇠락에 상심했으며 멕시코에서는 권좌에서 쫓겨나고 독일에서는 (1878~1879년 비스마르크가 협력자를 바꿀 때까지) 박해를 받았다. 이렇게 포위된 가톨릭교도들은 파리 몽마르트 언덕의 사크레쾨르 성당 같은 봉헌 성당을 세워 자신들의 불경한 정치 체제가 저지른 계율

위반을 속죄하려 했다.(오스트리아 황제 프란츠 요제프는 '지지Sisi'라고 알려진 자신의 사랑하는 아내가 어느 무정부주의자의 칼에 찔린 일을 속죄하기 위해 빈의 링슈트라세에 신고딕 양식의 표본을 세우려 했다.) 세속 국가는 무례할 정도로 남성적이고 공격적이었기에, 아일랜드에서 가톨릭이 부활하던 시기에 그랬듯이 교구 생활을 점차 여성의 역할 중심으로 개조하는 교회를 대면하게 된다. 수녀뿐이 아니었다. 중간계급 여성들은 자선 활동과 좋은 일에 기여했다. 시골의 사춘기 소녀들은 이따금, 아마도 일요일 설교에서 교회의 정치적 순교에 관해 설명을 듣고 움직였겠지만 성모 마리아를 만나 이야기를 나누었다고 주장했다. 예를 들어 라인란트의 마르핑겐, 피레네산맥 프랑스 지역의 루르드, 그리고 나중에 포르투갈의 파티마에서 그런 일들이 있었다.[69]

그러나 성스러운 예수의 어머니가 고통에 못 이겨 이러한 성소들로 모인 수많은 순례자를 치료할 수 있었다 해도 정녕 자유주의적 국가와 그 행정적·상업적 개혁의 진전을 되돌릴 수는 없었다. 리틀빅혼강이나 줄루족의 전장에서 부족들이 거둔 일시적 승리가 변경에서 국민국가의 팽창에 저항하다 패배한 것을 기념하듯이, 성모 마리아의 새로운 성당들은 국민국가 내에서 그 권리 주장의 돌이킬 수 없는 후퇴를 기념했다. 프로테스탄트 국가든 세속 국가든 남성적이고 호전적이었던 국민국가는 상업 활동에 매진하고 철도를 건설하고 성능이 향상된 새 대포와 소총, 군함을 매입하면서 전진했다. 국민국가의 상업적 에너지가 정치적으로 분열된 이 영토 단위들의 평화로운 경쟁을 보장할지, 아니면 그 군사적 본능(그 탄생에 동반된 전쟁 때문에 더 강화되었다.)이 파멸적 싸움을 낳을지는 아직 결정되지 않았다. 분명한 것은 두 가지 결말을 각각 예견한 평자들이 있었다는 사실이다.

널리 퍼지게 될 새로운 충성을 민족주의에 대한 충성이라고 분류하는 것은 옳지만 너무 단순하다. 민족주의는 원래 원시적이고 생명력 넘치는 사람들을 찾아 한데 끌어모아 정치적 형태를 갖추고 영토를 확정하고 정부를 수립하라고 권하려던 엘리트들의 관념이었는데, 프랑스 대혁명과 나폴레옹 전쟁 덕에 유럽의 의제가 되었다. 프랑스 제국의 황제 나폴레옹 1세Napoléon I는 치세의 중간쯤에 적들을 자극해 민족주의적 저항의 말을 내뱉게 했다. 에스파냐에서 추방된 부르봉 왕가의 열성적 지지자들과 카디스의 입헌주의자들, 이베리아반도에서 동원된 게릴라 활동에 참여한 민중이나 부르봉 왕가의 군인이었던 이들이 단일한 대오를 결성했다. 프랑스에 점령된 베를린에서 강의하던 철학자 요한 고틀리프 피히테Johann Gottlieb Fichte는 독일 '국민'에게 말하겠다고 주장했다. 조국의 정치적 독립을 갈망한 이탈리아의 작가들은 오스트리아가 지배하는 롬바르디아나 나폴리만의 개혁이 아니라 하나의 정치적 단위로서 이탈리아 전체의 개혁을 옹호했다. 프로이센과 그보다 작은 나라들의 몇몇 지식인과 군사 지도자는 (프로이센의 부활이 그들이 지닌 열망을 실현하는 실마리가 될 수도 있었지만) 프로이센의 부활이나 중부 유럽을 위한 연합 조직의 부활이 아니라 독일 국민의 부활을 꿈꾸었다. 1812년 영국에 대항해 전쟁을 벌였고 캐나다와 몇 년 뒤에는 쿠바를 병합할 생각을 하던 미국인들은 국민의 파괴력이라는 새로운 줄을 퉁겼다.

물론 막 등장하던 이 관념의 뿌리는 시간을 한참 더 거슬러 올라간다. 국제적 행위자요, 교회의 통제에서 해방되어야 하는 권력이라는 국가 개념은 르네상스 이후로 점점 강해졌다. 18세기에는 국민Volk을 집단적으로 언어를 만들고 서사시에 영감을 불어넣고(유명한 사례를 하나 들면 '오시안Ossian'이 썼다는 스코틀랜드의 서사시는 날조된 것이다.) 민요와 동화를 수집한 생명력 넘치는 민족으로 보는 관념이 부활했다. 그러한 수집 사례로 가장 유명한 것은 나폴레옹 시대 이후 그림Grimm 형제가 모은 것인데, 그림 형제는 민주적 정서를 가졌다는 이유로 정치적 박해를 당하기도 했다. 그 시대의 낭만주의적 감수성이 이 새로운 정서의 호소력을 강화했다. 국민이라는 정서는 감동적 연설뿐 아니라 문학과 시, 오페라에서도 자양분을 얻을 수 있었기 때문이다. 1830년대의 학생들과 다른 활동가들은 청년 이탈리아 운동이나 청년 아메리카 운동 따위의 결사체를 만들었다. 독일에서는 클레멘스 폰 메테르니히Klemens von Metternich가 1819년 카를스바트 법령으로 독일연방에 강요한 억압적 검열에 분노한 학생들이 로마 가톨릭교회의 권위에 도전한 마르틴 루터Martin Luther의 최초 저항 300주년을 축하했으며, 1832년에는 루터가 은신했던 작센의 성에서 애국 집회를 열었다.[70]

그러나 국민은 꿈꾸기는 쉬워도 만들기는 어려웠다. 이탈리아인들의 노력은 1848년과 1849년에 모두 실패했다. 교황을 대통령으로 하여 이탈리아 연방을 수립하자고 제안한 이론가들이 있었고, 단순히 연방만 요구한 이들도 있었다. 사보이아의 젊은 군주 카를로 알베르토는 오스트리아가 지배하는 이탈리아 도시들을 휩쓴 혁명 운동을 자신이 장악할 수 있다고 생각했다. 카를로 알베르토는 군대를 모집해 국경의 강을 건너 롬바르디아로 들어갔지만 호되게 패배했다. 베네치아의 반란자들은 형편이 나았다. 이들은 공화국을 선포하고 1849년까지 도시 안에서 공화국을 유지할 수 있었다. 그러나 1848년 가을 어린 프란츠 요제프가 단호한 정치 고문이었던 귀족들과 장군들의 후견 아래 제위에 오르면서 합스부르크 왕실은 우유부단함을 내던졌다. 오스트리아는 여전히 크고 강력했으며 북부 이탈리아에서 북에서 남으로 이어지는 강의 주요 뱃길과 요새를 장악했고 빈 회의 이전부터 점령한 지역을 포기할 뜻이 없었다. 1849년 봄 카를로 알베르토는 다시 무기를 들었지만 또 패해 어쩔 수 없이 퇴위했다. 합스부르크 왕실의 군대는 무력으로 베네치아의 항복을 받아 냈다. 마자르족의 새로운 혁명에 대면한 오스트리아는 러시아의 지원을 받아 부다페스트의 분리주의 혁명 세력을 진압했다. 자유주의적 민족주의자들은 때를 기다려야 했다. 코슈트 러요시Kossuth Lajos와 카를 슈르츠Carl Schurz, 리하르트 바그너를 포함한 여러 혁명가는 일시적으로 피신하거나 영구 망명을 떠났다. 다른 이들은 더욱 폭이 좁아진 인민주의 정치의 한계를 받아들이고 새로운 온건 세력에 합류해 피에몬테의 자유주의적 지도부든 프로이센의 실용주의적 지도부든 1848년 이후 지도력을 장악한 세력과 기꺼이 타협하게 된다. 많은 지도자가 철도의 성장과 농업의 개선을 위해 일하는 협회들을 지원하는 데 힘을 쏟았다. 과학적 농업은 새로이 발달하던 공업만큼이나 영토는 물론 농지에도 의지했다. 카보우르는 지주였다. 말 시장과 해마다 열리는 과학 영농 박람회는 1850년대 아일랜드와 폴란드, 이탈리아처럼 중앙 정치가 아직은 선택 범위에 있지 않거나 범위를 벗어난 환경에서 사실상 일종의 정치 대용물 역할을 했다.[71]

　　1848년 혁명의 반동적 여파는 쓰라렸지만 비교적 짧게 지나간다. 반혁명 세력은 1848년 6월의 그날들 이후 파리나 베네토와 헝가리, 혁명의 빈 등 되찾은 영토에서 적들을 많이 쏴 죽였으나 1850~1851년에는 이들을 용서할 수도 있었다. 급진파도 태도를 바꾸었다. 1849년 러시아인 혁명가 망명객 알렉산드르 게르첸은 러시아에 있는 아들과 혁명 지도부에 이렇게 편지를 썼다. "나는 구체제 유럽의 필연적 몰락을 본다. 그리고 기존의 것은 아무것도, 교육이나 제도가 달성한 높은 수준도 애도하지 않는다." 게르첸은 화려한 문체로 이렇게 묻는다. "그렇다면 내가 여기 머무는 이유가 무엇인가? 내가 여기 머무는 것은 이곳에서 투쟁이 벌어지기 때문이다. 이곳에서는 피와 눈물이 흐를지언정 사회문제들이 해결되고 있으며, 불에 타는 듯 고통이 심해도 상황은 분명하다. 이 싸움은 정정당당하다. 아무도 숨지 않는다. 패자에게 화가 있겠으나 이들은 적어도 싸워 보기는 했다." 20년 뒤 게르첸은 한때 동지였던 급진주의자 미하일 바쿠닌Mikhail Bakunin에게 이렇게 쓴다. 바쿠닌은 여전히 혁명적 소요의 열성적 지지자였다.

> 당신은 인생의 시련을 겪고도 많이 변하지 않았구려. …… 내가 변했다면 모든 것이 변한 것임을 기억하오. 우리는 분노와 절망의 시절에(1848년 6월의 그날들을 말한다.) 바리케이드에 의존한 유혈 봉기의 끔찍한 사례를 보았지만 아무런 주장이 없었음을 깨달았소. …… 그러나 바리케이드가 승리했다면 무슨 일이 일어났겠소? 스무 살 된 그 만만찮은 전사들이 가슴속에 든 것을 전부 말할 수 있었겠소? 그들이 표명한 신조에는 건설적이고 체계적인 관념은 하나도 들어 있지 않았소. 그리고 경제적 오류는 간접적 영향만 미치는 정치적 오류와 달리 직접적이고 철저하게 파멸과 침체, 굶주림을 초래하오. …… 문제의 부르주아 세계가 통째로 날아간다고 해도 연기가 흩어지고 잔해가 치워진 후에는 다른 형태의 부르주아 세계가 출현할 것이오.[72]

그리고 실제로 그랬다.

통제된 변화

국가의 과제는 유럽에만 머물지 않고 훨씬 널리 퍼졌다. 1853년 미국 해군 중령 매슈 페리는 일본 정부와 협상을 개시하고자 군함 네 척의 소함대를 이끌고 오늘날의 도쿄 만 외곽에 정박했다. 일본 정부는 미국 함대에 대적할 만한 해군을 보유하지 못했다. 외부 세계와 교류를 단절한 이 사회에 미국 정부는 난파선 선원의 안전 보장과 상업 교류를 요구했다. 북아메리카의 이 공화국은 1840년대가 되면 멕시코로부터 캘리포니아를 획득하고 영국으로부터 오리건에 대한 권리 주장을 인정받아 태평양의 강국이 되었다. 미국의 배들은 중국 교역에 열을 올렸고, 교역로의 길목에 있는 일본은 석탄 공급 기지 역할을 하고 자국의 상품도 제공할 수 있었다. 페리의 방문 이후에 미국은 여러 차례 출입을 보장받기 위해 노력했지만 성공하지 못했다. 도쿠가와 막부 초창기부터 일본은 외부 세계에 문을 닫았기 때문이다. 유일한 예외는 일본 남단의 나가사키였다.

페리의 위협적 방문은 도쿠가와 막부에 15년간의 위기를 초래했다. 막부에 이름을 준 도쿠가와 이에야스德川家康는 전국시대 3대 영웅호걸의 마지막 인물로, 1603년 그칠 것 같지 않던 전투가 끝난 뒤 내전과 봉건적 분열로 붕괴된 옛 군주제에 새로운 성격의 해결책을 강요했다. 무기력한 궁정 귀족들과 함께 유지된 교토의 황실은 관념상의 결합을 보장하는 것 말고는 할 일이 없었다. 정책은 에도(오늘날의 도쿄)의 쇼군이 결정했다. 쇼군의 지위는 250년간 같은 집안에 머물렀다. 왕국은 약 아흔 개의 자율적 영지인 번으로 나뉘었고, 각 번은 군사와 행정의 관료 계층인 다이묘, 다시 말해 무기를 휴대할 수 있고 상인과 농민에게 예를 표하라고 요구할 수 있는 사무라이가 다스렸다. 도쿠가와 가문의 혈족과 1603년 이전부터 도쿠가와 가문에 합세한 후다이 다이묘譜代大名가 교토와 에도에 인접한 중심 영지들을 지배했다. 1603년 이후에 복종한 도자마 다이묘外樣大名는 일본 열도의 북쪽이나 남쪽 먼 곳 땅의 약 40퍼센트를 할당받았다. 다이묘들은 영지의 자율성을 보장받는 대가로 매년 6개월을 자신의 사무라이 가신들과 함께 에도의 쇼군 궁성에서 지내고 가족의 일부를 그곳에 남겨 두어야 했다. 다이묘들이 자신의 영지에서 에도를 오가는 참근교대參勤交代의 긴 행렬은 일본의 거리를 가득 메우고 에도를 무역과 사사로운 용역, 소비재의 중심지이자 생생한 연극과 오락의 무대로 만들었다. 18세기에 도시 에도의 상주인구는 대략 100만 명(추정치는 다양하다.)으로 런던과 파리, 이스탄불에 필적했다. 쇼군 궁성에서 거주하는 비용은 영주들이 농민으로부터 거둬들일 수 있는 수입의 절반까지 소비했다. 그러나 더 중요한 일은 도사 번, 조슈 번長州藩, 사쓰마 번薩摩藩같이 멀리 떨어진 영지에서 일어나고 있었다. 그 영지들에서는 유럽의 기술과 관리 방식을 연구해 모방하고 있었다. 청나라에서 같은 시도를 마비시킨 보수적 조정 관료의 저항이 그곳에서는 없었다.

조슈 번의 모리 요시치카毛利慶親나 사쓰마 번의 시마즈 나리아키라島津齊彬 같은 개혁적 다이묘들이 우세한 곳에서는 다이묘들이 막부의 보수적 세력에 도전하기 위해 준비했다. 개혁적 다이묘들은 서로 협력해 영지를 근대화하고 외국 세력의 침투 위협에 더 강력히 저항하려 노력했다.

그러나 1853년 미국의 방문이 근본적 문제를 제기했다. 일본은 서구에 문호를 개방해야 하는가, 아니면 문을 닫고 보수적 태도로 고립과 계층 사회를 고집해야 하는가? 이 문제는 보수적 막부 세력과 외곽 번의 조급한 민족주의자들 간의 분열을 고착시켰다. 막부 세력은 구체제를 보존하려 했고, 외곽 번의 민족주의자들은 왕국이 외세에 저항하고 영국과 프랑스가 청나라에 강요하던 치외법권 제도를 막으려면 근대화를 이뤄야 한다고 믿었다. 영국의 풋내기 외교관 어니스트 사토Ernest Satow의 일기를 보면 젊고 성급한 사무라이들이 외세에 지나치게 고분고분하다고 생각되는 정치 지도자들을 암살하면서 이 대결이 점점 폭력적으로 바뀌었음을 알 수 있다.[73] 1867년 조슈 번과 사쓰마 번, 도사 번의 개혁가들이 조정을 지배하게 됐다. 이들은 군대를 이끌고 에도로 진군한 뒤 쇼군을 압박해 지위를 포기하고 통치권을 젊은 메이지明治 천황에게 '반환'하게 했다. 이후 메이지 천황은 그들의 정책을 대변한다. 북부의 홋카이도 섬에서 1869년까지 저항[21]이 있었고 1877년에는 완강한 보수주

———— **21** 보신 전쟁戊辰戰爭을 말한다.

의자들(그중 한 사람인 사이고 다카모리西鄕隆盛는 정직하고 성실한 개혁가로서 인기를 누렸다.)의 반란[22]이 있었지만 실패했다.

메이지 유신은 사실상 위에서 주도한 통제된 변화였지만 근본적인 충격을 가져왔다. 일본이 외국의 성공적 모델을 빠르게 흡수한 것은 몇백 년 전 중국과 관련해서든, 1945년 미국에 패배한 뒤였든 일본 역사에 정기적으로 흔적을 남긴 특징이었는데, 일본은 한 번 더 그처럼 격렬한 시대로 진입했다. 1867년에서 채 몇 년 지나기 전에 새로운 과두 지배 집단이 일련의 포괄적 개혁 법령을 공포했다. 법률적 신분으로서 사무라이 계층은 소멸했고 다이쇼(길고 짧은 한 쌍의 칼)를 지닐 전통적 권리도 금지되었다. 옛 번은 중앙에서 임명한 지사가 통치하는 현縣으로 바뀌었고, 옛 다이묘는 화족華族이라는 작위 귀족이 되었다. 봉건적 결투가 금지되었고, 다이묘 지주들은 정부의 채권으로 보상받아 이자 수익을 얻었다.(러시아는 1861년에 국가가 농노제를 폐지하고 귀족 토지의 관리권을 촌락공동체에 넘길 때 이러한 보상 방법을 선택했다.) 과두 지배 집단은 조선소와 조병창을 건설하는 데 나섰고, 총명한 학생들을 외국에 보내 기술과 의학을 배우게 하는 집중 프로그램을 시작했다. 한 세대 만에 일본은 변했고 국가적 굴욕을 피하는 것은 물론 청나라에 요충지를 확보하고 조선의 조정에 영향력을 행사하려 함으로써 제국주의적 승부를 겨루기로 결정했다. 일본 국가는 국민국가 체제에 단호한 참여자로 성공리에 진입했다.

일본은 엘리트들이 동아시아에서 더 적극적인 역할을 해야 한다고 주장하는 1890년대에 들어서야 더 많은 시민을 끌어들이며 국가적 사업을 확대했다. 이제 노년에 접어든 메이지 정부의 개혁가들은 지침으로 삼기 위해 유럽의 헌법들을 조사한 뒤 선거로 구성한 입법부에 폭넓은 역할을 부여한 영국이나 미국, 프랑스의 모범을 버리고 독일 모델을 선택했다. 새로운 메이지 헌법은 군주와 그의 문관들에게 의회 제도를 제한할 수 있는 강력한 역할을 허용했다. 새로운 총리의 직무는 천황의 뜻에 좌우되었다. 군부는 육군성과 해군성으로 핵심 내각의 역할을 부여받았으며, 육군은 의회의 감사를 면제받

---

22 세이난 전쟁西南戰爭을 말한다.

았다. 1890년 교육칙어教育勅語는 제국이 애국 교육을 통해 시민에게 충성심을 불어넣는 것을 구상했다.[74]

역사가들과 사회학자들은 프랑스 혁명 같은 혁명적 격변의 특성을 잡아 낼 방법을 모색했듯이 일본이 겪은 것 같은 경험의 특성을 포착할 방법을 오 랫동안 탐색했다. 마르크스주의 이론은 이따금 이의가 제기됐을지언정 그럴 듯한 틀을 100년 넘게 제공한 것으로 보인다. 마르크스주의에서 연유한 설명 들은 과거의 봉건적 농업 엘리트에 맞서 경제 발전과 시장의 힘, 보편적인 법 률적 규범을 옹호한 부르주아 세계, 즉 중간계급 세계의 옹호자들이 변화의 작인이라고 보는 경향이 있었다. 상업과 초기 공업의 성장은 새로운 이해관계 집단을 만들어 냈고, 이들은 정치적으로나 법률적으로 더 많은 역할을 요구 해 결국 획득했다. 그 과정은 순조롭지만은 않았고 일련의 혁명적 소요를 거 쳤다. 그리고 지지자들이 흔히 그렇게 믿었듯이 그 새로운 역할은 최종적으 로 집단적 소유의 새로운 시대에 노동계급에 권력을 가져다줄 터였다.[75] 이러 한 역사적 설명에 반대한 이들은 옛 귀족의 성원들이 개혁 노력을 이끈 경우 가 종종 있었다는 점을 강조했으며 무기를 든 이들이 품은 열망이 보수적이 었음을 지적했다. 이는 짧은 역사적 글에서 해결할 수 있는 논쟁이 아니다. 마 르크스주의적 분석은 근본적 변화 과정들 사이의 유사성을 밝히는 데는 아 마도 가장 유용하겠지만 개별적 변화의 궤적을 상세히 설명할 때에는 설득력 이 떨어진다. 마르크스주의적 분석은 마르크스 자신과 그의 협력자 프리드리 히 엥겔스Fredrich Engels를 비롯해 그 주창자들이 1848년 프랑스와 독일의 혁명 처럼 자신들의 초기 모형을 따르지 않는 사건들을 설명해야 했을 때 종종 뛰 어난 통찰력을 보여 주었다.[76] 일본의 민족주의적 사무라이들(또는 프로이센 엘 리트층)의 결정적 역할에 직면한 분석가들은 지난 18세기의 변화를 흔히 위 로부터 실행된 근대화라고 설명하려 했다. "위로부터"라는 표현은 때로는 장 관이요, 때로는 군주였던 국가의 지도자들이 중대한 개혁을 추진해 구체제의 '봉건적' 제도들을 파괴했다는 점에서 옳다. 그렇지만 폭넓은 기반의 민중운 동과 촌락과 지역의 권리에 대한 완고한 충성이 전혀 없지는 않았다. 외부인 들은 이 시기의 격한 내분을 좀처럼 보지 못했겠지만 (1850년대와 다시 1930년대에 두드러진 암살과 대조적으로) 일본의 지도자들은 자신들의 정책을 두고 격렬하고 활발한 토론을 벌였다. 실제로 "위로부터" 실행된 근대화는 정치인들이 집단적 생존에 재정의 효율성과 산업과 군대의 근대화, 경쟁에 몰입하는 것이 필요하다는 점을 이해한 시대에 국가의 생존 능력을 보존하기 위한 전략으로 가장 널리 퍼졌다. 그러므로 군사적 도전은 과거에 재정의 중앙화를 강요했듯이 종종 행정의 중앙화를 진척시켰다. 이러한 접근 방식을 취한 다른 사례들은, 결과는 덜 확실했지만 오스만 제국과 이집트, 나중에 러시아 제국, 한때 멕시코, 태국에서도 있었다. 때로 그 용어는 비스마르크가 강력한 독일 국민국가를 만들기 위해 운영한 새로운 통합 국가 독일'제국'에도 적용된다.

'위로부터 실행된 근대화'는 실제로 치밀하지 못한 용어로, 앞으로 보겠지만 최소 두세 가지 경험에 적용할 수 있다. 이 과정의 고전적 모델은 종교와 지주의 농민 지배라는 전통적 구조에 크게 의존했지만 외부, 특히 19세기 중반에 고삐 풀린 매우 위압적인 사회 세력인 영국의 금융자본주의와 산업자본주의, 더불어 유럽과 미국의 정력적 기업가들(그리고 이들을 지원한 정권들)의 급성장한 교역으로부터 위협받던 옛 제국과 국가 들의 전략을 가리켰다. 이 나라들의 단호하고 야심적인 관리자들은 위협에 대응해 칙령으로써 시민을 창출하고 국가가 산업을 후원해 생산적인 힘을 이용해야 한다고 믿었다. 이는 가족과 개인을 국가에 직접 연결하고 지주의 통제권을 축소하는 것을 의미했다. 종교적 권위는 이 과정에서 유용할 수 있었지만 종교의 정치적 자율성은 세속 정부에 종속되어야 했다. 이는 어느 정도 성공적이었으며, 일본과 러시아, 오스만 제국이 전부 그 사례다. 청나라 말기, 그러한 노력을 기울인 개혁가들은 1860년 이후 여전히 남아 있던 전통적 궁정정치의 힘에 눌리는 경향을 보였다. 오래된 중국 국가는 지나치게 심한 보수적 정통성을 주장했다. 저항을 물리치려면 혁명이 필요했을 것이며, 혁명이 일어나도 개혁가들은 무기력한 민중과 견고한 특권 세력에 직면했다. 이는 쉽게 깨뜨릴 수 없었다.

그러나 '위로부터 실행된 근대화'는 정권의 힘이나 권위가 크지 않은 국가들이 일시적으로 의존하는 수단을 가리킬 수도 있는 용어다. 입법부와 지역 차원에서 국민 참여의 전통이 강한 여러 주요 국가가 19세기 중반의 내전과 전쟁 때문에 몇십 년간 급속한 산업화와 군사 개혁을 추진했다. 앞에 요약한 첫 번째 범주에서 공무원들이 전국 차원의 저개발된 시민사회와 미약한 민주화를 보충하려 했다면, 이 두 번째 범주에서 공무원들은 이미 민주적이었으나 기본적 문제들을 두고 깊이 분열한 정권에서 생긴 정책 교착 상태를 극복하려 했다. 당연하게도 이 두 번째 부류의 경험에는 매우 다양한 변화들이 포함되었다. 프랑스 국민은 루이나폴레옹(곧 나폴레옹 3세로 제위에 오른다.)이 의회의 지위를 낮추는 것을 받아들였다. 루이나폴레옹은 거의 20년에 걸쳐 경제 발전과 야심적인 대외 간섭을 감독했지만 이것이 결국 그를 무너뜨렸다. 멕시코에서는 19세기 중반 개혁과 침공을 둘러싼 투쟁에서 국가의 엘리트(그리고 외국의 투자자들)로부터 지원을 받는 또 다른 개발 독재자가 출현했다. 미국에서는 공화당이 노예제 폐지를 밀어붙이고 서부의 땅을 자영농에게 개방했으며 1850년대 말에서 1890년대까지 산업 발달을 장려했다.

　　그렇게 통제된 변화에 의존하는 것은 이미 선거 참여를 대폭 허용한 정권들에도 적합했다. 미국에서 변화는 전쟁의 위협 때문에 생겼고, 전쟁의 위협은 멕시코 전쟁 시절에 획득한 거대한 땅에서 노동과 경제의 제도로 어떤 것이 좋을지를 두고 벌어진 깊은 갈등에서 비롯했다. 미국 공화국의 건설자들은 1780년대 말 헌법을 제정할 때 노예제 문제에 관해 타협했다. 이들은 노예제를 존속시키기로 합의했지만(그러지 않았다면 미합중국은 결코 없었을 것이다.) 20년 후 노예의 수입을 금지하기로 했다. 이 금지 때문에 멕시코만의 새로운 주들에서는 노예를 번식시켜 쓰는 것이 당연히 수지맞는 장사였다. 그러나 미시시피강 서쪽의 열린 땅에서는 어떤 제도가 들어서야 했을까? 1820년에 안정된 타협을 하려던 노력은 미주리 준주나 미주리 준주의 위도(북위 36도 30분) 남쪽에서만 노예제가 자리 잡도록 허용했겠지만,[23] 실행할 수 없는 것으로 판명되었다.

　　북부의 농민들과 노동자들은 노예제가 자신들의 생계와 국가의 미래를

―――― **23** 1820년 의회 내 노예제 반대론자들과 찬성론자들의 합의로 통과된 미주리 타협 Missouri Compromise. 종전 루이지애나 준주에서 미주리 준주의 경계로 삼자고 제안된 곳을 제외하고 북위 36도 30분 이북에서는 노예제를 금지했다.

위협한다고 보았기에 그 제도의 확산을 용납할 수 없었다. 랭커셔와 미국 북부의 공장 역직기가 원면 수요를 늘리는 동시에 이데올로기적이고 도덕적인 문제들이 날카로워지면서 경제적 이해관계가 더 중요해졌다. 남부 주민들은 노예제에 반대하는 민주당원들이든 에이브러햄 링컨 같은 1848년의 '양심적 휘그당원들'이든 1852년의 자유토지당이든 1856년의 공화당이든[24] 1830년대와 1840년대의 개발 지향적 휘그 동맹에서 출현한 새로운 정당들이 자신들의 고유한 제도를 위협한다고 생각했다. 헨리 클레이Henry Clay와 대니얼 웹스터Daniel Webster, 존 캘훈John C. Calhoun 같은 상원의 나이 많은 선임 의원들이 1850년에 다른 타협을 이끌어 냈는데, 이 타협은 텍사스주와 컬럼비아 특별지구에서는 노예제의 존속을 허용했지만 캘리포니아주에서는 허용하지 않았다. 북부의 반대자들에게 가장 못마땅했던 것은 도주한 노예의 복귀를 요구하고 그 회수 비용을 제공한 점이었다. 자유토지당과 이어 새로이 등장한 공화당은 투쟁적 남부가 노예제의 무한정 확산을 요구할 것이라고 보았다. 이러한 결론은 캔자스 네브래스카 법과 이어 연방 대법원의 1857년 드레드 스콧Dred Scott 판결이 확인해 주었다. 이 판결은 노예인 드레드 스콧이 그의 소유주가 그를 자유 주free state에 보냈다고 자유를 주장할 권리를 얻은 것은 아니라고 판결했을 뿐만 아니라 유색인종은 백인 미국인에게 제공된 헌법상의 권리를 주장할 자격이 전혀 없다는 판결도 내렸다. 노예제에 반대한 상원 의원 후보 에이브러햄 링컨과 현직 상원 의원 스티븐 더글러스는 1858년 일리노이주 선거전에서 인종에 관해, 노예제를 지역별로 허용하고 금지하는 타협에 관해 일련의 중대한 논쟁을 벌이며 충돌했다. 더글러스가 재선에 성공했지만 링컨은 1860년 대통령 선거에서 공화당 후보가 되었다.

점증하는 파벌주의 폭력에 대처하기 위한 노력이 경주되었다. 중서부의 과격해진 농부 존 브라운John Brown은 캔자스 준주에서 노예제를 둘러싸고 벌어진 작은 충돌에 이미 참여했는데 1859년 버지니아주 북부에서 연방 정부

_____ 24 휘그당Whig Party에서 노예제에 반대하던 이들은 1848년 노예 소유주인 재커리 테일러Zachary Tailor가 대통령 후보에 선출되자 탈당해 자유토지당Free Soil Party을 창당했으나 1854년 캔자스 네브래스카 법으로 미주리 타협이 폐기되면서 이에 반대해 창당한 공화당Republican Party에 참여했다.

의 병기고를 장악해 노예 봉기를 촉발하려 했다가 그해 12월에 처형되었다. 흥분한 남부 사람들은 1860년 선거에서 공화당 후보인 링컨이 승리하면 연방을 탈퇴하겠다고 선언했다. 4자 대결의 선거에서 링컨은 일반 투표의 40퍼센트를 얻었지만 선거인단 투표에서 확실한 과반수를 차지해 승리했다. 탈퇴를 옹호한 사람들은 남부 주들의 의회에서 토론회를 열었는데, 사우스캐롤라이나주의 선동가들이 선두에 서서 노예를 보유하는 독립 공화국을 수립하자고 촉구했다. 이들은 사우스캐롤라이나주 찰스턴에 있는 연방군 기지 포트섬터를 포격했고, 링컨은 1861년 4월 함대를 파견했다. 무력 충돌에 버지니아의 토론은 한쪽으로 기울었고, 열한 개 주가 투표를 통해 아메리카 연합국 Confederate States of America의 구성 단위로서 탈퇴파에 합류하기로 결정했다.

그 결과 이어진 4년간의 전쟁은 양쪽에서 도합 약 70만 명의 사망을 초래했는데(청년층의 사상률은 제1차 세계대전에서 유럽인들이 겪은 것에 비할 만하다.) 북아메리카 국민국가의 변화에 확인 도장을 찍었다. 전쟁 자체는 느리고 지루한 사건이었다. 양쪽이 동원한 자원을 측정하면 인구와 산업의 힘, 철도 자원에서 연방이 확실한 우위를 차지했다. 북부 연방은 거의 75년 동안 국가의 지위를 유지했다는 정통성을 지녔다. 링컨의 군대 소집 요구는 열광적 반응을 끌어냈다. 그렇지만 남부 연합은 땅이 더 컸으며 북부 연방을 저지하기만 하면 독립을 확보할 수 있었다. 그러나 전쟁이 오래 지속되면 남부는 경제도 유린되고 물질적 수준이 격하될 터였다. 1850년대에 영국에 판매돼 농장주 계층을 부자로 만든 남부의 주요 환금작물은 북부 연방의 해군이 남부의 주요 항구들을 봉쇄할 수 있었으므로 계속 막혀 있었을 것이다. 남부 연합의 항복을 받아 내려는 북부 연방의 노력을 멈추게 하려면 그 기세를 크게 꺾어야 했다.

전투는 동부 해안에서 시작되었다. 남부 연합의 수도 리치먼드는 워싱턴에서 겨우 240킬로미터 떨어져 있었다. 최초의 전투는 남부 연합 군대가 훌륭한 지휘를 받고 자원이 풍부했음을 드러냈다. 제임스반도에 병력을 상륙시켜 내륙의 리치먼드로 진군하려는 시도는 실패했다. 지휘관 조지 매클렐런George B. McClellan 장군이 지나치게 신중했기 때문이다. 버지니아주의 중앙 분지와 포토맥강 상류의 구릉지에서 빈번하게 전투가 벌어졌지만 승패는 확실하지 않았다. 링컨은 1862년 9월 메릴랜드주 서부 앤티텀에서 살벌한 전투를 벌이고 큰 승리를 얻은 덕에 노예해방선언Emancipation Proclamation을 발표할 수 있었다. 노예해방선언은 남부 연합의 통제를 받는 노예들이 자유로운 인간임을 선포했다. 그러나 노예해방선언은 북부 연방이 자신들의 통제력이 미치지 못하는 바로 그 노예들을 해방하겠다는 약속이었다.

1862년과 1863년 테네시주에서도 격렬한 전투가 벌어졌다. 북부 연방 군대는 테네시주를 관통하며 흐르는 미시시피강의 지류들 덕에 조지아주와 앨라배마주, 미시시피주의 면화 재배 주들로 침투할 수 있었다. 탈퇴하지 않은 경계 주들, 즉 켄터키주와 메릴랜드주는 여전히 남부에 공감했지만 군사적으로는 북부 연방의 지배를 받았다. 1862년 연방군이 조지아주의 해안 섬들을 점령하고 바다로부터 침입해 뉴올리언스를 차지하고 루이지애나주에 점령군 정권을 세웠다. 한 해 뒤 북부 연방의 율리시스 그랜트Ulysses Grant 장군이 빅스버그에 항복을 강요해 미시시피강 유역을 장악했다. 이는 텍사스가 남부 연합의 몸통에서 분리되고 북에서 남으로 이어지는 남부 연합 서부의 축선이 단절되었음을 뜻했다. 동쪽에서 펜실베이니아주 안으로(그리고 더 멀리) 계속 전진하던 남부 연합의 도박사들은 처음에는 유망한 결과를 냈다. 이제 징집의 속박을 느낀 뉴욕의 이민자 출신 노동계급 사이에 반전 정서가 막 강해지던 참이었다. 그러나 1863년 게티즈버그 전투에서의 패배는 그때 이후 남부 연합이 수세에 몰렸음을 의미했다.

그러나 남부 연합이 점점 심하게 유린되고 있었음에도 항복을 받아 내기까지 거의 2년이 더 걸렸다. 링컨이 마침내 그랜트 장군이라는 단호하고 강인한 지휘관을 찾아냈지만 그랜트는 서서히 전진했다. 1864년 버지니아주에서 벌어진 싸움에서는 엄청난 희생을 치렀다. 더 믿음직했던 셔먼 장군은 테네시주부터 조지아주로 힘차게 진군했고 전진하면서 일부러 시골을 폐허로 만들었다. 셔먼은 애틀랜타를 점령한 뒤 해안의 오거스타로 이동했고, 이어 사우스캐롤라이나주와 노스캐롤라이나주를 거쳐 북으로 향했다. 1865년 봄 셔먼의 군대는 리치먼드 인근에서 그랜트의 군대와 만나 남부 연합 군대의 잔여 세력으로부터 항복을 받아 냈다. 남부는 폐허가 되었다. 남부의 흑인 노동자들은 이제 법적으로 자유였고, 다수가 플랜테이션 농장을 떠나 도주했다. 식량이 부족했다. 철도와 주택도 파괴된 곳이 많았다. 약탈자 무리가 시골 곳곳을 공포로 몰아넣었다. 남북전쟁은 남부의 경제를 유린했다. 노예를 소유했던 이전의 엘리트들은 영향력을 잃었지만, 재확립된 중앙정부의 역할이 확대되었고, 남부와 북부의 산업 지도자들은 결국 서로 연합해 면화와 밀은 물론 기술에서부터도 단호히 부를 뽑아냈다.[77]

불행히도 남북전쟁의 결과는 인종적 편견 문제도 경제성장 문제도 해결하지 못했다. 남부의 흑인 가구들은 법적으로는 해방되었지만 토지 소유권을 얻지 못했고 노예로서 일하던 곳에서 계속 소작농으로 살았다. 해마다 면화를 수확하기 위해 씨앗을 파종하려면 이전의 주인들로부터 자금을 빌려야 했기에(수확량의 대부분은 빚을 갚고 지대를 납부하는 데 써야 했는데, 이는 여러 시대 여러 지역에 널리 퍼졌던 농사 유형인 '소작'의 미국판이라고 할 수 있다.) 많은 흑인이 끝없는 채무의 수레바퀴에 빠져들었다. 약 10년간 북부 연방 군대가 남부를 점령해 인종차별 없는 투표를 실행했고 인종 평등의 제도를 세울 준비가 된 것 같았다. 그러나 흑인은 가난했으며, 입법부는 분노의 대상이 되었고, 백인 자경단원들은 야간 테러를 수단으로 삼아 지역별로 포악한 행위를 일삼았다. 의회의 공화당은 싸움에 지쳤고, 교착 상태에 빠진 1876년 대통령 선거에서 승리를 얻기 위해 남은 군대를 철수하기로 동의했다. 20년 내에 흑인들은 대체로 투표에서 배제되고 흰 두건을 쓴 큐클럭스클랜Ku Klux Klan: KKK에 협박당했으며 부득이 굴종할 수밖에 없었다. 가난한 백인들과 흑인을 연합해 '부르봉' 백인 엘리트층[25]에 맞서려는 노력은 인종차별적 선동가들 때문에 대체로 실패했다. 1890년대가 되면 과거의 남부 연합은 동유럽의 헝가리와 루마니아처럼 지주가 지배하는 일당 국가들에 합류하게 된다. 그곳에는 법적 예속을 대신해 인종적 억압과 농민의 빈곤화, 투표권의 조작, 사실상의 노예노동, 순혈 민족이라는 과장된 이데올로기가 들어섰다.[78]

미국의 남쪽과 북쪽에 있던 거대한 지리적 단위, 즉 멕시코와 캐나다도

---

25 미국 민주당 내 남부 출신의 완고한 보수주의자들을 가리킨다.

제도적 변화와 광대한 영토의 식민, 경제개발, 새로운 엘리트층의 공고화가 결합된 큰 변화를 겪었다. 멕시코 공화국은 그 나라의 지도자 중 한 사람이 빈정거렸듯이 신으로부터는 너무 멀리 떨어지고 미국과는 너무 가까이 붙어 발전해야 할 운명에 처했다. 물론 멕시코 공화국의 출발점은 달랐다. 300년 동안 강력한 교회와 중앙의 권력이 강한 수도원을 갖춘 가톨릭 군주의 식민 지였으며, 장기 17세기와 18세기에 인구가 회복된 인디오 원주민들이 있었고, 많은 사람이 통혼해 혼혈, 즉 '메스티소' 인종의 많은 주민을 생산해 냈는데도 에스파냐 혈통에 자부심을 지닌 백인들이 있었다. 1810년 과격해진 성직자 지도부가 독립 운동에 불을 댕겼지만 곧 에스파냐에 진압되었다. 10년 뒤 야심 찬 군사 지도자들이 성공리에 독립 운동을 재개했다. 어떤 이들은 인민주의적이고 지방분권적인 좌파의 전통을 주장했고, 다른 이들은 우파의 중앙집권적 요구와 잠시 동안(아우구스틴 데 이투르비데Augustín de Iturbide 시절)은 제국의 요구를 강조했다. 이투르비데는 에스파냐 군대가 1810년의 혁명가들을 무찌르는 데 도움을 주었으나 1820년에 자유주의자들이 마드리드를 장악하자 새로운 반란을 이끌어 황제의 지위를 주장하다가 추방되었고 결국에는 처형되었다. 그러나 계속된 소요와 전쟁은 부르봉 왕가 개혁 시대의 마지막에 달성한 번영의 토대를 흔들었다. 가톨릭 보수주의자들과 자유주의적 반교권주의자들이 번갈아 집권했다. 그 과정에서 냉소적인 인민주의적 군사 실력자 안토니오 로페스 산타안나 장군은 거듭 편을 바꾸면서 대통령직을 요구하거나 자신이 통제할 수 있는 후보를 내세웠다.[79]

　　1836년 보수주의적 친가톨릭 독재정치를 지배한 실력자였던 산타안나 장군은 텍사스의 이탈을 막을 수 없었지만 포로에서 풀려나 멕시코로 돌아간 뒤 1838년 프랑스의 베라크루스 원정을 막아 내 잠시나마 명예를 회복했다. 산타안나는 허약해진 나라를 이끌었다. 그 나라는 영어를 쓰는 텍사스 주민들과 공포의 대상이었던 국경 지대의 코만치족 연합을 명목상으로만 지배했을망정 아메리카 남서부의 광대한 영역에 대해 여전히 권리를 주장했다. 코만치족의 파괴적 습격은 가축을 지키고 복수를 행하는 두 가지 목적에서 이루어졌는데 멕시코 국가의 북부 영토 장악력이 허약했음을 드러냈다. 여기에는 오늘날 텍사스주 남부의 분쟁 지역도 포함되었는데, 텍사스와 미국의 야심적 민족주의자들(제임스 포크James K. Polk 미국 대통령이 앞장섰다.)은 국경에서 포괄적 권리 주장을 밀어붙였다. 산타안나는 1846년 전쟁을 수단으로 삼았으나 이는 비참한 실패로 돌아갔고, 멕시코 공화국은 미국 정부에 광대한 영토를 넘겨주어야 했다.

정착지의 변두리에서 벌어진 이 전쟁은 두 공화국 모두에 큰 영향을 미쳤다. 미국으로 보면 그 전쟁은 노예제의 확대에 관한 1820년의 미주리 타협을 흔들었고, 멕시코로 보면 산타안나가 주도한 다른 보수주의적 쿠데타에 뒤이어 1850년대 후반 아유틀라 혁명과 베니토 후아레스의 자유주의적 반교권주의 정부로 이어지는 길을 열었다. 1857년 헌법은 헌법상의 자유와 민법상의 결혼을 규정한 자유주의적 세속 국가의 헌법을 개략적으로 담아냈다. 1856년의 레르도 법은 교회 재산의 엄정한 세속 이관뿐 아니라 농촌과 인디오 공동체 여러 곳에 여전히 널리 퍼져 있던 공동의 권리(푸에로스fueros)와 공동 보유지(에히도스ejidos)를 포함해 모든 법인 소유권의 폐지도 통과시켰다. 이것들은 사실상 18세기의 마지막 혁명으로 나라에 깊은 분열을 가져왔고 3년간의 내전이었던 개혁 전쟁Guerra de Reforma을 촉발했으며, 이 전쟁은 다시 프랑스의 침입을 초래했다. 나폴레옹 3세는 소요에 (그리고 1860년대 미국의 크나큰 내부 갈등에) 편승해 친척인 합스부르크 가문의 막시밀리안Maximilian 오스트리아 대공을 황제로 내세워 제국을 건설할 수 있다고 믿었다. 막시밀리안은 후아레스의 개혁에 분개한 이들로부터 큰 지지를 받았지만 후아레스 정권은 결집했고 푸에블라 전투 후 프랑스는 그 선한 사람이 패배해 처형되도록 내버려 둔 채 철수했다. 이따금 군벌 통치가 그 나라를 지배했지만 자유주의적 정부는 군사 독재 위협이 끝났다는 뜻이었다.

자유주의적 정부는 인디오[26]가 이끈다고 해도 몰이해를 뜻할 때가 너무나 많았다. 거의 신비에 가까운 콜럼버스 이전 시대의 유산을 이해하지 못했다는 것이 아니라 많은 사람이 선택한 사회적·경제적 조직을 이해하지 못했

_____ **26** 베니토 후아레스를 말한다.

다는 것이다. 그 효과는 공화국의 남동부 모퉁이, 즉 유카탄반도에서 감지되었다. 유카탄반도의 라디노ladino(크리오요와 메스티소는 포함되지만 인디오는 포함되지 않는다.)는 1830년대 말의 소요에 뒤이어 공화국에서 이탈하려 했지만 1840년대 초에 타협할 수밖에 없었다. 그래서 항구도시 캄페체(미국의 포함 공격에 취약했다.)만 독립을 추구하게 되었는데, 내륙에서 새롭게 분리주의 봉기가 발생했다. 1847년 1월 국가가 물 사용권을 포함해 공동의 권리를 공격하자 경제적으로 곤경에 처한 인디오들이 봉기를 일으켰는데, 이는 곧 종족 간 전쟁과 잔인한 만행의 가장 섬뜩한 이미지들로 나타났다.[27] 1849~1850년 라디노의 유카탄반도는 인디오에게 넘어간 것 같았다. 그러나 1855년 산타안나가 마야인의 반란을 진압했다. 그해에 이 장군을 축출한 자유주의자들은 토착민이 지닌 통치와 공동재산의 관념을 더는 포용하지 않았으며 새롭게 발생한 봉기를 진압하고 심지어 패배한 폭동자들 가운데 일부를 쿠바에 노예로 팔아 버리기도 했다. 그렇지만 반란은 계속되어 라디노의 도시들 밖으로 퍼져 나갔고, 19세기의 남은 기간에 그들만의 준국가 '크루스Cruz(십자가)'에 뿌리를 내렸다.[80] 정부는 무관심했으나 1876년에 포르피리오 디아스가 대통령직에 오르면서 엄격한 통제가 시작되었다. 디아스는 반대파를 굴복시키고 미국과 영국의 투자자들과 함께 일한 기술 관료들인 시엔티피코cientifico[28] 집단을 규합해 근대 철도망을 건설하려 했다.

디아스는 새로운 세대가 등장해 그의 독재 정권을 무너뜨릴 때까지 약 35년간 통치한다. 그 시기 동안 멕시코는 비록 외국자본이 회사들을 지배했지만 산업의 발전을 이루었다. 나라는 여전히 가난했지만(실제로 멕시코의 경제 조건은 18세기 말 이후로 퇴보했다.) 가난의 정도는 줄어들었다. 가톨릭 국가였지만 제도들은 세속화했고 이론상으로는 원주민의 유산을 인정했지만 그들의 현 상황에는 냉담했다. 그 역사가 한데 엮은 요소들, 즉 국가 통합의 전쟁들, 정치와 자본의 통로를 동시에 지배한 냉혹한 지도자들, 새로운 철도와 산업, 촌

_____ **27** 유카탄반도를 정치적·경제적으로 지배한 유럽인 혈통의 주민들과 마야인이 충돌한 이 전쟁을 카스트 전쟁이라고 부른다.
_____ **28** 과학자라는 뜻. 포르피리오 디아스에게 조언한 기술 관료 집단을 가리킨다.

락 차원에서 지속된 민중의 깊은 종교적 심성, 교회 토지의 세속 이관, 원주민의 집단적 권리로 남은 것을 모두 훼손한 자유로운 토지 시장, 대체로 불모지였지만 광대한 영토를 결합한 철도는 사실상 19세기 중반과 말기의 국가를 변화시킨 요인들이었다. 그러나 라틴아메리카의 다른 나라들처럼 멕시코도 영국 자본에, 나중에는 미국 자본에 의존해야 했고 그 엘리트들은 이데올로기적 양자택일 앞에서 근본적으로 분열했다.

남쪽으로 더 내려가면 통합된 남아메리카 공화국의 꿈은 볼리바르와 호세 데 산마르틴José de San Martín이 이끈 독립전쟁의 와중에 실패로 끝났다. 그러나 에스파냐어권 나라들은 전부 강력한 군대, 충분히 발달하지 않은 전국 의회나 지방 의회, 군사 실력자와 강력한 지주의 전통을 갖춘 상태였다. 독립 투쟁의 시기에는 엘리트층이 교회를 존중하고 상대적으로 강한 '중앙집권적' 제도를 보존하기를 원하는 보수주의자들, 그리고 자유주의자이자 지방분권과 영국 자본 이용의 지지자로 자처한 '연방주의자들'로 나뉘는 경향을 보였다. 실제로 라틴아메리카 공화국들은 19세기가 한참 지날 때까지도 1790년대 말 미국의 연방주의자들과 토머스 제퍼슨Thomas Jefferson의 민주공화당원들을 잠시 갈라놓았던 것과 같은 대결에 갇혔다.(그렇지만 남아메리카에서는 연방주의자 federalist라는 용어가 1800년 무렵 제퍼슨과 제임스 매디슨James Madison이 옹호한 지방분권적 대안을 의미했기에 혼란스러운 차이가 있다.) 그리고 제퍼슨이 1801년 공화당원들과 연방주의자들에 관해 말한 것처럼, 라틴아메리카의 정치인은 어느 누구도 우리는 모두 중앙집권의 옹호자라거나 모두 연방주의자라고 말할 수 없었을 것이다.

아르헨티나에서는 독재자 후안 마누엘 데 로사스가 부에노스아이레스 주변의 광대한 목초지 팜파스의 독립적 목장주들에게서 지지를 이끌어 내 항구도시의 자유주의자들을 위협했다. 자유주의자들이 공화국의 지휘권과 영국과 연결된 상업적 연고를 유지하려 했기 때문이다. 명목상으로는 연방주의자였던 로사스와 그를 지지한 부에노스아이레스주 사람들은 1830년대와 1840년대에 독재 정권을 수립했으나 점차 폭력에 의존하고 적을 테러로 제거하다가 1852년에 축출되었다. 북쪽의 앤드루 잭슨처럼 로사스도 원주민과 싸우면서 명성을 쌓았다. 그러나 미국 대통령과 달리 로사스는 이전 식민지 정권의 군대와는 전혀 다툴 필요가 없었다. 잭슨은 새로 등장한 대중적 민주주의 운동과 타협해야 했지만 로사스는 그럴 일이 없었다. 마지막으로 로사스가 허용한 작은 농촌 전제정치로부터 혜택을 입어 그를 지지한 농장주들은 전쟁 비용과 리오데라플라타 교역의 통제권을 두고 프랑스와 영국과 싸우는 데 들어간 비용 때문에 로사스와 소원해졌다. 1860년대와 1870년대 영국 지향적 자유주의 엘리트들인 포르테뇨Porteño(부에노스아이레스 사람들)가 바르톨로메 미트레Bartolomé Mitre와 도밍고 사르미엔토, 니콜라스 아베야네다Nicolás Avellaneda의 지휘로 거둔 승리는 자유주의 원리와 영국의 투자, 철도 발전, 농산물 수출을 통한 번영의 승리였고 그 결과 남유럽의 노동력이 대규모로 유입되었다. 아르헨티나는 한 세대 동안 응집력 강한 국가로 발전했으나 반동적 군부와 카우디요caudillo[29]의 유산이 성가신 이데올로기적 대안으로 남았다. 콜롬비아에서도 군부와 자유주의자들 사이의 갈등이 이후 몇십 년간 벌어진 내전의 형태를 결정했다. 에스파냐의 통치 제도를 지속시키려 한 군 장교들과 성직자들은 중앙집권주의자로 자처한 반면 자유주의자들은 지방의 권리를 대변하는 경향을 보였다. 양자 사이에서 정치가 동요했다.

브라질의 경제적·이데올로기적 싸움은 상대적으로 덜 격렬했다. 노예를 유지하기 위해 단합이 필요했을 뿐 아니라 포르투갈 왕실의 유산이 있었고 1822년부터 1889년까지 브라간사 왕가의 후계자들이 황제 자리에 앉아 있어 과두 지배 집단의 결속이 강했다. 커피의 호경기와 다수가 민법을 공부한 국가 관료였다는 공통의 지적 특성이 과두 지배 집단의 결속에 일조했다.(아메리카의 다른 가톨릭 국가들이 물려받은 신학적이고 반교권주의적인 갈등과 뚜렷한 대조를 이룬다.) 브라질 국가의 계획은 발전이 아니라 관리였지만 그래도 응집력은 강해졌다. 1870년대 자유주의자들의 노예제 폐지 움직임은 커피를 재배하는 남부 주들의 보수적 반대파를 결집시켰지만 자유주의자들은 북동쪽의 설탕 사업 관계자들을 포함했고 경제적 이해관계의 큰 대결이 정치적 극단주의나

_____ 29 남아메리카의 에스파냐 식민지들이 독립한 이후 그 지역을 통치한 독재자들.

어느 한 편에 모든 것을 거는 도박을 초래하지 않았다. 지주 엘리트층이 국가의 관료를 부양했다.[81]

미국은 남북전쟁이 끝나고 4년 뒤 동서를 잇는 첫 번째 횡단철도를 완성했다. 캐나다에서 이에 상응하는 서사적 성취는 1880년대에 캐나다 태평양철도의 건설로 이루어졌다. 캐나다의 철도와 정치적 연방 결성의 역사는 한 세대 동안 뒤얽혔다. 프랑스어를 쓰는 로어 캐나다Lower Canada[30]의 영국 식민지 정부와 영어를 쓰는 어퍼 캐나다Upper Canada의 토리당 과두 지배에 저항한 1837년 반란에 뒤이어 더럼Durham 경의 영국 사절단은 두 주를 캐나다 연방으로 통합해 자치를 시행할 것을 권고했다. 세인트로렌스의 상품을 미국의 대양에 면한 항구로 운반하기 위해 계획된 대간선철도Grand Trunk Railway가 건설되고 미국이 캐나다 제품의 자유무역을 철회하면서 재정 부담이 가중되었으며 두 언어공동체 사이의 긴장은 더욱 악화되었다. 1860년대 중반 일련의 협의와 협상으로 영국령 북아메리카 법이 제정되고 영국 정부의 지배를 받는 캐나다 자치령이 탄생했다. 자치령을 구성한 새로운 연방은 옛 어퍼 캐나다와 로어 캐나다를 재분할하고 해안 주들을 끌어들였으며 서부가 참여할 수 있는 토대를 제공했다. 영어 사용자들은 국가를 지배할 수 있다는 희망을 보았고, 프랑스어 사용자들은 몬트리올 시와 퀘벡 시를 포함해 주 단위에 대한 통제권을 확보했다.

어떤 대안들이 가능했을지 생각해 볼 만할 것이다. 이를테면 1863년 7월 리 장군이 게티즈버그에서 승리하고 뉴욕으로 진군해 북부 연방의 기를 꺾었다고 가정해 보라. 그랬다면 평화 지향적인 민주당이 1864년 대통령 선거에서 승리를 얻어 지방분권화한 미합중국('합중'은 이름뿐이었겠지만) 내에서 최소한 사실상의 자치를 허용하는 협정을 체결할 수 있지 않았을까? 분리 독립론을 주창한 남부 연합의 사회구조는 브라질의 사회구조와 더 유사했을 것이다. 남부 연합은 사실상 수십 년 넘게 플랜테이션 농업과 노예노동에 의존한

_____ 30 로어 캐나다의 일부는 옛 프랑스 식민지 누벨프랑스Nouvelle-France로 7년전쟁 후 영국에 양도되었다.

카리브해의 지정학적 단위의 일부가 되었을 것이다. 20년 전 멕시코로부터 획득한 남서부의 영토는 이 남부 노예 공화국의 속령으로 남았을 것이며, 캘리포니아는 결국 한때 에스파냐에 속했던 남부와 태평양 지향적인 북부로 분할되었을 것이다. 억지일까? 이는 우리가 모든 반사실적 가정이 실제로 일어나지 않았다는 사실 때문에 억지라고 믿는가에 달렸다. 나를 포함해 일부 역사가는 말하자면 더욱 적극적으로 가정법 속에 살고자 한다. 요점은 전 세계의 제도를 형성한 정치적·사회적 단위들이 결정적 사건들의 연쇄 속에서 결합한 특정 결과에 의존했다는 것이다. 시인 로버트 프로스트Robert Frost가 썼듯이 가지 않은 길이 그 모든 차이를 낳았다. 1850년부터 1880년까지 진화론의 발전과 철, 강철, 석탄을 기반으로 한 기술의 진보, 이러한 혁신과 나란히 성장한 사회집단들의 출현, 이러한 것들에 강한 영향을 받은 군사적 결정에 의해 다른 대안들은 점차 사라졌다.

혁명이나 위로부터 실행된 근대화가 다양한 경험을 가리킬 수 있음을 생각할 때 나는 통제된 변화controlled transformation라는 비교적 치밀함이 떨어지는 용어를 택하고 싶다. 흔히 둘 다인 경우가 많았지만 정치 지도자든 경제적으로 힘이 있는 자든 일단의 야심적인 강력한 인물들이 정책을 지도해 더욱 강력하게 국가의 발전을 도모한 과정을 나는 통제된 변화라고 부르고 싶다. 이들은 이 변화 과정을 옛 제국의 외피 속이나(여기서는 보수파의 맹렬한 저항에 부딪힌다.) 보통선거의 기본적 원리 위에서 시도할 수 있었다. 철도와 통신, 속사무기가 새로운 기회를 주지 않았다면 그들은 좋은 시절을 보내지 못했을 것이다. 군사적 충돌의 필연성에 대한 믿음, 나아가 '위생학'(어느 이탈리아인 제국주의자가 이 용어를 썼다.)에 대한 믿음이 널리 퍼지지 않았다면 이들이 그렇게 주제넘은 짓을 하기는 어려웠을 것이다. 물론 이들은 전쟁과 산업화라는 긴장된 분위기를 더욱 강화했고, 이는 그들의 정책을 매우 본질적이고 자연스러운 것으로 보이도록 했다. 비스마르크는 옳았다. 시대의 큰 문제는 피와 철로써, 그 자신 같은 강력하고 단호한 국가 전략가들이 해결할 터였다.

유럽의 한가운데에서

　적어도 1648년 베스트팔렌 조약부터 1990년 독일의 재통일까지 중부 유럽의 국가구조는 사실상 전쟁과 평화의 문제와 민족 공동체들의 대표성에서 중요했던 암묵적 유럽 정체의 일부분이었다. 합스부르크 제국은 두 지배적 민족 집단 위에 서 있었다. 독일어권인 서부는 오늘날의 오스트리아와 주변부 산악 지대인 보헤미아와 모라비아(오늘날의 체코 공화국)를 포함했고, 동쪽 헝가리 왕국에서는 마자르어를 쓰는 지주 계층이 법원 정치가 가능한 군郡 조직을 통해 시골의 넓은 지역을 지배했다. 이 지주들은 앞서 말했듯이 남아메리카의 플랜테이션 농장 소유주들과 크게 다르지 않았다. 마자르족은 흑인 노예 대신 농업 노동자들에 의존했다. 지역에 따라 우크라이나인이나 폴란드인, 슬로바키아인, 루마니아인이었던 농업 노동자들은 1848년까지도 농노의 지위에서 벗어나지 못했다. 심지어 농노제가 공식적으로 폐지된 이후인 19세기 후반에도 마자르족은 슬라브인들과 루마니아인들이 상당한 정치 권력을 획득하는 일이 없도록 선거제도를 조정했다. 지리적으로 헝가리 왕국은 오늘날의 슬로바키아와 서부 루마니아, 크로아티아를 포함했다. 헝가리 왕국과 오스트리아·보헤미아 중심지를 벗어나면 합스부르크 왕가는 밀라노에 수도를 둔 롬바르디아와 토스카나, 1797년에서 1866년까지는 베네치아와 그 배후지도 지배했다. 북동쪽에서는 오늘날의 슬로베니아와 폴란드 분할 때 획득한 카르파티아산맥 너머의 남부 폴란드 평원, 즉 렘베르크(훗날 폴란드의 르부프, 오늘날 우크라이나의 리비우)를 수도로 둔 갈리치아, 오스만 제국으로부터 빼앗은 체르노비츠(우크라이나의 체르니우치) 지역까지 합스부르크 왕가가 지배했다. 나폴레옹의 압력에 신성 로마 제국의 잔해마저 해체되었을 때 합스부르크 왕가의 통치자들은 여러 영토를 오스트리아 제국으로 개편했는데, 이 제국은 통합된 단위가 아니었지만 헌법상의 여러 장치가 있었다. 도합 10개의 상이한 언어를 쓰는 단위들이 있었는데, 갈리치아에 밀집해 거주한 이디시어를 쓰는 유대인은 여기에 포함되지 않았다. 그때부터 1945년까지 유대인은 이주하거나 홀로코스트로 사라졌고, 보헤미아와 모라비아에 살던 독일인 300만 명은 제2차 세계대전이 끝나면서 추방된다. 더 북쪽의 당시 동프로이센 영토에서 독일인 수백만 명이 쫓겨난 것과 마찬가지였다. 그러나 영토와 국경의 중요한 변화는 더 일찍 1860년대 말과 제1차 세계대전이 끝난 1918~1919년에 이루어졌다.

그러므로 합스부르크 제국은 많은 언어 집단을 포괄했다. 이들 각각 하나의 국민국가 안에서 자신들의 공동체를 통치할 수 있어야 한다는 관념인 민족주의에 점점 큰 매력을 느끼게 된다. 그것이 아니었다면 최소한 그들의 지적·정치적 지도자들은 그렇게 확신했다. 실제로 많은 주민이 두 개 이상의 언어로 말했다. 집과 마을에서는 지역의 방언을 썼지만 관료 사회나 군대처럼 공적 성격이 더 강한 세계에서는 독일어나 헝가리어를 썼다. 주민들이 뒤섞인 곳에서는 새로운 국가를 만드는 일이 쉽지 않았을 것이다. 민족주의에 대한 믿음을 억제하는 것이 통치자에게 이로웠다. 그러한 믿음이 짜깁기로 만든 제국을 도로 갈기갈기 찢어 민족과 장소 들이 서로 다투는 혼란을 초래할 터였기 때문이다. 합스부르크 왕가는 독일인의 왕가였지만 다민족 단위를 이끌어야 생존할 수 있었다. 그래서 그 통치자들은 유럽의 외교에서 널리 알려진 프랑스인은 물론 헝가리인과 이탈리아인에게도 의존했다. 1810년부터 1848년까지 오스트리아의 총리였던 클레멘스 폰 메테르니히 후작은 나라의 잠재적 약점을 이해했다. 5000만 명의 인구를 생각하면 큰 나라였지만 위치와 다민족 국가라는 점에서 취약했다. 그렇지만 메테르니히는 오스트리아의 국력을 키울 방법을 알았다. 러시아의 차르와 북부 독일의 주요 국가인 프로이센(프로이센의 동부에는 폴란드어를 쓰는 소수민족이 적지 않았다.)의 왕은 빈 회의 직후 몇 년간 사회적·영토적 안정에 대해 공통의 이해관계를 지녔다. 이들은 종교를 기반으로 한 공동의 안정 계획, 즉 신성동맹을 결성했으며, 유럽의 상황에 관해 정기적으로 '회의'를 열어 영국과 프랑스와 협의했고, 1849년까지 혁명 발발에 공동으로 대처하기로 합의했다. 그리고 이들은 신성 로마 제국이 해체되어 생겨난 작은 독일 국가들은 물론 독일인의 영토인 오스트리아와 프로이센까지 포함하는 느슨한 조직인 독일연방을 수립했다. 오스트리아와 프로이센이 교대로 독일연방의 의장국이 되었다. 그리고 이 지정학적 기구 전체는 사실상 러시아 군대의 절대적 힘에 의해 단단하게 고정되었다. 러시아 군대가 보수적 안정이라는 메테르니히의 계획을 뒷받침했던 것이다. 특히 1848~1849년 헝가리인들이 독립을 거의 성공적으로 얻어 낼 것 같았을 때 러시아가 군대를 보내 오스트리아가 봉기를 진압하도록 도왔다.

그러나 1815년에서 한 세대가 지나지 않아 이 구조는 차츰 허약해졌다. 독일 민족주의와 이탈리아 민족주의의 정서가 그 지역에서 성장하던 중간계급, 특히 교육받은 젊은 학생들 사이에서 강해졌다. 역사적 의미가 있는 날에 시위가 벌어지고 게르마니아Germania[31]처럼 민족을 비유하는 인물이 표현된 기념물이 등장하고 이탈리아나 독일을 찬양하는 문학이 증가했다. 게다가 프로이센 왕국의 관료 기구는 그 체제에 수반된 오스트리아에 대한 존경을 점차 거부했다. 석탄과 철의 생산이 증가하면서 프로이센 왕국의 서부가 성장했다. 프로이센은 18세기에 촌락 주민들에게 기본 교육을 시작했다. 군주가 종교적 관용 정책을 펼친 덕에 자격을 갖춘 위그노와 박해를 받던 다른 소수집단들이 프로이센에 매력을 느꼈다. 나폴레옹에게 패한 뒤 프로이센은 프랑스의 징병제를 채택했다. 프로이센은 1815년에 보나파르트에게 맞선 대對프랑스 동맹의 회원국으로서 영토를 되찾고 확대했다. 프로이센은 오스트리아보다 인구가 적었지만 경제는 왕성하게 성장했고 베를린 같은 도시들은 규모가 점점 커졌다. 일찍이 1819년에 프로이센의 공무원들은 내국관세를 폐지하는 관세동맹Zollverein을 계획했고, 이후 중간 규모의 다른 국가들을 이 자유무역 지대에 가입시켰다. 합스부르크 왕국들은 내부의 긴장에 대면한 것에서 그치지 않았다. 독일연방을 지배하겠다는 그들의 주장은 점점 큰 도전에 직면했다.

롬바르디아와 베네치아의 이탈리아 영토도 점차 합스부르크 왕가의 통치에 분노했으며, 중부 이탈리아와 북부 이탈리아의 많은 중간계급은 막 탄생하던 이탈리아 국민을 통합하기 위한 계획을 세웠다. 수많은 지식인과 시인, 작가가 이 대의를 붙들었다. 그러나 오스트리아 당국과 분열된 이탈리아반도의 다른 보수적 통치자들이 여전히 이를 억압했다. 그렇지만 사상과 토론의 열

---

31 독일 국민이나 독일인 전체를 의인화한 인물로, 갑옷을 입고 칼이나 방패를 든 건장한 여성으로 표현된다.

기는 리소르지멘토Risorgimento(부활)로 알려지게 된다. 오스트리아에 반대하는 선동과 통일 계획이 담긴 회고록들이 논의를 구체화했다. 민족주의는 점차 첨단의 유행이 되어 갔다.(영국의 낭만파 시인들은 1820년대의 그리스 반란을 찬미하는 시를 썼다.) 폴란드인들도 민족주의적 열망을 지녔고, 곧이어 체코어를 사용하는 보헤미아의 지식인들과 남부 슬라브족의 여러 집단도 민족주의적 열의를 품었다. 그러나 이들은 더 직접적으로 합스부르크 왕가의 지배를 받았다. 독일 민족주의는 프로이센과 오스트리아가 분리되고 민족주의가 다른 국가들의 엘리트들에게 점점 큰 매력을 지니게 되었기 때문에 번성할 수 있었다.

국가 통합은 어떻게 달성될 수 있었는가? 1848년에서 1849년 사이에 혁명들이 일어나 이를 시도했지만 실패했다. 이탈리아와 중부 유럽, 파리에서 발생한 대중 봉기와 시위는 사회혁명을 일으킬 듯이 위협을 가했지만 곧 사회적으로 존경받을 만한 중간계급들을 멀어지게 했다. 게다가 합스부르크 왕실이 결집했고 그 장군들은 빈과 프라하, 부다페스트, 베네치아 등 여러 도시에서 일어난 봉기를 차례대로 진압했다. 앞서 지적했듯이 민족적 대의를 치켜세운 사르데냐의 왕은 먼저 1848년에 패배하고 이어 1849년에 다시 패했다. 1849년에 헝가리 혁명가들이 무기를 들었을 때 친절하게도 차르의 군대가 개입했고, 혁명 지도자 코슈트는 미국으로 도피해 살롱의 영웅이 되었다. 마치니가 3인 위원회의 일원으로 일한 로마 혁명은 교황을 두려움에 떨게 했지만, 1850년 프랑스 공화국의 새로 선출된 대통령 루이나폴레옹에게 진압되었다. 루이나폴레옹이 국내의 가톨릭교도를 기쁘게 해 주고자 했기 때문이다. 프랑크푸르트 의회는 중부 유럽의 조직이라는 수수께끼 같은 문제를 풀 수 없었다. 정신력이 강인한 슈바르첸베르크 공 펠릭스의 지도로 부활하던 오스트리아의 보수 세력은 프랑크푸르트에 모인 자유주의자들에게 오스트리아는 헝가리와 폴란드가 지배한 영토를 포함해 전 영토를 다 갖고 들어갈 때에만 독일 민족의 연방국가에 참여하고 그렇지 않으면 참여하지 않겠다고 퉁명스럽게 말했다. 프로이센 군주는 차선책을 제안받자 합스부르크 왕가의 감정을 건드리면서 인민주권의 정통성에 의지하는 왕관을 쓰기를 거부했다. 1848년의 민족주의와 혁명에 열광한 자들은 1849년 두 번째 봉기의 물결이 지나간 뒤 흩어지고 진압되었다. 프로이센 군대는 1850년 초 프랑크푸르트 의회의 잔여 세력을 해체시켰다.

그러나 민족주의적 열망의 침묵은 10년도 못 갔다. 1850년대에 중부 유럽은 다시 도도한 흐름에 휩쓸렸다. 우선 경제가 왕성하게 회복되었다. 아메리카에서 그랬듯이 프로이센과 프랑스에서도 빠르게 철도가 건설되고 산업이 발전했다. 프로이센 왕실조차 좀 더 적극적인 정책을 취할 준비가 되어 있었다. 차르는 프로이센이 주도하는 북독일연방을 염두에 둔 1850년과 1851년의 초기 계획을 지나치게 불안해질 가능성이 있다고 보고 거부했다. 차르는 오스트리아라는 보수 세력이 중부 유럽에 존재하는 상황을 뒤흔들고 싶지 않았다. 그러나 프로이센 내부에서는 관세동맹과 철도가 진전을 이루고 있었다. 그리고 1848년 이후로는 프로이센 입법부가 존재했고, 이는 중간계급 자유주의자들에게 논의의 장을 허락했다. 토리노에 수도를 둔 피에몬테의 새로운 군주는 앞선 몇십 년간 잠잠했던 성직자들의 보수주의를 기꺼이 버릴 의향이 있었고, 카밀로 카보우르가 지휘하는 강력한 자유주의 엘리트들은 1848년 헌법 Statuto에서 영국식 의회 제도와 프랑스의 반교권주의를 모방하려 했다. 사르데냐 왕국은 교회와 수도원의 토지를 빼앗고 다양한 개혁안을 추진했다. 이탈리아 민족주의자들은 점차 피에몬테가 통일을 주도하기를 희망했다. 초기의 공화주의 사상이나 교황을 대통령으로 하는 이탈리아 연방이라는 관념은 비현실적이고 유치한 것으로 여겨져 포기되었다. 게다가 1846년에 자유주의적 개혁가가 될 수 있으리라는 기대를 받고 교황으로 즉위했으나 로마 혁명에 상처를 입은 비오 9세는 자유주의와 민족주의를 비난하는 쪽으로 기울었다. 1859년에 시작된 이탈리아 민족운동은 이를 지지하는 이탈리아반도 북부와 중부의 중간계급과 귀족을 결속했다. 민족운동은 이제 학생이나 비밀결사 카르보나리의 활동가들이 아닌 부르주아의 운동이었다. 독일의 상황도 비슷했다. 열정적 민족주의자들은 1848년에는 자신들이 너무 온건하고 이상주의적이었다고 고백했다. 이들은 기존의 국가들을 행동의 토대로 받아들이고 그 군주들과 협력해야 했다. 중부 유럽의 재건된 국가구조는 완전히 쪼개지고 초기의 억압적 반응은 1850년대 말이면 느슨해졌다. 프로이센에서는 "시궁창에서 나온 왕관Krone aus der Gosse"(시궁창은 프랑크푸르트 의회를 말한다.)을 거부한 프리드리히 빌헬름 4세Friedrich Wilhelm IV가 군주로 복귀했으나 1858년 뇌졸중으로 쓰러져 물러났고, 동생이 섭정이 되었다.(1862년 빌헬름 1세Wilhelm I로 프로이센의 왕위를 물려받는다.) 그는 결코 자유주의자가 아니었지만 그가 지명한 새 내각은 혁명 이후의 가혹한 방식에서 후퇴했고 새로운 의회 선거를 요구해 정치적 토론의 시대, 이른바 신시대Neue Ära를 열었다.

이데올로기와 사회적 기원에 관해 말하면 민족주의자들은 토리노에서든 베를린에서든 공화주의를 포기하고 자신들을 후원할 군주를 찾을 준비가 되어 있었다. 민족주의자들이 사회주의를 포용할 준비가 되지 않았던 것은 확실하다. 그러나 오스트리아라는 지정학적 딜레마를 어떻게 해결해야 했을까? 오스트리아는 차르의 후원을 받았고 독일과 보헤미아, 북부 이탈리아에 개입할 준비가 되어 있었다. 카보우르의 전략은 이탈리아의 대의를 지지하도록 보나파르트(1851년에 쿠데타를 일으키고 이듬해 국민투표를 실시한 뒤라서 프랑스 황제 나폴레옹 3세로 통치하고 있었다.)를 설득하는 것이었다. 나폴레옹 3세는 국민국가의 옹호자로 자처했지만 이탈리아 중부에서는 교황의 통치를 유지하고 있었다.

국제정치의 미래를 바꾼 것은 1853~1855년의 크림 전쟁이었다. 겉보기에 크림 전쟁은 불가사의한 전쟁이었다. 프랑스로서는 레반트 지역에서 자국의 세력을 보호하고 성지 예루살렘의 종교적 수호자 역할을 두고 러시아 정교회에 맞선 로마 가톨릭을 보호하기 위해 싸운 전쟁이었다. 그러나 영국의 입장에서 가장 큰 관심사는 오스만 제국에 대한 러시아의 압박이었다. 오스만 제국은 유럽 영토의 상실과 무함마드 알리 파샤의 전쟁, 자체의 개혁 노력이었던 탄지마트의 여파로 약해져 있었다. 러시아는 흑해와 마르마라해의 군사적 헤게모니와 자유로운 지중해 출입을 간절히 원했다. 반면 영국은 자신들의 해상 역할이 위협받는다고 판단했고 오스만 제국을 생존 가능한 구조로 유지하기로 결정했다. 앞서 논의했듯이 크림 전쟁은 대체로 크림반도의 항구들을 장악하기 위한 싸움이었는데 질질 끈 지저분한 전쟁으로 판명되었고 양쪽의 약점을 드러냈다. 전쟁은 또한 오스트리아 제국이 지나치게 확대되었음을 들추어냈다. 러시아는 오스트리아가 발칸반도에서 영국과 프랑스의 군사 작전을 제지함으로써 1849년에 혁명 진압을 도와준 일에 보답하기를 기대했지만 오스트리아는 그러는 대신 러시아가 철수하기로 동의했던 다뉴브강 유역의 속주들을 점령했다. 그러나 토리노의 카보우르는 차후의 평화협정에서 영국과 프랑스가 오스트리아를 압박해 북부 이탈리아의 점령지를 넘겨주게 하리라는 기대를 안고 피에몬테 군대를 영국과 프랑스 군대에 편입했다. 이탈리아에서 지배하던 주들을 잃을까 봐 두려웠던 오스트리아는 영국과 프랑스 쪽으로 '기울고', 러시아에는 상대편이 제시한 강화 조건을 수용하지 않으면 개입하겠다고 위협해서 두 나라를 달래려 했다. 카보우르는 강화를 결정한 1856년 파리 회의에 환멸을 느끼게 된다. 오스트리아에 맞서 북부 이탈리아를 통합하려는 피에몬테의 열망이라는 현안을 다루겠다는 구체적 언질을 나폴레옹 3세나 영국으로부터 받지 못했기 때문이다. 반면 러시아의 정책 입안자들은 오스트리아의 노골적 배은망덕에 분개했다. 러시아는 흑해에서 해군의 재건을 방해한 조항들을 수용해야 했다. 지중해로 통하는 해협들이 봉쇄되었던 것이다. 오스트리아는 새로운 도전이 제기되면 러시아의 도움을 기대할 수 없게 되었다. 대신 프로이센의 별이 떠올랐다. 젊은 비스마르크의 강력한 옹호로 프로이센은 엄한 중립 정책을 채택했고 프랑스가 국경을 가로질러 러시아령 폴란드에 간섭할 가능성을 차단했다.

카보우르가 파리에서 실망했지만 사건들은 한 세대에 한 번 일어날까 말까 하는 흐름을 타고 있었다. 3년 안에 나폴레옹 3세는 사보이아와 제휴하게 된다. 그는 자신의 후계자와 사보이아 공주의 왕조 간 결혼을 성사시키려 했다. 신랑은 매력이 없고 야만적이었다. 사르데냐 국왕이었던 비토리오 에마누엘레 2세Vittorio Emanuele II는 딸에게 혼인을 강요할 생각이 없었지만 딸은 나라를 위해 의무를 받아들였다.[32] 게다가 이탈리아의 어느 과격분자가 겉보기에는 통일 반대에 실망했기 때문에 암살을 시도해 신변의 안전 문제가 제기되

_____ 32 1859년 비토리오 에마누엘레 2세의 장녀 마리아 클로틸데Maria Clotilde가 나폴레옹 1세의 막내 동생 제롬 보나파르트Jérôme Bonaparte의 아들 나폴레옹 제롬 보나파르트Napoléon Jérôme Bonaparte와 결혼했다.

었다. 1859년 초 프랑스는 오스트리아를 압박해 전쟁에 돌입했다. 마젠타와 솔페리노에서 벌어진 두 차례의 큰 전투는 피비린내 나는 충돌로, 새로운 전투 형태의 시작을 알렸다. 나폴레옹 3세는 빠르게 강화를 체결했다. 오스트리아는 롬바르디아(밀라노 주변 지방)를 프랑스에 양도했고, 프랑스는 이를 이탈리아에 돌려주었다. 베네치아는 오스트리아 영토로 남지만 1866년에 프로이센이 오스트리아에 승리를 거둔 결과 이탈리아에 합병된다. 대신 사보이아의 왕국(사르데냐)은 그때까지 자국 영토의 일부였던 니스 지역과 제네바호(레만호) 주변 지역을 프랑스에 양도했다. 그렇지만 카보우르가 얻은 것은 롬바르디아만이 아니었다. 그때쯤이면 피에몬테에 우호적인 이탈리아 전역의 자유주의자들(대체로 의회정치를 옹호하는 자유주의적 인사들이었지만 자산가에 사회적으로 보수적이었다.)이 포강 유역과 중부 이탈리아의 작은 나라들에서 운동을 준비하고 있었으며, 주민 투표의 물결이 일어 이 작은 나라들을 사보이아와 통합해 새로운 이탈리아 왕국을 만들 것을 재가했다. 교황령이었던 볼로냐는 토스카나처럼 이탈리아에 합류하지만 로마는 나폴레옹 3세의 군대 때문에 병합이 저지되었다. 프랑스와 오스트리아 사이에 강화가 체결되자 남은 큰 문제는 양 시칠리아 왕국, 즉 이탈리아 남부 전체를 포괄하는 나폴리 왕국과 시칠리아 왕국의 운명이었다. 나폴리에서는 1848년의 짧은 혁명이 끝난 후 부르봉 왕실이 복귀했는데, 이제 1860년에는 용맹한 공화주의 지도자 가리발디와 그의 '1000명' 의용대의 지원을 받은 새로운 혁명에 결국 무너진다. 시칠리아와 나폴리에서 혁명을 일으킨 민주주의적 공화파 지도자들이 그 지역을 북부와 통합할 것인가? 이것이 문제였다. 카보우르의 피에몬테는 입헌 국가였지만 선거권이 제한되었고 대단히 보수적이었다. 반면 가리발디와 그의 부관들은 한동안 남부에서 봉건적 특권과 충성심을 지닌 지주를 축출할 급진적 공화국을 꿈꾸었다. 그러나 가리발디는 더 큰 이탈리아를 위해 통제권을 양도하기로 결정했고, 1861년 초 사보이아 왕이 통일된 이탈리아의 군주가 되었다. 베네치아는 1866년, 도시 로마와 로마주는 1870년에 통합되고, 트렌토와 볼차노, 트리에스테는 1918년에야 통합된다. 가리발디는 토리노 의회에서 환멸을 느꼈고 니스의 양도를 거세게 비난하며 카보우르를 격렬하게 공격했다.

스위스

티롤

사보이아
(프랑스에 양도)
1860

롬바르디아

베네치아
1866

오스트리아-헝가리

피에몬테

밀라노 1859

베로나

베네치아

토리노

사르데냐 왕국

파르마 공국

모데나
공국 1860

구아스탈라
(1848년 모데나에 양도)

니스
(프랑스에 양도)
1860

제노바 1860

폰트레몰리

1860

루카 공국
(토스카나에 양도)
1847

피렌체

아드리아해

프랑스

모나코
(1861년 독립)

토스카나 대공국

1860

1860

교황령

엘바

1870

양 시칠리아 왕국

코르시카(프랑스령)

로마

폰테코르보

베네벤토

나폴리 1860

사르데냐 왕국

티레니아해

지중해

팔레르모

메시나

1860

_____ 지도로 본 목적론: 1815~1870년 이탈리아에서 본 근대 국민국가의 진전.

카보우르는 겨우 50대였는데도 곧 병들어 죽었다. 가리발디는 1860년대에 교황령을 여러 차례 공격하려 했지만 이탈리아 군대의 방해로 실패했다. 나폴레옹 3세는 1870년에 프로이센의 침공에 직면하고 나서야 로마에 주둔했던

_____민족주의자의 초상: 1860년 10월 26일에 나폴리 북쪽에서 이루어진 주세페 가리발디와 사르데냐의 국왕 비토리오 에마누엘레 2세의 만남, 즉 '테아노(Teano)의 악수'를 묘사한 그림. 원래는 이탈리아의 공화주의적 통일을 옹호하던 가리발디는 시칠리아와 나폴리에서 부르봉 왕가의 군주를 내쫓았지만, 토리노로부터 남쪽으로 확산되던, 사르데냐 왕국의 총리 카보우르 백작 카밀로 벤소와 국왕 비토리오 에마누엘레 2세의 군주제 체제를 통일이라는 대의를 위해 인정하기로 동의했다. 다섯 달 뒤 비토리오 에마누엘레 2세는 (대체로) 통합된 이탈리아의 왕으로 선포되었다. (Wikimedia Commons)

병력을 철수했고, 그 덕에 새로운 왕국은 옛 수도를 취할 수 있었다.

이탈리아 국가의 통일을 달성한 카보우르와 그의 가까운 동료들은 사실상 젠트리, 다시 말해 대체로 땅을 소유한 신사로서 빅토리아 시대의 자유주의에, 그리고 의회와 온건한 군주제를 통해 나라를 운영하는 공공 정신이 투철한 과두 지배 집단의 능력에 감탄했다. 1860년대 초에 우파로, 나중에는 구 우파로 알려진 통일 세력은 좌파로 자처한 이들과 선거에서 폭넓은 기반을 가졌지만 점진주의적 국가 건설의 패러다임 안에서 활동한 중간계급에게 신속하게 제휴의 특권을 제공했다. 1862년 이들은 '연합connubio'했고, 1882년 좌파가 선거에서 승리한다. 이어 좌파는 우파의 패한 적들을 초청해 자신들 같은 자유주의자로 '변신'하라고 권유했다. 이데올로기적 차이를 감추는 이 과정은 20세기까지도 이탈리아 국가 통치의 특징으로 남는다. 변신, 즉 트라스포르미스모trasformismo(유연한 중도 연립정부 구성)에는 대가가 따랐다. 이탈리아 국가는 신중했는데 아마도 신중함이 지나쳤을 것이다. 국가는 농민 대중을 불만 많은 적으로 보았고, 1860년대에는 시칠리아에 널리 퍼진 농민 저항 운동(브리간타조)에 맞서 싸웠다. 통일 전쟁 때보다 이 싸움에서 더 많은 사람이 희생되었다. 1874년 최후의 심판은 남부는 물론 포강 유역에서도 농촌의 대중이 얼마나 궁핍해졌는지 드러냈다. 그러나 당연히 충분했을 통일 세력은 자신들의 새로운 국가를 경쟁력을 갖추어 유럽의 강대국 정치에서 살아남을 수 있도록 만드는 일에도 열중했다. 그 일이란 남북을 잇는 철도 노선을 완성하고 군대를 유지하는 것이었는데, 둘 다 밀에 무거운 세금을 부과해야 했고 이는 주로 일반 대중이 부담해야 했다. 가리발디와 그의 남부 담당 부관 크리스피에게 몰려든 더 과격한 좌파는 1880년대가 될 때까지 그 체제 밖에 머물렀다. 북부와 남부의 귀족 상층부도 마찬가지였다. 소설가 주세페 디 람페두사Giuseppe di Lampedusa는 『살쾡이Il Gattopardo』에서 봉건제와 유사한 그들의 세계를 기억에 남도록 잘 묘사했다. 독실한 가톨릭교도들도 체제 밖에 머물렀다. 이들은 성직자들로부터 바티칸 지역만 남기고 로마를 빼앗고 재산을 몰수한 정권에 참여하지 말라는 지시를 받았다. 1900년 무렵까지 이들은 정치에 무관심했고, 그 이후에야 바티칸은 사회주의자들의 집권을 막기 위해 차츰 자유주의자들에게 투표하는 것을 허용하고 나아가 '성직자'를 후보로 내세웠다.

이탈리아에서 전개된 과정은 북부 독일에서 벌어진 일과 크게 대비된다. 북부 독일에서도 1858~1859년 민족주의적 중간계급과 프로이센 행정가들은 자신들이 선두에 서서 독일 민족의 기치를 높이 들 기회를 포착했다. 그러나 피에몬테의 군주정이 영국식 헌법의 역할을 받아들인 반면 프로이센의 군주들은 행정부의 권한이 훨씬 강한 체제에 익숙했고 군부와 더 강한 일체감을 지녔다. 그래서 군부가 정부에서 더 큰 역할을 떠맡았다. 새 국왕은 실제로 자신의 직업 군대를 강화하고 자유주의적 시민군이 떠맡겠다고 요구한 역할을 축소하고자 했다. 1861~1862년 프로이센 국왕은 자유주의자들이 이데올로기적 이유와 재정적 이유로 거부했던 군대의 확대와 개편을 강력히 추진했다. 프로이센 국왕은 프로이센 의회가 투표로써 계획을 망치는 일이 없도록 장군들의 조언에 따라 오토 폰 비스마르크를 불러들여 총리직을 맡겼다. 비스마르크도 귀족, 즉 프로이센 융커Junker의 한 사람으로서 1848년 당시 결연한 보수주의자였고 독일연방에서 오스트리아가 수행할 역할을 지지했다. 그동안 비스마르크는 러시아 대사와 독일연방의회의 프로이센 대표로 일했는데, 연방의회에서는 오스트리아가 독일연방을 지휘하는 데 분개했다. 비스마르크는 베를린으로 가서 의회의 승인 없이 필요한 세금을 거두려 했다. 비스마르크가 이 조치를 정당화할 법적 권위의 근거를 내세우기는 했어도 이는 사실상 초헌법적 발상이었다. 프로이센의 자유주의자들은 격앙했지만 몇 년 안에 비스마르크는 이들을 만족시킬 군사적 승리를 여러 차례 거둔다. 독일어권인 홀슈타인(홀스텐) 공국과 그곳의 항구도시 킬은 명목상 덴마크 국왕의 영지인 동시에 독일연방의 회원국이었다. 독일연방의회는 오스트리아와 프로이센을 공동 대리로 내세워 덴마크의 새 국왕에게 독일연방에서 홀슈타인 공국을 분리하는 왕위 계승 계획을 거부하도록 압박했다. 이 왕위 계승 계획은 덴마크 왕이 서로 이웃한 덴마크의 슐레스비히(슬레스비) 공국과 홀슈타인 공국의 전통적인 행정적 통합성을 유지할 수 있도록 제시된 것이었다. 1864년에 짧은 전쟁이 끝나면서 덴마크는 두 공국을 독일연방의 대리자인 오스트리아와 프로이센에 양도해야 했다. 두 나라가 공동으로 관리한 두 공국은 갈등을 유발할 수밖에 없었고, 2년 뒤 비스마르크는 오스트리아에 전쟁을 도발했다. 1860년대 중반 오스트리아는 비스마르크의 의도를 제대로 이해했다. 비스마르크는 합스부르크 왕가가 통치하지 않는 독일인의 영토에서 오스트리아가 중대한 역할을 수행하는 것을 원하지 않았던 것이다. 그러나 이어진 짧은 전쟁에서 준비가 부족했던 오스트리아 군대는 1866년 7월 초 쾨니히그레츠(사도바)에서 프로이센에 결정적인 패배를 당했다. 오스트리아는 빈으로 돌아가는 길에 더 많은 패배를 당하지 않으려고 강화를 청했다.

비스마르크는 합스부르크 왕가로부터 영토를 빼앗지는 않았지만 두 나라가 공동으로 영향력을 행사하는 독일연방의 종식을 강요했다. 프로이센은 북부 독일 국가들을 의회를 갖춘 북독일연방으로 조직할 권리를 획득했다. 바이에른과 바덴의 남쪽 국가들은 북독일연방에 포함되지 않았지만 다른 전쟁이 벌어지면 자국 군대를 북독일연방 군대의 휘하에 둔다는 군사동맹을 체결해야 했다. 비스마르크는 사실상 북독일연방 안의 독일인 영토를, 특히 부유한 도시 프랑크푸르트와 북부 중앙의 하노버 왕국을 병합하는 데 착수했다. 비스마르크는 과세 조치와 군대의 확대에 관해 의회의 사후 승인을 얻어 냈는데, 이는 대외 정책의 성공만큼이나 중요했다. 통일 독일을 열렬히 지지하는 자유주의자들은 자신들이 1848년에 꿈꾸었던 것을 총리가 실현하고 있음을 보았다. 자유주의자들의 표는 비스마르크의 정책을 기꺼이 승인하려는 이들(이후 국민자유당Nationalliberale Partei으로 알려지는 이들은 병합된 하노버의 야심적인 정부 관리 몇몇을 포함했다.)과 비스마르크를 지지하지 않던 상대적으로 적은 수의 이른바 독일진보당Deutsche Fortschrittspartei으로 분열했다. 비스마르크는 아직 북독일연방에 합류하지 않은 바이에른과 바덴, 뷔르템베르크를 흡수해 독일의 통일을 빠르게 완수하고자 했다. 그러나 로마 가톨릭교회가 이 계획에 점점 강하게 반대했고, 비스마르크는 이를 과소평가했다. 가톨릭교도는 남부, 프로이센의 라인강 지역, 남동부의 슐레지엔에 몰려 있었다. 가톨릭교도는 오스트리아를 가톨릭교회의 수호자로 보고 그 나라에 일체감을 가졌으며 신교에 공감하는 국가의 승리를 두려워했다.

그러나 이 프로이센 총리는 이러한 분열을 이용할 줄 알았다. 가톨릭교도가 적의를 드러내자 신교 자유주의자들의 지지가 이전보다 강해졌고, 몇 년 안에 프로이센 지도자는 세 번째 군사적 모험에 기꺼이 나서게 된다. 이번에는 나폴레옹 3세의 프랑스에 맞선 위험한 전쟁이었다. 독일의 이 지도자는 여러 가지 문제를 교묘히 이용해 나폴레옹 3세를 독일의 통일을 봉쇄하기로 굳게 결심하고 나아가 룩셈부르크 대공국을 강탈하려는 음모를 꾸미는 적으로 보이게 만들었다. 프랑스 황제는 국내에서 거센 정치적 반대에 직면했고 약하고 우유부단한 사람으로 비칠 여유가 없다고 생각했다. 전쟁의 평계는 에스파냐 정치를 둘러싼 다툼에서 찾았다. 에스파냐의 의회와 군대는 1868년 여왕 이사벨 2세의 폐위 후 들어선 새 정권의 안정을 도모하고 있었다. 의회는 공화국을 거부했고 후안 프림Juan Prim 장군과 협력해 프로이센의 호엔촐레른 가문에서 적절한 군주 후보자를 찾았다. 프랑스는 이에 반대했고, 프로이센 왕가는 제안을 거부했지만, 비스마르크는 협상 내용을 퉁명스럽게 들리도록 손질해 퍼뜨렸다. 이른바 엠스 전보Ems telegram라는 이 문구는 프로이센의 국민 감정을 도발하고 프랑스 궁정의 분노를 초래했다. 나폴레옹 3세는 파리의 매파(황후가 이들을 총애했다.)에 휘둘려 전쟁을 선포했고, 지켜보던 유럽인들에게는 놀랍게도 참패를 당했다. 프랑스의 한 장군이 메스의 요새를 내주었고, 황제는 1870년 9월 2일 스당의 전장에서 군대를 넘겨주었다. 파리의 공화주의자들은 나폴레옹 3세 정권의 종말을 선언하고 사실상의 정부를 세웠다. 이 정부는 공화파와 부르봉 왕당파, 황제 지지자들로 나뉘었고, 황제는 프로이센의 포로로서 런던으로 망명해도 좋다는 허락을 받았다. 프로이센 군대가 파리로 진격하자 이 도시는 베르사유에 소집된 새로운 입법부에 반대해 한 번 더 봉기했고, 혁명 코뮌을 설치해 여러 달 동안 유지했다. 보수적 공화주의자 아돌프 티에르Adolf Thiers가 주도한 의회는 프로이센과 평화 협상을 벌였고, 강화조약으로 프랑스는 배상금을 지불해야 했으며,(곧 지불되었다.) 국경 지대의 알자스와 로렌을 잃었다. 독일은 48년 후 제1차 세계대전에서 패할 때까지 두 지방을 점유했다. 파리 코뮌은 1871년의 추운 겨울 동안 포위되어 거의 굶어 죽을 지경에 처했고, 결국 봄에 의회가 파리를 되찾았다. 많은 코뮈나르Communard(코뮌 지지자)가 처형되거나 누벨칼레도니로 추방되었다. 5년이 지난 후에야 임시정부는 그 나라가 대통령을 행정 수반(실질적 권력은 부여되지 않았다.)으로 하고 의회가 공무원을 통해 통치하는 국민의회를 갖춘 공화국임을 정식으로 인정했다.

그러나 비스마르크는 독일인이 누린 승리와 민족주의적 열광을 어떻게 이용해야 하는지 알았다. 남부의 국가들은 1866년 이후 협상으로 수립된 동맹에 의해 프로이센에 속박되었다. 1871년 1월 베르사유 궁전에서 승리의 잔치를 벌이던 독일 의회 의원들은 투표를 통해 프로이센 국왕이 '독일 황제'를 겸해야 한다고 결정했다. 본질적으로 비스마르크는 1867년에 임시로 만든 북독일연방을 위해 계획한 제도를 이용했지만 남부 독일 국가들이 추가되었다. 그 결과 나타난 정부 구조는 민주적 기구와 행정 기구를 뒤섞은 일종의 타협이었다. 프로이센과 다른 국가들은 자체 의회Landtag를 유지했다. 프로이센 총리는 독일제국의 총리가 되었다. 영국의 경우처럼 내각 전체가 책임을 지는 일 없이 총리 혼자 독일 의회에 출석했고 비스마르크는 황제의 뜻에 따라 직위를 유지했다. 프로이센에서 국왕의 뜻에 따라 총리 직위를 유지한 것과 똑같았다. 군 장관들은 내각의 중요한 구성원이었고(일본의 경우와 마찬가지다.) 군 예산은 7년에 한 차례만 논의되었다. 그렇지만 비스마르크는 새로운 제국 의회가 (이전의 관세동맹 의회와 임시로 존재했던 북독일연방 의회처럼) 성인 남성의 보통선거로 구성되어야 한다는 데 동의했다.(제한적 권한을 보유한 상원인 연방의회 Bundesrat는 각 국가의 대의원들로 구성되었다.) 말하자면 독일 헌법 구조에서 하나의 기관이 미국 의회와 새로운 프랑스 하원만큼 민주적인 선거권을 갖추었던 것이다. 그러나 제국 의회는 총리 해임을 의결할 수 없었다. 제국 의회가 할 수 있는 일은 예산 처리를 마비시켜 총리를 힘들게 하는 것이 전부였다. 게다가 비스마르크 총리는 세월이 흐르면서 산업이 발달함에 따라 자유주의자들과 노동계급의 대표들이 늘어난 제국 의회에서 과반수를 달래려 애쓴다고 해도 몇 구역 떨어진 곳에 있는, 훨씬 보수적인 이들이 과반수를 차지한 프로이센 하원(그리고 프로이센 상원)에서는 프로이센 국가 예산을 통과시켜야 했다. 제1차 세계대전에서 패배할 때까지 프로이센은 부유한 유권자들에게 부유하지 않은 이들보다 훨씬 많은 몫의 비례대표를 부여한 '3등급제' 선거제 Dreiklassenwahlrecht를 유지했다.

비스마르크는 이 체제 내에서 운신할 힘과 위신을 갖추었지만 그의 후계자들에게 이 임무는 점점 더 어려운 도전이 되었다. 제3제국이 끝난 후 역사가들은 독일제국의 전제적 성격을, 다시 말해 고집 센 황제와 강력한 군 장교들이 정치에 개입할 가능성이 컸음을 강조하는 경향을 보였다. 그러나 최근의 연구 성과는 전국적 차원과 지역적 차원에서 두드러진 활발한 정치 토론을 강조했다. 1870년대 말까지 비스마르크로서는 국민자유당과 협력해 이들을 불만 가득한 가톨릭교도와 새로 일어나던 노동계급의 사회민주주의 운동이 가할 것으로 추정되는 위협에 맞서게 하는 것이 좋았다. 1870년대 말 독일은 법전과 화폐제도를 통일하고 징병제를 유지했으며 유럽에서 가장 강한 육군을 보유했다. 독일은 루르 지방과 새로이 병합한 로렌 지방에 집중된 석탄과 철광이 산업 발달을 추동한 덕에 유럽 대륙의 돋보이는 산업국가가 되었으며, 1890년대가 되면 강철 생산에서 영국을 추월한다. 비스마르크는 독일이 충분히 만족스러운 국가가 되었으며 안정을 추구하는 세력이 되기를 원한다고 선언했지만 알자스와 로렌의 병합 때문에 프랑스와 진정으로 화해하기는 어려워졌다.

오스트리아 제국은 1866년 패배 이후 나름대로 구조가 튼튼해졌다. 마자르족 귀족의 새로운 현실주의자들은 (1918년까지) 오스트리아로부터 완전히 독립한다는 생각을 묵살한 반면 데아크 페렌츠Deák Ferenc가 이끄는 마자르족 지도부는 오스트리아의 패배를 이용해 1867년의 타협Ausgleich을 이끌어 내 상당한 자치권을 획득했다. 이후로 합스부르크 제국은 이원적 연방국가가 된다. 서쪽 지역(오스트리아, 보헤미아, 모라비아)의 황제는 헝가리의 왕이 되고, 나라는 두 이름이 연결된 오스트리아-헝가리 제국, 즉 이중 왕국이 된다. 이원성 탓에 이 구조의 두 반쪽은 국가 통합이 약간 불안정했지만 두 '역사적 민족'은 각각의 지역에서 다루기 어려운 다른 민족들과 대면했다. 마자르족은 이전에 남부 연합에 속했던 주들에서 백인 미국 시민들이 자신들의 지역을 지배할 때와 마찬가지로 선거권을 조작해 커다란 절반의 나라를 통치했다.[33] 크로아티아는 왕국 안에서 부분적 자치를 누렸다. 이중 왕국의 두 부분을 연결하는 것은 공동의 외교부, 독일어가 여전히 지휘 언어로 인정된 공동의 육군과 해군, 헝가리의 곡물 재배지와 보헤미아와 오스트리아의 공업 지역을 연결하고 10년마다 재검토되는 교역 조약이었다. 오스트리아는 아드리아해의 트리에스테를 여전히 자국 항구로 보유했고, 헝가리는 아드리아해의 폴라(오늘날 크로아티아의 풀라) 항구와 피우메(오늘날 크로아티아의 리예카) 항구를 보유했다. 1911년까지 선거권이 제한되었던 헝가리 의회는 다소간의 민족주의적 집단들로 분할되었고, 빈의 제국 의회Reichsrat는 서쪽 절반을 통합했는데 사회민주주의자, 자유주의자, 그리고 종국에는 가톨릭 인민주의자(기독교

---

33 1874년 선거법에 따르면 선거권은 재산과 세금, 직업 등을 토대로 복잡하게 규정되었다.

사회주의자), 범독일주의자, 민족의 언어상의 권리와 학교 예산 통제권을 두고
싸운 체코인 의원과 폴란드인 의원 들로 분열한다. 공무원들은 빈의 중앙정부
에 보고서를 올릴 때 독일어를 써야 했고, 각각의 지역에서 지배적인 시민을
대할 때는 지역의 방언을 썼다. 두 언어 병용에 관한 논쟁에 익숙한 미국인들
은 잘 아는 문제이겠지만, 학교에서 사용하는 언어 문제는 오스트리아 쪽 절
반을 계속 괴롭혔다.

　　서쪽 절반을 무엇이라 부를지는 명확하지 않았다. 엄밀히 말해 오스트리
아는 그 단위의 일부였을 뿐이다. 황제는 여러 지역에 관해 혼란스러울 정도
로 다양한 주권자의 호칭을 지녔다.(보헤미아는 왕국이었고 오버외스터라이히와 니
더외스터라이히는 대공국이었다.) '황제와 왕의kaiserlich und königlich: k. und k.'라는 명
칭은 왕국 전체의 관공리와 깃발, 영사 등등에 쓰이는 용어가 되었다. 서쪽
절반은 때로는 비공식적으로 치스라이타니엔으로 불렸다. 오스트리아와 헝
가리 사이 국경의 일부를 이루는 라이타강의 '이쪽' 땅이라는 뜻이다. 서쪽 절
반은 공식적으로는 제국 의회에 대표를 보낸 곳이었다. 소수민족의 민족주
의가 강해지면서 독일인과 마자르족, 폴란드인, 루마니아인의 민족주의가 가
진 위험성을 이해한 오스트리아 사회민주당과 유대인 주민들이 통합 세력이
자 조정 세력으로 합스부르크 왕가에 가장 열렬히 충성했지만 이중 왕국의
구조는 점점 큰 압력을 받았다. 역사가들은 흔히 이른바 오스트리아-헝가리
제국이라는 정체를 저주받은 국가로 보았지만, 이 나라는 제1차 세계대전에
서 최종적으로 분열되기 전까지 4년이라는 긴 기간을 싸웠다. 오스트리아-
헝가리 제국의 군대는 독일군과 함께 싸울 때가 아니면 좀처럼 승리하지 못
했지만, 신병들의 언어적 다양성이 컸는데도 하나의 부대로서 제 역할을 다
했다. 오스트리아-헝가리 제국의 관료들은 답답한 형식주의에 빠진 것 같았
지만 군주제와 그 관료적 형식주의의 존재를 성공적으로 표현했다. 의회 국가
와 군사적·관료적 제국 사이처럼 근대적인 전국민적prenational(그리고 후국민적
postnational) 세력들 사이의 이 불안정한 타협 속에서는 매우 기이하게도 음악
과 철학, 정신의학 분야에서 가장 대담한 실험들이 넘쳐 날 수 있었다.[82]

1870년대의 세계

1870년대의 세계는 변했다. 혁명이 바꾸어 놓은 것이 아니다. 강력한 지도자들, 즉 철도와 자산, 경제 발전, 국력, 불가피한 분쟁과 경쟁을 믿었던 현실주의자들에 의해 변했다. 물론 중대한 차이점들이 있었다. 1870년에 (토리노에 뒤이어 6년간 임시 수도였던 피렌체를 떠나) 로마로 천도한 이탈리아인들은 자신들이 독일인과 프로이센인과는 다른 길을 택했음을 알았다. 이탈리아 의회는 더 강했다. 이탈리아인들은 프로이센이 전쟁을 미화한다고 생각했다. 그렇지만 이탈리아인들도 국민국가에 공감했다. 일본의 새로운 국민국가를 건설하던 통합의 실행자들은 자신들이 독일인들과 가깝다는 느낌을 받았다. 일본인들도 독일인들처럼 군주제와 그 관료, 군 지휘관을 국가에 꼭 필요한 존재로 보았고, 산업화를 최대한 빠르게 모방했으며 장래가 촉망되는 외교관과 장군 들을 서구로 유학 보냈다. 브라질과 아르헨티나는 자신들이 내륙에서 대해로 접근하지 못하도록 방해했던 파라과이 공화국의 흔적을 지우는 데 (우루과이와) 협력했는데 영국의 상업적 영향력에 훨씬 크게 의존했다. 그러나 브라질과 아르헨티나는 오래된 갈등을 어느 정도 극복했으며, (브라질 사람들의 좌우명을 빌리면) '질서와 진보'라는 콩트의 관념을 중심으로 결집했다. 망명한 포르투갈 왕가 출신의 황제들이 다스린 거대한 분권적 국가였던 브라질은 서서히 노예제를 폐지했고 더불어 제국 자체도 무너뜨렸다. 캐나다는 철도망을 완성하면서 자치령의 통합 문제를 두고 협상하고 있었다. 미국의 왕성한 성장은 상당한 대가를 치렀다. 미국 공화당은 관세로 제조업을 보호하고 서부를 농민과 목축업자, 광산업자에게 개방하기로 결정했다. 그로써 이전의 남부 연합을 재건하려는 과격파의 노력이 포기된 후 수십 년 동안 나라를 운영하게 될 동맹이 결성되었다. 그러나 농민들과 산업가들, 심지어 남부의 지주들까지도 철도와 트랜스미시시피Trans-Mississippi 서부[34]에서 풍부한 기회를 얻었지만 흑인과 인디언, 동아시아에서 온 계약 노동자들은 희생자라고 하기는 그렇지

_____ **34** 19세기에 미시시피강 서부를 이르는 말. 아칸소와 루이지애나, 미주리, 텍사스와 여러 준주를 포함한다.

만 크게 불리한 처지에 놓여 있었다. 강력한 의회를 갖춘 프랑스 공화국조차도 철도망과 종교에서 분리된 국영 교육제도, 중앙집권적 지사 제도를 발전시킨다.

그러므로 '문명' 세계의 대부분 지역, 즉 유럽과 아메리카, 영연방 자치령, 야심적인 일본에서 국가는 최후의 수단이었다. 통치의 비법은 영토를 개발하고 학자와 전문가, 자산가의 손에 권력을 쥐여 주며 지속적으로 군사 경쟁에 대비하는 것이었다. 그리고 촌락공동체와 공동소유를 토대로 정부를 설립하려는 운동으로 자처했든 그러지 않았든 이전에 노예였던 농민이나 원주민 부족만 옹호한 무정부주의와 생디칼리슴syndicalism[35]에 위험스러울 정도로 가까웠던 공동체주의의 낡은 유혹에 맞서고, 노동조합의 권력을 요구하는 새로운 노동계급의 주장을 거부하는 것이었다. 또 서구의 로마 가톨릭 성직자단이든 이슬람 세계의 '울라마'든 아시아의 불교 사찰이든 초국적인 종교적 권위의 주장에도 저항하는 것이었다.

물론 이 과정에는 낙오자들이 있었다. 중국은 호구였다. 영국과 프랑스는 1860년에 다시 전쟁에 들어가 더 많은 양보를 강요했으며, 태평천국운동은 제국의 힘, 즉 유교 국가의 효력을 빼앗았고, 점점 심해지는 농민 대중의 빈곤은 노력까지 막지는 않았지만 효율적 대응을 방해했다. 이집트와 발칸반도의 영토 대부분을 상실한 오스만 제국은 극심한 자기모순에 직면했다. 오스만 제국은 세속적 시민권이라는 근대의 원리를 채택한 반면 제국의 상승기에 토대가 되었던 종교적 공동체주의를 훼손했다. 오스만 제국은 경제적 자원을 동원하고 세입을 뽑아내기가 어려움을 깨달았다. 중국처럼, 그리고 라틴아메리카도 어느 정도 해당되는 이야기이지만 광물 채굴과 상품 수출, 해안 항구의 활동이 부를 창출하는 곳에서 외국인들이 그 과정의 대부분을 통제하며 자체 발전의 속도를 늦추었다. 영국에서도 정치제도와 교육제도를 근대화해야 한다는 압력이 어느 정도 있었지만 급진적인 충격이나 군사적 패배로

_____ **35** 노동조합을 통한 노동자 자주 관리로써 사회를 재조직하자고 주장하는 이데올로기이자 운동.

어쩔 수 없이 개혁해야 했던 상황은 아니었다. 1830년대에서 1870년대 사이 영국도 중대한 개혁 조치를 취하고(빈곤을 대하는 온정주의적 태도의 약화, 군대 개혁(장교 임관의 구매 제도 폐지), 자유무역, 주요 지방자치 개혁) 1857년 반란 진압 후 인도의 큰 영토를 합리적으로 재조직했다. 러시아도 비록 극적인 면모가 덜했지만 동일한 과정을 밟았다. 1860년대와 1870년대에 실제로 노예제를 폐지했고 대의제도를 향해 발걸음을 내딛었다. 러시아의 대륙횡단철도는 19세기 말까지 기다려야 했다. 촌락 토지에 대한 공동체의 지배권도 19세기 말이 되어야 느슨해진다. 그리고 의회는 1905년이 되어야 등장한다. 영국은 사실상 국가와 사회 간의 균형을 근본적으로 바꾸지 않고도 근대화를 이룰 수 있었지만, 러시아에서는 국가가 매우 강력하게 유지되었고 국가 신봉자들은 매우 보수적이어서 근대화가 더딜 수밖에 없었다. 그러나 이 모든 나라는 1870년 무렵에 새로운 경로에 접어들었고, 그 나라들이 물려받은 지적·문화적 전통도 새로운 길에 들어섰다. 그러한 변화들이 있었기에 지배하고 통제하려는 압력이 주변부의 식민지로 한층 더 맹렬하게 침투하리라 예상되었고, 국내의 통제 수단은 과학과 측량, 강철, 증기, 통신에 훨씬 크게 의존했다. 그것은 집요한 동시에 현란했으며 잔혹하리만큼 혁신적인 과정이었지만 어쨌거나 실제였다.

그러나 1870년대는 제도와 이데올로기에서 여전히 변화를 밟아 가던 여러 국가를 보여 준다. 몇몇 나라는 계속되는 다문화적 분열에 볼모로 잡혀 있었다. 옛 제국들, 즉 오스트리아-헝가리 제국과 오스만 제국, 정도는 덜 하지만 러시아 제국은 18세기 말 이후로 자신들을 위협했던 가혹한 국제적 경쟁 때문에 근대화 노력을 경주하면서도 민족적·종교적 다양성 속에서 균형을 잡아야 했다. 한때 풍요로웠던 무굴 제국은 결국 그 허약한 제후들과 세포이 항쟁 실패 후 지속적으로 잠식해 들어온 적인 영국에 의해 1858년에 사라졌다. 1876~1877년 이후 공식적으로 빅토리아 여왕이 다스리는 인도 제국이 된 이른바 라지Raj는 직할 지사 관구[36]와 나란히 보존된 500여 개의 제후국과 본국의 인도부 장관이 대표하고 캘커타의 총독이 관리하는 다른 관할구

―――― **36** 벵골과 봄베이, 마드라스의 세 곳이 해당한다.

들을 포함하는 그 조각난 영토들과 다양한 지역사회를 보존하는 것이 편리함을 깨달았다. 동종이형의 왕조를 가진 만주족의 청나라는 한족의 억제되지 않은 민족주의를 결코 포용할 수는 없었지만, 그 충성스러운 관리들은 경전과 덕망 있는 신사 계층에 근거한 유교 전통이 개혁을 성공적으로 완성하기에는 지나치게 폭이 좁다고 보았다. 독일인과 일본인 들은 제국의 유산을 군사적으로나 관료적으로 효율적인 정부로 바꾼다면 제국의 외관을 유지할 수 있다고 이해했던 것 같다. 그리고 국내에서는 공식적으로 민주주의 체제였던 나라들이 역으로 국가들의 세계에서는 힘이 있어야 해외 제국을 발전시킬 수 있다고 이해했다.

역사가들은 고도로 조직적인 국가들 간의 격한 대결을 전통적인 '외교' 사의 자료로 늘 강조했다. 그러나 서로 다투는 경쟁 국가들의 세계는 주변부나 때로 자국 영토 안에 있는 분열한 공동체들을 진보와 문명을 가로막는 장애물로 인식하고 이에 압력을 가할 때는 서로 연합했다. 이러한 다른 공동체들은 대체로 절망적일 정도로 가난했고 때로 자신들이 키우는 짐승들과 공생 관계로 생활했으며 이따금 기독교든 이슬람교든 힌두교든 제국의 종교를 지역의 예언자들과 주류에 반대하는 사제들, 엄격한 수피 교도 신비주의자들, 치유사들의 목소리로 새롭게 했다. 이들은 잔존 세력이었지만 잘 버텨 낸 영속적 잔존 세력이었다. 유카탄반도 국경 지대의 마야인, 1896년 새롭게 침입해 들어오는 공화국에 저항한 브라질 북동부 관목 지대의 목축업자들, 즉 세르탕Sertão이라고도 불린 바케이루스vaqueiros, 보호 구역 안으로 서서히 밀려 들어간 아메리카 인디언 부족, 안달루시아와 루마니아의 집시, 캅카스산맥의 체첸인, 라지(영국령 인도 제국) 북서쪽 변경의 파슈툰족과 중앙아시아의 다른 사회들, 미얀마 고산지대의 부족들, 신장의 위구르족, 그 밖에 수많은 민족이다. 태즈메이니아 원주민 같은 일부 종족은 일찍이 1820년대와 1830년대에 대체로 절멸했으며, 다른 종족들은 좀 더 늦게 절멸했다. 이를테면 파타고니아의 인디오들은 1880년대에 사라졌고, 독일 식민지의 헤레로족은 20세기 초에 크게 감소했다. 1500년 이후 해외 제국 팽창의 초기에 많은 종족이 그렇게 당했던 것과 같다. 많은 사람이 침투해 들어오는 도시들과 영토들에 흡수되었고, 다른 사람들은 승자들이 들어가기에는 너무 위협적인 밀림이나 고지대의 은신처에서 천년왕국의 구원을 기다리며 간신히 삶을 지속했으며 나중에는 인류학자들에게 발견되어 때로 그들의 중재로 생존하게 된다. 이들의 운명은 그 당시에 소설가들의 이목을 끌었고 현대의 역사가들에 의해 정당하게 복원되고 있다. 그러나 우리는 한때 누구도 침범하지 못했던 자신들의 영역에서 끊임없이 침입자들을 밀어낸 이들의 여정을 계속 다루어야 한다.

3   인간 동물원

나쁜 소식의 의미를 제대로 파악하자. 커스터의 분견대가 리틀빅혼강에서 짧은 시간 안에 궤멸된 지 9일이 지났을 때 미국은 독립 기념일 100주년을 축하했다. 100주년 기념식의 일부로서 필라델피아의 기업가들이 5월 10일에서 11월 10일까지 당시로서는 역사상 최대의 세계 박람회를 조직했다. 율리시스 그랜트 대통령과 서반구의 마지막 군주였던 브라질 황제 페드루 2세 Pedro II가 기계 전시관에 있는 거대한 콜리스 증기기관의 스위치를 켜서 기술 제품과 농산물로 가득한 경축 전시회의 시작을 알렸다. 증기와 철은 박람회에 온 약 1000만 명의 관람객의 상상력을 사로잡았다. 두 달 전에 특허를 받은 알렉산더 벨Alexander Bell의 전화기도 전시되었다. 2년 후 훨씬 더 큰 세계 박람회가 파리의 샹드마르스 광장에서 열렸다. 11년 뒤 그 풀밭 위에는 한층 더 큰 규모의 다른 세계 박람회를 위해 에펠 탑이 올라간다.[83] 이 또한 공학의 경이였다. 그러나 이뿐 아니라 400명의 원주민이 '인간 동물원' 즉 '니그로 마을'에, 그들의 주거지라는 것을 재현해 놓은 곳에 전시되었다.

1870년대에는 함부르크와 바르샤바, 바르셀로나, 런던을 포함해 유럽 전역의 도시에 인간 동물원이 세워졌다. 여행을 대신하는 용도로, 또 이따금 연구의 대상으로 부족민 몇 명을 이동을 최대한 억제한 상황에서 표본 삼아 전시했던 것이다. 동물원은 문명의 위계질서를 전제로 했다. 관람객은 자신들의 우월성을 스스로 확인하고 아이들에게 증명했다. 전시하는 이들은 이렇게 길들여진 만남의 무대를 획득해 옮기고 이어 전시물을 공급하고 관리해야 했다. 전시된 이들이 무슨 생각을 했는지는 알기 어렵다. 굴욕이나 분노를 느꼈으리라고 추정할 수 있겠지만 이 또한 지레짐작일 뿐이다. 이들은 마치 배우처럼 서비스직에 종사했다. 물론 모집과 근무의 조건은 최근에 세계 박람회를 연구한 어느 역사가가 일깨우듯이 가혹했을 것이다. 이들은 우리 속에 갇힌 것이 아니라 무대 위에 있었다. 이들은 아마도 잘 차려입고 자신들의 축소판 주거지를 보러 온 관람객들에 대해 우월감을 가졌을지도 모른다.[84]

원시인과 대면하기

비유적 의미를 세우는 것은 문학가는 물론 역사학자에게도 당연히 속악한 재주다. 구하라, 그러면 얻을 것이라. 그러나 식민지 환경과 도시환경을 통제하고 미개인의 성정을 지닌 이들을 그들의 영역에 안전하게 가둬 놓으며 모두에게 최소한의 복지를 보장하되 동시에 위계질서의 가시적인 표지를 강화하고 현대의 어느 독일 작가가 오늘날의 '인간 동물원'이라 부른 것[85]을 위한 적절한 규칙을 찾아내는 것이 1870년대에서 제1차 세계대전이 발발할 때까지 국가와 정부의 발전에서 두드러진 특징이었다. 동물원은 안심을 주었다. 동물원은 인류의 '원시적 집단'(피부색과 기타 인종적 특징에 따라 근본적으로 차이가 있다고 추정되며, 사유재산이라는 문명의 기본 개념을 배우지 못한 채 자신들이 태어난 서식지에서 어느 정도의 통치를 받는 집단)을 지배하고 그들로 하여금 종속에 감사하도록 만들 수 있다는 암시를 주었다. 서반구의 종족 집단이든 산업 세계의 노동계급이든 국내의 더 어두운 세력이 더 위협적이었다. 1871년까지도 이들은 파리에 혁명 정권을 세웠다. 새로운 제3공화국이 도시 동쪽의 숙영지에 주둔하고 있는 독일군과 기꺼이 평화협정을 체결하려 하자 과격파가 이에 저항해 포위된 프랑스 수도에 파리 코뮌을 수립했던 것이다. 파리 코뮌은 곧 도시가 겪은 고초와 정권이 처형한 인질을 통해 국내 암흑의 핵심을 대표하게 된다. 실제로 프롤레타리아 조직이 제기한 큰 위협은 몇십 년이 지나면 더는 봉기로 비치지 않는다.(늙어 가던 프리드리히 엥겔스는 혁명의 열망이 바리케이드 위에 퍼지지 않을 것임을 깨달았다.) 서구 전역에서 새로이 출현한 사회주의 정당과 사회민주주의 정당들로 보였다.

남유럽과 동유럽의 농민 대중도 원시적 어둠의 세력의 원천을 대표했다. 이들을 인간 동물원과 유사하게 통합과 평화로운 수용이라는 사회적 드라마 속으로 엮어 넣을 수 있었다면, 그 수단은 이 시기에 번창한 민속과 민중예술이었다. 인간의 차별과 분류는 또한 사회과학에서 이루어진 큰 학문적 성취에 기여했다. 19세기 말 인류학자와 고고학자 들은 몇몇 경우에는 불평등의 가정이, 다른 경우에는 열등함을 미리 가정하지 않은 채 차이를 이해하려는 세계주의적 노력이 동기가 되어 시간적으로나 공간적으로 멀리 떨어진 곳에 대한 새로운 지식을 획득했다. 한 세기 전의 사회적 관찰자들이 기이한 관습을 추적하고 광대한 영역에 퍼진 제국들이 자신들만큼이나 문명화한 곳임을 인식했던 반면, 19세기 말에는 사회구조와 친족 관계, 종교 조직 같은 관념들이 밀어닥쳤다. 제국은 파리와 런던, 베를린, 상트페테르부르크, 그리고 마침내 뉴욕에 화려한 인공물을, 비할 데 없는 온갖 건축의 요소들을 집적했다.[86]

1880년대에 유럽과 아메리카의 백인 중간계급이 과학기술에 관해 불안한 마음을 갖거나 자신들이 세계를 지배할 운명이라는 생각을 재고하는 것은 대체로 불가능했다. 19세기 말 앞선 세대의 '실증주의적' 확신이 제국에 대한 비판에 굴복하고 사회운동가들이 공동주택의 불결한 상태를 폭로하고 '상징주의적'이라는 이름을 얻은 거의 규범화하지 않은 예술 활동이 깊은 성적 불안정을 암시하면서 더 어두운 관심과 더 날카로운 인식이 등장한다. 작가 러디어드 키플링Rudyard Kipling이 이해했듯이 제국은 ("우리가 잊지 않도록"[37]) 불안정했고, 한순간도 우울하지 않을 때가 없었던 헨리 애덤스Henry Adams는 기계 문명에 이의를 제기했다.[87] 그러나 유럽과 아메리카, 일본의 예술가와 지식인은 오이디푸스의 질투와 유아기 성욕을 공공연히 주장하는 프로이트의 문

_____ 37 키플링의 시 「퇴장송Recessional」에 나오는 구절. 그리스도의 희생을 "우리가 잊지 않도록 lest we forget" 우리(영국)를 구해 달라고 신에게 비는 내용이다.

지방을 아직 넘지 못했다. 몇몇은 두건을 덮어쓴 죽음의 사자를 묘사했고, 다른 이들은 거세의 암시를 묘사했다. 화가와 작곡가 들은 1905년 이후 마음을 편하게 하는 관습적 표현과 분위기에서 벗어나지만 아직은 완전히 떠나지 못했다. 예술의 세계는 모더니즘의 첨단에 서 있었다. 중국과 인도, 식민지의 지식인들은 제국주의에 대한 일련의 혁명적 비판을 아직 전개하지 못했다. 수단의 마흐디파 추종자들, 1896~1897년 오스만 제국의 아르메니아인, 미국이 에스파냐로부터 자신들의 섬을 넘겨받는 것에 저항한 필리핀 주민, 1905~1906년 독일령 남서아프리카의 오바헤레로족(헤레로족), 1895년 일본 관리들이 접수한 포르모자인(타이완)처럼 제국의 폭력 대상이 된 완강한 민족들을 상대로 한 집단살해는 회한과 비판을 불러일으켰지만 효과적 대응은 없었다. 미국의 반제국주의자들이 1898년 이후 무력에 의한 추가 영토 획득을 억제했는지도 모른다.(미국은 1916년 덴마크로부터 버진아일랜드를 구입하기는 했다.) 영국인들은 보어인의 공화국들을 정복하면서 고생한 탓에 냉철해졌다. 나중에 나미비아가 되는 곳에서 종족 학살에 가까운 억압을 보인 독일의 정책은 의회에서 반대를 유발했지만 이미 벌어진 일을 되돌릴 수는 없었다. 미국 대통령 시어도어 루스벨트Theodore Roosevelt는 과도했던 폭력을 진보에 "부수되는 잔학 행위"라고 일컬었다. 그리고 시어도어 루스벨트는 고무 농장이나 화전식 설탕 재배를 위한 숲의 축소는 생각하지도 못했다.[88] 그러한 일들은 주변부에서 벌어졌다.

그렇지만 19세기 말의 사내다운 정치인들이 연관성을 부정했는데도 주변부에서 발생한 '평정'이나 집단살해는 거대한 박람회에 당당하게 전시된 진보의 표현물과 근대국가에 대한 한층 강한 신뢰와 연결되어 있었다. 19세기 말의 국가는 실증주의적 정신과 문명의 물질주의적 힘, 인구를 헤아리고 영토를 측정하는 사회과학적 방법, 진보와 미래의 승리였다. 그럼에도 그 국가는 자국의 프롤레타리아와 교회에 빠진 시골의 무지한 농민이라는 잠재적 어둠의 세력에 종종 인질이 된 것처럼 보였고 때로는 무서운 여성들에게 위협을 당하는 것 같기도 했다. 여성의 통치라는 문제는 19세기 중반 하와이에서 입헌정치의 위기를 초래했으며, 빅토리아 시대 말기 영국에서는 실제로 남편을 잃은 여왕의 여성성을 제거함으로써 수용되었고, 제정 러시아와 청나라에서는 제국 말기의 제도들이 곤란을 겪게 했으며, 선거권을 요구하는 목소리의 확대로도 나타났다. 제1차 세계대전 이전에 여성들은 1893년 뉴질랜드에서, 1902년 오스트레일리아에서, 1907년 핀란드에서, 1913년 노르웨이에서, 그리고 미국의 서부 주들에서 선거권을 획득한다. 미국 여성은 1920년에 전국 선거의 투표권을 획득했고, 영국은 1911년에서 1928년까지 여성에게 모든 단계의 선거권을 허용했다. 바이마르 공화국은 1919년에 출발할 때부터 여성의 참정권을 인정했다. 프랑스는 제2차 세계대전이 끝난 후 1944년에 결국 여성의 참정권을 승인했고, 스위스는 1971년에 여성에게 연방 차원의 선거권을 부여했다.

정치적 대표와 정치적 참여를 점점 더 강하게 요구하는 이러한 움직임을 관리하는 방법은 억압과 자의적 통치를 통해서든 점진적 양보나 더 큰 포용을 통해서든 19세기 말과 20세기 초의 국가를 맴돈 중대한 정치적 문제였다.

국가의 위상과 통치성

미국인들이 스테이트state에 관해 말할 때 대학을 다니지 않은 독일 사람이라면 대체로 자국 영토의 하위 단위를 떠올린다. 유럽에서 스테이트는 집합적 추상개념으로 법의 제정과 집행, 행정의 권리를 주장하는 법적 기관을 지칭한다. 영국인들은 본능적으로 그 용어를 쓰지 않았으며, 프랑스인들과 독일인들도 그 용어를 쓰지 않았다. 다른 문화권에는 힌디어의 라지처럼 대체로 정치체제나 통치를 나타내는 상응어들이 있다. 19세기에 국가를 갖는 것은 이른바 선진 민족의 속성이었다. 식민지는 국가를 요구할 준비가 되지 않았다는 평가를 받았지만 국가는 아마도 합리성의 최고 속성이었을 것이다. 19세기 초에 특히 철학자 게오르크 프리드리히 빌헬름 헤겔Georg Friedrich Wilhelm Hegel에 의해 부활한 국가를 향한 찬미는 프로이센 법률의 특징이자 새로이 탄생한 주권 단위가 독일어(그리고 폴란드어)를 쓰는 영토 전역에서 거의 기계적으로 구축한 신조가 되었다. 19세기 중반에는 국가학Staatslehre과 법률학Rechtslehre, 즉 국가에 관한 학설과 법에 관한 학설이 독일어권 유럽의 법적·헌정적 특징이 되었다. 1830년대의 프리드리히 율리우스 슈탈Friedrich Julius Stahl과 19세기 중반 오토 폰 기르케Otto von Gierke, 스위스 법학자 요한 카스퍼 블룬칠리Johann Caspar Bluntschli, 19세기 말의 게오르크 옐리네크Georg Jellinek가 이 분야에 기여했다. 몇몇은 통치기관과 법률에 윤리적이고 철학적인 고결함이 있다고, 시민사회의 결사체나 시장은 제대로 갖출 수 없다고 여겨지는 정신적 실체가 있다고 추정했다. 블룬칠리는 이렇게 주장했다. "국가는 도덕적 존재이며 생존하는 동안 도덕적 과제를 지닌다."[89] 애덤 퍼거슨Adam Ferguson과 애덤 스미스 같은 18세기 스코틀랜드 철학자들이 주장했듯이 시민사회는 부와 공중의 행복을 열망하는 자발적 이익 단체들로 남았다. 유럽 대륙 사람들은 이러한 열망은 열등한 반면 국가는 이상과 윤리, 법의 결합이라고 생각했다. 역사가들은 이러한 독일 사상가들에게 나치즘의 책임을 일부 돌리곤 했다.(얄궂게도 슈탈과 옐리네크는 유대인 출신이다.) 그러나 사실상 국가사회주의는 그것에 지적 계보가 있다고 주장할 수 있는 한 정치란 다른 수단에 의한 전쟁이라는 본능적인 믿음뿐만 아니라 국가와 민족의 찬양에도 잘 맞는 여러 이론에 의존했다. 실제로 자유주의자였던 옐리네크는 국가가 어떠한 형태든 형이상학적 실체를 갖는다는 주장을 부정하고, 오히려 국가는 사회와 경제를 조절하는 데 적극적 역할을 할 수 있는 법적 창조물이라는 견해를 제시했다. 국가는 우편물을 배달하고 도로를 건설하며 교육을 제공하고 빈곤을 구제하는 등 사사로운 결사체들이 할 수 있는 일을 했지만 이러한 것들을 공적 기능으로 만들었다.[90]

이 모든 학설은 국민을 포함하는, 역사적으로나 언어적으로 형성된 충성의 다발과 국가라는 법적 구조를 신중히 구분했다. 이 학설들은 개념상으로 국가를 그것이 규제하는 사회와 분리했다. 그러나 19세기 말이 되면 중요한 이견들이 등장한다. 사회라는 관념은 정치적 지향성을 갖는 '대중'이나 무차별적 '국민'이라는 관념을 뛰어넘었다. 사회는 이익과 충성, 아니면 오늘날 정체성이라고 부를 수 있는 것에 따라 구조화된 사람들을 의미했다. 여기에는 종교적 선호도, 지역적 충성심, 계급과 직업적 소속 따위가 포함될 수 있는데, 이런 것들은 국가의 행위와 무관하게 형성될 수 있다고 여겨졌다. 사회는 종종 공간적으로 묘사되었다. 사회는 위에서 아래로 조직된 것이 아니라 아래에서 위로 조직되었다고, 달리 말하면 가족과 친족보다는 포괄적이고 국가보다는 강하지 않은 중간의 연결층을 구성한다고 설명되었다. 19세기 말이면 몇몇 법률 이론가는 이러한 기능 집단들이 법적 질서의 토대를 제공해야 한다는 견해를 제시했다. 초월적인 국가주권이라는 관념은 집단적으로 입법권을 부여받은 이익집단과 단체 간의 계약에 자리를 내주어야 했다. 독일의 자유주의자 루돌프 그나이스트Rudolf Gneist는 프로이센에서 발생한 1848년과 그 이후의 혁명적 소요에 실망해 실질적인 대표성 확보를 위한 영국식 의회제의 발전과 정치적 관리를 기대했다. 반면 기르케는 독일의 중세 길드를 연구해 자치의 모델을 찾았다. 한 세대 후 콩트의 초기 실증주의를 찬미한 프랑스인 레옹 뒤귀Léon Duguit는 진정한 법질서는 자연권이라는 추상적이고 허구적인 관념이 아니라 근대의 사회적 이익집단들의 '상호 의존성'을 표현해야 한다고 주장했다. "그렇다. 국가는 죽었다. 더 정확히 말해 죽어 가는 것은 로마의 국가, 왕정 국가, 자코뱅당의 국가, 나폴레옹의 국가, 온갖 집산주의적 형태의 국가다. 이것들은 다양한 측면에서 국가의 한 형태였을 뿐이다." 뒤귀가 새로이 등장했다고 본 것은 전통적 관념의 국가가 아니라 기술의 대표자들이 계급 갈등의 제거와 전문 직업을 토대로 세운 정부였다. 이와 비슷하게 20세기 초 미국의 '다원주의자들'도 정치는 헌법의 형식이 아니라 이익집단의 협상에 의거해야 한다고 주장했다.[91]

사회과학자들은 종종 강한 국가와 약한 국가를 구분하려 했다. 강한 국가는 사회에 '침투'했으며 포괄적 조치와 규제로 사회의 형태를 결정할 수 있다고 추정된다. 부유한 엘리트층도 조직된 대중도 그 권위에 효과적으로 도전하지 못했다. 프로이센을 생각해 보라. 약한 국가의 권위는 가족과 조합에 의해 광범위하게 우롱당하고 무너지고 무시되었다. 이탈리아의 경우가 그렇다. 그러나 이러한 이분법은 지나치게 단순하다. 국가와 사회의 관계는 이 추상명사들이 인간 제도의 어지러운 해부학적 구조와 일치한다면 역사와 정치를 이해하는 데 중요한 변수가 되지만 강력한 국가와 강한 사회는 서로 보완할 수 있다. 가족이 축적한 재산을 영국보다 잘 보호한 국가는 없다. 영국 국가는 그 안의 대가족들이 처리해야 할 문제들에 매우 적합했기 때문에 강할 수 있었다. 중국의 경우처럼 사회적 규율이 거듭 주입되고 가족의 유대가 강조되면 국가 권위는 때때로 이로부터 이득을 취할 수 있지만 다른 때에는 사라져 버린다. 이는 러시아에도 똑같이 적용된다. 그리고 다시 질문을 던져 보자. 강한 관료 제도는 강한 국가의 도구 역할을 했는가, 아니면 강력한 특정 이익집단으로 바뀌어 전체의 이익을 위한 계획들을 방해했는가? 그러므로 국가와 사회의 관계는 복잡하며 종종 역설적이기도 하다. 그렇지만 우리가 상투적으로 국가라고 총합하여 부르는 권력 기구들은 19세기 말과 20세기 초에 통치의 대상인 사회의 평범한 속성들을 형성하는 데 보다 강한 열의를 갖고 착수했다. 국가는 더 포괄적이고 개입주의적인 일들을 구상했으며, 국가가 추구하는 결과에는 다른 사명감이 필요했다. 18세기에 좋은 통치자는 지복이나 행복, 질서의 유지라는 관점에서 목표를 정했다. 19세기 말의 좋은 관료는 에너지나 위생의 관점에서 생각했을 것이다.[92]

대중은 경기순환 때문에 일자리를 잃으면 대비책이 없었다. 의료도 제공받지 못했고, 노년에는 가족의 돌봄을 받아야 했다. 국가가 적극적인 임무를 갖지 않았을까? 국가가 없다면 대중은 아름다운 풍경의 촌락으로부터 지원을 받는 것이 아니라 비참한 삶을 경험할 것이다. 국가가 없다면 대중이 쓰는 물과 섭취하는 식량은 질병의 원천이 될 것이다. 미국의 사회 개혁가들과 영국의 일부 사회 개혁가가 비스마르크(그리고 그의 후임자들)의 독일에서 나타나던 복지국가 규정을 찬양한 것은 당연했다. 옐리네크는 이렇게 쓴다. "국민의 경제적 삶과 정신적 삶은 법률과 법적 강제로 증진된다. 다시 말해 사회적 결과는 통치 권력을 통해 나타난다. …… 국민은 공동의 통치를 통해 동료가 된다. 사회적 수단을 통해 공동체의 목적을 진척시키는 것은 점차 국가의 큰 과제가 되었다. …… 국가는 가장 강력한 사회적 인자, 공동 이익의 가장 강력한 보호자요, 증진자가 되었다."[93] 이들은 독일의 자치단체와 프로이센 국가의 통상 부처, 프로테스탄트 교회 전국 총회에서 국가권력임을 주장하면서 아동노동과 여성 노동을 제한하고 장애인과 노인에게 사회보험을 제공한 기관들을 보았다. 미국의 의회가 그러한 성격의 법안들을 거부하던 때였다.[94] 오늘날의 국가를 관료 기구가 개인의 자유에 부당하게 간섭하는 것으로 판단하든 그러지 않든 역사가는 1850년에서 1880년까지 녹아내린 뒤 새로운 형태로 탈바꿈한 국가가 문명과 진보를 대표하는 것처럼 보였다고 인식한다.

국가의 신조는 많은 곳에서 수용력이 강한 청중을 발견했다. 메이지 유신을 추진한 일본의 늙어 가는 지도자들 중에도 확실히 그런 청중이 있었다. 이들은 1880년대와 1890년대에 자신들이 건설한 체제에 독일로부터 빌려 온 헌정 제도들을 포함해 고상한 보수적 원칙들을 부여하려 했는데, 이러한 원칙들은 새로운 의회의 활동 범위를 제한하고 군 지휘부의 영향력을 구축했으며 1893년의 천황 조칙으로 군주의 품격을 드높였다.[95] 라틴아메리카의 보수주의자들과 군부 대변인들은 그 관념이 마음에 들었다. 이들은 중앙정부의 권위를 높이 평가했는데 식민지 엘리트층의 창조물이었던 그 국가가 종종 불안정했기 때문이다. 로마 가톨릭교회 당국은 권위를 세워야 한다는 교회의 임무를 일깨웠지만 애초부터 권위주의적 국가라는 관념을 좋아하기도 했다. 19세기 말에 헤겔식 관념론자들을 열렬히 받아들인 이탈리아의 우파 민족주의자들도 마찬가지였다. 오스만 제국과 제정 러시아, 청나라에서 국가의 신조는 확실히 승인을 받았지만 이를 토착화하기는 어려웠다. 독일식 국가 관념이 너무 초월적이어서 군주가 요구하는 매우 실제적인 제도적 권리를 뒤흔들 수 있었기 때문이다. 일본의 천황은 새로운 통치 엘리트들이 강화하고자 한 추상적 개념의 왕국 속으로 사라져 보이지 않게 될 수도 있었다. 러시아의 관료와 그들의 권위(국가gosudarstvo)는 어떤 이들에게는 충성의 대상이 될 수도 있었지만 차르를 무시하기는 어려웠다. 닳아 해진 청나라를 구하려 한 중국의 보수적 개혁가들은 헤겔의 저작을 번역했지만 가족과 신사 계층, 황제를 우주론적 의미의 의무 속에 정렬시킨 고대 유교의 이념과 성리학의 이념에 더 쉽게 의존했다. 그리고 오스만 제국을 포함해 이슬람 세계에서는 세속적 초월성이 강한 추상적 법률이 매우 엄격하게 강조되었지만 그러한 강조도 통치자의 종교적 임무에 가려 무색해졌다. 오스만 가문(그리고 나중에는 튀르크족 핵심부)의 임무도 국가 자체에 대한 가족이나 민족의 권리 주장을 너무 강하게 만들어 권위주의적 통치가 정당화될 수 없었다.

20세기에 국가(국가를 통치한 정당들)의 지도자들은 개인과 결사체에 큰 권력을 행사할 수 있을 만큼 충분한 지식과 선한 의도를 지녔다고 주장했다. 그러한 국가를 경험한 뒤 (홍수 통제, 농업과 낙농의 소출 증대 등) 사회적 불평등을 완화하거나 환경의 혜택을 늘리는 데 입법 권력을 사용하려는 노력은 무절제한 사업을 권한다. 본질적으로 가변적인 주민과 환경, 재산의 분포를 일관되게 통제하고 조절하려 한 데서 비롯한 왜곡은 물론 국가의 야망에서 비롯한 왜곡은 좋은 의도에서 나온 왜곡마저 지금 많은 역사 서술과 정치 분석을 지배하고 있다. 미셸 푸코Michel Foucault(1984년 사망)와 제임스 스콧 같은 이론가들의 저작에서 보듯이 많은 문헌이 사회에 관한 지식은 인구조사나 지도의 형태로 일정한 규칙에 따라 정리되었든 공중 보건이나 공교육을 위해 추구되었든 사회통제의 전제 조건일 뿐 아니라 바로 정확히 사회를 통제하려는 의도를 지녔다고 제시한다. 과학적 관찰의 초기 주창자였던 프랜시스 베이컨Francis Bacon은 16세기에 지식은 권력이라고 썼으며, 18세기가 되면 '유용한 지식'은 계몽운동이라는 서구의 광범위한 운동의 목적이 되었다. '이성'이 아닌 것은 편견과 후진성, 미신으로 보였는데, 그러한 속성들은 기성 종교의 제도에 여전히 남아 있었다. 그러나 그때나 이후로나 비판자들은 사회적 지식이 선한 의도로 쓴다고 해도 권력의 남용으로 이어진다고 강조했다. 그러한 견해에 따르면 지식은 권력뿐 아니라 지배도 제공한다.[96]

그러나 19세기 중반부터 20세기 중반까지 국가권력은 조금도 의심받지 않는 것 같았다. 무정부주의자들과 무정부주의적 생디칼리스트들은 지역의 결사체들이 중앙정부와 거대 법인 단체들을 대신할 수 있다는 견해를 피력했을 것이다. 이들은 작업장이나 촌락을 토대로 '상향식' 조직을 건설하고 중앙정부에는 최소한의 권한만 위임하기를 원했다. 1871년 3월 말부터 5월 말까지 두 달 동안 무정부주의 관념의 옹호자들은 다른 과격파와 함께 파리 코뮌에서 일정한 역할을 했다. 파리는 그 전해 가을에 먼저 독일인들에게, 이어 새로운 선거로 구성되어 인근의 베르사유에 소집된 보수적 의회에 포위되었다. 파리 코뮌은 혁명의 고통과 공포로 이름을 떨치게 되지만, 마침내 그 도시가 탈환되었을 때 실행에 옮겨진 대규모 진압 앞에서는 파리 코뮌의 폭력도 무색할 지경이었다. 마찬가지로 1868년의 혁명으로 도탄에 빠진 에스파냐에서는 1873~1874년의 짧은 기간 존속한 공화국이 지방분권화의 '연방주의적federalist' 막간을 거쳤는데, 남동부에서는 훨씬 철저한 자치를 추구한 '지방주의적cantonalist' 봉기들이 물결쳤다.

물론 1870년대 초 무정부주의자들이 파리와 에스파냐의 도시들에서 일으킨 봉기와 앞서 머리말에서 언급했던 것으로 몇 년 뒤 유럽 팽창의 주변부에서 나타난 부족 저항의 사례들을 연결하는 직접적인 인과관계는 없다. 그렇지만 이처럼 유럽에서 발작하듯 터진 실패할 운명의 자발적 행위들은 제국의 주변부에서 벌어진 유목민의 투쟁과 더불어 1870년대의 세계에서는 잘 조직된 국민국가나 제국이 필승의 수단이었음을 증명했다. 30년 전 자유주의자들과 급진주의자들은 해방의 욕구와 집단적 자결권을 결합할 국민국가를 세우고자 하는 열망이 강했다. 1870년 이후 이들은 자신들이 원했던 국가가 다른 성격의 조직과 국가 간 경쟁에 이바지했음을 깨달았다. 1873년에 무너지고 있던 에스파냐 제1공화정의 대통령직을 잠시 맡았던 민중 정부 이론가 프란시스코 피 이 마르갈Francisco Pi y Margall은 생애의 다음 25년을 역사가요 공화파 야당 의원이자 쿠바 자치 옹호자로서 보낸다. 시팅 불은 커스터가 리틀빅혼강 전투에서 패배한 뒤 보호 구역에서 살았다. 이들은 살아남아 근대국가에 밀려 사실상 시대에 뒤진 폐물이 되어 버린 공동생활의 모습을 증언했다.

그러나 무정부주의는 어둠 속으로 조용히 사라지지 않았다. 1874년 에스파냐 군부가 왕정을 회복하고 의회 선거에서 정권 교체에 관한 담합 협정이 체결된 이후, 에스파냐의 무정부주의자들은 농업협동조합과 전국 노동조합 연맹CNT을 조직하는 데 힘을 쏟았다. 전국 노동조합 연맹은 안달루시아의 시골과 종국에는 바르셀로나의 도시 노동자들 사이에서 끈질기게 힘을 키웠다. 전국 노동조합 연맹은 의회에 대표를 보냈지만 1931년 들어선 제2공화정이 1936년 우파 군부의 반란에 위협받을 때까지는 어떤 연립정부에도 참여하지 않았다. 에스파냐의 무정부주의는 인내심 강한 집단적 조직을 받아들였다는 점에서 예외적이었다. 다른 곳의 무정부주의는 '행동'의 힘을 믿는 참을성 없는 테러리스트들의 마음을 끌었다. 1880년대와 1890년대에 열광적인 테러리스트들은 국가를 파괴하기 위해 암살에 의존했다. 1881년에는 차르 알렉산드르 2세Aleksandr II의 목숨을 빼앗았으며, 1894년에 프랑스 대통령을, 1901년에 미국 대통령을 암살했고, 오스트리아의 황후이자 헝가리의 왕비였던 이도 암살했다. 그러나 이러한 폭력적 행위는 중앙정부의 강화를 저지하는 데 성공하지 못했으며, 마르크스주의자든 아니든 대다수 혁명가에게 거부되었다.[97] 1890년대에 등장한 유럽의 사회민주주의 정당들처럼 노동계급의 전진을 옹호한 다른 이들은 국가를 '장악'해 최저임금과 수준 높은 사회보험, 더 엄격한 안전 조치, 공장의 노동시간 제한 같은 개혁을 실현하는 데 쓰는 것이 사회 정의를 증진하는 더 유망한 전략이라고 믿었다. 충실한 마르크스주의 혁명가들은 제2사회주의 인터내셔널 대회에서 이러한 '개혁주의적' 태도를 비난했지만, 개혁주의는 제1차 세계대전 직전까지 특히 사회주의 정당에서 큰 역할을 한 노동조합원들 사이에서 점점 많은 지지를 얻었다.

그렇지만 현실적으로 생각해 보자. 최근의 역사는 국민을 통제하려는 국가의 야심과 능력이 급격하게 커졌음을 암시하지만 19세기 정부들은 여전히 사회를 대체로 '관통'하지 못했다. 제국들은 지역 명사들의 손에 행정권을 남겨 둔 상태였다. 인구가 희박한 광대한 시골 지역에는 사실상 경찰력이 미치지 않았다. 기업 내에서는 누구도 공장 소유주들의 권력에 도전할 수 없었다. 서구 국가들이 국민에게 부과한 세금은 대단히 가벼웠고, 자유주의자들은 18세기와 이어 나폴레옹 시대에 전쟁 때문에 불가피했던 무거운 부담을 제거했다. 특히 앞으로 보겠지만 자의적 권력이 무사했던 국외 지역, 즉 영국과 프랑스, 에스파냐, 네덜란드, 독일, 이탈리아, 포르투갈의 식민지와 나중에는 일본과 미국의 식민지에서 멀리 떨어져 있는 국가는 민간 대리인들에게 강제력을 위임했다. 사회질서를 보장하고 개발의 유인이 된 투자 기회를 보장한 것은 합리적 국가가 아니라 착취적 대부, 추방할 권한과 발포할 권한, 때로는 채찍, 태형, 회초리, 대나무 막대였다.(다른 하나는 본국과 정부를 위해 전략적 힘을 확대하려 한 전前 자본주의적 동기였다.) 유럽 제국은 이러한 동기들의 행복한 양립 위에서 발전했다.

그러나 지방의 비국가적 권위가 지닌 이러한 구조는 1860년대부터 100년간 크게 훼손된다. 사실 합스부르크 왕조와 로마노프 왕조, 오스만 왕조, 청 왕조가 관리한 거대한 제국 상부구조에서는 완전히 훼손되지 않은 것은 분명 하고 대체로 크게 훼손되지도 않았다. 다른 곳에서 19세기 말과 20세기의 정 력적인 행정 엘리트들은 국민을 재건한 뒤 국가를 재건할 수 있었다. 이러한 노력에 우리는 아주 최근에야 통치성governmentality이라는 이름을 붙여 주었다. 통치성이라는 개념은 사회과학에서 유행되고 역사적 설명에도 서서히 침투 했다. 그 개념의 최근 용법은 프랑스의 사회 이론가 미셸 푸코에게서 나왔는 데, 푸코는 중세 말의 가톨릭교회와 이어 르네상스 이후의 정치적 단위들이 국경 안에 사는 이들의 행동을 점점 강하게 규제할 수 있는 행정 능력을 설명 하는 데 그 용어를 썼다. 교회는 '영혼'을 보살피고 그들의 구원을 보장할 교육 기관을 제공할 임무를 가졌는데, 국가가 이러한 복지 정책의 임무를 넘겨받 는다. 푸코는 통치성의 추구와 주권sovereignty의 추구를 구분했다. 푸코에 따르 면 주권, 즉 추상적 국가 권위는 니콜로 마키아벨리Niccolò Machiavelli 같은 16세 기 사상가들의 관심사였지만, 17세기 이후 특히 18세기부터 관리들의 압도적 관심사는 주민의 건강과 번영이었다. 국민경제와 전염병, 무역에 관한 논문들 이 통치자의 권리에 관한 탐구를 대체했다. 통계와 측량, 국민경제에 대한 규 제(아니면 규제 철폐)가 주민의 복지를 증진하는 수단이 되었다.[98] 실제로 19세 기는 푸코가 설명한 이행, 즉 주권과 권력에 관한 17세기 이론가들로부터 사 회의 번영과 성장, 건강을 국가의 두드러진 목표로 삼은 18세기의 중농주의 자들과 중상주의자들, 행정 관료들로 넘어가는 이행을 그대로 재현했다.

사회학이라는 분과 학문은 한편으로는 혁명과 노동계급 단체 행동의 반 복되는 위협에 대응하는 과정에서 출현했다. 이데올로기가 과학에 굴복할 수 밖에 없었던 것이다. 적어도 보수적 학자들은 그렇게 주장했다. 이폴리트 텐 Hippolyte Taine은 1848년 6월 파리의 민중 봉기(그리고 1870년 파리 코뮌)를 파괴 적 이데올로기라고 생각했던 것을 사회학을 통한 사회의 과학적 관리로 대체 했다.[99] 영국에서는 허버트 스펜서Herbert Spencer가 이른바 사회의 건강한 진화 에 집산주의적으로 간섭하려는 노력을 거부하는 데 다윈주의의 교훈을 적용 했다. 스펜서의 제자라고 할 수 있는 미국 예일 대학의 윌리엄 그레이엄 섬너

William Graham Sumner도 사회입법이 시장에 간섭해 재앙을 가져올 것이라고 비난했다. 에밀 뒤르켐Émile Durkheim은 정치적으로 훨씬 더 자유주의적인 진영에 있었지만 마찬가지로 '사회적 사실'을 통계로 평가해야 한다고 강력히 주장했다. 뒤르켐이 분석한 중대한 사실 중 하나는 '자살'이었는데, 그는 자살을 정신의 붕괴로 취급하는 데 그치지 않고 그가 아노미anomie라고 이름 붙인 사회의 해체라는 근원적 상황을 드러내는 사회적 질병으로 보았다. 그러나 좌익에서든 우익에서든 새로운 국가의 개입 가능성은 측정하고 만들어 낼 수 있는 유기적 사회를 전제로 했다. 사회적 관계를 측정할 수 있다는 새로운 믿음은 오귀스트 콩트의 실증주의에서 이름을 얻었다. 자연현상과 사회현상의 관찰 가능성을 믿는 이 확신은 1870년대와 1880년대 정치인과 지식인 들의 특징이었지만 1890년대와 20세기 첫 10년에 적어도 고급문화에서는 침식되고 소멸된다.

1870년대에 창조되고 재창조된 새로운 국가들은 기본적으로 근대화 기획과 사회 변혁에 착수했다. 숫자는 이 기획들의 인식론적 토대였다. 이 자체는 새롭지 않았다. 옛 세금의 축적(그리고 회피)을 다른 것으로 바꾸어야 했을 때(일찍이 명나라의 일조편법一條鞭法)나 통치자가 새로운 영토를 획득했을 때는 언제나 재산 조사가 뒤따랐다.(정복왕 윌리엄William I의 『둠즈데이 북Domesday Book』을 떠올려 보라.) 로마노프 왕조와 오스만 왕조 등의 군주들은 자신들이 통치하는 영토의 경계와 그 자원을 알아야 했다. 대수도원과 장원의 관리들, 이슬람 종교 재단의 재산관리인, 중국의 신사 계층, 그리고 이탈리아와 네덜란드의 도시들은 공공사업에 필요한 자금과 군사비를 제공해야 했다. 윌리엄 페티William Petty는 17세기 말 영국의 부를 측정할 '정치적 산술'의 영역을 개척했다. 정치는 줄어들지 않았고, 산술은 더 세밀해졌다. 정부들은 2000년 미국의 인구조사 때까지는 집계를 고수하고 표본추출을 피했지만 베르누이Bernoulli 가문의 뛰어난 수학자들과 프랑스의 위그노 교도 아브라암 드 무아브르Abraham de Moivre, 훗날 독일인 카를 프리드리히 가우스Carl Friedrich Gauss는 17세기부터 19세기에 이르기까지 통계적 추론의 이론적 토대를 닦았다. 인구조사는 고대에 기원이 있지만(예수는 인구조사가 진행 중일 때 태어났다.) 훨씬 널리 퍼지고 더 중요해졌다.[100]

인구조사는 영토의 구역들에 결합된 숫자, 즉 지도에 표시된 수량이었다. 18세기에는 토지대장이 급격히 늘어났다. 토지대장은 세금을 더 체계적으로 부과하기 위해 토지 보유와 소유권을 조사해 지도로 표시한 것이었다. 삼각법과 삼각측량은 천문항법에 적용되었듯이 지구 표면을 측량하는 새로운 기술에도 기초가 되었다. 직각 격자 좌표들이 특정 장소에 있는 자원의 위치를 드러내는 표현 수단이 되었다. 아일랜드와 인도의 영국인들은 여전히 자신들의 식민지인 그 공간들을 측량했다. 중요한 지리적 조사였다. 멕시코 합중국도 측량을 실시했다. 1877년 대통령 포르피리오 디아스는 기본 지도를 만들기 위해 지도 제작 위원회를 설치했으며 지적측량과 지리 조사 경험이 있는 지리학자를 선발했다. 그러나 이 기획은 자금이 부족하고 공간에 관한 지식은 부정확했으며 영국령 인도나 프랑스에서 수행된 유사한 작업에 비해 전체적으로 뒤처졌다. 그렇지만 그 목표는 위로부터 추진되는 근대화, 재산의 파악과 통신망 설치 같은 포르피리오식 국가의 실증주의적 희망에 부합했다. 이는 근대화 기획이 시작되었을 때 지배적이었던 군사적 고려로부터는 크게 벗어난 목표들이었다.[101] 지구 반대편 중국에서는 허약함과 쇠락을 암시하는 것들에 포위된 관료 엘리트들 사이에서 지리학자의 충동이 국가를 강화하려는 욕망에 일조했다. '실제적인 치국'에 관심을 둔 연구자들이 청나라의 자랑스러운 업적으로서 서구에 관해 배우기에 눈을 돌렸기 때문이다.(특히 해상의 변경 지대를 외국이 지배했기 때문이었다.) 그러나 지리학적 초점의 진정한 차이는 공화국 시대를 기다려야 했다. 그때가 되면 일본의 영토 강탈 탓에 위협, 즉 주권에 대한 위협이 아니라 국민적 공간에 대한 위협이 주목을 받았다.[102]

주민을 공간에 고정시키는 것은 과세나 군사적 방어는 물론 통제에도 매우 중요했다. 다시 푸코를 예로 들면 그는 서구 사회에 부랑자와 정신병자를 구금함으로써 사회적 일탈자들을 통제하려는 경향이 있음을 강조했다.[103] 영국은 1834년 신구빈법을 제정해 달리 도움받지 못하는 이들이 의지할 수단으로서 교구나 촌락의 기금이 아니라 구빈원을 설치한다. 좀 더 일반적으로 보면 새로운 국가들은 붙박이 주민에 의존했다. 1870년대 유목민의 도전이 패배한 것을 떠올려 보라. 제임스 스콧은 동남아시아 고산지대 식민지의 잘 잡히지 않는 부족들에 찬사를 보냈는데, 이는 그들의 물리적 이동 능력을 증언한다. 짙은 숲속이나 높은 산악 지대로 달아나거나 흩어지는 것은 때때로 가장 효과적인 저항 전략이었다.[104] 이주가 더는 가능하지 않게 되었을 때는 집단적 소유가 비록 통상적 경제 발전은 포기해야 했겠지만 백인 식민지 개척자들이나 중간계급의 발달에 저항하는 일종의 반문화적 능력을 유지할 수도 있었다. 자원의 기반을 옮길 수 있고 할당 농지를 개인적으로 매각할 권리를 지녀 그것에 속박되지 않을 수 있었던 토착민들의 힘은 근대국가의 근본적 난제였다. 미국은 부족 보호 구역을 설치한 다음 이를 점차 축소했는데 1887년 도스 법Dawes Act으로 토지를 분할해 개인과 가족에게 할당하는 정책을 결정했다. 이 법으로 '여분의' 보호 구역 토지가 추가로 축소되었고, 이어 무제한 매각이 이루어지면서 부족사회는 재앙을 맞았다. 그러나 사회 전체는 계산할 대상이요 위치를 확인하고 조사해야 할 대상이었다. 매사추세츠 공과대학 총장이었던 프랜시스 어매사 워커Francis Amasa Walker가 1874년에 출간한 『미국의 통계적 분석Statistical Analysis of the United States』에서 수행한 과제가 바로 이것이었다. 이 책은 워커 자신이 직접 지휘한 1870년 인구조사를 토대로 정리한 것으로 사회에 관한 실증주의적 정보의 개요였다. 역설적이게도 주거지를 고정시키는 계획이 긴요하게 보였던 때는 유럽에서 북아메리카와 남아메리카로 집단적 이주가 증가하고 중국인이 동남아시아로 쏟아져 들어가며 일본인이 태평양을 건너던 때였다. 국가는 이민자를 등록하기 위한 기관을 설립했을 뿐만 아니라 여권과 노동 수첩이라는 새로운 수단을 이용했다.[105]

그렇지만 새로운 지도 제작법을 한 번 더 생각해 보자. 새로운 지도 제작법의 두드러진 특징은 잠재적 자원을 영토상의 격자 속에 할당하는 것으로, 19세기 말의 공간적 상상력에서 유래했다. 이런 의미에서 이 새로운 지도 제작법은 같은 시기에 제임스 클러크 맥스웰James Clerk Maxwell이 발전시킨 전자기학의 새로운 이해와 일치했다. 물리적 공간 속의 모든 지점은 에너지장 속의 지점이었고 에너지 퍼텐셜의 비례량을 할당할 수 있었다. 마찬가지로 새로이 등장하던 분야인 통계 계산에서도 모든 지점이 그것에 연결된 인간 에너지 자원의 양을 갖는다. 측량과 인구조사 둘 다 그 자원을 계산하고 그 위치를 결정했다. 그러므로 유랑 생활과 나아가 집단적 소유(미국의 경우 아메리카 인디언의 이주와 보호 구역)는 근대국가의 합리성을 위협했다. 반면 주민의 이주와 서부 이동은 이전에는 비어 있던 지역의 에너지 퍼텐셜을 높였다. 미국의 비어 있는 지역, 즉 건조 지대도 지도 제작법에 의해 설명된다.[106]

워커는 미국인들이 질문 받기와 헤아려지기를 좋아하지 않는다는 사실을 알았지만, 1880년 미국인들이 "1850년 의회에서 자신들의 수와 상태, 자원에 관하여 기꺼이 알고 싶은 것은 무엇이든 배울 수 있는 미국 국민의 권리에 이의를 제기하던 헌법의 작고 하찮으며 편협한 구조를 벗어났다."라고 자신 있게 말했다.[107] 1900년 무렵 미국 경제학회AEA 회장으로 선출된 리처드 일리Richard Ely는 자유방임주의 사회학을 거부하고 독일에서 막 등장한 비스마르크의 복지국가를 찬양했다. 일리는 존스 홉킨스 대학의 총장[38]에게 동조했는데, 그는 독일식 대학원 교육 방법(연구실과 세미나에서의 전문 연구)을 미국에 도입했다. 두 사람은 전문가와 정량적 지식, 국가를 대변했다. 이들은 성 차이에서도 큰 역할을 했다. 기술과 관련된 직업은, 자격증을 주는 단체를 만들고 전문 지식과 자격을 갖추고 있음을 주장하는 다른 전문 분야와 마찬가지로 남성을 위한 직업이었던 반면 인구조사에는 여성을 고용했다. 여성은 곧 사무직에서 크게 두드러진다.[108]

19세기 중반 통일 전쟁의 군사적 경험은 거의 실존주의적 방식으로 이러한 사람을 많이 만들어 냈다. 전쟁은 형성기에 있는 그들의 삶을 내걸게 했으며 그들을 진지하게 만들고 남성다움을 시험했다. 남성다움은 19세기 마지막 몇십 년과 20세기의 첫 10년에 중대한 주제였다. 국가에 관해 이야기하는 가운데 남성의 동료애와 동성애의 역할에 관해 숙고하는 것은 지나쳐 보일 수도 있지만 큰 동물 사냥이나 프랑스군과 영국군의 아프리카 내륙 습격, 세기말 상징주의 그림에 나타난 위협적 여성들, 자연주의의 성취를 예로 들면 토머스 에이킨스Thomas Eakins[39]의 노잡이들에서 이 주제는 명백히 드러난다. 그

_____ 38 존스 홉킨스 대학의 초대 총장으로, 1875년에서 1901년까지 재임한 대니얼 길먼Daniel Coit Gilman을 말한다.
_____ 39 1844~1916. 미국의 사실주의 화가, 조각가. 노를 젓는 장면이 들어간 그림을 많이 그렸다.

러나 숨은 유혹이라면 그러한 성 정체성의 혼란은 시어도어 루스벨트와 에이킨스 같은 이들이 거친 통과의례에 의해 강력하게 억압되었다. 검증되지 않은 삶은 살 가치가 없지만 프로이트 이전 시대에는 과도하게 검증된 삶은 무기력하게 보일 수 있었다. 제국주의와 남성의 활력은 일종의 소명으로서 신호를 보냈다. 백인 남성성, 멀리 떨어진 곳에서 행한 큰 동물 사냥과 스포츠에서 형성된 남성성이 중요했다. 1896년에 프랑스 민족주의자 피에르 쿠베르탱Pierre Coubertin은 올림픽 경기의 부활을 준비하고, 로버트 베이든-파월Robert Baden-Powell은 보이스카우트를 창설하고 군사적 팽창을 장려한다.

훗날 시어도어 루스벨트를 기리기 위해 세운 두 기념물이 한 줄기로 합쳐진 다양한 주제를 축하했다. 워싱턴 D.C. 포토맥강에 있는 시어도어 루스벨트섬에는 커다란 연설가 청동상이 서 있으며 그 뒤에 있는 명판에는 그의 금언들이 적혀 있다. 그중 하나(「국가the State」)에는 정치 활동에 관한 시어도어 루스벨트의 훈계가 엿보인다. 맨해튼 센트럴파크 웨스트 거리의 미국 자연사박물관을 찾은 방문객들도 시어도어 루스벨트를 발견할 수 있다. 당당한 청동상으로 서 있는데 여기서는 말에 올라탄 모습이고 부족의 상징물을 머리에 쓴 아메리카 인디언과 아프리카 흑인이 말을 끌고 있다. 말에 탄 당당하지만 지친 인디언을 묘사한 조각상 「길의 끝The End of the Trail」으로 유명한 제임스 얼 프레이저James Earle Fraser의 1940년 작품이다. 도쿄의 우에노 역 근처에 있는 메이지 시대의 보수적 인사 사이고 다카모리를 묘사한 1898년 작품 청동상을 찬찬히 살펴본 관광객은 사무라이 복장을 하고 아끼는 개와 함께 서 있는 건장한 민족주의자를 보게 된다. 사이고 다카모리도 군사적 팽창주의자로서 1874년 조선 점령을 위한 전쟁을 도발하기를 원했다. 그러나 사이고 다카모리는 철저한 보수주의자로 그의 생애에 일본을 바꾸어 가던 개혁에 지지를 보내기도 했지만 대체로 반대했고 결국 1877년 반란을 일으켰다가 실패하여 목숨을 빼앗기고 만다. 시어도어 루스벨트는 산후안 언덕으로 올라갔고[40] 자본주의를 자유방임적으로 축하하는 것을 통제하려 했으며 미국의 제1차 세

_____ **40** 미국-에스파냐 전쟁의 결정적 전투였던 산후안힐 전투(1898년 7월 1일)를 말한다.

계대전 참전을 압박했다. 한 세대 후 일본은 근대성에 당황했고, 미국은 근대성을 환영했는데, 두 경우에 똑같이 주체는 전투적 민족주의였다.

'테디'[41]는 활력론과 개혁주의, 노골적 제국주의의 종합을 구현했다. 이 혼합은 폭발하기 쉬웠을망정 재건된 국가가 인적 자원의 측정을 강조하는 것과 모순되지 않았다. 사회적 다윈주의의 시대에 이것은 수량에 의한 분류는 물론 유형에 의한 분류도 의미했다. 인종 유형학이 출현했다. 신생 학문인 범죄학은 신체 유형에 따른 인물 평가에 의존했다. 이는 이탈리아 통계학자 체사레 롬브로소Cesare Lombroso가 널리 알린 성과로, 롬브로소는 귓불이 범죄 유형을 드러낸다고 생각했다. 측정은 근원적 '유형' 덕분에 이해될 수 있었다. 이러한 선입견은 20세기 말에는 유전 요인이 결정한다는 '위험'이라는 관념으로 다듬어진다. 집단 이주와 다양한 민족 집단의 도래는 잉글랜드와 미국의 아일랜드인이든 프랑스의 이탈리아인과 에스파냐인이든 미국의 남유럽인과 동유럽인(러시아와 갈리치아에서 이주한 유대인 포함)이든 아르헨티나의 이탈리아인이든 미국 서부의 중국인과 일본인이든 말레이반도와 동남아시아의 식민지 플랜테이션 농장 노동자들이든 남아프리카로 이주한 인도인이든 때때로 사회불안과 범죄를 가져오는 것 같았던 집단이나 상이한 체격을 지닌 이들과의 대면을 의미했다. 경제 팽창과 산업화의 시대에 이주는 중단될 수 없고 필연적이었다. 그러나 통제와 집계는 필요했고 민족 간 편견은 강화되었다. 반유대주의가 그 한 가지 귀결로서 전염성이 더욱 강해졌고, 1873년에서 1896년까지 농업 생산자들이 맞닥뜨린 경제적 역경으로 지나치게 확대되었다. 그 시기는 사회적 차별이 더욱 널리 퍼지던 때여서 통화수축 압력은 금융 세력, 즉 은행과 겉보기에 유대인이었던 채권자들이 중부 유럽과 동유럽, 프랑스, 미국에서 공공연한 반유대주의 선동을 초래하는 결과를 가져왔다. 중간계급 이주민과 상인이 어느 정도 있던 곳이면 어디서나 취약성이 증가했다. 그렇다고 이러한 편견이 사람과 자본의 이동 추세를 중단시키지는 않았다. 오히려 그러한 편견은 큰 전쟁이 없던 때에 지리적 이동과 사회적 이동이 역전되지 않을

---

41 시어도어 루스벨트의 별명. '테디 베어'의 이름도 여기서 유래했다.

것임을 보여 주는 증거였다. 이주와 측정은 동시에 증가했다. 근대국가는 그 흐름을 중단시킬 수는 없었지만 분류하려고 노력했다.

시간 측정은 근대화 의제의 다른 기획이었다. 동서 횡단철도의 발전으로 그 문제가 중요해졌다. 태양시는 여행하는 동안 계속 시계를 조정해야 한다는 뜻이었다. 파리는 런던보다 9분 20초 빨랐고, 봄베이(뭄바이)는 마드라스(첸나이)보다 41분 늦었다. 1884년 각국 정부와 철도회사, 여타 시간의 표준화에 관계된 단체의 대표들이 워싱턴 D.C.와 파리에 모여 스물네 개 시간대의 경계를 확정했다. 각 시간대에서는 동일한 시각이 적용될 터였다. 자오선, 즉 경도 0도를 고정하는 역할을 한 런던 인근의 그리니치 천문대가 그리니치 표준시GMT의 중심점이 된다는 데 프랑스 대표를 제외하고 모두 동의했다. 프랑스는 20년 뒤에 이 결정에 합류한다. 그러나 전 세계적으로 보통 태양의 정점으로 계산되는 지방시를 포기하고 시간대 전역에 강요되는 일관된 시각을 받아들이는 것에 완강한 저항이 지속되었다. 지방시는 오랫동안 쓰던 것으로 노동 시간을 결정했으며 공중 시계에 눈에 잘 띄게 표시된 경우가 많았다. 신실한 무슬림에게 기도 시간을 알려 주는 다섯 차례 신호처럼 종교적 실천이 계절마다 바뀌는 일광의 구분에 맞춰져 있는 곳에서 옛 시각과 새로운 시각의 공존은 상황을 훨씬 복잡하게 만들었다. 그러나 표준시를 정해 쓰는 것은 근대적이고 진보적인 것으로 보였다. 그러한 노력은 술탄 압뒬하미트 2세의 마음을 사로잡았다. 압뒬하미트 2세는 자신의 '잘 보호된 영토'에 제국의 전언을 보내려는 의도에서 주요 도시들에 시계탑을 세웠다. 전통주의자들은 이 조치를 술탄의 전제적 권력 집중의 또 다른 사례로 인식했다.[109]

당의 통치

통치governing와 통치성governmentality은 달랐다. 프랑스인들은 이렇게 말했다. "통치하는 것은 선택하는 것이다." 결국은 결정을 내리거나 임시변통으로라도 결정해야 했다. 임시변통의 결정이란 지금도 그렇지만 본질적으로 결정이 차츰 뚜렷하게 내려질 때까지 연기됨을 뜻했다. 오늘날의 신조어인 통치성은 매우 기이하게도 현명한 통치란 선택해야 하는 것이 아님을 뜻할 때가 종종 있다. '국가의 능률'이나 '한 가지 최선의 방법'[42]처럼 20세기 초에 높이 평가받은 공적 결과는 선거상의 다툼이 아니라 지식의 결과물로 나타날 수 있었다. 과학이나 기술, 인간 조종의 심리학은 변명을 늘어놓는 고통 없는 형태의 정부를 허용하곤 했다. 정통성은 그 수립 과정이 아니라 결과의 지혜에서 나왔을 것이다. 결과에서 유래하는 정통성은 철인왕의 통치, 오늘날에는 철인 전문 기술자의 통치라는 오래된 꿈이었다. 그러나 이러한 꿈이 있다고 해도(여러 세대의 사회 사상가들이 심지어 결론에서 보겠지만 오늘날에도 계속 되살리고 있다.) 정책은 결정되고 국가는 통치되어야 했다. 철도를 건설해야 했는가? 육군과 해군을 확대해야 했는가? 아이들은 몇 살까지, 누구의 후원으로 교육해야 하는가? 전통적 종교 권력은 어떠한 특권을 지닐 수 있는가? 선택은 어떻게 이루어졌는가?

19세기 중반에 탄생한 새로운 국가는 적어도 이론상으로는 앞선 시대에 세워진 국가들처럼 의회가 큰 역할을 한 국가였다. 피에몬테와 이탈리아, 오스트리아, 독일, 일본은 1848년에서 1890년 사이에 의회를 도입했다. 다른 오래된 제국들은 타협하지 않았다. 러시아는 전제 국가임을 주장했고, 의회는 1905년 혁명적 소요가 발생하고 나서야 도입되었다. 오스만 제국은 1908년 의회를 설치했고, 이란은 1906년 혁명 후에, 중국은 1912년 의회를 설치했다. 몇몇 예외가 있었지만 제1차 세계대전 이전에는 남성만 전국 차원의 선거에서 투표할 수 있었다. 영국에서는 1885년까지 재산 자격 조건에 의해 참정권을 제한했고, 유럽의 여러 지역과 미국에서는 다양한 형태의 납세 자격 조건 탓에 농민과 프롤레타리아는 어떤 종류의 비례대표 투표권도 행사하지 못했다. 헝가리 왕국에서는 마자르족이 아닌 사람들(그리고 가난한 사람들)이 의회에 대표를 보내는 일이 없도록 선거권을 조작했다. 마찬가지로 미국 남부에서도 인두세와 문해력을 제한조건으로 삼아 흑인 유권자를 배제했다.(이는 이탈리아에서도 1912년까지 사용한 방법이다.) 남유럽, 라틴아메리카의 일부, 미국 남부는 지역 의회를 장악하고 때로는 전국 의회까지 장악한 인종적으로 순수

_____ **42** 20세기 초 효율성 운동의 키워드와 같은 것으로 '국가의 능률'은 영국에서 나타난 운동이며, '한 가지 최선의 방법'은 프레더릭 테일러가 작업을 분석함으로써 찾아낼 수 있다고 말한 것이다.

한 지배계급 안에서 정치적 논쟁이 소멸한 곳이라고 하면 딱 맞는 얘기일 것이다. 때때로 이러한 형태의 특권적 의회 제도조차 대중적 요구의 진격을 막기에 너무 허약해 보인다면 사사로운 폭력이 쉽게 준비될 수 있었다. 오스만 제국에서 아르메니아인들에게 가해진 잔학 행위와 남부 연합에 속했던 곳에서 자행된 사적인 폭력, 1890년에서 1910년까지 카자크들이 유대인 거주지에서 벌인 집단 살해는 일신된 '전통'에 도전하는 이들이 협박에 굴복했음을 확인해 줄 것이다. 그러므로 지배 구조는 이따금 본보기적 폭력으로 보강되어 영광스러운 자유의 옹호와 국가와 지역의 자부심에 대한 호소, 고도로 불평등주의적인 사회의 현상 유지 옹호로 가득한 의회 연설을 넘쳐 나게 했다.

말과 행동의 불일치는 프랑스와 미국의 경우처럼 민중 계급들과 그 의견을 더 적절하게 반영한 의회들을 괴롭혔다. 참정권의 폭이 얼마나 넓었든 의회에는 부패가 따라다녔다. 공적 자금에 의한 철도 건설, 팽창하는 수도와 공업 도시들에 나타난 부동산 투기 붐, 옛 농업 엘리트층과 공업과 금융의 새로운 부자들의 융합, 그리고 고분고분한 입법자들을 찾으려는 이들의 노력은 1870년대 말부터 1890년대까지 의회정치가 추문으로 얼룩졌음을 의미했다. 전형적인 혼란으로는 뉴욕의 민주당 '파벌'인 태머니 홀Tammany Hall, 미국의 다른 정파들, 대통령실의 훈장 판매나 파나마 운하 개발 회사의 뇌물과 연관된 프랑스의 부패, 이탈리아의 은행 추문, 식민지 이해관계자들의 뇌물을 들 수 있다.

통치 체제를 지배한 제도는 20세기 중반 독일의 민주적 성문헌법에서 처음 언급되는 제도, 즉 경쟁적 정당이었다. 당은 적을 권좌에서 밀어내고 권력을 장악해 공동의 원리와 물질적 이익을 기반으로 통치하겠다고 천명한 개인들과 그 배후의 집단들이 만든 결사였다. '당파' 세력은 고대 세계와 중세 유럽의 도시국가 공화국들에 존재했지만 법적 보호의 박탈과 암살, 내전 없이는 정책에 동의하지 못하는 경우가 대부분이었다. 근대에 당파의 목적은 정확히 문제를 해결하는 것이었는데, 대체로 권력 교체의 원리에 따라 투옥이나 추방, 정치적 살인을 반복할 필요 없이 해결하는 것이었다. 근대의 당파 발전 과정을 보면 당은 17세기 말과 18세기 초 영국의 혁명 후 정권들과 1780년대와 1790년대에 이전에 식민지였던 미국 지역에서 때로 서로 경쟁 관계에 있는 엘리트들의 결사체가 (흔히 심원한 역사적 변화의 정당한 계승자임을 주장하며) 지지자들의 조직망을 구축하면서 시작되었다. 통치자들과 그러한 결사에서 배제되었다고 느낀 이들은 종종 적의 무리를 비밀결사나 모반자라고 생각했다. 당을 모반자들과 구분한 것은 1720년에서 1820년까지 100년간 영국 정부와 미국 정부가 이룬 괄목할 만한 업적이었다. 그 구분은 사람들이 상대를 반역자들이나 권력 찬탈자들로 보지 않으면서 정책을 두고 의견의 차이 (전쟁인가, 평화인가? 토지 세력을 지지하는가, 상업 세력을 지지하는가? 종교 제도의 권리 주장을 옹호하는가, 축소하는가? 과세할 것인가, 과세하지 말 것인가?)를 드러낼 수 있음을 뜻했다.

이러한 구분은 쉽게 이루어지지 않았다. 혼란이 극심하던 때에는 상대편에 국가와 국가의 필수적 이익을 배반할 의도가 없다고 인정하기가 어려웠다. 북아메리카의 경우처럼 독립전쟁은 대개 일군의 '애국자'를 만들어 냈고, 이들은 공동의 적이 더는 존재하지 않게 되면 내통과 배반의 의심을 극복하기가 어려워 분열했다. 미국은 1800년 이전 혁명가들의 한 집단이 다른 집단에 도전해 항의나 내분 없이 주요 직책을 넘겨받았다는 사실을 인정했을 때 큰 장애물을 뛰어넘었다. 프랑스 대혁명은 국내와 외국의 적들에 맞서 민주주의의 원리를 방어했다는 폭력에 의한 독재(노골적으로 공포정치라고 불렸다.)의 막간을 거친 후에야 그 단계에 도달했다. 그러한 일의 재발을 막기 위해 설치한 허약한 제도, 즉 1795년에서 1799년까지 이어진 총재정부는 되풀이된 쿠데타와 선거 취소로 병들고 결국 군대의 모반에 무너졌으며 그로써 권좌에 오른 나폴레옹은 점점 더 독재에 가까운 특권을 얻었다. 같은 시기 영국의 통치자들은 정치적 재판을 이용해 보수적 순응을 이끌어 냈고 영국과 싸우던 프랑스 과격파에 공감하는 이들을 진압했다. 미국은 1800년의 선거들이 그 과정을 저지하기 전에 잠시 그 길을 밟을 준비가 된 것 같았다. 당은 점차 정치적 지배의 획득은 물론 정치적 폭력의 제한에서도 핵심 수단으로 여겨졌다. 당은 근대국가의 주된 발명품이었다.

당은 통치 수단으로서 19세기 말에 크게 발전했고, 미국은 주된 혁신 국가로 보였다. 19세기 중반 영국에서나 프랑스 제3공화정 초기에는 정당이 선거와 선거 사이에 확실히 분열하고 해체되는 것 같았던 반면에, 1870년대와 1880년대에 이르면 정당은 대체로 영구적 직무를 갖는 전문가들이 관리하며 중앙 정치는 물론 지역 정치에도 중요한 지속적 결사체로 발전했다. 정치적 '파벌'은 선거권이 다양한 계급들과 이익집단들을 가로질러 널리 퍼진 무대를 조직하는 주된 힘이 되었다. 태머니 홀은 뉴욕 시의 이민자 표를 조직한 민주당 파벌로 이름을 떨쳤다. 조지프 체임벌린Joseph Chamberlain의 버밍엄 코커스 Birmingham Caucus[43]는 1890년대에 출현했다. 막스 베버Max Weber와 러시아인 모이세이 오스트로고르스키Moisey Ostrogorsky 같은 사회학자들은 미국의 정치 파벌을 매우 흥미롭게 연구했다. 정당 관리자와 전문가는 새로운 유형으로 비쳤다. 미국의 예비선거나 영국의 '코커스'는 청렴한 정부를 부패하게 만들 가능성이 있는 불온한 비헌법적 혁신이었다. 독일 태생의 이탈리아인으로 막스 베버 연구자였던 로베르트 미헬스Robert Michels는 좌파 정당들에서 당원들 내부에 과두 지배가 안착할 가능성이 훨씬 크다고 주장했다.[110]

영미식의 정당이 유럽 대륙에 퍼졌다. 1860년대 말에 정당은 비스마르크의 관세동맹 의회Zollparlament와 북독일연방(1866년 오스트리아의 패배와 1871년 독일제국 수립 사이의 제도적 중간 역)에서 점점 더 중요해졌다. 바이에른과 라인란트, 프로이센의 슐레지엔에 집중되어 있던 가톨릭교도는 오스트리아가 중부 유럽의 정부에서 더는 목소리를 내지 못하게 되면 프로테스탄트 국가의 지배를 받게 될까 두려워했다. 이들은 자신들의 이익을 보호하려고 연합해 곧 '중앙당'을 결성했다. 가톨릭교도는 반성직자법으로 박해를 받았지만 곧 독일제국과 이어 바이마르 공화국, 심지어 1949년 이후 독일연방공화국에서도 정부의 대들보가 된다. 이데올로기적으로 유연했던 가톨릭교도는 자신들보다 우파였던 보수주의자들이나 자신들보다 좌파였던 자유주의자들과 연립정부를 구성할 수 있었다. 정치적 스펙트럼의 왼쪽에 있던 독일 사회민주당Social Demmocratic Party: SPD의 뿌리는 다양했다. 페르디난트 라살Ferdinand Lassalle은

_____ **43** 영국의 자유당 정치인 조지프 체임벌린(1836~1914)은 버밍엄 시장으로서 시의 발전에 기여했는데, 이에 그를 지지한 자들을 버밍엄 코커스라고 불렀다. 코커스는 일반적으로 특정 정당 지지자들의 모임을 말한다.

1863년에 비스마르크 국가와 경쟁하려고 정식으로 당을 세웠다. 마르크스주의자들이 한 분파를 형성했지만 유일한 분파는 아니었다. 10여 년간 비스마르크는 민족주의적 자유주의자들에게 의존해 가톨릭 정치조직에 맞섰는데(이른바 문화투쟁Kulturkampf) 황제를 암살하려는 기도가 있은 후에 이로부터 벗어나 1878년에 사회민주당을 불법화하고 가톨릭과 보수파의 동맹을 토대로 통치하기로 결정했다. 1890년 빌헬름 2세Wilhelm II가 늙은 총리를 해임한 뒤에야 사회민주당은 다시 합법 정당이 되었고 1912년이면 의회에서 가장 큰 정당이 된다. 사회민주당은 이제 거리의 혁명이 아니라 의회 권력의 장악에 몰두했다. 오스트리아 사회민주당SDAPÖ도 뒤를 따랐다. 프랑스 사회주의자들은 상이한 이데올로기적 흐름 사이에서 분열했지만 인터내셔널로부터 연합하라는 강력한 권고를 받고 1905년 프랑스 사회당SFIO(노동자 인터내셔널 프랑스 지부)으로 통합했다. 한편 프랑스의 비사회주의 계열 좌파는 드레퓌스 사건[44]의 여파로 1901년 급진당을 창당했다.(중도파 정당이다.) 정당들은 대체로 공식 기관지를 가졌거나 기관지는 없더라도 자신들의 견해와 해석을 지지하는 신문이 최소한 하나는 있었다. 공직 후보자는 점차 중앙당이나 미국의 경우처럼 전당대회의 승인을 받아야 했다.

정당의 현실은 많은 이에게 불편했다. 다시 베버에 관해 말하면 그는 저명한 지도자들이 선거에 나서는 구식 정치(명망가 정치Honoratiorenpolitik)와 밀실 거래와 전문적 조직을 갖춘 정당정치가 실질적으로 지배권을 쥔 새로운 형태의 대중 정치를 뚜렷하게 구분했다. 20세기 첫 10년에 정당정치는 근대 '대중사회'의 불가피한 소산처럼 보였다. 여기서 '대중사회'란 혁명적 운동이나 사회주의적 운동이 아니라 익명의 도회지 시민들의 지배를 말한다. 그들은 대체로 사무직이나 소매업에 종사하며 국가적 영광의 비합리적 호소에 휘둘린다. 고도로 조직화한 정당들이 지배하는 대중사회라는 이러한 관점에는 자연스럽게 부패가 따르는 것처럼 보였다. 그것이 민주주의였을까?

_____ **44** 프랑스의 군 관련 문서가 독일 정보원에게 넘어간 사실이 밝혀지자 유대인 포병 장교 알프레드 드레퓌스Alfred Dreyfus에게 누명을 뒤집어씌운 사건을 말한다.

정당은 여러 방식으로 작동할 수 있었다. 라틴아메리카에서 정당은 독립 전쟁을 치러 에스파냐로부터 벗어난 이후 지속된 분열을 고착시켰다. 중앙집 권주의적 보수파와 자유주의적 연방주의자들(제한된 중앙 권력과 더 큰 지방 권력을 옹호한 자들)의 대결은 종종 쿠데타(프로눈시아멘토pronunciamento나 골페golpe) 와 모진 폭력의 시기를 낳았다. 강력한 군 지휘관들의 존재가 이러한 경향을 부채질했다. 요컨대 칠레나 콜롬비아, 멕시코, 아르헨티나 어느 나라의 정 당이든 정당은 오래전 로마 공화정 시기처럼 내전의 가능성이 지속되는 상황에 매여 있었다. 그러나 다른 대부분의 지역에서 정당은 통치에 따르는 이익을 나누어 갖는 데 만족했다. 이러한 경우 정당들은 이름은 달라도 이데올로기와 사회적 지지 기반의 측면에서는 유사할 수 있었다. 예를 들면 결국 1868~1873년의 내전과 쿠데타를 통제했던 에스파냐의 보수파 총리 안토니오 카노바스Antonio Cánovas는 자유주의자들과 보수주의자들이 4년간의 의회 회기마다 교대로 권력을 잡기로 동의하는 조건으로 군주제가 회복되는 데 일조했다. 이 정권 교대turno politico는 실상 폭이 상당히 협소한 지배계급이 정치를 조종하고 있음을 의미했다. 이탈리아는 의회 정부에 계속 헌신했다. 군주가 하원에서 과반수를 모을 수 있는 지도자만 총리로 선택한다는 것이 일반적으로 인정되었다. 이러한 합의는 1898~1900년에만 잠시 도전을 받았을 뿐 두 대전 사이 파시즘이 등장하기까지 유지되었다. 통일 주도 세력의 후계자들인 개방적 자유당 안에는 각각 정도의 차이는 있지만 선거법 개혁과 과세 기반 확대를 고수한 파벌들과 지도자들이 있었으며, 이들은 서로 다른 시기에 권력을 장악했다. 좌파(처음에는 공화파와 급진파, 나중에는 사회주의자)나 우파(새로이 등장한 시끄러운 민족주의자)가 제기한 이데올로기적 도전은 대체로 무시되었다. 헝가리에서는 1867년에 대대적인 헌법의 정리로 자치가 허용된 후, 논쟁에서는 보수주의자들의 도전이 중요했지만, 자유주의자들이 지배했다. 일본에서는 늙어 가는 메이지 시대의 겐로元老[45]들이 점차 입헌 정부를 도입

_____ **45** 천황의 비공식적 조언자 역할을 한 일군의 은퇴 정치인을 가리키는 말. 이토 히로부미 가 초대 겐로였다.

했다. 1890년 이들은 새로운 의회에 제한적 역할만 부여하는 독일식 헌법을 채택했다. 새로이 출현하던 메이지 유신 이후 세대에서는 초기의 힘든 시기를 지난 후 엘리트층의 두 파벌 사이로, 즉 서로 경쟁하는 지도자들을 중심으로 모인 헌정당憲政黨과 입헌정우회立憲政友會로 기본적인 정치적 구분이 이루어졌다.

　　그러한 체제는 과두정치로 작동했다. 이는 평상시에는 후원을 나눠 갖기에 안성맞춤이었지만 무너지기 쉬웠다. 헝가리와 이탈리아, 아르헨티나의 엘리트 집단은 19세기 중엽 영국 지배계급의 이상화한 형태로, 교양 있고 존중받는 지배계급으로 자처했다. 그러나 영국의 엘리트 집단처럼 이들도 개인 간의 혹독한 경쟁과 노동계급의 요구가 제기하는 새로운 도전, 자신들에게 유리하게 조종하려 한 외교정책에 대한 대중의 열의 때문에 자신들의 담합 정치가 위협받고 있음을 알게 되었다. 이름뿐인 정권 교대 체제(에스파냐)나 단일정당의 선거 우세(미국 남부), 이전의 반대 집단의 지속적 흡수(이탈리아의 '트라스포르미스모')에는 혜택이나 사사로운 신의, 민족적 충성에 민감하고 일관된 충성심을 보이는 유권자 집단이 필요했다. 그러므로 미국 남부 민주당원들과 헝가리나 이탈리아의 자유주의자들은 결코 자유주의적이지 않았다. 이들은 억지로 변화를 이끌어 내지 않고도 권력을 유지하고자 한 과두정치의 선도자들이었다. 1880년대 독일에서 비스마르크가 도입하고 이어 좌파와 여러 직업 단체가 발달시킨 것과 같은 초기의 복지 관련 법률은 정치적 분열의 중대한 원인이었다. 물론 새로운 토지세나 소득세와 마찬가지로 복지 법률이 보수파의 후원을 덜 받은 나라에서 분열 양상이 더 심했다. 사회입법을 둘러싼 논쟁이 늘어나면서 참정권 확대라는 문제가 중요해졌다. 이탈리아 정치는 남부 농민 대중이 문해력 제한조건 탓에 투표할 수 없었기 때문에 작동했다. 영국은 아일랜드의 자치라는 어려운 문제에 직면했다. 야심만만한 새로운 정치 지도자들은 대중에게 이데올로기적으로 더 강력히 호소하면 승리할 수 있다고 판단했다. 빈의 시장 카를 뤼거Karl Lueger는 기독교사회당Christlichsoziale Partei이라는 조직을 건설하는 데 성공했는데, 반동 세력과 사악한 유대인들에게 맞서 민중 계급을 위해 오스트리아를 통치하겠다고 주장했다. 반유대주의와 여타 민족적 호소가 더욱 거세졌다.

어려운 문제는 20세기 말 서구에서 옛 정치가 점점 강한 압박을 받았다는 사실이다. 한편으로는 산업주의의 확산이 광산과 공장의 노동자들을, 기계의 확산이 행동주의적 노동계급을 만들어 냈고, 더불어 온갖 종류의 직업 안전과 연금 문제가 정치의 중심으로 이동했다. 한층 곤란했던 것은 20세기에 새로운 총체적 주장들을 들고 나온 정당들의 출현이었다. 오스만 제국의 통합 진보 위원회CUP와 러시아의 볼셰비키처럼 이들은 권력을 공유해야 한다는 생각을 하지 않았다. 오스만 제국에서 1908년 혁명 이후 청년 튀르크당(혁명가들을 그렇게 불렀다.)은 튀르크 민족의 지배를 회복해야 한다고 역설했다. 후견주의적이고 분권적이며 천천히 움직이는 제국을 그 정도의 힘으로 조직하기는 어려웠다.

그러나 정당들이 유연하게 움직이는 것처럼 보였을 때에도 자유주의적 의회정치의 화려한 말과 초라한 현실의 대조는 가혹한 비판적 분석을 끌어내기에 충분했다. 1880년대가 되면 이탈리아의 작가들을 필두로 유럽의 우파 인사들이 민주주의를 신랄하게 비판한다.(우파Right라는 용어를 선택한 이유는 그 작가들이 엘리트 지배에 찬성하며 자유주의나 토론에 의한 통치를 경멸했고 새로이 출현하던 사회민주주의가 관료 권력을 행사하려는 또 다른 위선적 주장임이 틀림없다고 믿었기 때문이다.) 우파의 이 새로운 비판자들은 거의 100년 전의 보수주의자들처럼 교회의 오랜 전통을 들먹이거나 현명한 온정주의적 엘리트들을 칭찬하지는 않았다. 대신 이들은 자유주의적 이상과 부패한 현실의 불일치를 지적해 정부의 외형적 형태가 어떠하든 언제나 엘리트층이 통치했고 통치할 것임을 암시했다. 파스콸레 투리엘로Pasquale Turiello는 이탈리아 남부에서 지속된 빈곤이 자유주의 정부가 대중을 저버렸다는 증거라고 주장했다. 이탈리아가 국민적 단결을 확보하려면 더 큰 새로운 국가적 대의, 아마도 새로운 전쟁이 필요할지 모른다는 것이었다. 가에타노 모스카Gaetano Mosca는 『피치자론Theory of the Governed』(1881)에서 대중은 결코 통치할 수 없고 언제나 엘리트들이 지배할 것이라고 주장했다. 스위스의 로잔 대학에서 경제학을 가르쳤고 오늘날에는 통계학 개념들의 창안자로 알려진 빌프레도 파레토Vilfredo Pareto는 가장 냉소적인 인물이었다. 파레토는 『사회주의 체제Les systèmes socialistes』(1902)에서 사회주의자들은 민주주의적 개혁을 옹호하는 주장을 많이 내놓았지만 자신들만의 한정된 통치를 보장하기 위해 일종의 마르크스주의 이데올로기를 구상해 제시한 새로운 엘리트 집단에 지나지 않는다고 주장했다. 베니토 무솔리니Benito Mussolini는 잠시 파레토의 강의를 들었다. 한때 공화주의자 시인 조수에 카르두치Giosuè Carducci는 새로운 국가의 실상을 공격하고 사람들에게 로마의 하늘 위를 날아다니는 독수리들을 떠올리게 했다.[111]

프랑스의 작가들도 민주주의에 반대하는 새로운 비판에 가담했으며 여기에 극단적 민족주의와 반유대주의를 더했다. 프랑스의 우파는 대중 참정권 시대에도 인민주의적 민족주의가 자신들에게 표를 가져다줄 수 있음을 알았다. 조르주 불랑제Georges Boulanger 장군은 1880년대 말에 여러 선거구에서 후보로 나서 승리했다. 불랑제의 지지자들은 그가 권력을 장악하기를 원했지만 불랑제는 기가 꺾여 브뤼셀로 도피해 그곳에서 자살했다. 그렇지만 이 삽화적 사건은 민족주의가 어떤 역할을 수행할 수 있었는지 증명했다. 에두아르 드뤼몽Édouard Drumont의 선동적 반유대주의 신문의 성공도 편견과 대중 선동의 힘을 드러냈다. 1890년대 초의 파나마 운하 사건과 드레퓌스 사건(유대인 장교가 심지어 무고된 것이 분명히 밝혀진 후에도 거듭 간첩 혐의로 기소된 사건)은 넓게 퍼진 유대인에 대한 불신에 불을 붙였다. 모리스 바레스Maurice Barrès는 소설 『뿌리 뽑힌 자들Les Déracinés』과 다른 글들에서 공화정 체제와 외국인의 유입(그들 중에서 프랑스 유대인)이 프랑스 역사의 바탕이었던 촌락의 가치들을 더럽히고 있다는 암시를 주었다. 하나의 운동이자 신문의 이름이기도 했던 샤를 모라스Charles Maurras의 악시옹 프랑세즈Action Française는 유대인을 맹렬히 공격했으며 호전적 민족주의를 칭송하고 습관처럼 공화정을 '매춘부la gueuse'라고 부르며 권위주의적 군주가 이를 대신해야 한다고 강력히 주장했다. 우파는 비록 1898년과 1905년 전국 선거에서 패했지만 학생들에게 신조를 퍼뜨려 유행시켰으며 수도에도 여러 경로로 침투했다.

1870년대 말이 되면 민족주의는 언어적 자결권이나 공동체적 자결권보다는 영토 확대를 더 갈망하는 신조임이 명백해졌다. 자유주의적 열망과 혁명적 열망에 동반되었던 이데올로기가 이처럼 외국인 혐오의 태도로 바뀌어 반자유주의적 지도자들이 대중을 조직해 지지를 이끌어 내는 수단이 된 것은 19세기 말 새롭게 전개된 중대한 국면이었다. 폴란드인들은 100년 전 지도에서 지워진 국민국가를 되찾고 싶었는지도 모른다. 오스트리아-헝가리 제국에는 여전히 민족자결과 나아가 분리까지도 옹호하는 이들이 있었다. 그러나 민족주의는 서유럽에서는 더는 언어 집단이나 옛 영토의 구성원들을 모으는 낭만적 열정으로 나타나지 않았다. 결국 독일과 이탈리아는 이미 통일을 이루었고, 루마니아와 불가리아, 세르비아는 주권 국민국가로 인정받았다. 이 나라들의 상상의 공동체는 이제는 상상이 아니었다. 이 나라들(그곳의 민족주의자 엘리트들)은 현재 차지한 영토에 만족하지 않았을 뿐이다. 오스트리아-헝가리 제국조차도 독일인은 물론 헝가리인까지 만족시킨 헌법상의 균형에 안주하는 것 같았다.

1873년에서 1896년에 이르는 시기의 경제적 압력도 국가 간 경쟁을 더 격렬하게 했다. 미국 남북전쟁이 끝나고 대륙 전체에 걸쳐 철도가 확대된 후 서반구(미국, 캐나다, 아르헨티나)에서 곡물 수입이 증대했는데, 이는 농부에게는 가격의 정체나 하락을 의미했으며 국가 간 시장 경쟁의 의식을 심화시켰다. 통화가치가 금에 고착되고 미국이 남북전쟁 때 푼 지폐를 '회수'하던 시기인 1849년에서 1896년까지 새롭게 금이 발견되지 않았다는 사실은 20년 넘게 가격에 통화수축 압력이 가해졌음을 뜻했고 이는 다시 농민의 신용 대출을 더 어렵게 만들었다. 국내 생산자를 위해 수입 곡물에 부과한 국정관세는 논리적 해답으로 보였고 농민의 대변자와 공업의 대변자 사이의 협력적 거래를 가능하게 했다. 미국의 공화당은 1850년대에 출범한 이후로 보호관세를 촉구하고 개시했다. 비스마르크는 1879년에 관세를 도입했으며, 1897년 민족주의자 후계자들 시절에 관세가 크게 증가했다. 관세는 국가에 필요한 세입을 제공하고 대체로 보수당과 국민자유당의 적대적 당파로 포진했던 호밀 재배 농민과 실업가들 간의 협력을 촉진하기도 했다. 그러나 우파만 관세를 통과시키지는 않았다. 이탈리아의 좌파 연립정부는 1882년 보호관세를 도입해 권력을 공고히 하려 했으며, 프랑스의 중도파 연립정부는 1892년 처음으로 외국산 곡물에 관세를 부과했다. 오로지 영국만 19세기의 마지막 몇십 년간 관세에 저항했다. 영국은 국가 간 경쟁의식을 강화한 다른 거대한 추세, 즉 독점적 식민지 영토의 추구에는 확실히 저항하지 않았다.

식민 국가와 식민지 국가

아프리카와 아시아를 분할하고 영토를 빼앗아 독점하려는 거대한 쟁탈전이 국가에 관해 무엇을 말해 주는가? 지금부터 해외에 확립한 지배의 유형, 즉 식민지 국가[46]에 관해 논의하겠다. 그런데 식민 국가는 제국주의 경험으로부터 결정적인 영향을 받았을까? 해외 제국의 획득은 유럽이나 일본, 미국의 정권을 어떻게 바꾸어 놓았는가? 대답하기 쉽지 않은 질문이다. 1890년대에 막스 베버는 독일이 해외 제국을 건설하는 데 나서지 않았다면 그 나라의 정치적 통합이 어떤 의미를 지녔을지 물었다.[112] 19세기 말 유럽의 팽창은 전 유럽이 앞서 국민국가 건설 시기를 거치고 나타난 국가의 성공과 힘에 만족한 뒤에 일어났지만 이후 국민국가 건설을 확증하는 데 꼭 필요한 것처럼 보였다. 19세기 중반 몇십 년 동안 해외 영토 획득은 그 이전이나 이후보다 강력히 요청된 것 같지 않았다. 영국은 빈 회의에서 케이프 식민지를 얻었다. 프랑스는 1830년에 알제리를 침공했다. 19세기 중반 영국의 정책 입안자들은 자국의 정치적 세력권을 확대해야 한다는 강한 충동을 표현하지 않았다. 은행가요, 제조업자로서 경제적 위용을 지녔기에 해외의 여러 시장과 국가에서 손쉽게 우위가 보장되는 것 같았기 때문이다. 1870년대가 되면 정치적 경쟁이든 경제적 경쟁이든 경쟁이 더욱 치열한 것으로 인식되었고, 그래서 1880년대와 1890년대에 이르면 남은 지역은 빠르게 침탈당했다.

한 세대 전의 역사가들이라면 종합 계획도 일정표도, 나아가 (그들이 암시한 바로는) 의도도 없었음을 쉽게 증명할 수 있었을 것이다. 존 로버트 실리John Robert Seeley가 영향력이 큰 1883년의 『영국의 팽창The Expansion of England』에

---

46 'colonizing state'의 번역어로 '식민국'을 쓸 수 있으나 '국가'를 드러내고 '식민지 국가 colonial state'와 대비하기 위해 '식민 국가'를 쓴다.

서 썼듯이 영국 제국은 '일시적 방심' 상태에서 탄생했다고 추정되었다. 전혀 그렇지 않고 길이 나 있었다. 제국은 전 역사를 통해 큰 나라들이 염원한 목표였다. 1850년에서 1870년 사이에 벌어진 전쟁들은 세력과 영토가 중요하다는 점을 보여 주었다. 나폴레옹 3세는 베트남을 힘으로 밀어붙여 침공하고 나아가 멕시코를 정복하려 했다. 벤저민 디즈레일리Beujamin disraeli와 다른 보수주의자들은 광대한 땅(더불어 그곳에 사는 주민)을 실질적으로 통제할 필요성이 있음을 알렸다. 실리는 제국의 소명과 그것이 영국이 지배한 나라들에 미친 이로운 영향을 조심스럽게 긍정했으며, 아시아와 아프리카의 광대한 지역이 유혹의 손짓을 보냈다. 아프리카의 나일강과 니제르강, 콩고강, 잠베지강, 동남아시아의 메콩강과 에야와디(이라와디)강처럼 외진 내지에서 바다로 흐르는 큰 강 덕분에 유럽인들의 포함이 깊숙한 내륙까지 침투할 수 있었다. 마치 앞선 시대에 세인트로렌스강과 허드슨강, 미시시피강, 오리노코강, 아마존강이 아메리카를 열어 주고, 그보다 훨씬 전에 대양들이 해외 탐험을 허락했던 것과 같다. 윌리엄 글래드스턴William E. Gladstone 총리는 추정상의 의도와는 반대로 1882년에 알렉산드리아와 카이로에 개입해 수에즈 운하 건설에 자금을 댄 영국인 채권 보유자들의 요구를 강경하게 밀어붙였다. 1890년대가 되면 영국군 부대가 강 상류로 수백 킬로미터 떨어진 수단을 정복하고 있었다. 표면상의 목적은 마지막 침투선 너머에서 늘 벌어지던 혼란을 진압하는 것이었다.

　　영국이 이집트를 점령하기 한 해 전 프랑스는 알제리에서 동쪽으로 이동해 튀니지(명목상으로는 외딴곳에 있는 오스만 제국의 속주였지만 실제로는 유대인 상인들과 이탈리아인 상인들이 베두인족과 아랍인 주민 속에 섞여 살았던 국가나 마찬가지였다.)를 점령하려 했으며, 프랑스와 이탈리아, 영국의 영사들은 서로 경쟁하듯 자국 정부로 하여금 통제력 장악에 관심을 갖게 하려 했다. 먼저 프랑스가 알제리에서 움직여 1881년 바르도Bardo 조약으로 보호령을 설치하자 지중해 건너편의 이 목표물을 노리고 있던 이탈리아가 분노했다. 프랑스가 아프리카에서 팽창할 때에는 강의 물길에 덜 의존했다. 앞선 시대의 무슬림 정복자들처럼 프랑스도 화려한 주아브(경보병) 부대는 물론 오아시스와 강인한 용병들(프랑스 외인부대)에 의존해 사하라 사막과 사헬의 광대한 건조 지대를 가로질러 팽창하는 방법을 찾아냈다. 1830년대에서 1890년대에 이르는 몇십 년 동안 프랑스는 세네갈과 코트디부아르에서 차드로 이어지는 중앙아프리카의 넓은 영역을 차지했고 이어 20세기에 들어서는 '잉크블롯inkblot' 전략[47]으로 모로코 술탄국을 침입하는 데 착수했다. 러시아도 내륙 지역, 즉 캅카스와 중앙아시아 아무다리야강 유역 고지대의 칸국들에 침투했다. 마지막으로 이탈리아는 동아프리카 해안에 먼저 소말리아와 에리트레아에 교두보를 마련한 뒤 에티오피아를 정복하려 애썼으나 (1935~1936년까지는) 성공하지 못했다. 야심만만한 메이지 정권의 정치인들은 만주 연안 지역과 가난하고 고립된 조선 왕국을 노렸다. 미국이 해외에 품은 야망은 하와이의 설탕 플랜테이션 농장주들과 중앙아메리카의 과일 플랜테이션 농장주들을 자극하고 (남북전쟁 이전에 최남부Deep South의 면화 플랜테이션 농장주들을 자극했듯이) 아시아 전역에서 복음을 전파하고 여성을 교육하고자 한 열렬한 장로교도들을 자극했다.

1882년에서 1885년 사이는 '쟁탈전'에 몰두한 중대한 시기였다. 내륙의 오지로 들어간 선교사들이나 해안가에서 국가의 권리를 주장한 야심 찬 인사들이 전하는 이야기는 고국에서 개입에 찬성하는 여론을 조성하는 데 도움이 되었다. 언제나 유럽 대륙의 관점에서 사고한 비스마르크는 아프리카 식민지의 효용을 인정하지 않았지만 민족주의적 열의와 탐험가들이 전한 사실에 굴복하는 것이 낫겠다고 판단했다. 독일은 서부 해안의 토고와 카메룬, 남서아프리카의 거대한 지역(오늘날의 나미비아), 동아프리카의 한 구역(오늘날의 탄자니아)으로 들어갔다. 1884~1885년 베를린 회담은 해안 식민지들의 경계에 관한 요구들을 조정하고 해안가 블랙아프리카의 분할을 사실상 유럽의 협력 사업으로 확인했다. 7년 전의 베를린 회의가 서유럽이 후견하는 사업으로서 쇠락하는 오스만 제국을 희생해 국가들을 승인한 것과 똑같았다. 1878년 베를린 회의가 약해졌지만 아직은 무시할 수 없었던 오스만 제국을 희생해 새로이 등장한 국민들의 요구를 조정하려 했다면 1884년 베를린 회담은 유럽

_____ **47** 거대한 적대적 지역을 소규모 군사력으로 정복하는 전략.

인들이 주권을 주장하는 이들이 없다고 생각되는 지역에서 공멸의 전쟁을 치르지 않고 팽창하려는 노력이었다. 훗날 나치의 법률 이론가였던 카를 슈미트 Carl Schmitt(그의 냉혹한 명석함에 대해서는 뒤에 가서 다시 살펴겠다.)는 베를린 회담에서 생겨난 국제법을 (앞서 다른 식민지 관련 중재에서 나온 국제법처럼) 유럽 국가들의 싸움 없는 약탈을 보장하기 위해 수립된 기획이라고 설명했는데, 이는 적어도 부분적으로는 옳다. 광대한 내륙에서 벌어진 일들은 통제를 벗어났다. 토착민 수장들이 유럽인들에게 양도했을 것으로 추정되는 광대한 지역이 법적으로 상인의 감독권과 국가 주권 사이의 모호한 지위에 떨어졌다. 베를린 회담을 전후한 몇 달간 벨기에의 국왕 레오폴 2세는 미국과 영국의 승인을 연이어 얻어 내 자신의 국제 아프리카 협회AIC를 콩고 자유국으로 바꾸었고, 아무런 통제를 받지 않은 레오폴 2세의 관리자들은 콩고 자유국을 밀림의 키 큰 덩굴에서 매우 고통스럽게 고무를 추출하는 데 바쳐진 거대한 열대의 굴라크(강제 노동 수용소)로 만들었다. 이것은 사실상 레오폴 2세의 개인 식민지였는데, 그 안에서 벌어진 수치스러운 행태에 결국 다른 유럽 국가들은 1908년 벨기에 국가가 그 식민지를 양도받게 했다. 그 사이에 프랑스와 영국은 서아프리카의 넓은 지역을 분할했고, 독일은 아프리카 양쪽 해안에 식민지를 건설했으며, 포르투갈은 이전부터 지닌 해안의 식민지에서 내륙으로 밀고 들어갔고, 영국인 정착민들과 장군들은 북쪽과 남쪽에서 출발해 중앙의 거대한 호수들에 닿았다. 수천 킬로미터에 달하는 국경이 그어지고 조정되었다. 오래된 정착 식민지에 그토록 공들여 재건한 리바이어던 2.0은 환상적인 폭포수 같은 수탈을 가능하게 했다.[113]

프랑스는 100년 전에 인도에서 철수했지만 이제 나폴레옹 3세의 지휘로 오늘날의 베트남인 동남아시아의 부유한 국가들에서 식민지를 건설하려 했다. 베트남은 파란만장한 왕국들의 역사를 지녔다. 베트남의 왕국들은 때로 명목상으로 중국 황제들의 상위 주군 지위를 인정했지만 이번에는 저항하여 독립하겠다는 뜻을 분명히 했다. 인도양과 벵골만, 남중국해 주변의 어수선한 국가들을 잠시 생각해 보라. 여기 15세기부터 20세기까지 지구상에서 저마다 주권을 요구하는 주장들이 가장 심하게, 적어도 프랑스와 러시아 사이

유럽 중간 지대만큼이나 심하게 몰아친 지역이 있다. 이 주장들은 때로는 서로 겹쳤고 때로는 지극히 배타적이었으며 대체로 다툼의 대상이었다. 무굴 제국과 포르투갈, 영국, 프랑스의 제국적 권리 주장은 일련의 술탄국들과 군주국들, 상충하는 종교적 충성(이슬람교, 불교, 기독교)을 침범했다. 무굴 제국의 주권은 18세기와 19세기 중반에 분해되었다. 인도의 서쪽(오늘날의 파키스탄)과 북서쪽 지역에서 영국의 장악력이 공고해진 동시에 영국 정부의 대리인들이 1840년대에 인도에서 싱가포르와 말라야, 미얀마 저지대, 1880년대까지는 미얀마 고지대로 밀고 들어가면서 영국의 권리 주장이 인도의 서쪽과 동쪽으로 확대되었다. 1850년대 말에서 1860년대 초까지 프랑스는 청나라에서 새로이 치외법권 위요지를 획득했고 코친차이나(남부 베트남)를 장악했으며, 이어 1880년대에는 중부의 안남을 흡수하고 청나라와 전쟁을 치른 후에는 북부의 통킹을 흡수했으며 더불어 메콩강 분수령의 서쪽 내지에 있는 라오스와 캄보디아도 차지했다. 시암(태국)은 팽창하는 두 유럽 강국 사이의 완충지대 역할을 한 데다가 선견지명 있는 군주들이 지속적으로 제도 개혁을 추진한 덕분에 독립 군주국의 지위를 유지했다. 네덜란드는 수마트라와 자바(바타비아 식민지 포함)에 거류지를 갖고 있었는데 인도네시아 군도를 가로질러 동쪽으로 진출해 결국 1906년에 발리 군주국을 정복했다.

한편 미국은 1890년대부터 병합의 길을 선택했다. 미국인 설탕 농장주들은 1893년에서 1900년 사이에 하와이 군주국의 점령을 공작하는 데 일조했으며, 민주당 출신 대통령 그로버 클리블랜드Grover Cleveland가 병합에 반대했지만 공화당 출신 대통령 윌리엄 매킨리Willaim McKinley는 현지 농장주들을 지원했다. 미국은 1898년 에스파냐와 전쟁해 쿠바를 보호령으로 획득했고 중국으로 가는 길에 있는 섬 기지들은 물론 필리핀 군도도 양도받았다. 청나라는 점령하기에는 너무 거대하고 발전되어 있었지만 유럽 국가들과 야심적인 일본은 사법 관할권을 행사할 권리가 있는 위요지를 확보했다. 1890년대 중반이 되면 북동부의 태평양 지역에 경쟁자들이 몰려들었다. 허약한 조선이 청나라와 일본, 러시아의 표적이 되었기 때문이다. 청나라는 조선을 속국으로 보았고, 일본은 통상권을 요구하면서 아직 완전히 사라지지 않은 청나라의 종주권을 더 흔들었다. 1894년 여름 흔히 볼 수 있듯이 사건들이 연이어 벌어지다가 결국 청나라와 일본이 전쟁에 돌입했고 놀랍게도 일본이 승리했다. 일본은 승리의 결과로 포르모자(타이완)섬을 병합하고 청나라에 막대한 배상금을 물렸으며 조선에 대한 권리를 인정받았다. 일본은 1910년 조선을 해외 속령에 정식으로 추가했다. 일본은 애초에 얻었던 뤼순항과 랴오둥반도는 프랑스와 독일, 특히 러시아의 압력(이른바 삼국간섭)에 직면해 포기해야 했다. 러시아는 1898년 뤼순항을 차지했으며, 영국과 독일은 산둥반도와 자오저우, 웨이하이웨이威海衛에 새로운 위요지를 획득했다. 이러한 사건들은 이미 괴로움에 처한 청나라에서 반외세 소요를 재촉했다. 의화단義和團이라는 청나라의 민족주의적 결사들이 산둥에서 일어나 1900년 여름이면 베이징의 외국인 사절들과 선교사들을 공격했다. 1898년에 개혁 운동을 되돌리고 어린 황제를 감금했던 자희태후慈禧太后(서태후)는 의화단운동에 운명을 걸었지만 어떤 태도를 취할지를 두고 한족 장군들과 만주족 장군들이 분열했다. 유럽과 일본, 미국의 군인 약 5만 명으로 구성된 8개국 연합군이 의화단의 반란을 진압하고 불운한 청나라 조정에 다시 배상금을 부과했다. 거대했지만 해체될 가능성이 큰 이 정체에서 누가 국민을 대표할 것인가? 전통주의자들과 개혁주의자들로 분열한 만주족 조정인가, 아니면 무기력한 왕조와 탐욕스러운 외세에 분노한 민족주의자들인가?

이렇게 연이어 발생한 중대한 사태는 당연하게도 정책은 물론 원인에 관해서도 큰 논쟁을 유발했다. 몇십 년 안에 유럽 국가들에 일본과 미국이 합세해 아시아와 아프리카 전역의 수억 명의 주민을 지배할 권리가 있다고 주장했다. 이 나라들이 에워싸고 경계를 설정한 영역은 크기가 자국 영토의 몇 배에 달했으며 대체로 모호하고 강압적인 요구에 의해 양도되었다. 어떤 관점에서 보면 식민지 영토는 제국주의 국가가 다른 제국주의 국가에 맞서 싸우는 데 필요한 전략적 자원으로 획득한 것이다. 그 역사를 쓴 이들은 정복되어 재조직된 사회들 내부에서 무슨 일이 일어났는지에 관해서는 최근까지도 큰 관심을 두지 않았다. 이들은 식민 국가들 사이의 대결과 거래에 초점을 맞추었고, 몇 세대 동안 경제적 원인이나 정치적 원인이 근본적이었는지 아닌지에 관해 논의했다.

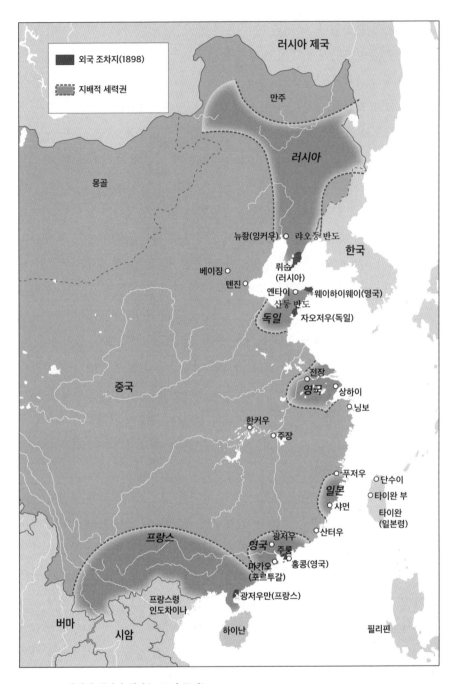

범례:
- 외국 조차지(1898)
- 지배적 세력권

러시아 제국

만주

러시아

몽골

한국

뉴좡(잉커우) 랴오둥 반도

뤼슈
(러시아)

베이징
톈진

엔타이 웨이하이웨이(영국)
산둥 반도
독일 자오저우(독일)

중국

전장
영국 상하이
닝보

한커우
주장

푸저우 단수이
일본 타이완 부
샤먼 타이완
(일본령)

광저우 산터우
프랑스
영국 주룽
마카오 홍콩(영국)
(포르투갈)
광저우만(프랑스)

프랑스령
인도차이나

하이난 필리핀

버마

시암

_____ 외세의 청나라 침탈(1900년 무렵).

특히 마르크스주의적 관념은 전통적인 정치적 경쟁이나 때로 선교사들의 역할을 강조했던 외교사가들의 반박을 불러일으켰다.(이 논쟁은 냉전이라는 더 큰 이데올로기적 대결에 휘말린다.) 마르크스와 그를 뒤이은 로자 룩셈부르크Rosa Luxemburg와 다른 이론가들은 국내의 이윤율 하락이 아직도 현저히 산업화가 덜 된 해외 지역에서 이윤이 더 많이 남는 투자를 모색하게 했다고 주장했다. 이후 국영기업이나 독점기업(때로는 사회민주당 이론가 루돌프 힐퍼딩Rudolf Hilferding이 말한 이른바 금융자본으로 융합된 은행과 산업의 결합체)이 자국에 자신들만의 이익을 위한 배타적 구역을 설치하라고 강력히 요구했다. 제1차 세계대전이 발발한 후 망명 중인 러시아의 볼셰비키 지도자 블라디미르 레닌Vladimir I. Lenin은 제국주의가 사실상 자본주의 발전의 최고 단계이며 큰 전쟁을 초래할 것이라고 주장했다.[114]

이와 관련된 견해에 따르면 통치 엘리트들이 제국주의 정책을 채택한 이유는 자국 사회가 국내의 사회적 분열로 점점 어려워지는 상황에서 팽창 정책이 국내의 갈등으로부터 외국에서 벌이는 모험으로 주의를 돌릴 수 있으리라 추정했기 때문이다. 한 세대 전 비스마르크의 제국주의를 연구한 한스-울리히 벨러Hans-Ulich Wehler는 비스마르크 총리가 식민주의를 수용하고 식민지를 허가한 것은 산업화의 시련을 겪는 독일 국가를 염두에 두었기 때문이라고 주장했다.[115] 많은 제국 옹호자는 일부는 우파 인사였지만 전부는 아니었는데, 정확히 계급 갈등 이론에 대응하기 위해 제국에 기댔다. 그것은 틀림없는 사실이다. 앨프리드 밀너Alfred Milner 같은 영국 토리당 사람들은 사회적 제국주의 정책을 원했고, 독일 진보당DFP의 카리스마 넘치는 목사 프리드리히 나우만Friedrich Naumann도 그랬다. 엔리코 코라디니Enrico Corradini 같은 이탈리아의 제국주의자들과 민족주의자들은 자국의 노동계급에게 나라 자체가 프롤레타리아 국가임을 인식하고 제국의 과제와 군사적 준비 태세의 진척을 원한 산업가들과 지식인들에게 협조해야 한다고 권고했다.

마르크스주의 이론가들이 전부 레닌의 이론처럼 그러한 제국주의적 경쟁이 결국 대규모 전쟁을 낳을 수밖에 없다는 관념에 도달하지는 않았다. 카를 카우츠키Karl Kautsky는 제국주의 강국들이 '초제국주의super-imperialism'에 도달하거나 식민지 세계를 평화롭게 분할할 수 있다는 견해를 피력했다. 사실상 카우츠키의 논지는 지난 몇십 년간 이루어진 식민지 제국 연구에서 주된 방식이 된 시각, 다시 말해 제국주의를 유럽 국가들 간 경쟁의 연장이 아니라 유럽이 공동으로 제3세계와 대결한 것으로 해석해야 한다는 견해를 암시했다. 이러한 관점에 따르면 식민주의는 북반구의 선진 국가와 경제가 아시아와 아프리카, 카리브해, 태평양의 저항이 심하지 않은 국가들에 관련해 수행한 공동 사업으로 이해할 수 있다.

식민 국가들이 어느 정도 포괄적인 전 지구적 이원 관계 속에서 식민지 지역과 대결했다는 관념은 그 나라들을 분열시킨 민족주의적 경쟁보다 중요한 관념으로, 실제로 제국주의 시대에 관한 지배적 해석으로 등장했다. 이 견해에 따르면 식민지 관계의 밑바탕에는 사회적 격리, 성적 착취, 참정권 박탈이 놓여 있다. 그러나 식민지에서만 그런 것은 아니었다. 유럽의 제도들, 시민권 개념, 젠더 관계, 노동도 유럽이 식민 국가로서 했던 경험으로부터 결정적인 영향을 받아 형성되었다. 토착민들의 세계가 식민지가 되는 경험에 의해 구축된 것과 마찬가지였다. '서발턴 연구'라는 인도 역사 서술을 발전시키면 모든 관계는 식민지 정복의 경험으로 왜곡되었다고 추정된다. 후속 연구는 이 틀이 식민 국가와 식민지의 대결을 지나치게 과격한 것으로 봄으로써 식민지 지역 사람들을 너무 수동적이고 동질적인 존재로 만든다는 견해를 제시했다.[116] 식민지 영토는 식민 국가에 천연자원과 광물, 농산물, 그리고 특히 자국의 더 춥고 제한적인 영토에서 제공할 수 없는 열대의 자산을 주었다. 그리고 기본적으로 식민지의 종속민은 본국 노동자들에게 들어가는 것보다 훨씬 낮은 비용으로, 때로는 싸우려는 태도도 약한 노동력을 제공했다. 결국 이들은 주인과 협상하고 양보를 얻어 낼 수 있게 되어 20세기 중반이 되면 식민지 관계는 훼손된다.[117] 그러나 19세기 말에는 그 단계를 결코 예상할 수 없었다.

식민 국가는 영토의 자원과 저렴한 노동력, 문명화 사명에 느끼는 자부심 외에 지위와 위신도 가져다주었다. 작은 나라들도 큰 나라들과 더불어 사명감을 느꼈다. 제국 수도의 건축은 미학적 권리를 주장했다. 브뤼셀의 거대한 법무부 청사와 외교부 청사는 작은 나라가 광대한 해외 자원을 통제한다는 사실의 증거였다. 게다가 벨기에의 경우 해외에서의 사명이 두 언어공동체를 결합하는 데에도 도움이 되었다. 프랑스어권의 왈롱 사람들은 국내의 식민지 담당 관료가 되었고, 플랑드르 사람들은 아프리카에서 일자리를 얻었다. 그것을 유지하기 위해 오랜 전쟁을 치를 필요만 없다면 제국은 실로 단합과 위엄이라는 이익을 제공했다. 영국과 프랑스는 이후 두 차례의 세계대전에서 종속국 주민들에게서 최대한 충성을 뽑아냈다. 좋든 싫든 식민 국가들은 결코 국내에서 서비스를 제공하는 기관에 머물 수가 없었다. 이것이 귀중했는지 쓸데없는 폭력과 거짓 위대함의 원천이었는지는 비용과 이익을 계산한다고 판별할 수 없다. 포르투갈 같은 나라에 제국은 근대화를 추진하지 않고 저개발 국가로 남을 핑계를 제공했을 수도 있다. 20세기 중반이 되면 영국과 프랑스의 많은 시민에게 그 비용은 과도해 보였다.

식민지 국가, 다시 말해 점령한 큰 영토와 다양한 주민을 지배하기 위해 수립된 정권은 특정한 제도와 절차에 의존했다. 한 가지 모델을 찾는다면 오해하기 쉽다. 예를 들어 부가 광업에서 나오고 당국이 여러 상이한 '부족'을 지배한 사하라 사막 이남 아프리카 지역에서 쓰인 행정부는 유럽인 주민이 꽤 많았던 이주식민지와 1919년 이후 오스만 제국 지역에서 떨어져 나온 국가들의 행정부와 달랐기 때문이다. 그럼에도 약간의 공통점이 있었고, 식민지 국가는 (지나치게 추상한 개념이 분명하지만) 국가성stateness과 통치성이 증가하던 시기에 세계의 광대한 지역에서 지배적 세력이었다. 1895년 무렵 아프리카에는 주권국가가 에티오피아 왕국과 라이베리아, 남아프리카의 백인 국가 보어 공화국, 모로코 네 나라뿐이었다. 보어인들은 영국의 남아프리카 연방에 흡수되는 것을 받아들여야 하는 상황에 처하며, 모로코인들은 1912년에 프랑스 식민지가 된다. 아프리카는 앞선 시절부터 복잡한 연맹체들이 패권을 두고 경합한 곳이지만 결국 유럽의 지배를 받게 되었다. 가나의 아샨티 왕국, 부간다 왕국, 샤카의 줄루족 국가, 사모리 투레Samory Touré가 통치한 말리의 와술루 제국은 늦어도 1880년대까지는 유럽인들에게 굴복했다. 이보다 규모가 작은 부족 공동체들은 해안과 강 유역에 정착한 유럽인들과 수백 년 동안 교섭하며 자신들의 교역과 안전의 조건을 결정했다. 가난하고 허약한 나라 조선은 한때 일본 문화 대부분의 원천이었고 명목상 청나라와 조공 관계를 유지했는데 1905년에서 1910년 사이에 일본에 점령되었다. 오세아니아의 자그마한 왕국들도 카리브해 국가들처럼 병합되었다. 중앙아시아에서는 이란과 아프가니스탄이 병합을 피했지만 정치적으로 큰 압박을 받았다.

식민지 국가는 폭넓은 재량권을 지닌 관리들이나 총독들이 운영했다. 이들은 인도의 경우처럼 본국으로 연이어 자금을 보낼 필요는 없었지만 관리 비용을 자체적으로 조달하라는 요구를 받았으며, 이 나라들의 보잘것없는 예산은 치안 업무와 보안 조치에 들었다. 식민지 관리들은 토착민에게 전혀 구애받지 않고 통치할 수는 없었다. 이들에게는 토착민의 노동력과 존중이 필요했다. 그래서 일반적으로 이들은 특혜를 입은 중개자들을 통해 식민지 국가를 관리했다. 마흐무드 맘다니Mahmood Mamdani는 아프리카의 국가는 영국이 족장들을 통해 지배한 농촌 지역과 더 복잡한 사회 계급과 대결해야 했던 도시 지역으로 양분된다고 강조한다.[118] 농촌의 명령 계통은 결국 새로운 형태의 폭정이 되었고, 다른 곳의 식민지 지배는 현지인 중개자들을 동원함으로써 더 교묘해지고 사실상 일련의 거래가 되어야 했다. 유럽인 정복자들이 쉽사리 알아볼 수 없는 정치 형태를 지닌 부족사회와 네덜란드령 동인도제도나 청나라의 치외법권 위요지들 사이에는 중대한 차이가 있었다. 식민지 국가라는 용어는 영국령 라지의 구조를 이해할 때 정도까지만 우리를 인도한다. 제국의 거대한 영토(오늘날의 파키스탄과 방글라데시 포함)인 영국령 라지에서 영국 정부는 캘커타와 마드라스, 봄베이의 지사 관구를 통해서, 그리고 영국이 벵골에서 서쪽으로 이동하고 여세를 몰아 무굴 제국을 무너뜨리면서 아대륙 북부에 대한 지배력을 상실한 무굴 제국의 후계자들인 500여 명의 통치자를 통해서 큰 부분을 관리했다.[119] 그렇지만 그것은 식민지 정권이었다. 1900년 무렵 인도 행정청[48]에는 약 1000명의 관료가 있었는데, 그중 인도인은 40명이었다. 이는 놀랍지도 않다. 임용 시험이 영국에서 치러졌기 때문이다. 이와 관련된 행정단에서는 대략 1만 명에 달하는 전체 인원 중 절반

_____ **48** 남아시아에서 영국 제국의 문관 업무를 담당한 기관으로 고위직 공무원들이 근무했다.

_____제국의 관리자: 인도 총독 시절(1898~1905) 관복을 입은 조지 너새니얼 커즌 경. 커즌은 영국이 인도에서 모든 장엄한 의식을 다 갖춘 채 존재해야 한다는 점을 철저히 옹호했으며, 영국과 러시아가 페르시아와 중앙아시아에서 제국의 시합('그레이트 게임')을 할 운명이라고 확신했다. 커즌은 훗날 보수당 총리직을 맡을 기회를 잃었는데, 이는 필시 그의 귀족적 행실 때문이었을 것이다. 그러나 커즌은 1919년에서 1924년까지 외무 장관을 지냈다. (Library of Congress)

가량이 인도인이나 영국인과 인도인의 혼혈이었지만 대체로 급여가 낮은 직급에 있었다. 지방 법관과 변호사는 인도인에게도 개방되었지만, 영국인들은 인도인 판사의 재판을 거부했다.[120] 주권과 외교정책, 군대 지휘권, 화폐제도는 영국인이 통제했다. 유럽인들은 인도인, 자신들이 통제했던 중국인, 동남아시아인을 대면해 그들의 종속을 경멸하는 동시에 그들의 문화와 공예품에 매료되었다. 유럽인들은 원주민을 어린아이요 잠재적 반란자로 믿는 이들과 인도주의적·종교적·문화적 이유나 여타 이유로 그들의 문명을 존중하는 이들로 나뉘는 경향을 보였다. 그래서 정책 입안자들과 행정관들 사이에 의견 충돌이 있었다. 단호함(흔히 군사적 단호함이었지만 늘 그렇지는 않았다.)을 보여야 한다고 조언한 강경한 사람들은 원주민에게 공감하는 순진하고 관대한 이들을 멸시했다. 이들이 "개탄스럽게도 공공연한 폭동이나 위장된 반란에 우유부단한 태도로 대응하고 …… 헛된 타협들"로 식민지 지배의 근간을 뒤흔든다는 것이었다.[121]

아프리카는 말 그대로 흑백의 연구 대상이었다. 물론 미국의 이민 담당 관료들이 그랬듯이 아프리카의 식민지 통치자들도 구분하고 차별했다. 영국인들은 키가 크고 매력적인 귀족 전사들(마사이족)과 이와 대비되는 육중한 서아프리카인과 마주쳤다. 마찬가지로 이들은 펀자브의 용맹한 종족(시크족)과 피부색이 더 검은 타밀족을 구분했다. 벨기에인들은 후투족과 투치족이 다르다고 보았는데, 이는 르완다에서 벨기에의 지배가 무너지고 수십 년이 지난 뒤에 파국을 낳게 된다. 확실히 식민지에서 벌어지던 일은 식민 국가 사회에서 벌어지는 인종차별주의의 강화와 동시에 진행되었다. 미국에서 1890년대부터 시행된 짐 크로Jim Crow 법[49]과 초기에 정착한 미국인의 후손들이 새로 들어온 일본과 중국의 노동자들과 나아가 동유럽 (가톨릭과 유대인) 이민자들에게 보인 반응이 이를 잘 보여 준다. 유럽의 많은 사람에게 새로 출현한 프롤레타리아는 원주민과 똑같이 어두운 위협을 대표했다. 1870년 파리 코뮌이

_____ **49** 1876년에서 1865년까지 시행된 법으로 공공장소에서 흑인과 백인의 분리와 차별을 규정했다.

후 코뮈나르의 집단 처형에 뒤이어 많은 사람이 누벨칼레도니로 추방되었는데, 그곳에는 다른 위험스러운 계급이 있었다.[122]

식민지는 종족을 토대로 생명의 가치를 낮추었지만 종족 분리는 19세기 말의 특징이었던 일반적 분류 강박증과 옛것을 대체할 새로운 위계질서 모색의 한 측면이었다. 그러므로 근대국가는 불가피한 민주화와 통신의 확대라는 변증법적 추진력으로 발전했지만 지위와 권위의 피라미드 구조를 바꾸어 놓았다. 20세기 말 폴란드의 뛰어난 작가 스타니스와프 렘Stanisław Lem(2006년 사망)은 제3제국이 몰락한 후 아르헨티나의 외진 곳으로 도피한 독일군 친위대 장교에 관해 멋진 글을 썼다. 그 친위대 장교는 그곳에서 같이 도피한 동료들로 작은 국가를 조직한다. 그러나 절대적 권력에 도취한 그는 나치 정권은 너무 저속하고 인민주의적이라며 재현할 가치가 없다고 보고 대신 루이 16세Louis XVI의 궁정을 되살리기를 열망한다. 그는 대량 학살을 저지른 자신의 동료들에게 전부 프랑스어로 말하고 정교한 궁정 의례를 지키는 시늉을 해야 한다고 고집했지만 황량한 지리적 환경이 그 노력을 망쳤고 결국 실험은 실패했다.[123] 렘이 이 야릇한 이야기를 쓸 때 식민지 국가를 생각했는지는 의심스럽지만, 이 글은 19세기 말과 20세기 초의 전 세계 여러 국가에 관해 무엇인가를 포착했다. 그 국가들은 의식이 펼쳐지는 무대였다. 1903년 에드워드 7세Edward VII가 델리에서 거행한 황제 즉위식에는 국가 세입의 약 0.5퍼센트가 들어갔으며(오늘날 미국 대통령의 취임식에 200억 달러가 들어간다고 생각해 보라.) 다른 웅장한 공식 방문이 뒤따랐다.[124] 그렇지만 렘의 풍자는 망상에 빠진 그 지도자들이 토착민 엘리트와 아무런 관계도 맺지 않았다는 점에서 실망스럽다. 그들은 자아도취에 빠진 반면 식민지 지배의 열쇠는 '간접 지배'의 과정에서 토착민 족장들을 선택하는 것이었다. 이에 대해서는 나이지리아의 영국 총독 프레더릭 루가드Frederick Lugard와 프랑스 원수 위베르 리요테Hubert Lyautey의 설명이 가장 유명하다.[125]

대량 학살을 자행한 이들이 만들어 낸 것은 아니지만 식민지가 세워진 조건은, 몇몇 옹호자가 주저 없이 인정하듯이 대량 학살을 조장했을 것이다. 당대의 어느 법률 이론가는 이렇게 썼다.

다시 튜턴족의 사명에 관해 우리의 명제에서 도출되는 다른 결론은 이들이 근대 세계의 정치적 문명을 비정치적이고 야만적인 종족들이 거주하는 이 세계의 다른 지역들로 전파할 소명을 지닌다는 것, 다시 말해 이들이 식민지 정책을 보유해야 한다는 것임이 틀림없다. …… 이 지구 표면의 넓은 지역에는 문명국가를 수립하는 데 성공하지 못한 주민들이 거주하고 있다. 그들은 사실상 그러한 일을 완수할 능력이 없고 따라서 정치적 국민들이 그들을 위해 국가를 조직해 주지 않는다면 야만상태나 그에 준하는 상태에 머물러 있을 수밖에 없기 때문이다. …… 문명국가는 강제로 조직을 부과하면서 당연히 물리력을 행사할 수 있을 뿐 아니라 그 이상도 할 수 있다. 야만적 주민들이 죽을 각오로 이에 저항한다면 문명국가는 그 땅에서 그들의 존재를 지워 버리고 그곳을 문명인의 거처로 만들수 있다. …… 그로써 문명국은 다른 곳에서 정치적이고 법적인 질서를 수립해야 할 초월적 권리와 의무에 비해 작지도 않고 하찮지도 않은 그 주민들의 권리를 전혀 침해하지 않는다.

국가에 관한 자신의 주된 논문에 이러한 종족 학살의 허가증을 숨겨 놓은 이 자칭 튜턴족 사람은 사실 독일인이 아니었다. 컬럼비아 대학의 중견 헌법학 교수였다.[126]

독일 장군 로타어 폰 트로타Lothar von Trotha는 독일령 남서아프리카에서 봉기한 사람들과 그들의 가족을 사막으로 내몰아 헤레로족의 반란을 진압했다. 그들은 분명코 사막에서 전부 죽었을 것이다. 필리핀을 점령한 미국은 에밀리오 아기날도Emilio Aguinaldo 장군의 반란군을 추적하며 주민에게 맞서 전쟁을 벌였다. 이탈리아는 1911년에 멀리 떨어져 있는 튀르크족으로부터 빼앗은 영토의 리비아 부족을 잔인하게 억압했다. 레지널드 다이어Reginald Dyer 장군이 1919년 암리차르에 모인 인도인들에게 기관총을 난사한 것은 유명한 사건이다. 영국은 1920년대 초 베두인족을 공습해 중동에 새로이 얻은 영토에서 성공리에 국경 통제 전술을 마쳤고, 프랑스는 그보다 몇 년 전에 다마스쿠스를 포격했으며, 이탈리아는 무솔리니가 탐낸 에티오피아인들의 땅에서 독가스를 사용했다. 1945년 유럽에서 전쟁이 끝나 가고 있을 때 프랑스 군대는 무슬

_____제국에 맞선 저항: 헨드리크 비트보이(Hendrik Witbooi), 1900년 무렵. 교양 있고 유능한 게릴라 지도자였던 비트보이는 1830년에 북부 케이프 식민지에서 나마족 지도자의 가정에서 태어나 교육을 받았다. 북쪽의 남서아프리카로 이주한 그는 전통적으로 경쟁자였던 헤레로족과 화친을 맺고 독일의 야심적인 식민지 건설 노력에 맞섰다. 1890년대부터 1905년에 전사할 때까지 비트보이는 나마족과 헤레로족의 연합 봉기를 이끌었는데, 이 봉기는 결국 독일의 강경파 지휘관의 종족 학살 전술로 진압되었다. (Wikimedia Commons)

림의 항의가 폭력적으로 변해 유럽인 100명의 목숨을 앗아 간 뒤 내륙의 세티프에서 무자비한 보복으로 6000명에 가까운 알제리인을 학살했다. 어쩌면 그보다 더 많은 수가 죽임을 당했을지도 모른다. 그러나 사상자들은 아득히 먼 곳에 있었고, 그 민족들은 검은 피부에 광적이었으며, 각각의 사건은 진보의 이야기 속에서 불운한 예외였을 뿐이고, 지배권은 문명에 파국을 안기지 않고는 깨뜨릴 수 없었다.(인정 많은 사람들도 이에 동의했다.)

많은 관리와 정착민이 보기에 원주민은 교훈을 가르쳐 주어야 하는 어린 아이였다. 베를린 대학 총장이자 중국 탐험가였던 페르디난트 폰 리히트호펜 Ferdinand von Richthofen 남작(그가 처음 중국인을 만난 것은 캘리포니아에 있던 시절의 일이었지만)은 개와 주인의 관계를 언급했다. 식민지 관리자는 권위에 도전하는 모든 행태를 즉각 처벌해야 한다는 것이었다.[127] 영국 장군 조지 배로George Barrow는 의화단 잔당을 진압할 영국 원정대를 지휘했는데 베이징의 팔대처八大處 사찰 지구의 백자탑을 파괴하기로 한 자신의 결정을 설명했다. 만일 기독교도가 그 랜드마크를 부수지 않으면 중국인들이 자신들의 신이 더 강하다고 생각할 것이라는 얘기였다. 독일 장군 알프레트 폰 발더제Alfred von Waldersee가 지적했듯이 등록된 중국인 처형 집행자들을 이용해 청나라 관리들(의화단원들이 아니다.)을 참수하여 보복하는 것은 "매우 중요한 정신적 영향력"을 갖는 행위였다.[128] 이러한 일화들을 유럽인들이 건설한 병원이나 철도, 때로는 학교에 대비해 균형을 잡으려는 것은 흔히 있는 일이다. 식민지 국가는 그 주인들에게 의미가 있다면 발전하는 국가가 될 수 있었다. 일본은 1895년에서 1945년까지 비록 종종 잔인했지만 활발한 식민지 제국을 건설했고, 특히 만주에서 석탄 채굴이든 콩 재배든 경제와 산업을 발전시켰다.[129] 그러나 이 사업에는 본국의 일상적 감시에서 멀리 벗어나 자의적이고 필요할 경우 속박받지 않았던 권력과 관련해 무엇인가 본질적인 것이 있었다. 멀리 떨어진 거리는 권력의 행사와 그 권력의 궁극적 정당화에 결정적으로 중요했다. 그 권력이 식민 국가의 사람들과 식민지 주민을 떼어 놓은 종족적 거리나 민족적 거리에 의존했고 식민지 국가를 잠재적인 일상적 폭력의 공간으로 만들었기 때문이다. 조지프 콘래드Joseph Conrad는 매우 중요한 상징을 하나 남겼다. 『암흑의 핵심Heart of Darkness』은 폭력과 제국, 성년이 되는 것의 융합이다. 거의 60년이 지난 뒤 나이지리아 작가 치누아 아체베Chinua Achebe는 방향을 잃은 종속민의 시각에서 본 『모든 것이 산산이 부서지다Things Fall Apart』로 다른 이야기를 내놓았다. 이러한 이야기들이 전부 폭력이 절대적인 권력에서 나와야 함을 보여 주는 비유는 아니었다. 에드워드 모건 포스터E. M. Forster의 『인도로 가는 길Passage to India』은 그 대신 식민 국가 사람들과 식민지 주민 사이의 경계를 뛰어넘는 사사로운 우정이 얼마나 어려운지에 관한 이야기로 가득하다. 그리고 양쪽이 중간의 매개자 없이 동등한 관계를 원하지만 극복할 수 없는 권위의 차이 때문에 성공하지 못하는 편견과 조우에 관한 이야기가 많다.

식민지 국가는 서구 국가가 원래부터 지닌 모든 특권이 국내에서는 허용되지 않게 된 후 행사될 수 있는 곳이라고, 다시 말해 식민 국가가 민주적 형태와 여론에 굴복할 수밖에 없을 때 남아 있는 모든 지배 충동이 출구를 찾을 수 있게 했다고 결론짓고 싶다. 식민지 국가는 주권과 도전받지 않는 통치가 의식을 갖춘 채 행사되도록 허용했으며, 유럽인들이 때때로 자신들의 도시 대중이나 농민에 대해 느꼈고 많은 미국인이 이전의 흑인 노예와 새로운 계약 노동자에게 느꼈던 종족 차별의 환상이 분명하게 표현될 수 있게 했다. 서구 국가에서, 근대적 국가가 되기를 열망한 정권들에서 평등한 시민권이라는 개념을 규범으로 새긴 시대에 식민지 국가는 세계 지배를 허용한 예외론을 대표했다. 식민지 국가는 무제한의 권력을 지닌 위요지를 세웠지만 동시에 과학자나 감수성이 뛰어난 사람들에게는 본국에서 인류학 연구로 전하려 한 문화의 공통 속성을 볼 수 있게 했다. 이는 식민지의 농민과 사업가, 군인들과 그들을 통치할 임무를 받은 사람들의 무수히 많은 만남을 불가피하게 단순화하지만 전부 사실이다. 이 일반화에 관해 유익하게 말할 수 있는 한 실제로 식민지 국가는 엄청나게 복잡하고 모순으로 가득한 사업이었다. 백인은 '타자'와 대면한 곳이라면 어디서든지 '자신들'과도 대면했다. '타자'는 1960년대에 역사적 담론의 용어가 되어 유행했으나 식민지 종속민은 결코 단순한 타자에 머물지 않았다. 그리고 식민지 국가는 본국의 국가와 달랐지만 여전히 그 주권과 권위, 입법, 폭력의 가능성들을 검증할 수 있는 영토였다. 결국 식민지에서 폭력과 지배, 착취로 벌어진 일은 식민지 안에만 남지는 않았다. 그것은 본국에서 꿈꾸지 않았다면 식민지에서 절대로 일어나지 않았을 것이다.

4 예외적 상황

"예외적 상황을 결정하는 자가 주권자다." 1921년 독일 정치 이론가 카를 슈미트는 법질서의 말끔한 서술은 잊으라고 주장했다. 법을 무시할 권위를 지닌 사람이라면 누구나 주권자라는 것이다.[130] 그러나 슈미트는 단순히 사실상의 권력만 뜻하지는 않았다. 주권은 헌법의 제약을 피한 초법적 지위였다. 슈미트는 1980년대까지 거의 100년을 살았는데 부르주아 사회의 규범을 어기고자 하는 욕망을 결코 버리지 못했다. 그리고 슈미트는 제1차 세계대전 후 10년간 반혁명적인 법 이론과 정치 이론의 대표자가 되기를, 이후에는 나치의 공판 이론가가 되기를 열망했다. 슈미트의 공식은 국내의 분쟁과 혁명, 경기 침체, 전쟁에 대처하던 20세기의 많은 국가에 더없이 적절했다. 예외적 상황이나 비상사태가 발생하는 때는 법질서나 헌법 질서가 시민권을 보호하는 온갖 조항을 갖추고도 국민에 가해지는 위협에 대처할 수 없어 일시적으로 정지되어야 할 때였다. 이는 통치자가 마키아벨리의 이른바 국가이성에 따라 행동해야 할 순간이었으며, 조지 W. 부시George W Bush 미국 대통령이 확신하건대 슈미트의 글을 읽지 않고도 '결정권자'임을 자처하며 호소했던 순간이었다.[131]

예외적 상황은 20세기 역사의 특징이다. 그리고 그러한 예외적 상황에서 탄생한 국가들은 권리 주장과 잔인함에서도 이례적임을 입증할 수 있었다. 그러나 슈미트가 보기에 이 나라들은 그 자체로 예외적이지는 않았다. 궁극적으로 모든 국가는 예외적이어야 했고 정치는 언제나, 특히 민주주의 체제에서 법이 도달하지 못한 틈새에서 이루어졌기 때문이다. 민주주의는 슈미트가 자신의 글에서 강조하듯이(다음 부분에서 다시 다루겠다.) 인권의 문제도 아니고 토론을 통해 여러 정책 대안을 결정하는 문제도 아니며(자유주의는 이를 높이 평가했다.) 자신들의 정체성을 규정하고 보호하는 국민의 문제, 다시 말해 누가 '우리'이고 누가 '타자'인지 규정하는 문제이기 때문이다. 그러한 의미에서 슈미트의 후계자들은 여전히 우리 주변에 널렸다. 이들은 대개 전체주의적 유혹은 잃어버렸지만 줄어들지 않는 민족 간의 적개심이 공적 생활을 구성한다고 보는 경향이 있었다. 그 적개심은 일반적으로 아시아와 아프리카, (미국의 경우) 라틴아메리카에서 유입되는 이민의 형태를 취했다. 두 차례 세계대전 사이에 이들은 부르주아와 프롤레타리아, 쿨라크(제정 러시아의 부농)와 집단농장, 유대인과 독일인에 관해 이야기했다. 그리고 당연하게도 이들은 단지 말하는 데서 그치지 않았다. 이들은 중요한 내부의 적들로부터 위협받는다고 생각하고 그 적들을 제거하는 데 나섰다.

　슈미트의 공식은 20세기 국가(특히 여러 특이한 국가)가 두 가지 과제를 수행할 수 있었음을 우리에게 알려 준다. 개념상으로는 별개였지만 종종 서로 뒤얽혔던 두 과제를 하나는 '연성'으로, 다른 하나는 '경성'으로 부를 수 있겠다. 연성 과제에는 통치성과 사회의 근대화라는 푸코의 관념에 결합된 정책들을 확대하는 것이 포함되었다. 이러한 방침에 따라 활동을 확대하면 현대의 복지국가, 다시 말해 19세기 유럽에서 시작되어 제2차 세계대전 후 크게 확대된 산업 안전법과 연금, 초기 사회보험으로부터 차츰 정교해진 복지국가가 나온다. 이 역할에서 국가는 교육과 기간 시설 투자, 경제의 규제를 제공하면서 사회를 형성했다. 국가는 냉전 시대에 국제적으로 경쟁하면서 근대화와 개발에도 덤벼들었다. 연성 과제는 큰 사회적 목적들을 단념하지 않았으며, 프리드리히 하이에크Friedrich Hayek에서 제임스 스콧에 이르는 비판자들은 연성 과제가 더 잔혹한 경성 과제만큼이나 은밀히 강압적일 수 있다고 주장했다. 그렇지만 장래의 연금을 위해 세금을 납부해야 하거나 의무적 노동조합비를 내야 하는 것은 결코 게슈타포Gestapo의 심문을 받는 것과 비교할 수 없을 것 같다. '경성' 과제는 정확히 말해서 '예외'와 비상사태를 불러낸 것에 대응하면서, 즉 전쟁과 혁명, 사회적 소요에 대응하면서 나온 정치 행위였다. 국가는 한가하게 자국 사회의 발전을 추구하고 있을 수만은 없었다. 주권과 정체성, 폭력의 문제들이 20세기 전반기에 현저한 관심사로서 다시 한번 절박하게 역사 속으로 밀고 들어왔다. 17세기에도 그러한 문제들이 현저했지만 계몽사상이 시민사회에 집중하면서 점차 사라졌다. 슈미트가 깨달았듯이 홉스가 돌아왔다.

보통 국내에서 관대한 나라들에서도 경성 과제, 즉 '예외'의 통치는 두 가지 부류의 주된 활동에 침투했다. 하나는 앞서 보았듯이 식민지 통치였고 다른 하나는 전쟁하는 국가였다. 식민지 관리자들과 그들의 반항적 종속민은 주권, 즉 획득한 땅의 종속민을 지배할 주권이자 잠재적 식민지 경쟁국들에 대한 주권이 제국 세계의 근본적 관건이라고, 아니면 관건이 되어야 한다고 이해했다. 그러나 주권을 유지하려면 프랑스의 식민지 옹호자들이 말한 이른바 '소유지'의 '가치 증대'가 필요했다. 다시 말해 상품이든 인력이든 그 경제적 잠재력을 근대화하고 개발해야 했다. 그렇지만 식민지의 지식인들과 공무원들도 근대화, 즉 부와 권력의 추구가 유럽의 강국들에 맞서는 데 필요한 전제 조건이라고 믿었다. 태평양 지역에서 일본의 경험은 양쪽에 똑같이 중요한 교훈을 주었다. 메이지 유신의 개혁가들은 식민지에 준하는 상황에 처하지 않으려고 의식적으로 근대화를 추진하여 성공을 거두었다. 그러나 그 개혁가들이 국가를 재건하던 시기는 바로 가장 크게 성공한 정치인들이 문명은 강한 문명과 허약한 문명으로 나뉜다고 믿었던 때였다. 이 개혁가들은 "이빨과 발톱을 붉게 물들인" 국가들의 세계에 들어갔고 다른 나라들만큼이나 날카로운 이빨과 발톱을 가져야 한다고 믿었기에 같은 세대에 재빨리 자신들만의 아시아 제국을 건설하는 데 착수했다. 1895년 청일전쟁에서 일본이 승리를 거둔 후 유럽의 열강들은 자국의 목적을 위해 그 효과를 제한하고 이용했지만, 곧이어 일본은 조선에서 우세를 잡으려고 러시아와 경쟁했다. 이는

1904~1905년의 러일전쟁을 불러일으켰고, 이 전쟁은 근대에 유럽 열강이 아시아의 강국에 당한 최초의 중대한 군사적 패배로 이어졌다. 일본은 러시아 함대를 파괴했지만, 지상전은 뤼순항과 다롄의 포위 공격에서 교착 상태에 빠졌고 결국 멀리 떨어진 뉴햄프셔 주 포츠머스에서 시어도어 루스벨트 대통령의 중재로 끝났다. 일본은 러시아로부터 만주의 항구들과 사할린을 비롯한 몇몇 섬에 대한 권리를 얻었으며 충분한 자유 재량권을 획득해 1910년 조선을 병합했다. 새로운 일본 제국은 가혹한 무력행사와 만주와 (정도는 조금 덜하지만) 타이완과 조선의 자원 개발계획을 모두 이용했다. 일본에 망명했던 청나라의 개혁가들과 혁명가들은 자국이 일본에 패한 뒤 10년간 일본으로부터 많은 것을 배울 수 있었다. 러시아와 일본이(그리고 서구 열강들은 간접적으로) 조선과 만주의 약점에서 이익을 취하며 제국 간의 충돌이 소용돌이쳤음을 생각할 때 20세기 국제사회의 역사가 1895년의 싸움에서 시작한다고 주장할 수 있다.[132]

거의 20세기 내내 더 널리 이어질 전쟁들(냉전 포함)의 충격을 생각해 보라. 17세기와 18세기에 전쟁으로 인한 절박한 재정 사정은 리바이어던 1.0의 출현에 일조했다. 다시 말해 집요하게 주권을 주장했던 왕조의 영토 국가는 자신들의 경제적 자원과 기간 시설의 개발을 간절히 원했던 지역의 특권 세력을 가능하면 짓밟기로 결정했다. 앞서 보았듯이 19세기 중반의 전쟁들은 리바이어던 2.0의 영토와 정부가 공고해지는 데 도움이 되었다. 20세기의 두 차례 대전도 근본적 역할을 수행했다. 두 차례 세계대전은 대체로 19세기에 재발명된 국민국가가 꼭 필요하다고 여기던 팽창주의적 역할로부터 비롯했으며, 동시에 이 국가들이 자국의 경제와 사회를 전례 없이 강력히 동원하도록 몰아댔다. 전쟁은 국내에서 권력의 융합을 정당화했고, 권력의 장악과 행사를 위한 패러다임으로 20세기의 더 무자비한 지도자들을 불러냈다. 이 책의 독자들은 개인의 생명에 대한 권리 주장과 그들의 복지와 때로는 거처, 나아가 그들의 인구학적 연속성과 허용되는 발언까지 규정하겠다는 야심이 두 차례의 세계대전과 냉전을 거치며 크게 증대된 국가에서 살았을 것이다.

사실상 두 차례의 세계대전 경험은 개발의 과제와 주권의 과제를 융합했

_____복지국가의 출현: 1918년 5월, 군수품 공장에서 일하는 영국 여성 노동자들. 1914년에 영국과 영연방은 전쟁에 돌입했으며, 남자들이 전투에 불려 나간 다른 교전국들에서처럼 전통적으로 남성이 차지했던 직업들을 여성이 넘겨받았다. (Imperial War Museums)

다. 이 긴 분쟁에 말려든 국가들은 과거 어느 때보다 강력하게 대규모 군대를 동원하고 산업과 운송 체계, 의료 제도와 사회복지를 조정하며 노동단체들과 협상해야 했다. 귀중한 인력이나 희소한 원료를 배분한 시장 메커니즘은 혼란과 물가 인상을 초래하고 대체로 관련 부문의 위원회들에 밀려나 분배에서 제 역할을 하지 못했다. 내각에 새로이 출현한 군수부는 노동조합에 저항한 기업가들을 압박해 국가 관료나 장군, 노동조합, 고용주 연합 사이의 삼자 협상을 수용하게 했다. 여성들이 가사 외의 노동 영역으로 전에 없이 크게 진출했다. 전쟁 국가는 복지국가의 시초가 되었지만 진정으로 예외적인 강제력으로 무장했다. 1914년 8월에 통과된 영국 국토방위법DORA의 본질은 전쟁을 수행하는 데 필요하다고 생각되는 것을 행할 권한을 정부에 넘기는 것이었다. 영국에서는 겉으로 드러나지는 않았지만 점잖고 대범한 행동을 바라는 강력한 기대가 지속되었고, 그러한 권력의 위임이 전쟁 노력을 거부하지 않는 한 정치적 발언을 기소하는 데 쓰이지 않을 것이라고 생각되었다. 연금과 의료 지원을 제공할 필요가 있었으므로 그러한 여러 가지 공공사업이 전후 시기까지 연장되었다. 물가와 시장 메커니즘에 대한 개입은 전체적으로 제1차 세계대전 이후 수준으로 되돌아갔지만 대공황과 제2차 세계대전은 몇몇 혁신을 영구적 현상으로 만들었다. 어느 국가에서든 권력이 예외적 상황에서 벌어진 일로 규정된다면 예외적 국가는 더는 그렇게 예외적이지 않다.[133]

결국 두 과제는 군사 통치가 전 세계에서 1980년대까지 확실히 계속 행사한 엄청난 역할에서 명백하게 드러났다. 식민지 세계 밖에서는 입법부, 즉 의회라는 통치 제도가 19세기에 분명하게 승리할 것처럼 보였다.(마침내 일본에서는 1890년, 러시아에서는 1905년, 중국에서는 1910년에 등장했다.) 그러나 의회는 슈미트나 그보다 앞선 시대의 인물인 가에타노 모스카 같은 보수적 비판자들이 지적했듯이 제 역할을 확실하게 수행하기가 어려움을 깨달았으며, 결정을 내릴 수 있는 경우에도 위원회 제도나 과반수를 만들어 낼 수 있는 정당 지도자들에게 의존했다. 1900년을 기준으로 보면 서로 경쟁하는 정당들은 여전히 동아리 같을 뿐 단결력이 부족했다. 먼저 미국과 그다음 영국(의원의 선출은 물론 행정부 수반의 선출을 위해서도 정기적으로 선거운동이 벌어졌다.)에서 정당들은 전문 직원과 제휴 신문을 갖춘 영구 조직이 되었다. 그러나 이러한 발전이 미약하거나 아주 최근의 일이었거나 아예 없던 곳에서 20세기에 나타난 현상은 단일한 거대 정당의 두드러진 역할이나 군사 통치였다.

군사 통치와 일당독재는 진정한 권력은 헌법 밖에서만 나온다는 카를 슈미트의 지독한 교훈을 확인해 주는 것처럼 보였다. 주권자는 군대나 권위주의적 정당이었다. 단기적으로만 적용되는 이야기일까? 군사 통치는 국민 통합을 보장할 수 없었으며 분명코 내부의 평화도 보장할 수 없었다. 제국주의적 침탈이나 경제적 침체의 압박에 허약한 정권이 무너지는 큰 나라들에서 영토의 분단이나 군벌의 출현은 되풀이되는 위험이었다. 통합된 군부가 영토 전체를 통제할 때에도 장기적 무력 통치는 부담스러웠다. 자본과 노동의 싸움터이자 자유무역 부문과 보호무역 부문의 싸움터요, 종교 단체와 대중매체, 문화의 목소리가 끝없이 터져 나오는 곳인 시민사회의 요구에 점차 부응해야 했고 그로써 정책 토론과 다원주의의 세계에 진입해야 했기 때문이다. 몇몇 군사 통치자는 계속 무력에 의존하는 방법을 썼고, 다른 이들은 권위주의적인 전국 정당을 후원하는 방법을 썼다. 몇십 년 뒤 장군들과 독재자들은 자신들에게 복잡한 사회를 다룰 능력이 없다는 사실을 깨닫게 된다. 이들은 종교적 염원과 소비자의 열망, 컴퓨터 시대의 기술을 어떻게 관리해야 할지 제대로 알지 못했으며 철과 강철의 시대가 실리콘과 소프트웨어로 보강되던 시대에는 지속되기 어려운 권위주의적 해법을 제시했다. 그러나 군사 통치의 해체는 우리 시대의 이야기이지 지금 다루는 시대에는 적용되지 않는다.

대표성의 위기

19세기 인생의 달콤함을 박살 내는 데 제1차 세계대전이 필요했던 곳은 빈이나 파리의 부르주아의 피난처, 런던의 신중한 은행들과 클럽들뿐이었다. 1890년대부터 국가들의 세계(이미 19세기의 두 번째 삼분기에 재편되고 이어 국내 개발과 해외 팽창의 야심 찬 과제들을 떠안았다.)는 폭풍이 몰아치는 해역으로 진입했고 결국 간담을 서늘하게 하는 새로운 실험에 착수했다. 격변의 일화들이 잇달았다. 대도시권 신문의 쓸쓸한 칼럼들을 낳은 몇 가지 사례를 들어 보자. 1880년대 말 인도의 기근과 영국 반대 폭력의 부활, 1893년 세계적 경기 침체, 이탈리아와 미국에서 일어난 저항운동, 유럽 전역의 대규모 파업들. 줄지은 전쟁들, 즉 1895년 청일전쟁, 1896~1897년 그리스-터키 전쟁, 1898년 미국-에스파냐 전쟁, 1899~1902년 영국인과 보어인의 전쟁(제2차 보어 전쟁), 1904~1905년 러일전쟁, 1911년 이탈리아-튀르크 전쟁, 1912년 발칸 국가들과 오스만 제국 간의 전쟁(제1차 발칸 전쟁), 1913년 발칸 국가 간의 전쟁(제2차 발칸 전쟁). 민간인 학살의 추세를 강화한 전쟁들, 즉 1897년 오스만 제국의 아르메니아인 학살, 1905년 독일 식민지들의 아프리카인 학살, 1911~1912년 발칸반도의 보스니아인과 알바니아인의 학살을 낳은 전쟁들. 물론 이러한 전

——— 문화와 부, 권력의 종합: 팔레 가르니에의 파리 오페라 시즌 개막식, 1890~1900년 무렵. 1860년대에 샤를 가르니에(Charles Garnier)가 설계해 제2제국의 풍부한 보자르(Beaux-Arts) 양식으로 건축된 화려한 파리 오페라 극장은 다른 곳의 오페라 극장들처럼 19세기 말에 유럽과 아메리카 전역에서 중요한 정치적 역할을 수행하게 된 부유한 부르주아의 과시 공간 역할을 했다. (Library of Congress)

쟁들 자체는 여전히 서유럽과 북아메리카에서 '멀리 떨어진' 곳에서 일어났지만 중심부의 강국들은 1894년 이후 러불 동맹, 1902년 영일 동맹, 1904년 영불협상, 1907년 영러 협상 등 파멸적 결과를 초래하게 되는 동맹이나 약속의 연결망을 확장했다.

니얼 퍼거슨Niall Ferguson은 러시아와 일본의 충돌부터 시작해 그 스스로 적절하게 이름 붙인 20세기 '세계 전쟁war of the world'을 열거했다. 퍼거슨에게 '세계 전쟁'은 기본적으로 종족 간의 싸움이나 민족 간의 싸움이 낳은 결과물이었다.[134] 종족 차별이 제국주의를 정당화하고 이따금은 잔학 행위까지 인가했음은 분명하다. 그러나 전쟁이 늘 이러한 차별에서 비롯하지는 않았으며, 유럽 강국들 간에 벌어진 가장 파괴적인 전쟁들은 확실히 그렇지 않았다. 내가 믿기에 결정적인 것은 제국의 정치적 결함과 그러한 결함이 제국을 가장 열렬히 옹호한 이들에게 지속적으로 주입한 취약하다는 의식이었다. 분쟁의 동인은 수세에 처한 제국(오스만 제국, 합스부르크 제국, 청나라, 영국)의 엘리트들과 좀 더 단호한 제국(일본, 독일)의 엘리트들에게 있었다. 제국들은 광대한 국경 내부와 멀리 떨어진 영토 안에서 평화를 유지했다는 칭찬을 받았다. 그러나 제국들은 내부의 폭력을 늦추고 심지어 타국과의 전쟁까지 늦추었는지는 몰라도 무한정 그렇게 할 수는 없었다. 1900년 이후 청구서의 지불 기일이 닥쳤다.

혁명기라면 언제나 그렇듯이 정통성이 관건이었고 실제로 1890년대에 여러 곳에서 정통성이 약해졌다. 정통성은 권위가 오로지 힘에만 의존하지 않음을 뜻한다. 정통성은 강압을 지속하지 않고도 존경과 복종을 끌어낼 수 있는 도덕적 토대에 의존한다. 19세기 말에 정통성 있는 국가는 어느 정도 대표성을 띠어야 했다. 다시 말해 빅토리아 시대 사람들이 '여론'이라고 이름 붙인 이해관계의 명시적 표현이나 그 이해관계로 여겨진 것을 대표해 움직여야 했다. 미국과 서유럽에서 그것은 오랫동안 의회의 결정을 따르고 개인의 권리를 존중하는 것을 의미했다. 미국 민주주의에서 링컨 대통령은 그 관념을 이렇게 매우 포괄적으로 표현했다. "국민의, 국민에 의한, 국민을 위한 정부." 20세기에 들어설 무렵에는 온갖 정체성과 이해관계의 복잡한 총합인 '사회'를 대표하는 것이 정통성의 기초가 되었다. 그러나 국가가 서로 충돌하기 일쑤인 사회 안의 이해관계들을 대표하기는 점점 어려워졌다.

　이는 독재국가에만 해당되는 얘기가 아니었다. 계몽된 여론이 수행하는 역할을 포함해 자신들의 문명적 성취를 자부한 나라들에도 해당되었다. 참정권 확대 운동은 확장된 의미의 사회를 포괄하려는 노력 중에서 가장 눈에 띄었다. 유럽 국가들은 19세기 말과 20세기 초에 성인 남성 참정권의 확대를 조금씩 용인했다. 때로는 보수적 정당들이 폭넓은 중간계급에 참정권을 부여하면 국내에서 자신들의 입지가 강화될 것이라고 확신했고(1867년 영국의 토리당) 때로는 보수파와 개혁파 모두 개혁으로 사회 전체와 자신들의 지위가 안정될 것이라고 추정했다.(1912년 이탈리아) 때로는 관료 기구의 통치자들이 참정권 확대를 이용해 강력한 엘리트층의 영향력을 제한할 수 있다고 생각했다. 합스부르크 제국의 장관들이 오스트리아-헝가리 제국의 두 반쪽에서 대체적인 보통선거제의 도입을 밀어붙였을 때가 그런 경우였다. 1913년 벨기에의 경우처럼 때로는 정치 지도자들이 대규모 시위에 굴복하기도 했다. 그러나 종종 저항이 뒤따랐다. 프로이센의 보수파와 군주는 부자에게 지나치게 유리했던 프로이센 입법부 선거권을 좀 더 보편적인 1인 1표 제도로 바꾸자는 요구에 저항하다가 제1차 세계대전 후기 국면에서 노동계급의 지원을 늘릴 필요성을 느끼고야 저항을 그만두었다. 러시아에서는 1905년 혁명 중에 보통선거권이 용인되었으나 1917년 군주제가 몰락할 때까지 차츰 무력해졌다. 좌파나 우파 모두 새로운 집단의 요구에 저항했을 것이다.(미국 남부에서 여성이나 아프리카계 미국인의 참정권이 반대에 부딪혔듯이.) 게다가 참정권만으로는 민주적 제도와 문화의 힘이나 부재가 결정되지 않았다. 의회들은 국가나 군부의 수장과 관료 기구에 대해 저마다 다른 크기의 힘을 지녔다. 중앙의 정치제도들은 민주적 참여(프랑스 제3공화정)부터 영국처럼 더 자유주의적인 것에서 독일이나 일본처럼 덜 자유주의적인 것까지 다양한 형태로 유서 깊은 가문과 관료들에게 남겨진 엘리트 영향력에 이르기까지 이어지는 축선에 자리를 잡을 수 있었다.(지역과 광역권의 권위도 유사한 연속선상을 따라 다양하게 존재할 수 있었지만 다른 지점에 나타날 수도 있었다.)

그러나 (프리덤 하우스[50]가 오늘날의 정부들을 두고 계산하는 것 같은) 민주주의의 순위를 매기는 단일한 집계 저울은 별다른 의미가 없었을 것이다. 몇몇 국가는 문서로 된 헌장이 어떤 내용을 갖추었든 '구조적으로 분열된constitutionally segmented' 국가라고 할 만한 것에 머물렀다. 이 나라들은 정치적 참여가 허용된 성인 주민의 한 구역과 그로부터 배제된 하나 이상의 구역들로 사실상 분열되어 있었다. 젠더에 관해서는 대부분의 정부가 19세기 말까지 분열되어 있었지만, 여성의 불리한 조건을 문제 삼지 않는다고 해도 다른 정치도 지역적 '후진성'과 민족적 배제나 종족적 배제에 의해 나뉘었다. 이탈리아 국가를 통치한 의회의 자유주의 세력은 로마 이북에서는 선거운동에 몰두했지만 남부에서는 북부에서 벌인 경쟁이 가져올 불안정 효과를 억제할 일종의 안정장치로 보호와 후견 정치, 지주의 힘에 의존했다. 미국의 정치는 인종을 기준으로 분열되어 있었다. 미국 공화당은 1870년대 말 대통령직을 계속 통제하기 위한 한 가지 방편으로 노예에서 해방된 사람들의 정치적 권리를 규정한 법을 집행하려 노력했지만 곧 그만두었다. 미국은 북부에서는 심지어 근자에 들어온 이민자들에게도 성인 남성의 참정권을 허용하면서 남부에서는 투표에서 인종차별을 강행한 이원적 선거제도 때문에 짐 크로의 인종 분리법과 비공식적 폭력의 법에 의한 지역별 억압을 묵인하는 대가를 치르며 지역적 '조정'을 획득했다. 당대의 지배적 분위기에서 남부의 백인 미국인은 물론 북부의 백인 미국인도 짜증이 나서 아프리카계 미국인은 아직 동등한 시민권을 누릴 '준비'가 되지 않았다는 견해를 받아들였으며(유럽인들이 아시아와 아프리카의 종속민에게 보인 식민지주의적 태도와 동일하다.) 사실상 흑인 노동자들은 비영토적 식민지의 인적 자원이었다. 재통합된 미국은 국력의 안정적 분출구로서 서부의 광대한 지리적 자원도 누렸다. 그리고 대규모로 유입된 유럽인 이민자들은 중앙정부 차원에서 돋보이기를 고집하기보다 주와 도시의 정치기구들을 통해 민족의 대표성을 확보하는 데 노력을 집중하는 경향을 보였다. 유럽인 이민

_____ **50** 미국에 본부를 둔 비정부기구로서, 민주주의와 정치적 자유, 인권을 옹호하며 이에 관한 조사를 수행한다.

자들은 '과격한' 요구를 내놓지도 않았다. 북유럽이나 동유럽 출신의 노동자들은 유럽에서 막 등장하던 사회민주당을 몇몇 지역에서 재현했지만 대체로 북부 도시들의 민주당 조직이든 좀 더 과격한 서부의 인민주의적 흐름이든 미국에 존재하는 기존의 대안들 속으로 흘러들었다. 그렇더라도 주로 북유럽 민족 출신의 도시 중간계급 개혁가들은 선거 조직들로부터 통제권을 빼앗아 도시의 전문 관리자들에게 넘겨줌으로써 안정적으로 도시를 장악하려 했다. 19세기 말 미국 정치의 근저에 놓인 해법은 일종의 균형으로, 공화당은 보통 보호관세를 유지한 약한 중앙정부를 얻은 반면 민주당은 공업 도시와 남부 백인 유권자들의 정치를 활용했다. 남부와 서부의 농민들이 1890년대에 이 타협에 도전했지만 이를 무너뜨리지는 못했다.

　　인종 분리는 신생국 남아프리카 연방에도 만연해 지배자였던 백인들은 전체 인구에서 소수를 차지했다. 남아프리카 전쟁(보어 전쟁)은 남아프리카 백인 광산업자들이 이끄는 야심 찬 군대가 영국군 10만여 명의 지원을 받아(그리고 아프리칸스어를 쓰는 농촌 가구들을 강제로 추방하고 구금하는 전략에 힘입어) 농업 국가인 보어 공화국들에 맞서 싸운 전쟁인데, 실제로 이 전쟁은 1902년에서 1910년 사이에 도출된 암묵적 타협으로 종결되었다. 아프리칸스어를 쓰는 공화국들은 영국령 남아프리카 연방에 포함되는 것과 앨프리드 밀너가 주도한 영국 행정부의 적극적 침투 정책을 어쩔 수 없이 수용했다. 그러나 영국은 보어인의 공화국들에 상당한 정도의 자치를 부여했고 이들이 구축한 분리주의적 정치제도와 사회제도를 조금도 부정하려 하지 않았다. 케이프 식민지에서 전체의 4분의 1이 채 안 되는 백인 주민이 유권자의 85퍼센트를 차지했고, 한때 줄루족이 지배한 땅이었던 나탈에서는 8퍼센트밖에 되지 않는 백인이 유권자의 99퍼센트를 차지했다. 1914년 이후 독일 식민지 군대에 맞선 영국의 전쟁 노력에서 남아프리카가 차지하는 중요성(그리고 보어인 지도자 얀 스뮈츠 Jan Smuts가 얻은 개인적 역할의 중요성)뿐만 아니라 보어인들이 강한 민주주의를 신뢰했다는 잘못된 믿음 때문에 영국 정부는 남아프리카인들의 인종차별 국가와 싸우기가 어려워졌다. 매우 많은 영국인이 아프리카인의 종족적 열등함이라는 기본 전제를 공유했기 때문에 특히 더 그랬다.[135]

분열된 정권들은 일종의 암묵적 정치체제를 구성했다. 다른 암묵적 정치 조직상의 해결책은 국가들을 외국의 큰 영향력, 군사적 영향력이나 경제적 영향력, 교육학적·문화적 영향력 아래 놓이게 했다. 준식민주의semicolonialism라는 용어는 유럽 강국들이 중국에서 보유했던 유보 권한을 묘사하는 데 쓰였지만 권위가 존중받는 방식은 덜 공식적일 수 있었다.[136] 라틴아메리카의 큰 공화국들에서는 엘리트들의 정당 간 경쟁이 관행이 되면서 외국 채권국, 특히 영국과의 상업적·금융적 유대를 지향하는 이들과 군부와 교회, 토지의 전통주의적 권력을 주장하는 이들이 분열했다. 수출 상품, 즉 브라질의 커피와 아르헨티나의 쇠고기와 밀, 안데스산맥의 광물이 증대되면서 자유주의자들의 힘이 강해졌고, 내전과 폭력을 거친 뒤 비교적 편안하게 권력과 영향력의 공유가 이루어질 수 있었다. 브라질의 새로운 공화국(더불어 1889년 노예제의 유상 폐지)은 커피 호경기와 고도로 지방분권화한 연방 제도에 관한 협약의 도움을 받았다. 상품 가격이 하락하고 새로운 정치 지도자들이 육체노동자나 토착민을 끌어들여 정치적 기반을 확대하려 했던 두 대전 사이의 시기에야 이러한 균형이 무너져 돌이킬 수 없게 되었으며 흔히 군인 출신이었던 인민주의적 실력자들이 출현했다.

　　백인 성인 남성의 참정권이 보편화하자 경제 규제가 더 긴요해졌다. 노동조합과 노동계급의 결사는 1870년대와 1880년대에 유럽 대륙과 미국, 멕시코에서 정치적으로 제한되었다. 국제노동자협회(제1인터내셔널)는 파리 코뮌 이후에 해체되었고, 비스마르크는 1878년에 독일 사회민주당을 불법 단체로 만들었으며, 미국의 노동기사단은 1886년 헤이마켓 광장의 폭탄 투척 사건과 재판 이후 해체되었고, 여러 나라에서 파업에 참여한 노동자들은 군인들과 맞서고 판사를 대면해야 했다. 그러나 1889년 제2인터내셔널이 출현했고, 1890년에는 독일 사회민주당이 다시 합법 정당이 되었으며, 노동자들은 더 크고 강력한 조직을 갖추었다. 산업화가 진척되던 모든 나라에서 파업 활동이 증가했고, 1905년 이후 파업은 종종 단순한 임금 인상만이 아니라 더 큰 정치적 영향력을 얻기 위한 수단이었다. 러시아의 1905년 혁명은 독일과 프랑스에서 행동주의가 되살아나는 데 일조했다. 노동운동의 몇몇 대변자는 작업장 조직이 선거로 구성된 입법부를 대체하고 나아가 사회주의 정당들이 새로운 민주적 정치의 토대가 되는 것을 꿈꾸었다. 1905년 혁명 당시 볼셰비키 지도자들은 노동자 '평의회'(러시아어로 소비에트)를 프롤레타리아 질서의 전위대로 묘사하곤 했다. 그러한 무정부주의적 생디칼리슴은 이전에는 대체로 작업장 안전 입법이나 임금 인상 같은 한정된 요구에만 집중했던 영국 노동조합에도 침투했던 것 같다. 사회 전쟁의 전망은 일부 좌파를 들뜨게 했다.(잭 런던Jack London이 『강철 군화The Iron Heel』(1908)에서 섬뜩하게 묘사한 시카고 쟁탈전을 보라.) 반대로 그 전망은 확실히 보수주의자들을 두려움에 떨게 했다. 많은 보수주의자가 사람들이 기억하는 파리의 포위와 파리 코뮌과 비슷한 살벌한 대소동을 예상했다. 그러나 훨씬 불길했던 것은 서서히 다가오는 아마겟돈에 몇몇 작가의 아드레날린이 분출한 것이었다. 이들은 이 최후의 결전이 짜증스러운 퇴폐적 사회질서에 새로운 활력을 불어넣을 것이라고 믿었다. 파리의 기술자 조르주 소렐Georges Sorel과 로잔에서 가르친 이탈리아인 경제학자 빌프레도 파레토(그리고 파레토의 몇몇 강의를 청강한 이탈리아의 젊은 학생 베니토 무솔리니)는 다가오는 충돌을 입맛을 다시며 고대했다. 마치 당대 이탈리아 미술 운동인 미래파가 정화의 위생 전쟁을 기대했던 것과 같다. 특혜를 입은 프랑스 대학생들은 새로운 전쟁이 "끝없는 기다림"보다는 나을 것이라고 믿었다고 한다. 자유주의는 사회적 분열의 볼모였을 뿐 아니라 권태의 볼모이기도 했다.[137]

프롤레타리아 계급의 요구나 지식인들이 정치적 타협에 느낀 초조함보다 훨씬 달래기 어려웠던 것은 다민족 정체들 내부의 국민적 대표성에 대한 요구였다. 19세기 초 프로테스탄트(대체로 지주)만 일할 수 있었던 영국 의회에 의석을 부여받은 아일랜드인들은 '자치', 즉 아일랜드 의회를 갖는 국민자치를 원했지만, 프로테스탄트 왕당파가 이를 방해하고 보수당과 영국 의회에 계획을 연기하게 했다. 20세기 초 양쪽은 무력에 호소하기 직전까지 갔다. 제1차 세계대전 직전에 마침내 세 번째 자치 법안이 통과되었지만, 프로테스탄트 주들(얼스터)의 문제가 해결될 때까지 실행이 유예되었다. 이 문제는 1920년대 초 아일랜드 민족 봉기와 경찰의 탄압(블랙 앤 탠Black and Tan 전쟁)이 이어지고 민족주의자들인 신페인Sinn Fein당 반란자들의 일부가 얼스터를 비롯한 북부 주들이 제외된 '아일랜드 자유국Irish Free State'을 기꺼이 받아들이면서 해결되었다. 오스트리아-헝가리 제국과 오스만 제국은 영국보다 훨씬 큰 규모의 민족 반란에 직면했다. 민족 집단들은 19세기 초(그리스, 세르비아, 루마니아)와 이어 1870년대(불가리아)에 순차적으로 오스만 제국을 떠나거나 북아프리카의 경우처럼 다른 경쟁 제국들에 점령되었다. 세계 최대의 식민지였던 영국령 인도로 말하면 영국의 지배는 더 큰 국민적 대표성의 요구를 억누르기에 충분했다. 물론 인도는 하나의 제국으로, 영국에서 파견된 행정부가 통치했다. 인도에는 백인 주민이 대규모로 존재하지 않았지만 영국 지배 이전의 다양한 국가 구조가 남긴 유산과 1857년 세포이 항쟁의 실패(결코 완전한 국민적 격변으로 확대되지 않았다.) 탓에 국민적 도전은 세계대전이 끝나기까지 상대적으로 미약했다. 인도 국민 회의INC는 장기적 목표를 지닌 집단이었지만 단기적 적응을 실천했고 지역 기관들, 특히 사법제도에 점진주의적으로 편입되었다. 1910년 아일랜드인 당파가 런던의 코앞에서 폭력을 쓰려던 때에 뉴델리에서 새로운 군주의 즉위가 최고로 화려하게 축하되었다는 사실은 영국 제국의 역설이었다.

게다가 대표하기representation는 한 사회를 어느 정도까지 포함했든 그 자체로 복잡한 활동이었다. 아래쪽 사회에 대응하려 애쓰는 위쪽의 국가를 그려보는 공간적 비유는 너무 단순하여 오해를 불러일으켰다. 정치적 요구는 단순하게 사회에서 국가로 '상향'의 흐름을 보이지 않았다. 야심 찬 개혁가들은 19세기에 형태가 바뀐 국가들이 이제 사회를 어떻게 바꿀지, 다시 말해 사회를 어떻게 규제하고 발전시키고 개선하고 다시 만들지를 깊이 생각했다. 19세기에 출현한 국가는 기술적 근대성과 특별한 관계를 지녔다. 이 국가들은 후장식 속사 소총과 더 큰 대포가 필요했다. 이 국가들은 속도, 철도, 빠른 통신, 전신, 해저케이블, 최종적으로 라디오가 필요했다. 국가들은 물질적 하부구조에 필요한 조건들을 갖추는 데 그치지 않고 '우생학', 즉 제한적 번식이라는 새로운 개념을 통해서라도 시민을 교육하고 그들의 건강과 활력을 개선해야 했다.

그러므로 19세기 말 국가는 정적 균형을 위해 건설된 제도가 아니었고 그렇게 될 수도 없었다. 19세기 말 국가는 군대만이 아니라 민간경제의 발전도 보장해야 했다. 영국과 나중에는 미국에서도 정부는 국가의 지도보다는 시민 사회의 타고난 활력에 더 많이 의존할 수 있었을 것이다. 미국인들은 자신들의 경제 사업과 다양한 조합들을 근대화의 수혜자인 동시에 원천으로 보았다. 보호관세와 철도 회사와 농장주(이들은 철도의 고객이 된다.)에 대한 국유지 불하는 국가가 경제 발전을 크게 장려했음을 의미했다. 이 점에서 캐나다도 그다지 다르지 않았다. 프랑스 국가와 이후 독일 국가, 일본 국가, 러시아 국가는 더 많이 개입해야 한다고 판단했지만 서로 다른 시기에 시작했다. 프랑스는 대혁명 이전에, 독일과 일본은 19세기 중반에 시작했고, 러시아는 19세기 말에 다른 국가들보다 빠르고 인상적으로 시작했다. 1905년까지 여전히 전제 국가였고 1893년부터 세르게이 비테가 지휘한 러시아는 시베리아 횡단철도 건설에 착수했다. 이 사업은 비용 때문에 귀족의 반대를 불러일으켰고 조선을 일본의 세력권 밖으로 끌어내기를 간절히 원한 파당을 안달하게 했다. 군주는 압력에 굴복해 비테를 형식적 자리로 내몰았다가 1905년에 다시 불러 사임 이후 발생한 러일전쟁의 여파와 혁명적 선동에 대처하게 했다. 청나라와 오스만 제국의 사례가 생생하게 증명하듯이 근대화에 실패하면 철저한 식민화는 피했을지 몰라도 영토를 빼앗기고 주권이 훼손될 수 있었다. 청나라는 서구 강국들이 지역 내에서 법적 권한을 보유하는 치외법권 위요지를 허용해야 했고, 오스만 제국은 외국인들에게 조약Capitulation, 즉 법적 면책권을 허용해야 했다.

그러나 근대화는 국내 전통주의자들의 저항을 불러일으켰고 때로는 서구 강국들의 예방적 개입을 유발했다. 청나라 관리들은 영국은 물론 프랑스와도 한 번 더 전쟁을 치른 뒤인 1860년대에 유교적 가치관이 허용하는 범위 내에서 개혁 노력을 시작했을 때 왕실의 음모에 직면해 기력을 잃었다. 자희 태후가 훼방 놓은 1898년의 막간극 '무술변법'과 1905년 이후 지방선거와 이어 전국 선거를 제도화하려는 시도도 마찬가지였다. 일본의 개혁가들은 운이 좋았다. 개혁 지향적 사무라이들은 1842년 영국이 청나라에서 이권과 영

———국가 생존을 위한 근대화: 아마도 일흔일곱 명의 자녀 중 일부였을 왕자들과 자세를 취한 태국의 국왕 쭐랄롱꼰, 1900년 무렵. 일본의 개혁 천황 메이지와 같은 시대 사람이었던 쭐랄롱꼰은 노예제를 폐지하고 태국 정부와 군사 제도, 사법제도, 교육제도를 근대화했으며, 서쪽으로 미얀마를 지배한 영국과 동쪽으로 인도차이나를 지배한 프랑스에 맞서 나라의 독립을 유지했다. (Wikimedia Commons)

토를 빼앗자 정신을 바짝 차렸고 1858년 미국에 다섯 개 '무역항'을 개방해야 했던 경험이 있었기에 도쿠가와 막부의 약점을 파악하고 이에 대비해 민족주의적 동원을 시작했다. 일본의 보수파는 청나라 보수파만큼 성공적으로 개혁을 저지하지 못했다. 왕실로서는 청나라 왕실처럼 개인적 정치를 할 처지가 아니었다. 오히려 천황은 개혁으로 더 많은 영향력을 얻을 것 같았다. 게다가 일본의 중앙정부는 사실상 독자적으로 합리화의 실험실을 운영할 수 있었던 개혁적 다이묘와 그 사무라이 관료들의 자율적 영지(번)에 침투하지 못했다. 국가고시 제도에서도 유교적·성리학적 위계질서 개념들은 공직을 위한 통로가 되지 못했다. 그리고 일본의 군사적 전통은 보수적이었지만 근대 과학과 기술의 모방을 허용했다.

다른 권위주의적 통치자들은 제도와 기간 시설을 근대화할 의지가 있고 이를 능숙하게 해낸 경우 나라의 분할이나 흡수를 막아 낼 수도 있었다. 태국(시암)의 쭐랄롱꼰Chulalongkorn(라마 5세Rama V, 재위 1868~1910. 재위 기간이 메이지 천황과 거의 같다.)은 인도차이나에서 더 위협적이었던 프랑스와 미얀마의 영국을 서로 싸우게 하여 이득을 취했으며 직무에 따라 조직된 내각을 만들고 군대와 재정 제도, 국민교육제도를 개혁했으며 왕국 전역으로 철도와 통신선을 연장했다. 에티오피아의 황제 메넬리크 2세Menelik II(1889~1909/1913)는 가난한 영토를 지배했으나 이탈리아 군대에 충격적 패배를 안겼으며 내각 제도를 확립했다.[138]

세계적 혁명

노먼 에인절Norman Angell은 국제 자본주의를 연구한 1910년의 『거대한 환상The Great Illusion』에서 오늘날 역사가들이 말하는 이른바 첫 번째 세계화(조밀하고 빠르게 빽빽해진 20세기 초 국가들 간의 경제와 금융 네트워크)가 큰 전쟁을 막을 것이라는 대담한 견해를 제시했다. 에인절은 이해관계의 힘을 과대평가하고 동맹의 힘을 과소평가했다. 세계화는 평화를 끌어내지 못했다.

1916년에 미래를 내다볼 필요가 없었던 블라디미르 레닌은 첫 번째 세계화(레닌은 이를 제국주의로 해석했다.)가 큰 전쟁을 일으켰어야 했다고 쓸 수 있었다. 레닌이 틀렸다고 말할 수 없다. 그러나 레닌이 옳았다고 추인할 수도 없다.

옹호할 수 있는 명제는 멕시코와 유라시아, 중국에서 정권들이 무너질 때 세계화가 혁명을 낳는 데 일조했다는 것이다. 다시 말해 혁명이 서유럽과 북아메리카의 산업사회들이 아니라(군사적 패배로 통치자들의 신뢰가 추락했을 때는 예외다.) 제국주의 국가들의 주목과 이 나라들의 자본을 끌어들인 취약한 거대 국가들에서 일어났다는 말이다. 1890년대 초 카리브해와 하와이의 미국인 설탕업자들이 벌인 책동과 나아가 에스파냐의 쿠바 통치 초기에 일어난 쿠바인들의 봉기는 그냥 넘어가도 좋다. 하지만 1900년 청나라의 의화단 운동, 1911년 청나라의 붕괴, 러시아에서 발생한 1905년의 폭동과 이어 1917년의 체제 변화, 1906~1909년 이란의 입헌 혁명, 1908년 청년 튀르크당의 봉기와 10년 후 오스만 제국의 붕괴, 멕시코에서 1910년부터 1920년까지 10년에 걸쳐 층층이 전개된 반란 같은 사건들은 주목해야 한다.

지리적으로 널리 흩어진 이러한 혁명들은 각각 고유의 원천과 역사를 지녔지만 직접적으로나 간접적으로나 전략적 경쟁의 결과이자 본국 정권의 우호적 감독을 받아 현지의 자원이나 투자로부터 이익을 얻으려 한 외국인 투자자들의 침투가 낳은 결과물이었다. 제정 러시아의 경우 어느 정도 예외로 할 수 있지만 공격받던 정권들은 외세와 외국 자본에 굴종하게 되었던 것 같았다. 외국인의 경제활동(그리고 더불어 따라온 학교와 교회, 기술과 금융 전문가들)이 상당한 경제성장을 가져온 것은 분명하다. 철도는 몇 배로 늘어났고, 유정에서 석유가 생산되었으며, 새로운 은행들이 설립되어 무서운 속도로 늘어나는 해외의 회사들에 자본을 공급했다. 런던과 파리, 베를린, 빈, 뉴욕의 투자자들은 채권자들을 위해 상당한 몫을 빨아들이면서도 현지에서도 부를 조성했다. 사회적으로 보면 이 투자자들은 현지의 부유해진 중개자 계급의 창출에 일조했을 뿐 아니라 지식인과 기자, 종교 지도자, 군 장교로 이루어진 대항세력의 형성에도 기여했다. 이들은 진정한 국민적 전통이나 제국의 전통이 소진되는 것을 지켜보았다. 그래서 지식인들과 신문 편집장들, 직업군인 장교들과 사관후보생들 사이에서, 때로는 비밀결사로 때로는 병영과 클럽에서 과격한 소동이 급속히 증가했다.

이러한 상황 전개가 20세기 초의 모순을 낳았다. 분노와 좌절은 세계적이고 국제적인 자본의 발달에 대한 반응이었기에 매우 강한 민족주의적 성격을 띠었던 것이다. 혁명가들은 서구 노선에 따른 근대화를 요구했지만 종종 종교적 전통주의의 원시적 힘에 의존했다. 봉기는 가난한 노동자와 농민보다는 군사적 패배와 국가의 종속과 굴욕의 공모자로 여겨진 당국에 격분한 토착민 엘리트들 사이에서 더 많이 시작되었다.[139] 그러나 (멕시코에서는 선거 결과에 관한 논쟁, 오스만 제국에서는 발칸반도의 민족주의 성장, 청나라에서는 굴욕에) 자극받아 조직을 갖추고 새로운 정책을 역설한 엘리트들은 결국 대규모 동란과 내전을 촉발했다. 민족주의적 열망을 지닌 이 엘리트들은 10년에서 20년에 걸쳐 광역권에서 지역 군대를 유지하고 영토를 분할했다. 18세기 말 혁명은 특정 국가 내부의 다툼에서 시작했고 차후에 강국들의 국제적 개입을 촉발했다. 그러한 싸움들은 당시 막 출현하던 것으로 오늘날 미국인에게 건국 헌장을 통해 전해지는 권리와 자격의 언어로 명료하게 표현되었다. 그러나 19세기 말의 혁명적 상황은 외국 정부와 투자자 들이 표면석으로는 현지에서 노동력을 착취하거나 부를 빼내려고 지역 엘리트들과 제휴했을 때 나타난 초국적 권력 남용에 대한 대응으로 발생했다. 이러한 초국적 협력으로부터 제국주의와 저개발의 언어가 출현했다.

실패한 의회 제도, 군부 개입과 군벌 통치, 쿠데타와 역쿠데타, 버둥거렸지만 결국 서로 경쟁하는 자본가들과 장래의 식민 국가들에 침투당한 사회들. 다른 관점에서 보면 전 세계에서 드러난 이렇게 놀라운 광경은 19세기 중반에 나타난 성공적 국가 재건의 지연된 형태이자 불완전한 형태였다. 19세기 중반의 용광로에서는 결의가 굳은 엘리트들과 강력한 국가들이 출현했다. 일부 근대화 기획 사업, 상충하는 이데올로기들, 주권의 해체는 반백 년 후 오랜 기간 혁명과 내전에 빠져 조기 이행을 완수하지 못한 나라들을 괴롭혔던 것으로 보인다. 이렇게 뒤늦게 분해되던 국가들이 성장의 힘을 지닌 강한 국가들과 무너지던 제국들을 다 집어삼킨 큰 전쟁으로 반세기 전 국가 건설에 성공한 나라들을 끌어들이는 데 일조했다는 사실은 매우 역설적이다.

* * *

물론 적의로 가득한 상황이 실제 폭동으로 바뀌는 데는 우발적 사건과 인물이 필요했다. 특히 각 국민의 정치 계급들은 개혁 요구에 귀를 기울일 의사가 없어 보이는 장기 집권 통치자나 가문에 차츰 인내심을 잃어 갔다. 러시아의 황후와 청나라의 황태후는 명목상의 제위를 보유한 연약한 남성들을 조종하는 것 같았다. 1876년에 권좌에 오른 멕시코와 오스만 제국의 우두머리는 경제개발을 추진했지만 점점 전제적으로 권력을 휘둘렀다. 술탄 압뒬하미트 2세는 점차 경찰의 감시에 의존하는 폭군으로 비쳤는데 30년의 통치 끝에 1909년 쿠데타로 축출된다. 그렇지만 제국은 이전보다 심한 영토 약탈의 제물이 될 뿐이었다. 포르피리오 디아스는 1911년에 물러나야 했다.

그러나 이러한 전제군주들은 같은 시기 러시아의 관료들처럼 특히 철도의 대규모 확장을 단호하게 추진했다. 철도는 사실상 세계화의 힘줄이자 신경이었다. 철도는 영토의 통합이라는 관념을 강화하고 내륙 시장의 개발과 병력의 원거리 수송을 가능하게 하였으며, 시간 측정의 표준화를 요구했다. 1840년대와 1850년대의 초기 철도는 혁명적·국민적 압력의 증대에 일조했다. 말하자면 프로이센에서는 철도의 자금 조달을 위해 의회를 소집해야 했고, 일리노이에서는 철도가 평야 지대를 밀 재배에 이용할 수 있게 해 주고 노예제에 관한 불안한 타협을 흔들었다. 이제 철도는 세계 금융과 투자가 지닌 변화의 압력과 원거리 시장의 개발을 선진 세계의 경계선 안으로 끌어들였다. 철도는 국경을 보완했는데, 국경 방어는 17세기 이후로 국가 주권의 전제 조건이었다.(국경은 리바이어던 1.0의 필수 조건이었다.) 철도는 국민국가의 내륙 공간을 정치적으로는 물론 경제적·사회적으로도 하나의 통합된 단위로 만들 것을 약속했다. 철도는 실제로 리바이어던 2.0의 주된 상징이었다. 그러나 철도는 대가를 요구했다. 이는 대체로 재정에 관한 것으로 국민에게 큰 부담을 주었는데, 러시아에서는 새로운 수준의 과세가 필요했고 멕시코와 오스만 제국에서는 외국의 투자가 더 많이 필요했다. 그리고 충분히 개발되지 않은 국가들에 철도가 침투했을 때 그 나라들의 메커니즘은 철도가 감질나게 내민 진보의 약속을 실현하기에는 불충분했음이 드러났다. 마지막으로 철도는 새로운 투자자와 옛 투자자로 구성된 특권층의 새로운 동맹과 특혜와 권력을 독점한 이들에 착취당한다고 느낀 항의자들의 새로운 동맹을 낳았다.

그러나 역설적이게도 세계적 압력에 대응해 터진 국가 차원의 혁명들은 지역적으로 분열된 경우가 잦았다. 중앙의 의회정치는 빠르게 빛을 잃었다. 혁명의 장소는 흔히 좁은 지역에 국한되었고, 전국적으로 통합된 운동은 장기간의 잔인한 군사적 충돌 후에야 나타났다. 권력은 서로 경쟁 관계에 있는 군 지휘관들에게 넘어갔는데, 이들은 때로는 나라 전체를 장악하려 하고 때로는 자신의 세력권을 확립하는 것만 목표로 삼았다. 종종 외국의 지배적 후원자들의 지원을 받으며 서로 싸운 군대와 지역별 군사 통치나 군벌 통치의 존재는 적어도 긴 충돌 기간에는 필연적이었다. 그러한 지역적 싸움은 배신과 역배신의 감정이 거세지면서 대체로 매우 잔혹한 양상을 띠었다. 전투는 점차 장기적 싸움으로 바뀌었다. 지역을 지배한 지휘관들은 변절자를 받아들일지언정 늘 포로를 잡지는 않았다.(포로를 잡아 무엇을 하겠는가?) 전쟁의 법칙은 모든 상황에서 무력해 내부투쟁을 진정시키는 경우가 드물었다. 지역의 권력을 장악한 지도자들은 때로 너그러웠지만 충동적이고 복수심에 불탈 때도 있었다. 무자비한 무리들이 번갈아 새로이 등장해 자신들만이 진정한 혁명 세력을 이끌 수 있다고 주장했다. 이러한 대결에는 흔히 내부의 모순이 따라다녔다. 싸움에는 국제주의적 사고방식을 지닌 노동계급과 민족주의의 언어를 말한 중간계급이나 엘리트 개혁가들이 동원되었다. 그러나 이 싸움은 현저한 농업 국가에서 일어난 반란이었다. 지주는 계속 농촌을 지배한 반면 그들의 소작농은 가족을 위해서든 러시아와 멕시코의 일부 지역처럼 촌락공동체를 위해서든 토지를 통제하기를 원했다. 뒤늦은 혁명은 농민 혁명(디에고 리베라Diego Rivera나 호세 클레멘테 오로스코José Clemente Orozco의 벽화에 등장하는 것 같은 영웅적이고 묵시록적인 농민 혁명)을 의미했다. 좌파의 많은 사람은 그렇게 믿었다. 실제로 시골 세력은 중간계급이든 노동계급이든 도시민과 연계하지 않고는 혁명적 해법을 밀어붙일 수 없었다. 지식인과 언론인, 상인과 금융 중개업자는 여전히 비판적이었다. 이란의 종교 지도자들이 도시를 기반으로 삼은 결정적 참여자로 남았던 것과 마찬가지다. 도시 세력과 시골 세력은 성공하려면 어떠한 성격이든 조정에 도달해야 했다.

* * *

1905년 러시아 혁명은 동아시아권의 영토 확장을 둘러싸고 일본과 충돌하여 초래된 재정적·사회적 부담 탓이었지만 사실상 1789년 이후 유럽에서 발생한 대혁명들의 마지막이었다. 크림 전쟁의 여파로 당국이 농노제를 폐지했을 때처럼 러시아는 영토가 지나치게 넓어지자 조정을 해야 했다. 1905년

2월 혁명과 피의 일요일의 발포로 항의 시위와 파업, 정당의 결성이 물결처럼 이어졌으며, 결국 10월에 차르는 의회, 즉 두마duma를 소집하기로 동의했다. 이는 전혀 놀랍지 않았다. 러시아는 산업화한 나라들의 세계에서는 일종의 예외로서 이론상 전제정치를 고수했고, 이는 실제로 귀족 관료제 통치를 의미했다. 독일의 자유주의적 평자들은 자국을 차르의 '전제정치'보다 훨씬 진보적이라고 보고 만족스러워했지만 러시아가 프로이센의 불평등한 선거제도가 허용한 반동적 유보 권한에 방해받지 않고 단번에 의회를 획득한 것을 보고 깜짝 놀랐다. 그러나 이러한 성취는 결코 유지될 수 없었다. 참정권은 후퇴하게 되며, 사회적 갈등이 증폭되고 만일의 유럽 전쟁에 대비한 재정적 부담이 증가하던 중에도 두마는 정회를 거듭했다. 그럼에도 1905년은 볼셰비키, 사회민주주의 정당 멘셰비키, 농민을 겨냥한 농업적 인민주의자들의 '사회혁명당', 중간계급 자유주의자들(능변가였지만 전문직 계층에만 국한된 이른바 카데트Kadets), 보수적인 '10월당 당원Octobrist' 등 1917년 말 볼셰비키가 권력을 장악한 이후 전부 침묵하게 될 때까지 러시아의 정치 무대를 채울 정당들의 스펙트럼을 보여 주었다. 1905년은 10년간 이어진 문화적 혁신과 열띤 정치적·사회적 토론, 산업의 지속적 발전을 자극하기도 했다.

* * *

1905~1909년의 이란 '입헌 혁명'은 이웃 나라인 러시아와 오스만 제국, 더 광범위한 국제적 세력균형을 뒤흔든 혁명적 소요의 그림자 속에서 발생했다. 한때 찬란했으나 이제는 정체된 오래된 제국의 잔재였던 이란은 카자르 왕조가 통치했는데, 이들은 '부족적' 성격이 강하고 종교 권력이 정치적으로 중요한 역할을 수행한 나라에서 결정적 권력에 집착했다. 이란에서 우세했던 시아파 성직자들은 전통적으로 수니파보다 세속 권력으로부터 멀리 떨어져 있었으며, 새로이 출현하던 지식인들의 세속주의에 적대적이면서도 카자르 왕가의 폭정을 점점 강하게 비난했다. 이웃 나라 러시아는 특히 샤의 군대를 훈련하는 데 도움을 주었기 때문에 자국의 압도적 영향력을 당연하게 여

기는 경향이 있었다. 인도에 위협이 될 수 있다는 판단에서 러시아의 팽창을 오랫동안 염려하던 영국은 이란에서 오래 상업적 이익을 추구했지만 1890년 이후로는 세계적 강국의 지위로 뛰어오르는 독일에 점차 집중하게 되었다. 카자르 왕조는 경제 발전을 위해 영국에 이권을 허용하고 군사적 안정을 위해 러시아에 의존하면서 분열했다. 나세르 알딘Naser al-Din 샤는 1872년 포괄적 철도 건설 특권을 허용하려다 실패한 뒤 1880년대에 영국에 발권은행의 설립을 허용했으며 1890년대 초에 영국인들에게 국가의 담배 전매권을 부여했다. 모든 이권의 양여는 당연히 왕실 측근들을 부자로 만들었다. 그러나 담배는 기반이 넓은 경제활동이었으며, 그 이권의 양여는 "'울라마'와 근대화주의자, 상인, 도시민을 정부 정책에 반대하는 통합된 운동으로 결속시킨 이란 근대 최초의 성공적 대중 저항"으로 이어졌다.[140] 나세르 알딘 샤는 1896년 암살당했고, 새로운 샤 무자파르 알딘Muzaffar al-Din은 1903년 보수적 총리를 교체할 수밖에 없음을 깨달았다. 1905년 러시아의 혁명적 소동은 이란까지 넘쳐흘렀다. 러시아와 이란이 양분한 카스피해 서안 아제르바이잔 지역은 사회민주주의와 이슬람의 조직 운동을 끌어들일 준비된 통로였으며, 테헤란에서는 항의 시위가 들끓었다.

　　영국과 러시아의 이익은 이란의 사회불안을 해결하는 온건한 방법으로 수렴하고 있었다. 러시아 당국은 국내의 소동을 잠재우고자 했고 영국이 그랬듯 독일의 위협이 증대하고 있음을 감지했다. 독일이 오스만 제국에서 군사적·경제적으로 영향력을 확대하는 것 같았기에 러시아는 그 위협을 더욱 심각하게 인식했다. 영국과 러시아 모두 반대파 이슬람 세력과 이들의 마즐리스majlis, 즉 의회에 대한 요구를 후원하려 했다. 1905년 항의 시위자들과 무자파르 알딘 샤의 대립이 교착 상태에 이르자 성직자들은 쿰으로 피신했고 상인들은 시장을 폐쇄했다. 1906년 8월 차르가 두마를 인정한 지 거의 1년이 지났을 때 샤는 입법부 소집에 동의했다. 의회는 곧 보수적 성직자들이 염두에 두었던 무슬림 회의의 역할을 버렸고 선거에서 성직자와 부유한 상인이 회의를 장악할 것이 거의 확실했지만 소수파 종교도 대표를 보낼 수 있는 국민의회로 탈바꿈했다. 그러나 마즐리스 선거는 입헌 정부를 얻기 위한 투쟁이 겨우 절반쯤 지났음을 의미했다. 장래의 그 역할이라는 문제는 여전히 미결 상태였다. 샤는 1906년 12월 마지못해 기본법에 서명했지만 그 후 곧 사망했고, 분열한 마즐리스 의원들은 지극히 중요한 '부칙'을 둘러싼 싸움을 준비했다. 그것으로 총리의 권한과 종교의 공식적 역할이 결정될 것이기 때문이었다. 양심의 자유를 옹호한 이들, 언론인들, 서구 지향적 귀족들은 의회의 권리를 대변한 반면 새로운 샤 모하마드 알리Mohammad Ali와 종교적 율법의 큰 역할을 유지하고자 한 보수적 성직자들은 이에 반대했다. 임시변통으로 임명된 총리가 1907년 8월 암살당한 뒤 샤가 양보했고 10월에 행정부 권한과 의회 권한 사이의 균형을 보장하고 세속의 법률이 이슬람 율법, 즉 샤리아를 확실히 준수하도록 종교계 명사들로 구성된 위원회를 설치한 헌법 부칙이 통과되었다.

자유주의적 성과를 점차 제한하기는 했어도 어쨌거나 혁명이 발생한 데 놀란 러시아 당국과 영국이 서로 협력하는 한, 테헤란의 온건한 입헌주의자들이 거둔 승리와 두 나라의 개별적 이익은 공고해질 수 있었다. 그러한 동기에서 두 강대국은 1907년 중대한 협약에 도달했고, 이 협약으로 러시아의 제국적 야심에 대한 영국 정부의 오랜 경계심은 사실상 일시적으로 멈추었다. 영국과 러시아의 협상은 이란 영토의 통합을 명목상 유지하면서 북부에서는 러시아의 세력권을, 남부에서는 영국의 세력권을 인정했다. 한 해 뒤 영국은 남부의 세력권에서 석유 개발에 성공한다. 이란의 여론은 자신들의 땅이 사실상 분할되었다고 보았고 이는 충분히 이해할 만했다. 이 협약은 인도의 북서쪽 변경을 둘러싼 경쟁과 양국의 아프가니스탄 점령도 미연에 방지했다. 이런 식으로 두 강국은 중앙아시아에서 벌어질 수 있는 분쟁을 후일로 미루었고 공동의 협력 상대였던 프랑스와 삼국협상을 체결해 유럽과 식민지 세계에서 오스트리아와 독일의 동맹에 잠재적으로 맞서게 되었다. 그러나 영국은 러시아가 이란을 분할하지 않고 영국의 인도 국경 지대를 위협하지 않으리라는 보장을 받았기에 이란에서 적극적 정책을 거둬들이는 것처럼 보인 반면 러시아 대사는 샤에게 강경 노선을 강요했고, 샤는 1908년 거리 시위가 지속되자 카자크가 지휘하는 군대를 내보내 의회를 해산했다.

그러나 반혁명이 끝은 아니었으며, 유럽의 정치가 다시 영향력을 행사했다. 친독일파였던 청년 튀르크당은 이스탄불에서 혁명을 수행했고, 1909년 독일은 러시아에 오스트리아의 보스니아 병합을 인정하게 하여 굴욕을 안겼으며, 러시아는 위협적인 국제 상황을 감안할 때 영국의 협조가 필요하다고 판단했다. 두 강국은 다시 이란에서 협력하여 헌법 문제에서 타협적 해결을 재촉했고, 이로써 마즐리스가 회복되었다. 보수파 성직자들은 법안을 종교적으로 검토할 권리를 이론상 되찾았지만 이 조항은 전혀 이행되지 않았다. 그러나 세속적 자유주의의 승리는 여전히 잠정적이고 불안정했다. 이란인들이 미국인 금융 전문가 윌리엄 모건 슈스터William Morgan Shuster를 데려와 근대적 세입 제도를 확립했을 때, 러시아는 영국과 러시아의 협상에 따라 그러한 임명에 관해 두 강국이 최종 결정권을 지닌다는 이유로 슈스터의 해임을 요구했고 마즐리스가 저항하자 테헤란으로 진격했다. 헌법은 존속했지만 1914년까지 새로운 선거는 치러지지 않았다. 러시아 군대와 1917년 혁명 이후에는 아제르바이잔인들의 혁명운동이 이란의 북쪽 절반을 지배했으며, 이후 볼셰비키는 이란에서 강압적 통제를 고집하는 것보다 영국 무역이 중요하다고 결정했다. 볼셰비키는 철군에 동의했다. 영국은 당당한 군 지휘관 레자 칸Reza Khan이 이끈 1921년 쿠데타를 후원했을지도 모른다. 레자 칸은 1925년 말 샤로서 최고 권력을 장악했고 1979년 이슬람 혁명이 일어날 때까지 존속한 팔라비 왕조의 통치를 열었다.[141]

* * *

이란의 지식인들은 자신들의 제국과 오스만 제국이 동등한 수준에서 서로 싸우던 때를 기억했겠지만 이란은 오스만 제국에 비해 낙후된 지역이었다. 새로운 술탄 압뒬하미트 2세는 1858년 발칸반도의 반란을 진압하려다 당한 국제적 치욕을 극복하려고 1876년 처음으로 새로운 의회를 소집했다가 곧 정회했고, 러시아가 어려운 처지에 놓인 불가리아인의 봉기를 지원하려고 군사적으로 개입하자 1년 남짓 새로운 헌법을 정지했다. 이후 30년 넘게 술탄은 경제 제도와 군사 제도를 근대화하고 잠자고 있는 제국의 남부 주들을 개발하려 애쓰면서도 억압적 정치체제의 고삐를 더욱 바짝 죄었다. 그러나 위로부터 추진된 오스만 제국 정부의 개혁은 다민족 제국을 유지하려다 보니 양립할 수 없는 이데올로기적 정책들을 낳았다. 한편으로는 아랍의 무슬림 엘리트들의 비위를 맞추려 했고 다른 한편으로는 특별히 그리스인과 아르메니아인의 영향력을 걱정한 튀르크족의 민족운동인 통합 진보 위원회, 즉 청년 튀르크당을 뒷받침하려 노력했다. 새로운 술탄은 유럽의 영토가 축소된 상황에서(1856년과 1878년에 루마니아와 세르비아, 보스니아, 불가리아, 마케도니아를 공식적으로 할양했다.) 범이슬람주의라는 이데올로기를 강조하기에 나섰다. 재정이 약점이었다. 세계경제가 침체에 들어선 10년간 세금을 징수하려는 시도는 1875년 불가리아 반란과 재앙에 가까운 대러시아 전쟁을 유발했다. 베를린 회의의 해결책에는 1881년에 국제적 공공 부채 감독 기구(오스만 제국 공공 부채 관리국OPDA)를 설립하는 것이 포함되었다.

그러나 아랍 주들을 개발하고 자신의 무슬림 역할을 강조해 지위를 강화하려 한 술탄의 노력은 아직까지 남아 있는 제국의 유럽 지역, 다시 말해 오랫동안 상대적으로 유능한 관리와 군인을 배출했던 곳을 취약하게 만들 수밖에 없었다. 민족적·종교적으로 뒤섞인 지역인 마케도니아는 반란과 암살로 소란스러웠다. 이웃한 발칸 국가들과 유럽의 세력이 전부 그곳에서 기회를 노렸기 때문이다. 아나톨리아에서는 세금 폭동이 발생했다. 얼마 전까지 이란에서 이익을 나누던 영국과 러시아의 두 군주는 1908년 6월 레발(탈린)에서 만나 마케도니아에 개입하는 문제를 논의했다고 알려졌다. 창피하기 짝이 없는 이스탄불의 무기력함은 테살로니키에 주둔한 이른바 청년 튀르크당 장교들 사이에서 민족주의적 반발을 유발했다. 이들은 공식적으로 통합 진보 위원회를 구성한 이들로 1908년 폭동을 일으켜 압뒬하미트 2세에게 헌법상의 권리와 의회를 원래대로 돌려놓으라고 압박을 가했으며 이어 한 해 뒤 술탄을 축출했다.[142] 압뒬하미트 2세의 뒤를 이은 술탄 메흐메트 5세Mehmed V도 무기력한 군주였고 1913년 중반까지 오스만 제국 입헌정치의 마지막 국면에 마지막 반란, 즉 쿠데타를 이끈 파벌과 군부가 떠맡긴 이들을 장관으로 임명했다.

통합 진보 위원회의 신봉자들은 다양한 목적을 지녔다. 오스만 제국주의 Ottomaism, 즉 튀르크어의 필수 교육을 포함하는 제국의 통제권 회복이 주된 목적이었을 것이다. 몇몇 회원은 지방분권을 옹호했고 아마도 제국을 민족 단위로 해체하는 것까지 수용했을 것이다. 어떤 이들은 세속주의자요, 서구화 주의자였으며, 다른 이들은 다시 이슬람에 헌신할 것을 주장했다. 강력한 지도력의 회복은 모두가 원했다. 한때 강대국이었던 제국의 유산을 망치고 있다고 여겨진 임시변통과 부패, 후견 정치의 종식도 모두가 원했다. 그러나 이들이 얻은 것은 일정한 간격을 두고 반복되는 쿠데타와 역쿠데타였다.

주를 기초로 한 선거로 의회가 구성되었는데 의원 중에 절반이 튀르크족이 아니었다. 통합 진보 위원회가 과반수를 차지했지만 자유주의자들의 강력한 야당이 있었고, 통합 진보 위원회에 반대하는 분노가 점점 거세졌다. 비판적 신문 편집장이 암살된 후 반혁명 폭동이 일어났고 1909년 4월 중순에 통합 진보 위원회가 와해될 가능성이 보였지만 통합 진보 위원회를 지지하는 테살로니키의 군부대가 수도로 진격해 청년 튀르크당 정권의 복위를 강요함으로써 상황이 역전되었다. 새로이 들어선 통합 진보 위원회 정권은 곧 군지휘관들에게 권력을 빼앗겼고, 이탈리아의 리비아 점령과 알바니아 무슬림의 봉기로 이들이 신임을 잃은 뒤에는 통합을 이룬 자유주의자들(자유연합당)이 권력을 장악했다. 그렇지만 통합 진보 위원회는 지방에서 영향력을 유지한 덕에 1912년 의회를 해산하고 확실한 승리를 얻었다. 그러나 통합 진보 위원회는 그해 말 군부의 동맹 세력인 '구세주 장교단(할라스카르 자비탄Halâskâr Zâbitân)'에 축출되었다. 구세주 장교단은 10월 오스만 제국의 혼란을 틈타 이득을 취한 세르비아인과 불가리아인, 몬테네그로인, 그리스인의 발칸 동맹으로부터 튀르크인들의 유럽 영토를 구하지 못했다. 발칸 동맹이 내부의 반목으로 분열한 뒤에야 오스만 제국은 지금의 터키가 차지하고 있는 유럽 쪽 해안의 좁고 긴 작은 땅을 되찾았다. 그러나 오스만 제국이 발칸 전쟁에서 군사적으로 굴욕을 당한 덕에 통합 진보 위원회는 1913년 봄 반격을 가해 권력을 탈환하고 이를 지켜 낼 기회를 잡았다. 통합 진보 위원회는 자신들의 총리

(사드라잠) 마흐무트 셰브케트 파샤Mahmud şevket Paşa의 암살을 핑계로 권위주의적으로 통제했고 체포와 시범 재판, 가혹한 형량으로 반대파인 자유주의자들을 탄압했다. 청년 튀르크당의 외교정책은 기회주의적으로 동맹을 찾는 것이었다. 영국은 제안을 거절했지만 빌헬름 2세는 칼리파가 영국에 종속된 무슬림들의 반란을 조장할지도 모른다고 상상의 나래를 펴고 이를 받아들였다. 통합 진보 위원회의 장군들은 전쟁부와 해군부를 장악하고 1914년 말 제국을 유럽의 전쟁으로 밀어 넣었으며 한 해 뒤에는 아르메니아인 소수민족을 학살하는 파렴치한 결정을 내렸다. 10년 전에 제국을 쇄신하자고 조직을 결성한 사관생도들과 지식인들은 삼두정치[51]를 세워 결국 제국을 파괴하고 말았다.

　　군사적 대안은 처음에는 터키의 정치에 안정을 가져온 듯했다. 놀랍게도 1912년의 발칸 전쟁에서 그렇게 철저히 붕괴되었던 군대(독일인 평자들에 따르면 압뒬하미트 2세가 오랫동안 방치했기 때문이었다.)가 1914~1915년이면 독일인 군사 고문들의 도움으로 비교적 효율적인 군대로 바뀌었다. 그러나 네 전선(다르다넬스 해협, 캅카스산맥, 메소포타미아, 팔레스타인 해안)에서 장기간 전쟁을 치러야 하는 부담스러운 상황은 대가를 요구했다. 제1차 세계대전이 끝난 후 오스만 제국은 잔여 국가로 남았다. 무기력한 마지막 술탄은 파멸적 인플레이션과 채무를 떠안은 채 이스탄불에 웅크리고 숨었는데, 이오니아해의 그리스인들과 영국인들, 이탈리아인들이 영토를 빼앗으려 하고 있었다. 아랍어를 쓰는 지역은 영국과 프랑스의 식민지, 아르메니아인의 국가, 동부 아나톨리아의 쿠르디스탄 자치 지역으로 잘려 나갔고, 다르다넬스 해협과 오스만 제국 재정은 국제사회의 감독을 받았다. 세브르 조약의 굴욕에 직면한 민족주의적 의회가 터키 대국민의회로 앙카라에 모였지만, 전쟁이 진행될수록 조직과 명령 계통에서 점점 큰 책임을 진 강경한 군 지휘관 무스타파 케말Mustafa Kemal이 지도자로 등장하여 저항의 부활을 이끌었다. 이후 3년 동안 민족주의자들은

_____ 51 1913년 쿠데타 이후 정부를 장악한 통합 진보 위원회의 3인. 총리이자 내무 장관 메흐메트 탈라트 파샤Mehmet Talât Paşa, 전쟁 장관 이스마일 엔베르 파샤Ismail Enver Paşa, 해군 장관 아흐메트 제말 파샤Ahmet Cemal Paşa.

———제국에서 국민국가로: 무스타파 케말 아타튀르크, 1923년. 사진 속의 케말은 튀르크족의 성공적인 군 지도자로 나타나 있다. 케말은 오스만 제국의 술탄 통치를 끝냈고, 프랑스와 영국과 협상해 로잔 조약을 수정했다. 이로써 오늘날 터키의 국경이 안정을 찾았다. 케말은 아직 신사복을 입고 중절모를 쓴 복장이 아니다. 나라를 근대화하고 세속화한 모진 권위주의자였던 케말은 1934년에 아타튀르크(튀르크족의 아버지)라는 호칭을 수용했다. (Wikimedia Commons)

소련의 승인을 확보했고 아르메니아 영토를 재점령했으며 서부에서 케말의 권위에 도전하는 중요한 경쟁자들을 제거했다. 프랑스는 시리아와 터키의 접경에 관해 타협했고, 1922년 케말은 그리스·영국 연합군을 박살내고 1923년 새로운 로잔 조약의 체결을 강요했다. 오늘날 이 조약은 주로 그리스인 주민과 터키인 주민의 대규모 교환을 규정한 것으로 기억된다. 술탄직과 칼리파직은 분리되었다. 술탄은 자리에서 물러났다고 선언되었으며, 그 직위는 폐지되었다. 칼리파직은 오래 살아남지 못했고 종교학교도 마찬가지였다. 의회는 공식적으로 터키가 공화국임을 선포하고 케말을 대통령으로 선출했다. 비록 이슬람을 공식 종교로 인정했지만 교육 통합법의 제정으로 세속 국가가 수립되었다. 1923년 4월 케말은 국민당을 창당했고, 이 정당은 야당의 출현을 미연에 방지하고자 공화국민당CHP으로 재창당했다. 1930년대 초 케말은 잠시 반대파를 묵인한 후 여당을 사회와 국가를 바꿀 유일한 수단으로 만드는 데 힘을 집중했다. 보수파와 전통주의자들은 여전히 개혁에 반대했다. 개혁이 복장과 여성의 지위에도 변화를 주었기 때문이다. 1934년 케말은 아타튀르크, 즉 튀르크족의 아버지라는 호칭을 취했고, 공화국민당은 이론상으로 이듬해 국가기관과 융합되었다. 그러나 아타튀르크는 측근 인사들 사이에서 점점 큰 힘을 얻고 있던 전체주의적 모델을 따르지 않았으며 사익을 추구하는 자본가들에게 여지를 남겨 두었다. 그러나 1938년 케말 아타튀르크가 사망하고 전쟁이 다가오면서 터키는 어느 정도 용인된 반대파와 군부가 지지하는 강력한 국가주의 정당 사이에서 불편한 균형을 유지했다.[143]

마지막으로 유라시아의 심장부에서 지리적으로 가장 먼 곳에서 발생한 두 혁명을 생각해 보자. 멕시코와 중국이다. 멕시코 혁명은 유럽인들과 북아메리카인들이 거듭 쟁탈전을 벌인 나라에서 생긴 것이고, 중국의 혁명은 그 개혁가들이 두려워한 대로 수박처럼 잘게 쪼개질 준비가 된 것처럼 보인 넓게 뻗은 제국에서 벌어진 것이다. 개발도상국들은 경제성장과 근대화가 대표성 확보의 실패를 극복하기보다 오히려 심화시켰기 때문에 계속 약점을 지녔다. 멕시코의 포르피리오 디아스는 내전과 외국의 간섭으로 점철된 오랜 시기가 지난 후 대통령으로서 권위주의적 정권을 점진적으로 강화했고 지역의 당 지도자들과 실업가들, 대지주와 목장주를 포함하는 특권 집단을 편애했다. 통치 집단은 유럽인들과 미국인들에게 나라를 열어 주어 공업과 광업, 철도에 투자하게 하면서 경제성장을 감독했기 때문에 집합명사로 시엔티피코스라고 불렸다. 그러나 가장 큰 보상은 특혜를 입은 엘리트층으로 흘러들었다. 20세기의 첫 10년에는 경제 발전에서 이득을 얻은 자유주의적인 중간계급,

북부 공업지역에서 점차 증가하던 노동계급, 1850년대 자유주의가 승리한 후 계속 침해된 인디오 공동체 권리를 대변한 이들, 서로 경쟁하는 장군들 등 일단의 불만 세력이 통치에 참여하겠다고 요구했다. 디아스는 노동조합을 호되게 다루었고, 중간계급 기업가들은 자신들 가까이에 남아 있는 외국인 소유 회사에 분개했으며, 지역에 기반을 둔 강력한 가문들은 디아스가 보호한 특권 집단에 분개했다. 외국인 투자의 증가(더불어 북부에서 나타난 가파른 물가 상승과 실질임금의 급격한 하락)는 1907년 미국 공황의 여파로 경제 침체를 가져왔다. 과두 지배 집단은 1910년 대통령 선거에서 부정을 통해 믿기 어려운 만장일치의 승리를 얻어 냈다. 1789년부터 1989년 동유럽과 2011년 이집트까지 대규모 봉기 전야에는 대체로 그랬듯이 대부분의 관찰자가 혁명은 오지 않을 것이라고 보았던 것 같지만 1910년 말 치와와주에서 봉기가 발발했다. 정권을 비난한 부유한 목장주로 반대파의 지도자였던 프란시스코 마데로Francisco Madero는 반란자들에게 운명을 걸었고 도주한 디아스에게 1911년 10월의 대통령 선거 전에 사임할 것을 제안하는 합의안을 수용했다. 마데로는 승리했지만 정치적·영토적으로 해체가 뒤따랐다. 혁명은 일관된 사회혁명이 아니었다. 존 워맥John Womack이 주장하듯이 "여러 혁명 분파가 구체제와 외국 회사에 맞서 싸우거나 종종 이보다 자주 계급처럼 심각한 문제나 질시 같은 피상적 문제를 두고 서로 싸운 권력투쟁"이었다. 결과를 보면 "승리한 파당은 농민 운동과 노동조합을 지배하는 데 성공해 몇몇 선별된 미국 기업과 토착민 기업의 발전을 장려했다."[144]

그렇다고 여러 상이한 집단의 이해관계가 상충하지 않았다는 것은 아니다. 그들은 이 소란스러운 10년 동안 다른 어느 곳에서나 마찬가지로 꿋꿋이 살아남았다. 그러나 지역에 기반을 둔 채 권력을 추구한 지도자들을 중심으로 결속한 한두 개 군대로 집결했을 뿐,(지역적으로 한층 협소한 수준으로 분열된 경우가 많았다.) 여전히 합쳐지지는 않았다. 빅토리아노 우에르타Victoriano Huerta는 교회를 포함한 보수 세력을 위해 마데로를 제거했지만(마데로는 물러난 뒤에 살해당했다.) 1914년 7월 중순 베누스티아노 카란사Venustiano Carranza와 판초 비야Pancho Villa가 이끄는 군대의 진격에 위협을 느껴 대통령직을 사임했다.(판초 비야는 치와와주의 유능한 군 지휘관으로 1913년 말 토지 재분배 정책을 시행했다.)
1914년 10월 카란사의 대표단과 비야의 대표단이 아과스칼리엔테스에서 회합을 가졌고, 비야는 에밀리아노 사파타Emiliano Zapata를 설득해 그의 아얄라 강령Plan de Ayala에 개략적으로 설명된 토지개혁을 추가로 추진하는 대가로 그의 남부 군대를 투입하게 했다. 아얄라 강령은 멕시코 혁명에서 가장 광범위한 농업 정책이었다. 사파타와 비야는 1914년 11월 말에 멕시코시티에서 혁명의 영웅으로 만났지만 전략적으로 매우 중요했던 카란사·비야 협정은 곧 날카로운 분위기 속에서 깨졌다. 아과스칼리엔테스에서 맺어진 협정은 카란사와 비야 두 지도자에게 군대를 해산하고 공석 중이던 대통령의 후보직을 포기할 것을 요구했다. 두 사람은 서로 배신했다며 상대방에게 책임을 돌렸다. 1915년 두 군대는 혁명기의 가장 치열한 전투에 휘말렸다.

카란사와 비야가 분열한 원인으로 야심 말고 쟁점들이 있었을까? 멕시코 혁명을 오랫동안 연구한 역사가로 비야의 전기를 쓴 작가에 따르면 두 사람은 앞선 19세기에 중앙집권주의자들과 연방주의자들 사이에 불화를 가져온 대조적 태도들에 관해서 의견이 갈렸다. 카란사는 중앙에서 행사하는 규율 잡힌 권위와 통제를 옹호했고, 비야는 지방주의의 즉흥적 대응을 지지했다.[145] 1915년에 비야는 멕시코의 상황을 통제하고 지속적인 석유 공급을 확보하려는 윌슨 대통령의 노력을 기꺼이 상대할 의사가 있었다. 그러나 운명과 제휴 관계가 빠르게 바뀌었다. 비야가 멕시코의 미국 대표들과 유지한 우호 관계와 비야의 군사적 행운이 1915년 말에 나쁘게 변했다. 카란사가 윌슨의 1914년 베라크루스 원정에 반대한 완고한 민족주의자였는데도, 비야가 미국 영토를 습격하려 하고 미국이 독일과 전쟁에 돌입하자 백악관은 카란사의 대통령 지위를 인정했다. 사파타와 비야의 동맹도 약해졌고, 사파타는 멕시코시티에서 잠시 승리를 만끽한 후 곧 살해되었다. 카란사는 1917년에 대통령으로 선출되고 새 헌법 시대를 열었다. 1920년 말에 소노라주 출신으로 카란사의 군사적 협력자였던 알바로 오브레곤Álvaro Obregón이 카란사의 뒤를 이었고 막대한 빚에 시달리는 멕시코 경제의 재건에 착수해 안정적인 막간을 제공했다. 1917~1921년의 전 세계적 격변 이후 유럽과 그 식민지에 부르주아의 정상화가 회복되던 때였다. 오브레곤은 대농장의 토지를 분할해 소농에게 분배하거나 에히도ejido[52]로 분배했다. 하지만 사파타의 고향이었던 모렐로스주처럼 그러한 정책이 혁명을 촉발하는 데 일조한 곳에서는 선택적으로 분배했다. 오브레곤은 호세 바스콘셀로스 칼데론José Vasconcelos Calderón의 강력한 교육개혁을 후원했다. 혁명 국가의 영적 지도자였던 바스콘셀로스 칼데론은 학교의 확대, 벽화, 인민주의적 지식인의 동원을 통해 인디오 문화와 에스파냐 문화의 융합이라는 신화적 역사의 창조에 기여했다. 오브레곤의 후임자 플루타르코 엘리아스 카예스Plutarco Elías Calles는 100년 일찍 싸움을 시작할 가치가 있었던 대규모 반교권주의 운동을 지휘했으며 농촌의 교회 지지자들의 완강한 친교권주의 반란인 크리스테로 전쟁을 유발했다. 1928년 카예스의 4년 대통령 임기가 끝났고, 오브레곤이 다시 대통령에 당선되면서(당선 하루 뒤에 암살당했다.) 좌파 정치가 시작될 징조가 보였다. 카예스는 새 정권의 비공식적 대부로 국민혁명당PNR이라는 안정을 이끌어 낼 주된 수단을 마련하는 데 성공했다. 국민혁명당은 1990년대까지 통치하는 제도혁명당PRI의 전신이다.[146]

* * *

지구를 반 바퀴 돌아 중국으로 가 보자. 청나라는 70여 년간 외국에 패하고 반란에 지치고 주권을 침해당했다. 이러한 어려움은 1890년대에 겪은 일련의 좌절로 절정에 달해 궁정의 정치를 마비시켰으며, 결국 1911년 청나라 정권은 무너졌다. 청나라에서는 1895년 일본에 패배하고 조차지를 추가로 획득하려는 서구 열강의 쟁탈전이 재개되면서 마침내 다툼이 있었지만 널리 지적 통로가 다시 열렸다. 자희태후는 어린 황제와 그의 급진적 조언자들에 맞서 역쿠데타를 일으켜 이를 강력히 억압했으나 결국에는 베이징의 공사관들을 공격해 외세의 연합 개입을 도발한 민족주의적 조직, 즉 의화단에 지원을 보냈을 따름이었다. 그렇지만 1898년부터 청나라의 마지막 황제가 퇴위할 때

───── **52** 촌락민들이 나누어 개별적으로 경작하는 공유지.

까지는 개혁주의적 노력이 대단한 시기였다. 그 개혁의 움직임은 보수적 신사 계층이 억누를 수 없었고 종국에 유럽인들도 막을 수 없었다. 엘리트층의 지배를 결정한 오래된 구조적 수단이었던 과거제도는 1905년에 폐지되었고, 개혁가들은 국회는 물론 단계별 지방의회까지 설치할 것을 요구했다.[147] 초기 개혁 운동에서 준거가 되었던 유교 이데올로기는 근대화와 다원주의의 국민적 경쟁이라는 이미지들로 대체되었다. 많은 중국인이 이미 일본에서 성공적임을 확인한 것들이었다. 쑨원孫文 같은 조급한 망명객과 군사 지휘관 들은 한데 모여 일에 착수했다. 그것은 1911년 혁명 100주년의 유리한 고지에서 보면 중화민국(1911~1949)과 파괴적 전쟁과 내전, 마오쩌둥毛澤東의 문화혁명이 가져온 엄청난 고통을 거쳐 덩샤오핑鄧小平의 자본주의 모방으로 이어지는 긴 궤적으로 해석될 수 있다.[148]

중국에서 베이징에 설치된 의회는 유능한 군사 지도자(경찰 지도자) 위안스카이袁世凱의 손에 폐지되었다. 위안스카이는 제위를 노렸으나 1916년 사망했다. 위안스카이의 죽음은 12년에 걸친 경쟁적 요구들과 군벌의 출현으로 이어졌다. 군벌들은 사실상의 지역 정부를 운영하고 '세금' 수입을 거두거나 강탈했으며 농민군을 모집하고 상대를 바꿔 가며 협력 관계를 유지했다. 군벌이 가장 오래 존속한 곳은 랴오둥반도 주변의 만주 지역이었는데, 일본이 청일전쟁(1894~1895)과 러일전쟁(1904~1905) 이후 주요 항구와 철도를 장악한 곳이었다. 일본은 북양 군벌의 지도자 장쭤린張作霖의 재정을 지원하고 대신 지위를 존중받았지만 장쭤린은 베이징의 중앙 정치를 다시 세우려다 실패한 뒤 1928년 축출되었다. 야심적인 장제스蔣介石가 지휘한 남부의 혁명군은 이에 대항할 기반을 세우고 새로 세운 황푸黃埔 군관학교 졸업생들에게 하위 권력을 맡겼다. 장제스는 단순한 장군이 아니었다. 쑨원의 국민당을 물려받고 러시아 볼셰비키의 지원과 조언을 끌어내 권위주의적 정당을 만들었다. 모스크바의 볼셰비키 지도자들은 중국공산당에 장제스와 협력하라고 지시할지 대결하라고 지시할지를 두고 심하게 분열했다. 1920년대 중반에 국내에서 레온 트로츠키Lev Trotsky와 다른 경쟁자들에 맞서 확고히 권력을 계승하려던 스탈린은 경쟁자들이 중국공산당의 자율성을 강조하자 중국공산당을 국민당에 종속시켜야 한다고 역설했다. 이 정책은 1926~1927년의 파국으로 이어졌다. 권력이 강해지자 장제스는 이전의 협력자였던 공산주의자들을 공격해 공산당을 일부 파괴했다. 먼저 상하이에서, 다음에는 우한과 난징에서 수천 명이 살해되고 나머지는 상하이에서 퇴각해야 했으며 종국에는 1930년대에 수천 킬로미터의 장정에 올라 산시성 옌안에서 마오쩌둥의 지휘로 산악 지대에 은신처를 마련했다.

중국에서는 분열과 폭력이 만연하고 혼란스러운 혁명기가 계속 이어졌지만 그 동란은 단지 외국에 공격당하고 단단하게 고착된 이데올로기와 엄청난 인구 증가, 생태 환경의 파국과 불모화를 극복할 능력을 점차 상실한 거대한 국가구조의 대단원에 그치지 않았다. 그 시기는 미친 듯이 받아들인 외국의 개발 모델들과 전통적 문화 자원을 융합하려는, 늦었지만 강력한 노력도 허락했다. 베이징 주변과 일본이 점령한 만주에서는 군벌들이 여전히 권력투쟁을 지속했지만 1920년대 말이 되면 장쭤린의 군대(이제 러시아인들보다는 독일인 조언자들에게 더 의존했다.)는 베이징을 점령할 준비가 된 것처럼 보였다.(다음 부분에서 설명하겠지만, 이러한 상황 전개에 그 지역의 야심적 일본 군사정부는 폐위된 청나라의 마지막 황제 푸이溥儀를 명목상의 통치자로 삼아 '꼭두각시 국가' 만주국을 세우게 된다.) 궁극적으로 중국의 군사 지도자들도 혁명 정당들도 오늘날 공산주의 국가 중국에서 인민 해방군이 수행하는 강력한 역할에 나타난 것 같은 노력의 융합 없이는 명백한 성공을 거둘 수 없었다.[149]

일반적으로 경제의 성장과 발전은 정치적 자유주의로 가는 길에서 자산으로 여겨졌다. 냉전 시대에 대다수 미국인 사회과학자는 그 둘이 함께 간다는 점을 의심하지 않았다. 이는 자생적 발전의 뿌리가 있을 때는 옳은 얘기였겠지만 1895년에서 1914년 사이 경제와 금융의 놀라운 발전이 이루어진 시기는 제국주의 절정기의 특징이었던 전 세계적 불평등 속에 나타났듯 자유주의적 결과를 보장할 수 없었다. 러시아와 청나라, 멕시코, 이란, 오스만 제국에서 발생한 획기적 혁명들이 계급을 막론하고 도시 주민은 물론 농촌의 가족들과 노동자들까지 대규모로 동원했다는 것은 분명한 사실이다. 이 혁명들은 새로운 민족주의의 흐름을 깨우고 문화적 각성을 장려했다. 지식인들은 국민을 잠에서 깨우는 것을 상상했지만 자신들이 이끌어 내려 애쓴 각성에 자극을 받기도 했다. 그렇지만 대중의 힘과 세계의 절반에서 집을 떠나 도시의 광장으로 나온 사람들의 폭넓은 자발적 사회운동과 종교운동은 헌법과 의회에 관한 논쟁으로도 쉽게 억제되지 않았다. 이처럼 거칠고 활발하며 때로는 광포하기도 했던 이데올로기적 변화는 대체로 최소한 20~30년에 걸쳐 나타났는데, 그때 종종 너그럽기도 했지만 때로 편협했던 이 세력을 통제한 것은 명확한 의식을 지닌 파당과 군부대의 단호한 간부진이었다. 세계적 혁명의 거센 물결 속에서 출현한 20세기 세계는 참여적 성격이 더 강했지만 반드시 더 자유로운 세계라고는 할 수 없었다. 더 정확히 말하면 사사로운 종속, 즉 지주와 지역의 거물, 광산이나 공장의 소유주에 매이는 사사로운 종속의 유대는 흔히 자유주의적 가치들로 바뀐 것이 아니라(자유주의적 가치는 매우 많은 사람에게 사사로운 종속의 유대를 강화하는 것처럼 보인다.) 공적 규율의 구속으로 바뀌었다. 매우 역설적이지만 유럽 밖(유럽인들이 퍼진 곳 밖)의 큰 나라들을 외국인이 통제하는 개발과 혁명적 저항, 군사적 해법이나 단일 정당 해법 속으로 몰아넣는 데 기여한 것은 국내에서는 자유주의를 옹호했을 뿐 아니라 경제적 팽창의 시민적 장점을 확신했던 바로 그 나라들이었다. 60~70년 뒤 이러한 실험(그 고유의 역기능은 1920년대에 강화된 이후에 거듭 증명되었다.)은 마침내 초기의 옹호자들이 상상했던 성격의 세계에 굴복할 것이다.

전쟁의 일환인 정치

1914년 유럽에서 전쟁이 발발해 오랜 미증유의 싸움으로 전화하는 일이 없었다면, 이 널리 퍼진 동란의 결말이 어떠했을지 누구도 말할 수 없을 것이다. 경제 문제와 투표 문제가 관건이었던 곳에서는 점진적 타협이 기회를 가졌을 것이다. 선거권 개혁과 복지 입법은 전부 1914년 이전에 출현하고 있었다. 1920년을 보면 러시아에서는 통제하기 어려워도 공화국이 정착했을지 모른다. 미국과 남아프리카의 소수 인종은 투표권과 시민권을 얻기 위해 오랜 시간을 기다려야 했을 것이다.(실제로 그랬다.) 민족주의적 열망은 오래 기다리지 않았을지 모르지만 국지적 폭력 없이는 그 해법을 상상하기 어렵다. 그러나 바로 그러한 상황이 1914년 여름에 전면전쟁을 촉발했다. 합스부르크 왕실이 자신들의 영토를 여러 민족국가의 연방으로 만들기는 쉽지 않았을 것이다. 오스트리아의 독일인들은 이를 허용했을 수도 있지만, 헝가리인들은 저항했을 것이며, 제국 밖의 루마니아인과 남슬라브족이 자신들의 미수복지를 위해 그러한 타협을 받아들였을지는 분명하지 않다. 전쟁이 없었어도 주권국가 폴란드가 회복되었을까? 대안을 검토하는 것은 발칸반도의 새로운 위기를 제1차 세계대전으로 바꿔 놓은 강대국들의 치명적 개입을 더 나은 위기관리로써 피할 수 있었을지는 몰라도 국지적 충돌은 피하기 어려웠음을 깨닫기 위함이다. 오스만 제국(비튀르크계 주민을 전부 지배하려 했지만 그들의 제국 전복 움직임을 두려워한 정당이 1908년부터 이끌었다.)은 전쟁의 지속과 제국의 해체를 피할 수 있었을까? 영국 정부는 남아시아에서 힌두인 상층계급과 무슬림과 제국적 타협을 이루었지만, 이는 점차 실패로 돌아갔을 것이다. 실제로 1930년대 이후로 상황은 그렇게 되었다.

역사가들은 대개 식민지 해방을 제2차 세계대전의 결말로, 부분적으로는 유럽인 지배자들의 잠정적 패배와 재정 고갈로 불가피해진 획기적 변화로 기술한다. 실제의 변곡점은 더 일찍 찾아왔다. 1920년대 말이면 새로운 세대의 젊은 민족주의자들이 전면에 등장하는데, 이들은 유럽인의 지배에 피보호민으로서 응한 선배 세대의 거래를 참을 수 없었다. 이어 1930년대의 경제 위기는 유럽과 북아메리카의 경제뿐 아니라 식민지 경제도 비참한 상태로 몰아넣었다. 민족주의 정서는 식민지 국가에 잠재적 도전이었는데 경제 위기가 그러한 도전 요인들에 도시와 농장에서 널리 퍼진 노동자 소요를 더했다. 1930년대 중반이 되면 다른 대안들이 폭력이나 개혁 노력을 점차 강화했는데, 이는 결국 개혁가들이 기꺼이 인정하고자 했던 것보다 훨씬 강한 자치 정부를 낳을 것이 분명했다.[150] 물론 두 대전 사이의 경제 위기 자체는 1914~1918년의 전쟁이 남긴 국제적 금융과 무역의 와해가 없었다면 그 정도로 크지는 않았을지 모른다. 역사적 인과관계는 언제나 누적적이고 연속적이다.

다당제 민주주의가 없는 안정과 대표성은 많은 국가에 도움이 되었을지 모른다. 멕시코와 이후 많은 탈식민지 국가에 등장한 것 같은 일당 통치는 분열한 국가를 일시적으로 안정시켰을 수도 있다. 단일 정당이라고 전부 억압적 구조를 지녔을 리는 없다. 일부는 외부 집단에 이견을 말할 수 있도록 허용하고 적어도 한두 세대 동안에는 상이한 사회적 경향과 사상이 표현되도록 도움을 줄 수 있다. 제1차 세계대전은 그러한 결과를 배제하지 않았다. 그렇지만 심지어 전쟁 이전에도 상대적으로 더 급진적인 정당의 요구는 어려움에 처한 몇몇 국가에 다른 결과를 암시했다. 러시아 사회민주노동당의 블라디미르 레닌은 1902년에 출간한 소책자 『무엇을 할 것인가?』(40년 전 러시아의 어느 급진주의자가 했던 유명한 호소의 제목[53]을 되풀이했다.)에서 혁명을 하려면 흔들림 없는 규율을 요구하는 중앙집권화된 정당이 필요하다고 주장했다. 그 단일 정당은 프롤레타리아를 대변한다고 공언하고 노동계급에 혁명 의식을 부여했으며 따라서 당의 이름으로 혁명적 독재를 실시하도록 소환되었다.[151] 훗날 레닌은 볼셰비키의 유토피아가 종국에는 전통적 국가의 종말로 이어질 수 있다는 생각을 잠시 받아들였던 것처럼 보이지만, 그의 1902년 글에 개략적으로 서술된 강경한 정책은 여전히 가까운 미래에 수행해야 할 과제였다. 볼셰비키당은 1917년에서 1921년에 이르는 내전 시기부터 1953년 3월 레닌의 후계자 이오시프 스탈린의 죽음을 거쳐 감시와 처벌이 좀 더 유연해진 30여 년을 더 지나 1980년대 말까지 러시아(그 개편된 제국)를 장악한 권위주의적 독재 체제를 지배하게 된다.

프랑스의 자코뱅당은 막시밀리앵 드 로베스피에르Maximilien de Robespierre 치하에서 혁명적 테러와 정적의 무자비한 제거라는 관념을 마련했지만 자신들이 실행에 옮긴 가혹한 조치들을 합리화하려고 독재와 공화주의적 덕의 이론을 급조했다. 레닌은 마르크스가 연출한 계급투쟁이라는 역사적 드라마를 토대로 1792~1794년 자코뱅당이 임시로 급조한 자기 합리화의 논거를 권력을 행사할 수 있는 상황이 오기 한참 전에 장기적 혁명의 신조로 바꾸어 놓았다. 레닌의 권위주의적 주장보다 한층 곤혹스러웠던 것은 당의 독재라는 이 이론이 서구의 많은 지식인에게서 동의를 얻어 냈다는 사실이다. 혁명이 일어난

_____ **53** 니콜라이 체르니솁스키Nikolay Gavrilovich Chernyshevsky(1828~1889)가 1863년 발표한 소설.

후 외국의 동조자들은 1917년 이후 조국 소련이 고립되고 포위되었으며 사회주의혁명이 실천되고 있는 유일한 곳이라고 주장했다. 그 정책에 이의를 제기하는 것은 모스크바의 지도자들이 규정한 대로 소련의 생존이라는 대의보다 우선할 수 없었다.

공산당의 복종 문제를 다루지 않고는 누구도 20세기의 정치적 논쟁과 경험의 역사를 이해할 수 없다. 공산당 지식인들과 비당원 동조자들(훗날의 용어를 쓰면 '길동무fellow-travelers')은 폴란드인 망명객 체스와프 미워시Czesław Miłosz 같은 비판자들처럼 어떻게든 자기를 낮추기를 간절히 원했는가? 미워시가 훗날 마법의 약을 먹고 전체주의 권력에 행복하게 굴복하는 이야기를 통해 암시했듯이?[152] 그들이 믿었듯이 그것은 깨지지 않을 역사법칙이 강요한 냉혹한 논리였나? 그 집단이 오로지 그들만 엄정한 역사 과정을 이해하고 앞당기고 있다고 안심시킬 때조차 선한 공산주의자들은 복종을 요구한 규율 집단에 헌신한 것을 자랑스럽게 여겼다. 1922년 공산주의자 철학자 루카치 죄르지Lukács György는 러시아에서 볼셰비키가 다른 정당들을 금지하고 비밀경찰 체카Cheka를 설립하고 군대로 크론슈타트의 폭동을 진압하면서 이미 일당독재가 등장하고 있을 때 『역사와 계급의식』을 발표해 일당독재의 변증법적 논리를 전개했다.(루카치는 스탈린주의 억압의 한 세대를 거친 후 1956년 헝가리의 독재를 누그러뜨리기 위해 분투하게 된다.) "부르주아 조직 안에 있는 여러 형태의 자유는 실제로는 자유가 아닌 것의 '허위의식'일 뿐이다. …… 이 점을 이해할 때에만 우리가 이전에 지닌 역설이 해소될 수 있다. …… 총체적 인성을 그 운동의 실천 속에 무조건 통합하는 것, 그것이 진정한 자유를 가져오는 유일한 방법이었다." 실천이란 규율과 복종을 의미했지만 장기적 관점에서는 (일상적으로는 오류가 있더라도) 객관적으로 반드시 옳아야 하는 정책에 대한 복종이었다. "규율의 문제는 한편으로는 당에는 기본적인 실용적 문제다. 당의 효율적 기능을 위해 불가피한 전제 조건인 것이다. …… 공산당은 프롤레타리아가 주어진 역사적 형세에서 그 고유의 계급의식을 볼 수 있도록 독립적 조직으로 존재해야 한다. …… 공산당이 투쟁 정당이라는 사실은 당이 올바른 이론을 지녔음을 전제로 한다. 그렇지 않다면 거짓 이론의 결과로 당이 곧 파멸할 것이기 때문이다."[153] 이러한 추론과 헌신은 마음속 깊은 곳의 '부르주아' 특권에 대한 증오와 비판자이자 경쟁자인 사회민주주의자들에 대한 비난, 1939년 독일·소련 불가침조약, 1930년대와 1950년대의 시범 재판과 처형이 정당함을 증명할 수 있다. 그렇지만 지적·도덕적 타락의 기록을 읊는 것으로는 충분하지 않다. 역사가는 공산주의의 소명이 어떻게 그토록 많은 신봉자에게 그렇게 강력한 호소력을 지닐 수 있었는지 설명해야 한다. 그들은 자신들의 선택이 제1차 세계대전의 대량 학살이든 부르주아 정치인들이 무기력하게 보고만 있던 대량 실업과 불행이든 자본주의가 쌓는다고 느낀 재앙들 때문이라고 말했다. 이들에게는 오직 공산주의만이 다른 어느 정당도 효과적으로 대응하지 못한 파시즘의 폭력, 서구 국가들이 단호한 태도로 영원히 유지하고자 했던 것처럼 보인 식민지 지배, 그리고 미국에서는 주류 정당들이 거부하려 하지 않았던 뿌리 깊은 인종차별주의를 대신할 실천 가능한 대안을 제공했다.

당이 강한 열망으로 바꿔 놓으려 한, 러시아 사회에 실제로 존재했던 삶들은 훨씬 다양하고 무질서했으며 수적으로 많아 혼잡했고 공동체를 이루었으며 요구가 많았다. 이는 틀림없는 사실이다. 이들은 경제적·사회적으로 광범위한 변화가 이루어지던 시기에 협의의 상대였으며 빈번한 정책 변경에 당혹스러워했다. 어쨌거나 변증법의 정연한 결과로 이해할 수는 없는 존재들이었다. 그렇지만 루카치는 이렇게 고차원의 자유를 요구하던 때에 소련을 지배한 레닌주의 정당이 자신들만 역사적 필연을 꿰뚫어 볼 수 있다는 추정에서 이끌어 낸 결론을 토대로 수만 명의 초기 당원을 숙청하고(이때는 다시 말해 제명한 것이다.) 다른 정당 조직을 폐쇄했음을 잘 알았다. 스탈린이 개인 권력을 공고히 했을 즈음이면 숙청이라는 용어는 대량 체포의 물결, 사망률이 연간 25퍼센트까지 치솟은 굴라크 강제 노동 수용소에 장기간 수용하는 처벌, 알려지지 않은 상황의 처형도 수반한다. 합리적 근거가 있는 어느 추산에 따르면 돌아오지 못한 사람이 700만 명을 넘는다. 역사가들은 당과 문화단체, 행정부, 군대, 경제생활을 정화하려는 욕구가 혁명운동에 대한 스탈린의 지속적 불신에서 비롯했는지 평당원들의 열정과 인내심 부족에 대응하면서 나왔는지 논쟁을 벌였다. 어쨌거나 이렇게 삶을 옥죄고 파괴한 급격한 파고는 그 체제의 특징적 현상으로 여겨지게 되었다.[154]

볼셰비키 정당은 1922년 소련을 건설하며 1945년에서 1980년대 말까지 동유럽의 동맹 정당들에 정도의 차이는 있었지만 굴종을 강요한다.(유고슬라비아는 1948년 소련 진영과 관계를 단절했지만 공산주의 독재 체제가 되었다.) 동일한 규율을 요구한 당 구조는 20세기 후반 한때에 중국과 북한, 베트남, 캄보디아를 지배하며 다른 여러 나라에서 권력 장악을 시도한다. 영국과 미국처럼 가능성이 희박한 곳에서도 소련 볼셰비키 당의 간첩들은 현지 당원들에게 소련 정부를 위해 은밀히 첩보 활동을 수행하라고 자주 요구했다. 이에 못지않게 잔혹한 체제를 운영한 파시스트 정당들과 나치 정당도 철저한 헌신을 끌어내는 데 당원 자격을 그토록 중요한 방편으로 삼지는 않았다. 독일의 통치자들은 1939년 제2차 세계대전이 발발할 때 대략 800개의 강제수용소를 운영하고 있었지만 대부분은 다하우와 작센하우젠, 벨젠, 마우트하우젠 같은 악명 높은 거대 수용소Lager에 딸린 소규모 노동 수용소였고, 나치는 이곳에 100만 명에 가까운 적을 수용했을 뿐 보통 당원들은 집어넣지 않았다. 우리가 '숙청'으로 부르는 집단적 체포와 처벌의 물결은 두 차례 있었다. 1933년 6월 30일에 시작된 돌격대SA 지도부(그리고 다른 잠재적 적대자들)의 제거와 1944년 7월 20일 암살 기도에 연루된 군인과 공무원, 남은 민주주의 세력의 일제 검거와 체포, 처형이다. 두 경우에 공히 1000명 가까이 체포되었지만 처형된 수는 훨씬 적었다. 그렇다고 나치 국가가 관대한 국가라는 말은 아니다. 많은 사람이 심문을 받고 구금되었으며, 이들 말고도 수많은 '결함 있는 이들', 이른바 살 가치가 없는 이들이 국가 병원에서 살해되었고, 많은 독일군 병사가 전쟁 중에 자신들의 군대에 의해 처형당했으며, 수백만 명의 유대인과 비유대계 폴란드인, 집시, 러시아인 전쟁 포로, 체포된 소련공산당 관리들이 점령지 유럽에서 살해되었다.[155]

볼셰비키에게 계급 전쟁은 살아 있는 신조였다. 그러나 그 용어는 일반적으로 1920년대 말부터 진행된 농업 집단화와 1930년대에 진행된 공업 생산의 집단화를 통해 발생한 매우 비인격적인 과정을 가리킨다. 우크라이나의 경우처럼 민족 집단들이 저항했을 때 계급 전쟁은 종족 학살에 가까운 굶겨 죽이기의 차원에서 이루어졌다. 1920년대 초, 1920년대 말에는 한층 강력하게, 그리고 1930년대까지 그런 일이 있었다. 군사적 충돌이라는 의미의 전쟁은 1918년에서 1921년까지 이어진 내전과 폴란드 전쟁에서, 그리고 1941년 독일군의 침공 이후 소련의 경험에 중요해졌다. 마르크스와 엥겔스는 19세기 중반 국가 재건 전쟁을 예리하게 관찰했다. 그러나 인간의 경험이라는 차원에서 본 전쟁은 유럽의 마르크스·레닌주의에서 중요한 이데올로기적 역할을 하지 않았다. 이는 1945년 이후 아시아와 아프리카에서 식민지 반대 투쟁이 일어나면서 바뀌게 된다. 그때 호찌민胡志明과 보응우옌잡武元甲, 마오쩌둥 같은 공산당 지도자들은 농민의 투쟁과 게릴라 전쟁이 노동자 해방의 역사적 과정에서 중요하다고 확언했다.

그러나 제1차 세계대전에서 나온 다른 이데올로기들은 전선의 전방과 중앙의 전투 경험을 개인의 삶과 정치 생활에 집어넣었다. 파시스트는 전쟁이 남자다움에 중요한 경험(이러한 믿음을 옹호하는 사람들은 오래전부터 있었다.)이라고, 가장 기본적 형태의 정치는 분명히 전쟁과 유사하며 사실상 일종의 전쟁이라고 단언했다. 전쟁은 남자다움이 요구하는 필수 요소들, 즉 충성과 동지애, 명령과 복종, 용기를 불러일으켰다. 병사들은 국가와 동료 전우를 위해 희생했다. 제1차 세계대전 때 자유주의적 정치인들은 편히 지냈다. 자기 사회의 젊은이들이 멀리 떨어진 전장에서 사라지는 동안 위험에서 벗어나 쓸모없는 의회에 앉아 잡담을 나누며 시간을 보냈다. 프로이센 장군 카를 폰 클라우제비츠Carl von Clausewitz는 전쟁을 정치로, 다른 수단에 의지해 합리적 정책을 추구하는 것으로 보아야 한다고 썼다. 그러나 정치를 다른 수단에 의한 전쟁으로 보는 것이 옳지 않을까? 우리가 파시즘이라고 생각하는 신조에 공통된 내용이 있다면(나는 여기에 나치즘을 포함한다.) 바로 이 믿음이다. 정치 생활은 일종의 투쟁으로, 단지 입법이 아니라 지배를 추구하는 것으로 수행해야 한다는 것이었다. 정치는 적대적 상대가 있고 힘들었으며 군대 조직과 마찬가지로 당과 지도자에게 복종하라고 요구했다. 그리고 당의 지도자들과 간부들은 당 집회에서 준군사적 제복을 입었다.

_____ 독일 군대의 몰락: 1917년, 가혹한 전투가 끝난 후 파괴된 참호 안의 독일군 시신. 군사적 규율, 대규모 손실, 부상, 경제의 유린, 죽음을 19세기 유럽 '문명'의 예기치 않은 결말로 만들어 버린 전쟁에서 프랑스는 130만 명, 독일은 180만 명을 잃었다. (National Library of Scotland)

  이러한 태도의 여러 변종이 등장했다. 중요한 세목에서는 다양했지만 전부 이 공통된 믿음을 중심으로 발전했다. 파시스트와 나치는 흔히 추상적 관념을 경멸한다고 주장했지만, 지식인들은 경쟁이라도 하듯 자신들의 신조를 상세히 설명했고 몇몇은 진중한 사상가였다. 파시즘은 원래 혁명적이고 고도로 민족주의적인 운동임을 주장했다. 1919년 3월 창설된 무솔리니의 조직 이탈리아 전투단Fasci Italiani di Combattimento부터 히틀러가 호소한 민족 혁명Nationale Revolution, 부르주아의 도덕에 맞설 혁명이 필요하다는 프랑스 파시스트의 믿음까지 전부 그랬다. 파시스트와 나치는 공히 자신들이 무엇에 반대하는지 분명하게 알았다. 그것은 사회민주주의와 손을 잡은 조직 정당들과 노동조합, 19세기의 유산인 자유민주주의 정당들이었다. 이들은 정치적 조직을 갖춘 가톨릭에 대해서는 좀 더 열린 태도를 유지했다. 독일의 나치는 오만할망정 가톨릭과 타협할 의지가 있었으며, 이탈리아의 파시스트는 결국 교육과 결혼 문제에서 앞선 자유주의국가의 요구를 포기하고 양보함으로써 교회의 환심을 사려 했다.

* * *

파시즘과 공산주의는 고정된 신조라고 평가할 수 없다. 파시즘과 공산주의는 권력을 장악하기 전에 혁명운동임을 주장했다. 일반적으로 파시스트는 볼셰비키 공산주의를 자신들의 가장 기본적인 이데올로기적 적으로 여겼지만, 두 집단은 1930년대 초 독일공화국이 위기를 맞았을 때처럼 때로 기회주의적으로 협력했다. 파시즘과 공산주의는 공히 18세기 말 이후로 발달한 정치적 자유주의의 전제를 거부했다. 둘 다 부르주아의 정서를 버리겠다고 공언했다. 공산주의자들은 새로운 프롤레타리아 집산주의를 지지했고, 파시스트는 조상 대대로 이어 온 땅에 뿌리내린 가치와 기술혁신이라는 근대의 주장의 모순된 혼합에 찬성했다. 프랑스인 조르주 소렐은 혁명적 폭력의 이론가이자 스스로 계몽사상에 기원이 있다고 본 부르주아 휴머니즘의 혐오자임을 공언했는데, 제1차 세계대전 이전에 자본과 노동을 초월하는 '생디카syndicat', 즉 생산자 조합의 체제를 개략적으로 설명했다. 반드시 피를 흘릴 필요는 없지만 아마겟돈이라는 '신화', 즉 거대한 추상적 관념에 토대를 둔 정치적 전투만이 사회를 새롭게 할 수 있었다.[156] 소렐은 전쟁이 끝난 후에 나온 판본에서 레닌을 기꺼이 받아들였다. 이탈리아의 생디칼리스트들(이들 중 일부는 제1차 세계대전 이전에 미국 서부에서 노동자들을 '워블리Wobbly'[54]로 조직하며 시간을 보냈다.)과 반민주적 우파는 소렐을 읽었을 것이다. 그러나 전쟁 이전의 이 공통의 원천은 정치 운동에 활력을 줄 수 있었다. 앞으로 보겠지만 그 토대 위에 국가를 건설하는 데는 추가로 다른 사상과 더 억압적인 법령이 필요했다. 파시즘과 볼셰비키 공산주의는 공히 권력을 장악하고 행사하는 도구로서 대규모 청년 조직과 매수된 문화단체들을 갖춘 단일 정당을 강조한다. 그러나 그 지도자들

_____ **54** 세계 산업 노동자 연맹의 조합원.

은 일단 무사히 권력을 차지하면 비록 모순되게 행사할망정 한층 더 개인적인 권위를 얻을 수 있도록 당의 기강을 잡았다. 두 정당 모두 권력을 잡았을 때 시민사회를 자신들이 원하는 대로 만들려 했고 실제로 '인간'을 개조한다고 주장했다. 파시즘과 볼셰비키 공산주의는 '정상적' 권위와 '합의'라는 자랑스러운 업적의 시기를 유지하다가 원래의 역동성을 되살리기 위해 소련의 경우처럼 당의 숙청을 통해서든 이탈리아와 독일의 경우처럼 국가 팽창과 전쟁의 준비를 통해서든 발작하듯 노력을 되풀이했다. 두 체제 모두 거대한 기획이나 계획 사업을 찬양했다. 그중 일부는 공허한 연극이었을 뿐이고(로마 진군) 다른 것들은 진정으로 변화의 힘을 지녔다. 로마 주변의 말라리아 발생 환경 제거, 독일의 아우토반, 도네츠 분지와 마그니토고르스크의 공업화, 거대한 수력발전소들, 궁극적으로는 독일과 러시아의 재무장 정책도 그러한 사례이다.[157] '계획 사업'이 파시스트 국가와 공산주의 국가를 넘어 더 널리 주목받았음은 주지의 사실이다. 1930년대 뉴딜 정책을 포함해 그 이전이나 이후의 여러 정권이 계획 사업을 공유했다.

파시즘 운동과 공산주의 운동은 동일한 역사적 순간에, 정치적 동력의 궤적이 좌파에서 우파로 호를 그리며 이동하던 1917년에서 1923년 사이에 출현했다. 볼셰비키의 권력 장악은 전 세계적으로 유럽의 산업 노동자와 좌파의 요구든 아시아에서 막 모습을 드러낸 식민지 반대 운동의 요구든 급진적 요구의 더욱 강력한 폭발을 초래했다. 윌슨의 화려한 표현에서 한발 물러난 것처럼 보이는 평화협정에 저항이 일면서 1919년 5월 4일 베이징의 거리로 학생들과 지식인들이 몰려나왔다. 인도에서는 노동자들이 펀자브의 방적 공장에서 파업을 일으키고 전시의 계엄령을 완화하기를 거부하는 영국에 항의했다. 서유럽 전역에서 과격해진 노동조합들이 파업했다. 바이에른과 헝가리에서는 자칭 공산주의자들이 잠시 권력을 잡았다. 그러나 러시아에서 볼셰비키가 권력을 잡고 있는 동안 좌파의 세계적 중요성은 사라졌다. 미국에서는 급진적 출판물과 최근에 이민으로 들어온 사회주의자들이 철퇴를 맞았다. 1921년과 1923년에 독일에서 발생한 공산주의 봉기는 대실패로 끝났다. 우파는 헝가리와 이탈리아, 에스파냐에서 권위주의적 형태로 복귀했을 뿐 아니라 산업과 국가 당국이 안정을 되찾은 서유럽에서 재편된 부르주아 질서로도 복귀했다. 그리고 식민 국가들은 중동에서 남아시아까지 권위를 거듭 확고히 했다.[158]

무솔리니의 작은 운동은 1919년 11월 선거에서 의회 의석을 얻으려 했지만 이 최초의 노력은 전혀 성공하지 못했다. 그러나 정치적 상황과 노동 상황이 소란스러웠던 전후 북부 이탈리아에서 지지자를 끌어모으는 데는 초법적 활동이 더 유망했다. 공익사업에서는 파업이 잦았고, 밀라노와 토리노의 산업체에서는 노동자들의 연좌 파업이 벌어졌으며, 사회주의자들이 농업 노동자들을 조직해 분노한 지주들에게 새로운 노동계약을 강요했고, 전투적인 가톨릭 사제들은 소농들에게 조합을 결성하라고 권고했다. 북부 이탈리아의 지주들과 변호사들, 실업가들이 보기에는 모든 점에서 혁명이 기세를 얻는 것 같았다. 동시에 전선에서 돌아온 퇴역 군인들은 근자에 자신들이 수행한 군 복무가 제대로 대접받지 못한다고 느꼈다. 민족주의자 시인 가브리엘레 단눈치오Gabriele D'Annunzio는 일단의 민족주의적 군인들을 조직해 이전에 합스부르크 제국이 보유했던 아드리아해의 항구 리예카(피우메)를 점령했다. 연합국이 그 항구도시를 신생국 유고슬라비아에 줄까 봐 두려웠기 때문이다. 이탈리아 정부는 이를 인정하지 않았지만 단눈치오를 몰아낸 데 대한 반발을 두려워했다. 무솔리니와 그의 초기 지지자들은 일반 대중의 민족주의적 행동주의, 지역 노동계의 전투성에 대한 반감, 중앙정부가 지방에서 보여 준 허약한 치안력 덕분에 무솔리니가 지역의 '전투단'을 토대로 파시즘을 심을 기회를 얻었음을 알 수 있었다. 그 전투단이 지역의 노동조합과 사회주의 당 집행부를 박살 낼 터였다. 그러므로 새로 출현한 파시스트 운동은 1920~1922년에 농업이 발달한 포강 유역의 농업 엘리트들로부터 주된 지지를 획득했다. 검은색 셔츠를 입은 이들의 지역 '전투단'들이 시내로 몰려가 지역의 노조 조직자들을 폭행하고 노동조합이나 당의 본부를 폐허로 만들었다. 이 의용군은 노동조합 회관을 파괴하는 데서 그치지 않고 시청에 난입했고 로마의 내각(정부는 좌파에 맞서기 위해 파시스트의 폭력을 이용할지 법과 질서를 회복하려 할지를 두고 분열했다.)에 사회주의적 시의회의 활동을 정지시키고 행정관을 임명하라고 압박했다. 1921년 무솔리니는 충분한 힘을 축적하여 자신의 운동을 파시스트당 PNF으로 재조직하고 1921년 선거 연합에서 특징 없는 자유주의 집단들 옆에 한자리를 요구했으며 새로 구성된 하원(1848년 이후로 의사 결정권을 지녔던 하원)에서 35석을 획득했다. 1922년 가을 무솔리니는 아직도 '자유주의적'임을 자처한 느슨한 연합의 보수적 무리에서 없어서는 안 될 협력자로 보였다. 그리고 무솔리니는 자신의 부하들이 북부 이탈리아에서 세운 폭동에 준하는 운동을 남부로 확산시키겠다고 위협하고 있었다.

무솔리니와 그의 동조자들은 1922년 10월 검은 셔츠단의 로마 진군을 준비해 자유주의 연립의 마지막 위기를 이용했고 이에 국왕은 무솔리니를 총리로 임명했다. 2년 동안 무솔리니는 합법적 총리로 통치했고 1924년 4월 자신의 지지자들에게 하원 의석의 거의 3분의 2를 보장한 개정 선거법(아체르보Acerbo 법)에 따라 선거를 실시했다. 그러나 혁명적 폭력에 젖었던 청년 단원들의 성향은 쉽게 억제되지 않았고, 과격한 젊은이들은 무솔리니가 단지 또 한 명의 당 지도자가 되지는 않을까 두려워했다. 무솔리니를 지지한 선거 연합이 과반수를 차지했지만 무솔리니를 지지한 오래된 정당들과 의원들은 선거 폭력을 비난한 사회당 지도자 자코모 마테오티Giacomo Matteotti가 납치되어 구타당하여 죽은 일에 무솔리니의 가까운 부하들이 연루된 것을 알고 이탈하려 했다. 자유주의적 정치인들과 언론인들이 무솔리니를 비난할 때 과격한 청년 지지자들은 '두 번째 혁명'을 촉구했다. 무솔리니는 당의 기반과 정치적 패배 사이에서 선택해야 한다고 판단했다. 1925년 초 무솔리니는 비상조치법을 제정해 언론을 통제하고 야당 지도자들을 체포했다. 1922년에서 1924년까지 희미하게 깜빡거리던 자유주의는 종말을 고했다.

이후 2년 동안 정권의 지도자들은 정치재판소, 반대파를 폭넓게 감시하고 결국은 체포한 비밀경찰, 국가와 단일 정당의 융합으로서 파시스트 당 간부직과 내각 장관직을 결합한 파시즘 대위원회Gran Consiglio del Fascismo 등 파시스트 국가의 제도들을 수립했다. 새로운 제도들은 알프레도 로코Alfredo Rocco의 기여를 반영했다. 로코는 세기 전환기의 기능적 법률 이론을 강조한 극우파 정당 이탈리아 민족 협회ANI 출신으로 1920년대 중반에 정치재판소를 기확하고 도전받지 않는 국가를 세워야 한다고 강변한다.

흔히 파시스트 국가의 독특한 공헌으로 확인되는 것은 (이른바 단일 정당과 국가의 융합 이외에) 의회를 직능 대표단이나 직업 대표단으로 대체한 것이었다. 이는 1920년대 중반에서 1930년대 중반까지 단계적으로 이루어졌다. 사회주의적 노동조합과 가톨릭 노동조합이 무시되기는 했지만, 파시스트 노동조합(프랑스의 조합과 유사하게 신다카토sindacato로 불렸다.)의 전통이 있었는데 이들은 이따금 정말로 고용주에게 맞서기도 했다. 파시스트 노동조합의 지도자들은 전쟁 이전 노동조합 운동 출신으로 이탈리아 부두 노동자들을 조직하는 데 적극적으로 참여했고, 때로는 노조 조직자로서 미국 서부로 이주했다가 전쟁과 함께 돌아와 무솔리니의 열렬한 지지자가 되었다. 1925년 봄 북부 철강 노동자의 큰 파업은 파시스트 정권에서 볼 수 있었던 마지막 준독립적 노동 활동이었다. 파업은 끝났고 노동자 대표들은 이탈리아 산업 연합(콘핀두스트리아Confindustria. 파시스트 산업 연합으로 바뀌었다.)으로 모인 고용주에게서 공식적 지위를 인정받아야 하는 단일한 공식 파시스트 노동조합 연맹으로 모였다. 새로운 파시스트 노동조합 연맹이 너무 많은 영향력을 요구하는 것처럼 보이자 3년 뒤 이는 다시 다양한 직업 단체로 분할되었다. 동시에 여러 산업 부문과 서비스업, 의료업, 접객업, 농업 등 여타 경제 부문의 대표자들이 공식적 조합으로 조직되었고, 이 조합들은 1930년대에 법인 조합의 조직망으로 편입되었다.

그러나 여러 면에서 파시스트 국가는 이전의 자유주의적 제도들로부터 이어지는 연속성을 보여 주었다. 무솔리니는 비공식적으로 '지도자il duce'로 알려졌지만 그 직위는 여전히 '정부 수반(총리)'이었다. 국왕은 여전히 국가수반이었고 최종적으로 왕권을 행사해 무솔리니를 해임했다. 제2차 세계대전에서 히틀러에게 합세한 도박이 1943년 여름 연합군의 침입을 초래해 재앙을 가져왔기 때문이다. 무솔리니는 1920년대 말 국내에서 입지를 높이기 위해 실제로 이탈리아 자유주의국가의 세속적 권리 주장을 버리고 1929년 교황청과 라테라노 조약을 체결했다. 이 조약에 따라 가톨릭교회는 결혼에 대한 통제권을 회복했고 학교 교실에 십자고상이 걸렸으며 작은 교황청 주권국가가 인정을 받았다. 1930년대에 무솔리니는 국내에서 어느 정도 '합의'를 달성한 데 자부심을 가질 수 있었다. 정적들은 추방되었거나 국내에서 체포되면 대체로 남부의 외진 마을로 강제로 거처를 옮기는 처벌(귀양confino)을 받았다. 처형은 적었고 대부분 암살 기도에 힘을 쏟았다. 폭력(치명적이었던 구타, 피마자유, 사회당사와 노동조합 사무실의 파괴)은 대체로 권력을 장악하는 과정에 벌어진 비공식적 충돌에서 발생했다. 프랑코가 권력 장악 후 실행한 군사독재와 이후 아르헨티나 장군들과 칠레의 아우구스토 피노체트Augusto Pinochet 장군이 실행한 군사독재는 수많은 사람을 체포하고 불법적으로 고문하고 살해해 훨씬 많은 시신을 쌓아 놓게 된다.

그러나 이러한 것들은 비상 상황의 개입 조치로 제시되었다. 파시스트들은 공산주의자들을 무찌르는 것뿐 아니라 전 역사 시대를 위해 관리자로서 지배하는 것도 자신들의 임무라고 주장했다. 나치는 1000년간 존속할 제국을 이야기했다. 파시즘은 자유주의적 개인주의와 다당제라는 정책으로는 결코 할 수 없었을 방식으로 인간을 실현하려고 했다. 로코의 주장에 따르면 파시즘은 인간과 시민의 권리를 신성하게 모신 1789년 프랑스 대혁명의 끔찍하게 잘못된 역사적 전환을 교정하고 있었다. 그러나 파시즘은 예를 들면 프랑스의 악시옹 프랑세즈 같은 권위주의적 극우 집단이 그랬던 것처럼 단지 전통과 왕정의 이름으로 민주주의를 거부한다고는 주장하지 않았다. 파시즘은 반동적인 데서 그치지 않았다. 파시즘은 무솔리니가 특별한 장점으로 바꾼 새로운 역사적 단계를 세우기 위한 것이었다. 말하자면 파시즘은 '전체주의적'이 되기를 열망했다.(무솔리니는 1920년대 초 자신을 비난한 이들로부터 용어를 빌려왔다.)[55] 파시즘 신조는 1919년 무솔리니가 혁명적 쇄신을 요구한 이후로 크게 발전했다. 이제 파시즘은 개인적 이익을 초월하고 나아가 집단적 이익까지 초월한 국가를 재수립한 통치 양식으로 제시되었다. 파시스트 국가는 자유주의국가

_____ **55** 1923년 파시즘에 반대한 이탈리아 정치인 조반니 아멘돌라Giovanni Amendola가 파시즘이 전통적인 독재 체제와는 전혀 다른 체제라고 설명하며 '전체totale'라는 용어를 썼고, 나중에 파시즘 이론가 조반니 젠틸레Giovanni Gentile가 새로운 국가의 구조와 목적을 가리키는 말로 '전체적인totalitario'이라는 용어를 쓰면서 이를 긍정적 의미로 바꾸어 놓았다.

와 어떻게 다른가? 로코는 이렇게 화려한 문장으로 물었다. "파시스트 국가는 사회의 사법 기구가 지닌 권한과 응집력을 최대한으로 실현하는 국가이다. 그리고 사회는 파시즘의 관념에 따르면 단지 개인들의 총합이 아니라 개인의 생명과 목적을 초월하는 고유의 생명과 목적을 가지며 고유의 정신적·역사적 가치를 갖는 유기체다. 국가는…… 특정 순간에 국가를 구성하는 시민들과 명백히 다른 유기체이기도 하다. 국가는 개인의 생명과 목적보다 우월한 고유의 생명과 목적을 지닌다. 개인의 목적은 국가의 목적에 종속되어야 한다." 무솔리니는 1932년 권위 있는 트레카니Treccani 백과사전에 기고한 글에서 이렇게 말했다. "파시스트에게는 모든 것이 국가 안에 있고, 국가 밖에는 인간적이거나 정신적인 것이 전혀 존재하지 않는다. 가치를 갖는 것은 더욱 존재할 수 없다."[159] 사람들은 양도할 수 없는 권리를 지닌 개인이 아니라 의무와 책임(여기에는 군사적 효용이 포함된다.)을 갖는 국민의 일원이자 국가의 신민으로서 자신의 잠재력을 실현했다. 정치는 전쟁에 대비하기 위한 다른 형태의 전쟁이었다. 여우로 1년을 사느니 사자로 하루를 사는 것이 낫다. 무솔리니는 이따금 평화의 인간으로 자처하려 했지만 그 이데올로기는 군사적 효용과 연결되었다. 무솔리니는 도데카니소스 제도를 두고 그리스와 분쟁을 겪을 때 무력에 의존했으며, 1935~1936년에는 아비시니아(에티오피아)에 전쟁을 도발해 공군력과 독가스를 사용했다. 무솔리니는 1937년 알바니아에 힘으로 밀고 들어갔으며, 히틀러에게 운명을 던진 후에는 1940년 프랑스에 전쟁을 선포하고 니스를 점령했다.

훗날 비판자들은 끊임없는 테러를 통한 지배가 파시스트 국가의 본질이라고 제시했는데, 실제로 파시스트 국가는 그런 의미에서 전혀 전체주의적이지 않았다. 파시스트 당이 교회의 청년 단체인 가톨릭 운동Azione Cattolica의 토대를 흔들려 했지만 교회의 존재는 여전히 인정을 받았다. 가족은 미화되었고, 당은 지도자를 위해 출산을 장려했다. 그러나 가족은 국가의 요구에 저항하는 조직이기도 했다. 훗날 사죄한 이들은 지도자와 그 정권의 허세를 조롱하며 사실상 그 경험을 일종의 희가극으로, 결코 진지하게 받아들일 수 없는 혐오스러운 희가극으로 제시했다. 그렇지만 그러한 견해는 파시스트 국가의 새로움과 권력 장악 과정의 잔인함, 동의하지 않는 이들을 침묵하게 만들 겠다는 결의를 과소평가한다. 로마의 화려한 바로크식 건축물들처럼 겉으로 드러나는 면모는 파시스트 정치에 매우 중요했다. 그러나 역시 그 건물들처럼 그 과장된 태도에는 진실도 있었다.[160]

이탈리아 모델은 영향력이 있었고 모방되었다. 1923년 에스파냐의 군주 는 미겔 프리모 데 리베라Miguel Primo de Rivera 장군을 절대 권력자로 세우면서 그를 "나의 무솔리니"로 불렀다. 그러나 이는 19세기 독재자의 전통 속에 있 는 것일 뿐 그 안에 이데올로기적 목표는 없었다. 아르헨티나에서는 1930년 에 군부가 권력을 잡았고, 군대의 실력자 호세 펠릭스 우리부루José Félix Uriburu 장군은 파시스트처럼 초월적 지도력을 주장하고 민족주의적이고 권위주의 적인 운동을 조장한 것이나 다름없었다.[161] 브라질에서는 파시즘 체제가 좀 더 오래 지속되었다. 브라질의 민간인 정치 지도자 제툴리우 바르가스Getúlio Vargas는 같은 해에 권력을 잡았고 권위주의적 협동조합주의 제도들을 갖춘 '새로운 국가'를 창조했으나 1945년 세계 도처에서 파시즘이 무너지는 듯했 을 때 축출되었다. 그렇지만 바르가스는 1950년에 대통령에 당선되어 민족 주의적 독재자로 통치하다가 1954년에 몰락이 임박하자 스스로 목숨을 끊 었다. 1932년 안토니우 드 살라자르António de Salazar는 1926년 공화정으로부터 권력을 빼앗은 포르투갈 군부독재에서 총리가 되었고 1933년부터 1968년까 지 '새로운 국가'를 건설했다. 이 국가는 권위주의적 가톨릭 협동조합주의를 관리하고 식민지를 완강하게 붙들고 놓지 않았으며 북대서양조약기구NATO의 회원국이 되었다.

독일에서 권력을 잡은 파시즘의 변종은 몇 가지 중요한 점에서 달랐다. 히틀러는 무솔리니가 얻으려고 애쓰던 권력의 성격을 알았으며, 무솔리니처 럼 준군사적 제복(군화와 색깔 있는 셔츠)과 준군사적 조직을 채택했다. 히틀 러는 1923년에 '맥줏집 폭동'의 실패를 경험하고 바이마르 공화국이 아무리 분열했다고 해도 군대가 법의 집행을 뒷받침하면 자신이 무력으로 권력을 잡을 수 없다는 사실을 배웠다. 1924년에서 1929년까지 경제적·정치적으로 안정된 시기에 히틀러의 운동은 사라질 운명에 처한 것 같았으나 1929년과

1930년에 세계적 공황이 오기도 전에 프로테스탄트 국가들의 경제적 어려움(그리고 1920년대 말 수정된 배상 계획을 겨냥한 선동)이 그의 득표수를 늘리기 시작했다. 무솔리니처럼 히틀러도 복지 정책이나 외교정책과 군사정책을 둘러싸고 통제하기 어려운 타협을 낳은 정당 간의 분열을 비웃으며 체제에 저주를 퍼부었다. 비례대표제는 전후 이탈리아 의회와 바이마르 공화국의 국회가 정당의 분열로 어려움을 겪는 결과를 가져왔다. 정당들이 서로 연합해 안정된 과반수와 야당으로 진영을 갖추기가 어려웠기 때문이다. 1930년 이후 대공황으로 고용이 축소되고 실업보험에 재정을 투입할 의회 내 과반수가 확보되지 않았을 때 대통령과 총리는 헌법으로 인정된 명령 규정에 의존해(바이마르 헌법의 치명적 조항 제48조에 의거하여) 예산을 통과시켜야 했다. 그러한 상황에서 좌파의 공산당과 우파 히틀러의 국가사회주의당(이 명칭이 그들의 급진주의를 담지는 않는다.)은 '체제'에 악담을 퍼부을 수 있었다. 이들은 베르사유 조약에 따라 부과된 배상금의 지불뿐 아니라 1924년의 도스안과 1930년의 영안으로 구체화된 의무의 경감도 언제나 비난할 수 있었다. 이들은 전후에 획정된 동쪽의 국경(그리고 동프로이센을 나머지 독일 영토와 갈라놓은 폴란드 회랑)이 교정되어야 한다고 주장할 수 있었다. 이탈리아 파시스트들과 (1938년까지는) 완전히 달랐던 나치는 유대인을 이러한 불행에 책임이 있고 독일인의 이익에 근본적으로 반대하는 소수민족이라고 통렬히 비난할 수 있었다. 일부 나치 추종자들과 선전자들은 독일의 유대인이라는 불행을 특별히 언급하지 않고도 공격할 대상을 쉽게 찾았지만, 반유대주의는 다른 많은 정당의 담론에도 침투했을 뿐 아니라,(반유대주의는 중부 유럽과 동유럽의 우파에는 정치적 공용어였다.) 나치 운동의 핵심 요소로 남았다. 유대인은 은행과 언론을 장악하고 대학과 극장에 침투했으며 마지막으로 기독교도 여성을 침대로 끌어들여 그 피를 더럽혔다고 추정되었다.

2년간의 의회 마비와 나치 의원단이 국회의 40퍼센트가량을 차지했던 1930년과 1932년 7월, 1932년 11월의 선거 뒤에 바이마르 공화국의 정치 체제는 붕괴되었다. 총리 후보자들은 서로 경쟁 상대를 무력하게 만들었고 나라를 지키기 어려울지도 모른다고 주장하려고 군대의 장군들을 불러들였다.

정당의 준군사적 의용대가 주말에 도시에서 시끄럽게 싸움을 벌여 내전이 임박했다는 징후를 보였다. 연로한 대통령 파울 폰 힌덴부르크Paul von Hindenburg 주변에 몰려든 패거리는 히틀러를 총리에 임명해야 안정을 찾을 수 있다고, 히틀러에게 권력을 주어도 경제계와 군부의 전통적 보수 집단이 그를 통제할 수 있다고 권고했다. 이들은 히틀러의 기술과 역동적 인민주의를 과소평가했다. 히틀러는 파시스트 모델에서 득을 보았지만 무솔리니보다 훨씬 빠르게 움직였다. 1933년 1월 30일 우파 연립의 총리로 임명된 히틀러는 제국 의회를 해산하고 새로운 선거를 요청했으며, 그 결과 나치당은 한 달간의 긴장된 정치적 사건들을 뒤로하고 43퍼센트의 득표율을 얻었다.(과반수는 아니다.) 나치당은 2월 말 국회의사당에 대한 성공적 방화 공격을 핑계 삼아(나치는 공산당원들을 비난했고 독일 밖의 좌파는 나치의 도발에 원인을 돌렸지만 어느 네덜란드인 아나키스트가 벌인 일일 가능성이 높았다.) 공산당 의원들을 체포하고 언론을 탄압했다. 히틀러가 추구한 것은 헌법을 수정하는 데 필요한 의석인 제국 의회의 3분의 2를 넘는 다수를 확보해 명령권을 승인하게 하는 것이었다. 그 명령권을 견제하는 것은 제국 의회가 이론상으로는 제 역할을 다시 주장할 수 있다는 조건뿐이었다. 그렇지만 이 새로운 수권법은 사실상 통치권을 확대하는 특허장의 기능을 했다. 공산당 의원을 제거한 히틀러는 가톨릭 중앙당과 교황청과 협정을 체결했다. 가톨릭 중앙당은 히틀러 정부와 정교 협약을 체결해 교회의 종교적 실체를 보장받은 대가로 결정적인 투표에서 기권했고, 결과적으로 사회민주당만 반대했으며 히틀러에게 필요한 3분의 2를 넘는 의석이 확보되었다.

그 분주했던 몇 주간 정권은 뮌헨과 베를린의 외곽, 즉 다하우와 오라니엔부르크 두 곳에 처음으로 강제수용소를 설치하여 정식 재판 없이 정치범을 수용했다.(아직은 유대인이 아니었다.) 돌격대가 유대인 상점의 불매운동을 이끌었다. 이후 몇 달에 걸쳐 정부는 언론통제를 선언하고 공직과 교사직에서 유대인을 쫓아내 공무를 '개혁'하며 정당들에 압박을 가해 스스로 해산하게 하고(사회민주당 집행부는 망명했다.) 선거로 구성한 주 의회를 임명직 위원들로 대체하고 이른바 당과 국가의 융합을 선언한다. 이러한 일들을 마친 뒤 히틀러는 1920년대의 무솔리니처럼 실제로 당의 자율성을 무시하는 경향을 보였다. 돌격대를 기반으로 두 번째 혁명을 밀어붙이려던 나치 과격파의 바람(직업 군인들은 이러한 열망을 경멸하고 경계했다.)은 1934년 6월 30일 돌격대 지도자와 이견을 지녔던 소수의 나치 당원, 여러 명의 정치 지도자가 즉결 처형을 당하면서 갑자기 사라졌다. 8월에 연방 대통령 힌덴부르크가 사망하자 군대는 보은했고 히틀러는 군대의 승인을 얻어 지도자Führer와 제국 총리Reichskanzler라는 직함으로 국가수반과 정부 수반의 직책을 결합했다. 무솔리니는 결코 이루지 못한 권력의 집적이었다. 이후로 병사들은 아돌프 히틀러에게 개인적으로 충성을 맹세해야 했다.[162]

인종주의적 선동을 배경으로 폭력과 시민적 자유의 폐기를 곁들인 전대미문의 권력 공고화 과정은 정권에 점점 더 많은 인기를 안겨 주었다. 히틀러는 1933년 말 교착 상태에 빠진 제네바 군축회의에서 이탈하고 자신의 결정과 전체적 방침을 승인받고자 국민투표를 실시했으며 90퍼센트가 넘는 경이로운 찬성률을 얻었다. 실업은 감소했고, 사업가들은 공식적인 독일 노동 전선DAF의 실질적 반대는 없을 것임을 알았기에 투자를 다시 시작했다. 1935년 자를란트는 독일에서 강제로 분리된 지 15년 만에 다시 합치기로 가결했고, 같은 해 히틀러는 베르사유 조약의 군사 관련 조항들을 파기하고 징병의 재개와 독일 공군의 재창설을 선언했으며 1936년 3월 라인강 서쪽에 붙은 비무장지대로 군대를 들여보냈다. 전부 독일의 이웃 나라들에 군사적 안전보장을 제공한 1919년 평화조약의 조항들을 해치는 조치였다. 1938년 히틀러는 자신이 태어난 오스트리아를 의기양양하게 병합할 수 있었다. 뒤에서 보겠지만 그 불안정한 공화국이 민주주의 제도들을 제거하고 나서였다. 1935년 뉘른베르크 대회에서 공표된 법에 의거해 유대인은 제국 내부의 별개 집단으로 규정되었다. 유대인은 그들을 욕보이고 괴롭힌 독일 국가에 속했지만 독일 제국의 시민은 아니었다. 나치의 정책이 전체적으로 과격해지면서 1938년 '수정의 밤Kristallnacht'의 유대인 학살과 재산 몰수와 더불어 박해의 강도가 세졌다. 히틀러는 오스트리아를 병합한 뒤 체코슬로바키아를 위협해 독일인이 많이 거주한 그 나라의 가장자리 땅 '수데텐란트'를 독일에 양도하는 것을

———독재와 과장된 찬사: 1938년 10월, 아돌프 히틀러를 보려고 몰려든 군중. 나치 지도자가 카
리스마를 보이며 인기의 절정에 있었을 이 순간 독일인들은 재군비의 호황을 누리고, 라인란트의
재무장을 실행했으며, 오스트리아를 병합했고, 체코슬로바키아로부터 수데텐란트를 빼앗았다.
과장된 찬사는 절대 권력에 동반되었다. 반대를 표명한 수많은 사람은 이미 잔혹한 강제수용소
에 갇혔고, 독일의 유대인은 체계적으로 지위가 강등되고 재산을 빼앗겼다. (Wikimedia Commons,
© Bundesarchiv, Bild 137-004055)

영국 정부와 프랑스 정부에 납득시키고 1938년 뮌헨 회담에서 이를 얻어 냈으며, 그 후 1939년 3월 체코의 서쪽 땅 보헤미아와 모라비아를 병합했고, 마지막으로 8월에 소련의 중립을 확보한 뒤 1939년 9월 1일 폴란드를 침공했다. 이때쯤이면 네빌 체임벌린Neville Chamberlain의 정부조차 히틀러를 막아야 한다고 결정했고 프랑스와 함께 전쟁 선언으로 대응했다. 그러나 이러한 대응은 1939년 초 히틀러가 만일 전쟁이 발발한다면 그것은 유대인의 책임이며 유대인의 파멸을 낳을 것이라고 불길하게 선언한 뒤에야 나왔다. 그렇지만 영국과 프랑스는 동유럽이나 서유럽에서 독일에 공세를 취할 실제적 방안이 없었으며 1940년 중반 독일군이 스칸디나비아와 저지대 국가들, 프랑스를 공격했을 때 재앙에 가까운 패배에 직면했다.

　히틀러 정부는 국가기구와 융합되었다는 획일화한 정당과 준군사적 부속 단체, 합법적 야당을 한층 가혹하고 신속하게 억압한 일, 공식적으로는 독립적인 노동단체들의 폐지(이탈리아의 경우처럼 정부가 조직한 노동조합이 이따금 고용주에 대항해 저항을 시도하기도 했다.)로 보아 확실히 파시스트 정부였다. 조직의 측면에서 보면 히틀러 정부는 혼란스러웠다. 히틀러는 명확한 권한 계통을 좋아하지 않았고, 여러 조직이 히틀러의 총애를 두고 경쟁했다. 오래 지속된 내각은 독일 관료 기구의 활동을 계속 추구했다. 그러나 보통은 주 정부의 일이었던 경찰 기능은 곧 헤르만 괴링Hermann Göring이 프로이센 정부 수반 자격으로 이끌었던 프로이센 비밀정치경찰, 즉 게슈타포로 흡수되었다가(관할권의 중첩 때문에 혼란이 발생했다.) 다시 제국 중앙 보안국RSHA에 포함되었다. 제국 중앙 보안국은 새로운 보안부SD의 지휘 기구로서 하인리히 힘러Heinrich Himmler가 라인하르트 하이드리히Reinhard Heydrich의 보좌를 받아 관리했다. 보안부는 결국 비밀경찰과 제2차 세계대전 중에 전장에서 싸운 군부대, 폴란드 영토였던 곳에 세워진 독일의 더 큰 강제수용소들과 새로운 절멸 수용소들(첫 번째는 1941년 말 헤움노에 건설되었고, 이어 베우제츠와 트레블링카, 소비부르, 마이다네크, 오시비엥침(아우슈비츠)에 세워졌다. 아우슈비츠 수용소는 인근 브제징카(비르케나우)의 학살 시설 옆에 세워진 이게파르벤의 노동 수용소가 확장된 것이다.)을 운영한 기관으로 분해된다. 전쟁 포로가 된 700만 명의 소련군 병사, 저항운동에 참여한 유

_____제2차 세계대전 중 독일과 독일이 점령한 지역에 설치된 주요 강제수용소와 절멸 수용소. 주요 학살 수용소들은 폴란드에 있었다.

럽의 반대자들, 로마족과 신티족, 동성애자들, 서유럽과 지중해 지역, 정복지 폴란드, 헝가리에서 체계적으로 체포한 수백만 명의 유대인이 재산을 빼앗기고 학대받고 살해된다.

1938년 히틀러는 오랜 경력의 외교관 콘스탄틴 폰 노이라트Konstatin von Neurath를 외무 장관에서 해임하고 대신 고분고분한 나치 요아힘 폰 리벤트로프Joachim von Ribbentrop를 그 자리에 임명했다. 그리하여 한때 엘리트들이 근무했던 기관은 중부 유럽 국가의 제거를 준비하는 것이든 나중에 유대인 이송을 지원하는 것이든 나치의 목적에 효과적으로 봉사했다. 히틀러는 동성애 추문을 날조해 이를 핑계로 군 최고위 장교들을 제거했으며, 훨씬 고분고분한 이를 총사령관으로 세우고 스스로 실질적인 국방 장관이 되었다. 1936년 히틀러는 재무장에 투입하는 재정에 한계를 두자고 주장한 경제부 장관 얄마르 샤흐트Hjalmar Schacht를 누르고 4년 안에 재무장을 완수할 4개년 계획청을 설치했다. 헤르만 괴링이 새로이 설립된 공군부의 장관직과 더불어 4개년 계획의 전권 위원을 겸직했다. 괴링은 재무장 노력의 일환으로 책임자 프리츠 토트Fritz Todt의 이름을 따서 간단하게 토트 조직Organisation Todt이라고 부른 특별 기구를 설립했다. 이 기구는 전쟁 중에 점점 큰 권한을 얻었고 토트가 비행기 추락 사고로 사망한 뒤에는 야심적인 건축가 알베르트 슈페어Albert Speer가 책임을 떠맡았다. 슈페어는 1942년 이후 사실상 경제 부문의 일인자가 되었다. 전쟁은 모집되었거나 강제로 이주되었거나 독일의 공장에서 일하게 된 600만~800만 명의 외국인 노동자를 관리하기 위한 거대 관리 기구를 낳았다. 그리고 요제프 괴벨스Joseph Goebbels가 이끌었던 국민 계몽 선전부는 시종일관 언론 매체와 미술과 음악의 예술계에 영향력을 행사했다.

물론 수백만 명의 외국인 징집과 유대인 약탈과 최종적 살해에 조금도 양심의 가책을 느끼지 못한 야심 찬 이들이 지휘한 이러한 기관들은 불가피하게 서로 충돌했다. 괴벨스와 괴링, 나중에는 괴링과 괴벨스, 당 사무국장 마르틴 보어만Martin Bormann, 슈페어는 서로 경계하며 상대의 권위를 주시했다. 히틀러는 어느 한편을 단호하게 비난하는 일이 없도록 주의했으며, 명확한 지령은 거의 내보내지 않았고, 질시로 가득한 수하들이 자신의 전체적인 의도를 예견할 것임을 알았다. 궁극의 권력과 무정부 상태나 다름없는 행정이 양립했다. 이 역설 때문에 몇몇 역사가는 히틀러를 '허약한 독재자'라고 판단했지만 이는 중요한 것을 제대로 평가하지 못하는 표현이다. 독재 체제는 체계적이지 않을 수도 있었다. 관료들이 막대한 개인적 영향력을 축적하도록 내버려 두기도 했고, 반대자들이 공개적으로 소동을 벌일 수밖에 없다고 느끼지 않는 한 지적·종교적·예술적 삶이 어느 정도 방해받지 않고 지속될 수 있도록 허용했다. 예를 들면 음악 분야에서 독일이 오랫동안 쌓은 문화적 성취를 생각할 때 음악 연주와 비평은 당연히 후원과 이데올로기 형성에 잠재적으로 중요한 영역이었다. 그러나 얼마 후에 정부는 더 큰 목표를 본질적으로 포기했고 '여흥'

_____파시즘의 최후: 1942년 11월, 알제 근처의 해변에 상륙하는 미군. 비시 프랑스의 속령이었던 알제리는 추축국을 겨냥한 연합군의 첫 번째 주요 상륙작전에서 영미 군대와 자유 프랑스 군대에 함락되었다. 독일군과 이탈리아군은 1943년 봄까지 동쪽의 리비아와 튀니지를 통제했지만, 장악력은 점점 줄어들었다. (National Archives and Records Administration)

음악을 제공하는 데 집중했다. 괴벨스는 재즈를 "검둥이 음악"이라고 비난했지만 지하 술집들은 계속해서 재즈를 연주했고 조금 소외된 젊은이들은 스윙 음악에 맞춰 춤을 추었다.[163]

* * *

강력한 포괄적 목적과 엉성한 행정이라는 역설은 독일이나 파시스트 독재 체제들에만 국한되지 않았다. 미국의 뉴딜 정책에서도 유사하게 종종 서로 부딪치는 상이한 기구들에 자리 잡은 강력한 인사들 간의 경쟁을 볼 수 있었다. 산업 부흥 관리청NRA과 고용 촉진 관리청WPA, 공공사업 관리청WPA 등 한데 뭉뚱그려 '알파벳 수프Alphabet Soup'로 부른 것들의 몇몇 기구는 일찍 설립되었다. 프랭클린 루스벨트Franklin Roosevelt도 히틀러처럼 강력하게 옹호된 여러 정책 대안에 직면했을 때 행정적 결정을 절충하기 위해 명확한 결정을 연기하기를 좋아했다. 요점은 대공황과 뒤이어 제2차 세계대전이 (그 전쟁을 낳은 재무장 노력을 포함하여) 거대하고 강력한 국가들에 엄청난 새로운 도전 과제들을 제시해 특별한 한시적 정책 대응들을 낳았다는 것이다. 이 도전적인 시대에 탁월한 민주주의적 세계 지도자로서 대체로 명랑하고 너그러웠던 프랭클린 루스벨트와 정복과 배제라는 왜곡된 과제를 지녔던 아돌프 히틀러는 완전히 다른 정신으로 움직였지만 정부의 어려운 과제에 행정적으로 대응하는 방식에는 몇 가지 유사점이 있었다.

독일의 국가 관료들과 영향력을 얻으려 한 민간 부문 인사들은 나치 당의 당원이 되어야 했다. 이탈리아에서는 파시스트 당에 가입해야 했던 것과 마찬가지였다. 그러나 다양한 국가기구와 나란히 나치 당의 기구들, 그 강력한 사무국과 대관구장Gauleiter이라는 지방행정관이 존재했다. 독일과 이탈리아에서 공히 당의 영향력은 증감했다. 당과 국가의 융합은 두 정권의 구호였지만 무솔리니와 히틀러는 곧 각각의 정당에서 실질적 영향력을 박탈했고 대신 당을 자신들이 확립한 권력을 효과적으로 전달하는 수단으로 만들려 했다. 두 지도자 모두 군대를 당의 의용대로 대체할 수도 있었던 '두 번째 혁명'을 묵인할 생각이 없었다. 그러나 유사한 직책이 많았다. 그리고 독일이 전쟁에 필요한 것들을 완벽하게 계산하지 못한 채 전쟁에 더 깊숙이 빠져들었을 때 정부는 복지와 민방위 기능을 조직하는 데 당의 대관구장과 당 관료들에게 더 많이 의존했다. 그래서 당 사무국장 보어만이 유력 인사가 되었다. 전쟁 준비와 전쟁 기간은 뒤죽박죽인 조직들의 혼란을 가중시켰을 뿐이다.

나치가 이탈리아에서 배운 것이 있고 전쟁이 한창인 때에도 히틀러가 무솔리니를 일종의 이데올로기적 대부로서 어느 정도 존중했지만 중대한 차이들이 두 파시즘을 갈라놓았다. 독일 정권에서 중심이었던 반유대주의적 집착이 그 차이의 전부는 아니었다. 국가의 절대적 권위와 엄정한 법질서를 높이 산 이탈리아 파시즘 이데올로기와는 현저히 다르게, 히틀러의 법률가들은 민족 공동체Volksgemeinschaft, 심지어 종족 공동체의 표현으로 지도자 개인의 독단적 권력을 강조했으며 이른바 지도자의 명령에, 일시적 명령이라도 최고의 법적 권한을 부여했다. 독립적 법률 체계의 한계에 갇히지 않은 채 국민 공동체의 의지를 인격화한 살아 있는 지도자에게 최고로 독단적 권위를 부여하려는 노력, 이것을 법률적 '활력론' 이론이라고 부르자.

(비록 정식으로 그 이론을 정교하게 만들어 내지는 못했겠지만) 자신의 사상으로 그러한 이론을 준비하는 데 도움을 준 독일 사상가로서 가장 주목할 만한 사람은 앞에서 주권자의 결정이 지닌 특징을 논할 때 언급한 카를 슈미트였다. 슈미트는 (슬프게도) 법률에 해박한 사람이었다. 슈미트는 바이마르 공화국 초기 법과 의회주의, 민주주의의 성격에 관한 논쟁에서 특히 정치 영역(민주정치를 포함하여)을 구성한 것은 적에 대한 실존적 반대라는 주장으로 명성을 얻었다. 슈미트는 정교하고 설득력 있었으며 고전문학과 조제프 드 메스트르 Joseph de Maistre와 루이 드 보날Louis de Bonald, 후안 도노소 코르테스Juan Donoso Cortés 등 사나운 19세기 가톨릭 권위주의자의 전통에 깊이 젖었다. 이들은 1789년 혁명을 타락한 인류가 사탄이 신에 맞서 일으킨 반란을 되풀이한 것이라고 믿었다. 슈미트는 나치가 자신을 그들의 공식 사상가로 선택하기를 기대했지만 결국 나치의 투박한 싸움을 헤쳐 나가기에는 지적으로 지나치게 거만했다. 슈미트가 중요하다고 믿은 정치적 단위는 그토록 많은 독일 보수주의자들과 이탈리아 파시스트들이 강조한 국가가 아니라 적에 대항해 연합한 정치 공동체였다. 다시 말해 과거에는 폴리스, 지금은 국민이었다. 그러므로 정치는 우리 대 그들, 친구 대 적의 문제였다. 진정한 민주주의는 의회제 자유주의가 찬양한 끝없는 토론과 동일한 것이 아니었다. 그것은 한 국민의 근본적 정체성에서 나오는 정권이었다. 슈미트의 주장에 따르면 사실상 의회는 이제 초기의 영국 자유주의가 자명한 것으로 가정한 자유롭고 합리적인 토론의 무대로 작동하지 않으며 단지 토론이 시작되기 전에 이미 결정된 구체적 이해관계가 대표되는 무대일 뿐이었다.[164] 슈미트는 바이마르 공화국의 입헌주의가 자유주의 요소와 민주주의 요소의 혼합으로서 결함을 지녔다고 진단했으며, 1930년대 초 바이마르 의회의 마비가 이를 확증했다고 믿었다. 그때 슈미트는 민주적 독재자를 요청했다.

  그러한 견해로 보아 슈미트는 당연히 법의 본질이 보편적 적용 가능성, 근저의 합리성과 가치에 있어야 한다고 믿은 자유주의 이론가들과 대립된다. 그러나 슈미트는 독일의 법실증주의 학파도 거부했다. 법실증주의에 따르면 법을 부과할 수 있는 권력이 고유의 규범적 합법성에 관한 논의를 대체한다. 슈미트는 나아가 보편적 가치와 조약 위에 세워진 국제법이라는 관념은 공상적이라는 뜻을 내비쳤다. 슈미트는 연합군의 폭격이 진행되면서 제3제국이 몰락할 수밖에 없고 자신의 생각이 신뢰를 잃게 되리라는 점이 분명해지자 방향을 바꾸었다. 국제법은 유럽인들이 비유럽 세계의 영토를 강탈하면서 서로 싸우지 않기 위해 고안해 낸 신조라고 특유의 신랄한 방식으로 주장한 것이다. 슈미트는 이러한 종류의 국제적 신조가 현실주의적이라고, 거대하지만 유한한 영토 제국들의 지정학을 가정하며 따라서 나치의 대영역 정치 Grossraumpolitik를 정당화한다고 주장했다. 그러나 동시에 이는 과거 영국이 보여 준 시장 자유주의에 대한 헌신은 물론 미국 윌슨 대통령이 주장한 이른바 보편적 가치도 배제한다. 슈미트가 보기에는 둘 다 그 범위에서 독일이 유럽에서 요구한 것보다 훨씬 노골적으로 제국주의적인 전 세계적 야심을 품었다.[165]

* * *

대공황이 더 오래 지속되고 더 강력한 파괴력을 지니면서, 그리고 베르사유 조약의 틀이 조금씩 포기되면서 파시즘이 미래를 내다보는 특별한 혜안을 지닌 것 같았다는 사실은 실망스러웠지만 결코 놀랍지는 않았다. 특히 중부 유럽과 중동부 유럽에서 그랬다. 그곳에서는 프랑스와 영국이 작은 나라들, 즉 때로 자신들의 민족주의적 문제들로 괴로웠던 작은 나라들이 이웃의 큰 나라들로부터 독립을 유지하도록 돕는 데 더는 힘을 쓰지 않는 것 같았다.[166] 합스부르크 제국의 독일어를 쓰는 나머지 부분, 즉 오스트리아(보헤미아 수데텐란트의 독일인들은 제외하고)는 대체로 빈과 공업지역인 오버외스터라이히에 기반을 확보한 사회민주당SPÖ과 농촌의 보수적 가톨릭 주민들을 조직한 기독교사회당CS으로 이데올로기적 분열을 보였다. 1920년대 말 준파시스트 조직인 '조국 전선Vaterländische Front'이 정치적 경쟁자로 등장했고, 정당의 민병대들이 거리에서 충돌했다. 기독교사회당의 나이 많은 당원들은 조국 전선에 대응해 의회를 파시스트 조직과 유사한 조합들의 회의체로 바꾸어 우파의 주도권을 유지하려 했다. 사회민주당은 오스트리아 우파가 그나마 남아 있는 자유주의의 흔적까지 없애 버릴 준비가 되어 있을까 걱정했고 1934년 2월 경솔하게 봉기를 일으켰지만 무력으로 진압되었다. 일부는 프라하로 급히 도주했지만 그러지 못한 이들은 투옥되었다. 이후 4년간 기독교사회당은 무솔리니의 후원을 받을 수 있는 권위주의적 국가를 운영하려 했다. 히틀러의 찬미자들이었던 오스트리아의 조급한 나치는 1934년 7월 쿠데타로 권력을 장악하려 했고 총리를 암살했다. 이들의 노력은 실패로 돌아갔다. 무솔리니가 알프스 지역의 국경까지 독일 국가가 확대되는 것을 묵인할 준비가 되어 있지 않다고 분명히 밝힌 것이 부분적인 이유였다. 그러나 이후 4년에 걸쳐 절반쯤 독립적인 준파시스트 국가 오스트리아는 보호를 상실했다. 1936년 서방 측이 에티오피아 침공에 반대하는 데 분노한 이탈리아의 독재자는 이른바 추축국으로 독일의 협력자가 되기로 결정했다. 이 조치로 히틀러는 오스트리아 정부를 점점 강하게 압박해 결국 1938년 완전한 병합Anschluss을 이루었다.

한편 폴란드에서는 군부가 단계적으로 공화국을 군사정권으로 바꿔 놓았고, 발트 국가들에서는 독재자들이 권력을 장악했다. 1919년의 반혁명 이후로 권위주의 국가였지만 의회가 존속했고 약간의 공개 토론이 허용되었던 헝가리는 (체제에 중대한 위협이 되지 않는 한) 어느 정도 논의가 가능한 개방적 정부를 유지하기를 바란 영국이나 프랑스의 애호자들과 히틀러의 독일을 공공연히 찬양한 이들 사이에서 동요했다. 그리스의 국왕은 1936년 이오아니스 메탁사스Ioannis Metaxas 장군의 손에 권력을 넘겼다. 체코슬로바키아는 존경받는 토마시 마사리크Tomáš Masaryk 대통령 시절에 의회 체제를 유지했지만 마사리크가 사망한 후에는 내부의 긴장 때문에 위기가 심해졌고, 수데텐란트 산악 지대 주변 지역에 사는 300만 명의 독일인은 그 삶의 조건이 용납할 수 없는 것이라고 제시한 친나치 정치인의 선동에 차츰 넘어갔다. 1938년이면 히틀러는 체코슬로바키아 공화국을 파괴하기로 결심했고, 히틀러와 수데텐란트의 독일인들이 위기에 불을 붙이자 영국의 토리당은 앞서 언급한 대로 유일한 해결책은 그 지역을 독일에 넘겨주는 것뿐이라고 믿게 되었다.

1931년 에스파냐에서는 군주제에 반대한 지방선거 결과의 여파로 공화국이 수립되었지만 점점 심하게 분열했다. 1934년에서 1936년까지 통치한 보수 세력은 좌파가 1931년에서 1933년까지 법제화한 교육의 세속화와 지방자치 조치를 되돌리려 했다. 사회주의자들의 서투른 봉기(반년 전 빈에서 일어난 1934년 봉기에 비할 만한 전략적 오판)는 우파의 억압을 촉발했고, 이는 다시 인민전선의 조직을 자극했다. 인민전선에는 이제 프랑스와 에스파냐에서 공히 사회주의자와 좌파 성향의 자유주의적 의원 후보자들과 나란히 공산주의자도 참여했다. 소련 정부의 축복을 받았지만 심한 거리 투쟁을 벌여야 했던 인민전선은 반파시즘 투쟁과 친노동 개혁의 옹호라는 폭넓은 기반 위에서 에스파냐와 이어 프랑스(그리고 1938년 칠레)에서 선거를 승리로 이끌었다. 특히 에스파냐는 보수 세력과 교회 권력이 보기에는 받아들일 수 없는 폭력이었던 분란에 빠졌고, 1936년 7월 군부가 반란을 일으켜 나라의 거의 절반에 해당하는 지역에서 군 주둔지를 장악하는 데 성공했다. 이어진 전면적 내란은 소련이 지원하는 국제 여단과 이탈리아·독일의 상당한 군사 지원이 각각 공화파와 반란을 일으킨 국민군 편으로 개입함으로써 1930년대를 상징하는 이데올로기적 충돌이 되었다. 2년 반 동안의 싸움 끝에 프랑코 장군의 팔랑헤당이 조직한 왕당파와 군부, 파시스트들의 권위주의적 동맹이 우세를 차지했다. 수많은 좌파 인사가 망명을 떠났으며, 훨씬 많은 수가 투옥되고 총살당했다. 영국과 프랑스, 스칸디나비아, 저지대 국가들에서는 확실히 민주주의가 유지되었다. 그러나 그 시대의 지극히 중요한 정치 세력은 점점 통제된 집단을 옹호한 이들, 전쟁을 찬양하거나 실행한 이들, 아무런 양심의 가책 없이 이견을 지닌 사람들을 감금하고 나아가 살해한 이들로 보였다.

* * *

1931년 9월 지구 반대편에서 일본의 군대가 국제연맹이 감독하는 집단 안보 질서에 처음으로 강력한 타격을 가하면서 국가주의적 권위주의의 흥기는 더욱 위협적인 것이 되었다. 일본 군부에 랴오둥반도의 기지는 만주를 통제하는 열쇠로 보였고, 만주는 식민지 조선을 지키고 소련을 견제하고 중국으로부터 존중받는 데 필수적인 것으로 보였다. 일본 군부의 추론에 따르면 장제스의 중국 북부 통제권 주장이 강화되는 상황에서 현지의 군대가 만주 본토에 교두보를 확대하는 것은 더욱 긴요했다. 일본이 관리한 남만주철도에 신중하게 계획된 폭탄 공격이 가해졌고 남만주의 군사적 점령이라는 결정적 대응이 나왔다. 일본 정부의 육군 대신으로부터 신속히 재가를 얻은 '만주사변'은 일본의 온건파에 대한 공격이기도 했으며, 내각은 이미 벌어진 일을 기정사실로 받아들였다. 군부 출신의 온건한 장관들을 포함해 1920년대에 기꺼이 협력적 국제 질서를 구축하려 한 정당들과 지도자들은 군부의 조급한 과격파에 영향력을 빼앗기고 이따금 목숨도 잃었다. 1932년이 흘러가는 중에 위협에 겁을 먹은 도쿄의 내각은 만주를 가상의 주권국가 만주국으로 재편하고 만주족의 마지막 황제 푸이를 '꼭두각시' 주권자로 세우기로 결정했다. 국제연맹이 비난하자 일본 정부는 1933년 3월 이 조직에서 탈퇴했다. 독일 정부가 국제연맹의 군축회의에서 프랑스와 영국이 군대를 축소해 독일 군대와 균형을 맞추기를 거부한 것을 핑계로 탈퇴하기 약 9개월 전이었다.

1930년대 일본이 파시스트 정권이었는지는 거듭 논란이 되었다. 국가를 접수해 변형하려는 파시스트 정당의 존재가 기준에 포함된다면 형식적이고 규범적인 의미에서는 파시스트 정권이 아니었을 것이다. 그렇지만 일본 통치자들은 왕과 국가, 정복을 미화한 매우 강압적인 군사 통치를 점점 강하게 실행했다. 일본 국내에서는 군부의 영향력이 정부를 장악했다. 다이쇼 시대 (1912년에서 1926년까지 이어진 다이쇼大正 천황의 재위 기간에서 이름을 땄다.)로 알려진 의회정치가 작동했던 짧은 막간은 세계공황이 시작하며 시들었다. 농업의 빈곤을 경험한 농촌 지역 출신의 젊은 장교들과 강경한 팽창주의자들은 1920년대의 퇴폐적인 부르주아 자유주의와 활기찬 도시 문화와 정치적 논쟁을 독일에서 나치가 그랬던 것만큼이나 강하게 비판했다. 국가주의자들은 '쇼와 유신'을 열망했다. 그렇게 되면 정치인들과 부패한 자본가들로부터 권력과 재산을 빼앗아 새로운 젊은 쇼와昭和 천황 히로히토裕仁에게 돌려줄 수 있으리라고 추정되었다. 정치인 암살이 특징인 과격한 국가주의자 장교들의 쿠데타

시도(발생 날짜에 따라 1932년의 5·15 사건, 1936년의 2·26 사건으로 알려져 있다.)에 이미 분열해 있던 내각은 국가주의적이고 권위주의적인 성격이 더욱 강한 정책들을 추진했다. 폭동을 일으킨 이들(그리고 이들에게 감화를 준 이데올로그 기타 잇키北一輝)이 처형되었지만 온건파는 겁을 집어먹고 침묵하거나 투옥되었다. 주요 정당들은 해산된 반면 통치자들은 공식 정당은 아닐지언정 전국적 지원 운동을 조직했다. 대정익찬회大政翼贊會라는 이 단체는 젊은이들에게 군사적 덕목을 가르쳤으며(여기에는 적을 무자비하게 다루는 것이 포함된다.) 천황을 미화한 국민 종교인 국가 신도를 고양했고 아시아인의 종족적 우월성을 주장했다. 새로운 정부들은 1930년대에 분열한 것처럼 보였다. 한편에는 고노에 후미마로近衛文麿를 비롯한 온건한 국가주의자들이 있었는데 이들은 영국과 미국을 자극하지 않도록 아시아로 점진적으로 팽창하는 것이 현명하다고 판단했다. 다른 한편에는 서구와 다시 일어나는 중화민국과 더 큰 전쟁을 벌이는 것은 시간문제라고 확신한 군 지휘관들이 있었다. 이들 중 한 사람으로 만주사변의 계획에 기여한 이시와라 간지石原莞爾 장군은 더 광범위한 전쟁을 예상했던 반면 도조 히데키東條英機는 정치인으로 변신하여 1941년 12월 일본이 영국과 미국에 맞서 동아시아 전쟁을 파멸적으로 확대할 때 총리로서 이를 주재했다.[167]

그러나 이 조치는 결국 먼저 추진한 팽창을 보호하기 위해 공격을 지속한다는 자기 충족적 논리로 이어졌다. 전쟁이 전쟁을 부른 것이다. 어느 정도 유사한 국민적 확신에 의존해 중화민국을 근대화하려는 장제스의 노력을 걱정스럽게 보던 일본은 1937년 만주 침공을 개시했다. 1940년 중국에 깊이 개입한 일본 정부는 베를린·로마 추축과 이어 독일·이탈리아의 강철 조약에 참여한다고 선언했으며, 유럽의 전쟁 결과가 몇몇 군 계획가가 기대했듯이 만주에서 북으로 진군해 소련과 대결할지 아니면 최후에 우세했던 전략의 구상대로 남쪽으로 동남아시아의 유럽 식민지를 타격할지 결정해 주기를 기다렸다. '남쪽 길'이 훨씬 매력적으로 보였다. 소련군이 일본과 싸운 몇 차례 중요한 국경 전투에서 능력을 확실히 증명했고 자원이 풍부한 네덜란드와 프랑스의 식민지가 허약했을 뿐 아니라(두 나라 정부는 1940년 봄 유럽에서 결정적 패배를 당했

——허장성세? 1937년 7월, 항전을 다짐하며 연설하는 장제스. 쑨원의 국민당을 이어받은 이 총사령관은 대중 정치의 시대인 1930년대의 정치 지도자에게는 결정적인 수단이었던 라디오를 이용했다. 중국의 권위주의적 국민당 정부는 강도를 더한 일본의 전면적 침공에 맞서 필사적으로 전쟁을 수행하려 애썼다. (Wikimedia Commons)

다.) 소련이 히틀러와 불가침조약을 체결해 행동의 자유를 얻었기 때문이다. 미국이 일본에 프랑스가 물러난 베트남의 기지들에서는 물론 중국에서도 물러나야 한다고 집요하게 주장하면서 일본은 굴욕을 당할지 더 큰 전쟁을 준

———아시아의 제2차 세계대전: 1937년 12월, 아직 가볍고 원시적이었던 일본의 전차들이 난징의 성문을 공격하고 있다. 유럽에서 제2차 세계대전이 시작되었을 때 일본은 중국 해안의 좁고 긴 띠 모양의 땅을 차지했고, 중국 국민당은 양쯔강 유역 상류의 충칭에 자리를 잡았으며, 공산당 세력은 옌안 북서부에 거점을 보유했다. 주민들은 두 군대 사이에 갇혀 기근과 인플레이션, 질병에 점점 심한 고통을 당했다. (Wikimedia Commons)

비할지 근본적 선택을 강요당하는 것 같았다. 미국이 자국 상품의 일본 수출을 사실상 금지한 뒤 네덜란드 동인도회사가 일본군에 필요한 석유의 공급을 약속했기 때문에 전쟁을 확대하는 대안이 다시 유력하게 보였다. 일본 정부에는 불운하게도 남쪽으로 팽창하려면 영국과 미국 기지를 겨냥한 선제 타격이 필요했다. 한 번 더 전쟁이 전쟁을 불러왔다. 1940년대 초의 유리한 상황에서 중국은 비록 소련의 엄청난 공격력은 없었지만 소련이 히틀러에게 제기했던 것과 유사한 딜레마를 일본 지도자들에게 던져 주었다. 일본은 중국이라는 거대 사회를 지배해야 대륙에서 주도적 위치를 차지할 수 있다고 믿었지만 중국의 회복력이 뛰어났기에 예상보다 훨씬 큰 노력을 기울여야 했고 결국 자국보다 훨씬 많은 재원을 가진 해외의 적을 끌어들였다.

1930년대 중반을 기준으로 볼 때 사태의 추이는 이미 충분히 불길해 여러 지식인을 파시즘에 패배하든지 공산주의자들과 나란히 서서 저항하든지 둘 중 하나를 선택할 수밖에 없는 끔찍한 상황으로 이끌었다. 미국 민주주의는 너무 멀고 외부의 넓은 세계에 무관심한 듯했고 대량 실업으로 고통받고 있었다. 다행스럽게도 서구 여론은 대부분 아마도 그럭저럭 헤쳐 나가리라는 희망을 너무 오래 붙들고 있었거나 시인 위스턴 휴 오든W. H. Auden이 말한 이른바 "상스럽고 부정한 10년"의 희망에 빠져 그러한 종말론적 사고를 거부했지만 사생활의 완전한 정치화를 방해하고 때로는 대담하게 진보적 사회입법을 실험하기도 한 국가들에 헌신했다. 이는 충분히 이해할 만하다. 소련은 자신들이 파시즘의 반대편에 있다고 주장했지만 침투력 강하고 억압적인 사회 통제를 발전시켰으며 아마도 모든 독재 체제 중에서도 사회에 가장 완벽하게 침투했을 것이다. 좌파에 공감한 소설가 앙드레 지드André Gide는 1936년 러시아에 갔는데 세상 어느 곳에서도, 심지어 나치 독일에서도 그곳처럼 사상과 자유가 철저하게 통제되지는 않았다고 썼다. 조지 오웰George Owell은 에스파냐 내전에서 스탈린주의가 좌파를 가혹히 통제하는 데 깊은 관심이 있음을 이해하게 되었다.[168] 그렇지만 서구의 공산주의자들과 지지자들은 여전히 (전후의 장폴 사르트르Jean-Paul Sartre처럼) 소련이 전 세계 프롤레타리아의 희망과 열망을 구현했으며 따라서 지지를 받아야 한다고 주장할 수 있었다. 소련은 공공연한 독재 체제였다.(1936년의 헌법에 따르면 완벽한 민주주의로 생각되지만.)

러시아 국가의 기관들은 노골적으로 프롤레타리아의 독재로 움직이는 (적어도 프롤레타리아를 대변하는) 당에 이탈리아와 독일의 경우보다 훨씬 철저하게 종속되었다. 1980년대 미하일 고르바초프Mikhail Gorbachyov의 개혁이 있기까지 러시아의 지도자는 소련공산당KPCC 제1서기로 일했다. 이탈리아와 독일처럼 그 독재자는 엄청난 개인적 권력을 축적했지만, 스탈린은 무솔리니와 히틀러와 달리 절대 다른 동지에게 당의 지도권을 대리하게 하지 않았다. 독일과 이탈리아의 국가기구는 약간의 자율성과 전통을 보유했다. 내전 시기와 당이 볼셰비키 정권에 봉사할 의사가 있는 나이 든 관료들을 아직 받아들이던 1920년대가 지난 후 이러한 현상은 러시아에서 더욱 심해졌다. 당 관료들은 제2차 세계대전에서 군대의 지휘관들과 나란히 일했으며, 때로 포로가 되면 분노의 대상이 되고 처형되었다. 제1서기의 잠재적 경쟁자들도 당의 고위 관료였다. 1920년대 한동안은 외무 인민 위원과 경쟁한 공산주의 인터내셔널 지도부가 적수였지만 시간이 갈수록 비밀경찰의 수장이 경쟁자였다. 소련의 대통령은 의전을 위한 자리였다. 국가의 의회 기구는 남아 있지 않았다. 이론상 제헌의회와 두마는 이미 제거된 부르주아 국가에 속했다. 당대회와 그보다 작은 당 중앙위원회, 통치 집단인 정치국이 입법기관이었다. 당대회는 주권 기구로 추정되었지만 실제로는 정치국과 중앙위원회의 결정을 추인할 거수 기관으로 계획되었는데 당원들이 선거로 구성했다. 역설적으로 보이지만 공산주의 국가들은 비경쟁 선거였는데도 늘 선거에 열중했다. 선택 가능한 인물들이나 정책들 가운데 고르는 것이 아니라 충성스러운 자들을 동원해 활력을 불어넣는 것이 목적이었기 때문이다.

역사가들은 레닌 시대(1917~1923)와 경쟁자들이 바뀐 그 이후의 '삼두정치' 시대(1924~1929)를 1930~1931년 무렵 온전한 통제권을 확보하는 데 성공한 스탈린의 자의적 공포정치 시절과 구분하곤 했다. 그러나 스탈린의 마음이 검은 음모로 가득하고 국가의 테러 기구가 1930년대 중반에서 말까지 전례 없이 높은 수준에 이르렀다고 해도 소련 국가의 권위주의적 잠재성은 일찍부터 드러났다. 그렇지만 소련 체제의 초창기에는 내전이 벌어지고 영국과 프랑스, 미국과 싸우고 있었다. 호의적인 관찰자들은 레닌 정권을 이론가 카를 슈미트가 주권의 도가니라고 규정한 '예외'적 국가로 해석할 수 있었다. 레닌이 뇌졸중으로 쓰러져 오래 누워 있다 죽었을 때 서방 국가들의 지원을 받은 반혁명 군대 '백군'이 패퇴했고, 정부는 내전 상황에서 강요한 파멸적인 경제적 집산주의에서 한발 물러나 신경제정책NEP(시장경제와 외국인 투자의 부분적 회복)을 도입했다. 1920년대 말 짧게나마 모스크바와 페트로그라드(상트페테르부르크)는 실험 연극과 미래파 미술의 본고장이 되어 서방의 지식인들을 끌어들였다. 1930년대에 들어 세계적인 경제 위기가 자본주의 세계의 고삐를 죄면서 그 현상은 더욱 강해졌다.

그러나 그러한 균형은 소련이 멕시코처럼 권한을 지닌 지위에 의존하되 경찰 독재를 쓰지는 않는 '포괄적인big tent' 일당 정권으로 그 큰 변화에 안정을 가져오게 할 수도 있었겠지만 나타나지 않았다. 역사적·개인적·사회적 이유가 있었다. 불구가 된 레닌이 물려준 경쟁은 다른 누구보다 트로츠키와 스탈린 사이에 경쟁관계가 조성되었음을 뜻했다. 트로츠키는 유대인 출신에 여러 곳을 돌아다닌 혁명 이론가였다. 스탈린은 토착민에 지적 포부를 지닌 유능한 싸움꾼으로 동료들을 경쟁자이자 잠재적 음모자로 보았다. 1920년대 말부터 스탈린은 당 지도부(따라서 국가 지도부)가 부여해야 했을 제도적 최고 통치권까지 초월한 권력을 축적했다. 스탈린은 두려움의 대상이자 숭배의 대상이었다. 모든 전체주의 지도자들은 개인주의적 통치의 강력한 요소를 행사했다. 이를테면 히틀러와 무솔리니는 직접적으로 의사를 전달할 필요가 있다고 생각했다. 스탈린은 그렇게 생각하지 않았다. 스탈린은 멀리 떨어져 있었지만 가부장적 신처럼 눈에 불을 켜고 지켜보았다.

제도에 뿌리내린 차이도 있었다. 모든 권위주의 국가(중화민국은 여기에 넣지 않는다.) 중에서 러시아는 대의제도 경험이 가장 짧은 나라였다. 이탈리아는 1860년 이후로, 독일은 1870년 이후로 의회 정부를 갖추었다. 러시아의 두마는 겨우 1905년부터 1917년까지 존재했을 뿐이고, 선거권은 점점 축소되었다. 독일과 북부 이탈리아에서는 지역의 자치정부가 활발히 움직였다. 게다가 소련은 처음부터 볼셰비키에 좌절을 안긴 사회구조, 즉 대규모 농민을 물려받았다. 볼셰비키는 농민을 적대적이고 후진적인 세력으로 여겼다. 볼셰비키는 1917년 3월에서 11월까지 이어진 임시 공화국 시절 정책적인 표어의 하나로 농민에게 자신이 경작한 토지를 재산으로 넘겨받을 권리를 주겠다고 약속했다. 그러나 개별적 토지 보유는 볼셰비키가 염두에 둔 최종적 소유 형태가 아니었고, 소농의 보유지가 큰 생산성을 보이리라는 전망도 없었다. 볼셰비키가 생각한 경제적 과제는 농업 부문의 생산성을 높이고 그로써 여분이

된 노동력을 도시로 보내 공업을 발전시키는 것이었다. 게다가 소농은 불만 많은 대규모 반대파로서 늘 볼셰비키와 대결하곤 했다. 일부 볼셰비키, 특히 니콜라이 부하린Nikolai Bukharin은 최소한 농민에게 사적 시장에서 생산물을 판매하고 보유지를 유지할 수 있도록 허용하는 기간을 길게 주자고 주장했다. 국내에서 패권을 장악하는 데 몰두하던 스탈린은 1920년대 말에 점진주의적 정책이라면 무엇이든 가리지 않고 공격했다. 스탈린은 1928년 국제주의자 좌파를 습격한 뒤 이른바 우파 지도부를 공격했고 유럽의 사회민주주의자들과는 어떤 협력도 가능하지 않다고 선언했다. 이 정책은 독일 민주주의에 재앙과 같은 결과를 가져온다. 그리고 스탈린은 추론의 결과였든 신조의 확신에서 나온 것이든 1920년대 초의 경제적 타협을 번복하고 농촌의 집단화 정책을 도입했다. 농민 보유지는 트랙터와 여타 장비를 통제하게 될 집단농장으로 흡수되었다. 1년 넘는 기간에 공산당원들은 농촌에서 파괴적인 혁명을 일구었다. 특히 우크라이나에서는 거센 반대가 있었고, 스탈린은 1931~1932년 그 지방을 완전히 봉쇄해 의도적인 대규모 기아를 주민의 저항을 무너뜨리는 수단으로 사용했다.[169] 같은 기간에 스탈린은 제1차 5개년 계획에 착수했다. 이 계획으로 정부가 도네츠 분지(돈바스)에서 대규모 공업화에 들어가면서 공업이 국유화되고 민간 경제가 중단되었다. 노동자들이 사실상 징집되어 가혹한 환경에서 제강소와 수력발전소를 세웠다. 젊은이들은 청년 공산당원으로 충원되어 모스크바 지하철 건설에 투입되었다. 노동력이 가장 강압적으로 동원된 곳은 정치범들이 투입된 북극권의 백해와 발트해의 운하 건설 현장이었다.

소련의 공업은 제1차 5개년 계획이 진행된 1932~1937년, 자본주의국가들이 대공황이라는 곤경에 빠져 있던 암울한 시절에 급속하게 성장했다. 소련의 공업은 1937년에서 1942년까지 계획된 제2차 5개년 계획 중에도 강건했다. 당시 소련은 독일의 공격에 취약한 서부 러시아에서 우랄 지방으로 많은 공업 시설을 옮겼다. 1930년대 말의 경제계획은 서방의 많은 비공산주의 좌파를 매혹했다. 소련이 내놓은 산출의 질이 양적 지표와 보조를 맞추었는지에 관해서는 논란이 있었다. 농업 부문이 발전하지 못한 것은 분명하다. 농업 부문은 그 나라에서 생산성이 대단히 낮았고 침묵할 수밖에 없었을지언정 적대적이었을 것이다. 생활수준은 중부 유럽보다 훨씬 낮았다. 그러나 더 나빴던 것은 정권이 지지자들 집단의 격변에, 다시 말해 공산당의 대규모 숙청(수백만 명에 달한다.)에 착수했던 것이다. 수많은 사람을 쫓아냈고 수만 명에서 수십만 명을 가혹한 조건의 수용소로 보냈으며 종국에는 시범 재판을 열어 스탈린의 오랜 동료들과 참모부의 절반가량에게 수치스럽고 터무니없는 자백을 강요하고 총살을 하거나 장기간의 강제 노동 형벌을 선고했다. 그렇지만 이 정권과 1941년 히틀러의 의도를 그렇게 오판한 이 독재자는 끝 모를 국민적 충성(공산주의 체제에 대한 충성이 아니라면 러시아에 대한 충성)을 이끌어 낼 수 있었다. 소련은 독일군의 대규모 공격에 맞서 방대한 영토를 상실하고도 견뎌 냈으며 군인과 민간인의 막대한 희생을 감내하며 독일군을 물리쳤다. 소련의 노력이 없었다면 나치는 실제보다 훨씬 오랫동안 유럽 대륙을 지배했을 것이다. 영국과 미국은 1945년 이후 독일에 핵폭탄을 써야 했을지도 모른다. 그러지 않았다면 두 나라는 수십 년 동안 독일을 눈앞의 적으로 두었을 것이고, 민주주의는 실제보다 훨씬 불안하게 흔들렸을 것이다. 동유럽의 주민들은 1945년에서 1980년대까지 수십 년에 걸쳐 그 승리의 대가를 비싸게 치러야 했다. 그렇지만 1930년대 말에는 좋은 선택이 없었다.

소련인 희생자들의 추정치는 공식 기록에 처형되거나 노동 수용소로 추방되었다고 나온 약 70만 명부터 식량을 공급받지 못하거나 강제 이주 조치되어 죽어 간 수백만 명까지 다양하다. 노동 수용소에 끌려간 사람들은 매년 수용자의 3분의 1까지 사망했다. 파멸적인 독일의 침공과 전쟁만이 2000만 명이 넘는 사상자를 더 내면서 스탈린이 국내에서 치른 전쟁을 가라앉혔을 것이다. 역사가들은 스탈린이 커다란 변동을 원한 열광적인 당 지지자들에게 대응했는지 아니면 숙청을 주도했는지를 두고 논쟁했다. 이 문제는 중요하지 않을 수도 있다. 전쟁이 끝난 후 보리스 파스테르나크Boris Pasternak가 소설 『닥터 지바고Doktor Zhivago』에서 쓴 대로 어떤 이들은 참화에서 벗어나 좀 더 정상적인 생활을 할 수 있기를 기대했으며, 몇 년 동안은 최악의 테러가 끝난 것처럼 보였다. 그러나 1947년과 1948년 똑같은 고발과 시범 재판의 장치가 동유럽 국가들을 습격했고, 러시아인들은 그곳에 공산주의 정부가 수립되도록 지원했다. 소련의 지도자만큼이나 '순수한' 마르크스·레닌주의자가 틀림없었던 유고슬라비아의 요시프 브로즈 티토Josip Broz Tito 원수가 코민포름의 '규율'을 거부했을 때, 다시 말해 소련이 전쟁 중에 공산주의 인터내셔널을 해체하고 1947년에 그 대신 조직한 새로운 국제 공산주의 사무국에 동조하지 않았을 때 소련은 티토를 반역자로 매도했다. 티토주의는 트로츠키주의만큼이나 사악한 것이 되었다. 트로츠키가 독일의 파시즘과 공모했다고 추정되었듯이 티토의 행태는 미국의 자본주의와 결탁한 탈선이라는 것이었다. 1952년 아직도 남아 있던 스탈린의 반유대주의는 300만 명에 달하는 소련 내 유대인 주민을 겨냥한 숙청으로 구체화되는 것 같았다. 이들은 나치의 학살 부대를 피해 살아남은 사람들이었다. 스탈린은 이들을 전부 소련 유대인의 고향으로 이송할 계획을 세우고 있었는지도 모른다. 스탈린의 유대인 의사들이 그를 독살하려는 음모를 꾸몄다는 주장이 있었다. 자연사로 추정되는 독재자의 죽음이 이 임박한 숙청과 실행될 수도 있었던 강제 이주를 막았다. 오직 그것만이 막을 수 있었을 것이다. 스탈린의 후계자들은 서로를 두려워했지만 모두가 가장 크게 두려워한 비밀경찰 수장을 없애려고 연합했고 비록 당-국가까지는 결코 되돌릴 수 없었지만 최악의 지나친 행위들을 점진적으로 되돌렸다. 마침내 1956년 소련공산당 제20차 당대회에서 니키타 흐루쇼프Nikita Khrushchev는 '비밀 연설'로 그 위대한 지도자가 편집증의 망상과 비통한 정치적 선택에 굴복했다고 과감하게 말했다. 흐루쇼프는 살아남은 다른 동료들처럼 1930년대의 무자비한 정책에 공모했다고 지적되었지만 계속 통치할 당의 혐의를 적어도 부분적으로는 벗겨 주려 했다. 그러나 이는 이후 35년에 걸쳐 정권이 얼마나 흠이 많은지 차츰 드러낼 충격적인 사건들에서 첫 번째 진정한 미동이었을 뿐이다.

정치적 병리학

서방의 정치 분석가들과 정치 평론가들은 독일 정권과 소련 정권이 초래한 인간 파멸에 직면했을 때 시민 파괴의 이 난잡한 축제를 지적으로 이해하려 했다. 마르크스주의자 이론가들과 역사가들은 둘을 구분하려 했다. 독일과 이탈리아는 기본적으로 자본주의 질서에 손대지 않은 테러 정권이자 살인 정권이었던 반면 소련은 사회주의를 건설하고 있었고 잔학무도했을망정 그들이 후진 국가에서 권력을 잡았기 때문이다. 제3인터내셔널(소련 정권을 지지하기 위해 모인 마르크스주의자)이 선전한 '통속적' 이론에 따르면 파시즘은 '독점자본'이 권력을 유지하기 위해 쓴 가장 잔인한 전략이었을 뿐이다. 비주류 마르크스주의자들은 좀 더 예리하게 지적했다. 부르주아의 여러 부분이 상호 경쟁으로 무력해졌을 때 출현한 '보나파르티슴' 정권처럼 파시스트들이 정치적으로 자율적이었다는 것이다.[170] 그러나 파시스트와 나치는 자본주의 사회의 토대를 훼손하지 않았기에 거짓 혁명가라고 주장되었다. 전시 파시스트 경제를 연구한 최근의 학자들은 그 정권이 사실상 기업가들의 투자 가능성을 통제함으로써 그 선택을 크게 제한하였으므로 자본주의에 대한 중대한 공격을 대표했다는 견해를 제시했다. 프란츠 노이만Franz Neumann과 헤르베르트 마르쿠제Herbert Marcuse 같은 1930년대와 1940년대의 마르크스주의 비평가들은 제3제국이 실제로는 국가가 아니고 산업계든 정당 우두머리들이든 군부든 독일 내부의 가장 강력한 노골적 이권 세력의 표현이었을 뿐이며 힘의 균형이 서서히 나타날 수 있었다고 주장하려 했다. 이것은 단지 마르크스주의적 분석에 그치지 않았다. 한동안 프랭클린 루스벨트와 뉴딜 정책은 그러한 견해를 공유했다. 1930년대 말 미국 행정부는 파시즘이 무제한의 사적 독점권이나 매한가지라고 주장했다.[171] 파시스트들이 자금을 지원하여 구제하려거나 새로운 생산물을 개발하려는 경우가 아니라면 좀처럼 산업의 국유화를 시도하지 않았다는 것은 사실이다. 나치 지도자들은 금융이 착취적이고 종종 유대인 세력이 지배했다고 생각해 천하게 여겼지만 산업자본주의와 공학, 혁신을 진실로 찬양했다. 그러나 나치 정권은 독점 자본가들의 손에 놀아난 꼭두각시가 아니었다. 나치는 분명코 국가를 운영했다.

그리고 신속하게 정당들을 폐지하고 독재 권력을 획득했으며 유대인에게 나폴레옹 이전 시대에나 볼 수 있었던 가혹한 법적 규제를 가하고 적을 재판 없이 잔인한 시설에 가두거나 종종 재판을 거친 후 처형한 독일 정권이 혁명적이지 않다고 주장하는 것도 일상의 언어를 조롱하는 것이다. 수백 곳의 노동 수용소와 강제수용소를 설치한 당국 너머에서 많은 독일인은 실제로 자신들이 완전고용의 행복한 사회를 다시 찾고 있다고, 예를 들면 계급 간의 연대를 보여 주기 위한 가난한 이웃을 돕는 성탄절 모금이나 간단한 스튜 나누기, 노동자 여행과 여타 잘 조직된 여가 활동(기쁨을 통한 힘Kraft durch Freude과 이탈리아의 도포라보로Dopolavoro)에서 볼 수 있는 민족 공동체의 따뜻한 공동체 정서를 다시 얻고 있다고 생각했다. 보통의 독일인들로 하여금 정권의 잔혹함에서, 야당과 유대인의 굴욕과 소멸에서 눈을 돌리게 한 것은 나치당의 작지 않은 성취였다. 독일은 베르사유 조약의 족쇄를 벗어던지고 깨어나고 있었다. 대놓고 하든 신중하게 하든 불평하는 시민들에게 연이어 법률적 제한이 가해졌지만, 미국도 인종 분리를 강요하고 휴양지와 공원을 백인만 이용할 수 있게 하지 않았는가? 1938년 11월 9일에 독일 전역에서 유대교 회당에 조직적으로 불을 지르고 이를 파괴한 수정의 밤은 약간의 동요를 불러일으켰다. 그것은 자신들의 문명국가 전역의 도읍들에서 공공연히 자행된 방화와 폭력이었다. 그때 반유대주의는 국민의 이데올로기적 신조가 되었다. 유대인은 독일인의 적이었고, 이 정책에 홀로 이견을 표명하는 것은 위험할 수 있었다. 드물게 예외가 있기는 했지만 기독교 목사들도 침묵했다. 나치 정권은 우선 독일의 유대인을 최대한 많이 욕보이고 그들의 재물을 빼앗고 그들을 강제로 이주시키는 데 나섰으며 그다음에는 자신들이 쳐들어간 모든 나라에서 남아 있는 유대인을 사로잡아 점령지 폴란드에 건설한 학살 공장으로 이송해 때로는 노동력을 착취한 뒤에 때로는 그러한 시도도 하지 않고 살해했다. 독일의 정책 입안자들이 한동안 서부 폴란드의 유대인들을 대량 영양실조로 유도해 자연스럽게 죽도록 내버려 둘 수 있는 게토로 집어넣는 것밖에 생각하지 못했다면 1941년 점령과 더불어 이들은 더 주도적으로, 대규모 기관총 사격에 이어 절멸 수용소로 대응해야 한다고 결정했다.

많은 지식인에게 이는 소련의 경험과 다르게 보였다. 러시아와 폴란드에 반유대주의가 남아 있던 것은 분명했지만 러시아인들은 반유대주의를 부르주아 민족주의적 이데올로기라고 비난했다. 최악의 경우에도 소련에는 늙은

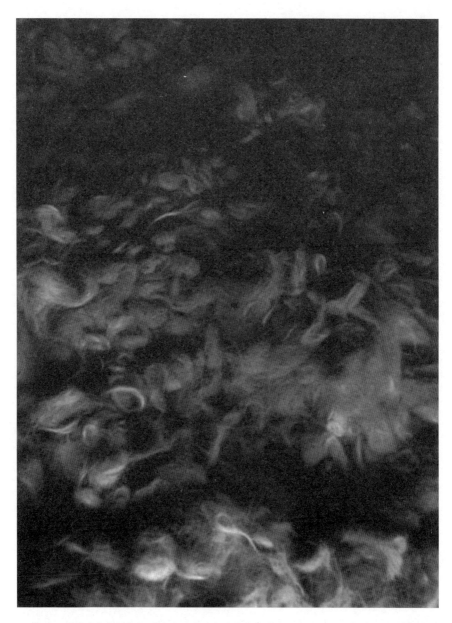

    리바이어던의 타락: 여성 수감자들의 머리카락. 아우슈비츠-비르케나우 수용소를 해방할 때 발견했다. 머리카락은 수감자들에게서 때로는 도착할 때, 때로는 트레블린카에서처럼 가스로 살해하기 직전에, 때로는 시체에서 잘라 내 옷감과 밧줄, 매트리스 채움재, 장화 단열재 등으로 썼다. (Wikimedia Commons)

유대인 공산주의자들이 있었고, 1946~1947년 폴란드와 헝가리, 체코슬로바키아의 공산주의 고착화에 기여했다고 동포의 미움을 받아 모스크바 등지로 피신한 공산주의 지도자 다수가 유대인이었다. 나치즘은 거의 격세유전적인 이데올로기에 몰두했다. 반유대주의는 실제로 중부 유럽과 동유럽 전역에서 자본주의와 사회주의, 자유주의에 적대적인 우파 세력에게 오랫동안 중요했다. 하나의 이데올로기로서 공산주의도 '국제주의적'이었다. 공산주의는 조건이 무르익으면 세계 전역에서 프롤레타리아 혁명이나 마르크스주의 혁명이 일어나리라고 고대했지만 민족주의적 이유로 벌이는 전쟁은 비난했다. 나치즘과 아마도 이탈리아 파시즘도 군사적 덕목의 찬양과 아주 긴밀히 결합돼 있어 이데올로기의 완성을 위한 전쟁을 원했다. 반면 소련에는 이와 동등한 종말론이 없었다.(그렇다고 스탈린이 대규모 공군과 훌륭한 전차 부대를 만들지 못한 것은 아니다.)

그렇지만 중요한 것이 이데올로기였을까? 좌파 지식인들은 수백만 명의 희생자를 낸 우크라이나의 기근이 식량 수입을 중단하기로 한 소련 정부의 결정에서 비롯했음을 이해하지 못해도 용서받을 수 있을지 모른다. 이탈리아와 다른 나라의 영사들은 속지 않았지만 이들의 보고서는 외무부에 묻혀 버렸다.[172] 정치사상가라면 이데올로기들 간의 신조의 차이에 특별히 주목했을 것이다. 교회 지도자들이 화체설의 실존 문제나 성부와 성자의 유사성 대 동등성에 관한 논쟁에서 이단의 냄새를 맡는 것과 비슷하다. 그러나 스탈린주의 시대와 이어 냉전의 전개와 더불어 공통적 실천이 두 정권을 결합했고 이는 두 정권이 이데올로기적 반목으로 분열했던 것만큼이나 중요했다는 깨달음이 왔다. 파시즘과 공산주의 둘 다 권력을 장악하고 행사해야 한다는 단일 정당의 주장을 토대로 세워졌다.(관료 기구들이 비교적 영향을 받지 않은 독일과 이탈리아보다는 혁명 후 소련에서 더 철저했다.) 두 정권의 지지자들은 단일 지도자를 찬양하고 그의 성명에 법적 지위를 부여하는 성향을, 심지어 그가 직접 명료하게 밝히기 전에도 추가로 어떤 획일성을 강요하기를 원하는지 미리 내다보는 성향까지 공유했다.[173]

물론 전체주의국가만 반대파를 관용하지 않거나 검열과 처벌로 반대파를 억압하고 침묵하게 만들어야 한다는 관념을 드러낸 것은 아니다. 보통의 폭정과 잔학한 독재가 많았고 또 있을 것이다. 이디 아민Idi Amin은 1970년대에 우간다에서 살인 정권을 이끌었으며, 이란의 샤 레자 팔라비Reza Pahlavi는 열광적인 비밀경찰로 통치했고, 아르헨티나 군부는 수많은 학생과 잠재적 반대자들을 살해했다. 전체주의국가를 구분되게 하는 것은 집단적 변혁 수단에 의존했다는 것이다. 당-국가는 필시 물리적 기간 시설과 재교육, 국민을 민족 집단(독일)이나 제국의 상속자(이탈리아), 불가피한 변화라는 역사적 과정의 조국(소련)으로 개조하는 것 같은 거대한 사업들을 환영했을 것이다. 전체주의국가는 이른바 개인의 권리에 상대되는 권력을 요구했을 뿐 아니라(개인의 권리가 진정으로 보호되어야 한다고 주장했다.) 비밀경찰을 통치의 핵심 요소로 드높임으로써도 그러한 권력을 요구했다. 소련은 혁명 초기에 혁명의 '칼과 방패'로서 체카를 설립했다. 체카는 점점 강한 침투력을 행사하는 정보기관이자 경찰기관으로 형태를 바꾸었고 이어 지속적으로 재조직되어 인민 위원부나 내각 부처로 바뀌었다.(국가 정치국GPU으로 바뀌었다가 1930년대에는 내무 인민위원부NKVD로 흡수되었고 1950년대에는 내무부MVD와 국가 보안 위원회KGB로 나뉘었다.) 이 거대한 기관들이 소련의 방대한 '수용소 군도'와 수백 개의 보조적 강제 노동 수용소를 거느린 독일의 강제수용소 체제를 관리했다. 이 보조 수용소들은 전부 점령지 폴란드 영토에 절멸 수용소들이 건설되기 전에 설립되었다. 그러나 선택된 사람들에서 차이가 있었다. 독일 국가는 알려진 적들, 말하자면 찬성하지 않는 이들, 반대를 드러내 놓고 말하거나 전단을 돌려 표명한 이들, 마지막으로 모든 유대인을 명확히 규정하는 경향을 보였다. 속내를 숨긴 '보통' 시민은 전쟁이 발발할 때까지는 비교적 안전했다. 소련에서 체포는 보통 자의적이고 무작위적인 것처럼 보였다. 훗날 마오쩌둥의 중국과 폴 포트Pol Pot의 캄보디아에서 그랬듯이 소련도 부자 농민, 가족의 배경과 연줄, 정치적 중용 따위의 범죄 범주들을 창안했다. 그 목적은 혐의자의 범주에서 벗어난 방관자들을 고발과 공모, 체제 지지의 의식으로 밀어 넣기 위한 것이었다. 이 국가의 역사가들은 전후 초기 어느 프랑스 작가가 "수용소 세계l'univers concentrationnaire"라고 부른 이 악몽 같은 공포의 풍경을 바라보면서 이렇게 물어야 한다. 이는 수백 년간 지속된 국가주권 요구의 타락한 절정이었는가? 아니면 그렇게 오랫동안 근대국가의 속성이라고 여겨진 공적 합리성이라는 관념이 전혀 침투하지 못한 곳에 존재한 개인적 잔인함의 어두운 소굴이었는가? 아니면 독일의 평론가 에른스트 프렝켈Ernst Fraenkel이 말한 '이중 국가dual state'로 잘 알려진 법과 완전한 자유재량의 공존이었는가?[174]

서구에서 20세기 독재 체제의 결과에 대한 대중적 인식은 스탈린 사망 전의 냉전에서 정점에 이르렀다. 1950년대가 되면 나치즘과 공산주의의 유사성을 강조한 분석가들은 이론적 차이를 강조함으로써 여전히 소련 사회주의라는 '관념'을 구하려 한 이들보다 예리했던 것으로 보인다. 이 옹호자들은 중국에는 국가사회주의state socialism(나는 단순히 사회주의라고 하는 것보다 이 용어를 더 좋아한다.)가 변할 것이라고, 식민 국가였던 자유주의국가들은 이에 못지않게 극악한 죄악이었던 식민주의와 인종주의에 책임을 져야 했다고 주장했다. 압박을 받을 때는 결국 소련만이 히틀러의 독일을 무너뜨릴 수 있었다고 강변했다. 관념이 아니라 사망자 수로 주장을 펼친 이들은 20세기가 사실상 정치와 국가의 새로운 패러다임을, 다시 말해 자체의 대의를 위해 수백만 명의 개인을 희생시키려는 무서운 목표와 의지를 지닌 전체주의적 당-국가라는 패러다임을 만들어 냈다고 주장했다.

몇몇 분석가는 헌신적인 공산당원의 주관적 경험을 탁월하게 기술했다. 공산주의 이데올로기의 많은 전제가 일반적 계몽사상 자유주의에 뿌리를 두는 것 같았기에 영국과 미국의 독자나 유럽 대륙의 독자에게 이런 경험을 전달하기가 쉬웠다. 제도적 경험을 분석하려 한 저술가들 중에서는 한나 아렌트Hannah Arendt가 가장 도발적이고 독창적이었다. 특수한 비교나 다른 곳에 원인을 돌리는 일이 많지만 아렌트는 제국주의 경험이 비인간화의 이데올로기에서 중심을 차지한다는 점을, 마찬가지로 반유대주의가 중부 유럽의 신조에서 차지하는 중요성을 이해했다. 아렌트는 당과 테러의 역할을 확인했으며 전체주의 사회를 국가 밖의 연대를 파괴한 고립된 원자화의 사례로 분석하려했다. 아렌트는 이 정권들이 남녀 인간을 고립된 존재로 영락하게 만드는 데 효율적이었음을 지나치게 강조했던 것 같다. 사회적 네트워크가 살아남아 이 모든 통치 체제에 저항했기 때문이다. 이 통치 체제는 결사를 이루는 단체 생활을 부수고 파괴했다기보다 침투한 뒤 뒤엎었다.[175]

전체주의라는 꼬리표는 일련의 논쟁을 남겼다. 그 국가들은 정말로 전체주의적이었나? 이 국가들은 인간 본성을 바꾸는 데 성공하지 못했다. 더없이 가혹했던 수십 년간의 억압이 누그러진 뒤에도 러시아인들은 여전히 교회를 간절히 원했고, 중국인들은 여전히 가족을 소중히 여겼다. 히틀러 치하의 독일에서 비유대인은 대놓고 빈정거리거나 회의적인 생각을 드러내지는 못했겠지만 마음에 담고 있을 수는 있었다. 사람들은 가혹한 독재에서 해방되었을 때 그 경험을 벗어던지고 싶은 것처럼 보였다. 네오나치와 철저한 파시스트, 소련이나 중국을 고삐 풀린 폭력 속에 다시 던져 넣기를 원하는 이의 수는 적었다. 그러나 이 용어는 비록 어렵고 문제가 많았으며 1970년대와 1980년대의 피로에 지친 사회주의 정권들에 적용할 때는 분명코 더욱 그러했지만 기본적 국가 경험, 즉 '과도한 국가hyper state'나 슈미트의 결단론decisionism에서 용어를 사용하자면 예외적 국가의 경험을 포착하려는 노력이었다. 전체주의국가는 보통 시간 속에 한정된 것으로 여겨진 전시 국가와 혁명 국가에 관련되었는데, 1860년대와 1870년대에 새로운 통신수단을 이용해 응집력 강한 국민 공동체나 해외 제국을 건설하고자 다시 동원한 수단을 가장 극단적으로 적용한 사례였다. 전체주의국가는 강력한 변혁 과제를 떠안으려는 욕구, 다시 말해 정부와 함께 적극적인 계획 사업을 수행하되 단지 조용히 관리하는 데서 그치지 않으려는 욕구를 대표했다. 그러나 전체주의국가는 자신들을 죽이려 하지는 않아도 최소한 좌절시키기를 원하는 적들의 세계에서 정부와 사회 변화를 동원해야 한다는 널리 퍼진 확신에서 나온 것이기도 하다. 다시 정치는 전쟁이었고 전쟁일 수밖에 없었다.

세계대전과 그다음으로 식민지를 얻기 위한 것이든 식민 국가를 떨쳐 버리기 위한 것이든 식민지 세계에서 벌어진 긴 싸움은 이러한 세력 확대의 계획 사업들을 한층 그럴듯하게 만들었다. 전시의 국가들은 청년을 징집해 위험한 노동을 시키고 기업가들에게 국가의 싸움에 필요한 것을 생산하도록 제한하고 대중의 애국적 충성을 선동하며 정책에 반대하는 사람들을 박해하고 심지어 자유로운 사회에서도 새로이 집단 억류에 의존하는 등 평시에는 폭정이나 마찬가지로 생각될 수 있는 특징을 많이 보였기 때문이다. 전시 국가들은 평계가 없어지면 사라졌지만 20세기의 일부분이었다. 전시 국가는 자유주의자들과 민주주의자들도 국가가 결정권의 강화를 합법적으로 주장할 수 있다고 믿게 만들었다. 이 모든 것은 앞선 시대의 상황, 즉 1793~1803년 외국 군주들이나 나라 내부의 적들에 대항한 프랑스 혁명전쟁, 1864~1870년 파라과이 전쟁, 광포한 태평천국의 난, 헤레로족에 맞선 트로타의 전쟁, 터키인들의 그리스인과 아르메니아인 학살에서 이미 나타났다. 군사 활동의 사례들이 널려 있었기에 전쟁이 일시적으로 중단되었을 때에도 쉽게 군사 활동에 의존할 수 있었다는 사실은 전혀 놀랍지 않다. 그렇다면 예외적 국가는 영구적 토대 위에 수립된 전시 국가나 마찬가지 아닌가? 반대파를 종족적으로 다른 존재로, 국경 안의 식민지로 대우한 것은 식민지 주민들을 다룬 방식과 다를 것이 없지 않은가?

실제로 이러한 활동은 더 단호했다. 식민지의 대량 학살과 종족 학살은 현지 주민들과 병사들이 저항이라고 믿은 것에 뒤이어 벌어졌다. 이러한 군사 활동은 정복지 주민을 테러로 통치하려는 노력이었다. 식민지에서 실행에 옮긴 일부 노동 관행은 비인간적 규율을 강요하려는 의지의 표현이었으며, 나치 독일이 다른 나라에서 데려오거나 강제로 끌고 온 '노예노동자들'에게 부과한 것과 어느 정도 유사했다. 그러나 국내의 '과도한 정권'은 이러한 성격의 통제와 절대적 헤게모니, 자유주의적 통치의 유예, 결단의 미화, 토론의 폄하가 인간이 평생 살면서 취해야 할 방식과 일치한다는 관념 위에 서 있었다. 이 정권들은 타자에 직면할 때 종족과 전쟁이 '자연스러운' 것으로 만든 차별된 인류라는 관념을 자국 국민에게까지 확장했다. 이 정권들은 '자연스러운' 상황에서 발생한 관행들, 즉 유색인과 대결할 때나 침략자들에 맞설 때 발생한 관행들의 뿌리가 종족의 차이나 전시의 적대 관계라는 예외론뿐 아니라 내부의 정화라는 숨은 계획에도 있음을 증명했다.[176] 이러한 계획과 더불어 역사는 예외적임을 주장하는 국가를 목도했다. 제목의 은유를 쓰자면, 이것은 더는 2.0이 아니라 2.1에서 2.9 사이의 어느 지점에 있을 것이다. 뒤에서 무엇이 리바이어던 3.0을 구성할 수 있을지 제시하겠다. 그러나 우선 20세기의 모든 국가가 예외적 상황은 아니었음을 기억해야 한다.

제2차 세계대전의 수행 자체가 모든 주요 교전국이 그 기간에 예외적 상황이 되어야 했음을 입증했지만 전쟁의 결과를 돌이켜 보건대 앞선 예외적 상황이 예외적 국가인 것 같다. 소련의 공산주의 통치는 군대에 의해 강화되며, 식민지 투쟁은 더욱 거세진다. 그러나 제2차 세계대전은 민주주의의 부활 가능성도 드러냈다. 프랭클린 루스벨트는 전쟁의 목적을 선언했다. 이는 '네 가지 자유Four Freedom' 연설과 1941년 8월 윈스턴 처칠Winston Churchill과 선상 회의를 거친 후 선포된 대서양헌장Atlantic Charter에 명시되어 있는데, 민주주의와 인권, 최소한의 물질적 복지의 회복을 기대했다. 점령된 국가들에서 활동한 저항군은 정치적·경제적 민주주의를 바라는 유사한 열망을 담은 선언문을 발표했다. 저항 단체들은 마치니 시절에는 좀처럼 들을 수 없었던 어투로 국가를 해방 공동체로 쇄신하자는 요구도 제시했다. 제2차 세계대전이 없었다면 단지 예스러운 민족주의자로 보였을 유럽의 주요 지도자 두 사람은 독일에 맞서 싸우는 데 필요한 힘을 제공했다. 1940년에서 1945년까지 총리를 지낸 처칠과 프랑스가 해방될 때까지 영국에 망명해 저항운동을 이끈 샤를 드골Charles de Gaulle이다. 두 사람이 각각 보여 준 도전적 태도는 서로를 참기 어려운 상대로 보이게 했겠지만 두 사람은 함께(그리고 콘라트 아데나워Konrad Adenauer와 알치데 데가스페리Alcide De Gasperi 같은 유럽 대륙의 보수적 기독교민주당원과 더불어) 전후에 훌륭한 보수주의가 재출현할 것임을 내비쳤다. 처칠과 드골은 제국의 포기를 심사숙고할 준비는 되어 있지 않았다. 그렇지만 식민지에 반대한 그들의 적들은 독립을 위해 싸울 준비가 되었다고 주장했으며, 영국이 말라야와 케냐에서 오랫동안 싸우고 프랑스가 베트남과 알제리에서 혹독한 전쟁을 치른 후의 일이었지만 유럽의 지도자들은 결국 굴복해야 했다. 소련에 우호적인 공산주의 지도자들이 저항 투쟁을 전후 영향력 확대를 위한 수단으로 이용하고 적들의 신뢰를 떨어뜨리려 했던 것은 분명하다.(비록 이들보다 성공적이지는 않았지만 권위주의적 왕정주의자들도 똑같이 했다.) '인민민주주의'는 소련이 전후의 고분고분한 정권들을 위해 마련한 선전 문구였다. 그렇지만 정치적 협력과 담론의 새로운 가능성들이 모습을 드러냈다. 이는 서독과 이탈리아를 포함한 서유럽과 심지어 몇 년 뒤에는 일본에서도 실현되었으며 동유럽에서는 반백 년이 지난 뒤에야 실현된다.

가벼운 전망: 예외적 국가에서 다시 정상화한 국가로

파시스트 당-국가는 전쟁을 일으켰으나 성공하지 못하고 그 전쟁과 더불어 종말을 고했다. 권위주의적·군국주의적 일족은 에스파냐와 포르투갈에서 살아남았고, 훗날 라틴아메리카와 아시아와 아프리카, 중동의 일부, 짧은 기간 그리스에서 출현한다. 소련과 동유럽의 공산주의 당-국가는 가혹함이 줄어들기는 했지만 1980년대까지도 아무런 이의 없이 통제하기를 강하게 원했다. 그러나 1960년대에 유럽과 북아메리카, 일본의 지배적 정권은 '복지국가'였다. 이 국가들은 19세기 말과 20세기 초 유럽의 자유주의적 정권이나 나아가 보수적 정권과도 기본적으로 다르지 않고 그 연장선상에 있었지만, 포괄적 사회보험을 좀 더 갖추고 종종 기간 시설에 관련된 핵심 기업들을 소유하기도 했다. 그 기원을 추적하면 고아와 노인을 돌보던 교회와 도시가 나온다. 19세기에 초기 공장의 최악의 학대를 예방하고 공장노동자의 최저 연령을 설정하고자 계획된 입법은 물론 작업장 안전 조치들이 추가되었다. 공업 도시의 성장으로 비참한 생활은 농촌 가구에서 드러난 것보다 심해졌고, 단체보험이라는 사회주의적 기획이 유럽의 보수파에게는 위협적이지만 더 그럴듯하게 보였으며, 따라서 종종 새로운 복지국가적 대응을 촉진했다. 국가가 노년과 질병에 대비하는 법안을 만든 것은 비스마르크의 공이다. 공무원들은 자기보험 설계안을 개발했다. 프로이센 같은 몇몇 나라는 좀 더 적극적인 역할을 했으며, 다른 나라들은 가정과 교회, 직업별 공제회에 지원 역할을 떠맡겼다. 미국 남북전쟁과 제1차 세계대전 이후 불구가 된 제대군인과 과부가 된 여인의 사회적 욕구라는 유산은 국가 차원의 대응을 이끌어 냈다. 20세기에 들어서면 유럽의 개혁주의적 좌파가 이러한 계획에 고유의 흔적을 남기려 노력했다. 1906~1914년 영국 자유당의 정책, 1930년대 스웨덴 사회민주당 연립정부가 개발한 정책들, 미국 뉴딜 정책의 주된 특징이었던 국가적 대응이 그러한 사례다.

이러한 미봉책들로부터 최저 소득과 실업과 노년, (적어도 미국 밖에서는) 질병의 사회적 위험에 대비한 보험을 보장하는 데 광범위한 역할을 수행하는 국가로 이행할 수 있음을 떠올리기는 쉬운 일이었다. 이 과제는 제2차 세계대전 중에 영국 장관 킹즐리 마틴Kingsley Martin이 의뢰해 나온 사회 개혁가 윌리엄 베버리지William Beveridge의 보고서에서 두드러진 특징이었는데, 이 보고서에는 가난을 극복하고 교육과 건강을 얻게 해 줄 "요람에서 무덤까지"라는 개념의 윤곽이 드러나 있다. 이러한 경험으로부터 복지국가가 등장한다. 1945년에 유럽에 평화가 다시 찾아온 이후 정책의 특징이 된 사적 소유와 사회보장의 혼합이 수용된 것이다.

복지국가가 발전하면서 1930년대 대공황으로 심해진 경제적 고난과 경제적 불평등을 치유할 다른 방법들과 복지국가가 수렴하는 경향이 나타났다. 복지국가는 노동조합과 산업계 대표자들 사이의 사회적 협약을 감독하게 된다. 이러한 조치는 제1차 세계대전 중에 구체화되고 제2차 세계대전 때 파시스트 정권과 점령지 정권에 의해 의무적이 되었으며 이제는 정상적인 정치 행위로 장려될 수 있었다. 국가적 계획이라는 관념은 1930년대에 좌파에서 인기를 끌었고 영국과 미국, 독일에서 전시 산업에 당연히 적용해야 하는 것이 되었다. 전쟁이 끝난 후 프랑스는 장 모네Jean Monnet를 수장으로 유도계획indicative planning 기구[56]를 설치했다. 이 기구는 회사들을 구성 요소로 갖지 않았지만 현대화를 위한 자본을 전략적 유인책으로 공급할 수 있었다. 복지국가는 서유럽의 민주주의적·사회민주주의적 좌파가 촉구했듯이 핵심 산업을 운영해야 했다. 발권은행은 확실했고, 철도도 대체로 그랬고(프랑스 인민전선은 철도망을 국유화했다.) 경우에 따라 광산도 여기에 해당되었다. 영국 노동당은 1918년 당 강령 제4조에 주요 경제 부문의 공적 소유 지침을 집어넣었으며, 1945년 집권했을 때는 철강 산업과 철도, 도로 운송, 탄광을 국유화했고, 1948년 국가 공공 의료 제도NHS를 확립했다.

_____ **56** 명칭은 총괄 계획국Commissariat général du Plan이다.

제2차 세계대전 후 이루어진 이 모든 조치는 민주주의적·사회민주주의적 좌파와 결부되는 경향을 보였다. 결국 노동조합과 좌파 정당들은 파시즘의 패퇴에 도덕적으로 기여하고 전시에도 공헌했기에 정치에서 결정적인 목소리를 낼 수 있었다. 보수적 반대파들은 적에 협력한 정권들에서 역할을 했기 때문에 대체로 추락해 갔다. 그러나 보수주의자들은 종종 유사한 정책을 만들어 내거나 물려받았으며, 흔히 사회적 보호라는 온정주의적 이데올로기를 지녔다. 프랑스에서 가족 지원금이라는 복지는 주로 지역 기금이나 직장 기금이라는 가톨릭이나 고용주의 관념에서 나왔다. 독일의 기독교민주당은 자신들이 나치와 다르다고 했지만 오르도 자유주의Ordo-liberalism[57]의 개념들을 옹호했다. 오르도 자유주의의 요구는 폭넓은 사회질서 속에 경쟁적인 산업과 사업이 자리 잡게 하여 포괄적인 복지와 고도로 조직화한 사회적 시장경제의 종합적 환경을 제공하는 것으로서 전후 일본에서 발전된 것과 크게 다르지 않았다. 이탈리아의 기독교민주당은 산업 재건 공사IRI라는 육중한 국영 지주 회사를 물려받았는데, 이는 파시스트들이 이탈리아의 석탄·철강·화학 회사와 이탈리아 석유산업의 상당한 몫을 빼내 넘겨받으면서 만들어 낸 것이다. 정부의 계획가와 기술 관료의 새로운 엘리트층이 성장해 1950년대와 1960년대 이탈리아 경제 '기적'을 지휘했다.[177]

복지국가와 혼합경제는 한 세대 동안은 정치적 합의를 제공한 것처럼 보였고 이어 1970년대부터는 비판과 규제 폐지의 대상이었다. 이것이 또 다른 역사의 주제가 된다. 정상화한 국가의 역할을 나타내는 지표로 가장 포괄적인 것은 정부를 거쳐 기간 시설이나 군사비, 이전 지급, 복지 수혜 자격 부여 사업에 투자된 자금이 국민 지출(국민소득, 즉 생산의 측면에서 본 국내총생산GDP)에서 차지하는 비율일 것이다. 18세기 말에 프랑스 구체제는 국민소득의 최대 25퍼센트를 군대, 도로와 운하, 궁정 비용, 채권 이자에 썼던 것으로 추산되었다. 복지는 대체로 교회의 기관들에 맡겨졌다. 제1차 세계대전이 다

_____ **57** 용어 자체는 학술지의 제목(*ORDO — Jahrbuch für die Ordnung von Wirtschaft und Gesellschaft*)에서 나왔다.

가오면서 영국과 독일은 공공 지출에서 대략 12~18퍼센트를 군비, 기간 시설과 교육, 국채 할부 상환액에 썼을 것이다. 제1차 세계대전은 국가의 지출을 프랑스에서는 40퍼센트까지(대부분은 외국 차관으로 충당했지만), 영국과 독일에서는 45~50퍼센트까지 급격하게 늘렸다. 이렇게 엄청나게 늘어난 국가의 요구는 세금으로는 일부밖에 충족할 수 없었다. 대부분은 채무의 형태로 충당했는데 때로 시민들에게서 직접 빌렸지만 주로 중앙은행으로부터 융자를 얻었다. 오늘날 통화량 확대라고 부르는 이 조치는 인플레이션을 통해 가격 인상과 구매력 이전을 초래했다. 전쟁이 끝난 후 국가의 요구는 크게 줄어들었지만 이전의 수준까지 줄어들지는 않았다. 상이병과 그들의 가족을 돌보아야 한다는 뒤늦게 나타난 요구들이 여전히 남아 있었기 때문이다. 대공황으로 실업자 지원이 확대되면서 1930년대 말 서구 국가들은 국내총생산의 4분의 1까지 지출했을 것이다. 독일에서는 1936년, 일본에서는 아마도 더 일찍, 프랑스와 영국에서는 1938년 무렵, 미국에서는 1940년쯤 재무장이 급속하게 추진되면서 그 몫은 다시 커졌다. 제2차 세계대전 중반 미국은 45퍼센트, 소련과 독일은 50퍼센트 이상 소비했을 것이며, 그 총액 중에서 가장 큰 몫은 군사비와 전쟁 관련 비용에 들어갔다. 전쟁이 끝난 후 영국의 경우 식민지 전쟁을 치르는 데 많은 돈을 썼지만 국가의 몫은 다시 줄어들었다. 미국은 프랑스의 싸움에 재정을 지원했지만 1960년대 말과 1970년대에 사회보장 정책과 복지국가, 대학이 확대되면서 세 번째로 그 비율이 최대 50퍼센트까지 증가했다. 서독과 네덜란드, 스칸디나비아에서는 증가율이 약간 더 높았고, 군비 예산이 대부분의 나라에서 예산의 5퍼센트 밑으로 떨어졌기에 증가분은 주로 사회복지와 이전 지출에 쓰였다. 1980년대에는 약간의 긴축으로 정상 국가의 지출은 40~50퍼센트 수준에 이르렀다. 공공 부문이 상대적으로 작은 미국은 모든 단계의 정부를 다 합해 국민소득의 약 3분의 1을 소비한다. 그러므로 다시 정상화한 복지국가는 시민 생활의 능동적 구성 요소로 남는다.

그러나 북아메리카와 서유럽, 영국령 모델의 복지국가는 세 가지 유력한 유형 중 하나였을 뿐이다. 1950년대와 1960년대에는 국민생산의 거의 전부

(텃밭에서 수확한 작물이나 수공품은 때때로 제외되었지만)가 국가의 손을 거치는 '사회주의 세계'가 대안을 제공했으며 아직은 실행 가능한 모형이었음이 분명했다. 국가사회주의는 비록 반대자들을 결코 너그럽게 보아 넘기지 않았지만 상대적으로 테러에 덜 의존했다. 사회주의국가는 점점 더 관료화했고, 경제적 에너지는 대체로 군사적 혁신에 투입되었다. 소련은 핵무기로 무장한 두려운 적으로 남기 위해 공공 지출이 미국의 두 배(예산의 40퍼센트, 국내총생산의 20퍼센트)에 달했을 것이다. 이 체제의 위기 이야기도 이어진다. 이른바 제3세계 국가들은 개발 모델을 추구했지만 다른 전략들을 따랐다. 인도는 (저항운동의 초기 설계자인 모한다스 간디Mohandas Gandhi가 칭찬한 촌락 자급을 계속 찬양했지만) 국가사회주의 모형에 계속 매력을 느꼈다. 다른 나라들은 일관성 없게 여러 모형을 빌렸지만 대부분의 경우 1970년대까지는 멕시코와 브라질, 중동의 석유처럼 국가 소유의 시험적 산업 부문이 매력적이었다. 반면 20년 후 아시아의 다른 나라들이 뒤따르는 모범이 되는 일본은 자동차와 전자제품을 포함하는 발전된 기술의 소비재에 엄청난 노력을 집중했다. 가족 관계망은 은행과 제조업의 최고로 정교한 제휴에서 연결 조직으로서 중요성을 유지했다.

정치기구에 관해 말하면 제3세계 모형은 서구의 다시 정상화한 복지국가와 겉으로는 안정되어 보이던 사회주의 세계의 일당 지배 국가와 나란히 성장했는데 여전히 군부 통치였다. 군 장교들의 통치는 아시아와 아프리카, 라틴아메리카 전역에서 흔히 쓰인 수단이었다. 군인 통치는 고대부터 제국에서든 제국 밖에서든 널리 퍼진 통치 양식이었는데, 비상 상황은 개입을 요구한다는 관념이 늘 그것을 정당화하는 논거로 제시되었다. 앞서 보았듯이 민간인들이 단합을 이룰 수 없는 경우 혁명 과정의 논리적 승자는 대개 군대였다. 민간인 지도자들이 부패하거나 무력해지면 그때 군 지도자들이 공동체의 최선이자 가장 헌신적인 핵심 세력으로 자처하며 개입했다. 군 조직들은 본질적으로 비민주적이고 복종에 적합한 구조를 갖추었으며 때로는 민간인의 통제를 받기도 했지만 자신들이 내쫓은(감금하거나 이따금 목매달아 죽인) 부패한 민간인들보다는 국가와 국민에 더 충성한다고 주장하는 경우가 많았다. 때때로 장군들이나 대령들은 민간인에게 권력을 되돌려주었지만 한번 권력을 장악해 본 뒤로는 언제든지 개입할 수 있는 위험이 상존했다. 1947년의 분할로 파키스탄 국가가 탄생했을 때 영국령 인도제국 북서부의 군사 카스트는 거듭된 개입의 대가로 부족의 고지대부터 비옥한 해안 지역과 인더스강의 도시들까지 고유의 영지를 얻었다.

1920년대와 1930년대에 세속적인 근대화 국가를 만들어 낸 무스타파 케말 아타튀르크는 그러한 통치의 가장 설득력 있는 사례를 보여 주었다. 아타튀르크의 사망 후 터키 군대는 통제를 늦추었지만 1960년대에 아타튀르크의 세속적 민족주의 국가(그 국가 안에서 자신들이 수행하던 역할)의 원리가 불안해지자 여러 시점에 개입했다. 동유럽에서는 1930년대에 폴란드와 그리스, 루마니아, 발트 국가들에서 군부가 통제력을 장악했다. 태국의 군주는 1932년 군부의 구원자들에게 운명을 맡겼고, 태국 군부는 이후 나라의 통치에 빈번히 등장한다. 에스파냐에서는 프랑코 장군이 1930년대 말 쿠데타를 일으켜 내전에서 승리한 뒤 거의 40년 동안 통치했다. 독립 국가 이집트는 1952년 군부 통치를 받게 되었고 지금에야 그로부터 벗어나려 애쓰는 것처럼 보인다.

아르헨티나에서는 광대한 영토를 자랑스러워하고 가톨릭 주교들의 축복을 받았으며 수도의 과도한 유럽 지향적 세계주의에 분노한 군부가 국가 안에 자신들만의 국가를 따로 세웠다. 1930년 우리부루 장군이 권력을 장악했고, 군부의 완강한 권위주의자들은 자신들의 유능한 선동가인 후안 페론Juan Perón조차 신뢰하지 않았다. 페론은 대중에게 애걸하여 충성을 획득하고 이로써 군부의 영향력을 지속시키는 법을 알았다. 군부는 페론이 더는 자신들에게 도움이 되지 않는 것처럼 보이자 1970년대에 그 어느 때보다 잔인하게 개입한다. 브라질의 군부도 꾸물대지 않고 1960년대 말에 권력을 잡았으며, 우루과이의 군부는 도시의 게릴라들에게 테러 행위로 맞섰고, 칠레의 군부는 1973년 살바도르 아옌데Salvador Allende를 몰아낸다. 인도네시아 군부는 1960년대 중반 공포의 대상이었던 공산주의자들의 봉기에 대비해 먼저 움직여 적으로 의심되는 수십만 명을 살해했다. 미국 정부는 냉전 시기에 국익을 고려해 이러한 권위주의적 조치들을 못 본 체했고 나아가 조장하기도 했을 것이다.

미국에서도 장군들은 문관 직책의 후보자로 매력적이었으며, 제2차 세계대전의 세 주요 지휘관은 전후 시대에 핵심적인 역할을 수행했다. 유럽 지역 연합군 사령관이었던 드와이트 아이젠하워Dwight Eisenhower는 전역을 한 후 1950년대에 탁월한 대통령으로 일했으며, 전시에 육군 참모총장이었던 조지 마셜George C. Marshall은 민간인으로서는 뛰어난 국방 장관이자 국무 장관이었다. 반면 세 번째 인물인 더글러스 맥아더Douglas MacArthur 장군은 한국전쟁에 관해 공개리에 다른 견해를 제시함으로써 문관의 우위에 처음으로 중대한 도전을 제기했지만 결정적으로 해리 트루먼Harrry S. Truman 대통령에 의해 해임되었다. 20세기 말 두 가지 환경에서 군사정부가 출현했다. 군사정부는 나이지리아와 인도네시아, 파키스탄처럼 식민지에서 해방된 나라들에서 중요했고 앞서 지적했듯이 과격한 좌파가 위협이 되는 것처럼 보일 때 권력을 장악했다.(인도네시아) 유럽에도 군사정부가 없지 않았지만(에스파냐, 그리스) 곧 소멸한다. 군사정권은 정상 국가들이 통제력을 상실하고 공동체가 멈출 수 없는 내전과 복수극으로 추락했을 때 상대적으로 덜 해로운 개입으로 받아들일 수 있었다. 1970년대의 '더러운 전쟁'은 좀 더 공식적인 파시스트 정권들에 뒤지지 않을 수준의 내적 잔혹함을 보여 주었다. 그리고 때때로 군사독재자들은 이데올로기적 동인에서 나온 가혹함조차 뛰어넘는 과대망상의 경향을 드러냈다.(예를 들면 이라크, 우간다, 리비아, 시에라리온)[178]

그러나 그러한 기형적 형태의 국가로 얘기를 끝내는 것은 역사적 오류일 것이다. 1990년대 국가는 정의와 인권이라는 요구에 점점 잘 부응하고 있었다. 세계화는 80년 전에 혁명의 발발에 일조했듯이 1990년대에도 부정할 수 없는 진보의 척도를 제시했다. 국가가 이른바 진상 조사 위원회를 통해 독재 시절의 어둡고 억압적인 사건들을 조사해야 한다는 관념과 독재자를 국제재판정에 세운다는 관념이 출현했다. 더불어 근대화한다는 것은 집단 대형으로 행진하는 것이 아니라 여행이자 토론이며 국제적 조사를 허용하는 것이고 국경을 넘어 정책 수립의 새로운 구조를 개발하는 것이라는 확신도 생겼다. 마지막으로 넬슨 만델라Nelson Mandela처럼 화해를 위해 노력하는 진정 영웅적인 의지를 지닌 지도자들이 있다는 사실은 희망이 있음을 뜻했고 축하할 일이었다. 그렇지만 국가들이 다시금 변화에 휩쓸리고 있다는 징후도 있었다. 국가의 위상은 20세기가 끝날 무렵 거의 보편적인 듯했지만 지역 연합체가 수립되면서 국가는 이전보다 덜 독점적인 권한을 요구했으며, 비정부 행동가들이 초국적 거버넌스 기능을 떠맡았다. 그러나 요약에 끝은 있을 수 없다. 몇백 년에 걸친 오랜 근대국가의 시대는 때로는 억압적이고 때로는 해방적이었으며 지속적으로 다툼의 대상이 되어 변화를 겪은, 오래된 불굴의 제도의 계속되는 기록으로 바뀐다.

리바이어던 3.0을 향하여?

1980년대와 1990년대 동유럽 공산주의 정권들과 남아프리카의 아파르트헤이트 국가, 라틴아메리카의 군사독재 정권들은 민주주의라고 할 만한 것으로 형태를 바꾸었다. 경제적 부담, 억제된 지휘부, 대중의 항의는 저마다 놀라운 비폭력적 이행에서 역할을 했다. 소련은 여하튼 그 과정의 시작을 열었다. 이 거대한 자유화의 물결은 그 뒤에 이어진 역사의 일부를 이룬다. 자유화의 물결을 추동한 것은 번영이었다. 1914년부터 1950년대까지 많은 사적 목표 달성이 공적 요구 때문에 지연되거나 밀려났다는 인식이 점점 분명해진 것도 한 가지 요인이었다. 아마도 이것은 1930년대와 1940년대부터 영화 관객과 라디오 장광설의 청취자를 밀어낸 통신 기술의 점진적 출현과 관계 있었을 것이다. 우선 1950년대와 1960년대에는 텔레비전의 가족 시청자가 등장했고, 이후 트랜지스터라디오와 집적회로와 통합 소프트웨어의 혁신이 워크맨과 휴대전화, 인터넷 시대까지 청년과 그들의 음악을 휩쓸게 된다. 1980년대가 되면 유럽과 미국의 선거는 전체적으로 권력을 남용하는 병적인 국가뿐 아니라 국가권력 자체에 대해서도 반발을 보였다. 보수주의자들은 아무리 민주적이라고 해도 자유에 해롭다고 주장했다. 그리고 그 기능을 외부에 맡길 수 있는 것처럼, 이른바 시민사회의 영역에 위임해도 될 것처럼 보였다.

리바이어던 3.0은 가능했을까? 그것은 사실 리바이어던이라기보다 19세기와 20세기의 많은 사상가가 떠올린 일종의 직능 조합이었을 것이다. 나를 포함하여 1970년대와 1980년대의 여러 분석가는 국가가 직접 감독하여 이끌어 낸, 노동조합과 고용주 같은 이익집단들 간의 협상(협동조합주의나 신협동조합주의라고 부른다.)이 공적 규제에서 큰 역할을 하리라고 믿었다. 그러나 그러한 역할은 협동조합주의 이론가들이 믿었듯이 국가보다는 자유로운 시장을 대체하는 데 일조할 것으로 추정되었다. 이들은 국가사회주의의 몰락에 놀랐지만 로널드 레이건Ronald Reagan과 마거릿 대처Margaret Thatcher 시절의 (이어서 좌파 정당들이 집권했을 때도 계속된) 경제적 통제 형태였던 자유 시장의 부활에도 그만큼이나 놀랐다. 그렇지만 사실 이 둘은 서로 연관된 현상이었다.

1990년대 이후로 거버넌스라는 관념이 국가를 대신할 수 있는 대안으로 아른거렸다. 거버넌스는 협동조합주의의 획득 목표였던 것에서 나온 다른 결과를 암시한다. 하나의 용어로서 거버넌스가 목표로 삼는 것은 경제학이 아니라 정치학을 순화하는 것이다. 거버넌스는 계급이나 이익집단의 대표자들 간의 협상을 통해 공적 결과에 도달하기보다 이해관계가 없는 전문가들, 다시 말해 자신들의 이익이 아니라 인류(때로는 동물)의 공적 복지를 옹호하는 전문가들이 합의에 도달할 수 있음을 뜻하는 경향을 보였다. 거버넌스는 비정부기구와 지식 공동체 들의 권고에서 규칙이 출현할 수 있음을 의미했다. 이 과정 자체가 민주주의는 아니었다. 민주주의는 인식된 공동체perceived community, 즉 (어쩌면 영토적, 어쩌면 민족적·언어적·종교적) 정체성을 주장한 일군의 사람에게 의존했다는 슈미트의 말은 일리가 있었다. 그러나 슈미트는 그러한 정체성이 어떤 경계선이 적과 나를, 영토 안에 있든 밖에 있든 상관없이 우리와 다른 이들을 나눌 때에만 존재할 수 있음을 넌지시 내비쳤다. 그러나 20세기 말 현대 정치는 하나 이상의 영토에 일체감과 충성심을 갖는 사람들, 이른바 디아스포라diaspora를 종종 마주한다. 그래도 슈미트는 오늘날 그의 견해 밑바탕에 깔린 현실주의의 증거로 우리 모두가 누리는 강화된 안전 조치를 틀림없이 인식했을 것이다. 슈미트는 이렇게 주장했을 것이다. 민주주의는 시민들이 단지 테러리스트가 대표한 위험뿐 아니라 모든 외부인이 대표한 위험에 유념해야 했기 때문에 국가가 필요했다고. 아마도 (나 자신이 희망하듯이) 안보 지향성이 덜한 국가이성과 그러한 국가를 위한 논거가 있을 것이다.

* * *

우리는 근대국가의 이 역사를 1870년대 리틀빅혼강에서 영토, 즉 자신들의 소유였지만 경계가 불분명하게 설정되어 있던 땅에 관한 관념이 유동적이었던 이들의 얘기로 시작했다. 그리고 영토 국가 시대 이후에 속할지 모를 공동체들을 얘기하면서 끝내고 있다. "국경 너머의 시민들?" 그러나 그러한 초국적 공동체들을 위한 정부를 어떻게 조직할 수 있을까? 민주주의는 해체되어 인권에 전문가를 더한 것으로 남을지도 모른다. 웹에 떠다니는 정보와 대중매체나 구글Google 같은 민간 정보 제공자가 더 큰 공적 역할을 수행할 수도 있다. 그러나 현대 세계에서는 선거를 실시하고 군대를 보유하며 동맹을 체결하고 무역이나 노동조건을 통제하려는 제도들이 지구를 뒤덮고 있다. 20세기 말에 널리 쓰이게 되었고 여전히 사회과학자들과 재단들의 주목을 끄는 거버넌스라는 용어는 '국가성stateness' 없는 정부를 바라는 마음의 증거가 되고 있다. 마치 정책 수립이 더는 우선순위의 총합이나 이러저러한 방안의 선택을 요구하지 않고 합의와 합리적인 토론의 힘으로 가능할 수 있다는 듯이 말이다. 어느 주요 옹호자는 이렇게 주장했다. 법원과 규제 기관들 같은 국가의 관청들을 해체해 '전 세계적 정부의 네트워크'에 집어넣으라. 그러면 실제로 국가권력을 증강하는 결과가 나올 것이다. 재단들, 대학의 엘리트들, 사회과학자들, 선의의 남녀들은 거버넌스라는 개념을 사랑했다. 거버넌스 개념은 국가성 없고 눈물도 없는, 투명하고 스스로 정당성을 입증할 수 있는 행정부를 제안했다.[179] 거버넌스는 공공 정책학 석사들의 이상향이었다.

어떤 역사가도 미래를, 여러가지 상이한 미래를 예상할 수 없다. 서로 경쟁하는 국가들과 제국들(이제는 특히 아시아 국가들이 추가되었다.)은 아직까지는 국가구조를 강화한 옛 유형의 경쟁을 더욱 확실하게 만들지도 모른다. 유럽 연합 같은 지역적 연합체는 더 큰 역할을 할 수 있을 것이다. 현재 국가의 평판은 좋아 보이지 않는다. 폭군이든 강압적인 관료들이든 국가의 관리자들은 분류하고 수를 헤아리고 통제할 필요가 있다고 생각한다. 그러나 홉스와 아렌트가 서로 다른 방식으로 강조했듯이 국가가 없는 상황은 흔히 더 나쁜 운명을 초래했다. 국가는 공격에 취약한 개인과 공동체를 보호했다. 국가는 잔인하고 탐욕스러운 이들, 심지어 단지 이익을 추구하거나 질투심이 많은 이들에게도 당할 위험이 큰 유약한 사람들에게 법이라는 보호막을 제공했다. 권력과 폭력은 국가가 약해서 사라지는 것이 아니라 오히려 법의 제약이 없기 때문에 자유롭게 행사된다. 마약 거래에 빠져든 10대들은 법을 두려워할지 모르지만 종국에는 국가의 존재가 아니라 국가의 부재 때문에 희생된다. 가자 지구에서 국가의 부재는 부러워할 상황이 아니었다. 21세기 첫 번째 10년 동안 다르푸르에서 국가의 부재는 더욱 나빴다.

19세기 중반에서 20세기 중반 사이에 국가는 여러 방식으로 재탄생했다. 국가는 영토의 통합성을 위해 싸우고 중간계급들을 징집했으며, 영토를 공고히 하고 '유목민'이나 부족민을 복속시켰고, 전대미문의 전쟁으로 서로 대결했다. 국가는 폭력을 통한 변혁의 전망에 도취된 당원들이 가장 잔인한 지도자들을 실질적으로 숭배한 혁명 정당들을 실험했다. 그리고 마지막으로 국가는 정상 상태를 추구했고 지속적으로 강력해지는 경제의 힘들과 불안정한 균형을 이루려 했다. 물론 국가는 사상과 이해관계, 심지어 본능까지도 주입된 개인들과 공동체, 정당들의 창조물로서 앞선 시대로부터 물려받은 것이다. 국가는 완전히 통제할 수는 없었던 정책들과 하위 기관들을 통해 작동했다. 국가의 압박이나 감독을 줄이기 위해 노력할 수는 있다. 그러나 국가를 만든 욕구와 야망은 어딘가 남아 있을 것이며, 몇 가지 질문은 사라지지 않을 것이다. 홉스의 다음 질문만은 아니다. 국가 없는 삶은 어떨 것인가? 아리스토텔레스Aristotle의 질문도 있다. 국가를 한 사람이 통제할 것인가, 다수가 통제할 것인가, 그도 아니면 소수가 통제할 것인가? 미국의 건국자들이 한 질문도 남아 있을 수 있다. 모두의 복지를 위해 국가를 어떻게 운영할 것인가? 이러한 질문들이 기다리고 있다.

제국들과
세계의 범위

토니 밸런타인, 앤트와넷 버턴

머리말

　1870년에서 1945년 사이에 여러 곳에서 제국 체제가 맹렬히 성장하고 식민주의에 대항하는 격렬한 투쟁이 벌어져 세계지도가 말 그대로나 은유적으로나 거듭 다시 그려졌다. 토지와 자원을 둘러싼 광적인 쟁탈전, 식민지 전쟁들, 제국주의적 평정을 위한 지속적 종군은 그 시기 내내 제국 체제의 번창과 성장을 낳았다. 1930년대가 되면 세계 영토의 거의 85퍼센트가 제국 체제의 일부이거나 대부분의 라틴아메리카 지역처럼 이전에 유럽 국가들의 식민지였던 곳이었다.[1] 제국은 다양한 인간 공동체들의 상이한 물질적 조건과 사회적 기회, 문화적 역량을 결정하는 데 핵심적 역할을 수행한 강력한 동인이었다. 심지어 이러한 제국주의적 내습을 벗어날 수 있었거나 식민지 지배를 성공리에 벗어 던진 국가들과 사회적 공동체들까지도 제국의 영향에서 벗어나지 못했다. 이 국가와 사회 들은 국제무역과 세계시장에 문호를 '개방'하라는 제국주의 강국들의 집요한 노력 때문에 외교적으로나 경제적으로 빈번히 압력을 받았다.

　이 시기에 제국의 정치인들과 식민지 행정관들은 제국의 범위를 재규정하고 국경을 확정하는 데 상당한 권한을 행사했다. 이러한 권력 가운데에서는 1884~1885년 베를린 회의에서 행사된 것이 가장 잘 알려져 있다. 베를린

2부 _____ 제국들과 세계의 범위

회의는 유럽인의 아프리카 무역에 관해 새로운 규칙을 제정하고 그 대륙에서 유럽 국가들이 보유한 영토와 세력권을 공식적으로 규정했다. 19세기 말 아프리카에서 유럽 국가들의 권리 주장에 포함되지 않은 나라는 라이베리아와 아비시니아(에티오피아)뿐이었다. 정확히 그려진 유럽 제국들의 지도가 곧 그 땅의 진정한 식민지 권력으로 바뀌지는 않았지만 지도는 제국 건설의 역학이 어떻게 세계관과 지정학적 현실을 재구성했는지 떠올리게 하는 유력한 수단이었다. 유럽 제국들은 일종의 '지도 제작법의 상상력'을 만들어 냈다. 이 상상력은 19세기와 20세기에 '세계the global'의 영역을 이해하는 방식이 출현하는 데 중요했다.[2]

2부에서는 제국들이 전 세계의 문화적 구성체들을 형성하고 재형성하는 몇 가지 방식을 고찰할 것이다. 그러나 영국과 프랑스, 독일 같은 유럽의 국민 국가들이 세운 제국 체제가 성장하고 몰락하는 단순한 이야기를 전하기보다는 제국의 역사를 세계사global history(세계적 성격이 부분적이고 단속적이며 때로는 불완전한 역사)로서 재구성하려 한다. 현대 제국 체제의 공간적 논리를 탐구하고 이 체제들이 만들어 낸 상관성의 형태들을 추적하며 이 체제들이 가능하게 한 사회경제적·문화적·정치적 형태들의 기본적으로 불균등한 성격을 강조할 것이다.[3] 이러한 제국의 변형이 보인 규모와 비례, 의미를 포착하는 것은 식민지 권력의 작동을 재구성하고 세계화 과정이 미치는 범위를 구체적으로 밝히는 데 몰두한 역사가들에게 가장 도전적인 과제로 남아 있다. 그렇게 하려면 제국의 세계적 차원(그리고 제국의 세계화 효과)을 평가해야 할 뿐만 아니라 제국의 영토적 범위의 한계를 다루고 문화적 예외론이라는 유럽인의 단언을 경계해야 한다. 유럽 제국들이 가장 큰 몫의 영토와 자원에 대한 권리를 주장했지만, 제국의 열망과 식민주의의 성과는 1900년을 전후한 20년간 널리 공유되었기 때문이다. 어쨌거나 카자르 제국과 오스만 제국, 청나라는 20세기 초까지 존속했고, 일본은 1905년에서 1945년 사이에 아시아와 태평양에 넓은 영토 제국을 건설했으며, 전부 영국 제국의 곁가지였던 미국과 오스트레일리아, 뉴질랜드는 자신들만의 제국을 건설하는 데 착수했다.

물론 지금 다루는 시기는 세계의 제국들이 급속한 팽창과 수축을 겪은 때였다. 달리 말하면 이 시기는 제국의 힘이 재조정되어 세계의 성격과 범위에 중대한 결과를 가져온 일종의 연장된 시기였다. 수백 년 동안 유라시아의 형태를 결정했던 광대한 영토 제국들이 이 시기에 도려내졌다. 13세기 말에 세워진 오스만 제국은 1877~1878년의 러시아-튀르크 전쟁의 여파로 유럽 영토의 주요 부분을 상실했고 이탈리아-튀르크 전쟁(1911~1912) 후에는 리비아를 포기했다. 제1차 세계대전이 발발했을 때 오스만 제국이 추축국에 합류하자 영국은 수단과 이집트는 물론 키프로스까지 병합하여 오스만 제국의 힘을 더 꺾어 버렸다. 그 지역들은 19세기에 오스만 제국이 상당한 영향력을 행사했던 곳이다. 전쟁이 끝날 무렵 영국과 프랑스가 이스탄불을 점령한 뒤 남은 오스만 제국의 땅은 분할되어 분배되었다. 그 결과 오스만 제국은 아랍 세계에 보유했던 광대한 영토를 빼앗겼고 터키 공화국이 탄생했다. 같은 기간 18세기 말부터 페르시아에서 권력을 행사했던 카자르 제국의 우세는 영국과 러시아의 세력에 조금씩 잠식되었다. 제1차 세계대전 중에 러시아와 영국, 오스만 제국의 군대가 페르시아를 점령한 일은 실질적인 카자르 제국 통치의 종식을 뜻했다. 동쪽 멀리 중국의 청나라는 내부의 사회적 소요로 점차 흔들렸으며, 1894~1895년의 청일전쟁으로 청나라의 정치권력과 군사적 능력이 경쟁국들에 비해 얼마나 많이 뒤처졌는지 드러난 후 곧 제국의 미래에 의문이 제기되었다. 1900년 청나라 당국은 중국 시장에 아무런 제약 없이 진입하려 애쓰던 제국들로부터 큰 압력을 받았다. 그해 자희태후는 의화단운동을 지원했는데, 의화단은 중국에서 '서양 귀신洋鬼子'을 몰아내고 전통적 권위를 강화하려 하면서 유럽인 선교사들과 기독교로 개종한 중국인들을 표적으로 삼아 폭력을 행사했다. 의화단 군대가 팔국 연군八國聯軍(오스트리아-헝가리 제국, 프랑스, 독일, 이탈리아, 일본, 러시아, 영국, 미국)에 패한 것은 청나라가 점점 취약해지고 있음을 분명하게 드러내는 징후였다. 오래 지속된 정치적 불안정과 자연재해의 와중에 발생한 1911년 신해혁명은 청나라를 해체하고 새로이 중화민국을 탄생시켰다.

육지에 기반을 둔 이 제국들이 급격하게 쇠락하는 동안 러시아 제국은 1917년까지 상대적으로 안정을 유지했으며, 그해 발생한 혁명의 여파로 이루

_____투르크메니스탄에 있는 트랜스카스피아 철도의 베헤르덴 역, 1888년 무렵. 1879년에 착공된 트랜스카스피아 철도는 러시아 군대의 배치와 중앙아시아 면화의 러시아 수출을 촉진했다. 이 철도는 제국 기반 시설의 필수 요소로서 중앙아시아의 경제적·정치적·문화적 형태를 바꾸는 데 일조했다. (Wikimedia Commons)

어진 소련의 제국 건설은 중앙아시아에서 제국적 지배력을 강화하려 했다. 대체로 러시아는 오랫동안 통제력을 행사한 서부와 남부의 땅들(폴란드의 동쪽 절반, 우크라이나, 벨라루스, 몰도바, 핀란드, 아르메니아, 조지아)을 확고하게 장악했다. 이 지역은 제국의 전체적 작동에 빠져서는 안 될 부분이었다. 예를 들어 우크라이나는 그곳에서 생산되는 밀의 대부분을 제국에 공급했다. 제국의 이러한 지역들은 귀중한 자원을 제공했을 뿐만 아니라 현지 언어와 문화를 적극적으로 억압한 정책들을 중심으로 수립된 지속적 러시아화 운동의 영향을 받았다. 차르가 통치할 때 러시아인들은 제국의 변경으로 이주하라는 권고를 받았는데, 러시아의 권력은 그러한 대규모 계획들을 통해 중앙아시아에서 공고해졌다. 단순한 수의 힘과 러시아 문화의 스텝 지역 이식을 통해 사회적 변화를 초래했던 것이다. 이렇게 중앙아시아 지역들이 러시아 경제에 단단히 결합되고 필수적인 자원과 시장을 지속적으로 제공했지만, 민족주의 운동과 봉기 들이 러시아와 소련의 권력에 공공연히 도전했다.

　서유럽 국가들은 19세기 말 식민지를 둘러싼 전 세계적 경쟁에서 각별히 두드러졌다. 19세기 말 '아프리카 쟁탈전'으로 이탈리아와 에스파냐, 포르투갈, 영국, 프랑스, 독일이(좀 더 간접적으로는 벨기에까지) 아프리카에서 식민지 영토의 권리를 주장했다. 아프리카, 특히 콩고와 루안다·우룬디는 벨기에 제국 활동의 중심이었다. 벨기에의 제국 활동은 처음에는 국왕 레오폴 2세가 설립한 국제 아프리카 협회를 통해 콩고에서 이루어졌다. 그러나 다른 유럽 강국들은 전 세계적으로 대규모 제국을 유지했다. 예를 들면 프랑스는 1900년 무렵 아프리카의 북부와 서부, 중부에서 강한 영향력을 행사하는 제국이었다. 프랑스가 아프리카 북부에 보유한 영토에는 알제리와 튀니지, 1912년 이후에는 모로코가 포함되었다. 프랑스령 서아프리카AOF는 1904년에 여덟 개 식민지의 연합체로 수립되었고, 프랑스령 적도 아프리카AEF는 1910년에 콩고 강에서 북쪽으로 사하라 사막까지 펼쳐진 네 개 식민지 영토를 통제하기 위한 행정조직으로서 수립되었다. 프랑스령 소말릴란드는 아프리카의 뿔에서 식민지의 발판을 제공했고, 1890년부터 프랑스 제국은 마다가스카르를 보호령으로 합병했다. 아시아에서 프랑스는 캄보디아와 베트남의 남쪽 3분의 1인 코친차이나뿐만 아니라 인도에도 퐁디셰리와 마헤에 발판을 마련하고 통제했다. 캄보디아와 코친차이나는 1860년대부터 프랑스의 지배를 받았다. 이후 프랑스는 통킹과 안남, 라오스를 추가로 획득했다. 태평양에서 프랑스는 누벨칼레도니와 프랑스령 폴리네시아에서 제국의 권한을 행사했으며, 영국과 공동으로 뉴헤브리디스 제도를 지배했다. 제1차 세계대전의 결과 프랑스가 독일 식민지였던 카메룬과 토고뿐만 아니라 오스만 제국의 일부였던 지역(오늘날의 시리아와 레바논)까지 위임통치령으로 획득함으로써 프랑스의 보유지는 더 확대되었다.

　영국은 세계 무대에서 오랫동안 프랑스의 주된 경쟁 제국이었다. 1870년 영국은 이미 광대한 해상 제국을 자랑했고 다음과 같은 식민지를 보유했다. 인도, 미얀마, 스리랑카, 말라야와 해협식민지, 싱가포르, 홍콩, 오스트레일리아, 뉴질랜드, 캐나다, 트리니다드, 토바고, 윈드워드 제도, 리워드 제도, 영국령 온두라스, 자메이카, 바하마 제도, 바베이도스, 시에라리온, 영국령 골드코스트(오늘날의 가나), 영국령 기아나, 포클랜드 제도, 남아프리카 일부. 19세기 후반에 영국의 제국주의적 야심은 주로 아프리카를 향했다. 1900년까지 영국은 아프리카에서 중요한 보유지를 제국 체제에 덧붙였으며 오래된 근거지 몇 곳을 강화했다. 그러한 식민지에는 감비아, 잔지바르, 영국령 소말릴란드, 앵글로-이집트 수단,[1] 니아살랜드, 나이지리아, 영국령 동아프리카, 남로디지아가 포함된다. 이집트는 1914년에 영국의 보호령이 되지만 실질적으로는 1882년부터 식민지였다고 할 수 있다. 19세기 후반 영국은 아시아와 태평양에서도 브루나이와 북보르네오, 사라왁, 피지, 길버트 엘리스 제도를, 1900년에는 통가 왕국을 추가하여 제국을 확대했다. 20세기에 영국 제국은 끝없이 부침을 겪었다. 1902년 제2차 아프리카 전쟁(보어 전쟁)이 끝날 때 영국의 세력은 남아프리카에서 확장되고 공고해졌으며, 1910년 남아프리카 연방은 한때 독립적이었던 두 보어인 공화국을 영국이 지배한 케이프주, 나탈과 통합했다. 이 식민지 권력이 견고해지자 영국은 태평양의 몇몇 보호령과 식민지를 자체적으로 제국주의적 열망을 품었던 영국의 식민지 오스트레일리아와 뉴질랜드에 넘겼다. 1801년에 영국에 병합된 아일랜드는 오랜 싸움 끝에 1922년 분할되었다. 스물여섯 개 주가 새로운 독립국가 아일랜드 공화국을 구성했던 반면 얼스터의 여섯 개 주는 영국 안에서 '자치'를 실행했다. 그러나 동시에 팔레스타인과 트란스요르단이 국제연맹의 감독에 따라 영국의 위임통치령이 되면서 영국은 중동에서도 세력을 얻었다. 1930년이면 영국은 널리 퍼진 광대한 세계 제국을 통제했다.

1871년 독일이 통일된 후 식민지 제국이라는 관념은 독일의 국력을 보여

_____ **1** 1899년에서 1956년까지 존속한 영국과 이집트의 공동 통치국. 실질적으로는 영국이 지배했다.

주는 지표로서 점점 중요해졌다. 독일의 식민주의는 서아프리카와 동아프리카, 사모아 제도, 뉴기니에서 무역 사업을 펼친 독일어를 사용한 모험가들과 회사들의 앞선 전통에 접목되었다. 이들은 독일의 공식적 식민지 보유에 토대를 제공했다. 아프리카 쟁탈전 중에 독일은 독일령 남서아프리카와 독일령 동아프리카, 훗날 토골란드와 카메룬으로 분할되는 독일령 서아프리카 등을 획득하며 눈에 띄는 성과를 냈다. 태평양에서 독일의 존재는 독일령 사모아는 물론 마셜 제도, 마리아나 제도, 캐롤라인 제도, 독일령 뉴기니, 비스마르크 군도, 나우루에 확립되었다. 제1차 세계대전은 독일제국의 종말을 알렸다. 독일의 몇몇 식민지는 전쟁 초에 경쟁 국가들이 점령했고, 남은 영토는 베르사유 조약 제22조의 규정에 따라 프랑스와 벨기에, 영국, 오스트레일리아, 뉴질랜드, 일본이 나누어 가졌다. 물론 이것이 새로운 땅을 찾으려는 독일의 욕구가 사라졌다는 뜻은 아니었다. 1939년에서 1941년 사이 나치 독일의 군대는 신속하게 유럽을 점령했다. 그 동력은 제국주의적 열망이었다. 독일 국가는 유럽의 이웃 나라와 경쟁 국가들의 자원을 이용할 수 있기를 바라는 데서 그치지 않았다. 독일인에게 생활공간Lebensraum을 열어 주려는 욕구도 정복을 부채질했다. 생활공간이 열리면 독일인들은 비독일계 주민들이 지배했던 동쪽 영토에 그들 스스로 우월하다고 주장한 언어와 문화, 종족을 이식할 터였다. 1945년 독일의 최종적 패배는 이러한 제국의 꿈을 산산이 깨뜨렸을 뿐만 아니라 종족적 사고와 제국 건설의 연관 관계에 관해 새로이 중대한 반성을 자극하는 중요한 역할을 했다.

1880년대에 이탈리아는 에리트레아와 이탈리아령 소말릴란드에서 아프리카의 교두보를 획득하면서 유럽의 제국주의 '클럽'에 합류했다. 그때 이탈리아 제국의 꿈은 대체로 에티오피아에 집중되었으나 이는 1896년 이탈리아 군대가 에티오피아 군대에 굴욕적으로 패배당하면서 처음부터 꺾였다. 1911년 이탈리아 제국은 리비아 침략으로 더욱 확대되었다. 이탈리아가 에티오피아에 품었던 목표는 1936년 파시스트 베니토 무솔리니의 지휘로 마침내 실현되었으며, 새로이 획득한 그 식민지는 에리트레아와 이탈리아령 소말릴란드에 합병되어 이탈리아령 동아프리카가 된다. 1939년 무솔리니는 알바니아 침공을 명령했고, 알바니아는 이탈리아 제국에 보호령으로 추가되었다. 제2차 세계대전이 끝을 향해 치달으면서 1943년 무솔리니가 권좌에서 물러나고 연합군 사령부와 비밀 협상이 개시되어 이탈리아 제국은 급속히 와해된다.

이처럼 많은 유럽 국가가 1870년에서 1945년 사이에 정력적으로 제국을 건설했다. 반대로 16세기와 17세기에 유럽의 영향력을 전파했던 에스파냐와 포르투갈은 19세기 말에는 지배적인 세계적 강국이 아니었다. 그렇지만 19세기 초 중앙아메리카와 남아메리카의 국가들이 이베리아반도 국가들로부터 독립하겠다고 주장한 이후에도 에스파냐와 포르투갈은 여전히 제국 건설에 매진했다. 1860년대에 에스파냐는 여러 차례 제국의 확장을 시도했지만 성공하지 못했다. 그럼에도 에스파냐는 쿠바와 푸에르토리코에서 계속 중요한 '신세계' 식민지를 지배했고 16세기 이후로 괌과 필리핀 제도에서 행사한 식민지 권력을 계속 누렸다. 그러나 19세기 말 쿠바가 독립을 쟁취하고 1898년 미국-에스파냐 전쟁 후 괌과 푸에르토리코, 필리핀이 미국에 양도되면서 에스파냐 제국은 누더기가 되었다. 20세기 초 에스파냐 제국의 세력은 북서아프리카의 일부에 국한되었다. 1900년이면 포르투갈 제국도 크기와 중요성이 크게 줄어들었다. 1822년 포르투갈이 브라질의 독립을 인정하면서 세계적 차원의 포르투갈 국력은 많이 감퇴되었다. 포르투갈은 아프리카에 중요한 발판을 보유했는데, 핵심 식민지는 포르투갈령 서아프리카와 포르투갈령 동아프리카(모잠비크)였다. 포르투갈은 아시아와 서태평양에서도 마카오와 포르투갈령 티모르(오늘날의 동티모르 민주공화국)는 물론 인도에서 고아, 다만, 디우에 근거지를 갖추어 약간의 세력을 유지했다. 17세기와 18세기에 그토록 강력했던 네덜란드 제국의 몰락은 나폴레옹 전쟁 중에 주요 식민지를 상실하면서 진행된 장기간의 과정이었다. 아시아의 네덜란드 제국은 1820년대에 말라카와 인도에 가졌던 식민지를 영국에 넘기면서 대폭적으로 축소되었다. 이러한 수축은 지금 다루는 시기까지 이어진다. 1871년 네덜란드는 골드코스트 식민지를 영국에 매각했다. 신세계에 산재하여 네덜란드 제국을 이루었던 식민지들, 즉 수리남, 신트마르턴, 퀴라소와 그 부속 섬은 1863년 네덜란드 식민지에서 노예제가 폐지된 후 침체했다. 훗날 인도네시아가 되는 네덜란드령 동인도에서

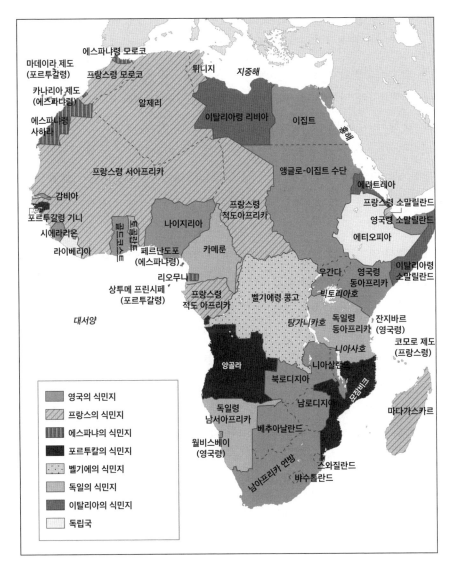

유럽의 아프리카 식민지(1914년).

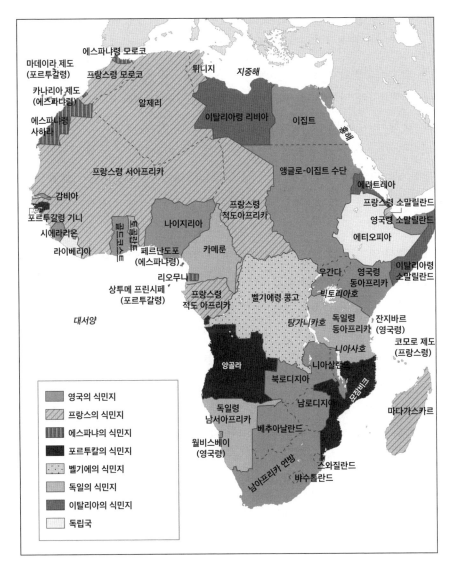 내부 라벨(지도 내):
마데이라 제도
(포르투갈령)
에스파냐령 모로코
프랑스령 모로코
튀니지
지중해
카나리아 제도
(에스파냐령)
알제리
에스파냐령
사하라
이탈리아령 리비아
이집트
프랑스령 서아프리카
앵글로-이집트 수단
에리트레아
감비아
프랑스령 소말릴란드
포르투갈령 기니
영국령 소말릴란드
시에라리온
프랑스령
적도아프리카
에티오피아
라이베리아
나이지리아
페르난도포
(에스파냐령)
카메룬
우간다
영국령
동아프리카
이탈리아령
소말릴란드
리오무니
빅토리아호
상투메 프린시페
(포르투갈령)
프랑스령
적도 아프리카
벨기에령 콩고
탕가니카호
독일령
동아프리카
잔지바르
(영국령)
대서양
니아사호
코모로 제도
(프랑스령)
앙골라
니아살란드
모잠비크
북로디지아
남로디지아
마다가스카르
독일령
남서아프리카
베추아날란드
월비스베이
(영국령)
남아프리카 연방
스와질란드
바수톨란드

범례:
- 영국의 식민지
- 프랑스의 식민지
- 에스파냐의 식민지
- 포르투갈의 식민지
- 벨기에의 식민지
- 독일의 식민지
- 이탈리아의 식민지
- 독립국

만 네덜란드 제국의 힘이 팽창했다. 1873년에서 1920년 사이 자바 너머의 새로운 영토가 네덜란드의 지배에 들어왔고 산업화에 접어든 유럽의 수요를 충족하기 위해 식민지 국가는 석유 채굴은 물론 고무와 차, 기나나무 껍질 같은 새로운 상품의 생산을 독려했다.

세계 무대에서 이베리아 국가들과 (정도는 조금 약하지만) 네덜란드 제국의 사실상의 몰락은 미국의 발흥으로 한층 더 두드러졌다. 물론 미국은 유럽의 제국 건설이라는 오래된 전통에서 탄생했고, 19세기에 트랜스미시시피 서부로 정착지와 미국의 주권이 급속히 확대된 것은 일종의 정착민 식민주의로 볼 수 있다. 1867년 미국은 러시아로부터 알래스카를 매입했고, 이는 영토와 지리적 야망 모두 크게 확장되었음을 뜻했다. 1893년 미국의 상업 세력이 후원한 쿠데타로 하와이 여왕 릴리우오칼라니Liliuokalani가 폐위되면서 1898년 미국이 하와이를 합병할 길이 열렸다. 같은 해 미국-에스파냐 전쟁은 미국이 세계 무대에서 가장 노골적으로 군사력을 행사한 사건이었다. 미국은 육상과 해상에서 연거푸 신속한 승리를 거두어 유럽의 경쟁국들에 대해 군사적 우세를 확립했다. 에스파냐와 전쟁해서 승리를 거둠으로써 미국은 필리핀과 푸에르토리코, 괌을 영유했고 쿠바는 1903년에 미국의 보호령이 되었다. 미국 제국은 20세기 초 미국령 사모아(1900)와 파나마 운하 지구(1903), 미국령 버진아일랜드(1917)를 장악하면서 더 확대되었다.

일본의 발흥은 여러 면에서 미국의 사례보다 한층 더 눈부셨다. 19세기 후반 일본은 200년간의 고립을 뒤로하고 새로운 사상과 기술, 정치적 모델을 받아들였다. 청일전쟁 후 1895년에 청나라는 일본에 타이완을 양도했다. 1904~1905년의 러일전쟁에서 일본 함대는 상대국 함대에 대해 확실한 우위를 점했고 그 결과 1910년에 일본은 조선을 병합할 수 있었다. 제국 건설의 새로운 물결은 일본이 만주의 나머지 지역을 침공한 1931년에 시작되었다. 일본은 만주를 발판 삼아 서쪽의 러시아와 남쪽의 중국을 향해 세력을 확대하려 했다. 일본은 1940년 9월 독일과 이탈리아와 삼국동맹조약을 체결하여 제국주의적 야심을 추진할 새로운 틀을 얻었다. 일본은 동아시아는 물론 동남아시아와 태평양으로 세력을 확장하기 위해 열심히 노력했다. 일본은 1941년 12월 진주만을 기습한 뒤 태평양 서부에 해상 제국을 건설하려는 움직임을 지속적으로 전개했다. 일본군은 말라야와 싱가포르, 미얀마를 신속하게 점령했으며, 석유와 기타 자원을 찾아 보르네오와 자바, 수마트라, 네덜란드령 뉴기니로 밀고 들어갔다. 일본은 연합군에 대한 전략적 우위를 확보하고 전쟁 수행과 일본 경제를 뒷받침할 새로운 제국주의적 수탈지를 개척하기를 바라면서 멜라네시아와 미크로네시아에 활주로와 항구, 군 전초기지의 망을 구축했다. 그러나 결국 연합군은 일본이 이렇게 얻은 것을 조금씩 되찾았으며, 일본은 새로이 획득한 식민지를 오래 지배하지 못했다. 전쟁이 끝났을 때 일본은 상대적으로 안정된 식민지인 타이완과 조선, 만주에 대한 통제권도 포기해야 했다.

여러 제국에 관한 이 간략한 설명이 암시하듯이 1870년에서 1945년까지는 세계의 중요한 부분에서 지도를 다시 그린 지속적이고 강도 높은 제국 활동이 특징이었다. 세계사에서 비교적 짧은 시간인 75년 동안 몇몇 강력한 제국 체제가 몰락한 반면 다른 체제들은 급속하게 범위를 확장했고 그 과정에서 새로운 문화 간 교류와 착취, 상호 의존의 여러 형태가 빠르게 나타났다. 이러한 체제들은 기존의 문화 구성체들에 변화를 야기하고 새로운 유형의 교류와 전파를 초래하면서도 부단히 도전에 직면했고 저항하는 민족주의와 대결했으며 많은 경우에 무력에 의존해 식민지 통제권을 주장했다. 그러나 식민지 정권이 '원주민'의 성격과 자신들의 약한 힘을 끝없이 염려했다는 사실은 그러한 지배가 결코 이의가 없는 완전한 것이 아님을 분명하게 떠올리게 한다. 이 시기에 제국의 성격과 그 귀결은 공공연한 싸움을 피할 수 없고 그로 인해 달라진다는 점과 식민지 주민들이 식민지 구조의 결함과 문명화를 약속했으나 억압과 폭력 위에 세워진 제국 체제 내부의 모순을 이용할 수 있었다는 점이 분명해졌다.[4]

개별 식민지들이 (개혁과 향상, 재정리를 위해 끝없이 노력해야 했기에) 늘 과정 중에 있었듯이 이 식민지들을 구성 요소로 성립한 더 큰 제국 체제들도 결코 완결된 상태가 아니었고 외부에 문호를 닫지도 않았다. 근대 제국들을 연구한 여러 역사가보다 이 시기에 살았던 당대인들에게 더 분명했지만, 다양한 종류의 교류와 왕래가 제국들을 연결했다. 화폐와 상품, 기술, 질병은 물론 이주 노동자들, 선교사들, 사회 개혁가들, 고등교육을 받은 전문가들, 겸허한 순례자들이 제국 체제들을 돌아다녔다. 환경 과학과 의학, 사회정책 수립 같은 몇몇 핵심 영역에서는 제국들 간에 협조가 있었던 반면 인쇄물과 대중문화 작품의 복잡한 흐름은 몇몇 사상이 제국의 경계를 쉽게 넘나들었음을 의미했다.[5] 동시에 큰 목표를 갖고 떠오르던 제국들은 서로 주시하며 국경과 경계 지대, 시장, 군사 활동을 감시했는데, 이는 1880년대에 막 시작 단계에 접어든, 불안하기는 했지만 제국적 세계 질서imperial world order를 보여 주는 요소들을 암시했다. 2부에서는 전 세계에 동시에 퍼졌지만 균일하게 퍼지지는 않은 다양한 체제의 상호작용을 제국적 세계성으로 보고 이를 시간과 공간의 두 차원에서 추적하겠다. 이 제국 체제들은 영토와 주권, 전략적 이점, 채굴할 수 있는 자원, 문화적 영향력을 차지하려고 서로 경쟁했다.

19세기 말은 제국이 탄생하고 공고화되고 패권을 확립한 유례없는 시기(이른바 신제국주의)로 이해되는 경우가 많지만, 실제로 이 시기의 제국들은 느닷없이 출현하지 않았고 독특하지도 않았다. 이 제국들은 오히려 옛 제국들이 보고 생각하고 행동한 방식에서 성장했고 그 방식을 모방하고 나아가 그대로 썼다. 근대의 제국 체제들은 앞선 제국들, 즉 근대 초부터 멀게는 그리스와 특히 로마의 고전적 선례까지 이어지는 앞선 제국들부터 축적되어 내려온 자본에 (상징적으로나 실제적으로나) 여전히 크게 의존했다. 이 점에서 제국 건설의 이 시기를 별개의 뚜렷한 시기로 구분하는 역사가들의 성향은 형태와 구조의 뿌리 깊은 연속성을 방해하고 특히 유럽의 제국들이 19세기 말에 섭리에 의해 생겨났다는 허구를 재생산하는 경향을 보인다.

제국과 세계가 어떻게 형성되었는지 이해하는 데 관심을 두는 제국주의 연구자들에게 이러한 예외론적 시각은 여러 한계를 지닌다. 첫째, 그러한 시각은 유럽(유럽에서도 영국)을 근대 제국 역사의 중심에 둔다. 실상은 매우 특수한 제국 역사들이 근대 제국 역사의 일반적 사례로 제시되는 경우가 빈번하다. 그러한 추정은 이를테면 무슬림 제국들의 장기 지속이나 연이은 중국 제국 왕조들의 힘과 지속성, 러시아의 제국 건설이 그 광대한 유라시아 세력권에 갖는 중요성, 근대 일본 식민주의의 효력을 설명하지 못한다. 똑같이 중요한 이러한 영국 중심적 해석은 제국들의 '절대적 차이'를 강조하고(그 직접적 뿌리는 영국의 힘의 중심에 있는 종족적 가정이다.) 영국 제국의 예외성을('계승자'인 미국의 예외성까지는 아닐지언정) 주장하는 경향이 있다.[6] 영국 중심적 모델의 한계는 점점 더 분명해진다. 영국 제국은 자신들의 제국 안에서는 물론 제국들 사이에서도 패권을 장악했다고 주장하지만, 그 시기에 작동한 세계화의 유일한 인자는 아니었다. 실제로 독일 같은 제국 체제는 1870년에서 1918년 사이 당대의 경쟁국인 영국보다 러시아 제국이나 오스만 제국, 오스트리아 제국과 더 비슷했다. 영국 제국주의의 지정학적 힘을 계속 감안하되 이렇게 경쟁 관계에 있는 다른 세계적 전망들을 단일한 틀에 담는 것은 이 시기의 제국과 세계를 설명하는 모든 서사가 풀어야 할 과제다.[7]

둘째, '절정기'라는 시대구분은 지배적 제국들 내부의 하위 제국 구성체들(예를 들면 영국 제국의 큰 기획 속에 있는 라지)이나 지배적 제국들과 나란히 존재한 하위 제국 구성체들(예를 들면 18세기 말과 19세기 초에 새로이 출현하던 제국 체제인 미국의 변경에서 발달한 이른바 코만치 제국)의 활동을 덮어 가린다.[8] 이러한 종류의 제국 구성체들은 그 성격상 다민족 체제였고 여러 장소와 공동체들을 새로운 형태의 상호 의존 관계로 봉합했는데, 이는 제국의 이야기를 '유럽의 팽창'이나 '서구와 나머지 세계'의 이야기로 짜 맞추는 서사로는 설명할 수 없다. 제국에 관한 많은 글에서 기본적인 편제인 제국 본국·식민지의 이원론은 제국 체제 내부에서 발달했고 빈번히 그 밖으로 넘쳐흐른 복잡한 상업 제도와 지식 네트워크, 정치적 제휴를 설명하지 못한다. 단순한 이원론은 파키스탄 신드의 하이데라바드와 시카르푸르에서 영국 제국 안팎을 여행하면서 고베에서 파나마까지, 부하라에서 마닐라와 카이로까지 널리 흩어져 위요지들을 설치한 상인들과 연결된 상품과 화폐, 정보의 이동을 이해하는 데 도움이 되지 않는다. 그뿐만 아니라 제국의 운송로를 따라 동남아시아와 오스트랄라시아,[2] 그 너머까지 이동한 시크교도와 타밀족 이주자들의 송금 흐름과 이들이 설치한 종교적 네트워크들의 의미를 이해하는 데도 보탬이 되지 않는다. 이렇게 복잡하게 뒤얽힌 사정은 우리로 하여금 제국 구조의 복잡성과 이 시기 식민지의 현장에서 이루어진 만남을 형성한 다양한 형태의 상호 의존성, 그리고 대양을 넘나드는 이산의 역사에서는 오래된 세계적 거주지들ecumenes

_____ 2 오스트레일리아와 뉴질랜드, 그 일대 섬들의 통칭.

의 영향력에 유념하게 한다.[9]

셋째, 제국과 근대성을 예외론까지는 아니어도 유럽의 특수성을 드러내는 지표로 보는 서사들은 제국의 영향력을 보여 주는 지리를 지나치게 단순하게 만들었다. 이러한 서사들은 유럽 제국의 본국들을 일련의 경제적·정치적·사회적 혁신을 받아들이기도 하고 그로써 영향을 받아 변하기도 하는 장소로 보지 않고 종속민에게 계몽과 '문명'의 여타 혜택을 전해 주는 혁신과 에너지의 장소로 추정하는 경향이 있다. 제국과 근대성의 지리가 뒤얽혔다는 것은, 다시 말해 제국들의 변경에 자리 잡은 플랜테이션 농장과 식민지, 멀리 떨어진 교역소, 선교원이 근대성의 특징을 보여 주는 몇몇 핵심적 관행과 관습, 이데올로기를 만들고 다듬는 장소였음이 점점 분명해지는 것이다. 변경과 제국의 중심지를 연결한 제국 네트워크들의 통합적 효과는 근대 제국의 문화적 경관들, 즉 증기선, 철도, 전신은 물론 인쇄 문화와 상품과 광고의 대량생산으로도 형성되는 경관들을 부단히 넘나드는 문화적 교류가 막 모습을 드러내던 세계 질서에 에너지를 공급했음을 뜻했다. 세계의 시민들과 세계시민으로 여겨지기를 바란 이들은 제국의 시민권과 근대성을 동일한 것으로 이해하면서 점차 "제국에 대해 편하게 느끼게" 되었다. 그 결과 나타난 제국의 긴장은 현장과 상상의 영역, 그리고 그 둘 사이의 다양한 공간에서 식민지 지배자들과 식민지 피지배 주민들 간에 존재한 불편한 근접성의 부산물이었다.[10]

부분적으로는 우리가 19세기와 20세기라는 시간적 틀에 집중하기 때문에 1870년대부터 공격적으로 수행된 유럽의 세계 침투를 뒷받침한 확대된 상업적·공업적 능력도 근대성 자체와 마찬가지로 앞선 식민지 시대와 장구한 제국 역사의 결과였음을 강조할 필요가 있다. 칭다오에서 사모아와 남서아프리카까지 독일 식민지에서는 식민지 시대 이전의 여행기와 민족지民族誌와 훗날의 식민지 정책 사이에 직접적인 연관이 있다. 순전히 경제적 관점에서 말하면 자원이 부족한 유럽은 근대 초 제국 건설의 욕망이 낳은 '신세계의 횡재'로 그 경제적·환경적 제약에서 벗어날 수 있었고, 18세기 후반 유럽이 세계경제 무대에서 새로이 획득한 우세는 바로 그 횡재의 결과물이었다.[11] 그러나

1760년대부터 아프리카와 아시아, 이슬람 세계, 아메리카는 물론 태평양까지 포괄하여 처음으로 출현한 진정으로 세계적인 제국주의 시대는 후대 제국의 '위대함'을 낳은 선구자로 머물지 않았다.[12] 리처드 드레이턴Richard Drayton이 매우 간명하게 말했듯이 "구세계는 신세계에 의해 근대 속으로 끌려들어 갔다." 드레이턴은 노동규율과 시간 측정이라는 신세계 모델이 식민지 플랜테이션 농장에 의해 생겨나 산업화에 들어선 유럽의 공장들에 이식되었다고 강조한다.[13] 자본주의의 모든 좋은 상품처럼 근대의 시간은 제국적 뿌리의 증거를 빼앗긴 채, 그렇지만 식민지 정치 경제에 갖는 관련성은 그대로 유지한 채 본국에 도달했다.

지리적 범위를 한층 더 넓혀 무슬림 제국들의 지속성과 북아프리카와 메소포타미아, 중앙아시아 같은 중요한 천이 지대에 상존했던 제국들의 싸움, 동아시아 근대성에서 제국 문제가 차지하는 중심성을 인식하고자 한다면 제국과 근대성에 대한 우리의 이해는 더욱 복잡해진다. 청나라의 중앙아시아 정복 같은 현상(더불어 이에 동반된 공간적이고 경제적이며 지정학적인 혁신과 재구성, 나아가 역사 서술상의 혁신과 재구성까지 포함하여)을 지금 다루는 시기의 계보학 속에 집어넣으면 우리는 1900년 무렵 제국 건설의 척도로서 유럽을 벗어나 사고하는 것이 얼마나 중요한지는 물론 제국의 역사를 세계 무대 차원에서 더 장기적으로 관찰할 때 어떤 결과가 나오는지도 이해하게 된다. 실로 중앙아시아 역사의 중심에 있었던 원거리 교류와 제국 체제는 세계적 제국의 세계를 미리 보여 주었다. 그 방식은 이제야 완전히 인식되기 시작했으며 제국과 세계사를 연구하고 가르치는 상투적 과정의 방향을 조정할 것을 약속한다.[14]

이러한 추세(근대의 세계적 현상의 선례가 되는 제국들을 재현하는 추세)는 지역적인 것the local과 세계적인 것the global에 관한 논쟁으로 흡수되어 버릴 위험이 있다. 확실히 지역적인 것은 집중적으로 다룰 필요가 있다. 특히 현장의 특수한 것들이 일종의 무공간적인 세계적 경관에 포함되도록 허용하면 제국주의 국가들이 빈번히 의존했던 문화적 말살이라는 바로 그 메커니즘이 만들어지기 때문이다. 모든 국지적 장소가 전부 제국적인 것the imperial이나 세계적인 것에 확고히 연결되지는 않았다는 것도 사실이다. 이 점은 아프리카 전공자들

의 연구가 감탄스러울 정도로 명료하게 밝혀냈다. 세계시장에 연결되었으면
서도 때때로 그것에 무관심했던 니우미Niumi, 즉 감비아의 땅콩 재배 농민들
을 생각하든 신체 위생의 관리를 강요하려는 선교사들에게 관심을 보이지 않
는 아샨티족 여인들을 생각하든 지역사회들을 폭넓은 형태의 경제적 교류와
문화적 교류 속에 포괄하려는 세계적인 제국 체제들의 시도가 종종 실패로
돌아갔음은 분명하다.[15] 아프리카의 관점에서 본 제국과 세계화는 제국과 세
계화의 총체화적 시각을 거부했다는 점에서 독특한데, 이는 놀랍지도 않다.
프레더릭 쿠퍼Frederick Cooper 같은 아프리카 역사 연구자들에게 지역적인 것
은 이미 세계적인 것인 경우가 많았다. 반드시 초국적 힘에 의해 만들어지지
는 않았으며 지역 간에 장기적으로 주고받은 역동적 영향력에 의해 형성되었
던 것이다. 다시 말해 쿠퍼의 주장에 따르면 '제국적 세계the imperial global'에 조
금이라도 통합되어 있다면 결코 철저히 고립되는 것은 아니다. 제임스 퍼거슨
James Ferguson처럼 아프리카를 연구하는 인류학자들이 볼 때, 세계화의 척도로
서 수렴(상품과 영향력의 수렴, 특히 '흐름'을 통한 수렴)을 고집하는 것도 지역적 다
양성과 수천 년에 걸친 대륙 간 교류를 무시하고 오로지 추정만으로 아프리
카를 끊임없이 과소평가하는 경향 탓이었다.[16] 세계화에 관한 국제적 논쟁과
세계사 연구에서 대체로 부차적이었던 태평양 지역에 관해서도 유사한 주장
을 제기할 수 있다. 이러한 부차적 성격은 규모와 지리에 대한 외부인들의 이
해를 반영한다.(태평양의 섬들은 유라시아나 아메리카를 기준으로 판단하면 작고 흩어
져 있는 것처럼 보인다.) 광대한 태평양은 세계사의 주된 흐름에서 그 지역을 '고
립시킨' 전형적인 장벽처럼 보였다. 그러나 오세아니아 주민들에게 태평양은
주변 지역 사람들을 교환의 네트워크에 연결한 고속도로였고, 이들이 보는 역
사는 수많은 우연한 만남과 여행, 문화적 교류로 가득하다. 달리 말하면 연결
은 오세아니아에서 언제나 삶의 특징이었다. 유럽 제국의 대리인들이 도착하
면서 문화 간 교류가 시작된 것이 아니라는 말이다. 그들의 도래는 기존의 교
류와 상호 의존 관계를 매우 폭력적으로 재조정하고 재정리했다.(재조정과 재정
리가 결코 완전하지는 않았다.)[17]

　　우리가 보기에 이러한 사례들은 유익하다. 세계성globality의 '증거'가 세계

사에 편입되는 선결 조건임을 깨닫게 하기 때문이다. 다시 말해 '세계적 현상처럼 보이는' 것에 관한 관념적 추정은 누가 세계사의 서사에 흡수되는지를 결정하는 데 큰 도움이 된다. 그러나 세계화는 근대의 모든 역사가 필연적으로 도달할 수밖에 없는 자연스러운 종착점이 아니다.[18] 이러한 사례들이 세계화의 목적론적 해석에 제동을 건다면 이 비판적인 태도들은 우리가 관계하는 비례의 문제들도 강조한다. 제국적인 것은 실제로 언제, 어디서, 어떤 상황에서 세계적인 것을 만들어 냈나? 똑같이 중요한 질문이 있다. 제국적 상황은 어느 정도로 다른 비제국적인 세계적 힘들에 의해 형성되었나? 작금에 그러한 탈구의 사례들은 직관에 반하는 것처럼 보이지만 그럼에도 아주 많다. 태평양 권역 전체에 나타난 이민 규제 정책의 협력 증대와 중국인 이주자 네트워크의 급속한 팽창에 대한 대응이나 제1차 세계대전 직전 독일령 동아프리카에서 식민주의적 개입 때문이 아니라 개입에도 불구하고 노예제를 종식시킨 과정을 예로 들어 보자.[19] 두 경우에서 똑같이 제국은 하나의 요인이었고 역사적 동인이었지만 꼭 주된 역할이나 결정적 역할을 하지는 않았다. 그리고 제국이 세계적인 상황 전개에 미친 영향을 평가하려면 우연적이고 우발적인 사건들에 주목하지 않은 채 모든 사건이나 관념, 관행, 정책이 불가피하게 제국적일 수밖에 없는 세계적 헤게모니에 속한다고 생각하지 않도록 유의할 필요가 있다. 그 우연한 사건들이 모든 역사를 지배한다는 것을 우리는 안다.

중국인 디아스포라의 네트워크와 노예제 종식 운동 같은 현상들은 지금 여기에서 선택한 시기에 벌어진 사건들과 변화들만큼이나 제국 건설과 원거리 교역, 세계적인 종교적 충격 같은 앞선 역사들에도 똑같이 결정적으로 의존했다. 앞서 지적했듯이 제국들은 지속적으로 앞선 연결 관계들에 편승했고 전근대의 네트워크들이 가진 규모를 확대하고 그 가치를 드높였으며 이를 더 큰 제국 체제나 세계적 체제의 순환 구조에 끌어들였다. 그리고 지금 우리는 세계적인 것은 무엇인가가 더 채워지기를 기다리는 기존의 범주이거나 모든 제국적 힘의 불가피한 종착점이 아니라는 점을 제시하려 한다. 우리의 과제는 이 시기의 제국들이 지리적으로 광대한 시장과 정치적으로 이식 가능한 정부 형태, 상호 연결성과 상호 의존성을 열망하는 문명적 정체성들을 만들어 내는 데 힘을 쏟은 정치체제임을 증명하는 것이다. 이 긴 역사적 시기에, 제국화한 세계의 공간은 세계적global(당시에도 때때로 쓰였지만 그 영토상의 범위를 신중하게 정한다면 소급적으로 분석적 효용을 지니는 용어다.)이라고 이해되고 그 지위를 유지하게 되었다. 제국적 세계는 때때로 남아프리카와 오스트레일리아, 뉴질랜드 같은 정착민 식민지들을 직접 이어 준 다양한 연결 관계나 인도와 남아프리카와 동아프리카의 영국 영토는 물론 동남아시아의 영국 영토 간에도 나타난 연결에서 보듯이 실제로 식민지 간 현상이었으며, 때로는 영국의 식민지 지배와 미국의 식민지 지배 사이의 깊은 이데올로기적 연속성에서, 뉴헤브리디스로부터 서사모아와 퀸즐랜드, 피지 같은 영국 식민지들과 타히티와 누벨칼레도니 같은 프랑스 식민지, 하와이로 건너간 노예 계약 노동자들에게서, 영국의 제국 체제와 일본의 제국 체제의 접점에 나타난 범아시아주의에서, 나아가 누벨칼레도니의 토착 활동가들과 오스트레일리아 공산주의자들 사이의 상호 의존에서도 볼 수 있듯이 제국 간 현상이었다.

　'제국적 세계'가 지구 도처의 모든 사람에게 도달한다거나 식민지 사회의 전 범위에 침투하여 영향을 미친다는 의미에서 모든 것을 망라하고 포괄적인 경우는 드물었다. 그 점에서 제국과 세계적인 것의 연결은 특별한 성격의 불균등한 발전을 드러낸다. 제국적 세계는 위압적으로 밀어닥치는 괴물이라기보다는 단 하나의 공통 동력도 공유하지 않은, 이따금 중단되는 일련의 통합 과정, 즉 접점과 분기점, 욕망과 무관심, 의지와 무기력의 변전을 반영한 과정이었다. 지금 우리가 하는 것처럼 세계적인 것을 다루는 비판적 역사들은 제국의 힘이 세계적인 것을 만들어 내는 데 수행한 역할에 민감할 것이며, 그렇기 때문에 제국이 도달하는 범위의 한계와 제국 권위의 걱정거리와 약점들도 추적할 것이다. 그렇다고 제국들이 수립된 방식에 관하여 "일시적 방심"[3]이라는 설명 틀에 동의한다는 말은 아니다. 오히려 그 반대다. 어느 편인가 하

_____ 3 영국의 역사가 존 로버트 실리의 표현. "말하자면 우리는 일시적 방심 상태에서 세계의 절반을 정복한 것 같다." 실리의 견해에 관해서는 다음 부분에서 다룬다.

면 우리는 서구 제국주의가 어쨌거나 19세기와 20세기에 행사한 그 헤게모니를 어떻게 획득했는지에 관해 존 다윈John Darwin이 말한 '혼란스러운 다원주의chaotic pluralism'라는 논거를 한 가지 설명으로 채택한다.[20]

탈식민주의 평자들의 저작에 따라 우리는 세계적인 것에 집착하되 그것을 선험적 범주가 아니라 위치를 잡아 주는 도구로, 다시 말해 제국의 위치를 영토상에 나타난 좌표가 아니라 새롭게 등장하는 불완전하고 미완인 일련의 세계적 과정과 연관 지어 정할 수 있게 해 주는 해석의 틀로 본다.[21] 이러한 움직임은 페미니즘·퀴어queer 이론과 탈식민주의 비평에서 나오는데, 적어도 세 가지 방법론적 효과를 갖는다. 첫째는 세계적인 것이라는 영역의 목적론에 관하여 우리가 회의적 태도를 지니고 있음을 알리는 것이다. 모든 역사는 세계사로 끝난다고 가정하고픈 유혹에 저항함으로써 제국들과 다른 세계화 동인들 사이의 자연스러운 친화성이나 운명적인 친화성을 가정하지 않고도 우리는 양자 간의 관계를 키운 역사적 조건들을 더 잘 포착할 수 있다. 두 번째 기능은 상이한 공간상의 지점과 사회적 위치 들에서 볼 때 식민지 정권과 제국 체제 들이 어떻게 크게 다른지 설명하는 것이다. 이를테면 제국의 중심(런던이든 이스탄불이든, 도쿄든 파리든)에서 보는 시각에서 벗어나면 세계 제국들을 다양한 각도에서 볼 수 있다. 예를 들면 예멘이나 이라크에서 오스만 제국의 권위는 이스탄불에서 경험된 것과는 매우 다르게 작동했다. 중국과 멜라네시아는 똑같이 일본의 식민지가 되었지만 일본이 제국 영역 내에 적용한 종족적 사고 때문에 한족과 멜라네시아 주민들의 경험이 매우 큰 차이를 보인 것과 마찬가지다. 셋째, 우리는 제국적 관계에 관한 연구를 매우 구체적인 실제의 장소들에 끼워 넣으려 하며 사회적인 것과 문화적인 것의 구조를 단순히 삶의 경험으로만 포착하는 것이 아니라 제국 건설과 세계적 연결성의 구조적 조건으로서도 포착하는 시각에서 보려 한다. 이 점에서 우리는 병원에서 선교원까지, 법률에서 어린이와 날품팔이, 반란자의 몸까지 모든 단계의 공간이 갖는 중요성과 역사적 구체성을 일깨워 주느라 고생한 지리학자들에게 빚을 졌다.

우리는 이러한 미시 차원의 역사들이 제국적 세계 체제들의 깊은 우연성,

그리고 지역적 차이(아니면 차이 없음)의 무게와 제국의 재영토화 성격이 충돌하여 야기된 긴장을 드러낸다고 주장한다. 제국의 역사들은 남아시아 이슬람 데오반드파의 등장부터 마오리족 예언자 지도자들에 이르기까지 그러한 우연성과 긴장으로 가득하다. 데오반드파는 식민지 근대화라는 상황에서 문화적 연속성을 다시 옹호하고 초기 이슬람 원리를 가르쳐 무슬림의 삶의 방향을 재조정하려 했으며, 마오리족 지도자들은 구약성서의 아브라함과 모세가 수행한 변혁을 모방하려 하면서 추종자들을 근대성의 장신구에서 적극적으로 떼어 내려 했다. 여러 제국이 특권적 조차지를 얻어 낸 중국의 톈진 같은 곳에서 권력 구조를 조종한 현지인들은 그것을 서로 다투는 지역적 공간이나 제국적 공간, 세계적 공간이 아니라 세 가지 전부의 모체로 이해했다.[22] 달리 말하면 우리는 제국을 흔적 없이 복구될 수 있는 통일성 있는 전체로 보는 것이 아니라 세계적인 것이 약속하는 경향이 있는 동질성의 주장을 방해하며 종종 서로 어울리지 않는 파편들의 집적으로 본다.

지금 우리가 반대하는 그 동질성을 가능하게 한 제국의 역사들은 하향식 접근법을 넘어서지 못하며 유럽과 미국의 정치사상에서 유래하는 고급 정치high politics에 초점을 맞춘 현대의 제국적 계기들의 계보학을 고집한다. 우리는 식민지의 모습을 반영하지 못하는 제국의 역사들을 경계한다. 식민지가 어떻게 그리고 왜 제국의 사회적·정치적·문화적·경제적 질서의 공동 저자인지를 보여 주는 증거가 충분하다고 믿기 때문이지만 그것 때문만은 아니다. 그러한 과정이 토착민 사회에서 전 세계적 저항과 식민지 해방에 함의를 갖는 실천과 고유의 주권 관념을 발전시킨 방식 때문이기도 하다. 이 시기에 식민주의에 반대한 민족주의자들은 전부가 서로 알고 지내거나 의견을 교환하지 않았을지도 모른다. 그러나 운동들 간의 유사점은 제국 체제들 간의 비슷한 점만큼이나 현저하다. 이 시기 제국적 세계에 대한 자존적인 설명 가운데 식민지 '현지'나 제국 본국의 제국 비판자들이 수행한 작업을 무시하거나 회피할 수 있는 것은 없다. 그 작업이 1945년 이전 제국들이 세워 유지하려 한 이전의 세계적 질서를 만들고 종국에는 해체하는 데 일조했기 때문이다. 기술의 도입과 공간과 장소의 변형, 초국적인 반제국 연대 공동체를 상상하려는 의지는 베르사유 조약과 만주의 정복, 호찌민과 수바스 찬드라 보스Subhas Chandra Bose[4] 같은 반식민주의자들이 제국의 국경을 넘은 사건들이 보여 주듯이 이 시기 세계적 질서의 운명에 절대적으로 중요했다.

반식민주의적 민족주의의 중요성은 국민국가에 관한 우리의 시각을 바꾸기도 한다. 국제연맹 같은 국제적 통치성의 시도나 칼리파 운동 같은 지역을 초월한 정치적 구조를 만들어 내려는 시도가 있었지만, 국민국가는 이 시기 세계 무대에서 점점 더 큰 권위를 얻은 정치조직 형태였다. 우리는 국민국가를 단순히 식민지 영역으로 투사된 유럽의 모델로 보지 않는다. 대신 우리는 제국적 이동성과 식민지의 통신 체계, 반식민주의적 민족주의가 개별 국민국가와 세계적인 국민국가 체제의 형태와 성격을 형성하는 데 갖는 중요성을 강조한다. 동시에 제국들의 경제적 경쟁은 국민국가들로 하여금 점차 세계적 경찰로 자처하게 했다. 국민국가들은 복잡한 법률과 여권과 비자, 신분증 같은 수단으로 더욱 엄격한 시민권 제도를 확립하여 이민을 규제하고 국경을 넘는 이동을 통제했던 것이다. 강력한 국민국가는 여러 측면에서 이러한 장치들의 결과였으며, 이러한 장치들은 연결 관계들이 확대되는 와중에 등장했다. 국경과 주민을 통제하는 능력은 인구와 공간의 관점에서 국민국가의 필수 조건이었던 것이다. 인도 국민 회의가 남아프리카 등으로 이주한 인도인들에게 보인 관심이 증명하듯이 반식민주의 운동의 지도자들도 이러한 긴급한 상황에서 벗어나지 못했다. 그런 의미에서 제국을 공격한 '토착민 비판자들'이 제시한 주권과 영토권 모델들은 정치조직과 문화적 상상력의 모델로서 국민국가를 외면하기가 점점 어려워졌음을 드러냈다.

2부에서는 제국 시대의 세계적인 것의 변수들을 평가하기 위해 상이한 규모의 사회조직과 정치 활동, 지적 작업 사이의 특수하고 우연적이며 역동적인 관계들을 살펴볼 것이다. 특히 연결과 전파의 형태들(철도망의 작동에서 국제회의까지, 신문의 유통에서 질병의 확산까지)이 다양한 규모와 차원의 역사적 경험을 뚜렷하게 드러낸 방식에 관심을 쏟을 것이다. 우리의 분석은 이러한 형태

_____ **4** 나치 독일과 일본의 도움을 받아 영국의 인도 지배를 끝내려 한 인도의 민족주의자.

와 경로 들이 세계적인 것의 형성에 일조했음을 증명하는 동시에 이러한 연결 관계의 불균등함과 허약함, 불완전함을 일관되게 강조한다. 그 과정을 통해 연결과 분쟁의 역사, 상호 의존과 독립의 역사, 적응과 저항의 역사를 동일한 틀 속에 집어넣으려 한다. 바로 이러한 공존의 역사 속에서 인간 경험의 구조가 발견되고 근대의 제국적이고 세계적인 문화의 특정한 표현들이 형태를 갖춘다고 우리는 확신한다. 젠더와 섹슈얼리티, 종족과 민족, 계급과 신분의 문제들은 이 작업에 매우 중요하다. 단순히 이 문제들이 설명해야 할 것들이기 때문이 아니라 제국들이 전개된 방식을 밝히는 데 지극히 유용했기 때문이다. 다양한 성격의 육체적 경험과 사사로운 관계는 제국적 지정학의 작동과 무관하기는커녕 식민주의의 불평등과 세력 투쟁에 깊숙이 관련되어 있다.

먼저 1장에서 근대 제국들을 주로 영토 확장 사업으로, (오로지 그렇게만 보지는 않겠지만) 다시 말해 그 공간적 논리가 지역적으로나 광역권에서나 영향력을 가지며 그 문화적 형태들(병영, 객차, 제국의 가정)이 역사적으로 특수한 세계적 모델의 '문화'와 '문명'이 되는 공간 창출 체제로서 고찰하겠다. 2장에서는 통신과 교통, 다양한 형태의 경제적 연결의 역사에 집중하겠다. 이러한 것들은 다소 구식의 '제국 역사'에 속하는 주제로 보일 수 있지만 제국 건설과 세계적인 것의 출현 관계를 해명하려는 모든 작업에서 매우 중요한 요소라고 믿는다. 특히 유럽 제국이든 무슬림 제국이든 아시아 제국이든 제국들이 열망한 시간과 공간의 재측정에서 유용했기 때문이다. 3장에서는 지정학의 문제를 다룰 것이다. 식민지 해방 이후 반둥 회의의 참가자들이 붙들고 씨름해야 했던 새로운 세계 질서의 수립에서 제국의 대리인들과 반식민주의적 종속민이 수행한 작업을 추적할 것이다. 여기서 우리는 제국의 반대자들과 적들이 수행한 이데올로기적이고 정치적인 활동에 초점을 맞추겠지만 근대 제국주의 역사에서 영국을 지역적인 사례로 다루는 데도 그만큼 관심이 있다. 그러한 움직임은 그 시기 공간적 질서에 대한 상투적인 견해를 수정하게 한다. 그 목적은 러시아와 일본, 미국이 제국으로서 수행한 역할을 설명하는 동시에 제국에 반대하는 투쟁과 저항이 어떻게 1945년 이후 세계의 운명을 결정했는지 기록하는 것이다. 이는 제국적 세계의 변덕스럽고 불균등한 발전을 역사적으로 설명하고자 부단히 주의를 기울이고 그 세계사적 필연성을 그때나 지금이나 계속 의심한다는 뜻이다.

농담일지언정 제국을 일종의 범지구 위치 결정 시스템GPS으로 주장하는 데 따르는 한 가지 위험은 우리 것을 역사 서술상의 구글 스피어Google Sphere 로 본 견해라고 상상하는 것이다. 우리는 영국 제국의 공간과 장소라는 울타 리(이에 따라오는 모든 부속물)에서 벗어나려 했지만 결국 우리가 받은 교육과 지적 인식 기반, 우리 위치의 정치학을 받아들일 수밖에 없다. 이것은 뉴질랜 드의 경우에는 그다지 자명하지 않지만 분명히 '서구적'이다. 그리고 그 방향 은 주로 영어권이다. 이 사실은 우리가 도달할 수 있는 역사의 다양성을 실질 적으로 제한하며 세계적 제국 질서의 한계와 가능성에 대한 우리의 평가에 서 한 부분을 차지한다. 자신의 위치가 갖는 구체성과 그것이 자신의 시각과 방법에 미치는 영향을 벗어날 방법은 없다. 그렇다고 그것에 대해 자기비판적 이고 매우 분석적인 시각을 들이대고 그로부터 새로운 형태의 역사적 사고와 행위를 끌어낼 가능성이 전혀 없다는 말은 아니다. 우리는 분석적 해석의 한 계뿐만 아니라 작위 오류와 부작위 오류도 인정한다. 패배주의나 설명의 의무 를 회피하고픈 욕구 때문에 인정하는 것은 아니다. 영국과 미국이 제국적 침 략을 하던 시기를 근본적으로 비판하는 기획에 몰두하기 때문이며, 일견 끝 도 없을 것 같은 세계성의 시대에 우리가 인식할 수 있는 세계에는 한계가 있 음을 받아들이는 진정한 겸손을 갖추고 싶기 때문이다.

1   제국의 재영토화

역사적으로 볼 때 제국 건설은 전통적 소유자들이나 경쟁 제국들로부터 (군사력을 통해서든 경제적 침투를 통해서든 의도적인 식민을 통해서든) 땅을 빼앗고 이 땅덩어리들을 모아 광대한 경제적·정치적 체제로 만드는 일이었다. 새로이 획득한 땅은 전략적 이점이나 이윤이 남는 시장, 귀중한 노동력을 제공할 수 있었다. 더불어 식민 국가가 납세 주민은 물론 유용한 자원이나 물자를 착취할 수 있게 했다. 기본적으로 제국 건설은 넘겨받은 땅으로부터 지대와 세입, 자원을 빼내는 일이었다. 1870년에서 1945년까지 제국 열강이 세운 식민지와 보호령, 위요지 교역소의 사슬은 지구본과 지도, 지도책에서 흔하게 볼 수 있었다. 영토의 축적은 국력과 국제적 지위의 상징적 지표이자 실질적 지표였다. 메이지 시대의 일본은 물론 뒤늦게 통합된 국민국가인 독일과 이탈리아에서도 식민주의의 옹호자들은 광대한 제국이 국력과 근대성을 드러내는 결정적인 지표라는 관념을 특별히 강하게 표출했다.

그러므로 1870년에서 1945년 사이에 제국 건설은 탈영토화deterritorialization와 재영토화reterritorialization의 행위 위에서 이루어졌다. 더 간단하게 말하면 칼뿐만 아니라 절박한 영토상의 과제도 모든 근대 제국의 생사를 결정했다. 이 명제는 자명해 보일 수 있지만 깊이 생각해 볼 필요가 있다. 한편으로는 21세기의 벽두에 여러 형태의 세계화('평평함'이나 '무장소성'을 지닌다고 추정되는 세계화)가 낳은 새로운 정치적·기술적 질서 속에서 근대 제국 구성체들의 영토권 territoriality이 소실될 수 있기 때문이다. 물론 이 시기에 마구 뻗어 나간 제국들이 식민지 영토와 종속민을 전부 직접적으로 확고히 지배했다고 추정하는 것은 분별없는 짓일 것이다. 영토 제국들의 시대가 끝났다는 주장도 마찬가지로 무모한 얘기가 될 것이다. 알다시피 아직도 매우 다양한 원료가 크고 작은 제국적 침략 행위의 동기가 된다. 그렇지만 21세기 초 당대의 통신망과 많은 제국의 '가상의' 성격에 비춰 볼 때 1870년에서 1945년 사이 제국 체제들이 제국의 공간을 상상하고 관리한 방식은 역사적으로 독특해 보인다. 이 시기에는 특정 형태의 영토 제국주의가 확립되고 공고해졌을 뿐만 아니라 제국의 힘에 관하여 본질적으로 공간적인 용어들이 출현했다. 이 용어들은 제국 지배의 혜택과 그 문명화 능력에 관한 이데올로기적 가정을 많이 담고 있었으며, 이 가정들은 식민지 종속민이든 식민지 지배자든 온갖 행위자의 영향과 전유專有, 저항에 취약했다.

실로 근대 제국의 역사는 그 공간적 야심과 열망을 실제적이고 상징적인 조건에서 공히 집중적으로 다뤄야 한다. 1870년에서 1945년 사이 제국 건설의 역사적 특수성을 평가해야 한다면 더욱 그렇다. 확실히 영토의 획득과 강탈, 변형의 중심성은 근대 제국에만 해당하지 않는다. 로마인들에서 몽골인들까지, 오스만튀르크에서 콩키스타도르까지, 티무르에서 쉴레이만 1세Süleyman I와 그 이후까지 제국적 충동의 주된 결과 중 하나는 종교적 동기에서 나온 것이든 상업적 동기나 정치적 동기에서 나온 것이든 새로운 공간을 획득하고 이를 새로운 제국적 힘의 구조적이고 문화적인 흔적이 두드러진 새로운 장소로 탈바꿈시키는 것이었다. 어구에 가장 충실하게 말하면 몽골인의 유라시아 점령 같은 현상(강력한 기병대, 군사적 능력, 야삭Zasag(법전) 덕분에 칭기즈 칸Genghis Khan과 그 후계자들은 양저우에서 부다페스트까지 광대한 영역을 전례 없이 놀라운 속도로 지배할 수 있었다.)은 정복지들이 결국 아무리 느슨하게 결합되었어도 전근대 제국 건설의 순수한 공간적 목표가 어떠했는지를 실례로 보여 준다. 그리고 칭기즈 칸에 뒤이어 근대 초에 제국의 영토권을 좀 더 의도적으로 분명하게 표현한 사례들이 있었다. 고궁故宮(명나라와 청나라의 자금성)이나 파테푸르 시크리(아크바르Akbar가 붉은 사암으로 세운 경이로운 건축물)가 근대성의 등장 이전에 제국의 영토적 범위와 공간적 야심을 서사적으로 표현한 것이 아니라면 무엇이란 말인가? 이렇게 웅장한 수도들에 버금가는 건축물을 세운 제국은 거의 없다. 그리고 에드윈 러티언즈Edwin Lutyens가 설계한 뉴델리의 경우처럼 늘 앞선 제국적 설계의 청사진을 응용했다. 실로 하나의 공간을 다른 공간 위에 접붙이는 것은 지도에서든 상상 속에서든 아니면 두 가지 전부에서든 (콜럼버스가 수치스럽게도 히스파니올라섬을 보고 '인도 제국'으로 착각한 것처럼) 향후 제국이 될 나라들의 특징적인 조처였을 것이다. 실제로 제국주의의 역사에는 그러한 접목의 사례가 넘쳐 난다. 두 가지만 들면 영국이 인도에서 무굴 제국의 형식을 가져다 쓴 것이나 프랑스가 알제리에서 오스만 제국의 기법을 손질해 쓴 것이 그 점을 강력하게 암시한다. 콜럼버스의 오해를 비롯하여 그러한 사례들은 식민 국가들이 결코 역사가 없는 텅 빈 곳으로 들어간 것이 아니었음을 떠올리게 하며 옛 제국의 역사들이 어떻게 새로이 출현하는 식민지 구성체에 일상적으로 봉합되었는지를 보여 준다.

이전에 나타났던 제국들처럼 근대의 제국 국가들도 제국의 존재를 크고 작은 공간 속에 지도로 표현하는 데 따라오는 힘을 이해했다. 영국령 인도에서든 러시아의 스텝 지역에서든 근대의 제국들은 정복을 과학적 관리의 관점에서 합리적으로 수행하기 위해 영토를 끊임없이 상세하게 측량하고 지도로 작성하고자 하는 자극을 느꼈다. 근대의 제국 지도와 제국 공간은 과거 어느 때보다도 긴밀하게 공간 계획과 국가권력을 연결했고, 19세기 중반이 되면 종족과 젠더, 여타 문화적 차이의 표현들을 공간적으로 배열하는 것과 점점 큰 관련을 갖게 되었다. 19세기 이전에는 문화적 차이에 대한 깊은 관심을 볼 수 없었다는 말이 아니다. 근대 초에 서구에서 제작된 세계지도는 흔히 옷을 입거나 벗은 다양한 형태의 부부 인물상과 '토착' 주민을 묘사한 이미지들로 장식되어 영토의 정복과 성적 상상력의 중첩을 드러냈다. 그리고 영토상으로 널리 퍼진 교회 통치권의 사례로서 종교재판소가 피부색이 검은색과 갈색, 붉은색인 희생자들의 신체에 흔적을 남긴 방식을 부정하기는 어려울 것이다. 종교재판소는 많은 경우에 그들의 성관계를 근거로 삼아 고문실 같은 폐쇄된 공간과 처형장처럼 매우 공개적인 장소에서 그들을 박해했다.[23] 그러나 역사가들은 19세기에 생물학적 종족의 불변성에 대한 확신이 강해졌고 더불어 사회적 교류든 성적 교류든 뒤섞임이 제국의 안전에 위험을 초래할 수 있다는 우려가 있었다는 데 일반적으로 동의한다.[24] 동시에 각 식민지 내부의 사회적 관계를 상세히 묘사하기 위해 점점 많은 지식이 수집되고 요청되었다. 지역 언어의 사전과 문법책, 지도와 도시계획, 인구조사와 교역 유형부터 특정 주민 집단의 평균 신장에 이르기까지 모든 것을 측정한 통계조사는 행정관들에게 자신들이 지배하는 "나라를 알 수 있게" 해 준 결정적 수단이었다.[25] 제국 건설자들은 이러한 형태의 식민지 지식과 점점 강압적으로 바뀌는 근대국가의 힘을 통해 사사로운 영역을 면밀히 감시하려 했다. 이러한 연결선들을 관리하는 것은 어려울 때가 많았지만 그럼에도 이는 많은 식민지 정권의 일상적인 관심사였다.

종족화한 공간 개념들이 제국의 정책과 목표를 지배했다는 점은 이를테면 제1차 세계대전 이후 시기의 미시적 과정과 거시적 담론에서 공히 매우 분명하게 드러난다. 예를 들면 최소한 379명의 펀자브인을 죽음에 이르게 한 1919년 암리차르 학살은 식민지 도시의 공간을 종족적으로 배열하는 문제에 관한 영국의 근심을 극적으로 드러냈다. 제국의 통신망이 널리 파괴되고 영국 지배에 맞선 봉기 가능성이 소문으로 떠돌던 상황에서 백인 여성 한 명이 공격을 받은 뒤에 하르만디르 사히브(황금 사원)에 인접한 커다란 공원이자 회합 장소인 잘리안왈라 바그에 촌락민과 정치적으로 활발한 도회지 주민들이 모이자 펀자브의 주요 영국 관리들은 큰 불안에 휩싸였다. 군중에게 발포하라고 명령한 영국군 준장 레지널드 다이어는 전면적인 봉기로 번지기 직전의 움직임에 맞섰다고 주장하고 점점 불안정해지는 제국의 권위를 지키려 했다고 자신의 행동을 정당화했다. 잘리안왈라 바그의 학살은 수많은 인도인 군인과 사무원, 하급 공무원에 의존하여 광대한 인도제국을 통치해야 했던 적은 영국인 행정관 집단의 근심을 적나라하게 드러냈을 뿐만 아니라 곧 식민지 주민들의 사회적·정치적 생활을 통제하려는 제국적 욕구가 낳은 잔인성을 대표하

게 되었다.[26]

유럽의 맥락에서 다른 사례를 하나 더 들면 공간과 종족, 제국의 뒤섞임은 독일의 민족주의 사상에서 현저했다. 1890년대부터 독일인 민족지학자이자 지리학자 프리드리히 라첼Friedrich Ratzel은 독일이 해군력을 키우고 해외 영토를 확대해야 할 뿐만 아니라 독일인들이 자연스럽게 팽창할 강한 국가를 만들기 위해 분투해야 한다고 주장했다. 라첼의 주장에 따르면 이 팽창주의적 동력은 동유럽 안으로 독일 영토의 경계를 확장하고 독일 문화를 전파해야 했다. 1904년 라첼이 사망한 뒤 국가의 흥망에 관한 그의 논의에서 중심이었던 생활공간이라는 개념은 독일의 학문적 논쟁에서 중요한 요소가 되었을 뿐 아니라 독일의 제국적 잠재력에 관한 논의 속으로 엮여 들어갔다. 1933년이면 매우 과격한 형태의 생활공간 개념이 동유럽의 가차 없는 식민화와 독일화를 요구한 아돌프 히틀러의 주장을 뒷받침했다.[27]

최근의 연구는 나치 국가가 식민지, 특히 독일령 남서아프리카의 선례에 의존하여 종족과 지리를 한데 엮었음을 암시했다. 위르겐 치메러Jürgen Zimmerer는 독일령 남서아프리카의 독일인 행정관들이 법적 권리를 빼앗긴 아프리카인 노동력의 저렴한 공급을 주된 수단으로 이용하여 독일인 식민지 이주자들과 아프리카인들의 종족 분리Rassentrennung를 이끌어 내려 노력했음을 증명했다. 이 전략을 지탱했던 종족적 논리는 1904년에서 1908년 사이에 헤레로족과 나마족을 겨냥한 광포한 종족 학살 전쟁을 추동했다. 이 사건으로 두 종족의 인구는 각각 최소한 80퍼센트와 50퍼센트가 감소했다. 이 전쟁에서 식민지 행정관들은 지역 기반 시설을 체계적으로 파괴하고 전사들과 그 가족들에 맞서 전쟁을 수행하며 '극도의 테러'를 이용하고 포로들을 '강제수용소'에 가두는 것을 옹호했다. 이 모델들은 나치의 관행에 중요한 본보기가 되었다. 훗날 나치 국가에서 일하게 되는 젊은 식민지 행정관들이 유럽으로 들여왔고 식민지 지식을 기초로 만들어진 종족 이론들을 학문 네트워크를 통해 식민 국가의 식자층에게 널리 전파했던 것이다.[28] 아돌프 히틀러는 1941년 소련 침공의 정당성을 주장하면서 다른 식민지 모델들을 끌어와 나치 정책의 취지를 설명했다. "러시아 영토는 우리의 인도이며, 영국이 소수의 인력으로 인도를 지배했듯이 우리도 이 식민지 영토를 그렇게 지배할 것이다. 우리는 우크라이나인들에게 머리에 쓰는 스카프와 유리 사슬, 보석, 그 밖에 식민지 주민이 좋아하는 것은 무엇이든 공급할 것이다." 독일군의 진격은 러시아와 동유럽의 인구학적 지도를 다시 그리고 히틀러가 설명했듯이 "독일 국민은 이 영토 안으로 팽창"할 터였다.[29]

이러한 사례들은 1870년에서 1945년 사이에 제국들이 수행한 세계적인 재정리가 공간과 문화적 차이에 관한 걱정이 뒤섞인 사업들, 식민지 현장의 상이한 주민들이 서로 관계하는 방식을 조절하려는 노력뿐만 아니라 식민 본국의 우월한 문화적 질서로 인식된 것을 만들고 보호하려는 노력에서도 뒤섞인 일단의 사업들에 의존했음을 생각나게 한다. 제국 체제의 협력자와 적들도 각각 이러한 공간화 사업의 중요성을 이해했으므로 제국의 힘을 조종하고 이에 도전했다. 잘리안왈라 바그 집회 같은 공동체의 역사적 사건에서 의도성을 읽어 내기가 어렵다는 점은 잘 알려졌지만 그 폐쇄된 공간에 모였던 사람들 중 적어도 일부는 자신들이 제국이 위기에 처했을 때 제국의 영토권을 거부했음을 이해했다. 인도 민족주의 지도자들은 영국의 식민주의가 어떻게 종족과 젠더라는 기준에 따른 공간 재정리에 의존했는지 오랫동안 알았다. 모한다스 간디(마하트마 간디)는 남아프리카에서 유색인의 이동을 제한한 법률에 반대하는 선동에서 중심인물이었고 영국 식민주의가 남아시아에서 여러 가지 공간적 배제 수단과 계급제도에 의존해 영국인 지배자들과 인도인 종속민을 분리했음을 잘 인식했다. 1930년 사바르마티 아슈람에서 단디까지 이어진 유명한 소금 사티아그라하(소금 행진)도 식민주의의 불공정한 법률 체계가 공간적 논리에 의존하는 방식을 거부했다. 1882년 영국의 식민지 정부는 소금법을 제정하여 소금의 제조와 유통, 판매를 독점했다. 이 법률은 소금의 소규모 지역적 수집과 유통을 줄이기 위해 소금을 공인된 창고에서만 취급하도록 제한했다. 간디는 단순하게 단디의 해변에서 자연적으로 만들어진 소금을 모음으로써 이 독점에 도전했고 일상생활에 깊이 뿌리내린 상품을 거래할 수 있는 인도인의 권리를 있는 그대로 역설했다. 마두 키시와르Madhu Kishwar는 가정생활의 가장 기본적인 요소들이 반제국주의 투쟁의 핵심이었음을 암시하면서 이 싸움이 부엌을 국민과 이어 놓았기에 정치를 공간적으로 새롭게 표현했다고 말했다.[30] 간디의 소금 사티아그라하가 훌륭했던 것은 인도의 자치를 강력하게 주장한 동시에 추종자들이 단디 행진에 뒤이어 몰려간 구자라트의 다라사나 소금 공장 같은 곳들을 식민 지배의 장소로 상상했다는 점에 있었다.

간디의 사티아그라하 운동은 원주민의 공간 이해와 토착 생활 방식의 지속이 식민주의에 도전하는 토대를 제공할 수 있었고 그 과정에서 영토 제국의 한계를 들추어냈음을 설득력 있게 증명했다. 그렇다고 제국적 필연성과 세계적 우월성의 이름으로 식민지 주민들에게 가해진 엄청난 폭력의 의미가 줄어들지는 않는다. 그러나 말 그대로 현장에서 벌어진 제국 투쟁의 역사들을 경청하면 이 시기 제국적 만남의 극적 사건들이 어떻게 그리고 왜 깊은 영토적 성격을 띠었는지 알 수 있다. 달리 말해 제국은 세계 도처에 힘을 행사하려는 제국 체제들이라는 환경에 구현된 영토적 목표와 저항의 불균등성에 관한 문제였다.

이 장은 1870년 이후 각별히 공격적이었던 제국 건설의 시대에 이루어진 재정리에서 중심 역할을 수행한 몇 가지 구체적인 문화적·정치적·경제적·사회적 공간들에 초점을 맞춘다. 우선 제국 체제에서 공간과 문화적 차이 문제 간의 폭넓은 연관 관계를 고찰한 뒤 제국의 군사 활동이 문화 간 교류의 독특한 새 장소들을 만들어 낸 방식과 이 군대들이 식민지 공동체와 본국 사이의 관계를 바꾼 방식을 분석할 것이다. 그다음 선교 활동에서 공간의 문제가 차지하는 특별한 중요성과 공간적 배열이 노동 체제에 가한 충격을 고찰할 것이다. 그러면 '가정'이 식민지 변화의 장소로서 갖는 상징적이고 실제적인 의미를 더 광범위하게 탐구할 수 있을 것이다. 마지막으로 우리는 식민지 공간을 둘러싼 이러한 싸움을 제국 본국으로 가져간 복잡한 문화적 교류를 탐구하고 토착민 공동체들이 공간의 의미를 두고 벌인 이 투쟁들에서 어느 정도의 영향력을 행사할 수 있었는지 탐구하는 데 관심이 있다.

제국적 공간에 관하여 생각하기

역사가들은 대체로 지리학자들의 전문 지식과 미셸 푸코와 피에르 부르디외Pierre Bourdieu가 제공한 이론적 장치에 의존하여 지난 20년간 많은 용어와 개념을 발전시켰으며, 그 덕분에 우리는 제국들의 공간적 질서를 역사적으로 해석하는 데 무엇이 관건인지 알게 되었다. 이 용어들 중 몇몇은 제국 개념에 다양한 관련이 있던 앞선 역사 서술들에서 생겨났다. 변경이라는 낱말이 문제의 한 사례다. 예를 들면 프레더릭 잭슨 터너Frederick Jackson Turner의 유명한 '변경 이론'(1893년 컬럼비아 세계 박람회에서 열린 미국 역사학회 대회에서 먼저 논문으로 발표되고 이후 1921년에 간행된 책『미국 역사 속의 변경The Frontier in American History』에 포함되었다.)은 서부 팽창과 정착의 과정을 '식민 활동'의 함수로 인식했지만 전체적으로는 영토 정복이나 인종 간 폭력의 결과보다는 변경의 경험이 미국 공화주의 전통을 형성했다고 보고 그 방식을 강조했다. 다시 말해 터너의 서사는 변경이 문화 간 관계와 투쟁이 이루어지는 침투 가능한 유동적 공간으로 작동한 방식을 탐구한 것이 아니라 미국으로 이주한 유럽인들이 어떻게 미국화했는지에 초점을 맞추었다. 물론 변경은 터너를 한참 넘어서는 복잡한 의미를 담은 용어다. 그러나 변경은 땅을 둘러싼 식민지 투쟁을 떠올리게 하는 힘을 지녔기에 단순히 공간적 용어에 그치지 않고 중요한 제국적 용어가 된다. 비슷하게 오스트레일리아의 역사가들에게도 변경이라는 관념은 오랫동안 정착민 식민주의의 공간적 한계와 그 현상의 문화적 표현들('변경 남성성frontier masculinity'의 경우처럼)을 떠올리게 하는 주된 은유였다. 물론 명백한 식민지적 해석이나 탈식민지적 해석의 맥락은 헨리 레이놀즈Henry Reynolds 같은 학자들의 연구가 식민 활동에서 폭력이 차지하는 중심성과 원주민 공동체들이 백인의 침투에 맞서 동원한 전략적 저항 형태들에 주목할 때까지 뚜렷이 드러나지 않았다.[31]

경계 지대borderland라는 용어에 대해서도 똑같은 얘기를 할 수 있다. 경계 지대라는 개념은 아마도 북아메리카의 역사 서술에서 가장 두드러지게 사용되었을 텐데, 정착과 팽창의 한계선을 표시하는 방법이요, 흔히 국가나 제국의 경계에서 문화가 뒤섞이고 다른 언어가 쓰이는 공간을 나타내는 방법이다.

'경계 지대'라는 관념은 역사 서술에 포함시켜야 할 국경을 횡단하거나 흐리게 만드는 과정과 사건을 허용하기도 한다. 플로리다에서 캘리포니아에 이르기까지 토착민 공동체들의 변화하는 형태나 미국과 멕시코 사이의 구멍이 많지만 고도로 정치화한 국경을 대담하게 넘고 침범하는 '월경 전사들'의 분출이 그러한 사례다.[32] '경계 지대'라는 관념이 미국과 멕시코의 관계 발전을 조명해 주는 것은 분명하다. 그 관념은 그것이 미국 제국 건설의 재평가에서 주된 요소가 되어야 한다는 점을 암시한다. 그렇지만 그 관념의 역사 서술상의 뿌리는 근대 초의 정복 서사에 있으며, 이 강력한 공간적 개념의 제국적 배경이 늘 전면에 드러나지는 않는다. 이는 한편으로는 변경이나 경계 지대 같은 용어를 쓰는 역사가들이 일반적으로 자신들의 연구를 폭넓은 제국 체제와의 역동적 관계라는 관점에서 수행하기보다 국민 형성의 역학 속에 두기 때문이다. 이는 특히 토착민의 역사들에 해당한다. 토착민의 역사는 분명히 제국적 힘의 작동을 염두에 두면서도 문화적 연속성의 요소들을 회복하고 '지역'의 삶과 정치 경제, 문화라는 독립적 공간들을 강조하는 데도 관심을 보였다. 변경과 경계 지대 같은 용어가 곳곳에 쓰인다는 사실은 공간적 용어 자체가 정교한 공간적 분석을 보장하는 요소가 아니라는 점을 반갑게 일깨워 준다.

이와는 다르게 변경과 경계 지대 같은 용어의 분석적 능력은 제국과 식민주의의 문제들을 자주 무시했던 역사 서술에서 효력을 나타낸다. 이는 러시아 제국과 소련 제국의 영토성에 관한 현재의 연구에서 가장 확연하게 드러난다. 실로 제국의 모든 경계 지대 중에서 중앙아시아는 적어도 최근까지는 역사화가 가장 덜 진척된 지역에 속했다.[33] '그레이트 게임Great Game' 같은 표현은 아마도 중앙아시아의 배경에 가장 잘 들어맞는 어구일 텐데, 19세기에 영국령 인도와 러시아 사이에 놓인 땅을 두고 차르 제국과 영국 제국이 벌인 싸움을 기술하기 위해 등장했다. 처음에는 무명의 영국인 여행자가 만들어 냈고 러디어드 키플링의 소설 『킴Kim』에서 유명해진 이 어구는 광대한 사막과 산악 지대를 둘러싼 제국들의 싸움에 내걸린 이해관계를 떠올리게 하는 대중적인 방법으로 남아 있다. 그 지역의 카이버 고갯길(페샤와르와 카불을 잇는 구불구불하고 때로 죽음을 불러오는 도로)는 안정되고 항구적인 제국 체제에 편입시키기 어려웠던 중앙아시아 땅과 사회의 가장 오래된 상징물이었다. 이 땅덩어리를 차지하려는 러시아와 영국의 경쟁은 전략적 공간이라는 관점에서 이해되었다. 아프가니스탄은 흔히 러시아의 인도 침입을 위한 발판으로 여겨졌는데, 이러한 두려움은 1838년에서 1919년 사이에 적어도 세 차례 영국-아프가니스탄 전쟁을 촉발했다. 그러나 경계 지대라는 개념도 똑같이 적합하다. 이 개념은 러시아 영토의 변경과 이어 소련 영토의 변경에서 병합된 다민족 공동체들에 주목하게 할 뿐만 아니라 식민지 엘리트들이 지나가야 하고 제국의 관료들과 협상을 통해 권력의 크기를 정해야 할 초입의 공간을 의미하기 때문이다. 다른 제국적 상황과 마찬가지로 "이러한 제국의 경계 지대는 …… 러시아에 부차적이지 않았다. 경계 지대의 존재는, 그리고 그곳의 정복은 러시아와 러시아적 특성을 매우 확실하게 규정하는 데 도움이 된다. 러시아를 단일 국가로 보고 분석할 경우 그러한 확실함은 기대할 수 없다."[34]

이른바 제국의 변두리edge(제국적 힘의 공간과 장소를 역사화하는 데 유익한 다른 용어)에서 벌어진, 본국의 제국 체제에 기인한 우발적 사건들에 대해서는 다음 부분에서 더 자세히 다루겠다.[35] 한편 대체로 환경사가들의 연구 덕분에 경계 지대라는 범주는 더 일반적으로 '자연'이라는 더 큰 공간을 열고 들어갈 수 있게 해 주었고, 그로써 식민주의 연구자들은 자연경관(황무지, 숲, 강둑, 습지, 사탕수수 밭)과 제국의 지배에 들어간 경관(원주민 구역, 수렵 구역, 플랜테이션 농장, 개항장, 식민지 기념물)이 초국적이고 세계적인 공간적 구성체들의 혼란스러운 역사에 담긴 현지의 만남들을 조종하면서도 어떻게 그러한 만남을 공간적으로 파악하는 데 도움이 되었는지 평가할 수 있었다. 앨프리드 크로즈비의 '생태 제국주의'라는 모델은 영토 주권국이 되려는 제국적 야심을 가능하게 한 생물학적 교환과 생태학적 변화의 장소를 강조함으로써 그러한 동력의 일부를 포착했다. 그러나 이 모델은 정복 이전 토착민의 자연 세계 이해와 이용의 복잡성을 지워 버리는 경향이 있으며, 때때로 제국적 경쟁과 식민지 투쟁의 토대였던 경관의 변화에 대한 식민지 지배자와 식민지인의 복잡하게 뒤얽힌 관심사를 반드시 공정하게 평가하지는 않는다.[36] 두 대전 사이에 일본의 광업 회사와 목재 회사가 (일본 제국의 이익을 위해) 만주에서 체계적으로 삼림을 벌채한 것은 제국적 침탈의 생태적이고 경제적인 귀결을 예증하는 여러 사례 중 하나일 뿐이다. 이러한 종류의 자원 파괴와 고갈 이야기는 무수히 많다. 이는 제국 구성체들의 변두리에 있는 땅이 개발과 착취에 적합한 공간임을 확인한 자본주의 발달의 불균등한 지리학을 보여 주는 사례로 이해할 필요가 있다. 그러므로 환경 변화를 초래한 극적인 행위들은 에너지와 상품, 물질적 부를 갈구하는 근대성의 탐욕을 표현했을 뿐만 아니라 식민지의 공간과 주민 들은 야만스럽고 미개하며 길들여지기를 기다린다는 은유적 가정 위에서 작동한 제국 이데올로기들 때문에 발생하는 경우가 많았다. 그러나 특히 최근 연구에서 역사가들은 환경 제국주의에 관한 서사를 지역적 투쟁과 광역권 투쟁, 국민적 투쟁이라는 배경에 집어넣으려 했다. 한편으로는 그랬기 때문에 식민지 영토는 단순히 제국의 힘이 부득이 밟고 지나야 하는 표면이 아니라 권력의 지위는 확실히 비대칭일망정 다양한 역사적 주체가 자원의 분배와 장소의 성격을 두고 싸운 '만남의 장소'로 이해될 수 있다.[37] 부족민들과 토착민들이 경쟁적인 공간 체제를 지녔다는 사실은 식민지 건설자들이 의존한 영토화 관행이 단순히 토착민의 반응적인 공간적 요구를 만들어낸 것이 아니라 근대의 제국 관료들과 종속민이 똑같이 사용한 다양한 지도 제작법의 특징을 뚜렷하게 드러냈음을 암시한다.

제국이 가져온 한 가지 결과는 제국의 변두리 식민지 삶의 일상적 투쟁에 담긴 문화의 지리적 정체성뿐만 아니라 식민 본국의 제국 문화의 지리적 정체성에 대해서도 인식이 높아졌다는 것이다. 예를 들어 1850년대가 되면 제국 박람회가 인기를 끌고 상인과 식민지 이주민, 선교사가 확대한 영국의 영토주권과 문화적 영향력의 점증하는 범위를 지리적으로 묘사한 지도와 지도책, 지구본이 널리 유포되면서 영국 국민의 상상 속에서 '제국'과 '세계'가 봉합되었음을 우리는 안다. 1890년대에서 제2차 세계대전 사이에 산 대다수 영국인은 제국과 간접적으로만 연결되었지만 이들 중 상당수는 당대의 공간적 목표를 극적으로 표현한 것은 학교에서 들은 지리 수업의 결과로 세계를 붉게 칠하려 했던 세실 로즈Cecil Rhodes의 야심이었음을 알았다. 이 공간적 목표는 영국 국민에게 제국을 표현한 대중적 시각 문화 속에서 늘 반복되었다.

제국의 세계적 범위는 행주부터 카드놀이 패까지, 과자 깡통에서 보드게임까지 온갖 물건에 지리적으로 묘사되었다.

제국을 공간적 구조이자 공간화하는 구조로 이해한다는 것은 변경, 경계 지대, 변두리, 경관 같은 용어의 힘이 단순히 그때까지 주목받지 못한 제국 역사와 식민지 역사의 구석진 곳을 비춰 주는 능력에만 있는 것이 아님을 뜻한다. 이 용어들은 공간이 하나의 제재이자 상상 속의 자원으로서 상징적이고 실질적인 제국 지배의 작동에 얼마나 결정적으로 중요했는지도 드러낸다. 실제로 "개와 중국인 출입 금지"라는 표지판이 있었는지에 관한 논쟁이 종족과 제국의 힘, 공간 사이의 접점에 관한 열띤 논쟁을 계속 부채질했지만, 영국이 통제한 상하이의 공원들에 중국인과 개(그리고 자전거)는 들어갈 수 없었다.[38] 제국의 분리 정책을 보여 주는 이 사례가 짐 크로의 남부("니그로 출입 금지")와 미국 도회지("아일랜드인 출입 금지"), 식민지 나탈("인도인 출입 금지")에 남겨진 영향과 더불어 강력하다고는 해도 제국적 특권을 백인성과 쉽사리 동일시해서는 안 된다. 그러면 아시아 제국들에 내재하고 지역의 방언이나 때로 직업적 통용어로 명확히 표현된 다른 형태의 종족적 위계질서가 배제되기 때문이다. 일본에서 교육받고 이어 청 제국의 통치력이 미치지 않는 상하이의 외국 조계에서 살았던 한족 청년 작가 추용鄒容에게서 이러한 점을 볼 수 있다. 1903년 추용은 청 왕조의 만주족 통치자들을 맹렬히 비판하는 책자를 발표했다. 추용은 중국의 절대 다수 종족인 한족이 "18층의 지옥을 벗어나 서른세 개 천당으로 올라가 …… 그 천장, 즉 혁명에 도달할"[5] 때를 상상함으로써 자신의 혁명적 열망을 종족적이고 공간적인 용어로 표현했다.[39] 학생과 상인, 이주민, 여행객이 세계 도처에서 종족 차별의 폐지를 서양 제국이든 동양 제국이든 제국 압제자들에 맞선 혁명의 정당성을 주장할 기본적인 근거로 여기며 유사한 비판의 목소리를 냈다. 1903년은 윌리엄 에드워드 버가트 듀보이스W. E. B. Du Bois가 『흑인의 영혼The Souls of Black Folk』을 출판한 때이기도 하다. 책에서 듀보이스는 흑인 미국인과 백인 미국인을 가르는 '색깔의 선' 문제를 중

_____ **5** 추용의 『혁명군革命軍』 1장 서론의 첫 단락에 나온다.

점적으로 다루었다. 이러한 텍스트들이 거의 동시에 발표되었다는 사실은 제국적 지배의 안정성과 그것에 대한 저항의 배후에 놓인 에너지에 똑같이 중요했던 종족과 공간이 전 세계적으로 뒤얽혀 있음을 증명한다.

군사·제국 복합체

제국 군대의 주둔지는 당대 현실 정치realpolitik의 핵심 요소였으며, 그 존재의 지속은 제국 권위의 투사를 뒷받침하는 군대의 중심성을 고려할 중요한 동인이다. 그러나 제국 군대 주둔의 역사는 제국들이 어떻게 토착민의 공간과 제국의 공간을 구분하고 동시에 토착민 공동체들에 이 새로운 공간적 질서의 정당성을 받아들이도록 권고했는지도 깨닫게 한다. 물론 무력 충돌 자체가 공간을 다시 정리했다. 제국 군대는 여러 가지 방식으로 경관에 흔적을 남겼던 것이다. 공공연한 충돌의 여파로 전장은 공식적으로 기념되든 기념되지 않든 제국적 기억이나 반제국적 기억의 원천이 될 수 있었다. 제국 군대와 그 장군들은 전투의 장소가 갖는 고유의 의미를 모를 때가 많았겠지만, 그 의미를 이해한 이들은 종종 그것을 이용하여 자신들의 승리가 갖는 공간적 상징성을 강화했다. 1905년에 인도 총독이 된 조지 너새니얼 커즌George Nathaniel Curzon 경의 의도도 바로 그러했다. 커즌은 명백히 영국 제국의 보호가 갖는 가치와 공간적 상징성을 알릴 의도로 수많은 묘지와 성소를 복구함으로써 무굴 제국의 과거에 경의를 표했다. 세기 전환기에 네덜란드는 "발리인들이 '세상의 배꼽'으로 여기는" 활화산 아궁산의 고장인 클룽쿵에서 비슷한 공간 전유 계획을 실행했다.[40]

전쟁에 근대의 기술이 도입되면서 충돌이 지역의 경관을 폐허로 만들고 더불어 지역 경제와 주민까지 파괴할 가능성이 점점 커졌다. 동아프리카와 남서아프리카의 독일 식민지 군대는 경관을 작전을 방해하는 장애물로 보지 않고 자신들의 목적을 달성할 수 있는 수단으로 생각했다. 군인들이 마을과 들판에 불을 지르고 가축을 죽이고 비축 식량을 약탈하며 겨냥한 것은 "토착민 생존 수단의 철저한 파괴"였다. 이것이 토착민이 성공리에 쓴 '유연한' 전략에 직접적으로 대응한 전술이었다.[41] 물론 자연 세계는 제국의 강압 정치의 표적이 되었을 뿐만 아니라 문화 간 다툼의 중심에 있기도 했다. 유럽의 식민지 숲과 야생 생물 정책은 독일 식민지 탕카니카에서 마지막 봉기의 노골적인 폭동을 유발했다. 식민지 관리들은 현지 농민에게 수출용 면화를 생산하라고 압력을 가했지만, 이러한 요구는 제국의 상아 정치 경제 잠식과 수렵 변경 지역의 폐쇄, 조상을 모신 사당에 관한 근심과 더불어 지역사회들 안에 깊은 불안을 불러일으켰다. 여기서 식민주의는 사실상 숲을 폐쇄하려 했다. 아프리카의 전통적인 경제활동을 방해하고 문화적으로 큰 가치가 있는 장소들에 접근하지 못하게 막았던 것이다. 이러한 침해에 많은 지역 공동체가 식민지 지배에 맞서 무기를 들었고 1905년부터 2년간 전쟁이 이어졌다.[42] 영국령 인도의 북서쪽 변경 같은 다른 곳에서도 식민지에 반대하는 게릴라들은 제국 세력에 지속적으로 맞서 싸우기 위해 일상적으로 국경 지대에 침입하여 식량과 가축을 약탈하며 이미 취약했던 지역사회들의 부를 갉아먹었다.

그러한 사례들은 제국 체제들이 세계적으로 범위를 확장하고 이 근대의 싸움에서 '의도적인 환경 전쟁'이 점점 더 중요한 양상이 되면서 경관과 자원을 둘러싼 투쟁이 격렬해졌음을 암시한다. 수많은 상황에서 식민지 정부들은 지역 공동체들과 땅의 관계를 재정립함으로써 권한을 강화하고 경제적 자원을 확대하려 했다. 이를테면 인도에서 장글리jangli(황무지)를 개간하여 유목민 공동체들을 세금을 납부하는 정착 경작자로 바꾼 것이나 일본이 조선과 타이완으로 기술과 씨앗, 비료, 경영 수완을 전파하여 이 식민지들을 일본 제국 체제를 위한 곡창지대로 탈바꿈시킨 것, 나아가 캐나다와 오스트레일리아에서 숲의 남벌 속도를 재촉한 영국 제국의 군인 식민지 계획을 들 수 있다. 군대와 제국 정부의 관계는 자연환경과 관련하여 다소 공식적일 수 있었고 제국의 안전이라는 관점에서는 당연한 얘기지만 상황에 따라 어느 정도 성공적이었다. 러시아의 스텝 지역에서 벌어진 것 같은 '변경 식민frontier colonization'은 매우 많은 공동체(대체로 무슬림)를 무너뜨리고 제거했으며 매우 많은 여러 주민(유대인을 포함하여)을 '재정착'시켰는데, 이를 추동한 것은 텅 빈 배에서 나는 꼬르륵 소리뿐만 아니라 라이플총의 개머리이기도 했다. 투르키스탄의 농민들은 군사 총독에 의해 무장될 수 있었고 따라서 둔전병에 가까울 수 있었지만, 라이플총이라는 선물이 '제국의 안전'을 위해 회수되면 그 지위는 곧 덧없어졌다. 관리의 원리와 벌채라는 절박한 요구를 결합한 인도 산림청은 정기적으로 제대 군인을 고용했다. 식민지 관리들이 세계적인 제국 군대의 유지라는 절박한 사정에 대응하기 위해 인도 산림청의 채취 사업을 요구한 전쟁 시기에 이러한 결합은 심화되었다. 이와 동일한 관료적 감독과 준군사적 숲 개간의 결합은 프랑스의 인도차이나 식민지에서도 이루어졌다. 1920년대에 메콩강 삼각주를 준설하여 간척한 식민지 사업은 인류 역사에서 (파나마 운하와 수에즈 운하의 건설에 뒤이어) 세 번째로 큰 대규모 토목공사였다. 이 사업은 해안가의 농업을 개선하고 상업과 교통의 효율성을 제고하기 위한 것이었지만, 프랑스는 이를 반식민주의 정서의 분출에 굴하지 않고 식민지 지배의 힘을 향상시킨 증거로 축하하기도 했다.[43]

제국의 군국주의는 우연한 전투나 단기간의 전쟁으로 억제되기는커녕 오래 지속되는 공간적 귀결을 낳았다. 제국·군사 복합체들은 식민지 환경을 형성하고 변경한 주된 행위자였을 뿐만 아니라 재정 조직이자 관료 조직이기도 했다. 제국·군사 복합체들은 중앙화한 기구들을 통해서나 비교적 단독으로든 상인들과 협력해서든 상황에 따라 되는대로, 공식적·비공식적으로 정복지를 재조직할 수 있었다. 로마 제국 이후로 부대를 따라다닌 민간인들은 지상의 군사적 공간이 결코 공식 병력의 배타적 범위 안에 있지 않음을 보장하는 데 일조했다. 19세기와 20세기 제국들의 전 세계 영토 곳곳에서 병영 주변에는 다양한 형태의 지역사회 구성체들이 붙어 있어서 군인과 민간인, 구매자와 판매자, 의사와 환자, 아이와 어른, 여자와 남자 사이의 온갖 우연한 만남을 조장했다. 이러한 조우에서 기존의 문화적 귀속 의식(군인들은 시크교도나 파슈툰족, 마오리족, 캄바족으로 확인되었다.)은 새로운 관계들이 만들어질 때에도 인정되었다. 스코틀랜드 하일랜드의 병사들은 몬트리올에 있든 펀자브에 있든 자신들의 '이국적인' 복장이 줄지어 늘어선 막사를 따라 만들어 낸 장관을 매우 좋아했다. 제72시포스 하일랜더 연대의 사병 프레드 블라이Fred Bly는 남아프리카 전쟁(제2차 보어 전쟁) 중 영국이 점령한 블룸폰테인에 주둔했을 때 자신의 군복이 어떻게 현지인의 시선을 빼앗았는지, 어떻게 그들로부터 "온갖 종류의 음식과 음료"까지 끌어왔는지 즐겁게 회상했다.[44] 이러한 종류의 사회적 관계는 제1차 세계대전과 제2차 세계대전 때 형태를 갖추었다. 그때 제국의 항구도시들과 중간 역들에는 새로운 식당과 관광 사업, 유곽 등 중요한 사업들이 생겨나 북아프리카와 유럽의 전장으로 가는 식민지 병사들이 '이국적인 것'과 만날 수 있도록 했다. 그렇게 물리적 공간과 사회적으로 상징적인 공간을 가로지르는 친교는 무장한 병사들에게 국한되지 않았다. 모리스 팅클러Maurice Tinkler와 해리 더프소스Harry Dirpsose 같은 이들은 두 대전 사이에 상하이 헌병대 소속이었다. 제대 군인이었던 이들은 공공 조계公共租界의 조직 원리였던 백인과 황색인의 경계를 수시로 넘나들었으며 일상적으로 영국인 귀족과 중국인 하인들의 사회생활에 개입해 달라는 요청을 받았다. 이 일로 두 사람은 경찰서에서 멀리 벗어나 제국 상하이인들의 삶 깊은 곳까지 들어갔다.[45]

1930년 베트남의 옌바이에서는 베트남인 병사들이 프랑스인 상관들을 살해하고 도시를 장악했지만, 이 시기에 병영과 주둔지가 그렇게 폭동 장소의 역할을 하는 경우는 매우 드물었다. 그렇게 공공연한 저항은 거의 예외 없이 잔인한 진압으로 막을 내렸지만, 옌바이 폭동은 이후 몇 년간 베트남인 학생들과 노동자들(그리고 소수 프랑스 지식인)의 반식민주의 정서에 불을 댕겼다.[46] 지난 10여 년간 역사가들이 넌지시 비추었듯이 제국 군대와 그 관료 기구가 지나간 자리에 살육이나 전투의 자취, 군사 관광만 남은 것은 아니었다. 이들은 지역의 정치 경제와 광역권 정치 경제의 공간적 질서에 영향을 주었을 뿐 아니라 그 영역의 종족적 질서와 성적 질서에도 이바지했다. 병영이 있던 자리(상설 군 주둔지나 이에 준하는 곳)는 이 점에서 가장 많은 것을 드러낼 것이다. 주로 영국령 라지(인도, 파키스탄, 스리랑카)에 설치된 병영은 식민지 건설자들과 식민지인 사이에 상업적·의학적·성적 접촉이 이루어지는 장소 역할을 했다. 이 장소의 공간적 변수들이 그 접촉의 성격과 특질을 무수히 많은 방식으로 형성했다. 외견상 '군사적인' 모든 공간에서 그렇듯이 병영의 경계는 통제되는 동시에 구멍이 많았다. 병사들과 현지 토착민들은 공식적으로는 감독을 받으며 오갔지만 감시에 잘 걸리지 않는 전략들을 개발했다. 1860년대 이후로 다양한 전염병 관련 법률이 제정되면서 병영은 점차 정밀한 조사의 현장이 되었다. 매춘부로 여겨진 토착민 여인들은 등록되어 의학적 검사를 받아야 했다. 그들의 신체가 '청결'하여 그들을 자주 찾는 유럽인 병사들에게 질병을 옮기지 않는다는 점을 보장하기 위한 조치였다. 이러한 법률 규정은 이미 종족적이고 성적으로 해석된 만남의 장소였던 병영에 위생학적 규율의 장소라는 의미를 더했다. 영국과 미국 여성 선교사들의 활동 덕분에 병영은 제국 본국의 상상력이 펼쳐지는 무대가 되기도 했다. 이들이 전한 매춘의 공포와 영국 제국의 군대에 그러한 행위를 허가할 권리를 주어서는 안 된다는 이들의 주장은 국내에서 대중적인 물의를 일으켰다. 성과 제국 두 가지 모두에 쉽게 흥분했던 빅토리아 시대 제국 대중에게 그때까지는 보이지 않는 지배 영토였던 것이 체면과 개혁의 이름으로 형체를 드러냈던 것이다.

제국·군사 복합체의 맥락에서 성적 만남이라는 문제는 영국 제국에 국한되지 않았다. 필리핀과 아이티, 일본, 여타 다양한 제국의 '전초들'에 있던 미국 점령군은 현지 여성들을 징발하여 국가가 점검하는 유곽에서 미군 병사들의 성적 욕구를 충족하게 했다. 심지어 그때 그들은 그 여성들의 외설스러운 행위에 관하여 인종의 차이에 관한 뿌리 깊은 가정들과 연결된 담론을 만들었다. 모든 근대 제국의 핵심에 가부장제 계약[6]이 있음을 생각하면 (제2차 세계대전 후 한국에 미국 군정이 수립될 때처럼) 권력이 이동하는 순간에 성 경제 sexual economy에는 단절보다 연속성이 더 많다는 사실은 전혀 놀랍지 않다. 장기적인 공간적 귀결의 하나는 여러 세대에 걸쳐 현지 주민들에게 영향을 미친 '기지촌基地村'의 장수였다. 전후 점령지 일본의 미국인 여성들도 전염병법을 둘러싼 논쟁에 참여한 영국의 선배들처럼 이 상황이 미국의 '문명화 사명'에 가한 충격을 다루는 공적 논의에 관여했다. 이 논의는 이어 국내의 정치적 여론을 비등케 했다. 그래서 공간적 관점에서 말하면 다른 인종 간 섹스라는 망령과 이것이 야기한 정치적 불안은 국내와 현지의 제국주의자들에게 성적

_____ 6 터키 학자 데니즈 칸디요티Deniz Kandiyoti가 만들어 낸 용어로 전체적으로는 여성에게 불리하지만 여성 개인의 힘과 선택 범위를 최대한으로 늘려 주는 성 역할을 받아들이기로 결정하는 책략을 말한다.

으로 규정된 판단 기준을 통해 제국 본국과 식민지의 새로운 관계를 그릴 수 있게 했고 점령한 영토를 고도로 젠더화한 상상의 새로운 경관 속에 그려 넣을 수 있게 했다.[47]

　　이것이 서구 제국주의 특유의 문제가 아니라는 점은 말할 필요도 없다. 일본군이 강제로 성 노예로 만든 여성들인 위안부의 경우에서 보듯이 병사들의 성적 욕구와 제국의 지배를 뒷받침한 것으로서 식민지 여성들을 성적으로 이용하고 마음대로 쓰고 버릴 수 있다는 가정의 결합은 제국의 기획과 탈식민지 사회에 똑같이 깊은 함의를 지닌 다양한 강압적 만남의 공간들을 만들어 냈다. 이는 존재의 모든 단계에서 이루어질 동화의 냉혹한 은유였던, 조선을 겨냥한 일본의 '내선일체' 기획의 일부로 볼 수 있으며 그렇게 봐야 한다. 물론 우리는 일정한 경계가 정해진 군사적 공간이 인종 간 성적 접촉이 이루어지는 유일한 곳이라고 말할 생각은 없다. 우선 이 공간은 유곽과 전염병 검사실, 거리 매춘부의 영업 구역처럼 접촉이 일어나고 이어 단속이 이루어지는 다른 공간들을 발생시킨다. 식민주의와 준식민주의로 가능해진 경계가 얼마나 복잡했는지는 일부는 서구 강국들이 지배하고 일부는 아시아와 서구의 사업가들이 지배한 상하이 같은 개항만 떠올려 봐도 알 수 있다. 실제로 마르세유부터 피지의 수바까지, 사우샘프턴에서 아이티의 포르토프랭스까지 전 세계의 개항 도시들은 육군과 해군, 기타 온갖 종류의 군무원들이 이성애와 동성애의 쾌락과 위험을 경험할 수 있는 공간이었다. 이러한 만남이 백인 남성과 이들을 상대한 유색인에게만 해당되는 것은 아니었다. 마르세유 거리에서 지나가는 사람들을 유혹하는 아프리카인 매춘부tirailleur(잡아끄는 사람)는 두 대전 사이 프랑스인 평자들을 가볍게 사로잡은 관념이었으며 매춘부가 거리에서 남자들을 유혹하는 방식, 심지어 그들에게 말을 거는 방식까지 제한한 '거미줄 같은 규제의 망'을 만들어 냈다.[48] 온갖 성격의 개혁가들을 식민지 종주국 사람이든 식민지 사람이든 관계없이 남성과 여성의 몸을 엄히 단속해야 한다고 주장하는 이들로 만든 것은 바로 그러한 군사 구역의 문턱liminality, 제국의 삶과 식민지 삶의 평범한 일상으로 침투하는 그 능력이었다.

공간의 기독교화

선교사들은 이 시기 제국적 접촉과 일대일 만남의 주된 후원자였다. 초기 기독교 시절부터 다양한 교단이 서유럽에서 세계 전역으로 충실한 신자를 파견했지만, 19세기는 선교 활동과 선교사의 가시성이 확대된 시대를 열었다. 이 시기 스코틀랜드 조합 교회 선교사로서 1854년에서 1873년까지 아프리카 중부와 남부를 탐험하여 국제적으로 유명해진 데이비드 리빙스턴David Livingstone 같은 선교사 영웅들은 제국 본국의 인쇄 매체들을 통해 널리 알려졌다. 그 목적은 복음주의가 빅토리아 시대 사람들이 말한 이른바 '제국의 3C', 즉 기독교Christianity, 문명Civilization, 상업Commerce에 얼마나 기여했는지 보여 주기 위한 것이었다. 이 삼중의 책무 때문에 서구 선교사들은 식민지 주민과 다양한 권력 관계를 맺게 되었고, 선교 계획 사업의 역사들이 증명하려고 애썼듯이 종종 국내의 윗사람들이나 제국의 공식적인 사업과 모난 관계를 맺게 되었다. 그 방식은 식민 본국의 정책과 권력의 기반 자체를 문제 삼을 수 있었다.[49] 선교회에 소속된 토착민 전도자의 중요성이 점점 증대하고 특히 아프리카와 태평양 지역에서 활력 넘치는 토착민 교회가 출현한 것은 1870년에서 1945년 사이에 기독교의 범위가 전 세계적으로 크게 확장되었음을 뜻했다. 그러나 개종은 선교사와 토착민 양쪽에서 공히 복잡한 언어의 통역과 문화적 설명의 행위들에 좌우되었다. 달리 말하면 기독교 확산의 토대는 지역 언어로 표현하기와 현지화였다. 이 시기에 기독교인으로 자처한 유색인 식민지인들의 수가 늘어난 것은 제국의 문화적 지형을 복잡하게 했다. 토착민 기독교도는 성서를 이용하여 식민주의의 불평등에 문제를 제기하는 데 능했을 뿐만 아니라 그들의 문화적 가시성은 일부 유럽인이 자주 내비친 기독교와 백인 사이의 쉬운 방정식에 근본적으로 이의를 제기했다.[50]

기독교의 제국적 세계화라는 배경에서 인종의 이데올로기적 효과는 중요한 만큼 복잡하기도 했다. 그 효과는 식민지 공간에서 널리 통용되어야 할 올바른 젠더 질서에 관한 가정들과 밀접한 관계가 있을 뿐만 아니라 위생과 문자 해독 능력, 정치적 권리(선교사들이 토착민 사회에 신앙을 전파하려 할 때 항상 채택했던 문제들)에 관한 계급 특유의 관념에 의해(어쩌면 그 이상으로) 형성되었

_____오스트레일리아 노던주에 있는 헤르만스부르크 선교회 건물. 헤르만스부르크 선교회는 1870년대에 독일 루터 교회 선교사들이 세운 것으로, 20세기 중반까지도 문화 간 관계에서 중요한 장소였다. 선교회는 자금 부족과 질병, 원주민 추방의 유산 때문에 곤란한 처지에 놓였다. (Wikimedia Commons, © Cgoodwin)

다. 그러한 관념의 이동이 반드시 일방적이지는 않았다. 선교 활동은 아마도 식민지의 경험이 선교원과 '본국' 교실의 어지러운 뒤얽힘에 의해 변경된 일단의 이상들(노동, 가사, 부부 생활, 선행에 관한 이상)을 어떻게 전파하는지 가장 잘 보여 주는 사례일 것이다. 이러한 복잡한 흐름은 다시 국내의 문화에 내면화되어 문화적 경관의 자연스러운 부분이 되었다. 그러므로 예를 들면 남녀 선교사들은 식민지에 도착했을 때 '미개인'들이 어떻게 보이고 어떻게 행동할지 어느 정도 예상했겠지만, 그 가정은 이미 국내에서 '미개한' 노동계급에 품었던 불안감에 의해 형성되었을 것이다. 기행 문학과 선교 문학이 피드백 회로를 누리고 그것의 형성에 일조했음을 생각하면 런던에서 모스크바까지 식민 본국 공간의 독자들은 인도 고지대 부족의 땅에서 러시아의 캅카스까지 온

갖 종류의 토착민과 미개인, 원주민, 이교도의 이미지들을 만났다.[51]

그리고 개종한 토착민의 이미지들은 개혁 노력에 동원되었고, 이들은 국내에서 벌어진 성도덕과 노동규율, '참된 신앙'의 성격에 관한 다툼에 쓸 수 있는 도구가 되었다. 게다가 자신들의 계급적 지위(대체로 중간보다 아래였다.)에 기댄 선교사들은 대망을 지닌 부르주아(완전히 성취한 부르주아와 반대되는) 정체성이라는 렌즈를 통해 토착민의 혼인 관습을 바라보았을 것이다. 때때로 이 정체성은 정확히 토착민의 일부다처제 등을 목도한 결과로 강화되고 한층 더 강력하고 설득력 있는 상태로 런던이나 파리로, 미국 중서부의 농장들로 유입되었을 것이다. 이러한 종류의 '식민주의에 역행하는 흐름'의 역사들은 제국의 공간에서 식민지 공간으로의 이동이 이론과 실제에서 어떻게 작동하는지에 관한 통상적 관념을 거부하며 19세기와 20세기에 제국의 지도가 어떻게 보였는지 다시 생각할 수 있게 해 준다.[52]

선교 활동과 제국에 관한 문헌이 풍부하고 점점 늘어 갔지만, 선교원(공식적이고 비공식적인 선교 식민지의 중심인 경우가 많았다.)의 공간적 배치는 좀처럼 주목받지 못한다. 선교원은 전도의 공간과 그것에 부수하는 사회사업을 배치함으로써 지역 토지에 대해 시각적으로나 경험적으로 강력한 권리 주장을 표현했다. 동시에 선교원은 명백히 영토적인 관점에서 주변의 '토착민 공간들'과 구분되었다. 선교사들은 이러한 교두보를 바탕으로 개혁과 개종 운동에 착수했다. 전통적 형태의 자치 정부를 파괴하고 지역과 광역권의 노동 유형을 조정했으며 특히 가사와 자녀 양육, 치료, 신체에 관련된 토착민의 매우 다양한 관행을 개조하려 했다. 물론 선교사들이 지역 주민의 감성과 지성, 나아가 신체까지 완벽히 통제했다는 말은 아니다. 세계 전역의 선교사들은 '토착민 개종'의 문제에 타협과 복합적 해법으로 대응했다. 그래서 선교원은 대체로 모순의 공간이었다. 선교원은 종교적이고 문화적인 변형의 장소로 알려졌지만 실제로는 지역의 관습과 신앙에서 완전히 자유롭거나 독립적이지 않았다. 선교원은 선교사들의 가르침이 토착민 개종자들과 전도자들이 전파한 현지화한 새로운 형태의 기독교는 물론 오래 유지된 토착민의 우주관과도 공존하는 장소가 되었다. 많은 경우에 선교사들은 선교원 내의 신성하고 도덕적인 공간과 '백인 사회' 사이에 분명한 경계선을 그으려고 애썼다. 이 경계선은 울타리로 구분되었고 선교원의 출입구로 누가 들어가고 나가는지 빈틈없는 감시를 받았다. 선교원은 다양한 기능을 갖추고 제국적 만남의 성격과 특성을 형성할 힘을 지녔으며 특히 경관에 물리적으로 침투하여 존재했기에 제국의 힘에 결정적으로 중요한 도구였다. 심지어 선교사들이 특정한 국가적·제국적 과제와 충돌한다고 느낄 때조차 그랬다.

사실상 선교 활동의 공간적 논리는 곳에 따라, 제국마다, 심지어 종파별로도 큰 차이를 보였다. 일본에 점령당했을 당시 타이완에는 기독교 미션스쿨이 극소수였고, 제국 관료들이 신속히 그 학교들을 통제했다. 1905년 이후에는 일련의 본국 규정에 따르라는 압력이 심해졌고, 이는 그곳의 종교 교육을 효과적으로 방해했다. 러시아 스텝 지역의 옴스크에는 토착민 사회에 정교회의 닻을 내리는 '만만치 않은 과제'를 완수하기 위해 1900년에 중앙의 조정자 한 명과 서른 명의 직원을 둔 주둔지stany가 여덟아홉 개가 있었다. 몇몇 주둔지는 학교나 숙소를 갖추기도 했겠지만 경관 속에 불균등하게 분포했으며, 기후 조건이 가혹했기 때문에 선교 활동은 계절에 따라 다르게 이루어졌다. 다른 곳에서는 선교원과 선교 식민지가 서로 관련되더라도 공간적으로 반드시 겹치지는 않았다. 선교 식민지는 전적으로 주거용은 아니었지만 대체로 주거에 적합했던 반면 선교원은 실제로나 상징적으로나 교육적인 동시에 어느 정도 상업적일 수 있었다. 교육의 기회는 분명코 선교원의 가장 큰 매력이었다. 예의범절과 '도덕적 순결함'에 대한 강조에 기본 교육(아프리카에 파견된 어느 예수회 신부가 말했듯이 "읽기와 쓰기, 약간의 산수")이 추가되었다. 이는 식민지 주민을 더 나은 신민으로 만들려는 진심에서 우러난 욕구에 뿌리를 두었다. 그러나 교육은 선교원의 안정성이 공동 소유든 아니든 토착민 땅의 해체와 날카롭게 대조되는 물리적 경관에서 이루어졌다. 마쇼날랜드의 치샤와샤 선교원에서 선교사 활동은 사실상 제국의 점령과 밀접한 연관이 있었다. 예를 들면 1890년대에 세실 로즈는 감리교도들에게 보조금을 지급하고 예수회 수사들에게 50제곱킬로미터의 농지를 주었다. 촌락에 미션스쿨을 세우고 토착민 수장들이 학생들의 출석을 보장하도록 돕겠다는 확약이 조건이었다.

현지인의 생계가 선교원과 그 부수 시설의 운명에 매인 볼모가 되었을 뿐만 아니라 1920년대에 마쇼날랜드와 마타벨레랜드에서 공히 예수회 치샤와샤 선교원의 공들여 닦은 부지는 불타 버린 주택과 들판과 징발된 가축과 곡물과 날카롭게 대비되었다. 이곳에서 서구 교육을 받는 것은 토지가 절박하게 필요한 일종의 채무 노예를 만들어 냈다. 예수회 신부 프랜시스 리처츠Francis Richartz는 이렇게 썼다. "우리 농장에 정착하러 오는 사람들에게 나는 …… 아이들을 학교에 보내야 한다는, 그러지 않으면 나는 그들을 받아들이지 않겠다는 조건을 걸었다."[53]

이 사례는 유일무이하다고는 볼 수 없어도 평범하지 않은 것은 분명하다. 식민 국가의 이해관계와 선교 공간의 이해관계의 연관이 그렇게 노골적이거나 명백한 경우는 매우 드물기 때문이다. 반면 많은 식민지 공간에서 선교회는 서구 교육의 제공을 좌우했다. 그로 인해 선교회는 상당한 권력을 보유했고 선교원과 특히 미션스쿨의 사회적·경제적·정치적 힘이 극적으로 표현되었다. 이러한 장소들로 가는 길을 있는 그대로 생각해 보면(통학 여정, 교실의 문턱을 넘는 데 필요한 복장 규정, 교육받고자 하는 아이들이나 병에 걸린 영아에 대한 지원을 바라는 어머니의 체화된 경험) 선교 활동의 목표인 재영토화가 이러한 식민지적 만남의 실례에서 얼마나 민감하게 느껴졌을지 인식할 수 있다. 식민지 시대에 사는 몇몇 소녀에게 학교로 가는 길은 전통과 근대성의 관계를 상징하는 은유였다. 다른 소녀들에게 그것은 말 그대로 힘들고 위험한 발걸음이었다. 이를테면 세러 무카비Serah Mukabi가 토고노(케냐)의 미션스쿨로 갈 때 길을 따라 무서운 하이에나가 늘어서 있었으며 아이의 아버지는 여자의 교육에 매우 심하게 반대했기에 딸을 죽이겠다고 위협했다.[54]

일단 선교원에 가면 그곳의 내부는 전도와 개종의 과정뿐만 아니라 더 폭넓은 문명화 사업에도 절대적으로 중요했다. 한 가지 매우 특별한 사례, 즉 미션스쿨의 기숙사가 이 점을 설명하는 데 도움이 된다. 잠자는 공간인 기숙사는 가정생활과 학교의 일상을 구분하는 경계선의 역할을 했고 토착민 소녀들에게는 남자 친척들과 남학생들의 원치 않는 신체 접촉을 막아 줄 방벽이요, 나아가 조혼에서 이들을 지켜 줄 보호 장치의 역할을 했다. 포악한 육식동물 같은 남자 교사가 있을 가능성을 생각하면 기숙사도 특히 소녀들(반드시 소녀들에게만 해당되지는 않더라도)에게 완전히 안전한 공간은 아니었다. 선교원은 현지 토착민들이 백인 선교사들과 다소간 자유롭게 뒤섞일 수 있는 흡수성 공간인 동시에 토착민 여성들을 위한 격리되고 통제된 공간의 모범이기도 했다. 그 통제는 남녀 분반과 성별 특정적 교과과정을 수반했을 뿐만 아니라 거의 전적인 가사 기술과 가정학 교육에 대한 집중도 수반했다. 이런 의미에서 선교원은 일종의 공간적 복합체로서 제국적 선교가 뜻하는 모든 것, 즉 토착민 공동체들에 나타난 매우 구체적인 지리들(서구 부르주아 기독교도 가장의 재조정된 현지 판을 갖춘 지리)의 재생산을 분명하게 표현했다.

노동의 공간들

식민지 노동자들이 제국적 세계 체제 작동의 중심이었음을 생각하면 노동의 공간이 만남과 충돌, 저항, 협상의 가장 중요한 장소들에 포함되어야 한다는 것은 이해가 된다. 플랜테이션 농장이 이러한 종류의 경험들을 고찰하기에 가장 좋은 장소라면 플랜테이션 농장이 공식적인 노예해방 이후로도 오래 살아남았다는 사실은 근대 서구 제국주의에 대한 설명에서 대충 얼버무려질 때가 많다. 그래서 예를 들면 노예제는 1834년 영국 의회에 의해 사라졌지만, 노예제가 법률상의 범주로서 폐지되는 것은 잔지바르에서는 1897년, 케냐에서는 1907년이었다. 그리고 영국 역사 서술의 지배적인 거대 담론과는 반대로 노예무역과 관련된 경제적 영향은 해방 노예들과 노예제에서 이득을 취한 이들에게 공히 1830년 이후로도 오랫동안 지속되었다. 플랜테이션 농장(그 노동과 강압, 일상을 보여 주는 지도)에서의 탈출은 공간적으로 한결같지 않았던 것만큼이나 역사적으로 더뎠다. 플랜테이션 농장은 물리적 공간으로서 노예해방 이후 농업 생산의 중심으로 남았지만 해방 노예들을 두고 그들이 소유한 작은 땅덩어리는 물론 농장 경계 너머의 무수히 많은 경제적 기회와도 경쟁했다. 노동자들의 의지를 꺾어 농장 소유주들의 요구에 굴복시키려는 시도도 늘 성공적이지는 않았다. 예를 들면 동아프리카의 식민지 정부들은 농장이 이익을 낼 수 있도록 다양한 전략을 이용했는데, 그 전략들에는 이주 노동자가 필요해서 다양한 아프리카인 집단의 강점과 약점을 토대로 한 종족별 가치의 위계가 출현했다. 이러한 비교는 대체로 빅토리아호와 루크와호 사이에 있는 지역의 유능한 상인이자 사냥꾼이었던 니암웨지족에 유리했다.[55]

물론 플랜테이션 농장과 노예제, 즉 검음blackness의 결합은 20세기 이전에도 역사가 오래되었다. 예를 들어 프랑스령 카리브해에서 '검음noir'은 단순히 노예와 같은 정도가 아니라 플랜테이션 농장의 물리적 공간에서 일하는 사람을 뜻했다.[56] 니암웨지족의 사례가 강조하는 것은 자유로운 노동의 우세가 새로이 종족화한 식민지 노동 체계와 제국적 노동 체계가 공고해질 공간적 변수들을 만들어 냈다는 점이다. 해방되었다고 제국의 노동 공간에서 강압과 착취가 끝나지는 않았으며 문화적 차이를 들어 특정 주민들(종족, 부족, 종교 공동체, 씨족)이 중노동을 해야 하는 특정한 시기에 각별히 적합하다고 주장하는 논법이 줄어들지도 않았다. 그러므로 노예제의 공식적 폐지는 대부분의 식민지에서 노동 분업을 결정한 기본적인 문화적 범주들의 폭넓은 재평가를 유발하지 않았다. 여성사와 젠더의 역사를 전공한 역사가들이 애써 강조했듯이 자유로운 노동으로의 이행은 여성의 노동을 그 어느 때보다 드러나지 않게 했다. "노예제를 종식시키려는 혁명적 투쟁을 통해 형성된 남성의 자격에 대한 권리 주장이 …… 노예제가 폐지된 이후의 사회에서 젠더 불평등을 보장했기 때문이다."[57]

인도양을 노예제 폐지에 뒤이어 수십만 명의 노예 계약 노동자(주로 남성)가 아프리카 해안을 따라 늘어선 새로운 유형의 정착지에 자극받고 남아프리카의 새로운 노동조직 형태들에 이용되어 널리 퍼진 공간으로 생각하면 그 노예제 이후 세계의 변수와 그 젠더화하고 종족화한 차원의 변수가 둘 다 확대된다. 19세기 후반 인도 내륙에서 '줄룰란드'로 남성 노동자들이 이동하면서 제국적 노동 세계의 종족화한 지형의 다양성과 끊임없이 변하는 지리적 특성을 보여 주는 일련의 아제국적 정치 경제들이 탄생했을 뿐만 아니라 예비 노동력의 통로도 만들어졌다. 물론 인도인 노예 계약 노동자들은 카리브해와 태평양에서 노예해방 이후의 플랜테이션 경제 작동에도 결정적으로 중요했다. 1879년에서 1916년 사이 인도의 우타르프라데시와 비하르에서 6만 명이 넘는 인도인이 배에 태워져 피지로 갔다. 1874년 피지의 주권이 영국으로 양도된 후 영국인들이 그 식민지의 경제적 기반으로 개발했던 사탕수수 플랜테이션 농장으로 일하러 간 것이다. 모리셔스와 트리니다드의 총독을 지냈던 피지 총독 아서 고든Arthur Gordon 경은 피지인들이 오스트레일리아 원주민이나 마오리족과 똑같은 방식으로 사회적으로 뒤처질 위험에 처했다고 믿었고, 그래서 이미 질병과 백인 자본가들의 유입에 따른 토지 상실에 큰 타격을 입은 토착민 공동체를 강화하기 위해 관리 체제를 구축했다. 고든은 피지 원주민을 노동자로 고용하는 것을 엄격히 제한했으며 토착민 토지의 매각을 효과적으로 방지했고 기존의 토착 거버넌스 체제를 강화한 간접 통치 제도를 시행했다. 다른 한편으로 고든은 인도인 노예 계약 노동자의 이용을 옹호했고, 여러 측면에서 피지의 발전은 이 남아시아 노동자들의 착취에 의존했다. 이 이분화한 경제적·문화적 체제는 조만간 펀자브와 구자라트에서 꽤 많은 자유인 이주민이 도착하면서 더 복잡해졌다. 이들은 그 식민지의 상업 활동에서 중요한 인물들이 되었고, 그들의 존재는 피지 식민지의 독특한 사회 구성을 규정하던 몇 가지 기본적인 종족적 전제 조건을 흔들었다.[58]

노예해방 이후의 플랜테이션 농장이 인구의 이주와 이동에 심하게 의존한 공간이었다면 식민지의 다이아몬드 광산은 그곳을 오가는 운송로와 노동자들의 이주가 있었음에도 훨씬 닫힌 공간이었다. 채굴 작업뿐만 아니라 갱도 내부와 주변의 사교 생활도 비교적 폐쇄된 성격을 지녔기에 1880년대 킴벌리 같은 곳에서는 아프리카 남성들과 소년들 사이에 온갖 종류의 성적 접촉이 이루어지는 공간이 생겨났다. 그곳의 작은 오두막들은 점차 10여 명의 남자가 침상을 같이 쓰는 숙박소로 바뀌었다. 식민지 관리들이 이해하기에는 남색이었던 '소년 아내'를 취하는 관습인 은코트샤나nkotshana에 대한 소문과 공공연한 주장이 주는 충격은 남아프리카에만 국한되는 얘기가 아니었다. 그러한 만남에 관한 관심은 모잠비크의 관리들 사이에서도 널리 퍼졌고 세기 전환기에 아프리카의 광산에서 일하려 한 수많은 중국인의 유입과도 연결되었다. 1920년대 말 남아프리카의 트란스케이 보호령에서 이루어진 '(금)갱 결

―――남아프리카 킴벌리의 킴벌리 다이아몬드 광산, 1890년에서 1905년 사이. 이 광산은 1871년 의 '새로운 쇄도(New Rush)' 이후 설립되었다. 1873년 무렵에 인근의 킴벌리 읍은 남아프리카에서 두 번째로 큰 주거지였다. 채굴 작업에 수많은 노동자가 투입되었다. (Library of Congress)

혼'을 회사 직원은 무시하고 선교사들은 무서워하고 경멸했으며 도시의 아프 리카인 남성 엘리트들은 '입에 담을 수 없는' 것으로 여겼다.[59]

다이아몬드와 금이 이 시기 세계경제의 중추였지만, 석탄도 특히 20세기 의 두 차례 제국 전쟁의 맥락에서 볼 때 세계적 자본주의의 중대한 지류였다. 오스만 제국에서 광산의 겉모습은 무서울 정도였다. 숙소는 임시로 만든 것 이었고 끔찍한 사고는 광산에만 국한되지 않았다. 영국 제국의 상황을 보면 석탄광의 내부는 종종 고도로 젠더화한 방식으로 다양한 만남이 이루어지 는 장소였다. 두 대전 사이 인도 민족주의자들은 여성의 지하 노동이 젠더에 관한 몇 가지 기본적인 문화적 가정을 흔들 뿐만 아니라 영국과 문명적 등위 를 이루려는 인도인의 열망을 위협한다고 보았다. 그러나 동시에 탄광은 백인의 제국적 남성성에 관한 가정들이 자율성과 체면에 관한 식민지 남성들의 확신과 긴장 관계를 낳는 장소였다. 특히 나이지리아 같은 곳에서 그랬다. 나이지리아의 광산 직원들은 '남자'를 '소년'으로 만드는 것이 자신들의 역할이라고 이해했다. 그곳에서 "아프리카 남성의 거세는 탄갱 관리 관행의 핵심적인 방침"이었고 "인종차별주의는 식민지 노동 과정에서 권위의 조직 원리"였다. 이러한 상황이 촉발한 항의는 조직적이고 효과적이었다. 특히 식민지 노동자들이 제국 자본주의의 대리인들처럼 고분고분하지는 않다는 점을 증명함으로써 국가의 주목을 끌었을 뿐만 아니라 근대화 작업이 자체의 정치적·사회적 자본을 지녔음을 지역사회에 입증했기 때문이다. 에누구 국영 탄광의 광부들은 이탈과 파업을 통해서, 가장 중요하게는 광부들이 자금을 모아 시작한 복지 활동이 번창한 다양한 공간(학교, 병원, 집회소)의 창출을 통해서 아프리카인 특유의 근면한 남성성을 드러내는 활동을 보여 주었다. 이러한 활동은 아프리카인은 게으르다는 인종차별주의 담론이 거짓임을 폭로했으며 '토착민' 노동자 투쟁과 지역적 노동자 투쟁, 국제적인 노동자 투쟁에 중요한 귀결을 가져왔다.[60]

영국 제국과 프랑스 제국, 러시아 제국, 오스만 제국, 일본 제국의 본국 관찰자들에게는 다양한 사회적 공간(탄광에서 부엌까지, 학교에서 유곽까지)의 여성 식민지 노동자가 중요했지만, 식민지 노동자들은 대체로 남성이라고 보는 것이 타당했다. 런던에서 발행되는 잡지를 읽는 빅토리아 시대의 독자들이라면 차를 재배하는 플랜테이션 농장의 인도인 여성 노동자나 아일랜드인 여성 농업 노동자의 이미지를 이따금 보았겠지만, 제국과 노동에 관한 역사 서술에서 아주 최근까지도 볼 수 있듯이 노동하는 사람은 마치 기계처럼 지칠 줄 모르는 근육질의 몸이었다. 전부 남성의 속성이었고 일하는 사람을 단지 육체로만 표현하기 위해 동원된 속성이었다. 20세기에 들어설 무렵 인도 아삼의 차 플랜테이션 농장 노동자 가운데 거의 40퍼센트가 여성이었다. 이는 한편으로는 독신 여성을 공격적으로 충원한 결과였다.(고유의 공간적 행위와 지리적 영역을 갖는 계획이다.) 말할 필요도 없지만, 플랜테이션 농장의 상황과 차밭의 물리적 공간의 상황은 노동자들의 높은 사망률에 일조했다. 여성 노동자들은 과로하고 신체적으로 착취당해 차밭 노동자를 더 많이 낳을 수 없었고, 이는 차 재배처럼 이문이 많이 남는 식민지 사업이 전 세계적으로 좋은 생산고를 내 도록 했다. 한층 더 중요한 것이 있다. 노예해방 이후 '자유로운' 남성 노동자 가 이동성을 지녔고 여성은 이동할 수 없다고 여겨진 방식을 생각하면 식민 지 노동의 젠더화한 함의를 역사화하고 식민지 여성 노동자의 다양한 공간을 재현하기 위해서는 할 일이 많다. 식민지 여성 노동은 대부분 꼭 플랜테이션 농장의 노동은 아닐지언정 농업 노동인 것만은 분명했다. 농민 가정은 가족 의 거처에서 그치지 않았으며, 제국의 다양한 지역에서 식민지 여성은 "실제 의 경작이나 관리 노동뿐만 아니라 소상품 생산, 수확과 꿀 먹이기, 식품 가 공, 소매, 심지어 임금노동까지" 수행했다. 전부 가족노동으로, 일부나 전체가 실제로 집의 그늘 속에서 이루어질 수 있었다.[61] 유럽에서 그랬듯이 가족경제 는 집과 일 사이의 경계를 흐릿하게 했다. 오스만 제국에서는 비단을 생산하 는 여성 노동자가 압도적으로 많았는데, 이는 이들이 단지 추가 소득을 벌어 들이는 사람으로서만이 아니라 여러 측면에서 가정경제의 안정에 얼마나 결 정적이었는지 보여 주는 여러 사례 중 하나다. 영국령 인도 같은 곳에 직물 산 업이 도래하면서(예를 들어 1900년에 봄베이 지사 관구에는 여든여섯 개의 공장이 있 었다.) 여성들은 제국 지배의 안정과 반제국 정치의 방향에 공히 심대한 영향 을 미친 공간 속으로, 역사적으로 새롭고 문화적으로 이질적인 공간 속으로 끌려들어 갔다. 탄광의 경우와 마찬가지로 공장은 독립적인 닫힌 공간으로, 여성들이 빠지지 않게 보호해야 할 필요가 있다고 여겨지는 위험의 요인들과 여성을 잘못된 길로 이끌거나 무절제한 독립적 행위와 사고를 조장할 수 있 는 통로(철도, 도로)가 있는 투과성 장소들을 갖추었다.

순수하게 수로만 보면 서구식 교육을 받고 이러저러한 방식으로 훈련을 받아 조산사나 의사, 교사로 일자리를 찾을 수 있었던 소수의 특혜 입은 여 성보다 노동자로 일한 식민지 여성이 훨씬 많았다. 그러한 엘리트들에게 조산 소와 병원, 교실 같은 공간의 의미는 젠더에 의해 굴절되었다. 대담하게 교육 자나 의사로 훈련받아 전문 기술의 공간적 변수들을 무시했던 식민지 남성들 은 일터에서 예외 없이 종족적 편견에 시달렸으며, 같은 경우에 여성들은 오늘날 이중으로 부적절한 자리에 있는(유럽인이나 일본인의 세계 속에 있는 토착민이요, 남성의 세계에 있는 여성) 이중 부담(그렇게 널리 알려져 있다.)을 경험했다. 이러한 도전은 병원의 병실이나 교실이라는 공간에 국한되지도 않았다. 앞서 세러 무카비의 사례에서 보았듯이 그러한 공간들로 오가는 것은, 다시 말해 제국의 지배에 들어간 영역이 거듭 만들어 낸 물리적 경계와 상징적 경계를 가로지르는 것은 흔적을 남기는 방식으로 그 이동의 본질과 특성을 형성했다. 그리고 당연한 얘기지만, 식민지 노동자가 주로 남성으로 여겨졌다면 성 노동자는 심지어 이를테면 영국령 인도처럼 유라시아 여성과 유대인 여성 매춘부가 많았던 곳에서도 오로지 여성이요, 식민지 '토착민'으로 여겨졌다. 여성 성 노동자들은 제국의 검사와 근심, 개혁의 대상으로서 제국의 작동에 결정적으로 중요했다. 제국 관리들은 고되게 일하며 이동성이 있고 종종 질병에 걸린 여성 성 노동자들의 신체를 통제함으로써 도덕적 권위를 추구했고 따라서 여성 성 노동자가 그러한 노력의 중심에 있었기 때문이다.[62]

집으로 들어온 제국

이 시기에 제국적 만남의 공간들 중에서 이데올로기가 가장 많이 깃든 (물리적으로 가장 크게 변한) 곳 중 하나가 집이었다. 노동의 장소이자 생물학적 재생산과 사회적 재생산의 장소, 소비와 폭력의 장소였던 식민지의 집과 가정은 본국의 사회 개혁가들이나 부르주아가 상상 속에서 떠올리는 목가적인 공간과는 거리가 멀었다. 경제적 압박과 인구학적 제약은 이 거처들이 '집의 천사'가 관장하고 속악하고 부패한 공적 생활의 세속성으로부터 가족을 보호한 교양 있는 가정이라는 이상적인 그림과 자주 충돌하는 결과를 낳았다. 페미니스트 역사가들은 19세기와 20세기의 가구들이 어떻게 국민의 정치 경제에 구조적 요소로 편입되었고 국민적 논쟁과 제국적 논쟁, 반식민주의 논쟁이 어떻게 가정의 생활과 주관성에 흔적을 남겼는지 보여 줌으로써 가정 (여성) 대 노동(남성)이라는 젠더화한 이분법에 성공리에 대항했다. 실제로 최근의 제국 역사와 식민지·탈식민지 연구에서 새롭게 강조되어 나타난 범주에서 가장 중요하고 분석적으로 유연한 것 중 하나는 '가정생활domesticity'이다. 이 개념은 이제 절대적으로 필요한 것이 되었는데, 역사가들이 그 개념을 여성의 영역이나 젠더화한 해석 가능성을 지닌 영역으로 여기지 않았거나 역사 서술의 관점에서 말하면 비교적 최근에야 그러한 영역으로 여긴 일군의 전통적 항목(노동, 정치, 경제)을 펼치고 드러낼 수 있는 공간적 범주로 이해해야 한다고 역설했기 때문이다. 이것이 특별히 적절한 이유는 1870년에서 1945년 사이에 유럽 제국의 범위가 가장 넓어졌을 뿐만 아니라 부르주아의 체면이라는 세계적으로 강력한 관념이 최고조에 이르렀기 때문이다. 이 관념은 철저히 젠더화하고 종족 특정적 형태의 가정생활을 중심으로 만들어진, 큰 목표를 지닌 사회적 구성체였고, 그 가정생활은 가족 공간과 관련하여 남자와 여자, 아이들의 위치를 매우 의도적으로 결정하는 방식으로 문명의 진보와 성취의 모형 역할을 했다. 요컨대 가정의 내부 영역은 세계적 근대성이라는 맥락에서 이루어진 제국적 만남과 식민지적 만남의 구성 요소였다. 제국이 알제에서 잔지바르까지, 셰필드에서 시드니까지 전 세계에 퍼져 토론의 대상이 된 가정생활의 관념과 관행의 전달자라고 말해도 지나치지 않을 정도였다.

식민 본국의 이상을 식민지에 옮길 수 있다는 것은 1980년대에 가정생활이라는 주제가 갑자기 등장하기 훨씬 전에도 제국 역사의 주제였다. '밀림'(대개는 지리적으로 특정되지 않은 밀림) 한가운데에서 격식을 제대로 갖추어 차를 대접하는 영국인 여성의 이미지보다 강력한 이미지는 없다. 이것은 '완벽한 인도 가정주부'라는 현상을 포착하려 한 모드 다이버Maud Diver와 빅토리아 시대 말기의 다른 작가들이 그럴듯하게 만든 이미지였다. 가정주부가 가정에서 갖는 지배권은 집이 런던 교외에 있든 캘커타 총독 관저의 그늘에 있든 그 나름대로 제국 군사 활동의 하나로 여겨졌다. 선교사부터 여행기 작가, 제국 관리까지 당대의 다른 사람들도 이러한 추정에 가담했다. 이러한 평자들은 전부 그렇지는 않았지만 대다수가 핵가족과 유럽 중간계급 가정을 '토착민들'이 서구의 가족 형태를 (완벽히 동일하게는 아닐지언정 비슷하게라도) 닮아 가고 종국에는 서구의 정치 형태에 참여할 수 있음을 입증하려면 반드시 갖기를 열망해야 할 본보기로 들었다. 식민지 시대 인도에서 우애결혼companionate marriage

의 이상은 자치라는 사회적·정치적 염원을 실현하려는 토착민들에게 통로로서 지지를 받았다. 이 모델은 확대가족 제도와 특히 '이교도 종족들' 사회에서 성행했다고 여겨진 조혼과 일부다처제의 관습과 대비되었다. 식민지 개혁가들이 본 우애결혼관이 매우 특수한 공간적 규범을 갖춘 혼인의 이상이었다는 점도 강조할 필요가 있다. 인도 여성들은 휘장purdah(격리된 곳) 밖으로 나와 대등한 존재로서 남편과 결합할 수 있도록(그로써 부르주아 유럽의 기준으로 볼 때 남편들이 남성으로서 갖추어야 할 정당성을 보여 주는 명백한 증거를 제시할 수 있도록) 교육을 받아야 했을 뿐만 아니라 그들이 받은 교육(일반적으로 어머니 역할과 가사의 '학문적' 교육)이 힌두교 가정과 무슬림 가정을 공히 규제한 젠더화한 공간적 관습을 개조할 수 있도록 일상의 틀에 박힌 가사를 조정해야 했다. 구체적으로 말하면 식탁에서 남편과 아이들과 함께 먹기, 하인 감독하기, 힘들이지 않고 가정의 문턱을 넘어 남자들의 공적 세계, 사회적 세계, 때로는 정치적 세계로 들어가기 등이다. 그 세계들은 남성과 여성이라는 관점뿐만 아니라 (아무리 불균등하고 어려웠다고 해도) 종족의 관점에서도, 특히 인도의 도시들과 인접한 교외에서 점차 '뒤섞였다.' 그러므로 가정생활의 공간들은 식민지 가정 내부에서 개조되었을 뿐만 아니라 집과 가정의 물리적 공간 너머로 확장되었고, 가정생활에 한계가 있고 가정생활이 미시 형태와 거시 형태의 정치와 명백하게 절연되었다는 것이 거짓임을 증명했다.

영국 상황의 새로운 제국 역사를 비판하는 이들은 가정생활처럼 자신들이 고집스럽게 문화적 영역이라고 보았던 것과 제도적 차원의 정치처럼 '진정한' 권력의 공간으로 추정되는 것의 연결을 간절히 보고 싶어 했다. 인도 국민 회의의 초대 의장이요, 부인과 딸들의 삶에 관해서는 열정적인 근대화론자였던 우메시 찬드라 바네르지Umesh Chandra Banerjee의 생애는 가정생활의 영역을 되도록 넓은 분석 틀에서 볼 필요가 있다는 주장을 확증하는 것처럼 보일 것이다. 바네르지는 부인이 우애결혼의 동반자 역할을 떠맡을 수 있도록 가정의 내적 역학을 조정하려고 애썼기 때문이다. 이러한 재조정 덕에 바네르지는 부인 헤만지니 바네르지Hemangini Banerjee가 그의 개혁주의적 계획을 마지못해 받아들이고 심지어 조용히 저항하는 피지배자로 보일 때에도 민족주의 정치에서 정치적 성공을 다질 수 있었다. 이 남아시아의 사례는 가정생활이 영국령 라지의 재영토화에서 수행한 구성 역할을 보여 주는 데서 그치지 않는다. 이 사례는 식민 본국 가정생활의 모델들이 영국에서 식민지로 단순하게 이식되었다는 가정을 거부한다. 정치적 참여는 물론 자치까지 열망했던 바네르지 같은 인도 엘리트 남성들은 유럽의 규범들을 새롭게 고치는 데 활발히 참여했으며, 결코 이 규범들을 무차별적으로 적용하지 않았다. 이들은 인도 특유의 식민지적 '해법'을 도출하여 여성 문제를 해결하려 했는데, 인도 여성들은 이러한 시도가 낳은 공간적 귀결에 대응하고 맞섰으며 그 형성에 일조했다. 이것은 제국의 영토화하는 힘이 영국의 관리와 개혁가 들만의 소유물이 아니었다는 점을 특별히 암시한다. 가부장제를 신봉하는 토착민들도 제국적 힘의 작동 안에서 가정생활의 장소를 확보하는 문제에서 이데올로기적이고 전략적인 공간을 공유할 수 있었고 실제로 공유했기 때문이다.[63]

집과 가정은 다른 방식으로도 문화적인 영역과 사회적인 영역, 정치적인 영역 사이의 중첩을 지리적으로 드러냈다. 유럽 제국주의라는 배경에서 볼 때 식민지 영토를 여행하거나 그곳에서 생활하는 백인 여성은 자신들의 성性을 위해 새로운 '변경' 안으로 들어감으로써 금기를 깨는 것 같았다. 게다가 백인 여성들은 종종 흑백의 구분선을 다시 그리는 데 결정적으로 중요했다. 그러한 상황에서 종족 간 통혼의 두려움이 널리 퍼졌음을 생각할 때 그 중요성은 더욱 분명했다. 하인들은 분명히 접촉과 교류의 핵심 고리였다. 다른 많은 제국의 현장처럼 인도네시아에서도 네덜란드 여성이 나날의 삶에서 일상적으로 만난 식민지 주민은 하인뿐이었다. 자바에 널리 보급된 살림 편람은 최소 일곱 명의 하인을 두라고 권고했으며, 물론 여성이 다른 형태의 일거리도 얻을 수 있었지만 가사 노동자의 대다수가 여성이었다.[64] 제국의 유럽인 가족에 아이들이 있었다는 사실은 이 긴장된 환경을 더욱 복잡하게 했다. 아이들은 어느 정도 나이가 찰 때까지는 흔히 토착민 하인들이 돌보았고 이들과 매우 친밀해질 수 있었기 때문이다. 이러한 친밀함은 집 내부 공간의 종족화한 구분을 방해했고, 그 결과로 '제국적 모성imperial motherhood'이 만들어졌을 뿐만 아니라 청년기 이후 그 아이들이 갖게 된 적절하고 바람직한 식민지적 거리에 대한 이해도 생겨났다. 유럽인 아이들이 일정한 나이가 되어 본국의 기숙학교로 이동하는 것도 식민지 가정에 깊은 영향을 미쳤으며 노동의 조직과 식민지 제도의 형성이 제국의 가정생활의 리듬에 얼마나 크게 좌우되었는지 떠올리게 한다. 하인들은 유럽인 아이들을 돌볼 책임이라는 영역 밖에서, 심지어 유럽인 가정 내부에 출현한 새로운 형태의 아파르트헤이트 속으로 강압적으로 들어갈, 도회지의 식민지 도시와 자신들의 농촌 거류지 사이의 공간적 분리에 일상적으로 대항했다. 남아프리카에서는 1970년대까지도 중간계급 '영국인' 가정의 내적 식민주의가 단순한 흔적을 뛰어넘는 수준에서 지속되었다. 가사 노동자들은 본채의 뒤편에 격리되었을 뿐만 아니라 표준 이하의 음식을 먹었고 생필품(이를테면 화장지)을 적게 공급받았다. 그러면서도 이들은 남자든 여자든 주인이나 안주인의 성적 착취나 일상적 폭력에 시달렸다.[65]

물론 가정은 확립된 것이든 유동적인 것이든 복잡한 친족 제도의 터전이기도 했다. 이는 일부 제국 관리와 민족지학자들(제국 정부에 고용되었든 고용되지 않았든)이 다소간 파악한 현상이다. 공간적 관점에서 그러한 제도들의 붕괴는 근본적일 수 있었다. 오스트레일리아의 아동 떼어 놓기가 한 가지 사례가 될 수 있는데, 이 경우 원주민 가정들은 '물리적이고 도덕적인 위험과 방치'의 공간으로 여겨졌다. 그러한 설명은 구체적으로 무서운 결과를 낳았다. 토착민 가족생활 영역을 파괴하는 핑계로 쓰여 결국 '도둑맞은 세대'[7]의 고통스러운 유산을 초래했기 때문이다. 이러한 관행이 국가의 목적과 활동에 이바지했다는 데에는 의심의 여지가 없다. 20세기 초 웨스턴오스트레일리아의 캐터닝에서는 원주민 아이들이 공립학교에서 쫓겨났다. 이는 밀 재배 지대를 깨끗이 정리하기 위한 노력의 일환이자 백인 학교와 백인 병원을 보호하려는 지배 사회에 가난한 원주민이 존재하는 것을 불안하게 여긴 현지의 고조

———— 7 대략 1909년에서 1969년까지 오스트레일리아 연방 정부와 주 정부들이 법에 따라 부모에게서 빼앗은 아이들.

된 관심에 대응하려는 노력의 일환이었다.[66] 가족 공간에 대한 침입은 더 교묘할 수도 있었다. 선교사와 그들의 조력자 들은 가정 위생과 아이 양육 같은 문제들에서 후견인 역할을 수행함으로써 가정의 영역 안으로 들어가려 했다. 의미심장하게도 공간적 관점에서 식민지 권력이 미치는 범위를 평가할 때 그러한 노력은 저항을 받거나 무시된 것이 아니라 그것이 표적으로 삼은 여성과 아이들의 삶에 부적절한 것으로 여겨졌다. 식민지 아샨티(오늘날의 가나)의 모계 사회에서 그랬듯이 여성들은 선교사 활동이 자신들의 아이 양육 관행에 미친 영향에 관하여 질문을 받았는데 자신들의 가정 공간이 식민화되었다는 암시에 사실상 부정적인 견해를 피력했다. 이는 제국의 재영토화가 이론에서나 실제로나 한계를 지녔다는 점을 보여 주는 매우 실질적이고 교육적인 교훈이다.[67]

제국의 본국에서?

지난 20여 년간 학자들이 힘들게 증명하려 했듯이 제국은 '국내에서' 느끼고 보고 경험한 실제적이고 상징적인 효과 없이 단순히 '저쪽에서' 발생한 현상이 결코 아니었다. 유럽·미국 제국들의 맥락에서 볼 때 작가와 관리, 행정관 들이 본국과 식민지의 관계를 지리적으로 표현할 때 쓴 집과 집에서 멀리 떨어진 곳home and away이라는 격자 자체는 '국내'와 그 공간적 중요성에 관한 확신이 국민적 상상력과 제국적 상상력을 형성하는 데 수행한 역할을 암시한다. 학자들이 교환과 순환의 관계들을 설명하기 위해 쓴 제목들이 공간에 관련되었던 것은 아마도 불가피했을 것이다. 근대 제국의 역사가들은 '그물망network'이나 '순회circuit', '흐름flow', '반대 흐름reverse flow' 등 무엇을 말했든 식민지 환경의 현장뿐만 아니라 서구 제국들의 심장부에서도 제국의 재영토화하는 힘을 민감하게 인식했다. 영국 제국의 역사 서술에서는 제국주의가 '국내' 영역에 불균등하게 침투했다는 것에 관해 논쟁이 있었는데, 이는 재영토화하는 유산에 큰 이해관계가 걸려 있음을 가리킨다. 이 새로운 연구는 '집'과 '집에서 멀리 떨어진 곳'에 역사 서술상의 새로운 의미를 부여함으로써 어디서 국가가 끝나고 제국이 시작하는지에 관하여 중대한 질문들을 제기한다. 과거를 연구하는 학자들은 앞선 제국적 순간의 초국적 공간에 존재하는 현재의 계보를 세계화하는 세상에서 찾으려 하는데, 이러한 교환들은 제국주의의 공간적 목표가 지속적으로 발휘하는 생성 능력을 바로 그 세계화하는 세상이라는 배경에서 증명한다. 머리말에서 암시했듯이 제국주의가 세계화와 맺는 관계는 당연하게도 큰 논쟁거리다. 세계성 자체가 지정학적 공간의 다시 그리기를 수반하여 개별 국민국가가 자본축적과 군대, 상품과 사람의 이동을 좌우하는 요소로서 갖는 생존 능력에 이의를 제기했다면 국내 공간과 제국의 힘의 역동적 관계에 주목하는 것은 적어도 제국의 범위가 어떻게 그리고 왜 근대 세계의 형성에 그토록 중요했는지를 역사적 관점에서 평가할 수 있게 도와준다.

19세기와 20세기의 제국들이 만들어 낸 전 세계적 상품화 과정은 '국내' 공간의 형태를 바꾸어 놓았다. 이 점은 매우 분명하다. 여기서 다시 그리고 특히 20세기 말 세계화의 새로움에 관한 현대의 담론과 관련하여 1870년에서 1945년에 이르는 시기가 초국적인 경제적 연결 속도를 촉진하고 세계화하는 다양한 자본주의적 노동 체제들, 축적의 형태들, 유통과 소비의 메커니즘들에 이를 봉합했음을 강조하는 것이 중요하다. 근대 초의 역사는 광역권을 넘나드는 기업 활동의 사례들을 보여 준다. 중국 상업 제국은 가장 두드러진 사례이며 18세기 광둥 상인 오병감伍秉鑒(호관浩官)은 대표적이라고 할 수는 없을지 몰라도 가장 흥미로운 사례에 속한다. 광저우 13행 중 하나인 이화행怡和行의 창립자인 오병감은 널리 흩어진 상인들에게 은화 수백만 냥을 선대했고 벌어들인 이윤으로 1843년 죽기 직전이었던 불운한 아편전쟁의 시기에 청 제국을 유지하는 데 기여했다. 우리의 논지에는 의미심장하게도 매사추세츠 세일럼의 동인도 명예의 전당에는 오병감의 초상이 걸려 있는데, 이는 청나라에 진입하기를 열망했던 뉴잉글랜드 상인들이 얼마나 그의 호의와 지원에 의존했는지 보여 준다.[68] 동아시아의 정치 경제들이 멀리 떨어진 세계였지만, 독립전쟁 이후 시기의 북아메리카 엘리트들은 자신들이 세계적 힘, 그리고 아무리 멀지언정 강력한 광둥 대금업자들의 재산에 의존했음을 보여 주는 극적인 증거들을 지녔다. 19세기 말이면 전 세계적 상품 유통은 소비자와 제국 건설자에게 공히 한층 더 잘 보였다. 서인도제도에서 쓰이는 기계를 생산한 글래스고의 노동자들은 세계적 자본에 제국의 회로가 새겨져 있음을 눈치챌 수 있었을 것이다. 금융업자는 물론 부두 노동자와 도매상인, 배달업자 들도 캐나다의 밀과 이란의 석유, 인도의 향신료, 오스트레일리아의 양모, 뉴질랜드의 버터, 이집트의 면화, 아르헨티나의 고기가 어떻게 영국의 세계 지배 열망을 떠받치는 데 일조했는지 이해했을 것이다.[69]

빅토리아 시대 말기 영국 국내에서 제국 상품들이 눈에 띈 것은 단순히 제국 상품 거래의 증가 때문이 아니었다. 부분적으로 그것은 18세기에 깊이 뿌리내린, 노예무역에 반대한 매우 대중적인 운동의 유산이기도 했다. 노예 거래와 플랜테이션 농장 노예제에 반대한 이들은 본국에서 담배와 커피, 특히 설탕 같은 '외래' 상품 소비의 일상적 효과를 노예제 폐지 수사학과 실천에서 중요한 부분으로 만들었다. 중간계급 여성들이 앞장서서 여성 가구주를 아프리카와 카리브해 '자매들'이 받는 학대를 종식시킬 열쇠로 정했다. 영국에서 노예와 해방 노예는 시골에서나 도시에서나 공히 관에 노예제의 비용이 크다는 점을 명확히 하기 위해 노력했다. 영국인들이 노예제도의 참혹함을 생생하게 그릴 수 있게 하는 데 이들이 수행한 역할은 최근에 와서야 완전히 인정된 반면 노예제와 제국주의의 연계를 드러내려는 이들의 활동은 이제 막 인정받는 단계에 들어섰다. 빅토리아 시대의 '국민적' 기억은 설탕과 노예를 제국이 국내에 가져온 가장 두드러진 결과 중 하나로 꼽지만, 결코 이것이 전부는 아니었다. 백인 자치령에서 영국으로 점점 많이 쏟아져 들어온 더욱 익숙한 상품들에 관해 표명된 걱정은 훨씬 적었다. 이를테면 영국인들이 소비한 밀과 양고기, 쇠고기, 버터, 치즈는 대부분 오스트레일리아와 뉴질랜드, 캐나다에서 생산되었다. 이러한 제국 상품 무역은 근대 영국 음식물을 구성하는 필수 요소가 되었을 뿐만 아니라 그 식민지들이 1945년이 한참 지난 뒤까지도 기본적으로 '제국의 농장'으로 발전하도록 보장함으로써 그곳의 경제적·생태학적 변화에서 중요한 역할을 수행했다.[70]

이러한 식민지 상품들의 광고가 친근한 이미지(온대 지방 식민지 들판에서 일하는 백인 농부를 묘사했다.)를 표현했던 반면 열대 지방에서 들어온 상품들은 일반적으로 유럽 시장에는 이국적 산물로 포장되어 매매되었다. 리버티 백화점[8]의 '동양 상품전'에서 '어린 삼보(흑인)들'을 보여 준 페어스 비누[9] 광고까지 자본주의와 제국, 문화 차이의 관계는 영국에서 형태가 있는 상품과 인쇄 문화를 통해 일상적으로 분명하게 드러났다. 그러한 관계는 프랑스 제3공화정의 소비자들도 똑같이 볼 수 있었다. 그곳에서도 광고와 포장, 도로 표지판은 아프리카와 아시아, 태평양의 프랑스 식민지 주민들에 관한 관념이 본국 소비자들에게 도달하는 중요한 통로였다.[71] '제국'이 (그때나 지금이나) 상대적으로 널리 인식되지 않은 현실이었던 미국에서 외국 상품의 소비는 세계주의와 미국의 해외 사업 투자, 나아가 명백한 운명은 아니더라도 애국주의까지 보여 주는 증거로 여겨졌다. 20세기가 되면 제국의 장소들 도처의 중간계급 가정은 두 대전 사이 소련 가정의 '우즈베크' 실내 장식이 보여 주듯이 지위의 표지는 물론 체면의 표지로서도 제국적 소비의 징후를 드러낼 수 있었다. 런던이나 뉴욕, 모스크바의 수많은 본국 대중이 의식했든 의식하지 않았든 식민지에서 들여오거나 생산된 상품은 국내의 정치 경제를 제국적인 것으로 만들었고 국민적 영역을 격리되거나 독립적인 영역으로 생각하기는 점점 어려워졌다. 특히 불매운동, 그리고 식민지 자원이나 노동력의 통제를 둘러싼 다른 논쟁들이 '국내'의 공적 영역에서 갑자기 분출했기에 더 어려웠다. 식민지 상품과 문화적 기호품들은 본국에서 다른 식민지 장소들로 되돌아가고 식민지들 사이에서 직접 이동하며 제국 체제 안에서 널리 유포되었다. 이러한 흐름은 인도의 직물과 향료, 중국의 도자기와 칠기, 두 지역의 차가 오스트레일리아와 뉴질랜드처럼 멀리 떨어진 식민지에서 중간계급 물질문화의 주된 요소가 되는 결과를 가져왔다.[72]

식민지의 종속민과 식민지에서 해방된 주민들도 이 시기에 지도 위의 여러 곳을 떠돌아다녔고, 이들 중 다수는 제국 본국으로 갔다가 되돌아오고 식

———8 런던 중심부 웨스트엔드의 리전트 거리에 있는 백화점.

———9 앤드루 페어스Andrew Pears가 런던에 있는 공장에서 1807년부터 생산하여 판매한 투명비누. 1884년 성탄절 주간지 《더 그래픽The Graphic》에 실린 광고는 비누로 씻기 전과 후의 어린이 모습을 보여 준다.

민지 공간들을 오가며 사방으로 세계를 유랑했으며 교육의 기회와 일자리를 찾아다니고 나아가 여행하면서 제국을 재영토화했다. 여행객은 아주 쉽게 분간할 수 있는데, 자신들을 옭아맨 제국적 시선을 보여 주는 여행기를 남겼기 때문이다. 이들은 똑같은 민족지학적 힘으로써 그 시선을 되돌려 주었다. 유럽의 박람회들과 여러 장소를 방문했던 오스만 제국의 유명한 작가 아흐메트 미타트Ahmet Mithat 같은 '옥시덴탈리스트'들은 그러한 제국적 시선을 뒤집을 뿐 아니라 오스만 제국의 근대성이라는 프리즘을 통해 국내의 독자들에게 서구 '문명'을 일별하게 해 주었고 부르주아의 사회적·성적 관행을 비판하면서도 유럽의 진보를 대변했다. 박람회는 식민지 주민들을 끌어들인 주된 흡인력이었다. 일부 식민지인은 박람회의 구경거리로 보였던 반면 자바 사람 라덴 아젱 카르티니Raden Ajeng Kartini 같은 다른 식민지인은 자신들의 문화적 노력과 경제적 노력을 적극적으로 옹호했다. 카르티니는 1898년 헤이그에서 열린 네덜란드 전국 여성 노동자 박람회를 수용했는데 이는 논란을 불러일으켰다. 특히 네덜란드의 백인 여성 '자매들'과 연대를 모색하느라 인종의 위계질서를 깨뜨렸기 때문이다. 본국의 '제국 심장부'에서 공식적이거나 비공식적인 정치적 교육을 추구하거나 결국 이를 얻어 낸 식민지인들(간디와 호찌민처럼 세계사적으로 중요해진 인물들)은 좁은 문을 뚫은 것이다. 이들은 기본적으로 인종을 둘러싼 배타적 논리와 복잡한 위계질서가 형성한 기회 구조를 갖춘 제국 체제에서 세계주의적 삶을 개척했다.[73]

이 점에서 호찌민의 사례는 특별히 큰 도움이 된다. 식민지 연합Union Intercoloniale(1923년 설립)의 초창기 회원이었던 호찌민은 기관신문 《라 파리아La Paria》를 이용하여 프랑스 식민주의에 관한 생각을 개진했는데, 내내 식민 본국의 거리(그리고 '흰 파리와 검은 파리Paris blanc et noir'라는 고도로 종족화한 지리)를 교실로 썼다.[74] 라민 상고르Lamine Senghor[10]와 그의 아프리카인 동포들은 프랑스 국내의 공간과 공화주의 전통을 누구를 프랑스인으로 볼지, 그리고 어디

_____ **10** 1889~1927. 세네갈의 정치인으로, 후에 세네갈 대통령이 되는 레오폴 세다르 상고르와는 성은 같지만 혈연관계는 아니다.

_____ 프랑스의 식민지 장관 마리위스 무테(Marius Moutet)와 악수하는 베트남 공화국의 호찌민, 1946년 무렵. 호찌민은 베트남 독립 운동에서 중추적 역할을 했을 뿐만 아니라, 다른 반식민주의 지도자들과 중요한 관계를 맺었다. (Wikimedia Commons)

서 국가의 경계가 끝나고 제국이 시작되는가를 둘러싼 전간기의 더 큰 담론 투쟁과 정치 투쟁의 일부로 끌어다 썼다.[75] 런던과 요하네스버그의 간디로 말하면 종족과 공간의 문제들(그리고 이 문제들이 강한 정치적 열망을 품은 종속민의 젠더화한 합의를 형성하는 방식)은 그 자리가 철도의 객차든 채식 식당이든 상원과 하원의 의사당이든 이러한 다툼의 핵심에 있었다. 이들 같은 식민지의 피지배 엘리트들이 제국의 '변경'에서 심장부로 출세하러 간 수많은 사람을 대표하지 않았다는 것은 분명하다. 그러나 3장에서 확실하게 보겠지만, 식민지 출신으로 명사의 반열에 오른 이들은 '토착민'은 자치할 준비가 되지 않았다는 가정을 효과적으로 거부했다. 이들은 공직 경력과 광범위한 연락망, 다양한 입법 참여를 통해 좀처럼 상상된 적이 없는 탈식민지 권력의 새로운 지리를 미리 보여 주었으며, 그렇게 함으로써 제국의 경계를 떠나지 않는 취약성은 물론 제국이 갖고 있다고 추정되는 백인성(그리고 남성성)도 드러냈다.

공간을 만들고 장악하는 토착민들

토착민을 관리하려 했던 제국의 관리들은 다양한 메커니즘을 이용하여 기존의 공간적 관계를 의도적으로(식민지 병영의 경우) 또 다소 목적의식 없이 (다이아몬드 광산의 경우) 재영토화했다. 제국 본국의 중심으로부터나 식민지 현장에서 제국의 힘을 강압적으로 행사하려 한 이들은, 의도성의 정도와 상관없이, 다룬 것이 시장이든 황마 섬유 공장이든 '토착민'의 주거 지역이든 기존 형태의 공간적 관행을 고려해야 했다. 그러한 관행에 걸린 이해관계는 정치적 위기의 순간에 명백해졌다. 이를테면 1898년 '동향회관同鄕會館'이 베이징의 정치 협회들의 형성에 기여했던 청나라 말기의 위기나 20세기 초 서울에서 벌어진 신도 의식의 경우처럼 종교적이든 세속적이든 식민지 삶의 일상화한 의식에서 생겨난 위기를 들 수 있다.[76] 뉴사우스웨일스와 웨스턴오스트레일리아 원주민의 효과적인 '부족화', 북아메리카 토착 아메리카인의 보호 구역 제도 발전, 새로운 남아프리카 연방의 아파르트헤이트 출현, 이 모든 것은 공간적 상상력과 물리적 현실이 다양한 식민지 국가들의 우위 획득에 얼마나 결정적이었는지 암시한다. 라마여크(오스트레일리아 빅토리아주) 같은 몇몇 경우에서 모라비아 교회 선교원의 목적은 명백히 '교육적 전망'을 만들어 내는 것이었다. 그 전망은 위생적인 생활의 장점을 드러내 보일 뿐만 아니라 원주민들을 친족에 기반을 둔 환경에서 떼어 냄으로써 "원주민을 개인으로 재규정"하고 그들 안에 역사적으로 새로운 형태의 자의식을 심어 주기를 희망했다.[77] 그러한 계몽주의는 놀라운 결과를 가져올 수 있었다. 1895년 마다가스카르의 여왕 라나발로나 3세Ranavalona III가 프랑스 군인들에게 자신의 왕궁을 넘겨주고 추방될 때 가져간 것은 선왕 "라다마 2세Radama II가 황제 나폴레옹 3세에게서 받은 값비싼 평교자"였다. 이는 이메리나 왕조의 구성원들에게 토착 지역의 공간을 유럽의 식민주의에 적합하게 개조하는 방법을 가르치기 위해 고안된 많은 서구식 장식품의 하나였을 뿐이다.[78]

이 역사가 제기하는 여러 문제 중 하나는 토착 사회들이 공간의 의미에 관한 이러한 제국적 시각을 어느 정도로 내면화했는가, 좀 더 일반적으로는 강압적인 공간의 재조직이 토착민의 일상생활과 반식민주의 저항의 형태에 어떠한 영향을 미쳤는가다. 오스트레일리아 원주민 사회의 어느 학자는 이것을 격리 대 사회적 자율성의 딜레마로 보았다. 토착성indigeneity에 관한 방대한 역사 서술을 단일한 이원론으로 환원하기는 어렵지만, 이것은 장기적인 강탈로 이어졌을 뿐만 아니라 공간의 성격과 의미에 관하여 새로운 시각을 강요하려 한 식민지 침입에도 아랑곳없이 토착민의 공간 만들기에 작동하는 동력을 포착할 수 있게 한다.[79] 릴리 모야Lily Moya의 이야기가 문제의 경우다.(릴리 모야는 남아프리카 역사가 슐라 마크스Shula Marks가 코사족의 어린 소녀에게 붙여 준 가명이다.) 릴리는 1940년대 말 선견지명이 있는 영국인 후원자로부터 교육의 기회를 얻으려 한 어린 학생이었는데, 릴리의 사회적 역정은 그녀가 그 교육 영역에 도달하고 싶어 한 백인 식민지 사회에 의해 제한되었고 전적으로는 아니라도 부분적으로는 그 사회의 규범에 의해 결정되었다.[80] 물론 코사족 세계의 변수들을 만든 것은 그 자체로 인종차별적이고 성차별적인 권력을 깊이 공간화한 표현이었던 아파르트헤이트의 가혹함이었다. 이 점에는 의심의 여지가 없다. 그리고 아파르트헤이트 체제의 두 세계는 완전히 밀폐되었다. 신세계 제국이라는 배경에서 아메리카 원주민의 역사를 연구한 학자들이 주장했듯이 정착민과 토착민 들은 "의미 체계와 교환 체계"가 중첩되고 충돌하며 결국 불균등하고 때로 불안정하게 봉합된 "상호 이해할 수 있는" 세계들을 만들어 냈다.[81] 제국의 사회적 지도 제작법들이 제국의 성격 형성에 수행한 역할을 좀 더 완벽하게 이해하는 데 관심이 있는 이들에게 문제는 제국에서 생겨난 접촉과 다툼의 역사적 의미는 물론 제국의 권위와 힘에 필연적으로 따르는 결과인 자율적 공간과 격리된 공간에서 토착민의 생활 방식이 지닌 지속적인 생명력의 역사적 의미를 어떻게 평가할 것인가.

이를 위해서는 식민지 건설의 공식적인 과정에서 그 범위를 과대평가하지 말고 주목할 필요가 있다. 토착의 공간적 관행을 단지 정적인 전통주의로 낭만적으로 묘사하지 말고 그 지속성과 적응성을 인정하는 것도 필요하다. 여기서 암시했듯이 토착민 '가정' 안팎에서 진행된 공간 만들기를 둘러싼 다툼은 제국의 힘이 지닌 한계를 평가하고 가내 공간, 특히 가정의 젠더화한 구분과 관련된 공간의 적절한 조직에 관한 토착 지식의 강인함을 평가하는 데 매우 유용하다. 여러 측면에서 라지의 역사는 이 틀을 통해 볼 때 가장 잘 이해된다. 간디가 스와데시swadeshi(말 그대로는 '자신의 땅') 운동을 일종의 지정학적 주문으로 만들고 아슈람ashram(구루guru를 중심으로 조직된 부락)을 반식민주의 저항의 새로운 장소로 만들기 한참 전에, 영국의 관리들과 선교사들, 인도 국민 회의 같은 민족주의 단체들은 힌두인 상층 카스트의 개혁된 가정이 지닌 장점에 관하여 논쟁했다. 이러한 쟁론에서 사티sati(부인이 사망한 남편의 화장용 장작더미에 뛰어들어 죽는 의식)와 조혼, 과부의 재혼 같은 주제는 대개 정치적 영역의 자치에 앞서 인도 남성이 자기 가정을 다스리기에 적합하다는 증거가 확인되어야 하는지에 관한 더 큰 논쟁을 대신한 경우가 많았다. 20세기 초 이집트의 민족주의적인 푸르다purdah[11] 논의에서 유사한 논쟁들의 특징을 알아볼 수 있다. 이 논의에서 이집트의 여성과 페미니스트 들은 앞장서서 공간적 해방과 이동을 민족주의 운동의 반식민주의 투쟁에 관한 더 큰 요구와 결합했다.

이 두 가지 사례가 전부 부르주아가 공유한 언어를 반영한다면 중간계급 구성체에서 나오지 않은 민족주의적 구성체들의 중심에도 공간의 정치가 있었다. 이는 식민지 케냐의 마우마우 봉기에서 가장 뚜렷할 것이다. 이 봉기는 키쿠유족이 영국의 지배를 받으며 소유지가 크게 줄어들고 지속적으로 임금 노동에 내몰리는 것을 걱정하면서 촉발되었다. 백인이 아닌 남아프리카인들처럼 케냐인들의 이동성도 근본적으로 제한되었다. 1920년 토착민 등록 수정 조례에 따라 15세 이상의 케냐인은 전부 키판데kipande를 휴대해야 했다. 이 신원 증명서 덕에 식민지 관리들은 흑인 노동자들의 고용 이력을 기록하고 이들의 지리적 이동을 제한할 수 있었다. 마우마우 봉기의 열망은 사회적 자율성을 되찾고 백인 농부들이 통제하는 땅을 케냐인들에게 돌려주려는 욕구에 뿌리가 있었다. 이들의 목표는 식민지 공간의 근본적 개조와 탈식민화였다. 이 목표는 광포하고 강압적인 대응을 낳았다. 마우마우 반란자들은 식민지 법정에서 신속하게 재판을 받고 유죄를 선고받았고, 법정은 광범위하게

_____ **11** 힌두 사회나 이슬람 사회에서 여성을 격리하는 종교적이고 사회적인 관행.

사형을 판결했다. 무죄로 방면된 이들은 특별 '수용소'에 보내져 재교육을 받았고, 다른 이들은 가시철망을 둘러친 '비상 촌락emergency village'에 구금되었다. 영국의 즉결 처형 이용, 만연한 고문, 대규모 식민지인 감금은 식민지 이주자들이 식민지 공간의 반환을 위해 분투한 토착민 집단에 직면하여 표현했던 불안과 분노를 가장 잘 보여 주는 증거일 것이다.[82]

　제국의 힘이 식민지 영토를 개조하는 데 착수한 방식에서 공간이 차지하는 중요성에 관한 우리의 요점을 납득시키기 위해 반식민주의적 민족주의의 가장 극적인 사례들을 깊이 논하는 것이 매력적이긴 하다. 그렇지만 일상의 사건들은 제국과 그 대리인들이 지역 주민들을 파악하기 쉬운 제국의 신민으로 바꿔 놓으려는 결의가 얼마나 단호하든 간에 이 시기 현지에서 행사한 압력이 균일하지 않았음을 보여 주며, 우리는 그 몇 가지 방식을 드러내고자 한다. 이러한 이해는 '토착' 공동체 형성의 억제되지 않은 확실성에 관한 가정을 반영하지 않지만, 많은 역사가에게 식민지 사회의 매우 불균등한 사회적·정치적 영역을 파악할 수 있도록 한 20년간의 면밀한 사료 작업의 결과물이다. 예를 들면 20세기 초 뉴질랜드에서 예언자 루아 케나나Rua Kenana는 북섬의 외진 곳인 우레웨라 지구의 신성한 산 마웅아포하투 아래에 '신의 나라'라는 이름의 공동체를 세웠다. 루아의 예언적인 미래상은 구약성서의 가르침을 마오리족의 전통과 결합했지만, 루아는 추종자들에게 신속하게 공동체의 경제적 기반을 다지겠다고 약속했다. 그러한 발전은 식민지 국가가 몰수한 토지를 되찾음으로써, 그리고 광산 회사의 운영과 우레웨라를 식민지와 그 너머 세계로 이어 줄 새로운 교통로의 건설을 통해 이루어질 터였다. 이러한 경제적 발전의 미래상은 실패했다. 도로와 철도는 건설되지 않았고, 공동체 인구는 제1차 세계대전의 발발에 즈음하여 급감했다. 1916년 식민지 경찰이 마웅아포하투를 습격하여 현지인 두 사람을 살해한 뒤에도 루아는 마오리족의 땅을 되찾고 지역 경제를 발전시킨다는 예언적 미래상을 고수했다. 그가 살아 있는 동안에는 어느 것도 이루어지지 않았다. 1937년 루아가 사망했을 때 어떤 도로도 완공되지 않았고 추종자들은 여전히 궁핍했다.[83]

　루아 케나나의 미래상은 2장과 3장에서 더 깊이 다룰 문제들을 다수 포

——마오리족 예언자 루아 케나나, 1908년. 마오리족 예언자 중 영향력이 매우 큰 지도자였던 루아는 영국의 뉴질랜드 식민화에 도전했다. 추종자들은 자신들을 이하라이라(이스라엘인)라고 불렀고, 마웅아포하투에서 루아와 함께 '신의 나라'를 건설하려 했다. 이러한 노력은 국가권력의 확장을 가로막는 장애물이었고, 루아는 뉴질랜드 정부와 오랜 싸움에 들어갔다. (Wikimedia Commons)

괄한다. 여기에는 제국 통신망과 교통망의 의미와 작은 공동체들이 점차 제국 체제의 합법성을 둘러싼 정치적 투쟁 속으로 끌려들어 간 방식이 포함된다. 1장에서 1870년에서 1945년 사이에 전 세계적 제국 체제의 성장이 공간의 문제에 새로운 절박함을 부여했고, 특히 제국 질서의 형태를 결정한 것은 그 질서가 문화적 차이와 제국적 공간의 이해를 엮은 방식이었다고 우리는 주장했다. 제국적 미래상이 현지의 현실로 결코 쉽게 바뀌지 않았으며 실제의 식민지 공간과 식민지의 피지배 주민들이 세세하게 준비된 식민지 근대성 구축 계획들을 고치고 다시 만들었음을 내내 강조했다. 그렇지만 병영과 선교원, 가정, 플랜테이션 농장, 광산 같은 핵심적 식민지 공간들은 식민지 피지배 주민들의 문화적 감수성과 공간적 감수성을 바꾸고 진정으로 전 세계에 퍼진 일련의 논쟁과 관행을 만들어 냈다. 2장에서 이 논지를 좀 더 개진하여 제국의 통신망이 어떻게 공간의 형태를 바꾸고 식민지의 장소들 사이와 제국 체제들에서 사상과 주장이 어떻게 점점 빠르고 효과적으로 전파될 수 있게 했는지 고찰하겠다. 그러나 이러한 종합적 과정은 예기치 않은 귀결을 낳았다. 이 점은 3장에서 분명히 밝히겠다. 3장에서 식민지들 사이의 관계 확대가 제2차 세계대전 이후 제국에 맞선 투쟁에 힘을 주고 전 세계적 지정학의 형태에 영향을 미치게 될 새로운 초국적 연락과 연대의 조직망을 어떻게 가능하게 했는지 고찰하여 공간 문제에 관한 새로운 시각을 제시하겠다.

2   세계의 개조

19세기의 마지막 3분기에 제국 질서는 새로운 형태와 성질을 띠었다. 증기력과 전기와 연관된 기술들이 유럽 제국과 비유럽 제국에서 공히 점차 상업과 정치 체제, 문화적 논쟁에서 중심을 차지했다. 증기기관차와 증기선, 전신이 지구상의 주된 전달 수단으로서 마침내 말과 범선, 배달인을 따라잡은 것은 1870년 이후의 일이었다. 이러한 혁신 덕에 제국 건설자들은 식민지에서 더 많은 원료를 더 적은 비용으로 더 빠르게 수입하고 완제품을 식민지 시장에 더 적은 비용으로 더 많이 수출할 수 있었다. '신제국주의'가 공격적으로 영토를 흡수하고 멀리 떨어진 곳을 번창하는 제국 체제에 통합하면서, 기본적인 식량 작물과 공업 원료, 고가의 상품, 복잡한 기계, 파손되기 쉬운 완제품, 상업적 정보, 정치 뉴스, 새로운 사상이 더 먼 거리를 더 자주 더 빠르게 이동했다. 당대인들은 이러한 발전의 세계적 의미를 조금도 의심하지 않았다. 자유무역을 옹호한 프랑스 정치인 이브 기요Yves Guyot가 1885년에 말했듯이 식민지 정치는 "세계의 모든 지점에서" 항구와 운하, 철도를 만들어 낼 능력을 지녔다.[84]

2장에서 중점적으로 다룰 것은 1870년에서 20세기 초에 이르기까지 점차 더 강하게 통합된 세계 질서의 등장에서 보이는 제국 건설과 교통·통신 사이의 상호 의존성이다. 기술의 발전과 문화 간 연결에 관한 우리의 관심은 이 시기 세계 전역에서 전개된 지적 논쟁과 정치 투쟁, 문화적 구성체들 내에서 이러한 문제들이 차지하는 중심성을 반영한다. 카를 마르크스는 철도와 기관차, 전신이 "자연을 지배하려는 인간 의지의 기관들"로서 공업국들이 "지식의 구체화된 힘"을 이용할 수 있게 했다고 말했다.[85] 이러한 기술들은 탐욕스러울 정도로 팽창주의적인 산업 체제에 필수적이었고 이러한 형태의 경제 조직에 의해 형성되고 성장한 제국 체제의 핵심이었다. 철도와 전신은 엄청난 속도로 매우 일정하게 수행된 복잡한 관행과 과정 들에 의존한 기계류와 기간시설, 제도들의 상호 연관된 복잡한 체계 속에 심어진 기술들의 가장 중요한 사례다. 이러한 교통·통신 복합체는 자본과 노동의 대규모 투자, 상세한 계획, 포괄적인 유지 보수, 견실한 관리 제도를 요구했기에 1870년부터 제국의 실행에서 핵심 요소가 되었다.

기술과 제국적 근대성

이러한 복잡한 기술 체계는 새로운 종류의 제국적 산업 프롤레타리아인 채무노예나 유사 채무노예의 식민지적 형태들에 빈번히 의존했다. 이 기술 체계는 식민지 경관뿐만 아니라 현지의 정치 경제와 공동체 관습, 식민지의 외진 곳 속으로 침투함으로써도 활력을 얻었다. 근대적 이동성의 궁극의 표현인 증기선의 출현으로 시작하여 항공 여행의 도래로 끝나는 이 시기는 일련의 기술적 발전을 목도했다. 이러한 발전은 서구인들이 다양한 목적으로, 자선이나 여행, 개혁, 아니면 이 세 가지 전부를 위해 멀리 떨어진 '이국적' 장소들에 도달할 수 있는 능력을 혁명적으로 바꾸어 놓았다. 이 새로운 방식의 교통과 초국적 연결의 발전 뒤에 있는 추진력이 시장과 원료의 추구에 기인한 경제적인 것이라면, 전 세계에 널리 미친 한 가지 결과는 식민지 건설자들과 식민지 종속민 사이의 사회적 관계가 변형된 것이었다. 이러한 형태의 이동성은 '국가의 철도망'에서 일한 이들과 그 철도망으로 국가와 제국을 돌아다닌 이들 사이의 새로운 충돌의 장소를 낳았다.[86] 영국과 프랑스, 일본, 중국, 러시아의 엘리트 여성들은 그러한 기술적 진전으로 가능해진 이동의 자유로부터 가장 큰 혜택을 입은 수혜자들이었다고 주장할 수 있는 반면 서발턴의 피지배 주민들은 노동자로 혹은 이동성과 시민권을 점점 더 정교하게 단속한 국가 기구들의 감시 대상이라는 사회적 지위로 점차 심하게 고착되었다.

그러한 교통 방식과 연결 형태 들은 전 세계적으로 점차 우세해졌고, 이는 폭발성이 강하고 바뀌기 쉬우며 부분적으로는 서로 중첩되는 일련의 제국적 문화 체제들의 탄생에서 주된 역할을 수행했다. 그러한 체제들은 강력했다. 큰 군대를 모으고 대규모 노동력을 동원할 수 있었고 점점 정교해지고 전문화된 감시와 강압의 도구들을 쓸 수 있었다. 그러나 이 체제들은 끊임없는 진행 과정, 다시 말해 식민지적 만남의 중심에 있던 새로운 기술들, 시장의 밀고 당김, 자원과 권리와 권력을 둘러싼 잔혹한 투쟁에 의해 계속 다시 만들어지는 과정에 있었다. 이러한 제국 질서들은 언제나 유동적이었다. 새로운 전 세계적 산업 체제의 출현을 언제나 잠자코 받아들이지는 않았고 받아들인 경우에도 그 체제에 포함되기를 시도하되 파리에서 베이징까지, 시베리아에서 샌프란시스코까지 그 체제의 인종적 위계질서와 젠더의 위계질서에 도전한 노동 집단들에 의존했기 때문이다. 여러 대륙에서 이들이 철도 건설에 투입된 것을 생각하면 아시아의 노동자들이 이 시기에 세계를 연결하는 과정에서 결정적으로 중요했다고 말해도 지나치지 않다. 늘 과정 속에 있다는 제국 사회 구성체들의 성격이 제국의 문화와 정체성의 역사와 자주 연결되기는 하지만, 제국들이 신중하고 자기 완결적인 체제가 결코 아니었다는 주장은 제국의 기간 시설에도 쉽게 적용될 수 있다.[87] 이는 제국 체제가 식민지를 제국 본국은 물론 인접 지역과도 연결한 국제무역과 자본 집약적 기간 시설 건설, 교통 체계와 통신체계, 이동성이 높은 식민지 노동력에 점점 크게 의존하게 된 시대에 특별히 잘 맞는 얘기다.

얼핏 볼 때 그러한 상황에서 제국의 활동은 점차 구체성을 잃었다. 이전에는 사사로운 접촉을 토대로 이루어진 사회적 커뮤니케이션과 상업적 거래, 이데올로기적 다툼이 비인격화하고 관료화하고 기계화한 형태로 점차 일상화했던 것이다. 일종의 근대 제국 관료제를 보여 주는 가장 명백한 사례는 미국의 필리핀 정책에서 찾아볼 수 있을 것이다. 필리핀에서 식민지 당국은 현지 주민에 대한 면밀한 감시와 대규모 자료 구축에 의존했다. 이는 폭넓은 전신망과 전화망을 포함하는 혁신적인 정보 기술의 복합체, 사진을 널리 이용한 식민지 피지배 주민에 관한 문서 작성, 타자기와 번호를 매긴 문서철을 이용한 빠른 정보 생산과 효율적 관리를 토대로 수행되었다. 이러한 기술들은 민족 해방군과 전투적인 노동조합, 메시아적 농민 지도자들, 무슬림 분리주의자들이 지속적으로 시도하는 도전에 맞서 필리핀인들에 대해 권위를 주장하려는 미국의 노력에서 중심을 차지했다. 군 정보국이 선두에 서서 이 활동을 이끌었으며, 이 다양한 저항 집단에 관해 방대한 정보를 수집했다. 그 정보는 미국의 지배에 반대한다고 여겨진 모든 개인에 관한 자료를 적은 기록 카드 체계로 조직적으로 작성되었다. 이러한 종류의 제국적이고 관료적인 근대성을 보여 주는 각별히 두드러진 사례는 수도 마닐라를 평정하는 동안 발전되었다. 미국이 창설한 수도 경찰대가 식민지 피지배 주민에 관한 방대한 자료 보관소를 만들었다. 그 자료 보관소는 20년 안에 수도 주민의 대략 70퍼센트에 달하는 20만 명에 관해 사진과 일련의 정보를 담은 개인별 기록 카드철을 알파벳 순서로 축적했다.[88]

그렇지만 이 체제(사진사와 기록원, 경찰, 정보장교를 갖춘 체제)는 기술이 자유롭게 움직이는 것이 아니고 기술의 이용은 인간의 선택과 인간 행위자가 지휘하고 결정한다는 점을 일깨운다. 물론 제국적 통신체계와 교통 체계에서 아직 제대로 역사화하지 않은 큰 이야기들 중 하나는 식민지 사람들이 이러한 연결 체계의 창출을 가능하게 한 원료였다는 것이다. 산업자본가들은 노예 계약 노동자들과 새로운 이민자들, 하급 카스트의 노동자들, 반유목민 부족을 투입하여 나무를 베고 습지의 물을 빼고 땅의 모양을 바꾸어 제국의 간선도로, 전신선과 철도, 도로망, 항구 시설에 길을 내 주었다. 제국을 무겁게 들어 올린 이들, 가장 힘들고 기운 빠지는 일을 수행한 이들은 주로 백인이 아닌 노동자들이었다. 비백인 노동자들은 인종화한 노동의 위계질서에서 차지하는 위치 때문에 가장 취약했다. 콜레라와 독감 같은 질병에 쓰러진 몸뚱이는 대체로 그들이었다. 기차와 증기선이 놀랍도록 빠른 속도로 그러한 질병을 국경과 대양 너머로 전파했다. 만성병이든 아니든 먼지와 나무 쪼가리, 연기 등 산업 생산의 원료와 부산물을 가까이한 탓에 생긴 병들은 말할 것도 없다. 이러한 물질들이 노동자의 몸에 들어가면서 산업적·제국적 근대성은 완전히 새롭게 구체화한 의미 체계를 얻었다.[89]

제국의 힘이 식민지 피지배 주민에게 규율을 강제하는 폭력적 힘을 쓸 수 있는 식민지 지배자들의 능력에 있었다면 식민지 통치 기법과 제국의 무역이 수행되는 방식, 제국적 상상력의 성격은 산업 기술들이 제공하는 착취 가능성과 진정으로 세계적인 자본주의의 범위가 개조했다. 여기서는 시간과 공간의 문제, 강압과 동의의 문제에 면밀히 주목하면서 이러한 몇 가지 변화가 전개되는 방식을 개설하겠다. 영국과 일본, 오스만 제국이라는 세 제국에서 서로 다르게 나타난 기술적 발전의 유형들을 고찰하기에 앞서 제국과 산업 간의 점증하는 수렴을 개략적으로 살피면서 분석을 시작하겠다. 우리는 기술이 제국 건설의 정치적·도덕적·정신적 귀결에 관한 논쟁의 중심에 있을 뿐 아니라 제국 체제의 실제 형태와 조직을 결정하는 데 중요했다고 주장할 것이다. 그다음으로 제국적 네트워크와 문화 간 연결이 차별적 결과와 새로운 불평등을 낳은 방식을 강조하면서 이러한 통합의 힘들이 지닌 불균등한 성격에 관해 몇 가지 의견을 제시하겠다. 그러한 불균등성이 현지에 가져온 문화적 귀결과 보통 사람들, 특히 식민지 피지배 노동자들이 제국의 상황에서 세계적인 기술적 근대성의 물질적 형태와 상징적 형태를 형성한 방식을 가능하면 어디서든 이해하려 했다. 2장의 결론에서는 종교적 실천부터 질병의 역사까지 일련의 영역에서 이렇게 새로운 형태의 제국적 연결이 가져온 예기치 않은 몇 가지 귀결을 두드러지게 조명하겠다. 1914년 세계 무대에서 국민을 정치조직의 기본 단위로 자연스럽게 받아들이게 하는 데 기술과 이동성이 수행한 역할을 특별히 강조하면서 식민주의와 교통·통신, 국민국가 모델의 세계화가 지닌 통합적 효과의 주된 정치적 귀결을 강조할 것이다.

운하, 상업, 교통·통신

1860년대에는 기술적 변화와 상업의 팽창, 제국 건설의 수렴이 두드러졌다. 유럽 식민지 당국이 반복되는 위기로 문제 제기에 직면했는데도(가장 현저하게는 카리브해와 뉴질랜드, 캐나다) 제국의 상업 체계와 통신체계는 팽창하여 경제적·정치적 활동을 재편했다. 1860년대에 전신과 철도, 증기선은 1857~1858년 영국의 인도 지배에 반대하는 봉기가 일어난 후 더 큰 의미를 띠면서 제국 활동의 일상적 요소가 되었다. 이러한 기술들은 그 봉기의 원인과 식민지 국가의 허약함에 관한 논의에서 두드러졌다. 그리고 봉기 이후 영국 권위의 재건에서 매우 중요했다. 민간 도급업자들과 국가 자체가 대규모 건설 사업을 시행하면서 전신과 철도망을 빠르게 팽창시켰기 때문이다. 이 봉기는 식민지 정권이 군사 자원을 효과적으로 전개할 수 있으려면 신속한 통신 수단과 광범위한 교통망을 발전시킬 필요가 있음을 드러냈다. 이러한 관점에서 많은 식민지 국가는 권력에 점점 중요했던 철도 노선과 철도 역사, 전신국과 전화국, 도로와 교량 같은 기간 시설을 확대하려고 열심히 노력했다. 기술의 붕괴가 일어나면 그 자체로 본국 평자들 중 가장 냉정한 이까지도 좌절하게 만들었다. 1895년 6월 《뉴욕 타임스》의 런던 통신원은 이렇게 썼다. "이번 주에는 러시아의 만주 침입에 관하여 단 한마디도 들을 수 없었다. 인근에는 전신이 없다. 사실이다. 그러나 공식적으로 밝히지 않는 것이 아니라면 지금쯤 우리는 어떤 것이든 뉴스를 들었어야 한다." 《뉴욕 타임스》는 정보 기술의 붕괴에 좌절한 것이 분명했는데 만주의 운명에 관한 뉴스를 간절히 원했던 이들의 "대중적 인내심에 무거운 짐"이 지워진 것을 개탄했다.[90]

동시에 유럽 제국들은 상업과 통신, 교통에서 점점 더 조밀하고 포괄적인 연결망을 구축하여 멀리 떨어진 항구와 시장, 간이역을 접합했다. 예를 들면 프랑스는 1860년에 베트남의 응우옌 왕조에 압력을 가해 제국의 무역에 문호를 개방하게 하여 자신들의 제국적 상업을 확대했다. 프랑스는 통킹과 안남, 코친차이나에 대한 지배권을 주장하면서 이 지역들 간의 쌀 같은 주요 상품들의 교역을 차츰 통제했다. 프랑스의 통신망은 급속히 팽창하여 1863년에 런던과 홍콩 사이 연결망의 대안을 만들어 냈고 북동아프리카와 아라비아, 페르시아에서 프랑스의 상업적 거래를 확대했다. 새로운 회사들과 활동들이 제국의 영향력과 유럽 기업을 중동과 아프리카 여러 지역으로 퍼뜨렸다. 1864년 프랑스의 제국 운수Messageries Impériales와 영국의 반도 동양 증기선사 Peninsular and Oriental Steam Navigation Company는 케이프타운과 아덴을 잇는 새로운 노선을 열었다. 도처의 제국 체제에서 일련의 새로운 항구 시설과 부두 회사들이 출현했고, 급속한 발전으로 상하이와 홍콩, 싱가포르, 카라치, 요코하마의 수용 능력이 확대되어 제1차 세계대전과 그 이후까지 세계적 기업을 탄생시킬 새로운 상업적 기반이 마련되었다.[91] 연료 사용량은 현저히 줄이면서 화물 적재 용량을 증대함으로써 증기선의 효율성을 개선한 중요한 기술적 진전은 이러한 혁신을 자극한 중요한 요인이었다.

그러나 유럽 강국들이 진정으로 전 세계로 뻗어 나간 시대에 제국의 통신과 교통의 개조에서 강력한 상징이자 토대가 되었던 것은 1869년 수에즈 운하의 완공이었다. 1854년 프랑스의 전직 외교관 페르디낭 드 레셉스Ferdinand de Lesseps는 오스만 제국의 이집트 총독 사이드Said 파샤에게서 특권을 얻어내 지중해와 홍해의 수에즈만 사이에 운하를 건설할 회사를 세웠다. 드 레셉스는 오스트리아 기술자 알로이스 네그렐리Alois Negrelli의 설계와 프랑스 자본으로 11년에 걸친 건설 사업을 감독했는데, 이는 이집트와 북아프리카, 아랍세계에서 끌어온 강제 노동에 심하게 의존했다. 국제사회는 처음에 그 사업에 회의를 보였지만, 운하는 1869년 11월 개통 이후 큰 성공을 거두었고 선박들이 아프리카를 돌아가지 않고 유럽과 아시아를 오갈 수 있게 하여 머지않아 지극히 중요한 상업적·전략적 통로가 되었다. 무함마드 사이드 파샤의 후계자 이스마일Ismail 파샤가 채무에 시달리자 1875년 영국 정부는 로스차일드 은행에서 자금을 조달하여 이집트가 보유한 수에즈 운하의 주식을 사들였다. 영국이 400만 파운드를 지출한 것은 수에즈 운하가 영국 경제와 영국 제국에 중요하다는 인식을 반영한 것이다. 자유당 언론은 이 투자에 비판적이었지만, 보수적인 평자들과 식민지 여론 주도자 대다수는 영국이 수에즈 운하에 새로이 한몫을 갖게 된 것을 축하했다. 이들은 비록 수에즈 운하 주식

———1869년의 수에즈 운하 개통을 그린 삽화. 당대인들에게 수에즈 운하는 여행의 속도를 빠르게 하고 경제적 관계를 긴밀하게 할 수 있는 유럽 강국들의 능력을 강력하게 증명했다. 수에즈 운하는 증기력의 우세와 영국의 해상 지배권을 증대하는 데 일조했다. (Wikimedia Commons)

의 과반수는 여전히 프랑스인들의 수중에 있었지만 운하를 제국의 간선도로로 보았다. 영국인 평자들에게 수에즈 운하 자체는 공학과 자본주의적 자금 조달의 힘을 보여 준 기념물로서, 구래의 유산과 이슬람의 영향으로 추정된 것의 무게 때문에 완전한 근대성을 달성할 수 없다고 여겨진 이집트와 뚜렷이 대조를 이루는 근대성의 구현이었다.[92]

수에즈 운하는 유럽과 아시아 사이의 운송 시간을 크게 줄였다. 런던과 봄베이의 거리는 41퍼센트 줄어들었고, 런던에서 콜롬보까지는 36퍼센트, 런던에서 싱가포르 사이는 29퍼센트가 줄었다.[93] 그 결과 홍해를 오가는 선박 운송이 증가하여 옛 항구들이 부활하고 지역 시장들이 활력을 얻었다. 수에즈 운하는 제국의 전략과 국제 외교에서도 중요했다. 영국의 전략가들은 수에즈 운하가 군사 자원의 신속한 배치를 가능하게 했기에 '제국의 안전' 확보에 주요하다고 믿었다. 이는 지중해와 홍해의 영국 해군기지들은 물론 수에즈 운하도 제2차 세계대전(그리고 그 이후)까지 영국 제국의 전략에서 계속 중심을 차지한다는 뜻이었다. 수에즈 운하는 수로를 따라 전신선이 이어졌기에 인도에서 영국으로 이어지는 통신에서도 중요했다. 봄베이 지사 관구의 지사를 지낸 리처드 템플Richard Temple 경은 이 통신선이 "몇 분 만에 정보가 중간에 낀 대양과 대륙을 번개처럼 빠르게 지나 결정적인 거래의 이익이나 손실을 결정한다."라는 것을 말해 준다고 적었다.[94] 수에즈 운하와 그곳 전신의 중요성은 기업가들과 제국의 투기꾼들에게 중앙아메리카 지협을 가로지르는 운하와 전신망의 건설 계획을 수립하도록 자극했다. 그것이 세계무역과 새로운 통신수단의 유익한 통로가 되어 영국과 프랑스의 이익은 물론 미국의 이익도 더욱 증진하리라는 희망을 품게 했던 것이다. 파나마 운하는 1914년이 되어야 완공되지만 1870년대부터 금융업자들의 상상력을 사로잡았다. 이들은 전신과 철도, 운하를 결합한 복잡한 교통·통신 네트워크를 건설하는 정교한 계획을 수립하기 시작했다. 이러한 연결의 구축을 위한 특권을 1874년 페루가 승인했다. 약 6년 후인 1880년에 드 레셉스는 파나마 운하를 위한 통로 굴착을 감독했다. 이 초기 시도는 성공적이지 못했지만 수에즈 운하가 다른 곳에서 제국의 이익을 위해 되풀이할 수 있는 모형이라는, 점점 강해진 믿음을 반영했다.[95]

이것이 암시하듯이 수에즈 운하의 성공은 프랑스 제국과 영국 제국 안에서 공간과 시간을 재조정하는 데 중요했을 뿐만 아니라 전 세계적 차원에서 상업과 교통·통신을 개조하는 데에도 축의 역할을 했다. 수에즈 운하의 건설은 해운 역사에서 중요한 단절이었다. 항로의 형태를 바꾸고 선박의 유형도 변형했던 것이다. 수에즈 운하는 선박 건조를 촉진했고 나아가 기술적으로 형세를 바꾸어 증기선이 대세가 되게 했다. 수에즈 운하의 개통을 시작으로 1914년까지 해운 기술은 놀라운 변화를 겪었다. 1870년에 여전히 세계의 대양을 지배하던 목제 선체의 범선은 철제 선체 증기선에 이어 강철 선체 증기선으로 빠르게 대체되었다. 공업용 금속 생산의 발전이 이러한 변동을 촉진했지만, 수에즈 운하의 특수성과 이것이 선적 유형에 미친 영향도 그러한 변동을 자극했다. 특히 홍해의 바람을 신뢰할 수 없었다는 점과 운하 내에서 예인 비용이 많이 들었다는 점은 수에즈 운하가 오직 증기선에만 통로가 될 수 있음을 뜻했다. 수에즈 운하에 처음으로 들어간 범선인 프랑스 선박 노엘Noel 호의 침몰은 유럽과 아시아를 오가는 대양 항로에서 범선의 소멸을 예시한 전조였다.[96]

게다가 수에즈 운하는 선박이 먼 거리를 빠르게 통과할 수 있게 하여 해운 산업에서 속도의 우위를 공고히 했다. 1869년에도 여전히 동방 무역의 주된 특징이었던 쾌속 범선의 관에 못을 박은 것이다. 1870년대 중반이면 증기선은 부피가 큰 저가 상품들(쌀과 황마 섬유)의 운송에서 점점 큰 비중을 차지했을 뿐만 아니라 고가 상품들(차, 생강, 면직물)의 대부분을 운송했다. 증기선은 오스트랄라시아와 아르헨티나에서 영국과 유럽으로 냉동육을 수입하는 데 쓰이면서 새로운 상업적 연결을 만들어 내기도 했다. 이 무역은 적어도 한 세기 동안 아르헨티나와 오스트레일리아, 뉴질랜드의 경제적 발전과 환경 변화를 결정했다. 이 수지맞는 무역은 이 나라들이 제국을 위한 농장으로 발전했음을 뜻했는데 1869년에서 1914년 사이에 세계무역이 성장하고 다각화한 방식의 한 가지 사례일 뿐이다. 1913년 세계무역은 1850년 대비 열 배로 성장하고 안정되어 제2차 세계대전이 발발할 때까지 대체로 그 수준을 유지했다. 실제로 20세기 초에 장거리 해운은 대단히 효율적으로 이용 가능했다. 1910년 장거리 화물 운송의 평균 가격은 1869년에 비해 20퍼센트 낮았으며 1920년 요금의 3분의 1 수준이었다. 그러나 수에즈 운하가 이집트 자체에는 거의 이익이 되지 않았음을 주목하는 것이 매우 중요하다. 수에즈 운하 사업이 수에즈 지협에서 도시화와 상업의 성장을 자극했고 지역의 도로망 성장을 촉진했지만, 수에즈 운하로 생성된 부는 주로 영국과 프랑스로 갔으며, 궁극적으로 수에즈 운하는 이집트의 경제 발전을 도운 것이 아니라 방해했다. 제국의 지리를 재조정한 이 엔진은 그 지역을 국제적 교통·통신의 중심으로 만들면서도 사실상 이집트를 뒤처지게 했다.[97]

수에즈 운하가 세계에서 세력과 순환의 핵심적인 중심으로서 갖는 물질적이고 상징적인 중요성을 생각하면 특히 전시에 국제적 경쟁의 주된 싸움터가 되었다는 사실은 놀랍지 않다. 제2차 세계대전 중 1940년에서 1943년 사이에 추축국은 동부 지중해에서 수에즈 운하를 효과적으로 봉쇄했고, 연합국 선박들은 희망봉을 돌아 이동해야 했다. 이는 병력과 무기, 군수품의 이동을 심각하게 저해했다. 동시에 연합군은 수에즈 운하의 방비를 강화하기 위해 힘썼다. 독일 공군 폭격기 승무원들을 현혹하고 혼란에 빠뜨리려고 탐조등을 정교하게 설치했다. 그러나 이에 못지않게 중요한 것은 수에즈 운하가 1919년의 들뜬 시기와 그 이후에 노동자 항의와 민족주의적 선동의 장소였다는 사실이다. 그때 외국인 운하 노동자들과 반영국 정서를 지닌 노동조합 지지자들은 서로 힘을 합하여 공동전선을 펼쳤고 이는 에드먼드 앨런비 Edmund Allenby 장군을 비롯한 영국 제국의 최고위 관료들을 놀라게 했다. 노동자들의 파업에 영국과 프랑스가 똑같이 겁을 먹었다. 파업 노동자들이 민족 간 연대를 보여 주었기 때문이다. 그것에 활기를 불어넣은 것은 이집트 민족주의 세력이었다. 그 결과는 다름 아닌 "민족주의 혁명의 한가운데에 탄생한 노동자 혁명"이었다.[98]

교통·통신과 군대

수에즈 운하와 증기선의 세계적 우세라는 서로 연관된 발전은 제1차 세계대전 이전 영국의 패권 확보에서 핵심이었다. 영국 해군의 전 세계적 활동 범위는 광대한 해상 제국을 결합하는 영국의 능력에서 기본 요소였지만, 영국의 해상 지배력은 증기선 생산의 우세를 반영하기도 했다. 1890년에서 1914년 사이 영국은 전 세계 선박의 3분의 2를 건조했다. 영국은 사실상 다른 나라들이 쓸 대부분의 선박 생산을 통제했으며, 세계 최대의 상업 선단을 보유했다.[99] 영국의 해군력은 장거리 교역망과 기존 식민지를 보호하는 데 지극히 중요했지만, 영국 국력의 범위 확장도 가능하게 했다. 아프리카에서 포함은 물론 외륜 측량선과 작은 증기선은 영국의 상인들과 선교사들, 군사 원정대가 1880년대 이전에 유럽인의 통상적인 활동 영역이었던 좁은 연안 지대 너머로 침투할 수 있게 한 수단이었다.

동시에 1870년에서 1914년 사이 해저전신망의 급속한 팽창은 영국 패권의 급속한 팽창을 떠받치고 식민 국가 영국의 성격을 바꿔 놓은 핵심적인 구조적 발전이었다. 연안의 전신과 전신국은 1879년 영국-줄루 전쟁에서 굴욕을 당한 후 영국 제국의 아프리카 전략에서 점차 중심을 차지했다. 정착민 식민지의 정치인들과 상인들의 로비에 대응하여 캐나다와 오스트랄라시아를 잇는 태평양 관통 전신선이 설치되었는데, 이는 전 세계를 둘러싼 '온통 붉은 길all red route'[12](영국이 완전히 통제하는 통신망)을 구축하려는 대대적인 노력의 일환이었다. 이 새로운 수단은 식민지부의 관료적 절차를 근본적으로 개조하지는 않았으며, 변경의 '현장에 있는 이들'은 자신들의 행위와 정책을 위한 권한을 얻고자 전신 통신문을 다듬는 데 능했음을 증명했다. 여러 측면에서 전신의 충격은 상업 영역과 문화 영역에서 더 강했다. 1870년대부터 나타난 제국언론 제도의 주된 특징으로 당시 막 등장하던 통신사와 신문·잡지의 교류 유형에서 전신은 어디에나 존재하는 요소였던 것이다.[100] 전신이 문화 영역에 미친 영향은 20세기 전반 라디오의 출현이 가져온 몇 가지 주된 귀결을 내다보게 했다. 그때 영국방송공사BBC는 중요한 응집의 힘으로 나타나 종족과 언어, 억양과 상관없이 제국의 서로 다른 부분들을 연결했을 뿐만 아니라 영국인들에게 식민지에 관한 정보를 제공했다.[101]

이러한 교통·통신과 연결의 형태들이 제국 체제의 구성 부분들을 하나로 꿰는 데 근본적으로 중요했지만, 모든 제국이 종국에는 군대의 배치(최소한 군대의 위협)에 의존했음을 기억해야 한다. 1870년부터 영국과 유럽의 다른 강국들은 과학과 기술을 응용하면 더 빠르고 강력하고 효율적인 살인 기계를 만들 수 있음을 깨닫고 산업 기술을 군사적 목적에 이용했다. 제1차 세계대전은 기관총과 전차, 화학무기가 전장 무기의 목록에서 주된 요소였기에 이러한 신기술의 파괴적인 능력을 선보이는 장이었다. 그러나 이 가운데 몇몇 기술은 이전 몇십 년간 식민지 변경에서 이미 사용되었다. 가장 두드러진 사례를 들면 맥심 기관총(분당 500발을 발사할 수 있는 최첨단 탄띠 방식 기관총)은 식

_____ **12** 지도에서 영국 제국의 영토가 붉은색으로 칠해진 데서 나온 표현이다. 처음에는 영국 우편선이 오가는 증기선 항로만 가리켰으나 1880년대부터 제국의 곳곳을 연결하는 전신망까지 뜻하게 되었다.

_____제2차 보어 전쟁 중(1899~1902) 영국군이 기관총을 조작하고 있다. 이 무기는 식민지 지배의 유력한 앞잡이이자 산업 기술과 제국의 힘의 결합을 드러낸 상징물이었다.(Imperial War Museums)

민지 변경에서 수행한 '작은 전쟁들'에서 유력한 무기로 등장했다. 그 전쟁들에서 영국군의 소규모 부대는 넓은 지역, 그리고 부족 지도자들이 소집할 수 있었던 상당한 규모의 군대에 대해 위세를 떨치려 했다. 이 무기는 감비아에서 처음으로 쓰인 뒤(1888) 일상적으로 배치되었고 샹가니강 전투(1893)와 수단 재정복 중에 옴두르만에서 영국군이 눈부신 승리를 거둘 때(1898) 중추적 역할을 했다. 하천 증기선과 철도를 이용하여 옴두르만의 전장까지 간 육군 원수 허버트 키치너Herbert Kitchener의 군대는 라이플총과 많은 대포로 무장하고 병력도 훨씬 많은 수단 군대와 대면했다. 그러나 영국군은 보병이 배치한 기관총과 포함에 실린 기관총의 빠른 발사 속도 덕에 결정적인 이점을 지녔다. 크리스토퍼 앨런 베일리는 영국의 세계적 힘은 결국 경쟁 제국들을 파괴하고 식민지 피지배 주민들을 죽일 수 있는 그 나라의 능력, 산업적 군사기술의 뒷받침을 점점 많이 받은 능력에 있었음을 일깨웠다.[102] 런던을 중심으로 활동한 시인 힐레어 벨록Hilaire Belloc이 군사 기술(그리고 백인의 제국적 자신감)이 영국 패권의 중심임을 이렇게 풍자한 것은 잘 알려져 있다. "무슨 일이 일어나든, 우리에겐 있다/ 맥심 기관총이, 그들에겐 없다."[103] 그러나 20년 후 케취와요Cetshwayo가 지휘한 줄루족의 뛰어난 전략과 보어인의 게릴라 전투가 매우 명백하게 증명했듯이 식민 국가 당국은 우월한 군사 기술이 현지에서 제국의 성공을 보장하지 않음을 너무나도 잘 알게 되었다.

1870년 이후 증기와 전기도 모든 영국 식민지 국가의 경제적 발전에서 중심이 되었다. 영국의 열대지방 식민지에서 철도는 고가의 상품을 입수하고 제국 체제에서 지극히 중요한 중심점이었던 큰 항구도시들로 완제품과 노동력을 운반하는 데 결정적인 수단이었다. 인도에서는 대규모 철도망이 지극히 작은 시장 도읍이나 자원 집산지까지 연결했다. 동시에 철도는 인도 북서부와 중앙아시아에서 러시아와 치른 '그레이트 게임'에서 중요한 전략적 도구로 등장했다. 인도의 철도망은 중앙아시아에서 점차 범위를 넓혀 가는 러시아 제국의 힘, 즉 캅카스 철도와 캅카스 횡단철도의 연장으로 구현된 세력에 맞서 싸울 때 지극히 중요한 수단으로 여겨졌다. 1895년에 영국 제국 본국의 철도망 크기를 압도했던 이 인도 철도망은 정교한 기술과 남아시아의 큰 물길을 가로지르는 인상적인 교량들, 엄격한 관리로 유명했다. 마누 고스와미Manu Goswami가 지적했듯이 식민지 인도의 철도망은 내륙의 상업 중심지들과 해안을 연결했지만 그 노선들은 종종 기존의 도로와 동선을 가로질러 잘 자리 잡은 시장 도읍과 중요한 수로 들을 밀어냈다.[104] 그 결과 새로운 유형의 지역 내 불평등과 지역 간 불평등이 초래되었으며, 이러한 불평등은 제국의 철의 동맹을 중심으로 빠르게 굳어졌다. 이러한 변화는 영국의 인도 철도 투자가 인도 경제의 외관을 재조정하려는 깊은 욕망을 반영한 것으로서 복잡한 직물 수출 경제를 주된 원료 공급처이자 영국산 제품의 판로로 바꾸어 놓는 데 중요했음을 강조했다. 역으로 영국의 아프리카 식민지(남아프리카는 예외다.) 철도망은 자본이 충분하게 투입되지 않아 빈약했고 인도의 철도망보다 발전이 훨씬 더뎠다. 20세기 초에 아프리카 구리 산지의 개발 같은 몇몇 주목할 만한 사례에서 새로운 철도망이 건설되어 광산과 주요 항구들을 이어 주었다. 그러나 일반적으로 이러한 노선들은 비용이 많이 들고 비효율적이었다. 열대 아프리카는 영국 제국에(일부 유럽 제국에도) 결코 인도만큼 확고하게 통합되지 않았다.[105]

영국의 정착 식민지의 경우 철도는 경제 발전의 강력한 동력으로서 내륙의 농장과 철광, 금광을 항구도시와 제국 경제에 연결했을 뿐만 아니라 식민지 이주자들의 개간과 정착을 촉진했다. 오스트레일리아에서 철도의 팽창은 남동부와 남서부의 초지를 수출용 곡물 재배 지역으로 바꾸어 놓았다. 북쪽의 퀸즐랜드에서는 항행 가능한 수로의 수가 적고 운송망이 빈약했으며 부두 개발 자본이 부족했기에 19세기 마지막 3분기에 설탕 산업의 팽창이 제약을 받았다. 이러한 장애물은 20세기 첫 10년간 철도망이 연장되면서 대체로 제거되었다.[106] 철도의 확장은 뉴질랜드 식민지 경제의 발전에도 매우 긴요했다. 뉴질랜드의 주요 철도망은 큰 항구와 도시 중심지 들을 연결했지만, 19세기 말에도 지방의 여러 작은 도읍을 오가는 여행은 위험스럽게 강을 건너고 산을 넘어야 했던 지역 도로에 의존했다.

이러한 기술들은 특히 19세기 중반에 책임 있는 정부를 허용받은 정착민 식민지에서 정치적 협력을 공고히 하는 데도 중요했다. 철도 정치는 1867년 캐나다 연방 수립의 배경이었으며 중앙 정치가 형태를 갖추면서 동맹 구축과 갈등의 결정적인 요소가 되었다. 뉴질랜드에서 철도망의 팽창과 국가 계약에서 생기는 풍부한 이익은 1870년대 주州 제도가 폐지된 이후 강력한 중앙화의 힘이었지만, 주에 대한 충성심은 20세기 초까지도 여전히 강했다. 오스트레일리아의 태즈메이니아해 건너편에서는 통신망을 완비한 주들의 힘이 국가의 긴밀한 문화적 연결과 응집력 있는 국민 정체성의 발전을 저해했다. 오스트레일리아의 식민지들은 1858년부터 주와 주 사이의 전신망 설치에 협력했지만 공통 궤도를 갖춘 통일성 있는 전국 철도망의 발전은 더디고 어려운 과정이었다.[107]

이러한 전국화 사업들이 독특한 식민지 형태의 문화적 정체성을 다지는 데 도움이 되었지만, 노동과 기술, 새로운 정치 이데올로기들의 출현 사이에도 강한 연관성이 있었다. 오스트랄라시아 산업 발전의 초기 중심지였던 더니든의 철도 작업장들은 노동자들이 새로운 진보적 노동 이데올로기를 형성한 주요 장소였지만, 노동과 사회주의에 관한 이러한 시각들은 '형제애'의 언어로 표현되었다. 이는 노동자들의 여자 형제와 어머니를 무시했고, 이들은 따로 여성참정권의 때 이른 주창자들이 되었다.[108] 세기 전환기 뉴질랜드의 선구적인 사회 개혁을 뒷받침한 토대로서 이러한 언어를 전국 정치에 이용한 많은 지도자는 반아시아 법률의 주요 설계자였으며 태평양에서 뉴질랜드의 제국적 야심을 옹호했고 마오리족 치료사와 예언자의 힘을 짓밟으려는 조치들을 지지했다. 뉴사우스웨일스에서 철도 기술은 철도 노동자 사회를 고도로 젠더화한 방식으로 결속시켜 주로 노동자의 아내였던 여성들은 '철마(기관차)'의 먼지와 검댕에 대한 혐오감을 눈에 띄게 드러냈다.[109]

철도 정치는 격렬한 인종 갈등의 주제가 되었다. 19세기 말 뉴질랜드에서 영향력 있는 마오리족 지도자들은 자신들의 종족이 아직 자원과 토지를 실질적으로 지배한 지역 안으로 철도망이 연장되는 것을 막으려 했다. 이는 그들이 교통·통신과 자본주의, 식민지 권력의 효율성의 연관성을 잘 인식했음을 보여 준다. 한편 남아시아에서 영국이 대규모로 동원한 현지 노동력은 영국인 관리자들이 바라는 바에 저항하고 자신들의 노동조건에 이의를 제기하는 데 능숙함을 입증했다. 이 노동자들은 일련의 전술에 의존했는데, 이를테면 작업의 시간과 주기에 관해 조건을 제시하고 청원과 편지 쓰기를 이용했으며 비공식적 '태업'이나 정식 파업을 선언하고 질병이 발발했을 때나 관리상의 기대치 변동에 대응하여 작업장을 이탈했다.[110] 인종 문제는 증기선 위의 노동조직에서도 중요했다. 20세기 초 유럽 제국들과 미국 제국 내부의 해상 노동 기회는 백인이 아닌 노동자들에게는 점차 봉쇄되었다. 100년 전 아시아와 아프리카 출신 선원들이 누린 경제적 이점과 사회 정치적 동맹은 19세기 말이면 체계적으로 훼손되었다. 선주들과 해운 관료들, 장교들이 인종과 젠더의 언어를 엮어 백인이 아닌 노동자들의 착취와 점점 심해지는 이들의 경제적·정치적 주변화가 정당하다고 주장한 곳에서 새로운 인종 질서가 공고해졌다. 이 과정은 선상 생활에만 국한되지 않고 백인이 아닌 해운 노동자들의 이동성과 시민권을 제한하고자 기획된 입법에서도 명백하게 드러났다.[111]

연결성의 정치

이러한 발전에 비추어 볼 때, 식민지 교통·통신의 성장이 제국에 관한 영국의 담론에서 중심을 차지했다는 사실은 전혀 놀랍지 않다. 광업에서 창출되는 부뿐만 아니라 철도 건설에도 열정을 쏟으며 경력을 쌓은 세실 로즈는 영국이 통제하는 카이로·케이프 철도의 건설을 주장했다. 이 계획은 병참의 문제와 관의 열정 부족으로 실패했지만, 로즈가 품은 뜻은 19세기가 끝날 무렵 기술과 제국적 사고가 얼마나 깊이 엮였는지를 보여 주는 두드러진 사례였다. 케임브리지 대학 레기우스 석좌 역사 교수인 존 로버트 실리는 『영국의 팽창』으로 간행된 유명한 강연에서 이 중첩 관계를 명확하게 설명했다. 실리는 이렇게 주장했다. "과학은 정치적 유기체에 새로운 순환계, 즉 증기와 새로운 신경계, 즉 전기를 주었다." 실리의 주장에 따르면 이러한 기술들은 제국 조직의 근본적인 재고를 요구했다. "이것들은 우선 실제로 그레이터 브리튼Greater Britain이라는 오래된 이상향을 실현할 수 있게 하며 동시에 그것을 거의 필연으로 만든다."[112] 전신과 증기선 항로, 철도는 대단히 팽창주의적인 제국 체제를 키운 동맥으로 성장했고, 그 결과 1880년대가 되면 영국의 정치적 분석에서 세계 전체가 명백한 기준이 되었다. 통합된 세계적 영국 국가에 관한 실리의 미래상이 결코 실현되지는 않았지만, 실리의 연구는 산업 기술을 제국의 발전에 적용함으로써 영국민의 사고와 이론이 재조정되었음을 분명하게 설명했다.

이러한 발전을 가만히 관찰한 제국의 남성들이 필시 예상할 수 없었을 것은 여성들이 그러한 발전을 어떻게 자신들만의 제국적 야심을 키우는 데 돌릴 것인가라는 문제였다. 1895년에 발표된 『서아프리카 여행Travels in West Africa』에 묘사되어 널리 알려진 메리 킹즐리Mary Kingsley의 아프리카 탐험은 증기력에 의존했는데, 이는 운송 방식이었을 뿐만 아니라 그 제국적 민족지가 시작하는 승강장이기도 했다. 가봉에서 오고웨강으로 이어진 킹즐리의 여행은 식물상과 동물상, "흑인 갑판 선객 무리"에 관한 관찰로 가득했다. 킹즐리는 그들과 뒤섞여 불편함과 흥분을 동시에 느꼈다. 킹즐리가 묘사한 배에서의 밤의 일상은 자세히 인용할 가치가 있다.

흑인 승객들 사이에 정적이 흐른다. 이들은 고생스럽게 갑판 위에 비스듬히 기대 있다. 객실 좌석의 사람들은 바다가 보이기라도 하면 헐거운 옷차림으로 전부 기어 나와 함께 춤을 추고 퍼스인더코너puss-in-the-corner 게임을 한다. 밤이 오면 이 장면은 점점 흥겨워진다. 달빛에 빛나는 바다는 어두운 해변에서 희미하게 반짝거리다 흩어지고, 캄캄한 숲과 구릉은 별들로 가득한 자줏빛 하늘을 배경으로 흐릿한 윤곽을 드러내고, 나의 발밑에서는 화실의 장밋빛 열기로 환하게 달아오른 기관실의 아궁이가 거대한 나무 불 옆으로 거의 벌거벗은 두 명의 크루멘족[13] 급탄부를 보여 준다. 이들이 방금 잘라 낸 고깃덩어리처럼 보이는 붉은 나무 장작을 불 속에 던져 넣을 때 그 몸은 땀에 젖어 마치 잘 닦은 청동처럼 빛났다. 백인 기관사는 그 구멍 주변을 맴돌며 큰 소리로 명령을 내리고 때때로 작은 철 사다리를 내려 지시한 일을 직접 수행한다. 기관사는 위쪽의 작은 갑판에 올라 있는 선장의 말을 듣기 위해 이따금 상갑판 가장자리로 목을 길게 뺀 채 뱃전에 선다. 기관실과 연결된 전신이 없고 정중한 지휘관의 목소리는 크지 않기 때문이다. 백인 기관사가 뱃전에서 잠들어 있는 동안 흑인 기관사가 사다리 위로 약간 올라와 나를 심하게 노려본다. 그래서 나는 그에게 담배 한 쌈지를 주고, 그는 내가 자신의 뜻을 알아들었다는 듯이 쳐다본다. 당연하게도 그것이 그가 원하는 바였기 때문이다. 백인이든 흑인이든 무엇인지 모를 갈망으로 가득한 남자를 보거든 언제라도 그가 원하는 것이 담배라는 점을 기억해라. 절망감에 큰 소리로 짜증을 내며 험상궂은 표정을 보이면 담뱃대에 무엇인가 잘못되었다는 뜻이다. 그럴 경우 그에게 머리핀을 곧게 펴서 줘라. 흑인 기관사는 자기 담배를 갖고 다시 아래쪽 화실 아궁이로 가서 자신만큼 검고 진한 짧은 담뱃대를 빤다. 선

_____**13** 대체로 라이베리아와 코트디부아르 해안에 사는 종족.

장은 멋진 긴 담뱃대를 쓴다. 그가 지금 흔드는 것처럼 2분에 한 번씩 담뱃대를 휘두르지 않는다면 어떻게 살아갈지 나는 모르겠다.[113]

이것이 실리와 그와 같은 부류의 사람들이 상상한 그레이터 브리튼이라는 이상은 결코 아니지만, 아프리카인 기관사와 담배를 나눠 갖는 메리 킹즐리의 이미지가 완전히 새로운 만남과 접촉, 교류의 세계가 가능하다는 점(빅토리아 시대 말기 제국 여성 여행객 특유의, 역사적으로 선례가 없는 다양한 세속적 확신은 말할 것도 없다.)을 암시하는 것은 분명하다.

영국 제국 전역의 백인 여성들은 기술의 발전이 여러 방식으로 제공한 기회를 이용했다. 앤서니 트롤럽Anthony Trollope이 1857년에 발표한 소설 『세 사무원The Three Clerks』의 젊은 미스 골라이틀리Golightly처럼 이 여성들은 철도 주식을 보유한 의미 있는 소액 투자자였다. 여기에 그레이트 인디언 페닌슐러 레일웨이Great Indian Peninsular Railway 같은 회사들에 투자하여 이윤을 얻은 조지 엘리엇George Eliot을 더하면 문필계 문화의 세계가 제국의 궤적에 깊이 새겨져 있다는 점과 더불어 영국 중간계급 여성들이 제국의 기업 경제에서 수행한 역할을 이해할 수 있다.[114] 19세기 말부터 길 위에서 철도와 증기선은 유복한 여인들에게 더 큰 이동성을 제공했고, '세계' 여행은 빠르게 '신여성'의 필수적 특징이 되었다. 새로운 공간, 철도 객차와 승강장이라는 혼성의 공공장소는 식민지 피지배 주민들과 식민지 개척자들에게 똑같이 젠더화한 근대성에 관한 근심의 주된 원천이었다. 짐 크로 법의 미국 남부에서 그랬듯이 이 공간들은 다름 아닌 '근대성의 이종 혼합'을 전달하는 매개 수단으로 여겨졌다.[115]

그렇지만 여성들은 여행을 했다. 영국 제국의 상황에서 특별히 흥미로운 것은 백인 정착민 여성들이 이 새로운 기회를 이용하는 방식이다. 이들은 시드니와 웰링턴에서 콜롬보와 아덴을 거쳐 영국으로 여행하는 과정에서 제국의 신민이라는 자각을 견고히 했다. 이들의 런던 '귀향' 여정은 종종 페미니스트 국제주의의 의식을 장려하기도 했다. 이는 런던과 태평양 세계 전역의 연락망 형성으로 가능해진 경험으로, 세계적인 자매애라는 명분으로 이들을 오스트레일리아 원주민 여성들과 아시아 여성들과 교류하게 했다. 그런 의미에서 철도와 증기선은 이 여성들에게 이른바 그들의 인종적 운명(세계 속의 시민)을 주장하게 했다. 동시에 흑인과 황색인, 갈색인 여성 활동가들과의 만남은 식민지 지배자와 피지배자라는 개념을 어지럽혔으며 여성들의 세계가 제국의 축과 마찬가지로 태평양 축에서도 어떻게, 왜 기울었는지 이해할 것을 요구했다.

일본의 철도 제국주의

철도와 전신, 증기선은 1860년에서 1945년 사이에 연이은 광대한 땅을 지배한 오래된 제국(오스만 제국이나 청나라, 제정 러시아)이었든 한 국가가 일련의 식민지를 지배한 해상 제국(예를 들면 영국 제국, 프랑스 제국, 일본 제국)이었든 제국 질서에서 중추였다. 영국의 팽창에서 기술과 교통이 차지하는 위치에 관한 앞선 논의를 토대로 여기서는 영국의 경우와 대비되는 다른 두 제국 체제에서 발전한 연결 체제들을 평가해 보겠다. 영국이 오랫동안 거듭 부활한 해상 제국이었다면 지금 다룰 첫 번째 사례인 일본 제국은 집중적인 산업화와 공격적 영토 확장 과정이 낳은 결과물이었다. 두 번째 사례는 무슬림 '화약' 국가 중 가장 오래 유지된 오스만 제국인데, 이 제국은 널리 퍼진 유럽 제국의 열망과 영향력과 직접 대면했다. 논의의 초점은 이러한 통신 기술과 운송 기술이 제국의 통치에 관련된 방식, 그 기술들이 제국의 경제 관계의 기본적인 형세를 형성한 다양한 방식, 여러 제국 사이의 관계를 결정하는 데 그 기술들이 갖게 된 중심성에 놓일 것이다. 영국의 경우 이러한 연락망들의 급속한 확산과 확대는 앞선 제국적 토대에 의존했고 기존 식민지들과 제국의 새로운 변경, 새로운 세력권, 제국 본국 사이의 복잡한 경제적 교류에 의해 이루어졌다. 이에 반해 일본의 경우 제국 건설은 급속한 정치적 변화, 경제적 혁명의 시작, 새로운 기술의 포괄적 실험이라는 상황에서 발전했다. 그러나 새로운 제국적 열망과 철도 정책의 연계는 메이지 시대의 시작부터는 아니라고 해도 19세기 말부터는 확실히 매우 명확했다. 아주 분명했기에 도쿄의 어느 잡지 기자는 거의 무의식적으로 이렇게 말할 수 있었다. "군대를 쓰지 않고 영토를 확대하는 방법은 …… 철도 정책이다."[116]

철도 제국주의의 효율성에 관한 그러한 확신의 출현은 많은 것을 암시한다. 1950년대 말 미국의 대포와 외교의 힘에 밀려 일본의 항구들이 '개항'한 뒤로 일본은 에도 막부의 토대였던 '쇄국'정책을 포기했다. 1853년 7월과 1854년 2월에 매슈 페리 제독이 일본 해안에 가져온 '검은 배'의 함대는 일본 엘리트층에 흥미와 공포가 뒤섞인 감정을 불러일으켰다. 페리가 쇼군에게 준 '선물'(다양한 최첨단 무기, 전신 장비, 축소판이었지만 잘 작동한 증기기관차, 순환 궤도)은 서구 산업사회의 위용과 미국의 군사적 힘을 강력하게 과시했다. 일본의 관료들은 오랫동안 서구의 의학과 기술에 관심을 보였던 터라 이러한 물건을 면밀히 연구했다. 학자들과 군인들은 그 가치에 관해 토론했고 콜트 연발 권총과 기병이 쓰는 라이플총의 작동법을 상세한 그림으로 옮겼다.[117]

페리의 첫 번째 방문 직후 일본을 구성한 다양한 정치적 영역 출신의 관료들과 군 지휘관들, 학자들이 페리의 '선물'에 담긴 가능성과 함의를 조사했다. 일본의 새로운 산업 기술과 군사기술 탐구를 지도할 기관인 번서조소蕃書調所를 설립하기 위한 중요한 계획들이 수립되었다. 이 학습 기관은 '포격', '방어진지 구축', '전함 건조', '기계류', '생산고'에 관한 책들을 번역할 뿐만 아니라 일본 경쟁국들의 군사력과 기술 발전, 전략적 목표를 평가하라는 지시도 받았다. 새로운 형태의 지식을 획득하려는 노력은 1868년 메이지 유신 이후에 더 큰 힘을 얻었다. 메이지 유신으로 중앙집권화가 이루어지고 국가의 추진력이 지도하고 국가의 감독을 받는 일본화한 지식의 구축이 가능해졌기 때문이다. 새로운 통신체계와 운송 체계의 발달은 '부국강병'을 이루려는 메이지 국가의 노력에서 핵심 요소였다.

페리 제독이 도착한 순간부터 일본은 전신 기술을 실험했고, 1895년이면 약 6400킬로미터가 넘는 통신선과 복잡한 전신국망을 구축했다. 영국의 지원과 자본(일본의 주요 무역 상대라는 지위를 확보하려는 욕구로 실현되었다.)으로 도쿄와 요코하마항을 잇는 일본의 첫 번째 철도가 1872년에 개통했다. 1872년에서 1912년 사이에 메이지 국가는 점점 더 복잡해진 대규모 철도망의 구축을 감독했으며, 지역의 기업가들은 수많은 경궤조 노선을 설치했다. 이러한 철도망의 구축은 외국의 기관차와 전문가, 자본에 심하게 의존했지만, 현지의 증기력과 철도 실험은 꾸준히 지속되었다. 제1차 세계대전 발발 후 점차 일본 내부에서 철도의 발전이 이루어졌다. 이러한 운송망은 미쓰비시 증기선 회사 같은 일본 해운 회사들은 물론 외국 선사들의 배가 취항한 여러 항구와 연결되었다. 일본 선사들은 팽창하는 연안 해운망을 점차 지배하는 동시에 홍콩과 다른 광역권 중심 항구로 새로운 연결 노선을 설치했다.[118]

이러한 연결망의 확장은 문화의 국민화에서 결정적인 요소였다. 이러한 연결망은 사람과 사고의 이동을 촉진하고 국가 이데올로기의 전파를 용이하게 했으며 '일본다움Japaneseness'이라는 근대적 정체성에 관한 새로운 관념을 불어넣었다. 유럽과 미국에서 그랬듯이 도시의 통근 열차는 많은 사람을 새로운 사회적·문화적 질서 속에 통합함으로써 택지 개발과 노동, 여가를 결합하는 역할을 했다. 다른 곳과 마찬가지로 일본에서도 통근 열차는 상업적 거래의 장소이자 성적 만남(원한 것이든 원하지 않은 것이든)의 기회, 문학적 관심의 주제, 정치적 항의의 장소일 수 있었다. 친밀함과 소외의 변증법은 철도를 매개로 한 근대화의 효과로, 전 세계적인 것은 아닐지언정 적어도 공통된 효과는 되었던 것 같다. 철도는 일본을 그 '국가의' 경계를 넘는 제국으로 만든 주된 힘으로서 제국적 정체성을 불러내는 고유의 능력도 지녔다. 철도를 통한 동화와 일체화의 과정은 류큐 제도(오키나와를 포함한다.)와 '아이누족의 땅'(홋카이도)처럼 메이지 시대에 와서야 일본 국가에 통합된 지역들에 특별한 영향을 미쳤다. 이러한 지역들이 일본 국가와 국민 문화의 담론에 통합되자 아이누족과 오키나와인 같은 주민들은 점차 '외국인'이라기보다 국민 속의 '후진적' 부류로 여겨졌다. 이러한 상황은 이어 이들을 산업화 국민의 품으로 한층 더 확고히 끌어들여 이 사회들과 그곳의 환경을 근대화려는 욕구를 강화했다. 일본 제국이 내부의 타자(아이누족)와 인근의 타자(중국인)를 병리적 존재로 만드는 수단이었던 종족화의 작용에 근대의 기술적 혁신이 필수적이었음은 분명하다. 그뿐만이 아니었다. 철도에서도 여행은 어려울 수 있었고 좌석은 초라했으며 국민적 위신은 무너지기 쉬웠다. 이는 바로 일본인 여행자 오고시 헤이리쿠小越平陸가 세기말 만주 여행에서 배운 것이다. 만주에서 그는 일

본인이 아직은 러시아 열차로 여행할 수 없다는 사실을 알았다.[119]

국가의 경계 너머에서도 새로운 기술과 통신망은 세계 속에 그 자리를 재확립하려는 일본의 욕구에서 똑같이 중요했다. 일본열도의 농지가 한정되어 있고 천연자원은 부족하고 인구는 조밀하다는 점을 생각할 때 식민지와 자원 변경resource frontier은 경제적으로 일본에 특별한 가치가 있었다. 1895년 청일전쟁이 끝날 때까지 일본은 주요 상품 중에서 석탄만 자급했다. 그러나 그 전쟁 중에 공장과 용광로의 증가로 석탄 비축량이 고갈되면서 일본은 차츰 만주와 조선, 사할린섬의 석탄에 의존하게 되었다. 바로 이와 같이 산업화를 위한 에너지원을 확보하려는 열망이 북부 아시아에서 일본의 제국적 관심에 불을 지피는 데 일조했다. 조선과 만주는 성장하는 일본의 산업 부문에 쓸 고품질 석탄의 주된 공급처가 되었다.[120] 일본은 이 지역에서 이익을 확보하려 하면서 빠르게 통신망과 교통망의 지배권을 주장했다. 일본이 공식적으로 조선을 병합하기 전에도 일본인들은 한반도의 철도망을 구성한 주요 상업 철도와 군사철도를 장악했다. 1904~1905년 러일전쟁 중에 일본은 조선의 도로망을 독점하여 군사적 수송 목적에 이용했으며 전신의 군사적 가치를 인식하여 조선의 전신망을 장악했다. 이러한 연결망은 1910년 조선이 일본에 공식적으로 병합된 뒤 결국 조선에서 일본의 권위를 유지하는 데 필수적인 요소가 되었다. 흥미로운 것은 조선에서 철도에 대한 반대가 일본의 합리화가 작용한 방식에 집중되었고 일본인 정착민들과 조선인 협력자들에게서 나왔다는 사실이다. 이들이 관리와 감독에서 더 큰 역할을 맡기를 원했기 때문이다. 이들은 1903년 연좌시위를 벌였고 조선총독부 철도국이 운수 산업의 실질적 독점권을 이들에게 부여하면서 화물 운송 경쟁에서 사실상 승리했다.[121]

만주는 일본의 경제 발전에서 특별히 중요했으며, 그 지역은 전형적인 '철도 식민지'였다. 이 현상은 일본 제국의 통치성의 특징인 "영토 식민화와 비공식적 식민화의 이원적 방식"을 독특하고도 화려하게 불러낸다.[122] 남만주철도(주요 운송로이자 상업과 통신의 도관)는 일본의 계획에서 핵심이었다. 남만주철도 노선의 연장과 개선은 고밀도 통행량의 운송을 가능하게 했고 광업과 제조업을 자극한 강력한 동인이었다. 그 결과로 만주 지역은 빠르게 원면과 철광석의 주요 공급지가 되었다. 일본 국가와 기업가들은 모험적 사업에 크게 투자했으며 상당한 이익을 거두었다. 남만주철도 회사는 폭넓은 연구 활동을 지원했고, 일본은 만주를 종족과 문화, 환경에 관한 관념을 시험하고 새로운 가공 기술과 제조 기술을 실험할 수 있는 중요한 변경 지역으로 보았다. 더욱 의미가 있었던 것은 만주가 러시아 제국에도 투자처(러시아 제국은 남만주철도 건설 초기에 기여했다.)일 뿐 아니라 대중의 적의가 서린 곳이라는 점이었다. 그래서 의화단운동은 청나라 조정의 도움을 얻어 철도를 파괴하고 러시아의 추가 군사적 침략을 예방하려 했던 것이다. 30년 후인 1931년 일본 관동군은 펑톈의 중국군 기지 인근에서 철도를 폭파했다.[14] 이로써 남만주철도를 따라 오래도록 극적인 충격전이 벌어졌고, 일본의 독자들은 자국 신문을 읽으며 남만주철도의 운명과 불안정한 전쟁의 향배에 깊은 관심을 보였다.[123]

시간이 지나면서 일본의 식민지는 점점 중요해졌다. 식민지는 일본 수출품을 더 많이 받아들였고 크게 늘어나는 일본인 관료와 상인, 정착민이 지배했으며 본국을 지탱하는 데도 매우 중요했다. 곡물의 측면에서 특히 그랬다. 1920년 조선은 일본에 1만 7000톤의 쌀을 공급했는데 1930년대 중반이면 일본의 식량에서 조선의 기여가 차지하는 양은 150만 톤까지 늘어났다. 식민지 당국이 벼 재배의 확대를 강력히 추진하고 더욱 공격적으로 곡물을 징발했기 때문이다. 같은 맥락에서 기술 발달과 제국 팽창의 결합은 일본 식품의 핵심 요소를 공급하는 데 주요했던 거대 원양어업 기업의 급속한 설립을 위한 조건을 만들어 냈다.[124]

일본인 관리들은 식민지가 본국의 경제적 이익에 도움이 되어야 한다고 믿었다. 그러한 목적에서 일본의 식민지 통치자들은 제국에 병합된 이른바 '저개발' 상태의 지역들을 폭넓게 개조하려고 많은 노력을 기울였다. 중국 북동부의 랴오둥반도(일본이 1905년에서 1945년까지 지배했다.)에서 일본인 통치자

_____ **14** 만주사변의 발단이 된 류탸오후 사건.

들은 권위를 확립하려 할 뿐만 아니라('비적匪賊'을 진압했다.) 지역 주민과 평화로운 관계를 유지하려 했지만, 동시에 경작 확대와 기술 이전(특히 농업에 관련된 기술), 시장의 확대를 장려했다. 이러한 혁신들을 뒷받침한 것은 랴오둥반도를 제국의 생산적 요소로 만들려는 욕구였고, 이를 추진한 것은 정치 과정에서 현지인을 배제하고 제국의 강제력을 쓸 준비가 되어 있던 식민지 정권이었다. 그러나 랴오둥반도의 생산물이 탐욕을 더해 가는 제국 경제에 흡수되었어도, 개선된 철도망과 새로운 기술의 이용, 비료의 사용은 그 지역의 생산 능력이 중국의 다른 지역의 생산 능력을 능가했음을 뜻했다. 중국은 뒤늦게 경쟁자인 유럽 국가들과 일본이 옹호한 새로운 산업 기술들과 힘겨운 싸움을 벌이려 했지만, 이러한 변화는 중국의 스러져 가는 정치력과 허약한 경제가 그러한 불완전한 시도와 관련 있다는 명백한 징후였다.[125]

일본이 통신 기술의 가치를 인식한 것은 그 군사력과 전략적 이익의 급속한 변화를 반영했다. 일본의 경우 산업화와 제국적 열망의 출현 사이에 밀접한 연관이 있었다. 근대국가이자 국제 무대의 강국이라는 자격을 얻으려는 일본의 욕구는 경제적 영향력과 영토의 범위를 확대하는 중요한 자극제였다. 기술 발달은 메이지 시대 군사력의 급속한 확대와 1895년 청나라와 1904년 러시아에 맞서 거둔 군사적 승리의 중요한 전제 조건이었다. 1860년대 말부터 일본은 새로운 산업 체제 안에서 군사력 신장에 대규모로 투자했다. 다방면에 걸쳐 외국인(영국인, 프랑스인, 이탈리아인, 네덜란드인, 벨기에인) 전문가를 써서 서구의 과학적 모델에 따라 새로운 용광로와 조병창, 조선소를 건설했다. 1880년대 중반에 이르면 일본은 더는 목선을 건조하지 않았으며 성공리에 공장들을 설립하여 수많은 폭약과 포탄, 기관총, 대구경 대포를 생산했다.[126]

청나라 및 러시아와 대결한 충돌에서 거둔 일본 군대의 성공은 새로운 기술의 발전을 자극하고 산업 생산의 확대를 촉진했다. 메이지 국가의 '강군' 정책뿐만 아니라 청나라, 러시아와 싸운 전쟁도 일본의 선박 건조와 무기 생산, 공작기계 개발을 유인했다. 청나라에 거둔 승리에 뒤이어 일본의 영향력 있는 군부 지도자들과 정치인들은 점차 군사기술, 특히 군함 기술이 일본의 미래에 중요하다고 주장했다. 이 관료들은 일본이 공격적인 유럽 식민주의 시대에 국가 안보 보장을 위해서는 물론 지역 강국의 지위를 위한 토대로서도 강력한 대양 함대를 건설해야 한다고 주장하며 국가주의 정서와 제국적 열망에 호소했다. 이러한 관심사의 일부는 당대 독일에서 전개된 상황을 반영했다. 19세기 마지막 10년간 일단의 영향력 있는 정치인들과 관료들은 독일 산업의 힘이 커지고 있음을 감안할 때 국가의 미래에, 특히 유럽의 경쟁국들에 뒤지지 않으려면 강력한 해군이 필수적이라고 주장했다. 독일이 제국을 건설하고 경쟁 관계에 있는 유럽 국가들의 허를 찌르고 세계 무대에서 영국과 경쟁하려면 해군력이 가장 중요한 것으로 여겨졌다. 강력한 독일 해군의 건설은 현실 정치의 이점도 지닌 것으로 여겨졌다. 해군은 진정한 국민적 기관으로서 통합된 지 오래지 않은 독일 국민을 보호하고 더불어 애국심을 장려하여 독일인들이 종교적이고 지역적인 분열을 초월하여 공동의 국민성을 앞세우는 데 도움이 될 것이었다.[127]

일본에서는 제해권을 국가의 지위와 연관 짓는 강력한 주장들이 나타났는데, 국가가 기술 신봉과 군사력 발달에 몰두한 것이 1905년 일본 해군이 러시아 발트 함대에 거둔 눈부신 승리의 씨앗이 되었다. 1914년 이전 일본 군사력의 발전은 두 대전 사이 일본 경제가 탈바꿈하는 토대를 놓았다. 그 시기에 일본 산업의 생산능력은 급속히 팽창하고 군사기술은 정교해졌고 새로운 형태의 기업들이 특히 중공업과 화학 부문에서 성장했다.[128]

세계 무대에서 커져 가는 일본의 영향력은 물론 발전하는 그 산업 생산능력과 군사력은 아시아와 태평양 지역의 민족들과 나라들에 대한 인식에 영향을 미쳤다. 메이지 시대와 다이쇼 시대에 여러 지식인과 정치인은 남태평양을 일본의 미래에 중요한 공간으로서 적극적으로 재고했다. 남태평양은 자원이 부족한 일본 국가가 쉽게 이용할 수 있는 귀중한 물자가 넘치는 대체로 미개발 상태인 변경일 뿐만 아니라 일본인이 이주할 수 있는 잠재적 후보지, 즉 일본이 영토를 획득하고 제국의 지위를 확대할 수 있는 곳으로 여겨졌다.[129] 1915년 동남아시아와 태평양에서 일본의 경제적·문화적 위세를 증진하기 위해 정부의 후원으로 남양 협회南洋協會가 설립되었다. 일본은 제1차 세계대전 중 미크로네시아의 통제권을 확보한 뒤 그 지역에 더 많은 관심을 가졌다. 이 서태평양 지역 섬들에서 일본의 세력 확대는 해군이 옹호했으며 1930년대에 일본이 미국과 관련된 그 전략적 위치를 점차 염두에 두면서 전략적으로 매우 중요하다고 생각되었다. 일본 제국주의의 옹호자들은 일본이 제국의 남단에서 문화와 종족에서 근본적으로 다른 사람들을 지배하고 있다고 믿었다. 일본의 지배를 받던 조선과 타이완, 중국의 주민들이 크게 보아 동일한 문화적 집단에 속한 것으로 여겨졌던 반면 태평양 섬들의 주민은 지극히 원시적이며 따라서 엄격한 지배를 받고 제국의 시민에 어울리는 '문명화한' 가치관이 폭넓게 주입될 필요가 있다고 생각되었다.[130] 이 섬들은 일본과 일본의 식민지에 연결되었다. 항로와 신문, 라디오가 멀리 떨어진 땅과 주민들의 이미지를 일본으로 전하여 유포했으며, 동시에 이 매체들은 이 섬들을 제국의 그물망 속에 완전히 통합하는 제국의 기획에 중요했다. 1940년대가 되면 국제 무대에서 일본의 이데올로그들과 외교관들은 자신들의 국가적·제국적 미래가 대동아공영권을 토대로 한다는 미래상을 차츰 분명하게 표현했다. 대동아공영권은 일본이 지도하는 광역 경제 복합체가 되고 일본은 유럽 제국과 미국 제국의 공격으로부터 아시아를 해방할 것이었다. 그러나 이 독특한 해석의 국제 질서가 일본이 북아시아와 동아시아, 동남아시아, 서태평양 지역에서 형성한 교통망과 통신망, 정치적 네트워크의 뒷받침을 받고 종국에는 일본이 그 산업화와 메이지 시대부터 급속하게 확장된 제국 영역으로부터 획득한 자신감을 반영했다는 점을 기억하는 것이 중요하다.

오스만 제국의 혁신과 제국이 걸어간 길

1850년에서 제1차 세계대전 사이 일본이 겪은 변화는 오스만 제국의 많은 지식인과 개혁가들에게 강력하고 매력적인 모범이었다. 일본이 국제 무대에서 새로 차지한 위치는 근대화가 상당히 빠른 속도로 진척될 수 있을 뿐만 아니라 비유럽 국가들이 유럽의 강국에 성공적으로 도전할 수 있음을 암시했다. 많은 튀르크족 군사 지도자는 1904~1905년 일본이 러시아에 패배를 안긴 데 특별히 감명받았다. 차별적인 도덕적·사회적 가치 없이도 전문 기술과

군사적 위용을 획득할 수 있음을 일본이 증명했다고 믿었던 것이다.[131]

이러한 튀르크족 사상가들에게 산업 발달과 군사적 개선, 오스만 제국의 구성 부분을 잇는 연결의 힘은 그 사회의 미래를 규정할 중요한 문제들이었다. 그러나 일본과 달리 오스만 제국은 오랫동안 확고히 유지된 제국에 권력을 행사했고, 광범위한 문화 간 교류의 역사를 지녔으며, 널리 퍼진 오스만 제국의 세력권이 유럽의 경쟁 제국들과 식민지와 경계를 공유했기에 경쟁국들로부터 제국을 보호할 대양이라는 완충지대를 갖지 못했다. 달리 말하면 지리와 역사에 수반된 우연한 조건들 때문에 오스만 제국 세계에서 산업과 제국의 문제는 특별히 굴곡을 겪었다.

오스만 제국과 유럽의 관계라는 문제가 오스만 제국의 교통망과 통신망의 발달을 결정한 주된 문제였던 반면 이러한 기술들은 제국의 통합을 보장하고 무역과 교류를 증진하며 군대와 행정관들, 학자들, 순례자들의 이동을 가능하게 할 중요한 도구로도 인식되었다. 1847년 무렵 술탄 압뒬메지트 1세Abdülmecid I 는 전신이 국가의 통치에 제공한 가능성을 보았지만, 오스만 제국 최초의 실질적인 전신선은 크림 전쟁 중에 영국과 프랑스, 오스만 제국 사이의 협력의 일환으로 설치되었다. 술탄이 이 새로운 기술을 열렬히 지원했는데도 오스만 제국 속주의 파샤들은 제국 중앙이 지역에서 벌어지는 사건들을 좀 더 상세히 알게 되고 자신들을 희생시켜 술탄의 권력을 강화할까 두려워 처음에는 그것에 반대했다. 그렇지만 오스만 제국의 전신망은 1860년대에 네 배로 확장되어 1869년에는 약 2만 4000킬로미터를 넘게 되었다. 전신망의 증가는 오스만 제국 내의 주요 정치 중심지와 상업 중심지를 연결했을 뿐만 아니라 영국의 자본과 전략의 영향으로 이루어졌는데, 오스만 제국의 영토를 통과한 전신선이 1857~1858년 반란의 여파로 전신 통신이 가지게 된 전략적 가치를 반영하여 영국령 인도를 연결하기 위해 계획된 것이었기 때문이다. 게다가 오스만 제국의 일부 지역(특히 헤자즈[15]와 예멘)에서는 여전히 영국이 통제하는 이집트에서 영국이 소유한 전신선과 전신국을 통해 통신이 전달되었다. 아주

———— **15** 오늘날 사우디아라비아의 서부 지역으로 메카와 메디나가 있는 곳이다.

많은 비용을 들여 트란스요르단의 모든 주요 행정 중심지를 연결한 새로운 전신망이 1901년에 개설되면서 오스만 제국은 더는 영국에 의존하지 않게 되었다. 이후 주요 전신선은 두 배로 늘어났으며, 술탄 압뒬하미트 2세가 새로운 전신선의 효율성과 전략적 가치에 감명받으면서 새로운 전신국들이 전신망에 추가되었다. 그러나 술탄의 반대자들도 전신망의 정치적 유용성을 이해했다. 지방의 도시민과 상인들은 새로운 기술을 이용하여 이스탄불에 신속히 탄원을 올렸고, 개혁주의적인 청년 튀르크당은 전신을 튀르크 국가의 개혁과 근대화를 위한 중요한 수단으로 보았다. 여성 통신사들은 오스만 제국 도시의 거리를 메운 여러 부류 중 하나로서 (장보기와 구경하기, 전차 타기를 통해) 세속적인 공적 생활의 성격을 형성하는 데 참여하고 일조했다.[132]

철도는 오스만 제국의 근대화 노력에서 전신보다도 훨씬 그 의미가 컸다. 1850년 무렵 오스만 제국은 증기력의 출현과 유럽의 산업화가 제기한 도전을 인식하고 늘어나는 공장과 제국 함대, 1856년에 개통되어 막 날갯짓을 시작한 철도망에 공급하고자 제국의 석탄 자원을 이용하려는 노력에 착수했다. 매우 다양한 환경과 널리 흩어진 시장들을 통합한 이 거대한 육상 제국에서 철도는 특별히 더 중요했다. 증기기관차가 끄는 열차의 대규모 수용 능력은 중요한 원거리 곡물 교역이 발전하고 제국 내륙 비옥한 지역의 농업 잠재력이 사실상 처음으로 개발될 수 있음을 뜻했다. 철도 노선은 상업적 관심사와 전략적 관심사 모두에 이바지하고자 건설되었다. 1870년대와 1880년대에 이스탄불을 소피아와 에디르네로, 에디르네를 테살로니키로 연결한 동양 철도는 제국의 주요 시장들을 연결했다. 생산과 교통, 그 젠더화한 성격 사이의 상관관계를 보여 주는 작지만 두드러진 한 가지 사례를 보면 오스만 제국의 양탄자 공장은 철도가 내륙으로 침투함으로써 더욱 빠르게 발달했다. 그리고 이는 비록 급여는 낮았지만 다시 다양한 여성의 고용을 촉진했다. 그러나 실제로 철도 노선의 경로를 정한 것은 전략적 이해관계와 제국의 군대를 신속하고도 효율적으로 전개하려는 욕구였다. 철도 사업은 지극히 상징적인 것이기도 했다. 1900년 술탄 압뒬하미트 2세는 다마스쿠스에서 메디나와 메카로 이어지는 새로운 철도 노선의 건설을 선언했다. 하즈에 순례자들이 이슬람의 성도에 도달할 수 있게 하고 술탄이 무슬림 세계를 연결한 신앙과 문화의 유대에 헌신한다는 점을 입증하기 위한 대규모 사업이었다. 이 사업은 일부 무슬림 비판자들이 이교도의 생산물이라고 치부한 철도와 전신을 술탄의 권위와 이슬람 자체의 유지와 결합하려는 오스만 제국의 전체적인 전략을 반영했다. 후다 샤아라위Huda Sha'arawi[16]가 1923년 카이로의 어느 철도 역사 앞에서 베일 쓰기 반대 운동에 착수했던 것은 기묘한 대조를 이루었다. 그렇게 함으로써 샤아라위는 비록 은유적이었지만 근대성의 이동성과 이집트 여성들의 식민지적이고 민족주의적인 특별한 딜레마의 상징이었던 하렘의 불변성의 대비를 극적으로 표현했다.[133]

오스만 제국 통치자들이 연이어 철도를 강조했지만, 오스만 제국의 철도망은 결국 더디고 고르지 않게 발전했다. 한편으로 이는 지역들의 다양한 경제적 능력과 오스만 제국 신민들이 철도 여행을 받아들인 정도의 차이를 반영했다. 아나톨리아와 발칸반도의 노선들은 승객용으로나 화물용으로나 비교적 많이 이용되었던 반면 아랍 영역의 철도는 승객이나 화물을 많이 운송하지 않았다. 그러나 전체적으로 볼 때 오스만 제국의 철도망은 비교적 저개발된 상태였다. 오스만 제국의 철도망은 얼마 안 되는 간선철도를 중심으로 구축되었을 뿐 영국령 인도의 특징이었던 조밀한 그물망 조직이나 다른 많은 식민지와 오스만 제국의 일부였던 유럽 지역에서 찾아볼 수 있는 널리 확산된 지선망과는 달랐다. 이집트처럼 이전에 오스만 제국의 영토였던 곳에서는 집중된 철도망이 발전하고 베이루트와 이즈미르 같은 항구를 중심으로 몇몇 지선망이 발전했지만, 전체적으로 오스만 제국의 철도망은 제국의 오지로는 보통 정도로만 연결된 '성긴' 체계였을 뿐이다. 철도의 뒤늦은 도래와 근대적 교통의 전체적인 비효율성은 20세기 초 오스만 제국 신문에서 흔하게 풍자의 대상이 되었다. 제1차 세계대전 발발 당시 오스만 제국의 철도망은 질적으로나 도달 범위로나 누더기 수준이었다. 아나톨리아를 가로지르는 철도는 거리가 한정적이고 앙카라 동쪽으로 겨우 70킬로미터 정도밖에 뻗지 않았기에

——16 1879~1947. 이집트의 선구적인 여권운동 지도자이자 민족주의자.

전쟁 중에 오스만 제국 군대는 빈번히 해결하기 어려운 병참 문제에 직면했다. 철도망 중간에 끊긴 곳이 있다는 사실은 병사들이 종종 낙타나 배를 타거나 걸어서 집결지나 교전 장소로 이동해야 했음을 뜻한다. 그러나 이러한 제약 조건은 오스만 제국 당국이 아르메니아인 '재배치' 계획을 실행에 옮기는 것을 막지 못했다. 이 계획은 아르메니아인의 강제 추방과 그들의 재산 강탈을 허용했다. 아르메니아인들이 제국의 안보를 위협하는 요인으로 여겨졌기 때문이다. 목격자들의 전언은 바그다드 철도와 그 직원들이 오스만 제국의 민족 구성을 재규정하기 위한 이 종족 학살에서 수행한 역할을 고발한다. 이 기획은 100만 명이 넘는 아르메니아인의 절멸로 막을 내렸다.[134]

고르게 발전하지 못한 오스만 제국의 교통망이 제국의 최종적 해체에 기여했다면 결국 중앙 권위의 속을 도려낸 주된 요인은 오스만 제국의 경제 발전이 지닌 성격에 있었다. 19세기 후반에 전개된 광범위한 공공사업 계획은 경제 발전을 추동한 중요한 동력이었다. 통신 기술과 증기력, 공장, 새로운 기계류의 발전에서 의미 있는 진전이 있었지만, 이러한 혁신들은 제국에 불균등하게 분포했다. 경제의 근대화는 대도시에서 더 빠르게 이루어졌지만, 이러한 기술들이 지방의 도읍과 제국의 인구학적 뼈대였던 많은 농촌 주민에게 미친 충격은 훨씬 적었다. 더 중요했던 것은 오스만 제국이 국제 자금과 과학적 혁신에 의존했다는 사실이 발전의 유형을 결정했다는 점이다. 철도 건설은 대체로 외국 자본에 의존했는데, 중요한 아나톨리아 철도 노선의 건설 자금을 공급한 독일 자본이 특별히 중요했다. 오스만 제국의 기간 시설과 산업 생산능력은 점차 유럽 국가들의 통제를 받았다. 유럽의 자금 공급이 항구와 전차 교통망, 공장의 개발에서도 중요했던 것이다.[135]

동시에 오스만 제국 항구를 찾는 증기선의 수가 늘어나고 철도망이 확장되었다는 것은 오스만 제국 시장이 유럽의 상품에 차츰 개방되었음을 의미했다. 19세기 말 시리아 같은 지역에는 유럽산 직물이 넘쳐났다. 이처럼 수입 완제품에 의존하는 상황은 수에즈 운하의 개통으로 더욱 심해졌다. 수에즈 운하는 극동 지역에서 생산된 비단의 수입을 크게 확대했고, 그 결과로 부르사 같은 오스만 제국의 비단 생산 중심지에서 비단 생산이 감소했다. 이러한 교통망은 또한 오스만 제국이 점차 유럽의 공산품 시장으로 고착되고 제국의 수출에서 기본적인 농산물이 4분의 3 정도를 차지하는 결과를 초래했다.[136] 달리 말하면 오스만 제국 노동자들은 유럽의 공업국들에 수출한 기본적인 식량과 원료를 생산했던 반면 오스만 제국의 소비자들은 수입된 가공식품(정제 밀가루와 정제 설탕 따위), 공산품, 사치품을 점점 많이 구매했다. 이러한 유형에 비추어 보면 1914년 무렵 오스만 제국은 "유럽의 경제적 부속물의 성격을 띠었다."[137] 이러한 경제적 쇠퇴 때문에 술탄들은 연이어 군사적 능력을 키우고 최첨단 해군을 설치하려 노력했지만(1886년부터는 잠수함도 포함했다.) 전부 실패했다. 일본이 제시한 급속한 근대화와 제국의 힘이라는 꿈은 오스만 제국에서는 달성할 수 없었으며, 오스만 제국 산업화의 최종적 실패는 1922년 제국의 해체와 더불어 분명해졌다.

시간과 공간의 개조

개별 제국 체제의 발전 너머로 시야를 돌려 이러한 연결 기술들의 폭넓은 발전에 초점을 맞추면 1860년대부터 제국 체제들이 통신망과 교통망을 더 크고 더 조밀하고 더 빠르고 더 효율적으로 만들기 위해 애썼음이 분명하게 드러난다. 증기력과 전기는 환경 변화와 공업 생산의 증대와 증강, 군사 기술에 대한 투자 확대를 촉진했다. 이것들은 1870년에서 1945년 사이 제국 체제들의 공통된 특징이었다. 그러나 이러한 변화의 성격과 결과는 일정하지 않았다. 대륙들을 한데 엮은 제국들의 전신망과 강철의 네트워크는 서로 다른 속도로 확장되고 다양한 지역을 상이한 방식으로 변화시켰다. 지리와 경제가 똑같이 이러한 유형들을 결정했다. 인공 항구를 건설할 자연 정박지가 없거나 자원이 충분하지 않고 통행량이 많은 항로에서 너무 멀리 떨어진 지역들은 항구 시설을 거의 발전시키지 못했고 국제무역에서 얻는 혜택이 훨씬 적었다. 특히 아프리카에서 그랬는데, 아프리카의 수준 높은 항구들은 유럽 제국들에 확실하게 합병된 지역과 항구 기반 시설에 상당한 자본이 투입된 지역에서만 조성되었다. 이집트와 튀니지, 알제리, 남아프리카에는 중요한 항구들이 여럿 있었던 반면 열대 아프리카의 대도시들은 대체로 자연항이 없거나 제국의 주인들로부터 수용 능력이 큰 항구 시설을 조성할 자본을 충분히 끌어오지 못했다.[138] 철도는 아프리카 식민지 문화에서 중요한 요소가 되었지만, 아프리카 대륙의 철도망은 남아시아의 품질과 조밀함을 갖추지 못했다. 아프리카의 철도 발전은 범위에서나 사업 계획의 성공적 실행에서나 미진했다. 철도는 아프리카 사회에 도움이 되거나 주요 인구 중심지들을 연결하기 위해 건설된 경우가 드물었다. 대신 아프리카 철도는 귀중한 원료(고무, 면, 구리, 금, 다이아몬드, 땅콩, 팜유)를 배에 실어 유럽 시장으로 가져갈 수 있도록 내륙에서 항구도시들로 운반하는 수단이었다.[139] 이러한 유형은 유럽의 아프리카 침입이 아프리카 자원의 착취에 연결되었을 때에도 식민지 지배에 복잡한 통신망이 동반되었던 식민지들의 경우만큼 서구의 기술과 문화가 여러 현지 문화에 깊이 새겨진 것은 결코 아님을 의미했다. 그러나 이 점에서 아프리카, 심지어 열대 아프리카를 독특한 사례로 보아서는 안 된다. 제국의 활동은 성격상 언제나 비대칭적이어서 공간적으로나 사회적으로 차별적인 결과를 낳는다는 점을 기억해야 한다.

이러한 결과들 중 매우 중요한 한 가지는 시간과 공간의 변형이었다. 물론 산업화가 시간과 공간에 대한 유럽인의 경험과 이해를 바꾸어 놓았음은 인정된다. 유럽의 생산성 증대가 18세기 중반부터 시작된 노동과 시간의 재조직에 기인한다는 강력한 증거가 있다. 유럽의 노동자들이 시계 시간과 공장의 신호라는 규율을 점차 내면화함에 따라 새로운 산업 기술들은 대중이 이해하는 시간 개념도 바꾸어 놓았다. 가장 중요한 것은 오랫동안 지속된 앞선 시대의 기술적 체제가 형성한 이전의 공간 지각 작용이 증기력에 의해 갈기갈기 찢기면서 증기기관차와 철도망의 확대가 유럽인과 북아메리카인의 속도와 거리에 대한 이해를 혁명적으로 바꿔 놓았다는 사실이다. 열차 여행과 속도를 점점 높여 간 다른 통신 형태들(전신에서 일간지까지)은 산업화가 결국에는 당대인들이 말한 이른바 "공간과 시간의 소멸"을 초래하여 매우 빠른 속도로 거리를 줄이고 공간 속의 지점들을 더 가깝게 만들었다는 인식을 널리 퍼뜨린 것처럼 보인다.[140]

제국 체제의 배후에서 이루어진 증기력에 의한 여행의 세계화는 1870년부터 이 세계의 대다수 사회가 이러한 문화 변동에 노출되었음을 의미했다. 앞서 보았듯이 상대적으로 작고 고르지 않으며 더딘 통신망을 지닌 아프리카에서도 식민주의가 가져온 기술들은 실로 공간의 형태를 바꿔 놓았다. 예를 들면 몸바사에서 우간다로 가는 여행을 마치는 데는 전통적으로 도보로는 1년까지 걸릴 수 있었지만 열차 여행의 시대에는 이틀에서 나흘이면 끝마칠 수 있었다.[141] 아프리카에서 철도가 적거나 전혀 없는 지역에서는 다른 산업적 교통수단인 자전거가 식민지 지배자들이나 아프리카인들에게나 똑같이 식민지 경관의 주요 특징이 되었다. 자전거는 사회적 이동의 속도를 약간 빠르게 했지만 시간 지각의 재조정은 뒤따르지 않았다.[142] 제국과 산업화가 세계 무대에 가져온 시간 지각의 변화를 보여 주는 다른 중요한 지표는 회중시계의 세계화와 이 기술이 유럽과 북아메리카의 중간계급을 넘어 아시아와 아프리카, 라틴아메리카의 중간계급까지 차츰 보급된 것이었다.

산업화 효과와 제국 건설의 효과가 결합하여 어떻게 시간성을 재규정했는지 가장 잘 보여 주는 증거는 아마도 전 세계적 차원의 시간 표준화였을 것이다. 영국은 표준시 제도를 처음으로 채택한 나라였다. 열차 여행의 성장과 더불어 열차의 이동을 조정하고 시간표의 정확성을 보장하기 위해 시간을 조직할 필요성이 더욱 커졌다. 1855년이면 영국의 공공 시계는 대부분 런던의 그리니치 평균시에 맞춰졌다. 영국 전역에 적용된 이 표준화는 시간의 상품화를 조장했다. 회중시계와 가정용 시계가 좀 더 흔해졌을 뿐만 아니라 시간 자체가 상품이었다. 영국에서 가장 유명했던 시간 판매자는 그리니치 천문대의 조수로 일하던 사람의 딸로 '그리니치 타임 레이디'라고 알려진 루스 벨빌Ruth Belville이었다. 이 여성은 주 단위로 자신의 정밀한 회중시계를 그리니치 평균시에 맞춘 다음 런던 시민들에게 시간을 예약제로 팔았다.[143]

그러나 법률제도가 대중의 표준화로의 이동을 받아들인 것은 시간 규정법이 통과된 1880년대의 일이었다. 미국처럼 '태양시'에 관하여 큰 차이를 보이는 지역을 포함하는 큰 나라들은 훨씬 심각한 문제에 직면했다. 1883년 미국의 철도는 표준 시간대 제도를 실행하여 이전의 지배적 형태였던 '지역별 시간 계산' 방식에서 벗어났지만, 의회는 1918년 8월에 이르러서야 표준 시간법을 통과시켰다. 1884년에 미국 정부가 전국적인 표준시를 채택하기 훨씬 전에 25개국의 대표 마흔한 명이 워싱턴 D.C.에 모여 국제 자오선 회의를 열었다. 전신과 증기선의 속도는 시간과 공간을 측정하는 국제적 표준이 필요하다는 점을 분명히 했고, 이 회의는 국제적인 자오선과 시간대를 결정했다. 이는 거대 해상 제국들에 각별히 절박한 문제였다. 그 제국들은 시간의 표준화가 상업과 제국 행정의 일상적 작동을 도와주기를 바랐기 때문이다. 회의에 참석한 대표들은 이미 영국의 표준시 결정 기준으로 쓰이던 그리니치 천문대를 세계 공통의 자오선으로 정하고 모든 경도를 이 자오선을 기준으로 동쪽과 서쪽으로 측정하기로 합의했다. 이후 그리니치 평균시가 세계적인 기준선이 되어 이로부터 세계의 시간대가 확립되었고 이로써 국제 표준이 된 통합 제도가 만들어졌다.

시간 측정이 표준화되면서 식민지가 된 공간들은 후진성과 과거를 대표하는 반면 제국의 중심지들이 현재와 미래를 대표한다는 확신이 지속되고 나아가 강화되었다. 더 일반적으로는 기술, 특히 은판사진 기술과 근대적 사진 장비가 문화적 차이를 시간적으로 명백히 멀리 떨어진 장면들로 시각적으로 바꿔 놓을 수 있게 했다. '토착민' 의상과 완전히 벌거벗거나 신체의 일부를 노출하는 것으로 그 시간적 거리는 더 늘어났다. 여성과 아이들은 심지어 식민지 남성들이 렌즈를 들고 있을 때에도 이렇게 특별한 목적에 전용되는 기술 혁신의 형태들에서 변함없는 초점이었다.(결코 유일한 초점은 아니었지만 말이다.) 20세기에 들어설 무렵 영화가 출현하면서 1918년 이후 세계에서 자신들의 종족적 우월성과 문명적 우월성의 증거를 점점 많이 갈망한 제국의 관객들에게 시간이 공간을 의미하는 힘, 과거가 멀리 떨어진 곳을 의미하는 힘은 더욱 커졌고 그 관념은 고정되었다. 1902년 영국이 보어인에게 힘겹게 승리를 거두고 1905년 일본이 러시아를 무찌른 것이 충분한 증거가 되지는 않더라도, 제1차 세계대전에서 유색인 군대가 연합군에 제공한 결정적인 지원과 베르사유 회담에서 드러난 열렬한 민족주의 운동들은 근대 제국의 세계적 전망에 한계가 있음을 충분히 증명했다. 두 대전 사이에 "토착민 사회의 전경"을 원한 자칭 제국주의자들은 이를 시간과 공간의 제약을 넘어 필름에 담을 수 있었다. 영화가 식민지 공간과 식민지 주민을 무수히 많은 시각으로 전달한 것은 분명하지만, 가장 흔한 것은 증기선이나 열차의 창문을 통해 본 전경이었다.[144]

기술이 만들어 내기를 열망한 연결이 더 넓은 경관 속으로 들어오면서 실로 공간의 이해, 좀 더 특정하게는 규모의 이해가 산업과 제국에 의해 변화했다. 가장 중요했던 것은 수에즈 운하의 완공과 증기선의 우세가 새로운 해운의 지리를 등장시켜 공간의 형태를 바꾸었다는 사실이다. 팽창하는 원거리 해운의 요구를 충족하기 위해 항구들이 개발되고 이 항구들 자체도 증기력과 철, 콘크리트에 의해 형태를 바꾸었던 것이다. 증기의 시대에 해운의 추가 성장을 확신한 제국 통치자들이 새로운 항구들을 여기저기에, 더 큰 규모로 건설했다. 싱가포르와 홍콩, 다카르, 카라치는 중요한 중심 항구가 되었다. 수에즈 운하 입구에 있는 포트사이드(보르사이드)는 증기선에 석탄을 공급하는 세계 제일의 항구가 되었지만, 우루과이의 몬테비데오와 카나리아 제도의 라스팔마스 같은 다른 항구들도 연료 공급지로서 새롭게 두드러졌기에 경제적·전략적으로 중요성이 커졌다. 증기선은 몇몇 오래된 항구의 중요성을 약화시켰다. 수에즈 운하가 개통된 뒤 캘커타는 점차 봄베이에 가려 빛을 잃었으며, 영국령 인도의 상업적·정치적 비중은 차츰 서부와 그곳의 주요 항구로 이동했다.[145]

증기기관차와 증기선이 여행 시간을 크게 줄여 사실상 공간을 축소하면서 다양한 사회집단도 공간의 축소를 서로 다르게 경험했다. 몇몇 식민지 사회는 새로운 교통망과 가까이 살았지만 사회적 신분과 장기간의 경제적 주변화, 최근에 겪은 지위의 하락 탓에 이를 이용할 수 없었다.[146] 이러한 차이는 몇몇 식민지 도시에서 각별히 분명해졌다. 그 도시들에서 공간의 물리적 조직과 그에 부수하는 사회적 지형학은 기본적으로 철도 노선과 철도 역사, 부두, 이러한 산업적 교통 기술을 뒷받침한 공장들이 결정했다. 인도 철도의 문화에 관한 로라 베어Laura Bear의 연구는 이러한 신기술들과 그에 연관된 노동 유형이 어떻게 고도로 공간화한 인종과 젠더의 새로운 위계질서를 창출하는 데 중심이 되었는지 증명했다. 철도 종사자들의 통제가 철도 식민지 사업의 결정적인 차원이었다. 특히 철도가 만들어 낸 공간들이 인종의 구별과 제국의 가장 값진 수출품인 가내 위신domestic respectability을 둘 다 불안정하게 만들었기 때문이다.[147] 통신망과 문화적 차이의 지형도의 결합은 펀자브의 라호르와 라자스탄의 아지메르 같은 오래된 도시는 물론 피지의 수바처럼 새로이 세워진 항구도시에서도 두드러진 특징이었다. 오래된 도시들은 식민지 철도망에 편입된 후 근본적인 재정리에 들어갔다. 이러한 도시들에서 철도는 변화의 힘을 지녔고 산업화의 유형과 주거지 개발, 공적 공간의 조직을 결정했다. 실로 조선에서 카이로까지 제국주의자들은 철도 자체를 식민지 건설의 이상적인 요소로 보고 근대적 기술을 통해 문명화 사명을 이행하는 동시에 식민지 경제를 심하게 착취했다.[148]

그리하여 1900년 무렵 대다수 사회가 경험한 '거리의 소멸', 아니면 최소한 더 빠른 속도의 이동과 통신은 여러 가지 예기치 않은 결과를 가져왔다. 식민지 국가들이 구축한 교통망은 일반적으로 근대화와 제국의 전략적 이익을 약속했는데, 순례의 대중화를 초래한 중요한 요인이었다. 시코쿠로 여행하는 일본 시인 다카무레 이쓰에高群逸枝의 회고록에서 20세기 초에 인기 있던 철도 노래를 들어 보자. "이 기차를 타면 순식간에 1000리를 간다."[149] 철도는 남아시아의 종교적 실천에서 중심 요소였던 신성한 장소와 사원으로 가는 지역 여행과 광역권 여행, 광역권을 넘나드는 여행에서 곧 중요해졌다. 몇몇 철도 노선은 사실상 순례지에 도움이 되도록 경로를 정했으며, 19세기의 3/4분기가 되면 철도 여행은 많은 남아시아인의 순례에 확고히 자리를 잡았다. 이 새로운 형태의 교통은 신자들이 더 먼 거리의 순례에 착수할 수 있도록 용기를 주었고 여성이 열차를 안전하고 믿을 만한 것으로 보았기에 더 많은 여성이 순례를 떠나도록 자극했으며 실제로 남아시아 전체에서 종교의식 활동의 빈도와 특성, 조직을 결정했다. 유사한 맥락에서 신기술과 제국의 운송 사업은 전통적인 하즈가 사라지는 데 일조했다. 하즈는 오래된 긴 육로와 대상 운송, 필요한 경우 돛의 힘에 의존했기 때문이다. 이집트와 북아프리카의 항구들에서 헤자즈로 건너가는 것은 메카를 향한 순례자들의 이동에서 늘 두드러진 특징이었지만, 증기의 시대에 이러한 이동 기간은 30일 이상에서 겨우 사흘로 크게 줄어들었다. 이렇게 이동 속도가 빨라지면서 여행하는 사람의 수도 증가했다. 흥미로운 것은 보팔[17]의 세습 통치자로 1863~1864년에 수백 명의 수행원을 거느리고 메카로 여행하고 1870년에 책을 간행하여 이를 설명한 나와브 시칸데르 베굼Nawab Sikander Begum이 여정 중 철도로 이동한 부분을 언급하지 않고 해상 여행도 전혀 언급하지 않았다는 사실이다. 증기력은 순례자들의 이동 속도를 빠르게 했을 뿐만 아니라 전통적인 경로도 바꾸어 놓았다. 사우디아라비아의 홍해 연안에 있는 제다(지다)는 증기의 시대에 주요 출입항으로 출현해 새로운 지위와 교역을 누리면서 변화했다. 그러한 항구들을 오간 유럽의 증기선 회사들은 상당한 수익을 냈고 제국의 항구들로부터 나오는 물동량의 규모를 늘리고 순례의 인기를 높이려고 혈안이 되었다.[150]

근대의 하즈는 시간과 공간의 재정리가 가져온 다른 주된 결과로 우리를 인도한다. 순례자 규모의 증대와 콜레라가 창궐한 인도 갠지스강 유역에서 오는 여행객 수의 증가는 헤자즈 주민을 질병에 점점 크게 노출시켜 그들에게 파괴적 영향을 미쳤을 뿐만 아니라 유럽 제국들에도 널리 걱정을 초래했다. 유럽이 순례자들이 전파한 풍토병에 유린될 것이라는 뿌리 깊은 공포에 하즈에 때맞춰 국제회의들이 열렸고, 유럽 국가들은 오스만 제국 당국과 협력하여 순례자들의 이동을 통제하고 하즈 기간에 위생을 관리했다. 이러한 회의들은 제국의 연결망이 이전에는 따로 떨어졌던 나라들과 지역사회들을 연결하면서 환경 변화를 초래하는 주된 매개체가 되었다는 당대의 인식을 반영했다. 도로망은 대부분의 변경 지역에서 점점 넓게 퍼져 여러 경로를 통해 씨앗과 잡초의 이동을 용이하게 했다. 도로가 유라시아 역사에서 전염병 확산의 중요한 인자였기 때문에 이 점에서 새로운 것은 없었지만, 이러한 제국의 연결망은 내륙의 사회들과 변경 지대를 점점 늘어나던 시장 도시와 항구도시에 연결했으며 가장 외진 곳의 부락을 대규모 제국 구성체들과 장거리 교역으로

————**17** 1707년 무굴 제국의 군인이었던 파슈툰족 출신의 도스트 무함마드 칸이 세운 나라. 나와브 시칸데르 베굼은 제9대 통치자다.

생겨난 세균의 '공동시장' 속으로 끌어들였다.[151] 가장 중요한 것은 자전거와 열차, 증기선, 자동차가 병원균을 훨씬 빠른 속도로 전파해 여러 질병의 역학적 특징을 근본적으로 바꿔 놓았다는 사실이다.

이러한 교통 기술이 제국의 연결망에 결합되어 나타난 생물학적 귀결은 이 시기에 세계를 뒤흔든 대규모 전염병이 잘 증명했다. 1889~1890년에 전 세계에서 유행한 인플루엔자는 빠르게 세계 도처로 확산되었다. 유럽과 북아메리카의 조밀한 철도망을 통해 급속하게 퍼진 것이다. 제국이 만들어 낸 새로운 철도망과 증기선 노선 때문에 이 질병은 외진 곳까지 도달했다. 튀니스와 케이프타운, 알제, 홍콩 같은 식민지 항구도시는 그 바이러스가 지역의 항로와 도로, 철도망을 따라 퍼지는 주된 연결점이었다. 제국의 연결망에 조금이라도 통합된 지역들은 대부분 그 바이러스에 대한 면역력을 지녔다. 유라시아에서 그 인플루엔자는 대체로 서쪽에서 동쪽으로 이동했고 유라시아의 도로 형태를 볼 때 러시아 제국의 동쪽 변경을 서서히 지나 시베리아로는 더욱 더디게 이동했으며 만주와 조선에 도달하기까지는 더 지체되었다. 제국의 교통과 질병의 전파 관계는 1918년에 전 세계에서 유행한 인플루엔자가 더욱 강력히 증명했다. 제1차 세계대전이 끝나면서 상당히 많은 육군과 해군 병사들, 군 노동자들이 전투 지역에서 고향으로 이송되었다. 이 여행객들은 전쟁이 끝날 때쯤 유럽의 전장에 뿌리내린 그 바이러스를 철도와 증기선 항로를 따라 전투원을 보냈던 모든 국가로 전파했다. 이러한 교통 형태들의 효율성은 곧 그 바이러스가 이후 그 전쟁과 관계가 적거나 전혀 무관했던 나라들과 사회들로도 확산되는 결과를 낳았다. 증기선의 도달 범위가 확대되었기에 미국 식민지 괌과 프랑스 식민지 타히티, 서사모아(제1차 세계대전 종전 이후로 뉴질랜드의 지배를 받았다.)의 토착민 사회에서는 사망률이 극히 높았다.[152] 한편 영국령 인도에서는 철도와 질병 전파의 관계가 빈번히 토론 주제가 되었다. 전염병이 철도를 따라 전파된다는 강력한 증거가 있었고 일단의 인도 민족주의자들은 이 점을 강조했다.[153]

간디의 이동 감금

1909년에 초고가 완성되어 1910년에 출판된 간디의 『힌두 스와라지Hind Swaraj』는 제국과 산업화의 귀결을 가장 강력히 비판했다.[154] 독자와 편집자 사이의 대화 형식을 취한 이 책에서 간디는 편집자의 의견을 통해 '문명'과 '식민주의'를 통렬히 비판했다. 편집자는 철도가 문명이라는 '질병'의 주된 구성요소이며 "우리 나라를 가난하게 만든" 앞잡이라고 주장했다. 간디는 철도가 '선물'이 아니며 영국의 '인도 지배'를 공고히 하는 데 일조한 식민지 지배의 도구라고 말했다. 철도망은 인도의 상태를 개선하지 못했고 오히려 불행을 초래했다. 더 자주 굶주림을 안겨 주고 여기저기 병균을 옮기며 이전의 인도 사회를 만들었던 '타고난 격리'를 무너뜨림으로써 사회질서의 안정을 해쳤던 것이다. 요컨대 철도는 "나쁜 사람들이 그 악한 의도를 더 빠른 속도로 실현할 수" 있게 한 악의 도구였다. 이러한 시간의 재조정은 정신적·도덕적 영향을 끼쳤다. "좋은 것은 느릿느릿 움직인다."[155]

간디가 1890년대 남아프리카에서 격리된 객차의 증오스러운 물리적·사회적 제한과 대면한 것은 식민지 체제들이 만들어 낸 새로운 문화적·기술적 질서가 결코 저항 없이 수용되지 않았음을 생각나게 한다. 그 질서는 전유와 빈번한 도전, 공공연한 저항을 피할 수 없었다. 이 점은 서구화의 상징들이 비판받았을 뿐 아니라 물리적으로 공격당했던 오스만 제국에서 분명하게 볼 수 있다. 예를 들면 저자를 알 수 없는 어느 오스만튀르크어 문서는 19세기 말쯤 지방 출신의 이류 사상가가 쓴 것으로 보이는데, 서구의 학교와 공장, 철도, 전신에 욕을 퍼부었다. 저자는 이러한 새로운 이동 형태들을 특별히 강하게 비판했다. 인간에게 노력과 시간, 생각을 덜 들이고도 원하던 목적을 달성할 수 있게 해 준다는 것이었다. 그 결과 이 기술들은 인간이 경험의 가치를 경시하고 자만심을 품도록 부추겼다. 사람들이 신이 아니라 피조물에 더 의존하게 되고 세속성과 욕망에 사로잡혔으며 쿠란의 진실을 배척하게 되었기 때문이다. '불신자들'이 이슬람 세계에 들여와 채택한 이러한 기술들의 사회적·종교적 귀결은 광범위한 영향을 미쳤다. 신기술은 인간의 오만함을 불러일으키고 신실한 신앙심을 무시하게 하여 영적인 불복종과 죄악의 만연,

도덕 질서의 완전한 타락을 초래했다.[156] 야쿠프 벡타스Yakup Bektas는 이것이 전신을 "악마 같은 이교도의 발명품"으로 여기고 "기독교·서구 세계를 믿지 않는" 오스만 제국 신민의 흔한 태도였음을 증명했다. 이 비판은 서구의 기술을 거부했다. 서구의 기술은 인간을 타락하게 했고 "전신은 지리적 공간과 거리에 관한 전통적 견해와 대조되는 공간 체계를 수반했다."는 이유였다.[157]

　　서구화에 반대한 다른 오스만 제국 사람들은 글을 통한 저항이 아니라 물리적 저항에 의존했다. 팽창하는 전신망은 농촌의 여러 지역에서 공격을 받아 전신주가 제거되고 물자들이 약탈당했다. 이는 희귀한 원료에 굶주린 현지 사정뿐만 아니라 신기술에 대한 이데올로기적 반대도 반영했다. 결과적으로 오스만 제국 정부는 전신망 전체를 보호하기 위해 특별 경비대(차부슬라르 çavuslar)를 설치했을 뿐만 아니라 이러한 폐해를 예방하겠다고 약속한 부족장들에게 매년 보조금을 지급하는 제도를 시행했다. 그러나 이러한 노력에도 제국의 남부에서 서구의 기술에 대한 적개심은 가라앉지 않았다. 오스만 제국에서 철도가 확장되고 증기력에 의한 운송이 순례자들의 이동에서 새롭게 중심을 차지하면서 오랫동안 순례자들에게 낙타를 제공하며 생계를 꾸렸던 베두인족이 분노했다. 경제적 전망이 축소되고 오스만 제국이 순례자 보호에 쓰던 보조금을 철회한 데 분개한 베두인족은 1909년에 공공연한 반란을 일으켰다. 뒤이어 그들은 1916년에 오스만 제국에 반대하는 아랍의 봉기에 결정적인 지원을 제공했다. 그 봉기는 주로 헤자즈 철도를 공격하는 데 힘을 집중했다.[158]

　　제국의 통신 혁신을 비판한 민족주의자들은 국민국가가 차츰 자연스럽게 수용되는 현상과 통신 사이에 관련이 있음도 드러낸다. 제국들이 전 세계적인 연결망을 구축하고 일부 제국 사상가는 세계적 국가의 건설 가능성을 고려해 보라는 권고를 받았으며 민족주의 이데올로그들은 식민주의에 대한 다른 비판으로부터 자주 영감을 얻었는데도 국민국가의 우위는 19세기 후반에 최종적으로 확고해졌다. 이러한 산업 기술의 이전과 새로운 통신망의 창출은 국민국가로 추정되는 것들의 형태 안에서 식민지를 구체화하는 데 중요했다. 베니딕트 앤더슨Benedict Anderson이 신문이 상상의 공동체를 만들어 내는 데 중추적 역할을 수행했다는 점에 사람들의 이목을 집중시킨 것은 널리 알려졌다. 물론 신문은 다른 기술들(특히 전신과 철도)에 의존하기는 했다.[159]

국민은 문화적 표현들의 유포로만 형성되지 않았다. 상품과 자본, 노동자가 통상적으로 이동하는 교통과 통신의 경로 형태도 국민을 형성했다.[160] 국민 형성 과정의 결정적인 선결 조건은 기존의 지역 경제들을 결합하는 것이었고, 특히 철도는 경제적 유형에 국민적 형태를 부여하는 데 중요했다. 철도는 지역 내 주요 상품들의 교역(예를 들면 벵골의 쌀 교역)을 재조정했을 뿐만 아니라 동시에 식민지 인도에 전국적인 곡물 시장이 탄생하는 데도 중요했다. 교통망의 통합은 국민 형성의 정치적 과정에서도 중요할 때가 많았다. 이는 특히 나이지리아에서 분명하게 드러났다. 나이지리아에서는 이전에는 별개였던 북부와 남부의 철도망이 보호령들[18]의 정치적 융합에 앞서 연결되었으며, 그 연결은 식민지 국가 형성의 주된 수단으로 작용했다.

철도망과 전신망은 식민지 체제에서 탄생한 많은 국민에게 핵심적인 공간 구조를 제공했을 뿐만 아니라 국민국가가 정치적 단위로 자연스럽게 수용되는 데 일조하고 민족주의가 성공적으로 뿌리내리는 데 필요한 대대적인 일체화를 강화한 문화적 과정에서도 매우 중요했다. 간디와 여타 민족주의자들은 철도 건설이 가져온 여러 결과를 비판할 때조차 철도를 자신들의 대의에 불가결한 도구이자 지극히 다양한 주민을 통일된 시민단으로 통합하는 데 결정적인 요소로 보았다. 정착 식민지에서 철도 여행과 상업화한 대중적 여가의 출현이 당시 막 등장하던 식민지 시민이라는 관념을 창조하고 종족과 경관, 국민성에 대한 새로운 이해를 강화하는 데 중요했다는 것도 분명하다.[161] 달리 말하면 교통과 통신은 국민국가의 탄생에서 중요했던 경제조직과 정치적 귀속 의식, 문화적 통일성 사이에서 균형을 맞추는 데 중추적인 역할을 했다. 1900년 무렵 이러한 기술들은 전 세계 차원에서 중요성을 띠는데, 이는 국민국가라는 관념이 어떻게 세계화했는가는 물론 민족주의의 내용이 왜 서로 크게 다른 식민지 환경에서 놀랍도록 한결같았는지를 설명하는 데 도움

----

18 북나이지리아와 남나이지리아를 말한다.

이 된다. 민족주의 지도자들은 자신들 사회의 독특함과 차이를 강조할 때에도 여러 가지 일반적인 특징을 공유하는 표현과 화법을 썼다. 일찍이 1914년에 유럽 강국들 간의 분쟁이 산업 기술로 수행된 세계 최초의 진정한 세계 전쟁으로 빠르게 바뀌었을 때 제국적 세계화는 비서구 세계에서 국민의 권위를 공고히 했다고 할 수 있다.

여기서 제시한 증거에 비춰 보면 이 시기의 제국과 '세계화 세력들'을 떼어 놓거나 양자를 너무 밀접하게 결합하려는 시도를 경계해야 한다. 이러한 신중함은 모든 세계화가 제국적 성격을 띤다는 확신에서 나온 것이 아니다. 그것은 500년에 걸쳐 다양한 요소(통신망과 교통망, 자본과 상품의 흐름, 선교 기관과 순례 길, 학자와 인쇄물의 이동)가 세계를 뒤덮은 형세가 제국 체제들의 경계와 이데올로기, 관행에 의해 여러 가지 방식으로 결정되었다는 역사적 증거에 기인한다. 또한 1870년대부터 시작된 광역 간 연결 형태들은 앞선 제국 시기에 형성된 이러한 구조들의 제약을 받았을 뿐만 아니라 새로운 제국적 열망, 제국적 이해관계가 침투한 국제적 분쟁(성격상 반드시 제국적이지 않더라도), 제국의 행진을 되돌리고 방해하고 무너뜨리려는 여러 개인과 집단의 노력에 의해 끊임없이 다시 만들어지고 있었다. 전 세계적 제국주의의 시대에 세계는 이러한 싸움에 의해 지속적으로 변했으며, 그 헤게모니는 결코 자명하지도, 시간적으로 완성되거나 공간적으로 총체적이라는 의미에서 완벽하지도 않았다. 제국과 세계화는 동의어가 아니었다. 그러나 제국 건설의 과정과 제국이 남긴 유산의 무게는 지역과 사회, 국가 들을 이어 주어 대체로 예기치 않은 새로운 형태의 관계와 상호 의존을 만들어 낸 결합을 낳았다.

이렇게 한데 꿰어진 인간 사회는 정체성과 차이에 관한 문제를 새로운 방식으로 긴급하게 제기했다. 여러 국민의 경제와 기간 시설이 점점 긴밀하게 얽혔는데도 민족주의 지도자들은 자신들의 정치 공동체가 지닌 독특함과 특수성을 강조했다. 물론 역설적이게도 이 이데올로그들은 단일하다고 추정되는 이러한 정체성들을 일련의 공통된 이미지와 물건, 상징, 서사를 통해 설명했다. 3장에서 분명하게 드러나겠지만, 공간과 정치적 변화, 초국적 연결이라는 문제들은 20세기 전반 제국과 제국적 힘의 정치를 둘러싼 투쟁에서 핵심이었다. 접촉을 통해서든 충돌을 통해서든 당대인들은 그러한 연결을 보고 평가하고 그것에 의거하여 행동할 수 있었다. 비록 균일하지는 않았지만 세계적 제국 체제들이 근본적으로 개조한 세계에서 기술의 발달과 새로운 유형의 순환, 문화 전이cultural transfer와 문화 적응cultural adaptation의 진행 과정이 초래한 구조적 변화 덕분이었다.

3   세계 제국들, 초국적 연결

1955년 4월에 아시아와 아프리카의 스물아홉 개 독립국가 대표자들이 인도네시아의 반둥에 모여 "인류 역사상 최초의 대륙 간 유색인 회의"를 열었다.[162] 독립한 지 얼마 되지 않은 버마(미얀마)와 스리랑카, 인도, 인도네시아, 파키스탄의 후원으로 열린 반둥 회의는 식민지 해방에 뒤이어, 그리고 한국 전쟁과 초강대국 소련과 미국의 야심이라는 배경 속에서 '제3세계'의 미래에 관한 유토피아적 희망의 표현이었다. 반둥 회의는 지금 우리가 논의하는 시기가 끝나고 10년이 지난 후에 열렸지만, 제국과 식민지적 만남, 식민지 해방의 역사적 의미를 온전하게 이해하기를 바라는 학자라면 반제국 운동이 어떻게 19세기 말과 20세기 초의 역사를 구축했는지는 물론 아프리카·아시아의 연대와 비동맹이 어떻게 그리고 왜 식민지 해방 이후 냉전 시대의 표어가 되었는지 설명해야 한다. 반둥 회의를 시금석으로 삼는 것은 여러 가지 방법론상의 목적에 도움이 된다. 첫째, 반제국 활동가들과 크고 작은 반제국 운동들의 역사를 이 시기의 제국주의를 설명할 때 중심에 둘 수 있다. 그 시기는 흔히 유럽인과 미국인 들이 주된 행위자로, 식민지 해방은 주로 제2차 세계대전 이후 서구에 나타난 이데올로기적 변동과 경제적 위기의 결과로 여겨지는 제국의 성장과 쇠퇴의 이야기로 제시되었다. 그러나 우리는 1870년에서 1914년에 이르는 그 시기, 특히 1918년에서 1945년까지를 식민지의 피지배 주민들이 제국 정부로부터 권력과 권위를 빼앗으려고 큰 노력을 기울인 때로 본다. 제국 정부들은 민족주의 지도자들에서 '게릴라들'까지, '테러리스트들'에서 제국에 맞서 자신들의 언어와 문화적 관습, 제한된 정치적 권리를 지키려 애쓴 식민지의 피지배 종속민들까지 다양한 적에게, 패배할 것이 분명한 경우가 아니면 독립을 '허용'하기를 몹시 싫어했다. 둘째, 반둥 회의를 기준으로 삼으면 반둥 회의 자체가 왜 아프리카·아시아 연대의 시발점이 아니라 식민지 주민들 사이에 수십 년 동안 이루어진 초국적 연결의 정점인지를 인식할 수 있다. 이러한 접근 방식은 반둥 회의를 최초의 순간으로 보지 않고 식민지들 사이의 연결과 협력이라는 오랜 역사는 물론 그 분열의 역사를 중요시한다. 마지막이지만 결코 중요성이 덜하지 않은 것은 반둥 회의에서 거슬러 올라가면 제국 본국과 식민지 사이에 오간 사람들과 정책의 흐름은 물론 제국의 외양 밑에서 이루어진 사상과 정치적 강령의 이동까지도 원하기만 하면 추적할 수 있다는 것이다. 또한 19세기와 특히 20세기에 제국화한 세계 전역에서 민족주의자 등의 다양한 행위자가 수사학적으로, 상징적으로, 나아가 조직적으로도 연합한 방식을 역사화할 수 있다. 이들 중 몇몇은 잘 알려진 엘리트였고, 다른 이들은 탈식민지 시대 역사의 맥락에서 유명해졌다. 또 다른 이들은 그 역사가 세계사와 지역사, 광역권 역사, 제국사의 교차점이라는 레이더를 벗어나 비행하는 한 여전히 모호했고 이는 암시하는 바가 있다. 우리는 무시되기 일쑤인 식민지 피지배 주민들 간의 이 '만남'을 강조하면서 1870년에서 1945년 사이의 시기가 제국의 범위가 최고점에 이른 때일 뿐만 아니라 새로운 종류의 식민지 간 연결과 연대가 출현하는 때이기도 하다는 점을 말한다. 이 새로운 정치 형태들은 20세기 후반 세계 정치의 영역에서 중심을 차지했으며, 20세기의 신제국주의를 구축하는 데도 중요했다고 주장할 수 있다.

흔히 냉전과 그 이후 사이에는 이상하게도 급격한 단절이 있다고 여겨지는데, 반둥 회의를 세계 정치 질서의 광범위한 개조를 보여 주는 상징으로 보는 우리의 의도는 그러한 단절을 거부한다. 우리는 적어도 '아프리카 쟁탈전'과 제2차 세계대전을 양 끝으로 특별하게 취급하기보다 1890년대와 두 대전 사이의 시기를 반둥 회의가 역사적 사건으로 출현할 수 있게 한 지정학적 재구성의 분수령으로 강조하면서 새로운 연대기를 제시하려 한다. 다른 시간적 틀(1945년 이전 시기와 이후 시기의 뚜렷한 간극은 물론 그 연속성도 강조하는 시간적 틀)의 인식을 요청하는 것이 반제국 운동의 힘이나 역사적으로 유례없는 그 운동의 성취를 의심하려는 것이 아님은 말할 필요도 없다. 반둥 회의 자체를 탈식민 시대의 화합과 종족 간 형제애의 절정으로 숭배할 뜻도 없다. 회의에 참석한 대표들과 지도자들 내부에는 불화와 이견의 저류가 흘렀고, 그 점은 지금 잘 알려져 있다. 실로 인도네시아의 초대 대통령이었던 아크멧 수카르노Achmed Sukarno가 개회사에서 서구와 '나머지 세계'의 관계에 관해 한 말, 특히 "국가들과 국가 집단들 사이에 벌어진 깊은 틈"이라는 말은 특히 소련과 그 준식민지적 위성국가들에 대한 반둥 회의의 견해와 관련하여 지도력과 평화 공존의 문제에서 인도 총리 자와할랄 네루Jawaharlal Nehru와 중화인민공화국 총리 저우언라이周恩來의 관계나 저우언라이와 스리랑카 총리 존 코텔라왈라John Kotelawala 경의 관계에 관해서도 마찬가지로 쉽게 얘기할 수 있다.[163]

중요한 것은 이들이 겪은 그러한 불화와 초국적 유대가 전후 세계에 결코 새롭지 않았다는 사실이다. 이는 꼭 예견할 수 있었다고는 할 수 없지만 옛 제국주의의 잔해에서, 막 식민지에서 해방된 국가들의 다툼에서, 새로이 힘을 얻은 제국들의 열망에서 유기적으로 성장했다. 부분적인 이유는 그것이 20세기 중반 "전 세계적으로 명확히 표현된 제국적 구조"의 유산이었다는 것이다.[164] 구체화한 경험이었던 젠더는 제국주의자의 주장과 민족주의자의 주장에나 똑같이 개혁주의적 기반이었던 '여성'이라는 관념과 더불어 이 시기에 새로운 세계적 구조들이 표현되는 방식에 결정적으로 중요했다. 실제로 담론이자 실체로서 동시에 등장한 젠더(그리고 종족화한 관념과 행위에 젠더가 뒤얽힌 것)는 제국 건설이 근대성에 족적을 남긴 방식을 보여 주는 명확한 표지였다. 반식민지 사상과 실천에서 여성이 당연한 정치적·경제적·문화적 인자로 등장한 배경에는 여성, 나아가 몇몇 여권주의자가 여러 경우에 세계적 차원의 권리를 요구하는 새로운 운동을 만들고 있었는데도, 이들은 전통이나 근대성의 상징으로, 아니면 둘 다 대표하는 상징으로 바꿔 놓은 '여성 문제'가 있었다.

반둥 회의(식민지에서 해방된 민족들을 한데 모아 자신들의 주권과 연대가 세계 무대에 끼친 영향을 논의하게 하는 데 성공했으며 새로운 세계 질서에 사실상 남권주의적 자세로만 도전했다.)는 근대 서구 제국주의의 폭력과 억압에 맞선 반식민주의 저항의 세계적 범위가 낳은 주된 결과로 볼 수 있으며 동시에 20세기 말의 만만치 않은 세계 질서의 전조로 볼 수 있다.

부상하는 제국들

헨리 모턴 스탠리Henry Morton Stanley가 콩고강을 따라 여행할 때부터 제1차 세계대전이 한창일 때까지의 표준적인 서사는 서유럽 제국들의 부상을 특별히 강조한다. 기본적으로는 반박하기 어려운 주장이다. 영토 확장이라는 한 가지 조건에서만 보면 일단의 유럽 강국들은 실제로 그 시기 동안 공간적 범위를 기하급수적으로 확장했다고는 할 수 없어도 상당히 크게 넓혔다. 유럽의 군대와 외교관, 탐험가는 다양한 사회적·문화적·언어적·종교적 공동체들을 제국의 직접 지배(특히 아프리카)나 여러 형태의 제국 세력권과 비공식적 통제(특히 동아시아와 라틴아메리카) 속에 끌어들이는 데 성공했다. (종속민의 수를 계산했든 면적을 계산했든) 단순히 숫자만 보더라도 영국은 1870년에서 1914년 사이 유럽의 경쟁국들을 크게 앞질렀고, 그 결과 영국의 제국 경험은 '제국적 만남'이라는 간략한 역사 서술 용어로 상징성을 띠었다. 제국의 세계 제국적 힘을 검증하는 리트머스 시험지가 경제적 지배력이라면 19세기가 끝날 무렵 영국의 우세는 도전받지 않았다. 서구에서나 전 세계에서 "발전하는 자본주의의 핵심"에 있었던 영국은 의심의 여지 없는 제국 세계의 중심이었다. 영국 안에서는 잉글랜드가 산업 생산과 상업적 소비의 지주 역할을 했고, 잉글랜드 안에서는 런던이 1900년 이후 상대적으로 쇠락하기는 했지만 전 세계를 포괄하는 거대한 금융업 제국의 중심지 기능을 수행했다.[165] 이에 못지않게 의미가 컸던 것이 있다. 영국은 식민지 권력이 완전하게나 부분적으로 작동했던 아시아의 제국 영토에서 이익을 실현하기 위해 구조적 조건을 확립하여 오래 유지했는데, 이는 일본처럼 포부가 큰 제국들이 자국의 경제력과 영토상의 힘을 키우려 하면서 불가피하게 영국의 제국적 토대와 맞붙어 싸울 수밖에 없는 상황을 초래했다. 일본 제국주의가 단순히 서구 제국들에 반응하여 나왔다거나 서구 제국들에서 파생했다는 말이 아니다. 오히려 일본 제국주의는 세계적 강국이라는 주장을 바다, 즉 이미 유럽의 이익이 잘 확립되어 있고 19세기 말에 수백 년에 걸친 영국 제국의 기획에 의해 결정된 바다(정확히 말하면 조약항의 바다)에 내걸어야 했다. 여러 측면에서 세계적인 존재가 되기를 원하고 현지 주민이나 토착민에게 지배력을 행사하려는 국가들과 제국들은 먼저, 아니면 적어도 동시에 외교적이든 군사적이든 경제적이든 영국이라는 망령과 상대해야 했다. 제국 건설이 한 나라의 경제력과 문화적 힘을 보여 주는 주된 표지가 되면서 영국도 밑으로부터 제기되는 저항은 물론 사방에서 몰려드는 경쟁자들과 대면했다. "오스만 제국 술탄과 메이지 정부의 천황, 러시아의 차르, 합스부르크 제국의 황제…… 전부 '문명화한 군주제'의 역할을 [어떻게 수행할 것인지] 알고자 서로 바라보았다." 동시에 각국의 관료들은 상대국의 관료와 군대, 제국·시민사회를 주시했다.[166] 따라서 이런 말은 되풀이해도 될 것이다. 19세기 말과 20세기 초에 식민지 지배자와 피지배자, 장래의 식민지 지배자가 매우 다양한 비대칭적 권력 관계 속에 들어가면서 여러 전선에서 제국적 '만남'이 발생했다.

이러한 비대칭은 영국 제국의 역사가 근대 제국주의를 세계적으로 설명할 때 그 핵심에 가까워야 한다는 주장을 고수한다면 의당 분명하게 보여야 하지만 실제로는 그렇게 분명하지 않다.(유럽 헤게모니의 취약성이 분명하게 보이지 않는 것처럼 말이다.) 그리고 기술 발전과 경제적 위용의 관점에서 영국 제국이 실제적으로나 상징적으로나 근대 제국주의 자체의 정의에 결정적이었다는 점은 부정되지 않는다. 이런 의미에서 영국적 세계화anglo-globalization라는 명칭은 1870년에서 1945년 사이에 많은 경제와 정체, 문화의 구조를 바꾸고 현대의 토대를 놓은 과정의 특징을 묘사하는 것으로서 장점이 없지 않다.[167] 그러나 특정 형태의 세계성 확립에서 영국 제국이 중심이었음을 인정한다고 해서 영국 제국주의를 경쟁국들의 위협이나 내부의 토착민 저항의 망령에 영향을 받지 않은 정적이고 완성된 현상이나 (더 나쁘게는) 목적론적인 헤게모니 현상으로 보아야 한다는 뜻은 아니다.

이와 관련해 적절한 사례는 1899~1902년의 남아프리카 전쟁이다. 이 분쟁을 조장하고 결정한 것은 영국과 프랑스, 러시아, 독일이라는 제국들 간의 변화하는 협력 관계였지만, 전쟁 자체를 촉발한 것은 남아프리카 변경에서 종족 간에(아프리카인들 사이에, 아프리카너[19]와 영국인 식민지 개척자들 사이에) 벌어진 싸움이었다. 이렇게 다중의 배경에 유념하면 이 세기말의 다툼은 서로 경합하는 제국의 미래상들이 현지의 문화 교류와 식민주의의 오랜 전통과 교차하며 만들어진 상이한 전략적 과제들과 문화적 열망들이 복잡하게 얽힌 결과였다. 영국군과 아프리카너 군대가 충돌했을 때 이것이 단순히 국지적으로만 의미가 있는 작은 식민지 전쟁이 아니라 전 세계에 영향을 미치는 충돌이라는 점을 많은 사람이 분명하게 인식했다.[168]

남아프리카에서 벌어진 사건들은 영국과 유럽의 상위 정치에 반향을 일으켰을 뿐만 아니라 영국 식민지 전역에서 벌어진 종족과 국민, 제국의 유대에 관한 논쟁에서 중심을 차지했다. 아프리카너에 맞선 영국의 전쟁은 제국의 인력에 의존했다. 캐나다와 오스트레일리아, 뉴질랜드 출신의 백인 병사들이 영국군과 나란히 싸웠던 것이다. 오스트레일리아와 뉴질랜드에서 공히 소수의 정착민 지식인과 정치인의 파당이 점점 강한 확신을 갖고 국가주의적 전통을 만들고 있었지만, 이 전쟁이 제공한 제국에 봉사할 기회를 대다수 식민지인은 열렬히 환영했다. 그러나 여왕과 제국에 대한 충성심을 증명하고 싶었던 여러 마오리족 사회의 욕구는 식민지부가 뉴질랜드 총리 리처드 존 세던 Richard John Seddon이 보낸 마오리족 군사력의 제공을 거부한 뒤 종족에 관하여 일련의 시끄러운 논쟁을 유발했다. 영국의 이러한 결정은 제국적 분쟁에 원정군을 동원했다가 병사를 잃은 경험과 더불어 영국 정착 식민지의 식민지 국가주의를 조장하고 나아가 그 문화를 군사화했다. 남아프리카에서 벌어진 충돌은 아일랜드에서 복잡한 문제를 제기했다. 아일랜드는 공식적으로 그레이트브리튼·아일랜드 연합 왕국 '연방'의 일부였지만, 아일랜드에는 자신들이 사실상 영국의 식민지라는 강한 인식이 존재했다. 웨스트민스터 의사당에서

_____ **19** 네덜란드인 정착민의 후손인 남아프리카의 백인 민족 집단으로, 보어인을 가리킨다.

아일랜드 유권자를 대표한 정치인들이 영국의 전쟁 수행 노력의 일환으로 싸운 아일랜드인 병사들의 노고를 찬양했지만, 전쟁 중에 아일랜드에는 영국의 병력 모집에 반대하는 운동이 널리 퍼졌다. 남아프리카에 거주하는 아일랜드인 정착민 다수가 아프리카너와 함께 영국군에 맞서 싸웠다. 아프리카너의 민족주의는 명백히 프로테스탄트의 신학적 토대를 지녔음에도 1920년대와 그 이후까지도 아일랜드 민족주의에 영감을 준 중요한 준거점이었다.[169]

남아프리카 전쟁의 최종 결과는 영국에는 피로스의 승리였다. 현지에서 결국 '성공'했지만 사상자와 자본 지출 면에서 엄청난 대가를 치렀고 20세기가 시작되던 때에 제국적 자신감을 잃었다. 이 복잡한 대차대조표는 '영국 제국주의'가 가장 강경했던 순간에도 실제로는 얼마나 불안정했는지 암시한다. 남아프리카에서 영국 병사들이 보인 상대적으로 초라한 성과는 본국에서 영국인의 신체적 건강에 관한 일련의 논쟁을 유발했다. 이는 세계 지배뿐만 아니라 지속적인 문화적 재생산도 겨냥한 것이었다. 기자였던 아널드 화이트 Arnold White는 《위클리 선Weekly Sun》에 서른세 개의 기사를 연이어 써서 남아프리카에서 벌어진 영국의 전쟁에 충원할 수 있었지만 신체적으로 복무에 부적합하다는 이유로 거부된 잠재적 병력의 규모가 컸음을 강조함으로써 강경 주전론을 통속 과학과 뒤섞었다. 국민의 미래를 걱정한 화이트의 마음을 많은 사람이 공유했다. 20세기가 시작할 때 시드니 웨브Sidney Webb 같은 페이비언 협회 소속 사회주의자들과 선구적인 우생학자 칼 피어슨Karl Pearson은 국민의 힘을 깊이 염려했다는 공통점이 있었다. 다윈의 '생존경쟁' 개념을 사회적 영역에 과감하게 적용한 피어슨에게 제국 건설은 국민의 강인한 정신에 꼭 필요했다. 피어슨은 영국이 "열등한 종족들"을 물리쳐 그 힘을 키우고 전쟁 수행을 통해 국민의 강함을 유지한 것은 식민주의 덕분이라고 믿었다. 종족과 국민에 관한 이러한 주장은 젠더의 언어와 정치로 크게 굴절되었다. 피어슨은 심지어 여성참정권을 옹호할 때에도 전통적 젠더 역할이 강화되어야 국민이 더 강해질 것이라고 말했다. 피어슨에 따르면 "여성의 주된 의무는 튼튼하고 건강한 아이를 키우는 것이고, 남성의 주된 의무는 무기를 들고 [나라를] 지키는 것"이었다.[170] 남아프리카에서 전쟁을 끝낸 뒤 영국인의 체격과 성격에 관한 이러한 걱정은 1904년 의회가 체력 저하를 다룰 부처 간 합동 위원회를 설치할 정도로 심각했다. 그러한 논쟁은 비단 영국에서만 두드러지지는 않았다. 이 시기의 인구 감소를 염려한 세기말 프랑스의 현상도 온갖 이민자에 관한 걱정으로 점철되었다. 이는 "자유의 색깔", 그것과 혼인의 관계, 그것과 이종 교배의 연관에 관한 제3공화정의 광범위한 정치적 담론의 일부였다. 같은 시기 일본에서 성과 사회적 통제는 단순히 긴밀히 연결될 뿐만 아니라 생식체生殖體 차원에서 제국적 통치성에 매우 중요하다고 생각되었다. 이는 명백히 국가주의적 전통에 있는 사고방식으로, 성에 관한 유럽, 특히 독일의 학문적이고 과학적인 연구에 크게 의존했다.[171]

우리의 목적에는 남아프리카 전쟁이 영국의 힘의 한계를 벗어나는 중요한 정치적 순간이었음을 인식하는 것이 매우 중요하다. 2장에서 고찰한 전 세계적 통신망은 남아프리카의 소식이 넓은 지역에 신속하게 전파되는 결과를 가져왔다. 아프리카너 군대와 영국군 간의 전투에 관한 기사가 세계 도처의 신문에 실렸으며 철학자들과 정치인들, 외교관들이 이에 관해 논쟁을 벌였다. 영국의 지배에 저항하려는 아프리카너의 분투는 러시아와 독일의 민족주의자, 프랑스어권 캐나다의 분리주의자, 카를 카우츠키 같은 저명한 마르크스주의자의 지지를 얻었다. 이러한 연합은 다른 경우라면 가능하지 않았을 것이다. 전보와 신문 사설에서 얻을 수 있는 것보다 자세한 정보를 원한 러시아 국가는 그 전쟁을 영국군에 관한 광범위한 군사 정보를 확인하여 향후 있을지 모를 분쟁에 대비하는 수단으로 썼다. 1899년 러시아는 기술자와 군 첩보원을 남아프리카로 파견하여 정보를 수집하게 했고, 아프리카너 군대에 자원한 러시아 장교들이 추가 정보를 습득했다.[172] 같은 시기에 중국의 지식인들도 필리핀의 지식인들과 함께 1890년대에 남아프리카에서 벌어진 사건들을 추적했다. '영미' 제국주의의 부활을 걱정했을 뿐만 아니라 자국의 세계적 전망이 이 분쟁에 걸려 있다고 이해했기 때문이다. 영국 제국에 맞서 자신들의 주권을 주장하려 한 아프리카너의 노력은 중국에서 민족성과 정치권력, 국가 성격 사이의 관계가 명백히 세계적인 범위를 갖는 공개적인 논의의 대상이 되어야 했을 때에도 매우 비슷하게 이어졌다. 아프리카너의 열망은 중국인 관찰자들이 만주국의 성격과 중국인다움의 민족적 성격, 정치와 국가 간의 관계를 숙고할 수 있는 일종의 정치적 거울 역할을 했다.[173] 이렇게 중국이 중국의 문화적·역사적 인식에서는 오랫동안 가장자리에 있던 지역인 아프리카와 관계를 맺게 된 것은 1900년 무렵 정치의 피할 수 없는 세계성과 반식민주의 저항이 원칙적으로나 실제적으로나 국가의 성격에 관한 논쟁에서 얼마나 중요했는지를 떠올리게 한다.

남아프리카 전쟁을 이용하여 영국 제국이 역사적으로 작동한 복잡한 접점들 속에서 그 제국의 위치를 다시 정해 주면 영국 제국의 경험 밖에서 보는 세계적 영역에 관한 우리의 이해가 조정된다. 적어도 기나긴 19세기의 마지막 4분기에 세계 무대에는 운신의 여지를 확보하려는 일단의 선수들이 있었음을 알게 해 준다. 이러한 상황에서 비유럽 국가들은 유럽 국가들이 내건 것과 동일한 여러 가지 영토 확장의 평계를 고수했으며, 식민지로 삼으려는 곳의 토착민들만큼이나 다른 세계 제국들도 주시했다. 이러한 이해는 제국주의를 유럽이나 서구와 쉽게 동일시하는 것이 옳지 않음을 말해 주며, 많은 의미를 지닌 문화적 차이에 편견을 갖는 것은 근본적으로 서구적 현상이며 심지어 서구만의 독특한 현상임을 주장한다. 1914년 무렵 제국 체제들의 지리는 단순한 이원 모델로 환원할 수 없다. 그러나 동시에 다양한 제국 체제의 경제적 목표와 문화적 논리가 상당한 편견과 포부를 공유했음도 분명하다.

타슈켄트에서 러시아가 겪은 일이 적절한 사례다. 서구 강국들과 대등한 지위에 있음을 인정받고자 하는 욕구는 중앙아시아에 행정 규정을 강요하게 한 강력한 동인이었다. 콘스탄틴 페트로비치 폰 카우프만K. P. von Kaufman 총독 같은 관료들은 투르키스탄의 근대화에 착수하면서 종속민 무슬림 사회에 대한 권위를 유지하는 동시에 러시아 정부와 프랑스 정부에 강한 인상을 심어 주려 했다. 카우프만의 타슈켄트 개혁 추진 같은 운동은 적어도 부분적으로는 러시아가 위생과 교육, 그리고 당연히 포함되겠지만 제국적으로 기획된 의식 행사 등 모든 기본적인 수단을 통해 토착민에게 문명을 전해 줄 능력을 지녔음을 보여 주기 위한 것이었다. 다음 부분에서 더 상세히 살펴보겠지만, 카우프만과 그 후임자들이 설정하려던 경계와 이들이 실행하려던 개혁 사업들은 현지에서 협력과 철저한 저항에 공히 맞닥뜨렸다. 이러한 증거로 볼 때 개선이 처한 곤경은 여러 지역에서 서로 다른 방식으로 나타났어도 이 시기 제국적 만남의 공통된 특징이었다. 한편 식민지 타슈켄트의 사르트인 상인들(튀르크인에 동화된 중앙아시아 도시 중심지들의 주민들)은 흔히 유럽의 유대인과 비교되는데,(둘 다 기이할 만큼 비위생적인 사람들로 여겨졌다.) 이는 현지의 차이의 위계가 더 큰 수준의 차이의 담론에 어떻게 엮였는지 드러낸다. 그 차이의 담론은 적어도 부분적으로는 다른 곳의 제국적 기획에 영향받은 것이다. 유대인 집단살해와 무슬림 박해가 동일한 국가적·제국적 도가니에서 나왔다고 하면 지나친 얘기겠지만, 이처럼 여러 제국에서 되풀이된 일을 생각하면 비서구권 제국들을 유럽의 국가 형성과 식민주의의 역사와 이론에서 차단하려는 시도를 재고하게 된다. 베일이나 무슬림 정체성을 나타내는 다른 물질적 표현에 반대하는 조직적 운동은 나중에 가서야 소련 정권이 중앙아시아(특히 우즈베키스탄)에서 혁명을 일으키기로 결정하면서 수행하지만, 제1차 세계대전이 끝나기 훨씬 전에 타슈켄트 같은 곳에서 제국의 힘이 펼쳐진(그리고 저항에 부딪힌) 방식에는 여성의 힘이 결정적 역할을 했다. 러시아의 하층계급 여성들은 1917년 직전에 중앙아시아 상인들을 돌로 공격할 때에도 식량 부족의 책임을 차르의 관료들에게 돌렸다.[174]

영국의 힘과 포부는 이 시기 제국 영토의 확대로 여겨질 것의 대부분을 추동한 힘이었다. 영국 정부가 인도 제국의 장기적 안전과 이와 관련하여 희망봉에서 지중해까지 통로를 설치하는 일에 집착했기 때문이다. 이는 1880년대 내내 전 세계적으로 명백했다. 영국을 견제하고 압박하고 영국에 뒤지지 않으려는 욕망은 독일의 오토 폰 비스마르크 총리가 조직한 1884~1885년의 베를린 회의 이후 분명했다. 특히 그 회의는 세계 무대에서 영국 제국의 포부에 맞서 싸우려 한 카이저 빌헬름 2세의 세기말 세계 정책Weltpolitik을 자극한 강력한 동인이었다. 독일은 제국이 되기를 강력히 원했기에 1897년부터 군사력을 대규모로 확대했다. 특히 해군에 힘을 집중했는데, 빌헬름 2세가 해군을 확충하면 북해에서 영국을 크게 위협할 수 있어서 영국과 독일 간의 세계적 세력균형에 변동을 줄 수 있다고 믿었기 때문이다. 빌헬름 2세의 세계 정책은 대중적 민족주의를 촉진했고, 이는 민주화와 사회주의가 가하리라고 추정된 위협에 대비하여 신생 국가를 보호하고자 한 엘리트 이익집단들에 정치적으로 유용했음이 입증되었다. 영향력 있는 여성 작가들과 여권운동가들을 포함하여 많지는 않아도 상당수의 독일인이 공격적인 독일 외교정책, 폴란드에 있는 프로이센 지역의 독일화에 대한 더 강력한 책임, 세계적 영토 제국이라는 관념에 폭넓게 이끌렸다.[175] 이러한 성격의 제국의 미래상을 뒷받침한 것은 독일 민족의 경제적 안전과 문화적 생명력을 보장하려면 더 많은 영토가 필요하다는 가정이었다. 1904년 독일제국의 건설을 옹호한 어느 대변자는 그러한 욕구를 완고하게 표현했다. "우리는 땅, 새로운 땅을 가져야 한다!"[176] 물론 독일의 영토 범위와 문화적 힘을 확대하려는 이러한 열의는 식민지 피지배 주민들과 총력전이라는 훗날의 역사에 치명적 귀결을 가져온다.

그러나 제국의 헤게모니를 확보하기 위한 이러한 다툼을 역사적으로 가장 정확하게 바라보는 방법이 상호 경쟁하는 민족주의라는 틀은 아니다. 첫째, 그러한 접근 방식은 제국적 만남의 역사를 순전히 국제적인 틀 속에만 집어넣는다. 그렇게 되면 아프리카 쟁탈전이 당시 새로이 등장하던 전 세계적인 제국의 싸움터에 얼마나 깊이 말려들었는지 이해할 수 없을 뿐만 아니라 외교와 군사의 영역을 넘어 다른 필연적인 제국적 만남의 장소들을 볼 수 있는 힘을 빼앗긴다. 앞서 상세히 설명했듯이 19세기 말은 제국의 힘이 펼쳐진 공간적 범위가 군 주둔지부터 숲까지, 종교학교에서 본국 가정의 거실까지, 식민지부에서 다이아몬드 광산 구내까지 늘 바뀌는 과정에 있던 때였다. 그리고 앞으로 살펴보겠지만, 이 시기의 여러 제국 체제에서 제국 국가는 종속민을 '문명화'하고 당연한 일이지만 병사들과 정착민들을 보호하고 그로써 정복지와 그곳 주민들을 강력히 장악하기 위해 광역 권역과 지역적 공간, 일상의 공간들 속으로 영향력을 확대하려 했다. 서구 제국들의 경쟁이라는 하향식 국민국가 모델을 고수하면 더 지역적이고 더 긴밀한 식민지적 만남이 세계 강국이 되려는 열망에 얼마나 중요했는지를 평가하기 어렵다.

그러한 계획이 가장 두드러지게 나타난 영역은 성과 몸을 통제하려는 담론과 실천이다. 이러한 계획들의 중심이 군대라는 점은 의미가 있다. 군대는 병사들과 토착민 여성들이 접촉한 결과로 성병과 인종 간 출산의 위험성을 걱정했기 때문이다. 영국 제국의 상황에서 이는 인도부터 퀸즐랜드와 해협 식민지에 이르기까지 일련의 전염병법 제정을 낳았다. 메이지 시대 일본 제국에서 그것은 근대 제국 보건 제도의 본질이었던 공창제도(위안소)의 인가를 뜻했다. 이 체제의 근간이었던 몇 가지 주요 원리는 1889년 뛰어난 의사로서 식민지 관료이자 공중 보건의 옹호자였던 고토 신페이後藤新平가 쓴 『국가 위생 원리國歌衛生原理』에 잘 정리되었다. 고토는 일본 국가와 식민지 영토를 생물학적 존재, 면밀한 관찰과 양성이 필요한 몸으로 생각했다. 고토는 개별 시민들에게 '개화한' 신체 운동을 받아들이라고 권고했지만, 그의 견해는 개입주의적 국가에 독특한 위생학적 근대성의 창출을 책임지라고 요구했다. 이 모델은 성 위생을 크게 강조했으며 20세기에 들어선 이후까지 식민지 자치단체의 행정과 문화 간 성적 접촉의 단속, '위안부'의 규제에 큰 파급효과를 지녔다.[177]

　　1915년 이전 제국의 상승이 점점 탐욕스러워지는 식민지 체제들로 영토와 사람이 통합된다는 의미였다면, 이는 '세력권'의 확대도 의미했다. 이 점에서 베를린 회의는 제국의 야심을 덮은 것이 아니라 부추겼다. 1890년대에는 '슬그머니 침투하는' 갖가지 식민주의가 꾸준히 전진했다. 조선과 푸젠성의 일본이든 칭다오의 독일이든 에티오피아를 침공한 이탈리아든 세기말에는 여러 제국이 부단히 이권과 영향력을 찾아다녔다. 그러나 이탈리아가 에티오피아에서 굴욕적인 패배를 당하고 1898년에 에스파냐가 미국에 항복하면서 제국의 '그레이트 게임'에 큰 이해관계가 걸려 있다는 사실이 분명해졌다. 외부 팽창도 이 10년간의 식민화 계획을 전부 보여 주지는 못한다. 이미 확립된 기존의 몇몇 제국, 특히 백인 정착 식민지에서는 명확하게 종족화한 정치체제들의 안전을 보장하기 위한 조치들이 취해지고 있었다. 보호 구역(미국)과 통행증(남아프리카), 백인 지상주의 법률 제정(1901 오스트레일리아의 백호 정책)을 통해 실행된 이 체제는 새로운 형태의 백인 특권을 공고히 했으며, 이 특권은 20세기 후반까지 지속적으로 효력을 유지했다. 여성들과 아이들은 이렇게 종족적으로 계층화한 사업들 안에서 각별히 취약했으며, 사회 개혁가들과 여권

운동가들이 세계적 차원에서 '여성 문제'에 새로이 이목을 끌 때에도 백인 여성과 비백인 여성 간의 기회와 경험의 차이는 사라지지 않고 오히려 대체로 강화되었다. 달리 말하면 제국적 만남의 세계사는 1915년 이전에 제국들이 품었던 야심을 제국 간 교류와 경쟁, 신분을 가로지르는 교류와 경쟁이라는 만화경을 통해 추적하고 역사화할 것을 요구한다. 이러한 제국주의의 새로운 세계사들은 단순히 초국적 중요성을 강조하는 데서 그치지 않고 이 시기에 시작된 초제국적 접촉의 구조를 이해하는 다층적이고 다축多軸적인 접근법을 요구한다.

제국적 구상에 대한 그렇게 세계화한 시각은 분명히 제국과 식민지의 무수하게 많은 장소에서 당대의 관찰자들에게 명확했을 것이다. 우연은 아니다. 19세기 마지막 사분기에 인쇄 문화가 폭발적으로 확산하면서 파리와 델리, 상하이, 카이로, 모스크바, 이스탄불의 신문 독자들의 집 현관에서 다양한 상상의 공동체에 대한 이해가 가능했다. 문해력이 급속하게 퍼지고 근대성의 중심 요소가 되면서 '저널리즘의 세계'와 '싸구려 통속소설'에서 선교 책자까지, 여행기에서 화보 잡지까지 대중 독자에게 다가간 장르의 확대는 늘어나는 독자들에게 온갖 다양한 제국적 만남에 관해 얘기했다. 남성 독자와 여성 독자 공히 뉴스를 읽거나 인기 있는 제국 이야기에 깊이 빠져 '다른 장소들'로 떠나갈 수 있었고 '다른' 사람들에 관해 알 수 있었다. 인쇄물은 식민지가 된 지 얼마 지나지 않은 곳의 사람들에게 먼 곳과 생소한 민족들의 소식을 전해 주었다. 이들은 단순한 선교 서사와 학교 교과서, 신문의 이야기들을 통해 자주 다양한 인간의 이미지와 세계사의 유형을 습득했다. 동시에 주요 중심지의 독자들이 자신을 부분적으로는 상상 속에서 주변부와의 만남을 통해, 국민적이고 제국적인 만남을 통해 규정하면서 읽기는 제국적 주체성과 세계주의적 주체성을 형성하는 주된 요소로 기능했다.[178]

이러한 인쇄물 관련성의 증대는 광역권의 언어 전통과 국민어, 하와이에서 뉴사우스웨일스까지, 벵골에서 알렉산드리아까지, 웨일스에서 자메이카까지 전 세계를 포괄하며 점차 강력해진 세계 영어global english를 만들었다. 여행기는 민족지학적 정서와 어느 정도의 과학적 권위를 지녔기에 저자든 독자든 제국적 세계주의자의 형성에서 가장 일반적인 전달 방식이었다. 여행기는 동쪽에서 서쪽으로, 다시 거꾸로 제국들을 가로지른 엘리트들에게 청 제국이든 프랑스 제국이든 영국 제국이든 제국의 팽창을 자연스럽게 받아들이는 효과를 낼 때에도 정치적·사회적 개혁 수단을 정당화하는 기능을 수행했다.[179] 남성이든 여성이든 토착민의 신체에 대한 세세한 설명은 식민지 공간에서 문화적 친화력과 차이를 둘 다 파악하는 기회를 제공했다. 1905년에 조선을 방문했던 일본 국회의원 아라카와 고로荒川五郎는 조선인의 머리카락과 복장, 혈색, 체격을 분류한 뒤 이런 말을 남겼다. "자세히 보지 않으면…… 일본인과 조선인이 같은 유형의 인간이라고 생각할 것이다."[180] 반식민주의 기류의 흥미로운 사례를 살펴보자. 파리에서 《미스르 알카히라Misr al-Qahira(카이로)》와 《알우르와 알우트카al-Urwa al-Wuthqa(끊을 수 없는 고리)》의 간행을 조종한 자들처럼, 터키와 이집트의 몇몇 지식인은 유럽에서 정기간행물을 출판했다. 유럽에서는 1890년대부터 터키 저널리즘이 특히 번창했다. 이런 식으로 식민 본국의 온갖 독자는 일부 식민지 독자들이 그랬듯이 세계 제국의 지정학적 현실과 불확실성의 증인이 되었다. 대중적인 피에누아르pied-noir 문학의 등장인물 카가유스Cagayous를 탄생시킨 알제리 태생의 작가 오귀스트 로비네Auguste Robinet가 1898년 자신의 작중 인물을 드레퓌스 반대파인 에두아르 드뤼몽과 만나게 했을 때 그는 식민지 정치와 국내 정치의 근접성을 극화했다. 또한 로비네는 식민지 여론과 제국 건설 사업의 중심에서 이루어진 제국적 만남이 공히, 국내에서나 주변부에서나 제국의 드라마에 휘말린 모든 집단에 얼마나 중요했는지 명쾌하게 밝혔다.[181]

1915년 이전의 반제국 정서

1871년 프랑스 세계의 기존 정치 지형은 명백한 도전을 받았다. 파리 코뮌 때 프랑스가 프로이센에 패한 뒤 불만에 휩싸인 노동자들이 프랑스 수도에서 잠시 사회주의 정부를 세웠다. 알제에서는 프랑스인 식민지 건설자들이 이른바 '알제 코뮌'으로 공화주의 봉기를 일으켰지만, 알제리의 자치라는 이들의 꿈은 프랑스 군대의 위협에 곧 짓밟혔다. 그러나 알제리 동부의 산악 지대 거주자들인 카빌리아인들이 자신들의 땅을 침입하는 프랑스 식민지 국가에 맞서 반란을 일으키면서 프랑스가 그 나라의 나머지 지역을 통제하기는 더 어려움이 입증되었다. 프랑스 제국의 관리들은 카빌리아인들이 조상 대대로 물려받은 땅, 즉 카빌리아(카빌리)를 식민지 자원 확보에서 매우 중요하게 생각했지만, 동시에 그곳은 식민지 주민들에게 프랑스의 영토 정복이 총체적일 것이라는 가르침을 주었기 때문이다. 이 싸움은 20세기 이전 반제국 저항의 성격과 방향에 관한 논의의 출발점으로서 유용하다. 우선 그것은 식민 본국의 정치적 시간대와 식민지의 정치적 시간대가 중첩된다는 점을 일깨운다. 이는 영국의 경우에서 분명하게 드러나는 유형인데, 영국에서는 국내 정치 문화의 주된 순간들이 식민지 영토의 사회적 소요에 대한 반응은 아닐지라도 종종 그것을 배경으로 등장했다. 프랑스의 상황에서는 프랑스 혁명 시기에 발생한 아이티와 과들루프의 봉기들과 북아프리카에 출현한 20세기 반식민주의 운동이 19세기의 이 사례보다 잘 알려졌을 것이다. 그러나 1830년의 긴 그림자 속에 있는 카빌리아와 아랍의 저항[20]이 장기 지속의 시간대에서 형태를 바꾼 프랑스 식민주의의 성격을 평가하는 데 매우 중요함은 분명하다. 이는 옳은 얘기다. 토착민과 대결한 전쟁, 아랍의 경우 무슬림 지도자 아브델카데르Abdelkader에게 맞선 전쟁이 거의 20년간 지속되었기 때문이다. 이렇게 싸움이 지속되었다는 사실은 프랑스 제국의 헤게모니가 비록 대단하지는 않았어도 힘들게 싸워 얻은 것이며 토착민의 저항이 완강하고 다면적이었음을 암시한다. 카빌리아의 사례는 유용하다. 그 저항이 토지 강탈과 침해에 직접적으로 대응한 행동이었기 때문이며, 저항은 1871년 봉기[21]의 진압으로도 멈추지 않고 19세기 나머지 기간에 이따금씩 지속되었기 때문이다. 이러한 저항의 분출은 일반적으로 식민지 국가의 특정한 법률 제정에 대응한 것이었지만, 그 효과는 매우 넓게 퍼질 수 있었다. 가장 두드러진 사례는 1945년 세티프(프티트 카빌리) 봉기인데, 이는 결국 알제리 독립전쟁에 불을 댕겼다. 아일랜드

----
20 프랑스의 알제리 침공은 1830년에 시작되었다.
----
21 1871년 셰이크 모하메드 엘 모크라니Mohammed El Mokrani가 이끈 봉기.

든 오스트레일리아나 뉴질랜드든 미국 서부든 아프리카든 인도든 제1차 세계대전이 발발하기 이전 반백년 동안 식민지 농민과 농업 노동자 들이 제국 국가와 현지의 그 대리인들에게 맞서 일으킨 소요는 때때로 반식민주의 투쟁과 탈식민지 투쟁의 토대를 놓았으며 그 시기 반식민주의 활동의 상당 부분을 설명해 준다.[182]

토착민이 대의제도를 통해 토지 정책에 반대할 수 있었던 의미 있는 사례들이 있다. 마오리족 예언자 전사들(테쿠티Te Kooti 같은 이들)과 비폭력을 옹호한 예언자들(테 휘티Te Whiti 같은 이들)은 결국 식민지 체제에 신의 은총이 내릴 것이라고 믿었던 반면 은가이타후족 족장 호리 케레이 타이아로아H. K. Taiaroa 같은 다른 지도자들은 의회 내의 입지를 활용하여 식민지 지배의 작동을 비판하고 자신들의 공동체의 이익을 보호했다. 전 세계적 상황에서 볼 때 토착민 사회가 그렇게 정식으로 정치적 대표성을 획득한 경우는 법칙이 아니라 예외였다. 물론 대다수 정체에서 참정권에 성차별의 제한이 있었음을 생각하면 식민지 피지배 여성들의 공식적인 참정권은 대체로 보잘것없거나 아예 존재하지 않았다. 그렇다고 식민지 피지배 여성들이 정치 문제에 무관심했다거나 정치적 투쟁에 참여하지 않았다는 말은 아니다. 이를테면 19세기 말 케냐의 경우처럼 토지가 경제적 부양과 정치적 권위의 결정적인 원천일 뿐만 아니라 부족의 통일성이나 종교 공동체의 통일성을 상징하는 곳에서 여성의 노동은 비록 정치 과정에 케냐 여성들을 위한 공식적인 공간이 없었다고 해도 가축의 소유부터 영적 액막이 일을 하는 이들에게 음식을 제공하는 것까지 일군의 영역에서 필수적일 수 있었다. 다른 곳에서 여성의 권력과 권위는 식민지 아샨티에서 그랬듯이 상업적 생산이 팽창하는 가운데 크게 바뀌었다. 따라서 아프리카의 식민지 피지배 여성들은 자신들의 족장과 원로 들은 물론 백인 정부 관료, 선교사, 식민지 자본가 들에게 대응하면서 늘 정치 문제에 관여했다. 이렇게 여러 문제에 관여했다는 사실은 다양한 아프리카 여성 집단이 자주 드러낸 문화적 시각이 양면적이고 모순이었음을 뜻했다. 여성들이 정치적으로 강력한 집단이 그들에게 가한 상충하는 압력과 자신들의 공동체의 이익 사이에서 균형을 유지하려 노력했기 때문이다. 달리 말하면 여성과 제국의 관계는 세계 제국들의 번잡하고 불균등한 영역에서 이루어진 다축적 만남과 제국들이 정책과 관행을 통해 확립한 고도로 젠더화한 체제에 맞선 일상의 저항을 실례로 보여 주었다.[183]

결국 대다수 식민지 종속민의 반대 행위는 토착민 사회를 넘어서면 당대인들의 눈에 띄지 않거나 대수롭지 않게 보였다. 예를 들면 식민지 오스트레일리아의 원주민은 강탈에 맞서 지속적으로 널리 저항했지만, 조직 기반의 규모가 작았기에 식민지 개척자들은 그 존재를 무시할 수 있었고, 저항은 시드니와 멜버른, 런던에 편안히 앉아 있는 관료들의 시야에서 대체로 벗어나 있었다. 그러나 이렇게 토지의 소유권과 이용을 둘러싼 매우 국지적인 싸움 가운데 몇몇 경우는 잔혹한 학살과 보복의 습격, 토착민이 오랫동안 보유했던 토지의 몰수를 촉발했다. 오스트레일리아의 경우 원주민 사회의 기본적 자유는 주법에 의해, 1901년 이후에는 연방법에 의해 크게 제한되었다. 법률과 상위 정치의 차원에서 토착민 사회의 존재 자체가 '주인 없는 땅terra nullius' 이론을 통해 부정될 수 있었다. 이 이론은 오스트레일리아 식민화를 합법화하는 신화로, 원주민이 토지를 경작하거나 소유하지 않았으며 그러한 사람들에게는 주권이나 정치적 권리가 없다고 주장했다.[184] 그러나 변경 지역에서는 목축과 광업의 급속한 팽창에 맞서 원주민 사회가 지속적으로 저항했으며, 이는 빈번히 인종 간 폭력으로 전화했고, '잔인한 행위'는 식민지 통제의 도구가 되었다.[185] 많은 사회 개혁가는 식민지에서나 제국 본국에서나 식민지에서 자행되는 폭력을 비난했다. 그렇지만 전쟁과 살인을 식민주의의 탐욕스러운 자원 욕구나 식민지 폭력을 뒷받침한 인종차별의 논리와 연결한 평자는 극소수였다. 좀 더 일반적인 현상을 말하면 사회 비평가들은 더 나은 형태의 제국주의, 경제적 발전은 물론 정신적이고 도덕적인 개선의 장려에 토대를 둔 제국주의를 건설하고자 했다. 그러한 바람은 본질적으로 제국을 그 결함에서 구원하는 것이고 자비로운 제국주의를 만드는 것이었다. 제국 건설의 많은 지지자는 광대한 영토 제국들이 신의 은총을 보여 주는 표지라고 믿었는데, 그 강력한 논거가 된 것이 바로 이러한 희망이었다. 토착민 여성의 생식력과 노동력을 안정된 가족의 건설이라는 '고귀한 목적'에 이용하는 것은 이 정당화 과정에서 결정적으로 중요했다. 이 여성들을 문화적 종속과 그들을 무시하는 국가정책으로부터 구원하려고 애쓴 백인 여성 개혁가들의 압축적인 '자애로운 보호'도 마찬가지였다.[186] 20세기에 들어서면 이러한 백인 개혁가들은 제국의 경계를 넘어 반식민주의까지는 아니어도 사회 개혁이라는 국제적 윤리의 힘을 점점 강력하게 이용한다.

부분적으로는 식민주의에 관한 이와 같은 일상적 걱정, 그리고 벨기에 왕 레오폴 2세의 대리인들이 콩고에서 자행한 것 같은 제국의 잔혹 행위에 폭넓게 쏠린 매우 선정적인 국제사회의 이목 때문인데, 유용한 자원의 추구가 제국의 힘을 공격적으로 추구한 동인이었음은 분명하다. 식민지 개척자들은 콩고강 유역의 고무 같은 필수 재화든 남아프리카 광산의 다이아몬드 같은 사치품이든 오스트리아 원주민의 토지든 귀중한 재원을 통제할 권한을 행사하려 할 때에는 토착민과 직접적인 충돌을 빚는 경우가 많았다. 식민지 피지배 주민들에게 측량 기사와 관리자, 상인은 제국 군인의 강압 행위만큼이나 식민지 당국의 권위와 자신들의 종속을 체현한 존재들이었다.

물론 영토 정복과 병합은 반제국 저항의 출현을 설명하는 가장 자명한 요인이었고, 제1차 세계대전 이전에 나타난 그 세계적 현상의 역사는 가장 기본적인 의미에서 대응적인 성격을 지녔다고 쉽게 이해할 수 있다. 예를 들면 에티오피아의 황제 메넬리크 2세와 잔지바르의 티푸 팁Tippu Tip[22]이 유럽인의 침입을 물리쳤을 때 이들의 대응은 자신들의 권력을 지키고 왕국의 식민화를 막기 위한 방어적 성격을 지녔다. 1892년 벨기에인들에 맞서 스와힐리 전쟁을 수행한 아프리카 부족들도 마찬가지였다. '방어 작용'이라고 부를 수 있는 이러한 현상은 영토를 둘러싼 제국적 충돌뿐만 아니라 다른 전선에서도 일어날 수 있었다. 자이나브 (라일라) 빈트 샤이크 무함마드Zaynab (Laila) bint Shaykh Muhammad(ca. 1850~1904)의 생애가 그 점을 시사한다. 알제리의 유력한 수피파 교육 개혁가의 딸이었던 라일라는 아버지의 수피파 집회소에서 이루어진 교육 활동에 프랑스 식민지 정권이 의혹을 품자 이에 대항했을 뿐만 아니라 아

_____ **22** 1837~1905. 상아 무역과 노예무역을 장악하여 상업 제국을 건설한 상인.

버지의 일과 재산을 물려받을 자신의 권리를 빼앗으려는 사촌과도 맞서 싸웠다. 이것은 식민지의 토착민 원로들의 협력에 대항한 토착민 여성을 보여 주는 전형적인 사례이지만, 라일라는 자신의 권력을 보존하고 아버지의 종교 활동을 실질적으로나 상징적으로 강화하기 위해 무슬림 고위 성직자들뿐만 아니라 개혁 성향의 프랑스인 행정관들도 이용했다. 그러나 아프리카에서는 다른 곳과 마찬가지로 영토상의 영향력과 범위를 확대하려는 제국의 결정 자체가 방어적 대응인 경우가 많았다. 식민지 침입과 변경의 전쟁은 토지와 자원을 원하는 더 기본적인 욕구에 기인했지만 때로는 "권력과 권위에 관한 토착의 원리"와 만남으로 생긴 불안에서 발생하기도 했다.[187]

달리 말하면 반제국 일화들을 역사화할 때 쉽게 일반화할 수 있는 편리한 인과 공식은 없다. 그러한 사건들은 영국인 행정관의 살해(예를 들면 1880년 남아프리카 쿰부의 술렌카마 병원에서 음폰도미세족(코사족) 족장 음흘론틀로Mhlontlo가 해밀턴 호프Hamilton Hope를 살해한 일)부터 1896년 필리핀에서 에밀리오 아기날도가 에스파냐에 맞선 데 이어 미국에 저항하여 이끈 것과 같은 철저한 혁명까지 다양할 수 있었다. 1901년 미국에 사로잡힌 아기날도는 점령에 맞서 계속 저항한 다른 동포들과 다르게 필리핀의 주권이 미국에 있음을 인정했다. 식민지에 반대한 이들이 자신들을 지배한 제국의 영토 구역 안에 갇힌 것도 아니다. 이 점은 필리핀의 위대한 박식가이자 소설가였던 호세 리살José Rizal의 초기 생애에서 각별히 두드러졌다. 리살은 마드리드와 파리, 하이델베르크에서 의학 교육을 받고 베를린에서 선도적인 민족지학자들과 교류했으며 유럽과 일본, 미국을 널리 여행하고 홍콩에서 살다가 필리핀으로 돌아와 선구적인 사회 개혁가이자 독립 주창자로 활동하다 1896년에 사망했다.[188]

마찬가지로 중요했던 것은 식민지 세계 도처의 싸움터, 부두와 공장, 학교, 감옥에서 일상적으로 저항과 투쟁이 벌어졌다는 사실이다. 이러한 투쟁에서 종속민은 때로 제국과 제국의 대리인들과 정면으로 맞서 싸웠지만, 이러한 도전은 조심스럽고 간접적인 경우가 더 많았고 역사 기록에 늘 두드러지게 나타나거나 완벽하게 드러나지는 않았다. 카리브해에서 호사이Hosay의 축제

_____필리핀-미국 전쟁 중 다른 봉기 지도자들과 함께한 에밀리오 아기날도(앉은 줄 오른쪽에
서 세 번째), 필리핀, 1900년경. 아기날도는 에스파냐의 식민지 통치에 맞서 일어난 혁명과 이어
서 미국의 식민지 점령에 맞선 저항에서 영향력 있는 지도자였다. (National Archives and Records
Administration)

전통을 둘러싸고 발생한 것과 같은 폭동은 그러한 일상의 우연한 투쟁이 지닌
힘과 간접성을 보여 주는 사례다. 빅토리아 시대 말기 호사이는 남아시아 출신
노예 계약 노동자들이 이식한 것으로, 시아파 무슬림이 예언자 무함마드의 손
자 후사인 이븐 알리Husayn ibn Ali의 순교를 추모하는 무하람Muharram[23]이 토착
화한 형태다. 트리니다드 같은 곳에서는 호사이에 플랜테이션 농장에서 출발
하여 지역의 길을 따라 걷는 행렬이 포함되는데 중국인 상인들과 포르투갈인
무역업자들, 아프리카인 술꾼들, '쿨리coolie'[24] 노동자들이 함께 걷는다. 이러한
공개 행진이 노동자의 소요나 파업과 뒤섞였지만 그것이 식민지 국가의 권위

_____**23** 이슬람력의 첫 달, 그때 거행되는 축제.
_____**24** 19세기와 20세기 초에 인도나 중국 남부에서 회사가 현지에서 고용한 비숙련노동자를
가리키는 말.

를 훼손하려는 협력을 반영하지는 않았다. 그러나 그렇게 여러 언어를 쓰는 사람들이 식민지 공간에서 보여 준 장관은 현지의 플랜테이션 농장주들과 식민지 관료들에게 자신들의 권위가 약하다는 두려움을 심어 주었다. 1884년 설탕 시장이 침체하고 트리니다드에 널리 노동쟁의가 일면서 영국 당국은 인도인 플랜테이션 농장 노동자들로 이루어진 행렬이 산페르난도 시내로 진입하지 못하게 막기로 결정했다. 영국 군인들은 행진을 봉쇄하고 행렬을 불법 집회로 규정한 폭동법을 낭독한 뒤 크게 놀란 비무장 행진 참가자들에게 발포했다. 참가자 가운데 최소한 12명이 사망하고 100여 명이 부상을 당했다.[189]

1797년부터 영국의 식민지 지배를 받은 트리니다드 같은 곳들은 대서양을 횡단하는 노예무역의 종식과 노예해방에 뒤이어 전개된 여러 가지 복잡한 상황을 보여 주었다. 트리니다드에서 노예는 1838년에 해방되었지만, 그렇다고 착취가 종식되지는 않았다. 트리니다드의 플랜테이션 농장주들은 중국인 노동자든 서아프리카의 자유인이든 소앤틸리스 제도의 해방 노예든 마데이라 제도에서 온 가난한 포르투갈 노동자든 값싼 노동력을 확보하려 애썼다. 그러나 결국 설탕 농장과 카카오 농장에서 일한 노동력의 원천은 주로 벵골과 오리사, 우타르프라데시, 비하르 출신의 농촌 빈민으로 충원한 남아시아의 노예 계약 노동자들이었다. 이 노동자들은 착취당하기 쉬웠고, 계약을 성공적으로 끝마친 사람은 소수에 지나지 않았다. 이를테면 트리니다드의 성공한 상인이자 플랜테이션 농장주요, 경영자가 된 하지 고쿨 메아Haji Gokool Meah 같은 사람들은 예외였다.[190] 여러 언어를 쓰는 사람들이 뒤섞인 트리니다드의 이질적인 노동력은 '해방의 시대'에 제국의 세계적 영토가 예속과 자유의 뒤얽힘, 채무 노동과 반자본주의적·반식민주의적 저항의 뒤얽힘에 관한 놀라운 이야기들의 현장이었음을 떠올리게 한다.

그러한 이야기들은 상당수가 모호한 상태로 남아 있다. 이는 '상위' 지정학에 의해 움직였거나 그것에 관여한 엘리트층과 반제국주의자들이 강조되었기 때문이기도 하고, 복잡하고 고르지 않은 초국적 이주와 이동의 흐름을 추적하기가 어렵기 때문이기도 하다. 완전히 성장한 민족주의 운동들은 대체로 제2차 세계대전이 발발할 때에야 목적을 달성하지만, 이러한 세계적 공간들은 19세기 말에 반식민주의 정서를 조직의 형태로 키워 내는 온상이었다. 인도 국민 회의(1885)와 아프리카 국민 회의(1912)는 각각 1915년 이전의 소란스러운 몇십 년 동안 탄생했다. 두 단체의 지도자들, 즉 마하트마 간디와 픽슬리 카 이사카 세메Pixley ka Isaka Seme[25]는 변호사였는데 개업 변호사인 동시에 식민지 종속민이었던 경험은 근대 제국들의 장기적 운명에 세계사적 영향을 미치게 된다. 간디가 비폭력 저항운동의 중심으로 투신하게 될 것은 인도 아대륙을 벗어나 (처음에는 영국에서, 그다음에는 남아프리카에서) 자신이 인종차별을 받는 이등 신민임을 깨달았기 때문이다. 세메의 경우 1910년 영국에서 돌아와 경험한 남아프리카의 냉혹한 인종차별의 경계는 물론 미국에서 받은 세계주의적 교육과 여행도 그의 민족주의적 사고를 형성했다. 세메는 비백인 남아프리카인들이 식민지 지배를 거부할 수 있는 힘과 아프리카 전체의 폭넓은 변화를 추진할 능력을 지녔다는 대범한 견해를 지녔다. 서구의 민족주의 형태와 마찬가지로 식민지에 반대하는 민족주의적 열망은 결코 좁은 지역에 국한되지 않았다. 오히려 그 반대였다. 그러한 열망은 제국의 정복으로 만들어진 시민사회와 그 이전에 존재했던 시민사회에서 성장했지만, 제국을 끌어들인 다양한 만남도(그러한 연루가 분명 그들이 자초한 것은 아니지만) 그 열망의 형성에 똑같이 기여했다. 이들은 식민지 종속민 동포들(이들은 다수의 종교적·민족적 정체성과 마찬가지로 다양한 계급적 지위를 신봉할 수 있었다.)과 제국의 거물들, 서로 경쟁하는 제국들, 심지어 서로 점점 긴밀히 연결되는 제국 세계의 동료 혁명가들과 비평가들까지 다양한 대상을 염두에 둔 채 민족주의 사상을 표현하고 반제국주의 전략을 수립했다. 서아프리카의 민족주의자 조지프 에브라임 케이슬리-헤이퍼드J. E. Casely-Hayford는 그 시기에 간디보다는 덜 알려진 인물이지만 세계 전선에서 독특하게 새로운 형태의 지적·문화적 싸움을 모범적으로 체현했다. 캐슬리헤이퍼드가 1911년에 발표한 『해방된 에티오피아 Ethiopia Unbound』는 종전 직후에 널리 유포된 것과 같은 환상적인 반식민주의 정치사상의 증거로 읽을 수 있다. 특히 책이 종족 해방의 열망을 매개로 동료

_____ **25** 1881~1951. 아프리카 국민 회의의 설립자 중 한 사람으로 의장을 지냈다.

아프리카인들뿐만 아니라 아프리카계 미국인과 나아가 예속 상태의 아일랜드인까지 대상으로 삼았기 때문이다.[191]

그 책은 유색인 여성들, 식민지 피지배 여성들과 '자유로운' 여성들을 종족 향상에 관한 공적인 논의와 개혁주의적이요, 제국에 더 직접적으로 대항하는 공적인 행동으로 똑같이 끌어들였다. 시에라리온의 애나 어스킨Anna Erskine 같은 아프리카계 미국인 여성들은 매우 독특한 성격의 여성해방 모델, 즉 개발주의적이면서도 타협주의적인 식민지 제도 안의 기독교적 품위와 교육적 성취를 강조한 모델을 만들었다. 매디 홀 수마Madie Hall Xuma[26] 같은 다른 이들은 민족주의적 투쟁 정신이 고조되는 순간에 아프리카 국민 회의에 운명을 걸었다. 두 대전 사이에 활동한 아프리카계 미국인 여성참정권론자들 같은 다른 이들은 미국 제국주의가 초래한 불균등한 세력 관계라는 상황에서 이기는 하지만 카리브해 지역의 여권주의자들과 교류했다.[192]

일부 식민지 피지배 주민이나 종속민은 동조자들과 연대를 구축하려 했지만, 이는 보편적이지도 한결같지도 않았다. 19세기 아일랜드 공화주의는 흥미로운 경우다. 청년 아일랜드 운동의 토머스 데이비스Thomas Davis와 존 미첼John Mitchel 같은 사람들은 이집트의 독립과 러시아 유대인의 운명에 공감하는 글을 썼지만 남아프리카 전쟁에 관한 글에서는 토착 아프리카인들이 아니라 아프리카너를 옹호했다. 영국 노동당의 지도자로 1907~1908년에 인도와 남아프리카를 여행한 키어 하디Keir Hardie는 약간 더 복잡한 태도를 보였다. 하디는 당시 인도의 민족주의자들과 영국의 트란스발 정책을 지지했지만 '유색인 노동자들'이 자신들의 경제적·정치적 목표에 위협이 된다는 백인 정착민들의 두려움에 동조의 뜻을 표했다. 한편 제국 국가들은 갓 태어난 민족주의의 발전 가능성을 억제하려고 서로 협력하는 데 망설임이 없었다. 그래서 프랑스와 일본은 1908년에 은밀히 공모해 심부에서 공부하던 쩐쫑칵Tran Trong Khac을 괴롭혔다. 그렇지만 쩐쫑칵은 중국과 독일에서 공부를 이어 나갔

_____ **26** 1894~1982. 남아프리카 공화국의 사회 활동가이자 교육가. 아프리카 국민 회의 여성 연맹ANGWL을 조직하고 초대 의장을 지냈다.

고 그로써 그 이른 시기에 베트남 독립으로 이어지는 세계적인 경로를 밝게 비추었다.[193]

20세기 첫 10년간 이러한 종류의 교류가 번성했다면 그 뿌리는 1890년대에 있었다. 전 세계의 제국들이 목표로 삼았던 1890년대의 지정학적 균형은 크게 손상되었다. 한편으로는 옛 제국과 새로운 제국 들이 카리브해에서 조약항들과 케이프 식민지, 러시아의 스텝 지역까지 서로 밀어내거나 겹쳐지지는 않았어도 점점 가깝게 붙었기 때문이다. 쿠바의 작가이자 출판인이요, 혁명적 철학자였던 호세 마르티José Marti는 이러한 인식을 뚜렷하게 드러냈다. 마르티는 1895년 에스파냐 제국 군대에 맞서 싸우다 전사했는데 그 전에 쿠바가 에스파냐로부터 완전히 독립할 것을 주창했다. 이는 자치자유당PLA이 식민지 당국에 지나치게 타협적이라고 치부하는 주장이었다. 마르티는 다인종 민주공화국이 쿠바의 미래를 위한 유일하게 올바른 토대라고 주장하며 미국의 제국적 열망을 경고하기도 했다.[194] 이러한 주장들은 마르티가 아메리카와 카리브해 지역, 미국을 널리 여행한 뒤 강력한 문화적 감수성이 라틴아메리카를 통합했다고 확신하면서 갖게 된 것으로 에스파냐와 미국의 제국 건설을 공히 거부했다. 마르티의 저술과 정치는 19세기 말의 민족주의적 기획을 뒷받침한 지적 노력과 1890년대의 반식민주의 운동들이 열어 놓은 제국 횡단의 통로를 생생하게 떠올리게 한다. 1900년 전후 제국 체제들의 구조를 재현하면 제국의 반대자들이 활동한 세계가 전 세계적으로 분명하게 드러난 유동적인 부분들의 집합이라는 사실을 유독 생생하게 보게 될 것이다. 그 유동적인 부분들을 통해 제국의 이미지와 제국에 관한 주장은 매우 빠른 속도로 퍼지고 이식되고 현지화했다.[195]

20세기에 들어서면서 몇몇 제국 비판자는 안에서부터의 개혁을 목표로 삼았다. 여기에는 1890년대에 영국 의회에 대표를 보낸 인도 국민 회의의 회원들과 오스만 제국의 심장부에서 헌정의 위기가 한창일 때인 1908년에 혁명을 일으킨 '세 파샤'가 포함된다. 이 시기 이란에서도 헌정의 위기가 혁명을 촉발했다. 혁명 세력은 테헤란에 대한 제국의 복안이 속도를 내는 가운데 새로운 헌법을 확보했다. 차르 군대와 영국 제국의 관료들은 실패한 실험에서 전리품을 챙기려고 달려들 태세를 갖춘 채 위협적인 자세로 지켜보기만 했다. 한편 이란 여성들은 인도 여성들이 스와데시 저항에 참여한 것과 거의 같은 시기에 유럽 직물의 불매운동을 전개했다. 이렇게 유사한 민족주의적 상황 전개는 새로운 여성 주체성, 나아가 여권주의적 주체성의 출현에 기여하면서도 공적 영역의 참여에서 젠더화한 특정한 형태의 참여를 야기했다.[196]

비유해서 말하면 청년 튀르크당은 이스탄불과 이란에서 일어난 사건들에서 영감을 얻었다. 식민 본국의 반제국주의자들을 포함하여 당대의 모든 사람은 1910년 남아프리카 연방의 탄생 이후 전개된 정치와 1801년 연합법의 결과로 영국에 병합된 뒤 아일랜드에서 벌어진 싸움에서, 그리고 범아프리카주의와 시오니즘 사이에서도 일련의 유사성을 보았다. 다른 이들은 아프리카의 경험과 아시아의 경험을 비교했다. 앵글로-이집트 수단 사람인 뒤세 무함마드 알리Dusé Mohamed Ali가 런던에서 운영한《아프리칸 타임스 앤드 오리엔트 리뷰African Times and Orient Review》는 그 연관 관계의 구체적인 표현이었다. 1911년 런던에서 열린 범민족 회의는 영국 제국을 이 시기 역사의 중심에 두는 난제에 관한 우리의 주장을 극적으로 표현한다. 그 회의가 최초였다는 주장에도 불구하고 당대 옥스퍼드 대학의 아랍어 교수였던 데이비드 새뮤얼 마골리우스D. S. Margoliouth 한 사람만은 1902년 파리에서 열린 청년 튀르크당 대회와 1907년 카이로에서 열린 실패한 범이슬람 대회를 포함하여 다른 곳에서 많은 중요한 회의가 먼저 열렸음을 지적했다. 반둥 회의와 다르지 않게 범민족 회의도 앞서 열린 크고 작은 회합들의 흔적을 지녔다. 유색인들 간의 협력에 의존하고 나아가 그 협력을 가능하게 했으며 초국적 연대의 가능성을 증명했던 것이다. 그 조직망은 런던에 중심을 두었지만 "세계 여러 지점"으로 퍼졌고, 그중 몇몇은 라지가 지닌 제국적 확실성의 안정을 해쳤다. 이란 대표 야히아 다울라타바디Yahya Dawlatabadi와 터키 출신의 리자 텝피크Riza Tevfik도 마찬가지였다. 이들은 유럽 제국의 헤게모니에 도전했으며 텝피크의 경우에는 아리아 문명의 우월성에도 도전했다.[197]

이러한 주장들과 자기표현은 제국에 찬성하는 주장과 자기표현이나 식민지 지배에 맞서 싸우는 열악한 처지의 식민지 종속민과 마찬가지로 복잡하고 "다양한 지향성을 지녔다." 헤게모니에 반대하면서 원주민 보호주의적이었고, 식민지에 반대하면서 내부적으로 식민주의적이었으며(텝피크는 다민족 국가인 오스만 제국의 비튀르크계 주민들에 대해 식민주의적이었다.) 초국적이고 초제국적이었다. 그리고 이 시기의 수많은 민족주의자처럼 이들도 자신들의 '진보적' 의제들에 등급과 가치의 위계를 도입했다. 여기에는 여성에 관한 태도도 포함되는데, 여성은 동반자로 여겨질 때조차 여성으로서 해방될 가능성을 부여받지 못했다. 여성 스스로는 초제국적 준거가 새겨지고 불가피하게 자기 문명의 편견이 새겨진 세계적 시각을 드러냈다. 예를 들면 1911년에 이란 최초의 여성 잡지 《다네시Danesh(지식)》는 이란 여성들이 혼인 관행과 결혼 생활의 경험에 관하여 "오스만 제국 사람들만큼이나 훌륭하고 줄루족보다 낫다."라고 썼다.[198] 물론 여성들이 이러한 논의의 틀을 마련하는 데 참여한 것과 상관없이 결혼과 출산으로 인한 여성의 명예는 민족주의의 주된 관심사였다. 그것은 그제야 제대로 인정받기 시작했고 민족주의와 제국주의 사이에 있다고 추정되는 구분선을 뛰어넘는 가부장제의 공모를 강조했다.

세계 여성 단체 협의회ICW와 국제 여성참정권 동맹International Woman Suffrage Alliance: IWSA은 강령에 민족자결의 원리를 집어넣었고 이는 영국 제국과 합스부르크 제국을 포함하는 여러 제국에 종속된 곳의 회원 단체들에는 국제적 역학에 관계가 있었다. 합스부르크 제국의 여성참정권 운동가들은 자신들의 운동의 다민족적 성격과 이에 따르는 조직상의 분열을 어떻게 다룰지에 관하여 타협을 끌어내려 애썼다.[199] 명백히 반식민주의적 강령을 지닌 여성들이 민족주의 조직들과 반제국 단체들에서 일하는 것은 대체로 전후 시대의 일이지만, 이들은 1915년 이전에도 '지역적' 식민지 상황이나 그 밖의 식민지 상황에서도 활동했다. 이들은 '전통' 사회의 가부장제와 식민지 국가의 편견을 비판하는 독특하게 젠더화한 임무를 실천했고, 그 과정에서 양자 간의 협력에 맞서 싸웠다. 인도의 사회 개혁가이자 어린 미망인 보호소의 설립자인 판디타 라마바이Pandita Ramabai는 이 강력한 조합을 분명하게 드러냈다. 라마바이는 이 때문에 해외에서 성공했고 마하라슈트라의 푸네 외곽에 설립된 무크티 선교원처럼 그녀가 세우고 지원할 수 있었던 기관들이 높은 평가를 받았지만

_____수전 B. 앤서니(Susan B. Anthony)(오른쪽)와 엘리자베스 캐디 스탠턴(Elizabeth Cady Stanton)(왼쪽), 1900년 무렵. 두 사람은 1888년 제1차 세계 여성 단체 협의회를 마련했다. 워싱턴 D.C.에서 열린 이 협의회는 여권운동 국제주의라는 중요한 전통의 시작을 알렸는데, 이 국제주의는 점차 여성의 권리와 종족, 제국 간의 관계에 관련된 문제들을 해결하려 했다. (Library of Congress)

인도에서는 큰 희생을 치렀다. 라마바이는 인도 국민 회의와 소소한 관계밖에 맺지 못했다. 많은 여성 민족주의자가 반식민주의 운동의 폭넓은 흐름 속에서 자신의 관심사를 위한 자리를 얻으려 애쓸 때 구조적 어려움에 봉착하곤 했는데, 라마바이도 그러한 곤경을 드러낸다.[200] 이 점에서 세기 전환기에 식민지 엘리트들이 제기한 제국에 반대하는 정치 문화는 반둥을, 그 연대와 한계를 예언하듯이 미리 보여 주었다.

1919년 이후의 세계

제1차 세계대전이 특정한 형태의 세계 권력이 종식되고 역사적으로 새로운 지정학적 판단과 전략 수립이 시작된 때라는 점에는 의심의 여지가 없다. 옛 제국들은 무너진 반면 비교적 새로운 민족주의가 대중의 지지에서 자신감을 얻고 점진적인 성공에서 심리적 에너지를 얻었다. 제국의 역사를 생각할 때 야심적인 아시아 제국이 일본이라는 형태로 국제 무대에 출현한 것은 베르사유 조약 이후에 가장 의미 있는 사건일 것이다. 서구 제국들뿐만 아니라 다양한 '종속민' 관찰자도 이 현상을 주목했다. 가장 유명한 것은 듀보이스의 지적일 텐데, 그의 칭찬은 러일전쟁 뒤에 커졌다.(그리고 일본 정부의 세계적 시각이 종족적으로 배타적인 성격을 점점 분명하게 드러낸 1930년대에 약해졌다.) 두 대전 사이의 시기는 요컨대 20세기 이후 세계 제국 정치의 운명에 절대적으로 중요했다. 온갖 사건이 넘친 1919년 말에 세계가 이전과는 다른 축으로, 그것을 중심으로 회전하지는 않았을지언정 기울었다는 사실은 잠시 강조할 만하다. 개발도상국과 선진국의 거의 4분의 1에서 자유주의자들과 급진주의자들, 식민지 권력에 희생된 이들, 식민지에 반대한 몽상가들이 자유주의적 국제주의와 볼셰비키 공산주의, 전후 재조정의 가능성을 이용하여 자신들의 정치적·경제적·사회적·문화적 목표를 실현하고자 할 수 있는 일을 극한까지 밀어붙이면서 사회적·정치적 질서가 도전받았다.[201]

이러한 구조적 변동을 평가하는 한 가지 방법은 베르사유 조약 협상 과정에서 여러 참여자가 제기한 주장과 이집트와 인도, 중국, 한국의 민족주의자들의 실패가 그 나라들의 반식민주의 운동과 혁명에 미친 영향을 고려하는 것이다. 서구 밖의 활동가들은 월슨의 14개조 연설에 깃든 민족자결이라는 이상에 의존했다. 이들은 이 이상을 1919년 그 재조정의 순간에, 특히 좀 더 일반적으로는 그들이 보기에 지정학의 역사에서 분수령이었던 순간에 자

———이집트 민족주의 지도자 자글룰 파샤. 영국의 이집트 점령기에 영향력 있는 관료이자 정치
인이었던 자글룰은 1918년 파리 강화회의에서 수단과 이집트의 통합과 독립을 인정해 줄 것을 요
구했다가 영국에 의해 추방당했다. 자글룰은 1919년의 이집트 혁명에서 큰 영향력을 발휘했으며,
1924년에는 와프드당이 수립한 이집트 정부의 총리가 되었다. (Bibliotheca Alexandrina)

신들이 전후 질서의 조건들을 결정하는 데 참여할 권리가 있다는 주장의 토
대로 삼았다. 그래서 예를 들면 이집트의 사드 자글룰Saad Zaghloul과 인도의
랄라 라지파트 라이Lala Lajpat Rai는 자기 나라의 반제국 논거를 우드로 윌슨에

게 직접 제시하려는 운동에 적극적으로 참여했다. 이들은 자신들의 자치 일정을 진척시키기 위해 기존의 조직망을 이용하여 베르사유 조약이 대표한다고 믿은 기회와 전후 협정의 토대로 쓰인 자유주의적 이상을 민족주의자들이 어떻게, 왜 이용해야 했는지에 관한 자신들의 확신을 널리 퍼뜨렸다. 이들이 한국의 이승만李承晩과 중국의 구웨이쥔顧維鈞과 더불어 이러한 노력의 얼굴이었지만, 이들은 각각 민족주의적 열의가 깊은 지지자들을 대표했고 그 에너지와 조직 구조를 이용하여 독립의 주장을 밀어붙였다. 그 과정에서 이들은 정도의 차이는 있지만 미국을 문명과 자유, 세계적 지도력의 모범으로 치켜세웠다.[202]

월슨으로 말하면 그는 베르사유에서 자신의 의제가 정당함을 입증하기 위해 비서구 지역 운동들의 활동을 이용했지만 인도나 중국의 논리에 담긴 효과나, 이 문제에서는 자신의 독특한 자유주의적 국제주의가 전통적인 서구 제국의 유지에 갖는 효과를 온전히 고려하지 않았다. 제국주의의 길을 걷던 일본이 수행한 중대한 역할도 무시해서는 안 된다. 일본은 단순히 1919년 베르사유의 협상 탁자에서 한 자리를 차지할 자격이 있다고 주장했을 뿐만 아니라 1904~1905년 러시아와 맞붙은 싸움에서 승리했다는 이유로 백인 유럽인들과 종족적으로 대등하다고 주장했다. 이러한 주장들은 그 식민지 기획에서 비롯한 문명의 우월성과 종족적 패권에 대한 자신감으로 더 강해졌다. 그러나 일본이 그러한 주장들을 내놓았어도 베르사유에서 진행된 논의의 특징은 일련의 '빈 의자들empty chairs'이었다. 왜냐하면 27개국이 대표를 보냈지만 협상은 우선 미국과 프랑스, 영국, 이탈리아, 일본이 주도했으며 최종적인 합의는 영국 총리 데이비드 로이드 조지David Lloyd George와 프랑스 총리 조르주 클레망소Georges Clemenceau, 미국 대통령 우드로 윌슨이 조종했다. 그러므로 민족주의가 출현하면서 제국주의가 도전받았다거나 제국의 힘과 반식민주의적 민족주의 사이의 차이가 베르사유 조약 때문에 더욱 고착되었다고 말하는 것만으로는 충분하지 않다. 눈에 보이게, '느낄 수 있게' 변한 것은 공정한 국제주의로 위장했으나 실상은 자유주의적인 제국적 국제주의였던 것의 내적 논리였다. 이 변화는 지적이고 이데올로기적인 영역을 포함하여 다양한 영역에서 이루어졌다. 제1차 세계대전 직후에 아프리카 민족주의와 아시아 민족주의의 특징은 바로 기술적·도덕적 우위를 주장하며 근대 제국 건설의 근간인 문명화 사명을 주장하는 유럽을 정면으로 공격한 것이다. 1915년 헤이그에 모였고 종국에는 1919년 평화 자유 국제 여성 연맹WILPF으로 모인 여성들도 제국 건설이 국제적 연대 구축에 갖는 영향을 극복하는 데 실패했다. 주로 유럽 대표들로 구성된 이 두 회합은 그 세계적 열망의 한계와 씨름했다. 한편으로는 가까이 있든 멀리 있든 식민지 피지배 여성들이 자신들의 유럽 중심주의를 지적했을 때에도 그것을 인정할 수 없었기 때문이다.[203]

그러나 결국 1919년 반식민주의 운동의 실패와 여러 제국 영토에서 발생한 봉기 사이에는 무슨 관계가 있었을까? 이 질문에 대답하려면 베르사유 조약이 현장의 반식민주의 관점에서 볼 때 근본 원인이라기보다 촉매제였다는 인식이 필요하다. 베르사유 조약은 제국의 비판자들이 자신들의 원초적 민족주의 운동에 '새로운' 세계 질서의 이론을 시험 삼아 적용해 볼 계기를 제공했다. 관련 당사자들이 각각의 운동에서 반드시 반식민주의 여론 전체를 대표한 것도 아니다. 실제로 인도의 경우 라지파트 라이는 더 큰 반제국 비판자들의 무리 속에 있는 한 사람이었으며, 그들 중 다수는 인도 국민 회의에 가입한 자들이었다. 라지파트 라이는 미국에서 망명객이라는 위치 때문에 윌슨의 표현을 다루기에 매우 유리한 조건을 얻었지만, 당대에 윌슨의 전술에 반대한 사람이 라지파트 라이만은 아니었다. 한편 파리에서 자결권의 실패가 초래한 환멸이 푸르나 스와라지Purna Swaraj(완전한 독립)를 향한 장기적 움직임에 기여한 것은 틀림없지만, 암리차르에서 벌어진 사건들(봄철의 전통 축제인 바이사키Vaisakhi를 축하하러 모인 펀자브인들에게 영국군이 발포했다.)은 간접적으로라도 베르사유 조약에 연결시킬 수 없다. 암리차르에서는 식민지 '폭동'에 뒤이은 제국의 징벌이 백인 여성의 신체를 보호하고 성적 경계와 식민지 체제의 위계의 연계를 보호하는 것과 깊은 관련이 있었다. 파리 강화회의는 먼 세계였다. 중국에 대해서도 똑같이 이야기할 수 있다. 5·4운동은 베르사유 조약에 크게 실망한 뒤 폭발적으로 분출했으나, 그것을 추동한 것은 불안정한 청나라를 변혁하려 한 수십 년간의 개혁이었다. 그런 의미에서 베르사유 조약(이전의 독일 식민지를 일본에 양도한 것은 일본 제국의 추가 확대에 관한 염려를 키웠다.)에서는 제국의 힘이 중대하게 재배치되었지만, 동시에 그 힘은 식민지의 여러 현장에서 확실하게 지역화한 일련의 압력에 직면해 시험받고 변경되었다.[204]

1919년이 하나의 축과 같은 중요한 순간이라고 해도 그 다사다난함의 기원을 온전히 베르사유 조약과 그 여파에서만 찾을 수는 없다. 새로운 제국적 세계 질서와 식민지에 반대하는 민족주의자들을 대립시키는 접근 방식도 반드시 '민족주의적' 옹호자들과 서구 강국들 간의 복잡한 동맹, 그리고 아랍 대표단을 이끌고 베르사유에 갔고 이어 대시리아Greater Syria[27]와 이라크의 왕이 된 파이살 1세Faysal I의 경우처럼, 양자 간의 협력을 포착할 수 없는 것은 아니다. 실로 반둥 회의를 기점으로 그 사건의 '뿌리 연결망rhizomal networks'을 염두에 두고 뒤돌아보며 그 시기 제국의 불안정과 신경질적인 만남을 이해할 수 있다면 세계적 제국 질서를 형성하는 데 특별히 큰 영향을 마친 주된 접점과 순간을 확인할 수 있다. 1913년도 그러한 순간이었다. 1913년에는 남아프리카와 캘리포니아에서 토지법이 제정되었다. 둘 다 여러 제국 체제에 세계사적 영향을 갖는 중요한 인종 분리주의 법률이었다. 1913년은 또한 파리에서 아랍 회의Arab Congress가 처음으로 열린 해이며, 반투 여성 연맹Bantu Women's League이 창립된 해이기도 하다.

말할 필요도 없지만 1917년의 볼셰비키 혁명도 세계 제국의 경관을 헤아릴 수 없을 정도로 크게 바꾸어 놓았다. 1917년 혁명은 영토의 범위와 경제력에서 20세기의 경쟁국들에 필적할 소련 제국의 성립을 가능하게 했을 뿐만 아니라 대안적인 정치권력과 사회조직의 모델을 제공했다. 자유주의적 국제주의가 세계적 정치체제를 바꾸는 데 실패했음이 분명해지면서 그 모델은 인도 민족주의자들과 특히 중국 민족주의자들에게 상당한 호소력을 지녔다. 여기에서 1919년 설립되어 두 대전 사이에 일곱 차례 대회를 후원한 코민테른(제3인터내셔널)이 주역이었다. 코민테른이 후원한 1920년 바쿠 대회에서는 인도와 중국, 터키, 아제르바이잔, 페르시아의 대표들이 세계적인 반식민주

_____ **27** 메소포타미아의 큰 부분을 포함하는 비옥한 초승달 지역의 가상의 통합 왕국.

의 혁명을 논의했는데, 이 대회를 기준으로 두 대전 사이의 시기를 살펴보면 볼셰비키 공산주의가 아시아와 그 너머에서 품었던 반제국주의적 열망을 엿볼 수 있다. 코민테른은 1930년대 말 이후로는 살아남지 못했지만, 산하 단체였던 반제국주의 연맹League Against Imperialism은 분명히 아프리카와 아시아, 라틴아메리카의 반식민주의 운동들을 연결하기 위해 기획되었다. 세네갈 민족주의자 라민 상고르와 프랑스 지부의 활동이 있었지만 이 시기에 반제국주의 연맹과 블랙 아프리카 사이의 연결은 미약했으며, 유럽의 유력한 공산주의자들은 그 연결 노력을 점점 회의적으로 바라보았다. 반제국주의 연맹은 결국 실패했지만, 두 대전 사이의 기간에 흑인 국제주의는 다른 곳 못지않게 소련에도 의지했다. 이는 부분적으로는 마커스 가비Marcus Garvey[28]와 다른 '신니그로' 지식인들이 단호하게 지적했듯이 위임통치령을 설치하는 과정에서 종속민을 완전히 배제한다는 원칙에 따라 일한 베르사유의 자유주의적 국제주의에 환멸을 느낀 데 기인했다. 가비 같은 지도자들의 세계적인 시각과 영향력은 1920년대에서 1950년대까지 오스트레일리아 원주민 활동가 사회에도 침투했는데 블랙 아프리카 정치 운동과 범아프리카 정치 운동의 세계성에 관하여, 역으로 오스트레일리아 원주민 행동주의의 몇몇 유력한 흐름이 지닌 세계주의적 감수성에 관하여 의심의 여지를 남기지 않았다. 이러한 비판의 전통은 계급투쟁과 반자본주의 저항이 두 대전 사이 동안 초국적인 반제국 충동에 매우 중요했음을 생각하게 한다. 《니그로 워커The Negro Worker》의 간행은 미국과 서인도제도, 아프리카의 흑인 노동자들에게 코민테른의 선전을 전파하기 위한 것이었다. 그것은 종종 그것의 배포를 촉진하기 위한 소품이었던 《선교사의 목소리The Missionary Voice》 같은 것 속에 숨겨져 보급되었다.[205]

1919년과 그 전후에 아일랜드 공화국의 창설과 영국·아일랜드 조약의 체결처럼 베르사유의 사건들과는 약간 스치는 정도의 관계만 있을 뿐인 사회적 격변도 있었다. 아일랜드 공화주의도 다른 곳의 반식민주의 운동과 마찬가지로 오랜 기간의 굴곡진 역사를 지녔고 제1차 세계대전이 끝나기 전에 나타나

_____**28** 흑인 민족주의와 범아프리카주의의 강력한 옹호자였던 자메이카의 정치인.

그 시기에 변화를 겪은 모든 차원의 다양한 제국적 만남에 의해 형성되었다. 도일 에어런Dáil Éireann[29]이 1919년 1월의 첫 번째 회의에서 발표한 '세계의 모든 자유 국민에게 보내는 호소문'은 이렇게 주장했다. "아일랜드의 종족과 언어, 관습, 전통은 영국과 근본적으로 다르다. 아일랜드는 유럽에서 가장 오래된 나라 중 하나이며, 700년간 이어진 외국인의 압제를 겪으면서도 강건하고 온전하게 민족의 통합성을 유지했다." 여기에는 확실히 베르사유 수사법의 자취가 있다.[206] 분명한 것은 베르사유 조약의 여파로 모든 종류의 제국주의, 서구 제국주의, 아시아 제국주의, 유라시아 제국주의가 새로운 이데올로기적 배치와 영토의 상황에 순응하려 했다는 것이다. 제국의 경관과 제국들 사이의 경관을 관통했고 장래의 성공을 이루어 줄 만남들을 가진 반식민주의 이데올로기와 행위자들은 물론 민족주의의 국제화도 이 새로운 배경을 만들어냈다. 1919년이 마오쩌둥에게 미친 형성 효과는 이것의 가장 유명한 사례일 것이다. 마오쩌둥은 베르사유의 '날강도들'을 경멸했는데, 이는 그가 갖추게 되는 지도자적 성격과 그가 반둥 등지에서 명확하게 드러낸 지정학적 시각을 설명하는 데 도움이 된다. 두 대전 사이의 시기가 상고르와 응우옌아이꾸옥阮愛國(호찌민) 같은 이들에게 만들어 준 상황은 아마도 조금 덜 알려졌을 것이다. 이들이 1920년대 파리에서 보인 활동은 부분적으로는 식민지 연합을 통해서 각각 네그리튀드négritude 운동과 베트남의 반프랑스 식민지 운동의 중대한 토대를 놓았다.[207]

1919년 전후 여성과 젠더가 반식민주의의 정서와 행동주의의 범주들을 형성하는 데 수행한 역할은 최근까지도 제대로 주목받지 못했다. 유럽 여성들은 전후 위임통치 제도의 수립에 일익을 담당했는데, 국제연맹의 위임통치령 상설 위원회Permanent Mandates Commission에 사회 개선과 권위주의 통치라는 한 짝을 새겨 넣었고 지정학적 질서를 거부하지 않고 대체로 재가했다.[208] 성에 관한 편견에 맞서 싸우면 종족에 관한 편견을 비판하게 되고 나아가 인종 분리에 반대하는 행동주의에 이를 수 있었다. 영국의 언론인이자 소설가 위

------

29 1919년에서 1922년까지 존속한 아일랜드 공화국 의회.

니프리드 홀트비Winifred Holtby가 바로 그 경우인데, 홀트비는 남아프리카 흑인 노동자들의 투쟁을 강력히 옹호하고 인도주의적 개혁과 제국 간의 공모를 거세게 비판했다. 그러나 이러한 시각은 일반적이지 않은 예외였다. 이집트와 인도에서는 여성들이 민족자결의 절박함과 여권주의적 문제들(혼인, 생명 정치 biopolitics, 참정권, 교육, 공적 행동주의, 사회보장)이 식민지 해방 이후의 의욕적인 민족들에게 중요하다고 앞장서서 주장했다. 이런 의미에서, 특히 이들이 초국적인 연결과 광고의 네트워크를 이용했음을 생각할 때 이 여성들은 19세기 모델의 제국주의가 정당하지 않다는 점점 명확해지는 주장들에 크게 기여했다. 이러한 소득은 국제 여성 동맹IAW[30]에 참여한 여권주의자들 같은 서구 여권주의자들이 빠져든 오리엔탈리즘 수사법을 극복하고 얻어 낸 것이었다. 국제여성동맹은 처음부터 유럽 문명의 우월함과 반이슬람 정서로써 '세계적 여성회'라는 개념을 구축했다. 한편 두 대전 사이의 기간에 중동 전역에서는 아랍 여성들이 팔레스타인 민족주의라는 대의에 헌신함으로써 점점 많이 동원되었고, 이러한 대중적 동원은 조직적인 아랍 여권주의 운동의 출현에서 핵심적인 요소였다. 동시에 이들은 새로이 출현한 정치 공동체들에 참여하는 기반으로서 종종 개인의 권리를 주장했으며 그로써 남성의 민족주의적 담론과 대망이 지닌 '불안정한 보편성'과 충돌할 수 있었다.[209] 이는 베르사유 조약 이후 제국의 힘(프랑스, 영국, 오스만 제국, 아랍 민족주의)이 요동치는 상황에 (예를 들면 시리아와 레바논 같은 곳에) 특별히 잘 들어맞았다. 그러한 사정에서는 엘리트가 아닌 여성들까지 '가부장권의 위기'를 이용할 수 있었다. 가부장권은 비록 식민지 성격이 지속된 복지국가 안에서 한 일이지만 특정한 지지층을 위해 사회적 권리라는 새로운 용어를 만들고자 한 제국 지도자들과 민족주의 지도자들의 공통된 기반이었다. 실로 전쟁에 이르는 상황과 전쟁 직후의 여파는 유럽 안팎에서 민족주의자들이 선두에 선 복지 행동주의의 기회를 만들었고, 여성들은 계급을 막론하고 각각 자신들의 제국 국가에 탄원하고 사회적 위기를 민족주의적 용어로, 때로는 여권주의적 용어로 해석했다. 온갖

_____ **30** 국제 여성참정권 동맹의 바뀐 이름.

젠더화한 차원을 갖는 가족 정치family politics는 근대국가 행위의 국내 기반과 민족주의 이데올로기에 공히 미치는 영향과 더불어 중동 전체에 더 일반적으로 적용할 수는 없어도 이 시기의 이집트에는 매우 중요했다.[210] 그러한 현상은 1919년 이후 세계에 한결같이 나타나지는 않았으며, 여성과 일단의 서발턴 행위자들이 얻은 소득은 완전하거나 오래가지 않았다. 그러나 이들은 새로운 연대가 출현하고 수직적 교류뿐만 아니라 수평적 교류도 가능했던 두 대전 사이의 시기가 반둥 회의를 단순히 준비한 것이 아니라 예견한 몇 가지 방식을 가리켜 보였다.

두 대전 사이의 시기에 나타난 인터콜로니얼리즘

역사가들은 아주 최근에야 반식민주의적 민족주의의 초국적 토대라는 문제를 다루었다. 이 연결의 뒤늦은 탐구는 식민지 간intercolonial 관계와 초식민지적transcolonial 관계의 지정학적 의미보다 두 대전 사이의 시기와 그 제국적 차원들의 역사화에 수단이 된 시각에 관해 더 많이 알려 준다. 제국들 사이의 '유사한' 식민지 장소에 관한 상관성은 전혀 부족하지 않았다. 예를 들면 중국은 상투적으로 극동의 발칸반도로 여겨졌으며, 일본인들은 자신들의 동아시아 정착 식민지 사업과 시온주의자들의 팔레스타인 정착 식민지 사업 사이의 유사점을 확인했다.[211] 이러한 종류의 유사성과 반향은 두 대전 사이의 시기에 더 자주 확인되었다. 그때 원거리 통신망이 확대되고 더 빠른 속도로 작동했으며, 민족지학 지식의 수집과 생산의 새로운 체계가 실행되었고, 소련 같은 새로운 정치체제들이 식민지 장소들의 비교라는 문제에 그 어느 때보다 몰두했기 때문이다.[212]

앞서 보았듯이 반제국적 인물들과 민족주의 운동의 연결은 1919년 이후에 새로운 것이 아니었다. (수백 년까지는 아니어도) 수십 년 동안 제국의 적들은 여행하고 협력하고 조직하고 논증하고 계획했으며, 그로써 기대하지 않았던 상상 속 '제국적 만남'의 형태들이 급격히 늘어났다. 그러한 만남은 지리적으로, 담론으로, 물리적으로 다양하게 구현된 제국에 대응하면서 시작되었을지 모르나 늦어도 1920년대가 되면 반식민주의 활동가들이 세계 제국에 반대하는 비판의 영역을 만들어 냈다. 이들도 식민지 국가들도 그 비판의 영역을 한눈에 파악할 수 있는 시각을 지니지는 못했지만, 지금 우리가 편협한 제국 역사들과 이와 똑같이 내향적인 민족주의적 역사 서술들을 읽는다면 그러한 비판의 영역은 분명히 드러난다.

반식민주의 활동가들이 주로 제국의 수도에서 그 비판의 영역을 만들어 냈다는 사실은(그곳에 한정된 것은 아니지만) 많은 것을 얘기해 준다. 제1차 세계대전 이전에는 민족주의 지도자 대다수가 기본적으로 완전한 독립이 아니라 제국의 개혁을 추구했지만, 제국 체제의 중심에 있던 몇몇 사상가와 활동가들은 제국 해체 과정을 어떻게 시작할 수 있을지 일상적으로 논의했다. 그 가운데 가장 유명한 이는 간디였다. 1880년대에 제국의 중심부에서 여행하고 고생한 것뿐만 아니라 1890년대에 더 멀리 떨어진 지역(남아프리카)에서 여행하고 고생한 것도 1930년대 원탁회의[31]보다 앞섰으며 단순히 그의 반제국 강령의 토대를 놓기만 한 것이 아니었다. 세계 곳곳을 다닌 필리핀의 세계주의적 애국자요, 제국 비판자인 호세 리살과 아프리카 족장으로 1890년대에 런던으로 가서 세실 로즈의 거대한 아프리카 구상에 항의한 카마 3세Khama III처럼 간디의 빅토리아 시대 영국 경험도 제국의 중심부에서 제국의 힘에 도전하는 데 있어 이동성의 역할을 여러 측면에서 보여 주었다. 달리 말하면 간디의 세계주의는 여러 제국 체제를 오간 많은 식민지 주민과 견주어 볼 때 그다지 예외적으로 보이지 않는다. 간디의 경험과 그 경험으로 가능했던 비판의 토대는 베르사유 조약과 뒤이은 자유주의적 국제주의의 실패 직후 새로운 동력을 얻었다. 유럽과 러시아, 아시아의 제국들에서 과격파와 혁명가들은 지리적 경계를 넘었고 집단적으로는 아닐지언정 최소한 동시에, 아니면 서로 협력하여 세계 제국의 구조들을 무너뜨리기 위한 새로운 만남의 공간들을 만들어 냈다.

종종 중단되기도 했지만 새롭게 출현했던 이 초식민지성transcoloniality의 여

_____ **31** 1930년에서 1932년까지 영국 정부가 인도의 헌법을 논의하기 위해 연 세 차례의 회의. 간디는 1차와 2차 회의에 참석했다.

러 차원에 주목할 필요가 있다. 첫 번째는 식민지 피지배 주민들 간의 연대와 의심의 토대였던 물질적 기반의 오랜 역사다. 20세기가 되기 한참 전에 역동적인 "노동계급 다문화주의의 세계"가 카리브해와 아프리카, 남아시아에 퍼져 있었다. 이는 영국 제국 때문에 생겨난 정치 경제들과 노동시장들의 이전과 '혼합'을 반영했다.[213] 나탈의 무하람('쿨리 크리스마스Coolie Christmas') 관행이 분명하게 보여 주듯이 그러한 혼합은 양날의 검이었다. 무하람은 전통적으로 시아파 무슬림의 연중 행사에서 중요한 축이었지만 나탈에서는 일단의 무슬림과 힌두교도를 결합시켰고 두 사회의 감수성에 공히 의존했다. 이 축제는 노동계급의 범인도성 구축에 중요한 요소이면서도 서로 죽이는 충돌이나 성폭력을 배제하지 않았다. 그래서 이 축제는 나탈에서 인도 특유의 반식민주의의 문화적 토대를 세우는 데 일조했으나 단기적으로 보면 종족 집단들 간의 원한에 불을 붙였고, 식민지 체제 내부에서 종족적 위계의 고착이 심화된 것은 그 장기적인 귀결의 하나였다.[214]

식민지 국가가 민족적으로 다양한 반제국 행위자들의 "연합된 격노에 직면"한 상황에서 (경제적 목표를 겨냥했던 문화적 용어로 표현되었든 둘 다에 해당되든) 연대를 북돋을 수 있었던 조건은 "분할하여 점령하라."라는 지배의 원리를 신봉한 관료들 때문에 불가능해지지는 않았더라도 어려워졌다. 달리 말하면 아래로부터 제국에 맞서 싸우는 것은 현지에서 식민지 지배자와 피지배자의 만남뿐만 아니라 특히 제국의 경계가 교차하거나(중앙아시아와 캅카스) 여러 조차국이 마주한 곳(중국 북부의 톈진처럼 여러 제국의 '근거지'인 곳)에서 여러 식민지 지배자의 만남에 의해서 복잡해졌다. 다시 말해 제국들의 세계적 정치 영역은 잠재적으로 새로운 반식민주의 연대의 형성을 가능하게 하면서도 초식민지적 동맹을 가로막는 장애물이었다. 그렇지만 중요한 연결 지점들은 존재했으며, 몇몇은 1910년에서 1920년 사이 아프리카계 미국인의 멕시코 혁명 관여처럼 매우 중대한 결과를 낳았다. 물론 그러한 연계는 식민지 피지배 주민들 사이에서만 이루어지지는 않았다. 지배국의 구역 안에 있는 반제국주의자들도 그러한 연계를 세우고 실천할 수 있었다. 여성참정권 운동가 매리언 월리스 던롭Marion Wallace Dunlop이 런던의 홀러웨이 감옥에서 단식투쟁을 벌였을 때 그 행위는 초국적 반식민주의의 교차의 궁극적인 구현이었다. 단식투쟁은 인도와 아일랜드, 심지어 러시아의 전통과 관습에서도 공동 투쟁 형태에 대한 인식이 얼마나 강력한 힘이 될 수 있는지 보여 주는 일종의 '무모한 용기'로 묘사되었기 때문이다.[215]

　　제1차 세계대전 이전 신문에 기고한 글과 소설, 정치적 강연으로 아프리카·아시아 연대를 가장 세계적인 형태로 표현한 듀보이스는 식민지 지배가 세운 '색깔 차별 체제color bar regimes'에 맞서 공동 투쟁을 실현할 수 있음을 보여 준 모범적인 인물이다.[216] 아프리카계 미국인뿐만 아니라 결국에는 식민지 해방의 세계가 될 것이라고 생각하던 아프리카에 대해서도 초국적 시각을 갖추었던 듀보이스의 활동은 제국적 세계성에 관하여 취할 수 있었던 시각을 증명한다. 그 가능성은 듀보이스가 상하이의 거리와 미시시피의 거리를 비교하고 중국인 은행가들에게 "유럽 자본의 지배"에 저항하라고 요구했을 때 가장 효과적으로 표현되었을 것이다.[217] 인종의 구분선을 뛰어넘는 이데올로기적·정치적 동맹의 가능성(그리고 제약)은 초기 소련 제국이 듀보이스와 랭스턴 휴스Langston Hughes, 클로드 매케이Claude McKay, 폴 로브슨Paul Robeson에게 미친 영향에서도 드러난다. "소련의 미국 흑인 문서고Soviet archive of Black America"(문학 작품과 만화, 정치 팸플릿) 덕분에 우리는 동맹과 차별화의 복잡한 성격을 어렴풋하게나마 알 수 있다. 이러한 역학은 휴스가 무슬림 여성의 베일 쓰는 관습에 대한 소련의 간섭을 종족 해방의 상징으로 보고 그로써 정치와 욕망의 관계, 즉 "흑인 국제주의의 성 정치sexual politics"를 바라보는 자신의 시각을 복잡하게 한 데서 명확하게 드러났다.[218]

　　우리가 휴스의 성 정치에 관해서는 많이 알지 못하지만, 호찌민의 초기 생애에서도 같은 정치적 동기로 움직이는 이동성이 두드러진다. 호찌민은 파리와 모스크바에서 보인 정치 활동으로 유럽의 과격파는 물론 반식민주의적 동료 여행자들과도 연결되었다. 1920년대 초 호찌민이 식민지 연합UI의 창설에 일익을 담당한 것은 안남 애국자들과의 교류에 기인하지만, 그 덕에 호찌민은 마다가스카르의 민족주의자들과도 관계를 맺었다. 호찌민은 그들과 함께 신문《라 파리아》를 창간했다. 식민지 연합은 북아프리카인들과 서인도제도 사람들을 포함했지만 그 연대의 공간에 문제가 전혀 없는 것은 아니었다. 아프리카인들은 베트남인의 '거만함'과 생색내는 듯한 태도를 감지했고, 베트남인들은 어쨌거나 자신들의 말을 쓸 수 있는 곳으로 돌아가기를 원했다. 마찬가지로 중요했던 것은 호찌민도 1919년 이후 혁명의 열기가 타오를 때 중국으로 여행했다는 사실이다. 그곳에서 호찌민은 영국이 중국인들에게 발포한 시위에 참석했으며, 중국인의 대의에 대한 베트남의 연대를 표명한 아시아 피억압 민족 협회Society of Oppressed Deopoles of Asia에 참여했다.[219]

이렇게 여러 곳을 돌아다닌 식민지 간 협력주의자들intercolonialist이 대부분 남성이었다는 사실은 엘리트 여성들이 제국들이 만든 새로운 공간을 여행할 수 있었다고 해도 20세기 민족주의 운동을 지배한 남성 엘리트들에 비해 여전히 이동성이 제한되었음을 생각하게 한다. 여성 정치 활동에서 초국적 연결의 중요성을 강조하는 것은 호찌민과 동시대에 살았으며 베트남 국민당의 여성회 활동가였던 응우옌티장Nguyen Thi Giang 같은 여성들의 노력을 가리기 쉽다. 1930년 프랑스령 인도차이나에서 발생한 옌바이 봉기에서 자신의 역할을 수행한 혁명가 응우옌타이혹阮太學의 배우자였던 이 여성은 남편이 죽음을 맞이한 직후 자살했다.[220] 활동가 여성들이 자국 국경 너머에서 만난 경우 제국의 신민이라는 비판을 받았음에도 스스로 의식하지 못한 채, 대체로 유럽 중심적이거나 영국 중심적인 '국제적' 참정권 단체와 사회 개혁 단체에서 만났다. 1935년 이스탄불에서 열린 국제 여성 동맹 회의에서 어느 아랍인 통신원은 "강대국에서 온 여성들에게 '당신들이 어떤 노력을 기울이든 이 세계 어느 한 구석이라도 제국주의가 지배하는 한 당신들의 고귀한 목적을 결코 달성할 수 없을 것이다.'라고 경고했다."[221] 한편 중동의 여성들은 이미 여러 차례 '동양 회의Eastern congress'에서 모여 참정권과 사회적·정치적 권리에 관해 토론했다. 다마스쿠스에서 한 번, 테헤란에서 한 번 했는데, 이는 서구 여권 운동가들에 대한 대응이었을 뿐만 아니라 두 대전 사이의 세계에서 자신들만의 근대성 해석에 자리를 만들기 위해 베르사유 조약 이후의 국제주의에 관한 담론과 대화하려는 의도적인 노력이었다. 바로 그 같은 순간에 중국인 작가 단디但娣 같은 여성은 일본 제국에 점령된 상황에서 '새로운' 여성이라는 관념을 생각하려 했다. 단디는 그로써 어느 정도 유명세를 얻었으나 결국에는 반일본 활동 혐의로 투옥되었다. 단디가 당대의 반제국적 여성들과 유대가 있었거나 그들에게 연대감을 느꼈다면 이것은 아직 쓰이지 않은 이야기다.[222]

역사가들이 아주 최근에야 진정한 초국적 분석에 몰두했음을 생각하면 앞으로 얼마간은 다른 중요한 일련의 연결과 궤적을 추적하는 것으로 충분할 것 같다. 최근 연구는 널리 알려진 식민지 엘리트들을 넘어 페낭 태생의 사업가로 오스트레일리아의 중국인 사회에서 대단히 활발하게 활동했고 제국의 네트워크를 이용하여 종족 배척의 관행에 항의한 로콩멩Lowe Kong Meng과 영국에 찻집과 식당, 나이트클럽을 소유했고 범아프리카주의의 선도적 옹호자였던 라스 마콘넨Ras Makonnen처럼 적당히 부유한 인물들의 생애를 찾아내는 데 착수했다. 마콘넨 소유의 시설은 다양한 식민지 간 만남의 장소, 즉 아프리카 민족주의자들과 범아프리카주의자들(마콘넨 같은 이들), 인도 민족주의자들의 만남의 장소가 되었다.[223] 최초의 흑인 민족주의자들은 간디의 반식민주의 전략과의 연대를 포함하여 전략적으로나 정치적으로 여러 측면에서 공감하면서도 영국 제국과 그 이익을 지원하는 인도 군대의 역할과 이것이 아프리카·아시아의 연대에 제기한 도전에 눈을 감은 네루를 의혹의 눈길로 바라보았다. 논쟁과 다른 형태의 공적 교류와 연결은 맨체스터에 있는 마콘넨의 식당 코즈모폴리턴 안에서 이루어졌는데, 그곳에서 제국의 반대자들 사이의 결합 관계는 단합과 동지애는 물론 갈등도 유발했다. 마콘넨처럼 벵골의 혁명가 라시 비하리 보스Rash Behari Bose도 한 사람인 동시에 하나의 기관이었다. 보스는 1915년 2월 인도에서 폭동을 일으키려던 가다르 모의에서 주도적인 역할을 했으나 실패한 뒤 일본으로 도피했고 중요한 인도인 범아시아주의 주창자가 되었다. 범아시아주의라는 미래상은 일본의 진보적 신교도 소마 아이조相馬愛藏와 소마 곳코相馬黒光의 딸 소마 도시코相馬俊子와 결혼하면서 더욱 굳어졌다. 신주쿠에 있던 이들의 나카무라야 빵집은 인도식 '카레라이스'를 들여온 것으로 유명했는데 심령주의자들과 러시아 백군, 보스 같은 인도인 망명객을 위한 일종의 세계주의적 살롱 역할을 했기에 라스 마콘넨의 코즈모폴리

_____ 로콩맹의 초상화, 1866년 오스트레일리아 멜버른. 콩맹은 세계적으로 연고가 있는 성공한 상인이자 빅토리아주의 저명한 인사였으며, 중국인 이민자의 권리를 열렬히 옹호했다. 프랑스어와 영어에 능통했던 콩맹은 중국인을 겨냥한 배제 법률을 비판한 여러 편의 청원서와 팸플릿을 집필했다. (State Library of Victoria)

턴을 되풀이했다.[224] 보스의 범아시아주의는 불가피하게 반영국 활동을 수반했고, 보스는 일본의 인도인 망명자 사회에서 '아시아인의 국제적 단합'을 장려했다. 보스와 같은 시대 사람이었던 아난다 모한 사하이Ananda Mohan Sahay는 1929년 고베에 인도 국민회의 지부를 세웠으며, 아시아가 문화적·종족적 장벽을 초월한 문명적 통일성의 지지를 받는다고 추정한 범아시아주의자들의 지지를 받았다. 물론 이는 그 운동 내부에서는 상대적으로 중요성이 떨어지는 조직이었다. 중요한 것은 보스의 몇몇 일본인 지지자가 조선의 '개혁'에도 관여하여 세계적인 반식민주의 공감대를 지닌 범아시아주의까지도 "일본 제국에 대한 헌신과 약한 아시아에 대한 불만을 포함"할 수 있었음을 보여 주었다는 사실이다.[225]

그다음으로는 초식민지적 만남이 지역 간 역학 관계, 즉 서구 제국과 아시아 제국 들의 영역을 교차하고 그것에 앞서는 오랜 역사를 갖는 지역 간 역학 관계에 늘 굴절되었음을 인식하는 것이 매우 중요하다. 이 점에서 인도의 시인이자 철학자 라빈드라나트 타고르와 일본의 미술 평론가이자 큐레이터 오카쿠라 덴신岡倉天心 사이의 크게 떠벌려진 친분은 단순히 정신의 만남이나 미학적 운동의 만남이 아니라 서로 경합하는 문명적 가치의 위계가 아시아 내부의 제휴와 문화적 귀속의 질서를 어떻게 관통했는지 보여 주는 증거로 이해되어야 한다. 이러한 긴장은 전 세계적으로 드러난 것은 아닐지라도 매우 공개적으로 드러난 철학적이고 지적인 관계라는 맥락에서 각별히 중요했다.[226] 적어도 오카쿠라의 영향을 받은 몇몇 일본인이 그의 평화주의적 관점을 공유하지 않았기에 더욱 중요하다. 그들에게 '아시아주의'는 동등한 국가들 중 첫 번째인 일본뿐만 아니라 서구에 맞선 전사 일본도 의미했다. 그 주된 목적은 미국의 패배였다. 이러한 열망은 베르사유 조약 이전에 '작은' 전쟁이었으나 지정학적으로는 강력했던 러일전쟁의 긴 그림자 속에서 형성되었다. 솔직히 말해서 어느 한 상황에서 반식민주의적 민족주의에 공감할 수 있는 이들이 다른 상황에서는 식민지 지배자나 식민주의에 공감하는 이로 보일 수 있었다.[227]

상호 관계성과 상호 의심, 독립성의 복잡한 지형은 1930년대와 1940년대 남아프리카에서 아프리카인과 남아시아인 사이에 작용했다. 그것은 반둥 회의에서 아프리카·아시아 연대의 틀을 정한 여러 가지 단결과 긴장을 예견했다. 그러한 작용의 한 가지 사례는 1949년의 더반 폭동이다. 이 폭동은 아프리카인과 인도인이 식민지 국가와 이어 국민당 국가에 맞서 수십 년간 이어 온 아파르트헤이트 반대 투쟁에서 생겨났다. 1947년 아프리카 국민 회의 의장 앨프리드 비티니 수마Alfred Bitini Xuma 박사와 나탈 인도인 회의 의장 나이커

G. M. Naicker 박사, 트란스발 인도인 회의 의장 유수프 무함마드 다두 Y. M. Dadoo 박사가 함께 "아프리카인과 인도인 사이의" 협력 약속을 매우 공개적으로 선언한 그 유명한 '세 박사의 협약'은 어느 아프리카인 청소년과 장터의 어느 인도인 상인이 충돌하면서 촉발된 폭동으로 큰 위험에 처했다. 뒤이은 폭력 사태는 현지의 종족화한 정치 경제의 비대칭에서 비롯한 아프리카인과 인도인 사이의 알력을 드러냈다. 아프리카·아시아 연대의 이상주의적 해석에 사로잡힌 탈식민주의 이론가들은 완전히 인정하지 않았지만, 이러한 긴장은 향후 아파르트헤이트 반대 운동에 흔적을 남기게 된다. 여성들, 즉 남아프리카 인도인 여성과 '토착민' 여성, '유색인' 여성은 이러한 싸움의 최전선에서 보이지 않을 수도 있지만 반식민주의 운동과 아파르트헤이트 반대 운동의 형성에 적극적으로 참여했다. 이들은 통행법과 토지 소유법에 저항했고 릴리언 은고이 Lilian Ngoyi의 경우처럼 결국 아프리카 국민 회의 집행 위원회에 선출되었다.[228] 그 투쟁들, 즉 복잡하고 서로 뒤얽히고 아직까지 완전히 역사화되지는 않은 종족적 정치와 젠더화한 정치를 갖춘 투쟁들이 20세기 말과 21세기 초에 기억되고 기념되었다는 사실도 똑같이 암시하는 바가 크다. 분명코 이러한 관계들은 백인 지상주의적 이데올로기와 정책, 국가 형성, 군대를 배경으로 전개되었으며 반식민주의적 공감대뿐만 아니라 이러한 도가니 속에서도 만들어지고 개조되었다. 반둥 회의에서처럼 남성이 지배한 아프리카·아시아 '연대'의 운동들에서 흔히 그렇듯이 이 투쟁들은 인종을 초월하는 아무 문제 없는 동맹의 이야기나 듀보이스가 1947년까지도 상상했던 자명한 정치적 통합의 이야기가 아니다.[229] 그러나 이 투쟁들은 식민지 피지배 주민들의 운명을 한 그들의 기관은 물론 식민지 해방의 세계에 이르는 몇십 년간의 제국적 만남이 지닌 다면적 성격을 떠올리게 한다.

반둥 회의와 그 이전

국민적 근대성과 식민지 근대성, 제국의 근대성, 반제국적 근대성, 민족주의적 근대성 등 모든 근대성이 제도와 교류, 논쟁의 '복잡한 지역적 지형에서' 형성되었다면 1870년에서 1945년 사이의 문화적 변화를 조직적으로 이해하는 방식으로 국민국가가 지닌 한계를 인식해야 한다. 19세기 말과 20세기 제국주의와 반제국주의의 진정한 세계사에서 중심에 두어야 할 것은 바로 이러한 지역적 지형들과 제국의 불균등한 세계적 범위를 만든 이 연결 관계다.[230] 역사가들이 세계의 중요한 지역들(남아시아나 동아시아 같은 지역들) 안의 주된 연속성을 인식하고 식민지들 사이의 문화적 연결 관계가 지닌 중요성을 복원하려 애쓰고 특정 제국 본국과 그 식민지 사이의 관계를 연구해야 한다는 뜻이다. 그러나 1870년에서 1945년 사이 반제국주의의 역사는 역사가들이 제국들 사이에 존재하는 높고 낮은 행위자들의 신중하고 빠르게 바뀌며 우연적이고 때로는 정말로 있을 것 같지 않은 연결 관계를 포착하는 것도 중요하다고 제시한다.[231] 반둥 회의의 경우 이러한 접근 방식에는 새로운 영국 제국사, 국제주의의 역사, 탈식민주의 연구의 세 가지 탐구 분야를 대화 속에 더 단호하게 끌어들일 필요가 있다. 이러한 연구들은 분명히 다른 축을 중심으로 돌 것이다. 영국 제국 연구에서 가장 중요한 연구는 영국 제국의 역사를, 특히 라지의 역사를 당대의 다른 제국들의 역사와 나란히 두어 그 편협함을 벗겨 내려고 노력하는 것이다. 그렇게 해야만 세계 제국의 근대성이 무엇을 의미하는지 더 완전하게 평가할 수 있다. 동시에 국제주의에 관한 연구는 제국주의 문제와 반식민주의 운동들 간의 관계에 담긴 의미에 훨씬 세심히 주목해야 한다. 그리고 탈식민주의 연구는 반식민주의적 민족주의의 일부 과장된 해방적 주장들을 그 국수주의적 가정들과 반둥 회의에서 시도된 제3세계 연대의 미래상을 향한 불편하고 불균등한 힘의 여러 차원을 강조함으로써 더 비판적으로 평가하고 나아가 그 가치를 깎아내려야 한다. 여기에는 최근의 평자들이 되살린 '반둥 정신'에 대한 엄밀한 역사적 비판이 포함된다.[232] 이상적으로 보면 세계적인 것의 이러한 역사들은 "식민지 관행의 세세한 미시적 수준에서" 작동하면서[233] 젠더화하고 종족화하고 계급화한 모든 우발적 사건을 동반한 반식민주의적 실천의 거시적 차원을 조명해 줄 것이다. 지역적 투쟁과 세계적 구조의 연결 관계를 구축하고 특정 사건들이 시간과 공간을 초월하여 예기치 않은 효과를 발하는 방식을 탐구하며 반식민주의적 세계주의의 범위와 한계를 고찰하는 역사를 쓰면 제국 건설을 둘러싼 세계적 투쟁과 그 귀결

의 복잡한 구조를 완벽하게 인식할 수 있을 것이다. 그러한 질문들을 제기함
으로써 우리는 근대성의 형성에서 제국적 세계가 차지하는 자리를 훨씬 날
카롭게 인식할 것이다.

이주와 소속감

디르크 회르더

1870~1945

3

머리말

　　이주와 소속감을 세계적 관점으로 논하기 위해서는 먼저 이주 체계와 대
권역들을 어떻게 규정할지의 문제를 제기해야 한다. 이주의 시대구분 문제,
다시 말해 1870년대부터 제2차 세계대전까지 산업화, 변화, 위기를 겪는 과정
에서 장기적 이주 체계는 어떤 변곡선을 그려 갔는지의 문제도 함께 제기할
필요가 있다.[1]

　　애덤 매키언Adam McKeown[1]만 해도 1840년대에서 1940년까지 일어난 세
종류의 대규모 장거리 이주를 비교할 필요성을 주장하면서 '서구'에 일반화된
대서양 중심의 전통적 관점을 비판했다.

- 유럽인이 주류를 이룬 가운데(대서양 이주 체계) 아프리카인, 중국인, 인도
  인, 일본인이 소수(250만 명)를 차지한 아메리카 대륙으로의 이주(총 5500만~
  5800만 명).
- 인도인과 남중국인이 대다수를 차지하고(중국해·인도양·대농장 지대 이주 체
  계) 아프리카인과 유럽인, 동북아시아인, 서아시아인 혹은 중동인들이 소수

_____ **1** 전 세계 이주와 중국인 디아스포라를 전문 분야로 연구하는 컬럼비아 대학 교수.

(400만 명)를 차지하는 동남아시아와 인도양 연안, 남태평양 지역으로의 이주 (총 4800만~5200만 명).
- (1) 중국 북동부 출신이 대부분을 차지하고 (2) 러시아에서는 러시아·시베리아 이주 체계의 일환으로 만주, 시베리아, 중앙아시아, 일본으로 향해 간 이주 (총 4600만~5100만 명).[2]

그 밖에 다음의 이주들도 있었다.

- 아프리카인 200만 명이 1807년에서 1870년까지 아메리카 대륙으로 끌려간 강제 이주.(16세기 초에서 1870년대까지 노예선을 탄 아프리카인의 총수는 1240만 명이었으나, 이 중 900만 명 정도만 목적지에 도착하고 나머지는 중간 항로[2]를 항해하는 도중 숨졌다.)
- 유럽에서 획득 영토로 향해 간 100만 명 정도의 식민주의자(식민지 관리자, 군인, 상인, 여타 부속 인원 등) 이주.[3]

하지만 앞의 수치도 대양 횡단 이주와 북아시아의 육로 이주만을 다룬 것이어서 정확성에 대해서는 지금도 논란이 계속되고 있다. 유럽과 아메리카 대륙에서 전개된 대륙 내 이주만 포함해도 대권역들의 이주 수치는 급상승할 수 있는데, 하물며 청 제국 전역 혹은 여타 대권역들에서 일어난 지역적 이주와 지역 간 이주를 포함시키면 이주 수치는 어마어마하게 늘어난다. 이주민 개개인이 본국에 남기고 간 가족들이 이별로 인해 겪을 상실감도 고려해야 할 사항이다. 대규모 이주는 이렇게 (실제로는 상상되고 고안된 것이었을 뿐인) 민족적 정체성이 깊이 뿌리박힌 국가들로 스스로 규정하는 과정에 있던 사회 및 나라들을 이어 준 세계적 현상이었다.[4]

범세계적으로 일어난 이주적 이동은 19세기 내내 혹은 19세기 전반기에

_____ 2 신대륙을 대상으로 한 아프리카 노예무역이 이루어지던 때에 노예선이 거쳐 간 전체 행로의 중간 부분에 해당하는 대서양 횡단 항로.

일어났다. 몇몇 대권역에서 전개된 발전 과정을 살펴보면 이 이동들의 연속성도 알아볼 수 있다. 이 경우 북대서양과 지중해권으로부터 세계적 이주와 지역적 정체성을 논하는 것은 유럽과 북아메리카 중심의 전통적 관점을 신봉하는 것에 그치지 않고, 군사력, 경제적 침투, 백인 우월주의 이데올로기에 따라 그곳(유럽과 북아메리카) 나라들이 전 세계에 부과한 제국주의 중심의 전통적 관점도 함께 신봉하는 것이 된다. 16세기 초부터 시작된 식민지 건설과 제국적 통치에는 백인 관리자, 군인, 투자자, 여타 부속 인원들의 이주가 수반되었다. 그리하여 이들이 시행해 1870년대에 끝난 검은 대서양의 강제 이주는 1810년 이전에만 사하라 이남 아프리카의 남녀노소 인구 1240만 명을 줄였다. 이에 그치지 않고 그들의 살아남은 후손들마저 아메리카 대륙의 경제와 사회들을 계속 형성해 갔다.[5] 인도양권에서도 자유민 남녀 이주 및 1830년대부터 계약 노동자(백인들의 인종화된 관점에서 보면 모두가 '쿨리'였지만, 이들 중 남아시아 이주민은 10퍼센트를 넘지 않았다.) 이주가 시작됨에 따라 교역과 문화 교류의 대권역이 형성되었다. 플랜테이션 지대에서 유럽 투자자들이 강요한 생산 활동을 떠맡은 이들이 바로 자유 이주민들과 계약 노동자들이었다.[6] 극동(태평양 건너 북아메리카 쪽에서 보면 서쪽)에서도 19세기의 청 제국이 대내외적으로 세력 약화를 겪는 와중에 많은 지역에서 인구 팽창이 일어남에 따라 수백만 명이 기름진 땅과 발전하는 도시들로 이주하는 현상이 나타났다.[7] 북대서양권에서도 산업화가 절정에 달했던 19세기 초의 첫 몇십 년 동안 진행된 대륙 내 이주와 대서양 횡단 이주가 1870년대에서 1945년까지 정점을 찍었다. 그런가 하면 그 기간에는 여러모로 볼 때 유럽의 전쟁이나 다름없었던 제1차 세계대전과 제2차 세계대전 중에 유럽이 자승자박한 끝에 1914년 이전에 시작된 대규모 노동 이주가 1914년에서 1940년대 말까지 대규모 난민 이주로 변질되었다.[8]

각각의 시각이나 입장은 특정 관점이나 편파적인 관점을 가져 이용 가능한 다른 관점을 주변으로 밀어내는 특징이 있다. 따라서 미국과 유럽 중심의 관점만 벗어나도 19세기에는 다섯 가지 이주 체계가 작동했음이 드러난다. 일부는 수 세기 전부터 시작된 다섯 가지 이주 체계는 다음과 같다.

- 15세기 초에 시작되어 1880년대에서 1914년까지 정점을 찍었다가 1950년대 중엽에 끝난, 유럽과 아메리카 대륙, 그리고 유럽과 유럽 식민지들을 이어 준 북남의 '하얀' 대서양 이주 체계.

- 1440년대에 시작되어 18세기에서 19세기까지 절정에 달했다가 1870년대에 끝난 아프리카 노예, 다시 말해 검은 대서양 이주 체계.

- 흔히 영국 제국 혹은 여타 유럽 제국들, 그리고 미국의 식민지 투자자들의 강요에 따른 권력 관계의 틀에서 진행되기 일쑤였던 아시아 자유민 및 계약 노동자들의 이주 체계와 그것이 아메리카 대륙으로까지 확대된 형태의 태평양 횡단 이주 체계.

- 유럽 쪽 러시아 내에서 진행된 규모가 크고 종종 순환적이기도 했던 농촌에서 도시로의 이주, 트랜스카스피해와 남부 시베리아 지역들에의 정주와 북아메리카로의 소규모 이주, 서유럽으로부터의 이입 이주로 구성된 러시아·시베리아 이주 체계.

- 19세기에 시작되었으나 1920년대와 1930년대에 많은 부분을 차지한 북중국에서 만주로의 이주 체계.[9]

이주 체계를 경험적 관찰과 지리적 공간의 차원에서 보면 출발지와 수용지 간에 오랜 기간 지속된 이주들의 집합이 된다. 다방면으로 진행된 비집합성 이주와는 별개인 것이다. 그러므로 이주 흐름들의 총수와 실제 수치, 시간에 따른 연속성, 인구 1000명당 비율에 대한 연구도 그 단계에서 진행할 수 있다. 대권역들에서 진행되는 이주 체계(중간 권역과 소권역들에서 진행되는 이주 체계의 상황도 비슷하다.) 또한 노동 과잉 지역과 노동 수요 지역(이주민 남녀의 관점으로 보면 선택권이 많아지는 지역)을 이어 주는 것으로 말할 수 있다.(농촌의 인구 과밀 지역과 텅 비지는 않았더라도 과밀하지 않은 지역을 이어 주는 것도 이 이주 체계에 포함할 수 있다.) 그리고 이 경우에는 출발지와 목적지가 각각 도시와 농촌의 인구비, 산업화와 도시화의 정도, 정치 구조와 당시의 정치 상황, 사회적 위계, 계급 혹은 사회계층군 사이에 가로놓인 침투 불가능한 경계선, 특정한 교육 가치 및 신념 체계, 인종 구성과 인구학적 요소(유아 사망률, 결혼 유형, 노령자 부양률, 연령 구조), 성별 간, 세대 간의 역할 특성, 역내 이주, 중거리 이주, 장거리 이주의 전통으로 특징지어진다. 이 복잡한 구조와 과정들은 또 흔히 말하는 추진 요인, 유인 요인들로 단순화되기도 한다. 그런가 하면 경제 분야와 지역들이 국경을 초월하고 진로 결정에 따른 이주 또한 국경을 초월하는 경우가 많았기 때문에 국가는 19세기와 그 이전 시대에서는 유용한 분석 단위가 되지 못한다. 그러나 그 이후부터는 사정이 다르다. 19세기 말과 특히 20세기의 첫 20년 동안 여권이 도입되고 인종적 특징에 따라 배타적 정책도 쓸 수 있게 되어 이주민의 출입국과 관련된 장치를 마련하거나 이주 제도를 수립하는 데서 국가의 역할이 증대되었기 때문이다.[10]

대권역은 경험적으로 결정되고, 상호 연결되며, 관련이 있는 공간들이다. 따라서 대륙 혹은 국경선과 같이 고정된 자연지리의 단위로는 얻을 수 없는, 인간 행위에 기초한 공간적 분석의 틀을 제공해 준다. 유럽 지역들(당시에는 지중해권에 속했던 이베리아반도, 대서양 북부, 서중부, 동중부 연안)만 해도 19세기에는 역내 이주와 역외 이주의 면에서 단일 이주 공간이었다. 반면에 러시아권 동유럽은 동쪽으로의 역외 이주에 의해 남부 시베리아로 이어진 별개의 지역으로 계속 남아 있었다. 대서양 이주 체계와 드네프르강 유역을 따라 진행된 러시아·시베리아 이주 체계는 비교적 소수의 이주민에 의해 동쪽과 서쪽으로 분리되었다. 아시아의 4대 대권역(남아시아, 동남아시아, 북아시아가 포함된 중국, 일본열도)도 별개의 공간들로 남아 있었으나 해로를 통해서는 연결되었다. 동남아시아에서 시작된 이주만 해도 오스트레일리아와 뉴질랜드가 포함된 태평양 섬들로 뻗어 나갔으니 말이다. 반면에 또 다른 공간인 동지중해와 페르시아만 혹은 서아시아 문화 지역은 지중해 유럽, 오스만 제국과 러시아에 면한 흑해 연안, 인도양 연안 사회 및 그곳 산물들을 이어 준 경첩 지역으로 이해하는 것이 가장 좋은 관점이다. 아프리카 공간에는 아랍과 지중해 북부 연안의 카바일족 지역,[3] 인도양과 대서양 연안 지역, 중앙 내륙 지역이 포함되었다. 끝으로 아메리카 대륙에는 북부의 앵글로아메리카와 남부의 라틴아메리카 공

---
3 알제리를 말한다.

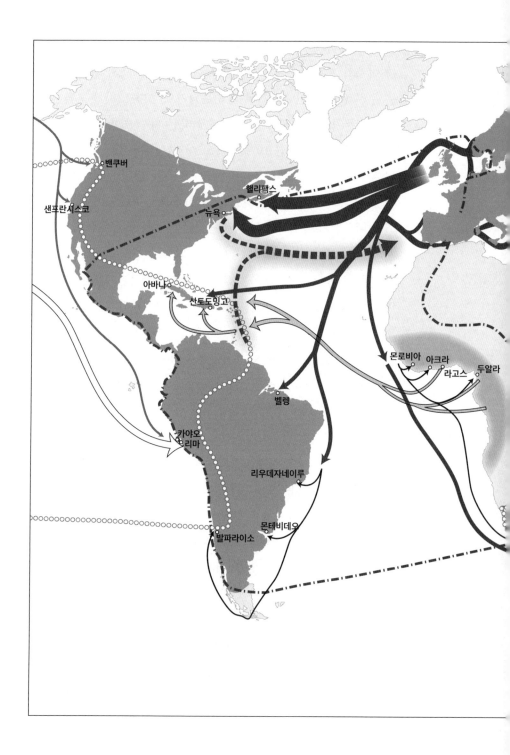

밴쿠버

샌프란시스코

핼리팩스

뉴욕

아바나

산토도밍고

벨렝

카야오
리마

리우데자네이루

몬테비데오

발파라이소

몬로비아   아크라
라고스   두알라

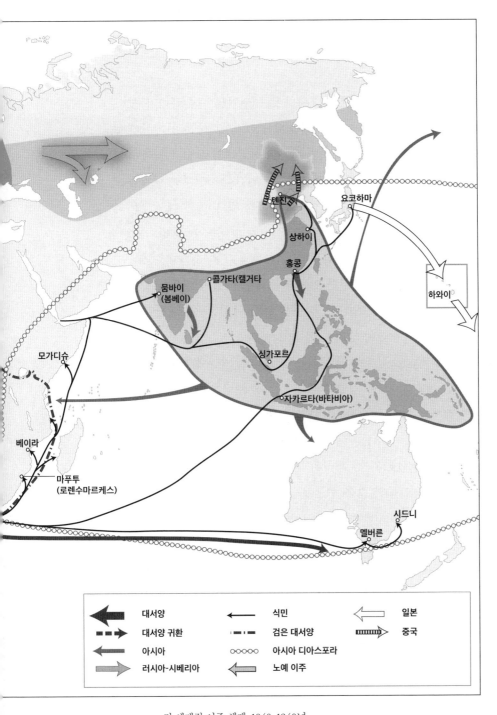

텐진
요코하마
상하이
홍콩
콜가타(캘거타
뭄바이
(봄베이)
하와이
싱가포르
모가디슈
자카르타(바타비아)
베이라
마푸투
(로렌수마르케스)
시드니
멜버른

←	대서양	←	식민	⇐	일본
▪▪▶	대서양 귀환	·—·■·—	검은 대서양	▭▭▭▷	중국
←	아시아	○○○○○	아시아 디아스포라		
⇒	러시아-시베리아	⇐	노예 이주		

＿＿＿전 세계적 이주 체계, 1840-1940년.

간에 세인트로렌스강 계곡의 프랑스어 지역, 문화적 상호작용이 일어난 카리브해 지역, 미국 남서부 및 에스파냐어와 영어가 혼용된 멕시코 북서부 지역이 포함될 수 있다.

시대구분은 앞의 공간 통합에도 나타나듯 대권역들마다 차이가 크다. 1870년대에는 대부분의 지역적 이주 체계들에서 단절성보다는 연속성이 두드러졌다. 1870년대라면 유럽 국가들이 노예무역을 끝내기로 결정한 지 60년이 지난 시점이고, 노예 상인들은 실제로 그때부터 인간을 사고파는 행위를 그만두었다. 법을 존중해서였다기보다는 경제적 이유가 컸다. 하얀 대서양만 해도 혁명과 반혁명 그리고 (1760년대에 북아메리카의 몇몇 영국 식민지로도 불똥이 튄 끝에 1815년의 빈 회의에서 왕정을 복귀시키는 반동 체제를 수립하는 것으로 끝난) 나폴레옹 전쟁으로 인해 대서양 횡단 이주가 타격을 받았기 때문이다. 그러다 특히 혹독한 겨울도 일부 요인으로 작용해 1816~1817년에 재개된 이주는 경제가 발전할 때는 착실히 증가하고 경기가 후퇴하고 남북전쟁이 지속된 기간(1861~1865)에는 소강 상태를 보이는 등 등락을 거듭했다. 1870년대와 1880년대부터는 '프롤레타리아 집단 이주'가 새로운 정점에 도달했다. 이렇게 오락가락하던 대서양 이주 체계는 1914년 제1차 세계대전의 발발로 갑작스럽게 중단되었다가 각각 1918년 이후와 1945년 이후의 10년 동안 다시금 출현했다. 한편 남아시아(인도)와 청 제국의 남부 지방들에서는 1830년대에 계약 노역이 도입되거나 이주의 많은 부분을 차지하는 현상이 나타났다. 인도는 그로부터 거의 1세기가 지난 1914~1918년에야 영국 제국의 약화를 이용해 민족주의 지도자들이 식민지 통치를 끝내기 위한 협상을 벌일 수 있었고, 1930년대에는 사실상 자치권을 획득했다. 반면에 중국은 1840년을 전후해 아편 판매와 대규모 부채 증가를 불러온 아편전쟁[4]이 일어난 여파로 많은 지역에서 1870년대에도 별다른 휴지기 없이 이주가 계속되었다. 다만 북부 지역에서는 산둥성에서 만주로 향하는 이주가 시작되었다. 제2차 세계대전 뒤에는 세계 거의 모든 지역에서 (난민) 이주의 변수가 달라짐에 따라 1945년 이

---

4 일명 중영 전쟁. 1차: 1839~1942년, 2차: 1856~1860년.

후의 10년 동안은 강제 노동 수용소와 포로수용소 혹은 일본을 비롯한 추축 국에 억류된 난민과 실향민들이 재정착하는 특징을 보였다. 따라서 연속성이 나타난 1870년대와는 차이가 있었다. 처해 있는 곳이 어디였든 정전의 시점에 난민과 실향민들이 귀향할 수 있는 수단은 제한적이었다.

3부에서는 1870년대 이후에 전개된 이주의 과정에 논의의 초점을 맞출 것이다. 1장에서는 이전의 이주, 그리고 전 세계에서 일어난 이주와 관련된 전 개 과정을 논의하고, 지역 및 각 사회 특유의 패턴과 흐름을 살펴볼 작정이다. 2장에서는 소속감과 정체성에 대한 동시대의 개념, 그리고 이주의 이론화 및 해석에 논의의 초점을 둘 것이다. 3장에서는 1870년대에서 1910년 혹은 지역 에 따라 1930년이 될 수도 있는 기간까지의 대서양 경제와 전 세계에 걸친 플 랜테이션 지대 및 광산 지역, 그 밖의 모든 대권역에서 진행된 이주를 설명하 고 분석하려고 한다. 4장에서는 1910년대의 전쟁으로 유발되고 1930년대의 대공황과도 관련 있는 20세기의 (난민) 이주에 주목하고, 식민지주의와 인종 차별주의에 대해 전 세계적으로 비판이 일어나는 데 일조한 지적 이주도 고 찰해 보고자 한다. 끝으로 5장에서는 제2차 세계대전에 이은 10년에 초점을 맞춰 제2차 세계대전으로 야기된 이동과 이주의 결과를 논할 것이다.

언어들에는 언외의 뜻이 함축되어 있다. 학자들이 유아기 언어에 익숙하 다는 점도 감안할 필요가 있다. 언어들 뒤에 숨겨진 관점, 조국에서 말해지는 모국어도 비판적 평가의 대상이 되어야 한다. 흔히 말해지는 '전쟁 발발'이라 는 표현만 해도 전쟁을 선언하는 것이 될 수도 있고, 전쟁을 준비한다는 말이 될 수도 있다. 정부들이 관련되기 때문이고, 난민 이주민들도 그것을 알고 있 다. 역사가들은 해석이 포함되지 않은 용어를 사용해야 한다. 지금까지의 이 주 역사가 주로 이출 이주emigration와 이입 이주immigration의 이분법 구도로 쓰 인 것이 해석이 포함된 것의 대표적 사례다. 둘 모두 단향성 영구 이동의 뜻 을 지니기 때문이다. 민족주의 역사가들은 거기에다 이데올로기적 요소까지 보태 이출 이주자가 민족성을 상실하거나 민족적 정체성을 배신했다고 간주 했다. 이입 이주자들도 새롭게 더 나은 인간이 되기 위해 인종의 도가니에 빠 져들 필요성을 느낀 교양 없고 뿌리 없는 인간들로 치부했다. 이주migration라는 용어는 그와 달리 방향, 이동한 수, 귀환, 문화 변용 과정에서 일어나는 다양한 모습들에 개방적이다. 이주의 경험과 선택이 성별화된 것도 지속적으로 강조할 필요가 있다. 지역에 따라 편차는 있지만 특정 기간에는 남성보다 여성의 이동이 많았던 것도 주목해야 할 사항이다. 의미가 다른 용어들을 유사 현상들에 혼용하거나 하나의 용어를 개별 현상들에 포괄적으로 사용하는 것에도 문제의 소지가 있다. 아프리카인 강제 이주만 해도 노예제slavery라는 포괄적 용어로 설명하지만, 노예제에는 다음과 같은 다른 뜻도 내포되어 있는 것이다. (1) 아메리카 대륙과 플랜테이션 지대에서는 인격 없는 재산으로 상품화된 강제 노동력, 곧 '동산chattel'적 위치로서 강제 이주, (2) 아프리카 내에서는 전통적 권리에 따른 사적 의존 관계, (3) 아시아에서는 병사, 고등교육을 요하는 직무, 법원 업무를 담당한 가정의 하인. 요컨대 포괄적 용어인 속박bondage과 그와 관련된 이동성에는 유럽의 농노, 파시스트 국가였던 1930년대의 독일과 스탈린 지배하의 소련, 이후에는 아파르트헤이트 정책을 쓴 남아프리카 공화국의 강제 노동, 중국 사회의 종복 신분이 모두 포함될 수 있다. 자유 이주와 비자유 이주라는 이원적 분리에는 이렇듯 겉으로는 드러나지 않지만 자발적 행위부터 비자발적 행위에 이르기까지의 연속성이 끼여 있다. 같은 맥락에서 '자유민'이나 '쿨리', '노예'로 구분을 짓는 것도 그 용어들에 내포된 불확실한 언외의 의미로 인해 왜곡될 소지가 있다. 유럽에서 아메리카 대륙으로 넘어간 '자유민' 이주자들만 해도 대부분 혹독한 경제 상황을 이기지 못해 살던 곳을 등진 사람들이었다. 지각된 선택권을 찾아 불가항력적 상황을 벗어난 사람들이지 '무제한의 기회'를 찾아 이주한 사람들은 아니었다는 이야기다. 노예든 쿨리든 간에 속박 이주자들이 종종 수동적 존재로(혹은 주도적으로 행동할 수 있는 개연성을 박탈당한 것으로) 간주되기는 하지만, 그럼에도 (어린아이를 제외한) 속박 이주자와 강제 이주자 모두 무리 없이 사회화되어 그들만의 문화를 창조한 것도 그 점을 말해 준다. 극도의 억압 속에서 적응을 해야 했지만, 이주민들은 이주하기 전에 이미 고도로 발달한 인격을 지니고 있었던 것이다.[11]

1 장기 지속의 관점

학자들은 종종 백인 이주자들이 수적으로 적었다는, 상세한 자료로 입증되지 않은 가설에만 근거해 대서양 너머 서쪽으로 향해 간 백인들의 이주에 우선권을 주고는 했다. 그러나 알고 보면 처음에는 서유럽, 그다음에는 미국에서 식민지 지역들로 건너간 이주는 수적으로 적었을 뿐 경제와 인력 동원의 면에서 전 세계적으로 막대한 영향을 끼쳤다. 유럽인들의 경제활동과 공격성, 혹은 단순한 예로 그들이 강요한 규칙만으로도 지방이나 지역, 제국적 규모의 이주가 유발되었으니 말이다. 이주의 방향이 역전된 현상, 다시 말해 인도네시아인들이 네덜란드로 이주하고, 서아프리카인들이 프랑스로 이주하며, 푸에르토리코인들이 미국으로 이주하는 것과 같은 대규모 집단 이동으로 귀결된 미래의 탈식민지주의 현상은 당시의 식민주의 국가들로서는 상상도 못할 일이었다. 식민주의자의 이주가 가져온 장기적 효과는 다른 요소들과 더불어 지금도 탈식민주의 이주의 여러 양상을 결정짓고 있다.

유럽의 인문주의자와 계몽주의 사상가들이 농노제든 노예제든 인간에 대한 모든 속박을 양도 불가능한 인권 문제에 결부하자 경제에도 변화가 일어나 노동의 특성이 변하기 시작했다. 그에 따라 일부 고용주도 영구 속박 노동력과 융통성 있게 고용된 노동력 간의 이해득실을 따져 보기 시작했다. 더불어 자신들이 동산이 되는 예속 상태의 합법성을 결코 인정한 적 없는 속박된 사람들 또한 하위문화를 형성하여 집단적 힘을 갖게 되고, 일터에서 그들이 철수하거나 저항하면 플랜테이션 제도의 생산성이 떨어진다는 사실도 알게 되었다.[12] 지역들마다 성격이 다른 농민 집단을 이동하지 못하게 하는 데 초점을 맞춘 유럽의 농노제 또한 양상이 복잡해지고 이동성이 수반되었다. 귀족들이 경작보다 사냥을 좋아하면 농노의 필요성이 줄어들고, 반대로 농업을 중시하면 농노의 가족을 끌어들여야 하며, 주변 도시들이 부역의 탈출구가 되면 농노가 도망치는 식이었다.[13] 반면 에스파냐령 아메리카 대륙에서는 다수의 아메리카 원주민과 더불어 아프리카 서부·중부·동부 지역 사람들을 강제로 이주시켜 도착지에 가면 이동을 못 하게 묶어 두는 노예제가 시행되고 있었다.[14]

속박된 남녀들의 저항, 인권을 둘러싼 계몽주의적 논의, 자유민 노동과 노예노동 간의 이해득실을 따지는 논의는 이렇듯 권력관계의 틀 속에서 인간의 이동성에 깊은 영향을 미쳤다. 반면에 유럽의 정주형 대토지 소유자와 그들의 이주한 사촌인 (나중에는 미국 출신 소유주들까지 가세한) 식민지의 플랜테이션 농장 소유주들은 될 수 있으면 값싸고 유순한 노동자를 공급받을 수 있기를 바랐다. 문제는 아프리카인의 노예화가 불가능해지면 유럽의 하층민 혹은 필요할 경우 아시아의 식민지화된 지역 사람들을 억압해 아열대 지방이나 열대 지방으로 끌어올 수 있느냐는 것이었다. 플랜테이션 투자자들은 결국 돈이 들고 수익률이 떨어지는 것을 감수하고 보너스든 고임금이든 인센티브를 줘서라도 신규 노동력을 채용하는 것까지 고려했다. 그리하여 그들의 로비가 시작되었다. 국가 주도로 계약 노동자들을 동원하거나 유럽의 경우 정부가 이주민의 뱃삯을 지원하게 하여 결과적으로 민간 분야에서 납세자에게 비용이 전가되게 하는 내용이었다. 계급적 이해관계와 계급투쟁, 인종화와 저항, '인간의 조건'에 대한 사고방식의 재정립은 이렇듯 이주의 결정에 큰 영향을 미쳤다.[15]

검은 대서양의 강제 이주

대서양 노예무역이 시작된 지 2세기 후에는 카리브해에 위치한 프랑스령 생도맹그⁵의 물라토⁶와 흑인들이, 혁명 이전의 프랑스에서 사회계약에 따른 정부의 개념에 대한 논의가 이루어지고 그 여파로 생도맹그의 아프리카 출신 노예들 사이에도 자결적 삶의 개념을 둘러싼 논쟁이 벌어지자 상호작용이 일어나는 하얀 대서양과 검은 대서양에서 마침내 자신들을 옥죄던 족쇄의 굴레를 벗어던졌다.⁷ 여행자와 프랑스 이주민들이 전해 준 사상이 생도맹그 전체 인구의 10퍼센트도 안 되는 백인 농장주grands blancs, 백인 평민petits blancs, 유색 자유인gens de couleur 간의 계급 차를 위기에 빠뜨린 것이었다. 그 나머지, 인구의 90퍼센트를 차지한 50만여 명의 아프리카 태생 혹은 아프리카 혈통의 노예도 뚜렷한 관점을 지니고 있었다. 노예들 중에는 물론 흑백 영역의 중간 지대에서 하인 생활을 해서 양쪽 사정에 두루 밝아 둘 사이에서 교섭할 수 있는 사람들도 있었다. 반면에 아프리카에서 강제로 이주된 지 얼마 안 된 노예들은 노예제 이외의 다른 생활 방식에 대해서도 알았다. 상황이 이런데도 백인들은 상주민, 이주민을 막론하고 유색인의 인권 신장에는 무조건 반대했고, 물라토들은 물라토대로 폴 길로이Paul Gilroy의 『검은 대서양Black Atlantic』(1992)에서는 간과된 흑인 우애 협회의 지원을 받아 유색인의 인권 신장을 요구했다. 결국 1791년 8월에는 노예들의 자기 해방이 시작되고, 1793년에는 프랑스 국민의회의 결의에 따라 동산 노예들이 해방되었다. 나폴레옹이 프랑스계 카리브인 혼혈 조상을 둔 대농장주 계층의 영향을 받아 노예제를 재수립하기 위해 생도맹그에 파견한 프랑스군 4만 명도 자기 해방을 이룬 아프리카 노예들에게 격파되었다. 그리하여 아이티의 국호 아래 생도맹그의 독립이 선언되자 자유를 찾은 대다수 사람은 자급 농업과 자결적 삶을 찾아 플랜테이션 농장을 떠났고 그로 인해 사탕수수 농장을 기반으로 한 경제가 무너지

---

5 지금의 아이티. 히스파니올라섬 서쪽 3분의 1에 해당하는 지역으로 1697년에서 1804년까지 프랑스 식민지였다.

6 백인과 흑인의 혼혈.

7 1791~1804년 일어난 아이티 혁명을 말한다.

자 노예 수입이 늘어나고 1830년대까지는 노예노동도 지속되었던 영국령 자메이카가 어부지리를 얻었다.[16]

대농장주들은 노예노동력을 잃어 그들의 투자액까지 날리지 않을까 못내 걱정스러웠다. 그렇다 보니 가난한 유럽인, 아시아의 계약 노동자, 자유민, 반자유민 아프리카인을 가리지 않고 노동력 확보에 혈안이 되었다. 경제적으로 중요한 것은 피부색이 아닌 노동의 가치였던 것이다. 결국 1800년대 초만 해도 영국령 트리니다드와 포르투갈령 브라질이 포르투갈령 마카오의 중국인 계약 노동자들을 (품질 확인차) 시험용으로 선적받는 수준에 그쳤던 것이 50년 뒤에는 하와이의 대농장주들까지 알파벳순으로 '비료'와 '필리핀인'의 선적을 요구하고, 가난한 포르투갈인과 가난한 일본인 이주자들이 같은 일터에서 나란히 일하는 상황이 되었다.

노예무역은 유럽과 미국에서는 1807~1808년부터 불법으로 금지되고 1815년부터는 영국 해군에 의해 엄격한 단속도 실시되었다. 그러나 브라질은 1850년대 중엽에야 노예무역 금지 정책을 수용했고, 노예무역이 사실상 종료된 것도 1870년대였다. 그 기간에 강제로 이주당한 남녀, 에스파냐의 표현을 빌리면 "물건"만 해도 190만 명에 달했다. 1820년대까지는 아메리카 대륙으로 실려 간 아프리카인이 유럽인보다 많았고, 유럽인의 절반 내지 3분의 2 정도가 자유민이 아닌 계약직 신분이었던 것도 유념해야 할 사항이다. 흑백의 남녀들이 그들의 문화와 종교적 관습을 가지고 아메리카 대륙으로 넘어간 것이고, 그 결과 정령 숭배자나 이슬람교도이기도 했던 그들이 아프리카·유럽·아메리카 크리오요 문화에 아프리카적 요소를 지속적으로 보탤 수 있었던 것이다. 19세기 중엽에는 리우데자네이루 인구의 40퍼센트에 해당하는 8만 명이 노예였으며, 그중 3분의 2가 아프리카 태생이었다. 반면에 노예 수입이 종료되어 출산에 의해서만 아프리카인 인구가 증가한 미국에서는 아프리카계 미국인이 혼성 문화의 대부분을 만들었다.

영국 제국은 1834년에 노예제를 철폐했다. 다만 대농장주들의 요구를 받아들여 4년간의 '견습(유예) 기간'을 두었다. 프랑스 식민지들에서는 1846년에 노예제가 철폐되었다. 두 나라에 이어 1873년에는 네덜란드의 식민지들에서도 노예제가 철폐되고, 1880년에는 에스파냐의 마지막 식민지인 쿠바에서 노예제가 철폐되었다. 여기에도 6년의 '견습 기간'이 있었다. 1863~1865년[8]과 1888년에는 세계의 2대 노예 소유국이던 미국과 브라질에서 노예제가 철폐되었다. 1789년 프랑스에서 인권선언을 한 지 85~110년 뒤, 1861년 러시아에서 농노 해방령이 내려진 지 몇 년 뒤에 일어난 일이었다. 노예제를 자유민 노동과는 경쟁이 되지 않는 경제적 시대착오로 일컬으며 신중산층(자본가가 아니다.)의 출현을 예고한 애덤 스미스의 고전 경제학『국부론』도 1776년에 이미 출간돼 있었다. 상황이 그랬으니 아프리카계 크리오요와 유럽계 크리오요도 당연히 플랜테이션 제도에 의한 경제를 노동의 대가를 강탈해 가는 것으로 이해했다.[9] 미국 노예들도 도망을 "자기를 훔치는 것"으로 표현했다. 반면에 프랑스 농장주들은 노예가 돈을 주고 자유를 사는 행위를 "흑인이 자기를 파는 것"으로 묘사했다.

카리브해 지역에서는 단거리 이주로도 한계 농지의 이용이 가능했기 때문에 아프리카계 카리브인 가구들은 대부분 임금노동을 기피했다. 그리하여 영국 제국의 대농장주들이 부족한 노예를 벌충하기 위해 고용한 사람들은 아메리카 대륙 내에서 이동하거나 노예무역에서 해방된 아프리카 태생의 남녀, 먹고살 길이 막막해 본국 사회를 등진 유럽의 '자유민' 노동 이주자, 한동안 속박 상태로 붙들어 둘 수 있는 아시아의 계약 노동자들이었다. 유럽계 카리브인 혼혈 농장주와 물라토 농장주들은 그중 아프리카 출신 노동자들을 도제살이 혹은 계약 노동자 형태로 계속 묶어 두려고 했다. 그다음으로 그들이 쓴 전략은 이주 비용이 가장 싸게 드는 지역민, 다시 말해 카리브해 지역의 자유민 노동자들을 고용하는 것이었다. 그리하여 또 현지인 수십만 명이 임금 수준, 노동조건, 법적 지위에 따라 각각 섬 사이의 이주를 통해 카리브해의 각 지역으로 이동했다. 농장주들이 세 번째로 구사한 전략은 제국 당국이 밥값 정도는 할 수 있기를 하기를 바란, 노예선에서 해방된 아프리카인을

_____**8** 남북전쟁 기간.

_____**9** 크리오요는 본래 아메리카 식민지 태생의 백인을 지칭하는 말이었으나 때에 따라서는 식민지 현지에서 태어난 흑인을 의미하는 말이 될 수도 있다. 따라서 흑백 혼혈인 물라토와는 구별된다.

계약 노동자로 묶어 두는 것이었다. 그리하여 4만여 명의 해방 노예가 1860년 대 중엽 이전에 카리브해 지역과 영국령 기아나에 도착했다. 다만 이들의 다수는 도망을 쳐 아프리카계 카리브인 자유민 공동체들에 합류했다. 그 밖에 대농장주들은 자유민인 미국의 아프리카계 크리오요도 고용하려고 해서 그들의 일부가 인종차별이 덜한 카리브해 섬 지역들로 이주했다. 서아프리카, 특히 시에라리온의 크루족도 카리브해 섬들로 들어왔으나, 처음에 온 이주자들이 본국에 돌아가 노동조건을 전해 준 뒤로는 이들의 유입이 끊겼다.[17]

백인 노동자들은 1830년대 중엽부터 고용되기 시작했다. 그래서 1840년 대에는 아시아의 계약 노동자들과 마찬가지로 아일랜드인, 영국인, 프랑스인, 독일인, 몰타인, 포르투갈인(이 경우는 아프리카 서쪽의 대서양에 위치한 포르투갈령 카보베르데 '흑인들'이 대부분이었다.)이 대농장 노동력의 큰 부분을 차지하게 되었다. 다만 이들 중 일부는 고용된 지 얼마 되지도 않아 대농장 일을 그만두고 소규모 상거래 쪽으로 방향을 돌려 현지의 아프리카계 카리브인들과 경쟁을 벌이거나 갈등을 빚었다. 아시아에서는 중국인 27만 명이 쿠바, 페루, 여타 라틴아메리카 경제 지역들로 퍼져 나갔고, 카리브해 식민지와 남아메리카 북부의 기아나로는 남아시아인 50만 명이 이주했다. 유카탄반도의 아메리카 인디언 포로와 이들의 부인, 그리고 멕시코의 유럽계 크리오요 대농장주 hacendados가 매각한 노예노동자들도 1860년 이전에 쿠바로 운송되었다. 그 결과 카리브해의 각 섬에는 동질화되고 지역적 정체성을 가진 영역으로 분리된, 수 개국어가 통용되는 다인종 사회가 출현하게 되었다. 검은 대서양과 하얀 대서양의 카리브해 지역이 다수의 유색인종 지역으로 변모한 것이다.[18]

노동자들은 노예노동제하에서는 소유주가 그들을 수익적으로 사용할 수 있는 한 목적지에서의 이동이 불가능했다. 하지만 유럽의 농노제가 그랬듯 그런 중에도 비자발적 이동은 계속되었다. 미국의 목화 경제가 대서양 연안에서 미시시피강 유역 주들로 이동하자 자유민 농장주들이 자신들에게 묶인 노예노동자들까지 데리고 그곳들로 이주한 것이 좋은 예다. 말 안 듣는 노예를 징계와 착취가 더 심한 곳으로 팔아넘기는 경우도 있었다. 카리브해 지역에서도 설탕 생산 중심지가 아이티에서 자메이카, 자메이카에서 다시 쿠바로 이동하자 강제적 이동과 자발적 이동이 동시에 유발되었고, 브라질에서도 플랜테이션 경제가 북동부에서 남동부로 이동하고 채광 사업이 내륙 쪽으로 확대되자 노예와 자유민 흑인들이 이동했다. 강제 노동에서 탈출한 '도망자', 해방 노예, 돈 주고 자유를 산 노예들도 경제 여건, 인종적 제약, 자신들에게 주어진 선택의 여지에 따라 목적에 맞게 이동했다. 아프리카계 미국인들의 이동 또한 산업화의 도래로 대서양권에서 노예제가 폐지되자 다른 지역에서 생계를 해결할 수 있는 선택의 여지가 있고 인종차별로 자결적 삶이 방해받지 않는 한 증가세를 보였다. 단 미국에서는 예외였다. 브라질에서도 아프리카 출신 남녀들의 이동이 가능해졌고, 실제로도 이동이 일어났으며, 카리브인들도 섬에서 섬으로 이주했다. 다만 미국에서는 남부에서 북부로의 이주가 1900년 이후로 미뤄져 '흑인 대이동Great Migration'도 제1차 세계대전 기간에야 시작되었다.[19]

아시아인의 이주와 계약 이주제

문화, 경제, 이주의 면에서 세 대륙, 즉 유럽·아프리카·아시아권의 동쪽 지역은 모든 자료와 논의를 일반적 아시아로 통합시킨다든가 일반적 '아시아인'을 이주자로 보는 것이 분석적으로 무의미할 만큼 독특한 대권역들로 이루어져 있었다. 지금부터 다루려고 하는 남아시아(영국령 인도와 실론섬(지금의 스리랑카)), 버마에서 수마트라섬과 그 너머로 이어지는 동남아시아, 중국, 일본이 바로 그곳들이다. 태평양과 대서양은 오래도록 별개의 영역으로 남아 있었다. 하지만 인도양과 말라카(믈라카) 해협은 동쪽 해역과 섬들 사이에 있는 연안 지역을 중국 대륙 및 일본열도의 해안을 따라 놓인 북쪽 해역과 연결해 주는 역할을 했고, 그것이 바로 그 지역들을 독특하게 만든 요소였다.[20]

여러 방향으로 뚫려 있고 활력에 넘치며 사람들의 이동도 많았던 인도양의 상업 중심지와 동남아시아 및 동아시아 해역으로 소수의 유럽인이 침투해 들어가자 처음에는 노동의 수요가 중간 정도로 변화했다. 하지만 일단 플랜테이션 경제가 도입되자 노동의 수요는 크게 변했고, 19세기 제국주의 아래서는 더욱 크게 변했다. 1830년대 이후에 도입된 증기선과 1869년에 개통된 수에즈 운하도 세계의 경제 중심지들에서 그 지역으로의 접근성에 변화를 주었다. 1850년대 이후에는 러시아령 폴란드의 도시 우치가 서유럽 국가들의 직물 중심지로 부상함에 따라 봄베이에 최초의 방적 공장이 세워졌고, 그러자 두 도시를 중심으로 한 지역적 노동 이주의 대규모 네트워크가 출현했다. 먼 곳에서 전개된 정치와 전쟁 또한 지역 경제에 전 세계적인 파급효과를 불러왔다. 남북전쟁이 터져 영국 맨체스터의 공장들이 면화 수입지를 미국에서 인도로 변경하자 전쟁이 지속된 5년간은 인도 대농장들의 노동자 수요가 크게 늘었으나 전쟁이 끝난 뒤에는 또 언제 그랬냐는 듯 고용이 뚝 끊긴 사례가 그것을 단적으로 보여 준다. 이렇듯 세계경제의 한 분야가 반짝 호황을 누리고 때로는 먼 곳일 수도 있는 다른 경제 분야가 그와 관련된 불황을 겪는 것이 가정경제에는 고용이나 불완전고용, 과도한 노동이나 영양 결핍 혹은 이주와 혼란의 결과를 가져왔다.

인도양권의 아프리카 노예제

대다수 아시아 지역에서는 현지 거주민과 단거리 이주자, 지역 간 이주자들이 노동력을 형성했다. 동아프리카의 속박된 사람들 혹은 자유민 남녀들이 인도 제국諸國, 말라야반도(말레이반도), 동남아시아 섬들로 자발적으로 이주하거나 끌려와 지배자, 상인, 귀족 가정들의 선원이나 하인으로 일했다. 아프리카인, 튀르크인, 체르케스인 등 출신과 문화적 기원이 다양한 노예들도 동지중해와 인도양권에 유입되었다. 이 노예들이 확대된 상인 가정에서는 머슴 일부터 사업장 근로, 고급 사무원에 이르기까지 다양한 신분을 가진 친족 아닌 친족이 되었다. 계약 노동의 내용에 따라 수입의 일부를 자기 몫으로 챙기고, 출세를 하면 수하에 노예를 두고 상당한 자산가가 되어 돈으로 자유를 사는 노예도 있었다. 노예 여성과 자유민 여성들은 사적으로 또는 법적으로 주인의 정실이나 첩이 되는 경우도 있었다. 그렇게 해서 태어난, 자유민 아버지를 둔 아이들(몸종과 주인의 착취적 성관계로 태어난 아이들도 마찬가지)은 자유민 부인에게서 태어난 아이와 동등한 신분을 가졌다. 노예였던 어머니도 아이를 낳았다는 이유만으로 신분이 상승되어 주인 겸 남편에 의해 팔리거나 양도되지 않았다. 따라서 이들에게는 매각과 속박을 제약하는 의존관계도 차별의 표시가 아닌 일상적 사회생활의 일부였다. 이처럼 반환 불가능하고 코란이 명한 대로 비교적 관대한 특성을 지닌 것이 바로 이 지역 노예제가 도주와 저항이 거의 없는 적법한 제도가 될 수 있었던 요인이었다. 문화가 융합되고 노예 어머니나 유모가 아이들 머리맡에서 그들의 본래 문화, 그들이 거쳤던 (강제) 이주의 역정, 그들의 주거 문화를 배경으로 자유로운 삶의 이야기를 들려주는, 차별적 사회가 아닌 계층적 혼합 사회가 등장한 것이었다.[21]

남아시아의 이주

영국 제국주의를 연구한 학자들, 그중에서도 특히 킹즐리 데이비스Kingsley Davis는 남아시아(인도) 아대륙과 실론섬의 많은 지역을 정주성 사회로 묘사했다. 하지만 그것은 힌두교도들이 부락 공동체 사람들을 친족으로 보고 끼리끼리는 혼인을 하지 않아 그렇게 비친 것뿐이라는 사실을 간과한, 문화적 감수성이 결여된 관점이었다. 처녀만 해도 결혼하면 단거리 이주를 통해 가까운 공동체로 옮겨 가야 했다. 같은 맥락에서 부유한 가정과 저택으로는 먼 곳의 선생, 예술가, 장인들이 모여들었다. 토지난 때문에 평지인들이 고지대로 이동하여 '고산 부족'의 남녀들이 터전을 잃는 일도 있었다. 이런 와중에 다수의 발전된 항구도시는 도시 간 이동의 연결점 역할을 했다.

현대적 표현을 빌리면 다국적 회사 혹은 글로벌 기업이 되는, 런던에 본사를 둔 영국의 동인도회사와 당대의 '초강대국' 영국 제국은 그런 남아시아의 많은 사회를 개조했다. 전 세계의 면화 경제도 가내 수공을 하는 현지인들의 삶을 개조했다. 1790년대에 내려진 포고령만 해도 인도 북부의 벵골, 비하르, 오리사(오디샤)에 영향을 미쳤고, 1810년대의 포고령은 인도 남부 사회와 1840년대 후반 영국 지배권에 들어온 펀자브 지방에도 영향을 미쳤다. 이들 포고령과 후속 법의 제정으로 새로운 지조地租 징수제가 도입되어 인도 사회에는 영국 지주들이 이식되고 현지의 귀족층은 세리가 되며 토지 사유권이 인정됨으로써 양도가 허용되었다. 그리고 그 결과로 중개인, 대금업자, 자민다르zamindar(공조 징수 관리)와 더불어 임시 거류민인 식민지 행정관·지배자들과 의존, 제휴 관계에 있던 새로운 지주 계급이 등장하자 몇십 년 뒤에는 전통적 마을 공동체들이 파괴되고, 인구, 농업, 가내수공업이 위태롭게 균형을 유지하는 상황으로 변한 것이다. 곤경에 처한 가족들이 이주하거나 유랑민으로 전락한 것을 인정하는 내용은 식민지 당국이 영국 의회에 보낸 당시의 보고서에도 나타나 있었다.

식민지 정부는 인구와 경제가 안정된 편자브 지방에 관개시설을 확대하여 토지를 양도 가능한 자산으로 만들고 세금의 현금 납부를 요구했다. 경작지를 늘리고 토지도 매각할 수 있게 함으로써 마을 주민들이 자의 반 타의 반으로 돈과 시장경제에 들어오게 만든 것이다. 농부 가족이 그것을 기회로 보면 투자를 위해 돈을 빌리게 되고, 그런 식으로 돈을 빌리자 흉작 때와 마찬가지로 풍작 때도 대부가 촉진되어 농촌 채무가 빠르게 증가했다. 철도의 도입 역시 철로를 통해 값싼 공산품들이 밀려오고, 그에 따라 농촌의 소농과 장인들이 설 자리를 잃음으로써 이주를 불가피하게 만들었다. 편자브인들 중에는 사무원, 경찰, 군인 등 '식민지 조력자'가 된 사람도 있었다. 그러나 시크교도들은 대부분 지역 내에 배치되거나 홍콩, 싱가포르, 말레이반도로 보내졌다.[10] 그것이 또 인도의 여타 지역, 오스트레일리아와 캐나다와 같은 제국의 다른 백인 국가들을 아는 계기가 되어 그들을 자활적 이주로 이끌었다. 임금 노동자들이 기차를 타고 인도 동부의 캘커타항으로 가서 말레이반도나 북아메리카 대륙으로 이동하는 식이었다. 다만 여성들에게는 그런 선택의 여지가 없었다.

가내수공업도 처음에는 인도의 직물이 색상과 적정가격으로 유럽 소비자들을 사로잡음에 따라 토지를 보유한 남동부 지역 가정들이 두 가지 소득원을 갖게 됨으로써 예측 불허의 시장에서 유연하게 소득 대체 기능을 할 수 있는, 전통적 위험의 분산이 가능해진 것처럼 보였다. 그런데 유럽 소비자들의 수요가 늘면 물량을 맞추기 위해 생산을 늘려야 하고, 그러자면 온 가족이 직조에만 매달려 농사를 등한시할 수밖에 없는데, 그 상태에서 식품을 구

──── **10** 편자브가 시크교의 탄생지였기 때문에 편자브인의 대다수는 시크교도였다.

입하고 고용인의 임금을 지급하려면 장인-농부 가정은 채무를 질 수밖에 없었다. 문제는 그동안 영국에서는 방직의 기계화가 이루어져 인도의 가내수공업을 밑도는 원가로 직물을 생산할 수 있게 되었다. 결국 1800년만 해도 인도 수입품에 밀려 고전하던 런던의 스피탈필즈 직조 거리는 1850년 무렵이 되자 인도의 가내수공업자들을 압도하게 되었고, 적절하게도 (미혼녀와 실 잣는 여성이라는 두 가지 뜻을 지닌) '스핀스터spinster'로 불린 인도의 미혼녀들은 생계 대책을 잃게 되어 가족 전체가 굶어 죽는 결과가 초래되었다. 이런 식으로 마을 수공업이 붕괴하고 그에 따라 토지 소유의 재봉건화가 이루어지며 공조 징수tax farming가 시행되자 지역민 전체가 빈민이 되어 '농업 프롤레타리아들'이 호구지책이 가능한 곳을 찾아 이주하게 된 것이었다. 제국 전역의 농장주들이 반半예속적 노동력을 필요로 하던 바로 그 순간에 말이다.[22]

동남아시아, 중국 그리고 중국인 디아스포라

자원이 풍부하고 향료도 생산되는 말레이반도와 동남아시아의 섬들에서는 국가의 지원을 받고 무장까지 한 유럽의 식민주의자 상인, 투자자, 권력을 쥔 행정관들이 현지의 강제 노동력에 오래도록 의존했다. 하지만 '지역민'들이 그들이 가진 방책(지형에 대한 지식과 협력 네트워크)을 임금노동 거부와 강압에 맞서는 저항에 쓸 수 있었기 때문에 속박 노동자들을 수입하여 도착과 동시에 묶어 두는 방법도 사용했다. 필리핀을 식민 통치한 에스파냐인들이 태평양 너머 아메리카 대륙의 누에바에스파냐에서 노예노동자들을 끌어온 것이나 네덜란드 침입자들이 구축한 지역적 강제 노동 체계가 영국 제국의 팽창과 더불어 전 세계로 퍼져 나간 것이 대표적인 예다. 그와 더불어 기존의 지역적 이주 체계도 강화되고 없던 체계도 새로 만들어졌다.

북아시아 지역에서는 중국과 일본이 15세기부터 타지로의 이주를 법적으로 금지하는 정책을 시행했다. 하지만 그런 중에도 특히 중국 남부의 푸젠성과 광둥성에서는 이동 상인, 장인, 노동자들이 이곳저곳 옮겨 다니며 해로변에 임시 거류지를 마련하는 전통이 있었고, 그리하여 시간이 흐르자 (현대식 표현대로라면) 그 '화교들'은 마닐라, (인도네시아의) 반탐, 말라카로까지 확대된 디아스포라 네트워크를 형성했다. '서쪽 바다'에도 일본과 한반도로 이어지는 두 번째 네트워크가 형성되었으며, '동쪽 바다'에도 시암의 지배자들의 초청에 대한 화답으로 중국인들이 세 번째 네트워크를 만들었다.[11] 그들은 그곳에서 국왕이 내준 독점권으로 외국 교역자의 지위를 보유했다. 이것으로도 알 수 있듯 시암의 수도에는 동쪽에서 온 중국인과 서쪽에서 온 무슬림만 별개의 거류지를 형성했을 뿐 여타 지역 사람들(포르투갈인, 자바인, 말레이인, (인도네시아의) 마카사르인, (미얀마의) 바고인)은 집단마다 자체적으로 뽑은 대변인을 한 명씩 두고 그들의 지배를 받으며 성벽 밖에서 살았다. 이것이 대다수 인도양 항구도시에서 시행된 공동생활과 자치의 방식이었다.

시암에 이어 두 번째로 대규모 화교 공동체가 조성된 곳은 필리핀 마닐라였다. 에스파냐인 공동체와 마찬가지로 이곳의 화교 공동체 또한 거의 전적으로 남성으로만 구성돼 있었다. 원주민 여성과의 내연 관계 혹은 혼인에 의한 메스티소(혼혈 인종)의 출현은 그렇게 해서 시작되었다. 디아스포라 중국인들이 언어와 문화적 기술이 부족하고 상호 문화 교류에도 서툰 유럽 이주민들을 대신해 문화의 조정자 겸 경제적 중개인이 된 것이었다. 그리하여 복합 사회 루손섬[12]에서는 현지인을 가리키는 에스파냐식 표현인 에스파냐화된 인디오의 문화는 최하위로 분류되고 중국 문화와 에스파냐 문화가 둘 모두 고급문화에 뿌리를 둔다는 인식하에 최고 자리를 놓고 다투게 되었다. 하지만 시간이 지나자 경제적 주도권을 쥐고 원주민들에게 융자도 해 주며 채무 불이행 시에는 토지를 압류하는 등 도시에 기반을 둔 경제를 농촌의 지주에게까지 반경을 넓혀 나간 것은 중국계 필리핀 메스티소들이었다. 당연히 1850년대에 에스파냐 당국이 중국인 이주민 활동에 다시금 제약을 가했을 때도 그로 인해 득을 본 쪽은 주변부의 유럽인 엘리트들이 아닌 토박이 메스티소 엘리트들이었다.[23]

영국과 여타 외국 상인들은 중국 제품들 때문에도 애를 먹었다. 중국 제

_____ **11** 여기에 쓰인 서쪽 바다, 동쪽 바다는 단순히 큰 바다를 기준으로 한 것이므로 오늘날의 서양, 동양의 개념과는 전혀 다르다.

_____ **12** 수도 마닐라가 자리한 필리핀 최대의 섬.

품들의 질이 좋고 종류가 다양하다 보니 그들의 상품 판로가 막히고 그로 인해 무역수지가 악화되었던 것이다. 그리하여 그들이 중국의 수출 초과로 인한 무역수지 적자를 개선하고자 생각해 낸 것이 바로 인도에서 대량생산이 가능한 아편이었다. 그렇게 시작된 아편 밀수출이 부작용을 야기하자 1839년에는 중국의 흠차대신이 급기야 배에 적재돼 있던 아편을 몰수하여 불태우는 사건이 벌어졌고, 이에 영국은 (아편)전쟁을 일으켜 승리를 거두었다. 그리고 그 결과로 아편 무역이 재개되자 궁핍해진 중국인들은 본인은 물론이고 자식과 부인까지 계약 노동자로 팔아넘겼다. 이것이 인도의 농민 빈민화 때와 유사하게 식민지 일대의 노동력 저수지에 중국인 구역이 생겨난 요인이었다. 이주자들이 가진 기존의 '이교도' 이미지에 '아편굴' 이미지까지 더해진 것이다. 영국은 아편전쟁 뒤 전비 배상 명목으로 중국으로부터 홍콩을 할양받았다. 그 결과 농촌에서 도시로의 이주, 도시 간 이주가 증가하여 1842년만 해도 4000명에 지나지 않던 홍콩 인구가 1900년에는 20만 명으로 불어났다. 식민주의자의 교역소들은 사람들을 끌어들이는 극점이었다.[24]

여러 방향으로의 이주는 중국의 오랜 전통이었다. 그렇기는 하지만 19세기 중엽 이동이 증가한 데에는 몇 가지 요인이 있었다. 유럽에서와 마찬가지로 1790년대에 3억 명이던 인구가 1850년 무렵 4억 2000만 명으로 급증한 것, 중국인의 주식인 쌀의 가격이 열 배로 폭등하고 인플레이션 효과로 실질소득이 줄어든 것, 납세 수단인 은과 관련해 청나라 정부가 자국 통화인 동전을 평가절하함으로써 가뜩이나 불안정한 농민 가족들의 삶의 조건을 더욱 악화시킨 것 모두가 이동이 증가한 요인이었다. 1860년대부터는 정부가 산업 생산을 늘리는 정책을 펴 일자리가 창출되었으나 그 또한 관료들의 무능한 운영으로 별 효과를 거두지 못해 사회 불만이 팽배하고 정치적 소요가 일어나며 종교 문제가 내포된 인종적 반목이 일자 대규모 혼란이 야기되었다는 요인도 있었다. 1840년대 내내 반란이 끊이지 않고 1851~1864년과 1855~1873년에도 이른바 태평천국의 난과 무슬림 반란(둥간 혁명)이 일어나 사람들이 군벌주의를 피해 다른 곳으로 살 길을 찾아 나섰기 때문이다.[25]

중국의 해외 이주자들은 전통적으로 (차오저우와 샤먼(아모이) 및 그 주변 지역 그리고 주요 방언의 하나인 호키엔어를 쓰는 사람들이 포함된) 남부 연안의 광둥성과 푸젠성 출신 그리고 하이난섬, 중원에서 이주해 온 하카인들이 차지했다. 그곳들 모두 인구 한 사람당 점유 면적이 1000제곱미터에 달할 만큼 인구밀도가 높은 성이었다. 그런데 영국은 1860년 청나라 정부에 '자유 이주' 원칙[13]을 강요함으로써 이 인구 저수지에도 손을 댔다. 그리하여 또 많은 중국인이 중개인을 통해 계약 노동자 혹은 자유민 자격으로 전통적 디아스포라의 경계를 훌쩍 넘어서는 곳으로 이주했다. 1868년에는 중국 정부가 그에 대한 반발로 이주민 경시 정책을 끝내고 '쿨리' 교역에도 통제를 가하며 해외에도 영사관을 설치하고 화교 상인들과의 연대도 모색했다. 모든 서방국이 화교 상인들이 가진 중개인으로서의 사회적 자본의 득을 볼 동안은 멀리했던 그것에 마침내 눈을 뜬 것이었다. 디아스포라 중국인들은 대부분 아녀자와 노인들밖에 남아 있지 않던 고향의 '이출 이주민 사회'로도 돈을 보냈다. 또한 모든 이주민이 그렇듯 이주가 계속됨에 따라 3대 주요 이주지의 특정 지역에 친족과 친구 중심의 집단도 형성했다. 가장 손쉬운 이주지였던 동남아시아, 라틴아메리카(그중에서도 특히 쿠바와 페루) 그리고 가장 값비싼 이주지였던 미국과 캐나다가 그곳이었다.[26]

일본의 이입 이주와 이출 이주

일본 정부는 1640년대에 쇄국정책을 실시한 이후 데지마섬(나가사키항에 건설된 인공 섬)만 개방해 놓고 네덜란드 상인들과 교류하면서 그들로부터 유용하다고 생각되는 지식과 물품을 얻었다. 그러다 1854년 미국 함대와 유럽 상인들의 힘에 눌려 결국은 강제로 개항했다. 그랬던 일본이 메이지 시대(1868~1912)에는 정부가 직접 부국강병을 목표로 나라의 '복원' 프로그램을 가동함으로써 중국 정부와는 전혀 다른 행보를 보였다. 봉건적 제도의 철폐와 도시 근대화를 이루려 한 것이었고, 그에 필요한 자금은 지조 개정으로 새로운 세제를 수립해 마련하려고 했다. 그 과정에서 세금을 내지 못하는 농민

----
13 아편전쟁의 결과로 체결한 베이징 조약의 여섯 개 항목에 포함된 내용.

이 농촌을 떠나는 부작용이 나타나기도 했지만, 일본은 그 개혁으로 서서히 힘을 얻은 끝에 1890년대에는 서구 상인들에게 치외법권을 부여한 불평등조약을 철폐하고 (선진 문물을 받아들이기 위해) 유력한 외국인 '초빙사'까지 고용했다. 사무라이 무사 계급을 평민 군대로 교체해 준 영국 장교들, 일본이 산업화의 길로 나아갈 수 있도록 기술적 도움을 준 미국의 엔지니어들과 선교사들, 일본의 유전적 우월함과 외국인을 혐오하는 맹목적 애국주의에 기초한 제국주의 팽창 전략을 수립하는 데 일조한 독일과 하버드 대학 출신들이 초빙사의 대표적 사례였다. 한편 갈 곳 잃은 일본의 남녀 소작농들은 하와이와 아메리카 대륙으로 이주했다.[27]

계약 강제 노동의 제도화

1807년에서 1870년대까지 식민주의 국가들이 아프리카의 노예 이주제를 철폐하자 자바섬, 인도양의 동아프리카 쪽에 위치한 레위니옹섬, 트리니다드섬, 쿠바의 대농장주들, 말레이반도와 남아프리카의 광산 소유주들, 페루의 구아노 비료 사업가들은 그들의 정부에 재생산 비용도 싸게 먹히고 말도 잘 듣는 새로운 노동자의 공급을 요구했다. 유럽인 노동자를 쓰려고도 해 보았으나 그들이 반노예 상태를 마다하고 임금노동과 민주주의, 자본주의 제도를 갖춘 온대 지역을 선호해 뜻을 이루지 못했다.

영국과 근래에 다시 제국주의적[28] 식민지 정복에 나선 프랑스도 결국은 이들 대농장주 세력에 굴복하고 그들의 아시아 식민지 남녀들에게 '제2의 노예제'와 다를 바 없는 계약 노동제를 실시했다. 영국에서는 1820년대부터 이미 그 제도를 비공식적으로 시행하다가 제국의 노예제가 철폐된 1834년에는 법령까지 제정해 그것을 뒷받침해 주었다. 중국은 토착 형태의 계약 노동제가 다른 곳에 비해 빨리 시작되고 오래 지속된 곳이었다. 프랑스도 인도차이나에서 노동자를 모집했으며, 태평양의 섬들, 특히 피지에서는 노예 상인들에 의한 납치가 횡행했다. 쿨리는 중국어로 "고된 노苦力", 인도 남부에서 쓰는 타밀어로는 '품삯'의 뜻이라는 점에서도 나타나듯 가난한 농민과 도시 최하층에서 뽑혀 왔다. 따라서 서구 백인 자본가와 노동자계급 조직 양쪽 모두에게서 천덕꾸러기 취급을 받았다. 대양 횡단 이주에는 이런 계약 노동자 외에 그들의 이동 경로를 따라다니며 의식衣食을 제공해 주는 자유민 '승객passenger' 이주자들도 있었다. 많은 사람이 그런 식의 의식 공급망을 수립해 놓고 인력 채용자의 도움이나 보호를 받으며 채광 지역과 공장 지역들을 오가는 역내 이주를 했다.

인력 채용에는 속임수와 힘이 난무했다. 노동조건을 이상적으로 묘사하고, 부채에 묶일 수밖에 없도록 교묘하게 술수를 쓰며, 중국인은 약물에 취해 도박을 하거나 자기를 전당 잡히고 파벌 싸움을 하는 식이었다. 강제로 선원이 되게 한다는 뜻의 항해 용어 '유괴shanghaiing'도 이 관례에서 나온 말이었다. 중국 남부에서는 이런 유의 인력 채용을 중개인 혹은 '뱀'이 담당했다. 반면에 인도에서는 영국 당국이 직접 이주민 이동을 담당하다가 노동자들에 대한 학대가 심해지자 '이주민 보호자'를 따로 두고 관리했다. 메이지 시대의 일본에서는 먼 곳의 고용주들에게 착취당하지 않도록 정부가 처음부터 적격자를 뽑아 보내려고 노력했다.

노동자들이 아시아 해역의 이주지로 가는 데에는 며칠 혹은 몇 달이면 충분했다. 그러나 캘커타에서 카리브해로 가는 데는 6개월 정도가 소요되었고, 그러다 보니 1850년대 이전에는 아메리카 대륙행 영국 국적선이나 에스파냐 국적선에 탄 중국인의 사망률이 12퍼센트에 육박했다. 그러다 1865년 무렵 증기선이 도입된 뒤에야 사망률이 줄어들기 시작했고, 게다가 뱃삯이 하락하고 항해 기간 또한 단축되어 이주민이 크게 불어났다. 그 결과로 인도인 노동자들을 태운 배 안에서는 마을 및 가족과 맺고 있던 그들의 사회적 관계가 중개인들의 통제를 받는 것으로 바뀌는, 비자발적 통과의례 현상이 일어나기도 했다. 하지만 유럽인들의 눈에는 그런 부분적 탈문화화 현상이 각양각색의 독특한 지역 문화를 가진 사람들이 포괄적 속박 노동자로 변해 가는 과정으로 비쳤을 뿐이다. 카스트, 계급, 관습의 특징은 없어지고, 힌두교, 이슬람교, 시크교, 자이나교, 기독교도의 신앙만이 그들을 구별 짓는 요소로 남게 된 탓이었다. 우르두어, 힌디어, 벵골어, 타밀어, 텔루구어, 펀자브어, 구자라트어 등의 언어들이 혼합된 것 또한 남아시아 크리오요가 등장하고, 비남아시아 링구아 프랑카(공통어)가 생겨나며, 특정 지역의 최대 언어군에 군소 언어가 동화되는 현상을 야기했다. 상호 소통되지 않는 방언을 사용한 중국인 노동자들 간에는 이문화 간 대화가 가능한 언어도 만들어졌다.

19세기에 아시아 각지로 퍼져 간 중국인은 250만 명에 달했다. 그중 문자 그대로 계약 노동자로 간 사람은 8분의 1에 지나지 않고 나머지는 이런저런 다른 방식으로 이주했다. 일해서 나중에 갚는 조건으로 친족, 먼저 간 이주민 혹은 상인에게 빚을 진 채로 출발하는 '외상 뱃삯제credit ticket system'를 이용한 노동자들도 있었고, 경제적 제약이 허용하는 한도 내에서 네덜란드령 동인도 제도, 시암, 프랑스령 인도차이나, 필리핀, 태평양 섬들 중 하나를 목적지로 택할 수 있는 디아스포라 네트워크에 의존한 자유민 이주자들도 있었다. 대부분 자비로 아시아권을 떠나 오스트레일리아, 라틴아메리카, 북아메리카 대륙으로 향해 간 100만 명이 채 못 되는 중국인도 있었다.[29]

한편 대양 횡단 이주를 한 인도인들(이들 중에서 10퍼센트만이 계약 노동자였다.)은 벵골에서 비하르를 거쳐 우타르프라데시로 이어지는 북부 지역, 그리고 오리사에서 마드라스로 이어지는 남동부 해안 지대 출신이 대부분이었다. 1850년대 중엽까지는 주로 비힌두교도 토착민, 항구도시의 빈민, 카스트의 최하층에 속하는 사람들이 인력 채용자들의 표적이 되었다. 따라서 기아에 허덕이다 끝내는 노동시장에 재진입하지도, 사회적 지위를 회복하지도 못한 사람이 많았다. 도착지에서의 노동자 채용은 민족문화와 기술의 양상에 따라 이루어졌다. 영국령 버마에서는 벵골인과 중산층 타밀족이 사무원이 되고 (안드라프라데시주의) 넬로르 사람들은 청소부로 채용되며, 인도 남부 코로만델 해안 출신의 텔루구족은 다양한 형태의 공장 노동자가 되는 식이었다. 버마, 말레이반도, 실론섬으로 실려 간 이주민들은 네 가지 이동 형태를 보였다. 하나는 어림잡아 600만 명 정도 되는 사람 대부분이 본국으로 돌아갔고, 두 번째는 소수의 상인 이주민이 때로는 가족까지 동반해 아프리카의 전통적 교역 중심지와 새로운 계약 노동자의 정주지로 향해 갔으며, 세 번째는 식민지 당국이 말레이반도로 보내 '제국의 보조군'이 되거나, 홍콩으로 보내 경찰관이 되게 하고, 여타 지역으로도 보냈다. 끝으로 150만 명 정도의 계약 노동자는 아시아 밖으로 보내졌다. 아시아 밖으로 보내진 계약 노동자의 3분의 1은 다시 모리셔스와 카리브해 지역, 10분의 1은 나탈, 그 밖의 사람들은 동아프리카, 인도양 또는 태평양의 섬들로 보내졌다. 1870년 이후에는 원거리 이동이 늘어난 탓이었다.

계약 노동자들은 또 한창 혈기 왕성하여 이용 가치가 높은 건장한 청년들이 대부분이었다. 다만 여성들은 예외여서 출신지 사회의 제약과 도착지의 상황에 따라 이주 여부가 결정되었다. 그래서인지 이주민들 중에서는 중국인의 여성 비율이 가장 낮았다. 라틴아메리카로 간 중국인 이주민들만 해도 여성은 전체의 1퍼센트에 지나지 않았다. 영국 정부도 인도 이주민의 여성 비율을 높이기 위해 이주민의 25퍼센트를 여성에 할당하는 교육지책을 썼다. 그 결과 1890년대 초에는 인도 이주민 가운데 여성 비율이 30퍼센트를 웃돌 만큼 높아졌다. 모든 출발지 사회가 여성 이주에 제약을 가했다. 한편 이주민 수용 경제의 고용주들이 여성을 대하는 태도는 노동력의 필요조건과 성별화된 역할 특성에 따라 달라졌다. 트리니다드처럼 남성의 체류가 권장되는 곳에서는 여성이 안정 요인으로 간주되었지만, 계약이 끝나면 남성 노동자들이 떠날 것으로 예상되었던 오스트레일리아에서는 영구 이민을 막기 위해 정부가 여성과 아이의 입국을 처음부터 금지했다. 계약 노동자들의 공동체 형성이 늦어진 것도 여성 비율이 낮았던 것과 관련 있었다. 대양 횡단 이주민 가족의 삶은 이렇게 성 역할과 아이들 훈육에도 영향을 미쳤다.

아메리카 대륙의 태평양 연안으로 향해 간 계약 노동 이주, 외상 뱃삯 이주 그리고 승객 이주는 1840년대 중엽부터 시작되었다. 골드러시가 일어난 캘리포니아와 (캐나다 브리티시컬럼비아에 위치한) 프레이저강 유역에 중국인 자유민들이 유입된 것도 이 무렵이었다. 철도 건설이 한창이던 1870년대 혹은 1880년대에도 중국인 자유민 노동자의 수요가 많았다. 북아메리카에서 반아시아 인종차별 정책을 써서 중국인 노동자의 고용을 제한하려 한 시도도 실패로 끝났다. 시기적으로는 1870년대부터 1920년대까지, 다시 말해 증기선 수송이 도입된 때부터 다종다양한 인도인들의 계약 예속 노동제가 서서히 막을 내릴 때까지 이런 형태의 노동 이주제가 정점에 달했다.[30]

대서양 횡단 이주

아메리카 대륙으로의 이주에는 기존 통념과 달리 대서양 횡단 이주 외에 태평양 횡단 이주도 포함되었다. 유럽에서는 역내 이주가 있은 뒤 아메리카 대륙으로의 이주가 이어졌다. 아메리카 대륙에서도 역내 이주는 가령 누에바에스파냐에서 나중에 미국 남서부로 편입된 북쪽 지역들로 향해 가는 이주의 패턴이 만들어지는 요인이 되었다. 반면에 제국들의 견지에서 보면 캘리포니아에서 베링 해협까지의 지역을 식민지화한 사람들은 누에바에스파냐의 크리오요와 에스파냐인, 동아시아에서 태평양을 건너간 영국인, 시베리아의 러시아인들이었다. 본래는 아메리카 원주민 문화 지대였던 북아메리카의 해안 지대, 캘리포니아, 미국 남서부 지역(멕시코 북부)만 해도 미국 남서부 지역은 라틴아메리카계(에스파냐·인디오 메스티소)의 지역이 되고, 캘리포니아도 영어권 혹은 프랑스어권 이주민들이 들어와 변화시켰으니 말이다. 누에바에스파냐의 이주민들은 종교적 이주민들(청교도)이 뉴잉글랜드로 들어오기 수십 년 전에 이미 뉴멕시코에 도착했다.

러시아와 시베리아의 모피 상인, 사업가, 어부들도 알류트족[14] 수렵인들과 더불어 저 아래 남쪽의 샌프란시스코만까지 북아메리카 서부 해안 지대로 찾아들었다. 중국인 수천 명도 하와이에 정착했으며, 1790년대에는 선원과 숙련 노동자 수십 명이 밴쿠버섬에 도착했다. 에스파냐의 태평양 횡단 해운 회사와 이 회사의 맞수였던 거대 기업으로 대서양 횡단 이주 상인들을 보유하던 허드슨 베이, 이 두 회사와 전 세계를 무대로 경쟁한 영국의 동인도회사 고용인들이 그들이었다. 태평양 횡단 이주민들은 처음에는 소수에 그쳤으나, 에스파냐령 마닐라에서 누에바에스파냐로 향해 간 16세기와 17세기의 이주 이후, 다시 말해 1840년대 중엽 태평양 이주 체계의 두 번째 국면이 시작된 뒤부터는 처음에는 중국인, 그다음에는 일본인 정착민과 노동자가 몰리면서 수효가 불어났다. 1870~1880년대에 서쪽으로 향해 간 유럽인들의 이주를 수월하게 해 준 대륙횡단철도의 건설을 도와준 것이 바로 동쪽으로 향해 간 이들

————**14** 알류샨 열도와 알래스카반도의 서부 지역 원주민.

의 이주와 이들의 노동이었다.[31]

유럽의 이주에는 대서양권에 불어닥친 혁명의 시대가 큰 영향을 미쳤다. 사회적 변화도 변화지만, 그보다는 20년 동안 이어진 전쟁이 더 큰 영향을 미쳐 유럽 내의 목표 지향적 역내 이주와 아메리카 대륙으로의 역외 이주가 중단되었다. 신생 공화국 미국이 건설되고 유럽 국가들의 왕정이 복고된 것도 이주에 영향을 미쳤다. 대서양 횡단 이주를 해 삶을 향상시키고자 한 개인들과 삶의 조건을 개선시키려고 노력하면서 떠나려는 사람들에게 본국에 머물러 있을 것을 촉구한 개혁가와 나중에는 개혁 당파들 간의 이원적 희망 담론이 만들어졌기 때문이다. 끝으로 귀족적 범유럽 문화에 맞선 일종의 민주적 움직임으로 인종·민족 문화를 새롭게 강조함으로써 때로는 땅을 일구는 가족들로 해석되기도 한 '민중the people'을 전국적 규모의 민족문화를 가리키는 지시어로 만든 것 또한 이주에 영향을 미쳤다. 어느 특정 지역의 가장 크고 강력한 인종 문화 집단을 '민족화'한 것만 해도 같은 영토 내에 살지만 문화는 다른 소수집단들에 이주를 고려하게 만들었기 때문이다. 유럽의 왕정 국가들에 프랑스의 공화국 모델을 심어 주고, 또한 프랑스 혁명을 저지하려 한 구체제의 반혁명 공세에 맞서 일으킨 1792년의 프랑스 혁명전쟁, 그리고 뒤이어 벌어진, 나폴레옹의 프랑스 제국 지배로부터의 '해방'을 부르짖으며 유럽 열강 동맹이 프랑스와 맞붙은 (나폴레옹의 제국적 야망이 이집트와 모스크바로까지 확대되고, 농장주들의 유혹에 넘어간 그가 아이티를 재점령하려고도 했던) 전쟁, 이른바 나폴레옹 전쟁도 이주에 큰 영향을 미쳤다. 그로 인해 수많은 남녀가 이동하고 50만 명이 넘는 병사가 러시아로 진군했으며, 패잔병, 불구자, 낙오병들이 뒤처져 고향으로 돌아오지 못했으니 말이다. 병사들이 인구가 격감한 비옥한 농촌으로 들어가 정착하는 등 이주는 종전 뒤에도 계속되었다. 1815년 빈 회의의 결과로 몇몇 유럽 국가가 프랑스 혁명 이전의 왕정 체제로 돌아가려 한 것 또한 그들과의 투쟁에서 패한 혁명가와 개혁가들이 미국으로 향하게 한 이주의 요인이었다. 유럽 혁명가들의 이런 탈출 행렬은 1870년대와 1880년대에 정점에 이르렀다.

한편 영국의 열세 개 북아메리카 식민지가 독립하기 전 북아메리카 식민지로의 유럽인 이주는 프로테스탄트 아일랜드인, 스코틀랜드인, 영국인, 독일인들이 매해 1만 5000명씩 몰려든 1775년 이전의 15년 동안 최고점을 찍었다. 이들의 5분의 3이 외상 뱃삯제로 들어가 3년 내지 7년 동안 계약 노동을 하며 부채를 갚아 나간 이주민이었다. 그러나 아메리카 대륙으로 넘어온 최대의 이주민 집단은 역시 8만 5000명에 달한 아프리카 노예였다. 대서양에 면한 북아메리카의 세인트로렌스강 계곡에서 노스캐롤라이나와 사우스캐롤라이나에 이르기까지의 지역으로는 제국적 지배 구조와 해상운송 연결망, 언어적 유사성이 주 요인으로 작용해 서유럽과 북유럽 문화권의 이주민이 이동했다. 다만 프랑스인들은 가톨릭 신자였음에도 부부간에 아이를 둘만 갖는 전통이 있어 토지를 갖지 못한 농가가 드물었기 때문에 이주민도 거의 없었다. 이베리아반도의 에스파냐인과 포르투갈인 들은 플로리다, 누에바에스파냐, 브라질로 이주했다. 포르투갈인들의 이주지 선택에는 특히 전 세계로 뻗어 나간 포르투갈의 지리적 탐험이 영향을 미쳤다. 브라질로 이주민이 몰린 것도 그래서였고, 그리하여 1800년 무렵에는 브라질에 거주하는 포르투갈인이 유럽 태생과 크리오요를 합쳐 총 180만 명에 달해 대서양 섬들에 40만 명, 적도 부근 아프리카에 8만~12만 명, 아시아에 12만 명 정도였던 것과 큰 대조를 이루었다. 대서양 이주는 1870년대까지도 서북부 유럽에서는 북아메리카로 향하고 이베리아반도와 지중해 지역의 유럽에서는 남아메리카로 향하는 이원적 체제로 진행되는 가운데 그중의 일부가 카리브해 지역에서 상호작용을 하는 형태로 유지되었다.

대서양권의 2대 혁명국이었던 미국과 프랑스에서는 구체제 옹호자들이 자발적 혹은 도주 형태의 이주를 했다. 유럽의 귀족과 성직자는 왕정 체제가 유지되던 주변국이나 수도원으로 향했고, 신생국 미국의 독립을 반대한 왕당파는 영국령 북아메리카(캐나다)나 영국 본토 혹은 영국 제국의 다른 지역들로 이동했다. 또한 기요틴 중심의 관점에서 보면 미국 독립혁명보다는 프랑스혁명의 폭력성이 한층 강했기 때문에 프랑스의 귀족과 성직자 이주민은 극소수에 그쳤다. 미국 내에서도 도시와 농촌 중산층으로 사회가 양분됨에 따라 수십만 명이 도주하는 역내 이주가 발생했다.

식민지 시대부터 독립혁명을 이루기까지의 북아메리카를 이동성 사회로 만든 것은 지역 간 이주였다. 도항 후 일정 기간 노동을 하여 가불한 뱃삯을 해운 회사에 상환하는 방식(달리 표현하면 자기를 계약 노동자로 파는 방식)의 이주, 뉴잉글랜드에서 캐나다 동부 대서양 연안의 노바스코샤 혹은 서쪽의 오하이오강 계곡으로 향한 이주, 왕당파의 대규모 도주 혹은 이주가 그런 지역 간 이주의 대표적 사례였다. 미국 독립전쟁 때는 독일 헤센의 지배자와 영국 간의 거래로 영국 편에서 싸운 뒤 일부는 탈영하고 나머지 다수가 전쟁 포로로 붙잡혔다가 나중에 미국에 정착한 독일 용병들의 이주도 있었다. 그들 역시 자발적 이주민들과 마찬가지로 지역 선택의 이점을 누렸다. 반면에 고향으로 돌아간 용병도 있었으며, 그렇게 해서 생긴 헤센 연대의 결원은 200명가량의 아프리카계 미국인이 채웠다.[32]

미국이 건국되고 영방국가의 난립 뒤 독일이 연방국가 체제로 전환된 것 또한 농민들이 조상의 땅에서 많은 아이를 기르기에는 어려움이 있어 이주를 고려한 요인이 되었다. 자급자족형 농가의 경우 아이가 두 명만 넘어도 양육에 부담이 되었기 때문에 '나머지 아이들'은 이주를 해야 했다. 독일 남서부 국가들에서는 다뉴브강을 따라 오스만 제국의 쇠퇴로 말미암아 거주민들이 도망쳐 비어 있던 비옥한 러시아 남부의 평원을 향해 동쪽으로 이주했다. 1820년대부터는 그들이 목적지를 다시 바꿔 라인강과 네덜란드 항구도시들을 통해 북아메리카로 넘어갔다. 그리하여 앨러게니산맥 이동 지역의 땅이 부족해지자 영국 정부는 원주민인 아메리카 인디언의 땅을 백인 정착민들의 침해로부터 보호하기 위해 내린 1763년의 포고령마저 무시한 채 서쪽의 오하이오강 계곡을 이주민들에게 개방했다. 그리하여 투기꾼과 정착민들이 몰려들고, 나중에는 원주민들의 동의도 없이 미국이 그곳을 영유함으로써 오하이오가 탄생했다. 미국인과 유럽인들의 정착 이주는 이렇듯 농가와 수렵인 가정, 원주민 사회의 피난을 야기하고, 1860년대 말과 1890년대에는 원주민이 살해되거나 인디언 보호 구역으로 밀려나는 요인이 되었다.

국가 건설 당시에 미국의 인구는 390만 명이었다. 영국인이 49퍼센트, 노예와 소수의 자유민 아프리카인이 20퍼센트, 독일인과 스코틀랜드인이 각각

7퍼센트를 차지하고 나머지를 스코틀랜드계 아일랜드인과 아일랜드인, 왈롱 지역 벨기에인과 네덜란드인, 프랑스인, 스웨덴인을 비롯한 스칸디나비아인, 에스파냐인이 차지했다. 메노르카섬, 리보르노, 그리스 사람들도 플로리다에 정착했다. 경건주의 교파, 모라비아 교파, 위그노파, 메노파, 암만파가 포함된 종교적 난민들도 있었다. 이것으로도 알 수 있듯 훗날 '앵글로아메리카'로 동질화된 사회도 뿌리를 캐 들어가 보면 이질적이고 다문화적이었다. 시대별로는 1790년부터 1820년까지 이주한 사람이 25만 명, 1820년부터 1840년까지가 75만 명, 1841년부터 1850년까지는 170만 명, 남북전쟁이 일어나기 전의 마지막 10년간 이주한 사람이 260만 명이었다. 그러나 이것은 미국 정부가 도착 중심으로 이주민 통계를 낸 것이어서 유럽으로 되돌아간 사람들을 감안하면 이주민 총계가 달라진다. 범선으로 항해할 때는 귀환 이주가 많지 않았지만 1870년대에 증기선이 도입된 뒤부터는 전체 이주의 3분의 1을 차지할 정도로 귀환 이주자들이 부쩍 많아졌기 때문이다.[33]

영어와 프랑스어의 두 문화가 병존했던 영국령 북아메리카(캐나다)로의 이주 역시 미국령 북아메리카로의 이주와 비슷한 양상을 보이며, 캐나다 순상지 일대의 접근 불가능한 서부 프레리에 1870년대부터 이주민이 들어가기 시작했다. 반면에 북아메리카의 세 번째 나라인 에스파냐어권 멕시코(독립을 쟁취한 1821년 이후)에는 이주민이 거의 들어가지 않았다. 토지가 대농장제로 운영되다 보니 농부들에게 돌아갈 '빈 땅'이 없었던 탓이다. 1850년대에는 토지 소유 개혁을 목적으로 한 법률 제정으로 상당수 원주민이 토지를 상실함에 따라 떠돌이 임금노동자가 양산되었다. (에스파냐가 멕시코 수복 전쟁을 일으킨) 1820년대 말 에스파냐의 지배를 지지하는 반란이 일어나고, 1860년대에 프랑스가 주축이 된 유럽군(영국과 에스파냐)의 멕시코 침략 또한 그로 인해 멕시코인들이 강력한 반외국인 정서를 갖게 되었다는 점에서 이주에 제약을 준 요인이었다. 하지만 그런 가운데도 영국령 북아메리카법이 제정된 1867년에는 북아메리카의 전 이주 지역이 영토적, 정치 사회적으로 최종 형태를 갖추게 되었다. 영국령 북아메리카도 그해에 캐나다 자치령이 되고, 미국도 (멕시코 전쟁의 결과로) 1848년과 1853년에 멕시코의 절반을 병합하며, 1867년에는 알래스카까지 사들임으로써 남북전쟁 재건에 시동을 걸었으니 말이다. 멕시코도 유럽 침략군을 물리치고 1870년대부터는 베니토 후아레스 대통령의 영도 아래 개혁에 돌입했다.[34]

혁명 후 유럽에도 변화되고 확대된 경제 질서가 수립되어 노동의 유연화가 요구되었다. 유럽 국가들이 1762년(사보이아)과 1861년(러시아) 사이에 농노를 해방한 것도 그런 분위기 속에 일어난 일이었다. 하지만 대책 없이 풀려나다 보니 이전 영주들이 잃은 코르베corvée 노동[15]과 비용 손실을 메워 주느라 소유지가 줄고 현금 지출이 늘어나 해방되고 쇠약해진 농노들은 결국 토지를 빼앗긴 멕시코 원주민이나 수 세대 동안 일한 노동의 대가도 못 받고 풀려난 미국 노예들처럼 부양가족을 끌고 역내 이동을 하거나 사정이 허락하면 아메리카의 4대 개척지들(캐나다, 미국, 브라질, 아르헨티나)로 이주하는 수밖에 없었다. 따라서 이러한 유럽인 이주를 거두절미한 채 북아메리카를 횡단한 광범위하고 지속적인 서쪽으로의 한 차례 이동이나 남아메리카 내륙으로의 이동으로만 묘사하는 것은 19세기에 전개된 여러 방향으로의 아메리카 역내 이주를 그럴싸하게 겉꾸린 것에 지나지 않는다. 유럽계 아메리카 크리오요와 역외 이주민들이 이동할 때만 해도 도로와 철도 건설, 북부 지역에는 운하 건설이 요구되었다. 그런 토목공사에는 또 지역민들이나 머나먼 타지인 같은 비숙련 노동력을 동원해야 했으며, 1870년대에는 특히 대륙횡단철도의 완공으로 그 현상이 한층 심해져서 공사가 끝나면 이주가 촉진되었다.

북아메리카의 역내 이주에는 미국·캐나다 국경과 미국·멕시코 국경을 넘나들며 미국 안팎을 오간 두 종류의 이동이 모두 수반되었다. 잉글랜드 사람들은 북아메리카에 처음 정착할 때 섬유기계를 들여왔다. 기계를 돌리는 동력으로서 수력이 필요했고, 그들이 이주민들이 들어온 적 없는 뉴잉글랜드에 터를 잡은 것도 그 때문이었다. 그리하여 공장이 세워지자 농가 처녀들은 직공으로 들어간 반면 그들의 남자 형제들은 산지가 많은 뉴잉글랜드와 달리 땅이 비옥한 서쪽으로 이주하는 일이 잦았다. 1840년대부터는 이 상황이

───── **15** 봉건제도하에서 영주가 봉신에게 의무적으로 부과한 무보수 노동.

또 바뀌어 공장주들은 역내 이주자였던 '여'직공들을 영국의 식민지 정책과 기아에 시달려 대서양 횡단 이주에 나설 수밖에 없었던 아일랜드인들로, 수많은 아이와 더딘 산업화, 후진적 가톨릭교회 조직이 일자리 창출을 가로막던 세인트로렌스강 계곡의 가톨릭계 프랑스어권 캐나다인들로 대체했다. 미국 남부에서도 (자유민 소유주와 노예노동자에 의해) 유지되던 면화 농장 경제가 앨러게니산맥의 피드몬트로 연결되는 연안 지대의 지력이 다한 토지에서 미시시피강 동쪽의 토지로 옮겨 가는 변화가 일어났다. 1860년대부터는 도시의 노동 수요가 늘어나 북쪽 혹은 동쪽의 피츠버그, 시카고, 그 밖의 산업, 상업, 수송 요충지로 필요 이상으로 많은 농가 아이들의 이주도 촉진되었다.[35]

남아메리카에서는 최대 영토를 가진 브라질이 1820년대에서 1860년대 사이(아프리카 노예 수입이 지속된 기간)에 독립 후 첫 유럽 이주민을 받았다. 리우데자네이루 북쪽에 있던 농장의 지력이 다함에 따라 투자자들이 옮겨 간 우루과이·아르헨티나와의 남부 접경지 히우그란지두술의 커피 농장으로 독일인과 이탈리아인, 폴란드인들이 이주한 것이다. 1870년대에는 수효가 대폭 늘어난 이입 이주의 두 번째 국면과 이출, 대서양 횡단 순환 이주가 시작되었다. 19세기의 마지막 33년 동안에는 아르헨티나로 향하는 이주에도 시동이 걸렸다.[36]

아메리카 대륙에서 향상된 삶을 살 수 있으리라는 희망과 대량 이주는 넓은 견지에서 유럽에서도 오스트리아의 빈이 엘도라도, 파리가 자유의 도시, 독일의 루르 공업 지역과 런던이 기회 충만한 도시로 간주되었던 것과 같은 맥락으로 이해할 수 있다. 대륙과 행선지가 어디였든 이주민들에게 중요한 것은 물품이 아닌 현금으로 임금을 지급해 주는 일자리의 선택 폭이 넓어졌다는 점이었다. 이렇게 1815년 이후에 시작되고 1840년대의 유럽 북서부에서 가속화된 대서양 이주가 틀, 인종 문화 지역, 그리고 대서양 횡단 가계를 만들어 낸 것이 결과적으로 1870년부터 시작된 프롤레타리아 집단 이주민들의 첫 버팀목이 된 것이었다.

러시아·시베리아 이주 체계

유럽 쪽 러시아와 시베리아, 중앙아시아 지역도 여러 이주 경로(러시아 남부, 시베리아, 아무르강(헤이룽강) 국경 지대, 북서유럽 쪽 러시아)의 무대가 되었다. 장기간 지속된 러시아·튀르크 전쟁의 결과 러시아 제국의 국경이 흑해 지역으로 확대되고 그 지역의 아시아 민족들이 러시아에 복속되었으며, 우크라이나 농민들의 정착지로 그곳(중앙아시아)이 개방되고, (7년전쟁이 끝난) 1763년부터는 독일 남서부 지역 농부와 종교적 난민, 특히 메노파 교도들의 정착지로도 개방된 것이다. 일종의 공유지 불하법이 제정되어 이주민들에게는 토지도 무상 제공되었다. 중서부 유럽 이주민들이 그들의 신앙과 언어를 지키고 그들만의 학교를 수립할 수 있었던 것도 그 덕이었다. 하지만 50년 뒤에는 다시 슬라브족 이주민들과는 남동부 유럽인이 더 잘 통합된다는 이유로 그 정책이 바뀌어 독일인들의 입국이 금지되었다. 그 결과 동쪽으로 가려던 이주민들은 서쪽으로 방향을 돌리고, 특혜가 폐지된 1880년대부터는 러시아 메노파 교도와 여타 독일인 가족들도 북아메리카로 두 번째 이주를 하게 되었다.

시베리아는 러시아 당국의 시각에서는 거리도 까마득히 멀고 생활환경 또한 가혹하여 유형지로나 안성맞춤이었다. 그리하여 폴란드 '반도' 10만여 명, 러시아 정치범 5000명, 죄수 4000명이 1914년 이전에 그곳으로 보내졌다. 간혹 아이들이 포함되기도 한 5000명가량의 여성도 남편의 추방 대열에 동참했다. 중국과 분쟁이 벌어진 접경지에도 러시아 군대와 정착민이 파견되었다. 반면 시베리아 남부로는 농민들의 자발적 이주가 이어졌다. 원주민들이 쫓겨나 '공짜' 땅이 널려 있는 데다 거리도 멀어 세리와 정부 관리의 손이 (거의) 미치지 않는다는 장점이 있었기 때문이다.[37]

유럽 쪽 러시아(18세기 말부터는 발트 3국 지역과 더불어 폴란드의 3분의 1도 포함되었다.)에는 서유럽 이주민들이 들어갔다. 군대의 병력 충원과 통상 확대, 투자, 전문 과학기술, 숙련된 기술 유치를 목적으로 한 초청 이민도 이루어졌다. 제정 러시아는 귀족이 농노를 소유하고 상행위를 천시한 귀족 사회였기 때문에 토착 중산층과 프롤레타리아 계급이 자생하지 못했다. 따라서 이주민도 다른 문화와 언어를 가진 '착생' 중산층이 되었다. 수 세기 전 폴란드 지배자들이 박해받는 서유럽 유대인들을 불러들여 자국에 정착시킨 것도 중산층을 늘리려는 목적에서였다. 동유럽 아슈케나지 유대인 문화가 출현한 것도 알고 보면 지배자들의 이런 초청과 서유럽에 불어닥친 유대인 학살 때문이었다.

19세기 초부터는 러시아 유대인의 정착지 활동 범위와 지역에 더 심한 제약이 가해졌다. 1804년에는 유대인이 도시인으로 지정되어 농촌을 떠나라는 명령을 받았고, 이에 영향을 받은 남녀노소가 50만 명에 달했다. 19세기 중엽에는 더 큰 제약이 가해져 1882년의 '오월법May Laws' 제정으로 러시아 유대인들의 농촌 지역 거주가 전면 금지되었다. 1835년부터는 강제 거주지Pale of Settlement에만 유대인의 거주가 허락되었다. 폴란드, 벨라루스·리투아니아, 우크라이나, 발트해 지역 세 개 주, 남부 '노보로시야'[16]에 그런 전통적 유대인 사회들이 있었다. 1816년에서 1865년까지 유대인 인구가 거의 세 배로 불어난 폴란드 왕국에서도 배타적 법률이 제정되어 다수의 대도시에 유대인 거주가 금지되었다. 이렇게 강제적이고 제약 많은 이동을 하다 보니 유대인이 모여드는 곳도 자연히 침체된 소도시들일 수밖에 없었다. 하지만 그런 가운데서도 러시아의 유대인 인구는 1867년 이전 30년간 156퍼센트까지 증가하여 거대한 이출 이주의 저수지를 형성하게 되었고, 1880년대에 일어난 유대인 학살로 이 저수지는 봇물처럼 터졌다.

1861년 농노 해방령이 내려지기 전 초기 산업화의 몇십 년 동안에는 또 농노들이 새로운 산업에 필요한 일용 노동자와 직공으로 내몰렸다. 북부 지역만 해도 소작료 지불제obrok system가 시행되고 그에 따라 농노의 노동지대가 화폐지대로 전환되어 농노들은 수확물 매각, 가내 생산 활동, 노동 이주를 통해 얻은 소득으로 소작료를 지불해야 했다. 그러다 소작료를 지불하지 못하면 토지 소유주가 직접 나서 농노들에게 도시의 일자리를 알아봐 주기도 했다. 이런 가내 생산 활동과 계절 이동으로 농민들의 문해율이 높아졌다. 한편 북부와 달리 강수량이 풍부해 토질이 비옥한 중남부 농업 지역에서는 연

_____ 16 현재의 우크라이나 남동부 지역, 즉 흑해 북부 지역을 가리키는 제정 러시아 시대의 역사적 명칭.

중 내내 노예노동이 필요했기 때문에 토지 소유주들이 작업 의무를 높이기 위한 수단으로 농노들을 묶어 두는 부역제barschina를 실시했다. 네덜란드 배수 처리 전문가와 독일 기술자들의 도움으로 1703년에 건설된 상트페테르부르크에도 노예노동력이 대거 유입되었으며, 그 결과 1840년 무렵에는 도시 인구 45만 명 가운데 3분의 1을 노예노동자가 차지하게 되었다. 하지만 1860년대와 1870년대부터 산업 생산이 시작되고 그에 따라 훈련과 기술의 중요성이 커지자 이동성 농민들은 더는 이용 가치가 없어졌다. 러시아 정부는 처음에는 외국인 기술자들의 도움을 받아 지역 노동자들을 훈련시키는 프로그램을 실시하다가 그것을 점차 사회구조화함으로써 외국인 비중을 줄여 나가는 정책도 시행했다. 19세기 말 무렵에는 사회적, 인적 자본을 가진 서유럽 이주민들에 대한 러시아 귀족들의 질시에 러시아 민족주의까지 더해져 외국인들은 기존에 가졌던 보호적 지위마저 상실했다. 하지만 서유럽, 특히 프랑스 문화와의 교류는 맹렬하게 계속 진행되었다.

19세기 말에는 유럽 쪽 러시아에도 산업화가 이루어져 1850년에 6850만 명이던 러시아 인구가 1897년에는 1억 2600만 명으로 거의 곱절로 불어나고 그 결과 토지 부족과 자금 위기가 심화되었다. 가족의 출산을 새로운 사회 경제적 상황에 맞게 조정한 결과도 한 세대 뒤에나 나타났다. 농촌 지역 인구가 도시보다 과밀하다 보니 이주 및 프롤레타리아화도 야기되었다. 임금 소득을 원하는 사람은 자발적으로 이주하고, 땅에 남아 있고 싶은 사람은 싫어도 어쩔 수 없이 이주하는 식이었다. 로마노프 왕조 시대의 러시아는 이렇게 호엔촐레른 왕가의 엘베강 동쪽 영토와 오스트리아 합스부르크 왕가의 다뉴브강 유역 영토[17]와 다를 바 없고 서유럽과 북아메리카의 부르주아-자본주의 방식과는 판이하게, 봉건주의-자본주의 방식의 사회경제적 발전 양상을 나타냈다. 반半봉건적인 세 제국의 거대 농업 지역이 러시아 산업 지대로의 역내 이주, 독일과 오스트리아 농업 지대 및 산업 지대, 유럽의 여타 지역과 북아메리카로의 계절 이주가 진행되는 내내 노동력의 저수지 역할을 하게 된 데에는

_____ **17** 다시 말해 동유럽권을 가리킨다.

이런 배경이 숨어 있었다.[38]

농노의 해방도 농민의 독립으로 이어지지 않았다. 정부가 토지 소유주들에게 매입금을 상환해 주고 군대의 신병을 조달하기 위한 수단으로 '남성' 구성원들로 하여금 토지를 공동 소유하게 하여 조세 납부의 책임을 지게 하는 농민 자치 공동체 미르mir를 운영했기 때문이다. 그 결과 미르의 구성원은 역외 이주를 하더라도 공동체에 적을 둔 채 계절별 부재나 장기 부재에 필요한 허가증을 받아 나갔다가 봄 파종 때나 수확기에는 돌아와야 했다. 그러다 보니 겨울에는 마을에서 식생활을 해결하고, 고용이 없을 때도 마을로 돌아와야 했다. 나중에는 토지에 대한 권리를 포기하면 영구 이주를 할 수 있게 되었으나, 도시에 사회 안전장치가 없는 상태에서 그런 선택을 하기는 쉽지 않았다. 농노 해방령이 내려진 뒤의 10년간(1861~1870) 1300만 명에 달한 1년 혹은 1년 미만의 단기 이주자가 이후 몇십 년 동안에도 줄지 않고 계속 증가한 것에도 그 점이 드러난다.[39]

전 세계에 걸친 이주의 관점에서 보면 철도와 항구도시들이 연결되고 1870년대에 증기선이 도입된 것이 여행의 속도를 높이고 이주민도 크게 늘어나게 한 요인이었다. 물론 인구 증가의 면에서 보면 이주율이 반드시 높아졌다고는 할 수 없지만 말이다. 운송 수단과 통신수단의 발달도 유럽으로부터의 집단적 이출 이주, 아메리카에서 본국으로 돌아가는 귀환 이주 그리고 '프롤레타리아 집단 이주'가 시작되는 것에 영향을 미쳤다. 주로 영국 제국이 부과한 일시적 속박 노동제 또한 인도양과 대농장 지대로 향한 프롤레타리아 집단 이주를 급속히 증가시킨 요인이었다. 1800년대 초부터 1860년대까지 유럽의 농노제가 폐지되고 1880년대까지는 아메리카 대륙의 노예제가 폐지된 것도 이동을 가능하게 한 요인이었으나, 이 경우에는 피부색이 제약으로 작용했다. 유럽의 백인들은 유럽 내에서 움직이는 지역적 이주, 대서양 횡단 이주, 전 세계를 무대로 한 이주를 자유롭게 할 수 있었으나, 아프리카 출신 흑인들은 아메리카 대륙 내에서만 이동할 수 있었기 때문이다. 지구상의 거의 모든 곳에서 인구가 증가한 것도 사람들이 '자유로운' 곳, 다시 말해 인구 밀도가 낮은 곳과 그보다도 임금노동이 가능한 곳을 찾아 나서게 만들었다. 동아시아에서는 동일한 이주의 개연성이 대규모 집단 이주의 결과로도 나타났다. 반면에 아프리카인 이주는 대부분 유럽 식민주의 국가와 투자자 혹은 그 직원들에 의해 제약을 받거나 통제받는 상태로 계속 남아 있었다.

2   세계와 지방

산업화 이전 시대의 이주와 변화를 살펴보노라면 사람들의 이동도 재화의 이동 못지않게 범세계적 현상이었고 이동의 시기 또한 매우 빨랐음을 알게 된다. 21세기 초에 유행어가 된 '세계화'의 역사가 생각보다 오래된 것이다. 사람들의 이주를 분석할 때도 그 점을 고려해 범세계적 관점에서 지역들의 범주와 이주의 종류를 이해하고 세분화할 필요가 있다. 이주민의 행위가 태생지에서 어떻게 발현되었고 소속감과 정체성 혹은 (좀 더 빠른 시기의 해석으로는) 민족적 정체성이 어떻게 발현되었는지도 체계적으로 알아볼 필요가 있다. 끝으로 이주민이 도착지에 진입한 방식, 다시 말해 도착지가 처음부터 하나였는지, 아니면 다수의 중간 경유지와 종착지가 있었는지도 검토해야 할 사항이다.

지난 시대에 서술된 이주의 역사학은 출발지인 후진국을 소홀히 다루고, 입국 항구에서 연구를 시작하며, 이주민을 끌어당긴 곳 역시 선진국들일 것이라는 가설에 입각한 '역사 진보'의 관점을 보유했다. 대부분의 역사 서술이 이주자를 받아들인 나라, 특히 대서양권 나라들에서 진행된 결과이고, 따라서 글에도 자화자찬적 논조가 강했다. 유럽 내 이주도 극소수를 제외하고는 1980년대 무렵부터 관심을 끌기 시작했다. 여타 지역의 이주들은 개별 역사

———1904년 무렵 북아메리카에 도착한 유럽인들이 뉴욕 항의 엘리스섬 이민국에서 입국 심사를 받는 모습. 엘리스섬은 1892년부터 유럽 이주민들이 미국에 들어갈 때 거치는 관문이었다. 따라서 그들에게는 '희망의 섬'이자 '눈물의 섬'이었다. 그러나 심사에서 떨어질 만한 사람은 유럽을 출발할 때 그곳 관리들이 이미 걸러 냈으므로 실제로 입국을 거부당하는 일은 거의 없었다. 그런데도 그들은 행여 입국을 거부당하지 않을까 기다리는 내내 마음을 졸였다. (Library of Congress)

학 범주로 다루어졌다. 엘리스섬 중심의 역사 연구법만 해도 유럽인의 미국 이주를, '자유민' 유럽인들이 문화 보따리를 저당 잡힌 뒤에야 인종의 도가니(미국) 속으로 들어온 것으로 제시했다. 다른 이주민들에게도 그 방식이 똑같이 적용되어 수동성과 심지어 열등함마저 내포된 쿨리와 노예라는 딱지가 붙었다. 비교 접근법을 사용하지도 않았고, 중국인 디아스포라와 중국인 이주 혹은 인도양 이주를 연구하는 역사가와의 학문적 교류 또한 없었다.[40]

이동의 공간

앞에서도 나타나듯 대륙과 대양을 막론하고 이 책에서는 지리적 명칭이 대서양 경제 지역, 플랜테이션 지대, 아시아의 여러 뚜렷한 문화 지역들과 같이 지역적 특성을 감안한 사회경제적 지역들로 재구성돼 있다. 자연지리는 이동을 방해하는 요소인지 촉진하는 요소인지를 제외하면 이주민에게 별 의미가 없기 때문이다. 그들에게는 특정 지역들이 어떻게 '집과 같은 편안함'을 느끼게 해 주고 '보다 나은 기회'로 충만해 있으며, 행동의 제약을 경험했던 사회들이 더 나은 선택의 여지를 제공해 준다고 간주되었거나 알려졌던 또 다른 사회들과 어떻게 연결되는지가 중요할 뿐이다. 따라서 그들에게는 지리적 장소place가 삶의 사회적 공간space, 인류학자 아르준 아파두라이의 표현을 빌리면 풍경scape이 된다. 자연지리가 사회경제적 삶으로 공간화되면 지경地景이나 해경海景이 의미를 가진 삶의 공간이 되고, 그러므로 고정된 지리도 유연한 해석의 틀 속으로 들어오게 되는 것이다. 이주민들의 글에도 나타나듯 누군가가 태생지를 떠나면 새로운 지형이나 해로를 자신이 잘 아는 지리적 특성의 틀에 먼저 집어넣으려 해 보고, 그러다 그것에 들어맞지 않으면 그 틀을 확대하거나 바꾸기보다는 '이상한' 곳이라든가 '이질적'이라든가 '이국적'인 곳으로 분류하는 사회화 과정을 거치게 된다.

이해를 돕기 위해 항구에서 멀리 떨어진 내륙 오지의 가족이 있는 땅을 떠나 이주 길에 나선 이탈리아인 혹은 중국인의 사례를 들어 보겠다. 길을 떠나면 그들은 (걸어가든 달구지를 타든 운송용 동물을 이용하든 간에) 여정의 첫 구간에서는 속도도 더디고 풍경도 익숙하다는 느낌을 받을 것이다. 하지만 항구에 들어서는 순간 북적거림과 소란스러움에 어안이 벙벙해질 것이다. 대서양과 중국해를 건너는 항해도 그들에게는 관심사가 아니니 적어도 기억에서는 빠르게 지나갈 것이다. 해로는 선원들에게나 중요하지 농촌이나 도시 이주민에게는 망망대해에 지나지 않기 때문이다. 그리하여 항해를 끝내고 뉴욕에 도착하면 제노바인은 난생 처음 보는 고가 철도에 눈이 휘둥그레지며 고향 친구와 가족들에게 기차가 지붕 위로 다닌다고 이야기해 줄 것이다. 그 소식을 접한 친구와 가족도 그것을 관례적 기준 틀에 집어넣는 일, 다시 말해 편안하게 느끼는 데 어려움을 느낄 것이다. 그들이 아는 한 지붕 위를 날아다니는 것은 새밖에 없기 때문이다. 반면에 뉴욕이 아닌 마닐라에 도착한 상인이라면 교역항들의 연결 지도를 머릿속에 그릴 테고, 장인이면 그곳 장인들과의 유사성과 차이점에 관심을 기울일 것이다. 이것으로도 알 수 있듯 지리와 지리의 사회적 용법은 사람들의 마음속에서 만들어져 포괄적 그림의 모습을 띠게 된다. 또한 공간에 대한 그런 심적 이해와 전용은 매번 바뀌기 마련이어서 학자들도 고정된 장소에 대한 전통적 관념을 불식시키기 위해 '과정 지리'의 개념을 도입했다.[41]

이주를 연구하는 역사가들이 재화의 이동을 연구하는 역사가들 못지않게 상이한 공간들을 이어 주는 운송적 연결을 이주민과 교역자들의 연결만큼이나 중요하게 다루는 까닭도 거기에 있다. 국경을 가진 민족국가 중심의 역사학, 다시 말해 비이주성 정치인과 역사가들이 사용한 지난날의 상향식 연구법에서는 그런 연결성을 간과했다. 국가 중심의 연구법은 고정된 영토적 경계를 고정된 지리에 포함시키는 것은 물론 민족문화적 경계마저 민족국가적으로 해석해 제3의 고정된 경계선으로 고정된 지리에 포함시킨다. 민족국가 중심의 역사학은 그런 식으로 주변 공동체와 지역 혹은 멀리 떨어진 연관 사회들로부터 스스로를 유리시키는 관점을 보유한다. 하지만 만일 애덤 매키언이 수량화한 3대 주요 이주 체계로 1억 5000만 명의 남녀가 이주하고, 1840년대부터 1940년대까지도 3억 2000만 명이 국가 간 경계를 넘으며, 또다른 수억 명이 국경을 넘어 중간 거리를 이동했다면 경제 영역도 전 세계로 확대된 것인 만큼 민족국가 중심의 역사학 서사에도 그들을 반영시키는 것이 옳다. 그러지 않으면 정치인과 평민 모두의 옷을 짓는 원료로 쓰이는 목화가 어느 곳에서 재배되어 어떻게 운송되고 어디서 가공되는지를 설명할 길이 없어진다. 직물의 수요와 궁정의 사치품 수요를 충족시키기 위해 농장, 광산, 공장의 노동자, 투자자, 그들의 관리자, 사무원, 기술자가 어떤 식으로 움직이는

지에 대해 설명할 방도가 없어지는 것이다.[42]

　학자들이 분리된 국경들의 구체화, '범세계적' 공간들의 모호함, '지구촌'의 단순화에 비판을 가한 것도 그런 상호 연결성을 이해하기 위해서였다. 사람들은 유년기, 아동기, 청소년기를 거치며 태어난 곳의 공간 체계와 가치 체계, 지역 혹은 전국 규모의 교육기관을 통해 사회화가 된다. 그러다 10대 후반이 되면 부모 곁을 떠나 자신에게 익숙한 지역 혹은 정보 피드백을 통해 접근 가능한 다른 지역들로 일자리(혹은 경작지)를 찾아 나서거나 직업 선택을 하게 된다. 전국의 노동시장과 법규를 고려할 수도 있다. 그런 식으로 그들은 지방, 지역, 전국의 세 단계 과정을 통해 사회화하고 경험을 쌓는다. 하지만 그들이 소득 있는 직업을 구하는 경제 영역이 반드시 태생지의 국경 내에만 한정되라는 법은 없다. 중간 권역이든 대권역이든, 상호 연결된 카리브해 섬들이든 유럽 대륙이든 간에 도로, 철도, 해상운송을 이용하면 그곳들로의 접근은 얼마든지 가능하기 때문이다. 학자들이 이주민의 지리, 공간, 풍경의 크기를 경험적으로 수립해야 되는 이유도 거기에 있다. 1870년이라는 특정 시기만 해도 '유럽' 이주민을 포괄적으로 말하는 것은 아무런 의미가 없다. 당시의 유럽 이주민은 수세대에 걸쳐 머나먼 특정 지역들로 이주하고 그것들의 연결망을 마음의 지도로 그린 서유럽과 중서부 유럽인, 타 지역들로 이주해 그들 나름의 정보 흐름을 체계화시킨 남유럽 사람들, 대양 횡단 이주 면에서는 상대적으로 새내기였던 북유럽 사람들로 나눠지기 때문이다. 같은 맥락에서 인도의 계약 노동자들을 모집한 지역과 이주민이 출발한 지역들 또한 시간이 지남에 따라 확대되거나 줄어드는 등 변하고 행선지도 그 점에서는 마찬가지였다. 사회 지리는 이렇게 유동적이다. 따라서 이주의 공간들을 나타내고, 그 공간들을 소권역, 중간 권역, 대권역으로 구분할 때도 기간별로 해야 한다.[43]

　개념적 연구법에서는 국가 간inter-state 이동과 초국경trans-border 이동도 구분해서 다룬다. '국제적international'이라는 단어가 말해 주듯 대개는 국가들인 두 개의 뚜렷한 정치체제 사이를 뜻하는 'inter'와 연속성과 공간들의 중첩을 강조한 'trans'를 분리해 다루려는 것이다. 그 점에서 최근에 개념화된 '초국가적transnational'이란 용어의 타당성에도 의문을 제기할 필요가 있다. 처음 만들어질 때만 해도 그것은 민족국가들이 사회 발전에 대한 장악력은 일부만 상실하고 경제에 대한 장악력은 대거 상실했을 때인 1990년대 이후의 이주민들에게 적용된 말이기 때문이다. 19세기 말에는 이주민 대부분이 민족국가가 아닌 청, 로마노프, 합스부르크, 호엔촐레른, 윈저 왕조가 지배한 제국에 속했고, 이 제국들이 그대로 중국, 러시아, 오스트리아-헝가리, 독일, 영국으로 국가화되었다는 말이다. 물론 그들 나라 모두 많은 민족을 포함했고, 합스부르크 제국은 '많은 민족을 가진 나라Vielvölkerstaat'로 자칭하기까지 했지만 말이다.

초문화적transcultural이라는 용어에도 지방 횡단, 지역 횡단, 국가 횡단, 대양 횡단과 같이 넘나드는 지리적 거리와 무관하게 사회들 간 이동을 나타내는 포괄적 의미가 담겨 있다. 민족국가의 이데올로기 측면에서 보면 이주는 한 나라에서 다른 나라의 인종 지역으로 이동하는 것이 되지만, 20세기 초 미국에 도착한 유럽인 이주민의 94퍼센트가 태생지 혹은 이전 이주지로부터 친구나 친척이 있는 미국 내 특정 지역으로 간 사람들이었던 것도 이주가 사회적 이동임을 말해 준다. 요컨대 그들은 도시 지역이나 마을 간에 연결된 친족과 친구의 관계망, 개인적 열망, 가족경제의 틀 안에서 이주한 것이다. 자결적 이주와 계약 노동자들의 이주 또한 인도나 중국의 특정 지역들을 플랜테이션 지대의 특정 지역 및 장소들과 연결해 준 것이었다는 점에서 그것과 다르지 않다. 근래의 학술 용어로는 그것을 한 사회의 지역 공간이 또 다른 사회의 특정 공간들과 범세계적으로 연결된다는 뜻에서 '글로컬glocal' 이주로 부른다. 가정경제는 이렇듯 개개인과 제약의 틀들을 여러 대륙이나 대권역들의 지방들에 산재한 기회의 구조와 연결하는 역할을 했다. 캐나다 쪽 태평양 연안에 두 번째 근거지를 마련하고 내륙 도시들로도 영역을 확대해 간 20세기 초의 중국 남부 농부 가족들이 대표적인 예다. 이로써 알 수 있듯 사람들은 이동의 개연성이 존재하는 도착지의 신뢰할 만한 관계망의 일원이 제공해 주는 정보를 바탕으로 선택권을 행사하려고 했다. "무한한 기회"는 일부 나라들의 허무맹랑한 신화에나 있는 일이었다.[44]

이주의 유형학

이주는 다양한 형태로 진행되었다. 그런데도 일상적으로나 학문적으로나 획일적이고 때로는 가치판단적인 포괄적 용어로 뭉뚱그려 표현되고는 한다. 건장한 남성들(건장한 여성에 대한 언급은 없다.)이 미개척 지역을 식민지화해, 다시 말해 유럽 백인들이 삼림이 울창한 미개지와 초원 지대를 개척해 대대손손 그 땅을 물려주었다는 것이 미국과 근대 유럽이 이주민에 대해 가졌던 공통된 관점인 것이다. 하지만 그곳의 원주민들은 그에 대해 다른 관점을 지니고 있었다. 유럽인들이 행한 일을, 그들을 종종 난민으로 만들기도 한 침투로 본 것이었다. 1870년에서 1914년까지 대서양권에서 진행된 이주를 '프롤레타리아 집단 이주'로 부른 것도 이주민 전체를 도시 노동자로 취급해 붙인 호칭이었다.

포괄적 연구법은 (제도적 틀 안에서) 이주민이 내리는 결정과 그들이 거쳐 간 이동의 궤적을 자유 이동에서 강제 이동, 지방 이동에서 대륙 간 이동, 계절 이동에서 영구 이동의 스펙트럼과 도착지에서 이루려고 한 목표의 범주로 분석한다. 하지만 그것만으로는 부족하다. 이주의 모든 유형에는 성별화가 요구되기 때문이다. 남녀에게 부여되는 역할이 다르고, 그들이 경험하는 내용도 다르며, 이루려고 하는 목표 또한 다르다는 뜻이다. 세대 간 문제도 포함할 필요가 있다. 그런 다음 자유 이주, 강제 이주 혹은 자의적 이주, 속박 이주의 축에 따라 이주민을 분류하면 다음과 같은 몇 가지 유형이 나온다.

- 본인의 욕구와 사회 및 국가가 요구하는 틀 안에서 이용 가능한, 믿을 만한 정보에 근거해 출발 시기와 행선지를 정하는 자유 이주민
- 19세기 말의 노동 이주민, 즉 대서양 횡단 '자유' 이주민과 20세기 말 남쪽에서 북쪽으로 향해 간 노동 이주민(다만 이 경우에는 혹독한 경제적 제약을 견디지 못하고 '자의'로 떠날 결심을 했다.)
- 가난 때문에 어쩔 수 없이 다년간 노동력을 팔아야 했던 속박 노동 이주민(유럽과 아시아의 계약 노동자와 외상 뱃삯 이주자)
- 일평생 노예가 되어 육체노동을 하거나(대서양권의 아프리카인) 노예적 봉사

혹은 지적 노동에 종사하거나(인도양권의 아프리카인과 다른 지역 사람들) 자신의 의지에 반하여 생애의 일정 기간 속박되거나(인종 분리 정책을 시행할 때의 남아프리카) 불확정한 기간에 억류된 강제 노동 이주민(나치 독일, 제국주의 시대의 일본, 스탈린 치하의 소련)

- 정치적 불관용(추방 혹은 망명), 종교적 불관용(종교적 난민), 인종 문화 혹은 성별에 따른 불평등 같은 여타 요인으로 인한 비자발적 이주민
- 전쟁과 기타 폭력을 피해 다른 곳으로 피신한 난민
- 자연적 요인이든 인위적 요인이든 환경적 재앙이 닥쳐 이동한 이주민[45]

20세기 초의 대서양 횡단과 태평양 횡단 이주는 21세기에 행해진 제3세계에서 제1세계로의 이주와 다를 바 없이 경제적 조건의 압박으로 삶의 계획을 세우지 못한 것은 물론 심지어 생존 여부마저 불투명한 상황에서 '자유' 결정에 따라 행해졌다. 따라서 불공정하고 가족을 부양하기 어려운, 지속 가능한 삶이 보장되지 않은 '조국'을 떠난 이주였다. 식민주의, 제국주의, 인종차별주의라는 제도화된 속박 또한 그런 결정에 영향을 주었다. 여성들은 성별화된 제약과 성차별로 인해 이주의 자결권조차 갖지 못했다. 아이들 또한 친구 및 다른 가족과 헤어지기 싫어도 어쩔 수 없이 부모의 뜻을 따르는 경우가 많았다. 반면에 부모는 자녀에게 일생일대의 기회가 될 수도 있다는 중기적 관점으로, 그들의 생애 동안 삶을 향상시키겠다는 일념으로 하향식 이동을 받아들여 이주했을 확률이 높다. 남편이 부인에게 더 나은 삶의 조건을 제공해 주기 위해 이주를 택하는 일도 있었을 것이다. 이것으로 알 수 있듯 '자유' 결정도 빛 좋은 개살구에 지나지 않아 좋게 보면 준거 체계, 나쁘게 보면 엄청난 제약하에 이루어졌다. 정치적·인종적·젠더적 혹은 그 밖의 박해로 인해 살던 곳을 등진 비자발적 이주와 피난, 망명이 그런 사례에 속한다. 내전 혹은 국가 간 전쟁, 사회적 배척, 근본주의자들의 종교적 압박, 전통에 묶인 정체와 여타 이유로도 사람들은 살던 곳을 떠나게 된다. 또한 떠난 사회의 상황이 개선되면 돌아갈 희망을 갖는 것이 보통인 난민과 달리 강제 이주민은 강제 노동자를 노린 급습대든 노예 사냥꾼이든 성 착취를 목적으로 한 인신 매매단

이든 간에 군대, 경찰, 개인 기업가들에 의해 그들이 속한 사회적 환경에서 억지로 끌려간 사람들이어서 그럴 희망을 가질 수조차 없다.

이들의 이주는 단거리일 수도, 중거리일 수도, 장거리일 수도 있다. 과거에는 장거리 이주를 하면 유사한 직업과 문화적 환경으로 이어지기 쉬웠다. 인도양의 항구도시들만 해도 노동 관습과 상거래 규약이 유사한 범대양 상업 및 이주 네트워크에 속해 있었기 때문이다. 타 대륙으로 향해 간 농촌 청년들도 대개는 흙일을 하며 먼저 도착한 이주민 동포들의 틈에서 살았다. 반면에 지리적 접근성이 반드시 문화적 접근성을 의미하지는 않았다. 젊은 시골 여성이 가까운 소도시나 대도시 중산층 가정의 가사 노동자로 취업하면 계급과 신분의 벽에 직면하게 되는 것만 해도 그랬다. 지난날에는 또 거리가 멀면 운송 비용이 많이 들고 시간이 많이 걸리는 것을 의미했다. 비용은 운송 수단에 따라서도 좌우되었다. 대개는 배를 타는 해로 여행에 비해 육로 여행이 비쌌다. 1870년대에 증기선이 도입되고 1950년대 중엽에 비행기가 도입된 뒤에는 여행이 시간이 단축된 형태로 바뀌었다.

이주는 기간별 노동을 위한 계절 이주, 1년 이주 혹은 평생 노동으로 가는 다년 이주로 나뉜다. 전 세계 농촌 지역의 남녀들이 때로는 아이까지 데리고 수확 철이면 계절 이주를 하여 추수나 식품 가공 일을 한다든지, 광산이나 공장의 임시 노동자로도 일한다든지, 19세기 말의 다국적 직물 회사나 1920년대의 자동차 회사처럼 국제적으로 활동하는 회사의 머나먼 지사로 가서 여러 해 동안 일한다든지, 남의집살이와 돌봄 서비스 일을 한다든지 하는 식이었다. 동업조합이나 대학에서 더 많은 경험을 쌓아 가족 기업의 지점을 내거나 수입을 얻으려는 목적으로 수년간 객지 생활을 하는 사람도 있었다. 처음에는 몇 년만 머무를 것으로 예상하고 집을 떠났으나, '본국'의 노동시장 여건도 좋지 않고 이주지에서의 적응도 만만치 않아 체류 기간이 길어지는 경우도 있었다. 이런저런 이유로 이주민들 중에는 돌아갈 때를 기다리며 본의 아니게 영구 이주민이 되는 사람도 있고, 이주민 사회에 적응하는 과정에서 어쩌다 보니 영구 이주민이 되는 사람도 있었다.

1870년대에서 1930년대의 기간에 미국으로 들어온 이주민 가운데 3분의 1이 유럽과 아시아로 돌아갔다. 그런데도 공적으로나 학술적으로 그들은 '이민자'로 통칭된다. 문제의 소지가 있는 현대 용어를 사용하면 '초청guest' 노동자인데 말이다. 아시아 출신 계약 고용인들은 대부분 출발지로 되돌아가고, (남아프리카 공화국의) 나탈과 카리브해 연안의 인도인들, 말레이반도와 아메리카 대륙의 중국인들 등 일부만이 자유민 승객 이주자들과 연계해 도착지에 공동체를 세웠다. 반면에 대서양 이주는 여성이 이주민의 5분의 2를 차지했고, 1930년 이후에는 여성의 비율이 50퍼센트 이상으로 높아졌다. 인도양과 동아시아, 동남아시아 내의 이주에서는 여성 이주민의 비율이 낮았다. 그러나 남자들이 그곳에 눌러앉을 생각으로 공동체를 형성한 상황에서 인종, 민족 간 위계 때문에 기존에 거주하던 문화 집단 여성들과의 결혼이 어려워지자 결혼 이주가 많아졌고, 그 결과 여성의 비율도 덩달아 높아졌다. 그에 따라 대양 간 서신 왕래를 통해서도 가족이 형성되기 시작했다.[46]

4분의 3세기에 해당하는 1870~1945년의 기간에는 국가 간 농업 정착 이주는 계속 제한적이었던 반면 국가 간 속박 노동 이주와 자유노동 이주는 활발하게 이루어져 장거리 이주도 대부분 이들이 차지했다. 전문직 이주는 소수에 그쳤다. 양적인 면에서는 도시화 및 산업화와 관련된 국내 이주가 국가 간 이주를 훨씬 앞질렀다. 전 세계의 도시화된 지역에 산재한 수많은 도시에서 인구의 절반 이상이 그곳 태생이 아닌 것으로도 이를 알 수 있다. 한편 유럽 백인 남성들(여성들도 일부 포함된다.)의 식민지 지역으로의 이주는 수는 적지만 영향력은 강했다. 식민지 침투, 그리고 아열대 지역 및 열대 지역의 플랜테이션과 광산 개발에 필요한 유색인 남녀 노동자의 동원을 극대화한 힘이 바로 무장까지 한 그들의 정치적 경제적 지배였기 때문이다.

이주에 대한 체계적 연구법

이주에 대한 체계적 연구법은 남녀 이주민이 지방 및 사회적 범주에서 하는 행위, 그리고 사회 사이를 이동하는 과정에서 하는 행위의 복잡성을 분석한다. 인과적 요인과 우발적 요인, 결과들, 다양한 추론들을 이론적·방법론적 틀에 집어넣고 포괄적으로 분석하는 것이다. 이 연구법의 특징은 무엇보다 이주의 유형과 결정들을 다음 네 가지 측면으로 연결해 분석한다는 점에 있다. (1) 지방, 지역, 전국, 세계 속에서의 출발지 사회, (2) 주어진 시대의 교통과 통신 수단 내에서 이루어지는 실제적 이동, (3) 도착지의 소권역, 중권역, 대권역 사회나 사회들, (4) 이주민이 삶의 일부를 소비했거나 소비하는 공동체들 간의 연계. 이 연구법은 또 학문 간 연계성이 있고 초문화적 특징을 지닌 만큼 끊임없이 진화하고, 따라서 과정적 구조와 구조적 과정들이라 불러도 무방할 구조와 제도들을 분석할 수도 있다. 태생지들에서 진행된 이주와 특정 지방 혹은 다양한 지역에 도달한 이주를 광범위한 틀에서 분석하는 것 또한 가능하다. 이 연구법에서는 산업화, 도시화, 사회계층, 남녀 간 역할, 가정경제, 인구적 특징, 정치적 상황과 발전, 교육제도, 종교 혹은 여타 신앙 체계, 민족문화적 구성, 단거리 이주와 장거리 이주의 전통이 포함된 모든 양상도 다루게 된다. 삶의 문화를 강조하고, 서로 관련이 있는 경제·사회·정치·과학기술적 힘이 어떤 식으로 이주민의 문화적 '습성' 및 전반적인 생활 방식에 수렴되는지도 조사한다.[47] 사회들이, 지배-종속-발전의 단계를 지닌 범세계적 위계 속에서 어떻게 개조되는지 그 과정을 살피는 것도 이 연구법의 분석 대상이다. 사회와 경제는 여러 나라로 퍼져 나간 가족들을 통해 범세계적으로 연관을 맺어 왔고, 지금도 그 상황은 계속되고 있기 때문이다.

　　체계적 연구법은 이주가 출발지의 가족 및 사회에 미치는 영향, 그리고 도착지 사회 및 특정 공동체들에 미치는 영향을 분석한다. 중국이든 유럽이든 이주가 농촌 마을, 농업 지역 전반 혹은 도시 지역들에 미치는 영향을 분석하려는 것이다. 이주는 수백만 명의 남녀가 살던 곳을 떠나는 일이고, 따라서 그들이 일시적 거주지나 영구 거주지로 삼은 지역들 못지않게 태생지의 공동체 및 사회들에도 변화를 불러온다. 그렇다면 난민 이주자, 계약 노동자 혹은 노예 노동자들의 경우에는 출발할 때부터 이미 행위의 자유를 빼앗기므로 행위 중심의 접근법에 문제가 있지 않느냐고 할 수도 있겠지만, 이주를 한 뒤 그들이 살아남아 도착지 사회에 진입할 수 있는지는 아무리 제약이 심하다 해도 선택에 달린 문제이므로 반드시 그런 것만은 아니다. 노예의 문화 변용으로 아메리카 대륙에 아프리카에서 유래한 문화가 만들어지고, 일제강점기 때의 조선인이든 1930년대 터키의 독일계 유대인이든 난민들이 노동시장과 사회적 관습에 영향을 미친 점이 그것을 말해 주는 증거다. 사람들은 비록 스스로 만든 것이 아니라 역사적 발전과 권력 구조가 부과한 상황이라 해도 최선이라고 여겨지는 이해관계에 따라 행동하기 때문이다.

이주를 유발하고 촉진하는 인자에는 상향식 이동이나 경제활동의 선택권을 가로막는 경직된 사회계층과 계급 구조가 포함된다. 이때 이미 확립된 이주의 양상이 이주자의 출발을 용이하게 만들어 준다. 잠재적 이주자들에게 정보를 제공해 주고 길잡이도 될 수 있기 때문이다. 홍콩 사람이 샌프란시스코나 밴쿠버로 가려 하거나, 시골 사람이 상트페테르부르크로 가려 하거나, 소도시 사람이 부에노스아이레스로 가려고 할 때 간혹 구두의 형식을 띠기도 하는 확실한 경로를 이용하게 되는 것과 같은 이치다. 이는 이주 체계의 자기 강화적 매력은 접근하기 쉬운 정보에서 나온다는 것을 말해 준다. 미래에 부자가 되리라는 허황된 상상의 나래가 아닌 횡단할 거리, 문화적 유사성, 가능성, 정례적인 귀국의 가능성(그리고 비용), 기술의 적합성, 취업의 기회가 이주의 결정 요소라는 말이다.

이주에 영향을 미치는 요소로는 사회제도와 발전, 국가가 있다. 그중에서 사회제도와 발전은 이주에 언제나 영향을 미치는 요소이지만, 국가의 역할은 19세기 중엽까지는 다수의 왕조 국가만 이주 관련 법규나 금지법을 시행하다가 19세기 말과 20세기 초에는 대서양권과 뒤이어 다른 지역들도 이입 이주민을 규제하는 정책을 쓰게 된 것에도 나타나듯 극적인 변화를 보였다. 여권 도입만 해도 입국항을 통과시켜 주는 허가증에 지나지 않던 여행 서류가 다른 문화, 다른 피부색, 다른 계급을 배제하는 도구가 되는 결과를 가져왔다. 다만 이런 규제책이 전면적으로 시행되는 데는 수십 년이 걸렸다. 북아메리카만 해도 아시아인(처음에는 여성)에 대한 이민 제한은 1870년대부터 시행되었지만, 유럽인에 대해서는 법규는 엄격했지만 실제로 이민 거부 조치가 취해진 것은 1920년대였다. 멕시코 국경 지대에서도 멕시코에서 들어오는 '갈색' 사람들의 유입을 막기 위한 순찰 업무는 1920년대부터 시행했지만, 미국 경제의 많은 분야가 그들의 노동력에 의존하다 보니 큰 효과를 거두지는 못했다.

미국과 달리 유럽에서는 여권법이 신속히 자리 잡았다. 그러다 보니 부작용도 생겨났다. 여권이 없다는 이유로 난민의 입국을 거부해 1930년대에 파시스트 국가들로부터 탈출을 시도한 사람들의 입국을 어렵게 만든 것이다. 민족적 국수주의, 특히 파시즘이 지배하는 나라와 부패한 정치 엘리트가 권력을 쥔 나라들에서는 억압적이고 자기 욕심 채우기에 급급한 엘리트들이 사회의 거의 전반에 걸쳐 신뢰를 잃은 탓에 나라 전체가 난민을 야기하는 기구가 되다시피 했는데도 말이다.

높은 이출 이주율은 국가와 사회를 변하게 한다. 민주주의로 이행하는 과정에서 이출 이주가 많으면 노동시장에 가해지는 압력이 줄어들고 그에 따라 임금이 오르고 생활수준이 높아져 사회가 안정되는 반면, 일자리 창출과 제약적 구조의 개혁에 대한 필요성은 감소시켜 긴장을 심화시키는 식이다. 정책 입안자들과 행정가들 사이에도 세수 손실, 신병 부족, 가임 여성들의 이탈을 두려워하는 측과 남아도는 인구를 나라 밖으로 쫓아내고 싶어 하는 측으로 의견이 갈린다. 최근에는 가족과 사회가 (아직 생산력이 없는) 아이들을 기르고 교육시키는 것을 '투자'로 보는, 이주의 사회적 비용에 대한 개념화도 이루어졌다. 아이들에게 투자를 하고 그리하여 그 아이들이 자라 성인이 되면 '피부양' 미성년과 노인을 돌보는 데 드는 비용이 세대 간에 전이되므로 가족 내 투자와 사회 내 투자도 결국은 '돌려받는다'는 것이 이 개념의 요체다. 그러나 이주를 하면 부양 의무가 없어지므로 이런 '세대 간 계약'이 깨지게 된다. 이주민이 근로 연령에 달한 경우에는 축적된 개인적·사회적 자본이 날아가므로 출생지 나라들로서는 사회적 비용을 보상받을 길이 없어지는 것이다. 반면에 이주민을 받아들이는 나라는 훈련되고 교육받은 남녀를 '공짜로' 얻는 것은 물론 그들의 생산성과 세금까지 덤으로 얻게 된다. 선진 사회가 빈곤한 사회로부터 '개발 원조'를 받는 격이 되는 것이다.

그 점에서 이출 이주는 각 나라의 사정에 따라 그 나라의 경제 발전 단계에서는 아직 사용되지 않은 인적 자본을 다른 나라에 빼앗기는 것이다. 하지만 그렇게 해서 나간 이주민은 본국에 돈을 보내 가정 살림에도 보탬을 주고 나라의 외환 보유고도 늘려 준다. 19세기 말엽의 이탈리아와 같이 몇몇 나라는 개별 이주민들이 송금하는 돈에 나라 경제를 의존했을 정도이고, 지금도 그런 나라들이 있다. 그러나 이주민이 부치는 돈이 투자 기회가 된다고 말하는 일부 경제학자와 정치인들의 주장은, 본국의 이민자 가족이 그 돈을 실제로 필요로 하는 경우에는 삶이 최저 생활수준 밑으로 떨어지는 것을 막기 위해서일 때가 많다는 점에서 현실과는 차이가 있다. 이주민은 돈뿐 아니라 통신수단을 통해서든 본인이 직접 귀국해서든 아이디어도 전해 주고, 그에 따라 본국의 침체된 경제를 되살리기도 한다. 하지만 이런 변화와 혁신도 구제도하에서 득을 본 엘리트들에게 방해받거나 가로막힌다.

다른 사회로 장소를 이전하는 이주의 실제적 과정도 기간이 늘어나거나 며칠로 단축되거나, 예를 들어 난민이 자신의 삶을 개조할 기회를 갖지 못하고 수용소에 붙박여 있게 됨으로써 이동이 지연되는 등 시대에 따라 변한다. 모으는 데 며칠, 몇 달 혹은 몇 년이 걸릴 수 있는 여행 경비도 이주민의 출발을 방해하는 요소다. 과거에는 길었던 항해 기간에 돈벌이를 못 해 소득이 없었던 점도 문제였다. 이민 규정도 이주민에게는 거의 넘지 못할 장애물이 될 수 있다. 이주민의 진입을 어렵게 만든 앵글로아메리카와 '유색인종'을 거부한 유럽 사회의 인종차별 장벽이 대표적인 예다. 반면에 먼저 간 이주민이 보내 준 선불 배표나 왕복 운임 보장이 명시된 계약 노동 이주민의 계약서와 같이 이주를 유인하는 요소도 있었다. 상세한 여행 정보와 목적지에 도착한 뒤 소득 있는 일자리를 확보한 개연성에 대한 정보가 있다면 금상첨화였다.

그리하여 이주 결정이 나면 이주 예정자는 먼저 간 이주민이 보내 준 정보에 지역사회에서 도움을 받거나 인력 채용자가 제공해 준 정보에 의거해 여행 준비에 들어간다. 지난 수백 년 동안은 중세 기독교도들이 예루살렘으로 성지순례를 가거나 무슬림들이 메카로 순례 여행(하즈)을 하는 종류의 단체 여행을 '여행사들'이 담당했다. 하지만 19세기 중엽부터는 유럽 이주민들의 경우에는 먼 곳의 해운 회사 및 철도 회사와 연계된 믿을 만한 여행사의 지역 대리점과 계약을 맺어 진행하고, 인도나 중국의 계약 노동자들의 경우에는 여행사 일도 병행한 인력 채용자들에게 일임하는 방식을 사용했다. 이민자의 열차 환승이나 탑승도 여행사 직원들이 관리해 주었을 만큼 당시에도 현대의 단체 여행 못지않게 여행 방식이 조직화돼 있었다.

　단계별로 이주하는 사람도 있었다. 자금 사정이 허락하는 한도 내에서 일자리가 있을 만한 도시(다음 장소로 출발하기에 좋은 항구도시(오늘날은 공항)면 더 좋았다.)에 먼저 들렀다가 다음 목적지로 이동하는 식이었다. 두 번째 이주에 드는 여비를 마련하기 위해 싫은데도 어쩔 수 없이 첫 도착지에서 출발을 늦추는 사람도 있고, 적응을 위해 단기 체류를 반기는 사람도 있었다. 여행을 경험하고 여행에 정서적으로 대처하는 방식도 사람마다 달랐다. 그 능력을 평가하기에 앞서 19세기 이주민들은 대부분 실제로 탑승하기 전에는 기차나 배를 구경해 본 적이 없었다는 점을 먼저 알아 두어야 한다. 그들의 글에 근거 없는 자신감이나 당황한 기색이 동시에 드러나는 것도 그래서다. 반면에 입국 절차를 밟을 때는 이주민에 대한 규제 때문에 거부당할지 모른다는 두려움이 많았다. 1870년대 중엽까지는 아시아 이주민들에게 관대했고, 1917년까지는 유럽 이주민들에게 관대했던 미국의 규정에서조차 빈번한 행정적 변화, 정확한 정보의 부족, 이따금씩 행해지는 모욕적인 대우 때문에 이주민들이 애를 먹기 일쑤였다. 그런 규제의 영향은 성별에 따라 달라 남성보다는 여성이 행정적으로 더 많은 고충을 겪었다.

　이주민은 또 의지가 있으면 이동 경로에 놓인 양쪽 지역에 살면서 노동시장 및 소득이 있는 여타 선택지를 비교해 결정하기도 한다. 자신이 가진 능력으로 접근 가능하고, 자신이 쓰는 언어로 의사소통이 가능한 지역에서 늘어났다고 여겨지는 선택지를 찾는 것이다. 이주민들이 대양을 건너기보다 주변 도시나 일자리가 있는 광산, 플랜테이션 농장 혹은 여타 지역으로 한층 많이 몰렸던 것도 그래서다. 대양 횡단이 아닌 대륙 간 이동을 하면 의사소통이 가능한, 먼저 간 이주민들의 공동체로 갈 수 있었던 것이다. 제국주의 시대의 일자리가 있는 도착지 경제를 (다른 시대와 마찬가지로) 정치적·경제적 권력 관계의 중권역적 위계뿐 아니라 범세계적 위계로 다루어야 하는 이유도 여기에 있다. 도착지 사회의 사회 정치적 구조도 출발지 사회의 그것 못지않게 포괄적으로 다뤄야 한다는 말이다.[48]

국가 정체성, 사회적 소속감, 신분 증명

영토적 국경을 가진 나라 혹은 문화적 국경을 가진 나라가 이주민의 일차적 신분 증명이 될 수 없다면 두 가지 질문이 제기된다. 이주의 역사에서 민족국가적 접근법이 왜 그처럼 중시되는지와 도착지 사회는 왜 이주민을 출신 국에 따라 분류하는지다. 물론 그것은 국가가 이동성에 대한 자료를 수집함으로써 연구에 영향을 미치기 때문인데, 그 자료라는 것도 역내 이주를 도외시한 국가 간 이동에 한정되기 일쑤다. 다른 지역, 방언, 사회적 속성을 가진 사람들을 한데 뭉뚱그려 넣고, 소수자 문화에 속한 사람들을 다수자 문화에 속한 사람들 속에 휩쓸어 넣으며, 여성들은 아예 셈에 포함시키지 않는 경우도 많은 것이다. 그러다 보니 이주민의 인구구성이 왜곡된 이미지로 나타나고 전체적 이동성만 부각되어 자료로서 제구실을 하지 못한다. 그럼에도 학자들은 민족국가가 주는 자료와 용어를 이용해 이주민을 분석한다. 도착지 사회의 공적 담론에서도 당연히 출신국 문화의 다양성이 드러나지 않는다. 인도 출신이면 무조건 '힌두교인', 중국의 특정 지역 출신인데도 중국에서 왔다는 이유만으로 '중국인', 이런저런 독일 지역에서 왔는데도 독일어를 쓰면 무조건 '독일인' 혹은 간혹 실수로 '네덜란드인'이 되는 식이다. 이런 호칭 사용에는 모든 것을 국가 정체성에 귀속시키려는 의도가 내포돼 있다. 이 현상은 신분 중심의 귀족 문화 및 왕조적 이해관계와 병행해 (중산층의) 국가 의식이 출현하고, 1848~1849년 동안 유럽을 휩쓴 (부르주아) 혁명으로 중산층이 조직화되며, 공세적 특징을 지닌 민족적 국수주의가 팽배한 19세기 여론의 동향에 등장했다. 모든 것을 국가적으로 설명하려 한 그런 시도는 나아가 다민족으로 구성된 제국들 내에서 러시아인, 독일인, 오스트리아인, 영국인들도 같은 시도를 하려 하면서 가일층 복잡해졌다. 반면에 식민지 지역은 식민주의자·피식민지인 혹은 백인·유색인의 이분법으로 간단히 분류되었다.

다수의 저작물에서 집단 문화의 자랑인 19세기 초의 민족의식이 19세기 말에 대두된 국가들의 맹목적 국수주의 및 '소수자' 문화의 자기주장과 얼렁뚱땅 합쳐진 것에도 그 점이 드러난다. 그런 책을 쓴 저자들은 그런 관점을 지넜던 만큼 당연히 제국적 구조도 기정사실로 보고, 자치에 대한 투쟁을 파괴적이고 따라서 20세기 초 난민을 발생시킨 전쟁의 발발 원인으로 묘사했다. 한 국가 내의 최대 민족 집단이 스스로를 '국민'으로 지칭하는 데 그치지 않고 같은 영토 내의 다른 모든 문화를 '소수자 문화'로 깔아 내리자 (젠더, 세대, 나이, 계급, 지역으로 분화된) 집단 문화를 적법하게 지지해 주던 것도 억압적으로 변했다. 모든 인간은 법 앞에 평등하다고 본 혁명 시대의 정치적 인권 개념과 정면으로 배치되는 문화적 위계가 만들어진 것이다. 하지만 그렇게 모순적이었는데도 정치적 실제와 이론에서는 또 그 개념이 법 앞에 평등한 시민으로 구성된 민족국가의 구조에 합치되었다. 문제는 비국가 문화를 가진 사람, 하층 신분, 여성은 법 앞에 평등한 시민으로 간주되지 않았다는 데 있었다. 평등권은 하층계급 사람에게는 20세기 초, 여성에게는 1920년대부터 주어지기 시작했다. 같은 시기 주변부 문화 집단 출신의 남녀들은 평등하지는 않더라도 최소한 전보다는 향상된 지위를 부여해 주는 나라로 이주했다.

이주민은 이주할 때 출생지 지역의 문화적 관례도 함께 가지고 간다. 그리고 19세기 말 무렵 민족국가들 내에서는 그것이 얼마간 동질화되었다. 하지만 유럽 제국들의 민족적 국수주의로 인해 민족문화적 구분은 오히려 심화되었다. 그러다 보니 도착지의 이주민들도 언어, 음식, 습관, 그 밖의 일상적 행위는 태생지 관례를 따른 반면 황제 숭배, 계급적 위계, 그리고 여성일 경우에는 성별 위계에 대한 태생지 관례는 폐기 처분했다. 그들은 그런 식으로 지난날의 생활 방식에 대해서는 문화적 친근감을 드러내고, 용납할 수 없는 것들에 대해서는 노골적으로 반감을 나타냈다. 그들이 태생지에서 가져온 것은 국가 정체성이 아닌 문화적 경험과 '본국'에서는 실현 불가능했던 인생의 목표임을 분명히 한 것이다.(21세기 초 주변국, 유럽 혹은 북아메리카로 들어온 인도네시아와 서아프리카 국가들의 이주민 양상도 이와 흡사하다.)

근래의 학계가 국가 정체성을 별도의 분석적 카테고리로 다루지 않고 그것의 귀속적 기능만 계속 검토하는 것도 그래서다. 사람들이 스스로를 어떻게 규정하는지와 그들이 가진 다중적 신분에만 관심을 기울이는 것이다. 이주민들이 새로운 구조, 제도, 공동체, 생활 방식에 어떻게 관련을 맺는지도 학자들의 분석 대상이다. 정체성이 아닌 소속감을 연구하는 것이다. 이 연구의 타당성은 이주민의 자기 조직화로도 확인된다. '중국인' 꼬리표가 붙은 청나라 이주민들이 고향이 같은 사람이나 가족 구성원들끼리 조직화를 이루는 것이나 '헝가리인' 호칭이 붙은 유럽 이주민들이 지역의 문화적 친근성에 따라 조직화를 이루는 것이 그런 사례다. 도착지 사회의 제도들도 처음에는 이주민들에게 이전 문화를 무조건적으로 포기하거나 새로운 국가 정체성에 '동화'하라고 요구한다. 하지만 그 단계가 지나면 새로운 사회로의 진입(혹은 주변화)을 허용한다. 따라서 새로운 이주민들도 (난민이나 강제 이주민이 아닌 한) 이도저도 아닌 상태에 머물러 있거나 '뿌리가 뽑힌' 상태가 아닌, 가변적인 새로운 구조에 대한 지식, 문화적 관례, 제도화 과정을 서서히 받아들이게 된다. 그렇게 해서 고정된 '정체성'에 대한 개념과 국가로부터 소수민족 집단 체류 지역으로의 이동이라는 이주 패러다임이 폐기되면 경험적 관찰과 분석이 가능해지는 참여의 단계로 접어든다. 옛 생활 방식과 새 생활 방식이 선택적으로 혼합된 사회구조와 정치제도를 받아들임으로써 새로운 정체성과 소속감을 얻는 문화 변용의 과정이 시작되는 것이다.

변화는 도움을 주는 이주민이나 공제 협회의 자조적 소수민족 문화의 패턴 혹은 소수민족 문화 지역의 문화적 응집에 의해 촉진된다. 예전에 사용된 용어 '이주민 게토ethnic ghetto'에는 민족에 뿌리를 둔 유전성 혹은 혈통성을 부각시켜 이주민들이 그들을 둘러싼 '새로운 세계'에 대처할 능력이 없어 자기를 격리한다는 뜻이 내포돼 있다. 경험에 더 큰 비중을 두면 '게토'를 또 도착지 사회에 의해 열등한 지역으로 분류된 격리로 해석할 수도 있다. 소수민족 문화 공동체가 '제도적 완전성'을 갖추기는 하늘의 별 따기만큼이나 어렵다. 어른들은 하루하루 일터에 나가기 바쁘고 아이들도 학교에 다니기 때문이다. 개인과 가족은 그런 식으로 새로운 사회구조와 선택이 요구하는 것, 이주하기 전 생활 방식의 소중했던 양상과 끊임없이 협상을 벌인다. 공동체의 단결과 그것이 부여해 줄 수 있는 정치적 힘, 도착지 사회에 열려 있는 선택지 사이에서 협상을 벌이는 것이다. 그 점에서 '뉴잉글랜드', '누에바에스파냐', '차이나타운', '리틀 이탈리아', '리틀 마닐라'도 출발지 사회의 복제품이 아니라 새로운 환경과의 협상 및 타협을 통해 만들어진 산물이다. 외부인의 눈에는 소수민족 집단 체류지가 등장하고 도착지 사회에 의한 이주민 격리가 심심찮게 일어나며 지역과 공동체로의 자발적 격리로 문화 변용이 촉진된 것처럼 보인다. 하지만 시카고에 대한 연구 자료에도 상세히 나타나듯 단일한 소수민족 공동체로 보이는 것도 실은 통합된 사회적 접촉의 의미가 큰 혼합, 다시 말해 잡다한 인종이 뒤섞인 길거리 차원의 거주지에 지나지 않는다.[49]

역사상의 그리스인과 유대인의 이산에서 비롯된 일종의 개념화인 디아스포라 의식을 형성했다고 알려진 이주민 집단도 속내를 들여다보면 현실과 다르다. 고대 그리스인 이주만 해도 여러 문화, 특히 페르시아 문화와 이집트 문화의 융합이 수반되었다. 그 점에서 헬레니즘도 동지중해의 혼합 문화여서 그 자체로는 독창적일 수 있지만 그리스 디아스포라 문화는 아니다. 유대인의 추방, 이주, 박해에서 유래를 찾는 것이 보통인 디아스포라의 이상형도 현실과 다른 점이 있다. 종교, 일상적 관례, 문화적 표현 방식,(교육 수준이 높을 때) 그리고 어쩌면 (역내 이주자였던 로마 지배자들이 서기 1세기에 예루살렘 제2성전을 파괴한 뒤 강요한 이종족 간 결혼)에 따른 유전적 유사성으로 정의된 사람들이 서쪽의 남유럽과 북아메리카, 동쪽의 인도양 연안으로 이주했다는 점에서 그렇다. 그들의 디아스포라성도 결국은 수많은 도착지의 서로 다른 공동체들 간에 문화와 지리적 본향에 대한 기억을 공유하고 교신하는 것으로 규정되었다는 얘기다. 그리고 이 연결성이야말로 디아스포라와 소수민족 집단 거주지의 다른 점이다. 그렇다고 유대인들이 단일한 디아스포라를 형성한 것은 아니고, 세파르디 공동체와 아슈케나지 공동체, 아시아와 여타 지역의 독특한 공동체들로 분화되었다. 다양한 방언이 포함된 독특함이 연결성을 압도한 것이다. 19세기 이주민 공동체들도 이처럼 강력한 범세계적 연대를 형성하지는 못했다. 전 세계로 퍼져 나간 이탈리아인, 폴란드인, 스코틀랜드인 이주민들이 언제나 연결되어 있지는 않았다는 말이다. 전 세계의 영국과 프랑스 식민주의 관리들을 연결시켜 준 것도 디아스포라 공동체가 아니라 제국의 행정 조직이었다. 그 점에서 남부 중국인들이 행한 다방향으로의 이주도 싱가포르의 난양, 오스트레일리아, 라틴아메리카, 앵글로아메리카의 태평양 연안과 같은 도착지에 따

라 분석하는 것이 한층 효과적이다.[50]

　무장한 민족국가와 팽창주의적 국수주의 이데올로기라는 두 가지 상이한 요소가 상보 관계를 이루는 가운데 19세기 말 민족주의가 격화된 것도 이출 이주(퇴출과 추방)와 이입 이주(입국 허가와 강요된 동화)의 측면에서 중요한 결과를 낳았다. 생계를 꾸리는 데 필요한 일자리를 얻을 가망이 없던 남녀, 다시 말해 인구가 남아도는 다수의 나라는 호전적으로 변할 소지가 있는 사람들의 이주를 반기는 분위기였다. 반면에 이주를 군에 입대하여 나라를 위해 죽을 수도 있는 사람들이 빠져나가는 것으로 보고 반이주 정책을 취하는 나라들도 있었다. '소수민족' 거주지가 있는 유럽 국가들은 주요 언어가 아닌 언어로 행해지는 교육 기회를 줄이고, 주변 지대의 경제개발에 불이익을 주며, 국가 제도와 노동시장에 접근하는 것을 제한하는 방식으로 소수민족의 이출 이주를 늘려 나갔다. 그것도 모자라 발칸반도, 분할된 폴란드, 러시아 제국의 서쪽 지역 사람들 사이에서는 자치에 대한 요구가 커지는 와중에도 러시아계 유대인과 같이 바람직하지 않은 종교를 믿는 사람들, 헝가리의 슬로바키아인과 같이 원치 않는 문화를 가진 사람들에 대해 박해를 시작했고, 합스부르크 (오스트리아) 제국과 오스만 제국이 군사적 대치를 벌인 국경 지대에서는 사람들을 추방했다. 단일 문화를 가진 민족국가의 특성에 맞지 않는 사람은 제거 대상이었다. 단일 문화 국가가 다문화 국가보다 깨끗하다고 볼 이유가 없는데도 국가에 의한 폭력, 이른바 민족국가의 '인종 청소ethnic cleansing'가 자행된 것이다. 몇몇 국가는 국경 너머로까지 손을 뻗쳐 '자국인' 이출 이주민들을 교두보로 이용해 이주민 수용 국가들로의 경제적·문화적 침투도 꾀했다. 그렇게 도구로 쓰인 사람들을 또 전시에는 '적성敵性 외국인'으로 억류하거나 추방했다. '근대 민족국가의 발전'은 이렇게 "일부 사람을 국가의 적으로 만드는 데 그치지 않고, 국가가 책임지지도 않고 책임질 수도 없는 주요 집단들을 추방하는 결과를 가져왔다." 제1차 세계대전도 그와 다를 바 없이 "민간인들 역시 위험한 적이 될 수 있으므로 …… 불필요한 (집단)은 제거하는 게 상책"이라고 믿게 만드는 민족국가 기구의 "새로운 지배자를 양성했다." 그 상황에서 살아남으려면 진취적 '자유' 이주민이 되어 한발 앞서 행동하는 것이 상책이

었다.[51]

　그러나 왕조 지배하의 나라들을 떠났다고 이주민들의 지위가 달라지지는 않았다. 이주민을 받아들이는 사회도 그들을 타자로 취급하고 주변화시켰기 때문이다. 라틴아메리카와 오스트레일리아로 이주한 유럽인들만 예외적으로, 전자는 인종적으로 원주민보다 매력적으로 간주되고 후자는 나라 경제에 활력을 불어넣는 데 필요하다는 이유로 다르게 대우받았다. 입국 규제는 유색인과 동일시되는 사람과 유전적으로 열등하게 조합된 '인종'부터 배제했다. 이른바 과학적 인종주의로 강화된 앵글로색슨족과 튜턴족(게르만족) 이데올로기도 거무스름한 색 혹은 올리브색의 유럽 '인종', 남동부 유럽인, 그리고 식민지 지배를 받은 경험이 있는 데다 가톨릭 국가이기도 해서 '백인'의 기준에 못 미치는 아일랜드인들의 추방을 선동했다. 1880년대부터는 아메리카, 캐나다, 독일, 러시아, 오스트리아도 새로운 이주민과 기존 '소수민족'들에 문화 변용의 압력을 가했다. 웨일스인과 스코틀랜드인들은 이들보다 몇 세기 앞서 이미 영국화되었다. 러시아 제국의 메노파 교도들처럼 18세기의 다른 이민 정책하에서는 그들의 종교의식을 행하고 언어도 사용할 수 있었던 초기 이주민들로 하여금 좀 더 융통성 있는 다른 곳으로 2차 이주를 하게 만든 요인이 바로 그런 종류의 압박이었다. 민족주의가 정점에 달한 가운데 타 종족의 문화적 동화를 강요하려 한 민주공화국들이 백성들의 다원주의를 수용한 절대주의 왕정 국가들을 대체하는 과정에서 벌어진 일이었다.[52]

　문화와 인종적 위계(민족국가의 이데올로기는 아니다.)는 다른 지역들에도 존재했다. 남아시아의 많은 사회만 해도 옅은 피부색이 사회적 신분을 나타내는 상징이었고, 중국의 일부 지역에서는 하카인들이 주변으로 밀려나는 고통을 당했으며, 일본 제국주의 시대에는 일본의 우월주의 정책으로 조선인, 만주인, 중국인이 열등한 위치로 강등되었다. 20세기 초에는 이렇듯 인종적 편견에 의거한 정체성 정치가 난민을 만들고 이주민 사회를 격리하는 도구가 되었다. 이주민을 생성하는 민족국가의 정책, 그리고 이주민을 수용하는 민족국가의 이주민 격리 정책 혹은 배제 정책이 복잡하게 상호작용하며 병행된 것이다. 전 세계, 특히 대서양 경제 지역에서도 노동 이주민은 세금 납부로 기여하는데도 국가 제도에 동등한 접근이 허용되지 않는 하층계급으로 전락했으며, 유대인, 슬라브인, 지중해인들도 1900년 무렵에는 어디에서도 환영받지 못해 수 세대가 지난 뒤에야 다른 민족들과 뒤섞일 수 있었다. 하지만 이주하여 거주민이 된 뒤에도 그들은 '외국인' 취급을 받았고, 따라서 '재류 외국인법' 적용을 받아 언제라도 추방될 수 있는 위치에 있었다. 예전의 사회구조에서는 이주민들도 얼마든지 그들만의 구역을 갖거나 경제활동은 물론 문화적 표현도 가능한 지위를 가질 수 있었다. 그 대표적 사례가 바로 유럽의 위그노파와 동남아시아의 중국인들이었다. 이주민을 타자로 취급하여 주류 사회에서 밀어내는 그런 정책은 착생, 문화 변용, 소속감 갖기를 어렵게 만들었다. 1920년대 들어 배척, (과학적) 인종주의, 인종차별에 대한 비판이 일어난 것도 대공황이 엄습하여 이주를 제한하는 목소리가 다시금 커짐에 따라 효과를 거두지 못했다. 하지만 그럼에도 파시즘이 장악한 유럽의 인종차별주의, 조합주의를 앞세운 일본의 팽창주의, 그에 따른 대규모 난민과 사망자 발생에 대한 반발로 새로운 경향이 등장하려 하고 있었다.[53]

민족국가로의 이행이 소속감에 긍정적 영향을 끼칠 수도 있었다는 점 또한 덧붙일 필요가 있다. 사회들은 '소속감'이 생길 수 있는 정책 결정에 제한적이나마 참여할 수 있었을 것이라는 말이다. 그리하여 문화 구조적 관례가 선택권과 평등권이 늘어나는 식으로 바뀌면 사람들은 태어난 곳에 친근감을 가질 수 있었을 것이다. 그러나 영토 내 이주민을 받아들이는 사회, 특히 앵글로-북아메리카 지역, 라틴아메리카의 여러 나라, 오스트레일리아는 그렇게 하지 않고 백인 남성과 그들의 부양가족을 위한 통합 정책을 추구했다. 식민지 독립이 시작된 1950년대부터는 서방의 정치학자와 정치 조언가들이 분석적으로는 도저히 성립되지 않는 민족국가 개념을 다문화 민족으로 구성된 신생 독립국들에 전해 주었다.

색깔 코드화된 식민지인과 속박된 신체

시민권과 소속감에 대한 논의는 이주민의 신체 부위에 대한 접근 방식과 일맥상통한다. '일손', '근육질', '팔뚝'이 더 필요하다는 표현이 단적인 예이고,

여성과 (아마도) 남성에 대한 성 착취도 그 점에서는 다를 바 없다. '쿨리들'의 깡마른 몸이야말로 이주의 신체적 측면을 보여 주는 증거가 될 수 있다. 미국 회사의 용역 깡패들에게 폭행당한 유럽 노동자들도 자신들이 '유린'되었다고 느꼈고, '인신매매'단에게 신체를 팔라고도 강요받았다는 사실을 언급했다. 그와 달리 20~30대의 영국 중산층 '젊은이들'은 백인 국가인 영연방 자치령으로 이주해, 그곳에서 옥외 육체노동에 종사하고 나면 '사나이'로 거듭났다. 모든 종류의 배척 운동에 대한 논쟁도 피부색, 유전자, 혈통을 중심으로 이루어졌다.

　서구의 '본국'에 있는 식민지 당국은 물론 그런 사실을 부인하거나 국경 일대에서 노동자와 여성이 보이는 호전성을 의식해 노동자와 여성의 정치권과 인권을 논의했다. 그러나 식민지 지역에서는 피부 혹은 피부색이 기득권층에 파고듦에 따라 인종차별이 한층 심화되었다. 세네갈, 인도, 인도차이나에서도 남자가 대부분인 식민지 관리들이 토착민들을 모두 (주류 사회로의) 편입에 부적합한 열등한 인간으로 분류했다. 식민지에서 식민주의자와 식민지인의 관계는 복잡하게 뒤엉켜 있었다. 제국주의 이데올로기의 주장에 따라 무력한 식민지인들을 지배한 자칭 선진국의 강한 남자, 그리고 주인의 노여움을 사지 않고 요령껏 그들을 관찰하도록 훈련받고 실제로도 그렇게 관찰한 원주민 하급자들의 관계가 그런 경우였다. 원주민 하급자가 지켜본 선진국의 강한 남자는 자신이 지배하는 사회의 언어도 모르고, 본국의 문화는 찬양하면서 현지 문화에 대해서는 무지하며, 성욕은 있는데 여자는 없고, 가사는 하지도 못할뿐더러 하려고도 들지 않는, 모순으로 가득 찬 사람이었다. 앤 스톨러Ann Stoler와 여타 학자들이 지적한 것처럼 그런 사람들을 식민지에 파견한 나라들이 화력을 그처럼 중시한 까닭도 거기에 있었다.[54]

　제국의 관점에서 서술된 초기 역사학에는 그런 남자다움의 구성과 성 역할이 간과되었다. 앞에 언급된 강한 남자들도 플랜테이션 농장이나 광산에서 일을 하기에는 자신들의 힘이 부족하고 차 한 잔도 손수 끓여 마실 의지가 없다는 사실을 알았다. 게다가 그들 문화권 여성은 그 시대 특유의 일상적 성차별로 인해 나약한 존재로 인식되어 접대하는 일에나 어울린다고 여겨졌기 때문에 그들에게는 그림의 떡이었다. 결국 그 일은 토착민들에게 강요되었고 토착민들은 토착민들대로 그런 역할적 특성에 맞추기 위해 남성성을 버리고 여성화되어야 했다. 스스로 행동하지도 말하지도 못하는 나약한 존재가 되어야 했던 것이고, 므리날리니 신하Mrinalini Sinha의 절묘한 표현을 빌리면 "사내다운 영국인"(과 여타 나라 식민지 관리자들)이 "벵골인"(과 여타 식민지인들)을 "여자처럼" 만든 것이었다.[55]

그 점은 버마의 영국 식민지 관리들이 자신들의 제국이 "겁 많고 무력하며 나약한 인간들을 일소하기 위해 인간 실험"을 하고 있다고 여긴 것에도 나타난다. 그들은 세계에 맞서기 위해서는 '강해'져야 하고, 필요하면 '잔혹하게' 제거하는 것도 마다하지 않아야 한다고 믿었다. "남자가 되는 법을 배워야 한다."라는 이 관점은 식민지의 노련한 군 지휘관과 행정관들이 낯선 환경에서 의무를 다하도록 가족과 나라에 의해 식민지로 보내져 정서 불안에 시달리는 젊은이들에게 들려준 말이기도 했다. 당연히 제1차 인도 독립 전쟁(영국식 표현으로는 1857년의 '세포이 반란')이 일어났을 때처럼 그들은 자신들의 땅에서 타자들을 몰아내려 한 식민지인들도 가차 없이 처단했다. 미국에서도 미래의 대통령 시어도어 루스벨트가 (미국-에스파냐 전쟁 중에) 의용 기병 연대인 러프 라이더 연대를 지휘해 미국 대농장주들을 위해 쿠바를 확보해 주었다. 1930년대에 중국에 상주 중이던 일본 군부(관동군) 또한 중국인들을 약골로 보고, 그들을 제거하여 사내답고 무자비한 정복자들이 들어설 여지를 마련해 주려고 했다. 제국주의와 자본주의 전략가들은 이렇게 라틴아메리카의 메스티소 지배층과 마찬가지로 인간의 신체 구성에 많은 것을 의존했다.

식민주의자 나라의 젊은 남성들이 외국으로 빠져나가 본국 처녀들의 혼삿길이 막히는 것도 문제였다. 그러자 영국의 인구정책가들은 본국에서 신랑감을 찾지 못한 '잉여 처녀들'을 식민지로 보내 '제국의 어머니'가 되게 하는 방법을 고안해 냈다. 자기의 선택과 의지에 따라 식민지로 이주하는 여성들도 물론 있었다. 많은 식민지가 이렇게 얻은 고위 행정관의 부인을 의례적 권력 과시의 일부로 삼았다. 처음에는 제국 혹은 시대에 따라 식민지 관리와 원주민 여성의 관계가 장려되기도 했다. 내연 관계가 매춘부와의 관계보다는 아무래도 의학적으로 덜 위험했기 때문이다. 식민지 여성들의 육체는 관리들이 언제나 이용 가능하기도 했다. 일본 군부가 병사들의 위안부로 삼기 위해 조선 여인들을 징용한 것이 그 예다.

그래도 문제는 있었다. 설사 합의에 의한 것이라 해도 피부색이 다른 이주민 남성과 원주민 여성 간의 관계를 백인 교회 당국이 마뜩잖게 여긴 것이다. 제국의 기독교 선교사들은 교회에서 식을 올리는 백인들 간의 일부일처제 결혼을 강요하고, 백인이 아닌 유색인 여성에게 성생활이 문란하고 불결하다는 오명을 씌워 자신들의 주장을 강화시켰다. 물론 그들은 여성을 노동자 채용에서 배제함으로써 생산노동과 재생산노동의 임금 비율을 1 대 1로 하지 않으려 하는 농장주와 감독관들의 행태에도 눈을 감았다. 임금이 낮아 남성들이 혼자 버는 것만으로는 일을 하지 않는 부인을 부양할 수 없었는데도 말이다. 남성 노동자들의 이주만 허용하여 부부를 떨어뜨리는 것이 비인도적 처사임은 오스트레일리아의 몇몇 정책 입안자들도 인정했다. 하지만 그러면서도 그들은 자국 영토에서 '쿨리' 부부가 낳은 '유색인' 아이가 행여 영국 시민이 될 개연성과 그 아이가 딸이 아니고 아들일 경우에는 성인이 된 뒤 백인 여성과 결혼할 개연성을 우려해 제도를 바꾸지 않았다. 마치 표현형 표지[18]로서의 피부색에 따른 배제가 백인종의 생존에 필요 불가결한 요소라도 되는 듯이 말이다. 성별이 아니라 생명 부여의 결과로 나타날 개연성을 인종 배제의 요인으로 삼은 것이다. 개인의 신분과 정체성은 이렇게 식민지 관리자들의 매개에 의해 범세계적 권력 관계 속에 결정되었다.[56]

식민지 타자들의 구성 요소를 젠더와 성적 특성에 따라 분석하는 '제국 인류학'도 있다. 여기 해당되는 남녀 관계에는 비단 성폭력과 착취뿐 아니라 합의에 의한 관계, 그에 수반되는 문화 교류 그리고 실비아 밴 커크Sylvia Van Kirk가 말한 "제국의 친밀한 국경들"에서 행해지는 "애정 관계"가 모두 포함된다. 그렇게 분석하여 나온 결과는 어머니가 자녀에게 국가의 덕목을 주입시키는 가족에 기반을 둔 국가 건설의 이면에는 속박 노동 이주제가 있었다는 것

_____18 겉으로 드러나는 형질을 가리킨다.

이다. 독일제국에서 추수 일꾼으로 일한 폴란드 노동자나 영국 제국의 플랜테이션 농장에서 일한 인도인 노동자 모두 가족 단위로 이주하지 못해 문화 공동체와 자녀 출산을 통한 세대 간 공동체를 형성할 수 있는 선택권을 박탈당했다. 본국 혹은 식민지로의 이주 허가를 내주거나 배척한 민족국가들의 이주민 제도에는 이처럼 성차별과 인종차별이 깊숙이 스며들어 있었다.[57]

　　이제껏 서술된 것을 요약하면 이주에 대한 포괄적 혹은 체계적 접근법은 영토와 국가로서의 태생지, 지역으로서의 태생지, 국지로서의 태생지를 출발 전에 이주민이 보유한 개인적·사회적 자본과 그들이 활동한 관계망을 이해할 수 있도록 다층적·복합적으로 연구해야 한다는 것이다. 태생지 사회를 일자리, 소득 기회, 인종적·민족적 위계, 국가 간 권력관계의 틀에서 범세계적 관점으로 파악해야 한다는 것이다. 남녀 간 역할과 관계 또한 각 집단 내에서 이주의 선택 및 차별과 소득 격차를 결정하는 요소라는 점에서 중요하게 다룰 필요가 있다. 일부 사회는 아동과 어린 청소년도 이주를 하므로 그 또한 별도의 연구 영역으로 취급해야 한다. 이런 세대 간 형성은 성별화된 접근법을 통해서만 제대로 설명할 수 있다. 그리하여 태생지에 대한 분석이 끝나면 그다음에는 착생과 문화 변용이 일어나는 도착지 사회로 가는 경로를 분석하는데 이 부분에서는 특히 정보의 흐름과 이미 확립된 이주의 통로를 이용해 자발적으로 이주하는 사람이 계약이나 강제 이주를 하는 사람에 비해 이주민을 수용하는 경제의 요구에 적응할 확률이 높다는 점에 주목해야 한다. 재차 말하지만 권력관계는 지극히 중요하고, 따라서 심지어 '자유' 이주민조차 권력관계의 압박에 따라 이동할 수 있다는 점 또한 놓치지 말아야 한다. 마지막으로 도착지 사회도 출발지 사회 못지않게 포괄적으로, 국가, 지역, 지방으로 구분해서 분석해야 한다는 것이다. 이주가 식민지 내에서 일어나거나 식민지로 들어가는 것이면 피부색('인종')의 위계와 식민지인의 신체에 대한 식민주의자의 관점이 착취나 행위의 정도에 영향을 미친다는 점도 놓치지 말아야 할 요소다. 국가들이 가진 용기container적 관점[19]에도 의문을 제기할 필

_____ **19** 달리 표현하면 영토적 관점을 말한다.

요가 있고, 이주민은 이동하지 않는 거주민과 달리 하나 이상의 생활 방식을
습득하게 되는 점도 유념해야 한다.

3   자유 이주와 속박 이주

주요 문화적 대권역들에서 이주가 진행된 양상은 시대별로 달랐다. 그러다 1860~1870년대 들어 일부 지역에서는 새롭게 결합되는 양상이, 다른 지역들에서는 변화가 가속화되는 현상이 동시에 나타났다. 1870년대에는 증기선이 도입되어 대양 횡단 이주도 빠르게 확산되었다. 산업의 발전, 도시화, "들판의 공장들"(케리 맥윌리엄스Carey McWilliams와 에릭 울프Eric Wolf가 플랜테이션 농장을 신랄하게 표현한 말)에서의 생산 증가 또한 노동 수요, 다시 말해 이주를 촉진했다. 공장의 제조 공정을 반복적 단순 업무로 잘게 나눈 '테일러화Taylorization'가 다수의 작업을 숙련적 특징을 지닌 것에서 반숙련적 특징 혹은 비숙련적 특징을 지닌 것으로 변화시킴에 따라 특성이 다른 노동 이주민 수요가 창출됨으로써 인력 채용 지역들에도 변화가 일어났다.[58]

대서양권의 정치와 경제의 통합 또한 이주에 영향을 미쳤다. 유럽의 산업화가 동중부 지역과 유럽 쪽 러시아로 확대되고, 연방과 왕국들로 분열돼 있던 이탈리아와 독일도 산업화의 후발 주자로 산업적 팽창에 시동을 걸면서 민족국가로 통일된 것이다. 다만 독일어권 지역은 호엔촐레른가와 합스부르크가가 대결을 벌임에 따라 독일제국과 오스트리아 제국으로 양분되었다. 이후에도 두 제국은 중산층이 주도하는 국가를 건설하지도 않고, 제국 내 피지배 민족들의 자치 요구도 들어주지 않은 채 전면전(제1차 세계대전, 1914~1918)에 뛰어들어 시대에 뒤진 그들의 제국적 구조와 함께 자멸하고 말았다. 이 두 제국의 붕괴도 난민 이주민을 양산했다. 북아메리카에서도 카리브해 지역은 식민지 상태로 계속 남은 가운데 대륙의 세 나라는 통합 정리되는 수순을 밟았다. 미국만 해도 멕시코-미국 전쟁이 끝난 지 고작 12년 만에 다시금 남북전쟁을 벌여 합중국의 체제를 공고히 다지고 노예제도를 폐지했다. 그렇기는 하지만 서부 지역에서 정착이 가속화된 1840년대에는 아직 이주자 중 정착민이 차지하는 비율이 3분의 1에 지나지 않고, 장인과 숙련 노동자가 3분의 1, 비숙련 노동자, 농업 노동자, 가사 노동자가 나머지 3분의 1을 차지했다. 1867년에 영연방의 자치령으로 승격된 캐나다 또한 동서 해안 쪽으로 영토를 확장하면서 농업 이주민과 도시 노동자들을 끌어당겼다. 이렇게 진행된 농부 가족들의 미국과 캐나다로의 이주는 전자는 1890년대, 후자는 1920년대에 끝이 났다. 1848년과 1853년에 각각 영토의 절반을 미국에 병합당한 멕시코 합중국에서도 프랑스가 주축이 된 유럽 침략군을 물리친 뒤 베니토 후아레스 대통령 아래 제한적이나마 사회 개혁 정책을 실시함에 따라 원주민 인디오들이 터전을 잃고 도시로 유입되는 결과가 초래되었다. 다른 곳과 달리 멕시코에 외부의 노동 이주민이 들어오지 않은 것도 그 때문이었다. 그러나 원주민 유입으로 생겨난 잉여 노동력의 득을 본 쪽은 본국인이 아닌, 이주민 투자자가 됐든 부재 투자가가 됐든 유럽인과 미국인들이었다. 그러다 19세기 말부터는 멕시코인들의 북쪽으로의 이주가 늘어났다.[59]

한편 많은 카리브해 지역에서는 그 어떤 다른 요소보다도 1898년의 미국-에스파냐 전쟁의 결과로 미국이 푸에르토리코를 병합하고 쿠바의 지배권도 차지함에 따라 유럽의 영향력은 감소한 반면 미국의 영향력이 증가하는 변화가 일어났다. 1830년대에 영국 제국의 노예제 철폐 이후 자메이카에 있던 설탕 생산지가, 노예 노동에 의존하고 소유권 일부가 미국에 있는 쿠바의 플랜테이션 농장으로 이전되는 변화를 가져왔다. 그리하여 쿠바는 증기 동력으로 가동되는 설탕 공장을 소유하게 됨으로써 일약 세계에서 가장 산업화되고 도시화된 나라 중 하나가 된 것은 물론 노예제 폐지 이후에는 세계 6위의 유럽 이주민 유입국, 세계 최대의 광둥인 속박 노동자 유입국이 되었다.

중남미 국가와 사회 들은 고르지 못한 발전 양상을 나타냈다. 태평양 연안과 안데스산맥 지역은 침체된 반면 대서양 연안이나 접근 가능한 내륙 지역은 브라질과 아르헨티나를 필두로 빠른 성장세를 보였다. 이베리아반도인들도 그렇지만 그보다는 특히 이탈리아인과 서부·동부·중부 유럽 이주민들이 그곳의 중요한 인적 자원이 되고, 과학기술 및 문화적 전문 지식을 전해 준 것이 빠르게 성장한 요인이었다. 도시의 발전도 주로 유럽 이주민들에 의해 이루어졌다. 그렇다고 해방 노예와 원주민, 초기에 이동한 농촌 이주민이 줄어든 것은 아니지만 상대적으로는 그들에 비해 수효가 감소한 것으로 나타났다. 이들은 나중에 도시로 역내 이주를 할 때도 중앙아메리카와 멕시코 원주민들처럼 후발 주자가 되어 얼마 전에 정착한 유럽 이주민들보다 낮은 사회계층을 형성했다. 또한 처음에는 영국, 그다음에는 미국에서 투자 유치가 주로 이루어지다 보니 그 나라들에서는 경제적 의사 결정도 사회와 국가 중심으로 이루어지지 않았다. 그것이 결국 그 나라들이 북대서양권의 경제와 정치에 비해 상대적 쇠퇴를 겪고 그에 따라 이주가 감소한 원인이 되었다.[60]

왕왕 대서양권의 일부로 간과되었던 아프리카도 영국의 지속적 탐욕, 프랑스의 새로운 탐욕, 벨기에와 독일의 뒤늦은 제국주의 탐욕의 대상이 되었다. 그리하여 새로운 지배자가 들어오고 그에 따라 추출적 경제를 위한 노동 수요가 일어나자 노예 강탈과 노예 수출이 이동과 비자발적 이주로 대체되었다. 프랑스령 북아프리카, 영국령 케냐, 영국 자치령인 남아프리카에서도 원주민 노동 이주민이 유럽의 농업 이주민으로 대체되었다. 처음에는 유럽, 그다음에는 미국의 중심지들에서 내린 결정에 따라 투자자와 침략자들이 지역별로 다양한 남녀를 동원도 하고 속박도 하는 강제 노동 체계도 수립했다.

일시적 속박 노동이든, 채무에 묶인 영구적 속박 노동이든, 값싼 자유노동이든 간에 플랜테이션 지대에서 노동 수요가 생긴 것도 아일랜드, 폴란드, 남부 이탈리아와 같은 유럽의 빈곤 지대에서는 신규 인력을 채용하고 아시아인들에게는 계약 노동제를 도입하는 결과를 가져왔다. 이 중 아시아인들은 서쪽의 머나먼 동아프리카와 카리브해 지역, 인도양 내의 플랜테이션 농장이 있는 섬들과 연안, 동쪽의 말레이반도와 오스트레일리아, 태평양 넘어 아메리카 대륙으로까지 실려 갔다.

　서아시아와 이집트에서도 오스만 제국과 제국의 잘 구축된 다민족 공동체들의 자치 요구가 실패하고, 영국과 프랑스의 세력권 형성은 성공한 결과로 다민족 공동체들의 공존이 도전을 받았다. 이집트 면화와 이라크 석유가 북대서양 산업 경제의 지배하에 들어간 것이다. 영국 통치하의 남아시아에서 독립에 대한 요구가 커지고 생산이 집중되고 채광이 증가한 점도 대규모 이주를 촉발했다. 이 모든 것이 현지 문화 및 경제적 긴급성, 제국주의 지배 및 투자 패턴이 가져온 현상이었다. 일본에서도 서구식 현대화를 접목시킨 왕조적 기업 정부, 즉 그들 특유의 정치 경제를 추구한 여파로, 농민들이 과도한 세금을 감당하지 못해 역내 이주 혹은 역외 이주를 하는 결과가 나타났다. 남중국에서도 1840년대 중엽에 등장한 태평양 횡단 수송 편이 다른 지역들로도 범위가 확대되고, 1870년대부터는 확대가 가속화되는 현상이 일어났다.

　북부 아시아 쪽 중국과 러시아에서도 유럽 쪽 러시아에서와 마찬가지로 약간의 대양 횡단 이주와 더불어 역내 이주 패턴이 만들어졌다. 이주민의 대다수는 소농이었다가 노동자가 된 남녀들이었다. 유럽 쪽 러시아의 농부 가족들도 시베리아 남부로 이주하고, 북중국에서 만주로 가는 대규모 집단 이주가 새롭게 시작됨으로써 농촌에서 농촌으로 가는 초기 이주 전통도 계속 이어졌다. 만주의 여러 지역, 특히 하얼빈의 도시화로 농업 이주와 산업 이주 간의 구분이 약해지는 현상도 나타났다. 여타 지역들에서는 농촌 지역으로 가는 소규모 농민 이주가 계속되었다. 한편 1920년대까지 계속된 몇몇 나라와 백인들의 유럽과 북아메리카의 잉여 농민(농민 '재고stock'로 불렸다.)을 황량한 농촌 지역으로 보내 식민지 확장을 하려던 팽창 이데올로기는 결실을 맺지 못한 채 수사로 끝이 났다.[61]

　혼란과 파괴를 동반한 제1차 세계대전으로 잠시 중단되었던 대서양 횡단 이주는 미국의 이민 규제가 날로 심해지는 중에도 재개되었다가 1929년의 경제 대공황으로 다시금 뚝 끊겼다. 검은 대서양에서는 아메리카 대륙에서 아프리카로 가는 소규모 역이주마저 시작되었다. 1930년대에는 서아프리카와 북아프리카 선원 및 노동자들이 처음으로 프랑스로 이주하고, 식민지 상류층 가정 아이들의 프랑스와 영국으로의 교육 이주도 시작되었다. 플랜테이션 지대에서도 1920년대에는 계약 노예 노동제가 점차 철폐되고 1930년대에는 세계시장들이 붕괴한 여파로 노동 체제의 변화가 일어났다. 대권역에 따라 차이는 있었지만 대규모 집단 이주는 이런 식으로 1910년대 중엽 혹은 1930년대에는 끝이 났다. 자유의지에 따른 노동 이주와 모든 종류의 속박 노동 이주에 적지만 중산층의 자유 이주가 수반되기 시작한 것이다.

이동성 변이?

인구와 경제가 조화롭게 성장하지 않는 이른바 인구학적 변이가 계속되면 가족과 미혼의 젊은 남녀들은 살던 곳을 떠나게 된다. 영아 생존율과 성인의 기대 수명이 늘고 출생률도 떨어지지 않는데 노동시장은 제자리걸음을 면하지 못하기 때문이다. 그것을 '이동성 변이'로 부를 수 있다면 몇 세기 전에는 이동성이 낮았으나 이후에는 이동성이 높아졌다는 의미가 된다. 이동성은 이동 경로와 속도에 일어난 발전에 의해서도 촉진된다. 이동 경로와 속도의 발전이 일부 지역들을 막연하게 '현대화'했다기보다 이동성을 촉진한 면이 더 컸음은 최근의 연구 결과에도 나타난다. 일찍부터 자녀 수를 제한했던 프랑스를 제외하고 18세기 중엽부터 19세기 말엽까지 유럽과 중국에서는 인구 팽창이 일어났다.[62] (아랍, 아프리카, 아시아의 여러 지역이 현재 겪고 있는 인구 변화와 같았다.) 유럽은 1750년 이후 150년간 인구가 무려 세 배로 늘어 4억 3000만 명이 됨으로써 세계에서 차지하는 인구의 비중도 6분의 1에서 4분의 1로 껑충 뛰었다. 그러자 가족 단위의 사람들, 특히 젊은이들이 인구와 경제의 불균형을 해소하기 위해 잉여 남녀들이 생계 수단을 구하는 장소에서 노동자에 대한 추가 수요가 있는 곳이나 흔히 '공짜 땅'으로 조성된, 인구가 희박한 땅으로 이주함으로써 가족을 떠나게 되었다. 19세기 후반에는 이주민의 태생지인 유럽 도시들에는 노동 수요가 한정돼 있었던 반면 유럽 대륙 건너편 사회들에는 노동 수요가 많았다. 이주 형태는 처음에는 지역 간 이동과 단일 언어 지역 내의 농촌에서 도시로 이동하는 양상을 보이다가 원거리 및 국제적 이동으로 변해 갔다. 이주는 또 학습 과정이었던 만큼 이동 경로가 수립되고 확대될 필요가 있었다. 하지만 서유럽의 경우에는 한 사회의 노동시장이 확대되어 임금노동의 선택권이 많아지면 타지로의 이주 비율이 낮아지는 법칙에 따라 1890년대부터 이주 비율이 낮아졌다. 이탈리아와 동유럽에서만 예외적으로 1880년대에 시작된 이주가 제1차 세계대전 때까지 지속되었다.[63]

민족국가들의 현대화와 그들의 경제 상태를 나타내는 지표가 직물 및 식량 생산 산업에서 철강 생산 산업으로 옮겨 간 개념적 변화도 이주의 원인과 결과뿐 아니라 노동의 성별화된 구분을 희석하는 결과를 가져왔다. 물론 철강이 수천 톤 생산되었다고 해서 그것이 가내 수공과 소비에까지 영향을 주지는 않았다. 그러나 유럽의 밀이 됐든 아시아의 쌀이 됐든 이주민 농부와 노동자들이 대량생산하는 값싼 곡물의 수입은 가족 농장 경제에 심대한 타격을 주었다. 그로 인해 1880년대와 1890년대의 농업 위기가 야기되어 수백만 명의 소농 가족들이 농토를 떠나 일자리가 있는 산업 지대로 향했다. 이 '프롤레타리아' 집단 이주는 땅이 전혀 없거나 거의 없는 농촌 남녀들의 문제로만 끝나지 않고, 소도시의 하층계급과 도시 노동자들에게도 여파가 미쳤다. 그 점에서 그것은 프롤레타리아의 집단 이주가 아니라 프롤레타리아화된 집단 이주였다.[64]

농촌에서 공장 지대로의 이주는 사탕수수 설탕과 사탕무 설탕이 카리브해 지역과 동중부 유럽의 공장들에서 생산되고, 여성이라면 대개 짓는 법을 알던 의복이 재봉 기계로 만들어지는 등 식량과 의복의 생산 체계가 초기 단계의 산업적 대량생산 체계로 접어든 것에 의해서도 촉진되었다. 시카고에서 캔자스시티에 이르는 지역에 밀집해 있던 도축장들에도 해체 공정에 컨베이어벨트가 도입되어 식품 보존과 도축을 손수 하던 농가의 남녀들이 대규모 공장으로 옮겨 가 계절별로 통조림을 제조하고 연중 내내 육류 포장 업무에 종사하는 변화가 일어났다. 소규모 가족 농장에서 돼지를 잡는 일과 공장의 생산 라인에서 도축하는 일은 천양지차였다. 집에서 돼지를 잡는 일은 축제이자 겨울 식량을 비축하는 일이었지만 공장에서는 그것이 소름끼치는 노동이었기 때문이다. 그런 식으로 평원의 들판과 대도시의 공장들에서 식량이 대량으로 생산되자 전 세계의 식품 가격이 폭락하여 한계 토지를 떠나 이주하는 농민이 갈수록 많아졌다. 그와 유사한 사례로 미국 남부, 이집트, 우간다, 인도의 면화 농장에 자본가의 돈이 투자되고, 맨체스터, 봄베이, (미국 매사추세츠주) 로월, (폴란드) 우치의 섬유 공장들에 돈이 투자된 것 또한 아일랜드인, 네덜란드인, 이집트인, 타밀인, 버마인 가족 노동의 신속하고 영속적인 배치가 필요하여 그 요구에 맞추려고 수많은 농촌 남녀가 청소년기부터 오가는 이동, 순환 이동, 임시 이동, 영구 이동의 쳇바퀴를 도는 요인이 되었다.

프롤레타리아화되는 집단 이주

수작업으로 가동되는 공장과 기계를 돌리는 공장에 생산이 집중된 현상은 시간도 있고 현금 소득도 필요한 정주형의 농촌 거주자들이 원자재 혹은 반제품을 일거리로 넘겨받던 초기 산업 시대의 관행에서 벗어나 그들이 노동자가 되어 중앙 집중화된 일터에서 일하는 것으로 바뀌는 역전 현상을 불러왔다. 게다가 남성들은 한 일터에만 머물지 않고 작업장을 옮겨 다니며 인프라를 구축하는 일에도 종사했고, 여성들은 가까운 소도시나 대도시로 옮겨 다니며 가사 노동을 계속했다. 철도와 증기선을 타고 대륙 간 이동도 했다. 그런 식으로 1880~1914년 사이에 미국에 들어온 유럽 이주민이 2000만 명에 달했다. 다만 그중에서 600만 명은 유럽으로 되돌아갔다. 이주지 공장에서 생산직으로 일할 때는 미숙한 '비숙련' 노동자에 지나지 않았지만, 본국의 경제 지역으로 돌아가면 어엿한 숙련 농업 종사자이자 가정 관리자였기 때문이다.[65]

농장과 공장으로의 노동자 집단 이주는 남부 러시아에서 북아메리카에 이르는 지역, 아르헨티나에서 오스트레일리아에 이르는 지역의 평원에서 식량을 대량생산하고, 상트페테르부르크에서 시카고를 거쳐 부에노스아이레스에 이르는 지역에 산재한 공장들에서 물품을 대량생산하는 것에 초점이 맞춰져 있었다. 독일 동부의 지주들이 농업을 기계화하고 폴란드의 계절노동자를 수입함에 따라 내쫓게 된 소작인들도 북아메리카의 2세대 이주민 농부 가족들에게 농업 노동자로 고용되거나 역시 초기 이주민의 자손들이 보유한 기계화된 공장의 테일러화된(단순화된) 생산공정의 노동자가 되었다. 가내 수공

──1890년 무렵 대양의 한가운데에 떠 있던 대서양 횡단 선박의 북적이는 하갑판에 자리한 남녀 이주민들의 모습. 그들은 이렇게 같은 배를 탄 인연으로 도착지에 대한 기대와 불확실한 상황을 함께 나누며, '항해 형제'와 '항해 자매'로 우애를 다졌다. 그렇다고 이주민들의 모습이 매번 이랬던 것은 아니다. 앨프리드 스티글리츠(Alfred Stieglitz)의 저 유명한 사진 「삼등 선실(The Steerage)」만 해도, 미국에서 유럽으로 돌아가는 이주민을 담은 것이었다. 1900년 무렵에는 신세계로 향한 이주민의 3분의 1이 본국으로 돌아가는 귀환 이주를 했다. (Library of Congress)

을 하여 생계를 꾸려 가던 출발지의 여성들 또한 공장에서 생산된 값싼 직물이 주변 상점에 들어옴에 따라 자신들의 노동이 더는 쓸모없어졌음을 뼈저리게 느꼈다. 겨울 한철 일해야 가족의 의복을 장만해 줄 수 있었다. 설상가상으로 1880년대에는 농업 위기까지 닥쳐 수입이 줄어드는 바람에 '노는' 시간은 많은데 먹고살기가 어려워져 개인들과 전 지역민들이 기존의 생활 방식과 태도를 버리고 이주 길에 나설 수밖에 없었다.

인간적 요소와 사회경제적 구조가 맞아떨어진 사례는 1876~1914년에만 거의 1400만 명에 가까운 남녀, 1915~1930년에 또 다른 400만 명의 남녀가 서유럽(44퍼센트), 북아메리카(30퍼센트), 브라질과 아르헨티나(22퍼센트), 그 밖의 지역들(4퍼센트)로 이동한 이탈리아인들의 이주에서 찾아볼 수 있다. 이 중 장인들은 전통적 이주로를 따라 프랑스와 독일로 향한 반면 농민들은 엘베강 동쪽 지역과 아르헨티나의 지주들이 제공하는 노동조건을 비교해 보고 독일의 노동조건이 아르헨티나에 비해 나쁘고, 알프스산맥을 넘는 기찻삯도 대서양을 횡단하는 뱃삯보다 비싸다는 것을 알게 되었다. 뱃삯만 놓고 보면 또 미국행이 라틴아메리카행에 비해 쌌다. 그래도 비싼 뱃삯을 감당할 여력이 있는 사람들은 미국보다는 라틴아메리카의 전망이 밝고, 언어 문제도 크지 않으며, 문화적으로 적응하기도 쉽고, 신분 상승의 여지도 크다는 이유에서 아르헨티나행을 택했다. 한편 북아메리카로 향했던 이탈리아인들 중에 3분의 1이 이탈리아로 되돌아갔다. 역이주를 한 것이 아니라 임시 노동자로 간 것이었다. 내세울 기술이 없는 '미숙련' 남녀들은 대서양권의 여러 지역이 제공해 주는 인생의 기회를 요령껏 저울질할 줄 알았다. 그렇게 벌어 은행을 통해 송금한 돈이 이탈리아 북부의 밀라노·토리노·제노바 삼각지대의 산업화에 밑천이 되었다. 마을의 가정경제가 '글로컬'적이 되고, 이주민의 송금액이 중권역 발전의 밑거름이 된 사례였다.[66]

이주민은 목적지에 도착하면 복잡하게 계층화되고 분화된 사회 및 경제와 맞닥뜨렸다. 가장 발전되고 자본 집약적이며 응축된 분야는 상대적으로 임금이 높고 근로조건이 좋으며 고용이 안정적이었지만 부다페스트가 됐든 시카고가 됐든 그런 일자리는 숙련된 독일 노동자와 영국 기계공같이 소수의 이주민에게나 접근 가능했다. 그다음에는 비정규 고용, 저임금에 노동조건이 열악한 데다 경쟁도 심한 분야가 있었다. 그런 노동시장은 문화적 뿌리와 국적을 가리지 않고 이주민을 되는대로 고용했다. 끝으로 이주민에게 융통성을 요구하고 융통성을 많이 부여하기도 한 주변부 혹은 게토 노동시장이 있었다. 이곳에의 진입 여부는 기술과 의사소통 능력의 유무, 문화적 타자성에 따라 결정되었다. 노동시장들은 젠더, 인종, 피부색뿐 아니라 종교로도 분리돼 있었다. 대서양 횡단의 국제화된 접근을 허용해 준 분야도 일부에 그쳤을 뿐 대개는 인종주의가 심했다.[67]

그래도 소득을 얻고 생존 기반을 마련하려면 이주민은 일자리를 얻어야 했다. 문화를 통해 다른 사람들과 연계를 맺고, 사회적 자본 개발로 공동체를 형성하고 개개인의 인적 자본도 신장시켜야 했다. 카를 마르크스의 가설과 달리 이주민 남녀들은 사슬chain보다는 잃을 것이 많았다. 특정 지역의 민족적 계급 혹은 인종적 계급 문화와 그에 따른 개인적 소속감을 잃지 않기 위해서는 삶의 버팀목인 도착지 사회의 조직 및 물질적 삶을 태생지 문화의 이전 가능한 양상보다 우위에 두어야 했던 점만 해도 그랬다. 새로운 사회와 노동의 움직임에 적응하려면 다양하고도 성별화된 협상과 타협이 필요했다. 노동자 계급 이주민들은 초문화적으로 이동 가능한 프롤레타리아였을 뿐 국제적 감각까지 지니지는 않았기 때문이다.[68]

유럽의 중심부와 주변부

흔히 되풀이되는 구분법, 즉 유럽을 노동 수출(이출 이주) 지역으로 보고 북아메리카를 노동 수입(이입 이주) 지역으로 보는 이분법은 증거를 왜곡하는 것이다. 유럽 자체가 노동을 들여오는 중심부와 노동을 내보내는 주변부로 갈라져 있었다. 산업화된 잉글랜드, 네덜란드, 벨기에, 프랑스, 독일 중서부, 니더외스터라이히(오스트리아 북동부의 주) 보헤미아, 스위스가 바로 주변 농업 지대를 시작으로 유럽 주변부로 저변을 넓혀 가는 방식으로 이주민을 끌어당긴 유럽의 중심부였다. 물론 영국, 독일, 벨기에, 오스트리아도 일부 지역에서는 이주민과 노동자를 수출했다. 유럽의 중심부 중 잉글랜드에는 주로 아일랜드 식민지인이 유입되었다. 스위스로는 이탈리아인(초기에는 독일인), 프랑스로는 주변국 사람들과 폴란드인이 들어왔고, 독일로는 폴란드인과 이탈리아인이 유입되었다. 아일랜드, 포르투갈, 에스파냐, 이탈리아, 남동부 유럽, 폴란드 등의 주변부와 유대인 지역, 스칸디나비아반도에서 노동을 제공했다. 출신지들이 이처럼 혼란스럽다 보니 사람들이 일자리를 구할 때도 국가의 일원이라는 사실보다는 신분 증명서identification가 중시되었다.[69]

또한 국가 정체성의 이데올로기를 만들어 낸 것은 국가였는데도 일부 국가의 인구정책가들은 정치적 혹은 종교적 반체제 인사, '가난한 사람', 불완전 고용 상태에 있는 프롤레타리아, 이런저런 이유로 결격 사유가 있는 것으로 판단되는 사람들 등 '바람직하지 않은 이들'을 제거하는 인구정책을 시행했다. 반체제 인사와 범죄자를 시베리아로 유형 보낸 러시아, 극빈자와 범죄자를 아메리카와 오스트레일리아로 쫓아낸 서유럽, 미혼 여성, 고아, 경도 장애 병사들을 나라 밖으로 내보내는 프로그램을 시행한 영국, 1920년대의 '적색 공포Red Scare'(혹은 '백색 공포') 기간에 사회주의자와 혁명가들을 추방한 미국이 그런 경우였다. 민족주의 경제 엘리트들도 인구정책가들과 다를 바 없이 자본과 노동의 제도화된 관계로는 지속 가능한 삶을 제공할 수 없다는 이유로 사람들의 이주를 강요했으며, 문화 엘리트들은 소수민족 문화에 속한 사람들이 사회적 자원에 접근할 수 있는 길을 가로막았다.

역내 이주와 역외 이주의 비율 면에서는 전자가 후자를 압도했다. 오스트리아-헝가리 제국만 해도 대서양 횡단 이주가 절정에 달했을 때도 유럽의 다른 경제 지역이나 북아메리카로 간 이주민은 전체의 5퍼센트에 지나지 않은 반면 이주민이 가장 많이 몰린 프라하와 빈을 비롯해 역내에서 움직인 사람은 무려 95퍼센트에 달했다. 마치 농촌 세계에 둥둥 떠 있는 섬들처럼 유럽 대륙 곳곳에 산재한 다수의 공업 도시가, 민족문화적으로는 유사하지만 경제적으로는 차이가 컸던 근로 연령의 농촌 주민들을 스펀지처럼 빨아들였다. 그 결과 민족문화적으로 계층화된 유럽 동부 도시에는 현지 농민과 인종적으로 뚜렷이 다른, 수 개국어를 구사하는 노동자 계급도 출현하게 되었다.[70]

그러나 같은 역내 이주라도 지역에 따라 이주민의 구성은 달랐다. 잉글랜드의 랭커스터, 독일의 루르 지방처럼 산업적 투자가 이루어진 곳 혹은 폴란드의 우치와 같이 투자 유치의 개연성이 높은 도시들로는 농촌에서 공업지대로 생활 반경을 바꾸려는 사람들이 몰려든 반면 대도시에는 정치적 연계, 귀족들의 소비 성향, 부르주아지의 투자가 요인으로 작용하여 이질적인 사람들이 몰려들었다. 철도를 통해 독일 지역과 연결되고, 다뉴브강을 통해 흑해와도 이어져 있어 보헤미아, 모라비아, 슬로바키아, 헝가리 지역, 폴란드인·우크라이나인·유대인 밀집지인 갈리시아, 부코비나에까지 영향력이 미친 빈이 바로 그런 도시였다. 거주지 또한 이주민의 구성에 따라 다르게 형성되었다. 그리스 상인, 이탈리아 상인, 유대인 가족들은 그들만의 개별 거주지를 형성했고, 마치 부는 만들어지는 것임을 보여 주기라도 하듯 귀족과 부르주아지는 외관이 화려한 거주지를 보유했다. 반면에 노동자 계층은 우중충한 곳에 모여 살았다. 하지만 이주민이 될 기대에 부풀어 있던 출발지 사회에서는 노동자 계층의 주거지에 만연한 가난, 폐렴, 매춘이나 그들이 일하는 공장의 열악한 노동환경이 보일 리 만무했다. 그런 노동자들은 독일의 노동조합이나 민족 연합회 기록부에 이주민 이동률이 100퍼센트로 나타난 것이 말해 주듯 대부분이 계절노동자였다. 프롤레타리아화된 이주가 단일하고 단방향성인 이주가 아니라 삶의 주기의 특정 단계에 이동률이 높아지는 현상을 수반하다 보니 초래된 결과였다.[71]

이주민들은 대다수 도시의 발전에 많은 기여를 했음에도 민족주의 색채가 짙은 사회에서 고립감과 적대감을 맛보았다. 독일과 오스트리아에서는 가중되는 동화의 압력 속에 이주민 문화의 다양성이 약화되었으며, 유럽의 모든 국가에는 배척과 유대인들에 대한 인종주의도 보편화돼 있었다. 런던, 파리, 베를린 등의 도시 지역에서는 이탈리아와 동유럽 노동자들이 인종주의의 표적이 되었다. 이 모두 다른 문화를 가진 이주민 노동자와 그들의 타자화 otherization에 국가와 국가 발전이 크게 의존하는 상황에서 벌어진 일이다.

캐나다에서 카리브해 지역까지의 북아메리카

흔히 회자되는 "아메리카로 가라.Go to America."라는 말에서 아메리카는 물론 미합중국을 말한다. 그러나 실상은 이와 달라 이주민들은 미국 외에 캐나다로도 가고, (영국령 캐나다와 분리돼 있던) 프랑스령 캐나다, 에스파냐·영국령이던 미국 남서부 그리고 크리오요 지역이던 루이지애나 등 여러 언어 지역으로 향해 갔다. 멕시코와 카리브해 섬들로도 갔다. 물론 지리적으로만 보면 두 곳은 북아메리카와 남아메리카의 중간 지대에 속하지만 1880년대 이후에 형성되고 미국의 정치적 간섭 및 경제적 침투에 따라 만들어진 이주 패턴에 따라 두 대륙을 잇는 연결지가 되었으니 북아메리카의 일부로 봐도 틀린 것은 아니다.

북아메리카로 향해 간 이주민은 거의가 서유럽 출신과 북유럽 출신, 다시 말해 백인들이었다. 1870년대와 1880년대부터는 동유럽, 이탈리아 남부, 남동부 유럽 출신 사람이 많아졌다. 백인종인 앵글로색슨족 혹은 튜턴족의 인종적 이데올로기가 거무스름한 색 혹은 올리브색으로 색깔 코드화한 사람들이었다. 미국의 인종적 이데올로기와 그보다 정도는 약하지만 앵글로-캐나다의 인종적 이데올로기도 그런 피부색 분류에 따라 아시아의 '황인종' 이주를 규제했고, 1924년 이후에는 비백인 유럽인의 이주도 규제했다. 1880년대의 미국에서 자행된 사형私刑 폭력(일명 '사형법lynch law'[20])과 이주 전통의 결여 또한 아프리카계 흑인들을 미국 남부 주에 묶어 두는 역할을 했다. 멕시코의 '갈색인들'도 1900년 이전에는 이주가 제한되었으며 공공연하게 논의되지도 못했다. 대초원 지대의 정주민과 도시 노동자들이 필요했던 캐나다 역시 1920년대까지는 유럽인에게만 이민 문호를 개방했다.[72]

19세기의 미국은 경제가 발달하고 인구가 증가한 영향으로 역내 이주가 봇물을 이루었다. 서부로의 이주가 계급 갈등을 해소하는 안전판 역할을 하지 못함에 따라 유럽에서와 마찬가지로 미국에서도 농촌의 남아도는 젊은이들이 도시화된 지역으로 향한 것이다. '수확 좋은 대농장', 다시 말해 라티푼디움이 들어서기 시작한 1900년 초부터는 이주민 가족들이 살던 곳에서 내쫓기고, 대공황기였던 1930년대부터는 땅으로부터의 탈출도 가속화되었다. 남부의 해방된 노예 자식들 또한 학살과 공민권 박탈의 괴롭힘을 피해 일자리가 있는 북부 도시로 향했다. 이런 식으로 1900년 이전의 10년 동안 이동

_____ 20 미국독립전쟁 당시 버지니아인 찰스 린치Charles Lynch가 국왕파를 처벌하기 위해 임의로 비공식 법정을 개설하고 용의자들에게 형벌을 가한 자신의 행동을 스스로 일컬은 말.

_____샌프란시스코만 에인절섬의 이민국 벽에 새겨진 중국의 시. 태평양판 엘리스섬이었던 에인절섬은 입국 관문이라기보다는 심문소나 억류소에 가까웠다. 에인절섬에 도착한 아시아인들은 그 정도로 배타적·차별적 정책의 희생양이 되어 억류되는 일이 잦았다. 적잖은 이민자가 그런 울분과 설움을 이민국 벽에 시를 아로새기는 방식으로 표현했다. (Library of Congress)

한 사람만 10만 명에 달했다. 1914년 제1차 세계대전의 발발로 유럽인의 미국 이주가 비자발적으로 중단된 뒤에는 아프리카계 미국인들의 '흑인 대이동'이 프롤레타리아화된 집단 이주로 바뀌었다. 그런 식으로 1916~1920년에 이동한 흑인 남녀는 흑인 전체 인구 1040만 명의 10퍼센트에 가까운 100만 명이었다.[73]

이주민의 존재는 도시만 다문화적으로 만든 것이 아니라 농촌 지역도 두 문화 병존 지역으로 만들었다. 북남 간 접경 지역도 사람들이 이동하는 곳으로 변했다. 세인트로렌스강 계곡의 프랑스어권 사람들이 영국인 소유의 섬유 공장이 있는 뉴잉글랜드로 가거나, 영국계 캐나다인들이 미시간주, 프레리 지역, 워싱턴주에 정착하는 식이었다. 캐나다 대초원 지대에는 미국 농부들이 가장 많이 이주했다. 북위 49도선을 따라 그어진 미국과 캐나다의 국경이 유명무실할 정도였다. 캐나다 쪽 국경 지역에는 멕시코 국경 변에 중남미계 에스파냐인·영국인 지대가 등장한 것처럼 별도의 언어를 가진 독일인·스칸디나비아인 지대와 우크라이나인 지대도 출현했다.[74]

한편 멕시코 합중국은 경제와 문화는 대서양권에 속했지만, 이주에 있어서는 여전히 개별 구역을 형성했다. 인디오들의 공민권을 빼앗은 조치로 인해 노동 이주민이 필요하지 않은 것, 1820년대에 에스파냐 지배를 지지하며 왕당파들이 일으킨 반란, 1840년대 중엽 미국이 야기해 일으킨 멕시코-미국 전쟁, 1860년대에 프랑스가 주축이 된 유럽군의 침략과 그에 뒤이은 영국, 미국, 프랑스 투자자들의 유입으로 아메리카 대륙에는 이례적이던 반외국인 정서가 싹튼 것이 요인이었다. 19세기 중엽에 도시화와 토지 '개혁'이 시행되고 그로 인해 터전을 잃게 된 원주민들이 도시로 향하는 역내 이주가 가속화된 점도 인종주의를 야기하여 원주민을 격리시키는 결과를 가져왔다. 투자자 및 전문 기술자가 포함된 미국 자본의 유입으로 농촌 사람들이 내쫓기게 된 상황 또한 이동을 촉발했다. 1910년 포르피리오 디아스 대통령 정부 시대(이 시기를 포르피리아토Porfiriato로 부른다.)에 프란시스코 마데로가 일으킨 멕시코 혁명의 혼란기와 제1차 세계대전 기간에 미국의 노동 수요가 급증한 점도 다수의 이주민을 미국으로 향하게 한 요인이었다. 1940년대부터는 멕시코 농업 노동자들의 대규모 미국 진출이 시작되었다.[21] 디트로이트 공장과 미시간 광산 지대의 노동시장에는 1920년대에 이미 멕시코와 캐나다 이주민이 유입되었다.[75]

1890~1930년 사이에는 이른바 북아메리카 이주 지역이 등장했다. 국경도 구멍이 숭숭 뚫린 데다 유럽인 이주마저 감소하자 멕시코인들이 '뒷문'(그들 입장에서 보면 '정문')을 무시로 드나들게 된 것이다. 대농장을 소유한 미국 자본가들도 쿠바와 멕시코를 비롯한 지역들로 이동했고 철도와 수송업자들

___ 21 멕시코 노동자가 미국에서 계절에 따라 취업할 수 있는 제도적 장치인 브라세로 프로그램이 가동되었기 때문이다.

또한 매번 견실한 전문 기술에만 의존하지는 않은 멕시코와 파나마 지협 철도를 건설했다. 캐나다도 이주민을 받아들이는 나라인 데다 유럽 이주민이 통과해 가는 경유국 역할도 한 결과로 1871~1930년에는 캐나다를 통해 미국으로 입국한 사람이 260만 명이었다. 미국과 캐나다로 향한 이주민 중 태평양을 건너온 아시아인은 극소수에 지나지 않았다.

1920년대에는 면화 가격 하락에 따른 경제 위기로 미국 백인들이 남부 지역을 떠나는 변화가 일어났다. 남부 백인들은 대부분 캘리포니아로 가서 농업 노동자가 되었다. 가계 투자 규모를 넘어서는 기계화를 한 데다 설상가상으로 일부 지역에 가뭄까지 들자 1920년대에는 가족 농장을 경영하던 사람들도 땅을 등졌다. 대공황기에는 유럽과 멕시코의 1세대 이주민들마저 고향으로 돌아갔다. 계속된 인종주의로 미국, 브라질, 카리브해 지역에서는 작지만 시끄럽게 '아프리카 귀환' 운동도 일어났다. 멕시코, 페루, 시베리아 동부와 같은 태평양 연안 지역에서는 중국 이주민 혹은 이주민 노동자들이 프롤레타리아의 일부가 되었다. 유럽 출신 노동자 계급과 아시아 출신 노동자 계급 이주민들도 북아메리카와 남아메리카에서 역할이 겹쳤던 관계로, 자유민 흑인 및 백인 노동자들과 힘을 합치기도 하고 그들과 경쟁도 벌였다.

이런 범세계적 연계 속에 북아메리카와 중부 아메리카, 남아메리카의 북부를 잇는 경첩부가 된 곳이 바로 카리브해 지역이었다. 그곳의 여러 지역, 특히 쿠바와 트리니다드섬으로는 광둥인과 인도의 계약 노동자, 자유 이주민이 유입되었다. 노예제가 폐지되었는데도 아프리카계 카리브해인들도 처음에는 이주에 제한을 받아 카리브해 지역 내에서만 움직일 수 있었다. 카리브해인들의 미국으로의 이주는 카리브해 섬 경제에 대한 미국의 투자와 비례하여 증가했다. 20세기 초에는 파나마 운하 건설이 시작되어 바베이도스, 자메이카, 과들루프, 마르티니크 출신의 자유민 이주자 및 계약 이주자 수만 명이 건설 현장으로 유입되었다. 미국 자본이 대농장들에 투자된 것 또한 계절적 이주를 증가시키는 요인으로 작용해 코스타리카와 니카라과로까지 신규 인력 채용이 확대되었다. 1930년대에는 카리브해 지역의 플랜테이션 체계가, 정치체제, 다시 말해 다국적 기업의 리모컨으로 작동되는 '바나나 공화국'으로 변질

되었다. 그런 가운데 미국에서는 뉴욕의 할렘이 중심이 되고 프랑스 파리와
도 연결된 카리브해 이주민들의 코즈모폴리턴적 문화가 만들어져 아프리카
풍 미국 음악과 아프리카풍 카리브해 음악이 미국 청중을 매료하기 시작했
다. 이주가 문화 융합을 만들어 낸 것이다.[76]

남아메리카

대서양 횡단 이주민은 5000만~5500만 명에 달했다. 그리고 이들의 5분
의 1가량이 남아메리카로 향했다.[77] 남아메리카 이주민은 1850년 이후부터
늘기 시작해 1885~1914년 사이에 급속히 증가했다. 양차 대전 사이에는 증
가율이 정체했으나 1945년 이후 10년 동안 다시 회복되었다. 이주민은 대부
분 이탈리아, 에스파냐, 포르투갈 등 지중해 문화권 사람들이었다. 그중 80퍼
센트가 아르헨티나와 브라질로 향하고 14퍼센트만 쿠바로 갔다. 노예제 철폐
뒤에는 세 지역 모두에서 이주의 양상이 달라졌다. 이주의 패턴과 구성, 노동
체계에 변화가 일어나 이탈리아인들만 해도 1900년 무렵에는 유럽·대서양 이
주 패턴을 바꿔 남아메리카가 아닌 북아메리카를 목적지로 택하는 비율이
높아졌다. 그것이 지중해 유럽 및 대서양 유럽의 출발지들과 아메리카 대륙
도착지들이 통합되는 결과를 가져왔다. 이주민 개인의 사회적 배경과 이주민
수용 지역의 경제에 맞춰 이주민 스스로 목적지를 택하는 이주도 새롭게 등
장했다.

라틴아메리카의 역내 이주도 해방된 노예 가족들이 플랜테이션 농장을
떠나 처음에는 장소를 이동하거나 부락을 형성하고, 그다음에는 도시로 가
는 중거리 이주를 함에 따라 증가했다. 대농장 소유주들과 이들에게 지배된
정부들이 이런저런 노동자 채용안을 시험해 보고 유럽의 자유 이주민을 쓰
기로 결정한 데 따른 결과였다. 라틴아메리카의 피부색 등급에 따르면 혼혈
인 현지 노동자가 유럽인 노동자 계급 이주민에 비해 경쟁력이 떨어지고, 현
지 노동자들에 비해서는 아프리카계 노동자들의 경쟁력이 떨어졌기 때문이
다. 그럼에도 라틴아메리카에서 미국과 같은 흑백 인종 분리가 일어나지 않았
던 것은 혼혈(카스타casta)이 많아 그럴 수 있는 여건이 조성되지 않았기 때문

_____아르헨티나로 이주한 폴란드 이민자들의 모습, 1890년 무렵. 이주민의 사진들에는 남성들만 찍혀 있는 것이 보통이지만, 사실 대서양 횡단 이주민의 40퍼센트가 여성이었다. 그에 따라 아르헨티나의 파타고니아에서 알래스카까지 아메리카 대륙 전역에 때에 따라서는 아이들이 포함된 남녀 이주민 공동체가 출현했다. (Wikimedia Commons)

이다. 반면에 남아메리카 북부의 가이아나와 태평양 연안 지역에는 카리브해 지역과 마찬가지로 아시아의 계약 노동자와 자유 이주민도 유입되었다. 브라질과 페루에는 북아메리카에서 배척된 일본인 이주민들이 때로는 가족 단위로도 들어와 정착했다. 남의집살이를 하며 독립적으로 움직인 여성들도 주들로 향한 역내 이주와 주들 간에 움직인 이주에 포함되었다. 문제는 남아메리카 국가들이 독립 후 50년 넘게 고도의 경제성장을 이루었다고는 해도 20세기 초에는 '발전 없이 팽창만 하는' 경제와 산업화 없이 도시화를 겪는 단계에 있었는데, 그런 사회들에 이주민이 지속적으로 답지했다는 데 있었다. 출신지의 생활비와 여비를 상회할 만큼 도착지 사회의 임금이 높다 보니 그렇게된 것이다. 플랜테이션 농장의 노동조건이 가혹한 것 또한 농촌에서 도시로의 2차 이주와 귀환 이주율을 높이는 데 한몫했다.[78]

농업 노동자와 산업 노동자 모두의 이주민 유입 장려 정책을 취한 아르헨티나만 해도 1869~1914년 사이에 600만 명의 유럽인이 유입되었는데, 그중 270만 명이 본국으로 되돌아갔다. 이들의 유입으로 1914년 무렵 아르헨티나 인구는 전보다 네 배 이상인 790만 명이 되었으며, 그중 58퍼센트가 외국에서 온 사람이거나 이주민의 자녀였다. 농업 이주 또한 사기업들이 영국 자본, 정부 보조금, 이주민 노동을 이용해 철도를 건설한 영향으로 전 세계를 오간 평원 이주와 유사하게 진행되었다. 그 결과 1890년대 중반 무렵에는 아무리 열심히 일해도 개인이 지주가 되는 것이 사실상 불가능해졌다. 아르헨티나에는 이주의 주변 지대도 없었다. 아르헨티나 유일의 도시 부에노스아이레스에 에스파냐인 엘리트, 이탈리아인 부르주아지, 하위 중산층, 다인종의 빈민굴이 다 모여 있었던 것이다. 훗날 서방세계에서 유행하게 될 탱고와 방언(룬파르도 lunfardo)도 알고 보면 이 다인종 빈민굴에서 탄생했다. 부에노스아이레스에서는 이렇게 장장 60년 동안이나 주민의 70퍼센트 혹은 그 이상을 외국인이 차지하고 있었다. 미국의 두 배에 해당하는 수치였다. 나라별로는 이탈리아인이 50퍼센트, 에스파냐인이 3분의 1, 프랑스인이 5퍼센트를 차지했다. 이탈리아에서 부에노스아이레스까지 가는 증기선 요금이 50달러밖에 되지 않다 보니 계절별로 옮겨 다니는 추수 일꾼에게도 그 정도면 충분히 남는 장사가 되어 연중 내내 이동하며 돈벌이하는 것도 가능했다. 도시 이주민들은 또 농촌 이주민과 달리 세대 간 상승 이동을 경험해 본 터여서, 정치적 삶에도 손쉽게 참여할 수 있었다.[79]

브라질에도 독립 후 1860년대까지 이어진 유럽인 이주의 첫 번째 국면에 이주민이 유입되었다. 리우데자네이루 북쪽에 있던, 지력이 다한 농장을 버리고 투자자들이 새롭게 옮겨 간 히우그린지두술의 커피 농장으로 독일인, 이탈리아인, 폴란드인들이 이주한 것이다. 두 번째 이주 국면에서는 이주민의 수효가 대폭 늘었다. 하지만 늘어난 만큼 근로 여건 또한 나빠져 열악한(말 그대로 '심란한') 근로 환경을 견디지 못하고 농장을 떠난 사람도 많았다. 1870~1920년의 두 번째 이주 국면에 들어온 이주민 340만 명 가운데 86만 명이 유럽으로 되돌아가거나 다른 지역으로 이동했을 정도다. 그러나 브라질은 인구 구성상 아메리카 대륙의 다른 나라들과 달리 이주민이 아무리 많아도 이주민 비율이 본토인 비율을 넘어서지 못했다. 본토인 중 아프리카계 주민들[22]은 도시의 일자리 혹은 농촌의 소작 일을 찾아 이동하는 생활을 했다. 반면에 유럽계 크리오요들은 엘리트층을 형성한 채 유럽식 방법으로 고안되고 인디오와 흑인이 정치와 경제 분야로 진출하는 것을 막는 데 주안점을 두며, 동시대의 인종적 개념에 기반을 둔 국가 건설에 참여했다. '이종 교배'와 '백인화'에 의한 '인종' 개량의 개념도 그런 분위기 속에 등장했다. 엘리트들은 피부색이야말로 소속을 결정짓는 기준이라고 생각했다.

하지만 아프리카계 주민들은 문화야말로 소속을 결정짓는 기준이라고 생각했다. 그리하여 그들이 브라질에서 느낀 소외와 배제 그리고 그들을 '바다 너머' 세계에서 강제 노역을 하게 만든 노예상들의 사악한 '주술'에 맞서 싸우는 데 이용한 것이 바로 형제애와 더불어 사회 종교적 제식 칸돔블레candomblé였다. 칸돔블레 제식에 아프리카의 다신적 요소가 충만히 깃든 것도 1860년대까지 이어진 노예 수입과 밀접한 관련이 있었다. 칸돔블레 제식은 영적·물질적 목표 달성을 위해 종족, 피부색, 젠더, 신분[23]에 따라 조직되었다. (지배 계층인) 포르투갈계 주민들도 알고 있었듯 아프리카계 주민들은 또한 사바루Savaru, 아르다스Ardas, 하우사Hausa, 타파Tapa, 제제Jejé, 다고메DaGome, 나고Nagô와 같이 출신지별로 상이한 문화 집단을 형성했다. 그들에게 공통의 언어가 필요했던 것도 이런 다양한 출신 배경 때문이었다. 브라질의 포르투갈어 낱말 2500개 정도가 사하라 사막 이남에 어원을 둔 것에서도 드러나듯 아프리카 언어들은 공용어인 유럽 언어에도 영향을 주었다. 인종에 기초한 노동계급 조직도 만들어져 노예노동자와 자유민 노동자의 연대, 쟁의의 조직, 정부 간섭에 맞서는 저항, 노동의 질 조정, 자치 요구 등의 일을 했다. 조직원의 태반은 아프리카계 주민이었고, 쇠락해 가던 사탕수수 생산지를 떠나 역내 이주를 한 여타 사람들도 조직원으로 참여했다. 노령에 이른 일부 사람은 은퇴

---

22 다시 말해 노예로 끌려온 아프리카인 조상을 둔 주민들.

23 노예냐 자유민이냐에 따른 신분.

시기에 맞추어 귀향한 북아메리카의 유럽계 노동자들처럼 아프리카로도 돌아갔다.[80]

아메리카 대륙으로의 이주와 그곳에 대한 유럽의 지배권 확립은 백인을 흑인의 우위에 두고 북아메리카 원주민을 소멸시키거나 강제 이동시키는 방식으로 논의되었다. 백인을 최상층에 위치시키는 인종적 위계의 부과를 주요 목표로 삼은 것인데, 그 결과로 폭력과 성적 매력으로 표현된 비대칭적 성비性比가 야기되어 새로운 혼혈 인종이 탄생했다. 북부의 자칭 '백인' 지역들을 포함해 아메리카 대륙의 모든 곳에서 인종적 혼합이 일어나 새로운 생태적 환경에서 새로운 메스티소 인종이 출현하는, 민족 발생의 결과가 초래된 것이다. 앵글로-프로테스탄트의 통제적 이데올로기가 아무리 인종의 순수함과 순백의 신화를 만들어 냈다지만 라틴아메리카 가톨릭 사회의 위계적 카스타(혼혈인)에는 여전히 틈이 많았고, 따라서 부가 피부색을 누를 수 있었다. 1920년대의 멕시코에서 유럽인, 아메리카 원주민, 아프리카인은 물론 심지어 아시아인의 피가 섞인 메스티소임을 당당하게 밝히는 사람들이 등장한 것도 얼마간 이웃한 미국인들의 오만함에 대한 반발 때문이었다. 멕시코인들이 미국인의 우월주의적 환상에 맞서 '우주적 인종'이 되는 극단적 선택을 한 것이다. 이렇게 모든 이주에는 프랑스계 메스티소든 에스파냐계 메스티소든 혼혈이 수반되었고, 표현형 혹은 유전자에 따라 새로운 횡탈적 혹은 생득적 위계도 수반되었다.[81]

식민지 간 이주

대서양권에서는 대서양 경제 지역을 오간 제약 있는 자유 이주와 더불어 대서양 제국들 내에서 일어나고 지구를 에워싼 열대 및 아열대의 식민지화된 추출적 경제 지역 사람들에게 제국주의 국가들이 부과한, 집단적 자유 이주와 집단적 속박 이주가 함께 진행되었다.

수는 적지만 대서양권의 투자자, 농장주 혹은 상속인, 그들에게 딸린 인력과 행정관, 군인, 지배 엘리트와 같은 제국주의적 경제 침투에 필요한 부대 인력도 광대한 식민지 지역들로 모여들고 다수의 다른 지역과 공간들로 퍼져 나갔다. 노동력의 이동성과 고정성에 대한 양적 자료의 정확한 집계를 어렵게 만드는 것이 바로 이 점이다. 요컨대 그로 인해 다수의 색다른 인력 채용 지역과 이동 경로가 생겨나고, 특정 경제 지역과 확대된 사회들을 가진 도착지들이 난립한 것이었다. 다만 최근의 연구에서는 식민지 간 장거리 이주의 규모도 대서양권 이주 규모에 버금갈 만큼 컸고, 정치 경제적 힘의 관계를 통해 대서양권 이주와도 복잡하게 연결되었던 것으로 나타난다. 유럽과 북아메리카 내의 이주들처럼 식민지들 내의 이주도 함께 진행되었다. 물론 자유 이주와 속박 이주, 내적 이주와 외적 이주, 지역적으로 유발된 이주와 식민지 당국의 지시에 따른 강제 이주의 경계는 흐릿했다.[82]

식민지 세계, 플랜테이션 지대, 광물 채취 지역 혹은 목재 '수확' 지역들에 대한 생각의 틀을 제공해 주는 형상image과 언외의 의미를 곰곰이 따져 봐야 하는 이유도 거기에 있다. 지리적으로 정확한 지도에는 대륙과 영토만 나와 있을 뿐 경제적 중요성이나 노동 수요의 크기는 나타나지 않기 때문이다. 따라서 사회경제적 관점에서 보면 그런 지도는 부정확하고 생각을 오도하게 만드는 것일 뿐이다. 생도맹그, 자메이카, 쿠바와 같은 카리브해 섬들만 해도 영토는 작지만 노동자 수요는 커서 유럽의 백인 농장주들이 남아도는 아프리카 흑인 노동력을 투입, 대륙 전체에서 얻는 것보다 더 큰 부를 그곳에서 획득했다. 인도양 해역의 모리셔스섬과 레위니옹섬, 동남아시아 해역의 이른바 향료 제도(말루쿠 제도)와 자바섬 및 수마트라섬도 식민주의 국가들의 노다지 생산지가 되었다. 그리고 그곳들 역시 원주민만으로는 침입자이자 투자자들의 노동 수요를 맞출 수 없었으므로 노동에 적합한 근육질 몸들(노동자들의 생각이나 감정은 투자자들의 관심거리가 아니었다.)이 들판의 비료 혹은 식민지 당국 엘리트 가정의 사치품처럼 그 지역들로 수입되었다.

'들판의 공장', 다시 말해 플랜테이션 지대의 농업 생산 단위도 대서양 경제 도시들의 신생 공장들 못지않게(그리고 수 세기에 걸친 식민지 건설에 따른 요구로) 미숙련 노동자들이 대거 필요했다. 여기서 '미숙련'은 물론 도착지에서의 반복 업무를 뜻한다. 출생지 사회에서는 그들도 엄연히 그들이 가진 기술로 불리한 여건에 대처하면서 다른 삶을 살던 사람들이었다. 그들이 이주 길에 내몰린 것은 토지 및 여타 자산 관리를 소홀히 하여 개인 혹은 가족 구성원이 자발적 계약 노동자가 된 경우도 있지만 대개는 생존 기술이 모자라서가 아니라 현지의 사회경제적 여건과 제국주의자들의 강요 때문이었다.

채굴, 산림 개벌皆伐, 구아노 채취, 고무 채취가 이루어지는 지역들에서도 경제 발전과 이익을 위해 먼 곳의 노동력이 필요했다. 여기서 노동력은 물론 온전한 삶을 살기 바랐던, 때로는 아이들이 포함되기도 한 노동자 남녀를 나타내는 중립적·생산 중심적 용어다. 그런데 이들도 자본가의 돈이 투자된 곳과 천연자원이 묻힌 곳의 집단 숙박소에서 왕왕 무자비하게 착취당했다. 다만 이런 숙박소에는 경제적 압박에 시달리다 벌채 혹은 채광 노동자가 되려고 자발적으로 이주한 사람도 거주했고, 카리브해 지역의 플랜테이션 지대와 파시스트 국가들의 공장(두 곳 모두 사망률이 매우 높았다.)으로 끌려온 강제 이주민도 거주했으므로, 집단 숙박소 제도를 분석할 때는 그 점을 고려해 연속성을 가질 필요가 있다. 식민지 지역과 독립된 지역의 경계가 언제나 확실하지 않았던 점도 고려해야 한다. 애리조나와 뉴멕시코에서 (멕시코 북서부의) 소노라와 (멕시코 중북부의) 사카테카스에 이르기까지의 지역, 다시 말해 자발적 이주의 오랜 전통이 있던 북아메리카의 '남서부' 지역만 해도 19세기 말 광산업이 급속히 확산된 결과로 그런 일이 발생했다. 유연한 기질의 포르피리오 디아스 멕시코 대통령이 미국 투자자들과 손잡고 은광과 동광 개발에 나선 것인데, 그러자 미국의 백인 인력이 숙련공, 미숙련공 가릴 것 없이 피부가 갈색인 멕시코 노동자들을 착취한 것이다. 1906년 카나네아 동광에서 파업이 일어났을 때처럼 저항하는 노동자들은 군대에 진압되거나 추방되거나 물도 없는 사막에 내팽개쳐졌다. 당시 카나네아 광산에는 수입하거나 이주한 중국인 노동자 수천 명이 머물고 있었다.[83]

플랜테이션 농장의 노동력이나 채굴·채취 노동력의 대다수는 남성이었다. 남성 노동력만으로는 유럽과 미국 투자자들의 요구를 감당할 수 없게 된 뒤에야 여성들이 유입되었다. 그런 식으로 이주민이 남성 위주여서 성비 불균형이 초래되면 성별화된 사회가 되기 십상이었다. 남성들만 있는 곳에서도 요리, 세탁, 바느질과 같은 재생산적 일은 수행해야 했다. 남성 이주민들이 손수 그런 일을 하기도 했지만 전 세계의 고립된 노동자 숙박소에는 남성 요리사가 고용되었다. 다른 지역들로는 여성들이 자발적으로 가거나 타의로 끌려가 노동 현장의 간이식당에서 음식을 대량으로 생산하고 끝도 없이 쌓이는 더러운 작업복을 세탁하는 등 집이 없는 곳에서 '집안'일을 했다. 성노동자로 끌려오거나 착취자에게 몸을 파는 남성들처럼 소규모 비즈니스우먼이 되어, 양식이나 몸을 팔기 위해 스스로 이주하는 여성도 있었다.

플랜테이션 농장의 지대와 광산 개발 지역은 도시로부터 멀리 떨어져 있고, 교통 시설도 완비돼 있지 않았다. 그러다 보니 가공과 소비 중심지와의 연결을 위해 비포장도로, 포장도로, 철도의 건설 혹은 수로의 설치, 그에 수반되는 기계 설비, 수레, 짐마차, 궤도차가 필요해져 그것을 위해 또 노동자가 동원되었다. 그리하여 수송로가 완성되면 이번에는 마부, 운하 노동자, 철도 노동자가 필요해져 재생산노동 수요를 다시금 창출했다. 그런 식으로 고립된 생산지, 플랜테이션 농장과 광산 지역의 막사, 외진 숙박업소들은 젠더화된 공동체가 되었고, 그러면 또 유부녀들은 남편들을 따라, 이주로 헤어졌던 가족들은 재결합을 위해, 독신 여성들은 일을 하거나 결혼을 하기 위해 그곳으로 왔다. 독자적 이동, 미리 준비된 표를 가지고 순차적으로 움직인 이동, 계약에 따른 이동도 여성들의 이주 양상에 포함되었다. 이주의 연속성은 자녀 출생과 다세대 공동체로만 보장받았다. 일이 성별에 따라 주어져 남자들이 먼저 이동하는 경우가 태반이어서 (뒤늦은 이주 연구와 더불어) 공적 토론의 상투적 주제가 되었을 만큼 '뒤에 남겨진' 여성들 또한 많았다. 하지만 재차 강조하건대 여성들도 그 나름의 이주적 관계를 형성하고 있었고, 따라서 결정권이 주어지면 독자적으로도 얼마든지 소득처를 찾아 나섰다. 노동 제도가 계급, 성별, 인종 민족성의 범주마저 뒤헝클어 놓은 것이다.[84]

19세기의 마지막 몇십 년 동안은 플랜테이션 농장, 광산, 수송 업체들이 그 어느 때보다 통합되는 양상을 보였다. 기계류의 사용이 늘어 윤활유로 쓰일 팜유의 수요가 급증하고, 천연고무 농장도 전동 벨트와 타이어용 고무를 대 주기에 바빴다. 자본가와 정부 관리들이 영토를 통제하려 한 것도 일부는 비옥한 농토나 광물과 같은 '천연'자원 확보를 위해, 또 다른 일부는 거

———1917년 8월, 프랑스 불로뉴에서 귀리 자루를 트럭에 싣는 중국인 계약 노동자들. 인도인과 베트남인, 중국인, 서아프리카인들은 제1차 세계대전이 진행되는 내내 이렇게 영국과 프랑스의 제국주의 정부들에 의해 모집 혹은 강제 징집되어 연합국의 전쟁 노력을 도왔다. 그중 일부는 세네갈 식민군처럼 현역으로도 복무했다. (Imperial War Museums)

주민들을 이동성 노동력으로 만들기 위해서였다. 그에 발맞춰 노동자들도 장소와 수요에 따라 지역적으로 묶이거나 개인 혹은 가족 단위로 중단거리 이동을 하거나 장거리 이주 길에 내몰리기 일쑤였다. 그러다 종국에는 이들도 다시 한곳에 묶이게 되었다. 노동 수요와 공급의 균형을 맞추기 위해서였다지만 사실 투자자와 고용주들이 자신들의 이익을 위해 강요한 것일 뿐이었다.

채취 산업도 유럽의 급속한 인구 증가에 따른 소비 수요와 증기선 및 특히 수에즈 운하와 같은 새로운 수로들을 통해 수송이 고속화됨에 따라 탄력이 붙었다. 그리하여 (채취 산업이 이루어지는) 영국이나 프랑스 지배 지역을(남아 있던 네덜란드 식민지나 새로 취득한 독일 식민지들도 마찬가지) 이주민 군대와 핵심지에서 파견한 행정관들만으로는 통제하기 어렵게 되자 자발적 혹은 강압적으로 참여한 민족문화 집단들이 식민주의 국가들의 억압 조직에 합류하게 되었다. 영국령 인도의 펀자브 출신 시크교도 경찰대와 네팔 출신의 구르카 군대, 프랑스 식민지의 세네갈 식민군tirailleurs sénégalais이 그런 억압 조직이었다. 버마에도 벵골인 행정관들이 근무했다. 1930년대의 프랑스 제국은 그런 식으로 식민주의 관리 7만 6900명이 다양한 지역들로 보내진 '식민지 보조군'의 도움을 받아 식민지인 6000만 명을 지배했다. 유럽 전쟁 혹은 유럽 대서양 전쟁과 다름없었던 제1차 세계대전의 발발로 영국, 프랑스의 노동력이 징집과 사망으로 급감했을 때도 식민지 계약 노동자 및 병사 수십만 명이 유럽과 유럽 제국들 간 분쟁에 휘말린 식민지들 전장에 투입되어 연합국을 위해 노동하고 전투하고 죽어 갔다. 국가 이데올로기의 왜곡된 사상 때문에 납득할 만한 생활 여건을 원한 계약 노동자들(혹은 본토의 노동자계급)의 요구도 물론 받아들여지지 않았다. 반면에 식민주의 국가 정부들은 '식민지 주민들'이 (남의) 나라를 위해 싸웠고 죽은 사람이 부지기수라는 주장에는 반응을 보여 전쟁이 끝나자 계약 노동 제도를 재고했다.

계약 이주자, 외상 뱃삯 이주자, 자비 이주자

영국령 인도, 불평등조약을 맺은 시기의 중국, 피지에도 여타 특정 지역과 더불어 계약 노동 제도가 수립되자 노동자들은 제약 있는 유럽인 자유 이주민들과 마찬가지로 의미, 언어 혹은 방언, 사회 풍경이 제각각인 특정 문화 지역으로 이동하게 되었다. 이 경우 항구를 통해 이동한 사람들은 집계된 반면 자의든 타의든 걸어서 육로로 이동한 사람들은 집계에서 누락되었을 수도 있음을 밝혀 둔다. 용어의 명확성과 실증적인 정확성을 위해 아프리카의 강제 이주 노동자들에 대해서도 뒤에서 검토하려고 한다.

식민지 지역들을 돌아다닌 이주민들은 다음의 세 부류로 나눌 수 있다. (1) 계약 노동 이주민 혹은 계약상 채무 관계로 묶인 이주민, (2) 외상 뱃삯 이주민, (3) 자비로 이동한 (승객) 이주민. 이 중 첫 번째 이주민은 동부 해안 지대 출신의 인도인, 남부 성에 이은 북동부 성 출신의 중국인, 피지와 여타 태평양 섬에서 채용되거나 노예 상인들에게 납치된 사람들로, 대개는 계약 변동에 대한 선택권이 없는 5년 계약에 묶여 있었다. 귀로 여비도 모든 사람에게 보장되지 않았다. 이렇게 귀로 여비가 보장되지 않은 점, 착취적 임금 조건, 회사 혹은 플랜테이션 농장의 매점에 만연했던 바가지요금, 발병이나 임신으로 인한 무노동 상태 같은 요소들이 초기 이주민들이 비자발적으로 재계약을 하는 이유로 작용했다. 반면에 여러모로 노동 생활이 견딜 만하거나 출생지, 즉 '고향'의 생활 여건이 고달프면 자발적으로 재계약을 하기도 했다. 저축을 통해 계약 노동 지역이나 주변 소도시에서 작은 사업이라도 할 요량으로 전략상 재계약을 하는 사람들도 있었다. 두 번째에 속하는 '외상 뱃삯 이주민'은 맨주먹인 사람이 도착지에서 일을 하여 빚을 갚는 조건으로 처음부터 여비를 빌려 이주한 경우였다. 채무 상환 기간은 보통 3년이었으나 형편이 좋으면 그보다 앞당겨질 수 있었고, 착취적 노동조건하에서는 길어질 수도 있었다. 세 번째에 속하는 자비 이주는 개인 혹은 가족이 목적지를 정하고, 사업할 뜻이 있는 사람들이 주로 했다. 따라서 같은 배를 탔더라도 인도에서 온 승객 이주자와 가축 취급을 당한 '쿨리' 사이에는 확연한 차이가 있었다. 중국도 디아스포라 상인 이주의 긴 전통을 가졌던 만큼 상인 이주민이 있었다. 때로는 부인과 자녀도 동반했던 그런 이주민은 광범위한 수출입 거래망을 가진 호상豪商일 수도 있었고, 단독으로 움직이거나 가족과 함께 움직인 장인匠人 혹은 소상인일 수도 있었다. 개중에는 (출발지와 도착지 간의) 가족 네트워크를 이용해 채무 관계는 맺지 않되, 도착지에 가면 그곳 가족경제에 기여하는 조건으로 여비를 가불하여 이주하는 사람들도 있었다.[85]

항해로와 정기 항해가 확립된 뒤에는 앞에 언급되지 않은 여타 문화 지역 출신 사람들도 그것을 이용해 자유 이주를 했다. 1860년대 말부터 자유민 남성에 이어 자유민 여성도 이주를 시작한 메이지 시대의 일본, 미국 식민지가 된 1898년 이후 이주 길에 나선 필리핀인들이 그런 사례에 속한다. 동남아시아의 네덜란드 식민지 세력권에 속한 자바섬도 주변의 다른 섬들에서 일할 노동력을 제공했다. 강제 이주로 소수의 주민마저 고갈되었던 태평양의 일부 섬들 또한 인도인 계약 노동자들이 유입됨으로써 고통스러운 사회적 변화를 겪었다.

이주민의 총수에 대한 계산은 천차만별이다. 애덤 매키언은 인도인과 중국인이 각각 2900만 명과 1900만 명, 여타 문화권의 사람들이 총 4800만~5200만 명의 이주민을 차지했을 것으로 재산정했다. 다만 계약 이주와 장거리 강제 해외 이주의 어느 범주에도 속하지 않는 네덜란드령 인도네시아 이주민은 여기서 제외했다. 또한 이주민 중 정식 계약 노동자로 채용된 경우는 10퍼센트도 되지 않고, 대부분은 식민지 당국의 재정 지원을 받거나 믿을 만한 노동자 혹은 능력 있는 노동자(캉가니kangani 혹은 마이스트리maistry) 한 명을 고용주가 고향 도시로 보내 가족이나 친구를 데려오게 하는, 이른바 캉가니 제도를 통해 채용되었다. 인도인은 또 200만 명 이상이 '승객' 이주자였다. 반면 광둥성과 푸젠성의 남부 출신 중국인들은 그중의 100만 명 정도만 유럽인 고용주에게 계약 노동자로 직접 채용되었을 뿐 나머지는 유럽인의 하청업자일 수도 있었던 중국인 고용주에게 묶여 있었다. 임금노동 혹은 이익 분배를 하기로 하는 내용을 담은 또 다른 종류의 계약 이주도 있었다.

인도인들이 향해 간 아시아 도착지들에는 버마(1500만 명)와 실론(800만 명), 말라야(서말레이시아)·말레이시아(400만 명), 여타 동남아시아 항구도시들, 인도양과 태평양의 섬들이 포함되었다. 남부 중국인들도 1100만 명은 페낭, 싱가포르, 말라카와 같은 해협식민지로 갔으나, 그중에서 3분의 1 혹은 3분의 1 이상이 항구도시는 중계항으로만 이용하고 네덜란드령 동인도제도, 보르네오, 버마, 그 밖의 지역들로 옮겨 갔다. 다른 곳을 거치지 않고 도착지인 시암으로 직행한 이주민도 400만 명 가까이 되며, 프랑스령 인도차이나로도 200만~300만 명, 네덜란드령 동인도제도로도 100만 명 이상, 필리핀으로는 100만 명 미만, 오스트레일리아, 뉴질랜드, 하와이, 여타 태평양 섬들, 인도양 연안으로도 50만 명 이상이 갔다. 그렇다고 이주민들이 아시아 지역으로만 간 것은 아니고, 아프리카와 아메리카 대륙으로도 갔다. 이 중 남동아프리카로는 인도인 100만 명이 가고, 라틴아메리카와 카리브해 지역으로는 중국인 수십만 명이 갔다. 쿠바와 페루에서는 계약 노동자 27만 명이 사실상 노예가 되었다. 1900년 이후의 남아메리카와 제1차 세계대전 시기의 유럽으로는 대

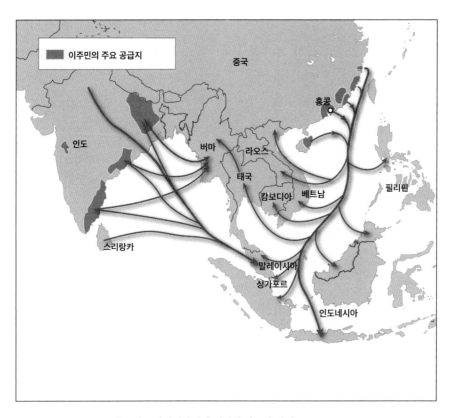

─── 1850~1914년 동안 동남아시아에서 진행된 이주의 양상.

개 북중국의 새로운 지역들에서 채용된 계약 노동자들이 갔다. 대다수 도착 지에서 이주민의 귀환 비율이 80~90퍼센트를 보인 것과 달리, 대서양을 횡단한 유럽인의 1900년 무렵 귀환 비율이 3분의 1 정도에 머물렀던 것도 특기할 만한 사항이다.[86]

1917~1920년 동안에는 영국령 인도의 국가 지도자들이, 계약 노동 체제를 끝내기 위한 협상의 일환으로 100만 명이 넘는 인도 병사와 계약 노동자들을 제1차 세계대전 기간(1914~1918)에 영국군과 후방에 공급했다. 하지만 그것도 실효를 거두지는 못해 자발적이든 비자발적이든 1920년대 혹은 1930년대까지도 인도인들의 계약 노동은 지속되었다. 중국인들도 1901~1905년의 기간과 다시 1926~1930년의 기간에 인도인 이주 인구의 세 배 가까이 되는

330만 명이 이주했다. 동아시아, 동남아시아, 태평양 대권역에서 진행된 이런 이주의 패턴은 1937년 7월 일본이 중국을 침략함으로써(중일 전쟁) 결정적으로 제동이 걸렸다.

남아프리카, 모리셔스, 말레이반도

아시아 내의 이주 지역에는 버마, 시암, 해협식민지가 포함된 말라야, 태평양의 몇몇 섬, 그리고 '백색 아시아' 지역인 오스트레일리아와 뉴질랜드가 포함된다. 이주민들은 그 밖에 인도양 너머 서쪽의 동아프리카와 남아프리카, 특히 나탈로도 갔다. 태평양을 넘거나 아프리카의 곶을 도는 항해를 하여 아메리카 대륙의 서부 해안과 카리브해 지역으로 간 이주민도 있었다. 동아프리카에 있던 구자라트 상인들의 유서 깊은 교역 공동체와 시암 및 말레이반도에 있던 말라바르 해안 지대[24]의 상인 공동체를 이용한 이주민도 있었다. 자본가들은 자본가들대로 범세계적으로 일어난 단기적 변화를 이용했다. 모리셔스의 플랜테이션 농장 소유주들만 해도 19세기 초에 일어난 노예 폭동과 노예제 폐지로 카리브해의 앤틸리스 제도에서 사탕수수 재배가 불가능해진 상황을 눈여겨보고, 유럽에서 마케팅 기회를 잡아, 인도인 강제 노동력을 들여와 사탕수수 생산을 늘렸다. 그런 식으로 이주, 교역, 투자가 대양적·반구적·범세계적 규모로 진행되는 가운데, 이주민 끼워 넣기의 전형이 되었던 곳들이 바로 모리셔스, 남아프리카의 나탈, 말레이반도였다.

모리셔스의 플랜테이션 왕국plantocracy만 해도 노예제 폐지 뒤 전 세계적으로 노동 체계가 개편되자 그곳의 전통이던 자발적 계약 노동제를 무자비한 착취가 수반된 강제 노동제로 바꿨다. 1834~1907년의 기간에 그곳에 들어온 인도인 45만 명 중 고향으로 돌아간 사람은 고작 3분의 1뿐이었던 것이 그것을 말해 주는 증거다. 농장주 겸 지배자들은 이주민 노동자를 재계약으로 꼼짝 못 하게 묶고, 농장의 경제권 밖으로는 이동하지 못하게 하는 데 주안점을 두어 입법, 규정, 과세 계획을 세웠다. 그리고 그것을 위해 영국 상류층이 수

----
24 인도 서해안의 남부 지역을 가리킨다.

세기 동안 영국 노동자계급에 적용한 부랑자 단속법과 면허 규정을 차용했다. 1867년의 '노예 규약'으로 강화된 그 노동 체계는 1922년까지도 계속 유효한 상태로 남아 있었다. 그래도 경제적 변화, 특히 1880년대에 설탕 도정이 중앙 집중화되는 변화가 있은 뒤로는, 시골 마을에도 선택할 수 있는 일자리가 생겨 적잖은 노동자가 그곳으로 이주했다. 하지만 노동 투쟁은 여전히 처벌 대상이었고 노동자 단체도 1937년까지는 불법으로 간주되었다. 역사학자 휴 팅커Hugh Tinker의 말을 빌리면 모리셔스에서는 계약 노동제가, 계약 노동제가 아닌 "새로운 노예제"였다.[87]

남아프리카의 식민지, 특히 나탈은 조건과 구조 면에서 모리셔스와는 또 달랐다. 1860~1911년의 기간에 나탈로 이주한 남아시아의 남녀 20만 명의 75퍼센트가 그곳에 영구적으로 정착하고, 그중에는 5분의 2가 여성이었던 점만 해도 그랬다. 이렇게 이주민이 늘다 보니 1911년 무렵에는 주민 15만 명의 44퍼센트가 아프리카 태생인 공동체에서 상업에 종사할 수 있던 원주민은 고작 1만 명, 직업을 가질 수 있던 원주민도 729명에 지나지 않았다. 1911년 이후에야 비로소 (중국인) 배척법이 제정되어 구세계(동반구) 이주민 유입과 그에 따른 지속적 문화 갱신이 끝나고, 급속한 문화 변용이 진행되었다. 하지만 그 전에는 1903년의 노동 수입 조례와 1904년의 영국·중국 노동 협정에 따라 1906년 그 계획이 폐기될 때까지 트란스발의 금광에는 6만 4000명의 중국인 쿨리가 '노예 같은' 노동자로 유입되었다. '원시적' 부족민들에 대한 유럽인의 편견과 아프리카 남녀의 복잡한 저항이 복합적으로 작용하여 원주민 노동력의 발전을 더디게 만들었다. 플랜테이션 농장과 철도 건설 현장에 부분 속박된 인도인 노동자 계층 이주민을 끼워 넣고, 아프리카인을 문화 지리적으로 주변화함으로써 경제를 지배하려는 것이 유럽인의 계획이었다.

그렇기는 하지만 나탈에 들어온 인도인 이주민들도 그 나름의 목적을 추구하며 온전한 공동체를 일구어 갔다. 그들이 처음 투입된 곳은 새로 수립된 사탕수수 경제 지역이었다. 그런데 이들 초기 이주민이 고향에 돌아가 그곳 일터에서 학대받은 고충을 털어놓음에 따라 노동자의 신규 채용이 어렵게 되었고, 그러자 나탈의 '쿨리 위원회'도 1872년 마지못해 찔끔 생활 여건을 개선하는 조치를 취했다. 농장주들은 잠시 동아프리카 잔지바르섬의 자유민과 노예 이주민을 인도인 대용으로 써 보기도 했다. 하지만 숙련된 노동력의 필요성 때문에 다시금 인도인 채용으로 돌아섰다. 1870년대에는 인도인 이주민 채용지가 마드라스에서 캘커타로 대부분 이전되었다. 노동 수입 규모는 설탕 산업의 경제 순환, 특정 지역의 철도 건설 계획, 그리고 1866~1874년의 기간과 같은 전반적 불황에 따라 좌우되었다. 그리하여 노동자 남녀들이 현지에 닿으면, 한 학자의 말을 빌리면 이번에는 영국의 "설탕 왕국"이 최상층에 위치한 것만 다를 뿐 노예제가 시행되던 때의 버지니아나 사우스캐롤라이나와 흡사하게 고용주의 요구에 따라 해안 지대 변에 배치되었다. 영국 정부가 이주민 쿼터의 30퍼센트를 여성에게 할당한 뒤에는 고용주들이 남성이 받는 임금과 식량 배급의 절반만 여성들에게 지급했다. 아이들도 연령에 따라 임금을 차등 지급했다. 여성과 아이들은 그 밖의 여러 가지 학대에도 시달렸다. 일거리가 없거나 임신 혹은 아이 보육 때문에 일을 못 하게 된 여성들이 식량을 제공받지 못하고, 고용주에게 성폭력이나 성추행을 당하며, 그것에 분개한 남편들에게 다시 학대당하거나 살해되는 식이었다. 성폭력을 당한 뒤 스스로 목숨을 끊는 여성들도 있었다. 반면에 일부 여성은 근무지를 '이탈'해 아프리카 공동체에 합류함으로써 착취에 저항하기도 했다. 1880년대부터는 탄광과 (트란스발 남부의) 비트바테르스란트로부터 나탈 해안 지대로 연결되는 철도 건설 현장에 인도인들이 투입되었다. 이 철도 노동자들 중 인도에서 건축 일을 하며 기술을 익힌 사람들은 계약 기간이 만료된 뒤에도 고향으로 돌아가지 않고 벨기에령 콩고와 포르투갈령 앙골라로 옮겨 가 유사한 일에 종사했다.

인도인들 중에는 상인으로 간 자유민 이주자들도 있었다.[25] 따라서 플랜테이션 농장에서 일하는 노동자들이 인도인이었으므로 농장주들은 싫어도 인도인 상인들에게 음식과 직물을 제공받을 수밖에 없었다. 그에 따라 점주들은 해안가 도시, 플랜테이션 농장 막사, 지방 소도시, 마을들로 뿔뿔이 흩

_____ **25** 유럽의 백인 상인들에게는 그들이 껄끄러운 존재였다.

어져 정착했다. 그러나 식민지 정부도 비생산적인 사람과 정치적 활동을 하는 사람을 인도인 자유민 공동체에서 솎아 냈으니 어차피 상황은 피장파장이었다. 결국 (나탈의) 더반과 피터마리츠버그에서는 자활적 여성을 포함해 경제 분야의 자유민 인도인들만 살아남게 되었다. 나탈에는 본토의 인도인 외에 모리셔스로부터도 인도인 자유민 기계공, 석공, 제철공, 목수들이 유입되었다. 더반 인근에서는 계약 노예였던 사람들과 진취적 이주민 가족들이 원교농업을 일으켜 소규모 차 농장 혹은 사탕수수 농장을 운영하기 시작했다. 그 과정에서 경제 불황이 닥쳐 공동체가 고통을 당하고 귀환 이주가 늘기도 했으나 종국에는 영속적 공동체로 자리매김하는 데 성공했다.[88]

남아프리카의 다른 식민지들에는 이와 달리 아프리카 노동력이 이동성 혹은 비이동성으로 1세기가량 사용된 뒤에야 인도인과 중국인 계약 이주민들이 유입되었다. 트란스발의 금광업 중심지(요하네스버그)만 해도 경쟁력 있는 현지 노동시장에서 아프리카 노동력을 끌어올 수 있었는데도 임금을 아끼기 위해 나긋나긋한 식민지 정부를 등에 업고 다른 곳들의 노동 저장고 문을 두드렸다. 포르투갈령 모잠비크의 아프리카인, 죄수, 미숙련 백인, 아시아 계약 노동자가 그들이었다. 이 중에서 아시아 계약 노동자들은 블라디보스토크의 러시아 고용주들에게도 쿨리 노동력을 공급해 준 회사로부터 제공받았다. 출발하기 전 건강검진을 통해 노동에 최적인 사람을 뽑았는데도 식민지 정부는 이들이 도착한 뒤에 노동력을 최대한 착취하기 위해 근무지를 이탈하거나,('탈주') 근무에 태만하거나,('빈둥거림') 비능률적 작업 태도를 가진 사람을 유죄로 다루었다. 그나마 3년 뒤에는 남아프리카에 불어닥친 인종차별로 중국인 쿨리의 신규 채용이 금지되었고, 기존에 있던 중국인들마저 본국으로 송환되었다.[89]

인도 이주민과 중국 이주민들은 (모리셔스와 남아프리카 외에) 버마, 시암과 더불어 1870년부터 영국 지배권에 들어온 말레이반도로도 유입되었다. 그들 대부분이 채굴, 농업, 교역 그리고 제국주의가 주는 기회를 잡으려 한 사람들이었다. 그리하여 그곳들에도 기존 주민인 말레이인, 태국인, 버마인, 그리고 민족문화적으로 다양하게 분화된 다수의 중국인 체류자와 인도인들이 상층

superstratification에 위치한 유럽 및 유라시아인들과 함께 새로운 사회집단을 형성하게 되었다. 그리고 그 과정에서 때로는 거주민을 압도하기도 하면서 경제를 팽창시키고 일자리도 만들어 냈다.

그런가 하면 인도반도(인도아대륙)의 여러 지역이 3세기 동안 유럽 열강의 각축장이 되었다가 영국 제국 아래 새롭게 통합된 결과는, 자본가와 행정가들이 각 지역의 노동비용을 비교하여 노동자 채용 지역을 식민지 인구의 핵심지였던 인도로부터 다른 지역들로 옮기게 하는 요인이 되었다. 싱가포르 인구가 1864년 이전의 40년간 중국인 5만 8000명, 말레이인 1만 3500명, 인도인 1만 2700명을 포함해 9만 7000명으로 무려 여덟 배로 늘어난 것도 그것을 말해 준다. 이 중 중국인들은 주석 광산이나 상업적 농지의 일자리를 찾아 자발적으로 이주한 사람, 그리고 자본을 제공해 준 기업가들로 나뉘었다. 이주민 인구는 경제순환, 수요, 생산성에 따라 변동 폭이 컸다. 그중에는 계약에 묶여 빌린 여비를 일을 해서 1년 내에 갚아야 했던 노동자도 있었다. 그러나 시간 외 노동으로 버는 수입은 채무 변제에 쓰이지 않고 개인이 차지했다. 단기 계약이거나 고용주가 많을 때는 노동자가 꾀를 써서 보수가 가장 높은 일자리를 구하는 것도 가능했다. 반면에 유럽 농장주들이 선호한 말레이인들처럼 자기 소유의 땅만으로도 먹고살 만했던 사람들은 외국인 주인 밑에서 임금노동자로 일하는 수모를 당하지 않으려고 했다. 중국 투자가들은 정부 지원을 받지 않고도 노동자를 끌어올 수 있었던 반면 유럽 자본가들은 공적 지원을 받아야만 노동력을 수입할 수 있었다. 싱가포르에 들어온 인도인은 90퍼센트가 남부의 타밀어 지역 출신이고, 텔루구어 지역과 말라바르 해안의 말라얄람어 지역 출신이 나머지를 차지했다. 커피, 설탕, 타피오카, 코코넛 생산지가 그들의 일터였다. 1900년 이후에는 고무나무 농장이 늘어나고, 기름야자나무 재배가 증가하여 이들에 대한 노동 수요가 급상승했다. 영국령 버마의 이라와디강 삼각주부터 시암의 중앙 평원을 거쳐 프랑스령 인도차이나의 메콩강 삼각주에 이르는 전 지역이 영국이 세계 각지에서 데려온, 쌀을 주식으로 하는 노동력에 양식을 대 주는 거대한 벼 생산지가 되었을 정도다.

———1900년 무렵 싱가포르의 다양한 이주민의 모습. 싱가포르는 1890년대부터 제1차 세계대전 초까지 중국과 인도의 이주민들이 통과한 주요 중계항이었다. 수십만 명의 이주민이 매년 중계항인 현지에서 일하거나 그곳을 통해 말레이반도와 동남아시아의 다른 섬들로 이동하는 여정을 이어 나갔다. (Wikimedia Commons)

1921년에는 싱가포르와 말라야의 다인종 인구 330만 명 가운데 말레이인이 160만 명, 중국인이 120만 명, 인도인이 50만 명, 여타 민족이 6만 명 정도를 차지하는 상황이 되었다. 그러다 보니 이곳에서도 전 세계의 다른 지역들처럼 인종적 특성 부여가 흔한 현상이 되었다. 말레이인들이 중국인을 위험인물로 간주하고 인도인을 '속 좁은 민족'으로 본다든지, 버마인들이 이주율이 극히 낮았던 중국인을 '사촌'으로 대우해 준 반면 인도인과 영국인은 '엉큼한 인간들'로 치부하는 식이었다. 그와 달리 영국인들은 버마인을 '낙천적 민족' 혹은 동방의 아일랜드인으로, 중국인을 동방의 유대인으로 간주했다. 1929년 이후에는 천연고무의 생산 과잉과 전 세계를 강타한 공황으로 영국 통치자들이 인도인 이주민 쿼터를 줄였고, 그로부터 1년 내에 인도인 노동자 10만 명이 본국으로 송환되었다. 영국 통치자들에게는 식민지 노동자가 인간

소모품일 따름이었다.[90]

중국인 디아스포라는 식민지 보조군, 자유 이주민, 계약 노동자가 된 남아시아인 디아스포라와 대비되게, 영국 혹은 여타 식민지 제국의 필수 요소는 결코 되지 못했다. 바타비아와 마닐라에서의 게토 생활로부터 손쉬운 이종족 간 결혼, 필리핀 메스티소와 인도네시아 페라나칸(중국계 인도네시아인)의 출현에 이르기까지 남아시아 중국인들의 삶이 다양했던 점이 그것을 말해 준다. 여성 수가 늘어남에 따라 남양南洋(동남아시아)에 공동체가 형성되고 (진정한 중국인이 되려는) 재중국화가 시작되어 귀환 이주가 줄어든 것도 그것에 한몫했다. 반면에 중국인이 행한 중개인 역할과 특정 경제 분야를 그들이 장악한 현상은 불가피하게 반중화주의와 되풀이되는 폭력을 야기했다.

남아시아, 동남아시아, 동아시아의 교역 관계와 이주

식민주의자의 존재, 그리고 19세기 후반부 인도양과 동아시아, 동남아시아 해역에 식민주의자들이 부과하여 수립한 플랜테이션 지대는 수천 년 동안 항해하며 이동하는 전통을 지닌 지역들에 큰 충격을 주었다. 그로 인해 전통이 바뀌고, 계약 노동제가 실시될 동안에는 새로운 노동 이주와 상인 이주가 일어나거나 강요되며, 지역적 이동의 방향성까지 달라졌으니 말이다. 지금부터는 그 지역들에서 진행된 다수의 역내 이주와 역 간 이주의 몇몇 사례를 개별적으로 검토해 봄으로써 그 지역들에서 작용한 힘과 역사적 구조를 알아보려고 한다. 이주의 사례들은 인도양 서쪽 해역부터 남아시아 섬들을 거쳐 일본에 이르는 지역에서 선별할 것이다. 그 대권역에서 비롯된 이주와 영향력이 결국은 서쪽의 동아프리카와 동쪽의 태평양 너머 아메리카 대륙으로까지 뻗어 나갔기 때문이다.

식민주의자들의 침투로 기존에 진행되던 지역적 이주의 관행과 제도가 강화되었다면 현지에 체류하거나 거류한 유력한 유럽 투자가와 행정가들은 새로운 이주 관행이 생겨나게 한 요인이었다. 물론 현지 주민들도 임금노동이나 속박 노동관계를 거부할 수 있었고, 실제로 거부하기도 했다. 지형이나 협력 네트워크와 같이 본토인만 알 수 있는 지식 자원을 저항에 이용한 사람들도 있었다. 외국인 속박 노동자들은 물론 그런 자원이 없었으므로 손쉽게 통제되었다.[91] 영국령 인도에서는 투자나 노동 수요 혹은 일자리 기회가 반드시 농촌 주민들의 이동으로는 이어지지 않아서 새롭게 발전하는 경제 분야와 지역 또한 흥미를 끌지 못했다. 농업, 마을 동업조합, 카스트 제도, 조혼, 대가족 제도 등이 인도인들이 정주형 생활 방식을 선호한 이유로 작용했다.

반면에 인도 북서부의 구자라트 상인들은 수 세기 전부터 동아프리카에 정착하여 공동체를 형성했다. 인도 남동부 말라바르 해안 지대의 상인들은 1500년 동안이나 시암 및 말레이반도와 교역을 진행했다. 항해는 시간과 수송 면에서 고비용이 드는 일이었으므로 상인들은 교역이 이루어지는 곳에 왕왕 지점을 설치하고 공동체를 형성했다. 교역 항해가 이주로 변한 것이고 그렇게 해서 교역소가 세워지면 이주 상인들은 상주할 직원들을 데려왔다. 그런 식으로 순환 이주가 이루어져 공동체가 출현하고 발전하는 패턴이 만들어졌다.[92]

서쪽에서 행해진 교역만 해도 (동아프리카의) 잔지바르에 (구자라트의) 쿠치만 상인 및 잠나가르 상인들이 정주하는 결과로 이어졌다. 상인들은 인종적 혼합에 대한 현지인들의 적대감을 고려해 부인들도 대동했으며, 그 결과로 1860년에는 잔지바르에 상인 공동체가 형성되었다. 다만 이 공동체는 인종 종교적·직업적 노선에 따라 잘게 분리돼 있었다. 5000~6000명의 힌두교도와 무슬림으로 구성된 거류민들 중 발루치족은 잔지바르의 오만 술탄국[26] 군대에 들어가고, 신드 출신의 메몬족은 해운과 어업에 종사하며, 파르시인[27]들은 상인이 되는 식이었다. 바니아,[28] 바티아, 로하나 같은 힌두교도들의 상인 카스트도 형성되었고, 다우디 보라파, 이스마일파에 속하는 호자 집단, 이스트나스테리Isthnasteris와 같은 시아파 무슬림 집단, 고아 출신의 가톨릭교도 집단도 있었다. 민족 종교적·직업적 전통은 그 밖에 힌두교도의 경우에는 돈이 모이거나 부가 축적되면 본국으로 돌아가고 무슬림의 경우에는 잔지바르에 남

_____ **26** 잔지바르는 1700년대부터 아라비아반도의 오만국에 속해 있었다.
_____ **27** 이슬람교도에 의한 종교적 박해를 피해 인도로 넘어간 페르시아 조로아스터교도의 후손.
_____ **28** 대금업자와 상인.

아 가족을 이루게 하는 요인이 되었다. 미국산 직물이 인도산 직물보다 싸게 팔리고, 1873년 이후에 영국이 인도양의 노예무역을 금지하는 조치를 취함에 따라 귀환이 늘어나는 등 세계경제도 본국으로의 귀환에 영향을 미쳤다. 그 밖에 잔지바르의 구자라트인 구역은 1870년대에 그랬던 것처럼 식민주의자와 식민지 간의 종속적 구도하에 오만 술탄국의 보호를 받으며 처음에는 영국 세력이 들어오는 통로가 되고, 그러다 시간이 지남에 따라 차츰 영국에 지배되는 통로 역할을 했다. 남아시아의 민족 종교적 집단들이 봄베이의 영국인들[29]과 제각기 맺고 있던 수직적 관계가 (동아프리카) 공동체 내에 존재한 인도 문화의 수평적 동질화를 방해하는 요인이 되었다. 봄베이의 상업적 발전으로 구자라트인들의 이주가 증가한 것인데, 그에 따라 구자라트어가 공동체의 공용어가 되었기 때문이다. 오만 술탄국의 비호 아래 특권적 지위를 누렸던 것 또한 그들의 현지화를 가로막은 요인이었다. 그런 식으로 동아프리카의 인도인 공동체는 구자라트의 전진기지로 남아 있었고, 그러다 19세기 말엽에는 힘을 행사하는 식민주의자로 공동체의 지위를 향상시키고 교역 범위도 넓히기 위해 서구화 정책을 추구했다.[93]

한편 인도양의 대다수 섬과 아프리카 내륙, 아라비아, 인도, 중국에는 오래도록 잔존해 있던 속박이 그 무렵까지 계속되었다. 아프리카의 여러 지역만 해도 (동산이 아닌) 인간 소유권을 갖는 노예제가 시행되어 가정 내에도 하인이 많았다. 그러다 경제 상황이 악화되면 하인들은 채권자에게 넘어가거나 상인에게 팔려 가기 마련이었다. 인도 역시 가족경제와 계급제도의 성격상 대개의 경우 부모가 자식을 전용하는 것이 가능했고, 따라서 규모가 큰 사회경제적 권력 구조 속에서는 가난한 사회집단의 예속도 충분히 수반될 만했다. 아닌 게 아니라 비하르에서는 가난한 사람에게 돈을 빌려준 채권자가 채무자를 부릴 수 있는 권리도 함께 보유했다. 아이들도 그런 예속 관계 속에 태어나면 채무가 상환될 때까지는 팔리거나 임대되거나 저당으로 잡히거나 토지와 맞바꾸는 데 이용되었다. 마드라스에서도 빚 갚을 능력이 없는 농촌의 노

_____**29** 영국인들이 인도를 지배하기 위해 최초로 정착한 지역이 봄베이다.

동자와 하인은 사실상의 농노가 되었다. 그런데 영국 지배하에서는 이것이 한층 강화되어 동남아시아와 인도네시아 군도에서는 노예제, 채무 노예, 전쟁 포로의 강제 노동 관행이 사회들만큼이나 다양하게 실시되었다. 이 모두 노예제와 다를 바 없는 조건 혹은 제약에 묶인 최하층계급 사람들의 비자발적 이동을 수반했다.[94]

영국령 인도를 비롯한 남아시아에서는 서유럽, 유럽 쪽 러시아 혹은 북아메리카에 비해 중장거리로 진행된 역내 자유 이주와 계약 이주가 전체 인구에서 차지하는 비율이 높지 않았다. 국제적으로 진행된 이주는 포함되지 않았지만 1891년의 인구조사에 인구의 89퍼센트가 출생지에 거주하고, 97퍼센트가 출생 주(州)에 거주한 것으로 나타난 점도 이를 뒷받침한다. 다만 이 집계에는 서유럽, 남유럽, 동유럽, 중부 유럽을 합친 크기의 인도 주들 간에 진행된 이주는 과소평가되었고, 여성들의 결혼 이주, 부유한 가정의 하인들이 신부를 쫓아가거나 가난한 가정의 궁핍한 여성 친족이 신부를 쫓아가는, 결혼에 수반된 이주는 배제되었다. 반면 남아시아의 많은 사회에 존재한 풍습으로 결혼한 여성이 첫아이를 가지면 부모가 있는 친정으로 가서 분만하는 출산 이주는 단기 체류 이주율을 높이는 역할을 했다. 남성들이 일자리를 찾아 먼 곳으로 이주하는 경우에는 결혼 이주가 뒤를 이었다.

별개이면서도 관련이 있는 인도 경제와 영국 경제가 발전함에 따라 인도에서는 다음과 같은 네 가지 주요 역내 이주 체계가 등장했다. (1) 캘커타의 황마 공장과 여타 산업체, 벵골 지방의 탄광, 아삼 지방의 차 농장, 비하르의 인디고 농장과 염료 공장으로 향해 간 북동쪽으로의 중거리 이주, (2) 봄베이 반경 300킬로미터 범위 내 지역에서 봄베이로 향해 간 이주, (3) 주변 지대에서 델리로 향해 간 이주와 연합주united Provinces의 주변 지대에서 서쪽 펀자브 지방의 새로운 관개지로 향해 간 이주, (4) 남쪽의 마드라스에서 북쪽의 마이소르와 하이데라바드로 향해 간 이주와 서고츠산맥의 농장 농업 지대로 향해 간 이주다. 이 밖에 다수의 소규모 이주와 실론의 차 농장 지대를 목표로 한 이주도 함께 진행되었다.

이주는 가족농업 이주, 농장 노동 이주, 광산 노동 이주, 도시 이주의 사회

경제적 범주로도 나누어진다. 이 중 가족농업 이주는 농부들이 종종 가족 단위로 아삼과 (식민지 정부가 용수로를 설치해) 관개지가 된 곳들로 옮겨 간 이주를 말한다. 그러나 1900년 이후로는 비옥한 농토가 펼쳐진 아삼 계곡으로 벵골인 수십만 명이 유입되는 것에 현지인들이 분개했다. 이주민 가족은 현지에 도착하면 (민족성이 아닌) 신앙과 카스트에 따라 응집했다. 또 젊은 부부가 이주해 오면 출산율이 높아지고 인구가 불어나는 것을 의미했다. 계약 농장 노동자들은 대부분 차, 커피, 고무, 카르다몸 농장, 그중에서도 특히 아삼, 잘파이구리, 다르질링의 차 농장으로 이주했다. 차 재배는 1840년에 시작되었는데도 1850년대에는 이미 노동 수입이 필요해져 아삼 지방만 해도 1911년 이후 10년간 77만 명의 쿨리가 유입되었다. 그에 따라 노동자들도 조직을 결성, 노동조건의 향상을 위해 싸웠다. 그러나 (볼셰비키 혁명 후) 내전에 시달리던 러시아로의 수출 감소로 시황이 나빠진 1920년대 초에는 노동자의 수가 줄었고, 그것이 갖가지 형태의 이주를 유발했다. 독자적으로 나선 계절적 노동 이주, 가족 전체가 움직인 노동 이주, 농장주가 미끼로 던져 준 조그만 땅에 끌려 가족들이 옮겨 간 이주가 그런 사례들이다. 그리하여 1930년대에는 아삼 인구의 6분의 1을 이주민이 차지하게 되었다. 서벵골 지역 탄전의 광산 노동자들도 1870년대부터 부근의 구릉 지역에서 채용된 사람들이었다. 여성의 지하 노동이 금지되지 않았을 때는 가족 전체가 이주를 하기도 했다. 자민다르 제도 아래서는 대규모 광산 소유자들이 인근 마을 주민들을 통제할 권리도 보유했기 때문에, 토지를 공여해 주는 조건으로 탄광에서 일정 기간 노동의 의무를 지우는 반￥봉건 노동 제도도 시행되었다.

1930년대 초에는 농촌 간 이주에 비해 거리가 먼 농촌-도시 간 이주가 남아시아 전역에서 역내 이주의 절반을 차지하게 되었다. 남녀 비율은 60 대 40으로 대서양 횡단 이주의 남녀 비율과 같았다. 도시에서는 이주민의 평균 비율이 37퍼센트였으나 봄베이에서만 예외적으로 이주민 비율이 75퍼센트까지 치솟았다. 봄베이보다 발전은 더뎠으나 캘커타도 1891년에는 인구 68만 명 중 57퍼센트, 1911년에는 90만 명 중 64퍼센트가 이주민이었다. 마을 사람들이 이주를 좋아하지 않았던 점과 카스트 제도에 따른 분리된 상행위에 사람들이 고착되어 있었던 점이 노동 수요를 높인 요인이었다. 계약 노동 이주가 감소하고 자유 이주가 증가한 뒤에는 정보가 넘쳐 나서 고용주에게 좌우되던 채용이 자발적 이주로 대체되었다. 20세기 초에는 농촌-도시 간 이동으로 북동쪽의 비하르, 벵골, 아라칸(버마 서해안 지역에 있는 일명 라카인)이 상호 연결된 단일 이주 체계로 통합되었다. 식민지 당국과 밀착해 지내며 자식들을 도회지 학교에 보내고 싶어 한 가족들의 엘리트 이주도 있었다. 그러나 엘리트 이주민의 하인들이 하위 카스트 연쇄 이주의 또 다른 고정점이 됨에 따라 상하층 이주도 종국에는 뒤엉키게 되었다. 역내 이주가 대서양 횡단 이주와 연결되어 일어나지 않고 병행해 일어난 것도 남아시아 이주가 가진 특징이었다.[95]

한편 시암과 인접한 네덜란드령 동남아시아 섬에서는 전통적으로 소규모의 다양한 섬 내 이주와 섬 간 이주가 진행되었다. 섬 주민들은 농업, 어업, 선원 생활로도 생계를 이어 갈 만했기 때문에 자바의 네덜란드인 농장주들은 필요한 노동력을 수입해서 썼다. 그런데 식민지 당국이 이 자활 가능한 자바인들을 노동력 부족을 이유로 '주변' 섬들은 물론 심지어 카리브해의 네덜란드령 영토로도 강제 이주시켰다. 수마트라섬의 담배 농사도 계약 노동자들에게 의존해 지었다. 1934년 무렵에는 중국인 125만 명의 절반 이상이 자바의 주변 섬에 거주했을 정도다. 이와 달리 45만 명에 달한 유럽 이주민의 80퍼센트는 대도시와의 연계망이 잘 갖춰진 자바섬에 살았다.[96]

일본 정부도 1870년대부터는 팽창 정책과 산업화 정책을 실시했다. 그 첫 단계로 무인 지대나 다름없고 날씨도 추운 북쪽의 홋카이도섬과 인구밀도가 높고 아열대에 속한 오키나와가 포함된 남쪽의 류큐 제도에 식민지를 수립했다. 그리하여 인구밀도가 높은 본섬(혼슈) 사람들이 홋카이도로 대거 이주함에 따라 1860년에 6만 명이던 그곳의 일본인 인구가 1920년에는 240만 명으로 크게 불어났다. 이와 달리 오키나와 주민들의 일본 본토로의 이주와 이후 진행된 새로운 식민지들로의 이주는 소수에 그쳤다. 영국 혹은 에스파냐 당국이 아메리카 식민지인을 차별 대우했던 것처럼 일본 당국이 섬 원주민을 '일본 본토인'과 동등하게 간주하지 않고, 섬으로 이주한 일본인 또한 본토인처럼 대우해 주지 않은 탓이었다. 두 번째 팽창 국면에서는 일본이 더욱 공격성을 띠어 역시 1870년대에 오래도록 쇄국 상태에 있던 조선을 개국시킴으로써 영향력을 행사하고 일본인이 이주할 수 있는 발판을 마련했다. 1910년에는 조선을 강점하고 1931년에는 만주를 침략했다. 일본이 이렇게 식민지 사업을 펼친 이면에는 사무라이들을 타국에 군인으로 보내 그들의 지위를 평민으로 강등시키고 사회에서 그 계급을 몰아내려 한 전략도 숨어 있었다.

일본의 산업화 정책도 중요한 내적 이주, 특히 농촌에서 도시로의 단거리 이주와 도시 응집을 야기했다. 타국으로의 이주 규정이 유연하게 바뀐 뒤에는 하와이와 아메리카 대륙의 태평양 연안에도 일본인들이 정착했다. 미국과 캐나다에서 반아시아 운동이 일어나고 배척법이 제정되어 두 나라로의 입국과 정주가 어려워지자 이주의 종착지가 페루와 브라질로 바뀌었다. 그러나 일본의 경우 계약 노동 이민은 별로 없었다. 일본 정부가 중국과 달리 해외 주재 노동자들을 보호하고, 보호가 불가능할 것 같으면 아예 사전에 이주를 차단했기 때문이다. 따라서 이주자의 수도 많지 않았다. 1937년 무렵 해외에 거주한 일본인을 지역별로 나누어 보면 식민지화되지 않은 다른 아시아 국가들에 4만 명, 하와이와 북아메리카에 20만 7000명, 라틴아메리카에 22만 7000명 정도였다. 일본에서는 이주가 국가의 영향력 확대를 위한 사업의 일부였고, 그런 식으로 자의적 이주는 제국주의 전략의 한 양상이 되었다.[97]

태평양 횡단의 거리, 연계 그리고 인종화

1570년대에서 17세기 중엽까지 진행된, 필리핀과 아메리카 대륙의 누에바에스파냐를 잇는 태평양 이주 체계의 첫 국면이 끝난 뒤 에스파냐 제국권 내에서 교역 관계는 예전처럼 계속되었으나 이주는 2세기 동안 거의 중지된 상태였다. 태평양의 원거리를 횡단하기는 쉽지 않았다. 인도양과 동남아시아와 동아시아 해역이 연결되는 동안에도 태평양은 여전히 분리된 해역으로 남아 있었다. 인도양에서 대서양으로 가는 뱃길은 1800년대 초부터 이미 교통량이 많아져 최초의 계약 노동자 수백 명이 그 해로를 통해 카리브해와 브라질의 플랜테이션 지대로 갔는데도 말이다. 태평양 이주 체계의 두 번째 국면은 아시아 내 이주와 연계되어 발전하기 시작했다. 그러다 보니 대서양 이주 체계의 등장과도 닮은 점이 많았다. 상인과 탐광자, 자유민 노동자들이 하와이와 아메리카 대륙의 태평양 연안에 소규모 공동체를 형성한 것만 해도 그랬다. 1840년대부터는 중국과 인도의 계약 노동자들이 카리브해 지역과 남아메리카로도 유입되었고, 이어서 북아메리카로는 외상 뱃삯 이주민이 들어왔다. 1880년대부터는 일본인, 조선인, 필리핀인도 이주했다. 다만 이 이주는 그 무렵에 고개를 쳐든 인종주의적 배제 정책의 방해를 받았다.

1800년 무렵에는 태평양에 떠 있는 폴리네시아인들의 근거지 하와이 제도가 소수의 유럽인과 더불어 아시아 이주민의 종착지가 되었다. 그곳에 중국과 서구의 자본가들이 세운 농장이 있었는데, 캘리포니아에서 설탕 수요가 생겨난 1800년 중엽부터는 미국 자본가들이 세운 농장이 그것들에 비해 경쟁적으로 우위를 점했다. 하와이 지배자들의 국정 조언자 노릇을 하며 중국 농장주들을 주변으로 몰아낸 것이 미국인들이 그곳에서 입지를 강화할 수 있었던 요인이었다. 하와이 농장 노동력은 1870년대까지는 원주민만으로 그럭저럭 충당되었다. 그런데도 1850년대부터는 중국인 계약 노동자들이 들어가 남태평양 남양 제도의 원주민(폴리네시아인), 일본인, 노르웨이인, 독일인, 마데이라 제도의 포르투갈인과 함께 농장에서 나란히 일했다. 다만 그들 중 포르투갈인들은 가혹한 노동조건을 견디지 못해 캘리포니아의 마카오-포르투갈인 혹은 중국-포르투갈인 공동체로 옮겨 갔다. 1898년 하와이가 미국에 병합되고 아시아인 배척법이 확대된 뒤에는 그곳으로의 유입 이주가 줄어들었다. 공동체들도 약화되어 두 곳만이 견실함을 유지했다. 그중 하나인 중국인 공동체의 구성원은 2만~3만 명이었고, 그들 고유의 제도와 기업도 보유하고 있었다. 중국인 혹은 현지 여성과의 결혼으로 혼혈 2세대도 출현했다. 벼농사에서 시판용 채소 재배로 경제 범위도 넓혔다. 다른 하나인 일본인 공동체도 발전을 이뤄 1930년 무렵에는 섬 주민의 40퍼센트를 차지하게 되었다. 자주적 농가는 토지를 임차하고, 그럴 형편이 못 되는 사람은 유럽인과 미국인이 소유한 농장에서 노동을 했다. 1909년에는 일본인들이 노동조건 개선을 요구하는 쟁의를 벌이기도 했으나, 중국, 필리핀, 포르투갈 노동자 계층 디아스포라들은 그들을 지원하지 않았다. 그 무렵만 해도 아직은 계급 연대에 비해 인종 문화적 특징이 우세했던 까닭이다. 하와이에는 국제적으로 뒤섞인 노동력, 그리고 그와 다르게 뒤섞인 기업가 계급만 존재했을 뿐이다.[98]

1830년대 말부터는 카리브해 지역과 카리브해의 본토 식민지들이 영국 제국이 전 세계에 분배한 노동량에 따라 계약 노동자가 된 남아시아인들의 도착지가 되었다. 과들루프, 마르티니크, 프랑스령 기아나의 프랑스 농장주들도 아시아 식민지들로부터 노동자 수백 명을 수입했으며, 네덜란드 농장주들도 자바섬 노동자 3만 3000명을 남아메리카 중북부의 수리남에 배치했다. 이 계약 노동자들은 아프리카계 크리오요나 노예선에서는 해방되었지만 '해방에 대한 대가'를 '되사도록' 강요받은 콩고와 동아프리카 노예들과 동등한 취급을 받았다. 이런 식으로 1811~1916년의 기간에 카리브해 지역에 도착한 자발적 노동자와 노예 노동자가 무려 175만여 명이었다. 나라별로는 아프리카인 80만 명, 인도인 55만 명,(이 중 본국으로 귀환한 사람은 3분의 1도 못 되었다.) 에스파냐령 쿠바 혹은 푸에르토리코로 보내진 중국인 27만 명 정도였다. 이들 외에 6만 명 혹은 그에 조금 못 미치는 자유민 아프리카인과 유럽인 20만 명도 카리브해 지역으로 들어갔다. 제국적 상황에서는 영국의 섬 속령과 본토 속령에 보내진 50만 명 이상의 노동자 중에서 80퍼센트가 인도 출신이었다. 1870년대 무렵에는 영국령 기아나, 트리니다드, 자메이카에 자유민 공동체도 등장했다. (영국령) 서인도제도로 이주한 동부 인도인 자손들 사이에서는 카스트 제도가 약화되는 특징도 나타났다. 그런가 하면 인도인들은 여성의 수가 많은 점 때문에 공동체를 형성하는 측면에서는 중국인들에 비해 유리했다. 그렇게 공동체를 형성한 채 그들은 지역 내 이곳저곳을 옮겨 다니며 소농, 점주 혹은 수출입 상인이 되었다. 그 과정에서 유복한 도시 엘리트도 등장하고, 20세기 초에는 인도계 카리브해인들이 처음으로 입법부에도 진출했다.

이런 남아시아인과 달리 차오저우, 호키엔어 사용 지역, 광둥어 사용 지역(중국 남부 지역) 출신의 중국인 계약 노동자들에게는 선택의 여지가 별로 없었다. 쿠바, 자메이카, 트리니다드, 기아나로 실려 간 그들 대부분이 생존을 위협받는 수준의 임금을 받는 조건으로 재계약을 강요받은 것이다. 에스파냐령 쿠바의 중국인 노동자들은 사실상 노예 취급을 받았다. 불법 노예무역에 종사해 오던 에스파냐 상인들이 합법적 쿨리 무역으로 돌아선 데 따른 손실을 메우려는 과정에서 발생한 일이었다. 남성을 계약 노동자로 고용하면 여성과 아이도 함께 속박시킬 수 있었으므로 상인들은 가족 채용에도 군침을 흘렸다. 농장주들은 자살을 비롯한 노동자 사망률을 세계 최고로 알려진 연평균 10퍼센트로 추정한 반면, 그보다 높게 본 사람들도 있었을 만큼 작업 중에 목숨을 잃는 사람이 많았다. 쿨리 채용이 강제로 이루어지고, 감옥 같은 배들에 실려 수송되며, 하루 12시간 노동에 시달렸던 사실도 (중국인을 의장으로 한) 프랑스·미국 국제 위원회 조사 결과로 밝혀졌다. 그렇다고 귀향이 보장되는 것도 아니었고, 출국에 필요한 여권을 발급받기 위해 관리에게 찔러 줄 돈 또한 없었으므로 목숨을 부지한 사람들은 영구 계약 노동자로 주저앉는 것이 예사였다. 간혹 자유를 얻는 사람도 기회가 있다고 여겨지는 곳으로 흩어져 임의 노동 집단에 노동을 팔거나 변변찮은 소매상인, 장인, 하인이 될 뿐이었다. 채소를 경작하거나 굴을 채취하는 사람도 있었다. 물론 소수이기는 하지만 대규모 교역소를 개설하거나 코코아 농장을 소유한 상류층 사람들도 있기는 했다. 20세기 초에는 트리니다드의 중국인 공동체와 그것과 별개인 아바나의 중국인 공동체가 캘리포니아의 중국인 공동체와도 접촉했다. 언어의 점진적 변화, 이종족 간 결혼 또는 혼외 관계, 혼혈 조상을 가진 공동체의 출현으로 아시아 이주민들과 이질적인 유럽계, 아프리카계, 아메리카 원주민계의 문화 접변도 시작되었다.[99]

페루, 니카라과, 브라질 등 남아메리카의 몇몇 경제 지역에도 중국 남부, 하와이, 일본의 노동자들이 유입되었다. 하지만 영국, 미국, 독일, 이탈리아의 투자자들을 끌어당긴 페루의 경우 노동조건은 쿠바와 다름없었다. 하와이인 노동자와 일본인 노동자들만 해도 농장 노동, 내적 개선 사업, 수출용 구아노 채취 작업에 동원되어 다수가 목숨을 잃었다. 페루·에콰도르 국경 분쟁 때 일본인들이 페루군에서 싸웠다는 이유로 아시아인들에 대한 적대감이 조금은 줄어들어 번성하는 공동체가 등장하기도 했지만, 1930년대의 대공황 엄습으로 그것도 오래가지는 못해 다수의 이주민 후손, 특히 브라질의 일본인들은 본국으로 귀환 이주를 했다.[100]

북아메리카에는 미국과 중국 간에 진행된 초기 교역의 일부로 중국인들이 처음 발을 디뎠다. 1848년의 캘리포니아, 1858년의 브리티시컬럼비아, 그 뒤를 이은 알래스카의 골드러시로 자유민 중국인들의 태평양 횡단 이주가 시작되었을 때는 홍콩과 밴쿠버를 잇는 직항로까지 개설되었을 정도다. 이런 열기 탓에 금광이 고갈되자 캘리포니아의 인종차별주의적 의원들은 멕시코 탐광자와 더불어 중국인에게도 '외국인 광부 인두세'를 부과했다. 대륙횡단철도 건설에 투입될 외상 뱃삯 이주민과 계약 노동자들을 유치하는 데 핵심적 역할을 한 주체가 바로 골드러시 때 활동했던 이들 기업가, 투기꾼, 서비스 근로자였다. 이주민들은 그 밖에 산업체에서도 일했고, 시판용 채소를 재배하거나, 소작농이 되거나, 해안가와 로키산맥에서 어부, 광부 생활을 하거나, 통조림 공장에서 일하거나, 전복 채취 작업도 했다. 루이지애나와 멕시코만 어장으로 옮겨 가거나 노예제 폐지 뒤 남부 농장들에 고용된 사람들도 있었으며, 어떤 사람들은 1873년의 대불황이 엄습하기 전 동부 공장 지대로도 갔다. 부유한 중국인들이 중국계의 민족 지도자와 외상 뱃삯 거래의 중개상인의 위치를 점했던 관계로, 강력한 위계가 수립되어 착취도 빈번하게 일어났다. 1890년 이후에는 중국뿐 아니라 미국의 일본인 공동체도 덩치가 커졌으며, 필리핀인과 동부 인도인들도 북아메리카 이주의 일원이 되었다. 이런 식으로 1850~1920년의 기간에 아시아권에서 태평양권으로 이주하여 미국에 거주한 사람을 지역별로 나누면 중국인 32만 명, 일본인 24만 명, '여타 아시아인' 3만 명, 태평양 섬 주민 1만 명, 오스트레일리아인과 뉴질랜드인 4만 4000명이었다. 따라서 총계가 말해 주듯 다양한 이주가 포함되었다. 캐나다도 1921년의 인구조사에 중국인 3만 9600명, 일본인 1만 5900명, '동부 인도인' 1만 500명이 거주했던 것으로 나타났다. 태평양 이주 체계는 이렇듯 대서양 이주 체계에 비해서는 이주민이 많지 않았다. 그러나 아시아인 이주에 제약을 가한 뒤로 미국에서는 값싼 노동력에 대한 수요가 계속 늘어났기 때문

_____1914년, 밴쿠버만에서 고마가타마루호에 승선한 채 캐나다 입국을 금지당한 인도 이주민들. 영국 국민이었으니 피부색에 관계없이 영국 제국을 자유롭게 오갈 권리가 있었는데도 캐나다 정부는 관료적 눈속임을 이용해 이들의 입국을 불허했다. 이 유명한 고마가타마루호 사건에 발이 묶인 이주민이 376명이었다. 시크교도가 대부분이었는데도 '힌두교도'로 오칭되기도 했던 이들은 스무 명을 제외하고는 모두 본국으로 되돌아갔다. (Library and Archives Canada)

에 규제법이 적용되지 않은 필리핀 식민지에서 이주민이 지속적으로 유입되었고, 1900년 무렵부터는 멕시코 인력도 채용되기 시작했다.[101]

아메리카 대륙의 아시아 이주민 공동체들은 모두 문화 출신지와 지속적으로 디아스포라 연계를 맺었다. 1875년부터 앵글로아메리카 사회가 인종차별 규제법을 가동하기 시작했을 때 이주민들이 관료들의 서류로 된 만리장성을 교묘하게 피해 갈 수 있었던 것도 그 덕이었다. 이주민의 아들, 딸, 하인들이 위조문서와 가짜 신원으로 '서류'를 만들어 넘으로써 국가가 조작한 인종차별적 규정을 보란 듯이 위반한 것이다. 공동체들이 견고함을 유지할 수 있었던 것도 1930년까지 부정기적으로 계속된 그런 이주 때문이었다. 미국의 인종차별주의자들이 필리핀 독립을 요구한 이면에는 필리핀 남녀들의 이주를 막으려는 속셈이 숨어 있었다. 그런 식으로 민족국가의 이데올로기는 또한 번 노동자 계층을 동등한 인간으로 받아들이기를 거부했다. 하지만 그랬던 그들이 군사적 동료 관계는 받아들여 1937년 일본의 중국 침략으로 시작된 제2차 세계대전[30] 때 중국이 연합국 편에서 싸웠다는 이유로 중국인들에 대한 이민 규제는 1943년에 완화했다.

중국과 만주의 농민 이주 그리고 이동성

1세기 동안 지속된 광둥성과 푸젠성의 중국인 이주 전통은 남양에서의 디아스포라 형성과 계약 노동자들의 이주를 수반했다. 거대하지만 분화된 내륙이 농민의 정착 이주, 기아에 허덕인 사람들의 난민 이주, 그리고 특히 19세기 중엽부터는 내전과 반란에 시달린 사람들이 유입된 이주의 장이 되었다. 그에 반해 1860년대부터 시작된 초기 산업 발전은 이주의 측면에서 볼 때 충분한 일자리를 제공해 줄 정도의 성과를 내지 못했다. 교역 증가와 탄광업 확대, 그리고 조선소와 공장의 수립으로 숙련 노동자와 기술자의 역내 이주만 유발했을 뿐이다. 새로운 교통 체계가 가동되어 운송업과 바지선 견인에 종사하던 수많은 노동자가 실직에 내몰렸으니 철도와 항만의 건설에 잉여 노동력이 흡수된 것도 효과가 없기는 마찬가지였다. 인력에 기반을 둔 사회경제에 증기력이 도입된 것도 동물 견인 운송에 기반을 둔 경제가 야기한 것과는 비교가 되지 않을 정도로 많은 실직을 불러왔다. 유럽의 예가 보여 주듯 설상가상으로 인구도 빠르게 증가했다. 구조 개혁의 의지가 없던 유럽 사회는 그나마 타지로 이주할 수 있는 선택의 여지라도 있었으나, 중국은 남부의 두 성을 제외하면 이주의 전통도 없었고, 1890년대 말까지는 항구도시들로 이어진 철도망도 없었으며, 타지로의 이주를 촉진할 정치적·담론적 틀 또한 마련돼 있지 않았다. 산둥성에서 북쪽의 만주를 잇는 새로운 이주 체계도 1880년대에

_____**30** 1939년 히틀러의 폴란드 침공 등 제2차 세계대전의 정확한 개전일에 대해서는 여러 가지 이론이 있다.

야 만들어졌다. 유럽의 식민주의 국가들이 부과한 교역조건에 따라 다수의 중국인이 이주한 것이 그 무렵이었다.

북부 해안 지대에서도 19세기가 끝나 갈 무렵 계약 노동 혹은 외상 뱃삯 이주가 시작되었다. 남자들이 계약 노동자로 채용되어 러시아령 시베리아와 남아메리카의 광산 지대로 향한 것이다. 20세기 초에 북부 평원에 철도가 건설된 결과로 정보량이 늘어나고 즈리성,[31] 산둥성, 허난성처럼 찢어지게 가난한 북부의 농업 지역들에 교통편이 제공된 점도 이주를 촉진했다. 즈리성은 기후 조건과 짧은 생육 계절 때문에 작물 수확을 예측하기 어려웠고, 그 밑에 위치한 산둥성은 농사 조건은 좋았으나 홍수가 말썽이었다. 1876~1879년 동안 가뭄과 기아로 죽거나 난민이 된 사람이 무려 900만~1000만 명이었을 정도다.[102]

대권역적 상황에서는 사할린, 조선, 만주가 러시아 제국이 극동 지역[32]을 자국 영토에 편입시킨 이후로 영토 분쟁지가 되었다. 주변의 강력한 두 경쟁국(러시아와 일본)과 생계를 영위할 토지조차 없던 북중국 농민들 간에 벌어진 분쟁이었다. 러시아는 17세기 중엽을 시작으로 2세기 동안 중국과 러시아의 이주민이 정착해 상호작용을 하던 아무르강 이북에서 남하 정책을 펴 오다 청나라와 충돌한 끝에 아무르강과 항구도시 블라디보스토크(앞에서 말한 극동 지역)로까지 세력을 확대했다. 일본도 그에 질세라 1895년 중국의 시장들로 간주되던 곳을 공격해 (시모노세키 조약에 따라) 타이완과 펑후 제도를 할양받고, 북쪽의 랴오닝성에 속한 포트아서(뤼순)와 다롄도 '조차'했다.(이후 관동주로 개명했다.) 1905년에도 일본은 러일전쟁에서 러시아를 격파하고 (포츠머스 조약에 따라) 북위 50도 이남의 사할린섬을 할양받았다. 1910년에는 보호령이던 조선을 강점했으며 만주와 내몽골도 세력권에 편입시켰다. 그 결과로 군대와 경제가 결합된 일본의 통치 아래 광업과 산업의 생산이 늘자 노동력이 다시 필요해졌다. 하지만 중국 농민들의 관점에서 보면 그것은 토지에 인구가

———— **31** 중국 북부의 성이었으나 1928년에 해체되었다.
———— **32** 아무르강 이북 지역과 연해주, 즉 프리모르스키 지구.

드물어지는 것을 의미했다.

1895년에 체결된 시모노세키 조약은 중국의 일부 영토를 일본에 할양하는 것에 그치지 않고 북부 항구도시들도 유럽과 일본에 개항하는 결과를 초래했다. 그리하여 기계로 짠 값싼 면직물이 유입되자 현금 수요가 증가하고 국내 생산은 무너져 내렸다. 이주할 능력이 있는 사람들은 가족 전체가 나라를 떠나거나 개별적 이주민이 송금해 주는 돈으로 자금을 융통하리라는 희망이라도 가질 수 있었으나, 언제나 그렇듯 가난한 사람들은 이동하는 것조차 불가능했다. 학생들이 일시적으로 고장을 떠나고 교사와 언론인들 또한 디아스포라 공동체에 합류함에 따라 그렇지 않아도 부족한 마을과 지방의 교육기관 수도 줄어들었다. 반면에 북쪽 지역으로 가는 여비는 갈수록 싸지고 가는 속도도 빨라졌다. 만주가 코앞에 있는 것처럼 느껴질 정도였다. 동북아시아 전역, 특히 만주를 이주의 종착지로 삼은 사람이 중국인 2800만~3300만 명, 조선인 200만 명에 달했다. 다만 일본인은 일본 정부가 애당초 세운 식민지 사업 계획에 훨씬 못 미치는 50만 명 정도가 이주하는 데 그쳤다. 그러나 조선으로 이주한 일본인들도 있었으며, 그들은 제국 당국의 보호 아래 조선의 농토를 점유하고 도시의 일자리도 점유하는 혜택까지 누렸다. 반면에 조선인 250만 명은 그로 인해 1930년대에 군국화되고 산업화된 일본으로 이주하거나 열등한 지위의 노동자로서 이주하도록 '유도'되었다.

한편 중국의 역내 이주와 타지로의 이출 이주에는 상이하다 못해 서로 소통도 안 될 정도로 많은 지역의 방언자들이 포함되었다. 설상가상으로 중앙아시아의 위구르족에서 카자흐족에 이르는 무슬림 튀르크어족, 몽골과 히말라야산맥의 몽골족과 티베트족, 북쪽의 한민족韓民族과 만주족 등 50개 이상의 국적을 가진 '소수민족'(1930년대 들어서야 개념화된 말이다.)이 중국 인구의 10퍼센트를 차지하고 있었다. 역내 이주가 진행되는 내내 베이징이 소규모 공동체 혹은 아랍계 무슬림 무역 상인, 사마르칸트 출신의 튀르크계 무슬림, 몽골의 유목민 상인 들로 구성된 계절적 이주민 공동체를 수용하는 곳이 된 것도 그 때문이었다. 상업적 거래 관계도 내몽골의 무슬림들이 브리티쉬 아메리칸 토바코에 납품할 담배를 재배했을 만큼 내륙 깊숙이까지 뻗어 있었다. 몽골은 그 밖에 중국 정부가 시행한 식민지 정책의 표적도 되어 맨주먹인 사람들이 계절노동자로 이주하거나 농부 가족의 작은아들들이 이동하거나 온 가족이 이주해 오는 곳이 되었다. 또한 어디서나 그렇듯 별다른 호구지책이 없는 가족은 가장이기 십상인 일부 가족 구성원이 돈벌이를 위해 먼 곳으로 떠남에 따라 부부가 떨어져 사는 이산가족이 되기 일쑤였다. 그리고 그러다 보면 젊은이들은 가족 간에 소원해진 감정, 이주의 경험, 2개국어를 구사할 수 있는 능력이 이유로 작용해 통역자 생활을 하며 도시에 그대로 눌러앉았다. 이 모두 시장과 새로운 철도가 유목민과 개척 경제를 중심지와 연결시켜 준 데서 비롯된 결과였다.

다른 곳들에 비해 규모가 어마어마하게 컸던 만주로의 이주는 랴오허강 계곡에 정착한 북중국인들이 선양과 하얼빈 이북 지역들로 재이주하면서 시작되었다. 베이징과 동쪽의 쑤이위안 및 북쪽의 하얼빈을 잇는 철도 건설로 대중교통이 마련된 결과였다. 그러나 가난한 가족들은 그것도 그림의 떡에 지나지 않아 수백 킬로미터나 되는 길을 걸어서 이동했으며, 목적지에 닿은 뒤에도 북아메리카 대평원에 처음 들어간 유럽인의 특징적 주거 형태였던 뗏장 집과 유사하게 햇볕에 말린 진흙 벽돌을 쌓고 자잘한 나뭇가지 위에 진흙을 이겨 바른 지붕을 얹은 형태의 집도 손수 지었다. 그렇게 이주민이 답지함에 따라 1911년에 1500만 명이던 만주 인구는 1931년에는 곱절로 불어나 3000만 명이 되었다. 1920년대까지는 중국 정부가 이주를 장려하고 지원했으며, 사기업이나 행정 조직이 토지를 보유했다가 매각한 것도 이주율을 높이는 데 한몫했다. 1920년대 중엽에는 계절노동자 50만 명의 4분의 3이 가족이 있는 산둥성이나 즈리성으로 해마다 돌아오는 상황이 되었다. 철도로 촉진된 역내 이주는 그때부터 매년 100만 명씩 늘어났으며, 가족 이주를 통한 영구 정착도 그와 더불어 증가했다. 그들 대부분이 가뭄, 기아, 내전이 끊이지 않는 상황에서 자발적으로 이주한 산둥성 사람들이었다. 1932년 3월 1일부터는 (만주사변을 일으켜) 만주를 점령한 일본에 의해 만주가 '만주국'이 됨에 따라 만주로의 대량 이주도 다롄-선양-지린-하얼빈 간의 철도 노선, 즉 일본이 세운 남만주철도의 본선 구간을 통해 일본이 운영하는 탄광, 철도 건설지, 도시들에 노동력을 공급해 주는 것으로 성격이 바뀌었다.

　몽골에서는 문화적 상호작용이 중요했던 반면 만주에서는 수가 중요했던 것도 만주 이주의 특징이었다. 중국 이주민이 현지의 만주족을 수적으로 압도한 것이다. 중국인들은 이렇게 만주에 들어가 같은 고장 혹은 같은 마을 출신 가족들끼리 고전적 도시 공동체를 형성하고, 상조회를 꾸리며, 변방적 상황에서 질서를 지키기 위해 자경단 비슷한 것을 조직하고, 대금업자를 회피하기 위한 신용조합도 만들었다. 시간이 흐른 뒤에는 정주지가 미어터질 지경이 되어 변방도 앞쪽으로 서서히 이동했으며, 새로운 철도 건설, 은행 입점, 신선 농산물 생산으로 정착도 용이해졌다. 반면에 가족에 대한 유교적 관념, 그리고 땅에 조상의 신령을 연관시키고 생존한 부모와 죽은 부모에게 아들 된 도리를 다해야 된다는 유교적 관념은 변화를 더디게 하는 요인으로 작용했다. 하지만 그럼에도 중국인들은 인구에서 압도적 우위를 점하여 1940년 무렵에는 만주 인구 4320만 명 중 중국인이 3680만 명을 차지하고, 만주족(270만 명), 몽골족(110만 명), 조선인(145만 명), 일본인(85만 명), 러시아인과 여타 민족이 나머지를 차지하는 상황이 되었다. 그런데도 도처에 있는 인구 계획자들은 만주에 여전히 3000만 명 정도의 추가 이주민이 들어올 여지가 있었던 것으로 추정했다. 그러나 제2차 세계대전의 발단이 된 1937년 일본의 중국 침략으로 집단 이주는 집단 난민 이주가 되고 말았다. 전후에도 중국 정부가 국공 내전에서 승리한 공산당에 넘어가고, 전쟁으로 황폐해진 나라를 재건할 필요성 및 국내적으로 발생한 난민들을 재정주시킬 필요성 때문에 근래에 형성된 북쪽으로의 이주 패턴과 남쪽으로 향하는 전통적 이주 패턴은 종말을 고했다.[103]

산업화된 유럽 쪽 러시아와 러시아의 시베리아 변경

　19세기에서 20세기로 넘어가는 시점에 형성된 러시아·시베리아 이주 체계에는 (1) 유럽 쪽 러시아인이 대부분이었던 이주민 1000만 명이 농촌에서 도시로 향해 간 대규모 계절적 이주, (2) 농민 가족과 노동자들이 중국과 접경한 아무르강 유역까지 남부 시베리아로 향해 간, 그리고 갈수록 증가세를 보인 '역내 이출 이주', (3) 주로 유대인, 폴란드인, 우크라이나인이 1880년대부터 북아메리카로 향해 간 타국으로의 이출 이주가 포함된다.

앞의 분류에도 나타나듯 1861년 농노 해방령이 내려진 뒤 남부 시베리아와 트랜스카스피해 경작지가 농민 가족들의 주된 이주지였다면, 1880년대부터는 캐나다 서부 지역과 광산 지역이 이주민들의 주된 종착지였다. 미국과 러시아 제국 사이에는 유사점이 많았다. 시베리아와 같이 인간의 거주가 불가능한 그레이트아메리카 사막이 미국에 있었던 것도 그랬고, 미국과 캐나다 정부가 1862년과 1872년에 각각, 러시아가 18세기 중엽과 다시 1906~1911년의 기간에 표트르 스톨리핀Pyotr Stolypin[33]의 정책 아래 그랬던 것처럼 홈스테드법(자영 농지법)을 시행, 이주를 촉진한 것도 그랬다. 이주민들이 불하받은 토지에 정착하고, 떠나온 고향 마을에 비해 훨씬 평등하고 역동적인 사회제도를 만들어 낸 것도 두 곳의 공통점이었다. 미국에 종교적 박해를 피해 서부로 이주한 모르몬교도가 있었던 것처럼, 러시아에는 종교적 박해를 피해 동쪽으로 이주한 복고 신앙파Old Believers[34]가 있었던 점 역시 같았다. 러시아 정교회의 또 다른 분파인 두호보르파와 남부 러시아 독일어권 지역의 메노파 교도들 역시 19세기 후반부에 북반구에 불어닥친 민족주의 열풍의 일환으로 러시아화 정책이 시행되자 종교적 박해와 민족적 동질화를 피해 캐나다와 미국으로 이주했다. 1899~1914년의 기간에도 15만 명가량이 이주했으며, 1920년대에는 러시아의 무신론 및 집산주의 정책에 맞서 그보다 많은 사람이 이주길에 나섰다.

그런 식으로 1880년대부터 1914년과 1920년대까지 러시아·시베리아 이주 체계에서 개별적 단위 혹은 가족 단위로 동쪽과 남쪽으로 옮겨 간 남녀가 1000만여 명이었다. 같은 시기에 서쪽으로 향한 러시아계 유럽인, 유대인, 우크라이나인도 2000만 명에 달했다. 1890년대에는 연평균 4만 2000명이 시베리아에 도착했으며 그중 추방당해 온 사람은 2퍼센트도 되지 않았다. 피추방

_____ **33** 1862~1911. 러시아 제국의 총리를 지낸 보수주의 정치가.
_____ **34** 19세기에 러시아 정교회의 모스크바 총대주교를 지낸 니콘Nikon의 전례 개혁을 거부한 러시아 비국교도 집단.

자들 중 정치적 이유로 그곳에 온 사람들은 또 대개 고학력자에 사회적 책임 감도 강했으므로, 거리가 멀어 모스크바 정부의 손길이 제대로 미치지 못한 시베리아 마을과 소도시들에서 선생이나 간호사가 되었다. 이런저런 식으로 이주민이 답지하여 1911년 무렵에는 시베리아 전체 인구 940만 명 중 원주 민 비율이 10퍼센트에 지나지 않게 되었다. 길이가 600킬로미터에 이른 서중 부 시베리아 땅 연변을 러시아인, 우크라이나인, 루테니아인이 대부분이었던 이주민과 그들의 후손이 점유한 것이다. 트랜스카스피해와 트랜스아랄해 지 역 및 카자흐스탄으로도 400만 명의 이주민이 유입되었다. 하지만 이들은 중 앙아시아와 동아시아에서 중국인 이주민들과도 만나고, 드문드문 산재한 마 을들의 농부들과도 교류할 수 있었기에 시베리아로 간 이주민들보다는 정착 이 수월했다. 중국의 상인과 장인들도 교역로가 되다시피 한 아무르강을 타 고 블라디보스토크로 이주했으며, 미숙련 노동자들 또한 외국인이 25퍼센트 를 점한 시베리아 횡단철도 건설 노동력의 일부로 독일과 이탈리아의 숙련된 노동자들 곁에서 나란히 일했다. 1900년에는 아무르강 금 산지에서 일한 노 동력의 15퍼센트, 1915년에는 노동력의 76퍼센트를 중국인 계약 노동자가 차지하게 되었다. 1910년 무렵에는 러시아의 극동 지역에 거주한 중국인이 일 부 숙련 노동자나 도시 장인 들까지 합쳐 10만 명에 달했다. 그러다 보니 캘 리포니아 금광에서 피진 영어가 공통어로 쓰인 것처럼 극동 지역에서도 러 시아·중국 피진어가 공통어로 쓰이는 현상이 발생했다. 그런데도 중국인은 인종차별로 인해 토지를 소유할 수도, 토지에 대한 권리를 주장할 수도 없었 다. 하지만 그런 와중에도 이종족 간 통혼이 널리 행해졌으며, 러시아 행정 관들이 백인적 사고방식으로 '황화yellow peril'를 막으려 했음에도 극동 전역의 경제를 이주민에게 의존하다 보니 그곳은 유라시아 민족들의 만남의 장도 되 었다.[104]

농노 해방령 이후 유럽 쪽 러시아에서 진행된 농촌에서 도시로의 역내 이주에 관해서는 기록물이 풍부하게 남아 있다. 출발지 사회들이 과세 자료 로 쓰기 위해 임시 부재자들의 명단을 보유하고 있었기 때문이다. 그에 따르 면 1870년 이후 10년간 당국이 내 준 1년 혹은 1년 미만의 단기 이주 허가는

4000만 건 가까이 되었다. 제국 규모의 인구조사가 최초로 실시된 1897년에 러시아의 출생지를 떠난 남녀만도 940만 명(각각 전체 인구의 11.7퍼센트와 8.0퍼센트에 해당한다.)이었다. 그러나 이것은 순 수치에 지나지 않아 다중적 이주, 인구조사일 전에 출발했거나 돌아온 이주, 타국으로의 이출 이주, 인구가 조밀한 모스크바주州와 상트페테르부르크주 내에서의 농촌-도시 간 이동을 포함한 전체 이주의 양상은 드러나지 않는다. 모스크바주, 중부 산업 지역, 상트페테르부르크주, 돈바스(도네츠)와 우랄 지역의 산업 벨트에 걸쳐진 네 개 주[35]에만 해도 많은 수의 역내 이주민이 유입되었다. 1897년에는 모스크바 주민 100만 명과 상트페테르부르크 주민 125만 명의 4분의 3이 이주민이었다. 하지만 두 곳을 제외한 다른 주들에서는 원주민에 비해 이주민의 비율이 높지 않았다. 발트해 연안 3주(이후에는 에스토니아와 라트비아)만 해도 언어적 차이가 주 요인으로 작용해 타지로 이주하는 비율이 낮았다. 교환이 아닌 현금이 상거래의 특징이 됨에 따라 대부분의 농촌 가정이 소득 다각화 전략의 일환으로 남성이 장거리 이주를 하여 임금노동에 종사할 동안 본국에 남은 여성은 농사일을 곱절로 하는, 요컨대 노동 자원을 성별에 따라 할당하는 범세계적 패턴을 거의 그대로 답습한 점도 이주율이 낮았던 요인이다.

농촌에서 도시로의 일시적 이주는 가족 관계뿐 아니라 농민, 노동자, 남녀의 심리 상태, 작업량, 자기 조직화에도 영향을 미쳤다. 돈바스와 우랄 지역의 농촌과 광산 지대로 향해 간 이주민은 남녀가 함께 움직였으나, 80퍼센트가 넘는 도시 이주민이 남성이었던 것으로도 그 점을 짐작할 수 있다. 대다수 농민 가정의 경우 농사를 제쳐 두고 구성원 전체가 움직이는 것은 가능하지도 않았을뿐더러 그러려고도 하지 않았다. 그리하여 집에 남겨진 여성들은 부재중인 남편의 몫까지 두 사람 일을 감당해야 했다. 그러나 일은 그렇게 했을망정 독립된 의사 결정까지 남성 친족의 역할과 통제를 고려해서 하지는 않았다. 남성들이 타지로 떠난 모든 지역이 그랬듯, 그곳(유럽 쪽 러시아)에서도 어머니 밑에서 자란 아이들이 아버지 구경을 거의 하지 못했기 때문이다. 물

_____ **35** 뱌트카, 페름, 오렌부르크, 우파.

론 여성들은 도시로 남편을 만나러 갔다. 그러나 대개는 도회지 생활과 노동자 계층의 생활수준을 보고는 정나미가 떨어져 남편을 따라가고 싶은 마음이 저만치 달아났다. 반면에 여성 혼자 이주하면 도시 생활의 문화에 재빨리 동화되고, 공장의 일자리도 찾으며, 결혼도 늦게 했다. 변화에서 오는 긴장은 이웃의 지지, 일상에서의 전통 공유, 명절 풍습으로 풀었다. 그런가 하면 러시아에서는 아르텔artel이라는 다양한 형태의 노동자 협동조합도 가동되고 있었다. 남성들이 공동으로 요리하거나 여성 한 명을 고용하여 그 일을 맡기고, 지도자를 선출하며, 공동체 업무에 관련된 규정도 갖춘 조합이었다. 1882년에는 모스크바 주민의 13퍼센트가 전해에 유입된 이주민이었을 만큼 지리, 일자리, 주거 면에서 변동이 심했다. 그러다 보니 마을마다 농민 자치 공동체 미르와 흡사한 기구가 필요했다. 따라서 아르텔도 당연히 미르처럼 제약적인 면과 민주적인 면을 동시에 지니고 있었다.

프롤레타리아화는 수 세대에 걸쳐 형성되었다. 농노와 해방된 농민들은 먼저 계절노동 이주자가 되고, 그다음에는 공장 노동자가 되었다. 그러나 공장에 머무는 기간이 길어져도 마을에는 여전히 속박되어 있었다. 농민 노동자는 마을과의 연대가 끊어져야 노동자 농민이 되었다. 그들의 아들과 딸이 도시에서 태어나면 그 아이들도 도시 노동자, 다시 말해 프롤레타리아가 될 터였다. 하지만 미르 제도와 가족의 분리로 인해 이주민의 자녀들은 대개 도시 노동자 계층의 환경과는 동떨어진 농촌에서 자라기 일쑤였다. 따라서 러시아가 되었든, 북아메리카가 되었든, 서유럽이 되었든 아이들은 세대를 이어 아버지가 걸었던 길을 되풀이해 걷고, 공장 생활에도 새롭게 다시 적응해야 했다. 그와 달리 귀향하지 않은 이주민은 기술도 습득하고 프롤레타리아 의식도 갖게 되어 그들과 그들의 자녀 모두 숙련을 요하는 일자리를 얻을 수 있었다. 당연히 늦게 이주한 사람일수록 수입이 적은 미숙련 단순노동에 종사할 수밖에 없었다.[105]

러시아·시베리아 이주 체계의 세 번째 범주에는 유대인, 폴란드인, 우크라이나인, 발트해 연안 사람들이 서쪽의 대서양 이주 체계로 움직인 이주가 포함된다. 러시아 제국에서 북아메리카로 향해 간 이주민의 68퍼센트가 유대인과 폴란드인이고, 벨라루스인과 우크라이나인(11퍼센트), 리투아니아인(9퍼센트), 핀란드인(7퍼센트), 특권이 박탈되자 나라를 떠난 러시아계 독일인과 메노파 교도(5퍼센트)가 나머지를 차지했다. 1830~1860년의 기간에는 러시아를 떠난 차르의 백성이 고작 3만 명에 지나지 않았으나 1860~1914년의 기간에는 무려 450만 명이나 되었던 점도 이 이주 체계의 특징이었다. 러시아·시베리아 이주 체계에는 또 1863~1864년 동안 폴란드인들이 러시아 통치에 맞서 일으킨 최후의 봉기(1월 봉기)가 실패함으로써 주동자들은 시베리아로 보내지고 난민 7000~8000명은 파리와 잉글랜드로 향한, 특별한 형태의 이주도 포함되었다. 이후에 진행된 폴란드 노동 이주의 핵을 형성한 것이 바로 이 망명자들이었다. 러시아의 개혁가와 혁명가들도 이주를 했으며, 그 결과로 일종의 망명 사회인 '해외의 또 다른 러시아'가 출현하기도 했다. 1905년의 러시아혁명 때 돌아왔던 투사들 또한 머지않아 망명을 강요당했으며, 혁명적 유대인 노동자들의 도주는 미국행 이주율을 높였다. 대학 입학을 금지 당한 젊은 러시아 여성 5000~6000명 또한 1882~1913년의 기간에 스위스 대학으로 이주했다. 다만 이들 대부분은 학업을 마친 뒤 고국으로 돌아와 농민과 도시 빈민층을 위해 의료와 자선사업에 헌신할 계획을 갖고 있었다.

러시아의 유대인 강제 거주지였던 페일 정주지, 러시아 지배하의 폴란드 영토 그리고 우크라이나의 노동 이주민들도 베를린, 파리, 런던과 같은 서유럽 도시들과 몬트리올-뉴욕-펜실베이니아로 이어지는 북아메리카 도시들로 향해 갔다. 우크라이나의 농업 이주민 가족들은 캐나다의 대초원 지대로도 갔다. 그 무렵 전 세계 유대인 인구의 4분의 3이 동유럽에 살고 있었다. 러시아만 해도 18세기 말에 75만 명에서 90만 명이던 유대인 인구가 19세기 말에는 520만 명으로 늘어났고, 동유럽과 동중부 유럽의 다른 지역에서도 유대인 인구가 200만 명으로 불어났다. 조혼과 다자녀를 갖는 풍습이 러시아 제국 평균 인구 증가율의 곱절이 넘었던 유대인 인구 증가의 요인이었다. 침체 상태에 있던 폴란드-리투아니아 연방[36]의 북동쪽 국경 지대에서도 러시아의 남부

_____ **36** 1569년에 성립되어 1795년까지 존재했다가 소멸했다.

———뉴욕에 도착한 유대인 이민자들의 모습을 그린 삽화. 점증하는 폭력과 증가하는 사회적·정치적·경제적 제약을 이기지 못해 1880년에서 1914년에 걸쳐 러시아를 떠난 유대인이 200만 명이었다. 그들의 다수는 베를린과 파리, 런던과 같은 유럽 대도시에 정착하고, 여타 사람들은 북아메리카로 향하는 여정을 이어 나갔다. (Library of Congress)

주들을 목적지로 한 역내 이주가 이루어졌다. 러시아 정부도 그에 발맞춰 일시적으로 유대인 가족을 농업 지역 정착민으로 받아들이는 조치를 취했다. 하지만 키예프와 같은 일부 도시는 중세부터 내려온 유대인 차별 정책을 끝까지 고수하면서 이주민 유입을 가로막았다. 그리하여 이번에도 활기찬 유대인 문화는 다른 도시들, 이를테면 1795년에 250명밖에 되지 않던 유대인 인구가 1904년에는 15만 2000명으로 불어난, 번영하는 신흥 항구도시 오데사(러시아에 합병된 뒤 1794년 항구도시로 거듭 태어났다.)와 같은 도시에서 출현하게 되었다. 그러나 1870년대에 자행된 유대인 학살과 유대인을 심하게 제약하는 내용의 법률 제정으로 유대인의 대규모 탈출이 야기됨에 따라 소규모 유대인 촌 혹은 도회적 오데사의 문화적 요소가 다시 북아메리카로 옮겨 갔다. 그러다 제1차 세계대전의 발발로 모든 이주가 중단되었으며, 1917년에 일어난 러

시아 혁명(볼셰비키 혁명)으로 행동의 모든 변수도 바뀌었다.[106]

지중해 지역의 아프리카, 페르시아만 지역, 사하라 사막 이남의 아프리카

동지중해, 지중해 지역의 아프리카, 페르시아만 지역(서아시아, 북아프리카, 아라비아)의 문화권에서도 오스만 제국의 안정이 도전을 받고 영국 제국과 프랑스 제국이 영향력을 확대하는 변화가 일어났다. 오스만 제국의 핵심지에서마저 아르메니아인과 여타 민족 사이에 자치에 대한 열망이 높아지고 통치자들의 무능 혹은 부패까지 더해져 다인종의 공존이 위협받는 상황이었다.[107] 지난날 오스만 제국령이던 지중해 지역 아프리카의 항구와 교역 도시들 또한 지중해 유럽의 경제활동이 지난 몇 세기 동안의 상승세를 마감하고 대서양 쪽으로 옮겨 감에 따라 쇠퇴 일로를 걸었다. 이런저런 정치 경제적 여망, 강요된 유럽의 지배 그리고 이주 패턴을 따라가다 보면 이집트와 오만, 에티오피아, 나일강 유역의 수단, 북아프리카의 네 지역이 전면에 떠오르는 것을 알게 된다.

19세기 중엽 이집트와 오만이 아라비아에 영향력을 행사하는 한편으로 영국과 프랑스의 이주 기업인들은 이집트 엘리트층에 서구식 현대화 개념을 주입하고 수에즈 운하 건설에 자본을 투여하기 바빴다. 1870년대 초에는 시골 노동자와 한계 농지의 가족들을 동원해, 1860년대에 미국 남부 주의 목화 공급이 중단된 것도 일부 요인으로 작용해 시작된 면화 재배와 대규모 인프라 공사를 실시했다. 이집트의 신흥 엘리트와 도시민들은 유럽 이주민과 국가들의 이런 부당 행위에 맞서 민족주의 운동과 반외세 봉기를 일으켰다. 동아프리카에서도 1882년 이후 이탈리아가 영국과 프랑스가 탐내던 에티오피아를 침략해 식민지로 삼았다. 그러고는 뒤늦은 식민주의적 시도로 자국인들을 그곳에 정착시키려 했으나, 정작 이탈리아인 수백만 명은 그곳이 아닌 아메리카 대륙으로 향했으며, 나머지 소수의 사람도 전 세계를 이주의 종착지로 삼았다. 파시즘이 기승을 부린 1920년대와 1930년대에도 상황은 달라지지 않았다. 나일강 유역의 수단도 상나일 지역의 노예무역이 1870년대에 공식적으로 철폐될 때까지는(실제 상황은 물론 달랐다.) 노예의 저수지로 계속 남아 있었다.

북아프리카에서도 1830년 이후에는 알제리와 튀니지가 프랑스에 정복되고, 1912년에는 모로코가 프랑스 보호령이 되었다. 그리하여 그곳들에도 10만 명 이상의 농업 정착민이 들어왔다. '프랑스인'으로 불렸지만, 에스파냐인, 이탈리아인, 몰타인, 스위스인, 프로이센인, 바이에른인 등 이주민의 민족 구성은 다양했다. 본래는 프랑스 정부가 원주민이 100만 명밖에 되지 않는 파리에 매년 2만 5000~3만 5000명의 가난한 농촌 주민이 몰려드는 것에 두려움을 느껴 수십만 명의 그 위험한 계층classes dangereuses 사람들을 알제리로 실어 보낼 계획을 세웠던 것인데, 실제로는 1만 5000명밖에 보내지 못해 벌어진 일이었다. 이 식민지화의 과정으로 알제리의 토착 주민인 아랍인과 카바일족이 살던 곳에서 쫓겨났다. 1870년대에 러시아가 유대인의 신분을 새롭게 정한 법률을 제정한 것도, 유대교를 믿는 다수의 프랑스 시민을 비롯해 유럽 이주민의 알제리 유입이 늘어나고 그에 따라 무슬림 토지권이 줄어드는 결과를 초래했다. 1901년에 알제리 거주 유럽인은 63만 명에 달했다. 식민주의자에게는 득이 되고 현지인 이주에는 제약을 가하는 원주민법도 제정되었다. 그리하여 남부 지중해 유역에 장기간 쇠퇴가 이어지고, 식민주의자들이 지운 부담으로 빈곤이 심화되며, 전염병과 기아가 만연하자 북아프리카의 원주민 인구가 줄어들었다.[108]

1806년에는 네덜란드령 농업 식민지였던 남아프리카(케이프 식민지)가 영국에 병합되었다. 이곳의 네덜란드인과 영국인은 원주민과의 동질화를 도모하지 않고 적대 관계를 유지했다는 점에서 알제리의 유럽인들과 달랐다. 그들은 토지를 놓고도 원주민과 다투고 원주민의 노동력도 통제하려고 했다. 그러다 보니 색깔 코드화된 그곳 사회는 라틴아메리카에 존재한 다수의 색깔 코드화된 사회들과는 판이한 민족문화를 형성했다. 1890년대에는 영국이 네덜란드계 아프리카너(보어인)를 겨냥해서도 외국인 추방법과 외국인 이민 제한법을 제정했다. 트란스발의 보어인 정부도 그에 질세라 영국인 차별정책을 시행하며 맞불을 놓았다. 결국 그것이 표면적 빌미가 되어 보어 전쟁이 터지자 영국 제국은 30만 명의 군 병력을 남아프리카에 파견하고, 전쟁이 진행될 동안에는 아프리카너 아녀자 12만 명을 난민촌으로 추방했다. 영국은 이 추방 전략을 1750년대에는 (북아메리카 대륙 대서양 연안의 식민지였던) 아카디아 사람들에게, 1950년대에는 동아프리카의 키쿠유족과 카바카족에도 사용했다.

유럽의 이주 농민들도 남아프리카 원주민 코이코이족(코이족)에 제약을 가했다. 19세기 중엽에는 식민지 정부가 인종 분리 정책을 시행했다. 1860년대에는 인도와 북중국 성들에서 온 계약 노동자들이 아프리카로 유입되었다. 1866년과 1886년 남아프리카에서 각각 다이아몬드와 금이 처음으로 발견된 뒤에는 광산 노동자, 투자자, 숙련된 보석 세공사의 수요가 끝 모르게 치솟았다. 틈새 경제의 원리에 따라 광산들이 암스테르담의 네덜란드계 유대인 다이아몬드 전문가들에게 연결됨으로써 남아프리카의 도시들도 비약적으로 발전했다. 요하네스버그만 해도 1866년에는 인구가 0명이다가 1899년에는 남아프리카 전역에서 이주민 10만 명이 모여들고, 유럽에서도 이주민 5만 명이 모이는 곳이 되었다. 다이아몬드 광산 소유주들은 이렇게 모여든 현지의 이주 노동자들을 폐쇄된 단체 합숙소에 거주시켰다. 노동자들을 손쉽게 통제하고 그들이 번 돈을 집에 가져갈 수도 있게 하겠다는 두 가지 목적에서였다. 그리하여 고향에 갔다가 되돌아온 사람들만으로도 고용주가 인력을 수급하기에 무리가 없던 초기에는 노동자들도 그 방식에 적응을 했다. 하지만 19세기 말 무렵 포르투갈령 모잠비크와 인근의 다른 아프리카 식민지들에서도 노동자들이 유입되면서 사정이 달라졌다. 이 이주로 상호작용이 일어나 인종에 대한 인식이 바뀌고, 이주와 합숙소 생활로 남녀가 분리됨에 따라 남녀 문화도 별개로 발전해 가기 시작한 것이다. 1930년 무렵에는 광산 노동자 3만 명이 별개의 인종 계급을 형성하게 되었다. 다만 1910년 남아프리카 연방이 수립되자마자 아시아 이주 노동자를 배제하는 정책이 취해진 탓에 아시아 이주민은 거기에 포함되지 않았다. 오스트레일리아도 1901년 영연방의 지위를 얻기 무섭게 백호주의 정책을 선언했다.[109]

동서아프리카도 1870년대에 노예무역이 사실상 종료되었다는 사실이 무색할 만큼 영국, 프랑스, 벨기에, 독일 정부의 식민지 사냥터가 되었다. 동아프리카의 잔지바르섬에서는 영국 정부와 상인들이 현지의 인도 이주민들도 일부 이용하여 영향력을 행사했다. 독일과 영국은 아프리카 본토에도 정착 식민지를 수립했다. 한편 서아프리카에서는 프랑스가 1898년 저항하는 와술루 제국(만딘카 제국)을 물리치고 정복한 뒤 통합된 이슬람 종교 조직에 의존하지 않고, 그곳의 전통적 족장들과 그들 간의 경쟁을 이용해 식민지를 수립하는 색다른 전법을 사용했다. 중심지 행정력을 파견함으로써 고비용이 드는 전법을 쓴 영국과는 차별화된 방법을 사용한 것이다. 하지만 어느 방법을 쓰든 아프리카인들을 프랑스화된 엘리트 혹은 영국화된 엘리트 계급, 전통문화를 고수하는 도시의 하층계급, 오지 거주민 계급으로 나누는 데는 아무 문제가 없었다. 식민주의 국가의 고용주와 선교사들도 현지에서는 노동력을 구하기가 어려운 점을 감안해 노동의 가치를 일깨우고 남성에게는 기술을, 여성에게는 정숙한 주부가 되는 법을 훈련시키는 데 힘을 쏟았다. 그런데 이들의 의도와 달리 아프리카인들은 종종 문어文語와 같은 유럽의 일부 자원을 자신들의 목적에 맞게 개조해서 쓰곤 했다. 여성 선교사들도 본국 사회에서 스스로 성별의 위계를 경험했던 만큼 아프리카 여성이 남성의 권위에서 벗어날 수 있도록 도와주었다. 소닌케족의 사례에서 보듯 떠돌이 행상인들이 노동 수요가 있는 곳을 알아내 그들 공동체에 그 정보를 알려 줌에 따라 자유 이주가 유발되기도 했다. 제국들의 노동 추출도 있었다. 식민지 당국이 원주민 족장을 임명하면 그 족장이 사회의 약자들에게 강제 노동의 짐을 전가하는 식이었다. 한편 아프리카 남서부의 독일령과 포르투갈령 지역에서는 허약한 사람들을 습격해 가축을 빼앗는 전통을 가진 족장과 족장의 추종자들이 식민지 당국의 광범위한 조력자가 되는 방식으로 식민주의자들과 얼마간 거리를 유지했다. 그들은 마을을 습격해 사로잡은 남녀 주민들을 식민지 당국에 넘겨주었다. 영국 관리들도 지역에 따라 편차는 있었지만, 서아프리카에서 15~50세 사이의 남성과 15~45세 사이의 여성에게 강제 노동을 요구했다. 동아프리카의 키쿠유족이 받은 임금이 자가 농업에서 얻는 소득에 비해 훨씬 적었던 것에서도 드러나듯 임금은 설령 제공되었다 해도 형편없었다.

이주의 지역적 패턴은 전통, 강제된 힘, 새로 생겨난 이동성의 양상에 따라 달라졌다. 땅콩 생산지 세네갈을 예로 들면, 그곳은 전통적으로 시장 지향적 경제를 시행했기 때문에 식민지 통치가 시작되기 전부터 이미 이주의 패턴이 존재했고, 따라서 식민지 통치와 무관하게 이주의 패턴이 형성되었다. 아프리카 대호수 지역의 응고니족과 응곤데족(니아키우사족) 사회는 젠더적 위계가 수립되어 여성의 신분이 노예였고, 벰바족 사회에는 아녀자를 사로잡아 상인들에게 넘기는 '기업형 산적'이 있었다. 사로잡힌 여성의 다수는 탈출하여 고향으로 돌아가거나 단독으로 이주했다. 케냐에서도 영국의 식민지 당국이 키쿠유족 땅을 강제 취득함에 따라 1903년에는 5000명에 지나지 않던 이주 노동자가 1923년에는 12만 명으로 늘어났다. 그 과정에서 키쿠유족과 여타 종족들이 시판용 작물을 개발해 그들 자신을 보호하는 행동을 하기도 했으나, 규모의 경제[37]로까지 발전시키지는 못해 식민주의자들도 그것에 관심을 두지 않았다. 1896년에는 영국이 몸바사와 나이로비를 잇는 우간다 철도 건설과 같은 인프라 사업에도 착수해 대규모 노동력이 필요해졌고, 그리하여 수많은 노동자가 동원되었다. 이 경우 기술자와 감독, 선술집 주인을 합쳐 유럽인은 고작 107명에 지나지 않았던 반면 인도인은 펀자브 지방의 무슬림 쿨리 4800명, 군인 300명, 발루치족과 아랍 상인 1100명을 포함해 6000명이나 되었고, 스와힐리족도 자유민 1만 4600명, 노예 2650명, 죄수 150명으로 1만 7400명이나 되었다. 그곳에는 이후에도 몇 년 동안 주로 상업적으로 연관이 있던 인도 서부 캄베이만의 마을과 도시에서 계약 노동자 3만 5000여 명이 추가로 유입되었다. 그런 식으로 1921년까지 동아프리카에 간 아시아 이주민이 5만 4400명이었다. 그리하여 그들은 토지 취득권 없는 노동자가 되었다.[110]

생태 환경이 열악한 아프리카에서는 가뭄과 여타 자연재해로 궁핍해진 지역 사람들이 제일 먼저 이주했다. 그리하여 처음에는 임금을 가로채는 토착민 지배자와 노동을 착취하는 식민주의자 간 권력 관계의 올가미 속에서 허우적거렸으나, 1920년대 무렵부터는 이들도 노동자계급 특유의 호전성과

---
37 생산량이 증가함에 따라 평균비용이 줄어드는 현상.

집단행동을 발현시키기 시작했다. 도착지들에 대한 정보가 전해짐에 따라 더욱 먼 지역으로의 알선과 이주도 증가했다. 아시아 출신 이주민 혹은 전통적 아프리카 상인들의 출현으로 후배지들도 새로운 기대에 부풀고, 그에 따라 돈에 대한 욕구 또한 덩달아 높아졌다. 임금 소득만 있으면 억압적 부모나 사회로부터 탈출할 수 있고, 결혼 상대자를 고를 수도 있으며, 명예를 얻을 수도 있었으니 당연한 일이었다. 그래도 구심력은 강하게 남아 있었다. 여성과 자녀만 남았어도 가족은 가족이었고, 돈의 유입으로 농촌의 생활 방식도 견고함을 유지했기 때문이다. 걸어서 오갈 수 있는 거리에 일터가 위치해 있었던 것이 이주민이 특유의 귀소성을 유지할 수 있었던 비결이었다. 그러나 아프리카의 노동 이주도 기본적으로는 세계의 다른 지역과 다를 게 없었다. 유럽 노동자와의 접촉만 해도 그 과정에서 인종차별을 겪기도 했지만 그에 못지않게 유럽식 인종·계급 의식에도 고취될 수 있었으니 말이다. 제1차 세계대전 중에 유럽에서 싸운 뒤 그곳의 사회주의 사상을 들여와 1918~1919년에 코나크리 항만 노동자들의 쟁의를 조직한 서아프리카의 프랑스령 기니 병사들이 대표적인 예다.

20세기 초 아프리카의 유럽인은 정치적으로는 전능하고, 경제적으로는 침투적이며, 엘리트에 한해 문화적으로는 변혁적 존재였다. 그러나 수적으로는 무력했다. 아프리카에 주재한 유럽인이라야 알제리 거주 이주민과 그들의 자손 75만 명(인구의 14퍼센트도 되지 않았다.), 남아프리카와 로디지아에 거주한 이주민 125만 명(인구의 22퍼센트), 포르투갈령 앙골라와 모잠비크에 거주한 이주민 2만 4000명이 전부였으니 말이다. 당대인들은 몰랐겠지만 탈식민지화는 이미 몇십 년 앞으로 바짝 다가와 있었다.

식민주의자들의 이주

지금까지 이주에 대한 연구는 주로 선택의 자유 혹은 착취의 관점으로 바라본 노동 이주와, 경작할 땅의 관점으로 바라본 농민 이주 위주로 진행되었다. 제국들이 파견한 식민지 인력의 이주는 소규모라고 경시되거나 지난날의 해석에 따라 문명화의 사명을 부여받은 것으로 인식되었다. 그러나 이익집단, 젠더 그리고 사람들을 인종화하고 타자로 분류하는 과정에서 '흑인'은 물론 '유색인' 전체에 '백인'이 구축해 놓은 것만 봐도 식민지 인력의 이주는 특별히 중요성을 지닌다. 따라서 언어의 사용에도 신중을 기할 필요가 있다. 백색을 흑색 위에 두는 방식을 다른 관점에서 바라보면 '백색이 다채색을 누르는' 것으로 읽힐 수 있고, 그에 따라 언외의 의미도 달라질 수 있기 때문이다.

1870년대에 프랑스가 새로운 제국적 전략 혹은 '사명'에 착수한 것도 당시 프랑스 정치체(다시 말해 중산층)가 승승장구하는 프로이센의 기세에 눌려[38] 굴욕적 항복을 한 지 얼마 안 된 때였던 것과 관련이 있다. 튜턴족을 격파하는 데 실패한 프랑스 엘리트층이 본국에서는 노동자 계층(코뮈나르, 즉 파리 코뮌 지지자들의 추방)과 프랑스계 유대인(예를 들어 드레퓌스 사건), 그리고 식민지에서는 아프리카, 인도차이나, 칼레도니아 사람들을 억압하는 쪽으로 공격의 화살을 돌린 것이다. 제2차 세계대전이 끝난 1945년 프랑스 남성들이 독일 병사들과 (육체적) 사랑에 빠졌다는 이유로 프랑스 여성들을 적대시했던 것도 몇 차례의 전쟁을 치르고 나치 독일에 5년간 점령돼 있는 동안 독일에 협력하면서 상실했던 남성성을 되찾기 위한 일종의 의식儀式이었다. 앞에서도 언급했듯이 영국인들 또한 이주와 정치력의 행사에서 수컷다움을 과시했다. 인간의 신체와 젠더가 정치, 전쟁, 이주의 과정에서 전략으로 사용된 것이다. 남성성은 이렇듯 식민지 국가들 안팎에서 인간성이 아닌 자기 권력의 확대와 약자에 대한 억압의 측면으로 발현되었다. 남성다움이 허약한 타자를 제압할 수 있는 능력과 같은 의미를 갖게 된 것이다.

백인 식민주의 국가들의 중산층과 지배층 엘리트들도 내적으로 분화돼 있었다. '국가' 공직 및 특정한 문화적 관행에의 접근 방식으로 민족성 및 인종의 위계와 더불어 계급과 젠더의 위계마저 '모국' 혹은 '조국'으로 불리는 '민주주의'국가의 필수 요소가 되다 보니 그렇게 된 것이다. 식민지주의와 제국주의에 대한 당대의 몇몇 연구와 최근의 연구 결과에도 드러나듯 '영국인'

_____**38** 프로이센-프랑스 전쟁의 결과를 말하는 것이다.

의 동질성만 해도 대도시의 상인 및 자본가가 됐든, 카리브해 지역의 대농장주가 됐든, 남아프리카의 광산 소유주가 됐든, 케냐의 이주 정착민이 됐든, 부당이득을 취하는 소규모 집단의 이익을 위해 고안된 것이었다. 정치인들이 결정한 제국주의 팽창 정책의 실행은 군 인력과 장비 면에서 국비의 대규모 증가를 불러왔고, 그 모두는 공적 자금으로 지급되었다. 그런 반면 주변부에는 특유의 방식으로 세력을 키우고 치부할 수단을 가진 야심 찬 식민주의자들이 있었다. 콩고 식민지를 개인 봉토로 만든 벨기에의 국왕(레오폴 2세)과 프랑스령 수단에서 같은 행동을 한 프랑스군 지휘관들이 그런 사람들이었다. 그것이 당시의 식민지적 질서였다. 그러나 또 분명한 사실은, 당대에는 그런 식민지적 질서가 모국의 정치 및 경제와 수세미처럼 복잡하게 얽혀 있었기 때문에 양자 관계에 갑작스러운 균열이라도 생기면 국가의 관여 여부에 상관없이 제국 경제는 붕괴하고 말았으리라는 것이다.

　당연히 그런 정략으로 혜택과 득을 본 계층도 있었다. 그리고 그것은 특정 국가와 사회에서 작동된 사회적 관습 및 정치 과정에 따라 좌우되었다. 영국의 경우 장자가 아닌 아들들에게 가문의 위상에 걸맞은 생활양식을 제공해 줄 수 없었던 젠트리와 귀족층이 그런 정략의 수혜자였다. 세금으로 조달한, 국가에서 지급하는 수입으로 생활할 수 있도록 그들을 식민지 근무처로 보낸 것이다. 스코틀랜드 출신의 계몽주의 철학자 제임스 밀James Mill이 한 말을 빌리면, 식민지 정부와 군대는 부유층 남아들에게 "거대한 야외 해방구"가 되어 주었다. 그들 대부분이 사업 수완이나 장사 기술을 배우며 자란 것도 아니고 전문 지식도 갖추지 못해 자활 능력이 없었다. 생산성이 떨어지는 처치 곤란의 구성원을 복무 기간이 10년이나 되는 군대에 보냄으로써 조직에서 제거한 러시아의 농민 공동체처럼 일반 가정도 역량이 모자라는 가족 구성원을 먼 곳에 보내 문제를 해결한 것이다. 네덜란드에서도 교육을 충분히 받지 못하고 가족에게 부적응자로 낙인찍힌 사람을 식민지로 보냈다. 피붙이 가족과 이별하거나 가족에게 버림받은 사람은 어린 시절 사회화된 세계로부터 동떨어진 남성들만의 세계에서 생활하다 보면 정서가 고갈되기 마련이어서 그 메마른 감정을 힘없는 하급자들에게 야만성으로 전가하기 일쑤였다. 가족에게 떠밀려

식민지 근무처로 간 사람들 중에는 정신 질환자도 있었다. 하지만 인도의 영국 당국은 식민지인들에게 그 사실이 노출되면 행여 백인의 우월성에 대한 신화가 깨질 것을 우려하여 그들을 정신병원에 가둬 두었다.

물론 식민지에는 그런 사람들 외에 교육 수준이 높고 전문 분야에 일가견을 가진 군 장교나 행정 관리도 많았다. 하지만 그들 역시 자신들이 알지 못하고, 때로는 이해하지도 못하며, 언어를 배우려는 노력조차 기울이지 않은 사회에서 그 능력을 사용해야 했다는 점에서는 문제였다. 민족학, 지리학, 식물학, 여타 학문에 대한 조예도 깊고 다방면에 고등 지식도 지닌 그들이 식민지 사회에 무관심하다 보니 개인 소유자 혹은 사회적 이용자들의 동의도 없이 문화적 표본을 본국으로 실어 보내는 행동을 한 것이다. 그들은 부처상 혹은 (말리의 종족인) 도곤족 가면을 마치 기독교 교회에서 성모마리아상을 빼내 가듯 연구 혹은 전시를 위해 식민지 밖으로 반출했다. 유서 깊은 영국 박물관은 그렇게 해서 영국 제국의 팽창으로 얻은 '약탈물'을 보유하게 되었다. 프랑스도 마찬가지로 영국 박물관과 유사한 파리의 박물관을 약탈물로 채워 놓았다. 오죽하면 1931년 개관할 때는 파리 식민지 박물관이었던 그것의 명칭이 1935년에는 프랑스 해외 박물관으로 개칭되고, 1960년에는 다시 아프리카·오세아니아 예술 박물관으로 바뀌었을까. 프랑스의 비판적 민족지학자 미셸 레리Michel Leiris와 여타 학자들이 1930년대에 이미 일찌감치 지적했듯이 힘없는 타민족의 자료를 수집하고 연구하는 식민지 역사가 복잡해진 것도 그 때문이었다.

대학 교수와 교사 등 교육 수준이 높은 중산층 사람들은 타 문화에 대한 관심이 높았던 만큼 그것을 필생의 연구 주제로 삼았다. 그리고 물론 그 과정에서 종신 재직권도 부여받았다. 언론인과 작가들도 머나먼 '속령'을 주제로 한 책과 사진을 제작해 팔았다. 1902년 이후에는 영국 식민성 산하에 영상 교육 위원회가 설치되었다. 지리, 역사, 언어, 조사 방법을 연구하는 학자들이 중심이 되어 실용 지식 전파에 목적을 둔 학회도 구성되었다. 이 지적 파수꾼들은 거기서 그치지 않고 자신들의 기여도를 높이고 자신들을 없어서는 안될 존재로 만들기 위해 '과학적' 인종주의와 편견에 찬 자신들의 시선으로 타

문화를 바라보는 '가상의 민족지'를 구축하는 일에도 참여했다. 미국의 비교 문학가 에드워드 사이드Edward Said의 말을 빌리면 비유럽 사회를 '오리엔탈화'한 것이다.[111] 그런 식으로 그들은 권력을 휘두르는 침입자(중립적으로 말하면 국외자)의 의미의 망을 통해 타자를 관찰하고, 그들을 이해하거나 오해했다. 학자들의 해석과 분석에 막대한 영향을 끼친 것이 바로 그것, 식민주의 국가의 이주민들에게서 나온 왜곡된 자료와 이미지였다. 학자들은 지금도 그런 수집물과 심지어 식민주의자가 작성해 놓은 분류에 의존해 자료의 불충분한 부분을 메우고 있다.

양적 자료는 그나마 이용 가치가 있었을 것이다. 이를테면 이런 것들이다. (1) 이주의 양상이 영구 속박 이주에서 임시 속박 이주 혹은 제약 있는 자유 이주 형태로 변해 가면서 19세기 아프리카에서 아메리카 대륙으로 향한 노예 이주는 폐지되었지만, 그래도 200만 명에 달하는 남녀가 이주했다. (2) 영국이 노예제 폐지로 인한 결원을 보충하고자 아시아인들에게 부과한 새로운 계약 이주 체계 또한 여타 부분적 속박 이주 혹은 제약 있는 자유 이주의 일부를 구성했으며, 유럽에서 아메리카 대륙으로 향한 북대서양 이주 체계와 마찬가지로 5000만 명의 남녀 이주민을 수반했다. (3) 한편 1880년대에 시작된 그에 못지않게 규모가 큰 북중국인들의 이주는, 대양을 횡단한 극소수 계약 이주를 제외하면 처음부터 끝까지 대륙 횡단 이주 형태를 유지했다. (4) 스탈린주의 아래 광범위하게 확산되었고 1950년대 중엽까지 지속된, 1000만 명이 이동한 러시아·시베리아 이주 체계와 트랜스카스피해 이주 체계도 대륙 횡단 형태를 계속 유지했다. (5) 중국, 인도, 유럽, 북아메리카, 유럽 쪽 러시아에서는 그보다 훨씬 많은 수의 남녀가 노동 잉여 지역들로부터 개발이 진행되는 도시의 광산 지대나 산업 지대로 역내 이주를 했다. (6) 라틴아메리카도 지역에 따라 발전의 편차가 컸던 만큼 그 같은 역내 이주가 일어났다. (7) 남아프리카와 북아프리카 역시 발전의 편차가 컸던 것은 라틴아메리카와 같지만 식민주의자들의 강요에 따라 역내 이주가 일어난 점에서는 차이가 있었다. (8) 이 모든 집단 이주에는 가족을 형성한 남녀가 수반되었고 극소수를 제외한다면 2세대에 들어서는 성비의 균형도 잡혔다. (9) 출생에 관련된 인구

자료에도 그 사실이 나타난다. 이것만 보더라도 이주가 이주에 의해서가 아닌 "자연적" 인구 증가가 표시된 '남성만의 일'이라는 것은 명백히 성차별적 관점이고, 인구 동태 기록에 의거해 진행된 지난 20년 동안의 연구와 항만 통계에 나타난 남녀의 총계로도 그 점이 확인된다.[112]

4 전쟁과 대공황 기간의 이주

1900년 무렵에서 1930년대까지 문화적으로 발달한 다수의 유럽 왕조(합스부르크 왕조, 호엔촐레른 왕조, 로마노프 왕조, 오스만 제국 등)가 국가화nationalization된 현상은 난민 이주민을 발생시키고 특정 지역 혹은 계급의 사람들이 통째로 추방되는 결과를 가져왔다. 애당초 하나의 민족문화 집단이 '국민the nation'의 이름으로 '독일화' 혹은 '튀르크 민족' 같은 개념 아래 타민족을 억압하려 하면서 벌어진 그 일은 따라서 '소수민족'의 호칭이 붙고 수가 적은 여타 소규모 민족문화 집단들에 피해를 준 전례 없이 오만한 지배 방식이었다. 1918년 제1차 세계대전이 끝나면서 제국들이 붕괴하자 역사적으로 다양한 문화의 사람들이 혼재했던 그 제국령들에는 다수의 민족국가가 들어섰다. 그러다 보니 그 시대에는 각각의 민족이 속한 나라가 주변국들과의 경쟁을 통해 힘을 과시하고 인종적 우월함의 중요성을 드러냄으로써 최고가 되는 것에 모든 관심이 쏠렸다. 제국에서 국가로의 이행으로 난민이 발생했다는 관점을 개진한 것은 국제연맹과 소수의 학자뿐이었다.[113] 러시아화부터 미국화에 이르기까지 새롭게 적응을 요하는 민족주의가 대서양권 전역에서 일어나 서구의 패권 아래, 1940년대 말부터 독립을 이룬 이전 식민지들의 구성 원리가 되려 하고 있었다.

영국 제국과 프랑스 제국의 세력 침투로 촉진된 오스만 제국의 내적 변화도 튀르크인들의 새로운 민족주의를 야기해 그 지역의 전통이던 다종교와 다민족 간 공존을 어렵게 만들었다. 합스부르크 제국도 주류 민족이던 독일인들이 갈수록 경직성을 더해 감에 따라 특유의 다문화적 지역 구조가 약화되는 현상이 나타났다. 두 제국에 존재한 여러 민족의 자치 요구는 묵살되었다. 옛 제국과 신생 민족국가들 모두 비자발적 집단 이주를 통한 '민족들의 분리'를 지지하고 나섰다. 유라시아 대륙의 양쪽 끝에서도 호엔촐레른 왕조의 독일제 국이 (1914년 제1차 세계대전이 발발하자) 벼랑 끝 전술을 구사하고, 메이지 유신의 와중에 있던 일본 또한 (1895년의 청일전쟁 때부터) 제국주의 전략을 취함에 따라 집단 노동 이주가 중단되고 대규모 난민 이주가 유발되었다. 당대인들은 1905년 일본이 러일전쟁에서 러시아를 이긴 것도 인종적 지배의 관점에서 (비백인국인) 일본이 서구에서 구입한 무기로 (백인국인) 러시아 제국을 이긴 것으로 보았다. 일본의 공격적인 세력 확장으로 아시아의 이주 변수가 변했고, 따라서 의도적이지만 선전적인 면이 더 강했던 그것에는 유럽 제국주의와 미국 제국주의에 맞서 아시아의 자결을 재언명하려는 의지가 내포되었다는 것이 그들의 주장이었다. 영국 제국과 재등장한 프랑스 제국도 (1830년대와 1870년대 이래로는 특히) 일본의 그런 시위에 맞서 '백인' 식민지, 즉 새로운 자치령들을 제외한 다른 곳들에는 자치나 독립을 허락하지 않았다. 그리하여 제국들의 완강한 태도로 유발된 대규모 난민 이주가 북반구에서는 1940년대 말까지, 남반구에서는 1947년부터 시작된 독립전쟁들의 와중과 그 이후까지 계속되었다.

유럽인 정착민과 투자자들에 의한 식민지화 과정에서도 원주민 혹은 지역 내 이주자들이 거주지에서 쫓겨나는 결과가 초래되었다. 인구밀도가 높은 유럽 정주 사회의 농민들이 인적 드문 사회로 이주했다는 것이 식민주의자들의 주장이지만, 정작 인적 '드문' 곳에 거주한 원주민들은 그 관점에 동의하지 않았다. 북아메리카의 토착 원주민, 오스트레일리아와 뉴질랜드의 원주민, 남아프리카의 토착민, 그리고 1870년대부터는 동아프리카의 토착민이 유럽 이주민에 의해 쫓겨난 사람들이었다. 백인 이주민들은 그들이 즐겨 말하는 유목 생활을 하는 수렵·채집인뿐 아니라, 정주 생활을 하는 농민들도 거주지에서 몰아냈다. 같은 맥락에서 북쪽으로 향해 간 중국인들도 현지의 만주족을 압도했다. 그런가 하면 일부 백인들은 1920년대에는 대서양권의 삶의 패턴이 산업화, 도시화되었는데도 '빈 곳이 있는' 타민족 땅에는 정착해도 된다는 백인 이데올로기를 내세워 전 세계의 여러 지역(캐나다 북부의 앨버타에서 만주 저지대를 거쳐 남부 시베리아로 이어지는 세계적 벨트, 안데스산맥의 동쪽 기슭 변을 따라 남쪽에서 북쪽으로 이어지는 남아메리카 벨트, 남아프리카 트란스발에서 케냐로 이어지는 서늘한 아열대 고지대의 아프리카 벨트, 오스트레일리아와 태즈메이니아, 뉴질랜드로 이어지는 벨트)에 농촌 정착 계획을 세워 인구 과밀을 해소하자고 제안했다. 그 지역들 모두 교통 편의 시설, 식량, 시장으로부터 동떨어져 있었다. 그런데도 인구 계획자들은 그 '미개척 주변부'가 경작되지 않는 처녀지로 가득하다고 열변을 토했다. 그들은 인종차별과 성차별적 우생학의 영향을 받아 신체 건강한 남성들의 사내다움을 찬양하고 '태만한' 노동자와 '병약자들'(특히 여성들)을 모욕하는 방식으로 '백인'종과 타 인종도 분리했다. 당연히 그들이 세운 이주 계획에도 성별화된 인구 '솎아 내기'가 포함되었다.[114]

양차 대전 사이에도 이주와 관련된 여러 가지 변화가 일어났다. 연구는 거의 이루어지지 않았지만 이주지에 대한 이미지가 바뀐 것도 그중의 하나다. 미국만 해도 그 무렵에는 국가의 토대가 잡히고 도시화된 데다 제국주의적이기까지 하여 새로운 사회를 만들고 싶어 한 이주민들의 이목을 끌지 못했다.(미국도 색깔 코드화에 따라 거무스름한 피부색을 가진 동유럽인과 올리브색의 남유럽인들의 이주에 엄격한 제약을 가했다.) 반면에 신생국 소련은 시베리아의 광산 및 농촌 지역 그리고 도시 산업 지대에 기회가 충만한 듯 보여 진취적 이주민들에게 매력적으로 여겨졌다. 스탈린의 숙청이 시작되기 몇 년 전 소련이 프롤레타리아 민주주의 사회 건설 사업을 새롭게 벌인 것도 투사들에게는 희망과 선택의 자유를 부여해 주는 것처럼 보였다. 시베리아를 보유한 소련이 '또 다른 미국'으로 비친 것이다. 1920년대 중엽부터는 전후의 경제 회복과 산업적 발전을 이룬 소련에 이주민이 답지하기 시작했다. 그들 모두 전도유망한 노동자들의 공화국으로 향하고 있다는 기대감에 차 있었다. 이상적 아메리카 공화국에 가졌던 19세기의 희망이 소련으로 대체된 것이다. 미국 남부의 아

프리카계 미국인들마저 인종차별을 피해 카자흐스탄의 목화 생산지로 이주
했을 정도다. 1세기 전 '젊은 유럽'이 그랬고 오스만 제국의 '청년 튀르크당'도
같은 시기에 그것을 위해 투쟁했던 것처럼 개척의 기회, 초기에 이뤄 낸 성과,
막강한 기계 설비가 '젊음이 넘치는' 문화를 약속해 주는 듯했다. 하지만 그
것도 잠시 1930년대에 휘몰아친 스탈린의 숙청으로 강제수용소가 확산되고,
1941년에 추축국이 소련을 침공함에 따라 그 환상은 깨지고 말았다.[115]

　　19세기 말에는 병들어 있던 오스만 제국령에서 제국주의 패권의 재편이
이루어지고 일본이 강력한 제국으로 새롭게 부상함에 따라 열등하게 분류된
민족이 난민이 되고 강제 노동 이주가 시작되는 변화가 일어났다. 쇠퇴해 가
는 유럽 제국들이 1914~1918년 동안 대륙을 넘나들며 벌이고, 1917년부터
는 미국 제국이 새롭고도 다른 방식으로 참전한 제1차 세계대전도 수천만 명
의 난민을 발생시키고, 역사적 정주지였던 곳에서 '비국민'으로 낙인찍힌 사
람들의 추방을 야기했다. 조약에 의해 국경이 이동한 결과로 '정치인들'도 하
룻밤 새에 자국인에서 외국인으로 신분이 바뀌었다. 근래에 식민지화된 아프
리카 지역들의 내적 군사화, 유럽의 파시스트 국가들, 소련 전체, 일본의 대내
외 경제 및 남아프리카도 새로운 강제 노동 제도를 강화하는 역할을 했다. 반
면에 식민지에서 (제국의) 중심부로 향해 간 교육적·지적 이주와 노동 이주가
결합된 현상은 반식민지주의 개념의 형성과 그 개념을 구체화할 수 있는 토
대가 되어 주었다. 백인 식민주의자들은 몰랐겠지만 그것이 바로 제2차 세계
대전 뒤 독립 운동으로 발전해 나간 것이었다. 다만 제국들이 세력 약화를 인
정하지 않고 식민지에서의 철수를 거부함에 따라 독립 운동에는 무력 투쟁이
수반되기 일쑤였고, 그리하여 1950년대부터는 대규모 난민이 유럽에서 남반
구로 이주했다.

붕괴하는 제국, 흥기하는 제국

　　옛 제국들이 인종에 따른 국가 건설을 정치적으로 실행한 것은 특정 지
역 혹은 계급의 사람들이 전부 추방되는 결과를 수반했다. 달리 표현하면 왕
조의 백성으로 수용되었던 사람들이 '비국민'적 존재로 타자화된 것이다.[116]

유럽의 모든 국경 지대(벨기에에서 알자스 지역으로 이어지는 프랑스·독일 국경 지대, 발트해에서 폴란드-리투아니아-러시아-독일을 거쳐 폴란드-우크라이나-러시아 공간으로 이어지는 동중부 유럽 국경 지대, 발칸반도에서 아나톨리아를 거쳐 캅카스산맥으로 이어지는 지역)는 역사적으로 여러 민족이 혼합되어 이주와 정주가 일어난 특징이 있었다. 그리하여 수천 년 뒤에는 그곳들이 점점이 흩어져 공존하는 민족 집단들의 모자이크를 이루게 되었다.[117] 그랬던 상황이 1860년대에 등장한 새로운 민족주의 정부들이 '자국인'의 통합을 구실로 주변국들의 영토에 대한 권리를 주장하고 나서면서 바뀌었다. 호엔촐레른 왕조의 프로이센만 해도 1860년대~1871년의 기간에 영토 확장 전쟁을 벌여 독일을 통일한 뒤 민족적 국수주의 정책을 시행, 체코인들을 도주 난민으로 만들고, 알자스의 프랑스인들을 독일인이 되게 하며, 독일인 8만 명이 프랑스에서 쫓겨나게 만들었다. 1871년에도 독일은 알자스를 자국에 병합함으로써, 그곳 주민 13만 명을 프랑스로 내몰았다. 뒤이어 동프로이센에서도 폴란드인 8만 5000명이 추방되었다. 러시아 또한 로마노프 왕조 말기에 러시아화 정책을 시행, 유대인, 메노파 교도, 루터파 교도, 독일인 가톨릭교도들이 피난처를 찾아 서쪽의 북아메리카로 향하게 만들었다. 일부 민족 집단들을 소수민족으로 분류한 것 또한 그로 인해 권리가 축소되고 사회적 자원 및 노동시장에의 접근이 제한됨에 따라 그 집단에 속한 개인이나 가족이 살던 곳을 등지게 만들었다. 1905년 영국이 프롤레타리아 이주민, 특히 러시아계 유대인 프롤레타리아 이주민을 차별하는 외국인법을 제정한 것이 대표적인 예다.[118] 문화적으로 바람직하지 않다고 여겨진 거주민들의 통상적 권리를 취소하고 그들의 국적을 박탈한 나라들도 있었다. 그리하여 여권을 갖지 못하게 된 사람들은 1922년 국제연맹 난민 고등 판무관 프리드쇼프 난센Fridtjof Nansen[39]이 발급해 준 '난센 여권'으로 구제되었다.

오스만 제국도 (정치와 경제가 아닌) 민족문화적·종교적으로 제국의 기준에 부합하지 않는 사람들을 법적 안전이 보장된 별도의 사회적 공동체(밀레트와 마할레mahalle)에 거주하게 했다. 18세기부터는 오스만의 일부 영토가 러시

_____ **39** 인도주의적 활동으로 1922년에 노벨 평화상을 받았다.

아에 병합되어 다민족 무슬림의 난민 이주가 시작되었고, 1890년 무렵에는 그렇게 이주한 사람이 120만 명에 달했다. 오스만 제국령에 살던 체르케스인과 체첸인들도 팔레스타인으로 재식민되어 베두인족 습격이 잦은 국경 수비대에 배치되었다. 발칸반도에서도 그리스의 자치, 영국, 프랑스, 오스트리아-헝가리 제국의 간섭, 터키 민족주의, 현지인들의 독립 투쟁으로 어수선한 상황 속에 도주 혹은 이주가 유발되었다. 그 과정에서 이스탄불로도 보스니아의 무슬림 난민들이 다수 유입되어 도시의 다민족, 다종교 인구가 곱절로 불어났다.

1900년 이후에는 오스만 제국에서 민족종교 집단들의 지위 보호에 대한 고려 없이 세속적이고 동질화된 민족국가를 주창하는 청년 튀르크당 운동이 일어났다. 오스만 제국이 붕괴하고 터키 국가가 수립될 무렵에는 아르메니아인과 쿠르드족의 국가 지위가 거부되고, 다문화 지역 사람들에 대한 '민족 단일화' 정책도 시행되었다. 터키 정부는 독립 기독교 교파인 아르메니아 교회를 믿는 사람들이 사회적 진보를 추구하는 것도, 그러다 그것이 자칫 자치 요구로 번져 나갈까 봐 우려했다. 개종을 권유하는 미국 개신교 선교사들의 존재도 제국의 내정 간섭으로 보았다. 제1차 세계대전 중에는 또 오스만 제국의 강경파들이 아르메니아인 수십만 명을 시리아와 메소포타미아의 사막지대로 추방했다. 아르메니아는 이후 러시아 제국령이 되었다가 소비에트 연방의 수립과 더불어 1918년 공화국을 수립했으나, 그로부터 1년도 지나지 않아 난민 50만 명을 수용하는 과정에서 이번에는 또 인구의 10퍼센트를 굶주림과 전염병으로 잃었다. 유럽과 북아메리카에 아르메니아인들의 난민 디아스포라가 출현한 것이 그 무렵이었다.[119]

'강대국들'의 결정에 따라[40] 그리스 정부와 터키 정부가 인구 교환을 실시한 것도 그리스인 125만 명과 터키인 40만 명이 본국으로 '송환'되어 가난에 시달리게 하는 결과를 가져왔다. 인구 계획자들이 송환 대상자들의 의견을 청취하지도 않고, '유입된' 동족인들을 어떻게 수용할지에 대한 대책도 마련

_____ **40** 러시아-튀르크 전쟁의 결과를 가리킨다.

하지 않은 채 불쑥 시행함으로써 벌어진 일이었다. 1925년에는 터키와 불가리아가, 불가리아 거류 터키인과 터키 거류 불가리아인의 '자발적' 교환을 명시한 앙카라 조약을 체결함으로써 두 곳에 살던 100만 명 이상의 남녀노소가 민족국가들의 명령에 따라 1920년대와 1930년대에 이주를 했다. 발칸반도 서쪽에서도 1918년 이후 세르비아인, 크로아티아인, 보스니아계 무슬림과 몬테네그로인, 슬로베니아인, 달마티아인들을 아우른 유고슬라비아(남슬라브인의 땅이라는 뜻)가 새롭게 수립되었다. 민족문화적·민족종교적 생활양식이 정치적 충성 혹은 불충의 상징으로 인식되었던 민족주의 이데올로기 속에 민족의 단일화 정책도 등장했다.[120]

오스만 제국령이던 시리아와 팔레스타인도 제1차 세계대전 뒤 국제연맹의 결의에 따라 각각 프랑스와 영국의 위임통치령이 되었다. 이 중 팔레스타인은 다시 1917년에 발표된 밸푸어 선언에 따라 그곳의 원주민인 무슬림과 기독교인들의 시민적 권리와 종교적 권리를 침해하지 않는다는 조건하에 유대인의 '조국'이 되었다. 그러나 영토와 자원을 둘러싼 경쟁이 다문화적·다종교적인 그곳을 결국에는 분쟁에 취약하게 만들었다. 역시 오스만 제국령이던 북아프리카도 다른 곳들은 인구 이동 없이 아랍국들로 재편되었으나 이집트만 영국 보호령이었던 탓에 예외적으로 제1차 세계대전 중 강제 노동력을 징발당했고, 그에 반발해 독립 운동을 벌인 민족주의 엘리트들을 영국 정부는 몰타섬으로 추방했다. 이런 영국이 또 오스만 제국과 러시아 제국의 비터키계 민족과 비러시아계 민족들의 민족주의는 부추겼다. 카스피해에서 페르시아에 이르는 지역에 걸쳐 있던 자국의 석유 생산권을 공고히 하고, 볼셰비키에 반하는 정책을 시행하기 위해서였다. 오스만 제국의 와해는 이런 식으로 터키 민족주의와 영국 제국주의가 각축을 벌이는 구도 속에 850만 명을 난민으로 내몰았다. 게다가 특유의 정치적·영토적 구조와 문화적 상호작용으로 인해 21세기까지도 그곳은 분쟁 지역으로 남게 되었다.

동아시아에서도 제국 일본이 미국이 반세기 전에는 멕시코를 상대로, 1890년대에는 다시 에스파냐를 상대로 전쟁을 벌인 것처럼 1895년을 시작으로 러시아, 중국, 조선을 상대로 영토 확장 전쟁을 벌였다. 일본의 메이지 정부는 선진 문물을 받아들이기 위해 고용한 서구 조언가들의 도움을 받아 군대를 현대화하고 세 가지 방면으로 팽창 전략을 추구했다. (1) 청나라에서 할양받은 타이완의 충성을 얻기 위해 그곳을 현대화하고, (2) 러시아령 극동에서 영토적·이주적 힘겨루기를 하며, (3) 조선, 만주, 중국을 차례로 지배하는 전략이었다. 일본이 타이완을 자국의 식량 공급 기지로 만들어 그곳에서 농업적·사회적·재정적 진보를 실험한 것도 그래서였다. 일본 통치자들은 서구 식민주의자들과 달리 그곳에 플랜테이션 생산방식을 도입하지 않고 소유지 보증제를 수립함으로써 소농과 중농들이 혜택을 보게 만들었다. 한편 경제적 잠재력이 큰 분쟁지였던 극동의 사할린으로는 러시아 이주민들이 새롭게 들어와 중국, 조선, 일본의 이주민들과 경쟁을 벌였다. 하지만 자국 땅임에도 본국의 중심지로부터 멀리 떨어져 있다 보니 러시아인들은 일본 어부 및 중국 상인들과의 경쟁에서 뒤졌다. 1926년에 실시한 러시아 인구조사에서도 러시아령 극동 인구의 5분의 1이 동아시아인이었던 것으로 나타났다. 천연자원과 전략적 요충지라는 측면에서 가치가 컸던 사할린섬 남부 또한 러일전쟁의 결과로 일본에 병합되고 이름도 가라후토로 개칭되었다. 그리하여 1906년만 해도 그곳에서 제조업, 상업, 운송업에 종사한 일본인이 1만 2000명에 지나지 않던 것이 그 40년 뒤에는 40만 명으로 불어났다.

일본 제국은 타이완과 달리 조선에서는 농민의 농업 경제를 탈취하여 큰 파장을 일으켰다. 동양척식주식회사가 현대화의 슬로건 아래 지주들이 보유한 문중의 토지를 빼앗아 일본으로의 곡물 이출을 위한 수탈 정책을 편 것이다. 결국 질 낮은 곡물로 연명하게 된 조선인들은 만주나 시베리아로 도주하거나 이주했다. 일본은 보건 의료를 근대화하고 조선인들에게 일본식 성명(황민화)도 강요했다. 그런데 보건 의료의 근대화로 조선의 인구가 늘어난 시점에 일본의 인구정책가들은 조선의 인구밀도를 실제보다 낮게 어림잡아 자국의 '남아도는' 인구 1000만 명을 조선으로 이주시켰다. 다른 점령지들에서도 같은 일이 벌어져, 포르모자(타이완)에도 일본인 200만 명이 이주했다. 게다가 그 이주민들은 제국주의 수사법의 요체인 건장한 농업 개척자가 아닌 소상인, 장인, 상점주, 모험적 무역업자들이었다. 또한 이주가 중산층과 하위 중산층 남성들 위주로 진행되다 보니 부인, 산파, 매춘부였던 여성 이주민들은 소수에 그쳤다. 이주민이 집중된 지역도 대개는 도시여서 농촌의 지주가 된 사람은 소수에 지나지 않았다. 일본 정부의 농촌 이주 정책은 이주민들이 브라질, 페루, 하와이, 필리핀을 선호함에 따라 동력을 잃었다.

일본의 메이지 정부는 민족문화 집단들이 단일한 정치 경제적 틀 안에서 자치적 공존을 할 수 있게 해 준 오스만 제국의 지배 방식과 다르게 식민지인을 식민주의자에게 합치하는 일본화 정책을 추구했다. 일본인 행정 인력을 파견해 식민지 통치를 맡기고, 타이완과 조선의 중산층 남아들에게 일본식 교육을 한 것도 그래서였다. 일본은 사회 내의 세대 간 차이를 이용해 조선에서는 일본의 뜻이 반영된 청소년 운동도 일으켰다. (중일전쟁이 일어난 1937년 이후에는 중국도 포함해) 모든 점령지에서는 일본의 군부와 행정부의 인력이 '현지인'을 군사적·산업적·제국적 목적 달성에 이용해도 좋은 열등 인간, 여성일 경우에는 점령군에게 성적 봉사를 제공해 마땅한 열등 인간으로 취급했다.[121]

범유럽 전쟁, 1914~1918년

합스부르크 왕조와 호엔촐레른 왕조의 관료제나 (오스트리아와 독일이 변질된 형태인) 독일 문화의 전반적 민족주의에는 '소수민족들'의 문화적·정치적 자치권이 들어설 여지가 없었다. 호엔촐레른 왕조의 프로이센이 1860년대부터 독일 통일과 영토 팽창을 위한 전쟁을 벌여, 민족들에 대한 고려 없이 국경을 재편한 것만 해도 그랬다. 남동부 유럽도 합스부르크 제국(오스트리아)과 오스만 제국이 분쟁을 벌이고 반독립국가인 세르비아가 팽창주의 열망을 드러냄에 따라 상황이 불안정했다. 그 지역의 대다수 사람이 자치를 원했으나, 문화적 유사성을 지닌 어떤 사람들이 민족을 구성하는지도 명확하지 않았다. 마케도니아인이 별개의 민족인지 그리스인에 속하는지도 알 수 없었고, 코소보 사람들이 세르비아인인지, 알바니아인인지, 별개의 민족 집단인지도 불분명했다. 1870년대에는 분쟁이 격화되고, 19세기 말부터는 동중부 유럽의 발트해 연안 사람들과 슬라브족에게 영향을 미친 로마노프 왕조의 러시아화 정책, 독일과 오스트리아의 독일화 정책으로 그 제국령들에 거주하는 여타 민

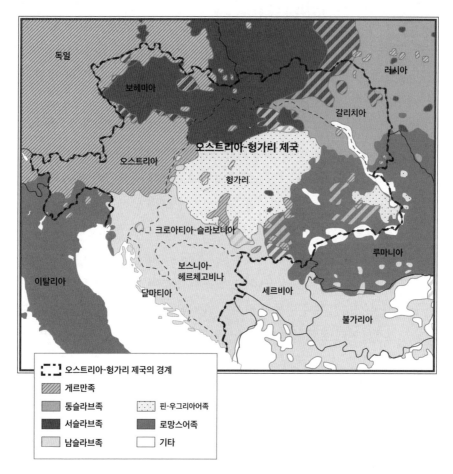

<table>
<tr><td>독일</td></tr>
</table>

오스트리아-헝가리 제국의 경계
게르만족
동슬라브족   핀-우그리아어족
서슬라브족   로망스어족
남슬라브족   기타

—— 1900년 무렵 오스트리아-헝가리 제국에 존재한 주요 민족문화 집단들의 분포도.

족의 문화가 박탈될 위기에 처했다. 그렇다고 일이 대륙 내 분쟁으로 끝난 것
도 아니어서, 프랑스와 영국만 해도 '그들'의 세력권인 아프리카와 아시아로
독일 세력이 침투해 들어오는 것을 가로막고, 새로 조직된 독일 함대가 공해
상에 출현한 것에도 두려움을 느끼며, 합스부르크 제국의 야망이 다뉴브강
유역과 그 너머 지역으로 미치는 것에도 적대감을 드러냈다. 그러한 점에서
1914년에 터진 사소한 사건[41]도 전면전 선포를 위한 구실에 지나지 않았다.

—— **41** 1914년 6월 28일에 오스트리아의 프란츠 페르디난트 대공이 보스니아 출신의 세르비

요컨대 아프리카로까지 확산된, 유럽 최초의 20세기 살육전, 즉 제1차 세계대전은 '발발'이 아닌 계산된 전략이었다는 것이다. 그 전쟁에 동원돼 진군한 병력이 6000만 명이었다. 여성들도 침략국 혹은 '본'국에서 직업을 가졌다. 전쟁이 시작된 1914년 8월 무렵, 출생국이 아닌 곳에 거주한 유럽인도 500만 명이나 되었다. 그들 모두 하룻밤 새에 방문객에서 노동 이주민, '적대적 외국'으로의 이주자, '적국의 시민'으로 신분이 바뀌어 억류될 수도, 추방될 수도, 본국에 송환될 수도 있는 처지에 놓였다. 그들 대부분을 차지한 이주 노동자들도 국제화된 노동시장에서 재국민화되는 과정을 겪었다. 그리하여 귀국 길이 막힌 채 그들은 동맹국의 포로 노동력이 되었다. 연합국도 사정은 다르지 않아 프랑스만 해도 에스파냐인 23만 명, 북아프리카인, 베트남인, 중국인, 이웃한 벨기에인, 머나먼 인도양의 마다가스카르인 13만 5000명의 노동력에 의존해야 했다. 영국 또한 인도인과 북중국인이 포함된 비유럽계 병력 120만 명을 동원했으며, 프랑스도 주로 북서아프리카에서 60만 명의 병력을 동원했다. 그래도 연합국 제국령이었던 식민지들은 독일에 노동력을 제공해 준 동유럽에 비해서는 사정이 나은 편이었다. 연합국, 다시 말해 식민주의 상전들에게 인력과 물자를 공급해 줌으로써 결과적으로 자기해방의 과정을 가속화시킬 수 있었으니 말이다. 그에 반해 독일제국은 1885년부터 남성 노동력을 지속적으로 공급받은 동유럽, 즉 자신들의 노동 저수지에 제국주의 지배권을 항구적으로 수립하는 것을 전쟁의 목적들 가운데 하나로 선언했다.[122]

　　제1차 세계대전은 군인뿐 아니라 민간인들도 유랑, 굶주림, 죽음의 악몽 속으로 몰아넣었다. 벨기에를 시작으로 폴란드, 발트해 연안 세 개 주,[42] 서부 러시아, 남동부 유럽 사람들이 차례로 그 악몽의 피해자가 되었다. 군대와 민간인 유랑자들은 살기 위해 발버둥치는 사람들까지 공격했다. 전쟁이 일어난 지 고작 3개월 만에 벨기에 인구 700만 명의 5분의 1이 네덜란드, 프랑스, 영국을 떠도는 난민이 되었다. 세르비아도 인구 300만 명 중의 3분의 1이 난민

아인에게 암살된 사건을 말한다.
　　──── **42** 다음 부분에도 나오듯 이 지역들은 제1차 세계대전이 끝나면서 독립국이 되었다.

이 되고, 10분의 1은 군대에 징집되었으며, 또 다른 10분의 1은 헝가리와 불가리아의 수용소에 억류된 채 강제 노동에 시달리기도 했다. 발진티푸스로 죽은 사람도 15만 명이나 되었다. 유럽 전역의 가족들이 진격해 오는 군대, 교전이 벌어지는 사선, 먼 곳에서 날아오는 포탄을 피해 도주했다. 점령지에서도 폴란드인이거나 이디시어계 독일어 방언을 사용하는 유대인 혹은 러시아 출신의 독일계 이주민 자손이어서 충성이 의심되는 사람들은 군과 민간인 당국자에 의해 추방되었다.

러시아인들은 특별히 더 절멸에 노출되었다. 러시아군이 독일군의 진격 속도를 늦추기 위해 초토전술을 구사함에 따라 1915년 말엽에만 270만 명의 난민이 발생했고 그 후에도 500만 명의 난민이 더 발생했다. 1917년에도 독일과 러시아가 휴전하여 부대가 해산됨에 따라 부상당하고 병든 병사 수십만 명이 가족이나 거처를 찾아 나섰다. 1920년대 초에는 아동 150만 명이 이별 혹은 사망으로 부모를 잃고 거리를 헤매 다녔다고 전해진다. 군수산업에 동원되었던 남녀 노동자들도 방출되거나 탈출했다. 독일 점령지에서 강제 노역에 동원되었던 사람들도 고향으로 돌아갈 길을 찾지 않으면 안 되었다. 1917년 10월에는 러시아 혁명이 일어나 비교적 소수였던 정치적 망명자, 난민 귀족, 부르주아지 기업인들이 서방으로 도주했다. 혁명 뒤에는 러시아 내전 (1918~1921)이 터져 왕당파, 자유주의자, 혁명가들 사이에 투쟁이 벌어지고, 우크라이나나 여타 지역들에서는 민족해방운동이 일어났다. 전투에서 패한 병사, 정치인, 반혁명주의 가족들도 북쪽의 핀란드와 발트해 국가들, 남쪽의 이스탄불, 시리아, 팔레스타인, 그리고 서쪽으로, 특히 프랑스로 도주했다. 동쪽의 중국에서는 하얼빈과 나중에는 상하이에서 망명객 6만여 명을 받아들였다. 두 도시는 15년 뒤에도 나치 독일에서 도망친 유대인 난민의 피신처가 되었다. 투르키스탄, 만주, 몽골에도 망명자 거주지가 생겨났다.[123]

종전 뒤에는 전쟁 포로들을 본국으로 송환해야 했다. 연합국에 억류되었던 독일군 전쟁 포로, 독일 제국에서 강제 노동을 한 사람들, 오스트리아와 독일에 붙잡혀 있던 러시아와 여타 나라의 포로들이 송환 대상이었다. 전쟁을 종결짓는 평화협정이 체결되고 자멸한 제국들의 땅에서 신생국들이 수립되었을 때는 제국들의 소외된 변방에서 대서양을 횡단해 이주한 수백만 명을 대변하는 사람들이 독립 운동을 지지하고 미국 정부의 지원을 받기 위해 워싱턴에서 로비를 벌였다. 역사적으로 여러 민족이 혼재한 지역이 많았던 유럽의 국경들이 평화협정으로 새롭게 조정된 것 또한 500만 명이 싫어도 국적을 바꿔야 하는 결과를 가져왔다. 발트 3국과 폴란드도 새롭게 독립을 이루어 전쟁 전에 타지로 이주했던 사람들, 전시에 유민이 되었던 사람들, 새로운 국경선들 외곽에 남겨졌던 동족인들을 받아들였다. 공식 자료에는 러시아, 프로이센, 오스트리아 사이에 150년 동안이나 분할돼 있었고, 교전국들의 군대에도 짓밟힌 폴란드에는 1920년 무렵에만 자국민 난민 125만 명이 들어왔고, 1923년에도 70만 명이 귀환했으며, 그 밖에 30만 명이 추가로 귀환할 것으로 예측했던 것으로 나타나 있다. 새로운 국경선을 갖게 된 헝가리도 루마니아 (14만 명), 체코슬로바키아(5만 7000명), 유고슬라비아(3만 7000명)에 사는 마자르인들을 자국 영토에 수용했다. 반면에 헝가리계 독일인들은 자국에서 쫓아냈다. 더는 존재하지 않게 된 마을과 황폐해진 도시들로 돌아가는 민간인 유랑자와 제대 병사들도 전쟁으로 황폐해진 유럽 일대에서 볼 수 있는 광경이었다.[124]

종전 뒤에 체결된 평화협정은 전쟁 전의 제국적 지배와 대비되는 민족자결주의를 옹호했다. 실제의 국경도 그렇게 그어졌을까? 아니었다. 동중부 유럽의 많은 지역과 서유럽의 일부 지역은 수 세기에 걸친 이주와 민족들 간의 상호작용으로 복잡한 정주지의 모자이크를 이루고 있었다. 그런 역사적 사실을 도외시한 채 국경선이 그어진 것이다. 따라서 단일 문화를 가진 신생국은 어디에도 없었다. 한자리에 머물러 있던 사람들도 민족이 다른 국가에 속하게 되었다. 오직 국가의 문지기들만이 역사성을 가진 민족의 영토, 그들에 따르면 우연찮게 천연자원마저도 풍부한 영토의 확실성을 주장할 수 있었다. 결국 종전 뒤 그런 '민족국가들'이 수립됨으로써 2000만 명 이상의 유럽인이 사촌뻘 되는 민족문화 집단이 사는 국가의 외곽에 남겨졌다. 다음과 같은 사람들이다. (1) 작지만 아담한 그들만의 영토에서 다수파를 형성하고 있었고, 따라서 계속 머물러 있으려는 시도를 해 볼 만했던 '소수민족', (2) 근래에 수

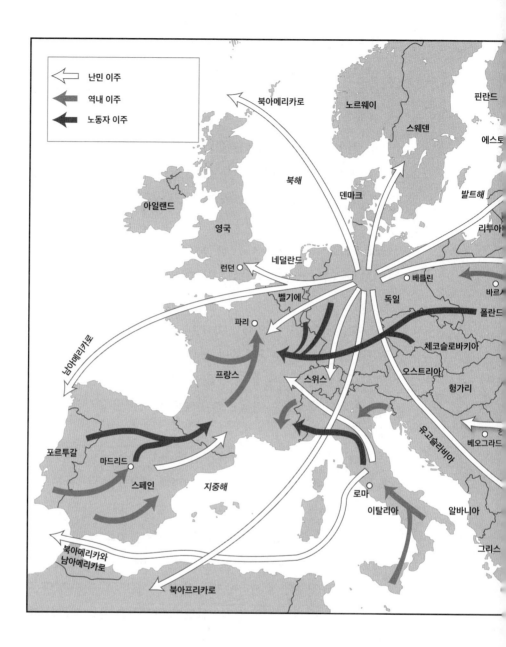

⇦	난민 이주	
←	역내 이주	
←	노동자 이주	

노르웨이

핀란드

스웨덴

에스토

북해

덴마크

발트해

아일랜드

영국

리투아

런던 ○

네덜란드

○ 베를린

바르

벨기에

독일

폴란드

파리 ○

체코슬로바키아

프랑스

스위스

오스트리아

헝가리

북아메리카로

유고슬라비아

남아메리카로

베오그라드

포르투갈

마드리드 ○

스페인

지중해

로마 ○

이탈리아

알바니아

이탈리아

그리스

북아메리카와
남아메리카로

북아프리카로

북아메리카로

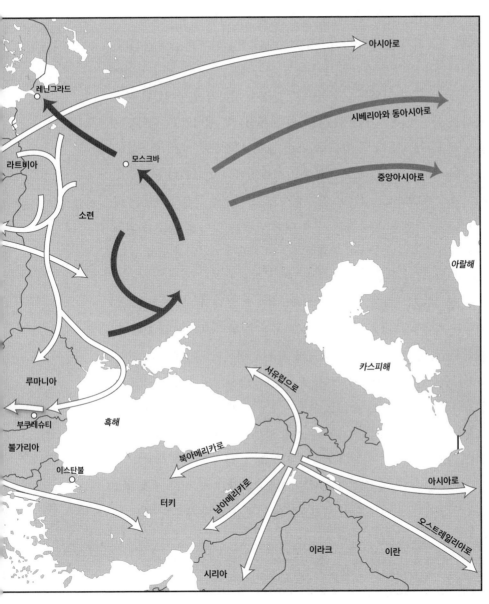

아시아로

시베리아와 동아시아로

중앙아시아로

레닌그라드

모스크바

라트비아

소련

아랄해

카스피해

루마니아

서유럽으로

부쿠레슈티

흑해

불가리아

북아메리카로

이스탄불

아시아로

터키

남아메리카로

오스트레일리아로

이라크

이란

시리아

—1914-1939년 사이의 기간에 이주와 도주가 진행된 양상.

립된 '본'국을 택해 살던 곳을 떠날 수도 있었던 소규모 집단들, (3) 새로 구성된 국가들에는 어울리지 않아 추방되거나 그들보다 적합하다고 간주된 타 집단과 교환될 여지가 있었던 집단들, (4) 어느 국가에도 수용될 여지가 없어 무국적자가 되고, 공민의 지위를 잃을 때마다 곤경에 처하기 십상이었던 사람들. 단일 문화를 가진 민족국가들에는 다중의 정체성이 위협이었고, 문화적으로 재구성된 남녀들에게는 국민 됨nationhood이 삶을 복잡하게 하는 요소였다. 그러다 보니 집단들 사이의 경계도 흐릿했고 사람들이 어설프게나마 다국어를 구사하는 일도 흔했다. 그 점에서 민족주의는 그 시대의 근본주의였다. 타 문화나 문화적 상호작용을 존중하는 것에 대한 담론은 찾아볼 수조차 없었다. 담론은 고사하고 지난날 그것이 존재했다는 사실마저 기억에서 떨쳐 냈다.

양차 대전 사이에는 북아메리카로 이주했던 수천 명이 고국으로 돌아가 정치제도 수립을 거들고 '그들'의 나라 경제에 자본을 투자한 반면에, 황폐화된 지역의 수만 명이 아메리카 대륙으로 이주하는 상반된 현상이 동시에 일어났다. 영국에서도 인구정책가들이 제국적 이주의 마지막 사업으로 민간인 실직자와 제대 군인들을 '백인' 자치령들로 보냈다. 남성들은 한계 농지의 농부로 보내고 여성들은 가사 노동자로 보냈다. 노동자 계층 가족들도 1926년 영국에서 일어난 총파업이 실패하자 이주했다. 일부 나라에서는 민족적 적대감을 누그러뜨리기 위해 소수민족의 권리를 신장하고, 다른 나라들에서는 동질화 정책을 시행했다. 옛 제국들 중에서는 오스트리아가 더 이상 우쭐거리지 않고 소국이 되었다. 반면에 독일 엘리트들은 긴축을 하되 새로운 세력 팽창 계획도 세웠다.

독일이 제1차 세계대전 뒤 동유럽에 거주한 독일 태생 사람들의 추방과 재정착에 대한 서사 구조를 (제2차 세계대전의 단초가 된) 1939년의 공격을 위한 도구로 사용한 것도 그 때문이었다. 독일에서는 세 가지 공식 용어로 독일인을 분류했다. 제국 내에 거주하는 독일인Reichsdeutsche, 국경 외곽의 인접 지역에 거주하는 국경 지대 독일인Grenzdeutsche, 3세기에 걸친 이주민 자손으로 그보다 멀리 떨어진 동부 혹은 남동부에 거주하는 해외 거주 독일인 Auslandsduetsche 또는 Volksdeutsche이다. 1918년 이후 신생 독일공화국(바이마르 공화국)이 수립되었을 때는 폴란드인이 대다수를 차지한 비독일인 150만 명, 독일 출신의 국외 추방자 및 알자스, 폴란드, 그단스크(단치히)를 '자발적으로' 떠났던 130만 명을 공화국 인구 6240만 명에 새롭게 추가했다. 1933년 이후에는 새로 들어선 나치 정부가 앞의 국경 지대 독일인 추계를 1000만 명으로 늘려 잡았으며, 1938년에는 (인구 350만 명의) 체코슬로바키아 지역 수데텐란트를 병합하기 시작했다. 폴란드와 헝가리의 지배 엘리트들도 체코슬로바키아의 영토를 병합하기 시작했다. 이어 범유럽 전쟁이 발발했다.[125]

제1, 2차 세계대전 사이의 인구 이동

소련에서는 전시의 황폐화로 식량 공급이 급감하여 수백만 명이 목숨을 잃고, 굶주림에 지친 사람들이 먹을 것을 찾아 이주함에 따라 도시들이 텅 비게 되었다. 하지만 소련 정부가 신경제 정책(1921~1927)을 시행한 결과로 농업 산출량이 증가하자 이주의 방향이 다시 바뀌고 산업 생산도 재개되었다. 1923년 이후에는 인구도 제법 증가하여 농촌에서 도시로의 대규모 이주가 유발되었다. 규제에서 벗어난 유대인들도 여러 곳으로 이동했다. 그런 식으로 1926~1939년 사이에 우랄산맥을 넘어 동쪽으로 이주하거나 남동쪽의 카자흐스탄, 투르키스탄, 키르기스스탄과 같은 중앙아시아 공화국들로 이주한 사람이 500만 명이었다. 다만 그들 중 농업 이주를 한 사람은 6분의 1도 되지 않고, 나머지 대다수는 산업 지대나 광업 지대로 가던 길에 들른 사람들이었다. 하지만 1928년 집단 농장화 실시로 농민들이 토지를 빼앗긴 뒤에는 다시 굶주림을 피해 우크라이나와 식량 공급이 불충분한 여타 도시들을 떠나는 두 번째 집단 이주가 일어나 수백만 명이 이동했다. 기아가 요인이었던 만큼 치사율도 당연히 높았다. 반면에 다수의 민족문화 집단에 대해서는 소련이 자치권을 허용해, 아르메니아 공화국과 유대인 자치주 비로비잔을 수립하고, 우즈베크족, 키르기스족, 카자흐족의 정주지들도 자치 지역으로 재편했다. 그러나 카자흐스탄 농업 지역에서는 자칭 '우월한' 러시아 정착 이주민들이 원주민의 토지를 수탈했으며, 1928년에는 카자흐스탄으로의 러시아인 이민 문호도 개방되었다. 1936년에는 소비에트 연방 헌법의 제정으로 비러시아인들에 대한 자결권이 줄어들고, 볼셰비키 정부에 불충하다고 간주된 비러시아인들 또한 고래의 정주지에서 중앙아시아로 쫓겨났다. 크림 타타르족을 예로 들면 오스만 제국의 종속국이던 크림반도(크림 칸국)의 지배권이 러시아 제국으로 넘어간 뒤에는 그들의 다수가 이주했고, 1917년 이후에 일어난 러시아 내전 기간에는 굶주림의 고통을 당했으며, 1921년에는 특히 러시아 정부가 곡물 수출을 강요함에 따라 죽는 사람과 도망가는 사람이 속출했고, 집단 농장화와 스탈린의 숙청이 진행되었을 때는 추방을 당했다. 비러시아계 지식인 지도자들에 대한 처형도 종종 일어났다.[126]

에스파냐, 이탈리아, 독일에서도 파시스트 정부가 들어서 제1차 세계대전으로 발생한 유민들이 자리를 잡기도 전에 탈출을 재개했다. 1930년대에는 특히 민주주의 엘리트들의 망명 이주가 유발되었다. 파시스트 국가들이 본국민과 피지배 민족에 지적 탄압을 가하려 한 것이 요인이었다. 그러나 도주를 해도 서방권의 나머지 지역에 드리워진 이주의 장벽과 대공황기의 경제 붕괴로 인해 선택의 여지가 별로 없었다. 이탈리아 파시스트들은 (빌헬름 2세가) 독일 사회주의자들을 "조국 없는 사람들"이라고 부른 것처럼 나라를 떠난 자유주의 엘리트, 호전적 노조, 사회주의 혹은 무정부주의 집단, 예술가, 지식인들을 조롱조로 "망명자들fuorusciti"이라고 불렀다. 그런데도 1918~1926년 동안에만 이탈리아 노동자 150만 명이 나라를 등지는 등 전쟁 전의 이주 패턴이 멈추지 않자 파시스트 정부는 이주를 허가제로 바꿨다. 이탈리아인의 주된 종착지였던 프랑스에만 90만여 명의 이탈리아인이 정착해 살았을 정도다. 그리하여 그들은 그곳에서 1939년 독일 점령으로 파괴될 때까지 활기찬 이탈리아 문화를 만들어 냈다.

에스파냐에서도 군사 반란[43]이 일어나 현대화 과정에 있던 북부 해안 지대 사람들과 정체되고 반동적이던 농촌 지역 엘리트들이 대결하는 국면이 펼쳐졌다. 그 과정에서 파시스트 반란군 장군들이 모로코의 '무어인' 병사들을 에스파냐 본국으로 보내 공화파와 싸우게 함으로써, 만행을 저지르는 북아

---
43 1936년에서 1939년까지 진행된 에스파냐 내전.

프리카인이라는 인종차별적 이미지가 만들어지기도 했다. 해외 지원 세력도 양편으로 갈라져 유럽과 북아메리카, 소련의 급진주의자와 민주주의자 4만 5000여 명은 공화파에 가세하고, 파시스트 국가들인 독일과 이탈리아의 정부는 반란군에 '자원병들'을 보내 주었다. 1938년 8월에는 반란군이 장악한 지역의 주민 200만 명이 공화파 지배 지역으로 넘어갔으며, 1939년 에스파냐 공화국 정부가 붕괴한 뒤에는 병사와 민간인 45만 명이 이미 나치 독일의 난민 39만 명이 도착해 있던 프랑스로 탈출했다.

　　나치 독일도 1933년 유대인 상점의 불매 운동과 전문 직업인 배척 운동을 벌이고, 동유럽 유대인 1만~2만 명을 추방했다. 그로부터 1년도 채 지나지 않아서는 유대인, 기독교도 유명 인사와 문화계 지도자 6만 5000여 명이 독일을 탈출했다. 그러나 사실 '비아리아인'은 독일 인구의 1퍼센트에 지나지 않았다. 독일의 인종차별주의가 "유대인 없는 반유대주의"로 불리는 것도 그래서다. 1938년에는 빈곤의 나락에 빠진 유대인과 비유대인 난민 20만 명이 그들을 받아들여 준 나라들에 도착했다. 하지만 그곳들 역시 유대인을 도울 처지가 못 되거나 도울 의지를 보이지 않았다. 난민을 생성하는 파시즘 국가들 주변의 민주주의 국가들도 반유대주의를 공표하면서 난민 수용을 거부했다. 1930년 무렵에는 폴란드에 330만 명, 러시아에 300만 명, 루마니아와 헝가리에 120만 명, 독일에 52만 5000명, 오스트리아에 18만 명의 유대인이 살고 있었다. 그런데 1939년에는 미국도 고작 유대인 난민 8600명을 받아들이는 데 그치고, 캐나다는 복잡한 관료제를 이용해 유대인에 대한 이주의 빗장마저 걸어 잠갔다. 1938년 7월 프랑스의 에비앙에서 난민 회의가 열렸을 때도 미국 외교관들은 새로 설립된 '정부 간 난민 위원회'를 통한 단계적 협상을 주장하면서 유대인에 대한 신속한 지원을 회피했다. 서구의 반유대인 이데올로기는 프랑스령 마다가스카르, 영국령 북보르네오, 도미니카 공화국, 영국령 기아나, 키프로스섬, 필리핀, 벨기에령 콩고와 그 밖의 지역으로 유대인을 추방할 것을 제안했다. 소련, 터키, 동유럽의 일부 국가, 중국만이 유대인 난민을 받아들였다. 중국의 하얼빈과 국제도시 상하이로 간 유대인 1만 8000여 명은 두 도시가 일본에 점령된 뒤에도 그곳에 계속 머물러 있었다. 반면 팔레스타인에서는 유대인 난민에 밀려 원주민인 아랍인들이 도리어 쫓겨났다. 1939년에는 독일군의 진격이 시작되어 주변국들로 피신한 유대인들이 더 먼 곳으로 이동했다.

1939년 9월 독일이 폴란드를 점령한 뒤에는 독일계 유대인들이 그곳에 처음으로 이송되어 열등 집단으로 활용되었다. 두 번째 국면에서는 모세 신앙을 가진 그 사람들이 그곳에서 '청소'될 예정이었다. 강제 이송된 사람들은 과밀과 계획된 굶주림으로 치사율이 높았던 폴란드 도시들의 게토로 재이송되었다. 비점령지였던 소련으로 간 유대인도 20만~35만 명가량 되었고, 중립국 중에서는 터키가 유대인들의 가장 중요한 경유지가 되었다. "최종 해결책"으로 명명된 세 번째 이송 과정에서는 유대인 남녀노소 600만 명이 수용소로 보내져 전쟁 물품을 생산하며 혹사당해 죽거나 수용소로 옮겨진 즉시 몰살될 예정이었다. 독일어(서게르만어)의 한 갈래인 이디시어 사용자들은 결국 그런 식으로 거의 절멸되었다.[127]

강제 이주

각국의 정부는 민족문화적 집단을 다시 배치하는 것에서 그치지 않고, 1920년대와 1930년대 대공황기에는 노동자 계층의 이주도 제한했다. 나라 간 이동을 줄이기 위해 입국 규제 법령을 제정하는가 하면 실직 상태의 남성뿐 아니라 여성도 구호 캠프에 보내는 나라들이 적지 않았다. 다수의 노동 운동가와 실직자들도 추방했다. 국가의 관료들은 자유민 노동자라면 절대 가지 않을 곳들에 강제 노동자들을 투입하고 필요한 곳이면 어디든 그들을 이동시켰다. 그들을 이동시키는 데는 비용이 적게 들었다. 노동자들이 머물 숙소를 그들 스스로 짓게 하고, 임금도 최저로 지급하며, 소비재가 귀한 경제에서 그들을 억류해 둠으로써 소비 감소의 효과도 거둘 수 있었기 때문이다. 강제 노동에 대한 소문이 퍼지면 그 제도를 자유민 노동자들을 윽박지르는 데 이용했다. 아메리카 대륙에서도 미국 정부가 1917년 이후에는 노동조합 조직책과 급진주의자들을 소련으로 추방하고, 1930년대에는 멕시코 노동자들을 멕시코로 추방했다. 빚에 묶여 강제 노역을 하는 노예노동 또한 불법이었는데도, 아프리카계 미국인과 멕시코계 미국인 노동자들에게 지속적으로 부과했다. 1920년대에는 캐나다가 남성 추수 일꾼과 여성 가사 노동자를 경찰 감시 하에 목적지로 보내 선불해 준 여비를 노동으로 갚게 하는 여비 지원 이주 프로그램을 실시했다. 남아메리카 내륙에서도 부채에 묶인 노예노동 제도가 말 그대로 노예제를 방불케 하여, 지주들은 원주민들에 대한 시간제 노동권마저 보유하고 있었다. 북아프리카의 몇몇 아랍국도 서류상이기는 하지만 양차 대전 기간에 모로코부터 아프가니스탄에 이르는 대다수 무슬림 국가에서 노예제가 철폐되었는데도, 노예제를 계속 시행했다. 전문가들은 1930년대 무렵 전 세계에는 그런저런 형태의 노예 300만 명이 존재했으리라고 추정했다.[128]

제1차 세계대전 기간에는 유럽 국가들이 노동 제도를 군사화했다. 프랑스만 해도 식민지 노동력에 의존했던 만큼 아프리카 병사들을 강제 징집했으며, 영국도 우간다에서처럼 식민지인들에게 강제 노동을 부과했다. 영국과 프랑스는 중국과 베트남에서 계약 노동자들도 들여왔다. 전후에 경기 침체가 발생하고 국경들이 일시 폐쇄되었을 때도 프랑스는 200만 명 가까운 사람을 받아들인 유럽의 가장 중요한 노동 이주민 종착지가 되었다. 전사한 프랑스 병사 135만 명(성인 남성 인구의 10퍼센트)의 대체 인력으로 사용하기 위해서였다. 그랬던 프랑스 민족주의자들이 전시의 대량 학살로 남성들이 사라진 부락들로 이주하려 한 이탈리아 농부들을 '순수한' 프랑스 민족을 위해 나라의 땅을 보존한다는 구실로 가로막았다. 신흥 농업 지대로 조성된 땅이었는데도 말이다. 고용주들 또한 민족주의자와 다를 바 없이 폴란드 노동자들에게 직업을 바꿀 권리도, 더 나은 근로조건을 요구할 권리도 부여하지 않았다. 당시 프랑스에는 폴란드인, 벨기에인, 이탈리아인, 폴란드계 독일인 300만 명이 들어와 살고 있었다. 그런 데다 1929년 이후에는 실업률마저 치솟자 프랑스인들은 외국인 혐오 운동을 일으킬 수 있는 권리까지 요구하고 나섰다. 파시스트 국가인 에스파냐도 노조와 노동자당 들을 불법화하고, 1975년 파시즘 체제가 끝날 때까지 노동자들을 통제했다.

한편 1914년 이전만 해도 세계 5위의 산업국이던 러시아는 전후에 망가진 경제를 재건하고, 산업 중심지들을 이동하며, 기아에 대처해야 하는 난제를 떠안은 끝에 1928년에야 얼추 전쟁 전의 생산 수준을 회복하게 되었다. 하지만 소비에트의 국가 경제정책에는 자가당착적인 면이 있었다. 집단 농장화를 실시한 결과로 농촌 노동력의 수요는 줄어드는데 관료제의 미숙한 운영과 열악한 도시 생활 여건 탓에 농촌에서 도시로의 이주가 감소한 것만 해도 그랬다. 일부 이론가가 농부들이 "소외 계급의 분자"가 되어 자신들이 프롤레타리아 계급으로 분류한 요소로 침투해 들어올 수 있는 개연성을 우려했을 정도로 상황이 나빴다. 처음에는 농촌에서 도시로의 노동 이주가 자발적으로 진행되었다. 따라서 다섯 단계로 진행된 이주의 첫 국면에서는 농촌에서 도시로의 이주도 전례 없이 높은 비율을 보였다. 1926년 이전에는 매년 100만 명, 1927~1930년의 기간에는 매년 260만 명, 1931년에는 430만 명이 이주하여 1939년 무렵에는 소련의 도시 인구가 곱절 넘게 불어나고, 그리하여 12년 동안 농촌에서 도시로 이주한 사람이 인구의 5분의 2를 차지하다 보니 도시가 '시골화'되는 현상마저 나타났다. 1928년 스탈린이 '대전환Great Turning Point'을 추진한 이후에는 집단 농장화를 강제로 실시한 결과로 토지를 강탈당한 농민들이 주로 산업 지대로 이동하는 이주의 두 번째 국면이 시작되었다. 다수의 농민, 특히 비러시아인들은 이 무렵 죽음과도 같은 강제 노동 수용소로도 실려 갔다. 1938년 이전에 실시된 이주의 세 번째이자 정착 국면에서는 기계화를 도입하고, 문맹의 부락민들에게 읽기와 쓰기 교육을 시키며, 새로운 의식을 고취하기 위해 25만 명가량의 숙련된 공장 노동자와 공산주의 교육 간부들이 농촌 지역에 파견되었다. 그리하여 5년 뒤 임금노동자 1250만 명이 도시로 이주하는 결과를 낳았으나, 그래도 자유민 이주는 여전히 수요에 미치지 못했다. 1930년 2월부터 시작된 네 번째 이주 국면에서는 국가가 실업수당 지급을 중단하고, 남녀 불문 모든 도시 노동자가 의무적으로 휴대해야 했던 국내 여권 제도를 도입하며, 일자리도 할당제로 바꿨다. 1930년대 중엽부터 시작된 이주의 마지막이자 다섯 번째 국면에는 노동자의 강제 동원, 다시 말해 벌채, 도로와 철도의 건설, 독일군 진격이 시작되기 전 소련 내 모든 공장의 이전에 쓰일 포로 노동력의 이동이 수반되었다. 강제 노동 수용소, 즉 굴라크는 내무인민위원회NKVD가 통제했다. 최근의 연구 결과에는 1941년 소련에는

290만~350만 명가량의 강제 노동자가 있었고 그중의 10분의 1이 여성이었으며, 적어도 75만 명이 폴란드인과 여타 추방자였던 것으로 나타난다. 그 제도의 절정기에는 강제 노동력이 2000만 명에 달했을 것으로 추산한 다른 연구 결과도 있다. 소련의 강제 노동 수용소 제도는 1956년에 폭로되어 1960년에 해체되었다.[129]

독일제국의 노동 제도도 1880년대부터는 외국인 노동자들을 내부적으로 엄격히 통제하는 것에 의존했다. 1900년 무렵에는 독일이 세계 2위의 노동 수입국이 되었다. 그에 따라 규제도 심해져 동유럽 노동자들에게는 통행증을 소지하게 하고 허가가 없으면 직업도 바꾸지 못하게 했다. 규정을 어기면 추방했다. 독일은 러시아계 폴란드인과 오스트리아계 폴란드인들의 영구 정착을 막고 농업 고용주들이 겨울에 인건비를 지출하지 않아도 되도록 겨울 '휴업기'에는 그들로 하여금 고향에 돌아가 있도록 했다. 첫 번째 이주 국면에 수립된 이 노동력 순환 정책을 독일은 민족주의 이데올로기와 문화적 순수성을 지킨다는 명목하에 25년 동안이나 시행했다. 1914~1918년 동안 진행된 두 번째 이주 국면에는 강제 노동이 수반되었다. 제1차 세계대전이 선전포고 되기 무섭게 130만 명의 외국인 노동자를 국내에 묶어 놓는가 하면, '비독일계 노동자 계층'에 대한 식량 배급도 아사 수준으로 동결한 것이다. 1920년대에 시작된 세 번째 이주 국면에서는 독일이 노동시장의 '관영화'를 실시했으나, 정작 관영화할 외국인 노동자가 별로 없었다. 네 번째 이주 국면에서는 새로 들어선 나치 정부가 독일 노동자들에게는 이동의 자유를 제한하고, '민족적으로 다른' 노동자들은 노동조건이 열악한 분야로 보냈다. 1936년부터는 노동자의 이동을 정부가 완전히 장악했다. 나치는 또 민족의 순수성 이데올로기를 구축해 외국인 유입을 스스로 막아 놓고 전쟁 준비를 위해서는 실업률이 40퍼센트나 되었던 폴란드에서 농업 노동자를 수입하기도 했다. 나치의 이런 행위는 제2차 세계대전 발발의 단초가 된 폴란드 점령 뒤에도 멈추지 않아 1940년 초에는 여성이 절반을 차지한 폴란드 노동자 100만 명을 강제로 다시 징집했다. 그것이 이주의 다섯 번째 국면이었다. 동유럽의 '하등 인간'으로 분류된 사람들은 그렇게 해서 아리아인 전시경제의 필수 요소가 되었다. 서유럽의 민간인과 전쟁 포로들도 징집 대상이었으며, 그런 식으로 1년 동안 동원한 인원이 120만 명이었다. 이탈리아인, 벨기에인, 유고슬라비아인이 외국인 민간인에 포함되었다. 나치 독일은 1941년 6월에 소련을 침공한 뒤에도 러시아인, 벨라루스인, 우크라이나인, 여타 민족 남녀의 고용을 금지하는 정책을 취했다가, (전세의 전환점이 된) 1942년에는 그 정책을 다시 뒤집었다. 그 동방 노동자들Ostarbeiter을 사로잡아 점령지와 '본국' 영토의 산업 지대로 이송한 것이다. 그리하여 종전 무렵에는 전쟁 포로 190만 명과 3분의 1이 여성이었던 민간인 외국 노동자 570만 명이 노예 생활을 하고, 60만 명의 남녀가 강제 수용소에 갇히는 상황이 되었다. 모두 합치면 노동력의 20퍼센트에 해당하는 수치였다.[130]

일본도 1920년대부터 경제와 사회의 군국화 강도를 높였다. (노조가 아닌) 정부 관료와 고용주 단체들이 노동관계를 결정하고, 국수國粹 사회와 합치된 사회를 위해 자본과 노동의 공동 협력을 강조하며, 전시의 복지 입법화 과정을 통해 국수주의에 가까웠던 노동 체제의 신질서에 숨통을 틔워 준 것이다. 근래에 점령한 식민지의 노동자들도 본국에서 파견된 '소수의' 일본 (자본가) '관리층'의 통제를 받으며 공산품 혹은 군수품 생산에 동원되었다. 조선의 농민들도 그 과정에서 뿌리가 뽑힌 채 이동하는, 도시의 저숙련 산업 프롤레타리아 계급의 일원이 되었다. 인구가 조밀한 남부 지역 사람들이 특히 많이 이동하여 1917~1929년의 기간에만 120만 명이 일본으로 건너가고, 그중 85만 명이 본국으로 돌아왔다. 1945년 무렵에는 조선 인구의 10퍼센트가 나라 밖에서 노동을 했고, 또 다른 20퍼센트는 도시 노동자로 징집되거나 다른 방식으로 고향에서 쫓겨났다. 조선 여성들도 '위안소'로 끌려가 일본 병사들의 성적 도구가 되었다. 정체성을 파괴당하는 강제 노동을 한 것이다. 만주국에서는 일본 군부가 근래에 이주해 온 중국인들이 생계 농업 경제에 종사하는 와중에 광산 가까이에 중공업을 구축했다. 그리하여 임금이 올라가고 경기 침체 여파로 노동 공급이 넘쳐 자유노동시장이 조성되었으나, 조선인과 자국 노동자를 선호한 일본의 민족화된 이주 정책 탓에 중국인 이주민이 들어설 자리는 없었다. 1941년 무렵에는 조선 북부 지역 노동자 140만 명이 그곳으로 유입되었다. 일본은 자국 내에서도 군대에 노동력을 우선 할당하는 정책을 시행했다. 1941년부터는 예비 노동력도 중앙에서 관리했다. 1942년에는 숙련 노동자와 기술자의 직업 전환을 금하고, 고용주들이 급여 인센티브를 주고 다른 공장의 기술자를 '빼내 오는' 것도 법으로 금지했다. 일본은 점령지에서도 민간인과 전쟁 포로들을 강제 징집했다. 일본의 이런 강제 노동 이주제는 종전 무렵에야 끝이 났다. 그런데 몇 년 뒤에는 남아프리카가 사람들을 우등 인종과 열등 인종으로 가르는 아파르트헤이트를 들고 나와 아프리카인들을 징집하는 그와 유사한 제도를 시작했다.[131]

전 세계 대다수 식민지 지역에서는 힘과 징세를 통한 노동력 동원이 금전에 묶인 자발적 이주로 대체되었다. 세계적 자본주의 관계의 표현이었던 교역 관계와 광산 경영이 접촉지였던 항구도시들에서 내륙 깊숙한 오지, 그곳에 거주한 사람들 입장에서 보면 원시적 삶의 공간들로 침투해 들어간 것이 요인이었다. 그 결과 교환이 아닌 돈이 수반된 거래가 그 어느 때보다 많아졌고, 돈은 임금노동이나 농작물 판매로만 얻을 수 있었다. 그런 상황에서 대공황의 도래로 원자재 수요가 줄면서 노동 수요가 동반 급락했다. 1930년대 초에는 북로디지아(지금의 잠비아)의 동광 지역에 들어섰던 신도시들, 벨기에령 콩고의 구도시 그리고 여타 지역의 인구가 현격히 줄어들었다. 그리하여 노동자와 그들의 가족이 농사를 짓기 위해 땅으로 되돌아오거나 유민이 되어 근근이 생계를 잇는 상황이 되었다. 북부 나이지리아의 주석 광산에서도 임금이 뚝 떨어졌으나, 다만 곡물가도 함께 폭락했기 때문에 생활수준이 많이 저하되지는 않았다. 잉여 노동자들도 일터를 떠나거나 주당 며칠 일하고 손에 쥐는 돈으로 간신히 버텨 나갔다. 그 무렵에는 일과 금전 관계의 틀이 확고하게 자리 잡힌 터여서 임금노동에서 간단히 손을 뗄 수도 없었다. 게다가 권력관계의 속성상 임금이 낮아졌다고 식민 당국이 부과하는 세금까지 낮아진 것은 아니었기 때문에 몇몇 지역에서는 경제 전체가 붕괴하고, 그에 따라 사람들이 식량이나 일자리를 찾아 나서는 이주가 유발되기도 했다. 말라야의 주석 광산도 사정은 다를 게 없어, 친구나 가족을 데려오는 일을 맡았던 캉가니들도 일과 금전 관계에 익숙해진 사람들이 채용을 기다리는 고향 마을로 더는 내려가지 않았다. 고무 공장 지대에서 일하는 인도인 노동자들도 고향으로 되쫓겨 갔다. 대공황의 사회적 비용이 고향 사회로 전가된 것이다. 원자재 산출지인 식민지 일대로부터 자본주의 생산 활동을 위해 강제 이주당했던 사람들이 자본주의 제도가 일시 붕괴하자 고향으로 되쫓겨왔으니 말이다. 이주를 통한 안정적 수입은 경제 조건이 안정되어야 얻을 수 있었다. 그런데 당대인들의 담론이 제1세계의 금융 중심지들에서 전개되는 극적인 상황 위주로 돌아가다 보니 극적인 식량 부족이 야기되어 대다수 이주민 가족의 생활 방식과 생존 개연성이 위협을 받게 된 것이다.[132]

제2차 세계대전 기간에 일어난 도주와 추방, 인구 이동

1937년 아시아에서는 '중일전쟁'이 일어나고, 유럽에서는 1939년 독일이 폴란드를 침공함으로써 제1차 세계대전에 이은 두 번째 세계 전쟁이 시작되었다. 1941년에는 미국도 참전하여 아시아와 유럽에서 일어난 두 전쟁은 군사적 노력과 정치적 동맹의 관점에서 보면 세계대전이 되었다. 그러나 인구 이동은 그것과 별개로 진행되었다. 전쟁이 끝난 1945년 무렵 도주하거나 강제수용소에 갇힌 사람만 해도 수십만 명이었다. 인구 계획자들이 사람들을 노동 집단 혹은 잉여 집단으로 만들어 '인간 재료'로 전락시킨 탓이었다. 민주주의 국가들도 예외는 아니어서 전시의 특별한 동맹 구조와 국가에 대한 의무를 이유로 체제 반대자와 평화주의자들을 수용소에 들어가 마땅한 사람들로 박해했다.

일본의 전쟁 준비에는 일본으로의 소규모 엘리트 이주와 대규모 수사법이 수반되었다. 유럽과 미국에서 군사고문관을 초빙하고, 전쟁 준비를 범아시아적 이익, 다시 말해 유럽 제국주의에 맞선 일본의 팽창으로 합리화시킨 것이다. 하지만 그것은 말 그대로 수사법이었을 뿐 일본의 진정한 속셈은 중국의 원자재와 사람을 비롯한 자원 그리고 (전후의) 시장을 장악하려는 데 있었다. 그리하여 1937년을 시작으로 일본은 상하이를 장악하고 중국의 많은 지역을 점령했다. 중화민국의 수도 난징을 점령한 뒤에는 일본군이 학살, 강간, 약탈도 자행했다. 그때 죽은 사람이 30만 명이었다. 농촌 지역에서도 진격하

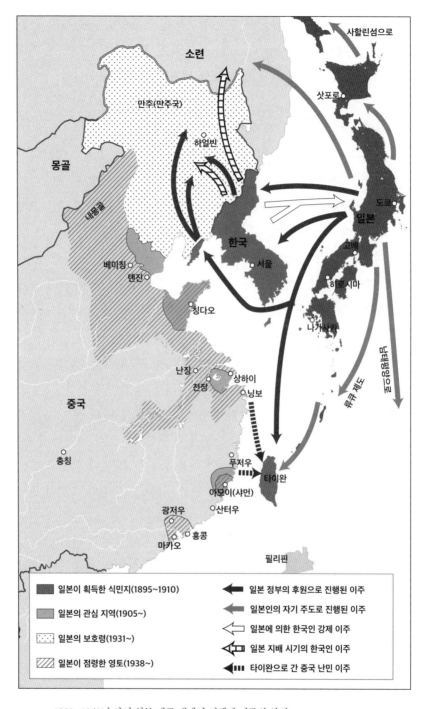

1890~1940년 사이 일본 제국 내에서 진행된 이주의 양상.

일본이 획득한 식민지(1895~1910)

일본의 관심 지역(1905~)

일본의 보호령(1931~)

일본이 점령한 영토(1938~)

일본 정부의 후원으로 진행된 이주

일본인의 자기 주도로 진행된 이주

일본에 의한 한국인 강제 이주

일본 지배 시기의 한국인 이주

타이완으로 간 중국 난민 이주

는 일본군과 퇴각하는 중국군이 중국 농민들을 전쟁으로 불탄 대지나, 홍수로 범람하는 평원으로 내몰았다. 그런 식으로 전쟁 발발 1년도 못 된 시점에 중국인 100만 명이 난민이 되고, 1200만 명가량은 서쪽의 윈난성, 구이저우성, 쓰촨성으로 도주했다. 소수의 중국 거류 유럽인들도 국제난민기구의 도움을 받아 중국을 탈출했다. 하지만 파시스트 박해를 피해 유럽에서 도망쳐 나온 유대인들은 그 와중에도 시베리아를 경유해 중국으로 속속 들어갔다.

1941년 12월에는 일본이 동남아시아와 하와이 진주만의 미 해군기지를 공격함으로써 태평양으로까지 전쟁을 확대하고 필리핀, 홍콩, 말라야, 프랑스령 인도차이나, 영국령 버마, 네덜란드령 인도네시아, 태평양의 대부분 섬을 점령했다. 그리하여 버마에서만 인도인 50만여 명이 도주하고, 5만 명이 그 와중에 사망했다. 캘커타도 공습을 받아 도시민들의 난민 이주가 유발되었다. 그러자 일본 정부는 연합국의 폭격을 피하고 식량도 생산하려는 두 가지 목적으로 도시민들을 농촌 지역으로 이동시켰다. 1942년 중엽 이후에는 일본군이 서방 연합군과 중국군에 밀려 서서히 퇴각하고 생존 난민들은 연합군을 따라 그 무렵에는 자취가 거의 없어진 고향으로 돌아왔다.[133]

유럽에서도 독일과 소련 양국이 폴란드를 공격함에 따라 바르샤바, 발트해 너머 그리고 중동부의 영국 세력권을 통해 피난하기 위해 헝가리 혹은 루마니아로 향해 가는 대규모 난민 이주가 처음으로 유발되었다. 독일군의 만행에 대한 소식을 접한 유대인들도 소련군 전선 너머로 도망쳤다. 소련이 핀란드령 카렐리야 지역을 점령한 뒤에는 42만~45만 명의 그곳 핀란드인이 인구의 11퍼센트를 난민이 차지하고 있던 핀란드의 여타 지역으로 추방되었다. 그러다 1941년 핀란드군이 카렐리야를 수복하여 난민의 절반 이상이 귀향했으나 그것도 잠시, 1944년에는 소련의 공격이 재개되어 그들은 다시 피난길에 올랐다. 프랑스 안팎에서도 유대인들의 도주가 이어졌다. 스칸디나비아반도의 시민들은 도주하는 유대인들 가운데 일부를 중립국 스웨덴으로 이동시켜 생존을 보장해 주었다. 서부 전선의 공격이 시작된 직후에는 프랑스인 200만 명, 벨기에인 200만 명, 룩셈부르크인 7만 명, 네덜란드인 5만 명이 난민이 되어 곤궁한 상태를 면치 못했다고 적십자사 통계에 나타나 있다.

나치 관료들은 열등 민족으로 간주된 서슬라브족[44]을 동쪽으로 이동시키고 우월하다고 간주된 독일의 아리아인을 그 빈 땅에 이주시킬 계획을 세웠다. 여타 '열등' 민족은 나치 독일의 협력자 혹은 값싼 예비 노동력으로 이용할 작정이었다. '동방 식민 계획Generalplan Ost'을 세워 폴란드인의 80~85퍼센트, 벨라루스인의 75퍼센트, 우크라이나인의 65퍼센트, 체코인의 50퍼센트를 러시아 내륙 혹은 시베리아로 '재정주'시키고 그 지역을 식민지화하려고 했다. 하지만 독일군이 개전 초부터 전선을 지나치게 확대하는 바람에 '식민지 보조군'이 필요해져 현지 노동자들을 동원하느라 그 일에는 차질이 생겼다. 나치 행정 기구는 독일 국경을 동쪽으로 500킬로미터 확장할 의도로 폴란드의 독일 점령 지역을 둘로 갈라 한쪽은 자국에 병합시키고 다른 한쪽은 폴란드인을 수용할 거대한 강제 노동 지역으로도 만들었다. 그런 다음 하루 1만 명 꼴로 총 120만 명의 '슬라브족' 폴란드인을 그곳으로 이송했다.(단 점령군에 의해 '잠재적 독일인'으로 분류된 폴란드인들은 나치 정부를 위해 병사로 복무할 수 있게 해주었다.) 폴란드인이 빠져나간 공간에는 동부와 남동부 유럽의 독일 태생 사람들을 정착시켰다. 발트 3국에서 베사라비아에 이르는 지역의 50만 명도 살던 곳에서 쫓겨났다. 그 후로도 75만 명이 몇 년에 걸쳐 서쪽으로 고난의 이동을 했다. 그들의 일부만 재정주했을 뿐 나머지 대다수는 소련군이 진군했을 무렵에도 난민촌에 그대로 머물러 있었다. 그리하여 그들은 다시금 서쪽으로 고난의 이동을 하거나 군대에 따라잡힌 경우에는 동쪽으로 이송되었다.

소련 관료들도 삶의 과정에 나치만큼이나 무신경한 태도를 보이며, 비러시아 민족 대다수를 '믿지 못할' 족속으로 간주했다. 비러시아 민족의 엘리트층이 나치에 공공연하게 동조했거나 스탈린 치하에서 그들이 소수민족으로 억압받았다는 것이 이유였다. 그리하여 내륙 혹은 그보다 먼 동쪽으로 그들이 이송되기 시작했다. 근래에 점령한 발트 3국 사람들과 폴란드인, 독일군 진격을 피해 도주 중이던 난민, 독일계 러시아인 140만 명, 캅카스와 크림반도(크림 타타르족과 그리스인, 불가리아인), 트랜스코카시아, 카스피해 스텝 지역 사

_____ **44** 폴란드, 체코, 슬로바키아에 사는 슬라브 민족.

람들이 그들이었다. 소련이 자국의 군수산업 시설을 우랄산맥 방면과 그 너머로 이전시키는 가공할 계획을 세운 것 또한 자기방어는 할 수 있었으나,[45] 산업 시설과 함께 재배치된 노동자와 그 가족들은 열악한 노동조건과 형편없는 생활환경, 높은 치사율을 감당해야 했다. 독일군 진격으로 오데사, 모스크바, 레닌그라드에서만 100만 명 이상의 사람이 도주하거나 소개된 것이 말해주듯 그렇다고 소련에 대안이 있는 것도 아니었다. 독일 점령군은 그 무렵까지도 승리를 확신하고 있었기 때문에, 러시아인들을 굶주리게 해 그중 살아남은 사람들을 내륙 쪽으로 이송할지, 아니면 적십자사의 '인도주의적' 구조 제안을 받아들여 다른 곳으로 재식민할지를 논의하는 상황이었다.

남동부 유럽에서도 유고슬라비아가 나치 독일, 이탈리아, 헝가리, 불가리아 사이에서 분할된 채 슬로베니아인들은 독일계 사람들과 교환되고, 세르비아인들은 이곳저곳 분산된 정주지들로부터 추방되며, 마케도니아인들은 추방되거나 불가리아인으로 국적이 변경되고, 루마니아인들은 다른 곳으로 도주했다. 그러다 소련군의 진격으로 이들의 위치는 또 한 번 바뀌었다. 독일에 이적 행위를 한 우크라이나인과 여타 민족, 반소련 카자크 집단의 경우 독일군의 퇴각으로 도주하는 처지가 되었다. 그리하여 소련군이 전쟁 전의 독일 국경 지대까지 도달했을 무렵에는 진격하는 소련군 앞에서 이동하는 사람을 제외하고도 전선의 후방에 거주하는 난민이 무려 1400만 명에 달했다.

민족국가들이 동원한 병력이 또 다른 민족국가들에 전쟁 포로로 억류된 것은 인구 이동의 관점으로 고려되지 않는 것이 보통이다. 하지만 거기에도 비자발적 이동과 상호작용이 수반되었다. 군수물자 생산과 농사에 동원되어 강제 노동을 한 전쟁 포로들만 해도 현지인들과 상호작용을 했다. 미국에도 독일군 전쟁 포로 40만 명이 억류돼 있었다. 전시에 유대인 난민을 유럽으로부터 탈출시키는 데는 이용되지 않던 연합군 선박 편으로 미국에 이송된 그들 대부분이 본국으로 돌아가고 나머지 일부만 나중에 타국으로 이주했다. 독일 전역의 농장, 광산, 공장에서도 다양한 국적의 전쟁 포로들이 노동을 했

---

45 1941~1942년 동안 진행된 대조국 전쟁 때를 말한다.

으며, 프랑스와 러시아에서도 독일 전쟁 포로들이 노동을 했다. 독일 민간인과 연합국 전쟁 포로들은 공습도 같이 당했다. 1945년까지 강제 노동자들과 함께 일한 독일인들 또한 불과 10년 뒤에는 초청 근로자들과 함께 일했다. 그렇다면 태도도 변했을까?[134]

지식인 이주

식민주의자의 이주가 소규모라는 이유로 연구의 주된 분야에서 자주 밀려난 것처럼 식민지인들의 망명 이주 혹은 교육 이주도 제한적이라는 이유로 학자들의 홀대를 받았다. 하지만 식민지인들의 이주가 끼친 영향은 매우 컸다. 다수의 지식인 지도자, 정치인, 독립투사들이 일시적 이주민이 되어 식민지에서의 삶과 식민 본국의 삶을 비교해 볼 수 있었던 것만 해도 그랬다. 그들 대다수가 식민 본국에서 유학을 했고, 일부는 선교사들에게 교육받았으며, 소수지만 식민지에서 직업을 가진 사람들도 있었다. 전도양양한 엘리트들이 선교사 학교와 영국 및 프랑스 대학들의 식민주의 교육을 접하는 특권을 부여받았던 것이고, 그리하여 그들은 현지에 머물며 군주의 모든 백성은 평등하다는 점과 프랑스 문화의 통합적 역할을 강조한 식민주의자들의 언명에도 불구하고, 자신들은 이류적 신분에 불과하다는 것과 심할 경우 인종적 모멸감마저 체험했다. 19세기 말과 20세기 초 그리고 1920년대와 1930년대의 두 세대 동안에는 인종화의 실행, 그리고 인도주의적 지적 논쟁 및 민주주의적 지적 논쟁도 체험했다. 교육 이주민의 다수는 바로 그런 과정에서 그들의 식민지 문화에 서구의 식민주의 문화를 융합한 세계관과 투쟁 정신을 갖게 되었고, 그것을 바탕으로 개혁가, 급진주의자, 민족주의자 혹은 사회주의자, 공산주의자가 되었다. 교육 이주가 그들에게 두 문화에 정통하고, 식민주의자의 수사법과 정책을 식민주의자뿐 아니라 그들 사회도 이해 가능한 방식으로 파악하고 비판할 수 있는 전략적 자산을 제공해 준 것이다. 그렇게 해서 그들은 20세기 초와 양차 대전 기간, 탈식민 기간에 독립의 대변자가 되었다.

지적 교류도 처음에는 접촉하는 정도에 그쳤으나, 나중에는 문화 간 접촉의 성격에 영향을 미칠 수 있는 복잡한 사회일 경우, 특히 적어도 초기에는 식민지화의 일부를 형성했다. 그 점에서 아시아의 두 나라 일본과 중국은 다르면서도 유사한 경로를 밟았다. 일본은 1850년대 이전에는 쇄국정책을 썼으나 그 후로는 나가사키 항 데지마섬에 있던 네덜란드 거류지를 통해 유럽의 최신 동향을 빠짐없이 주시했다. 메이지 개혁가들은 북쪽 섬들에서 식민지 농업을 개발하고 군대를 현대식으로 훈련시키기 위해 서구의 전문가들도 초빙했다. 반면에 중국은 조정 대신들의 지적·문화적 자부심(과 아마도 오만함) 때문에 17세기에 청나라에서 활동한 예수회 선교사들과 그들의 부분적 중국화로 요약될 수 있는 학문적 교류를 가로막았다. 체약締約 상대국들의 가중되는 압력에 대해서는 19세기 말 미국과 유럽 고문관들을 초빙하여 대처하려고 했다. 이런 폐쇄적 분위기 속에 다수의 개혁가와 미래의 중국 지도자들은 타국으로 교육 목적의 이주를 하거나 망명을 떠났다. 중국 국민당 인사들 중의 한 사람으로 중화민국의 초대 임시 대총통을 지낸 쑨원(1866~1935)만 해도 홍콩에서 학교를 다니고 하와이에서 거주하다 일본, 유럽, 미국, 캐나다 등지에서 망명 생활을 했으며, 군사 지도자 장제스(1887~1975)도 1907~1911년 동안에는 일본군에서 근무하고, 황푸 군관학교[46]에 독일과 러시아 교관을 두며, 국민당 정부 내각에 하버드 출신 각료들도 등용했다.

중국 여성들도 엘리트 이주의 일부를 형성했다. 세 명의 쑹 자매가 아마도 대표적 사례가 될 수 있을 것이다. 쑹 자매의 아버지는 하카 출신으로 미국에서 감리교 목사 교육을 받은 뒤 얼마간 성서 인쇄 사업을 통해 부유해졌다. 그리하여 그 재력으로 딸들을 미국으로 유학 보내 조지아주의 웨슬리언 대학을 졸업시켜 막강한 정치력을 지닌 국제적 인물로 키워 냈다. (나중에 쑨원의 부인이 된) 쑹 자매의 둘째 쑹칭링宋慶齡만 해도 1949년, 폴란드 출신으로 급진적 유대인 노동자 가문 사람인 이즈리얼 엡스타인Israel Epstein과 함께 이름난 국제 월간지 《차이나 리컨스트럭트China Reconstructs》(나중에는 《차이나 투데이》로 개명)를 창간했다. 엡스타인 역시 어머니는 시베리아로 추방당하고 아버지는 일본에서 직장 생활을 한 독특한 집안 내력을 지니고 있었다. 쑹 자매의 막내

_____ **46** 정식 명칭은 중국국민당 육군 군관학교.

인 쑹메이링末美齡도 장제스의 부인이었을 뿐 아니라 미국에서 가장 중요한 중국 대변자가 되어 1943년에는 1880년대부터 시행되던 미국의 중국인 이민 규제를 풀게 하는 데 일조했다. 하지만 미국과의 이런 연계는 1949년 중국 공산당이 국공 내전에서 승리하여 중화인민공화국을 수립하고, 서구에서 1950년대에 지긋지긋한 냉전이 진행되는 동안 끝이 났다.

응우옌신꿍阮生恭이란 이름을 가진 베트남 젊은이도 교육에 대한 열망을 불태우던 끝에 1911년 배의 주방 보조원 자리를 얻어 선원 생활을 한 뒤 미국, 영국, 프랑스 등지를 오가며 단순 노무직을 전전하는 틈틈이 공공 도서관에서 독학하는 근로 면학의 여정을 이어 나갔다. 그리하여 마침내 파리 강화회의(1918~1919)에서는 베트남 독립을 위해 탄원하고, 호찌민이라는 가명 아래 인도차이나를 프랑스로부터 독립시키기 위한 투사가 되며, 미국의 독립선언서를 참고해 북베트남 헌법의 밑그림도 그리는 민족의 지도자가 되었다. 호찌민은 또 처음에는 식민지풍의 정치적 지식인 및 지도자들처럼 문화 경제적 민족주의를 신봉했으나, 거창한 인권 수사법이 결합된 서구의 파렴치한 식민지 수탈이 계속되자 급진적으로 변했다.

식민주의자의 명칭대로라면 남아시아의 '영국령 인도'에서도, 1835년부터 식민주의자들이 고등교육에 서구의 과학과 영국 역사를 소개하기 시작했다. 그 결과 식민지 엘리트들의 아들과 소수의 딸들도 전반적으로는 합리적이고 공평한 정부, 특별하게는 영국을 법, 문화, 합리성, 이상적 문학 텍스트를 가진 나라로 인식하게 되었다. 1880년에는 식민지인 50만 명이 대학을 졸업했으며, 이후에는 더 많은 사람이 영국뿐 아니라 미국, 프랑스, 독일, 소련으로도 대학 교육을 받기 위해 이주했다. 50년 뒤에는 영국의 인구조사에서 잉글랜드와 웨일스 거주 인도인이 7만 명으로 나타났으나, 그중 런던항의 인도 선원 사회에 속한 항해 노동 이주민은 소수에 지나지 않았다. 교육 이주민들 중에는 유명인사들도 포함돼 있었다. 인도 민족주의의 기획자로 불리는 다다바이 나오로지Dadabhai Naoroji(1825~1917), 법학원에서 공부한 마하트마 간디(1869~1947)와 자와할랄 네루(1889~1964), 유니버시티 칼리지를 졸업한 라빈드라나트 타고르(1861~1941), 잠시 '탈민족화'를 경험한 뒤 힌두 문화로 되돌아온 아우로빈도 고시Aurobindo Ghose(1872~1950), 불가촉천민 계급 출신으로 사회적 혁명 지도자였을 뿐 아니라 독립국 인도 헌법의 공동 제정자로도 이름을 올린 빔라오 암베드카르Bhimrao Ambedkar(1891~1956), 힌두교 민족주의 무장 조직의 지도자로 인도 독립을 위한 혁명적 테러리즘을 최초로 제안한 비나야크 다모다르 사바르카르Vinayak Damodar Savarkar(1883~1966), 1920년대에 비협력 운동을 일으킨 수바스 찬드라 보스(1897~1945)가 그들이었다. 이들 엘리트 모두 유학 시절 민족주의자들의 비공식 조직이던 런던의 인도 하우스를 중심으로 활동했다. 그러다 경찰의 탄압이 심해진 뒤에는 파리로 조직의 본부를 옮겼다. 미국으로 망명하여 1770년대에 아메리카 식민지들에서 발간된 혁명 관련 글들의 영향을 받아 인도의 독립을 고취하는 운동을 벌이려다 사법 당국에 기소된 사람들도 있었다. 또 다른 사람들은 국가 간 경쟁을 이용해 독일이나 소련에서 독립을 지원받으려고 했으며, 몇몇은 1907년에 개최된 제2인터내셔널 슈투트가르트 대회에도 참가했다. 이렇게 서구 땅을 밟는 과정에서 인도인의 일부는 비로소 자신들이 인도의 주들이 아닌 영국 주들에 대한 이야기를 하고 있다는 사실을 깨달았다. 인도 역사를 천대시한 식민주의 학교 교육이 낳은 폐해였다. 그들은 이렇듯 '서구'에 거주하는 동안 에드워드 사이드가 오리엔탈리즘이라는 말을 만들어 내기도 전에 그것을 먼저 이해하게 되었다. 문화 평등, 토지개혁, 사회주의식 공유를 지지하는 유럽인 및 미국인들과의 교제도 시작했다. 그들은 식민지인들이었던 만큼 대다수 식민주의자와 달리 자신들이 살았던 두 가지(혹은 그 이상의) 사회 문화적 제도를 비교해 보고 유럽 문명의 수사법과 수사법의 실행 사이에 존재하는 차이를 분석하는 법도 터득해 알고 있었다.

아프리카와 카리브해 프랑스령 식민지의 흑인 학생들도 프랑스로 이주했다. 아프리카인들이 제1차 세계대전 중에 프랑스를 위해 싸우고 노동한 뒤였던 1920년대와 1930년대에는 마르세유에 선원과 노동자들의 공동체도 생겨났다. 1920년대 중엽에는 마르티니크 출신의 폴레트 나르달Paulette Nardal, 앙드레 나르달Andrée Nardall, 잔 나르달Jeanne Nardal 세 자매가 파리에서 앤틸리스 제도, 미국, 서아프리카의 지식인들과 만나 토론하는 문학 살롱을 개최했다. 아프리카계 카리브해인 특유의 '문화주의자'였던 것 못지않게 페미니스트이기도 했던 폴레트 나르달은 아이티 출신의 레오 사주Leo Sajou와 함께 1931년 《흑인 세계지Revue du Monde Noir》라는 잡지를 창간하고, 클로드 매케이 및 랭스턴 휴스와 같은 아프리카계 미국인들의 작품도 출판했다. 초대 세네갈 대통령을 지낸 레오폴 세다르 상고르Léopold Sédar Senghor(1906~2001), 마르티니크의 시인 겸 극작가 에메 세제르Aimé Césaire(1913~2008), 프랑스령 기아나의 시인 겸 정치가 레옹-공트랑 다마스Léon-Gontran Damas(1912~1978)도 아프리카와 카리브해 출신의 유명 이주민들에 포함되었다. 이들 중 상고르는 프랑스군에서 복무하고, 나치 독일의 전쟁 포로 생활도 해 보았기 때문에 프랑스 문화뿐 아니라 군국주의, 독일의 파시즘, 유럽의 전쟁을 두루 경험했다. 1934년에는 프랑스 주재 마르티니크 학생회가 《마르티니크 학생L'Étudiant martiniquais》이라는 잡지를 발간했고, 1년 뒤인 1935년에는 대서양권 전역의 아프리카 공동체들로 범위를 넓히기 위해 《흑인 학생L'Étudiant noir》으로 잡지명을 바꿨다. 다수의 아프리카계 미국인도 인종차별을 피해 파리로 이주했다. 네그리튀드 운동은 이런 분위기 속에 일어났다. 혁명의 시대에 아이티가 행한 역할과 1920~1930년대 미국에서 일어난 할렘 르네상스의 영향을 골고루 받은 상고르와 세제르가 경멸적 용어인 검둥이négre를 재전용하여, 아프리카의 정체성과 문화를 식민주의 및 인종차별주의와 병치시키되, 프랑스어를 사용하고 (프랑스풍의) 유럽 문화가 거둔 성과도 인정하는 의미의 네그리튀드라는 개념을 새롭게 만들어 낸 것이다. 네그리튀드의 의미가 말해 주듯 그것은 자기주장과 (인종차별을 거부하는) 통합을 함께 강조함으로써 유럽 백인들을 깨우치려는 목적을 지니고 있었다. 세네갈 작가 알리운 디오프Alioune Diop(1910~1980)도 1947년, 아마도 흑인 문화를 백인들 앞에 동등하게 제시한 가장 영향력 있는 잡지였을 《프레장스 아프리캥Présence africaine》을 창간했다. 역사가, 인류학자, 정치가였던 세네갈 출신의 샤이크 안타 디오프Cheikh Anta Diop(1923~1986) 또한 파리에서 가장 걸출한 아프리카 학자들 중 한 사람이 되었다. 아프리카 역사에 대한 그의 인종화된 관점은 유럽의 자기 인종화에 대한 저항의 이미지로 지금까지도 논란이 되고 있다. 다수의 이런 학생들이 서아프리카와 카리브해의 지도자가 되었다.

　지식인 이주민들은 식민지인, 식민주의자의 이분법을 시작으로 인종차별주의와 제국주의에 대한 비판도 제기했다. 계급 문제에 전착해 노동자계급과 인종 평등에 대해서는 뚜렷이 좌파적 사회주의 혹은 공산주의적 태도를 취한 이주민 집단도 있었다. 조지 패드모어George Padmore(1902~1959)가 바로 그것에 가까운 인물이었다. 트리니다드 태생인 그는 미국에 유학하여 피스크 대학과 하워드 대학에서 공부한 뒤 적색 노동조합 인터내셔널(일명 프로핀테른)의 후원으로 모스크바로 이주, 그 단체의 흑인 부서장과 흑인 노동자 국제 노동조합 위원회장을 맡았다. 그다음에는 다시 런던으로 이주해 가이아나 역사가 시릴 라이어널 로버트 제임스C. L. R. James(1901~1989)와 손잡고 범아프리카 운동과 노동자 운동을 전개했으며, 탈식민지화, 다시 말해 "영국령 서인도제도"와 아프리카 식민지의 독립을 의제로 다룬 맨체스터 범아프리카 회의(1945)를 조직하는 일도 도왔다. 에릭 유스터스 윌리엄스Eric Eustace Williams(1911~1981) 또한 노예제 및 자본주의와 식민지 저개발의 상관관계를 연구하는 역사가가 되고, 나중에는 트리니다드의 초대 총리가 되었다.

　미래의 지식인 지도자가 될 학생들은 이런 네트워크 속에서 교육받고 사회주의화되었으며, 전 세계 식민지 사회들을 맥락화하는 능력을 갖게 되었다. 대학과 법학 전문 대학원을 다니며 식민주의자와 식민지인, 백인과 흑인, 영국인과 인도인 간의 불평등한 관계를 바꾸고 싸울 수 있는 다양한 접근법도 고안해 냈다. 자본가 사회와 식민지 사회에서 억압받는 노동자들을 해방하기 위해 노력하고, 여성의 평등권도 요구했다. 산업적 변화와 도시화에 주목해, 유럽 중심주의와 백인 위주의 편향성에서 벗어난 계몽주의 시대의 사상인 보편적 인권을 경제 발전과 결합시켜 독립으로 나아갈 수 있는 개념도 발전시켰다. 이런 식으로 그들은 1940년대 말부터는 국제적 중요성을 얻게 될 많은 탈식민주의 운동의 창시자가 되었다.

　근래에 민주화된 독일에서 사회주의화되었다가 나치 정권이 들어서는 바람에 파시즘을 피해 도망친 지식인과 문학인들도 독일 이외의 다른 유럽 국가들에 잠시 머물며 지낸 뒤 대부분은 미국으로 가고, 소수는 브라질과 멕시코로 가서 하던 일을 계속했다. 파시스트 지배자와 파시스트 학생 청년 조직은 이들을 반反 독일인으로 낙인찍었다. 미국으로 향한 지식인 중에는 (할리우드에서 영화감독으로 활동한) 프리츠 랑Fritz Lang, (프린스턴 대학에서 강의하고, 제2차 세계대전이 끝날 때까지 로스앤젤레스의 퍼시픽 팰리세이즈에서 거주한 소설가) 토마스 만Thomas Mann, (하원의 반미 활동 조사 위원회 출두 명령을 받고 스위스로 피신한 극작가, 시인) 베르톨트 브레히트Bertolt Brecht와 같이 로스앤젤레스로 가서 집필 활동을 계속하거나 영화 산업에 영향을 끼친 사람들도 있었다. 연극 제작자 겸 연출가 에르빈 피스카토르Erwin Piscator는 뉴욕에서 망명 생활을 했다. 프랑크푸르트암마인 대학 사회조사 연구소(1923년에 설립)의 간間학문적 성격을 지닌 사회학자, 심리학자, 인문학자들도 (나치가 정권을 잡자) 스위스의 제네바로 잠시 이동했다가 뉴욕으로 이주해 컬럼비아 대학 학자들의 도움으로 그곳에 연구소를 재건했다. 그들은 미국의 다른 교육기관들이 하듯 컬럼비아 대학이 전시에 교직원들에게 충성 선서를 요구한 뒤에는 1919년에 설립한 사회 연구를 위한 뉴스쿨(지금의 뉴스쿨 대학)에서 활동했다. 어느 정도는 록펠러 재단 기금으로 구출된 유럽의 모든 점령지 출신 학자들의 피난처라는 의미에서 망명 대학으로도 불린 뉴스쿨의 대학원 과정은 1933년부터 시작되었다. 테오도어 W. 아도르노Theodor W. Adorno, 한나 아렌트, 에리히 프롬Erich Fromm, 아론 구르비치Aron Gurwitsch, 막스 호르크하이머Max Horkheimer, 한스 요나스Hans Jonas, 헤르베르트 마르쿠제, 레오 슈트라우스Leo Strauss, 막스 베르트하이머Max Wertheimer와 그 밖의 학자들이 이 대학 교수진으로 참여했다. 그리하여 이곳에서 그들은 실증주의와 사회들의 비판적 이해에 대한 민족적 서사, 그것의 물적 토대와 문화적 상부구조, 지식과 이해의 연관에 대한 인식을 거부하는 '비판 이론' 체계를 수립하는, 영원히 지속될 학문적 공헌을 했다. 뉴스쿨에는 독일계 외에 프랑스계의 고등 자유 학교도 참여했다.[135]

한 가지 추고할 사항은 이주의 순회 과정에서도 유럽 탈식민주의 이론가들의 다수가 출현했다는 사실이다. 요컨대 그들은 1930년대부터 1950년대까지 식민지인과 식민주의자들 간의 계층화된 상호작용, 다시 말해 저항할 태세에 있던 식민지인들, 즉 종속 집단과 비전이나 도덕적 기반도 없고 1945년 이후에는 자신들의 우월한 지위를 지켜 줄 군사력도 없이 오직 제국적 체제만 물고 늘어진 식민주의자들 간의 상호작용을 경험할 수 있었던 것이다. 프랑스 비평가 롤랑 바르트Roland Barthes도 그런 이론가 중의 한 사람으로 루마니아와 이집트에서 살았던 적이 있고, 정신분석학자 겸 사회철학자 프란츠 파농Frantz Fanon도 마르티니크에서 태어나 알제리에서 살았으며, 철학자 자크 데리다Jacques Derrida와 사회학자 피에르 부르디외도 알제리에서 거주했다. 이탈리아 이론가 안토니오 그람시와 러시아 사상가 미하일 바흐친Mikhail Bakhtin과 같이 하나의 사회에서 두 개의(혹은 그 이상의) 사회체제를 경험한 이론가도 있었다. 두 사람 모두 그들 사회의 정부가 각각 파시즘과 스탈린주의로 변해 가는 과정을 겪고 고통을 당했다. 프랑스 철학자 미셸 푸코도 그것과 관련해 조현병 증세를 보이는 남녀와 지정된 성 역할에 따라 살지 못하는 사람들에 대한 다수의 담론을 제기했으며, 자메이카 출신의 유색인 스튜어트 홀Stuart Hall과 그의 백인 부인 캐서린 홀Catherine Hall도 영국에서 제국주의와 민족주의 담론에 이의를 제기했다. 단일 문화적 기초 이론과 이데올로기를 복합적 관점을 가진 담론 이론으로 교체한 것인데, 그것은 두 사람이 물리적 이동 혹은 변위를 통해 이원적 혹은 다원적 관점을 가질 수 있었기에 가능했다. 탈식민주의의 정치적·사회적 변이는 이렇듯 민족주의 역사학에서 초문화적 사회학으로의 학문적 변이도 야기했다. 역대 보통 사람들의 이주를 둘 이상의 준거체계와 일상생활을 참고해 연구해야 하는 까닭도 여기에 있다.[136]

5   전쟁의 여파와 탈식민지화

제2차 세계대전은 두 가지의 중요한 직접적 이주를 야기했다. 하나는 난민, 전쟁 포로, 강제 노동자, 전쟁 전의 제국 식민주의자, 본국 송환이 필요한 병사나 '고국'이 소멸했거나 전후에 새로운 정부가 들어서 귀국이 여의치 않은 데다 생명마저 위험해질 수 있어 재정주가 필요한 병사들의 이주였고, 다른 하나는 망가진 경제의 재건에 필요한 노동자들의 이주였다. 박해의 결과로도 이스라엘로 향한 유대인 이주와 팔레스타인의 원주민 탈출이라는 두 가지 중요한 이주가 야기되었다. 끝으로 전후의 이주에는 탈식민지화로 야기된 다양한 종류의 이주, 그리고 새로 들어선 남아프리카 정부의 필요를 충족하기 위한 강제 노동 이주가 포함되었다.

본국 송환, 추방, 재정주

히로시마와 나가사키에 원자폭탄이 투하되고 일본이 항복하자 재외 일본인 650만 명에 대한 억류와 본국 송환이 시작되었다. 가라후토(사할린섬 남부)만 해도 인구의 93퍼센트가 일본인이었고, 일본의 위임통치령 남양군도 또한 인구 13만 2000명 중의 8만 1000명이 일본인이었다. 중국 본토에는 일본인 이주자가 거의 남아 있지 않았지만 타이완도 인구의 6퍼센트를 일본인이 차지하고 있었고, 조선에도 80만여 명의 일본인이 살고 있었다. 연합국 통계에는 유럽에도 1945년 5월 기준으로 1800만 명의 실향민이 있었으며, 그들 대부분이 중국 난민들이 하듯 수백 킬로미터를 걸어서 귀향했다. 1946년 말 무렵에는 때로는 폐허가 되어 버린 본국으로의 송환이 두 대권역에서 얼추 완료되었다. 그래도 수용소에는 여전히 사람들이 남아 있었다. 조국 없는 유대인, 독일 점령군에 부역한 발트해 사람들과 우크라이나인, 스탈린 치하의 러시아나 여타 신생 공산주의 국가들로는 돌아가지 않으려 한 동유럽인들이었다. 따라서 그들에게는 시민권도 부여되지 않아 유럽에서는 '무국적자', 일본에서는 '제3국 국민'이 되었다.

100만 명이 넘는 일본 거류 조선인도 남한으로 송환되고, 10만 명 정도는 북한의 송환 제안을 받아들여 그곳으로 갔다. 일본에 남은 조선인들은 지속적인 차별 대우에 시달렸다. 전쟁 초에는 미국과 캐나다로 이주한 일본인과 그곳 태생의 자손들이 전쟁에 따른 고통을 당했다. 일본이 진주만을 폭격했을 때는 의도적으로 일본을 떠난 사람들마저 '적대국 외국인' 취급을 받았다. 군사적 위협으로 간주되고, 인종차별주의에 따른 지속적 괴롭힘을 당하며 얼마 안 되는 소유 재산마저 이웃한 유럽계 주민들에게 빼앗길 처지에 놓인 것이다. 그러다 그들은 결국 거주지에서도 쫓겨났다. 캐나다 역시 보안 기관을 동원해 해안가 반경 160킬로미터 이내에 사는 일본인과 일본계 캐나다인들을 내륙으로 이동시키고 재산도 몰수해 매각했다. 일본 출신 및 일본인 조상을 둔 미국과 하와이 거주민들도 남녀 인구 27만 5000명 중 10만 명 이상이 사막의 강제수용소로 보내졌다. 미국 정부는 그로부터 40년이 지난 뒤에야 그 조치가 "군사상의 필요에 의한 행위로 정당화될 수 없는" "인종적 편견, 전쟁의 광기, 정치적 지도력의 결핍"에서 나온 행위였음을 인정했다.

중국에서는 제2차 세계대전이 끝난 뒤에도 전쟁이 계속 이어졌다. 국민당과 공산당이 각각 서구권과 동구권의 지지를 등에 업고 전투를 벌임에 따라 난민 세대가 계속되고 재정주는 미뤄졌다. 1949년에는 공산당 정부(중화인민공화국)가 수립되어 국민당 동조자들이 영국령 홍콩과 타이완으로 대거 탈출하기 시작했다. 난민, 지주, 특히 학생 34만 명도 주변 국가들로 향했다. 그들 대부분이 버마로 가고, 소수의 사람만 라오스와 포르투갈령 마카오로 갔다. 한편 타이완에서는 본토에서 들어간 국민당 동조자 200만여 명이 점령군 형태의 이주자가 되어 기존 사회 및 경제조직을 전복시켰다. 홍콩도 이주민 유입의 결과로 1941년에 160만 명이던 인구가 1961년에는 곱절로 불어났다. 동남아시아 국가들에서는 때로는 먼 친척 간이기도 했던 기존의 디아스포라 중국인들이 새로 들어온 중국인 난민들을 도왔다. 그리하여 1953년 중엽에는 아메리카 대륙, 오세아니아, 아프리카, 유럽 거주 중국인 30만 명을 제외하고도, 열여섯 개 나라 혹은 지역들에 거주하는 '재외 중국인'이 1340만 명을 헤아리게 되었다. 하지만 이후 동남아시아에서는 냉전권에 속한 일부 지역들에서 각양각색의 '민족주의' 운동(다민족 지역인 그곳에는 어울리지 않는 명칭이다.)이 일어남에 따라 디아스포라 중국인들이 '공산주의 국가' 중국의 교두보로 간주되어 보복의 대상이 되고 심할 경우 잔혹한 학살의 대상이 되었다. 그리하여 또 동남아시아 거류 중국인들의 다수가 본토의 중화인민공화국, 타이완, 홍콩으로 탈출하거나 미국, 캐나다, 영국, 네덜란드 등 화교 사회가 있는 나라들로 입국할 방법을 모색하게 되었다. 하지만 뒤이어 캐나다에서는 1962~1963년에 걸쳐 인종차별적 이민법이 개정되고 미국에서도 1965년 이민 귀화법이 개정됨에 따라 북아메리카로의 아시아인 집단 이주는 새로운 국면을 맞게 되었다.[137]

한편 사망자가 5500만~6000만 명, 난민도 3000만 명에 달했던 유럽에서는 종전 무렵 연합국이 난민과 실향민 전원을 귀향시킬 수 있는 여건을 조성하기로 미리 약조해 놓았다. 하지만 알고 보면 그것은 서구의 입장에서는 갈 곳 없는 사람들을 받아들이지 않으려 한 속셈이었고, 소비에트 러시아의 입장에서는 인생을 새 출발할 수 있는 장소를 난민들 스스로 선택할 권리를 박탈하려는 구실에 지나지 않았다. 게다가 소비에트가 해방해 점령한 지역들에서는 기반 시설이 파괴되어 난민들이 처음부터 혼자 힘으로 이동해야 했다. 정전 이후 대혼란이 초래된 서방 점령 지역도 사정은 마찬가지였다. 그래도 서방에서는 전쟁 포로 및 제대 군인과 구별해 '실향민'으로 불린 민간인 난민, 강제 노동자, 죽음의 수용소에서 살아남은 유대인 생존자들이 원조 기구의 도움을 받고 미국, 캐나다, 오스트레일리아로도 수십만 명이 재정주했다. 종전 무렵 영국에 있던 폴란드 병사들은 영국에 그대로 머물러 있는 편을 택했다. 반면에 20만여 명의 이른바 강경파 실향민은 서독에 '무국적자'로 계속 남게 되었다. 얼추 100만 명에 달한 유대인 남녀 생존자도 홀로코스트를 목격하고 살아남은 사람들로서의 특별한 도움이 필요한 사정을 인정받지 못했다. 영국이 진행 중이던 아랍인과 유대인 간 이해관계를 조율하는 문제로 인해 팔레스타인의 문이 계속 닫혀 있었던 탓이다. 1946년 말엽에는 그 무렵까지도 반유대주의가 맹위를 떨치고 있던 폴란드에서 17만 명의 유대인 생존자가 연합국의 서방 통치 지역으로 탈출하는 사태가 빚어졌다. 하지만 북아메리카로 입국하려던 그들의 희망은 이민 쿼터제에 막혔다. 무슬림 아랍인들의 본거지 '팔레스타인'으로 귀환하는 것도 문제만 대두되었을 뿐 진전은 더디기만 했다. 중앙아시아의 유대인 자치주 비로비잔에 유대인을 정착시키자고 영국이 소련에 냉담하게 요청한 것 역시 영국 제국에도 빈 땅이 있지 않으냐고 되받아치는 그 못지않게 냉담한 소련의 반응만 이끌어 냈을 뿐이다.

사람들은 전쟁이 끝난 뒤에도 전쟁 당시의 이적 여부, 민족문화적 편견 혹은 '국가' 영토의 재편성에 따라 각국 정부에 의해 추방되거나 이곳저곳으로 옮겨 다녔다. 다수의 동독 문화 지역과 디아스포라 독일 문화 지역에서도 1250만 명 정도의 난민과 추방민들이 1945~1949년의 기간에 독일의 네 구역에 도착하여, 처음에는 사실상의 인종차별적 격리를 당하다 시간이 흐르고 정부의 압력이 있은 뒤에야 기존 사회에 편입했다. 5년 전 독일 점령군에 쫓겨났거나 소련에 병합된 동부 지역에서 탈출한 폴란드인 450만 명도 전후에 새로 그어진 독일 국경의 동쪽 지역에 정착했다. 그렇게 1939~1949년 사이에 재정주와 추방의 형식으로 이동한 폴란드인이 2500만 명이었다. 게다가 그들의 다수는 어느 곳에서도 환영받지 못한 채 여러 곳을 되풀이해 옮겨 다녀야 했다.[138]

전시에 몇몇 토착민이 독립을 쟁취하려고 한 소련 남부 지역에서도 다양한 문화를 가진 60만~100만 명이 추방되었고, 크림 타타르족, 칼미크족, 체첸족, 인구시족도 전전에는 보유했던 자치 공화국의 지위를 종전 뒤에 되찾지 못했다. 그 혜택은 역내 이주한 러시아 민족에게 고스란히 돌아가 러시아인과 우크라이나인들이 빈 농지에 들어가 농사를 지었다. 폴란드·벨라루스·우크라이나 국경 지대에서 루마니아의 베사라비아로 이어지는, 전후 러시아가 핀란드로부터 새롭게 획득한 서쪽의 카렐리야에도 (일본으로부터 되찾은 사할린섬 남부와 마찬가지로) 도주와 인구 이동이 일어나 빈 땅이 생김에 따라 러시아 이주민들이 들어와 정착했다. 따라서 그들의 대다수는 보상금도 지불하지 않고 추방된 사람들의 재산을 공짜로 차지했다. 다민족 출신의 개인이 재정착하는 데는 전후에 일어난 활기차고 기동력 넘치는 청년운동이 크게 공헌했다.

동중부 유럽과 남동부 유럽에서도 종전 뒤 트란실바니아 편입이 포함된 루마니아 영토의 재편성이 이루어짐에 따라 트란실바니아 헝가리인들의 탈출 사태가 빚어졌다. 그리스에서도 1949년 가을에 끝난 파괴적인 내전의 여파로 인구 700만 명의 나라에서 70만 명의 난민이 발생했다. 유고슬라비아에서도 연방 내의 다른 지역으로 도주하거나 이탈리아와 유고슬라비아가 영토 분쟁을 벌인 베네치아줄리아와 트리에스테 지역으로부터의 탈출이 야기되었다. 이탈리아에 병합되었던 달마티아가 유고슬라비아로 재반환된 것 또한 그곳 인구의 3분의 1을 차지한 이탈리아인 30만여 명이 그곳을 떠나게 만들었다. 아프리카의 튀니지와 에티오피아에 정착해 살던 이탈리아인들도 본국으로 돌아갔다. 난민 지원은 처음에는 유엔 구호 및 재건 기구UNRRA에서 맡아 하다가 1946년 12월 이후에는 국제난민기구IRO가 통합 관리했다. 남성이 군인이거나 전쟁 포로거나 사망했을 경우에는 여성이 이끌기도 한 가족 이주도 난민 이동에 포함되었다.[139]

전후의 여성 이주에는 '전쟁 신부들'의 이주가 수반되었다. 전쟁 신부의 주 수용국이던 미국만 해도 1600만 명의 남성이 57개국에 파견되어 전투 및 전쟁 관련 활동에 참여했다. 그러다 보니 적국 민간인들과의 사적 접촉을 금한 비우호적 정책도 인간관계에 의해 빠르게 약화되었다. 1942~1952년의 기간에 현지 여성과 결혼한 미군이 100만여 명이었고, 미국에 도착한 전쟁 신부도 수십만 명이었다. 신부의 나라에 머문 남성은 극소수에 지나지 않았다. 캐나다 군인 4만 1000명도 외국, 특히 영국 여성과 결혼했다. 반면에 미군과 결혼한 일본 여성은 동양인 배척법 때문에 미국으로의 이주가 불가능하여 혼인 지속의 희망을 갖지 못했다. 아프리카계 미국 병사들은 인종 간 결혼 금지법에 막혀 유럽 여성들과의 결혼이 처음부터 불가능했다. 하지만 그럼에도 전체적으로는 인도주의 원칙이나 감정적·성적 관계에 의해 일상적 접촉에서는 정치적 강요에 의한 민족문화적 위계가 허물어지기 일쑤였다. 그것을 보여 주듯 미국에서는 전쟁 신부가 전후 이주의 민족문화적 핵이 되었다.[140]

폐허가 된 유럽을 빠져 나가는 이주도 재개되었다. 네덜란드에서는 인구 과잉을 우려해 정부가 이주를 권장하고 나섰고, 동중부 유럽에서는 공산주의 국가 수립으로 탈출 이주가 유발되었다. 가까운 장래에 경제 회복의 기미가 보이지 않는 점 또한 많은 사람이 전쟁으로 파괴되지 않은 곳들로 향하게 만든 요인이었다. 그런 여러 이유로 1946~1955년 사이에 유럽을 빠져나간 이주민이 450만 명이었고, 그들의 대다수가 캐나다, 미국, 남아메리카(남유럽 사람들), 오스트레일리아, 이스라엘로 향했다.

전후 재건과 노동자 결핍

서유럽에서 동아시아에 이르는 지역의 폐허로 변한 나라들에 재건이 필요했다면, 제대 군인들은 개편이 필요했고, 파괴된 공장의 산업 근로자들은 일자리가 필요했으며, 남성들의 징집으로 여성들이 산업체에 종사함으로써 초래된 성별화된 분업은 재조정될 필요가 있었다. 물론 종전 뒤 대부분의 사회에서 여성들은 전시에 종사하던 산업체에서 면직되었다. 하지만 그들에게는 이제 새로운 경제적 영향력이 생겼고, 따라서 저항과 조직을 할 수 있게 되었다. 전후에는 이주의 유형도 유동적이 되었다. 독일군 전쟁 포로들은 종전 뒤 벨기에의 탄광에서 3만 명, 프랑스에서는 175만 명이 강제 노동을 했다.[47] 하지만 본국으로 귀환이 가능해진 뒤에도 프랑스에 수용된 포로들은 전체의 20퍼센트만 프랑스에 남아 있기로 결정했다. 다른 지역에서는 국적 없는 제대 병사 혹은 전쟁 포로들이 폐허로 변한 데다 자신들의 의지에 반해 전장으로

_____ **47** 무장 해제된 적의 병력으로 분류되었다.

내몰았던 본국 사회로 돌아가기보다는 부대를 해산한 나라들에 그대로 머물러 있는 편을 택했다.

북아메리카 사회들 역시 수백만 명의 병사, 경제 붕괴 지역에서 온 이주민, 전쟁 신부들을 재통합하는 문제를 안고 있었다. 유럽 국가들은 형편에 따라 정책 입안자들이 이주를 장려하거나 저지했다. 서독을 예로 들면, 노동 배분 담당 관료들이 재건에 필요한 노동력을 확보하기 위해 이주가 예상되는 사람들 중 체격이 좋은 남성에게는 출국 허가를 내 주지 않았다. 반면에 보수적이던 이탈리아 정부는 급진주의자와 실직 상태의 노동자 계층 유권자를 제거하기 위해 오히려 이주를 장려했다. 1950년대 초에는 유럽이 경제 발전이 빠른 북서부와 경제 발전이 느린 남부로 양분되어 인력 불균형이 심화됨에 따라 정부들이 묵시적 귀환 의무를 조건으로 노동자들의 국가 간 이동을 허용하는 협정을 체결했다. 이것이 '초청 근로자' 제도의 시작이었다. 한편 북아메리카에서는 캐나다가 1950년대까지도 이주민, 특히 남유럽 출신 이주민 노동력에 의존했고, 미국도 일종의 순회 이주제인 브라세로Bracero(육체노동자) 프로그램을 통해 멕시코 노동자들을 모집하여 부족한 일손을 메웠다. 공산권인 동유럽, 소련, 중화인민공화국은 이데올로기적인 이유로 이입 이주와 이출 이주 모두 허용하지 않았다. 일본도 인종차별적 이유로 비이주 정책을 추구했으며, 그에 따라 노동 체계가 재편되었다. 남유럽에서 캐나다로 향한 이주를 제외하면 대서양 횡단 이주 체계도 1950년대 중엽에는 중단되었다. 10년 뒤에는 그것을 대신해 가족 이주가 잇따르기도 한 노동, 투자, 학업 목적의 태평양 횡단 이주 체계가 활성화되었다. 서구에서는 철의 장막에 접해 있고 동양에서는 일본의 배타주의에 접해 있던 사회주의권에서는 역내 이주만 진행되었다. 뒤에 등장한 국가 간 이주도 폴란드와 헝가리에서처럼 주변 국가들 간의 소규모 이주에 그쳤다.[141]

유대인과 아랍인 이주

반유대주의를 피해 탈출한 유대인 난민과 홀로코스트에서 살아남은 유대인 생존자들에게 아랍인들의 본거지 팔레스타인, 즉 성지로 돌아가는 것

(알리야aliyah)은 종교적 뿌리가 있는 곳으로 거슬러 올라가는 것을 의미했다. 그들에게 그것이 영적 프로젝트, 1900년 무렵부터는 종교적·민족적 국가 건설 프로젝트가 된 것도 그래서다. 하지만 1914년 이전만 해도 전 세계 유대인 이주민 275만 명 중의 6만 명만 팔레스타인을 이주의 종착지로 택하고, 1919~1939년의 양차 대전 사이에도 34만 5000명 정도만 팔레스타인 농업 정착촌을 이주의 목적지로 택했을 뿐이다. 이후 5년 동안에도 파시즘을 피해 팔레스타인으로 달아난 유대인 난민은 4만 5000명에 그쳤다. 하지만 1947년 11월 유엔 총회에서 팔레스타인에 아랍인 국가와 유대인 국가를 분리해 세울 것을 제안하는 결의안이 통과됨에 따라 상황이 바뀌었다. 그로 인해 팔레스타인 전체 인구의 42.5퍼센트에 해당하는 아랍인 40만 명이 '소수민족'으로 전락하는 유대인 국가 창설이 가시화되었기 때문이다. 실제로 이어진 이스라엘 건국(1948), 아랍계 무슬림에 대한 이스라엘의 차별 대우, 아랍과 이스라엘 간에 벌어진 여러 차례의 군사적 충돌, 국가 주도하에 진행된 팔레스타인으로의 유대인 이주로 인해 유엔 난민 구호 사업 기구UNRWA에 따르면 1948년 말엽에 33만 명, 1950년에도 90만~120만 명의 새로운 무슬림 난민이 발생했다. 이스라엘은 난민 이주뿐 아니라 이입 이주의 주요 발생국이기도 했다. 처음에는 유럽 유대인, 즉 홀로코스트 생존자 15만 명 정도가 들어갔고, 이어 북아프리카, 아라비아반도, 이라크의 유대인 남녀, 그리고 고위층 랍비들의 표현을 빌리면 모계 혈통을 통해 유대인 유전자를 물려받은 사람 20만 명이 들어갔다. 세 번째로는 반유대주의가 맹위를 떨친 동유럽에서 1950~1951년에 걸쳐 새로운 탈출이 야기됨에 따라 유대인 42만 5000명이 이스라엘에 도착했다. 이스라엘의 입국 허가와 시민권 정책은 이렇게 혈통에 따라 입국 허가를 내준 전후 독일 못지않게 배타적이 되었다.[142]

남아프리카의 인종차별적 이동

남아프리카에서도 백인 정권이 독일, 소련, 일본이 시행하던 강제 노동 제도와 유사한 정책을 시행했다. 그곳은 1940년 이전부터 이미 갈수록 간섭적이 되어 가던 유럽인 지배 세력이 중국인 계약 노동자를 추방하고, 인도인 노동자들에게 제약을 가하며, 아프리카인들에게 노동 통제 제도와 통행법pass law[48]을 부과하고 있었다. 흑인에 대한 규제는 그보다 이른 1913년부터 시작되어 '홈랜드', 즉 '반투스탄'을 흑인 거주 지역으로 조성해 놓고, 백인 거주 지역으로 지정된 곳에 사는 흑인 200만~300만 명을 그곳으로 강제로 이동시켰다. 1948년에는 얼마간 노동자들의 호전성에 대한 대응으로 '백인 우월주의' 정책에 따라 아파르트헤이트를 법률로 제도화했다. 뒤이어 인종 간 혼인이 법으로 금지되고(1949), 인종간 성적 접촉도 불법이 되며(1950), 신분증 소지법이 제정되는(1952) 등 남아프리카에서는 삶의 모든 양상이 인종적으로 변했다. 아프리카인들은 노동 제도에 따라 유럽 출신 고용주들을 위해 일하고, 계절적 이주를 하거나 장기간 가족을 떠나 막사 생활을 해야 했다. 변두리 농촌 지대도 유력 광산 업체와 설비 회사들의 노동력 공급원이 되었다. 노동자들에 관한 한 간섭주의를 고수한 국가가 산업계의 그런 노동 체계를 보장해 주었고, 백인 농장주들의 노동 체계는 여성 노동과 아동 노동의 적용으로 보장받았다. 더불어 노동자 모집도 아대륙 규모로 확대되었다.[143]

탈식민지화와 역이주

한편 다수의 식민지 사회에서는 양차 대전 사이에 자치 혹은 독립을 얻기 위한 이주가 탄력을 받았다. 1937년 아시아에서 중일전쟁이 터지자 지원과 병력이 필요해진 유럽·아메리카의 식민주의 국가들이 이런저런 형태의 전후 동반자 관계 혹은 인도(1940), 버마(1945), 필리핀(1946), 여타 식민지들에 독립을 약속한 것이 발단이 되었다. 그와 달리 아프리카, 특히 아프리카 주재 프랑스 망명정부는 현지인 병력을 끌어들일 때 전후에 자치나 독립 등의 권리를 부여해 주는 것과 관련된 여하한 협상도 포함하지 않았다. 전쟁이 끝난 뒤에도 유럽의 정치 구조는 붕괴 직전의 시대착오적 제국들이 새로운 질서로의 이행을 위한 협상을 받아들이지 않는 형태를 벗어나지 못했다. 그리하여 1950년대부터는 몇몇 국가만 예를 들어 보아도 케냐, 알제리, 서아프리카에

_____ **48** 흑인에게 신분증 소지를 의무화한 법.

서 독립전쟁이 시작되었다. 이어 민족국가가 건설되고 유럽의 모범을 따른 임의적 국경선이 부과됨에 따라 난민과 유민이 발생했다.

일본과 나치 독일의 제국 건설 기도, 유럽 내에서 일어난 분쟁, 미국의 간섭으로 제국 체제는 혼란의 아수라장을 이루었다. 프랑스, 네덜란드, 미국이 아시아에서 식민 지배 혹은 세력권을 재확립하려 한 것도 혼란의 과정을 지연할 뿐이었다. 전쟁 전에 일본에 협력한 엘리트들이 지하활동 혹은 망명 생활 중에 교육받은 반식민주의 좌파 엘리트들과 대립했던 전후 한반도의 혼란이 대표적이었다. 전자는 나이 든 기존 세력, 후자는 패기 넘치는 젊은 세력이었다. 그리하여 친일 행위를 한 사람들이 기소되자 일부 엘리트들의 이동이 시작되었고, 공산당이 장악한 (인구 900만 명의) 북한과 서구의 영향권 아래 있던 (인구 2100만 명의) 남한 사이에 전쟁이 벌어짐으로써 또 180만 명이 남쪽으로 피난하는 혼란이 초래되었다.

영국령 인도에서도 전후 식민주의자·식민지인의 양자 관계가 영국·힌두교도·이슬람교도의 3자 간 협상으로 바뀌어 1947년에는 인도아대륙이 (힌두교도들의) 인도와 (이슬람교도들의) 동서 파키스탄으로 분리되었다. 하지만 인구 3억 8900만 명인 나라에 공용어만 15개, 지역어가 24개, 토착어가 23개, 방언이 700여 개나 되다 보니 민족적 의미 혹은 문화적 의미에서의 인도인Indian 이라는 말도 외부의 관찰자 겸 지배자가 만들어 낸 용어에 지나지 않았다. 인구의 22퍼센트를 차지한 무슬림은 대부분 농업 종사자였고, 힌두교도는 상점주, 대금업자, 직물 공장 혹은 여타 공장의 직공인 경우가 많았다. 영토 분할에는 남녀노소 400만 명의 교환이 수반된다는 사실을 협상자들 모두가 받아들인 데에는 그럴 만한 사정이 있었던 것이다. 실제로 카라치에서는 주로 상업에 종사하고 인구의 3분의 1을 차지한 힌두교도들이 종교 간 폭력 없이 도시를 떠났다. 반면에 이슬람교도, 시크교도, 힌두교도 지역이 혼재돼 있던 펀자브 지방에서는 잔학 행위와 학살이 야기되었다. 서벵골과 동벵골(인도와 동파키스탄)의 경우 전자는 전체 인구(힌두교도 2000만 명, 이슬람교도 800만 명) 중 120만 명이 동쪽으로 향하고, 후자는 전체 인구(이슬람교도 3200만 명, 힌두교도 1000만 명) 중 480만 명이 서쪽으로 향했다. 전염병 발생 위험을 줄이고 사람들이 제때 정착하여 파종과 수확을 함으로써 기근을 줄이기 위해 정부와 군대까지 나서 사람들의 이동을 재촉했다. 그런 식으로 1947년 말 무렵 종교를 기반으로 수립된 두 나라 사이에 교환된 남녀노소 인구가 무려 730만 명이었고, 그중의 100만 명이 이동 중에 사망했다. 여성들은 특히 금과 보석류의 결혼 예물을 몸에 지니고 다니는 풍습이 있어 공격과 약탈의 대상이 되기 십상이었다. 1951년에는 난민이 1450만 명으로 불어났다. 그리하여 종교적으로는 이제 지역별 인구가 얼마간 동질화되었으나, 문화적·언어적으로는 여전히 이질성을 면치 못했다. 난민들에게 국가 형성은 이처럼 희생이 큰 과정이었다.

1948년에 독립한 버마에서는 중화인민공화국이 버마의 '소수민족'을 원조했다는 의혹이 제기된 여파로 1942년 영국령 인도인들이 도주해 생겨난 공백지로 이주한 중국 기술자들이 폭동에 직면해 있었다. 1940년대 말 버마에서 그들만의 국가를 세우려다 실패한 카렌족, 1950년대에 버마 중앙정부에 대항한 몬족을 중국이 도운 것이 폭동의 빌미가 되었다. 1946년에서 1963년에 걸쳐 독립을 이룬 말라야(말레이시아)에서도 1950년대에 민족주의자-공산주의자들이 소규모 폭동을 일으켰다가 영국군에 진압되었다. 진압은 되었지만 50만여 명의 중국인 농업 종사자는 수확한 농산물을 폭도들로부터 지키기 위해 살던 곳을 떠날 수밖에 없었다. (나중에 캄보디아, 라오스, 베트남으로 독립한) 인도차이나에서도 프랑스가 식민지 지배권을 재수립했으나 이윽고 일어난 독립전쟁(제1차 인도차이나 전쟁)에서는 식민지군에 패했다. 그리하여 1954년 (북위 17도선을 경계로) 민족주의자-공산주의자가 지배하는 북쪽과 불교도 및 가톨릭이 지배하고 미국의 원조를 받는 남쪽으로 나라(베트남)가 양분되는 조약이 체결됨으로써 남베트남의 주민 14만 명은 (인구 1600만 명의) 북베트남으로 향하고, 북베트남의 주민 86만 명은 (인구 1150만 명의) 남베트남으로 향했다. 이후에도 20년간이나 지난하게 계속된 베트남 전쟁(제2차 인도차이나전쟁)으로 400만 명의 난민이 발생했다. 반면에 제2차 세계대전 때 일본의 동맹국으로 참전하고도 용케 살아남은 시암은 난민을 받아들이는 나라가 되었다.

네덜란드령 동인도제도도 1945년 일본이 항복하자 즉시 독립을 선언했

다. 그러자 영국군과 네덜란드군은 일본인을 억류하는 대신 인도네시아 민족
군대와 싸웠다.[49] (1930년 기준으로) 동인도제도에는 법적인 '유럽인'이 24만 명
있었고 그중의 5분의 4 이상이 네덜란드인이었다. 그러나 호칭만 유럽인, 네덜
란드인이었을 뿐 알고 보면 그들의 70퍼센트가 아시아계 주민, 요컨대 유럽계
백인과 아시아인 사이에서 태어난 혼혈, 곧 인도인(인도아대륙의 인도인과는 별
개)이었다. 결국 그들 중 사회 최상층에 속했던 사람들은 1949년 동인도제도
가 독립을 이루기 전 그곳을 떠났다. 인도인의 15퍼센트 정도만 나중에 인도
네시아 국민이 되는 길을 택했다. 식민지 보조군, 중급 관리, 군인, 군인 가족
10만여 명은 네덜란드로 망명했다. 그들 대부분이 네덜란드에 초행이었고, 암
본인[50]과 같이 일부는 비백인인 데다 네덜란드어도 구사할 줄 몰랐다. 1957년
에는 인도네시아 정부가 남아 있던 네덜란드 국적인들을 추방하고 네덜란드
소유의 농지를 몰수했다.

여타 지역의 독립전쟁으로도 다수의 난민 행렬이 만들어졌다. 그중 첫
번째는 수세에 몰린 식민주의자들이 주민들을 추방한 경우로, 영국만 해도
1950년대에 말라야의 중국인 50만 명, 나이로비의 키쿠유족과 동아프리카
부간다의 카바카족 10만 명을 재정주시켰으며, 프랑스도 알제리 농민들을 거
주지에서 내쫓았다. 두 번째는 독립전쟁으로 지역민 전체가 유민이 된 경우
고, 세 번째는 다수의 독립지, 이를테면 앙골라, 모잠비크와 같이 대립적 정치
집단들이 파벌 전쟁을 벌이고, 베트남이나 한반도처럼 분단국가들이 전쟁을
벌임에 따라 난민 수백만 명이 발생한 경우였다. 이들 분쟁은 미국과 소련 등
의 초강대국 혹은 이전 식민지 지배국들의 개입으로 한층 격화되었고, 그에
따라 사망자와 난민 이주도 최고, 최대 규모로 유발되었다.

수탈적 식민지의 행정관과 군인들이 맡았던 임시 업무와 정주형 식민지
에서 농장 가족들이 누리던 특권적 지위도 독립과 더불어 끝이 났다. 그리하
여 또다시 많은 사람이 이동했다. 독립과 더불어 즉시 도주한 사람이 있는가

_____ **49** 그곳에 대한 지배권을 되찾기 위해서였다.
_____ **50** 일명 남몰루카인.

하면 시간을 두고 천천히 나라를 뜬 사람들도 있었다. 즉시 나라를 뜨지 못한 사람들은 자신들의 정치적 힘이 붕괴하고, 경제적 예측이 빗나가며, 자신들의 생활 방식이 사라지고, '자신들의' 아랫사람이던 원주민 노동자들이 어엿한 국민이 되는 것을 지켜봐야만 했다. 그들은 또 대부분이 현지에서 태어난 사람들(크리오요)이다 보니 출신지 사회에 대해서도 아는 것이 전혀 없었다. 식민지 보조 인력 또한 프랑스령 알제리처럼 현지에서 징모된 사람들이든, 시크교도와 같이 제국 일대에 분산 배치된 사람들이든, 식민주의자들을 위해 경찰 활동을 한 탓에 국민들로부터 보복당하기 십상이었던 인도차이나의 흐몽족처럼 다수파 주민들에게 대항한 소수민족이었든 간에 나라를 떠나야 했다. 유전적으로 민족이 다른 조상을 둔 사람들, 그리고 권력의 핵심부와 문화적 친밀도가 높았던 엘리트들도 입지가 위태로웠다. 문제는 자본가든, 기술자든, 지식인이든 엘리트가 철수하면 독립국가의 새로운 경제 체제가 혼란에 빠질 우려가 있었다는 데 있었다. 독립 후 새로운 민족주의적 엘리트들의 다수가 다민족 인구구성을 무시한 채 하나의 문화 집단을 '민족'으로 내세워 지배적 위치에 올려놓은 유럽식 국가 건설 모형을 그대로 따랐기 때문이다. 550만 명에서 850만 명에 달한 이탈리아, 프랑스, 영국, 벨기에, 네덜란드, 여타 나라 백인 식민주의자와 (1975년 이전에) 비백인 보조군이 본국들로 유입된 것 또한 새로운 긴장을 야기하면서 다색, 다문화 민족으로의 이행을 예고했다.

1950년대 중엽에는 더 많은 발전을 위한 토대가 마련되었다. 1955년에는 인도네시아 반둥에서 비동맹국회의(반둥 회의)가 열리고, 유명 잡지 《프레장스 아프리캥》에 에메 세제르의 「식민주의에 대한 담론Discours sur le colonialisme」이 실리는 일이 동시에 일어났다. 여러 혈통의 이주민 조상을 가진 백인 사회에는 이후 몇십 년에 걸쳐 아프리카와 아시아 이주민의 존재가 더욱 늘어날 터였다. 예전의 식민주의자·식민지인 관계도 이주적 관계로 변하고, 그에 따라 이주도 국가들의 이익이 아닌 삶의 설계를 돕는 쪽으로 성격이 바뀌었다. 이 모든 것이 말해 주듯 20세기 후반과 21세기 초에 진행된 이주도 결국은 제국주의 시대에 뿌리를 두고 있다. 단거리 이주, 국내 이주, 국경 횡단 이주, 대륙 횡단 이주, 대양 횡단 이주의 총수는 알 수 없지만, 1870년대에서 1945년의 기간에 범세계적 이동률이 매우 높았던 것만으로도 국가의 동원과 강제, 세계 여러 나라의 경제적 불평등, 힘의 위계가 수많은 사람을 이동시키거나 고정한 요인이었음을 알기에는 충분하다.[144]

세계경제의 상품 사슬

스티븐 C. 토픽, 앨런 웰스

1870~1945

머리말

    1870년 이후 70년간은 '제2차 산업혁명', '고도 제국주의 시대Era of High Imperialism', '거대한 가속화Great Acceleration', '거대한 변화Great Transformation' 따위의 이름이 붙었다.[1] 어떠한 기준으로 보더라도 세계경제는 놀라운 변화를 겪었다. 공업 생산성과 농업 생산성의 전례 없는 증대, 상업과 투자, 이민의 급격한 증가, 교통과 통신, 유통의 전면적인 개선 덕분에 세계 인구는 두 배로 늘었고 교역은 네 배 이상으로 증가했으며 생산고는 다섯 배로 늘었다. 화폐와 소유권의 새로운 표준, 막 출현하기 시작한 다국적기업들, 국제적인 협약과 단체가 그러한 변화를 촉진했다. 그러나 많은 사람은 이러한 발전의 냉혹한 측면을 경험했다. 그 시기는 식민주의 시대이자 인종차별주의 시대, 부가 전례 없이 크게 축적된 시대였다. 연이어 발생한 격렬한 전쟁과 황폐해진 경관은 이러한 생산성의 개선이 큰 비용을 치르고 얻은 것임을 분명하게 했다.

    그때는 자유주의적인 경제적 사고의 원리가 국제경제의 여러 부분에 처음으로 체계적으로 적용되고 '세계화'가 분명하게 나타난 시대였다.[2] 그러나 세계화는 모든 사람이 유럽과 북아메리카에 발맞춰 걷게 된다는 뜻은 아니었다. 자본주의적 투자와 무역의 논리가 그 어느 때보다도 세계 여러 지역에 찾아왔지만, 이질성과 다양성도 더욱 두드러졌다. 유사한 시장의 압력에 대응하는 방법은 여러 가지였다. 국제무역과 가격, 기술이 거의 모든 사람에게 영향을 미쳤지만, 사람들은 종종 그 충격을 다르게 느꼈고 경제적 반향보다는 문화적이거나 정치적인 반향이 더 클 수 있었다.

4부에서는 교역의 물적 동력과 개념적 동력, 그리고 대륙을 연결하고 상업에 불을 지핀 상품들에 초점을 맞추어 이 시기 동안 전개된 세계시장의 규모와 모순, 기능을 실례를 들어 설명할 것이다. 경제를 구체화하지는 않을 것이다. 실제로 세계시장은 다양한 변이와 주기적인 변동을 갖는 "매우 추상적이고 이론적인 허구"였다.[3] 그러나 밀과 쌀, 경질섬유, 고무, 설탕, 커피, 차, 카카오 등 여러 상품의 국제무역에 대한 우리의 연구는 국제시장이 수많은 사람은 물론 엄청난 양의 상품과 자본의 이동을 평가하는 데 유용한 개념이라는 점을 보여 줄 것이다. 시장의 힘은 같은 시대에 공통적으로 존재하는 기회만큼이나 지역적 관습과 과거의 교훈도 반영함으로써 인간을 통해 다양하고 예측 불가능하며 심지어 모순적인 방식으로 작동했다.

우리는 역사가들이 우리 시대를 이해한 방식을 먼저 다루고 이어 1870년에서 1945년 사이의 세계경제와 그 성격을 개관할 것이다. 넓은 붓으로 '거대한 분기Great Divergence'(가진 자와 갖지 못한 자 사이의 점점 더 벌어지는 간극)의 윤곽을 그린 뒤, 자유주의와 국가자본주의나 사회주의, 자유방임적 개인주의와 조직자본주의, 자유무역과 식민지 사이에 나타난 명백한 모순을 살펴보고 창조적 파괴라는 역설과 그 환경적 함의를 고찰할 것이다. 그다음으로 세계경제의 동력을 매우 상세히, 다시 말해 법률적 체제와 화폐 본위, 해운, 운하, 철도, 전신, 시장의 지속적인 확대를 촉진하는, 변화하는 에너지원을 탐구할 것이다. 이어서 교통과 통신의 중대한 발전을 이룰 수 있게 한 구리와 공업용 금속, 석유, 고무 산업의 연관성을 논의할 것이다.

이렇게 경제적 틀을 포괄적으로 개관한 뒤 곡물, 특히 밀과 쌀 같은 주곡과 이를 포장하는 데 필요한 경질섬유, 설탕과 커피, 차, 초콜릿, 담배 같은 자극성 식품처럼 국경을 넘는 무역의 대부분을 움직이는 다양한 상품의 사슬을 이야기의 핵심으로 다룰 것이다. 이러한 농산물은 부차적인 사치품이 아니었다. 1913년 무렵 식량은 전 세계 수출품의 4분의 1을 넘었고, 곡물과 자극성 식품은 정말로 전 세계에 퍼졌다.[4] 비교를 위해 다른 상품들도 다룰 것이다.

일반적으로 역사가들은 상대적으로 자유로운 무역과 수출 주도로 성장한 1870년에서 1914년까지의 시기를 세계대전과 불황, 국가의 경제 개입 증대로 고생스러웠던 그 이후 30년간과 구분하지만, 우리는 그 70년을 하나로 고찰할 것이다. 매우 많은 동력과 열망, 가정이 서로 연결되었기 때문이다. 세계무역 전체는 1914년까지 팽창했고 1920년대에 정체했으며 1930년대에 급격하게 축소되었지만, 자유주의와 보호무역주의, 산업주의와 농업주의, 공익과 사익 사이의 논쟁은 70년 전체를 나타내는 특징이었다.

역사학상의 논쟁

그 시대는 최고의 시절이었는가 아니면 최악의 시절이었는가? 학자들은 그 75년간의 특징을 매우 다르게 기술했다. 제국의 수호자요, 자유무역의 옹호자인 휘그 역사가들에게 그 시대는 문명의 혜택을 널리 전파하고 미개한 민족에게 기독교의 신과 문자언어를 전해 준 진보적 확산의 시대였다. 이것이 바로 헨리 스탠리와 테디 루스벨트, 쥘 베른의 80일간의 세계 일주가 해석한 근대성이요, 접촉한 모든 것을 '발견'하고 개선한 유럽인과 북아메리카와 오스트레일리아, 아르헨티나의 새로운 유럽인들이 지녔던 근대성이다. 이를 변호하는 자들에게 그 시대는 자유, 다시 말해 교역과 예배, 과학적 탐구의 자유가 확대되는 시대였다.

흔히 사회적 다윈주의로 표현된 것의 결과를 한탄한 당대인들은 적합한 종족과 부적합한 종족, 승자와 패자 사이의 거대한 투쟁을 훨씬 더 어두운 색조로 보았다. 여기 누군가 『암흑의 핵심』에서 한탄하는 조지프 콘래드를 생각한다. "땅의 정복은 대체로 다른 피부색이나 우리보다 약간 더 낮은 코를 가진 자들로부터 그것을 빼앗는 것을 뜻하는 바, 아주 자세히 들여다보면 좋은 일이 아니다." 유럽인과 북아메리카인의 생각에는 밝은 피부색을 지닌 자들이 진보와 발전을 가져왔으며, 이는 대체로 프로이센 총리 오토 폰 비스마르크가 1862년에 예언했듯이 당면한 큰 문제들이 '피와 철로써' 결정되도록 허용했던 자동소총의 무시무시한 살상력이 통제했다.

몇몇 논평자와 학자들은 기술의 혁신과 시장(반드시 무제한 자유로운 시장일 필요는 없다.)의 성장을 강조했다. 때때로 이러한 개선은 이성과 과학의 목적론적 승리로 여겨졌다. 이 견해에 따르면 기술의 진보는 이 세상의 더 먼 곳에 있는 더 많은 사람에게 찾아갔다. 그러나 기계는 중립을 지키지 않았다. 기술은 서유럽인의 우월함을 증명한 '문명화 인자'로 여겨졌다.[5] 이 견해의 지지자들은 이성과 종족, 기술, 번영은 떼려야 뗄 수 없는 관계로 묶여 있다고 주장했다.

그러나 이성과 '인종학'은 자유주의를 내버리고 '의지의 승리'를 집어든 비합리적 '극단의 시대'를 태어나게 했으며 자유방임주의 대신 전체주의를 가져왔다. 미국에서는 노예제가 폐지되고 재건 시대가 끝나면서 인종차별이 만연했고 정치적으로 강한 폭발력을 지녔다.[6] 독일의 나치는 미국 우생학자들의 이론에서 자신들의 종족적 이데올로기와 실천을 보강할 힘을 찾았고, 이는 중부 유럽과 동유럽 전역에 퍼진 피비린내 나는 잔혹한 홀로코스트로 이어졌다.

역사가 에릭 홉스봄은 유럽 중심적 시각에서 그 시대를 '제국의 시대'로 명명했고, 반면 마르크스주의 이론가 루돌프 힐퍼딩은 '금융자본'의 시대라는 이름을 붙였다.[7] 니콜라이 부하린과 블라디미르 레닌 같은 좌파 전사들에게 그 시기는 '독점자본주의' 시대였다. 비평가들은 이 역사적 국면이 교역과 자본, 기술의 자유로운 확산을 통해 형성된, 진보에 열린 세계이기는커녕 제국의 점유와 독점, 카르텔로 갈기갈기 찢어진 시대라고 격하게 비난했다.

놀랄 일일 수도 있겠지만, 유럽 밖에서 가장 역동적인 지역은 일반적으로 공식적인 제국의 일부가 아니었다. 실로 최근의 연구는 오늘날에 출현한 동아시아 산업 모델에서 아시아의 기업가 정신과 아시아 역내 교역의 중요성을 강조했다. 아시아 내부의 교역은 세계 그 어느 지역보다도 더 빠르게 성장했다. 오스트레일리아와 캐나다, 남아프리카처럼 식민지였던 곳의 주민이었던 자들까지도 이 시기에 사실상 독립을 획득했다. 인도도 크게 뒤처지지 않아 1947년에 자유를 얻었다. 그러므로 공식적 제국이 지금 우리가 다루는 75년간의 시기에 성과를 냈다면 같은 시기에 그 종장도 써 내려갔다. 그뿐만 아니라 존 갤러거John Gallagher와 로널드 로빈슨Ronald Robinson의 경제 이론을 수용한다면, '자유무역 제국주의'가 제국 건설자들을 추동했을 것이다. 뜨거운 논란이 되었던 이 시각은 신新식민주의와 종속이론, 세계 체제론에 관한 연구가 쇄도하도록 자극하여 공식적이고 비공식적인 식민지 지배 방법에 대한 우리의 이해를 복잡하게 만들었다.[8]

우리의 접근 방식은 서유럽과 북아메리카의 자본가와 노동자, 기술이 세계무역과 금융의 변형에서 수행한 주요 역할을 인정하며 북대서양 양쪽의 기업가들이 그 시기의 깊은 변화에 중요했다는 데 동의한다. 역사가 위르겐 오스터함멜은 최근에 이렇게 말했다. "19세기 역사는 대체로 유럽인 속에서 그들에 의해 이루어졌다. …… 과거 그 어느 때에도 유럽은 압도적인 힘과 오만함을 터뜨리면서도 그와 비슷한 대단한 혁신과 창의성을 발휘하지 못했다." 그러나 우리는 유럽 예외론이 과장되었다는 그의 견해에 동의한다.[9] 모든 변화가 다 유럽과 북아메리카의 자본가에게서 나오거나 그들이 만들어 낸 것은 아니다. 서유럽과 북아메리카 밖의 세계는 오랫동안 유지된 방식대로 계속 흐르는 강물 같은 획일적인 '제3세계'가 결코 아니었다. 이 시기에 유럽화하지 않은 세계가 널리 '동양Oriental'으로 표현되기는 하지만 실제로 1870년에서 1945년 사이 세계 여러 지역에서는 근본적으로 구별되는 경제적 변화가 일어났다.

100년 전에 세이의 법칙이 선언했듯이 생산품은 스스로 수요를 창출했다. 브라질 외교관 바후스 피멘테우J. F. de Barros Pimental의 말을 빌려 다시 말해 보자. "100년 전에는 대중이 상품을 소유하려고 압력을 행사했다. 오늘날 우리는 상품이 대중을 압박하는 것을 목격한다. 이것은 전도된 체제다. 공급이 주민을 [지배한다]. 이 세계의 주민들이 상품을 찾는 것이 아니라 생산품이 소비자를 찾는다."[10] 그러므로 해외의 농업 지역에서 생산된 것은 산업화에 들어선 풍요로운 지역의 욕구에 대응했을 뿐만 아니라 '품위 있는' 생활수준에 관한 그들의 취향과 관념을 형성하기도 했다. 수입품은 영국의 차와 밀에서 미국과 독일의 커피와 설탕까지 국민 정체성을 규정하고 계급을 정의하는 주된 요소였다.[11] 소스타인 베블런Thorstein Veblen이라면 '과시적 소비'를 조롱했겠지만, 이전에는 생각지 못했던 상품들이 운 좋은 사람들에게는 갑자기 지위의 상징이자 근대성의 표지가 되었다. 시간이 지나면서 이 상품들은 일반 대중에게도 침투하여 대중의 필수품이 되었다.

또한 노동계급의 엄청나게 강화된 노동은 여러 나라에 확산된 유한계급 유희의 비용을 댔다. 이를테면 마리안스케라즈네(마리엔바트)와 보헤미아, 미시간주의 배틀크리크에 출현한 호화로운 휴양지, 카사블랑카와 아바나, 상하이, 리우데자네이루에 나타난 범죄 도시sin city, 영국의 토머스 쿡 회사가 안내한 해외여행과 독일의 베데커 회사가 내놓은 여행 안내서는 세계적 관광 산업을 촉진했다. 여가는 싸구려 잡화점의 소설과 신문 같은 저렴한 인쇄물, 자동 피아노와 뮤직 롤, 음반, 빅트롤라Victrola 같은 축음기, 영화처럼 수출할 수 있는 제조품으로 상품화되었다. 초콜릿과 커피, 바나나, 차 같은 열대 산물도 이렇게 새로이 등장한 여가 활동에 먹을 것을 공급했다.

왜 상품을 연구하나?

이 시기에 발전한 수많은 상품 사슬을 추적하면 이 세계의 농업 지역과 목축 지역, 광업 지역(많은 곳이 라틴아메리카와 아시아, 오세아니아, 아프리카에 있다.)이 서유럽과 북아메리카의 금융가와 산업가, 소비자와 상업적으로 어떻게 연결되었는지를 알 수 있다. 상품 사슬은 서로 멀리 떨어져 있어 잘 모르는 사람들 간의 연결 관계를 드러낸다. 상품 사슬은 놀랍도록 다양한 생활 방식과 문화를 지녔으며 때때로 대조적인 생산방식으로 일한 여러 대륙의 주민들을 연결했다. 이 시기를 연구한 여러 경제학자는 산업 중심지가 주변부의 농업 세계에 침투하여 나타난 확산이나 동질화에만 집중하지만, 우리는 그 대신 상품의 이동을 연구하여 세계 상업의 내적 다양성과 상호작용, 그리고 유럽과 북아메리카 밖의 영역이 기여한 바를 증명할 것이다.

'상품'을 정의하는 것은 이 주제에 관한 연구의 곤란한 성격을 생각할 때 결코 쉬운 일이 아니다. 리카도 학파와 마르크스주의의 정의에 따르면 상품은 만든 사람이 오로지 사용하기 위해서만 만든 것이 아니라 교환하여 이윤을 내기 위해 만든 물건이다. 상품의 가치는 생산자가 아니라 소비자가 결정했다. 여기서는 상품을 오로지 원료로만, 좀 더 구체적으로 말하면 차별성이 없고 상표가 붙지 않은 다량의 물건으로만 보는 경제학자와 사업가 들 사이에서 최근에 유행하는 제한적인 정의보다 이 폭넓은 정의를 택하겠다. 우리에게 상품은 역동적이고 우연적인 상품화 과정의 결과였다. 사회학자들이 '가치의 사슬value chains'이라고 부르는 이 과정에는 때로 생산자와 가공업자, 운송업자, 수출업자, 도매업자, 소매업자가 포함되었다. 그러나 인류학자들은 여러 시대에서 상품이 인식되고 이용된 방식의 문화적 차이를 고려하라고 일깨운다. 상품은 반드시 시장에서 거래되는 물건은 아니었다. 사물은 교환과 축적의 역할은 물론 실용성과 그에 관한 지식, 상징적 가치로도 어떠한 평가를 받는가에 따라 상품의 지위를 얻었다가 잃기를 반복했다. 상품은 또한 개인만큼이나 가구와 하위문화에 의해서도 결정되는 젠더화한 의미들을 만들어 낸다.[12] 이 시기가 세계경제의 팽창에서 그러한 과도기였기에, 어느 지역에서는 재화가 오로지 교환을 위해서만 생산될 수 있지만 다른 곳에서는 같은 생산품이 그 지역에서 생겨난 문화적이고 상징적인 의미를 전달했다. 우리는 이러한 재화의 이동이 어떻게 세계사의 윤곽을 드러내는지 보여 주려 하는데, 역으로 세계사는 상품과 그 사회적 역할의 적응력이 얼마나 뛰어난지 이해할 수 있게 해 준다.

확실히 상품은 대양을 건너면 새로운 의미와 효용을 획득하고 상상력에 의해 새로운 산물로 바뀌는 경우가 많다. 그러나 '재화goods'(재화가 생산자에게나 소비자에게나 때때로 나쁘기도 했음을 고려하여 때로 부정확한 그 내재적 가치 평가를 인정하면서 이 용어를 쓴다.)가 외국 소비자와 국내 소비자의 욕구에 굴복하면서 원 생산지에서 지녔던 의미와 나아가 본질까지 변했다는 것도 옳다. 기본재가 완제품으로 바뀌는 과정을 고찰하면 세계경제의 작동이 드러난다. 그러한 변화를 촉진하고 수반한 일단의 법률적·기술적·정치적·사회적 제도를 고려해야 하기 때문이다. 그러므로 우리는 상품 사슬을 상세히 논의하기에 앞서 교역이 이루어지고 번창하는 데 필요한 협약들을 먼저 다룰 것이다.

1945년 이전 세계의 경제활동은 거의 대부분 여전히 가내 생산과 지역

생산에 집중되었지만, 우리는 국경을 넘는 상품에 특별히 주목한다. 이 시기에 전 세계에 유통된, 당혹스러울 정도로 많은 재화를 다 고려할 수는 없으므로 농업과 광업, 중개업, 공업의 다양한 과정을 대표하는 소수의 주요 생산물에 집중하겠다.

이 생산물들을 선택한 이유는 1870년에 세계경제에 새로이 들어왔기 때문이다. 사실 대부분은 그렇지 않았다. 몇몇은 이미 몇백 년 동안 국제적으로 유통되었다. 다시 말해서 이것들이 선정된 이유는 당대에 세계적으로 유통된 생산물 중에서 가장 귀중한 것들에 속하기 때문이다. 이 생산물들은 사회적으로나 문화적·경제적으로 새로운 역할을 수행하고 기술적으로나 제도적으로 놀라운 혁신을 이끌어 냈을 뿐만 아니라 당대인들이 세계무역에 관해 지녔던 몇 가지 기본적 가정을 무너뜨렸다. 이 생산물들 덕분에 우리는 생산물이 재배되고 채굴되고 사육된 곳에서 시장에 내기 위해 포장하고 상표를 붙이고 광고하는 것 같은 가공과 변형을 거쳐 매우 다른 사회적 의미를 지닌 채 놀랍도록 다른 형태로 먼 나라에서 최종적으로 소비되기까지 재화의 이동 경로를 추적할 수 있다.

1   변화

　　전면적인 변화가 일어났음을 감안할 때, 새로운 경제적 활동 영역에 승자와 패자가 널리 흩어졌다는 것은 놀랍지 않다. 오스만 제국과 청나라, 오스트리아-헝가리, 에스파냐와 포르투갈 같은 유명한 옛 제국들이 쇠락하고 해체되었던 반면, 영국과 미국, 독일, 프랑스의 상업과 자본, 기술, 세력권은 세계 도처에 퍼졌다. 서유럽과 북아메리카, 러시아, 일본, 그리고 라틴아메리카의 일부는 상대적으로 형편이 좋았다. 아프리카와 중동, 그리고 아시아의 대부분(특히 식민주의에 많이 괴롭힘을 당한 지역)은 운이 나빴다. 분명한 것은 변화가 결코 한결같지 않았다는 사실이다.

　　상대적으로 더 번영한 대륙들에서도 경제성장은 지속적이지 않았고 예측할 수도 없었다. 자본주의적 관계의 강화로 호황과 불황, 디플레이션과 인플레이션이 더 빈번하게 발생해 안정을 해쳤다. 이 시기에 들어선 후에야 경제학자들은 경기순환이 자본주의에 내재한다는 점을 이론화했다. 극적인 경기 후퇴가 종국에는 고통스럽지만 이후의 성장에 박차를 가하는 길을 닦는다는 '축적 주기cycles of accumulation'라는 경제적 개념은 나중에 출현하게 된다. 투자자와 생산자에게 똑같이 더욱 불안했던 것은 국제적 무역과 금융에 매우 긴밀하게 연관된 경제들이 세계적인 경기순환에 가장 큰 영향을 받았다는 사실이다. 1870년 이후 75년간의 두드러진 면모는 1870년대 초에 시작되어 1890년대까지 지속된 첫 번째 세계적 불황과 1890년대 말부터 1913년까지 이어진 유럽의 좋은 시절belle époque, 제1차 세계대전 이후의 불안정한 상황, 그리고 적어도 최근까지는 이 세계가 경험한 가장 파괴적이고 오래 끌었던 국제적인 상업과 금융의 위기, 즉 대공황이었다. 세계경제가 궁지에서 벗어나던 바로 그때, 제2차 세계대전의 치명적인 효과는 이 세계의 큰 부분을 불구로 만들게 된다.[13]

세계의 여러 부분에서 날카로운 대비가 뚜렷했을 뿐만 아니라 그 세속적 성격은 '진보'의 혜택이 당대인들에게 결코 분명하지 않았음을 확실하게 했다. 앞선 세대는 이 새로운 시대의 주민들에게 폭력과 부자유한 노동, 재산과 부라는 거추장스러운 개념, 독점 시장의 문화를 물려주었다. 레닌과 부하린, 로자 룩셈부르크, 힐퍼딩 같은 비판자들은 그러한 '시장의 결함들market imperfections'(자유주의 경제학의 개념을 빌린다.)이 시대에 뒤진 것이나 이례적인 것이 아니라 제국주의와 산업자본주의의 팽창에 근본적으로 중요한 것이라고 주장했다. 세계시장에 더 긴밀히 통합되는 것이 반드시 가치관이나 사회구조, 번영의 공유를 뜻하지는 않았다. 국제경제의 압력은 지역의 주민과 시장을 뒤섞었을 수도 있지만 세계적 상업에 새로이 영향을 받은 지역에 균열과 분열을 초래하기도 했다. 몇몇 지역에서는 시장의 통합이 많은 이에게 더 큰 생산성과 선택, 편의를 제공했다. 반면 다른 곳에서는 시장의 팽창이 엄청난 비용을 들여 무력으로 수행한 군사 활동을 닮았다.

이 시기에 사유재산과 토지의 사유화, 규제가 완화된 상업이 한창 기세를 떨쳤다면, 동시에 사회주의와 파시즘의 명령 경제는 물론 트러스트와 카르텔, 복합기업도 출현했다. 홉스봄은 이렇게 썼다. "그러나 우리가 그것을 무엇이라고 부르든('법인자본주의corporation capitalism', '조직자본주의organized capitalism' 등) 그 조합이 시장의 경쟁을 희생하고, 법인 기업이 개인회사를 희생하며, 거대 기업이 작은 기업을 희생하여 발전했으며 이러한 집중이 과점의 경향을 의미한다는 것에 의견이 일치하는 한(반드시 그래야 한다.) 그 명칭은 그다지 중요하지 않다."[14] 가족 회사와 가족 간의 합자회사가 여전히 기업 조직의 지배적 형태였던 남아시아와 동아시아에서도 집중의 경향이 존재했으며, 인구가 많고 엄청나게 큰 광산과 은행, 공장은 상대적으로 적은 라틴아메리카에서도 마찬가지였다.

새로운 기술이 감독의 중앙화와 전례 없는 체제의 국제적 조정을 허용하면서 규모와 범위의 경제에 이바지했음은 분명하다.[15] 그러나 이러한 시장을 통제하려는 추진력은 개인주의와 경쟁의 덕목을 설교한 이데올로그들을 조롱했다. 그래서 미국의 인민당원Populist과 다른 곳의 아나키즘과 사회주의처럼 거대 은행과 법인 기업을 비난하고 좀 더 협력적이고 공동체적인 노력을 추구한 정치 운동들이 탄생했다. 이들의 활동은 경제학 이론가 칼 폴라니Karl Polanyi가 말한 개혁주의적 '이중 운동double movement'이나 마르크스가 말한 이른바 혁명적 '모순'을 반영했다. 국가, 집단, 개인들이 때로 강화된 시장 관계의 결과들을 완화하거나 뒤집는 데 나섰다는 것이다.

이렇게 급속한 변화에 대응하여 온갖 새로운 형태의 조직들이 출현했지만, 세계의 주민 다수가 여전히 토지 소유권의 형태가 대체로 공동체적인 농촌 마을에 사는 농민이라는 점을 기억해야 한다. 세계경제의 중심에 몰아닥친 사건들은 이따금 이들에게 그 여파를 느끼게 하겠지만 멀리 떨어진 곳에서 벌어진 소란이었을 것이다.

현저한 대비는 근대화한 도시의 고층 건물이 떼를 입히거나 흙벽을 바른 시골의 오두막과 병치될 때처럼 같은 나라 안에서도 뚜렷할 때가 많았다. 권력과 재산, 생활 방식, 건강, 노동 체제의 차이는 때로 아주 커서 농촌과 도시는 별개의 영역으로 취급되었고 주민은 거의 별개의 종족으로 여겨졌다. 시간이 흐름에 따라 이러한 대조의 몇 가지는 좀 더 풍요로운 지역에서는 주요 도시들이 배후지를 식민화하면서 줄어들었다. 그리고 그 과정에서 농촌으로부터 계속 더 많은 이주자를 흡수하는 동시에 기술의 발전과 사회제도들을 전파했다.

차이는 생활양식뿐만 아니라 삶 자체의 질과 수명에 더욱 깊이 드러났다. 제2차 세계대전 이후의 시기와 달리, 1945년 이전에 인구가 가장 빠르게 성장한 영국과 서유럽, 북아메리카 같은 지역에서는 경제성장도 급속하게 이루어졌다. 미국에서 기대 수명은 1870년 이후 빠르게 늘어나 백인 남성의 경우 출생 시에는 45세였으나 1939년에서 1941년 사이에는 65세로 껑충 뛰었다. 전체 인구가 급속히 증가하고 있었음을 고려하면 놀라운 진전이다. 파괴적인 전쟁들이 일어났는데도, 스칸디나비아와 독일과 네덜란드 같은 북유럽과 중부 유럽의 다른 나라에서는 1945년에 기대 수명이 60세에 이르렀다. 오스트레일리아와 뉴질랜드처럼 유럽인이 뻗어 나간 곳은 가장 극적인 수명의 증가를 경험하여 제2차 세계대전이 끝날 무렵 평균수명이 67세에 도달했다. 라틴아메리카 사람들은 아르헨티나와 우루과이를 제외하면 그러한 인구학적 향상을 누리지 못했다. 이들 대부분이 기대할 수 있는 나이는 겨우 40대였다. 전 세계 인구 대부분이 살았던 아프리카와 아시아(일본 제외)에서는 인구 성장이 더 느렸으며 보통 사람은 흔히 30세나 40세를 넘기가 어려웠다.[16] 그래서 전 세계적으로 수명은 몇몇 지역에서는 역사적으로 전례 없는 속도로 늘어났지만, 부유한 나라의 주민과 가난한 나라의 주민 사이의 기대 수명의 격차도 그렇게 벌어졌다. 한 나라 안에서도 수명의 차이는 늘어났다. 위생과 공중 보건의 개선이 처음에는 도시에 집중되었기 때문이다. 이 시기에 부유한 자들에게 제공된 의학적 발견으로는 아스피린과 페니실린, 퀴닌 같은 상품화하고 브랜드화한 기적의 약품들과 점점 더 근대적으로 바뀐 전문 의사와 간호사의 의료 행위가 포함되었다.

건설적인 파괴?

곤궁과 경제 발전의 병행은 단순히 슬픈 우연의 일치가 아니었다. 곤궁과 경제 발전은 유럽 열강이 아시아와 아프리카, 중동을 분할할 때 동반되었기에 종종 서로 연결되었다. 힐레어 벨록이 식민지 정신세계mentalité에 바치는 냉소적인 송가에서 썼듯이, 유럽인들이 해외에서, 특히 아프리카에서 성공한 것은 그들 문명의 뛰어남이나 신앙의 힘 때문이 아니었다. 이유는 여기에 있다. "무슨 일이 일어나든, 우리에겐 있다/ 맥심 기관총이, 그들에겐 없다." 시 전체는 사실 식민주의에 낙인을 찍는 고발장이었지만 유럽인의 군사적 우세를, 그들의 도덕적 우위까지는 아니어도, 올바르게 지적했다.

그러나 시간이 지나면서 무기상과 국가들에 의한 무기의 확산으로 무장을 갖춘 쪽이 초기에 누렸던 날카로움은 무뎌졌다. 무법자들도 기회로 활용했다. 시카고의 경찰들은 제1차 세계대전 중에 참호전을 위해 처음으로 설계된 '토미 건Tommy Gun'[1]이 알 카포네Al Capone의 갱단 수중에 들어갈 수도 있다고 걱정했다. 미국 평원 인디언들, 그리고 나중에는 남서부의 아파치족도 사냥뿐만 아니라 습격과 방어를 위해서 소총을 사용했다. 군인은 물론 혁명가들도 다이너마이트를 폭약으로 썼다.

무기 산업은 과학과 산업화의 모순을 반영했다. 근대 병기공학은 정밀공학과 표준화, 조립라인 공정, 자동화 기술을 가볍고 내구성이 강한 물질과 결합하여 막강한 살상 무기를 만들어 냈다. 경제학자 조지프 슘페터Joseph Schumpeter가 자본주의의 '창조적 파괴'를 칭찬하면서 그것을 급속한 진보를 가로막는 장애물을 제거하는 장점으로 보았다.[17] 아마도 슘페터는 콜트, 듀폰Dupont, 지멘스, 이게파르벤, 크루프 등 산업혁명에서 흥기한 몇몇 거대 기업이 파괴적인 무기를 제조하여 상당한 이익을 얻었다는 사실을 감안하지 못했을 것이다. 제2차 세계대전이 끝날 때쯤이면 소총은 수 킬로미터 떨어진 목표물을 맞힐 수 있었고, 유도미사일은 영국해협을 건널 수 있었으며, 비행기는 강력한 폭탄을 투하하고 있었고 결국 히로시마와 나가사키에 핵폭탄이 떨어졌다. 비극적이게도 도덕성은 과학의 '진보'와 보조를 맞추지 못했다.[18]

죽이는 기술을 가축에 적용해 보자. 시카고 가축 농장의 도축 기술은 고기의 가격을 낮추어 매우 풍요로운 도시들에서는 노동계급도 고기를 먹을 수 있었다. 동시에 시카고에 있는 아머 앤드 컴퍼니Armour & Compnay와 스위프트 앤드 컴퍼니Swift & Compnay 같은 육가공 공장들의 '해체 라인'은 수많은 가축의 생명을 끝내고 껍질째 절단된 사체를 고기부터 신발과 단추까지 10여 가지의 새로운 상품으로 바꾸는 과학적으로 효율적인 수단이었다. 1920년대에 라틴아메리카와 그 너머로 경영을 확대한 이러한 다국적기업들이 공업의 조립라

---

1 톰프슨 기관단총. 1918년 존 톰프슨John T. Thompson이 개발한 기관단총으로 '토미 건', '트렌치 스위퍼Trench Sweeper' 등의 별명이 있다.

인에 선구가 된 무자비한 창조적 해체 과정에서 쓰지 않은 것은 짐승들의 비명 소리뿐이었다.[19]

기술의 모순을 보여 주는 각별히 두드러진 한 가지 사례는 알프레드 노벨Alfred Nobel의 놀라운 발명품인 다이너마이트였다. 노벨은 니트로글리세린과 실리카를 혼합하여 폭발물을 만들었는데, 이는 화약보다 훨씬 더 강력했을 뿐만 아니라 그가 발명한 뇌관과 결합하면 안전하게 통제할 수 있었다. 그 결과로 광부와 터널 파는 자들, 좀 더 넓게는 건설업자들이 뜻하지 않은 선물을 얻었다. 다이너마이트 덕분에 그들의 직업이 훨씬 더 안전해졌기 때문이다. 다이너마이트는 전 세계에 보급되었다. 더 안정된 폭발물을 안전하게 운반할 수 있었고 노벨의 회사가 여러 나라에 다이너마이트 공장을 세웠기 때문이다. 노벨의 발명품은 건축업과 건설업에서 유용했지만, 노벨은 죽음의 상인으로 비난을 받았다. 그러나 평화주의자였던 노벨은 자신이 병에서 꺼내 준 파괴적인 지니에 관하여 진지하게 고민했다. 노벨은 유언을 통해서 900만 달러에 달하는 재산의 상당한 몫을 건설적인 과학 발전과 다른 지적 발전을 크게 포상하는 데 쓰도록 했다. 폭발물로 얻은 수입으로 자금을 댄 노벨상의 제정은 그의 참회에서 가장 역설적인 부분이었을 것이다.[20] 건설과 파괴, 평화와 전쟁은 폭발성 강한 결합의 예측할 수 없는 리듬에 따라 춤을 추었다.

거대한 분기

이 시기는 역사가 케네스 포머랜즈가 말한 '거대한 분기'를 확대했다. 포머랜즈는 유럽이 중세 이후로 다른 세계에 비해 우월한 부와 기술을 누렸다는 일반적인(적어도 서구에서는 일반적이었던) 견해에 이의를 제기하면서 아시아에 비해 서구 세계가 누렸던 여유는 1750년 이후에야, 그것도 경제적이고 지리적인 이유가 아니라 문화적이고 종족적인 이유에서 실현되었다고 주장한다. 그 이후 부와 기술, 군사력은 이 세계의 한 모퉁이에 자리 잡은 소수의 나라와 기업들에 집중되었다.[21] 1880년이 되면 선진 세계의 1인당 소득은 '제3세계'에 비해 대략 두 배였다. 1914년이면 세 배를 웃돌게 되며 1950년 무렵에는 서유럽이 제2차 세계대전에서 파괴를 경험했는데도 다섯 배에 달했다.[22]

실로 두 차례 세계대전은 선진 경제 내부에서도 분기를 초래했다. 미국이나 캐나다, 오스트레일리아, 뉴질랜드, 아르헨티나처럼 급격히 성장하는 경제들이 전쟁의 참화를 모면했기 때문이다. 미국의 1인당 국내총생산은 1870년에 '주변부' 평균의 네 배에 달했는데 1950년에는 거의 아홉 배에 달했고, 반면 서유럽의 우세는 3.5배에서 4.7배로 증가 속도가 느려졌다.[23] 빈곤의 평준화를 초래한 대공황과 제2차 세계대전이 이 분기를 다소 완화했겠지만, 그럼에도 그 분기는 1870년보다 1945년에 훨씬 더 컸다. 이 충격적인 수치도 더 크게 벌어지는 격차의 현실을 제대로 표현하지 못한다. 많은 작은 나라보다 세계 최고의 부자 기업가와 악덕 자본가 들이 더 많은 부를 통제했다.

현격한 차이는 멀리 떨어진 대륙에 있는 나라들 사이에서만 두드러진 것이 아니었다. 부자 나라와 가난한 나라 사이의 차이만큼 크지는 않았지만 같은 나라 안에서도 대단한 불평등이 존재했다. 이 도금 시대Gilded Age에는 5달러 지폐로 시가를 말아 피우는 엄청난 자산가들이 출현했던 반면 수백만 명의 프롤레타리아가 불결한 빈민가에 떼 지어 살며 굶주렸다.[24] 열대의 플랜테이션 농장들은 서유럽과 북아메리카의 새로운 도시 소비자들에게 처음으로 커피와 설탕, 바나나를 공급하여 즐거움을 주었을지 모르나, 농장주의 화려한 저택 주위에는 농민의 오두막이나 헛간과 맨발의 배고픈 아이들이 있었다. 이는 잘 무장한 주인의 시야에는 들어오지 않기가 십상이었다. 한편 많은 사람은, 특히 아프리카와 아시아에서 기억할 수 있는 오랜 옛날부터 해 왔듯이 계속 자신들의 땅을 경작하고 가축을 돌보았다.

당대인들은 이러한 간극의 원인을 종족이나 종교, 기후의 차이에 돌리거나 문명의 충돌에 돌렸다. 전 세계적인 분열은 자신에게 만족한 유럽과 북아메리카의 자산가들뿐만 아니라 주변부의 여러 엘리트에게도 문명 대 야만의 대결로 여겨졌다. 이 시기가 끝날 무렵 '저개발'과 '제국주의' 같은 설명을 위한 개념들은 더 오래된 문화적·종교적·인종차별적 구분을 대신하게 된다. 이 시기에 서구의 방식을 전파하고 세계를 동질화하려는 강한 충동이 있었지만, 차이는, 때로 더 커져 갔던 차이는 이 세계의 가난해진 주민들의 일상생활과 그 시대의 변화에서 이득을 취한 자들의 생활 방식 사이에 드러난 간극의 특징이었다.[25]

자원이자 희생물인 환경

이 장에서 인간이 세계경제에 관여한 것을 집중적으로 다룰지라도 인간의 폭발적인 새로운 생산성과 교역이 자연환경에 미친 집단적인 영향을 간과한다면 태만한 짓일 것이다. 경제성장과 의학의 발달로 세계 인구는 역사상 가장 빠른 속도로 성장해 그 지점에 이르렀다. 75년간 12억 명에서 25억 명으로 늘었고 앞서 언급했듯이 여러 지역에서 기대 수명이 증가했다. 개선된 기간 시설 덕분에 확보된 멀리 떨어진 지역에 닿을 수 있는 능력은 물론 생산능력 증대(몇몇 추정치에 따르면 세계의 총 생산고는 500퍼센트 성장했다.)와 소비 욕구의 점진적인 확대와 결합되면서 자연은 그 영역을 상실하고 있었다. 처녀지였던 초원과 목초지가 개간되어 넉넉한 수익을 돌려주었지만, 인간의 침입은 재앙도 가져왔다. 관개시설 덕분에 몇몇 사막 지역이 비옥한 경작지로 바뀌었으나, 과도한 경작과 목축은 한때 좋았던 땅을 건조 지대로 바꾸어놓았다.

세계경제에 관여한 행위자들이 이전에는 사람이 살지 않던 지역으로 이동한 것은 모순된 귀결을 낳았다. 유럽인과 북아메리카인이 아마존강 유역과 미국 서부, 중앙아프리카, 시베리아에서 앞서 알지 못했던 세계와 만나면서 식물과 동물의 절멸이 흔한 일이 되었다. 몇몇 종의 발전은 종종 다른 종들의 비극을 의미했다.

미국의 존 뮤어John Muir 같은 자연보호주의자들은 인간의 마구잡이 확산이 위협이 될 것임을 알아보고 '원시의' 자연을 지키기 위해 싸웠다. 그러나 그런 자들이 흔하지는 않았다. 대부분의 지역에서는 '본원적 축적'이 발생하여 식물상과 동물상은 인간의 효용과 이익을 위한 자원으로 취급되었다. 예를 들어 '가장 어두운 아프리카Darkest Africa'는 황무지가 아니라 자연의 상금이 되었다. 그 엄청난 코끼리 떼는 엄니 때문에 학살되었고 마찬가지로 북아메리카 초원의 수많은 들소는 거의 멸종 직전에 몰렸다. 브라질의 광대한 해안 숲 지대인 마타 아틀란티카Mata Atlôntica(대서양 숲)는 벌목으로 파괴되었다. 대양의 많은 섬으로 인간이 널리 퍼졌다. 대륙은 물론 그 섬들에도 외래종이 도입되어 토착 동물과 식물에 간간이 재앙을 초래했다.[26]

인간의 대담함은 당연히 새롭지는 않았다. 수천 년 동안 어떤 사람들은 신으로부터 짐승과 식물의 소유권을 받았다고 생각했다. 문명과 종주권은 오랫동안 자명하게도 자연의 지배와 동일한 것으로 여겨졌다.[27] 변한 것은 관념이 아니었다. 기술 관료들과 과학자들이 자연에 대한 대규모 정면 공격에 필요한 기술을 개발하는 방법이 바뀌었다. 환경의 퇴화는 상품화와 나란히 진행되었다. 시장을 가진 인간 사회는 세상의 더 많은 곳에서 매매하려는 강력한 욕구의 지배를 받는 시장 사회로 차츰 바뀌었다. 땅과 숲, 야생 생물은 점차 사유재산으로, 아니면 진보를 가로막는 장애물로 인식되었다. 이어서 이러한 자연의 자본화는 새로운 법률제도와 명칭, 금융 수단, 교환을 요구했다.

면과 제1차 산업혁명

1870년 무렵 제1차 산업혁명으로 이미 저렴한 면직물이 값비싼 금속과 향료, 비단, 설탕, 담배를 대신하여 원거리 무역의 주된 동력이 되었다. 향료를 제외하면 이 모든 상품의 국제 교역이 지금 다루는 시기까지도 급속히 성장했지만 말이다. 웨일스와 영국의 석탄으로 움직이는 증기 역직기와 일라이 휘트니Eli Whitney의 조면기는 직물과 의류의 생산을 혁명적으로 바꾸어 놓았다. 1793년에 면직물은 영국과 미국의 의류에서 겨우 4퍼센트를 차지했지만, 그 수치는 100년 후에 75퍼센트에 달했다. 이 공업의 발전소에 동력을 공급한 것이 북아메리카 목화밭의 노예노동이었다는 사실은 에이브러햄 링컨이 노예제를 폐지하자마자 그것이 몰락할 것임을 예고하는 듯했다. 어쨌거나 남북전쟁 직전에 미국은 세계 전체 수요의 3분의 2와 영국에서 제조된 면직물 원료의 80퍼센트를 공급했다.[28]

그러나 미국과 여타 지역의 면 재배 농민들은 노예가 필요 없음을 깨달았다. 킹코튼King Cotton[2]은 채무노예의 노동 덕분에 노예 해방령 이후에도 계속해서 남부 미국의 경제를 가동했겠지만, 농민과 소작농, 채무 노동을 이용했던 이집트와 인도의 생산자들은 한층 더 낮은 노동비용 덕분에 경쟁에 참여

_____ **2** 남북전쟁 중 남부 연합이 연방 탈퇴가 가능하다는 점을 보이기 위해 사용한 전략을 표현하는 표어. 남부 연합이 독립해도 면 수출로 번영할 것이므로 남부의 면화에 의존하는 영국과 프랑스가 남부 연합을 지원할 것이라는 생각이 바탕에 깔려 있다.

할 수 있었다. 19세기 막바지에 이르면 면은 세계무역의 동력이 아니었다. 브라질과 멕시코에서 남아프리카와 우간다, 중국에 이르기까지 여러 지역이 자체적으로 면을 조달했기 때문이다. 1860년에서 1887년까지 면은 해상무역의 교역품 가치에서 아홉 번째에 올랐는데 곡물이나 설탕에 비해 5분의 1도 되지 않았고 커피에 비해서는 4분의 1에도 못 미쳤다. 미국의 면 수출은 1880년에 즈음하여 전쟁 이전 수준을 회복했고 1895년에 두 배로 늘었지만 이후 정체했다. 폭발적으로 성장했던 미국 국내 직물 시장이 외국의 수요 하락을 어느 정도 상쇄했지만, 국내 면 생산의 성장은 더뎠고 변동이 컸다. 전 세계적으로도 마찬가지였다. 면직물은 곧 다른 천연섬유와 합성섬유의 맹렬한 경쟁에 부딪치게 된다.[29]

직물 제조업이 성숙 단계에 들어서면서 라틴아메리카와 남유럽과 동유럽, 아시아, 특히 일본과 인도에서 토착민 기업가들은 물론 먼저 산업화를 이룬 나라의 투자자들도 기계를 수입하여 공장을 세웠다. 이어 이들은 자국 정부에 보호관세를 도입하라고 호소하여 중심부에서 주변부로 기계류의 판매는 늘렸지만 직물의 국제적 유통은 축소했다. 이것이 바로 1930년 이후 널리 알려진 수입 대체 산업화ISI의 첫 단계였다. 면은 경제학자 레이먼드 버넌Raymond Vernon이 말한 '제품 수명 주기product cycle'의 첫 번째 희생양이었다. 이는 좀 더 효율적인 기술에 제일 먼저 숙달하여 시장을 확대한 '선도자'에게 큰 독점적 이익을 주는 신기술의 생존 궤적을 말한다.[30] 면직물 제조업의 주동자들은 계속해서 이익을 얻으면서도 그 기술이 확산됨에 따라 국제적인 이점과 초기의 활력을 상실했다. 우리는 제련과 전신, 그리고 곡물에서 고무에 이르는 여러 상품처럼 완전히 다른 영역에서도 이 유형이 거듭 되풀이되는 것을 확인할 것이다. 전 세계 여러 곳의 상이한 원료가 필요한 새로운 제품들이 세계경제의 지속적인 팽창을 선도하기 위한 세계적인 릴레이 경주에서 바통을 넘겨받았다.

자유무역

국제무역의 관세를 둘러싼 싸움은 세계 상업의 진로에 엄청나게 중요했다. 1870년 영국은 확실히 세계시장에서 특권적 지위를 누렸다. 면직물과 다른 제품들에서 먼저 출발하여 얻은 산업적 우위와 세계 해운의 지배, 순조롭게 발전한 정교한 금융 제도, 제국 시장 덕분이었다. 그리고 영국의 정치인들이 애덤 스미스와 데이비드 리카도David Ricardo 같은 고전 경제학자들을 재빨리 불러내 자유무역의 이점과 시장의 보이지 않는 손을 얘기한 것은 전혀 놀랍지 않았다. 자유방임 경제라는 개념의 출처를 앞선 프랑스 중농주의자들로 볼 수 있겠지만, 지금 다루는 시대의 경제적 자유주의는 영국적 특징이 강했다. 영국인 투자자들과 임금 노동자들, 소비자들은 물론 영국 제국의 관료들까지 전부 관세 인하가 이롭다고 보았다.[31] 영국의 경제 선교사들은 전 세계의 정치인과 차용인 들에게 금본위제와 낮은 관세, 제한적인 정부의 필요성과 민간 부문의 중요성을 납득시키는 데 나섰다. 이는 전부 영국 제국은 물론 영국의 제조업자와 상인들, 은행가들에게 이익이 되는 일이었다.

다른 나라의 정치 지도자와 자본가들은 자유무역에 빠지지 않아도 용서받을 수 있었다. 세계 자본의 불균등한 분포 때문에 여러 정부는 그 혜택을 의심했다. 이 수출 주도 성장의 시대에 가장 큰 성공을 누렸던 아메리카 같은 곳이나 독일과 러시아, 일본처럼 나중에 등장한 공업 강국들에서도 개방 시장과 사유화에 관해 열띤 논쟁이 벌어졌다. 방어적 태도를 지닌 정치 엘리트들이 경제 자립의 강화에 찬성하는 정교한 경제적 담론을 전개하면서 보호무역주의는 계속해서 자유무역과 경쟁했다.[32] 몇몇 정치인은 관세장벽이라는 관념을 상업 동맹의 보호를 받는 일정한 권역 전체로 확대하려 했다. 경제 강국들은 저마다 그러한 동맹의 창설을 저울질했다. 프랑스는 다른 '라틴' 국가들과 자체의 동맹을 창설했으며, 미국은 범汎아메리카주의 정책을 통해 상상 속의 '뒷마당'에서 무역을 조정하려 했고, 영국은 1920년대와 1930년대에 제국 특혜관세를 확립하게 되며, 독일은 중부 유럽에서 이를 따라했고, 일본은 역내 이웃 나라들에 자국의 경제적 의지를 강요했다.

다른 곳에서도 더 협소해지는 시장을 보호하려는 노력이 경주되었다. 라틴아메리카에서는 19세기 말에 브라질과 페루, 멕시코에서 보호무역주의 로비가 큰 영향력을 행사했다.[33] 게다가 1870년대와 1880년대까지도 여전히 상당한 영향력을 지녔던 지역의 실력자들, 즉 카우디요는 자원을 지배하려는 투쟁의 주된 참여자였다. 카우디요는 마치 청나라의 군벌이나 아프리카의 족장처럼 행동했다. 비록 때로는 그것이 지역의 통합성을 실질적으로 더 강화하기 위한 조치로 여겨지기는 했지만 이들도 지역의 자치를 열렬히 옹호한 자들이었다. 그러므로 전쟁과 정치적 격변이 경제 발전과 투자를 방해한 것은 놀랍지 않다. 결과적으로 라틴아메리카 대부분 지역의 수출 성과는 19세기 말까지도 여전히 미약했으며, 아프리카와 아시아 대부분의 성과는 훨씬 더 나빴다.[34]

라틴아메리카의 몇몇 국가 지도자는 맨체스터 학파의 자유무역 정책을 가장 열렬히 지지한 제자들에 속했지만, 서반구의 상황은 영국과는 다른 대응을 요구했다. '신세계'의 경제는 교통과 금융, 공공시설뿐만 아니라 커피와 고무 같은 주요 수출 부문에서도 중대한 국가 개입을 요구했다. 비록 자주 침해되기는 했어도 자유주의 원리는 국가 정책의 이데올로기적 수사학적 필수 요소였다. 그들은 입으로는 자유주의를 말했지만 실제로는 개입주의를 실천했다.

자유무역이 바람직한 것인가는 미국에서도 논란이 되었다. 1865년 미국의 가장 잔혹한 싸움이 끝난 뒤로 남부 연합의 패배는 관세에 관한 분열적 논쟁을 끝내지 못했다. 그 논쟁은 국가의 두 주요 정당에 계속 쟁점으로 남았다. 민주당은 특히 큰 정부를 경계했으며 인민당과 뒤이어 진보당은 국가의 경제 개입 강화를 요구했다. 세 정당은 외국인 투자가 나라에 밀려들어 오고 있었지만 이를 의심의 눈초리로 바라보았다. 반反영국 정서가 너무도 강하게 타올라서 1890년대에 미국과 영국이 간신히 전쟁을 피했을 정도였다.[35]

캐나다인들은 대체로 그러한 반영 감정을 지니지 않았지만(퀘벡 사람들은 두드러진 예외였다.) 영연방의 일부로 남되 식민지적 유대를 축소하는 방식으로 더 자유로운 무역을 추구함으로써 중도를 추구했다. 그러나 더 자유로운 무역은 영국에서 멀어지는 것을 뜻했다. 이 시기에 캐나다 무역은 대부분 영국에서 남쪽의 미국으로 전환되었다. 1870년 캐나다는 소비재의 절반 이상을 영국에서 수입하고 미국으로부터는 3분의 1정도만 수입했지만, 1911년에는 영국에서 들여온 수입품은 4분의 1뿐이었고 61퍼센트가 남쪽의 이웃 나라에서 들여왔다.

캐나다의 경험은 오스트레일리아와 뉴질랜드, 남아프리카 같은 다른 영국 식민지와 크게 달랐다. 그 나라들은 수입품의 절반 이상을 영국에서 들여왔다. 반면 캐나다의 수출은 대략 절반이 여전히 영국으로 들어갔다. 이는 오스트레일리아보다는 많지만 뉴질랜드와 남아프리카보다는 상당히 낮은 수치였다. 두 나라의 수출은 4분의 3 이상이 영국으로 갔다.[36] 인도와 남아프리카, 로디지아는 국제시장에서 성공을 거두었지만, 세 나라 모두 영국 식민주의의 보호를 받았으며 심한 내부의 불평등으로 대가를 치렀다.

아시아와 아프리카 대부분 지역은 상황이 달랐다. 영국이나 이베리아반도 국가들의 영향력에 철저히 종속된 적이 없기 때문이다. 그 지역들에서 부족이나 촌락의 권위는 곧 주권의 파편화를 의미했다. 주민 대다수는 생계형 농민과 목부들로서 외국무역에 그다지 매력을 느끼지 못했을 것이다. 그러한 지역들에서 유럽 열강은 빈번히 법령이나 무력을 사용하여 금융시장을 육성하려 했다. 아시아에서 산업화와 교역 확대에 가장 크게 성공한 나라인 일본조차도 대공황으로 자유시장을 경계하게 된 후로는 완결적인 제국적 교역 단위, 즉 대동아공영권을 추구하기 위해 세계경제에 통합되려는 노력을 포기했다.

상업과 금융에 관한 사고에 중요한 변화가 나타나려면 제1차 세계대전 중에, 뒤이어 대공황 시기에 국제적인 교역과 자본의 흐름이 거의 붕괴되어야 했다. 그때서야 이론은 위기관리에 관여한 정치인들이 조금씩 내놓는 정책들을 따라잡았다. 교역과 금융 흐름의 심한 혼란은 세계경제를 이해하고 국가의 새로운 역할을 평가하는 새로운 방법들을 낳았다.[37] 국가의 계획이 처음 등장했을 때는 대체로 누가 계획하거나 추구한 것이 아니었다. 국가의 계획은 농업 수출 경제와 공업 수출 경제에서 똑같이 나타났다. 제1차 세계대전 후, 소련을 제외한 주요 국가들은 금본위제를 다시 채택하고 무역과 국제적 투자의 장벽을 낮춤으로써 고전적인 자유주의경제학으로 회귀하려 했다. 그러나 소련과 종전 후 점차 소련의 세력권에 들어온 일부 동유럽 국가는 생존을 위해서뿐 아니라 이데올로기적 이유로도 국가의 계획에 의존했다. 1930년대에 물가와 교역이 급격히 축소되면서 서유럽에서도 자동 조절 시장은 자체적으로 조절하지 못했다. 유럽과 북아메리카의 정부들조차도 디플레이션과 불안정한 금융시장, 정치적 불안에 직면하여 국내 산업을 보호하는 데 착수했고 공공투자와 규제의 범위를 확대했다.

수출 국가들도 뒤를 따르려 했다. 예를 들면 라틴아메리카 대부분의 지역에서 국내시장은 수출 주도 성장기에 이미 크게 팽창하고 다양해졌다. 그래서 수입 대체 산업화는 수입 의존도를 줄이는 수단으로서 점점 더 큰 매력을 갖게 되었다. 정치의식을 갖추고 과격해진 도시 노동자들, 그리고 멕시코 같은 소수 국가에서 수출 부문에 종사하는 농민과 노동자들은 국가의 더 큰 배려와 사회적 안전망을 요구했다.[38] 유사한 국가 통제주의적 노력이 인도에서, 그리고 영향력이 커지던 동남아시아와 중국은 물론 식민지 조선과 타이완도 포함하는 일본의 세력권에서 나타났다. 케인스 혁명은, 아직 그렇게 부르지는 않았지만, 이론과 실천에서 공히 자유시장 자유주의에 도전하기 시작했다.

제2차 산업혁명

19세기 말과 20세기 초는 제1차 산업혁명의 자연스러운 연장인 동시에 과거와 근본적으로 단절한 시기였다. 사용하는 원료와 에너지원, 생산과 영업의 조직, 과학의 응용, 가장 역동적인 부문들의 성격, 나아가 이 새로운 산업화의 물결을 지배한 국가들까지 모든 면에서 여러 변화가 일어났다. 영국은 18세기에 석탄을 이용해 증기력을 개발함으로써 선수를 잡았지만 1870년 이후에는 점차 미국과 독일에 주도권을 내주었다. 석탄과 증기, 철은 여전히 중요했지만 석유와 전기, 강철이 새로이 우위를 차지했다. 화학자들이 아닐린 염료와 다이너마이트, 그리고 비료와 탄약에 쓰이는 질산염을 만들면서 기술자들만큼이나 중요해졌다. 과학에 기초한 자본 집약적 기술은 더 새롭고 더 효율적이며 더 큰 규모의 생산 방법들을 낳았을 뿐만 아니라 고무와 강철, 시멘트 같은 새로운 재료와 무기, 전기, 전신, 타자기, 자전거, 자동차 같은 새로운 산업도 탄생시켰다. 이렇게 새로운 재료와 제품은 다수가 규모의 경제에 보답했다. 연속 공정 생산과 교체 가능한 표준화된 부품들을 갖춘 조립라인은 결국 몇몇 장소에서는 작업량과 시간 동작 통제의 향상으로 확보한 더 큰 효율성에(비판자들은 더 큰 노동 착취로 보았다.) 입각해 '미국 체제'와 프레더릭 테일러Frederick Taylor의 '과학적 관리' 개념을 주도했다.

다른 대량생산 제품들, 특히 음식과 의약품은 이제 세계시장을 더 빠르게 정복하려는 목적에서 포장되고 상표가 붙여지고 광고되었다. 제2차 세계대전 종전 후, 서구의 소비자들은 1870년이었다면 꿈꿀 수도 없었던 재화를 갈망했다. 농민들은 이전에는 도시 생활의 특징이었던 공장에서 만든 의복이나 가게에서 파는 식료품의 구매를 처음으로 상상할 수 있었다. 19세기말 서유럽과 미국에서 르 봉 마르셰Le Bon Marché와 해로즈Harrods, 셀프리지스Selfridges, 마셜필즈Marshall Field's, 워너메이커스Wanamaker's 같은 백화점과 몽고메리 워드 앤드 시어스Montgomery Ward and Sears, 로벅 앤드 코Roebuck & Co 같은 카탈로그 스토어catalog store가 등장하면서 기성복 시장이 더 커졌다.[39]

면직물이 더는 세계경제의 성장을 추동한 주된 동력이 아니었지만, 영국은 여전히 그 팽창의 배후 세력이었다. 영국은 생산과 운송 기술을 혁명적으로 바꾸고 신용 대부 제도를 확대함으로써 1870년대 후반 전 세계 공산품 수출의 약 40퍼센트를 책임졌다. 영국은 완제품 수출을 위해 공장에서 쓸 원료는 물론 늘어나는 도시 인구를 먹일 식량과 음료도 수입해야 했다. 영국의 기후와 생산성이 낮은 토지로는 그들을 부양할 수 없었기 때문이다. 바로 그 이유에서 1913년 이전 40년간 세계무역의 대략 3분의 2를 농산물이 차지했다. 농산물 전체 수입량에서 영국이 차지한 비중은 3분의 1에 약간 못 미쳤다.(북서유럽이 40퍼센트를 가져갔다.) 세계경제의 주된 동력은 상대적으로 작은 섬나라인 영국과 비좁은 곳에 갇힌 북서유럽이었고, 그 나라들은 외부 세계에 의존하여 돈을 벌었다. 맨체스터와 런던, 셰필드, 유럽 대륙의 공장들에서 벌어진 경쟁은 공산품의 수출 가격을 떨어뜨렸고 해외에서 널리 수요가 급증했다. 동시에 끊이지 않는 영국의 식량과 원료 수입 욕구는 처음에는 농산물 수출국에서 가격 인상을 초래했지만 런던은 세계 금융의 중심으로서 지위를 굳혔다.[40]

1821년 영국 금본위제의 공식 단위가 된 파운드화는 1870년대가 되면 대부분의 나라에서 에스파냐와 멕시코, 페루의 페소화를 대체하여 결국 세계무역의 기축통화가 되었다. 그 결과로 거래 비용은 크게 줄어들었고 대여가 용이해졌다. 런던이 세계의 상업과 금융의 중심이 되면서, 영국은 제1차 산업혁명 때 차지한 우세를 잠시 동안 유지할 수 있었다.(표 4.1 참조)

영국이 급증하는 공장과 인구 때문에 원료와 식량이 필요했다는 사실은 막대한 무역 적자를 의미했다. 영국은 이 불균형을 상업 차관과 공채의 이자, 대외 직접투자의 이윤, 운송료와 보험료, 환전에서 얻은 '보이지 않는' 소득으로 메웠다. 역사가 니얼 퍼거슨은 영국이 세계무역의 동력으로서 수행한 굉장한 역할을 과장하지 않고 기술했다. "그러나 역사상의 그 어떤 조직도 19세기와 20세기 초 영국 제국만큼 재화와 자본, 노동의 자유로운 이동을 촉진하지는 못했다는 사실에는 변함이 없다."[41]

국가, 시장, 독점

자유주의와 자유시장의 가장 과격한 옹호자들이 품었던 꿈과 열망에도 불구하고 20세기 전후 경제는 규제를 받았다. 파급력이 크고 돈이 많이 든 신기술들은 민간 부문에 대한 공적 감독을 요구했다. 국가는 상업의 바퀴에 기름칠을 하기 위해 비용이 많이 드는 기간 시설에 보조금을 지급하고 그것을 통제하고 경우에 따라 건설하는 중요한 역할을 수행했다. 이는 세계경제에 좀 더 늦게 통합된 라틴아메리카와 아시아, 오세아니아, 다소 정도는 약하지만 아프리카의 몇몇 수출 경제에도 해당된다.[42] 다른 곳에서는 전통적인 교역 양식들이 대체로 중단되지 않았고, 놀랄 일도 아니지만 경제에서 국가의 존재는 거의 드러나지 않았다.

상인과 관료의 역할, 그리고 정보 자체의 역할은 시장의 확대에 대응하여 변화했다. 1870년까지도 시장에 관한 가장 전문적인 지식은 지역적이고 드물고 이질적인 것으로 대체로 상품 사슬의 상이한 지점에 활동하는 특정한 행위자들, 즉 재배자, 상인, 운송업자, 가공업자, 중개업자, 도매상, 소매상, 행상이 통제했다. 면밀하게 확보한 교역에 관한 정보와 신뢰로 구축된 사사로운 관계는 광둥인과 타밀인, 구자라트인, 신드인, 페르시아인, 하드라미인, 아르메니아인, 시리아·레바논인, 모로코 유대인, 바스크인, 스코틀랜드인, 아슈케나지 유대인의 네트워크처럼 여러 곳에 퍼진 민족적이고 가족적인 상업 거주지의 지속적인 중요성에 보탬이 되었다.[43]

시간이 흐르면서 정보는 먼저 상인과 해운업자에 의해, 그다음으로는 상품 소개지와 신문, 통신사, 상품거래소와 증권거래소에 의해 더 널리 전파되고 체계적으로 바뀌었으며 표준화되었다. 서로 멀리 떨어진 지역들을 연결한 전신, 대륙들을 이어 준 해저 케이블은 상업적·법률적·학문적 규약의 필요성을 유발했다. 유럽의 언어들, 곧 외교 언어인 프랑스어, 학문의 언어인 독일어, 사업 언어인 영어는 식민주의와 제국주의의 힘에 의해 보강되어 세계 전역에서 익명의 엘리트들이 널리 쓰게 되었다. 일본처럼 식민주의를 직접 경험하지 못한 지역들도 근대적 규약을 도입했지만 자신들만의 방식으로 한 번 비틀었다. 그러나 '근대화'(이 시기에 유행한 다른 용어이자 개념)하려는 강한 욕구가 언제나 동질화의 욕구를 의미하는 것은 아니다. 외부 세력은 흔히 유해하고 악의적인 것으로 인식되었다. 이들에 대한 대응은 규약의 확산을 장려하기보다는 억제할 때가 더 많았다.

세계화의 이 시기가 기본적으로 자유시장의 성장과 안전한 재산권, 자유주의, 금본위제, 자유무역을 의미했는지, 제국 정부와 국내 정부의 개입과 독점의 출현이 그 시기의 더 큰 특징이었는지에 관해서는 경제사가들 사이에 충분한 논의가 있었다. 실제로 두 가지 다 충분한 증거를 갖추었다. 합병과 독점은 철도와 증기선 같은 근대적 운송 부문, 전신 같은 경이로운 통신, 무기 같이 정부 계약에 크게 의존하는 중공업에서 특별히 두드러졌다. 독점은 석유와 전기처럼 새로운 형태와 계통의 에너지를 쓰는 부문에서, 고무처럼 정부가 전략적으로 가치가 있다고 여긴 몇몇 새로운 원료에서도 발견되었다. 스탠더드 오일Standard Oil은 1880년에 미국에서 정제된 석유의 90퍼센트를 통제했으며, 유에스 스틸US Steel은 세기 전환기에 산업용 강철의 약 3분의 2를 생산했고, 라인베스트팔렌 석탄 연합 기업RWKS은 독일에서 동일한 비율로 석탄을 통제했다.[44]

소비자보다는 제조업자에게 판매된 기계류처럼 중간 자본재 부문에도 집중은 나타났으며, 소비자들은 다행스럽게도 그러한 재화에 어떤 부품들이 들어갔는지 알지 못했다. 기업사가인 앨프리드 챈들러Alfred Chandler는 선구적인 기계류 회사들 중에 "국내시장과 국제시장에서 상당한 몫을 차지하는 데 성공한 경쟁자들은 소수에 지나지 않았다. 이러한 산업들은 빠르게 과점적이거나 독점적으로 변했고 그 상태를 유지했다."고 서술했다.[45]

북아메리카와 서유럽의 일반 대중에게는 가공업자들이 규모와 범위의 경제로부터 이윤을 얻을 방법을 찾았기 때문에 '대규모'가 썩기 쉬운 음식과 약품 같은 산업의 지울 수 없는 특징이라는 사실이 훨씬 더 분명했다. 유나이티드 프루트 컴퍼니United Fruit Company, 브리티시 타바코British Tobacco, 코카콜라, 리글리Wrigley, 퀘이커 오츠Quaker Oats[3] 같이 오늘날에도 잘 알려진 고도로 자본화한 몇몇 거대 기업은 농산물의 생산(이들이 직접 생산하는 경우는 드물었다.)과 구매, 가공, 포장, 유통을 수직적으로 연결함으로써 회사 내부에서 국제적인 상품 사슬을 창출하여 최신 제품을 대중 시장에 판매했다.[46]

거대 기업들이 지배적이었던 것은 단지 기술적 불가피성이나 시장의 수요 때문만은 아니었다. 앞서 정부에 대출하거나 다른 금융 수단으로써 이익을 얻었던 금융가들은 더 유리한 사업 환경을 이용하기에 가장 좋은 위치에 있던 주된 실력자로 등장했다. 합자회사와 유한책임 회사에 관한 법이 통과되면서 금융가들은 큰 상업은행을 설립했고, 금리생활자와 중간계급의 소액 투자를 끌어들여 새로운 혁신 사업과 팽창을 촉진했으며 동시에 트러스트를 조직하여 내내 경쟁을 억제했다.

대체로 이러한 거대 회사들은 많은 나라에서 주주는 물론 이사와 관리자 들까지도 끌어모아서 점차 복수여권을 갖추었다. 레닌은 민족주의와 합병이 자본주의 최고 단계의 특징이며 지배적인 제국주의 국가들 간의 전쟁을 초래할 것이라고 생각했지만, 실제로 다국적기업들은 자국 동포보다는 국제사회의 사업 동료들과 협력하기를 선호할 때가 많았다. 존 피어폰트 모건J. P. Morgan은 런던에 본부를 둔 자기 아버지의 회사를 통해 거대한 유에스 스틸의 합병을 이루었으며, 로스차일드 가문의 은행들은 다섯 나라에 본부를 두었고, 미국에 본사가 있는 제너럴 일렉트릭General Electric과 독일 회사 지멘스는 공동 사업을 진행했으며, 프랑스와 영국의 은행들은 공동으로 대출을 해주었다. 이 회사들이 활동한 나라의 정부는 분열된 충성에 직면했다. 새로운 국제적 범위는 오스트리아의 스탠더드 오일 같은 다국적기업들에 어려운 과

---
3 시카고에 본사를 둔 식품 복합기업.

제를 제기했다. 다국적기업들이 "그 활동 무대인 국제시장과 때때로 광범위한 활동을 보호하는 데 필요한 지원을 해 줄 수 있는 국민국가 정부들 사이에 잡혀 있음을" 알았기 때문이다.[47]

초국가주의transnationalism는 다국적기업들, 국가들의 양자 간 조약과 다자 간 조약, 여러 나라에 퍼진 가족 디아스포라에 의해 더욱 촉진되었다. 이는 오늘날 비정부기구NGOs로 알려진 것의 시작이기도 했다. 때로 '하나의 세계'를 위해 일한 국제주의자들은 자연보호, 빈곤 퇴치, 보건처럼 본질적으로 다른 대의를 위해 뭉쳤다.[48]

다국적 결합이 정부의 감시를 이용한 것이 아니라 그로부터 숨은 불법 단체들에서도 영향력을 행사했음에 주목해야 한다. 이 시기는 이민자 갱단, 불법 기업으로 바뀌는 몇몇 중국인 통黨, 뒤이어 국제화한 이탈리아 마피아가 등장한 시기였다. 이들은 고려해야 할 경제 세력이 되었다.[49]

새로운 기술과 자본 축적은 경제사가 알렉산드르 게르셴크론Alexander Gerschenkron이 말한 '후진성의 상대적 이점'을 만들어 내기도 했다. 게르셴크론의 주장에 따르면 러시아와 독일, 일본처럼 이전에 '후진적'이었던 경제는 고지식하게 영국의 산업화 청사진을 따를 필요가 없었다. 정부의 감독과 외국 자금을 빌려 수입한 기술이 앞지르기를 도와줄 것이기 때문이다. 많이 뒤처졌다는 사실은 때로 이로운 것이었음이 입증되었다. 경제사가 데이비드 랜더스David Landes가 말했듯이 "격차가 클수록 그것을 뛰어넘는 자들은 더 큰 이익을 얻는다."[50] 후진국들은 초창기 선구자들보다 더 빨리 성장할 수 있었다. 그들의 실수를 피할 수 있었고 더 많은 국제투자 자본은 물론 이미 성공한 기술들도 이용할 수 있었기 때문이다. 아르헨티나와 오스트레일리아, 캐나다는 세계경제가 그들의 비옥한 땅을 경작하고 생산물을 수송할 수요와 수단, 투자를 자극하자 자신들의 극미한 식민지 유산과 인구의 부족이 환영할 만한 것임을 깨달았다.

선진적 형태의 자본주의는 때때로 농촌의 빈곤한 환경에 박혀 더디게 퍼지며 그 혜택을 나눠 주었다. 예를 들면 포르피리오 디아스의 독재 시절 (1876~1911) 원료와 주요 재화를 중심으로 한 멕시코의 수출 주도 경제는 전적으로 외국 자본가들로만 구성된 다국적기업과 은행에 의한 것이든 정치적으로 연결된 외국과 국내 투자자들의 연합에 의한 것이든 연줄 자본주의crony capitalism가 특징이었다.[51] 아르헨티나와 브라질, 칠레, 캐나다에는 교통과 도시 편의 시설, 광산, 은행, 곡물 산업과 쇠고기 산업 부문에서 자본을 잘 갖춘 유럽 회사나 북아메리카 회사들이 출현했다. 메이지 시대 일본에서는 토지개혁을 통한 사무라이 과두 지배의 약화가 산업화에 도움이 되었지만, 국가와 긴밀히 협력한 자이바쓰(재벌財閥), 즉 거대 금융 집단이 탄생하면서 새로운 형태의 집중이 나타났다. 그러나 이 경우에 비록 외국인의 조언을 받기는 했지만 자본과 경영은 내국인이 맡았다.[52]

경제적 변화는 이따금 폭력과 과격한 정치적 격변으로 분출했던 새로운 사회적 긴장을 동반하기도 했다. 예를 들면 멕시코에서 국가와 자본가의 동맹은 20세기 최초의 사회혁명을 촉발했으며, 러시아의 급속한 산업화는(그리고 제1차 세계대전의 비참한 귀결은) 볼셰비키의 권력 장악에 일조했다. 일본의 국가 통제주의적 발전은 제국의 시대에 아시아 최초의 제국주의 국가를 낳았다.[53] 청나라에서는 유럽의 자본과 기술이 대체로 유럽 열강이 지배하는 신식민주의적 조약항에 집중되었다. 이 나라들은 1911년에 제국을 무너뜨린 소요에 이바지했다. 유럽에 반대하는 민족주의는(그리고 일본의 점령에 반대하는 자들은) 훗날 공산당의 발흥에, 그리고 이 시기의 끝에는 공산당의 궁극적인 승리에 힘이 되었다.

외국인 투자

1870년에서 1929년 사이의 시기보다 더 많은 외국인 투자가 이루어진 적은 없었다. 부의 잉여, 통화 수단, 주식, 채권, 차관이 이처럼 널리 퍼지면서 개인과 법인의 해외투자가 크게 촉진되었다. 국가가 투자를 감독하고 조절했지만, 이 증가의 근원은 국가가 아니라 민간 부문이었다. 국가가 예산의 균형을 맞추기 위해서 채무를 변제하고 기간 시설에 투자하기 위해서 자금을 빌릴 때에도 대여자들은 대개 소수의 국제적 은행가였다. 자금을 빌려주는 은행들은 1920년대까지 거의 전부가 서유럽 은행이었다. 그때부터 미국의 몇몇 은행이 해외로 대부하기 시작했다. 예를 들면 런던에 모인 자본은 대부분 유럽 대류에서 온 것이고, 인도나 오스트레일리아, 서반구에서 유입된 것은 작은 부분을 차지했다.[54] 게다가 우리는 공식적으로 등록된 적이 없던 민족 디아스포라의 성원들이 얼마나 투자했는지, 얼마나 많은 자금이 법인 기업이 아니라 합작 투자로 들어갔는지 모른다. 주식의 제공이 종종 구체적인 부만큼이나 꿈이나 계획도 반영했다는 것을 우리는 모른다. 그럼에도 그것은 국제적인 금융 흐름의 엄청난 증가를 전반적으로 이해할 수 있게 해 준다. 외국인 투자는 1870년에 60억 파운드를 웃도는 수준에서 1900년에 230억 파운드로, 1914년에는 430억 파운드로 솟구쳤다.(표 4.1과 표 4.2를 보라.)

이 자본은 대부분 기간 시설에 투자되었고 공공 부문을 보조하는 데 일조했지만, 일부는 단지 부패한 독재자의 권력을 유지하여 그 가족과 친구들을 부유하게 했거나 정치 계급이나 부유한 엘리트, 단체들의 구성원들이 지역의 자산과 토지를 매입할 수 있게 했다. 외국인 투자는 교량과 도로, 심지어 학교도 설립했지만 포함과 군대가 했던 것만큼이나 불평등을 지속시킨 식민지 정권이나 신식민지 정권의 수명을 잘 보장하기도 했다.

시간이 흐르면서 영국은 자신들의 훌륭한 금융도 한계가 있다는 것과 런던이 세계 구석구석까지 도달할 수는 없다는 사실을 깨달았다. 국내시장을 보호할 의지가 없던 영국은 화학과 전기, 석유를 기반으로 한 새로운 기술에서 점차 뒤처졌다. 그 부문은 미국과 독일의 트러스트와 카르텔이 지배했다. 1913년에 영국이 전 세계 공산품 수출에서 차지하는 몫은 35년 전의 37.8퍼센트에서 25.3퍼센트로 하락했으며, 20년 후에는 19.5퍼센트로 떨어졌다. 영국은 계속해서 제국 내의 무역에 더욱 집중했다. 그 비중은 1871~1875년에는 전체 무역의 4분의 1이었는데 1934~1939년의 불황기에는 41퍼센트까지 증가했다.[55] 제국 내부에서도 영국은 전체적으로 무역 적자를 보았고 오직 남아프리카 교역만 흑자를 나타냈다. 그러므로 영국은 더는 세계의 공장이 아니었고 그 대신 세계의 은행가, 투자자, 해운업자가 되었다.

동일한 점진적 축소는 간접투자에서도 뚜렷했다. 1870년 이후 40년간은 유럽의 해외투자에서 황금기였다. 그해부터 1914년까지 영국은 전 세계 외국인 투자의 40퍼센트를 꽉 채웠다.[56] 그때가 제국의 시대였다는 통상적인 지식

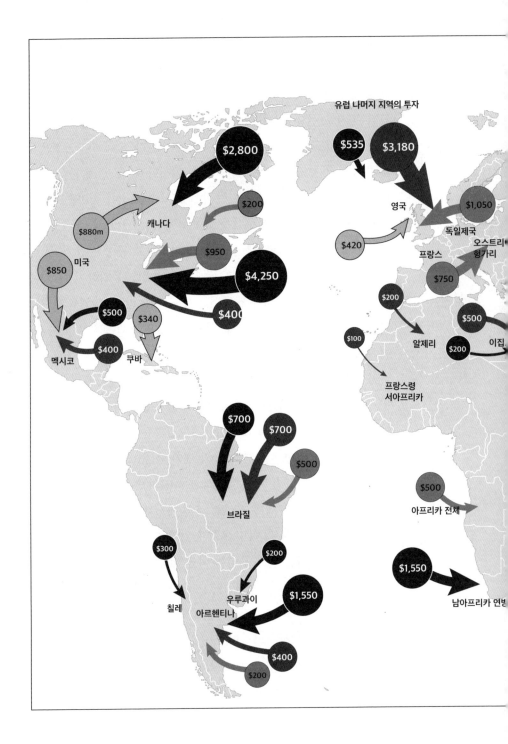

유럽 나머지 지역의 투자

$535
$3,180
$1,050
영국
독일제국
오스트리
$420
프랑스
헝가리
$2,800
$200
$200
$500
$950
$4,250
$750
$100
알제리
이집
$850
미국
$200
$400
캐나다
$880m
$500
$340
$400
멕시코
쿠바
프랑스령
서아프리카

$700
$700
$500
$500
아프리카 전체
브라질

$300
$200
$1,550
우루과이
칠레
아르헨티나
남아프리카 연빙
$400
$200

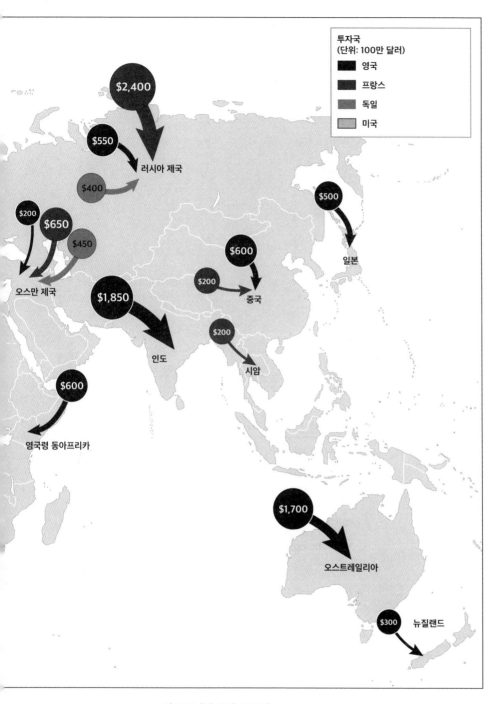

투자국
(단위: 100만 달러)
- ⬛ 영국
- ⬛ 프랑스
- ⬛ 독일
- ⬜ 미국

$2,400

$550

$400

러시아 제국

$200

$650

$450

오스만 제국

$600

$200

중국

$500

일본

$1,850

인도

$200

시암

$600

영국령 동아프리카

$1,700

오스트레일리아

$300 뉴질랜드

———— 외국 투자의 유형, 1914년.

표 4.1 외국인 투자를 하는 지역별 분포(1914년, 단위: 파운드 스털링)

지역	투자금액	비율 합계(%)
영국	4,100,000,000	43
프랑스	1,900,000,000	20
독일	1,200,000,000	13
벨기에, 네덜란드, 스위스	1,100,000,000	12
미국	700,000,000	7
기타	500,000,000	5
합계	9,500,000,000	100

출처: A. G. Kenwood and A. L. Lougheed, *The Growth of the International Economy*, 1820–2000, 4th ed. (London: Routledge, 1999), 27.

표 4.2 외국인 투자를 받는 지역별 분포(1914년, 단위: 파운드 스털링)

지역	투자금액	비율 합계(%)
유럽	2,500,000,000	27
북아메리카	2,300,000,000	24
라틴아메리카	1,800,000,000	19
아시아	1,500,000,000	16
아프리카	830,000,000	9
오세아니아	500,000,000	5
합계	9,420,000,000	100

출처: A. G. Kenwood and A. L. Lougheed, *The Growth of the International Economy*, 1820–2000, 4th ed. (London: Routledge, 1999), 27.

을 생각하면 놀랍게도 유럽의 투자자들은 자국 식민지에 투자하기를 우선하지 않았다. 그 대신 그들은 미국과 라틴아메리카 같은 독립 지역들의 국채와 철도, 항구, 도시 시설 개선에 초점을 맞추었다. 제1차 세계대전이 끝난 후에야 영국은 자국 식민지에 집중적으로 투자했다.

전 세계적 생산의 비교

세계 일부 지역은 여전히 국제시장에서 비교적 중요하지 않은 곳이었다. 19세기 말에 제국주의의 아프리카 쟁탈전이 벌어졌지만, 아프리카 대륙은 전 세계 생산에서 (대략 총생산의 4퍼센트로) 여전히 주변적 위치를 차지했다. 그러나 아프리카의 인구는 세계 평균보다 더 빠르게 성장했고, 1인당 생산량은 급증한 출생률을 능가하여 1인당 역내 총생산이 두 배 이상으로 늘었다. 이는 생산량의 절대적 증가를 증명한 동시에 생계 지향적 생산에서 시장 지향적 생산으로 전환이 이루어졌음을 뜻했다. 전체적으로 아프리카에는 다이아몬드와 금의 노다지를 가진 남아프리카처럼 주변부에 몇몇 수출 성장의 중심지들이 있었다. 그러나 기본적으로 성장은 백인 정착민 집단과 토착 협력자 엘리트들이 유럽의 사하라 사막 이남 식민지에서 특권적 지위를 누리는 동안 극도의 불평등과 착취라는 대가를 치르고 얻은 것이었다.

유럽과 아메리카가 팽창했던 데 반해 아시아는 쇠퇴했다.(일본은 예외다.) 전 세계의 인구와 생산, 국제 교역에서 아시아가 차지하는 몫은 줄어들었다. 그 하락은 중국에서 가장 두드러졌다. 유서 깊은 제국이 군벌과 외국의 위요지 들로 분할되고 태평천국운동부터 1911년 황제 정권의 전복에 이르는 혁명, 국민당과 공산당 사이의 내전, 일본의 침략으로 난파한 것은 매우 나빴다. 그러나 이에 더하여 차와 비단 같은 주요 수출품이 다른 곳의 생산품으로 대체되거나(인도와 실론의 차, 일본과 이탈리아의 비단) 비단의 경우에는 합성섬유, 특히 북아메리카와 유럽의 인조견으로 대체되었다.[57]

그렇지만 이러한 발견에 경고장을 덧붙여야 한다. 세계경제에서 아시아가 보여 준 상대적 쇠락을 평가하는 것은 수출이 경제 발달의 정확한 척도라고 가정하는 위험성을 강조한다. 중국은 절대 수출량과 1인당 수출량에서 뒤처졌는데, 엄청난 인구 때문에 거대한 국내시장과 조밀한 주거지가 출현한 것이 한 가지 이유였다. 중국은 이 시기 주요 수입 지역이었던 유럽과 북아메리카에 필요한 재화를 생산하는 데 적합한, 사람이 살지 않는 한계지가 부족했다.

그럼에도 몇몇 생산품에서 나타난 인상적인 수출의 진전은 언급할 만하다. 인도의 면화와 직물, 차, 쌀, 황마는 세계에서 제일 많이 수출되는 품목이었으며, 인도네시아(주로 자바)의 고무와 설탕, 차 그리고 말레이시아의 고무와 주석도 마찬가지였다. 아편은 확실히 세계에서 (금전적인 측면으로 볼 때) 가장 귀중한 수출품의 하나였다. 이러한 작물과 추출 물질 들은 대개 이전의 한계지에서 성공했다. 이를테면 인도의 아삼 지역은 차, 에야와디강 삼각주는 쌀, 미얀마(버마)는 황마, 수마트라는 고무로 유명했다.

게다가 중국과 일본, 인도의 생산 대부분의 내부 지향성과 이들이 그로부터 배운 제도와 기술이 궁극적으로 유익했다는 것은 그럴 듯한 얘기다. 이것은 수출의 시대에 해로운 요인으로 여겨졌지만 결국에는 이 나라들을 20세기 마지막 사반세기에 극적으로 폭발한 수출에 대비하게 했을지도 모른다.[58]

최대의 총수익을 기록했던 지역이 인구가 희박한 아메리카와 태평양의 몇몇 지역이었다는 사실은 앞선 발전이 때로는 수출품 생산에서 불리한 점이었다는 증거다. '새로운' 지역이나 '비어 있는' 지역, '신新유럽', '정착민 식민지', '서구의 분파'로 알려진 미국과 캐나다, 오스트레일리아, 뉴질랜드가 전 세계 총산출에서 차지한 몫은 1820년에는 하찮았지만 1870년에는 10퍼센트로 증가했고 이어 1913년에 그 비율은 두 배 이상으로 늘었으며 1950년에는 거의 3분의 1에 가까웠다.[59] 1인당 역내 총생산은 네 배 이상으로 뛰어 (1990년 미국 달러 가치로) 대략 9288달러에 달했는데, 이는 그때까지 역사상 최고 수준이었으며 1950년 서유럽의 수준의 두 배 이상이었다. 신유럽 지역들이 이루 헤아릴 수 없을 만큼 큰 이익을 냈던 것은 좋은 천연자원과 (1인당 소득과 생산을 계산할 때 중요한 기준인) 적은 원주민, 엄청나게 많은 이민자와 자본, 그리고 여러 가지 주목할 만한 경우에 영국의 자유무역이라는 우산의 보호를 받아 최신 기술을 채택한 이점을 누린 것 말고도 두 차례의 세계대전을 피했기 때문이라는 사실을 명심해야 한다. 그 섬뜩한 전쟁에서 그들의 병사가 무수하게 많이 죽었지만, 이들은 주요 경쟁자들과 무역 상대국들이 겪은 경제적 참화에서 간접적으로 이득을 얻었다. 특히 채무국에서 채권국으로 변신한 미국은 제1차 세계대전이 유럽에 미친 유해한 영향에서 다른 어느 나라보다도 더 많은 이익을 얻었다.

마찬가지로 라틴아메리카도 두 차례 세계대전을 피했으며 수출 호경기로 번성하여 전 세계 산출에서 차지하는 몫을 세 배 이상으로 늘렸다. 아르헨티나와 우루과이의 미증유의 성공은 그 결과에 분명코 크게 기여했다. 그러나 브라질과 칠레, 콜롬비아, 쿠바, 멕시코, 중앙아메리카, 베네수엘라 같은 지역 내 다른 많은 나라가 누린 수출의 호경기는 좀 더 제한적이었다. 라틴아메리카의 역내 총생산은 3.5배로 성장하여 1950년에 총액으로 세계 최고 수준에 도달했다. 어느 유력한 저자가 주장했듯이 라틴아메리카가 '뒤처졌다'면 그 지역을 앞선 곳은 세계에서 가장 크게 번성한 경제들뿐이었다.[60] 라틴아메리카의 일부 지역은 시장이 급성장하고 토착민 부르주아가 출현하고 있었기에 유럽 지역과 적절히 비교되었다. 실로 아르헨티나와 우루과이는 20세기에 들어선 후 1인당 소득과 무역에서 상위권에 속했으며, 쿠바 경제는 설탕과 미국의 우호적인 시장 덕분에 번창했다. 칠레의 수출품(먼저 질산염, 그다음 구리)과 페루의 구아노와 질산염, 볼리비아의 주석, 멕시코의 공업용 금속과 석유, 브라질의 커피와 고무는 전부 세계에서 선두 자리를 고수했다.(표 4.3과 표 4.4 참조)

이 세계경제의 종합 자료가 '대체적인 근사치'이며 이데올로기적으로 편향되었다는 점에 주의해야 한다. 부는 금전적인 시장 거래로 측정된다고 추정되고 있다. 역내 총생산은 실제로 화폐로 거래된 총액이다. 소농 농업과 축산업에서 가내 활동과 물물교환까지 재화와 용역의 자급적 생산은 자료 수집의 장소인 시장에서 금전으로 판매되지 않으면 포함되지 않았다. 그러므로 부와 생산성은 재화와 노동의 상품화와 동의어가 되었다. 부와 생산성의 정확한 계산은 자료를 수집하는, 충분히 강력하고 이해관계를 지녔으며 광범위한 국가에 의존했다. 이른바 '저개발' 지역에서, 다시 말해 지금 우리가 다루는 시기의 대부분에 걸쳐 세계 인구 대다수를 포함하는 지역에서 경제활동에 관한 자료를 집계하거나 도표로 작성하거나 화폐로 계산하거나 가치를 평가하는 일은 드물었다.

표 4.3 1인당 세계 국내총생산의 지역 평균(단위: 1990년 국제 달러 기준)

도시	1820	1870	1913	1950
서유럽	1,232	1,974	3,473	4,594
동유럽	636	871	1,527	2,120
소련	689	943	1,488	2,834
서방 국가(미국 포함)	1,201	2,431	5,257	9,288
라틴아메리카	659	698	1,511	2,554
일본	669	737	1,387	1,926
아시아(일본 제외)	575	543	640	635
아프리카	418	444	585	852
세계	667	867	1,510	2,114

출처: Gene Shackman, Ya-Lin Liu, and Xun Wang, "ontext of Change in the Twenty-First Century," http://gsociology.icaap.org/report/longterm.html; and Angus Maddison, *The World Economy* (Paris: Development Centre of the Organization for Economic Co-operation and Development, 2006), table B-21.

자료가 안고 있는 다른 문제는 생산이나 시장 활동의 증가가 복지의 개선과 동의어라는 암묵적인 가정이다. 『어려운 시절』처럼 산업혁명을 다룬 찰스 디킨스Charles Dickens의 소설이나 빅토르 위고Victor Hugo의 『레미제라블』, 아니면 역사가 에드워드 파머 톰프슨의 저작들을 읽어본 독자라면 알 것이다. 급속한 경제성장에는 대개 노동계급의 상당한 부분이 노동과 토지를 빼앗기는 일이 동반되었다. 그들의 절대 복지는 적어도 단기적으로는 쇠락했으며, 이는 비단 도시에만 해당되는 일이 아니었다. '비어 있는' 지역이나 '새로이 정착한' 지역도 19세기 말 토착민을 그들의 땅에서 강제로 내쫓은 군사 활동을 통한 토지 강탈을 경험했다. 아르헨티나의 '사막의 점령Conquista del desierto[4]과 칠레가

___
4 아르헨티나가 1870년대에 파타고니아를 지배하려는 목적으로 벌인 군사 활동.

표 4.4 지역별 경제 산출 및 인구(단위: 1990년 국제 달러 기준)

지역	1820 세계경제에서 차지하는 비율(%)	1820 세계경제에서 차지하는 비율(%)	1870 세계경제에서 차지하는 비율(%)	1870 세계경제에서 차지하는 비율(%)	1913 세계경제에서 차지하는 비율(%)	1913 세계경제에서 차지하는 비율(%)	1950 세계경제에서 차지하는 비율(%)	1950 세계경제에서 차지하는 비율(%)
서유럽	23.57	12.80	33.61	14.80	33.52	14.60	26.26	12.10
동유럽	3.33	3.50	4.13	4.10	4.49	4.40	3.47	3.50
소련	5.43	5.30	7.59	7.00	8.59	8.70	9.56	7.10
서방 국가(미국 포함)	1.94	1.10	10.18	3.60	21.65	6.20	30.65	7.00
라틴아메리카	2.01	2.00	2.53	3.10	4.49	4.50	7.94	6.60
일본	2.99	3.00	2.30	2.70	2.65	2.90	3.02	3.30
아시아(일본 제외)	56.25	65.30	36.02	57.50	2.69	51.70	15.45	51.40
아프리카	2.99	7.10	3.65	7.10	21.91	7.00	3.64	9.00

출처: Gene Shackman, Ya-Lin Liu, and Xun Wang, "ontext of Change in the Twenty-First Century," http://gsociology.icaap.org/report/longterm.html; and Angus Maddison, *The World Economy* (Paris: Development Centre of the Organization for Economic Co-operation and Development, 2006), table B-21.

마푸체Mapuche족[5]과 벌인 전쟁, 미국이 중서부와 서부에서 벌인 군사 활동을 예로 들 수 있다. 오스트레일리아 아웃백(내륙 오지)과 뉴질랜드, 멕시코의 북부 사막에서는 좀 더 사사로운 공격이 이루어졌다. 이 지역들의 역내 총생산은 민족 전체가 절멸했거나 보호 구역 안으로 갇혔을 때에도 증가했다.

_____ **5** 아라우카노스araucanos라고도 부르는 칠레 남중부와 아르헨티나 남서부의 토착민으로 1860년대 이후 칠레에 점령되었다.

2   무역의 원동력

탐욕, 욕망, 노동, 자본, 정교한 기술만으로는 세계경제를 지속적 발전의 경로 위로 발진시키기에 충분하지 않았다. 경제사가 더글러스 노스Douglass North와 랜스 데이비스Lance Davis가 증명했듯이, 경제 제도와 기간 시설의 출현과 그 시기가 중요한 역할을 수행했으며 경로 의존성path dependency을 조장하여 특정 결과를 다른 결과보다 훨씬 더 나타나기 쉽게 만들었다. 세계적 팽창은 종종 대규모 체계적 투자와 국제적 합의를 요구하기도 했다. 이 장에서는 국제경제의 주요 기반을 논의하겠다. 기축통화, 선박과 운하, 철도, 자동차, 비행기 같은 기간 시설의 개선, 여기에 필요한 석유와 고무, 크게 팽창한 통신망, 특히 전신과 해저케이블, 라디오, 통신망 확대의 결과물이자 그 급속한 팽창을 촉진한 전기 산업과 구리 산업, 알루미늄 산업이다.

통화

통화의 표준화는 상업 시장의 성장에 특별히 중요했다. 영국의 파운드화는 세계경제에서 제일 중요한 통화였지만 1870년에 결코 지배적이지 않았다. 유럽 대부분의 지역에서는 1865년 프랑스와 벨기에, 이탈리아, 스위스가 라틴 통화동맹을 창설하면서 금은본위제가 여전히 지배했다. 라틴 통화동맹은 프랑스 황제 나폴레옹 3세의 발상으로 영국 화폐의 강한 영향력에 대응하기 위해 만들어졌다. 나중에 에스파냐와 그리스, 루마니아, 오스트리아-헝가리, 불가리아, 베네수엘라, 세르비아, 몬테네그로가 합류했다. 미국은 1890년 셔먼은 매입법Sherman Silver Purchase Act을 제정함으로써 공식적으로 금은본위제 국가가 되었다. 라틴아메리카 국가들은 멕시코 페소화가 널리 유통된 덕분에 대체로 은본위제를 채택했다. 아시아의 통화도 대부분 마찬가지였다. 물론 금은의 구분은 국제 거래와 정부 간 거래를 언급하는 것이다. 세계 주민의 대다수는 여전히 대체로 화폐경제 밖에서 기본적으로 생계나 물물교환 경제에 관여하며 살았기 때문이다. 그러한 경제에서는 차 덩어리나 카카오 열매, 소금, 조개껍데기, 가축, 옷감 같은 자연 재화가 종종 가치 표현 수단의 기능을 했다.

그럼에도 화폐 이용은 급속히 증가했다. 정부들이 캘리포니아(1848)와 오스트레일리아(1852), 남아프리카의 트란스발(1886), 캐나다의 유콘(1989), 우랄산맥에서 시베리아와 아무르강 유역까지 러시아에서 풍부하게 발견된 금과 은을, 그리고 미국의 네바다와 콜로라도에서 발견된 은(1850년대~1870년대)을 주화로 주조했기 때문이다. 발견된 은광상은 금광상보다 훨씬 많아서 은의 상대적 가격이 하락했고, 이에 프랑스를 비롯한 라틴 통화동맹의 다른 회원국들과 미국 같은 금은본위제 국가들이 결국 금본위제로 이동하기로 결정했다. 미국은 중국은 물론 라틴아메리카로도 금융 사절단을(그리고 포함을) 파견하여 월가가 세계 금융에서 차지하는 위치를 드높인 '달러 외교'를 펼침으로써 새로운 식민지를 달러에 묶어 놓으려 했다. 브라질 같은 몇몇 나라는 그 가치가 정부에 대한 신뢰를 기반으로 했으나 귀금속의 뒷받침은 없었던(짧은 기간 불완전한 실험이 있기는 했다.) 불환 통화를 썼다. 상인의 어음과 선하증권은 비공식적 통화의 기능을 했으며, 20세기가 되면 개인 예금을 기반으로 한 은행수표가 서서히 유통되었다. 중국에서도 지폐의 사용이 빠르게 성장했고, 이는 화폐경제와 국내 지역 간 교역, 낮은 거래 비용의 확산을 촉진했다. 대공황이 세계경제를 마비시켰을 때, 일본과 독일, 소련 같은 몇몇 떠오르는 제국은 양자 간 거래를 위한 무역 통화를 만들어 위기에 대응했다.[61]

파운드화에 이렇게 많은 도전이 제기되었지만, 금본위제(국가의 통화가 금과 태환되는 제도)는 세계무역을 지배했고 1914년까지 세계무역의 전례 없는 팽창에서 중요한 역할을 수행했다. 그러므로 지폐를 발행하는 정부는 충분한 금을 모아 자국 통화를 뒷받침해야 했다. 그것은 국제 교역에 혜택을 주었다. 외국무역은 필요한 만큼 금을 충분히 채굴하지 못한 세계 여러 나라에 금을 확보하는 수단이었기 때문이다. 국제수지 적자는 물가를 조정하거나 수입을 줄여 금 유출과 그로 인한 통화가치 하락을 막아 대응해야 했다. 정부는 보유한 금의 양만큼만 통화를 발행할 수 있었으므로 정부의 활동은 국제무역과 국제 금융에 크게 제약을 받았다. 민간 부문은 국제 거래에 관여했고 무역의 잉여를 통해 금을 공급했다. 그 결과로 민간 회사들의 정치력은 강화되었다. 금본위제 통화 때문에 거래는 더 안전해지고 비용도 덜 들었으며, 상업과 국제적 대출을 용이하게 했다. 이는 '자동 조절 시장self-regulating market'으로 알려졌다.[62] 인플레이션을 예방하여 화폐가치를 보호하려는, 결과적으로 채권자와 부자의 자산을 보호하려는 욕망이 금본위제를 떠받쳤다.

금본위제의 결점은 경기순환 순응적pro-cyclical이라는 것이다. 경제가 크게 성장할 때는 화폐가 충분했다. 그러나 국제 경기가 하락하면, 정부는 경제활동을 자극할 화폐를 더 많이 발행해야 하는데 그럴 수가 없다. 그 결과는 침체의 지속이었다. 세계경제는 1870년대 불황과 1907년 공황을 금본위제로 이겨 냈지만, 제1차 세계대전으로 세계 교역이 멈추면서 많은 나라가 금본위제를 포기했다. 독일은 전쟁 배상금과 역사적으로 선례가 없는 미증유의 인플레이션으로 가장 심한 타격을 입었다.[63] 1920년대에 약 40개 국이 금본위제로 복귀했지만, 1929년 금융 위기와 뒤이은 국제무역의 불경기로 1931년 영국은 금본위제를 포기했다. 다른 나라들도 곧 뒤따랐다. 1945년 이후 금본위제로 돌아가려는 노력이 있었지만 뜨겁지는 않았다. 세계는 1914년 이전 금본위제가 지배했던 시절로 다시 돌아가지 않았지만 그 어느 때보다도 더 급성장하게 된다. 확실히 금은 국제무역의 번성에 전혀 필수적이지 않았다.

해운업

통화의 표준화가 엄청나게 중요했다면, 마찬가지로 70년 동안 단속적으로 나타났던 많은 기간 시설의 개선도 중요했다. 증기선은 오랫동안 운송 혁명의 주된 표지로 여겨졌다. 증기선은 중요했다. 그러나 그 영향은 19세기 마지막 삼분기에 가서야 감지되었다. 그렇지만 운임률은 1815년 이후로 하락하고 있었다.[64] 원거리 무역은 증기를 이용하기 전에 이미 급속히 팽창하고 있었다. 정치와 과학, 기술, 상업에서 이루어진 개선들이 결합한 덕분이었는데, 이를테면 해적질의 감소, 다자간 해상운송을 방해한 항해 법규의 제거, 항해 도구와 해도의 개선과 바람과 조류에 관한 지식의 향상, 더 크고 항해에 더 적합한 대양 항해 범선 건조 능력, 항구에서 헛되이 보내는 시간의 축소 등이다. 동양에서는 알렉산드리아와 봄베이, 케이프타운, 캘커타에서 항구의 개량과 항구와 배후지의 연결이 이루어졌고, 동시에 매우 큰 것만 얘기하자면 아덴과 포트사이드, 싱가포르에 새로운 항구가 건설되었다. 아메리카에서는 미국의 뉴욕과 뉴올리언스, 샌프란시스코의 새로이 개량된 항구들에 더하여 쿠바의 아바나는 물론 멕시코의 베라크루스, 브라질의 벨렝과 마나우스, 리우데자네이루, 산투스, 아르헨티나의 부에노스아이레스의 근대화한 항구들이 합류했다.

영국의 공산품이 먼저 이웃 나라들로, 이어 더 멀리 떨어진 나라들로 흘러들고 국내로 수입되도록 자극하려면, 운송비가 하락해야 하고 큰 화물을 빠르고 예측 가능하게 운반할 수 있는 능력이 커져야 했다. 영국의 범선이 제1차 산업혁명 이전에 바다를 지배했고, 19세기에도 해상무역은 대부분 여전히 영국인이 소유하고 영국인 선원들이 탑승한 배로 바람을 따라 이루어졌다. 1880년까지도 증기선으로 운송되는 것보다 규모가 세 배나 되는 해상 화물이 범선으로 운송되었다. 적재량이 적을 때 범선은 훨씬 더 큰 이점을 지녔다. 그러나 1880년대부터 증기력은 점차 목재보다는 강철로 건조된, 계속 더 커져 가는 화물선을 움직이게 되었다. 스크루 추진기와 철제 선체, 나중에는 (1880년 이후) 강철 선체, 복수기復水器, 복합 엔진 같은 증기선 기술의 향상으로 증기선은 더 가벼워지고 내구성은 더 강해졌다. 이러한 개선은 적재 용량을 늘렸으며 석탄 사용량을 5분의 1 이하로 줄여 화물 적재 공간을 추가로 확보할 수 있게 했다. 증기선은 이제 연료 보충 없이도 충분히 먼 거리를 여행할 수 있었다. 영국과 독일, 미국 같은 주요 제국들은 세계 최대의 석탄 매장량을 보유했는데 외진 섬에 급탄 기지를 설치하여 증기선을 통한 무역에 연료를 공급했다.[65]

세계무역과 대규모 선박(100톤 이상)을 통한 해운은 1881년에서 1913년 사이에 비슷한 정도로 성장했다. 둘 다 1930년대에는 정체했고, 당연한 얘기이지만 두 대전 중에는 감소했다. 선박 건조는 점차 기계화되고 비용이 적게 들어서 몇몇 증기선이 그 시대의 매우 자본 집약적인 기계장치의 하나였을 때 조선소는 당대의 가장 큰 공장들에 속했다. 지금 다루는 시기가 끝날 때쯤이면, 석유를 운반하기 위한 유조선이 개발되어 석탄을 연료로 쓰는 증기력에서 석유를 연료로 쓰는 증기력으로, 마침내는 석유로 움직이는 내연기관으로의 이행이 완료되었다.[66]

선박은 더 크고 더 빠르고 안전해졌을 뿐만 아니라 새로운 주요 산업들의 성장에 보탬이 되고 이를 자극하게 되었다. 예를 들면 19세기 마지막 사분기에 선박의 냉장화로 냉장육 산업과 냉동육 산업이 급속하게 성장할 수 있었다. 세기 전환기에는 바나나도 냉장선의 혜택을 입어 결국 국제적으로 교역되는 과일의 주된 품목이 되었으며, 중앙아메리카와 카리브해의 과거 주변 지역이었던 곳들을 세계시장에 통합하게 된다.[67]

기술의 발명과 제도의 혁신은 세계무역이 눈부신 성장을 겪었던 1871년에서 1914년 사이에 왕래가 잦은 대양 항로에서는 극심한 경쟁 때문에 상품의 화물 운임률이 매우 빠른 속도로 하락했음을 의미했다.[68] 선박 건조 기술의 혁명이 일어나 운임률이 하락하기 전에는 선박 건조 비용의 상승 때문에 투자자들은 아직도 비용이 많이 드는 선박에 위험을 무릅쓰고 더 많은 자본을 투자하기를 꺼렸을 것이다. 그러나 이제 선박 회사들은 더 효율적인 선박과 시설에 돈을 써야 했다. 그래야만 새로운 선박의 더 큰 수송량으로 추가 비용을 벌충하고 국제 은행가들에게서 저금리로 빌린 자금으로 그 비용을 치를 수 있었다.

경쟁 하나만으로는 변화의 충분한 동력을 설명하지 못한다. 몇몇 해운회사는 정부 보조금을 받아 우편물을 나르거나 식민지 관료들을 태워 주고 전시에 군함 대체용으로 쓸 상선단을 유지했다. 또 많은 해운 회사가 보험과 금융, 독립적인 상업에 관여한 초기 복합기업이었기에 해운 회사의 상업적 손실은 어느 회사의 무역 부문에는 절약일 수 있었다. 그레이스 라인Grace Line[6]과 훗날 유나이티드 프루트 컴퍼니의 '대백 선단Great White Fleet' 같은 몇몇 사례에서는 해운 회사의 주된 목적이 회사의 화물을 운송하는 것이었다. 그러한 다목적 농업 회사들은 항구도 건설했고 소유한 플랜테이션 농장의 수를 늘려 바나나와 파인애플 같은 새로운 상품을 개발했다.[69]

이러한 선박 크기의 증대와 이에 동반된 규모의 경제는 선박이 그 시대의 가장 비싼 자본재였음을 뜻했다. 그러나 선박은 상품 시장과 항구 시설이 상품의 하역과 판매에 충분할 만큼 크고 효율적이지 않으면 경제적으로 역할을 할 수 없었을 것이다. 향료 무역 시절에는 선박 두 척만 동시에 도착해도 작은 전문 상품 시장은 공급과잉이 되어 귀중품의 가격이 하락했다. 그러나 이제는 보관과 마케팅이 발전했을 뿐만 아니라 항구 시설과 육상 운송도 종종 공적 자금의 지원과 보증을 받아 혁명적으로 개선됨으로써 선적 용량이 폭발적으로 증가했다. 복수의 대규모 화물을 동시에 하역할 수 있었고, 이는 여전히 이윤이 남는 것이었다. 운송 효율성에 더하여 도소매 마케팅과 유통에 놀라운 변화가 일어나 해외 상품을 갈망하는 소비자의 폭증을 충족할 수 있었다. 무수히 많은 곳에서 들어오는 물품의 표준과 가격이 주요 항구에 등장한 상품거래소에서 협의로써 결정되는 일이 많아졌다. 이 모든 마케팅 혁신은 선적 회사의 왕복 소요 시간을 크게 줄였고, 이는 훨씬 더 큰 선박에 투자를 확대하는 것이 옳음을 입증했다. 이제 상업 회사들은 선박이 천천히 하역하거나 새로운 화물을 기다리느라 항구에 여유롭게 머무르도록 내버려 둘 필요 없이 더 큰 선적 용량을 최대한 이용할 수 있었다.[70]

용적이 계속 더 넓어지는 선박을 유리하게 쓰기 위해 운반되는 화물의 성

---

6 복합기업인 W. R. 그레이스 앤드 컴퍼니W. R. Grace and Company가 1882년에 세운 해운 부문 회사.

격도 변했다. 외국에서 높은 값에 팔리는 귀금속과 향료, 가죽, 직물은 일찍부터 원거리 무역을 추동했다. 이제는 벌크 화물, 즉 석탄과 고기, 곡물이나 초콜릿과 커피, 바나나 같은 열대 산물처럼 가격 대비 부피의 비율이 큰 상품들이 대양 횡단 선박에 이익을 남겨 주게 되었다. 증기선으로 운행 시간의 확실성이 커졌다는 사실은 쉽게 상하는 물품들이 성공적으로 대양을 횡단하여 부유한 대규모 주민들을 만날 수 있었음을 뜻했다.

그러나 마케팅 경제와 제도(상품을 소매 소비자에게 전달하는 비용), 화물 경제, 새로운 원거리 화물의 등장 사이의 상관관계는 아직도 세계에서 상대적으로 작은 부분에만 유리했다. 서유럽 공장들은 면화와 목재 같은 원료와 석탄과 석유 같은 연료가 늘 더 많이 필요했다. 그 지역의 주민들은 밀 같은 기본 식품과 설탕과 커피, 차 같은 좀 더 사치스러운 특별한 먹거리를 얻을 수 있었다.

그러한 상품들을 수출한 곳은 인구가 희박한 지역으로 비교적 수가 적었다. 인구가 조밀한 서유럽 밖에서 경제적으로 가장 역동적인 지역은 땅은 비옥하고 주민은 가난한 변경 지대였다. 이 지역에서 해상운송의 비용과 확실성은 더욱 중요해졌다. 주민이 소수였다는 것은 토지가 금전적으로 비교적 저렴하고(부족의 땅에서 쫓겨난 토착민과 토착 동물의 피를 대가로 획득한 경우가 많았다.) 노동력도 값싸다는 뜻이었다. 물의 공급이 원활한 비옥한 토지의 높은 생산성을 누렸던 농작물은 비교적 저렴한 비용으로 재배되었고 경제적인 방식으로 배에 실려 유럽으로 향했다. 선창을 커피나 면화, 밀로 가득 채운 채 유럽을 향한 선박들은 '텅 빈' 농업 지역으로 돌아와야 했다. 인구가 희박한 그 지역의 소득이 낮은 주민들은 배를 채우기에 충분한 수요를 제공하지 못했기 때문이다. 배들은 경제적 가치가 적은 밸러스트로 선창을 채우거나 고국을 떠나 몰려든 북유럽과 남유럽의 사람들에게 저렴한 운임을 제공했다. 이에 승객들은 새로운 유럽에 펼쳐진 들판에서 일하며 서유럽의 상품과 자본에 수출 시장을 제공했다. 그러므로 운송 혁명은 사람들의 거대한 대양 횡단 이주, 특히 수백만 명의 유럽인이 미국과 캐나다, 아르헨티나, 오스트레일리아, 브라질, 뉴질랜드로 건너간 이주에서 큰 역할을 수행했다. 곡물과 설탕, 커피, 차의 상품 사슬에 관한 논의에서 보여 주겠지만, 극동과 카리브해를 향한 선박들은 때때로 중국인 쿨리나 인도인 계약 노동자를 태웠는데, 이들은 더 온화한 지역으로 간 이민자들보다 위도 변화에서 얻는 것이 적었다.

낮은 운송비는 주민이 적은 지역으로 이민자들을 유인했던 비교적 값이 싼 수입품도 운반하여 현지 제조업과 수공업과의 경쟁에서 승리했다. 이는 사람들이 '자유롭게' 이민을 떠날 수 있게 하여 인도와 동유럽처럼 상대적으로 안정되고 인구가 많은 나라들의 소농 경영과 수공업을 약화시켰다. 그러므로 서유럽과 미국 동부의 산업혁명은 19세기에 그 초기 단계에서 탈산업화나, 상품 이동 경로를 세계의 다른 지역으로 바꾸는 재조정과 주민의 국제적 이동에 기여했다.[71]

영국인들은 조선업과 철강 산업, 석탄 산업, 자본시장에서 한 발 앞선 덕에 자신들의 황금기에 화물선 건조를 거의 독점했다. 1888년 영국의 상선은 전 세계 수송 능력의 거의 절반을 확보했다.(미국이 전체의 4분의 1을 차지했지만 주로 국내 화물 운송에 집중했다.)[72] 1918년까지도 영국의 증기선단은 여전히 다른 유럽 국가들의 상선단 전체를 합한 것보다 12퍼센트가 더 컸다.[73]

미국은 19세기 중반 이후 국제 해운에 좀처럼 흔적을 남기지 못했다. 남북전쟁과 20세기 초 사이에 미국의 선박들이 대서양 무역에서 물러났기 때문이다. 그 대신 미국은 연안 수역과 오대호와 미시시피강 같은 내륙 항로에 집중했으며, 대양 횡단 화물은 상품이 열대지방 항구들에서 미국으로 수출되는 것이어도 서유럽 선박으로 수송했다. 미국 해군이 일본과 조선에 조약항을 열었던 태평양 지역의 무역에서도 해운에는 별다른 공적 장려금이 없었다. 1882년 미국 연방 정부의 보조금 총액은 해상의 위용으로 이름난 제국이 아닌 오스트리아-헝가리의 보조금에 비해 4분의 1밖에 되지 않았다. 미국의 선박들은 남북전쟁 이전에는 국적 화물을 대부분 운반했지만, 1870년에는 약 40퍼센트로 하락했으며 1900년이 되면 20퍼센트 정도로 떨어지고 1930년대까지 그 수준에 머물렀다. 이후 대공황으로, 특히 제2차 세계대전 덕분에 북아메리카 선박들은 우세를 차지하게 된다. 1945년에는 미국의 선박들이 바다를 오가며 전 세계 수송량의 3분의 2에 가까운 화물을 운반했다. 1870년 이

후 열 배로 증가한 것이다.[74]

상업적 동기는 물론 제국적 동기도 해운 혁명을 추동했다. 선박은 국가의 힘과 영향력을 해외로 투사하는 최고의 수단이었기 때문이다. 상선단은 해군을 보조하는 역할을 했고 서유럽 제국과 북아메리카 제국, 일본 제국의 건설에 필수적이었다. 미국 해군 제독 앨프리드 세이어 머핸Alfred Thayer Mahan은 1880년대에 이미 '새로운 해군New Navy'을 추진했고 1892년에 발표한 영향력 있는 저서에서 자신의 견해를 강조했다. 책의 제목은 인상적이게도 『해군력이 역사에 미치는 영향The Influence of Sea Power upon History』이다. 1911년 해군 장관 윈스턴 처칠은 마찬가지로 웅대한 동기에서 영국 해군의 연료를 석탄에서 석유로 전환할 것을 옹호했다. "우리 해군의 패권이 손상을 입는다면, 국민과 제국 전체가 몰락하고 수백 년에 걸친 희생과 성취로 축적된 보물이 전부 사라질 것이다." 처칠의 생각에 바다의 지배는 제국에 결정적으로 중요했다. "지배 그 자체가 모험의 상금이었다."[75] 제1차 세계대전 이전 몇십 년 동안 독일도 강력한 해군이 국력의 지표라는 관념을 수용하면서, 독일과 영국 사이의 경쟁은 두 나라에서 똑같이 해군 건설을 촉진했다.

국가는 선박의 군사화를 독점하지 않았다. 이 시기에 전 세계를 무대로 활동한 민간 무기 거래상들이 두드러졌다. 상인이자 금융업자였던 찰스 플린트Charles Flint는 선박과 무기를 거래한 상인들의 국제적인 비밀 친목 단체의 회원이었다. 일개 시민이었던 플린트는 특히 오스만 제국 술탄과 일본의 황제, 페루와 칠레, 베네수엘라, 브라질의 공화국 대통령들에게 선박과 근대 무기를 공급하는 거래를 중개했다.[76]

유럽 밖에서는 브라질과 아르헨티나, 칠레처럼 매우 큰 몇몇 나라만 국내 상선을 건조하고 이에 보조금을 지급하고 국유화할 여유가 있었다. 브라질과 칠레는 각각 로이드 브라질레이루Lloyd brasileiro와 콤파니아 수다메리카나 데 바포레스CSAV(남아메리카 증기선 회사)라는 국제적으로 화물을 수송한 거대한 국영 해운 회사를 운영하기도 했다.[77] 국내 선박 건조는 그 회사들의 수요로 증가했다. 이 회사들이 외국의 조선소는 물론 국내의 조선소에도 선박의 건조와 수리를 의뢰했기 때문이다. 그러나 영국 상선단의 확실한 우위로 이러한 노력은 무색해졌다.

유럽의 지배라는 이 모델에서 벗어나는 주된 예외는 다른 많은 영역에서도 마찬가지였지만 일본이었다. 일본은 빠르게 움직여 자신들의 결점을 극복하려 했다. 앞선 200년간의 도쿠가와 막부 시절에는 외국 선박에 대해서 항구들을 거의 폐쇄했다. 수많은 섬과 내해, 일찍 발달한 정치적 수도(오늘날의 도쿄인 에도는 1800년경에 이미 인구가 100만 명이었다.)를 가진 일본의 지리는 근대적 상선단의 출현을 막았다. 그렇지만 일본의 지도자들은 1840년대와 1850년대 아편전쟁에서 영국이 겉보기에는 강력한 청나라 함대를 격파한 데 당황했고 1853년 예기치 않게 미국의 매슈 페리 제독이 군함을 이끌고 일본 수역에 출현하자 해운업을 근대화해야 한다고 믿었다.

전략적 정부 사업과 막강한 상선단의 건설 사이의 긴밀한 관계는 1874년 포르모자를 점령하려는 일본의 시도에서 처음으로 명백하게 드러났다. 일본 정부는 병사들을 수송할 증기선 열세 척을 구입하여 이를 민간 회사인 우편기선 미쓰비시 회사郵便汽船三菱會社에 주어 침공 수행에 도급을 맡겼다. 이 회사는 초기에 상하이 노선을 열면서 국제무역을 독점했다. 1885년 합병으로 창설된 일본 우선 주식회사日本郵船株式會社는 완전한 민간 회사가 되어 조선과 아시아 쪽 러시아, 인도, 청나라 노선을 취항했다. 1887년 일흔 개가 넘는 일본의 해운 회사가 합병했다. 정부의 보조금으로 오사카 상선 회사大阪商船會社가 출현한 덕분이었는데, 이 회사는 처음에는 주로 일본에서 활동하다가 이후 조선으로 사업 영역을 확장했다.

해운업과 전쟁 간의 관계는 1894년에서 1895년까지 벌어진 청일전쟁에서 더 증명되었다. 그때 일본 제국 정부는 열네 척의 선박을 구입하여 일본 우선 주식회사 선단에 추가했다. 처음에 이 선단은 영국의 증기선과 미국의 범선 같은 수입 선박에 크게 의존했다. 일본 정부는 서서히 국내 조선업 성장을 촉진하는 법률을 통과시켜 큰 선박의 건조를 강력히 주장하고 해운 회사들에 그 선박을 구매하도록 권유했다. 조선업의 강화는 경제적 목적은 물론 군사적 목적도 지녔다. 그 덕분에 일본은 1905년 러시아와 싸워 승리를 거두었고 서구의 평자들을 깜짝 놀라게 했다. 러일전쟁 후 자본과 경험이 많은 조선 회사들은 민간 부문으로 이동했다. 1910년이면 새로운 상선의 절반이 일본에서 건조되었고, 세계에서 가장 크고 복잡한 조선소 몇몇이 일본에 등장했다.[78]

홍해나 남중국해는 물론 인도양의 다른 곳에서 유럽과 아메리카 계열이 아닌 국내의 해운업은 중국의 정크선과 아랍의 다우선, 일본의 화선和船 같은 작은 범선이 담당했다. 그러므로 세계에서 인구가 가장 조밀한 이 지역에서 연안 해운은 외국 상선을 배제하고 국내 산업과 상업을 자극했을 수 있지만 믿을 수 없고 비용이 많이 들었다.

일본과 영국 이외에 다른 많은 주요 섬 지역(인도네시아, 오스트레일리아, 필리핀, 마다가스카르, 쿠바와 카리브해의 다른 섬들)은 국내 상선단이 있었다면 상업과 개발을 자극했겠지만, 식민지였다. 그 식민지의 주인들은 잠재적인 해운의 경쟁자를 키우는 데는 관심이 없었다. 아르헨티나와 브라질 같은 다른 비유럽권 주요 수출 경제들은 국적 화물선이 이바지할 수 있는 국내 시장을 개발하는 대신 유럽과 교역하는 데 집중했다.

10여 개 나라가 대량 화물을 지배한 상황은 세계적 선도 회사들에 이윤과 낮은 비용의 관점에서 경쟁 우위를 제공했을 뿐만 아니라 이들이 보험회사와 대규모 창고, 화물과 원거리 사업의 형세에 관한 지식을 발전시킬 수 있게 했다. 실제로 해저전신이 시작되기 전에는 우편선이 국제 뉴스의 주된 소식통이었다. 초기 증기선 회사들은 많은 보조금을 받았기 때문에 우편물을 배달했다. 더 빠른 선박이 등장했다는 사실은 국제사회가 더 가까워졌음을 뜻했다. 1840년에 영국에서 출발한 우편물과 화물이 캘커타에 도착하는 데는 6주가 걸렸는데, 제1차 세계대전이 발발할 때는 12일 미만으로 시간이 줄었다. 오스트레일리아도 더 가까워졌다. 19세기 초에 오스트레일리아에서 영국에 도달하려면 125일이 필요했는데, 100년 후에는 한 달로 충분했다. 네덜란드인들은 17세기에 식민지 인도네시아에 도달하는 데 1년이 걸렸고 1850년에도 100일 넘게 걸렸지만 1900년에는 한 달 안에 도착했다.[79] 그러므로 해운의 발달은 무역을 확대했을 뿐만 아니라 식민지 체제들을 더 긴밀히 결합하기도 했다.

해운의 발달은 또한 아메리카와 유럽 사이의 여행 시간을 줄여 주었다.

19세기 중반 미국을 출발한 범선 우편선이 유럽에 도착하기까지는 21일이 소요되었는데, 증기선은 9일 내지 10일이면 대양 횡단을 마쳤으며, 1880년대에 이르면 그 시간은 닷새나 엿새로 더욱 줄어들었다.[80]

운하

선박 여행 지속 시간이 전례 없이 축소된 데에는 해상의 변화는 물론이고 육상의 변화도 한몫했다. 운하는 처음에는 국내시장들을 연결하기 위해 건설되었다. 중국의 대운하와 양쯔강, 주장강 삼각주, 북부 이탈리아와 네덜란드의 운하들, 영국과 프랑스, 독일의 조밀한 수계와 운하 체계 등이 그러한 것들이다. 미국에서는 이리 운하가 뉴욕 시와 오대호를 연결했고 결국 시카고강을 통해 아래쪽의 미시시피강까지 연결했다. 이 운하들이 대양으로 나가는 항구들과 연결되었기 때문에 내륙 수로는 종종 광대한 지역이 국제무역을 이용할 수 있게 했다.[81] 그러나 일반적으로 이 운하들은 폭이 좁아서 규모의 경제를 방해했다. 결과적으로 이 운하들은 철도와 자동차에 교역을 빼앗겼다. 중국의 대운하처럼 때로는 국가의 예산 결정이 운하의 유지 보수 자금을 앗아 갔다.[82]

가장 눈부신 것은 이집트 파라오 시대에 처음 완성된 공학의 위업, 즉 수에즈 운하였다. 프랑스의 이집트 영사를 지냈던 페르디낭 드 레셉스가 설계하고 대체로 프랑스 자본으로 건설된 약 193킬로미터 길이의 이 수로는 1869년 마침내 홍해와 지중해를 (나일강을 우회하여) 연결했다. 아프리카와 중동, 인도양에 대한 프랑스의 상업적 정치적 통제권을 주장하기 위한 것이었던 수에즈 운하는 드 레셉스의 매우 무모한 꿈을 넘어 국제 상업을 자극하는 데 성공했다. 그러나 수에즈 운하는 프랑스의 제국적 열망을 드높이지는 못했으며, 북대서양에서 지중해로 세계경제의 방향을 재조정하려는 것이었지만 그러지도 못했다. 1880년대에 운하가 개통된 후, 영국 선박들이 운하를 통과한 물동량의 80퍼센트를 차지했다.[83] 1882년에서 1936년까지 영국이 이집트를 점령한 것도 프랑스의 제국주의자들에게는 똑같이 실망스러운 일이었다. 영국의 수에즈 운하 통제는 1956년에 가서야 철회되었다.

선박이 운하를 통과하는 데는 이틀하고도 반나절이 더 소요되었고 큰 증기선들은 지나갈 수 없었지만, 전체 항해 시간의 큰 축소가 이를 보상하고도 남았다. 런던에서 봄베이까지는 41퍼센트, 런던에서 홍콩까지는 26퍼센트의 시간이 절약되었다.(아래쪽 땅으로 가는 데에는 아프리카를 돌아가는 항로가 심한 우회로가 아니었기에 오스트레일리아는 운하로부터 별다른 혜택을 받지 못했다.)

이 시기에 건설된 다른 큰 운하는 파나마 운하였다. 케이프 혼Cape Horn을 힘들고 위험하게 돌아가지 않으려는 바람은 일찍이 1521년부터 선원들의 꿈이었다. 그때 페르디난드 마젤란Ferdinand Magellan은 그의 이름을 따 부르게 된 해협을 통과하여 대서양에서 태평양에 이르는 긴 항로를 찾아냈다. 그러나 이 꿈은 1848년에 캘리포니아에서 금이 발견되었을 때에야 가능해졌고 동시에 절실한 문제가 되었다. 금에 열광한 모험가들은 유일하게 케이프 혼을 조금 더 빠르게 돌아가는 방법이었던 더딘 포장마차대를 기다리지 않았다. 중앙아메리카를 가로지르는 길이 인기를 얻었다. 이제 미국이 양쪽에 해안을 갖는 나라가 되면서 운하는 국방에 중요한 수단이 되었고 북아메리카 국내 시장을 세우는 데 필수 요소가 되었다.

마젤란의 마음을 끌었던 그 자석(꾸며 낸 중국 시장 이야기)과 아메리카 대륙에 식민지를 세운다는 나폴레옹 3세 같은 프랑스 팽창주의자들의 욕망(1867년 멕시코인들은 막시밀리안 대공을 왕좌에 앉힌 나폴레옹 3세의 노력을 좌절시켰다.)은 운하를 건설하려는 진지한 첫 번째 노력을 유인했다. 북아메리카인들에게는 유감스럽게도 그 사업을 시작한 것은 양키가 아니라 프랑스인이었다. 이들이 수에즈 운하에서 성공을 거두자 국제사회의 투자자들이 몰려들어 파나마 운하 회사를 설립했고 4억 달러라는 놀라운 액수의 자금을 모았다. 운이 나쁘게도 드 레셉스는 수에즈 운하에서 배운 교훈을 적용하려 했는데 이는 아메리카에는 잘 맞지 않았다. 파나마 지협은 수에즈 운하 사업 거리의 절반에 못 미쳤지만,(수에즈 운하가 약 193킬로미터였던 데 반해 약 80킬로미터였다.) 파나마 운하는 수에즈 운하처럼 평평한 사막을 통과하는 것이 아니라 억수같이 폭우가 퍼붓는 짙은 밀림과 해발 약 100미터까지 솟아 있는 봉우리를 잘라 내야 했다. 그 첫 번째 회사는 건설이 시작된 지 7년 만에 파산했고, 뒤이은 회사도 실패했다. 1902년 프랑스 회사는 운하 사업과 콜롬비아 정부로부터 얻은 면허를 미국 정부에 매각했다. 1848년 미국-에스파냐 전쟁으로 명백해진 미국의 라틴아메리카 계획을 경계했던 콜롬비아 상원은 미국의 운하 사업 인수를 허용하지 않았다. 그러자 미국 해군은 파나마 독립을 선언한 반란을 지원하여 콜롬비아의 우려가 옳았음을 입증했다. 프랑스 운하 회사의 프랑스인 대표 한 사람은 파나마의 이름으로 조약에 서명하고 막 시작된 운하 사업을 매각했을 뿐만 아니라 미국이 76년간 주권을 행사하게 될 약 140제곱킬로미터의 땅도 양도했다.[84]

수에즈에서 그랬던 것처럼 세계화의 통로에 기름을 칠한 이 거대한 공학의 위업은 제국을 건설하려는 민족주의적 노력으로 시작되었다. 운하 자체는 1904년에서 1914년까지 엄청난 인명의 손실과 자금 투입으로 건설되었다. 그때까지 미국 역사상 가장 많은 비용이 들어간 건설 사업이었던 파나마 운하에는 약 4억 달러가 들었다. 운하 건설에 2만 5000명에서 3만 5000명의 목숨이 희생되었다는 사실은 그다지 자주 언급되지 않는다. 노동자들은 주로 인근 파나마와 콜롬비아, 자메이카, 바베이도스에서 온 아프리카계 사람들이었다. 운하 지구 안에 조성된 북아메리카 위요지는 아프리카의 영국인 정착 식민지와 공통점이 많았다. 역사가 줄리 그린Julie Greene은 운하 지구의 특징이 "노동력의 대규모 동원과 격리, 특정 노동자들(숙련 노동자, 백인 노동자)에 대한 특별 보수와 시민권 인정, 정치적 반대와 과격해 보이는 집단 조직 형태들의 억압"이었다고 쓰고 있다.[85] 미국이 대륙주의를 벗어나 세계화 정책으로 이동하는 중요한 단계로 치켜세워진 운하의 완공은 1915년 샌프란시스코에서 열린 파나마·태평양 국제박람회에서 경축되었다. 그러나 축제에서 노동자들이나 파나마를 기억하는 것은 없었다. 상업과 제국의 연결은 더없이 분명했다. 『월즈 워크World's Work』의 편집자들이 선언했듯이 파나마 운하는 "새로운 아메리카의 발전"을 대표했다. "우리의 빛나는 고립은 끝났다. …… 우리는 두 대양에 속령을 가진 식민 강국이 되었다. 그리고 이제 우리는 중대한 세계 무역로의 하나를 우리의 통제 아래 열었다."[86]

미국의 팽창주의자들은 파나마와 열대지방 전반을 개발한다는 큰 포부를 품었다. 남북전쟁 후 패배한 남부 연합 사람들을 브라질과 멕시코에 정착시키려는 초기의 노력은 대체로 실패했지만, 기나나무 껍질에서 추출한 퀴닌의 효과를 발견한 것과 말라리아와 황열병의 매개체로서 모기를 분리한 것 같은 의학의 발전으로 열대지방은 유럽과 북아메리카의 백인 식민지 관료들과 투자자들에게 좀 더 갈 만한 곳이 되었다. 의학의 발전은 수에즈와 파나마의 운하에서 검사되고 적용되었으며 프리타운과 라이베리아 같은 보호령에서 시험을 거쳤고 미국-에스파냐 전쟁이 끝난 후 미국 점령기에 쿠바에서 성공리에 이행되었다. 그렇지만 열대지방에 정착한 북아메리카인 투자자나 식민지 이주자는 비교적 매우 적었다. 가장 야심 찬 시도는 아마존강 유역의 포르들란지아Fordlândia[7]였는데 완전한 실패로 돌아갔다.[87]

해운과 운하 건설에서 똑같이 강대국의 현실 정치realpolitik와 제국의 권리 주장은 시장의 힘과 맞서 싸워야 했다. 한편으로는 해운의 더 커진 용량과 효율, 확실성, 더 빨라진 속도가 무역과 정보, 경쟁을 자극했다. 다른 한편으로는 해운 회사들이 세계경제의 고도로 자본화한 다른 전략적 영역에서도 확인되는 경쟁을 줄이기 위해 유사한 노력을 경주했다. 화물 운송 회사 편에서 해법은 할당량과 운임률 고정을 통해 화물 운송 사업을 조정한 해운협정이었다.(비판자들은 공모라고 조롱했다.) 협정은 선박 소유권의 성격 변화에 기인한 결과였다.

전통적으로 상인들이 개인 자격으로나 동인도회사처럼 단체로서 선박을 소유했던 곳에서, 증기선은 더 많은 자본이 필요했기에 재산이 많은 유한회사들을 요구했고 때로는 합자회사 법률의 보호를 받았다. 실제로 영국 의회는 1855년 철도와 해운 회사, 은행을 염두에 두고 유한책임 보호를 처음으로 입법했다.[88] 이 법으로 기업은 주주가 지닌 것과는 별개의 법률상 지위를 획득했다. 투자자는 회사의 채무가 아니라 자신이 투자한 만큼만 책임졌다. 경건한 프로테스턴트들은 이러한 책임의 회피는 비난받아야 하다고 생각했다. 침

_____ 7 1928년에 헨리 포드가 자동차 제작에 필요한 고무를 확보하기 위해 아마존 열대우림에 세운 공업 촌락.

례고도 존 데이비슨 록펠러John D. Rockefeller 같은 사람은 그것을 다른 사람의 돈을 이용하여 부자가 될 수 있는 좋은 기회로 보았다. 격렬한 항의가 있었지만, 이 법안은 통과되었고 그 관념은 다른 곳으로 확산되어 유럽과 아메리카의 나라들이 곧 뒤를 따랐다. 그 제도가 많은 자본의 공동출자를 촉진했고 엄청난 장기 투자를 보호했으며 익명의 주식거래를 지원했기 때문이다.

비교적 수가 적은 거대 화물 운송 회사들이 많이 투자하고 수에즈 운하가 자극한 세계적 경쟁으로 운송비가 하락하자, 몇몇 회사는 확신을 갖고 국제 협정을 체결하거나 카르텔을 만들었다. 이러한 협약으로 기존 선단을 유지하는 데 들어간 높은 고정비용을 감당할 만했고, 참여자들은 급속하게 변하는 산업의 기술 발전을 따라갈 수 있었다. 같은 카르텔에 속했던 증기선 회사들은 가격 경쟁을 하는 대신 운임률을 지키기로 합의했다. 이들은 또한 자신들의 해운동맹에 속한 선박만 이용하는 고객들에게 일정 기간이 지난 후 리베이트를 주기로 동의했다. 이는 고객 카드나 우수 고객 보상 카드의 초기 형태였다. 최초의 협정은 1875년 유럽의 캘커타 노선에서 시작되었다. 1879년에는 중국 노선 협정이, 1894년에는 서아프리카·런던 노선 협정이 시작되었다. 남아메리카에서도 유럽의 증기선 회사들 사이에 다양한 협정들이 체결되었다. 영국 법원은 이 협정들을 합법이라고 판결했는데, 한 가지 이유는 협정이 운송을 성공적으로 독점하지는 못했기 때문이었다. 충분한 화물이나 승객이 기다리고 있는 곳이라면 어디나 기회를 봐서 운행했던 일정 없는 '부정기' 화물선들은 협정을 무시하고 운임을 낮출 수 있었다. 1900년 부정기 화물선들은 전 세계 해상 화물 운송량의 3분의 1을 담당함으로써 협정들의 가격 통제 능력을 상당히 훼손했다.[89]

철도

증기력은 제1차 산업혁명을 생산에 몰아넣고 항해를 바꿔 놓았듯이 철도에도 동력을 제공했다. 철도는 상품을 수출하거나 수입하는 수단으로 시작하지 않았다. 그 대신 철도는 1820년대 영국에서 막 성장하던 석탄 산업을 지원하기 위해 실제에 응용되었다. 석탄을 철도를 통해 멀리 떨어진 공장으로 운반하고자 기계의 힘과 연료가 합쳐졌는데, 이것이 운 좋게도 철도와 공업에서 영국의 우위를 보장했다. 철도 혁명은 일반적으로 제1차 산업혁명과 결부되지만, 실제로는 제2차 산업혁명에도 박차를 가했다. 유럽에서만 보더라도 1850년에서 1880년 사이의 영웅적인 선구적 철도 시대에 놓인 것만큼이나 긴 철도가 1880년에서 1913년까지 부설되었다. 유럽 밖에서는 철도가 훨씬 더 빠른 속도로 부설되었다. 세계 철도의 총연장은 1870년에서 1910년 사이에 네 배로 증가했으며 1930년까지는 제1차 세계대전으로 많이 파괴되었는데도 다시 50퍼센트가 증가했다. 그러나 대공황과 제2차 세계대전, 자동차와 트럭의 출현은 철도 시대를 거의 멈추었다. 전 세계의 철도 연장은 1945년에 들어 하락하는데, 주된 이유는 미국에서 철도가 쇠퇴했기 때문이다.(표 4.5 참조)

철도가 1913년에 이르기까지 끼친 영향은 과장하기 어렵다. 홉스봄은 다음과 같이 서정적으로 표현한다. "그러나 지금까지는 19세기의 가장 크고 강력한 기관차들이 눈에 가장 잘 띄고 귀에 가장 잘 들렸다. 그것들은 연기를 내뿜으며 거의 275만 개에 달하는 객차와 화차를 견인한 10만 개의 철도 기관차들(200~400마력)이다."[90] 로버트 포걸Robert Fogel 같은 몇몇 경제사학자는 미국의 산업화를 촉진하는 데 철도가 차지한 중요성을 의심했지만, 철도가 막대한 전후방 연쇄효과backward and forward linkages[8]를 내는 동시에 운송 비용과 여행 시간에 근본적인 변화를 가져온 것은 분명하다.(표 4.6 참조) 철도 회사는 그 시절의 가장 큰 산업 회사로 공장 노동자의 대부분을 고용했고 자본 투자의 가장 큰 몫을 차지했다. 게다가 앨프리드 챈들러가 웅변으로 증명했듯이, 철도 회사는 노동력의 사무직(남성뿐만 아니라 여성도) 부문을 확대하는 동시에 거대한 새 기업들의 경영 혁명을 선도하는 데 중대한 역할을 수행했다. 철도 기술은 영국의 시장들(복잡한 운하 체계로 이미 교통이 좋았다.)을 연결했을 뿐 아니라 지극히 중요한 수출품이자 영국의 해외 금융 투자의 토대임을 증명했다. 1913년 영국 해외투자의 41퍼센트가 철도 건설에 직접 들어갔으며, 외국 정부에 빌려

_____ 8 불균형성장론의 지지자 중 한 사람인 경제학자 앨버트 허시먼이 소개한 개념. 후방 연쇄효과는 특정 사업의 성공을 가능하게 할 시설 투자를 촉진하는 효과를 말하며, 전방 연쇄효과는 특정 사업에 대한 투자가 다음 단계의 생산에 대한 투자를 촉진하는 효과를 말한다.

표 4.5 대륙별 세계 철도 현황, 1840~1945년(단위: 1000마일)

지역	1840 길이	1840 %	1870 길이	1870 %	1901 길이	1901 %	1910 길이	1910 %	1930 길이	1930 %	1945 길이	1945 %
유럽	2.6	47.0	65.4	50.1	181.8	35.6	212.1	33.1	236.9	25.0	252.9	26.9
(영국)	2.4	43.6	21.5	16.4	30.4	5.9	32.2	5.0	32.6	3.4	32.0	3.4
북아메리카	2.8	51.0	55.4	42.5	216.7	42.5	265.8	41.5	471.6	50.0	440.6	46.8
라틴아메리카	0.1	2.0	2.4	1.8	29.1	5.7	60.7	9.5	78.7	8.3	83.0	8.8
아시아(인도 제외)	0	0	0.3	0.2	12.0	2.4	27.2	4.3	48.8	4.7	49.9	5.3
(인도)	0	0	4.8	3.8	25.5	5.0	32.3	5.0	42.5	4.5	40.8	4.3
아시아	0	0	5.1	4.0	37.5	7.4	59.5	9.3	87.3	9.2	90.7	9.6
오세아니아	0	0	1.1	0.8	–	–	19.3	3.0	31.2	3.3	31.8	3.4
아프리카	0	0	1.1	0.8	12.5	2.5	23.0	3.6	40.8	4.3	42.4	4.5
세계	5.5		130.5		510.5		640.4		946.5		941.4	

출처: A. G. Kenwood and A. L. Lougheed, *The Growth of the International Economy, 1820–2000*, 4th ed. (London: Routledge, 1999), 13. For 1901: *Railroad Gazette*, May 30 and June 6, 1902. For 1910: A. Russell Bond and Albert A. Hopkins, *Scientific American Reference Book: A Manual for the Office, House hold and Shop* (New York: Munn and Co., 1915). For 1930 and 1945, figures were calculated from B. R. Mitchell, *International Historical Statistics: Africa, Asia and Oceania, 1750–2005*, 5th ed. (Basingstoke, UK: Palgrave Macmillan, 2007), 713–728; B. R. Mitchell, *International Historical Statistics: Europe, 1750–2000*, 6th ed. (Basingstoke, UK: Palgrave Macmillan, 2007), 675–681; B. R. Mitchell, *International Historical Statistics: The Americas and Australasia* (London: Macmillan, 1983); and Bureau of the Census, *Historical Statistics of the United States: Colonial Times to 1957* (Washington, DC: Bureau of the Census, 1960), 429.

주: 유럽에는 러시아와 소련은 포함하지만, 터키는 포함하지 않는다. 멕시코는 북아메리카가 아니라 라틴아메리카에 포함된다.

표 4.6 운송된 상품의 순 톤마일, 1871~1939년(단위: 100만 마일)

기간	인도	프랑스	독일	영국	러시아/소련	미국
1871~1874	4.2	51.6	—	181.8	21.4	—
1890~1894	27.0	96.2	219.0	308.5	76.2	—
1900~1904	45.3	83.2	378.8	435.9	166.0	650.1
1910~1914	74.0	117.8	613.1	533.4	163.0	1,075.8
1920~1924	92.8	164.0	358.7	318.3	49.0	1,233.6
1935~1939	120.3	143.6	516.8	284.8	491.0	938.8

출처: Daniel R. Headrick, *The Tentacles of Progress* (New York: Oxford University Press), 57. For the United States, figures are calculated from Bureau of the Census, *Historical Statistics of the United States: Colonial Times to 1957* (Washington, DC: Bureau of the Census, 1960), 431.

준 차관도 상당한 몫이 철도 자금으로 쓰였다.[91]

시간이 흐름에 따라 운하의 발달이 미진한 다른 큰 나라들이 철도를 이용할 수 있게 되면서, 기술의 수출은 영국이 선도자로서 가졌던 이점을 약화했다. 그 결과, 영국이 세계 철도망에서 차지한 비중은 1840년에는 거의 절반에 가까웠지만 1870년에는 벌써 6분의 1로 하락했다. 1910년에 그 몫은 겨우 5퍼센트에 지나지 않았다.

이전에 영국의 식민지였던 미국은 해외에서 영국의 기술과 자본을 들여와 사용한 첫 번째 나라였다. 미국은 이미 1840년에 영국의 철도망을 능가했으며, 실제로 그 초기 단계에 미국의 철도망은 다른 모든 나라의 철도망을 합친 것보다 더 길었다. 이는 외부의 도움, 특히 영국의 도움으로 이루어졌다. 1914년 미국 대외 채무의 약 57퍼센트가 외국인이 보유한 철도 채권이었고, 그중 절반 이상을 영국 자본이 보유했다. 독일도 1873년이면 철도 총연장에서 영국을 추월했으며, 프랑스는 1888년에 영국을 따라잡았다.[92] 시간이 흐르면서 초기의 선도국들은 조밀한 철도망을 구축했고, 그 결과로 신규 노선의 이윤이 하락하자 자본가들은 다른 부문이나 다른 나라의 철도에 투자할 것을 모색했다.

면적이 매우 넓고 인구가 산재한 새로운 지역들은 '후진성의 상대적 이점'을 입증했다. 그 지역들은 1870년 이후 철도와 더 효율적인 해운의 자연스러운 수혜자였다. 그해에 약 8만 5000킬로미터에 달한 미국 철도 총연장은 영국과 독일, 프랑스의 철도 총연장을 합친 것보다 50퍼센트가 더 길었다. 60년 후 미국의 철도망(약 69만 3500킬로미터)은 유럽의 주요 공업국 세 나라의 철도망을 합친 것의 네 배 이상으로 길었으며, 캐나다는 유럽의 어느 큰 공업국보다도 더 긴 철도망을 갖추었다. 러시아(1922년에 소련에 합류했다.)와 인도처럼 오래된 부락들이 있는 지역은 영국과 프랑스의 투자로 보상을 받았다. 그 투자로 두 나라에서 각각 약 7만 9000킬로미터와 약 7만 800킬로미터의 철도망이 건설되었다.[93] 인구는 희박하고 토지는 비옥한 라틴아메리카에서도 1910년에 이르자 약 9만 8000킬로미터의 철로가 놓였다. 이는 아시아 전체의 철도망보다 길었고 아프리카 전체 철도의 세 배에 달했다.[94] 북아메리카처럼 이러한 철도는 국내 생산자들에게 자국 시장을 활성화해 주었다. 표 4.5가 보여 주듯이 미국과 아르헨티나, 오스트레일리아, 캐나다처럼 신참들이 포르투갈과 에스파냐, 터키 같은 이전의 세계 강국들을 무색하게 했다. 중국에서는 철도가 19세기 말에 사실상 전혀 없었고 1930년에 겨우 약 1만 4500킬로미터가 놓였다. 철도가 특히 내륙에서 투쟁 중에 있는 중국의 주권을 위협한다는 두려움이 철도에 대한 공적 지원을 무산시켰다. 일본이 침략하고 내전이 벌어지는 상황이었음을 고려할 때, 1945년에 실질적인 총연장은 아마 더 짧았을 것이다.[95]

통합인가 파편화인가?

대체로 철도는 국가 건설이나 제국 건설에 쓰인 정복의 도구였다. 철도는 시장에 대응했던 만큼 시장을 창출하기도 했다. 매우 긴 노선에는 일찍부터 국가의 지원이 필요했다. 초기에는 수익이 나지 않았기 때문이다. 철도는 사실상 승객이 전혀 없는 지역을 통과할 때가 많았다. 예를 들면 미국의 대륙 횡단 유니언 퍼시픽 철도Union Pacific Railroad(1869), 온타리오주와 밴쿠버를 연결한 캐나다 태평양 철도Canadian Pacific Railway(1886), 1905년에 모스크바와 블라디보스토크를 연결한 시베리아 횡단철도가 그랬다.(1889년에 처음으로 직통된 파리-이스탄불의 오리엔트 특급과 1940년에 가서야 완공된 베를린-바그다드 철도는 변경 지역을 통제하기 위한 것이었다기보다는 제국을 연결하는 문제였다.) 노선이 한 나라 안에만 머무는 경우에도 철도는 국제무역을 촉진했다. 해안에서 멀리 떨어진 상품들이 외국시장을 찾을 수 있게 하고 인구가 훨씬 더 조밀한 내지의 시장에 수입품이 도달할 수 있게 했다. 이것은 특히 서유럽과 미국에 해당되는 얘기다. 함부르크와 브레멘, 암스테르담, 로테르담, 르아브르, 트리에스테, 마르세유, 뉴욕, 시카고, 뉴올리언스, 샌프란시스코와 수많은 다른 항구는 국경을 넘어 내륙까지 이어진 육지와 운하, 해상의 교통망을 연결했다. 철도는 또한 시드니와 멜버른, 부에노스아이레스, 몬테비데오, 알렉산드리아, 케이프타운 같은 다른 주요 항구들에도 도움이 되었다.[96] 또한 철로가 부두와 창고까지 바로 이어져 교역을 방해한 병목현상을 줄여 줌으로써 철도는 항구에서 일어나는 활동의 속도를 빠르게 했다.

그러나 모든 철도망이 다 국내시장을 통합하지는 않았다. 나중에 건설된 여러 철도망은 고립된 수출 지역에 편의를 제공하고자 계획되었다. 질산염과 구리의 중심지인 칠레의 아리카처럼 무더운 사막을 지나거나, 안데스산맥을 올라 은과 구리, 아연, 납을 채굴하는 페루의 광산들로 이어지는 리마-라오로야-세로데파스코 노선처럼 아찔한 고지대를 통과하거나, 브라질의 고무나무 숲지대인 아크리주를 아마존강에 이어 종국에는 볼리비아의 고지대와 연결한 마데이라-마모레 철도처럼 찌는 더위의 밀림을 지나는 노선들이 그와 같은 것이다. 헤네켄 섬유의 판매 통로였던 항구 프로그레소를 주도 메리다와 연결한 멕시코 유카탄주의 두 철도 노선(물론 궤간이 다르다.)도 공학의 위업은 아니지만 결코 중요성에서 뒤지지 않았다. 이러한 노선들은 종종 그 배후지를 국내시장보다 외국시장에 더 긴밀히 연결했다. 몇몇은 성공적인 수출의 도관이었을 뿐만 아니라 절벽을 오르거나 높이 치솟은 산을 터널로 통과하고 열대우림을 구불구불 관통한 공학의 기적이었다. 그러나 이 문명의 매개체는 다수가 카리브해와 인도, 중국에서 들어온 수많은 노동자의 피와 땀으로 건설되었다.

우루과이를 지나 아르헨티나로 들어간 브라질 철도처럼 인접 국가들의 시장을 통합하려는 의도에서 건설된 다른 야심 찬 노선들은 대외 수출의 초점을 재조정하는 데 실패했다. 이 뼈저린 현실은 캐나다에서 아르헨티나까지 연결할 의도로 구상되었던 범汎아메리카 철도를 무산시켰다. 아메리카의 시장들을 국제적으로 연결하는 데 성공한 노선은 미국에서 북쪽으로 캐나다에, 남쪽으로 멕시코에 연결된 철도가 전부였다. 두 노선 모두 원료(캐나다의 목재와 곡물, 모피, 멕시코의 은과 금, 구리, 니켈)와 미국산 완제품을 교환하려는 의도로 계획되었다.[97]

그렇지만 중요한 예외들이 있었다. 멕시코의 몬테레이는 편리하게도 멕시코 국영 철도에 붙어 있는 철광상에서 가까웠기에 그 나라 북부의 공업 중심지가 되었다. 몬테레이는 주로 담배와 북쪽의 앵글로색슨족에게서 온 새로운 술, 즉 맥주 같은 소비재를 전문으로 다루었지만 이 시기에는 라틴아메리카에서 유일하게 철강 산업이 발달한 곳이었다. 몬테레이는 철도 부문의 호황으로 수요가 늘어난 궤도와 교량, 이동식 버팀 구조물을 공급하려 했다.[98]

아르헨티나와 브라질의 철도는 방식은 서로 달랐지만 국내시장을 보강하는 데 성공했다. 아르헨티나의 철도망은 부에노스아이레스의 국가 지배력을 강화했다. 이는 19세기의 거듭된 내전과 외국인 투자, 특히 영국 투자의 대규모 유입을 대가로 얻은 것이다. 부에노스아이레스는 나라의 주요 항구이자 상업과 금융의 중심지, 수도로서 최고 지위의 이점을 누렸다. 실제로 부에노스아이레스는 일찍부터 뉴욕이나 런던, 상하이 같은 세계적 도시였다. 대다수 주민이 외국 태생이거나 1세대였고 중요한 기업들과 은행들이 지점을 세워 번창하는 주민들의 욕구를 충족시켰다. 제1차 세계대전 직전에 1인당 소득으로 볼 때 세계에서 최고로 부유한 나라에 속했고 잘 통합된 철도망을 갖추었던 아르헨티나에서 국내 소비재를 생산하는 공장들은 부에노스아이레스와 로사리오 사이에 집중되었다.[99]

브라질의 해안 정착지는 각각 서로 다른 배후지에 도움이 되는 수많은 항구도시의 경쟁을 유발했다. 리우데자네이루가 정치적 이점 덕분에 철도 시대에 앞서 나갔지만, 1890년대가 되면 커피의 호경기로 상파울루(도시와 주 모두)

의 영향력이 강해졌다. 상파울루는 나라의 정치적 수도가 되지는 못했지만 결국 1920년대에 공업 중심지가 되었다. 상파울루의 자본가들은 주 도처에, 인접 주인 파라나와 고이아스, 마투그로수에 퍼진 철도에 자본을 공급했으며 리우데자네이루와 나라에서 가장 큰 주인 미나스제라이스 사이의 교역 일부를 빼앗았다. 상파울루 자체에서는 호경기를 구가한 수출 경제가 1945년이면 역내 지역적 통합으로 이어졌다. 북동쪽 지역과 아마존강 유역, 남서쪽 지역이 고속도로로 남동쪽의 부유한 지역과 연결되려면 아직 몇십 년을 더 기다려야 했다.[100]

육지 안에 갇힌 몇몇 수도가 연안과 연결되었지만, 이를 주도한 배후의 힘은 항구에서 철도가 시작했을 때 분명해졌다. 1897년 프랑스령 소말릴란드의 지부티에서 시작한 노선은 20년 후에야 에티오피아 수도 아디스아바바에 도달했다. 에티오피아 국왕 메넬리크 2세가 프랑스의 식민지 구상을 두려워했기 때문이다. 아디스아바바를 중심으로 하는 메넬리크 2세의 셰와(쇼아) 정부는 유럽이 자금을 댄 철도 덕분에 오로모족과 하라리족 같은 이웃 민족들을 정복하여 내부 식민주의를 주장할 수 있었다. 에티오피아 중앙정부는 철도로 커피와 다른 산물을 내보내고 그 대신 무기와 탄약을 들여와 국민국가를 만들었다. 그 결과, 에티오피아와 라이베리아는 아프리카에서 (이탈리아에 점령되었던 짧은 기간을 제외하고) 유럽 식민주의로부터 벗어난 유일한 지역이 될 수 있었다.

몸바사 항구에서 출발하여 1901년에 케냐의 빅토리아호에 도달한 우간다 철도는 매우 달랐다. 유럽의 식민지 계획이었던 우간다 철도는 훗날 우간다의 캄팔라와 케냐의 나이로비로 이어지는 약 900킬로미터의 연장선을 완공했다. 그러나 그 효과는 지부티 노선의 효과와 현저히 대비되었다. 빅토리아호에 이르는 영국 철도 노선이 이익을 내도록 영국인 정착민들을 불러들여 고지대의 비옥한 토지와 커피 생산 독점권을 주었다. 토착민에게 커피 생산은 금지되었기 때문이다. 1903년 100명이었던 백인 정착민은 1914년에 1000명이 되었고 1942년에 약 3000명에 이르렀다. 수는 적지만 영향력이 컸던 이들은 제2차 세계대전 시절에 약 2만 5500제곱킬로미터를 통제했다. 1920년대에 키쿠유족과 루오족 같은 강건한 농업 민족은 대부분 유럽 정착민을 위해 반※ 강압적인 조건에서 일했다. 근대화를 추진한 영국인들은 식민지 종속민을 경멸했다. 동아프리카 보호령의 영국인 판무관이었던 찰스 엘리엇Charles Eliot 경은 1905년 경솔하게도 이렇게 말했다. "우리는 동아프리카에서 백지 상태, 거의 손이 닿지 않고 인구는 희박한 나라를 다루는 드문 경험을 한다. 그곳에서 우리는 원하는 대로, 최선으로 여겨지는 대로 이민을 통제하고 문을 열거나 닫을 수 있다."[101] 철도를 건설하기 위해 그곳으로 데려온 인도인 노동자들은 두 나라에서 똑같이 중요한 경제행위자가 되었다. 케냐가 아프리카의 주요 커피 생산지이자 종족 분리가 가장 심한 나라의 하나가 되면서 백인들은 인도인 이민자들과 더불어 경제와 대다수 수출품을 통제하게 되었다.[102] 토지 소유권과 세금은 물론 종족을 기반으로 한 마케팅과 규제 기구를 갖추었으니, 이는 분명히 자유주의적인 자유무역 자본주의가 아니었다. 우간다 철도는 북동부 아프리카에 모조품 영국을 만들지 못했다.

우간다는 영국처럼 보이지도 않았지만, 철도 건설 배후의 동력은 자본주의적 노동관계와 토지 관계를 창출했고 화폐를 통한 상거래를 도입하여 원주민에게 혜택을 주었다. 커피 재배농과 목화 재배농도 주로 토착민이었다. 물론 이러한 상품의 생산에서 나온 수입은 식민지 국가도 강화했다.

독일령 동아프리카(오늘날의 탄자니아와 부룬디, 르완다)도 인도양으로 나오는 새로운 철도가 건설되면서 변화되었고 역시 중요한 커피 수출 지역이 되었다. 독일령 동아프리카는 제1차 세계대전이 끝날 때까지 독일의 식민지였다가 영국과 벨기에가 나눠 지배했다. 케냐의 상황과는 달리, 선교사와 식민지 관료 들이 토지 소유권을 사유화하고 소농 생산을 감독함으로써 토착민을 수출 상품생산에 통합하려 했다. 커피와 목화 재배는 여전히 아프리카인이 절대적으로 통제했다. 커피는 탕가니카가 원산지였기 때문에, 에티오피아에서 그랬듯이 대부분 지역 농민들이 자기 땅에서 재배했다.[103]

그러나 철도는 아프리카의 내륙 교역에 좀처럼 도움이 되지 못했다. 에티오피아의 전체 철도망은 1903년에 겨우 대략 310킬로미터였는데 1917년이면 약 790킬로미터에 달했고 지금 다루는 시기가 끝날 때까지 그 길지 않은 총연장을 유지했다. 상품은 여전히 대상의 낙타와 말이 운반했기에 나라 안을 오가는 이동은 더디고 비용이 많이 들었으며 신뢰할 수 없었다. 우간다의 철도망은 1945년까지 약 530킬로미터를 넘지 않아 훨씬 더 짧았다. 케냐의 철도망은 1916년에 약 1030킬로미터였고 1945년에 약 2030킬로미터로 늘어났다.[104] 그러나 포장도로는 드물었다. 철도의 장거리 교역 독점을 보호하려는 것이 한 가지 원인이었다. 이러한 철도들은 내부적인 발전을 위한 계획이 아니라 내륙과 외부 세계를 이어 주는 탯줄이었다.

남아프리카는 영국이 1877년 이후 보어인과 줄루족과 수많은 전투를 치르며 빼앗았고 공식적으로는 1902년 잔혹했던 남아프리카 전쟁(제1차 보어 전쟁)과 타협한 이후로 병합했는데, 1914년 아프리카 전체에 부설된 약 4만 5800킬로미터의 소소한 총연장에서 거의 3분의 1을 차지했다. 1945년이면 그 몫은 약 5만 1100킬로미터에 달하여 아프리카 철도 전체의 약 40퍼센트까지 증가했다.(지금 다루는 시기의 끝에 사하라 사막 이남 아프리카에서 어느 식민지의 철도망도 남아프리카 철도망 전체의 10분의 1을 넘지 못했다.) 이렇게 종족적으로 분리되었으나 다이아몬드와 금이 풍부해 광물의 축복을 받은 식민지는 영국 자본의 주요 행선지였다. 1913년 남아프리카는 약 3억 7000만 파운드(18억 달러보다 많다.)를 받아들였는데, 이는 오스트레일리아와 뉴질랜드의 투자액을 합친 것이나 인도와 실론의 투자액을 합친 것과 거의 같았다. 반면 인구는 인도와 실론의 인구를 합친 것에 비해 2퍼센트밖에 되지 않았다.(오스트레일리아와 뉴질랜드의 인구를 합친 것과는 대체로 비슷했다.)[105] 철도망은 경제적 목적과 국가 건설의 목적을 지녔다. 다시 말해 철도는 내륙의 다이아몬드 광산과 금광을 항구와 연결하고 보어인의 내륙과 영국인의 남부를 결합했던 것이다. 이 점에서 남아프리카의 철도는 해안에서 로디지아의 구리 광산으로 이어진 철도를 닮았다. 남아프리카의 철도는 또한 세실 로즈가 제안한 '케이프타운에서 카이로로 이어지는 붉은 길', 다시 말해 아프리카를 남에서 북으로 연결할 영국 철도의 중심이 될 것으로 생각되었다. 그러나 그 야심 찬 계획은 프랑스령 알제리에서 니제르를 연결하겠다는 무산된 철도 계획처럼 결코 실현되지 않았다.

이는 몇몇 식민지에서 식민주의와 철도 건설 사이의 긴밀한 관계를 도드라지게 한다. 오스트레일리아와 캐나다, 남아프리카, 미국 같은 백인 정착 식민지들이나 이전의 식민지였던 곳은 대체로 철도를 대부분 부설했다. 예외는 유럽과 가까운 지역(북아프리카)이나 미국(멕시코와 쿠바)과 인도였다. 표 4.5에서 철도 부설의 주요 지역으로 나타나는 라틴아메리카에서는 대부분의 철도 노선이 북아메리카 경제와 밀접한 연관이 있는 지역이나 아르헨티나와 우루과이, 남부 브라질처럼 유럽인이 대규모로 이주한 곳에 부설되었다. 다른 중요한 예외는 인도였다. 인도는 1920년에 총연장에서 영국과 독일, 프랑스의 철도를 능가했다. 상당히 조밀한 인도의 철도망은 화물보다는 승객의 이동에 더 많이 쓰였다. 승객들은 이윤이 가장 적게 나는 가장 저렴한 좌석을 선호했다. 인도의 철도는 다른 주요 노선들과는 달리 산업화를 조금도 자극하지 않았다.[106]

거의 모든 나라에서 운임률은 규모가 작은 역내 상업보다 대규모 국제무역에 유리했다. 내륙에서 항구로 가는 운임은 내륙의 두 역을 오가는 것보다 저렴했고, 대규모 장거리 철도 화물은 넉넉한 할인과 리베이트를 받았지만 소규모 단거리 화물은 그렇지 못했다.

모든 국가 지도자가 철도를 환영하지는 않았다. 청 제국의 주저함에 관해서는 앞에서 이미 언급했다. 비슷하게 인도에서도 일부 지도자는 국내 개발에 수반되는 변화를 두려워했다. 하이데라바드의 니잠은 철도가 "모든 정통 관념을 뒤엎고 시장에 나가 뛰어다니는 어린아이들처럼 대중의 정신을 휘젓거나 앞뒤로 흔들 것"이라고 소스라치듯 놀랐다. 그는 "영국 정부를 두려워하고 그 문명을 혐오"했지만 철도가 "다급한 상황에서 피해 의지할 수 있는 유일한 수단"을 제공할 것이라고 느꼈기 때문에 영국의 철도 계획을 받아들였다.[107]

그래서 때와 장소에 따라 철도는 발전을 가져온 만큼 굴종과 불평등을 유지하기도 했다. 역사가 대니얼 헤드릭Daniel Headrick은 인도의 철도가 "인도를 전통적인 국가들로 넘치는 곳에서 아대륙의 새로운 곳, 즉 근대적인 저개발 국민국가로 바꾼 대변화"를 야기했다고 결론 내린다.[108] 마찬가지로 세계에서 인구가 가장 많은 나라인 중국에 건설된 철도망은 1942년에 인도 철도망의 4분의 1로 약 1만 9300킬로미터였다. 중국의 철도는 대체로 나라를 통합했다기보다는 항구와 배후지를 연결했다. 베이징에서 광저우(광둥)를 연결하는 노선만 예외였다.

철도 성장의 불균등성은 곧 1913년에 세계 인구의 60퍼센트 이상을 차지했던 아시아와 아프리카가 1945년에 전 세계 철도에서 겨우 13퍼센트만 차지하는 결과를 낳았다. 인구가 수억 명인 아시아의 광대한 지역에서 철도는 생소한 것이었다. 아시아 철도의 3분의 2는 인도와 일본에 부설되었다. 그러나세계의 선도국들에 비해 상대적으로 철도가 적게 건설된 중국 같은 광대한나라에서도 철도가 엄청난 영향력을 행사했다는 사실을 인정해야 한다. 이제면화와 담배 같은 몇몇 내륙 작물의 수출 길이 열렸으며, 국내 거래에 따르는위험과 시간이 주요 지역에서는 크게 줄어들었다. 예를 들면 광저우에서 베이징으로 가는 여정은 세기가 바뀌던 무렵에는 90일이었는데, 징한 철로京漢鐵路의 완공으로 1936년에는 3.3일로 줄었다. 노선에 있지 않은 지역들도 선박을통한 연결에 영향을 받았으며, 그 결과로 베이징에서 나라의 외곽 주변부로가는 시간은 어느 추산에 따르면 84퍼센트 감소했다.[109] 당연하게도 이는 수출에 관한 고려보다 국익이 우위에 있음을 증명했다.

상대적으로 운이 좋은 지역에서는 철도를 통한 항구와 내륙의 연결이 근대화와 국가 건설의 승리로 여겨지기도 했다. 파리의 오르세 역이나 런던의세인트 팬크러스 역, 뉴욕의 그랜드 센트럴 역 같은 많은 철도역이 발전을 축하하는 호화롭고 우아한 기념물로서 건축되었다. 이 역사들은 자연을 정복하는 것은 물론 거리와 공간을 지울 수 있는 인간의 능력을 설득력 있게 증명한근대의 상징물이었다. 방문객들은 철도역과 이에 동반된 전신국을 세계적 도시들의 신경 중추라고 찬양했다.[110]

그러나 비판자들은 증기기관차를 외국의 자본과 기술, 무기가 지역의 정치인들과 토착민, 상이한 생활 방식을 정복하도록 허용한 트로이 목마로 보았다. 철도망은 '빨펌프'나 '촉수' 같은 별명이 붙어 비난을 받았다. 철도망은 또한 경제적 계산과 정치적 충성, 지역적 정체성과 국민적 정체성을 뒤엎고 바꾸어 놓았다.

철강

철도는 여행에 드는 시간과 비용을 줄이고 이전에는 닿을 수 없던 곳에 도달하게 해 주었을 뿐만 아니라 세계경제의 다른 영역에도 승수효과를 지녔다. 철도는 먼저 주철의 생산에서, 그다음 강철의 생산에서 이루어진 획기적인 기술적 진전을 반영했고 촉진했다. 두 금속은 인류가 오랫동안 사용했지만, 근대에 이바지한 것은 제1차 산업혁명 때였다. 주철과 강철로 이루어진 궤도와 기관차, 교량은 거대한 시장을 창출했고 기술의 개선을 촉진했다. 주철은 철도 시대의 처음 40년간 유용했지만 너무 약하고 기후에 취약했다. 강철은 1850년대에 베서머법(전로법)과 지멘스-마르탱법(평로법)이 개발되기까지는 품질이 조악했지만 곧 교통 기간 시설에 변혁을 가져왔다. 철도와 강철 산업은 긴밀히 연결되었다. 1848년 잉글랜드와 웨일스에서 생산된 연철의 4분의 1은 철도 궤도에 쓰였다. 철도와 강철의 연결은 미국에서 한층 더 강력했다. 1890년대까지 미국에서 생산된 강철의 절반 이상이 철도 궤도에 들어갔다.[111]

19세기 말 수많은 나라가 철강을 만들었지만, 전 세계 궤도의 대부분을 공급한 영국과 독일, 벨기에, 러시아, 미국 같은 근대적인 산업용 강철 생산국과 경쟁할 수 있는 나라는 거의 없었다. 강철 산업은 늘 기술을 개선하고 큰 규모의 경제를 갖추었기에 소수 거대 기업에(아니면 소련의 경우처럼 국영기업에) 집중되었다. 예를 들면 1901년 J. P. 모건은 앤드루 카네기Andrew Carnegie에게서 철강 부문을 매입하여 일곱 개 철강 회사와 주석 회사를 합쳐 유에스 스틸을 세웠다. 자본금 14억 달러의 유에스 스틸은 그때까지 역사상 최대 기업으로 미국에서 소비된 강철의 3분의 2를 생산했다. 이것이 얼마나 중요했는지 입증하자면, 미국은 1909년에서 1913년까지 전 세계 강철의 평균 40퍼센트 이상을 생산했으며 1925년과 1926년에는 전쟁으로 인한 수요가 생산량의 급증을 촉발하면서 절반 이상을 생산했다. 프랑스와 독일, 영국이 그 시기 전 세계 강철 생산의 3분의 1을 차지했지만, 제1차 세계대전이 초래한 파괴로 1915년과 1926년에 그 몫은 약 28퍼센트로 감소했다. 1938년 미국은 여전히 전 세계 강철의 35퍼센트를 생산했는데, 이는 유럽의 세 개 주요 강철 생산국의 생산량을 합친 것과 맞먹었다. 다른 주요 강철 생산국으로는 소련과 일본이 전부였다. 러시아는 1909년에서 1913년 사이에 전체의 6퍼센트를 생산했는데, 공산주의 체제 때인 1941년에 그 비중은 13퍼센트까지 증가하여 소련을 세계 3위의 강철 생산국으로 만들었다. 일본은 1937년에 거의 600만 미터톤을 생산해 세계 5위의 강철 생산국이 되었다. 소련과 일본에서 똑같이 강철 산업은 국가가 성장을 촉진했고, 경제적인 이유는 물론 전략적인 이유로도 대체로 국가가 통제했다.[112] 나머지 나라들은 상대적으로 작고 비효율적인 공장에서 생산한 강철을 다 합해도 전 세계 강철 생산량의 4분의 1을 밑돌았다.

　인도와 멕시코는 예외였다. 인도는 영국 식민지였고, 멕시코는 경제적으로 미국에 부속된 곳이었다. 인도는 오랜 강철 생산의 역사를 지녔지만 아주 비효율적이어서 국영 철도조차도 거의 모든 강철을 영국과 벨기에에서 수입했다. 직물업에서 종잣돈을 마련한 인도의 매우 유명한 기업가 잠셋지 누세르완지 타타Jamshedji Nusserwanji Tata는 타타 철강 회사TISCO의 설립에 자금을 공급했고, 이 회사는 제1차 세계대전으로 수입 철강의 경쟁이 줄어들면서 활력을 얻었다. 타타 철강은 우선은 세계시장의 위기를 틈타, 뒤이어 식민지 정부의 보호를 받으면서 1938년이면 인도 강철 시장에서 차지하는 몫을 73퍼센트까지 늘렸다. 그때 인도에서 구입한 궤도는 사실상 전부 타타 철강이 생산했다.[113] 그러나 주요 강철 생산국에 비하면 타타 철강은 작은 회사였다. 멕시코 몬테레이의 멕시코인들은 푼디도라 데 이에로Fundidora de Hierro를 설립하여 팽창하는 나라의 교통망에 강철 선로와 교량, 대들보를 공급했다. 수출은 하지 않았다. 현지 자본이 자금을 공급한 이 회사는 지역 성장의 버팀목이 되었지만, 역시 그 생산량은 세계적 수준에 비하면 아주 미미했다.[114]

　브라질과 아르헨티나처럼 대규모 철도망을 갖춘 다른 나라들에서는 군사 지도자들과 당당한 민족주의자들이 국영 공장을 요구했지만, 강철 산업이 좀처럼 발전하지 못했다. 브라질 대통령 아르투르 베르나르지스Artur Bernardes는 1926년 브라질 의회에 보내는 전언에서 강철 산업은 "우리 경제의 자율성에 최우선 조건이다."라고 선언했다.[115] 그의 후임자였던 제툴리우 바르가스는 국영기업인 볼타레돈다의 강철 공장을 자신의 개발 정책의 주요 부분으로 삼는

다. 물론 당시에는 자동차와 다른 강철 생산품이 철도보다 훨씬 더 중요하게 나타났다. 브라질은 풍부한 광상을 지닌 덕분에 제2차 세계대전 이후 주요 강철 생산국이 된다. 아르헨티나는 더 심했던 지리적 불리를 극복해야 했으며 강철 공장을 세우는 데 비교적 더뎠다.

철도가 근대적 강철 산업을 일으키지 못한 곳에서는 철도가 침목과 버팀다리, 차량에 필요한 목재 수요의 형태로 국내 생산자들과 연결되기도 했다. 철도에서 기술적으로 가장 진전된 요소인 기관차는 여전히 미국과 서유럽에서 거의 모두 수입되었다. 철도가 개발에 가장 크게 기여한 것은 국내시장의 구축이었다. 물론 어떤 곳에서는 단지 수입을 좀 더 용이하게 했을 뿐이다. 그러나 세계경제와 이어지는 연결은 아마 과장되었을 것이다. 멕시코와 브라질의 화물 수송량 대부분이 수출품이었다는 초기의 판단은 재평가되었다. 유럽 시장과 미국 시장을 염두에 두고 건설된 철도조차도 종국에는 식량과 의복, 몇몇 내구재의 국내시장을 구축하는 데 그쳤다.[116]

성공한 독립적 수출 경제 중 가장 부유한 사례인 아르헨티나와 브라질, 멕시코는 기관차의 다양한 영향력을 증명한다. 영국의 자본과 무역이 지닌 압도적인 영향력 때문에 제2차 세계대전까지 사실상 영연방의 명예 회원국이었던 아르헨티나는 1945년 이전에 독립적인 수출 지향 경제의 가장 성공적인 경우였다. 아르헨티나인들은 수입품에 터무니없이 많은 돈을 썼다. 노동력이 부족하여 임금이 높았고, 부에노스아이레스에 건설된 근대 항구와 철도 시설로 저렴한 수입품이 들어왔으며, 자유방임주의 정부는 수입품에 낮은 관세를 물렸기 때문이다. 그렇지만 시간이 지나면서 국내 산업이 성장했다. 처음에는 단순히 운영비에 쓸 정부 세입을 늘리기 위해 관세를 부과했다. 그러다가 점차 개발 목적에 자금이 공급되었고, 공장주와 노동자 들의 정치적 영향력이 강해지면서 보호주의가 강화되었다. 브라질과 멕시코에도 해당되는 얘기다. 제1차 세계대전이 발발할 즈음 이 나라들의 관세는 자유무역에 대한 신념이 열렬히 토론되었는데도 세계에서 가장 높았다.[117] 그때부터 수출이 국민 총생산에서 차지하는 몫은 지속적으로 하락한다. 이는 국내 경제의 상대적 성장이 반영된 것이다.

철도는 대부분의 나라에 자유무역을 가져오지 않았듯이 사기업을 보장하지도 않았다. 영국과 미국처럼 처음으로 철도 시대에 진입한 나라들은 민간 회사에 의존했지만, 이 기업들은 (비판자들은 지나치다고 생각한) 넉넉한 보조금과 무상 토지, 세금 감면, 보장 수익의 특혜를 받았다. 후발 국가들은 정부 지원을 확대했다. 철도가 경제적 이익일 뿐만 아니라 (외부의 공격이나 내부의 반란에 맞설 때) 방위에 꼭 필요한 것이고 외국인 투자의 유인이자 근대성과 문명의 상징이며 나라를 결속할 접착제라고 생각되었기 때문이다. 철도가 그토록 불가피한 요소가 되었기에 철도 회사들이 경기 침체기에 파산에 직면하면 정부들이 이를 국유화했다. 열차가 계속 운행되게 하고 도시에 식량을 공급하려는 조치였을 뿐만 아니라 나라의 국제적 신뢰와 통화의 가치를 유지하기 위한 것이기도 했다. 결과적으로 브라질과 멕시코처럼 이론상으로는 자유방임경제를 고수한 정부들이 제1차 세계대전 이전에 주요 철도를 국유화했다.[118]

그러나 소련을 제외하면 전략적으로 중요한 기간 시설(철도, 해운, 도로, 공공시설)에 대한 국가의 개입은 기본적으로 사회주의적 행위가 아니었음을 강조해야 한다. 물론 기간 시설에 공공의 참여를 독려하는 사회적 압력이 있었다는 것이 사실이다. 철도 노동자들은 때로 노동계급에서 가장 강한 목소리를 낸 과격한 부문이었으며, 사회주의자들은 일반적으로 국유화를 옹호했고, 도시 승객들은 이따금 높은 운임과 조악한 서비스에 불만을 토로하며 폭동을 일으켰다. 철도의 국유화가 대체로 사회주의에 영향을 받은 것은 아니었지만, 국가가 공적 자본가로 움직이지도 않았다. 국유화된 철도는 대부분 적자로 운영되었다. 저비용 서비스를 제공하여 민간 부문을 지원하려는 조치였다. 일반적으로 국가의 개입은 외국인 소유 회사들을 향한 민족주의적 감정이 역할을 하기도 했지만, 공적 자금으로써 민간 부문을 강화하기 위한 일시적인 치료법으로 여겨졌다. 둘 다 브라질과 멕시코에 관련이 있었다. 두 나라의 연방 정부는 제1차 세계대전 이전에 철도망의 대부분을 매입했다. 인종차별주의의 온상은 분명히 아니었던 식민지 인도까지도 이익 보장의 부담을 벗어나려고 철도를 국유화했지만, 민간 회사들이 계속 운영할 수 있게 허용했다. 제1차 세계대전이 끝나고 오스만 제국이 와해된 후 터키 정부는 좀 더 전략적인 이유에서 철도를 국유화했다. 이후 대공황에 독일과 유럽의 다른 국가들과 그 식민지들은 국가의 철도 통제를 주장하거나 확대했다. 민간 회사들이 철도 시대를 지배했던 영국에서도 제2차 세계대전 후 노동당이 집권하면서 철도를 국유화했다.

자동차

20세기의 자동차는 19세기의 철도였다. 개인의 속도와 권력을 드러내는 상징이었던 자동차는 대부분의 풍요로운 나라에서 철도와 경쟁했다. 자동차 연료가 더 저렴해지고 쉽게 얻을 수 있게 되면서 미국과 영국, 프랑스, 독일, 이탈리아의 수많은 투자자가 열심히 자동차를 개선했다. 수요는 특히 미국에서 엄청나게 증가했다. 미국은 차대에 쓰일 강철과 엔진에 들어가는 구리와 알루미늄이 있었을 뿐만 아니라 20세기 전후에 세계 최대의 석유 생산국이었다. 등록 차량의 수는 1885년에 8000대였는데 1912년에 90만 2000대로 폭증했다. 헨리 포드Henry Ford가 미시간주 디어필드에 조립라인을 완성하면서, 자동차 증가율은 실로 눈부셨다. 1920년이면 등록된 자동차의 수는 열 배로 늘어 920만 대에 이르렀으며 지속적으로 더 늘어났다. 그때 앨프리드 슬론Alfred P. Sloan과 제너럴 모터스General Motors가 대량 판매를 강조했고 모델을 선택할 수 있게 했다. 제너럴 모터스는 매년 변화를 주면서 가격과 편의 사양은 물론 스타일에도 호소했다. 그 결과로 제너럴 모터스는 1920년대에 포드를 제치고 세계 최대의 자동차 생산 회사가 될 수 있었다. 미국의 노동자들은 1920년대와 1930년대에 매년 200만 대에서 370만 대까지 자동차를 생산했는데 1929년에는 440만 대로 정점을 찍었다. 이는 이후 20년간 볼 수 없는 수치였다. 헨리 포드가 하루 5달러의 엄청난 임금을 지급하는(그리고 노동조합 결성을 막기 위해 노동자들을 통제하는) '포드주의' 정책을 도입하고 상대적으로 저렴한 자동차를 제공했기에, 이 부문은 자동차를 생산하고 보급하는 데 필요한 전후방 공급뿐만 아니라 소비자의 폭증과 금융상의 연계도 창출했다.[119] 그러나 포드의 노력과는 반대로 자동차 산업 노동자들은 탄광 노동자들과 더불어 미국과 서유럽에서 가장 강력하고 정치적으로 영향력이 큰 노동조합으로 조직되었다.

_____1920년 무렵, 미시간주의 거리에 줄지어 서 있는 포드의 모델 T. 최초의 자동차가 제작되고 겨우 20년이 지났을 때 대도시의 거리에는 이미 교통 체증이 나타났다. 포드와 제너럴 모터스의 효율적인 생산으로 자동차는 대량생산 제품이 되었다. 서유럽이 자동차 시대에 진입하면서 고무와 석유, 강철의 수요가 폭발했다. (Detroit Public Library)

1929년 전 세계 모든 자동차의 78퍼센트가 미국에 있었다. 나머지는 거의 전부 서유럽에 있었지만 사용되는 자동차는 매우 적었다. 1938년 미국의 자동차 보유량은 주민 3.9명당 한 대였으며, 영국은 22명, 프랑스는 28명, 독일은 98명, 이탈리아는 151명에 한 대꼴이었다. 아시아에서는 오직 일본만이 상당한 수의 자동차를 생산했고, 이 또한 제2차 세계대전 이후의 일이었다. 일본의 자동차 보유량은 1938년에 주민 1195명당 한 대였다.[120]

이 새로운 부문에서 북아메리카인들이 보여 준 압도적 지배력은 놀라운 보유율이 가리키는 것보다 훨씬 더 컸다. 미국의 주요 자동차 회사들이 해외로 수출했기 때문이다. 미국의 자동차와 부품 수출 가액은 1910년 1100만 달

러에서 1920년 3억 300만 달러로 치솟아 공산품 수출에서 가장 높은 자리를 차지했다.[121]

그러나 이후 수출은 유럽에서 전쟁이 벌어지고 주요 회사들이 외국 회사를 매입했기에 크게 줄었다. 1928년 독일의 선도적인 자동차 회사는 제너럴 모터스에 속한 오펠이었고, 반면 포드는 독일에서 생산량 3위의 자동차 회사였다. 영국 포드는 영국에서 중요한 회사가 되었다. 다른 곳에서도 디트로이트의 주요 회사들은 국내 생산자를 보호하기 위해 마련된 관세를 회피하기 위해 조립 공장을 설립했다. 브라질에서는 포드가 이미 1920년에 조립 공장을 세웠다. 제너럴 모터스도 곧 뒤를 따랐다.[122]

전 세계 트럭과 버스, 트랙터, 오토바이도 대부분 미국에서 사람들을 수송하고 화물을 나르고 경작지를 갈았다.(1950년까지도 유럽의 농업에 쓰인 동력은 약 85퍼센트가 말이 제공했다.)[123] 미국에서 자동차가 급증한 것은 도시화를 촉진했을 뿐만 아니라 자본 집약도와 노동 효율성에서 세계 최고라는 미국 농업의 지위를 고착시켰다. 그러한 특성은 밀에 관한 설명에서 더 완벽하게 증명될 것이다.

이 시기 내연기관이 가져온 사회학적 효과는 모호했다. 내연기관이 급격히 확산된 소수의 나라에서 자동차는 집단보다 개인이나 가족 단위를 강조했다. 집단에는 철도와 시가전차가 편리했다. 그러나 내연기관은 고정된 노선과 시간표를 갖추어 큰 집단들에 적합했던 버스의 급속한 팽창도 추동했다. 자동차가 사유권을 강조했다면, 도시의 버스 회사는 흔히 자치체가 소유했거나 최소한 통제하기라도 했다. 그리고 포장도로는 양자에 똑같이 유익했다.

비행기

새처럼 하늘을 날고 싶다는 인간의 꿈은 이 시대에 이르러 마침내 실현되었다. 1901년 파리에서 비행선을 띄워 쥘 베른의 소설에 대한 관심을 되살렸고 1906년 고정익 항공기로 유럽에서 최초로 공개 비행을 했던 브라질 사람 아우베르투 산투스두몽Alberto Santos-Dumont, 1903년 경비행기로 노스캐롤라이나주 키티호크에서 짧았지만 연속적인 비행에 성공했던 북아메리카의 라이트Wright 형제를 시작으로(국민적 충성심에 따라 누가 먼저인지 다르겠다.) 항공 여행은 대중의 상상력을 사로잡았다. 그러나 1930년대 이전 항공기는 상업적으로 유용했다기보다 구경거리였거나 무기였다.(제1차 세계대전 중에 교전국들은 약 20만 대의 항공기를 생산했다.) 항공기의 시대는 자동차보다 훨씬 더 뒤인 1945년 이후에 오게 된다.[124]

다른 많은 기술의 경우와 마찬가지로 비행기에서도 초기의 선도자들은 북아메리카인과 독일인이었다. 독일인들은 이미 제1차 세계대전 때 영국해협 건너편으로 소수의 비행기를 보내 영국을 폭격했다. 1919년 세 대의 비행기가 북대서양을 건너 미국에 도착하는 데 성공하면서 평화적인 목적의 장거리 국제 비행이 뒤를 이었다. 독일인들은 1920년대에 라디오 항법 장치를 개발하여 최소한의 시계만 확보해도 비행할 수 있었다.[125] 그러나 비용과 위험성, 부족한 수송 능력 때문에 비행기는 1930년대까지는 국제적으로 상업적 목적으로 쓰이지는 않았다. 물론 브라질과 콜롬비아, 멕시코처럼 도로망과 철도망이 조악한 광대한 나라에서 지역 간 비행에는 매우 유용했다. 토착 자본가들이 여러 개의 작은 노선을 개시했다.[126] 국제적으로 상업적 실용성을 지닌 최초의 항공기는 사실상 독일 체펠린 회사의 수소 비행선이었는데, 이 비행선은 1930년대 전반 대서양을 횡단하는 이틀짜리 비행을 144회 수행했다. 비행선들은 상당한 양의 화물을 운반할 수 있었기에 초기에는 수익을 냈지만 경쟁 상대였던 고정익 항공기가 개선된 데다가 비행선을 높이 띄웠던 수소 가스주머니가 발화하여 터진 몇 차례의 비극적 사건이 겹쳐 실패할 수밖에 없었다.

수상비행기가 체펠린을 대체하여 국제 비행에 나섰다. 수상비행기는 선박보다 많이 빨랐다. 비용이 더 많이 드는 이 운송 수단에 비행 비용을 지불할 수 있는 활동은 극소수뿐이었다. 미국에서, 그리고 정도는 덜하지만 서유럽에서도 항공우편이 주된 고객이었다. 특히 은행은 이자의 손실을 보지 않기 위해 수표를 재빨리 현금으로 바꾸는 데 이해관계가 있었다. 때로는 멕시코 탐피코의 유전 같은 위험 지역에 급여를 지급하기 위해 돈 가방을 말 그대로 떨어뜨리는 데 비행기가 쓰이곤 했다. 몇몇 지역에서는 시간이 돈이어서 돈은 (시간과 마찬가지로) 날아갔다. 대체로 상업적인 이유에서 미국 정부는 항공우편에 보조금을 지급했다. 특히 팬암 항공Pan American Airlines은 1928년 켈리 대외 항공우편법Kelly Foreign Air Mail Act을 이용하여 중앙아메리카와 남아메리카로 가는 항로들에 취항했고 카리브해와 서아프리카를 경유하여 유럽까지 연결했으며 1937년에는 하와이를 거쳐 중국까지 건너갔다. 미국은 그 크기와 인구, 부 덕분에 세계에서 가장 발달한 철도망과 도로망을 갖추었듯이 세계에서 가장 조밀한 국내 항공 산업을 발전시킬 수 있었다.[127] 그리고 미국의 다른 교통망의 경우처럼 세계적인 항공 산업을 위한 길을 만든 것은 비록 정부의 지원을 받았지만 민간 회사들이었다.

항공 부문에서 두 번째로 적극적이었던 독일인들은 비행기의 군사적 용도에 관심이 있었지만, 루프트한자의 전신이었던 민간 소유의 콘도르 신디카트Condor Syndikat는 브라질(VARIG)과 콜롬비아(SCADTA)에 항공 회사를 세웠다. 나치당이 흥기하기 전까지는 소련 정부와 독일 정부가 독일·러시아 항공운수회사Deruluft를 통해 유럽과 아시아를 연결했다.[128] 칭다오의 독일 조약항 덕분에 루프트한자는 중국에서도 초기에 선도적인 회사였다.

영국인들은 비행기를 자신들의 광대한 제국을 결합할 수단으로 보았지만 비행기는 새로운 유럽들에 유리했다. 일찍부터 국영 항공KLM에 동인도(인도네시아) 항로를 개설하라고 강권했던 네덜란드인들과 1933년에 에어프랑스(프랑스 항공 협회)가 되는 회사를 통해 인도차이나에서 항공 여행을 개발했던 프랑스인들과 달리, 영국인들은 인도의 잘 발달한 철도망 때문에 남아시아 항공망 개설을 단념했다. 로널드 에드워드 조지 데이비스R. E. G. Davies가 말했듯이, "1920년대 내내 사실상 영국은 인도를 극동과 오스트레일리아로 가는 여정의 단순한 기착지로 여기는 듯했다."[129] 실제로 인도에서 처음으로 성공한 항공 회사는 자한기르 라탄지 다다바이 타타J. R. D. Tata가 계획하고 자금을 댔다.[130] 소련은 항공 여행의 모든 동기를 다 지녔지만 세계 최초의 반제국주의적 공산주의 국가를 위한 빠른 근대적 교통수단이라는 상징적 중요성을 추가했다.

몇몇 초기 민간 항공사를 일으킨 것은 상업이었지만, 국가 건설과 식민주의적 충동은 물론 두 차례 대전에 기인한 전략적 고려 사항도 항공기와 비행

기술의 놀라운 성장을 유발했다. 최근에 헤드릭은 항공기가 리비아와 에티오피아의 이탈리아인들부터 멕시코와 나카라과의 북아메리카인들까지 식민지 전쟁과 신식민지 전쟁에서 중대한 역할을 수행했음을 지적했다. 지금 다루는 시기가 끝날 때까지 '공중 지배'는 식민지 지배자들에게 큰 이점을 주었다.[131]

국가의 지원은 항공 산업과 항공 여행의 상징적이고 실제적인 폭발에 필수적이었다. 1947년, 대서양 횡단 비용은 매우 적어서 어느 미군 하사관은 거트루드 토픽Gertrude Topik이 비행기로 파리에서 뉴욕으로 갈 수 있게 할 수 있었으며, 그로써 4부를 쓴 저자 중 한 사람이 몇 년 뒤에 미국에서 태어나는 데 일조했다.

전신, 해저케이블, 라디오

증기력과 화석연료에서 동력을 얻은 증기선과 기관차, 자동차, 비행기가 재화와 사람의 이동 속도를 매우 빠르게 바꿔 놓음으로써 세상을 좀 더 가깝게 연결했듯이, 전신선도 전기를 통해 세상을 좁게 만들었다. 톰 스탠디지Tom Standage가 전신에 붙인 별명인 이른바 '빅토리아 시대 인터넷'은 일종의 개념 혁명을 유발하여 시간과 공간의 관념을 흔들었다.[132] 그러나 전신은 또한 그 급박하고 짜증스러운 리듬에 연결된 자들과 여전히 자연의 시간에 보조를 맞추어 일하는 자들 사이에 큰 간극을 열어 놓았다. 전기 이용의 혁명적인 진전으로 뉴스와 주문, 상품, 주가와 금 가격, 이자율에 관한 통신이 가능해졌다. 전기는 제2차 산업혁명의 토대가 되는 초석이었다. 철도와 증기선처럼(이후 전화에도 해당된다.) 전신은 대규모 자본 투자와 사적인 협약을 통한 조정, 정부의 규제를 갖춘 체제를 요구했다. 전신은 처음에는 국내 시장과 정치조직들을 결합하려 했지만 곧 세계시장의 접착제가 되어 상업적 목적과 정치적 목적, 군사적 목적에 동시에 기여했다. 연결의 어두운 측면은 1873년 유럽과 미국의 금융 위기 소식이 급속하게 전파되면서 최초의 세계적 불황이 초래되었을 때 드러났다. 이 불황은 세계 자본시장과 상품 시장에 밀접히 연결된 모든 나라와 식민지에 영향을 미쳤다.

전신은 철도와 증기선과 마찬가지로 서로 경쟁하는 식민지 체제들과 신식민지 체제들을 공고히 하는 데 지극히 중요한 역할을 수행했다. 그러나 그 높은 비용과 광대한 영역 때문에 국제적인 협력은 경제적으로 권고할 만하지 않았다. 드웨인 윈섹Dwayne Winseck과 로버트 파이크Robert Pike가 말했듯이, 전 세계에 걸친 전신망은 "다른 대부분의 자본 집약적 산업처럼 계속해서 협력과 경쟁, 갈등, 자기 이익과 기회주의, 사기업과 국가 개입이 복잡하게 뒤얽힌 혼합물을 담고 있었다."[133] 여러 나라의 국제적 카르텔과 컨소시엄, 공동투자와 공공 부문과 민간의 혼합 투자가 이렇게 대단히 널리 퍼진 막대한 사업들에 투자하고 그 사업들을 조정했다. 그리하여 근대의 다국적기업 시대가 시작되었다.[134]

전기는 일찍이 18세기부터 알려졌으나 19세기까지는 잘 쓰이지 않은 진기한 존재였다. 영국인 윌리엄 포더길 쿡William Forthergill Cooke은 여러 유럽 과학자와 미국 과학자의 연구를 토대로 1837년 최초로 상업용 전신 회사를 설립했다. 런던에서 그레이트 웨스턴 레일웨이GWR에 사용된 이 전신은 이 두 가지 혁명적인 기술의 연결을 상징적으로 보여 주었다. 쿡과 동시대인이었던 북아메리카의 새뮤얼 모스Samuel Morse는 더 성공적인 전신 체계를(그리고 전신부호를) 개발했다. 이는 1846년에 작동되어 뉴욕과 워싱턴을 연결했고 정치적이고 상업적인 국가 건설과 긴밀하게 연관되어 있음을 증명했다. 그 후 곧 서로 경합하는 기술들을 토대로 많은 전신 체계가 등장했다. 1856년 뉴욕 주 북부와 올드 웨스트(서부 변경)에서 웨스턴 유니언 텔레그래프Western Union Telegraph가 설립되면서 이 신생 산업에 마침내 질서와 표준이 부여되었다. 남북전쟁의 전략적 필요성에 영향을 받아 조성된 연방 기금의 넉넉한 지원을 받은 철도는 대체로 철도의 노반을 따라 1861년이면 미국을 가로질러 캘리포니아에 이르렀고 포니 익스프레스(말을 이용한 속달우편)를 파산으로 내몰았다. 두 개의 주요 민간 회사였던 웨스턴 유니언과 아메리칸 텔레그래프American Telegraph Company(나중에 전화 사업을 덧붙여 아메리칸 텔레그래프 앤 텔레폰AT&T이 된다.)는 전국 전신망을 조정하고 지배했다.

많은 국가와 언어로 분열된 유럽은 더욱 열심히 조정 노력을 기울여야 했다. 전신은 벨기에와 영국, 네덜란드처럼 작지만 번창하는 국가나 1871년 이전의 독일과 1861년 통일 이전의 이탈리아처럼 조각난 공국의 인접 전신망과 연결될 수 없다면 효과가 제한적이기 때문이었다. 실제로 국제 교역은 훗날의 더 조밀한 국내 전신망을 촉진하는 데 큰 역할을 했다.

전신은 결국 서유럽과 북아메리카의 국가 영토들에 퍼졌고, 이어 라틴아메리카, 아시아와 아프리카의 식민지에도 확대되어 통신의 도약을 대표했다. 이제 멀리 떨어진 나라와 대륙 들의 지배계급들이 연락을 유지할 수 있었다. 영국의 로이터 통신과 프랑스의 아바스Havas, 독일의 볼프Wolff 같은 국제통신사의 출현으로 세계 뉴스(실제로는 이들이 중요하다고 생각한 서유럽과 북아메리카, 그 밖의 다양한 세계적 도시들처럼 세계 일부 지역의 뉴스)가 일간지에 공급되었다. 이 신문들은 주요 대도시들에서 대중 독자를 끌어모으기 시작했고,[135] 취향과 가격, 기술적 발전과 과학적 발전을 균질화하는 방향으로 움직였다. 유명인들과 패션은 물론 추문과 폭동, 재난도 서구 도회지 세계 곳곳에, 리우데자네이루와 케이프타운, 봄베이, 상하이 같은 해외의 변경 거류지까지 포함하여 널리 알려졌다. 군대는 전신에서 얻은 정보를 맥심 기관총과 철도를 이용한 신속한 부대 배치와 결합하여 이전에는 독립적이었던 많은 민족을 좀 더 중앙화한 지배에 복속시켰다. 정부와 민간 기업 둘 다 세력권을 확대하고 권력과 감시를 집중할 수 있었다. 사업 조직의 형태는 상업을 촉진하고 시장가격을 균질화했을 뿐만 아니라, 전신망에 들어온 지리적으로 먼 범위에서 기업과 카르텔들이 동시에 등장하면서 변화를 겪었다.

다른 혁명적인 기술들과 마찬가지로 전신도 처음에는 서유럽과 북아메리카에 큰 이점을 주었다. 1870년 서유럽은 약 4060만 건,(독일과 프랑스, 영국이 절반 이상을 차지했다.) 미국은 900만 건의 전보를 보냈던 반면, 아프리카에서는 프랑스 식민지 알제리만 전신을 처리했는데 겨우 26만 3000건의 전보를 보냈고, 아시아에서 유일하게 전신을 누린 나라인 인도는 57만 7000건의 전보를 보냈다.[136]

1913년에는 격차가 좁혀졌다. 철도와 마찬가지로 식민국가와 그 자본가 계급들이 해외에 투자한 것이 큰 이유였다. 그때쯤에 이르면 유럽인들은 3억 2900만 건의 전보를 보내고, 미국 거주자들은 그 절반 정도의 전보를 보냈다. 아프리카인들은 아직도 크게 뒤처져 있었지만 약 1700만 건의 전보를 보냈고(지중해 국가인 알제리와 이집트가 남아프리카와 더불어 4분의 3을 차지했다.) 아시아는 6000만 건의 전보를 보냈는데 3분의 2는 일본과 그 식민지들이, 4분의 1은 인도가 보낸 것이다. 중국은 1935년까지도 국내에서 겨우 400만 건의 전보를 보냈다. 다른 혁명적 기술의 경우처럼 일본 국가는 1869년에 영국 기술자들을 초청하여 국영 전신망을 설치하는 데 주된 역할을 했다. 이들은 신속하게 전신을 일본 문자에 맞게 바꾸어 마흔두 자로 된 일본어·영어 이중 체계를 만들어 냈다.[137]

일본의 전신망이 방어와 국가 건설의 목적에서 세워졌다면, 인도의 전신망은 식민지 지배의 도구로서 구축되었다. 이미 1858년에 펀자브의 영국 선임 판무관이었던 존 로런스John Lawrence는 감사하는 마음으로 말했다. "전신이 (영국을 위해) 인도를 구했다." 전신 덕분에 인도가 군대를 동원하여 식민지에 반대하는 소동에 맞설 수 있었다는 말이다.[138]

1930년이면 선도 국가들과 후발 국가들 간의 격차가 줄어든다. 유럽과 북아메리카가 점차 전화에 더 많이 의존하고 전신은 덜 이용했기 때문이다. 아시아의 전보는 약 40퍼센트 증가했지만 여전히 일본과 인도에 집중되었다. 중국의 전신망은 종국에는 시골과 소도시에도 침투했지만 주로 유럽의 조약항들을 연결했다. 인도네시아와 인도차이나 같은 다른 인구 조밀 지역은 중국보다 뒤처졌다.[139]

전신은 초기에는 통신의 민주화를 가져오지 않았다. 설치와 유지, 보호에 많은 비용이 들었기 때문이다. 초창기 전신은 또한 이용비도 지독히 비싸서 매우 부유한 자들만 전보를 보냈다.(그나마 짧았다.) 일당 1달러면 좋은 임금이었던 1890년에 런던에서 미국이나 캐나다로 전보를 보내려면 글자당 0.25달러가 들었다. 앞의 문장을 전보로 보내려면 엿새치 임금이 필요했다. 게다가 이것이 가장 저렴한 요율이었다. 인도에 전보를 보내려면 한 글자에 1달러가, 브라질로는 1.5달러, 오스트레일리아로는 2.37달러, 그리고 골드러시 중이었던 남아프리카로는 40달러가 들었다.[140] 남아프리카로 전보를 보내려는 자들은 전문의 무게를 말 그대로 금으로 달아야 했다. 전신이 인구가 매우 조밀한

(그리고 대체로 조금도 부유하지 않은) 여러 지역에 천천히 도입되었다는 사실은 지역의 언어와 문화가 오랫동안 자율성을 유지했다는 뜻이었다.

한편 전신은 중앙 권력이 지역의 저항에 맞서 군대를 동원하는 데 유용했다. 그래서 여러 곳에서 전신은 다수를 지배하는 소수의 권력을 강화했다. 지역의 반란자들이 처음으로 한 일이 전신선을 절단하는 것이었음은 순전한 우연의 일치가 아니었다. 그러나 애석하게도 전신선은 쉽게 다시 부설할 수 있었다. 1870년 일본의 전신을 감독한 첫 번째 영국인은 이렇게 낙관적으로 말했다. "어딘가 칼을 쓸 데를 찾아야 했던 광적인 사무라이들이 전신주 몇 개를 잘라 버렸지만 그 너머의 주민 대다수에게서 적개심의 증거는 찾아볼 수 없었다."[141]

대양을 지워 버려 대륙들을 연결했던 해저케이블은 근대의 기적으로서 당대에 쥘 베른의 과학소설에 큰 영감을 주었다. 해저케이블은 1960년대에 인공위성이 라디오 신호를 반사하여 되돌려 보낼 때까지는 통신에서 가장 큰 개념상의 도약이었다. 해저케이블은 국제시장들을 연결하여 상품의 교환을 초래했고, 이 거래는 경쟁을 조장하면서도 세계적인 표준과 가격을 결정했다.

해저케이블로 지역을 연결하는 것은 작게 시작했다. 1851년 프랑스와 영국 사이의 영국해협을 가로지르는 케이블이 설치되었는데, 이는 19세기의 두 가지 기적 같은 생산물, 즉 구리선과 고무의 합체로 가능했다. 구리선은 전기 신호를 열에 손실됨 없이 전달했고, 고무는 구리를 물에서 차단하여 보호했다. 라텍스의 최초 형태였던 구타페르카gutta-percha는 말라야에서 시험 삼아 영국으로 보낸 식민지 수출품이었다. 과학자들은 구타페르카가 병마개로 훌륭하다는 사실을 알았고(시작 단계에 있는 탄산수 산업을 발전시켰다.) 나중에는 골프공의 알맹이로 쓸 수 있다는 사실도 알았다. 나아가 내구성이 강하고 해양 생물의 식욕을 자극하지 않으면서 전기 절연을 제공하는 더 중요한 속성이 있음을 발견했다.

그러나 이는 숙련되기가 쉽지 않은 기술이었다. 초기의 케이블은 대양의 밑바닥에 깔리자마자 끊어지기 일쑤였기 때문이다. 해저에 케이블을 부설하기 위해 특별히 건조된 증기선이 1857년과 1858년, 1865년에 대서양에 부설한 케이블에 바로 그런 일이 일어났다. 결국 1866년에 대서양 횡단 해저케이블이 처음으로 성공리에 작동에 들어갔다.

다른 해저케이블들이 곧 뒤를 따랐다. 1875년 브라질에서 세네갈과 카보베르데 제도를 경유하여 포르투갈로 해저케이블이 부설되었고, 다른 남아메리카 국가들도 이후 20년에 걸쳐 대서양 횡단 케이블을 이용하기 위해 이에 합류했다. 카리브해 지역은 북대서양 케이블을 통해 미국과 캐나다를 거쳐 유럽과 연결되었다. 1882년 텍사스에서 남쪽으로 뻗은 전신이 멕시코와 중앙아메리카를 페루까지 연결했고 간접적으로는 남아메리카 동해안의 도시 중심지들에 닿았다.

이미 1868년에 런던은 오스만 제국과 페르시아의 땅과 물을 지나는 전신을 통해 봄베이와 연결되었지만, 전보는 7일 이상 걸렸고 외국에서 들여다볼 수 있었다. 1870년 정치적 안전과 상업적 안전을 이유로 영국 전용 회선('온통 붉은 길'로 알려졌다.) 계획이 수립되어 이스턴 텔레그래프 회사Eastern Telegraph Company의 통신선이 인도와 연결되었다. 전용 통신망 추진의 배후에는 제국적 거만함도 있었다. 봄베이 상인들의 청원에는 식민지의 사고방식이 노골적으로 드러나 있다. 이들은 자신들과 런던 사이의 연결이 "대체로 황량하고 미개한 [오스만 제국과 페르시아 제국] 지역인 외국 영토를 …… 통과한다."는 사실에 항의했다. "그곳에는 유럽의 관리 기법이 미치지 못하며 무지하고 훈련받지 않은 토착민 관리들뿐이다."[142] '문명화한' 영국 전신선이 동쪽으로 계속 이어져 인도차이나와 중국, 일본에, 남쪽으로 인도네시아와 오스트레일리아에 닿았다.

사하라 사막 이남 아프리카는 여러 요인의 결합으로 전신의 세계 속에 휩쓸렸다. 호황을 구가하는 아르헨티나와 브라질에 대한 관심이 리스본에서 세네갈로, 바다 건너 헤시피로 해저케이블을 부설하는 동인이 되었다. 1870년대 남아프리카 킴벌리의 다이아몬드 발견과 비트바테르스란트Witwatersrand의 골드러시는 세실 로즈 같은 제국주의자들의 욕망을 자극했다. 다른 유럽 강국들도 똑같은 욕망을 드러냈으며, 이는 1884년과 1885년 베를린의 전례 없는 회의들로 이어져 아프리카를 분할했고 그 결과 아프리카 영토의 90퍼센트가 공식적으로 유럽의 지배에 떨어졌다. 적어도 유럽 국가의 행정 부처에 내걸린 지도에서 정복은 통제와 지식을 갈망하는 욕구를 만들어 냈다. 정치적·외교적·경제적 충동은 1886년 공동 노력의 결과물인 아프리칸 다이렉트 텔레그래프 회사African Direct Telegraph Company부터 시작하여 매우 부유한 지역들을 유럽의 식민지 강국들과 연결했다.

모든 대륙이 유럽에 연결된 상태에서 1902년 아메리카와 아시아가 해저케이블로 연결되며 세계는 마침내 한데 묶였다. 이 해저케이블은 샌프란시스코를 출발하여 미국의 태평양 영토인 하와이와 괌, 필리핀으로 이어졌고, 그곳에서 아시아 본토와 오세아니아로 연결되었다.

전신망이 효과적으로 작동하려면 국제적 협력은 불가피했다. 일찍부터 모든 나라가 별개의 체계를 채택했기 때문에 전문은 국경에서 다른 문자로 전사하고 번역하여 넘겨주어야 했다. 그런 다음 이웃 나라의 전신망을 통해 재전송되었기에 지연과 오류, 추가 비용이 초래되었다. 1850년대에 전신 연결을 추구한 나라들 사이에 수많은 양자 협약이 체결된 후, 1865년 스무 개 유럽 나라가 회담을 통해 국제 전신 협회International Telegraph Union를 창설했다. 국제 전신 협회는 전신 세계에 새로운 국가들이 합류하면서 추가로 표준과 절차를 마련했다. 많은 나라가 국내 전신망을 설치하기 전에 대륙들은 해저 통신선으로 연결되었다.

전신선은 이탈리아인 물리학자 굴리엘모 마르코니Guglielmo Marconi가 무선전신을 발명하면서 효용이 줄어들었다. 무선전신은 해상 통신에 큰 혜택을 주었을 뿐만 아니라 육상에서, 나중에는 공중에서 무선통신의 토대를 놓았다. 노벨상을 받은 과학자인 마르코니는 또한 기민한 사업가로서 그 시대의 다른 영웅적 기업가이자 과학자였던 알렉산더 그레이엄 벨과 토머스 에디슨Thomas Edison, 포드, 노벨, 베르너 폰 지멘스Werner von Siemens처럼 자신의 발견을 재빨리 상업화했다. 1901년 마르코니의 영국 법인은 대서양 너머로 신호를 보냈으며, 6년 후 대서양 횡단 무선전신 시설이 설치되었다. 1906년 베를린에서 열린 국제 전신 회담에서 첫 번째 국제 무선전신 협약International Radiotelegraph Convention이 체결되었다.

마르코니의 발명은 무선통신을 탄생시켰고, 이는 빈곤한 나라들에 전기와 축전지가 들어가고 상업방송이 뉴스와 오락물을 전달하면서 정보 이용을 민주화하여 문맹자들에게도 혜택을 주었다. 많은 나라에서 이러한 상황은 제2차 세계대전이 끝난 후에 전개된다. 그러나 초기에는 다른 주요 발명의 경우와 마찬가지로 무선통신 회사와 방송 회사는 1930년대가 오기까지 사회계급과 나라에 따른 생활 방식의 차이가 확대되면서 부유한 나라들에 집중되었다.

앞선 전신과 전화와 마찬가지로 무선통신도 종합적인 통신망에 대규모 투자를 요하는 통신 체계였다. 전신과 철도를 완벽하게 만들고 발전과 조명과 동력 같은 그 응용을 지배한 자들이 무선전신을 개발했으니 놀랄 일도 아니었다. 20세기의 소비자와 산업 발전에 족적을 남긴 몇몇 거대 전자 회사는 초기 무선전신에 관여했다. 미국에서 보면 1892년 에디슨 제너럴 일렉트릭 컴퍼니Edison General Electric Company와 톰슨-휴스턴 일렉트릭 컴퍼니Thomson-Houston Electric Company의 합병으로 출현한 제너럴 일렉트릭과 열차용 공기 제동기로 시작한 웨스팅하우스 일렉트릭Westinghouse Electric, 그리고 AT&T를 들 수 있다.

무선통신은 무제한 경쟁보다는 협력이 더 두드러진 부문이었다. 톰슨과 에디슨의 회사가 합병하여 등장한 새로운 제너럴 일렉트릭은 웨스팅하우스와 특허를 공유하여 급속하게 성장하는 대규모 전자 산업을 사실상 독점했다. 1919년 미국 정부의 강권에 두 회사는 AT&T와 공동으로 라디오 코퍼레이션 오브 아메리카RCA를 만들어 무선통신을 더욱 빠르게 확산시켰다. RCA는 미국에서 무선전신을 처음 시작한 회사인 마르코니의 미국 법인을 매입했다.

라디오 방송에서도 여럿이 힘을 합쳤다. 웨스팅하우스는 1920년 피츠버그에 최초의 상업 라디오 방송국인 KDKA를 설립했고, 뒤이어 1922년 제너럴 일렉트릭이 뉴욕주의 스키넥터디에 WGY를 설립했다. RCA는 1926년 제너럴 일렉트릭과 웨스팅하우스와 공동으로 마흔여덟 개 라디오 방송국을 연결하여 전미 방송 회사NBC를 설립했다. 2년 후 컬럼비아 방송국CBS이 뒤이어 등장했다. 이 방송사들을 통제하기 위해 1927년 연방 라디오 위원회Federal

Radio Commission가 창설되었다. 1928년이면 미국인들은 동해안부터 서해안까지 나라 전역에서 웨스팅하우스와 제너럴 일렉트릭이 제작하고 RCA와 웨스턴 일렉트릭Western Electric(반백 년 전에 전신의 급속한 발전을 가져온 회사다.)이 배급한 「론 레인저The Lone Ranger」를 라디오로 청취할 수 있었다.[143] 라디오는 마치 허리케인처럼 미국 전역을 휩쓸었다. 1925년이면 이미 전체 가구의 10퍼센트가 라디오를 소유했으며, 5년 뒤에는 거의 50퍼센트가 라디오를 한 대씩 보유했다. 1945년이면 대량생산과 소비자신용(할부)으로 라디오 가격이 낮아지고 라디오가 생필품이 되면서 미국 가구의 90퍼센트가 라디오를 청취했다.

그러나 다른 나라들은 거대 민간 회사를 기반으로 한 미국 모델의 라디오를 대체로 채택하지 않았다. 각국 정부는 BBC와 일본 방송 협회NHK 같은 주요 방송사를 설립했다. 프랑스의 유형은 공영방송사와 민간방송사의 혼합이었다. 독일에서는 민간 회사들이 방송을 시작했지만, 정부의 체신부가 그 주식의 상당한 몫을 보유했다. 브라질의 상황도 유사했다. 한 시간짜리 오라 두 브라질Hora do Brasil(브라질의 시간)이 시작되었는데, 오직 중앙정부의 프로그램만 방송될 수 있었다. 소련 정부는 소련 라디오를 완전히 통제했다.

라디오는 처음에는 교육 목적에 쓰였지만 곧 상업적인 대중문화와 정치 교육에 이용되었다. 매스컴과 그 유감스러운 장래성을 일찍 연구한 사람은 나치의 선전부 장관 요제프 괴벨스였다. 괴벨스는 상대적으로 저렴한 국민 수신기Volksempfänger의 생산을 유도하여 나라 전체가 나치의 '허위 선전'을 들을 수 있게 했다. 통신과 진실은 반드시 함께 가지는 않았다. 부유한 나라들에서는 라디오가 급속히 확산되었다. 예를 들면 프랑스에는 1939년에 이미 약 500만 대가 보급되었다. 미국에서 라디오 장비의 판매는 1929년에 8억 4300만 달러에 달했는데, 이는 8년 만에 무려 열네 배로 증가한 것이다.[144]

초창기 라디오 회사들은 미국과 서유럽에서, 그리고 라틴아메리카의 일부에서 흔히 듣는 이름이 되었다. 이 회사들은 곧 엄청나게 큰 복합기업이 되어 전기 제품 자본재부터 발전기와 전송 선로, 전차와 트롤리, 영사기, 전구 같은 소비재까지, 1920년대가 되면 냉장고와 전기 레인지, 세탁기까지 모든 것을 생산했다. 이와 같이 좀 더 비싼 제품들은 라디오보다는 더디게 퍼져 나갔다. 이러한 재화들은 중요한 국제무역 상품들이었기에 수출이 감소했다. 해외의 소비 국가들에서 처음에는 유럽과 북아메리카 기업의 지사들이, 1930년대가 되면 보호를 받는 현지 공장들이 점점 더 많이 생산했기 때문이다. 그러나 매우 부유한 나라들과 몇몇 주요 도시를 벗어나면 여러 곳에서 소득은 너무 낮고 가격은 너무 높아 국가 내부에서 생산된 전자 제품들이 대량 시장에 진입하기가 어려웠다. 그 전성기는 1950년대 이후에 찾아온다.

전화도 전자 도구였지만 다른 회사인 벨 텔레폰Bell Telephone이 독점했다. 스코틀랜드인 발명가인 알렉산더 그레이엄 벨은 전신의 성능을 개선하려 하던 중에 1876년 보스턴에서 장차 전신의 소멸을 이야기하게 될 장치를 발명했다. 이 장치는 토머스 에디슨이 발명한 송화구와 결합되어 호출인(전화 건 사람)의 바로 앞까지 소리를 전달할 수 있었다. 1904년 무렵 이미 미국에서는 300만 대의 전화기가 쓰이고 있었다. 리 디포리스트Lee De Forest의 3극 진공관 덕에 1915년 뉴욕에서 샌프란시스코까지 전화 통화가 가능해졌다.

그러나 전화가 대륙을 연결하는 데는 시간이 더 걸렸다. 멀리 떨어진 곳까지 보낼 수 있을 만큼 음향을 충분히 증폭하는 기술이 빠르게 발전하지 못했기 때문이다. 최초의 대서양 횡단 통화는 뉴욕에서 런던으로 건 것으로 1927년에 와서야 이루어졌다. 무선통신으로 이루어진 3분짜리 통화에는 당시로는 엄청난 금액이었던 75달러가 들었기에, 이는 경제적으로 비현실적이었다. 전화선은 1955년에 가서야 대서양을 가로질러 부설되었다. 전화가 쓸모 있을 정도가 되려면 비용이 많이 드는 시스템이 필요했으므로 좀처럼 국제화하지 못했다. 전화는 서유럽과 북아메리카에 집중되었는데, 1945년 무렵 두 지역에서 사용 중인 전화기는 각각 약 2600만 대였다. 아프리카는 대륙 전체에 약 40만 대의 전화기가 있어 뒤처졌으며, 아시아도 마찬가지였다. 약 170만 대의 전화기가 사용 중이었는데, 3분의 2 이상이 일본에 있었다.[145] 인구가 희박한 오세아니아에는 110만 대의 전화기가 있었다.

유럽의 소수 거대 회사는 또한 전화와 이에 부수하는 전자 기기에서 소비재로 관심을 돌렸다. 제너럴 일렉트릭과 합병한 톰슨-휴스턴은 영국과 프랑스에 자회사를 설립했는데, 이 자회사들은 합병 후 두 거대 시장에서 가장 큰 회사가 되었다.

독일은 전기 분야에서 가장 놀라운 진전을 경험했는데, 이는 경제 기적 Wirtschaftswunder의 열쇠였다. 1890년에서 1913년 사이 전기 산업 부문은 연간 9.75퍼센트라는 놀라운 성장률을 보였다. 제1차 세계대전 직전에 독일은 영국과 프랑스, 이탈리아의 생산량을 합친 것보다 20퍼센트가 많은 전기를 생산했다.(부분적으로는 전기를 생산하기 위해 독일은 1870년에서 1913년 사이에 석탄 생산을 거의 여덟 배로 늘렸으며, 산업 생산은 다섯 배로 증가했다. 그 결과 독일의 주요 수출품은 더는 원료가 아니라 완제품과 반제품이었다.)[146]

전 세계에서 선두에 선 소수의 거대 기업이 독일 전기 부문의 특징이었다. 에디슨의 독일 계열사는 훗날 독일에서는 물론이고 세계에서 가장 큰 전기 회사가 되는 아에게AEG를 세웠다. 독일에서도 다른 거대 기업인 지멘스가 1847년에 전신 사업을 시작했으며, 그다음으로 1877년에 해저케이블과 전화 사업에 뛰어들었고, 이어 전력 생산도 시작했다. 지멘스는 1920년대에 소비자 가전제품으로 영역을 넓혀 미국의 전기 회사들과 동일한 길을 걸었다. 지멘스는 전쟁 수단 생산에서 다른 전기 회사들보다 더 적극적인 역할을 수행하여 1944년에는 V2 로켓을 설계하는 데까지 나아갔다. 이 로켓은 신생 항공 산업에서 경험했던 바를 연장한 것이었다.[147]

거대 다국적 전기 회사들은 초기에는 19세기 말 라틴아메리카와 동유럽의 주요 도시들에서, 크기는 더 작았지만 아프리카와 아시아에서도 출현한 공익 시설 회사들에 참여했다. 영국은 멕시코의 S. 피어슨 발전 회사와 리우데자네이루와 상파울루의 브라질 전기 조명 전력 회사처럼 특정 지역을 위해 조직된 독립적인 회사들에 투자하는 경향이 있었고, 반면 제너럴 일렉트릭과 웨스팅하우스, 지멘스, AEG 같은 미국과 독일의 투자자들과 스위스 회사인 BBC(Brown, Boveri & Cie), 스웨덴의 ASEA(Allmänna Svenska Elektriska AB)는 수많은 주요 도시에서 전력과 전기 조명, 전차 부문의 이권을 획득했다. 리우데자네이루의 경우처럼 때로 이 회사들은 현지 자본으로 먼저 시작한 작은 전력 회사들을 대체했다. 외국의 큰 회사들은 대체로 전력 회사를 일단 출범시킨 뒤 매각했다. 전기와 전력 생산의 일상적 수요와 소비자와 자체 정부의 불만

이라는 정치적 문제가 회사의 핵심 능력에서 벗어났기 때문이다.[148]

다른 지주회사들이 출현하여 유럽의 자본(대체로 유럽과 미국의 큰 은행들과 긴밀히 연결되었다.)과 기술을 이용하여 여러 나라에서 공익 시설 회사를 운영했다. 예를 들면 벨기에 연합 철도 회사Compagnie Belge des Chemins de Fer Réunis는 벨기에와 프랑스, 그리스부터 멀리 러시아와 터키, 중국, 콩고, 이집트에 이르기까지, 심지어 아메리카의 아르헨티나와 칠레에서도 전차와 철도에 투자했다.[149] 전기에서 앞서 나갔던 서유럽인과 북아메리카인 들은 핵심 지역 밖의 나라들에서도 보통 제일 먼저 이권을 획득했다. 중요한 예외는 이번에도 일본이었다. 일본은 대체로 국내 자본을 이용했고 정부가 부족한 부분을 메웠다. 그러나 일본에서도 전기 부문에서는 다른 부문보다 외국의 참여가 많았는데 체제의 전기 수요가 엄청나게 컸고 특히 기술이 복잡했기 때문이다.[150] (아시아의 다른 주요 '독립' 국가였던 중국에서 근대적인 공익 시설은 대부분 유럽과 일본이 통제한 조약항들에 있었다. 이 나라들의 회사는 아시아와 아프리카의 다른 식민지들에서 했듯이 그곳에도 전기 조명과 전력, 전차 부문의 회사를 설립하고 운영했다.)

여러 공익 시설 회사들은 막대한 자본이 필요했고 전략적인 경제적 중요성을 띠었기에 결국 국가나 지역의 공공 기관이 인수했다. 소련은 외국의 전력 전기 조명 회사를 몰수했고, 20~30년 후 터키 정부는 프랑스가 소유한 공익 시설들을 매입했다.[151] 국가 개입에 대한 의심이 강했던 미국에서도 공익 시설의 공공 규제와 심지어 공공 운영까지도 요구하는 목소리가 울려 퍼졌다. 연방정부가 자금을 공급하고 운영한 테네시강 유역 개발 공사TVA는 1934년에 댐과 발전소를 건설하여 강 유역에 있는 여덟 개 주의 전기 조명과 전력이 부족한 지역에 전기를 공급했다. TVA는 개발계획이었을 뿐만 아니라 주로 전력의 도매 공급자 역할을 수행했기에 나라 최대의 전력 생산자가 되었지만, 자치도시와 주, 민간 회사들을 통해 전력을 보급했다.[152] 전력과 전기, 운송 부문의 국영기업이 전 세계적으로 일반적인 표준이 된 것은 제2차 세계대전 이후의 일이었다.

아메리카와 유럽, 오세아니아, 그리고 아시아와 아프리카의 일부 지역에서 불평등의 큰 격차는 나라와 나라 사이가 아니라 나라 내부에서 발견되었다. 공익 시설은 전기가 도입되기 전보다 도시의 삶과 시골 생활 사이의 차이를 훨씬 더 크게 만들었다. 특히 가로등과 영화가 출현하면서 '대도시의 밝은 빛'은 단순히 밤의 정복을 뜻하지만은 않았다. 그것은 더 많은 여가의 기회, '문화'로 인식된 것들, 사회적 지위를 의미했다.[153] 도시 주민들이 교육을 가장 잘 받았고 정치에 매우 익숙했으며, 조직을 이루어 폭동을 일으킬 수 있는 능력 때문에 사회적으로 가장 위험했으므로, 각국 정부는 도시의 대중적 공익 시설에 집중적으로 자금을 투입했다. 물론 도시의 조밀한 주거 유형도 도시 거주민의 공익 시설 이용을 쉽게 했다. 그리고 전염병의 유행에 관한 건강상의 염려도 위생을 보편적인 관심사로 만들었다.

구리와 기타 금속

지금까지 제2차 산업혁명이 통신과 전기 조명, 전력에 가져온 변화에서 전기가 수행한 역할을 강조했다. 그러나 전기의 새로운 역할은 다른 경제활동의 수요를 창출하여 국제무역을 자극했다. 차후의 산업 생산에 필요한 선행 활동이라는 경제학자 앨버트 허시먼Albert Hirschman의 '후방 연쇄효과' 개념을 써서, 구리와 알루미늄 부문에 새롭게 나타난 필요와 가능성을 간략하게 고찰하겠다.

인류는 적어도 청동기 시대부터 지구 전역에 널리 분포한 구리의 중요한 쓰임새를 발견했다.(청동은 구리와 주석의 합금이다.) 구리는 장비와 무기를 만드는 데 필요한 중요한 원료다. 그러나 구리는 더 강하고 풍부하게 매장되어 있던 철에 밀려 인기가 감소했다. 전기 시대가 오기 전에 구리는 주로 동전과 보석에 쓰였다. 그러나 구리는 전기 전도성을 지닌 덕분에 전선(전신선과 전화선 포함)과 발동기의 필연적인 원료가 되었다.

지금 다루는 시기에 구리는 전기를 도입한 대부분의 공업국과 번영하는 나라에서 필수품이 되었다. 수요가 너무 많아서 구리 생산은 1870년에서 1938년 사이에 스물네 배로 증가했다. 전기 혁명의 선도 주자 중 하나인 미국은 미시간주의 어퍼반도Upper Peninsular, 그리고 나중에는 몬태나주의 뷰트Butte와 남서부 지방처럼 쉽게 도달할 수 있는 지역에 세계에서 가장 풍부한 광상을 가지는 행운을 지녔다. 1870년에 미국의 구리 생산량은 전 세계 생산량의

7분의 1밖에 되지 않았고, 이는 칠레나 유럽에서 생산되는 양의 3분의 1 정도였다. 미국의 생산량은 14년 만에 여덟 배 이상으로 증가하여 다른 모든 구리 생산국을 앞질렀다. 1913년까지 생산량이 추가로 다섯 배로 더 증가하면서 미국은 전 세계 구리 광상의 80퍼센트 이상을 채굴했고 생산고의 60퍼센트 이상을 제련했다. 경쟁국들 중에서는 칠레와 에스파냐, 러시아만이 어느 정도 규모의 광산을 보유했다.[154]

이 부문은 제1차 세계대전 이후 계속 급속하게 성장했고 지리적으로 다변화했다. 미국의 생산이 정체하여 그 몫이 전 세계 생산량의 3분의 1로 하락했던 반면, 캐나다와 칠레의 광산은 생산량을 두 배로 늘렸다. 벨기에령 콩고(콩고 민주공화국)와 로디지아(짐바브웨)에서 생산이 이루어지면서 아프리카는 식민지의 주요 구리 생산국이 되었고 1938년이면 전 세계 총 생산량의 20퍼센트 이상을 담당했다.[155]

유럽의 전기 회사들은 필요한 구리를 확보하기 위해 해외에 의존해야 했다. 유럽 최대의 구리 광상을 보유한 에스파냐와 소련의 생산량이 수요를 충족할 수 없었기 때문이다. 독일의 큰 회사인 메탈게젤샤프트Metallgesellschaft AG 같은 몇몇 회사는 자회사인 아메리칸 메탈American Metal을 통해 미국의 광산에 투자했다. 다른 회사들은 식민지나 다른 나라에서 제휴하거나 제3자로부터 구리를 수입했다. 어쨌거나 구리는 대량생산 전기 제품을 확산하는 데 쓰였기에 소수에 의한 과점이 특징이었다.[156] 이 명백한 역설은 사실상 법칙이나 다름없었다. 대중을 겨냥한 공산품의 확산은 과점의 경향을 보였다.

기술의 발전은 상승작용을 일으켰고 규모의 경제를 요구했다. 20세기에 갱도를 폭파하는 데 니트로글리세린이 사용되고 이를 채굴할 증기 삽과 동력 천공기가 발명되면서 광대한 구리 광산을 이용할 수 있게 되었다. 이 광산은 크기가 역사상 최대였으며 대체로 인구가 희박한 외진 곳에 있었다. 이 도시로 노동자를 데려오고 무거운 운송 장비를 구매하고 철도를 부설하는 비용을 생각하면 은행가와 금융가들과 긴밀히 연결된 소수의 회사만 성공할 수 있었다. 그래서 로스차일드 가문과 J. P. 모건, 구겐하임 가문 같은 자본가들과 도이체방크 같은 독일의 주요 은행들이 이 부문을 지배하게 되었고, 아메

리카와 유럽, 아프리카의 수많은 나라에서 이익을 얻었다.[157]

　구리는 채굴 비용은 물론 제련 기술 때문에도 소수의 회사가 독점할 수밖에 없었다. 전기는 효율적으로 전달되는 데 구리가 필요했지만 동시에 '전기분해 혁명'을 통해 저렴하게 구리를 제련하는 해법을 제공했다. 1891년에 개발된 새로운 고성능 발전기는 이익을 내려면 커야 했다. 결과적으로 1891년에서 1910년 사이에 미국에 건설된 새로운 근대적 거대 제련소는 겨우 열두 기뿐이었다. 1914년 미국의 구리 생산이 다섯 배로 증가하는 데는 그것만으로도 충분했다. 1948년에 다섯 개 최대 구리 생산 회사는 1917년과 똑같았다. 아나콘다 구리Anacodna Copper, 펠프스 도지Phelps Dodge, 아메리칸 제련 정련 American Smelting and Refining, 케니콧Kennecott, 아메리칸 메탈American Metal이다. 이 회사들은 해외에 투자한 미국 최초의 다국적 회사였다.(멕시코의 철도에 투자한 경우와 유나이티드 프루트 같은 열대의 설탕과 과일에 투자한 경우는 예외다.) 이 회사들은 멕시코와 페루, 칠레에 거대한 광산과 제련소를 세웠다.[158]

　몇몇 기업은 노동자들을 '미국인의 생활 방식'(고용인의 사생활을 지시하기 위한 프로테스탄트 윤리를 포함한다.)에 익숙하게 만들고자 해외에 기업 도시를 건설하려 했지만, 원하지 않은 문화적 가치, 즉 계급투쟁을 의도치 않게 수출하기도 했다. 광부들은 멕시코와 페루, 칠레에서 정치적으로 가장 활동적이고 잘 조직된 노동자에 속했다. 칠레의 광부들은 매우 성공적인 몇몇 노동조합을 건설했고 좌파 정당의 출범에 기여했다. 1906년 멕시코 소노라주의 카나네아 구리 광산 파업은 멕시코 혁명의 촉매제로 여겨졌다. 다른 많은 역사가가 반대하는 견해이긴 하지만, 실제로 역사가 존 하트John Hart는 1890년대 말 이후 외국인 투자의 홍수로 촉발된 반제국주의 정서가 멕시코 혁명 발발의 열쇠였다는 주장을 강력히 제기했다.[159]

　다른 구리 광산들에서 폭력이 발생하지 않은 것은 분명하다. 그러나 때로 이 회사들도 당시 확대되고 있던 생활 방식의 거대한 분기를 강화했다. 데니스 코르토이어Dennis Kortheuer는 로스차일드 가문의 프랑스 분파가 소유한 바하칼리포르니아의 엘볼레오El Boleo 광산을 연구하면서 이러한 문화의 충돌을 다루었다. 멕시코 중심부의 문맹 광부들은 산타로살리아로 이끌려 와 구리를 파내기 위해 산속 깊은 곳에 터널을 뚫었다. 그 구리는 미국에서 전기를 송전하고 전신을 통해 문자를 전송하고 밤에 불을 밝히는 데 쓰였다. 그렇지만 광부들은 고작 흐릿한 촛불에 의지하여 어두운 동굴 속을 지나다녔다. 광산에 전기가 들어오지 않았기 때문이다.[160]

구리를 찾는 과정이 아연과 니켈, 은, 납의 채굴을 늘리는 부수 효과를 가져왔다는 사실에 주목해야 한다. 이 광물들은 자연에서 구리 광상과 함께 존재해서 광부들은 전부 함께 채굴했고, 전 세계에서 소비가 급격히 증가했다.

전기와 구리는 또한 20세기에 중요해지는 다른 금속, 즉 알루미늄의 확산도 초래했다. 미국에 전기를 공급하기 위해 뉴욕주 나이아가라폴스 시에 거대한 발전소가 건설되었다. 폭포의 수력으로 발생되는 에너지 때문에 중공업과 식품 가공업을 포함하여 매우 큰 규모의 광물 가공 공장과 공산품 가공 공장들이 그 지역으로 들어왔다. 1895년 알코아Alcoa(Aluminum Company of America)는 나이아가라폴스에 9년 전에 발명된 전기분해법을 이용하여 알루미나(보크사이트)를 알루미늄으로 바꾸기 위해 미국의 주요 모험 투자가였던 멜론 가문으로부터 자금을 끌어와 거대한 알루미늄 공장을 세웠다. 이 공장 덕분에 알루미늄 1파운드(약 453그램)의 가격은 12달러에서 32센트로 하락했고, 이전에는 많은 비용이 필요했던 생산물이 산업 필수품이 되었다. 그 결과로 알코아는 서반구 전역에서 독점적 지위를 확보한다.[161] 유럽에서는 제1차 세계대전 이전 네 개 회사가 전체 알루미늄의 95퍼센트를 생산했다. 그러나 특수 금속인 알루미늄은 자동차와 항공기처럼 석유를 기반으로 하는 운송수단에 점점 더 중요해졌으며, 포장과 가정용품으로 영역을 확장하여 제2차 세계대전과 그 이후에 급격하게 사용이 증가했다.

석유

석유는 제2차 산업혁명 중에 주된 새 에너지원이 되었다. 물론 진정한 석유의 시대는 석탄을 압도한 1945년 이후다. 그러나 이미 20세기 초반에 전 세계의 석유 생산품과 유전, 석유 시장을 개발하고 지배하려는 경쟁으로 북아메리카와 서유럽에 가장 크고 가장 역동적인 기업들이 설립되었다. 이 경쟁은 또한 중앙아시아와 중동처럼 이전에는 세계경제에 부차적이었던 지역에서 강대국들 간의 제국주의적 경쟁을 촉발했다. 석유는 자동차와 비행기를 도입하여 운송의 혁명을 가져오게 된다.

그러나 1870년 무렵 석유는 아직도 크게 중요하지는 않았다. 석유는 약효 때문에, 또 발광체로서 수천 년 동안 알려져 있었지만, 삼출 장소가 휘발성이 강하고 매우 드물어서 세계적으로 중요한 자원이 될 수 없었다. 1859년 미국인 에드윈 드레이크Edwin Drake가 펜실베이니아주에서 애초에는 소금 채굴 용도로 개발한 굴착 기술을 석유 부존층 탐사에 쓰면서 획기적인 진전이 이루어졌다. 석유가 등유로 변환되면서 중요한 국제적 상품이 등장했다.

1879년에는 스탠더드 오일이라는 한 회사가 등유 정제 용량의 90퍼센트를 통제했다. 스탠더드 오일의 평범한 이름(오늘날의 기준으로 보자면 그렇다.)은 한결같이 신뢰할 수 있는 하나의 상품을 의미하고자 선택한 것이었다. 스탠더드 오일은 석유 제품의 미국 표준standard을, 나아가 세계 표준을 세우려 했다. 3년 뒤, 스탠더드 오일은 여러 회사를 단일한 경영 아래 결합한 법인인 '트러스트'를 최초로 만들었다. 이 트러스트는 전 세계 등유 생산량의 4분의 1을 생산했다. 스탠더드 오일은 송유관, 철도를 갖춘 특수 설비, 최종적으로는 자체의 증기선과 범선 선단을 통해 등유의 유통도 대부분 장악하게 된다. 스탠더드 오일은 나중에 가서야 직접 석유를 채굴했다.

스탠더드 오일의 설립자이자 지휘자인 존 D. 록펠러는 조직자본주의를 선호했기에 '무제한 경쟁'의 적이었다. 록펠러는 이렇게 선언했다. "결합의 시대가 도래할 것이다. 개인주의는 사라졌다. 다시는 돌아오지 못할 것이다."[162] 결국 스탠더드 오일은 경쟁자들을 흡수하거나 분쇄하는 데 매우 크게 성공하여 세계 최대의 기업이 되었다.

다시 말해 스탠더드 오일은 추문 폭로 기자인 아이다 타벨lda Tarbell이 회사의 시장 지배력에 대한 대중의 분노를 불러일으킬 때까지 가장 막강했다. 미국에서는 전례 없는 트러스트 성립의 물결이 휩쓸어 1898년에서 1904년까지만 해도 60억 달러 가치의 234개 트러스트가 출현했는데, 그 와중에 스탠더드 오일은 미국 원유의 4분의 3 이상, 등유의 5분의 4, 철도 윤활유의 10분의

9를 정제했다. 공화당 내 진보파의 강력한 항의에 대통령 윌리엄 하워드 태프트William Howard Taft와 의회는 스탠더드 오일의 '문어발'에 조치를 취하여 1909년 트러스트를 여덟 개의 별개 법인으로 분할했다. 그러나 이는 피로스의 승리와 비슷했다. 후속 회사들은 계속해서 서로 협력했던 것이다. 이 회사들은 매우 성공적이어서 분리 이후 1년이 지나지 않아 대부분 주식 가치가 두 배로 증가했으며 이후로도 지속적으로 성장했다.[163]

등유는 대부분 미국 안에서 소비되었지만, 석유산업은 처음부터 국제 무대를 지향했다. 등유는 1880년대 미국 제조업의 주요 수출품이 되었다.[164] 또한 석유의 '열분해'는 나프타와 아스팔트, 디젤유, 중유, 윤활유, 바셀린, 파라핀, 마지막으로 특히 중요한 가솔린처럼 귀중한 생성물을 많이 가져왔다.

가솔린이 두드러지게 된 것은 예기치 않은 행운으로 입증되었다. 1879년 에디슨이 신뢰할 수 있는 전구를 발명하고 도시들이 전기 조명을 설치하면서 등유 수요가 감소하자 스탠더드 오일도 고래 기름과 밀랍 생산자들이 갔던 길을 걸을 뻔했는데, 이때 가솔린이 스탠더드 오일을 구원했다. 1885년 25만 개의 전구가 사용되고 있었는데, 17년 후에는 1800만 개가 쓰였다. 자동차와 해군 군함, 상선이 석탄에서 중유로 연료를 바꾸면서 새로이 대량 수요가 발생했다. 1910년 스탠더드 오일은 등유보다 가솔린을 더 많이 팔았다.[165]

목마른 운송 수단들이 국제적인 석유 경쟁을 추동하지는 않았다. 어쨌거나 미국은 그때까지 자동차와 트럭, 비행기의 대부분을 보유했는데 펜실베이니아와 캘리포니아, 루이지애나, 오클라호마, 텍사스의 풍부한 유정 덕분에 석유를 자급했다. 제1차 세계대전이 끝날 무렵 미국에서 석유가 고갈될 것이라고 예측한 부정확한 조사 때문에 잠시 소동이 있었지만, 국내 비축량이 부족할 것이라는 두려움은 없었다. 미국의 석유 회사들은 유럽의 경쟁에 대한 두려움 때문에 더 해외로 눈을 돌렸다.

서유럽 국가들은 자국 내에서 석유를 발견하지 못했다. 유럽 대륙에서는 오직 루마니아에만 약간의 석유가 매장되어 있었다. 그러나 처칠이 말했듯이 자동차보다는 선박의 연료로 사용할 것이기는 했지만, 영국은 석유가 필요했다. 처칠은 다소 신파조로 이렇게 말했다. 해군이 없다면, "우리 국민과 제국의 모든 재산은 …… 완전히 사라질 것이다." 처칠은 이렇게 좀 더 예리하게 경고했다. "석유를 얻을 수 없다면 우리는 곡물을 얻을 수 없고 면화를 얻을 수 없으며 영국의 경제적 에너지 보존에 필수적인 무수히 많은 상품을 얻을 수 없다."[166]

당연하게도 영국은 매우 많은 것을 수입하고 수출했기 때문에 각별히 더 취약했다. 그러나 20세기에는 프랑스와 독일, 일본도 석유를 단지 연료만이 아니라 다양한 생산품의 원료로 보고 그 입수 방법에 관해 걱정했다. 처음에는 석유도 다른 상품과 비슷하게 취급되었다. 노벨 같은 개인 기업가들이 남부 러시아의 바쿠 같은 큰 유전을 차지했다.[167] 영국인 마커스 새뮤얼Marcus Samuel과 새뮤얼 새뮤얼Samuel Samuel[9]이 그랬듯이 로스차일드 가문도 곧 합류했다. 결국 주요 국가들은 귀중한 상품일 뿐만 아니라 전략적 상품이기도 했던 석유의 통제에 관심을 갖게 되었다. 네덜란드는 인도네시아에서 석유를 발견했고 네덜란드 국영 석유 회사Royal Dutch Petroleum Company를 설립했다. 이 회사는 곧 영국의 쉘 운송 무역 회사와 합병하여 처음에는 러시아산 석유를 수입하다가 이어 루마니아로 진출했다. 얼마 후 새롭게 팽창한 이 회사는 멕시코 독수리 석유 회사를 매입했다. 합병 이후 새로운 회사는 로열 더치 쉘Royal Dutch Shell로 알려졌다. 일본에서는 제2차 세계대전 발발 전 10년간 석유의 전략적 함의가 점점 더 증대해졌다. 자국에서 석유를 생산할 수 없었던 일본은 대체로 미국의 공급에 의존했다. 일본의 기술자들은 1930년대에 식민지 만주국에서 석유를 시추했으나 성공하지 못했고 점차 동남아시아에 '공영권'을 구축하여 석유 자원을 안정적으로 보급받는 꿈을 꾸었다.

터키 태생으로 영국에서 교육받은 아르메니아 중개인 캘루스트 굴벵키언 Calouste Gulbenkian은 석유 쟁탈전을 중동으로 확장하는 데 결정적인 역할을 했다. 굴벵키안은 1908년 석유가 발견된 페르시아(이란)에서 석유 이권을 확보했다. 독일의 동맹국이었던 오스만 제국이 제1차 세계대전 후 붕괴되면서 중동

─── **9** 각각 쉘 운송 무역 회사Shell Transport and Trading Company와 일본에서 새뮤얼 새뮤얼 회사 Samuel Samuel & Co.를 설립한 새뮤얼 형제.

은 영국과 프랑스의 각축장이 되었다. (독일과 일본은 경쟁 관계의 강대국 깃발을 걸고 있는 회사들에 석유를 의존했기에 다음 번 큰 전쟁에서 소련과 인도네시아를 침공하게 된다.) 인도와 그 밖의 영국령 남아시아 제국의 전략적 중요성, 특히 인도양의 영국 해군에 석유를 보급하는 문제의 전략적 중요성을 인식한 영국 해군 본부와 의회는 영국-페르시아 석유 회사Anglo-Persian Oil Company에 투자했다. 나중에 브리티시 퍼트롤리엄British Petroleum으로 이름을 바꾼 이 회사는 영국 정부의 한 팔이 되어 제국 정책을 이행했을 뿐 아니라 다른 주주들에게도 엄청난 이익을 안겨 주었다. 이라크와 쿠웨이트, 사우디아라비아 같은 중동의 다른 왕국과 토후국 들은 대체로 미국의 영향력 안에 들어왔는데 1945년에 상업적 석유 생산을 시작하는 단계에 있었다.

에드워드 도헤니Edward Doheny와 브리티시 이글 컴퍼니British Eagle Company 같은 무모한 시추자들은 물론 스탠더드 오일 같은 미국 석유 회사들도 중동으로 가기 전에 멕시코에서 다량의 석유를 발견했다. 멕시코 혁명이 발발하여 외국인 소유의 석유 이권이 민족주의 정권들에 위협을 받자, 스탠더드 오일은 남쪽의 베네수엘라로 눈을 돌렸다. 1938년에 멕시코 대통령 라사로 카르데나스Lázaro Cárdenas가 석유 회사들의 국유화를 공포했을 때, 멕시코는 더는 국제적인 주요 생산국이 아니었다. 혁명기의 격변을 벗어나 멕시코의 산업화 동력이 회복되면서 멕시코의 석유 생산량은 대체로 국내의 필요를 충당했다.[168]

멕시코는 성장 능력이 있는 석유 회사를 국유화한 첫 번째 나라가 아니었다. 소련이 이미 그렇게 했다. 소련에서는 반자본주의 원리만이 아니라 공산주의자 활동가로서 나중에 독재자가 된 이오시프 스탈린이 바쿠 유전에서 급진적 조직자로서 출발했다는 사실도 문제였다. 다른 곳에서는 제2차 세계대전 후 국가의 석유 회사 인수가 특별한 일이 아니었다. 이란과 멕시코, 볼리비아에서는 민족주의적 인민주의자들이 자국의 석유 부문을 지배하게 된다. 다른 곳에서는 사우디아라비아와 쿠웨이트처럼 친자본주의적이고 사회적으로 반동적인 군주제가 떠맡는다. 처음에는 멕시코에서 국유화에 맞서 싸웠고 좀 더 후(1954)에 이란의 영국 석유 국유화에 맞서 싸웠던 주요 석유 회사들은 그때쯤이면 국영 석유 회사와 함께 생존하고 그로부터 이익을 얻을 수 있음을 깨달았다. 전략적이고 자본 집약적이며 기술 집약적인 다른 많은 상품의 경우와 마찬가지로 석유에서도 공공과 민간의 구분은 언제나 흐릿했다.

고무

자동차와 석유의 결합이 성공하려면 고무라는 제3의 상품이 필요했다. 도로는 보통 진흙이었고 마차의 바퀴로 움푹 팼다. 자동차가 이용자를 끌어 들이려면 승차감이 더 편해야 했다. 아스팔트와 쇄석의 포장도로가 퍼진 후에도 무엇인가 더 필요했다. 고무는 중앙아메리카에서 수천 년 동안 해 온 공놀이로 잘 알려졌는데 1844년 찰스 굿이어Charles Goodyear가 조잡한 제품에서 황을 제거하는 '가황 처리'법을 개발하면서 19세기 초에 더 널리 쓰이게 되었다. 그렇게 처리된 고무는 전성을 유지하면서도 더 강력해지고 신뢰할 수 있었다. 이제 고무는 추위에 깨지지 않고 열에 녹지도 않았다. 고무는 지우개에 쓰여 잘못 쓴 것을 문질러 없앨 수 있었고(그래서 지우개라는 이름이 붙었다.) 골프공에도 쓰였다. 고무는 방수 능력 덕분에 곧 외투와 장화, 나아가 콘돔에도 널리 사용된다. 그러나 수요와 공급은 적었다. 굿이어는 돈을 벌지 못하고 죽었고, 그가 죽은 지 30년이 지나 큰 고무 회사를 세웠던 다른 이들이 그의 이름을 가져다 썼다.

산업 제국으로 가는 열쇠이자 바퀴 달린 운송 수단의 발전을 촉진했던 다른 발명품은 1888년 스코틀랜드인 의사 존 보이드 던롭John Boyd Dunlop이 발명한 공기 타이어였다. 던롭도 자신이 발명한 공기 팽창식 타이어에서 별다른 소득을 올리지 못했다. 특허와 자신의 이름을 팔았고 매입자는 훗날 주요 고무 회사가 된다. 공기 타이어는 1880년대와 1890년대 자전거 열풍에 기여했다. 인간의 근력으로 움직이는 두 바퀴 내지 세 바퀴짜리 운송 수단은 상대적으로 저렴하고 속도가 빨랐기에 세계 전역에 널리 퍼졌다.

그러나 공기 타이어가 자동차에 성공적으로 적용되기까지는 20년을 더 기다려야 했다. 내부에 공기를 주입할 수 있는 튜브를 갖춘 고무 타이어는 자동차와 자전거의 승차감을 개선했지만, 마모와 균열의 문제는 지속되었다. 최초의 타이어는 품질이 조악했고 포장도로는 많지 않았기에 평균적으로 자동차는 1년에 여덟 개의 타이어가 필요했는데 이는 적잖은 비용이었다. 그렇지만 생산기술의 발전과 비포장도로의 개선, 포장도로에 대한 공공투자 덕분에 몇 년 안에 타이어 수명은 여섯 배로 늘어났다. 미국에서 포장된 지방 도로와 자치도시 거리의 길이는 1904년에서 1914년 사이에 두 배로 증가해 약 48만 킬로미터를 넘었다. 1938년이면 도시들을 연결하는 연방 고속도로와 주 고속도로가 약 40만 킬로미터 추가된다.[169] 유럽의 포장도로도 급속하게 증가했다. 그때 석유는 자동차를 움직일 가솔린과 윤활유뿐만 아니라 도로를 포장할 아스팔트도 제공했다.

자전거와 자동차의 혁명은 고무의 수요를 크게 자극했다. 미국의 수입량은 1900년에서 1929년 사이에 스물다섯 배로 폭증했다. 여러 공장에서 라텍스를 공급했지만, 호경기는 아마존강 유역에서 발견된 다양한 종의 고무에 집중되었다. 브라질은 대략 1908년까지 자연계의 파라고무나무Hevea brasiliensis를 독점하는 혜택을 누렸다. 그 덕분에 브라질은 1900년에서 1910년 사이에 수출량이 계속 증가하는 중에도 가격이 두 배로 뛰면서 큰 행운을 누렸다. 고무는 1890년에서 1920년 사이에 커피에 뒤이은 브라질의 주요 수출품이 되었다.[170]

이러한 행운의 성공은 국제사회 관찰자들의 상상력을 사로잡았다. 위대한 테너 가수 엔리코 카루소Enrico Caruso가 대서양에서 강 상류로 수천 킬로미터 떨어진 마나우스의 멋진 오페라 극장에서 공연하는 이야기가 그랬다. 그곳 도시의 엘리트들은 유럽에서 마구잡이로 물품을 수입했고 세탁물을 프랑스로 보냈다. 그러나 고무 호황기에 브라질이 겪었던 엄청난 경험은 훗날 '네덜란드 병Dutch disease'[10]으로 알려지는 것의 초기 일화로 끝났다. 자연은 브라질에 라텍스를 생산하는 입목의 숲을 주었지만, 그 지역은 인구가 희박하고 거주 환경이 열악한 곳이었다. 호황은 단명했다.

하늘 높은 줄 모르고 치솟는 외국의 수요와 가격은 수많은 세링게리오

_____ **10** 특정 부문의 발전과 다른 부문의 쇠퇴 사이에 명백히 드러나는 관계를 지칭하는 경제 용어로 1977년 《이코노미스트》가 1959년 흐로닝언에서 대규모 천연가스가 발견된 이후 네덜란드 제조업이 겪은 쇠퇴를 설명하면서 썼다.

스seringuerios, 즉 고무 수액 채취자들의 열대 침공을 초래했다. 이들은 대부분 브라질의 빈곤 지역인 북동부 출신의 남성들로 고무나무 입목을 찾아다녔다. 세링게리오스는 자귀와 양철 깡통을 들고 밀림 속에 난 긴 길을 따라 노동자 한 명당 약 100그루씩 맡아서 수액을 받아 라텍스를 모은 뒤 연기가 많이 나는 불 위에서 경화시켰다. 이는 생산이라기보다는 추출 내지 탐색 채집이었다. 경험이 부족한 채집자들은 종종 자귀를 너무 깊숙이 집어넣었기에 나무들은 곧 수액이 고갈되어 고사했고 새로운 나무를 찾아야 했다. 상인들은 수액 채취자를 많이 끌어모으기 위해 식량과 대여금의 형태로 선금을 지급했으며 뿔뿔이 흩어져 있는 경화 고무를 얻기 위해 거룻배나 증기선을 타고 아마존강의 지류들을 거슬러 올라갔다. 그러나 이것이 생산공정을 혁명적으로 바꾸지는 않았다. 규모의 경제 따위는 없었다. 실제로 나타난 것은 비경제diseconomy였다. 채집량은 집약적인 수확이 아니라 조방적 수확에 의해서만, 다시 말해서 지리적으로 넓게 전개해야만 늘어날 수 있었기 때문이다. 결과적으로 많이 생산하면 할수록 세링게리오스는 브라질의 집산지와 유럽과 미국의 시장에서 더 멀어졌다. 그리고 많은 노동자는 프롤레타리아이기보다 노예 계약 노동자이거나 심지어 노예인 경우도 더 많았다. 변경의 교역 도시와 마나우스와 벨렝처럼 전기가 들어가는 유럽 문화의 근대적 거류지 한두 곳을 제외하면, 고무 무역은 풍광에 영구적인 것을 남기지 않았다. 고무 무역의 주된 지정학적 귀결은 브라질이 볼리비아의 아크레(브라질의 아크리) 지역을 매입한 것과 페루와 콜롬비아, 베네수엘라, 그리고 가이아나의 프랑스와 네덜란드, 영국 식민지들 같은 아마존강의 이웃들과 외교로써 국경을 공고히 한 것이었다.[171]

고무 경제에서 브라질이 수행한 중심 역할은 자동차 생산이 더디게 성장하는 한 고무를 갈망하는 미국과 서유럽에 문제가 되지 않았다. 그러나 앞서 보았듯이 헨리 포드의 발명품인 조립라인이 널리 모방되면서 타이어에 굶주린 자동차의 수가 폭발적으로 증가했다. 합성고무는 에디슨이 한 최고의 노력을 좌절시킨 복잡한 제품으로 듀폰에서 부분적인 해답을 끌어냈다. 1802년부터 화약을 생산한 주요 화학 회사였던 듀폰은 1938년에 대서양 건너편의

_____마체테 칼로 고무나무에서 수액을 채취하는 노동자. 고무 호황이 끝나기 전인 1912년의 브라질로 추정된다. 브라질 해안 지역에서 수십만 명이 아마존강 유역의 열대우림으로 쏟아져 들어와 단순한 채취 기술로써 라텍스를 생산하는 여러 종의 나무와 식물의 수액을 거두었다. 자전거와 자동차의 바퀴 시장이 팽창함에 따라 고무에 대한 외국의 수요와 고무 가격이 치솟았고, 이는 수많은 고무 수액 채취자들, 즉 세링게리오스의 열대 침투를 자극했다. (Library of Congress)

독일인 화학자들이 보여 주던 몇 가지 마법을 모방하여 네오프렌과 나일론을 만들었다. 네오프렌과 나일론은 면과 강철과 더불어 타이어의 주요 성분이 된다. 그러나 1945년 이전에는 고무가 여전히 운송에 매우 중요하여 필수적인 전략 물자로 여겨졌다.[172] 제2차 세계대전에서 일본의 목적은 대체로 석유 산지뿐만 아니라 고무 재배지도 정복하는 것이었다.

아시아는 자연의 사건이 아니라 제국의 계획에 의해 고무 세계에 연루되었다. 영국인 모험가로 한때 외무부에 근무하기도 했던 헨리 위컴Henry Wickham은 1876년 브라질에서 파라고무나무의 씨앗을 몰래 반출하여 영국의 큐Kew에 있는 국립 식물원Royal Botanic Gardens으로 가져왔다. 그곳에서 재배된 고무나무 묘목이 실론으로, 이후 말레이시아와 인도네시아로 보내졌다. 이는 인색한 영국 외무부가 제안한 최소한의 지원도 받지 못한 채 이루어진 매우 위험하고 어려운 과정이었다. 브라질 민족주의자들이 그에게 뿌린 황산이 진했던 만큼 위컴이 받은 보상은 빈약했다.[173] 그러나 30년 안에 위컴의 계획은 영국과 네덜란드 자본으로 남아시아 식민지에 고무 플랜테이션 농장을 세워 현지인과 인도와 중국의 노예 계약 노동자들에게 일을 시키는 데 성공했다. 1912년 그 농장들의 고무 수출은 브라질의 수출을 뛰어넘었고, 몇 년 안에 브라질의 자연 채취량을 압도했다. 1925년이면 아시아의 플랜테이션 농장과 소규모 농가들은 브라질의 세링게리오스보다 열여섯 배나 되는 고무를 생산했다.

고무는 동인도제도의 비옥하고 인구가 많은 지역에서 자랐기 때문에 몇 에이커의 작은 가족 농지에서 재배된 '토착민의 고무'는 플랜테이션 농장의 고무를 뛰어넘게 되었다. 고무는 환금작물이었지만 쌀 같은 식량 작물과 나란히 재배되었기에 재배농들은 국제시장의 가격 변동으로부터 보호를 받았다. 가격이 하락할 때는 고무보다 소비 작물에 가족노동을 더 많이 투입할 수 있었기 때문이다. 그러나 경제적 논리만큼이나 정치적 저항도 고무 농장의 역할과 보유 토지의 규모를 축소하는 데 중요했다. 앤 스톨러가 입증했듯이 수마트라에서는 일본의 침공과 토지 강탈에 맞선 반대가 소농지를 낳았다. 그러나 스톨러의 주장에 따르면 이 보유지들은 결국 "자본주의적 지배의 소용돌이 속으로 끌려들어 갔다."¹⁷⁴ 자동차 회사들은 이제 고무를 충분히 구매할수 있었고 지속적인 가격 하락으로부터 이익을 얻을 수 있었다. 브라질의 자동차 회사들까지도 이제는 아시아에서 고무를 수입했다.

고무 호황의 가장 모진 일화는 중앙아프리카를 괴롭혔을 것이다. 벨기에 국왕 레오폴 2세는 1885년 베를린 회담에서 다른 유럽 국가들로부터 콩고자유국에 대한 재량권을 인정받았다. 아마도 그곳의 노예제를 제거하고 문명을 전파하기 위한 조치였을 것이다. 고무 수출은(상아와 광물의 수출도) 확실히 증가했지만, 세계시장에 큰 영향을 줄 정도는 아니었다. 그러나 벨기에 식민주의의 잔인한 신노예노동 체제는 최소한 지역 주민의 5분의 1을 죽여 없앴을 것이다. 이는 아일랜드인 기자 로저 케이스먼트Roger Casement 같은 자들을 필두로 국제적인 분노를 유발했으며, 조지프 콘래드의 『암흑의 핵심』에 영감을 주었다. 벨기에는 고무에서 발생한 이익으로 위압적인 건축물들을 세웠지만, 콩고의 노동자들에게는 죽음과 상처를 주었다.¹⁷⁵

굿리치Goodrich와 굿이어, 유에스 러버United States Rubber Company 같은 북아메리카의 타이어 생산 회사들은 유럽의 고무 공급 지배에 만족했지만, 하비 파이어스톤Harvey Firestone 같은 자들은 영국·네덜란드 카르텔이 가격을 다시 올릴 것을 걱정했다. 이는 실제로 1920년대 초 영국 정부는 스티븐슨 계획 Stevenson Plan으로 가격 하락을 시도했다. 그러나 네덜란드는 가격 조작에 동조하지 않아서 1926년 이후 공개시장이 재개되었다.

영국과 네덜란드가 세계 고무 시장을 지배하는 데 대한 염려는 몇 가지 흥미로운 실험을 야기했지만, 이 실험들은 결국 실패했다. 가장 유명한 실험은 헨리 포드가 브라질의 아마존강 유역에 건설한 농장이자 회사 촌락이었던 '포르들란지아'였다. 진지한 노력이 기울여졌지만 계획은 실패로 돌아갔다. 정부나 시장 때문이 아니라 플랜테이션 농장의 빽빽하게 들어선 나무들 잎으로 잔치를 벌인 자그마한 해충 때문이었다. 고무나무는 브라질의 플랜테이션 농장에서는 재배될 수 없는 것으로 판명되었다. 저렴한 노동력이 부족했을 뿐만 아니라 고무가 외래종이 아니라 토착종이었기 때문이기도 했다. 토착종이었던 고무나무는 고무와 함께 생육한 토착 곤충들과 질병들의 숙주였다. 남아시아에서는 그러한 곤충도 질병도 발생하지 않았기에 나무를 촘촘히 밀식할 수 있었다. 이 상황은 말레이시아와 인도네시아, 인도, 중국에서 쉽게 이용할 수 있는 대규모의 빈곤한 농민과 결합되어 단일 작물의 성공적인 플랜테이션 농업에 적합했다.

라텍스의 다른 유기체 원천인 과율Guayule 관목을 이용하려는 노력은 그다지 성공적이지 않았다. 북부 멕시코의 농민들, 그리고 잘 알려지지 않은 일화이긴 하지만 캘리포니아의 맨서너Manzana 수용소에 수감되었던 일본계 미국인들이 과율을 재배했다. 이러한 실험들은 정치적 압력과 석유를 기반으로 한 합성고무의 성공으로 중단되었다.[176]

하비 파이어스톤은 라이베리아에 세운 고무 플랜테이션 농장에서 좀 더 성공적이었고, 필리핀에도 고무나무를 식재하려고 했다. 그러나 미국에 충격을 줄 만한 생산은 전혀 이루어지지 않았다. 설탕과 커피 같은 다른 주요 수입품들처럼 미국의 정책은 필리핀 식민지에서 생산을 확립하려는 종합적인 노력보다는 더 가까운 '신식민지' 생산국에서 수입하는 것을 선호했다.

3   상품 사슬

지금까지는 1870년에서 1945년까지 세계경제의 동력, 즉 교통과 통신, 에너지 부문을 개관하고 제2차 산업혁명의 주요 공업 원료들을 고찰함으로써 이 시기의 경제사에 매우 전통적인 방식으로 접근했다. 이제는 유럽 중심적 성격이 강한 연구에서 벗어나 설탕과 담배, 커피, 차 같은 자극성 식품은 물론 밀과 쌀처럼 국제적으로 중요한 몇 가지 농업 상품을 다루겠다. 이러한 상품들과 연결된 사슬을 고찰하면 시간의 변화에 따르는 세세한 내용과 국제적인 변동, 생산국과 소비국 내부에 나타나는 상이한 효과가 드러날 것이다. 각 상품 사슬에 참여하는 자들이 다양한 조건에 따라 고유의 논리를 개발했다는 점도 보게 될 것이다. 또한 일반적으로 상품 사슬 속의 관계와 교류의 성격은 기술혁신과 생태적 제약 때문에 변화했다.

상품 사슬 접근법을 취하자면 단 하나의 세계시장이 아니라 흔히 분할되어 있고 늘 진화하는 무수히 많은 시장이 있었다는 사실을 이해하게 된다. 먼저 출발한 자들이 계속 성공을 보장받지는 못했다. 이들은 시간이 지난 후 종종 경쟁자들에게 지기도 했다. 오늘날 미국 자동차 산업이 일본과 유럽의 생산자들에게 지배력을 빼앗긴 것은 앞서 출발하여 차지한 우위가 반드시 극복할 수 없는 것은 아니라는 점을 강력히 입증하는 현대의 한 가지 사례일 뿐이다. 우세의 상실은 농업과 채취 산업에서도 발생했다. 브라질의 고무와 인도의 황마, 멕시코의 헤네켄, 칠레의 질산염, 인도네시아의 커피, 심지어 영국의 직물까지도 한 기업의 운명이 얼마나 빠르게 변하는지 증언했다. 어느 경제사가는 계획은 물론 우연의 역할도 강조하여 회전목마처럼 움직이는 상품의 호황과 불황을 적절하게도 '상품 복권 뽑기'라고 불렀다.[177]

게다가 시장의 힘은, 다시 말해 상품의 흐름과 가격을 통제할 수 있는 능력은 상이한 시간과 장소의 상품 사슬을 따라 늘어선 여러 행위자에게 있었다.[178] 실제로 동일한 상품이 최종 용도와 행선지가 다른 여러 사슬에 들어가는 경우가 흔했다. 안데스산맥에 사는 농민들이 고산병에 익숙해지려고 씹거나 집에서 차로 만들어 마셨던 페루와 볼리비아의 코카나무 잎이 코카인으로 바뀌어 (자바에서 재배되고) 유럽과 미국, 일본에서 외과 수술에 쓰는 마취제가 되고 청량음료 코카콜라에 향을 더하고 나중에는 북아메리카와 서유럽의 도시들에서 기분 전환 용도의 약물이 된 것이 그런 경우다. 사회적 태도와 정치적 태도도 서서히 변했다. 코카나무 잎은 토착민의 정체성을 드러내는 전통적인 표지이자 노동계급의 고된 노동을 달래 주는 치료제로 여겨졌지만, 근대성의 표지이자 19세기 말의 특효 의료 상품이자 새로이 출현하던 제약 산업의 버팀목이었다가, 결국 오늘날에는 불법적인 물질이자 국제적으로 추방된 존재가 되었다.[179]

앞서 지적했듯이 우리는 서유럽과 북아메리카 밖의 세계가 세계경제의 '주변부'였다고 추정하지 않는다. 이따금 라틴아메리카, 정도는 덜하지만 아시아와 아프리카도 가격 결정자였으며 최첨단 생산기술을 개발했다. 남부 세계, 아니면 적어도 그 안의 일부 지역은 때때로 역동적이었고 번창했다.

여기서는 이 시기의 전통적인 '근대화' 설명에서 일반적인 농업과 공업 구분에 이의를 제기하고자 한다. 이 설명은 '서구와 나머지 세계' 사이의 날카로운 단절을 암시하는 오리엔탈리즘이나 트로피컬리즘tropicalism 세계관의 유물이다. 농업은 땀을 요구했던 반면 공업은 기계화와 자본을 요구했다는 추정은 너무도 많았다. 농업은 자연의 혜택으로, 타고난 천연자원의 결과물이자 원료로 여겨지는 반면, 공업은 인간의 혁신을 반영한다고 생각된다.[180] 그래서 농업은 시간이 지남에 따라 증대하는 것으로, 단순히 전통적인 방법을 더 넓은 땅과 강우, 햇빛에 적용하는 것으로 여겨졌지만, 공업은 그 반대로 발전하는 것으로, 생산공정에 늘 새롭고 창의적인 것을 가져오는 것으로 여겨진다.

농업과 공업 사이의 간극은 그 이분법이 의미하는 것보다 훨씬 더 좁다. 둘 다 프로메테우스에게서 영감을 받았다.[181] 농산품은 경작지에서 그리고 공장에서 가공되었다. 증기와 전기, 석유로 움직이는 가공과 운송에 필요한 기계들이 시골로 들어왔다. 농업 부문에서는 식물학과 화학, 기계에 놀라운 혁신들이 있었고, 그중 일부는 도시 중심지들에서 이루어지는 공업 공정의 형태를 결정했다.

실로 농공업agro-industry은 이미 설탕 플랜테이션 농장 단지 형태로 400년 간 존속했으며 1870년 이후 세계의 수많은 지역에 확고히 뿌리를 내렸다. 농산물 생산은 1880년에서 1913년 사이에 거의 세 배로 증가하여 제1차 세계대전이 발발할 때 국제무역에서 거의 3분의 2를 차지했다.[182] 이러한 농산물의 팽창은 산업화를 보완했다. 서유럽은 도시화와 인구 성장 때문에 식량과 원료를 점차 해외에 의존하게 되었던 것이다. 그러므로 1914년에 1인당 소득에서 세계 최고 부자인 여섯 개 나라가 대체로 농산물 수출국이었던 아르헨티나와 오스트레일리아, 캐나다, 뉴질랜드, 스웨덴, 미국이라는 사실은 놀랍지 않다.[183]

지금 다루는 시기의 초기에 장거리 무역은 외래 상품, 즉 특정한 생태 지역에서 재배되고 수확되거나 채굴될 수 있는 재화의 교환일 가능성이 컸다. 운송비와 시장 거래 비용을 부담하려면 무게 대비 가치의 비율이 높아야 했다. 증기선과 냉각 기술이 널리 사용되기 전에, 항공운송 이전에는 확실하게 상품은 내구성이 있어야 했고 비교적 영속성을 띠어야 했다. 표 4.7은 해운 상품의 가치를 추정한 수치다.

상당한 몫이 항목으로 분류되지 않아서 분석의 가치를 떨어뜨리지만, 표 4.7은 대륙을 횡단하는 상품들 중 가장 값진 것들을 포괄한다. 석탄과 철, 목재, 나아가 면화까지 가치 대비 무게 비율이 높은 상품들은 원거리를 이동할 가능성이 적다. 세계시장의 토대가 단순히 효용성만은 아니었다는 점은 분명

표 4.7 해운 상품의 가치, 1860~1887년(단위: 100만 파운드 스털링)

상품	가치
석탄	410
철	480
목재	660
곡물	1,050
설탕	1,130
석유	180
목화	180
소금	18
와인	510
커피	840
고기	560
잡화	24,982
합계	31,000

출처: Michael G. Mulhall, *The Dictionary of Statistics*, 4th ed. (London: G. Routledge and Sons, 1899), 130.

하다. 그렇지 않았다면 석탄과 철, 목재의 가치가 설탕과 커피의 가치를 능가했을 것이며, 깨끗한 물이 최고의 상품이 되었을지도 모른다.

곡물

세계에서 가장 중요하고 지리적으로 널리 퍼진 상품 중 하나였으며 몇 가지 매우 선진적인 농업 기술을 누렸던 밀의 세계시장은 이 시기 세계화 연구에 중요한 사례를 제공한다. 밀 무역은 그 규모만으로도 쉽게 설명할 수 없으며, 이 시기에 운송된 엄청난 양의 곡물은 운송과 보관, 마케팅과 관련된 온갖 사업을 자극했다. 연중 재배되는 이 작물은 운송과 보관과 관련된 사업들의 조밀한 네트워크를 발전시켰으며, 등급의 표준화와 곡물을(나중에는 다른

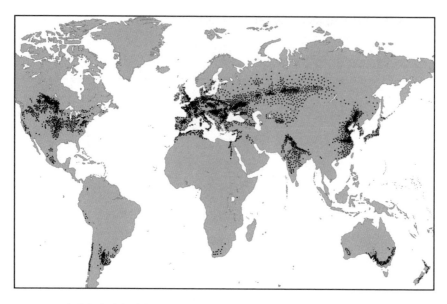

—— 전 세계 밀 생산, 대략 1913년에서 1925년 사이.

여러 상품을) 금전적인 추상 개념으로 바꿔 놓은 선물 시장을 등장시켰고, 가공과 마케팅, 광고의 혁신을 낳았으며, 매끼로 쓰이는 다양한 경질섬유의 생산자들에게 작은 호경기를 가져다주었다. 가장 중요한 것은 밀이 쌀과 더불어 세계 곳곳의 도시에 식량을 공급했다는 사실이다. 밀은 너무도 성공적이어서 중국인과 일본인처럼 역사적으로 쌀을 주식으로 삼았던 이들과 동유럽과 중동의 거친 곡물 소비자들까지도 점차 밀에, 대체로 수입된 밀에 의존했다. 가장 두드러진 밀 재배 변경 지역들은 현저한 유사성을 띠었다. 전부 땅은 많고 노동력은 부족했다. 각 지역은 점차 통합되는 국내시장과 국제시장에 밀을 생산하여 공급했지만 그렇게 주어진 자원에 상이하게 대응했다. 세계경제에서 밀이 차지하는 중심적 위치는 특별한 관심을 요구한다. 밀은 다른 삶의 지주인 쌀과 대비되므로 아시아의 곡물을 상세히 연구할 필요도 있다.

"오늘 우리에게 일용할 양식을 주소서." 이 말은 1870년에서 1945년 사이에 세계 곡물 무역의 혁명 덕분에 완전히 새로운 의미를 갖게 되었다. 곡가의 하락과 근대 도정 기술의 개선으로 소비자들이 빵가루와 쌀 중에서 선택할 수 있었을 뿐만 아니라 중간계급과 노동계급의 식탁에 끝도 없을 것 같은 파스타와 크래커, 비스킷, 아침으로 먹을 수 있는 인스턴트 음식이 처음으로 올라오면서 전 세계 수백만 소비자의 음식이 근본적으로 변했고 풍부해졌다.

세계적인 곡물 무역이 언제 시작되었는지 정하는 것은 학문적으로 다소 논란이 되는 문제다. 어떤 이들은 1830년대까지 거슬러 올라가며, 그 10년간에 나타난 유럽 곡가의 하락을 유럽 대륙 농민들이 멀리서 들려오는 해외 경쟁의 북소리에 대응했다는 증거로 지적한다.[184] 흑해의 항구 오데사를 통한 러시아의 곡물 수출이 19세기 전반 대부분 동안 유럽의 수요를 충족시켰지만, 1846년 (영국) 곡물법이 폐기되기 전에 대다수 나라는 여전히 빵 만드는 곡물을 대체로 자급했다.[185] 국내산 곡물과 수입 곡물의 가격 차이는 이후 몇십 년간 하락했겠지만, 값싼 밀과 거친 곡물들(호밀, 보리, 귀리, 옥수수), 쌀, 아마인, 알팔파가 물밀 듯이 대륙과 바다를 건너 이동하여 유럽 프롤레타리아의 먹거리를 바꾸고 유럽 농민들에게 구조를 요청하게 만든 것은 1870년 이후의 일이었다.

언제나 보호무역주의의 보루였던 유럽 대륙은 싸워 보지도 않고 물러날 생각은 없었다. 러시아와 루마니아, 인도, 오스트레일리아의 경작지는 물론 캐나다와 미국 대초원의 온대 지역 정착민 사회들에서 몰려오는 값싼 곡물의 습격으로부터 전통에 매인 자국 농민들을 단호히 보호하려 했던 서유럽과 중부 유럽 정부들은 수입 곡물의 흐름을 막고 곡가 하락이 자국 농민들에게 미치는 영향을 완화하기 위해 엄청난 관세를 부과했다.

프랑스의 대응이 전형이었다. 1921년까지도 거의 가족농업이 우세했기에 프랑스 농지의 85퍼센트는 25에이커(10만 1170제곱미터) 이하였다. 프랑스 농민들은 일반적으로 변화를 포용하거나 새로운 기술을 채택하기를 주저했으며, 외국의 더 효율적인 경쟁자들을 막아 달라고 정부에 강력히 보호를 요청했다. 게다가 프랑스 농민들은 매우 유능한 압력단체였다. 정치인들은 늘 그들의 구원자가 되었다. 어느 평자는 이렇게 썼다. "밀을 더 저렴하게 수입할 수 있다는 주장을 프랑스 정부는 절대로 허용하지 않는다. 밀 재배지의 축소는 모조리 국가의 재앙으로 여겨진다."[186]

흥미롭게도 무역의 상대적 장점을 의심하는 견해는 유럽에서만 나타난 것이 아니었다. 곡물 수출에 몰두한 나라들의 전문가도 유보적 태도를 표명했다. 1867년 오스트레일리아의 어느 농업 고문은 이렇게 지적했다. "곡물을 국내 소비에 필요한 양을 크게 넘어서도록 생산하는 것은 …… 지극히 위험스러운 의견으로 입증될 것이다. …… 곡물을 나라 밖으로 보내는 것은 …… 우리 생득권, 즉 국토의 생산력 일부를 파는 것과 마찬가지다."[187]

그러나 1870년대와 1880년대에 상당 기간 널리 유행했던 의심 많은 인민주의적 보호무역주의는 거세게 다가오는 시장 혁명 앞에서 무기력했다. 19세기 말과 20세기 초에 유럽의 인구가 곡물 생산보다 더 빠르게 증가하면서 유럽 대륙의 빵 바구니는 점차 외국산 밀로 채워졌다. 한때 자랑스럽게도 자급자족했던 중부 유럽과 서유럽은 제1차 세계대전이 발발할 때쯤 밀 수요량의 30퍼센트 이상을 수입했다.

자유무역의 신조가 단순히 공허한 수사적 표현이 아니었던 영국에서는 별다른 자극이 필요하지 않았다. 1883년 《이코노미스트》는 점차 수입 곡물에 의존하는 상황이 조금도 걱정스럽지 않은 것처럼 보였다.[188]

사람들은 영국민이 실로 영국의 수확물로만 먹고살았던 지난 시절을 얘기한다. 이제 우리는 밖으로 더 멀리 가야 한다. 빽빽하게 들어찬 우리 국민을 먹이려면 여느 때와 마찬가지로 밀의 풍작이 필요하다. 그러나 런던과 랭커셔의 굶주린 입들을 채우라고 소환된 것은 동부 주들과 링컨셔에서 재배된 밀뿐만 아니라 캐나다와 미국 서부 주들의 작열하는 태양 아래 이미 갈색으로 변해 가는 수확물, 벌써 익은 인도와 캘리포니아의 밀이다.

밀 재배 면적은 겨우 30년 만에 350만 에이커에서 200만 에이커 밑으로 급감했다. 1914년 영국이 소비한 밀과 밀가루의 80퍼센트는 외국에서 수입한 것이었다. 영국은 제1차 세계대전 후 다른 상품들을 들이지 않기 위해 영연방 둘레로 관세 장벽을 세웠는지는 모르겠으나, 차 무역과 설탕 무역의 중심에 있었던 것만큼이나 세계 곡물 무역을 유지하기 위해 분명코 다른 어느 나라보다도 더 많은 일을 했다. 1919년에서 1937년 사이 영국 한 나라가 전 세계 밀 수출량의 30퍼센트 내지 40퍼센트를 흡수했다. 그리하여 어느 전문가의 견해에 따르면 영국의 곡물 수입자들은 국제 곡가 결정을 '지배하는 중요한 지위'를 차지했다.[189]

운송비와 보험 비용의 감소, 저렴한 토지 비용과 노동비용, 농업의 기계화, 곡물 재배와 수확, 운송, 마케팅 분야에서 이루어진 기술적 개선과 과학적 개선. 이 모든 것이 경제사가들이 말하는 이른바 세계 곡물 시장의 '극적인 가격 수렴'에 이바지했다. 곡물 품종의 표준화와 검사 규약, 퇴비(동물의 분뇨와 클로버)와 비료의 사용 증가, 알팔파와 옥수수처럼 토양의 자양분을 회복시키는 작물의 정기적 윤작, 가뭄과 녹병에 내성이 있는 더 강한 조생종의 채택. 이 모든 것이 시장 통합 강화와 생산성 증대를 촉진했다.

식물 육종가들은 지역의 필요를 충족하는 품종을 찾아 세계 곳곳을 돌아다녔고 여러 변종이 지닌 최상의 속성들을 결합한 잡종을 만들었다. 생물학적 혁신에 관한 최근의 어느 연구가 증명했듯이 동유럽과 러시아, 북아프리카의 오래된 곡물 생산 주변 지역의 종자는 새로운 품종을 만드는 유전적 기반이 되었고 이어 아메리카와 오스트랄라시아의 정착민 사회들에서 잘 자랐다. 그러나 과학적 실험은 결코 예측 가능한 경로를 밟지 않았다. 새로운 잡종들은 여러 방향으로 움직였기 때문이다. "20세기 초 새로운 세대의 성공적인 유럽 밀 종자들(영국이나 프랑스, 독일, 이탈리아에 알맞게 만든 명백한 변종 품종들)은 북아메리카와 오스트레일리아에서 들여온 생식질을 포함하는 경우가 많았다." 식물 육종가들은 그 업적으로 널리 알려졌다. 예를 들면 오스트레일리아의 주요 밀 과학자로 '경작되고 있는 130종의 밀'을 실험했고 '대략 1500회의 교배를 실행'했던 윌리엄 패러William Farrer의 초상이 오스트레일리아 2달러 지폐에 나타났다.[190]

1830년대부터 노동력을 절약하는 농기구 기계류의 혁명적인 발전이 크고 작은 낫을 대체했다. 사이러스 매코믹Cyrus McCormick의 자동 수확기,[11] 존 디어

_____ 11 매코믹 하비스팅 머신 컴퍼니McCormick Harvesting Machine Company의 설립자인 사이러스 매코믹(1809-1884)이 발명한 자동 수확기. 회사는 1902년 다른 회사들과 합병하여 인터내셔널 하비스터 컴퍼니International Harvester Company가 된다.

John Deere[12]의 강철 쟁기, 자동으로 곡물을 모아 단으로 엮었던 노끈 자동 결속 수확기, 수확 탈곡 겸용 기계(콤바인)는 전부 생산성을 증대했다. 내연기관과 석유로 움직이는 콤바인은 1890년대에 처음 등장했는데 한 번에 너비 3미터에서 4.5미터까지 누렇게 변한 줄기의 이삭을 잘라 밭에 길을 내며 '몇 킬로미터에 걸쳐 익은 곡식'을 휩쓸 수 있었다. 정보에 밝은 어느 작가는 이 새 기계에 열광했다.[191]

> [그것은] 근대 수확기 중 가장 놀라운 것[이다]. 그것은 밀을 자르고 모으고 탈곡하고 깨끗하게 정리할 뿐만 아니라 사람 손 하나 까딱하지 않고 곡물을 자루에 담기까지 한다. 유일하게 드는 품은 자루를 꿰매는 것이다. …… 남자아이 하나 데려다가 견인 말에 태워 끌게 해 놓으면 누구라도 쉽게 이 기계를 다룰 수 있다. 하루 만에 6에이커 내지 10에이커의 밀을 거두고 탈곡하는 것이 가능하다.

콤바인은 어림잡아 1부셸(약 36리터)당 3.6센트에서 5.4센트를 절약했다.[192] 콤바인에 뒤이어 곧 출현한 트랙터는 기계화에 대한 열광을 지속시켰다.

이 새로운 기계들은 곡물을 대량으로 수확할 수 있는 곳에서만 의미가 있어서 북아메리카의 대초원과 아르헨티나의 팜파스, 오스트레일리아의 남부와 서부처럼 땅은 넓고 노동력은 부족한 지역에 특별한 혜택을 주었다. 1914년까지도 미국에서 제작된 콤바인 수확기는 겨우 270대였으며, 15년 후에는 3만 6957대가 만들어졌다. 마찬가지로 북아메리카 농장에서 쓰인 트랙터 숫자는 1916년 3만 대에서 12년 후 85만 대로 급증했다. 그 결과, 곡물 생산은 훨씬 더 자본 집약적인 일이 되었다. 노동자와 견인 짐승은 거의 필요하지 않았으며, 면적당 수확 비용은 대폭 감소했다. 그러나 비용을 들인 값을 하려면 경작 면적이 훨씬 더 커야 했다.[193] 전통적인 곡물 생산자들은 노동력이 풍부했거나 광활한 변경 지역이나 필수적인 기간 시설이 부족했기에 기계

———— **12** 농기계와 건축 기계, 디젤 엔진 등을 생산하는 디어 앤 컴퍼니Deere and Company의 설립자이자 상표명. 존 디어는 1937년 흙을 자동으로 떨어내는 강철 보습을 쟁기에 부착했다.

화를 선택하지 않았고, 그래서 경쟁자들에 비해 결정적으로 불리한 처지에 놓였다.

전신과 대서양 횡단 해저케이블 덕분에 "이전에는 두세 달 기다려야 했던" 국제 판매가 "이제는 만들어진 날이 지나기 전에 전기를 통해 전 세계에 번개처럼 빠르게 이루어진다."[194] 아메리카와 오스트레일리아의 농민과 상인, 투기업자는 밀의 세계 재고량이 얼마인지, 대양에 '떠 있는' 것이 무엇이고 얼마나 되는지, 러시아나 인도의 경쟁자들의 다음 수확(아니면 여러 차례 수확) 전망이 어떠한지에 관한 상세한 자료를 쉽게 습득할 수 있었다. 국내시장과 곡물 수출업자 간의 가격 차이는 해저케이블의 도래 이전에는 무시되었겠지만 이제는 상인과 투기꾼에게는 황금 같은 기회를 제공했다.[195] 어느 평자는 1912년 이렇게 썼다.[196]

> 인도의 몬순이 늦는다거나 캔자스주의 가뭄이 끝났다거나 매니토바에서 메뚜기 떼의 습격이 목격되었다거나 아르헨티나에 뜨거운 바람이 분다거나 다뉴브강의 선박 운행이 유달리 빨리 시작된다거나 레드강 유역의 열악한 도로 사정으로 출하가 지연된다거나 중국으로 가는 해운 운송료가 인상되었다거나 '사후 인도 계약의' 오스트레일리아 곡물이 런던에서 무료로 제공된다는 전보가 도착하면, 뉴스가 갖는 중요성에 상응하는 정도로 가격은 오르거나 내린다.

이는 한편으로는 세계 곳곳의 농민과 상인을 가격 변동에 더 취약하게 만들었다. 그러나 앞으로 보겠지만 그 민감성은 (적어도 이론상으로는) 위험을 분산하고 곡물 시장의 변동성을 줄이는 데 일조하는 선물 시장을 만들어 낸다. 새로운 전문 투기 집단이 출현했다. 이들은 이전에 지역적 곡물상이나 농민들이 수용할 수 없는 것으로 여겼던 위험을 기꺼이 감수한다.[197]

그 결과로 영국 밀과 미국 밀의 가격 차이는 1870년 54퍼센트에서 제1차 세계대전이 발발할 때 0퍼센트로 급감했던 반면, 보리와 귀리의 가격 차이는 같은 기간에 각각 46퍼센트에서 11퍼센트, 138퍼센트에서 28퍼센트로 하락했다. 곡물을 생산하는 유럽의 소농과 중농은 남북아메리카의 상대자들과 달리 미국인이 만든 매코믹 수확기와 디어링 결속기[13]에 돈을 들이기를 더 주저했겠지만, 경쟁에 맞서고 지급 능력을 유지하려면 생산성을 개선하고 비용을 줄여야 한다는 점을 깨달았다. 유럽의 여러 농민은 기계화를 채택한 경쟁자들을 흉내 내는 대신 바다 건너 새로운 곡물 재배 변경으로 떠나 일자리를 찾거나 각각 페루와 칠레에서 수입된 구아노와 질산염 비료를 넉넉하게 뿌린 덕에 더 높은 소득을 가져다준 다른 환금작물로 갈아탔다.[198] 아메리카는 어느 쪽이든 이익을 얻었다. 이민자들은 대체로 미국이나 남아메리카로 갔고, 19세기 말 독일인 화학자들이 질산염을 합성하기까지 페루와 칠레는 구아노와 질산염 수출로 엄청난 횡재를 만났다. 구아노와 질산염은 한동안 두 나라를 부강하게 했으며 경제 발전을 추동했고, 더불어 노동자를 과격하게 만들었으며 민족주의적 정책을 도입하게 했다.[199]

이 세계 곡물 시장이 서로 단절된 상태에 있지 않은 것은 분명하다. 어느 한 곡물의 가격 인상은 다른 곡물 가격의 상응하는 인상을 촉발한다. 특히 여러 곡물의 시장들이 한데 모이는 지역에서 그러한 현상이 두드러진다. 밀 시장의 엄청난 규모를 생각할 때, 밀은 사실상 모든 곡물 교역에서 가격을 선도하는 존재가 되었다. 보통의 시장 조건에서는 밀 가격과 보리와 호밀 같은 다른 거친 곡물 가격 사이에 상관관계가 있었다. 그러나 그때까지 서로 다른 고객을 만족시켰던 두 곡물인 밀과 쌀의 관계에서도 동일한 현상이 적용되는 것처럼 보인다. 어느 학자의 말처럼 "쌀과 밀이 별개의 시장을 구성하지 않았고 둘이 함께 식량 곡물의 기본적인 시장을 형성했다."고 주장한다면 과장일 것이다. 그러나 선호도가 아니라 가격과 입수 가능성이 사람들의 먹을 것을 결정하는 상황은 과거보다 더 심했다.[200]

이 시기에 수력을 이용해 개선된 제분은 더 많은 밀가루의 제분을 낳았을 뿐만 아니라 맛을 향상시키고 몇몇 밀 품종의 저장 수명을 늘렸다. 이에 눈이 번쩍 뜨인 독일과 러시아의 농민들은 관습적으로 고수했던 호밀에 기

_____ **13** 미국의 사업가 윌리엄 디어링William Deering(1826-1913)이 설립한 디어링 하비스터 컴퍼니 Deering Harvester Company의 결속기. 회사는 1902년 다른 회사들과 합병하여 인터내셔널 하비스터 컴퍼니 International Harvester Company가 된다.

꺼이 새로운 것을 더하려 했다. 이는 일본과 중국의 소비자들에게도 해당된 다고 할 수 있었다. 이들은 문화적으로나 미각적으로 여전히 쌀을 선호하는 태도를 보였지만 이제 많은 양의 밀을 생산하고 수입하여 국수를 만들어 먹 음으로써 음식을 보충했다. 인류학자 시드니 민츠Sidney Mints가 지적하듯이 음 식과 식습관의 선호도는 예측할 수 없으며 시간의 흐름에 따라 바뀌고 변한 다. "이러한 추가와 점진적 제거는 설명하기 어려울 때가 많다. 그 과정이 당 시 음식물의 견고하고 지속적인 안정성에 반하여 이루어지기 때문이다."[201] 제1차 세계대전 이전에 중국은 2000미터톤의 밀을 수입했는데, 1930년이면 연간 58만 미터톤을 구입했다. 같은 기간에 일본의 밀 수입량은 9만 3000미 터톤에서 35만 미터톤으로 거의 네 배로 증가했다. 일본의 정책 입안자들은 이러한 쇄도에 너무 놀란 나머지 식량 자급을 우선 과제로 삼았고, 1935년까 지 국내 밀 생산은 60퍼센트 증가했다.[202]

밀은 유개화차로 수송하는 곡물 중 가장 귀중하고 쉽게 운반할 수 있는 것이었으며, 이 시기 동안 밀과 쌀은 전 세계 주민 다섯 명 중 네 명이 좋아하 는 주곡이었다. 밀은 더위와 추위, 여러 유형의 토양에 놀랍도록 잘 적응했기에 열대의 뜨거운 저지대만 아니면 알래스카의 싯카부터 남아메리카 남단의 파 타고니아까지 거의 어디서나 자랄 수 있었다. 밀은 심지어 적도에서도 잘 자랐 으며, 에콰도르와 콜롬비아의 고산지대 농민들도 그 작물을 재배하는 데 성공 했다. 밀은 땅이 습기를 머금고 있기만 하면 토양의 종류를 거의 가리지 않았 다. 어느 전문가의 생각이 크게 과장된 것은 아니다. "그것은 러시아의 '흑토지 대'만큼이나 북아프리카의 사막에서도 잘 자란다."[203] 밀이 자랄 수 없는 유일 한 곳은 아시아의 몬순 지역 저지대다. 그곳에서 밀은 고지대로 올라갔다.[204]

밀 농사에 어려움이 없는 것은 아니었다. 밀은 거친 기후와 겨울의 추위, 마름병, 녹병, 곤충에 약했기 때문에 온대 지역 농민들은 보유지에 다양한 작 물을 재배했다. 그렇더라도 곡물 재배 변경 지역의 생산을 부정할 수는 없다. 농민들이 자연의 도전을 하나씩 극복했고 전 세계 수출량이 1873~1874년의 1억 3050만 부셸에서 1924~1929년의 7억 4790만 부셸로 거의 여섯 배로 급 증하여 정점을 찍었기 때문이다. 결국 여전히 옥수수가 지배하는 라틴아메리카와 아프리카의 여러 곳은 주목할 만한 예외가 되겠지만, 밀의 탁월함은 다른 거친 곡물들을 격하시켜 동물 사료로 만들었다.(물론 보리는 음료로 만들어지곤 했다.)[205]

제2차 세계대전이 끝날 무렵 마흔 개가 넘는 나라가 어디서나 자라는 이 곡물을 생산했지만, 세계 곡물 무역에 참여한 나라는 상대적으로 적었다.[206] 중국은 규칙에서 벗어나는 예외였다. 통계는 신중하게 이용해야 하지만, 어느 추정치는 1930년대 초 중국의 연간 밀 수확량을 500만 부셀로 잡아 중국을 당시 세계 3위의 밀 생산국에 올려놓았다. 그러나 국제 곡물 시장에 들어간 중국의 밀은 거의 없다. 그러므로 생산이 언제나 수출과 동의어는 아니었다.[207]

이러한 수요의 폭증과 곡물 재배 변경 지역에서 생산된 밀의 막대한 수출량을 설명하는 데 도움이 되는 것은 다른 무엇보다도 제2차 산업혁명 중에 유럽과 미국에 나타난 도시 산업 노동자계급이었다. 밀 가격이 떨어지면 결국 신新유럽의 생산자들은 낙담하여 생산을 줄일 것으로 예상되었지만, 상황은 그렇게 전개되지 않았다. 인구 성장과 낮은 곡가가 불을 지핀 전 세계적인 제빵용 곡물 수요의 증가는 1870년대 몇몇 시기와 1890년대 초를 제외하면 1930년까지 밀과 밀가루의 수요가 지속적으로 공급을 초과하는 결과를 낳았다. 그래서 신유럽은 이 시기에 재배 면적을 계속해서 늘렸다. 제1차 세계대전 이전에 생산성 증대를 가장 잘 설명하는 것은 단위면적당 수확량의 증가였지만, 전쟁 이후에 세계 밀 생산의 증가는 재배 면적의 급증 때문이었다.[208]

대공황이 이 팽창의 시기에 종지부를 찍었다. 공급과잉과 생산 할당, 높은 관세 장벽이 곡물 재배 농민들에게 판단할 시간을 가져 보게 했기 때문이다. 정부와 준정부적 통제 위원회들이 거래를 점검하고 농민에게 보조금을 지급하며 엄격한 규칙을 수립하여 특정 곡물의 재배 면적을 제한하면서 보호무역주의가 다시 유행했다. 게다가 유럽의 식민 국가들은 자국의 보호령에 특혜를 주었다. 1933년 유럽의 8개국과 주요 수출국 4개국이 수출 할당량을 정하고 재배 면적을 축소하기 위해 국제 밀 협정International Wheat Agreement을 체결했다. 그러나 생산을 조정하려는 외교관들의 최선의 노력은 강제 장치의 부재 탓에 수포로 돌아갔다. 잉여 곡물의 공급과잉을 줄인 것(누군가에게는 비통한

일이었다.)은 국제 협정이 아니라 1930년대 중반 북아메리카 건조 지대의 모래 폭풍이었다.[209]

비록 농민들을 침체한 시장에서 차단하려는 의도를 지니기는 했지만, 몇몇 경우에는 정부의 규제가 더 큰 생산성과 자본 투자를 자극했다면 놀라운 일일 수도 있을 것이다. 경제사가 샐리 클라크Sally Clarke의 주장에 따르면 뉴딜 시대에 농업 부문의 생산성은 급속히 증가했다. 미국의 농민들은 안정적인 곡가와 새로운 신용 대부 공급원, 농기구 제조 회사들의 마케팅 변화를 이용하여 트랙터와 콤바인, 트럭에 점점 더 많은 돈을 지출했다. 규제 기구들은 곡물 시장이 가격 변동에 대비할 수 있는 장기간의 안전장치를 제공함으로써 농민에게 절실하게 필요했던 숨 쉴 여지를 주었다. 가격이 안정되면서 농민들은 저축을 염려하기보다는 더 적극적으로 채무를 졌다.[210]

아메리카 농촌에서 점점 더 많은 사람이 일자리를 찾아 도시로 이주하고 농가의 수가 감소하던 때에, 남은 농가의 규모와 범위가 상당히 증대했다. 미국의 농민들은 경제적으로 어려운 시절의 제약을 받으며 활동했지만 잡종 씨앗과 살충제, 제초제, 화학비료 같은 생물학 요소와 화학 요소에 돈을 지출했고 1920년대보다 더 적극적으로 값비싼 기계류에 투자했다. 물론 그렇게 무거운 채무를 지려면 복잡한 계산이 필요했다. 클라크가 지적하듯이 농민은 말과 황소를 기계로 대체했을 뿐만 아니라 트랙터에 돈을 쓸 때 한 가지 결정이 아니라 여러 가지 결정을 내렸다.[211] 이제 농민들은 말에 먹일 마초를 키우는 대신 연료와 윤활유를 구입하고 부품을 수리해야 했다. 나아가 기계류에 들어간 비용을 더 잘 회수하기 위해 추가로 토지를 구매해야 할 때도 많았다. 그러므로 오늘날 미국인들에게 매우 익숙한 자본 집약적 거대 가족 농가는 시장의 힘이 낳은 결과물일 뿐만 아니라 곡가와 신용, 생산성을 강화하려는 정부의 계산된 전략의 결과물이기도 했다.

경기순환과 전쟁이 반복되었음을 생각할 때, 이 시기에 수출이 진정된 일은 놀랍지 않다. 제1차 세계대전 이전에는 러시아와 아르헨티나, 오스트레일리아, 캐나다, 미국이 곡물 수출을 지배했다. 러시아의 사례는 경쟁이 심한 시장에서 점유율을 유지하기가 얼마나 어려운지 잘 보여 준다. 전쟁 이전에 러시아 농민들은 국내시장을 위해 호밀을 생산하고 소비했다. 그러나 밀과 보리는 남부 스텝 지역 대농장에서, 그리고 비옥한 흑토 덕분에 거름과 휴경 없이도 높은 소출을 유지한 흑해 북쪽 연안의 상대적으로 부유한 농민들에 의해(토지를 임대하여 부족한 토지를 보충했다.) 수출용으로 재배되었다. 1930년 어느 농업경제학자가 쓴 글에 따르면 "조방적 농업을 하는 신흥국들과 경쟁해야 하는 수출용 생산은 특히 생산이 여러 곳에 흩어져 있어서 세계시장의 경쟁자들에 비해 불리했던 소농들의 나라에서 증대하지 못했다." 철도가 하상 운송과 운하 운송을 차츰 침범했고, 1880년대 말 철도 운송의 시발점이나 종점에 양곡기 창고가 갑자기 등장했다. 그러나 검사와 등급 매기기는 요구되지 않아서 더러워지고 손상된 곡물은 시장에서 낮은 가격에 팔렸다. 그 결과 외국인 구매자들이 거래에 합의하기 전에 표본을 외국으로 보내야 했다. 제1차 세계대전이 시작될 때 밀의 수출은 감소하고 있었지만 저가의 보리 수출은 증가하고 있었다.(훗날의 성공을 예견하는 전조는 아니었다.) 마찬가지로 중요했던 것은 러시아가 언제나 주요 시장이었던 영국으로 보낸 밀의 수출이 아메리카와 오스트레일리아의 경쟁으로 손해를 보고 있었다는 사실이다.[212]

그렇더라도 러시아는 제1차 세계대전에 이르기까지 세계 최대의 밀 수출국이라는 지위를 유지했다. 그러나 1917년 볼셰비키 혁명과 뒤이은 내전 이후 농업 부문은 처음부터 다시 재건되어야 했다. 생산이 거의 절반 가까이 하락하여 소련의 수출이 사실상 중단되었기 때문이다. 볼셰비키 혁명과 그 여파는 또한 대규모 농업 개혁을 유발했다. 대토지는 분할되어 협동조합과 국영 농장으로 바뀌었고, 농가의 수는 1905년 1200만 가구에서 1924년 2000만 가구로 급증했다.

외환이 절실히 필요했고 곡물 무역의 탁월한 지위를 되찾고 싶어 했던 소련은 뉴욕에 본부를 둔 자본가들의 자선단체인 미국 유대인 합동 분배 위원회American Jewish Joint Distribution Committee와 협력하여 서부 러시아 체르타 오세들로스티chertá osédlosti[14]의 읍과 시에 살던 15만 명의 러시아 유대인을 크림

_____ **14** 영어로 'The Pale of Settlement.' 러시아 제국 시절에 유대인의 영주가 허용된 지역. 오

반도와 남부 우크라이나의 비옥한 흑토지대로 이주시키기까지 했다. 1924년 부터 1938년까지 소련은 거의 200만 에이커에 달하는 토지를 이용할 수 있었 고, 이 자선단체는 작물 윤작에 관한 전문 지식과 소출이 많은 씨앗은 물론 1700만 달러의 원조금과 트랙터, 지하수 파는 장비를 제공했다. 이 기이한 협 력 관계는 처음에는 성공적이었지만 1930년대에 무너졌다. 스탈린의 농업집 단화와 공업화 추진, 1930년대 중반의 숙청, 스탈린주의의 외국인 혐오증 증 대로 인한 사고였다.[213] 단기적으로 볼 때 농업집단화는 밀 부문에 심히 파괴 적인 효과를 가져왔다. 기간 시설과 축력, 농기계의 상당한 결핍에 나날이 더 많은 곡물을 소비한 국내 인구의 성장이 겹쳐 수출 시장을 되찾으려는 소련 의 노력은 무력해졌다.[214]

제1차 세계대전 중에, 그리고 전후에 소련의 혼란과 황폐화는 다른 네 개 주요 수출국들에는 뜻밖의 횡재가 된다. 이 나라들은 두 대전 사이에 전 쟁 이전의 러시아의 시장 점유율을 먹어 치웠다. 모든 전쟁을 끝내기 위한 그 전쟁 중에 유럽의 여섯 개 강국은 600만 명을 잃었으며, 유럽 대륙 토양의 비 옥도가 손상되었다. 그 결과 유럽 대륙의 곡물 생산은 급격히 하락했으며 국 제 곡물 시장이 근본적으로 재정리되었다. 분쟁에 휘말리지 않은 곡물 생산 국들이 전면에 부상했다. 1929년이면 캐나다와 미국, 아르헨티나, 오스트레일 리아가 시장의 90퍼센트 이상을 나누어 가졌다.(표 4.8 참조) 소련은 밀 무역에 서 전쟁 이전에 차지했던 위치를 결코 되찾지 못하지만, 유럽과 소련의 농업 은 다소 회복되었다. 그러나 유럽의 곡물 생산자들은 수확량과 생산의 규모, 투자 자본, 기계화, 기간 시설에 관해서 경쟁자들의 적수가 될 수 없었다. 그 러나 비록 경쟁자들의 비교 우위가 상당했지만(어쩌면 상당했기 때문에) 경제적 민족주의와 자급자족은 유럽 대륙 곳곳에서 계속 옹호되었다.[215]

미국은 그렇게 방대한 국내시장을 갖고 있었기에 주요 곡물 생산국 중에 서는 중국과 더불어 수출에 의존하지 않았다. 미국의 인구는 1880년 5010만 명에서 60년 후 1억 3170만 명으로 증가했다. 미국의 농민들에게 더 중요했

늘날 리투아니아, 벨라루스, 폴란드, 몰도바, 우크라이나, 서부 러시아가 포함된다.

표 4.8 주요 밀 수출국의 시장 점유율, 1909~1929

기간	국가	시장 점유율(%)
1909~1914	러시아	24.5
	미국	16.4
	도나우강 국가들	16.2
	캐나다	14.2
	아르헨티나	12.6
	오스트레일리아	8.2
	인도	7.5
1924~1929	캐나다	38.8
	미국	22.4
	아르헨티나	19.4
	오스트레일리아	12.1
	도나우강 국가들	4.6
	소련	1.6
	인도	1.1

출처: *World Agriculture: An International Survey* (London: Oxford University Press, 1932), 75.
주: 도나우강 국가들의 점유율은 주로 루마니아의 점유율이지만, 다른 동유럽 국가들의 수출도 포함된다.

던 것은 같은 기간에 도시 중심지의 인구가 1410만 명에서 7440만 명으로 늘었다는 사실이다. 1940년이면 인구의 55퍼센트 이상이 도시 지역에 살았는데, 이는 1880년 이후로 다섯 배로 증가한 것이다. 실제로 도시의 수요와 인구가 증가하면서 미국 국내시장은 나라의 밀 판매량에서 점점 더 큰 몫을 차지했다. 그에 따라 수출은 1922~1927년에 생산량의 23퍼센트에서 하락하여 1932~1937년에 겨우 0.3퍼센트에 지나지 않았다.[216] 여기에 높은 관세까지 더해져 경쟁국들이 보호받는 미국 시장을 깨뜨리기는 어려워졌다. 이와는 대조적으로 인구가 희박한 캐나다와 아르헨티나는 국내시장이 훨씬 더 작았기에 밀과 밀가루를 배에 실어 대서양 건너 멀리 떨어진 곳까지 보낼 수밖에 없었으며 이는 더 많은 비용을 초래했다.

게다가 거리가 문제였다. 미국의 곡물 생산자들은 이 시기에 내부를 지향했지만, 이들과 이웃의 캐나다 농민들은 다른 밀 생산자에 비해 강력한 이점을 지녔다. 캐나다와 미국의 생산자들은 수출 곡물을 배에 실어 약 4800킬로미터만 운반하면 되었지만, 시드니에서 리버풀까지는 약 1만 9300킬로미터였고 부에노스아이레스에서 영국까지는 약 1만 400킬로미터였다. 쾌속 범선으로 캘리포니아에서 영국까지 곡물을 운송하려면 케이프 혼을 돌아 약 2만 2500킬로미터를 항해해야 했고 네댓 달이 걸렸다. 북아메리카 대초원 지대에서 동해안까지 밀을 운송하는 데 드는 시간을 감안한다고 해도, 남반구의 밀은 코노 수르Cono Sur[15]의 밀이든 오스트레일리아 밀이든 시장에 도달하기까지 북아메리카 경쟁자들이 생산한 밀보다 시간이 두세 배가 걸렸다. 오스트레일리아는 조선 기술의 개선과 수에즈 운하의 개통, 1850년대 채택된 대권항로Creat Circle Route가 아니었다면 곡물 무역의 중요한 일원이 될 수 없었을 것이다. 대권항로는 영국과 호주를 오갈 때 좀 더 유리한 순풍과 조류를 이용할 수 있어서 여정을 120일에서 90일로 단축했다. 1880년대 이후 이 원거리 무역에서 적재량이 더 큰 증기선이 쾌속 범선을 대체했다.[217]

그렇게 불리한 조건들이 있기는 했지만, 팽창하고 있던 곡물 재배 변경 지역은 서유럽과 중부 유럽, 북유럽, 극동, 이집트, 남아프리카, 뉴질랜드에서 준비된 시장을 발견했다. 다른 대부분의 상품과는 달리, 필수 주곡인 밀의 수요는 놀랍도록 비탄력적이었고 가격 변동이 빈번했는데도 변함이 없었다. 1인당 소비량은 미세한 편차가 있기는 하지만 대공황이 한창일 때에도 2.5부셸 언저리에 머물렀다. 밀 시장은 급격한 가격 변동과 주기적인 공급과잉에 민감했을지는 몰라도, 이것이 전체적인 연간 생산량 수준에 별다른 영향을 미치

_____ **15** 영어로 'Southern Cone.' 남회귀선 이남의 남아메리카를 가리키는 말로 아르헨티나와 우루과이, 칠레가 포함된다.

지는 않았다. 그렇다고 밀이 1870년대 중반, 1890년대 초, 1920년 이후의 전반적인 물가 폭락을 견뎌 낸 것은 아니었다. 1932년 어느 농업 부문 조사가 지적했듯이 그 위기를 재촉했던 것은 과잉생산이 아니라 수입국의 구매력 부족이었다. "농민이 겪는 어려움의 근원은 전체적인 금융 상황과 국제무역의 전반적인 혼란에 있다."[218]

밀 무역은 규모만 보아도 쉽게 설명할 수 없다. 19세기 말 미국 유개화차의 평균 적재량은 1100부셸이었고, 열차가 "그러한 화차 예순 대를 견인하는 것"이 별난 일이 아니었다. 미국의 광역권 유통 중심지 중에서 가장 많은 밀가루를 제분했던 미니애폴리스는 해마다 9000만 부셸을 상회하는 밀을 받았는데, 북쪽에 인접한 위니펙에 비하면 무색해진다. 위니펙은 정기적으로 그 양의 두 배 이상을 처리했다.[219]

바이킹의 긴 배를 닮은 오대호의 고래 등 갑판 증기선들이 미니애폴리스의 밀가루나 덜루스나 시카고의 곡물을 운송했는데, 화물은 30만 내지 40만 부셸에 이르렀다. 대서양 횡단 범선은 한때 곡물 무역을 지배했지만 19세기 마지막 20년간 점차 정기 증기선과 부정기 증기선에 밀려났다. 증기선이 비용 절약 효과가 훨씬 더 컸고 많은 양의 곡물을 운송하기에도 더 효율적이었기 때문이다. 부정기 화물 증기선은 1만 5000에이커의 밭에서 수확한 밀을 운송할 수 있었던 반면, 정기 화물선은 그 두 배를 수용할 수 있었다. 그러나 아메리카 안에서는 곧 기관차가 수상 운송을 능가했다. 1876년 미국에서만 동해안으로 운송되는 전체 곡물의 83퍼센트가 열차를 이용했다.[220]

철도는 다른 어떤 발전보다 더 크게 곡물 재배 변경 지역을 정착민 사회에 연결했고, 그 결과로 밀 재배 농민들은 더 저렴하고 더 효율적인 방법을 얻어 시장에 생산물을 내다 팔았으며 새로운 농지 조성의 비용 대비 효과가 컸다. 몇몇 경우에서는 개발에 열의가 있는 정치인들이 변경 지역의 엄청나게 광활한 땅을 철도 회사들에 보조금으로 주었고, 회사들은 그 땅을 향후 농민이 될 자들이 쓸 수 있도록 했다. 이제 비옥한 강 유역의 땅을 경작해야만 하는 것은 아니었기에 새로이 열린 철로를 따라 농가들이 출현했다. 비용이 하락하면서 농민의 기대는 상승했다. 곡물 재배 농민들은 이제 곡식 자루가 아니라 유개화차를 채운다는 관점으로 사고했다. 환경사가 윌리엄 크로넌William Cronon이 썼듯이 철도는 "남북전쟁 때가 되면 엄청나게 많은 화물을 시속 약 32킬로미터 이상으로 연이어 견인할 수 있었다. 말이나 사람이 그 화물의 극히 작은 일부를 그 속도의 절반에 못 미치는 빠르기로 운반할 수 있는 것보다 훨씬 더 멀리 가져갈 수 있었다." 철도는 고정비용이 매우 컸고 곡물을 싣고 내리는 비용은 유개화차가 단거리를 가든 장거리를 가든 동일했으므로, 철도 회사들은 장거리 여정으로 더 큰 이익을 실현하려(아니면 손실을 줄이려) 했다. 그러한 장거리 운송을 장려하기 위해 철도 회사는 멀리 떨어진 곳의 곡물 재배 농민들에게 할인을 제공했다.[221]

철도 회사들은 마치 농민들이 철도에 의지했듯이 곡물 운반에 의존하게 되었다. 아르헨티나에서만 곡물은 전체 화물량에서 거의 40퍼센트를 차지했다. 이러한 운송 혁명은 또한 곡물 흐름의 방향을 바꿔 놓았다. 미국에서는 시카고가 서부로 나가는 출구가 되었을 뿐만 아니라 동해안과 그 너머로 가는 중서부와 서부 곡물 운송의 출발점이 되었다. 이후 몇십 년간 약간의 차이는 있지만 캐나다와 아르헨티나, 오스트레일리아에서도 유사한 현상이 전개되었다. 몇몇 경우에는 정부가 철도 회사들에 운임을 낮추라는 압력을 가함으로써 자국 농민들을 주도적으로 지원했다. 곡물의 장거리 운송이 불가피했던 캐나다에서 정책 입안자들은 자국 농민의 밀이 경쟁력을 유지하도록 운임을 낮추었지만, 로사리오와 바이아블랑카, 부에노스아이레스의 항구들로 수천 킬로미터가 아니라 수백 킬로미터만 곡물을 운송하면 되었던 아르헨티나에서는 국가가 영국인 소유의 철도 회사들에 압력을 가하기를 주저했다.[222]

수송되는 곡물의 양이 막대하다는 점을 생각할 때, 곡물을 보관하고 열차에서 선박으로 옮기는 방법이 반드시 필요했다. 미국에서는 철도 회사들과 곡물 상인들, 협동조합들, 몇몇 경우에는 개별 농민들도 지역 시장과 광역권 시장, 철도 종점, 주요 유통 중심지에 거대한 목재 양곡기 창고를 설치했다. 이 양곡기 창고들은 무개화차와 유개화차, 선창으로 곡물을 싣고 내렸을 뿐만 아니라 밀을 보관하고 세척하고 건조하고 수집했다. 크로넌은 "개별 노동자들의 등에서 자동기계로" 곡물을 집어넣은 증기 동력 양곡기를 "미국 농업사에서"

———1900년 무렵 뉴욕주 버펄로 시의 그레이트노던 철도 양곡기 창고에서 곡물을 하역하는 광경. 수송되는 곡물의 양이 막대하다는 점을 생각할 때, 곡물을 보관하고 세척하고 건조하고 옮기는 방법이 반드시 필요했다. 주요 밀가루 회사들은 생산지와 가까운 곳에 여러 개의 제조 공장을 세웠고 거래 비용을 줄일 장소를 찾았다. 오대호가 미국 서부 밀과 캐나다 밀의 통로로서 중요해진 덕분에, 그리고 나이아가라 폭포에서 저렴하고 풍부하게 전력을 얻을 수 있어서, 1930년 무렵에 버펄로 시는 세계적으로 선도적인 제분 중심지였다. (Library of Congress)

가장 중요한 혁신이라고 했다. 이후 시카고 같은 주요 시장으로 들어가는 곡물은 자루에 담지 말아야 했다. "이런 식으로 옥수수나 밀은 금을 함유한 시냇물이 물처럼 흐르듯 고체보다 액체에 더 가까웠다."[223]

시카고는 종점 양곡기 창고 구축의 선도자였기에 경쟁자들보다 엄청나게 유리한 위치를 선점했다. "그곳[시카고의 유통 센터들]은 열 시간 만에 43만 부셸을 하역하고 선적할 수 있으며 …… 바쁜 철에는 야간에도 가동하여 그 수치가 종종 두 배로 늘어난다." 1912년 밀에 관한 어느 조사 보고서에 따르면, 그 도시의 공공 창고와 민간 창고는 5600만 부셸 이상의 곡물을 저장할 수 있었다. 곡물이 그 거대한 양곡기의 통 안으로 들어가면, "노동자들은 그저 건물의 맨 아래쪽에서 경사 슈트chute[16]의 문을 열어 중력에 나머지 일을 맡김으로써 대기하고 있는 선박이나 철도 화차에 곡물을 실을 수 있었다." 철도에서 선박으로 곡물 1부셸을 옮기는 비용은 2분의 1센트였다.[224]

양곡기와 철도, 증기선의 도래로(이로 인한 운임 하락과 보험 비용 감소로) 밀 재배에는 잘 봐주어도 한계 토지였던 땅들이 이제 팽창에 적합한 곳으로 여겨지게 되었다. 북아메리카에서 밀 재배 변경 지역은 계속해서 서쪽으로 이동하여 미네소타와 노스다코타, 사우스다코타, 캔자스가 일리노이와 인디애나, 위스콘신, 오하이오를 대신하여 주요 밀 생산 주가 되었다. 북쪽 국경 너머에서는 서스캐처원이 동쪽의 인접 지역을 대신하여 캐나다 대초원의 첫째가는 생산지가 되었다.[225]

곡창지대의 다변화

새로운 곡물 재배 변경 지역은 당연히 토지는 많고 노동력은 부족한 지역, 미래가 밀의 호경기와 일치하기 전에는 역사적으로 매력 없는 벽지로 여겨졌던 곳이었다. 이 새로운 곡창지대 중 두 곳, 즉 아르헨티나와 캐나다는 일견 공통점이 많은 것처럼 보인다. 두 나라는 최근에야 독립국의 지위를 얻었으며, 미국의 곡물 재배 농민들이 따랐던 길을 모방하려 했고, 토착민 집단들을 신속하게 밀어내 보호 구역으로 들여보내거나 절멸한 뒤로 경작에 적합한 광대한 공유지를 처분할 수 있었으며, 가격을 밀어 올린 고도로 투기적인 토지 시장이 특징이었고, 초기에는 주로 영국 회사들이 비용을 대서 건설하고 관리했던 철도망이 곡물을 시장으로 운반하는 데는 물론 새로운 경작지를 찾는 데에서도 불가결한 것으로 입증되었으며, 유럽인 이민자들을 유인하여 시골 오지에 사람을 끌어들였고, 기계화를 환영했으며, 대체로 동일한 시장, 즉 영국을 먹여 살렸다.

그러나 두 나라가 비슷한 자원의 혜택을 공유했다고 해도, 이 온대 지방

—— **16** 물체를 높은 곳에서 낮은 곳으로 내려 보내기 위해 설치한 경사진 관.

의 변경 사회들은 현저히 다르게 발달한 대조적인 연구 대상이다. 프레더릭 잭슨 터너 이후로 계속 학자들은 일종의 인구학적 안전판 역할을 했던 변경이 자영농을 육성하고 좀 더 평등주의적인 윤리를 장려했는지에 관하여 논쟁했다. 이론가들은 대평원과 캐나다 대초원 지대에 뿌리를 내린 가족 농가의 전통이 민주적이고 인민주의적인 기풍을 주입하는 데 일조했다고 단정했다. 그러나 곡물 재배 변경 지역이 전부 비슷하게 만들어지지는 않았으며 동일한 방식으로 발전하지도 않았다. 아르헨티나는 대토지와 소작제, 권위주의적 전통에 특혜를 주었다.(칠레와 루마니아, 러시아, 인도도 마찬가지였다.) 아르헨티나의 종속 이론가들과 캐나다의 몇몇 주요 산물 이론가들staples theorists은 외부의 힘(아르헨티나의 경우 토착민 지주 과두 지배자들과 종종 공모했다.)이 이 광대한 지역들이 장기간에 걸쳐 그 잠재력을 발휘하지 못한 실패를 가장 잘 설명한다고 주장한다. 그러나 아르헨티나와 캐나다는 둘 다 영국 자본과 영국 시장에 의존했다. 그리고 명백히 다른 길을 걸었다. 여러 정착민 사회가 왜, 또 어떻게 그런 식으로 세계 곡물 시장에 대응했는지 가장 잘 설명하는 것은 내부의 동력, 즉 토지 보유 조건, 노사 관계, 기간 시설, 정부 정책이다.[226]

목축, 즉 소와 양의 사육은 1880년대 곡물 생산의 호황 이전에 아르헨티나의 농촌 생활을 지배했다. 아르헨티나는 1870년대 말 인디오를 겨냥한 성공적인 군사행동으로 45만 5000제곱킬로미터의 땅을 국토에 추가한 뒤 곧 그 대평원, 즉 팜파스를 공격적으로 개발하는 데 나섰다. 팜파스는 수도인 부에노스아이레스를 중심으로 남쪽과 서쪽, 북쪽으로 480킬로미터에서 640킬로미터까지 커다란 반원형으로 펼쳐진 지역이다. 아르헨티나가 미국 자영농의 홈스테드 모델을 모방하려 애쓰기는 했지만, 관료들은 규제와 감독의 가치를 제대로 인식하지 못했다. 관의 태만과 더불어 손쉬운 대출과 완전한 사기가 겹쳐서 팜파스에는 투기적 토지 시장이 출현했고, 이는 가족 농가를 희생하여 대토지 보유에 특혜를 주었다.

몇몇 엘리트 가구는 처음에는 가죽과 육포 시장의 요구에 응했다가 이어 19세기를 거치면서 양모와 쇠고기 생산으로 전환했는데 팜파스에서 수만 헥타르의 토지를 장악했다. 이들은 눈부시게 팽창하던 냉동 양고기와 냉동 쇠고기의 국제시장에 부응하고 있었다. 그러한 시장 확대는 프리고리피코스 frigorificos, 다시 말해 19세기 말부터 비교적 좋은 품질의 고기를 유럽으로, 특히 영국으로 운송했던 냉동 증기선 덕분에 가능해졌다. 그 가치가 매우 높아졌기에 시카고의 아머 앤드 컴퍼니와 스위프트 앤드 컴퍼니 같은 세계 굴지의 육류 포장 유통 회사들이 아르헨티나에 공장을 세웠다. 이 회사들은 주석 깡통을 써서 고기를 보존하는 새로운 밀봉 기술을 이용했다. 결국 육류 포장 유통업 종사자들이 나라에서 가장 전투적이고 노동조합으로 가장 잘 조직된 노동자들이 되고 페론주의의 토대가 되면서, 육류 포장 유통업은 아르헨티나의 정치를 바꾸게 된다.[227]

그러나 1924년에도 여전히 농촌의 엘리트들이 지배했다. 부에노스아이레스주에서는 열네 개 가문이 각각 10만 헥타르(1000제곱킬로미터)가 넘는 땅을 소유했으며, 어느 한 집안은 41만 2000헥타르(4120제곱킬로미터)를 획득했다. 역사가 제러미 애덜먼Jeremy Adelman은 이렇게 쓴다. "아르헨티나의 변경 지역은 북아메리카의 변경 지역과 다르게 국가가 자영농 사회를 만들 수 있는 텅 빈 땅이 아니었다. 울타리 치기에 앞서 방목이 이루어졌으며 이는 수지맞는 사업이었다."[228] 국가가 토지 집중을 방해하지 않았기 때문에 목축 부호들은 지가가 상승할 때에만 세습 재산의 상당한 부분을 팔아 치웠다. 그러나 소유관계가 홈스테드 모델을 배제했다고 해도, 이것이 곧 아르헨티나 목장주들이 비합리적이었다거나 비효율적이었다는 의미는 아니다. 곡물 생산은 번성하는 목축 경제와 늘 경쟁해야 했다.[229]

밀은 팜파스에서 자존심을 세워야 했을 것이다. 의심 많은 목축 농장주들은 세계적인 곡가 상승에 응하여 마지못해 보유지의 일부를 농업에 돌렸다. 그들이 보기에 농업은 쇠고기 가격이 하락할 때 의지할 안전판으로서 언제나 부차적인 활동이었다. 이렇게 목축을 우선하는 행태는 곡물에 요구되는 더 많은 자본 투자와 노동력 투입으로도 설명될 수 있을 것이다. 그러나 밀은 심지어 나라의 주요 외화 벌이 수단이 된 이후에도 여전히 양이나 옥수수, 알팔파, 아마, 아마인을 포함하여 여러 가지 다른 경쟁자와 싸워야 했다. 경작지가 이렇게 경쟁 작물들로 가득 찼어도, 매력적인 밀 가격과 국가가 후원하는 유럽인 이민, 철도 건설에 정부가 주는 지원금은 1890년대 밀 생산의 급증을 초래했다. 1890년에서 1910년 사이, 밀 재배 면적은 320만 에이커(1만 2950제곱 킬로미터)에서 1500만 에이커(6만 700제곱킬로미터)로 거의 다섯 배로 증가했으며, 1914년이면 팜파스의 어느 부락도 철도에서 약 32킬로미터 이상 떨어지지 않았다. 그로써 팜파스 지역은 미국 중서부의 밀 재배지와 경쟁할 수 있었다. 밀이 상당한 소득을 창출했는데도, 나라의 왜곡된 토지 보유 체제와 과두 지배 집단의 정치적 영향력은 일찍 찾아온 이 새 작물이 목축과 우위를 다투는 일이 결코 없도록 확실히 해 두었다. 1880년에서 1930년까지 어느 행정부도 실질적인 밀 농사 지원 정책을 법제화하지 않았으며, 소규모 자작농을 위한 토지개혁은 현안으로 다루어지지 않았다.[230]

팜파스의 뗏장을 뜯어내는 것은 노동 강도가 매우 심하고 비용이 많이 드는 일이었기에 목축 부호들은 노동비용을 줄이기 위해 목장의 일부를 소작 농들에게 임대했다. 이렇게 소작제에 의존하는 것은 흔히 볼 수 있는 일이 결코 아니었으며, 그 주된 경쟁자들이 생산한 밀은 가족 농가에서 나왔다.[231] 아르헨티나 소작농들의 초기 비용은 소소했다. 이들은 수확기에 계절노동자를 고용했다. 이 노동자들은 흔히 이탈리아나 에스파냐에서 이민한 '골론드리나 스golondrinas(제비)'로 파종이나 수확이 끝난 뒤 귀국했다. 정부 정책은 이민자를 유인하여 정착시키는 것이 아니라 노동시장을 다루기 위해 재조정되었다. 아르헨티나의 날품팔이들보다 세 배에서 여섯 배에 달하는 임금을 받았던 골론드리나스는 유럽에서 가을 수확이 끝나면 아르헨티나로 와서 2월까지 일한 뒤 봄 파종기에 맞춰 집으로 돌아갔다. 골론드리나스가 농업 생산에서 차지하는 중요성을 과장하지 않도록 조심해야 한다. 최근의 연구에 따르면 국내 도시 노동자와 농촌 노동자가 팜파스의 수입 노동자들을 보완하여 점점 더 중요한 역할을 수행했다.[232] 그렇지만 농업 노동자들의 국제적인 계절 이동이라는 아르헨티나 모델은 제2차 세계대전 중에, 그리고 그 이후에 미국 정부가 후원하는 브라세로 프로그램에 따라 멕시코 노동자들이 미국에서 고용될 때까지 다른 곳에서 모방되지 않았다.(계절적으로는 아니라고 해도 적어도 일시적으로는 인도에서 노동자들이 바다 건너 인접한 영국 식민지 실론으로 상대적으로 짧은 거리를 이동하여 차 농장에서 일한 경우가 있고 쿠바의 설탕 농장에서 일한 아이티 노동자들의 사례가 있기는 하다.) 오직 아르헨티나에서만 노동력 부족과 매우 저렴한 운송비, 막대한 수출량 덕분에 농업 노동이 충분히 수지맞는 일이어서 이렇게 대양을 넘나드는 통근 방식이 작동할 수 있었다.

이는 직관에 반하는 것처럼 보일 수 있지만, 이주 소작농들은 강인한 협상자로 판명되었다. 이들은 낮은 토지 임대료를 요구했고, 목장주들이 응하지 않아도 여러 가지 좋은 대안이 있었다. 이들은 몇 년 후 짐을 싸서 다른 목장으로 임차 계약을 찾아 떠나거나 집으로 돌아갈 수 있었고, 그도 아니면 아르헨티나의 도시 지역에서 일자리를 구할 수 있었다. 그러나 소작제는 목장주들에게도 이로웠다. 시장의 변덕에 대응할 때 필요한 유연성을 제공했기 때문이다. 1920년대 쇠고기 가격이 폭락했을 때, 많은 목장주가 목장을 곡물 재배지로 전환했고, 나머지는 소 농장의 일부를 임대하고 소작농들의 임차 계약을 연장했다.[233] 그러나 쇠고기 가격이 반등하면, 더 많은 땅이 목초지로 다시 전환되었다.

아르헨티나인들은 밀 재배 변경 지역에서도 기계화를 채택했다. 1921년에 1112대의 콤바인을 수입했고, 1929년까지 수입량은 1만 5000대에 이르렀다. 그러나 '근대' 아르헨티나 밀 경작의 단면을 보면 눈에 거슬리는 모순이 드러난다. 1938년 어느 캐나다인 여행객은 이렇게 적었다. "남부 유럽과 남동부 유럽 출신의 소작농들에게서는 벤치와 탁자, 침대를 가구로 갖춘 진흙 오두막 밖에 최신 모델의 콤바인 수확기와 트랙터, 트럭이 있는 모순을 발견할 수 있다." 소작농들에게 기계는 현재의 계약이 만료되면 가져갈 수 있는 이동 자산이었다. 1936년에 콤바인은 밀 수확고의 65퍼센트 이상을 책임졌다.[234] 실제로 아르헨티나 팜파스는 북부의 경쟁자보다 훨씬 더 빠르게 기계화했다. 캐나다의 가족 농가는 콤바인 수확기를 채택하는 데 늦었던 것이다. 캐나다 정부는 자국 농기구 제조 업체들을 보호하려고 농기계에 매우 높은 관세를 부과함으로써 사실상 자국 농민들의 상황을 악화시켰다. 그로써 국내의 기계화 비용을 인위적으로 높게 만들었기 때문이다. 그러나 농기구 제조 업체들은 제품을 해외로 수출하고 싶어 해서 외국에서는 자사 기계를 캐나다 대초원의 농민들이 지불하는 것보다 훨씬 더 낮은 가격에 판매했다. 결과적으로 캐나다 정부는 "아르헨티나나 오스트레일리아의 밀 재배 농민이 세계시장에서 캐나다 밀 재배 농민과 경쟁할 수 있도록 보조금을 지급했다."[235]

아르헨티나에 곡물 창고가 없었다는 것은 수확 직후 마케팅이 시작되었음을 뜻했다. 곡물은 황마 섬유 자루에 담겨 8피트 바퀴를 단 엄청나게 큰 이륜 짐마차나 사륜 짐마차에 의해 움푹 구덩이가 팬 시골길을 따라 운송되었다. 이륜 짐마차는 말이나 노새는 열 마리에서 열두 마리, 황소는 여덟 마리에서 열여섯 마리가 끌었다. 아주 큰 곡물상들만 창고를 가져서 소농들은 비바람에 노출된 옥외에 밀을 쌓아 두는 것에 만족해야 했다.[236] 효율적인 마케팅 체제를 구축할 수 없는 무능력은 이후로도 몇십 년간 아르헨티나 곡물 재배 농민들을 괴롭히게 된다.

팜파스의 기후는 온화했고(부에노스아이레스주 남단 지구들을 제외하면 서리나 눈이 내릴 위험은 거의 없었다.) 토양은 캐나다의 대초원 지대보다 더 비옥했으며, 그곳의 농장들은 나라의 주요 항구인 부에노스아이레스에서 약 320킬로미터 안에 있는 이점을 추가로 누렸다. 북아메리카의 농민들은 곡물을 열차에 실어 대륙을 가로질러 운송하는 비용을 부담해야 했지만, 팜파스의 농민들은 그럴 필요가 없었다. 그러나 아르헨티나인들은 자연스럽게 얻은 이점을 이용하지 않았다. 캐나다인들과 달리 이들은 농업 연구와 교육에 투자하는 데 소홀했으므로 아르헨티나의 기간 시설은 경쟁자들에 비해 뒤처졌다.[237]

지주들이 무엇을 생산할지에 관하여 여러 가지 선택의 대상들이 있었던 아르헨티나와 달리, 캐나다에서는 밀이 왕이었다. 밀은 두 대전 사이에 대초원 지대 농민들의 현금 수입에서 50퍼센트 내지 75퍼센트를 차지한 소득원이었다. 세기 전환기의 어느 캐나다인 경제학자는 캐나다에서 밀이 갖는 중요성은 아르헨티나나 오스트레일리아의 세 배라고 추산했다.[238] 이 두 곡창지대 사이의 근본적인 차이는 캐나다에서는 가족 농가가 지배적이었다는 점이다. 1914년에 세계에서 가장 부유한 두 나라가 왜 그렇게 다른 길을 걸었는지 이해하려면 시기적으로 겹치는 밀 호황의 직전에 각 지역이 어떻게 보였는지 생각해 봐야 한다. 대규모 목축이 1800년대 초까지 기원을 거슬러 올라갈 수 있는 안정된 생활 방식이었던 팜파스와 달리, 캐나다 대초원 지대는 수천 제곱마일의 광활한 땅을 제공했고 야심 찬 정책 입안자들은 백인 농민들을 정착시켜 이를 개발하는 데 몰두했다.[239]

캐나다의 입법자들은 보상은 물론 위험까지도 민간 세력과 공유할 수 있는 변경 지역에 인구를 정착시키는 문제를 해결할 상상력이 풍부한 해법을 갖고 있다고 생각했다. 캐나다 정부는 캐나다 태평양 철도와 허드슨 베이 컴퍼니Hudson Bay Company 두 회사에 거대한 국유지를 나누어 주었고, 두 회사는 그 땅을 홈스테드 입주자들에게 매각하기로 했다. 그러나 두 회사는 대초원 지대로 이주할 정착민을 충분히 끌어모을 수 없었다. 서부 대초원 지대에 철도가 들어왔고 대범한 토지법이 많이 제정되었으며 이주자에 다양한 유인책이 제시되었지만, 캐나다인들과 외국인 이민자들은 처음에는 자신들이 입수할 수 있는 공공 토지와 민간 토지를 이용하기를 주저했다.

저렴한 토지는 충분하지 않았다. 주된 문제는 유럽인 이민자들에게는 미국이 훨씬 더 매력적인 대안이었다는 사실이었다. 정착민들은 1890년대 중반까지는 캐나다 대초원 지대로 몰려들지 않았다. 그때에 가서야 여러 가지 과학적·기술적 향상이 이루어진 덕에 해외에서 들어온 이민자들과 미국에서 들어온 이주자들은 국경 북쪽에서도 곡물 재배가 가능하다고 확신했다.

첫째, 두 번째로 이른 조생종보다 20일 일찍 익는 새로운 경질 밀 품종인 레드 파이프Red Fife가 발견되었다. 8월 말과 9월 초에 지속되는 서리의 위협에 대처해야 했던 대초원 지대 농민들에게 이는 결코 작은 문제가 아니었다. 동시에 제분 기술의 혁신 덕분에 레드 파이프처럼 영양가가 더 높고 더 빨리 익는 품종들을 갈아 밀가루로 만들 수 있었다.

그 밖에 두 가지 혁신이 대초원 지대 밀의 장밋빛 미래를 동여맸다. 수분을 보존하는 표면 멀칭 기술은 건조한 대초원 지대에서 증발을 막아 주었고, 건지 농법은 봄에 다져진 토양의 여름 휴경과 결합하여 "모세관 현상에 의해 지표면 밑에서 지표로 수분이 이동하는 것"을 방지했다. "그로써 토양에 수분을 가두어 땅을 묵히는 동안 그 안에 담긴 수분이, 이론적으로는 적어도 2년 연속 작물을 기를 수 있는 수준까지 올라올 것이다."[240]

———"서부 캐나다, 새로운 엘도라도", 1890년에서 1920년 사이에 캐나다 이민부가 제작한 이민
장려 포스터. 캐나다 대초원 지대는 사실상의 무주공산이었다. 야심 찬 정책 입안자들은 주민을
끌어들여 수천 제곱킬로미터의 광활한 땅을 밀 재배 농장으로 바꿔 놓으려 했다. 정부는 캐나다
태평양 철도와 허드슨 베이 컴퍼니 두 회사에 광대한 공유지를 쓸 수 있게 해 주었고, 두 회사는
그 땅을 캐나다인들과 유럽인 이민자들에게 싼값에 매각했다. (Library and Archives Canada)

미국에서 막 도착한 자들은 빠르게 투자 수익을 얻는 데 더 많은 관심이 있었고 많은 가축을 키울 수 있기를 참을성 있게 기다리기보다 치솟는 땅값에 편승하여 밀 농장을 치워 버렸다. 가축과 곡물을 동시에 키우는 혼합 체제에는 아주 많은 자본이 필요했기에 대초원 지대의 가족 농가는 이를 감당할 수 없었다. 게다가 아르헨티나와는 다르게 정부 정책은 일관되게 목축을 희생하여 농업에 특혜를 주었다. 노스다코타와 사우스다코타, 몬태나, 위스콘신의 미국인 이민자들을 국경 너머로 유인한 땅 투기 호황과 결합하여 밀 농사도 도약했다. 흥미롭게도 투기는 역시 아르헨티나와는 달리 토지를 소수의 수중에 집중시키지 않았다. 밀 재배 농민들은 일단 자리를 잡은 뒤로는 밀에서 빠져나오는 것이 손해라는 점을 깨달았다.[241]

캐나다 농민들은 단일경작의 해로운 효과를 잘 알았지만, 밀을 고수할 이유가 충분하다고 생각했다. 서스캐처원주 새스커툰의 어느 농민은 이렇게 옹호했다.[242]

밀을 연작하면 지력이 고갈된다는 점을 나는 더할 나위 없이 잘 알고 있다. 그러나 목축은, 최소한 낙농은 고된 노동의 연속이라는 것을 알고 있으며, 밀 재배는 자본과 노동력이 덜 들고 소득이 더 크다는 사실도 알고 있고, 달걀을 전부한 바구니에 담는 것이 손해가 될 수 있다고 해도 나는 기꺼이 위험을 감수하고 계속해서 밀을 재배할 것이며, 땅이 더는 밀을 키우지 못하게 되면 풋내기에게 팔아 치우고 서쪽으로 떠날 것이다.

결과적으로 밀은 캐나다 수출을 추동하는 동력이 되었다. 1890년에서 1916년 사이 대초원 지대의 농가 수는 3만 1000개에서 21만 8000개로 증가했고 재배 면적은 140만 에이커(5665제곱킬로미터)에서 3430만 에이커(13만 8807제곱킬로미터)로 급증했다. 결국 변경 지대가 한계에 이른 뒤로 단일경작의 생태학적 귀결은 아주 명백해진다. 그러나 1890년에서 1945년까지 대초원 지대의 밀 경작은 경제적으로 매우 합리적이었다.

아르헨티나 정부와 캐나다 정부 모두 자국의 오지에 주민을 정착시키려고 적극적으로 유럽인 이민자들을 유인했지만, 목적과 정책은 서로 크게 달랐다. 아르헨티나의 이민정책은 선별적 성격이 훨씬 적었다. 영구적인 농촌 토지 보유 계층의 창출을 겨냥하지 않았기 때문이다. 처음에 아르헨티나 정책 입안자들은 북유럽 이민자들을 유인하고 싶어 했지만 곧 남유럽인들 쪽으로 마음이 기울었다. 남유럽인들은 더 싸게 쓸 수 있었고 계절노동을 기꺼이 수용했기 때문이다. 캐나다의 이민정책은 훨씬 더 제한적이었으며 민족 차별적이었다. 캐나다 정부는 효율적이고 유동적인 노동시장을 만드는 데는 상대적으로 관심이 적었으며 대초원 지대에 가족 농가를 창출하는 데 더 몰두했다.

두 거대 밀 생산국 간의 현저한 차이는 대초원 지대에서 구체화된 협동 윤리였다. 대초원 지대에 가족 농가를 세운 스칸디나비아와 영국, 중부 유럽 출신의 이민자들은 유럽에서 소비자 협동조합을 경험했으며 자본이 부족했기에 기꺼이 자원을 한데 모아 공동으로 투자했다. 1920년대에 이르면 협동 조합 운동은 조합원들의 곡물을 공동으로 판매하고 저장하고 상조회 역할을 하면서 서부 캐나다 밀 재배 지역에 확고히 자리를 잡았다. 이와는 대조적으로 팜파스의 단명한 소작제는 협동에 적합하지 않았다. 결과적으로 캐나다 농민의 생활수준과 삶의 질은 1920년대에 눈에 띄게 개선되어 아르헨티나 농민들이 누린 개선을 크게 뛰어넘었다.

한 쌍의 곡창지대에 관한 이 간략한 비교 검토는 모든 곡물 생산국이 비슷하게 출현한 것은 아니며 동일한 방식으로 발전하지도 않았음을 보여 준다. 타고난 자원은 유사했지만 국내의 요인들, 즉 토지 보유 형태와 노동 체제, 국가 정책이 아르헨티나와 캐나다가 경쟁이 극심한 세계 곡물 무역에 대응하는 방식을 결정했다.

제국적 목표도 식민지의 곡물 부문을 결정하려 했다. 펀자브의 건조한 평야 지대에 사는 영국령 인도의 밀 생산자들은 1873년 수에즈 운하의 개통으로 큰 도움을 받았지만, 인도아대륙에서 철도의 행보는 더뎠으며 "여전히 여행객들은 야밤에 조용히 그리고 장엄하게 평야를 가로질러 항구로 길을 걸으며 곡물 운반 수단으로서 철도와 성공적으로 경쟁한 긴 낙타 행렬을 보았다."[243] 인도는 영국의 곡물 욕구를 결코 충족하지 못했지만, 이는 노력이 부족한 탓

표 4.9 세계의 밀 수확 일정

1월	오스트레일리아, 뉴질랜드, 칠레
2-3월	상이집트, 인도
4월	하이집트, 인도, 시리아, 키프로스, 페르시아, 소아시아, 멕시코, 쿠바
5월	텍사스, 알제리, 중앙아시아, 중국, 일본, 모로코
6월	미국의 서부와 중서부와 남부, 터키, 그리스, 이탈리아, 에스파냐, 포르투갈, 프랑스 남부
7월	미국 중서부, 캐나다 북부, 루마니아, 불가리아, 오스트리아, 헝가리, 러시아 남부, 독일, 스위스, 잉글랜드 남부
8월	미국 중서부, 캐나다 남부, 콜롬비아, 벨기에, 네덜란드, 영국, 덴마크, 폴란드, 러시아 중부
9-10월	스코틀랜드, 노르웨이, 러시아 북부
11월	페루, 남아프리카, 아르헨티나 북부
12월	아르헨티나, 버마, 오스트레일리아

출처: *The Crop Reporter*, 1899, cited in Peter Dondlinger, *The Book of Wheat: An Economic History and Practical Manual of the Wheat Industry* (New York: Orange, Judd Co., 1912).

이 아니었다. 영국의 기업가들은 수백 년 동안 밀이 자랐던 갠지스강 유역과 인더스강 유역의 철도와 운하에 대규모로 투자했지만, 그 지역에서 생산된 밀은 대부분 국내에 머물러 급격히 증가하는 인도 주민을 먹였고, 열차는 대체로 인도인 승객들을 운송했다.[244]

밀의 파종과 수확은 농부들에겐 계절에 따라 집중해야 하는 일이었겠지만, 무역 자체는 좀처럼 휴식을 누리지 못했다. 지구상의 어느 곳에서는 농민이 연중 내내 밀을 수확하고 있었고, 그 결과로 밀과 밀가루를 실은 배의 도착에 시차가 생겨 유럽인들과 다른 수입국 주민들은 굶주리지 않을 수 있었다.(표 4.9 참조)

어느 밀 무역 평자는 1911년에 유럽인들이 언제 어디에서 매일 먹는 빵을 가져오는지 설명했다.[245]

연중 대부분 동안 미국 해안의 몇몇 항구에는 남는 밀이 선적을 기다리고 있다. 1~2월에는 미국의 태평양 연안에서 수출되는 상당한 양의 밀이 유럽에 도착했고, 3월에는 아르헨티나와 우루과이에서 출발한 선박들이 그 중요한 화물을 실은 채 유럽에 도착하며, 미국의 겨울 밀은 8월에 처음으로 서유럽 항구들에 도착하고, 미국의 봄밀은 10월에 상당한 양이 대서양을 건너기 시작하고, 캐나다의 봄밀은 11월에 대서양을 건넌다.

국제 곡물 시장의 변화를 초래한 힘들의 우연한 결합에 한 가지 중요한 향상을 더해야 한다. 이는 다른 어느 단일 요인보다도 더 무역의 팽창을 촉진하는 데 분명코 결정적이었다고 할 수 있는데, 바로 선물 시장이다.

미래의 손해를 예방하기

미래는 신용의 바퀴에 기름칠을 했을 뿐만 아니라 연중 내내 계속되는 시장을 유지하여 그 어느 때보다도 더 많은 양의 곡물이 판매되도록 했다.[246] 주된 혁신은 표준화한 계약을 통해 곡물의 사후 인도를 촉진한 것이었다. 이제 농민과 제분업자, 중개상, 수출업자는 1년 내내 곡물을 저장할 동기가 생겼다. 상인은 아직 있지도 않은 밀 1부셸을 구매함으로써 위험을 무릅쓸 뿐만 아니라 소유권 개념을 개조했다. 앞으로 보겠지만, 밀 같은 상품은 그 1부셸의 곡물이 농장을 떠났든 그렇지 않든 내기를 하기에 유용한 도구가 되었다. 곡물 선물 시장은 동시대 선물 시장인 면 거래와 더불어 돼지 옆구리 살부터 오렌지 주스와 커피에 이르기까지 어지럽게 늘어선 상품 선물 시장의 토대를 놓았다. 서로 동떨어진 대륙의 낯선 이들 사이에 이루어진 수백만 달러어치의 거래가 농민과 도매상의 악수를 대신했다. 나아가 선물 계약은 심한 가격 변동으로 인한 손실의 방지책 역할도 했다. 심한 가격 변동은 언제나 곡물시장이 파멸하는 원인이었다.

이를 달성하기 위해 시카고 상품거래소CBT 같은 민간 곡물 거래소들은 단일한 도량형을 사용하게 하여(위반하는 자들에겐 처벌을 내렸다.) 이전에는 매우 분산적이고 통제되지 않았던 시장에 질서를 부여했다. 1911년 어느 전문가는 이렇게 말했다. 선물 시장이 없다면 "곡물 시장은 혼란에 빠질 것이다."[247]

1856년 시카고 상품거래소는 세 종류 밀의 품질 표준을 정했다. 얼핏 단순해 보이는 이 조치는 혁명적이었음이 입증되었다. 한 배에 선적된 곡물이 특정한 등급을 받으면 양곡기 창고나 유개화차에서 동일한 등급의 다른 화물과 섞일 수 있었다. 그것은 어느 모로 보나 동일한 것으로 여겨졌다. 농민이나 곡물상은 시장으로 곡물을 운반할 때 자신들이든 다른 누구든 되찾아 지불을 요구할 수 있는 인수증을 받았다. 이러한 계약으로 농민들은 단순히 장래의 일정한 시점에 일정량의 곡물이 인도될 것이라는 조건의 '사후 인도' 계약서를 제시하는 것만으로 지역 은행에서 신용 대출을 얻을 수 있었다. 이 시장은 곡물 판매를 늘리고 자본을 모으며 거래를 관리하는 데 매우 성공적이었음이 입증되어 1883년 리버풀에, 1908년 부에노스아이레스에 선물 시장이 추가로 들어섰다.

많은 양의 특정 곡물을 받았다는 창고나 유개화차, 양곡기 창고의 곡물 인수증이 뉴사우스웨일스나 리버풀에서나 동일한 것을 뜻하지 않았다면, 선물 시장은 탄생할 수 없었을 것이다. 양곡기 창고의 곡물 인수증이 그것이 대표하는 밀과 동일한 것일 때, 그때, 오직 그때에만 재화의 사후 인도 계약을 체결하는 것이 가능했고 구매자가 약속된 것을 확실하게 얻을 수 있었다. 1860년까지 시카고 상품거래소는 밀의 등급을 열 개로 구분했고, 품질 표준은 곧 다른 거친 곡물에도 요구되었다. 1880년대 중반이면 시카고 선물 시장의 규모는 그 도시의 실제 곡물 판매량의 열다섯 배 내지 스무 배였다. 이는 투기꾼들이 매입하는 것이 밀이나 옥수수가 아니라 종잇조각이었다는 강력한 증거였다.[248]

선물 계약은 상품의 판매보다는 향후 특정 시점의 상품 가격과 관계가 있기 때문에 투기꾼들은 곡가가 오를지 내릴지, 얼마나 오르고 내릴지를 두고 도박을 했다. 물론 그러한 재정裁定 거래arbitrage[17]와 다른 것으로 대체할 수

_____ 17 시장 간의 가격 차이를 이익으로 취하는 거래. 차익 거래라고도 한다.

있는 곡물 인수증은 연중 내내 곡물을 지속적으로 인도할 수 있도록 충분한 저장 능력, 자금 조달, 운송과 통신 부문의 필수적 기간 시설이 갖추어지지 않으면 실현될 수 없었을 것이다. 과거에 곡물상은 가격 하락에 대비하려면 부셸당 5센트에서 10센트까지 실속 있는 이윤을 거두어야 했던 반면, 이제 재정 거래와 이를 가능하게 한 무역의 표준화 때문에 이윤은 대략 부셸당 1페니로 크게 축소되었다. 특정 등급의 곡물을 특정 가격에 선물로 거래하면, 이론상 위험은 농민과 상인에게서 투기꾼에게도 이전되었다. 그리고 투기꾼은 손실에 대비하여 거래에 안전 조치를 취함으로써 위험 노출의 효과를 상쇄했다.

판사 올리버 웬들 홈스Oliver Wendell Holmes는 이 혁신을 환영하며 비록 "투기가 나쁜 귀결을 가져와도" 정부는 이 시장의 작동에 간섭할지 말지, 한다면 언제 해야 할지 결정할 때 신중해야 한다고 썼다. 홈스가 생각하기에 이렇게 자기 조절의 기능을 갖춘 제도들은 자본주의가 성숙했다는 확증이었다.[249] 대초원 지대의 농민들은 아마도 홈스 판사의 적자생존이라는 심성에서 동의할 수 없는 점을 많이 발견했을 것이다. 그러나 '강자의 성공'이 '약자의 모방'을 유발했다는 홈스의 주장은 단지 엘리트주의적인 과장된 표현이 아니었다. 이는 사람이 시장을 통제하는 것이 아니라 시장이 사람을 통제한다고 주장한 자유주의적 세계관을 반영했다.

그렇지만 구속당하지 않는 시장은 폐해를 초래했다. 결국 두 시장, 즉 실제의 곡물 시장과 선물 시장은 그 끈이 아무리 약하게 보이더라도 사실상 서로 연결되어 있었다. 매수자들, 즉 가격이 오를 것이라고 확신한 투기꾼들이 시장에서 '사재기'를 했을 때, 이 점은 너무도 명백해졌다. 사재기는 처음에는 아주 무해할 수 있었다. 매수자들은 공급이 최저 수준일 때인 수확철 직전에 조용히 선물을 사들였다. 그런 다음 이들은 실제의 곡물 시장으로 가서 꽤나 많은 양의 '현물' 밀을 구입했다. 이제 매수자들은 현재와 미래에서 공히 곡물 공급을 통제했다. 만일 이것이 매우 부정하게 이루어진다면, 의심 없는 매도자들, 다시 말해 앞으로 가격이 하락할 것이라고 믿는 자들은 자신도 모르는 사이에 걸려들 수 있었다. 매도자 투기꾼들은 선물 계약에서 실패하여 곡물을 인도할 수 없으면 이제 가격 결정권을 지닌 매수자들로부터 곡물을 사들이는 수밖에 달리 도리가 없었다. 매도자는 계약을 이행하지 못하면 소송에 휘말리고 평판을 망칠 수 있었다.

그러나 사재기는 매수자들에게도 상당한 위험을 초래했다. 실제의 곡물 비축량은 결국 처분해야 했다. 그렇게 많은 양의 곡물을 무한정 보관하려면 많은 비용이 들었지만, 곡물 전체를 시장에 내놓으면 높은 가격을 유지할 수 없기 때문에 판매하기도 위험했다. 매수자는 가격이 매수 가격 아래로 떨어지기 전에 팔 수 없으면 큰 손해를 보아야 했다.

일견 사재기의 승자나 패자는 선물 시장을 주무르는 투기꾼들에 국한된 것처럼 보였다. 그러나 곡물 거래에 연관된 모든 사람에게 도움이 되거나 해를 끼칠 수 있는 잔여 효과가 있었다. 시장이 인위적으로 왜곡될 때는 언제나 곡물 사슬의 위아래로 신뢰가 붕괴되었다. 연이은 사재기에 격분한 독일 정부는 1897년 베를린 거래소의 선물 거래를 금지했다. 그러나 거래를 규제하려는 노력은 대부분 효과가 없는 것으로 드러났다. 투기꾼들은 한 곳에서 사업을 거두어 다른 거래소로 가면 그만이었다. 한편 농민과 상인은 가격이 공급과 수요와 이렇다 할 명백한 연관도 없이 부침하는 것을 무기력하게 바라보기만 했다.[250]

재배농들이 그레인지Grange[18] 같은 협동조합을 설립하거나 인민주의적 정치인들을 후원함으로써 조직적으로 자신들의 이익을 지키려 했던 것은 이해할 만하다. 그들 스스로 통제할 것이 거의 없었기 때문이다. 이들은 시장을 믿지 않았고 은행가나 철도 거물들을 신뢰하지 않았다. 등급 매기기는 아무리 잘봐 주어도 주관적인 행위였다. 농민들은 파렴치한 투기꾼들과 철도와 양곡기창고 운영자들, 곡물 검사관들이 공모하여 자신들의 곡물 가격을 후려친다고 확신했다.

유개화차의 밀봉과 재밀봉

기세도 당당하게 증가한 거래 규모와 이 거래가 엄청나게 넓은 구역을 포

_____ **18** 1934년 오리건주 센트럴포인트Central Point 시에서 설립된 농업협동조합.

괄하며 보여 준 속도를 생각할 때, 표준 준수를 감독하고 사기 행위를 저지하는 것은 꼭 필요한 일이었고 점차 정교해졌다. 이러한 규약을 유지하는 데 들어간 시간과 돈은 막 시작된 곡물 거래의 전문화와 잠재적인 폐해의 증거였다. 파렴치한 중개상들은 언제나 철도 화차나 양곡기 창고에서 고품질 곡물 밑에 '끼워 넣기plugged'(저급한, 더러운, 손상된) 곡물을 숨기려 했다. 농민과 중개인, 제분업자, 철도와 양곡기 창고 운영자, 선적 회사, 선물 거래자, 소비자에게는 너무 많은 것이 걸려 있기에 이 주역들 중 어느 하나에 너무 많은 행동의 여지를 허용하기는 어려웠다.[251]

미국에서 규약 집행의 요체는 국가 검사관이었다. 밀에 관해서는 세세한 것까지 다 알고 있는 걸어 다니는 백과사전이었던 검사관은 주요 유통 중심지에 도착하는 모든 유개화차의 '낟알이 색깔은 어떤지, 단단한지, 속이 찼는지'를 보고 곡물의 가치를 평가하는 어려운 과제를 떠안았다. 검사관들은 무게를 조사하고 등급을 결정했고 자신들의 평가가 정당함을 문서로 남겼다.

매겨진 등급에 관해서 판매자와 구매자 모두 늘 불평을 늘어놓았다. 양곡기 창고 운영자들과 철도 회사들은 요주의 혐의자들로서 곡물을 혼합하고 저울을 조작했다는 비난을 받았다. 핵심 지역을 가로질러 강행군으로 먼 길을 이동해야 했던 곡물은 세 번에서 여섯 번까지 어디서나 검사를 받을 수 있었다. 유통 중심지인 미네소타주 덜루스Duluth 시에서 바쁜 철에는 하루에 100만 부셸에서 150만 부셸까지 검사하고 중량을 측정했다는 얘기가 들렸다. 일반적으로 검사는 곡물의 선적을 하루 정도 지연시켰기에 확실히 지나치게 세심히 이루어지지는 않았다.[252]

다른 곳에서는 정부의 감독이 부족했다. 예를 들면 아르헨티나에서는 국가 검사 규약이 아예 없었고, 그 대신 구매자 대표들이 철도역에 나타나 일꾼들이 철도 화차로 끌고 가는 황마 섬유 자루를 '각각의 자루에 찔러 넣어 내용물의 일부를 꺼내는 뾰족한 관인 '색대'를 써서' 사사로이 검사하곤 했다. 구매자들은 종종 곡물에 자신들만의 기준을 붙이기도 했는데, 이는 변동성을 더 늘리고 더 많은 불평을 초래했다.[253]

표준의 부재는 경쟁에서 외부인들에게 불리하게 작용했다. 균일함이 높은 평가를 받았기 때문이다. 그러나 이러한 표준화 추세에도 한계가 있었다. 밀이 이 시기에 세계 대부분의 장소에서 음식물을 지배했을 수는 있지만, 몇몇 지역은 한두 가지 경쟁 곡물을 선호했다. 북아프리카에서는 보리가 왕이었고, 옥수수는 아메리카와 아프리카의 여러 곳에서 선택한 주곡이었으며,[254] 호밀은 동유럽과 중부 유럽에서 비록 밀에 조금씩 잠식되었지만 지배력을 잃지 않았고, 당연한 얘기지만 쌀은 중국과 인도의 일부 지역을 예외로 하면 남아시아와 동남아시아, 동아시아에서 견줄 것이 없었다. 쌀을 제외하면 밀이 우세한 곳에서는 어디서든 경쟁 관계에 있는 곡물은 대체로 가축의 사료로 쓰였다.

맷돌에서 미니애폴리스로

이 시기에 빵의 제조와 유통, 마케팅에 변화를 가져온 많은 혁신 덕분에 밀가루 소비가 급격하게 증가했다. 애석하게도 희생자들이 있었다. 특히 제분업자는 멸종 위기종이 되었다. 밀가루의 대량생산으로 이전에는 수공업이었던 것이 공업으로 바뀌었기 때문이다.

수백 년 동안 밀가루 제조는 숙련된 제분업자의 일이었다. 밀을 갈려면 숙련된 장인이 테두리가 날카로운 사암 맷돌에 홈을 판 뒤 맷돌을 서로 가깝게 붙여 놓고 매우 빠른 속도로 돌려야 했다. 목표는 최대한 곱게 가는 것이었다. 널리 알려진 지식에 따르면 맷돌은 굴곡이 많고 변덕스러운, 추정컨대 여성적인 특징을 지녔다.[255] 오직 숙련된 제분업자만이 그 특별한 돌의 특성을 이해했기에 그렇게 까다로운 기계에서 충분한 양과 뛰어난 품질을 끌어낼 수 있었다.

1870년대부터 미네소타주 미니애폴리스 인근 미시시피강을 따라 등장한 밀가루 공장들에서 일련의 혁신이 도입되었다. 찰스 필스버리Charles Pillsbury와 캐드월레이더 워시번Cadwallader Washburn의 제분소는 세인트 앤서니 폭포 아래로 우레 같은 소리를 내며 떨어지는 물의 힘을 이용하여 헝가리와 프랑스의 제분 기술을 개선하고 향상시켰으며, 그 과정에서 전 세계의 밀가루 생산방식을 근본적으로 바꿔 놓았다.[256]

이 경우에 필요는 발명의 어머니였다. 미니애폴리스의 제분업자들은 자신들의 주와 이웃의 노스다코타와 사우스다코타에서 자라는 경질 봄밀을 쉽게 얻을 수 있었다. 이 품종은 주된 경쟁 작물인 겨울 밀보다 단백질 함유량이 높고 글루텐이 더 풍부했지만 갈기에는 더 단단했고 체로 불순물을 걸러내기가 더 어려웠다. 미니애폴리스의 제조업자들이 만든 가장 주목할 만한 변화는 맷돌에서 강철로 만든 자동 분쇄기(롤러)로 전환한 것이었다. 이 변화 덕분에 더 적은 비용으로 품질은 더 뛰어나고 깨끗하며 더 균일한 밀가루를 더 많이 생산했다. 주름이 파인 분쇄기는 30퍼센트 더 많은 일을 했지만 동력은 47퍼센트 덜 들었다. 맷돌은 일주일에 두 차례 다시 균형을 맞추어야 했지만, 강철 분쇄기는 여러 달 가동해도 조정할 필요가 없었다.[257]

분쇄기 바닥에 남은 알곡의 귀중한 성분을 회수하기 위한 새로운 기술들이 개발되었다. '단계적 분류gradual reduction'라는 이름을 얻은 이 연장 공정에는 기계와 검사, 그리고 당연히 비용도 추가로 필요했지만, 생산성의 증대가 추가 비용을 상쇄하고도 남았다. 제분은 이제 완전히 기계화되고 자동화되었다. "원료에서 완제품까지 전부 인간의 손이 직접 닿지 않고 처리된다."[258] 단계적 분류는 많은 양의 에너지를 요구했다. 어느 정도 시간을 거치며 처음에는 증기, 그다음으로 전기가 새로운 동력원으로 채택되어 더 복잡한 공장을 유지하게 했다.

처음에 비판자들은 캐드월레이더 워시번이 10만 달러라는 전대미문의 막대한 자금을 그의 첫 번째 제분소에 쏟아부었다고 조롱했다. '워시번의 바보짓Washburn's Folly'이 타격이 큰 고통을 겪기는 했지만, 최후에 웃은 자는 그 기업가였다.[259] 그 혁신은 특히 미네소타와 노스다코타와 사우스다코타, 캐나다의 농민들에게 하나의 계시였다. 경질 봄밀은 이전에는 제분업자와 제빵업자에게 인기가 없었지만 이제는 가정에서 또 유럽에서 선택된 제빵용 밀가루가 되었다. 미니애폴리스에서 이른바 '새로운 공정'으로 생산된 밀가루는 시장에서 판매되는 최고급 겨울밀보다 평균 12.5퍼센트 더 많은 빵을 만들었다. 제분 용량이 급증했다. 1870년 큰 제분소는 하루에 200배럴(약 32세제곱미터)의 밀가루를 생산할 수 있었는데, 20년 후 미네소타의 제분소 넷 중 셋은 하루에 1000배럴(약 200세제곱미터) 이상을 생산했다.

자본을 더 많이 투입한 고용량 제분소는 농민과 양곡기 창고 운영자로부터 포장하지 않은 상태의 밀을 대량으로 구매했고 철도 회사와 해운 회사가 주는 리베이트와 운송 특혜로 이득을 얻었다.[260] 규모의 경제 덕분에 큰 제분소는 막 싹트기 시작한 해외시장에 더 잘 응대할 수 있었다. 20세기 초에 미니애폴리스의 제분업자들은 연간 1600만 배럴(약 254만 3000세제곱미터)을 선적하여 내보냈으며, 이 도시는 세계 최대의 밀가루 생산지임을 자처했다.

미네소타의 우세에 결정적으로 중요했던 것은 그 밀가루를 해외로, 특히 영국으로 수출하는 데 몰두한 것이었다. 1880년대 영국은 미국 밀가루 수출량의 5분의 3을 빨아들였고, 미니애폴리스 한 곳의 수출만 1881년 100만 배럴(약 15만 9000세제곱미터)에서 1900년 470만 배럴(약 74만 7000세제곱미터)로 증가했으며 대부분이 영국으로 수출되었다. 그 밖에 미니애폴리스의 밀가루는 서유럽과 홍콩, 필리핀, 쿠바, 브라질, 아이티, 자메이카로도 갔다.[261]

새로운 공정은 오래된 수공 제분 기술을 역사의 쓰레기통 속에 던져 버렸다. 새로운 공정은 또한 제분업의 근본적인 재조정을 초래했다. 숙련된 제분업자들은 이제 큰 공장에서 관리자로 새로운 일자리를 얻었으며, 이 업종에서 아무런 경험도 없던 실업계의 거물들이 지배권을 장악했다. 시간이 흐르면서 필스버리의 제분소와 워시번의 제분소는 세계 최대의 두 제분업체가 되었고, 그 밀가루 상표(각각 필스버리Pilsbury, 골드 메달Gold Medal)는 북아메리카의 찬방을 차지한 터줏대감이 되었을 뿐만 아니라 해외에서도 공격적인 마케팅에 부쳐졌다.[262] 대량생산에 따르는 고비용과 상품 사슬의 거의 모든 국면에서 업계의 거물들과 경쟁할 수 없는 소규모 제분소의 무능력이 그 파멸을 알렸음은 그리 놀랍지 않다. 미니애폴리스 한 곳에서만 1890년 네 개 기업이 그 도시 제분 용량의 87퍼센트를 차지했다.[263]

외국인 투자자들은 이를 보고 수익이 날 사업임을 알게 되었다. 영국에서도 이미 유명한 상표였던 필스버리는 1889년 영국의 어느 신디케이트의 관심을 끌었다. 이 신디케이트는 미국의 철도와 양조장에 대규모로 투자했으며 이제 밀가루 제분으로 관심을 돌렸다. 투자자들은 필스버리 제분소 세 개, 그 밖의 미니애폴리스 제분소 두 개, 수력 회사 두 개, 그리고 미니애폴리스 노던 엘리베이터 컴퍼니Minneapolis & Northern Elevator Co[19]를 지배했다. 찰스 필스버리는 실제로 제분소의 관리권을 유지했고 새 회사 주식을 상당량 보유했다. 그러나 도금 시대 다른 산업들처럼 밀가루 사업에서도 연합은 상당한 저항에 직면했고 때때로 그 자체의 중압감에 붕괴했다. 과도한 공장 건설, 과잉생산, 가격 하락, 낮은 이윤, 치열한 경쟁은 시장을 독점하려는 복합기업들의 노력을 해쳤다. 영국인의 미니애폴리스 밀가루 시장 개입은 비교적 단명했다. 1924년 필스버리 가문과 다른 미국인 투자자들은 영국인 지주회사에 자금을 대고 이를 인수했다.[264]

장애물이 있기는 했지만, 워시번-크로즈비 회사Washburn-Crosby Company[20]의 워시번 상속자들은 결국 합병의 유혹에 버틸 수 없었다. 1928년 미국 중서부와 남서부, 그리고 서쪽 끝의 제분 회사들이 대규모로 합병하여 제너럴 밀스Gerneral Mills가 탄생했다. 이 복합기업은 열여섯 개 주에서 스물일곱 개 회사를 흡수하여 당시 세계 최대였던 제분 회사를 만들었다.[265] (제너럴 모터스, 제너럴 일렉트릭, 제너럴 푸즈General Foods처럼 엄청나게 큰 기업들이 출현했듯이, 미국에서 '제너럴General'이라는 명칭은 평범하다는 것이 아니라 지배적이라는 것을 의미하게 되었다.)

역사가들은 도금 시대에 이러한 결합이 발생한 이유가 무엇인지, 그것이 국내와 해외에 미친 상대적인 영향은 무엇인지 의견의 일치를 보지 못했지만, 그러한 합병이 '경영 혁명managerial revolution', 결국 전 세계에서 온갖 사업의 구조를 바꾸게 될 혁명의 일환이었다는 점에는 대체로 동의한다.[266]

이 자본 집약적 산업들은 구매, 가격 결정, 생산, 마케팅을 종합한 효율적인 경영 체계를 구축할 때에만 유효했다. 봉급을 받는 경영자들은 장기 전략과 단기 전략을 수립하여 기업을 수직적으로 통합했다. 이들은 '후방' 통합으로 원료를 확보했으며, '전방' 통합으로 감응력이 뛰어난 근대적 판매 조직을 만들어 자신들의 제품과 서비스를 효과적으로 판매했다.[267] 제너럴 밀스를 낳

_____ **19** 찰스 필스버리가 사장이었던 양곡기 창고 운영 회사.
_____ **20** 캐드월레이더 워시번이 1856년에 설립된 미니애폴리스 제분 회사Minneapolis Milling Company를 사들인 뒤 1877년 존 크로즈비John Crosby와 제휴하여 만든 회사.

은 회사였던 워시번-크로즈비는 일찍이 1882년에 보스턴에 매장을 열어 전국적인 회사가 되었으며, 1893년 《레이디스 홈 저널Ladies Home Journal》에 자사 제품을 위해 광고 지면을 구매한 첫 번째 회사가 되었다.[268]

유럽의 정부들이 식민지에서, 영국은 영연방국가에서 더 많은 밀가루를 수입하려고 노력을 배가하는 동시에 점차 보호무역주의로 방향을 틀어 관세를 인상하면서 경쟁이 고개를 쳐들었다. 영국의 제분업자들이 새로운 공정을 채택하는 데도 오랜 시간이 걸리지 않았다. 언제나 미국의 최고 고객이었던 영국은 1905년에 이전 20년간 수입했던 밀가루의 절반밖에 수입하지 않았다. 오길비 제분소Ogilvie Flour Mills 같은 캐나다의 제조업자들이 영국 시장에 뛰어들었다. 실제로 미국 밀가루 수출은 1911~1914년 사이에 연간 1200만 배럴(약 190만 8000세제곱미터)이었으나 대공황 시기에 500만 배럴(약 79만 5000세제곱미터) 아래로 감소하면서 그 전성기는 단명했다.[269]

상표 붙이기와 포장은 경쟁자를 물리치기 위해 밀가루 산업이 기울인 노력의 기본 토대였다. 자사 밀가루에 상표를 붙인다는 필스버리와 제너럴 밀스의 결정은 제품을 소비자에게 직접 판매할 수 있음을 입증하면서 성공을 거두었다. 이런 식으로 두 회사는 그때까지 자체 상표를 장려하고 제조업자들에게 자신들의 요구를 지시했던 짜증스러운 중개상들을 건너뛸 수 있었다. 상표 붙이기의 목적은 소비자에게 한결같음과 신뢰할 수 있음을 전하는 것이었다. 예를 들어 필스버리의 ××× 상표는 성체성사의 제병을 만들 밀가루에 십자 표시를 했던 중세 제빵사들을 떠올리게 하려고 의도적으로 선택한 것이다. 포장 크기는 소매 소비자에게 더 편리하도록 시간이 흐르면서 2.5파운드(약 1.13킬로그램)짜리 자루로 줄어들었다. 도매시장과 소매시장은 점차 더 분명하게 나뉘었다. 가정용과 상업적 제빵용으로 쓰일 상이한 유형의 밀가루(예를 들면 밀, 파쇄 밀cracked wheat, 귀리 가루, 옥수수 가루cornmeal, 메밀가루)에 대한 수요가 늘어났기 때문이다. 밀가루 제조업자들이 빵집의 세세한 조건에 맞도록 밀가루를 혼합하라는 요구를 받는 경우가 잦아졌다.[270]

대량의 밀이 가공된다는 사실은 과학이 전문 기술의 새로운 표준이 되는 결과를 가져왔다. 과거에 밀가루 구매자는 색깔과 냄새, 겉모양으로 원료를 판단했지만, 이제 밀가루의 화학적 특성(특히 글루텐 함량)은 공장의 연구소에서 엄격한 시험을 거쳐야 했다. 비록 전반적으로 품질이 동일하다고 해도, 밀은 그 출처가 여러 곳이면 수분과 단백질 함량이 천차만별이었다. 이러한 조건에서 균일성을 보장하려면 쉽지 않았다. 밀은 먼저 수분을 추가하거나 제거하여 부드럽게 하거나 습기를 조절하는 과정을 거치며(조질), 이어서 불순물을 제거한 뒤 분쇄를 시작한다. 전부 숙련된 전문가가 유심히 지켜보는 가운데 이루어졌다.[271]

전문가들은 밀가루의 색깔에 주의를 집중했다. 상인과 소비자는 밀이 얼마나 흰지를 보고 품질을 판단하는 것 같았기 때문이다. 밀가루를 더 희게 보이도록 과산화질소(이산화질소)를 밀가루에 쓰면서, 인위적으로 표백한 밀가루가 1878년 영국에서 처음으로, 이어 1904년에 미국에서 출현했다.[272] 이 표백한 밀가루는 인간이 소비하기에는 적합하지 않다고 주장한 비판자들의 항의가 있었지만 곧 그 산업의 표준이 되었다. 제분업이 이 비난을 반박하기 위해 많은 돈을 쓰고 표백이 밀의 기본적 특성을 변형하지 않는다고 주장한 기술 보고서를 공표했지만, 진보주의 시대의 개혁가들은 1906년 순수 식품 약품법Pure Food and Drug Act을 통과시켰다. 이 법에 따라 표백된 밀가루에는 이를 알리는 꼬리표를 달아야 했다.[273] 쇠파리처럼 성가신 존재였던 기자 도러시 톰프슨Dorothy Thompson은 멈추지 않았다. 그는 빵 장수들이 흰 밀가루로 만들어 파는 빵을 "빛깔이 나쁘고 표백된 금발 같고 공기만 가득하고 곰팡내 나고 바삭한 껍질도 없고 몹시 달고 끈적끈적한 덩어리"라고 혹평했다.[274]

대량생산은 제분 노동자들에게 몰인정했다. 제분소 내부의 상태가 디킨스의 『어려운 시절Hard Times』에서 곧바로 나온 것 같았기 때문이다. 컨베이어와 양곡기, 경사 슈트, 각종 선별기로 채워진 미궁이었던 새로운 제분 공장은 감각을 습격했다. 소음은 귀청이 터질 정도였고, "끊이지 않는 달달한 냄새와 맛에 신물이 났고", 여름에 일하기에 특별히 숨 막힐 듯 갑갑했으며, 공중에 떠다니는 밀가루 먼지는 숨쉬기를 어렵게 했을 뿐만 아니라 노동자들의 건강에도 해로웠다.[275] 여러 가지 작업이 연이어 이루어지다 보니 공장 내부에 엄청난 양의 밀가루 먼지가 발생했다. 미니애폴리스에서 가장 큰 축에 드는 어느 제분소에서는 "분쇄기 아래에 있는 두 개의 먼지 방에서 매일 3000파운드(약 1360킬로그램)의 먼지를 수거했다." 환기가 제대로 되지 않는 공장 내부의 밀가루 먼지를 제어하지 못하면("공기가 너무 혼탁하여 3미터 밖에서 전구를 식별할 수도 없는 경우가 많았다."), 노동자들의 폐와 호흡기에 호흡 곤란과 혼합형 먼지 섬유증으로 더 잘 알려진 '제분공의 기침miller's cough' 등 여러 가지 문제가 유발되었다.[276]

'정확한' 조건이라면 새로운 공정을 채택한 공장은 눈 깜짝할 새에 죽음의 공간으로 바뀔 수 있었다. 처음에 제분소 소유주들은 먼지 문제를 해결하려고 공장의 여러 방에 환풍기를 설치했지만, 이 해결책은 치명적인 것으로 드러났다. 먼지가 "알맞은 조건에서는 매우 빠르게 발화하고 연소하여 누출된 가스가 있으면 폭발할 수 있기" 때문이었다.[277] 이는 공장 화재의 가능성을 크게 높였기에 보험회사들은 제분 공장의 그러한 방침을 수용할 수 없었다.

1878년 5월 2일, 미니애폴리스의 워시번 'A' 공장이 폭발했다. 폭발력이 너무나 강해서 지붕이 공중 위로 수십 미터 날아갔고 건물은 폭삭 주저앉았으며 이웃한 제분소 세 곳도 완파되었다. 폭발로 열여덟 명이 사망했는데, 워시번 공장에서만 열네 명이 죽었다. 폭발로 미니애폴리스의 제분 용량 절반이 사라졌지만, 워시번은 1년 안에 새 공장을 세웠고 '화재 위험을 최소화'하려고 특별히 설계한 집진기를 설치했다. 이 기업가는 계속해서 새 공장을 추가했고, 1881년 그의 공장에서 생산된 밀가루는 두 배로 증가했다.[278] 그러나 미니애폴리스가 제분업에서 차지한 패권적 지위가 도전을 받기까지는 그리 오래 걸리지 않았다. 밀 재배 농가가 북아메리카 전역과 그 너머에 산재한 상황에서 1920년대가 되면 곡물을 한 곳의 집산지로 모으는 것이 더는 비용 효과가 크지 않았다. 소비가 많은 지역에 제분소가 속출했다. 게다가 철도가 제분업자들과 가까워지려 한다는 비판을 점점 더 많이 받으면서 운임률을 높이자, 호수를 통한 하상 운송이 더 매력적인 대안이 되었다.

주요 밀가루 기업들은 이에 대응하여 원료 생산지와 더 가까운 곳에 많은 공장을 세워 규모를 확장했다. 이 기업들은 또한 거래 비용을 줄일 수 있는 장소를 찾았다. 1930년이 되면 뉴욕주 버펄로 시는 미국 서부와 캐나다의 밀을 운반하는 통로로서 오대호의 중요성이 커지고 나이아가라 폭포에서 풍부한 전력을 저렴하게 이용할 수 있었던 덕분에 세계 최고의 제분 중심지가 되었다.[279]

밀가루 산업에 주기적으로 격변이 있었지만, 제조업자와 농민, 상인, 투기꾼 모두 공동의 목적을 가졌다. 다시 말해 소비자는 더 많은 곡물을 먹어야 했다. 이들은 교육과 마케팅에 많은 자금을 투자하여 전 세계 소비자들에게 음식물을 바꾸는 것이 더 큰 이익이라는 점을 납득시키려 했다.

'유니다'에서 '밀을 더 많이 먹자'까지

산업자본주의 시대는 대량생산 상품의 끝없는 흐름을 낳았다.[280] 풍부함이 결핍을 대신하고 공장들이 늘 더 다양하고 많은 완제품을 쏟아내면서 소비의 유형과 소비를 장려한 방법도 변했다. 진보는 바로 가까이에 있었다. 광고주들은 자신들의 강력한 설득력만으로도 공급과잉과 과잉생산을 극복할 수 있다고 주장했다. 광고대행사들은 "문명의 새로운 장을 작성하는" 사명을 띠었다. 어느 거만한 광고 문안가는 이렇게 설명했다. "우리 동료 인간 수백만 명의 일상생활을 만드는 것은 큰 책임이다. 그리고 나는 우리가 영원한 권력에서 오직 정치인과 편집자들에게만 뒤진다고 확신한다."[281]

문화사가 잭슨 리어스Jackson Lears에 따르면 광고주들은 자신들의 기업 고객으로 전국 시장과 국제시장을 추구하면서 대중에게 "구매라는 의식을 통한 마법 같은 자기 변신"을 약속했다.[282] 그런 맥락에서 곡물과 밀가루는 단순히 생계를 유지하는 음식이 아니라는 그다지 잠재의식적이지 않은 메시지가 확산되었다. 대중의 일상적 소비는 개인의 자존심에 좋은 징조였다. 올바른 생산품을 소비하는 자들은 더 열심히 일할 것이고 더 효율적일 것이며 사람들 중에서 돋보일 것이다. 20세기 초 퀘이커 오츠의 한 광고는 자사 제품이 "모든 힘을 당신의 신체에 쏟아 넣을 것"이라고 약속했던 반면, 나중의 어느 광고는 강렬한 두운으로 이렇게 주장했다. "퀘이커 오츠를 사랑하는 사람들은 일곱 살이든 일흔 살이든 크게 깨였고 활동적이고 야심적이다. …… 삶을 사랑하는 사람들은 퀘이커 오츠를 마음껏 먹는다. 무기력을 사랑하는 자들은 그렇지 않다."[283] 비록 나머지 세계가 거대 기업들이 제조한 식품의 상표 붙이기와 마케팅에서 일어난 미국의 혁신을 좀처럼 채택하지 않았지만, 이러한 추세는 1960년대까지 전 세계에 퍼진다.

이 시기에 음식이, 특히 도시 거주자의 음식이 상당히 다양해지면서 소비 습관도 놀랍도록 크게 변했다. 일찍이 1890년대에 미국의 식품 가공 회사들은 "단독으로 미국의 전통적인 아침 식사를 파괴했다."[284] 켈로그의 '콘플레이크Corn Flakes'와 포스트의 '토스티스Toasties'가 등장한 것은 아침 식사에서 베이컨과 콩이 줄어들고 미국의 음식에서 탄수화물을 함유한 곡물이 더 많아졌음을 뜻했다. 이러한 제품들은 처음에는 중간계급을 판매 대상으로 하여 건강에 더 유익하다고 제시했지만, 실제로 콘플레이크는 미시간주 배틀크리크 시에 있는 종교 기관 요양소에서 채식주의자 용도로 만들어졌다. 켈로그의 우위에 도전하고자 아침 식사용 시리얼 회사를 세운 찰스 윌리엄 포스트Charles W. Post는 바로 그 요양소의 환자였으며 건강에 좋은 아침 식사용 음식이라는 관념에 크게 매혹되어 자신의 '그레이프너츠Grape-Nuts'를 '두뇌 음식'으로 시장에 내놓았다. 시리얼은 오래 지나지 않아 말라리아부터 폐병까지, 심지어 흔들리는 이까지 모든 질환의 치료제로 극찬을 받았다. 포스트는 이러한 질문으로 걱정에 빠진 어머니들을 먹이로 삼았다. "당신은 자녀를 제대로 키우고 있습니까?" 포스트는 주부들에게 걱정하지 말라고, 그레이프너츠는 "인체의 수백만 개 세포가 생명에 필수적인 음식으로 섭취하는 철분과 칼슘, 인, 기타 광물질"을 함유하고 있다고 알렸다.[285] 아침 식사용 시리얼은 미국인의 정체성을 표시하는 음식물이었지만 제2차 세계대전 전후에 국제사회에 퍼진다.

밀가루 제조업체들은 곡물이 육체와 영혼에 좋다는 신조를 확산시키려 노력할 때, 포장 기술이 발전하여 특히 산업 전반에 걸쳐 종이 가방에서 접을 수 있는 판지 상자로 넘어가면서 도움을 받았다. 판지 상자는 해상운송 중에 찢어질 가능성이 더 적어서 손상을 최소화했다. 판지 상자는 또한 내용물을 더 잘 보호했기에 크래커 같은 제품에 훨씬 더 매력적이었다. 마지막으로 판지 상자는 인쇄에도 더 적합했고 점포에 진열하기에도 매력적이었다. 제품을 "작고 깨끗하고 독특한 포장"으로 판매한다는 관념을 선도한 것은 퀘이커 오

츠였다. 오늘날 그 관념은 전 세계에서 증거로 확인된다.[286]

그러나 미국과 유럽의 1인당 소비는 제1차 세계대전 후 급감했다. 미국인은 평균하여 1900년에 소비한 밀가루의 3분의 2를 약간 웃도는 양을 소비했다. 이러한 하락은 여러 가지 요인으로 촉발되었다. 소비자에게 밀을 아끼고 대신 다른 음식을 먹으라고 교육한 전시의 밀 보호 명령, 우유와 설탕, 채소의 소비량 증가, 제빵 회사들이 밀가루에 밀이 아닌 성분을 혼합한 것, 다이어트, 기계로 빵 썰기 등이다. 1952년에 발표된 어느 연구는 이렇게 결론 내렸다. "지난 50년간 거의 어떤 요인도 밀가루 소비를 증대하는 방향으로 작용하지 않았다."[287]

1920년대가 되면 영양사들이 흰 밀가루의 내재적 결함을 잘 알아서 소비자도 과일과 채소, 고기, 유제품으로 음식물을 보충해야 함을 알았지만, 보건 관료들은 식품 가공 산업의 막대한 광고 활동이 끼친 영향을 극복하기가 매우 어려웠다. 급조된 비타민 과학자들과 할리우드의 유명인들의 무리가 미국인들에게 흰 밀가루가 얼마나 건강에 좋은지 납득시켰다. 의회 위원회에 불려나온 어느 산업 컨설턴트는 "사람들에게 흰 밀가루를 두려워하도록 만들려고 애쓰는 까다로운 식성을 가진 자들의 악독한 가르침"에 욕을 퍼부었다.[288] 밀가루 회사들은 심지어 가정학자들을 고용하여 시연을 해 보임으로써 공립학교 제도와 여성 단체에 영합하려 했고,《저널 오브 홈 이코노믹스*Journal of Home Economics*》에 광고 지면을 구매했으며, 자사 제품의 유익함과 영양적 가치를 증명하는 교육 자료를 제공했다.

건강에 관한 상충하는 주장들이 어떻든 간에, 이러한 대량생산 식품에 도움이 된 것은 편리함, 눈길을 끄는 포장, 광고였다. 회사들은 이후 세계 곳곳에서 관행으로 받아들여지게 되는 시장조사를 처음으로 시작했다. 이 회사들은 마케팅 부서를 통해 포장의 모양과 색깔, 재질에 관하여, 제품이 상점에서 어떻게 진열될지에 관하여 고심하면서 "구매자의 본능적인 호불호"를 연구했다.[289] '읽고 기억하기 쉽고 독특했던' 광고 문구들 덕분에 이 상표 이름들은 미국의 대중에게 각인되었다. 예를 들면 워시번-크로즈비는 "언젠가는 살 텐데, 왜 지금 당장 사지 않는가?*Eventually-Why not now*"라는 광고 문구를 철도를 따라 늘어선 수많은 광고판에 붙여 대대적인 광고 활동을 벌였다. 경쟁 회사인 필스버리는 이에 뒤질세라 자체 광고판에서 '골드 메달'의 과장된 표현의 질문에 응대했다. "왜냐하면 필스버리가 최고이기 때문이지."[290]

제조업체들은 자신들의 시장이 젠더화했음을 깨달았다. 이들은 밀가루를 팔기 위해 주부들에 다가갔으며 자료를 훑어보고 이유를 알아내야 했다. 1920년대쯤이면 시장조사원들은 여성들이 가족이 취득하는 제품에서 적어도 5분의 4를 구매한다고 평가했다. 시장조사원들은 여성을 대상으로 더 많은 제품을 판매하기 위해 질문표를 배포하고 '주부의 유형'을 파악하기 위한 조사를 시행했다. 광고대행사들은 "훗날 가정관리의 문화적 헤게모니를 유지하는 데 중심이 된 관행, 즉 사생활의 통계적 조사"를 선도함으로써 가정에서 일어나는 모든 일에 해답을 제공하려 했다.[291] '보통의' 여성이 아니라면 누구를 더 잘 주시해야 하고 자신들의 상품을 누구에게 더 잘 판매해야 하는가? 그러나 역사가 제니퍼 스캔런Jennifer Scanlon이 지적했듯이 미국의 광고대행사들이 보기에 전형적인 것은 여성, 백인, 중간계급과 동의어였다.[292]

워시번-크로즈비는 교묘한 장치를 들고 나왔다. 질문에 답변하고 미국 주부들과 요리법을 공유한 과장된 가상의 페르소나 베티 크로커Betty Crocker였다. 도처에 모습을 나타낸 크로커는 "구식의 친절한 이웃의 구현"으로서 신문과 잡지, 라디오의 붙박이 등장인물이 되어 가내 영역에서 여성이 차지한 지위가 정당함을 확인했다.[293] 나라 전역에서 요리 교실이 시작되었고, 스물한 명의 가정학자가 고용되어 베티 크로커 조리장Betty Crocker Kitchen[21]에서 일하며 골드 메달 밀가루를 시험하고 선전했다. '베티'는 빵 굽기의 복잡한 과정에 관하여 주부들이 보낸 편지에 하루에 최고 4000통까지 답변했으며, 베티의 라디오 프로그램 '베티 크로커 방송 요리 교실Betty Crocker School of the Air'은 대성공을 거두었다.[294] 제너럴 밀스의 베티가 한때 투표에서 엘리너 루스벨트Eleanor Roosevelt(프랭클린 루스벨트의 아내)에게만 뒤지는, 미국에서 두 번째로 유명한 여성으로 뽑혔던 것도 당연했다.[295]

_____ **21** 미네소타주 골든밸리 시에 있는 제너럴 밀스 본사의 실험 조리장.

1920년대에 라디오는 사람들이 선호하는 전달 수단으로서 인쇄 저널리즘과 광고판을 능가했다. 외기 쉬운 광고 노래가 라디오에서 흘러나왔다. '휘티스Wheaties'[22]의 초기 광고 선전용 노래 가사는 짧으면서도 요점을 짚었다.[296]

> 휘티스를 먹어 봤나?
> 밀기울까지 다 갖춘 온전한 밀이라네.
> 휘티스를 먹어 보지 않겠나?
> 밀은 인간에게 최고의 음식이니까.

마케팅 담당자들은 여성을 제 편으로 만든 후 남편과 아이들에게 눈을 돌렸다. 제너럴 밀스는 노소를 가리지 않고 남성 청취자에게 더 크게 호소하려고 「잭 암스트롱Jack Armstrong」과 「올아메리칸 보이All-American Boy」 같은 액션으로 가득한 라디오 프로그램을 후원했을 뿐만 아니라 연속물을 제작했고 뻔뻔스럽게도 내내 자사 제품을 끈질기게 선전했다. 그랬는데도 휘티스는 회사가 소비자의 남성미에 호소하고자 전략적으로 자사 제품을 스포츠와 연결시킬 때까지는 실로 인구에 회자되지 않았다. '챔피언의 아침밥Breakfast of Champions'이라는 광고 문구를 헤비급 권투 선수 잭 뎀프시Jack Dempsey와 올림픽 수영 챔피언 조니 와이즈뮬러Jonny Weissmuller, 테니스 스타 돈 버지John Budge 같은 운동선수들이 광고했다.[297]

이 산업의 몇몇 선도자는 엄청나게 큰 성공을 거두었고 시장에서 구매자를 독점한 지위를 이용하여 경쟁사들을 매입하고 시장 지배력을 확립했다. 예를 들면 내셔널 비스킷 컴퍼니NABISCO는 대체로 최고 상품이었던 '유니다Uneeda' 비스킷 상표의 소다크래커 덕분에 산업 판매고의 70퍼센트라는 놀라운 몫을 차지한 유력한 기업이 되었다. 그러나 멋진 이름으로 충분하지는 않았다. 이 회사는 자사 크래커를 화려하고 위생적으로 포장했으며 자체적으로 판매조를 구축하여 식료품점에 직접 판매함으로써 도매상을 건너뛰었다. 마

---

22 1924년에 출시된 제너럴 밀스의 시리얼 상표.

케팅 담당자들에게 이 크래커의 맛은 부차적이었다. 광고는 폭우가 쏟아지는 가운데 우의를 입고 이중 봉합으로 비바람으로부터 안전하게 보호된 소중한 크래커 꾸러미를 갖고 가는 소년을 묘사했다. 여기에 막대한 광고 예산이 더해져 미국인들이 유니다 비스킷 크래커를 대량으로 원할 이유는 여러 가지라고 확신하면서, 이 크래커는 널리 알려진 이름이 되었다.[298]

그러나 식품 가공 회사들은 곧 소비자가 먹는 양에 한계가 있고 한 품목의 소비 증대는 종종 다른 품목을 희생시킨다는 점을 깨달았다. 이 제로섬 게임에서 산업의 거물들은 비용이 얼마가 들든 소비자의 관심을 얻어야 했다. 어느 제분업 조합은 1920년대에 곡류의 장점을 널리 알리면서 소비자들에게 "밀을 더 많이 먹자."고 간청했다. 이 광범위한 운동은 밀가루의 1인당 소비량 감소를 막기 위한 것으로 다방면으로 진행된 만큼 상상력도 풍부했다.[299]

광고와 기업의 연구 개발 부서들의 활동은 상승작용을 가져왔다. 이를테면 광고는 연구 개발에 적절한 자료를 제공했고, 연구 개발 부서는 부단히 새로운 종류의 제품을 모색했다. 제분업자들은 동유럽에서 처음 재배되고 이어 노스다코타와 사우스다코타로 이식된, 가뭄에 강하고 녹병 저항성이 있는 듀럼밀durum wheat[23] 품종을 제분하기 시작했다. 1919년 무렵 듀럼밀의 수확량은 미국에서만 연평균 4000만 부셸에 이르렀고, 밀가루 제조업체들은 마카로니 제품의 장점을 널리 알리는 데 결코 남에게 밀리지 않았다. 밀가루 제조업체들은 업계 간행물인 《마카로니 저널Macaroni Journal》에서 자사 파스타 제품의 영양학적 가치를 칭찬했고 전국적으로 금요일을 '마카로니 먹는 날Macaroni Day'로 만들자는 운동을 펼쳤다. 어느 밀가루 회사의 사장은 아전인수 격으로 이렇게 썼다. "그러한 새 제품들은 음식으로 소비되는 곡류의 증가를 대표한다. 이 제품들은 현재 다른 시리얼 제품들보다는 그 영역 밖에 있는 다른 유형의 식품들과 더 크게 경쟁한다."[300]

이 시기 모든 곡물 제품이 그러한 마케팅과 광고의 혁명을 경험하지는 않았다. 이를테면 이러한 기술들은 쌀의 판매에는 그다지 잘 이용되지 않았다.

_____ **23** 듀럼밀로는 파스타와 마카로니를 만든다.

그러나 다른 점에서 보면 쌀의 상품 사슬은 밀의 무역과 경쟁했다기보다 그로써 보완되었다. 쌀의 사슬은 이 시기에 기술적 혁신과 기간 시설의 혁신이 이루어졌다고 해서 재배농들이 꼭 그러한 변화를 포용한 것은 아니라는 점을 증명한다.

쌀, 상반된 사례

정착민 사회의 곡물 재배농과 달리 남아시아와 동남아시아, 동아시아의 쌀농사 농민들은 소수의 예외가 있기는 하지만 인력과 축력을 기계로 대체하지 않았으며 화학비료를 채택하거나 농업교육 지도 사업을 위해 자금을 모으지도 않았다.[301] 쌀농사 농민들은 노동에 투자할 것인지 기계에 투자할 것인지 선택에 직면했을 때 전자를 선택했다. 쌀농사와 기계화가 이전에나 현재에나 양립할 수 없었기 때문이 아니었다. 이 시기, 미국과 오스트레일리아, 남유럽의 쌀 재배 농민들은 최신 농기계를 들여와 작물을 파종하고 수확했다. 미국에서는 밀을 비롯한 다른 작물들을 재배할 때와 마찬가지로 고도로 기계화한 방식으로 쌀을 재배했다. 농민들은 콤바인과 트랙터, 심지어 비행기까지 사용했다. 일본의 쌀농사 농민들도 이로운 기술을 빠르게 채택하여 1920년대에 소규모 디젤 양수기와 전기 양수기가 처음으로 들어왔을 때 무자위(수차)를 이것들로 대체했다. 사실 양수기는 요시노가리吉野ヶ里 평야에 필요한 노동력을 1909년 헥타르당 70노동일에서 1932년 22노동일로 줄이면서 생산량은 두 배로 늘려 일본의 쌀 생산을 극적으로 바꿔 놓았다. 그러나 대다수 쌀농사 농민들은 신기술을 삼가고 다른 곳에 힘을(이윤을) 투자할 매우 그럴듯한 이유들이 있었다.

농민들이 그 직종의 전통적인 도구들에 집착하고 다른 방법으로 생산성을 향상하려 했던 이유를 가장 잘 설명하는 것은 생태 환경의 차이, 물벼 재배의 특성, 아시아 몬순지대 대다수 논의 작은 크기다. 주요 무논은 대부분 삼각주, 해안의 좁고 긴 땅과 강 유역을 따라 늘어서 있었다. 그러한 땅은 기껏해야 늪지대였으며 일반적으로 실트(모래와 점토의 중간 정도 크기의 흙)나 부드러운 모래, 즉 기계의 바퀴가 견인력을 얻을 수 없는 땅이었다. 그러한 진흙

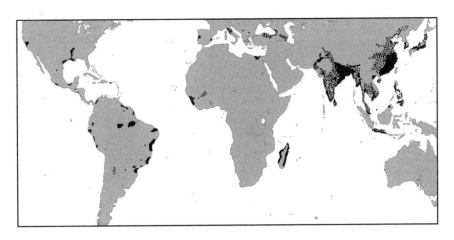

——— 전 세계 쌀 생산지, 대략 1913~1925년.

상태를 가장 잘 견딘 기계는 물에 뜨거나 점착이 필요하지 않은 기계였다.

쌀은 밀처럼 다양한 생태 환경에서 잘 자랐다. 예를 들면 쌀은 관개나 지표수가 필요하지 않은 구릉지나 산에서도 재배할 수 있었다. 그러나 밭벼는 인구가 희박한 지역에서 재배되었고 전 세계 쌀 생산량에서 차지하는 몫은 극히 작았다. 이 시기 전 세계 쌀 생산량의 대략 90퍼센트는 저지대의 논벼에서 나왔다. 논벼는 강우량이 풍부하고 자연적으로 범람하거나 인위적으로 물을 댄 논이 있는 열대의 뜨거운 저지대에서 잘 자란다.[302]

저지대 쌀은 밀과는 달리 열대와 아열대에서 경쟁 작물이 거의 없었다. 오로지 기장과 수수, 옥수수만이 그러한 열기와 습기를 견뎠고, 그것도 여름철 강수량이 적당한 지역이어야 했다. 아시아 몬순지대의 논벼는 또한 경쟁 작물들에 비해 다른 고유의 이점을 지녔다. '물속에서'도 자랐다. 그래서 상대적으로 해충과 질병, 그리고 당연하게도 가뭄에 해를 입지 않았다.[303]

노동력이 부족했고 기계로 노동력을 대신하는 데 강조점이 놓인 정착민 사회와는 달리, 아시아의 농업경제는 숙련된 육체노동자의 풍요로움에 의존하는 사치를 누렸다. 농민들은 기계화하는 대신 쌀 수확량을 늘리는 데 힘을 집중했다. 노동력을 충분히 구할 수 있을 때, 물의 공급이 좋은 지역의 논벼 재배농들은 흔히 한 해에 이모작이나 삼모작을 실현할 수 있었다. 쌀 경제에 관한 최근의 어느 조사는 이렇게 얘기한다. "세계에서 인구밀도가 가장 높은 농업 지역인 자바와 통킹만 삼각주(오늘날의 북부 베트남), 중국의 양쯔강 하류 지역은 전부 수백 년에 걸친 집약적 논벼 재배의 전통을 갖고 있다. 그렇게 엄청나게 많은 인구를 부양할 수 있는 밀 재배 지역은 없다."[304] 다모작도 농민들이 한 계절에 여러 품종을 재배하여 위험을 최소화하고 틈새시장의 요구에 응할 수 있도록 했다. 게다가 벼는 밀이나 보리, 호밀보다 파종량 대 수확량의 비율이 더 높았고, 그래서 수확철의 막바지에 종자 씨앗을 보존하기가 유럽과 아메리카의 밀 재배 농민들만큼 어려운 일이 아니었다.

논벼와 다른 곡물 사이의 두드러진 차이는 같은 논에서도 수확량이 실제로 해마다 늘어날 수 있었고 "물의 침투가 이른바 포드졸(회백토)화 과정으로 여러 토양층의 화학적 구성과 구조를 바꾸기 때문에" 시간이 지나면서 안정될 수 있었다는 점이다.[305] 논벼 재배 농민들에게는 적절한 물대기와 배수가 토양 유형보다 훨씬 더 중요했다. 벼가 아닌 곡물의 재배나 밭벼 재배를 마친 토양은 거름이나 비료를 쓰지 않으면 일정 시간이 지나서 비옥도를 상실했지만, 논벼 재배는 그 반대였다. 쌀 재배 농민들이 새 논을 개간하기보다 오래된 논을 경작하기를 더 좋아했던 것도 놀랍지는 않다.

쌀 재배 지역에 전부 관개가 필요하지는 않았다. 19세기 말과 20세기 초 세계에서 가장 중요한 쌀 수출 지역이었던 미얀마와 태국, 베트남의 비옥한 삼각주는 토지가 귀했고 인구의 압박이 강해서 수확량을 극대화해야 했던 일본과 남중국보다 훨씬 적게 관개를 이용했다. 연간 최소 한 번 강이 범람하여 삼각주를 적셨고, 그 결과로 비옥한 충적토가 퇴적되어 토양에 다시 양분을 공급했고 비료 공급이나 돌려짓기의 필요성이 거의 없이 해마다 거듭하여 쌀을 재배할 수 있었다. 불행히도 동남아시아의 세 주요 수출 지역은 출하 시기가 겹쳤다. 수확이 동시에 이루어졌기에 결과적으로 "경쟁과 뒤이은 가격(하락) 압박은 더 심해졌고 재배 농민의 수익과 정부의 세입에 불리한 효과가 나타났다."[306] 5000만 명이 넘는 농민의 생계가 쌀 생산에 연결되어 있었기에, 가격 변동이나 수확량의 하락은 종종 무서운 귀결을 초래했다.

관개가 성행한 곳에서도 제약 조건을 다루는 방법은 다양했다. 중국의 쌀 농사 농민들은 다모작 품종과 조생종 품종에 집중했다. 일본의 쌀농사 농민들은 일본이 제1차 세계대전 후 타이완과 조선의 식민지 농민들을 '감언이설'로 꾀어 새로운 땅에 심어 재배하도록 했던 것처럼 토양의 비료 살포에 더 잘 반응한 품종들을 채택했다.

쌀은 이 시기에 대체로 아시아 내부에서 생산되고 유통되었다. 인도와 중국은 최대 생산국이었지만, 그 생산량은 거의 전부 국내 소비에 쓰였다. 대부분의 쌀이 재배 지역이나 인접 광역권에서 소비되었고 벼의 도정은 밀을 제분하는 것보다 훨씬 더 간단했기에, 쌀의 운송과 보관, 판매, 도정은 밀과 같은 유형을 따르지 않았다. 수확한 물벼는 소달구지에 싣거나 노동자가 등에 져 방앗간으로 날랐고, 멀리 운반해야 하는 벼는 수상 운송을 이용했다. 밀과 여타 거친 곡물을 운송했던 철도는 앞서 보았듯이 아시아에서 가장 좋은 철도망을 구축한 일본과 인도에서 쌀을 수송하는 데 쓰였지만, 다른 쌀 재배 지역은 수상 운송을 최대한 활용했다. 저장 시설은 아무리 잘 봐주어도 초보적이어서 벼는 수확하자마자 도정했다.

쌀 도정 시설은 "농민이 손으로 휘둘러 단순히 껍질만 제거하는 '도리깨'부터 벼의 껍질을 제거하고(제현) 과종피를 벗기고(도정) 광택을 내고(연미) 코팅하는 기계를 갖추고 많은 노동자를 고용한 대규모 동력 시설까지" 상당히 다양했다.[307] 미얀마의 양곤에 있는 매우 큰 정미소들조차도 미니애폴리스에 있는 필스버리의 대규모 제분소에 비하면 크기와 생산량에서 무색해진다고만 말해 두자.

균일한 무게와 치수의 확립은 어려웠다. 품종들이 분류된 곳에서도 가격표는 고급, 중급, 하급의 명목적인 분류에만 국한되었고, 여러 쌀 시장에서 상당한 변동성이 발견되었다. 1940년에 스탠퍼드 대학의 식량 연구소Food Research Institute가 발표한 조사에 따르면 다음과 같다.[308]

벼의 구매자는 …… 경험으로부터 쌀의 품질을 재배 지역별로, 재배자별로 할 수 있는 한 최대한으로 아는 법을 배워야 한다. 마케팅의 표준이 없으면, 거래는 불가피하게 고도로 개인주의적인 행위가 된다. 따라서 거래의 위험은 크다. …… [그리고] 생산자 가격과 소매가격 사이의 차액도 커지는 경향이 있다.

제2차 세계대전 이전 아시아는 전 세계 쌀 수출량의 93퍼센트를 차지했지만, 이 대륙은 또한 수입량의 4분의 3을 흡수했으며 생계형 쌀농사를 감안하면 아마도 전 세계 쌀 생산량의 90퍼센트 이상을 소비했을 것이다. 밀 무역에 소수의 두드러진 수출국이 있었던 것처럼 미얀마, 프랑스령 인도차이나나 코친차이나, 태국, 조선, 타이완이 쌀 무역을 지배했다. 수출은 19세기 말과 20세기 초 내내 꾸준히 증가했다. 1940년 무렵 미얀마는 연간 300만 톤의 쌀을 수출했으며 인도차이나와 태국, 조선은 연간 100만 톤에서 130만 톤을 외부로 내보냈다. 일본이 쌀을 가장 많이 수입했다. 연평균 170만 톤에 달했는데, 1920년대 중반 이후로는 거의 전부를 식민지 조선과 타이완에서 들여왔다. 일본은 '외국산' 쌀 수입을 규제하여 이 식민지들에 특혜를 주었다. 영국령 인도가 그다음으로 큰 수입국이었다. 연간 150만 톤을 수입했는데, 영국 식민지 실론과 말라야가 각각 연간 50만 톤의 외국 쌀을 모았다. 중국의 수입량은 국내 쌀 수확을 예측할 수 없었기에 해마다 크게 변했다.

1920년대와 1930년대에 상품 가격이 하락하면서 서구 정부들이 점차 보호무역주의를 채택했던 것처럼, 아시아의 민족주의적 정부들도 무역수지의 흑자를 유지하기 위해 식량의 국내 자급을 장려했다. 몇몇 경우에 정부들은 자급을 촉진하기 위해 국민에게 쌀 소비를 줄이라고 권고하기까지 했다. 아시아에서는 일본을 제외하면 도시화의 수준이 낮았기 때문에, 도시화가 훨씬 더 많이 진척된 서유럽 대부분보다 수입이 결정적인 역할을 덜 했다. 보호무역주의 추세가 강화되기는 했지만 쌀 수출국들은, 유럽 시장이 급격히 축소되는 것을 보았던 미얀마는 주된 예외가 되겠지만, 대공황 시기에, 특히 밀 수출국들과 비교할 때 수출을 지속적으로 유지했다. 어느 비교 연구는 이렇게 썼다.[309]

1930년 이전 쌀의 수출은 밀의 수출보다 더 빠르게 증가했고, 세계공황의

표 4.10 영국 시장의 밀과 쌀의 가격지수, 1867~1939년

기간	밀의 평균 가격	쌀의 평균 가격	쌀에 대한 밀의 비율
1867-1877	100	100	1.00
1878-1887	75.5	80	0.94
1890-1899	54	63	0.86
1890-1899	61	77	0.79
1890-1899	89.5	152	0.59
1931-1939	48	93	0.57

출처: V. D. Wickizer and M. K. Bennett, *The Rice Economy of Monsoon Asia* (Palo Alto, CA: Stanford University Food Research Institute, 1941), 137.
주: 1867년에서 1877년의 기간에 해당하는 지수를 100으로 잡았다. 밀의 평균 가격은 영국과 미국의 가격을 나타낸다. 쌀의 평균 가격은 버마의 랑군에서 도착하는 화물의 평균 가격을 나타낸다.

충격에는 상대적으로 덜 감소했으며 …… [1936년부터 1938년까지] 쌀의 수출은 대공황 직전 수준을 적당히 상회했던 반면 밀의 수출은 거의 4분의 1이 하락했다. 쌀의 경우 수입 시장의 팽창은 축소된 시장을 상쇄할 만큼 충분했지만, 밀의 경우 자급 정책이 훨씬 더 일반적이었고 세계무역을 더 제한했다.

밀이 쌀에 비해 점차 저렴해졌다고 생각할 때 쌀 무역이 폭발하기 쉬운 전간기를 뚫고 나왔다는 사실은 특별히 주목할 만하다.(표 4.10 참조) 아시아의 인구 성장은 쌀 생산량을 크게 앞질렀고 판로를 보장했는데, 그렇게 어려운 상황에서 쌀 무역이 보여 준 탄력성을 어느 정도 설명해 준다. 다른 이유는 1935년까지 주요 쌀 수입국의 하나였던 중국이 쌀 가격이 낮을 때 더 많이 수입하고 가격이 치솟을 때는 외부 시장에서 구매를 줄임으로써 안정 인자로 작용했다는 사실일 것이다. 중국이 쌀 무역에서 그토록 주된 힘이었기에 그러한 탄력성은 전 세계에서 쌀 가격을 억제했다. 이러한 사정은 1935년까지 유효했다. 그때 중국 정부는 국내시장을 적극적으로 보호하는 데 나섰고 쌀 수입은 크게 감소했다.

주요 수출국들은 각각 별개의 시장에 쌀을 공급했으며 대체로 그 시장을 고수했다. 미얀마의 쌀은 영국으로 들어갔고, 그곳에서 일부는 다시 유럽의 다른 지역과 서인도제도, 아프리카로 수출되었다. 1852년에서 1937년까지 영국령 인도의 일부였던 미얀마의 쌀은 기근 때 아시아 시장에서만 팔렸다. 1937년 이후 미얀마가 '수출'한 쌀은 대부분 인도의 다른 항구들로 갔고 그곳에서 동아프리카와 영국령 말라야, 실론으로 재수출되었다. 그러나 동아시아로는 거의 가지 않았다. 반면 태국과 코친차이나에서 수출되는 쌀은 일본과 중국, 필리핀, 네덜란드령 동인도제도, 말레이반도, 자바에 배정되었다. 물론 프랑스 시장도 특히 동아시아 시장이 위축되었을 때 그 식민지에서 생산된 쌀을 구매하기는 했다.

흥미로운 것은 시간이 지나고 곡물 재배 변경 지역에서 유럽으로 점점 더 많은 양의 밀과 거친 곡물이 들어가면서 아시아의 수출국들로부터 유럽으로 가는 쌀은 더 적어졌다는 사실이다. 대신 쌀은 양곤과 방콕, 사이공의 항구에서 선적되어 확대되고 있는 아시아 시장으로 갔거나 쌀 재배 변경 지역에서 영국을 건너뛰고 직접 서인도제도와 아프리카로 수출되었다. 벼는 수출되기 전에 도정해야 했다 그래야만 더 좋은 상태를 유지했기 때문이다. 생산국에 저장 시설이 부족했기에, 쌀은 밀과 다른 거친 곡물처럼 포장하지 않은 상태로 선적하는 대신 자루에 담아 해외로 운송했다.

그렇지만 수출 무역에 초점을 맞추면 몇몇 나라에서, 주로 시골에서 도시로 유입되는 활발한 국내 쌀 거래가 보이지 않는다. 예를 들면 벵골의 쌀은 대체로 서쪽의 인도로 갔던 반면, 남부 중국에서 남는 쌀은 중국 북부로 이동했다.

쌀이 전 세계에서 재배된다는 것이 맞는 얘기지만(에스파냐와 이탈리아는 유럽 최대의 생산국이었고, 미국 남부와 브라질은 아메리카의 쌀 생산을 지배했고, 이집트와 시에라리온은 아프리카 쌀 생산을 독점했다.) 아시아권 외부의 쌀은 전부 다 합쳐도 대단하지 않았다. 제2차 세계대전 직전에 아시아의 몬순지대 밖에서 재배된 쌀은 전 세계 생산량의 5퍼센트에도 미치지 못했다. 다르게 말하면 미국과 브라질의 생산량을 합해도 아시아에서 최하위 생산국인 타이완의 생산량보다도 적다. 아프리카와 미국이 상당량의 쌀을 수출하게 된 것은 1930년대에 들어선 이후의 일이다.

동남아시아의 세 삼각주, 즉 에야와디-싯따웅 삼각주(미얀마), 짜오프라야 삼각주(태국), 메콩 삼각주(베트남)가 그 지역의 쌀 수확량이 역사적으로 적었는데도(제2차 세계대전이 끝난 후에야 증가 추세를 보인다.) 유럽과 중국으로 나가는 수출 무역을 지배했다는 것은 직관에 반하는 것처럼 보인다. 다른 주요 쌀 생산국들에 비해 이곳의 이모작과 비료 사용은 극미했으며, 농업 교육과 기간 시설은 뒤떨어졌고 관개시설이 있어도 동아시아에서 사용된 방법보다 질적으로 열등했다. 그러나 이 새로운 변경 지역의 쌀은 거대한 농장에서 수출용으로 재배되었다.

이 동남아시아 삼각주 변경 지역이 아메리카와 오스트레일리아의 정착민 사회와 공유한 것은 경작에 쓸 수 있는 새로운 토지가 풍부하고 유입 이민이 상당했다는 점이다. 이 확장되는 쌀 재배 변경 지역의 다른 특징은 종종 의도치 않은 결과를 가져온 식민지의 개입이었다. 매력적인 사례는 로어 버마Lower Burma였다. 식민지 행정관들은 아직 개발되지 않은 에야와디-싯따웅 삼각주 지역의 경제적 잠재력을 즉시 알아보았다. 인구가 희박하고 저개발된 영국 제국의 오지였던 곳은 이후 50년이 지나는 동안 세계 최대의 쌀 수출 지역으로 바뀐다. 식민지 당국은 상당한 자금을 투자하여 철도 운송과 수상 운송을 개선했고 기술 교육과 신용 제도, 공공사업 계획을 수립했다.

그러나 제국의 계획은 각본대로 진행되지 않았다. 영국의 관리들은 처음에는 그 삼각주 지역에서 소토지 보유의 발전을 장려했다. 상당수가 어퍼 버마Upper Burma의 '건조' 지대에서 이주한 자들인 자영농들이, 영국인들이 생각하기에 미화된 지대 수취자에 불과했던 대지주들은 하지 않을 방식으로 자신들의 재산을 키우고 확대할 것이라고 믿었기 때문이다. 그 지역이 기존의 토지 보유 제도가 확립되지 않았고 비교적 다른 영향력이 없는 곳이었기에, 관리들은 독립적인 자영농에 유리한 농촌 경제, 자영농은 이익을 얻고 "잉여 지대는 중개인이 아니라 국가에 돌아가는" 농촌 경제를 발전시킬 수 있으리라고 믿었다.[310] 이를 진척시키기 위해 가족노동을 이용하는 무단 점유자들은 땅을 점유한 이후 12년간 보유지에 대한 세금을 납부하면 토지 소유권을 받았다. 수십만 명의 미얀마인 이주민은 기회를 최대한 이용하여 생계 농업에서 수출 생산으로 성공적인 전환을 이루었다. 남부 인도에서 양곤으로 점점 더 많은 이민자가 들어와 수출 무역의 모든 과정에 참여했지만, 쌀 무역의 마케팅은 대체로 미얀마인이 주관했다.

에야와디–싯따웅 삼각주에서는 생산량이 급증하면서 20세기 첫 몇십 년까지도 농민이 쌀 경작을 지배했다. 그러나 제1차 세계대전 이후 수확량이 정체하고 쌀 재배 변경 지역이 폐쇄되면서 땅값이 올랐다. 벼를 받는 조건으로 소농들에게 미리 대출을 해 주었던 대부업자와 쌀 중개인, 도정업자가 차츰 자산을 획득했다. 이는 저당물을 찾을 권리가 소실된 결과일 때가 많았다. 채무 부담이 증가했으며, 농민은 토지를 잃고 대농지의 소작농이 되었다. 역사가 마이클 애더스가 설명하듯이, "삼각주 사회의 일부분인 대지주의 사회적·경제적 지위는 대폭적으로 개선되었던 반면, 농업 생산에 관여한 대다수 사람의 지불 능력과 복지는 차츰 훼손되었다."[311] 경제성장과 쌀 수출, 제국의 세입을 증진하기 위해 계획된 제도, 미얀마의 농민과 중간상인, 기업가가 전부 열심히 참여한 제도는 점차 균형을 잃었다. 대공황 시기에 이 삼각주 지역은 유달리 큰 타격을 입었다. 쌀 단일경작은 토지 없는 소작농을 절망적인 궁핍으로 몰아넣었다. 농촌의 소요와 일본의 점령은 그들의 곤경을 더욱 심하게 했을 뿐이다.

코친차이나는 식민지 경제 발전의 다른 모델을 보여 준다. 그 지역은 19세기 중반 프랑스인들이 처음 도착했을 때는 인구가 희박했지만, 이후 프랑스가 지배한 70년이 지나는 동안 북부 지역에서 농민들이 떼 지어 몰려들면서 쌀 재배는 네 배로 확대되었다. 식민지 행정부는 정교한 운하 체계를 구축하여 물 관리에 크게 투자했다. 식민지 행정부는 그 비용을 얼마간 메우기 위해 꽤 넓은 땅을 프랑스 국민과 회사에 팔았다. 1930년 무렵 논은 대략 10만 헥타르의 땅을 나눠 가진 약 120명의 프랑스인 식민지 이주민의 수중에 집중되었다. 도착한 지 얼마 되지 않은 소작농들은 재배한 쌀의 일정한 몫을 주는 조건으로 이 농장들에서 10헥타르의 논을 받았다.

코친차이나와 다른 삼각주 지역에서 경작된 논은 소작인들에게 수확물의 일부를 받는 조건으로 고율의 이자로 자금과 식량을 선대한 지주들의 소유였다. 수확된 쌀은 대부분 벼를 심기도 전에 이미 저당권이 설정되었던 것이다. 수확이 끝나자마자 재배 농민들은 지주나 상인에게 진 부채를 갚아 채무 관계를 해소해야 했다. 밀 재배농과 달리 쌀 재배농은 쌀의 시장가격과 이자율, 선대한 식량 비용, 수확량에 관해서 잘 알지 못할 때가 너무 많았다.

일본 정부는 쌀의 마케팅과 자금 조달에서 적극적으로 역할을 수행했다. 일본의 모든 주요 도시에 쌀 거래소가 설치되었지만, 이 경우 거래를 관리한 것은 민간 부문(서구의 경우가 그렇다.)이 아니라 정부였다. 시카고 상품거래소와 다른 서구의 상품거래소와는 현저히 대비되게 투기는 억제되었다.

그러므로 쌀 무역은 사실상 모든 점에서 다른 곡물 무역과 반대였다. 수출 시장들은 더 지역적이었고 시간이 지나면서 놀랍도록 일관성을 보여 주었다. 남아시아와 동남아시아의 수출국들은 제일 먼저 아시아 시장에 쌀을 공급했고, 남북아메리카와 아프리카, 유럽도 쌀을 생산했지만 대부분은 국내시장의 소비에 충당되었다. 여러 대규모 수출국이 기본적으로 동일한 시간대에 모내기를 하고 벼를 수확했으며 주요 수출 지역에서 저장 시설의 발전이 너무 미진했기에, 많은 양의 쌀이 동시에 시장에 쏟아져 나와서 가격 하락은 피할 수 없었다. 쌀 무역업은 다른 곡물의 무역보다 훨씬 더 초보적이었다. 표준화도 훨씬 덜 진척되었고, 가공도 훨씬 더 작은 규모로 이루어졌으며, 시장도 그다지 통합되어 있지 않았고, 운송과 저장의 기간 시설은 명백히 부족했다. 서구에서 투자와 자본 출자, 가격 차이에 인상적인 영향을 끼쳤던 투기는 아시아 쌀 시장에서는 작용 요인이 아니었다.

쌀 재배 농민들은 신기술이나 비료, 과학적 실험에 반대하지는 않았지만 기계화보다는 다모작을 통해 수확량을 늘리는 데 더 많은 시간과 자본을 투자했다. 이는 이해할 수 있는 일이었다. 조밀한 인구의 존재와 수확량을 늘려 계속해서 더 많은 노동자에게 보상할 수 있는 쌀의 능력은 값비싼 기계를 받아들일 필요성을 줄였다. 쌀은 오랫동안 농민이 재배하는 작물이었다. 대농장이 압도적이었던 동남아시아의 삼각주에서도 소작농은 대지주나 회사들로부터 땅을 임차하여 쌀을 재배했다.

그러나 언급해야 할 중요한 유사점들이 있었다. 쌀과 여타 곡물의 개방된 변경 지역들은 이주를 촉진했고 소수의 손에 토지와 부가 집중되도록 했다.(수출 지향성이 적은 다른 지역에서는 쌀이 소농지의 존속을 가능하게 했다.) 그러나 삼각주가 매우 비옥했음을 생각할 때, 관개나 다른 기술에 상당한 투자를 해야 할 필요성은 적었다. 앞서 보았듯이 공식적이고 비공식적인 식민지 관계는 두 곡물의 무역에서 똑같이 중요했다. 식민 국가들이 자국의 보호령에 특혜를 주었던 것이다. 흥미롭게도 소비자들은 쌀이든 밀이든 다른 거친 곡물이든 '흰' 곡물을 더 좋아했다.(영양에 저주 있으리라!)

파급효과

세계 곡물 무역의 성장은 승수효과를 지녀 곡물의 생산과 가공, 판매, 소비에 필수적인 다른 생산물과 산업의 성장을 촉진했다.[312] 이 생산물들의 일부와 이를 유용한 투입으로 바꾸는 데 필요한 과정은 이러한 품목들을 재배하고 제조한 지역들을 극적으로 변형시켰다. 경질섬유는 곡물 혁명에 없어서는 안 될 존재로 판명되었고 그 무역의 피조물이 되었다. 몇몇 경질섬유의 일대기를 보면 상품 사슬들이 어떻게 만들어졌는지, 상품 사슬들이 왜, 어떻게 번성했는지, 마지막으로 각각의 상품 사슬이 이 소란스러운 시대에 개별 시장에서 어떻게 그 지위를 유지할 수 없었는지 드러난다. 동부 인도의 벵골과 멕시코의 유카탄반도, 동인도제도처럼 서로 다른 지역의 기업가와 농민 들이 처한 운명은 세계시장에서 그들과 그 주요 경쟁자들의 상품이 받는 가격뿐만 아니라 그들의 생존을 책임 진 곡물과 쌀의 롤러코스터처럼 급변하는 경기에도 매여 있었다.

19세기와 20세기에 제조업자들이 새로운 섬유들(각각 강점과 약점, 특정한 쓰임새가 있었다.)을 알게 되면서 경쟁적인 경질섬유 무역이 발달했다. 새로운 섬유는 각각 좀 더 오래된 경쟁자들과 맞서야 했고, 결국 시장은 더 분할되었다. 몇몇 다용도 섬유는 여러 쓰임새에 응용되었고 세계시장이 점점 더 복잡해지면서 이득을 얻었다. 반면 다른 섬유들은 기본적으로 특정한 하위 시장에 국한되었다. 새로운 섬유는 전부 먼저 강도 높은 화학적 검사를 받았고 이어 농업 실험 연구소의 통제된 상황에서 경작 연구가 뒤따랐으며 그다음으로 시장에서 오랫동안 검증을 받아야 했다. 일반적으로 각각의 경질섬유는 짧은 기간 리카도의 이른바 비교 우위를 누리면서 한 세기의 거의 대부분에 걸쳐 시장에서 우세한 지위를 확보했다. 몇몇 경우에 새로운 용도가 발견되고 새로운 재배 기술이나 가공 기술이 언젠가 오고야 말 결말을 늦추었지만, 이러한 작물을 생산한 지역에 진정한 발전을 가져오리라는 기대는 환상이었다. 이러한 수출 경제들은 그저 지속적인 경제성장을 촉진할 전방 연쇄효과나 후방 연쇄효과를 충분히 일으키지 못했을 뿐이다. 아프리카나 아시아, 라틴아메리카의 경질섬유 부문은 결코 성장의 승수 역할을 하지 못했고, 생산국들의 경제 통합을 유발하지도 못했다. 이는 유달리 심각했는데, 경질섬유는 쌀과 여타 곡물과 달리 먹는 것이 아니었기 때문이다.

곡물과 다른 상품들을 보관하고 운송하는 데 유용한 한 가지 저렴한 섬유는 황마 섬유(코르코루스 캅술라리스Corchorus capsularis와 코르코루스 올리토리우스Corchorus olitorius)였다. 인도 황마는 다른 경질섬유처럼 강하거나 튼튼하고 탄력적이지는 않았지만 더 많았고 생산비가 더 저렴했으며 제조하기도 더 쉬웠다. 인도 황마는 곧 자루 시장을 점령했다. 벵골 삼각주 지역(오늘날의 방글라데시)에서 베틀로 짜서 만든 수직 황마 자루(헤시언hessian이나 벌랩burlap으로 불렀다.[24])는 일찍이 16세기부터 중요한 가내공업이었다. 황마는 의복에 쓰기에는 지나치게 거칠었지만 당대의 뛰어난 포장재로서 틈새시장을 발견했다. 네덜란드인들은 1830년대 인도네시아 자바의 플랜테이션 농장에서 커피 자루로 거친 섬유를 처음 사용했다. 크림 전쟁으로 러시아산 삼의 공급이 중단되고 미국 남북전쟁으로 면 자루가 부족해지자 황마 산업이 일어났다.

저렴한 노동비용은 황마가 섬유 구매자들에게 인기를 끄는 데 이바지했

_____ **24** 헤시언은 이 섬유를 군복에 썼던 독일의 헤센 병사들을 가리키는 영어이며, 벌랩의 어원은 불분명하다. 둘 다 황마 껍질로 만든 거친 섬유를 일컫는다.

다. 북부 벵골과 동부 벵골의 농민과 소작농은 논에 군데군데 황마 씨를 흩뿌렸지만, 경작하는 데는 많은 노동력이 필요했다. 이 환금작물을 재배하려면 땅을 깊이 갈고 잡초를 제거하고 손으로 수확한 뒤 못에 담가 줄기와 겉껍질을 벗겨야 했다. 중개인들은 높은 이자율로 재배농들에게 대출을 해 주었고(어느 추정치에 따르면 이자율이 36퍼센트 밑으로 내려간 적은 없었다.) 가공하지 않은 생산물을 꾸러미로 묶어 처음에는 배로, 나중에는 철도로 서부 벵골의 캘커타 항구로 운송했다. 1910년이면 생산량은 연간 90만 톤으로 치솟았고, 제2차 세계대전이 끝날 무렵 인도는 사실상 원료를 독점했다. 1915년 인도 황마 섬유 제조업 조합Indian Jute Manufacturer Association 의장이 "우리는 값싼 황마 섬유를 많이 원한다."라고 말했을 때 그 의미는 명백했다. 인도 황마 섬유의 비교 우위는 논과 공장의 지극히 낮은 노동비용에 있었던 것이다.[313]

황마는 삼베와 마대로 만들어져 모래부터 설탕까지, 비료에서 동물 사료까지 모든 것을 담았다.(로큰롤 가수 척 베리Chuck Berry에게 열광하는 자들은 '조니 B. 구드Jonny B. Goode'[25]도 기타를 마대에 넣어 가지고 다녔음을 기억할지도 모른다.) 19세기 중반이면 스코틀랜드 던디Dundee 시의 동력으로 가동되는 황마 섬유 공장은 인도의 수직 산업을 압도했다. 황마 섬유의 인기에 곧 프랑스와 독일, 벨기에, 오스트리아, 이탈리아의 제조업자들이 동시다발로 경쟁에 뛰어들었다. 그러나 19세기 말이 되면 캘커타의 자루 제조업자들은 저렴한 노동력으로, 가까운 곳에 원료가 있다는 사실에서 이득을 보아서 싸움에 끼어들었고 유럽의 공장들을 중대한 경쟁에 맞닥뜨리게 했다. 공정은 비교적 간단했다. 우선 길이와 두께, 색깔, 인장력이 다양한 원섬유를 균일한 실로 만들고, 그다음 이 실로 직물을 짰다. 일찍이 1875년에 캘커타의 미국 총영사는 현지의 황마 섬유 제조업자들을 고려해야 할 세력이라고 보고했다. "캘커타가 세계 최대의 황마 섬유 제조 중심지가 되리라고 예상할 만한 이유는 충분한 것 같다."[314]

_____ **25** 로큰롤 음악의 창시자 중 한 사람인 척 베리가 만든 노래의 제목이자 노래에 나오는 인물이다. "그는 기타를 마대에 넣고 다니곤 했지He used to carry his guitar in a gunnysack"라는 가사가 나온다.

후글리강의 강둑을 따라 캘커타 안팎에 자리 잡은 황마 섬유 공장들은 던디에서 들어온 스코틀랜드인들이 관리했지만, 자본을 댄 자들은 지주회사를 설립한 영국인 국적 이탈자와 토착민 기업가들이었다. 이들은 처음에는 국내시장과 인근 미얀마의 쌀 무역에 필요한 수요에만 응했다가 곧 국제사회에 자신들이 만든 마대를 판매했다. 인도의 자본가들은 시간이 흐르면서 점차 이 지주회사들의 지배권을 장악했다. 세기 전환기에 캘커타와 그 주변 지역에서 서른다섯 개의 공장이 방추 31만 5000개와 베틀 1만 5340대를 갖추고 44만 톤의 마대를 생산했다.

던디의 분노한 황마 섬유 제조업자들은 "제국의 종속 지역에서 갑자기 등장한 경쟁자를 굴복시킬 수 있다."고 확실하게 기대하면서 의회 의원들에게 관세를 부과하거나 수입 할당제를 이행하라고 요구했다.[315] 슬프게도 이들의 생각은 틀렸다. 던디의 황마 제조업자들은 다시는 그 우월한 지위를 되찾지 못했다. 이들의 모든 정치적 공작도 인도산 황마 섬유를 영국과 그 보호령에서 내쫓을 수 없었다. 황마 섬유가 수지가 맞았기 때문이다. 20세기에 들어선 후 삼베는 인도 최고의 수출 상품일 때가 많았으며, 이는 영국령 인도 시대에 제국의 행정 비용을 대는 데 도움이 되었다. 이 두 도시 이야기는 제국의 한계를 보여 주는 교훈적인 사례다. 제품화한 황마 섬유는 제국의 중심지에서 출발했을지는 몰라도, 식민지에서 성공리에 군림했다. 이것을 인도의 복수라고 생각할 수도 있다. 영국의 제1차 산업혁명이 인도의 직물 산업을 무너뜨렸다면, 제2차 산업혁명과 농산물(쌀) 수출의 성장 덕분에 인도의 제조업자는 영국의 경쟁자들을 능가할 수 있었다.

1870년에서 제1차 세계대전 사이 인도의 마대 생산은 연간 180만 개에서 3억 7000만 개에 가까운 수치로 증가했다.[316] 캘커타의 공장들은 그 전성기에 25만 명 내지 30만 명의 노동자를 고용했으며, 황마 섬유는 인도의 총 수출에서 약 30퍼센트를 차지했다. 제1차 세계대전이 발발할 때쯤 캘커타의 공장들은 카르텔까지 설립했다. 인도 황마 섬유 제조업 조합이라는 이 카르텔은 가격이 낮을 때 원료를 구매하여 가격이 호전될 때까지 창고에 저장함으로써 생산을 조절했다.

20세기 초 캘커타의 값싸고 거친 마대와 고품질 삼베 자루는 오스트랄라시아와 미국, 남아프리카, 남아메리카 남단의 시장을 확보했다. 그러나 콜카타의 패권은 단명했다. 대공황 시기에 유럽 정부들은 수입 자루에 높은 관세를 부과하여 자국 황마 섬유 산업을 부활시켰다. 이는 곡물 수송이 비포장 운송으로 바뀌고 종이 자루와 면 자루의 경쟁이 시작된 데 더하여 인도 황마 섬유 산업에 위기를 가져왔다. 농민과 소작농 생산자들은 당연히 자본이 부족했으므로 특별히 큰 타격을 입었다. 어느 경제사가는 경기가 깊은 침체에 빠졌을 때 벵골의 황마 재배자들이 겪은 일련의 불행에 관해 쓰면서 비관적인 그림을 그렸다. "위안거리의 부재, 채무의 증가, 터무니없는 고율 이자의 소비대차, 압류 물건 경매, 토지 강탈, 빈곤한 소작농과 농업 노동자의 급증. 이는 채무노예로 가는 길에 세워진 이정표들이었다."[317]

황마 섬유를 비용을 많이 들이지 않고 생산하는 것이 산업 전반의 진언이었다. 생산자와 제조업자는 비포장 보관과 운송의 혁명, 새로이 유행한 대체물인 합성섬유, 유럽의 주요 경쟁자들이 사용한 구식의 보호무역주의 전략에 관심을 가질 이유가 충분했다. 1934년 듀폰이 특허를 낸 나일론 같은 합성섬유의 연이은 도입이 이 산업의 운명을 결정했다.

황마 섬유가 자루 시장에서 틈새시장을 발견했다면, 필리핀에서 자라는 마닐라삼Musa textilis(아바카abaca)은 밧줄 제조에 선호된 원료였던, 러시아와 미국에서 자라는 삼Cannabis sativa의 훌륭한 상대자 이상이었다. 포경선과 쾌속 범선, 종국에는 증기선에도 돛줄과 닻줄, 예인줄에 쓸 밧줄을 공급하는 데 필요했다. 얼핏 보기에 그 수요는 끝이 없을 것 같았다. 가장 작은 스쿠너 범선이 1톤의 밧줄을 싣고 다녔고, 프리깃함은 100톤의 밧줄을 사용했다. 증기선의 출현도 수요는 줄이지 못했다. 증기선도 예인줄과 견인줄, 예비 돛에 쓸 많은 양의 밧줄이 여전히 필요했기 때문이다.

19세기 말이 되면 바나나과에 속하는 마닐라삼은 밧줄 무역에서 대마를 추월했다. 마닐라삼의 겉껍질에서 뽑아낸 섬유는 원래 소금물을 견디는 내성이 있어서 대마 섬유처럼 타르를 칠할 필요가 없었다. 이 순수한 섬유는 1818년 북아메리카의 밧줄 제조업자들이 들여와 시험을 거친 후 내구성이 강화되어 타르 칠을 한 대마 섬유보다 25퍼센트 더 강력해졌으며 유연성과 탄력성도 더 늘어났고 무게는 3분의 1이 덜 나갔으며 더 낮은 가격표를 달았다. 1890년 무렵 루손섬 동남부의 카비콜란Kabikolan반도에서 자란 마닐라삼은 미국의 해상 무역에 확고하게 자리를 잡았고, 영국과 다른 유럽의 제조업자들이 꾸준히 소비를 늘렸다. 생산은 1870년에서 1880년 사이에만 두 배로 증가했다.

밧줄 산업이 마닐라삼에 빠지면서 새로운 열대 섬유의 도입이 빛을 잃었다. 멕시코의 유카탄반도에서는 콜럼버스 이전 시대부터 헤네켄을 재배하여 옷과 신발, 해먹을 만들었지만, 식민지 시대 말기에 들어선 후에야 에스파냐 기업가들은 헤네켄의 폭넓은 상업적 잠재력을 깨달았다. 흔히 사이잘삼Agave Sisalana(이 섬유가 선적된 멕시코만의 항구 시살Sisal에서 이름을 따왔지만 적절하지 않다.)으로 알려진 헤네켄은 무거운 중량을 견디는 인장력이 부족했기에 저급 밧줄과 삭구 용도에 쓰였다.

유카탄반도의 섬유보다 두 배로 더 강하고 부식을 더 잘 견디며 더 부드러운 마닐라삼은 높은 가격을 받을 만했고 해운시장에서 최상의 섬유로 남았다. 헤네켄은 당연하게도 열등한 제품이라는 평판을 얻었지만 값이 저렴하여 마닐라삼의 대용물이 될 수 있었다. 마닐라삼과 헤네켄을 혼합한 것이 그러한 용도로 판매되었고 가격은 두 가지 '순수한' 삼줄 사이의 중간으로 책정되었다. 그리하여 이 상품들의 가격은 심하게 뒤엉켰다. 어느 한 상품이 많거나 부족하면 늘 경쟁 상품의 가격이 영향을 받았다.

기술 발전이 지속되어 이전 경쟁 제품들이 새로운 산업적 용도를 찾으면서 수요는 확보되었다. 시험 결과 밧줄이 힘을 전달하는 수단으로서 가장 경제적이었음이 드러났다. 북아메리카와 서유럽 전역에서 새로운 공장들이 설립되면서 마닐라삼은 힘을 전달하는 밧줄과 팽창하는 석유 채굴 산업에 더할 나위 없이 적합했다. 헤네켄에(정도는 약간 덜하지만 마닐라삼에도) 가장 중요했던 새로운 용도는 매끼였다. 손으로 직접 묶는 노동 집약적인 행위는 1870년대 초에 자동 수확기에 부착된 기계식 철사 결속기로 대체되었다. 소량의 철사가 기계의 작동을 방해하고 제분소와 동물 사료 속으로 흘러들어가자, 1870년대 말 발명가들은 생분해성 매끼 대신 철사를 쓰는 기계식 매끼 결속기를 만들어 농기계 산업을 혁명적으로 바꿔 놓았다. 이제 두 사람이 곡식 단을 주워 들어 탈곡하는 수확기는 하루에 12에이커 내지 14에이커의 밭에서 밀을 수확할 수 있었다. 이는 사실상 노동력을 상당히 아끼면서도 앞선 수확량을 두 배로 늘린 것이다. 세계 최대의 이동 농기계 생산자인 북아메리카의 디어링 하비스터 컴퍼니와 매코믹 하비스팅 머신 컴퍼니는 재빠르게 움직여서 각각 1878년과 1881년에 자신들만의 매끼 결속 수확기를 만들었다. 기계식 곡식 단 결속기의 판매가 치솟았고, 20세기 초에 헤네켄과 마닐라삼 섬유의 생산은 급격하게 증가하여 만족을 모르는 수요를 충족했다.

섬유 가격이 높을 때, 재배 농민과 생산자 들은 많은 이익을 얻었다. 필리핀과 유카탄반도의 현지 사업 선도자들은 영국과 북아메리카의 중개인들에게 일종의 통로 역할을 하면서 보통은 수수료와 리베이트 형식으로, 때로는 외국 자본을 이용할 수 있어서 가능했던 고리대금 관행으로도 상당한 이익을 거두었다. 전형적인 상황은 이러했다. 외국인 투자자들은 섬유 무역을 오랫동안 독점하거나 '사재기'하려 했고, 지역의 협력자들은 시장을 통제하는 외국인 사업가들과 독점적으로 연락하는 이점을 누리고 싶었다. 이러한 제약 조건 속에서 현지의 생산자들이 생산성을 조정하고 가격을 예측하기는 어려웠다. 그래서 현지의 지주들은 어지럽게 되풀이되어 이 섬유 무역을 괴롭힌 경기순환에 취약했다. 만성적인 가격 불안정에 생산자들의 다각화 능력 부재가 겹쳐 이 지역 경제는 지속적인 성장의 와중에도 극심한 혼란을 겪었다.

유카탄반도는 멕시코 경제의 보석이었다. 그곳의 헤네켄 농장은 북아메리카의 밧줄 공장과 매끼 공장에서 결속기용 매끼를 만드는 데 쓰이는 섬유를 최대 85퍼센트에서 90퍼센트까지 공급함으로써 경질섬유 시장에서 지배적 지위를 누렸다. 19세기의 마지막 40년간 유카탄 반도의 식민지풍 아시엔다 hacienda[26]는 부산한 근대적 플랜테이션 농장으로 변모했다. 당대인들은 옥수수 밭과 목초지가 어떻게 일직선으로 늘어선 청회색의 아가베 가시로 바뀌었

—— **26** 보통 남아메리카에서 일정 규모를 넘어서는 크기의 대농장을 가리킨다.

는지 기록했다. 진취적인 지주들과 섬유 상인들, 북아메리카의 밧줄과 매끼 제조업자들은 20세기 초 섬유 경기 호황에서 넉넉한 이익을 확보하여 큰돈을 벌었다. 현지에서는 서른 개 가문의 '성스러운 계급'과 부유한 지주-상인으로 이루어진 좀 더 작은 부분집합이 헤네켄 경제를 지배하여 주도 메리다를 아름다운 전시장으로 바꾸고 주도와 자신들의 아시엔다에 호화로운 저택을 지었다. 주 정부와 중앙정부는 수익이 큰 이 상품의 수출로 발생한 세입에 의존하게 되었다.

많은 주요 산물처럼 헤네켄도 치열한 경쟁과 비용 효과가 더 큰 경질섬유의 공급을 부단히 모색했던 변덕스러운 시장 때문에 효과가 감소했다. 그러나 경질섬유는 다른 열대 상품에 비해 현저한 이점을 지녔다. 다른 열대 상품들은 생산과 운송, 유통을 체계적으로 조정해야 했지만, 섬유는 썩지 않았기에 그럴 필요가 없었다. 게다가 몇몇 주요 산물과는 다르게 헤네켄은 계절에 구애받지 않았다. 정해진 수확 시기가 없다는 사실은 마케팅과 유통, 노동 체제에 중요한 의미를 지녔다.

1902년 다섯 개 큰 수확기 회사(매코믹과 디어링이 포함된다.)가 합병하여 등장한 인터내셔널 하비스터 컴퍼니는 세계 최대의 원료 섬유 구매자가 되었다. 인터내셔널 하비스터의 시카고 공장에서 제조된 결속기용 매끼는 회사에는 중요한 2차 생산 공정이었다. 농민들이 결속기에 쓸 매끼의 일정한 공급을 원했기 때문이다. 인터내셔널 하비스터는 매끼 판매보다는 결속기 판매로 이익을 보아서 이 회사와 대리점들은 자신들이 만드는 농기구의 매력을 높이기 위해 매끼 가격을 낮게 책정했다. 역사가들은 인터내셔널 하비스터가 시장에 행사한 지배력에 관해 논의했지만, 유카탄주의 올레가리오 몰리나 이 콤파니아Olegario Molina y Compañía 같은 현지 대리 회사들은 외국 자본을 이용하여 큰 이익을 얻었다. 그 덕분에 몰리나 이 콤파니아는 저당권을 획득했고 즉석에서 채권을 매입했으며 광역권의 통신과 기간 시설, 금융을 더욱 공고히 장악했다. 전부 지역의 섬유 생산에 대한 통제권을 보장했고 전체적으로 가격을 인하하는 효과를 냈다. 단기적으로 보면 호황은 외국인 투자자와 상인, 멕시코와 필리핀의 현지 엘리트로 이루어진 작은 집단을 부자로 만들었던 반면, 대다수 생산자와 수많은 노동자는 용서 없는 시장의 변덕에 좌우되었다.

토지 보유 유형과 노동관계, 기술의 향상, 마케팅과 신용거래 관행 같은 투입 요소들은 호황에 뒤이어 철저히 조사되거나 미세하게 조정되었다. 헤네켄은 시장의 가격 변화에 매우 비탄력적이었다. 지주들은 작물을 수확하려면 7년을 기다려야 했기에 늘 자본을 조달할 수 있는 능력에 의거하여 보유지를 늘릴지 줄일지 결정했다. 지주들은 파종에서 첫 번째 수확 사이의 시간 지체에 직면하여 훗날의 가격도 세계시장의 수요도 예측할 수 없었다. 그래서 단기적으로는 공급과 수요가 대체로 일치하지 않았다.

헤네켄 농장은 물리적으로 상업적 플랜테이션 농장과 몇 가지 유사한 점(최신 기계류, 협궤 전차, 주곡의 토지 집약적 경작)이 있었지만, 가족적인 소유와 관리, 정신세계mentalité가 그 제도에 헤네켄 재배 이전 가축을 키우고 옥수수를 재배했던 아시엔다의 특성들을 계속해서 불어넣었다. 복잡한 이행기에 들어선 농촌 사회의 상징이었던 헤네켄 농장은 앞선 제도의 몇 가지 특징을 보여 주면서도 토지와 기술, 노동, 기간 시설의 불가피한 조정을 반영한 일종의 잡종으로 보는 것이 가장 적절하다. 게다가 완전히 발달한 플랜테이션 농장 사회의 출현은 좀처럼 사라지지 않는 이전 제도의 자취 때문에, 특히 아센다도스hacendados(아시엔다의 주인들)가 노동문제에 대면한 방식 때문에 억제되었다.

복합적 성격의 헤네켄 농장이 전통적인 아시엔다와 상업적 플랜테이션 농장의 특성들을 결합했듯이, 노동관계도 다양한 양태의 강제가 혼합된 것이었다. 에네케네로스henequeneros(헤네켄 농장주들)는 국가의 경찰 기구로부터 지원을 받은 세 가지 사회통제의 보완 장치, 즉 격리와 강제, 안전 덕분에 단일 작물 생산의 통제된 노동 리듬을 유지할 수 있었다. 이 세 가지 전략의 협력 효과로 적어도 멕시코 혁명 직전까지 경영의 필요조건에 적합했을 뿐만 아니라 노동자의 생존 요구에도 이바지했던 구조적 관계가 공고해졌다.

에네케네로스가 노동자들의 이동과 자율성을 제한하려는 의도로 만든 이 세 장치는 종종 상호 강화 작용을 일으켰기에 때로는 어디서 한 가지가 시작되고 다른 것들이 멈추는지 구분하기가 어려웠다. 예를 들면 아시엔다의 상점 같은 시설은 여러 가지 기능을 수행했다. 한 가지 차원에서 상점은 에네케네로스에게 노동자들의 채무를 늘리는 확실한 장치를 제공했다.(강제) 다른 차원에서는 입주 채무노예들에게 기본적인 식량과 주거 필수품들을 제공하여 이들이 물품을 구매하러 농장을 떠날 일이 없도록 했고, 그로써 입주 채무노예들과 이웃 촌락 주민과 부추기는 자들 사이에 잠재적으로 파괴적인 효과를 낼 수 있는 계약이 체결될 가능성을 최소한으로 줄였다.(격리) 마지막으로 옥수수와 콩, 여타 주곡의 판매를 통해 입주 채무노예들의 생계를 보장했다.(안전) 요컨대 아시엔다의 상점은 노동력이 부족한 시장에서 노동력을 끌어오는 완벽한 수단이었다. 토지가 없는 채무 노동자들에게 어느 정도의 편의와 안전을 주면서 종속과 고착성을 촉진했기 때문이다. 헤네켄 단일경작이 호황기 내내 기본적으로 생계의 안전을 제공했고 여기에 인근의 촌락공동체들이 경제적으로 와해되면서 노동자들은 섬유 생산의 통제된 노동 리듬에 응하게 되었고 얽매이게 된 것이다.

헤네켄 농장의 젠더 관계는 이 보완적인 장치들을 단지 강화했을 뿐이다. 실제로 주인과 채무노예들은 마야인 여성들이 농장에서 수행해야 했던 역할의 인식에서 공통의 근거를 발견했다. 우선 이들은 엄격한 노동 분업에 합의했다. 남성 채무노예들은 밭에서 힘들게 일하며 농장에서 헤네켄 섬유의 파종과 수확, 가공과 관련된 모든 작업을 수행했다. 딸들과 부인들은 (과거에 옥수수 수확을 도왔듯이) 수확 후 헤네켄 잎에서 가시를 제거하느라 이따금 밭에서 일하더라도 아버지나 남편이 동행했으며 노동의 대가로는 단 한 푼도 받지 못했다.

헤네켄 농장의 여성들이 가사 영역으로 밀려난 것은 놀랍지도 않다. 이들의 임무는 아이들을 양육하고 요리하고 청소하고 우물에서 물을 긷고 숲에서 땔감을 주워 오고 밭에서 일하는 남편과 아들에게 점심을 갖다 주고 텃밭을 가꾸는 데 있었다. 농장의 원장에 이따금 여성들이 지주의 '저택'에서 일하는 하인이나 해먹이나 자루 만드는 사람, 옥수수 가는 사람으로 오르기는 했지만, 이들의 신분이 헤네켄 노동자로 분류되지는 않았다. 실로 헤네켄 섬유 호황기는 캄페시나스campesinas(농촌 여성들)의 상황에 별다른 변화를 가져오지 않은 것 같다. 농장에서 엄격히 준수된 이 노동 분업이 호황 이전의 유형과 일치했기 때문이다. 헤네켄 섬유의 호황이 절정에 달하여 농장주들이 기를 쓰고 노동자를 찾으려 했을 때에도, 마야인 여성들은 밭에서 일하지 않았다.

헤네켄 재배 지역에 노동력이 부족하다고 늘 불평을 늘어놓았고 목적에 맞기만 하면 강압적인 전략도 마다하지 않았던 농장주들이 밭에서 캄페시나스를 쓰지 않은 이유는 무엇인가? 아센다도스는 남성 채무노예들에게 작은 옥수수 밭을 구하고 사냥하여 가족을 부양하고 집안에서 여성들에게 권력을 행사할 수 있도록 '임금'을 벌 수 있게 함으로써 노동자들의 '충성'을 얻고 이동을 제한했다. 결과적으로 헤네켄 재배 지역의 가족들은 좀처럼 헤어지지 않았고, 아센다도스가 충성을 확보하기 위해 가족을 떼어 놓겠다고 위협을 이용하지도 않은 것 같다.

이렇게 빈약한 상호 의존 관계가 농장에서 펼쳐지는 젠더 관계를 공식화했다. 에네케네로스는 채무노예의 결혼을 준비할 때 신랑에게 종교적 의식과 사회적 예식, 피로연의 비용을 빌려주었다.(부부의 첫 번째 채무) 그 결과로 농장의 남성들 사이에는 공모에 의한 합의가 나타났고, 이로써 주인은 채무노예에게 하위 가장으로서 그 자신의 집안을 관장할 수 있게 했다. 이것이 가정 폭력 사건을 초래하면 흔히 용의주도하게 농장에서 처리되었다. 불평불만이 지역 법정까지 가는 경우는 드물었다. 아센다도스와 농장 감독들이 심한 범죄자들을 아시엔다의 감옥에 집어넣는 것이 일반적이었다.

그러나 그러한 캄페시노campesino(농촌 남성) 가부장제는 한계를 안고 있었다. 에네케네로스나 그의 감독관이 '초야권'이라는 굴욕적인 '특권'을 행사하여 채무노예의 오두막에 침입하고 그의 아내나 딸을 범하는 경우가 매우 잦았다. 그러한 모욕이 양자가 공유한 가부장제 인식의 호혜적 성격을 훼손했다고 해도, 이는 채무노예에게 농장에서 권력이 최종적으로 어디에 있는지 보여주는 실례를 제공했다. 하인은 좀처럼 주인에게 복수하지 않았다. 그리고 방향을 잘못 찾은 분노의 유감스러운 사례에 대해서 자주 듣는다. 채무노예가 가정 내에서 지배권을 거듭 주장하려고 아내를 학대했기 때문이다.

농장주들은 채무노예의 가부장적 가족 통제가 장기적으로는 자신들의 경제적 이익에 좋았기 때문에 간섭하기를 주저했다. 아센다도acendado에 관해 말하자면, 마야인 여성들의 주된 임무는 다음 세대의 헤네켄 노동자들을 낳고 기르는 것이었다. 여성들에게 밭에서 일할 수 있도록 허용하면 그 역할이 훼손되고 농장의 사회적 관계(헤네켄 섬유 생산의 필요조건은 물론 마야의 변용된 문화적 정체성까지 반영한 관계)가 엉망이 된다.

그러므로 헤네켄 상품 사슬로부터 냉혹한 모순이 출현한다. 민주적인 정치 체제에 뿌리내린 북아메리카의 자본주의적 밀 재배 농민들은 가족의 밀 농장에 선진 기술을 이용하여 멕시코 헤네켄의 수요를 창출했던 반면, 멕시코의 헤네켄은 육체적으로 고된 강제 노동을 강화했고 과두 지배 정체에 사는 가족을 파괴했다. 사실상 미국의 중서부에서 기계화로 절약된 노동력을 유카탄반도의 헤네켄 밭에서 기진맥진할 정도로 일한 마야인 농민들이 소비했던 것이나 다름없다. 결국 중서부 농민들은 부분적으로는 유카탄반도의 저임금으로 가능해진 성공 덕분에 옥수수 생산을 현대화하고 남쪽으로 수출할 수 있게 되었다. 이는 다시 옥수수가 처음으로 재배된 멕시코에서 옥수수 가격을 후려치고 낮추었다.[318]

제2차 세계대전 후, 헤네켄과 마닐라삼의 편안했던 틈새시장은 새로운 섬유의 도전에 직면했다. 유카탄반도 주민들은 사이잘삼을 잘 알았다. 사이잘삼은 유카탄반도가 원산지였고 장인들이 오랫동안 해먹과 자루를 만드는 데 썼기 때문이다. 이 진짜 사이잘삼이 1890년대에 독일령 동아프리카에 건네졌고, 1920년대가 되면 탕가니카와 케냐에 플랜테이션 농장이 번창했다. 이후 남태평양의 자바섬이 사이잘삼에 몰두하게 된다. 강력한 경쟁자였던 사이잘삼은 헤네켄보다 더 강했고 마닐라삼과 달리 섬유 분리 기계에 적합했다. 이 지역들에서 노동비용은 유카탄반도와 필리핀보다 훨씬 더 적었고, 또 다른 '밑바닥 경쟁race to the bottom'[27]이 시작되었다. 1927년, 아시아와 아프리카의 국가들

_____ 27 정부가 자국에 경제활동을 유치하기 위해 사업 환경이나 세금에 관한 규제를 축소하

은 전 세계 경질섬유 생산에서 거의 절반을 떠맡았다.

대공황과 매끼를 사용하지 않는 콤바인의 발명은 헤네켄과 마닐라삼의 무역에 타격을 주었다. 생산량은 급격하게 감소했고, 헤네켄 수출은 제1차 세계대전 중에 수출된 60만 꾸러미bale의 4분의 1에도 못 미쳤던 1940년에 최저 기록을 보였다. 제2차 세계대전 후 저비용의 합성섬유가 도입되면서 모든 경질섬유 경제가 유린되었다. 실로 그 몰락의 보고서에는 조금의 과장도 없었다. 폴리프로필렌으로 만든 수확용 매끼가 사이잘삼과 헤네켄을 원료로 만든 결속용 매끼를 대체하여 점차 산업의 표준이 되었던 것이다.

설상가상으로 이 일차상품들의 경제적 승수효과는 크지 않았다. 지역 경제들은 다른 생산적 사업들로 소득을 이전하기에는 규모가 너무 작았다. 에네켄 섬유 수출은 단기적으로 누군가에게 큰 부를 가져다주었지만 멕시코나 필리핀, 아프리카, 벵골, 자바에서 자립 경제의 발전으로 이어질 수는 없었다. 이 점에서 경질섬유의 풍요로움은 밀에 훨씬 못 미쳤다. 밀의 복잡한 상품 사슬은 기술 개발과 중요한 후방 연쇄효과와 전방 연쇄효과, 노동력 절약 장치, 호황을 구가한 도시들에서 나타난 생활비의 하락으로 산업화를 촉진하는 데 일조했다. 이 섬유들은 또한 헤네켄 농장에서 널리 쓰인 강제 노동과 강도 높은 시장 지향성 때문에 쌀보다 더 해로웠다. 쌀의 주된 용도는 여전히 생계였다. 쌀은 비록 일본처럼 산업화에 들어선 나라들에서는 좀 더 개발주의적 역할을 띠었지만 논에서 일한 바로 그 사람들을 먹여 살렸다.

자극성 식품

마지막으로 이 시기에 대체로 충분한 주목을 받지 못했던 식품 범주를 생각해 보자. 자극성 식품이다. 자극성 식품은 흔히 사치품이나 '비필수품', '마약성 식품'으로 치부된다. 심지어 코카인 같은 몇몇은 호황을 구가하는 세계무역의 변두리에서 불법 재화로 비난받았다. 카바kava나 콜라나무 열매kola nut, 마테mate 차, 카트khat 같은 다른 자극성 식품들은 허용되었어도 지역적으

여 임금 하락과 노동조건의 악화, 환경보호의 감퇴를 초래하는 것을 말한다.

로만 인기가 있었다. 설탕과 커피, 담배처럼 세계경제에 중요한 상품들이 포함될 때에도 자극성 식품들은 '큰 마약big fix'이나 '큰 한 모금big drain'으로 조롱당했다.[319]

대부분은 정신이나 신체에 영향을 주는 향정신성을 지녔다. 자극성 식품들은 특정 시간, 특정 장소에서 법으로 금지되었다.(설탕은 알코올로 바뀌어야만 그렇게 미심쩍은 평판을 얻었다.) 자극성 식품들은 처음에는 영양이 아닌 다른 목적으로 섭취되었기에 약품이나 향료로 여겨졌으나 곧 식품과 연관되었고 나아가 음식을 원하는 욕구를 대체했다.(신체에 필요한 영양을 대체하지는 않았지만 말이다.) 사실상 자극성 식품들은 국제적인 대륙 간 무역을 촉진하는 데 중심 역할을 수행했다. 몇몇은 처음에는 사치품이었다가 종국에는 필수품이나 산업 원료가 되었다. 다른 것들은 건강과 군사작전에 필수적인 약품이 되었다. 자극성 식품들은 식품 산업과 의약 산업의 발전과 밀접한 연관이 있었다.

19세기 마지막 삼분기에 중요했던 상품들은 거래가 뜸한 귀중품 교역과 제도화가 허술한 시장, 초기 화학 연구실의 시대에 꼭 필요한 특징들을 공유했다. 그러나 해상운송의 위험성을 생각하면, 이 상품들은 상인들에게 원거리 무역에 관여하도록 조장하기에 충분한 이익을 가져올 수 있어야 했다. 자극성 식품들은 잘 운송되어야 했고(다시 말해서 쉽게 상하지 말아야 했다.) 운송비를 감당하려면 무게 대비 가격의 비율이 높아야 했다. 게다가 이 자극성 식품들은 지리적으로 제한된 영역에서만 재배할 수 있었다. 그렇지 않았다면 간단하게 소비되는 나라에서 재배했을 것이다. 마지막으로 자극성 식품들은 문화적으로나 종교적으로 다양한 맥락에서 작용하여 서로 다른 역할을 수행했다.[320]

때때로 재배 지역(흔히 열대지방이었다.)과 소비 지역(대체로 온대 지방이었다.) 간의 근본적인 기후의 차이는 적어도 1870년에는 일반적으로 그 무역에 관계된 사람들의 매우 뚜렷한 사회적·문화적 환경에 반영되었다. 그러나 1945년 무렵에는 다양한 상품 사슬의 양 극단 사이의 차이는 감소했다. 매우 성공적인 농업국들과 최소한 세계시장에 덜 끌려들어 간 곳들의 좁은 도시 지구들은 수출 주도 성장 덕분에 개발과 도시화를 이루었기 때문이다.

1870년 이후에는 설탕처럼 오랫동안 소비되었던 산물도 새로운 용도를 찾았다. 그때는 도시화, 강도 높은 노동, 긴 노동시간, 이따금 수입품을 구매할 여유가 있었던 시장 지향적 노동자들의 시대였다. 이 상품들은 대체로 처음에는 부자와 특권 집단을 대중과 구분하는 차별과 신분의 표지였지만, 공장과 전기가 노동규율을 강요하여 노동자들의 생물학적 시계에 부담을 준 곳에서 때때로 음식 자체만큼이나 중요한 필수품이 되었다. 자극성 식품은 쾌감을 유발한 동시에 고통을 무디게 했다.

일찍이 16세기부터 처음으로 대륙들을 연결한 상품이었고, 1870~1945년에 국제적으로 거래된 상품 중 가장 귀중한 것이었던 설탕과 담배, 커피, 차, 초콜릿에 집중해 보겠다. 이 상품들은 식민주의와 노예제, 이민, 기계화, 재배 지역의 식물학적 개선의 대조적이고 변화하는 역할들을 두드러지게 보여 준다. 이 상품들은 또한 산업의 변화, 마케팅과 금융의 변화, 더불어 소비 국가들에서 나타난 대중적 호소력의 증대를 보여 주어 우리에게 여러 대륙의 생산 체제를 대비할 수 있게 한다. 사탕수수는 열대지방인 카리브해와 남아메리카의 식민지에서 재배되었지만 좀 더 온화한 지대에서 자라는 사탕무의 도전을 받았다. 이 시대에 커피는 초기에 남아시아의 식민지에서 성공을 거둔 후 주로 라틴아메리카의 독립국에서 재배되었고, 차는 거의 아시아에서만 자랐는데 처음에는 중국과 일본에서만 자랐지만 20세기에는 주로 식민지에서 재배되었고, 초콜릿은 먼저 라틴아메리카의 독립국에서 재배되었으나 제1차 세계대전 이후로는 점차 아프리카 식민지에서 재배되었다. 국제경제의 세계적 범위와 문화적 상호작용은 커피coffee라는 낱말이 아랍어에서 유래했고 차tea는 중국어의 방언에서 나왔고 카카오cacao는 남부 멕시코의 올멕 문명 언어에서 나왔다는 사실로 강조된다.(초콜릿chocolate은 콩을 가리키는 아스테카 언어 낱말이 변형된 것이다.)

이 상품들의 영향은 화폐로만 측정할 수는 없다. 사회적·정치적 영향은 전략적 중요성, 그리고 이 상품들이 밭의 고된 노동부터 달콤한 사탕이나 좋은 궐련 한 모금, 신선한 커피나 차, 초콜릿 한 잔이 주는 기쁨까지 주민의 일상생활에서 수행한 역할에도 새겨졌다. 몇몇 자극성 식품은 특히 전쟁 중에

중한 대접을 받았다.

설탕

설탕은 지금도 세계시장에서 가장 귀중한 상품의 하나다. 설탕의 재배와 생산은 세계 전역에 퍼졌다. 좀 더 전통적인 열대의 사탕수수에 더하여 19세기 말에 온대 지방에서 사탕무가 잘 자랐기 때문이다. 이 두 유형의 설탕이 경쟁하면서 기술적·제도적 개선이 이루어져 소비자 가격이 인하되었고 동시에 두 설탕 시장 모두 점차 확대되었다. 두 유형의 설탕 모두 세계 도처에 재배 품종과 자본, 이주 노동자, 새로운 사업 형태, 새로운 산물을 전달했다. 경제학자 아서 루이스W. Arthur Lewis는 설탕이 제1차 세계대전 이전에 과학적 혁명을 겪은 유일한 열대작물이라고 썼다.[321] 그러나 여러 지역의 생산 환경은 크게 달랐다.

이 시기에 공공연한 노예제가 폐지되기는 했지만, 혁신과 활력이 특징인 설탕은 자유에 적합한 작물이 아니었다. 대체로 노동자도 상품 시장도 자유롭지 않았다. 세계에서 가장 진전된 자본주의적 경작과 가공 복합체를 낳은 설탕은 국제적 식민주의, 국내 식민주의, 신식민주의 같은 다양한 형태의 식민주의, 노예제와 채무노예에서 노예 계약 노동까지 다양한 수단을 통한 강제, 기업의 토지 독점과 수확한 사탕수수의 독점 구매, 소비국들의 카르텔과 트러스트에 의존했다. 설탕 산업의 노동관계가 아이티 혁명(1791~1804)과 쿠바 혁명(1860년대, 1896~1898), 멕시코 혁명(1910~1917)을 유발하고 카리브해와 여타 지역에서 급진적 정치를 야기하는 데 큰 역할을 한 것은 놀랍지 않다. 소비자에게 설탕(이전에는 사치품이었다.)은 날마다 쓰는 향료였고 단맛과 칼로리를 제공한 연료였다. 설탕의 재배와 가공이 산업화되었을 뿐만 아니라, 설탕은 막 출현한 가공식품 산업에서 감미료이자 방부제로서 중요한 구성 요소가 되었다.

설탕, 특히 사탕수수Saccharum officinarum는 대양 건너편으로 노동자들을 이동시키면서 세계무역과 식민주의를 이끌어 낸 최초의 대륙 이동 상품이었다. 사탕수수는 2500년 전쯤 인간이 재배했을 것으로 보이는데 근대 초까지는 그다지 중요하지 않았다. 원래 서리가 내리지 않는 지역에 한정된 사탕수수는 전형적인 열대작물이었다. 근대 초에 아마도 뉴기니나 인도네시아에서, 그다음으로는 인도에서 시작되었을 향료는 지중해 지역으로 건너갔고, 그곳의 아랍인들이 애초에 올리브기름에 쓸 용도로 개발된 가공 기술을 채택했다. 설탕은 인도와 중국, 페르시아에서도 계속 재배되었지만 규모가 작아서 다른 감미료를 대체하지 못했다. 서구 세계, 특히 유럽에서 설탕은 17세기쯤에 은과 더불어 가장 중요한 대서양 횡단 상품으로 인정받는다. 설탕은 꿀과 시럽, 수액을 대체하여 주된 감미료가 되었다. 설탕은 음식이나 음료에 첨가해도 그 맛을 바꾸지 않는 이점을 지녔으며, 일단 가공하면 비교적 영구적으로 보존되기 때문에 운반 비용이 저렴했고 보관하기도 용이했다.[322] 설탕은 또한 당밀과 럼주처럼 선망의 대상인 생산품의 원료였다.

설탕이 유럽에서 엄청난 인기를 끌고 경제적으로 폭넓은 영향을 끼친 것은 부분적으로는 단연코 타고난 식물학적 특성 때문이었다. 그러나 수요는 공급만큼 중요했다. 17세기에 시작되어 19세기 마지막 사분기에 만발한 수요 폭발의 배경은 유럽에 나타난 변화였다.

설탕은 향료와 의약품에서 시작하여 지위를 말해 주는 표지로 발전했다.[323] 유럽에서 설탕의 수요는 19세기에 연간 10퍼센트라는 놀라운 성장률을 보였다. 영국은 설탕에 대한 갈망이 가장 컸거나 적어도 설탕을 구매할 능력이 가장 커서 유럽에서 영국인들의 이가 가장 나빴다. 평균해서 영국인 한 사람은 1800년에 18파운드(약 8.2킬로그램)를, 100년 뒤에는 90파운드(약 41킬로그램)를 섭취했다.[324] 영국이 1846년에 식민지 설탕 수입의 보호무역을 폐기하면서 영국 식민지의 설탕 생산은 감소했고, 영국은 세계 최대의 자유로운 수입품 시장이 되었다. 이는 국내의 제당업자와 사탕 제조업자가 식민지와 외국의 농장주들에게 승리를 거두었음을 반영했다. 설탕의 역사를 연구한 노엘 데르Noël Deerr는 이처럼 근심에 젖어서 경고했다. "300년에 걸친 영국 설탕 산업 역사 내내 생산자와 제당업자 사이에 이해관계의 충돌이 있었으며, 생산자가 제당업자의 채무노예로 전락하는 경향이 있었다고 말해도 지나친 이야기는 아니다."[325]

영국의 관세는 품질이 조악한 설탕에 대해서는 낮거나 아예 없었지만 이윤이 많이 남는 고급 설탕에 대해서는 높았다. 따라서 보호를 받던 영국의 제당업자들이 식민지의 생산자들이 보낸 산업 원료를 이윤이 더 많은 완제품 설탕으로 바꿔 놓은 셈이 되었다. 결국 자유무역은 식민지의 재배농들은 보호받지 못하고 국내의 제당업자들은 보호받는 결과를 낳았다. 미국은 물론 독일과 오스트리아 같은 유럽 대륙의 국가들은 동일한 정책을 시행했고, 국내 산업은 특혜를 입어 해외 산업에 비해 유리했다.

1870년에서 1945년 사이 설탕은 식민지 노예 시대만큼 학문적 관심을 받지는 못했지만, 전 세계 설탕 생산은 그 시기에 열 배로 증가했다. 세계 인구 증가율의 네 배나 되는 속도였다. 주요 사탕수수 생산국이 마지막으로 노예제를 폐지한 이후(쿠바는 1886년, 브라질은 1888년)에도 세계 설탕 생산량은 지속적으로 증가하여 1880년 380만 톤에서 제1차 세계대전 발발에 즈음하여 1600만 톤으로 네 배로 늘었으며, 1942년에는 2780만 톤에 이르렀다. 설탕 생산량의 지속적인 급증은 이제 설탕이 자유로운 임금노동에 의존했기 때문이 아니라 채무노예나 계약 노동 같은 다른 형태의 강제 노동이 도입되고 농장과 공장이 첨차 기계화되었기 때문이었다.[326]

설탕 무역은 노예해방 이후로도 생존할 수 있었을 뿐만 아니라 어지러울 정도로 급성장할 수 있었고, 이는 몇백 년 동안 설탕에는 노예제가 필요하다고 추정했던 설탕 무역의 주역들에게 충격을 안겨 주었다.(이들은 아시아에서 자유로운 농민들이 사탕수수를 재배하고 수확한다는 사실을 몰랐다.) 아메리카의 농장주들이 노동 체제에 나타난 이 급격한 변화에 적응할 수 있었던 것은 분명하다. 이는 놀랄 일이 아니었다. 역사가 마누엘 모레노 프라히날스 Manuel Moreno Fraginals가 쿠바의 경우에서 증명했듯이, 일부 농장주는 전前 자본주의적 노동 형태에 몰두한 완고한 봉건적 전통주의자가 아니라 기민한 자본가였다.[327]

노예제가 산업화를 방해했다고 주장한 개혁가와 역사가가 무수히 많지만, 이는 확실히 설탕에는 해당되지 않는 주장이었다. 사탕수수는 단순히 유럽의 공장에서 정제될 '원료'에서 그치지 않았다. 어떤 의미에서 설탕은 산업용 원자재로서 처음에는 플랜테이션 농장 현지에서 가공되었다. 그러나 설탕은 종종 다른 식품에 첨가되고 소비국에서 추가 가공 과정을 거치는 경우가 많았기 때문에 중간재로 볼 수도 있었다. 설탕 공장에서 사탕수수로부터 자당(수크로스)을 추출하고 이어 정제하는(때로 다른 시설에서 처리된다.) 과정에는 가장 진보한 화학의 일부가 필요했다. 그러한 화학은 근대 초와 19세기에 몇몇 거대 기업의 공장에서 실행되었다. 통제된 대규모 노동력과 시간에 민감한 종합적 공정을 갖춘 분야의 공장으로는 설탕 공장이 근대 최초라는 주장이 강력히 제기되어 왔다. 이 공장들은 현지의 지주와 상인, 때로는 이민자 출신 지주와 상인이 세웠고 산업혁명의 선진 중심지들에서는 아니지만 이른바 후진 지역이라는 카리브해와 남아메리카에서는 외지의 투자자들이 세웠다.[328]

1870년 이후 노예제도 폐지와 전기, 외국 자본, 근대적 교통수단이 새로운 기술혁명을 낳았다. 설탕 생산이 산업적 성격을 띠었다는 것은 설탕 수요의 증가가 사탕수수와 가공 설탕의 가격 하락과 동시에 일어날 수 있음을 의미했다. 중상주의 시대 유럽의 제한된 시장에서 수요가 증가하면 대개 가격의 급상승과 교역의 제한이 뒤따랐다. 그러나 1870년 이후 제국들의 경쟁은 거의 모든 것을 바꿔 놓았다. 역사가 빌 앨버트Bill Albert와 에이드리언 그레이브스Adrian Graves는 "제1차 세계대전이 발발할 즈음 설탕 생산에서 19세기 초 이후로 유일하게 변하지 않은 것은 사탕수수 수확이었다. 다른 모든 분야에서는 완전하고 근본적인 변혁이 이루어졌다."[329]고 말한다. 기술과 노동 체제의 변화뿐만 아니라 설탕 회사들의 조직도 그러한 변혁을 이끌었다. 경제사가 앨런 다이Alan Dye는 "대부분의 경우에 제2차 산업혁명의 기술적 변화와 이에 부수하는 관리 혁명의 조직적 혁신에 영향을 받은 산업은 주로 유럽과 미국에 집중되었다. 그렇지 않은 유일한 것은 설탕 산업이었다."[330]고 썼다. 시장은 귀족과 부르주아를 넘어 확대되었고 대도시에서 읍과 촌락으로 퍼져 나갔다. 영국에서는 심지어 하인도 매주 설탕 수당을 지급받았다.[331] 영국 해군의 억눌린 병사들도 럼주를 넉넉하게 보급 받았다. 애덤 스미스가 알아보았듯이, 설탕은 노예노동에 의존했을 때에도 대중 시장에 점점 더 가까이 다가간 자본주의적 사업이었다.

자본주의와 노예제는 서로 협력 관계에 있었다. 매우 자본주의적인 많은 농장주가 노예에 가장 많이 투자했다.[332] 그러나 설탕 플랜테이션 농장은 잡종으로 드러났다. 쿠바의 설탕 플랜테이션 농장은 영국에서 열차가 처음 대중적으로 이용된 지 13년이 지나지 않아 철도를 이용하여 설탕을 운송했다. 증기력에 이어 전기를 동력으로 쓰는 기계들이 계속해서 규모를 늘려 가는 시골의 설탕 공장으로 팔려 나갔다.

농장주들은 기술의 혁신을 환영하면서도 자유로운 노동의 세계에 곧바로 뛰어들기를 원하지는 않았다. 재배자들이 노예제 폐지에 대응하는 한 가지 방식은 아메리카 전역에서 해방 노예들을 몇 년간 '계시살이'를 시켜 농장주들에게 이행을 늦춰 주는(노동자들에게는 이행을 연장시키는) 것이었다. 19세기 전반기 대서양 노예무역이 끝나면서 식민 국가들은 형식적으로는 자유롭지만 대개 노예 계약으로 묶여 있는 사람들이 한 식민지에서 (대양을 건너) 다른 식민지로 이동하는 것을 장려했다. 중국인과 태평양 섬(피지와 오스트레일리아) 주민들은 물론 멕시코(쿠바)에서 수입된 아메리카 토착민Amerindians과 인도에서 유입된 이민자들도 이전에 아프리카에서 들어온 노동력을 어느 정도 대신했다.

몇 가지 매우 중요한 변화는 가장 성공적인 설탕 생산자들에게도 노예제의 소멸이 명백해졌던 19세기 마지막 몇십 년간에 찾아왔다. 진공 접시를 쓰는 원심 처리 공정으로 당밀에서 결정체를 분리하는 거대한 원심 분리 공장들이 설치되었다. 이 공장들은 처리 속도를 크게 높였으며 보일러와 원심분리기가 최대 출력으로 계속 작동하기에 충분한 사탕수수가 공급되기만 하면 생각지도 못했던 규모의 경제를 가능하게 했다. 새로운 기계는 농장의 수확과 공장의 처리 공정 사이에 더 긴밀한 협력 작용이 이루어질 것을 요구했다.

쿠바에서 기술혁신은 독립을 지지한 10년 전쟁(1868~1878)으로 초래된 소규모 공장들의 파멸과 19세기 중반 대서양 횡단 노예무역의 종결이 결합하여 거대한 공장-플랜테이션 농장 복합체의 확립을 낳았다. 이 복합체는 엄밀히 말해서 농업 기업도 공장도 아니었고, 오히려 사회학자 페르난도 오르티스Fernando Ortiz의 말을 빌리면 복잡한 "설탕 생산을 위한 토지와 기계, 운수업, 기술자, 노동자, 자본의 체계로서, 도시나 자치단체처럼 활력 있고 복잡한 완전한 사회 유기체이거나 봉신과 소작농, 농노의 봉토를 갖춘 남작의 영지다."[333]

미국의 투자가 늘어나고 있기는 했지만, 1898년 공식적인 식민주의가 끝날 때까지 이 복합체들에 자금을 공급한 것은 대체로 에스파냐인이었다. 그 다음 신식민지적 종속 시기에 미국의 거대 설탕 기업들이 대규모 원심 분리 공장들을 세웠다. 이 공장들은 훨씬 더 적은 수의 노동자를 쓰면서 훨씬 더 많은 사탕수수를 훨씬 더 빠르게 처리했으며 더 많은 자당을 추출했다. 원심 분리 공장들은 더 효율적이었을 뿐만 아니라 지역적으로 소규모 설탕 농장들의 생산량에 대해 구매를 독점했다. 콜로노스colonos로 알려진 소규모 설탕 농장 차지농들은 경작에만 전념하여 수확한 사탕수수를 크게 개선된 철도를 통해 인근의 거대한 산업 지역으로 보내 처리되도록 했다. 미국인의 공장들은 그들이 토지 소유를 지배한 섬의 동쪽 끝으로 점차 이동했다. 콜로노스는 그들의 차지농이 되었다. 쿠바가 에스파냐로부터 독립하려고 벌인 1895~1898년 전쟁 이전에, 300만 에이커(약 1만 2140제곱킬로미터)에 약간 못 미치는 설탕 재배지는 평균해서 각각 겨우 30에이커(약 12만 1400제곱미터)에 불과한 9만 1000개의 농장으로 분할되었다. 이후 토지는 너무 심하게 집중되어서 1920년대가 되면 180개의 거대 설탕 공장이 거의 2만 3000제곱킬로미터에 달하는 토지를 소유했다. 이는 쿠바 영토의 20퍼센트에 해당한다! 탐욕스러운 설탕 부문은 쿠바가 북아메리카의 군사력과 정치력에 굴복하면서 미국 자본에 좌우되었다. 이미 1896년에 쿠바 설탕의 약 4분의 3은 북쪽의 미국으로 갔다. 1913년 쿠바 설탕 수출의 약 80퍼센트가 북아메리카로 들어갔다.[334] 설탕 경제는 대부분 플랜테이션 농장뿐만 아니라 철도와 공익 시설 회사, 은행, 심지어 호텔까지도 양키들이 소유했다. 설탕은 외국인 소유의 엄청나게 큰 농장들, 즉 현대적인 농공업 공장들의 출현을 목도했다. 공장 소유주들은 공장 감독자요, 농장주였을 뿐만 아니라 법칙을 정하고 돈을 지급하며 주택 공급을 감독하는 사실상의 지배자였다.

———1904년 무렵 쿠바 아바나 인근의 설탕 공장. 쿠바의 설탕 거물들은 증기로 움직이는 자신들의 거대한 공장에 산업혁명의 최신 기술을 도입하고 광대한 플랜테이션 농장에서 사탕수수를 가져와 가공한 설탕을 세계로 수출한 효율적인 철도를 이용함으로써 전 세계 설탕 생산을 선도했다. 농장에 있던 이 공장들은 등이 휠 만큼 마체테 칼을 휘두르는 농촌 프롤레타리아의 고된 노동으로 움직였다. (Library of Congress)

1년에 한 번이나 기껏해야 두 번 수확하는 사탕수수의 식물학적 성격과 사탕수수를 수확한 지 하루나 이틀 안에 가공 처리하지 않으면 설탕 산출량이 급격하게 감소한다는 사실은 공장들이 현지에서 사탕수수를 가공 처리해야 함을 의미했다. 현지에서 철이 지났을 때 다른 곳에서 사탕수수를 수입할 수 없었던 것이다. 계절적 불안정은 비와 가뭄, 허리케인이 초래한 세계 설탕 가격의 주기적 변동으로 악화되었다. 게다가 이는 장기적인 가격 하락이라는 배경에서 일어난 일이었다. 설탕 가격은 1870년에서 1910년 사이에 절반으로 하락했고 제1차 세계대전 중에 급등했다가 1930년이면 다시 1870년 가격의 4분의 1로 떨어졌다.[335] 설탕 공장에는 너무 많은 자본이 투입되었기 때문에,

설탕 공장 복합체의 구성원들은 손실을 보충하기 위해 다른 작물로 전환할 수 없었다. 이들은 가공과 운송의 효율성을 개선할 수단을 찾아야 했고, 이는 더 많은 빚을 지고 외부 시장에 더 크게 의존하는 결과를 낳았다. 수출국들이 해외시장과 자본에 '종속'되어 있음을 강조한 몇몇 일차 문헌이 설탕에 초점을 맞추었고 이 시기에 출간된 것도 놀랍지 않다.[336]

쿠바와 정도는 덜하지만 도미니카 공화국 그리고 미국이 새로이 획득한 영토인 푸에르토리코는 20세기 전반기 카리브해의 성공담이었다. 유럽의 설탕 식민지였던 다른 곳은 침체하고 설탕 생산을 줄였던 반면, 쿠바의 생산량은 1904년에서 1914년 사이에만 2.5배로 증가했다. 대공황의 타격을 입은 후로는 급격하게 줄어들지만, 1929년이면 생산량은 다시 두 배로 늘었다.[337]

생산비를 낮추고 북아메리카와 서유럽의 빠르게 성장하는 시장에 응대하는 해법은 더 좋은 기계만은 아니었다. 농업경제학도 기여를 했다. 쿠바와 자바, 영국의 실험 연구소에서 '고급화nobilzation'가 진척되어, 자당 함유량이 더 높고 질병에 더 강하며 여러 기후에서 잘 자라고 수확하기가 더 쉬운 새로운 사탕수수 품종이 등장했다.

에스파냐어권 카리브해 지역에서 설탕 식재와 가공이 강화되고 확대된 데 더하여, 인도양의 식민지 체제들도 새로운 지역의 사탕수수 재배를 격려했다. 증기와 수에즈 운하의 개통으로 더 믿을 만하고 더 큰 선박들이 운행하면서 인도양의 설탕처럼 저렴한 비포장 상품이 유럽 시장에서 카리브해 생산품과 경쟁할 수 있었다.

네덜란드는 1870년대와 1880년대에 잎녹병Hemileia vastatrix으로 자바섬의 커피 경제가 유린되자 설탕으로 관심을 돌렸다. 대공황으로, 그리고 인도에서 영국 설탕 수입 관세가 변하면서 수출이 급격하게 감소하기는 했지만, 1920년대가 되면 자바섬은 세계에서 두 번째로 중요한 설탕 수출국이 되었다. 자바섬 설탕의 성공은 카리브해 지역의 성공과는 매우 다른 체제에서 이루어졌다. 늘어나는 주민들은 인류학자 클리퍼드 기어츠Clifford Geertz가 '농업의 퇴화 agricultural involution'라고 부른 것을 이용하여 '최소 수준'의 식량을 유지하고자 설탕과 계단식 논에 점점 더 많은 노동력을 투입했다.[338] 기어츠는 이것이 식

민지적 관계를 뛰어넘는다고 보았다.[339]

　　[네덜란드 동인도] 회사 시절에도 전체적이고 분석적인 의미에서 네덜란드 동인도 경제는 정말로 존재하지 않았다. 분명코 고도로 자율적인 바로 그만큼의 네덜란드 경제의 가지가 있었을 뿐이다. 그 가지는 동인도제도(때로는 '열대의 네덜란드tropical Holland'로 불렀다.)에 있었고 자율적인 인도네시아 경제도 이와 마주하고 있었다.

　　동양의 다른 곳에서는 영국이 태평양의 섬들에서 오스트레일리아 퀸즐랜드까지 자국의 자본과 노동자를 사용했다. 18세기 말에 토착민인 애버리지니에게서 그 대륙의 통제권을 빼앗은 백인 정착민들과 영국 자본은 19세기 중반에 설탕 산업을 시작했다. 이 초기 노동자들이 어느 정도까지 자원자들이고 '납치된 자들'인지 논란이 되었으나, 이들이 노예계약 노동자였다는 점은 분명해 보인다. 그렇지만 인종차별주의와 폭넓은 제국적 목적이 곧 오스트레일리아 설탕 산업의 형태를 바꾸었다. 퀸즐랜드는 외국 자본과 갈색인종 노동자를 쓰는 전형적인 플랜테이션 농장보다는 소규모 백인 농민의 세계를 추구했기에 먼저 두 개의 설탕 공장을 후원하여 기존의 큰 정제 회사들의 수요 독점에 맞서 싸우도록 했다. 1887년 오스트레일리아인 소유로 예정된 회사인 식민지 제당 회사CSR로 제당업의 통합이 시작되었다. 이 회사는 (갈색인종의) 노예계약 노동을 종식시키려는 노동법을 지지했다. 그리고 1893년의 입법으로 소농들이 관리하는 원심 분리 공장을 설립했다. 엄밀한 경제적 자유무역의 셈법에 따르면 오스트레일리아인들은 경쟁력이 없었지만, 런던의 영연방 지도자들은 관세와 보조금을 통해 백인 오스트레일리아인들을 보호하기로 결정했다. 주 정부와 식민지 제당 회사의 관리를 통해 근대의 사탕수수 품종과 선진 기술에 투자한 결과로 1870년에서 1910년 사이 오스트레일리아 설탕 생산은 일흔 배로 증가했다.[340]

　　1874년에 영국의 식민지가 된 피지의 설탕 산업 경험은 오스트레일리아의 경험과 대조된다. 피지에는 상당한 규모의 토착민이 있었지만 식민지 시대에 주변으로 밀려났다. 설탕 산업은 영국 자본과 오스트레일리아 자본이 영국 식민지인 인도에서 온 노동력을 이용하여 관리했다. 실제로 적어도 수출을 지배한 것이 설탕 부문인 한 피지는 오스트레일리아의 식민지였다는 주장이 제기되어 왔다. 오스트레일리아에서 소농을 지원하고 국내에 투자하는 정책을 세웠던 바로 그 식민지 제당 회사가 피지도 통제했는데, 피지에서는 보잘것없는 급여를 받는 인도인 노예계약 노동자들을 고용했다. 이윤은 피지에 재투자되지 않고 오스트레일리아로 송금되었다. 마찬가지로 오스트레일리아 은행들도 피지를 지배했는데, 오스트레일리아에서는 개발을 지원했지만 피지에서는 그렇게 하지 않고 이윤을 오스트레일리아로 되돌려 보냈다.[341] 이것은 영국 식민지 정책 속의 큰 차이를 강조한다. 이 차이는 부분적으로는 비교의 성격으로 설명할 수 있다. 일례로 한 가지 작물이 지배적이고 경제활동이 거의 없는 작은 섬 대 다양함을 지닌 광대한 대륙을 들 수 있다. 설탕 재배 섬들이 브라질이나 오스트레일리아처럼 단일경작에 매이지 않은 대륙의 설탕 생산 공간들만큼 발전할 수는 없었다.

그러나 피지(또는 모리셔스나 바베이도스, 자메이카)와 오스트레일리아 사이의 뚜렷한 차이는 열대 식민지와 온대 식민지의 상이한 정책과 경제적 유형을 반영하기도 한다. 온대기후 식민지(오스트레일리아나 뉴질랜드, 초기 미국과 캐나다의 경우처럼 현지의 토착민이 충분히 주변으로 밀려났을 때는 정착민 식민지요, 백인 식민지로 생각되었다.)는 현지의 자율성을 더 많이 보장받았고 유럽의 투자는 훨씬 더 많이 받았다.[342] 아프리카 남단의 정착민 식민지로 위요지와 같은 사례는 나탈이었는데, 백인들이 아프리카 토착민을 몰아내고 인도인 쿨리들을 계약으로 데려왔다.(임금이 너무 적어서 남아프리카의 흑인들은 관심이 없었다.) 오스트레일리아에서처럼 이곳에서도 19세기 말에 원심 분리 공장이 도입되었고, 노예계약 노동이 점차 폐지되었으며 플랜테이션 농장이 소규모 보유지로 대체되었다.

타이완에는 다른 형태의 설탕 식민주의가 나타나 특히 일본인 식민지 지배자들의 감독을 받으며 설탕 생산이 시작되었다. 타이완은 18세기 초 설탕 호황기에 번창했지만, 가족 경영 농장과 작은 공장은 외국의 발전한 생산을 따라잡기가 어려웠다. 1895년 일본이 섬을 점령한 후, 타이완 경제는 여전히 농업경제였다. 농업을 지배한 것은 여전히 가족이었으나, 설탕 가공 처리는 근대화했다. 일본의 복합기업들은 발전된 큰 공장을 세웠고 몇몇 설탕 재배지를 획득했다. 쿠바에서 그랬듯이 일본인 공장들은 토착민이 소유한 설탕 농장을 통제했다. 설탕은 국제 무대에서 경쟁할 수는 없었지만 한 번 더 타이완의 주요 수출품이 되었다. 보호를 받는 일본 시장 안에서는 무관세로 판매되었기 때문이었다.[343]

하와이의 미국 설탕 식민주의도 비슷했다. 사탕수수는 18세기 말에 제임스 쿡 대령이 도착하기 이전에 이미 재배되고 있었지만, 사람들은 사탕수수를 설탕으로 만들기보다는 씹어서 즙을 먹었다. 설탕의 생산과 수출은 북아메리카의 선교사들이 정착하면서 증가했다. 이들은 치명적인 질병을 들여왔기에 하와이 토착민 인구 감소의 원인이 되기도 했다. 토착민을 대신하여 포르투갈인과 푸에르토리코인은 물론 4만 6000명의 중국인과 18만 명의 일본인, 12만 6000명의 필리핀인이 들어왔는데, 대체로 '준군사적 노동계약'에 매인 반강제 노동자들이었다.[344] 미국이 1893년에 빼앗아 5년 뒤에 병합한 하와이는 스프레컬스 슈가 컴퍼니Spreckels Sugar Company와 돌 파인애플Dole Pineapple 같은 큰 회사들이 미국 보호무역 관세의 보호를 받아 하와이 제도와 미국을 더욱 긴밀히 연결하면서 설탕과 파인애플의 중요한 공급지가 되었다.[345] 이 회사들은 작물을 재배하고 가공했을 뿐만 아니라 상표를 붙여 도매로 판매했다.

카리브해 지역에서 영국과 프랑스, 네덜란드, 덴마크(1917년 미국이 버진아일랜드를 매입할 때까지), 에스파냐(1918년까지)의 식민지들, 그리고 브라질 같은 설탕 재배 독립국들은 설탕 수출이 급격하게 감소하고 수출이 특히 커피와 카카오, 바나나 같은 다른 작물로 다양해지는 것을 보았다. 세계 최고의 사탕수수 생산국이 된 쿠바, 정도는 덜하지만 푸에르토리코와 도미니카 공화국을 제외하면, 신세계의 사탕수수 재배자들은 식민지 모국이든 국내시장이든 내부로 방향을 돌렸다.

독립국 브라질은 노예제 폐지 이후 막 성장에 들어선 국내의 설탕 시장과 카샤사cachaça(사탕수수 술) 시장으로 눈을 돌렸다. 브라질의 역사 서술은 북동부가 이민자들을 끌어들이는 데 실패하고 1888년 이후 아프리카인이나 아시아인이 노동자로 들어오는 것을 거부하면서(1920년대에 상파울루주에 많이 들어온 일본인은 예외였지만 이들은 설탕이 아니라 커피 부문에서 일했다.) 설탕 산업이 몰락한 것을 애석해한다. "변화 없는 근대화"는 설탕 부문의 추정상의 후진성을 연구한 유명한 책의 부제다. 그러나 이것은 설탕을 오로지 수출품으로만 보았다. 사실상 새로운 철도와 원심 분리 공장(우시나스usinas)의 건설 덕분에 브라질은 노예제 폐지 이후로도 세계의 주요 설탕 생산국으로 남을 수 있었다. 1945년 브라질은 120만 톤을 생산하여 아메리카에서는 쿠바에만 뒤졌고 전 세계에서는 자바섬과 사탕무 생산국인 독일과 러시아에만 뒤졌다.[346] 그러나 이러한 위업은 큰 주목을 받지 못했다. 설탕이 수출되지 않고 국내에서 소비되었기 때문이다.

멕시코도 생산한 설탕이 계속 국내시장에 머물면서 유사한 경로를 따랐다. 국내시장은 보호를 받아 지역의 엘리트에게 이익을 가져다주었다. 설탕 생산자들은 대체로 토착민인 멕시코 중부의 가난한 사람들이 제공한 국내 노동력에 의존했다. 노동력이 귀해지거나 노동력을 다루기가 어려워지면서 기계화와 합리화 형태의 자본이 특히 사탕수수의 가공 처리와 운송에서 노동력을 줄였다. 멕시코와 브라질의 설탕 생산 지역은 정치적 선동의 온상이 된다. 1911년 에밀리아노 사파타는 멕시코시티 바로 남쪽에 붙은 모렐로스주에서 설탕 플랜테이션 농장이 확대되는 데 분노한 혁명적 농민을 이끌었다. 브라질 북동부에서는 1960년대에 들어선 후에야 선동이 나타났다. 물론 설탕으로 촉발되어 세계를 뒤흔들게 되는 혁명은 1959년 피델 카스트로Fidel Castro를 쿠바의 권좌에 올려놓았다.

페루 해안의 수출 지향적인 거대 설탕 플랜테이션 농장들은 약 10만 명에 달하는 중국인 계약 노동자에게 주로 의존했다. 이들은 19세기 중반부터 1874년까지 가혹하고 강압적인 조건에서 일했다. 거의 전부 남성이었던 이 쿨리들은 노동력 수요를 충족할 정도로 확대되지는 않았다. 안데스산맥의 토착민 노동자들이 차츰 엔간체enganche(낚시) 방식에 낚여 설탕 농장에서 일했다.

이 방식에서 토착민 노동자들은 청부업자에 의해 자신들의 공동체에서 말 그대로 잡혀 왔다. 그러나 이들은 좋은 대우를 받지 못했고 산악 지대에 작은 농장들을 계속 갖고 있었기 때문에 대개는 다소 믿을 수 없는 계절노동자였다. 비록 인구 팽창과 욕심 많은 아센다도스, 전쟁으로 산악 지대 농민들의 자율성이 줄어들었지만, 이들은 카리브해 지역의 콜로노스와는 달리 프롤레타리아가 아니었다. 토착민 노동자들과 사라진 쿨리 노동자들을 보충하기 위해 페루 정부는 1898년 일본의 이민 회사와 계약을 체결했다. 이 회사와 일본 공사관의 보호를 받아 1만 7700명의 일본인 노동자가 1923년에 페루에 도착하여 중국인 쿨리나 페루 토착민보다 더 나은 대우를 받으며 설탕 부문에서 일했다.[347]

　1876년 철도로 부에노스아이레스와 연결되고 높은 관세로 보호를 받았던 아르헨티나 내륙의 투쿠만주가 국내시장에 설탕을 공급했고 일부를 수출하기도 했다. 다른 설탕 경제에서는 대체로 아프리카나 인도, 중국 출신의 노동자들을 썼지만, 아르헨티나는 페루와 멕시코를 모방하여 안데스산맥 토착민의 채무노예 노동에 의존했다. 이것은 에스파냐 식민지 시절 노동 제도의 유물을 새로운 생산물에 적용한 것이다. 이 제도는 충분히 성공적이어서 아르헨티나는 이웃 나라들에 설탕을 수출하기 시작했다. 그러나 투쿠만 지역은 여전히 그 나라의 가장 빈곤한 주에 속했다.[348] 아르헨티나 내륙에서 설탕이 성공한 것은 정부의 철도 정책과 관세 정책이 바다와 단절된 북서 지방의 엘리트들을 도왔다는 의미에서 국가 개발계획의 결과였다. 그러나 이러한 조치는 노동자들에게는 별다른 도움이 되지 않았다.

　설탕 정책에서 미국 남부는 아르헨티나를 닮았다. 예를 들어 루이지애나의 설탕 농장주들은 원래 루이지애나가 프랑스 영토였을 때 수출을 목적으로 설탕을 생산했다. 그러다가 남북전쟁이 일어나기 한참 전에 프랑스가 그 식민지를 매각한 후 미국 국내시장으로 방향을 돌렸다. 남북전쟁은 생명과 재산을 크게 파괴했고, 이어 노예해방선언으로 설탕 부문에서 20만 명이 넘는 노예가 자유를 찾았는데 그 상당수는 소작인이 되었다. 남부의 사탕수수 생산은 수입관세와 보조금으로 보호를 받았어도 1959년 쿠바 혁명과 뒤이은

금수 조치 전까지는 크게 성장하지 않았다.[349]

사탕무

세계 설탕 산업은 19세기에 온대기후에서 자라는 사탕무Beta vulgaris의 발전과 더불어 무역의 큰 변화를 겪었다. 앞서 경질섬유의 사례에서 보았듯이, 새로운 원료나 새로운 품종, 화학적으로 합성된 대용물을 발견하여 이미 성공한 상품을 대체하는 것은 19세기 말과 20세기 세계경제의 공통된 특징이었다. 설탕의 경우, 하찮은 덩이줄기였던 사탕무가 세계적인 감미료로서 사탕수수의 지위에 도전하게 되었다. 이는 독일 과학(화학, 농학, 공학)을 경제 문제에 응용한 중요한 사례였을 뿐이다. 열대 식민지나 좋은 수출품이 없었던 독일은 자립의 성향을 보여 질산염, 코치닐(카민)과 인디고 같은 염료, 고무, 설탕의 세계시장에 큰 영향을 미치게 된다. 이것은 독일의 훌륭한 화학과 수준 높은 연구실, 대학의 결과였을 뿐만 아니라(화학은 18세기 이후로 인기 있는 학문이었다.) 세계경제가 초래한 필연적 결과이기도 했다. 독일의 모직물은 오스트레일리아의 모직물과 경쟁할 수 없었고, 독일의 아마와 대마는 멕시코의 에네켄과 아프리카의 사이잘삼, 인도의 황마에 패배했으며, 식물성 기름은 바셀린이나 열대지방의 야자와 콩, 땅콩기름을 사용한 마가린과 겨룰 수 없었다. 이에 대한 대응은 농업에서 종자와 모종, 비료를 개량하고 화학적 대용물이나 합성물을 만들어 내는 것이었다. 독일의 수출은 계속해서 주로 유럽을 향했으나(이제 수입품은 신유럽과 열대지방에서 들어오는 경향을 보였다.) 독일 수출품의 구성은 원료에서 완제품과 반제품으로 변했다.[350] 독일이 그렇게 성공할 수 있었기에 독일어 에어자츠ersatz(대용물)는 영어 어휘가 되었다.

독일 과학자 안드레아스 마르그라프Andreas Marggraf는 1747년 최초로 사탕무에서 설탕을 추출했다. 50년이 지난 후 연구의 성과로 프로이센과 러시아, 오스트리아-헝가리에 최초의 사탕무 공장이 설립되었다. 그러나 더 많은 사탕무 공장이 문을 열도록 했던 것은 1806년 나폴레옹의 프랑스가 영국을 봉쇄해 사탕수수 설탕의 가격을 치솟게 만든 것이었다. 프랑스 같은 식민 강국들은 1815년 봉쇄가 해제되자 사탕수수 설탕과 관련된 일을 재개했지만, 중부 유럽과 러시아는 계속해서 사탕무에 희망을 걸었다. 이들은 새로운 사탕무 품종을 만들었고 가공 기술을 개발해 자당 함량을 19세기 초의 7퍼센트에서 1870년대에 8퍼센트로, 1889년에 11.9퍼센트까지 끌어올렸다.[351] 1840년대부터 원심 분리를 통한 새로운 추출법이 등장하고 공장이 근대적 공장으로 바뀌면서 크기가 확대되어 사탕무 설탕 생산이 증가했다.

그러나 이것은 사탕무 자체의 농학과 기술에 관한 이야기로 그치지 않는다. 사탕무는 가난한 농촌의 농장 복합체에서 중요한 자리를 차지하여 그 경제적 생존을 가능하게 했다. 감자처럼 사탕무도 온화한 기후는 물론 추운 기후에서도 자랐다. 사탕무는 조밀하게 식재했기에 토지나 자본 투입이 많이 필요하지 않았다. 사탕무를 재배하는 데는 괭이만 있으면 충분했다. 사탕무는 양으로 보아 최고의 소출을 내는 밭작물이었기에 부수적 이익을 가져왔다. 자당을 추출하고 난 뒤 남은 사탕무의 덩어리는 물론 잎사귀도 가축의 먹이로 쓰였고, 가축의 분뇨는 다시 사탕무의 거름이 되었다. 사탕무는 빨리 성장했고 토양에 질소를 보충했다. 따라서 사탕무는 곡물 같은 다른 작물과 경쟁한 것이 아니라 그것을 보완했다. 밭을 묵히는 대신 돌려짓기의 한 단계를 차지했던 것이다.[352] 노동력 수요는 시간에 특별히 민감하지 않았다. 다 자란 사탕무는 농민이 캐낼 준비가 될 때까지 밭에 내버려 두어도 괜찮았기 때문이다. 그래서 사탕수수 설탕(외국인의 소유, 강압적인 노동 체제, 토지와 이윤의 집중, 공업적 가공 공장, 노동자의 수입을 조장한 이국의 산물)과는 현저히 다르게 사탕무 설탕은 좀 더 자비로울 수 있었다.(물론 20세기에 사탕무 설탕을 만들기 위해 수많은 폴란드인이 작센으로, 멕시코인은 미국 중서부로 가야 했다.)

반면 사탕무 재배의 이점은 규모의 경제나 범위의 경제는 거의 제공하지 못했다.(이를테면 사탕무는 알코올을 만드는 데 쓸 수 없었다.) 그 결과, 사탕무는 호황기에 농민을 몰아내지 않았다는 점에서 사회적으로나 정치적으로 매력적이었다. 다른 한편으로 작센의 프로이센 융커 지주들은 봉건적인 농업 유산을 근대적 공업과 결합했다. 이들은 광대한 토지를 보유했는데 최신 분쇄기와 설탕 공장에 투자하면서 그 토지를 사탕무 재배에 이용했다.[353] 산출의 증가는 더 많은 노동자를 요구했고, 노동자들은 이제 현물이나 용익권이 아니라 임금을 받았다. 1913년 이주 노동자가 40만 명에 이르렀는데, 대부분은 폴란드에서 왔다. 사탕무는 국가와 농업 엘리트들의 관계를 뒤집었다. 융커가 국가를 지배하는 것이 아니라 국가가 농업 융커를 지원했다. 융커를 보호하기 위해 수입 설탕에 높은 관세를 매겼으며, 수지 흑자를 촉진하기 위해 수출품에도 많은 보조금을 지급했다. 결과적으로 독일의 소비자는 설탕에 국제시장의 가격보다 높은 값을 지불했고, 반면 영국의 소비자는 독일 정부의 보조금을 받는 설탕을 맛보는 특별한 즐거움을 누렸다. 사탕무 재배자, 더 중요하게는 정제업자를 보호하기 위해 독일 정부는 사카린(1878년 독일의 어느 화학자가 콜타르에서 처음 합성한 설탕 대용물로 사탕무 설탕보다 저렴했다.)을 제약업으로 내쫓아 식품 성분이 아니라 의약품이 되게 했다.[354]

사탕무는 너무 비싸서 사탕수수와 가격경쟁을 할 수 없었기에 정부의 보호가 필요했다. 그러나 프로이센(1871년 통일 이후 독일)과 오스트리아-헝가리, 러시아 정부는 재배와 수출을 촉진하기 위해 보조금을 지급했다. 이는 산업화와 무역수지 흑자를 촉진하기 위한 국가 주도의 노력으로 그치지 않았다. 농민을 보호하는 것은 정치적으로도 현명한 처사였다. 독일의 농민은 여러 차례 반란의 능력과 성향을 보여 주었기 때문이다. 러시아에서, 그리고 아르헨티나와 미국 중서부 같은 '텅 빈 땅'에서 값싼 밀의 생산이 확대되어 메마른 땅에서 밀을 생산하는 독일 농민들을 파산하게 했을 때, 이는 각별히 민감한 문제였다. 바로 그 메마른 땅에서 사탕무를 키웠다. 19세기 말, 프랑스와 네덜란드, 벨기에, 스칸디나비아의 일부, 에스파냐에서도 정부 보조금과 소농 농업으로 사탕무 설탕이 생산되었다.[355] 사탕무 설탕은 사탕수수처럼 식민지나 신식민지의 작물이 아니라 국내 작물이었지만 순수한 시장의 힘이 낳은 결과물이 아니라 국가의 감독과 지원이 만들어 낸 생산물이었다.

사탕무 생산은 부하린이 말한 이른바 '국가자본주의'에 깊이 뿌리박고 있었다. 수많은 다른 상품들과 마찬가지로 중앙정부는 거대 은행과 상사와 협력하여 설탕 정제 부문을 과점하는 카르텔을 만들었다. 사탕무 재배도 처음에는 몇몇 나라에 집중되었다. 독일은 1878년 세계 총 생산량의 3분이 1 이상을 생산했고, 오스트리아와 프랑스, 러시아와 함께 세계 사탕무 설탕 생산량의 86퍼센트를 채웠다. 러시아와 프랑스는 자국 설탕을 주로 소비하는 데 썼던 반면, 독일과 오스트리아는 생산량의 절반 이상을 대체로 이웃의 유럽 국가들로 수출했다.[356]

미국의 중서부와 서부에서는 정부의 보호관세가 사탕무 생산을 촉진했다. 그러나 영국처럼 미국도 여전히 세계 최대의 설탕 수입국이었다. 1896년에 미국의 설탕 생산은 (기타 잡다한 것을 포함해) 전체 농경지의 2퍼센트 미만인 360만 에이커(약 1만 4570제곱킬로미터)를 차지했고 가치로 보아 농업 생산에서도 비슷한 몫을 가져왔다. 설탕은 면적당 수익에서 곡물이나 면화, 감자보다 훨씬 더 유리하다고 추산되었는데도 작은 부분에 머물렀다. 설탕보다 뒤처진 것은 오직 담배뿐이었다. 더 많은 농민이 설탕 생산에 종사하지 않은 이유는 저렴한 노동력이 충분하거나 정치적인 보호가 필요했기 때문이었다. 그래서 미국은 대체로 사탕수수 설탕을 특히 하와이와 푸에르토리코, 필리핀, 쿠바 같은 식민지나 준식민지 지역에서 수입했다. 그러나 20세기에 들어서면서 정부가 충분히 보호해 주자 사탕무 산업이 주로 캘리포니아와 콜로라도, 유타, 미시간에 안착했다. 제1차 세계대전과 내전으로 러시아 사탕무 산업은 파괴되었고 오스트리아와 독일의 사탕무 산업은 손상되었으며 전 세계 사탕무 생산은 절반으로 감소했다. 그런 뒤인 1920년이면 미국은 잠시나마 선도적인 사탕무 설탕 생산국이 되었다.[357] 식민지의 경쟁자들을 피하려 했던 미국의 사탕무 재배자들은 미국 식민지 건설에 반대하는 투쟁에 큰 목소리를 냈다.

설탕 시장

1840년 이후 100년간 설탕 생산은 비록 더디기는 했어도 꾸준히 증가했다.(표 4.11 참조) 이 자료는 실제보다 더 동질적이고 획일적인 시장을 보여 준다. 차이는 사탕수수 생산자와 사탕무 생산자 사이뿐만 아니라 국가와 식민지들의 과세 제도 사이에도 드러난다. 영국에서는 그 시점의 자유무역 신조에 충실하게도 설탕 가격이 보호무역주의를 채택한 독일과 오스트리아, 미국의 거의 절반에 가까웠다.(표 4.12 참조)

세계의 설탕 생산이 식민지 제국이나 신식민지 제국(사탕수수)과 정부가

표 4.11 세계의 사탕수수 설탕과 사탕무 설탕의 생산 추정치, 1841~1949년(단위: 톤)

연도	사탕수수	사탕무	합계
1841	829,000	50,929	879,929
1850	1,043,000	159,435	1,202,435
1860	1,376,000	351,602	1,727,602
1870	1,662,000	939,096	2,601,096
1880	1,883,000	1,857,210	3,740,210
1890	2,597,000	3,697,800	6,294,800
1900	5,252,987	6,005,865	11,258,855
1910	8,155,837	8,667,980	16,823,817
1913	9,661,165	9,053,561	18,714,726
1920	11,924,813	4,906,266	16,831,079
1925	15,140,542	8,617,960	23,758,502
1930	15,942,438	11,910,883	27,853,321
1935	16,598,262	10,430,394	27,028,656
1940	19,255,041	11,242,422	30,499,463

출처: Noël Deerr, *The History of Sugar*, 2 vols. (London: Chapman and Hall, 1950), 2:490–491.

표 4.12 설탕 수입 가격지수, 1888년

영국	독일	오스트리아	스웨덴	벨기에	미국
100	176	170	123	123	170

출처: Calculated from Michael G. Mulhall, *The Dictionary of Statistics*, 4th ed. (London: G. Routledge and Sons, 1899), 470.
주: 가격지수는 톤당 17파운드 스털링, 11펜스를 100으로 한다.

지원하는 국내 생산 체제(사탕무) 사이로 분할되었음을 생각할 때, 세계 설탕 시장이 분할되고 통제되었다는 사실에 놀랄 필요가 없다. 개별 기업이 아니라 각국 정부가 선수였다. 국제적 전쟁과 혁명, 내전이 생산에 변동을 가져왔다. 영국이 설탕 관세를 낮추고 식민지 특혜를 축소함으로써 세계 설탕 시장을 개방하려고 노력했지만, 다른 주요 소비국들은 영국의 선례를 따르지 않았다. 이 나라들의 강력한 정부 존재감과 상충하는 이해관계는 1870년 이후 열린 수많은 국제 설탕 회의에서 명백히 드러났다. 설탕은 각국 정부 정책과 식민지 정부 정책에 매우 중요했고 세계 설탕 가격은 급격히 하락하고 있었기 때문에, 유럽의 주요 생산국과 식민 강국 들(오스트리아·헝가리, 벨기에, 프랑스, 독일, 네덜란드, 이탈리아, 러시아, 에스파냐)이 세계 설탕 시장을 조종하려 했던 것은 당연해 보인다. 비유럽권에서 유일한 예외는 페루였다. 페루는 1860년에서 1912년 사이에 열린 열 번의 국제회의에 세 번 대표를 파견했다.[358]

이 나라들은 보조금과 관세, 국가별 카르텔에 관한 차이를 해결하려 했지만 1902년 브뤼셀 설탕 회의 전까지는 계속 실패하여 좌절했다. 문제는 설탕이 귀중한 상품이고 국제적으로 가장 많이 거래되는 가치 있는 재화였는데도, 역사가 오라티오 크레스포Horatio Crespo가 말했듯이 단위면적당 생산하는 칼로리가 많았기 때문에 "국가적 자급자족의 전략에 매우 민감한" 식품의 하나였다는 사실에 있었다.[359] 독일과 오스트리아에서는 카르텔이 국내 경제를 지배했고 다른 곳에서는 트러스트가 지배했다. 다른 생산국들은 식민지 설탕과 정부의 지원을 받는 유럽 대륙 설탕이 경쟁하는 유일한 자유시장인 영국 시장에 진입하려고 수출 보조금을 제공했다. 브뤼셀 협정조차도 겨우 몇 년만 유효했다. 1905년 영국에서는 자유당이 집권하면서 협약으로 초래된 높은 가격에 반대하여 협정에서 이탈했다.

제1차 세계대전이 유럽의 사탕무 재배 국가들을 파괴한 결과로 세계시장은 눈부시게 변했다. 사탕수수 재배 국가들, 특히 쿠바는 과거의 지배력을 되찾았고 이제 회담에 끼워 줘야 했다. 그러나 비유럽권 세계가 더 큰 대표성을 얻기는 했어도 모든 주요 설탕 생산국에 참여를 설득하기는 어려웠다. 1931년 국제연맹의 지원으로 주요 사탕무 생산국들은 물론 쿠바와 페루, 자바섬까지 포괄하려는 노력이 경주되었지만, 이는 생산량 할당에 동의하지 않는 나라들이 생산고를 늘리면서 실패로 돌아갔다. 성공 가능성이 좀 더 컸던 1937년 런던 협정은 이전 회의에 참여한 국가들은 물론 영국과 미국 같은 주요 소비국, 그리고 진정한 세계적 논의를 반영하여 중국과 인도, 소련, 남아프리카까지 포함했다. 그러나 이 협정은 발효되지 않은 채 시간을 보내다 제2차 세계대전이 발발하여 중단되었다. 설탕은 전후 시대에도 정치적으로 민감한 상품으로 남았지만, 국제적인 주요 상품이라는 역할은 광물 상품과 공업 완제품이 지배적인 위치에 오르면서 축소되었다.

표 4.11이 보여 주듯이 사탕수수가 전체 설탕에서 차지하는 몫은 1870년에 64퍼센트였던 것이 1890년에 41퍼센트까지 하락했는데 1940년이면 전체 생산량의 4분의 3을 넘는 수준으로 회복되었다. 부분적인 이유는 전쟁으로 사탕무 설탕 공장이 파괴되고 농민들이 쫓겨났기 때문이다. 그리고 설탕이 전시 소비의 전략적 상품으로 인식되면서 국가 정책도 변했다. 영국과 미국 두 나라 모두 보호관세와 보조금 제공으로 제1차 세계대전에 대응했다. 전쟁과 대공항에 난타당한 다른 생산국들은 설탕 생산을 급격하게 줄였다. 그 결과 세계 설탕 시장은 1930년에서 1942년 사이에 정체했지만, 영어권의 두 제국이 차지한 상대적인 세계적 지위는 올라갔다. 영국과 아일랜드, 영연방 생산국들은 전부 합하여 1942년에 전 세계 생산량의 12퍼센트를 차지했다. 미국은 하와이와 푸에르토리코, 필리핀(1898년 이후 미국의 지배를 받았다.)의 보호령이나 식민지와 합하면 전 세계 총 생산량의 13퍼센트 내지 14퍼센트를 차지했다. 여기에 북아메리카 시장 진입의 특혜를 받았던 쿠바를 더하면(쿠바는 영국 식민지 전체나 미국과 그 보호령보다 더 많은 양을 공급했다.) 미국의 영역은 1930년에는 전 세계 설탕의 3분의 1에 가까운 양을, 1942년에는 4분의 1을 생산했다. 영국과 함께 두 영어권 제국은 지금 다루는 시기의 끝에 가면 세계 설탕의 약 40퍼센트를 공급했다.[360] 네덜란드가 자바섬에서 생산하는 양을 추가하면, 이 세 식민 강국의 설탕 생산량은 전 세계 총 생산량의 절반에 가까웠다.

낮은 비용으로 더 효율적으로 설탕을 생산하는 호황이 이어지면서 최대 소비국들에서 과점 현상이 나타났다. 세계경제에서 설탕은 무게와 정제 수준,

당도로 측정되는 진정한 상품이었지만, 원산지 표시나 원료가 사탕수수인지 사탕무인지에 관한 표시가 없었다. 소수의 큰 회사가 최대 시장의 최후 공정을 지배했다. 미국에서는 1887년 헨리 오즈번 헤이브마이어H. O. Havemeyer의 주관으로 여덟 개 제당 회사가 합병하여 미국 제당 회사American Sugar Refining Company를 만들었다. 1890년대 초 전성기에 그 회사는 미국의 제당을 90퍼센트 장악했다. 이 회사는 또한 정치적으로 영향력을 행사하여 세간의 소문에 따르면 대통령 선거에서, 또 쿠바를 둘러싸고 미국-에스파냐 전쟁을 유발하는 데 큰 역할을 했다. 다른 회사들이 생겨나 그 지배에 맞섰지만, 이 부문은 여전히 과점의 지배를 받았다. 캘리포니아·하와이 설탕C&H Sugar을 팔았던 하와이의 생산자 협동조합처럼 미국 제당 회사가 상표(도미노 슈거Domino Sugar)를 만들었고 스프레컬스 설탕 회사Spreckels Sugar Company도 상표를 만들었지만, 유럽 대륙의 주요 생산국들은 대체로 상표를 만들지 않았다. 아마도 유럽 대륙 사람들이 대형 소매점을 설치하거나 상표를 개발하는 데 더뎠기 때문일 것이다. 유럽 대륙에서 설탕은 최종 용도로 쓰는 생산물이라기보다는 재료이자 감미료였다.

상표가 없어도 설탕은 북아메리카와 서유럽, 비유럽 세계의 가장 부유한 나라들과 라틴아메리카 주요 수출국의 도시들에서 사람들의 일상생활에 안착했다. 설탕은 음료의 감미료(청량음료의 출현)와 마멀레이드뿐만 아니라 가공식품의 보존제와 향료로도 널리 퍼졌다. 앞에 언급한 나라들, 특히 미국이 식품 가공 분야에서 한참 나아갔기 때문에, 주로 그 나라들에서 설탕은 오늘날처럼 어디서나 볼 수 있었다. 설탕의 용도가 늘어남에 따라 연구자들은 영국 장인들의 일상적인 필수품을 연구할 때 설탕을 꼭 포함시켰다. 초콜릿에 관한 논의에서 보게 되겠지만, 사탕과 당밀은 아이들에게 영향력을 행사했다.[361] 표 4.13에 나타나 있듯이 부자 나라와 많은 설탕 소비량 사이에는 밀접한 관계가 있었다.[362]

지금까지 1870년 이후 세계 설탕 시장이 얼마나 극적으로 변했는지 살펴보았다. 새로운 품종과 다양한 재배 변종, 그리고 농학과 화학, 공학의 혁신은 남극대륙을 제외한 모든 대륙에 설탕 생산을 퍼뜨렸다. 노동자는 노예에서

표 4.13 1인당 설탕 소비량, 1933년(단위: 파운드)

국가	설탕 소비량
덴마크	123
오스트레일리아	113
영국	106
미국	100
쿠바	81
아르헨티나	63
프랑스	55
독일	51
남아프리카	47
브라질	46
멕시코	31
페루	23
일본	23
인도	20
중국	3
세계	27

출처: Noël Deerr, *The History of Sugar*, 2 vols. (London: Chapman and Hall, 1949–1950), 2:532.

견습생, 노예계약 노동자, 플랜테이션 농장 프롤레타리아, 소농, 소작농에 이르기까지 다양했다. 설탕 시장은 가장 오래되고 가장 크며 가장 귀한 시장의 하나였지만 결코 개방된 시장은 아니었다. 식민지적 논리는(또는 1898년 이후의 쿠바를 포함한 신식민지적 논리는) 사탕수수 설탕 시장을 통제했고, 반면 국가 발전의 논리는 사탕무 설탕 시장을 조종했다. 사탕수수와 사탕무는 맛이 동일했기 때문에 세계 일부 지역에서 가격경쟁을 했다. 그러나 최대 소비 지역들은 본질적으로 식민지 개발계획이나 국가 발전 계획에 몰두했다. 그들의 판단 기준은 경제적인 성격보다 정치적인 성격이 훨씬 더 강했다.

커피

아메리카와 유럽, 아프리카, 아시아의 수천만 명이 커피의 재배와 교역, 운송, 가공, 판매, 소비와 긴밀한 연관이 있기 때문에 커피는 폭넓은 추세를 보여 주는 한 가지 사례로 그치지 않는다. 커피 자체는 세계경제의 팽창에 중요했다. 커피는 지금 다루는 시기의 대부분에 걸쳐 곡물과 설탕에만 뒤지는, 가장 귀중한 국제무역 상품의 하나일 뿐만 아니라, 인기가 가장 많은 합법적 마약이었다. 수백 년 동안 커피는 진정으로 세계적인 교역 상품이었다. 추위를 견딜 수 없는 성질이어서 오로지 열대지방이나 아열대지방에서만 자랐기 때문이다. 그러나 그 비용과 향정신성 효과는 18세기 말 이후로 커피가 주로 더 부유하고 더 쌀쌀하며 카페인을 갈망하는 서유럽과 북아메리카에서 소비되는 결과를 낳았다.

커피는 세계경제의 다양성과 모순을 체현했다. 재배 국가에서 커피는 대체로 전통적인 육체노동과 천연자원, 즉 태양과 토양, 비가 필요한 농산물 수출품으로 여겨졌다. 소비 국가인 선진국에서 커피는 농업적 기원과 절연된 근대의 노동 집약적 식품이자 사교에 필요한 두뇌 음식brain food[28]이었다. 그래서 세계의 남쪽에서 커피는 플랜테이션과 농장을 의미했던 반면, 북쪽에서는 가정의 아침 식사 식탁은 물론 공업의 조립라인과 커피 하우스를 의미했다. 설탕과 마찬가지로 커피를 좋아하는 취향도 근대 초에 식민주의를 강화했다. 그러나 1870년에 이르면 이 작물은 주로 독립국들, 특히 브라질에서 재배되었다. 커피의 판매와 소비는 수입을 가져오고 군대의 활력을 증강함으로써 주를 유지하는 데 도움이 되었지만, 커피 재배는 다른 주와 지주들에 대한 반란을 촉발했다.

국제적으로 큰 인기를 끈 커피 품종인 아라비카 커피Coffea arabica는 오늘날의 에티오피아가 원산지로 야생에 자생했다. 100종이 넘는 커피 품종(그리고 수천 가지 변종)이 확인되었으나, 1870년에 널리 인기 있던 품종은 단 하나였다. 아라비카의 인기와 전 세계적인 확산은 인간의 결정이 가져온 결과였다.

_____
28 두뇌 작용을 개선하는 음식.

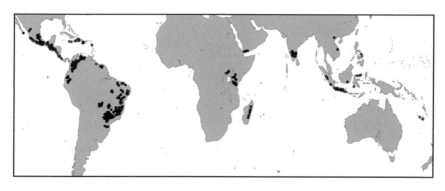

—— 세계 커피 생산, 1925년 무렵.

이름이 의미하듯이 아라비카의 확산은 에티오피아가 아니라 홍해 건너 예멘에서 시작되었다.

1500년 이전 예멘에서 커피 음료가 인기를 끌지 못했다면, 지금 우리가 커피를 논하고 있지는 않을 것이다. 커피는 예멘의 산악 지대에 심어져 교역품이 되었다.[363] 커피는 씹고 튀기고 커피나무 열매 껍질을 써서 차로 우려내기도 했지만, 예멘의 수피교도는 커피나무 열매의 씨앗, 즉 '콩'을 볶아서 음료를 만들었고, 이는 그 식물의 다른 부분보다 훨씬 늦게 상했다. 이러한 취향의 선택은 커피의 때 이른 원거리 교역을 준비했다. 20세기가 오기까지 커피는 쌀 등의 곡물과는 다르게 압도적으로 수출을 위해서 생산되었다.

커피 무역은 분명히 유럽인의 발명품이 아니었다. 아랍 중심의 국제시장이 200년 넘게 지속된 이후에야 영국과 네덜란드, 프랑스의 독점 회사들이 향료 무역의 연장선상에서 시장에 끼어들었다.[364] 1770년 무렵 전 세계 커피의 80퍼센트 이상이 아메리카에서 생산되었다. 거의 전부 아라비카 품종이었지만, 상인들은 원산지의 차이를 알아야 했다. 상대적으로 운송이 더디고 포장이 부실했으며 가공과 달이기가 조잡했던 탓에, 커피콩의 '품질' 차이는 시각적 검사 차원, 다시 말해 커피콩의 색깔과 흠을 찾는 데 머물렀다. 20세기에 들어서고 한참 지난 후까지도 원산지와 외관에 관한 지식이 등급을 매기고 가격을 정하는 과정을 지배했다. 커핑cupping, 즉 볶은 커피콩을 시료로 달인 커피를 실제로 맛보는 것이 좀처럼 지지를 받지 못했기 때문이다. 여기에 더하여 국제적인 신용 제도와 정보 체계가 초보적인 수준에 머물렀기에 초기에는 소수민족과 가족 기업들의 상업 디아스포라가 강화되었다. 커피 거래의 기초는 개인적인 평판이었던 것이다.

19세기 후반 커피 무역은 아메리카에 집중되었다. 1860년 아시아, 특히 자바섬과 실론, 그리고 몇몇 아프리카 식민지의 커피 수출을 합하면 국제 교역량의 약 3분의 1에 이르렀다. 그러나 커피 질병인 잎녹병이 덮쳐 1913년에 수출은 세계 무역의 5퍼센트로 축소되었고, 1945년까지 낮게(13퍼센트) 유지되었다.[365] 앞서 언급했듯이 이 지역들은 설탕과 고무의 생산으로, 이제 살펴보겠지만 차 생산으로 전환했다.

19세기 초에 도시의 사치품이었던 커피의 시장은 마지막 삼분기가 오기까지 작은 규모를 유지했다. 19세기 말에 기술의 혁신으로 볶은 커피콩과 빻은 커피콩, 깡통에 밀봉한 커피콩의 판매가 가능해질 때까지는 초록색 아라비카 커피콩만 판매되었다. 그러나 초록색 생두만 판매되어도 커피 재배는 급격히 확산되었다. 유럽의 여러 국가와 미국의 상인들이 커피콩을 운송하여 판매하면서 상업적 경쟁도 더욱 빠르게 진척되었다. 경작자들 간의 가격 차이는 최대 100퍼센트에 달했고, 다양한 과세 정책과 상이한 운임률 때문에 소매가도 나라와 지역에 따라 편차가 컸다.[366] 일찍부터 초록색 생두는 혼합 화물을 취급한 위탁 상인들에 의해 유럽에서 경매로 팔렸다. 이들은 항구로 들어오는 커피의 양은 어느 정도 가늠했지만 수확을 기다리는 커피가 어느 정도였는지는 알지 못했다. 상대적으로 작고 여러 곳에 흩어진 시장은 변동성이 컸다. 상인과 운송업자(종종 같은 사람이었다.)가 커피 무역을 지배했고 지역별로 사재기를 시도했다.

상인과 경작자는 커피 무역을 확대한 주요 기업가들이었다. 설탕과 달리 유럽 국가는 19세기 중반 이후 커피 생산을 촉진하는 데 중요한 역할을 하지 않았기 때문이다. 커피는 여전히 강제 노동으로 생산되었지만, 커피 시장은 식민 강국들이 무역에서 빠졌다는 점에서 세계에서 '가장 자유로운' 시장의 하나였다.

네덜란드의 자바섬에서 생산되는 커피는 1870년대 초부터 잎녹병이 나무를 공격한 뒤로 급격하게 감소했다. 자바섬은 독립 후 20세기 말에 가서야 두드러진 지위를 회복했다.[367] 아메리카에서 네덜란드는 상인이자 해운업자의 역할을 선호했다. 네덜란드는 자신들의 작은 식민지를 개발하지도 확장하지도 않았다. 영국은 식민지 자메이카와 케냐, 우간다의 커피 생산을 보호하기보다는 중국과 인도의 차 무역을 이용하는 중상주의적 가능성을 선택했다. 에스파냐와 포르투갈의 식민지 주인들은 카카오를 더 좋아했으므로 중요한 커피 생산자가 되려면 이베리아반도 출신의 아메리카인들은 19세기 초 독립 이후까지, 앙골라인들은 20세기에 들어선 후 한참 지날 때까지 기다려야 했다. 프랑스인들은 커피를 애호했지만 1804년 당시 세계 최대 커피 수출지였던 아이티가 지독한 독립 투쟁에서 승리한 후 개방된 세계시장에 의존해야 했다. 프랑스의 아프리카 식민지, 특히 코트디부아르는 제2차 세계대전 이후에야 중요한 커피 수출국이 되었다. 커피 생산에서 식민주의가 쇠퇴한 것은 세계 커피 시장을 다시 장악하려는 나라들이 20세기에 가서야 그렇게 시도했음을, 그리고 주역들은 유럽의 식민지 정권이 아니라 아메리카의 독립국들이었음을 의미했다.

19세기 제국의 시대에 커피와 설탕은 다른 취급을 받았다. 커피는 기술적 요구 수준이 낮은 관계로 식민지에서 벗어나 독립한 브라질이 전례 없이 큰 규모로 생산을 시작했기 때문이다. 값싸고 비옥한 처녀지에 기본적인 도구와 기계, 상대적으로 저렴한 풍부한 노예(아프리카와 가까웠다.)가 결합한 결과로 브라질은 1820년 이후 커피 가격의 급락을 초래했다. 가격은 19세기 마지막 사분기까지 계속 낮게 유지되었다. 낮은 가격과 생산의 지속적인 확대는 수요를 자극했다.

브라질의 성공은 유럽 식민지의 비결 덕분이었다. 브라질은 1822년에 포르투갈의 멍에를 벗어던지고 겨우 2년이 지난 뒤 세계 주요 커피 수출국으로 등장했다. 실제로 식민지 정책은 설탕에는 유리했지만 커피에는 장애물이었다. 브라질이 카페인 공급의 지배적인 지위로 등장하는 데 독립보다 더 중요했던 것은 세계시장을 선도한 아이티의 몰락, 늘어나는 유럽과 미국의 도시 소비자들의 자극성 식품을 바라는 욕구, 국제적으로 이용할 수 있게 된 자본과 노동 같은 세계시장의 외래적 변화였다.

브라질의 커피 생산이 점증하는 세계 수요를 대체로 충족했을 뿐만 아니라, 브라질 사람들은 해외의 카페와 가정에서 커피의 위상을 높이고 변형시켰다. 농업 생산자를 이 무역의 주인이었던 목마른 유럽인 구매자들에게 자신의 노동의 열매를 기꺼이 내놓는 노예나 맹목적인 노동력 공급자로 보는 종속이론 시각은 이 관계의 성격을 곡해한다. 브라질인들은 그곳 태생이든 아프리카인 이주자이든 포르투갈인 이주자이든 새로운 생산기술을 개발했고 생산성이 높은 재배 품종을 발견했으며, 지리적으로 불리한 여건에서 정교한 국내 수송망을 구축했고 시장의 표준과 금융 상품을 개발했다. 쌀이나 설탕처럼 앞서 검토한 다른 상품은 식민주의가 중요한 역할을 했지만, 커피는 독립국 브라질이 다른 식민지들 전체보다도 더 많이 생산했다.

서유럽이 19세기 커피 수출 호황에 결정권을 쥐었다고 주장하는 종속이론가들을 공정하게 평가하면, 브라질 사람들은 19세기에 영국이 저렴하고 신뢰할 수 있는 해운과 보험, 차관, 기간 시설 투자, 해상운송로 보호의 형태로 지배했던 까닭에 이득을 보았다. 그래서 차를 마시는 영국인들은 19세기 중반 이후 자국 식민지의 커피를 많이 수출하거나 그로부터 많은 커피를 수입하지 않았지만 미국과 유럽 대륙으로 브라질 커피를 많이 수출하고 재수출했다. 그렇더라도 커피 무역에서 영국 상인들의 존재는 큰 지분이 아니었다. 커피 수출은 대부분 세계에서 가장 빠르게 공업화를 진척시키고 있던 다른 두 나라, 즉 미국과 독일로 갔으며 두 나라의 상인들이 프랑스 상인들과 더불어 점차 커피 무역을 장악했다. 영국 은행에도 똑같은 이야기를 할 수 있다. 19세기 말 영국 은행들은 커피 무역 금융의 우위를 다른 유럽 은행과 브라질 토착 은행에 빼앗겼다. 철도도 마찬가지였다. 많은 철도가 브라질 국가에 의해 국유화되거나 현지 자본가들로부터 자금을 조달했다.[368]

19세기 전반기에 브라질과 실론, 자바섬과 더불어 세계 커피 생산이 크게 늘어났어도, 커피 상품 사슬의 본질적 성격은 그대로였다. 수출되는 커피는 여전히 전부 위탁 상인들이 외국으로 보내는 초록색 아라비카 생두였고, 이들은 경작자에게 운영 자본을 공급하여 수확물을 항구로 가져오게 했다. 노예가 일하는 브라질의 소규모 농장과 자바섬 농민의 강제 노동에 의한 생산이 성공적으로 경쟁했지만, 규모가 큰 플랜테이션 농장이 경작의 표준이 되었다. 부정기 범선이 가죽 자루나 면 자루, 황마 섬유 자루에 담은 커피를 주요 시장들로 운반했고, 그곳에서 커피는 종종 경매로 도매상에게 팔렸다. 커피를 볶아 갈고 추출하는 과정은 여전히 가정이나 커피 하우스에서 이루어졌다. 20세기까지는 대다수 소비자에게 수백 년 된 프라이팬과 막자사발과 막자가 이 작업의 기본적인 도구였다.

아메리카에 자유주의적인 수출 경제가 등장하면서(아프리카와 아시아, 오세아니아에서 확대되는 유럽인들의 식민주의와 대비되었고 이를 보완했다.) 커피 수요의 성격이 바뀌었다. 1800년 이전에는 처음에 귀족의 음료였고 나중에는 부르주아의 음료였던 커피는 19세기 후반 대부분의 부유한 공업국에서 대중 음료로 바뀌었다. 브라질의 노예들은 (1888년에 노예제가 폐지될 때까지는) 공업국들, 특히 미국, 독일과 오스트리아 왕국, 네덜란드에서 공장노동자들의 갈증을 풀어 주었다.

유럽인들은 이미 18세기에 빈과 파리의 시민들이 설탕과 우유를 첨가하고 프랑스와 네덜란드가 카리브해 지역에서 커피를 재배하면서 커피 음료의 성격을 바꿔 놓았다. 이러한 행위들은 커피를 유럽화하여 기독교인들이 커피를 받아들일 수 있게 했을 뿐만 아니라 나중에 커피를(뒤에서 보겠지만 차를) 노동계급의 대중적인 음료로 만들게 된다. 커피는 배고프고 졸린 느낌을 줄여 주었던 본연의 향정신성 특성에 더하여 소화제요, 이뇨제이며, 마시기 전에 물을 끓였기에 안전하다는 심리적 이점도 제공했다. 게다가 이제는 설탕과 우유로 칼로리와 영양을 더했다. 우유의 국제적 교역은 보든 회사Borden Inc.와 카네이션 회사Carnation Company, 네슬레 회사가 더디게 상하는 연유와 농축 우유를 개발하기까지 기다려야 했지만, 설탕 생산의 막대한 팽창과 설탕 가격의 급격한 하락은 상대적으로 형편이 좋지 않은 서유럽과 미국의 도시 주민들 사이에서 커피 소비를 크게 촉진했다.[369]

1850년 무렵 전 세계 커피의 절반 이상을 생산했던 브라질은 전례 없이 팽창한 19세기 세계 커피 생산의 약 80퍼센트를 책임졌다. 예외적인 해였던 1906년 브라질은 나머지 세계 전체보다 거의 다섯 배에 달하는 커피를 생산했다. 그리고 커피는 부차적인 시장이 아니었다. 1860년부에서 1887년까지 사반세기 동안 해상무역으로 거래된 상품의 가치에서 커피는 곡물과 설탕에만 뒤졌다.[370] 커피는 이 시기의 남은 기간에도 국제적으로 거래되는 상품 중 가장 귀한 것에 속했다.

어떻게 이런 일이 벌어졌을까? 브라질이 세계 커피 경제를 놀랍도록 확대하고 커피 교역의 폭이 넓어지고 더욱 복잡해진 것은 브라질이 가진 천부의 혜택과 아프리카의 외국인 노동자들(1850년에 대서양 노예무역이 폐지될 때까지), 1888년에 브라질 노예제가 불법이 된 이후로는 남유럽의 외국인 노동자들을 쉽게 쓸 수 있었던 것 같은 외적 요인, 교통과 통신 기술의 혁명적 발전이 가져온 경제, 미국과 서유럽 커피 사업의 근본적 변화가 독특하게 결합된 결과였다.

19세기에 들어선 뒤 75년 동안 커피 판매의 폭증을 가져온 것은 새로운 생산 방법이 아니었다.[371] 19세기의 마지막 사분기에 가서야 재배와 수확, 가공에서 이전에 브라질 농장주들이 설탕 생산에 이용했던 것과 동일한 노예 노동에서 벗어나는 이행이 이루어졌다. 그러나 커피의 원가는 물론 품질도 낮추었던 플랜테이션 농장의 광대함과 공업 방식의 수확은 새로운 것이었다.

기술의 개선은 재배보다는 운송에서 더욱 뚜렷했다. 1854년에 시작되어 1870년대 이후에 강화된 리우데자네이루주와 미나스제라이스주, 상파울루주의 브라질 커피 재배 지대는 커피 기반 경제로는 가장 큰 철도의 성장을 경험했다. 1889년 군주제가 무너졌을 때, 철도망은 약 9600킬로미터로 연장되었으며, 20세기에 들어설 무렵에는 약 1만 5300킬로미터였고 제1차 세계대전이 발발할 때 다시 절반가량 늘어났다. 이는 서유럽과 북아메리카의 공업국들보다는 보잘것없지만 다른 커피 재배 국가들의 철도망 전체를 합친 것보다 길었다. 당시에 라틴아메리카의 다른 커피 재배 국가들 중에는 약 1600킬로미터의 철도망을 보유한 나라도 없었다.(멕시코의 철도망은 상당했지만, 제2차 세계대전 이전에 커피 재배 지역에 도움이 되었던 것은 그중 작은 일부분뿐이었다.) 다른 커피 재

———1900년에서 1923년 사이, 브라질에서 커피 열매를 따는 노동자들. 브라질에서 노예제가 폐지된 1888년에서 1933년 사이에 남유럽, 특히 이탈리아와 포르투갈에서 거의 300만 명에 달하는 이민자가 브라질로 들어와 대부분 커피밭에서 일했다. 모든 가족이 커피 플랜테이션 농장에 노동력을 제공하는 대가로 작은 밭을 쓸 수 있었고, 약간의 임금을 받았다. 이 소작(colono) 제도로 브라질은 1880년에서 1945년 사이에 전 세계 커피의 4분의 3 이상을 생산했다. (Library of Congress)

배국들은 카리브해와 인도양의 작은 섬이었거나 남아메리카 북부와 중앙아메리카의 가난하고 종종 정치적으로 불안정한 대륙 지역이었기에 철도가 드물었다.[372] 이 시기에 아프리카에서는 에티오피아와 케냐, 우간다, 탕가니카만 항구에 철도가 연결되었다. 그러나 이 나라들의 커피 수출은 미미했다. 브라질 철도망은 아프리카의 철도와 인도를 제외한 아시아 철도 전체보다도 더 커서 세계적으로 돋보였다.

철도가 화물 운송비를 극적으로 줄이지는 않았지만, 브라질의 철도 회사들은 미국 중서부와 캐나다의 밀 재배농에게 크게 이로웠던 것과 동일한 장거리 할인과 리베이트를 제공하지 않았기 때문에 항구에 도착하는 커피의 품질을 높이는 데 진정으로 도움이 되었다. 더 중요한 것은 이제 내륙의 더 값싸고 비옥한 토지를 이용할 수 있게 되었다는 점이다. 이는 브라질의 대단한 성공 열쇠였다. 커피는 변경 작물이었기 때문이다. 커피밭은 처녀림을 벌채하여 마련했고, 커피나무는 다 자라 첫 수확을 낼 때까지 4년에서 6년의 시간이 필요했다. 재배자들은 그 뒤로 20년간 계속해서 열매를 거두고 목초지나 쓸모없는 땅을 남겼다. 파젠데이루스fazendeiros(대지주)는 땅을 비옥하게 하는 대신 경작되지 않은 비옥한 땅과 퇴비가 두껍게 쌓인 흙의 '산림 수익forest rent'[29]을 취했다. 토양의 타고난 비옥함 덕분에 파젠데이루스의 커피나무는 세계 최고의 소출을 냈다. 프로이센의 농학자 프란츠 다페르트Franz Daffert는 브라질 방식을 약탈적 농업Raubbau이라고 불렀다.[373] 다페르트는 유목민처럼 이동하며 파괴하는 약탈적 농업에 깜짝 놀랐지만 그것이 토지는 광대하고 인구는 부족한 열대지방에서 경제적으로 이치에 맞았음을 인정해야 했다.

광대한 내륙 지역이 항구에서 철도로 도달할 수 있는 범위 안에 있었기에 점점 더 많은 수확량이 더 빠르게 시장에 들어왔고 운영 자본의 이자 비용이 감소했다. 달리 말하면 항구에서 커피밭으로 이어진 가파른 경사면을 오를 수 있는 새로운 공학 기술을 개척한 철도 덕분에 브라질 사람들은 국토의 광대함을 이용하고 커피 호황을 지속할 수 있었다. 그리하여 브라질은 훨

---

29 상대적으로 비옥한 토지와 그렇지 못한 토지에서 나오는 이윤의 차이.

씬 더 작은 예멘과 자바섬, 마르티니크, 네덜란드령 기아나, 아이티가 세계시장을 질적으로 바꾸고 규모의 경제를 이용하는 것을 방해했던 지리적 올가미에서 벗어났다. 철도는 또한 커피 생산에서 일시적으로 노예 이용을 강화했다. 브라질이 1888년 서반구에서 가장 늦게 노예제를 폐지한 한 가지 이유도 여기에 있다.[374]

그러나 브라질이 국토의 광대함에서 이익을 얻고 역사상 가장 큰 수출 플랜테이션 농장 몇몇을 보유했던 것은 분명하지만, 1880년대 말부터 노예노동자를 대체했던 이탈리아와 포르투갈의 이민자들은 쿠바의 설탕 농장이나 나아가 캘리포니아의 센트럴밸리와 임페리얼밸리와는 달리 공장에서 일하는 프롤레타리아가 아니라 자급하는 농민으로 보였다. 브라질 농민들의 주된 목적은 옥수수와 콩을 재배하여 생계를 꾸리는 것이었고 땅을 빌려 지대를 납부하며 커피나무를 키우는 것은 부차적인 일이었다.[375] 커피나무도 가족들이 분할했고, 가족은 이전의 노예 체제와는 달리 남성은 물론 여성과 아이들도 가장의 지배 아래 자기 착취를 실행했다.(자바섬과 멕시코의 치아파스주 같은 다른 커피 재배 지역에서는 밭일은 압도적으로 이주민 남성의 일이었다.) 브라질의 이주민 노예 계약 노동자들은 시간이 지나면서 토지를 구매했다. 설탕의 경우와는 다르게 브라질에서는 커피콩을 가공한 공장이 증가했는데도 커피 재배지의 평균 크기는 시간이 흐르면서 축소되었다. 아마도 이것이 설탕 재배지보다 브라질의 커피 재배 지역에서 농촌 폭동이 훨씬 적은 이유를 설명할 수도 있을 것이다.

철도는 커피 수출 경제에 유익했지만 필수적이지는 않았다. 20세기에 이르기까지 다른 어떤 커피 수출국도 많은 철도를 갖지 못했다.(코스타리카와 멕시코의 상대적으로 짧은 철도망은 중요했지만 말이다.) 그러나 철도를 통해 국제 항구로 운반된 엄청난 양의 브라질 저가 커피는 세계시장을 확대하고 변화시켰다. 브라질이 나머지 세계의 전체 생산량보다 더 많은 커피를 생산했기 때문이다. 그리고 에스파냐어권 아메리카 재배국들처럼 철도에서 뒤진 생산국들은 철도로 운송되는 브라질의 대량생산 커피가 열어놓은 북아메리카와 서유럽의 큰 시장에서 특정한 틈새시장을 이용했다. 에스파냐어권 아메리카의 커피는 코스타리카 대부분과 니카라과 일부 지역, 베네수엘라, 콜롬비아 일부 지역의 상대적으로 소규모인 가족 농장부터 반강제 노동을 이용하는 과테말라와 남부 멕시코, 니카라과, 엘살바도르 일부 지역의 큰 플랜테이션 농장까지 다양한 방식으로 생산되었다.[376] 에스파냐어권 아메리카 전역의 커피 재배자들은 브라질 사람들처럼 저렴하게 생산할 수 없었지만 여전히 새로운 구매자를 찾았다. 북아메리카와 서유럽의 도매상들과 가공업자들(특히 독일인들)이 값은 비싸지만 품질이 뛰어난 에스파냐어권 아메리카의 순한 커피를 저렴한 브라질 커피콩과 혼합하여 팽창 중인 미국 시장을 충족시켰다.[377] 이 나라들은 브라질의 풍부한 천연자원은 없었지만 성공했고, 가족이 소유하거나 임대하거나 소작한 작은 땅뙈기에 가족노동을 이용한 것이 그 성공 공식의 중요한 부분이었다. 브라질과 마찬가지로 이들도 가까운 밭에서 생계용 작물을 재배했고 가족 전체의 노동력을 이용했다. 과테말라와 남부 멕시코의 커피 재배자들도 계절적으로 수확기에 커피 경작지로 이동한 토착민 남녀의 강제 노동을 착취하여 비용을 낮추었다. 20세기에 토착민 인구가 빠르게 증가하고 이들이 물려받은 토지가 생계를 유지하기에는 너무 작게 분할되었기에 인디오를 커피 플랜테이션 농장에 노동자로 보낸 것은 정부의 강압이 아니라 시장이었다.

커피의 상품 사슬은 내적 동력으로 성장했지만 더 광범위한 세계경제의 변화가 가져온 부수 효과이기도 했다. 앞서 논의했던, 세계를 좁게 만든 해운 혁명은 브라질 커피와(이후 그 경쟁자들과) 대서양 세계의 관계를 혁명적으로 바꾼 외래적 요인의 뚜렷한 사례다.[378]

브라질의 풍부하고 저렴한 커피가 증가 일로에 있는 북아메리카와 유럽 소비자들의 갈증을 해소하고 불면을 부추겼지만, 엄청난 재배 증가가 독점을 초래하지는 않았다. 1906년 브라질은 전 세계 커피의 약 80퍼센트를 생산했다. 그러나 거대한 정기 증기선과 철도, 창고, 표준화, 선물 시장, 새로운 인스턴트커피 제품으로 시장이 제도화하면서 라틴아메리카 생산자들에게 북아메리카와 유럽의 항구가 열렸다. 이것은 제로섬 게임이 아니라 라틴아메리카 생산자 모두에게 이익이었다. 라틴아메리카의 생산자들은 대공황 이전에는 대체로 산출량을 늘렸다. 풍부한 설탕 생산과 결합한 저렴한 대규모 생산 덕분에 커피는 코코아와 차, 마테 차처럼 경쟁 관계에 있는 카페인 음료와 치커리와 곡물 같은 대용물을 압도했다. 라틴아메리카는 서구인 대부분을 커피 마시는 사람으로 바꿔 놓았다. 달리 말하면 브라질은 수동적인 방관자가 아니었다. 브라질은 시장을 만들어 냈고 1906년 정부가 가격에 개입한 이후로는 가격 결정자가 되었다.[379]

커피가 19세기에 영웅적으로 등장한 것은 브라질의 생산, 이후 다른 라틴아메리카 국가들의 생산 때문만은 아니다. 미국과 서유럽에서 소비가 급격히 증가했기 때문이기도 하다. 운송 혁명과 국제 거래 비용의 하락으로 이 상품 사슬에서 가장 긴 구간의 비용이 축소되었고, 더불어 브라질과 미국 사이의 상업적 관계도 더욱 빠르게 진척되었다. 더욱 긴밀해지는 외교적 유대도 상업적 관계를 강화했다.[380] 커피는 미국 최초의 진정한 대량 생산품이 되었고, 뒤이어 서유럽에서 널리 소비되었다.

곡물과 여타 식량의 판매에 큰 도움이 되었던 미국과 서유럽의 효율적인 내륙 운송망은 커피 운송업자들에게도 혜택을 주었다. 미국의 1인당 커피 소비량은 전체 인구가 폭발적으로 증가할 때에도 엄청나게 늘어났다. 서유럽에서도 동일한 현상이 나타나서 함부르크나 르아브르, 암스테르담, 트리에스테에서 하역된 커피는 점점 더 팽창하는 내륙의 큰 소비 시장에 신속하고 저렴하게 도달할 수 있었다.

미국 정부 정책도 일조했다. 미국은 1832년 이후(남북전쟁 시기 제외) 유일하게 커피를 무관세로 수입하는 주요 시장이었다. 서유럽에서 커피 세금은 중상주의적 전통 때문에 상당히 높았다. 따라서 미국의 1인당 커피 소비량은 1783년에 18분의 1파운드(약 25그램)에서 100년 후 9파운드(약 4080그램)로 세계에서 가장 빠르게 증가했다. 그 100년 동안 미국 인구가 열다섯 배로 폭증했다는 사실은 전체 커피 수입량이 2400배로 증가했음을 의미했다. 19세기세계 전체 소비량 증가의 절반은 미국의 구매 증대 때문이었다.[381] 나머지는 거의 전부 서유럽, 특히 북부에서 소비했다. 커피 생산자들은 세계에서 가장 빠르게 소득이 증가하는 나라들에서 사랑을 받았기에 운이 매우 좋았다.(커피의 열광적 지지자들은 이 관계가 우연의 일치가 아니라고 주장했다. 번영이 커피를 구

——1897년 이전, 빈의 커피 하우스. 커피는 합스부르크 제국의 수도인, 부르주아적인 빈의 부유한 세기말에 매우 다른 사회적 역할을 담당했다. 중간계급과 상층계급의 단정하고 세련된 남성들은 우아한 커피 하우스에서 여성들의 접대를 받으며 신문과 책을 읽거나 정치와 문화를 논했다. (Wikimedia Commons)

매했을 뿐만 아니라 커피가 두뇌 식품이자 노동 자극제로서 번영을 이끌었다는 것이다.) 미국의 1인당 커피 소비는 1940년대까지 멈췄다가 이어지기를 반복하며 지속적으로 증가했지만, 서유럽은 두 차례의 파멸적인 세계대전이 가져온 엄청난 부담 때문에 지체했다.

19세기에 미국과 유럽에서 공히 커피 수요는 처음에는 소득 탄력성과 가격 탄력성이 큰 상품이었다. 사람들은 많이 벌수록, 가격이 낮을수록 커피를 구매할 가능성이 더 높았다. 초기에는 커피가 귀족과 부르주아의 특징을 드러내는 표지인 사치품으로 여겨졌기 때문이다. 비교적 낮은 가격에 커피를 구매할 수 있게 되자, 도시 하층계급 주민들과 종국에는 농촌 주민들까지도 이

전에는 커피가 풍요와 지위의 상징이었던 까닭에 커피 대신 다른 내용물이나 차를 마셨지만 이제는 진짜 커피를 선택했다. 놀라운 일일 수도 있겠지만, 커피는 노동계급의 아침 식사의 일부로, 심지어 공장 구내식당에서 점심 식사의 일부로도 인정되었기에, 다시 말해 필수품으로 여겨졌기에 커피 구매는 인구 증가보다 더 빠르게 증가했다. 커피는 19세기 후반에 주요 국제적 교역 상품으로는 드물게 실질 가격의 인상을 겪었으며 1인당 소비량이 계속 증가했다. 달리 말하면 사람들은 커피의 상대적 가격이 계속 오르는 상황에서도 점점 더 많은 커피를 구매했다. 이번에도 커피 상품 사슬은 외래적 요인의 도움을 받았다. 곡물 같은 다른 주요 식품은 과잉생산 탓에 가격이 곤두박질쳤고, 그 덕에 북아메리카와 유럽의 노동계급들은 가처분소득이 늘어나 커피 같은 특별한 사치품을 구매할 수 있었다. 저렴한 설탕 덕분에 커피는 맛이 더욱 좋아졌고 살 만한 것이 되었다.[382]

미국 시장과 서유럽 시장의 급속한 팽창과 변화는 긴 상품 사슬의 지배권을 점차 수입상에게, 이어 가공업자에게 넘겨준 새로운 제도를 낳았다. 1874년 해저전신케이블로 남아메리카가 뉴욕과 런던에 연결되면서 재배 국가에 기반을 둔 상인들은 힘을 잃었다. 가격과 표준, 수요, 공급에 관한 정보는 이제 소비국의 신문과 업계지에 공표되었다. 실제 비축량의 상당한 몫을 저장하기 위한 창고들이 세워져 수입업자들의 시장 지위가 강화되었다. 이들은 이제 커피의 대부분이 어디에 있는지 알았고 이를 통제하려 했다.

수출업자들은 이제 위탁 상인을 그만두고 대신 커피 무역을 지배하고 가격을 결정했던 외국 수입업자들의 대리인이 되었다. 독일인 테오도어 빌레Theodor Wille와 영국인 에드워드 존스턴Edward Johnston 같은 상인들은 브라질에서 첫발을 내딛고 다른 항구와 나라들로 사업을 확장했으며 내륙의 커피 재배지에 사무소를 열어 오지로 들어갔다. 이들은 보험회사와 은행, 창고, 그리고 마지못해 하기는 했지만 플랜테이션 농장 같은 보완 활동에 투자했다.[383] 그러나 가공업자가 되는 경우는 드물었다.

결국 가공업자들이 소비국에 큰 공장을 세워 커피 업종을 지배하게 되었다. 커피는 재배 국가에서 초록색 커피나 담황색 커피라고 할 수 있을 정도로 가공해야 했다. 다 익은 커피 열매는 그 상태로는 너무 빨리 썩어 수출할 수 없었기 때문이다. 초록색 커피콩은 '골드 커피(카페 오로café oro)'로도 알려져 있는데 오래도록 변하지 않고 운반이 가능했다. 역사가들은 흔히 수출 커피를 원료로 취급하지만 실제로는 반제품이었다. 20세기 후반이 이르기 전에는 소비국에서 커피를 볶고 갈아야 했다. 가공을 마친 제품은 쉽게 맛과 향기를 잃었기 때문이다. 20세기에 들어서서 새로운 포장 기술 덕분에 볶은 커피와 심지어 분쇄한 커피까지도 수출할 수 있게 되자, 북반구 소비 국가들의 수입 관세와 가공업자들의 시장 지배력이 완제품 커피의 수출을 방해했다.[384] 달리 말하면 지리와 기후에 따라 커피는 적도에서 25도 안쪽에서 재배되고 먼저 그곳에서 가공되어야 했다. 가장 크고 가장 부유한 커피 시장을 갖춘 나라들의 커피 볶는 기술과 유통 기술로 보면 최종 가공과 판매는 미국과 서유럽에서 이루어져야 했다. 이후에 정부의 관세는 서유럽과 북아메리카 기업들의 이익을 보호했다. 따라서 세계 커피 시장의 상이한 영역들은 서로 다른 비교 우위를 지녔고 커피 업종에 관한 지식의 상이한 측면들을 지배했다. 이는 정치와 시장 지배력이 고도 정제된 순수한 설탕 수입을 막아 소비국의 과점적 정제업자들과 유통업자들의 지위를 보호했던 설탕의 경우와 유사했다. 이 두 개의 거대한 국제 교역 부문은 어느 것도 진정으로 무제한 자유로운 시장에서 작동하지 않았다.

교역이 증대함에 따라 가장 큰 수출업자들의 규모와 시장 지배력도 커졌다. 이들은 대부분 서유럽이나 북아메리카의 회사들(합자회사와 유한회사)로 충분한 자본, 신용거래 수단, 상선단 통제력을 갖추었으며 해외의 주요 커피 시장에 있는 지사나 협력사, 동업자로부터 내부 정보를 획득했다. 19세기 말이면 상위 5위까지 다섯 개 수출 회사가 브라질의 수출 물량을 40퍼센트 이상 수송했으며, 10위까지 열 개 회사가 수송한 물량은 60퍼센트를 넘었다.[385] 과점은 시장 사재기를 통해 투기적 초과 이윤을 거두려는 시도를 조장하여 깜짝 놀랄 정도의 거품과 붕괴를 초래했다. 이에 대한 대응으로, 그리고 곡물 상들을 모방하여 상인들은 자신들의 항구로 교역을 끌어들이고, 선물 시장의 형태로 자본을 끌어들이기 위해 1882년에 뉴욕 커피 거래소New York Coffee

Exchange, 이어서 르아브르 거래소를 설립했다. 상인들은 안전하게 거래하고 자본을 확보할 수 있는, 알력 없는 투명한 시장을 추구했다. 이 거래소들은 표준화한 정보의 습득을 제도화했다. 주요 커피 집산지였던 함부르크와 런던에 곧 주요 커피 거래소가 설립되었다. 곡물 선물 시장의 사례에서 보았듯이, 상인들은 1880년에 이미 유형의 상품이 아닌 관념을 구매하고 있었다. 그해에 함부르크 선물 시장에서는 세계 전체 수확량이 700만 자루에 못 미쳤는데도 6100만 자루가 매매되었다! 바로 이러한 종류의 투기 때문에 독일 정부는 한동안 선물 시장을 폐쇄했다.

대부분의 나라에서 한 항구가 커피 수입을 지배하지는 않았지만, 미국 시장은 엄청나게 컸기 때문에 비록 뉴욕이 선도적인 커피 수입지로서 지배적인 위치를 계속 유지했어도 볼티모어와 뉴올리언스, 샌프란시스코도 상당한 양을 수입하여 배후지의 수요를 충족시켰다.[386] 전신은 국제상품 시장의 통합 가능성을 열어 주었고 작황과 가격에 관한 정보를 쉽게 얻을 수 있었던 소비국의 수입업자와 가공업자의 시장 지배력을 강화했다. 따라서 가격과 등급의 표준화는 비록 사적인 관계와 취향을 반영하는 매우 장인다운 방식으로 이루어졌고 지금도 그렇지만, 더욱 진척되었다.

미국과 독일의 거대 시장에서는 사회적 관습이 수요의 성격과 수요에 대응하고 이를 조절하는 가공업자들의 능력에 매우 큰 영향을 미쳤다. 미국과 독일, 네덜란드, 스칸디나비아에서 커피가 커피 하우스보다 가정에서 더 많이 소비되었다는 사실은 이 업종의 조직에 중요한 함의를 지녔다. 미국에서 커피는 잡화점에서 압도적으로 많이 팔려서 아버클 브러더스Arbuckle Brothers 와 울슨 스파이스 컴퍼니Woolson Spice Company 같은 소수의 가공 회사가 19세기 말 산업적 규모의 로스터 개발에 편승하여 자신들의 볶은 커피에 상표를 붙였다. 상표의 급격한 확산은 가공 회사들이 더는 하나의 상품(초록색 커피 콩)을 판매하는 것이 아니라 아버클 브러더스의 '유번Yuban'처럼 등록상표가 붙은 제품을 판매하는 결과를 낳았다. 크래커와 밀가루에서 청량음료와 담배까지 다른 식품과 약품처럼, 광고와 천연색 깡통과 수집용 그림 카드 같은 다른 마케팅 전술은 특정 상표에 대한 욕구를 자극하고 팽창 중인 소매 잡화점에 호소하려 했다. 광고와 마케팅 전술은 '품질'이나 가격을 넘어 다른 것에 호소하는 새로운 정보를 제공했다. 이를테면 깡통과 그 안에 포함된 그림 카드의 미학과 패션에 호소했다. 부자가 아닌 구매자들은 커피를 담은 깡통과 포장 상자를 가사 도구와 건축 자재로 재활용했다.[387]

두 번째로 큰 커피 시장인 독일에서 커피는 '식민지 상품' 상점으로 알려진 특산품 판매점에서 팔렸다. 커피의 90퍼센트 이상이 라틴아메리카에서, 독일인이나 독일인 이민자들이 소유한 과테말라와 브라질, 멕시코의 플랜테이션 농장에서 많이 들어왔지만, 1884년 베를린 회담에서 천명된 아프리카 식민지의 꿈은 계속해서 독일인의 상상력을 지배했다. 몇몇 상표는 아프리카의 이미지를 드러냈는데 대개 토착 흑인을 풍자한 그림이었다. 실제로 독일과 중부 유럽 커피는 대부분 곡물이나 치커리 뿌리 같은 커피 대용물이었다. 수입 관세가 진짜 커피의 수입을 막았기 때문이다.[388] 그래서 독일인들이 커피를 소비할 때 실제로는 수입된 열대지방의 커피콩이 아니라 현지에서 재배된 덩이줄기의 음료를 마시는 경우가 흔했다. 미국의 커피 회사들은 '백악관White House' 같은 상표를 내놓고 엉클 샘을 대변인으로 내세움으로써 커피를 원래 미국적인 것으로 묘사했다. 남아메리카와 그곳의 농장 노동자들은 무시되었다. 제국 독일의 시각도 공화국 미국의 시각도 라틴아메리카의 응당한 공로를 인정하지 않았다.

그렇지만 이러한 호소는 정말로 점점 더 많은 커피의 판매를 촉진했다. 기술적인 도약과 정부의 감독 덕분에 확장 일로에 있던 가공 회사들은 초록색 커피콩이나 주문 로스팅custom-roasted 커피를 판매한 수천 개 잡화점과 소규모 가공업체들을 압도했다. 거대 가공 회사들은 눈으로 확인할 수 없는 포장 원두의 품질에 대한 소비자의 신뢰를 획득할 수 있었다. 구매자의 의혹을 불식시킨 첫 번째 단계는 1900년에 발명된 진공포장이었다. 진공포장은 널리 수용되기까지는 20년이 더 흘러야 했지만 시카고의 어느 버터 회사에서 빌려온 것이었다. 1920년대에 들어서면 재즈 시대가 속도와 여가에 대한 욕망을 키우면서 다른 가공식품의 경우에도 그랬듯이 '편리함'이 볶은 커피의 중요한 속성이 되었다.

그러나 두 번째 문제(깡통에 담긴 커피콩의 의심스러운 품질)에는 종종 나쁜 것을 섞어 품질을 떨어뜨린 수입업자들이 시장을 지배하지 못하도록 정부의 개입이 필요했다. 미국에서는 약 30년 먼저 제정된 영국의 순수 식품법을 토대로 1906년에 순수 식품 약품법을 제정하여 기준을 정했다. 특별히 육류와 특허 약품 산업을 겨냥한 이 법은 수입 커피를 그 출항지에 따라 표시해야 한다고 규정했다. 그래서 '자바'나 '모카Mocha'처럼 '산투스Santos'도 특정한 유형의 커피가 되었다.[30] 독일과 다른 유럽 국가의 정부들도 곧 선례를 따랐다.

산업적 규모의 거대 가공 회사들은 소비자의 신뢰를 얻고 대량 생산한 볶은 커피를 제공함으로써 시장과 이 상품의 사슬을 지배했다. 이 회사들은 종전에는 가정주부의 영역이었던 로스팅과 분쇄 과정을 공업화하고 상품화하여 커피 상품 사슬을 길게 늘였다. 지역에 따라 다양한 로스팅과 혼합을 보여 주는 커피를 판매하는 여러 브랜드가 시장을 분할했다. 1935년 미국에서 판매되는 커피의 90퍼센트가 상표가 붙은 포장된 볶은 커피였다. 주부가 동네 잡화점에서 구입한 브랜드 커피는 단순한 상품이 아니라 기업의 브랜드 제품이었다. 독일에서 1885년부터 상표 붙은 볶은 커피를 판매한 카이저 식료품 연쇄점Kaiser's Tengelmann GmbH은 제1차 세계대전 직전에 점포가 1420개로 늘었다. 카이저 연쇄점의 우스꽝스러운 커피 주전자 모양의 로고는 나라 전역에 퍼졌다. 새로운 포장과 상표, 광고의 도입이 서유럽의 다른 지역에 침투하는 데는 시간이 더 걸렸으며, 커피 소비의 상품화와 생산의 공업화가 더딘 라틴아메리카와 아시아에 도달하기까지는 더 오랜 시간이 걸렸다.[389]

거대 가공 회사들은 또한 수직적 통합을 꾀하여 오지로 대리인들을 보내 생산사로부터 직접 커피를 구매했고 때로는 재배국의 플랜테이션 농장을 사들이기도 했다. 제2차 세계대전 이전에 커피 상품 사슬의 부분들을 가장 성공적으로 통합한 것은 그레이트 애틀랜틱 앤드 퍼시픽 티 컴퍼니A&P의 연쇄점 제국이었다. 이 회사는 커피를 수입하여 볶고 깡통에 밀봉하고 상표를 붙여 자사의 수천 개 점포에서 수백만 봉지와 깡통의 에이트어클락Eight O'Clock 커

_____ **30** 모카(엘모카)는 예멘, 산투스는 브라질의 항구 이름이다.

피를 소매로 판매했다. 독립적인 상인들과 소규모 가공업자들, 해운 회사들의 세력은 약해졌던 반면, 슈퍼마켓 회사들은 자체의 '선반 공간'을 통제했고 집중도가 늘어났기에 커피 상품 사슬을 점점 더 강하게 지배할 수 있었다.[390] 다른 많은 가공식품 상품 사슬의 변화와 마찬가지로 이 경우에도 미국이 선두에 섰다. 세계의 나머지 다른 지역에서 슈퍼마켓이 등장하는 것은 1960년대 이후의 일이었다.

미국에서 이루어진 발전의 결과로, 가정주부가 보상도 없이 커피를 만드는 데 수행한 역할이 줄어들고 가공업자들이 그 노동을 상품화하면서 부가가치가 점증했다. 그래서 커피의 금전적 가치에서 소비국에 부가되는 부분이 점점 더 커졌다. 폴거스Folgers, 맥스웰 하우스Maxwell House, 힐스 브러더스Hills Brothers 같은 소수의 미국 회사는 마케팅 경제를 이용하여 지역적으로, 그리고 제2차 세계대전 이후에는 마침내 전국적으로 팽창했다. 이 회사들은 커피 상품 사슬에서 가장 큰 이윤을 차지했다.

가공업체들은 시장 지배력과 상품 사슬 통제를 이용하여 커피 교역의 이익을 대부분 가져갔을 뿐만 아니라 새로운 커피 제품을 출시하여 부가가치를 더했다. 1901년 일본인 화학자 가토 사토리加藤サトリ는 애초에 차에 쓰려고 개발한 기술을 커피에 적용하여 녹일 수 있는 커피(즉석커피)를 만들었다. 이 커피는 상업적으로 크게 성공하지는 못했다. 미국으로 건너온 벨기에인 이민자 조지 워싱턴George Washington이 1910년에 개발한 '조지 워싱턴 즉석커피'는 시기가 더 좋았기에 순조로웠다. 이 새로운 기적의 음료는 제1차 세계대전에 맞추어 등장했고, 전쟁부는 이 커피를 "육군의 생존 품목 중 가장 중요한 것 중 하나"로 여겼다. 워싱턴 커피 회사G. Washington Coffee Company의 생산고는 전부 유럽 전선에 투입된 미군에 보내졌다.[391] 평화가 찾아오자 소비자들은 느리지만 맛이 더 좋고 더 값싼 끓이는 커피로 되돌아갔다. 그렇지만 이 시기의 끝무렵에 공급과잉의 세계시장과 초라한 가격에 직면한 브라질 정부가 스위스의 분유 회사 네슬레에 더 잘 녹는 처리법의 개발을 요청하면서 변화의 씨앗이 뿌려졌다. 1938년 이 회사는 세상에 네스카페Nescafé를 소개했다. 네스카페는 병사들이 소중히 여긴 휴대식량이 되었다. 네스카페의 영향력은 크게 애

호되었던 제2차 세계대전 이후에 감지된다. 즉석커피는 맛보다 편리함을 강조했기에 빠르게 성장하던 로부스타 품종Coffea Robusta의 원두가 선호되었다. 로부스타는 다른 품종의 커피나무로 1860년대에 중앙아프리카에서 발견되었고, 아라비카 품종보다 잎마름병에 더 강했기 때문에 자바섬과 실론으로 옮겨졌다.[392] 지금 다루는 시기가 끝난 후, 아프리카와 인도네시아, 그리고 한참 뒤에는 베트남이 로부스타 커피나무를 심고 수확하는 데 뛰어들면서, 커피 재배를 거의 독점하다시피 장악했던 라틴아메리카의 지위가 흔들리게 된다. 즉석커피를 만들고 저급한 원료를 이용하는 데 기술이 큰 역할을 했기 때문에, 커피 재배자들이 슈퍼마켓에서 팔리는 즉석커피의 최종 가격에서 가져가는 몫은 점점 더 줄어들었다. 밀과 쌀의 생산자들과 산업 원료를 채굴했던 광부들이 최종 완제품의 가격에서 차지하는 몫이 점차 줄어들었던 것과 마찬가지였다.

세계 커피 시장에서 재배 국가의 힘은 거대 가공 회사들의 팽창으로 더욱 축소되었다. 가공업체들의 우월한 기술, 더 높은 효율, 정교한 마케팅은 가공과 유통의 집중을 더욱 심화시켰다. 1950년대가 되면 미국의 5대 가공 회사가 미국에서 소비되는 전체 커피의 3분의 1을 처리했다. 아주 큰 규모의 무역업자들이 등장하여 가공업체들의 점증하는 수요를 충족시켰다. 연방거래위원회FTC에 따르면, 1950년대에 10대 수입업체들이 전체 수입량의 절반 이상을 책임졌다.

브라질의 수출 상사 열 곳이 1920년대에 이르기까지 대략 수출의 3분의 2에서 90퍼센트를 차지했으며 그 이후로도 계속 절반 이상을 통제했다. 브라질은 1950년대에 이르기까지 전 세계 커피의 40퍼센트에서 80퍼센트를 수출했고 이 수출 상사들이 다른 생산지에서도 활동했기 때문에, 이는 곧 소수의 수출 상사가 전 세계 수출과 정보를 지배했다는 뜻이다.

20세기 초 정부의 개입은 커피 상품 사슬의 일부 지배권을 생산국에 돌려주었다. 1906년부터 브라질의 몇몇 주는 커피 가격의 '안정화'를 위해 비축량을 세계시장에 풀지 않았다. 그리고 20세기 전후에 단독으로 전 세계 커피의 대부분을 생산한 상파울루주는 1924년에 준準 공공 커피 협회를 설립하여 자금 조달과 창고 저장, 판매를 감독했다. 이는 1931년 연방 정부의 가격 유지 정책으로 이어졌다. 대공황으로 커피의 수요와 가격은 급락했고 브라질의 커피 재고량은 엄청나게 늘었다. 초기의 해법은 브라질 중앙정부가 전 세계의 1년치 공급량에 맞먹는 약 1000만 파운드(약 4500톤)의 커피를 태운 것이었다. 그래도 가격이 안정되지 않자, 외교를 동원했다.

커피 재배 국가들이 서로 협력하여 가격 하락을 막으려던 초기의 시도는 실패로 돌아갔지만, 설탕과 고무와 마찬가지로 새로운 위기는 너무나 긴박했기에 라틴아메리카 열네 개 커피 재배 국가가 다시 모여 관심사를 논의했다. 이들이 함께 모인 이유를 당대의 어느 커피 연구자는 이렇게 말했다. "아메리카 공화국들의 경제생활에서 커피가 차지하는 중요성은 과장하려야 과장할 수 없다. …… 다른 여러 수출 상품 이상으로, 커피의 해외 판매에서 나오는 수익은 수출 국가의 주민들에게 널리 배분된다."[393] 세계시장에서 작은 수출국이었던 나라들까지도 외환과 정부 세입에서 커피에 크게 의존했다. 1940년 마침내 합의가 이루어졌다. 제2차 세계대전이 유럽으로 가는 화물을 봉쇄하여 아메리카 시장에 공급과잉을 초래했기 때문이다. 10세기 초 브라질의 가격 안정화에 격하게 맞섰던 미국 정부는 이제 주요 생산국과 소비국들 사이에 협력이 반드시 필요하다고 인식했다. 새로이 창설된 아메리카 커피 위원회 Inter American Coffee Board가 가격을 통제하고 할당량을 정했다. 위원회의 의결권 서른여섯 표는 생산국(브라질 아홉 표, 콜롬비아 세 표, 나머지 각 한 표)과 주요 소비국(미국 열두 표)이 나누어 가졌다. 독일과 오스트리아 같은 나라가 생산국이자 소비국이었던 설탕 회의를 제외하면, 이 협정이 생산국과 주요 소비국을 포함하는 최초의 국제 협정이었다. 이 협정은 전 세계 커피 생산국과 소비국 대부분이 참여한 1961년 국제 커피 협약International Coffee Agreement의 선례가 되었다.

그렇다면 커피는 광범위한 국제 협력의 진전과 남반구의 한 나라가 수행한 특별한 역할 때문에 다른 세계적 상품들과 달랐다고 할 수 있다. 브라질의 성공은 타고난 조건, 1822년 유럽 식민주의를 떨쳐냈던 힘, 외국 자본과 기술, 이민 노동자, 시장의 이점을 취하여 세계경제의 변화에 적응했던 능력에서 나왔다. 커피가 장거리 운송을 잘 견디고 늘어나는 북반구 공업국의 도시 소비자들을 자극한 마약성 식품이었다는 사실은, 식민지에서 해방된 브라질 국가의 힘과 결합하여 브라질이 세계경제에서 남반구 농업 수출국으로서 전례 없이 강력한 지위를 누릴 수 있게 했다. 그러나 시간이 지나면서 커피에서 나오는 이윤은 공업국 중심지의 가공업자와 유통업자가 점점 더 큰 몫을 가져가게 된다.

차

차는 영양가가 적은 자극성 식품이고 빨리 상하지 않으며 장거리 운송을 잘 버텼다는 점에서 커피를 닮았다. 카페인은 중추신경계에 중요한 향정신성 효과를 미쳤으므로 커피와 차는 음료로 취급되었을 뿐만 아니라 약품으로도 취급되었고 여가와 노동, 전투에 유용했다. 두 자극성 식품은 종종 소비자를 두고 경쟁했으며, 한 회사가 둘 다 판매하는 경우가 많았다. 두 경우에 똑같이, 국제시장으로 나간 상품은 남반구에서 가난한 노동자들이 대체로 북반구 공업국을 위해 재배했다. 그러나 차의 역사와 재배지, 사업 조직, 정치적 배경은 커피와는 다른 세계였다. 지금 다루는 시기의 독립국가들이 커피를 생산했다면, 차는 한때 중국의 전매품이었지만 식민지 생산품이 되었다.

적어도 2000년간 차는 중국에서 재배되고 가공되고 소비되었다. 1000년 전 불교 승려들이 일본으로 가져간 씨앗을 제외하면, 차는 중국의 전매품이었다. 1600년대에 네덜란드와 포르투갈이 차를 수입하고 100년 뒤 영국이 차를 수입했을 때, 중국은 유일한 수출국이었고 영국 식민지와 네덜란드 식민지가 18세기 중반에 소량을 외부로 내보내고 1860년대에 일본이 수출을 개시할 때까지 독점 지위를 유지했다. 차는 비단을 뛰어넘어 중국 무역의 가장 귀한 상품이 되었다. "중국의 차를 전부 다 준다고 해도"[394]라는 표현이 있을 정도로 차는 엄청난 부를 의미하게 되었다.

차Camellia sinensis는 자생식물이었다. 수백만 명의 중국 농민(1920년대 차 재배 농민은 400만 명으로 추산된다.)은 작은 밭에서 차나무를 키웠고 토착 기술을 이용하여 잎과 잔가지를 가공했다. 찻잎은 시들지 않도록 따자마자 바로 덖고 말려야 한다. 그래서 농민은 가공 전문가이기도 했다. 차는 중국과 일본의 문화와 종교, 정체성에 얽혔기에 농민은 생산자인 동시에 소비자였다.[395]

차는 그 상품 사슬의 성격 때문에 영국에서 비싼 사치품이었다. 많은 농민이 지역의 상인들에게 차를 팔면 이들이 더 큰 시장으로 갖고 오고, 몇 주 뒤면 차는 외진 내륙의 산악 지대에서 항구에 도달했다. 중국 상인들은 광저우나 앰보이Amboy 같은 해안가 항구에 도달할 때까지 차 무역을 지배했고, 이윤의 상당한 몫을 떼어 갔다. 재배 방식은 규모의 경제를 만들지 못했다. 이것만큼이나 수출 작물에 문제가 되었던 것은 대체로 인간이 육로를 통해 나르든 작은 배에 실어 강을 따라 내려오든 차를 내륙의 오지에서 운반하는 비용이 많이 들었다는 점이었다.

차에 들어가는 비용은 유럽인들에게 특별한 문제였다. 이 교역에서 그들이 중국인에게 줄 수 있었던 단 한 가지는 은이었고 은의 공급은 부족했기 때문이다. 은은 대부분 태평양 건너 페루와 멕시코의 광산에서 왔거나 대서양과 인도양 건너 세계 전역에서 왔다. 차의 대가로 지불할 교역 상품을 찾아내기 위해 영국 동인도회사는 19세기에 인도에서 다른 자극성 식품인 아편을 들여왔다. 이 약물은 중국에서 파괴적인 마약중독을 초래했고 전쟁을 촉발하여 결국 청나라 황제는 유럽인들에게 조약항을 열어 주고 아편 수입 권리를 부여할 수밖에 없었다. 그렇지만 유럽인들은 여전히 충분히 낮은 가격에 차를 공급받지 못했다. 중국의 차 무역이 절정에 달했을 때에도, 적어도 생산량의 절반은 중국인들이 소비했다. 1920년대에 중국에서 생산되는 차의 70퍼센트 내지 90퍼센트가 국내에서 소비되었다.[396]

치솟는 수요를 충족하는 문제는 1880년대에 영국과 네덜란드의 전매 회사들이 중국 차 씨앗과 자국 식물원에서 개발된 새로운 과학적 기술을 인도와 자바섬에 들여오면서 해결되었다. 이들은 국내의 노예 계약 노동자들이나 인도에서 쿨리로 알려진 채무노예, 유럽의 자본, 신기술을 이용하여 플랜테이션 농장 규모로 차를 재배했다. 처음에는 중국 차나무를 수입했다. 중국 차가 국제무역에서 가장 귀한 대접을 받았고 많이 재배되지 않는 인도 자생 차나무Camellia sinensis var. asamica가 중국 품종들에 비해 산업적으로 쓰기에는 품질이 뛰어나다는 사실을 인지하지 못했기 때문이다. 인도의 생산자들은 발효 처리를 추가하여 홍차를 만들었다. 홍차는 값싼 설탕과 결합하여 꾸준히 공급되면서 영국 노동계급에서 팽창하는 시장을 발견했다. 영국 노동계급은 차의 원소비자였던 아시아인들과는 다르게 차를 달게 마시기를 좋아했다.[397] 이제 증기선과 철도가 아삼에서 캘커타로 막대한 양의 홍차를 운반했다. 영국 상선단의 가장 빠른 선박들이 그곳에 대기하고 있다가 차를 싣고 유럽으로 가져가 런던의 영국인 주주들과 인도에서 인도인 노동자들을 감독했던 영국인 관리자들을 부자로 만들었다.

그러나 영국인들은 인도의 새로운 경작지에서 자신들의 과학기술 지식과 진보적 수단을 찬양했지만, 플랜테이션 농장들은 근대 자본주의적 노동 체제를 쓰지 않았다. 투자자들이 자본가였고 그곳에서 차가 공산품이 되었다는 것은 사실이다. 1872년 영국인 발명가 윌리엄 잭슨William Jackson의 유념통이 도입되면서 차의 가공[31]은 점차 기계화되었다. 온풍 건조기와 유념기, 분류기까지 뒤이어 기계화되었다.[398]

그렇지만 설탕과 마찬가지로 차의 공업적 처리 과정은 농경의 육체노동 증가를 요구했다. 나무 심기와 기르기, 특히 찻잎 따기의 섬세한 숙련노동은 여전히 손으로, 대개 여성의 손으로 했으며 그 노동조건은 1896년 아삼의 고등판무관이었던 헨리 코튼Henry Cotton에 따르면 '수치스러운' 것이었다. 주로 이웃 관할구역이었던 벵골에서 수입된 쿨리들은 그의 말을 빌리면, "사실상 채무노예였다. …… 노예로 묶인 기간은 아마도 끝이 없었을 것이다."[399] 이는 대규모의 강제 노동이었다. 1927년에는 아삼 한 곳에만 약 44만 에이커(약 1700제곱킬로미터)의 차밭이 있었고, 플랜테이션 농장에서 상시로 일하는 46만 3847명의 쿨리와 외부에서 데려와 일시적으로 일하는 노동자가 4만 1176명

_____ **31** 홍차를 만드는 과정, 즉 제다 과정은 생엽의 수분을 일정 부분 제거하는 위조withering, 찻잎을 비벼 조직을 파괴하고 형태를 바꾸는 유념rolling, 발효fermentation, 건조drying로 이어진다.

이 있었다.[400]

낮은 임노동 계약을 강요할 수 있는 식민지 국가의 힘이 잉여 인구와 근대적 운송 수단과 결합하면서 인도의 차 생산은 실로 폭발적으로 증가했다. 1859년 인도의 차 무역은 사실상 전무했던 반면 중국은 영국으로 7000만 파운드(3만 1752톤)가 넘는 차를 수출했다. 40년 뒤 중국의 대영국 수출은 4분의 3 이상이 줄어 1500만 파운드(6804톤)로 하락했고, 반대로 인도는 앞서 중국이 수출했던 양의 세 배에 달하는 2억 2000만 파운드(9만 9792톤)를 수출했다. 1932년 인도의 차 수출은 3억 8500만 파운드(17만 4636톤)에 이르렀다.[401] 이는 영국 식민지 체제와 경작자들, 상인들에게는 횡재였고 중국의 국제수지에는 재앙이었다. 인도인들이 점점 더 많이 차 산업에서 일했지만, 이들 중 호황을 구가하는 아삼에서 차 농장을 소유한 사람은 상대적으로 매우 적었다. 이 식민지에서 생산되는 차의 절반이 아삼에서 재배되었다. 그러나 당대의 어느 자료에 따르면 "캉그라와 다르질링, 두아스, 타라이(테라이)에서는 인도 회사들이 상당한 크기를 소유했으며 …… 힐 티페라(트리푸라)에서는 모든 차밭을 인도 회사들이 지배했다."[402]

인도에서 실행한 차 실험은 매우 성공적이어서 인근 식민지 실론의 영국인 농장주들도 이전에 잘 자랐던 커피나무가 잎녹병에 쓰러지자 차로 갈아탔다. 차 재배 방식도 대체로 외국에서 들여왔다. 영국인 농장주들이 영국 자본을 이용하여 남부 인도에서 타밀족 노예 계약 노동자들을 데려다 중국에서 인도를 거쳐 수입된 외국산 차 나무를 심고 영국과 영연방의 소비자들이 마실 것을 생산했던 것이다. 토착민인 신할리즈족은 차 재배나 차 마시기와는 전혀 무관했다. 차는 외국의 위요지를 만들어 냈다. 롤란트 벤츨휘머 Roland Wenzlhuemer는 다음과 같이 말한다. "실론이 커피 재배에서 차 재배로 이행하면서 이민 노동자의 성격이 변했다. 커피 농장의 노동은 계절노동이었다. 그런데 차는 상주 노동력을 요구했다. …… 플랜테이션 농장 노동자들과 토착 촌락 공동체들 사이의 사회계약은 드물었고 대체로 상업적인 관계에 국한되었다."[403]

실론의 영국인 농장주들은 영국에서 인도의 차와 경쟁하고 이를테면 미

———1880년대 무렵, 실론에서 차를 따는 타밀족 소녀. 19세기 후반에 영국은 중국을 대신해 차를 독점하려고 인도 남부에서 200만 명이 넘는 타밀족을 실론으로 데려와 차밭에서 계절적으로 일을 시키거나 정착시켜 상주 노동자로 썼다. 국제적으로 거래되는 차의 약 4분의 3이 영연방에서, 특히 영국 안에서 판매되었다. 영국의 선두 주자인 립턴 같은 회사들은 차를 재배하고 건조하며 운송하고 상표를 붙여 도소매로 판매했다. (Wikimedia Commons)

국 같은 다른 곳에 새로운 시장을 개척하기 위해 19세기 말에 활발하게 광고 활동을 펼쳤다. 영국의 대중 편에서 보면, 광고주들은 국내에 정착한 차 산업을 뿌리째 흔들었다. 이들은 자신들의 산업이 얼마나 영국적이고 위생적이며 잘 통제되고 근대적인지 강조했다. 광고는 효과가 있었다. 실론은 1917년 정치적으로 곤란한 상황에 처한 중국을 제치고 세계에서 두 번째로 큰 차 수출국이 되었다. 1933년이면 실론의 수출량은 전 세계 차의 약 4분의 1을 차지했고 이는 중국이 수출하는 양의 두 배를 넘는 것이었다. 다른 영국인 식민지 이주자들도 특히 아프리카에서 차 재배에 손을 댔다. 그러나 케냐와 우간다, 니아살란드(말라위), 남아프리카의 차 플랜테이션 농장은 1945년 이전에는 세계시장에 별다른 영향을 미치지 못했다.[404]

차는 영국의 정체성을 드러내는 표지가 되었다. 어느 정도였는가 하면, 한 끼 식사가 '차tea'라는 이름을 얻었으며 군인들은 차를 배급 식량으로 받았다. 1933년 영국은 여전히 전 세계 차 수입량의 절반 이상을 가져온 세계 최대의 차 수입국이었다. 영국은 1인당 연간 차 소비량이 거의 10파운드(약 4.5킬로그램)로 가장 많았다. 역사가들은 차와 설탕이 낮은 임금을 받으며 고되게 일했던 영국 산업 프롤레타리아를 부양함으로써 산업혁명의 동력이 되었다고 설득력 있게 주장했다. 이 상품 사슬의 시작과 끝인 인도인 쿨리나 영국인 프롤레타리아는 자신들의 행위가 지닌 상보성을 전혀 인식하지 못했을 것이다. 이들은 격렬한 노동을 통해 잉여가치를 짜내 자본가들을 부자로 만들었다.

차는 영국 제국의 접착제가 되었다. 그러나 영연방(영국, 오스트레일리아, 캐나다, 뉴질랜드, 남아프리카)의 다른 곳에서 차는 산업주의가 아니라 식민주의를 부채질했다. 영연방 회원국들은 국제무역으로 거래되는 차의 70퍼센트 이상을 소비했고 백인 정착민 사회에서는 평균하여 1인당 7파운드(약 3.2킬로그램)가까이 소비했다. 인도의 토착민은 영국이 식민지 도처에서 차를 대중화하기 전까지는 아삼 같은 자생지의 주민들만 차를 마셨다. 차는 백인의 관습으로 시작되었지만, 널리 인기를 얻었다. 1950년대가 되면 인도는 세계에서 두 번째로 큰 차 소비국이 되었다.

영국의 새로운 식민지 중 가장 부유한 아르헨티나에서 영국 차의 독특한 영향력을 찾아볼 수 있다. 아르헨티나는 커피보다 차를 더 좋아했다. 그러나 그곳에서도 브라질 남부처럼 차는 인도에서 수입한 차가 아니라 현지 자생종인 예르바 마테Yerba mate(에르바 마티erva mate)였다. 아르헨티나에서 차 마시기는 세계주의의 징표 역할을 하지 않았다. 그것은 아르헨티나의 농촌 정체성과 연결된 토착의 관습이었다. 마테 차는 코노 수르 밖에서는 거의 시장을 찾지 못했다.[405]

다른 주요 차 소비국은 이전의 영국 식민지 미국이었다. 미국은 세계 차교역에서 13퍼센트를 차지하여 두 번째로 큰 시장이었다. 그렇지만 1인당 소비량으로는 1파운드(약 450그램)에 못 미쳤다. 영국인들이 차에 빠졌던 것만큼 미국인들은 커피에 반했기 때문이다.[406]

중국과 일본 밖의 주요 차 소비국 중에서 영국의 경험과 무관한 곳은 중국의 이웃 나라인 러시아가 유일했다. 물론 차는 러시아 문화에 중요했다. 사모바르(러시아의 찻주전자)는 정교회의 성화상이나 한 병의 보드카만큼이나 러시아 문화를 대표하는 상징이었다. 러시아 회사들은 중국의 항저우와 푸젠성에 약 열여덟 개의 차 공장을 설립했다. 그때 수에즈 운하가 개통되어 중국에서 흑해를 거쳐 러시아의 인구가 많은 중심 지역으로 항로가 열렸다. 이 교역을 연구한 로버트 가델라Robert Gardella는 "단순한 환금작물이 아니라 '제조된' 상품으로 올바르게 여겨진" 전차磚茶의 교역이 "놀라울 정도의 상업화를" 낳았음을 알아냈다. 그렇지만 가델라는 이렇게 결론을 내린다. "전근대 중국 경제는 구조적 변화의 필요성 없이 광범위한 상업적 팽창과 수축의 주기에 적응하도록 조직되었다."[407] 실제로 러시아의 중국 전차 수입은 20세기에 들어서 두 나라에서 공히 정치적 분란이 발생한 뒤로, 그리고 19세기 마지막 사분기에 러시아에 이웃한 조지아(그루지야)에서 러시아 시장을 위해 차를 생산하면서 급격하게 감소했다.

차를 생산하고 수출한 다른 주요 국가는 유럽에서 처음으로 차 무역에 관여한 네덜란드였다. 중국에서, 이어 인도에서 차 씨앗을 수입한 네덜란드는 자바에서, 나중에는 수마트라에서 약간의 성공을 거둘 수 있었다. 실론의 영국인들처럼 이들도 호황을 구가하던 커피 플랜테이션 농장들이 1870년대부터 잎녹병으로 파괴되자 노력을 더했다. 커피를 심었던 곳에서 네덜란드인 농장주들은 자바 농민을 강제 노동에 동원하여 1900년에서 1927년 사이에 차 수출을 열 배로 늘렸다. 1933년 이 식민지는 국제무역의 5분의 1을 제공하여 세계에서 세 번째로 차를 많이 수출하는 곳이었다. 잔인한 방법 때문에 네덜란드령 동인도(오늘날의 인도네시아)에서는 민족주의자들의 격렬한 항의가 일어났고, 네덜란드에서는 인도주의적 운동이 나타났다.[408]

일본은 19세기 말에 새로이 획득한 식민지 타이완에서 차 재배를 늘려 그곳을 특히 일본과 미국으로 우롱차烏龍茶를 수출하는 주된 장소로 만들었다. 1890년 무렵부터 1931~1940년 기간 사이에 생산이 약 50퍼센트 증가했다. 그러나 이 체제는 영국과 네덜란드의 식민지들에서 사용된 것과는 크게 달랐다. 일본과 타이완에서는 차는 농민이 가족노동으로 구릉지의 작은 밭에서 재배했다. 차는 쌀농사 같은 다른 농업을 보완했다. 수확이 개선된 덕분에 일본과 타이완의 농민들은 생산량이 늘어나는데도 차밭의 크기를 줄일 수 있었고 더 많은 땅을 다른 작물을 키우는 데 쓸 수 있었다. 일본이 수출하는 차는 대부분 미국의 수출 회사들이 판매했지만, 일본의 차는 다른 아시아 식민지들의 수출 논리가 아니라 국내 농가 논리를 따랐다.[409]

영국에서 차는 커피 하우스에서 시작되었는데 집에서 남녀가 같이 마시는 가내 음료가 되었다. 차는 커피처럼 무알코올 음료로 여겨졌는데 빅토리아 시대 사람들은 문명화하는 음료로 보았다. 납품업자들은 여러 종류의 차에 상표를 붙여 잡화점을 통해 판매했다. 립톤Lipton 같은 몇몇 회사는 차가 재배되고 가공되는 실론의 플랜테이션 농장을 사들여 영국과 미국의 연쇄점에서, 말하자면 '차밭에서 찻주전자로 직접' 차를 팔았다. 미국에서도 A&P가 동일한 과정을 수행했다. 이 회사는 1920년대에 약 2400개 대리점을 갖추었다. 미국인들은 맛에 관심이 많은 영국인들을 괴롭혔지만 속도와 편의성을 원한 미국인들에게는 매력적인 제품을 개발하여 차 소비의 성격을 바꿔 놓았다. 1회분 차를 종이 주머니에 넣은 티백이었다. 1908년에 토머스 설리번Thomas Sullivan이 비단 주머니로, 이어 면 거즈로 만든 작은 판촉용 견본이었던 티백은 미국의 차 소비자 수를 크게 늘렸다. 로이 목스햄Roy Moxham이 말했듯이 티백은 "차를 예법의 음료에서 인스턴트 음료로 바꿔 놓았다."[410] 몇십 년이 더 걸리기는 했지만, 이 시기의 끝에 오면 테틀리Tetley와 립톤, 트와이닝스Twinings도 내키지 않는 마음이 점점 더 커져 가기만 했던 영국 대중을 위해 티백을 생산했다. 소비 관행의 극적인 변화는 생산에도 마찬가지로 지대한 영향을 미쳤다. 티백을 부서진 잎으로, 심지어 가루가 된 잎으로도 채웠기 때문이다. 낮아진 수준은 대부분의 차 플랜테이션 농장에서 고품질 차를 없애 버렸다.[411] 이와 유사한 미국의 다른 발명품은 아이스티였다. 차는 주로 더운 지방에서 마셨기에 얼음을 만들려면 냉장고가 필요했다. 설탕을 많이 넣은 아이스티는 저급한 잎을 사용했다. 중국과 일본의 정신문화적 전통은 완전히 상업화하고 변경되고 세속화하고 국제화하고 근대화했다.

초콜릿

우리가 논의할 마지막 주요 자극성 식품인 초콜릿은 아메리카가 원산지이며 에스파냐인들이 해외로 퍼뜨렸다. 알칼로이드 카페인을 함유하고 카페인의 사촌격인 테오브로민을 더 많이 함유한 다른 나무 작물인 카카오는 수확 후 가공되면 운송과 저장이 용이했다. 기원전 1000년 전 남부 멕시코의 올메카인들이 재배를 시작한 카카오는 한참 후에 쇼코아틀xocoatl 교역이 중앙아메리카 곳곳 멀리까지 퍼지면서 아스테카 문화와 신분의 중요한 상징이 되었다. 카카오는 멕시코의 다른 자생식물인 오키드 바닐라orchid vanilla의 가공한 씨앗과 짝을 이루었다. 오키드 바닐라는 베라크루스의 토토나카totonaca 인디오가 제일 먼저 재배했지만 이것을 초콜릿과 결합한 이들은 아스테카인이었다. 에스파냐인들은 뜨겁거나 차가운 바닐라를 곁들인 카카오를 '초콜릿'이라고 부르며 마시기를 좋아하게 되었지만 좀처럼 먹지는 않았다. 토착민 농민들은 유럽인의 정복 이후에도 중앙아메리카에서 토착 재배 방식으로 품질좋은 크리오요criollo 품종의 열매를 계속 생산했다. 더 강하고 열매가 더 많이 열리는 베네수엘라의 포라스테로forastero 품종은 설탕이 추가된 이후로 해외에서 시장을 발견했다.[412]

마시는 초콜릿은 서유럽에서, 특히 남부의 귀족들과 부자들 사이에서 약간의 사랑을 받았지만, 북부에서는 커피와 차와 경쟁할 수는 없었다. 대체로 같은 카페에서 팔리거나 같은 약방이 보급했기 때문이다. 카카오는 경쟁 관계에 있는 다른 식품들처럼 무알코올 음료로 생각되었다. 북유럽에서는 가톨릭

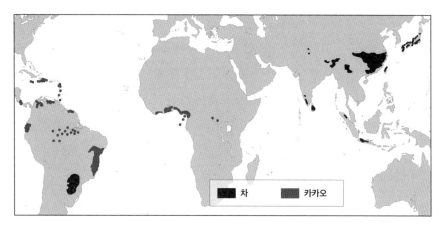

───── 1925년 무렵 차와 코코아의 생산.

교도의 음료이자 여성의 음료라는 딱지가 붙었는데 아마도 옳은 얘기는 아닐 것이다. 카카오는 새로운 공업 방식과 새로운 초콜릿 제품 덕분에 포라스테로가 좀 더 매력을 끌고 널리 보급되어 생산이 늘었던 19세기가 되기까지는 맥을 못 추었다.[413]

초콜릿 세계의 탈바꿈을 초래한 두 가지 중요한 발명은 네덜란드와 스위스의 기업가들이 이루어 냈다. 1829년 네덜란드의 쿤라트 요하네스 판하우턴 C. J. van Houten은 카카오 열매에서 기름을 제거하여 쉽게 용해되는 코코아 분말을 제조하는 방법을 고안했다. 이것이 네덜란드 사람의 작품이라는 사실은 놀랍지 않다. 네덜란드의 카리브해 식민지 퀴라소가 베네수엘라 코코아의 출구가 되면서 암스테르담은 세계적인 주요 초콜릿 시장이 되었기 때문이다. 판하우턴의 가공법은 마시는 초콜릿 생산자들에게 기회를 열어 주었다. 차나 커피와 경쟁할 수 있었던 것은 아니지만, 설탕 가격의 하락은 이 음료 시장의 확대에 일조했다. 1820년대와 1830년대에 마시는 제품에 상표를 붙여 팔았던 스위스인 필리프 쉬샤르Philippe Suchard와 영국인 존 캐드버리John Cadbury 같은 초콜릿 납품업자는 판하우턴의 공법을 채택하여 좀 더 잘 녹는 분말을 만들었는데 여전히 다소 거칠고 맛이 썼다. 이제 코코아 분말은 음료용 분말일 뿐만 아니라 요리의 재료로도 쓰였다. 그러나 이들의 다크 초콜릿dark chocolate은 널리 인기를 끌었고 어른은 물론 아이들에게도 특별한 음식이 되었으며, 1875년에 가서야 스위스인 다니엘 페터Daniel Peter가 이웃의 앙리 네슬레Henri Nestlé의 분유와 자신의 초콜릿을 결합해 밀크 초콜릿을 생산했다. 스위스의 린트Lindt와 토블레로네Toblerone 같은 다른 초콜릿 회사들은 이 새로운 제품을 널리 퍼뜨렸고, 밀크 초콜릿은 점차 대중적인 식품이 되었으며 때로는 군대에서 식량으로 배급되었다. 미국인 밀턴 허시Milton Hershey는 1894년 펜실베이니아에 세계 최대의 일관 생산 공장을 세워 '키세스kisses'와 '미스터 굿바Mr. Goodbar' 같은 저렴한 과자를 대량으로 생산할 수 있었다. 그곳에서 허시는 현지의 목장에서 난 우유와 쿠바에 있는 자신의 플랜테이션 농장에서 가져온 설탕에 수입한 초콜릿을 섞었다. 입법과 냉장, 새로운 위생 기술로 우유를 목장에서 멀리 떨어진 곳에서 판매할 수 있게 되면서, 다른 제조업자들은 값싸고 믿을 수 있는 우유를 점점 더 쉽게 입수할 수 있었다. 엠 앤 엠즈M&Ms는 물론 클라크 바Clark Bar나 베이비 루스Baby Ruth, 마즈 컴퍼니Mars Company의 스니커즈Snickers와 밀키 웨이Milky Way 같은 초콜릿 바처럼 캐러멜과 견과류에 초콜릿을 뒤덮은 배합 막대과자는 제1차 세계대전 이후 초콜릿 과자로 가볍게 끼니를 때우는 습관을 널리 퍼뜨렸다.[414] 초콜릿은 가공식품 산업의 투입 요소가 되었다.

초콜릿이 음료로 쓰이든 음식으로 쓰이든 바닐라는 계속해서 초콜릿을 따라다녔다. 바닐라는 생태학적으로 민감했고 수분에 특정 벌이나 나비, 개미, 벌새가 필요했기에 기르기가 어렵고 벅찬 기생식물이어서 산업적 규모의 생산이나 국제적 이동에 적합하지 않았다. 소비자에게는 다행스럽게도 소량으로도 상당한 양의 초콜릿에 풍미를 더할 수 있었다. 오키드 바닐라를 보조 작물로 재배했던 베라크루스의 토착민들은 18세기 중반에 그곳으로 들어온 프랑스인 이민자들이 수작업으로 오키드의 가루받이를 하는 방법을 발견할 때까지 세계시장을 독점했다. 새로운 발견으로 다른 프랑스인들이 레위니옹과 마다가스카르 같은 인도양의 프랑스 식민지로 바닐라 모종을 가져갈 수 있었다.[415] 1874년 독일인 화학자들이 바닐라 향을 합성하여 숲에서 실험실로 생산을 옮겨 온 뒤로 그 맛은 한층 더 널리 퍼졌다.

카카오의 공급 증가로 저가 과자류가 급속히 확산되었듯이 저가의 밀크 초콜릿은 카카오 수요(그리고 바닐라 수요)의 폭증을 초래했다. 첫째, 사용되는 카카오 품종이 바뀌었다. 우유와 설탕의 첨가가 억세고 생산성이 큰 포라스테로 품종 열매의 쓴맛을 중화시켰기 때문이다. 크리오요 품종의 선두 주자들(멕시코, 중앙아메리카, 베네수엘라)은 수요의 폭발을 충족할 정도로 팽창할 수 없었기에 세계시장을 지배하는 힘이 점차 약해졌다. 에콰도르와 카리브해의 몇몇 섬, 특히 트리니다드가 카카오를 외부에 판매하기 시작했다. 1890년 국제무역으로 공급된 카카오는 6만 미터톤에 못 미쳤다. 1914년 카카오 무역은 네 배 이상으로 증가하여 약 28만 미터톤에 이르렀다. 1940년대에 카카오의 세계무역은 60만 미터톤을 뛰어넘었다. 1940년대에 150만 미터톤에 달했던 커피와 비교하면 적었지만 카카오는 전례 없는 대규모의 경작 확대를 경험했다. 그 팽창 속도(50년 만에 열 배로 성장했다.)는 같은 기간 커피와 차를 크게 앞질렀다. 커피는 세 배로 성장했고 차는 뒷걸음질 쳤다. 전 세계 카카오 생산의 전례 없는 급증의 배후에 놓인 비밀은 포라스테로 카카오나무와 트리니다드에서 개발된 품종인 트리니타리오trinitario 카카오나무를 식민지 아프리카로 이식한 것이었다. 포르투갈인들이 자신들의 섬 상투메 프린시페에 이식한 것을 시작으로, 카카오는 영국 식민지 골드코스트(가나)와 나이지리아 해안에 옮겨졌고 프랑스인들은 코트디부아르로 카카오를 가져갔다. 1914년에 아프리카는 전 세계 카카오의 대부분을 생산하고 있었고, 그중 많은 양은 작은 토착민 농가에서 생산되었다. 이 시기가 끝날 무렵 그 양은 국제 교역량의 3분의 2로 늘어났다.[416] 그래서 카카오는 야자 기름과 더불어 1945년 이전 아프리카의 가장 중요한 수출 농산품의 하나였다.

이 시기 카카오 생산의 노동 제도와 토지제도가 지닌 성격은 앞서 살폈던 다른 어떤 상품보다 훨씬 더 다양했을 것이다. 카카오 생산이 여러 독립국과 식민지들로 나뉘어 있었고 커피와 마찬가지로 생산 규모가 실제로 감소해서 재배자가 더 많았기 때문이다. 윌리엄 클래런스-스미스William Clarence-Smith는 이렇게 말한다. "코코아 생산 규모가 막대하게 증가함에 따라 재배 기술의 집약도는 사실상 줄어들었다."[417] 대농장은 카카오를 재배하기에 효과적인 방법이 아니었다. 그렇지만 불균등한 권력과 토지 소유관계 때문에 대농장은 계속해서 존재했고 어떤 곳들에서는 지배적이기도 했다. 예를 들면 에콰도르의 내국인 소유 농장에서는 에콰도르인 가족 전체가 5~6년 기간의 계약으로 일했다. 노동계약은 영국 식민지 트리니다드에서도 이용되었다. 트리니다드에서 일한 노동자들은 남아시아인 노예 계약 노동자들도 있었지만 대체로 카리브해의 다른 영국 식민지에서 온 자들이었다. 네덜란드령 수리남도 마찬가지였다. 베네수엘라와 코스타리카는 아시아의 영국 식민지에서 온 이주자들을 쓸 수 없었지만 이전의 설탕 노동자들이 새로운 일자리를 찾고 있던 카리브해의 인구 많은 섬들을 개척했다. 도미니카 공화국과 브라질의 바이아주는 현지의 소규모 재배자들과 노동자들이 충분하여 다른 자본이나 노동력을 수입하지 않았다. 그 대신 토착민 이주자들이 와서 임금노동자나 소작인, 소농으로 일했다. 그러나 멕시코의 치아파스주와 과테말라에서는 토착민인 마야인들이 몇몇 카카오 플랜테이션 농장에서 커피밭에서 마주했던 것과 동일한 노예 같은 조건에 처했다.

아프리카는 최고의 다양성을 보여 주었다. 식민지 체제들은 전부 식민지 지주들에 유리했지만 노예제와 강압을 수용하는 데서 차이를 보였다. 나이지리아와 매우 성공적이었던 골드코스트의 영국인들은 점차 노예무역을 없앴고 이어 노예제 자체를 폐지했다. 이들의 문제는 강제 노동을 끝내기 위해 부족장들을 설득하는 것이었다. 부족장들은 "자신들의 코코아 농장을 만들기 위해 인질과 노예, 부역 노동자의 잡다한 노동력을 사용"했기 때문이다.[418] 그렇지만 식민지의 생산은 대부분 아프리카인 소농들의 노동으로 이루어졌다. 카메룬과 토고의 독일인들은 에스파냐령 기니의 에스파냐인들과 콩고와 마다가스카르의 프랑스인들처럼 카카오 농사에 아프리카인 강제 노동을 쓰는 것에 좀 더 관대했다. 그러나 실제의 합법적 노예제는 서서히 사라졌다. 전 세계적인 노예제 폐지 운동을 가장 강력히 무시한 자들은 포르투갈인들이었을 것이다. 포르투갈은 1875년 앙골라에서 노예제를 폐지했으나 1880년대에 되살렸다. 1908년까지 포르투갈 식민지 카부베르드와 앙골라, 모잠비크에서 상투메 프린시페의 카카오 농장으로 수많은 노예와 계약 노동자들이 보내졌다.[419]

1870년 이후 70년간 초콜릿은 낭만적인 선물이자 여가에 마시는 음료였고 아이들의 특별한 먹거리였다. 단맛을 섭취하는 경험은 때때로 전 세계적 생산이라는 혹독한 현실과 충돌했다. 그러나 시간이 지나면서, 심지어 재배 국가들에서도 외국인의 토지 소유 규모와 크기는 감소하는 경향을 보였다. 그렇지만 커피와 차와 마찬가지로 초콜릿의 상품 사슬도 대륙들을 연결했고 식민지 체제들에 퍼져 있었으며 선진 세계의 가공업자들에게 훨씬 더 많은 이익을 가져다주었다. 그리고 여러 재배 지역에서 상당한 강압을 유지하면서도 더 자유로운 노동 쪽으로 이동한 이단적인 노동 제도가 그 특징이었다. 과학은 화학과 농학, 공학의 형태로 자극성 식품들의 재배와 가공, 운송, 산업화, 마케팅, 유통에서 중요한 역할을 수행했다.

불법 식품

상품 사슬에 관한 마지막 주해다. 우리는 지금까지 수요를 창출하고 이에 응하는 데 자연과 기술, 국제정치, 사회적 관습이 중요하다는 점을 지적했다. 특허와 저작권, 상표 같은 법적 장치가 재산권과 재산 가치를 지탱했다. 많이 논의하지 않은 것은 몇몇 상품을 보호하고 널리 알려 그 생산자들에게 큰 부와 지위를 안겨 주고 다른 생산품들은 불법 식품으로 매도한 법률적 경계다. 설탕과 커피, 차, 초콜릿은 걱정스러운 조건에서 재배되고 가공되었을 때에도 대다수 사람과 모든 정부가 훌륭하고 근대적인 것으로 여겼다. 그러나 똑같이 긴 역사를 지녔고 처음에는 기적의 약으로 생각되기도 했던 다른 상품은 무시되었다. 아편과 헤로인(이전에 염료를 생산했던 화학 회사 바이엘Bayer AG이 합성했다.), 코카인, 마리화나는 진통제요, 마취제이자 수면 보조제로서 귀중한 약효를 지녔는데도 중독성 때문에 비난을 받았다. 바이엘은 단속 기관의 변덕을 폭로하면서도 헤로인을 포기하고 주로 다른 진통제인 아스피린에 의존하여 세계 최대의 제약 기업이 되었다. 다른 식민 강국들도 내키지는 않았지만 국제연맹과 유엔을 통해 차츰 수용했던 미국 주도의 국제 협약들이 마약을 성공리에 금지했고 동시에 다른 합법적 약품들은 막대한 이익을 거두었다.[420] 20세기의 마지막 몇십 년에 와서야 정부 기관들은 마약의 생산과 수입에 대한 통제력을 상실했다. 볼리비아와 콜롬비아, 아프가니스탄, 터키와 같은 세계 경제의 주변부 지역에 있는 생산자들이 가장 부유한 나라들로 마약을 몰래 반출하였기 때문이다. 가장 대중적인 사회적 약품인 알코올을 금지하고 불법화하려는 유사한 노력은 1919년에 제정된 미국의 볼스테드 법(전국 금주법)이 1933년에 폐기되면서 지금 다루는 시기에 이미 실패했다. 합법적 금주를 막은 것은 밀주 제조와 폭력단의 발흥을 촉진했다. 더 중요한 것은 너무도 많은 사람이 술을 원했고 너무 많은 정부 기관이 수입을 원했다는 사실이다. 그렇지만 우리는 여전히 1945년 이전에 처음 체계적으로 제도화된, 침투성이 크고 때로 자의적인 국제적 법률상의 경계와 더불어 살고 있다.

상품 사슬이 단지 공급과 수요의 힘에만 지배된 것이 아님은 분명하다. 상품 사슬은 전적으로 이익과 손실이 정의와 공평이라는 관심사를 압도하는 윤리적 진공에서 작동한 것은 아니었으며 문화적 가치를 완전히 초월할 수도 없었다. 취향의 이유를 밝히는 것이 어려운 만큼이나, 새로운 제품이 시장에 나왔을 때 법적으로 허용된 것과 금지된 것 사이를 가르는 구분선을 예측하기도 어려웠다.

* * *

1870년 이후 75년간 생산은 전례 없이 폭발하여 시장의 거래가 증가했고, 그중 많은 거래가 국경을 넘어 여러 대륙에 퍼졌다. 1940년대가 되면 산업화와 농업의 혁신, 마케팅 혁명이 지구상의 거의 모든 사람에게 영향을 주었다. 전기와 석유가 증기력에 합세하여 거리를 줄이고 도시의 밤을 없애 완전히 새로운 방식으로 세계를 움직였다.

이는 증강된 세계화의 첫 시기라고 불러도 무방할 것이다. 그러나 세계적 확산은 동질적인 행위자들을 만들어 내지 않았고, 모든 것이 다 상품화되거나 예측 가능한 것도 아니었다. 우리는 상품 사슬 연구법을 쓰고 농업을 강조함으로써 이렇게 격한 변화들의 폭넓은 형세를 개략적으로 제시할 수 있었고, 동시에 밀이나 설탕 같은 동일한 제품에서도 생산 제도와 가공, 운송, 마케팅, 소비의 다양한 편차를 강조할 수 있었다. 면과 곡물, 자극성 식품 같은 상품들은 자연환경과 사회체제, 가치관, 시장 제도, 그리고 그것들이 만나고 형성했던 국가기관이나 식민지 기관과 상이한 방식으로 영향을 주고받았다.

이러한 경제적 교류의 상황은 시간이 흐르면서 또 지리적 위치에 따라 변했다. 그 결과, 상품이 다른 경제활동과 연결되는 전방 연쇄와 후방 연쇄, 그리고 이것이 고용과 세입에 미치는 영향도 시간과 장소에 따라 다양했다. 세계경제의 이질성은 더욱 빨라진 교통과 통신으로 가능해진 강화된 국제경제 관계를 통해 사람들을 결합한 '대가속Great Acceleration'과 동시에 경제적·기술적 발전의 혜택을 불균등하게 분배한 '대분기'가 출현하는 결과를 가져왔다. 서유럽과 북아메리카, '신新유럽'을 한편으로, 나머지 세계를 다른 한편으로 양자 사이의 간극은 더 벌어지는 경향을 보였다. 상품 사슬 연구법을 쓰면 여러 대륙의 재배자와 가공업자, 선적업자, 상인을, 이들이 당시에 서로 알지 못하고 복잡한 국제적 사슬에 참여하고 있음을 꼭 인식하지는 못해도 분명하게 연결할 수 있다.

통신과 교통, 가공, 보존, 포장의 기술 발전으로 세계무역의 규모와 속도, 크기가 대단히 크게 팽창했다. 증기선과 운하, 철도, 전신, 마지막으로 전화가 공간을 재조정했다. 다양한 농산물 재배 품종이 대양을 건너 이식되고 주민들이 대규모로 이주하면서 자리도 바뀌었다. 인간이 점차 자연을 지배하고 변형시켰기 때문이다. 몇몇 부문에서, 특히 식품에서 사람들은 '자연' 식품이 무엇인지, 그것이 얼마나 순수하고 온전한지, 아니면 얼마나 통제받지 않고 위험한지 묻기 시작했다. 1870년에 알려지지 않았거나 드물었던 몇 가지는 1945년이면 많은 사람에게 필수품이 되어 세계경제에 참여한 일부 사람의 물질적 삶을 풍요롭게 했지만, 이들은 화폐를 통한 시장 거래에 더욱 의존하게 되었다. 가장 부유한 나라들에서는 완전히 새로운 계층의 시장 지향적 소비자와 연쇄점과 백화점 같은 새로운 구매 장소가 출현했다.

상품 소비의 확대는 노동 강화와 직접적인 연관이 있었다. 자극성 식품과 기계, 새로운 농업 기술은 노동자들에게서 더 많은 노동력을 쥐어짰다. 여가는 점차 값비싼 상품이 되었다. 경영자와 투자자, 노동자는 시간은 점점 더 많은 사람에게 돈이라는 생각을 하게 되었다. 산업화한 지역에서 시계와 전기 조명이 개인의 생체리듬과 계절의 순환을 통제하고 나아가 대체했기 때문이다. 이처럼 얀 더프리스Jan de Vries가 말한 이른바 근면 혁명(1650~1850)의 강화와 전 세계적 확산은 식량 생산과 약품 생산의 도약으로 어느 정도 완화된 동시에 부추겨졌다. 이 시기에 알베르트 아인슈타인Albert Einstein이 물질과 에너지는 충분한 힘이 발휘된다면 서로 바뀔 수 있음을 증명했듯이, 노동과 물건도 상호 대체 가능한 것으로 보였다. 비록 한결같게 이루어지지는 않았어도, 전통적인 노동 관습과 토지 관습은 시장의 힘에 굴복했다. 밀과 커피, 차, 경질섬유 같은 중요한 상품들의 시장은 광역권에서, 심지어 세계적으로도 가격의 수렴을 향해 가는 경향을 보였으며 동시에 선물거래는 아직 존재하지도 않는 물건을 팔았다.

이 시기는 방해받지 않은 통일체가 아니었다. 끝없는 번영의 상승 곡선이 아니었다. 이 시기는 경기순환과 호황, 붕괴, 일시적 유행과 역행으로 가득했다. 1914년까지는 자유주의의 급속한 성장과 확산, 관세 인하, 국가 개입 감소, 외국무역 의존도 증가(특히 영국 제국에서)가 전반적인 특징이었던 반면, 사라예보에서 세계대전이 발발한 이후 30년간이 증언한 것은 주로 "자유주의와 가진 짧은 만남에서 물러나기"였다.[421] 그렇지만 이 역사는 북대서양 경제들에만 집중한 세계사가 아니기 때문에, "세계경제는 1914년에서 1945년 사이 30년간 세계화의 성취를 전부 상실했다."는 케빈 오러크Kevin O'Rouke와 제프리 윌리엄슨Jeffrey Williamson의 견해에 완전히 동의할 수는 없다.[422] 앞선 시기의 가격 수렴이 사라지고 세계무역이 전체적으로 침체했지만, 무역과 신기술의 조직적 구조(원동력)는 그대로였다.

상품 사슬의 세계적 확산을 대차대조표로 평가하기는 어렵다. 모호하기 때문이다. 한편으로 우리가 고찰한 변화는 무역과 기술의 보급, 공식적이고 비공식적인 제국주의를 통해 세계를 더 가깝게 만들었다. 다른 한편으로 상업적 혁명의 혜택은 대부분 몇몇 장소에 집중되었다. 1870년에서 1945년 사이에 부와 권력의 국제적 집중은 전례 없는 수준에 이르렀다. 이러한 집중은 몇몇 국가에, 대체로 서유럽과 북아메리카에 국한되었고, 그 나라들 내부에서도 계급 간의 큰 구분과 지속적인 지역적 구분(미국 남부와 미국 북동부를 비교해 보라.)이 존재했다. 그러나 세계가 서구 대 나머지 지역으로, 식민 국가와 식민지, 공업주의자와 농업주의자로 나뉘었다고 생각하면 이는 너무 단순하며 잘 못일 것이다. '비서구'에도 세계경제와 제법 상당히 연결된 변화와 성장이 충분했다. 중국에서 볼 수 있듯이 세계무역의 통계에 잡히지 않는 광역 간의 상당한 교역도 존재했다. 부에노스아이레스와 리우데자네이루, 상하이 같은 세계적 도시들에는 그 배후지뿐만 아니라 이를테면 웨일스나 안달루시아, 뉴멕시코 같은 곳보다 분명코 더 많은 부와 선진 기술이 있었다. 수확물의 대규모 가공은 물론이고 설탕과 밀 같은 몇몇 작물의 농공업이 발전하면서 공업과 농업 및 추출업 사이의 구분은 종종 분명하지 않았다.

세계경제에 편입되지 않은 사람들이 자기를 꼭 '패자'라고 생각할 필요는 없었다. 마야인과 줄루족, 아파치족, 타밀족처럼 정복되거나 복속된 식민지 농민과 소수민족들의 두드러진 저항을 볼 수 있다. 이 사람들은 무기력하게 굴복하지 않았다. 이 시기의 저항은 두 가지 방향으로 흘러 내부 전쟁과 내전은 물론 좀 더 온건한 개혁으로도 이어졌다. 동시에 많은 종교 운동이 물질주의적 시장가치가 정신적 가치보다 우선하는 것을 거부했으며, 좀 더 세속적인 아나키스트들과 사회주의자들, 사회민주주의자들은 자본주의의 부르주아적이고 개인주의적인 소유 제도를 개혁하거나 무너뜨리기 위해 투쟁했다. 이 시기에는 비록 소수의 사람이 전례 없는 권력을 행사했지만, 세계 전역에서 이데올로기적 헤게모니 쟁탈전이 벌어졌다.

점차 강도를 더해 가는 권력 집중은 자본과 기술을 대부분 통제하는 작은 집단뿐만 아니라 파괴의 산업화에서도 시작되었다. 근대의 신무기(기관총, 철도, 포함, 폭격기, 미사일)와 이를 멀리 떨어진 곳으로 가져가는 수단은 부국의 이점을 강화했으며 거대한 새 시장과 부를 창출했다. 선박을 석탄 운송에서 석유 운송으로 전환하는 것이나 전신으로 식민지들을 연결하는 것 같은 명백한 경제적 결정들은 이윤을 극대화하려는 욕구만큼이나 전략적 고려에서 비롯하기도 했다. 실로 기간 시설을 건설한다는 제국적 결정이나 방어적 결정은 단기적인 경제적 의미는 없었다. '경제적으로 합리적인 인간'을 기리는 것은 비합리적이고 인종차별주의적인 파괴의 도전을 받았다.

상점과 시장의 진열대가 더 많고 다양한 물건으로 채워졌지만, 선택 폭의 확대가 대다수 사람의 삶에 큰 영향을 미치지는 않았다. 실제로 강압은 이 시기에 기회만큼이나 중요한 중심 주제였다. 절반만 자유로운 거래와 번쩍이는 새로운 근대적 물건으로 넘치는 시장의 세계는 채무노예와 권위주의로 망가진 세계이기도 했다. 이 시기는 과연 노예제가 폐지되고 여성의 첫 참정권이 도입됨으로써 권리가 증대한 시기였다. 자유주의자와 사회민주주의자들은 민주주의를 확산시켰다. 그러나 이 시기는 러시아와 터키에서 소수민족 학살이 자행된 시대였으며, 아르헨티나와 북부 멕시코, 미국의 대초원 지대, 오스트레일리아의 아웃백 같은 곳에서 토착민을 겨냥한 내부 전쟁이 벌어진 시대였고, 나치 독일의 좀 더 제도화하고 지독한 '종족 정화'의 시대였다.

이 시기에 영국 제국주의는 최고조 단계에 진입했고 이어 미국과 독일, 프랑스, 소련 및 러시아, 일본이 그 지배에 도전하면서 20세기에 들어서 그 세력은 퇴조했다. 어쨌거나 영국의 지배는 획일적이지 않았다. 오스트레일리아와 캐나다 같은 백인 정착민 식민지와 아프리카와 아시아(인도는 부분적으로 예외였다.), 카리브해의 갈색인종 식민지는 매우 다른 취급을 받았기 때문이다. 아르헨티나와 우루과이, 남동부 브라질 같은 독립 지역들은 대부분의 공식적 식민지들보다 영국의 자본과 무역, 기술을 더 많이 받았다.

교통과 통신의 큰 발전은 국제적인 제국과 기업들, 제도, 비정부기구들과 결합하여 무게와 크기, 국제법, 소유권의 표준화를 가져왔고, 이는 다시 민간 부문을 강화했다. 어떤 곳에서는 사업을 할 때 생기는 거래 비용이 급격하게 축소되었다. 금본위제가 널리 수용되고 전신과 전화의 등장으로 거대한 국제적 금융 신디케이트와 협정, 카르텔이 촉진된 덕분이었다.

그러나 경제적 자유주의의 전성기에도 국가는 시장의 조건들이 효력을 유지하도록 보장하는 데 필수적이었다. 트러스트 파괴와 조약 체결 같은 정부의 개입이 없었다면, 독점이 경쟁에 승리를 거두고 혁신은 좌절되었을 것이다. 각국 정부는 강력한 비판자들이 불만을 토로했듯이 단순하게 개입하고 세금을 물린 것이 아니었다. 공무원들은 기간 시설의 건설을 조정하고 그 자금을 공급했으며 과학의 발전을 장려했고 행위자들이 불공정하게 교역을 방해하는 일이 없도록 했다. 또한 이들은 노동자들을 달래고 통제하려 했다. 국가는 상표와 특허, 저작권, 주식, 채권, 통화 협정, 통화가치, 토지 소유권을 감독함으로써 새로이 발명된 상품권commodity right을 규정하고 보호했다. 국가는 법원과 교도소를 통해 소유권을 보호하고 발명하고 막대한 부의 축적을 촉진하는 데에서도 필수적이었다. 몇몇 운 좋은 나라의 정부는 새로운 위생 규정을 도입하고 의학의 발전에 자금을 투입하고 교육제도를 확대함으로써 노동력 재생산을 감독했다.

인구가 증가하고 주민이 이주하고 도시화하면서, 사회는 자연경제와 대면 거래에서 벗어나 시장 상품화를 향해 나아갔다. 국지적 시장과 원거리 무역으로 조정된 익명의 비인격적 관계가 성장하면서 더 큰 제삼자(보통은 국가였다.)의 감독이 필요했다. 커피와 고무, 설탕, 차 같은 무수히 많은 상품에서 여러 나라는 서로 협력하여 시장을 규제하거나 독점하려 했다. 이 시기에 등장한 공적 영역은 사적 영역과 공적 영역을 나누는 경계를 바꿔 놓았다. 비교적 적은 국가에서 노동자(남성은 물론 여성과 아이들도 포함한다.)를 보호하고 식품과 약품 같은 제품의 온전함을 지키는 법률이 출현했는데, 그러한 곳의 국가는 자국 경제와 사회의 장기간에 걸친 번영을 보장하는 데 일조했다. 매우 부유한 나라들과 소련에서 국가는 때때로 작업장 규제를 강화하는 방식으로 노동조합에 대응했다. 브라질의 커피와 북아메리카의 밀 같은 경우에서 농민들은 때로 단합하여 정부의 개입을 요구하기도 했다.

또한 많은 상품의 경우에 시장은 관세와 조약, 제국의 특혜에 의해 만들어졌다. 민간 부문의 이익을 극대화하거나 특정 자본가들을 부자로 만드는 것에 관한 관심만큼이나 국방과 국민 통합, 국가 건설과 사회 평화에 관한 관심도 공무원들을 움직인 동인이었다. 종교적 가치관도 세속의 공적 활동에 영향을 미쳤다. 시장, 그리고 이윤을 얻으려는 싸움은 인간의 행위를 서로 무관하게 독립적으로 지배하지 않았다.

근대 세계의 탄생은 운이 좋은 사람들에게는 부와 권력, 상상도 못했던 제품들, 생활 방식의 여러 가능성을 안겨 주었다. 많은 사람에게 기대 수명과 삶의 기회가 개선되었다. 도시화와 언론의 대중화, 이동의 편리함 덕분에 이전에는 침묵했던 많은 사람이 목소리를 낼 수 있었다. 이때는 독점 회사와 다국적기업들뿐만 아니라 노동조합과 국제 사회주의 운동에게도 중대한 시점이었다.

환경을 다루는 법에 관한 염려가 시작되었다는 사실도 드러났다. 그러나 사람들은 여전히 '자연'을 인간이 쓰도록 정해진 천연자원으로 생각했다. 세계의 식물상과 동물상, 광물은 무한해 보였고, 인간의 재간과 욕망은 끝이 없는 것 같았다.

20세기 벽두에 많은 평자는 이성과 과학이 지배한다는 추정을 토대로 전 세계적인 평화와 번영을 열정적으로 예견했다. 세계무역과 공업이라는 프로메테우스는 밝은 미래를 약속했다. 이어 지금 이 시기의 뒤쪽 31년은 파괴적인 전쟁과 사람들의 기를 꺾는 경제 불황으로 어두워졌다. 수천만 명의 죽음과 경제적 침체는 환멸과 혁명적 열정의 확산을 가져왔다.

60년도 더 지난 과거의 세계를 자세히 돌아보며 가장 중요한 유산이 무엇인지 생각해 볼 필요가 있다. 이 시기는 철도와 비행기, 라디오, 대량생산과 대량 소비가 승리한 시기이며 동시에 부의 집중, 두 차례 세계대전, 러시아 혁명, 핵폭탄의 시기이기도 했다. 속도를 더한 경제적 교류는 문화 전파와 혼합주의적 융합을 낳았다. 통신의 발전은 이따금씩만 더 나은 이해를 낳았다. 이 시기는 날카로운 대조의 시기였다. 몇몇 사람은 전신과 증기선, 세계시장을 떠올리며 분열을 초래하는 차이가 제거된 하나의 세계One World를 생각했다. 이들은 국제연맹과 국제재판소를 발진시키고 에스페란토를 만들었고 적십자 운동과 보이스카우트 같은 비정부기구들을 출범시켜 국경을 넘나들었다. 세계 박람회와 올림픽 게임은 지구촌 구석구석에 있는 사람들의 단합을 꾀했다. 그러나 강력한 경쟁의 충동은 민족주의와 제국주의를 강화했다.

예로 들었던 몇몇 주요 상품의 국제적 상품 사슬을 해부해 보니 '시장the market'이라는 개념은 지나치게 단순화되었고 새로운 생산품들이 여러 가지 이유로 더 귀중해지면서 시장은 더 작은 조각들로 분해되고 불안정하며 이질적이었다는 점이 드러났다. 지리적으로 서로 멀리 떨어진 곳에 있는 사람들이 예상하지 못하고 미리 내다보지 못한 방식으로 서로 영향을 주고받았다는 것은 분명하다. 상품 교환의 네트워크 속에 농민들을 결합한 것이 긍정적이었는지 해로웠는지는 구체적인 역사적 상황에 따라 달랐다. 결과는 한결같지 않았고 미리 결정되거나 일관되거나 일정하지도 않았다. 새로운 형태의 에너지, 기계와 화학의 신기술, 새로운 교통수단과 통신수단, 새로운 제품이 풀어놓은 지니가 반드시 자비롭거나 악의적인 것은 아니었다. 인간의 역사와 사람들이 살았던 환경이 이 첫 번째 근대 세계화 시대의 결과를 결정했다. 역사적으로 교류를 제한했던 지역과 사람 들이 상품 사슬로 연결되었기 때문이다. 이 시기에 해방된 세계적 힘들은 지금도 여전히 메아리친다. 윌리엄 포크너William Faulkner는 이렇게 경고한다. "과거는 절대 죽지 않으며, 심지어 지나가지도 않았다."

좁아지는
세계의 초국적 흐름

에밀리 S. 로젠버그

1870~1945

머리말

"철도, 증기선, 전신의 확대와 이용으로 국적은 유명무실해지고 지리적으로 멀리 떨어져 있던 사람들 사이에는 유대가 생겼다. …… 철도, 증기선, 전신이 세상을 하나로 만든 것이다." 아프리카에서의 활동으로 아프리카에 대한 서구의 태도에 지대한 영향을 끼친 영국의 저명한 선교사 겸 탐험가 데이비드 리빙스턴이 쓴 글에 나오는 내용인데, 지금 보면 참으로 진부하게 느껴지는 소감이다.[1] 19세기 말 무렵에는 좁아지는 세계에 환호한 사람이나 그것을 두려워한 사람 모두에 의해 여러 가지 형태로 표현되어 전 세계로 울려 퍼졌다.

19세기 말 교통, 통신, 금융, 통상에 혁명이 일어나 충성심과 감수성에 변화가 일어나고, 공간적 거리에도 한계가 생기다 못해 심지어 거리 자체가 소멸된 현상은 19세기 중엽에서 20세기 중엽에 이르는 동안 전 세계, 갈수록 몸집이 불어난 국제적이고 초국적인 네트워크들의 탄생을 불러왔다. 지금은 주로 세계화로 불리는 현상으로 향해 가던 그 국면에 크리스토퍼 앨런 베일리는 적절하게도 '대가속'이라는 호칭을 부여했다. 베일리는 자신보다 앞서간 다수의 역사가가 이 시대와 당대의 '근대'기를 연 것이 유럽인이고, 싫든 좋든 근대의 특징을 제국, 교역, 문화적 패권의 새로운 구조들을 통해 다른 지역들로 전해 준 것 역시 유럽인이었다고 주장한 것과 달리, 지금의 세계를 "지구 전역에 도달하는 중첩된 네트워크들의 복합체인 동시에 네트워크들 속에 내재된 거대한 힘의 차별성도 인지한 복합체"로도 인식했다. 그러면서 그는 유럽인들이 "기존의 범세계적 네트워크"를 종종 "자신들의 뜻에 굴복시킬 수는" 있었지만, "그들에게 그럴 수 있는 힘, 결속력, 활용성, 광범위에 걸친 실효성 있는 네트워크와 열망을 갖게 해 준 것"은 "서구의 지배와 힘에 내포된 기생적, '네트워크화된' 특성이었다."고 썼다.[2]

이 부에서는 이 시대의 근대성을 형성하고 전파하는 데 중요한 역할을 한 것은 유럽-미국인들이지만, 시간이 지나면서 전 세계를 종횡으로 누비게 된 다수의 사회 문화적 네트워크 또한 그런 변화를 만들고 가속시키는 데 일조했다는 점을 시사한 베일리와 근래 학자들의 관점을 검토하려고 한다. 국가 건설 계획, 제국의 역동성, 인구 이동, 경제적 상호 관계에도 범세계적 상호 연결성의 관점에서 고찰할 내용이 남아 있고, 다양하고 촘촘하게 짜인 오늘날의 네트워크들과 문화적 뒤섞임에 중요한 선구자가 있었다는 사실 또한 짚고 넘어가야 할 사항이다. 새로 체결된 폭넓은 국제 협약과 기구들이 정부들 간 연결의 범위를 넓혀 준 것과, 정부와 대체로 무관하게 존재했거나 (정부를 통해 느슨하게 운영되었던) 비국가적 네트워크들 또한 열망, 전문 지식, 각종 제휴의 방식으로 사람들을 맺어 주었다는 점 역시 이 단원의 검토 대상이다. 간단히 말해 이 단원은 초국적 사회 문화의 흐름이 어떻게 국가들을 가로질러 순환하면서, 미증유의 새로운 방식으로 세계를 결합했는지를 알아보는 것과 관련이 있다.[3]

그럼 먼저 이해를 돕기 위해 푸른 대양으로 분리된 대륙들 속에 파스텔 색상의 나라와 제국들이 집단별로 표시돼 있는 보통의 세계지도를 머릿속에 그려 보자. 역사는 대체로 그런 지도의 보이지 않는 가설 속에 쓰여 있는 까닭이다. 전문적 역사 서술의 관행도 알고 보면 19세기 말 국가 건설, 제국 건설, 지도 제작이 가속되는 과정과 연계되어 출현한 현상이다. 교과서들이 흔히 영토적 지배의 흥망을 지도로 설명하고, 지배 영역이나 지배권을 주장한 영역의 전후 국경을 지도에 보색으로 표시하는 것이 단적인 증거다. 제1차 세계대전 발발 이전과 이후, 아프리카 분할, 1930년대와 1940년대의 일본 팽창, 볼셰비키 혁명 이후 축소와 확대의 과정을 거친 소비에트 제국 등의 현상을 설명할 때도 흔히 지도가 사용된다. 그런 지도에는 지리적 경계를 가진 국가들과 관련된 역사가 일반적으로 어떻게 교육되고 습득되는지도 나타나고, 변화하는 국경들이 왜 그렇게 움직이고 또 어떻게 움직이는 것과 관련된 문제를 역사가 어느 정도로 중요하게 다루는지도 나타나기 때문이다. 물론 그런 지도는 세계를 개관하는 데도 큰 도움이 된다. 따라서 지도가 없어지기를 바랄 사람은 없을 것이다. 반면에 지리적 정보를 가진 지도는 세계 역사를 개관하는 데 확실한 근거가 되는 것 못지않게 국가로 불리는 노랑, 분홍, 녹색의 정치체들이 확대되고 축소되며 등장하고 사라지는 결정 및 행동에 관련된 연구의 영역도 소리 없이 만들어 낸다.

물론 그와는 다른 유형의 지도도 있을 수 있고 실제로도 만들어졌다. 만일 인구에 준하여 작성된 지도라면 나라와 지역의 크기가 영토에 준해 만들어진 지도와는 사뭇 다르게 표시된다. 개인당 소득, 도시화, 에너지 소비, 출생지 80킬로미터 이내에 사는 사람들의 수효, 그 밖의 수십 가지 지표에 따라 만든 지도에도 세상의 모습은 매우 다르게 나타난다. 보편적이지는 않지만 그런 종류의 지도에도 영토적 경계로 분리된 낯익은 지도들 못지않게 세계의 지난날을 이해하는 데 중요한 역사적 정보가 담겨 있다.

이 단원에서는 글을 매개 삼아, 심지어 지도보다도 복잡할 수 있는 또 다른 종류의 지도를 그려 보려고 한다. 아마도 유연한 상상의 차원에서만 그려 볼 수 있을 그런 지도는 특정한 지리적 장소나 거기에 담긴 정보가 아닌 눈에 보일 수도 있고, 보이지 않을 수도 있는 장소들 사이의 역동적 관계에 주목하는 특징을 지닌다. 그런 네트워크와 연결 흐름들은 변동의 폭이 크기 때문에 지리적 공간으로는 사실상 표시할 수가 없다. 하지만 역사 쓰기의 영역으로도 개조할 수 있는 마음의 지도를 그리는 것은 가능하다. 리빙스턴, 그리고 그와 동시대를 살았던 전 세계의 수많은 사람은 지리적 공간에서 일어난 혁명과 그것이 요구하는 충성을 목격했다고 주장했다. 그런 만큼 역사가들도 새로운 지도를 그려, 거리를 좁히고 정체성도 복잡하게 만든 상호 연결성의 놀라운 가속력을 이해하고 그에 대한 문제를 제기할 필요가 있다.

이어질 단락들에서는 사회와 문화의 초국가사transnational history, 곧 마음의 지도의 구성 성분이 될 몇 가지 복잡한 경로가 제시될 것이다. 어떤 세계역사도 포괄적일 수는 없기 때문에 이 단원도 길고 복잡한 시대에 전개된 이세상 모든 지역의 초국적 네트워크를 빠짐없이 포함시킬 엄두는 내지 못했다. 그렇지만 초국가사에 대한 개념이 아직 정립되지 않은 점을 고려해, 네트워크들의 몇몇 주요 유형과 그에 대한 해석적 논제가 될 만한 것들은 상세히 다루려고 했다. 그런 다음에는 좀 더 전통적 영역인 국가들(일본, 아르헨티나, 미국, 독일 등)을 참고하되, 그것들을 지칭하는 데서 오는 국가 중시 가설에는 거리를 두면서 전 세계의 사례들로 그것들을 설명했다. 서술의 초점은 개별 지리가아닌 지리적 경계를 넘나드는 흐름에 맞추었다. '초월trans-'이 가진 유동적 영역이 이 단원의 주 관심사인 까닭이다.

초국적 네트워크들은 흐름currents의 중심 은유가 이 전기의 시대를 적절히 대변해 주는 형상이 되는 것으로 이해할 수 있다. 여기서 검토되는 세계화의 흐름도 그와 마찬가지로 균일하지 않은 복잡한 방식으로 나타난다. 흐름의 은유가 살과 바퀴, 중심과 주변부의 틀을 벗어나, 엇갈리는 힘의 흐름과 보통은 비대칭적이지만 상호작용도 하는 호혜적 역동성으로 등장한다는 이야기다.

'흐름'의 개념은 이 단원에서 검토되는 범세계적 상호작용의 설명에 도움이 될 만한 다수의 연관 어휘도 연상시킨다. 회로들을 흘러 다니는 것만 해도그렇다. 요컨대 흐름은 단방향 혹은 쌍방향으로 고동을 칠 수도 있고, 순차적으로 흐르거나 좀 더 일반화된 장場을 형성할 수도 있다. 집적과 재전송이 이루어지는 지점에서 만날 수도 있다. 단독적이거나 혼합적이거나, 얼기설기 엮어진 경로를 따라 전파될 수도 있고, 특성상 눈에 보일 수도, 보이지 않을 수도 있다. 흐름은 또 이동하고, 이어 주며, 결합시키지만, 중단되거나 과부하가걸리거나 충격을 받기도 한다. 평온함을 넘어 쾌적할 수도 있지만, 위험이 끼어들 여지도 상존한다. 간단히 말해 흐름의 어휘들은 정지된 구조가 아닌 연관이 있는 우연성과 변동성, 과정과 변화를 연상시킨다. 흐름이 가진 이 모든 함축성이, 이 시대의 상호작용이 가속으로 일어나는 과정에서 생겨난 세계의 도식화에는 도움이 된다.

그렇다면 흐름의 은유가 이어질 단락들에서는 어떤 식으로 해석적 작용을 할지에 대해 몇 가지 부연 설명을 하는 것도 도움이 될 것 같다.

1) 흐름은 물론 네트워크들을 따라 움직인다. 따라서 국가들 간의 네트워크와 사람들 사이의 상호 연결로 경계도 자주 허물어지고, 상이한 국적과 문화들을 결합시키기도 한다. 몇몇 네트워크는 또 지극히 공리적이어서 다수의 특정한 기능에 이바지하기도 한다. 신설 기구들이 규범의 국제 표준화, 규제 및 법적 장치의 제도화를 통해 범세계적 연계를 촉진한 것이 좋은 예다. 지지자들이 공통적으로 보유하고 초국적으로 투사되기도 바란, 개념 및 제휴와 관련된 좀 더 미래 지향적인 또 다른 네트워크도 있다. 하지만 국가와 제국 위주로 작동된 지난날의 세계 역사에서는 정치적 경계를 넘어선 곳에서 활동하고 그곳에 강한 충성심을 보이기도 한 개인들에게 활력을 불어넣어 준 다양한 비전이 자주 무시되었다.

범세계적 네트워크는 지리적 경계를 자주 초월하기도 하지만 다른 형태의 경계 정하기에는 참여하는 속성을 지닌다. 실제로 일부 경계선이 도전을 받아 지워질수록 새로운 네트워크들은 새로운 방식으로 다른 경계선을 강화하는 경향을 보였다. 물론 차이와 구분을 없애고 새로 만들어 내는 것이 동시에 발생하는 일은 상호 보완적 측면을 가지고 있다. 질병, 젠더, 인종, 문화적 동질감, 종교, 과학의 언어와 범주들이 왕왕 지리적 경계를 초월하지만, 그와 동시에 새로운 문법과 차이의 목록을 만들어 낸 것이 그것의 좋은 예다. 문화적 흐름이 포함, 배제, 인간관계의 재정립을 조장했기 때문이고, 그로 인한 영향은 일시적일 수도 영속적일 수도 있었다.

2) 범세계적 네트워크들은 국가, 제국적 체제, 혹은 지역 공동체들과 경계를 접하지는 않지만, 그렇다고 해서 그것들로부터 완전히 자유롭지도 않다. 초국적 흐름이 공간적·연대기적 축에 따른 세계사의 해석 영역을 복잡하게 만드는 것이 단적인 증거다. 일이 그렇게 된 까닭은 첫째, 이 시대의 범세계적 네트워크들이 서유럽의 국가 건설, 제국 건설, 경제 문화적 패권이 증대되는

과정 속에 형성되었기 때문이다. 국가와 제국도 알고 보면 사람, 재화, 생각의 이동을 조정하고 방향을 제시하려고 한 각양각색의 네트워크가 한데 모아진 공간이었다. 일이 그렇게 된 까닭은 둘째, 서구에서는 '세계적'·'국제적'인 것에 대한 개념이 대부분 서구의 특정 사상과 경험을 필연적·진보적으로 보편화시키는 것을 의미했기 때문이다. 그러다 보니 서구 보편주의의 확대와 강요도 여러 범세계적 네트워크의 구성에 중요한 역할을 하게 된 것이었다. 이것으로 알 수 있는 것은 초국적 네트워크라고 해서 반드시 민족주의 경계나 제국의 경계가 굳어지는 것에 반발하거나 그 경계들을 넘어선 발전의 단계로 생겨난 것은 아니고, 국가와 제국 건설에 필요 불가결한 보완물로 생겨난 것이기도 하다는 것이다.

3) 범세계적 흐름에 대한 고찰은 새로운 네트워크와 공동체를 형성하는 과정에서 분석의 몇몇 단계를 이어 주는 교류의 도관 역할을 한 특정한 사람들에게 주의를 기울이는 데도 도움이 된다. 그리하여 사람들과 그들의 관계에 초점을 맞추면 초국적·국가적·지역적 영역이 어떻게 (누구에게는) 위험하고 (누구에게는) 해방되는 방식으로 만나게 되었는지도 명확히 드러난다. 연결 지점들을 가진 흐름의 은유를 이용하면 이렇게 상호작용과 지방, 지역, 세계적 수준 사이에 나타나는 불균등성에 주목하는 한편, 큰 시각과 작은 시각을 넘나들며 다각적으로 검토하는 분석적 과정이 용이해진다.[4]

4) 역사가들이 (흐름의 은유를 이용하여) 탈식민주의 감각으로 글을 쓰면 영토적 경계에 대한 이전 시대의 경직된 개념, 지리적·인종적·계급적 운명에 대한 그 시대의 목적론적 가설에서 벗어나려는 노력도 기울이게 된다. 다수의 역사가가 메리 루이즈 프랫Mary Louise Pratt이 "접촉 지대contact zones"로 부른 것의 특징인 네트워크화된 상호작용에 대해 새로운 인식 체계를 구축하려고 한 것이 좋은 예다. 접촉 지대는 "문화가 만나 충돌하고, 때로는 식민주의, 노예제, 혹은 그로 인한 여파와 같은 고도의 비대칭적 권력 관계의 정황 속에서 서로 간에 드잡이를 하기도 하는 사회적 공간들을 말한다." 글에도 나타나듯 프랫은 좁아지는 세계의 문화 충돌을 상실, 제국주의, 억압의 관점으로써뿐 아니라, 다양하지만 불균등한 형태의 권력, 트릭스터와도 같은 반전, 그럴싸한

조화, 상당한 혼란이 수반된 상호 차용의 관점으로도 파악했다. 인류학자 애나 칭Anna Tsing도 초국적 공간에서는 세계와 지역 간의 예측 불허의 만남, 그녀가 "마찰friction"의 순간으로 부른 현상이 일어날 수 있다는 점을 시사했다.[5] 지구를 네트워크화한 이 시대의 연결적 흐름 속에서 증식된 접촉 지대들의 마찰 속에는 억압과 창조성, '제국적 인식'의 강요와 공동 생산이 동시에 존재했다. 흐름이 다양한 종류의 변화를 가져온 것이다.

5) 그에 따라 이 단원도 근대주의modernism의 보편성으로 추정된 것에는 다양한 반대가 함께 어우러져 있다고 한 인류학자 아르준 아파두라이의 주장을 지지하는 입장을 취한다. 보편주의와 특수주의particularism에 대한 주장만 해도 상보 관계에 있다. 세계와 지방이 일으키는 상호작용은 다양성과 획일성을 동시에 만들어 내기 때문이다. 그리하여 세계는 점차로 내가 "차별화된 공통성differentiated commonalities"으로 부르는 것의 특징, 다시 말해 공통성이라고는 하지만 지리적·시간적·사회 문화적 장소에서 일어나는 예측 불허의 마찰에 따라 다르게 나타날 수도 있는 특징을 지니게 된 것이다.[6]

6) 흐름은 또 전기의 시대를 적절히 함축해 주는 말이기도 하다. 반면에 전기가 세계적으로 확산된 데에는 이 이성의 시대에 거의 신비적 특징들로 자리 잡은 과학, 공학, 금융의 공이 컸다. 근대적 삶의 두 가지 분리된 양상이 합치된 것, 다시 말해 엄격한 분류(과학), 회계 관행(금융), 감정의 지지를 받는 이성이 유동적 장관성壯觀性, spectacularity 속으로 돌진해 들어간 것이야말로 그것의 적절한 사례가 될 만하다. 전기의 그 모든 결과물(조명, 전화, 영화 등)은 이렇게 시간과 공간을 극적으로 줄여 줌으로써 한편으로는 과학, 또 한편으로는 기적이 되는 듯했다.

'근대성'은 물론 광범위한 학문의 주제가 되는 개념이다. 따라서 이 단원에서도 특정 관점을 개진할 때만 사용할 것이다. '근대'를 표면상 상극으로 보이는 두 종류의 자극에서 발현돼 나오는 것으로만 쓰겠다는 것이다. 하나의 자극은 '질서와 진보'에 대한 약속이고, 따라서 이성, 과학, 공학, 기업 조직, 분류classification를 강조한다. 전문 지식의 적용을 권장하고 젠더, 인종, 지리적 공간의 위계를 평준화하려는 노력도 기울인다. 또 다른 자극은 각종 새로운 형태의 오락과 변화하는 매스미디어들 내에서 발현된다. 따라서 구경거리, 이미지, 흐름, 놀라움, (접속의) 분절로 특징지을 수 있으며, 종종 '대중적Popular'으로 자칭되는 일종의 감정적 지식에 호소한다. 물론 여기서 말하는 과학과 구경거리, 전문 지식과 오락, 질서와 무질서는 도식적 대비에 지나지 않는다. 그렇기는 하나 근대적 삶의 특징이 된 번잡한 다양성과 모순들이 나타나는 부분이 바로 이 허위 극단들이 합쳐지고 충돌하는 영역이라는 점에서 보면 중요성이 적지 않다.[7]

7) 양극성으로 동력이 추진되는 흐름의 은유는 근대성에 대한 좀 더 광범위한 해석도 제시한다. 흐름은 경험 비용을 수반하고, 종종 양극성을 통해 에너지도 활성화시킨다. 그와 마찬가지로 점점 네트워크화된 이 시대의 근대주의도 두 극으로 보이는 것이 실제로는 공동 생산의 보완물로 나타난다는 의미의 근대주의다. 동질화와 특수화, 세계와 지방, 초국성 또는 국제성, 이성과 구경거리라는 이 조합들 모두 상극의 요소가 아닌 창조적 긴장 속에 서로를 보완해 주는 요소들이다.

물론 해석적 도식 혹은 은유적 도식에는 위험이 내포돼 있다. 그러므로 그 둘을 다룰 때도 처음부터 신중할 필요가 있다. 전기만 해도 '어두운' 대륙과 사람들에게 '빛'을 가져다 비춰 준다는 '계몽'의 언어와 가설이 따라붙는다. 따라서 은유가 도리어 드러내는 동시에 감추기도 하는, 전기의 시대에 대한 담론 구조의 틀을 만들 수도 있다. 그렇다고 해서 저자와 독자가 그런 언어와 담론의 올가미를 빠져나갈 길이 있는 것은 아니다. 그들이 할 수 있는 것은 그저 비판적으로 숙고하여 그런 위험을 줄이도록 노력하는 것뿐이다. 게다가 네트워크와 흐름들을 지도로 그린다는 개념 자체에 이미 상대적으로 그것들(네트워크와 흐름)의 영향을 덜 받았거나 다른 사람들보다 단절된 상태에 있던 전 세계의 많은 이를 눈에 띄지 않는 존재로 방치한다는 의미가 내포돼 있다. 지구의 여러 곳, 특히 아프리카와 아시아 내륙 지역들만 해도 지방적 네트워크인 채로 남아 있거나 외부의 위협으로부터 자기를 지키기 위해 고의로 방어적이 되어 그 시대의 초국적 연결성을 부분적 혹은 전적으로 멀리 했을 개연성이 있기 때문이다. 그렇기는 하지만 대륙들의 내륙에, 시대를 초월해 조상의 생활 방식을 고수하며 사는 사람들이 있었다는 것은 여전히 동양학자들의 상투적 표현이었던 것으로 드러났다. 초국적 흐름은 심지어 오지인들에게도 불균등하고 예측 불허의 방식으로 영향을 주며, 제2, 제3의 파급효과를 낳았다. 물론 식민 통치로 강요된 국경과 규제가 네트워크들에 대한 제약으로 작용한 경우도 몇몇 있기는 했다. 아프리카의 식민지 종주국들만 해도 왕왕 중요한 장거리 교역이나 문화 네트워크들을 말살하는 행위를 했으니 말이다. 추출적 생산도 일부 지역은 경제적·사회적 교류가 일어나는 글로벌 네트워크들과 광범위한 접촉을 할 수 있게 해 준 반면 여타 지역은 더욱 고립되게 하는 결과를 낳았다. 일부 네트워크의 강화가 다른 지역들에는 네트워크로부터의 단절을 의미할 수도 있었던 것이다.[8] 이것으로도 알 수 있듯 초국적 흐름의 구조로는 전 세계 모든 지역을 언어의 함축 없이 설명하리라는 기대도, 완전히 설명하리라는 기대도 가질 수 없다. 지금까지의 사례로 보면 그 어떤 도식도 언어적 중립성을 갖거나 전 세계 모든 사람의 삶을 설명하는 데 성공한 예가 없었다.

그래서 나도 위험 부담을 안고라도 선택적 사례를 이용해, 불균등할망정 역동적인 초국적 흐름의 담론이 중심이 된 역사에 초점을 맞추는 것에 내재된 개연성을 보여 주려고 한다. 그것을 위해 이 단원에서는 다섯 부분(국제 협약과 기구, 사회적 네트워크와 부속 조직, 전시와 수집의 교점들, 전문 지식에 기반한 인식 공동체, 매스미디어와 소비주의의 스펙터클한 흐름)에 초점을 맞춰 1960년대와 1970년대에 세계화globalization의 용어가 아직 보급되기 전의 초국적인 범세계적 흐름에 대한 임시 지도의 몇몇을 그리게 될 것이다. 이 흐름들은 특성도 다르고 작용한 방식도 각양각색이다. 일관성 있는 범세계적 계획도, 국가나 제국의 범주를 넘어서는 역사의 새로운 단계를 형성하지도 않는다. 또 초국적 네트워크들에 대한 연구량은 상당하지만, 이 단원에서는 불가피하게 그 일부밖에 제시하지 못한다. 연표도 중첩되어 나타날 것이다. 그렇다고 연표가 중요하지 않다는 의미는 아니다. 한때 유럽 지배의 부활을 선동한 네트워크들이 20세기가 지나면서 유럽의 힘을 훼손하는 데 일조한 회로를 만들어 낸 것에도 연표의 중요성은 드러난다. 그럼에도 연표는 이 단원의 논제들에 비해서는 덜 중요하다. 존 톰린슨John Tomlinson이 1970년대 이후 시대를 지칭하는 용어로 사용한 '복잡한 상호 연결성'을 1870년에서 1945년까지의 시대를 나타내는 말로도 사용할 수 있는 것이야말로 이어질 다섯 논제의 중요성을 나타내는 시사점이 될 수 있을 것이다.[9]

1 국제주의의 흐름

자칭 '국제주의자들'의 상상력과 희망에 불을 붙인 인물은 20세기 초에 활동한 영국의 작가 노먼 에인절이었다. 150센티미터의 단신에 본명 랠프 노먼 에인절 레인Ralph Norman Angell Lane에서 '레인'을 빼고 '에인절'을 성으로 택해 쓴 그는 열일곱 살 때 미국으로 건너와 서부 지역에 정착했다. 이후 6년 동안은 남부 농장의 경작자, 카우보이, 캘리포니아 주 베이커즈필드 주변의 '무시무시하고, 따분하고, 황량한 사막'에 홈스테드 법에 따라 토지를 불하받은 자영농으로 전전하다 나중에 저널리스트가 되었다.[10] 1905년부터는 영국 일간지 《데일리 메일》의 파리 주재 편집인으로 일했고, 1912년에는 영국으로 돌아가 정치에 투신했다. 이런 에인절을 유명하게 만든 것이 바로 그의 짧은 저서 『거대한 환상The Great Illusion』(1910)이었다. 그는 병약하고 우울하고 소심한 복잡한 인물이었다. 이런 그의 생각이 국제적 반향을 불러일으킨 것이고, 실제로도 그는 설득력 있는 웅변가임을 입증해 보였다. 『거대한 환상』이 25개국 언어로 번역되어 200만 부 이상이 팔려 나가고, 잠시 동안 "노먼 에인절주의"라는 운동마저도 촉발했으니 말이다.

『거대한 환상』(훗날의 유명한 반전 영화 「거대한 환상La Grande Illusion」(1937)의 해학적 제목도 이 책 제목에서 따온 것이다.)은 유럽 국가들의 금융과 상업이 통합되어 전쟁이 비생산적이 됨에 따라 전쟁도 더는 쓸모없게 되었다는 주제를 담은 책이다. 에인절은 영토 정복이 국가나 국민의 부에 아무런 보탬이 되지 못했다고 주장했다. 또한 그 시대에 널리 유행한 다윈주의를 개작, 전쟁은 "덜 적합한 사회 구성원들의 생존만을 수반할 뿐이며 …… 호전적인 나라들도 지구를 물려받지 못한다."고 하면서,[1] 그 나라들은 단지 "원시적 본능과 낡은 편견을 지닌" "부패한 인적 요소만을 대변할 수 있을 뿐"이라고 썼다. 그런데 이 '노먼 에인절주의'가 세계 여러 나라에도 개종자를 파생시켜 미국만 해도 스탠퍼드 대학 총장이었던 거물급 인사 데이비드 스타 조던David Starr Jordan이 1913년에 전쟁을 '불가능한' 일로 선언하면서, 그 이유로 "그런 싸움에는 금융인들도 돈을 대지 않을 것이고, 산업체 또한 전쟁을 속행하지 않을 것이며, 정치인들은 전쟁 수행 능력이 없기" 때문이라고 말했다.[11]

하지만 에인절주의도 알고 보면 통신, 여행, 교역에 일어난 혁명으로 세계가 좁아져 거대한 협화를 이루게 되리라는, 당시에 만연한 확신을 표명한 것뿐이었다. 중국만 해도 19세기 말엽 쑨원, 캉유웨이康有爲, 량치차오梁啓超가 세계 여행을 하여 개혁 사상을 구체화하고 있었다. 이들 중 캉유웨이는 전신, 만국우편연합UPU, 국제법을 예로 들어 국가들이 언젠가는 세계 의회를 결성하게 되리라는 전망을 내놓았고, 량치차오도 1902년부터 1907년 사이에 영향력 있는 격주 간행물《신민총보New Citizen》를 발행했으며, 새로운 국제 뉴스 기관의 등장으로 세계주의가 증진되어 국가 간 분쟁과 파벌 싸움이 종식되었으면 하는 희망도 피력했다.[12]

실제로 19세기 말과 20세기 초 전 세계 사람들은 오늘날의 몇몇 학자가 "때로는 국제적 경계를 넘어 활동하는 조직들과도 연대한 지속적이고 조리가 선 일군의 규칙"으로 정의한 '국제 제도', 다시 말해 '협정에서 레짐, 공적 체제에 이르기까지' 다양한 국제 제도가 수립되는 것을 목격했다.[13]

하지만 새롭게 제도화된 국제 네트워크의 중심에는 모순이 내재해 있는 듯했다. 국제주의의 수사에는 그것을 지지하는 사람들이 편협한 민족주의를

_____ 1 적자생존을 정당화하지 못한다는 주장이다.

넘어 진보적 보편주의를 수용하게 되고, 그리하여 종국에는 민족국가들을 대체하게 될 것이라는 점이 암시돼 있다. 자칭 국제주의자들 또한 극단적 혹은 호전적 민족주의적 특징을 가진 요소에 비난을 퍼붓기 일쑤였다. 그런데 문제는 국제적international이라는 용어에 이미 '국가적national'이 '국제적'의 한 요소임이 암시돼 있고, 대부분의 국제주의자 또한 국경을 가진 나라들, 다시 말해 유럽식 모델에 따라 세워진 국가들 간의 협력적 포럼과 규제 제도를 만들었다는 데 있었다.

이것으로 알 수 있는 것은 국가와 제국의 경계를 강화하는 조치가 국제주의에 대한 선결 조건이나 그것에 반대해서가 아닌, 국제주의에 필요한 부수 요건으로 생겨났다는 것이다. 실제로 19세기와 20세기에 수립된 대부분의 규제적 평화 유지 제도가 지지를 얻을 수 있었던 것은 수많은 사람이 그것들이 그들 민족국가의 이익에 도움이 되는 데 그치지 않고 심지어 그 이익을 보편화할 수 있을 것으로 믿었기 때문이었다.

국가와 제국의 경계를 강화하려 한 시도를 국제주의의 출현과 연계하는 것이 모순되지 않는다는 사실은 국제적 네트워크의 등장을 면밀히 살펴보아도 분명히 드러난다. 이 시대의 가장 성공적인 국제기구들만 해도 협력 기관들을 이용해 보편적 서구의 기풍을 전파하는 한편, 자신들의 제국적 영역을 넓히고 보호할 수 있도록 세계를 '선진'국들의 집합으로 개조하고자 한 유럽과 미국의 자극으로부터 등장한 것이었으니 말이다. 국제주의도 종종 서구적 외양을 띠고는 있지만 그 비전에는 반식민주의와 관련된 민족주의를 포함해 다방면의 운동을 고취시킨 여러 가지 변형이 포함돼 있었다.

이 단락에서는 그 점을 감안해 제1차 세계대전을 국제주의의 중요한 분수령으로 다루었다. 19세기 말에는 각국 대표들이 가속되는 기술적 변화에 대한 기대와 문제점을 인식하고, 특히 범세계적 통신 및 교통과 관련된 실행의 규제책 마련을 위해 머리를 맞대었다. 이렇게 좁아지는 세계는 또 (항해와 같이) 특정 영역에 국한되었던 국제법을 중재나 평화 유지와 같이 좀 더 광범위한 제도 수립으로 범위를 넓혀야 한다는 견해도 촉발했다. 제1차 세계대전 전에는 국제적 정치제도들도 경제와 기술 분야에 휘몰아친 세계화를 따라잡을 수 있으리라는 장밋빛 전망 아래 각양각색의 연합들도 만개했다. 문제는 국제적 네트워크들이 대체로 엘리트적 사안이라는 데 있었다. 그러다 보니 유럽과 미국의 대다수 지도자도 민족주의 전쟁을 덜 계몽된 지난날의 유물로 보고, 종국에는 세계가 제국주의와 국제주의에 의해 문명과 진보를 공유하는 시대로 나아가게 될 것으로 추단한 것이었다.

하지만 그 꿈은 제1차 세계대전으로 타격을 입었다. 물론 국제주의의 특정 계획은 계속되었고 그 기간(19세기 말)에 수립된 다수의 규제적 제도도 그 시대의 흐름을 증진시킨 필수적 메커니즘으로 남아 있었다. 그러나 전쟁 전의 낙관주의는 전쟁이 가한 파괴로 산산조각이 나고, 양차 세계대전 사이의 국제주의도 희망이 아닌 두려움으로 추진되는 듯했다. 그렇다면 국가 간 대항과 군국주의는 억제될 수 있었을까? 억제되지 못했다. 더 많은 사람과 더 많은 생각이 국제 무대에 진출함에 따라 불화가 좁혀지기는커녕 오히려 심화되며, 국제주의라는 호칭 역시 그 어느 때보다 모순적이고 다중적인 의미를 갖게 되었다. 그리하여 처음에는 제1차 세계대전, 그다음에는 제2차 세계대전으로 불가해한 재난을 당하게 되자, '문명'이라는 공통된 정의를 향해 달려가는 운동이 역사의 필연적 목적이 될 것으로 믿는 사람의 수도 점점 줄어들었다.

시공간의 조정

19세기 후반부에 전신은 좁아지고 하나 되는 세계를 나타내는 가장 뚜렷한 상징이 되었다. 격지 간 통신이 용이해짐에 따라 전신술이 전략적·상업적 이익으로 추진되는 업무로서 가장 먼저 국제 규범과 관례를 만들고 통합하는 영역들 중 하나가 된 것이 좋은 예다. 1851년에는 영국해협을 가로지르는 해저전신케이블이 설치되었고, 그로부터 불과 15년 뒤에는 놀랍게도 대서양을 가로지르는 해저전신케이블도 가설되었다. 유럽과 북아메리카를 최초로 이어 준 이 케이블이 1870년대에는 중동, 아시아, 라틴아메리카로도 뻗어 나갔다. 영국은 그 밖에 1870년대에는 런던과 인도를 잇는 전신선, 1880년대에는 런던과 남아프리카를 잇는 전신선, 1900년대 초에는 오스트레일리아와 캐나다를 잇는 전신선도 추가로 가설함으로써 제국적 시스템에서 전신술이 갖

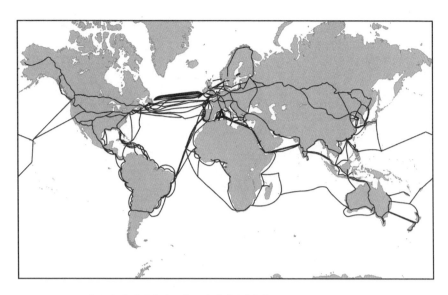

───── 1924년 무렵 전 세계에 분포된 국제 전신케이블망.

는 중요성을 인식시켰다. 제1차 세계대전 때는 정보 수집을 비롯한 전략적인 면에서 전신의 중요성도 입증되었다.[14]

　1865년에는 전기통신의 표준화와 규제책 마련에 목적을 둔 국제 전신 연합이 파리에 설립되었다. 나중에는 이것이 국제전기통신연합ITU으로 개칭되었다. 국제 전신선 또한 1840년대에 새뮤얼 B. 모스가 자신이 설립한 웨스턴 유니언 전신 회사를 위해 1840년대에 미국에서 발명한, 짧은 발신 번호와 긴 발신 번호를 조합해 숫자와 글자를 표기하도록 한 모스 부호의 한 형태를 채택했다. 국제전기통신연합은 모스 부호에 의한 통신을 국제 표준으로도 삼았다. 또한 때맞춰 무선주파수를 할당하고, 국제전화 통화 방식도 고안했다. 유럽에서는 1920년대에 국제전화 시스템이 개발되었다. 그러나 신뢰성 있는 대양 횡단 전화와 제 기능을 하는 글로벌 네트워크는 제2차 세계대전 후에야 등장했다. 유럽에서는 정부가 운영한 국영 전화·전신 회사들, 미국에서는 주로 민간인이 운영한 사기업들이 제2차 세계대전 때까지는 국제전기통신연합에 공식 가입을 꺼려했기 때문이다. 하지만 그러면서도 미국은 여러 가지 표준화를 정하는 국제전기통신연합 회의에 참관인도 보내고 참석도 했다. 국가와 기업 모두 독점이나 과도한 국수주의적 행동을 자제하는 방식으로 국제전기통신연합이 제정한 새로운 국제 규범을 받아들였고, 그 결과 시스템 전반에 걸친 상업적·사회적 연계도 용이해졌다. 국제전기통신연합을 다룬 빼어난 역사 기록에도 국제전기통신연합은 최초의 진정한 국제기관으로, 국제연맹 등 차후에 조직된 국제기구들의 모범 사례가 되었던 것으로 소개돼 있다.[15] 그리하여 전신이 국가와 제국의 열망을 국제 규약과 효과적으로 결합시킨 방식은 이윽고 새롭게 등장할 국제 제도의 예시가 되었다.

구조와 기능 면에서 국제전기통신연합과 밀접히 연관된 만국우편연합도 설립되었다. 본래는 1874년 일반 우편 연합으로 창설되었다가 나중에 만국우편연합으로 개칭된 이 기구는 국제우편의 운반 및 배달 업무를 관장했다. 각국의 우정국은 근대 국가들의 국가 건설 노력과 병행해 그 이전에 이미 출현한 상태였다. 미국만 해도 우정을 단일 우편구로 통합한 결과 1863년에는 미국 최대의 도시들에서 무료 가정 우편배달 제도를 실시하게 되었다. 미국은 자국 내 우편제도를 개선한 뒤에는 통신의 범세계적 확대에 대한 희망을 갖고 국제우편 회의의 개최도 제안했다. 영국에서도 19세기 중엽 롤런드 힐 Rowland Hill의 개혁에 따라 (수취인이 지급하던) 우편요금을 발신인이 거리에 상관없이 동일 금액으로 지급하는 제도가 도입되었다. 독일도 비스마르크 총리 밑에서 각국의 우편제도를 통합했던 우정 총감 하인리히 폰 슈테판Heinrich von Stephan이 항구적 국제기구를 발족하기 위해 노력했고, 그 결과로 1874년에는 제1차 국제우편 회의가 열려 이 회의에 참석한 유럽 국가들, 미국, 러시아, 터키, 이집트 사이에 일반 우편 연합 창설에 관한 협약이 체결되었다. 그로부터 2년 뒤에는 일본, 브라질, 페르시아, 다수의 유럽 식민지 국가도 연합에 합류했다. 그로부터 머지않아 전 세계 모든 나라가 개칭된 만국우편연합의 가맹국이 되었다.

만국우편연합의 창설은 눈부신 효율성을 가져왔다. 양자 간 협의를 통해 이루어지던 국제우편 교류에 대한 규제도 이 기구로 창구가 단일화되어 협정 하나로 모든 것이 해결되었다. 가맹국들 간에는 국내외에 관계없이 모든 우편물을 비교적 값싸고 동일한 요금으로 보낼 수 있게 되었다. 가맹국의 우표를 모든 국제 배달 길에서 통용되게 만들어 경유로에 있는 나라들의 우표를 따로 붙이지 않아도 되었다. 국제우편 요금으로 징수된 돈은 각 나라가 차지했다. 만국우편연합은 이처럼 국제전기통신연합과 마찬가지로 국가의 목표가 어떻게 규칙을 제정하고 집행하는 국제적 메커니즘의 탄생과 완벽한 조화를 이룰 수 있는지를 보여 준 모범 사례가 되었다.[16]

만국우편연합 아래 통합된 전 세계 우편제도의 급속한 확산은 식자 능력과 글자 쓰기의 향상도 불러왔다. 서면 통신과 인쇄 매체의 혁명이 일어나는 데도 일조했다. 1869년 오스트리아에서 최초로 사용되고 프로이센-프랑스 전쟁 기간(1870~1871)에는 독일도 도입해 쓴 우편엽서의 등장과 때맞춰 우편 개혁이 시행된 것이 좋은 예다. 미국도 1870년대에 '페니 엽서penny postcard'를 발행, 값도 싸고 간단하며 일상적이기도 한 교신을 촉진함으로써 문자 쓰기의 민주화에 이바지했다.[17] 광고주들도 이윽고 효율적인 우편 업무와 엽서가 고객과의 유대를 만들어 낼 수 있음을 알게 되었다. 그리하여 대량의 집단 글자 쓰기가 새로운 상업적 역할을 떠맡게 되었다. 서적과 잡지 발행도 범세계적 사업이 되어 업자들은 기존의 상류층 구매자들을 겨냥한 상품도 계속 만들어 내는 한편, 중산층과 노동자계급 구매자들의 관심을 끌 수 있는 새로운 상품 개발에도 열을 올렸다. 1914년 무렵에는 유럽의 주요 산업 국가들, 미국, 일본이 14세 이하의 아동에게 의무교육을 실시했으며, 그리하여 모두 15년 뒤에는 식자율이 90퍼센트에 이르게 되었다. 최고의 식자율을 보인 국가들 내의 최대 기업들도 세계화된 시장의 득을 가장 손쉽게 보는 방식으로 국제적 규제 제도의 혜택을 입었다.

증기선을 이용한 우편제도와 증가하는 식자율의 득을 보며 자라난 출판업이 그다음으로 관심을 보인 분야는 저자의 권리 보호와 시장 부양을 위한 국제법 제정이었다. 그리하여 1886년의 베른 조약 체결로 저작권 관련 업무가 통합되기 시작했고, 19세기 말에는 독일, 프랑스, 영국, 미국의 대규모 국제 출판사들의 권익을 지켜 주기 위한 국제 출판인 협회도 설립되었다.

그 시기 인쇄 매체에 일어난 혁명의 중요성은 아무리 강조해도 지나치지 않다. 증가하는 식자율, 생산기술에 일어난 혁명, 규제적 조약으로 촉진된 그 혁명은 사람들을 이어 주고 생각을 전파하는 데 그치지 않고, 인쇄의 세계에 속한 사람과 그렇지 못한 사람들 사이의 불평등까지 공고하게 만들었으니 말이다.

전기와 서면 통신에 대한 국제 기준이 마련되고, 기업과 개인들의 접촉 범위가 늘어나자 시간대 조정도 긴급한 현안으로 떠올랐다. 산업화되기 이전의 세계는 해와 달의 순환에 지배되었으나, 상호 연결된 산업 세계에서는 거리를 뛰어넘을 수 있는 예측성이 무엇보다 중요했기 때문이다. 19세기 중엽에는 영국, 그다음에는 독일이 자국 공간들 내의 시간을 조정했다. 그러나 미국과 여타 대부분의 나라들은 여전히 시간에 대한 별도의 규정 없이 지역별로 중구난방식 시간을 사용함에 따라 혼란이 이어졌다. 1870년에는 같은 주의 도시들인데도 피츠버그의 정오가 필라델피아의 정오보다 20분이나 빨랐다. 워싱턴과 샌프란시스코를 열차로 오가는 사람도 기차가 통과하는 모든 지역과 시간을 일일이 맞추려면 시계를 골백번도 넘게 재설정해야 했다. 항해하는 선박들 또한 나라별로 자오선 체계가 다르다 보니 해상에서 배의 위치를 정확하게 전달하지 못했다. 그리니치, 파리, 베를린, 베른, 웁살라, 상트페테르부르크, 로마 등의 도시 모두 각각 다른 본초자오선의 기준으로서 지위를 홍보했다.

그러나 철도, 항해, 전신에 나타난 새로운 속도로 세계 시공간의 조정은 불가피해졌다. 표준시 없이는 사업상의 약속도 지킬 수 없었고, 여행자들이 만나는 것도 불가능했으며, 열차와 선박의 안전 또한 담보하기 어려웠다. 열차의 특성상 시간표에 따른 정기 운행의 필요성이 절실했던 철도 업계가 결국 표준시 채택에 앞장서게 되어 미국에서는 1883년 그리니치 천문대를 지나는 본초자오선을 표준시로 삼기로 결정했다. 대부분의 다른 도시도 일부 반대자가 경멸조로 "밴더빌트 시간"이라 부른 새로운 제도를 받아들였다.

그로부터 1년 뒤인 1884년에는 참가자의 대다수를 차지한 아메리카 대륙과 유럽 국가들, 그 밖에 터키, 일본, 하와이를 합쳐 25개국 대표들이 참가한 국제 자오선 회의가 워싱턴 D.C.에서 개최되었다. 회의에서는 프랑스가 파리의 본초자오선을 세계 기준으로 삼기 위해 안간힘을 썼지만(프랑스는 1911년까지는 새로운 체계를 받아들이지도 않았다.), 결국에는 영국이 외교 분쟁의 주도권을 쥐게 되어 그리니치 천문대를 지나는 본초자오선이 표준으로 채택되었다. 회의의 시간 전문가들은 그 밖에 그리니치 천문대의 동쪽과 서쪽의 경선이 만나는 지점[2]에서 날짜가 달라지는 문제를 해결하기 위해 '날짜 변경선'을 설정하고, 스물네 개 표준 시간대도 받아들일 것을 촉구했다. 그 결과 비록 중국 대부분의 농촌과 인도 등의 일부 지역은 이후 수십 년 동안에도 해시계를 계속 사용하고 과도하게 많은 지방시를 준수했지만, 그 밖의 대부분 국가는 차츰 1884년의 회의가 합의만 했을 뿐 따르도록 강요는 하지 못한 스물네 개 시간대 체계를 받아들이게 되었다.[18]

이렇게 해서 세계 대부분 지역의 나라별 표준시가 정해지자 새로운 발명품과 관례들도 시간이 평가되고 이해되며 경험된 방식으로 재정리되었다. 전화는 거리를 동시적이 되게 하고, 동작 멈춤 사진 촬영은 한순간에 시간을 정지시키며, 전등은 어둠의 시간을 밀어낸 물건이 되었다. (미국에서는 풀먼)이, 유럽에서는 국제 침대 열차 회사Wagons-Lits가 발명한) 철도용 침대차도 1889년 파리-이스탄불 구간의 운행을 시작한 전설적인 오리엔트 특급에서 보듯, 승객들에게 전보다 길어진 거리를 더욱 편하게 질주하는 속도감을 제공해 주었다. 자동차 또한 질도 좋고 더 많은 도로의 건설을 촉진시켰다. 1916년에는 초침이 흐르듯 유연하게 돌아가는 전자시계가 발명되었다. 영화 또한 느린 배속, 빠른 배속, 정지 상태로 시간을 조정해 상영할 수 있게 되었다. 예술과 문학의 모더니즘도 시공간을 자유자재로 해석하는 새로운 감각으로 기존의 전통과 결별했다. 시계를 구부러지고 뒤틀리게 묘사하여 시간의 경과를 상징적으로 보여 준 살바도르 달리Salvador Dali의 저 유명한 「기억의 집념The Persistence of Memory」(1931)이 대표적인 예다. 프레더릭 윈즐로 테일러도 일련의 작업에서 행해지는 여러 동작의 소요 시간을 분석해 산업 생산성을 높이려 했고, 타자기 또한 사무직의 작업 속도를 높여 주었다. 세계와 세계인들에게 동시성

_____ 2 동경 180도와 서경 180도가 만나는 지점.

을 부여해 준 국제적 네트워크들은 이렇게 보편적 지식을 얻고자 하는 여망과, 기계와 같은 일치성이 몸에 밸지도 모른다는 두려움을 동시에 유발시킨 세계성에 대한 새로운 상상력을 촉발하며 경제적·문화적·정서적 영역을 변화시켰다.[19]

시간의 합리화는 그 외의 다른 영역들에도 표준화 움직임을 불러일으켰다. 철도 분야만 해도 궤간(철로 사이의 간격)과 계중대의 도량형을 조정하려는 노력이 일어나, 1875년에는 다수의 산업국가로 구성된 국제 위원회가 소집되어 미터 조약이 체결되었고, 그에 따라 미터법 확산을 모니터링할 국제도량형국도 설립되었다.(그러나 영국과 미국은 지금까지도 미터법을 받아들이지 않고 있다.) 1906년에는 최초의 비정부 표준화 기구들의 하나로 국제 전기 기술 위원회IEC가 창설되어 전기 표준 및 기호가 법제화되었다. 1938년 국제 전기 기술 위원회가 편찬한 국제 전기 기술 용어집에는 영어, 프랑스어, 독일어, 이탈리아어, 에스파냐어, 에스페란토로 표기된 2000개 이상의 용어가 수록되었다. 그 시대의 영웅으로 간주된 새로운 기술 전문가, 곧 엔지니어들 또한 이들 다수의 추세를 국가적, 지역적, 국제적으로 통합시킨 주역이었다. 1885년 헤이그에서 창립된 준정부 조직 국제 통계 기구ISI도 그런 노력에 부응해 각국 정부의 통계 부서들과 손을 맞잡았다. 국제연맹 또한 양차 대전 사이의 기간에 국제 전기 기술 위원회의 일부 업무를 떠맡아 90개국 사이에 진행된 교역을 통계적 측면에서 모니터링했다. 통계적 계산이 국제수지, 실업失業, 물가수준, 국민소득을 나라별로 비교해 관측하는 새로운 방식으로 등장한 것이었다.

특히 제1차 세계대전 후에는 확장된 통계의 행렬이 경제에 대한 개념을 방향 설정 면에서는 국가적으로 인식하지만 범위 설정 면에서는 초국적으로 인식하는 새로운 지식의 갈래를 파생시켰다. 바이마르 공화국과 제3제국(나치 독일)만 해도 경제적 통계를 국력을 설계하는 방식으로 이용하는 데 앞장섰다. 그러나 통계에 의한 경제 분석은 전문화된 경제학자들이 경제를 정치 및 사회와 구분해 검토하는 방식을 받아들여 사용했다는 점에서 이미 초국적 행위가 된 것이었다.[20]

유럽 국가들과 미국이 지배한 국제 표준화는 삶의 한 영역에서 또 다른 영역들로 폭포수처럼 쏟아져 내렸다.[21] 그렇다고 획일성과 효율성의 원칙에 대한 열정이 일방적으로만 흐른 것은 아니고, 전조적 현상 및 지방적 풍습에 대한 향수와도 뒤섞였다. 국제적 네트워크들이 현지화되고, 때로는 그것들의 확산을 막으려고 한 반제국주의적 저항과 연대해 출현하며, 충돌하는 국가 표준들 사이에서 경쟁적으로 보편성을 주장하는 과정 속에 출현하기도 한 것이다. 그렇다 한들 그 시대에 일어난 표준화 움직임의 중요성은 아무리 강조해도 지나치지 않다. 그 움직임들이야말로 세계를 좁아지게 만든 각종 초국적 흐름의 확산에 필요한 토대였으니 말이다.

스포츠 분야의 국제 네트워크

국제올림픽위원회IOC도 통신 및 시간의 조정에 발맞춰 스포츠 게임을 촉진하고 표준화할 기구로 탄생했다. 1894년 근대 올림픽 대회의 개최를 처음으로 제창한 프랑스의 피에르 드 쿠베르탱 남작이 창설하여 1896년에는 13개국에서 선수 300명이 출전한 제1회 근대 올림픽 대회가 아테네에서 개최되었다. 하지만 이어 벌어진 1900년의 파리 올림픽과 1904년의 세인트루이스 올림픽은 만국박람회의 부속 행사로 개최되었다. 이에 그런 변칙적 운영을 막고 올림픽의 조직화된 전통을 수립하고자 쿠베르탱과 국제올림픽위원회가 대회 규정과 규칙을 마련해 개최한 것이 1906년의 아테네 올림픽과 1908년의 런던 올림픽이었다.

쿠베르탱은 스포츠 행사가 중심이 되어 국제 공동체를 만들어 갈 수 있는 방식으로 올림픽 대회를 홍보했다. 그는 올림픽 대회를 통해 남성성이 강화되고, 국가별 차이도 불식되며, 타자를 존중하게 될 것이라고 주장했다. 쿠베르탱은 그런 생각으로 '평화로운 국제주의'를 주제로 하여, 신체와 품성을 도야하도록 젊은이들을 고취시키려고 했다. 국가가 주관하는 경기들을 통해 국가를 초월하려고 한 그의 이상주의적 관점은 제1차 세계대전 이전의 국제주의 정신과도 일맥상통했다. 그런데도 심지어 처음부터 그것을 비난하는 사람들이 속출했다. 올림픽이 무의미하다고 깎아내리는 혹평가도 있었고 또 다른 비판자들은 올림픽이 국가주의의 기세를 꺾기는커녕 오히려 선동하게 될

————1896년 제1회 근대 올림픽 대회가 열린 아테네의 파나티나이코 경기장의 모습이 실린 엽
서. 국제우편의 발달로 그림엽서는 장문의 세세한 편지를 쓰지 않고도 의사소통할 수 있는 편리
한 방법이 되었다. (Australian National Maritime Museum)

것이라고 주장했다. 아닌 게 아니라 1912년의 스톡홀름 대회 때는 전쟁으로
향해 가는 긴장의 전조가 나타나기도 했다. 스포츠 행사가 리더십의 추정된
자질과도 관련이 있는, 엘리트와 남자 선수들의 독무대가 되기 쉽다는 것도
문제였다. 당연히 여자 선수들의 출전에 대한 논쟁이 가열되었다. 올림픽에 여
자 선수를 출전시키려고 한 노력은 1922년에 처음 개최된 뒤 1930년대 말까
지 4년에 한 번꼴로 열린 국제 여자 육상 대회의 인기가 높아지면서 더욱 속
도감이 붙었다.[22]

　　20세기 초에 불어닥친 국제 스포츠 대회의 인기는 세계 축구 경기를 관
장할 조직의 탄생도 야기하였다. 그 결과 1904년 파리에서는 국제축구연맹
FIFA이 결성되어 최초의 국제 대회가 열렸으나 성공을 거두지는 못했다. 그래
도 1908년 런던 올림픽과 연계해 개최된 대회 이후에는 연맹에 대한 인지도
가 생기고, 제1차 세계대전이 발발하기 전에는 남아프리카, 아르헨티나, 칠레,
캐나다, 미국도 가맹하여 유럽 외의 지역으로도 세력이 확대되었다.

반면에 두 차례의 세계대전은 국가주의와 국제주의가 어떻게 스포츠 행사와 뒤엉킬 수 있는지를 보여 준 사례가 되었다. 제1차 세계대전만 해도 여행에 제약을 주고, 선수들도 군인으로 징집되며, 국가적 증오를 유발시켜 국제 스포츠의 위상에 먹칠을 했다. 그로 인해 올림픽과 국제축구연맹의 활동이 중단되고, 1916년 베를린에서 개최할 예정이던 올림픽도 무산되며, 전쟁이 끝나자마자 열린 올림픽과 국제축구연맹의 대륙 간 축구 대회도 전쟁 전에 비해 출전국이 줄어들고 대중의 관심마저 낮아졌으니 말이다. 이렇게 침체되었던 올림픽과 국제축구연맹의 활동은 1920년대 중엽과 1930년대 초부터 회복세를 나타내기 시작했다. 1930년에는 국제축구연맹이 주관한 월드컵 축구 대회가 개최되었고, 국제올림픽위원회도 그보다 이른 1928년에는 암스테르담 올림픽(육상과 체조 종목에 여자 선수가 처음으로 출전했다.)을, 1932년에는 로스앤젤레스 올림픽(만능선수 밀드러드 "베이브" 디드릭슨Mildred "Babe" Didrikson의 놀라운 활약으로 유명해졌다.)[23]을 성공적으로 개최했다. 하지만 악명 높은 1936년의 베를린 올림픽은 아리아인 혈통의 우월성과 독일의 힘을 과시하려 한 아돌프 히틀러의 전시장이 되고 말았다. 그에 따라 비록 아프리카계 미국인 제시 오언스Jesse Owens가 네 개의 금메달을 땀으로써 인종의 우월성 주장이 도전을 받기는 했지만 히틀러의 인종 국수주의적 과시로 올림픽 대회를 둘러싼 국제주의의 수사도 퇴색되었다.[24] 이후에도 전 세계가 군사적 경합을 벌인 제2차 세계대전의 발발로 조화로운 '올림픽 정신'의 부활은 뒤로 미루어졌다. 하지만 그렇다고 해서 다수의 올림픽 연구 학자가 주장하듯 국가적 자극과 국제적 자극이 부딪혔던 것만은 아니고 상보적이기도 했다. 국제 대회에 나가기 위해서는 먼저 국가적이 되어야 했기 때문이다.

다른 국제 협정들에 나타난 헤게모니가 스포츠 분야에 투사된 것도 문제였다. 국제올림픽위원회와 국제축구연맹 모두 스포츠로 하나 된 세계 공동체를 상징한다고 주장했지만 기실 두 조직이 대변한 것은 국가에 대한 충성심과 제국 및 젠더에 대한 충성심이었다. 다른 분야와 마찬가지로 스포츠에서도 보편적 가치와 규정은 국제적 규정과 모임을 자신들의 의도와 동일시한 강대국 및 강대국 국민들로부터 나왔기 때문이다. 축구가 아프리카, 카리브해,

아시아의 유럽 식민지들로 확산되고 야구 또한 미국의 세력권으로 확대되자, 제국주의 세력들이 자신들이 애호하는 스포츠의 확산을 문명과 남성성을 조장할 수 있는 만병통치약으로 묘사한 것이 단적인 증거다. 그리하여 식민지의 관리, 선교사, 공식·비공식 교육 종사자들이 또 자국이 좋아하는 스포츠의 확산과 관련을 맺게 되었다. 젠더와 인종적 차이도 국제 스포츠가 확산되는 범위 내에서 강화되거나 도전을 받았다.

법률의 국제주의와 중재

19세기 말부터 국제적 제도 기구들이 확산된 현상은 국가들이 초국적 규제 제도도 만들 수 있는 개연성을 확인해 주는 듯했다. 국제전기통신연합이나 만국우편연합 같은 협력 기관들이 만들어졌으니 그보다 더 야심 찬 목적, 특히 법적 중재나 다각적 평화 유지를 위한 연맹이나 연합을 구상하는 것도 어렵지 않을 것으로 여겨진 것이다.

몇몇 이론가는 심지어 범세계적 교역과 통신 네트워크들의 등장으로 국가마저 쓸모없어질 것이라고 선언했다. 1860년대부터는 유럽 각국의 법조인들이 보편적 법리法理를 단계적으로 성문화하여 보급할 것을 제안하면서 법률의 '과학적' 측면에 대해 역설하기 시작했다.[25] 대학들에도 국제법 강좌가 개설되고, 전문 법조인 모임에서는 법률제도의 표준화 방안이 논의되었다.

문제는 국제법 제정이 서구에서는 너무도 강력하게 문명화 사명의 관점과 인식을 같이했고, 그러다 보니 서서히 주도권을 잡아 가고 있던 진화적·진보적 역사관과도 찰떡궁합을 이루는 것으로 이해되었다는 데 있었다. 그 결과로 새로운 법질서에 대한 개념은 한 세계one-world 보편주의를 확산시키는 동시에 '문명화된 나라들'을 변화가 필요해 보이는 '후진적' 지역들과 분리시킨다는 의미를 갖게 되었다. 20세기 초에는 바로 이런 변혁적 보편주의의 담론으로부터 국제법 기구를 출범시키고, 법 시행과 분쟁을 중재할 관할지를 결정하려는 다수의 시도가 이루어졌다.[26]

대다수 학자가 동의하듯 국제법에 대한 개념은 해상법으로부터 발현돼 나왔다. 휘호 그로티우스Hugo Grotius만 해도 해양을 자유롭게 이용할 수 있는 권리를 숙고하는 과정에서 국제법에 관심을 갖게 되었다. 해양이 국가들 사이에 가로놓인 가장 거대한 공간이다 보니 복잡한 관할권 문제가 야기된 것이고, 1913년에는 해상 안전에 대한 국제 협약International Convention on Safety of Life at Sea(타이태닉호 침몰 사건 이후에 만들어졌다.)이 체결됨으로써 입법과 법 집행의 다변적 과정으로 향해 가는 중요한 발판이 마련되었다. 이 협약, 그리고 해운의 자유로운 이동 및 영해의 무해 통항을 보장하는 것과 관련된 여타 국제 협정 모두 세계의 해로를 분쟁의 장에서 안전한 상업 교통로로 바꾸는 데 목적을 두고 체결되었다.

19세기 말의 유럽 정치인과 법학자들은 국제 중재가 전쟁을 대신해 분쟁 해결의 수단이 될 수 있으리라는 꿈을 실현시키는 데도 힘을 쏟았다. 법조계에 종사하는 활동적인 국제주의자들만 해도 19세기 말 영향력 있는 여러 연합을 통해 활동하면서 법적 중재에 필요한 환경을 조성했다. 1871년에는 영국에서 건조된 남군의 순양함 앨라배마호가 남북전쟁 때 북군의 상선 일흔 척을 격침한 데 따른 배상 문제 처리를 위한 워싱턴 조약이 체결되었다. 이 조약은 배상 문제 처리 외에 중립국이 해상에서 지켜야 할 권리와 의무를 규정함으로써 중재재판소의 권한에 대한 전례를 제공하고, 1885년의 콩고 조약[3]과 1890년 브뤼셀에서 체결된 노예 금지 조약과 같은 여타 다변적 조약들에 중재 조항이 포함되게 하는 데도 일조했다.[27] 1889년에는 평화주의자인 윌리엄 랜들 크리머William Randal Cremer와 프레데리크 파시Frédéric Passy가 국제의회연맹IPU을 공동으로 설립하고, 의회를 가진 나라들(1913년 기준으로 24개국)과 연합해 국재 중재의 방법을 증진시키는 일에도 힘을 기울였다.

1899년과 1907년에는 네덜란드 헤이그에서 전쟁과 폭력이 아닌 법과 중재로 문제를 해결하려고 한 전전의 국제주의자들 노력의 결정체로 만국평화회의가 열렸다. 국제법과 중재 절차의 규칙을 마련하자고 한 러시아 황제 니콜라이 2세Nicholas II의 제창에 국제적 정치인, 지식인, 법학자들이 따름으로써 성

───── **3** 유럽과 아메리카 대륙의 15개국이 콩고강의 자유항행과 강 유역의 중립화 등을 정한 조약.

사된 국제회의였다. 평화운동과 다양한 형태의 국제법 입법을 주창하던 사람들 또한 그 제안에 고무되어, 적십자사 창립자인 앙리 뒤낭Henry Dunant은 세계의 열강이 니콜라이 2세의 제안을 받아들이도록 설득하는 데 중요한 역할을 했다. 다작의 저널리스트이자 수 개국어로 번역된 베스트셀러 소설 『무기를 내려놓으라!Die Waffen Nieder!』(1889)의 저자였던 베르타 폰 주트너Berthan von Suttner 남작 부인 역시 그 제안의 배후에서 싹튼 국제 평화운동에 생기를 불어넣었다. 주트너는 다이너마이트를 발명한 알프레드 노벨이 그의 재산을 기금 삼아, "인류의 우애, 군사력 감축, 평화회의의 증진에 가장 효과적으로" 노력한 사람에게 상을 수여하도록 유언장에 명시하게 하는 데도 영향을 끼쳤다.[28] 영국의 괴짜 저널리스트 윌리엄 토머스 스테드William Thomas Stead 또한 런던에서 자신이 조직한 국제 평화 십자군을 증진하고 헤이그 평화회의에 힘을 실어 주기 위해《전쟁에 반대하는 전쟁War against War》이라는 주간지도 창간했다. 남녀 운동원 수가 나날이 증가한 국제 평화회의Universal Peace Congress도 헤이그의 이념을 뒷받침하기 위해 무기 제한의 대의를 증진시키기 위한 연례 모임을 가졌다.

헤이그 평화회의는 단순히 고원한 평화의 목표를 추인하는 데 그치지 않고 국제법의 체계를 세우기 위한 실행 방안도 모색했다. 헤이그가 대변한 국제주의 또한 범위는 제한적이었지만, 유럽과 미국을 넘어 중국, 일본, 시암, 터키, 페르시아(이란), 멕시코로까지 저변이 확대되었다.(1907년 회의 때는 아메리카 대륙의 17개국도 신세계 대표단에 포함되었다.) 평화회의에 참석한 대표단은 특히 세 가지 목적이 관철되게 하는 데 힘을 기울였다. 국제적 분쟁의 평화적 해결, 과도하게 잔혹한 무기의 전시 사용 금지(민간인들에게 상처를 줄 수 있는 '덤덤'탄 사용 금지와 기구로부터의 투사물 투하 금지가 대표적인 예다.), 군비경쟁과 그것이 국가 재정에 지우는 부담의 제한이 그것이었다.

그러나 헤이그 평화회의의 가장 중요한 성과는 뭐니 뭐니 해도 분쟁의 종결이 아닌 방지에 목적을 둔 중재의 개념을 도출한 것이었다. 비록 재판권에 관련된 구체적 사안은 미정으로 남겨 두었지만 말이다. 그에 따라 국제분쟁의 평화적 해결을 위한 조약이 채택되고, 조약에 입각한 상설중재재판소도 설치되었다. 상설중재재판소는 제1차 세계대전이 발발하기 전부터 가동되기 시작해, 전쟁이 끝난 뒤에는 국제연맹과 연계하여 국제사법재판소(1922~1945)로 개편되었다. 헤이그 평화회의는 그 밖에 적대 행위의 개시, 중립국과 그 국민들의 권리, 적국 상선의 지위, 육전과 해전의 수행과 관련된 법칙이 포함된 전쟁 법규 조약도 채택했다.[29]

그런데도 헤이그 평화회의는 흔히 감동적 연설, 회의에 참석한 명사들이 표명한 기대감, 호화로운 의례, 연회, 언론 보도에 비해서는 심드렁하게 받아들여지기 일쑤였다. 회의의 열기가 식기도 전에 제1차 세계대전이 터졌으니 그럴 수밖에 없었다. 하지만 그렇다고 해서 헤이그 평화회의가 그 시대의 주요 특징들, 예컨대 국제 표준을 수립하는 것에 대한 관심과 법적 제도가 국경을 넘어, 번영하는 나라들의 개인을 지배하듯 국가들의 행위도 지배하게 되리라는 통찰력을 활용했다는 사실이 변하지는 않는다. 물론 회의에서는 범세계적 통신 및 여타 네트워크들이 평화를 유지하는 메커니즘으로 새로운 국제질서를 촉진하게 되리라는 희망, 그리고 국가 간 경쟁이 파괴적 전쟁으로 이어지리라는 두려움이 함께 표명되었지만 말이다.[30]

제1차 세계대전이 발발하기 전 전 세계 '국제주의자들' 사이에는 헤이그 평화회의의 증진에도 일조했던 낙관론에 휩쓸려 대규모 전쟁들이 쓸모없어졌다는 인식이 만연해 있었다. 1911년 『세계법 제1서 *The First Book of World Law*』를 발간한 뉴잉글랜드의 반제국주의자 레이먼드 랜던 브리지먼Raymond Landon Bridgman만 해도, "진정한 세계법이 한 세대 넘게 발전해 왔다."고 선언하고는 통신에서 위생, 세계 정부에 이르기까지 모든 내용이 아우러진 합의 사항의 대요를 제시했다. 그는 또 "비교적 단기간에 하나의 정치 단위에 속한 인류의 조직이 빠르게 증진되었고", 널리 인정된 이론에 기초한 세계의 불문헌법도 새롭게 탄생할 국제기구의 토대가 이미 되었다고 썼다.[31] 앞에서도 언급했듯 노먼 에인절의 『거대한 환상』을 읽고 그를 예언자로 칭송한 사람들은 이렇듯 세계 곳곳에 퍼져 있었다. 물론 제1차 세계대전을 촉발한 '8월의 포성'으로 융합과 평화를 바란 국제주의자들의 희망은 국가주의에 의해 단번에 꺾일 수도 있음이 드러났지만 말이다. 하지만 그럼에도 국제기구들을 세우려는 노력은 전쟁이 진행되는 동안과 그 이후까지 계속되었다.

국제연맹

군사적 경합을 벌이는 것의 어리석음은 제1차 세계대전이 유럽인의 한 세대에 입힌 가공할 규모의 사상자(1000만 명 가까운 병사가 전사하고 그 두 배 정도 되는 병사들이 부상을 입었다.)로도 확인되는 듯했다. 돌이켜 보면 전쟁의 참화야말로 공산주의와 파시스트의 권위주의를 촉진하고 제2차 세계대전을 발발하게 만든 원인이었다. 하지만 처음에는 제1차 세계대전이 분쟁의 평화적 해결을 위한 새로운 국제기구 창설을 주창한 사람들의 손을 들어 주는 듯했다. 자유 민주주의, 친절한 제국 행정부, 국제조직 모두 세계의 여타 지역을 문명화하고, 보편화된 규범을 확산시킬 시스템을 촉진하게 되리라는, 20세기 초 국제주의자들의 신념이 구체화된 국제연맹이 발족되었으니 말이다.[32]

국제법 규범에 기초한 일종의 세계 연방주의를 통한 전후의 평화 구축을 제창하여 가장 유명해진 인물은 미국 대통령 우드로 윌슨이었다. 집단 안보 조약과 민족'자결주의'가 공격적 민족주의와 인종적 불만을 억제할 수 있을 것으로 본 그의 신념이 전 세계인들을 감화시킨 것인데, 알고 보면 윌슨의 그런 신념은 모순으로 가득 차 있었다. 국제연맹이 윌슨의 이름과 불가분의 관계에 있었는데도 그의 나라 미국이 정작 연맹에 가입하지 않았고 자결에 대한 그의 생각 또한 심하게 제한적인 것으로 드러난 것만 해도 그랬다.

대통령 윌슨의 국제주의에 대한 구상은 멕시코 혁명에서 비롯된 일련의 위기를 돌파하기 위한 외교정책을 시행하고 1914년 유럽에서 발발한 전쟁에 대처하는 과정에서 나온 것이었다. 그런 일들을 겪다 보니 혁명과 전쟁으로 사납게 날뛰게 된 폭력을 휘어잡을 수 있는 것은 협력적 민주국가들의 연맹뿐이라고 믿게 된 것이었다. 윌슨은 서반구에서 발생하는 불법행위도 서반구 당사국들 간에 범아메리카 협정을 체결하여 해결하자고 제안했다.(라틴아메리카 사람들은 그렇게 생각하지 않았지만 그가 말한 불법행위의 당사국에 미국은 물론 포함되지 않았다.) 결과적으로 그 계획은 불발로 끝났다. 하지만 그렇다고 그의 신념까지 바뀐 것은 아니어서, 1914년 유럽에서 전쟁이 시작되자 윌슨은 국제 협정, 무기 감축, 민족주의의 거부를 평화에 이르는 길로 인식한 에인절, 조든, 여타 사람들의 세례를 받은 참모들의 견해로 기울어졌다. 그리고 그 상태에서 미국이 참전을 하자, 그 스스로 전쟁의 근원을 뿌리 뽑을 수 있는 해법이라고 믿은 노선에 따라 전후의 국제 체제 개건을 위한 계획, 곧 14개조(1918)를 제안한 것이었다.[33]

문제는 전 세계 여러 부류의 개혁가와 국제주의자들이 윌슨과 아마도 미국의 것이기도 할 열네 개 조항에서 새로운 질서가 전쟁의 슬픔에서도 올 수 있다고 믿을 만한 이유를 찾아냈다는 데 있었다. 그들은 14개조 중에서도 특히 두 조항의 파장이 클 것으로 예상했다. 하나는 윌슨이 오스트리아-헝가리 제국의 인종적 긴장으로 야기된 불안정을 치유할 해독제로 제시했으나, 정작 전 세계의 식민지인들은 재빨리 자신들의 국가적 여망을 달성할 수 있는 슬로건으로 채택한 모호한 개념, 곧 '민족자결주의'였고, 다른 하나는 국제연맹으로 구체화될 개념, 곧 '집단 안보'였다. 이것으로도 알 수 있듯 윌슨의 견해는 최초의 연맹(국제연맹)에서 개진될 개개의 자결적 국가의 관점으로 미래에 등장할 세계를 구상하면서, 전쟁 전에 그리도 많은 국제주의의 흐름을 들뜨게 했던 열망에서 나온 것이었다.

어찌 보면 윌슨은 공개된 협약, '승리 없는 평화', 민족자결주의, 민주국가들 간의 집단 안보에 근거를 두었다 하여 "새로운 외교"로 불리게 된 개념과는 어울리지 않는 산파와도 같은 존재였다. 프린스턴 대학 총장을 지낸 초연한 지식인으로, 멕시코로 군대를 보내고,[4] 아이티에 미군정을 수립하며, 도미니카 공화국에 대한 미국의 군사적 통제를 강화하고, 니카라과에 미 행정부를 이식한 인물이었으니 말이다. 게다가 그는 남북전쟁 이후 최초의 남부 출신 대통령이었으면서도 나라의 수도로까지 인종차별을 들여와, 남부의 민주당 인종차별주의자 여러 명을 고위 외교관으로 임명했다.

그런 반면 윌슨은 노동권, 페미니즘, 반제국주의는 물론 심지어 사회주의도 옹호하는 국제사회와도 깊은 유대를 맺고 있었다. 자결적 민주주의와 법에 따른 분쟁 없는 세계를 염두에 두고 그렸던 그의 청사진이 중국, 인도, 이집트, 조선, 여타 지역의 반식민주의 지도자들을 포함해 전 세계 수많은 개혁

―― **4** 판초 비야를 잡기 위해서였다.

가의 의제 내에서 반향을 불러일으킨 것도 그래서다. 국내외의 많은 국제주의 자도, 비록 윌슨이 행한 타협과 완고함에 대해서는 비난을 퍼부었지만, 자결 적 국가 연맹의 개념에 대해 갖고 있던 그의 믿음에는 감명을 받았다. 그리하 여 국제연맹은, 비록 1919년 베르사유에서 진행된 파리 강화회의에서 윌슨이 반대에 직면하고, 회의의 결과물인 베르사유 조약 또한 국제연맹 창설 조항 이 포함되었다는 이유로 미국 상원의 비준을 받지 못했지만, 그 시대의 국제 주의자들이 가진 희망과 모순의 많은 부분을 구현한 기구가 되었다.[34]

1918년 무렵 전제 국가들(러시아, 오스트리아-헝가리, 독일, 오스만)이 해체되 고 10여 개의 신생 공화국이 건설되자 윌슨 대통령과 같은 국제주의자들은 전후의 신생 민주국가들이 협력하면 전쟁의 끔찍한 대가도 정당화될 수 있 을 것으로 믿었다. 하지만 전쟁이 안정과 국제적 합의를 이끌어 내는 도구가 될 수 있을 것으로 본 그의 믿음은 언제나 그렇듯 이번에도 망상으로 끝났 다. 제1차 세계대전이 야기한 수많은 죽음, 러시아, 멕시코, 중국의 혁명으로 만들어진 어마어마한 사상자, 인플루엔자와 여타 전염병에 따른 황폐화, 전 쟁으로 고조된 민족주의에서 비롯된 인구 이동 등 1914년에서 1920년대 초 까지 전 세계 대부분 지역에서 일어난 서사적 규모의 참화가 그것을 말해 주 었다. 자칭 문명의 중심이라는 유럽에서도 1500만 명 이상이 앞에 언급한 여 러 가지 요인으로 인해 목숨을 잃었고, 그 엄청난 희생자 수효가 또 불안정 의 상징이자 그것을 야기하는 요인이 되어 사회와 문화에 심대한 영향을 끼 쳤다.

인구 이동과 새로운 이데올로기가 조장한 새로운 독재 정권들도 그 기회 를 놓칠 새라 새롭게 등장하는 자유주의 공화국의 규범과 관련된 모든 사상 에 재빨리 도전했다. 1917년 러시아 혁명을 일으켜 정권을 장악한 볼셰비키 세력만 해도, 노동자계급에 더 많은 힘을 부여할 것을 주장하는 초국적 공산 주의 운동에 영감과 지지를 제공했다. 볼셰비키 정권은 자결주의 독트린도 전 세계 민족주의자들에게 호소력을 갖게 하기 위해 윌슨의 자결주의와 달리 식 민지 굴레를 벗어나려고 하는 반제국주의와 곧바로 손을 잡고 홍보했다. 그렇 게 해서 공산주의 운동에 의해 자신들의 힘이 위협받고 전후의 경제적 불안정에도 직면하게 된 자유주의 공화파들이 다시 우경화 되는 결과를 낳았다. 그런 가운데 1920년대의 이탈리아, 에스파냐, 포르투갈, 1930년대의 독일과 일본에서는 어느 정도 커져 가는 공산당의 힘과 허약한 자유주의 의회에 대한 반응으로 다양한 형태의 민족주의 독재 정권과 파시스트 정권들이 들어섰다. 멕시코, 브라질, 아르헨티나, 그 밖의 지역에도 권위주의의 정도가 각기 다른 협동조합주의 국가Corporative state가 등장했다. 국제연맹의 국제주의 체제로는 그런 정치적·경제적 양극화를 막을 수 없었고, 강화된 독재 정권이 활개를 친 유해한 민족주의는 더 말할 것이 없었다. 요컨대 국제연맹의 조직체는 에릭 홉스봄이 '극단의 시대'라 부른 것, 그리고 국수주의의 자양분을 먹고 자란, 충돌하는 제국적 열망에 대처하기에는 미흡했던 것이다.

그렇기는 하지만 본래의 회원국 32개국과 가입을 권유받은 13개국으로 구성되고 제네바에 본부를 두었던 국제연맹도 양차 대전 사이의 기간에는 초국적 관계를 잇는 중요한 도관 역할을 했다. 국제의회연맹을 연상시키는 구조에 헤이그 만국평화회의에서 나온 방안들을 반영해 분쟁의 중재, 전쟁의 방지, 사회적·경제적 프로그램에 대한 국제적 조정을 비롯한 광범위한 의제에 전념한 최초의 국제기구였던 점만 해도 그랬다. 연맹은 19세기부터 전문가 그룹들 사이에 등장하기 시작한 초국적 단체들을 한데 그러모아 단일한 국제기구로 통합시켰다. 1930년대 초에는 비록 유럽인이 대다수를 차지하기는 했지만, 다양한 국적을 가진 사무국 직원도 700명에 달했다. 그리하여 양차 대전 사이의 기간에는 연맹이 보증한 경제, 사회, 문화 기구에서 일하는 사람들의 촘촘한 네트워크가 연맹의 가장 영속적인 영향을 구성하는 존재가 되었다. 한 작가는 심지어 처음 창설된 당시 연맹을 대표했던 사람들을 "전기에너지의 흐름을 따라 종횡으로 누비고 다니는 지구의 형상들을 연상시키는 존재"라고 썼다.[35]

국제주의자 법조인들 또한 국제연맹을 범세계적 법적 체계로 성장해 갈 수 있는 요체로 파악했다. 그것을 입증하듯 1921~1940년의 기간에는 연맹의 주요 기관인 상설국제사법재판소가 국가들 간 분쟁을 청취했으며, 그 밖에도 연맹의 다양한 기관이 특히 통신, 교통, 군비 제한 영역에 관련된 국제법 편찬에 종사했다. 국제연맹은 아편 매매의 금지(1931년에 체결된 제네바 협약에 따른 것), 인신매매로부터의 여성 보호와 착취로부터의 아동 보호, 노예제 존속의 반대, 지적·문화적 교류의 증진, 난민 재정착과 관련된 업무도 추진했다.

국제연맹 산하의 경제 금융 기구EFO 또한 국가 및 국제경제 전반에 걸친 경제적 통계를 수집함으로써 표준화 직무의 범위를 넓혔다. 주요 국가와 금융인들이 적극적으로 개입하여 전후의 경제 위기를 타개할 것을 촉구하자, 연맹의 직무 범위를 단순한 자료 수집 이상으로 넓힌 것이다. 경제 금융 기구는 유럽의 탁월한 경제학자들의 전문 지식을 활용해 관세, 무역, 통화제도, 생산, 빈곤에 관련된 특정 정책을 옹호하고, 1927년과 1933년에는 세계 경제 회의도 주관했다. 그리하여 비록 1930년대에 몰아닥친 경제 대공황을 막아 주지는 못했지만 경제 금융 기구가 발간한 통계 연보와 경제학자들의 네트워크는 제2차 세계대전 이후 국제 경제기구들이 탄생할 수 있는 초석이 되었다.

1923년에는 국제연맹 산하에 전후의 전염병 확산 방지를 위한 보건 기구 LNHO를 설립하여 국가별 정책을 국제 규범으로 통합하는 일을 수행했다. 록펠러 재단이 지원한 과학 연구 기금의 3분의 1을 이용해 세계 여러 나라 및 지역들의 공중위생 전문가들과 협력, 데이터를 수집하고 혈액형 분류와 같은 통계적·역학적인 일에 대한 기준을 마련했으며, 세계 모든 나라에 공중위생 프로그램 설치를 권고하고, 세계 전역의 보건 상황에 대한 보고서도 정기적으로 발행했다. 공중위생 프로그램을 추진함으로써 사망률을 떨어뜨리는 데도 일조했다.[36]

베르사유 조약에 따라 설립된 국제노동기구ILO 또한 국제연맹의 가장 의욕적인 조직체가 되었다. 얼마간 볼셰비키 혁명 이후 공산주의가 갖게 된 호소력에 선제적으로 대응하고자 조직된 이 기구는 전통은 오래되었지만 효율성은 낮았던 노동운동가들의 국제회의를 기반으로 해서 탄생했다. 1870년대에는 주요 노동 개혁가들의 국제회의가 시작되었다. 그리고 1900년에 파리에서 개최된 노동 입법을 위한 국제 협회International Association for Labour Legislation: IALL에서는 비공식적이나마 각국의 노동 규칙을 통합했으며, 노동 착취를 하는 나라들에 관한 폭로도 이어졌다. 하지만 그런 류의 국제 포럼에서 채택된 결의로는 국가들의 입법에 영향을 미치기 어려웠다. 그래서 좀 더 공식화된 제도의 후원을 받는 국제노동기구를 설립해, 노동자와 노동조합의 권리를 향상시키기 위한 노력을 경주하기로 한 것이었다. 과연 1919년 10월에는 국제노동기구의 첫 연례 회의가 열려 작업장의 안전, 근로 시간, 산업체에서 일하는 여성과 아동의 보호에 관련된 여섯 개 합의 사항을 채택했다. 대공황의 여파로 비준 속도가 더뎠던 1930년대를 제외하면 국제노동기구의 합의 사항을 비준하는 나라들도 계속 증가했다. 1926년에는 세계 여러 나라에서 국제노동기구의 합의 사항이 준수되는 상황을 모니터링하기 위한 감독 체계가 수립되었다.[37]

그렇기는 하지만 국제노동기구도 내부적으로는 국적과 이데올로기 노선에 따라 다양한 접근법이 충돌하는 분란을 겪었다. 국제노동기구가 노동조합과 고용주를 국가의 파트너로 인정하는, 요컨대 '공적' 부분과 '사적' 부분을 합체시켜 삼각 구도를 만든 것도 논쟁을 야기했다. 국제노동기구는 심지어 친노동단체들에 둘러싸인 채, 미국의 노동운동 지도자 새뮤얼 곰퍼스Samuel Gompers와 같은 보수적 노동조합주의자의 관점부터 소극적 절충주의자의 관점에 이르기까지 노동 행동주의의 형식을 두고 싸우는 갖가지 관점에도 자주 시달렸다. 국제노동기구는 전반적으로 협력 국가들을 통해 작동되는 자유주의적 자본주의 시스템을 지지하고, 소련 통제하에 있던 제3인터내셔널(코민테른)을 통해 조장되는 또 다른 초국적 노동운동에는 반대했다.

식민주의에 대한 국제연맹의 태도도 그와 유사하게 어정쩡했다. 연맹이 식민주의에 대한 합리화를 비난도 하고 지지도 하는 이중적 태도를 보인 것이다. 제1차 세계대전의 승전국들은 패전국이 된 독일과 오스만 제국으로부터 식민지들을 떼어 내 위임통치령으로 만들었다. 패전국들이 행사한 식민주의를 사실상 부인하고 좀 더 문명화된 보호 체제를 제공하는 조치를 취한 것이다. 그에 따라 위임통치령들은 자치할 준비가 될 때까지 선진국으로 지정된 나라들의 통치를 받게 되었다. 위임통치를 하게 된 수임국의 행정관도 물론 '원주민'과 소수민족을 보호하고 영토를 발전시키겠다는 서약을 해야 했다. 하지만 그것은 형식이었을 뿐 실제로는 위임통치령 제도가 외국의 지배를 인가하고 재합리화해 주는 것에 지나지 않았다. 국제연맹도 승전국인 제국들을 간섭하지 못했다. 결국 윌슨이 제창한 전후 민족자결주의로 식민 지배가 도전받을 것으로 기대했던 식민지인들만 쓰디쓴 실망감을 맛보게 되었다. 그들은 국제연맹이 포괄적 청사진을 제시하기는커녕 오히려 유럽 중심의 국제주의에 식민주의를 아로새긴 것으로 인식했다. 식민지들에서 싹터 나온 민족주의 운동이 식민지 질서를 복구하고 그것을 재정당화한 전후의 타결책을 거부한 채 자결의 언어를 택해 그것을 중심으로 조직화를 계속 시도한 것도 그래서였다. 새로운 반식민주의적 국제주의가 탄생한 것이었다.[38]

한편 제1차 세계대전이 끝나자 세계 여러 나라는 국제연맹의 표준화 노력에 발맞춰 공동의 규칙을 수립하기 위한 추가 기구들도 설립할 계획을 세웠다. 목표는 국가의 주권을 위협하지 않는 한도 내에서 국가의 능력을 높여 민간인과 기업의 범세계적 접근을 쉽게 하려는 것이었다. 특히 상업과 통신에서 속도, 보안, 안전을 제공하는 것에 모든 나라의 관심이 집중되었으므로, 1925년에는 라디오 방송 문제를 다룰 국제방송 연맹International Broadcasting Union(나중에 국제전기통신연합으로 흡수되었다.)이 설립되었다. 그보다 이른 1919년에는 항공 항행과 국제항공운송협회를 위한 국제 위원회International Commission for Air Navigation and International Air Traffic Association가 설립되어 항공기의 기술 및 안전 기준이 만들어졌다. 비록 민간 항공 관련 문제는 제2차 세계대전이 지나서야 타결되었지만 말이다. 그 밖에 해양 안전에 관한 협정을 추진할 국제 해운동맹도 발족했으며, 1930년에는 헤이그 조약 입법 회의Hague Codification Conference를 개최해 국적 및 시민권자 여부를 가리는 것과 관련된 포괄적 문제를 해결하려는 노력도 기울였다.

무기 제한 노력도, 제1차 세계대전을 겪었는데도, 아니 실은 바로 그 때문에 얼마간 부활되는 체험을 했다. 1922년 결함도 있고 결락된 부분이 있기는 했지만, 특정 부류의 전함 건조를 금지하려는 노력이 반영된 워싱턴 해군 협정이 체결된 것이 좋은 예다. 1925년에도 전시의 겨자탄 사용에 대한 대중의 원성과 그보다 더 치명적인 물질이 개발될 수 있다는 공포감을 반영하여, "질식성 유독가스 혹은 여타 가스 및 생물학적 전쟁 방식의 전시 사용"을 금지하는 내용의 제네바 의정서가 채택되었다. 1928년에도 최종적으로 61개국이 가입한 켈로그·브리앙 조약[5]이 체결되었다. 하지만 이것은 전쟁을 금지하고 평화적 수단으로 분쟁을 해결한다는 그럴싸한 합의에도 불구하고, 그것의 실행 방안이나 과실의 판단 근거가 될 만한 메커니즘을 포함시키지 않아 유명무실한 조약이 되고 말았다. 1930년대 초에는 국수주의적 파시스트 정부들이 이탈리아, 독일, 일본의 정치를 재편하고 전쟁을 일으키기 위해 무장을 하는 가운데 세계 각국에서 민족주의를 비난하는 평화운동이 거세게 일어났다.

1935년에는 사반세기 전 평화에 대한 격문을 써 유명해진 노먼 에인절이 노벨 평화상을 받았다. 에인절은 수상 소감 연설에서 국제법과 국제연맹에 평화의 희망을 걸고 있던 사람들에게 그 무렵까지도 여전히 힘이 되어 준 주장들을 이렇게 설명했다. 전쟁이 "자신들의 그릇됨을 아는 악인들에 의해서만 일어나는 것은 아니고, 자신들이 옳다고 열렬하게 믿는 선인들이 취하는 정책에 의해서도 일어날 수 있다."[39]고 말한 것이다. 그런 다음 그는 폭력의 요인이 되는 그런 열정과 지나친 애국주의를 억제할 수 있는 것은 법의 적용과 국제연맹과 같은 기구의 중재뿐이라고 결론지었다. 당시 에인절의 연설에서는 이렇듯 그의 초기 저서들의 특징이던 낙관주의가 어렴풋하게만 메아리쳤다. 국제주의자들의 네트워크도 이제 더는 자신들이야말로 새로운 경제적·문화적 상호 연결이 국제 규정과 조직체들을 변하게 하고, 평화가 유지되는 방향으로 나아가게 하는 자연적 진행 과정의 선봉장이 되리라는 신념을 토해 내지 못했다.

제1차 세계대전으로 야기된 혼란과 혁명이 공산주의 이데올로기와 파시스트의 권위주의를 조장하고 있을 때, 대공황은 의회 민주주의와 자유주의적 자본주의 정권에 가장 심대한 타격을 입히며, 그 독재 정권들의 자기 확신을 강화했다. 소련에서 권력을 공고히 다진 이오시프 스탈린이 1930년대에 우크라이나인 300만 명을 대기근으로 죽게 만들고,[6] 1937년에서 1938년 동안에는 체제 반대자, 농민, 소수민족을 겨냥해 표적 살해를 하는 대숙청을 단행한

_____ 5 일명 파리 협정.
_____ 6 농장 집단화 정책을 시행한 결과였다.

것도 그 과정에서 일어난 일이었다. 이탈리아도 노먼 에인절이 노벨 평화상을 받은 해에 에티오피아를 침공했으며, 히틀러 또한 독일을 개조해 '정화'시키려고 한 자신의 계획을 착착 진행시키고, 그에 뒤이은 몇 년 동안에는 독일 이주민과 '문명'에 필요한 공간 마련을 위해 유대인과 동유럽인들을 '청소할' 독일 제국의 팽창 계획을 수립했다. 나치 이데올로기가 극단으로 치달으며 전쟁에 몰두하게 된 때부터는 그 계획이 대량 학살을 통한 '유대인 문제'의 '최종 해결책'을 실행하는 것으로도 굳어졌다. 그리하여 1945년 5월 독일이 항복할 때까지 죽은 유대인이 전쟁 전 유럽 유대인 인구의 3분의 2에 해당하는 600만 명이었고, 롬 민족(집시), 동성애자, 불구자, 폴란드인, 여타 동유럽인 등 또 다른 '위험 인물' 수백만 명도 같은 운명을 당했다. 기록에는 히틀러가 동쪽으로 재식민하려고 했던 지역의 비독일인 대량 학살이 막 시작되었을 무렵에는 일본 지도자들도 독일과 마찬가지로 정착 식민지를 만들려고 한 그들의 계획에 '문명'을 연계해 농민과 기술자 수십만 명을 만주로 보내고, 일본군과 생체 실험을 한 것으로 악명 높은 731부대 또한 그동안 그곳 주민들에 대한 지배를 공고히 했던 것으로 나타난다. 일본군 지도자들은 중국으로 들어가 동남아시아로까지 세력권을 팽창할 날도 기약했다.[40]

에인절과 그와 동시대를 살았던 국제주의자들도 일본과 독일이 국제연맹을 탈퇴하고, 팽창주의 프로그램을 가동시키며, 1939년 9월 유럽에서 또 다른 전쟁을 일으키자 결국은 파시즘에 맞서 집단적 군사행동을 해야 할 필요성을 받아들였다. 물론 민주주의 국가들 사이에 동맹을 구축할 수 있는 전보다 더욱 강력한 국제기구의 설립 필요성도 계속 강조했다. 하지만 20세기의 새로운 연결적 흐름이 전쟁을 '위대한 환상'으로 만들어 줄 것이라는 개념은 더 이상 옹호하지 못했다. 잘 굴러가던 글로벌 경제 시장과 효율적인 의회 구조도 나란히 퇴보의 길을 걸었다. 초국적 연결의 흐름 역시 협력 기관들의 확산을 불러올 것으로 믿은 일부 국제주의자의 기대와 달리, 세계의 대부분 지역을 제2차 세계대전의 소용돌이에 휩쓸려 들어가게 만들었다. 연결된 세계이다 보니 동맹, 제휴, 인종과 계급적 증오, 현대전 기술의 연구가 신속히 전란의 불쏘시개가 된 것이다. 그리하여 세계가 점점 상호 연결적이 되는 동시에 군사화되기도 한 20세기 중엽에 들어서는 19세기 말의 국제주의가 방어적이고 두려움이 느껴지는 개념이 되었다.[41]

20세기에 발발한 제2차 세계대전은 제1차 세계대전 때와 마찬가지로 상호 연결을 축소하기도 하고 확대하기도 했다. 대공황, 독재적 민족주의, 지역 블록들의 증가로 글로벌 경제체제들이 조금씩 무너져 내리면서 상호 연결이 줄어든 반면, 전쟁의 발발로 많은 사람이 직능적 세계 체제의 재건 필요성을 강조하면서 확대도 된 것이었다. 전쟁이 진행 중이던 1914년 8월에는 영국 총리 윈스턴 처칠과 미국 대통령 프랭클린 D. 루스벨트가 캐나다 동해안의 뉴펀들랜드섬 연안에 정박해 있던 전함에서 회동, 전후 국제주의자들의 목적이 담긴 대서양헌장을 발표했다. 무역 장벽을 낮추고, 경제적·사회적 협력을 도모하며, 공해의 자유항행을 보장하고, 침략의 위협이 있는 나라들을 무장 해제하며, 인류의 평화를 모색한다는 등 국제주의자들의 보편적 입장이 표명된 헌장이었다. 그 몇 달 뒤에는 전시의 모든 "국가의 연합"도 대서양헌장의 원칙을 받아들였다. 전쟁이 지루하게 계속되자 교전국들은 모든 종류의 초국적 연합을 구축하는 것의 중요성을 더욱 절박하게 느꼈다. 범세계적 운송과 통신 체계의 유지 필요성이 생기고, 원자재 확보가 전략적으로 주요 사안이 되며, 노동 때문이든 전투 때문이든 전시의 거대한 인구 이동으로 수백만 명이 고향을 떠나 생경한 나라와 문화를 접하게 된 탓이었다. 양차 대전 사이의 기간에 활동한 국제주의자들도 전후에 모종의 기능적 세계 질서(그 무렵에는 국제주의가 특별히 지지한 것의 여러 가지 변형이 존재했다.)가 재건되리라는 희망을 갖고 있는 듯했다.

제2차 세계대전이 끝나 갈 무렵에 등장한 유엔 기구와 브레턴우즈 협정은 이렇듯 지난 세기에 국제주의에 활력을 불어넣어 준 희망과 공포 두 가지 모두로부터 탄생했다. 반면에 이전에 체결된 국제 협정, 조직체, 룰 세팅 제도들의 모순점들 또한 수반되었다. 유엔과 브레턴우즈 협정도 국제연맹과 다를 바 없이, 국가와 제국에 득이 되는 의제들을 뒤에 숨긴 채 국제주의를 표방했기 때문이다. 그 점은 유엔 창설이 결정된 1945년의 샌프란시스코 회의에서 남아프리카 대표로 참석한 얀 스뮈츠가 국제연맹의 창설에 공을 세운 인물로 환호받았던 사실로도 확인된다. 스뮈츠가 정의와 '인간의 기본적 권리'를 보전할 수 있는 새로운 기구의 필요성에 대해 웅변을 토한 것이 회의 참가자들이 환호한 이유였지만, 알고 보면 스뮈츠는 영국 제국주의의 제국적·인종적 이데올로기를 대변한 표상이었고, 따라서 샌프란시스코 회의에 참석한 것도 조국 남아프리카가 부정적으로 묘사될 여지가 있는 오도된 인도주의라고 자신이 간주한 것으로부터 그것(영국 제국주의의 제국적·인종적 이데올로기)의 가치를 지키기 위해서였다. 영국 출신의 역사학자 마크 마조워Mark Mazower도 스뮈츠를 "국제협력의 방법을 통해 백인이 지배하는 제국의 생명을 연장하려 했던" 세대의 일원이었다고 묘사했다. 세계 금융 질서를 재건하기 위해 1944년에 개최된 브레턴우즈 회의도 그와 흡사하게 전후의 새로운 협력 기관들에 대한 희망보다는 제약이 될 조짐을 보였다. 스탈린이 회의 참석을 거부하고, 영국과 미국이 충돌하며, 군소 국가와 식민지들에는 발언권이 거의 주어지지 않고, 새로 설립된 금융 기구들[7] 또한 처음에는 지극히 비효율적으로 운영되어 종전 다음해에 영국의 금융 제도가 거의 붕괴 직전까지 갔던 것만 해도 그랬다.[42]

* * *

19세기 말 산업 시대의 통신과 운송에 일어난 혁명은 세계를 하나의 장으로 인식하려는 노력을 절정에 이르게 했다. 늘어나는 전 세계 경제 네트워크에서 얻어지는 새로운 부도 증가하여, 세계 각국 지도자들을 한데 모아 법의 실행 및 공통적 개념의 규칙성을 전파할 목적으로 고안된 다수의 국제적의제와 조직들에 자금을 제공해 주었다. 서방 국가들이 욱일승천한 특징을 지니고 초국적으로 네트워크화된 엘리트들에게 지배된 제1차 세계대전 발발이전 시대의 국제 협력과 항구적 평화에 목적을 둔 다수의 프로젝트는 이렇듯 미래에 대한 비등하는 낙관주의를 반영하고 있었다.

그러므로 그 일에 관여했던 당사자들도 물론 19세기 말부터 출현한 다양

───── **7** 국제부흥개발은행IBRD과 국제통화기금IMF.

한 국제기구들이 보편적 가치를 추구하고 실행함으로써, 시간이 흐르면 자신들이 지배하는 국가와 민족들도 협력적이고 표준화된 제도를 따르게 될 것으로 보았다. 하지만 20세기에 일어난 파괴적인 두 전쟁과 제국 정부들의 야만적 행위로, 보편성에 대해 가졌던 그런 비전은 제한적이고 순진한 것이었음이 밝혀졌다.

20세기 초의 국제주의자들이 20세기에 법제화되는 것을 볼 수 있기를 바란 융합과 '진보'의 세계사가 1945년 무렵에는 암울하게 변한 것이다. 20세기 말의 시점에서 보면 지난 반세기는 파괴, 전쟁, 불황, 잃어버린 세대, 비뚤어진 식민지 모험으로 점철된 시대였다. 물론 법과 통계를 합치시키려는 노력과 더불어, 일부 영역에서는 전신, 우편, 시간, 도량형에 대한 규정 등 협력적 룰 세팅 제도의 중요한 토대가 만들어지기도 했다. 하지만 그 나머지 대부분은 탈국가적이거나 융합적 미래로 나아가는 단계가 아닌, 협소한 기술적 문제의 발전에 그쳤다. 국제연맹의 직무를 맡아 수행하기 시작한 유엔 역시 반식민주의의 등장과 새롭게 싹터 나온 냉전으로 인해, 초기 국제주의자들이 가졌던 비전이 수많은 난항에 봉착함에 따라 어려움을 겪었다.

물론 국제주의가 새로운 보편적 시대를 약속해 주리라고 믿은 생각을 냉소하는 중요한 목소리는 20세기 내내 있어 왔다. 민족주의, 가공할 신무기, 식민주의가 낳은 증오감으로 격렬해진 적대 관계야말로 보편적 시대의 도래가 허구임을 나타내는 확실한 경고였다. 마크 트웨인Mark Twain이 제국주의자들의 자기기만과 침묵을 신랄하게 비판하는 글을 쓰고, 조지프 콘래드 또한 식민지적 관계의 핵심에 놓인 어둠을 탐색하는 글을 쓴 것이 좋은 예다. 늘어나는 반식민주의 네트워크들, 그리고 자결을 외친 윌슨식 국제주의자들로부터 격려와 경멸을 동시에 받은 그들(반식민주의 네트워크들)의 희망 또한, 서구의 융합 구조에 도전하는 것과 더불어 신생 국제기구들 내에서 권리를 박탈당하고 주변으로 내몰린 진영들의 목소리에 힘을 실어 주었다.

그리하여 국제 협정과 룰 세팅 제도들은 마침내 중요한 범세계적 네트워크들을 만들어 냈으나, 그 역시 경제적·정치적으로 기득권을 가진 자들에게 왕왕 혜택을 주기는 마찬가지였다. 국제주의의 모순점들은 이렇게 제1차 세계대전의 유혈 낭자함, 공산주의와 파시스트 권위주의의 증대, 식민주의의 야만성과 그에 맞서는 저항, 제2차 세계대전의 가공할 파괴 행위로 그 모습을 나타냈다.

2   사회관계망과 뒤엉킨 소속감

지리, 문화, 계급, 연령, 그 밖의 특성이 다른 사람들끼리 사회적 관계를 맺는 행위(소셜 네트워킹)는 컴퓨터 시대의 현상으로 알고 있지만, 기실 인터넷 혁명이 시작되기 오래전부터 시작되었다. 전기의 시대만 해도 통신의 발달(대량 출판, 빠르고 저렴한 여행, 전신, 전화, 라디오)로 흐름이 만들어져, 사람들은 전례 없이 광범위한 범세계적 상호작용을 할 수 있게 되었으니 말이다. 앞서도 언급했듯이 세계 화합에 대한 비전 역시 헤이그 조약이나 국제연맹 같은 룰 세팅 제도 내에서의 국가들의 융합을 구상한 것에서 비롯돼 나왔다. 반면에 다양한 종류의 비정부적인 초국적 동맹과 제휴는 그런 형태의 국제주의를 상대로 지지도 하고 도전도 하는 힘의 합체에서 나온 것이었다.[43]

비국가적 형태를 지닌 사회관계망은 계급, 종교, 젠더, 인종, 기능, 생각, 인지된 도덕적 구조를 중심으로 조직되어, 그것을 이용하는 사람들에게 초국적 소속감을 부여해 주었다. 요컨대 국가, 제국, 국제적 기구와 같은 좀 더 형식화된 구조들의 위, 아래, 내부에서 고동치고 다닌 것이다. 또한 오늘날에는 '네트워크화된 사회'가 수평적·비계층적 구조의 개념을 갖게 되었지만, 여기서는 소셜 네트워크의 의미가 좀 더 유연하게 사용된다. 계층적이거나 수평적인 구조를 가질 수도 있고, 분명한 관리 체계가 있거나 소속감이 뒤엉킨 느슨한 제휴의 형태를 띠기도 하는, 모든 종류의 양상을 아우르는 사회관계망의 의미를 갖게 된다는 것이다.

초국적 소속감과, 국가적 혹은 제국적 충성도를 중심으로 형성되는 의무 간의 관계는 복잡하다. 초국적 네트워크의 참가자들은 자신들이 흔히 국가와 제국에 있다고 알려진 특수주의와 반대되는 보편적 목표를 상징한다고 주장하지만, 이 단락에도 나오듯 보편적 개선에 대한 열망도 때에 따라서는 언명되지 않은 민족적 우월성과 제국적 우월성에 의존할 수 있는 것이다. 그러므로 앞 단락에서 논의된 국제적 네트워크와 이 단락 및 다음 단락들에서 논의될 초국적 소속감에서도 보편성과 특수성은 가장 평범하게 뒤엉키기도 하고 둘 사이의 긴장과 상호 생산성에서 힘을 얻기도 한다.

앤서니 제럴드 홉킨스와 여타 학자들이 제안한 세계화의 역사적 시대구분에는 앞에서 말한 현상이 19세기 말에는 빨리 전개되었다가 1920년대부터 제2차 세계대전 이후 시대까지는 전개가 느려지고, 그러다 다시 속도가 급속히 빨라졌던 것으로 나타난다. 이 궤적은 경제적 상호 연결에 대한 묘사도 될 수 있다. 그러나 초국적 사회관계망이라는 복잡한 행렬을 검토하다 보면 가속과 감속을 가진 그런 거대 서사를 인식하기가 쉽지 않다. 따라서 그보다는 일부 뒤엉킨 소속감들이 성하는 동안 다른 소속감들은 쇠하고, 몇몇 사회적 관계망들의 밀도가 높아질 때 다른 관계망들은 밀도가 낮아지는, 불규칙한 패턴을 가진 서사로 인식하는 것이 수월하다.

이 단락도 그 점을 감안해 모든 흐름의 유동성을 파악하기보다는 흐름의 불규칙성과 다양성을 포착하려고 했다. 연결과 뒤엉킴, 막힘과 중단의 개념을 도출하려는 것이다. 따라서 지금부터 검토할 네트워크와 소속감도 초국적 관점이라는 단일한 영역으로만 구성되지는 않는다. 그것들 중에는 나란히 흐르는 것도 있고, 뒤엉키는 것도 있으며, 다른 방향으로 진동이 울리는 것도 있고, 비교 자체가 불가능한 것들도 있다. 초국적 영역에서는 역사적 궤적이 단수적 사안이 아닌 복수적 사안인 까닭이다.

언어와 사진

　초국적 개혁가들을 끌어당긴 매개물의 하나가 된 것이 통신의 기저가 되는 언어였다. 루드비크 와자시 자멘호프Ludwik Lazar Zamenhof는 언어의 구분이 민족주의 이데올로기를 강화시켜 국제적 분쟁을 야기한다는 믿음으로, 새로운 국제어 에스페란토를 창제했다. 폴란드어, 러시아어, 독일어를 쓰는 집단들이 이웃해 있고 이디시어를 쓰는 유대인이 주민의 대다수였으며, 당시에는 러시아 제국에 속했던 폴란드의 한 작은 도시 유대인 가정에서 태어나 자란 그는 국제어를 발명하는 일에 고취되어 1887년 에스페란토 문법의 제1서를 발간했다. 국제어를 만든다는 발상을 특별히 더 반겼던 사람들은 국경을 넘나들며 상행위를 하거나 여행을 하는 중산층이었다. 그리하여 처음에는 러시아와 동유럽에서만 주로 사용되던 에스페란토가 이후 몇십 년에 걸쳐서는 서유럽, 아메리카 대륙, 중국, 일본으로까지 퍼져 나갔다. 1905년에는 20개국에서 688명의 에스페란토 사용자가 참석한 제1차 에스페란토 국제회의가 프랑스에서 개최되었으며, 1908년 스위스의 한 저널리스트가 세계 에스페란토 협회를 설립한 뒤에는 해마다 열렸다. 국제연맹 대표단이 상당한 신뢰감을 보인 것에서도 에스페란토가 그 무렵 국제주의와 얼마나 동일시되었는지가 드러난다. 프랑스만 유일하게 자국어가 이미 세계 공용어라는 논리를 앞세워 에스페란토의 공적 사용을 막았을 뿐이다. 한 역사가는 에스페란토 운동이 "이상적 언어에 헌신했을" 뿐 아니라 "언어의 목적에 대한 이론"도 함께 제시했다고 썼다.[44]

　에스페란토는 민족주의와 전쟁에 대한 환멸이 깊어지고, 세계주의와 평화를 위한 관계망 활동이 왕성하게 일어난 1920년대에 전 세계적으로 인기의 파도를 탔다. 한 학자는 에스페란토가 "하나 되는 세계에 대한 이데올로기적 틀을 마련하는 데 일조했다."[45]고도 썼다. 반면에 1920년대에 그 운동의 한 진영이 사회주의권과 밀접히 연관됨으로써 에스페란토 운동은 좌우익으로 양분되기도 했다. 그러나저러나 완고한 민족주의자들로부터는 양 진영 모두가 불신을 받았고, 그리하여 1930년대에는 애초에 그 운동이 가장 열렬하게 일어났던 독일과 소비에트 러시아에서 오히려 공격을 받았다. 아돌프 히틀러와 이오시프 스탈린 모두 에스페란토를 유대인 및 전복과 연계해 비난했다. 두 사람은 에스페란토를 말살하는 행위도 했다.

19세기 말에는 통신의 방법을 늘리기 위한 그 밖의 새로운 방식도 여럿 생겨났다. 시각장애인이었던 프랑스의 루이 브라유Louis Braille가 어린 소년일 때, 양각되고 부호화된 점자 체계를 개발해 손으로 만져 글을 읽을 수 있게 함으로써 시각장애인들에게까지 문자 이해력을 확대한 것이 좋은 예다. 이어서 19세기 중엽에는 이 점자 체계의 변형들이 보급되고, 1878년에 개최된 파리 국제회의에서는 점자 체계의 표준이 채택되며, 1932년에는 영어권에서도 그것을 표준으로 법제화했다.

인본주의적으로 언어 개혁을 하는 그런 프로젝트는 새로운 종류의 규칙도 이해와 평화를 증진시켜 모든 종류의 경계를 허물어뜨리는 공통의 효과를 거둘 수 있음을 보여 준 희망의 상징이었다. 사진도 그런 의미에서 19세기 말에 등장한 새로운 초국적 언어 중 하나가 될 개연성으로 자리 잡았다. "나데르Nader"를 필명으로 사용한 프랑스의 사진작가 가스파르펠릭스 투르나숑 Gaspard-Félix Tournachon이 1858년 파리 상공을 비행함으로써 항공사진의 잠재력을 공공연하게 과시한 것이 그 시초였다. 투르나숑은 그 몇 년 뒤에는 르 제앙Le Géant이라는 거대한 기구를 하늘에 띄워, 비록 성공을 거두지는 못했지만 쥘 베른에게 하늘을 날며 세계를 여행하는 환상적인 소설을 쓰도록 영감을 불어넣었다. 높은 곳이나 이전에 보지 못했던 영역을 가로지르며 풍경을 보고 사진을 찍는 일은 대량생산된 서적과 잡지를 점점 많이 접하게 된 다수의 탐험가 및 집에서 편하게 모험을 추구하는 사람들의 주요 관심사가 되었다.

사진을 통해서 세계를 이해하려는 욕망은 19세기 말에 여러 중요한 프로젝트를 유발시켰다. 스코틀랜드 출신의 사진작가 존 톰프슨John Thompson이 10년 동안 극동을 여행하면서 찍은 사진들로 사진 초기 역사상 가장 이름 높고 영향력도 큰 컬렉션들 중 하나로 꼽히는 『중국과 중국인들에 관한 삽화 Illustrations of China and Its People』(1873)를 발간한 것이 좋은 예다. 그는 이 작품집에서 사진뿐 아니라 다큐멘터리 사진 촬영의 몇몇 규칙도 확립했다.[46] 그리하여 1889년의 《내셔널 지오그래픽》에는 그 규칙에 입각해 찍은 최초의 사진이 게

재되었고, 제1차 세계대전이 발발하기 전에는 다수의 사진 여행집도 발간되어, 늘어나는 사진 애호가들에게 세계의 모습을 선보였다. 《내셔널 지오그래픽》에는 티베트의 수도 라싸, 북극, 마추픽추를 찍은 최초의 사진들뿐 아니라 가장 이른 시기에 벨기에의 정원을 컬러로 찍은 몇몇 사진도 함께 실렸다. 사진 기술 면에서는 프랑스와 독일이 선두를 달렸고, 1909년에 개최된 드레스덴 국제 사진 전람회와 같은 국제회의들 또한 세계 각국의 사진작가들을 기술 공동체와 예술 공동체들로 불러 모으는 역할을 했다. 이 초기 사진작가들은 스스로를 과학, 사회과학, 문명의 초국적 발전에 이바지할 새로운 종류의 정보를 포착해 내는 존재로 인식했다.

프랑스의 사진작가 겸 금융가 겸 국제주의자 알베르 칸Albert Kahn도 컬러 사진술의 일종인 오토크롬 방식으로 찍은 사진으로 세계인들의 상호 이해를 돕기 위해 노력한 대표적 인물이었다. 칸은 1909년부터 대공황이 엄습해 파산할 때까지 개인적으로 고용한 사진 기사들을 세계 50여 개국으로 파견해, 각국의 모습을 촬영하게 하여 모은 사진 7만 2000점으로 그가 '세계의 기록 보관소'라 부른 것을 세웠다. 거기에 소장된 이집트의 피라미드와 인도의 타지마할 사진은 아마도 당시로서는 최초의 컬러사진이었다. 그의 기록 보관소에는 그 밖에 쿠르드족, 베트남인, 브라질인, 몽골인, 유럽인, 북아메리카인들의 생활상을 담은 사진들도 포함돼 있었다. 또한 그가 보유한 컬러사진들은 그때나 지금이나 놀랍기 그지없지만 그것의 이면에 담긴 동기를 알게 되면 더욱 깜짝 놀라게 된다. 요컨대 칸은 사람들에게 인간의 다양성을 제시하여 전 세계 문화들 사이의 친밀감을 높이고 평화를 증진하는 도구로 사진을 사용하고자 했던 것이다.[47]

문제는 사진의 기호학이 단순히 인간의 시야를 넓히고 친밀감을 높이는 것 이상의 복잡한 요소를 수반한다는 데 있었다. 알베르 칸이야 물론 사진이 상호 인정 의식을 높여 주는 중립적 기호 언어가 될 수 있기를 바랐을 것이다. 그러나 사진의 의미는 부득불 연출자와 감상자의 다변적이고 불안정한 추정에서 나올 수밖에 없었고 그러다 보니 사진에 찍힌 세계의 새로운 모습도 단일 의제만을 말하지는 않았던 것이다.

——알베르 칸의 '세계의 기록 보관소'에 소장된 사진의 하나. 1914년 무렵 이집트 기자에 있는 유명한 무덤인 피라미드를 찍은 것이다. 칸의 '세계의 기록 보관소'는 입체 사진 4000점, 오토크롬 사진 7만 2000점, 필름 18만 3000미터로 구성되어 있었다. 세계인들의 모습을 사진으로 기록해 평화를 증진하려는 것이 칸이 '세계의 기록 보관소'를 만든 목적이었다. 그리하여 촬영 기사 다섯 명은 프랑스 지리학자 장 브루네의 지휘 아래에 세계 거의 모든 대륙을 누비고 다니며 48개국의 모습을 사진에 담았다. (Wikimedia Commons)

사진 기술도 발달했다. 하지만 대개는 제국 중심지들 내에서 소비된 관계로 제국적 관점을 대변하기 일쑤였다. 런던에서 출간된 책으로, 인도인에 대한 인구통계(1872)와 인도의 토지조사(1878년을 시작으로)가 처음으로 수록된 『인도 사람들The People of India』(1868~1875)만 해도 여러 권으로 구성되고 468점의 사진이 실려 지배자가 알아보기 쉽게 식민지인들을 분류하려는 노력이 반영된 작품이었다.[48] 오스만 제국도 사진이 등장한 초기부터 사진을 후원해 술탄 압뒬하미트 2세는 사진을 제국 영토에 대한 통제력을 강화하기 위한 하나의 방법으로 사용했다.[49] 러시아에서도 1907년 무렵 사진의 선구자 세르게이 미하일로비치 프로쿠딘고르스키Sergei Mikhailovich Prokudin-Gorskii가 제국 영토를 사진으로 찍어 컬러슬라이드로 보여 주려는 작업을 시작했다. 니콜라이 2세 황제도 그것에 관심을 보여 그 프로젝트는 제국의 공식 후원 아래 진행되었다. 그렇게 해서 작업이 끝나자 프로쿠딘고르스키는 1909년부터 1912년의 기간에 러시아 구석구석을 다니며 슬라이드 쇼를 펼쳤다. 러시아인들에게 제국의 다양한 풍경과 사람들을 보여 주어 제국에 대한 친밀감을 갖게 하려는 의도에서였다. 차르 정권도 다른 제국 지배자들과 다를 바 없이 러시아 제국을 영상화하는 것이 제국을 친밀하고 유계有界적 전체로 만드는 데 이롭다는 것을 알고 있었던 것이다.

　제국들이 진행한 사진 프로젝트의 대다수는 영토, 동물, 토착민들 위에 군림하는 지배자의 모습을 투영한 것으로도 유명하다. 개중에는 순전히 자국민들에게 새로운 영토와 제국주의 제도의 교화적 역할을 알리기 위해 계획된 것도 있고, 오락에 주 목적을 둔 몇몇 프로젝트도 있었다. 하지만 어느 쪽이 됐든 보는 사람으로 하여금 사진에서 문화적 차이를 느끼고 반응하도록 유도한 면에서는 같았다. 이국적이고 때로는 성적 매력이 흘러넘치는 여성이 묘사된 엽서가 인기를 끌고, 백인 여성이 동물 트로피를 들고 있는 사진이 백인의 용맹함은 토착민의 남성성마저 압도할 수 있다고 이해된 것이 좋은 예다. 전통적 생활 방식에 자동차, 카메라, 전축 등의 현대적 기기를 대비시킨 것도 시대를 초월하여 인기를 끈 사진이 되었다. 그와 같은 시기에 수립된 국제 제도들에도 반영되었듯, 세계가 점점 '하나'가 될수록 인종, 젠더, 지역과 같은 세계가 지닌 여러 다름의 위계도 점점 더 두드러지게 나타났다.[50]

　사진 기자 프랜시스 벤저민 존스턴Frances Benjamin Johnston이 미국의 제국주의 모험가들을 찍은 사진들을 검토한 로라 웩슬러Laura Wexler의 글에도 사진술의 교묘한 이용으로 제국주의 사명이 호의적 우월감이나 그녀가 '부드러운 폭력'이라고 부른 것으로 굴절돼 '진정한' 백인으로 둔갑한 내용이 암시돼 있다. 그와 유사한 제국주의 관점은 파나마 운하 건설 과정을 찍은 미국의 사진 기록에도 담겨 있다. 미국 정부의 공식 사진사로 파나마 운하 건설 장면을 광범위하고 체계적으로 기록하는 일을 맡았던 어니스트 핼런Ernest Hallen이 장려한 파노라마 기법이 강조된 기술을 애용하여 얻은 결과였다.[51]

하지만 그런다고 사진의 의도가 드러나지 않는 것은 아니다. 비센테 라파엘Vicente L. Rafael만 해도 필리핀과 관련하여 미국의 초기 식민지 시대를 연구하는 과정에서 식민지 엘리트들이 종종 사진 기술을 이용해, 그들 자신을 자신감 넘치는 원시 민족의 지도자로 묘사하려 했다는 사실을 알아챘다. 라파엘은 "그런 이미지가 식민 지배를 다룬 화보 사전에는 어울리지 않는 억지스러운 요소, 기묘한 내용, 혹은 특이한 감수성을 가진 기록들에 주로 나타난다."고 썼다. 그와 마찬가지로 같은 시기에 만들어진 사모아의 제국주의적 사진 기록에서도 전형적인 제국주의 시각과는 어울리지 않는 불확실한 장면들이 발견되었다. 에스터 개버라Esther Gabara도 사진의 규칙이 1930년대의 멕시코와 브라질의 근대주의자들 손에서 어떻게 왜곡되고 '잘못된 길로 접어들었는지'를 보여 주었다.[52]

알베르 칸이 사망한 시점, 다시 말해 나치가 프랑스를 점령한 기간에는 국가들이 이제 사진과 사진을 계승한 영화를, 차이를 부각시키고 만행과 전쟁을 강조하기 위한 일에 거리낌 없이 사용하는 지경이 되었다. 나치에 의해 갈고 닦인 프로파간다 기술만 해도 그 무렵에는 이미지 사용 위주로 돌아가고, 사진도 능숙하게 다루면 '진실'이 되어 대중을 자극하고 조종하는 데 쓰일 수 있다는 인식에 의존하고 있었다. 나치 영화 제작자들은 기존의 편견이 증오감으로 끓어오르도록 이미지를 조작해서 국가가 파괴를 자행해도 문제없도록 적의 영상을 꾸며 내는 일에 발군의 능력을 발휘했다.[53] 그렇다고 나치만 그랬던 것은 아니고, 제2차 세계대전에 참전한 다른 나라들도 대부분 영상과 전쟁을 합치시키는 일에 뛰어들었다. 존 다워John Dower가 적절하게 태평양의 "자비 없는 전쟁war without mercy"이라 부른 것도 전쟁 사진들에 근거한 것이었다. 사진작가와 영화 제작자들도 종종 초국적 네트워크들 노선에 따라 서로 간의 기술을 차용해 재적합시킨 뒤 국가적 목적에 사용했다.

상대적으로 비용이 적게 들었던 사진 기술은 초국적 세계에서 날개를 단 듯 활발하게 사용되었다. 하지만 그렇다고 추정상의 국경에 도전한 것만은 아니고, 국가의 경계와 제국의 경계를 굳히는 역할도 했다. 비록 사진의 이미지와 상징적 언어가 세계를 잇는 흐름을 만들어 내기는 했지만, 흐름 속을 돌아다니다 기록 속에 묻히게 된 의미와 영향이 가변적이고 다의적인 것으로 드러난 것도 그 점을 말해 준다. 그 점에서 사진은 그 시대의 차별화된 공통성을 보여 준 사례였다고도 할 수 있다.

노동과 반식민적 초국적주의

전신, 우편제도, 대량 출판, 사진의 발달로 범세계적 전달이 촉진되자, 다양한 대의를 주창한 운동가들도 새로운 추종자들을 얻었다. 초국적 사회관계망도 양산되었다. 초국적 운동은 국가를 건설하고 제국을 공고화하는 과정에 얽혀들기도 하고, 얽혀들지 않기도 하면서 저변을 넓혀 나감으로써 19세기 말과 20세기 초의 가장 중요한 국제 동향들의 다수를 특징짓는 요소가 되었다.

노예제를 철폐하기 위해 기울인 노력이야말로 그런 네트워크 중에서 가장 눈이 뜨이는 운동을 만들었다. 1840년 런던에서 영국의 노예제 폐지론자들 주최로 세계 노예제 반대 대회가 열린 것이 계기가 되어, 19세기 중엽부터는 아메리카 대륙, 카리브해, 유럽, 여타 지역에서도 노예제 폐지론자들이 힘을 합쳐 초국적 노예제 반대 운동을 펼치기 시작한 것이다.

그렇다고 국가 수준에서 행하는 조치가 무용지물이 된 것은 아니었다. 그것도 계속 중요한 요소로 남아 있었으므로 국가와 제국의 목표가 초국적 노예제 반대 운동의 대의와 달랐다고 보는 것은 상황을 오도하는 것이다. 19세기 후반부에 노예제 반대 대회가 열리고, 그 결과로 공포된 여러 법령만 해도 노예들이 펼친 풀뿌리 저항, 미국 남북전쟁, 자유민 노동에 유리하게 바뀐 경제적 변화, 특정 국가들에서 자유주의 혁명이 승리한 것 등 국가와 지역적 상황의 특이성에서 비롯된 결과였다. 노예제를 반대하는 목적 역시 제국을 정당화해 준 것에서 자유롭지 못했다. 노예제 반대 운동이 식민주의 세력이 행하는 자비로운 '문명화' 사명에 힘을 보탬으로써 종종 국운에 대한 담론을 앙양한다든가, 제국주의 덕목에 대한 주장을 그럴싸하게 포장한 것일 뿐인 보편주의 수사를 증진시킬 수도 있었기 때문이다. 1885년에 베를린 선언을 하고 1890년에 브뤼셀 조약을 체결할 때가 그 대표적인 예로, 당시 식민주의 국가들은 노예무역 금지와 노예제 폐지를 위해 노력하겠다고 언명을 하고서도 다른 한쪽에서는 세계 분할 작업을 벌였다.

그렇기는 하지만 초국적 조직이 노예 소유에 낙인을 찍고 노예제 반대 운동을 벌여 장기적 유산이 만들어지게 하는 데 필요 불가결한 요소였던 것은 분명하다. 전 세계의 노예제 반대 네트워크들이 힘을 합쳐 자료를 취합하고 공유하는 과정에서 다른 종류의 노동 착취를 알게 된 것도 또 다른 소득이었다. 계약 노동, 채무노예, 아녀자에 대한 인신매매가 동산動産 노예[8]와 유사하거나 아니면 최소한 그것의 연속으로 자행되고 있음을 알아낸 것이다. 19세기의 조직화된 노예제 반대 운동은 그런 식으로 여러 다양한 문제에 대한 개혁가들의 협력을 이끌어 내 좀 더 일반적인 20세기 인권 운동의 권위를 높이는 데 일조했다.[54]

산업화가 촉진된 결과로 새롭게 등장한 도시 산업 노동자들의 근로조건을 개선하려는 움직임이 일어난 것 역시 일각에서 '임금 노예제'로 부른 것과 싸우기 위해 고안된 초국적 운동을 야기했다. 노동운동가들만 해도 경제적 착취에 대한 초국적 해법을 찾는 과정에서 노동자들 공통의 이해가 국가에 대한 충성을 대체할 수 있다는 개념을 받아들이게 되었다. 국가 자체를 고용주 계급의 산물로 보는 사람들도 적지 않았다. 이 관점에서 보면 모든 지역에서 노동자가 이끄는 사회민주주의 지배 형태가 승리를 거두기 전까지 국가의 협력체들은 국제 평화와 정의를 목적으로 삼을 수 없었다. 그러나 노동자 위주의 운동들도 국가가 아닌 계급에 기초한 초국적 네트워크를 구축하려 했으므로 협력 못지않게 상호 경쟁적 목적을 가지고 있었고, 따라서 그렇게 되기는 쉽지 않았다.

그런 분위기 속에 주로 유럽과 서반구로 퍼져 나간 사회민주주의 운동의 가장 영향력 있는 지도자 중 한 사람으로 부상한 인물이 바로 프랑스 사회당 지도자 장 조레스Jean Jaurés였다. 조레스는 1889년, 5월 1일을 국제 노동절로 선포한 단체로 유명한 제2인터내셔널 창립에도 기여했다. 그해에 초국적 관점

---

8 이 책의 3부 「이주와 소속감」에는 동산 노예가 재산으로 상품화된 강제 노동력을 뜻하는 것으로 나와 있다.

을 지닌 각국의 노동자 조직이 파리에서 열린 만국박람회에 편승하여 제2인
터내셔널 창립 대회를 개최한 것이었다. 1889년 때와 마찬가지로 파리 만국
박람회와 동시에 열리고 16개국의 대표 2000명이 참석한 1900년의 또 다른
인터내셔널 노동자 대회에서도 세계 곳곳에 산재한 노동자 조직들 간의 정
보 교환을 목적으로 하고 브뤼셀에 본부를 둔 인터내셔널 사회주의 사무국
International Socialist Bureau이 설치되었다.

조레스는 1900년에서 1914년 사이의 기간에 산업화와 증대하는 민족주
의에 맞선 노동자 연대의 가장 영향력 있는 옹호자가 되었다. 뛰어난 웅변가
이기도 했던 그는 1912년에 개최된 인터내셔널 노동자 대회에서 이렇게 선언
했다. "대중을 청동의 마수를 가진 전쟁의 악마에 넘겨주어서는 안 된다는
것이 우리 모두의 입장입니다. 그러므로 전쟁을 불가능하게 만드는 것도 우
리, 곧 각국의 노동자와 사회주의자인 우리일 수밖에 없습니다." 조레스의 제
2인터내셔널 대회는 제1차 세계대전이 발발하기 전에는 해마다 개최되었다.
조레스도 그 무렵까지 군대 징집에 반대하고, 정부들을 협상 테이블로 끌어
들이기 위해 프랑스와 독일에서 총파업을 조직하는 일을 계속했다.[55]

조레스는 1914년 제1차 세계대전이 막 시작되었을 때 한 민족주의자의
손에 암살되었다. 그러나 그의 메시지는 양차 대전 사이의 기간에도 국제적
공명을 계속 불러일으켰다. 자본주의하에서는 평화(고용주와 노동자 간의 평화,
국가들 간 평화)를 얻을 수 없지만, 협력적 노조와 근로자 협동조합으로 수립
된 사회주의는 각 나라에서 협력적 정치 과정과 중요한 도덕적 변화를 이룰
수 있다는 것이 그의 주장이었다. 제1차 세계대전 중에 해체된 그의 제2인터
내셔널 또한 1923년에 그의 지지자들에 의해 사회주의 노동자 인터내셔널로
개편되었다. 제2인터내셔널과 그것의 연속체인 사회주의 노동자 인터내셔널
모두 나라별로 노동자계급의 이익을 표현하고, 생산의 소유권도 점차 개인의
손에서 빼앗아 오는, 초국적 민주사회주의국가로 향해 가는 발전 과정을 추
구했다.

하지만 국제 노동 연대를 구축하려는 시도도 상호 경쟁적 지지자와 의제
를 갖고 있었으니 문제가 있기는 마찬가지였다. 앞서도 언급했듯이 국제연맹

산하의 국제노동기구는 노동 개혁을 감시하면서, 기존의 국가 질서 내에 속한 노동조합에만 힘을 실어 주려고 했다. 반면에 독일의 클라라 체트킨Clara Zetkin 같은 여성들이 이끄는 사회주의 네트워크들은 1890년대부터 전 세계로 퍼져 나가, 작업장 여성의 특별 보호를 내용으로 하는, 성별에 따른 입법 추진에 힘을 기울였다. 1913년 3월 8일부터 기리기 시작한 국제 여성의 날도 근로 여성들이 이바지한 것에 경의를 표하고, 그 사실을 세상에 알리고자 한 사회주의자들의 노력이 만들어 낸 결실이었다.

무정부주의와 생디칼리슴도 전 세계로 퍼져 나갔다. 20세기 초에 무정부주의적 생디칼리슴이 급속히 유포된 데에는 몇 가지 요인이 있었다. 저비용 출판의 증가, 유대인과 이탈리아인들이 집단 이주하는 과정에서 무정부주의적 생디칼리슴의 힘이 강해진 것, 국경을 넘나들며 활동하는 선원들이 그 이론을 여러 나라 항구도시들에 전파한 것, 에스파냐의 전국 노동조합 동맹 CNT, 프랑스의 노동 총동맹CGT, 미국의 세계 산업 노동자 연맹IWW 같은 주요 생디칼리슴 모델의 영향을 받은 것이 그것이었다. 일부 역사가는 채광이나 항해 등의 위험 직종이 급증한 것도 '남성적 생디칼리슴', 곧 물리적 힘의 행사와 권위에 맞선 폭력적 저항 위주의 남성간 단결을 강조한, 반자본주의적 남성성이 조장되었기 때문으로 파악했다.[56] 무정부주의적 생디칼리슴은 제1차 세계대전 발발 이전에는 지역적 특징을, 특히 미국과 라틴아메리카의 이민자 밀집 도시 지역에서 성하고, 학생과 그 밖의 교류를 통해 동아시아로도 퍼져 나간 특징을 보였다. 하지만 제1차 세계대전이 끝난 뒤에는 각 나라에서 급진주의 반대 운동이 일어난 결과로 초국적 운동으로서의 무정부주의는 많이 약화되었다. 물론 에스파냐의 전국 노동조합 동맹은 양차 대전 사이의 기간에 자국 노동자계급의 지지를 얻기 위해 벌인 총파업이 성공함에 따라 더욱 강해졌지만 말이다.

한편 1917년에 일어난 러시아의 볼셰비키 혁명은 또 다른 급진적 성향의 초국적 관점을 촉발했다. 러시아 내전이 진행 중이던 1919년 볼셰비키가 모스크바에서 제3인터내셔널 대회를 소집, 블라디미르 레닌이 주도하는 전 세계 공산주의 혁명을 지휘할 중심 기구로 코민테른을 창설한 것이다. 그로써 전쟁 중에 틈이 더욱 크게 벌어졌던 친소비에트 공산당과 자국의 전쟁 노력을 지원한 사회민주주의당들 사이의 분열은 공식화되었다. 1920년에는 소비에트 아제르바이잔의 수도 바쿠에서 터키, 페르시아, 이집트, 인도, 아프가니스탄, 아라비아, 시리아, 팔레스타인, 아르메니아, 조지아, 투르키스탄, 인도, 중국, 일본, 조선, 여타 지역에 근거를 둔 노동당 대표 2000여 명이 참석한 동방 민족 회의가 열렸다. 이 대표들 모두 공산당이 후원하는 식민지 자결의 지원 방안을 알아보기 위해 손을 맞잡았다.[57] 1920년대 초에는 남아프리카와 이집트에도 아프리카 최초의 공산당이 창립되었다. 그리하여 1920년대 초에는 세계 대부분의 나라와 대륙들에 공산당이 존재하게 되었다.

반면에 소련에서는 이오시프 스탈린이 1920년대부터 "일국사회주의"를 역설함에 따라 국제주의가 힘을 잃어 가고 있었다. 초국적 혁명 운동을 일으킬 것을 주장한 레온 트로츠키가 1928년 국외로 추방된 데 이어 멕시코에서 암살당한 것도 스탈린의 국가주의적 관점을 더욱 강화시키는 역할을 했다. 1934년에는 스탈린이 떠오르는 세력인 파시즘과 싸우려면 공산당도 사회민주주의당과 '인민전선'을 형성할 수밖에 없다는 점을 받아들였고, 1943년에는 코민테른도 해체시켰다. 트로츠키주의자들도 세를 결집해 1938년에 제4인터내셔널을 창립했으나, 그들의 초국적 운동은 분열을 거듭하다 결국 지리멸렬했다.[58]

그러나 비록 광범위에 걸친 초국적 관계와 협소한 국가적 충성 혹은 민족 언어학적 충성 사이에는 긴장이 상존했지만, 그럼에도 대부분의 공산주의자나 사회주의 노동자들에 의거한 운동들은 양측이 조화할 수 있는 방법을 찾기 위해 노력했다. 레닌이 소비에트사회주의공화국연방(소련USSR)을 수립한 것도 국가적 문제를 풀기 위해서였다. 오스트리아-헝가리 제국 내에 존재한 다수의 마르크스주의자 또한 그와 마찬가지로 합스부르크 왕조를 모종의 연방으로 변모시킬 구상을 했다. 노동자계급 초국적주의자들도 전반적으로는 보편주의 관점을 이야기했지만, 특정 국가에 대한 충성도에 따라 네트워크를 구성했다.

한편 식민지 지역들에서는 윌슨식 민족자결주의의 약속이 거짓으로 드러난 데 따른 분개로 혁명적 공산주의 이데올로기의 호소력이 커짐에 따라, 초국적 환경이 만들어져 제국주의에 맞서는 저항 네트워크의 발전이 촉진되었다. 제1차 세계대전 뒤에는 특히 지역적으로 자생한 다양한 운동이 서구의 패권에 도전하기 위해 그 운동의 지도자들이 활약하는 글로벌 네트워크로부터 힘을 이끌어 냈다. 노동자 공산당의 동방 지부가 지방과 아시아 일대를 무대로 활동을 벌인 것이 좋은 예다. 트리니다드 출신의 조지 패드모어도 《니그로 워커》(1928~1937)라는 월간지를 발행, 공산주의의 반식민주의 옹호에 동참했고, 상선 선원들은 아프리카와 그 밖의 흑인 디아스포라 지역에 그 메시지를 광범위하게 유포했다.

반제국주의 성향의 초국적 네트워크들이 민족자결 운동을 진행한 방식은 인도의 민족주의 운동권에서 활동한 세 지도자의 이력을 통해 알아볼 수 있다. 마나벤드라 나트 로이M. N. Roy로 알려진 나렌드라 나트 바타차리아Narendra Nath Bhattacharya는 초국적 반제국주의 운동가, 벵골 혁명단의 일원, 정치 이론가로 그의 혁명 철학 중 일부를 나중에 그의 아내가 된 미국인 에벌린 트렌트Evelyn Trent를 만난 뉴욕 시에서 발전시켰다. 제1차 세계대전 중에는 중립국이던 멕시코로 건너가 멕시코 공산당 설립에도 참여했다. 전쟁이 끝난 뒤에는 인도 공산당을 설립하고, 다년간 코민테른의 집행위원으로 활동하며, 중국의 혁명운동을 촉진하는 등 초국적 운동에 더욱 속도를 냈다. 다만 트로츠키가 축출된 뒤에는 스탈린의 눈 밖에 나 코민테른과 결별하고 소련을 등졌다. 로이는 1930년대에 인도로 돌아온 뒤에도 초국적 혁명운동을 계속하다 결국 투옥되었다. 투옥돼 있는 동안에는 서구 민주주의와 공산주의 모두에 환멸을 느끼고 인도의 독립과 그가 "새로운 인도주의New Humanism"라 칭한 폭넓은 개념으로 특징지어지는 특유의 선언문을 작성했다. 보편적 적용이 가능한 것으로 제시된 로이의 인도주의는 윤리적 토대를 가진 지식의 과학적·비평적 접근을 강조한 특징을 지녔다. 로이는 상당한 견해차가 있었음에도 자와할랄 네루와 손잡고 인도의 독립을 위해 노력했다.

네루도 로이와 마찬가지로 초국적 반제국주의 운동들과 밀접히 연관돼 있었다. 1927년 브뤼셀에서 개최된 식민주의 및 제국주의에 반대하는 국제

회의International Congress against Colonialism and Imperialism[9]에 인도 국민 회의 대표로 참석한 것만 해도 그랬다. 소련의 목적과 밀접히 결부돼 있었던 만큼 반식민주의 지도자들을 노동운동에 연계시키려고 했던 회의였는데도 말이다. 네루는 제2차 세계대전이 발발하기 전에는 이집트, 시리아, 팔레스타인, 이라크, 북아프리카의 해방론자들과도 관계를 수립했다. 이들의 다수는 모한다스 간디와도 이미 친교를 맺고 있었다. 1947년 세속주의와 자유주의적 의회 민주주의를 신봉하는 인도 독립의 깃발을 올린 사람도 자와할랄 네루였다.

식민지 통치에 맞서 간디가 사용한 비폭력 저항의 방법 또한 수많은 초국적 추종자를 만들어 냈다. 간디는 제1차 세계대전이 일어나기 전 남아프리카에서 생활할 때는 그곳에 거주한 다수의 동포 이주민 노동자 중 여성들과 힘을 합쳐, 법적 효력을 갖지 못한 힌두교도, 무슬림, 파시교도들의 결혼을 인정해 주도록 대정부 투쟁을 벌여 성공을 거두었다.[59] 인도에 돌아온 뒤에는 1930년에서 1931년 사이에 영국의 소금세 신설에 반대하는 유명한 '소금 행진 운동'(사티아그라하)을 벌여 비폭력 운동에 대한 폭넓은 관심을 불러일으켰다. 간디의 철학에서 나온 그 흐름은 아시아와 아프리카의 다른 반식민주의 프로젝트들에 전파되었을 뿐 아니라 서구 평화운동가들의 네트워크들과도 합체되었다. 국제 전쟁 저항자 모임War Resisters' International: WRI과 기독교 국제 화해 협회Christian International Fellowship of Reconciliation: FOR는 제2차 세계대전을 전후해 유럽과 북아메리카의 징병 반대자 및 평화주의자 집단들 사이에 간디의 관점이 유포되는 데 기여한 초국적 기구들의 두 가지 사례일 뿐이었다.[60]

간디와 네루는, '온 세계가 한 가족Vasudhaiva Kutumbakam'이라는 개념도 지지했다. 두 사람 모두 인도를 동아시아, 남아시아, 아랍계 중동, 북아프리카를 함께 아우르는 중심으로 만들 계획을 세웠다. 그들은 식민주의 아래 당한 고통이 공감의 유대를 만들어 내고, 그것이 사방으로 퍼져 나가 결국에는 세계가 민족자결뿐 아니라 초국적 의식도 함께 촉진할 것으로 믿었다.

로이, 네루, 간디는 인도의 민족주의와 그것의 결과물인 독립이 어떻게 반

---
9 약칭 세계 피압박 민족 대회로도 알려져 있다.

————1930년, 비폭력 '소금 행진'을 벌이는 마하트마 간디와 인도의 시인 겸 정치가 사로지니 나이두(Sarojini Naidu). 소금세 신설 및 영국의 인도 지배에 항거해 벌인 이 행진으로 간디와 나이두는 8만 명의 다른 인도인 행진 참가자와 함께 당국에 체포되었다. 나이두는 인도 여성으로는 처음으로 인도 국민의회 의장을 맡기도 했다. (Wikimedia Commons)

식민주의 운동들 간의 글로벌 연대를 모색하는 초국적 네트워크들 속에서 조성되었는지를 보여 준 대표적 사례였다. 역사가 수가타 보스Sugata Bose가 쓴 글의 표현을 빌리면 "이데올로기로서의 반식민주의가 본국 사상의 구속도 받으면서 치외법권적 동맹에 의해 강해진 것이었다."[61] 인도 지도자들은 이렇게 (영국, 프랑스, 독일, 미국에서 나온 것이든 소련에서 나온 것이든 간에) 20세기 초 보편주의 이데올로기들의 여타 통합들이 그랬듯이 민족주의를 수용하는 것과 자신들이 고정시켜 지휘할 수 있기를 바란 초국적 네트워크를 수용하는 것 사이에 모순점이 있다고는 보지 않았다. 요컨대 그들은 자신들이 벌이는 국가적 투쟁을 그들 스스로 정의와 평화가 불평등과 전쟁을 압도할 것이라고 주장한, 더 큰 세계 질서로 나아가는 출발점으로 여겼다.

노동운동과 반식민주의 운동은 다방면으로 관련을 맺었다. 아일랜드 혁명가들이 미국 노동운동과 연계되고, 캐나다의 시크교도 이민자들이 인도의 반식민주의 운동가들과 접촉을 유지하며, 동남아시아의 민족주의자들이 아프리카 및 남아시아의 지지자들과 연락망을 수립하고, 일본 노동운동의 지도자 가타야마 센片山潛이 일본과 미국 양쪽에서 반제국주의와 공산주의의 대의를 위해 활동하며, 파리를 중심으로 활동한 조직인 북아프리카의 별Étoile Nord-Africaine이 프랑스령 북아프리카의 독립을 얻기 위한 저항운동에서 알제리와 프랑스의 지지자들을 연결시켜 주고, 파리 혹은 뉴욕에서 발행된 철학 팸플릿과 폭탄 제조 매뉴얼이 전 세계의 저항운동 속에서 모습을 드러내는 식이었다. 국가들이 국제기구와 협정들을 만들어 낸 것처럼, 노동자혁명을 지지하는 집단 혹은 식민 지배를 벗어나 그들만의 국가(무정부주의의 영향을 받은 운동의 경우에는 비국가)를 세우고자 한 집단들 또한 초국적 네트워크들을 만들어 냈다.[62]

디아스포라의 소속감

그 시대의 특징이던 (자발적 혹은 비자발적) 이주의 물결도 전 세계 민족들을 결합시켜 다양하게 전개된 디아스포라의 경로를 따라, 초국적 네트워크를 조성하게 했다. 물론 디아스포라는 단일한 패턴으로 진행되지 않았고, 민족 정체성과의 관계도 일관적이지 않았다. 그렇기는 하지만 인종 문화적 관계에 기초한, 인지된 디아스포라 소속감이 범세계적 흐름들의 주요 매개체였던 것은 사실이다.

대서양 전역과 태평양 일부 지역만 해도 노예제에 따른 아프리카인 디아스포라가 형성되었다. 전 세계 대부분 나라에서 19세기의 마지막 3분의 2 기간에 노예제가 철폐되자 인도아대륙, 중국, 그 외 지역의 계약 노동자들이 특히 농업 분야의 값싼 노동력으로 사용되면서 노예의 수가 급증한 탓이었다. 반면에 대다수 노동 수출 지역에서 식민주의 역사가 진행됨에 따라 아프리카와 아시아의 노동자들이 세계 곳곳으로 퍼져 나간 현상은 디아스포라의 소속감이 노동 연대 및 반제국주의와도 뒤엉키는 환경을 만들어 냈다.

그런 디아스포라 초국가주의의 가장 중요한 흐름 중 하나로 등장한 것이 바로 '범아프리카주의'였다. 아프리카계 미국인 지성으로 범아프리카주의의 주창자였던 듀보이스는 설령 지리적으로 분산되었다 해도 아프리카인들은 떠오르는 흑인 민족주의의 일부가 될 수 있음을 강력하게 설파했다. 1900년 런던에서 범아프리카 회의가 개최되었을 때는 아프리카 국가들의 보전과 독립을 요구하는 연설을 했다. 트리니다드 출신의 변호사 헨리 실베스터-윌리엄스Henry Sylvester-Williams가 주관한 이 런던 회의를 시작으로 유럽, 서인도제도, 미국, 아프리카의 대표들이 식민주의와 인종 차별주의를 반대하기 위해 모인 범아프리카 회의는 이후에도 연달아 개최되었다. 듀보이스는 아프리카인 디아스포라 내에서 초국적 연대를 구축하는 한편, 세계 모든 나라에 거주하는 아프리카인 후손들의 평등권 운동도 벌였다. 아프리카계 미국인들이 '이중 의식double consciousness'으로, 다시 말해 자기가 지배 집단이 만든 페르소나와는 다르다는 자각 속에 살아가야 한다는 점도 부각했다. 듀보이스는 1900년에 행한 유명 연설에서도 "20세기의 문제는 유색인종의 문제다."라고 선언했다. 1911년에는 범세계적 인종차별주의 반대 투쟁을 지지하는 제1차 세계 인종 회의First Universal Races Congress가 런던에서 개최되었다.[63]

제1차 세계대전의 종결로 범아프리카주의는 새로운 발언권을 갖게 되었다. 1919년에는 파리 강화회의가 열린 파리에서 범아프리카 회의도 개최되어,

회의에 참가한 대표단이 윌슨이 제창한 민족자결주의를 일깨우며 아프리카의 독일 식민지들을 신생국으로 개편할 것을 제안했다. 하지만 베르사유 조약 당사국들은 그 의견을 대체로 묵살했다. 1927년에는 사회운동가인 애디 헌턴Addie Hunton과 국제 여성 평화 자유 연맹Women's International League for Peace and Freedom: WILPE의 자금 지원에 힘입어 제5차 범아프리카 회의가 뉴욕에서 개최되었다. 이것은 범아프리카 회의와 초국적 여성 조직인 국제 여성 평화 자유 연맹의 목적에 겹치는 부분이 있었음을 시사하는 것이다. 듀보이스, 헌턴, 그 밖의 사람들은 이렇게 1920년대 내내 세계 여러 나라의 아프리카인 후손들의 평등 및 아프리카인들의 자결 운동을 지속적으로 후원했다. 아프리카 민족들 또한 비록 식민지 당국이 취한 여행 금지 조치로 인해 1920년대의 국제회의에는 대표단을 거의 보내지 못했지만 백인 소수 지배에 맞서 싸우기 위해 집단을 형성하고, 새로운 통신망들을 이용해 세계 다른 지역의 동조자들과도 자신들이 기울이는 노력에 대해 연락을 주고받았다. 패드모어의 《니그로 워커》, 코민테른 산하의 국제 노동조합 흑인 노동자 위원회International Trade Union Committee of Negro Worker 위원장으로서 그가 행한 일(공산당의 식민주의 정책을 비난하기 전의 일이다.), 대공황기였던 1930년대에 패드모어가 아프리카와 카리브해 지역의 조직화를 위해 힘쓴 일도 범아프리카주의 확산에 도움이 되었다.[64]

다른 종류의 범아프리카주의를 신봉한 사람도 있었다. 미국에서 흑인 민족운동을 벌인 마커스 가비가 그 주인공으로, 자메이카 태생인 그는 여행과 타국 생활을 경험해 본 뒤 자메이카로 돌아와 세계흑인 지위 향상 협회Universal Negro Improvement Association: UNIA를 설립했다. 하지만 반응이 시원치 않자 미국으로 건너가 그곳 사람들에게 인종적 자긍심을 주제로 카리스마 넘치는 메시지를 전하고, 제1차 세계대전 뒤에는 수많은 추종자를 거느렸다. 1919년에서 1922년 동안에는 그가 세운 블랙스타 해운 회사 선박이 전 세계 항구들을 돌아다니며 열광적인 지지자들을 끌어모았다. 가비는 흑인 승무원을 대리인으로 이용해 범세계적 정보 네트워크를 수립, 아프리카, 오스트레일리아, 서인도제도, 아메리카 대륙 일대에 다수의 세계 흑인 지위 향상 협회 지부도 설치했다. 한창일 때는 세계 흑인 지위 향상 협회가 전 세계 43개국과 지역들에 1000여 개의 지부를 보유했을 정도로 세력이 컸다. 그러나 가비는 듀보이스나 다른 범아프리카주의자들처럼 아프리카 민족들의 자결을 촉구하되, 듀보이스의 '이중의식'에 담긴 동화주의적·반인종차별주의적 내용은 거부했다. 그는 그것 대신 인종 본질주의와 인종적 자긍심을 채택하고, 미국은 백인 국가이므로 흑인들은 아프리카로 돌아가 그들만의 국가를 수립해야 한다고 역설했다. 그러고는 그 스스로 라이베리아에 정주지를 수립할 계획도 세웠다. 하지만 1923년 우편 사기 혐의로 구속되어 징역형을 선고받는 바람에 뜻을 이루지는 못했다. 더불어 그의 흑인 민족운동도 유야무야 힘을 잃고 1927년에는 자메이카로 추방되었다. 이후 세계 흑인 지위 향상 협회의 세계적 영향력은 처음 시작되었을 때와 마찬가지로 급속히 약화되었다. 하지만 흑인 민족주의와 자긍심에 대한 가비의 타협 없는 메시지는 여러 대륙의 범아프리카주의 운동에 지속적인 영향을 미쳤다.[65]

초대 세네갈 대통령을 지낸 레오폴 상고르와 마르티니크의 시인 에메 세제르도 저술 활동을 통해 네그리튀드라 불린 초국적인 지적 운동이 일어나게 하는 데 일조했다. 1930년대의 파리를 근거지로 삼고, 아이티와 미국 할렘에서 활발하게 전개된 흑인 예술 및 문화 운동들과도 연계되었던 아프리카와 카리브해 출신의 이 흑인 지식인들은 백인 사회로 동화되는 것을 거부하고 검둥이négre를 긍정적 단어로 바꾸며, 프랑스의 인종차별주의에 반대하는 공통의 정체성을 확립하려고 했다. 또한 프랑스로부터의 정치적 독립을 추구하기보다는 상호 존중에 입각한 좀 더 포괄적이고 초국적인 문화를 만들어 내려고도 했다. 대★프랑스에 대한 보편 담론과 인종에 관련된 특수 담론 두 가지 모두를 포괄한 프랑스 식민주의처럼 프랑스의 식민지 근대성에 대한 네그리튀드 운동의 비판 또한 '양면 대응'의 전략을 구사했다. 요컨대 두 사람은 프랑스 제국의 시민권을 수용하되, 신화적 아프리카의 흑인 문화와 정신을 서구 근대성의 비인간화에 대립시키는 문화 민족주의도 함께 추구한 것이었다.[66]

폴 길로이도 그가 "검은 대서양"이라 칭한 과제를 연구하면서, 선박을 주요 은유로 이용해 아프리카인들이 다른 대륙들로 이동한 것이 결과적으로 멀리 떨어진 지역들에 대한 기억에 매달리게 만들고, 대서양도 장애물이 아닌 연결 통로로 인식하는 현상을 불러왔다는 결론에 도달했다. 검은 대서양 내에서 순환된 사람, 생각, 예술이 듀보이스, 패드모어, 가비, 세제르 같은 인물들을 통해, 심지어 지리적·문화적 전위轉位로 인해 의식이 분절된 상황에서도 민족주의 관념을 만들어 냈다는 것이 그의 주장이다. 길로이는 아프리카인들의 디아스포라가 20세기 말 탈근대성이란 말이 생겨나기 오래전부터 이미 불안정성과 이중의 정체성을 함께 지니고 살았다는 점을 지적했다.[67]

그렇다고 초국적 민족주의로서의 범아프리카주의가 대양에서만 꽃 피었던 것은 아니다. 그것은 전기電氣의 시대라는 새로운 흐름에서도 번성했다. 듀보이스의 글과 그가 편집한 《크라이시스The Crisis》만 해도 폭넓게 보급되었고, 패드모어가 발행한 월간지 《니그로 워커》와 가비가 펴낸 신문 《니그로 월드 Negro World》 또한 범세계적 네트워크를 보유하고 있었다. 범아프리카 운동을 벌인 그 밖의 유명 인사들도 자신들의 생각과 강령을 여행과 통신의 새로운 네트워크들 내에 유포시켰다. 1930년대에 범아프리카 운동에 적극 참여한 몇몇 인사(사회주의 및 사회주의의 반식민주의 의제를 수용한 시릴 라이어널 로버트 제임스, 클로드 매케이, 폴 로브슨) 또한 저술과 예술 활동을 활발하게 벌였다.[68] 훗날 탈식민주의 정부를 이끈 인사들이 일부 포함되기도 한 다수의 아프리카인도 그런 초국적 운동에 힘을 보탰다. 미국에서 공부하고 런던에서 활동하다가 훗날 가나의 초대 대통령이 된 서아프리카의 정치 지도자 콰메 은크루마Kwame Nkrumah, 스코틀랜드에서 수학한 뒤 신생 독립국이 된 탄자니아 정부를 이끌고, 아프리카 통일기구Organization of African Unity: OAU의 설립에도 이바지한 탄자니아의 정치가 줄리어스 니에레레Julius Nyerere가 그런 인물들이다.

19세기 말과 20세기 초부터 영향력을 갖게 된 본국에 대한 디아스포라들의 충성은 디아스포라의 인구 밀집도와 제휴하는 집단들이 가진 힘에 따라 지역적 특성이 뚜렷하고 다양한 모습으로 표현되었다. 샌프란시스코의 시크교도들이 일으킨 가다르Ghadar 운동은 인도의 반제국주의, 반영 폭동을 지지하여 이민자 집단을 동원하기 위해 조직된 것이었다. 아일랜드 민족주의자들도 그와 유사한 목적으로 네트워크들을 대규모로 동원했으며, 재미在美 중국인들의 비밀결사인 통 또한 여러 대륙의 이주민 공동체들을 통해 자신들의 영향력을 전파했다.

하지만 범인종적 혹은 범민족적 운동도 성격이 모호하거나 심할 경우 기만적인 것으로도 드러났다. 범아메리카주의(범미주의)와 범아시아주의(아시아 연대론)만 해도 광범위한 지역적 정체성의 구축을 주장했지만, 실제로는 팽창주의적 국가의 도구가 될 소지를 보였다. (1880년대 이후의) 미국과 (특히 1930년대의) 일본이 그들 주변 지역에서 세력권을 구축하려 한 시도도 알고 보면 지역이라는 가상의 탈을 쓴 고도의 국가주의적 행위일 뿐이었다. 미국의 주도로 설치된 범미 연합Pan American Union과 만주사변 이후 일본이 세운 만주국 모두 겉모습은 근대성으로 향해 가는 문화적 개념의 광범위한 지역적 유포로 표현되었으나, 실제로는 속국 관계 혹은 지극히 비대칭적인 지역 연합 구축이라는 정치적 결과로 나타났으니 말이다.[69] 슬라브족, 오스만 튀르크족, 독일인, 아랍인의 집단들도 초국적 정체성을 주장했지만 그런 움직임도 종당에는 지역 간 문화 보급으로 출발해 경계선 주장, 국경 침해, 혹은 국외자들을 쫓아내려는 기도를 정당화하기 위한 팽창주의적 국가와 제국들의 수립으로 결과가 나타났다. 하지만 물론 지역에 기반한 초국적 호소력도 (가령 발칸반도와 캅카스 지역의 경계가 불분명한 영역과 같은) 대립적 네트워크들의 주장에 직면할 때와 국가들이 지정학적 경쟁을 벌이는 상황에서는 유용한 무기로 사용될 수 있었다.

초국적 소속감의 또 다른 변형인 유대인 디아스포라도 있었다. 1900년 무렵에는 유대인의 82퍼센트가 유럽에 있었고, 그중 대다수가 동유럽에 거주했다. 하지만 1939년에는 미국, 그리고 그보다 정도는 낮지만 팔레스타인이 유대인 삶의 새로운 중심지로 부상함에 따라 유대인의 유럽 거주 비율이 57퍼센트로 낮아졌다. 동유럽 출신의 아슈케나지계와 에스파냐와 포르투갈 출신의 세파르디계로 분리되어 점진적으로 진행된 유대인의 범세계적 디아스포라 현상은 (국제주의, 무정부주의, 사회주의, 평화주의 등) 이 단원의 앞에서 논의되었던 다수의 지적 흐름과 사회운동, 광범위한 경제, 예술, 지식 네트워크들에서 중요한 역할을 했다. 범세계적으로 일어난 반유대주의 담론에 의해 종종 격화되기도 한 유대인의 초국가주의가 인종적 정체성에 충성심을 결합시키고, 특정 국가들에 국가적 소속감을 느끼게 하며, 보편주의를 다름을 용인하는 열망으로 나타내게 할 수도 있었기 때문이다. 그러나 광범위에 걸친 유대인 공동체들의 연합이 모든 종류의 초국적 네트워크에 주요 요소로 드러났다고 해서 그들 사이에 공통된 맥락이 있었던 것은 아니다. 요컨대 유대인의 초국적 관계는 세속성과 종교성을 동시에 지니고, 자본과 노동력을 함께 중시하며 국가, 제국, 젠더, 인종적 정체성으로 분리된 경계를 보강도 하고 침해도 하는 두 가지 특성을 함께 보유하고 있었던 것이다.

반면에 유대인의 근대적 민족주의 운동인 시온주의는 범아프리카주의와 느슨하게나마 비교하고 검토할 수 있는 초국적 동력이었다. 고유 영토 없이 복잡한 기억의 구성에만 의존한 디아스포라 공동체 내에서 민족적 정체성을 상상하고 발전시켰으니 말이다. 다양한 뿌리와 역사를 지니고 19세기 말에 시작된 시온주의 운동이 팔레스타인에 유대인의 민족국가 창설을 지지하는 "국제적 민족주의"가 된 것이었다. 시온주의 운동은 러시아에서 일어난 유대인 학살, 1917년의 밸푸어 선언에 명기되고 팔레스타인을 영국의 위임통치령으로 만든 국제연맹도 언명했던 유대인의 민족국가 창설 약속이 지켜지지 않은 것, 양차 대전 사이에 유럽에서 일어난 반유대주의 정서, 그러다 마침내 나치가 자행한 홀로코스트에 맞서는 과정에서 점점 강해졌다. 다른 디아스포라 집단과 마찬가지로, 근거 확실한 민족국가 창설을 염원하고 그 목적을 이루기 위해 초국적 활동을 펼친 것이 시온주의 결집의 요인이었다.[70]

종교적 초국가주의

세계의 주요 종교 모두 국가 건설 사업이 공고화되기 이전에는 강력한 초국적 연대를 형성하고 있었다. 그러던 것이 19세기 무렵에는 종교적 연대가 민족국가 건설 사업과 경합을 벌이거나 심할 경우 억압받을 수도 있는 것으로 상황이 바뀌었다. 과학적 방법, 진화적 사고, 세속주의, 마르크스주의의 영향력이 커짐에 따라 종교적 지식 체계가 위협을 받게 된 것도 문제였다.

그러나 세속 국가 건설과 과학적 근대성이 촉진되기는 했지만, 종교적 연대도 쇄신을 거듭하고 심지어 번영을 누리기까지 했다. 세속적 경향과 경쟁하고 종교들끼리도 갈등을 빚었지만, 그런 가운데서도 기독교, 유대교, 이슬람교, 힌두교, 불교, 요루바족,[10] 그 밖의 종교 집단들은 부흥하거나 신장하는 경험을 한 것이다. 새로운 형태의 통신, 그리고 인간 및 생각의 범세계적 흐름의 가속화가 새로운 에너지를 만들어 낸 탓이었다. 크리스토퍼 앨런 베일리도 그 시기에 종교가 일체감의 보편적 범주가 되었다는 것, 그리고 "다수의 근대 민족주의 또한 새롭게 등장한 종교 연대들의 영향을 강하게 받았다."[71]는 점을 지적했다. 그렇기는 하지만 보편주의에 대한 종교적 주장과 그것을 지역 문화 전통에 합치시키는 것과 관련된 종교적 실행 사이에는 본질적 긴장이 상존했다. 종교 교리의 통일이 차별화된 공통성과 마찬가지로 지역 고유의 방식으로 표현된 탓이었다.

한 가지 점에서 보면 그 시대에는 기독교마저 쇠퇴할 수 있을 것 같았다. 19세기 말 루터 교회 목사의 아들로 태어난 프리드리히 니체Friedrich Nietzsche가 기독교에 강한 환멸감을 드러내고, 카를 마르크스 또한 인간의 조건에 고도의 유물론적 시각을 나타낸 것이 좋은 예다. 이들과 여타 철학자들은 제1차 세계대전이 발발하기 이전 세대의 여러 경향에서 나온 기독교 신앙의 본질을 의심했다. 그러던 차에 오스트리아-헝가리 제국의 제위 계승자로 독실한 가톨릭교도였던 프란츠 페르디난트Franz Ferdinand 오스트리아 대공이 1914년 정교회 신자에게 암살되는 사건이 일어남으로써 유럽은 기독교 지배자들끼리 (독일과 오스트리아 황제들이 처음에는 영국 국왕, 그다음에는 러시아의 차르, 마침내는 미국 대통령과도) 맞서 싸우고, 주의 이름으로 전쟁하는 것에 대해 다방면으로 현란한 수사를 남발하게 만든 파멸적 전쟁으로 휩쓸려 들어갔다. 이 전쟁은 막대한 전비 지출에 따라 유럽 국가들을 재정적으로 약화시키는 데 그치지 않고, 영토와 신앙 두 가지 면으로 기독교권에도 타격을 입혔다. 러시아 정교회만 해도 1917년에 일어난 볼셰비키 혁명으로 와해되었고, 기독교 공동체, 특히 신생 터키 공화국의 동부 전선로에 위치해 있던 아르메니아인과 다른 지역민들도 오스만 제국이 붕괴한 여파로 박해를 당해 산지사방으로 흩어지고

_____ **10** 나이지리아 남서부의 종족.

죽임을 당했으니 말이다. 영국의 식민지 장악력 또한 위태로워져, 아일랜드에서는 반란의 위기가 가톨릭과 개신교 간의 대결 양상으로 나타났다. 제1차 세계대전의 참화에서 살아남은 세대들도 낙심한 채 모든 종류의 신앙에 회의를 느꼈다. 디어메이드 매컬러Diarmaid MacCulloch가 제1차 세계대전의 위령비들을 살펴본 뒤 "이 수많은 십자가와 전쟁의 상징으로 기념된 것들 가운데 가장 큰 피해를 본 것은 기독교와 세속 권력의 연합, 곧 기독교권이다."[72]고 쓴 데에는 그럴 만한 이유가 있었던 것이다.

그러나 모순적이게도 그 시대에는 기독교 팽창을 보완하려는 징후 또한 나타났다. 미국만 해도 19세기 중엽부터 새로운 영적 지도자들이 등장하고, 종말론에 전에 없이 흥분하는 경향을 보이며, 새로운 오순절 운동이 일어난 것은 물론 무엇보다 중요하게 기독교 선교열이 불붙기 시작했다. 개신교 선교 단체들은 개인이 기부하는 돈으로 자금을 융통해, 영혼을 구제하고 (성서 읽기를 조장하기 위해) 읽고 쓰는 법을 보급하며, 일부일처제 결혼의 덕목을 가르치고 노동 훈련을 시키는 등 세계인들을 '교화하는' 일에 앞장섰다. 그런 식으로 기독교는 모든 대륙으로 침투해 들어갔다.

1878년 영국에서 설립된 구세군도 시간이 감에 따라 학교, 병원, 그 밖의 기관들의 세계적 네트워크로 성장했다. 처음에 의혹의 눈길을 보냈던 정부 당국도 나중에는 구세군을 '위험한' 집단을 통제하기에 유용한 방편으로 간주했다. 구세군이 영국의 도시 빈민과 영국 제국의 '이교도' 및 '미개인들' 모두를 사회적 구제가 필요한 무리로 보았으니 그럴 만도 했을 것이다. 그렇게 해서 구세군은 국내 및 식민지의 위협과 구제책을 얼기설기 엮은 제국주의 세력이 되어 전 세계에서 활발한 활동을 벌였다. 일본, 오스트레일리아, 남아프리카, 프랑스령 기아나 등 멀리 떨어진 지역에서 전과자들을 재교육하도록 요청받은 것이 대표적인 예다.[73]

사회 복음주의적 개신교도 국제적 복음 운동을 전개했다. 1886년에 설립된 학생 자원 운동American Student Volunteer Movement for Foreign Missions: SVM만 해도 "우리 세대의 세계 복음화"를 약속한 것으로 유명하다. 기독교청년회YMCA와도 연계한 학생 자원 운동은 이후 영국과 서유럽의 다른 국가로도 신속히 전

파되고 시리아, 이집트, 중국, 인도 등 전 세계 모든 곳에 지부도 설치했다.[74]

　19세기 말 특히 인도, 중국, 그 밖의 선교 현장에 닥친 기근도, 그 비극적 사건에 대한 자극적 보도로 선교 활동이 활기를 띠고, 새로운 선교 잡지의 발행 부수가 늘어나며, 기독교의 구제 노력을 지원하여 기부해 주도록 애끓는 호소를 유발한 점에서 복음 전도에 도움이 되었다. 미국에서 발행된 기독교 잡지 《크리스천 헤럴드Christian Herald》는 당시에는 비교적 새로운 수단이던 사진을 이용해 굶주린 사람들의 여러 면모를 그래픽 이미지로 보여 주는 가장 극적인 활동을 전개했다.[75] 반면에 그런 이미지는 자선을 유발하려는 목적을 드러내는 것뿐 아니라 기독교 문명의 우월성을 두드러지게 하고 제국적 간섭의 필요성을 은연중에 알리는 역할도 했다. 선교사와 다른 인도주의 운동가들이 인간애의 공유라는 이상을 환기하면서도, 서구의 제국주의 정책이 사회적·생태적 양상을 변화시킴으로써 식량 생산과 식량의 가용성에 혼란을 초래한 재앙의 근본 요인이었다는 사실에는 눈을 감은 것도 그런 맥락으로 이해할 수 있다.

　그리하여 1910년 세계 선교 대회World Missionary Conference가 개최될 무렵에는 개신교가 비서구 지역의 교회 지도자도 다수 포함된 급속히 발전하는 범세계적 네트워크가 되었다. 신앙이 전파됨에 따라 신앙의 의미와 실행 또한 그 어느 때보다 다양해졌다. 아프리카의 선각자 윌리엄 웨이드 해리스William Wadé Harris는 1913년 서아프리카에서 초국경 부흥 운동을 일으켜 10만여 명의 개종자를 끌어모았다. 그는 라이베리아 남동부의 미션 스쿨에서 수학한 뒤, 유럽 선교사의 손길이 미치지 못한 지역에 토착 기독교를 전파했다. 해리스는 개종자들에게 식민지 정복을 미연에 막지 못한 자연 정령을 버리고, 주권을 회복해 주고 그들에게 필요한 지식과 기술도 이용하게 해 줄 수 있는 기독교 신을 받아들일 것을 촉구했다. 그런 식으로 대개는 서구식 방침과 보조를 맞추되 일부다처제 관습도 옹호하는 설교 방식으로 그는 아프리카 대륙에서 가장 많은 기독교 개종자를 만들어 냈다. 나중에 서아프리카로 온 서구의 선교사들도 해리스파 교회가 번성하는 모습에 종종 놀라움을 금치 못했을 정도다. 실제로 특히 1920년대부터는 아프리카 전역의 토착 지배자와 예언자들이

유럽의 간섭에서 자유로운 그들만의 기독교 교회를 건립하려는 맹렬한 운동을 전개했다.[76]

　　1918년에서 1919년의 기간에 전 세계를 휩쓴 인플루엔자 유행병도 기독교 신유神癒 교회들의 초국적 발전을 촉진했다. 1918년 필라델피아에서 세워진 신앙 장막 교회의 교의가 각양각색의 토착 치유 제식을 이미 해 왔던 서아프리카의 가나로까지 전파된 것이 좋은 예다. 신앙 장막 교회 지도자들은 의료 당국이 인플루엔자에 대한 지식도 없고 치료 대책도 없을 때 팸플릿과 서신을 통해 인플루엔자에 감염된 사람들에게 치유의 약속을 해 주었다. 토착민들의 치유 제식을 '주술'로 간주해 금지시켰던 가나의 식민지 당국도 기독교의 치유 행위는 허용해 주었다. 그리하여 완치의 소문이 퍼지자 신앙 장막 복음주의는 영국의 사도 교회마저 흡수하고, 코트디부아르와 토고로까지 퍼져 나감으로써 대규모 오순절 운동의 선구자가 되었다. 1920년대 중엽 오순절 운동의 선구자인 신앙 장막 교회가 쇠퇴했을 때도 오순절 운동은 승승장구하며 계속 퍼져 나갔다.[77] 19세기 말의 영국과 미국에 기원을 두고, 치유, 방언方言, 하느님과의 직접 연계를 강조한 오순절 운동이 20세기 기독교사의 가장 역동적인 범세계적 운동 중 하나가 된 것이었다.

　　가톨릭도 범세계적 선교 노력에 박차를 가하며 사회적 문제에 대한 참여도를 높였다. 교황 레오 13세Leo XIII가 회칙 「새로운 것들에 관해서Rerum Novarum」(1893)를 발행하여, 가톨릭이 과도한 산업화를 개선하려는 노력을 하고 있음을 보여 준 것이 그 시초였다. 노동자에 대한 적정 임금과 법적 보호를 지지하는 내용이 담긴 회칙이었다. 1920년대에도 교황 비오 11세Pius XI가 범세계적 활동을 우선순위에 두는 조치를 취했다. 전 세계에 선교 센터들을 신설하고, 토착민 지도자를 둔 강력한 국립 교회 설치를 승인하며, 중국인 주교 여섯 명과 일본인 및 베트남인 주교 한 명씩을 축성하여, 18세기 이후 처음으로 비서구 주교들을 탄생시킨 것이다. 가톨릭 선교단도 프랑스의 해외 파견 남녀 근로자들 중 가장 높은 비중을 차지했을 정도로 규모가 컸다. 세속 국가였던 제3공화국의 제국 관리들과 종종 갈등을 빚기는 했지만 말이다. 인도차이나, 폴리네시아, 마다가스카르에 대한 프랑스의 제국주의 정책만 해도 종교적 목적과 세속적 목적 간의 불협화음으로 시끄러웠고, 토착 공동체들은 공동체들대로 저희의 이익을 위해 분쟁을 조장하기 일쑤였다.[78]

그 시대의 초국적 종교 네트워크들은 또 각각의 네트워크가 속한 국가, 제국, 인종, 지역 등 다른 요소들과도 복잡한 관련을 맺고 있었다. 기독교 선교 현장만 해도, 선교사들이 인종과 국가적 요소를 기독교 화합이라는 이상보다 우위에 두고 고립된 생활을 하는 경향이 있었다. 인종이 다른 '토착민' 개종자와의 사회적 분리가 거의 모든 지역에서 보편화된 현상이었다. 선교사들도 나라별 집단으로 쪼개져 있었다. 아시아와 아프리카에서 활동한 영국 선교사들이 선교 현장 외곽에서 진행된 반미 담론의 특징이기도 했던 지나친 열정, 지나친 평등주의, 교양 없음을 내세워 미국 선교사들을 경원시하는 식이었다.[79]

기독교 선교단은 토착민들의 향상을 위해 노력하는 과정에서 흔히 "접촉지대"라 불리는 식민주의 국가들과의 모호한 관계도 발전시켰다. 영국에 기반을 둔 구세군과 다른 선교 운동들이 국내외에서 자국 정책의 일부가 된 것이나, 미국의 기독교청년회가 제1차 세계대전 중에 국가 군사력의 일익을 담당한 것이 좋은 예다. 미국의 기독교청년회만 해도 프랑스로 파병된 군대의 프로그램을 운영하고, 소련에서 반볼셰비키 간첩 행위를 수행했으니 말이다. 선교사들은 일부일처제 혼인, 위생 관습, 노동 습관, 성 역할과 관련된 그들 고유의 사회적 관습 테두리 내에서 개종자를 교육함으로써 식민주의도 선동했다. 또한 정세가 불안정한 곳에서 활동하는 일이 잦다 보니 질서, 진보, 개종을 촉진하기 위해 식민지 통치에 강제력을 사용하는 것에도 찬성하는 입장을 보였다.[80]

반면에 선교 활동은 불안정하고 부당한 본국의 식민지 통치 방식으로 인해 제국주의 경제 및 정치 구조와 불화를 빚기도 했다. 중국을 예로 들면, 그곳의 경제 여건을 개선하고자 한 미국 기독교청년회의 목적이, 도와주겠다고 약속해 놓고 정작 현지인들을 착취하는 듯한 식민주의 세력 및 외국 상인들과 마찰을 일으켜 몇몇 선교사가 그들의 행태를 비난하는 일이 벌어졌다. 선교사들이 현지인의 토착 언어를 알아듣게 되고, 일부 선교사가 문화적 이해에 기반한 동정심을 갖게 된 것도 불화가 일어나는 데 한몫했다. 선교에 교육, 보건, 언어 보존이 포함됨에 따라 지역적으로 인종적 정체성의 유기적 통합이 일어나고, 그것이 때로는 반식민주의 운동을 북돋우기도 했다. 물론 제국적 존재의 일부가 되고, 심지어 제국의 종속자가 되는 길을 피하기 어려울 때도 있기는 했다. 하지만 그런 가운데서도 일부 선교사는 그 점을 개선하고, 비평하며, 때에 따라서는 적극적으로 저항하기도 했다.

토착민 기독교도가 지역 지도자의 위치를 가진 것도, 초국적 종교와 식민주의가 만나는 어중된 교차점에 복잡성을 더한 요인이었다. 성공회 선교사 베르나르드 미제키Bernard Mizeki가 죽은 뒤, 생전의 그의 활동을 둘러싸고 전개된 모호한 역사적 평가가 한 사례가 될 수 있다. 지금의 모잠비크에서 태어나 자란 미제키는 10대 시절 케이프타운으로 이주해 성공회로 개종한 뒤, 1890년대에 '토착민 교리 교사'가 되어 로디지아로 파견되었다. 그리하여 그곳에서 활동하던 중 반대자들에게 살해되었는데,[11] 전해지기로 그의 시신이 허공으로 사라졌다는 것이었다. 이후 지금의 짐바브웨에 위치한 그 기적의 장소는 식민주의 세력에 이적 행위를 한 치욕스러운 곳으로 지탄도 받고, 트랜스-아프리카 성공회라는 각별한 의미를 새기고자 매년 순례자가 답지함에 따라 계속 발전한 문화 민족주의를 상징하는 곳도 되었다.[81] 이 사례에도 나타나듯 선교사는 제국주의 시대의 불평등을 체현한 존재이면서 또 그것을 중재한 조정자이기도 했다.

동아시아의 조선도 반식민주의와 기독교가 만난 교차점에 또 다른 요소를 보태 준 곳이었다. 1910년 나라가 일본에 강점당하자 조선의 기독교도들은 기독교 신앙에 한민족의 정체성을 결합시켜, 일본 지배에 항거하는 저항의 상징으로 발전시켰다. 이 결합은 훗날 조선 기독교의 강건한 발전을 위한 토대를 마련하는 데도 도움이 되었다.

기독교가 신앙 부흥 운동을 일으키고 서구의 경제 신장에 힘입어 선교단이 전 세계로 퍼져 나가자, 이슬람권에서도 기독교 확산을 후퇴시키고 가로막

_____ **11** 영국령 남아프리카 회사에 항거하는 폭동이 일어났을 때의 일이다.

는 데 주안점을 둔 신앙 분출 현상이 일어났다. 인도, 동남아시아, 아프리카로 잠식해 들어가는 유럽 세력권에 맞서 범이슬람 네트워크가 만들어지고, 새로운 형태의 출판과 통신을 통해 여러 방면에서 소속감의 결속도 강화되었다. 실제로 이슬람교가 서아프리카로 확산되어 다른 종교들이 그랬듯 지역 전통에 맞게 변형되자, 일부 집단은 식민주의가 도입을 도와준 신기술을 차용해 특별한 성공을 맛보기도 했다. 셰이크 이브라힘 니아스Ibrahim Niass만 해도 감비아와 세네갈 지역에서 라디오를 이용해 이슬람 신비주의인 티자니야 종단의 부흥 운동을 전개했고, 그의 네트워크는 서아프리카에서 가장 중요한 종교 세력 중 하나가 되었다. 제국들이 상업 발전을 위해 개량한 도로들도 무슬림 학자들의 도달 범위를 넓히는 데 일조했다. 티자니야 종단의 반대자인 야쿠바 실라Yacouba Sylla도 그 덕에 야쿠바 운동을 일으켜 특히 코트디부아르에서 유력 세력이 되었다.[82]

초국적 네트워크는 이슬람교 확산에 특별히 적합한 구조로 드러났거나, 아니면 아이라 라피더스Ira M. Lapidus의 학술 연구에서는 그 관점이 최소한 1970년대 이후 지속적으로 유력한 논거로 자리 잡았다. 라피더스와 그의 논거를 지지한 다른 학자들은 식민지 당국의 무차별적 정치 공세 아래 정체성을 유지하기 위해 발버둥친 문명에서는 네트워크의 개념이 강력한 '뿌리 은유root metaphor'가 될 수 있다고 주장했다. 무슬림들 사이에 전개된 초국적 상호작용이 쿠란과 모스크라는 강력한 상징들로 활기를 띤 실행 네트워크의 일부가 되었던 까닭도 거기에 있다는 것이다. 그들에 따르면 이슬람의 그 상징들이 외세의 통제권 아래 있던 산만한 지역에서 개인적 충성, 의식, 희생의 구심점 역할을 한 것이었다.[83]

순례도 그런 종교적 실행의 초국적 유대 강화에 일조하면서 지극히 상징적인 특정 장소들에 대한 공통의 충성심을 유발시켰다. 물론 순례는 다양한 형태로 지방화된 관례와 믿음을 통일된 공동체 의식과 정통적 관행으로 바꾸는 데 도움이 되었던 만큼 이슬람 외의 다른 모든 초국적 종교에도 있었다. 그렇기는 하지만 하즈가 서아프리카에서 중동과 남아시아를 넘어 인도네시아까지 세력이 미친 광대한 이슬람 네트워크에 각별히 중요한 요소였던 것은 분명하다.

　수가타 보스도 "식민지 이전 시대에는" 하즈가 "인도양 연안의 경제, 종교, 문화를 통합해 준 주요 요소"였지만, 증기선과 철도가 도입됨에 따라 이슬람권에서의 그 중요성은 더욱 커졌다고 썼다.[84] 실제로 1869년 수에즈 운하가 개통되고 영국과 네덜란드의 증기선이 운항하면서 정례적 하즈 여행이 가능해지자 카이로와 메카, 그리고 최대의 무슬림 인구를 가진 국가로 부상 중이던 인도네시아 간의 범이슬람 연대의 구축은 촉진되었다. 오스만 제국의 술탄 압뒬하미트 2세도 기독교 세력의 영토 잠식에 맞서기 위한 이슬람의 수호자를 자임하고, 전략적으로 중요한 이스탄불-바그다드 간 철도와 이스탄불-메디나 간 철도를 건설하여 하즈도 얼마간 용이하게 해 주었다. 그는 그것에 그치지 않고 이슬람 전파를 위해 머나먼 지역들에 밀사도 파견했다.

　한편 수에즈 운하 건설로 이집트가 오스만 제국 내의 주요 교차로로 부상한 사건은 술탄과 범이슬람 운동 전반을 어려움에 빠뜨렸다. 수에즈 운하 개통이 교역, 사람, 문화의 이동을 촉진하고, 전 세계의 많은 지역을 맺어 준 것만 해도 그랬다. 수에즈 운하는 그 밖에 1880년대부터 식민주의 세력이 분할을 시작한 중동과 아프리카에서 유럽 국가들이 패권을 장악하는 데도 도움을 주었다. 그런 반면 식민주의하에서 이슬람과 기독교 세력이 혼합된 것은 종교 간 충돌과 더불어 차용과 조정 현상도 함께 불러왔다. 유럽 세력의 영토 잠식과 기술의 영향으로 북서아프리카의 캐러밴 양상이 바뀌었는데도 이슬람교가 그 지역의 교역 네트워크를 구축하고, 문화 교류를 촉진하는 일을 계속했기 때문이다.[85] 그러다 보니 제1차 세계대전 뒤 오스만 제국이 해체되어 메카와 이슬람 제2의 성지인 메디나에 대한 영국과 영국의 보호령 사우디아라비아의 영토적 영향력이 커졌는데도, 이슬람 네트워크들은 대양을 무리 없이 횡단하고, 국경으로는 사실상 억제와 통제가 불가능했던 종교적 연계도 확고하게 굳힐 수 있었다. 서구의 식민지 통치가 전보다 강해진 것도 이슬람이 가진 저항적 매력을 높여 주었다.

　그러나 이슬람은 교리적 분쟁 노선에 따라 파벌이 갈렸기 때문에 이슬람권 운동들이 초국적으로 뻗어 나가는 방식도 제각각이었다. 수니파에 기저를 둔 살라프파 운동만 해도 장차 유럽에서 일어난 기술적·과학적 근대화를 수용하게 될 전통적 이슬람으로 회귀할 것을 주창했다. 살라프파의 주요 인물들이 쓴 글들은 19세기 중엽부터 20세기까지 특히 지적 엘리트들에게 유포되어 반식민주의와 민족주의 운동, 그중에서도 아랍 무슬림들의 운동에 큰 영향을 끼쳤다. 호전적 반서구 민족주의와 초국적 관계의 토대를 이룬 것이 바로, 유럽의 식민 지배로부터 벗어나려면 근대화를 이루어야 한다고 무슬림 사회들에 촉구한 것과도 밀접히 연관된, 그런 범이슬람주의의 호소력이었다. 시아파 엘리트와 낙슈반디야 수피 집단도 때에 따라서는 서로 간의 경쟁에서 추진력을 얻기도 하면서, 그들 특유의 방식으로 나라들의 국경 안팎에서 이슬람의 부흥을 위해 노력했다.

반면에 하즈는 범이슬람주의의 통합과 상징 면에서 중요한 역할을 한 것에 비해서는 실제 참가자 수가 많지 않았다. 제2차 세계대전 전만 해도 해외에서 오는 메카 순례자는 10만 명을 넘지 못했다. 순례가 절정에 달한 1927년에만 메카 방문객이 13만 2000명 정도를 기록했을 뿐 이후에는 전 세계에 불어 닥친 대공황의 여파로 순례자 수가 다시 급락했다. 새로운 교통수단의 발달로 순례가 쉬워졌다지만, 유럽 제국들이 순례자들을 의심의 눈초리로 바라봄에 따라 큰 효과를 거두지는 못했다. 제국들은 순례 여행이 자칫 감염병과 더불어 불온한 정치사상을 퍼뜨릴 것을 저어해 하즈에 대한 규제를 높이고, 국제 위생 규칙을 적용해 주요 항구들도 폐쇄했다. 캘커타 항만 해도 1896년 인도에 페스트가 발생하자 30년 동안이나 순례자의 입항을 금지시켰다. 네덜란드령 인도네시아의 식민지 행정관 스나우크 휘르흐론여Snouck Hurgronje만 예외적으로 메카 순례의 순조로운 운영을 지지했다. 네덜란드의 저명한 동양주의자였던 휘르흐론여는 이슬람과의 종교적 조화가 네덜란드의 원활한 식민지 통치에도 이롭고, 정치적 급진주의가 줄어드는 데도 도움이 될 것이라고 믿었다.[86] 그뿐만 아니라 하즈 기간에는 무슬림 공동체들끼리 분열을 일으켰기 때문에 범이슬람주의 연대의 붕괴 개연성도 상존해 있었다. 순수 이슬람화를 주창한 와하브파가 사우디아라비아에서 주도권을 쥐게 된 것도 시아파와 수피파의 적대감을 불러일으켰다.[87]

기독교와 이슬람교의 급속한 확산은 힌두교, 불교, 유교에도 개혁 운동을 촉발해 전통을 개조하는 결과를 가져왔다. 이슬람에서처럼 그 종교들의 개혁가들도 외부의 제국주의 세력에 좀 더 효과적으로 대응하기 위해 근대성과 조화해도 무리가 없을 요소에 주안점을 둔 전통으로 복귀할 것을 주장한 것이었다. 그 결과 물론 어느 정도는 기독교와 이슬람교가 가진 호소력에 맞서기 위한 목적도 있었을 테지만, 그 종교들도 교리, 의식, 편제의 면에서 한층 조직화를 이루게 되었다. 그것도 모자라 그 종교들은 전향적 특성을 띠기도 하고, 민족적 혹은 원시 민족적 요소와도 손을 맞잡았다. 기독교청년회를 모방해 설립한 불교 청년회Young Men's Buddhist Association만 해도, 유럽 세력에 맞서 힘을 키우는 방식으로 중국, 버마, 그 외 지역에서 중요한 역할을 수행했다.

힌두교 성자이자 종교 지도자였던 스와미 비베카난다Swami Vivekananda야말로 초국적 종교의식과 민족주의를 하나로 묶어 전파한 대표적 인물이었다. 19세기 인도의 신비주의자 라마크리슈나Ramakrishna의 제자인 비베카난다는 '수행하는 승려'로 인도의 여러 지역을 편력한 뒤, 세계 여행길에 나서 중국, 일본, 캐나다, 미국, 영국, 프랑스, 이탈리아를 방문했다. 1893년에는 콜럼버스 세계 박람회와 함께 세계 종교 의회World Parliament of Religions가 개최된 시카고에 도착, 인도 대표로 어렵사리 인정받자 연설을 하여 회의 참가자들의 갈채를 받았다. 비베카난다는 힌두교를 모든 종교에 대한 관용을 망라하는 국제적 힘으로 제시하고, 서구의 물질주의에 대한 동양(특히 인도) 정신의 우월성도 널리 알렸다. 서구에 머물러 지내는 동안 그는 한 친구에게 귀국하면, "인도의 국맥國脈"[88]을 통해 "전기적 흥분을 전파하고 싶다."는 희망도 종종 피력했다고 하는데, 그 말대로 1897년 귀국하여 인도 민족주의의 대변자로 열렬한 환호를 받았다. 세상에서 인도가 지니는 가치를 상징적으로 보여 주어 서구에서 열광적 환영을 받은 것이 그가 아마도 인도 문화의 가장 중요한 대변자가 된 요인이었을 것이다. 스와미 비베카난다는 베단타 사상[12]과 요가를 초국적으

_____ 12 힌두교 학파의 토대를 이룬 철학 체계로 정통 육파철학 중 하나.

로 확산시키고, 간디와 여타 인물들을 고취시킨 인도 민족주의 의식을 만들어 낸 독보적 인물로 계속 남아 있었다.

신지학theosophy도 1920년대에 인도 민족주의를 증진하며 범세계적으로 확산되었다. 서구에서는 신지학이 아마도 비베카난다의 사상과 마찬가지로 인도에 대한 동양주의적 관점으로 퍼져 나갔을 것이다. 인도에서 민주적 자치 운동을 벌이다 1917년에는 인도 국민 회의 대표로도 선출된 영국인 사회주의자 애니 베전트Annie Besant도 그런 정황 속에 신지학을 채택하고 신지학회를 이끌어 간 인물이었다. 일종의 신비적 강신술도 채용했던 신지학적 관점은 비록 인종적 위계에 대한 보편적 개념도 수용하기는 했지만, 인간 공동체에 대한 사상과 본질적 종교 통합을 보급하는 데 일조했다.[89]

지방화된 종교 전통들도 특정 디아스포라들 내에서는 범세계적으로 확산되는 것이 가능했다. 아프리카의 노예무역에 따라 아프리카인들이 도착한 곳들만 해도 종교 제식이 함께 도입되어 현지에서 개조되고 심지어 번성하기까지 했다. 신세계 일대의 아프리카인들은 특히 신앙 및 종교 제식의 보존과 전파에 열심이었다. 브라질의 칸돔블레Candomblé, 쿠바의 산테리아Santería로 크게 번성한 요루바족의 종교 문화가 대표적인 예다.[90]

올바른 성 역할을 둘러싼 초국적 담론도 그 시대의 주요 종교들 속에서 적어도 표면적으로는 유사하게 전개되었다. 기독교와 이슬람교의 (남녀) 개혁가들만 해도 여성의 도덕교육이 미래의 남성 지도자가 될 아이를 양육하는 데 반드시 필요하다는 모성적 근거하에 여성 교육을 제안했으니 말이다. 종교 전통의 도덕적 틀 안에서 모성과 근대적 가사家事를 수행하는 것이 국가 건설, 읽고 쓰는 능력, 보건 프로그램, 여타 근대성의 특징을 옹호한 사람들의 목표에는 딱 들어맞았던 것이다. 아닌 게 아니라 종교적 초국주의는 19세기 말부터 등장한 여성 네트워크들의 강력한(그렇다고 유일한 것도 아니었지만) 토대가 되었다.

여성들의 세계

초국적 운동과 연대들이 그렇듯 여성 네트워크들도 추구하는 목적이 매우 다양했다. 따라서 다른 운동들과 관계없이 독립적으로 형성되었으리라고 보는 것은 잘못이다. 젠더에 기초한 여성 네트워크만 해도 노동, 반식민주의, 사회주의, 인종적 연대, 종교와 관련돼 있었고, 지식인, 예술가, 전문가의 집단들과도 연계를 맺고 있었다. 요컨대 단일한 장소에서 생성된 단일한 여성운동은 없었다는 얘기다. 그보다는 다양한 장소에서 흘러나온 다양한 '여성운동'이 강건한 흐름으로 수렴되었다고 보는 것이 옳다. 젠더 노선에 따른 초국적 동일시는 그런 변이에 따라 인종, 국적, 계급, 종교, 지역 간 차이의 경계를 약화시키기도 하고 강화시키기도 한 것이다.[91]

다수의 대의가 해외여행을 추진할 만한 여력을 지닌 비교적 엘리트층에 속하는 여성들을 결집시켰다. 좀 더 형식화된 초국적 여성 조직이 유럽, 유럽인이 정착한 식민지, 미국에 주로 몰렸던 이유도 거기에 있다. 반면에 대부분의 초국적 네트워크는 서로 간에 자리를 잡도록 도와주기도 하면서 지역적 운동가 집단들과 동시에 출현했다. 여성의 참정권, 시민적 삶에서의 (여성의) 역할 증대, 매춘 및 알코올 통제, 산아 제한, 노동자의 특별 보호와 관련된 소수의 운동도 여성 네트워크들의 큰 흐름 속에서 등장했다.

참정권 운동이 발전하는 데는 지방과 국가의 정치도 하나의 요소로 작용했지만, 초국적 조직화 또한 없어서는 안 될 또 하나의 본질적 요소였다. 미국과 영국에서는 19세기 중엽에 이미 (고등교육 및 전문 직업을 가질 수 있는 권리와 더불어) 여성의 시민적·정치적 권리를 지지하는 선언들이 대두하고, 그에 따른 논쟁도 일어났다. 영국 작가 메리 울스턴크래프트Mary Wollstonecraft와 영국의 정치경제학자 존 스튜어트 밀John Stuart Mill의 글도 처음에는 영어권으로, 그다음에는 번역물을 통해 전 세계적으로 폭넓게 유포되었고, 1848년에는 미국 뉴욕주의 세니카폴스에서 열린 여권신장 회의에서 세니카폴스 선언이 채택되었다. 미국, 영국, 프랑스의 참정권 지도자들도 1888년 최초의 영속적인 초국적 여성 조직인 세계 여성 단체 협의회를 설립했고, 1902년에는 사회주의자들이 국제 여성참정권 동맹을 결성했다. 제1차 세계대전 전에는 핀란드, 뉴질랜드, 오스트레일리아(다만 오스트레일리아의 일부 주에서는 토착민 여성에 대한 투표권 부여를 금지했다.), 노르웨이가 여성에게 투표권을 부여했다. 전쟁 중 혹은 전쟁 직후에도 제1차 세계대전 기간에 여성들이 세계 각국에서 중요한 역할을 수행한 것이 참정권 부여의 또 다른 기폭제가 되어 덴마크, 스웨덴, 캐나다, 소비에트 러시아, 발트 3국, 독일, 폴란드, 체코슬로바키아, 헝가리, 네덜란드, 미국이 여성에 대한 참정권 부여를 수용했다. 영국도 1918년에는 (30세 이상의 여성에 대한 참정권과) 국회의원 선거권을 부여하고, 1928년에는 (21세 이상의 모든 여성에게) 남성과 동등한 참정권을 부여했다. 버마, 터키, 에콰도르와 같은 나라들도 1920년대에는 여성참정권을 허용했다. 여성참정권 운동이 확산돼 나가자 승리가 승리를 불렀다.[92]

여성참정권과 그 밖의 여권운동은 양차 대전 사이의 기간에도 세계화된 네트워크들로부터 영감과 전술을 얻어 서유럽, 옛 러시아, 오스트리아-헝가리 제국, 오스만 제국, 이집트, 터키, 인도, 일본, 라틴아메리카로까지 활동 범위를 넓혔다. 1924년에는 광둥성의 광저우에서 중국의 여성운동을 조명하는 제1회 국제 여성의 날 기념 회의가 열렸다. 이집트의 선구적 여성운동가였던 후다 샤아라위도 1923년 로마 국제 여성참정권 동맹 총회에 참석하고 귀국하는 길에 철도 발판에 올라서서 머리에 쓰고 있던 히잡을 벗어던지는 행동을 하여 운집해 있던 여성들의 갈채를 받았다. 1923년 이집트 여권주의자 연맹을 설립해 1947년까지 회장직을 보유했던 샤아라위는 여성 독립 운동뿐 아니라 이집트 독립을 위한 투사로도 활동했다. 미국과 쿠바의 여권주의자들 또한 범미 연합을 압박해 1928년 미주 여성 위원회Inter American Commission of Women(Comisión interamericana de Mujeres)를 설립하는 데 성공했다. 초국적 평화운동가인 로지카 슈빔머Rosika Schwimmer도 1920년 헝가리에서 미국으로 도주한 뒤 페미니스트 평화운동에 명백히 연루되었다는 이유로 대법원에 의해 시민권 부여를 거부당했지만 활동을 계속했다. 1934년에는 터키가 여성의 전국 선거 투표권을 허용하는, 이슬람 네트워크들에 반향을 불러일으키는 조치를 취했다.[93] 초국적 조직들이 그런 범세계적 여권운동을 벌이는 동안 다른 한편에서는 대규모 조직화된 기구들과는 별도로 서적과 사상들이 지역 운동이 싹트는 일을 돕고 있었다. 여성이 추진한 공식·비공식 초국적 네트워크들 내에서는 이렇게 온건한 개혁적 방법과 위법의 소지가 있는 과격한 행동 모두가 조장되었다.

반면에 참정권 확보를 위해 노력한 다수의 여성에게 참정권 운동은 그 자체가 목적이기보다는, 그 외의 다른 사회적 관심사를 제기할 수 있는 수단이었다. 적잖은 나라의 여성들이 개혁 운동을 여성 문제와 확실히 결부시킨 것에도 그 점이 드러난다. 조지핀 버틀러Josephine Butelr가 영국 본토 및 영국 제국에서 매춘부 보호 활동을 벌이고, 게니아 아브릴 드 생 크루아Ghenia Avril de Sainte-Croix가 양차 대전 사이에 프랑스와 국제연맹 내에서 버틀러가 하던 일을 계속 수행한 것이 좋은 예다. 여권주의자들의 초국적 노력은 그런 식으로 여성들이 남성의 악습과 성적 착취의 희생양이 되지 않게 하는 일에 초점을 맞추었다.

전국 여성 기독교인 금주 연맹Woman's Christian Temperance Union: WCTU의 회원들도 여성의 정치 참여가 음주와 매춘의 악폐에서 발생하는 야만적 행위를 줄이고, 가정을 지키는 데 일조할 것이라고 주장했다. 미국에 본부를 둔 여성 기독교인 금주 연맹은 기독교 단체와 주로 영미 문화권 내의 흐름을 타고 세력을 확장해, 세계 최대의 초국적 여성운동 중 하나로 발전했다. 여성 기독교인 금주 연맹 회원들은 세계 여타 지역들에 비해서는 미국인의 술버릇이 대체로 양호하다고 믿었고, 실제로 그들이 벌인 금주운동으로 미국의 술 소비는 줄어들었다. 여성 기독교인 금주 연맹은 기독교, 평화를 위한 노력, 노동자에게 가하는 폭력에 맞서 싸우는 일, 프라이즈 파이팅[13]과 동물 학대에 반대하는 일도 여성의 권리 및 금주와 함께 범세계적 운동으로 발전하게 되리라는 관점을 보유했다. 그들은 또 생물학적 본질주의에 대한 자신들의 논점에 기초해, 어머니로서의 여성을 태생적 주부이자 조정자, 남성을 군국주의와 착취적 영리를 추구하는 존재로 보았다. 여성을 사실상 인간 종의 어머니이자 국제도덕 및 행복의 수호자로 제시한 것이었다. 여성 기독교인 금주 연맹의 세계적 역사를 조사한 이언 타이럴Ian Tyrrell의 연구서에도 드러나듯 여성 기독교인 금주 연맹은 그것을 위해 세계 각지에 선교사 서른여덟 명을 파견해 신

———— **13** 일종의 내기 권투 시합.

규 회원을 확보하려고 했다.[94]

군국주의와 싸우는 수단으로서의 여성의 권한 확대도 초국적 여성 집단들 사이의 공통된 주제였다. 1915년 국제 여성운동가 집단이 헤이그에 모여 유럽 전쟁(제1차 세계대전)의 중지를 촉구하며 여성 국제 평화 자유 연맹 Women's International League for Peace and Freedom을 결성한 것도 그래서였다. 이 단체는 이후 군국주의뿐 아니라 식민주의 및 인종차별주의와 싸우는 것으로까지 활동 범위를 신속히 확대해, 인종적 위계에 대한 의식이 여전히 강했던 양차 대전 사이의 기간에 몇 안 되는 인종 혼합적 기구의 하나가 되었다.

산아제한도 초국적 운동의 또 다른 목적이 되었다. 마거릿 생어Margaret Sanger는 질 가로막 사용을 지지한 유럽 여의사들에게 의존해 미국에서 산아제한을 홍보한 결과로 전 세계인들의 환호와 질타를 동시에 받았다. 이시모토 (나중에는 가토加藤) 시즈에石本シヅエ 남작 부인 또한 1919년 뉴욕 시에서 생어를 만난 뒤 일본으로 돌아가 산아제한 연맹을 설립했다. 생어는 일본 정부가 비자 발급을 거부하자 중국행 배를 타고, 배가 일본에 기항하자 전용 객실에서 방문객을 맞았다. 일본 정부도 결국 압박감을 이기지 못해 생어에게 강연 여행을 허가해 주었고, 이시모토도 그에 따라 생어의 메시지를 전파하려는 노력에 더욱 박차를 가했다. 하지만 1930년대 말 (독일에서처럼) 일본에서도 군국주의 열기가 높아진 데다가 국가주의적 출산 장려 정책까지 연계됨에 따라 전쟁 전의 일본 산아제한 운동은 중단되었다.[95]

그러나 여성의 권한 확대에 대한 요구는 한편으로 제국 건설과도 모호한 관련을 맺고 있었다. 서구의 여권운동가들이 때로 수티,[14] 중국의 전족, 이슬람권의 하렘과 같은 행위를 식민지 삶의 향상을 통해 개선해야 할 후진성의 상징으로 보고, 그들이 벌이는 운동과 제국주의에 대한 옹호를 한데 엮으려고 한 것만 해도 그렇다. 특히 하렘은 대다수 서구인이 보기에 가족 질서라는 훌륭한 개념의 대척점에 있고, 제국의 권위만이 그것을 막을 수 있는 타락된

_____ **14** 남편이 죽어 화장할 때 아내도 함께 화장하거나 혹은 남편이 죽은 직후 아내 스스로 따라 죽는 인도의 풍습.

사회의 징조였다.

반면에 식민지에는 또 제국 및 성적 불평등의 구속을 받는다고 느끼는 힘없는 여성들이 있었다. 따라서 그 부분에서는 페미니즘(19세기 말 서유럽에서 다양한 언어로 소개된 용어)과 반제국주의 대의의 동반 협력이 가능했다. 게다가 그렇게 되면 식민지 여성 대표들이 그들의 대의를 지지해 주고 전 세계에 그들의 존재를 알려 주도록 종주국 여성들에게 요청할 수도 있었다. 1880년대와 1890년대에 인도의 판디타 라마바이가 아동 결혼 및 수티와 관련된 힌두교 관습에 반대하는 운동을 벌이는 자신을 지지해 주도록 영국과 미국의 네트워크에 호소한 것이 좋은 예다. 라마바이는 기독교로 개종도 했다. 그녀가 1889년 빈곤 여성, 특히 과부들에게 교육과 직업훈련을 시키기 위한 무크티 공동체Mukti Mission를 세울 수 있었던 것도 여성 네트워크 및 기독교 네트워크의 재정적 도움이 있었기에 가능했다. 그래도 인도의 여성운동은 여전히 초국적 여성 네트워크로부터 싹트기보다는 지역적 불만과 전통에서 시작해 좀 더 폭넓은 네트워크들로 이동해 가는 발전 양상을 나타냈다.[96]

세계 여행도 세계의 나머지 지역에 여성 평등권을 보급시키려면 유럽과 미국의 여성운동가들이 반드시 필요하다는 인식을 지속적으로 훼손했다. 미국의 캐리 채프먼 캐트Carrie Chapman Catt가 1911년에서 1913년까지 "여성의 지위를 점검하기" 위한 세계 일주 여행에 나섰다가 예상된 결과와 뜻밖의 결과를 동시에 얻은 것만 해도 그랬다. 물론 그녀는 세계의 여러 지역에서 무력화와 고립이 여성들에게 강요되는 것을 보고, 명백한 동양주의자의 관점으로 그네들이 처한 곤경에 비판을 가하기도 했다. 하지만 그렇지 않은 지역도 있었다. 모계제 관습이 시행되었으니 당연히 여성들이 지방선거권을 보유했고, 재산 소유권도 있었으며, 남편을 선택할 권리와 이혼할 권리도 있었고, 소매업도 대부분 관장한 버마(미얀마)의 랑군(양곤)이 그런 지역이었다. 반면 동남아시아 일부 지역은 이슬람교와 기독교의 확산으로 여성의 힘이 줄어들고 있었다. 결국 그녀가 세계 여행을 마친 뒤에 내린 결론은 "우리가 알고 있던 기존의 모든 관점이 (이번 여행을 통해) 뒤집어졌고, 따라서 그것이 우리에게 미치는 영향도 가늠하기 어렵다."[97]는 것이었다. 여성 네트워크는 이렇게 초국주의의 불확실한 흐름들 속에서 예측 불허로 뒤엉켜 있었다.

특히 서구에서는 여성의 지위 향상 운동을 벌인 초국적 기구들의 존재감이 시간이 가면서 점점 약해졌다. 이 운동을 주도한 것은 나이 든 여성들이었다. 그러다 보니 젊은 여성들은 참정권 운동을 벌이고, 순정한 대의를 강요하며, 이런저런 종교적 혹은 정치적 의제를 주창하기 마련인 형식적인 초국적 조직에 가담하기를 꺼렸다.[98] 젊은 여성, 특히 도회지 여성들은 그런 것과는 사뭇 다른 초국적 흐름, 예컨대 소비주의에서 또 다른 매력을 찾았다. 20세기 초 전 세계 모든 대륙에는 '모던 걸'이 출현했다. 그런데 이 '모던' 걸은 조직화된 초국적 여성운동과 영역이 겹칠 때도 있었지만 대개는 독립된 정신을 주장하고 새로운 자유를 추구했다. 따라서 동성 사회적 관계, 성 본질주의, 가정생활에서 얻는 가치를 중시한 19세기 여성의 세계에도 거부감을 나타냈다. 다수의 모던 걸은 그보다는 이성애적 친교를 지향하는 여성성의 재즈적 변형, 스포티하고 중성적인 모습, 가정생활에도 개선이 필요하다는 인식으로 더 많이 기울어졌다. 이런 모던 걸에게, 그리고 소비주의에서 싹튼 초국적 '부호들'에게 그들이 관여한 방식은 이 단원의 마지막 단락에서 다룰 것이다. 거기에도 나오겠지만 모던 걸이 형성한 관계는 성에 기초한 애정적 관계가 아닌, 매스미디어 시대의 구매 행위 및 자기현시의 행동이 복합적으로 작용해 나온 것이었다.

세계 여성운동에 투사된 각종 열망에는 올바르거나 타고난 성 역할과 관련된 다양한 인식이 반영되었다. 남성성과 여성성, 적절한 성에 대한 정의도 물론 나라마다 크게 달랐다. 범세계적 네트워크가 지방화된 관습에 개입함에 따라 인지된 성적 차이와 성적 태도에서 나온 결과가 매번 예측 가능한 방식으로 변하거나 도전을 받지도 않았다. 남성성에 대한 담론이 대개는 군사력의 위협과 결합된 호의적 온정주의의 수사로, 제국주의 이데올로기를 주입하는 결과로 나타난 것이 좋은 예다. 앞서도 살펴보았듯이 대다수 여성 조직 또한 합리적이고 독단적으로 보인 남성성과 균형을 맞추기 위해 가정생활의 극단적 형태를 옹호함으로써 제국의 남성적 투사에 동참했다. 반면에 새로운 범세계적 연계는 심지어 제국적 영역에서도 식민주의의 양편에 놓인 사람들이 만나 전반적 사회 가치에 이의를 제기하고, 그것의 대안이 될 연대를 만들어 낼 수 있는 네트워크들을 제공해 주었다. 그러므로 초국적 공간 내에서는 페미니즘과 동성 결혼도 완고한 성 규범에 맞서기 위한 자양분을 얻을 수 있었다. 세계주의cosmopolitanism는 이렇듯 제국적 관계와 다른 위계적 관계에 내재된 남성성 담론에 이의를 제기할 수 있었다. 앤 스톨러가 적시한 것처럼 성별 역할에 대한 기대와 친밀감 영역의 문제가 제국주의 정치와 세계 정치의 외곽이 아닌 그 중심에 놓일 수도 있게 된 것이다.[99]

* * *

갈수록 네트워크화된 그 세계에서는 음악, 문학, 예술과 관련된 미학적 흐름도 한없이 불가해하지만, 영속적인 모종의 연대를 만들어 낼 수 있었다. 사실주의, 인상주의, 입체주의, 아르누보, 초현실주의, 다다이즘, 신고전주의 모두 미학 운동을 이끌어 범세계적 기호론을 만들고, 예술가와 지식인의 세계적 협업 체계를 이끌어 내기도 한 것이다. 파리에서는 지적 아방가르드가 일어나는 듯했다. 초국적 회합 장소로서의 파리의 위치가 여러 종류의 글로벌 예술 공동체에 기반을 둔, 이문화 간 연대에 필요한 비옥한 토양이 된 것이었다.

하지만 이 시대에 일어난 초국적 제휴와 지적 흐름을 모두 서술하는 것은 불가능하다.[100] 그러므로 이어지는 단락에서도 포괄적 설명을 하기보다는 몇몇 사례를 제시하고, 주요 논제들에 대한 의견을 개진하려고 한다. 초국적 연대는 거의 예외 없이 보편주의와 특수주의 사이에 긴장을 조성한다는 것, 그리고 초국가적·국가적·제국적·지방적 영역이 별개의 장소가 아니라 대다수 사람이 동시에 모여 사는 장소들이라는 관점이다. 범세계적 흐름과 개인도 그 안에서 지방화된 변이를 생성해 내고, 지방화된 변이는 역으로 범세계적 흐름과 개인을 만들어 낸 것이었다. 전송선들이 다양한 방향으로 흐르다가 서로 간에 마찰을 일으키면서 상호 구성적 존재임을 드러내듯이 말이다.

3   전시의 교점들

세계 지리와 인간의 다양성을 보여 주는 대중적 표현들이 갈수록 인구가 조밀해지는 그 시대의 초국적 흐름 속으로 퍼져 나가고, 세계 각국 간에 점점 크게 벌어지는 차이점 또한 과학과 오락에 의해 길들여지고 정돈되며 이해하기가 쉬워지자, 수집광과 분류광도 생겨나기 시작했다. 물론 '진기한 물품'을 수집하고 세계의 동식물 표본을 모으는 전통은 19세기 말보다 훨씬 이전부터 있었다. 그러나 19세기 말 수집가들은 자신이 모으는 것이 지리적 경계를 뛰어넘는 보편적 지식 체계를 만들 것이라는 뚜렷한 확신을 가졌다는 점에서 다른 시대의 수집가와 달랐다. 대부분의 수집가와 전시 출품자들이 수집물에 나타난 '사실'에서 통합된 체계의 구축을 본 것이었다. 토머스 리처즈 Thomas Richards도 영국 "제국의 행정 구조는 영국 박물관, 영국 왕립 지리학회, 인도 조사국India Survey, 대학과 같은 지식 창출 기관들을 중심으로 구축되었"고, 자료 수집도 "범주들의 범주"[101]로 그것들을 분류해 제국과 세계를 합리적으로 설명해 줄 것이라는 기대감을 갖게 하는 작업이라고 썼다. 사실과 물품의 수집에 대해 갖고 있던 그런 열광적 믿음이 19세기 말 낭만주의, 진화론, 관료주의적 방법론, 급속히 좁아지는 시공간이 만나는 합류점에서 나타났다.

그렇다면 수집은 누가 했고, 무엇을 수집했을까? 분류의 체계를 세운 사람은 누구이고, 무엇을 분류 대상으로 삼았을까? 이 질문에 답을 하면 한때 자연이 정해 준 것으로 위장되었던 힘의 흐름과 위계의 구조도 이해할 수 있다.

　수집광들은 그 시대의 초국적 흐름과 힘의 역학을 형성한 것에 그치지 않고 반영도 했다. 국가의 역량, 인종과 성의 특성, 동식물 위계에 존재한 범세계적 차이를 결정한 것이 바로 수집물들 내에서 만들어진 분류였으니 말이다. 물론 분류는 제국주의 구축, 그리고 국가 및 계급적 이익과도 관련이 있었다. 수집, 분류, 전시가 곧 통제를 주장하거나 통제하는 '시늉'을 하는 행위였기 때문이다. 반면에 전시의 그 교점들이 광범위한 범세계적 네트워크와 연계될수록 그 의미가 주의 깊게 전달될 개연성 또한 점점 줄어들 수 있었다. 그 시대의 전시와 수집에는 지배적 위계가 확실히 투사되었지만, 그런 만큼 거기에는 배우고 익힌 것들이 엄격히 규제되지도 않고, 의미 또한 불명확할 수 있는 초국적 관계의 영역, 다시 말해 '접촉 지대'라는 성가신 속성 또한 포함될 수 있었기 때문이다.

세계 박람회

　그 시대의 전시 풍조가 가장 잘 드러난 영역은 아마도 세계 박람회였을 것이다. 세계 여행의 맛보기를 제공해 주는 것처럼 꾸며졌지만 사실 그 각각의 여행이라는 것이 공간, 장소, 시간이 압축된, 제한적 내용이었던 것만 해도 그랬다. 세계 박람회가 세간의 이목을 끌기 위해 경쟁하는 대도시들의 정략속에 꾸며진 것인 데다 전시된 것들도 대개는 서구인이 대부분이던 각 도시후원자들의 상상력에서 나온 것들의 표현이었으니 당연한 일이었다. 전시 기간도 수개월에 지나지 않았다. 하지만 그렇게 지엽적이고 단명한 특성을 지녔음에도 세계 박람회는 그 시대의 초국적 흐름에서 가장 중요한 교점 중 하나가 되었다. 세계, 세계의 다양한 문화, 세계의 상호 연계와 분리를 강하게 투사함으로써 범세계적 의의를 갖는 주요 문화 사업이 된 것이었다. 폐장한 뒤에도 카탈로그, 수집물, 상징적 건물, 인적 네트워크, 기억들은 남아 있는 경우가 많았기 때문에 세계의 '현실'에 대한 인식 구축 작업은 이후에도 계속되었다. 세계 박람회는 그런 식으로 직접 참관한 사람과 간접적으로 박람회를 접한 사람 모두에게 간단하고 포괄적인 잣대를 제공해 주었다.

수정궁 박람회로 더 잘 알려진, 1851년에 개최된 런던 세계 박람회를 시작으로 19세기에는 다수의 세계 박람회가 연달아 개최되었다. 박람회를 구상하게 된 동기는 단순했다. 세계 여행을 할 수 없는 일반인들에게 세계의 이모저모를 엿보고 느끼게 해 준다는 것이었다. 각 박람회는 그런 목적으로 도시든 나라든 주최지를 진열장으로 삼아, 교육과 오락적 요소를 겸비한 거부할 수 없는 매력을 연출하기 위해 심혈을 기울였다.[102]

그러나 10여 개의 크고 작은 박람회 대부분이 서구에서 개최되고 새로운 식민지 질서와도 깊게 연관되다 보니 박람회가 전달하는 의미도 부득불 다중적일 수밖에 없었고, 제시하는 세계관도 일관적이지 않았다. 그렇기는 하지만 세계 민족의 상태와 역사가 투사된 박람회의 내용에서 이 단원의 주제가 되는 두 가지 요소를 찾아내기는 어렵지 않다. 하나는, 박람회가 국가와 문화적 특수주의를 보편주의적 표현과 결합시킨 것이었다. 요컨대 박람회들은 그 시대(다시 말해 과잉 민족주의와 위계적 관점을 지닌 시대)의 새로운 제국주의에 대한 구조화된 상징을 제시하되, 이질적 요소들이 조화롭게 합쳐지는 모습으로 나타낸 것이었다. 대다수 박람회가 보편주의적 평화를 두드러지게 내세우면서 민족주의도 함께 드러내 보인 것이다. 두 번째 요소는 합리성에 대한 담론이 미디어가 매개하는 문화 등장과 관련이 있는 장관성과 공존하다 못해 심지어 그 의미를 명확히 하는 데도 일조했다는 것이다. 박람회가 이성과 분류에 대한 근대적 자극을 환상 및 스펙터클과 결합한 데서 나온 결과였다.

1851년에 런던 세계 박람회를 개최하면서 빅토리아 여왕의 남편인 앨버트Albert 공은 차후로 박람회가 세계 모든 나라가 기울일 노력의 지향점이 되리라고 전망했는데, 어느 의미에서 옳은 예측이었다. 그렇게 보는 까닭은 수정궁 박람회가 그가 꿈꾼 진화론적 세계 발전을 야기했기 때문이 아니라, 그 후에 개최될 박람회와 공적 공간에서 진보의 개념이 어떻게 고안되고, 표현되며, 논의될 것인지를 나타낸 광범위한 본보기, 요컨대 특수주의와 보편주의, 이성과 스펙터클의 주제들을 예시한 것이었기 때문이다.

런던 세계 박람회는 온실 건축 전문가인 조지프 팩스턴Joseph Paxton 경의 설계에 따라 하이드파크에 지어진 웅대한 철골과 유리 건조물 '수정궁'에서 개최되었다. 강철과 반투명 유리의 조합이 물질과 환상이 어우러진 박람회의 절묘한 은유가 되었다. 런던 세계 박람회는 미래의 박람회들이 사용하게 될 네 가지 전시 범주(제조업, 기계, 원자재, 예술)를 확립한 점에서도 특별했다. 전 세계 국가들이 출품한 1만 3000점의 전시물 모두가 네 가지 범주에 속한 것이다. 관람객도 600만 명에 달해(입장권 가격이 1실링이었다 하여 "실링 데이Shilling Days"로 불린 날들에는 관람객이 몰려 전시장이 붐비기도 했다.) 초과 수익을 올렸고, 그렇게 벌어들인 돈은 먼 앞날을 위해 과학, 디자인, 박물학을 육성하는 영국 박물관들 및 사업의 기금으로 투자되었다. 세계 박람회는 그렇게 국가와 세계의 진보에 대한 기대감을 드러내면서 나라, 문화, 계급의 경계를 강조하는 한편 그 제거도 공언한 행사가 되었다.

런던 세계 박람회는 원자재로 동력을 공급받고, 산업적 창의력으로 고취되며, 숙련된 노동으로 실행되는 기계의 혁신적 효과를 주된 메시지로 내세웠다. 물론 박람회에서는 잉글랜드 및 영국 제국의 물품들이 전시를 주도했다. 그렇기는 하지만 박람회의 좀 더 큰 목적이 자유무역이 제공해 줄 수 있는 상품의 풍성함을 보여 주는 데 있다는 사실은 뚜렷이 드러났다. 직기織機, 기계 설비, 수확기, 그 밖의 많은 신기술이 관람객들로 하여금 산업혁명과 국제 교류를 찬미하는 기쁨의 노래를 흥얼거리게 했다. 국가의 기술적 진보와 세계의 번영 앞에는 탄탄대로가 열려 있는 듯했다.[103]

세계 박람회는 그런 물질적 진보가 과연 고상한 취향과 노동에 대한 존엄성도 고양시킬 수 있을지, 아니면 저하시킬지를 묻는 미래의 담론에 대한 예증과 예시도 제시했다. 인쇄 문화와 정확한 디자인 원칙, 장인의 전통 및 19세기 초의 설계 개혁에 기계를 접목한 전시물을 강조한 것도 아마 박람회에서 권력과 산업이 돌출되는 것을 막기 위해서였을 것이다. 새롭게 기계화된 그 세계에서는 심지어 노동마저 품위 있게 전시되었다. 같은 맥락에서 전통에 헌신한 장인들 또한 현대의 산업 기술에 그들의 기능을 넘겨 줄 수는 있었지만, 다만 거기에는 수요자들이 그런 전시를 통해 학습되고 정확한 미적 판단력이 생겼을 때뿐이라는 단서가 붙었다.[104]

세계 박람회는 산업화가 앞으로 어떻게 문명화 과정을 이행하고, 개선된 생활수준이 어떻게 개인의 도덕성 및 대중의 취향을 끌어올릴 것인지에 대한 구체적 전망도 제시했다. 수정궁의 장대한 유리 홀에서 세계 최대의 오르간으로 연주되는 콘서트가 열리고, 유명한 줄타기 곡예사 샤를 블롱댕Charles Blondin의 묘기 행진이 벌어지며, 고대 이집트에서 유럽 르네상스에 이르기까지의 미술품과 건축양식이 전시되고, 항공술과 자동차 관련 기술이 선보이며, 자연계의 오묘한 모습들이 공개되었다. 박람회와 연계해 장차 아메리카컵 국제 요트 대회로 발전하게 될 요트 경기도 개최되었다. 수정궁 박람회에서는 기계와 인간의 업적이 만들어 낸 그런 장관들이 셰필드 칼과 은제 가위, 여성들이 고안한 레이스 디자인, 섬세한 프랑스 자기, 판화 미술 등의 물품에서 볼 수 있는 것과 같은 정교한 소규모 디자인 전시물과 무리없이 합치되었다. 런던 세계 박람회는 그런 식으로 많은 서구인이 미래에는 상업의 범세계적 확산의 특징을 지닐 것으로 믿었던 것, 요컨대 계몽적 정복 과정을 통해 개조되기를 기다리는 세계에 운 좋게도 도덕적·물질적 영향을 끼칠 준비가 되어 있는 듯했다.

세계 최초의 현대식 박람회는 세계 각국의 전시물들로 전대미문의 행사가 되었다. 허브, 곡물, 향신료, 과일, 석탄, 점토 등 세계 곳곳의 농산물과 원자재들 모습에 관람객들은 눈이 휘둥그레졌다. 현란한 보석류, 숄, 비단과 같은 인도 물품들은 특히 타의 추종을 불허하는 숙련된 장인의 전통을 뽐냈다. 그런 물품이 가진 범세계적 특징은 자유무역, 숙련노동, 디자인이 서로를 어떻게 보완할 수 있는지와 관련된 세계 박람회의 더 큰 주제와도 맥이 닿았다.

반면에 세계 박람회가 각 나라와 민족의 물리적·경제적·문화적 특성에 나타나는 차이점들을 제시하느라 세계를 함축적으로 보여 준 방식은 메시지를 모호하게도 만들었다. 한 안내 책자에 나온 표현을 빌리면 전시물들은 "각 나라의 색다른 산업만이 아닌, 세기들centuries의 색다른 면모도"[105] 보여 주었다. 인도의 전시품만 해도 '변치 않는 동방'의 매혹적인 물품, 영원하고 로맨틱한 전통의 산물로 제시되었다. 인도 장인들이 만든 인종적 모형들 역시 세계 전역의 살아 있는 인간 '유형'의 전시물을 강조하는, 미래의 박람회에서 행해질 일을 예고하는 듯했다. 수정궁의 점토와 나무 모형들에 암시된 이국성과 오리엔탈리즘의 주제가 훗날 서구의 진화적 과학을 나타내는 참된 인류학적 표명으로 변모될 것이었기 때문이다. '전前근대적 기술'은 그렇게 영국 산업의 '근대'를 보완하고 규정하는 장식물 역할을 했다. 그뿐만 아니라 거기에는 영국은 문화적 힘을 통합할 뿐 아니라 전근대적 지역을 재생할 능력도 지녔다는 점이 암시돼 있었다. 수정궁 박람회에서 오간 문화적·경제적 교류는 그런 식으로 민족 간 경계를 허물기도 하고 세우기도 했다.

그런가 하면 다수의 관람객과 논객들에게 세계 박람회는 낙관론의 한 순간을 포착한 것이기도 했다. 이성과 경이로움이 미래의 물결을 만들어 가는 듯했다. 하지만 그렇다고 모든 사람이 박람회 광경에 압도된 것은 아니다. 박람회가 기계의 역할 및 그것이 인류에 미치는 영향에 대한 광범위한 논의를 촉발한 것이 좋은 예다. 수정궁 박람회가 내세운 희망의 메시지만 해도, 산업 자본주의라는 확산형 체계 속에서는 노동자가 패자敗者가 될 수밖에 없다고 믿는 비평과 맞닥뜨렸다. 윌리엄 모리스William Morris도 수정궁 입장을 거부했던 것으로 유명하다. 카를 마르크스는 특히 런던 세계 박람회가 존엄성과 고상한 취향에 손상을 끼치는 것은 물론, 노동자로 하여금 자본의 요구에 굴종하게 만드는 유독한 상품 물신주의를 전시하고 있다고 주장했다. 많은 사람이 기계가 그것을 조작하는 인간을 노예로 만들고, 그것을 찬양하는 국가들에 피해를 줄 것이라고 믿었다. 제프리 A. 아워백Jeffrey A. Auerboch의 말을 빌리면 런던 세계 박람회는 "다수의 그럴싸한 의미를 지닌 변화무쌍한 행사"[106]에 지나지 않았다. 수정궁 박람회는 그렇게 자본주의, 자유무역, 영국의 운명에 기초한 국가 정체성에 대한 긍정적 시각을 유포하는 데 그치지 않고, 그에 맞서 싸우는 시각과 관련된 공공연한 논의도 촉발했다. 수정궁 박람회를 둘러싼 논쟁과 아이러니의 종류들은 그 뒤에 개최된 세계 박람회들에서도 계속 메아리쳤다.

그렇다고 수정궁 박람회가 유럽에서 개최된 최초의 대규모 산업 전시회는 아니었다. 프랑스만 해도 1798년부터 농업과 테크놀로지 분야의 진보적 기술을 소개하는 전시회들을 연달아 개최해 국제적 논평과 찬탄을 이끌어 냈으니 말이다. 베른, 마드리드, 브뤼셀, 보르도, 상트페테르부르크, 리스본, 파리 모두 1851년 이전 10년 동안 전시회를 개최한 도시였다. 그러나 수정궁 박람회는 전 세계 모든 나라에 출품의 기회를 주어, 전시의 새 기준을 마련했다는 점에서 특별했다. 다른 박람회들도 신속히 그것을 모방해 다수의 도시와 나라가 그와 유사하게 범세계적 물질과 도덕적 진보의 선봉장이 되려고 노력했다. 대형 건물 하나에서 행사를 치렀던 런던 세계 박람회 때와 달리, 이후의 박람회들이 질서 정연한 설계 원칙으로 조화를 꾀하면서도 문화적 차이가 도드라져 보이도록 독특한 건축물로 방점을 찍은 거대한 캠퍼스를 조성하여 전시장 규모를 계속 키운 것도 그것과 관련이 있다.

세계 박람회는 1863년의 이스탄불 종합 박람회와 수에즈 운하 개통 기념으로 열린 1869년의 카이로 종합 박람회에서 보듯, 흔하지는 않지만 서유럽 외의 지역에서도 개최되었다. 두 박람회 모두 오스만 제국과 이집트를 유럽의 전범을 따른 현대 국가들로 제시했다. 1869년 《나일Nil》의 카이로발 신문 기사에도 외국인들은 그 옛 도시가 "무도회, 콘서트, 보드빌, 서커스, 발레 …… 오락과 향연이 펼쳐지고 호화롭게 장식된 일급 호텔"을 갖춘 "동양의 파리"[107]로 변모된 모습을 보게 될 것이라고 우쭐대는 내용이 실렸다. 1851년부터 제1차 세계대전 발발 때까지는 그런 류의 박람회와 그에 대해 호들갑을 떠는 언론 기사가 2년에 한 번꼴로 세계 어딘가에서는 반드시 모습을 드러냈다.

파리만 해도 1855년, 1867년, 1878년, 1889년, 1900년 등 11년에 한 번꼴로 박람회를 개최했다. 제1차 세계대전이 끝난 뒤에는 한 술 더 떠 1937년에는 실내 공간 면적이 무려 250에이커에 달하는 초대형 세계 박람회를 개최하는 것으로 파리 박람회는 절정을 맞았다. 당시만 해도 최대 규모였던 옥외 면적 66에이커를 자랑한 1878년 파리 세계 박람회 때는 미래의 박람회들이 답습할 새로운 관행도 수립되었다. 전 세계 모든 대륙의 국가별 건축물 견본이 빛을 발하는 '국가들의 거리Avenue des Nations'를 조성해, 단일 건물로는 필적할 수 없는 폭넓은 세계 여행의 묘미를 느끼게 해 준 것이었다. 그 밖에 1878년 파리 박람회는 제조에 미술의 전통을 어떻게 녹여 내느냐에 따라 제조업의 성패가 좌우될 수 있다는 프랑스적 주제를 강조함으로써, 런던의 수정궁 박람회 때는 부차적 역할에 머물렀던 미술에도 최고의 중요성을 부여했다. 유료 관람객도 1300만 명에 달해, 박람회 후원자들은 증가한 사업에서 얻은 수익 면에서 1878년의 박람회가 재정적으로 대성공을 거둔 행사였다고 자평했다.

프랑스 혁명 100주년을 기념해 열린 1889년의 파리 세계 박람회 때는 과학기술, 예술, 식민주의의 주제가 한층 두드러졌다. 고원한 국가 정체성과 제국주의 의제를 확립하려 했던 제3공화국 전략의 일환으로 개최된 파리 세계 박람회는 (1930년까지는) 세계 최고最高의 건축물이었으나 당시만 해도 생경해 논란이 많았던 에펠 탑을 출입 관문으로 세웠던 것으로 유명하다. 이전 박람회들이 그랬던 것처럼 박람회 기획자들이 최신식 기계장치와 더불어 프랑스 문화의 진수를 함께 보여 주기 위해 만든 것이었다.

그러나 에펠 탑의 그늘 아래 제시된 세계에서도 차이는 조화롭게 표현되었다. 미국관에는 토머스 에디슨의 축음기와 같은 소비자의 혁신성이 소개되었고, 아스테카 제국 궁이 연상되도록 지어진 멕시코관에서는 포르피리오 디아스 정부가 채용한 근대화와 '백인화'의 목적이 감지되었다. 1889년 세계 박람회에서 가장 인기 높은 전시관 중 하나였던 식민지관에서는 프랑스가 세계 각국에 프랑스 문명을 전파하는 광대한 제국의 지배자로도 묘사되었다. 영국이 개발한 호화로운 인도 전시물과 경쟁을 벌이고, 프랑스 식민지들의 부와 공적을 과시하기 위해 특별히 이국적으로 지어진 궁에는 알제리와 튀니지의 전시물이 설치되었다. 토착민 400여 명의 실제 생활을 전시한 검둥이촌village nègre도 있었다. 한 관람객은 그것을 보고 "창의력 넘치는 프랑스인들이 식민지를 수립해 미개인들의 교화에 힘쓰고 있다. 그들이야말로 정녕 멋진 존재다."[108]라고 썼다. 박람회에서는 벨리댄서들마저 하렘에 대해 갖고 있던 유럽인들의 환상 탓에 일일 관객 2000명을 끌어모으며 고수익을 올리는 인기 만점의 오락물로 변질되었다. 박람회는 비서구 전통을 접한 사람들에게 예술적 영감도 불러 일으켜 프랑스 작곡가 클로드 드뷔시Claude Debusssy는 (사이공 극단이 무대에 올린) 안남(베트남) 연극에서 영감을 받아 그만의 독특한 음악 형식을 만들었으며, 프랑스의 인상주의 화가 폴 고갱Paul Gauguin 또한 색이 분산되는 일본의 칠보 양식을 자신의 후기 인상주의 회화에 접목했다.[109] '이국적' 주제

_____1889년 파리 세계 박람회에 세워졌던 에펠 탑 전경. 전등들이 밤하늘을 밝게 비추며, 문자적으로나 상징적으로나 어둠을 저만치 밀어낼 수 있는 짜릿하고 새로운 시대가 왔음을 알렸다.

(Library of Congress)

는 창의적 재능도 부여해 주는 모양이었다.

미국도 세계인의 인정을 받고 자국의 힘, 창의력, 미래에 행사하게 될 국제적 리더십의 비전을 홍보하고자 1876년 (미국독립선언 100주년을 기념하는) 필라델피아 100주년 박람회를 개최했다. 두 대양에 의해 얼마간 고립된 광대한 영토다 보니 더 넓은 세계와 격리될 개연성이 있다는 점 때문에 특별한 중요성을 지녔던 필라델피아 박람회는 휘황찬란하게 연출되어 관람객도 1000만여 명이나 들었다. 공식 명칭이 예술, 제조, 농작물과 광산물의 세계 박람회였던 것에도 드러나듯 수정궁을 연상시키도록 설계된 철골과 유리 재질의 원예관을 포함한 건물 200동에는 37개국이 출품한 물품과 미국이 자랑스럽게 내놓은 특별 제품들이 전시되었다. 나사 만드는 기계, 전화, 타이프라이터, 하이어스Hires 루트비어[15]가 미국의 새로운 발명품으로 출품되었으며, 여성관도 새롭게 설치돼 이후에 개최될 세계 박람회들이 남성 주류 문화로부터 안전하게 분리되는 동시에 여성의 역할과 업적도 기리게 될 전통이 수립되었다. 필라델피아 박람회는 전시회에 설치된 다른 모든 기계에 동력을 제공해 준, 인상적인 콜리스 증기 엔진을 켜는 의식으로 개관되었다. 서구의 과학기술이 중국의 '자강自强'책에 어떻게 이로움을 줄 것인지에 대해 관심이 많았던 청나라 특사 이규도 그 모습에 경탄하여, 자신의 세계 일주 여행기에 이렇게 썼다. "기계 없이 이룰 수 있는 것은 아무것도 없다. …… 전 우주가 기계의 복합체가 된 듯하다."[110]

기계가 동방의 한 관람객을 감탄시켰다면 미국인들에게 가장 인기를 끈 것은 일본과 중국의 전시물이었다. 1853년에서 1854년의 기간에 매슈 페리해군 제독이 일본을 개항시킨 뒤 아시아와 아시아 시장에 대한 미국의 관심이 부쩍 높아진 데다, 뒤이어 일본 및 중국과 통상조약이 체결되자 태평양 지역의 오랜 특징이던 통상 고속도로가 확장되리라는 기대감이 부풀어 오른 탓이었다. 일본은 별도의 건물을 세워 복잡한 청동 물품, 현란한 칠기 작품, 아름다운 병풍, 세밀하게 조각된 형상 및 가구들을 선보였고, 중국도 탑 모양의

_____ **15** 하이어스는 상표, 루트비어는 식물의 뿌리로 만드는 비알콜성 미국식 탄산음료다.

건조물을 설치해 정교한 병풍, 항아리, 화병 들을 전시했다.

미국인들은 특히 일본관의 '오리엔트' 미술에 매료되었다. 이후 몇 년 동안 미국에서는 어니스트 페널로사Ernest Fenollosa, 에드워드 S. 모스Edward S. Morse, 존 래 파지John La Farge 같은 미술품 수집가 및 학자들의 한 세대가 일본에 가서 예정된 운명이었던 문명의 진화적 과정을 완결 짓기 위해 동방의 '여성적' 예술과 서방(특히 북아메리카)의 '남성적' 산업 기계장치를 접목하는 일에 매진했다. 물론 일부 아시아인은 서양 귀신에 대한 말을 하고, 미국인 중에도 중국인과 일본인의 이주를 금지하는 배제 정책을 옹호하는 사람들이 있었다. 하지만 그럼에도 서로 다른 문화 전통을 '융합하는' 태평양 교류에서 얻을 수 있는 철학적·미학적 측면의 문명적 이득은 강조되었다. 프랭크 로이드 라이트Frank Lloyd Wright만 해도 1893년 시카고 세계 박람회에 개방형 설계와 칸막이벽으로 지어진 일본관의 단순한 형태에 영향을 받아 형태는 기능을 따른다는 모더니스트 스타일의 건축양식을 개척했다.

그러나 필라델피아 100주년 박람회도 1851년의 수정궁 박람회와 다를 바 없이 경탄뿐 아니라 혐오감과 두려움도 자아냈다. 박람회를 설계한 건축가 중에서는 물론 "들뜨고 행복에 겨워하는 관람객들이 박람회의 이곳저곳을 오가는" 모습과 "박람회의 모든 요소가 결코 사라지지 않기를 바라는 그 무엇, 요컨대 마술의 한 장면이나 동화의 나라를 방불케 하는" 것을 보고 기뻐하는 글을 쓴 사람도 있었다. 그러나 박람회의 일본인 위원 후쿠이 마코토Fukui Makoto 같은 사람은 이런 글을 썼다. "관람객들이 양떼처럼 우르르 몰려와 전시장 이곳저곳을 헤집고 다녔다. 한 사람이 움직이면 뒤를 따르는 무리가 1000명이었다. 그 상황에서 볼 수 있는 것은 아무것도 없고, 할 수 있는 것도 없었다. 모두가 벌떼처럼 덤벼들어 밀치고, 잡아채고, 소란 피우고, 악다구니를 퍼붓다 기진맥진한 채 집으로 돌아갔다." 헨리 애덤스도 친구에게 이런 글을 써 보냈다. "이런 천박한 박람회는 두 번 다시 찾지 않으리라 맹세했다네. 군중도 끔찍했거니와 질병과 공포 또한 만연해 있었어. 장티푸스 보균자가 많아 운수 나쁘면 관람객들은 황열병도 얻게 될 걸세."[111]

한편 유명한 시카고의 백색 도시White City를 수놓은 1893년의 콜럼버스 세계 박람회는 규모, 교훈적 의미, 방대함, 논란의 면에서 필라델피아 세계 박람회를 능가했다. 도시 후원자들이 과학자, 교육자, 실업계 인사들과 손잡고, 아마도 미국인(과 외국인 관람객들)에게 세계사 교육을 할 요량으로 전시장을 정교하게 설계한 결과였다. 미국 사회질서의 안정을 위협할 정도로 심각한 경제 불황을 겪는 와중에 개최된 콜럼버스 세계 박람회는 국제 화합을 역설하면서도 이전 박람회들의 전철을 밟아 국가적 확신, 단합, 야망도 드러내 보였다.

1893년 세계 박람회는 산업적 진보와 도덕적 진보를 함께 강조한 점에서도 이전 세계 박람회와 다를 게 없었다. 농업관 한쪽 끝에서는 미국산 농기계들이 거대한 지구의를 중심으로 돌아가고 있었고, 실물 크기의 풀먼 침대차와 기관차 모형이 앞으로 세계의 번영을 이끌 주역은 철도임을 예고했다. 엘리베이터, 공기 컨베이어, 원양 정기선, 적정한 가격의 탈것, 웨스팅하우스 발전기, 장거리전화, 노면전차, 기계화된 거리 청소기, 싱거 재봉틀, 증기 동력 신문 인쇄기 모두가 미국의 창의력을 돋보이게 하고 미국이 장차 세계를 상호 연결하는 일에서도 선봉장이 될 것임을 만천하에 알리고 있었다. 박람회장과 전시관을 환하게 밝혀 준 웨스팅하우스의 백열 조명 장치, 제너럴 일렉트릭의 3톤짜리 탐조등, 에디슨 빛의 탑으로 명명된, 24미터나 뻗어 나간 다채색의 조명 또한 전기 시대의 새벽이 도래했음을 알렸다.

백색 도시 박람회는 그처럼 경이로운 과학기술을 나열하는 한편 미래 박람회의 표준이 될 관례에 대한 논의도 진행했다. '진보, 번영, 통합, 평화, 행복'을 증진할 수 있는 이론을 구축하기 위해 인간이 상상할 수 있는 거의 모든 논제에 대한 세계 전문가 회의를 개최한 것이었다. 다음 단락에도 나오겠지만 이때부터 세계 전문가 회의는 새로운 직업의 다양성을 논의함으로써 초국적 지식 공동체를 만들어 낼 모임의 장이 되었다. 박람회장 자체가 새로운 보건과 위생의 전문가들이 오염되고 병든 도시 환경을 아름다운 도시로 개조시킬 방법을 보여 주는 시연 장소가 되었을 정도다. 쿠바의 여행 작가 아우렐리아 카스티요 데 곤잘레스Aurelia Castillo de González도 새롭게 싹틀 미국의 제국적 주장은 무시하고, 설령 라틴아메리카에 근대성이 유입되더라도 계획과 실행이 잘 되고 조화로운 미래가 될 수 있는 그럴 듯한 모형이 제시되면, 제국주의에

잠식되지 않을 수도 있다고 하면서 근대성의 비전을 찬양했다.[112]

　백색 도시 박람회에서는 과학기술에 대한 기대 및 응용 전문 지식이 가진 높은 잠재력 외에 진화적 과학에 대한 원칙도 수립되었다. 박람회 편성에 참가한 스미스소니언 협회의 인류학자들이 흥미 위주로 무작위적 수집을 하기보다는 문명과 문명의 진보에 대한 우의적이고 도덕적인 교훈이 될 수 있는 것을 신중하게 가려 수집하려 한 것이 좋은 예다. '인종의 유형'과 진화적 분류만 해도 인종의 개념을 수상쩍게 소개함으로써 관람객들에게 그 시대의 새로운 인종 과학을 가르쳐 주려는 의도를 엿보였다. (앵글로색슨족 같은) 일부 종족은 세계를 이끌어 갈 운명을 지닌 것으로 제시하고, 그보다 열등한 종족은 소멸되거나 보호받아야 할 진화 시대의 퇴보적 존재로 제시한 것이었다. 백색 도시 박람회가 내세운 순정함의 주제는 이렇듯 위생 시설과 도시계획을 넘어 인종 과학으로까지 영역이 확대되었다.

　오락 위주의 프로그램이 배치된 박람회 중앙로도 피부색 짙은 인종을 감각적 유혹과 결합시켜 노래, 춤, 감흥을 제공하도록 만들었다. 선정적인 여성 댄서와 이국적 카페들이 박람회를 보려고 몰려든 도시 및 농촌의 미국인들을 유혹했다. 작은 이집트라 불린 벨리댄서만 해도 복부가 노출된 반투명 스커트 차림으로 스트립식의 관능적 율동을 선보여, 빅토리아 시대의 관념에 심취했던 순수의 전도사 앤서니 콤스톡Anthony Comstock을 격분시켰다.[113] 그러거나 말거나 서구의 백인 관람객들은 백색 도시 박람회가 안전하게 제공해 주는 이국적 오락을 마음 놓고 즐겼다. 그들에게 인종 간 차이가 유발하는 혐오감은 인종적 전염 혹은 생물학적 전염을 염두에 둔 두려움에서 나온 것이었기 때문이다. 오스만 제국의 술탄 압뒬하미트 2세도 제국의 자연미, 장려한 건축, 근대적 관례가 묘사된 사진 1819점을 기증했지만, 대다수 관람객은 그보다는 역시 동양의 환상적 모습을 한층 인상 깊게 보는 듯했다.

　휘황찬란한 구경거리, 제작 규모, 고상한 교훈과 외설한 오락이 공격적 소비주의와 교묘하게 결합된 것, 이 모든 요소가 백색 도시 박람회를 전형적인 미국 행사로 만들어 주었다. 엽서, 햄버거, 탄산수, 그리고 파리 박람회의 상징인 에펠 탑을 능가하도록 만들어진 금속 구조물로, 그것을 설치한 조지 위싱턴 게일 페리스 주니어George Washington Gale Ferris Jr.의 이름을 따 명명된 페리스 휠(대관람차)과 같은, 머지않아 도처에 편재하게 될 제품들이 박람회에 줄줄이 선보인 것만 해도 그랬다.

그러나 1893년의 콜럼버스 세계 박람회도 국가 정체성에 대한 논쟁을 야기한 점에서는 이전의 다른 박람회들과 다를 바 없었다. 백색 도시에 전시관을 설치하게 해 달라는 아프리카계 미국인들의 호소가 거부당했고, 아프리카계 미국 여성들 또한 이번에도 별도로 설치된 여성관에 입장을 금지당했다. 그런 인종적 배제가 일련의 항의를 촉발하고, 아프리카계 미국인 지도자들이 더 대담한 행동을 하게 만들었다.[114] 평론가들은 평론가들대로 박람회가 몹시 붐빈다는 둥, 지나치게 엘리트적이라는 둥, 외설적이라는 둥, 지나치게 개방적이라는 둥, 제한이 많다는 둥의 익숙한 푸념을 늘어놓았다. 콜럼버스 세계 박람회는 이렇듯 테크놀로지, 과학, 국가, 인종적 운명과 관련된 주제를 명쾌하게 드러내면서 또 그 주제의 명백한 의미를 둘러싼 논의와 논란도 함께 불러일으켰다.

콜럼버스 세계 박람회는 미국이 앞으로 세계적 강국으로 부상할 것임을 예고한 행사였고, 실제로 1898년에는 팽창주의적이고 인종화된 민족주의 기상이 외교정책으로도 나타났다. 미국이 한때 대제국을 형성했던 에스파냐를 집적거리며, 국무장관 존 헤이John Hay가 눈부신 작은 전쟁Splendid Little War이라 부른, 해외 식민지의 획득 개연성을 가늠하기 위한 일종의 시험용 전쟁을 일으킨 것이었다. 공화당 출신의 윌리엄 매킨리 정부는 미국의 설탕 업자들에게 거의 지배되다시피 한 하와이의 병합도 전쟁의 조치로 정당화했다. 에스파냐가 300년간 보유했던 필리핀에서 철수할 때도 매킨리는 미국이 지닌 문명화 사명에 따라 모두가 탐내는 중국 시장에 진입할 수 있는 기나긴 관문, 곧 태평양 군도에 대한 식민 지배권이 필요하다는 결론에 도달했다. 미국은 자국 전략가들이 파나마 운하로를 감시할 수 있게 되기를 학수고대하면서 '아메리카 지중해'로 만들 계획을 세웠던 카리브해에서도 푸에르토리코를 식민지로 얻고, 1903년에는 쿠바와 파나마도 보호령으로 만들었다.

1898년의 오마하, 1901년의 버펄로, (루이지애나 매입을 기념해 열린) 1904년 세인트루이스, 1905년의 포틀랜드, 1909년의 시애틀, 1915년의 샌프란시스코와 샌디에이고, 1926년의 필라델피아 세계 박람회에도 그런 제국적 움직임에 수반된 권력 의식과 식민주의 운명이 뿌리 깊이 내재돼 있었다. 영리를 얻고 지역 위상을 높일 목적을 가진 지역 인사들의 후원으로 열린 그 박람회 모두 미국이 제국적 세력과 글로벌 강국으로 부상하게 된 것을 찬양하고, 갈수록 회의적으로 변해 가던 시민들에게 새로운 식민지 피지배민들을 소개시켜 준 것이다. 양 정당을 지배한 백인 파벌들도 자연인류학자가 개진한 인종 간 불평등 및 위계 이론을 마음에 들어 했다. 리 D. 베이커Lee D. Baker가 쓴 글에도 그 점이 나타난다. "남부 파벌이 선동과 짐 크로 법을 위해 인종적 열등함의 담론을 조장하는 한편, 공화당 파벌은 인종에 대한 인류학적 담론을 이용해 태평양과 카리브해의 열등 종족에게 향상과 문명화가 필요하다는 점을 논증해 보였다."[115] 미국의 제국적 박람회들은 아마도 세계 최대 규모였을 1900년 파리 세계 박람회에서도 사례들을 따왔다.

관람객 5000만여 명을 끌어모은 1900년 파리 세계 박람회야말로 식민주의의 기고만장함을 적나라하게 과시한 행사였다. 파리 세계 박람회는 제1차 세계대전이 일어나기 15년 전 유럽이 채무와 신념 상실의 악몽에 빠져들 위기에 처해 있을 때, 세계 평화, 그리고 수많은 유럽인이 20세기의 주제가 될 것이라 믿었던 상업적 융성에 대한 기대감을 고조시키며 개최되었다. 그것을 나타내듯 이번에는 1889년 박람회의 상징이었던 에펠 탑에 노란 페인트를 칠하고 전등으로 장식도 했다. 1900년 박람회는 또 지난 몇십 년간 노동 조직화, 파업, 산업 분쟁이 증대되었다는 사실도 무시한 채 상업적 연계가 가져다줄 산업자본주의와 상호 발전에 대한 확신감도 드러냈다. 이전 박람회의 주제들도 더욱 뚜렷이 부각시켜, 1900년 박람회에서는 자본주의, 식민주의, 세계 평화가 진보라 불린 확장된 동그라미 속에서 수세미처럼 뒤엉킨 형국이었다.

사회 박물관Musée Social은 1889년 파리 박람회 때, 산업 문명으로 야기된 '사회 문제'와 관련된 국제적 토론을 주관하여 이름을 알린 집단이었다. 그런데 이 집단의 조직원들이 1900년의 박람회 때도 1889년의 사례와 시카고 박람회의 회의들을 참고해 어업, 출판, 치과 의술, 최면술, 우표 수집, 공중 보건 및 의료와 같은 광범위한 주제에 대한 과학적 정보를 교환하기 위한 전문가 회의를 개최했다. 광범위한 주제를 다루기는 했지만, 이들은 특히 산업 시대의 불안정성에 대처할 방법의 문제에 관심을 집중시키고, 각 나라와 단체들로부터 그 모범 사례들을 알아보려고 했다. 아동노동자의 보호, 근로조건의 규정, 임금, 이윤 분배, 노동자 협회와 고용주 협회, 농업 신용, 노동자 주거, 노동자 협동조합, 저축 및 보험 제도, 위생 설비, 절주, 슬럼가, 빈민 구제로 세분화된 분과도 설치했다. 국가가 제공하는 독일의 재해보험 및 노령 보험으로부터 이탈리아의 노동자 협동조합, 프랑스가 자랑한 자발적 상호부조 조직, 미국이 내세운 '모델' 기업과 계몽적 자본주의에 이르기까지 산업국가들의 다양한 본보기도 제시했다. 그 밖에 1900년 파리 세계 박람회는 '여성의 노동과 제도'에 관련된 회의도 개최해, 남녀 간의 동등한 권리도 권리이지만 그보다는 교육 기회의 확대, 여성 직공 및 아동 직공들에게 특별 보호를 부여하는 문제를 집중적으로 논의했다. 불우한 사람들의 기를 살려 주고 보호해 주는 여성의 특수 역할을 강조하는 방식으로, 당시 증가 추세에 있던 국제 여성 네트워크의 모성적 자극도 강조했다.

파리 국제 박람회는 그런 식으로 국가, 노동, 민간 자본의 역할을 어떻게 조정할 것인가에 대한 초국적 논의를 조장했다. 하지만 대니얼 T. 로저스Daniel T. Rodgers가 쓴 글의 표현을 빌리면 "철의 세계에 맞설 효과적 저항 세력을 구축할 수 있는 방법에 대한 합의는 없었다. 국가 온정주의, 민간 온정주의, 상호부조, 사회주의, 모정과 같은 짧은 단어들이 권력과 정책의 외양만을 바꿔 놓았을 뿐이다."[116] 간단히 말해 1900년의 박람회는 새로운 산업사회의 조직화를 위한 뾰족한 방침 하나 세우지 못한 채 잡동사니 견해들만 쏟아 낸 것이었다.

그런 박람회가 또 식민지 구역은 식민지의 과거와 미래를 더욱 환상적으로 묘사한 건축물들로 그 어느 박람회보다 거창하게 꾸몄다. 박람회의 회의장과 아르누보풍 전시관들 어디에서도 유럽 전쟁 및 식민지 전쟁들로 야기된 투쟁이나 고통의 흔적, 파업이나 사회적 갈등의 흔적을 찾아볼 수 없었다. 식민지관은 마치 식민주의자들의 은혜를 입은, 새롭게 정돈된 하사지下賜地처럼 보였다. 네덜란드령 동인도제도만 해도 전시관을 세 곳이나 보유했고, 스무 곳에 달하는 프랑스 식민지와 보호령들에도 개별 전시관과 건물이 주어졌으며, 미국 또한 쿠바와 아메리카 원주민의 미션스쿨관을 설치해 '문명화'의 사명을 과시했다. 다른 나라들도 차별화된 문화와 건축적 특징을 선보이기 바빠, 러시아만 해도 3000명이 넘는 사람을 고용해 전시관 아홉 곳을 설치했고, 세르비아는 누에고치 전시실을 가진 비잔티움식 저택을 세웠으며, 이전 파리 박람회들에는 참가하지 않았던 오스만 제국도 이번에는 바자(시장), 공방, 카페, 군사 박물관, 터키인의 삶을 그린 짧은 문학 소품을 공연하는 극장을 갖춘 신新이슬람풍의 거대한 전시관을 설치했다.[117]

1900년 파리 세계 박람회, 1920년대에 개최된 이후의 박람회들, 그리고 1931년 파리 식민지 박람회에서는 또 인간이 박람회 최고의 인기 전시물이 된 특징을 지녔다. 19세기만 해도 박람회들은 식민지의 장인과 봉사자들을 보여 주는 데 그쳤으나, 인류학자와 흥행주들이 당시 서구를 휩쓴 인종 진화에 대한 개념을 제시하자 돌연 인간 전시가 활기를 띠게 된 것이었다. 생물학에 근거한 인종적 위계의 개념을 다룬 조제프아르튀르 드 고비노Joseph-Arthur de Gobineau[16]의 『인종의 불평등에 관한 에세이Essay on the Inequality of Human Races』(1853)만 해도 20세기의 첫 20년간 미국과 프랑스에서 선풍적 인기를 끌었다. 그런 인종화된 세계관에 발맞춰 세계 곳곳에서 인간을 수입하여 박람회의 기본 전시물인 동식물과 나란히 전시하기 시작한 것이다. 인간이 사실상 동물원의 구경거리, 그것도 돈벌이가 되는 구경거리로 전락한 것이었다. '인간 동물원'은 그렇게 원시주의에 대한 비유적 용법과 세계사의 서사를 투사하며, 진화적 범주의 살아 있는 목록이 되었다.

그런 전시물들은 쉽게 오락화되고 천박하게 희화화되기도 했다. 전시물이 이국적일수록 더 많은 관객을 끌어모았다. 오죽하면 이집트의 한 관람객은 근대 이집트 산업 혹은 지적 전시물이 없는 것에 개탄을 금치 못했을까. 두 명의 이집트인 여성 무용수가 공연하는 낯 뜨거운 모습에 수치심을 느껴 박

—— **16** 1816~1882. 프랑스의 인종학자, 작가, 사회사상가.

람회장을 떠난 관람객을 묘사한 이집트 소설가도 있었다.[118] 반면에 영국의 편람 작가 앨릭스 M. 톰프슨Alex M. Thompson(1861~1948)은 "아시아와 아프리카의 다양한 토착민이 사는 주거지"를 격찬하면서 "누군가는 이곳에 앉아 '배꼽춤Danse du Ventre(벨리댄스)' 공연이 벌어지는 한편에서 …… 여염집 난로의 불판처럼 얼굴이 번들거리는 열대지방 사람이 따라 주는 차나 커피를 마실 수도 있으리라."고 썼다.[119]

1904년 세인트루이스 박람회도 인간 전시의 관례를 받아들여 새로운 식민지 백성을 소개하는 식민지관을 설치했다. 식민지관 중에서도 규모와 인기 면에서 단연 최대, 최고를 기록한 것은 이전 박람회들에서 영국이 설치한 인도관이나 프랑스가 설치한 알제리관을 압도하는 드넓은 구역을 차지한 '필리핀 보호 구역Philippine Reservation'이었다. 그곳에는 인류학자들이 인종 진화의 순서대로 신중하게 배열한, (1200여 개를 헤아리는) 필리핀 섬들에서 뽑아 온 다양한 종족이 전시돼 있었다. 잘 차려입고 규율도 잡힌 '현대' 경찰관으로 변모된 그 '원시' 종족들은 그렇게 진보적 식민주의를 보여 주는 시각적 증거물이 되었다. 1930년대까지는 그런 전시가 미국 세계 박람회의 주제를 형성했다. (머지않아 기쁨 구역으로 불리게 될) 박람회의 중앙로도 그 어느 때보다 현실적이고 천박한 야함으로 꾸며졌다. 샌프란시스코 세계 박람회는 심지어 언제나 인기 만점이던 벨리댄스를 기계 구동의 회전 복부belly가 묘사된 대형 그림으로 홍보하기까지 했다.[120]

20세기 초의 박람회 모두 그런 식으로 식민지관을 운영하고 식민지인의 정체성을 드러냈다. 상업적·도덕적 진보를 강조하는 한편으로 군사적 무자비함, 탐욕, 문화적 파괴도 자행한 식민주의의 또 다른 일면을 은폐한 식민지관을 운영한 것이다. 인도 식민지 당국만 해도 화려한 산물들이 가득 찬 궁으로 꾸며진 인도관의 규모를 날로 키웠다. 거대한 궁들이야말로 인도가 잉글랜드에 가져다준 부를 나타내는 것일 뿐 아니라, 영국의 통치로 인도가 진보와 번영을 누리게 되었음을 보여 주는 것이기도 했기 때문이다. 당연히 인도에 만연한 서사적 규모의 기근과 가난은 전시관 어디에서도 찾아볼 수 없었다. 같은 맥락에서 오스트레일리아, 캐나다, 뉴질랜드, 남아프리카관도 백인 지배가 가져다준 물질적·문화적 성과를 과시하기 위해 경쟁적으로 국가별 특성이 드러나도록 꾸몄다. 프랑스 또한 알제리, 튀니지, 프랑스령 인도차이나의 특별한 시각적 효과를 나타내기 위해 식민지 속령 구조물들을 정교하게 꾸몄다. 포르투갈, 벨기에, 네덜란드, 일본도 그에 질세라 1920년대와 1930년대 초의 박람회들에서 브라질, 앙골라, 콩고, 인도네시아, 포르모자, 조선과 같은 식민지 전시관들을 거창하게 꾸밈으로써 제국주의 축하 대열에 합류했다. 보이지 않는 곳에서는 여전히 식민지의 부를 착취하는 폭력이 진행되고 있었는데도 말이다.

하지만 박람회가 그런 식으로 점점 제국을 찬양하도록 기획될수록 번창하는 대제국과도 점점 한통속이 되어 갔고, 그것에 못마땅해한 에스파냐, 독일, 러시아, 오스트리아, 여타 나라들이 박람회 참가에 소극적이 되자 박람회의 국제적 사명은 설득력을 잃었다. 그리하여 박람회는 다시금 상호 연계를 기념하는 축제의 장이자 나라들 사이의 경계를 굳히는 장으로 돌아갔다.

식민주의와 국제주의를 전시하는 박람회에는 그 밖의 중요한 역설도 내포돼 있었다. 인류 통합을 찬양해 마땅할 박람회가 전 세계 민족의 차이점 부각에 의존하고 있었으니 말이다. 박람회들은 일방적이고 낭만화된 관점의 식민주의를 옹호할 때조차 식민지관을 개별적으로 사치스럽게 조성해 식민지 정체성을 뚜렷이 구축하려고 했다.[121] 박람회가 끝난 뒤에도 (건축적·문화적 특성을 지닌) 식민지 정체성은 식민지들에 적잖은 파급효과를 불러왔다. 박람회들이 전시를 기획하고 실행하기 위해 본국과 식민지의 지배자들을 한데 불러모은 것이 결과적으로 이질적·독립적·민족주의적 정체성을 통합시키는 역할을 한 것이었다. 식민지관에 전시된 이국적 인간들이 관람객을 통해 그들 삶의 의미를 곱씹어 보게 된 것도 문제였다. 그들이 전시관에 머물러 있을 때 구체적으로 무엇을 보고 배웠는지는 기록이 부재하여 알 길이 없다. 다만 박람회가 폐장한 뒤 그들의 일부는 종주국에 남아 어슬렁거리고 일부는 식민지로 돌아갔다는 것만 알려져 있다. 그렇기는 하지만 다채롭고 특수화된 그들 관점이 문화적 차이에 대한 식민지인들의 새로운 인식에 반영되어 그들 고유의 민족주의를 조장했으리라는 것 정도는 짐작할 수 있다.

그 역설은 1900년 파리 세계 박람회의 미국 위원들이 다른 박람회에서 성행했던 원시주의에 대한 비유에 반기를 드는 내용, 다시 말해 미국 흑인의 생활상을 담은 사진 전시를 후원함으로써 백인과 유색인 간 경계를 불안정하게 만드는 것으로도 나타났다. 아프리카계 미국인 사회학자 W. E. B. 듀보이스가 기획한 전시회의 사진들에는 식민주의가 구축한 흑백 차별 장벽에 도전을 거는 내용, 전문직 종사자, 작가, 전문가 등 미국 중산층 흑인들의 세계가 묘사돼 있었던 것이다.[122]

경기 침체가 이어진 1930년대에는 식민주의를 공공연히 옹호하던 분위기가 수그러들고, 인종차별주의를 반대하는 목소리가 높아지며, 식민지관에서의 인간 전시도 대체적으로 끝이 났다. 1939년 뉴욕 세계 박람회만 해도 미국의 노골적인 제국적 과시를 떨쳐 내듯 '민주 도시Democracity'를 주제로 내걸었다. 하지만 진보, 상업, 제국에 대한 확신, 과학과 테크놀로지에 거는 기대감, 눈부신 조명 및 효율적 수송을 위한 과도한 전력 사용, 예술과 테크놀로지의 결합에 대한 비전 등 이전 박람회들의 구조적 요소는 1933년에서 1934년의 시카고 세계 박람회, 1937년의 파리 세계 박람회, 1939년의 뉴욕 박람회에 여전히 많이 포함돼 있었다. 그러나 경제 불황과 그에 따른 전 세계적 혼란이 계속된 때문이었는지 미래에 대한 낙관주의에서는 억지로 꾸며 낸 흔적이 점점 역력하게 나타났다. 박람회 중앙로의 오락 프로그램마저 경제 불황의 여파로 전보다 한층 자극적이 되었다. 시카고 세계 박람회 때는 심지어 직업 댄서 200명이 관람객과 어울려 춤을 추는 대형 댄스 홀, 샐리 랜드Sally Rand가 그 유명한 부채춤을 공연한 리도 극장, 난쟁이촌, '기형 쇼'가 공연된 오디토리움 Odditorium,[17] 노예시장 쇼, 벼룩 서커스, 괴물 뱀 쇼를 진행한 오리엔탈 빌리지가 중앙로에 설치되기도 했다. 그런 식으로 박람회 전통은 점점 국제주의는 시늉만 내는 카니발과 구경거리로 변질되었다.[123]

1937년 파리 세계 박람회 때는 그리스 시대부터 근대에 이르기까지의 '전기의 정신spirit of electricity'이 그려진 패널화 250장을 이어 붙인 60미터 길이의

_____ **17** 진기함을 강조하기 위해 'Auditorium'이 아닌 'Odditorium'으로 표기한 것이다.

벽화가 설치되었다. 미국도 그 주제에 걸맞게 대공황기의 전력 프로젝트(댐, 농촌의 전화電化)를 전시하고, 소련도 전기 설비를 공산주의의 영혼으로 소개했다. 그러나 박람회의 또 다른 구역에는 진보와는 사뭇 다른 풍경이 펼쳐져 있었다. 1937년 4월 26일 나치 독일군이 에스파냐 바스크 지방의 도시 게르니카를 폭격해 파괴된 모습이 담긴 파블로 피카소Pablo Picasso의 색다른 벽화(「게르니카」)가 걸린 것이었다. 에스파냐 내전의 전율이 더 큰 분쟁의 도래를 예고하는 듯한 그림이었다. 제이 윈터Jay Winter의 표현을 빌리면 "두 벽화는 1937년의 세계 박람회에 커다란 균열을 낸, 희망과 절망의 충돌이 집약된"[124] 그림이었다. 과연 그로부터 몇 달이 지나지 않아 세계 박람회는 폐장되고 에스파냐 공화국도 붕괴되었다. 그로부터 또 몇 달이 지나지 않아서는 제1차 세계대전 때 싸운 프랑스 반전주의 퇴역병들로부터 영감과 후원을 받아 모든 나라 전시관들 위에 우뚝 세워졌던 박람회의 평화의 탑 터가 히틀러의 군사력 과시를 주재하는 곳이 되었다.

1937년의 세계 박람회 위로는 그런 부조화가 어른거렸다. 에스파냐 공화국관도 교황령이 에스파냐 가톨릭 순교자들의 운명을 기리는 전시관 가까운 곳에 설치되었고, 히틀러 밑에서 군수 장관을 지낸 건축가 알베르트 슈페어가 독일 국민의 불만과 새로운 힘을 보여 주기 위해 설계한 나치 독일의 대형 전시관 또한 산업 노동자와 농장 농부들의 피땀으로 얼룩진 무게 7만 5000킬로그램의 기념물을 꼭대기에 얹은 위풍당당한 소련관과 마주보며 서 있었다. 팔레스타인 유대인들이 세운 일종의 시온주의 성명서와 다름없었던 '이스라엘 땅'의 관 역시 후면이기는 하지만 독일관과 마주하고 있었다. 국제연맹도 별도의 전시관을 보유했으며, 중국을 침략해 국제연맹을 무용지물로 만든 일본 역시 전시관을 운영했다.

1937년 세계 박람회 때는 제국주의 전시도 눈에 띄게 줄어 주변으로 거의 밀려나다시피 했다. 인도만 해도 식민지가 아닌 국가로 참가하기를 원했다가 참가 자체를 포기했다. 제국들 중에서는 프랑스만 자국 식민주의를 공화주의의 보급으로 전시했을 뿐, 다른 나라들은 식민지관과 인간 동물원을 더는 운영하지 않았다. 그 이전인 1931년 파리 식민지 박람회 때는 심지어 미국 식민 제국의 일부(알래스카, 하와이, 푸에르토리코, 버진아일랜드, 사모아)가 박람회 사상 처음으로 외국관에서 자기를 대변할 기회를 갖기도 했다. 그런 식으로 비록 1937년 박람회 때는 우생학회가 '최고의 식민지 결혼'으로 홍보된 미인 선발 대회를 개최하기는 했지만, 세계 박람회에서 식민주의와 그것을 낙관적으로 표현하던 시대는 이울고 있었다.

세계 박람회는 지방과 국가의 자긍심을 전달하는 수단, 평화와 국제주의의 이상을 알리는 통로, 식민주의의 위계가 내재된 구조, 전문 지식의 공유와 문화 교류를 할 기회, 새롭게 통합되고 '근대화된' 국가들이 자국을 규정할 수 있는 장소, 피식민지인들이 그들 국가의 형상을 그려 갈 수 있는 곳으로 간주되었다. 박람회들은 간혹 의미의 충돌이 일어나기도 한 그 모든 요소를 함유했다. 세계 박람회들에서 제시된 근대성이 박람회 후원자들이 애초에 상상했던 것보다 훨씬 복잡한 양상을 띠게 된 것이다.

세계 박람회에서 상이한 문화들이 만났다가 결별하는 현상이 동시에 일어난 일은 특히 건축과 미술 분야에서 두드러졌다. 다수의 박람회가 서구 건축물에 이슬람적 요소를 융합시키고, 서구의 양식으로 신新이슬람 양식을 고취시킨 뒤 그것을 다시 주최국의 건축물 설계에 재적합시키는 흥미로운 시각적 실험 장소가 되었던 것만 해도 그랬다. 반면에 1893년의 콜럼버스 세계 박람회와 1900년의 파리 국제 박람회에는 고전적 영향이 강하게 투사되었으며, 1925년 파리에서 개최된 국제 장식미술 및 현대 산업박람회Exposition Internationale des Arts Décoratifs et Industriels Modernes는 박람회 호칭에도 나타나듯 전통적 양식과 대량생산방식이 절충된 아르 데코의 효시를 선언했다. 영국과 프랑스 외의 나라에서 개최된 것으로는 최대 규모였던 1930년 안트베르펜 세계 박람회에서는 개최국 벨기에가 콩고관을 압도적 규모로 지으면서도 아프리카 건축양식은 수수함이 지나쳐 장식용으로밖에는 쓸모없다는 건축가들 의견에 따라 정작 설계는 오리엔트 건축양식을 따랐다. 한편 1931년 파리 식민지 박람회에 설치되었던 미술 전시관은 프랑스령 식민지인들의 미술품뿐 아니라 폴 세잔Paul Cézanne과 폴 고갱 같은 유명 프랑스 화가들의 작품도 전시하는 상설 식민지 박물관(지금의 아프리카와 오세아니아 예술 박물관)으로 발전했다. 물론 두 화가 모두 스타일과 주제의 영감은 비서구 예술로부터 얻었다. 이런 혼합성이 바로 움직이는 세계, 그리고 초국적 힘과 특수주의의 힘 간 충돌에서 비롯되는 절충주의를 대변해 주는 요소였다.

박람회들은 이처럼 형식과 관념의 초국적 순환이 이루어지는 교점으로, 복잡한 문화 교류의 장이 되었다. 박람회의 물리적·지적 기획자들이 세계를 해체하기도 하고 결합하기도 한 결과였다. 박람회는 그런 식으로 문화 접촉에서는 다름에 대한 매력과 혐오감이 동시에 생겨날 수 있다는 점을 보여 주었다. 부자연스러운 요소들을 한데 버무리고 상호 관계가 무질서했던 세계 문화들에 질서를 부여해 박람회의 의미를 구축하기도 하고 부서뜨리기도 했다. 흥행주와 전시 출품자들의 의도와 달리 박람회에 나타난 근대성에 불안정성과 우발성이 크게 작용한 것도 그래서였다. 애당초 세계 여행으로 기획되었던 세계 박람회가 생각했던 것보다 매우 복잡한 그 무엇, 20세기 근대성의 혼란스러운 모습과 느낌을 함께 제시한 행사로 끝을 맺은 것이다.

박물관

그러나 세계 박람회도 알고 보면 벽돌과 회반죽으로 지어진 박물관에서 실체가 더욱 뚜렷이 드러나는 존재, 토니 베넷Tony Bennett이 "전시 복합체 exhibitionary complex"로 부른 것의 일부일 뿐이었다.[125] 박물관이야말로 그 분야의 전문가들이 범세계적 네트워크들을 돌아다니며 각국 박물관에서 아이디어를 얻고, 국제적 관계망을 이용해 수집물을 집적한 장소였으니 말이다.

19세기 말 독일의 민족지 학자들도 그런 식으로 함부르크, 베를린, 라이프치히, 뮌헨에 세계에서 가장 중요한 박물관들을 세웠다. 범세계적 영향력을 갖게 된 그들의 민족지적 전시물이 세계 박람회와 같은 종류의 보편주의와 특수주의를 투사해, 그 시대의 또 다른 제국주의 관점을 불어넣은 것이었다. 세계를 편력한 코즈모폴리턴이었던 그 민족지학자들은 단일 인류를 찬양하고, 세계에 존재하는 다양한 인간종을 전시해 합리적으로 비교할 수 있는 것은 박물관뿐이라고도 믿었다. 그러면서도 학자들은 박물관을 그들, 그들의 도시, 여전히 통합 중에 있는 그들의 국가를, 새로운 과학적 국제주의를 이끌어 갈 선도자로 상정한 역할을 찬양하는 것에 목적을 두고 설계했다. 간단히 말해 19세기 말의 박물관들은 노골적으로 제국적 티를 내는 전시만 하지 않았을 뿐 새로운 제국적 질서에 의거해 내용물을 수집하고, 가장 이국적이고 '미개해' 보이는 지역으로까지 '민족지적 경계'를 넓히는 일에는 관여한 것이다. '타자성'을 범세계적 민족지의 초기 비전으로 삼지는 않았지만, 민족지의 기반으로는 서서히 만들어 가고 있었던 것이다.[126]

그에 따라 19세기 말에는 18세기 말과 19세기 초에 세워졌던 대다수 공공 박물관도 과학적 연구를 촉진하고 새롭게 밝혀진 자연사 관련 지식을 대중에게 교육시키기도 하려는 (간혹 서로 부딪히기도 하는) 목적에 맞게 개편되었다. 1881년에 개관한 영국 자연사박물관만 해도 윌리엄 헨리 플라워William Henry Flower가 신임 관장으로 취임한 뒤로 박물관을 주요 교육기관으로 탈바꿈시키기 위해 자연계의 진화를 설명해 주는 과학 학습 위주로 전시 기법을 바꿨다.[127] 그렇게 해서 영국 자연사박물관은 베를린 및 다른 유럽 주요 도시들의 근대적 과학박물관과 더불어 전 세계적으로 폭넓은 영향을 끼치는 본보기들을 만들어 냈다.

또한 유럽에서 보듯 새로운 박물관들은 제국과 국가적 자긍심을 나타내는 주요 상징이 되었을 때조차 초국적 지적 흐름과 전문적 흐름을 구현하는 존재임을 주장했다. 대다수 박물관이 범세계적 관점과 지방적 특이성을 겸비하고 있음을 자랑스럽게 주장한 것이다. 그 시대에 라틴아메리카에 들어선 대형 박물관들도 박물관 전문가들의 초국적 네트워크들 내에서 민족주의 담론이 만들어지는 과정에서 형성되었다. 프로이센의 박물학자 헤르만 콘라트 부르마이스터Hermann Konrad Burmeister가 1862년부터 30년 동안이나 부에노스아이레스의 국립박물관장을 지내고, 브라질의 란지즐라우 네투Ladislau Netto가 파리의 국립 자연사박물관Musée d'Histoire Naturelle에서 수학한 뒤 리우데자네이루의 브라질 국립박물관장이 되며, 독일 태생의 헤르만 폰 이헤링Hermann von Ihering이 상파울루의 파울리스타 박물관을 이끈 것이다. 그들 모두 남반구의 지질구조를 연구하고, 그곳 생물들, 특히 남반구 바다의 고래와 멸종한 대형 포유류 글립토돈트의 화석 전시 작업을 했다.[128] 네덜란드 의사 얀 빌럼 바우데베인 휘닝J. W. B. Gunning도 19세기 말 케이프 식민지로 이주해 국립박물관(나중에는 트란스발 박물관으로 개칭)의 초대 관장이 되고, 최초의 남아프리카 조류 조사들 중 하나를 실시했다. 19세기 말 머나먼 곳들에 대형 박물관이 건립된 것은 이렇게 국가, 제국, 지역, 세계라는 분석 장치들이 서로 간의 상호 관계 속에서 최상으로 이해된 방식을 보여 준 좋은 사례가 된다.

그 시대에는 대형 박물관들이 연구용 수집과 전시용 수집을 분리하기 시작함으로써 두 가지 능력을 동시에 끌어올린 특징도 있다. 많은 박물관이 초국적 탐험을 후원함에 따라 연구용 수집의 범위 또한 넓어졌다. 미국 자연사 박물관만 해도 1929년에서 1930년의 절정기 때는 쉰일곱 개의 수집 단체를 후원했을 정도다. 라틴아메리카 박물관들도 남아메리카, 아프리카, 오스트랄라시아 대륙들 간의 고생물학적 연결 고리가 되는 주요 증거물인 화석들을 열정적으로 수집했다.[129] 전시회 또한 박제술이 향상되고, 표본을 고품질의 디오라마(축소 모형)로 연출하는 기법이 확산된 결과로 흥미로움을 더해 갔다. 박람회들은 거대한 바다 포유동물을 천장에 매달아 전시하고, 멸종된 대형 육지 동물의 뼈를 이어 맞춰 전시함으로써 관람객을 자지러지게 했다. 박물관들은 그렇게 세계 박람회와 다를 바 없이 과학과 합리성을 과시하는 한편으로 관람객을 끌어모으기 위한 극적인 구경거리도 속속 개발했다.[130]

그러다 간혹 인기 끌기식 전시가 극단으로 치닫기도 했다. 1897년 로버트 피어리Robert Peary가 탐험 과정에서 자연사박물관의 연구용으로 에스키모 여섯 명을 뉴욕으로 데려와 지하실에 가둬 놓았다. 그런데 그중 한 명이 죽자 박물관 측은 함께 잡혀 온 그의 아들 미닉Minik에게 유해를 인도하지 않고 전시용 박제로 만든 것이다. 미닉도 1918년 뉴욕에서 인플루엔자에 걸려 숨졌다.[131]

박물관 수집물을 정리하는 솜씨가 능력을 나타낸 것이라면, 다른 종족의 수집물을 약탈하는 행위 또한 그에 못지않게 상징성이 짙은 도전이었다. 서구가 약탈한 베이징의 원명원만 해도 19세기 중엽에는 세계 최대의 박물관 가운데 하나였으니 말이다. 물론 원명원이 서구 전통에서 말하는 전통적인 박물관은 아니었다. 그러나 원명원 내의 사원, 화랑, 홀에 들어찬 값진 고기古器와 미술품들이 지닌 상징적 중요성을 고려하면 그렇게 불러도 틀린 말은 아니다. 경내 정원에도 중국 남부의 멋진 풍광이 정교하게 재현되어 있었다. 그런데 1860년 프랑스와 영국의 연합군이 원명원에 침입해 약탈과 방화를 저지르고, 귀중품들을 탈취해 간 것이다. 그들이 그런 행동을 한 목적은 물론 중국인들의 콧대를 꺾고 응징하여 나라 전체에 절망감을 확산시키고, 청조를 무력화하려는 데 있었다. 아닌 게 아니라 그들은 중국인들에게 씻을 수 없는 상처를 남겼다. 왕룽주汪榮祖의 『잃어버린 낙원, 원명원A Paradise Lost』에도 이런 글이 적혀 있다. "중국인들은 이후 오랫동안 서양 과학과 기술의 비범함을 높이 사게 될 테지만, 서양의 도덕적 가치를 찬미하는 데는 머뭇거리게 될 것이다."[132] 중국 내에서 원명원은 한때 세계의 중심이었다. 따라서 그것의 파괴는 세계의 재정비를 알리는 신호였다.

식물 수집

식물원도 관람객들에게 '세계'를 보여 주었고, 새로 수립된 국제 교역의 관계에 의존했다. 물론 식물과 조경 미학의 교류는 1870년대 훨씬 이전부터 진행되고 있었다. 선교사, 교역인, 여행가들이 우연 혹은 의도적으로 식물의 전달자가 되었다. 유럽 식민주의자들이 친근한 식물을 들여와 익숙한 방식으로 정원을 가꾸면서 낯선 곳에 사는 것의 위안을 삼음에 따라 원예 활동도 확산되었다. 원예학회와 순화馴化학회도 정착 식민지의 농부들과 더불어 제국주의의 중개자 역할을 했다. 그들은 땅을 활용하거나 돈벌이가 될 만한 일을 소개할 수 있으리라는 희망으로 제국적 네트워크를 통해 한 대륙과 환경으로부터 또 다른 대륙과 환경으로 표본들을 보내고, 새로운 종들을 차용하며 적응시켰다. 적잖은 무굴 제국 정원들이 그런 식으로 19세기 중엽 이전에 이미 영국화되었고, 멜버른, 캘커타, 실론, 트리니다드, 뉴사우스웨일스, 홍콩, 광둥에도 식물원을 겸비한 박물관이 모습을 드러냈다. 프랑스도 알제에 그 유명한 시험 정원Jardin d'Essai을 세워 순화 시험 연구소로 만들었고, 프랑스 원예학자들은 이후 그곳에서 중국의 마류와 대나무, 프랑스 식물의 대용이 될 만한 여타 식물의 재배 실험을 했다.[133]

동식물 순화 전문가들의 네트워크는 생물 다양성의 감소와 증가를 동시에 불러왔다. 바람과 화재를 막기 위해 뉴질랜드와 오스트레일리아로 들여온 서유럽의 내화성 좋은 상록의 가시 금작화가 다른 종들을 말라 죽게 한 것이 좋은 예다. 한 역사가에 따르면 네브래스카주가 수입한 독일 잉어도 다른 물고기들을 먹어 치움으로써 "(백인들의) 물소 도살로 미국에 연방적으로 가장 중요한 환경적 재앙들 중 하나를 끼친 것과 유사한 상황"[134]을 발생시켰다. 반면 새로운 네트워크들은 식물 적합성의 폭을 넓히고, 새로운 원예 미학을 싹틔우며, 새로운 상업적 작물을 만들어 내는 일도 했다. 미국의 원예업자들이 멕시코 식물을 미국 땅에 순화시킨 뒤, 그것을 들여온 미국 외교관 이름을 따 포인세티아로 명명한 것이 그런 예였다. 그리하여 독일계 미국인 재배자와 헝가리 출신의 캘리포니아 원예업자에 의해 화초로 거듭 태어난 붉은색의 포인세티아 변종들은 크리스마스 시즌을 나타내는 하나의 현상이 되었다. 건조 지대 식물 전문가인 토머스 키어니Thomas Kearney도 캘리포니아와 애리조나 사막에서 이집트 목화의 재배에 성공, 20세기 초 미국에서 광범위하게 사용된 '피마Pima' 면(유마 외곽 키어니의 연구소가 있던 곳 가까이에 살았던 북아메리카 인디언 피마족에서 따온 명칭)을 생산하는 길을 텄다. 알제 동쪽 외곽의 루이바에 실험실을 갖고 있던 루이 샤를 트라부Louis Charles Trabut도 미국의 식물 육종자들과 관계를 맺고, 캘리포니아에서 무화과 및 대추야자를 재배할 수 있게 도와주고, 알제리의 건조 지대에 필요한 사이잘 초를 얻었다.[135]

그런가 하면 일부 수집 활동은 제국적 네트워크들을 따라가며 특정한 제국적 프로젝트와 연관을 맺기도 했다. 선도적 식물원 겸 식물 연구소 중 하나로 발전한 영국의 큐 왕립 식물원이 대표적인 예다.[136] 큐 식물원장들이 런던의 원예학회와 손잡고 홍콩의 국립 수목원에서 중국 내지로 원정대를 파견해, 비할 바 없는 중국 식물들을 수집한 것이다.(인도의 차 재배의 토대가 된 것도 중국의 차나무 품종들이었다.) 또한 데이비드 프레인David Prain이 열대식물 연구를 수행한 캘커타 왕립 식물원장을 지낸 뒤 큐 왕립 식물원장이 되고 서른일곱 권에 달하는 영국 제국의 식물 조사서 저자 중 한 명으로 이름을 올린 뒤에는 큐 식물원은 제국 전역 식물 연구소들과의 관계도 수립했다.[137] 그렇다고 큐 식물원이 식물 수집만 했던 것은 아니고, 1863년에서 1872년에 이르기까지 매년 8000종 이상의 식물을 해외에 보낸 것에도 드러나듯 타지에 보급도 했다. 큐 식물원장들은 식물 종별의 방법학과 분류학 면에서도 뛰어난 업적을 쌓았다.[138]

식물학은 또 상업의 부속물이기 전에 이미 의학의 부속물이었으므로, 큐 식물원도 당연히 말라리아에 효능이 있다고 밝혀져 아프리카와 여타 지역으로의 유럽 팽창을 용이하게 해 줄 수 있었던 퀴닌의 생산 촉진에 기꺼이 참여하려고 했다. 퀴닌의 원료가 되는 키나 나무의 원산지 페루가 19세기 초에 키나 나무의 씨와 묘목의 수출을 법으로 금지했는데도 밀수업자들은 용케 법망을 피해 그것을 보급하고 있었기 때문이다. 그리하여 식민지 플랜테이션 농장에서 재배 가능한 키나 나무의 개발 경쟁은 19세기 말 영국이 벌이던 그보다 규모가 더 큰 '그레이트 게임'에도 그림자를 드리우게 되었다. 그 점에서 큐 식물원은 확실히 제국적 임무를 수행한 것이었다. 식물원의 초국적 네트워크가 영국이라는 국가와 손잡고 중요한 식물 개발에 뛰어들었으니 말이다.

퀴닌의 국제 거래는 의학과 상업 양면으로 제국의 힘을 강화하는 데 유용했다. 벵골산 퀴닌의 절반, 마드라스산 퀴닌의 대부분이 국영 의약품 상점들로 들어간 것도 그래서였다. 실제로 정부가 퀴닌의 전매권을 거의 독점하자 영국의 지배력은 크게 증대되었다.[139] 하지만 영국의 이런 성공도 네덜란드 앞에서는 빛을 잃었다. 네덜란드가 자국령 동인도제도에서 퀴닌을 수익성 좋은 작물로 발육시키는 데 성공해, 플랜테이션 농장에서 재배 가능한 품종의 개발 경쟁에서 큐 식물원을 앞질러 나가기 시작했기 때문이다. 1930년 무렵에는 전 세계에서 유통되는 퀴닌 대부분을 자바의 네덜란드 플랜테이션 농장들이 생산하고, 그로부터 한 세대 뒤에는 페루가 원산지인 키나 나무가 모든 종류의 제국적·초국적 상호작용이 의존하는 범세계적 상품 사슬을 만들어 냈다.

큐 식물원 외의 다른 식물원들도 식물 수집의 방법을 발전시키고, 생소한 식물들을 소개하는 일에 힘썼다. 독일계 러시아인 식물학자 카를 막시모비치 Carl Maximovich만 해도 세계 일주 여행을 한 뒤 1860년대에 일본의 식물상 연구에 천착했다. 1869년 상트페테르부르크 식물원장이 된 뒤에는 그 직책을 이용해 일본 수집가 팀 영입에 필요한 기금을 조성, 수집물의 범위를 넓힘으로써 그곳을 러시아 최고最古의 가장 유명한 식물원이 되게 했다.

그런가 하면 국가 혹은 제국과의 연계하에 출현해 제국적 이익을 대변한 일부 식물원과 달리, 순수하게 특정한 상업, 도시, 혹은 과학적 계획을 증진시키려는 열망에서 비롯된 식물원들도 있었다. 오스트레일리아, 하와이, 남아프리카, 캘리포니아, 여타 지역의 건조 지대들을 중심으로 식물들의 교류가 활발히 일어나자 그 지역의 원예 관습이 바뀌고, 그에 자극받은 지방민들이 새롭게 이용 가능한 품종을 홍보하는 수단으로 식물원을 조성한 것이다. 샌디에이고의 발보아 공원도 20세기 초 남캘리포니아의 건조한 기후를 걱정하면서도 그곳 경관이 바뀔 수 있으리라는 희망으로 외래 식물들을 가져다 심은 식물학자 케이트 세션스Kate Sessions의 활동을 도시 유지들이 후원하여 탄생한 것이었다. 20세기 초 로스앤젤레스의 개발자이자 철도왕이었던 헨리 헌팅턴Henry Huntington이 수립한 헌팅턴 도서관과 식물원 또한 중남미와 여타 지역을 여행하며 수집한 선인장과 다육식물들로 최고最古의 선인장 식물원, 곧 사막 식물원을 만들었다. 1940년대에는 영국인 난초 원예가가 난초, 브로멜리아드, 야자수들을 수집해 코스타리카에 가장 인상적인 사설 식물원인 랭커스터 식물원을 조성했다. 지금은 잊히기도 하고 유명해지기도 한 개인 원예가들 또한 운송 수단과 원예 발달에 힘입어 종자와 외래 식물, 특히 화훼의 글로벌 마케팅에서 일거리를 찾아냈다. 영국의 식물 수집가 프랭크 킹던-워드Frank Kingdon-Ward는 자신이 거둔 성과를 책으로 엮어 독자들을 매료시켰다. 용감한 식물 채집자들이 낯선 이국땅을 발견하고 그곳의 토착 식물들을 익숙한 분류법과 재배 가능한 식물로 바꿔 놓은 방식이 수록된 그의 『세계의 끝에서 행한 식물 수집Plant Hunting on the Edge of the World』(1930)은 특히 여러 곳으로 팔려 나갔다. 식물 조사와 순화는 이렇게 상호 연결된 세계 질서와 위계에 대한 비유담도 제공해 주었다.

식물의 수집과 보급은 문화를 연결해 준 범세계적 협력과, 상호작용을 하는 네트워크의 수립에 의존했다. 외지 수집가들에게는 생소할 수 있는 식물들의 생육 장소, 특성, 가능한 증식법, 잠재적 활용 가치 등을 아는 사람은 지역민뿐이었다. 그러므로 식물을 이해하는 현지인의 문화 전통이 유럽에서 분류학을 공부한 사람들에게는 혼란스럽고 비체계적으로 보일지라도 구두의 형태로든 문자의 형태로든 현지인들이 가진 지식은 헤아릴 수 없이 중요했다. 19세기 말 중국 내륙을 여행한 영국 수집가들이 투덜대면서도 중국의 지명 사전을 밤낮으로 끼고 다닌 것도 그래서였다. 대부분의 수집가는 또 서양인들에게 적대적으로 변할 소지가 있는 지역을 여행할 때는 중국인 수집가를 조수로 데리고 다녔다. 서구 수집가들의 글에 동양주의적 가설이 굴절돼 있으면서도 섣부른 일반화는 지양되었던 까닭도 현지에서 보고 겪은 그런 경험 때문이었다. 중국 지역의 다인종성, 지역이 바뀔 때마다 거래를 해야 했던 점, 그것도 모자라 그들 고유의 것으로 추정된 지식마저 잡탕으로 만들어야 했던 것, 이 모든 요소가 불평등한 권력 구조 내에서 태동하는 글로벌 네트워크의 출현에 영향을 미쳤다.[140]

동물 수집

19세기 말은 연결의 시대였던 만큼 동물의 수집과 전시도 급속히 확대되었다. 이전 수 세기 동안은 이국적 동물을 가진 순회 동물원이 오락과 기업 활동의 일반적 형태였지만, 19세기 후반부 들어서는 고정 동물원이 순회 동물원의 매력을 압도하고, 새로운 '과학적' 동물원이 그 시대를 특징짓는 포괄적·조직적·범세계적 수집의 표현이 되었다.

장 들라쿠르Jean Delacour야말로 동물 수집으로 초국적 네트워크를 일궈낸 대표적 인물이었다. 많은 사람이 세계 최고의 사설 동물원으로 간주한 것을 만들고, 그의 이력에도 나타나듯 개인 수집관에 지나지 않던 동물원을 공공 기관으로 변모시킨 장본인이었으니 말이다. 희귀 새 수집가로 유명한 들라쿠르는 노르망디에 있던 그의 영지 샤토 클레르에 사설 동물원을 세우고 긴팔원숭이, 가젤, 캥거루, 플라밍고(홍학), 두루미와 같은 비육식동물을 전시했다. 그뿐만 아니라 그는 500여 종의 새를 보유하고 있으면서 작은 새들을 위한 사육장을 짓고, 가장 희귀한 새들을 특별 관리했다. 1922년에서 1930년대 말 동안에는 해마다 특히 열대지방으로 원정을 떠나 살아 있는 표본을 수집하여 다른 수집가들에게 공급해 주었다. 그런 식으로 그가 파리, 런던, 뉴욕으로 보내 준 동물 표본은 조류 3만 마리, 포유동물 8000마리에 달했다. 들라쿠르는 더할 나위 없이 중요한 동남아시아 및 다른 지역의 조류 편람도 발간했다. 제2차 세계대전이 일어나기 직전이던 1939년 노르망디 영지가 불탄 뒤에는 뉴욕으로 이주해 브롱크스 동물원과 미국 자연사박물관에서 근무한 뒤 나중에는 로스앤젤레스 박물관장 자리에까지 올랐다. 들라쿠르는 종전 뒤에도 미국에 거주하면서 클레르의 영지와 동물원을 복구하는 데 힘썼고 타계할 때 그 동물원을 프랑스 정부에 기증했다.[141] 동물원과 수족관은 이렇게 자연사박물관 및 식물원과 다를 바 없이 초국적 전문 지식의 교류로부터 싹터 국가적·지방적 혹은 개인적 자긍심에 의해 추진되었다.

동물원은 농촌과 농업 세계가 도시와 산업 세계로 이행해 가는 것의 일부로 확산되었다. 따라서 그런 변천을 따라잡은 나라들이 당연히 동물원의 확산 속도도 가장 빨랐다. 유럽만 해도 1903년의 가이드북에 벌써 독일 동물원이 열여섯 곳, 영국 동물원이 네 곳, 프랑스 동물원이 네 곳 소개되었을 정도다. 벨기에의 안트베르펜, 네덜란드의 암스테르담과 로테르담에도 동물원이 들어섰다. 벵골 과학자 람 브라마 사니알Ram Brahma Sanyal이 원장이었던 캘커타의 알리포르 동물원 또한 동물 전시와 연구 면에서 뚜렷한 두각을 나타냈다. 미국에도 유럽의 본보기를 따른 최초의 동물원이 1874년 필라델피아에 건립되었다. 뒤이어 도시 후원자들이 식물원과 동물원을 함께 갖춘 새로운 형태의 공원들을 조성함에 따라 캔자스시티, 볼티모어, 프로비던스, 세인트루이스, 세인트폴 등 다수의 다른 도시에도 동물원이 속속 들어섰다. 1916년에는 남아프리카 프리토리아에도 국립 동물원이 개장했다. 또한 (들라쿠르의 예에서 보듯) 개인 수집관이 동물원이 되고, 동물원 유지도 얼마간 개인 후원금에 의존하는 경우가 많았던 유럽 및 여타 지역과 달리 미국 동물원들은 도시 동물원에서 출발해 공립 동물원으로 발전해 간 특징을 보였다. 세계 박람회도 동물원을 늘려 주는 데 일조했으며 그러다 간혹 박람회의 동물 전시관이 상설 동물원으로 발전하기도 했다. 1931년 파리 식민지 박람회에 설치되었던 이국적 동물 전시관이 뱅센 공원 동물원의 토대가 된 것이 좋은 예다. 20세기 초에는 자연보호의 사명을 드러내려고 한 전문 동물원도 전 세계에 모습을

Carl Hagenbeck's Tierpark Stellingen-Hamburg.　Panorama.

_____함부르크 외곽의 하겐베크 동물원에 펼쳐진 야생 생물들의 파노라마, '파라다이스'의 전경을 묘사한 그림엽서. 1907년에 개장한 하겐베크 동물원은 '사실적' 배경에 동물을 (때로는 인간을) 전시해 전 세계 동물원들의 외형에 큰 영향을 끼쳤다. (Wikimedia Commons)

드러냈다.[142]

　　그런 동물원은 동물을 범세계적 연결성과 지역적 다양성을 동시에 대변하는 것으로 변모시켰다. 카를 하겐베크Carl Hagenbeck만 해도 20세기 초 함부르크 외곽에 식물원, 자연사 전시관, 동물 전시관을 하나로 엮어 세계의 다른 지역들을 광범위하게 보여 주고 국제적 영향력이 큰 새로운 형태의 동물원을 조성했다. 하겐베크의 동물원은 관람객 눈에는 도랑과 차폐물이 보이지 않도록 계단식 우리 열을 설치해 동물들이 마치 '자연' 서식지에 뛰노는 것과 같은 아프리카와 북극의 '파노라마'를 연출해 보였다. 1907년에 하겐베크 동물원이 이렇게 큰 화제를 일으키며 개장한 뒤로 파노라마와 그 밖의 기술을 이용한 자연경관의 시각적 시뮬레이션은 동물 수집, 그리고 하겐베크도 행했던 인간 전시Völkerschauen의 필수 배경막이 되었다.

　　동물원들은 또 분류학에 열광했던 그 시대의 추세와 이전 시대의 순회 동물원과 차별화하려는 욕구에도 고취되어 과학 전시관의 지위도 주장했다. 연구도 장려하고 대중에게 생물학 교육과 자연사 교육도 시키려는 취지로 시작되었으나, 실상은 그와 다르게 동물원 전시는 점점 과학의 본질보다는 허울을 보여 주는 데 그쳤다. 에리크 바라테Éric Baratay와 엘리자베트 하르두앵퓌지에Elisabeth Hardouin-Fugier의 분석서에도 과학적 유용성에 대한 주장이 광범위하게 개진된 것에 비해서는 동물원이 거둔 과학적 성과가 대학 및 박물관 연구소에 비해 훨씬 미흡했던 것으로 나타나 있다.[143]

동물원들은 과학과 구경거리 사이에서 균형을 맞추기 위해서도 노력했다. 관람객 유치 면에서 보면 작은 포유동물들은 아무리 정성 들여 전시를 해도 덩치 큰 코끼리 한 마리를 당해 내지 못했다. 도시 거주민들이 서커스, 순회 동물원, 술집과 공립 공원에서 이국적 동물을 구경하는 것에 익숙해 있는 것도 문제였다. 동물원들이 그런 곳과 경쟁하려다 보니 과학 교육과 흥행성 사이에서 접점을 찾기가 어려웠기 때문이다. 파리 아클리마타시옹 공원 책임자 알베르 조프루아 생틸레르Albert Geoffroy saint-Hilaire도 19세기 말 조부와 부친이 수행하던 과학적 계획을 계속 추진하려다 파산에 직면한 끝에, 결국 누비안(염소의 일종), 에스키모, 가우초(아르헨티나 카우보이), 그가 (『걸리버 여행기』에 나오는) "릴리퍼트 왕국"으로 명명한 난쟁이촌 같은 민족지적 눈요깃거리들을 전시물에 포함시켰다. 브롱크스 동물원도 1906년 아프리카의 피그미족 인간인 오타 벵가Ota Benga를 잠시 전시했다가 동물원 관리자들이 세계 박람회 중앙로에서 한창 인기를 끌던, 살아 있는 인간의 민족지적 전시를 기피함에 따라 중도에 멈췄다. 그래도 어쨌거나 동물원들은 비록 뉴욕의 코니아일랜드와 다른 놀이공원에서 행한 말의 다이빙 쇼와 코끼리 워터 슬라이딩 쇼를 제공하지는 않았지만, 과학과 흥행 사이에서 위험한 줄다리기를 계속했다. 1889년에 개원한 미국 국립 동물원마저 '과학의 증진'과 '국민의 오락'을 건립 목표로 내걸었을 정도다.[144]

동물원들은 또 일부분 관람료로 유지되었기 때문에 흥행이 필요했고, 그래서 도입하여 관람객 유치에 성공한 방법이 익숙한 미니어처 세계를 시뮬레이션하는 것이었다. 모방에는 여러 방식이 동원되었다. 동물 수집물에 서열의 정치를 반영해 수집가와 관람객을 모든 동물, 다시 말해 이국적 동물과 평이한 동물, 거대한 동물과 왜소한 동물, 무시무시한 동물과 겁 많은 동물들의 지배자로 앉혀 놓은 것이 대표적인 예다. 생물학적 착오를 일으키면 어떤 일이 벌어질지를 보여 주는, 사회적 위계에 대한 잊지 못할 교훈을 깨우쳐 주는 전시였다. 백수의 '왕' 사자가 좋은 예였다. 동물의 감정적인 면을 살린 시뮬레이션도 실시되었다. 동물원을 찾는 사람들은 대개 도시민들이었고, 그러다 보니 동물을 직접 경험해 본 적이 없어 동물에 인격을 부여하는 것을 가장 재미있어 했기 때문이다. 그에 따라 우리의 규모도 점점 커졌다. 동물의 행동이 인간의 감정 및 성 역할에 대한 일반적 기준에 부합하게 보이게 하려고 동물들을 '가족'으로 수용하려다 보니 벌어진 일이었다.

한편 대형 동물원과 소형 동물원의 폭발적 증가는 '이국적' 동물의 수요 급증을 야기했다.(그 시대의 동물원은 평범한 농장 동물은 전시하지 않았다.) 그래서 또 그 수요를 맞추기 위해 수에즈 운하와 같은 상업적 인프라의 발전과 식민주의 힘에 주로 의존한, 멀리 떨어진 지역의 동물 교역을 용이하게 해 줄 촘촘한 초국적 네트워크가 형성되었다. 기업인, 선박 회사, 지역 행정관, 조력자를 찾아 주고 문화 차이에서 오는 각종 오해를 바로잡아 준 지역 거간꾼이 그 네트워크의 일원이었다.

동물 거래 면에서는 함부르크가 가장 중요한 교역지 중 하나가 되었다. 생선 장수를 아버지로 둔 하겐베크만 해도 10대 시절에 이미 동물들을 구입해 이동 동물원을 운영하는가 싶더니 어느새 활동 지반을 넓혀 전 세계를 무대로 동물 거래를 하는 중개인이 되었다. 1860년대에는 몇몇 이탈리아 탐험가와 손잡고 코끼리, 기린, 타조, 사자, 하이에나와 같은 아프리카 야생 동물들을 대량으로 들여와 광범위한 인기를 얻고 유명해지기도 했다. 1880년대 중엽에는 그와 그의 가족이 수집하고 공급한 동물이 사자 1000마리, 낙타 300마리, 기린 150마리, 원숭이와 새 수만 마리, 파충류 수천 마리에 달했다. 그런 식으로 하겐베크의 동물 사업은 1907년 개장한 이후 파노라마 배경을 갖춘 '자연적' 전시 모형으로 이름을 날린 하겐베크 동물원과 더불어 순회공연과 민족지적 전시를 포함한 대규모 오락 제국의 일부를 이루었다.[145] 그렇다고 하겐베크가 동물 거래만 한 것은 아니고, 자신의 서커스단과 동물원에도 전시한 '진기한' 인간종들도 공급했다. 뉴욕으로 이주한 독일인 카를 라이헤Charles Reiche도 하노버 부근에 그와 유사한 동물 거래 회사를 설립하고, 이집트와 실론에 대리점을 설치한 뒤 미국 시장에 다량의 동물을 공급했다. 제1차 세계대전 때까지는 이런 식으로 독일 동물 상인들이 세계의 야생동물 교역을 주도했다.[146]

하지만 승승장구하던 독일 동물 교역 네트워크들도 제1차 세계대전 뒤부터는 붕괴하기 시작했다. 독일이 식민지를 잃고, 선박 회사들 또한 전쟁으로 타격을 입으며, 구제역 발발로 동물 수입과 관련된 입법화가 추진된 것이 요인이었다. 하지만 개인 수집가, 위락 시설, 동물원의 수요는 그것과 관계없이 계속 늘어났다. 새로운 세대의 동물 수집가도 등장하여 미국인 프랭크 벅Frank Buck만 해도 동물 수집을 유명인의 이력으로 만들었다. 그는 독일 네트워크들의 쇠락에 편승해 남아시아와 동인도제도에서 동물을 수집하는 것을 평생의 이력으로 쌓았다. 그런 식으로 동물 사냥이 호의적 평판을 얻자 동물원들도 그 일에 직접 뛰어들었다. 미국 국립 동물원장 윌리엄 M. 만William M. Mann까지 나서 탕가니카, 네덜란드령 동인도제도, 라이베리아로 동물 수집 원정대를 직접 이끌었을 정도다. 그러나 평판과 동물 수집이라는 두 마리 토끼를 동시에 잡으려 했던 당초 기대와 달리 윌리엄 만의 원정은 주로 평판을 얻는 데 그쳤다. 그의 부인 일기에는 바타비아(지금의 자카르타)에 갔을 때는 원정대가 "동물 수와 버금갈 정도로 많은 수집가가 그곳 도시들에서 버글거리는 것"을 보았다는 내용도 기록돼 있다.[147]

당시에 진행된 동물 수집의 범세계적 특징은 윌리엄 만이 보르네오섬에서 고용한 사람들 중 하나였던 리앙 가디 상Liang Gaddi Sang의 이력으로도 드러난다. 보르네오섬 출신으로 주로 시암에서 살았던 그가 여러 차례에 걸쳐 말레이 정부와 시암 정부, 미국 어업 위원회장, 벨기에의 레오폴Leopold 왕세자, 영국 박물관에 고용되었으니 말이다.[148]

동물원의 난립과 엄청난 규모로 진행된 조류, 포유동물, 어류의 국제적 교역은 상상을 초월할 정도로 많은 양의 생물을 파괴했다. 수집가 네트워크들로서는 아마도 자연계의 풍족함이 무한정으로 보였던 듯하다. 전시를 위해 한 차례씩 이동할 때마다 동물 네 마리가 죽어 나가는데도(우리에 갇히면 치사율이 더 높아졌다.) 동물 거래자들은 재정적 손실만 따졌다. 하지만 아이러니하게도 일부 조류와 포유동물의 개체 수가 크게 줄어든 것이 오히려 동물원이 존재해야 하는 새로운 명분으로 작용해, 자신들이 벌이는 거래와 감금이 끔찍한 치사율을 야기하는데도 동물원은 동물 보호를 역설하고 나섰다.

동물원들은 수집가와 교역자의 초국적 조직이 갈수록 무자비한 효율성을 보이며 일부 종의 생존을 위협하자, 동물 학대의 금지에 주안점을 둔 범세계적 조직을 결성했다. 동물 보호에 전념하는 초국적 집단과 동물 보호 관련 협정의 수도 특히 국민들이 동물 파괴에 가장 앞장섰던 나라들을 중심으로 늘어나기 시작했다. 19세기 중에는 다수의 유럽 및 미국 도시에 동물 보호 협회가 생겨나고, 협회 지도자들도 초국적 개혁 네트워크의 일원이 되었다. 그들 중에는 채식주의를 실시하고 동물 보호 협회 활동을 식민지 지역으로 확대한 사람들도 있었다. 1903년에는 일군의 영국 박물학자와 미국 정치인들이 아프리카 동물 보호를 촉진하기 위한 제국의 야생동물 보호 협회Society for the Preservation of the Wild Fauna of the Empire를 설립했다. 국립 오듀본 협회National Audubon Society의 설립자인 토머스 길버트 피어슨T. Gilbert Pearson도 1922년에 런던에서 국제 조류 보존 회의International Council for Bird Preservation를 수립했다.[149] 1930년에는 몇몇 종의 고래 포획을 금지하는 국제회의가 열렸으며 1933년에는 자연 상태의 동식물 보존에 관한 (런던) 협약Convention Relative to the Preservation of Fauna and Flora in Their Natural State이 체결되었다.

그러나 자연 보존과 관련된 관념의 초국적 순환도 국가, 제국, 인종의 담론과 뒤엉켜 있기는 마찬가지였다. 정력적 생활 방식을 중시한 사냥꾼과 여행가들이 종종 금렵 지역과 국립공원 지정 노력에 앞장서며 사용 규칙을 정하려고 한 것만 해도 그랬다. 그 결과 아프리카, 인도, 여타 식민지 지역에는 유럽인이 통제하는 금렵지가 조성되어 토착민이 그곳에서 사냥하면 '밀렵꾼'이 되고, 제국 관리들이 개인 기념품을 모으거나 제국의 자연사박물관 전시물을 수집하기 위해 사냥을 하면 주요 오락이 되었다. 동물 보존은 이렇게 토착민의 자급자족, 그리고 특히 그들의 영양 섭취에도 악영향을 미치기 일쑤였다. 동물 보호주의자들은 과학의 증진에도 자주 특별한 관심을 보였다. 벨기에 국왕 알베르 1세Albert I가 개체 수가 줄어드는 고릴라를 보호하고 과학적 원정 활동에도 힘을 실어 준다는 취지하에 국제적 압박을 적잖이 가한 뒤, 1925년 콩고에 아프리카 최초의 국립공원인 알베르 국립공원[18]을 건립한 것이 좋은 예다. 식민지 지역에서 행해진 사냥과 과학의 촉진은 이런 식으로 인종적 제약과도 종종 맥을 같이했다.

자연환경과 동물에 대한 낭만화된 애착도 자연 보존 노력을 흔히 국가의 운명과 (우월) 인종의 운명을 증진시키는 데 없어서는 안 될 요소가 되게 만들었다. 20세기 초까지만 해도 캘리포니아, 독일, 남아프리카, 그리고 여타 지역에는 우생학과 동물 보호주의를 함께 지지하는 사람들이 있었다. 아프리카에 국립공원들이 조성된 내력이 그것을 보여 주는 사례가 될 수 있다. 남아프리카에는 제1차 세계대전 전에 이미 금렵지가 조성돼 있었다. 그런데 종전 뒤 아프리카너들의 민족주의가 비등하면서 대규모 국립공원을 건립하자는 미적·실용적 요구가 빗발치자 1926년 아프리카인들의 입장은 금지하고 백인들만 들어와 야생 생물이 지천으로 널린 조상의 옛 정착지를 마음속에 새삼 그리며 아련한 향수에 젖을 수 있도록 백인들의 공간, 크뤼에르 국립공원이 건립된 것이었다.[150]

박람회, 박물관, 식물원, 동물원은 애당초 수집가와 전시자들이 실물의 형태로 관람객에게 '세계'를 보여 줄 수 있으리라는 기대감으로 조성되었다. 그런데 이 기관들도 왕왕 경계가 흐려지기 일쑤였다. 박람회에 박물관, 동물원, 식물원이 특별관으로 설치되고, 그러다 때로는 그것들이 상설 기관으로 발전하는가 하면, 동물원에 식물원이 들어서고, 식물원 곁에 동물원이 추가되는 식이었다. 이 전시물들 모두 과학을 증진시키고, 관람객에게 세계를 알게 해 주며, 오락도 제공한다는, 때로는 목적이 상충되기도 하는 주장을 폈다. 그들이 만들어 낸 협약 또한 놀이공원, 영화, 대중소설의 세계와 곧잘 부딪혔

—— **18** 지금의 비롱가 국립공원.

다. 서구에 집중되었지만, 제국적 힘과 교역적 네트워크를 통해 전 세계 다른 지역으로도 퍼져 나간 전시물들이 범주를 정하고 지식을 보편화함으로써 표현을 통제하려고 했기 때문이다. 제국적·진화적 세계관으로 구축된 전시물들은 서로 간에 긴밀하게 맞물린 위계도 투사했다. 과학, 기계, 진보를 신봉하는 문명화된 유럽인들이 원시인은 결국 서서히 변하거나 죽게 된다는 식으로 진화론적 진보관을 전시에 투영한 것이다. 식물원 전시물에도 외견상 무질서해 보이는 자연의 난맥상을 길들이기 위해 합리적 질서가 부과되었다. 인간은 이런 식으로 동물계의 지배자로 군림했다.

그러나 수집 행위로 형성된 네트워크들도 알고 보면 단순히 주도권을 만들어 내는 것보다는 좀 더 복잡한 양상을 띠고 있었다. 다양한 출신 성분을 가진 수집자들이 개인 혹은 후원자에 따라 각기 다른 동기를 가지고 세계를 편력한 것만 해도 그랬다. 그러다 보니 수집품은 모여드는 곳도 제각기 달랐고, 이동도 했으며, 시간이 가면서 변하기도 했다. 시간과 공간이 정해진 박람회마저 복잡한 교류망을 갖고 있었으니 말이다. 사람, 식물, 동물, 사물, 생각, 이 모든 것이 움직였고, 그 움직임은 반복되었다. 모험가, 부유한 후원자, 기인, 기업가, 각종 협회, 정부, 이 모든 주체가 국제적 교류에 의존해 수집물을 얻은 데서 비롯된 불가피한 결과였다. 동식물을 수집하고 전시하는 행위는 이렇듯 주도권뿐 아니라 여러 가지 면으로 세계를 좁아지게 만든 수많은 상호작용도 수반했다.

* * *

박람회, 박물관, 식물원, 동물원과 같은 전시 기관들은 국가, 제국, 세계라는 상호 구성적 담론의 좋은 사례가 된다. 제국과 국가들이 경쟁을 벌이고 영광을 얻으려 함에 따라 기관과 엘리트들은 그들의 동류同類로부터 단순히 무엇을 얻어 내는 것을 넘어, 기량 면으로 그들을 압도하려고도 했다. 하지만 그렇다고 해서 전시와 수집이 전문성과 습득이 순환되는 초국적 회로 내에서, 그리고 그것에 의존해 형성된다는 사실이 변하지는 않았다.

앞서 언급했듯이 전시의 교점들 또한 합리적 분류와 구경거리가 결합된 형태를 지녔다. 최신의 과학 지식과 기술에서 놀라운 요소들을 끄집어내 놀이공원에서 얻는 정서적 즐거움에 합치시킨 것이다. 분류의 위계와 전문성을 갖춘 학문적 구조를 대변해 준 거대 전시관들 곳곳에 허술한 사회조직에나 어울릴 법한 불안정한 의미와 모호함이 내포된 이국적 볼거리가 산재한 것도 그래서였다. 그런 식으로 전시관들은 이성이나 구경거리 모두 새로운 범세계적 형상을 만들어 내는 문화적 순환의 기본 요소임을 입증해 보였다. 그중의 한 가지만을 투사해서는 당대의 특징이 된, 문화적 의미들 간의 불협화음을 없앨 수도 통제할 수도 없었던 것이다.

4   전문성의 회로

전시에는 더할 수 없이 중요한 자료 수집과 기술 전문성의 공유는 그 시대에 출현한 초국적 전문인 협회의 특징이었다. 19세기 말에 등장한 새로운 전문인들이 전반적으로 과학적·실증적 믿음을 갖고 있었던 탓이다. 그들은 특정 문제에 대한 데이터만 충분히 모으면, 그 정보를 정리하고 분석하여 자연 및 사회계의 문제를 푸는 데 이용할 수 있다고 믿었다. 따라서 그 중요한 작업에서는 종교와 이데올로기는 물론이고, 심지어 국가에 대한 충성의 칸막이를 치는 것마저 뒷전으로 밀릴 수 있었다. 전문가들로서는 통계와 과학에 대한 공통의 합의를 이끌어 내는 것이 무엇보다 중요했기 때문이다. 같은 맥락에서 그들은 자연 또한 인류의 이익을 위하는 방향으로 설계될 수 있고, 사회권도 심각한 불공정을 타파하는 방향으로 재정비될 수 있으며, 전염병도 근절될 수 있다는 신념을 가졌다. 초국적 지식 공동체를 구축하기 위해 정력적으로 활동한 새로운 전문가들은 세계의 진화적 진보가 자신들이 지닌 전문성의 권능에 달려 있다고 믿었다.

19세기 말부터는 수학, 통계학, 화학, 철학 등 여러 과학 학문 분야와 관련된 국제회의도 개최되어 다수의 학자가 국제 서지 목록도 편찬했다. 외국 국적을 가진 사람들에게 서유럽 대학들이 개방되고 번역 및 출판 활동도 왕성해져 초국적 교류 또한 활발해졌다. 그런 전문성의 교류와 신구新舊 학문 분야의 전문화로 과학, 사회학, 인문학의 재정비도 이루어졌다.

전문성의 회로를 구축한 사람들은 전 세계의 견해를 취합할 수 있고, 현지화된 '사실들'을 비교, 시험, 확인하며 상호작용도 이루어지는 광범위한 네트워크를 이용해 자신들의 전문성을 널리 전파할 수 있다고도 주장했다. 전문성의 회로는 얼핏 식민주의를 행한 서구인들의 전유물처럼 보였지만, 알고 보면 과학과 전문 지식을 통해 진보할 수 있다는 생각을 가진 지도자와 지식인들은 전 세계에 널리 퍼져 있었다는 것이다. 그러므로 초국적 과학에 대한 끌림도 기술적 발전이 앞선 적에 맞서 자기방어를 하려는 의식과, 보편적 과학 프로젝트의 개념에 매료되는 것, 그 두 가지 모두에서 나올 수 있었다.

다수의 정부도 초국적 과학과 기술을 받아들이도록 국민들을 독려했다. 알렉산드르 2세 러시아 황제가 1860년에서 1870년대까지 러시아 민족주의와 유럽화를 결합시킨 대개혁을 단행하고, 오스만 제국 통치자들이 19세기 중엽 강병強兵에 중심을 두되 폭넓은 개혁의 특징도 지닌 근대화 운동 탄지마트를 실시한 것이 좋은 예다. 일본 정부도 메이지 유신에 성공한 뒤 1871년에서 1873년의 기간에 이와쿠라 도모미岩倉具視를 단장으로 한 마흔여덟 명의 정부 요인 사절단을 미국 및 유럽 주요 도시들에 파견했다. 이들은 순방을 마친 뒤 일지, 문서, 논평, 서구에서 보고 겪은 것을 평가하고 일본에 그것을 적용하려는 목적으로 작성한 특별 보고서 등 예순여덟 권에 이르는 견문록을 발간했다. 청나라도 태평천국운동(태평천국의 난)을 겪은 뒤 지배자와 교육받은 엘리트들이 조지프 에드킨스Joseph Edkins의 『과학학의 첫걸음Primers for Science Studies』(1886)과 같은 기초과학 서적의 번역을 독려했다. 나중에 그것은 『서구 학문의 첫걸음Primers of Western Learning』(1898)으로 재발간되었다.[151] 시암의 국왕 쭐랄롱꼰Chulalongkorn 또한 행정과 건축 면의 서구화를 수용했다. 멕시코도 포르피리오 디아스 대통령 정부 시대에 기술 관료 조직인 시엔티피코cientifico를 가동했으며, 브라질 또한 공화국을 수립한 실증주의자들이 1891년 "질서와 진보Ordem e Progresso"의 표어를 새로운 국기에 새겨 넣었다. 기술 습득과 적용을 통해 유럽에 저항하거나 유럽을 뛰어넘으려는 열망을 지닌 사람들에게는

──특명 전권 대사 이와쿠라 도모미(가운데)를 단장으로 한 일본 최초의 해외 방문 사절단
의 모습, 1872년 런던. 이와쿠라 사절단은 일본의 근대화에 도움이 될 만한 관례를 연구하기 위
해 2년여 동안 미국과 서유럽, 러시아, 이집트, 남아시아, 동남아시아, 중국의 도시들을 순방했다.
(Wikimedia Commons)

일본이 1905년의 러일전쟁에서 승리한 것도 세계적 중요성을 갖는 사건으로
인식되었다. 인도, 조선, 여타 지역의 민족주의 지도자들 또한 양차 대전 사이
의 기간에 서구 과학과 기술을 그들 특유의 유산과 합치시키려는 노력을 기
울였다. 초국적 전문인 공동체들에 의존하고 그들의 지식을 습득하는 행위는
범세계적 현상으로, 동서양 담론의 경계를 넘어서고 자본주의, 기업주의, 사
회주의, 국가주의(혹은 '국력 강화'가 조금 변형된 것)라 불러도 좋을 정강들 사이
의 경계마저 흐리게 한 일종의 '공유 개발 프로젝트shared developmentalist project'
였다.[152]

　　물론 앞의 사례들에도 나타나듯 초국적 전문성과 국가적 혹은 제국적 목

적 사이에는 긴장이 존재했다. 학문 분야를 전문화하는 과정에서 민족적 특성을 배제하지 않은 결과로, 지식을 생산하고 유포하는 일에서 각 민족 집단이 그들 고유의 모델을 채택하려고 한 것만 해도 그랬다. 하지만 민족주의로 야기되는 긴장은 외국 대학에 유학하고, 국제회의에 참석하며, 전 세계 간행물을 통해 의견 교류도 하는 전문가들 회로를 통해 중재할 수 있었다. 물론 그 전문가들도 국가기관에 속하고, 상이한 문화양식을 갖고 있기는 했지만 말이다. 문제는 전문가 회로에 의한 중재의 효과가 예측 가능하지도, 획일적이지도 않다는 데 있었다. 페터 바그너Peter Wagner의 말을 빌리면 그것은 "초국적 지향점이 논의를 확대해 초점을 다시 맞추거나, 국가의 장에서 개별적으로 접근할 때 좀 더 강력한 입지를 보유하기 위해서거나, 둘 중 한 가지 형태를 취하기"[153] 때문이었다.

초국적 지식 공동체들은 그런 식으로 혼성 지식을 차용해 국가 프로젝트를 망치기도 하고, 차이를 둔화시켜 그것을 강화시키기도 하며, 혹은 두 가지 결과를 동시에 얻기도 했다. 세균학의 신기원을 이룩한 루이 파스퇴르Louis Pasteur의 과학적 업적이 프랑스의 국위를 선양하고, 식민지 정책을 손쉽게 해주며, 초국적 연구 네트워크를 촉진한 것이 좋은 예다. 상호작용이 일어나는 다른 분야와 마찬가지로 보편성에 대한 주장과 국가 및 제국의 특수성에 대한 주장도 때로는 조화를 이룰 때가 있었던 것이다. 실제로 한 나라 최고의 민족주의적 표현은 종종 학문적 담론에 내재된 보편성의 주장에서 나오기도 했다.

하지만 또 분명한 사실은 과학자들은 범세계적 지식 회로를 상상할 때조차 차이의 담론을 만들어 냈다는 것이다. 마이클 애더스도 서구에서는 기계가 '남자의 척도'를 가리키는 지표, 다시 말해 서구 바깥의 세계에 대한 서구의 우월성을 나타내는 가장 중요한 지표로 사용되었다는 점을 보여 주었다. 아프리카인들만 해도 그들에게는 애초에 기술 문명을 발전시킬 능력이 없다는 견해가 폭넓게 유포되었고, 그러다 보니 서구인들은 (그레이트) 짐바브웨에서와 같이 건축과 공학적인 면으로 중요성이 큰 고고학 증거물을 발견해 놓고도, 그 유적지를 외부 세력이 세웠을 것으로 보는 실수를 범했다는 것이었다. 서구 제국주의자들의 글에 가장 빈번하게 등장하는 비유 용법 중 하나도,

산업혁명을 경험하지 못한 사람들에게 소총, 축음기, 카메라와 같은 자잘한 기술 제품들을 보여 주고 그들이 놀라는 모습을 묘사한 것이었다.[154] 전문성을 특색으로 한 서사에서는 이렇게 서구의 과학과 기술의 습득이 진보를 나타내는 가장 중요한 특징이 되었다.

서구 역사가들 또한 그들 스스로 과학적·기술적 방법을 인간의 업적을 가장 잘 나타내는 참된 척도라고 추켜세웠던 만큼, 한때는 근대의 지식이 서구에서 시작해 '후진' 지역들로 퍼져 나갔다는 관점을 무리 없이 받아들였다. 이 계몽의 확산 스토리는 식민지 사업을 정당화하는 것과도 관련이 있었다.

하지만 그 논리는 탈식민주의적 비판에 직면했다. 일부 학자가 과학과 기술 전문성의 네트워크를 좀 더 맥락화되고 지방화된 지식과 드잡이하는 추상적이고 때로는 부적절하기도 한 '제국적 지식'의 보급자로 보는 반反서사를 만든 것이었다. 따라서 여기에는 범세계성을 지방에 맞서는 제국적 적敵으로 상정한, 세계와 지방의 이분법이 암시돼 있다.

그렇다고 탈식민주의 학자 모두가 그런 관점을 가졌던 것은 아니고, 초국적 영역과 지방적 영역 간의 '공동 생산'을 강조한 사람들도 있었다. 그들은 힘의 불평등이 심하고 인종적·제국적 위계도 철저한 세계에서조차 좋은 과학은 실험, 비교, 초국적 연결을 손쉽게 해 준 협업도 존중한 공共 구축 회로에 의존했다고 주장했다.[155] 그러면서 19세기 말 전파라는 전문 지식 회로 구축에 참여함으로써 초국적 연구의 돌파구를 연 벵골 과학자 자가디시 찬드라 보스J. C. Bose, 이탈리아의 발명가 굴리엘모 마르코니, 세르비아계 미국인 니콜라 테슬라Nikola Tesla를 예로 꼽았다.

이 단락도 이들과 마찬가지로 공동 생산을 서술의 얼개로 삼으려고 한다. 지식의 회로가 종종 제국적·위계적 가설을 투사하기는 했지만 연구 결과와 실행 또한 지방화된 상호작용으로 바뀌었기 때문이다. 과학자들이 초국적 공통 언어와 방법론의 개념을 제공했을 때조차 공통성의 의미는 현장에서 차별화되고 공동으로 생산된 표현으로 달라질 수 있었던 것이다. 이 단락에서도 그러한 점을 감안해 힘의 불균형을 염두에 두고 지식의 흐름을 분석하되, 후속된 논의에서는 공동 생산과 차별화된 공통성의 논제들에 주안점을 두려고 한다.[156]

과학자, 측량사, 기술자

1870년 평평한 지구설을 옹호하던 어떤 사람이 수역水域에서 지구 곡률曲率을 과학적으로 입증하는 사람에게 500파운드를 주겠다는 제안을 했다. 그런데 이 제안에 영국의 박물학자 겸 전문 측량사였던 앨프레드 러셀 월리스 Alfred Russel Wallace가 응했다. 월리스는 노퍽의 베드퍼드 평지를 흐르는 베드퍼드강에서 9.7킬로미터에 걸쳐 베드퍼드 높이 실험을 실시, 양쪽 끝에 놓인 물체의 높이가 다르다는 것을 입증해 보였고, 그리하여 내기의 승자가 되었다. 하지만 평평한 지구 옹호론자들은 그 결과에 오히려 투지를 더욱 불사르며 이후 수년 동안 월리스에게 비난과 고소를 일삼았다.[157] 초국적 지지 집단을 보유한 그들은 다수의 다른 지역에서 20세기까지도 '베드퍼드 높이 실험'이 되풀이되었는데도 지구 구체 이론을 결코 받아들이지 않았다.

지구 구체설은 물론 콜럼버스 탐험 이전에 형성되었고 17, 18세기에는 유럽의 대륙 탐험도 폭넓게 진행되었으므로 혹자는 평평한 지구설에 대한 믿음도 그만하면 잦아들지 않았을까 생각할 수도 있을 것이다. 하지만 지구의 형태를 둘러싼 뿌리 깊은 진실에 대한 과학적 수정은 결코 쉽게 이루어지지 않았다.

새로운 과학적 방법의 범세계적 확산이 모든 곳에 반발과 불확실성을 불러온 탓이었다. 구형 지구가 인류에게는 어떤 의미를 갖는지, 월리스와 관련된 또 다른 관점으로 생물학의 진화론을 확인해 준 축적된 증거들이 인류에게는 어떤 의미를 갖는지에 대해 사람들은 어리둥절해졌다. (지구와 지구의 창조물이 하느님이 세상을 창조하는 데 걸린 7일보다 더 오랜 기간에 걸쳐 서서히 진화했다는 관점을 가지고도) 과학이 과연 기독교나 이슬람교 혹은 여타 종교와 무리 없이 조화할 수 있는지도 궁금했다. 하지만 심지어 (혹은 특별히) 과학적 발견의 최전선에 위치한 영역에 만연했던 그런 질문들이 야기한 격렬한 논쟁에도 불구하고, 과학기술의 신뢰성에 대한 믿음은 급속도로 퍼져 나갔다. 과학자들 (과학자scientist라는 용어는 1830년대에 만들어져 19세기 말부터 널리 사용되었다.)이 이해와 과학기술의 네트워크를 만들어 지구의 자연적 체계를 인간의 소용에 맞게 길들인 전문 지식의 영역에 포함하려고 한 결과였다. 전문 지식은 이렇게 새로운 전문성 기준의 지배도 받고, 반대자들의 괴롭힘도 당하면서 초국적으로 발전해 갔다.

지구를 과학적 관점으로 이해하기 위해서는 월리스가 사용한 것과 같은 과학기술로 지구를 광범위하게 측량하고 지도화하는 것이 필요했다. 물론 교역로를 묘사한 지도는 오래전부터 널리 사용되고 있었다. 그러나 예전과는 차원이 다른 정밀한 지도는 19세기 후반부에야 만들어졌다. 그 시대의 전문가들이 과학과 또 대개는 제국의 이름으로, 지도에 나와 있지 않은 지구의 마지막 지역들의 탐험과 측량에 나선 결과였다. 삼각측량의 새로운 기술로 대규모 현장 조사도 가능해졌으며, 사람, 동물, 식물, 한 지역의 풍토와 관련된 상세한 자료의 축적이 그런 과학적 조사에 포함되었다.

지구에 남은 마지막 미지의 세계를 측량하고 기술하기 위한 과학적 탐사는 특히 그 혜택을 누린 국가와 제국들에서 영웅도 배출시켰다. 인도 지도의 작성을 위한 대★삼각측량 프로젝트를 시행, 제국적 목적에 쓰일 방대한 지식 저장소를 만들어 냄으로써, 19세기 초에 전 세계적으로 이름을 날린 탐사 중 하나가 되게 했던 영국이 그런 경우였다. 뒤이어 1863년에서 1865년 사이에도 영국은 인도 원주민을 고용해 400만 제곱킬로미터에 이르는 트랜스 히말라야 지역을 측량, 또 다른 지도를 작성했다. '현자'라는 코드명으로 활동한 그 인도인들은 순례자로 위장한 채 자신들의 생명과 건강을 위험에 빠뜨리면서까지 법적으로 중국 땅이었던 곳으로 들어가 영토를 정확하게 측량했다. 그중 한 명이었던 나인 싱Nain Singh은 첫 번째 측량 길에 나섰을 때 1930킬로미터에 달하는 거리를 도보로 이동하면서 측량을 위해 특별 제작한 묵주로 보폭을 일일이 쟀다. 그리하여 그 공로로 그는 국제적 명성을 얻고 왕립 지리학회가 수여하는 상도 받았다. 인도 학자 사라트 찬드라 다스Sarat Chandra Das도 책 두 권을 집필하고, 영국과 러시아가 중앙아시아에서 벌인 '그레이트 게임'을 주제로 한 러디어드 키플링의 유명 소설 『킴』의 벵골인 등장인물 후리 춘데르 무케르지(일명 후리 바부)가 탄생하도록 영감을 불어넣었다. 킨툽Kinthup(혹은 K. P.) 또한 동료들과 갖은 위험을 무릅쓰고 4년 동안이나 브라마푸트라강의 발원지인 티베트에서 인도까지의 지역을 측량해 지도로 작성한 뒤 인도로 돌아왔다. 그리하여 비록 지도 작업이 진행되는 도중에는 이들의 활동이 비밀로 부쳐졌지만 오래지 않아 이들과 여타 현자들은 측량술을 크게 향상시키고, 인내심을 제국의 위대성을 나타내는 징표로 만들어 준 공로를 인정받아 많은 갈채를 받았다.

유럽인들은 사하라 사막 이남 아프리카를 탐험할 때도 현지인의 전문 지식을 이용했다. 리처드 프랜시스 버턴Richard Francis Burton과 그의 경쟁자 존 해닝 스피크John Hanning Speke가 아랍인과 우간다인 정보 제공자들을 각각 내세워 나일강의 발원지 논쟁을 벌인 것이 좋은 예다. 두 사람의 경쟁은 스피크가 버턴과의 공개 토론을 앞두고 권총 자살을 하는 것으로 절정에 달했다. 그러자 헨리 모턴 스탠리가 논쟁의 종지부를 찍겠다며 아프리카 탐험에 나섰고, 그것은 19세기 말을 풍미한 가장 떠들썩한 이야깃거리 중 하나가 되었다.[158]

육지 측량과 과학적 작업은 19세기 말 국민국가들의 야망이 전 세계를 알기 쉽게 표현할 방법을 찾던 전문성 담론과 뒤엉키면서 급속도로 늘어났다. 광범위한 삼각측량에 수반되는 비용을 감당할 수 있는 것은 정부뿐이었고, 체계화되고 단일한 통계적 지식 개발에 강한 흥미를 보이는 것도 국민국가뿐이었다. 러시아와 미국도 그런 나라들이었으므로 당연히 제국 내륙에 대한 지식을 통합해 정리하고 지도로 작성하기 위해 전문가들에게 과학적 측량을 의뢰했다. 1860년대에 콜로라도강과 그랜드캐니언을 탐사하여 유명해지고 훗날 미국 지질 조사회 회장 자리에도 오른 지질학자 존 웨슬리 파월John Wesley Powell도 그 전문가에 속했다. 1939년 미국 어류 및 야생동물 관리국 United States Fish and Wildlife Service이 설립되기 전에는 각종 생물학적 조사도 과학적 의제에 해당되었다. 러시아 측량사들 또한 시베리아 및 중앙아시아와 티베트 국경 지역에 대한 정보를 취합했으며, 프랑스의 나폴레옹 3세 역시 "미지의 세계를 없애고 그곳을 혼란으로부터 구하기" 위해 멕시코 과학 위원회를 설치했다. 공교롭게도 이 위원회 활동(1864~1867)은 나폴레옹 3세가 오스트리아 대공 막시밀리안(막시밀리아노)을 황제로 앉혀 멕시코 제국(1864~1867)을 수립하려 한, 결과적으로 실패로 끝난 기도와 맞물려 진행되었다. 하지만 그럼에도 비록 터무니없는 야망 때문에 버둥거리기는 했지만 멕시코의 동식물상에 관련된 주요 참고 자료와 열여섯 권에 달하는 방대한 보고서를 발행하는 성과를 거뒀다. 지구상의 가장 험난한 지역들을 지도화하는 작업은 탐험가들이 경쟁하듯 북동항로를 통해서는 시베리아 북부, 북서항로를 통해서는 캐나다 북부와 중앙아시아로 진출하고, 남극으로까지 경쟁을 확대함에 따라 그 지역들 외에 "노르웨이와 스웨덴에서도 글로벌 스포츠"가 되었다.[159]

식민지 당국이 토지와 사람에 대한 조사의 필요성을 고조시킴에 따라 식민주의 세력들은 습득 영토에 대한 정보를 수집하고 평가할 모종의 전문 위원회도 수립했다.[160] 1898년 이후 필리핀에서 광범위한 데이터 수집 작업을 벌인 미국이 좋은 예다. 미국은 필리핀 군도에 속한 다양한 지역의 특성이 드러난 지형과 종족의 보고서를 만들어 피부색, 신체적 특징, 농사 유형, 성적性的 규범에 따라 전 세계인을 인종적 위계로 나눈 관점에 힘을 보탰다. 반면에 이 조사에서는 마닐라의 근대화된 엘리트들도 과학적 행정 및 폭넓은 자치에 대한 그들의 역량을 주장함에 따라 얼마간 이해관계를 가졌다. 식민지의 토지와 사람에 대한 조사가 식민지 종주국들에는 합법적으로 인정된 수단이기는 했지만, 국가 건설에 참여하고 사적인 이력을 향상하는 데도 관심이 많았던 피지배민들의 도움을 받을 때가 있었기 때문이다.[161]

1875년의 영국·아프가니스탄 조약, 캐나다와 미국 간에 체결된 협정들, 제1차 세계대전을 종결짓는 파리 강화회의에서 만들어진 이런저런 영토적 타결에서 보듯, 그 시대에 체결된 다수의 국경 수립 조약과 같은 국제 협약들 또한 예전에 비해 한층 명확해진 공통의 지도들에 의존했다. 전 세계에 알려질 수 있다는 생각은 이렇듯 측량에 대한 그 시대의 강력한 신념뿐 아니라, 세계도 과학을 통하면 비록 계층적일지라도 통합된 전체로 수렴될 수 있다는 신념의 강력한 기둥이 되었다. 지도 작성 프로젝트가 민족주의, 제국주의, 초국가주의도 때로는 적대적이 아닌 상호 의존적 관계가 될 수 있음을 보여 준 명백한 사례가 된 것이다.

세계지도의 빈 곳들이 채워지고 크기가 조정되자 고고학에 의한 인류의 역사도 단순한 지방적 지식이 아닌 세계적 지식을 다루는 학문의 한 분야가 되었다. 아니 좀 더 엄밀히 말하면 지방적 지식 간에 일어난 상호작용이 새로운 초국적 학문의 출현에 이바지한 것이었다. 19세기 말에 시작된 그 진행 과정에서는 특히 고고학 발굴 보고서에 처음으로 사진을 포함한 알렉산더 콘체Alexander Conze의 예로도 드러나듯 독일 고고학자들이 중요한 역할을 했다. 이스탄불 고고학 박물관 설립자인 오스만 제국의 고고학자 오스만 함디 베이Osman Hamdi Bey와 함께 제국 전역에서 고고학 발굴 작업을 벌인 카를 후만Carl Humman도 과학적 발굴 기법을 개발한 독일의 건축학자 겸 고고학자였다. 독일인 부모를 둔 테오베르트 말러Teobert Maler 또한 막시밀리안을 지지하는 오스트리아 군대를 따라 멕시코로 들어와 멕시코 국적을 얻기 위해 그곳에 머물러 지내며, 하버드 대학의 피바디 고고학 및 민족학 박물관을 위해 (고대 마야인의 도시 유적인) 팔렝케의 조사를 수행하고, 마야 문명과 관련된 고고학 연구에 평생을 바쳤다. 캘리포니아를 여행하고 골드러시 때 금융업으로 재산을 일군 뒤 호메로스Homer 서사시의 무대인 트로이 유적지를 발굴해 큰 화제를 모은 하인리히 슐리만Heinrich Schliemann도 독일의 아마추어 고고학자였다. 독일인들은 제1차 세계대전이 발발하기 전 몇십 년 동안에는 역사서로서의 성서에도 지대한 관심을 보였고, 그 관심은 자연스레 중동의 고고학으로까지 이어졌다.[162] 세속적 과학자들은 그런 식으로 인간사와 자연사를 조명했다. 그러다 때로는 그들의 활동이 유적지 약탈, 유물의 전용, 지정학적 위치 설정은 물론, 심지어 학문의 이름으로 약장수 노릇을 하는 행위로까지 이어졌다. 독일의 탐험가-과학자들의 이력에는 이렇게 새로운 연구의 시대를 특징짓는 세계성과 더불어 전문화된 학문적 연구가 고르지 못한 행보로 진행한 사실도 암시돼 있다.

그렇다면 조사와 고고학 작업에 따라 만들어진 과학적 지식도 왕왕 서구인들의 목적에 맞게 왜곡되었을 것이다. 이름 짓기만 해도 주장의 한 가지 방식이었고, (역사적 시간과 지리적 공간의) 표현을 통제하는 것 또한 가장 심오한 권력의 형태였으니 말이다. 그러나 새로운 전문성의 문화도 단순히 일방통행식으로만 부과되지는 않았다. 지식의 초국적 회로를 구축하는 행위만 해도 지역적 전문성, 그리고 정도의 차이가 있는 공동 생산에 의존하고 있었으니 말이다. 세계를 편력한 전문가들은 낯선 곳에서 문화적 중재자로 발전하거나 성공할 수 있는 역량을 키웠으므로 더더욱 코즈모폴리턴적이 될 수밖에 없었다.

그 도구주의의 시대에는 또 응용과학으로도 간주된 공학이 가장 신성한 직업 중 하나가 되었다. 일흔 개가 넘는 국제 협회의 회원, 측량사 겸 지도 작성자, 본초자오선 개혁 운동의 주창자, 태평양을 가로지르는 해저케이블 설치자였던 스코틀랜드 출신의 캐나다인 공학자이자 발명가 샌드퍼드 플레밍Sandford Fleming이 토목 기사라는 자신의 직업을 격동하는 산업 시대의 중립적 조정자로 여긴 것에도 그 점이 드러난다. 플레밍은 1876년 공학자들이 "논쟁의 재능을" 타고나지는 못했지만 "야생 상태에 있는 자연"에 맞서 싸우며 "타인들이 지나다니는 길을 평탄하게" 고르는 존재라고 썼다. 요컨대 "그들은 자본과 노동의 거대한 힘 사이에 위치하는 특권을 지녔고, 따라서 고용주와 고용인들 사이에서 올바르게 행동하면 그들 위아래에 있는 사람 모두에게 존경받으리라는 기대를 해볼 수 있다."[163]는 말이었다. 1860년대의 수에즈 운하 건설과 20세기 초의 파나마 운하 건설과 관련해 기술이 거둔 놀라운 업적 또한 공학이 세계를 지리적으로 더욱 가깝게 결합시켜 줄 것임을 나타내는 상징이 되었다. 운하, 도로, 교량 건설 등의 일을 담당한 토목 기사들은 그런 식으로 개인적이기도 하고 전문적이기도 한 초국적 네트워크를 형성한 가장 활동적인 전문가군에 속했다.

문제는 20세기 초에 시행된 다수의 대형 프로젝트가 보편적으로 쓰임새 있는 기술에 능통하고 정치적으로도 중립적일 것이라는, 토목 기사들에 대해 광범위하게 퍼져 있던 일반적 인식과는 다르게 진행되었다는 데 있었다. 그 프로젝트들을 관리한 기술자들이 모두에게서 '존경받는' 것과는 거리가 먼 방식으로 노동자들을 채용한 것이다. 현대 역사상 규모가 가장 큰 노동력 동원의 하나로 꼽혔을 만큼 전 세계로부터 방대한 노동력을 끌어모아 시행한 파나마 운하 건설 때가 바로 그런 경우였다. 전 세계 곳곳에서 수입한 노동자 수만 명의 일자리와 보상 범위를 인종과 국적에 따라 배정한 것이다.(서인도제도 사람들이 가장 낮은 임금에 가장 위험한 작업을 배정받았다.) 그렇게 해서 노동자들은 대개는 간과되었던, 생명과 신체의 가공할 비용을 지불해야 했고, 그 와 중에도 기술자들은 칭찬받기에 바빴다. 다른 식민주의 건설 사업도 그와 마찬가지로 전문성 회로에서 그리도 자주 공표되었던 향상된 목표에 도움을 주기는커녕 갈수록 세계화로 변해 가는 노동시장에서 원가절감 효과만 가져온 글로벌 노동력을 사용했다.[164]

그럼에도 '야생 상태의 자연'과, 때로는 노동자 집단과도 싸웠던 기사들의 노력은 거의 언제나 세계에 대한 봉사를 제국 및 국가에 대한 봉사와 연계시킨 이론적 근거로 정당화되었다. 인도도 한 사례가 될 만하다. 인도야말로 처음에는 동인도회사, 그다음에는 영국 국왕의 지배를 받으며 과학과 기술적 전문성의 적용을 실험하는 장소가 되었으니 말이다. 운하 건설, (농업을 위한) 관개공사, 철도 건설은 영국이 구상한 제국주의 발전의 핵심 개념이었다. 그리고 이 교통 인프라 구축에는 현지 사정에 맞는 공법을 개발할 수 있는 다수의 토목 기사가 필요했다. 동인도회사가 1858년 인도 통치 권한을 영국 국왕에게 양도하기 전 봄베이, 루르키, 캘커타, 루나, 마드라스에 공과 대학을 설립한 것도 그래서였다. 국가 주도의 토목 사업을 강조한 현상은 19세기 후반부에 특히 속도감 있게 진행되었다.(아이러니하게도 영국에서 자유방임주의 이론이 제법 가시적으로 홍보되고 있을 때 그런 국가 주도 사업이 강조되었다.) 1880년에 수립된 인도 기근 위원회Famine Commission도 마을 단위로 활동하는 전문가들에게 영국 제국의 자비심이 드러나느냐 마느냐가 그들의 성공 여하에 달려 있다는 식으로 말하며 압박을 가했다. 그러고도 19세기 말 몇 차례의 기근이 더 이어진 뒤 총독으로 부임한 조지 커즌 또한 실용 과학의 발전을 식민지 정책의 최우선 과제로 삼겠다는 뜻을 밝히고 1924년까지 존치한 과학 고문 위원회를 설치했다. 그렇게 해서 국가 후원으로 설립된 인도의 기술 학교와 야심 찬 프로젝트들은 영국 본토 및 제국의 다른 지역에도 복제되었을 만큼 큰 성공을 거두었다. 인도의 대학 졸업생들도 세계 곳곳의 사람이 모여 기술 훈련 및 인프라 개발에 대한 생각을 공유하는 광범위한 초국적 전문가 네트워크의 일원이 되었다.[165]

물론 기술자의 훈련, 자격 요건, 고용 면에서 영국, 미국, 프랑스, 독일이 채용한 모델은 조금씩 차이가 있었다. 하지만 그런 차이점보다 중요했던 것은 유럽 전역과 식민지 지역에 각 지방의 추출적·산업적 힘에 맞게 특화된 기술

학교들이 급증했다는 점이었다. 그것이 결국 국가와 제국들 간의 경쟁을 부추겨 초국적 확산과 기술적 기량의 교류를 촉진했기 때문이다. 운하와 철도의 노반 건설, 강의 수량 조절, 농사에 필요한 습지대의 배수와 같은 프로젝트들만 해도 식민주의 국가의 수출 지향적 목표와 일치하는 것은 물론 때로는 유럽 밖 엘리트들의 근대화된 비전과도 일치했다. 1880년대 초 이집트의 관개 기술자 대부분이 프랑스의 에콜 폴리테크니크에 유학해 기계공학을 공부한 이집트인들이었고, 국내에서 공부한 또 다른 기술자들 또한 이집트 전역에서 수십 년 동안 활동했던 것이 그 점을 확인해 준다.[166]

중국의 기술 교육도 그와 다를 바 없이 초국적 전문성 네트워크와 국가 건설 사업이라는 두 가지 여건 속에 싹텄다. 제2차 아편전쟁(중영 전쟁) 이후 군사기술, 공학, 기초과학을 중시한 '자강' 운동(혹은 양무운동)이 시작된 것만 해도 그랬다. 청조 말기의 가장 중요한 산업 시설 중 하나였던 푸저우 조선소도 외국인들을 고용해 조선과 관련된 여러 기술 과목을 가르쳤고, 기술 및 기계류 교육에 주안점을 둔 강남 제조국Kiangnan Arsenal 또한 그와 유사하게 외국인 기술자의 관리를 받으며 1892년 기계류 47종을 생산하고, 중국의 해안 경비를 위한 속사 기관총 생산에도 성공했다. 신설 학교들도 중국 정부의 독려를 받아 서양 과학을 채택하고, 공학에 주안점을 둔 교육을 실시했다. 중국 유학생의 수도 날로 늘어났다. 따라서 비록 중국의 재원이 고갈되고 외국과의 전쟁에서 패해 국내 방위산업도 위축되었지만, 그것이 오히려 초국적 전문성 네트워크로의 진입이 19세기 말 부강하고 휘청거리는 나라를 가늠하는 데 얼마나 중요한지를 일깨워 준 요소가 되었다. 1920년대 말에서 1930년대 초에는 중국의 국민당 정부가 독일 전문가들과 손잡고, 산업 인프라 시설을 조약항들[19]로부터 위험성이 덜한 내륙 지역으로 이동하려고 했으나, 임박한 전쟁 때문에 성공을 거두지는 못했다.[167]

일본의 전문가들은 중국과 달리 초국적 과학 네트워크에 순조롭게 진입했다. 국가가 나서서 근대성의 특징을 자신감 있게 수용하고, 기술과 전문가

_____ **19** 열강들의 압력에 못 이겨 외국무역을 하는 곳이자 외국인 거주지로 개방한 항구들.

회의에 참석하기를 독려하며, 이와쿠라 사절단의 견문록을 발행하고, 학생들의 일본 밖 교육도 장려한 결과였다. 일본 과학자들이 특히 초국적 네트워크에 기여한 분야가 지진학이다.[168] 일본 근대주의자와 과학자들은 서구의 용례를 일괄해서 채택하지 않고 선별해서 채택했다. 따라서 그런 초국적 행위에 참여해도 서구화로 간주되지 않았다. 메이지 헌법이 공포된 해인 1889년에 창간된 신문《니혼Nihon》에도 이런 기사가 실렸다. "우리는 서구의 과학, 경제, 산업을 존중한다. 그러나 단순히 서구적이라는 이유만으로 그것들을 채용하지는 말아야 한다. 일본의 전쟁에 기여하는 바가 있을 때만 받아들이는 것이 옳다."[169] 초국적 회로와 국가 건설 사업의 중첩되는 부분을 이보다 더 절묘하게 표현할 수는 없었을 것이다.

공학적 프로젝트는 수자원 통제에도 자주 주의를 기울였다. 19세기 말에 특히 미국, 스칸디나비아반도, 알프스산맥 지역에 수력발전 댐들이 급증한 것도 터빈과 송전선 개량에 따른 결과였다. 1931년에서 1936년 사이에 건설되고, 세계 최대의 인공 건조물이자 현대 공학의 기적으로도 간주되는 후버 댐 건설과 더불어 대규모 댐 건설도 본격화되어서, 캘리포니아주의 섀스타 댐과 워싱턴주의 그랜드쿨리 댐 같은 대형 댐이 속속 들어섰다. 1920년대 말에서 1930년대 초에는 미국의 기술자들이 소련령 우크라이나의 드네프로스트로이 댐[20] 건설에도 참여했다. 댐 최초의 대형 발전기들도 제너럴 일렉트릭이 만든 것이었다. 드네프로스트로이 댐은 유럽 최대의 댐으로 완공되었다. 프랑스도 1932년 라인강 초입에 19세기 말 이래 수력발전소 터였으며 제2차 세계대전 뒤에는 수문이 비치된 댐 시스템으로 수량도 철저하게 관리된 켕브 댐을 완공했다. 라인강 사용권(그러나 아쉽게도 강의 보호에는 최근에야 손길이 미쳤다.)이 1815년에 구성된, 따라서 유럽 최고最古의 다국적 위원회였던 라인 위원회의 기술자들 손에 있었던 탓이다. 중국의 국민당 정부도 외국의 댐 건설에 자극받아 1920년대에 일찌감치 양쯔강의 싼샤[21]에 댐 건설을 시작했다. 하지만

———— **20** 지금의 드네프르강 수력발전소.
———— **21** 취탕샤, 우샤, 시링샤라는 세 협곡을 가리킨다.

국공 내전으로 중단되는 바람에 1989년 이후에야 본격적으로 사업이 진행되었다.[170]

한편 프랭클린 루스벨트 대통령이 추진한 뉴딜 정책의 일환으로 1933년에 설립된 테네시강 유역 개발 공사TVA는 도처의 기술 관료들이 근대화 및 진보와 연관 짓기 시작한 대형 프로젝트의 하향식 입안에 대한 비전이 가장 총체적으로 투영된 정부 기관이었다. 전 하천 체계의 수량을 조절하는 댐 건설 추진에 대한 기대감과 함께 인간의 건강과 번영이 범지역적으로 추진될 것이라는 희망이 결합되어 테네시강 유역 종합 개발 사업을 기관의 설립 목표로 내걸었다. 댐이 건설되면 농사를 위한 홍수조절을 할 수 있고, 속력이 붙은 산업화에 값싼 전력도 공급해 줄 수 있었으므로 농부와 근로자, 지역과 국가에 모두 이로운 윈윈 정책이 될 수 있었다. 아닌 게 아니라 일은 그렇게 진행되어 이후 수십 년간 그곳은 수백만 명이 시설 견학을 오는, 전 세계적으로 영향을 끼친 개발 모형이 되었다. 테네시강 유역 개발 공사의 관리자 데이비드 릴리엔탈David E. Lilienthal(1899~1981)도 "인력에 의한 통제를 기다리는" 강포한 하천을 가진 나라 모두 댐으로 발전할 수 있다는 개념을 광범위하게 유포시켰다. 그의 저서들이 수 개국어로 번역돼 전 세계로 퍼져 나간 것이다.[171] 따라서 비록 개발도상국에서는 테네시강 유역 개발 공사 모형을 따른 대형 댐이 주로 제2차 세계대전 이후에, 그것도 세계은행 융자를 받아 건설되었지만, 1930년대에 미국, 소련, 독일, 그 밖의 나라들에 댐이 건설된 것만으로도 특정 형태의 국민국가들과 연계되지 않은 초국적 영향력을 가진 개발 프로젝트의 중요성은 충분히 입증된 셈이었다. 독일 기술자들만 해도 19세기 말에 이미 라인강 개조에 들어가고, 히틀러의 제3제국 아래서는 지형과 사람들을 새롭게 바꾸는 것을 염두에 두고 동쪽 습지대의 간척 사업도 벌였으니 말이다. 다만 물 관련 개발의 공통성을 드러내 보이는 방식에는 나라마다 조금씩 차이가 있었다.

초국적 협회, 특히 자연과학 분야의 협회는 제1차 세계대전에 따른 결락과 전문화를 주도한 독일 학술 기관들의 명성이 쇠퇴했다는 사실이 무색할 만큼 양차 대전 사이의 기간에도 전성기를 구가했다. 1919년 브뤼셀에서 설립된 국제 연구 협의회International Research Council 산하에 같은 해인 1919년 천문학, 생물학, 화학, 지구물리학, 물리학 연합이, 1920년대에는 지리학, 전파학, 기계학, 토양학, 미생물학 연합이 설치된 것이다. 1931년에는 이 기구가 파리에 본부를 둔 국제 학술 연합 회의International Council of Scientific Unions: ICSU로 개편되었다. 하지만 개편된 뒤에도 산하 연구 단체들에 대한 후원은 계속되었다. 코민테른 또한 그들 특유의 초국적 전문성 회로를 후원했으며, 그중에서도 가장 중요했던 것이 생물학과 물리학이 지닌 상보적 과학성을 옹호한 것이었다.

그러나 그것은 유럽의 상황이었을 뿐, 다른 곳에서는 강력한 보편적 과학 공동체와 제국적 위계 사이의 균형을 찾기가 결코 쉽지 않았다. 인도 과학자들만 해도 영국의 과학계와 행정계에서 이류 대접을 받기 일쑤였다. 마헨드라 랄 시카르Manhendra Lal Sircar가 1876년, 식민지 당국과 무관하고 나중에는 캘커타 대학의 물리학과 및 화학과와도 제휴하게 되는 인도 과학 진흥 협회Indian Association for the Cultivation of Science: IACS를 창립한 것도 그래서였다. 이 협회는 1930년 아시아인 최초로 노벨상(물리학상)을 받은 찬드라세카라 벵카타 라만C. V. Raman과 같은 세계적인 과학자를 배출했다. 20세기 초의 가장 중요한 화학자 중 한 사람으로 독일의 발전에 크게 경도되었던 프라폴라 찬드라 라이P. C. Ray도 1918년 "힌두인들은 실험과학의 진흥에 널리 관여해 왔다."고 주장하고, 식민 지배하에 있던 인도의 과학적 유산을 꼼꼼하게 기록한 기념비적 작품 『힌두 화학사A History of Hindu Chemistry』(1902~1909)를 발간했다.[172] 라이의 제자인 천체물리학자 메그나드 사하Meghnad Saha)와 같은 걸출한 인도 과학자들 또한 산업 진흥에 과학을 접목하는 방식으로 나라의 발전을 지속적으로 뒷받침했다. 사하와 같은 인도 과학자들은 과학이 특정한 국가 목표와 결합되었다고 간주되었을 때조차 과학이 특수성의 우위에 있고, 세계를 결합시켜 주는 초국적 분야라는 신념을 역설했다. 사하가 쓴 글에도 그 점이 나타난다. "국가 간 경쟁은 협력적 구조로 대치되는 것이 옳고, 정치인들의 역할 또한 범세계적 관점으로 사고하도록 훈련된 과학적 산업주의자, 경제학자, 우생학자들로 구성된 국제 협회로 이전되는 것이 옳다."[173] 무슬림 과학자와 힌두인 과학자들도 물론 다른 목적을 가진 별개의 집단을 형성할 때가 있었다. 그러나 과학적 방법의 사용에 대한 글을 쓴 라빈드라 나라얀 고시Rabindra Narayan Ghosh는 기술적 성과를 거두면 문화 통합은 자연스레 이루어질 것이라 믿었다. 과학적 합리성만 있으면 종교적 배경을 부인하지 않고도 공통분모를 찾을 수 있다는 것이 그의 생각이었다.

앞의 사례가 말해 주듯 그 시대의 과학적·기술적 노력은 원하지 않는 사람들에게 군이 서구적 요소를 부과하지는 않았다. 비록 불평등하고 제국에 봉사할 때도 있었지만 전문성의 회로는 다양한 지역에서 나오는 변혁의 불꽃을 일으킬 역량이 있었던 것이다. 아시스 난디Ashis Nandy도, 인도 수학자 스리니바사 아이얀가르 라마누잔Srinavasa Aiyangar Ramanujan이 케임브리지 대학에서 연구할 때, 놀라운 공식들이 만들어진 경로를 밝히라는 교수들의 집요한 요구에 힌두교 신들이 알려 주었다고 대답한 것을 예로 들어, 라마누잔의 수학적 천재성이 그의 생애를 살찌운 비옥한 문화적 상호 교류에서 비롯되었을 개연성을 시사했다.[174] 이 견해야말로 회로 설계자의 수가 늘고 배경이 다양해짐에 따라 지식 회로들이 더욱 강력해진 것을 나타내는 증거다.

농학과 임학

1870년대부터 20세기 초까지 특히 인도와 중국을 휩쓸고 지나간 처참한 기아의 물결은 농업 전문가에 대한 필요성을 대두시켰다. 마이크 데이비스 Mike Davis의 말을 빌리면 "빅토리아 후기 시대의 그 홀로코스트"는 범세계적 질서와 지방적 질서를 함께 변화시키고 있던 식민지 종주국들의 정책과도 관련이 있었다. 그런데도 미국과 유럽의 정부 엘리트와 농업 전문가들은 계속해서 서구의 과학과 공학을 문제가 아닌 해법으로 홍보했다. 농경학자들만 해도 서구와의 상호작용이 때로는 토착민에 의한 생산과 토지 소유제를 지지하는 복잡한 사회적·경제적 네트워크를 절단 낼 수 있다는 사실을 무시한 채, 기술자들과 손잡고 생산량 증대, 홍수와 침식의 조절, 해충 박멸에 역점을 둔 지식 회로들을 구축하기에 바빴다. 조지 커즌도 인도에 다수의 실험 농장과 농업 대학을 세웠고, 선교사를 겸한 미국의 토양학자들 또한 중국으로 연구 시찰을 갔으며, 서구의 수문학자들도 습지대를 배수하고 삼각주를 농지로 만들어 쌀을 수출할 수 있는 방법을 조언해 주기 위해 인도와 동남아시아로 향했다. 농업 전문가들이 그런 식으로 전 세계에 플랜테이션 농장 농업을 확산시킴에 따라 노동시장과 상품 시장으로 진입하는 사람들은 점점 늘어났다.[175]

20세기 초의 서구 농업 전문가들이 비록 수출 상품을 통해 얻는 이익의 향상을 위해 노력하기는 했지만, 범세계적 네트워크들도 새로운 방법을 소개하는 데만 그치지 않고 신구의 농업 관행을 적절히 결합시키는 일을 도왔다. 다른 식민지 지역과 달리 현지의 농부들이 종주국의 토지 정책과 환금작물의 재배를 거부하고, 식민지가 되기 전의 관습에 새로운 토지 보존 방식을 적응시킨 우간다 남서부의 키게지 구역이 바로 그런 경우였다. 농업 전문가 네트워크와 그렇게 신중하고 제한적인 접촉을 한 결과로 그곳은 점증하는 인구를 먹여 살리고도 남을 잉여 농산물을 생산하게 되었다.[176]

임학의 출현도 농학의 출현 때처럼 식민주의 세력의 증대를 불러왔다. 세계 각지에서 산림이 공유재산이 되거나, 최소한 다른 집단 사람들이 다른 용도로 산림을 사용할 수 있게 된 것만 해도 그랬다. 시장의 세계화로 전통적 방식이 붕괴하자 산림 전문가들이 산림 지대의 급속한 황폐화와 채취적 생산 행위를 막기 위해 조직적·하향적 개입 논거를 펼친 것도 세력 증대에 한몫했다. 국력을 등에 업은 전문가들이 지방민들보다 자원을 슬기롭게 사용할 수 있다는 그 같은 주장으로 임업 관행의 표준화와 임업의 상용화에 대한 논의도 탄력을 받았다.

그러나 임업 전문가들의 초국적 개입도 농업의 경우와 다를 바 없이 다양한 결과를 초래했다. 세계적 산림 벌채의 원인이 된 집약적 사용법의 개발로 산림 지대가 되돌릴 수 없도록 변한 것만 해도 그랬다. 임학은 혼합 수림에 살거나 그것에 의존해 사는 지방민들에게 언제든 불리하게 작용할 소지가 있었다. 미국의 목재 전문가들이 식민지 필리핀에서 체계적 벌목 방식을 고안해 낸 것도 그런 경우에 속했다. 한 연구서는 독일령 동아프리카에서도 과학적 임업은 합리성도 효율성도 없이 오직 종주국의 추출 산업에 필요한 요구만 충족시켰을 따름이라는 결론을 내렸다. 동아시아 식민지들의 종주국 임업 전문가들 또한, 그곳 토지를 지배하게 된 거대 고무 농장들을 옹호하고 도와주는 역할만 했다. 설탕, 고무, 파인애플, 여타 상품들을 만들어 내는 농장의 공간 확보에 혈안이 된 유럽의 요구는 그런 식으로 전 식민지권에서 혼합림과 혼합림에 의존해 사는 사람들의 삶을 무너뜨렸다.[177]

물론 그것과는 다른 사례도 있었다. 임업 전문가들의 초국적 개입 덕에 산림, 건강한 환경, 문화 사이의 중요한 상호 관계가 파악된 것이다. 초국적 경험을 통해 열대지방에 대한 19세기의 관점에 큰 영향을 끼친 독일의 생물지리학자 알렉산더 폰 훔볼트Alexander von Humboldt도 그런 전문가군에 속했다. 프로이센 태생이었으나 생의 많은 부분을 아메리카 대륙과 파리에서 보낸 그 영향력 있는 초국적 인사는 산허리의 수목 벌채가 가져올 유해한 결과에 대한 문제를 제기했다. 임업적인 면으로만 보면 훔볼트보다도 1861년에서 1882년까지 이탈리아 주재 미국 대사를 지낸 과학자 조지 퍼킨스 마시George Perkins Marsh가 오히려 더 중요한 일을 했다. 마시는 산림, 야생 생물, 분수계 간의 범세계적 상호관계를 고찰한 책 『인간과 자연Man and Nature』(1864) 및 『인간의 행동으로 변형된 지구The Earth as Modified by Human Action』(1874)를 집필했다. 독일 태생으로 (영국령) 오스트레일리아에 정착해 살았던 페르디난트 폰 뮐러Ferdinand von Müller도 마시가 쓴 책의 영향을 받아 캘리포니아와 오스트레일리아 간의 원예적 연계를 후원하고, 캘리포니아에 널리 보급된 오스트레일리아의 유칼립투스 종들을 포함해 종자와 식물의 교류도 활성화시켰다.[178]

전문적 임업 서비스업도 초국적 공동 생산의 일부로 등장했다. 영국의 식민지 관리들이 인도의 열대우림을 전문가 양성소로 만들고, 그리하여 그곳에서 배출된 인도의 산림 전문가들이 뉴질랜드, 실론, 케냐, 나이지리아, 여타 지역들에서 임업 서비스업의 출현을 도운 것이다. 미국 산림청을 설립한 기퍼드 핀쇼Gifford Pinchot도 프랑스 낭시의 국립 산림 학교에서 공부한 뒤 미국으로 돌아와 임업 연구를 하면서, "현명한 사용"이라는 산림 보호 이론을 만들어 캐나다, 오스트레일리아, 남아프리카에 폭넓은 영향을 끼쳤다.

임학은 이렇게 대규모 벌채, 생태학적 상호작용에 대한 향상된 분별력, 종주국 및 지역 전문가들의 공동 생산 등 다방면으로 활동 범위를 넓혔다. 다른 전문화된 회로들과 마찬가지로 산림과학에서도 초국적 상호작용은 정책, 실행, 그리고 역사가들이 그리도 자주 국가적 혹은 제국적 역사의 틀 안에서만 연구를 행한 논의의 형성에 중요한 역할을 했다.

사회적 영역에서의 과학

19세기에는 면밀한 관찰, 주의 깊은 기록, 창조적 실험으로 자연계에 대한 생각이 빠르게 변했다. 앞서 언급한 박물학자 앨프레드 러셀 윌리스만 해도 1850년대 말에서 1860년대 초 지금의 말레이시아와 인도네시아를 탐사하여 생물종 12만 5000개를 수집한 뒤 그것들의 특성에 나타나는 차이점을 꼼꼼하게 관찰했다. 윌리스는 친구 찰스 다윈이 비글호를 타고 5년 동안 (1831~1836) 탐사 여행을 한 뒤에 개진한 종의 자연선택론과 진화론도 발전시켰다.[179] 과학적 기술 적용이 가져올 효과에 대한 확신과 더불어, 자연계와 관련해 과학자들의 정신 구조에 일어난 이 같은 혁명은 사회적 영역으로 불리게 된 것에도 영향을 미치기 시작했다. 19세기 말에는 '사회적 다윈주의'로 불린 그것의 영향이 오귀스트 콩트의 '실증주의'와 같은 철학과도 혼합돼 전문지식의 적용을 통한 진화적 사회 진보를 예견하는, 더 큰 사회적 환경에까지 영향을 끼쳤다.

대니얼 T. 로저스가 쓴 『대서양 횡단Atlantic Crossings』에는 유럽과 북아메리카에서 발달한 산업자본주의가 어떻게 공통의 사회문제 제기에 목적을 둔 대서양 교류를 촉발하게 되었는지의 내력이 상술돼 있다. 그에 따르면 정치경제화, 사회학, 교육 등 새롭게 등장한 전문성 분야의 지식인과 실행자들이 위생, 악덕 행위, 노동법, 통화, 빈곤, 주택, 불구, 노령의 문제점들을 제기한 것이 그 발단이었다. 그들은 중앙정부가 사회적 폐해를 바로잡는 일에서 행할 역할에 대해서도 의견을 교환했다. 그렇다면 초국적 전문가 집단은 '사회과학'도 만들어 낼 수 있었을까?

물론 의견을 교환했다고 해서 특정 문제에 대한 합의가 이루어진 것은 아니고, 그 논의에 서유럽과 미국만 참여했던 것도 아니다. 사회문제를 어떻게 다룰 것인가를 두고 점진적으로 진행된 초국적 논의였을 뿐 애당초 단결을 목표로 한 것이 아니었기 때문이다. 1880년대에 독일이 도입한 사회보험 제도가, 노동자 협동조합이나 미국에서 개발된 좀 더 개인적이고 기업 주도적인 복지 제도와 뚜렷이 대비되는 영향력 있는 복지 제도의 모델이 되었던 것이 좋은 예다. 소련 정부도 제1차 세계대전과 제2차 세계대전 사이의 기간에 매우 독특한 사회주의 복지 제도 모델을 발전시켜, 그에 매료된 마르크스주의 정당 지도자들이 연구와 의견 교환을 위해 모스크바를 찾게 만들었다. 그러나 이렇게 특정 모델들이 난립하기는 했지만, 그 무렵에는 이제 '사회과학'을 자칭하게 된 초국적 지식 분야도 사회문제에서 공통의 관련성을 찾아내고, 전 세계가 사실상 사회 진보의 거대한 실험실이 될 수 있다는 확신을 공유하게 되었다.[180]

사회과학 네트워크들의 그 같은 상호 교류는 오스만 제국, 일본, 중국, 라틴아메리카의 근대주의자들이 참여함에 따라 대서양 공동체를 훌쩍 넘어서까지 진행되었다. 1870년 이후의 일본 메이지 정부와 양차 대전 사이에 무스타파 케말(케말 아타튀르크)이 수립한 터키 정부만 해도 사회문제에 주안점을 둔 국제적 모델들을 연구하고 채택했다. 주로 제국적 네트워크 내에서만 이동한 사회정책 관련 논의들 또한 지역적 조건 및 앤 스톨러가 제국들 간 '비교의 정치'라 부른 것의 영향을 받았다. 새로운 소련 지도자들 또한 양차 대전 사이의 기간에 새로운 사회 질서를 만들어 내는 것을 넘어 새로운 인간도 창조할 역량을 지녔음을 선언했다. 국제회의, 세계 박람회, 여행, 학생 교류, 대량 출판도 전 세계 지도자들이 모여드는 회로를 형성하는 데 일조했다.

미국에서는 특히 과학적 시대정신 속에 독립된 사실-수집 기관들이 등장했다. 러셀 세이지 재단, 브루킹스 연구소, 전국 산업 협의회, 전미 경제 연구소, 20세기 기금과 같은 새로운 기관들이 제1차 세계대전 전에 전문 지식의 실용적 적용에 근거하여 지적 혁명을 추진할 목적으로 설립되었다.[181] 국제연맹도 특히 노동 및 건강과 관련된 기관을 비롯해 산하에 여러 기관을 둠으로써 사실-수집의 정신 구조를 존중하는 태도를 보였다. 물론 다른 한편에서는 기술 관료의 전문성을 신성시하는, 오만하고 반민주적인 추세를 경고하는 반대자들의 목소리도 점점 커졌다. 그러나 새로운 시대의 사도들은 자연과학자들이 평평한 지구 옹호론자들을 대할 때처럼 그들의 경고를 들은 체 만 체 했다.

사회과학자들이 특히 열성적으로 참여한 분야가 교육적 실험이었다. 그에 따라 20세기 초에는 '공업 교육'도 중요한 초국적 모델의 하나가 되었다. 공업 교육의 프로그램들은 새로운 식민지 질서와도 잘 부합되었다. 미국 남부, 식민지 필리핀, 미군정하에 있던 아이티, 쿠바 보호령, 그리고 미국 선교 노력의 일환으로 아프리카에도 햄프턴 전문 학교와 터스키기 기술 학교를 모델로 한 공업 학교가 세워진 것이 좋은 예다. 독일 정부도 1901년에서 1909년 사이에 수출용 면화 생산을 늘리기 위해 터스키기 학교 모델을 토고에 이식하려고 했다. 1920년대 초에는 펠프스-스토크스 기금Phelps-Stokes Fund의 재정 지원을 받던, 널리 알려진 위원회들이 아프리카 대륙의 공업 교육 발전을 권고하고 나섰다. 그리하여 영국 식민청, 남아프리카 원주민 민족 회의(아프리카 민족 회의의 전신)의 초대 총재를 지낸 존 두베John Dube, 미국의 흑인 교육자 부커 톨리버 워싱턴Booker. T. Washington의 교육 프로그램과 경제 발전 프로그램을 숭상한 골드코스트(지금의 가나)의 제임스 애그리James E. K. Aggrey의 강력한 지지를 받는 데 성공했다. 아프리카계 쿠바인들도 범아프리카 연대에 대한 인식의 폭을 넓힐 수 있고, 터스키기 학교 모델을 그들 특유의 신분 상승 욕구에 맞게 적합시킬 수 있다는 점 때문에 전반적으로는 터스키기와의 긴밀한 관계를 환영했다. 교육 방법들을 이어 준 연결 고리들이 이렇게 아메리카 인디언, 아프리카계 미국인, 식민지 지역에 초점이 맞춰져 있었던 것은 사회과학의 전문성과 기독교 사회복음주의에 대한 진보 시대의 믿음들 사이에 복잡한 초국적 교점들이 존재했음을 말해 주는 것이다. 그런가 하면 전 세계를 순환한 초국적 전문성 회로들의 실행이 어떻게 서구 식민주의뿐 아니라, 그것에 도전한 반식민주의적 힘의 목표도 함께 제시할 수 있었는지를 말해 주는 것이기도 하다.[182]

인종 과학

세계가 좁아지는 시대에 인종적으로 다른 사람들과 만나는 일이 늘어나자 모든 사회과학적 논의에서도 인종 관련 이론이 주요 부분을 차지하게 되었다. 그러나 19세기 중엽부터 20세기 중엽까지 학계를 지배한 인종 관련 지식 체계를 초국적으로 분석해 한 가지 특성으로 포괄해서 설명하기는 불가능하다. 그래서 이 단락에서는 네 가지 주요 맥락으로 간략하게 나눠 설명하려고 한다. 선교적 담론, 자연인류학적 담론, 문화적 담론, 인종 혼합 및 지방의 권한 강화(라틴아메리카의 정치적·사회적 운동인 인디헤니스모indigenismo와 같은 다양한 호칭이 부여되었다.) 담론이다. 네 담론 모두 초국적으로 순환했지만, 서로 간의 경계가 흐려지기도 하고 점진적으로 모습을 드러낸 특징이 있다. 제국의 정당화와 반제국주의 논거에 두루 사용된 것도 네 담론이 가진 공통점이다. 따라서 인종의 역할에 대해서도 대립적 관점과 중복적 관점을 함께 지녔지만, 사회과학 및 오래도록 과거와 현재에 대한 논의의 틀을 형성했던 세계사에 대한 이해를 돕고 용어를 창출한 면도 있었다.

네 가지 담론 중 19세기 중엽을 지배한 제국주의의 선교적 담론은 인종적 타자도 구원받고 변모될 수 있다는 기대감을 지녔다. 인종적 타자의 문화적 특성을 깨끗이 지우고 그 자리에 보편적 도덕과 훈육을 채워 넣을 수 있을 것으로 믿은 것이다. 카프라리아[22]의 코사족을 상대로 선교 활동을 한 영국인 윌리엄 홀든William Holden이 영국 감독관들은 족장들의 힘을 꺾은 뒤 그 종족, 다시 말해 "흑인종들을" 교육 캠프와 노동 수용소에 집어넣음으로써 "문명권과 교회권의 가장 높은 단계로" 끌어올릴 수 있었다고 쓴 것에도 그 점이 나타난다. 칼라일 인디언 산업학교를 설립한 미국인 리처드 헨리 프랫Richard Henry Pratt은 그보다 더 간명하게 "인디언을 죽이고, 사람은 살려라"를 교육의 모토로 삼았다. 그런 관점에 내포되고 (또 식민지 전쟁으로도 입증된) 폭력성이 인류의 기본적 평등을 바라는 감상주의에 흠뻑 젖어들어 있었다. 기독교적 '인간의 형제애'로 합류하는 행위가 사실상 사람들에 대한 강압으로 이뤄졌던 것이다.[183]

---

22 코사족의 옛 이름인 카피르족의 땅이라는 뜻이며, 남아프리카 동부 케이프 식민지의 남동쪽 부분에 해당하는 곳이다.

두 번째 담론인 20세기 초 자연인류학에서 파생한 인종 '과학'도 그런 관점을 대체하기보다는 오히려 그것을 강제적으로 정당화하기 위한 또 다른 이론으로 등장했다. 다수의 사회적 다윈주의자가 주장하듯 인종이 정녕 서로 다른 종끼리 경쟁하는 존재라면, 인류의 진보도 다른 인종을 확고히 통제하여 시간이 지나면 유전자 풀마저 지배하게 되는 강력한 종에 달려 있다는 것이 인종 과학의 기본 개념이었다. 영국계 미국인 엘리트들을 특히 불안에 떨게 한 듯한 (북방 유럽 인종의) 그 '인종 자멸'론은, '우월' 인종에 대해서는 출산 장려책을, '열등' 인종에 대해서는 절멸, 불임 또는 가혹한 통제 정책을 쓰는 것에 초점을 맞추었다. 시어도어 루스벨트 대통령도 (인종 자멸에 조바심을 느끼며) 이런 글을 썼다. "인종 간 경쟁의 많은 요소가 요람의 전쟁으로 압축되고 있는 이 시점에 훌륭한 전투원과 더불어 훌륭한 번식자도 함께 확보하지 않으면 어느 인종도 유리한 위치를 차지할 가망이 없다."[184]

'인종 유형'의 관점으로 글을 쓴 19세기 말의 과학자(특히 생물학자와 인류학자)와 의학자들도 인종 혼합을 인간 종 내에서 일어나는 퇴화로 제시했다. 그들은 번영하는 민족과 국가도 이상적 인종 구성과 밀접하게 관련이 있는 것처럼 이야기했다. 그런 관점은 미국, 오스트레일리아, 남아프리카, 남아메리카의 일부 지역, 특히 정착 식민지에서 강력하게 대두했다. 그들로서는 앞날이 너무도 불확실하기 때문에 '백인' 국가가 되는 것이 아주 절박해 보였다. 적자생존의 세계에서 국운을 예측할 수 있는 유일한 길은 백인 국가가 되는 것뿐이라는 듯이 말이다.

그러나 워릭 앤더슨Warwick Anderson과 여타 학자들도 지적했듯이 백인의 신체는 확실한 잣대가 되지 못했고, 백인의 생물학적 정의 또한 지역에 따라 편차가 있었다. 백인성만 해도 흔히 혈통과 유전형질의 문제로 논의되었지만 건강, 책임감, 유능함의 특성은 태생적 범주가 아닌 문화적 범주에 속했다. 백인white도 부정확한 표현이었다. 그런데도 그 용어는 남성성의 특별한 개념과 더불어 백인 반대쪽의 '비백인'에 대비되는 진보를 나타내는 유용한 표식 역할을 했다. 인구를 '백인으로 만드는 것'에는 '무능하거나' '퇴화되었다'고 간주된 비백인 인구를 주류 집단에서 밀어내고 유약하게 만드는 것도 포함되었다. 인종 과학, 제국, 글로벌 통상은 이렇게 손에 손을 맞잡고 '순백'의 원칙과 값싼 노동력 확보에 필요한 인종적 정당성을 만들어 내는 일을 착착 진행시키고 있었다.[185]

아르헨티나, 칠레, 멕시코, 브라질, 그 밖의 라틴아메리카 지역도 그런 분위기 속에 이입 이주를 통한 인구의 '백인'화 계획을 민족국가 건설의 주요 목표로 삼았다. 19세기 중엽에 활동한 아르헨티나의 명망 있는 정치 이론가 후안 바우티스타 알베르디Juan Bautista Alberdi의 말을 빌리면 그곳에서는 "통치가 곧 식민"이었다. 인종 과학이 더욱 정교해진 19세기 말에는 알베르디의 언명이 한층 긴박하게 느껴졌다. 리우데자네이루 국립박물관장도 20세기 초 브라질 국민을 흑인에서 백인으로 바꿀 것을 제안한 또 다른 통치 엘리트군에 합류했다.[186] 라틴아메리카 지역들은 그렇게 근대화 및 효율성을 통한 '백인화' 계획과 유럽 이주민을 유인하기 위한 각종 프로그램을 가동하며 인종적 위계의 담론을 끌어오기도 하고 강화하기도 했다.

19세기 말 일부 개혁가가 백인화를 통한 국가 발전을 도모하는 동안 또 다른 쪽에서는 다수의 사람이 그와 연관된 프로그램을 시행했다. 국가권력의 지지를 받는 전문성을 개입시켜 개개의 백인 신체를 개량하고 표준화하여 나라를 강건하게 만드는 것이 그들의 목표였다. 나라뿐 아니라 나라의 구성원들도 갱생이 되면 강건한 백인 신체는 온대 지방을 넘어 열대지방도 지배하게 되고, 그러다 끝내는 전 지구마저 압도하게 되는 것이었다.

사회적 다원주의자들이 전 세계에 걸친 백인의 궁극적 승리는 적자생존의 법칙으로만 보장되므로 그 상태가 유지되지 않으면 위험에 처할 것이라는 관점을 지님에 따라 우생학도 조직적 네트워크와 기관들에 의해 움직이는 초국적 담론이 되었다. 찰스 다윈의 사촌이던 프랜시스 골턴Francis Galton도 인간의 지적 능력과 신체적 특징이 유전된다는 이유에서 과학적 번식에 의한 개량을 도모한 우생학 창시자 중 한 사람이었다. 국가 및 제국 건설에도 중요했던 우생학 이론은 인종 간 결혼을 막고 (간질, '정신박약', 알코올 중독과 같은) 유전적 질환으로 간주된 형질 보유자들의 생식을 막음으로써 국민을 '개량하고' 싶어 한 엘리트 그룹들 내로 신속히 퍼져 나갔다. 특히 서구에서 유포된 문헌들도 이 추세에 가세해 제1차 세계대전에 따른 인구 감소로 유럽인의 출생률이 떨어진 것과 인구 '증원'의 필요성에 대해 경종을 울렸다. 이 행동들 모두 백인이 인종에 대해 불안해하고, 가정 외의 공적 영역에 참여하고 일터에 나가는 백인 여성들의 증가가 출산율에 악영향을 미칠 것을 우려했음을 나타내는 증거다.

그러나 우생학도 포괄적 이론이었으므로 우생학을 지지한 사람 모두가 같은 시각으로 세상을 바라보지는 않았다. (미국, 영국, 독일에 만연한) 우생학의 한 분야만 해도 생물학과 번식을 운명을 결정하는 요소로 보았다. 두 캘리포니아인, 유진 고스니Eugene Gosney와 폴 포프노에Paul Popenoe도 그런 믿음으로 1928년 인간 개량 재단Human Betterment Foundation을 설립하고 1929년에는 『인간 개량을 위한 단종Sterilization for Human Better』을 발간했다. 그리하여 단종(불임)에 의한 우생학을 옹호한 이들 책과 여타 출판물이 미국과 전 세계에 유포되었고, 특히 독일에는 큰 영향을 끼쳤다. 캘리포니아와 스웨덴이 대개는 비자발적으로 우생학 단종 프로그램의 선도자가 되었다.[187] 케냐에 정착한 영국 이주민들 또한 1930년대에는 우생학의 개념을 받아들이고 강력한 운동을 전개했다. 그러나 케냐에서는 케냐 의학계의 폭넓은 지지를 받았음에도 영국 식민청의 후원을 받지 못해 우생학 정책이 실패로 끝났다.

반면 히틀러의 제3제국에서는 공중위생, 인종 원칙, 의학 실험에 대한 의사들의 관심이 삼박자를 이루어, 갈수록 끔찍함을 더해 간 우생학 의술을 통해 조상의 땅을 정화시키기 위한 시스템이 개발되었다. 아돌프 히틀러가 집권하자마자 통과된 법률에 따라 독일에서 단종(불임)된 사람만도 20만~30만 명이었다. 나치 정부는 우생학 협회에 재정을 지원하고 강제 단종을 할 수 있도록 유전 건강 법정Hereditary Health Court을 도입하며, '범죄자 유형'의 계보를 추적하고, 국가사회주의 밑에서 사는 것이 부적합하다고 판단된 유대인과 그 밖의 사람들을 겨냥하여 인종에 기반한 복지국가를 수립했다. 아우슈비츠 수용소에서 자행된 소름끼치는 의학 실험, 유대인 및 여타 위험인물들의 대량 학살도 '부적절한' 번식자를 일소해 인간을 '개량'하겠다는 논리에서 나온 행위였다.

역사가들은 독일에서 그처럼 극단적인 인간 박멸 행위가 일어난 연유를 밝히기 위해 노력했다. 일각에서는 19세기에는 독일 인류학자들은 관대하고 인도주의적이며 국제적 의제를 수용한 반면, 영국계 미국 인류학자와 프랑스 인류학자들은 진화론적 위계에 따른 인종의 등급화를 받아들였다고 주장했다. 그런데 20세기 초에는 다시 영국계 미국 문화인류학자들이 '인종 유형'에 대한 물리적 측정을 뒤로한 채, 문화 전통의 다원성을 강조하고 나섰다는 것이다. 실제로 독일 출신의 프란츠 보아스Franz Boas와 그의 학파에 속한 컬럼비아 대학의 문화인류학 교수들도 그들 스스로를 독일의 옛 인도주의 전통의 계승자로 여겼다. 하지만 독일은 그것과는 다른 방향, 예컨대 생물학에 기초한 인종 이론, 인종성을 측정하는 과학적 방식에만 몰입된 국가주의적 관점으로 옮겨 갔다.[188]

학자들은 독일의 그런 방향 전환 뒤에 숨은 몇 가지 요소를 강조했다. 독일은 심지어 통일이 되기 전 아직 프로이센이었을 때도 동유럽을 식민지로 삼기 위한 장기 프로젝트를 구상했으며, 열등한 동유럽에 대한 이미지는 문화에도 공통적으로 나타났다는 것이 그중 하나다. 동아프리카에서의 제국 건설, 특히 1904년에서 1908년의 기간에 헤레로족과 무자비한 전투를 벌인 경험도 독일이 그 종족에 대해 인종차별적 관점을 갖게 된 요인이었다.(다른 제국들도 그와 유사한 식민지 전쟁을 겪으며 인종차별적 이데올로기를 발전시켰듯이 말이다.) 하지만 독일의 인종차별적 이데올로기가 발전하는 데 무엇보다 중요했던 것은 역시 제1차 세계대전이었다. 그렇게 볼 만한 몇 가지 이유가 있다. 첫째, 독일 인류학자들은 전쟁이 진행되는 도중 포로수용소에 접근, 포로들의 등급 분류 작업을 벌이고, 인종적 특성에 따라 인간 서열을 정하는 '과학'을 만들어 냈다. 둘째, 발진티푸스에 대한 두려움이 소독 캠페인을 유발시켜, 유대인과 동유럽인 같은 사회 비주류 집단을 질병의 전파자로 간주하게 만들었다. 질병의 전파자로 간주한 것도 모자라, 숙주로 추정되는 부류에게 옮겨 간 위험한 병원균과 해충을 제거하려 한 욕망을 우생학적 정화로 합리화시켜 가장 극단적인 형태의 건강 캠페인도 벌였다. 세 번째 이유는 도처의 인종적 담론이 남성성의 표현과 겹치는 현상이 일어남에 따라 독일도 제1차 세계대전 뒤 백인 군인의 남성성에 대해 특별히 로맨틱한 이미지를 만들어 낸 것이다.

제1차 세계대전 때 연합군과의 전투에서 승리한 독일령 동아프리카 식민지군 사령관 파울 에밀 폰 레토브-포르베크Paul Emil von Lettow-Vorbeck를 순종적 흑인 군대를 지휘하는 강력한 백인 독일 군인이라는 전형적 영웅상으로 만들어 연합군을 특히 루르강 유역 전투 때 사용한 '오합지졸' 아프리카 병사들과 뚜렷이 대비되는 존재로 부각시킨 것이다.

'백인 영웅', 그리고 흑인 아프리카인들을 종속적이거나 놀랄 정도로 위협적인 존재로 보는 이런 관점이 양차 대전 사이의 기간에 남성성, 인종, 국가의 담론들에 둘러싸인 초국적 교점들을 잠식해 들어갔다. 따라서 비록 히틀러가 수용한 남성성이 인기 높았던 장군에 비해서는 비신사적이었지만, 나치 문화가 '아리아인'의 남성성 회복과 국력 강화를 강하게 동일시한 것은 당연했다. 끝으로 1930년대의 심각한 경제 불황 속에 베르사유 조약의 가혹한 조건과 제1차 세계대전 뒤의 경제 질서 개편에 대해 독일인들이 격분한 상황을 히틀러가 이용한 것 또한 빼놓을 수 없는 이유다. 그 분노의 화살이 결국 모든 부류의 외부인, 특히 유대인들에게로 향했으니 말이다.[189]

독일에서 그처럼 우생학적 견해가 극단으로 치달아 가는 동안 (로망스어 지역과 먼 동유럽 지역에서 강세를 보인) 출산 장려를 지지하는 또 다른 우생학 전문가 집단들은 사회 조건의 개량에 대한 필요성을 역설하면서도 강압적이고 결정론적인 가설에는 공공연한 비난을 퍼부었다. 모두 초국적 네트워크에 연결되었던, 다종다양한 우생학 집단들 간의 불화는 양차 대전 사이에 열린 국제 우생학 회의에서도 표면화되었다. 인종적·국가적 갱생을 유전자 풀의 개량에 초점을 맞출지, 아니면 주위 환경의 개량에 초점을 맞출지에 대한 논의도 계속되었다. 서로 다른 환경의 서로 다른 직업을 가진 사람들이었으니 답변에 따라 이해관계가 달라질 수 있었기 때문이다.[190]

과학적 인종주의와 우생학을 지지하는 사람들의 의견이 갈림에 따라 인종의 의미와 중요성도 중대한 초국적 도전에 직면했다. 1911년 런던에서 아시아, 중동, 유럽, 아메리카 대륙의 대표 쉰 명이 참석한 가운데 인종 간 화합을 증진시키기 위한 제1차 세계 인종 회의First Universal Races Congress가 개최된 것도 그런 맥락에서였다. 그러나 이 회의에서도 연사들의 견해는 인간의 보편성을 주장하는 쪽과 인간의 차이를 주장하는 쪽으로 갈렸다. 역사는 본질적으로 '인종'의 역사라는 관점 역시 지지하는 쪽과 비난하는 쪽으로 의견이 양분되었다. 따라서 이렇다 할 성과도 못 내고 인종 문제에 대해 요란하게 떠들기만 한 회의가 되었으나, 다원성과 다양한 반대 의견을 청취하는 지적 공론의 장이 된 점이 그나마 소득이었다.[191]

우생학 집단들 간의 견해차에 더해, 한때는 인간을 명료한 계층적 범주로 구분할 수 있다는 이론을 폈던 인류학자들마저 그 무렵에는 인간의 기본 특성을 인종으로 결정짓는 것에 대해 회의를 느끼기 시작했다. 앞서 언급한 것처럼 프란츠 보아스도 인종적 차이에 대한 생물학적 토대를 강조한 자연인류학과 결별했다. 보아스와 다른 문화 인류학자들은 인종적 차이가 피부색 혹은 두개골 크기와 같은 특성이 아닌 문화에 연유한다고 주장하고, 인류학 분야의 일부 노선을 바꿔 인종적 측면을 배제했다. 양차 대전 사이의 기간과 그 이후에 활동한 영향력 있는 보아스 학파에는 앨프리드 L. 크로버Alfred Louis Kroeber, 마거릿 미드Margaret Mead, 아프리카계 미국인 민속학자 조라 닐 허스턴 Zora Neale Hurston, 멕시코의 인류학자 마누엘 가미오Manuel Gamio, 브라질의 사회학자 지우베르투 프레이리Gilberto Freyre가 포함되었다. 이들 중 크로버는 미국 인류학회가 1915년에 발행한 잡지《미국 인류학American Anthropologist》에 발표한 기고문에서 "인류의 모든 인종과 종족은 문명의 전달자로서 전적으로 평등하고 동일하다."는 관점을 비롯해 일련의 전문 지식 원칙을 피력했다.[192]

문화적 관점이 이렇게 엄중한 인종 본질주의 결정론과 결별함에 따라 인구의 '백인화'를 사회 개선의 특징으로 삼으려던 계획도 과학적 정당성을 잃게 되었다. 그러나 문화적 차이에 대한 강조는 계속되었기에 약자들의 문화를 바꾸기 위한 제국의 강압 정책은 전처럼 계속 지지를 받았다. 보아스의 선구자적 작품『원시인의 마음The Mind of Primitive Man』(1911)에도 원시 문화는 문명화된 문화에 비해 덜 복잡하고 더 직관적인 것으로 묘사되었다. 흔히 쓰이는 원시적primitive이라는 말 또한 타자성을 강조하고 격차가 큰 것을 나타내는 용어, 곧 근대적modern의 반의어가 되었다. 그런데 이 '원시적' 요소가 서구에서 대유행을 일으키면서 초국적 예술 및 문화양식에까지 영향을 미쳤다. 프랑스에서 무용수, 배우, 가수로 활동한 아프리카계 미국인 조지핀 베이커Josephine Baker가 인조 바나나 스커트를 걸친 반라 차림으로 원시인 춤을 추어 파리인들을 매혹시킨 것이 대표적인 예다. 파리 장식미술 박람회에서 민속(에스닉) 예술이 유행한 뒤로는 (베이커의 안면 특징이 묘사된 선으로 멋을 부린) 아르 데코 양식도 세계적 선풍을 일으켰다. 세계 곳곳의 반근대주의자들 또한 (푸에블로 인디언이 살았던) 뉴멕시코주에 위치한 메이블 도지 루언Mabel Dodge Luhan의 거처를 찾아 토착민과 멕시코의 유산을 받아들이고, 근대의 산업 질서 속에 사는 사람들보다 토착민의 삶이 우월했다는 관점을 증진시켰다. 원시주의의 그런 매력은 일부, 사라져 가는 생활 방식을 그것이 대변해 준다는 생각에 기인했다. 대부분의 전문적 사회과학계에서는 그렇게 '원시성'이, 좁아지고 근대화되는 세계 속에서 절멸을 향해 가는 요소로 계속 남아 있었다.

다른 사회과학자들도 백인적 서구의 전문성 공동체 내에 여전히 강하게 남아 있던 인종적 차이의 패러다임을 뒤집었다. 멕시코의 호세 바스콘셀로스 칼데론과 브라질의 지우베르투 프레이리는 사회과학을 인종과 관련성이 큰 분야로 제시하면서도, 인종 혼합이 집단의 퇴화가 아니라 향상을 가져온다는 점을 분명히 했다. 멕시코 혁명과 관련된 가장 중요한 지식인 중 한 명이었고, 초대 교육부 장관을 지내기도 한 바스콘셀로스 칼데론은 멕시코의 인종 혼합이 양질의 '우주적 인종'을 만들어 냈다는 개념이 중심이 된 멕시코 민족주의를 증진시켰으며, 프레이리 또한 유럽인이 브라질 사회에 중요한 기여를 했다는 관점에 이의를 제기했다. 그러면서 그는 브라질의 미래가 포르투갈인, 아프리카인, 인도인의 혼혈 인종에 있다고 보고, 브라질의 '인종적 민주주의'야말로 진화론적 진보와 완벽한 조화를 이룬다고도 단언했다.[193]

인종 혼합에 대한 자긍심에는 사회적 다윈주의의 개념과는 절연하고 지방적 토착 문화에 대해서는 새롭게 존중심을 갖게 되었다는 의미가 내포돼 있다. 인디헤니스모 운동도 서반구와 그 밖의 지역에서 인종과 관련된 초국적 논의에 심대한 영향을 끼쳤다. 다비드 알파로 시케이로스David Alfaro Siqueiros와 디에고 리베라와 같은 멕시코 화가들이 양차 대전 사이의 기간에 그린 벽화

———디에고 리베라가 1942년에 그린 「타라스코족 문명(The Tarascan Civilization)」. 멕시코의 미술 궁전을 장식하고 있는 이 벽화는 에스파냐 식민지가 되기 이전 시대의 멕시코 토착민들의 노동, 예술적 기량, 배움에 경의를 표한 작품이다. 리베라와 여타 멕시코의 위대한 벽화가들은 인종의 평등성을 지지하고, 토착민 역사에 대한 자긍심이 중심이 된 멕시코 민족주의의 수립에도 힘을 보탰다. (Wikimedia Commons, © Kgv88)

들의 시각예술을 통해 특히 범세계적으로 확산된 인디헤니스모 운동은 토착민과 혼혈인의 역사적 기여에 찬사를 표하고, 국가적·문명적 진보를 다룬 서사에서도 그들을 가장 두드러지게 묘사했다. 공산주의 네트워크도 초국적 인종차별주의를 노동자계급 연대의 장벽으로 간주했으므로 당연히 그런 식의 반인종차별주의는 그것들 속에서도 지지자를 찾아내 네트워크들 사이를 이동해 다녔다.

앞에서 보듯 인종의 위계적·생물학적 관점에 대한 도전은 여러 방면에서 나왔다. 문화인류학만 해도 그 관점의 과학적 주장에 대해 공격했다. 토착민이 가진 영향력을 산업적 근대주의자들에 대한 거부의 일환으로 받아들인 지식인들도 있었으며, 공산주의 정당들 또한 인종적 평등과 반식민주의 증진

프로그램이 중심이 된 계급적 연대를 구축했다. 사회과학에서는 이렇게 인종의 역할과 관련된 초국적 순환이 한 방향으로만 흐르지 않고, 사방팔방으로 뻗어 나간 네트워크 특유의 어지러운 혼합성에서도 제각기 고양된 에너지를 뽑아냈다.

세계의 시영화

사회적 영역의 진보에 전념한 네트워크 전문가들이 그다음으로 특별한 관심을 보인 분야가 19세기 말에 급성장한 도시들이다. 도시의 보급 정도는 물론 지역마다 차이가 있었다. 서구에서는 1900년 무렵에 유럽인의 40퍼센트가 이미 대도시 혹은 인구 5000명 이상의 소도시에 살았다. 그러나 아프리카의 대다수 지역에는 그만한 규모의 정착지가 없었다. 그렇기는 하지만 근래에는 아프리카 도시 역사의 중요성이 오래도록 간과되었던 사실을 강조한 연구들이 발표되기도 했다. 또한 도시라고 해서 다 같은 것은 아니어서 (특히 유럽이나 혹은 미국처럼) 중요한 생산 중심지로 탄생한 곳도 있고, (상하이, 캘커타, 혹은 부에노스아이레스와 같이) 중요한 분배 중심지가 된 곳도 있었다. 시카고와 같은 몇몇 도시는 산업적·상업적 역량을 동시에 갖추고 있는 점을 자랑으로 여겼다. 또한 도시 엘리트들이 부와 지위를 얻는 곳은 어찌됐든 글로벌 경제였으므로, 도시들은 새로운 초국적 경제 교류의 상징도 되었다. 세계 어느 곳에서 출현하든 산업화와 통상이 도시적 삶의 가속화를 촉진하고, 도시들을 결합시켜 주었다. 그렇게 해서 탄생한 새로운 '글로벌 도시들'이 이동 중에 유입되었거나 재류 노동자, 상인, 기업인으로 주변 지역의 인구를 늘려 준, 다양한 이주민의 물결로 강조된 세계주의cosmopolitanism를 만들어 냈다.

도시의 양상은 대개 비슷하게 나타났다. 도시 생활 여건에 따른 빈부 격차와 인종적 다수파와 소수파의 간극이 크게 벌어진 것만 해도 그랬다. 수도 시설과 위생 시설의 미비가 빈민들이 사는 혼잡한 지역을 순식간에 벗어나 유력자들의 건강을 위협할 수도 있는 질병의 공포를 불러일으킨 것 역시 마찬가지였다. 상류층과 중산층 사람들이 지역과 국적에 상관없이 비행자와 범죄자를 별도의 구역에 격리시켜 놓으려 한 것도 도시가 가진 특징이었다. 물론 중상류층 중에도 그런 지역을 들락거리며 이득을 취한 사람들이 있었지만 말이다. 도시의 그런 분리 현상은 본국의 상인 및 관리들이 다른 사람의 간섭 없이 독자적으로 자신들에게 익숙한 풍경과 관습을 재현해 놓을 수 있었던 제국의 변경에서 특히 두드러지게 나타났다. 여성들이 공적 공간에 대한 권리를 주장하고, 새로운 자유와 위험이 공존하는 곳 또한 도시였다. 그런가 하면 도시에서는 사람들이 어울려 사는 방식에 따라 소비재, 광고, 놀이공원, 스포츠 클럽, 술집, 커피숍, 영화관들이 재편되는 특징을 지녔다. 노동 개혁가, 반식민주의 운동가, 방랑족, 온갖 종류의 반대자들은 물론이고, 고전적 형태의 은행과 회사를 보유하기도 한 초국적 엘리트들이 만나 의견을 교환하는 곳도 도시였다. 인종이 혼합된 코즈모폴리턴적 도시의 삶은 이렇듯 어느 관점에서 보든 그 시대의 희망과 위험을 동시에 구현하고 있었다.

도시는 또 종종 다문화적 공간일 뿐 아니라 환경적으로 오염된 공간이 되기도 했다. 광산 및 제련 시설을 곁에 둔 도시 지역에서는 특히 굴뚝 산업이 미세 먼지를 분출해 하늘이 뿌예지고, 식수가 오염되며, 주민 건강이 위협받았다. 잉글랜드, 벨기에, 독일, 미국의 펜실베이니아주와 오하이오주, 러시아령 우크라이나, 일본 오사카, 이들보다 정도는 약하지만 남아프리카, 인도, 남아메리카, 오스트레일리아의 일부 도시에 그런 산업 지대가 밀집돼 있었다.[194] 그리하여 그 여건이 또 공간을 재편성하고, 위생 시설을 갖추며, 산업 연기와 폐기물 방출을 막기 위한(그리고 초국적 담화로 다듬어진) 청원을 하게 만들었다.

도시 중에서 베를린과 뉴욕은 상점 진열창을 환히 밝혀 컴컴한 거리도 더는 위험하지 않게 해 준 전등불의 보급 면에서 선두를 달렸다. 그렇다고 전기가 대도시에만 보급된 것은 아니어서, 1870년대 초만 해도 가스등 1만 개로 불을 밝혔던 콜로라도주의 덴버 시도 머지않아 가스등을 전등으로 교체했다. 후원자들도 그런 덴버를 가리켜 아메리카의 '빛의 도시'라 부르고, 미국의 어느 도시도 그보다 나은 공사公私의 조명 체계를 갖추지 못했다고 주장했다.(뉴욕주의 버펄로와 다른 도시들도 같은 주장을 했지만 말이다.)[195] 도시의 조명은 그런 식으로 진보, 공공의 안전, 계몽의 상징이 되었다. '불야성Great White Way'과 '백색 도시' 같은 호칭들 또한 인종을 색깔 코드화하는 시대 분위기 속에 울려 퍼졌다. 1920년대 들어서는 20세기 초만 해도 국부적 현상에 머물렀던 전기 체계가 대규모 지역적 '통합 전력망power pools'으로 변모함으로써, (특히 미국에서는) 다국적 유틸리티 기업들의 증가와 더불어 국익에도 도움을 주고 초국적 연결성을 위해서는 국경마저 무시하게 만드는 결과를 낳았다. 토머스 파크 휴스Thomas P. Hughes도 전기를 근대성에 연결시켜 "근대의 전기 시스템은 (근대적 삶의) 포괄적 복잡성을 가능하게 하는, 이질적 형태와 기능을 지니고 있다."고 썼다. 전력 소비도 당연히 급상승했다.[196]

그 상황에서 도시들이 몇몇 기본 구조에 역량을 집중하는 것은 당연한 일이었다. 통신과 운송의 네트워크만 해도 서로 우열을 다투었고, 세계 박람회들 또한 새로운 국제 관행을 전시하는 교점이 되고 있었으니 말이다. 도시 계획의 전문성도 다른 직종들이 그랬듯 초국적 특성을 띠게 되었으며, 도시 계획자들 또한 보편적 '도시 과학municipal science'이 있을 수 있다는 생각을 받아들였다. 도시의 전기 네트워크와 등대에 대한 새로운 수요가 생김에 따라, 새로운 전기의 시대를 떠받쳐 줄 회로 구축을 위해 전 세계에서 활동할 전문가, 기술자, 자본가 집단도 등장했다.[197] 제국주의 행정 네트워크의 안팎을 오가며 항구와 터미널 빌딩, 거리 조성, 공중위생, 식품 검역, 사회사업 영역을 전문적으로 다루는 또 다른 전문가 집단도 생겨났다. 근래의 학자들도 그 점을 반영해 "도시의 역사를 세계화를 역사화하는 방식의 하나로 만들려는"[198] 노력을 기울였다. 그들은 이른바 글로벌 도시도 오늘날의 현상인 것 같지만, 19세기 말부터 형태를 갖추기 시작했다는 점을 지적했다.

도시화가 가장 최소한으로 이루어진 아프리카 대륙에서도 도시는 숫자와 인구로 드러난 것보다 중요한 역할을 했다. 식민지화의 충격으로 아프리카 전역에서 도시 생활의 양상과 관습이 변한 것만 해도 그랬다. 오랫동안 주로 내륙 혹은 연안 해역의 교역 지점이었던 교차로 역할에 머물렀던 도시들, 특히 서구의 상업 네트워크와 연계된 일부 항구도시가 식민지화된 뒤로는 번영을 누리게 된 것이다. 문화적으로 혼합된 각양각색의 기존 도시들 위에 이전과는 다른 백인 도시 모델이 보태지게 되었다. 남아프리카의 산업 지대였던 더반이 20세기 초 도시계획을 시행, 비공식 개발의 산물이던 '슬럼가'를 '무질서한' 인도인과 아프리카인의 거류지와는 별개의 공식적 용도 지역으로 만든 것이 대표적인 예다. 현대적 항구 시설, 기독교 교회를 포함한 서구식 건축물, 인종 분리 지역 설정, 통제되고 '깨끗한' 주택의 공급, 고르지 못하게 설치된 위생 설비도 대다수 아프리카 도시의 외관과 작용에 변화를 주었다.[199]

과학적·보편적 접근 방식으로 도시 문제를 풀기 위한 시도도 전 세계 도시를 관리하는 것과 관련이 있었던 상업적·제국적·전문적 네트워크에 의해 진행되었다. 독일만 하더라도 구획 설정법zoning laws이 제정되어 다수의 다른 나라가 그 조치를 모방하게 만들었다. 예를 들어 영국에서는 전원도시 협회가 결성되고 미국에서는 도시 미화 운동이 전개되었으며, 이 움직임은 나아가 도시민의 정신적·육체적 건강을 증진시키기 위해서는 도시 공간이 어떻게 구획되는 것이 좋은지에 대한 개념에도 영향을 끼쳤다. 프랑스령 모로코에서 만든 도시계획법은 심지어 제1차 세계대전 뒤 프랑스 본토의 도시 계획 노력에까지 영향을 미쳤다. 1913년에는 개별 도시들의 단체를 결성하고 싶어 한 유럽 사회주의자 네트워크와 국제주의자 네트워크의 소망이 이루어져 국제 도시 협회The Union Internationale des Villes가 발족되었다. 벨기에 사회주의자 에밀 핑크Emile Vinck가 주도한 그 협회는 제1차 세계대전 뒤에는 아메리카 대륙, 아시아, 아프리카로도 회원 자격을 확대하여, 국제 지방자치제 연합International Union of Local Authorities: IULA으로 개편했다.

도시계획과 행정에 관련된 범대서양 담화와 범태평양 담화가 밀도 있게 진행된 것은 피에르이브 소니에Pierre-Yves Saunier가 "세계의 시영화municipalization of the world"의 첫 물결이라 부른 것을 면밀히 살펴보면 분명히 나타난다. 도시계획의 일환으로 조성된 멜버른 도서관만 해도 그 도시의 관리들은 영국뿐 아니라 미국, 봄베이, (뉴질랜드의 항구도시) 더니든, 토론토, 그 외 도시 자료를 함께 참고했음이 드러나는 것이다. 세계 최대의 건축 회사를 운영한 미국의 유명 건축가 대니얼 버넘Daniel Burnham도 시카고 '백색 도시'의 계획안을 마련하고, 필리핀 마닐라와 바기오의 도시계획안을 작성했으며, 1909년에는 자신의 '시카고 계획안'이 국제적 영향력을 갖게 된 것도 지켜보았다. 아르헨티나의 정부 엘리트들 또한 19세기 말에 급성장하던 부에노스아이레스를 개조한 뒤 '남아메리카의 파리'로 명명했다. 메이지 유신을 단행한 일본도 1880년 대에 파리를 모델로 한 도쿄 계획안을 수립했으나 실천으로 옮기지는 못했다. 반면에 도쿄 외의 여러 도시, 소도시, 마을들은 독일 전문가들의 도움을 받아 행정 체계를 세웠으며, 오사카는 진보적 시장 세키 하지메關一가 여러 나라의 도시 개혁을 취사선택해 반영하려는 노력을 기울인 결과 새로운 도시로 거듭 태어났다. 도쿄 시장도 1923년 간토 대지진 이후 미국의 역사학자 겸 도시 전문가 찰스 비어드Charles Beard를 초빙해 도시 재건에 대한 조언을 구했다. 그러나 결과적으로 그의 권고는 도시계획에 별 영향을 주지는 못했다. 한편 프랑스의 르 코르뷔지에Le Corbusier, 독일의 루트비히 미스 판 데어 로에Ludwig Mies van der Rohe와 발터 그로피우스Walter Gropius는 단순한 형식에 장식을 배제한 산업적 모더니즘의 국제주의 양식을 선보인 점에서 특별했다. 기계 미학을 중시한 그 설계 운동은 전 세계의 도시 외관에 큰 영향을 미쳤다. 도시 전문가들은 그렇게 그들 고유의 전통에서 나오는 독특한 요소를 강조하면서도, 도시 관리와 계획을 전문으로 하는 직종과 연관된 초국적 회로의 일부가 되는 것에도 중요성을 부여했다.[200]

도시의 '세계성'과 '지방성'은 다른 초국적 운동과 마찬가지로 대립적이기보다는 상호 구성적 관계에 있었다. 마이클 스미스Michael Smith가 "초국적 도시화transnational urbanism"라 부른 것에도 이주민, 난민, 운동가, 기업가, 단체들을 가진 도시들, 다시 말해 초국적 영역을 만들고 시행한 지방화된 곳으로서의 도시들을 가장 두드러지게 묘사했다.[201] 빌려 온 형태, 지방적 관습, 다양한 초국적 네트워크의 결합은 이렇듯 비록 지역에 따라 실행된 방식은 달랐지만 모든 곳의 도시 생활에 영향을 주었다. 도시적 초국주의가 이 단락을 관통하는 주제의 좋은 사례가 되어 차별화된 공통성 속에서 표현 방식을 찾아낸 것이었다.

몸의 치료

그렇다고 사람들이 초국적 도시와 그 배후에서 번영만 누린 것은 아니었다. 항구도시만 해도 질병에 취약해 사람들과 그들의 생계가 달린 물자 유통을 어렵게 만들었으니 말이다. 19세기 말에는 몇몇 유행병이 세계를 휩쓸었으

며, 그에 따라 건강 및 질병의 확산과 관련된 불안도 증대되었다.[202]

그렇게 되자 여행과 통상의 연결적 흐름이 돌연 인간의 안녕을 가장 심각하게 위협하는 요소로 떠올랐다. 콜레라만 해도 하즈(메카 순례)를 하는 순례자들이 메카를 오가는 와중에 퍼뜨리기도 하는 등 발생지 인도로부터[23] 감염로를 따라 이동했고, 황열병 또한 바다 여행으로 가속화되던 끝에 1870년대 말에는 급기야 세계적 규모로 퍼져 나가 마드리드, 아바나, 멤피스, 그 밖의 도시에서 수천 명의 목숨을 앗아 갔다. 선박의 벼룩과 쥐들이 옮기는 선페스트도 제1차 세계대전 전의 20년 동안 전 세계 거의 모든 항구도시에서 창궐했을 만큼 공포스럽게 퍼져 나갔다. 1918년에서 1919년의 기간에 맹위를 떨쳤고 일명 '에스파냐 독감'으로도 불리지만 진원지는 미국 캔자스주였을 것으로 추정되는 유행성 인플루엔자 역시 전 세계적으로 5000만 명의 목숨을 앗아 갔다. 가공할 병독성과 전파성을 지닌 유행병이 돌자 과학자들도 예방과 치료법을 찾기 위해 발 벗고 나섰다. 통상과 식민주의뿐 아니라 문명 자체가 질병의 범세계적 확산을 막는 것에 달려 있는 듯했기 때문이다.

유행병은 초국적 보건 전문가 팀의 반응도 촉발했다. 이들에 의해 점차로 미생물 병인론이 힘을 얻고, 시료와 학설 교환도 이루어졌다. 파리의 파스퇴르 연구소, 베를린의 로베르트 코흐 연구소, 런던의 리스터 예방의학 연구소, 일본의 기타사토 연구소와 같은 연구 기관들이 백신과 항독소 개발에 나섰다. 그런 식으로 전 세계의 다양한 실험실에서 초국적 노력을 기울인 결과로 1930년 무렵에는 장티푸스, 콜레라, 결핵, 천연두, 흑사병, 디프테리아, 파상풍에 대항하는 백신이 개발되었다. 각 나라의 새로운 공중 보건 관리들 또한 접종 프로그램을 시행하고, 풀뿌리 단계에서의 치료 교육의 중요성도 새롭게 인식했다. 그러나 식민지에서는 접종 계획이 종종 정책의 후순위로 밀려, 영국이 20세기의 첫 30년간 식민지 감비아에서 정책을 시행할 때만 해도 상업용 도로, 운하, 법원, 그리고 유럽 상인들의 휴식처인 클럽 건설에 드는 비용은 아끼지 않으면서 예방접종에는 힘을 쓰지 않았다. 하지만 19세기 말부터는 대

_____ **23** 1898~1907년 동안 유행했다.

―1884년 3월, 인도 캘커타에서 콜레라 예방 접종을 받는 사람들의 모습. 지리적 국경을 모르고 퍼져 나간 전염병 탓에 초국적 과학과 의학적 노력이 촉발된 결과였다. 제국 정부는 특히 자국 사절단과 식민지 노동력의 건강에 관심이 많았으므로, 식민지들에 툭하면 대대적인 예방 접종 지시를 내렸다. (Wikimedia Commons, ⓒ Wellcome Collection)

체로 많은 지역에서 본국 및 식민지 관리들이 접종 프로그램을 의무적으로 시행하려고 노력했다. 비록 거의 모든 곳에서는 그런 힘의 행사에 저항하는 반종두 운동이 일어났지만 말이다. 실제로 초기의 접종 방식에는 건강에 유해한 요소가 많이 포함돼 있었고, 그에 따라 더 안전하고 덜 고통스러운 접종 기술이 개발되었으니, 반종두 운동도 최소한 그 점에서는 유익한 영향을 끼친 것이었다.[203]

　19세기 말에는 유럽, 오스만 제국, 페르시아, 중국, 일본, 아메리카 대륙의 대표들이 참석한 일련의 국제 '위생 회의들'을 개최하고, 1907년에는 전 세계의 보건 정책을 관장할 상설 기구로 국제 공중위생국Office International d'Hygiéne Publique도 설립했다. 이 같은 초국적 추진력은 특히 항구도시들에 적용되는 검역 절차 마련에 도움을 주고, 질병이 일어나기 쉬운 지역들에 상하수도 시설 개량을 위한 공중위생 프로젝트를 촉진시켰다. 제1차 세계대전 뒤에는 국제 연맹 보건 기구가 이 일의 감시와 조정 역할을 맡았다.

비록 의료적 만남은 고르지 못했지만, 전염병 치료법은 초국적인 과학, 지방 전문가들 사이의 공동 생산 과정에서도 등장했다. 미국이 1898년 이후에는 쿠바, 운하 건설 기간에는 파나마를 점령하고 있을 때, 미국 과학자들이 쿠바 의사 카를로스 핀라이Carlos Finlay가 수립한 황열병의 모기 매개체 이론에 근거해 황열병과 여타 질병의 퇴치에 성공한 것이 좋은 예다. 이 모기 박멸책은 비록 미국 제국주의를 질병 억제에 필요한 요소로 합리화해 주기도 했지만, 세계의 다른 지역에서 질병과 싸우는 사람들에게 큰 힘이 되었다.

중국과 서구가 건강과 질병의 의미를 다르게 받아들인 것도 여러 가지 면으로 영향을 끼쳤다. 중국 한의사漢醫師들은 서구 이론을 받아들이되 근대적이지만 (비서구적인) 그들만의 방식으로 변형시킨 의술을 개발했다. 국민의 체력을 증진시켜 줄 수도 있는 위생 개념을 채용해 나라의 허약함을 벗어나려 했던 중국 엘리트들의 욕망에 서구 및 일본 제국주의의 영향이 중첩되어 건강에 대한 중국의 초국적 담론이 진행된 탓이었다. 루스 로가스키Ruth Rogaski가 '위생의 근대화Hygienic modernity'를 증진시켜 줄 관례와 물품을 받아들인 중국 북부의 도시 톈진의 엘리트들이 취한 조치에 대해 주위 환경을 청결히 함으로써 중국인의 신체를 강건하게 만들기 위한 것이었다고 분석한 것에도 그점이 드러난다. 중국은 또 서구적 요소를 차용하면서도 서구와 경쟁도 벌이는 이중적 행보를 보였다. 중국 한의사들이 마케팅 운동을 성공적으로 전개하여 서구 제약 회사를 몰아냄으로써 동남아 구매자들을 확보한 것이 좋은 예다. 그렇다고 서구의 의료 지식과 관례가 동양과 남양으로만 흘러든 것은 아니었다. 20세기의 첫 20년 동안 중국 주재 프랑스 외교단의 일원으로 활동한 학자 조르주 술리에 드 모랑George Soulié de Morant만 해도 콜레라가 유행하던 때에 중국 침술이 보여 준 효능에 깊은 감명을 받아 그것을 소개하는 책을 쓰고, 파리에 돌아와서도 1930년대 내내 침술과 관련된 주요 후속작들을 집필, 제2차 세계대전 후까지도 영향을 미쳤다. 환자들이 치료법을 택할 때 전통 의술과 외래 의술 사이에서 절충적 태도를 보인 '의료적 다원주의'의 사례는 비단 중국뿐 아니라 세계의 다른 여러 나라에서도 나타났다. 물론 보건 의료 공급의 분배는 불공평하게 이루어졌지만 말이다.[204]

　19세기 중엽에는 의학이 지닌 문명적 잠재력도 제국주의 정당화의 주요 담론으로 떠올랐다. 전염병이 제국의 안정과 인프라 발전을 저해하자 종주국의 식민지 관리들이 그것에 선순위를 부여한 탓이었다. 식민지 간 경쟁도 그것을 긴급 현안이 되게 만들어, 모든 제국에서는 식물 전문가들이 항말라리아제인 퀴닌의 대량 생산을 위해 페루산 키나 나무를 밀수, 개발하는 데 열을 올렸다.

　반면에 의료 행위는 제국주의 정책이 쉽게 실패하거나 종주국 권위에 대한 원주민의 저항을 부르는 요인도 되었다. 프랑스령 알제리가 좋은 사례다. 식민 지배를 시작한 초기 몇 년 동안은 피지배민들에게 근대의 의료 지식과 의료 행정을 전해 준 행위가 도덕적·실용적으로 식민주의에 강력한 정당성을 부여해 주었으나, 공중 보건 제도를 구축하는 과정에서 포괄적 의료 체계 수립에 들어가는 비용과 난관에 부딪혀 초기의 낙관주의가 사그라졌으니 말이다. 알제에서 활동한 의사와 부속 인력은 물론 자신들이 식민지인의 건강에 필요한 기틀을 잡고 있다고 여겼을 것이다. 하지만 농촌 지역에는 그들의 손길이 제대로 미치지 못했고 저항에도 부딪쳤다. 게다가 20세기 초에는 비용과 서투른 행정, 프랑스 식민주의자, 알제리인, 프랑스 군부 간의 영역 다툼이 야기한 난제들에 열등 인종 이데올로기까지 겹쳐 양상이 더욱 복잡해졌다. 결국 본토인을 의사로 훈련시켜 프랑스식 보건 의료를 알제리 전역에 확산시키려던 계획은 대체로 무산되었고, 한때나마 프랑스의 노력을 지지했던 알제리의 의료 종사자들도 식민지 의료 네트워크로부터 서서히 등을 돌렸다. 그들은 시스템의 고질적 부당함에 대해 불평하면서 프랑스 의사들과 공유했던 꿈에도 환멸과 분노를 드러냈다. 그때를 기점으로 프랑스의 정책은 건강을 확산시키려던 노력에서 식민지의 '병적 요소'를 없애는 노력으로 바뀌었다. 항구를 통한 질병의 전파로 건강한 프랑스 도시들마저 오염되거나 위험해지는 일이 없게 하기 위해서였다. 프랑스의 의료적 개입은 이렇듯 알제리인들의 건강에 무의미하거나 부정적 영향을 끼치는 데 그치지 않고, 본국 정부가 알제리

를 병든 나라로 낙인찍게 하는 결과도 낳았다.[205]

영국 관리들도 그와 다를 바 없이, 1920년대에 수단의 '도덕적·경제적 후진성'을 생식기 절단의 관행 탓으로 돌렸다. 그 관습을 없애려고 한, 서구에 기반을 둔 초국적 움직임에 자극받은 그들은 '과학적' 의학을 도입하고, 특히 조산의 관습을 바꾸기 위한 전면적 운동을 전개했다. 1920년대 말에는 영국 의회에서도 식민지 케냐에서 행해진 여성 '할례의 위기' 및 그와 관련된 논의가 일어나, 아녀자 건강을 해치는 제국 전역의 관행에 종지부를 찍기 위한 조치가 더욱 강력하게 취해졌다. 식민지 정책들 간의 상호작용, 아랍의 문화적 관례에 해롭다고 여겨진 것을 일소하기 위해 영국 간호 조산사를 파견한 것, 그 문제에 양다리를 걸친 현지인들의 태도, 증대하는 민족주의, 다양한 종교성이 수십 년간에 걸쳐 복잡한 환경을 만들어 내고 그 과정에서 생식기 절단 또한 문화적으로 약화되기는 고사하고 오히려 고착되었을 개연성이 크다.[206]

질병은 비록 거기에 함유된 의미는 다양했지만, 그런 식으로 상호 연결된 그 시대에 대한 중요한 문화적 수사를 제공했다. 초국적 회로들에서는 또 질병의 은유가 열대지방 사람들의 신체를 후진적이고 위험하게 보는 도덕적 담론의 일부를 형성하여 그것이 또 식민주의를 비롯한 외부의 개입을 정당화해 주었다. 의학 지식의 하위 전문 분야가 된 '열대 의학'이 지리적 경계가 모호한 열대지방을 위험하고 질병이 만연한 곳으로 분리해 놓은 탓이었다.[207] 제국적·인종적 힘을 정당화해 주었던 서구의 우월성 주장이 전염병과 기근의 확산으로 위협받게 된 것도 그런 담론이 생겨난 요인이었다. 식민주의에 휩쓸려 들어간 일부 사회만 해도 질병의 은유를 외부인-보균자와 동일시할 수 있었으므로 그것이 제국 관리나 초국적 보건 종사자들과 접촉하는 것에 그들이 저항하는 것을 정당화해 주었기 때문이다. 반식민주의적 민족주의자들이 공중 보건 프로그램을 식민주의 혹은 신식민주의neocolonial 세력에 맞서기 위해 지역사회 및 지역 기관들을 강화하는 수단으로 받아들이는 것도 문제였다. 그 시대에는 이렇듯 질병의 전파자는 누구이고 그것을 멈추는 자는 누구이냐에 대한 개념이 거대한 논의의 일부를 형성했다. 치료자(의료인)들의 힘도 다른 모든 전문성 회로와 마찬가지로 범세계적 순환과 의미의 논쟁을 수반한

것이다.[208]

그 시대에 범세계적 보건 문제를 다룬 초국적 기관은 무수히 많았다. 친우회(퀘이커교), 가톨릭교회의 국제 카리타스Caritas, 종교에 기반한 여타 종교집단들도 범세계적 보건 문제를 위해 중요한 역할을 했고, 세이브더칠드런 국제기구 또한 전쟁과 재해로 고통받는 전 세계 아동들을 돕는 일에 매진했다. 초국적 단체들인 적십자와 적신월, 록펠러 재단도 영속적이고 영향력 있는 초국적 네트워크의 토대를 놓았다는 점에서 특별한 관심을 받을 만하다.

국제적십자위원회ICRC는, 1859년 이탈리아를 여행하던 도중 북이탈리아의 솔페리노에서 벌어진 전투의 참상을 목격하고, 전쟁의 고통을 해소하기로 결심한 스위스 기업가 앙리 뒤낭의 경험에 영감을 받아 시작되었다. 국제적십자위원회가 흰 바탕에 적십자가 그려진 스위스 국기를 표장으로 택한 것도 뒤낭이 스위스인이었던 점을 기리기 위해서였다. 그때부터 국제적십자위원회의 봉사 활동은 전란을 겪는 나라들로 확대되었다. (러시아와 터키의 전쟁이 진행 중이던) 1877년에는 국제적십자위원회가 오스만 제국의 요청을 받아들여 이슬람 국가들에는 적십자 대신 적신월 표장을 사용하게 해 주었다. 1901년에는 뒤낭이 최초의 노벨 평화상을 받았다. 제1차 세계대전 중에는 제네바에 본부를 둔 민간 기구 적십자사가 의료 지원을 제공하고 포로들의 처우를 개선하는 등 중립적 조정자로서의 역할을 톡톡히 해냈다. 적십자는 국제 적십자사 연맹을 통해 세계 전역에 지부를 설치하고 범세계적으로도 활동 지반을 넓혔다.[209]

미국 적십자사ARC는 1887년 남북전쟁 때 병사들에 대한 자원봉사의 정신을 고취시킨 클래라 바턴Clara Barton이 창설했다. 미국 적십자사는 1898년의 미국-에스파냐 전쟁(미서전쟁) 때는 군인들에게 봉사하고, 1905년에는 반관영 조직이 되어 의회 보조금도 받았다. 미국 적십자사는 제1차 세계대전과 양차 대전 사이의 기간에 적극적 활동을 벌인 뒤에는 전시의 비상사태를 넘어 재난 구호를 기획하는 것으로까지 활동 범위를 넓혔으며 국제적십자위원회와는 달리 위생 개혁 및 전염병 예방에 관련된 광범위한 문제들을 해결하기 위한 노력도 기울였다. 미국 대통령 캘빈 쿨리지Calvin Coolidge도 1923년 간토 대지진이 일어나자 미국 적십자사를 통해 미국의 모든 식량과 의료품 지원을 해 주도록 요청했다. 국제 적십자와 미국 적십자사는 비록 핵심 활동에서는 갈등을 빚기도 했지만 그런 식으로 인도주의와 보건 문제의 지원에서는 손을 맞잡고, 강력하고 계속 발전해 가는 범세계적 인프라가 되었다.[210]

미국 산업계의 거물들이 쾌척한 기금으로 조성된 자선단체들도 글로벌 보건 문제에 깊숙이 관여했다. 석유왕 존 D. 록펠러만 해도 1909년 미국 남부 인들을 괴롭힌 십이지장충 퇴치를 위해 위생 위원회Sanitary Commission를 설립했다. 록펠러는 십이지장충 퇴치의 개념을 더욱 발전시켜 범세계적 복지 증진을 목표로 한 록펠러 재단도 설립했다. 록펠러 재단 산하의 국제 건강 위원회 IHB가 1913년에서 1951년까지 38년 동안 존속하면서 십이지장충 퇴치 캠페인을 벌인 규모는 전 세계 52개 국의 10억 명이었다. 국제 건강 위원회는 십이지장충병 외의 다른 질병 혹은 보건 조건을 포함시키는 등 활동 범위를 넓히고 1915년에는 황열병 위원회를 설치, 모기 박멸 연구를 주도하고 백신 개발에도 성공했다.

록펠러 재단의 활동은 지방들 사이의 공동 생산 과정에서도 등장했다. 제1차 세계대전 뒤 록펠러 재단이 파리에 지부를 설치하고, 재단이 추진한 기초과학 증진 프로그램을 도와주도록 유럽 국가에 협력을 구한 것이 좋은 예다. 재단은 20여 개 도시에 보건 의료 종사자의 훈련과 연구를 수행하기 위한 공공 보건 연구소를 건립, 중국, 인도, 일본에 여자대학들이 설립되게 하는 데도 일조했다. 록펠러 재단이 특별한 관심을 보인 중국에서는 재단 산하의 중국 의료 위원회가 1928년 재단에서 독립, (1906년에 설립된) 베이징 유니언 의과대학의 주요 재정 지원자가 되었다. 록펠러 재단은 이 중국식 모델을 이용하여 베이루트, 홍콩, 싱가포르, 방콕, 그 외 지역에 있는 대형 의료 교육 기관 및 연구 기관들과도 보조금을 통한 협력 관계를 유지했다.

지역에서 훈련받은 보건 종사자들도 록펠러 재단 국제 건강 위원회의 초국적 네트워크에 합류했다. 1935년에는 국제 건강 위원회가 조산사와 여타 진료 보조원들이 농민들에게 기본 의료 서비스를 제공하는 방식으로 중국의 농촌 마을에까지 보건 의료와 지역사회 발전을 확대하는 풀뿌리 운동을 전개했다. 그 밖에 국제 건강 위원회는 풀뿌리 단계에서 농촌에 보건 의료를 전달하기 위한 지역 원조 프로그램의 개발도 도왔다.

많은 나라에서는 그런 프로그램이 록펠러 재단, 지역의 공중 보건 개혁가, 국민국가를 건설하는 엘리트들 간의 협력으로 개발되었다. 코스타리카와 브라질에서도 십이지장충병 및 황열병 연구와 치료법은 록펠러 재단이 활동하기 전부터 이미 시행되고 있었기 때문에 재단의 보조금도 국민 정부의 적극적 역할을 옹호하는 지역 공중 의료 종사자들을 위해 쓰였다. 많은 나라가 전염병이 가져올 경제적 파급효과를 두려워했으므로 항구를 개방하여 통상을 원활히 하려는 노력도 당연히 반겼다. 록펠러 재단의 보조금은 지역 관리들이 위생과 모기 퇴치에 역점을 둔 공중 보건 교육자와 전문가들의 보수를 지불하는 데도 도움이 되었다.[211]

국제 건강 위원회는 영국령 실론에서도 십이지장충 퇴치를 위한 시범 프로젝트를 개발했다. 다만 처음에는 그곳의 플랜테이션 농장주들이 국제 건강 위원회가 추진하는 고비용의 보건 필요 요건을 받아들이지 않으려 한 탓에 각종 전염병 퇴치로 목표를 바꿔 마을 수준에서 교육 캠페인을 전개하고, 전통 의술인을 양성하며, 지방정부에 위생과를 신설할 것도 권유했다. 1920년대 중엽부터는 국제 건강 위원회가 새로운 세대의 지역 지도자들과도 팀을 이뤄 그들이 옹호한 풀뿌리 방식대로 접종이나 출산 서비스 같은 예방 조치에 역점을 두고 활동했다. 이렇게 치료에서 예방의학으로 방향을 전환하자 사망률은 크게 낮아졌다.

물론 과학적 보건 전문가와 자선단체들이 행한 역할은 상황에 따라 평가가 달라질 수 있고, 따라서 단일한 해석적 서사로 단정하기도 어렵다. 전문적인 초국적 의학만 해도 자본주의적 세계화와도 관련이 있었기 때문에 근대화의 이름으로 기존 풍습을 파괴한 것으로 볼 수 있다. 그렇다면 의료 분야 전문가들 또한 서구의 제국주의 목적을 위해 일한 서구 의학의 대리인이었던 것이 된다. 그러나 다른 한편으로 보면 그들은 지역 엘리트와 범세계적 지식의 흐름을 공유함으로써 가능한 치료법을 공동 생산하고 지역 관리들의 힘과 활동 범위를 넓혀 식민주의에 반대하는 민족주의 의제를 촉진한 면도 있었다. 풀뿌리 집단과 여권신장에 힘쓴 보건 프로그램 역시 논쟁을 일으키고 때로는 역효과를 내기도 했지만 여러 지역에 중요한 영향을 끼쳤다. 이렇게 보면 그 시대의 다른 전문성 네트워크와 마찬가지로 비록 보건 전문성의 흐름은 인종과 문화의 서열을 주장할 때도 있었지만 보건 전문가들도 결국은 제국주의, 민족주의, 지역적 열망, 초국적 이상에 다방면으로, 그리고 또 종종 동일하게 기여한 것이 된다. 반면에 기금의 수혜자들 또한 그 방법을 무시하거나, 저희 목적에 맞게 전문성의 흐름을 바꾸거나 적합시켰고, 그에 따라 지역이 받은 영향에도 큰 차이가 났다.

* * *

19세기에는 과학과 전문 지식에 내포된 초국적·중립적 특성으로 보편적 틀이 만들어지고, 문명도 진보적으로 수렴될 것이라는 믿음이 표출되었다. 그러나 그 믿음은 시간이 흐르면서 점점 여러 방면의 도전을 받았다. 제1차 세계대전만 해도 많은 사람 눈에는 기술적 변화에 치중한 서구의 체면이 여지없이 실추된 사건으로 보였다. 중국의 개혁가 겸 교육가 량치차오도 종전 직후, 포격 쇼크를 받은 유럽 대도시들을 둘러본 뒤 동양 문명의 '평화로운' 전통이 전쟁이나 일으키는 서구의 기술 물질주의의 폐허 속에 꽃피게 될 것이라는 견해를 나타냈다. 라빈드라나트 타고르, 무함마드 이크발Muhammad Iqbal, 량수밍梁漱溟과 같은 여러 지식인 또한 서구의 물질주의에 비판을 가하고, 그들 고유의 종교와 문화적 전통 내에서의 부흥을 촉구했다.[212] 서구의 일부 예술가와 지식인도 제1차 세계대전 뒤에 환멸을 느낀 '잃어버린 세대'가 되어 삶과 자연계에 대한 서구의 기계적 접근법에 사망 선언을 할 수 있기를 바라며 파리로 건너갔다. 그리하여 그곳에서 반체제인들은 위기에 빠진 관례의 틀을 벗고 모든 종류의 형식주의에 반기를 드는 초국적 미학을 만들어 냈다. 미국의 교육자 메리 파커 폴릿Mary Parker Follett도 전문적 엘리트들로 구성된 초국적 네트워크로는 편협성만 양산될 것이라고 경고했다. 폴릿은 자신의 저서 『새로운 국가The New State』(1918)에서 이렇게 썼다. "페트로그라드, 파리, 런던,

뉴욕의 '일급' 사회만을 아는 사람은 편협해질 수밖에 없다. 런던, 파리, 뉴욕의 '일급' 사회들 모두 동일한 이상과 기준을 추구하기 때문이다. 따라서 수평적 삶만 알 뿐 그 아래의 삶은 알지 못한다. 요컨대 그들은 수직적 문명이 아닌, 모든 수평적인 것의 특징인 깊이와 높이가 완전히 결여된 수평적 문명만을 아는 것이다. 그들은 또 언제나 동종의 사람들과 어울리게 마련이므로, 다른 기회, 다른 취향, 다른 기준을 가진 사람들과의 만남에서 얻는 생각과 이상이 일으키는 마찰에 의해 삶이 확장되고 풍요로워지지도 못한다." 평평한 세계는 결국 편협할 수밖에 없다는 것이 폴릿의 관점이었다.[213]

1939년에 파리에서 발간된, 브루노 리치Bruno Rizzi의 『세계의 관료화La bureaucratisation du monde』와 1941년 뉴욕에서 출간된, 제임스 버넘James Burnham의 『경영 혁명The Managerial Revolution』도 폴릿의 비판과는 차별화된 또 다른 비평의 사례가 될 만하다. 그것들이 소련, 나치 독일, 뉴딜 정책 모두 지난 반세기에 걸쳐 새로운 관료적 정신 구조가 등장했음을 나타낸 것이라는 점을 분명히 한 것만 해도 그렇다. 전 트로츠키주의자(볼셰비키-레닌주의자)였던 두 사람은 전문화된 전문 지식의 권리를 주장한 새로운 사람들의 집단이 정부, 제국, 기업 구조를 통해 전 세계적으로 권력을 행사하게 되었다는 견해를 나타냈다. 요컨대 그 새로운 사람들의 집단은 생산의 소유자도, 큰 부자도 아닌 경영자로서 대중에게 최선이 무엇인지를 알고 대중의 이름으로 작용하는 전문화된 지식 및 과학기술 지식의 힘으로 궁극적 권위를 주장했다는 말이었다. 물론 리치와 버넘의 관심은 새로운 전문가 계급이 국민국가 내에서 어떻게 등장하게 되었는가에 집중돼 있었다. 그렇기는 하지만 '관료적·경영적' 시스템에 대한 두 사람의 비평이 19세기 말부터 줄곧 초국적으로 연결돼 있던 과학자, 기술자, 전문 직업인의 네트워크들을 겨냥한 것 또한 사실이었다.[214]

그러나 결과론적으로 볼 때 그 모든 비평에는 과학과 기술 네트워크들 내의 통합을 과장한 면이 있었다. 초국적 순환만 해도 면밀히 살펴보면 위로부터 내려온 이론과 사실이 지식의 회로를 통해 전 세계의 다양한 지역에 이식된 것에 그치지 않고, 지리적·사회적으로 매우 다양한 위치에 있는 다수의 초국적 회로 구축자들이 서로 간에 상호작용을 하여 그 만남들 속에서 특정 정황이 보편적 법률 및 제안들과 상호작용을 일으켜, 그것들을 변하게 한 것도 드러나는 것이다. 요컨대 과학, 기술, 보건 네트워크들은 중립적 힘을 표방하지도 않고 한쪽으로 치우치지도 않은 채, 때로는 불공평하기도 한 지역과 세계 간의 만남을 통해 여러 다양한 형태로 공동 생산된 존재였던 것이다. 그러므로 전문 지식도 제국적 목적에 봉사할 수도, 목적을 바꿀 수도 있었으며, 민족주의에 대한 비전을 지지할 수도, 견제할 수도 있었다.

같은 맥락에서 19세기 말의 한one 세계주의, 초국적 결합, 그리고 과학과 공학의 비정치적 네트워크에 가졌던 도취감이 설령 제1차 세계대전 뒤에 잦아들었다 해도, 상호 연결된 초국적 네트워크들은 제자리에 머물러 있던 것은 물론 심지어 번영을 이루기까지 했다. 과학, 공학, 치료 공동체들 내에 구축된 이 '연성' 네트워크들은 케이블, 전화, 철도, 원양 정기선의 '경성' 네트워크들 못지않게 세계 전역에 확고히 걸쳐 있었던 것이다. 그리하여 비록 그 흐름들이 전달한 의미는 복잡하고 때로 모순적이기도 했지만, 초국적 지식 공동체가 범세계적으로 미친 범위와 중요성은 폭넓은 공통성과 지방화된 변이 둘 다를 만들어 내면서 발전을 지속해 갔다.

　　세계가 좁아짐에 따라 모험, 교육, 명성을 좇아 세계로 진출하는 사람들은 그 어느 때보다 많아졌다. 1876년 중국 관리로는 처음으로 세계 일주를 했다는 주장을 하고, 자신이 방문한 세계 여러 곳의 사회 관습, 산업 조직, 물질문화를 소개하는 기행문을 펴낸 청나라 관리 이규도 그런 사람 중 하나였다. 1880년대 초에는 하와이 왕국의 왕 칼라카우아가 이주의 실태와 다른 지배자들의 통치 방식을 살피기 위해 세계 일주를 하고 타국 지도자들과도 만남을 가진 최초의 군주가 되었다. 미국의 저널리스트 엘리자베스 코크레인 시먼 (넬리 블라이) 또한 쥘 베른이 1873년에 발표한 소설 『80일간의 세계 일주』에 고취되고 조지프 퓰리처Joseph Pulitzer가 발행한 《뉴욕 월드New York World》의 후원을 받아 1889년 11월 14일 뉴욕을 출발, 약 4만 킬로미터를 도는 세계 일주 여행을 하여 소요 시간 면에서 세계 기록을 세웠다. 그녀가 잉글랜드, 프랑스, 수에즈 운하, 실론, 홍콩, 일본을 여행하고 뉴욕으로 돌아오는 데 걸린 시간은 72일 6시간 11분 14초였다. 그리하여 이 기록으로 그녀는 큰 명성을 얻었다. 하지만 다른 사람들의 부러움을 산 이 기록도 불과 몇 달 만에 또 다른 미국인이 깨뜨렸다. 미국 소설가 마크 트웨인이 그 무렵에는 세계 일주가 모험가들의 확실한 시장이 되도록 추구하고, 투자 실패로 진 빚도 갚기 위해 영국

제국령을 일주한 뒤 『적도를 따라서*Following the Equator*』(1897)라는 여행기를 펴낸 것이다. 인도 시인 타고르도 1916년에는 인도를 떠나 버마, 일본, 북아메리카를 돌고 1924년에서 1925년 동안에는 다시 라틴아메리카에서 인도양, 지중해, 대서양 전역을 순회하는 여행을 했다. 그러나 이들도 19세기 말에서 20세기 초의 기간에 세계 일주 모험을 하여, 사람들에게 거대한 듯하지만 비좁은 세계에 대한 감각을 새롭게 느끼게 해 준 수많은 사람의 일부일 뿐이었다.

그 시대 사람들은 이렇게 모험이 기다리는 세계, 다른 것과의 조우로 상상력이 넓어지는 세계를 살았다. 상업과 욕망을 자극하는 특유의 문화에 깊이 내재된 새로운 초국적 네트워크들도 정체성 불변의 개념에 변화를 주어 자기 형성의 개연성을 부여해 주는 듯했다. 지리, 인종, 성별을 막론하고 모든 종류의 경계가 영속성은 약해진 반면 침투성은 좋아진 양상을 만들어 내는 듯했다. 미디어의 기술로 전통을 거부하는 새로운 오락이 만들어짐에 따라 유명인과 소비주의의 범세계적 네트워크도 새롭게 탄생했다.

선형적 목적론을 중심으로 편제된 그 시대의 오래된 역사는 진보라 불리는 진화적 미래를 지향하는 과학과 이성의 합리적 문화를 가진 서구 제국의 범세계적 확산을 강조하는 특징을 지녔다. 그런데 그 관점을 가진 서사 구조도 근래의 인류학자와 역사학자들의 도전에 직면했다. 그들에 따르면 첫째, 그것은 근대주의의 특징이기도 한 변화들을 주도해 간 것이 지리적 중심지가 아닌 초국적 네트워크들이기 때문이었다. 둘째, 역사가 크리스토퍼 앨런 베일리 및 아르준 아파두라이와 같은 다양한 학자, 그리고 간학문적間學問的 특징을 지닌 집단적 모던 걸은 모두 네트워크화된 새로운 근대적 세계가 획일성과 이질성으로부터 동시에 (그리고 또 관련성 있게) 등장했다는 관점을 보유했다. 베일리의 작품만 해도 "범세계적 균일성이 등장하게 된 원인을 조사"하면서 "연결성은 이질감을 넘어 사람들 사이에 적대감마저 고조시킬 수 있었다."는 점을 함께 강조했다. 아파두라이는 그런 동질화와 이질화의 과정을 "일반적 근대주의"로 불렀다. 20세기 초 세계 곳곳에 '모던 걸'이 거의 동시에 등장한 현상을 분석한 모던 걸 프로젝트에 이 책에서 균일한 범세계적 추세의 지역적 변이들을 부르는 말로 사용한 차별화된 공통성의 사례가 나타난 것도 그 점을 말해 준다.[215] 셋째, 학자들은 미디어로 구동되는 새로운 장관성에 합리성이 합쳐진 것만은 근대주의가 합리성의 승리를 적절히 대변해 주지 못했다고 지적했다.

그럼 지금부터는 모험가, 유명 인사, 여행, 소비주의에 대해 검토하여, 차별화된 공통성을 가진 네트워크화된 세계와 더불어 청중을 좇는 사람과 자기 형성을 바라는 사람들의 열망으로 추진된 선정주의가 어떻게 합리성과 합쳐져 시장 평가와 기계 주도의 대중문화를 만들어 냈는지를 함께 알아보기로 하자.

모험

탐험한 지역을 지도로 제작하고 분류하는 그 시대의 가장 중요한 사업은 19세기와 20세기 초에 종결되었다. 외딴 지역을 포함해 세계를 지도화하는 작업이 그 무렵에는 대체로 끝난 것이다. 그래도 빈 곳은 일부 남아 있었고, 그에 따라 가장 유명한 탐험의 몇몇 공적도 그 시대에 만들어졌다. 과학적 발견을 바라는 열망이 또 한 번 지리적 탐험을 촉발한 것이다. 다만 이제는 새로운 발견에 대한 과학적 명분을 찾기가 어려워진 탓에 지도에 없는 극소수 지역의 '정복'에 전폭적 관심을 보인 주체도 새로운 대중매체로 바뀌었다.

모험가들 또한 지난날에는 자신들이 하는 행동의 과학적 측면에 역점을 두었으나, 대중매체가 등장한 뒤로는 명리를 추구함으로써 자극적 요소를 찾는 신문들과 기꺼이 힘을 합치려고 했다. 많은 사람이 그런 식으로 과학과 자연계의 지도자임을 여전히 주장하면서도 오락적인 세계 여행자가 되었다. 20세기 초가 모험가들이 전인미답의 영역인 북극과 고산지대 정복을 위해 도전하여 불굴의 의지를 공적으로 기린 시대인 것 못지않게, 자극을 바라고 유명인이 되고 싶은 욕망에서 올바른 판단력을 상실하고 진실된 표현을 간과한 협잡꾼의 시대가 되기도 한 것이다. 펠리페 페르난데스-아르메스토Felipe Fernáaandez-Armesto가 "세계가 '좁아질수록' '여행'기의 내용은 과장된다."고 쓴 대로였다.[216]

때는 또 산업화의 시대였으므로 탐험가들이 극한 환경에서 살아남는 능력도 좋아져서 탐험을 원하는 사람도 많아졌다. 열대기후 및 북극기후에 적합한 전문 의류, 방위 측정 기기, 항말라리아 치료제를 입수할 개연성도 높아졌으며, 증기 엔진, 철갑선, 철도, 전신통신이 개발되어 더 많은 곳을 손쉽게 여행할 수도 있었다. 신체적 지구력을 상회하는 각종 산업력도 세계를 더 좁고, 더 접근하기 쉬운 곳으로 만들어 주었다. 하지만 그럼에도 탐험은 여전히 모험담을 가득 채우고도 남을 극한 작업으로 남아 있었다. 측량사이자 탐험가인 케네스 메이슨Kenneth Mason도 오지 탐험의 어려움을 이렇게 토로했다. "(그런 곳은) 길도 없고 통로도 거의 없다시피 했다. 지도도 없었으며 사람들은 의심이 많았다. (그런 곳에서 등반가들은) 등산 장비도, 피켈도, 아이젠도, 나일론 로프도, 방풍 의류도, 튼튼한 텐트도 없이 산을 탔다. 따라서 동상과 설맹도 매우 고통스러운 방법으로 터득했다. 산소 등정도, 퍼비틴 각성제도 알지 못했다."[217]

모리스 이서먼Maurice Isserman과 스튜어트 A. 위버Stewart A. Weaver도 그들이 쓴 히말라야 등반사에서, 그 시대 탐험 문화의 중요한 모순점 중 하나를 이렇게 지적했다. "등반은 백인인 유럽인이 피부색 짙은 아시아인 위에 군림하는 것을 당연시한 제국적 운명에 대한 비전과도 밀접히 연관돼 있었다. 그러다 보니 등반의 관례도 자연히 영국의 사립학교 및 영국군의 위계질서에서 따왔다. 반면에 등반가들은 종종 기존 사회에 잘 적응하지 못하고, 산에서 정신적 의미와 자유를 찾는 낭만적 반골들이기도 했다." 두 사람에 따르면 "식민주의자의 오만함"과 개인주의 및 타자에 대한 "책임감"이 뒤섞인 모순적 탐험 문화는 그렇게 만들어졌다.[218] 그 시대의 대중매체들 또한 그런 모순점들에서 이야기를 끄집어내 고난의 형제애로 포장된 도덕적·인종적·신체적 우월성에 대한 영웅적 모험담을 창조해 냈다.

극단적 탐험 문화의 시대와 대중 일간지 및 잡지들의 황금기는 그런 식으로 천생연분의 짝을 이루었다. 대개는 정부에 고용된 채 과학적 발견에 대한 홍보도 열심히 하고, 식민주의적 영토권 주장도 서슴지 않았던 19세기의 탐험가들과 달리 20세기 초의 새로운 탐험가들은 팔릴 수 있는 이야깃거리들을 찾아다녔다. 이름깨나 알려진 모험가들도 극장, 뮤직홀, 전시회, 미국의 "황색 저널리즘",[24] 영국의 "염가 신문penny press", 《내셔널 지오그래픽》과 같은 대중 잡지에 곧잘 얼굴을 들이밀었다. 세계의 거의 모든 곳에서 신문과 극장의 수효가 급상승한 것도 그것과 관련이 있다. 중국 한 곳에서 발행된 신문만 해도 1915년에 200종이던 것이 1920년에는 800종으로 무려 네 배로 치솟았으니 말이다. 뒤에 등장한 사진 저널리즘과 새로운 영화 산업도 모험 장르를 주요 소재로 삼았다. 그 시대에는 대중 간행물이 도달하는 모든 곳에서 구경거리로 점철된 모험 이야기가 거의 매해 뉴스를 도배하다시피 했다. 흥행성 높은 이야기들이 제국들을 이어 주면서 전 세계에 걸쳐 있던 정보와 오락의 새로운 네트워크들 사이를 분주히 돌아다녔다.[219]

헨리 모턴 스탠리의 탐험이야말로 대중오락과 모험이 찰떡궁합을 이룬 대표적 사례라 할 만했다. 북웨일스에서 존 롤런드John Rowland라는 이름으로 태어났으면서도 뉴올리언스 태생이라고 주장했던 그는 그런 인물답게 상상된 '사실'을 탐험담에 접목하는 데도 탁월한 능력을 발휘했다. 스탠리는 1869년 《뉴욕 헤럴드》의 발행인이던 제임스 고든 베넷 주니어James Gordon Bennett Jr.의 명을 받아, 조합 교회 선교사 겸 탐험가 겸 노예제 폐지론자였던 데이비드 리빙스턴 박사를 찾아 인터뷰를 하기 위해 아프리카로 갔다. 짐바브웨의 빅토리아 폭포 기슭에 그의 모토였던 "기독교, 상업, 문명"이 새겨진 기념비가 세워졌을 만큼 생전에 많은 업적을 이룩한 리빙스턴은 당시 나일강의 근원을 찾겠다는 집념으로 아프리카 내륙에 들어갔다가 행방불명된 상태였다. 그렇게 유명한 인물을 찾아 나선 길이었으니, 그것이 실린 신문 기사가 센세이션을 일으킬 것은 두말 할 나위가 없었다. 스탠리는 1871년 11월 탕가니카호 부근에서 병에 걸린 리빙스턴과 조우하여 머지않아 곧 유명한 말이 될 "리빙스턴 박사가 아니십니까?"라는 질문을 던졌다. 결국 스탠리의 이 특종 기사와 (그 1년 반 뒤 리빙스턴 박사가 말라리아로 숨을 거둠으로써 끝이 난) 탐험의 떠들썩한 결말로 《뉴욕 헤럴드》는 발행 부수와 수익 면에서 대박을 터뜨렸다.

스탠리도 대중매체가 채용한 새로운 선정적 방법과 범세계적 상호 연결성

_____ **24** 더 많은 독자를 끌고 부수를 늘리기 위해 흥미 위주의 선정주의적 경향을 띠는 저널리즘.

에서 나온 문화 현상을 통해, 20세기가 말하는 이른바 '유명 인사'가 되었다. 물론 자체적으로 리빙스턴 수색대를 파견한 영국 왕립 지리학회는 과학적 전문 지식이 없다는 이유로 스탠리를 깎아내렸다. 하지만 런던의 일간지들도 이윽고 《뉴욕 헤럴드》의 수익 추구 사업 방식을 모방하기 시작해 1874년에는 《데일리 텔레그래프》가 《뉴욕 헤럴드》와 손잡고 스탠리를 대장으로 하는 또 다른 아프리카 탐험대를 파견, 그가 보내오는 흥미진진한 모험담을 신문에 실었다. 《데일리 텔레그래프》의 이 사례는 영국 언론계에 선정적이다 못해 무자비하기까지한 모험담을 싣는 관례의 광풍이 일어나게 하는 데도 일조했다. 스탠리의 저서들이 끈 선풍적 인기와, 그의 저서에 등장하는 다수의 등장인물로 모험담의 관행도 만들어졌다. 리빙스턴에 관한 스탠리의 모험담은 그때부터 지금까지 계속 세계에서 가장 신화화되고 친숙한 이야기 중 하나가 되었다. 스탠리의 명성이 선교, 모험, 식민주의자의 폭력, 유명 인사를 상호 연결해 주며 범세계적으로 순환하는 이야기를 출현시킨 것이다.[220]

종교적인 리빙스턴과 선정적인 스탠리의 양면이 반영된 글들은 전 세계 대중 간행물 네트워크를 돌아다닌 아프리카에 대한 관점에도 영향을 미쳤다. 클레어 페팃Clare Pettitt은 리빙스턴(과 영국)이 아프리카인 하인들(제이컵 웨인라이트Jacob Wainwright, 수시Susi, 추마Chuma, 웨코타니Wekotani)과 맺고 있던 관계에는 기존에 알려진 것보다 더 많은 사실이 내포돼 있을 개연성을 시사했다. 페팃은 그 하인들이 역사적 공백 속에 존재한다는 점을 지적했다. 사진 이곳저곳에 불쑥불쑥 모습을 드러내고 이야기들에도 산발적으로 등장하지만, 그들의 관점이나 의견 혹은 서사에 그 유명한 리빙스턴과 리빙스턴이 아프리카에서 마주친 것들을 형성했을 만한 주요 단서는 포착되지 않는다는 것이었다. 그러면서 페팃은 한쪽만 기록을 남겨 처음에는 '현실'이, 그다음에는 역사가 만들어지게 된 것도, 양자의 관계에서 '토착민' 하인들이 무언의 참가자였기 때문이라고 주장했다. 페팃의 연구에 따르면 그 시대는 이렇게 통신의 시대였으면서도 통신과는 무관하게, 간행물을 통해 미래의 청중을 얻게 될 사람들이 투사하는 요소만 중시될 때가 많았다. 초국적 흐름이 또 한 번 힘의 차이가 나는 것들을 이어 주면서 강조하는 역할도 함께 수행한 것이다.[221]

《내셔널 지오그래픽》도 물론 그 시대에 미국인과 다른 민족들이 세계를 마음속에 그리며 이해할 수 있게 해 준 가장 대중적인 모험 잡지 겸 영향력 있는 잡지가 되었다. 1903년 신기록 보유자인 패니 불럭 워크먼Fanny Bullock Workman과 윌리엄 헌터 워크먼William Hunter Workman 부부의 탐험담을 게재한 것만 해도 그랬다.[222] 『얼음에 덮인 무스타그 고지Ice-Bound Heights of the Mustagh』를 비롯해 그들이 집필한 다수의 모험 서적 또한 여성과 남성 2인조 팀이 그것만으로는 아직 주목받기에 충분히 이례적이지 못했던 시대에, 등반 이야기가 인기를 끌게 하는 데 한몫했다.[223]

대중 간행물이라는 새로운 세계에서 보상과 인정을 받으려 한 노력에는 위험도 수반되었다. 독일과 여타 지역에서 베스트셀러가 된 여행기를 쓴 오토 폰 엘레르스Otto von Ehlers가 대표적 사례다. 성공에 고무된 나머지 엘레르스는 1895년 뉴기니섬의 중앙 산맥을 횡단하는 모험길에 나섰다가 240킬로미터 거리를 횡단하는 데 걸리는 시간을 잘못 측정해 대원 마흔세 명이 식량 부족에 시달리고, 나침반도 잃어버리며, 거머리와 붉은 구더기에 물리는 등 이루 말할 수 없는 고통을 당한 것이다. 그렇게 7주를 고생하고 나자 이번에는 살아남는 데 짐이 된다고 여긴 몇몇 원주민 가이드가 독일인들을 총으로 쏴 죽였다. 이 모험에 과학이나 제국주의에 대한 이론적 근거 따위는 없었다. 이론적 근거는커녕 극한의 투쟁기를 읽고 싶어 하는 다수의 독자에게 대담한 모험담을 만들어 내려는 욕망도 때로는 치명적이 될 수 있음을 보여 주는 것에 그쳤다.[224] 나이 50에 37만 7000킬로미터를 3년 만에 항해한 흥미진진한 여행기를 쓴 조슈아 슬로컴Joshua Slocum도 그와 유사한 사례를 남겼다. 최초의 단독 세계 일주 항해를 한 슬로컴이 자신이 쓴 책의 인기에 우쭐해진 나머지, 10년 뒤 유명인 스타일의 또 다른 공적을 이루기 위해 항해에 나섰다가 바다에서 실종된 것이다.

20세기 초에는 북극 탐험과 남극 탐험도 언론과 대중의 큰 관심을 끌었다. 1909년에 미국인들인 프레더릭 A. 쿡Frederick Albert Cook과 로버트 E. 피어리가 북극에 도달했다는 주장을 동시에 하자,(그러나 두 사람 모두 도달하지 못했을 개연성이 있다.)《뉴욕 헤럴드》와《뉴욕 타임스》가 선정적인 이야기와 두 사람의 설전을 이용해 발행 부수를 늘리려는 생각으로 그 논쟁에 대한 기사를 경쟁하듯 과장해서 보도한 것이 좋은 예다. 《뉴욕 헤럴드》는 북극에 도달했다는 쿡의 전문이 오자, "용감한 탐험가, 굶주림, 얼음과 싸워 위대한 목표를 달성하다."를 표제로 단 기사를 신문 1면 전면에 대문짝만 하게 실었다. 그러자 며칠 뒤에는 피어리의 탐험을 후원한 《뉴욕 타임스》가 또 북극을 발견했다는 그의 전문을 받고는 "세계인들은 추호의 망설임도 없이 그의 말을 믿었다."의 표제와 함께 피어리가 쿡을 "대중들에게 모조품을 건네준" 사기꾼이라고 말한 인용문을 곁들여 실었다. 역사가 보 리펜버러Beau Riffenburgh는 이 현상에 대해 《뉴욕 헤럴드》의 발행인 제임스 고든 베넷 주니어가 이 기사 및 다른 기사들로 사실이 아닌 경쟁, 고난, 그리고 어쩌면 비극적 요소마저 가미된 흥미 위주의 이야기들만 부각시킴으로써, "언론의 역할을 미지의 세계에 대한 근대적 이미지를 만들어 내는 것에 고착시켰다."고 주장했다. 신문과 뉴스 네트워크들의 범세계적 확산은 이렇듯 20세기 초, 모험에 대한 환상을 지배한 장관성의 공식을 만들게 한 주요 요인이었다.[225]

북극 발견을 둘러싼 논쟁에 대한 관심은 남극 탐험이라는 또 다른 '극지 탐험 경쟁'으로 절정에 달했다. 애당초 최초의 남극 발견자가 되기 위해 탐험에 나선 원정대는 9개국의 열여섯 개 팀이었다. 하지만 다 떨어져 나가고 최종적으로 두 팀만 남자, 미디어가 또다시 탐험의 고난과 양 팀의 경쟁을 부각시키는 뉴스를 내보내기 시작했다. 남극점에 도달했다는 뉴스는 먼저 1912년 노르웨이의 로알 아문센Roald Amundsen 탐험대로부터 나왔다. 그러자 악전고투 끝에 남극점에 닿았으나 불과 몇 주 차로 아문센에게 최초 정복자의 자리를 빼앗긴 것을 알게 된 영국의 유명 탐험가 로버트 팰컨 스콧Robert Falcon Scott 의 흥미진진한 탐험담이 또 뉴스를 달궜다. 스콧과 그의 동행자들은 빙하를 뚫고 귀환하던 중 식량 부족과 추위로 목숨을 잃었다. 이들이 탐험 중에 겪은 극한의 고통은 스콧 탐험대의 일원이던 앱슬리 체리-개러드Apsley Cherry-Garrard가 쓴 『지상 최악의 여행The Worst Journey in the World』(1922)에 생생하게 묘사되었다. 하지만 극지 탐험 경쟁으로 가장 높은 명성을 누린 사람은 정작 이들이 아닌 스콧의 남극 탐험대에 속했다가 그와 결별한 노련한 남극 탐험가 어니스트 섀클턴Ernest Shackleton이었다. 섀클턴은 1914년 초 영국의 남극 횡단 탐험대를 이끌고 해상을 통한 최초의 남극 횡단길에 올랐다. 그런데 탐험선이 유빙에 좌초하는 사고를 당하자, 섀클턴이 고난에 처한 대원들을 전원 구조한 것이었다. 섀클턴은 당시의 뼈가 시리는 탐험 과정을 담은 『남극South』 (1919)을 집필해서 놀라운 인내력과 팀에 대한 헌신, 그리고 진정으로 세상을 놀라게 한 이야기를 쓴 전설이 되었다. 한편 섀클턴 못지않게 폭넓은 명성을 누린 아문센은 남극을 발견한 뒤에도 북서항로와 북극 지역 탐험을 계속하다가, 1928년 사고를 당한 동료를 구하러 가던 중 비행기 실종 사고를 당했다.

극지 탐험 경쟁이 끝나자 개인과 나라들의 관심은 이제 지구상의 유일한 '미정복'지로 남아 있어, 의미 있는 도전이 될 만했던 히말라야산맥으로 쏠렸다. 몇몇 사람들은 히말라야 고지를 "제3의 극지"로도 불렀다. 1920년대에는 영국의 산악인 조지 맬러리George Mallory가 히말라야산맥 중 지도에 표시되지 않은 영역의 측량과 정복을 목표로 한 (에베레스트) 원정대에 참가했다. 그렇다고 맬러리가 공리적 목표를 추구하여 원정에 참여했던 것은 아니다. 그는 빅토리아 후기 시대 특유의 평판에 대한 관심을 드러내며 산이 거기 있으므로 산을 오르는 것뿐이라면서 등반을 개인적 도전이라고 주장했다. 맬러리는 등반을 그렇게 제국주의 시대에 널리 유행했던 가치, 곧 자기 수양과 자기 발전에 관련된 것으로 만든 전형적 인물이었다. 따라서 흥밋거리를 찾아다니는 사람은 아니었으나, 그럼에도 1921년부터 1924년까지 행해진 그의 등반은 세상을 떠들썩하게 했다. 1924년 에베레스트 등정에 성공한 최초의 산악인이 되려다 목숨을 잃은 것만 해도 그랬다. 제1차 세계대전 뒤 세계가 의기소침한 분위기에 빠져 있을 때, 맬러리와 다른 원정대원들이 던진 개인 의지의 중요성을 강조한 메시지 또한 전 세계인들의 마음을 사로잡았다. 그리하여 양차 대전 사이에는 또 에베레스트 정복이 전 세계 모든 산악 원정대의 단호한 목표가 되었다.[226]

모험은 지도화되지 않은 영역을 넘어 하늘로도 확대되었다. 1909년 7월 프랑스 비행사 루이 블레리오Louis Blériot가 36분 30초 만에 영국해협을 비행해 횡단함으로써 유럽인들의 찬사를 받았다. 오스트리아의 유명 소설가 겸 평화주의자였던 슈테판 츠바이크Stefan Zweig도 그의 비행을 긍정적 신호로 받아들였다. 그는 그렇게 되면 "비행기가 국경 위를 훨훨 날아다닐 것이므로" 사람들이 "국경도 필요 없고, 관세, 경비대, 국경 순찰도 편협하고 인위적인 요소로" 보게 될 것이라고 썼다. 그러면서 비행이 "통합과 사해동포를 추구하는 그 시대의 정신"[227]을 증진시켰다고 선언했다. 일부 사람은 폭격의 개연성으로 전쟁이 억지되기를 바라기도 했고, 1915년의 제3차 헤이그 평화회의 때 그 문제를 다루어야 한다는 제언도 나왔다.(그러나 제1차 세계대전 발발로 이 회의는 무산되었다.)

　　제1차 세계대전의 발발로 비행은 상호 연결성뿐 아니라 살인도 용이하게 해 주는 수단이 될 수 있음이 확인되었다. 그런데도 비행에 매료된 대중의 열기는 그칠 줄을 몰랐다. 그러자 그것이 또 신문 모험 기사의 새로운 소재가 되었다. 1927년 롱아일랜드에서 파리까지 최초의 대서양 횡단 무착륙 단독 비행에 성공한 미국의 비행기 조종사 찰스 린드버그Charles Lindbergh야말로 새로운 모험 기사에는 제격인 인물이었다. 그 성공으로 그는 대중과 전 세계 미디어의 각광을 받으며 1920년대 말 최고의 유명 인사가 되었다. 잘생긴 외모와 그의 공적으로 상징되는 빛나는 개인주의가 린드버그를 미디어의 총아로 만들어 주었고, 모험 비행도 그 덕에 10년 동안이나 뉴스와 상업 영화의 소재가 되었다. 또 다른 탐험가가 시도한 1929년의 남극 비행 또한 색다른 형태의 '남극 탐험 경쟁'을 부추긴 신선한 자극제가 되었다. 다른 모든 종류의 비행 기록도 만들어지고 깨어지기를 반복했다. 여성 최초로 대서양 횡단 비행에 성공한 뒤 1937년 세계 일주 비행에 나섰다가 실종되어, 비행 모험에 또 하나의 미스터리와 비극을 추가시킨 미국의 여류 비행사 어밀리아 에어하트Amelia Earhart도 그런 사람 중 하나였다. 초기의 비행과 관련된 이 모든 요란한 명성은 물론 츠바이크와 다른 수많은 사람을 매료시켰던 요소, 다시 말해 인간도 이제는 국경이 존재하지 않는 듯 자유롭게 넘나들게 되었다는 사실에서 얻어졌다. 멀리 떨어진 지역도 몇 주가 아닌 단 몇 시간 만에 닿을 수 있게 되었으니 말이다. 시간과 공간이 줄어드는 속도는 실로 놀랍도록 빨랐다.[228]

　　한편 지상, 아니 지표면에서는 '잃어버린 도시들'에 대한 매력이 앞의 사

——1927년 5월, 찰스 린드버그가 뉴욕에서 파리까지 가는 역사적인 비행을 앞두고 자신의 비행기 '세인트루이스의 정신' 앞에 서 있다. 린드버그가 대서양 횡단 무착륙 단독 비행에 성공하자 타임스 스퀘어에는 군중이 운집해 그의 파리 착륙 뉴스를 들었고, 저널리스트들은 "럭키 린디(Lucky Lindy)"를 지상 최고의 유명 인사 중 하나로 만들어 주었다. 린드버그는 이렇게 비행의 새로운 세계화 시대를 알리는 상징이 되었다. (Library of Congress)

례들과는 또 다른 종류의 모험과 흥밋거리를 찾아다니는 사람들을 손짓해 불렀다. 미케네에서 마야, 아나사지에 이르는 지역의 유적들이 사람들에게 더욱 철저한 조사의 욕구를 불러일으켰다. 물론 이 부분에서도 과학자-고고학자와 신문의 기삿거리를 찾는 장사꾼의 경계는 모호했다. 1870년대에는 독일의 고고학자 하인리히 슐리만이 호메로스의 서사시 『일리아스』와 베르길리우스Virgil의 『아이네이스』가 역사적 사실임을 말해 주는 유적지 여러 곳을 발굴했다고 주장했다. 그러나 세간의 많은 주목을 받았음에도 그가 출토한 발굴물은 유물을 스스로 미리 묻어 놓고 출토했을 의구심이 제기되어 지금까지도 논란으로 남아 있다. 미국의 하이럼 빙엄Hiram Bingham도 1911년 마추픽추의 유적을 찾아내 발굴하고, 발굴의 결과를 사진으로 찍은 뒤 (아닐 개연성이 있었는데도) 마치 자신이 마추픽추를 세계 최초로 발견한 주인공인 것처럼 공개했다. 그가 출토한 잉카 문명의 유물들은 예일 대학으로 보내졌다.[229]

반면에 미국의 로이 채프먼 앤드루스Roy Chapman Andrews는 전형적인 쇼맨-과학자였다. 1920년대 초에 미국 자연사박물관의 박물학자 자격으로 최초 인류의 진화에 대한 증거물을 찾기 위해 그 유명한 중앙아시아 탐험대를 인솔해 몇 차례에 걸쳐 고비 사막으로 들어간 것만 해도 그랬다. 그는 그 시대의 전형적인 미국인답게 세계에서 가장 험난한 지역 중의 하나를 자동차 캐러밴으로 돌파해 세계 전역에 이름을 알리려고 했다. 그러다 보니 배보다 배꼽이 더 커져 1925년의 중앙아시아 탐험 때는 낙타 125마리 외에 자동차 여섯 대분의 연료, 기름, 타이어, 수리 장비 운반용으로 엄청난 지원 인력이 동원되었다. 하지만 그러고도 의미 있는 고대 인간 화석은 발견하지 못하고 공룡 화석과 알을 찾는 데 그쳤다. 그것들은 대부분 뉴욕으로 보내졌다. 결국 앤드루스의 원정은 과장된 행동, 그리고 출토한 화석을 도용해 중국 정부와 소유권 분쟁을 벌이는 등 우여곡절 끝에 마무리되었다. 그런데도 그는 자신의 공적을 나열한 책들을 연달아 펴냈다. 한 세대 뒤에 영화 팬들을 열광시킨 영화 「인디아나 존스」의 실제 모델이 그였다고 주장한 몇몇 사람도 있었다.[230]

미국의 유명한 동물 수집가 프랭크 벅도 그와 다를 바 없이 모험을 수행하면서 보드빌 제작자로서 지닌 후각을 여지없이 발휘했다. '살려서 데려오라 bring'em back alive'를 소재로 한 그의 책, 영화, 라디오 쇼만 해도 양차 대전 사이 의 기간에 밀림의 동물들을 만나 고투를 벌인 끝에 '문명' 세계로 데려온다는 내용으로 전 세계 팬들을 열광시켰다. 벅에게 고취된 모든 장르의 제작물(특 히 영화 「킹콩」과 그것의 파생작들이 가장 큰 영향을 미쳤다.)이 그런 식으로 희귀 동 물, 원주민 '소년', 용감무쌍한 유럽계 미국인들이 주인공으로 등장해 전 세계 '밀림'에서 예측 가능한 방식으로 역할을 수행하는 줄거리로 구성되었다. 요 컨대 살해나 포획이 아닌 산 동물을 운반하는 과정에서 일어나는 물리적·재 정적 위험성 위주로 극이 만들어진 것이다. 벅은 1939년의 뉴욕 세계 박람회 때도 당대 최대의 동물원에 수용된 것보다도 많은 동물과 새 3만 마리를 갖 춘 정글랜드 전시관을 설치해 자신의 공적을 보란 듯 과시했다.[231]

모험가들은 지표면과 지구 위아래를 넘나들며 미지의 세계에 대한 놀라 운 이야기를 만들어 내는 것도 모자라, 그보다 더 자극적인 머나먼 곳들에 대 한 이야기와 표현물을 원하는 수요자들의 요구도 충족시켰다. 새로운 연결성 의 시대다 보니 실제 모험가들의 과장된 공적마저 뛰어넘는 상상력이 분출되 어 지도에 없거나 잃어버린 세계를 발견하거나 탐험하는 허구적 표현물들이 붐을 이루게 된 것이다. 프랑스 작가 쥘 베른만 해도 해저, 하늘 위, 지도에도 없는 섬들에서 벌어지는 각종 모험소설을 써서 처음 발간된 1870년대부터 상 업 영화가 나온 시대까지 독자들을 줄곧 매료시켰다. 쥘 베른의 영향을 받은 일본 작가 오시카와 슌로押川春浪도 일본 밖에서는 번역되지 않았지만 20세기 초 직후 일본 국내에서는 모험 장르를 크게 유행시킨 주인공이 되었다. 독일 작가 카를 마이Karl May(1842~1912)가 미국 서부, 중동, 아시아를 무대로 쓴 소 설도 33개국어로 번역되어 엄청난 판매 부수를 올렸다. 영국 작가 제임스 힐 턴James Hilton 또한 머나먼 히말라야에 존재한다는 허구적 '샹그릴라'에 대한 소설 『사라진 지평선Lost Horizon』(1933)을 집필했으며, 미국 작가 에드거 라이 스 버로스Edgar Rice Burroughs도 그에 따르면 스탠리의 저서 『암흑의 아프리카In Darkest Africa』(1890)를 옆에 끼고, 1912년에 첫 출간된 그 유명한 타잔 이야기를 썼다. 이 타잔 시리즈물도 쥘 베른의 소설처럼 세계적 성공을 거두고, 새롭게 등장한 매체인 영화의 주요 소재로도 쓰였다. 모든 대륙에 출현해 범세계적으로 순환된 펄프 잡지와 지역에 맞게 각색된 아류 잡지들에도 모험담과 각종 대담한 이야기들이 실렸다.

모험은 극으로도 독자들을 사로잡았다. 물리적 공적도 필요했지만 모험 장르의 인기는 구성된 서술 형태로도 얻을 수 있었기 때문이다. 모험 이야기의 구조가 희망, 번영, 그다음에는 성공 혹은 비극으로 끝나도록 꾸며져, 세계를 반영하기보다는 독자의 기대감을 더 많이 반영한 것도 그래서였다. 모험 이야기의 인기가 그 안에 내재된, 세계를 나타내 주는 듯한 초국적 만남이 아니라 극의 중심 내용과 문제의 해결책이 국가, 제국, 사내다운 인물 등 익히 알려진 진리를 강조한 데서 나왔기 때문이다. 모험 이야기는 이렇듯 인간성의 공유와 빼어난 인종에 대한 관점 모두를 인정해 주는 듯하면서도 전반적으로는 둘 사이의 모순점을 덮어 감추고 있었다.

쇼와 오락

모험 이야기는 그 시대의 가장 통속적인 오락물에도 구조를 제공했다. 때는 바야흐로 세계를 표현하는 오락이었으되, 세계로 순회공연을 다니는 휘황찬란한 라이브 쇼의 전성기였다. 19세기 말과 20세기 초에는 너무도 많은 쇼맨과 쇼걸이 너무도 많은 세계인에게 '세계'를 보여 주어 거의 모든 지역 사람에게 알려진 쇼의 규모와 중요성마저 가늠하기가 어려울 정도였다. 과학자와 기술자의 순수한 학문적 회로조차 범세계적으로 흘러 나간 상황이었으니, 하물며 공상과 구경거리를 기초로 한 초국적 네트워크가 확산되는 것은 두말할 나위가 없었다.

그 시대 대형 쇼들의 전기傳記적·묘사적 요소를 검토해 보면 무엇보다도 최상급 표현들이 많다는 점에 신속히 놀라게 된다. 모든 쇼가 그 시대 최고의 구경거리, 다른 쇼들의 본보기를 표방하고 있으니 말이다. 그 오락의 세계에서는 공간적 순위나 연대적 순위가 전혀 의미를 갖지 못하는 듯했다. 쇼의 기술이 특정 장소나 시간에 '시작되어' 특정한 방식으로 보급되지는 않았으니 당연한 일이었다. 그렇기는커녕 오락의 흐름은 오히려 초국적이면서 때로는 동시적으로 퍼져 나갔다. 신문, 이주, 여행, 그다음에는 영화가 예능인 공동체를 형성하고, 그것이 전 세계로 확대되어 서로 간에 모방하고 전보다 더 호화로운 작품을 만들어 내 이득을 취했다. 앞으로 논의될 그 시대의 주요 예능인들도 그 점을 감안해 연대나 중요성의 순서와 관계없이 나열을 했다. 그들을 합리적 분류의 시대에 구경거리가 퍼져 나가는 현상을 알게 해 주고, 그 시대에 출현한 가장 중요한 초국적 오락인 영화를 이해할 수 있는 하나의 집단적 배경으로 취급한 것이다.

19세기에는 서커스가 주요 오락의 하나로 자리 잡았다. 그에 따라 20세기 초 직전과 직후에는 영국의 조지 생어George Sanger와 프랭크 보스톡Frank Bostaock, 독일의 카를 하겐베크, 프랑스의 고티에Gautier가家, 모스크바의 알베르트 살라몬스키Albert Salamonksy, 네덜란드의 헤르만 렌스Herman Renz 등이 이끄는 다수의 서커스단이 세계적 명성을 얻었다.[232]

미국의 피니어스 테일러 바넘Phineas Taylor Barnum도 유럽의 멋진 서커스 도식을 많이 사용하되, 거기에 스케일을 추가하고 그의 대형 서커스단이 기동력 있고 폭넓게 순회공연을 다닐 수 있도록 기술의 완성도를 높인 점에서 뛰어난 흥행사였다. 하겐베크를 해외 대리인으로 정해 동물을 조달받았던 그는 '세계'와 세계의 '이국적' 생물들을 전시하면 서커스 사상 공전의 히트를 기록할 수 있다는 것을 간파하고, 그것의 가능성을 한계 이상으로 밀어붙였다. 대중에게 세계를 알게 해 주는 교육이 될 거라고 주장하면서 현존하는 '미개' 종들을 그러모아 '세계 곳곳의 진기한 사람들로 구성된 대규모 인종 회의' 서커스단을 조직한 것이다. 그것을 위해 그가 오스트레일리아의 퀸즐랜드에서 취득한 원주민만도 아홉 명이었다. 그 서커스단은 (점보라Jumbo 불린 거대한 코끼리와 함께) 1880년대 내내 전 세계로 순회공연을 다녔다. 바넘의 '인종 회의' 서커스단에는 그들 외에 수염 난 여자, 팔 없는 남자, 중국인 거인, 버마인 난쟁이, 수Sioux족의 인디언 가족도 포함되었다.[233]

1870년대와 1880년대에는 미국의 가장 이름난 흥행사들끼리 코끼리 수효, 크기, 가장 흰 코끼리 전시를 두고 경쟁을 벌일 정도로 서커스의 열기가 뜨거웠다. 재닛 데이비스Janet Davis는 미국의 서커스사 연구에서 그런 이국적 쇼가 가진 힘을 이렇게 서술했다. "근대의 아이들만 해도 서커스와 장난감을 통해 이국적 타자를 처음으로 접했다. 식민주의 위계가 아이들이 노는 '자연'계의 일부가 되는 조형적 만남이 형성된 것이다." 아이들은 그런 식으로 성별, 인종, 계급의 경계, 특히 동물과 인간의 경계가 흐려지기도 하고, 더욱 또렷해지기도 하는 위계적 세계를 접했다. 연기력 좋은 인도의 코끼리들이 인도의 상징, '난폭한' 코끼리들이 아프리카의 상징이 되는 식이었다.

바넘의 기본 주제들 중에는 제국 건설도 포함되었다. 1904년에는 델리의 두르바르[25]마저 그의 손에서 멋진 통속 야외극으로 변했다. 바넘은 오리엔탈리즘이라는 거창한 구호로 두르바르를 광고했다. "원주민 병사들이 신비감 도는 불교 승려들을 앞세운 채 근들근들 키 높은 낙타를 타고 성스러운 인도 혹소와 희생으로 바쳐질 소를 이끌어 가고, 전사 수행원과 맵시 좋은 동양 무희들을 거느린 시암의 왕자가 임석한 가운데 …… 인도 왕국의 유력자들이 제국 앞에 공물을 바치는" 모습의 광고였다.[234]

바넘 쇼의 핵심을 이룬 '변칙'과 차이는 여러 가지 효과를 자아냈다. 미국의 중산층 가치를 규범으로 내세우면서 그것과는 또 사뭇 다른, 색다른 세계의 흥미도 함께 느끼게 해 준 것만 해도 그랬다. 어차피 그것은 서커스 쇼였다. 따라서 교훈적이거나 관객의 흥미를 돋울 만한 이야기를 해 주는 데 주 기능이 있었던 것이다.

서커스 쇼가 실제로도 관람객에게 그런 영향을 미쳤을지는 모를 일이다. 하지만 그와 상관없이 오락의 도식화에 도움이 되었던 것은 분명하다. 다양성, 자발성, 의외성과 같은 요소가 튀어나올 때도 쇼의 성공 여부는 행동의 모사와 철도의 이동에 반드시 필요했던, 정확성에 달려 있었기 때문이다. 장소를 옮겨 다닐 때마다 쇼의 인기가 널리 퍼져 나가고, 그에 따라 진기한 쇼에 대한 기대감도 덩달아 높아졌다. 서커스단은 그렇게 지방적 틀을 벗어난 곳에서 관람객을 끌어모으고 지역과 국가를 넘어 국제적 대중문화의 기술을 쇼에 도입하는 방식으로 오락의 도식화에 도움을 주었다.

——— **25** 인도의 궁정 혹은 정부 당국에 의해 소집된 유명 인사들의 공식 회의.

지역 서커스단들도 물론 서커스 기술과 연기자의 국제적 환경 속에 성장했다. 19세기 유럽 서커스에도 영향을 미친 중국과 일본의 곡예단이 지역적 공연을 넘어 유럽 혹은 미국의 서커스단에 포함되어 순회공연을 다닌 것이 좋은 예다. 제1차 세계대전 뒤에는 남아프리카의 보스웰Boswell 형제 서커스단과 동물원이 소달구지와 기차로 시골 지역을 도는 순회공연을 했다. 1909년에 창단된 인도의 왕립 서커스단과 펀자브 지방을 중심으로 활동한 봄베이 서커스단도 1920년대와 1930년대에 지역적으로 많은 관객을 끌어모았다. 20세기 초에는 아르헨티나와 브라질에서도 순회 서커스단의 연기에 음악, 멜로드라마, 마술 쇼 공연을 합친 서커스-연극circo-teatro 쇼가 등장했다. 서커스는 그런 식으로 그것에 함유된 모든 다양성, 상호 연결성, 상호 차용성으로 범세계적 네트워크의 대표적 표현물이 되었다.

20세기 초에는 서커스 및 세계 박람회와 관련된 다른 구경거리들도 다수 생겨났다. 전 세계 여러 곳에서 모방한 함부르크 동물원의 개발자이자 동물 교역자였던 하겐베크도 동물원, 서커스, 전시관의 특징을 결합해 범세계적 오락 제국을 수립했다. 동물의 다양성과 다른 지역의 자연경관을 '진실되게' 재현하는, 과학적 요소의 일부로 쇼를 제시하면서도 스펙터클한 오락의 특징 또한 적극적으로 수용한 것이다. 동물원에 실물 크기의 공룡 조각물을 세워 공룡 공원을 조성한 것만 해도 그랬다. 동물원의 인종 구역에서는 또 한때, (사우스다코타주의) 파인 릿지 인디언 보호 구역의 수족 인디언 마흔두 명과 카우보이들이 벌이는 와일드 웨스트 쇼[26]를 공연해 100만 명 이상의 관객을 끌어모았다. 하겐베크는 바넘의 순회 서커스단처럼 서커스단을 꾸려 전 세계로 순회공연을 다니면서 동물, 사람, 그리고 하겐베크 동물원에서 많은 팬을 확보했던 전시물도 선보였다.

오스트리아-헝가리 제국 출신의 키랄피 임레Imre Kiralfy도 대형 쇼 제작으로 그와 유사한 유명세를 탔다. 키랄피 형제는 특히 미국에서는 쥘 베른의 『80일간의 세계 일주』를 대규모 여성 합창단과 색다른 특수 효과가 가미된

_____ **26** 서부 개척 시대의 볼거리를 제공하는 쇼.

작품으로 각색해 장기 공연을 했다. 키랄피는 1893년 시카고에서 개최된 콜럼 버스 세계 박람회 때도 '아메리카'를 무대에 올려 일곱 달 동안 100만 달러 가까운 수익을 올렸다. 런던으로 근거지를 옮긴 뒤에도 얼스 코트에 시카고의 '백색 도시'를 닮은 소규모 모형 도시를 세우고, 1895년에는 그곳에서 '인도제국' 전시회를 개최했다. 키랄피의 이력은 런던 셰퍼즈부시에 있는 거대한 백색 도시에서 매년 전시회를 개최하고 1908년의 런던 하계 올림픽 때는 그곳 스타디움이 주 경기장으로 사용되면서 최고조에 올랐다.[235]

버펄로 빌 코디Buffalo Bill Cody의 와일드 웨스트 쇼도 압도적 규모로 전 세계 순회공연을 다녔다. 이 쇼는 제국적 운명을 문명의 진화적 진보에 접목하는 잘 알려진 도식을 사용함으로써, 코디가 아이디어와 기법을 빌려 온 저질 소설과 고도의 기동성을 갖춘 서커스 못지않은 인기를 누렸다. 제국주의 메시지는 「더 패싱 오브 더 레드 맨The Passing of the Red Man」과 같은 곡이 포함된 쇼의 배경음악으로도 표현되었다. 코디의 쇼에서는 미국 서부의 카우보이도 적과 싸우는 족족 승리를 거두는 비할 바 없는 덕목과 기술을 가진 신화적 영웅으로 그려졌다. 그의 쇼에서 카우보이는 개명되고 신사다우면서도 야만과 과도한 고상함 둘 다에 적대감을 느끼는 자연의 귀족이었다. 그의 연극이 세계적 호소력을 지닌 것도 아마 문명이 야만을 눌러 이긴 점 때문이었을 것이다.

와일드 웨스트 쇼의 인기는 흥행주와 감독들의 노련한 솜씨에서도 나왔다. 홍보용 깜짝쇼, 과장된 이미지, 단순화된 문구의 기법 모두 초기 광고계에서 틀이 잡혀 확산된 것이나, 전 세계 순회공연의 기계적 정밀성이 쇼의 일부로 자리 잡게 된 것도 그 덕이었다. 많을 때는 출연자가 1000명에 달하는 데다 그에 수반된 말과 장비의 규모도 엄청났기 때문에 와일드 웨스트 쇼의 과거도 부득불 (일련의 작업에서 행해지는 여러 동작의 소요 시간을 분석해 산업 생산을 높이려 한) 테일러화된 효율성을 가진 미래와 마주칠 수밖에 없었던 것이다. 그들이 이동할 때 사용한 열차만 해도, 순회 서커스단의 열차 모델을 특별 설비가 장착된 열차로 개조하자 목적지에 닿을 때마다 수송 작업이 빨라지고 무대 설치도 용이해졌다. 극에서 그리도 자주 찬미되었던 군사 원정도 쇼의 군사화된 속도와 기동성에는 미치지 못할 정도였다.

1893년에는 버펄로 빌 코디의 쇼단이 "버펄로 빌의 와일드 웨스트와 세계의 러프 라이더 의회Buffalo Bill's Wild West and Congress of Rough Riders of the World"로 명칭을 바꾸었다. 초국적 요소에 중점을 두겠다는 의도가 내포된 개명이었고, 실제로도 버펄로 빌의 쇼는 대중뿐 아니라 왕들도 포함된 전 세계적으로 매우 두터운 팬을 확보하게 되었다. 관객의 부류 및 그날그날의 주요 뉴스에 따라 영웅과 악당을 융통성 있게 조정해 쇼의 대본을 짠 것도 인기 유지에 한몫했다. 코디에게 패하는 강적을 연기했던 인디언을 변발한 중국인 복서로 만들어 진보의 힘에 압도당하게 만든 것, 에스파냐인, 필리핀인, 쿠바인들이 뒤섞인 적을 통쾌하게 무찔러 1898년 미국-에스파냐 전쟁에서 미국이 거둔 승리를 재현해 보인 것, 러시아인들이 스텝 지역을 초토화하고 문명화하도록 각색된 서사적 내용에 러시아인들 스스로 솔깃해하도록 만든 것 등이 그런 사례였다. '서부'의 모험 이야기는 독일인들마저 동유럽에 그들 고유의 개척지에 대한 꿈을 가지게 할 만큼 큰 인기를 끌었다. 버펄로 빌 코디도 20세기 초에 아마도 세계에서 가장 유명한 미국인이 되었고, 그의 오락 도식 또한 영화가 지닌 새로운 가능성을 포함해, 미디어 스펙트럼 전체에 걸쳐 대중문화 제작의 틀을 형성했다.[236]

영화야말로 쇼 비즈니스가 지닌 초국적 개연성에 진정한 변혁을 일으킨 대중매체였다. 프랑스, 독일, 미국에 등장한 각종 전조들로부터 얼마간 동시적으로 발생한 영화가 영상과 스토리를 비교적 값싸게 범세계적으로 거의 동시에 투사할 수 있었던 점만 해도 그랬다. 프랑스에서는 뤼미에르Lumière 형제가 1895년 최초의 영화를 만들었고, 1899년 무렵에는 그 영화가 이스탄불, 다마스쿠스, 예루살렘, 카이로, 뭄바이, 멕시코, 리우데자네이루, 부에노스아이레스, 오스트레일리아, 상하이, 베이징, 도쿄, 요코하마에서도 상영되기에 이르렀다.[237] 영화는 처음에는 유명 사건들을 기록해 전달하는 일에 치중했고, 영화 기술도 촬영된 물체의 광경을 두드러지게 표현하는 것이 고작이었다. 상영 시간이 채 몇 분에 지나지 않았던 대다수 초기 영화는 신분의 차이와 계급적 지위를 파괴하는 내용으로도 인기를 끌었다. 관객 대부분이 개인적으로는 결코 접해 보지 못했을 축하 장면이 영화의 인기 주제였다. 「철도편으로 예루살렘을 떠나며Leaving Jerusalem by Railway」(1896), 「이탈리아 점령The Capture of Rome, September 20, 1987」(1905), 「에드워드 7세의 대관식The Coronation of Edward VII」(1902), 「델리의 두르바르The Durbar at Delhi」(1912), 「니스와 칸의 카니발 정경 Carnival Scenes at Nice and Cannes」(1909)이 그런 영화들이었다. 영화 제작 면에서 는 제1차 세계대전 전에는 프랑스와 이탈리아가 세계시장을 석권했으나, 영화 를 국가 산업으로 여기는 사람은 거의 없었다. 따라서 무성영화 시대에도 장 소에 관계없이 어느 곳에서든 영화는 만들어졌고, 배급 경로도 주요 도시들 에는 으레 있기 마련이었던 화려한 극장뿐 아니라 오지도 마다하지 않고 세 계 곳곳을 누비고 다닌 이동 영화관에 이르기까지 다양했다.

제1차 세계대전이 끝난 뒤에는 미국 영화가 점차로 세계 영화의 제작과 배급을 장악하게 되었다. 그래서인지 예전 학계는 할리우드 특유의 영화 공 식과 기법을 '미국적'인 것으로, 할리우드 영화의 전 세계적 확산을 '미국화' 로 보는 경향이 강했다. 그러나 기실 할리우드는 언제나 초기 영화의 초국적 네트워크 내에서 발전을 이룬 범세계적 장소였다. 할리우드 영화가 혁신적이 고 전 세계 다양한 지역에서 인기를 누린 것도 초국적 배경과 연고를 가진 영 화감독들이 그렇게 만들었기 때문이었다. 미국 영화는 (유럽과 달리) 엘리트 예술의 전통에서 싹터 나오지 않고, 다인종 관객에게 어필하기 위해 오락을 개발하는 데 힘쓴 이민자 감독들 손에서 탄생했다. 무성영화 시대에는 특히 언어가 장애물이 아니었던 탓에 세계시장에서는 그런 영화가 통했다.

그렇기는 하지만 할리우드가 갖는 범세계적 호소력이 미국 투자사와 제 조사에 큰 이득이었던 것은 사실이다. 양차 대전 사이의 기간만 해도 전 세계 주요 영화관의 절반 이상을 미국 회사들이 직접 소유하고, 영화 필름과 제작 장비도 대부분 미국 업체가 만든 것이었으니 말이다. 1925년에는 영국과 캐나 다에서 상영된 영화의 95퍼센트, 프랑스에서 상영된 영화의 70퍼센트, 남아 메리카에서 상영된 영화의 80퍼센트가 미국산 영화였다.[238] 일본 영화도 자국 내에서의 시장 보유율은 높았다지만, 전 세계 판매망에서는 힘을 쓰지 못했 다. 1930년대에는 특히 할리우드와의 경쟁, 경제 불황기라는 시대적 여건, 시 장이 좁은 언어권의 영화 발전을 어렵게 만든 '유성영화'의 도래로, 많은 나라의 영화 산업이 극심한 침체를 겪었다.

그렇다고는 해도 미국 영화사들이 세계 영화 교역을 장악했을 때조차 영화 문화의 초국적 흐름은 여전히 강력한 상태를 유지했다. 일부 영화감독이 영화 제작 과정에서 차별화된 공통성을 개발함에 따라 초국적 영화 제작이 영화학자 미리엄 핸슨Miriam Hansen이 "토착적 근대성vernacular modernism"이라 부른 것을 드러내게 된 결과였다. 인도 영화 산업만 해도 국내적 혁신과 세계화된 제작, 배급이 공동 생산적 연계를 만들어 냄으로써 새로운 기술과 양식이 개발되어 큰 발전을 이루었다. 1912년에서 1913년까지 인도에서 제작된 무성영화가 1300여 편에 달했을 정도다. 인도 영화 산업은 유성영화 도입 뒤에도 계속 번성하여, 영화감독 프라마테시 바루아Pramathesh Barua는 파리와 런던에서 수학하고 돌아온 1930년대에 식민지 이전 시대의 인도 고유문화 형식에 식민지 시대의 서사 전통, 멜로드라마, 초국적 영화 문화의 시각성을 접목하는 독특한 기법의 영화를 만들어 인기몰이를 했다. 나중에는 특유의 대중 지향성으로 그의 영화가 평단의 엇갈린 비평을 받기는 했지만, 다수의 대중적 감독이 그러하듯 바루아가 세계성과 지방성을 절묘하게 결합시킨 주제와 연출 스타일을 구사한 전형적 감독이었던 것은 분명하다. 양차 대전 사이의 기간에는 상하이를 중심으로 활동한 중국 영화감독 쑨유孫瑜가 범세계적 흐름에서 나온 근대성을 중국식으로 표현하려는 노력을 기울였다. 라틴아메리카에서도 19세기 말에는 아르헨티나와 브라질 영화 제작자들이 프랑스산 장비들로 영화를 만들었으며, 제1차 세계대전 전에는 아르헨티나, 우루과이, 칠레 사이에 영화 제작과 배급의 활발한 교류가 이루어졌다. 아르헨티나는 특히 종전 뒤 할리우드와 벌이는 치열한 경쟁 속에서도 연중 수십 편의 영화, 그것도 탱고 춤을 다룬 영화를 많이 만들었다. 멕시코도 아르헨티나처럼 제2차 세계대전 전에는 지척에 있던 할리우드의 영향을 받기도 하고 거리를 두기도 하면서 세계에서 가장 강력한 영화 산업의 하나를 일궈 냈다.[239]

할리우드는 할리우드대로 유럽의 파시즘 준동에 위협을 느낀 국가들의 감독, 제작자, 기술자들이 미국으로 대거 이주해 옴에 따라 전보다도 오히려 더 국제적 특징을 띠게 되었다. 그 결과 비미국·비유럽 출신 영화인들에 대한

초국적 영화 스타 돌로레스 델 리오(Dolores del Río)의 모습. 멕시코의 두랑고에서 마리아 데 로스 돌로레스 아순솔로 이 로페스 네그레테(María de los Dolores Asúnsolo y López Negrete)를 본명으로 해서 태어난 델 리오는 1920년대와 1930년대에 할리우드 국제 사교계의 일원이자 할리우드 영화 제국의 슈퍼스타로 이름을 날렸다. 그러면서도 멕시코나 멕시코인을 비난하는 듯한 영화에는 출연하지 않았으며, 1940년대에 자신의 좌파적 정치색이 압박을 받게 된 뒤로는 멕시코로 돌아가 다수의 에스파냐어 영화에도 출연했다. (Wikimedia Commons)

장벽이 여전히 높았는데도 1930년대의 '미국' 영화는 세계에서 가장 코즈모폴리턴적 배경을 갖게 되었다. 시카고 태생의 할 윌리스Hal Wallis가 제작하고, 부다페스트 태생의 마이클 커티즈Michael Curtiz가 연출하며, 줄리어스 J. 엡스타인Julius Epstein과 필립 G. 엡스타인Philip Epstein이 각본을 쓰고, 빈 출신의 막스 슈타이너Max Steiner가 음악을 맡으며, 뉴욕 태생의 아서 에데슨Arthur Edeson이 촬영을 하고, 잉글랜드의 오언 마크스Owen Marks가 편집을 하며, 슈투트가르트 출신의 카를 율레스 바일Carl Jules Weyl이 미술을 담당한 「카사블랑카」(1942)가 대표적인 예다. 출연진도 험프리 보가트Humphrey Bogart(뉴욕), 잉그리드 버그먼Ingrid Bergman(스톡홀름), 파울 엔레이드Paul Henreid(트리에스테), 클로드 레인스Claude Rains(런던), 콘라트 파이트Conrad Veidt(독일 포츠담), 시드니 그린스트리트Sydney Greenstreet(잉글랜드 켄트), 피터 로리Peter Lorre(지금의 슬로바키아(당시에는 헝가리 왕국) 루좀베로크), 마들렌 르보Madeleine Lebeau(프랑스 오드센주의 앙토니), 둘리 윌슨Dooley Wilson(미국 텍사스주의 타일러) 등 다양한 국적을 자랑했다. 영화 제작상에 나타난 이런 국제주의는 영화의 메시지와도 부합했다.

할리우드 영화의 글로벌적 영향력은 대량생산된 잡지의 확산과 연계돼 새로운 양식의 연예 저널리즘도 탄생시켰다. 미국의 신체 문화 주창자이자 잡지 발행인이던 버나르 맥패든Bernarr Macfadden이 그 흐름을 주도한 장본인이었다. 그는 신분 상승 욕구가 강한 이주민 사회에서 20세기 초 할리우드 못지않게 강한 호소력을 발휘한 출판 제국을 수립,《신체 문화Physical Culture》,《트루 스토리True Story》,《트루 로맨스True Romances》와 같은 대중 잡지를 발간했다. 그렇게 수십 년 동안 미국 최대의 출판업자 자리를 지킨 그가 20세기 전반부에는 대규모 글로벌 판매망도 발전시켰다. 강력한 신체, 에로티시즘, 자기 형성의 표현과 더불어 유명인과 고백적 형식에의 의존성이 포함된 근대의 '외양'은 그렇게 그의 간행물들을 통해 널리 퍼져 나갔다.[240]

새로운 영화와 연예 잡지들은 세계적 영화 스타들의 홍보에도 도움이 되었다. 그전의 무성영화 시대에는 미국의 클래라 보Clara Bow("잇it" 걸)[27]와 릴리언 기시Lillian Gish, 중국의 롼링위阮玲玉와 후데蝴蝶가 극중의 다양한 여성 역할을 만들어 내고 개발하는 일을 도왔다. 새로운 영화 문화는 짙은 화장과 야한 의상 스타일이 결합된 여성의 외모가 초국적으로 퍼져 나가고, 그것이 또

―――― **27** 큰 인기를 모았던 영화 「그것」에 출연한 뒤 갖게 된 별명.

자주성과 성적 매력의 오라로 비쳐져 소비주의가 일어나게 하는 데도 일조했다. 뭇 여성의 가슴을 설레게 한 이탈리아계 미국 영화배우 루돌프 발렌티노Rudolph Valentino가 "라틴 러버Latin Lover"라는 모호한 국가적·인종적 정체성을 섹스어필에 이용함으로써 세계적 스타덤에 오른 것도 그 시기였다. 1930년대와 1940년대에 유성영화가 도래한 뒤에도 그 현상은 변하지 않아, 애나 메이 웡Anna May Wong, 마를레네 디트리히Marlene Dietrich, 리타 헤이워스Rita Hayworth, 카르멩 미란다Carmen Miranda 같은 영화 스타들은 다양하면서도 때로는 개인적으로 해가 되는 방식으로 초국적 매력을 체현한 모습을 계속 유지했다. 유럽, 미국, 아시아의 영화에 표현된 문화적 타자성이 새로운 성적性的 규범과 심지어 새로운 근대성을 제시하는 방법이 되는 일도 잦았다. 초국적 영화의 흐름은 이렇게 보편적 대중문화와 마찬가지로 모방과 차이의 복잡한 상호작용을 수반했다.[241]

영화 매체는 영화 종사자들이 주장하듯 생소한 지역들을 영상화함으로써 세계를 결합시키는 역할도 했다. 파타고니아 사람들에게 뉴욕 아파트의 모습을 보여 주고, 파리의 영화 팬들에게 중국인의 농촌 생활을 소개하며, 아프리카 관객들에게 시카고 갱단의 모습을 비춰 주는 식이었다. 할리우드 영화계는 특히 세계의 다양성을 빠르고 쉽게 전달해 주는 데 발군의 실력을 나타냈다. (20세기 폭스 사의 전신인) 폭스 영화사만 해도 1919년부터 뉴스 영화 연속물 「무비톤 뉴스Movietone News」를 만들어 "영상과 소리의 15분 세계 일주 여행"을 관객들에게 선사했다. 파라마운트 영화사도 1927년부터 단시간에 세계 여행을 할 수 있는 그와 유사한 뉴스 영화 연속물을 제작하기 시작했다.

그러나 물론 그런 방식으로 제시된 세계는 정형화되고 그릇된 방식으로 취사선택된 것일 수밖에 없었다. 20세기의 첫 30년 동안 만들어진 유명 다큐멘터리 영화들이 세계 박람회와 박물관들이 보여 준 것과 다름없는 민족지적 권위를 주장한 것만 해도 그랬다. 스칸디나비아반도에 세워진 최초의 영화사 노르디스크 필름이 제작한 사파리 다큐멘터리 영화도 카를 하겐베크에게 구입한 곰과 사자로 사파리를 연출해 찍은 것이었다. 카메라 앞에서 총에 맞아 죽은 동물들을 제외하고는 그 영화와 관련된 모든 것이 조작된 것이었다.

마치 사파리 영화와 사냥 영화에서 인기의 관건은 (동물의) 사체 수에 있는 듯이 말이다. 하겐베크도 영화 쪽으로 관심을 돌려 동물원에 영화관 키노Kino를 짓고 다수의 영화를 찍으며, 그것도 모자라 연출된 사냥이 끝난 뒤에는 가장 말썽을 부린 동물 몇 마리를 죽이기까지 했다. 그의 동물원을 영화의 세트장으로 쓰도록 다른 영화인들에게 제공해 주기도 했다. 하겐베크 동물원은 심지어 제1차 세계대전이 진행 중일 때와 끝난 직후에도 영화사 일곱 곳이 촬영을 했을 정도로 전 세계의 모든 이국적인 곳을 대변하는 만능 '외국적' 배경이 되었다.[242]

최초의 극영화 길이를 가진 다큐멘터리로 알려진, 로버트 J. 플래허티 Robert J. Flaherty의 「북극의 나누크Nanook of the North: A Story of Life and Love in the Actual Artic」도 그 점에서는 크게 다를 게 없었다. 캐나다 북극 지방에 사는 한 에스키모(이누이트)와 그 가족 이야기를, 그 종족이 행한 전통적 수렵, 어업, 이글루 짓는 방식을 중심으로 찍으면서 연출을 간간이 곁들인 것이었다.[243] 이 영화가 상업적으로 대성공을 거두자 다른 모험가들도 또 그에 고무되어 근대 이전 민족들의 삶을 카메라로 포착하기 위해 열을 올렸다. 하지만 민족지적 다큐멘터리로 간주된 그들의 영화도 대중적 볼거리를 통해 관객이 이미 예상하고 있던 도식을 가미해 내용을 종종 과장하기도 한 「나누크」의 아류작일 뿐이었다.

물론 일반적 다큐멘터리의 대다수는 오락에 주목적이 있었으므로 제작방식도 박람회 중앙로, 동물원, 보드빌, 놀이공원, 서커스, 모험소설 분야에서 이미 효시를 이룬 방법에서 따왔다. 미국의 탐험가 겸 다큐멘터리 제작자 마틴 존슨Martin Johnson과 오사 존슨Osa Johnson 부부야말로 대표적 사례라 할 만하다. 보드빌로 이력을 쌓은 뒤 자연경관 촬영과 영화로 관심의 영역을 넓혀 간 것만 해도 그렇다. 이 부부가 사진(그 사진들은 미국 자연사박물관의 초기 수집물 중 하나가 되었다.) 촬영에 사용한 필름 길이가 100만 피트, 집필한 책이 열여덟 권, 기고문이 100여 편에 달했다. 이렇게 그들은 각종 새로운 대중매체들을 뒤섞어 세계를 제시하고, 좁아지는 세계의 생소한 문화적 볼거리를 갈망하는 대중들을 즐겁게 하는 법을 집약적으로 보여 주었다. 미국 자연사박

———오사 존슨이 비행기에 타고 포즈를 취하고 있는 모습. 오사와 오사의 남편 마틴은 보드빌 작가이자 탐험가이며, 영향력은 있지만 고도로 연출된 아프리카의 모습을 사진에 담은 촬영가 겸 영화 제작자였다. 그들은 또한 언제나 예산이 빠듯했던 관계로 각종 화장품 브랜드와 더불어 코카콜라, 쉘 석유, 에버레디 배터리, 비스퀵 비스킷, 패브(Fab) 세제, 콜게이트 치약과 같은 다국적기업 상품을 아프리카인들에게 소개하는 생뚱맞은 장면을 사진에 끼워 넣는 간접광고의 효시를 이루기도 했다. (Wikimedia Commons)

물관 후원으로 제작되어 "여기 문명화된 인간은 보지 못한 아프리카가 있다." 의 내레이션으로 유명해진 「심바Simba」(1928), "야만을 벗어난 인간의 옛 이야기"를 표방한 「콩고릴라Congorilla」(1932)가 대표적인 예다. 오사 존슨은 그 제국주의 힘의 시대에 찍힌 수많은 사진에 되풀이되어 나타난 포즈를 흉내 내, 사냥으로 잡은 동물에 라이플총을 겨누는 모습을 취한 사진도 자주 찍었다. 「심바」에는 그녀가 결정적 발포를 하여 일행을 위험에서 구하고, 달려드는 코뿔소를 죽이며, 마을 사냥의 목표물이던 사자를 쓰러뜨린 뒤 애플파이를 구워 원주민들과 함께 동물 사냥의 축하연을 갖는 장면도 나온다. 오사는 사격과 사진 촬영의 달인인 것도 모자라 이국적 지역을 순화함으로써, 동물뿐 아니라 사냥에 참여한 원주민 남자들에 대한 백인 여성의 무용도 과시해 보였다. 세계와의 친밀감을 높여 준 오사와 마틴의 사진과 영화도 결국은 당대의 모험 쇼에 만연해 있던 고도로 인위적인 인종적·문화적 위계의 관례를 더욱 강조한 데서 나온 것에 지나지 않았다.[244]

다큐멘터리 영화들은 민족지적 '현실'을 보여 주기 위한 목적으로 유머와 심지어 멜로드라마로도 표현할 수 있는 문화적 차이도 만들어 냈다. '원주민'의 이해력 부족을 조롱하는 한편 백인들의 우월한 지적 역량을 강조하는 내용을 코미디의 흔한 소재로 쓰는 식이었다. 수집한 이국적 동물들로 동물 전시와 쇼를 제작하는 데 발군의 실력을 발휘한 사람들 중 하나였던 프랭크 벅도 1932년 극영화 길이의 다큐멘터리 「살려서 데려오라」를 만들어 흥행에서 대성공을 거두고 1933년의 히트작 「킹콩」에도 문화적 준거를 제공했다. 그의 다큐멘터리에는 원주민으로 구성된 대규모 사냥단이 정글의 부스럭 소리에 겁을 먹고 도망치는 순간 그들과 동행한 백인 탐험가가 침착하게 수풀을 젖히자 무해한 꼬마 늘보곰이 그 안에 웅크리고 있는 장면도 나온다. 그런 영화는 대개 그런 식으로 백인 탐험가-모험가가 주체가 되고, 이국적 동물과 사람들이 배경을 이루며, 고난의 시험을 당하다 결국에는 서구 문명의 상징인 주인공이 상황을 정리하는 것으로 각본이 짜여졌다.

할리우드 극영화의 세계도 그런 구도를 벗어나지 못했다. 미국의 이미지만 해도 할리우드 영화 플롯의 우세함으로 충분히 제시될 수 있었지만 '외국적' 배경에 대비시키면 그 이미지가 한층 선명해졌기 때문이다. 동일한 스튜디오에서 찍는 영화에 이국적 소품만 다양하게 배치해도 무색무취의 '외국' 지역이 뚝딱 만들어졌다. 하겐베크 동물원이 외국적 배경을 가진 독일 영화 촬영의 기본 세트장이 되었던 것에도 드러나듯, 영화 제작을 위해 굳이 전 세계로 로케이션을 다닐 필요가 없었다. 몇 가지 '이국적' 모티브만 정해 놓으면 만사형통이었다. 영화 역사가 루스 베시Ruth Vesey도 당시의 할리우드 영화에 등장하는 외국인들은 의상만 다를 뿐 특색이 없고 배경도 유사하다고 지적했다. 미국 영화들이 수출 시장을 찾다 보니 감독들도 특정 민족의 심기를 건드리지 않기 위해 신경을 곤두세워 그렇게 되었다는 것이다. 루스 베시는 그러면서 "할리우드 종사자들이 외국인 신분을 고의로 드러내지 않았던 탓에 할리우드 업계도 크게 '미국인'과 '타자들'로만 구분되었다."고 썼다.[245] 그리하여 관객도 실제 여행에 수반되는 문화적·신체적·금전적 불편함을 감수하지 않고 '여행할' 수 있게 되었다. 문제는 영화를 통해 경험하는 세계가 19세기에 보급된 대중오락물에서 비롯된, 신중하게 고안되고 정형화된 작품에 지나지 않는다는 데 있었다.

대중 관광

소설, 선정적 언론, 영화 속의 모험가들은 전 세계 일반 대중에게 좁아지는 세계의 환상을 심어 주었다. 그뿐만 아니라 그들은 다수의 사람에게 여행의 충동을 불러일으키고, 익숙한 환경에서 탈출하고 싶어 하는 사람들에게는 낯설어 보이는 요소를 인지하는 방법도 알려 주었다. 값싸고 빨라진 교통 체계 또한 여행의 기대감을 높여 적어도 유럽과 미국에서는 대중 여행이 급성장하기 시작했다. 1911년 판 《타임스》에 영국인 100만 명이 매년 유럽 여행을 다닌다고 보도되었던 것이 그 증거다.[246] 미국인들도 1880년부터 매년 5만여 명이 유럽 여행을 하고, 30년 뒤에는 25만 명으로 그 수가 급증했다.[247] 미국 여행 전문 역사가들은 유럽과 '성지' 여행의 엄청난 증가에서 여행 붐의 원인을 찾았으나, 20세기 초부터 운행되기 시작한 여섯 척의 증기선도 아시아로 가는 미국 여행객이 늘어나는 데 일조했다.[248] 세계 박람회들이 본국과 가까운 세계 일주 여행의 종착지로 번성한 것도 대중 여행의 급속한 발전 속에 일어난 일이었다.

대중 여행은 새로운 산업도 일어나게 하고 그 결과로 여행업계의 초국적 네트워크도 구축하게 했다. 런던 수정궁 박람회(1851)를 오가는 유람 열차 운행을 최초로 실시한 토머스 쿡 앤드 선Thomas Cook & Son과 같은 기업들만 해도 범세계적 연결과 전문화된 관광 여행 방식을 개발해 냄으로써 개별 여행의 어려움을 해소시켰다. 쿡 여행사와 베를린에 위치한 슈탕겐 사는 거의 전 세계를 무대로 기업 활동을 했다. 독일의 베데커, 영국의 출판업자 존 머리

John Murray, 프랑스의 미슐랭은 여행자들에게 세계 각지의 '필수' 여행지를 소개해 주는 여행 안내서도 발간했다. 미쉐린(미슐랭) 가이드는 여행지를 소개하는 것 외에 식당과 숙박업소의 등급을 별 개수로 나타내는 관행도 도입했다. 독일에서는 나치 정부가 규율과 희생의 메시지와는 다른 그 무엇을 노동자들에게 제공해 준다는 취지로 신중하게 통제된 관광 여행을 조장했다. 1933년 '즐거움을 통한 힘Community Strength Through Joy'(독일어 약자 KDF)이라는 조직을 만들어 정권 지원 체계를 구축하는 한편, 좌파의 매력을 약화시키기 위한 제한적이면서도 약간의 여유를 둔 소비자 활동 및 관광 메뉴를 개발한 것이다. 1938년에는 '즐거움을 통한 힘'이 버스와 크루즈선 열두 척을 구비한 독일 최대의 여행 조직으로 부상, 독일인 5400만 명을 국내의 유명 사적지와 도보 여행지뿐 아니라 노르웨이, 그리스, 이탈리아, 마데이라섬 등 해외 곳곳으로도 유람 여행을 보내게 되었다.[249]

값싸고 휴대하기 편한 코닥 카메라도 여행자의 필수품이 되었다. 미국의 이스트먼 코닥이 사진 촬영 매체를 민주화하고, 중산층의 여행을 크게 촉진시키며, 매력적인 사진 촬영법을 알려 주는 데 자사의 광고를 영리하게 이용한 결과였다. 그리하여 새로운 여행자 군단은 이제 관광 정보, 가이드, 카메라로 무장한 채 모험을 떠났다가 교회 지하, 거실, 공동체 모임으로 돌아와 사진을 곁들인 여행담을 풀어놓게 되었다.

대중 여행 산업의 발달에는 여성도 큰 역할을 한 것으로 드러났다. 여성 수십 명이 신문과 잡지사의 후원으로 세계 여행을 다니며 기고문을 쓴 미국이 대표적인 예였다. 여성 잡지들에서 그런 여행담의 수요는 거의 끝이 없어 보였다. 《레이디스 홈 저널Ladies Home Journal》만 해도 해외여행을 다룬 다수의 특집 기사로 세계 여행에 대한 환상을 심어 주고, 나라별 복장을 한 종이 인형들의 세계 여행 시리즈를 연재하여 젊은 여성들을 매혹시켰다. 실제로 여행을 하지 않고도 집에서 편하게 모험을 즐길 수 있는 여성 여행 클럽도 미국 일대의 소도시들에 생겨나, 존 로슨 스토더드John Lawson Stoddard와 같은 여행 작가는 그런 클럽들을 상대로 '여행 강연 시리즈'와 여행담을 성공적으로 마케팅했다. 회원들끼리 타국 및 타국 문화를 토론하는 여성 클럽 문화의 조성으로 여행은 바람직하고, 교육적이며, 중산층이 쉽게 접근할 수 있다는 인식도 강화되었다. 여행의 행위는 이렇게 기차나 배를 타는 것 못지않게 면학과 상상하는 행위만으로도 얻을 수 있는 듯했다.[250]

　그러나 대중 관광의 조장과 모방의 면에서 가장 중요한 일을 한 매체는 역시 영화였다. 미국의 버턴 홈스Burton Holmes와 제임스 A. 피츠패트릭James Anthony Pitzpatrick이 바로 '기행 영화travelogue'라는 새로운 장르를 탄생시킨 선도자였다. '기행 영화'라는 신조어도 홈스가 순회강연을 시작하면서 자신이 하는 일에 붙인 명칭에서 비롯된 것이었다. 홈스는 스토더드가 하듯 강연 내용에 사진을 곁들인 여행기도 집필하여 엄청난 판매 부수를 올렸다. 제1차 세계대전이 끝난 뒤에는 영화판으로 옮겨 가 파라마운트 영화사에 적을 둔 채 「버턴 홈스의 헤드헌터Burton Holmes' Head Hunters」(1919)와 「토리드 탐피코 Torrid Tampico」(1921)와 같은 기행 영화를 만들었다. 이렇게 시작된 기행 영화 장르 형식은 1920년대 중엽에서 1950년대 중엽의 기간에 전 세계 극장들에서 대개는 극영화 상영 전에 틀어 준 피츠패트릭의 기행 다큐멘터리 「여행 수다 Traveltalks」와 여타 다큐멘터리들로 완성되었다.

　피츠패트릭은 복잡한 '근대적' 삶에 지친 관객들에게 머나먼 곳들이 지닌 소박한 즐거움과 단순한 관습을 소개하는 기행 영화 제작을 전문으로 했다. 따라서 로케이션 장소를 택할 때도 '원시성'을 갖춘 환상적이고 매혹적인 곳인지를 매우 민감하게 따졌다. 사회 진화적으로 사고하는 사람들이야 물론 원시성을 진화적 연속체의 맨 아랫단에 위치시켰겠지만 피츠패트릭은 농촌 생활과 자연과의 친밀감으로 도시 문명이 주는 무력감을 상쇄할 수 있다는 개념을 찬양했다. 그러다 보니 그의 기행 영화들도 대개는 칙칙한 모습에 "우리도 이제는"(목가적 생활 방식)에 "다정한 작별을 고하고" 배은망덕한 "우리의" 발전된 고통의 길로 돌아가야 한다는 내용으로 끝맺기 일쑤였다. 많은 영화 팬은 그런 피츠패트릭을 "지구의 대변자Vocie of the Globe"로 불렀다.[251]

　대중 여행은 또 타 지역 및 타 지역민들과의 접촉으로 계몽을 기약해 주는 것처럼도 보였으나 관광과 여행에 관련된 글들이 대개는 타 지역의 후진성에 견줘 유럽과 미국의 진보를 돋보이도록 계획된 경험담에 그친 것에도 드러나듯 실상은 달랐다. 독일의 '즐거움을 통한 힘' 여행도 물론 나치스의 십자 기장에 대한 의례로 아침을 시작하고, 인종 배척주의를 강조하며, 검은 피부를 가진 사람들의 너절하고 가난에 찌든 기항지들 모습에 독일 크루즈선의 질서 정연하고 청결한 모습을 대비시켰다. 여행으로 사람들 사이의 새로운 유대가 만들어질 수 있다는 주장 역시 새로운 유대 못지않게 인종적 위계에 대한 믿음을 확인하고 인종 민족주의를 타오르게 했으니 설득력이 없기는 매한가지였다.

소비자 부호와 광고

　　모험의 선정적 과시, 극영화의 출현, 대중 여행에 대한 증대하는 갈망 모두 대량 소비주의가 낳은 새로운 풍조였다. 새롭게 등장한 소비주의의 세계가 초국적 네트워크 내로 퍼져 나가며 만들어진 현상들인 것이다. 그러므로 '대량 소비주의mass consumerism'도 단순히 필요한 재화의 구입에만 관련된 사안으로 볼 것이 아니라 구매, 욕망, 매력, 융통성, 소비자 주도의 정체성이 강조된 문화 내에서 재화의 풍부함을 생각하는 대량생산 및 대량 마케팅 시스템으로 보는 것이 옳다. 요컨대 소비주의를 경제 시스템인 동시에 문화 시스템으로도 보자는 얘기다. 이 용법에 따르면 특정 물품의 매스 마케팅이 특정 종류의 연대를 불러오는 '부호codes'의 형성에 영향을 미치는 것도 소비주의다. 대규모 국내시장과 기발한 광고 업계를 보유한 미국이 대량 소비주의 및 소비자 부호의 가장 중요한 범세계적 동력으로 출현한 것이 그 증거다. 반면에 날로 팽창하는 상품, 생산자, 판매자, 구매자, 광고주들의 초국적 네트워크 내에서 대량 소비주의 변형들의 공동 생산에 일조한 것은 지역 문화의 특수성이었다.

　　따라서 이런 네트워크를 순환한 초국적 흐름도 당연히 복잡하고 상충적일 수밖에 없었다. 크리스토퍼 앨런 베일리는 서구식 언어, 의복, 사회성을 소개하는 네트워크들을 탄생시킨 식민 통치가 소비자 부호와 '근대성'의 확산에 결정적 역할을 했다고 주장했지만, 범세계적 미디어 네트워크들도 출판물, 영화, 광고를 순환시켰으니 그에 못지않게 중요한 역할을 한 것이다. 그러나 초국적 소비주의 회로들을 흘러 다닌 그 모든 복잡한 부호를 들춰내는 것은 사실상 불가능하고, 그러니 그 부호들이 시간이 감에 따라 사람들, 지역, 국가, 제국, 계급, 젠더, 섹슈얼리티, 민족의 정체성을 형성해 간 과정의 추적이 불가능한 것은 더더욱 말할 것이 없다. 인구, 통신, 교역상에 일어난 변화가 사람들을 미증유로 결합시키고 재화의 접근성을 높여 준 상황에서 소비자가 연대하고 정체성을 형성해 간 방식 전체를 알아내기는 거의 불가능하다는 얘기다. 그렇기는 하지만 그 시대에 출현한 대량 소비자 네트워크의 의미가 모호하고 가변성이 높다는 이유만으로 그 중요성마저 간과해서는 안 될 것이다.

초국적 공간 내에서 소비자 주도의 문화 특성들이 혼합된 방식은 여러 가지로 묘사될 수 있다. 하나의 문화를 잃는 동시에 다른 문화를 받아들이는 동화assimilation로도 표현될 수 있고, 타 문화 요소를 선택적으로 수용해 새로운 배합 문화를 만들어 내는 혼성화hybridity로도 표현될 수 있다. 하지만 나는 그것들보다는 언어학에서 쓰는 부호 전환code-switching이라는 용어를 쓰려고 한다. 그것이 초국적 대량 소비자 이미지들로 구성된 문화에서 가장 빈번히 일어나는 일들을 가장 적절하게 대변해 주는 말이기 때문이다.[252] 다국어 능통자들이 특정 시기에 생소한 언어의 낱말들을 들먹이며 상대방을 혼란시키는 전략을 쓰듯, 소비자들 또한 어느 주어진 시기에 상이한 문화적·정치적 의미들을 뭉뚱그려 오락가락하는 행보를 보이는 부호 전환의 전략을 쓸 수도 있는 것이다.

같은 맥락에서 소비재에는 온갖 종류의 투사와 충성이 부호화돼 있었다. 1920년대의 상하이 '모던 걸들'이 중국 전통 의상 치파오에 하이힐과 단발머리를 조합해 그들의 외양을 꾸몄던 것이나, 1920년대에 도회지 뉴욕을 버리고 뉴멕시코주의 원시적 삶을 파고든 반항아들이 미국 서부의 목장 스타일에 멕시코 토착 문화의 상징을 결합시키는 방식으로 반근대주의 성향을 드러낸 것이 좋은 예다. 유럽 스타일에 민속 의상에다 토착 문화 흉내도 내고 토착 문화에 대한 유럽의 '이국적' 표현에 지나지 않는 것도 흉내 낸 액세서리를 결합시킨 멕시코 상류층 '모던 걸chica moderna'의 패션과 남성의 지그재그 패션도 그 점에서는 마찬가지였다. 제1차 세계대전 전에는 전 세계 도시 남성들이 단순하고 획일적인 서구 스타일의 의복을 선호했다. 식민지 남성들도 대다수 토착 의상의 특징이던 복잡하고, 다채롭고, 심지어 호화롭기까지 한 장옷과 외투를 마다하고 힘과 절제감의 상징으로 여겨지던 간단한 실크해트와 검은 외투를 착용했다. 하지만 특히 제1차 세계대전 뒤에는 또 상황이 바뀌어, 식민지 남성들 사이에 친식민주의 혹은 반식민주의 정치색을 띠는 것에 자의식을 갖는 현상이 나타남에 따라 서구식 정장과 주택 양식을 수용하면서 대다수 남성은 의복과 주거 면에서 전통적 관습도 계속 유지하려고 했다. 주로 남성들이 통제한 정치적 흐름은 여성의 패션에도 중요한 방식으로 영향을 끼쳐, 일본만 해도 1870년대에는 메이지 유신의 개혁적 요구가 서구식 복장을 의무적으로 착용하게 만들었으나 민족주의가 부활한 뒤에는 여성의 기모노 착용이 두드러졌다. 소련 당국도 여성 패션 산업의 자본주의적 기조에는 경멸감을 나타내고, 노동을 촉진하고 도발적이지 않은 간편복에 호의적 태도를 보였다. 그러나 물론 대다수 여성은 복장과 스타일 면에서 더 많은 선택권을 가질 수 있기를 바랐다. 패션이야말로 소비자의 정체성이 집합을 이뤄 진보를 이룰 수 있는 유일한 영역이라는 듯이 말이다.[253]

아닌 게 아니라 특정 사회들이 범세계적 흐름에 노출될수록 소비자의 부호 전환도 점점 더 근대성과 합치된 문화 양식으로 변해 갔다. 영화, 광고, 정부의 패션 정책, 각종 운동에 관련된 사람과 같은 부호의 생산자들 또한 색다른 문화 부호들이 받아들여지거나 거부되는 환경의 조성에 일조했다. 개인들도 이용할 수 있는 부호들에서 선택하고, 부호들을 결합시키며, 의미를 만들어 내는 일에서 능동적 역할을 수행했다. 소비주의는 이런 식으로 재화 및 상징들의 초국적 네트워크에 바탕을 둔 자아와 사회로 구성되는 (또 개조 가능한) 투사projection의 원료가 되었다. 그런 만큼 그것은 매혹적일 수도, 파괴적일 수도 있었다.

소비자 문화의 형성에는 물론 자본의 힘도 작용했다. 자본의 힘 중에서도 특히 갈수록 초국적 관행과 일이 되어 가던 상업광고가 (영화와 더불어) 소비자 부호의 가장 중요한 범세계적 전달자가 되었다. 교역과 함께 19세기 말부터 확산되기 시작한 광고가 특정 제품에 대한 사람들의 구매욕을 불러일으키는 가치와 생활 방식의 욕망을 조장했기 때문이다. 광고대행사들은 국경을 초월하여 사용될 수 있는 메시지, 그리고 역사가 대니얼 부어스틴Daniel Boorstin이 지리적 공간을 초월한 "소비 공동체consumption communities"라 부른 것을 만들어 내는 일을 하는 주요 문화 중개인이 되었다.[254] 광고로 주도되는 대량 소비주의를 균등화된 영향력(그리고 '미국화' 혹은 '문화 제국주의'의 대행자)으로 보는 비판적 시각이 강해진 것은 20세기 들어 생겨난 현상일 뿐 좀 더 동시대적인 문화 분석만 해도 세계와 지방 사이의 상호작용 및 근대적 모방의 특징이 되고 종종 창조적이기도 했던 병치의 개연성을 강조하는 경향이 강했다. 광고가 대체로 표준화(시장 경영자들에게 팔기 위해 구매자를 "패키지화하는 것packaging")와 다양화(다양한 구매자에게 어필할 수 있도록 유연성을 갖는 것)의 압력에 동시에 반응하는 전략을 구사한 것도 그래서였다. 광고 전략은 이렇듯 다른 초국적 현상과 다를 바 없이 심지어 힘의 불균형을 구현할 때조차 차별화된 공통성의 대표적 사례가 되었다.

미국의 제이 월터 톰프슨J. Walter Thompson이야말로 판매에만 집중한 초국적 광고 네트워크들을 형성해 간 진정한 선도자였다. 1894년 뉴욕에서 창립된 제이 월터 톰프슨이 1899년에는 런던에 지부를 설치하고 뒤이어 수십 개 나라로 사세를 급속히 확장한 것만 해도 그랬다. 미국 광고주들은 19세기의 광고 전단과 관련된, 예술 형식이 강조된 옛 유럽식 접근법을 탈피한 새로운 광고 방식을 추구했다. 소비자들의 반응을 이끌어 낼 수 있는 매력적인 광고 제작에 주안점을 두고 새로운 심리학 분야에서 개발된 기법을 획기적으로 도입, 설문 조사와 그 밖의 '과학적' 평가 방식을 이용해 전략의 설득력 여부를 점검하면서 그 효과성을 부단히 높여 간 것이었다. 부분적 광고와 부분적 화면 화상의 방식을 통해 전 세계 거의 모든 지역의 의미 부호들도 인지하게 되었다. 제이 월터 톰프슨만 해도 미국 자동차 제조사들을 위해 스포티하면서도 독립적인 젊은 여성을 등장시키고, 차의 성능 못지않게 차체의 아름다움도 강조한 광고를 제작해 전 세계에 유통시켰으니 말이다. 제이 월터 톰프슨은 다수의 화장품 회사와 비누 회사들을 위해서도 그런 광고를 만들었다. 양차 대전 사이의 기간에는 그런 광고가 특히 여성들 사이에 제품의 구매욕을 자극하려는 목적으로 지방적 이미지들과도 뒤섞인 채 근대성의 외양을 띠고

널리 퍼져 나갔다.[255]

1920년대에는 전 세계 도시 젊은이들 사이에 짧은 머리, 담배 장식물, 재즈 음악에 관한 심취, 영화, 자동차, 춤의 모습으로도 소비주의의 근대성이 찾아들었다. 그것들 모두 특히 남녀 관계를 변화시키게 될 문화의 재정립을 나타내는 부호들이었다. 요컨대 그 부호들에는 관련 없는 남녀들 간의 친밀한 우정, 곧 이성 사회적heterosocial 관계를 용인한다는 암시가 내포돼 있었다. 그러므로 그것들은 개인의 욕망과 우애결혼companionate marriage에 기반한 부부 관계를 예고하는 부호가 될 수도 있었다. 몇몇 부호에서는 심지어 동성애를 긍정적으로 수용하는 태도도 나타났다. 따라서 이런 '근대적' 양식들은 남성이 여성의 성을 통제한 가부장적 제도하에서는 보는 관점에 따라 사회 붕괴의 조짐 혹은 새로운 자유의 약속으로도 읽힐 수 있었다.

20세기 초에는 '모던 걸'에 대한 이미지도 전 세계에 동시적으로 등장했다. 이 모던 걸은 미국의 플래퍼flappers, 뱀프vamps, 프랑스의 가르손느garçonnes, 일본의 모가moga, 중국의 모뎅 시아오지에modeng xiojie, 스쿨 걸, 인도의 칼리지 라드키kallege ladki, 독일의 노이에 프라우엔neue Frauen 등 나라별로 다양하게 불렸으나, 장소가 어디든 "스스로를 경제력이 있고 전통적 여성의 역할을 넘어서는 존재, 국가적·제국적·인종적 경계를 초월하는 존재로 규정하려는 열망을 지닌 젊은 여성들"이라는 공통점을 지녔다. 그뿐만 아니라 그들은 독립과 기동력을 상징하는 자동차에도 깊이 매료된 듯했다. 1920년대는 또 여성 운전자들의 전성기가 되었다.[256] 광고주들도 여성과 자동차 간의 로맨스를 조장했다. 건강하고 자율적이며 유행의 첨단을 걷는 여성 모델을 앞세워 글로벌 자동차 판매를 지배한 미국 자동차의 광고가 미국과 전 세계 시장에 넘실거리게 된 것이다. 단순히 기분 전환을 위해 드라이브하는 여성을 묘사한 광고도 있었고, 각 나라 언어로 "하루하루가 지날수록 더 많은 여성이 자동차를 몬다."[257]고 말하는 광고도 있었다.

소비자 광고와 모던 걸 이미지의 범세계적 등장은 문화 가치를 둘러싼 논쟁에도 불을 붙였다. 1920년대와 1930년대의 경제 불황기에는 특히 제품 및 오락을 둘러싼 문화 전쟁이 대량 소비주의와 결합되어 더욱 가열차게 진행되

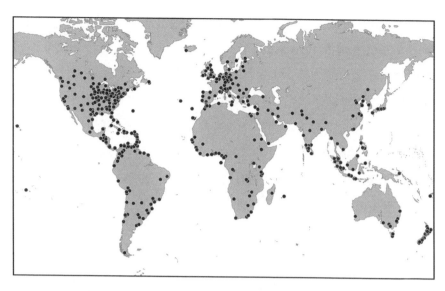

―― 1928년 굿이어 타이어 고무 회사의 관리·유통 센터들이 전 세계에 분포된 모습. 자동차류의 급속한 확산과 더불어 일어난 고무 타이어의 유통과 판매는 범세계적이면서도 고르지 못했던 자동차 혁명과 소비자 혁명이 일어나게 한 대표적 사례였다. 미국에 본사를 둔 굿이어는 1920년대 중엽 세계 최대의 고무 회사가 되었다.

었다. 독일, 멕시코, 프랑스, 니카라과, 이탈리아, 일본과 같은 나라에서는 엘리트 문화의 수호자와 (특히 젠더와 관련된) '전통적' 가치의 신봉자들이 외국산 소비재와 이미지를 퇴폐적이고 여성화된 요소로 간주하고, 그에 반대하는 반소비주의(혹은 그들 고유의 소비자-민족주의)와 민족주의의 논제를 떠들썩하게 제기했다. 독일의 나치 정부 또한 재즈 음악을 아프리카계 미국인과 유대인들이 만들어 낸 이질적이고 퇴폐적인 예술 형식이라고 표현하면서 고유의 게르만 민족 전통에 뿌리를 둔 것으로 간주된 대중문화를 창출하려고 했다. 그러나 '스윙 클럽'의 인기로 재즈는 심지어 전면 금지령이 내려진 제2차 세계대전 중에도 면면히 살아남았다.[258] 대량 상업 문화의 전쟁터에서는 이렇게 소비자 부호들의 특정한 집합도 과거 환기적이고 선동적인 신호를 보낼 수 있었다.

대량 소비주의와 광고의 발달, 그리고 소비자 부호들이 이동해 간 방식은 중국, 그리고 중국 중에서도 특히 교역의 교차로였던 상하이에서 사례를 찾아볼 수 있다. 미국, 유럽, 일본의 기업들이 전설적인 '중국 시장'의 잠재력에 눈독을 들임에 따라 1920년대와 1930년대의 중국 도시들에는 광고와 영상으로 홍보된 소비자 제품들이 쏟아져 들어왔다. 외국 모델을 중국의 국가 목표에 접목할 방법을 추구한 코즈모폴리턴 정신에서 비롯돼 나온 5·4 운동 기간(1917~1921)에 민족주의와 서구 저작물의 유입이 동시에 장려된 것도 한몫했다.[259] 이런 분위기에서 광고와 소비자 인식의 초국적 하부구조를 제공해준 곳이 바로 조약항들, 특히 근대적 매스미디어의 발달과 전화電化가 급속히 진행된 상하이 국제 공공 조계 구역(외국인 3만여 명이 80만 명이 넘는 중국인 틈에 섞여 살았던 곳)이었던 것이다. 추정치에는 1930년대 중엽 중국 전역의 사람 3000만 명이 2000종에 가까운 잡지를 접하고, 라디오 방송국도 일흔여덟 개가 생겨나며, 옥외광고판도 보편화돼 가고 있었던 것으로 나타난다. 그런데 그중 상하이에서만 서른여섯 개 일간지의 일간 총 발행 부수가 96만 부, 외국계와 현지 업체를 합쳐 광고 회사도 30여 개나 되었다. 상하이에는 할리우드 영화 배급소도 여덟 곳이 진출해 있었고, 1927년에는 내국인 소유의 영화 제작사도 150곳이나 되었다. 세계에서 여섯 번째로 큰 도시였던 상하이 국제 공공 조계 구역과 중국인 구역에는 대형 영화관도 수십 개 들어서 있었다. 관객 2000명을 수용할 수 있었던 아르 데코 양식의 그랜드 극장The Grand도 그중 하나였다.[260]

서구와 일본의 소비주의 우상들은 저조한 구매력과 산발적으로 나타난 민족주의적 불매운동에도 불구하고 중국에서 점점 친밀도를 높여 가고 있었다. 립스틱, 얼굴 화장 크림, 여성 패션, 다양한 종류의 특허 약품 광고가 새로운 미디어 출구들로 비집고 들어왔다. 프랑스 디자인과 미국 영화 스타들을 본 뜬 상하이의 여성 패션만 해도 광범위하게 유포된 달력 포스터물로 인기를 끌었다. 몸에 꼭 맞도록 옷의 폭을 좁히고, 옷단을 올리며, 옆 선을 터 서구식 구두를 신은 다리가 노출되게 만든 의복이었다. 때로는 단발머리나 신식 파마 머리로 의복 스타일의 완성도를 높이기도 했다.[261] 브리티시-아메리칸 토바코도 상하이에서 도시 최초의 네온사인에 담배 광고를 하고, 현지의 환경에 맞는 광고를 만들기 위해 현지의 그래픽 아티스트를 고용해 썼다. 비록 대량 소비자들은 주로 부유층에서 나왔지만, 전 소득 계층에 걸쳐진 사람들 또한 프랑스의 디자이너 패션, 싱거 재봉틀, RCA 레코드, 콜게이트 치약, 파몰리브 비누, 맥스 팩터 화장품 등 대량 소비주의와 결합된 외양 및 취향에 친숙해졌다. 상하이의 국제 공공 조계 구역도 네온등, 밤의 유흥, 오락으로 유명해졌다. 재즈 음악과 사교춤이 소비문화의 음향과 기호를 제공해 주었다.

미국 및 서구의 제품과 이미지들은 다른 여러 가지 주요 경향도 함께 불러왔다. 서구 식민주의,(서구 식민주의의 불평등한 행정권, 마르크스주의, 그 불평등에 대한 반제국주의적 비판도 함께 왔다.), 근대성이 자국 민족주의와 모순되지 않기를 바라는 중국인들의 기대감, 중국 내의 거대한 지리적·인종적 다양성과 조화를 이루려는 과정에서 자주 혼돈에 빠져들었던 중국의 정치 시스템, 지적 현상 유지를 위태롭게 한 도시적 감성의 등장이 그런 경향들이었다. 이런 복잡한 상황 속에 소비주의 메시지의 기호론도 점점 가변적이고 모호하게 변해 갔다.

20세기 초 중국의 소비주의와 민족주의를 주제로 한 칼 거스Karl Gerth의 저서 『중국산China Made』이 그것을 이해하는 데 도움이 될 수 있다. 외국 제품의 수입을 피하고 중국산 패션, 식품, 오락의 구입을 장려하면 근대국가가 될 수 있다는 생각을 증진시키려 한 각종 운동을 논한 그 연구서에는 "중국인들은 국산품을 소비해야 한다!"[262]는 슬로건 아래 소비자의 민족주의적 행동과 의식儀式(외국산 제품의 불매운동, 국산 제품의 전시, 국치國恥의 기념, 중국 기업인들에 대한 찬양)이 함께 발전돼 나왔다는 내용도 포함돼 있다.

그러나 소비주의는 민족주의를 표현하고 외침外侵에 반대하는 부호들을 생성해 낸 것 못지않게 외적 영향을 반긴 세계주의에도 기여한 면이 있었다. 양차 대전 사이의 기간에는 중국의 일부인가 하면 또 별개의 지역으로도 간주되었던 상하이가 그런 혼합적 세속성을 보여 준 대표적인 도시였다. 백화점의 진열창, 달력 포스터, 잡지 광고, 영화관들이 시각성, 진열성, 관람성을 내세우며 상호 보완적이 되었던 것만 해도 그랬다. 리어우판李歐梵도 당시에는 여성 신체를 보기 좋게 드러내는 것이 "일상생활의 근대성과 관련된 새로운 공공 담론의 일부가"[263] 되었다며 그것에 힘을 실어 주는 주장을 했다. 1925년 상하이에 설립된 양우 도서 인쇄 공사가 창간한 잡지《양우良友》의 화보 또한 사진을 전문적으로 다루고 새로운 호가 나올 때마다 '근대' 여성을 표지 화보로 실었다. 처음에는 실제 여성을 싣다가 나중에는 가상의 여성을 실었다. 이런 간행물이야말로 중국의 세계주의자들이 문화 형식을 개조하고 고쳐 쓴 방식을 집약적으로 보여 준 사례였다. 리어우판도 대중 영화와 잡지의 기사가 어떻게 서구의 플롯 공식을 전면적으로 거부하지도, 적절하게 이용하지도 못한 채 전통적 중국의 서사와 가치를 어정쩡하게 드러냈는지를 적나라하게 묘사했다. 중국 여배우들도 그와 마찬가지로 서구의 패션과 포즈를 빌려 오면서도 독립성은 섹슈얼리티가 아니라 교육 수준이 높은 여성으로서 책을 든 모습으로 전달하기 일쑤였다. 외국 영화의 가장 열렬한 팬도 지성인이고, 영화에 나타난 새로운 남녀 관계에 가장 개방적인 층도 지성인이다 보니 그런 태도를 취한 것이다. 1920년대와 1930년대의 중국 '모던 걸' 또한 할리우드의 영향을 강하게 받았던 일본의 모가 스타일을 따르면서도 복합적 이미지를 투사했다. 1920년대 말과 1930년대의 패션을 주도한 치파오 역시 근대성과 중국성을 함께 지녔다.[264] 그 점은 상하이의 복합적 근대성을 다룬 예원신葉文心의 『상하이 광휘Shanghai Splendor』가 "애국적 중국인들은 '근대성'과 '중국성'을 동시에 추구하는 것에 그치지 않고, 근대적일 필요도 있었다."는 결론을 내린 것에도 나타난다.[265]

하지만 그렇다고 해서 도시적 중국인들만 양차 대전 사이 기간에 소비문화의 확산과 복잡한 방식으로 상호작용을 했던 건 아니었다. 미리엄 실버버그Miriam Silverberg의 분석에 따르면 일본 여성들도 같은 기간에 소비자 실행의 부호 전환을 이용해 정체성을 분명히 드러내 보였으니 말이다. 실버버그는 일본의 여성 잡지《주부의 친구Shufu no Tomo》를 검토하면서 서구 제품, 그리고 일본 특유의 미의식 및 배경을 지닌 소비자 실행이 병치적 관계에 있었다는 점을 지적했다. '전 세계의 모던 걸' 연구 프로젝트에 기고한 학자들 또한 그와 유사하게 '모던 걸' 이미지에 나타난 공통성과 지역적 차별성이라는 두 가지 요소 모두에 주목했다. 전 세계의 화장품 광고와 비누 광고만 해도 그 자체로 보면 피부 미백 제품의 확산, 그리고 성적 매력 및 근대성과 그것의 관련성을 확인해 주는 것 같지만, 개별 광고를 보면 뿌리 깊은 지역적 차별성의 중요성도 분명히 드러난다는 것이었다. 패션 분야 역시 세계 패션 산업을 주도한 파리 기업들이 국제 지향적 엘리트 고객을 사로잡기는 했지만, 지방색을 띤 저소득층의 변형 패션도 신속히 등장하여 차별화된 취향을 가진 대규모 집단의 요구를 충족시켰다.[266]

소비주의의 이미지와 실행은 그렇게 시각적 환경, 특히 코즈모폴리턴적 도시들의 시각적 환경이 조성되게 하는 데 일조했다. 소비주의 또한 부호 전환의 개연성을 제공해 줌으로써 모방의 특징과 차별화된 공통성을 허용해 주는 특징도 함께 지닌 근대성의 스타일을 조장했다. 하지만 그렇다고 해서 대량 소비주의가 전 세계의 대도시, 특히 1920년대의 수출 강국이었던 미국 대도시의 힘을 증대해 주었다는 사실이 변하지는 않는다. 반면에 대량 소비주의는 고정된 다수의 정의, 특히 젠더, 인종성, 섹슈얼리티, 민족 문화에 관련된 정의들에 도전하고 그것을 농락하기도 했다.

글로벌화돼 가는 대중문화의 등장은 그 시대의 가장 중요한 특징 중 하나였다. 대량 출판, 순회 쇼, 영화와 같은 미디어에 일어난 혁명이 당대의 모험가, 연예인, 매스 마케팅 담당자들의 출현을 도와 그들의 초국적 네트워크를 형성시킴으로써 스펙터클한 외형과 공식이 퍼져 나가게 하고, 그것이 다시 새로운 미디어의 탄생을 불러왔으니 말이다. 대중문화 제품들을 가진 그 흐름은 초국가주의라는 변화무쌍하고 비공간적인 지리를 종횡무진 누비고 다니며 세계를 지도화했다가 비지도화하고, 다시 지도화하기를 반복했다. 변화무쌍한 이 연결성의 움직임과 형태들에는 영토의 확실성도 당해 내지 못했다.

따라서 팽창하는 형상과 부호들의 가용성 내에서 탄생한 새로운 세계도 좁아진 공간과 무너진 경계들의 세계가 되는 것에 그치지 않고, 차이와 동일 선상에서의 비교 불능성incommensurability을 강조한 세계도 될 수 있었다. 표상적이고 종종 축재蓄財적이기도 했던 문자와 시각적 이미지의 형태로 세계인들을 끌어당겨 차이를 희석하기도 하고 과장되게 표현할 수도 있었기 때문이다. 고도로 상징적인 미디어의 영역들이 그 시대의 다른 모든 범세계적 네트워크와 다를 바 없이 범세계적 관중을 구축하는 쪽이나 다양성을 조화시키는 쪽으로의 한 가지 방식 혹은 획일적 방식으로만 작용하지 않은 결과였다.

각각의 사람이 받아들일 수도, 거부할 수도, 개조할 수도, 거의 무제한적 형태로 결합시킬 수도 있었던 소비자 부호의 증가도 스펙터클한 문화 근대성의 특징이 되었다. 점점 폭을 넓혀 가는 소비자 부호 다양성의 초국적 순환이 계속됨에 따라 종류가 다양해진 문화 정체성에 대한 질의와 재질의 개연성 또한 촉진되었기 때문이다. 그렇게 소비재 및 소비자 활동의 색다른 조합을 만들어 내는 부호 전환이 이루어지면, 개인과 국가의 정체성 또한 일종의 조립 방식으로 구축될 수 있었다. 다양하게 부호화된 특성들이 연결되거나 끊어질 수도, 다른 것과 결합될 수도, 각각 다른 정도로 수정될 수도 있었기 때문이다. 대량 소비주의의 주요 생산 중심지와 수익 중심지들이 서구에 단단히 고정돼 있는 상태에서도 그것의 상징들은 그렇게 전 지구를 도는 자기 형성의 소망적 세계를 제시해 보였다.

대중문화 사업과 부호들의 증가는 "점령에 의한 공간적 발견이라는 19세기의 제국주의적 전술로부터 기술과 표현을 통해 전 영토에 편재하는 전술로의 이동",[267] 요컨대 이 시대에도 작용하는 더 폭넓은 변화의 특징이 되었다. 19세기와 20세기 초에는 지도 제작, 영토 탐험, 국가 건설, 제국 건설에 대한 집착이 영토 획득을 특징으로 하는 세계 개선의 문명화 프로젝트를 고안해 낸 세계관의 일부였다. 지도의 견고성이야말로 목적론적 감수성의 적절한 상징으로 보였던 것이다. 찰스 마이어가 "초국가hyperstates"라 부른 공산주의와 파시즘도 포괄하는 거대 권력이 문화 부호들을 위협하다고 보고 법규와 억압을 통해서라도 그것들을 통제하려 한 것도 그래서였다. 다수의 제국적·반제국적 권력도 그 점에서는 마찬가지였다. 그랬던 상황이 20세기 중엽에는 바뀌어 초국적 소비자 대중문화의 스펙터클하고 덧없는 이미지들이 미래를 손짓해 부르게 되었다. 공동으로 생산하고 복합적이기도 한 네트워크들 또한 구획지어진 영토를 침범할 태세에 있었고, 이미지와 여타 부호의 범람으로 의미와 관계가 지속적으로 재정립될 개연성도 생겨났다. 불안하게 깜박이는 전기로 형성된 그 근대성은 아마도 미국의 어느 특정 브랜드가 (《타임Time》 창간자 헨리 루스Henry Ruce가 발표한 것으로도 유명한) 짧은 '미국의 세기'에 세계를 지배한 것과 연관되어 찾아든 듯하지만, 그런 국가권력도 이제는 상호작용의 빈도가 점점 높아지는 의미의 풍경을 통제하기가 어려워졌다.

* * *

1870년에서 1945년까지의 기간에 세계가 갈수록 좁아짐에 따라 단일한 영역과 단일한 지리에 나타난 변화들도 그 밖의 많은 지역에 나타난 변화에 빠르고 예측 불허하게 연결되었다. 그 같은 상호 연결과 상호 분리는 어떻게 공존할 수 있었을까? 다음의 두 가지 끝맺음 사례가 그것을 설명해 준다.

19세기 후반부에 기업인들은 경쟁하듯 해저케이블을 설치했고, 그에 따라 해수에 의한 전선의 부식을 막을 수 있는 절연재, 곧 유사 천연고무 구타-페르카의 수요도 가파르게 증가했다. 그리하여 구타-페르카 붐이 일어나자 동남아시아의 숲 지대 주민들이 돈벌이가 되는 고무 추출을 위해 야생 고무나무들을 베어 냄에 따라 산림이 파괴되고, 권력관계와 인근 주민들의 생활 방식도 변했다. 유럽 중심의 통신 혁명과 범세계적 연결을 가능하게 한 것은 결국 동남아시아 산림지대의 파괴였던 것이다. 그것은 심지어 새로운 불평등을 만들어 낼 때조차 사람과 국가들을 끌어당기는 데 일조했다.[268] 숲 지대 거주민, 지역적 삶, 공간을 없애고 거의 동시적으로 작용한 전신을 함께 생각해 보면 이렇게 그 시대의 사람, 재화, 개념의 지역적·국가적·제국적·초국적 네트워크 속에서 일어난 다수의 예측할 수 없는 관계를 이해할 수 있게 된다.

그다음 세대인 20세기 전반부에는 통신 혁명이 일어나고, 그것의 주역인 혁신가들이 극영화와 라디오 제작의 배급 네트워크를 구축했다. 각 나라 기업인과 정부도 그들의 노력이 결실을 보고 못 보고는 전기에너지에 달려 있다는 것을 알고 있었다. 주로 석탄, 석유, 수력발전 댐에서 생성되는 전기가 교역, 여행, 전쟁의 양상뿐 아니라 의미, 열망, 정체성, 욕망을 순환시키는, 부호가 탑재된 이미지의 제조 능력까지도 신속히 변화시켰기 때문이다. 전기가 인간의 에너지 소비를 급격히 증가시킨 것이고, 게다가 두 차례의 세계 대전으로 '현실real'과 '허상reel'을 만들어 내는 능력 사이에 중요한 연결 고리가 있다는 점까지 부각되다 보니 전기에너지의 접근성은 '경성' 권력(하드 파워)과 '연성' 권력(소프트 파워) 모두를 조장하게 되었다. 그리하여 또 에너지 공급, 특히 석유 공급의 통제권을 둘러싼 경쟁과 상징 산업symbolic industries, 특히 영화 제작 및 라디오의 통제권을 둘러싼 경쟁이 서로 간에 그림자를 드리우게 되었다. 국가, 국가 건설의 여망을 지닌 식민지, 기업인, 지역적 집단, 초국적 조직 모두 합치된 세계에서 영향력을 높이기 위한 복잡한 움직임에 관여했다. 모든 네트워크가 여타 모든 네트워크에 영향을 끼치게 된 것이다. 한때는 제법 별개의 영역으로 간주되었던 물질성과 표상성 또한 갈수록 융합되는 양상을 보였다.

이렇듯 앞의 두 가지 사례에는 연결성의 새로운 기술이 어떻게 전 세계에 파문을 일으키고 그 잔물결이 생계, 문화, 정체성, 지정학, 모든 종류의 권력 관계에 영향을 미치며, 영역에서 영역으로 폭포수처럼 떨어지게 되었는지가 잘 나타나 있다. 그 점에서 그것들이 네트워크화되는 과정은 당대의 초국적 공간 속에서 일어난 눈에 보이지 않고 불규칙적인 범세계적 변화를 집약적으로 보여 주는 동시에, 20세기 말과 그 이후의 특징이 될 힘의 복잡성도 예시해 주는 것이 될 수 있다.

서문

1) William H. McNeill, *The Rise of the West: A History of the Human Community*(Chicago: University of Chicago Press, 1963); Immanuel Wallerstein, *The Capitalist World Economy*(Cambridge: Cambridge University Press, 1979). 유럽 중심주의에 대한 비판으로는 다음을 참고하라. Jack Goody, *The Theft of History*(Cambridge: Cambridge University Press, 2006); Dipesh Chakrabarty, *Provincializing Europe: Postcolonial Thought and Historical Difference*, rev. ed.(Princeton, NJ: Princeton University Press, 2007).

2) Kenneth Pomeranz, *The Great Divergence: China, Europe, and the Making of the Modern World Economy*(Princeton, NJ: Princeton University Press, 2000); James Belich, *Replenishing the Earth: The Settler Revolution and the Rise of the Anglo-World, 1783~1939*(New York: Oxford University Press, 2009); Jürgen Osterhammel, *Europe, the "West" and the Civilizing Mission*(London: German Historical Institute, 2006); Osterhammel, *Geschichtswissenschaft jenseits des Nationalstaats*(Göttingen: Vandenhoeck & Ruprecht, 2001); Osterhammel, *Die Entzauberung Asiens: Europa und die asiatischen Reiche im 18. Jahrhundert*, 2nd ed.(Munich: C. H. Beck, 2010), 378; Michael Adas, *Machines as the Measure of Men: Science, Technology, and Ideologies of Western Dominance*(Ithaca, NY: Cornell University Press, 1989); Uday Singh Mehta, *Liberalism and Empire: A Study in Nineteenth-Century British Liberal Thought*(Chicago: University of Chicago Press, 1999); Jennifer Pitts, *A Turn to Empire: The Rise of Imperial Liberalism in Britain and France*(Princeton, NJ: Princeton University Press, 2005).

3) C. A. Bayly, *The Birth of the Modern World, 1780~1914*(Oxford: Blackwell, 2004), 476(인용). 다음도 참고하라. Michael Geyer and Charles Bright, "World History in a Global Age",

American Historical Review 100(October 1995): 1034~1060; Sebastian Conrad and Dominic M. Sachsenmaier, eds., *Competing Visions of World Order: Global Moments and Movements, 1880~1935*(New York: Palgrave, 2007).

4) A. G. Hopkins, ed., *Global History: Interactions between the Universal and the Local*(New York: Palgrave Macmillan, 2006); Hopkins, ed., *Globalization in World History*(New York: W. W. Norton, 2002); Jerry H. Bentley, Renate Bridenthal, and Anand A. Yang, eds., *Interactions: Transregional Perspectives on World History*(Honolulu: University of Hawai'i Press, 2005).

5) Pierre-Yves Sanunier and Shane Ewen, eds., *Another Global City: Historical Explorations into the Transnational Municipal Momen*t, *1850~2000*(New York: Palgrave, 2008).

6) James C. Scott, *The Art of Not Being Governed: An Anarchist History of Upland Southeast Asia*(New Haven: Yale University Press, 2009).

7) Sebastian Conrad, *Globalisation and the Nation in Imperial Germany*, trans. Sorcha O' Hagan(trans.)(Cambridge: Cambridge University Press, 2010).

8) Eric Hobsbawm, *The Age of Extremes*(New York: Pantheon, 1995), 1~178.

9) 1930년대 스탈린의 정책으로 인한 사망자의 수치는 다음에서 논의하고 있다. Norman M. Naimark, *Stalin's Genocides*(Princeton, MJ: Princeton University Press, 2010), 11.

10) Mark Mazower, *Dark Continent: Europe's Twentieth Century*(New York: Knopf, 1999), 1~249; Timothy Snyder, *Bloodlands: Europe between Hitler and Stalin*(New York: Basic Books, 2010); Shelley Baranowsk, *Nazi Empire: German Colonialism and Imperialism from Bismarck to Hitler*(New York: Cambridge University Press, 2010); Louise Young, *Japan's Total Empire: Manchuria and the Culture of Wartime Imperialism*(Berkeley: University of California Press, 1999).

11) J. R. McNeill, *Something New under the Sun: An Environmental History of the Twentieth-Century World*(New York: W. W. Norton, 2001); David Blackbourn, *The Conquest of Nature: Water, Landscape, and the Making of Modern Germany*(New York: W. W. Norton, 2007).

1부 리바이어던 2.0

워싱턴 D.C.에 있는 우드로 윌슨 국제 연구자 센터(윌슨 센터)에 사의를 표하고자 한다. 2011년 봄에 윌슨 센터는 나를 특별 연구원(Distinguised Fellow)에 임명했고, 이 역사의 날카로운 첫 대목을 쓸 수 있는 환경을 제공해 격려했다. 나는 특히 이전의 내 학생으로 초고를 읽고 의견을 제시해 준 펜실베이니아 대학의 버네사 오글(Vanessa Ogle)과 미국인 편집자들인 이리에 아키라와 에밀리 로젠버그, 글을 읽고 감사하게도 격려해 준 동료 니얼 퍼거슨과 스벤 베커트(Sven Beckert), 자신도 멋진 책 『비준(*Ratification*)』을 쓴 뒤인데도 남편의 정신적·신체적 부재를 참아 준 아내 폴린(Pauline)에게 감사한다. 이 글은 지난 30년간 하버드 대학 사학과에서 조언해 준 동료 교수와 학생들에게 바치는 글이다. 그들은 과거에 관한 가장 포괄적인 이 연구에 격려를 아끼지 않았다.

1) 가장 최근의 글로는 다음을 참고하라. Nathaniel Philbrick, *The Last Stand: Custer, Sitting Bull, and the Battle of the Little Bighorn*(New York: Viking, 2010).

2) 다음을 참고하라. Ludi Linder, "What Was a Nomadic Tribe?", *Comparative Studies in Society and History* 24(1982): 689~711, 691.

3) Reşat Kasaba, *A Moveable Empire: Ottoman Nomads, Migrants, and Refugees*(Seattle: University of Washington Press, 2009), 116. 아메리카 원주민의 오랜 투쟁과 저항, 이주의 역사에 관해서는 다음을 참고하라. Daniel Richter, *Facing East from Indian Country: A Native History of Early America*(Cambridge, MA: Harvard University Press, 2001); Pekka Hämäläinen, *The Comanche Empire*(New Haven, CT: Yale University Press, 2008); Hämäläinen, "The Rise and Fall of Plains Indian Horse Cultures", *Journal of American History* 90(2003): 833~862. 줄루족과 남부 아프리카의 다른 주민들에 관해서는 다음 책들에 의존했다. Monica Wilson and Leonard Thompson, eds., *The Oxford History of South Africa*, vol. 1, *South Africa to 1870*(New York: Oxford University Press, 1969); Andrew Roberts, *A History of Zambia*(New York: Holmes and Meier, Africana Publishing Co., 1976).

4) James C. Scott, *The Art of Not Being Governed: An Anarchist History of Upland Southeast Asia*(New Haven, CT: Yale University Press, 2009). 스콧은 이렇게 쓴다. "현대의 역사적으로 중요한 국가 건설에 관한 문헌은 엄청나게 많지만 이것들은 그 이면, 즉 의도적으로 역행하는 국가 부재의 역사에는 사실상 전혀 주목하지 않는다."(p. x) 그렇지만 우리는 당연히 오랫동안, 적어도 로빈 후드 때부터 "떠나간 이들"을 기렸다. 국가의 통제 활동에 대한 스콧의 비판은 다음을 참고하라. *Seeing Like a State: How Certain Schemes to Improve the Human Condition Have Failed*(New Haven, CT: Yale University Press, 2008).

5) 막스 베버가 정의했듯이, 국가는 일정한 영토 내에서 합법적인 권력을 독점하고 있음을 주장하는 인간 공동체다. '합법적'이라는 낱말이 결정적으로 중요한 형용사이며(마피아는 포함되지 않는다.) '영토'라는 낱말은, 베버의 선언에 따르면, 결정적인 속성이었다. 다음을 참고하라. Weber, "Politics as a Vocation", *From Max Weber: Essays in Sociology*, eds. H. H. Gerth and C. Wright Mills(New York: Oxford University Press, 1958), 78; Max Weber, *Gesamtausgabe*, Abt. I, Bd. 17, eds. Wolfgang J. Mommsen, Wolfgang Schluchter and Birgitt Morgenbrod(Tübingen: Mohr, 1992).

6) Quentin Skinner, *The Foundations of Modern Political Thought*, 2 vols.(Cambridge: Cambridge University Press, 1978), 2: 348~358. 비교 맥락에서 초기 국가 개념 발전에 관한 유익한 논의는 다음을 참고하라. Oleg Kharkordin, "Waht Is the State? The Russian concept of Gosudarstvo in European Context", *History and Theory* 40, no. 2(May 2001): 206~240. 다음도 참고하라. Charles S. Maier, "Nation and State", *Encyclopedia of Transnational History*, eds. Akira Iriye and Pierre-Yves Saunier(New York: Macmillan, 2009). 비서구 범주들을 담기 위해 다시 쓸 것이다.

7) 특히 근대 초기 국가의 발전을 백과사전적으로 다룬 것은 다음을 참고하라. Wolfgang Reinhard, *Geschichte der Staatsgewalt: Eine vergleichende Verfassungsgeschichte Europas von den Anfängen bis zur Gegenwart*(Munich: Beck, 1999). 주권을 다룬 책은 많은데 최근 것은 다음과 같다. Robert Jackson, *Sovereignty: Evolution of an Idea*(Cambridge: Polity Press, 2007); Stephen D. Krasner,

Sovereignty: Organized Hypocrisy(Princeton, NJ: Princeton University Press, 1999); Daniel Philpott, *Revolutions in Sovereignty: How Ideas Shaped Modern International Relations*(Princeton, NJ: Princeton University Press, 2001). 안드레아스 오지안더(Andreas Osiander)는 베스트팔렌 조약의 중요성에 이의를 제기했다. Osiander, "Sovereignty, International Relations, and the Westphalian Myth", *International Organization* 55, no. 2(2001): 251~287. 그러나 베스트팔렌 조약은 근대국가를 설명하는 일반적인 용어가 되었다.

8) David C. Kang, *East Asia before the West: Five Centuries of Trade and Tribute*(New York: Columbia University Press, 2010).

9) 필자는 하버드 대학에서 청조 말기 예부(禮部)에 관해 박사 학위 논문 연구를 진행하고 있는 마카베 켈리어(Macabe Keliher)에게 빚을 졌다. 다음도 참고하라. Joseph Peter McDermott, ed., *State and Court Ritual in China*(Cambridge: Cambridge University Press, 1999). 특히 제임스 레이들로(James Laidlaw)의 간략한 글 "On Theatre and Theory: Reflections on Ritual in Imperial Chinese Politics", 399~416은 의례가 어떻게 국가 권력을 우주론적 관념에 집어넣는지를 강조한다. 국가 권력에 관한 논의는 다음도 참고하라. Michael Mann, "The Autonomous Power of the State", *States in History*, ed. John A. Hall(New York: Basil Blackwell, 1986).

10) 많은 문헌이 있다. 특히 1970년대와 1980년대부터 많다. 다음을 참고하라. J. G. A. Pocock, *The Machiavellian Moment*(Princeton, NJ: Princeton University Press, 1975); Isaac Kramnick, *Bolingbroke and Hist Circle: The Politics of Nostalgia in the Age of Walpole*(Cambridge, MA: Harvard University Press, 1968); Charles S. Maier, "Fictitious Bonds of Wealth and Law", *Organizing Interests in Western Europe*, ed. Suzanne Berger(Cambridge: Cambridge University Press, 1981); Pierre Rosanvallon, *Le moment Guizot*(Paris: Gallimard, 1985).

11) 세계사를 다룬 최근의 중요한 두 글은 19세기 전체를 시간적 분석 단위로 선택한다. C. A. Bayly, *The Birth of the Modern World, 1780~1914*(Malden, MA: Blackwell, 2004); Jürgen Osterhammel, *Die Verwandlung der Welt*(Munich: Beck, 2009).

12) 에릭 홉스봄은 1914년에서 1989년까지 이어진 단기 20세기라는 개념을 널리 확산시켰으며, 이를 자신이 쓴 책의 1994년판의 부제로 썼다. Eric J. Hobsbawm, *The Age of Extremes: The Short Twentieth Century, 1914~1991*(London: Michael Joseph, 1994). 독일 역사가 라인하르트 코젤렉(Reinhart Koselleck)은 18세기 말의 강력한 변화와 그 영향을 설명하면서 그 시기를 '안장 시대(Sattelzeit)'라고 불렀다.(산등성이, 즉 두 봉우리 사이의 고개를 가리키는 독일어에서 나온 은유이다.) 다시 말해 한 시대에서 다른 시대로 넘어가는 이행기라는 것이다. (장기 과정의 분석과 대비되는) 도덕적 내러티브의 관념에 관해서는 다음을 참고하라. Charles S. Maier, "Consigning the Twentieth Century to History: Alternative Narratives for the Modern Era: Forum Essay", *American Historical Review* 105, no. 3(June, 2000): 807~831. 동시에 존재하는 서로 다른 단계(사건사, 시대사, 환경적으로 결정되는 '장기 지속')라는 근저의 관념은 다음에 제시되었다. Fernand Braudel, *The Mediterranean and the Mediterranean World in the Age of Philip II*, trans. Siân Reynolds(London: Collins, 1972~1973). 역사가들이 다룬 위기 이론, 특히 18세기 말의 위기에 적용된 이론에 관해서는 다음을 참고하라. Reinhard Koselleck, "Crisis", *Journal of the History of Ideas* 67, no. 2(2006): 357~400; James R. Martin, "The Theory of Storms: Jacob Burckhardt and

the Concept of 'Historical Crisis,'" *Journal of European Studies* 40, no. 4(2010): 307~327.

13) Shelley, *Prometheus Unbound*, act 4, lines 572, 576~578.

14) Karen Barkey, *An Empire of Difference: The Ottomans in Comparative Perspective*(Cambridge: Cambridge University Press, 2008); Halil Inalcik, *Essays in Ottoman History*(Istanbul: Erin, 1998); Cemal Cafadar, *Between Two Worlds: The Construction of the Ottoman State*(Berkeley: University of California Press, 1995); M. Sükrü Hanioğlu, *A Brief History of the Late Ottoman Empire*(Princeton, NJ: Princeton University Press, 2008); Donald Quataert, *The Ottoman Empire, 1700~1922*(New York: Cambridge University Press, 2000); *The Cambridge History of Turkey*, vol. 3, *The Later Ottoman Empire, 1603~1839*, ed. Suraiya N. Faroqhi(Cambridge: Cambridge University Press, 2008).

15) 칼 폴라니는 『거대한 전환(*The Great Transformation*)』(1944; Boston: Beacon Press, 1958)에서 영국에서 전개된 이 과정을 설명했지만 역설적이게도 변화로 초래된 사회 불안이 자유주의가 아니라 궁극적으로 파시즘에 책임져야 한다고 주장했다. 에드워드 파머 톰프슨은 농업 부문에서 시장의 추세에 맞선 완강한 저항이 있었음을 강조했다. "The Moral Economy of the English Crowd in the Eighteenth Century", *Past and Present*, no. 50(February 1971): 76~131. 동남아시아의 농민 공동체주의에 관한 논의는 다음을 참고하라. James C. Scott, *Weapons of the Weak: Everyday Forms of Peasant Resistance*(New Haven, CT: Yale University Press, 1985).

16) Alfred W. Crosby Jr., *The Columbian Exchange: Biological and Cultural Consequences of 1492*(Westport, CT: Greenwood, 1972). 천연두와 홍역, 기타 질병들(아메리카에서는 200년 전 유럽에 나타난 흑사병에 비할 만했다.)의 영향에 관해서는 다음을 참고하라. Sheldon Watts, *Epidemics and History: Disease, Power and Imperialism*(New Haven, CT: Yale University Press, 1997); Suzanne Austin Alchon, *A Pest in the Land: New World Epidemics in a Global Perspective*(Albuquerque: University of New Mexico Press, 2003). 그림자 토지에 관해서는 다음을 참고하라. Kenneth Pomeranz, *The Great Divergence: China, Europe, and the Making of the Modern World Economy*(Princeton, NJ: Princeton University Press, 2000). 고전적인 텍스트인 다음도 참고하라. Sidney Mintz, *Sweetness and Power: The Place of Sugar in Modern History*(New York: Viking, 1985).

17) Rhoda Murphey, "Deforestation in Modern China", *Global Deforestation and the Nineteenth-Century World Economy*, eds. Richard P. Tucker and John F. Richards(Durham, NC: Duke University Press, 1983), 111~128, 인용은 111.

18) 다음에서 인용. Mark Elvin, *The Retreat of the Elephants: An Environmental History of China*(New Haven, CT: Yale University Press, 2004), 57. 기둥에는 후룡산(後龍山)의 모든 땅을 매매할 수 없는 공유지로 보존하고 수목을 돌본다는 결정을 기록으로 남겼다.

19) Warren Dean, *With Broadax and Firebrand: The Destruction of the Brazilian Atlantic Forest*(Berkeley: University of California Press, 1995), 190.

20) Domingo F. Sarmiento, *Facundo: Or Civilization and Barbarism*, Mary Mann(trans.)(New York: Penguin, 1998). 최신의 인물 묘사는 다음을 참고하라. John Lynch, *Argentine Dictator: Juan Manuel de Rosas, 1829~1853*(Oxford: Oxford University Press, 1981).

21) 다음을 참고하라. Jan de Vries, *The Industrious Revolution: Consumer Behavior and the Household Economy, 1650 to the Present*(Cambridge: Cambridge University Press, 2008).

22) 다음을 참고하라. John H. Elliott, *Empires of the Atlantic World: Britain and Spain in America, 1492~1830*(New Haven, CT: Yale University Press, 2006).

23) Jeremy Adelman, *Sovereignty and Revolution in the Iberian Atlantic*(Princeton, NJ: Princeton University Press, 2006); Fred Anderson and Andrew Cayton, *The Dominion of War: Empire and Liberty in North America, 1500~2000*(New York: Viking, 2005).

24) 중가르족을 겨냥한 종군에 관해서는 다음을 참고하라. Peter Perdue, *China Marches West: The Qing Conquest of Central Eurasia*(Cambridge, MA: Harvard University Press, 2005). 청나라를 만주족이 운영한 역동적 제국 구조로 보는 새로운 해석의 개요는 다음을 참고하라. Willaim T. Rowe, *China's Last Empire: The Great Qing*(Cambridge, MA: Havard University Press, 2009).

25) 영국의 추정치에 관해서는 다음을 참고하라. Phyllis Deane and W. A. Cole, *British Economic Growth, 1688~1959: Trends and Structure*, 2nd ed.(Cambridge: Cambridge University Press, 1969), 62. 세기 중반을 기준으로 프랑스의 경우는 그 몫이 약 53퍼센트, 러시아의 경우 약 63퍼센트, 에스파냐의 경우 70퍼센트였다. 다음을 참고하라. B. R. Mitchell, *European Historical Statistics, 1750~1950*(London: Macmillan, 1978), table B1, 51~64.

26) E. P. Thompson, *The Making of the English Working Class*(New York: Vintage, 1963).

27) William B. Taylor, "Banditry and Insurrection: Rural Unrest in Central Jalisco, 1790~1816", and John M. Hart, "The 1840s Southwestern Mexico Peasants' War: Conflict in a Transitional Society", *Riot, Rebellion, and Revolution: Rural Social conflict in Mexico*, ed. Friedrich Katz(Princeton, NJ: Princeton University Press, 1988), 205~268.

28) Jerome Blum, *The End of the Old Order in Rural Europe*(Princeton, NJ: Princeton University Press, 1978); Geriod T. Robinson, *Rural Russia under the Old Régime: A History of the Landlord-Peasant World and a Prologue to the Peasant Revolution of 1917*(1932; New York: Macmillan, 1967); Boris N. Mironov, *The Social History of Imperial Russia, 1700~1917*(Boulder CO: Westview Press, 2000), 1: 286~370.

29) Willaim W. Hagen, *Ordinary Prussians: Brandenburg Junkers and Villagers, 1500~1840*(Cambridge: Cambridge University Press, 2002).

30) John Locke, *The Second Treatise of Government*, para. 41, in Locke, *Two Treatises of Government*, ed. Peter Laslett(Cambridge: Cambridge University Press, 1966), 296~297. '주인 없는 땅(terra nullius)' 신조의 광범위한 논의에 관해서는 다음을 참고하라. Stuart Banner, "Why Terra Nullius? Anthropology and Property Law in Early Australia", *Law and History Review*(Spring 2005), http://www.historycooperative.org/journals/lhr/23.1/banner.html(5 Sep. 2011). 멕시코에 관해서는 다음을 참고하라. Emilio Kouri, *A Pueblo Divided: Business, Property, and Community in Papantla, Mexico*(Stanford, CA: Stanford University Press, 2004); the studies in *Liberals, the Church, and Indian Peasants: Corporate Lands and the Challenge of Reform in Nineteenth-Century Spanish America*, ed. Robert H. Jackson(Albuquerque: University of New Mexcio Press, 1997); Raymond B. Craib, Cartographic Mexico: A History of State Fixations and Fugitive

Landscapes(Durham, NC: Duke University Press, 2004).

31) 토지에 대한 권리 주장의 법적 강화와 관련된 귀중한 사례 연구들은 다음을 참고하라. *Contract and Property in Early Modern China*, eds. Madeleine Zelin, Jonathan K. Ocko, and Robert Cardella(Stanford, CA: Stanford University Press, 2004).

32) 개혁 정책과 그 결과를 통찰력 있게 꿰뚫어 본 글로는 앞의 주석들에 인용된 연구들 외에 다음도 참고하라. Richard Herr, *Rural change and Royal Finances in Spain at the End of the Old Regime*(Berkeley: University of California Press, 1989); Franz A. J. Szabo, *Kaunitz and Enlightened Absolutism, 1753~1780*(Cambridge: Cambridge University Press, 1994); Emma Rothschild, *Economic Sentiments: Adam Smith, Condorcet, and the Enlightenment*(Cambridge, MA: Harvard University Press, 2001), 72~86; Luke S. Roberts, *Mercantilism in a Japanese Domain: The Merchant Origins of Economic Nationalism in 18th-Century Tosa*(Cambridge: Cambridge University Press, 1998); Ranajit Guha, *A Rule of Property for Bengal: An Essay on the Idea of Permanent Settlement*(Paris: Mourton, 1963); Sugata Bose, *Peasant Labour and Colonial Capital: Rural Bengal since 1770*, vol. 3, pt. 2, of *The Cambridge History of India*(Cambridge: Cambridge University Press, 1993).

33) 20년간 프랑스에 병합된 정복지 라인란트에 관한 뛰어난 사례 연구는 다음을 참고하라. Gabriele B. Clemens, *Immobilienhändler und Spekulanten: Die sozial-und wirtschaftsgeschichtliche Bedeutung der Grosskäufer bei den Nationalgüterversteigerungen in den rheinischen Departements(1803~1813)* (Boppard am Rhein: H. Boldt, 1995).

34) 1821년 이후 시기에 관해서는 다음을 참고하라. Jan Bazant, *Alienation of Church Lands in Mexico: Social and Economic Aspects of the Liberal Revolution, 1856~1875*(Cambridge: Cambridge University Press, 1971), chap. 1. 사례 연구는 다음을 참고하라. Jackson, *Liberals, the Church, and Indian Peasants; Ethelia Ruiz Medrano, Mexico's Indigenous Communities: Their Lands and Histories, 1500~2010*, Russ Davidson(trans.)(Boulder CO: University Press of Colorado, 2010); Robert J. Knowlton, *Church Property and the Mexican Reform, 1856~1910*(DeKalb: Northern Illinois University Press, 1976).

35) 어느 공동체들이 교회에 계속 충성했고 어느 공동체들이 혁명적 동맹에 합세해 지역의 사제들을 공격하고 토지 자산의 재편에 참여했는지 결정하는 것은 역사가와 역사 사회학자의 큰 과제였다. 도시와 시장에 가깝다는 것이 한 가지 변수로 제시되었다. 프랑스에 관해서는 특히 다음을 참고하라. Paul Bois, *Paysans de l'Ouest: Des structures économiques et sociales aux options politiques, depuis l'époque révolutionnaire, dans la Sarthe*(Paris: Flammarion, 1978); Charles Tyilly, *The Vendée*(Cambridge, MA: Harvard University Press, 1976).

36) Hagen, *Ordinary Prussians*, 652~653.

37) 다음을 참고하라. Carlos Marichal, "Las finanzas y la construcción de las nuevas naciones latinoamericanas", *Historia General de America Latina*(Paris: UNESCO, 2003), 6: 399~420.

38) 다음을 참고하라. James J. Reid, *Crisis of the Ottoman Empire: Prelude to Collapse, 1839~1878*(Stuttgart: Franz Steiner Verlag, 2000). 레바논 산과 북부 알바니아의 배교에 관해서는 다음을 참고하라. Maurus Reinkowski, *Die Dinge der Ordnung: Eine vergleichende Untersuchung*

über die osmanische Reformpolitik im 19 Jahrhundert(Munich: R. Oldenbourg Verlag, 2000). 둘 다 탄지마트 개혁이 있었음에도 오스만 제국이 분열과 폭력, 군사적 무능력에 시달렸음을 강조한다.

39) 이러한 충돌의 사회적·정치적 배경에 관해서는 다음을 참고하라. Bruce McGowan, "The Age of the Ayans, 1699~1812", *An Economic and Social History of the Ottoman Empire, 1300~1914*, eds. Halil Inalcik with Donald Quataert(Cambridge: Cambridge University Press, 1994), pt. 3, 637~758.

40) *The Cambridge History of Egypt, vol. 2: Modern Egypt from 1517 to the End of the Twentieth Century*, ed. M. W. Daly(Cambridge: Cambridge University Press, 1998). Khaled Fahmy, F. Robert Hunter, Hassan Ahmed Ibrahim이 쓴 6장, 7장, 8장(pp. 139~216)에 의존했다.

41) Halil Inalcik, "The Nature of Traditional Society: Turkey"[1964], in *The Ottoman Empire: Conquest, Organization and Economy*(London: Variorum Reprints, 1978). 오스만 제국 정부와 엘리트층, 세제 개혁과 토지 장악 노력 사이의 균형에 관해서는 다음을 참고하라. Donald Quataert, "The Age of Reforms", Inalcik and Quataert, *History of the Ottoman Empire*, pt. 4, esp. 854~861.

42) Dwight H. Perkins et al., *Agricultural Development in China, 1368~1968*(Chicago: Aldine, 1969), chaps. 2~4.

43) 건륭제 치세 말기의 위기에 관해서는 다음을 참고하라. Philip A. Kuhn, *Origins of the Modern Chinese State*(Stanford, CA: Stanford University Press, 2002).

44) Adam Smith, *An Inquiry into the Nature and Causes of the Wealth of Nations*(Oxford: Oxford University Press, 1976), 1: 89.

45) 다음에서 인용. Kuhn, *Origins*, 32.

46) 다음을 참고하라. Jack Gray, *Rebellions and Revolutions: China from the 1800s to the 1980s*(Oxford: Oxford University Press, 1990), 8~15.

47) 영국에 우호적인 설명은 위의 책을 참고하라. 다음도 참고하라. Fred Wakeman Jr., "The Canton Trade and the Opium War", *The Cambridge History of China*, vol. 10, *Late Ch'ing, 1800~1911*, pt. 1, 163~212.

48) Stephen Vlastos, *Peasant Protests and Uprisings in Tokugawa Japan*(Berkeley: University of California Press, 1986), 75~79.

49) David Dean Commins, *Islamic Reform: Politics and Social Change in Late Ottoman Syria*(New York: Oxford University Press, 1990).

50) Bayly, *Birth of the Modern World*, 333~357.

51) 목적, 구성, 사상, 자원에 관한 분석은 다음을 참고하라. Philip A. Kuhn, *Rebellion and Its Enemies in Late Imperial China*(Cambridge, MA: Harvard University Press, 1970); Kuhn, "The Taipin Rebellion", *The Cambridge History of China*, vol. 10, pt. 1, 264~317.

52) C. A. Bayly, *Indian Society and the Making of the British Empire*, vol. 2, pt. 1, of *The New Cambridge History of India*(Cambrdige: Cambridge University Press, 1988), 172.

53) 1860년 영국의 정복에 따른 약탈과 상징적 의미에 관해서는 다음을 참고하라. James L. Hevia, *English Lessons: The Pedagogy of Imperialism in Nineteenth-Century China*(Durham, NC: Duke

University Press, 2003), 68~118.

54) 다음에서 인용. Federico Chabod, *Italian Foreign Policy: The Statecraft of the Founders*, trans. William McCuaig(Princeton, NJ: Princeton University Press, 1996), 552.

55) Bonnie Smith, *Ladies of the Leisure Class: The Bourgeoises of Northern France in the Nineteenth Century*(Princeton, NJ: Princeton University Press, 1981); Smith, *Changing Lives: Women in European History since 1700*(Lexington, MA: D. C. Heath, 1989); 영국 중간계급 여성의 역사에 관해서는 다음을 참고하라. Leonore Davidoff and Catherine Hall, *Family Fortunes*(London: Routledge, 2003); *The Routledge History of Women in Europe since 1700*, ed. Deborah Sinonton(New York: Routledge, 2006).

56) Albert Hourani, *Arabic Thought in the Liberal Age, 1798~1939*(Cambridge: Cambridge University Press, 1983), 67~123.

57) Samuel Smiles, *Self-Help: With Illustrations of Conduct and Perseverance*, ed. Peter W. Sinnema(1859; Oxford: Oxford University Press, 2002); Bayly, *Birth of the Modern World*, 319.

58) Peter J. Hugill, *World Trade since 1431: Geography, Technology, and Capitalism*(Baltimore: Johns Hopkins University Press, 1993), 174.

59) Charles Dickens, *Dombey and Son*; 다음에서 인용. Myron F. Brightfield, "The Coming of the Railroads to Victorian Britain as Viewed by Novels of the Period(1840~1870)", *Technology and Culture* 3, no. 1(1962): 45~72, 여기는 52. 두 번째는 다음에서 인용. "Railroads in the United States", *Hunt's Merchant Magazine*, October 1840, 273~295, 여기는 287.

60) 카보우르가 *Revue Nouvelle*에서 페티티(Pettiti)에 대해 평한 것으로, 다음에서 인용. Harry Hearder, *Italy in the age of the Risorgimento*(London: Longman, 1983), 212.

61) A. A. Den Otter, *The Philosophy of Railways: The Transcontinental Railway Idea in British North America*(Toronto: University of Toronto Press, 1997).

62) 다음에서 인용. Ssu-jü Teng and John K. Fairbank, eds., *China's Response to the West: A Documentary Survey, 1839~1923*(Cambridge, MA: Harvard University Press, 1979), 117~119.

63) Clarence B. Davis, Kenneth E. Wilbrun, with Ronald E. Robinson, *Railway Imperialism*(New York: Greenwood Press, 1991). 남북전쟁 이후 엘리트들의 협력과 남부의 준식민지적 경제 출현에 관해서는 다음을 참고하라. C. Vann Woodward, *Origins of the New South, 1877~1913*(Baton Rouge: Louisiana State University Press, 1951); Robert L. Brandfon, *Cotton Kingdom of the New South: A History of the Yazoo Mississippi Delta from Reconstruction to the Twentieth Century*(Cambridge, MA: Harvard University Press, 1967). 오스만 제국과 러시아 제국 같은 구 제국들이 철도 소유권을 유지한 곳에서는 계약에 의해 개인 부호들이 등장하기도 했지만 이러한 동맹의 결성 가능성은 더 적었다. 옛 자금과 새로운 자금이 한데 합쳐지는 일종의 용광로 역할을 수행한 다른 투자 기회는 1870년 이후 도시가 증가하면서 나타난 도시의 부동산이었다.

64) 다음에서 인용. Chabod, *Italian Foreign Policy*, 53.

65) John Lynch, *Caudillos in Spanish America, 1800~1890*(New York: Oxford University Press, 1992); Tulio Halperín Donghi, *Guerra y finanzas en los orígines del Estado Argentina, 1791~1850*(Buenos Aires: Belgrano, 1982); Halperín Donghi, ed., *Projecto y construction de una nación: Argentina,*

1846~1880(Caracas: Biblioteca Ayachcho, 1980); Fernando López-Alves, *State Formation and Democracy in Latin America, 1810~1900*(Durham, NC: Duke University Press, 2000); Benedict Anderson, *Imagined Communities: Reflections on the Origin and Spread of Nationalism*(London: Verso, 1983).

66) 태평천국운동에 관해서는 다음을 참고하라. Franz Michael and Chang Chung-li, *The Taiping Rebellion: History and Documents*, 3 vols.(Seattle: University of Washington Press, 1966~1971); Jonathan Spence, *God's Chinese Son: The Taiping Heavenly Kingdom of Hong Xiuquan*(New York: W. W. Norton, 1996); Jen Yu-wen(Chien Yu-wen), *The Taiping Revolutionary Movement*(New Haven, CT: Yale University Press, 1973); Vincent Shih, *The Taiping Ideology: Its Sources, Interpretations, and Influences*(Seattle: University of Washington Press, 1967); C. A. Curwen, *Taiping Rebel: The Deposition of Li Hsiu-ch'eng*(New York: Cambridge University Press, 1977).

67) Geoffrey Wawro, *The Austro-Prussian War*(Cambridge: Cambridge University Press, 1996), 알브레히트의 메모 인용, "Über die Verantwortlichkeit im Kriege", at 291. 프로이센은 오스트리아의 전장식 라이플총보다 훨씬 빠르게 장전할 수 있는 후장식 라이플총(이른바 니들건(needlegun))도 갖고 있었다.

68) 위생 사정에 관해서는 다음을 참고하라. George Frederickson, *The Inner Civil War: Northern Intellectuals and the Crisis of the Union*(New York: Harper and Row, 1965), 98~112. 영국의 전시 사정에 관해서는 다음을 참고하라. Mark Bostridge, *Florence Nightingale, The Making of an Icon*(New York: Farrar, Straus and Giroux, 2008); Hugh Small, *Florence Nightingale, Avenging Angel*(New York: St. Martin's, 1998).

69) David Blackbourn, *Marpingen: Apparitions of the Virgin in Nineteenth-Century Germany*(New York: Knopf, 1994); Emmet J. Larkin, *The Making of the Roman Catholic Church in Ireland, 1850~1860*(Chapel Hill: University of North Carolina Press, 1980); E. E. Y. Hales, *Pio Nono: A Study in European Politics and Religion in the Nineteenth Century*(Garden City, NY: Doubleday, 1962); Frank Coppa, *Pope Pius: Crusader in a Secular Age*(Boston: Twayne, 1979).

70) 19세기 민족주의에 관한 최근의 분석들은 다음을 참고하라. Anderson, *Imagined Communities*; John Breuilly, *Nationalism and the State*, 2nd ed.(Chicago: University of Chicago Press, 1994); Rogers Brubaker, *Citizenship and Nationhood in France and Germany*(Cambridge, MA: Harvard University Press, 1993); Ernest Gellner, *Nations and Nationalism*(Ithaca, NY: Cornell University Press, 2002); Eric J. Hobsbawm, *Nations and Nationalism since 1780: Programme, Myth, Reality*(New York: Cambridge University Press, 1990); Miroslaw Hroch, *Social Preconditions of National Revolution in Europe: A Comparative Analysis of the Social Composition of Patriotic Groups among the Smaller European Nations*(New York: Columbia University Press, 2000). 아시아와 아프리카의 민족주의에 관한 연구들은 20세기에 초점을 맞추는 경향이 있다.

71) 농업 개선 협회들이 민족주의 조직의 대리자로서 수행한 역할을 지적해 준 마르타 페트루세비치(Marta Petrusevic)에게 감사한다.

72) Alexander Herzen, "From the Other Shore", trans. L. Navrozov, and "To an Old Comrade", *Selected Philosophical Works*(Moscow: Foreign Languages, 1956), 343, 577~578.

73) Ernest Satow, *A Diplomat in Japan: An Inner History of the Critical Years in the Evolution of Japan*(Rutland, VT: Charles E. Tuttle, 1983).

74) Carole Gluck, *Japan's Modern Myths: Ideologies in the Meiji Period*(Princeton, NJ: Princeton University Press, 1985).

75) 마르크스주의적 분석을 (17세기 이후 유럽의 투쟁에 적용되었듯이) 일본에 적용한 대표적 사례는 다음을 참고하라. E. H. Norman, *Origins of the Modern Japanese State: Selected Writings of E. H. Norman*, ed. John W. Dower(New York: Pantheon, 1975).

76) Karl Marx, *The Eighteenth Brumaire of Louis Bonaparte*(New York: International, 1964); Karl Marx(and Friedrich Engels), *Revolution and Counter-Revolution: Or Germany in 1848*, ed. Eleanor Aveling Marx(New York: Scribner's, 1896).

77) 최근의 중요한 설명에 관해서는 다음을 참고하라. James M. McPherson, *Ordeal by Fire: The Civil War and Reconstruction*, 3rd ed.(Boston: McGraw--Hill, 2001).

78) 다음은 아직도 유익하다. Albert D. Kirwan, *Revolt of the Rednecks: Mississippi Politics, 1865~1925*(Gloucester, MA: P. Smith, 1964).

79) Brian DeLay, *War of a Thousand Deserts: Indian Raids and the U. S.-Mexican War*(New Haven, CT: Yale University Press, 2008); Hämäläinan, *The Comanche Empire*. 두 책 모두 멕시코와 미국의 대립에 관한 우리 생각을 바꾸어 놓았다.

80) Nelson Reed, *The Caste War of Yucatan*(Stanford, CA: Stanford University Press, 1964).

81) 훌륭한 비교 분석은 다음을 참고하라. López-Alves, *State Formation*; J. G. Merquior, "Patterns of State-Building in Brazil and Argentina", *States in History*, ed. John A. Hall(Oxford: Blackwell, 1987), 264~288. 주제별 고찰은 다음을 참고하라. Josefina Z. Vázquez and Manuel Moño Grijalva, eds., *Historia General de América Latina*, vol. 6, *La construcción de las naciones latinoamericanas, 1820~1870*(Paris: UNESCO, 2003), esp. chaps. 1~6.

82) 오스트리아-헝가리 제국에 관해서는 다음을 참고하라. Robert A. Kann, *A History of the Hapsburg Empire, 1526~1918*(Berkeley: University of California Press, 1974); Arthur J. May, *The Hapsburg Monarchy, 1867~1914*(1951; New York: W. W. Norton, 1968); C. A. Macartney, *The Hapsburg Empire, 1790~1918*(New York: Macmillan, 1969). 중요한 내적 발전에 관해서는 다음을 참고하라. Louis Eisenmann, *Le compromis austro-hongrois de 1867*(Paris: G. Bellais, 1904); W. A. Jenks, *The Austrian Electoral Reform of 1907*(New York: Columbia University Press, 1960). 헌법 문제에 관해서는 다음을 참고하라. Josef Redlich, *Das Österreichische Staats-und Reichsproblem*, 2 vols.(Leipzig: P. Reinhold, 1921).

83) 1920년대 국제적인 조직 노력을 대표한 비정부기구, 즉 1928년에 브뤼셀에 본부를 두고 설립된 국제박람회기구(BIE)에 등록된 세계 박람회(Expositions Universelles)의 성장은 세계사의 발전을 드러내는 뜻깊은 현상이다. 여기서 말하는 1876년 필라델피아 박람회는 1.8제곱킬로미터의 면적에 방문객이 1000만 명을 넘었고, 1878년 파리 박람회는 0.27제곱킬로미터의 면적에 1300만 명 이상이 관람했고, 1889년 파리 박람회는 0.96제곱킬로미터의 면적에 2800만 명이 넘는 관람객이 찾았고, 1893년 시카고 박람회(컬럼비아 박람회)는 2.4제곱킬로미터의 면적에 방문객은 2700만 명을 넘었다. 최초의 중요한 '엑스포'는 1851년 수정궁 박람회(Crystal Palace Exhibit)였

는데 면적은 하나의 구조물 내부의 0.092제곱킬로미터였고 방문객은 600만 명을 넘었으며, 최대 박람회는 1939~1940년의 뉴욕 세계 박람회로 면적은 거의 5제곱킬로미터에 달하고 4400만 명이 넘는 관람객이 '내일의 세계'를 기반으로 한 이른바 미래 지향적 전시품들을 둘러보았다. '내일'은 제2차 세계대전으로 판명되었다.

84) 다음을 참고하라. C. T. Geppert, *Fleeting Cities: Imperial Expositions in Fin-de-Siècle Europe*(Houdsmills, Basingstoke: Palgrave-Macmillan, 2010), 121~125.

85) Peter Sloterdijk, *Regeln für den Menschenpark: Ein Antwortschreiben zu Heideggers Brief über den Humanismus*(Frankfurt: Suhrkamp, 1999).

86) Suzanne Marchand, *German Orientalism in the Age of Empire: Religion, Race, and Scholarship*(Washington, DC: German Historical Institute; New York: Cambridge University Press, 2009); Yuri Slezkine, *Arctic Mirrors: Russia and the Small Peoples of the North*(Ithaca, NY: Cornell University Press, 1994); H. Glenn Penny and Matti Bunzle, eds. *Worldly Provincialism: German Anthropology in the Age of Empire*(Ann Arbor: University of Michigan Press, 2003).

87) Rudyard Kipling, "Recessional"; Henry Adams, "The Virgin and the Dynamo", *Mont-Saint-Michel and Chartres*(1904; Princeton, NJ: Princeton University Press, 1981).

88) 패트리스 히고넷(Patrice Higgonet)은 미국인들의 가차 없는 개입의 역사를 시어도어 루스벨트가 쓴 이 어구를 중심으로 재구성했다. *Attendant Cruelties*(New York: New Press, 2008). 생태학적 변화(그리고 이에 따르는 노동 유형)에 관해서는 다음을 참고하라. Scott, *Seeing Like a State*; 사례 연구는 다음을 참고하라. Glifford Geertz, *Agricultural Involution: The Process of Ecological Change in Indonesia*(Berkeley: University of California Press, 1963).

89) "Der Staat ist ein sittliches Wesen und er hat sittliche Lebensaufgaben." Johann Caspar Bluntschli, *Allgemeine Staatsrecht Geschichtlich Begründet*, 3rd rev. ed.(Munich: J. G. Cotta, 1863), 1:2.

90) Georg Jellinek, *Das Recht des modernen Staates*, vol. 1: *Allgemeine Staatslehre*(Berlin: O. Häring, 1900). "Durch Rechtssätze und Rechtszwang werden daher nationale Selbständigkeit un Macht, wirtschaftliches und geistiges Leben des Volkes auch gefördert, also sociale Resultate durch obrigkeitliche Macht bewirkt. ⋯⋯ Briefe befördern, Eisenbahnen betreiben, Schulen gründen, Unterricht erteilen, Armenpflege üben, Strassen bauen sind an und für sich private Tätigkeiten, die im socialen, nicht im juristischen Sinne öffentlichen Charakter besitzen. Der Staat kann diese und ähnliche Tätigkeiten, wenn er sie ausübt oder durch Andere ausüben lässt, kraft seiner umfassenden Macht, mit der er Privat-in öffentliches Recht zu verwandeln vermag, zu öffentlichen im Rechtssinne erheben."(572)

91) Rudolph von Gneist, *The History of the English Constitution*, trans. Philip A. Ashworth, 2 vols. (London: William Clowes, 1886). Otto von Gierke, *Das deutsche Genossenschaftsrecht*, 4 vols. (Berlin: Weidman, 1868~1913). 책의 일부가 다음 책으로 번역 출간되었다. *Community in Historical Perspective*, ed. Antony Black, trans. Mary Fischer(New York: Cambridge University Press, 1990). 프랑스 기능주의자들에 관해서는 다음을 참고하라. Léon Duguit, *Le droit social, le driot individual et la transformation de l'état*(Paris: Felix Alcan, 1908), 37~38 and passim; Arthur

Bentley, *The Process of Government: A Study of Social Pressure*(1908; Cambridge, MA: Harvard University Press, 1967). 1990년대에 공산주의 체제를 무너뜨린 집단들은 '시민사회', 즉 1990년대에 공적 기능을 수행했으나 강압적인 통치 기구에 의존하지 않은 교회와 노동조합, 자발적 결사들 같은 일련의 단체들을 위해 행동에 나섰다고 주장했다. 그러나 이 개념은 정당들이 탈공산주의 사회들을 서서히 강력하게 장악하고 다른 곳에서도 사회의 장악을 포기하지 않으면서 지난 몇십 년간 점차 쓰이지 않게 되었다.

92) 다음을 참고하라. Peter Baldwin, "Beyond Weak and Strong: Rethinking the State in Comparative Policy History", *Journal of Policy History* 17, no. 1(2005): 12~33.

93) Jellinek, *Allgemeine Staatslehre*, 570~572. "Aus den früheren Untersuchungen bereits hat sich ergeben, dass nicht ausschliesslich auf sie beschränkt ist. Durch die Gemeinsamkeit der Herrschaft werden die ihr Wunterworfenen Genossen. Die Förderung genossenschaftlicher Zwecke durch gesellschaftliche Mittel ist in stetig steigendem Masse Staatsaufgabe geworden." (570)

94) 다음을 참고하라. James T. Kloppenburg, *Uncertain Victory: Social Democracy and Progressivism in European and American Thought, 1870~1920*(New York: Oxford University Press, 1986); Daniel T. Rogers, *Atlantic Crossings: Social Politics in a Progressive Age*(Cambridge, MA: Harvard University Press, 1998). 미국 경제 협회는 리처드 일리처럼 초기 독일 복지국가를 찬성하는 사람들과 자유 방임 원칙을 침해했다고 비난하는 사람들로 나누었다. 영국에서는 레너드 홉하우스(L. T. Hobhouse)가 국가 개입을 주장한 사회 자유주의를 대표했다.

95) 다음을 참고하라. Gluck, *Japan's Modern Myth*s.

96) Michel Foucault, *Discipline and Punish: The Birth of the Prison*(New York: Pantheon, 1977). 이 책은 국가의 강압성과 그것이 신체적 처벌에서 좀 더 보편적인 감시라는 관념으로 바뀌는 것을 설명하는 비유다. 다음도 참고하라. Foucault, *The Archaeology of Knowledge*, trans. A. M. Sheridan Smith(New York: Harper and Row, 1972); James C. Scott, *Seeing Like a State*.

97) 다음을 참고하라. James Joll, *The Anarchists*(London: Eyre and Spottiswoode, 1964); Temma Kaplan, *Anarchists of Andalusia, 1868~1903*(Princeton, NJ: Princeton University Press, 1977).

98) Michel Foucault, *Sécurité, territoire, population: Cours au Collège de France, 1977~1978*(Paris: Gallimard Seuil, 2004), esp. 111. 통치성에 관한 푸코의 글도 참고하라. *The Foucault Effect*, eds. Graham Burchell, Colin Gordon, and Peter Miller(Chicago: University of Chicago Press, 1991); Mitchell Deane, *Governmentality: Power and Rule in Modern Society*(London: Sage, 1999). 푸코는 이러한 의제 변화의 원인을 성직자의 보호와 행정 조직을 강조한 중세 말 가톨릭교회에 돌린다. 푸코는 새로운 노력들이 이른바 생명 정치(biopolitics, 통치와 치국의 대상으로서 몸에 관심을 두는 것)의 도래를 의미했다고 암시한다. 역사가들도 이 용어를 받아들였지만 나는 이 용어가 지나치게 부풀려지고 일반화되었다고 본다.

99) Jacques Donzelot, *L'invention du social: Essai sur le déclin des passions politiques*(Paris: Fayard, 1984).

100) 영국에 관해서는 다음을 참고하라. Mary Poovey, *History of the Modern Fact: Problems of Knowledge in the Sciences of Wealth and Society*(Chicago: University of Chicago Press, 1998).

101) Matthew Edney, *Mapping an Empire: The Geographical Construction of British Indi*a(Chicago:

University of Chicago Press, 1997); Raymond B. Craig, *Cartographic Mexico: A History of State Fixations and Fugitive Landscapes*(Durham, NC: Duke University Press, 2004), 126~192.

102) Sabine Dabringhaus, *Territorialer Nationalismus in China: Historisch-geographisches Denken, 1900~1948*(Cologne: Böhlau, 2006).

103) Foucault, *Discipline and Punish*.

104) Scott, *Art of Not Being Governed*.

105) John Torpey, *The Invention of the Passport: Surveillance, Citizenship, and the State*(Cambridge: Cambridge University Press, 2000).

106) 다음을 참고하라. John Wesley Powell, *Report on the Lands of the Arid Region of the United States*(Cambridge, MA: Harvard University Press, 1962).

107) Francis Amasa Walker, "The Eleventh Census of the United States", *Quarterly Journal of Economics* 2(1848): 135~161. 다음에서 인용. Matthew O. Hannah, *Governmentality and the Mastery of Territory in Nineteenth-Century America*(New York: Cambridge University Press, 2000), 132. 이 자료는 해나에게서 빌려 왔다. 해나는 기후와 주 등을 지도로 정리해 일종의 미국 예외론을 세우려 한 워커의 노력을 강조한다.

108) Hannah, *Governmentality*, 139~140.

109) 이른바 19세기 말의 국제주의에 관한 바네사 오글의 논지를 빌려 왔다. 다음을 참고하라. Vanessa Ogle, "Clocks, Calendars, and Conversion Charts: Reorganizing Time during the First Wave of Globalization, 1883~1930"(PhD diss., Harvard University, 2011).

110) Robert Michels, *Political Party: A Sociological Study of the Oligarchical Tendencies of Modern Democracy*, trans. Eden Paul and Cedar Paul(New York: Crowell-Collier, 1962); Moisei Ostrogorski, *Democracy and the Organisation of Political Parties*(New York: Macmillan, 1902). 이 책은 영국에 초점을 맞추고 있는데 미국 정치 평론가 제임스 브라이스(James Bryce) 대사의 흥미로운 서문이 붙어 있다; Ostrogorski, *Democracy and the Party System in the United States: A Study in Extra-Constitutional Government*(New York: Macmillan, 1910).

111) 19세기 말과 20세기 초 유럽의 극우파 정치 흐름에 관한 문헌은 많지만 특히 다음을 참고하라. Richard Drake, *Byzantium for Rome: The Politics of Nostalgia in Umbertian Italy, 1878~1900*(Chapel Hill: University of North Carolina Press, 1980); John W. Boyer, *Political Radicalism in Late Imperial Vienna: Origins of the Christian Social Movement, 1848~1897*(Chicago: University of Chicago Press, 1981); Eugene J. Weber, *Action Française: Royalism and Reaction in Twentieth-Century France*(Stanford, CA: Stanford University Press, 1962); Zeev Sternhell, *La Droite révolutionnaire: Les origines françaises du fascisme*(Paris: Fayard, 2000).

112) 다음에서 인용. Wolfgang J. Mommsen, *Max Weber and German Politics, 1890~1920*, trans. Michael S. Steinberg(Chicago: University of Chicago Press, 1984), 69.

113) Carl Schmitt, *The Momos of the Earth in the Jus Publicium Europeaum*, G. L. Ulmen(trans.) (New York: Telos Press, 2003). 베를린 회담과 아프리카 분할 과정에 관해서는 다음을 참고하라. H. L. Wesseling, *Divide and Rule: The Partition of Africa, 1880~1914*, trans. Arnold J. Pomerans(Westport CT: Praeger, 1996). 콩고에 관해서는 다음을 참고하라. Adam Hochschild,

King Leopold's Ghost: A Story of Greed, Terror and Heroism in Colonial Africa(New York: Houghton Mifflin, 1998).

114) 최근 판본의 마르크스주의 문헌은 다음을 참고하라. Rosa Luxemburg, *The Accumulation of Capital*, trans. Agnes Schwarzschild(London: Routledge, 2003); Rudolf Hilferding, *Finance Capital: A Study of the Latest Phase of Capitalist Development*, ed. Tom Bottomore(London: Routledge and Kegan Paul, 1961); V. I. Lenin, *Imperialism: The Highest Stage of Capitalism*, eds. Norman Lewis and James Malone(London: Junius, 1996).

115) Hnas Ulrich Wehler, *Bismarck und der Imperialismus*, 2nd ed.(1965; Frankfurt: Suhrkamp Verlag, 1984).

116) 1982년에 라나지트 구하(Ranajit Guha)가 창간한 인도 학술지 《서발턴 연구(*Subaltern Studies*)》가 이 운동의 매개 역할을 했다. 다음을 참고하라. David Ludden, ed., *Reading Subaltern Studies: Critical History, Contested Meaning and the Globalization of South Asia*(London: Anthem, 2002). 식민주의가 식민지 제도뿐 아니라 식민 국가에 끼친 영향에 관해서는 다음을 참고하라. Frederick Cooper and Ann Laura Stoler, *Tensions of Empire: Colonial Cultures in a Bourgeois World*(Berkeley: University of California Press, 1997). 현재 유행하는 혼성성을 강조하는 덜 대결적인 해석에 관해서는 다음을 참고하라. Homi Bhabha, *The Location of Culture*(London: Routledge, 1994).

117) Frederick Cooper, *Colonialism in Question: Theory, Knowledge, History*(Berkeley: University of California Press, 2003).

118) Mahmood Mamdani, *Citizen and Subject: Contemporary Africa and the Legacy of Late Colonialism*(Princeton, NJ: Princeton University Press, 1996). 프랑스와 영국이 중동의 오스만 제국 속주들에서 만든 1918년 이후의 식민지 국가들에 관한 간략한 설명은 다음을 참고하라. Roger Owen, *State, Power, and Politics in the Making of the Modern Middle East*(London: Routledge, 1992), 8~31. 전반적인 설명은 다음을 참고하라. Jürgen Osterhammel, *Colonialism: A Theoretical Overview*(Princeton, NJ: Markus Wiener, 1997). 영국의 식민지 행정 경험에 관해서는 다음을 참고하라. John W. Cell, "Colonial Rule", *The Oxford History of the British Empire*, vol. 4: *The Twentieth Century*, eds. Judith M. Brown and Wm. Roger Louis(New York: Oxford University Press, 1998~1999), 232~254.

119) 1858년 봉기 전 위기와 이행에 관해서는 다음을 참고하라. Bayly, *Indian Society*. 1857년 이후 인도 국가들의 조직(그 다양한 기원)에 관한 고찰은 훌륭한 참고 문헌 목록이 딸린 다음 책을 참고하라. Barbara M. Ramusack, *The Indian Princes and Their States*, vol. 3, pt. 6, of *The New Cambridge History of India*(Cambridge: Cambridge University Press, 2004).

120) John R. McLane, *Indian Nationalism and the Early Congress*(Princeton, NJ: Princeton University Press, 1977), 22~26.

121) Michael O'Dwyer, *India as I Know It, 1885~1925*(London: Constable and Co., 1925), 406. 강경파 식민주의자들과 베르베르족이나 토착 아랍인들과 그들의 전 자본주의 경제에 공감한 이들 사이의 갈등에 관해서는 다음을 참고하라. Florence Deprest, *Géographes en Algérie(1880~1950): Savoirs universitaires en situation coloniale*(Paris: Bélin, 2009).

122) 다음을 참고하라. Alice Bullard, *Exile to Paradise: Savagery and Civilization in Paris and the South*

Pacific, 1790~1900(Stanford, CA: Stanford University Press, 2000).

123) Stanisław Lem, "Alfred Zellermann: 'Gruppenführer Louis XVI,'" trans. *A Perfect Vacuum*, Michael Kandel(Evanston, IL: Northwestern University Press, 1999). 이 이야기는 책을 요약한 형태로 전개되는데 "도저히 조화를 이룰 수 없을 것 같은 요소들을 …… 진실인 동시에 거짓말인 것"을(58) 통합한다고 주장한다. 다음은 의례가 통치 목적의 전부라고 주장하는 국가를 사실적으로 설명했으나 이의가 제기되고 있다. Clifford Geertz, *Negara: The Theater State in Nineteenth Century Bali*(Princeton, NJ: Princeton University Press, 1980). 그렇지만 국가의 의례가 등급 구분과 지배를 규범화하는 데 도움이 된 것은 분명하다.

124) McLane, *Indian Nationalism*, 43에 제시된 수치(비용 36만 파운드, 수입 7500만 파운드)를 토대로 계산했다.

125) 다음을 참고하라. Margery Perham, *Lugard*, 2 vols.(London: Collins, 1960~1961); Edmund Burke III, *Prelude to Protectorate in Morocco: Precolonial Protest and Resistance, 1860~1912*(Chicago: University of Chicago Press, 1976).

126) John William Burgess, *Political Science and Comparative Constitutional Law*(1890; Boston: Ginn and Co., 1900), 45~46.

127) George Steinmetz, *The Devil's Handwriting: Precoloniality and the German Colonial State in Qingdao, Samoa, and Southwest Africa*(Chicago: University of Chicago Press, 2007), 406~410. 동시에 그는 중국 문명에 가치가 있음을 인정하고 일종의 특별한 만다린으로 자처했다.

128) Hevla, *English Lessons*, 223, 238. 공예품의 약탈은 서구 언론에서 비판을 불러일으켰다. 2년 전 헤이그 협약에서 금지되었기 때문이다. 그 과오를 다루어야 했을 때 인종차별이 설명으로 제시되었다.

129) 다음을 참고하라. Yoshihisa Tak Matsusaka, *The Making of Japanese Manchuria, 1904~1932*(Cambridge, MA: Harvard University Press, 2001). 다음의 서문도 참고하라. Ronald Suleski, *The Modernization of Manchuria: An Annotated Bibliography*(Hong Kong: Chinese University Press, 1994). 만주의 석탄 산업에 관한 빅터 시유(Victor Seow)의 하버드 대학 박사 학위 논문에 첨부된 참고 문헌 목록에 신세를 졌다. 다음도 참고하라. Ramon Myers and Mark R. Peattie, eds., *The Japanese Colonial Empire*(Princeton, NJ: Princeton University Press, 1984).

130) Carl Schmitt, *Political Theology: Four Chapters on the Concept of Sovereignty*(Chicago: University of Chicago Press, 1985), 5. 영어판과 마찬가지로 독일어판에도 몇 가지 모호한 점이 있다. 주권은 예외적인 국가가 언제 존재하는지 결정할 권리와(권리나) 언제인지 결정하고 필요한 조치들을 내릴 권리를 포함했는가? 주권은 쿠데타의 경우처럼 비상사태를 선포할 사실상의 권리 이상을 의미했는가 단지 무력으로만 정당화되었는가? 문맥으로 판단하면 슈미트는 예외 상황을 결정하고 해소하는 규정은 분명 초헌법적 조치라고 확신했다. 상세한 설명은 다음을 참고하라. Giorgio Agamben, *State of Exception*(Chicago: University of Chicago Press, 2005).

131) 한 번 더 유럽과 아메리카는 물론 아시아에서도 많은 현대 역사가의 준거는 푸코다. 푸코의 초기 저작(예를 들면 『감시와 처벌』)이 연성 권력을 지녔으되 감시하는 교도소 국가의 탄생이 권력에 대한 관심의 근대화를 대표할 뿐이라고 주장했던 반면 훗날의 강연은 통치성의 과제를 주권과 분리했다. 다음을 참고하라. Eric Paras, *Foucault 2.0: Beyond Power and Knowledge*(New York:

Other Press, 2006). 파라의 유익한 책은 내가 두 번째 독자였던 그의 하버드 대학 박사 학위논문이 밑바탕이 되었는데, 나는 이 글의 제목을 결정할 때 그의 저작을 떠올리지 못했지만 푸코에 관한 그의 두 번째 설명은 내 마음에 새겨져 있었을 것이다.

132) W. G. Beasley, *Japanese Imperialism, 1894~1945*(Oxford: Oxford University Press, 1987), 41~68.

133) 이 주제에 관한 문헌은 방대하다. 다음의 기념비적 총서에서 적절한 책을 참고하라. Carnegie Endowment for International Peace, *Social and Economic History of the World War*, ed. James T. Shotwell(New Haven, CT: Yale University Press, 1928~); Gerald Feldman, *Army, Industry and Labor in Germany, 1914~1918*(Princeton, NJ: Princeton University Press, 1964); Keith Middlemas, *Politics in Industrial Society: The Experience of the British System since 1911*(London: A. Deutsch, 1979); Charles S. Maier, *Recasting Bourgeois Europe: Stablilization in France, Germany, and Italy in the Decade after World War I*(Princeton, NJ: Princeton University Press, 1975).

134) Niall Ferguson, *The War of the World: History's Age of Hatred*(London: Allen Lane, 2006). 일반적으로 퍼거슨과는 상당히 다른 정치적 태도를 취하는 학자들이 공유하는 견해다. 다음을 참고하라. Robert Vitalis, "The Noble American Science of Imperial Relations and Its Laws of Race Development", *Comparative Studies in Society and History* 52, no. 4(2010): 909~918, esp. 911. "제국주의 관계 연구에서 세계의 생물학적 경계는 이론 구축에 영토 경계보다 훨씬 중요했다." 민족성의 성격에 관한 '원초론자(primordialists)'와 '구성주의자(constructivists)' 사이의 논쟁에 관해서는 다음의 최근 논의를 참고하라. Rogers Brubaker et al., *Nationalist Politics and Everyday Ethnicity in a Transylvanian Town*(Princeton, NJ: Princeton University Press, 2006). 내 마음에 드는 중간적 태도는 다음을 참고하라. Anthony D. Smith, *The Antiquity of Nations*(Cambridge: Polity Press, 2004).

135) 다음을 참고하라. Monica Wilson and Leonard Thompson, eds., *The Oxford History of South Africa*, 2 vols.(Oxford: Oxford University Press, 1971), 2: 313~364, 통계는 338. 남아프리카와 미국의 인종 관련 실태 비교는 다음을 참고하라. John W. Cell, *The Highest Stage of White Supremacy: The Origins of Segregation in South Africa and the American South*(Cambridge: Cambridge University Press, 1982).

136) (중국에 적용된 것 같은) 반식민지 지위의 모호함에 관해서는 다음을 참고하라. Tong Lam, "Policing the Imperial Nation: Sovereignty, International Law, and the Civilizing Mission in Late Quing China", *Comparative Studies in Society and History* 52, no. 4(2010): 881~908.

137) Jack London, *The Iron Heel*(New York: Macmillan, 1907); Georges Sorel, *Réflections sur la violence*, 4th ed.(1908; Paris: Marcel Rivière, 1919), 이 책은 서문에서 레닌에게 예를 표한다. "Agathon", pseudonym for Alfred deTarde and Henri Massis, *Les jeunes gens d'aujourd'hui: Le gout de l'action, la foi patriotique; Une renaissance catholique, le réalisme politique*(Paris: Plon-Nourrit, 1913); Robert Wohl, *The Generation of 1914*(Cambridge, MA: Harvard University Press, 1979).

138) Likhit Dhiravegin, *The Meiji Restoration, 1868~1912, and the Chakkri Reformation, 1865~1910: A Comparative Perspective*(Bangkok: Faculty of Political Science, Thammasat University, 1984); David K. Wyatt, *The Politics of Reform in Thailand: Education in the Reign of King Chulalongkorn*(New Haven, CT: Yale University Press, 1969); Walter E. J. Tips, *Gustave Rolin-*

Jaequemyns and the Making of Modern Siam: The Diaries and Letters of King Chulalongkorn's General Adviser(Bangkok: Cheney, White Lotus, 1996); Bahru Zewde, *A History of Modern Ethiopia, 1855~1891*, rev. ed.(Columbus: Ohio University Press, 2001); Harold G. Marcus, *A History of Ethiopia*(Berkeley: University of California Press, 1994), 77~115; Marcus, *The Life and Times of Menelik II: Ethiopia, 1844~1913*(Oxford: Clarendon Press, 1975).

139) 봉기들은 경제 침체에 대한 저항이 아니었다. 1896년에서 1914년에 이르는 시기에는 견고한 기술적 혁신과 경제 성장이 이어졌다. 불균등하게 분포된 것은 분명하지만 그래도 활발했으며 필시 그 이전 어느 때나 그 이후 1950년대와 1960년대에 이를 때까지 어느 때보다 높은 수준에 이르렀다. 그러나 경제는 정치적 불만을 누그러뜨리지 못했다. 국경을 넘나드는 자본과 노동자, 상품의 흐름이 전쟁을 막지 못한 것과 마찬가지다.

140) 다음에서 인용. NIkki Kedddi, "Iran under the Later Qajars, 1848~1922", *The Cambridge History of Iran*, vol. 7: *From Nadir Shah to the Islamic Republic*, eds. Peter Avery, Gavin Hambly and Charles Melville(Cambridge: Cambridge University Press, 1991), 174~212, 인용은 196. 다음도 참고하라. Keddi, *Religion and Rebellion in Iran: The Tobacco Protest of 1891~1892*(London: Frank Cass, 1966).

141) Mangol Bayat, *Iran's First Revolution: Shi'ism and the Constitutional Revolution of 1905~1909*(New York: Oxford University Press, 1991); Nikki Keddi, *Roots of Revolution: An Interpretive History of Modern Iran*(New Haven, CT: Yale University Press, 1981); Firoozeh Kashani-Sabet, *Frontier Fictions: Shaping the Iranian Nation, 1804~1946*(Princeton, NJ: Princeton University Press, 1999); Gavin R. G. Hambly, "The Pahlavi Autocracy: Riza Shah, 1921~1941", and P. Kazemzadeh, "Iranian Relations with Russia and the Soviet Union, to 1921", *The Cambridge History of Iran*, 213~225, 314~349.

142) Benjamin c. Fortna, "The Reign of Abdülhamid II", and M. Sükrü Hanioğlu, "The Second Constitutional Period, 1908~1918", *Cambridge History of Turkey*, vol. 4, *Turkey in the Modern World*, ed. Reşat Kasaba(Cambridge: Cambridge University Press, 2008), 38~61, 62~101; M. Sükrü Hanioğlu, *Preparation for a Revolution: The Young Turks, 1902~1908*(New York: Oxford University Press, 2001); Feroz Ahmad, *The Young Turks: The Committee of Union and Progress in Turkish Politics, 1908~1914*(Oxford: Clarendon Press, 1969); A. L. Macfie, *The End of the Ottoman Empire, 1908~1923*(New York: Addison Wesley Longman, 1998).

143) Hasan Kayali, "The Struggle for Independence", *The Cambridge History of Turkey*, 4: 112~146; Erik Jan Zürcher, *The Unionist Factor: The Role of the Committee of Union and Progress in the Turkish National Movement, 1905~1926*(Leiden: Brill, 1984); Andrew Mango, *Atatürk: The Biography of the Founder of Modern Turkey*(Woodstock NY: Overlook Press, 1999).

144) John Womack Jr., "The Mexican Revolution, 1910~1920", *The Cambridge History of Latin America*, vol. 5: *c. 1870 to 1930*, ed. Leslie Bethell(Cambridge: Cambridge University Press, 1986), 79~152, 인용은 81. 포르피리오 디아스의 대통령 시절, 즉 포르피리아토의 종결에 관해서는 다음을 참고하라. Friedrich Katz, "Mexico: Restored Republic and Porfiriato, 1867~1910", Bethell, *The Cambridge History of Latin America*, esp. 62~78. 외국인 투자의 역할에 관해서는 다

음을 참고하라. John Mason Hart, *Empire and Revolution: The Americans in Mexico since the Civil War*(Berkeley: University of California Press, 2002).

145) 다음의 걸작에 의존했다. Friedrich Katz, *The Life and Times of Pancho Villa*(Stanford, CA: Stanford University Press, 1998), esp. 354~487.

146) Jean Meyer, "Mexico: Revolution and Reconstruction in the 1920s", Bethell, *The Cambridge History of Latin America*, 155~194.

147) Min Tu-Ki, *National Polity and Local Power: The Transformation of Late Imperial China*(Cambridge, MA: Harvard University Press and Harvard Yenching Institute, 1989), 89~179.

148) 1부에서 다룬 시기의 중국의 발전에 관한 연구는 다음을 참고하라. Jonathan D. Spence, *The Search for Modern China*(New York: W. W. Norton, 1990). 뇌정수(雷廷壽)가 당시 일본의 경험에서 얻은 교훈에 관해서는 다음을 참고하라. Tong Lam, "Policing the Imperial Nation", esp. 907. 1890~1898년의 개혁 운동과 조정 내 자희태후 파벌에 의한 개혁 운동의 무산에 관해서는 다음을 참고하라. Hao Chang, "Intellectual Chnage and the Reform Movement", *The Cambridge History of China*, vol. 11, pt. 2, *Late Ch'ing, 1800~1911*, eds. John K. Fairbank and Kwang-ching Liu(Cambridge: Cambridge University Press, 1980), 274~338. 청나라가 1884년 프랑스에, 1894년 일본에 군사적으로 패한 것에 관해서는 같은 책의 다음을 참고하라. Kwang-ching Liu and Ricahrd J. Smith, "The Military Challenge: the Northwest and the Coast", esp. 251~273. 의화단운동에 관해서는 같은 책의 다음을 참고하라. Immanuel C. Y. Hsu, "Late Ch'ing Foreign Relations, 1866~1905", esp. 109~130; Michael Gasster, "The Republican Revolutionary Movement", 463~534.

149) 의회 실험의 불운했던 운명에 관해서는 다음을 참고하라. Andrew J. Nathan, "A Constitutional Republic: The Peking Goverment, 1916~28", *The Cambridge History of China*, vol. 12, pt. I, *Republican China, 1912~1949*, ed. John K. Fairbank(Cambridge: Cambridge University Press, 1983), 256~283. 군벌에 관해서는 같은 책의 다음을 참고하라. James E. Sheridan, "The Wralord Era: Politics and Militarism under the Peking Government, 1916~28", 284~321. 남부에서 나타난 국민당과 공산당의 발전과 다툼에 관해서는 같은 책의 다음을 참고하라. Jerome Ch'en, "The Chinese Communist Movement to 1927", 505~526; C. Martin Wilbur, "The Nationalist Revolution: From Canton to Nanking, 1923~28", 527~721. 다음도 참고하라. William c. Kirby, *Germany and Republican China*(Stanford, CA: Stanford University Press, 1984).

150) 두 대전 사이 식민 국가들이 직면한 긴장과 개혁의 어려움에 관해서는 다음을 참고하라. Frederick C. Cooper, *Decolonization and African Society: The Labor Question in French and British Africa*(Cambridge: Cambridge University Press, 1996). 영국이 아시아와 중동에서 통제권을 포기하며 겪은 어려움에 관해서는 다음을 참고하라. *The Oxford History of the British Empire*, vol. 4: *The Twentieth Century*, eds. Judith M. Brown and Wm. Roger Louis(New York: Oxford University Press, 1998~1999), 398~489.

151) V. I. Lenin, *What Is to Be Done? Burning Questions of Our Movement*(Moscow: Foreign Languages Publishing House, 1950).

152) Czesław Miłosz, *The Captive Mind*, trans. Jane Zielonka(New York: Vintage, 1955). 1940년대와

1950년대에 유사한 비판이 많이 등장했다. 허구적 이야기로는 다음을 참고하라. Arthur Koestler, *Darkness at Noon*, trans. Dorothy Hardie(London: Jonathan Cape, 1940); George Orwell, *Nineteen Eighty-Four: A Novel*(London: Secker and Warburg, 1949).

153) George Lukács, *History and Class Consciousness*, trans. Rodney Livingstone(Cambridge, MA: MIT Press, 1971), 319~320, 326~327.

154) 숙청에 관해서는 다음을 참고하라. Anne Applebaum, *Gulag: A History*(New York: Doubleday, 2003). 특히 희생자들의 숫자를 계산하려는 노력은 584~585을 보라. Robert Conquest, *The Great Terror: A Reassessment*(New York: Oxford University Press, 2008). 스탈린 중심의 서설에 도전하려 한 연구들은 다음을 참고하라. J. Arch Getty, *Origins of the Great Purge: The Soviet Communist Party Reconsidered, 1933~1938*(Cambridge: Cambridge University Press, 1985). 통계적 분석에 관해서는 다음을 참고하라. Paul R. Gregory, *Terror by Quota: State Security from Lenin to Stalin: An Archival Study*(New Haven, CT: Yale University Press, 2009). 보통의 러시아인들이 이 시기에 어떻게 대처했는지에 관해서는 다음을 참고하라. Sheila Fitzpatrick, *Everyday Stalinism: Ordinary Life in Extraordinary Times: Soviet Russia in the 1930s*(New York: Oxford University Press, 1999). 전후 동유럽 공산주의 국가들에서 벌어진 숙청에 관해서는 다음을 참고하라. George H. Hodos, *Show Trials: Stalinist Purges in Eastern Europe, 1948~1954*(New York: Praeger, 1987).

155) 독일에서 확산된 테러 조직에 관해서는 다음을 참고하라. Helmut Krausnick et al., *Anatomie des SS-States*(Munich: Institut für Zeitgeschichte, 1968), translated as *Anatomy of the SS State*(London: Collins, 1968). 폴란드와 우크라이나의 취약 지역에서 희생된 숫자에 관해서는 다음을 참고하라. Timothy Snyder, *Bloodland: Europe between Hitler and Stalin*(New York: Basic Books, 2010). 지역별로 유대인의 살해를 상세히 고찰한 최근의 연구로는 다음을 참고하라. David Cesarani, ed., *The Final Solution: Origins and Implementation*(London: Routledge, 1994).

156) Sorel, *Réflexions sur la violence*; Sorel, *Les Illusions du Progrès*(Paris: Marcel Rivière, 1911). 소렐의 영향력에 관해서는 다음을 참고하라. Steven Hirsch and Lucien van der Walt, eds., *Anarchism and Syndicalism in the Colonial and Postcolonial World, 1870~1940: The Praxis of National Liberation, Internationalism, and Social Revolution*(Leiden: Brill, 2010).

157) 이 사업들에 관해서는 다음을 참고하라. Steven Kotkin, *Magnetic Mountain: Stalinism as a Civilization*(Berkeley: University of California Press, 1995). 거대한 변화를 가져온 사업들은 전체주의 체제의 특징이었을 뿐 아니라 테네시강 유역개발공사와 뉴딜 정책을 포함한 1930년대 목표의 일부였다. 다음을 참고하라. Wolfgang Schivelbusch, *Three New Deals: Reflections on Roosevelt's America, Mussolini's Italy and Hitler's Germany, 1933~1939*, trans. Jefferson Chase(New York: Metropolitan Books, 2006).

158) Erez Manela, *The Wilsonian Moment: Self-Determination and the International Origins of Anticolonial Nationalism*(New York: Oxford University Press, 2007); Arno J. Mayer, *Wilson vs. Lenin: Political Origins of the New Diplomacy, 1917~1918*(Cleveland: World Publishers, 1964); Maier, *Recasting Bourgeois* Europe.

159) Rocco, "La Trasformazione dello Stato", *Scirtti e discorsi politici di Alfredo Rocco*, 3 vols.(Milano: A. Giuffrè, 1938), 3: 775~778; Mussolini, "Fascismo", *Enciclopedia italiana*(Roma: Istituto della

Enciclopedia Italiana (Treccani), 1932), 14:848, 850. 두 글 모두 다음에서 인용. Sabino Cassese, *Lo Stato Fascista*(Bologna: Il Mulino, 2010). s.v. Casses, 47, 37.

160) 파시즘과 그 제도에 관한 글. 서사는 다음을 참고하라. Adrian Lyttelton, *The Seizure of Power: Fascism in Italy, 1919~1929*, rev ed.(London: Routledge, 2004). 여러 권으로 구성된 무솔리니 전기는 다음을 참고하라. Renzo De Felice, *Mussolini il Fascista: L'Organizzazione dello stato fascista, 1925~1929*(Turin: Einaudi, 1968); *Mussolini Il Duce: Lo stato totalitario, 1936~1940*(Turin: Einaudi, 1981). 기관들에 관해서는 다음을 참고하라. Alberto Aquarone, *L'organizzazione dello stato totalitario*(Turin: Einaudi, 1965). 병행 조직들에 관해서는 다음을 참고하라. G. Melis, *Due modelli di amministrazione fra liberalismo e facismmo: Burocrazie tradizionali e nuovi apparati*(Roma: Ministero per I Beni culturali e ambientali, 1988). 비교할 만한 다른 파시스트 운동들에 관해서는 다음의 폭넓고 감각적인 분석을 참고하라. Michael Mann, *Fascists*(Cambridge: Cambridge University Press, 2004).

161) Federico Finchelstein, *Los Origenes ideológicos de la dictadura*(Buenos Aires: Editorial Sudamericana, 2008); Finchelstein, *Ideology, Violence and the Sacred in Argentina and Italy, 1919~1945*(Durham, NC: Duke University Press, 2010).

162) 나치 정권에 관한 수많은 자료 중에서 다음을 참고하라. Richard Evans, *The Third Reich in Power, 1933~1939*(New York: Penguin, 2005); Evans, *The Third Reich at War, 1939~1945*(London: Allen Lane, 2008); Ian Kershaw, *Hitler*, vol. 2, *1936~1945: Nemesis*(London: Penguin, 2000); Kershaw, *Hitler, 1889~1936: Hubris*(New York: W. W. Norton, 1999); Karl Dietrich Bracher, *Die deutsche Diktatur: Entstehung, Struktur, Folgen des Nationalsozialismus*, 6th ed.(Frankfurt am Main: Ulstein, 1979).

163) 다음을 참고하라. Karen Painter, *Symphonic Ambitions*(Cambrdige, MA: Harvard University Press, 2007); Erik Levi, *Music in the Third Reich*(Basingstoke: Macmillan, 1994). 재즈에 관해서는 다음을 참고하라. Michael H. Kater, *Different Drummers: Jazz in the Culture of Nazi Germany*(New York: Oxford University Press, 1992).

164) Carl Schmitt, *The Crisis of Parliamentary Democracy*, ed. Ellen Kennedy(1923; Cambrdige, MA: MIT Press, 1988); Schmitt, *The Concept of the Political*, trans. George Schwab(Chicago: University of Chicago Press, 1966). 트레이시 스트롱(Tracy Strong)의 유익한 서문이 딸려 있다.

165) Carl Schmitt, *The Nomos of the Earth in the Jus Publicum Europeaum*, G. L. Ulmen(trans.)(New York: Telos Press, 2003).

166) István Bibó, *Misère des petits états d'Europe de l'est*, György Kassai(trans.)(Paris: Albin Michel, 1993).

167) 팽창에 관한 설명은 다음을 참고하라. W. G. Beasley, *Japanese Imperialism, 1894~1945*(Oxford: Clarendon, 1987); 영어로 된 많은 글 중에서 다음을 참고하라. Mark R. Peattie, *Ishiwara Kanji and Japan's Confrontation with the West*(Princeton, NJ: Princeton University Press, 1975); Hugh Borton, *Japan since 1931: Its Political and Social Development*(New York: Institute of Pacific Relations, 1940). 일본 정권이 파시즘 정권이었는지 여부에 관한 논쟁은 다음을 참고하라. Marcus Willensky, "Japanese Fascism Revisited", *Stanford Journal of East Asian Affairs* 5, no.

1(Winter 2005): 52~57. 이데올로기적 경향에 관해서는 다음을 참고하라. Maruyama Masao, *Thought and Behaviour in Modern Japanese Politics*(London: Oxford University Press, 1963). 책임에 관해서는 다음을 참고하라. Herbert P. Bix, *Hirohito and the Making of Modern Japan*(New York: HarperCollins, 2000).

168) André Gide, *Retour de l'U. R. S. S.*(Paris: Gallimard, 1936); George Orwell, *Homage to Catalonia*(London: Secker and Warburg, 1938). 오든의 시구는 「1939년 9월 1일(September 1, 1939)」의 한 구절이다.

169) 농업집단화에 관해서는 다음을 참고하라. Moshe Lewin, *Russian Peasants and Soviet Power: A Study in Collectivization*, trans. Irene Nove(London: Allen and Unwin, 1968); Stephen F. Cohen, *Bukharin and the Bolshevik Revolution: A Political Biography, 1888~1938*(New York: Vintage, 1975); Alexander Erlich, *The Soviet Industrialization Debate, 1924~1928*(Cambridge, MA: Harvard University Press, 1960).

170) Renzo De Felice, ed., *Il Fascismo: Le interpretazioni dei contemproanei e degli historici*(Rome: Laterza, 1998).

171) Herbert Marcuse, *Reason and Revolution: Hegel and the Rise of Social Theory*(London: Oxford University Press, 1941); Franz Neumann, *Behemoth: The Structure and Practice of National Socialism, 1933~1944*(New York: Oxford University Press, 1944).

172) Snyder, *Bloodlands*; Andrea Graziosi, *Letter da Kharkov: La carestia in Ucraina e nel Caucaso del Nord nei rapporti dei diplomatici italiani, 1923~33*(Torino: Einaudi, 1991); Granziosi, *The Great Soviet Peasant War: Bolsheviks and Peasants, 1917~1933*(Cambridge, MA: Harvard University Press and Ukrainian Research Center, 1966).

173) 이언 커쇼(Ian Kershaw)는 "지도자를 지향하며 일한다."라는 나치의 관념을 강조했다. 다음을 참고하라. Kershaw, *Hitler*, vol. 2, *1936~1945: Nemesis*, 249~250.

174) David Rousset, *L'Univers concentrationnaire*(Paris: Éditions Du Pavois, 1946); Ernst Fraenkel, *The Dual State: A Contribution to the Theory of Dictatorship*, trans. E. A. Shils in collaboration with Edith Lowenstein and Klaus Knorr(New York: Oxford University Press, 1941). 프랭켈은 (입헌 국가와 대비되는) '대권 국가(prerogative state)'의 기원이 정권 초기에 발포된 비상 법령들에 있다고 보았고 이렇게 슈미트를 인용했다. "국가는 법질서가 작동하지 않아도 계속 존재한다."(25)

175) Arendt, *The Origins of Totalitarianism*(New York: Harcourt, Brace, 1951). 다음의 좀 더 기계론적인 설명도 참고하라. Carl J. Friedrich and Zbigniew K. Brzezinski, *Totalitarian Dictatorship and Autocracy*(New York: Praeger, 1965). 이 개념의 역사에 관해서는 다음을 참고하라. Abbot Gleason, *Totalitarianism: The Inner History of the Cold War*(New York: Oxford University Press, 1995). 여러 정권과 경험을 구분하려는 시도가 많다. 다음을 참고하라. Michael Geyer and Sheila Fitzpatrick, eds., *Beyond Totalitarianism: Stalinism and Nazism Compared*(Cambridge: Cambridge University Press, 2009). 이 모델의 중요한 조건에 관해서는 다음을 참고하라. Paul Corner, ed., *Popular Opinion in Totalitarian Regimes: Fascism, Nazism, Communism*(Oxford: Oxford University Press, 2009). 정치학적 접근에 관해서는 다음을 참고하라. Juan J. Linz, *Totalitarian and Authoritarian Regimes*(Boulder, CO: Lynne Rienner, 2000).

176) 그러한 대량 학살의 정신 구조에 관한 유익한 연구로는 다음을 참고하라. Jacques Semelin, *Purify and Destroy: The Political Uses of Massacre and Genocide*, ed. Cynthia Schoch(New York: Columbia University Press, 2007). 대량 학살의 폭력을 긴장 강한 사회적 변화라는 폭넓은 과정에 집어넣는 시각에 관해서는 다음을 참고하라. Christian Gerlach, *Extremely Violent Societies: Mass Violence in the Twentieth-Century World*(Cambridge: Cambridge University Press, 2010).

177) Peter Baldwin, *The Politics of Social Solidarity: Class Bases of the European Welfare State, 1875~1975*(Cambridge: Cambridge University Press, 1990); Susan Pedersen, *Family, Dependence, and the Origins of the Welfare State: Britain and France, 1914~1945*(Cambridge: Cambridge University Press, 1993); Gøsta Esping-Andersen, *The Three Worlds of Welfare Capitalism*(Princeton, NJ: Princeton University Press, 1990). 1945년 이후 유럽에 대한 전체적인 설명으로 가장 흥미로운 것은 다음과 같다. Tony Judt, *Postwar: A History of Europe since 1945*(New York: Penguin, 2005).

178) 다음을 참고하라. Daniel Chirot, *Modern Tyrants: The Power and Prevalence of Evil in Our Age*(New York: Free Press, 1994).

179) Anne-Marie Slaughter, *A New World Order*(Princeton: Princeton University Press, 2004), 268~269. 포괄적인 논의는 다음을 참고하라. Jon Pierre and B. Guy Peters, *Governance, Politics and the State*(London: Macmillan, 2000).

2부 제국들과 세계의 범위

1) David Fieldhouse, *The Colonial Empires: A Comparative Survey from the Eighteenth Century*, 2nd ed.(London: Macmillan, 1982), 373.

2) Tony Ballantyne, "Empire, Knowledge, and Culture: From Proto-Globalization to Modern Globalization", *Globalization in World History*, ed. A. G. Hopkins(New York: W. W. Norton, 2002), 122~123.

3) Manu Goswami, *Producing India: From Colonial Economy to National Space*(Chicago: University of Chicago Press, 2004).

4) Jan Nederveen Pieterse, *Empire and Emancipation: Power and Liberation on a World Scale*(New York: Praeger, 1989), 362~366.

5) 다음 특별 호를 참고하라. "Pairing Empires" edited by Paul Kramer and John Plotz: *Journal of Colonialism and Colonial History* 2, no. 1(Spring 2001).

6) Karen Barkey and Mark Von Hagen, eds., *After Empire: Multi-Ethnic Societies and Nation-Building: The Soviet Union and the Russian Ottoman and Habsburg Empires*(Boulder, CO: Westview, 1977). 이러한 접근 방식의 전반대다. 인용은 3.

7) 이 점을 이해하려는 시도는 다음을 참고하라. Antoinette Burton, "Getting Outside the Global: Re-Positioning British Imperialism in World History", *Race, Nation and Empire: Making Histories, 1750 to the Present*, eds. Catherine Hall and Keith McLelland(Manchester: Manchester University

Press, 2010), 199~216.

8) Robert J. Blyth, *The Empire of the Raj: India, Eastern Africa and the Middle East*(New York: Palgrave, 2003); Thomas R. Metcalf, *Imperial Connections: India in the Indian Ocean Arena, 1860~1920*(Berkeley: University of California, 2007); Pekka Hämäläinen, *The Comanche Empire*(New Haven, CT: Yale University Press, 2008).

9) Claude Markovits, *The Global World of Indian Merchants, 1750~1947: Traders of Sind from Bukhara to Panama*(Cambridge: Cambridge University Press, 2000); Tony Ballantyne, *Between Colonialism and Diaspora: Sikh Cultural Formations in an Imperial World*(Cambridge: Cambridge University Press, 2006); Sunil Amrith, "Tamil Diasporas across the Bay of Bengal", *American Historical Review* 114, no. 3(2009): 547~572; Enseng Ho, *The Graves of Tarim: Genealogy and Mobility across the Indian Ocean*(Berkeley: University of California Press, 2006).

10) 10년 간격으로 출간된 두 권의 중요한 글 모음을 제시한다. Catherine Hall and Sonya Rose, eds., *At Home with the Empire: Metropolitan Culture and the Imperial World*(Cambridge, 2007); Frederick Cooper and Ann Stoler, *Tensions of Empire: Colonial Cultures in a Bourgeois World*(Berkeley: University of California Press, 1997).

11) George Steinmetz, *The Devil's Handwriting: Precoloniality and the German colonial State in Qingdao, Samoa and Southwest Africa*(Chicago: University of Chicago Press, 2007); Kenneth Pomeranz, *The Great Divergence: China, Europe and the Making of the Modern World Economy*(Princeton, NJ: Princeton University Press, 2000).

12) C. A. Bayly, "The First Age of Global Imperialism, c. 1760~1830", *Journal of Imperial and Commonwealth History* 26, no.2(1998): 28~47.

13) Richard Drayton, "The Collaboration of Labor: Slaves, Empires and Globalizations in the Atlantic World, c. 1600~1850", *Globalization in World History*, ed. A. G. Hopkins(New York: Norton, 2002).

14) Christopher I. Beckwith, *Empires of the Silk Road: A History of Central Eurasia from the Bronze Age to the Present*(Princeton, NJ: Princeton University Press, 2009).

15) Donald Wright, *The World and a Very Small Place in Africa*(New York: M. E. Sharpe, 1997); Jean Allman and Victoria Tashjian, *I Will Not Eat Stone: A Women's History of Colonial Asante*(Portsmouth, NH: Heinemann, 2000)

16) Frederick Cooper, *Colonialism in Question: Theory, Knowledge, History*(Berkeley: University of California, 2005); James Ferguson, *Global Shadows: Africa in the Neoliberal World Order*(Durham, NC: Duke University Press, 2006).

17) Epeli Hau'ofa, "Our Sea of Islands", *We Are the Ocean: Selected Works*(Honolulu: University of Hawaii Press, 2008), 27~40; T. Damon I. Salesa, "Travel-Happy Samoa': Colonialism, Samoan Migration and a 'Brown Pacific'", *New Zealand Journal of History* 37, no. 2(2003): 171~188.

18) Jean Allman and Antoinette Burton, eds., special issue: "Destination Globalization? Women, Gender and Comparative Colonial Histories in the New Millennium", *Journal of Colonialism and Colonial History* 4(April 2003), http://muse.jhu.edu/journals/cch.

19) Jan-Georg Deutsch, *Emancipation without Abolition in German East Africa, c. 1884~1914*(London: James Currey, 2006).

20) John Darwin, "Imperialism and the Victorians: The Dynamics of Historical Expansion", *English Historical Review* 112, no. 447(1997): 614~642.

21) Sarah Ahmed, *Queer Phenomenology: Orientations, Objects, Others*(Durham, NC: Duke University Press, 2006); Sanjay Krishnan, *Reading the Global: Troubling Perspectives on Britain's Empire in Asia*(New York: Columbia University Press, 2007). 이는 세계적인 것을 '비교 연결의 방법'과 나란히 '발견적 장치'로 보는 것과 다소 유사하다. 다음을 참고하라. Alys E. Weinbaum et al., eds., *The Modern Girl Around the World: Consumption, Modernity and Globalization*(Durham, NC: Duke University Press, 2009).

22) Ruth Rogaski, *Hygienic Modernity: Meanings of Health and Disease in Treaty-Port China*(Berkeley: University of Pennsylvania Press, 2004).

23) 다음을 참고하라. Valerie Traub, "Mapping the Global Body", *Early Modern Visual Culture: Representation, Race and Empire in Renaissance England*, eds. Peter C. Erickson and Clark Hulse(Philadelphia: University of Pennsylvania Press, 2000), 44~97; Irene Silverblatt, *Modern Inquisitions: Peru and the Colonial Origins of the Civilized World*(Durham, NC: Duke University Press, 2004); Herman Bennett, *Africans in Colonial Mexico: Absolutism, Christianity, and Afro-Creole Consciousness, 1570~1640*(Bloomington: Indiana University Press, 2003).

24) 이에 대한 설명은 광범위하다. 가장 간명하고 강력한 것으로 다음을 참고하라. Robert Young, *Colonial Desire: Hybridity in Theory, Culture, and Race*(London: Routledge, 1995); Durba Ghosh, *Sex and the Family in Colonial India: The Making of Empire*(Cambridge: Cambridge University Press, 2006).

25) Tony Ballantyne, "Empire, Knowledge and Culture: From Proto-globalization to Modern Globalization", *Globalization in World History*, ed. A. G. Hopkins(New York: W. W. Norton, 2002), 115~140.

26) Vinay Lal, "The Incident of the Crawling Lane: Women in the Punjab Disturbances of 1919", *Genders* 16(1993): 35~60.

27) Mark Polelle, *Raising Cartographic Consciousness: The Social and Foreign Policy Vision of Geopolitics in the Twentieth Century*(Lanham, MD: Lexington Books, 1999), 97~98.

28) Jürgen Zimmerer, "The Birth of the Ostland out of the Spirit of Colonialism: A Postcolonial Perspective on the Nazi Policy of Conquest and Extermination", *Patterns of Prejudice* 39, no. 2(2005), 197~219; Jürgen Zimmerer and Joachim Zeller, eds., *Genocide in Southwest Africa: The Colonial War of 1904~1908 and Its Aftermath*, trans. E. J. Neather(Monmouth, Wales: Merlin, 2006).

29) 다음에서 재인용. Jürgen Zimmerer, "Colonialism and the Holocaust: Towards an Archaeology of Genocide", *Genocide and Settler Society: Frontier Violence and Stolen Indigenous Children in Australian History*, ed. A. Dirk Moses(New York: Berghahn Books, 2005), 49.

30) Madhu Kishwar, "Gandhi on Women", *Economic and Political Weekly*, October 5, 1985, p. 1696.

31) Hernry Reynolds, *The Other Side of the Frontier: An Interpretation of the Aboriginal Response to the Invasion and Settlement of Australia*(Townsville, Queensland: Dept. of History, James Cook University, 1981).

32) 다음을 참고하라. Samuel Truett, "Transnational Warrior: Emilio Kosterlitzky and the Transformation of the U.S.-Mexico Borderlands", *Continental Crossroads: Remapping U. S.-Mexico Borderlands History*, eds. Samuel Truett and Elliot Young(Durham, NC: Duke University Press, 2004), 241~270.

33) Daniel Brower and Edward J. Lazzerini, eds., *Russia's Orient: Imperial Borderlands and Peoples, 1700~1917*(Bloomington: Indiana University Press, 1997).

34) Adeeb Khalid, *The Politics of Muslim Cultural Reform: Jadidism in Central Asia*(Berkeley: University of California Press, 1998), 14.

35) Thomas M. Barrett, *At the Edge of Empire: The Terek Cossacks and the North Caucasus Frontier, 1700~1860*(Boulder, CO: Westview, 1999); Adele Perry, *On the Edge of Empire: Gender, Race, and the Making of British Columbia, 1849~1871*(Toronto: University of Toronto Press, 2001); Sameetah Agha and Elizabeth Kolsky, eds., *Fringes of Empire: Peoples, Places, and Spaces in Colonial India*(Oxford: Oxford University Press, 2009).

36) Alfred Crosby, *Ecological Imperialism: The Biological Expansion of Europe, 900~1900*(Cambridge: Cambridge University Press, 1986); Ajay Skaria, *Hybrid Histories: Forests, Frontiers and Wildness in Western India*(Oxford: Oxford University Press, 1999).

37) '만남의 장소'에 관해서는 다음을 참고하라. Doreen Massey, *For Space*(London: Sage, 2005), 63~64.

38) Robert A. bickers and Jeffrey N. Wasserstrom, "Shanghai's 'Dogs and chinese Not Admitted' Sign: Legend, History and Contemporary Symbol", *China Quarterly*, no. 142(1995): 444~466.

39) Peter C. Perdue, "Erasing the Empire, Re-Racing the Nation: Racialism and Culturalism in Imperial China", *Imperial Formations*, eds. Ann Laura Stoler, Carole McGranahan, and Peter C. Perdue(Santa Fe, NM: School for Advanced Research Press, 2007), 144.

40) A. G. Hopkins, "Globalization with and without Empires: From Bali to Labrador", *Globalization and World History*, ed. A. G. Hopkins(London: Pimlico, 2002), 224.

41) Kirsten Zirkel, "Military Power in German Colonial Policy: The Schutztruppen and Their Leaders in East and South-West Africa, 1888~1918", *Guardians of Empire: The Armed Forces of the Colonial Powers, c. 1700~1964*, eds. David Killingray and David Omissi(Manchester: Manchester University Press, 1999), 97.

42) Thaddeus Sunseri, "Reinterpreting a Colonial Rebellion: Forestry and Social Control in German East Africa, 1875~1945", *Environmental History* 8, no. 3(July 2003): 430~451.

43) David Biggs, "Managing a Rebel Landscape: Conservation, Pioneers and the Revolutionary Past in the U Minh, Vietnam", *Environmental History* 10, no. 3(2005): 448~476.

44) Heather Streets, *Martial Races: The Military, Race and Masculinity in British Imperial Culture, 1857~1914*(Manchester: Manchester University Press, 2004), 209.

45) Rboert Bickers, "Shanghailanders: The Formation and Identity of the British Settler Community in Shanghai, 1843~1937", *Past and Present* 159, no. 1(1998): 161~211.

46) Panivong Norindr, *Phantasmic Indochina: French Colonial Ideology in Architecture, Film and Literature*(Durham, NC: Duke University Press, 1996), 39ff.

47) Mire Koikari, "Gender, Power and US Imperialism: The Occupation of Japan, 1945~1952", *Bodies in Contact: Rethinking Colonial Encounters in World History*, eds. Tony Ballantyne and Antoinette Burton(Durham, NC: Duke University Press, 2005), 349; Na Young Lee, "The Construction of Military Prostitution in South Korea for the U.S. Military Rule, 1945~48", *Feminist Studies* 33, no. 3(2007): 453~481. 다음도 참고하라. Paul Kramer, "The Darkness That Enters the Home: The Ploitics of Prostitution during the Philippine American War", *Haunted by Empire: Geographies of Intimacy in North American History*, ed. Ann L. Stoler(Durham, NC: Duke University Press, 2006), 366~404.

48) Yael Simpson Fletcher, "Unsettling Settlers: Colonial Migrants and Racialised Sexuality in Interwar Marseilles", *Gender, Sexuality and Colonial Modernities*, ed. Antoinette Burton(London: Routledge, 1999), 85.

49) J. P. Daughton, *An Empire Divided: Religion, Republicanism, and the Making of French Colonialism, 1880~1914*(Oxford: Oxford University Press, 2006).

50) 다음을 참고하라. Norman Etherington, ed., *Missions and Empire*(Oxford: Oxford University Press, 2005)

51) Susan Thorne, *Congregational Missions and the Making of an Imperial culture in Nineteenth-century England*(Standford, CA: Stanford University Press, 1999); Susan Layton, "Nineteenth Century Russian Mythologies of Caucasian Savagery", Brower and Lazzerini, *Russia's Orient*, 80~114.

52) 이 어구는 마이클 피셔의 것이다. Michael Fisher, *Counterflows to Colonialism: Indian Travellers and Settlers in Britain, 1600~1857*(Delhi: Permanent Black, 2004).

53) Elizabeth Schmidt, *Peasants, Traders, and Wives: Shona Women in the History of Zimbabwe, 1870~1939*(London: Heinemann, 1992), 123, 125.

54) Fadhma Amrouche, *My Life Story: The Autobiography of a Berber Woman*(New Brunswick, NJ: Rutgers University Press, 1988), 30~56; Tabitha Kanogo, *African Womanhood in Colonial Kenya, 1900~50*(Oxford: James Currey, 2005), 203, 204.

55) Frederick Cooper, *From Slaves to Squatters: Plantation Labor and Agriculture in Zanzibar and Coastal Kenya, 1890~1925*(New Haven, CT: Yale University Press, 1980).

56) Laurent Dubois, *A Colony of Citizens: Revolution and Slave Emancipation in the French Caribbean, 1787~1804*(Chapel Hill: University of North Carolina Press, 2004).

57) Diana Paton and Pamela Scully, "Introduction: Gendered and Slave Emancipation in Comparative Perspective", *Gender and Slave Emancipation in the Atlantic World*, eds. Pamela Scully and Diana Paton(Durham, NC: Duke University Press, 2005), 1.

58) Donald Denoon, "New Economic Orders: Land, Labour and Dependency", *The Cambridge History of the Pacific Islanders*, ed. Donald Denoon(Cambridge: Cambridge University Press,

1997), 225~226.

59) '소년 아내'에 관해서는 다음을 참고하라. Marc Epprecht, *Hungochani: The History of a Dissiden Sexuality in Southern Africa*(Montreal: McGill-Queen's University Press, 2004), 58, 63; '금갱 결혼' 에 관해서는 다음을 참고하라. T. Dunbar Moodie with Vivienne Ndatshe, *Going for Gold: Men, Mines and Migration*(Berkeley: University of California Press, 1994), 123.

60) Carolyn Brown, "Race and the Construction of Working-Class Masculinity in the Nigerian Coal Industry: The Initial Phase, 1914~1930", *International Labor and Working-Class History*, 69(2006): 43, 45; John Chalcroft, "The Coal Heavers of Port Sa'id: State-Making and Worker Protest, 1869~1914", *International Labor and Working-Class History* 60(2001): 110~124.

61) Samita Sen, "'Without His Consent?': Marriage and Women's Migration in Colonial India", *International Labor and Working-Class History*, 65(2004): 79.

62) Philippa Levine, *Prostitution, Race and Politics: Polcing Venereal Disease in the British Empire*(London: Routledge, 2003).

63) Antoinette Burton, *Dwelling in the Archive: Women Making House, Home and History in Late Colonial India*(Oxford: Oxford University Press, 2003).

64) Elisabeth Locher-Scholten, *Women and the Colonial State: Essays on Gender and Modernity in the Netherland Indies*, 1900~1942(Amsterdam: Amsterdam University Press, 2000), 89~91.

65) Jacklyn Cock, *Maids and Madams: A Study in the Politics of Exploitation*(Johannesburg: Ravan Press, 1980).

66) Anna Haebich, *Broken Circles: Fragmenting Indigenous Families, 1800~2000*(Fremantle, W.A.: Fremantle Arts Centre Press, 2000).

67) Jean Alllman and Victoria B. Tashjian, *"I Will Not Eat Stone": A Woman's History of Colonial Asante*(London: Neinemann, 2000).

68) Felipe Fernandez-Arrnesto, *Millennium: A History of the Last Thousand Years*(New York: Touchstone, 1995), 311~313.

69) Joanna de Groot, "Metropolitan Desires and Colonial connections: Reflections on Consumption and Empire", *At Home with the Empire: Metropolitan Culture and the Imperial World*, eds. Catherine Hall and Sonya Rose(Cambridge: Cambridge University Press, 2006), 173.

70) James Belich, *Replenishing the Earth: The Settler Revolution and the Rise of the Anglo-World, 1783~1939*(Oxford: Oxford University Press, 2009), 365~368.

71) Danan S. Hale, "French Images of Race on Product Trademarks during the Third Republic(1871~1940)", *The Color of Liberty: Histories of Race in France*, eds. Sue Peabody and Tyler Stovall(Durham, NC: Duke University Press, 2003), 131.

72) Kristin Hoganson, *Consumers' Imperium: The Global Production of American Domesticity, 1865~1920*(Chapel Hill: University of North Carolina Press, 2007); Christine Varga-Harris, "Cosntructing the Soviet Hearth: Home, Citizenship and Socialism in Russia, 1956~1964"(Ph. D. diss., University of Illinois, Urbana, 2005); Brian Moloughney and Tony Ballantyne, "Asia in Murihiku: Towards a Transnational History of a Colonial Culture", *Disputed Histories: Imagining*

New Zealand's Pasts, eds. Ballantyne and Moloughney(Dunedin: University of Otago Press, 2006), 65~92.

73) Carter Vaughn Findley, "An Ottoman Occidentalist in Europe: Ahmed Midhat Meets Madame Gülnar", Ballantyne and Burton, *Bodies in Contact*, 277~292; Maria Grever and Berteke Waaldjik, *Transforming the Public Sphere: The Dutch National Exhibition of Women's Labor in 1898*(Durham, NC: Duke University Press, 2004), 158~161.

74) Brent Hayes Edwards, "The Shadow of Shadows", *positions: east asia cultures critique* 11, no. 1(2003): 11~49.

75) Gary Wilder, *The French Imperial Nation-State: Negritude and Colonial Humanism between the Two World Wars*(Chicago: University of Chicago Press, 2005).

76) Richard Belsky, "Placing the Hundred Days: Native-Place Ties and Urban Space", *Rethinking the 1898 Reform Period: Political and Cultural Change in Late Qing China*, eds. Rebecca Karl and Peter Zarrow(Cambridge, MA: Harvard University Press, 2002), 124~157; Todd Henry, "Respatializing Choson's Royal Capital: The Politics of Japanese Urban Reforms in Early Colonial Seoul, 1905~19", *Sitings: Critical Approaches to Korean Geography*, eds. Timothy Tangherlini and Sallie Yea(Honolulu: University of Hawaii Press, 2007), 33.

77) Jane Lydon, *Eye Contact: Photographing Indigenous Australians*(Durham, NC: Duke University Press, 2005), 11.

78) Gwendolyn Wright, *The Politics of Design: French Colonial Urbanism*(Chicago: University of Chicago Press, 2005), 235.

79) Lydon, *Eye Contact*.

80) Shula Marks, ed., *Not Either an Experimental Doll*(New York: Feminist Press, 1989).

81) Richard White, *The Middle Ground: Indians, Empires and Republics in the Great Lakes Region, 1650~1815*(Cambridge: Cambridge University Press, 1991), ix, x.

82) David Anderson, *Histories of the Hanged: Britain's Dirty War in Kenya and the End of Empire*(London: Weidenfeld, 2005); Caroline Elkins, *Britain's Gulag: The Brutal End of Empire in Kenya*(London: Jonathan Cape, 2005).

83) Judith Binney, "Maungapohatu Revisited: Or, How the Government Underdeveloped a Maori Community", *Journal of the Polynesian Society* 92, no. 3(1983): 353~392.

84) 다음에서 재인용. Charles-Robert Ageron, *L'Anticolonialisme en France de 1871 à 1914*(Paris: Presses Universitaires de France, 1973), 47.

85) Karl Marx, *Grundrisse: Foundations of the Critique of Political Economy*, trans. and ed. Martin Nicolaus(New York: Penguin, 1993), 706.

86) Laura Bear, *Lines of the Nation: Indian Railway Workers, Bureaucracy and the Intimate Historical Self*(New York: Columbia University Press, 2008).

87) Antoinette Burton, "Introduction: The Unfinished Business of Colonial Modernities", Burton, *Gender, Sexuality and Colonial Modernities*, 1~16.

88) Alfred W. McCoy, *Policing America's Empire: The United States, the Philippines, and the Rise of the*

Surveillance State(Madison: University of Wisconsin Pess, 2009).

89) Erin O'Connor, *Raw Material: Producing Pathology in Victorian Culture*(Durham, NC: Duke University Press, 2000), 8.

90) "England and Diplomacy: Russia's Invasion of Manchuria and the Formosan Battle", *New York Times*, June 2, 1895.

91) D. A. Farnie, *East and West of Suez: The Suez Canal in History*(Oxford: Clarendon, 1969), 61~63.

92) Emily A. Haddad, "Digging to India: Modernity, Imperialism, and the Suez Canal", *Victorian Studies* 47, no. 3(2005): 363~396; Farnie, *East and West of Suez*, 234~240.

93) Daniel R. Headrick, *Tentacles of Progress: Technology Transfer in the Age of Imperialism, 1890~1940*(Oxford: Oxford University Press, 1988), 26, table 2.3; Robert V. Kubicek, "British Expansion, Empire, and Technological Change", *The Oxford History of the British Empire*, vol. 3: *The Nineteenth Century*, ed. Andrew Porter(Oxford: Oxford University Press, 1999), 254, table 12.1.

94) Richard Temple, *India in 1880*(London, 1880), 310.

95) Dwayne R. Winseck and Robert M. Pike, *Communication and Empire: Media, Markets, and Globalization, 1860~1930*(Durham, NC: Duke University Press, 2007), 70~71.

96) Headrick, *Tentacles of Progress*, 25~29; Max E. Fletcher, "The Suez Canal and World Shipping, 1869~1914", *Journal of Economic History* 18 no. 4(1958): 588, 561.

97) Headrick, *Tentacles of Progress*, tables 2.1 and 2.2; Caroline Piquet, "The suez Company's Concession in Egypt, 1854~1956: Modern Infrastructure and Local Economic Development", *Enterprise & Society* 5, no. 1(2004): 107~127.

98) Joel Beinin and Zachary Lockman, *Workers on the Nile: Communism, Islam, and the Egyptian Working Class, 1882~1954*(Cairo: American University in Cairo Press, 1998), 106~110.

99) Headrick, *Tentacles of Progress*, 28.

100) Simon Potter, *News and the British World*(Oxford: Oxford University Press, 2003).

101) John M. MacKenzie, "'In Touch with the Infinite': The BBC and Empire, 1923~53", *Imperialism and Popular Culture*, ed. John M. MacKenzie(Manchester: Manchester University Press, 1986), 165~191; Siân Nicholas, "'Brushing Up Your Empire': Dominion and Colonial Propaganda on the BBC's Home Services, 1939~1945", *The British World: Diaspora, Culture, and Identity*, eds. Carl Bridge and Kent Fedorowich(London: Taylor and Francis, 2003), 207~230.

102) C. A. Bayly, *The Birth of the Modern World, 1780~1914: Global Connections and Comparisons*(Oxford: Blackwell, 2004), 432~450.

103) Michael S. Neiberg and Dennis E. Showalter, *Soldiers' Lives through History: The Nineteenth Century*(Westport, CT: Greenwood Press, 2006), 146~147.

104) Manu Goswami, *Producing India: From Colonial Economy to National Space*(Chicago: University of Chicago Press, 2004), 59~60.

105) Headrick, *Tentacles of Progress*, 269~276; A. J. Christopher, *Colonial Africa*(Beckenham, UK: Croom Helm, 1984), 78~79.

106) John Andrew, "The Emergence of the Wheat Belt in South Eastern Australia to 1930", *Frontiers and Men*, ed. John Andrews(Melbourne: F. W. Cheshire, 1966), 5~65; S. Glynn, "The Transport Factor in Developmental Policy: Pioneer Agricultural Railways in the Western Australian Wheat Belt, 1900~1930", *Australian Journal of Politics & History* 15, no. 2(1969): 60~78; Peter Griggs, "Sugar Plantations in Queensland, 1864~1912: Origins, Characteristics, Distribution, and Decline", *Agricultural History* 74, no. 3(2000): 628~629.

107) Tony Ballantyne, "The State, Politics and Power, 1769~1893", *Oxford History of New Zealand*, ed. Giselle Byrnes(Oxford: Oxford University Press, 2009), 99~124; K. T. Livingston, "Anticipating Federation: The Federalising of Telecommunications in Australia", *Australian Historical Studies* 26(1994): 97~117.

108) Erik Olssen, "Working Gender, Gendering Work: Occupational Change and Continuity in Southern Dunedin", *Sites of Gender: Women, Men and Modernity in Southern Dunedin, 1890~1939*, eds. Barbara Brookes, Annabel Cooper, and Robin Law(Auckland: Auckland University Press, 2003), 50~90.

109) Lucy Taska, "'About as Popular as a Dose of the Clap': Steam, Diesel and Masculinity at the New South Wales Eveleigh Railway Workshops", *Journal of Transport History* 26, no. 2(2005): 82, 86~87.

110) Ian J. Kerr, *Building the Railways of the Raj, 1850~1900*(Delhi: Oxford University Press, 1995), 169~185.

111) Laura Tabili, "'A Maritime Race': Masculinity and the Racial Division of Labor in British Merchant Ships, 1900~1939", *Iron Men, Wooden Women: Gender and Seafaring in the Atlantic World, 1700~1920*, eds. Margaret S. Creighton and Lisa Norling(Baltimore: Jones Hopkins University Press, 1996), 169~188; Frances Steel, "Oceania under Steam: Maritime Cultures, Colonial Histories, 1870s~1910s"(PhD diss., Australian National University, 2008).

112) John Robert Seeley, *The Expansion of England: Two Courses of Lectures*(1883; Boston: Little, Brown, 1909), 74.

113) Mary Kingsley, *Travels in West Africa*(London: Macmillan, 1985), chap. 4. 측심기와 양동이를 갖춘 배로 떠난 완전히 다른 종류의 민족지학적 임무는 다음의 첫머리에 언급된 하바롭스크에서 만주로 가는 여행을 참고하라. David Wolff, *To the Harbin Station*(Stanford, CA: Stanford University Press, 1999), 14ff.

114) George Robb, "Women and White Collar Crime: Debates on Gender, Fraud and the Corporate Economy in England and America, 1850~1930", *British Journal of Criminology* 46, no. 6(2006): 1058~1072; Nancy Henry, *George Eliot and the British Empire*(Cambridge: Cambridge University Press, 2002).

115) Laura Gbah Bear, "Miscegenations of Modernity: Constructing European Respectability and Race in the Indian Railway colony, 1857~1931", *Women's History Review*, no. 4(1994): 431~448; Barbara Welke, *Recasting American Liberty: Gender, Race, Law and the Railroad*(Cambridge: Cambridge University Press, 2001).

116) 다음에서 재인용. W. G. Beasely, *Japanese Imperialism, 1894~1945*(Oxford: Oxford University Press, 1987), 74.

117) W. G. Beasely, *Japan Encounters the Barbarian: Japanese Travellers in America and Europe*(New Haven, CT: Yale University Press, 1995), 45.

118) Ibid., 45~48; Steven J. Ericson, "Importing Locomotives in Meiji Japan: International Business and Technology Transfer in the Railroad Industry", *Osiris*, ser. 2, 13(1998): 129~153.

119) James A. Fujji, "Intimate Alienation: Jampanese Urban Rail and the Commodification of Urban Subjects", *differences: A Journal of Feminist Cultural Studies* 11, no. 2(1999): 106~133; Tessa Morris-Suzuki, *Re-Inventing Japan: Time, Space, Nation*(Armok, NY: M. E. Sharpe, 1998), 23~28; Joshua B. Fogel, *The Literature of Travel in the Rediscovery of China, 1862~1945*(Stanford, CA: Stanford University Press, 1998), 129.

120) Akira Iriye, *China and Japan in the Global Setting*(Cambridge, MA: Harvard University Press, 1992), 20.

121) Jun Uchida, "'A Scramble for Freight': The Politics of Collaboration along and across the Railway Tracks of Korea under Japanese Rule", *Comparative Studies in Society and History* 51(2009): 117~150.

122) Hyun Ok Park, "Korean Manchuria: The Racial Politics of Territorial Osmosis", *South Atlantic Quarterly* 99, no. 1(20002): 198.

123) Ramon H. Myers, "Japanese Imperialism in Manchuria: The South Manchuria Railway Company, 1906~1933", *The Japanese Informal Empire in China, 1895~1937*, eds. Peter Duss, Ramon H. Myers, and Mark Peattie(Princeton, NJ: Princeton University Press, 1989), 101~132; Paul A. Cohen, *History in Three Keys: The Boxers as Event, Experience, and Myth*(New York: Columbia University Press, 1998), 47, 52.

124) Conrad Totman, *A History of Japan*(Malden, MA: Blackwell, 2000), 313, 387~389.

125) Ramon H. Myers and Thomas R. Ulie, "Foreign Influence and Agricultural Development in Northeast China: A Case Study of the Liaotung Peninsular, 1906~42", *Journal of Asian Studies* 31, no. 2(1972): 329~350.

126) Kozo Yamamura, "Success Ill-Gotten? The Role of Meiji Militarism in Japan's Technological Progress", *Journal of Economic History* 37, no. 1(1997): 114~115.

127) Shelley Baranowski, *Nazi Empire: German Colonialism and Imperialism from Bismarck to Hitler*(Cambridge: Cambridge University Press, 2010), 36~51.

128) Kozo Yamamura, "Success Ill-Gotten?", 113~135; J. Charles Schencking, *Making Waves: Politics, Propaganda, and the Emergence of the Imperial Japanese Navy, 1868~1922*(Stanford, CA: Stanford University Press, 2005), 85~87, 107~108.

129) J. Charles Schencking, "The Imperial Japanese Navy and the Constructed Consciousness of a South Seas Destiny, 1872~1921", *Modern Asian Studies* 33, no. 4(1999): 769~796.

130) Ken'ichi Goto, *Tensions of Empire: Japan and Southeast in The colonial and Postcolonial World*, trans. and ed. Paul H. Kratoska(Athens: Ohio University Press, 2003), 14~16.

131) Handan Nezir Akmese, "The Japanese Nation in Arms: A Role Model for Militarist Nationalism in the Ottoman Army, 1905~14", *Princeton Papers: Interdisciplinary Journal of Middle Eastern Studies* 14(2007): 63~89.

132) Yakup Bektas, "The Sultan's Messenger: Cultural Constructions of Ottoman Telegraphy, 1847~1880", *Technology and Culture* 41, no. 4(2000): 672~675; Eugene Rogan, "Instant Communication: The Impact of the Telegraph in Ottoman Syria", *The Syrian Land: Processes of Integration and Fragmentation*, eds. Thomas Philipp and Birgit Schäber(Stuttgart: Steiner, 1998), 115~118; Elizabeth B. Frierson, "Gender, Consumption and Patriotism: The Emergence of an Ottoman Public Sphere", *Islam and the Common Good*, eds. Armando Salvatore and Dale Eickelman(London: Brill, 2006), 108.

133) Donald Quataert, *Miners and the State in the Ottoman Empire: The Zonguldak Coalfield, 1822~1920*(New York: Berghahn Books, 2006), 1; Quataert, *The Ottoman Empire, 1700~1922*, 2nd ed.(Cambridge: Cambridge University Press, 2005), 122; Walter Pinhas Pick, "Meisner Pasha and the Construction of Railways in Palestine and Neighboring Countries", *Ottoman Palestine, 1800~1914: Studies in Economic and Social History*, ed. Gad G. Gilbar(London: Brill, 1990), 179~218; Margot Badran, ed., *Harem Years: The Memoirs of an Egyptian Feminist, 1879~1924*(New York: Feminist Press, 1986)

134) Quataert, *Ottoman Empire, 1700~1922*, 122~123; Palmira Brumett, *Image and Imperialism in the Revolutionary Ottoman Press, 1908~1911*(Albany, NY: SUNY Press, 2000), 301; Edward J. Erickson, *Ordered to Die: A History of the Ottoman Army in the First World War*(Westport, CT: Greenwood Press, 2000), 42, 63; Donald E. Miller and Lorna Touryan Miller, eds., *Survivors: An Oral History of the Armenian Genocide*(Berkeley: University of California Press, 1993), 19.

135) Ilhan Tekeli and Selim Ilkin, "The Public Works Program and the Development of Technology in the Ottoman Empire in the Second Half of the Nineteenth Century", *Turcica: Revue d'Études Turques* 28(1996): 195~234; Donald Quataert, "The Silk Industry of Bursa, 1880~1914", Huri Islamogulu-Inan, ed., *The Ottoman Empire and the World-Economy*(Cambridge: Cambridge University Press, 1987), 284.

136) Abdul-Karim Rafeq, "Damascus and the Pilgrim Caravan", *Modernity and Culture: From the Mediterranean to the Indian Ocean*, eds. Leila Tarazi Fawaz, C. A. Bayly, and Robert Ilbert(New York: Columbia University Press, 2002), 139; Quataert, "Silk Industry of Bursa", 284~286.

137) Quataert, "Silk Industry of Bursa", 284.

138) G. F. Deasy, "The Harbors of Africa", *Economic Geography* 18(1942): 325~342.

139) Headrick, *Tools of Empire*, 193.

140) E. g., D. Lardner, *Railway Economy*(London, 1850), 35; Emily Clemens Pearson, *Gutenberg and the Art of Printing*(London: Noyes, Holmes and Co., 1871), 288.

141) Headrick, *Tentacles of Progress*, 51.

142) Christopher, Colonial Africa, 82; Lewis H. Gann and Peter Duignan, *The Rulers of British Africa, 1870~1914*(London: Routledge, 1978), 393n24.

143) 루스는 어머니 마리아에게서 이 사업을 넘겨받았다. David Rooney. *Ruth Belville: The Greenwich Time Lady*(Greenwich: National Maritime Museum, 2008).

144) Tim Youngs, ed., *Travel Writing in the Nineteenth Century: Filling in the Blank Spaces*(London: Anthem, 2006), 42.

145) Headrick, *Tentacles of Progress*, 32~33.

146) Ian J. Kerr, ed., *Railways in Modern India*(Oxford: Oxford University Press, 2001), 15.

147) Laura Bear, "Miscegenations of Modernity: Constructing European Respectability and Race in the Indian Railway Colony, 1857~1931", *Women's History Review* 3(1994): 531~548; Bear, *Lines of the Nation*, 80.

148) Jun Uchida, "'A Scramble for Freight'", 117~150.

149) 다음에서 재인용. Susan Tennant, *The 1918 Shikoku Pilgrimage of Takamure Itsue: An English Translation of Musume Junreiki*(Bowen Island, BC: Bowen Publishing, 2010), 66.

150) Peter Van der Veer, *Religious Nationalism: Hindus and Muslims in India*(Berkeley: University of California Press, 1994), 82; Ian J. Kerr, "Reworking a Popular Religious Practice: The Effects of Railways on Pilgrimage in 19th and 20th Century South Asia", Kerr, *Railways in Modern India*, 304~327; F. E. Peters, *The Hajj: The Muslim Pilgrimage to Mecca and the Holy Places*(Princeton, NJ: Princeton University Press, 1994), 266~267, 282~289, 301~307; Siobhan Lambert-Hurley, ed., *A Princess's Pilgrimage*(Bloomington: Indiana University Press, 2008)

151) S. A. M. Adshead, *China in World History*, 3rd ed.(London: Palgrave, 2000), 299~300.

152) J. N. Hays, *Epidemics and Pandemics: Their Impacts on Human History*(Santa Barbara, CA: ABC-CLIO, 2005), 315~316, 385~391.

153) Ira Klein, "Plague, Policy and Popular Unrest in British India", *Modern Asian Studies* 22, no. 4(1988): 737; William Beinart and Lotte Hughes, *Environment and Empire*(Oxford: Oxford University Press, 2007), 174; Lajpat Rai, *Young India: An Interpretation and a History of the Nationalist Movement*(New York: B. W. Huebsch, 1916), 249; M. K. Gandhi, *Hind Swaraj and Other Writings*, ed. Anthony J. Parel(1910; Cambridge: Cambridge University Press, 1997).

154) '이동 감금(traveling incarceration)'이라는 표현은 미셸 드 세르토의 것이다. Michel de Certeau, *The Practice of Everyday Life*, trans. Steven Rendall(Berkeley: University of California, 1988), 111.

155) Parel, *Hind Swaraj*, 47.

156) Rudolph Peters, "Religious Attitudes towards Modernization in the Ottoman Empire: A Nineteenth Century Pious Text on Steamships, Factories and the Telegraph", *Die Welt des Islams*, n.s., 26, no. 1(1986): 76~105.

157) Bektas, "The Sultan's Messenger", 669.

158) Ibid., 692~693; Abdul-Karim Rafeq, "Damascus and the Pilgrim Caravan", Fawaz, Bayly, and Ilbert, *Modernity and Culture*, 141.

159) Benedict Anderson, *Imagined Communities: Reflections on the Origin and Spread of Nationalism*, 2nd rev. ed. rev.(London: Verso, 1991).

160) Manu Goswami, "From Swadeshi to Swaraj: Nation, Economy, Territory in Colonial South Asia,

1870 to 1907", *Comparative Studies in Society and History* 40, no. 4(1998): 609~636.

161) Margaret McClure, *Wonder Country: Making New Zealand Tourism*(Auckland: Auckland University Press, 2004); Jeremy Foster, "'Land of Contrast' or 'Home We Have Always Known?' The SAR & H and the Imaginary Geography of White South African Nationhood, 1910~1930", *Journal of Southern African Studies* 29, no. 3(2003): 657~680.

162) Jamie Mackei, *Bandung 1955: Non-Alignment and Afro-Asian Solidarity*(Paris: Éditions Didier Millet, 2005), 14; Christopher Lee, ed., *Making a World after Empire: The Bandung Moment and Its Political Afterlives*(Athens: University of Ohio Press, 2010).

163) Mackie, *Bandung 1955*, 78, 87. 이러한 갈등은 1960년대와 1970년대의 비동맹 운동에 나타난 불화의 핵심이기도 했다. 비동맹 운동은 반둥 회의뿐만 아니라 네루에게도 큰 빚을 졌다.

164) Mrinalini Sinha, *Specters of Mother India: The Global Restructuring of an Empire*(Durham, NC: Duke University Press, 2006), 18.

165) P. J. Cain and A. G. Hopkins, *British Imperialism, 1688~2000*, 2nd ed.(London: Longman, 2001). 비슷한 주장은 다음을 참고하라. Antoinette Burton, *Empire in Question: Reading, Writing and Teaching British Imperialism*(Durham, NC: Duke University Press, 2011), esp. chap. 12.

166) 터키 역사가 셀림 데링길(Selim Deringil). 다음에서 재인용. James Gelvin, "Developmentalism, Revolution, and Freedom in the Arab East: The Cases of Egypt, Syria and Iraq", *The Idea of Freedom in Asia and Africa*, ed. Robert H. Taylor(Stanford, CA: Stanford University Press, 2002), 69.

167) Niall Ferguson, "The British Empire Revisited: The Costs and Benefits of 'Anglobalization'", *Historically Speaking* 4, no. 4(april 2003): 21~27.

168) Keith Wilson, ed., *The International Impact of the Boer War*(Chesham: Acumen, 2001); Burton, *Empire in Question*, chap. 12.

169) John Crawford and Ian McGibbon, eds., *One Flag, One Queen, One Tongue: New Zealand, the British Empire, and the South African War*(Auckland: Auckland University Press, 2003); Terence Denman, "'The Red Livery of Shame': The Campaign Against Army Recruitment in Ireland, 1899~1914", *Irish Historical Studies* 29(1994): 208~233; Donal P. McCracken, "'Fenians and Dutch Carpetbaggers': Irish and Afrikaner Nationalisms, 1877~1930", *Eire-Ireland* 29, no. 3(1994): 109~125.

170) Simon Szreter, *Fertility, Class and Gender in Britain, 1860~1940*(Cambridge: Cambridge University Press, 1996), 183~186; Theodore M. Porter, *Karl Pearson: The Scientific Life in a Statistical Age*(Princeton, NJ: Princeton University Press, 2004), 282~284.

171) Elisa Camiscioli, "Reproducing the 'French Race': Immigration and Pronatalism in Early-Twentieth-Century France", Ballantyne and Burton, *Bodies in Contact*, 219~233; Sabine Frühstück, *Colonizing Sex: Sexology and Social Control in Modern Japan*(Berkeley: University of California Press, 2003).

172) Apollon Davidson and Irina Filatova, "Seeking the Secrets of War: Russian Military Observers at the South African War(1899~1902)", *Kleio* 30(1998): 45~63.

173) Rebecca Karl, *Staging the World: Chinese Nationalism at the Turn of the Twentieth Century*(Durham, NC: Duke University Press, 2002).

174) Jeff Sahadeo, *Russian Colonial Society in Tashkent, 1865~1923*(Ithaca, NY: Cornel University Press, 2007), 90, 170~173; Daniel Brower, *Turkestan and the Fate of the Russian Empire*(London: RoutledgeCurzon, 2003). 다음도 참고하라. Douglas Northrop, *Veiled Empire: Gender and Power in Stalinist Central Asia*(Ithaca, NY: Cornel University Press, 2004).

175) Lora Wildenthal, *German Women for Empire, 1884~1945*(Durham, NC: Duke University Press, 2001), esp. chaps. 2 and 4.

176) "Pan-German Greed of Lebensraum", *The Imperialism Reader*, ed. Louis L. Snyder(New York: Van Nostrand, 1962), 89.

177) Früstück, *Colonizing Sex*, 37, 22; Louise Young, *Japan's Total Empire: Manchuria and the Culture of Wartime Imperialism*(Berkeley: University of California Press, 1998), 248.

178) Adeeb Khalid, "'The World of Journalism, or the Reasons for the Establishment of the Newspaper To'jorr,' 1907", *The Modern Middle East: A Sourcebook*, eds. Cameron Michael Amin, Benjamin C. Fortna, and Elizabeth Frierson(Oxford: Oxford University Press, 2006), 104~107; Tony Ballantyne, "Teaching Maori about Asia: Print Culture and Community Identity in Nineteenth-Century New Zealand", *Asia in the Making of New Zealand*, eds. Brian Moloughney and Henry Johnson(Auckland: Auckland University Press, 2006), 13~25.

179) Emman Jinhua Teng, *Taiwan's Imagined Geographies: Chinese Colonial Travel Writing and Pictures, 1683~1895*(Cambridge, MA: Harvard University Asia Center, 2004); Matt K. Matsuda, *Empire of Love: Histories of France and the Pacific*(Oxford: Oxford University Press, 2005).

180) Peter Duus, *The Abacus and the Sword: The Japanese Penetration of Korea, 1895~1910*(Berkeley: University of California Press, 1995), 398.

181) David Prochaska, "The Cagayous of Algiers", *American Historical Review* 101, no. 3(1996): 695~696.

182) Patricia Lorcin, *Imperial Identities: Stereotyping, Prejudice and Race in Colonial Algeria*(New York: Tauris, 1995), 28~33, 260n70; Catherine Hall, "The Rule of Difference: Gender, Class and Empire in the Making of the 1832 Reform Act", *Gendered Nations: Nationalisms and Gender Order in the Long Nineteenth Century*, eds. Ida Blom, Karen Hagemann, and Catherine Hall(New York: Oxford/Berg, 2000), 107~135; Antoinette Bruton, "New Narratives of Imperial Politics in the 19th Century", *At Home with the Empire: Metropolitan Culture and the Imperial World*, eds. Catherine Hall and Sonya Rose(Cambridge: Cambridge University Press, 2006), 212~229.

183) Tony Ballantyne, "The State, Politics, and Power, 1769~1893", *The New Oxford History of New Zealand*, ed. Giselle Byrnes(Oxford: Oxford University Press, 2009), 99~125; Caroly Martin Shaw, *Colonial Inscriptions: Race, Sex and Class in Kenya*(Minneapolis: University of Minnesota Press, 1995), 36~59; Victoria B. Tashjian and Jean Allman, "Marrying and Marriage in a Shifting Terrain: Reconfigurations of Power and Authority in Early Colonial Asante", *Women in African Colonial Histories*, eds. Jean Allman, Susan Geiger, and Nakanyike Musisi(Bloomington:

Indiana University Press, 2002), 237; Belinda Bozzoli, *Women of Phokeng: Consciousness, Life Strategy and Migrancy in South Africa, 1900~1983*(London: Heinemann, 1991), 14.

184) Henry Reynolds, *The Other Side of the Frontier*(Townsville, Queensland: James Cook University, 1981; New York: Penguin, 1982); Reynolds, *Aboriginal Sovereignty: Reflections on Race, State and Nation*(London: Allen and Unwin, 1996), 1~15.

185) Reymond Evans, "'Plenty Shoot Em': The Destruction of Aboriginal Societies along the Queensland Frontier", *Genocide and Settler Society: Frontier Violence and Stolen Indigenous Children in Australian History*, ed. A. Dirk Moses(New York: Berghahn, 2004), 150~173. 인용은 165.

186) 예를 들면 다음을 참고하라. Fiona Paisley, *Loving Protection? Australian Feminism and Aboriginal Women's Rights, 1919~1939*(Melbourne: Melbourne University Press, 2000).

187) Clifton Crais, *The Politics of Evil: Politics, State Power and the Political Imagination in South Africa*(Cambridge: Cambridge University Press, 2002), 12.

188) Emilio Aguinaldo, *True Version of the Philippine Revolution*(Gloucestershire: Dodo, 2006); Benedict Anderson, *Under Three Flags: Anarchism and the Anti-Colonial Imagination*(New York: Verso, 2005).

189) Madhavi Kale, *Fragments of Empire: Capital, Slavery, and Indian Indentured Labor Migration*(Philadelphia: University of Pennsylvania Press, 1998), 150ff.

190) Anthony De Verteuil, *Eight East Indian Immigrants: Gokool, Soodeen, Sookoo, Capildeo, Deccani, Ruknaddeen, Valiama, Bunsee*(Newtown, Trinidad: Paria, 1989).

191) Ian C. Fletcher, "Double Meanings: Nation and Empire in the Edwardian Era", *After the Imperial Turn: Thinking with and through the Nation*, ed. Antoinette Burton(Durham, NC: Duke University Press, 2005), 251ff.

192) Nemata Blyden, "The Search for anna Erskine: African American Women in Nineteenth Century Liberia", *Stepping Forward: Black Women in Africa And the Americas*, eds. Catherine Higgs et al.(Athens: Ohio University Press, 2002), 31~43; Iris Berger, "An African American 'Mother of the Nation': Madie Hall Xuma in South Africa, 1940~1963", *Journal of Southern African Studies* 27, no. 1(2001): 547~566; Rosalyn Terborg-Penn, "Enfranchising Women of Color: Woman Suffragists as Agents of Imperialism", *Nation, Empire, Colony: Historicizing Gender and Race*, eds. Nupur Chaudhuri and Ruth Roach Pierson(Bloomington: Indiana University Press, 1998), 41~56.

193) Niam Lynch, "Defining Irish Nationalist Imperialism: Thomas Davis and John Mitchell", *Eire-Ireland* 42, no. 1~2(2007): 82~107; Jonathan Hyslop, "The World Voyage of James Keir Hardie: Indian Nationalism, Zulu Insurgency and the British Labour Diaspora, 1907~1908", *Journal of Global History 1(2006): 359; My-Van Tran, "Testimony of a Twentieth Centrury Vietnamese Revolutionary: The Memoirs of Tran Trong Khac", Journal of Colonialism and Colonial History* 7, no. 3(2007).

194) Christopher Abel, *José Martí: Revolutionary Democrat*(Dublin: Athlone, 1986).

195) 예를 들면 다음을 참고하라. Rogaski, *Hygienic Modernity*.

196) Janet Afary, *The Iranian Constitutional Revolution, 1906~1911: Grassroots Democracy, Social Democracy and the Origins of Feminism*(New York: Columbia University Press, 1996), 179.

197) Susan Pennybacker, "The Universal Races Congress, London, Political Culture, and Imperial Dissent, 1900~1939", *Radical History Review* 92(2005): 103~117; Mansour Bonakdarian, "Negotiating Universal Values and Cultural and National Parameters at the First Universal Races Congress", *Radical History Review* 92(2005): 126n1.

198) Cameron Michael Amin, *The Making of the Modern Iranian Woman: Gender, State Policy and Popular Culture, 1865~1946*(Gainesville: University Press of Florida, 2002), 117~118.

199) Susan Zimmerman, "The Challenge of Multinational Empire for the International Women's Movement: The Habsburg Monarchy and the Development of Feminist International Politics", *Journal of Women's History* 17, no. 2(2005): 87~117.

200) Meera Kosambi, ed., *Pandita Ramabai's American Encounter*(Bloomington: University of Indiana Press, 2003); Padma Anagol, *The Emergence of Feminism in India, 1850~1920*(London: Ashgate, 2005), esp. 37~46.

201) Bill V. Mullen, *Afro-Orientalism*(Minneapolis: University of Minnesota, 2004); Gerald Horne, *Race War: White Supremacy and the Japanese Attack on the British Empire*(New York: NYU Press, 2004); Erez Manela, *The Wilsonian Moment: Self-Determination and the International Origins of Anticolonial Nationalism*(Cambridge, MA: Harvard University Press, 2007). 이처럼 1919년을 다양하게 분석하는 견해를 세계사 교육과정에서 어떻게 가르칠 수 있는지에 관한 논의는 다음을 참고하라. Antoinette Burton, *A Primer for Teaching World History: Ten Design Principles*(Durham, NC: Duke University Press, 2011). chap. 5.

202) 구웨이진이 공식 대표는 아니었다. Manela, *Wilsonian Moment*; Pat Walsh, *The Rise and Fall of Imperial Ireland: Redmondism in the Context of Britain's Conquest of South Africa and Its Great War on Germany, 1899~1916*(Dublin: Athol, 2003), 485~488.

203) Marilyn Lake and Henry Reynolds, *Drawing the Global Colour Line: White Men's Countries and the International Challenge of Racial Equality*(Cambridge: Cambridge University Press, 2008). chap. 7; Michael Adas, "Contested Hegemony: The Great War and the Afro-Asian Assault in the Civilizing Mission Ideology", *Journal of World History* 15, no. 1(2004): 31~63; Leila Rupp, "Constructing Internationalism: The Case of Transnational Women's Organizations, 1885~1945", *American Historical Review* 99, no. 5(1994): 1571~1600.

204) Lial, "Incident of the Crawling Lane", 36~37; Rana Mitter, *Bitter Revolution: China's Struggle with the Modern World*(Oxford: Oxford University Press, 2004), 162.

205) Anderson, Under *Three Flags*; Eiichiro Azuma, *Between Two Empires: Race, History and Transnationalism in Japanese America*(Oxford: Oxford University Press, 2005); Rashid Khalidi et al., *The Origins of Arab Nationalism*(New York: Columbia University Press, 1991); Stephen White, "Communism and the East: The Baku Congress, 1920", *Slavic Review* 33, no. 3(1974): 492~514; John D. Hargreaves, "The Comintern and Anti-Colonialism: New Research Opportunities", *African Affairs* 92(1993): 255~261; Michelle Stephens, *Black Empire: The Masculine Global*

Imaginary of Caribbean Intellectuals in the United States, 1914~1692(Durham, NC: Duke University Press, 2005), 27; John Maynard, "Transcultural/Transnational Interaction and Influences on Aboriginal Australia", *Connected Worlds: History in Transnational Perspective*, eds. Ann Curthoys and Marilyn Lake(Canberra: ANU E Press, 2005), chap. 12.

206) Jason Knirk, "Dominion of Ireland: The Anglo-Irish Treaty in an Imperial Context", *Eire-Ireland* 42, nos. 1~2.(2007): 241.

207) Prasenjit Duara, *Sovereignty and Authenticity: Manchuko and the East Asian Modern*(Lanham, MD: Rowman and Littlefield, 2004), 1~2; Manela, *Wilsonian Moment*, 195; Brent Hayes Edwards, "The Shadow of Shadows", *positions: east asia cultures critique* 11(2003): 11~49.

208) Susan Pedersen, "Metaphors of the Schoolroom: Women Working the Mandates System of the League of Nations", *History Workshop* 66(2008): 189~207.

209) Charlotte Weber, "Unveiling Scheherazade: Feminist Orientalism in the International Alliance of Women", *Feminist Studies* 27, no. 1(2007); Sinha, *Specters of Mother India*, 8ff.

210) Tara Zahra, "'Each Nation Only Cares for Its Own': Empire, Nation and Child Welfare Activism in the Bohemian Lands, 1900~1918", *American Historical Review* 111, no. 5(2005); Elizabeth Thompson, *Colonial Citizens: Republican Rights, Paternal Privilege, and Gender in French Syria and Lebanon*(New York: Columbia University Press, 2000); Lisa Pollard, *Nurturing the Nation: The Family Politics of Modernizing, Colonizing and Liberating Egypt, 1805~1923*(Berkeley: University of California Press, 2005).

211) Young, *Japan's Total Empire*, 283; John C. De Boer, "Circumventing the Evils of Colonialism: Yanaihara Tadao and Zionist Settler Colonialism in Palestine", *positions: east asia cultures critique* 14, no. 3(2006): 567~595.

212) 프랜신 허시가 지적했듯이 소련의 민족지학자들은 자국 민족 집단에 관한 지식의 축적에 전념하는 가구가 확대되고 체계화되는 상황에서 아메리카 원주민 보호 구역이 민족 '문제'에 적용할 모델이 될 수 있으리라고 기대했다. Francine Hirsch, *Empire of Nations: Ethnographic Knowledge and the Making of the Soviet Union*(Ithaca, NY: Cornell University Press, 2005), 87~88.

213) Vijay Prashad, *Everybody Was Kungfu Fighting: Afro-Asian Connections and the Myth of Cultural Purity*(Boston: Beacon Press, 2001), 79.

214) Goolam Vahed, "Constructions of Community and Identity among Indians in Natal, 1860~1910: The Role of the Muharram Festival", *Journal of African History* 43, no. 1(2002): 77~94.

215) Eóin Flannery and Angus Mitchell, eds., *Enemies of Empire: New Perspectives on Imperialism, Literature and Historiography*(Dublin: Four Courts, 2007).

216) Mullen, *Afro-Orientalism*, chap. 1, "W. E. B. Dubois's Afron-Asian Fantasia."

217) Ibid., xxxvii. 다른 삼각 기반에서의 미시시피와 듀보이스에 관해서는 다음을 참고하라. Marilyn Lake, "From Mississippi to Melbourne via Natal: The Invention of the Literacy Test as a Technology of Racial Exclusion", Curthoys and Lake, *Connected Worlds*, chap. 13.

218) 이 어구는 앨리스 웨인봄의 것이다. Alys Eve Weinbaum, *Wayward Reproductions: Genealogies of*

Race and Nation in Transatlantic Modern Thought(Durham, NC: Duke University Press, 2004), esp. chap. 5. 다음도 참고하라. Kate Baldwin, *Beyond the Color Line and the Iron Curtain: Reading Encounters between Black and Red*(Durham, NC: Duke University Press, 2002), esp. chap. 2.

219) William J. Duiker, *Ho Chi Minh*(New York: Hyperion, 2000), 79~85, 594.

220) Hue-Tam Ho Tai, *Radicalism and the Origins of the Vietnamese Revolution*(Cambridge, MA: Harvard University Press, 1992), 218; Phuong Bui-Tranh, "Femmes vietnammiennes pendant et après la colonisation française", *Histoire des femmes en situation coloniale: Afrique et Asie, XXe siècle*, ed. Anne Hugon(Paris: Karthala, 2004), 77~78.

221) Rupp, "Constructing Internationalism", 1952.

222) Norman Smith, "The Difficulties of Despair: Dan Di and Chinese Literary Production in Manchukuo", *Journal of Women's History* 18, no. 1(2006): 77~100.

223) Lake and Reynolds, *Drawing the Global Colour Line*, chap. 1; John McLeod, "A Night at the 'Cosmopolitan': Axes of Transnational Encounter in the 1930s and 1940s", *Interventions* 4, no. 1(2002): 53~67.

224) Helen Hardacre, "Asano Wasaburô and Japanese Spiritualism in Early Twentieth-Century Japan", *Japan's Competing Modernities: Issues in Culture and Democracy, 1900~1930*, ed. Sharon Minichiello(Honolulu: University of Hawaii Press, 1998), 137.

225) Eric Hotta, "Rash Behari Bose and His Japanese Supporters: An Insight into Anti-Colonial Nationalism and Pan Asianism", *Interventions* 8, no. 1(2006): 116~132.

226) Rustom Barucha, *Another Asia: Rabindranath Tagore and Okura Tenshin*(Oxford: Oxford University Press, 2006).

227) 물론 이러한 관계들은 오랜 역사를 지닌다. 다음을 참고하라. Surendra Bhana and Goolam Vahed, *The Making of a Political Reformer: Gandhi in South Africa, 1893~1914*(New Delhi: Manohar, 2005); Goolam, "The Making of 'Indianness': Indian Politics in South Africa during the 1930s and 1940s", *Journal of Natal and Zulu History* 17(1997): 1~36; E. C. Webster, "The 1949 Durban 'Riots': A Case-study in Racism and Class", *Working Papers in Southern African Studies*, ed. P. L. Bonner(Johannesburg: African Studies Institute, University of Witwatersrand, 1979), 21ff.

228) Hilda Bernstein, *For Their Triumphs and for Their Tears: Women in Apartheid South Africa*, rev. ed.(London: International Defence and Aid Fund for Southern Africa, 1985).

229) Dubois, *The World and Africa*(New York: Viking, 1947), esp. chap. 9, "Asia in Africa."

230) Prasenjit Duara, *Sovereignty and Authenticity*, 4.

231) 다음 책에 크게 의존했다. Elleke Boehmer, *Empire, the National and the Postcolonial, 1890~1920*(Oxford: Oxford University Press, 2002), 1~7.

232) Hee-Yeon Cho and Kuan-Hsing Chen, "Editorial Introduction: Bandung/Third Worldism", *Inter-Asia Cultural Studies* 6, no. 4(2005): 473~475.

233) Lal, "Incident of the Crawling Lane."

3부 이주와 소속감

1) 이 단원은 다음 책에 의거하여 집필했다. Dirk Hoerder, *Cultures in Contact: World Migrations in the Second Millennium*(Durham, NC: Duke University Press, 2002), chaps. 12~18. 그 책에는 주해가 더 상세하게 기술돼 있다.

2) Adam M. McKeown, "Global Migration, 1846~1940", *Journal of World History* 15, no. 2(2005): 155~189.

3) Eric J. Hobsbawn and Terence Ranger, eds., *The Invention of Tradition*(Cambridge: Cambridge University Press, 1983); Benedict Anderson, *Imagined Communities: Reflections on the Origin and Spread of Nationalism*(London: Verso, 1983).

4) Adam McKeown, "Chinese Emigration in Global Context, 1850~1940", *Journal of Global History* 5(2010): 1~30; José Moya and Adam McKeown, "World Migration in the Long Twentieth Century", *Essays on Twentieth-Century History*, ed. Michael Adas(Philadelphia: Temple University Press, 2010), 9~52.

5) Marcus Rediker, *The Slave Ship: A Human History*(New York: Viking, 2007), 3에는 Philip D. Curtin, *The Atlantic Slave Trade: A Census*(Madison University of Wisconsin Press, 1969)와 Paul E. Lovejoy, "The Volome of the Atlantic Slave Trade: A Synthesis", *Journal of African History* 23(1982): 473~502의 통계가 최신 것으로 교체돼 있다.

6) David Northrup, *Indentured Labor in the Age of Imperialism, 1834~1922*(Cambridge: Cambridge University Press, 1995); Crispin Bates, ed., *Community, Empire and Migration: South Asian Diaspora*(Basingstoke: Palgrave, 2001).

7) Adam M. McKeown, "Conceptualizing Chinese Diasporas, 1842~1949", *Journal of Asian Studies* 58, no. 2(1999): 306~337; Michael Mann, "Migration-Re-migration-Circulation: South Asian Kulis in the Indian Ocean and Beyond, 1840~1940", *Connecting Seas and Connected Ocean Rims: Indian, Atlantic, and Pacific Oceans and China Seas Migrations from the 1830s to the 1930s*, ed. Donna Gabaccia and Dirk Hoerder(Leiden: Brill, 2011), 108~133.

8) Dirk Hoerder, ed., *Labor Migration in the Atlantic Economies: The European and North American Working Classes during the Period of Industrialization*(Westport, CT: Greenwood, 1985).

9) Hoerder, *Cultures in Contact*, chaps. 13~15.

10) John Torpey, *The Invention of the Passport: Surveillance, Citizenship and the State*(Cambridge: Cambridge University Press, 2000); Christiane Harzig and Dirk Hoerder, with Donna Gabaccia, *What Is Migration History?*(Cambridge: Polity, 2009), 72~85.

11) Harzig et al., *What Is Migration History?*, 1~7, 69~72.

12) José C. Curto and Renée Soulodre-La France, eds., *Africa and the Americas: Interconnections during the Slave Trade*(Trenton, NJ: Africa World Press, 2005).

13) Gerhard Jaritz and Albert Müller, eds., *Migration in der Feudalgesellschaft*(Frankfurt am Main: Campus, 1988); Rainer C. Schwinges, ed., *Neubürger im späten Mittelalter: Migration und Austausch in der Städtelandschaft des alten Reiches(1250~1550)*(Berlin: Duncker und Humblot, 2002).

14) David J. Robinson, ed., *Migration in Colonial Spanish America*(Cambridge: Cambridge University Press, 1990).

15) 다음 문헌에는 어느 대농장 제도에 대한 상세한 연구가 수록돼 있다. Takaki, *Pau Hana: Plantation Life and Labor in Hawaii, 1835~1920*(Honolulu: University of Hawai'i Press, 1983).

16) Paul Gilroy, *The Black Atlantic: Modernity and Double Consciousness*(Cambridge, MA: Harvard University Press, 1993). 이 책은 영국 중심적이고 남성에 치우친 관점을 지녔다. Vincent Bakpetu Thompson, *The Making of the African Diaspora in the Americas, 1441~1900*(Harlow, Essex: Longman, 1987); John Thornton, *Africa and Africans in the Making of the Atlantic World, 1400~1800*, end ed.(Cambridge University Press, 1988). 이 두 권은 포괄적 연구서다. 그 밖에 다음 문헌들도 참고할 만하다. David Patrick Geggus, *Haitian Revolutionary Studies*(Bloomington: Indiana University Press, 2002); Madison S. Bell, *Toussaint Louverture: A Biography*(New York: Pantheon Books, 2007); Emma Christopher, Cassandra Pybus, and Marcus Rediker, eds., *Many Middle Passages: Forced Migration and the Making of the Modern World*(Berkeley: University of California Press, 2007).

17) David Eltis and James Walvin, eds., *The Abolition of the Atlantic Slave Trade: Origins and Effects in Europe, Africa, and the Americas*(Madison: University of Wisconsin Press, 1981); Piet C. Emmer and Magnus Mörner, eds., *European Expansion and Migration: Essays on the Intercontinental Migration from Africa, Asia, and Europe*(New York: Berg, 1992); Seymour Drescher, *Abolition: A History of Slavery and Antislavery*(New York: Cambridge University Press, 2009); Katia M. de Queiros Mattoso, *To Be Slave in Brazil, 1550~1880*, 4th ed.(New Brunswick, NJ: Rutgers University Press, 1994).

18) Magnus Mörner, *Race Mixture in the History of Latin America*(Boston: Little, Brown, 1967); Bonham C. Richardson, "Caribbean Migrations, 1838~1985", *The Modern Caribbean*, eds. Franklin W. Knight and Colin A. Palmer(Chapel Hill: University of North Carolina Press, 1989), 203~228.

19) Eugene D. Genovese, *Roll, Jordan, Roll: The World the Slaves Made*(New York: Pantheon Books, 1974); Lawrence W. Levine, *Black Culture and Black Consciousness: Afro-American Folk Thought from Slavery to Freedom*(New York: Oxford University Press, 1977); Robin D. G. Kelley and Earl Lewis, eds., *To Make Our World Anew: A History of African Americans*(New York: Oxford University Press, 2000); Stephan Palmié, ed., *Slave Culture and the Cultures of Slavery*(Knoxville: University of Tennessee Press, 1995); James N. Gregory, *The Southern Diaspora: How the Great Migrations of Black and White Southerners Transformed America*(Chapel Hill: University of North Carolina Press, 2005); Chad Berry, *Southern Migrants, Northern Exiles*(Urbana: University of Illinois Press, 2000).

20) Gabaccia and Hoerder, *Connecting Seas*.

21) John R. Willis, ed., *Slaves and Slavery in Muslim Africa*, 2 vols.(London: Cass, 1985); Patrick Manning, *Slavery and African Life: Occidental, Oriental, and African Slave Trades*(Cambridge: Cambridge University Press, 1990); Murray Gordon, *Slavery in the Arab World*, trans. from the French(orig. 1987; New York: New Amsterdam, 1989); W. Gervase Clarence-Smith, ed., *The*

Economics of the Indian Ocean Slave Trade in the Nineteenth Century(London: Cass, 1989); Richard B. Allen, "Satisfying the Want for Labouring People: European Slave Trading in the Indian Ocean, 1500~1850", *Journal of World History* 21, no. 1(2010): 45~73; Janet J. Ewald, "Slavery in Africa and the Slave Trades from Africa", *American Historical Review* 97(1992): 465~485.

22) Kingsley Davis, *The Population of India and Pakistan*(Princeton, NJ: Princeton University Press, 1951); Jan C. Breman and E. Valentine Daniel, "The Making of a Coolie", *Journal of Peasant Studies* 19, nos. 3~4(1992): 268~295; Jan Breman, *Labour Bondage in West India: From Past to Present*(New Delhi: Oxford University Press, 2007); Prasannan Parthasarathi, *The Transition to a Colonial Economy: Weavers, Merchants and Kings in South India, 1720~1800*(Cambridge: Cambridge University Press, 2001); Morris D. Morris, *The Emergence of an Industrial Labour Force in India: A Study of the Bombay Cotton Mills, 1854~1947*(Bombay: Oxford University Press, 1965); Ranajit Das Gupta, "Factory Labour in Eastern India: Sources of Supply, 1855~1946", *Indian Economic and Social History Review* 13(1976): 277~330; Dietmar Rothermund and D. C. Wadhwa, eds., *Zamindars, Mines, and Peasants: Studies in the History of an Indian Coalfield and Its Rural Hinterland*(New Delhi: Manohar, 1978).

23) Philip A. Kuhn, *Chinese among Others: Emigration in Modern Times*(Lanham: Rowman and Littlefield, 2008); Alfonso Felix Jr., ed., *The Chinese in the Philippines*, 2 vols.(Manila: Solidaridad, 1966~1969); Victor Purcell, *The Chinese in Southeast Asia*, 2nd rev. ed.(London: Oxford University Press, 1965); Wong Kwok-Chu, *The Chinese in the Philippine Economy, 1898~1941*(Quezon City: Ateneo de Manila University Press, 1999).

24) Harry G. Gelber, *Opium, Soldiers and Evangelicals: Britain's 1840~42 War with China and Its Aftermath*(New York: Palgrave Macmillan, 2004); Timothy Brook and Bob Tadashi Wakabayashi, eds., *Opium Regimes: China, Britain, and Japan, 1839~1952*(Berkeley: University of California Press, 2000).

25) Ping-ti Ho, *Studies on the Population of China, 1368~1953*(Cambridge, MA: Harvard University Press, 1959), 153~158; Jonathan D. Spence, *The Search for Modern China*(New York: Norton, 1990), 167~242.

26) Lynn Pan, gen. ed., *The Encyclopedia of the Chinese Overseas*(Richmond, UK: Curzon, 1999); Lynn Pan, *Sons of the Yellow Emperor: The Story of the Overseas Chinese*(London: Secker and Warburg, 1990), esp. 3~22; Wang Gungwu, *The Chinese Overseas: From Earthbound China to the Quest for Autonomy*(Cambridge, MA: Harvard University Press, 2000); Amarjit Kaur, *Wage Labour in Southeast Asia since 1840: Globalisation, the International Division of Labour and Labour Transformations*(Basingstoke: Palgrave Macmillan, 2004).

27) Irene B. Taeuber, *The Population of Japan*(Princeton, NJ: Princeton University Press, 1958), 173~190; Neville Bennett, "Japanese Emigration Policy, 1880~1941", *Asians in Australia: The Dynamics of Migration and Settlement*, eds. Christine Inglis et al. (Singapore: Institute of Southeast Asian Studies, 1992), 23~43; Marius B. Jansen, "Japanese Imperialism: Late Meiji Perspectives", *The Japanese Colonial Empire, 1895~1945*, eds. Ramon H. Myers and Mark R. Peattie(Princeton,

NJ: Princeton University Press, 1984), 61~79; Douglas R. Howland, *Translating the West: Language and Political Reason in Nineteenth-Century Japan*(Honolulu: University of Hawai'i Press, 2002).

28) 첫 번째 식민지 쟁탈전에서 영국에 패한 프랑스는 1830년대에 알제리 인근에서 식민지 건설을 재개하고, 1871년 프로이센에 패한 뒤에는 다시 제국주의 팽창에 나섰다.

29) Hugh Tinker, *A New System of Slavery: The Export of Indian Labour Overseas, 1830~1920*(London: Oxford University Press, 1974); Northrup, *Indentured Labor*; Kay Saunders, ed., *Indentured Labour in the British Empire, 1834~1920*(London: Croom Helm, 1984).

30) Kenneth McPherson, Frank Broeze, Joan Wardrop, and Peter Reeves, "The Social Expansion of the Maritime World of the Indian Ocean: Passenger Traffic and Community Building, 1815~1939", *Maritime Aspects of Migration*. ed. Klaus Friedland(Colone: Böhlau, 1989), 427~440. 특정 도착지들에 대한 다수의 연구는 다음을 참고하라. Surendra Bhana, ed., *Essays on Indentured Indians in Natal*(Leeds: Peepal Tree Press, 1990); Uttama Bissoondoyal and S. B. C. Servansing, eds., *Indian Labour Immigration*(Moka, Mauritius: Mahatma Gandhi Institute, 1986); Marina Carter, *Voices from Indenture: Experiences of Indian Migrants in the British Empire*(Leicester: Leicester University Press, 1997); Adam McKeown, *Chinese Migrant Networks and Cultural Change: Peru, Chicago and Hawaii, 1900~1936*(Chicago: University of Chicago Press, 2001).

31) Hoerder, *Cultures in Contact*, 199~200, 211~215.

32) 이 연구의 개요는 다음을 참고하라. Ibid., 191~199, 200~210, 216~227. 탈식민주의 기간에 관련된 내용은 다음 문헌에 가장 잘 요약돼 있다. José C. Moya, "A Continent of Immigrants: Postcolonial Shifts in the Western Hemisphere", *Hispanic American Historical Review* 86, no. 1(2006): 1~28.

33) Mark Wyman, *Round-Trip to America: The Immigrants Return to Europe, 1880~1930*(Ithaca, NY: Cornell University Press, 1993).

34) Dirk Hoerder and Nora Faires, eds., *Migrants and Migration in Modern North America: Cross-Border Lives, Labor Markets, and Politics in Canada, the Caribbean, Mexico, and the United States*(Durham, NC: Duke University Press, 2011), esp. chaps. 2, 4, 6, 8, 10.

35) 미국에서 일어난 역내 이주의 사례 연구는 다음 문헌들을 참고하라. Thomas Dublin, *Women at Work: The Transformation of Work and Community in Lowell, Mass., 1826~1860*(New York: Columbia University Press, 1979); Joe W. trotter Jr., ed., *The Great Migration in Historical Perspective: New Dimensions of Race, Class, and Gender*(Bloomington: Indiana University press, 1991). 백인 소작인들이 대공황과 가뭄에 따른 황진(黃塵) 현상을 피해 이주했던 사실은 미국 농업안전국(FSA) 사진단에 의해 기록되었고, 존 스타인벡의 소설 『분노의 포도』(1930)의 주제로도 쓰였다.

36) Hoerder, *Cultures in Contact*, 357~361.

37) Donald W. Treadgold, *The Great Siberian Migration: Government and Peasant in Resettlement from Emancipation to the First World War*(Princeton, NJ: Princeton University Press, 1957); Michael Khodarkovsky, *Russia's Steppe Frontier: The Making of a Colonial Empire, 1500~1800*(Bloomington:

Indiana University Press, 2002); Andrew A. Gentes, *Exile to Siberia, 1590~1822*(New York: Palgrave Macmillan, 2008).

38) James H. Bater, *St. Petersburg: Industrialization and Change*(London: Arnold, 1976); Barbara A. Anderson, *Internal Migration during Modernization in Late Nineteenth-Century Russia*(Princeton, NJ: Princeton University Press, 1980); Inge Blank, "A Vast Migratory Experience: Eastern Europe in the Pre-and Post-Emancipation Era(1780~1914)", *Roots of the Transplanted*, 2 vols., eds. Dirk Hoerder et al.(New York: Columbia University Press, 1994), 1:201~251.

39) Ben Eklof and Stephen P. Frank, eds., *The World of the Russian Peasant: Post-Emancipation Culture and Society*(Boston: Unwin Hyman, 1990).

40) 이주에 대한 이론적·방법론적 접근법은 다음 문헌에 정리돼 있다. Harzig et al., *What is migration History?* 아울러 다음 문헌들도 참고하라. Caroline B. Brettell and James F. Hollifield, eds., *Migration Theory: Talking across Disciplines*(London: Routledge, 1999); Jan Lucassen and Leo Lucassen, eds., *Migration, Migration History, History: Old Paradigms and New Perspectives*(Frankfurt am Main: Lang, 1997; rev. ed. 2005). 사회학적 견지에서 본 이주민 끼워 넣기와 문화 변용에 대한 내용은 다음에 가장 잘 설명돼 있다. Wsevolod W. Isajiw, *Understanding Diversity: Ethnicity and Race in the Canadian Context*(Toronto: Thompson, 1999). 여기 나오는 캐나다의 사례는 다른 사회들에도 적용될 수 있다.

41) Arjun Appadurai, "Global Ethnoscapes: Notes and Queries for a Transnational Anthropology", *Recapturing Anthropology: Working in the Present*, ed. Richard Fox(Santa Fe, NM: School of American Research Press, 1991), 191~210; Allen F. Roberts, "La 'Géographie Processuelle': Un nouveau paradigme pour les aires culturelles", *Lendemains* 31, nos. 122~123(2006): 41~61. 전반적인 내용에 대해서는 다음을 참고하라. Henri Lefebvre, *The Production of Space*, trans. Donald Nicolson-Smith(French orig., 1974; Oxford: Blackwell, 1991).

42) McKeown, "Global Migration, 1846~1940"; and Moya and McKeown, "World Migration."

43) 지역적 접근법은 다음 문헌들에 개진돼 있다. Sylvia Hahn, *Migration-Arbeit-Geschlecht: Arbeitsmigration in Mitteleuropa vom 17. bis zum Beginn des 20. Jahrhunderts*(Göttingen: V&R Unipress, 2008), 18, 32~33, 157~244; and by Lynn Pan, *Sons of the Yellow Emperor*, esp. 3~22. 이 밖에도 다수의 문헌이 있다.

44) Dirk Hoerder, *"To Know Our Many Selves": From the Study of Canada to Canadian Studies*(Edmonton: Athabasca University Press, 2010), 260~390; and Hoerder, "Transnational-Transregional-Translocal: Transcultural", *Handbook of Research Methods in Migration*, ed. Carlos Vargas-Silva(Cheltenham, UK: Edward Elgar, 2012), 69~91.

45) Harzig et al., *What Is Migration History?*, 66~69.

46) Dirk Hoerder, "From Migrants to Ethnics: Acculturation in a Societal Framework", *European Migrants: Global and Local Perspectives*, eds. Dirk Hoerder and Leslie P. Moch(Boston: Northeastern University Press, 1996), 211~262.

47) Pierre Bourdieu, *Questions de sociologie*(Paris: Éditions de Minuit, 1980); Raymond Williams, *Culture and Society, 1780~1950*(London: Chatto and Windus, 1958).

48) James H. Jackson Jr. and Leslie Page Moch, "Migration and the Social History of Modern Europe", *Historical Methods* 22(1989): 27~36, reprinted in Hoerder and Moch, *European Migrants*, 52~69; Harzig et al., *What Is Migration History?*, 87~114. 다음도 참고하라. Ewa Morawska and Michael Bommes, eds., *International Migration Research: Constructions, Omissions, and Promises of Interdisciplinarity*(Aldershot: Ashgate, 2005).

49) Raymond Breton, "Institutional Completeness of Ethnic Communities and Personal Relations of Immigrants", *American Journal of Sociology* 70(September 1964): 193~205; John Goldlust and Anthony H. Richmond, "A Multivariate Model of Immigrant Adaptation", *International Migration Review* 8(1974): 193~225.

50) Robin Cohen, *Global Diasporas: An Introduction*(Seattle: University of Washington Press, 1997); Khachig Tölölyan, "Rethinking Diaspora(s): Stateless Power in the Transnational Moment", *Diaspora* 5, no. 1(1996): 9~36.

51) Michael R. Marrus, *The Unwanted: European Refugees in the Twentieth Century*(Oxford: Oxford University Press 1985), 인용은 51.

52) 이에 대한 전반적 내용은 다음을 참고하라. Ernest Gellner, *Nations and Nationalism*(Oxford: Blackwell, 1983); Anthony D. Smith, *National Identity*(Reno: University of Nevada Press, 1991); and Smith, *Myths and Memories of the Nation*(Oxford: Oxford University Press, 1999).

53) Donna R. Gabaccia, "The 'Yellow Peril' and the 'Chinese of Europe': Global Perspectives on Race and Labor, 1815~1930", Lucassen and Lucassen, *Migration, Migration History*, 177~196.

54) Ann L. Stoler, "Making Empire Respectable: The Politics of Race and Sexual Morality in 20th-Century Colonial Cultures", *American Ethnologist* 16(1989): 634~660; Frederick Cooper and Ann L. Stoler, eds., *Tensions of Empire: Colonial Cultures in a Bourgeois World*(Berkeley: University of California Press, 1997); Anne McClintock, *Imperial Leather: Race, Gender and Sexuality in the Colonial Context*(New York: Routledge, 1995); Margaret Strobel, *Gender, Sex, and Empire*(Washington, DC: American Historical Association, 1993); Mary Louise Pratt, *Imperial Eyes: Travel Writing and Transculturation*(London: Routledge, 1992).

55) Mrinalini Sinha, *Colonial Masculinity: The "Manly Englishmen" and the "Effeminate Bengali" in the 19th Century*(Manchester: Manchester University Press, 1995).

56) 이에 대한 좀 더 상세한 내용은 다음과 참고 문헌을 살펴보라. Hoerder, *Cultures in Contact*, chap. 16.

57) Talal Asad, ed., *Anthropology and the Colonial Encounter*(New York: Humanities Press, 1973); Peter Pels, "The Anthropology of Colonialism: Culture, History, and the Emergence of Western Governmentality", *Annual Review of Anthropology* 26(1997): 163~183; Sylvia Van Kirk, "*Many Tender Ties*": Women in Fur Trade Society in Western Canada, 1670~1870(Winnipeg: Watson, 1980).

58) Carey McWilliams, *Factories in the Field: The Story of Migratory Farm Labor in California*(Boston: Little, Brown, 1935); Eric R. Wolf, *Europe and the People without History*(Berkeley: University of California Press, 1982).

59) Isabelle Vagnoux, *Les États-Unis et le Mexique*(Paris: L'Harmattan, 2003); Steven C. Topik, "When

Mexico Had the Blues: A Transatlantic Tale of Bonds, Bankers, and Nationalists, 1862~1910",
American Historical Review 105(2000): 714~738.

60) Moya, "A Continent of Immigrants"; Donald Denoon, *Settler Capitalism: The Dynamics of Dependent Development in the Southern Hemisphere*(Oxford: Oxford University Press, 1983). 북반구의 좀 더 강력한 경제 행위자들과 관련지어 라틴아메리카의 경제를 분석한 '종속 이론 Dependency theory'도 만들어졌다. André Gunder Frank, *Capitalism and Underdevelopment in Latin America*(New York: Monthly Review Press, 1969); Ian Roxborough, *Theories of Underdevelopment*(London:Macmillan, 1979); Ronald H. Chilcote, ed., *Dependency and Marxism: Toward a Resolution of the Debate*(Boulder, CO: Westview Press, 1982).

61) Thomas R. Gottschang and Diana Lary, *Swallows and Settlers: The Great Migration from North China to Manchuria*(Ann Arbor: University of Michigan Press, 2000); Isaiah Bowman, *The Pioneer Fringe*(New York: American Geographical Society, 1931); W. L. G. Joerg, ed., *Pioneer Settlement: Cooperative Studies by 26 Authors*(New York: American Geographical Society, 1932); David Wolff, *To the Harbin Station: The Liberal Alternative to Russian Manchuria, 1898~1914*(Stanford, CA: Stanford University Press, 1999); James H. Carter, *Creating a Chinese Harbin: Nationalism in an International City, 1916~1932*(Ithaca, NY: Cornell University Press, 2002).

62) Wilbur Zelinsky, "The Hypothesis of the Mobility Transition", *Geographical Review* 61(1971): 219~249; Jan Lucassen and Leo Lucassen, "The Mobility Transition Revisited, 1500~1900: What the Case of Europe Can offer to Global History", *Journal of Global History* 4(2009): 347~377; Moya and McKeown, "World Migration."

63) Brinley Thomas, *Migration and Economic Growth: A Study of Great Britain and the Atlantic Economy*(Cambridge: Cambridge University Press, 1954); Hoerder, *Labor Migration*.

64) Michael M. Postan and John Habakkuk, eds., *The Cambridge Economic History of Europe from the Decline of the Roman Empire*(Cambridge: Cambridge University Press, 1941~1969). 이 책과 이 책의 개정판(eds. John H. Clapham and Eileen Power, from 1966)은 여전히 농업에서 직물 산업으로의 연속성을 강조하고, 따라서 가족노동, 특히 여성의 영역도 이 연속성에 포함시켰다. 그러나 산업화와 관련된 주요 문헌인 다음처럼 산업화로의 전환에 따라 철강업이 주력 산업이 되고 그에 따라 여성의 노동력이 쓸모없게 된 것으로 보는 관점도 있다. Eric J. Hobsbawm's classic *Industry and Empire*(London: Weidenfeld and Nicolson, 1968). 그에 대해서는 다음을 참고하라. Hobsbawm, *Labouring Men: Studies in the History of Labour*(London: Weidenfeld and Nicolson, 1964). 앞의 두 연구법과 다른 진화적 접근법은 다음을 참고하라. Parallel, Walt Rostow, *The Stages of Economic Growth: A Non-Communist Manifesto*(New York: Cambridge University Press, 1960). 그런가 하면 산업화 시대를 거쳐 현재에 이르기까지 남녀 노동자들은 '중'공업 분야가 아닌 직물과 식량 생산 분야에 더 많이 고용되었다고 주장한 학자도 있다. 그에 대해서는 다음을 참고하라. Sven Beckert, *The Empire of Cotton: A Global History*(New York: Knopf, forthcoming), chap. 9. 그 밖에 다음 논문도 읽어 볼 만하다. "A Global History of Textile Workers, 1650~2000", International Institute of Social History, Amsterdam, November 2004, coordinators Lex Heerma van Voss, Els Hiemstra, and Elise van Nederveen Meerkerk, unpublished "Preliminary Papers."

65) Peter Kriedte, *Peasants, Landlords and Merchant Capitalists: Europe and the World Economy, 1500~1800*, trans. V. R. Berghahn(German orig. 1980; Cambridge: Cambridge University Press, 1983); Peter Kriedte, Hans Medick, and Jürgen Schlumbohm, *Industrialization before Industrialization: Rural Industry in the Genesis of Capitalism*(Cambridge: Cambridge University Press, 1981); Sheilagh C. Ogilvie and Markus Cerman, eds., *European Proto-Industrialization: An Introductory Handbook*(Cambridge: Cambridge University Press, 1996).

66) Gianfausto Rosoli, ed., *Un Secolo di Emigrazione Italiana, 1876~1976*(Rome: Centro studi emigrazione, 1980); and Rosoli, "Italian Migration to European Countries from Political Unification to World War I", Hoerder, *Labor Migration*, 95~116; Donna R. Gabaccia and Fraser Ottanelli, eds., *Italian Workers of the World: Labor, Migration and the Making of Multi-Ethnic States*(Urbana: University of Illinois Press, 2001); Donna R. Gabaccia and Franca Iacovetta, eds., *Women, Gender, and Transnational Lives: Italian Workers of the World*(Toronto: University of Toronto Press, 2002).

67) Peter Doeringer and Michael J. Piore, *Internal Labor Markets and Manpower Analysis*(Lexington, MA: Heath, 1971); Edna Bonacich, "A Theory of Ethnic Antagonism: The Split Labor Market", *American Sociological Review* 37(1972): 547~559; F. C. Valkenburg and A. M. C. Vissers, "Segmentation of the Labour Market: The Theory of the Dual Labour Market-The Case of the Netherlands", *Netherlands Journal of Sociology* 16(1980): 155~170; Randy Hodson and Robert L. Kaufmann, "Economic Dualism: A Critical Review", *American Sociological Review* 47(1982): 727~739.

68) Hoerder, *Labor Migration*, 3~31.

69) Hoerder, *Cultures in Contact*, 332~334.

70) Heinz Fassmann, "Emigration, Immigration and Internal Migration in the Austro-Hungarian Monarchy, 1910", Hoerder et al., *Roots of the Transplanted*, 1:253~307; Hahn, *Migration-Arbeit-Geschlecht*.

71) Heinz Fassmann and Rainer Münz, *Einwanderungsland Österreich? Historische Migrationsmuster, aktuelle Trends und politische Maßnahmen*(Wien: Wissenschaft, Jugend und Volk, 1995); Monika Glettler, *Die Wiener Tschechen um 1900: Strukturanalyse einer nationalen Minderheit in der Großstadt*(Munich: Oldenbourg, 1972); Michael John and Albert Lichtblau, *Schmelztiegel Wien einst und jetzt: Zur Geschichte und Gegenwart von Zuwanderung und Minderheiten*, 2nd ed.(Vienna: Böhlau, 1993).

72) Matthew Frye Jacobson, *Whiteness of a Different Color: European Immigrants and the Alchemy of Race*(Cambridge, MA: Harvard University Press, 1998); Cheryl I. Harris, "Whiteness as Property", *Harvard Law Review* 106(1993): 1707~1791; "Whiteness and the Historians' Imagination", topical issue of *International Labor and Working-Class History* 60(Fall 2001): 1~92. 다른 지역에서는 백인 우선주의가 더욱 맹렬하게 진행되었다. John W. Cell, *The Highest Stage of White Supremacy: The Origins of Segregation in South Africa and the American South*(Cambridge: Cambridge University Press, 1982); Ruth Frankenberg, *White Women, Race Matters: The Social*

Construction of Whiteness(Minneapolis: University of Minnesota Press, 1993); George M. Fredrickson, *The Black Image in the White Mind: The Debate on Afro-American Character and Destiny, 1817~1914*(New York: Harper and Row, 1971). 미국 남부 부분: Johnpeter Horst Grill and Robert L. Jenkins, "The Nazis and the American South in the 1930s: A Mirror Image?", *Journal of Southern History* 58(1992): 667~694; Grace E. Hale, *Making Whiteness: The Culture of Segregation in the South*(New York: Pantheon, 1998).

73) 이 부분에 대한 전체적 내용은 다음을 참고하라. Roger Daniels, *Coming to America: A History of Immigration and Ethnicity in American Life*, rev. ed.(New York: HarperCollins, 2002); Ronald Takaki, *A Different Mirror: A History of Immigrants in Urban America*(Bloomington: Indiana University Press, 1985). John Bodnar, *The Transplanted: A History of Immigrants in Urban America*(Bloomington: Indiana University Press, 1985). 이 책에는 프롤레타리아 집단 이주에 대한 것과 1950년대 초 오스카 핸들린(Oscar Handlin)이 제기한 뿌리 뽑힌 이주민의 용어에 반론을 제기한 내용이 담겨 있다. 다음 논문도 함께 참고하라. James R. Barrett, "Americanization from the Bottom Up: Immigration and the Remaking of the Working Class in the United States, 1880~1930", *Journal of American History* 79(1992): 997~1020.

74) Jean R. Burnet with Howard Palmer, "*Coming Canadians*": *An Introduction to a History of Canada's Peoples*(Toronto: McClelland and Stewart, 1988); Franca Iacovetta with Paula Draper and Robert Ventresca, eds., *A Nation of Immigrants: Women, Workers, and Communities in Canadian History, 1840s~1960s*(Toronto: University of Toronto Press, 1998); Bruno Ramirez, *On the Move: French-Canadian and Italian Migrants in the North Atlantic Economy, 1860~1914*(Toronto: McClelland and Stewart, 1991); John J. Bukowczyk, Nora Faires, David Smith, and Randy William Widdis, *Permeable Border: The Great Lakes Basin as Transnational Region, 1650~1990*(Pittsburgh: University of Pittsburgh Press; Calgary: University of Calgary Press, 2005).

75) Moisés Gonzáles Navarro, *Los extranjeros en México y los mexicanos en el extranjero, 1821~1970*, 3 vols.(Mexico City: Colegio de México, 1993~1994); Dolores Pla, Guadelupe Zárate, Mónica Palma, Jorge Gómez, Rosario Cardiel, and Delia Salazar, *Extranjeros en México(1821~1990): Bibliografía*(Mexico City: INAH, 1994); Jaime R. Aguila and Brian Gratton, "Mirando atrás: Mexican Immigration from 2008 to 1876", and Delia Gonzales de Reufels and Dirk Hoerder, "Migration to Mexico, Migration in Mexico: A Special Case on the North American Continent", Hoerder and Faires, *Migrants and Migration*, 188~209.

76) Richardson, "Caribbean Migrations, 1838~1985", 203~228; *After the Crossing: Immigrants and Minorities in Caribbean Creole Society*, ed. Howard Johnson(London: Cass, 1988); Elizabeth Maclean Petras, *Jamaican Labor Migration: White Capital and Black Labor, 1850~1930*(Boulder, CO: Westview Press, 1988); Lara Putnam, "Undone by Desire: Migration, Sex across Boundaries, and Collective Destinies in the Greater Caribbean, 1840~1940", Hoerder and Faires, *Migrants and Migration*, 99~126.

77) Walter Nugent, *Crossings: The Great Transatlantic Migrations, 1870~1914*(Bloomington: Indiana University Press, 1992). 이 책에는 남북 아메리카에 대한 비교분석적 관점이 수록돼 있다.

78) Nancy P. Naro, "The Transition from Slavery to Migrant Labour in Rural Brazil", *Unfree Labour in the Development of the Atlantic World*, eds. Paul E. Lovejoy and Nicholas Rogers(Ilford, UK: Cass, 1994), 183~196; Magnus Mörner, "Immigration into Latin America, Especially Argentina and Chile", Emmer and Mörner, *European Expansion and Migration*, 217~231; Mörner, *Adventurers and Proletarians: The Story of Migrants in Latin America*(Pittsburgh: University of Pittsburgh Press, 1985); Elizabeth Kuznesof, "A History of Domestic Service in Spanish America, 1492~1980", *Muchachas No More: House hold Workers in Latin America and the Caribbean*, eds. Elsa M. Chaney and Mary Garcia Castro(Philadelphia: Temple University Press, 1989), 17~35.

79) José C. Moya, *Cousins and Strangers: Spanish Immigrants in Buenos Aires, 1850~1930*(Berkeley: University of California Press, 1997); Samuel Baily, *Immigrants in the Land of Promise: Italians in Buenos Aires and New York City, 1870~1914*(Ithaca, NY: Cornell University Press, 1999); Fernando J. Devoto and Gianfausto Rosoli, eds., *L'Italia nella societa argentina*(Rome: Centro Studi Emigrazione, 1988).

80) Pierre-Michel Fontaine, ed., *Race, Class and Power in Brazil*(Los Angeles: Center for African-American Studies, University of California, 1985); Thomas H. Holloway, *Immigrants on the Land: Coffee and Society in Sao Paulo, 1886~1934*(Chapel Hill: University of North Carolina Press, 1980).

81) Fernando Ortiz, "Del fenómeno de la transculturación y su importancia en Cuba", *Revista Bimestre Cubana* 27(1940): 273~278. 이 글에는 초문화를 처음으로 개념화한 내용이 담겨 있다. 스스로를 치켜세우는 미국인의 자기 교만에 반발하는 내용은 다음에서 볼 수 있다. José Vasconcelos, *Raza cósmica*(1925), bilingual edition *The Cosmic Race: La raza cósmica*(Baltimore: Johns Hopkins University Press, 1997) 20세기 말에 출간된 다수의 문헌 중에서는 다음을 눈여겨볼 만하다. Néstor Garcia Canclini, *Culturas hibridas: Estrategias Para entrar y salir de La modernidad*(Mexico, D.F.: Grijalbo, 1989); English translation: *Hybrid Cultures: Strategies for Entering and Leaving Modernity*, trans. Christopher L. Chiappari and Silvia L. López(Minneapolis: University of Minnesota Press, 1995).

82) Mann, "Migration-Re-Migration-Circulation", 108~133; Moya and McKeown, "World Migration."

83) Samuel Truett and Elliott Young, eds., *Continental Crossroads: Remapping U. S.-Mexican Borderlands History*(Durham, NC: Duke University Press, 2003); Carlos G. Vélez-Ibánez, *Border Visions: Mexican Cultures of the Southwest United States*(Tucson: University of Arizona Press, 1996); Daniel D. Arreola, ed., *Hispanic Spaces, Latino Places: Community and Cultural Diversity in Contemporary America*(Austin: University of Texas Press, 2004); Evelyn Hu-DeHart, "Racism and Anti-Chinese Persecution in Mexico", *Amerasia Journal* 9, no. 2(1982): 1~27.

84) Rita J. Simon and Caroline B. Brettell, *International Migration: The Female Experience*(Totowa, NJ: Rowman, 1986); M. D. North-Coombes, "Indentured Labour in the Sugar Industries of Natal and Mauritius, 1834~1910", Bhana, *Indentured Indians in Natal*, 12~88; Christiane Harzig, ed., *Peasant Maids, City Women: From the European Countryside to Urban America*(Ithaca, NY: Cornell

University Press, 1997).

85) Tinker, *New System of Slavery*; David Northrup, *Indentured Labor in the Age of Imperialism, 1834~1922*(Cambridge: Cambridge University Press, 1995); Moya and McKeown, "World Migration."

86) Brij V. Lal, Peter Reeves, and Rajesh Rai, eds., *The Encyclopedia of the Indian Diaspora*(Singapore: Millet, 2006); Crispin Bates, ed., *Community, Empire and Migration: South Asian Diaspora*(Basingstoke: Palgrave, 2001).

87) K. Hazareesingh, *History of Indians in Mauritius*(London: Macmillan, 1975); Bissoondoyal and Servansing, *Indian Labour Immigration*; Marina Carter, "Strategies of Labour Mobilisation in Colonial India: The Recruitment of Indentured Workers for Mauritius", *Journal of Peasant Studies* 19, nos. 3~4(1992): 229~245; Carter, *Voices from Indenture*; Tinker, *New System of Slavery*.

88) Hilda Kuper, *Indian People in Natal*(Pietermaritzburg: University of Natal Press, 1960; repr. Westport, 1974); Bhana, *Indentured Indians in Natal*.

89) Bridglal Pachai, *The International Aspects of the South African Indian Question, 1860~1971*(Cape Town: Struik, 1971); Surendra Bhana and Joy B. Brain, *Setting Down Roots: Indian Migrants in South Africa, 1860~1911*(Johannesburg: Witwatersrand University Press, 1990); Patrick Harries, *Work, Culture, and Identity: Migrant Laborers in Mozambique and South Africa, c. 1860~1910*(Portsmouth, NH: Heinemann, 1994); Martin Legassick and Francine de Clerq, "Capitalism and Migrant Labour in Southern Africa: The Origins and Nature of the System", and Peter Richardson, "Coolies, Peasants, and Proletarians: The Origins of Chinese Indentured Labour in South Africa, 1904~1907", *International Labour Migration: Historical Perspectives*, eds. Shula Marks and Peter Richardson(Hounslow, UK: Temple Smith, 1984), 140~166, 167~185; Melanie Yap and Dianne L. Man, *Colour, Confusion and Concessions: The History of the Chinese in South Africa*(Hong Kong: Hong Kong University Press, 1996).

90) Usha Mahajani, *The Role of Indian Minorities in Burma and Malaya*(Bombay: Vora, 1960; repr. Westport, CT: Greenwood Press, 1973); Michael Adas, *The Burma Delta: Economic Development and Social Change on an Asian Rice Frontier, 1852~1941*(Madison: University of Wisconsin Press, 1974); Kaur, *Wage Labour*.

91) Gabaccia and Hoerder, *Connecting Seas*, esp. essays in sections 1 and 2.

92) Kirti N. Chaudhuri, *Asia before Europe: Economy and Civilization of the Indian Ocean from the Rise of Islam to 1750*(Cambridge: Cambridge University Press, 1990); Milo Kearney, *The Indian Ocean in World History*(London: Routledge, 2003); G. Balachandran, "Circulation through Seafaring: Indian Seamen, 1890~1945", *Society and Circulation: Mobile People and Itinerant Cultures in South Asia, 1750~1950*, eds. Claude Markovits, Jacques Pouchepadass, and Sanjay Subrahmanyam(Delhi: Permanent Black, 2003), 89~130; Sugata Bose, *A Hundred Horizons: The Indian Ocean in the Age of Global Empire*(Cambridge, MA: Harvard University Press, 2006); Thomas R. Metcalf, *Imperial Connections: India in the Indian Ocean Arena, 1860~1920*(Berkeley: University of California Press, 2007).

93) Jagdish S. Gundara, "Fragments of Indian Society in Zanzibar: Conflict and Change in the 19th Century", *Africa Quarterly* 21, nos. 2~4(1981): 23~40; Michael Twaddle, "East African Asians through a Hundred Years", *South Asians Overseas: Migration and Ethnicity*, eds. Colin Clarke, Ceri Peach, and Steven Vertovec(Cambridge: Cambridge University Press, 1990), 149~163.

94) Ranajit Das Gupta, "Plantation Labour in Colonial India", *Journal of Peasant Studies* 19, nos. 3~4(1992): 173~198.

95) Hoerder, *Cultures in Contact*, 380~383.

96) Kaur, *Wage Labour*, 3~58.

97) Ramon H. Myers and Mark R. Peattie, eds., *The Japanese Colonial Empire, 1895~1945*(Princeton, NJ: Princeton University Press, 1984); Edward R. Beauchamp and Akira Iriye, eds., *Foreign Employees in Nineteenth-Century Japan*(Boulder, CO: Westview Press, 1990); Taeuber, *The Population of Japan*, 173~190; Keizo Yamawaki, "Foreign Workers in Japan: A Historical Perspective", *Japan and Global Migration: Foreign Workers and the Advent of a Multicultural Society*, eds. Michael Douglass and Glenda S. Roberts(New York: Routledge, 2000), 38~51.

98) Clarence E. Glick, *Sojourners and Settlers: Chinese Migrants in Hawaii*(Honolulu: University of Hawai'i Press, 1980); John M. Liu, "Race, Ethnicity, and the Sugar Plantation System: Asian Labor in Hawaii, 1850 to 1900", *Labor Migration under Capitalism: Asian Workers in the United States before World War II*, eds. Lucie Cheng and Edna Bonacich(Berkeley: University of California Press, 1984), 186~209; Takaki, *Pau Hana*.

99) Walton L. Lai, *Indentured Labor, Caribbean Sugar: Chinese and Indian Migrants to the British West Indies*(Baltimore: Johns Hopkins University Press, 1993), 1~18; Keith O. Laurence, *Immigration into the West Indies in the 19th Century*(Barbados: Caribbean Universities Press, 1971).

100) Evelyn Hu-DeHart, "Latin America in Asia-Pacific Perspective", *What Is in a Rim? Critical Perspectives on the Pacific Region Idea*, 2nd ed., ed. Arif Dirlik(Lanham, MD: Rowman and Littlefield, 1998), 251~282; Hu-DeHart, "Coolies, Shop keep ers, Pioneers: The Chinese of Mexico and Peru, 1849~1930", *Amerasia Journal* 15, no. 2(1989): 91~116; McKeown, *Chinese Migrant Networks*.

101) Cheng and Bonacich, *Labor Migration under Capitalism*; Erika Lee, *At America's Gates: Chinese Immigration during the Exclusion Era, 1882~1943*(Chapel Hill: University of North Carolina Press, 2003); Peter S. Li, *The Chinese in Canada*, 2nd ed.(Toronto: Oxford University Press, 1998).

102) Ping-ti Ho, *Population of China*, 153~158; Gottschang and Lary, *Swallows and Settlers*.

103) Hoerder, *Cultures in Contact*, 369~373; Spence, *Search for Modern China*, 117~268; Michael R. Godley, "China's Policy towards Migrants, 1842~1949", Inglis et al., *Asians in Australia*, 1~21; Ching-huang Yen, *Coolies and Mandarins: China's Protection of Overseas Chinese during the Late Ch'ing Period(1851~1911)*(Singapore: Singapore University Press, 1985), 32~36; Yen, "Ch'ing Changing Images of Overseas Chinese", *Modern Asian Studies* 15(1981): 261~285.

104) Andreas Kappeler, *The Russian Empire: A Multiethnic History*(London: Longman Pearson, 2001); Treadgold, *Great Siberian Migration*; Daniel R. Brower and Edward J. Lazzerini, eds., *Russia's*

Orient: Imperial Borderlands and Peoples, 1700~1917(Bloomington: Indiana University Press, 1997); Blank, "A Vast Migratory Experience."

105) Anderson, *Internal Migration*; Eklof and Frank, *World of the Russian Peasant*; Robert E. Johnson, *Peasant and Proletarian: The Working Class of Moscow in the Late Nineteenth Century*(New Brunswick, NJ: Rutgers University Press, 1979); Jeffrey Burds, *Peasant Dreams and Market Politics: Labor Migration and the Russian Village*(Pittsburgh: University of Pittsburgh Press, 1998); Lewis H. Siegelbaum, "The Odessa Grain Trade: A Case Study in Urban Growth and Development in Tsarist Russia", *Journal of European Economic History* 9, no. 1(Spring 1980): 113~151.

106) Nancy L. Green, ed., *Jewish Workers in the Modern Diaspora*(Berkeley: University of California Press, 1998); Jack Wertheimer, *Unwelcome Strangers: European Jews in Imperial Germany*(Oxford: Oxford University Press, 1987); Irving Howe, *The World of Our Fathers*(New York: Simon and Schuster, 1976); Susan A. Glenn, *Daughters of the Shtetl: Life and Labor in the Immigrant Generation*(Ithaca, NY: Cornell University Press, 1990); Hasia R. Diner, *The Jews of the United States, 1654~2000*(Berkeley: University of California Press, 2004); Elena Shulman, *Stalinism on the Frontier of the Empire: Women and State Formation in the Soviet Far East*(Cambridge: Cambridge University Press, 2008).

107) Ahmet İçduygu and Kemal Kirişçi, eds., *Land of Diverse Migrations: Challenges of Emigration and Immigrations in Turkey*(Istanbul: MiReKoc, 2008); Reşat Kasaba, *A Moveable Empire: Ottoman Nomads, Migrants, and Refugees*(Seattle: University of Washington Press, 2009).

108) John D. Ruedy, *Modern Algeria: The Origins and Development of a Nation*(Bloomington: Indiana University Press, 1992), 22~29; Neil MacMaster, "Labour Migration in French North Africa", *The Cambridge Survey of World Migration*, ed. Robin Cohen(Cambridge: Cambridge University Press, 1995), 190~195; Michael J. Heffernan, "The Parisian Poor and the Colonization of Algeria during the Second Empire", *French History* 3(1989): 377~403; Michael J. Heffernan and Keith Sutton, "The Landscape of Colonialism: The Impact of French Colonial Rule in the Algerian Rural Settlement Pattern, 1830~1987", *Colonialism and Development in the Contemporary World*, eds. Chris Dixon and Michael J. Heffernan(London: Mansell, 1991), 121~152.

109) Alan Jeeves, *Migrant Labour in South Africa's Mining Economy: The Struggle for the Gold Mines' Labor Supply, 1890~1920*(Montreal: McGill-Queen's University Press, 1985); Jonathan Crush, Alan Jeeves, and David Yudelman, *South Africa's Labor Empire: A History of Black Migrancy to the Gold Mines*(Boulder, CO: Westview Press, 1991); Patrick Harries, *Work, Culture, and Identity: Migrant Laborers in Mozambique and South Africa, c. 1860~1910*(Portsmouth, NH: Heinemann, 1994).

110) Babacar Fall, *Le travail forcé en Afrique Occidentale française(1900~1945)*(Paris: Karthala, 1993); Sheldon Gellar, *Structural Changes and Colonial Dependence: Senegal, 1885~1945*(Beverly Hills: Sage, 1976), 36~48; Martin A. Klein, *Slavery and Colonial Rule in French West Africa*(Cambridge: Cambridge University Press, 1998); Sharon B. Stichter, *Migrant Labour in Kenya: Capitalism and African Response, 1895~1975*(Harlow, UK: Longman, 1982); François Manchuelle, *Willing Migrants: Soninke Labor Diasporas, 1848~1960*(Athens: Ohio University Press, 1997).

111) Edward W. Said, *Orientalism*(London: Henley, Routledge, and Kegan Paul, 1978).

112) Hoerder, *Cultures in Contact*, 419~442; Sinha, *Colonial Masculinity*; Waltraud Ernst, *Mad Tales from the Raj: The European Insane in British India, 1800~1858*(London: Routledge, 1991); Catherine Hall, *White, Male, and Middle Class: Explorations in Feminism and History*(London: Routledge, 1991); Dirk Hoerder, *Creating Societies: Immigrant Lives in Canada*(Montreal: McGill-Queen's University Press, 1999), chap. 16; Antoinette Burton, *At the Heart of the Empire: Indians and the Colonial Encounter in Late Victorian Britain*(Berkeley: University of California Press, 1998); Frederick Cooper and Ann Laura Stoler, eds., *Tensions of Empire: Colonial Cultures in a Bourgeois World*(Berkeley: University of California Press, 1997); Ann L. Stoler, "Making Empire Respectable: The Politics of Race and Sexual Morality in 20th-Century Colonial Cultures", *American Ethnologist* 16(1989): 634~660; Strobel, *Gender, Sex, and Empire*(Washington, DC: American Historical Association, 1993); Nupur Chaudhuri and Margaret Strobel, eds., *Western Women and Imperialism: Complicity and Resistance*(Bloomington: Indiana University Press, 1992); Linda Bryder, "Sex, Race, and Colonialism: An Historiographic Review", *International History Review* 20(1998): 806~822.

113) 국제연맹 산하에 난센 국제난민사무국이 설치되었다.

114) Bowman, *The pioneer Fringer*, v-vii, quotation at 200; Joerg, *Pioneer Settlement*, quotation at 362~363. 이 문헌의 프랑스어판에서도 인용된 부분을 찾아볼 수 있다. *Congrès de la Colonisation Rurale*, Alger, 26~29 mai 1930., 4 vols.(Algiers: V. Heintz, 1931). 반면에 다음은 비교 분석적 관점을 제시한다. Vol. 4, *La Colonisation rurale dans les principaux pays de peuplement*.

115) Sean Callahan, ed., *The Photographs of Margaret Bourke-White*(New York: Bonanza, 1972), 69~89; Christine Hoffmeister, *Heinrich Vogeler: Die Komplexbilder*(Worpswede: Worpsweder Verlag, 1980); Otto Heller, *Sibirien: Ein anderes Amerika*(Berlin: Neuer Deutscher Verlag, 1930); Fridtjof Nansen, *Sibirien, ein Zukunft sland*(Leipzig: Brockhaus, 1914).

116) 국가 건설부터 난민 발생으로의 연속성에 대한 간명한 서술은 다음을 참고하라. Marrus, *The Unwanted*, 9~60; Robin Cohen, "Shaping the Nation, Excluding the Other: The Deportation of Migrants from Britain", Lucassen and Lucassen, *Migration, Migration History*, 351~373; Andrew Bell-Fialkoff, *Ethnic Cleansing*(New York: St. Martin's Press, 1996), 7~49.

117) Klaus J. Bade, Pieter C. Emmer, Leo Lucassen, and Jochen Oltmer, eds., *Encyclopedia of Migration and Minorities in Europe: From the Seventeenth Century to the Present*(Cambridge: Cambridge University Press, 2011), xxv~xxxix.

118) 당대의 문헌으로는 다음이 유일하게 이주민의 경제적 기여를 인정해야 한다는 요구를 담고 있다. William Cunningham, *Allien Immigrants to England*(London: Swann Sonnenschein, 1897). 다른 유명 학자들 또한 이입 이주 반대 운동에 가세하여 막스 베버만 해도 폴란드인을 열등 민족으로 간주했고, 인구학자 프리드리히 부르크되르퍼(Friedrich Burgdörfer)는 비독일인 추방을 주창했으며, 조르주 모코(George Mauco)는 프랑스의 이방인들(1932)에서 프랑스성을 천부적 우월성과 동일시하고, 나치 수하의 비시 정권과 1950년대의 프랑스 제4공화국에서 인구 계획을 수립하는 일도 했다. 다음을 참고하라. Bernard Gainer, *The Alien Invasion: The Origins of the Alien Act of*

1905(London: Heinemann, 1972).

119) Gérard Chaliand and Yves Ternon, *Le Génocide des Arméniens*(Brussels: Éditions Complexe, 1980).

120) Fikret Adanir and Hilmar Kaiser, "Migration, Deportation, and Nation-Building: The Case of the Ottoman Empire", *Migrations and Migrants in Historical Perspective: Permanencies and Innovations*, ed. René Leboutte(Brussels: Centre for Migration Law of the University of Nijmegen, 2000), 373~393; Daniela Bobeva, "Emigration from and Immigration to Bulgaria", *European Migration in the Late Twentieth Century: Historical Patterns, Actual Trends, and Social Implications*, eds. Heinz Fassmann and Rainer Münz(Aldershot, UK: Elgar, 1994), 221~237; Joseph B. Schechtman, *The Refugee in the World: Displacement and Integration*(New York: Barnes, 1963), 54~67; André Wurfbain, *L'Échange greco-bulgare des minorités ethniques*(Lausanne: Payot, 1930); Stephen P. Ladas, *The Exchange of Minorities: Bulgaria, Greece and Turkey*(New York: Macmillan, 1932); Charles B. Eddy, *Greece and the Greek Refugees*(London: Allen and Unwin, 1931); Ludger Kühnhardt, *Die Flüchtlingsfrage als Weltordnungsproblem: Massenzwangswanderungen in Geschichte und Politik*(Vienna: Braumüller, 1984).

121) Ramon H. Myers and Mark R. Peattie, eds., *The Japanese Colonial Empire, 1895~1945*(Princeton, NJ: Princeton University Press, 1984); Chih-ming Ka, *Japanese Colonialism in Taiwan: Land Tenure, Development, and Dependency, 1895~1945*(Boulder, CO: Westview Press, 1995); Andrew C. Nahm, ed., *Korea under Japanese Colonial Rule: Studies of the Policy and Techniques of Japanese Colonialism*(Kalamazoo, MI: Center for Korean Studies, Western Michigan University, 1973), 261~269; Taeuber, *The Population of Japan*, 123~170, 198~203; International Labour Office, *Industrial Labour in Japan*(Geneva: ILO, 1933).

122) Fritz Fischer, *Griff nach der Weltmacht: Die Kriegszielpolitik des kaiserlichen Deutschland 1914/18*(Düsseldorf: Droste, 1961), 128~133, 310~321, 601; David Stevenson, *1914~1918: The History of the First World War*(London: Allen Lane, 2004), 3~43; Fall, *Le travail forcé*, 126~145.

123) Peter Gatrell, *A Whole Empire Walking: Refugees in Russia during World War I*(Bloomington: Indiana University Press, 1999).

124) 다음을 참고하라. *Cultures in Contact*, chap. 17, sec. 1; Eugene M. Kulischer, *Europe on the Move: War and Population Changes, 1917~1947*(New York: Columbia University Press, 1948), 64~128.

125) *Statistik des Deutschen Reichs*, vol. 401(Berlin, 1930), 412~423, 491~492, 623~640; Marrus, *The Unwanted*, 52~61.

126) Kulischer, *Europe on the Move*, 64~88, 99~128.

127) Frank Caestaecker and Bob Moore, eds., *Refugees from Nazi Germany and the Liberal Europe an States*(New York: Berghahn, 2010); Dariusz Stola, "Forced Migrations in Central Europe an History", *International Migration Review* 26(1992): 324~341.

128) Kulischer, Europe on the Move, 206~225(Italy), 227~239(Spain); Walter Wilson, *Forced Labor in the United States*(New York: International, 1933), 28~83, passim; Pete Daniel, *The Shadow of Slavery: Peonage in the South, 1901~1969*(Urbana: University of Illinois Press, 1972), 21, passim;

Donald H. Avery, *Reluctant Host: Canada's Response to Immigrant Workers, 1896~1994*(Toronto: McClelland and Stewart, 1995), chaps. 4~5.

129) Marcel van der Linden, "forced Labour and Non-Capitalist Industrialization: The Case of Stalinism(ca. 1929~ca. 1956)", *Free and Unfree Labour*, eds. Tom Brass et al.(Amsterdam: IISG, 1993), 19~30; Brass and van der Linden, eds., *Free and Unfree Labour: The Debate Continues*(Bern: Lang, 1997); Lewis H. Siegelbaum and Ronald G. Suny, eds., *Making Workers Soviet: Power, Class, and Identity*(Ithaca, NY: Cornell University Press, 1994), 1~26; Kulischer, *Europe on the Move*, 88~93; Robert A. Lewis and Richard H. Rowland, *Population Redistribution in the USSR: Its Impact on Society, 1897~1977*(New York: Praeger, 1979), 158~198; Andrea Graziosi, "Foreign Workers in Soviet Russia, 1920~1940: Their Experience and Their Legacy", *International Labor and Working-Class History* 33(1988): 38~59; Edwin Bacon, "'*Glasnost*' and the Gulag: New Information on Soviet Forced Labour around World WarII", *Soviet Studies* 44(1992): 1069~1086. 수용소 억류자와 강제 노동자가 쓴 다수의 회고록도 출간되었다.

130) Ulrich Herbert, *A History of Foreign Labor in Germany, 1880~1980*(German orig., 1986; Ann Arbor: University of Michigan Press, 1990), 9~119; Lothar Elsner and Joachim Lehmann, *Ausländische Arbeiter unter dem deutschen Imperialismus, 1900~1985*(Berlin: Dietz, 1988).

131) Louise Young, *Japan's Total Empire: Manchuria and the Culture of Wartime Imperialism*(Berkeley: University of California Press, 1998), 307~411; Joseph B. Schechtman, *Population Transfers in Asia*(New York: Hallsby Press, 1949); Taeuber, *The Population of Japan*, 173~190; Narihiko Ito, "Eine Skizze über Kolonialherrschaft, Invasionskrieg und Arbeiterbewegung unter dem japanischen Imperialismus", *Internationale Tagung der Historiker der Arbeiterbewegung*, eds. Hans Hautmann(Vienna: ITH, 1989), 436~441; Ehud Harari, *The Politics of Labor Legislation in Japan: National-International Interaction*(Berkeley: University of California Press, 1973), 10~50; Andrew Gordon, *Labor and Imperial Democracy in Prewar Japan*(Berkeley: University of California Press, 1991), 302~342; Ramon H. Myers, *The Japanese Economic Development of Manchuria, 1932 to 1945*(New York: Garland, 1982), 158~200; George Hicks, *The Comfort Women: Sex Slaves of the Japanese Imperial Forces*(Sydney: Allen and Unwin, 1995); Ustinia Dolgopol and Snehal Paranjape, *Comfort Women: An Unfinished Ordeal-Report of a Mission*(Geneva: International Commission of Jurists, 1994).

132) Bill Freund, *The African Worker*(Cambridge: Cambridge University Press, 1988), 40; Freund, *Capital and Labour in the Nigerian Tin Mines*(London: Longman, 1981), 82~84; Kaur, *Wage Labour*, 68, 106, passim.

133) Diana Lary and Stephen R. MacKinnon, *Scars of War: The Impact of Warfare on Modern China*(Vancouver: University of British Columbia Press, 2001); MacKinnon, *Wuhan, 1938: War, Refugees, and the Making of Modern China*(Berkeley: University of California Press, 2008).

134) Joseph Schechtman, *European Population Transfers, 1939~1945*(New York: Oxford University Press, 1946); Grzegorz[Gregory] Frumkin, *Population Changes in Europe since 1939*(New York: Allen and Unwin, 1951); Malcolm J. Proudfoot, *European Refugees, 1939~52: A Study of Forced*

Population Movement(London: Faber and Faber, 1956); Marrus, *The Unwanted, 174~204; Norman Davis, Heart of Europe: A Short History of Poland*(Oxford: Oxford University Press, 1986), 63~83.

135) Jarrell C. Jackman and Carla M. Borden, eds., *The Muses Flee Hitler: Cultural Transfer and Adaptation, 1930~1945*(Washington, DC: Smithsonian Institution Press, 1983); Claus-Dieter Krohn, *Intellectuals in Exile: Refugee Scholars and the New School for Social Research*(Amherst: University of Massachusetts Press, 1993); Aristide R. Zolberg, "The École Libre at the New School, 1941~1946", *Social Research* 65, no. 4(Winter 1998): 921~951.

136) Bernd-Peter Lange and Mala Pandurang, "Dialectics of Empire and Complexities of Culture: British Men in India, Indian Experiences of Britain", *The Historical Practice of Diversity: Transcultural Interactions from the Early Modern Mediterranean to the Postcolonial World*, eds. Dirk Hoerder with Christiane Harzig and Adrian Shubert(New York: Berghahn, 2003), 177~200; Karen J. Leong, *The China Mystique: Pearl S. Buck, Anna May Wong, Mayling Soong, and the Transformation of American Orientalism*(Berkeley: University of California Press, 2005).

137) Bruno Lasker, *Asia on the Move: Population Pressure, Migration and Resettlement in Eastern Asia under the Influence of Want and War*(New York: Holt, 1945).

138) Wolfgang Jacobmeyer, *Vom Zwangsarbeiter zum Heimatlosen Ausländer: Die Displaced Persons in Westdeutschland, 1945~1951*(Göttingen: Vandenhoeck und Ruprecht, 1985); Göran Rystad, ed., *The Uprooted: Forced Migration as an International Problem in the Post-War Era*(Lund: Lund University Press, 1990); Mark Wyman, *DP: Europe's Displaced Persons, 1945~1951*(Philadelphia: Balch, 1988).

139) Keith Sword, "The Repatriation of Soviet Citizens at the End of the Second World War", Cohen, *Cambridge Survey*, 323~325.

140) Elfrieda B. Shukert and Barbara S. Scibetta, *War Brides of World War Two*(New York: Presidio, 1988).

141) Hoerder, *Cultures in Contact*, chaps. 17.3, 19.2, 19.3.

142) Raul Hilberg, *The Destruction of the European Jews*(Chicago: Quadrangle, 1961); Eliezer Ben-Rafael, *The Emergence of Ethnicity: Cultural Groups and Social Conflict in Israel*(New York: Greenwood, 1982); Benny Morris, *Righteous Victims: A History of the Zionist-Arab Conflict, 1881~1999*(New York: Knopf, 1999).

143) Hoerder, *Cultures in Contact*, chap. 18.4.

144) Ibid., chap. 18.3.

4부 세계경제의 상품 사슬

우리는 유익한 논평을 해 준 위르겐 오스터함멜과 케네스 포머랜즈, 에리카 래퍼포트(Erika Rappaport), 에밀리 로젠버그, 윌리엄 거베이스 클래런스-스미스, 제니퍼 스캔런, 매슈 클링글(Matthew Klingle)에게 감사한다. 또한 나탈리아 토픽(Natalia Topik)의 도움에도 감사한다.

1) Lance Davis and Robert Huttenback, *Mammon and the Pursuit of Empire: The Political Economy of British Imperialism, 1860~1912*(New York: Cambridge University Press, 1987); C. A. Bayly, *The Birth of the Modern World, 1870~1914: Global Connections and Comparisons*(Malden, MA: Blackwell, 2004), 472; Karl Polanyi, *The Great Transformation: The Political and Economic Origins of Our Time*(1944; Boston: Beacon Press, 2001).

2) Kevin H. O'Rourke and Jeffrey G. Williamson, *Globalization and History: The Evolution of a Nineteenth-Century Atlantic Economy*(Cambridge, MA: MIT Press, 1999), 2. 세계화(globalization)라는 용어는 1960년대부터 사용되었으며 1970년대와 1980년대에 널리 쓰였다. Nayan Chanda, *Bound Together: How Traders, Preachers, Adventurers, and Warriors Shaped Globalization*(New Have, CT: Yale University Press, 2007), 245~251; Jürgen Osterhammel and Niels P. Peterson, *Globalization: A Short History*, trans. Dona Geyer(Princeton, NJ: Princeton University Press, 2005).

3) Jürgen Osterhammel, *Die Verwandlung der Welt: Eine Geschichte des 19. Jahrhunderts*(Munich: C. H. Beck, 2009), 1029~1030.

4) Frank Trentmann, "Before Free Trade: Empire, Free Trade and the Moral Economies of Food in the Modern World", *Food and Globalization: Consumption, Markets and Politics in the Modern World*, ed. Alexander Nützenadl and Frank Trentmann(Oxford: Berg, 2008), 254.

5) Michael Adas, *Machines as the Measure of Men*(Ithaca, NY: Cornell University Press, 1989). 유럽 중심적인 기술에 대한 강조를 역설하는 경제사의 일급 연구들은 다음을 참고하라. David Landes, *The Unbound Prometheus: Technological Change and Industrial Development in Western Europe from 1750 to the Present*(Cambridge: Cambridge University Press, 1969); Landes, *The Wealth and Poverty of Nations*(New York: Norton, 1999); Joel Mokyr, *The Lever of Riches*(New York: Oxford University Press, 1990)

6) Eric Hobsbawm, *The Age of Extremes: The Short Twentieth Century, 1914~1991*(London: Abacus, 1995), 112~141; José Ortega y Gasset, *La rebelión de las masas*(Madrid: Revista de Occidente, 1930); Jackson Lears, *Rebirth of a Nation: The Making of Modern America, 1877~1920*(New York: HarperCollins, 2009), 92~132.

7) Eric Hobsbawm, *The Age of Emire, 1875~1914*(New York: Pantheon, 1987); Rudolf Hilferding, *Das Finanzkapital: Eine Studie über die Jüngste Entwicklung des Kapitalismus*(1910; Berlin: Dietz, 1955)

8) Kaoru Sugihar, "An Introduction", Man-houng Lin, "China's 'Dual Economy' in International Trade Relations, 1842~1949", and Hajime Kose, "Foreign Trade, International Trade, and Industrialization: A Statistical Analysis of Regional Commodity Flows in China, 1914~1931", *Japan, China, and the Growth of the Asian International Economy, 1850~1949*, vol. I, ed. Kaoru Sugihara(Oxford: Oxford University Press, 2005), 5, 179~197, 198~213; John Gallagher and Ronald Robinson, "The Imperialism of Free Trade", *Economic History Review* 6, no. 1(1953)" 1~15. '간접 지배'의 역할을 강조하는 훌륭한 식민주의 개관은 다음을 참고하라. Jürgen Osterhammel, *Colonialism: A Theoretical Overview*, trans. Shelley Fritsch(Princeton, NJ: Marcus Wiener,

2005); James Belich, *Replenishing the Earth: The Settler Revolution and the Rise of the Anglo-World, 1783~1939*(Oxford: Oxford University Press, 2009), 554~559. 신제국주의적 연구의 사례는 다음을 참고하라. Andre Gunder Frank, *Capitalism and Underdevelopment in Latin America: Historical Studies of Chile and Brazil*(New York: Monthly Review Press, 1967); Fernando Henrique Cardoso and Enzo Faletto, *Dependency and Development in Latin America*, trans. Marjorie Mattingly Urquidi(Berkeley: University of California Press, 1979); Immanuel Wallerstein, *The Modern World-System*, 3 vols.(New York: Academic Press. 1974, 1980, 1989).

9) Osterhammel, *Die Verwandlung der Welt*, 20. Bob Moeller의 번역에 감사한다.

10) J. F. de Barros Pimental, *A politica do café*(São Paulo: Empreza Graphica da Revista dos Tribunais, 1930), 4.

11) Victoria de Grazia, *Irresistible Empire: America's Advance through Twentieth-Century Europe*(Cambridge, MA: Belknap Press of Harvard University Press, 2005), 75~129; Kristin L. Hoganson, *Consumers' Imperium: The Global Production of American Domesticity, 1865~1920*(Chapel Hill: University of North Carolina Press, 2007).

12) Gary Gereffi, C. J. Humphrey, and T. Sturgeon, "The Governance of Global Value Chains", *Review of International Political Economy* 12, no. 1(2005): 78~104; Jennifer Bair, ed., *Frontiers of Commodity Chain Research*(Stanford , CA: Stanford University Press, 2009); Arjun Appadurai, *The Social Life of Things: Commodities in Cultural Perspective*(New York: Cambridge University Press, 1986); Victoria de Grazia and Ellen Furlough, eds., *The Sex of Things: Gender and Consumption in Historical Perspective*(Berkeley: University of California Press, 1996); Jan de Vries, *The Industrious Revolution: Consumer Behavior and the Household Economy, 1650 to the Present*(Cambridge: Cambridge University Press, 2008), 270.

13) Walt W. Rostow, *The British Economy of the Nineteenth Century*(Oxford: Clarendon Press, 1948); Rostow, *The World Economy: History and Prospect*(Austin: University of Texas Press, 1978), 81~88; Giovanni Arrighi, *The Long Twentieth Century*(London: Verso, 1994), 85~238; Eric Hobsbawm, *Industry and Empire: An Economic History of Britain since 1750*(London: Weidenfeld and Nicolson, 1968), 101; Landes, *The Unbound Prometheus*, 231; W. Arthur Lewis, *Growth and Fluctuations, 1870~1913*(London: George Allen and Unwin, 1978), 15~32.

14) Hobsbawm, *The Age of Empire*, 44. 자유시장과 자본 효율성을 숭배한다는 점에서는 우리 시대의 신자유주의가 1945년 이전 시기를 능가한다고 주장할 수 있을 것이다. 그럼에도 1870년 이후 시기는 놀라운 출발점이었다. 1870년 이전 세계는 그 정도로 상품과 사람, 자본의 국제적인 흐름을 경험하지 못했다. 다음을 참고하라. Hilferding, *Das Finanzkapital*.

15) Alfred D. Chandler Jr., *Scale and Scope: The Dynamics of Industrial Capitalism*(Cambridge, MA: Belknap Press of Harvard University Press, 1990).

16) Paul Boyer, ed., *The Oxford Companion to United States History*(New York: Oxford University Press, 2001); James C. Riley, *Rising Life Expectancy: A Global History*(New York: Cambridge University Press, 2001). 미국 유색인들의 기대 수명은 현저히 낮아 인종차별주의와 불평등을 그래프로 증언한다. 전 세계적인 기대 수명의 변화와 일인당 소득의 변화를 시각적으로 보여 주는

그래프는 다음을 참고하라. www.gapminder.org.

17) Joseph Schumpeter, *Capitalism, Socialism and Democracy*(New York: Harper, 1947). 이 책은 베르너 좀바르트로부터 그 개념을 빌려 왔다. Werner Sombart, *Krieg und Kapitalismus*(Leipzig: Dunker und Humbolt, 1913), 207.

18) Diarmuid Jeffreys, *Hell's Cartel: IG Farben and the Making of Hitler's War Machine*(New York: Metropolitan Books, 2008).

19) Chandler, *Scale and Scope*. 리비히(Liebig) 사의 제품은 음식에 바를 수 있게 만든, 당밀처럼 검은색의 농축된 육수로서 음식의 부족한 영양을 보충하는 것으로, 더 일반적으로는 요리 전반에 썼다.

20) Daniel Yergin, *The Prize: The Epic Quest for Oil, Money, and Power*(New York: Free Press, 1991), 59, 63; Chandler, *Scale and Scope*, 270~273; Kenne Fant, *Alfred Nobel: A Biography*(New York: Arcade, 2006).

21) Kenneth Pomeranz, *The Great Divergence: China, Europe and the Making of the Modern World Economy*(Princeton, NJ: Princeton University Press, 2000); Jeffrey Williamson. "Globalization and the Great Divergence: Terms of Trade Booms, Volatility and the Poor Periphery, 1782~1913", *European Review of Economic History* 12(2008): 355~391.

22) Hobsbawm, *The Age of Empire*, 15. 다음을 참고하라. François Bourguignon and Christian Morrisson, "Inequality among World Citizens: 1820~1992", *American Economic Review* 92, no. 4(September 2002): 728, 737, 739. 1800년 이후의 '거대한 분기'에 관한 연구들을 심도 있게 논의한 것으로는 다음을 참고하라. M. Shahid Alam, "Global Disparities since 1800: Trends and Regional Patterns", *Journal of World-Systems Research* 12, no. 2(July 2006): 37~59.

23) 알람(Alam)은 "Global Disparities since 1800", 52에서 '주변부'를 일본을 제외한 동아시아, 서아시아, 아프리카, 라틴아메리카로 규정한다.

24) Bourguignon and Morrison, "Inequality among World Citizens", 734. 마크 트웨인은 1873년에 발표한 소설 속의 '도금 시대'가 역설적이게 풍요가 아니라 타락을 강조하기 위한 것이었음을 내비쳤다. Twain, *The Gilded Age*(Hartford: Hartford American, 1874).

25) 랜더스는 *Wealth and Power of Nations*, 32에서 서구가 개발이라는 관념을 창안한 것을 높이 평가했던 반면, 안드레 군더 프랑크(André Gunder Frank)는 *Capitalism and Underdevelopment*에서 서구가 저개발을 조장했다고 주장한다. 오러크와 윌리엄슨은 *Globalization and History*에서 이 시대에 수렴이 이루어짐을 발견하지만, 두 사람은 북아메리카에 집중한다. 이들은 이렇게 적고 있다. "실로, 그물망이 확대되어 동유럽을 포함하게 될 때 1870년 이후의 무조건적 수렴은 대체로 사라지며 …… 더 넓게 확대되어 제3세계를 포괄하면 무조건적인 수렴은 완전히 증발할 것이다."(9). 이 장에서 우리는 전 세계를 다 고려한다.

26) Warren Dean, *With Broadsword and Firebrand: The Destruction of the Brazilian Atlantic Forest*(Berkeley: University of California Press, 1995); Gary Okihiro, *Pineapple Culture: A History of the Tropical And Temperate Zones*(Berkeley: University of California Press, 2009); Alfred Crosby, *Ecological Imperialism: The Biological Expansion of Europe, 900~1900*(New York: Cambridge University Press, 1986).

27) 예를 들면 다음을 참고하라. Patricia Seed, *Ceremonies of Possession in Europe's Conquest of the New World, 1492~1640*(New York: Cambridge University Press, 1995); Seed, *American Pentimento: The Invention of Indians and the Pursuit of Riches*(Minneapolis: University of Minnesota Press, 2001).

28) Stephen Yaffa, *Cotton: The Biography of a Revolutionary Fiber*(New York: Penguin Books, 2005), 130; Sven Berckert, "Emancipation and Empire: Reconstructing the Worldwide Web of Cotton Production in the Age of the American Civil War", *American Historical Review* 109, no. 5(December 2004): 1405~1438.

29) Michael Mulhall, *The Dictionary of Statistics*(London: G. Routledge, 1899), 130; Susan B. Carter et al., eds., *Historical Statistics of the United States, from Colonial Times to the Present*(New York: Cambridge University Press), 546, online at http://www.cambridge.org; A. G. Kenwood and A. L. Lougheed, *The Growth of the International Economy, 1820~1990: An Introductory Text*(London: Routledge, 1999), 215~219.

30) Vernon, *Storm over the Multinationals: The Real Issues*(Cambridge, MA: Harvard University Press, 1977).

31) Jean-Yves Grenier, *L'économie d'Ancien Régime: Un monde de l'échange et de l'incertitude*(Paris: Albin Michel, 1996); Edmund Whittaker, *Schools and Streams of Economic Thought*(Chicago: Rand McNally, 1960); Frank Trentmann, *Free Trade Nation: Commerce, Consumption and Civil Society in Modern Britain*(Oxford: Oxford University Press, 2008).

32) Paul Gootenberg, *Between Silver and Guano: Commercial Policy and the State in Postindependence Peru*(Princeton, NJ: Princeton University Press, 1989); Gootenberg, *Imagining Development: Economic Ideas in Peru's Fictitious Prosperity of Guano, 1840~1880*(Berkeley: University of California Press, 1993). 후진성의 상대적 이점에 관해서는 다음을 참고하라. Alexander Gerschenkron, *Economic Backwardness in Historical Perspective: A Book of Essays*(Cambridge, MA: Belknap Press of Harvard University Press, 1962); Thomas Smith, *Native Sources of Japanese Industrialization, 1750~1920*(Berkeley: University of California Press, 1988)

33) John Coastsworth and Jeffrey G. Williamson, "Always Protectionist? Latin American Tariffs from Independence to the Great Depression", *Journal of Latin American Studies* 36, no. 2(2004): 205~232; Carlos Marichal and Steven Topik, "The State and Economic Growth in Latin America: Brazil and Mexico, Nineteenth and Early Twentieth Centuries", *Nation, State, and the Economy in History*, ed. Alice Teichova and Herbert Matis(Cambridge: Cambridge University Press, 2003).

34) 예를 들면 다음을 참고하라. E. Bradford Burns, *The Poverty of Progress: Latin America in the Nineteenth Century*(Berkeley: University of California Press, 1980); Nícea Vilela Luz, *A luta pela industrialização do Brasil*(1967; São Paulo: Alfa-Omega, 1975); Domingo Sarmiento, *Life in the Argentine Republic in the Days of the Tyrant*, trans. Mrs. Horace Mann(1868; New York: Collier Books, 1961).

35) 이 논쟁에 관해서는 다음을 참고하라. Steven C. Topik, *Trade and Gunboats: The United States and*

Brazil in the Age of Empire(Stanford, CA: Stanford University Press, 1996); Edward Stanwood, *American Tariff Controversies in the Nineteenth Century*(Boston: Houghton and Mifflin, 1903); Frank Taussig, *The Tariff History of the United States*, 8th ed.(New York: G. P. Putnam's Sons, 1931); Edward Crapol, *America for Americans: Anglophobia in the Late Nineteenth Century*(Westport, CT: Greenwood, 1973).

36) Donald Denoon, *Settler Capitalism: The Dynamics of Dependent Development in the Southern Hemisphere*(New York: Oxford University Press, 1983), 50; Belich, *Replenishing the Earth*, 456~501; P. J. Cain and A. G. Hopkins, *British Imperialism: Innovation and Expansion, 1688~1914*(London: Longmans, 1993), 272.

37) Steven C. Topik, *The Political Economy of the Brazilian State, 1889~1930*(Austin: University of Texas Press, 1987); Gunnar Myrdal, *Development and Underdevelopment: A Note on the Mechanism of National and International Economic Inequality*(Cairo: National Bank of Egypt, 1956).

38) Charles Bergquist, *Labor in Latin America: Comparative Essays on Chile, Argentina, Venezuela, and Colombia*(Stanford, CA: Stanford University Press, 1986); Thomas O'Brien, *The Revolutionary Mission: American Enterprise in Latin America, 1900~1945*(New York: Cambridge University Press, 1996)l John Hart, *Empire and Revolution: The Americans in Mexico since the Civil War*(Berkeley: University of California, 2002).

39) De Grazia, *Irresitible Empire*.

40) Kenwood and Lougheed, *Growth*, 10, 83, 86. Peter Stearns, *The Industrial Revolution in World History*, 3rd ed.(Boulder, CO: Westview Press, 2007), 1, 2. Landes, *The Unbound Prometheus*; Cain and Hopkins, *British Imperialism: Innovation and Expansion*, 44.

41) Niall Ferguson, *Empire: How Britain Made the Modern World*(London: Penguin Books, 2004), xxii; Cain and Hopkins, *British Imperialism: Innovation and Expansion*, 170.

42) 라틴아메리카 수출 경제에서 국가가 수행한 역할에 관한 유익한 사례 연구로는 다음을 참고하라. Joseph Love and Nils Jacobsen, *Guiding the Invisible Hand: Economic Liberalism and the State in Latin America*(New York: Praeger, 1988); Steven C. Topik and Allen Wells, eds., *The Second Conquest of Latin America: Coffee, Henequen and Oil during the Export Boom, 1850~1930*(Austin: University of Texas Press, 1998).

43) 이렇게 중요한 행위자들을 생각하게 해 준 윌리엄 클래런스-스미스에게 감사한다. 제국의 시대 이전에 널리 퍼진 디아스포라를 개관한 것으로는 다음을 참고하라. Philip D. Curtin, *Cross-Cultural Trade in World History*(Cambridge: Cambridge University Press, 1984).

44) Hobsbawm, *The Age of Empire*, 43, 44; Frank B. Tipton, "Government and the Economy in the Nineteenth Century", and Volker Wellhöner and Harald Wixforth, "Finance and Industry", *Germany since 1800: A New Social And Economic History*, ed. Sheilagh Ogilvie and Richard Overy(London: Arnold, 2003), 118, 122, 161~164.

45) Chandler, *The Visible Hand: The Managerial Revolution in American Business*(Cambridge, MA: Harvard University Press, 1977), 311~312.

46) Ibid., 89.

47) Allison Frank, "The Petroleum War of 1910: Standard Oil, Austria, and the Limits of the Multinational Corporation", *American Historical Review* 114, no. 1(February 2009): 16~41, esp. 17; Rondo Cameron and V. I. Bovykin, eds., *International Banking, 1870~1914*(New York: Oxford University Press, 1991); Niall Ferguson, *The House of Rothschild*, vol. 2, *The World's Banker, 1849~1999*(New York: Penguin, 1999); Barbara Stallings, *Banker to the World: U. S. Portfolio Investment in Latin America, 1900~1986*(Berkeley: University of California Press, 1987).

48) Akira Iriye, *Global Community: The Role of International Organizations in the Making of the Contemporary World*(Berkeley: University of California Press, 2002), 9~36.

49) Jon Savage, *Teenage: The Prehistory of Youth Culture, 1875~1945*(New York: Viking Penguin, 2007), 38.

50) Landes, *Wealth and Poverty of Nations*, 274.

51) Leon Trotsky, *The History of the Russian Revolution*, trans. Max Eastman(1932; London: Pluto Press, 1977), 26~27; Stephen Haber, *Industry and Underdevelopment: The Industrialization of Mexico, 1890~1940*(Stanford, CA: Stanford University Press, 1989); Steven C. Topik, "The Emergence of Finance Capital in Mexico", *Five Centuries of Mexican History/Mexico en el medio milenio*, ed. Vigrinia Guedea and Jaime Rodríquez(Mexico City: Instituto de Investigaciones Doctor José Maria Mora, 1992), 227~242; Mario Cerutti and Carlos Marichal, eds., *La banca regional en México, 1870~1930*(Mexico City: El Colegio de México, Fondo de Cultura Económica, 2003); Jeffrey Bortz and Stephen Haber, *The Mexican Economy, 1870~1910: Essays on the Economic History of Institutions, Revolution and Growth*(Stanford, CA: Stanford University Press, 2002); Vladimir Lenin, *Imperialism, the Highest Stage of Capitalism: A Popular Outline*(New York: International, 1939); William E. Lockwood, *The Economic Development of Japan*, 2nd ed.(Princeton, NJ: Princeton Unviersity Press, 1968).

52) Jang-Sup Shin, *The Economics of the Latecomers: Catching-up, Technology Transfer and Institutions in Germany, Japan and South Korea*(London: Routledge, 1996); Hindemasa Morikawa, "Japan's Unstable Course during Its Remarkable Economic Development", Teichova and Matis, *Nation, State, and the Economy*, 332~345; Lockwood, *Economic Development of Japan*, 214~232; Carl Mosk, "Japanese Industrialization and Economic Growth", EH.Net, http://eh.net/encyclopeida/article/mosk.japan.final.

53) 물론 중국의 제국은 제국주의자들보다 몇천 년 앞섰다.

54) D. C. M. Platt, *Britain's Investment Overseas on the Eve of the First World War: The Use and Abuse of Numbers*(Basingstoke, UK: Macmillan, 1986). 자본의 흐름에 관한 추정치를 포함했지만, 이 수치는 근사치일 뿐이다. 외국인 투자 연구자들은 세계적 투자자들이 여러 지역의 시장과 기업에 자본을 투자했기 때문에 투자 국가와 본국으로 송금된 액수가 언제나 확인되지는 않는다는 점을 인정한다.

55) Kenwood and Lougheed, *Growth*, 86, 215; P. J. Cain and A. G. Hopkins, *British Imperialism: Crisis and Deconstruction, 1914~1990*(London: Longman, 1993), 37, 123.

56) Cain and Hopkins, *British Imperialism: Crisis and Deconstruction*, 45, 231.

57) League of Nations, *Statistical Year-Book of the League of Nations, 1926*(Geneva: League of Nations, Economic and Financial Section 1927~1945), 77, 78, http://digital.library.northwestern.edu/league/stat.html.

58) 켄 포머랜즈의 이러한 견해에 감사한다.

59) '비어 있는 지역(vacant areas)'은 오즈월드 선켈(Oswald Sunkel)이 쓴 용어다. *Development from Within: Toward a Neostructuralist Approach for Latin America*(Boulder, CO: L. Rienner, 1993); '신 유럽(Neo-Europe)'은 Grosby, *Ecological Imperialism*에서 취한 용어이며, '정착민 식민지(settler colonies)'는 Denoon, *Settler Capitalism*에서 채택했고, '서구의 분파(Western offshoot)'는 Angus Maddison이 좋아한 용어다. *The World Economy*(Paris: Development Centre of the Organization for Economic Cooperation and Development, 2006).

60) Stephen Haber, *How Latin America Fell Behind: Essays on the Economic History of Brasil and Mexico, 1800~1914*(Stanford, CA: Stanford University Press, 1997).

61) Emily Rosenberg, *Financial Missionaries to the World: The Politics and Culture of Dollar Diplomacy*(Durham, NC: Duke :University Press, 2003); Paul Drake, *Money Doctors: Foreign Debts and Economic Reforms in Latin America from the 1890s to the Present*(Wilmington, DE: Scholarly Resources, 1994); J. P. Wileman, *Brazilian Exchange: The Study of an Inconvertible Currency*(1896; New York: Greenwood, 1969); Marichal and Topik, "The State and Economic Growth"; Thomas G. Rawski, *Economic Growth in Prewar China*(Berkeley: University of California Press, 1989), 155~164.

62) 금본위제와 그 배후의 이데올로기에 관한 당대의 격렬한 논의는 다음을 참고하라. Karl Polanyi, *The Great Transformation*. 국제적 논쟁과 제도에 관한 최신의 개관은 다음을 참고하라. Barry Eichengreen, *Globalizing Capital: A History of the International Monetary System*(Princeton, NJ: Princeton University Press, 2008).

63) Niall Ferguson, *Paper and Iron: Hamburg Business and German Politics in the Era of Inflation, 1897~1927*(Cambridge: Cambridge University Press, 2008).

64) 1852년에서 1873년 사이에 하락이 중단되었다. Douglas North, "Ocean Freight Rates and Economic Development, 1750~1913", *Journal of Economic History* 18, no 4.(December 1958): 537~555, esp. 542.

65) Hobsbawm, *The Age of Empire*, 28, 350; Daniel Headrick, *The Tentacles of Progress: Technology Transfer in the Age of Imperialism, 1850~1940*(New York: Oxford University Press, 1988), 23~25; Peter J. Hugill, *World Trade since 1431: Geography, Technology, and Capitalism*(Baltimore: Johns Hopkins University Press, 1993), 125~158.

66) 더 빠르고 저렴한 화물 운송 수단의 급속한 팽창과 세계 상업의 성장 사이에는 호혜적 관계가 있었다. 1894년에 증기 터빈이 발명되고 1920년대에 디젤 엔진이 도입되면서 선박 기술은 계속해서 향상되었다. 선박 크기가 네 배로 커지면서 효율성도 높아졌다. 크기에 비례하여 승무원의 숫자도 감소했고 화물의 무게당 소모되는 연료도 줄어들었기 때문이다. Headrick, *The Tentacles of Progress*, 27~31; Rostow, *The World Economy*, 669. 1914년에는 전 세계 선박의 2퍼센트만 석유를 연료로 썼지만, 연료의 변화는 제1차 세계대전 후에 엄청난 결과를 가져오게 된다. Kenwood and

Lougheed, *Growth*, 15.

67) John Soluri, *Banana Cultures: Agriculture, Consumption, and Environmental Change in Honduras and the United States*(Austin: University of Texas Press, 2005). 해운 혁명의 다음 큰 단계인 해운 컨테이너의 등장은 1956년까지 기다려야 했다. Marc Levinson, *The Box: How the Shipping Container Made the World Smaller and the World Economy Bigger*(Princeton, NJ: Princeton University Press, 2006).

68) North, "Ocean Freight Rates", 543.

69) Okihiro, *Pineapple Culture*; Lawrence Clayton, *Grace: W. R. Grace and Company, the Formative Years, 1850~1930*(Ottawa, Il: Jameson Books, 1985).

70) Robert Greenhill, "Shipping", *Business Imperialism*, ed. D. C. M. Platt(Oxford: Clarendon Press, 1977)

71) Jeffrey G. Williamson, "Winners and Losers over Two Centuries of Globalization", National Bureau of Economic Research Working Paper Series, Working Paper No. 9161, September 2002.

72) Mulhall, *The Dictionary of Statistics*, 520.

73) Hobsbawm, *The Age of Empire*, 51.

74) US Bureau of the Census, *Historical Statistics of the United States from Colonial Times to 1957*(Washington, DC: US Government Printing Office, 1960), 450.

75) 다음에서 인용. Yergin, *The Prize*, 12, 154. Alfred Thayer Mahan, *The Influence of Sea Power upon History, 1660~1783*(1892; New York: Hill and Wang, 1957); Harold Sprout and Margaret Sprout, *The Rise of American Naval Power, 1776~1918*(Princeton, NJ: Princeton University Press, 1939).

76) Charles Flint, *Memories of an Active Life*(New York: G. P. Putnam's Son, 1923); Topik, *Trade and Gunboats*; V. G. Kiernan, *Marxism and Imperialism*(London: Edward Arnold, 1974), 105.

77) Greenhill, "Shipping", 141.

78) E. Sydney Crawcour, "Industrialization and Technological Change, 1885~1920", *The Economic Emergence of Modern Japan*, ed. Kozo Yamamura(Cambridge: Cambridge University Press, 1997), 97~99; Lockwood, *Economic Development of Japan*, 348~351, 544~549; Peter N. Davies, "Japanese Shipping and Shipbuilding: An Introduction to the Motives behind Its Early Expansion", and Kunio Katayama, "Japanese Economic Develipment Strategiy and the Shipping Industries, 1881~1894", Both in Discussion Paper Mo. JS/99/376, November 1999, The Suntory Centre, Suntory and Toyota International Centres for Economic and Related Disciplines, London School of Economics and Political Science.

79) Headrick, *The Tentacles of Progress*, 20.

80) Mira Wilkins, *The Emergence of Multinational Enterprise*(Cambridge, MA: Harvard University Press, 1970), 35.

81) Hugill, *World Trade since 1431*, 159~166: Landes, *Wealth and Poverty of Nations*, 215~216; Pomeranz, *The Great Divergence*, 183~185.

82) Kenneth Pomeranz, *The Making of a Hinterland: State, Society, and Economy in Inland North China*,

1853~1937(Berkeley: University of California Press, 1993), 153~211.

83) Headrick, *The Tentacles of Progress*, 28. 파라오 시절에는 홍해에서 나일강으로 운하가 연결되었고 그곳에서 지중해로 나갔다.

84) 2008년에 상원의원 존 매케인(John McCain)이 미국 대통령 선거에서 승리했다면, 그는 자신이 태어난 곳인 파나마 운하 지구를 미국 영토로 생각했기 때문에 그곳에서 취임할 수 있었을 것이다.

85) Julie Greene, *The Canal Builders: Making America's Empire at the Panama Canal*(New York: Penguin, 2009), 367, 2, 132, 133, 396~399, 인용은 367; Michael Conniff, *Black Labor on the White Canal: Panama, 1904~1908*(Pittsburgh: University Press, 1985), 30~31.

86) 다음에서 인용. Greene, *The Canal Builders*, 351.

87) Headrick, *Power over Peoples: Technology, Environments, and Western Imperialism, 1400 to the Present*(Princeton, NJ: Princeton University Press, 2010), 226~251; Paul Janosz, "Dr. Gorgas and Yellow Fever: Destiny through Disease"(unpublished manuscript, University of California, Irvine, February 2011).

88) Paul Cottrell, *Industrial Finance, 1830~1914: The Finance and Organization of English Manufacturing Industry*(London: Methuen, 1983), 40~55; Geoffrey Jones, *British Multinational Banking, 1830~1990*(New York: Oxford University Press, 1993).

89) Headrick, *The Tentacles of Progress*, 36~38.

90) Hobsbawm, *The Age of Empire*, 27, 52.

91) Robert Fogel, *Railroads and American Economic Growth: Essays in Econometric History*(Baltimore: Johns Hopkins University Press, 1964); Chandler, *The Visible Hand; Michael J. Twomey, A Century of Foreign Investment in the Third World*(London: Routledge, 2000), 44.

92) Kenwood and Lougheed, *Growth*, 36. 철도 총연장이 꼭 이용도를 반영한다고 할 수 없음은 분명하다. 작은 노선들은 이용도가 높은 지역을 지나는 경향이 있었기 때문이다. 예를 들면 1887~1888년에 미국의 철도는 유럽 전체의 20퍼센트가 더 많았지만 승객은 4분의 1밖에 수송하지 않았고 화물 운송량은 80퍼센트 정도였다.

93) Headrick, *The Tentacles of Progress*, 55.

94) Kenwood and Lougheed, *Growth*,, 13.

95) Pomeranz, *Making of a Hinterland*, 146~152; B. R. Mitchell, *International Historical Statistics: Africa, Asia and Oceania, 1750~2005*, 5th ed.(London: Palgrave, 2007), 723, 724.

96) 전 세계 항구들의 수용 능력에 관해서는 다음을 참고하라. Mulhall, *The Dictionary of Statistics*, 523.

97) John H. Coatsworth, *Growth against Development: The Economic Impact of Railroads in Porfirian Mexico*(De Kalb: Northern Illinois University, 1981).

98) Sandra Kuntz Ficker, *Empresa extranjera y mercado interno: El Ferrocarril Central Mexicano, 1850~1950*(Mexico City: El Colegio de México, 1995); Kuntz Ficker and Paolo Riguzzi, eds., *Ferrocarriles y vida económica, en México, 1850~1950*(Mexico City: El Colgeio Mexiquense-Universidad Autónomo Metropolitana, Xochimilco, 1996); Mario Cerruti and José Reséndiz Balderas, eds., *Monterrey, Nuevo León, el Noreste: Siete estudios históricos*(Monterrey: Universidad

Autónomia de Nueva León, 1987).

99) James Scobie, *Argentina: A City and a Nation*(New York: Oxford University Press, 1964); Carlos Díaz Alejandro, *Essays on the Economic History of the Argentine Republic*(New Have, CT: Yale University Press, 1970); Roberto Cortés Conde, *Argentina since Independence*(New York: Cambridge University Press, 1993)

100) Topik, *The Political Economy*, 93~128; Julian Duncan, *Public and Private Ownership of Railroads in Brazil*(New York: Faculty of Political Science, Columbia University, 1932).

101) 다음에서 인용. H. A. Mwanzi, "African Initiatives and Resistance in East Africa, 1880~1914", *General History of Africa*, vol. 7: *Africa under Colonial Domination, 1880~1935*, ed. A. Adu Boahen(Berkeley: University of California Press, 1985), 163.

102) Colin Leys, *The Political Economy of Neo-Colonilaism, 1964~1971*(Berkeley: University of California Press, 1975), 28~35.

103) Mwanzi, "African Initiatives", 164, 165; Brad Weiss, *Sacred Trees, Bitter Harvests: Globalizing Coffee in Northwest Tanzania*(Portsmouth, NH: Heinemann, 2003), 14~21.

104) 수치는 다음을 참고하라. Mitchell, *International Historical Statistics: Africa, Asia and Oceania, 1750~2005*, 715~718.

105) Ibid.; Denoon, *Settler Capitalism*, 51.

106) Headrick, *The Tentacles of Progress*, 55~91.

107) 위의 책에서 인용, 73.

108) Ibid., 87.

109) Rawski, *Economic Growth in Prewar China*, 181~189.

110) Wolfgang Schivelbusch, *Geschichte der Eisenbahnreise*, translated as *The Railway Journey: The Industrialization of Time and Space in the Nineteenth Century*(Berkeley: University of California Press, 1986).

111) Headrick, *The Tentacles of Progress*, 277.

112) Rostow, *The World Economy*, 199; 계산은 다음을 참고하라. *Statistical Year-Book of the League of Nations, 1926*, 87; 계산은 다음을 참고하라. *Statistical Year-Book of the League of Nations, 1942~44*, 159; Lockwood, *Economic Development of Japan*, 106.

113) Headrick, *The Tentacles of Progress*, 293~295.

114) *Statistical Year-Book of the League of Nations, 1942~44*, 85.

115) Brasil, Presidente, *Mensagem dirigida ao Congresso Nacional, 1926*(Rio de Janeiro: Imprensa Nacional, 1926), 152.

116) 초기 멕시코의 수치에 관해서는 다음을 참고하라. Coatsworth, *Growth against Development*. 수정된 수치에 관해서는 다음을 참고하라. Kuntz Ficker, *Empresa extranjera*; Kuntz Ficker and Riguzzi, eds., *Ferrocarriles y vida económica*. 브라질에 관해서는 다음을 참고하라. Topik, *The Political Economy*. 철도의 국내 승수효과를 보여 주는 여러 시기에 관해서는 다음을 참고하라. William Summerhill, *Order against Progress: Government, Foreign Investment and Railroads in Brazil*(Stanford, CA: Stanford University Press, 2003).

117) Coatsworth and Williamson, "Always Protectionist?"

118) Topik, *The Political Economy*, 93~129.

119) 미국에서 포디즘이 보인 긍정적 측면과 억압적 측면에 관해서는 다음을 참고하라. Greg Grandin, *Fordlandia: The Rise and Fall of Henry Ford's Forgotten Jungle City*(New York: Metropolitan Books, 2009).

120) Ibid., 80, 194, 208; US Bureau of the Census, *Historical Statistics of the United States*, 462; Hugill, *World Trade since 1431*, 218; Lockwood, *Economic Development of Japan*, 107.

121) US Bureau of the Census, *Historical Statistics of the United States*, 546.

122) James M. Laux, *The European Automobile Industry*(New York: Twayne, 1992), 104, 115; Joel Wolff, *Autos and Progress: The Brazilian Search for Modernity*(New York: Oxford University Press, 2010), 38.

123) 수치는 다음을 보라 Laux, *The European Automobile Industry*, 74; Rostow, *The World Economy*, 196~197; Hugill, *World Trade since 1431*, 238, 241~244; Osterhammel, *Die Verwandlung der Welt*, 318.

124) James E. Vance Jr., *Capturing the Horizon: The Historical Geography of Transportation since the Transportation Revolution of the Sixteenth Century*(New York: Harper and Row, 1986), 530~539; Yergin, *The Prize*, 172.

125) Charles Quilter, "In Any Weather"(PhD diss., University of California, Irvine, 2010).

126) R. E. G. Davies, *Airlines of Latin America since 1919*(Washington, DC: Smithsonian Institution Press, 1984).

127) Ibid., 2; Hugill, *World Trade since 1431*, 249~283; R. E. G. Davies, *Airlines of Asia since 1920*(McLean, VA: Paladwr Press, 1997), 340~349; Vance, *Capturing the Horizon*, 545~576.

128) Vance, *Capturing the Horizon*; Davies, *Airlines of Latin America*, 336~344.

129) Davies, *Airlines of Asia*, 1, 231~233.

130) Ibid., 6~14.

131) Headrick, *Power over Peoples*, 306~328.

132) Tom Standage, *The Victorian Internet: The Remarkable Story of the Telegraph and the Nineteenth Century's On-line Pioneers*(New York: Walker and Co., 1998)

133) Dwayne R. Winseck and Robert M. Pike, *Communication and Empire: Media, Markets, and Globalization, 1860~1939*(Durham, NC: Duke University Press, 2007), 90.

134) 이 점에는 논쟁의 여지가 있다. 론도 캐머런(Rondo Cameron) 같은 몇몇 학자는 은행이 최초의 다국적 회사이며 그 기원은 중세 이탈리아까지 거슬러 올라간다고 주장한다.(Cameron And Bovykin, *International Banking*, 1870~1914, 4) 다른 이들은 1602년 네덜란드 동인도회사의 특허장을 지적한다. 윌킨스는 1865년 무렵 미국에서 시작되었다고 말한다. Wilkins, *The Emergence of Multinational Enterprise*, 35.

135) Standage, *The Victorian Internet*; Rudolf Stöber, *Deutsche Pressgeschichte: Von den Anfängen biz zum Gegenwart*(Constance: UVK Verlagsgesellschaft, 2005), 131~136; Winseck and Pike, *Communication and Empire*, 5, 149, 203, 258.

136) B. R. Mitchell, *International Historical Statistics: Europe, 1750~2000*, 6th ed.(Basingstoke, UK: Palgrave Macmillan, 2007), 52~760; US Bureau of the Census, *Historical Statistics of the United States*, 485.

137) Rawski, *Economic Growth*, 217; Henry Brunton, *Building Japan, 1868~1876*(1877; London: Routlede, 1991), 27~29.

138) 다음에서 인용. Headrick, *The Tentacles of Progress*, 121.

139) Mitchell, *International Historical Statistics: Africa, Asia and Oceania, 1750~2005*, 830~835.

140) Winseck and Pike, *Communication and Empire*, 105, 147.

141) Brunton, *Building Japan*, 28.

142) 다음에서 인용. Winseck and Pike, *Communication and Empire*, 36.

143) F. Leslie Smith, John Wright II, and David H. Ostroff, *Perspectives on Radio and Television: Telecommunication in the United States*, 4th ed.(Mahwah, NJ: Erlbaum, 1998), 37.

144) Carole E. Scott, "The Technological Development of Radio: From Thales to Marconi", http://eh.net/encyclopedia/article/scott.radio.industry.history.

145) 수치는 다음을 참고하라. Mitchell, *International Historical Statistics: Africa, Asia and Oceania, 1750~2005*, and Mitchell, *International Historical Statistics: Europe, 1750~2005*; US Bureau of the Census, *Historical Statistics of the United States*; Winseck and Pike, *Communication and Empire*, 315; Hugill. World Trade since 1431, 321~322.

146) Hans-Ulrich Wehler, *Deutsche Gesellschaftsgeschichte: Von der "Deutschen Doppelrevolution" bis zum Beginn des Ersten Weltkriges, 1849~1914*(Munich: C. H. Beck, 1995), 612, 613.

147) Wellhöner and Wixforth, "Finance and Industry", 161~164; William J. Hausman, Peter Hertner, and Mira Wilkins, *Global Electrification: Multinational Enterprise and International Finance in the History of Light and Power, 1878~2007*(New York: Cambridge University Press, 2008), 75~124.

148) Steve C. Topik, "Economic Nationalism and the State in an Underdeveloped Country: Brazil, 1889~1930"(PhD diss., University of Texas, Austin, 1978); Hausman et al., *Global Electrification*, 75~124.

149) Hausman et al., 102~103.

150) Lockwood, *Economic Development of Japan*, 49, 224~225.

151) Hausman et al., 94, 95, 253, 254.

152) Ibid., 201, 234.

153) Wolfgang Schivelbusch, *Lichtblicke: Zur Geschichte der Kunstlichen Helligkeiten im 19 Jahrhundert*(Munich: C. Hauser, 1983).

154) 수치는 다음을 참고하라. Mulhall, *The Dictionary of Statistics*, 156; *Statistical Year-Book of the League of Nations, 1939~40*, 146; *Statistical Year-Book of the League of Nations, 1926*, 88.

155) *Statistical Year-Book of the League of Nations, 1939~40*, 146.

156) Chandler, *Scale and Scope*, 125; Wilkins, *Emergence of Multinational Enterprise*, 80~82, 116~118, 178~184.

157) Robert Franz, "The Statistical History of the German Banking System", *Miscellaneous Articles on*

German Banking, US Senate Document 508(Washington, DC: US Government Printing Office, 1910), 29~33; Albert Broder, "Banking and the Electrotechnical Industry in Western Europe", Cameron and Bovykin, *International Banking*, 1870~1914, 474~480; Hans-Ulrich Wehler, *Von der "Deutschen Doppelrevolution" bis zum Beginn des Ersten Weltkriges, 1849~1914*, vol. 3 of Hans-Ulrich Wehler, *Deutsche Gesellschaftsgeschichte*(Munich: C. H. Beck, 1995).

158) Rosemary Thorpe and Geoffrey Bertram, *Peru, 1890~1977: Growth and Policy in an Open Economy*(New York: Columbia University Press, 1978), 72~95; Wilkins, *Emergence of Multinational Enterprise*, 80~82, 116~118, 178~184.

159) Bergquist, *Labor in Latin America*; O'Brien, *The Revolutionary Mission*; Thomas Klubock, *Contested Communities: Class, Gender, and Politics in Chile's El Teniente Co*pper Mine, *1904~1951*(Durham, NC: Duke University Press, 1998); John Hart, *Revolutionary Mexico: The Coming and Process of the Mexican Revolution*(Berkeley: University of California Press, 1987); Alan Knight, *The Mexican Revolution*, 2 vols.(New York: Cambridge University Press, 1986).

160) Dennis Kortheuer, "Santa Rosalía and Compagnie du Boleó: The Making of a Town and Company in the Porfirian Frontier, 1885~1900"(PhD diss., University of California, Irvine, 2001).

161) Chandler, *Scale and Scope*, 70, 122~124.

162) Yergin, *The Prize*, 55.

163) Ibid., 100, 113; Naomi Lamoreaux, *The Great Merger Movement in American Business, 1895~1904*(New York: Cambridge University Press, 1985).

164) 다음에서 인용. Yergin, *The Prize*, 14~56, 110.

165) Ibid., 79, 80, 112.

166) 위의 책에서 인용, 154.

167) Nuno Luís Madureira, "Oil in the Age of Steam", *Journal of Global History* 5, no. 1(2010): 75~94.

168) Jonathan Brown, *Oil and Revolution*(Berkeley: University of California Press, 1992); Sandra Kuntz Ficker, *Las exportaciones mexicanas durante la primera globalizacion, 1870~1929*(Mexcio City: El Colegio de México, 2010); Miguel Tinker Salas, *The Enduring Legacy: Oil, Culture, and Society in Venezuela*(Durham, NC: Duke University Press, 2009).

169) 수치는 다음을 참고하라. Susan B. Carter et al., *Historical Statistics of the United States: Millennial Edition Online*(Cambridge: Cambridge University Press, 2006~), tables 184~186, 208~217, online at http//www.cambridge.org; Grandin, Fordlandia, 22~23; Hurgill, *World Trade since 1431*, 208~212.

170) US Bureau of the Census, *Historical Statistics of the United States*, 1960, 548; Brasil, Directoria Geral da Estatística(DGE), *Anuário Estatístico, 1930/1940*(Rio de Janeiro: Imprensa Nacional, 1940), 1380; Zephyr Frank an dAldo Mussachio, "Brazil in the International Rubber Trade, 1870~1930", in Steven C. Topik, Carlos Marichal, and Zephyr Frank eds., *From Silver to Cocaine: Latin American Commodity Chains and the Building of the World Economy, 1500~2000*(Durham, NC: Duke University Press, 2006), 275.

171) Michael Stanfield, *Red Rubber, Bleeding Trees: Violence, Slavery and Empire in Northwest Amazonia, 1850~1933*(Albuquerque: University of New Mexico Press, 1998); Barbara Weinstein, *The Amazon Rubber Boom, 1850~1920*(Stanford, CA: Stanford University Press, 1983); Burns, *The Unwritten Alliance: Rio Branco and Brazilian-American Relations*(New York: Columbia University Press, 1966)

172) Mark Finlay, *Growing American Rubber: Strategic Plants and the Politics of National Security*(New Brunswick, NJ: Rutgers University Press, 2009)

173) Joe Jackson, *The Thief at the End of the World: Rubber, Power and the Seeds of Empire*(new York: Penguin, 2009)

174) Ann Stoler, *Capitalism and Confrontation in Sumatra's Plantation Belt, 1870~1979*(New Haven, CT: Yale University Press, 1985), 209; T. A. Tengwall, "History of Rubber Cultivation and Research in the Netherlands Indies", *Science and Scientists in the Netherlands Indies*, ed. Pieter Honig and Frans Verdoom(New York: Board for the Netherlands Indies, Surinam and Curaçao, 1945); *Statistical Year-Book of the League of Nations, 1926*, 80.

175) Adam Hochschild, *King Leopold's Ghost: A Story of Greed, Terror, and Heroism in Colonial Africa*(Boston: Houghton Mifflin, 1998)

176) Finlay, *Growing American Rubber*, 152~157; Kuntz Ficker, *Las exportaciones mexicana*s, 394~405.

177) Victor Bulmer-Thomas, *The Economic History of Latin America since Independence*(Cambridge: Cambridge University Press, 1994), 15.

178) 국제적 체제들에 관한 논의는 다음을 참고하라. Stephen Krasner, *The Structural Conflict: The Third World against Global Liberalism*(Berkeley: University of California Press, 1985); David Smith, Dorothy Solinger, and Steven C. Topik, eds., *States and Sovereignty in the Global Economy*(London: Routledge, 1999)

179) 코카인 상품 사슬에 관해서는 다음을 참고하라. Gootenberg, *Andean Cocaine: The Making of a Global Drug*(Chapel Hill: University of North Carolina Press, 2008); Gootenberg, "Cocaine in Chains: The Rise and Demise of a Global Commodity, 1860~1950", Topik et al., *From Silver to Cocaine*, 321~351.

180) 이는 농공업의 초기 발흥 때문에 이 시기의 미국 농업 연구에는 덜 해당된다. 그렇지만 이 경우는 예외적이다.

181) 이는 랜더스가 *The Unbound Prometheus*에서 공업 측면에 집중한 데 대한 반응이다.

182) Sidney Mintz, *Sweetness and Power: The Place of Sugar in Modern History*(New York: Penguin, 1986); Hobsbawm, *The Age of Empire*, 50.

183) 멀홀(Mulhall)의 1989년 추정치에 따르면, 이미 그해에 오스트레일리아는 1인당 소득이 세계 최고였으며, 캐나다는 프랑스와 저지대 국가들에 크게 뒤처지지 않았다. *The Dictionary of Statistics*, 589.

184) David S. Jack, "Intra-and International Commodity Market Integration in the Atlantic Economy, 1800~1913", *Explorations in Economic History* 42(2005): 381~413, esp. 399.

185) C. Knick Harley, "Transportation, the World Wheat Trade and the Kuznets Cycle, 1850~1913",

Explorations in Economic History 17(1980): 218~250, esp. 218; Patrica Herlihy, *Odessa: A History, 1794~1914*(Cambridge, MA: Harvard University Press, 1986).

186) *World Agriculture: An International Survey*(London: Oxford University Press, 1932), 138.

187) 다음에서 인용. Edgars Dunsdorfs, *The Australian Wheat-Growing Industry, 1788~1948*(Melbourne: University Press, 1956), 167.

188) 다음에서 인용. Dan Morgan, *Merchants of Grain*(New York: Viking, 1979), 36~37.

189) Harley, "Transportation, the World Wheat Trade", 218, 233; Carl Solberg, *The Prairies and the Pampas: Agrarian Policy in Canada and Argentina, 1880~1930*(Stanford, CA: Stanford University Press, 1987), 39; Peter Dondlinger, *The Book of Wheat: An Economic History and Practical Manual of the Wheat Industry*(New York: Orange, Judd Co., 1912), 238.

190) Alan Olmstead and Paul Rhode, "Biological Globalization: The Other Grain Invasion", *The New Comparative Economic History: Essays in Honor of Jeffrey G. Williamson*, ed. Timothy Hatton, Kevin H. O'Rourke, and Alan Taylor(Cambridge, MA: MIT Press, 2007): 115~140, 인용은 122; Dunsdorfs, *Australian Wheat-Growing Industry*, 190.

191) William P. Rutter, *Wheat-Growing in Canada, the United States and the Argentine: Including Comparisons with Other Areas*(London: Adam and Charles Black, 1911), 118.

192) Dondlinger, *The Book of Wheat*, 106.

193) *World Agriculture*, 38ff.

194) Dondlinger, *The Book of Wheat*, 237.

195) O'Rourke and Williamson, *Globalization and History*, 220.

196) Dondlinger, *The Book of Wheat*, 241.

197) *World Agriculture*, 209.

198) Kevin H. O'Rourke, "The European Grain Invasion", *Journal of Economic History* 57, no. 4(December 1977): 775~781, esp. 781. 가격 수렴에 이의를 제기하는, 최근의 밀 시장에 대한 계량경제학적 분석을 비교하라. Giovanni Federico and Karl Gunnar Perrson, "Market Integration and Convergence in the World Wheat Market", Hatton et al., *New Comparative Economic History*, 87~113. Rory Miller and Robert Greenhill, "The Fertilizer Commodity Chains: Guano and Nitrate, 1840~1930", Topik et al., *From Silver to Cocaine*, 228~270.

199) Gootenberg, *Between Silver and Guano*; Thorp and Bertram, *Peru, 1890~1977*; Heraclio Bonilla, *Guano y burguesia*(Lima: Instituto de Estudios Peruanos, 1973); Shane A. Hunt, "Distribution, Growth, and Government Economic Behavior in Peru", *Government and Economic Development*, ed. G. Rains(New Haven, CT: Yale University Press, 1971); Jonathan Levin, *The Export Economies: Their Patterns of Development in Historical Perspective*(Cambridge, MA: Harvard University Press, 1960); Thomas F. O'Brien, *The Nitrate Industry and Chile's Crucial Transition, 1870~1891*(New York: New York University Press, 1982); Michael Monteon, *Chile in the Nitrate Era: The Evolution of Economic Dependence, 1880~1930*(Madison: University of Wisconsin Press, 1982).

200) A. J. H. Latham and Larry Neal, "The International Market in Rice and Wheat, 1868~1914",

Economic History Review 36, no. 2(May 1983): 260~280, esp. 270~272; Frank Surface, *The Grain Trade during the World War: Being a History of the Food Administration and the United States Grain Corporation*(New York: Macmillan, 1928), 212.

201) Mintz, *Tasting Food, Tasting Freedom: Excursions into Eating, Culture and the Past*(Boston: Beacon Press, 1996), 24.

202) *World Agriculture*, 31; Morgan, *Merchants of Grain*, 77.

203) Rutter, *Wheat-Growing*, 7; Vernon Wickizer and M. K. Bennett, *The Rice Economy of Monsoon Asia*(Palo Alto, CA: Stanford University Food Research Institute, 1941), 2.

204) N. Jasny, *Competition among Grains*(Palo Alto, CA: Stanford University Food Research Institute, 1940), 7.

205) William Cronon, *Nature's Metropolis: Chicago and the Great West*(New York: Norton, 1991), 99~100; Denoon, *Settler Capitalism*, 46; Jasny, *Competition among Grains*, 24~25, 84.

206) 밀은 에콰도르와 콜롬비아, 나이지리아, 사우디아라비아, 브라질처럼 적도나 그 인근 고지대의 서로 공통점이 없는 기후대에서 재배되어 왔고 지금도 그곳에서 재배된다. Wilfred Malenbaum, *The World Wheat Economy, 1885~1939*(Cambridge, MA: Harvard University Press, 1953), 52, 62~63.

207) M. K. Bennett, "World Wheat Crops, 1885~1932: New Series, with Areas and Yields by Countries", *Wheat Studies* 9(1933): 239~266, esp. 241.

208) Ibid., 258.

209) C. Knick Harley, "Western Settlement and the Price of Wheat, 1872~1913", *Journal of Economic History* 38, no. 4(December 1978): 865~878, esp. 878; Wickizer and Bennett, *The Rice Economy of Monsoon Asia*, 2; Morgan, *Merchants of Grain*, 78~80.

210) Sally Clarke, *Regulation and the Revolution in United States Farm Productivity*(New York: Cambridge University Press, 1994), 249.

211) Ibid., 47.

212) Goerge Pavlovsky, *Agricultural Russia on the Eve of the Revolution*(London: Routledge, 1930), 인용은 254; Alexis Antsiferov et al., *Russian Agriculture during the War*(New Have, CT: Yale University Press, 1930), chaps. 1~2.

213) Cronon, *Nature's Metropolis*, chap. 3; Jonathan Dekel-Chan, *Farming the Red Land: Jewish Agricultural Colonization and Local Soviet Power, 1924~1941*(New Have, CT: Yale University Press, 2005).

214) *World Agriculture*, 152~154.

215) Solberg, *The Prairies and the Pampas*, 35; *World Agriculture*, 78ff.

216) US Bureau of the Census, *Historical Statistics of the United States*, 14; Solberg, *The Prairies and the Pampas*, 35.

217) Surface, *The Grain Trade*, 273, 289; Morgan, *Merchants of Grain*, 45; Dunsdorfs, *Australian Wheat-Growing Industry*, 169~170.

218) *World Agriculture*, 81.

219) Rutter, *Wheat-Growing*, 134~135.

220) Ibid., 188; Dondlinger, *The Book of Wheat*, 191.

221) Cronon, *Nature's Metropolis*, 83~84, 인용은 80.

222) Ibid., 109; Solberg, *The Prairies and the Pampas*, 114. 대공황 이전 아르헨티나 정부들은 자유방임주의 정부였지만, 1930년대와 1940년대의 인민주의 정부들은 곡가 폭락 이후 자국 농민들을 더 보호했다.

223) Cronon, *Nature's Metropolis*, 111~112. 다른 곳에서는 곡물의 대량 비포장 저장과 운송으로 바뀌는 과정이 좀 더 점진적이었다. 예를 들면 오스트레일리아는 1920년대가 돼서야 자루 선적에서 대량 비포장 선적으로 변화를 꾀했다. Dunsdorfs, *Australian Wheat-Growing Industry*, 260.

224) Dondlinger, *The Book of Wheat*, 203~208, 인용은 207.

225) Harley, "Transportation, the World Wheat Trade", 227~233.

226) 미국 변경을 공식화한 고전적인 설명은 다음을 참고하라. Frederick Jackson Turner, "The Significance of the Frontier in American History", *The Frontier in American History*(New York: H. H. Holt, 1920). 비판은 다음을 참고하라. Paul Gates, *Landlords and Tenants on the Prairie Frontier: Studies in American Land Policy*(Ithaca, NY: Cornell University Press, 1973); Allan Bogue, *From Prairie to Corn Belt: Farming on the Illinois and Iowa Prairies in the Nineteenth Century*(Chicago: University of Chicago Press, 1963). 캐나다에 관해서는 다음을 참고하라. Harold Innis, *Problems of Staple Production in Canada*(Toronto: Ryerson Press, 1933); Melville Watkins, "A Staple Theory of Economic Growth", *Canadian Journal of Economics and Political Science* 19(May 1963): 141~158; John Richards, "The Staples Debates", *Explorations in Canadian Economic History: Essays in Honor of Irene Spry*, ed. Cameron Duncan(Ottawa: University of Ottawa Press, 1985). 아르헨티나에 관해서는 다음을 참고하라. James Scobie, *Revolution on the Pampas: A Social History of Argentine Wheat*(Austin: University of Texas Press, 1964); Jonathan Brown, *A Socio-Economic History of Argentina, 1776~1860*(New York: Cambridge University Press, 1979); David Rock, *Argentina, 1516~1982: From Spanish Colonization to Alfonsín*(Berkeley: University of California Press, 1987); Aldo Ferrer, *La economía argentina: Las etapas de su desarrollo y problemas actuales*(Mexico City: Fondo de Cultura Económica, 1963). 칠레에 관해서는 다음을 참고하라. Carl Solberg, *Immigration and Nationalism, Argentina and Chile, 1890~1914*(Austin: University of Texas Press, 1970); Arnold Bauer, *Chilean Rural Society from the Spanish Conquest to 1930*(New York: Cambridge University Press, 1975).

227) Peter Smith, *Politics and Beef in Argentina: Patterns of Conflict and Change*(New York: Columbia University Press, 1969); Bergquist, *Labor in Latin America*; Hilda Sabato, *Agrarian Capitalism and the World Market: Buenos Aires in the Pastoral Age, 1840~1890*(Albuquerque: University of New Mexico Press, 1990), 29~52.

228) Jeremy Adelman, *Frontier Development: Land, Labour and Capital in the Wheatlands of Argentina and Canada, 1890~1914*(Oxford: Clarendon Press, 1994), 80; Solberg, *The Prairies and the Pampas*, 63.

229) Adelman, *Frontier Development*, 94.

230) Solberg, *The Prairies and the Pampas*, 28; Malenbaum, *The World Wheat Economy*, 138~139.

231) Denoon, *Settler Capitalism*, 100.

232) Adelman, *Frontier Development*, 117~118.

233) Malenbaum, *The World Wheat Economy*, 139~140.

234) Solberg, *The Prairies and the Pampas*, 106~108; Malenbaum, *The World Wheat Economy*, 139~140.

235) 다음에서 인용. Solberg, *The Prairies and the Pampas*, 107.

236) Dondlinger, *The Book of Wheat*, 231~232.

237) Solberg, *The Prairies and the Pampas*, 3~4.

238) Ibid., 40. 캐나다와 오스트레일리아, 아르헨티나만 밀 수확량의 절반 이상을 수출했다. 이는 쌀 시장에도 동일하게 적용된다. 쌀이 이 시기 수출의 60퍼센트 내지 70퍼센트를 차지했던 태국과 인도차이나는 생산한 쌀의 4분의 1만 수출했다. *World Agriculture*, 7.

239) 캐나다 밀 농사에 관한 다음의 논의는 대체로 다음에 의존했다. Adelman, *Frontier Development*; Solberg, *The Prairies and the Pampas*.

240) Adelman, *Frontier Development*, 53.

241) Ibid., 61.

242) 위의 책에서 인용.

243) Dondlinger, *The Book of Wheat*, 228~231, 인용은 230.

244) Morgan, *Merchants of Grain*, 36.

245) Rutter, *Wheat-Growing*, 187~188.

246) 선물시장에 관한 논의는 다음을 참고하라. Cronon, *Nature's Metropolis*; Lapham and Neal, "The International Market"; Rutter, *Wheat-Growing*; Paul Allen, "The Past and Future of the commodity Exchanges", *Agricultural History* 56, no. 1(January 1982): 287~305; Jeffrey Williams, "The Origin of Futures Markets", *Agricultural History* 56, no. 1(January 1982): 306~316; Williams, *The Economic Function of Futures Markets*(New York: Cambridge University Press, 1986); Owen Gregory, "Futures Markets: Comment", *Agricultural History* 56, no. 1(January 1982): 317~325.

247) Rutter, *Wheat-Growing*, 210; Cronon, *Nature's Metropolis*, 115~116.

248) Cronon, *Nature's Metropolis*, 116, 인용은 126.

249) 위의 책에서 인용, 210~211.

250) Morgan, *Merchants of Grain*, 59; Cronon, *Nature's Metropolis*, 127.

251) Rutter, *Wheat-Growing*, 194~198.

252) Ibid., 199~200; Dondlinger, *The Book of Wheat*, 219~222.

253) Rutter, *Wheat-Growing*, 203.

254) Arturo Warman, *Corn and Capitalism: How a Botanical Bastard Grew to Global Dominance*, trans. Nancy Westrate(Chapel Hill: University of North Carolina Press, 2003).

255) Ibid., 223.

256) 헝가리의 제분업자들은 현지의 경질 밀 품종을 가공하는 데 철제 분쇄기와 사기 분쇄기를 처음 사용했다. 1839년 부다페스트의 페스테르 발츠물레(Pesther Walzmuhle) 제분공장이 문을 열었

고 전통적인 맷돌에 더하여 분쇄기와 체를 이용하여 '그토록 고운 밀가루'를 생산한 것으로 곧 좋은 평판을 얻었다. 프랑스의 혁신은 거친 밀가루를 회수하는 데 도움이 된 정제기에 집중되었다. G. R. Stevens, *Ogilvie in Canada: Pioneer Millers, 1801~1951*(Toronto: Ashton-Potter, 1951), 23~24, 28.

257) Charles Kuhlmann, *The Development of the Flour-Milling Industry in the United States with Special Reference to the Industry in Minneapolis*(Boston: Houghton Mifflin, 1929), 113~115.

258) John Storck and Walter D. Teague, *Flour for Man's Bread: A History of Milling*(Minneapolis: University of Minnesota Press, 1952), 241.

259) Stephen George, *Enterprising Minnesotans: 150 Years of Business Pioneers*(Minneapolis: University of Minnesota Press, 2003), 23~24.

260) Harry Bullis, *Buffalo: Its Flour Milling Heritage*(New York: Newcomen Society of England, 1948), 10.

261) 헝가리에서 영국으로 가는 수출은 미국 수출의 급증으로 큰 타격을 입었다. Storck and Teague, *Flour for Man's Bread*, 269; Kuhlmann, *Flour-Milling Industry*, 295~296.

262) George, *Enterprising Minnesotans*, 23~20.

263) Storck and Teague, *Flour for Man's Bread*, 128, 240.

264) Kuhlmann, *Flour-Milling Industry*, 134, 240; Storck and Teague, *Flour for Man's Bread*, 308~309.

265) General Mills, "History of Innovation: Our Milling Roots and Beyond", http://www.generalmills.com/Company/Hisotry.aspx.

266) Chandler, *The Visible Hand*; Chandler, *Scale and Scope*.

267) 농기구 산업도 유사한 경로를 거쳤다. Allen Wells and Gilbert M. Joseph, *Summer of Discontent, Seasons of Upheaval: Elite Politics and Rural Insurgency in Yucatán, 1876~1915*(Stanford, CA: Stanford University Press, 1996), chap. 4.

268) Storck and Teague, *Flour for Man's Bread*, 269.

269) Ibid., 272; Kuhlmann, *Flour-Milling Industry*, 295~296.

270) Kuhlmann, *Flour-Milling Industry*, 274~275, 295~296; Stevens, *Ogilvie in Canada*, 50~51; George, *Enterprising Minnesotans*, 29.

271) Kuhlmann, *Flour-Milling Industry*, 232.

272) Stevens, *Ogilvie in Canada*, 50.

273) 여러 주가 인공적으로 표백한 밀가루를 금지하는 법률을 통과시켜 한 발 더 나아갔지만, 미국 대법원은 밀가루 회사 편에 서서 그 법령들이 헌법에 위배된다고 판결했다. Ibid., 232~239.

274) Storck and Teague, *Flour for Man's Bread*, 327.

275) Ibid., 231.

276) Washington Pst, September 4, 2005, http://www.washingtonpost.com/wp-dyn/content/article/2005/09/02/AR2005090200846.html.

277) Storck and Teague, *Flour for Man's Bread*, 219~220.

278) Ibid., George, *Enterprising Minnesotans*, 25~26.

279) Bullis, *Buffalo*, 12~15; Kuhlmann, *Flour-Milling Industry*, 176~177, 218, 221.

280) 이 소비에 관한 논의는 주로 다음에 의존했다. Harvey Levenstein, *Revolution at the Table: The Transformation of the American Diet*(New York: Oxford University Press, 1988), esp. chap. 3.

281) 다음에서 인용. Jackson Lears, *Fables of Abundance: A Cultural History of Advertising in America*(New York: Basic Books, 1994), 225.

282) Ibid., 139.

283) 위의 책에서 인용, 158.

284) Levenstein, *Revolution at the Table*, 33.

285) 위의 책에서 인용, 153. 켈로그 사의 요양소를 보여 주는 우스꽝스러운 전경은 다음을 읽거나 그 영화를 참고하라. T. Coraghessan Boyle, *The Road to Wellville*(New York: Viking, 1993).

286) Thomas Hine, *The Total Package: The Evolution of and secret Meanings of Boxes, Bottles, Cans and Tubes*(Boston: Little, Brown, 1995), 61~62.

287) Storck and Teague, *Flour for Man's Bread*, 275.

288) 다음에서 인용. Levenstein, *Revolution at the Table*, 155.

289) Stevens, *Ogilvie in Canada*, 54.

290) James Gray, *Business without Boundary: The Story of General Mills*(Minneapolis: University of Minnesota Press, 1954), 60.

291) Lears, *Fables of Abundance*, 138.

292) Scalon, *Inarticulate Longings*, 172, 197~198.

293) Lears, *Fables of Abundance*, 384.

294) Roland Marchand, *Advertising the American Dream: Making Way for Modernity, 1920~1940*(Berkeley: University of California Press, 1985), 353~354.

295) Gray, *Business without Boundary*, 173, 인용은 182; General Mills, "History of Innovation."

296) Gray, *Business without Boundary*, chap. 11.

297) Ibid.

298) Levenstein, *Revolution at the Table*, 35; William G. Panschar, *Baking in America*, 2 vols.(Evanston, IL: Northwestern University Press, 1956), I:83. 영국의 제과업자들은 꽤 오랫동안 크래커를 주석 깡통에 넣었다. 차이점은 내셔널 비스킷 컴퍼니의 대규모 광고였다. 그 광고는 도처에서 볼 수 있어서 "유니다는 최초의 포장 제품으로 널리 여겨졌다." Hine, *The Total Package*, 82.

299) Gray, *Business without Boundary*, 88.

300) Ibid., 102.

301) 쌀에 관한 이 절은 다음에 의존했다. Randolph Barker and Robert Herdt with Beth Rose, *The Rice Economy of Asia*(Washington, CD: Resources for the Future, 1985); Francesca Bray, *The Rice Economies: Technology and Development in Asian Societies*(Oxford: Basil Blackwell, 1986); Lapham and Neal, "The Interantional Market in Rice"; Wickizer and Bennett, *Rice Economy of Monsoon Asia*; Michael Adas, *The Burma Rice Delta: Economic Development and Social Change on an Asian Rice Frontier, 1852~1941*(Madison: University of Wisconsin Press, 1974); Cheng Siok-Hwa, *The Rice Industry of Burma, 1852~1940*(Kuala Lumpur: University of Malaya Press, 1968).

302) 쌀은 온대 지역이나 좀 더 건조한 지대에서도 재배할 수 있었지만 관개의 도움이 필요했다.

303) 그러나 애더스는 로어 버마의 쌀 재배 삼각주에서 질병이 극복하기 어려운 장애물이었다고 말한다. Adas, *The Burma Rice Delta*, 62.

304) Bray, *The Rice Economie*s, 15.

305) Ibid., 26.

306) Wickizer and Bennett, *Rice Economy of Monsoon Asia*, 56~57.

307) Ibid., 70.

308) Ibid., 74, 79.

309) Ibid., 100.

310) Adas, *The Burma Rice Delta*, 33.

311) Ibid., 141.

312) 이 절은 다음에 의존했다. Allen Wells, "Reports of Its Demise Are Not Exaggerated: The Life and Times of Yucatecan Henequen", in Topik et al., *From Silver to Cocaine*, 300~320; Sterling Evans, *Bound in Twine: The History and Ecology of the Henequen-Wheat Complex for Mexico and the American and Canadian Plains, 1880~1950*(College Station: Texas A&M Press, 2007); Rakibuddin Ahmed, *The Progress of the Jute Industry and Trade, 1885~1966*(Dacca: Pakistan Central Jute Committee, 1966); Samita Sen, *Women and Labour in Late Colonial India: The Bengal Jute Industry*(New York: Cambridge University Press, 1999); Dipesh Chakrabarty, *Rethinking Working-Class History: Bengal, 1890~1940*(Princeton, NJ: Princeton University Press, 1999); Gordon Stewart, *Jute and Empire: The Calcutta Jute Wallahs and the Landscapes of Empire*(Manchester: Manchester University Press, 1998); Omkar Goswami, *Industry, Trade and Peasant Society: The Jute Economy of Eastern India, 1900~1947*(New York: Oxford University Press, 1991); Norman Owen, *Prosperity without Progress: Manila Hemp and Material Life in the Colonial Philippine*s(Berkeley: University of California Press, 1984).

313) 다음에서 인용. Stewart, *Jute and Empire*, 44.

314) Ibid., 인용은 2.

315) Ibid., 3.

316) Goswami, *Industry, Trade*, 4~5, 54.

317) Ibid., 240.

318) Warman, *Corn and Capitalism*.

319) Lades, "The 'Great Drain' and Industrialisation: Commodity Flows from Periphery to Centre in Historical Perspective", *Economic Growth and Resources*, vol. 2: *Trends and Factors*, ed. R. C. O. Matthews(London: Macmillan, 1980), 294, 297, 303.

320) 자극성 식품에 관한 유익한 개관은 다음을 참고하라. David R. Courtwright, *Forces of Habit: Drugs and the Making of the Modern World*(Cambridge, MA: Harvard University Press, 2001); Jordan Goodman, Paul Lovejoy, and Andrew Sherratt, eds., *Consuming Habits: Drugs in History and Anthropology*(London: Routledge, 1995); R. Rudgley, *Essential Substances: A Cultural History of Intoxicants in Society*(New York: Kodassha International, 1993); Wolfgang Schivelbusch, *Tastes of Paradise: A Social History of Spices, Stimulants, and Intoxicants*, trans. David Jacobsen(New York:

Vintage Books, 1993).

321) W. Arthur Lewis, ed., *Tropical Development, 1880~1913*(Evanston, IL: Northwestern :University Press, 1970).

322) J. H. Galloway, "Sugar", *The Cambridge History of Food*, vol. 1, ed. K. F. Kiple and K. C. Ornelas(Cambridge: Cambridge University Press, 2000), 437~449.

323) 설탕의 근대 세계 여정에 관한 개관은 다음을 참고하라. Stuart Schwartz, *Sugar Plantations in the Formation of Brazilian Society: Bahia, 1550~1835*(New York: Cambridge University Press, 1985).

324) Courtwright, *Forces of Habit*, 28.

325) Noël Deerr, *The History of Sugar*, 2 vols.(London: Chapman and Hall, 1950), 2:467.

326) Ibid., 490~491; Mintz, *Sweetness and Power*, 197.

327) Manuel Moreno Fraginals, *The Sugarmill: The Socio-Economic Complex of Sugar in Cuba*, trans. Cedric Belfrage(New York: Monthly Review Press, 1976); Rebecca Scott, *Slave Emancipation in Cuba: The Transition to Free Labor, 1860~1899*(Princeton, NJ: Princeton University Press, 1985).

328) 19세기와 20세기의 기술 발전에 관해서는 다음을 참고하라. Alan Dye, *Cuban Sugar in the Age of Mass Production: Technology and the Economics of the Sugar Central, 1899~1929*(Stanford, CA: Stanford University Press, 1998).

329) William Albert and Adrian Graves, eds., *Crisis and Change in the International Sugar Economy, 1860~1914*(Norwich, England: ISC Press, 1984), 3.

330) Dye, *Cuban Sugar*, 1.

331) Mintz, *Sweetness and Power*, 143.

332) Scott, *Slave Emancipation*.

333) Fernando Ortiz, *Cuban Counterpoint: Tobacco and Sugar*, trans. Harriett de Onís(New York: Knopf, 1947), 53~54.

334) Rebecca J. Scott, "The Transformation of Sugar Production in Cuba after Emancipation", Albert and Graves, *Crisis and Change*, 112~117; Mulhall, *The Dictionary of Statistics*, 633; Victor Bulmer-Thomas, *The Economic History of Latin America since Independence*(New York: Cambridge University Press, 1994), 74; Ramiro Guerra y Sánchez, *Sugar and Society in the Caribbean: An Economic History of Cuban Agriculture*, trans. Marjory M. Urquidi(1927; New Haven, CT: Yale University Press, 1964), 77~79.

335) Deerr, *The History of Sugar*, 2: 530~531.

336) 라미로 게라 이 산체스(Ramiro Guerra y Sánchez)의 *Sugar and Society in the Caribbean*은 1927년에 출판되었다. 이러한 문헌의 좋은 사례로 나중에 나온 것으로는 다음을 참고하라. Ortiz, *Cuban Counterpoint*(1947); Eric Williams, *Capitalism and Slavery*(New York: Capricorn Books, 1944); Frank, *Capitalism and Underdevelopment*(1967).

337) Deerr, *The History of Sugar*, 1:131; Christian Schnakenbourg, "From the Sugar Estate to the Central Factory", Albert and Graves, *Crisis and Change*, 93.

338) Geertz, *Agricultural Involution: The Precesses of Ecological Change in Indonesia*(Berkeley: University of California Press, 1971), 69~79; Horacio Crespo, "Trade Regimes and the International Sugar

Market, 1850~1980: Protectionism, Subsidies, and Regulation", Topik et al., *From Silver to Cocaine*, 150.

339) Geertz, *Agricultural Involution*, 61~62.

340) Denoon, *Settler Capitalism*, 102, 103; Robert F. McKillop, "Australia's Sugar Industry", Light Railway Research Society of Australia, http://www.lrrsa.org.au/LRR_SGRa.htm#EarlyHistory.

341) Waden Narsey, "Fiji's Economic History, 1874~1939", *The Contemporary Pacific*(Spring 1990)" 208~213.

342) '영국'의 투자라고 말할 수도 있겠지만, D. C. M. 플랫(D. C. M. Platt)은 *Britain's Investment Overseas on the Eve of the First World War: The Use and Abuse of Numbers*(Basingstoke, UK: Macmillan 1986)에서 런던에 투자된 자금의 상당한 부분은 사실상 대륙의, 특히 북서유럽의 소규모 투자자들에게서 나온 것임을 증명했다. 다음도 참고하라. Denoon, *Settler Capitalism*, 121.

343) Kelly Olds, "The Economic History of Taiwan", EH Network, http://eh.net/encyclopedia/article/olds.taiwan.economic.history.

344) University of Hawai'i-West O'ahu, Center for Labor Education and Research, "Hawi'i labor History: A Brief Overview", http://homepages.uhwo.hawaii.edu/clear/Lhistory.html.

345) Okihiro, *Pineapple Culture*.

346) Deerr, *The History of Sugar*, 1:113; Peter Eisenberg, *The Sugar Industry in Pernambuco: Modernization without Change, 1840~1910*(Berkeley: University of California Press, 1974).

347) Michael Gonzales, "Economic Crisis: Chinese Workers and Peruvian Sugar Planters, 1875~1900", and William Albert, "The Labour Force on Peru's Sugar Plantations 1820~1930", both in Albert and Graves, *Crisis and Change*, 181~195, 198~215.

348) Scobie, Argentina, 144; Denoon, *Settler Capitalism*, 99; Donna Guy, *Argentine Sugar Politics: Tucumán and the Generation of 80*(Tempe: Arizona State Umiversity, 1980).

349) Deerr, *The History of Sugar*, 1: 248~249; Rebecca Scott, *Degrees of Freedom: Louisiana and Cuba after Slavery*(Cambridge, MA: Belknap Press of Harvard University Press, 2005), 72, 73, 258; Gail M. Hollander, *Raising Cane in the 'Glades: The Global Sugar Trade and the Transformation of Florida*(Chicago: University of Chicago Press, 2008).

350) Karl Hufbauer, *The Formation of the German Chemical Community(1720~1795)*(Berkeley: University of California Press, 1982), 145; Martin Kitchen, *The Political Economy of Germany, 1815~1914*(London: Croom Helm, 1978), 200~206; Cornelius Torp, *Die Herausforderung der Globalisering: Wirtschaft und Politik in Deutschland, 1860~1914*(Göttingen: Vandenhoeck und Ruprecht, 2005), 77, 81.

351) Mulhall, *The Dictionary of Statistics*, 550.

352) John Perkins, "The Political Economy of Sugar Beet in Imperial Germany", Albert and Graves, *Crisis and Change*, 39; Galloway, "Sugar"

353) John Perkins, "The Political Economy of Sugar Beet", 31~46.

354) Ibid., 41. 퍼킨스는 발명가 콘스탄틴 팔베르크(Constantin Fahlberg)가 당시에 미국에서 일하고 있었다고 지적한다. 사카린이 설탕보다 저렴했지만 칼로리가 없어서 무익한 감미료였음을 부언해

야 한다.

355) Galloway, "Sugar"

356) Nikolai Bukharin, *Imperialism and World Economy*(Moscow: International, 1929), chap. 8; Mulhall, *The Dictionary of Statistics*, 809.

357) 계산은 다음을 참고하라. Deerr, *The History of Sugar*, 2: 490~498; Mulhall, *The Dictionary of Statistics*, 626.

358) Ph. G. Chalmin, "Important Trends in Sugar Diplomacy before 1914", Albert and Graves, *Crisis and Change*, 17.

359) Horacio Crespo, "Trade Regimes and the International Sugar Market", Topik et al., *From Silver to Cocaine*, 148.

360) 수치는 다음을 참고하라. Deerr, vols. 1 and 2.

361) Mintz, *Sweetness and Power*, 12~150.

362) 수치는 좀 더 부유한 나라들에 많게 왜곡되었을 수도 있다. 부자 나라들에서는 설탕이 시장에서 판매되었기 때문이다. 재배 국가들에서는 대체로 상당한 양이 사탕수수나 즙으로 소비되었을 것이다. 이는 표에 포함되지 않았다.

363) Michel Tuchscherer, "Coffee in the Red Sea Areas form the Sixteenth Century to the Nineteenth Century", *The Global Coffee Economy in Africa, Asia and Latin America, 1500~1989*, ed. William G. Clarence-Smith and Steven C. Topik(New York: Cambridge University Press, 2003).

364) Kristof Glamann, *Dutch-Asiatic Trade, 1620~1740*(Copenhagen: Danish Science Press, 1958); Brian Cowan, *The Social Life of Coffee: The Emergence of the British Coffeehouse*(New Haven, CT: Yale University Press, 2005).

365) William Clarence-Smith, "The Coffee Crisis in Asia, Africa, and the Pacific, 1870~1914", Clarence-Smith and Topik, *The Global Coffee Economy*, 100.

366) Steven C. Topik and Michelle Craig McDonald, "Culture and Consumption: National Drinks and National Identity in the Atlantic World", *Food and Globalization: Consumption, Markets and Politics in the Modern World*, ed. Alexander Nützenadel and Frank Trentmann(Oxford: Berg, 2008); N. Posthumus, *Inquiry into the History of Prices in Holland*, vol. 1(Amsterdam: Brill, 1946), 75~79.

367) M. R. Fernando, "Coffee Cultivation in Java, 1830~1917", Clarence-Smith and Topik, *Global Coffee Economy*, 161, 162.

368) Cain and Hopkins, *British Imperialism: Innovation and Expansion*, 298~306; Richard Graham, *Britain and the Onset of Modernization in Brazil*(Cambridge: Cambridge University Press, 1968); Platt, *Business Imperialism*; Rory Miller, *Britain and Latin America in the Nineteenth and Twentieth Centuries*(London: Longman, 1993).

369) Anne Hanley, *Native Capital: Financial Institutions and Economic Development in São Paulo, Brazil, 1850~1920*(Stanford, CA: Stanford University Press, 2005); Gail Triner, *Banking and Economic Development: Brazil, 1889~1930*(New York: Palgrave, 2000); Miller, *Britain and Latin America*; Topik, *Political Economy*. 미국의 우유 소비 역사에 관해서는 다음을 참고하라. E. Melanie

DuPuis, *Nature's Perfect Food: How Milk Became America's Drink*(New York: New York University Press, 2002); Chandler, *Scale and Scope*, 156.

370) 수치는 다음을 참고하라. Robert Greenhill, "E. Johnston: 150 Anos em Café", 150 *Anos de Café*, ed. Marcellino Martins and E. Johnston(Rio: Marcellino Martins, 1993), 307; José Antonio Ocampo, *Colombia y la economía mundial, 1830~1910*(Bogotá: Siglo Veintiuno Ocampo, 1984); Brazil, IGBE *Séries Estatísticas Retrospectivas*, vol. 1(Rio: IBGE, 1986), 84; Mulhall, *The Dictionary of Statistics*, 130. 이 자료는 커피에 유리하게 되어 있다. 설탕과 곡물 같은 다른 중요한 국제 교역 상품들은 바다보다는 육지로 수송되는 경우가 많았기 때문이다.

371) Vernon Wickizer, *Coffee, Tea, and Cocoa*(Palo Alto, CA: Stanford University Food Research Institute, 1951), 36.

372) frederick Stirton Weaver, *Latin America in the World Economy: Mercantile Colonialism to Global Capitalism*(Boulder, CO: Westview Press, 2000), 69; Summerhill, *Order against Progress*, 54.

373) Franz Daffert, *Über die gegenwärtige Lage des Kaffeebaus in Brasilien*(Amsterdam: J. H. de Bussy, 1898).

374) Almir Chaiban El-Kareh, *Filha branca de mae preta: A Companhia de Estrade de Ferro Dom Pedro II*(Petrópolis, R. J. Brazil: Editora Vozes, 1980); Steven Topik, "Coffee", in Topik and Wells, *Second Conquest of Latin America*.

375) Topik, "La hacienda brasilena: Fabrica en el campo o pueblo campesino?" *Revista de Historia*(San José, Costa Rica), no. 36(July-December 1997); Cary McWilliams, *Factories in the Field: The Story of Migratory Farm Labor in California*(Boston: Little, Brown, 1939).

376) 여러 나라의 두드러진 생산 규모를 얘기하는 것이다. 모든 나라에 매우 큰 것과 중간 크기, 작은 크기의 커피 밭이 있었다. 니카라과 체제에 관한 훌륭한 연구는 다음을 참고하라. Elizabeth Dore, *Myths of Modernity: Peonage and Patriarchy in Nicaraguan system*(Durham, NC: Duke University Press, 2006), and Julie Charlip, *Cultivating Coffee: The Farmers of Carazo, Nicaragua, 1880~1930*(Athens: Ohio University Press, 2003); 과테말라는 다음을 참고하라. David McCreery, *Rural Guatemala, 1760~1940*(Stanford, CA: Stanford University Press, 1994); 엘살바도르는 다음을 참고하라. Jeffrey, L. Gould and Aldo A. Lauria-Santiago, *To Rise in Darkness: Revolution, Repression, and Memory in El Salvador, 1920~1932*(Durham, NC: Duke University Press, 2008). 코스타리카는 다음을 참고하라. Mario Samper, *Generations of Settlers: Rural Households and Markets on the Costa Rican Frontier, 1850~1935*(Boulder, CO: Westview Press, 1990).

377) '품질'은 마시는 사람의 미각에 있었음에 주목할 필요가 있다. 설탕의 순도나 자당 함량을 결정하는 데 쓰이는 것 같은 화학적 척도는 없었다. 중앙아메리카/콜롬비아 커피와 이와 경쟁 관계에 있는 브라질 커피 사이의 차이는 아마 대체로 전자가 좀 더 조심스럽게 수확된다는 점에 기인할 것이다.

378) Greenhill, "Shipping", 119~155; Paul Bairoch, "Geographical Structure and Trade from 1800 to 1970", *Journal of European Economic History* 3, no. 3(Winter 1974): 606; North, "Ocean Freight Rates."

379) Marcelo de P. Abreu and Afonso S. Bevilaqak, "Brazil as an Export Economy, 1880~1930", *An Economic History of Twentieth-Century Latin America*, 2 vols., ed. Enrique Cárdenas, José Antonio Ocampo, and Rosemary Thorp(New York: Palgrave, 2000), 1: 32~54.

380) Topik, *Trade and Gunboats*.

381) 수치는 다음을 참고하라. Greenhill, "Shipping", 119~155, and Greenhill, "E. Johnston", 330~331; A. Wakeman, "Reminiscences of Lower Wall Street", *Spice Mill*, March 1911, 193; Joseph Walsh, *Coffee: Its History, Classification and Description*(Philadelphia: Henry T. Coates and Co., 1902); Mario Samper and Radin Fernando, "Historical Statistics of Coffee Production and Trade from 1700 to 1960", Clarence-Smith and Topik, *Global Coffee Economy*, 443, 446~447.

382) 미국 연방거래위원회(FTC)는 1954년에 소득 탄력성을 겨우 0.2퍼센트로 계산했다. US Federal Trade Commission, *Investigation of Coffee Prices*(Washington, DC: US Government Printing Office, 1954), 39~40. Edmar Bacha, "Política brasileira de café", Martins and Johnston, *150 Anos de Café*, 20; José Antonio Ocampo, *Colombia y la economia mundial, 1830~1910*. Mintz, *Sweetness and Power*.

383) Greenhill, "E. Johnston"; Greenhill, "Investigation Group, Free-Standing Company or Multinational: Brazilian Warrant 1909~1952", *Business History* 37(1995): 86~111; Siegfried Zimmerman, *Theodor Wille*(Hamburg: n.p., 1969); Steven C. Topik and Mario Samper, "The Latin American Coffee Commodity Chain: Brazil and Costa Rica, "in Topik et al., *From Silver to Cocaine*.

384) John Talbot, "The Struggle for the Control of a Commodity Chain: Instant Coffee from Latin America", *Latin American Research Review* 32(1997); Talbot, *Grounds for Agreement: The Political Economy of the Coffee Commodity Chain*(Lanham, MD: Rowman and Littlefield, 2004), 140~156.

385) Martins and Johnston, *150 Anos de Café*, 371.

386) Richard Tucker, *Insatiable Appetite: The United States and the Ecological Degradation of the Tropical World*(Berkeley: University of California Press, 2000), 190~191.

387) Francis L. Fugate, *Arbuckles: The Coffee That Won the West*(El Paso: Texas Western Press, 1994).

388) Julia Laura Rieschbieter, "Kaffee im Kaiserreich: Eine Geschichte der Globalisierung"(PhD diss., Europea-Universität Viadrina Frankfurt, Oder, 2009).

389) *Spice Mill*, January 1912, 28. 북아메리카와 서유럽 밖에서 이루어진 소비의 역사에 관해서는 이렇다 할 연구가 없지만, 코스타리카에 관해서는 한 가지 획기적인 연구가 있다. Patricia Vega Jiménez, *Con sabor a tertulia: Historia del consume del café en Costa Rica(1840~1940)*(San José: Editorial de la Universidad de Costa Rica, 2004). 유럽의 커피 소비에 관한 연구들을 모은 책이 있다. Daniela U. Ball, ed., *Kaffee im Speigel europäischer Trinksitten*(Zurich: Johann Jacobs Museum, 1991).

390) M. E. Goetzinger, *History of the House of Arbuckle*(n.p.: The Percolator, 1921), 3; Zimmerman, *Theodor Wille*, 123; Morris Adelman, *A&P: A Study in Price-Cost Behavior and Public Policy*(Cambridge, MA: Harvard University Press, 1959). Richard S. Tedlow, *New and Improved: The Story of Mass Marketing in America*(New York: Basic Books, 1990); Levenstein, *Revolution at*

the Table.

391) 다음에서 인용. William Ukers, *All about Coffee*(New York: Tea and Coffee Trade Journal, 1935), 466.

392) Stuart McCook, "Global Rust Belt: *Hemileia vastatrix* and the Ecological Integration of World Coffee Production since 1850", *Journal of Global History* 1, no. 2(2006): 177~195.

393) Paul C. Daniels, "The Inter-American Coffee Agreement", *Law and Contemporary Problems* 8, no. 4(Autumn, 1941): 708.

394) 영국이 인도에 차나무를 심은 것을 새롭게 설명한 사라 로즈의 책 제목이다. Sarah Rose, *For All the Tea in China: How England Stole the World's Favorite Drink and Changed History*(New York: Viking, 2010).

395) William Ukers, *All about Tea*(New York: Tea and Coffee Trade Journal Co., 1935), 2:333.

396) *Statistical Year-Book of the League of Nations*, 1925, 58.

397) Ranajit das Gupta, "Plantation Labor in Colonial India", *Journal of Peasant Studies* 19, nos. 3~4(1992): 173~198; Kavita Philip, *Civilizing Nature: Race, Resources, and Modernity in Colonial India*(New Brunswick, NJ: Rutgers University Press, 2004); Erika Rappaport, "Tea Parties: Britain, Empire and the Making of a Global Consumer Culture"(unpublished manuscript), chaps. 4 and 5; Mintz, *Sweetness and Power*.

398) Alan Macfarlane and Iris Macfarlane, *The Empire of Tea: The Remarkable History of the Plant That Took Over the World*(Woodstock, NY: Overlook, 2004), 195~197.

399) Ibid., 인용은 206. 다음도 참고하라. Roy Moxham, *Tea: Addiction, Exploitation and Empire*(New York: Carroll and Graf, 2003), 127~155.

400) Macfarlane and Macfarlane, *The Empire of Tea*, 214.

401) Ibid., 199; Ukers, *All about Tea*, 2:334.

402) Ukers, *All about Tea*, 1:407.

403) Roland Wenzlhuemer, *From Coffee to Tea Cultivation in Ceylon, 1880~1900: An Economic and Social History*(Leiden: Brill, 2008), 316~317.

404) Erica Rappaport, "Packaging China: Foreign Articles and Dangerous Tastes in the Mid-Victorian Tea Party", *The Making of the Consumer: Knowledge, Power and Identity in the Modern World*, ed. Frank Trentmann(London: Berg, 2006), 125~146; Ukers, All about Tea, 2: 334, 335.

405) Fernando Rocchi, "From Consumption to Consumer Society: The Evolution of Demand in Argentina, 1920s~1940s"(Paper presented at Institute of Latin American Studies, University of London, workshop, November 14~15, 2002); Rocchi, *Chimneys in the Desert: Industrialization in Argentina during the Export Boom Years, 1870~1930*(Stanford, CA: Stanford University Press, 2006).

406) 수치는 다음을 참고하라. Ukers, *All about Tea*, 2:349, 350.

407) Robert Gardella, *Harvesting Mountains: Fujian and the China Tea Trade, 1757~1937*(Berkeley: University of California Press, 1994), 171, 강조는 원문.

408) Ukers, *All about Tea*, 2:334; Macfarlane and Macfarlane, *The Empire of Tea*, 99~165.

409) Lockwood, *Economic Development of Japan*, 357~358; Ukers, *All about Tea*, 2: 328, 334.

410) Moxham, *Tea*, 202.

411) Ibid.

412) Sophie D. Coe, *America,'s First Cuisines*(Austin: University of Texas Press, 1994), 101~104; Murdo Macleod, "Cacao", *Cambridge World History of Food*, vol. 1. ed. K. Kiple(Cambridge: Cambridge University Press, 2000), 635~640.

413) Mary Ann Mahoney, "The Local and the Global: Internal and External Factors in the Development of Bahia's Cacao Sector", Topik et al., *From Silver to Cocaine*, 184~190; Courtwright, *Forces of Habit*, 23~25; Schivelbusch, *Tastes of Paradise*.

414) DuPuis, *Nature's Perfect Food*; Andrew F. Smith, *Eating History: Turning Points in the Making of American Cuisine*(New York: Columbia University Press, 2009), 127, 128.

415) *Cambridge World History of Food*, vol. 2, ed. Kiple and Ornelas, 1874~1875; Kuntz Ficker, *Las exportaciones mexicanas*, 350~357.

416) William Clarence-Smith, *Cocoa and Chocolate, 1765~1914*(London: Routledge, 2000), 238~239; Robin Dand, *The International Cocoa Trade*(New York: Wiley, for Woodhead Publishing, 1997), 15, 54; 수치는 다음을 참고하라. Dand, *International Cocoa Trade*; Mario Samper and Radin Fernando, "Appendix: Historical Statistics of Coffee Production and Trade from 1700 to 1960", Clarence-Smith and Topik, *Global Coffee Economy*, 418; Ukers, *All about Tea*, 2:234.

417) Clarence-Smith, *Cocoa and Chocolate*, 7.

418) Ibid.

419) Ibid., 195~225.

420) Martin Booth, *Opium: A History*(New York: st. Martin's Griffin, 1996), 175~190; Gootenberg, *Andean Cocaine*.

421) O'Rourke and Williamson, *Globalization and History*, 3.

422) Ibid., 2.

5부 좁아지는 세계의 초국적 흐름

1) 다음에서 인용. Nayan Chanda, *Bound Together: How Traders, Preachers, Adventurers, and Warriors Shaped Globalization*(New Haven, CT: Yale University Press, 2007), 127.

2) C. A. Bayly, *The Birth of the Modern World, 1780~1914: Global Connections and Comparisons*(Oxford: Blackwell, 2004), quotations at 476.

3) '초국적' 역사의 개념이 출현한 것에 대한 논의는 다음을 참고하라. Kiran Klaus Patel, "Überlegungen zu einer transnationalen Geschichte", Weltgeschichte, ed. Jürgen Osterhammel(Stuttgart: Franz Steiner, 2008), 67~90; and Pierre-Yves Saunier, "Transnational", *The Palgrave Dictionary of Transnational History from the Mid-nineteenth Century to the Present day*, ed. Akira Iriye and Pierre-Yves Saunier(new York: Palgrave Macmillan, 2009), 1047~1055. 그것의 두 가지 사례는 다

음 작품에서 찾아볼 수 있다. Sebastian Conrad and Jürgen Osterhammel, eds., *Das Kaiserreich transnational: Deutschland in der Welt, 1871~1914*(Göttingen: vandenhoeck und Ruprecht, 2004); and Akira Iriye, *Global Community: The Role of International Organizations in the Making of the Contemporary World*(Berkeley: University of California Press, 2002).

4) 다음에서 이 점을 시사한다. Aihwa Ong, *Flexible Citizenship: The Cultural Logics of Trans-nationality*(Durham, NC: Duke University Press, 1999).

5) Mary Louise Pratt, *Imperial Eyes: Travel Writing and Transculturation*, 2nd ed.(New York: Routledge, 2008); Anna Lowenhaupt Tsing, *Friction: An Ethnography of Global Connection*(Princeton, NJ: Princeton University Press, 2004).

6) "차별화된 공통성"의 용어는 다음에 사용된 "공통의 차이의 구조 structures of common difference,"의 개념을 차용한 것이다. Alys Eve Weinbaum et al., eds., *The Modern Girl Around the World: Consumption, Modernity, and Globalization*(Durham, NC: Duke University Press, 2008). 세계/지방에 관련된 내용은 다음을 참고하라. A. G. Hopkins, ed., *Global History: Interactions between the Universal and the Local*(New York: Palgrave, 2006).

7) 이 책에서 '근대성'은 폭넓은 분절의 느낌을 주는 것 외에는 의미가 확실한 분석적 범주로는 사용되지 않는다. 그보다는 이 시기의 전반에 걸쳐 빈번하게 그리고 초국가적으로 등장하면서, 있음 직한 미래에 대한 광범위한 관점과 논의에 생명감을 불어넣어 주는 역할을 할 뿐이다.

8) James C. Scott, *The Art of Not Being Governed: An Anarchist History of Upland Southeast Asia* (New Haven, CT: Yale University Press, 2009); Frederick Cooper, "What Is the Concept of Globalization Good For? An African Historian's Perspective", *African Affairs* 100(2001): 189~213.

9) John Tomlinson, *Globalization and Culture*(Chicago: University of Chicago Press, 1999).

10) Albert Marrin, *Sir Norman Angell*(Boston: Twayne, 1979), 인용은 28.

11) *Independent*, February 27, 1913, quoted in J. D. B. Miller, *Norman Angell and the Futility of War: Peace and the Public Mind*(Houndmills, UK: Macmillan, 1986), 9.

12) K. C. Hsiao, *A Modern China and a New World: K'ang Yu-wei, Reformer and Utopian, 1858~1927*(Seattle: University of Washington Press, 1975), 456~460.

13) Helga Haftendorn, Robert O. Keohane, and Celeste A. Wallander, eds., *Imperfect Unions: Security Institutions over Time and Space*(New York: Oxford University Press, 1999), 1~2; Iriye, *Global Community*.

14) 통신 네트워크가 범세계적으로 확산됨에 따라 통신회사, 국가 정책, 국제 협약 주창자들 사이에서도 경쟁이 벌어졌다. 그 내용은 다음에서 찾아볼 수 있다. Daniel R. Headrick, *The Invisible Weapon: Telecommunications and International Politics, 1851~1945*(New York: Oxford University Press, 1991); Jill Hills, *The Struggle for Control of Global Communication: The Formative Century*(Champaign: University of Illinois Press, 2002); Dwayne R. Winseck and Robert M. Pike, *Communication and Empire: media, Markets, and Globalization, 1860~1930*(Durham, NC: Duke University Press, 2007); and Jonathan Winkler, *Nexus: Strategic Communications and American Security in World War I*(Cambridge, MA: Harvard University Press, 2008). John Darwin,

The Rise and Fall of the British World-System, 1830~1870(Cambridge: Cambridge University Press, 2009), 25. 이 책에는 19세기 말 영국이 추진한 세계 '제국 프로젝트'에서의 새로운 통신의 중요성이 강조돼 있다.

15) George A. Codding Jr. and Anthony M. Rutkowski, *The International Telecommunication Union in a Changing World*(Dedham, MA: Artech House, 1982), 3.

16) George A. Codding Jr., *The Universal Postal Union: Coordinator of the International Mails*(New York: NYU Press, 1964); *The Universal Postal Union: Its Creation and Development*(Berne: Universal Postal Union, 1974).

17) 미국 전역에서 행해진 우편 접속의 현황은 다음에서 찾아볼 수 있다. David M. Henkin, *The Postal Age: The Emergence of Modern Communications in Nineteenth Century America*(Chicago: University of Chicago Press, 2006).

18) 시간대 표준화에 대한 내용은 다음을 참고하라. Clark Blaise, *Time Lord: Sir Sandford Fleming and the Creation of Standard Time*(New York: Pantheon Books, 2000).

19) Stephen Kern, *The Culture of Time and Space, 1880~1918*(Cambridge, MA: Harvard University Press, 1983).

20) Nils Brunsson and Bengt Jacobsson, *A World of Standards*(Oxford: Oxford University Press, 2000); Milošš Vec, *Recht und Normierung in der industriellen Revolution: Neue Strukturen der Normsetzung in Völkerrecht, staatlicher Gesetzgebung und gesellschaft licher Selbstnormierung*(Frankfurt am Main: Klostermann, 2006); the first half of James W. Nixon, *A History of the International Statistical Institute, 1885~1960*(The Hague: International Statistical Institute, 1960); J. Adam Tooze, *Statistics and the German State, 1900~1945: The Making of Modern Economic Knowledge*(Cambridge: Cambridge University Press, 2001).

21) Martin H. Geyer and Johannes Paulmann, eds., *The Mechanics of Internationalism: Culture, Society, and Politics from the 1840s to the First World War*(Oxford: Oxford University Press, 2001).

22) John E. Findling and Kimberly D. Pelle, eds., *Historical Dictionary of the Modern Olympic Movement*(Westport CT: Greenwood Press, 1996); Allen Guttmann, *The Olympics: A History of the Modern Games*, 2nd ed.(Champaign: University of Illinois Press, 2002), 7~84.

23) Maurice Roche, *Mega-events and Modernity: Olympics and Expos in the Growth of Global Culture*(London: Routledge, 2000), 108.

24) Barbara J. Keys, *Globalizing Sport: National Rivalry and International Community in the 1930s*(Cambridge, MA: Harvard University Press, 2006); David Clay Large, *Nazi Games: The Olympics of 1936*(New York: W. W. Norton, 2007).

25) Martti Koskenniemi, *The Gentle Civilizer of Nations: The Rise and Fall of International Law, 1870~1960*(Cambridge: Cambridge University Press, 2002), 11~97.

26) Jürgen Osterhammel, *Europe, the "West" and the Civilizing Mission*(London: German Historical Institute, 2006). 식민주의와 국제법 간의 관련성은 다음을 참고하라. Wilhelm G. Grewe, *The Epochs of International Law*, trans. Michael Byers(Berlin: Walter de Gruyter, 2000), 445~524; Antony Anghie, *Imperialism, Sovereignty, and the Making of International Law*(Cambridge:

Cambridge University Press, 2005).

27) Arthur Eyffinger, *The 1899 Hague Peace Conference: "The Parliament of Man, the Federation of the World"* (The Hague: Kluwer Academic, 1999), 365.

28) Quoted in Merze Tate, *The Disarmament Illusion: The Movement for a Limitation of Armaments to 1907* (New York: Russell and Russell, 1942), 55.

29) "Miscellaneous Historical Documents," http://fletcher.tufts.edu/multi/chrono.html#99. 1890년 부터 1940년 사이에 체결된 다변적 협정들은 이 글에 나타나 있다.

30) Jost Dülffer, *Regeln gegen den Krieg? Die Haager Friedenskonferenzen von 1899 und 1907 in der internationalen Politik* (Frankfurt am Main: Ullstein, 1981).

31) Raymond L. Bridgman, *The First Book of World Law* (Boston: Ginn and Co., 1911).

32) Gary B. Ostrower, *The League of Nations from 1919 to 1929* (Garden City Park, NY: Avery, 1996); Thomas W. Burkman, *Japan and the League of Nations: Empire and World Order, 1914~1938* (Honolulu: University of Hawai'i Press, 2008).

33) Thomas J. Knock, *To End All Wars: Woodrow Wilson and the Quest for a New World Order* (New York: Oxford University Press, 1992).

34) John Milton Cooper Jr., *Woodrow Wilson: A Biography* (New York: Knopf, 2009), 362~534; Derek B. Heater, *National Self-Determination: Woodrow Wilson and His Legacy* (Basingstoke, UK: Macmillan, 1994).

35) JoAnne Pemberton, "New Worlds for Old: The League of Nations in the Age of Electricity", *Review of International Studies* 28(2002): 311.

36) Paul Weindling, ed., *International Health Organisations and Movements, 1918~1939* (Cambridge University Press, 1995). 이 책에 다수의 관련 글들이 수록돼 있다.

37) Jasmien Van Daele, "Engineering Social Peace: Networks, Ideas, and the Founding of the International Labour Organization", *International Review of Social History* 50(2005): 435~466.

38) Susan Pedersen, "The Meaning of the Mandates System: An Argument", *Geschichte und Gesellschaft* 32(2006): 560~582; Erez Manela, *The Wilsonian Moment: Self-Determination and the International Origins of Anticolonial Nationalism* (Oxford: Oxford University Press, 2007).

39) Norman Angell, *Peace and the Public Mind: Nobel Peace Lecture Delivered at Oslo, June 12, 1935* (Stockholm: P. A. Norstedt, 1935).

40) Mark Mazower, *Hitler's Empire: How the Nazis Ruled Europe* (New York: Penguin Press, 2008); Louise Young, *Japan's Total Empire: Manchuria and the Culture of War time Imperialism* (Berkeley: University of California Press, 1998); Prasenjit Duara, *Sovereignty and Authenticity: Manchukuo and the East Asian Modern* (Lanham, MD: Rowman and Littlefield, 2003), 70~71.

41) Akira Iriye, *The Globalizing of America, 1913~1945*, vol. 3 of *The Cambridge History of American Foreign Relations*, ed. Warren I. Cohen (New York: Cambridge University Press, 1995), 116~215.

42) Elizabeth borgwardt, *A New Deal for the World: America's Vision for Human Rights* (Cambridge, MA: Harvard University Press, 2005); 좀 더 비판적인 관점은 다음에 검토돼 있다. Sunil S. Amrith and Glenda Sluga, "New Histories of the United Nations", *Journal of World History* 19(2008);

251~274; and Mark Mazower, *No Enchanted Palace: The End of Empire and the Ideological Origins of the United Nations*(Princeton, NJ: Princeton University Press, 2009), 28~31.

43) "문화 국제주의"에 관한 내용은 다음을 참고하라. Akira Iriye, *Cultural Internationalism and World Order*(Baltimore: Johns Hopkins University Press, 1997).

44) Pierre Janton, *Esperanto: Language, Literature, and Community*, ed. Humphrey Tonkin, trans. Humphrey Tonkin, Jane Edwards, and Karen Johnson-Weiner(Albany: SUNY Press, 1993), xii.

45) Young S. Kim, "Constructing a Global Identity: The Role of Esperanto", *Constructing World Culture: International Nongovernmental Organizations since 1875*, ed. John Boli and George M. Thomas(Stanford, CA: Stanford University Press, 1999), 127~148, 인용은 147.

46) "The Photographs of John Thompson", at http://www.nls.uk/thomson/index.html.

47) David Okuefuna, *The Dawn of the Color Photograph: Albert Kahn's Archives of the Planet*(Princeton, NJ: Princeton University Press, 2008); Jay M. Winter, *Dreams of Peace and Freedom: Utopian Moments in the Twentieth Century*(New Haven, CT: Yale University Press, 2006), 11~28.

48) Barbara D. Metcalf and Thomas R. Metcalf, *A Concise History of Modern India*, 2nd ed.(Cambridge: Cambridge University Press, 2006), 112~113. 다음도 참고하라. James R. Ryan, *Picturing Empire: Photography and the Visualization of the British Empire*(Chicago: University of Chicago Press, 1997), 155~175; Christopher Pinney, *Camera Indica: The Social Life of Indian Photographs*(Chicago: University of Chicago Press, 1997), 34~60; John Falconer, "'A Pure Labor of Love': A Publishing History of *The People of India*", *Colonialist Photography: Imag(in)ing Race and Place*, ed. Eleanor M. Hight and Gary D. Sampson(London: Routledge, 2002), 51~83.

49) Jürgen Osterhammel, *Die Verwandlung der Welt: Eine Geschichte des 19. Jahrhunderts*(Munich: C. H. Beck, 2009), 79.

50) 이 주제는 다음에 실린 다수의 글에 잘 나타나 있다. Hight and Sampson, *Colonialist Photography*. 그 밖에 다음도 참고하라. Rosalind C. Morris, ed., *Photographies East: The Camera and Its Histories in East and Southeast Asia*(Durham, NC: Duke University Press, 2009).

51) Laura Wexler, *Tender Violence: Domestic Visions in an Age of U.S. Imperialism*(Chapel Hill: University of North Carolina Press, 2000); Alexander Missal, *Seaway to the Future: American Social Visions and the Construction of the Panama Canal*(Madison: University of Wisconsin Press, 2008), 95~108.

52) Vicente Rafael, *White Love and Other Events in Filipino History*(Durham, NC: Duke University Press, 2000), 인용은 86; Leonard Bell, "Eyeing Samoa: People, Places, and Spaces in Photographs of the Late Nineteenth and Early Twentieth Centuries", *Tropical Visions in an Age of Empire*, ed. Felix Driver and Luciana Martins(Chicago: University of Chicago Press, 2005), 156~174; Esther Gabara, *Errant Modernism: The Ethos of Photography in Mexico and Brazil*(Durham, NC: Duke University Press, 2008).

53) David Welch, *The Third Reich: Politics and Propaganda*, 2nd ed.(London: Routledge, 2002).

54) 다음에는 노예제 폐지에 대해 이슬람권이 보인 고르지 못한 행보와, 몇몇 지역에서 그런 행보를 계속 이어 간 것이 식민주의 합리화에 어떤 이로움을 주었는지가 잘 나타나 있다. David Brion

Davis, *Inhuman Bondage: The Rise and Fall of Slavery in the New World*(Oxford: Oxford University Press, 2006), 323~331; Suzanne Miers, *Slavery in the Twentieth Century: The Evolution of a Global Problem*(Lanham, MD: Rowman and Littlefield, 2003); Adam Hochschild, *Bury the Chains: Prophets and Rebels in the Fight to Free an Empire's Slaves*(Boston: Houghteon Mifflin, 2005); Patrick Manning, *The African Diaspora: A History through Culture*(New York: Columbia University Press, 2009), 209~282. William Gervase Clarence-Smith, *Islam and the Abolition of Slavery*(New York: Oxford University Press, 2006),

55) Harvey Goldberg, *The Life of Jean Jaurés*(Madison: University of Wisconsin Press, 2003).

56) Marcel van der Linden, *Transnational Labour History: Explorations*(Aldershot, UK: Ashgate, 2003), 75~76; Francis Shor, "Masculine Power and Virile Syndicalism: A Gendered Analysis of the IWW in Australia", *Labour History* 63(1992): 83~99.

57) John Riddell, ed., *To See the Dawn: Baku, 1920-First Congress of the Peoples of the East*(New York: Pathfinder Press, 1993).

58) Robert Service, *Comrades! A History of World Communism*(Cambridge, MA: Harvard University Press, 2007).

59) Patricia Ward D'Itri, *Cross Currents in the International Women's Movement, 1848~1948*(Bowling Green, OH: Bowling Green State University Popular Press, 1999), 101.

60) Rajmohan Gandhi, *Gandhi: The Man, His People, and the Empire*(Berkeley: University of California Press, 2008).

61) Sugata Bose, *A Hundred Horizons: The Indian Ocean in the Age of Global Empire*(Cambridge, MA: Harvard University Press, 2006), 31.

62) Tony Ballantyne and Antoinette Burton, "Empires and the Reach of the Global", in this volume; Josephine Fowler, *Japanese and Chinese Immigrant Activists: Organizing in American and International Communist Movements, 1919~1933*(New Brunswick, NJ: Rutgers University Press, 2007); Jonathan Derrick, *Africa's 'Agitators': Militant Anti-colonialism in Africa and the West, 1918~1939*(London: Hurst, 2008).

63) Marilyn Lake and Henry Reynolds, *Drawing the Global Colour Line: White Men's Countries and the International Challenge of Racial Equality*(Cambridge: Cambridge University Press, 2008), 246. On Du Bois, see David Levering Lewis, *W. E. B. DuBois: Biography of a Race, 1868~1919*(New York: Henry Holt, 1993); and Lewis, *W. E. B. DuBois: The Fight for Equality and the American Century, 1919~1963*(New York: Henry Holt, 2000).

64) Saheed A. Adejumobi, "The Pan-African Congress", *Organizing Black America: An Encyclopedia of African American Associations*, ed. Nina Mjagkij(New York: Garland, 2001); Derrick, *Africa's 'Agitators'*.

65) Colin Grant, *Negro with a Hat: The Rise and Fall of Marcus Garvey*(New York: Oxford University Press, 2008).

66) Gary Wilder, *The French Imperial Nation-State: Negritude and Colonial Humanism between the Two World Wars*(Chicago: University of Chicago Press 2005), 252.

67) Paul Gilroy, *The Black Atlantic: Modernity and Double Consciousness*(Cambridge, MA: Harvard University Press, 1993).

68) James T. Campbell, *Middle Passages: African American Journeys to Africa, 1787~2005*(New York: Penguin Press, 2006); Kevin Kelly Gaines, *American Africans in Ghana: Black Expatriates and the Civil Rights Era*(Chapel Hill: University of North Carolina Press, 2006); Winston James, *Holding Aloft the Banner of Ethiopia: Caribbean Radicalism in Early Twentieth-Century America*(New York: Verso, 1998).

69) Duara, *Sovereignty and Authenticity*.

70) "국제적 민족주의"는 다음에 나오는 표현이다. Michael Brenner, *Zionism: A Brief History*, trans. Shelley Frisch(Princeton, NJ: Markus Wiener, 2003), 255~318. 좀 더 논쟁적인 유대인 역사는 다음을 참고하라. Shlomo Sand, *The Invention of the Jewish People*, trans. Yael Lotan(New York: Verso, 2009).

71) Bayly, *Birth of the Modern World*, 인용은 362.

72) Diarmaid MacCulloch, *Christianity: The First Three Thousand Years*(New York: Viking, 2010), 915.

73) Harold Fischer-Tiné, "Global Civil Society and the Forces of Empire: The Salvation Army, British Imperialism, and the 'Prehistory' of NGOs", *Competing Visions of World Order: Global Moments and Movements, 1880s~1930s*, ed. Sebastian Conrad and Dominic Sachsenmaier(London: Palgrave Macmillan, 2007), 30~31.

74) Sherwood Eddy, *A Pilgrimage of Ideas; or, the Reeducation of Sherwood Eddy*(New York: Farrar and Rinehart, 1934), quotation at 59; Ian R. Tyrrell, *Reforming the World: The Creation of America's Moral Empire*(Princeton, NJ: Princeton University Press, 2010), 49~89.

75) Merle Curti, *American Philanthropy Abroad: A History*(New Brunswick, NJ: Rutgers University Press, 1963), 134~174.

76) Dana L. Robert, *Christian Mission: How Christianity Became a World Religion*(Malden, MA: Wiley-Blackwell, 2009), 62~63; MacCulloch, *Christianity*, 879~882.

77) Adam Mohr, "Capitalism, Chaos, and Christian Healing: Faith Tabernacle Congregation in Southern Colonial Ghana, 1918~26", *Journal of African History* 52(2011): 63~83.

78) Robert, *Christian Mission*, 56~64; J. P. Daughton, *An Empire Divided: Religion, Republicanism, and the Making of French Colonialism, 1880~1914*(New York: Oxford University Press, 2006).

79) Robert Bickers, *Britain in China: Community, Culture, and Colonialism, 1900~1949*(Manchester: Manchester University Press, 1999), 92~94.

80) 영국의 선교 활동과 제국 간의 복잡한 관계는 다음을 참고하라. Andrew N. Porter, *Religious versus Empire? British Protestant Missionaries and Overseas Expansion, 1700~1914*(Manchester: Manchester University Press, 2004); and Richard Price, *Making Empire: Colonial Encounters and the Creation of Imperial Rule in Nineteenth-Century Africa*(New York: Cambridge University Press, 2008).

81) Robert, *Christian Mission*, 159~171.

82) Sean Hanretta, *Islam and Social Change in French West Africa: History of an Emancipatory Community*(New York: Cambridge University Press, 2009); Donald R. Wright, *The World and a*

Very Small Place in Africa(Armonk, NY: M. E. Sharpe, 1997), 197~200.

83) Ira M. Lapidus, *A History of Islamic Societies*, rev. ed.(New York: Cambridge University Press, 2002); 다음도 참고하라. David Gilmartin, "A Networked Civilization?" *Muslim Networks from Hajjto Hip Hop*, ed. Miriam Cooke and Bruce B. Lawrence(Chapel Hill: University of North Carolina Press, 2005), 51~68.

84) 다음에서 인용. Bose, *A Hundred Horizons*, 195.

85) Ghislaine Lydon, *On Trans-Saharan Trails: Islamic Law, Trade Networks, and Cross-Cultural Exchange in Nineteenth-Century Western Africa*(Cambridge: Cambridge University Press, 2009). 이슬람교와 기독교의 접촉에 관련된 내용은 다음을 참고하라. Benjamin F. Soares, ed., *Muslim-Christian Encounters in Africa*(Leiden: Brill, 2006); and Roman Loimeier and Rüdiger Seesemann, *The Global Worlds of the Swahili: Interfaces of Islam, Identity and Space in 19th-and 20th-Century East Africa*(Berlin: LIT, 2006).

86) Robert R. Bianchi, *Guests of God: Pilgrimage and Politics in the Islamic World*(New York: Oxford University Press, 2004), 42~46.

87) Bose, *A Hundred Horizons*, 232; Ayesha Jalal, *Self and Sovereignty: Individual and Community in South Asian Islam since 1850*(London: Routledge, 2000), 188~189.

88) P. R. Bhuyan, *Swami Vivekananda: Messiah of Resurgent India*(New Delhi: Atlantic, 2003), 22; Dorothea Lüddeckens, *Das Weltparlament der Religionen von 1893: Strukturen interreligiöser Begegnung im 19. Jahrhundert*(Berlin: Walter de Gruyter, 2002).

89) Gauri Viswanathan, *Outside the Fold: Conversion, Modernity, and Belief*(Princeton, NJ: Princeton University Press, 1998), 177~209.

90) Jacob K. Olupona and Terry Rey, eds., *Orisa Devotion as World Religion: The Globalization of Yorubá Religious Culture*(Madison: University of Wisconsin Press, 2008).

91) 여성 네트워크들이 가진 목적의 다양성은 다음 작품들에 나타나 있다. Richard J. Evans, *The Feminists: Women's Emancipation Movements in Europe, America and Australasia, 1840~1920*(London: Croom Helm, 1977); Leila Rupp, *Worlds of Women: The Making of an International Women's Movement*(Princeton, NJ: Princeton University Press, 1977); and Karen M. Offen, *European Feminisms, 1700~1950: A Political History*(Stanford, CA: Stanford University Press, 2000).

92) Nitza Berkovitch, *From Motherhood to Citizenship: Women's Rights and International Organizations*(Baltimore: Johns Hopkins University Press, 1999), surveys major issues for advocacy.

93) Albert Hourani, *A History of the Arab Peoples*(Cambridge, MA: Harvard University Press, 1991), 345.

94) Ian R. Tyrrell, *Woman's World / Woman's Empire: The Woman's Christian Temperance Union in International Perspective, 1880~1930*(Chapel Hill: University of North Carolina Press, 1991).

95) D'Itri, *Cross Currents*, 163.

96) Padma Anagol, *Emergence of Feminism in India, 1850~1920*(Aldershot, UK: Ashgate, 2005);

Gauri Viswanathan, *Outside the Fold: Conversion, Modernity, and Belief*(Princeton, NJ: Princeton University Press, 1998), 118~152.

97) 다음에서 인용. Catt's journal in D'Itri, *Cross Currents*, 104.

98) Rupp, *Worlds of Women*, 60~62.

99) 이런 자극적인 관점은 다음 작품들에 수록돼 있다. Ann Laura Stoler, *Carnal Knowledge and Imperial Power: Race and the Intimate in Colonial Rule*, 2nd ed.(Berkeley: University of California Press, 2 ed., 2010); Ulrike Strasser and Heidi Tinsman, "It's a Man's World? World History Meets the History of Masculinity, in Latin American Studies, for Instance", *Journal of World History* 21(2010): 75~96; and Leela Gandhi, *Affective Communities: Anticolonial Thought, Fin-de Siècle Radicalism, and the Politics of Friendship*(Durham, NC: Duke University Press, 2006).

100) 일례로 스카우트 조직들의 역사를 개관하려 한 최초의 시도는 다음에서 찾아볼 수 있다. Nelson R. Block and Tammy R. Proctor, eds., *Scouting Frontiers: Youth and the Scout Movement's First Century*(Newcastle upon Tyne, UK: Cambridge Scholars, 2009).

101) Thomas Richards, *The Imperial Archive: Knowledge and the Fantasy of Empire*(London: Verso, 1993), 1~9, 인용은 4. 다음도 참고하라. Tony Bennett, *The Birth of the Museum: History, Theory, Politics*(London: Routledge, 1995).

102) John E. Findling and Kimberly D. Pelle, eds., *Encyclopedia of World's Fairs and Expositions*, rev. 2nd ed.(Jefferson, NC: McFarland, 2008).

103) Hermione Hobhouse, *Crystal Palace and the Great Exhibition: Art, Science, Productive Industry*(London: Athlone Press, 2004); Peter Henry Hoffenberg, *An Empire on Display: English, Indian and Australian Exhibitions from the Crystal Palace to the Great War*(Berkeley: University of California Press, 2001).

104) Lara Kriegel, *Grand Designs: Labor, Empire, and the Museum in Victorian Culture*(Durham, NC: Duke University Press, 2007), 16.

105) Paul Young, "Mission Impossible: Globalization and the Great Exhibition", *Britain, the Empire, and the World at the Great Exhibition of 1851*, ed. Jeffrey A. Auerbach and Peter H. Hoffenberg(Aldershot, UK: Ashgate, 2008), 인용은 11.

106) Jeffrey A. Auerbach, *The Great Exhibition of 1851: A Nation on Display*(New Haven, CT: Yale University Press, 1999).

107) Zeynep Çelik, *Displaying the Orient: Architecture and Islam at Nineteenth-Century World's Fairs*(Berkeley: University of California Press, 1992), 인용은 152.

108) 다음에서 인용. Paul Greenhalgh, *Ephemeral Vistas: The Expositions Universelles, Great Exhibitions, and World's Fairs, 1851~1939*(Manchester: Manchester University Press, 1988), 88.

109) Annegret Fauser, *Musical Encounters at the 1889 Paris World's Fair*(Rochester, NY: University of Rochester Press, 2005), 183~206.

110) 다음에서 인용. Charles Desnoyers, "'Toward One Enlightened and Progressive Civilization': Discourses of Expansion and Nineteenth Century Chinese Missions Abroad", *Journal of World History* 8(1997): 135~156, 인용은 152.

111) 다음에서 인용. http://libwww.library.phila.gov/CenCol/exh-testimony.htm.

112) Camilla Fojas, "American Cosmopolis: The World's Columbian Exposition and Chicago across the Americas", *Comparative Literature Studies* 42(2005): 264~287.

113) John E. Findling, *Chicago's Great World's Fairs*(Manchester: Manchester University Press, 1994), 27.

114) Christopher Robert Reed, *All the World Is Here! The Black Presence at White City*(Bloomington: Indiana University Press, 2000).

115) Lee D. Baker, *From Savage to Negro: Anthropology and the Construction of Race, 1896~1954*(Berkeley: University of California Press, 1998), 26.

116) Daniel T. Rodgers, *Atlantic Crossings: Social Politics in a Progressive Age*(Cambridge, MA: Harvard University Press, 1998), 20.

117) Richard D. Mandell, *Paris 1900: The Great World's Fair*(Toronto: University of Toronto Press, 1967); Diana P. Fischer, et al., eds., *Paris 1900: The "American School" at the Universal Exposition*(New Brunswick, NJ: Rutgers University Press, 1999); Patricia Morton, *Hybrid Modernities: Architecture and Representation at the 1931 Colonial Exposition, Paris*(Cambridge, MA: MIT Press, 2000).

118) Çelik, *Displaying the Orient*, 49.

119) 다음에서 인용. Greenhalgh, *Ephemeral Vistas*, 83.

120) Robert W. Rydell, *All the World's a Fair: Visions of Empire at American International Expositions, 1876~1916*(Chicago: University of Chicago Press, 1984).

121) Morton, *Hybrid Modernities*.

122) David Levering Lewis and Deborah Willis, *A Small Nation of People: W. E. B. DuBois and African-American Portraits of Progress*(New York: Amistad, 2003).

123) Findling, *Chicago's Great World's Fairs*, 124~126; Robert W. Rydell, *World of Fairs: The Century-of-Progress Expositions*(Chicago: University of Chicago Press, 1993); Cheryl R. Ganz, *The 1933 Chicago World's Fair: A Century of Progress*(Champaign: University of Illinois Press, 2008).

124) Winter, *Dreams of Peace and Freedom*, 86.

125) Bennett, *Birth of the Museum*.

126) H. Glenn Penny, *Objects of Culture: Ethnology and Ethnographic Museums in Imperial Germany*(Chapel Hill: University of North Carolina Press, 2002); Rainer F. Buschmann, *Anthropology's Global Histories: The Ethnographic Frontier in German New Guinea, 1870~1935*(Honolulu: University of Hawai'i Press, 2009).

127) Carla Yanni, *Nature's Museums: Victorian Science and the Architecture of Display*(London: Athlone Press, 1999), 144~146.

128) Maria Margaret Lopes and Irina Podgorny, "The Shaping of Latin American Museums of Natural History, 1850~1990", *Nature and Empire: Science and the Colonial Enterprise*, ed. Roy MacLeod(Chicago: University of Chicago Press, 2000), 108~118.

129) Robert E. Kohler, *All Creatures: Naturalists, Collectors, and Biodiversity, 1850~1950*(Princeton, NJ:

Princeton University Press, 2006), 111, 117; Lopes and Podgomy, "Latin American Museums", 116.

130) Bennett, *Birth of the Museum*.

131) Kenn Harper, *Give Me My Father's Body: The Life of Minik, the New York Eskimo*(New York: Washington Square Press, 2001). 이에 대한 배경적 서술은 다음을 참고하라. Michael F. Robinson, *The Coldest Crucible: Arctic Exploration and American Culture*(Chicago: University of Chicago Press, 2006).

132) Young-tsu Wong, *A Paradise Lost: The Imperial Garden Yuanming Yuan*(Honolulu: University of Hawai'i Press, 2001), quotation at 160; James L. Hevia, *English Lessons: The Pedagogy of Imperialism in Nineteenth-Century China*(Durham, NC: Duke University Press, 2003).

133) Michael A. Osborne, "Acclimatizing the World", MacLeod, *Nature and Empire*, 135~151.

134) Darin Kinsey, "'Seeding the Water as the Earth': The Epicenter and Peripheries of a Western Aquacultural Revolution", *Environmental History* 11(July 2006): 527~566, 인용은 550.

135) C. Wayne Smith and J. Tom Cothren, eds., *Cotton: Origin, History, Technology, and Production*(New York: John Wiley, 1999), 159; Thomas Kearney, "Louis Trabut: Botanist and Plant Breeder", *Journal of Heredity* 13(1922): 153~160.

136) Richard H. Drayton, *Nature's Government: Science, Imperial Britain, and the "Improvement" of the World*(New Haven, CT: Yale University Press, 2000); Ray Desmond, *The History of the Royal Botanic Gardens Kew*(London: Royal Botanic Gardens, Kew, 2007).

137) Lucile H. Brockway, *Science and Colonial Expansion: The Role of the British Royal Botanic Gardens*(New York: Academic Press, 1979), 101.

138) Christophe Bonneuil, "The Manufacture of Species: Kew Gardens, The Empire, and the Standardisation of Taxonomic Practices in Late Nineteenth-Century Botany", *Instruments, Travel, and Science: Itineraries of Precision from the Seventeenth to the Twentieth Century*, ed. Marie-Noëlle Bourguet, Christian Licoppe, and H. Otto Sibum(London: Routledge, 2002), 189~215.

139) Brockway, *Science and Colonial Expansion*, 102, 124.

140) 다음에는 동식물 관련 정보의 국제적 교류에 수반된 학문적·대인 관계적 관행이 검토돼 있다. Fa-ti Fan, *British Naturalists in Qing China: Science, Empire, and Cultural Encounter*(Cambridge, MA: Harvard University Press, 2004), 110~115.

141) Ernst Mayr, "In Memorium: Jean(Theodore) Delacour", *The Auk* 103(1986): 603~605.

142) Elizabeth Hanson, *Animal Attractions: Nature on Display in American Zoos*(Princeton, NJ: Princeton University Press, 2002), 14; Eric Baratay and Elisabeth Hardouin-Fugier, *Zoo: A History of Zoological Gardens in the West*, trans. Oliver Welsh(London: Reaktion Books, 2002); Vernon N. Kisling Jr., ed., *Zoo and Aquarium History: Ancient Animal Collections to Zoological Gardens*(Boca Raton, FL: CRC Press, 2001).

143) Baratay and Hardouin-Fugier, *Zoo*, 135~136.

144) Hanson, *Animal Attractions*, 1~40. 인용은 Robert J. Hoage and William A. Deiss, eds., *New Worlds, New Animals: From Menagerie to Zoological Park in the Nineteenth Century*(Baltimore: Johns

Hopkins University Press, 1996), x; 다음을 참조하라. Michael A. Osborne, "Zoos in the Family: The Geoffroy Saint-Hilaire Clan and the Three Zoos of Paris", Hoage and Deiss, *New Worlds, New Animals*, 33~42.

145) Nigel Rothfels, *Savages and Beasts: The Birth of the Modern Zoo*(Baltimore: Johns Hopkins University Press, 2002).

146) Hanson, *Animal Attractions*, 79.

147) 위의 책에서 인용. 인용은 112.

148) 위의 책, 117~118.

149) Oliver H. Orr Jr., *Saving American Birds: T. Gilbert Pearson and the Founding of the Audubon Movement*(Gainesville: University of Florida Press, 1992); Hilda Kean, *Animal Rights: Political and Social Change in Britain since 1800*(London: Reaktion, 1998); Mark Cioc, *The Game of Conservation: International Treaties to Protect the World's Migratory Animals*(Athens: Ohio University Press, 2009), 14~57.

150) John M. MacKenzie, *The Empire of Nature: Hunting, Conservation, and British Imperialism*(Manchester: Manchester University Press, 1988); Alexandra Minna Stern, *Eugenic Nation: Faults and Frontiers of Better Breeding in Modern America*(Berkeley: University of California Press, 2005); Thomas Lekan, *Imagining the Nation: Landscape Preservation and German Identity, 1885~1945*(Cambridge, MA: Harvard University Press, 2004), 262; Jane Carruthers, "Creating a National Park, 1910~1925", *Journal of Southern Africa Studies* 15(January 1989): 188~216.

151) 일본에 관한 내용은 다음을 참고하라. William G. Beasley, *Japan Encounters the Barbarian: Japanese Travellers in America and Europe*(New Haven, CT: Yale University Press, 1995), 157~177; 중국에 관한 내용은 다음을 참고하라. Benjamin A. Elman, *A Cultural History of Modern Science in China*(Cambridge, MA: Harvard University Press, 2006), 132~157. 그러나 엘먼(Elman)은 이들 기초 과학 서적들이 많은 경우 선교적 영감에 따라 집필된 것이어서 다윈이나 진화적 사고에 관한 내용은 거의 없다시피 하므로 그것들이 중국에 전해 준 서구 과학에도 중요한 요소는 빠져 있었다고 주장했다.

152) "공유 개발 프로젝트"의 용어는 다음 책의 서론에 나온 것을 빌려 썼다. Kenneeranz Pomeranz 의 *The Environment and World History*, ed. Edmund Burke III and Kenneth Pomeranz(Berkeley: University of California Press, 2009)

153) Peter Wagner, "Introduction to Part I", *Transnational Intellectual Networks: Forms of Academic Knowledge and the Search for Cultural Identities*, ed. Christophe Charle, Jürgen Schriewer, and Peter Wagner(Frankfurt: Campus, 2004), 인용은 17.

154) Michael Adas, *Machines as the Measure of Men: Science, Technology, and Ideologies of Western Dominance*(Ithaca, NY: Cornell University Press, 1989), 156~162, 339. 이 책에는 '선진' 민족 과 '후진' 민족을 포괄하는 사회 범주 구축에는 인종적 이데올로기보다는 오히려 기술 사용이 훨씬 더 많이 작용한 것으로 나타나 있다. 그 점에 대해서는 다음도 함께 참고하라. Daniel R. Headrick, *The Tools of Empire: Technology and European Imperialism in the Nineteenth Century*(New York: Oxford University Press, 1981); Headrick, *The Tentacles of Progress: Technology Transfer in the*

Age of Imperialism, 1850~1940(New York: Oxford University Press, 1988); and Headrick, *Power over Peoples: Technology, Environments, and Westrn Imperialism, 1400 to the Present*(Princeton, NJ: Princeton University Press, 2010).

155) S. Irfan Habib and Dhruv Raina, eds., *Social History of Science in Colonial India*(New Delhi: Oxford University Press, 2007), introduction.

156) 순환과 공동생산이 강조된 내용은 다음에서 찾아볼 수 있다. Kapil Raj, *Relocating Modern Science: Circulation and the Construction of Knowledge in South Asia and Europe, 1650~1900*(New York: Palgrave, 2007); David Trunbull, "Travelling Knowledge: Narratives, Assemblage and Encounters", Bourguet, Licoppe, and Sibum, *Instruments, Travel, and Science*, 273~294. 이 책의 다른 글들도 함께 참고하라.

157) Michael Shermer, *In Darwin's Shadow: The Life and Science of Alfred Russel Wallace*(New York: Oxford University Press, 2002), 258~261.

158) John Noble Wilford, *The Mapmakers: The Story of the Great Pioneers in Cartography from Antiquity to the Space Age*(New York: Knopf, 1981), pt. 2; Raj, *Relocating Modern Science*, 181~222; John Keay, *The Great Arc: The Dramatic Tale of How India Was Mapped and Everest Was Named*(London: HarperCollins, 2000).

159) Donald Worster, *A River Running West: The Life of John Wesley Powell*(New York: Oxford University Press, 2001); Paul N. Edison, "Conquest Unrequited: French Expeditionary Science in Mexico, 1864~1867", *French Historical Studies* 26(2003): 459~495; Francis Sejersted, *The Age of Social Democracy: Norway and Sweden in the Twentieth Century*, trans. Richard Daly(Princeton, NJ: Princeton University Press, 2011), 인용은 17.

160) Ian J. Barrow, *Making History, Drawing Territory: British Mapping in India, c. 1765~1905*(New Delhi: Oxford University Press, 2003). 배경이 되는 내용은 다음을 참고하라. Matthew H. Edney, *Mapping an Empire: The Geographical Construction of British India, 1765~1843*(Chicago: University of Chicago Press, 1997).

161) Rafael, *White Love*.

162) Suzanne L. Marchang, *Down from Olympus: Archaeology and Philhellenism in Germany, 1750~1970*(Princeton, NJ: Princeton University Press, 1996); Stephen L. Dyson, *In Pursuit of Ancient Pasts: A History of Classical Archaeology in the Nineteenth and Twentieth Centuries*(New Haven, CT: Yale University Press, 2006). 이 책들에는 유럽의 민족주의와 박물관 건립에서 고고학의 역할이 강조돼 있다.

163) Blaise, *Time Lord*, 67.

164) Julie Greene, *The Canal Builders: Making America's Empire at the Panama Canal*(New York: Penguin Press, 2009).

165) Zaheer Baber, "Science, Technology, and Colonial Power", and Russell Dionne and Roy MacLeod, "Science and Policy in British India, 1858~1914: Perspectives on a Persisting Belief", Habib and Raina, *Science in Colonial India*, 102~158, 159~195. 아프리카에서의 영국 식민주의, 전문성, 농업 개발에 관한 내용은 다음을 참고하라. Joseph Morgan Hodge, *Triumph of the Expert:*

Agrarian Doctrines of Development and the Legacies of British Colonialism(Athens: Ohio University Press, 2007).

166) Edmund Burke III, "The Transformation of the Middle Eastern Environment, 1500 b.c.e.–2000 c.e", Burke and Pomeranz, *Environment and World History*, 99.

167) Elman, *Modern Science in China*, 158~181; William C. Kirby, *Germany and Republican China*(Stanford, CA: Stanford University Press, 1984).

168) Essays in Ardath W. Burks, ed., *The Modernizers: Overseas Students, Foreign Employees and Meiji Japan*(Boulder, CO: Westview Press, 1985).

169) 다음에서 인용. Beasley, *Japan Encounters the Barbarian*, 223.

170) Mark Cioc, *The Rhine: An Eco-Biography, 1815~2000*(Seattle: University of Washington Press, 2002); David Blackbourn, *The Conquest of Nature: Water, Landscape, and the Making of Modern Germany*(New York: Norton, 2006), 189~303; Kenneth Pomeranz, "China's Environment, 1500~2000", Burke and Pomeranz, *Environment and World History*, 135; William Kirby, "Engineering China: Birth of the Developmental States, 1928~1937", *Becoming Chinese: Passages to Modernity and Beyond*, ed. Wen-hsin Yeh(Berkeley: University of California Press, 2000).

171) David Ekbladh, "'Mr. TVA': Grass-Roots Development, David Lilienthal, and the Rise and Fall of the Tennessee Valley Authority as a Symbol for U.S. Overseas Development, 1933~1973", *Diplomatic History* 26(2007): 335~374.

172) 다음에서 인용. S. Irfan Habib and Dhruv Raina, "Copernicus, Columbus, Colonialism, and the Role of Science in Nineteenth-Century India", Habib and Raina, *Science in Colonial India*, 246. 아울러 다음도 참고하라. Gyan Prakash, *Another Reasons: Science and the Imagination of Modern India*(Princeton, NJ: Princeton University Press, 1999).

173) 다음에서 인용. Shiv Visvannathan, *Organizing for Science: The Making of an Industrial Research Laboratory*(New Delhi: Oxford University Press, 1975), 108; Zaheer Baber, *The Science of Empire: Scientific Knowledge, Civilization, and Colonial Rule in India*(Albany: SUNY Press, 1996), 184~245.

174) Ashis Nandy, *Alternative Sciences: Creativity and Authenticity in Two Indian Scientists*(New Delhi: Oxford University Press, 1980).

175) Baber, *The Science of Empire*, 129; Randall E. Stross, *The Stubborn Earth: American Agriculturalists on Chinese Soil, 1898~1937*(Berkeley: University of California Press, 1986).

176) Grace Carswell, *Cultivating Success in Uganda: Kigezi Farmers and Colonial Policies*(Athens: Ohio University Press, 2007).

177) Leslie Potter, "Forests versus Agriculture: Colonial Forest Services, Colonial Ideas, and Regulation of Land-Use Change in Southeast Asia", *The Political Ecology of Tropical Forests in Southeast Asia: Historical Perspectives*, ed. Ken-ichi Abe, Wil de Jong, and Tuck-Po Lye(Melbourne: Trans Pacific Press, 2003); Richard P. Tucker and J. F. Richards, eds., *Global Deforestation and the Nineteenth-Century World Economy*(Durham, NC: Duke University Press, 1983); Richard P. Tucker, *Insatiable Appetite: The United States and the Ecological Degradation of the Tropical World*(Berkeley: University

of California Press, 2000); Michael Williams, *Deforesting the Earth: From Prehistory to Global Crisis: An Abridgement*(Chicago: University of Chicago Press, 2006), 242~419; Thaddeus R. Sunseri, *Wielding the Ax: State Forestry and Social Conflict in Tanzania, 1820~2000*(Athens: Ohio University Press, 2009).

178) Ian R. Tyrrell, *True Gardens of the Gods: Californian-Australian Environmental Reform, 1860~1930*(Berkeley: University of California Press, 1999), 17~35.

179) Shermer, *In Darwin's Shadow*.

180) Daniel T. Rodgers, *Atlantic Crossings*(Cambridge, MA: Harvard University Press, 1998). 다음도 참고하라. Theodore M. Porter and Dorothy Ross, eds., *The Modern Social Sciences*, vol. 7 of *The Cambridge History of Science*(Cambridge: Cambridge University Press, 2003); Charle, Schriewer, and Wagner, *Transnational Intellectual Networks*.

181) James B. Gilbert, *Designing the Industrial State: The Intellectual Pursuit of Collectivism in America, 1880~1940*(New York: Quadrangle, 1972), 45.

182) Frank Andre Guridy, *Forging Diaspora: Afro-Cubans and African Americans in a World of Empire and Jim Crow*(Chapel Hill, NC: University of North Carolina Press, 2010), 17~60; Andrew Zimmerman, *Alabama in Africa: Booker T. Washington, the German Empire, and the Globalization of the New South*(Princeton, NJ: Princeton University Press, 2010); Sebastian Conrad, *Globalisation and the Nation in Imperial Germany*, trans. Sorcha O'Hagan(Cambridge: Cambridge University Press, 2010), 101.

183) Price, *Making Empire*, 179, on Holden; Joel Pfi ster, *Individuality Incorporated: Indians and the Multicultural Modern*(Durham, NC: Duke University Press, 2004), 31~97, on Pratt.

184) *New York Times*, June 24, 1910.

185) Warwick P. Anderson, *The Cultivation of Whiteness: Science, Health and Racial Destiny in Australia*(New York: Basic Books, 2003); Radhika Mohanram, *Imperial White: Race, Diaspora, and the British Empire*(Minneapolis: University of Minnesota Press, 2007).

186) Thomas E. Skidmore, *Black into White: Race and Nationality in Brazilian Thought*(Oxford: Oxford University Press, 1974). 이 책을 이 주제에 대한 폭넓은 해석을 제공해 준다.

187) 미국에 관한 내용은 다음을 참고하라. Stern, *Eugenic Nation, and Edwin Black, War against the Weak: Eugenics and America's Campaign to Create a Master Rac*e(New York: Four Walls Eight Windows Press, 2003); 스웨덴에 관한 내용은 다음을 참고하라. Sejersted, *The Age of Social Democracy*; 케냐에 관한 내용은 다음을 참고하라. Chole Campbell, *Race and Empire: Eugenics in Colonial Kenya*(Manchester: Manchester University Press, 2007).

188) George W. Stocking, *Victorian Anthropology*(New York: Free Press, 1987); Baker, *From Savage to Negro*; and H. Glenn Penny and Matti Bunzl, eds., *Worldly Provincialism: German Anthropology in the Age of Empire*(Ann Arbor: University of Michigan Press, 2003).

189) 이 부분에 대한 광범위하고 다양한 이론은 다음 작품들에서 살펴볼 수 있다. Andrew D. Evans, *Anthropology at War: World War I and the Science of Race in Germany*(Chicago: University of Chicago Press, 2010); Paul Weindling, *Epidemics and Genocide in Eastern Europe, 1890~1945*(New

York: Oxford Unversity Press, 2000); Jürgen Zimmerer and Joachim Zeller, eds., *Genocide in German South-West Africa: The Colonial War of 1904~1908 and Its Aftermath*, trans. E. J. Neather(Monmouth, Wales: Merlin Press, 2007); Sandra Mass, *Weisse Helden, schwarza Krieger: Zur Geschichte Kolonialer Männlichkeit in Deutschland, 1918~1964*(Cologne: Böhlau Verlag, 2006); essays in Conrad and Osterhammel, *Das Kaiserrich Transnational*; Robert Proctor, *Racial Hygiene: Medicine under the Nazis*(Cambridge, MA: Harvard University Press, 1988); Götz Aly, Peter Chroust, and Christian Pross, eds., *Cleansing the Fatherland: Nazi Medicine and Racial Hygiene*, trans. Belinda Cooper(Baltimore: Johns Hopkins University Press, 1994).

190) Mark B. Adams, ed., *The Wellborn Science: Eugenics in Germany, France, Brazil, and Russia*(New York: Oxford University Press, 1990); Daniel J. Kevles, *In the Name of Eugenics: Genetics and the Uses of Human Heredity*(New York: Knopf, 1985); Matthew J. Connelly, *Fatal Misconception: The Struggle to Control World Population*(Cambridge, MA: Harvard University Press, 2008).

191) Lake and Reynolds, *Drawing the Global Colour Line*, 251~261.

192) Alfred L. Kroeber, "Eigh teen Professions", *American Anthropologist* 17(1915): 285.

193) Jeffrey D. Needell, "Identity, Race, Gender, and Modernity in the Origins of Gilberto Freyre's Oeuvre", *American Historical Review* 100(1995): 51~77.

194) J. R. McNeill, *Something New under the Sun: An Environmental History of the Twentieth-Century World*(New York: Norton, 2000), 58.

195) Thomas G. Andrews, *Killing for Coal: America's Deadliest Labor War*(Cambridge, MA: Harvard University Press, 2008), 70.

196) Thomas Parke Hughes, *Networks of Power: Electrification in Western Society, 1880~1930*(Baltimore: Johns Hopkins University Press, 1983), 1; William J. Hausman, Peter Hertner, and Mira Wilkins, eds., *Global Electrification: Multinational Enterprise and International Finance in the History of Light and Power, 1878~2007*(New York: Cambridge University Press, 2008).

197) Hausman, Hertner, and Wilkins, *Global Electrification*.

198) Pierre-Yves Saunier and Shane Ewen, eds., *Another Global City: Historical Explorations into the Transnational Municipal Moments, 1850~2000*(New York: Palgrave Macmillan, 2008), 8.

199) Catherine Coquery-Vidrovitch, *The History of African Cities South of the Sahara: From Origins to Colonization*, trans. Mary Baker(Princeton, NJ: Markus Wiener, 2005), 209~318; Patrick Manning, *Migration in World History*(New York: Routledge, 2005), 157~180; Bill Freund, *The African City: A History*(New York: Cambridge University Press, 2007); Dianne Scott, "Creative Destruction: Early Modernist Planning in the South Durban Industrial Zone, South Africa", *Journal of Southern African Studies* 29(2003): 235~259.

200) Renaud Payre and Pierre-Yves Saunier, "A City in the World of Cities: Lyon, France; Municipal Associations as Political Resources in the Twentieth Century", Andrew Brown-May, "In the Precincts of the Global City: The Transnational Network of Municipal Affairs in Melbourne, Australia, at the End of the Nineteenth Century", and Jeffrey Hanes, "Pacific Crossings? Urban Progressivism in Modern Japan", Saunier and Ewen, *Another Global City*, 69~84, 19~34, 51~68

; Stephen V. Ward, *Planning the Twentieth Century City: The Advanced Capitalist World*(Chichester, UK: Wiley, 2002).

201) Michael P. Smith, *Transnational Urbanism: Locating Globalization*(London: Blackwell, 2001).

202) Myron Echenberg, *Plague Ports: The Global Urban Impact of Bubonic Plague, 1894~1901*(New York: NYU Press, 2007).

203) 이 글의 내용은 다음 작품들에서 확인할 수 있다. Mark Harrison, *Disease and the Modern World: 1500 to the Present Day*(Cambridge: Polity Press, 2004), 93~96; Sheldon J. Watts, *Epidemics and History: Disease, Power, and Imperialism*(New Haven, CT: Yale University Press, 1999); and Nancy Tomes, *The Gospel of Germs: Men, Women, and Microbe in American Life*(Cambridge, MA: Harvard University Press, 1998). 감비아에 관한 사항은 다음도 참고하라. Wright, *Very Small Place in Africa*, 194~195.

204) Mariola Espinosa, *Epidemic Invasions: Yellow Fever and the Limits of Cuban Independence, 1878~1930*(Chicago: University of Chicago Press, 2009); Sherman Cochrane, *Chinese Medicine Men: Consumer Culture in China and Southeast Asia*(Cambridge, MA: Harvard University Press, 2006); Ruth Rogaski, *Hygienic Modernity: Meanings of Health and Disease in Treaty-Port China*(Berkeley: University of California Press, 2004); Anne Digby, *Diversity and Division in Medicine: Health Care in South Africa from the 1800s*(Oxford: Peter Lang, 2006).

205) William Gallois, *The Administration of Sickness: Medicine and Ethics in Nineteenth-Century Algeria*(Basingstoke, UK: Palgrave Macmillan, 2008), 4~6.

206) Janice Boddy, *Civilizing Women: British Crusades in Colonial Sudan*(Princeton, NJ: Princeton University Press, 2007).

207) Rod Edmond, "Returning Fears: Tropical Disease and the Metropolis", and other essays in Driver and Martins, *Tropical Visions*.

208) David Arnold, *Colonizing the Body: State Medicine and Epidemic Disease in Nineteenth-Century India*(Berkeley: University of California Press, 1993), suggests the complicated interactions.

209) David P. Forsythe, *The Humanitarians: The International Committee of the Red Cross*(New York: Cambridge University Press, 2005); Caroline Moorehead, *Dunant's Dream: War, Switzerland and the History of the Red Cross*(London: HarperCollins, 1998).

210) Curti, *American Philanthropy Abroad*, 339~360.

211) Steven P. Palmer, *Launching Global Health: The Caribbean Odyssey of the Rockefeller Foundation*(Ann Arbor: University of Michigan Press, 2010); Steven C. Williams, "Nationalism and Public Health: The Convergence of Rockefeller Foundation Technique and Brazilian Federal Authority during the Time of Yellow Fever, 1925~1930", *Missionaries of Science: The Rockefeller Foundation and Latin America*, ed. Marcos Cueto(Bloomington: Indiana University Press, 1994), 23~51; Ann Zulawski, *Unequal Cures: Public Health and Political Change in Bolivia, 1900~1950*(Durham, NC: Duke University Press, 2007), 86~117.

212) Elman, *Modern Science in China*, 225; Adam K. Webb, "The Countermodern Moment: A World-Historical Perspective on the Thought of Rabindranath Tagore, Muhammad Iqbal, and Liang

Shuming", *Journal of World History* 19(2008): 189~212. 제1차 세계대전에 대해서는 다음을 참조
하라. Michael Adas, "Contested Hegemony: The Great War and the Afro-Asian Assault on the
Civilizing Mission Ideology", *Journal of World History* 15(2004): 31~63.

213) Mary Parker Follett, The New State(1918), 196, http://sunsite.utk.edu/FINS/Mary_Parker_
Follett/Fins-MPF-01.html. 이 인용문을 환기해 준 대니얼 임머바르(Daniel Immerwahr)께 감
사드린다.

214) 버넘에 관한 내용은 다음을 참고하라. Gilbert, *Designing the Industrial State*; and Daniel Kelly,
James Brunham and the Struggle for the World: A Life(Wilmington, DE: Isi Books, 2002).

215) Bayly, *Birth of the Modern World*, 1~2; Arjun Appadurai, *Modernity at Large: Cultural Dimensions of
Globalization*(Minneapolis: University of Minnesota Press, 1996); Weinbaum et al., *Modern Girl*.

216) Felipe Fernández-Armesto, *Pathfinders: A Global History of Exploration*(New York: W. W. Norton,
2006), 385.

217) Kenneth Mason, *Abode of Snow: A History of Himalayan Exploration and Mountaineering from
Earliest Times to the Ascent of Everest*(1955; repr., London: Diadem Books, 1987), xvi.

218) Maurice Isserman and Stewart Weaver, *Fallen Giants: A History of Himalayan Mountaineering from
the Age of Empire to the Age of Extremes*(New Haven, CT: Yale, 2008), xi.

219) Beau Riffenburgh, *The Myth of the Explorer: The Press, Sensationalism, and Geographical
Discovery*(New York: Oxford University Press, 1994); Winseck and Pike, *Communication and
Empire*, 294.

220) James L. Newman, *Imperial Footprints: Henry Morton Stanley's African Journeys*(Dulles, VA:
Potomac, 2006). Tim Jeal, *Stanley: The Impossible Life of Africa's Greatest Explorer*(New Haven, CT:
Yale University Press, 2007)에서는 스탠리가 잔혹함과 살인에 대한 이야기를 아주 과장했다고
주장한다.

221) Claire Pettitt, *Dr. Livingstone, I Presume? Missionaries, Journalists, Explorers and Empire*(London:
Profile Books, 2007).

222) *National Geographic Magazine*, 13(1903): 405~406.

223) Fanny Bullock Workman and William Hunter Workman, *Ice-Bound Heights of the Mustagh: An
Account of Two Seasons of Pioneer Exploration in the Baltistan Himalaya*(New York: Scribner's, 1908).

224) Fernández-Armesto, *Pathfinders*, 362.

225) Beau Riffenburgh, *The Myth of the Explorer*, 196. Osterhammel, *Die Verwandlung der Welt*, 63~76
에서는 제1차 세계대전 이전에 신문과 대중 저널리즘 국제 뉴스 서비스가 전 세계적으로 확산되
었는지 조사했다.

226) Isserman and Weaver, *Fallen Giants*, 83~222.

227) 다음에서 인용. Stefan Zweig, *The World of Yesterday*, 196, in Kern, *Culture of Time and Space*, 244.

228) Rosalie Schwartz, *Flying Down to Rio: Hollywood, Tourists, and Yankee Clippers*(College Station:
Texas A&M University Press, 2004); Jennifer Van Vleck, *No Distant Places*(Cambridge, MA:
Harvard University Press, forthcoming).

229) Daniel Boorstin, *The Discoverers: A History of Man's Search to Know His World and Himself*(New

York: Random House, 1983); Traill, *Schliemann of Troy*.

230) Charles Gallenkamp, *Dragon Hunter: Roy Chapman Andrews and the Central Asiatic Expeditions*(New York: Viking, 2001).

231) Hanson, *Animal Attractions*, 36.

232) John S. Clarke, *Circus Parade*(1936; Yorkshire, UK: Jeremy Mills, 2008), 1~30.

233) Janet Davis, *The Circus Age: Culture and Society under the American Big Top*(Chapel Hill: University of North Carolina Press, 2002), 34; Richard W. Flint, "American Showmen and European Dealers: Commerce in Wild Animals in Nineteenth-Century America", Hoage and Deiss, *New Worlds, New Animals*, 97~108.

234) Davis, *The Circus Age*, 218.

235) Greenhalgh, *Ephemeral Vistas*.

236) Robert W. Rydell and Rob Kroes, *Buffalo Bill in Bologna: The Americanization of the World, 1869~1922*(Chicago: University of Chicago Press, 2005).

237) Osterhammel, *Die Verwandlung der Welt*, 80~81.

238) Emily S. Rosenberg, *Spreading the American Dream: Economic and Cultural Expansion, 1890~1945*(New York: Hill and Wang, 1982); Kristin Thompson, *Exporting Entertainment: America in the World Film Market, 1907~1934*(London: BFI, 1985).

239) Rachel Dwyer and Divia Patel, *Cinema India: The Visual Culture of Hindi Film*(New Brunswick, NJ: Rutgers University Press, 2002); Zhang Zhen, *An Amorous History of the Silver Screen: Shanghai Cinema, 1896~1937*(Chicago: University of Chicago Press, 2005), 296; Priti Ramamurthy, "All-Consuming Nationalism: The Indian Modern Girl in the 1920s and 1930s", Weinbaum et al., *Modern Girl*, 147~173.

240) 이 주제에 대한 연구를 함께 지속해 준 섀넌 피츠패트릭(Shanon Fitzpatrick)께 감사드린다.

241) Catherine Russell, "New Women of the Silent Screen: China, Japan, Hollywood", *Camera Obscura: Feminism, Culture, and Media Studies Special Issue*(Durham, NC: Duke University Press, 2005), 4.

242) Eric Ames, *Carl Hagenbeck's Empire of Entertainments*(Seattle: University of Washington Press, 2008), 198~229.

243) Melanie McGrath, *The Long Exile: A Tale of Inuit Betrayal and Survival in the High Arctic*(New York: Knopf, 2007).

244) Pascal James Imperato and Eleanor M. Imperato, *They Married Adventure: The Wandering Lives of Martin and Osa Johnson*(New Brunswick, NJ: Rutgers University Press, 1992).

245) Ruth Vasey, *The World according to Hollywood*(Madison: University of Wisconsin Press, 1997).

246) Richard Mullen and James Munson, *"The Smell of the Continent": The British Discover Europe*(London: Macmillan, 2009); Frank Costigliola, *Awkward Dominion: American Political, Economic and Cultural Relations with Europe, 1919~1933*(Ithaca, NY: Cornell University Press, 1984).

247) Kristin Hoganson, *Consumers' Imperium: The Global Production of American Domesticity,*

1865~1920(Chapel Hill: University of North Carolina Press, 2007), 171.

248) Ian R. Tyrrell, *Transnational Nation: United States History in Global Perspective since 1789*(New York: Palgrave, 2007), 97.

249) Shelley Baronowski and Ellen Furlough, eds., *Being Elsewhere: Tourism, Consumer Culture, and Identity in Modern Europe and North America*(Ann Arbor: University of Michigan Press, 2001).

250) Hoganson, *Consumers' Imperium*, 153~196.

251) Emily S. Rosenberg, *Financial Missionaries to the World: The Politics and Culture of Dollar Diplomacy*(Durham, NC: Duke University Press, 2000).

252) Miriam Silverberg, *Erotic Grotesque Nonsense: The Mass Culture of Japanese Modern Times*(Berkeley: University of California Press, 2006), employs this concept.

253) Joanne Hershfield, *Imagining la Chica Moderna: Women, Nation, and Visual Culture in Mexico, 1917~1936*(Durham, NC: Duke University Press, 2008), 126~155; and many essays in Weinbaum et al., *Modern Girl*.

254) 소비 공동체에 대한 내용은 다음을 참고하라. Daniel Boorstin, *The Democratic Experience*(New York: Random House, 1973).

255) Victoria de Grazia, *Irresistible Empire: America's Advance through Twentieth-Century Europe*(Cambridge, MA: Harvard University Press, 2005).

256) Georgine Clarsen, *Eat My Dust: Early Women Motorists*(Baltimore: Johns Hopkins University Press, 2008).

257) 범세계적으로 행해진 자동차 광고는 다음에서 찾아볼 수 있다. N. W. Ayer Collection No. 59, Ford Motor Company, series 3, boxes 220~225, National Museum of American History Archives, Washington, DC.

258) Weinbaum et al., *Modern Girl*; Francesca Orsini, ed., *Love in South Asia: A Cultural History*(Cambridge: Cambridge University Press, 2006); Rachel Dwyer and Christopher Pinney, eds., *Pleasure and the Nation: The History, Politics and Consumption of Public Culture in India*(New Delhi: Oxford University Press, 2001); Michel Gobat, *Confronting the American Dream: Nicaragua under U. S. Imperial Rule*(Durham, NC: Duke University Press, 2005), 175~202; Julio Moreno, *Yankee Don't Go Home: Mexican Nationalism, American Business Culture, and the Shaping of Modern Mexico, 1920~1950*(Chapel Hill: University of North Carolina Press, 2003), 137~151; Jeffrey H. Jackson, *Making Jazz French: Music and Modern Life in Interwar Paris*(Durham, NC: Duke University Press, 2003); Mary Nolan, *Visions of Modernity: American Business and the Modernization of Germany*(New York: Oxford University Press, 1994); Michael H. Kater, *Different Drummers: Jazz in the Culture of Nazi Germany*(New York: Oxford University Press, 1992).

259) Jonathan D. Spence, *The Search for Modern China*(New York: W. W. Norton, 1990), 311~333, for context.

260) Jian Wang, *Foreign Advertising in China: Becoming Global, Becoming Local*(Ames: Iowa State University Press, 2000), 25~32; Beverley Jackson, *Shanghai Girl Gets All Dressed Up*(Berkeley: Ten Speed Press, 2005), 38, 104~105; Lynn Pan, *Shanghai Style: Art and Design between the Wars*(San

Francisco: Long River Press, 2008)에서는 상하이의 모더니스트 스타일의 다양한 출처를 탐구한다.

261) Antonia Finnane, *Changing Clothes in China: Fashion, History, Nation*(New York: Columbia University Press, 2008), 101~175; Jackson, *Shanghai Girl*, 45~67, 81~90; Sherman Cochrane, ed., *Inventing Nanjing Road: Commercial Culture in Shanghai, 1900~1945*(Ithaca, NY: Cornell University Press, 1999).

262) Karl Gerth, *China Made: Consumer Culture and the Creation of the Nation*(Cambridge, MA: Harvard University Press, 2003).

263) Leo Ou-fan Lee, *Shanghai Modern: The Flowering of a New Urban Culture in China, 1930~1945*(Cambridge, MA: Harvard University Press, 1999), 64~74, 인용은 74; Finnane, *Changing Clothes in China*, 125~137.

264) Jackson, *Shanghai Girl*, 111~112. Ou-fan Lee, *Shanghai Modern*, 82~119, 199~231. 이 글에는 할리우드 영화가 중국 영화에 끼친 영향과 "모던 걸"의 묘사를 둘러싼 해석적 논의가 서술돼 있다. 아울러 다음도 참고하라. Yingjin Zhang, ed., *Cinema and Urban Culture in Shanghai, 1922~1943*(Palo Alto, CA: Stanford University Press, 1999). 치파오에 관한 내용은 다음에서 찾아볼 수 있다. Finnane, *Changing Clothes in China*, 139~175.

265) Wen-hsin Yeh, *Shanghai Splendor: Economic Sentiments and the Making of Modern China, 1843~1949*(Berkeley: University of California Press, 2007), 101.

266) Weinbaum et al., *Modern Girl*; Silverberg, *Erotic Grotesque Nonsense*; Finnane, *Changing Clothes in China*, 167; Hershfield, Imagining la Chica Moderna.

267) Helena Michie and Ronald R. Thomas, "Introduction", and Jon Hegglund, "Empire's Second Take: Projecting America in Stanley and Livingstone", *Nineteenth-Century Geographies: The Transformation of Space from the Victorian Age to the American Century*, ed. Helena Michie and Ronald R. Thomas(New Brunswick, NJ: Rutgers University Press, 2003), 17, 265~278.

268) John Tully, "A Victorian Ecological Disaster: Imperialism, the Telegraph, and Gutta-Percha", *Journal of World History* 20(2009): 559~579.

참고 문헌

1부 리바이어던 2.0: 근대국가의 발명

Adelman, Jeremy. *Sovereignty and Revolution in the Iberian Atlantic*. Princeton, NJ: Princeton University Press, 2006.

Ahmad, Feroz. *The Young Turks: The Committee of Union and Progress in Turkish Politics, 1908–1914*. Oxford: Clarendon Press, 1969.

Anderson, Benedict. *Imagined Communities: Reflections on the Origin and Spread of Nationalism*. London: Verso, 1983.

Anderson, Fred, and Andrew Cayton. *The Dominion of War: Empire and Liberty in North America, 1500–2000*. New York: Viking, 2005.

Applebaum, Anne. *Gulag: A History*. New York: Doubleday, 2003.

Aquarone, Alberto. *L'organizzazione dello stato totalitario*. Turin: Einaudi, 1965.

Arendt, Hannah. *The Origins of Totalitarianism*. New York: Harcourt, Brace, 1951.

Baldwin, Peter. "Beyond Weak and Strong: Rethinking the State in Comparative Policy History." *Journal of Policy History* 17, no. 1 (2005): 12~33.

———. *The Politics of Social Solidarity: Class Bases of the European Welfare State, 1875–1975*. Cambridge: Cambridge University Press, 1990.

Banner, Stuart. "Why *Terra Nullius?* Anthropology and Property Law in Early Australia." *Law and History Review* 23, no. 1 (2005): 95~132.

Barkey, Karen. *An Empire of Difference: The Ottomans in Comparative Perspective*. Cambridge: Cambridge University Press, 2008.

Bayat, Mangol. *Iran's First Revolution: Shi'ism and the Constitutional Revolution of 1905–1909*. New York: Oxford University Press, 1991.

Bayly, C. A. *The Birth of the Modern World, 1780–1914: Global Connections and Comparisons*. Malden, MA: Blackwell, 2004.

———. *Indian Society and the Making of the British Empire*. Vol. 2, part 1, of *The New Cambridge History of India*, edited by Gordon Johnson. Cambridge: Cambridge University Press, 1988.

Bazant, Jan. *Alienation of Church Lands in Mexico: Social and Economic Aspects of the Liberal Revolution, 1856–1875*. Edited and translated by Michel P. Costeloe. Cambridge: Cambridge University Press, 1971.

Beasley, W. G. *Japanese Imperialism, 1894–1945*. Oxford: Clarendon Press, 1987.

Bentley, Arthur F. *The Process of Government: A Study of Social Pressure*. Edited by Peter H. Odegard. Cambridge, MA: Belknap Press of Harvard University Press, 1967.

Bibó, István. *Misère des petits états d'Europe de l'est*. Translated by György Kassai. Paris: Albin Michel, 1993.

Bix, Herbert P. *Hirohito and the Making of Modern Japan*. New York: HarperCollins, 2000.

Blum, Jerome. *The End of the Old Order in Rural Europe*. Princeton, NJ: Princeton University Press, 1978.

Bluntschli, Johann Caspar. *Allgemeine Staatsrecht*. 3rd ed. Munich: J. G. Cotta, 1863.

Bose, Sugata. *Peasant Labour and Colonial Capital: Rural Bengal since 1770*. Vol. 3, part 2, of *The Cambridge History of India*, edited by Gordon Johnson. Cambridge: Cambridge University Press, 1993.

Boyer, John W. *Political Radicalism in Late Imperial Vienna: Origins of the Christian Social Movement, 1848–1897*. Chicago: University of Chicago Press, 1981.

Bracher, Karl Dietrich. *Die deutsche Diktatur: Entstehung, Struktur, Folgen des Nationalsozialismus*. 6th ed. Frankfurt: Ulstein, 1979.

Brandfon, Robert L. *Cotton Kingdom of the New South: A History of the Yazoo Mississippi Delta from Reconstruction to the Twentieth Century*. Cambridge, MA: Harvard University Press, 1967.

Brubaker, Rogers. *Citizenship and Nationhood in France and Germany*. Cambridge, MA: Harvard University Press, 1992.

Buchheim, Hans, et al. *Anatomie des SS-Staates*. Munich: Institut für Zeitgeschichte, 1968.

Bullard, Alice. *Exile to Paradise: Savagery and Civilization in Paris and the South Pacific, 1790–1900*. Stanford, CA: Stanford University Press, 2000.

Burchell, Graham, Colin Gordon, and Peter Miller, eds. *The Foucault Effect: Studies in overnmentality*. Chicago: University of Chicago Press, 1991.

Burke, Edmund, III. *Prelude to Protectorate in Morocco: Precolonial Protest and Resistance, 1860–1912*. Chicago: University of Chicago Press, 1976.

The Cambridge History of China, vols. 10 and 11: *Late Ch'ing, 1800–1911*, edited by John K. Fairbank and Kwang-ching Liu. Cambridge: Cambridge University Press, 1980.

The Cambridge History of China, vol. 12: *Republican China, 1912–1949*, part 1, edited by John K. Fairbank. Cambridge: Cambridge University Press, 1983.

The Cambridge History of Egypt, vol. 2: *Modern Egypt from 1517 to the End of the Twentieth Century*, edited by M. W. Daly. Cambridge: Cambridge University Press, 1998.

The Cambridge History of Iran, vol. 7: *From Nadir Shah to the Islamic Republic*, edited by Peter Avery, Gavin Hambly, and Charles Melville. Cambridge: Cambridge University Press, 1991.

The Cambridge History of Latin America, vols. 4 and 5: *c. 1870 to 1930*, edited by Leslie Bethell. Cambridge: Cambridge University Press, 1986.

The Cambridge History of Turkey, vol. 3: *The Later Ottoman Empire, 1603–1839*, edited by Suraiya N. Faroqhi. Cambridge: Cambridge University Press, 2008.

The Cambridge History of Turkey, vol. 4: *Turkey in the Modern World*, edited by Reşat Kasaba. Cambridge: Cambridge University Press, 2009.

Cassese, Sabino. *Lo stato fascista*. Bologna: Mulino, 2010.

Cell, John W. *The Highest Stage of White Supremacy: The Origins of Segregation in South Africa and the American South*. Cambridge: Cambridge University Press, 1982.

Cesarani, David, ed. *The Final Solution: Origins and Implementation*. London: Routledge, 1994.

Chabod, Federico. *Italian Foreign Policy: The Statecraft of the Founders*. Translated by William McCuaig. Princeton, NJ: Princeton University Press, 1996.

Cohen, Stephen F. *Bukharin and the Bolshevik Revolution: A Political Biography, 1888–1938*. New York: Vintage, 1975.

Commins, David Dean. *Islamic Reform: Politics and Social Change in Late Ottoman Syria*. New York: Oxford University Press, 1990.

Cooper, Frederick. *Colonialism in Question: Theory, Knowledge, History*. Berkeley: University of California Press, 2003.

―――― *Decolonization and African Society: The Labor Question in French and British Africa*. Cambridge: Cambridge University Press, 1996.

Cooper, Frederick, and Ann Laura Stoler, eds. *Tensions of Empire: Colonial Cultures in a Bourgeois World*. Berkeley: University of California Press, 1997.

Corner, Paul, ed. *Popular Opinion in Totalitarian Regimes: Fascism, Nazism, Communism*. Oxford: Oxford University Press, 2009.

Craib, Raymond B. *Cartographic Mexico: A History of State Fixations and Fugitive Landscapes*. Durham, NC: Duke University Press, 2004.

Crosby, Alfred W., Jr. *The Columbian Exchange: Biological and Cultural Consequences of 1492*. Westport, CT: Greenwood, 1972.

Dabringhaus, Sabine. *Territorialer Nationalismus in China: Historisch-geographisches Denken, 1900–1948*. Cologne: Böhlau, 2006.

Davis, Clarence B., and Kenneth E. Wilburn Jr., with Ronald E. Robinson, eds. *Railway Imperialism*. New York: Greenwood, 1991.

Dean, Mitchell. *Governmentality: Power and Rule in Modern Society*. London: Sage, 1999.

Dean, Warren. *With Broadax and Firebrand: The Destruction of the Brazilian Atlantic Forest*. Berkeley:

University of California Press, 1995.

Deane, Phyllis, and W. A. Cole. *British Economic Growth, 1688–1959: Trends and Structure.* 2nd ed. London: Cambridge University Press, 1967.

De Felice, Renzo, ed. *Il fascismo: Le interpretazioni dei contemporanei e degli historici.* Rev. ed. Rome: Laterza, 1998.

———. *Mussolini il duce: Lo stato totalitario, 1936–1940.* Turin: Einaudi, 1981.

———. *Mussolini il fascista: L'organizzazione dello stato fascista, 1925–1929.* Turin: Einaudi, 1968.

DeLay, Brian. *War of a Thousand Deserts: Indian Raids and the U. S.–Mexican War.* New Haven, CT: Yale University Press, 2008.

Den Otter, A. A. *The Philosophy of Railways: The Transcontinental Railway Idea in British North America.* Toronto: University of Toronto Press, 1997.

Deprest, Florence. *Géographes en Algérie, 1880–1950: Savoirs universitaires en situation coloniale.* Paris: Belin, 2009.

De Vries, Jan. *The Industrious Revolution: Consumer Behavior and the House hold Economy, 1650 to the Present.* Cambridge: Cambridge University Press, 2008.

Donzelot, Jacques. *L'invention du social: Essai sur le déclin des passions politiques.* Paris: Fayard, 1984.

Drake, Richard. *Byzantium for Rome: The Politics of Nostalgia in Umbertian Italy, 1878–1900.* Chapel Hill: University of North Carolina Press, 1980.

Duguit, Léon. *Le droit social, le droit individuel et la transformation de l'état.* Paris: Félix Alcan, 1908.

Edney, Matthew H. *Mapping an Empire: The Geographical Construction of British India, 1765–1843.* Chicago: University of Chicago Press, 1997.

Elliott, John H. *Empires of the Atlantic World: Britain and Spain in America, 1492–1830.* New Haven, CT: Yale University Press, 2006.

Elvin, Mark. *The Retreat of the Elephants: An Environmental History of China.* New Haven, CT: Yale University Press, 2004.

Evans, Richard J. *The Third Reich at War, 1939–1945.* London: Allen Lane, 2008.

———. *The Third Reich in Power, 1933–1939.* New York: Penguin, 2005.

Feldman, Gerald. *Army, Industry and Labor in Germany, 1914–1918.* Princeton, NJ: Princeton University Press, 1966.

Ferguson, Niall. *The War of the World: History's Age of Hatred.* London: Allen Lane, 2006.

Finchelstein, Federico. *Transatlantic Fascism: Ideology, Violence, and the Sacred in Argentina and Italy, 1919–1945.* Durham, NC: Duke University Press, 2010.

Foucault, Michel. *Discipline and Punish: The Birth of the Prison.* Translated by Alan Sheridan. New York: Pantheon, 1977.

———. *Sécurité, Territoire, Population: Cours au College de France, 1977–1978.* Paris: Gallimard, 2004.

Fraenkel, Ernst. *The Dual State: A Contribution to the Theory of Dictatorship.* Translated by E. A. Shils in collaboration with Edith Lowenstein and Klaus Knorr. New York: Oxford University Press,

1941.

Friedrich, Carl J., and Zbigniew K. Brzezinski. *Totalitarian Dictatorship and Autocracy.* 2nd rev. ed. New York: Praeger, 1965.

Gall, Lothar. *Bismarck: Der weisse Revolutionär.* Frankfurt: Propyläen, 1980.

Geertz, Clifford. *Agricultural Involution: The Process of Ecological Change in Indonesia.* Berkeley: Association of Asian Studies/University of California Press, 1963.

———. *Negara: The Theater State in Nineteenth-Century Bali.* Princeton, NJ: Princeton University Press, 1980.

Gellner, Ernest. *Nations and Nationalism.* 2nd ed. Ithaca, NY: Cornell University Press, 2008.

Geppert, Alexander C. T. *Fleeting Cities: Imperial Expositions in Fin-de-Siecle Europe.* New York: Palgrave-Macmillan, 2010.

Gerth, H. H., and C. Wright Mills, eds. *From Max Weber: Essays in Sociology.* Translated by H. H. Gerth and C. Wright Mills. New York: Oxford University Press, 1958.

Geyer, Michael, and Sheila Fitzpatrick, eds. *Beyond Totalitarianism: Stalinism and Nazism Compared.* Cambridge: Cambridge University Press, 2009.

Gleason, Abbot. *Totalitarianism: The Inner History of the Cold War.* New York: Oxford University Press, 1995.

Gluck, Carol. *Japan's Modern Myths: Ideologies in the Late Meiji Period.* Princeton, NJ: Princeton University Press, 1985.

Gneist, Rudolph. *The History of the English Constitution.* Translated by Philip A. Ashworth. 2 vols. London: W. Clowes, 1886.

Gray, Jack. *Rebellions and Revolutions: China from the 1800s to the 1980s.* New York: Oxford University Press, 1990.

Graziosi, Andrea. *The Great Soviet Peasant War: Bolsheviks and Peasants, 1917–1933.* Cambridge, MA: Ukrainian Research Center, Harvard University/Harvard University Press, 1996.

Hagen, William W. *Ordinary Prussians: Brandenburg Junkers and Villagers, 1500–1840.* Cambridge: Cambridge University Press, 2002.

Hall, John A., ed. *States in History.* New York: Basil Blackwell, 1987.

Halperín Donghi, Tulio. *Guerra y finanzas en los orígines del estado argentina, 1791–1850.* Buenos Aires: Belgrano, 1982.

Hämäläinan, Pekka. *The Comanche Empire.* New Haven, CT: Yale University Press, 2008.

Hanioğlu, M. Şükrü *Preparation for a Revolution: The Young Turks, 1902–1908.* New York: Oxford University Press, 2001.

Hannah, Matthew G. *Governmentality and the Mastery of Territory in Nineteenth-Century America.* New York: Cambridge University Press, 2000.

Hart, John Mason. *Empire and Revolution: The Americans in Mexico since the Civil War.* Berkeley: University of California Press, 2002.

Hearder, Harry. *Italy in the Age of the Risorgimento, 1790–1870.* London: Longman, 1983.

Hevia, James L. *English Lessons: The Pedagogy of Imperialism in Nineteenth-Century China*. Durham, NC: Duke University Press, 2003.

Hobsbawm, Eric. *The Age of Extremes: The Short Twentieth Century, 1914–1991*. London: Michael Joseph, 1994.

_____. *Nations and Nationalism since 1780: Programme, Myth, Reality*. Cambridge: Cambridge University Press, 1990.

Hochschild, Adam. *King Leopold's Ghost: A Story of Greed, Terror and Heroism in Colonial Africa*. Boston: Houghton Mifflin, 1998.

Hugill, Peter J. *World Trade since 1431: Geography, Technology, and Capitalism*. Baltimore: Johns Hopkins University Press, 1993.

Inalcik, Halil. *The Ottoman Empire: Conquest, Organization and Economy*. London: Variorum, 1978.

Jackson, Robert. *Sovereignty: Evolution of an Idea*. Cambridge: Polity, 2007.

Jellinek, Georg. *Das Recht des modernen Staates*. Vol. 1, *Allgemeine Staatslehre*. Berlin: O. Häring, 1900.

Jen Yu-wen. *The Taiping Revolutionary Movement*. Edited by Adrienne Suddard. New Haven, CT: Yale University Press, 1973.

Joll, James. *The Anarchists*. London: Eyre and Spottiswoode, 1964.

Jonas, Raymond. *The Battle of Adwa: African Victory in the Age of Empire*. Cambridge, MA: Harvard University Press, 2011.

Kang, David C. *East Asia before the West: Five Centuries of Trade and Tribute*. New York: Columbia University Press, 2010.

Kaplan, Temma. *Anarchists of Andalusia, 1868–1903*. Princeton, NJ: Princeton University Press, 1977.

Kasaba, Reşat. *A Moveable Empire: Ottoman Nomads, Migrants, and Refugees*. Seattle: University of Washington Press, 2009.

Kashani-Sabet, Firoozeh. *Frontier Fictions: Shaping the Iranian Nation, 1804–1946*. Princeton, NJ: Princeton University Press, 1999.

Katz, Friedrich. *The Life and Times of Pancho Villa*. Stanford, CA: Stanford University Press, 1998.

_____, ed. *Riot, Rebellion, and Revolution: Rural Social Conflict in Mexico*. Princeton, NJ: Princeton University Press, 1988.

Keddie, Nikki R., with Yann Richard. *Roots of Revolution: An Interpretive History of Modern Iran*. New Haven, CT: Yale University Press, 1981.

Kershaw, Ian. *Hitler, 1889–1936: Hubris*. New York: W. W. Norton, 1999.

_____. *Hitler, 1936–1945: Nemesis*. New York: W. W. Norton, 2000.

Kirby, William C. *Germany and Republican China*. Stanford, CA: Stanford University Press, 1984.

Kirwan, Albert D. *Revolt of the Rednecks: Mississippi Politics, 1865–1925*. Gloucester, MA: P. Smith, 1964.

Kloppenberg, James T. *Uncertain Victory: Social Democracy and Progressivism in European and American Thought, 1870–1920*. New York: Oxford University Press, 1986.

Knowlton, Robert J. *Church Property and the Mexican Reform, 1856–1910*. DeKalb: Northern Illinois

University Press, 1976.

Koselleck, Reinhard. "Crisis," translated by Michaela W. Richter. *Journal of the History of Ideas* 67, no. 2 (2006): 357~400.

Kotkin, Stephen. *Magnetic Mountain: Stalinism as a Civilization.* Berkeley: University of California Press, 1995.

Kourí, Emilio. *A Pueblo Divided: Business, Property, and Community in Papantla, Mexico.* Stanford, CA: Stanford University Press, 2004.

Krasner, Stephen D. *Sovereignty: Organized Hypocrisy.* Princeton, NJ: Princeton University Press, 1999.

Kuhn, Philip A. *Origins of the Modern Chinese State.* Stanford, CA: Stanford University Press, 2002.

_____. *Rebellion and Its Enemies in Late Imperial China.* Cambridge, MA: Harvard University Press, 1970.

Larkin, Emmet. *The Making of the Roman Catholic Church in Ireland, 1850–1860.* Chapel Hill: University of North Carolina Press, 1980.

Lenin, V. I. *Imperialism: The Highest Stage of Capitalism.* London: Junius, 1996.

_____. *What Is to Be Done? Burning Questions of Our Movement.* Moscow: Foreign Languages, 1950.

Lewin, Moshe. *Russian Peasants and Soviet Power: A Study in Collectivization.* Translated by Irene Nove with John Biggart. London: Allen and Unwin, 1968.

Linz, Juan J. *Totalitarian and Authoritarian Regimes.* Boulder, CO: Lynne Rienner, 2000.

López-Alves, Fernando. *State Formation and Democracy in Latin America, 1810–1900.* Durham, NC: Duke University Press, 2000.

Lukács, Georg. *History and Class Consciousness.* Translated by Rodney Livingstone. Cambridge, MA: MIT Press, 1971.

Lynch, John. *Argentine Dictator: Juan Manuel de Rosas, 1829–1852.* Oxford: Clarendon Press, 1981.

Lyttelton, Adrian. *The Seizure of Power: Fascism in Italy, 1919–1929.* Rev. ed. London: Routledge, 2004.

Macartney, C. A. *The Habsburg Empire, 1790–1918.* New York: Macmillan, 1969.

Macfie, A. L. *The End of the Ottoman Empire, 1908–1923.* New York: Longman, 1998.

Maier, Charles S. "Consigning the Twentieth Century to History: Alternative Narratives for the Modern Era." *American Historical Review* 105, no. 3 (2000): 807~831.

_____. "'Fictitious Bonds . . . of Wealth and Law': On the Theory and Practice of Interest Representation." In Organizing Interests in Western Europe: Pluralism, Corporatism, and the Transformation of Politics, edited by Suzanne Berger. Cambridge: Cambridge University Press, 1981.

_____. "Nation and State." In *The Palgrave Dictionary of Transnational History*, edited by Akira Iriye and Pierre-Yves Saunier. Basingstoke, UK: Palgrave Macmillan, 2009.

_____. *Recasting Bourgeois Europe: Stabilization in France, Germany, and Italy in the Decade after World War I.* Princeton, NJ: Princeton University Press, 1975.

Mamdani, Mahmoud. *Citizen and Subject: Contemporary Africa and the Legacy of Late Colonialism.*

Princeton, NJ: Princeton University Press, 1996.

Manela, Erez. *The Wilsonian Moment: Self-Determination and the International Origins of Anticolonial Nationalism*. New York: Oxford University Press, 2007.

Mann, Michael. *Fascists*. Cambridge: Cambridge University Press, 2004.

Marcus, Harold G. *A History of Ethiopia*. Berkeley: University of California Press, 1994.

_____. *The Life and Times of Menelik II: Ethiopia, 1844–1913*. Oxford: Clarendon Press, 1975.

Marichal, Carlos. "Las finanzas y la construcción de las nuevas naciones latinoamericanas." In *Historia general de América Latina*, vol. 6, edited by Josefina Z. Vázquez and Manuel Mino Grijalva. Paris: UNESCO, 2003.

Martin, James R. "The Theory of Storms: Jacob Burckhardt and the Concept of 'Historical Crisis.'" *Journal of European Studies* 40, no. 4 (2010): 307~327.

Marx, Karl. *The Eighteenth Brumaire of Louis Bonaparte*. New York: International, 1964.

_____. *Revolution and Counter-revolution, or, Germany in 1848*. Edited by Eleanor Marx Aveling. New York: C. Scribner's Sons, 1896.

Matsusaka, Yoshihisa Tak. *The Making of Japanese Manchuria, 1904–1932*. Cambridge, MA: Harvard University Asia Center/Harvard University Press, 2001.

May, Arthur J. *The Hapsburg Monarchy, 1867–1914*. New York: W. W. Norton, 1968.

Mayer, Arno J. *Wilson vs. Lenin: Political Origins of the New Diplomacy, 1917–1918*. Cleveland: World, 1964.

McLane, John R. *Indian Nationalism and the Early Congress*. Princeton, NJ: Princeton University Press, 1977.

McPherson, James M. *Ordeal by Fire: The Civil War and Reconstruction*. 3rd ed. Boston: McGraw-Hill, 2001.

Medrano, Ethelia Ruiz. *Mexico's Indigenous Communities: Their Lands and Histories, 1500–2010*. Translated by Russ Davidson. Boulder: University Press of Colorado, 2010.

Michael, Franz, with Chung-li Chang. *The Taiping Rebellion: History and Documents*. 3 vols. Seattle: University of Washington Press, 1966–1971.

Michels, Robert. *Political Parties: A Sociological Study of the Oligarchical Tendencies of Modern Democracy*. Translated by Eden Paul and Cedar Paul. New York: Collier, 1962.

Middlemas, Keith. *Politics in Industrial Society: The Experience of the British System since 1911*. London: A. Deutsch, 1979.

Miłosz, Cseław. *The Captive Mind*. Translated by Jane Zielonko. New York: Vintage, 1955.

Min, Tu-Ki. *National Polity and Local Power: The Transformation of Late Imperial China*. Edited by Philip A. Kuhn and Timothy Brook. Cambridge, MA: Harvard Yenching Institute/Harvard University Press, 1989.

Mintz, Sidney W. *Sweetness and Power: The Place of Sugar in Modern History*. New York: Viking, 1985.

Mironov, Boris N. *The Social History of Imperial Russia, 1700–1917*. 2 vols. Boulder, CO: Westview Press, 2000.

Mommsen, Wolfgang J. *Max Weber and German Politics, 1890–1920*. Translated by Michael S. Steinberg. Chicago: University of Chicago Press, 1984.

Myers, Ramon H., and Mark R. Peattie, eds. *The Japanese Colonial Empire, 1895–1945*. Princeton, NJ: Princeton University Press, 1984.

Neumann, Franz. *Behemoth: The Structure and Practice of National Socialism, 1933–1944*. Rev ed. New York: Oxford University Press, 1944.

Norman, E. H. *Origins of the Modern Japanese State: Selected Writings of E. H. Norman*. Edited by John W. Dower. New York: Pantheon, 1975.

Osterhammel, Jürgen. *Colonialism: A Theoretical Overview*. Translated by Shelley L. Frisch. Princeton, NJ: M. Wiener, 1997.

———. *Die Verwandlung der Welt: Eine Geschichte des 19. Jahrhunderts*. Munich: C. H. Beck, 2009.

Ostrogorski, Moisei. *Democracy and the Organization of Political Parties*. Translated by Frederick Clarke. New York: Macmillan, 1902.

———. *Democracy and the Party System in the United States: A Study in Extra-Constitutional Government*. New York: Macmillan, 1910.

Owen, Roger. *State, Power, and Politics in the Making of the Modern Middle East*. London: Routledge, 1992.

The Oxford History of the British Empire, vol. 4: *The Twentieth Century*, edited by Judith M. Brown and Wm. Roger Louis. New York: Oxford University Press, 1999.

The Oxford History of South Africa. 2 vols. Edited by Monica Wilson and Leonard Thompson. Oxford: Oxford University Press, 1969–1971.

Perdue, Peter C. *China Marches West: The Qing Conquest of Central Eurasia*. Cambridge, MA: Harvard University Press, 2005.

Perham, Margery. *Lugard*. 2 vols. London: Collins, 1960–1961.

Perkins, Dwight H., with Yeh-chien Wang, Kuo-ying Wang Hsiao, and Fung-ming Su. *Agricultural Development in China, 1368–1968*. Chicago: Aldine, 1969.

Pflanze, Otto. *Bismarck and the Development of Germany*. 3 vols. 2nd ed. Princeton, NJ: Princeton University Press, 1990.

Philbrick, Nathaniel. *The Last Stand: Custer, Sitting Bull, and the Battle of the Little Bighorn*. New York: Viking, 2010.

Pocock, J. G. A. *The Machiavellian Moment: Florentine Political Thought and the Atlantic Republican Tradition*. Princeton, NJ: Princeton University Press, 1975.

Polanyi, Karl. *The Great Transformation*. Boston: Beacon Press, 1957.

Pomeranz, Kenneth. *The Great Divergence: China, Europe, and the Making of the Modern World Economy*. Princeton, NJ: Princeton University Press, 2000.

Quataert, Donald. *The Ottoman Empire, 1700–1922*. New York: Cambridge University Press, 2000.

Ramusack, Barbara M. *The Indian Princes and Their States*. Vol. 3, part 6, of *The New Cambridge History of India*, edited by Gordon Johnson. Cambridge: Cambridge University Press, 2004.

Redlich, Josef. *Das Österreichsche Staats-und Reichsproblem: Geschichtliche Darstellung der inneren Politik der habsburgischen Monarchie von 1848 bis zum Untergang des Reiches.* 2 vols. Leipzig: P. Reinhold, 1920–1921.

Reed, Nelson. *The Caste War of Yucatan.* Stanford, CA: Stanford University Press, 1964.

Reid, Brian Holden. *The Civil War and the Wars of the Nineteenth Century.* New York: HarperCollins/ Smithsonian Books, 2006.

Reid, James J. *Crisis of the Ottoman Empire: Prelude to Collapse, 1839–1878.* Stuttgart: F. Steiner, 2000.

Reinhard, Wolfgang. *Geschichte der Staatsgewalt: Eine vergleichende Verfassungsgeschichte Europas von den Anfängen bis zur Gegenwart.* Munich: C. H. Beck, 1999.

Richter, Daniel K. *Facing East from Indian Country: A Native History of Early America.* Cambridge, MA: Harvard University Press, 2001.

Roberts, Andrew. *A History of Zambia.* New York: Africana, 1976.

Robinson, Geroid Tanquary. *Rural Russia under the Old Régime: A History of the Landlord-Peasant World and a Prologue to the Peasant Revolution of 1917.* New York: Macmillan, 1967.

Rodgers, Daniel T. *Atlantic Crossings: Social Politics in a Progressive Age.* Cambridge, MA: Harvard University Press, 1998.

Rosanvallon, Pierre. *Le moment Guizot.* Paris: Gallimard, 1985.

Rowe, William T. *China's Last Empire: The Great Qing.* Cambridge, MA: Harvard University Press, 2009.

Sarmiento, Domingo. *Facundo, or, Civilization and Barbarism.* Translated by Mary Mann. New York: Penguin, 1998.

Schivelbusch, Wolfgang. *Three New Deals: Reflections on Roosevelt's America, Mussolini's Italy and Hitler's Germany, 1933–1939.* Translated by Jefferson Chase. New York: Metropolitan, 2006.

Schmitt, Carl. *Der Begriff des Politischen.* Berlin: Duncker und Humblot, 1932.

———. *The Crisis of Parliamentary Democracy.* Translated by Ellen Kennedy. Cambridge, MA: MIT Press, 1985.

———. *The Nomos of the Earth in the Jus Publicum Europaeum.* Translated by G. L. Ulmen. New York: Telos, 2003.

———. *Political Theology: Four Chapters on the Concept of Sovereignty.* Translated by George Schwab. Chicago: University of Chicago Press, 2005.

Scott, James C. *The Art of Not Being Governed: An Anarchist History of Upland Southeast Asia.* New Haven, CT: Yale University Press, 2009.

———. *Seeing Like a State: How Certain Schemes to Improve the Human Condition Have Failed.* New Haven, CT: Yale University Press, 2008.

———. *Weapons of the Weak: Everyday Forms of Peasant Resistance.* New Haven, CT: Yale University Press, 1985.

Skinner, Quentin. *The Foundations of Modern Political Thought.* 2 vols. Cambridge: Cambridge University Press, 1978.

Smith, Anthony D. *The Antiquity of Nations*. Cambridge: Polity, 2004.

Smith, Denis Mack. *Cavour and Garibaldi, 1860: A Study in Political Conflict*. Cambridge: Cambridge University Press, 1954.

Snyder, Timothy. *Bloodland: Europe between Hitler and Stalin*. New York: Basic Books, 2010.

Sorel, Georges. *Réflexions sur la violence*. 4th ed. Paris: M. Riviere, 1919.

Spence, Jonathan D. *God's Chinese Son: The Taiping Heavenly Kingdom of Hong Xiuquan*. New York: W. W. Norton, 1996.

———. *The Search for Modern China*. Rev ed. New York: W. W. Norton, 1999.

Steinmetz, George. *The Devil's Handwriting: Precoloniality and the German Colonial State in Qingdao, Samoa, and Southwest Africa*. Chicago: University of Chicago Press, 2007.

Sternhell, Zeev. *La droite révolutionnaire: Les origines françaises du fascisme*. Rev. ed. Paris: Fayard, 2000.

Szabo, Franz A. J. *Kaunitz and Enlightened Absolutism, 1753–1780*. Cambridge: Cambridge University Press, 1994.

Teng, Ssu-yü, and John K. Fairbank, eds. *China's Response to the West: A Documentary Survey, 1839–1923*. Cambridge, MA: Harvard University Press, 1979.

Thompson, E. P. *The Making of the English Working Class*. New York: Vintage, 1963.

———. "The Moral Economy of the English Crowd in the Eighteenth Century." *Past and Present*, no. 50 (1971): 76~136.

Tips, Walter E. J. *Gustave Rolin-Jaequemyns and the Making of Modern Siam: The Diaries and Letters of King Chulalongkorn's General Adviser*. Bangkok: White Lotus, 1996.

Tucker, Richard P., and J. F. Richards, eds. *Global Deforestation and the Nineteenth-Century World Economy*. Durham, NC: Duke University Press, 1983.

Vázquez, Josefina Z., and Manuel Mino Grijalva, eds. *La construcción de las naciones latinoamericanas, 1820–1870*. Vol. 6 of *Historia general de América Latina*. Paris: UNESCO, 2003.

Vlastos, Stephen. *Peasant Protests and Uprisings in Tokugawa Japan*. Berkeley: University of California Press, 1986.

Watts, Sheldon. *Epidemics and History: Disease, Power, and Imperialism*. New Haven, CT: Yale University Press, 1997.

Wawro, Geoffrey. *The Austro-Prussian War: Austria's War with Prussia and Italy in 1866*. Cambridge: Cambridge University Press, 1996.

Weber, Eugen. *Action Française: Royalism and Reaction in Twentieth-Century France*. Stanford, CA: Stanford University Press, 1962.

Weber, Max. *Gesamtausgabe*. Part 1, vol. 17: *Wissenschaft als Beruf: Politik als Beruf*. Edited by Wolfgang J. Mommsen, Wolfgang Schluchter, and Birgitt Morgenbrod. Tübingen: Mohr, 1992.

Wehler, Hans-Ulrich. *Bismarck und der Imperialismus*. Rev. ed. Frankfurt: Suhrkamp, 1984.

Wesseling, H. L. *Divide and Rule: The Partition of Africa, 1880–1914*. Translated by Arnold J. Pomerans. Westport, CT: Praeger, 1996.

Wohl, Robert. *The Generation of 1914*. Cambridge, MA: Harvard University Press, 1979.

Woodward, C. Vann. *Origins of the New South, 1877–1913*. Baton Rouge: Louisiana State University Press, 1951.

Wyatt, David K. *The Politics of Reform in Thailand: Education in the Reign of King Chulalongkorn*. New Haven, CT: Yale University Press, 1969.

Zewde, Bahru. *A History of Modern Ethiopia, 1855–1891*. Rev. ed. Athens: Ohio University Press, 2001.

2부 제국들과 세계의 범위

Adas, Michael. *Machines as the Measure of Men: Science*, Technology, *and Ideologies of Western Dominance*. Ithaca, NY: Cornell University Press, 1989.

Ahmed, Sara. *Queer Phenomenology: Orientations, Objects, Others*. Durham, NC: Duke University Press, 2006.

Akita, Shigeru, ed. *Gentlemanly Capitalism, Imperialism, and Global History*. Basingstoke, UK: Palgrave Macmillan, 2002.

Aldrich, Robert. *Vestiges of the Colonial Empire in France: Monuments, Museums and Colonial Memories*. Basingstoke, UK: Palgrave Macmillan, 2005.

Allman, Jean, Susan Geiger, and Nakanyike Musisi, eds. *Women in African Colonial Histories*. Bloomington: Indiana University Press, 2002.

Allman, Jean, and Victoria Tashjian. *I Will Not Eat Stone: A Women's History of Colonial Asante*. Portsmouth, NH: Heinemann, 2000.

Andall, Jacqueline, and Derek Duncan, eds. *Italian Colonialism: Legacy and Memory*. Oxford: Peter Lang, 2005.

Anderson, Benedict. *Imagined Communities: Reflections on the Origin and Spread of Nationalism*. London: Verso, 1983.

―――. *Under Three Flags: Anarchism and the Anti-Colonial Imagination*. London: Verso, 2005.

Arnold, David. *Science, Technology, and Medicine in Colonial India*. Cambridge: Cambridge University Press, 2000.

Baber, Zaheer. *The Science of Empire: Scientific Knowledge, Civilization, and Colonial Rule in India*. Albany: State University of New York Press, 1996.

Balce, Nerissa S. "The Filipina's Breast: Savagery, Docility, and the Erotics of the American Empire." *Social Text* 24, no. 2 (2006): 89~110.

Baldwin, Kate. *Beyond the Color Line and the Iron Curtain: Reading Encounters between Black and Red*. Durham, NC: Duke University Press, 2002.

Ballantyne, Tony. *Orientalism and Race: Aryanism in the British Empire*. Basingstoke, UK: Palgrave, 2002.

Ballantyne, Tony, and Antoinette Burton, eds. *Bodies in Contact: Rethinking Colonial Encounters in World History*. Durham, NC: Duke University Press, 2005.

———, eds. *Moving Subjects: Gender, Mobility*, and Intimacy in an Age of Global Empire. Urbana: University of Illinois Press, 2009.

Barkey, Karen. *Empire of Difference: The Ottomans in Comparative Perspective*. Cambridge: Cambridge University Press, 2008.

Barkey, Karen, and Mark von Hagen, eds. *After Empire: Multiethnic Societies and Nation-Building: The Soviet Union and Russian, Ottoman, and Habsburg Empires*. Boulder, CO: Westview Press, 1997.

Barlow, Tani E. *Formations of Colonial Modernity in East Asia*. Durham, NC: Duke University Press, 1997.

Bayly, C. A. *Imperial Meridian: The British Empire and the World, 1780–1830*. London: Longman, 1989.

Beasley, W. G. *Japan Encounters the Barbarian: Japanese Travellers in America and Europe*. New Haven, CT: Yale University Press, 1995.

———. *Japanese Imperialism, 1894–1945*. Oxford: Clarendon Press, 1987.

Bell, Duncan, ed. *Victorian Visions of Global Order: Empire and International Relations in Nineteenth-Century Political Thought*. Cambridge: Cambridge University Press, 2007.

Ben-Ghiat, Ruth, and Mia Fuller, eds. *Italian Colonialism*. Basingstoke, UK: Palgrave Macmillan, 2005.

Bose, Sugata. *A Hundred Horizons: The Indian Ocean in the Age of Global Empire*. Cambridge, MA: Harvard University Press, 2006.

Brower, Daniel R., and Edward J. Lazzerini, eds. *Russia's Orient: Imperial Borderlands and Peoples, 1700–1917*. Bloomington: Indiana University Press, 1997.

Burbank, Jane, Mark von Hagen, and Anatolyi Remnev, eds. *Russian Empire: Space, People, Power, 1700–1930*. Bloomington: Indiana University Press, 2007.

Burton, Antoinette. *Burdens of History: British Feminists, Indian Women, and Imperial Culture, 1865–1915*. Chapel Hill: University of North Carolina Press, 1994.

———, ed. *Gender, Sexuality, and Colonial Modernities*. London: Routledge, 1999.

———. "Getting Outside of the Global: Re-Positioning British Imperialism in World History." In *Race, Nation and Empire: Making Histories, 1750 to the Present*, edited by Catherine Hall and Keith McClelland. Manchester: Manchester University Press, 2010.

Bush, Barbara. *Imperialism and Postcolonialism*. Harlow, UK: Longman, 2006.

Cain, P. J., and A. G. Hopkins. *British Imperialism, 1688–2000*. 2nd ed. Harlow, UK: Longman, 2002.

Chakrabarty, Dipesh. *Provincializing Europe: Postcolonial Thought and Historical Difference*. Princeton, NJ: Princeton University Press, 2000.

Clancy-Smith, Julia, and Frances Gouda, eds. *Domesticating the Empire: Race, Gender, and Family Life in French and Dutch Colonialism*. Charlottesville: University Press of Virginia, 1998.

Cohn, Bernard S. *Colonialism and Its Forms of Knowledge: The British in India.* Princeton, NJ: Princeton University Press, 1996.

Conrad, Sebastian, and Dominic Sachsenmaier, eds. *Competing Visions of World Order: Global Moments and Movements, 1880s–1930s.* London: Palgrave Macmillan, 2007.

Cooper, Frederick. *Colonialism in Question: Theory, Knowledge, History.* Berkeley: University of California Press, 2005.

———. *From Slaves to Squatters: Plantation Labor and Agriculture in Zanzibar and Coastal Kenya, 1890–1925.* New Haven, CT: Yale University Press, 1980.

Dickinson, Edward Ross. "The German Empire: An Empire?" *History Workshop Journal* 66 (2008): 129~162.

Duara, Prasenjit. *Sovereignty and Authenticity: Manchukuo and the East Asian Modern.* Lanham, MD: Rowman and Littlefield, 2003.

Duus, Peter. *The Abacus and the Sword: The Japanese Penetration of Korea, 1859–1910.* Berkeley: University of California Press, 1995.

Duus, Peter, Ramon H. Myers, and Mark R. Peattie, eds. *The Japanese Informal Empire in China, 1895–1937.* Princeton, NJ: Princeton University Press, 1989.

Epprecht, Marc. *Hungochani: The History of a Dissident Sexuality in Southern Africa.* Montreal: McGill-Queen's University Press, 2004.

Esselstrom, Erik. *Crossing Empire's Edge: Foreign Ministry Police and Japanese Expansionism in Northeast Asia.* Honolulu: University of Hawai'i Press, 2009.

Farnie, D. A. *East and West of Suez: The Suez Canal in History, 1854–1956.* Oxford: Clarendon Press, 1969.

Fawaz, Leila Tarazi, and C. A. Bayly, with Robert Ilbert, eds. *Modernity and Culture: From the Mediterranean to the Indian Ocean.* New York: Columbia University Press, 2002.

Fay, Mary Ann, ed. "Early Twentieth-Century Middle Eastern Feminisms, Nationalism, and Transnationalism." *Journal of Middle East Women's Studies* 4, no. 1 (2008).

Ferguson, James. *Global Shadows: Africa in the Neoliberal World Order.* Durham, NC: Duke University Press, 2006.

Fletcher, Ian Christopher, Laura E. Nym Mayhall, and Philippa Levine, eds. *Women's Suffrage in the British Empire: Citizenship, Nation, and Race.* London: Routledge, 2000.

Frank, Andre Gunder. *ReOrient: Global Economy in the Asian Age.* Berkeley: University of California Press, 1998.

Frühstück, Sabine. *Colonizing Sex: Sexology and Social Control in Modern Japan.* Berkeley: University of California Press, 2003.

Geraci, Robert P., and Michael Khodarkovsky, eds. *Of Religion and Empire: Missions, Conversion, and Tolerance in Tsarist Russia.* Ithaca, NY: Cornell University Press, 2001.

Ghosh, Durba, and Dane Kennedy, eds. *Decentring Empire: Britain, India, and the Transcolonial World.* Hyderabad: Orient Longman, 2006.

Gilbar, Gad G., ed. *Ottoman Palestine, 1800–1914: Studies in Economic and Social History*. Leiden: E. J. Brill, 1990.

Gilroy, Paul. *The Black Atlantic: Modernity and Double Consciousness*. Cambridge, MA: Harvard University Press, 1993.

———. *"There Ain't No Black in the Union Jack": The Cultural Politics of Race and Nation*. London: Hutchinson, 1987.

Go, Julian. *American Empire and the Politics of Meaning: Elite Political Cultures in the Philippines and Puerto Rico during U. S. Colonialism*. Durham, NC: Duke University Press.

Go, Julian, and Anne L. Foster, eds. *The American Colonial State in the Philippines: Global Perspectives*. Durham, NC: Duke University Press, 2003.

Goswami, Manu. *Producing India: From Colonial Economy to National Space*. Chicago: University of Chicago Press, 2004.

Goto, Ken'ichi. *Tensions of Empire: Japan and Southeast Asia in the Colonial and Postcolonial World*. Edited by Paul H. Kratoska. Athens: Ohio University Press, 2003.

Grewal, Inderpal. *Transnational America: Feminisms, Diasporas, Neoliberalisms*. Durham, NC: Duke University Press, 2005.

Hall, Catherine. *Civilising Subjects: Colony and Metropole in the English Imagination, 1830–1867*. Chicago: University of Chicago Press, 2002.

Hall, Catherine, and Sonya O. Rose, eds. *At Home with the Empire: Metropolitan Culture and the Imperial World*. Cambridge: Cambridge University Press, 2006.

Hall, Stuart. "Cultural Studies: Two Paradigms." *Media, Culture & Society* 2, no. 1 (1980): 57~72.

———. *The Hard Road to Renewal: Thatcherism and the Crisis of the Left*. London: Verso, 1988.

Hall, Stuart, et al. *Policing the Crisis: Mugging, the State, and Law and Order*. London: Macmillan, 1978.

Headrick, Daniel R. *The Invisible Weapon: Telecommunications and International Politics, 1851–1945*. Oxford: Oxford University Press, 1991.

———. *The Tentacles of Progress: Technology Transfer in the Age of Imperialism, 1850–1940*. Oxford: Oxford University Press, 1988.

———. *The Tools of Empire: Technology and European Imperialism in the Nineteenth Century*. Oxford: Oxford University Press, 1981.

Hirsch, Francine. *Empire of Nations: Ethnographic Knowledge and the Making of the Soviet Union*. Ithaca, NY: Cornell University Press, 2005.

Ho, Engseng. *The Graves of Tarim: Genealogy and Mobility across the Indian Ocean*. Berkeley: University of California Press, 2006.

Hoganson, Kristin L. *Consumers' Imperium: The Global Production of American Domesticity, 1865–1920*. Chapel Hill: University of North Carolina Press, 2007.

———. *Fighting for American Manhood: How Gender Politics Provoked the Spanish-American and Philippine-American Wars*. New Haven, CT: Yale University Press, 1998.

İhsanoğlu, Ekmeleddin. *Science, Technology, and Learning in the Ottoman Empire: Western Influence, Local Institutions, and the Transfer of Knowledge.* Aldershot, UK: Ashgate, 2004.

Innis, H. A. *Empire and Communications.* Oxford: Clarendon Press, 1950.

Iriye, Akira. *China and Japan in the Global Setting.* Cambridge, MA: Harvard University Press, 1992.

İslamoğlu-İnan, Huri, ed. *The Ottoman Empire and the World-Economy.* Cambridge: Cambridge University Press, 1987.

Joseph, Gilbert M., Catherine C. LeGrand, and Ricardo D. Salvatore, eds. *Close Encounters of Empire: Writing the Cultural History of U. S.–Latin American Relations.* Durham, NC: Duke University Press, 1998.

Kale, Madhavi. *Fragments of Empire: Capital, Slavery, and Indian Indentured Labor Migration in the British Caribbean.* Philadelphia: University of Pennsylvania Press, 1998.

Kaplan, Amy. *The Anarchy of Empire in the Making of U. S. Culture.* Cambridge, MA: Harvard University Press, 2002.

Kaplan, Amy, and Donald E. Pease, eds. *Cultures of United States Imperialism.* Durham, NC: Duke University Press, 1993.

Karl, Rebecca E. *Staging the World: Chinese Nationalism at the Turn of the Twentieth Century.* Durham, NC: Duke University Press, 2002.

Kern, Stephen. *The Culture of Time and Space, 1880–1918.* Cambridge, MA: Harvard University Press, 1983.

Kerr, Ian J. *Building the Railways of the Raj, 1850–1900.* Delhi: Oxford University Press, 1995.

————, ed. *Railways in Modern India.* Oxford: Oxford University Press, 2001.

Khoury, Dina Rizk, and Dane Kennedy, eds. "Comparing Empires: The Ottoman Domains and the British Raj in the Long Nineteenth Century." *Comparative Studies of South Asia, Africa and the Middle East* 27, no. 2 (2007): 233~244.

Klein, Christina. *Cold War Orientalism: Asia in the Middlebrow Imagination, 1945–1961.* Berkeley: University of California Press, 2003.

Kramer, Paul A. *The Blood of Government: Race, Empire, the United States, and the Philippines.* Chapel Hill: University of North Carolina Press, 2006.

Kramer, Paul, and John Plotz, eds. "Pairing Empires: Britain and the United States, 1857–1947." *Journal of Colonialism and Colonial History* 2, no. 1 (2001).

Lake, Marilyn, and Henry Reynolds, eds. *Drawing the Global Colour Line: White Men's Countries and the International Challenge of Racial Equality.* Cambridge: Cambridge University Press, 2008.

Lambert, David, and Alan Lester, eds. *Colonial Lives across the British Empire: Imperial Careering in the Long Nineteenth Century.* Cambridge: Cambridge University Press, 2006.

Lebovics, Herman. *Bringing the Empire Back Home: France in the Global Age.* Durham, NC: Duke University Press, 2004.

Lee, Christopher J., ed. *Making a World after Empire: The Bandung Moment and Its Political Afterlives.* Athens: Ohio University Press, 2010.

Lester, Alan. *Imperial Networks: Creating Identities in Nineteenth-Century South Africa and Britain.* London: Routledge, 2001.

Levine, Philippa, ed. *Gender and Empire.* Oxford: Oxford University Press, 2004.

———. *Prostitution, Race, and Politics: Policing Venereal Disease in the British Empire.* London: Routledge, 2003.

Loomba, Ania. *Colonialism/Postcolonialism.* London: Routledge, 1998.

Lorcin, Patricia M. E. *Imperial Identities: Stereotyping, Prejudice and Race in Colonial Algeria.* New York: St. Martin's Press, 1995.

MacKenzie, John M. *Propaganda and Empire: The Manipulation of British Public Opinion, 1880–1960.* Manchester: Manchester University Press, 1984.

Mackie, Jamie. *Bandung, 1955: Non-Alignment and Afro-Asian Solidarity.* Paris: Didier Miller, 2005.

Manela, Erez. *The Wilsonian Moment: Self-Determination and the International Origins of Anticolonial Nationalism.* Oxford: Oxford University Press, 2007.

Matsuda, Matt K. *Empire of Love: Histories of France and the Pacific.* Oxford: Oxford University Press, 2005.

Metcalf, Thomas R. *Imperial Connections: India in the Indian Ocean Arena, 1860–1920.* Berkeley: University of California Press, 2007.

Millward, James A. *Beyond the Pass: Economy, Ethnicity, and Empire in Qing Central Asia, 1759–1864.* Stanford, CA: Stanford University Press, 1998.

Morris-Suzuki, Tessa. *Re-inventing Japan: Time, Space, Nation.* Armonk, NY: M. E. Sharpe, 1998.

———. *The Technological Transformation of Japan: From the Seventeenth to the Twenty-First Century.* Cambridge: Cambridge University Press, 1994.

Ngai, Mae M. *Impossible Subjects: Illegal Aliens and the Making of Modern America.* Princeton, NJ: Princeton University Press, 2004.

Northrop, Douglas. *Veiled Empire: Gender and Power in Stalinist Central Asia.* Ithaca, NY: Cornell University Press, 2004.

Osterhammel, Jürgen. *Colonialism: A Theoretical Overview.* Translated by Shelley L. Frish. Princeton, NJ: M. Wiener, 1997.

Peabody, Sue, and Tyler Stovall, eds. *The Color of Liberty: Histories of Race in France.* Durham, NC: Duke University Press, 2003.

Pennybacker, Susan D. "The Universal Races Congress, London Political Culture, and Imperial Dissent, 1900–1939." *Radical History Review* 92 (2005): 103~117.

Perdue, Peter C. *China Marches West: The Qing Conquest of Central Eurasia.* Cambridge, MA: Belknap Press of Harvard University Press, 2005.

Perry, Adele. *On the Edge of Empire: Gender, Race, and the Making of British Columbia, 1849–1871.* Toronto: University of Toronto Press, 2001.

Pollard, Lisa. *Nurturing the Nation: The Family Politics of Modernizing, Colonizing and Liberating Egypt, 1805–1923.* Berkeley: University of California Press, 2005.

Pomeranz, Kenneth. *The Great Divergence: China, Europe, and the Making of the Modern World Economy*. Princeton, NJ: Princeton University Press, 2000.

Porter, Bernard. *The Absent-Minded Imperialists: Empire, Society, and Culture in Britain*. Oxford: Oxford University Press, 2004.

Potter, Simon J. "Webs, Networks, and Systems: Globalization and the Mass Media in the Nineteenth- and Twentieth-Century British Empire." *Journal of British Studies* 46 (2007): 621~646.

Prashad, Vijay. *The Darker Nations: A People's History of the Third World*. New York: New Press, 2007.

_____. *Everybody Was Kung Fu Fighting: Afro-Asian Connections and the Myth of Cultural Purity*. Boston: Beacon Press, 2001.

Rupp, Leila J. "Constructing Internationalism: The Case of Transnational Women's Organizations, 1885–1945." *American Historical Review* 99 (1994): 1571~1600.

Sachsenmaier, Dominic. "Alternative Visions of World Order in the Aftermath of World War I: Global Perspectives on Chinese Approaches." In *Competing Visions of World Order: Global Moments and Movements, 1880s–1930s*, edited by Sebastian Conrad and Dominic Sachsenmaier. London: Palgrave Macmillan, 2007.

Sahadeo, Jeff. *Russian Colonial Society in Tashkent, 1865–1923*. Bloomington: Indiana University Press, 2007.

Said, Edward W. *Orientalism*. New York: Vintage, 1978.

Schivelbusch, Wolfgang. *The Railway Journey: The Industrialization of Time and Space in the 19th Century*. Berkeley: University of California Press, 1986.

Shaw, Carolyn Martin. *Colonial Inscriptions: Race, Sex, and Class in Kenya*. Minneapolis: University of Minnesota Press, 1995.

Silva, Noenoe K. *Aloha Betrayed: Native Hawaiian Resistance to American Colonialism*. Durham, NC: Duke University Press, 2004.

Sinha, Mrinalini. *Colonial Masculinity: The 'Manly Englishman' and the 'Effeminate Bengali' in the Late Nineteenth Century*. Manchester: Manchester University Press, 1995.

_____. *Specters of Mother India: The Global Restructuring of an Empire*. Durham, NC: Duke University Press, 2006.

Smith, Bonnie G., ed. *Women's History in Global Perspective*. 3 vols. Urbana: University of Illinois Press, 2004–2005.

Smith, Neil. *American Empire: Roosevelt's Geographer and the Prelude to Globalization*. Berkeley: University of California Press, 2003.

Spivak, Gayatri Chakravorty. "The Rani of Simur: An Essay in Reading the Archives." *History and Theory* 24 (1985): 247~272.

Stephens, Michelle Ann. *Black Empire: The Masculine Global Imaginary of Caribbean Intellectuals in the United States, 1914–1962*. Durham, NC: Duke University Press.

Stoler, Ann Laura, ed. *Haunted by Empire: Geographies of Intimacy in North American History*. Durham, NC: Duke University Press, 2006.

Sunderland, Willard. *Taming the Wild Field: Colonization and Empire on the Russian Steppe*. Ithaca, NY: Cornell University Press, 2004.

Thomas, Martin. *The French Empire between the Wars: Imperialism, Politics and Society*. Manchester: Manchester University Press, 2005.

Thompson, Andrew. *The Empire Strikes Back? The Impact of Imperialism on Britain from the Mid-Nineteenth Century*. Harlow, UK: Pearson Longman, 2005.

Todd, Jan. *Colonial Technology: Science and the Transfer of Innovation to Australia*. Cambridge: Cambridge University Press, 1995.

Townsend, Susan C. *Yanaihara Tadao and Japanese Colonial Policy: Redeeming Empire*. Richmond, UK: Curzon, 2000.

Truett, Samuel, and Elliott Young, eds. *Continental Crossroads: Remapping U. S.-Mexico Borderlands History*. Durham, NC: Duke University Press, 2004.

Visram, Rozina. *Ayahs, Lascars, and Princes: Indians in Britain, 1700–1947*. London: Pluto, 1986.

Von Eschen, Penny M. *Race against Empire: Black Americans and Anticolonialism, 1937–1957*. Ithaca, NY: Cornell University Press, 1997.

Weinbaum, Alys Eve, et al., eds. *The Modern Girl Around the World: Consumption, Modernity, and Globalization*. Durham, NC: Duke University Press, 2008.

West, Michael O., William G. Martin, and Fanon Che Wilkins, eds. *From Toussaint to Tupac: The Black International since the Age of Revolution*. Chapel Hill: University of North Carolina Press, 2009.

Winseck, Dwayne R., and Robert M. Pike. *Communication and Empire: Media, Markets, and Globalization, 1860–1930*. Durham, NC: Duke University Press, 2007.

Wong, Aliza S. *Race and the Nation in Liberal Italy, 1861–1911: Meridionalism, Empire, and Diaspora*. Basingstoke, UK: Palgrave Macmillan, 2006.

Woollacott, Angela. *To Try Her Fortune in London: Australian Women, Colonialism, and Modernity*. New York: Oxford University Press, 2001.

Young, Louise. *Japan's Total Empire: Manchuria and the Culture of War time Imperialism*. Berkeley: University of California Press, 1998.

3부 이주와 소속감

Appadurai, Arjun. "Global Ethnoscapes: Notes and Queries for a Transnational Anthropology." In *Recapturing Anthropology: Working in the Present*, edited by Richard G. Fox. Santa Fe, NM: School of American Research Press, 1991.

Bade, Klaus J. *Europa in Bewegung: Migration vom späten 18. Jahrhundert bis zur Gegenwart*. Munich: C. H. Beck, 2000.

Bade, Klaus J., Pieter C. Emmer, Leo Lucassen, and Jochen Oltmer, eds. *The Encyclopedia of European*

Migration and Minorities: From the Seventeenth Century to the Present. Cambridge: Cambridge University Press, 2011.

Balachandran, G. "Circulation through Seafaring: Indian Seamen, 1890–1945." In *Society and Circulation: Mobile People and Itinerant Cultures in South Asia, 1750–1950,* edited by Claude Markovits, Jacques Pouchepadass, and Sanjay Subrahmanyam. Delhi: Permanent Black, 2003.

Belich, James. *Replenishing the Earth: The Settler Revolution and the Rise of the Anglo-World, 1783–1939.* Oxford: Oxford University Press, 2009.

Bell-Fialkoff, Andrew. *Ethnic Cleansing.* New York: St. Martin's Press, 1996.

Bose, Sugata. *A Hundred Horizons: The Indian Ocean in the Age of Global Empire.* Cambridge, MA: Harvard University Press, 2006.

Bremen, Jan. *Labour Bondage in West India: From Past to Present.* New Delhi: Oxford University Press, 2007.

_____. *Taming the Coolie Beast: Plantation Society and the Colonial Order in Southeast Asia.* Delhi: Oxford University Press, 1989.

Bremen, Jan, and E. Valentine Daniel. "Conclusion: The Making of a Coolie." *Journal of Peasant Studies* 19, nos. 3–4 (1992): 268~295.

Brettell, Caroline B., and James F. Hollifield, eds. *Migration Theory: Talking Across Disciplines.* Rev. ed. London: Routledge, 2008.

Chaudhuri, Nupur, and Margaret Strobel, eds. *Western Women and Imperialism: Complicity and Resistance.* Bloomington: Indiana University Press, 1992.

Cheng, Lucie, and Edna Bonacich, eds. *Labor Immigration under Capitalism: Asian Workers in the United States before World War II.* Berkeley: University of California Press, 1984.

Christopher, Emma, Cassandra Pybus, and Marcus Rediker, eds. *Many Middle Passages: Forced Migration and the Making of the Modern World.* Berkeley: University of California Press, 2007.

Cohen, Robin, ed. *The Cambridge Survey of World Migration.* Cambridge: Cambridge University Press, 1995.

Coniff, Michael L., and Thomas J. Davis. *Africans in the Americas: A History of the Black Diaspora.* New York: St. Martin's Press, 1994.

Cooper, Frederick, and Ann Laura Stoler, eds. *Tensions of Empire: Colonial Cultures in a Bourgeois World.* Berkeley: University of California Press, 1997.

Curto, José C., and Renée Soulodre-LaFrance. "Introduction: Interconnections between Africa and the Americas during the Era of the Slave Trade." In *Africa and the Americas: Interconnections during the Slave Trade,* edited by José C. Curto and Renée Soulodre-LaFrance. Trenton, NJ: Africa World Press, 2005.

Daniels, Roger. "No Lamps Were Lit for Them: Angel Island and the Historiography of Asian American Immigration." *Journal of American Ethnic History* 17 (1997): 3~18.

Drescher, Seymour. *Abolition: A History of Slavery and Antislavery.* New York: Cambridge University Press, 2009.

Dupeux, Georges, ed. *Les Migrations internationale de la fin du XVIIIe siècle à nos jours.* Paris: Centre National de la Recherche Scientifique, 1980.

Eltis, David, ed. *Coerced and Free Migration: Global Perspectives.* Stanford, CA: Stanford University Press, 2002.

Fahrmeir, Andreas, Olivier Faron, and Patrick Weil, eds. *Migration Control in the North Atlantic World: The Evolution of State Practices in Europe and the United States from the French Revolution to the Inter-War Period.* New York: Berghahn, 2003.

Feys, Torsten, Lewis R. Fischer, Stéphane Hoste, and S. en Vanfraechem, eds. *Maritime Transport and Migration: The Connections between Maritime and Migration Networks.* St. John's, NL: International Maritime Economic History Association, 2007.

Gabaccia, Donna R. *Italy's Many Diasporas.* Seattle: University of Washington Press, 2000.

Gabaccia, Donna R., and Dirk Hoerder, eds. *Connecting Seas and Connected Ocean Rims: Indian, Atlantic, and Pacific Oceans and China Seas Migrations from the 1830s to the 1920s.* Leiden: Brill, 2011.

Gatrell, Peter. *A Whole Empire Walking: Refugees in Russia during World War I.* Bloomington: Indiana University Press, 1999.

Gilroy, Paul. *The Black Atlantic: Modernity and Double Consciousness.* Cambridge, MA: Harvard University Press, 1993.

Gottschang, Thomas R., and Diana Lary. *Swallows and Settlers: The Great Migration from North China to Manchuria.* Ann Arbor: Center for Chinese Studies, University of Michigan, 2000.

Green, Nancy L., and François Weil, eds. *Citizenship and Those Who Leave: The Politics of Emigration and Expatriation.* Urbana: University of Illinois Press, 2007.

Harzig, Christiane, and Dirk Hoerder, with Donna Gabaccia. *What Is Migration History?* Cambridge: Polity, 2009.

Harzig, Christiane, and Danielle Juteau, with Irina Schmitt, eds. *The Social Construction of Diversity: Recasting the Master Narrative of Industrial Nations.* New York: Berghahn, 2003.

Ho, Engseng. *The Graves of Tarim: Genealogy and Mobility across the Indian Ocean.* Berkeley: University of California Press, 2006.

Hoerder, Dirk. *Cultures in Contact: World Migrations in the Second Millennium.* Durham, NC: Duke University Press, 2002.

————, ed. *Labor Migration in the Atlantic Economies: The European and North American Working Classes during the Period of Industrialization.* Westport, CT: Greenwood Press, 1985.

Hoerder, Dirk, with Christiane Harzig and Adrian Shubert, eds. *The Historical Practice of Diversity: Transcultural Interactions from the Early Modern Mediterranean to the Postcolonial World.* New York: Berghahn, 2003.

Jackson, James H., Jr. and Leslie Page Moch. "Migration and the Social History of Modern Europe." *Historical Methods* 22 (1989): 27~36.

Karras, Alan L., and J. R. McNeill, eds. *Atlantic American Societies: From Columbus through Abolition,*

1492 to 1888. London: Routledge, 1992.

Lal, Brij V., Peter Reeves, and Rajesh Rai, eds. *The Encyclopedia of the Indian Diaspora*. Singapore: Didier Millet/National University of Singapore, 2006.

Lary, Diana, and Stephen MacKinnon, eds. *The Scars of War: The Impact of Warfare on Modern China*. Vancouver: UBC Press, 2001.

Lucassen, Jan, and Leo Lucassen, eds. *Migration, Migration History, History: Old Paradigms and New Perspectives*. Bern: Peter Lang, 1997.

Markovits, Claude. *The Global World of Indian Merchants, 1750–1947: Traders of Sind from Bukhara to Panama*. Cambridge: Cambridge University Press, 2000.

Marrus, Michael R. *The Unwanted: European Refugees in the Twentieth Century*. Oxford: Oxford University Press, 1985.

McClintock, Anne. *Imperial Leather: Race, Gender, and Sexuality in the Colonial Contest*. New York: Routledge, 1995.

McKeown, Adam. "Chinese Emigration in Global Context." *Journal of Global History* 5 (2010): 95~124.

──────. *Chinese Migrant Networks and Cultural Change: Peru, Chicago, Hawaii, 1900–1936*. Chicago: University of Chicago Press, 2001.

──────. "Global Migration, 1846–1940." *Journal of World History* 15, no. 2 (2004): 155~189.

──────. *Melancholy Order: Asian Migration and the Globalization of Borders*. New York: Columbia University Press, 2008.

McPherson, Kenneth. "Processes of Cultural Interaction in the Indian Ocean: An Historical Perspective." *Great Circle* 6, no. 2 (1984): 78~92.

Metcalf, Thomas R. *Imperial Connections: India in the Indian Ocean Arena, 1860–1920*. Berkeley: University of California Press, 2007.

Midgley, Clare, ed. *Gender and Imperialism*. Manchester: Manchester University Press, 1998.

Moch, Leslie Page. *Moving Europeans: Migration in Western Europe since 1650*. 2nd ed. Bloomington: Indiana University Press, 2003.

Moya, José C. "A Continent of Immigrants: Postcolonial Shifts in the Western Hemisphere." *Hispanic American Historical Review* 86, no. 1 (2006): 1~28.

Moya, José C., and Adam McKeown. "World Migration in the Long Twentieth Century." In *Essays on Twentieth-Century History*, edited by Michael Adas. Philadelphia: Temple University Press, 2010.

Ness, Immanuel, ed. *The Encyclopedia of Global Human Migration*. Oxford: Wiley–Blackwell, forthcoming.

Northrup, David. *Indentured Labor in the Age of Imperialism, 1834–1922*. Cambridge: Cambridge University Press, 1995.

Nugent, Walter. *Crossings: The Great Transatlantic Migrations, 1870–1914*. Bloomington: Indiana University Press, 1992.

Pan, Lynn, ed. *The Encyclopedia of the Chinese Overseas*. Cambridge, MA: Harvard University Press,

1999.

Pearson, Michael. *The Indian Ocean*. London: Routledge, 2003.

Pierson, Ruth Roach, and Nupur Chaudhuri, with Beth McAuley, eds. *Nation, Empire, Colony: Historicizing Gender and Race*. Bloomington: Indiana University Press, 1998.

Rediker, Marcus. *The Slave Ship: A Human History*. New York: Viking, 2007.

Roberts, Allen F. "La 'Géographie Processuelle': Un nouveau paradigme pour les aires culturelles." *Lendemains* 31, nos. 122–123 (2006): 41~61.

Said, Edward W. *Orientalism*. New York: Vintage, 1994.

Sharpe, Pamela, ed. *Women, Gender, and Labour Migration: Historical and Global Perspectives*. London: Routledge, 2001.

Sinha, Mrinalini. *Colonial Masculinity: The 'Manly Englishman' and the 'Effeminate Bengali' in the Late Nineteenth Century*. Manchester: Manchester University Press, 1995.

Skeldon, Ronald. "International Migration within and from the East and Southeast Asian Region: A Review Essay." *Asian and Pacific Migration Journal* 1 (1992): 19~63.

Smith, Alan K. *Creating a World Economy: Merchant Capital, Colonialism, and World Trade, 1400–1825*. Boulder, CO: Westview Press, 1991.

Stola, Dariusz. "Forced Migrations in Central European History." *International Migration Review* 26 (1992): 324~341.

Stoler, Ann Laura. *Capitalism and Confrontation in Sumatra's Plantation Belt, 1870–1979*. New Haven, CT: Yale University Press, 1985.

———. "Making Empire Respectable: The Politics of Race and Sexual Morality in 20th-Century Colonial Cultures." *American Ethnologist* 16 (1989): 634~660.

———. *Race and the Education of Desire: Foucault's* History of Sexuality *and the Colonial Order of Things*. Durham, NC: Duke University Press, 1995.

Strobel, Margaret. *Gender, Sex, and Empire*. Washington, DC: American Historical Association, 1993.

Thornton, John. *Africa and Africans in the Making of the Atlantic World, 1400–1800*. Rev ed. New York: Cambridge University Press, 1998.

Tinker, Hugh. *A New System of Slavery: The Export of Indian Labour Overseas, 1830–1920*. London: Institute of Race Relations/Oxford University Press, 1974.

Torpey, John. *The Invention of the Passport: Surveillance, Citizenship, and the State*. Cambridge: Cambridge University Press, 2000.

Van Kirk, Sylvia. *"Many Tender Ties": Women in Fur-Trade Society in Western Canada, 1670–1870*. Winnipeg: Watson and Dwyer, 1980.

Vargas-Silva, Carlos, ed. *Handbook of Research Methods in Migration*. Cheltenham, UK: Edward Elgar, 2012.

Vecoli, Rudolph J., and Suzanne M. Sinke, eds. *A Century of European Migrations, 1830–1930*. Urbana: University of Illinois Press, 1991.

Vidal, Cécile. "La Nouvelle histoire atlantique: Nouvelle perspectives sur les relations entre l'Europe, l'Afrique et les Amériques du XVe au XIXe siècle." *Revue internationale des livres et des idées* 4 (2008): 23~28.

Wang Gungwu, ed. *Global History and Migrations*. Boulder, CO: Westview Press, 1997.

Willcox, Walter F., ed. *International Migrations*. 2 vols. New York: National Bureau of Economic Research, 1929–1931.

Williams, Raymond. *Culture and Society, 1780–1950*. New York: Columbia University Press, 1958.

Wolf, Eric R. *Europe and the People without History*. Berkeley: University of California Press, 1982.

Yu, Henry. *Thinking Orientals: Migration, Contact, and Exoticism in Modern America*. Oxford: Oxford University Press, 2001.

Zolberg, Aristide R. *A Nation by Design: Immigration Policy in the Fashioning of America*. New York: Russell Sage Foundation/Harvard University Press, 2006.

4부 세계경제의 상품 사슬

Adas, Michael. *The Burma Delta: Economic Development and Social Change on an Asian Rice Frontier, 1852–1941*. Madison: University of Wisconsin Press, 1974.

Adelman, Jeremy. *Frontier Development: Land, Labour, and Capital on the Wheatlands of Argentina and Canada, 1890–1914*. Oxford: Clarendon Press, 1994.

Albert, Bill, and Adrian Graves, eds. *Crisis and Change in the International Sugar Economy, 1860–1914*. Norwich, UK: ISC Press, 1984.

Appadurai, Arjun, ed. *The Social Life of Things: Commodities in Cultural Perspective*. New York: Cambridge University Press, 1986.

Arrighi, Giovanni. *The Long Twentieth Century: Money, Power, and the Origins of Our Times*. London: Verso, 1994.

Bair, Jennifer, ed. *Frontiers of Commodity Chain Research*. Stanford, CA: Stanford University Press, 2009.

Bairoch, Paul, and Bouda Etemad. *Structure par produits des exportations du Tiers-monde*. Geneva: Droz, 1985.

Ball, Daniel U., ed. *Kaffee im Spiegel europäischer Trinksitten*. Zurich: Johann Jacobs Museum, 1991.

Barker, Randolph, and Robert W. Herdt, with Beth Rose. *The Rice Economy of Asia*. Washington, DC: Resources for the Future, 1985.

Bayly, C. A. *The Birth of the Modern World, 1780–1914: Global Connections and Comparisons*. Malden, MA: Blackwell, 2004.

Boahen, A. Adu, ed. *Africa under Colonial Domination, 1880–1935*, vol. 7 of *General History of Africa*. Berkeley: University of California Press, 1985.

Brasil, Diretoria Geral da Estatística (DGE). *Anuário Estatístico, 1930/1-*. Rio de Janeiro: Imprensa Nacional, 1940.

Bray, Francesca. *The Rice Economies: Technology and Development in Asian Societies*. Oxford: Blackwell, 1986.

Brown, Jonathan C. *Oil and Revolution in Mexico*. Berkeley: University of California Press, 1992.

Bulmer-Thomas, Victor. *The Economic History of Latin America since Independence*. New York: Cambridge University Press, 1994.

Burke, Edmund, III, and Kenneth Pomeranz, eds. *The Environment and World History*. Berkeley: University of California Press, 2009.

Cain, P. J., and A. G. Hopkins. *British Imperialism: Innovation and Expansion, 1688–1914*. London: Longman, 1993.

Cameron, Rondo, and V. I. Bovykin, eds. *International Banking, 1870–1914*. New York: Oxford University Press, 1991.

Cárdenas, Enrique, José Antonio Ocampo, and Rosemary Thorp, eds. *An Economic History of Twentieth-Century Latin America*. 3 vols. New York: Palgrave, 2000.

Carter, Susan B., et al., eds. *Historical Statistics of the United States: Millennial Edition Online*. Cambridge: Cambridge University Press, 2006–. http://www.cambridge.org.

Chakrabarty, Dipesh. *Rethinking Working-Class History: Bengal, 1890–1940*. Princeton, NJ: Princeton University Press, 1989.

Chandler, Alfred D., Jr. *The Visible Hand: The Managerial Revolution in American Business*. Cambridge, MA: Belknap Press of Harvard University Press, 1977.

Chandler, Alfred D., Jr., with Takashi Hikino. *Scale and Scope: The Dynamics of Industrial Capitalism*. Cambridge, MA: Belknap Press of Harvard University Press, 1990.

Cheng, Siok-Hwa. *The Rice Industry of Burma, 1852–1940*. Kuala Lumpur: University of Malaya Press, 1968.

Clarence-Smith, William Gervase. *Cocoa and Chocolate, 1765–1914*. London: Routledge, 2000.

Clarence-Smith, William Gervase, and Steven Topik, eds. *The Global Coffee Economy in Africa, Asia and Latin America, 1500–1989*. New York: Cambridge University Press, 2003.

Coatsworth, John H., and Alan M. Taylor, eds. *Latin America and the World Economy since 1800*. Cambridge, MA: Harvard University Press/David Rockefeller Center for Latin American Studies, 1998.

Cronon, William. *Nature's Metropolis: Chicago and the Great West*. New York: W. W. Norton, 1991.

Crosby, Alfred W. *Ecological Imperialism: The Biological Expansion of Europe, 900–1200*. New York: Cambridge University Press, 1986.

Davis, Lance E., and Robert A. Huttenback, with Susan Gray Davis. *Mammon and the Pursuit of Empire: The Political Economy of British Imperialism, 1860–1912*. New York: Cambridge University Press, 1986.

Davis, Lance E., Robert A. Huttenback, and Douglass North. *Institutional Change and American Economic Growth*. Cambridge: Cambridge University Press, 1971.

Dand, Robin. *The International Cocoa Trade*. New York: J. Wiley, 1997.

Dean, Warren. *With Broadax and Firebrand: The Destruction of the Brazilian Atlantic Forest.* Berkeley: University of California Press, 1995.

Deerr, Noël. *The History of Sugar.* 2 vols. London: Chapman and Hall, 1949-1950.

De Grazia, Victoria. *Irresistible Empire: America's Advance through Twentieth-Century Europe.* Cambridge, MA: Belknap Press of Harvard University Press, 2005.

De Vries, Jan. *The Industrious Revolution: Consumer Behavior and the House hold Economy, 1650 to the Present.* Cambridge: Cambridge University Press, 2008.

Dore, Elizabeth. *Myths of Modernity: Peonage and Patriarchy in Nicaragua.* Durham, NC: Duke University Press, 2006.

Dunsdorfs, Egards. *The Australian Wheat-Growing Industry, 1788-1948.* Melbourne: University Press, 1956.

Dye, Alan. *Cuban Sugar in the Age of Mass Production: Technology and the Economics of the Sugar Central, 1899-1929.* Stanford, CA: Stanford University Press, 1998.

Eichengreen, Barry J. *Globalizing Capital: A History of the International Monetary System.* 2nd ed. Princeton, NJ: Princeton University Press, 2008.

Evans, Sterling. *Bound in Twine: The History and Ecology of the Henequen-Wheat Complex for Mexico and the American and Canadian Plains, 1880-1950.* College Station: Texas A&M University Press, 2007.

Ferguson, Niall. *Empire: How Britain Made the Modern World.* London: Allen Lane, 2003.

Finlay, Mark R. *Growing American Rubber: Strategic Plants and the Politics of National Security.* New Brunswick, NJ: Rutgers University Press, 2009.

Fishlow, Albert. *American Railroads and the Transformation of the Antebellum Economy.* Cambridge, MA: Harvard University Press, 1965.

Fogel, Robert William. *Railroads and American Economic Growth: Essays in Econometric History.* Baltimore: Johns Hopkins University Press, 1964.

Gallagher, John, and Ronald Robinson. "The Imperialism of Free Trade." *Economic History Review* 6 (1953): 1~15.

Gardella, Robert. *Harvesting Mountains: Fujian and the China Tea Trade, 1757-1937.* Berkeley: University of California Press, 1994.

Gereffi, Gary, John Humphrey, and Timothy Sturgeon. "The Governance of Global Value Chains." *Review of International Political Economy* 12 (2005): 78~104.

Gootenberg, Paul. *Andean Cocaine: The Making of a Global Drug.* Chapel Hill: University of North Carolina Press, 2008.

Goswami, Omkar. *Industry, Trade, and Peasant Society: The Jute Economy of Eastern India, 1900-1947.* New York: Oxford University Press, 1991.

Gould, Jeffrey L., and Aldo A. Lauria-Santiago. *To Rise in Darkness: Revolution, Repression, and Memory in El Salvador, 1920-1932.* Durham, NC: Duke University Press, 2008.

Haber, Stephen, ed. *How Latin America Fell Behind: Essays on the Economic Histories of Brazil and*

Mexico, 1800–1914. Stanford, CA: Stanford University Press, 1997.

Headrick, Daniel R. *Power over Peoples: Technology, Environments, and Western Imperialism, 1400 to the Present*. Princeton, NJ: Princeton University Press, 2010.

———. *The Tentacles of Progress: Technology Transfer in the Age of Imperialism*, 1850–1940. New York: Oxford University Press, 1988.

Hine, Thomas. *The Total Package: The Evolution and Secret Meanings of Boxes, Bottles, Cans, and Tubes*. Boston: Little, Brown, 1995.

Hobsbawm, Eric. *The Age of Empire, 1875–1914*. New York: Pantheon, 1987.

———. *The Age of Extremes: The Short Twentieth Century, 1914–1991*. London: Michael Joseph, 1994.

Hochschild, Adam. *King Leopold's Ghost: A Story of Greed, Terror, and Heroism in Colonial Africa*. Boston: Houghton Mifflin, 1998.

Hoganson, Kristin L. Consumers' Imperium: The Global Production of American Domesticity, *1865–1920*. Chapel Hill: University of North Carolina Press, 2007.

Hugill, Peter J. *World Trade since 1431: Geography, Technology, and Capitalism*. Baltimore: Johns Hopkins University Press, 1993.

Innis, Harold A. *Problems of Staple Production in Canada*. Toronto: Ryerson, 1933.

Jackson, Joe. *The Thief at the End of the World: Rubber, Power, and the Seeds of Empire*. New York: Viking, 2008.

Jones, Geoffrey. *British Multinational Banking, 1830–1930*. Oxford: Clarendon Press, 1993.

Kenwood, A. G., and A. L. Lougheed. *The Growth of the International Economy, 1820–2000: An Introductory Text*. 4th ed. London: Routledge, 1999.

Kuntz Ficker, Sandra. *Las exportaciones mexicanas durante la primera globalización, 1870–1929*. Mexico City: El Colegio de México, Centro de Estudios Históricos, 2010.

Landes, David S. *The Wealth and Poverty of Nations: Why Some Are So Rich and Some So Poor*. New York: W. W. Norton, 1998.

———. "The 'Great Drain' and Industrialisation: Commodity Flows from Periphery to Centre in Historical Perspective." In *Economic Growth and Resources*, vol. 2: *Trends and Factors*, ed. R. C. O. Matthews. London: Macmillan, 1980.

Laux, James M. *The European Automobile Industry*. New York: Twayne, 1992.

League of Nations. *Statistical Year-Book of the League of Nations*. Geneva: League of Nations, Economic and Financial Section, 1927–1945. http://digital.library.northwestern.edu/league/stat.html.

Lears, T. J. Jackson. *Fables of Abundance: A Cultural History of Advertising in America*. New York: Basic Books, 1994.

Levenstein, Harvey A. *Revolution at the Table: The Transformation of the American Diet*. New York: Oxford University Press, 1988.

Levin, Jonathan V. *The Export Economies: Their Pattern of Development in Historical Perspective*. Cambridge, MA: Harvard University Press, 1960.

Lewis, W. Arthur. *Growth and Fluctuations, 1870–1913*. London: Allen and Unwin, 1978.

Macfarlane, Alan, and Iris Macfarlane. *The Empire of Tea: The Remarkable History of the Plant That Took Over the World*. Woodstock, NY: Overlook, 2004.

Maddison, Angus. *The World Economy*. Paris: Development Centre of the Organisation for Economic Co-operation and Development, 2006.

McCreery, David. *Rural Guatemala, 1760–1940*. Stanford, CA: Stanford University Press, 1994.

Miller, Rory. *Britain and Latin America in the Nineteenth and Twentieth Centuries*. London: Longman, 1993.

Mintz, Sidney W. *Sweetness and Power: The Place of Sugar in Modern History*. New York: Penguin, 1986.

Mitchell, B. R. *International Historical Statistics: Africa, Asia and Oceania, 1750–2005*. 5th ed. Basingstoke, UK: Palgrave Macmillan, 2007.

_____. *International Historical Statistics: The Americas, 1750–2005*. 6th ed. Basingstoke, UK: Palgrave Macmillan, 2007.

_____. *International Historical Statistics: Europe, 1750–2005*. 6th ed. Basingstoke, UK: Palgrave Macmillan, 2007.

Mokyr, Joel. *The Lever of Riches: Technological Creativity and Economic Progress*. New York: Oxford University Press, 1990.

Moreno Fraginals, Manuel. *The Sugarmill: The Socioeconomic Complex of Sugar in Cuba, 1760–1860*. Translated by Cedric Belfrage. New York: Monthly Review Press, 1976.

Morgan, Dan. *Merchants of Grain*. New York: Viking, 1979.

Moxham, Roy. *Tea: Addiction, Exploitation and Empire*. New York: Carroll and Graf, 2003.

Mulhall, Michael G. *The Dictionary of Statistics*. 4th ed. London: G. Routledge and Sons, 1899.

Nützenadel, Alexander, and Frank Trentmann, eds. *Food and Globalization: Consumption, Markets and Politics in the Modern World*. Oxford: Berg, 2008.

O'Brien, Patrick. *The New Economic History of the Railways*. New York: St. Martin's Press, 1977.

O'Brien, Thomas F. *The Revolutionary Mission: American Enterprise in Latin America, 1900–1945*. New York: Cambridge University Press, 1996.

Ocampo, José Antonio. *Colombia y la economía mundial, 1830–1910*. Mexico City: Siglo Veintiuno, 1984.

Ogilvie, Sheilagh, and Richard Overy, eds. *Germany since 1800*. Vol. 3 of *Germany: A New Social and Economic History*. London: Arnold, 2003.

Okihiro, Gary Y. *Pineapple Culture: A History of the Tropical and Temperate Zones*. Berkeley: University of California Press, 2009.

O'Rouke, Kevin H., and Jeffrey G. Williamson. *Globalization and History: The Evolution of a Nineteenth-Century Atlantic Economy*. Cambridge, MA: MIT Press, 1999.

Osterhammel, Jürgen. *Die Verwandlung der Welt: Eine Geschichte des 19. Jahrhunderts*. Munich: C. H. Beck, 2009.

Owen, Norman G. *Prosperity without Progress: Manila Hemp and Material Life in the Colonial Philippines*. Berkeley: University of California Press, 1984.

Platt, D. C. M., ed. *Business Imperialism, 1840–1930: An Inquiry Based on British Experience in Latin America*. Oxford: Clarendon Press, 1977.

Polanyi, Karl. *The Great Transformation: The Political and Economic Origins of Our Time*. 2nd paperback ed. Boston: Beacon Press, 2001.

Pomeranz, Kenneth. *The Great Divergence: China, Europe, and the Making of the Modern World Economy*. Princeton, NJ: Princeton University Press, 2000.

Rappaport, Erika. "Packaging China: Foreign Articles and Dangerous Tastes in the Mid-Victorian Tea Party." In *The Making of the Consumer: Knowledge, Power and Identity in the Modern World*, edited by Frank Trentmann. Oxford: Berg, 2006.

Rawski, Thomas G. *Economic Growth in Prewar China*. Berkeley: University of California Press, 1989.

Richards, John. "The Staples Debates." In *Explorations in Canadian Economic History: Essays in Honour of Irene M. Spry*, edited by Duncan Cameron. Ottawa: University of Ottawa Press, 1985.

Rieschbieter, Julia Laura. "Kaffee im Kaiserreich: Eine Geschichte der Globalisierung." PhD diss., Europea-Universität Viadrina Frankfurt, 2009.

Rosenberg, Emily S. *Financial Missionaries to the World: The Politics and Culture of Dollar Diplomacy, 1900–1930*. Durham, NC: Duke University Press, 2003.

Rostow, W. W. *The World Economy: History and Prospect*. Austin: University of Texas Press, 1978.

Sen, Samita. *Women and Labour in Late Colonial India: The Bengal Jute Industry*. New York: Cambridge University Press, 1999.

Shin, Jang-Sup. *The Economics of the Latecomers: Catching-Up, Technology Transfer, and Institutions in Germany, Japan, and South Korea*. London: Routledge, 1996.

Smith, Andrew F. *Eating History: Thirty Turning Points in the Making of American Cuisine*. New York: Columbia University Press, 2009.

Smith, F. Leslie, John W. Wright II, and David H. Ostroff, eds. *Perspectives on Radio and Television: Telecommunication in the United States*. 4th ed. Mahwah, NJ: Erlbaum, 1998.

Soluri, John. *Banana Cultures: Agriculture, Consumption, and Environmental Change in Honduras and the United States*. Austin: University of Texas Press, 2005.

Stanfield, Michael Edward. *Red Rubber, Bleeding Trees: Violence, Slavery, and Empire in Northwest Amazonia, 1850–1933*. Albuquerque: University of New Mexico Press, 1998.

Stewart, Gordon T. *Jute and Empire: The Calcutta Jute Wallahs and the Landscapes of Empire*. Manchester: Manchester University Press, 1998.

Stoler, Ann Laura. *Capitalism and Confrontation in Sumatra's Plantation Belt, 1870–1979*. New Haven, CT: Yale University Press, 1985.

Sugihara, Kaoru, ed. *Japan, China, and the Growth of the Asian International Economy, 1850–1949*. Oxford: Oxford University Press, 2005.

Tedlow, Richard S. *New and Improved: The Story of Mass Marketing in America*. New York: Basic Books, 1990.

Tinker Salas, Miguel. *The Enduring Legacy: Oil, Culture, and Society in Venezuela*. Durham, NC: Duke

University Press, 2009.

Topik, Steven, Carlos Marichal, and Zephyr Frank, eds. *From Silver to Cocaine: Latin American Commodity Chains and the Building of the World Economy, 1500–2000*. Durham, NC: Duke University Press, 2006.

Topik, Steven, and Allen Wells, eds. *The Second Conquest of Latin America: Coffee, Henequen, and Oil during the Export Boom, 1850–1930*. Austin: University of Texas Press, 1998.

Torp, Cornelius. *Die Herausforderung der Globalisierung: Wirtschaft und Politik in Deutschland, 1860–1914*. Göttingen: Vandenhoeck und Ruprecht, 2005.

Trentmann, Frank. *Free Trade Nation: Commerce, Consumption, and Civil Society in Modern Britain*. Oxford: Oxford University Press, 2008.

Tucker, Richard P. *Insatiable Appetite: The United States and the Ecological Degradation of the Tropical World*. Berkeley: University of California Press, 2000.

Twomey, Michael J. *A Century of Foreign Investment in the Third World*. London: Routledge, 2000.

Ukers, William H. *All about Coffee*. 2nd ed. New York: The Tea and Coffee Trade Journal Co., 1935.

———. *All about Tea*. 2 vols. New York: The Tea and Coffee Trade Journal Co., 1935.

Vance, James E., Jr. *Capturing the Horizon: The Historical Geography of Transportation since the Transportation Revolution of the Sixteenth Century*. New York: Harper and Row, 1986.

Wallerstein, Immanuel. *The Modern World-System*. 3 vols. to date. New York: Academic Press, 1974–.

Weaver, Frederick Stirton. *Latin America in the World Economy: Mercantile Colonialism to Global Capitalism*. Boulder, CO: Westview Press, 2000.

Wehler, Hans-Ulrich. *Von der "Deutschen Doppelrevolution" bis zum Beginn des Ersten Weltkrieges, 1849–1914*. Vol. 3 of *Deutsche Gesellschaftsgeschichte*. Munich: C. H. Beck, 1995.

Wells, Allen. "Reports of Its Demise Are Not Exaggerated: The Life and Times of Yucatecan Henequen." In *From Silver to Cocaine: Latin American Commodity Chains and the Building of the World Economy, 1500–2000*, edited by Steven Topik, Carlos Marichal, and Zephyr Frank. Durham, NC: Duke University Press, 2006.

Wells, Allen, and Gilbert M. Joseph. *Summer of Discontent, Seasons of Upheaval: Elite Politics and Rural Insurgency in Yucatán, 1876–1915*. Stanford, CA: Stanford University Press, 1996.

Wenzlhuemer, Roland. *From Coffee to Tea Cultivation in Ceylon, 1880–1900: An Economic and Social History*. Leiden: Brill, 2008.

Wickizer, V. D., and M. K. Bennett. *The Rice Economy of Monsoon Asia*. Palo Alto, CA: Stanford University Food Research Institute, 1941.

Wilkins, Mira. *The Maturing of Multinational Enterprise: American Business Abroad from 1914 to 1970*. Cambridge, MA: Harvard University Press, 1974.

Wilkins, Mira, and Harm Schröter, eds. *The Free-Standing Company in the World Economy, 1830–1996*. Oxford: Oxford University Press, 1998.

Wright, Donald R. *The World and a Very Small Place in Africa*. Armonk, NY: M. E. Sharpe, 1997.

Yafa, Stephen. *Big Cotton: How a Humble Fiber Created Fortunes, Wrecked Civilizations, and Put*

America on the Map. New York: Viking, 2005.

Yamamura, Kozo, ed. *The Economic Emergence of Modern Japan.* Cambridge: Cambridge University Press, 1997.

Yergin, Daniel. *The Prize: The Epic Quest for Oil, Money, and Power.* New York: Simon and Schuster, 1991.

5부 좁아지는 세계의 초국적 흐름

Abu-Lughod, Lila, ed. *Remaking Women: Feminism and Modernity in the Middle East.* Princeton, NJ: Princeton University Press, 1998.

Adams, Mark B., ed. *The Wellborn Science: Eugenics in Germany, France, Brazil, and Russia.* New York: Oxford University Press, 1990.

Adas, Michael. *Machines as the Measure of Men: Science, Technology, and Ideologies of Western Dominance.* Ithaca, NY: Cornell University Press, 1989.

Adi, Hakim, and Marika Sherwood. *Pan-African History: Political Figures from Africa and the Diaspora since 1787.* London: Routledge, 2003.

Anagol, Padma. *The Emergence of Feminism in India, 1850–1920.* Aldershot, UK: Ashgate, 2005.

Anderson, Warwick. *The Cultivation of Whiteness: Science, Health and Racial Destiny in Australia.* New York: Basic Books, 2003.

Anghie, Antony. *Imperialism, Sovereignty, and the Making of International Law.* Cambridge: Cambridge University Press, 2005.

Appadurai, Arjun. *Modernity at Large: Cultural Dimensions of Globalization.* Minneapolis: University of Minnesota Press, 1996.

Arnold, David. *Colonizing the Body: State Medicine and Epidemic Disease in Nineteenth-Century India.* Berkeley: University of California Press, 1993.

Auerbach, Jeffrey A. *The Great Exhibition of 1851: A Nation on Display.* New Haven, CT: Yale University Press, 1999.

Baber, Zaheer. *The Science of Empire: Scientific Knowledge, Civilization, and Colonial Rule in India.* Albany: State University of New York Press, 1996.

Baratay, Éric, and Élisabeth Hardouin-Fugier. *Zoo: A History of Zoological Gardens in the West.* Translated by Oliver Welch. London: Reaktion Books, 2002.

Barrow, Ian J. *Making History, Drawing Territory: British Mapping in India, c. 1756–1905.* New Delhi: Oxford University Press, 2003.

Bayly, C. A. *The Birth of the Modern World, 1780–1914: Global Connections and Comparisons.* Oxford: Blackwell, 2004.

Beasley, William G. *Japan Encounters the Barbarian: Japanese Travellers in America and Europe.* New Haven, CT: Yale University Press, 1995.

Beinart, William, and Lotte Hughes. *Environment and Empire*. New York: Oxford University Press, 2007.

Bennett, Tony. *The Birth of the Museum: History, Theory, Politics*. London: Routledge, 1995.

Berkovitch, Nitza. *From Motherhood to Citizenship: Women's Rights and International Organizations*. Baltimore: Johns Hopkins University Press, 1999.

Blackbourn, David. *The Conquest of Nature: Water, Landscape, and the Making of Modern Germany*. New York: Norton, 2006.

Blaise, Clark. *Time Lord: Sir Sandford Fleming and the Creation of Standard Time*. New York: Pantheon, 2000.

Block, Nelson R., and Tammy R. Proctor, eds. *Scouting Frontiers: Youth and the Scout Movement's First Century*. Newcastle upon Tyne: Cambridge Scholars, 2009.

Boli, John, and George M. Thomas, eds. *Constructing World Culture: International Nongovernmental Organizations since 1875*. Stanford, CA: Stanford University Press, 1999.

Bose, Sugata. *A Hundred Horizons: The Indian Ocean in the Age of Global Empire*. Cambridge, MA: Harvard University Press, 2006.

Bottenburg, Maarten van. *Global Games*. Translated by Beverley Jackson. Urbana: University of Illinois Press, 2001.

Brunsson, Nils, and Bengt Jacobsson. *A World of Standards*. Oxford: Oxford University Press, 2000.

Burke, Edmund, III, and Kenneth Pomeranz, eds. *The Environment and World History*. Berkeley: University of California Press, 2009.

Camiscioli, Elisa. *Reproducing the French Race: Immigration, Intimacy, and Embodiment in the Early Twentieth Century*. Durham, NC: Duke University Press, 2009.

Campbell, James T. *Middle Passages: African American Journeys to Africa, 1787–2005*. New York: Penguin, 2006.

Çelik, Zeynep. *Displaying the Orient: Architecture of Islam at Nineteenth-Century World's Fairs*. Berkeley: University of California Press, 1992.

Charle, Christophe, Jürgen Schriewer, and Peter Wagner, eds. *Transnational Intellectual Networks: Forms of Academic Knowledge and the Search for Cultural Identities*. Frankfurt: Campus, 2004.

Clarsen, Georgine. *Eat My Dust: Early Women Motorists*. Baltimore: Johns Hopkins University Press, 2008.

Cioc, Mark. *The Game of Conservation: International Treaties to Protect the World's Migratory Animals*. Athens: Ohio University Press, 2009.

Cochran, Sherman. *Chinese Medicine Men: Consumer Culture in China and Southeast Asia*. Cambridge, MA: Harvard University Press, 2006.

Codding, George A., Jr. *The International Telecommunication Union: An Experiment in International Cooperation*. Leiden: E. J. Brill, 1952.

———. *The Universal Postal Union: Coordinator of the International Mails*. New York: New York University Press, 1964.

Connelly, Matthew J. *Fatal Misconception: The Struggle to Control World Population*. Cambridge, MA: Belknap Press of Harvard University Press, 2008.

Conrad, Sebastian. *Globalisation and the Nation in Imperial Germany*. Translated by Sorcha O'Hagan. Cambridge: Cambridge University Press, 2010.

Conrad, Sebastian, and Jürgen Osterhammel, eds. *Das Kaiserreich transnational: Deutschland in der Welt, 1871–1914*. Göttingen: Vandenhoeck und Ruprecht, 2004.

Conrad, Sebastian, and Dominic Sachsenmaier, eds. *Competing Visions of World Order: Global Moments and Movements, 1880s–1930s*. London: Palgrave Macmillan, 2007.

Cooper, Frederick. "What Is the Concept of Globalization Good For? An African Historian's Perspective." *African Affairs* 100 (2001): 189~213.

Cooper, John Milton, Jr. *Woodrow Wilson: A Biography*. New York: Alfred A. Knopf, 2009.

Crosby, Alfred W. *Ecological Imperialism: The Biological Expansion of Europe, 900–1900*. Cambridge: Cambridge University Press, 1986.

Curti, Merle. *American Philanthropy Abroad: A History*. New Brunswick, NJ: Rutgers University Press, 1963.

Darby, Paul. *Africa, Football, and FIFA: Politics, Colonialism, and Resistance*. London: Routledge, 2002.

Darwin, John. *The Empire Project: The Rise and Fall of the British World-System, 1830–1870*. Cambridge: Cambridge University Press, 2009.

Daughton, J. P. *An Empire Divided: Religion, Republicanism, and the Making of French Colonialism, 1880–1914*. New York: Oxford University Press, 2006.

Davis, Mike. *Late Victorian Holocausts: El Nino Famines and the Making of the Third World*. New York: Verso, 2001.

De Grazia, Victoria. *Irresistible Empire: America's Advance through Twentieth-Century Europe*. Cambridge, MA: Belknap Press of Harvard University Press, 2005.

Dennis, Richard. *Cities in Modernity: Representations and Productions of Metropolitan Space, 1840–1930*. New York: Cambridge University Press, 2008.

Desmond, Ray. *The History of the Royal Botanic Gardens Kew*. London: Harvill Press, 1995.

Digby, Anne. *Diversity and Division in Medicine: Health Care in South Africa from the 1800s*. Oxford: Lang, 2006.

Drayton, Richard H. *Nature's Government: Science, Imperial Britain, and the "Improvement" of the World*. New Haven, CT: Yale University Press, 2000.

Duara, Prasenjit. *Sovereignty and Authenticity: Manchukuo and the East Asian Modern*. Lanham, MD: Rowman and Littlefield, 2003.

Dülffer, Jost. *Regeln gegen den Krieg? Die Haager Friedenskonferenzen von 1899 und 1907 in der internationalen Politik*. Frankfurt: Ullstein, 1981.

Ďurovičová, Nataša, and Kathleen Newman, eds. *World Cinemas, Transnational Perspectives*. New York: Routledge, 2010.

Dyson, Stephen L. *In Pursuit of Ancient Pasts: A History of Classical Archaeology in the Nineteenth and*

Twentieth Centuries. New Haven, CT: Yale University Press, 2006.

Echenberg, Myron. *Plague Ports: The Global Urban Impact of Bubonic Plague, 1894–1901*. New York: New York University Press, 2007.

Ekbladh, David. *The Great American Mission: Modernization and the Construction of an American World Order*. Princeton, NJ: Princeton University Press, 2010.

Elman, Benjamin A. *A Cultural History of Modern Science in China*. Cambridge, MA: Harvard University Press, 2006.

Evans, Andrew D. *Anthropology at War: World War I and the Science of Race in Germany*. Chicago: University of Chicago Press, 2010.

Eyffinger, Arthur. *The 1899 Hague Peace Conference: "The Parliament of Man, the Federation of the World."* The Hague: Kluwer Academic, 1999.

Fan, Fa-ti. *British Naturalists in Qing China: Science, Empire, and Cultural Encounter*. Cambridge, MA: Harvard University Press, 2004.

Férnandez-Armesto, Felipe. *Pathfinders: A Global History of Exploration*. Oxford: Oxford University Press, 2006.

Findling, John E., and Kimberly D. Pelle, eds. *Historical Dictionary of the Modern Olympic Movement*. Westport, CT: Greenwood Press, 1996.

Finnane, Antonia. *Changing Clothes in China: Fashion, History, Nation*. New York: Columbia University Press, 2008.

Forster, John, and Nigel K. Ll. Pope. *The Political Economy of Global Sporting Organisations*. London: Routledge, 2004.

Forsythe, David P. *The Humanitarians: The International Committee of the Red Cross*. New York: Cambridge University Press, 2005.

Foucault, Michel. *The Order of Things: An Archaeology of the Human Science*s. New York: Pantheon, 1971.

Gandhi, Leela. *Affective Communities: Anticolonial Thought, Fin-de-Siecle Radicalism, and the Politics of Friendship*. Durham, NC: Duke University Press, 2006.

Geyer, Martin H., and Johannes Paulmann, eds. *The Mechanics of Internationalism: Culture, Society, and Politics from the 1840s to the First World War*. Oxford: Oxford University Press, 2001.

Geyer, Michael, and Charles Bright. "World History in a Global Age." *American Historical Review* 100 (1995): 1034~1060.

Gilroy, Paul. *The Black Atlantic: Modernity and Double Consciousness*. Cambridge, MA: Harvard University Press, 1993.

Grant, Colin. *Negro with a Hat: The Rise and Fall of Marcus Garvey*. New York: Oxford University Press, 2008.

Greene, Julie. *The Canal Builders: Making America's Empire at the Panama Canal*. New York: Penguin, 2009.

Greenhalgh, Paul. *Ephemeral Vistas: The Expositions Universelles, Great Exhibitions, and World's Fairs,*

1851–1939. Manchester: Manchester University Press, 1988.

Grewe, Wilhelm G. *The Epochs of International Law*. Translated by Michael Byers. Berlin: Walter de Gruyter, 2000.

Guttmann, Allen. *The Olympics: A History of the Modern Games*. 2nd ed. Urbana: University of Illinois Press, 2002.

Habib, S. Irfan, and Dhruv Raina, eds. *Social History of Science in Colonial India*. New Delhi: Oxford University Press, 2007.

Hanson, Elizabeth. *Animal Attractions: Nature on Display in American Zoos*. Princeton, NJ: Princeton University Press, 2002.

Harrison, Mark. *Disease and the Modern World, 1500 to the Present Day*. Cambridge: Polity, 2004.

Headrick, Daniel R. *The Invisible Weapon: Telecommunications and International Politics, 1851–1945*. New York: Oxford University Press, 1991.

———. *Power over Peoples: Technology, Environments, and Western Imperialism, 1400 to the Present*. Princeton, NJ: Princeton University Press, 2010.

———. *The Tentacles of Progress: Technology Transfer in the Age of Imperialism, 1850–1940*. New York: Oxford University Press, 1988.

———. *The Tools of Empire: Technology and European Imperialism in the Nineteenth Century*. New York: Oxford University Press, 1981.

Heptulla, Najma. *Indo-West Asian Relations: The Nehru Era*. Bombay: Allied, 1991.

Hight, Eleanor M., and Gary D. Sampson, eds. *Colonialist Photography: Imag(in)ing Race and Place*. London: Routledge, 2002.

Hills, Jill. *The Struggle for Control of Global Communication: The Formative Century*. Urbana: University of Illinois Press, 2002.

Hoage, R. J., and William A. Deiss, eds. *New Worlds, New Animals: From Menagerie to Zoological Park in the Nineteenth Century*. Baltimore: Johns Hopkins University Press, 1996.

Hoffenberg, Peter H. *An Empire on Display: English, Indian, and Australian Exhibitions from the Crystal Palace to the Great War*. Berkeley: University of California Press, 2001.

Hopkins, A. G., ed. *Global History: Interactions between the Universal and the Local*. New York: Palgrave Macmillan, 2006.

———, ed. *Globalization in World History*. New York: W. W. Norton, 2002.

Iriye, Akira. *Cultural Internationalism and World Order*. Baltimore: Johns Hopkins University Press, 1997.

———. *Global Community: The Role of International Organizations in the Making of the Contemporary World*. Berkeley: University of California Press, 2002.

———. *The Globalizing of America, 1913–1945*. Vol. 3 of *The Cambridge History of American Foreign Relations*. Edited by Warren I. Cohen. New York: Cambridge University Press, 1993.

Isserman, Maurice, and Stewart Weaver. *Fallen Giants: A History of Himalayan Mountaineering from the Age of Empire to the Age of Extremes*. New Haven, CT: Yale University Press, 2008.

Jackson, Jeffrey H. *Making Jazz French: Music and Modern Life in Interwar Paris*. Durham, NC: Duke University Press, 2003.

James, Winston. *Holding Aloft the Banner of Ethiopia: Caribbean Radicalism in Early Twentieth-Century America*. New York: Verso, 1998.

Janton, Pierre. *Esperanto: Language, Literature, and Community*. Edited by Humphrey Tonkin. Translated by Humphrey Tonkin, Jane Edwards, and Karen Johnson-Weiner. Albany: State University of New York Press, 1993.

Jensen, Kimberly, and Erika Kuhlman, eds. *Women and Transnational Activism in Historical Perspective*. Dordrecht: Republic of Letters, 2010.

Kern, Stephen. *The Culture of Time and Space, 1880–1918*. Cambridge, MA: Harvard University Press, 1983.

Kevles, Daniel J. *In the Name of Eugenics: Genetics and the Uses of Human Heredity*. New York: Knopf, 1985.

Keys, Barbara J. *Globalizing Sport: National Rivalry and International Community in the 1930s*. Cambridge, MA: Harvard University Press, 2006.

Knock, Thomas J. *To End All Wars: Woodrow Wilson and the Quest for a New World Order*. New York: Oxford University Press, 1992.

Kohler, Robert E. *All Creatures: Naturalists, Collectors, and Biodiversity, 1850–1950*. Princeton, NJ: Princeton University Press, 2006.

Koskenniemi, Martti. *The Gentle Civilizer of Nations: The Rise and Fall of International Law, 1870–1960*. Cambridge: Cambridge University Press, 2002.

Lake, Marilyn, and Henry Reynolds. *Drawing the Global Colour Line: White Men's Countries and the International Challenge of Racial Equality*. Cambridge: Cambridge University Press, 2008.

Lapidus, Ira M. *A History of Islamic Societies*. Rev. ed. New York: Cambridge University Press, 2002.

Large, David Clay. *Nazi Games: The Olympics of 1936*. New York: W. W. Norton, 2007.

Lewis, David Levering. *W. E. B. DuBois: Biography of a Race, 1868–1919*. New York: Henry Holt, 1993.

Linden, Marcel van der. *Transnational Labour History: Explorations*. Aldershot, UK: Ashgate, 2003.

Lydon, Ghislaine. *On Trans-Saharan Trails: Islamic Law, Trade Networks, and Cross-Cultural Exchange in Nineteenth-Century Western Africa*. Cambridge: Cambridge University Press, 2009.

MacLeod, Roy, ed. *Nature and Empire: Science and the Colonial Enterprise*. Chicago: University of Chicago Press, 2000.

MacCulloch, Diarmaid. *Christianity: The First Three Thousand Years*. New York: Viking, 2010.

MacKenzie, John M. *The Empire of Nature: Hunting, Conservation, and British Imperialism*. Manchester: Manchester University Press, 1988.

Manela, Erez. *The Wilsonian Moment: Self-Determination and the International Origins of Anticolonial Nationalism*. New York: Oxford University Press, 2007.

Manning, Patrick. *The African Diaspora: A History through Culture*. New York: Columbia University

Press, 2009.

_____. *Migration in World History*. New York: Routledge, 2005.

Marchand, Suzanne L. *Down from Olympus: Archaeology and Philhellenism in Germany, 1750–1970*. Princeton, NJ: Princeton University Press, 1996.

Mazower, Mark. *No Enchanted Palace: The End of Empire and the Ideological Origins of the United Nations*. Princeton, NJ: Princeton University Press, 2009.

McNeill, J. R. *Mosquito Empires: Ecology and War in the Greater Caribbean, 1620–1914*. New York: Cambridge University Press, 2010.

_____. *Something New under the Sun: An Environmental History of the Twentieth-Century World*. New York: W. W. Norton, 2000.

Morris, Rosalind C. *Photographies East: The Camera and Its Histories in East and Southeast Asia*. Durham, NC: Duke University Press, 2009.

Murray, Bill. *The World's Game: A History of Soccer*. Urbana: University of Illinois Press, 1996.

Nandy, Ashis. *Alternative Sciences: Creativity and Authenticity in Two Indian Scientists*. New Delhi: Allied, 1980.

Nixon, James W. *A History of the International Statistical Institute, 1885–1960*. The Hague: International Statistical Institute, 1960.

Nowell-Smith, Geoffrey, ed. *The Oxford History of World Cinema*. New York: Oxford University Press, 1996.

Okuefuna, David. *The Dawn of the Color Photograph: Albert Kahn's Archives of the Planet*. Princeton, NJ: Princeton University Press, 2008.

Olupona, Jacob K., and Terry Rey, eds. *Orișa Devotion as World Religion: The Globalization of Yorubá Religious Culture*. Madison: University of Wisconsin Press, 2008.

Osterhammel, Jürgen. *Die Verwandlung der Welt: Eine Geschichte des 19. Jahrhunderts*. Munich: C. H. Beck, 2009.

Palmer, Steven P. *Launching Global Health: The Caribbean Odyssey of the Rockefeller Foundation*. Ann Arbor: University of Michigan Press, 2010.

Patel, Kiran Klaus. "Überlegungen zu einer Transnationalen Geschichte." In *Weltgeschichte*, edited by Jürgen Osterhammel. Stuttgart: Franz Steiner, 2008.

Pedersen, Susan. "The Meaning of the Mandates System: An Argument." *Geschichte und Gesellschaft* 32 (2006): 560~582.

Penny, H. Glenn. *Objects of Culture: Ethnology and Ethnographic Museums in Imperial Germany*. Chapel Hill: University of North Carolina Press, 2002.

Penny, H. Glenn, and Matti Bunzl, eds. *World Provincialism: German Anthropology in the Age of Empire*. Ann Arbor: University of Michigan Press, 2003.

Pinney, Christopher. *Camera Indica: The Social Life of Indian Photographs*. Chicago: University of Chicago Press, 1997.

Porter, Andrew. *Religion versus Empire? British Protestant Missionaries and Overseas Expansion, 1700–*

1914. Manchester: Manchester University Press, 2004.

Prakash, Gyan. *Another Reason: Science and the Imagination of Modern India*. Princeton, NJ: Princeton University Press, 1999.

Pratt, Mary Louise. *Imperial Eyes: Travel Writing and Transculturation*. 2nd ed. New York: Routledge, 2008.

Raj, Kapil. *Relocating Modern Science: Circulation and the Construction of Knowledge in South Asia and Europe, 1650–1900*. New York: Palgrave, 2007.

Rajan, S. Ravi. *Modernizing Nature: Forestry and Imperial Eco-Development, 1800–1950*. Oxford: Clarendon Press, 2006.

Richards, Thomas. *The Imperial Archive: Knowledge and the Fantasy of Empire*. London: Verso, 1993.

Riddell, John, ed. *To See the Dawn: Baku, 1920; First Congress of the Peoples of the East*. New York: Pathfinder, 1993.

Riffenburgh, Beau. *The Myth of the Explorer: The Press, Sensationalism, and Geographical Discovery*. New York: Oxford University Press, 1994.

Robert, Dana L. *Christian Mission: How Christianity Became a World Religion*. Malden, MA: Wiley-Blackwell, 2009.

Rodgers, Daniel T. *Atlantic Crossings: Social Politics in a Progressive Age*. Cambridge, MA: Belknap Press of Harvard University Press, 1998.

Rogaski, Ruth. *Hygienic Modernity: Meanings of Health and Disease in Treaty-Port China*. Berkeley: University of California Press, 2004.

Rothfels, Nigel. *Savages and Beasts: The Birth of the Modern Zoo*. Baltimore: Johns Hopkins University Press, 2002.

Rupp, Leila J. *Worlds of Women: The Making of an International Women's Movement*. Princeton, NJ: Princeton University Press, 1997.

Ryan, James R. *Picturing Empire: Photography and the Visualization of the British Empire*. Chicago: University of Chicago Press, 1997.

Rydell, Robert W. *All the World's a Fair: Visions of Empire at American International Expositions, 1876–1916*. Chicago: University of Chicago Press, 1984.

Rydell, Robert W., and Rob Kroes. *Buffalo Bill in Bologna: The Americanization of the World, 1869–1922*. Chicago: University of Chicago Press, 2005.

Salvatore, Ricardo D., ed. *Culturas imperiales: Experiencia y representación en América, Asia y Africa*. Rosario: Beatriz Viterbo, 2005.

———. *Imágenes de un imperio: Estados Unidos y las formas de representación de América Latina*. Buenos Aires: Sudamericana, 2006.

Saunier, Pierre-Yves. "Transnational." In *The Palgrave Dictionary of Transnational History, from the Mid-19th Century to the Present Day*, edited by Akira Iriye and Pierre-Yves Saunier. New York: Palgrave Macmillan, 2009.

Saunier, Pierre-Yves, and Shane Ewen, eds. *Another Global City: Historical Explorations into the*

Transnational Municipal Moment, 1850–2000. New York: Palgrave Macmillan, 2008.

Scott, James C. *Seeing like a State: How Certain Schemes to Improve the Human Condition Have Failed.* New Haven, CT: Yale University Press, 1998.

Service, Robert. *Comrades! A History of World Communism.* Cambridge, MA: Harvard University Press, 2007.

Silverberg, Miriam. *Erotic Grotesque Nonsense: The Mass Culture of Japanese Modern Times.* Berkeley: University of California Press, 2006.

Stocking, George W. *Victorian Anthropology.* New York: Free Press, 1987.

Strasser, Ulrike, and Heidi Tinsman. "It's a Man's World? World History Meets the History of Masculinity, in Latin American Studies, for Instance." *Journal of World History* (2010): 75~96.

Sufian, Sandra M. *Healing the Land and the Nation: Malaria and the Zionist Project in Palestine, 1920–1947.* Chicago: University of Chicago Press, 2007.

Thompson, Kristin. *Exporting Entertainment: America in the World Film Market, 1907–34.* London: BFI, 1985.

Tomlinson, John. *Globalization and Culture.* Chicago: University of Chicago Press, 1999.

Tooze, J. Adam. *Statistics and the German State, 1900–1945: The Making of Modern Economic Knowledge.* Cambridge: Cambridge University Press, 2001.

Tsing, Anna Lowenhaupt. *Friction: An Ethnography of Global Connection.* Princeton, NJ: Princeton University Press, 2005.

Tucker, Richard P. *Insatiable Appetite: The United States and the Ecological Degradation of the Tropical World.* Berkeley: University of California Press, 2000.

Tucker, Richard P., and J. F. Richards, eds. *Global Deforestation and the Nineteenth-Century World Economy.* Durham, NC: Duke University Press, 1983.

Tyrrell, Ian R. *Reforming the World: The Creation of America's Moral Empire.* Princeton, NJ: Princeton University Press, 2010.

——— . *Transnational Nation: United States History in Global Perspective since 1789.* New York: Palgrave, 2007.

——— . *Woman's World/Woman's Empire: The Woman's Christian Temperance Union in International Perspective, 201880–1930.* Chapel Hill: University of North Carolina Press, 1991.

Vec, Miloš. *Recht und Normierung in der industriellen Revolution: Neue Strukturen der Normsetzung in Völkerrecht, staatlicher Gesetzgebung und gesellschaft licher Selbstnormierung.* Frankfurt am Main: V. Klostermann, 2006.

Walters, F. P. *A History of the League of Nations.* 2 vols. London: Oxford University Press, 1952.

Watts, Sheldon J. *Epidemics and History: Disease, Power, and Imperialism.* New Haven, CT: Yale University Press, 1999.

Weinbaum, Alys Eve, et al., eds. *The Modern Girl Around the World: Consumption, Modernity, and Globalization.* Durham, NC: Duke University Press, 2008.

Weindling, Paul. *Epidemics and Genocide in Eastern Europe, 1890–1945.* New York: Oxford University

Press, 2000.

_____, ed. *International Health Organisations and Movements, 1918–1939.* Cambridge: Cambridge University Press, 1995.

Weston, Timothy B. *The Power of Position: Beijing University, Intellectuals, and Chinese Political Culture, 1898–1929.* Berkeley: University of California Press, 2004.

Wexler, Laura. *Tender Violence: Domestic Visions in an Age of U. S. Imperialism.* Chapel Hill: University of North Carolina Press, 2000.

Wilder, Gary. *The French Imperial Nation-State: Negritude and Colonial Humanism between the Two World Wars.* Chicago: University of Chicago Press, 2005.

Williams, Michael. *Deforesting the Earth: From Prehistory to Global Crisis.* Chicago: University of Chicago Press, 2003.

Winseck, Dwayne R., and Robert M. Pike. *Communication and Empire: Media, Markets, and Globalization, 1860–1930.* Durham, NC: Duke University Press, 2007.

Winter, Jay M. *Dreams of Peace and Freedom: Utopian Moments in the Twentieth Century.* New Haven, CT: Yale University Press, 2006.

Wong, Young-tsu. *A Paradise Lost: The Imperial Garden Yuanming Yuan.* Honolulu: University of Hawai'i Press, 2001.

Worboys, Michael. *Spreading Germs: Disease Theories and Medical Practice in Britain, 1865–1900.* New York: Cambridge University Press, 2000.

Wright, Donald R. *The World and a Very Small Place in Africa.* Armonk, NY: M. E. Sharpe, 1997.

Yanni, Carla. *Nature's Museums: Victorian Science and the Architecture of Display.* London: Athlone Press, 1999.

Yeh, Wen-hsin. *Shanghai Splendor: Economic Sentiments and the Making of Modern China, 1843–1949.* Berkeley: University of California Press, 2007.

토니 밸런타인 Tony Ballantyne은 오타고 대학의 역사 교수다. 영국 제국의 문화사와 함께 제국사와 식민사에 대한 초국적 접근법을 널리 발표했다. 저서로는 『오리엔탈리즘과 인종』(2002)과 『식민주의와 디아스포라 사이』(2006) 등이 있다. 앤트와넷 버턴과 함께 『접촉으로 보는 몸』(2005)과 『움직이는 피사체』(2009)를 편집하기도 했다.

앤트와넷 버턴 Antoinette Burton은 일리노이 대학 어배나 캠퍼스의 교수로 글로벌 연구와 초국적 연구를 하고 있다. 19세기와 20세기의 영국과 그 제국을 연구하는 학자로서 식민지 인도의 역사와 함께 젠더 문제를 전문적으로 다룬다. 저서로는 『역사의 짐』(1994)과 『제국의 심장에서』(1998), 『기록 보관소가 된 집』(2003), 『산타 라마 라우의 독립 이후 경력』(2007), 『문제의 제국』(2011) 등이 있다.

디르크 회르더 Dirk Hoerder는 브레멘 대학에 재직했고, 현재는 애리조나 주립 대학에서 북아메리카의 사회사와 함께 이주의 역사를 가르치고 있다. 대서양 경제의 유럽 노동자 이주, 전 세계 이주 시스템의 역사가 전문 분야다. 저서로는『대서양 경제의 노동자 이주』(1985)와『사회 만들기』(1999),『접촉으로 보는 문화』(2002),『독일 이주의 역사』(2010) 등이 있다.

찰스 S. 마이어 Charles S. Maier는 하버드 대학의 역사 교수다. 주요 저서로는 『부르주아 유럽의 재건』(1975),『안정의 추구』(1988),『제어할 수 없는 과거』 (1988),『해체』(1997),『제국의 가운데에서』(2006) 등이 있다. 지금은 현대의 영토와 그 변화에 관한 역사를 쓰는 중이다.

에밀리 S. 로젠버그 Emily S. Rosenberg는 캘리포니아 대학 어바인 캠퍼스의 역사 교수다. 미국의 초국적 역사, 특히 경제적·문화적 연관성, 역사적 기억과 관련된 문제가 전문 분야다. 저서로는『아메리칸 드림의 확산』(1982)과『세계로 가는 금융 선교사들』(1999),『살게 될 날』(2003) 등이 있다.

스티븐 C. 토픽 Steven C. Topik은 캘리포니아 대학 어바인 캠퍼스의 역사 교수다. 라틴아메리카와 세계의 정치경제학과 국제무역에 연구의 초점을 맞추고 있다. 저서로는『무역과 포함』(1996),『은에서 코카인까지』(공동 편집, 2006),『무역이 만들어 낸 세계』(2006) 등이 있다. 지금은 커피의 세계사를 완성하는 중이다.

앨런 웰스 Allen Wells는 보든 칼리지의 역사 교수다. 저서로는『라틴아메리카의 두 번째 정복: 1850~1930년 수출 호황기의 커피와 헤네켄, 석유』(공동 편집: 스티븐 토픽, 1998),『열대의 시온』(2009), 길버트 M. 조지프와 함께 쓴『불만의 여름, 격변의 계절』(1996) 등이 있다.

옮긴이 조행복   서울대학교 대학원 서양사학과에서 박사과정을 수료했다. 옮긴 책으로
『포스트워 1945~2005』(2008), 『독재자들』(2008), 『백두산으로 가는 길』
(2008), 『20세기를 생각한다』(2015), 『나폴레옹』(2016), 『폭정』(2017), 『블랙
어스』(2018) 등이 있다.

옮긴이 이순호   홍익대학교 영어교육과를 졸업하고 뉴욕 주립대학교에서 서양사를 공부
해 석사 학위를 받았다. 옮긴 책으로 『비잔티움』(2010), 『로마제국과 유럽의
탄생』(2011), 『위대한 바다』(2013), 『현대 중동의 탄생』(2015), 『다이너스티』
(2017), 『지리의 복수』(2017), 『스페인 내전, 우리가 그곳에 있었다』(2017) 등
이 있다.

하버드-C.H.베크 세계사

1870~1945

하나로 연결되는 세계

1판 1쇄 펴냄   2018년 6월 22일
1판 3쇄 펴냄   2022년 3월 21일

엮은이   에밀리 S. 로젠버그
옮긴이   조행복, 이순호
펴낸이   박근섭, 박상준
펴낸곳   (주)민음사

출판등록   1966. 5. 19. (제16-490호)
주소   서울특별시 강남구 도산대로1길 62 강남출판문화센터 5층 (06027)
       대표전화 02-515-2000 팩시밀리 02-515-2007

       www.minumsa.com

한국어 판 ⓒ (주)민음사, 2018. Printed in Seoul, Korea
ISBN 978-89-374-3741-0 (04900)
ISBN 978-89-374-3736-6 (세트)